知识生产的原创基地
BASE FOR ORIGINAL CREATIVE CONTENT

颉腾文化
JIE TENG CULTURE

陳祖德全谱

陈祖德——著

下 可怜白发生

华龄出版社
HUALING PRESS

图书在版编目（CIP）数据

陈祖德全谱 / 陈祖德著 . -- 北京 ： 华龄出版社，2024. 7. -- ISBN 978-7-5169-2814-1

Ⅰ. G891.3

中国国家版本馆 CIP 数据核字第 2024VJ6083 号

策　　划　颉腾文化

责任编辑　貌晓星　　　　责任印制　李未圻

书　　名	陈祖德全谱	作　　者	陈祖德
出版发行	华龄出版社 HUALING PRESS		
社　　址	北京市东城区安定门外大街甲 57 号	邮　　编	100011
发　　行	（010）58122255	传　　真	（010）84049572
承　　印	涿州市京南印刷厂		
版　　次	2024 年 7 月第 1 版	印　　次	2024 年 7 月第 1 次印刷
规　　格	880mm × 1230mm	开　　本	1/32
印　　张	67.25	字　　数	1802 千字
书　　号	978-7-5169-2814-1		
定　　价	399.00 元（上中下）		

目录（下册·可怜白发生）

1982

840——缅怀陈毅同志百人纪念联棋 // 1459

1985

841——常昊 / 受四子 // 1462
842——邵炜刚 / 受二子 // 1464
843——刘轶一 / 受三子 // 1466
844——常昊 / 受三子 // 1468

1988

845——俞斌斌 / 受二子 // 1472

1989

846——韩念文业余 5 段 / 受三子 // 1476
847——邢印达 / 业余 6 段 / 受四子 // 1478
848——邢印达 / 业余 6 段 / 受三子 // 1480
849——刘小光九段 / 白 // 1482

1990

850——李来群 / 象棋特级国际大师 / 黑 // 1486
851——刘文哲 / 象棋大师，国际象棋特级大师 / 白 // 1487
852——聂卫平九段 / 黑 // 1489
853——胡荣华 / 中国象棋国际特级大师 / 黑 // 1490
854——简怀穗 / 白 // 1491

855——张璇七段 / 黑 // 1492
856——车泽武七段 / 黑 // 1494
857——蒋丹宁 / 受二子 // 1496
858——黄进先 / 黑 // 1498
859——曹志林 / 白 // 1499
860——华以刚八段 / 黑 // 1500
861——王汝南 / 黑 // 1502
862——罗建文 / 白 // 1504
863——黄德勋 / 黑 // 1506
864——赵之云 / 白 // 1508
865——胡俊辉 / 受二子 // 1510
866——邵震中 / 白 // 1511
867——刘小光 / 白 // 1513

1991

868——马晓春九段 / 白 // 1517
869——张璇七段 / 白 // 1519
870——聂卫平九段 / 白 // 1520
871——王磊三段 / 白 // 1522
872——王洪军七段 / 白 // 1524
873——刘菁四段 / 白 // 1526
874——谭炎午七段 / 黑 // 1528
875——梁伟棠七段 / 黑 // 1530
876——刘小光九段 / 白 // 1532
877——俞斌九段 / 黑 // 1533
878——车泽武七段 / 白 // 1534
879——聂卫平九段 / 白 // 1536
880——吴肇毅七段 / 黑 // 1537
881——钱宇平九段 / 白 // 1539
882——李豫川四段 / 黑 // 1541
883——何香涛 / 受五子 // 1543
884——刘小光九段 / 黑 // 1544
885——唐腾 / 受四子 // 1546
886——马晓春九段 / 黑 // 1548
887——刘小光九段 / 白 // 1550
888——韩念文 / 黑 // 1553

1992

889——陈炳骞 / 受五子 // 1557
890——聂卫平九段 / 黑 // 1558
891——杨士海五段 / 黑 // 1559
892——华学明六段 / 白 // 1561
893——刘钧三段 / 白 // 1563
894——邵炜刚五段 / 黑 // 1565
895——俞斌九段 / 白 // 1567
896——金同实 / 受二子 // 1568
897——史荣三 / 受三子 // 1569
898——郑弘七段 / 黑 // 1571
899——孙宜国 / 受二子 // 1573
900——聂卫平九段 / 白 // 1575
901——邢印达业余 6 段 /
受二子 // 1577

902——刘菁四段 / 黑 // 1579
903——王汝南八段 / 黑 // 1581
904——邵炜刚五段 / 白 // 1583
905——汪见虹八段 / 白 // 1585
906——聂卫平九段 / 白 // 1587
907——邵炜刚五段 / 黑 // 1589
908——曹大元九段 / 白 // 1591
909——俞斌九段 / 黑 // 1593
910——聂卫平九段 / 黑 // 1594

1993

911——金渭斌七段 / 黑 // 1598
912——梁伟棠七段 / 白 // 1600
913——聂卫平九段 / 黑 // 1602
914——刘小光九段 / 黑 // 1604
915——马晓春九段 / 白 // 1605
916——青木喜久代四段 / 受先 // 1607
917——菊池康郎 / 业余 7 段 / 黑 // 1609
918——沈果孙七段 / 白 // 1611
919——聂卫平九段 / 白 // 1613
920——聂卫平九段 / 黑 // 1615
921——张文东八段 / 黑 // 1617

1994

922——杜景宇业余 6 段 / 受先 // 1621
923——陈临新九段 / 白 // 1623
924——聂卫平九段 / 白 // 1625
925——陈临新九段 / 白 // 1627
926——杨士海六段 / 白 // 1629
927——车泽武七段 / 黑 // 1631
928——王汝南八段 / 黑 // 1634
929——曹大元九段 / 白 // 1636
930——邵炜刚六段 / 白 // 1638
931——张文东九段 / 黑 // 1640
932——华以刚八段 / 白 // 1642
933——罗建文七段 / 黑 // 1644
934——华学明七段 / 黑 // 1646
935——陈临新九段 / 白 // 1647
936——聂卫平九段 / 黑 // 1649
937——林海峰九段 / 白 // 1651
938——罗洗河五段 / 黑 // 1652
939——汪见虹八段 / 白 // 1653
940——聂卫平九段 / 黑 // 1655
941——刘菁五段 / 白 // 1657

1995

942——车敏洙四段 / 白 // 1660
943——邵炜刚六段 / 白 // 1661

944——刘小光九段 / 白 // 1663
945——马晓春九段 / 黑 // 1664
946——马晓春九段 / 白 // 1665
947——杨晖八段 / 黑 // 1667
948——马晓春九段 / 黑 // 1668
949——罗洗河五段 / 黑 // 1670
950——常昊七段 / 白 // 1672
951——杨晖八段 / 白 // 1674

1996

952——王元八段 / 白 // 1678
953——聂卫平九段 / 黑 // 1680
954——王汝南八段 / 黑 // 1682
955——罗洗河五段 / 黑 // 1683
956——陈临新九段 / 黑 // 1685
957——曹大元九段 / 黑 // 1686
958——李钢六段 / 白 // 1688
959——张璇七段 / 白 // 1690
960——王洪军七段 / 黑 // 1692
961——马晓春九段 / 白 // 1694
962——宫本直毅九段 / 白 // 1696
963——王汝南八段 / 黑 // 1698
964——丰云八段 / 白 // 1700
965——方天丰八段 / 白 // 1703

1997

966——张文东九段 / 白 // 1706
967——刘世振四段 / 黑 // 1708
968——华以刚八段 / 黑 // 1710
969——俞斌九段 / 黑 // 1712
970——罗建文七段 / 黑 // 1713
971——聂卫平九段 / 黑 // 1715
972——华学明、刘小光 / 黑 // 1718
973——杨晖、曹大元 / 白 // 1719
974——张璇、聂卫平 / 黑 // 1721
975——崔圭炳九段 / 白 // 1723
976——刘昌赫九段 / 白 // 1725
977——曹大元九段 / 黑 // 1727
978——陈耀烨 / 受三子 // 1729
979——梁伟棠八段 / 白 // 1731
980——罗洗河七段 / 黑 // 1732
981——黄奕中五段 / 白 // 1734
982——方捷七段 / 白 // 1736

1998

983——古力三段 / 黑 // 1740
984——段嵘六段 / 黑 // 1742
985——方天丰八段 / 黑 // 1744
986——方天丰八段 / 白 // 1746
987——聂卫平九段 / 黑 // 1748
988——胡耀宇四段 / 黑 // 1750

989——程晓流六段 / 白 // 1752
990——聂卫平、王汝南 / 黑 // 1755
991——王群八段 / 白 // 1757
992——梁伟棠八段 / 黑 // 1759
993——谭炎午七段 / 黑 // 1760
994——许书祥四段 / 白 // 1761
995——曹大元九段 / 黑 // 1763
996——聂卫平九段 / 黑 // 1765
997——聂卫平、黎春华 / 白 // 1767
998——马晓春九段 / 黑 // 1768
999——聂卫平九段 / 黑 // 1770
1000——刘小光九段 / 黑 // 1772
1001——华以刚八段 / 白 // 1774
1002——邵震中九段 / 黑 // 1775
1003——丰云九段 / 白 // 1777
1004——张文东九段 / 白 // 1778
1005——刘小光九段 / 白 // 1780
1006——林峰五段 / 白 // 1782
1007——邵炜刚九段 / 黑 // 1784
1008——罗洗河七段 / 黑 // 1785
1009——丰云九段 / 白 // 1787
1010——方天丰八段 / 白 // 1789
1011——周鹤洋七段 / 白 // 1792

1999

1012——方天丰八段 / 白 // 1796
1013——马晓春九段 / 白 // 1797
1014——丰云九段 / 黑 // 1799
1015——孙宜国 / 受二子 // 1801
1016——彭荃二段 / 白 // 1802
1017——古力三段 / 白 // 1804
1018——常昊八段 / 黑 // 1805
1019——张欣五段 / 黑 // 1807
1020——加藤正夫、王立诚、依田纪基、赵治勋 / 白 // 1809
1021——常昊八段 / 白 // 1810
1022——李亮五段 / 白 // 1811
1023——邹俊杰四段 / 黑 // 1813
1024——陈安齐六段 / 黑 // 1815
1025——罗洗河八段 / 白 // 1817
1026——陈临新九段 / 白 // 1818
1027——方捷七段 / 白 // 1820
1028——马晓春九段 / 白 // 1821
1029——刘小光九段 / 黑 // 1823
1030——孔杰五段 / 白 // 1825

2000

1031——王煜辉六段 / 白 // 1829
1032——丰云九段 / 白 // 1831
1033——丁伟八段 / 黑 // 1832
1034——汪见虹九段 / 白 // 1833

1035——王磊八段 / 黑 // 1834
1036——张璇、常昊 / 白 // 1836
1037——孟凡华初段 / 白 // 1837
1038——俞斌九段 / 黑 // 1839
1039——聂卫平九段 / 黑 // 1841
1040——周鹤洋八段 / 黑 // 1843
1041——孔杰五段 / 白 // 1845
1042——尹奇铉九段 / 黑 // 1847
1043——金寅九段 / 白 // 1849
1044——李喆 / 受二子 // 1850
1045——王昊洋 / 受二子 // 1851
1046——梁伟棠九段 / 黑 // 1853
1047——廖行文 / 受五子 // 1855
1048——周睿羊 / 受二子 // 1857
1049——吴树浩 / 受二子 // 1860
1050——车泽武七段 / 黑 // 1862
1051——罗建文七段 / 白 // 1864
1052——王群八段 / 黑 // 1866
1053——刘小光九段 / 白 // 1868
1054——吴淞笙九段 / 黑 // 1870
1055——俞斌九段 / 黑 // 1871

2001

1056——胡荣华 / 受二子 // 1875
1057——曹大元九段 / 黑 // 1877
1058——张文东九段 / 白 // 1878
1059——林海峰九段 / 黑 // 1880
1060——宫本义久九段 / 黑 // 1882
1061——罗建文七段 / 黑 // 1884
1062——俞斌九段 / 黑 // 1886
1063——廖行文 / 受四子 // 1887
1064——余平六段 / 黑 // 1889
1065——金寅九段 / 黑 // 1890
1066——阎安七段 / 黑 // 1892
1067——白石裕九段 / 白 // 1893
1068——曹大元九段 / 黑 // 1895
1069——刘星六段 / 白 // 1897

2002

1070——周鹤洋九段 / 白 // 1901
1071——聂卫平九段 / 白 // 1903
1072——林海峰九段 / 黑 // 1905
1073——后藤俊午九段 / 黑 // 1907
1074——藤泽秀行九段 / 黑 // 1909
1075——王立诚九段 / 黑 // 1911
1076——石田芳夫九段 / 白 // 1913
1077——梁相国八段 / 黑 // 1915
1078——金寅九段 / 白 // 1916
1079——谢赫五段 / 黑 // 1918
1080——徐能旭九段 / 黑 // 1920
1081——郭明鑫二段 / 黑 // 1921
1082——俞斌九段 / 黑 // 1922

2003

1083——柴青颖 / 业余 6 段 / 受先 // 1925

1084——陈安齐六段 / 黑 // 1927

1085——华以刚八段 / 黑 // 1929

1086——聂卫平九段 / 黑 // 1931

1087——张璇八段 / 白 // 1933

1088——俞斌九段 / 白 // 1934

1089——聂卫平九段 / 白 // 1935

1090——常昊九段 / 白 // 1937

1091——曹大元九段 / 黑 // 1939

1092——杨以伦七段 / 黑 // 1941

1093——王磊八段 / 白 // 1942

1094——汪见虹九段 / 白 // 1944

1095——牛雨田四段 / 黑 // 1946

1096——李劼四段 / 白 // 1948

1097——华学明七段 / 黑 // 1950

1098——黎春华、马晓春 / 黑 // 1952

1099——王煜辉七段 / 黑 // 1954

1100——杨一五段 / 黑 // 1955

1101——罗洗河九段 / 黑 // 1957

1102——刘菁八段 / 黑 // 1959

1103——周鹤洋九段 / 黑 // 1960

1104——李劼四段 / 黑 // 1961

1105——吴新宇五段 / 黑 // 1962

1106——周鹤洋九段 / 黑 // 1964

1107——聂卫平九段 / 黑 // 1965

1108——王檄五段 / 白 // 1967

1109——古灵益四段 / 白 // 1969

1110——王亦民七段 / 黑 // 1971

1111——曹大元九段 / 白 // 1973

1112——俞斌九段 / 黑 // 1974

1113——王磊八段 / 黑 // 1976

1114——华学明七段 / 黑 // 1978

1115——王雷三段 / 白 // 1979

2004

1116——刘世振六段 / 黑 // 1983

1117——李劼四段 / 黑 // 1984

1118——王汝南八段 / 黑 // 1986

1119——马晓春九段 / 白 // 1988

1120——廖行文 / 受先 // 1990

1121——胡煜清 / 受先 // 1992

1122——邵炜刚九段 / 黑 // 1994

1123——周鹤洋九段 / 黑 // 1995

2005

1124——唐韦星业余 7 段 / 受二子 // 1999

1125——董彦七段 / 白 // 2001

1126——林海峰九段 / 白 // 2003

1127——大竹英雄九段 / 黑 // 2004
1128——王汝南八段 / 白 // 2006
1129——聂卫平九段 / 黑 // 2008
1130——胡耀宇、孔祥明 / 白 // 2010
1131——王香如 / 受先 // 2012
1132——刘世振六段 / 白 // 2014

2006

1133——方捷七段 / 黑 // 2019
1134——林峰五段 / 黑 // 2021
1135——宫本直毅九段 / 白 // 2023
1136——尹奇铉九段 / 黑 // 2025
1137——林海峰九段 / 黑 // 2027
1138——聂卫平九段 / 白 // 2029
1139——郑弘九段 / 黑 // 2031
1140——聂卫平九段 / 白 // 2033
1141——华以刚八段 / 白 // 2035
1142——古力九段 / 黑 // 2037
1143——吴玉林六段 / 黑 // 2039
1144——聂卫平九段 / 黑 // 2041
1145——张文东九段 / 白 // 2043

2007

1146——胡煜清 / 受二子 // 2048
1147——王香如 / 受先 // 2050
1148——王香如 / 受先 // 2052
1149——曹薰铉九段 / 白 // 2054
1150——聂卫平九段 / 白 // 2056

2008

1151——聂卫平、唐奕 / 黑 // 2060

2009

1152——聂卫平九段 / 黑 // 2064
1153——聂卫平九段 / 白 // 2066
1154——邱峻、王香如 / 黑 // 2068

2010

1155——聂卫平九段 / 黑 // 2072
1156——王汝南八段 / 黑 // 2074
1157——唐奕五段 / 白 // 2076

代跋 / 致谢 / 夏彩娟 // 2078

一九八二

时年38岁

1981年，37岁

◎ 当年12月开始写回忆录，每天500字，在上海瑞金医院疗养。

1982年，38岁

◎ 1月17日，参加缅怀陈毅同志的百人纪念联棋。

◎ 3月17日下午，国家体委向陈祖德、吴淞笙、聂卫平共同颁发九段证书。

◎ 11月，应金庸先生之邀去香港疗养。和金先生下让六子棋，下到第40盘终于被他赢了一子半，金先生高兴极了。

◎ 12月，台湾沈君山来金先生家，陈祖德让二子对局。

薛志春　整理　　　　**华以刚　审订**

1982 年 1 月 10 日弈于北京

1 月 17 日续弈于上海

缅怀陈毅同志百人纪念联棋

北京方面：

1 耿飚、2 阿沛・阿旺晋美、3 廖井丹、4 史怀壁、5 孙正、6 谭升平、7 周一萍、8 宋之光、9 陈昊苏、10 李梦华、11 黄中、12 徐才、13 刘辽逸、14 段昌同、15 刘鸿亮、16 王叔文、17 聂春荣、18 温元著、19 蔚继统、20 李葳、21 左林、22 焦成、23 曲治全、24 王克己、25 章文扬、26 刘尊棋、27 过旭初、28 过惕生、29 王富贵、30 郑怀德、31 胡昌荣、32 郝克强、33 宋承宪、34 聂卫平、35 邵福棠、36 张李源、37 陈锡明、38 刘家铨、39 吴淞笙、40 罗建文、41 华以刚、42 沈果孙、43 黄德勋、44 齐曾矩、45 孔祥明、46 何晓任、47 杨晖、48 王汝南、49 荣高棠、50 马泽照、51 钱长兴、52 姚永礼、53 孙连治、54 顾尔承

上海方面：

55 汪道涵、56 胡立教、57 夏征农、58 赵行志、59 陈祖德、60 姚耐、61 戴星明、62 吴强、63 周晓华、64 江征帆、65 秦昆、66 张远达、67 高孝冲、68 巢峰、69 刘哲、70 杨海天、71 陶毅、72 华将谟、73 周原冰、74 靳文翰、75 赵祥麟、76 冯成湜、77 周东璧、78 曾钦琛、79 邓秀栋、80 陆慧林、81 徐润周、82 赵坚、83 王人艺、84 聂光坻、85 陈朝龙、86 杜炳文、87 彭大用、88 杨明、89 曾国斌、90 林勉、91 王群、92 袁俊臣、93 严霜、94 俞玉昌、95 杨以伦、96 邱鑫、97 谢裕国、98 王枫、99 朱永康、100 曹志林、101 赵霄杨、102 戴相甫、103 华学明、104 夏胜浩、105 华伟荣、106 倪林强、107 马亚兰、108 牛力力、109 周作堂、110 尚虹、111 吕亮屏、112 潘志诚、113 沈蔓蓉、114 陈乃嘉

布局堂堂正正。白 14 至 18 次序井然。黑 21 稍缓，可在 22 位拆二。黑 27 应在 30 位挖。白 28 可在 31 左一路尖。黑 29 脱先机敏。白 44 应在 65 位压住，厚薄关系大。黑 65 拐出时，白 66 在 71 位补是要点，此后双方多次错过此要点。白 70 碰时，黑 71 果断脱先抢占要点，展现出联棋的独特魅力。至 74 形成大转换。黑 75 可在 74 左一路做活。白 86、88 越战越勇。至 95 达成妥协，进入官子。终局时形势还很接近，是一盘精彩的联棋。（谢赫）

黑贴 $2\frac{3}{4}$ 子　共 114 手　和棋

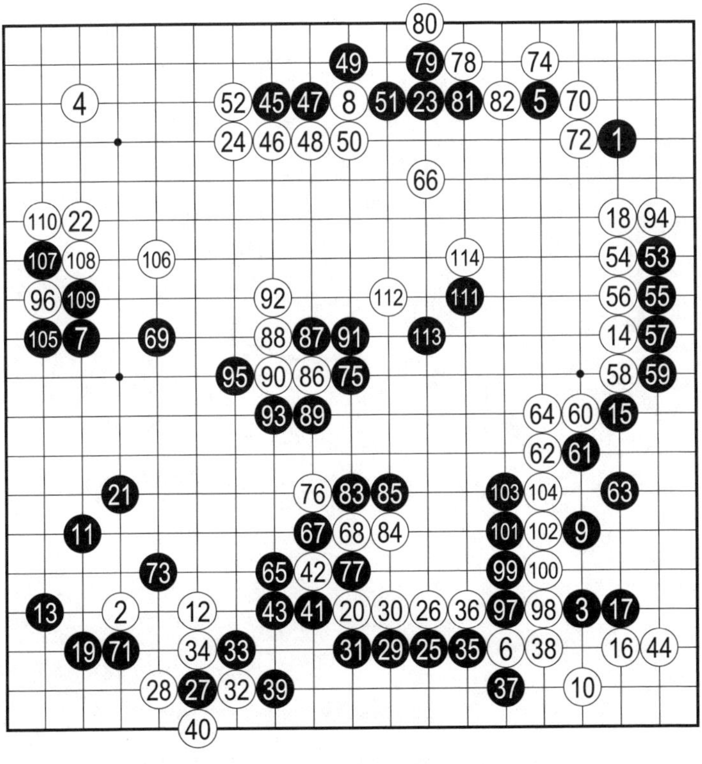

（1–114）

一九八五

时年41岁

1983 年，39 岁

◎ 12 月再次去金庸先生家疗养四个月。

1984 年，40 岁

◎ 2 月，在金庸先生家见到应昌期先生。

◎《超越自我》在《当代》杂志连载，反响很大。

1985 年，41 岁

◎ 1 月，开始教罗洗河下棋。

◎ 2 月，在上海见到了 8 岁的常昊，让四子对局。

◎ 5 月，吴清源先生访问中国，陈祖德陪同。11 日，在人民大会堂受到中日友好协会会长王震的接见。

薛志春　整理

华以刚　审订

1985年6月15日
指导棋

白方　陈祖德 九段
黑方　常昊（受四子）

黑2、4是当时流行的下法。白9冲断开启战端。白19碰时，黑20至24不纠缠，大局清晰。白25至31将战火引至左上，黑32正面应战。白47冲时，黑48确保连络，思路清楚，至58黑保持领先。白65、67是此前埋伏的后续手段，形成劫争。黑70应在5上一路扳寻劫，实战黑72收获有限。白81手筋，白89可在98位贴出，价值很大且关系厚薄。黑94可在5上一路扳阻渡。至97白连络，实地收获很大。黑98贴住也极厚，黑仍保持优势。（谢赫）

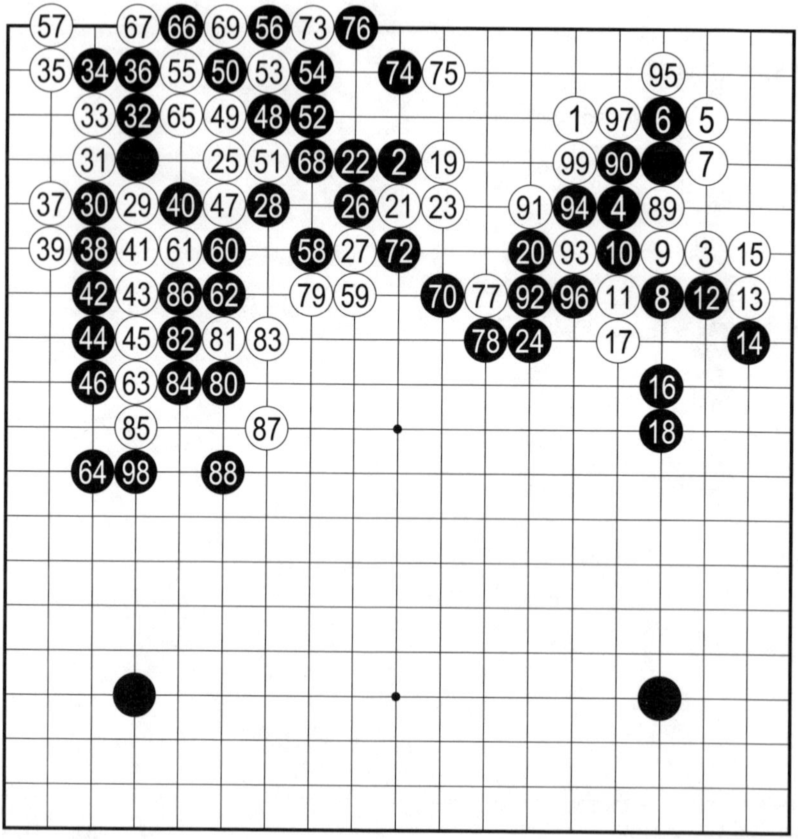

71=53　100=93

（1–100）

白方　陈祖德 九段

黑方　常昊（受四子）

黑104如在142位进攻更好。白105好形。白119侵分，黑120积极应战。黑126、128着法凶狠，黑134、136展现出强大的力量。黑142先手搜刮中央，黑156再攻杀下边，次序井然。黑170失误，应在181位提，白大龙是打劫活，白苦战。至183白做活并且目数收获也很大，形势接近了。黑186至192再出精准杀着。白193如在117左一路挤、黑196位、白118左一路转换，胜负尚难料。棋谱到196为止，黑优势，最终黑方获胜。（谢赫）

共196手　黑胜

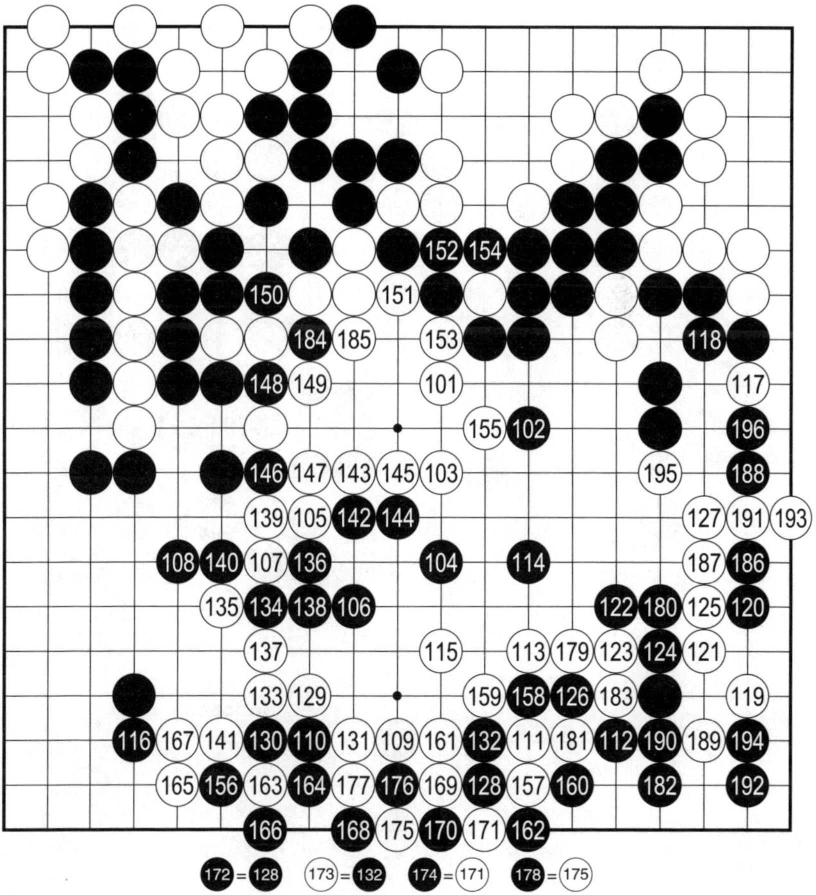

（101–196）

1985 年 10 月 23 日弈于上海市体育俱乐部

白方　陈祖德 九段

黑方　邵炜刚（受二子）

白 1、3、5、7 也称迷你中国流，是陈祖德爱用的布局。白 15、17 是好步调。为破坏白方意图，黑 16 可以考虑下 23 位，兼顾左边并守角。白 41 既扩大角地，白 43 又得以吃净，完全具有一手棋的价值。所以黑 42 很想在 238 位靠。黑 52 于 108 位，白 63 位，黑 61 位扳接的攻法最扎实。黑 58 缠绕攻势，被白 59 又一次脱先，终于引发黑 60 愤而夺根。但是这种攻法先损实利，不可靠。（华以刚）

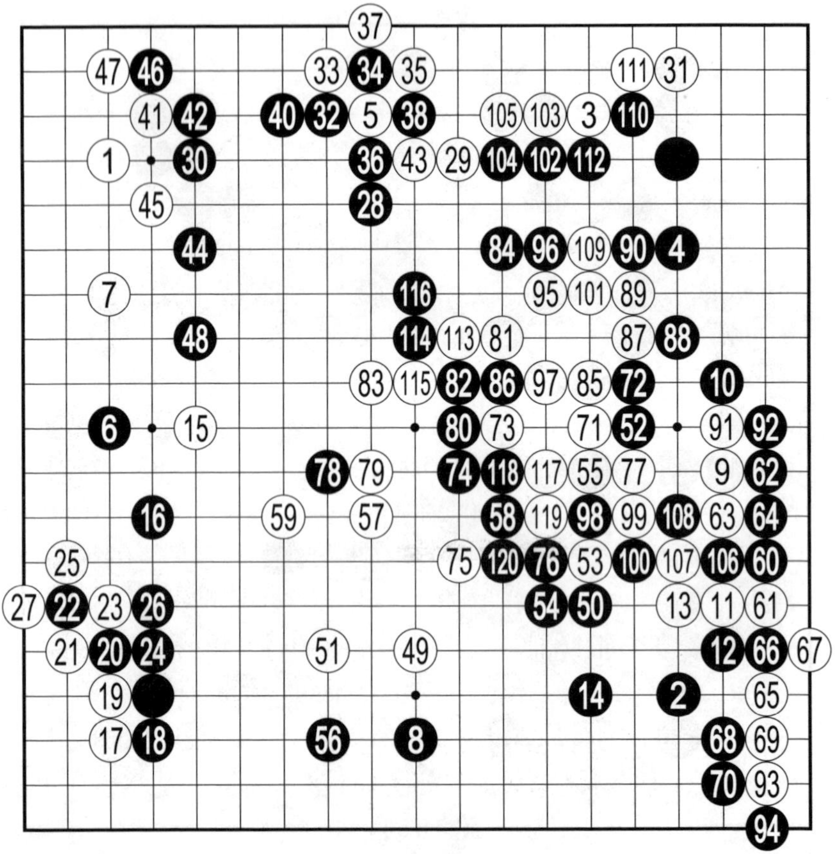

39 = 34

（1–120）

白方　陈祖德 九段

黑方　邵炜刚（受二子）

白 121 冷静好手，142 位打和提黑方两子必得其一，黑方作战完全失败。（华以刚）

共 248 手　白胜 1 目

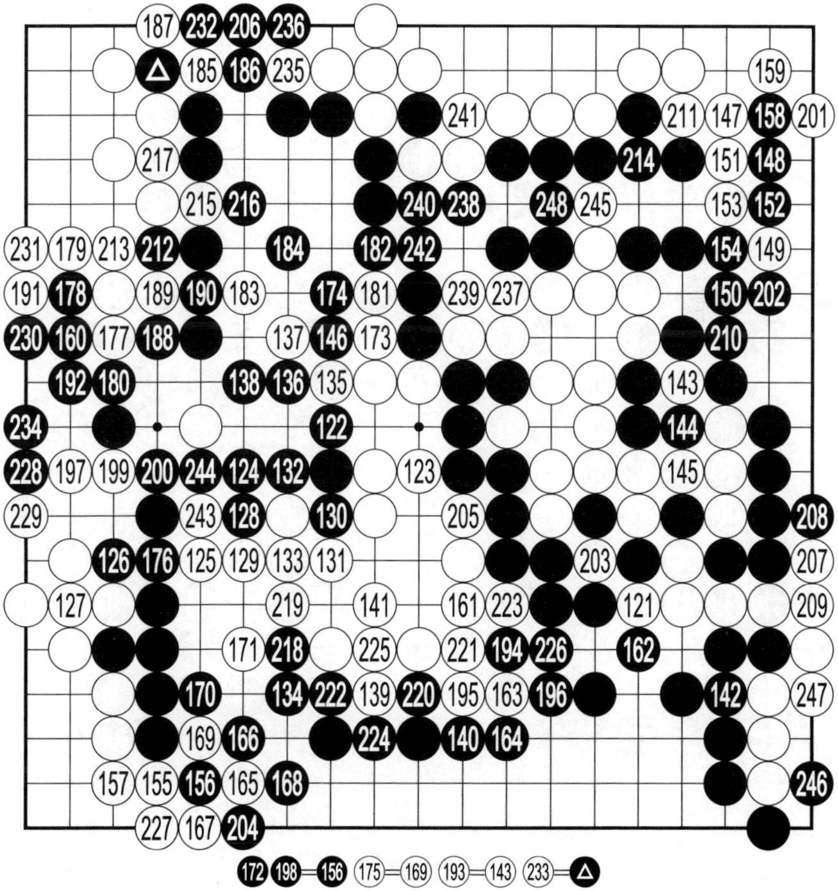

（121–248）

1985年10月23日弈于上海市体育俱乐部

白方　陈祖德 九段

黑方　刘轶一（受三子）

本局的时间地点都与上一局完全相同，邵、刘都是上海人：据此推测，这两局是同时下的，也就是车轮战。陈祖德同时迎战两名实力派新秀，而且都堂堂获胜，受累了。

白13一般在三路（141位）跳出。实战积极求变，可谓让三子白棋的态度，但其风险不可否认。黑14可考虑15位挡，白只能142位拐，黑14位提时，白如186位，则黑196位先手挡，左边完全封口，黑大占便宜。所以白只能196位挺出，接着黑190位扳，白13的缺陷就暴露无遗，似乎白很难应战。

黑总体发挥欠佳。（华以刚）

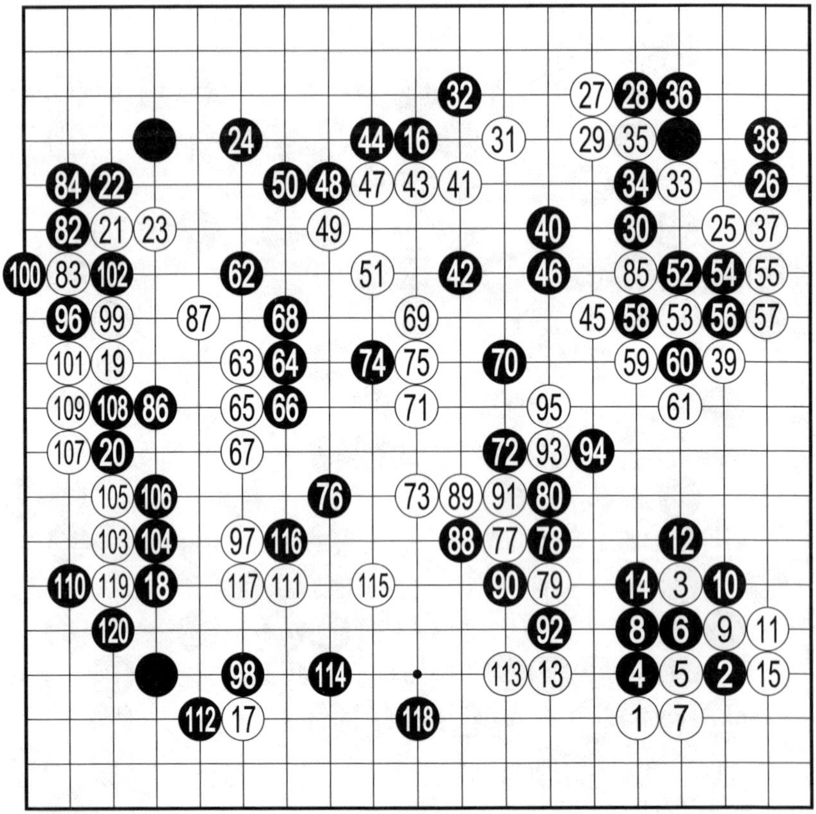

81＝53

（1–120）

白方　**陈祖德** 九段

黑方　**刘铁一**（受三子）

共 235 手　白胜 2 目

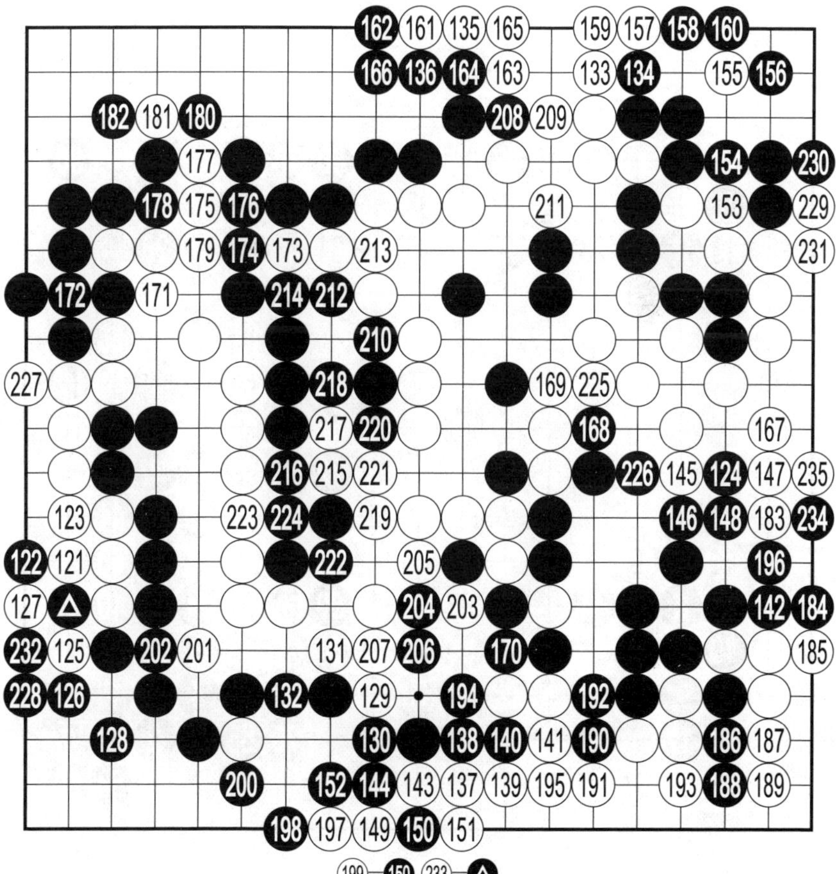

（121–235）

1985 年 10 月 21 弈于上海市体育俱乐部

白方　陈祖德 九段

黑方　常昊（受三子）

黑 14、24、44 等，布局堂堂正正。黑 46 于 57 下一路夺根，简明扼要。黑 52 应于 1 上一路尖顶守角。按分先棋的分寸，白 61 于 62 位曲是必争的急所。黑 62 大极。黑 64 缓手。白 67 时，黑如果在 205 上一路并，白显然苦战。实战被白就地活净，损失很大。黑 72 又缓，应于 74 位一带出头。白 73 潇洒。黑受三子的效率已大为削弱。黑 74 晚了一步再拼命，胜负感强。黑 92 一带明显留着 106 的缺陷，很可能棋谱有误。（华以刚）

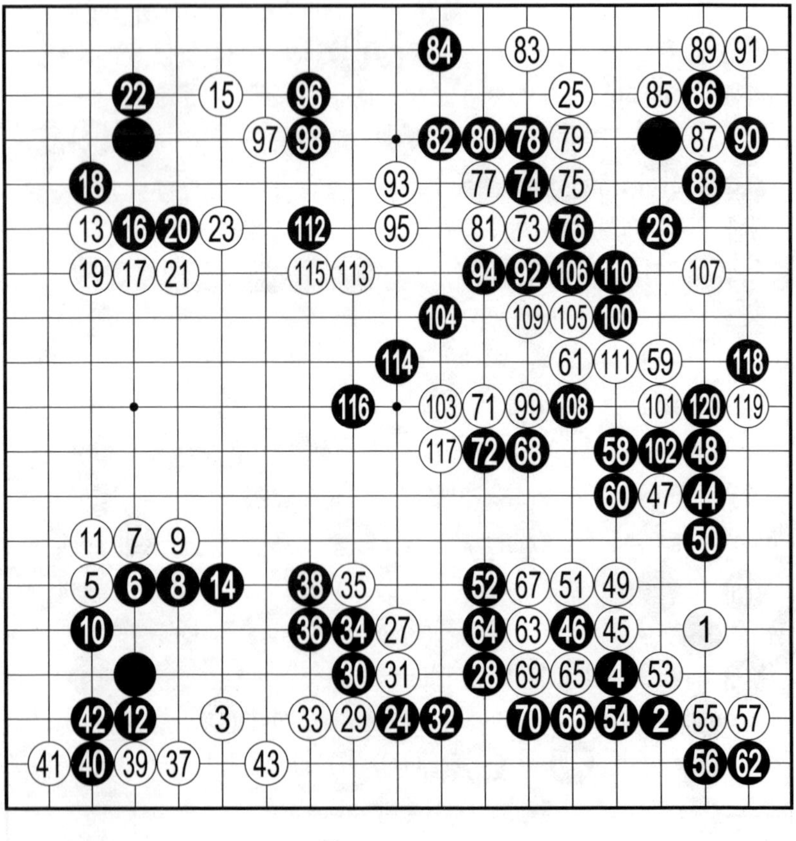

（1–120）

黑 160 超大失着，若于 161 位接，死活将完全逆转。（华以刚）

白方　陈祖德 九段

黑方　常昊（受三子）

219 手以下略　黑胜

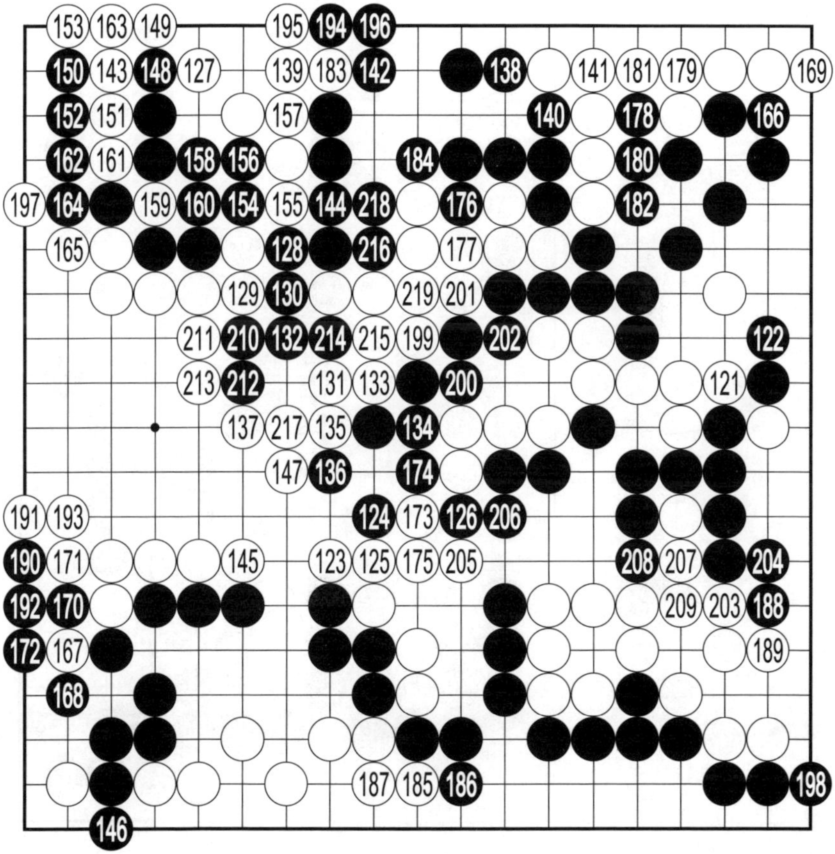

（121–219）

一九八八

时年44岁

1985 年，41 岁

◎ 3月，人民文学出版社出版《超越自我》。

1987 年，43 岁

◎ 4月，《当湖十局细解》由蜀蓉棋艺出版社出版。

1988 年，44 岁

◎ 参加晚报杯专业业余对抗，授二子对俞巍巍。

薛志春　整理　　　　**华以刚　审订**

1988 年 1 月 24 日下午
晚报杯专业业余对抗

白方　陈祖德 九段
黑方　俞巍巍（受二子）

白 5、9 是让子棋下法。白 13 最大限度扩张，黑 14、16 打入势在必行。黑 20 如在 24 位长更稳健。白 25 扳出，黑方风险较大。白 37 至 41 好手，破掉右边黑阵。白 43 可在 45 位虎。黑 58、60 展现出好战的风格。白 69 进攻，看上去黑较危险。然而黑 70 是治孤的好手，至 84 处理得很好，白暂时不易杀黑。故白 85 先转战中央，寻找头绪。黑 88、90 步步紧逼，很善战。白 91 稍嫌过分，正常是在 93 位长。黑 94 虎，白气很紧，步入险境。（谢赫）

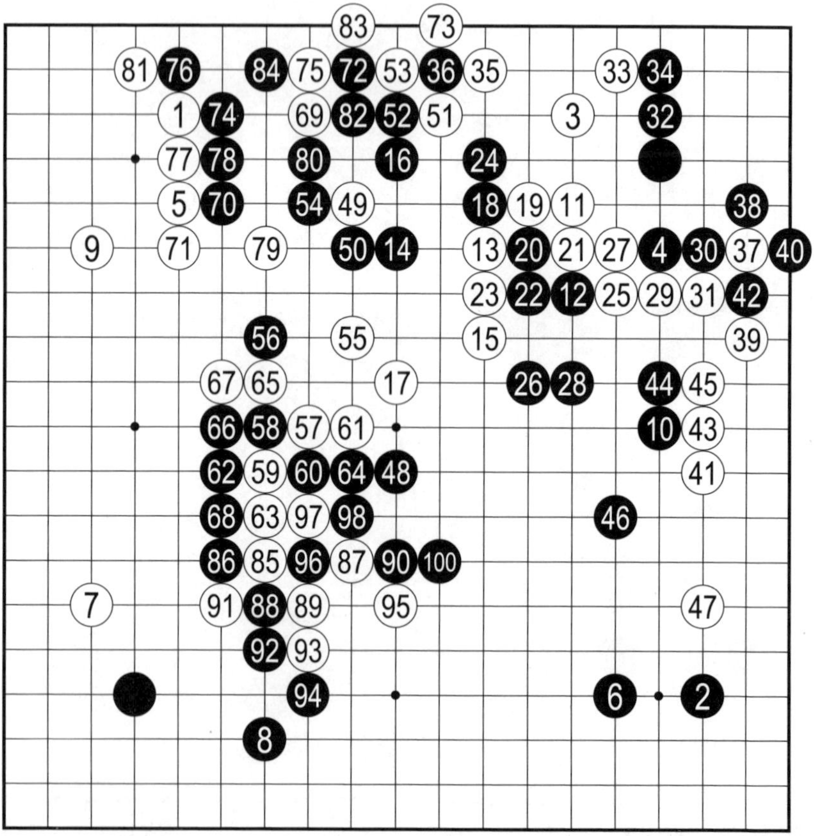

99 = 96

（1–100）

白方　陈祖德 九段

黑方　俞巍巍（受二子）

白101、103好形。黑104应在116位抱吃，可稳保优势。至110，黑一心追杀白棋，然而上边尚未完全活净，留有巨大隐患。白115错过良机，如在153位长，接下来117位杀黑上边和160位扳，黑难以两全。黑116补回，长舒一口气。白121先在122位冲更好。白135虽是先手，但棋形较薄，影响杀黑上边。白137和黑138各自做活达成妥协，形势黑优。在此后的进程中，黑始终保持着优势，白未能找到逆转的机会。（谢赫）

共206手　黑胜$1\frac{1}{2}$子

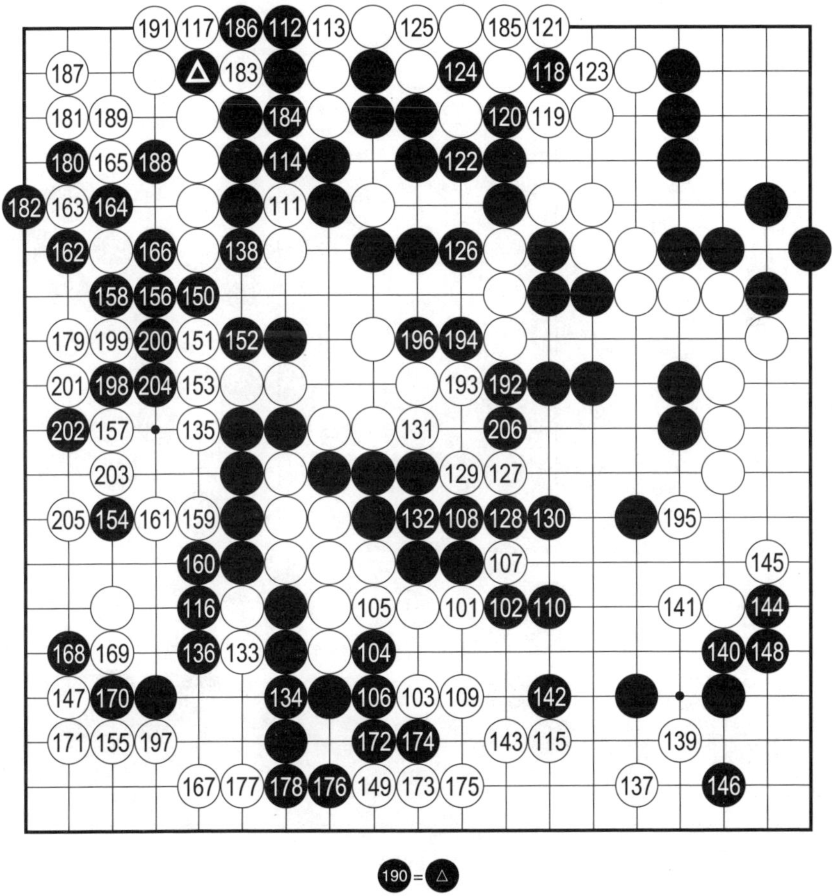

（101–206）

时年45岁

一九八九

◎ 8月2日，陈祖德参加业余和专业升降对抗赛，让三子击败了韩念文5段。9月13日让四子负于邢印达6段。10月6日让邢6段三子亦负。

◎ 10月21日，陈祖德、聂卫平被选为杰出教练员。

◎ 12月26日，陈祖德参加上海举办的嘉定名手快棋赛。对战刘小光九段并取得中盘胜，这是复出职业比赛的第一局。

薛志春　整理　　　　**华以刚　审订**

1989 年 8 月 2 日弈于北京
晚报杯专业业余升降对抗赛第 10 局

白方　陈祖德 九段

黑方　韩念文 业余 5 段（受三子）

白 9 意在求变。白 11 可在右一路虎。黑 12 可在 13 位出头，看轻角地。白 17 是让子棋下法，瞄着 23 位搜根攻击。黑 54 如在 69 位补活，目数更好。白 55 在黑的薄弱处施展手段。黑 60 应在 65 位夹。黑 64 应在 63 左一路尖，白 95 右一路挡，黑 95 位断。至 67 的结果白方颇有收获。黑 80 不简明，应在 81 位断。黑 90 如在 98 上一路跳补更好，可照应左边黑子。白 91 打入，黑较为薄弱，局面趋向复杂是白方乐见的。（谢赫）

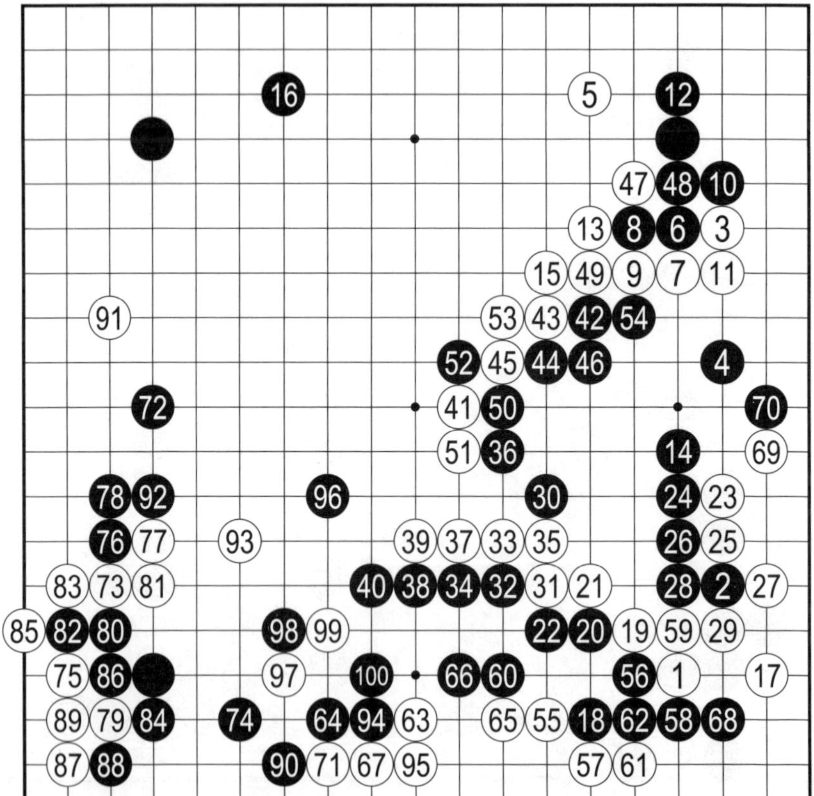

（1–100）

白方　**陈祖德** 九段

黑方　**韩念文** 业余 5 段（受三子）

黑 114 应在 115 位长，白如 131 下一路冲，黑弃掉中央四子较为简明。白 117 如在 114 上一路挖，黑难办。黑 126 应在 129 位接。白 131 似有误算，应保留。黑 138 是明显的问题手，应在 139 位拐。白 151 如在 154 位拐更简明，黑苦战。黑 154 贴下必然，局面复杂，白的风险也很大。黑 162 至 166 败着，应在 167 位贴，白 179 位长，黑 187 位接，由于白右上一块也很薄，黑还有机会。白 167 拐后，黑对杀不利，全军覆没。（谢赫）

共 201 手　白中盘胜

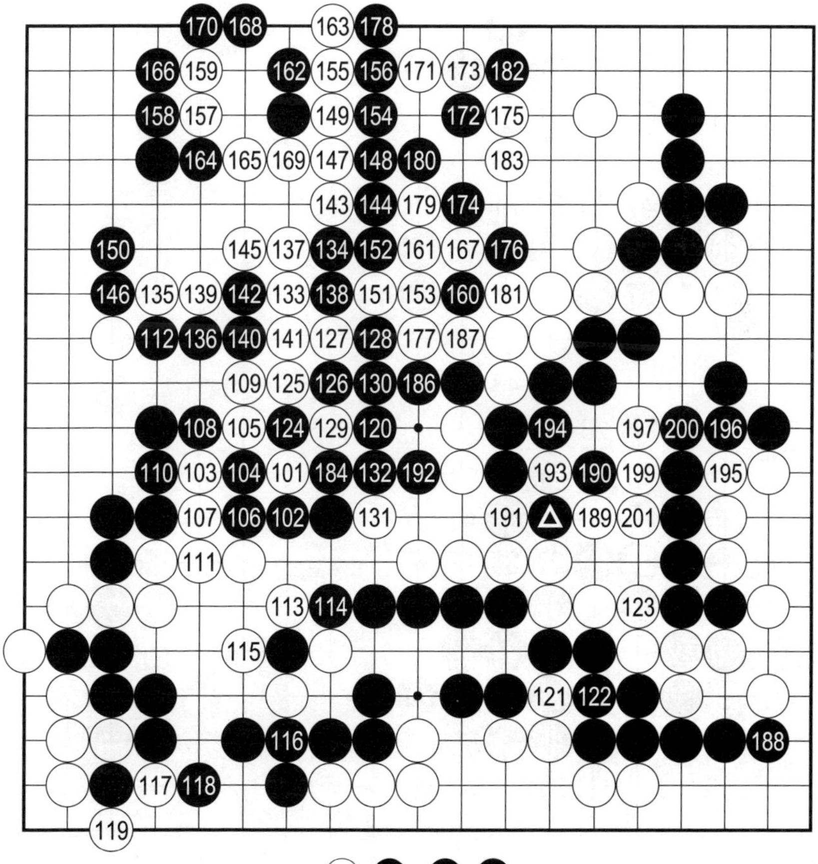

185 = 124　198 = △

（101–201）

1989年9月13日弈于北京
晚报杯专业业余升降对抗赛第11局

白方　陈祖德　九段
黑方　邢印达　业余6段（受四子）

黑10应在3上一路断。至15是老定式，黑亏损。白17、19动出有力。白25可在34位接。黑38、40算路准确，至42黑保持优势。白45继续发起攻势。白71应在73位打，黑如71位断，白提劫，则进入白方欢迎的复杂局面。黑80弃掉中央五子，大局清楚，黑简明优势。（谢赫）

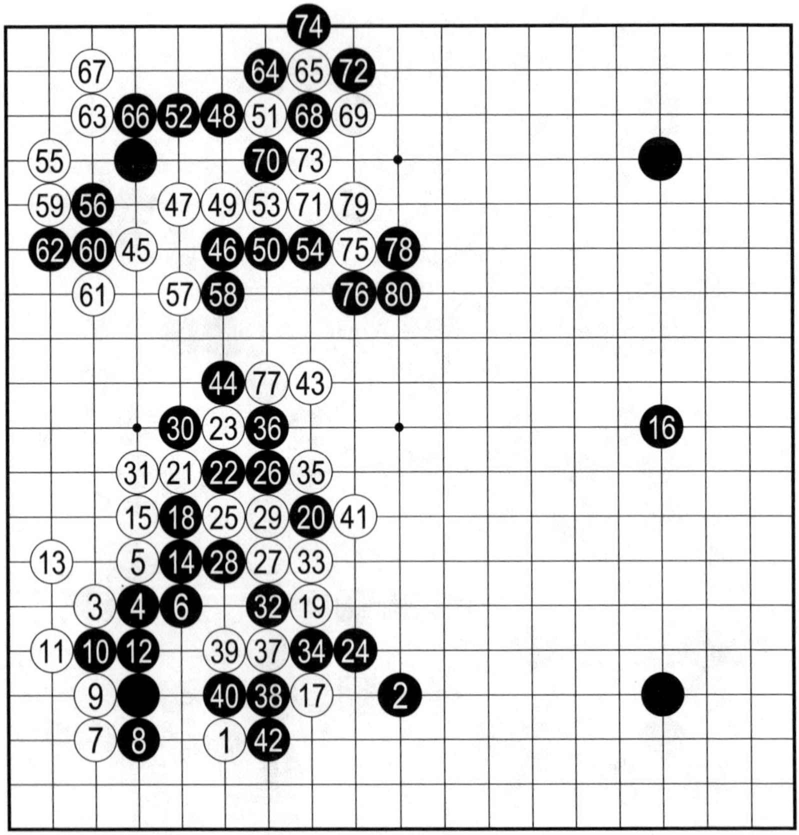

（1–80）

白方　**陈祖德** 九段

黑方　**邢印达** 业余 6 段（受四子）

白 115 好手，优于 116 位扳，保留了 117 位的点方。白 121、123 施展手段，然而黑方始终冷静应对，让白无机可乘。白 143 玉碎。黑 144 以下计算精准，取得完胜。（谢赫）

共 170 手　黑中盘胜

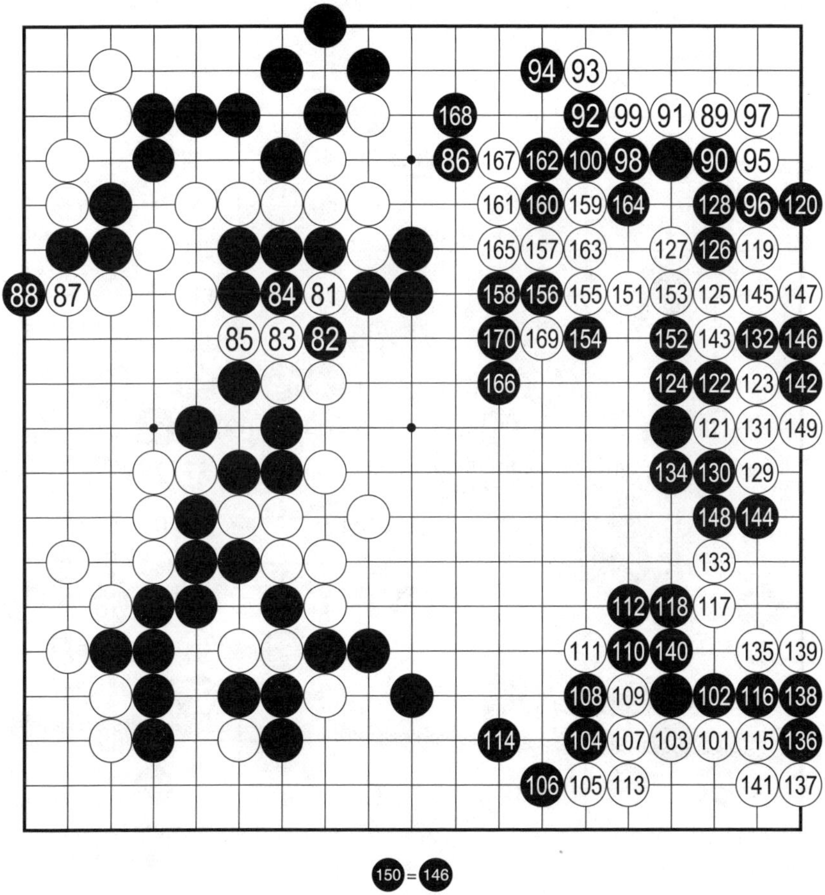

150=146

（81–170）

1989年10月5日弈于北京

晚报杯专业业余升降对抗赛第12局

白方　陈祖德 九段

黑方　邢印达 业余6段（受三子）

白9高挂，挑起战端。黑10至22堂堂正正。白29断，寻找头绪。黑34防守是简明的思路，至40黑保持领先。黑52、54有力。白65顶时，黑66是预先准备好的手筋。黑70、72主动出击，展现力量。白79可在91位冲弃角，白中央收获更大。至94转换，黑全局厚实，优势仍稳固。

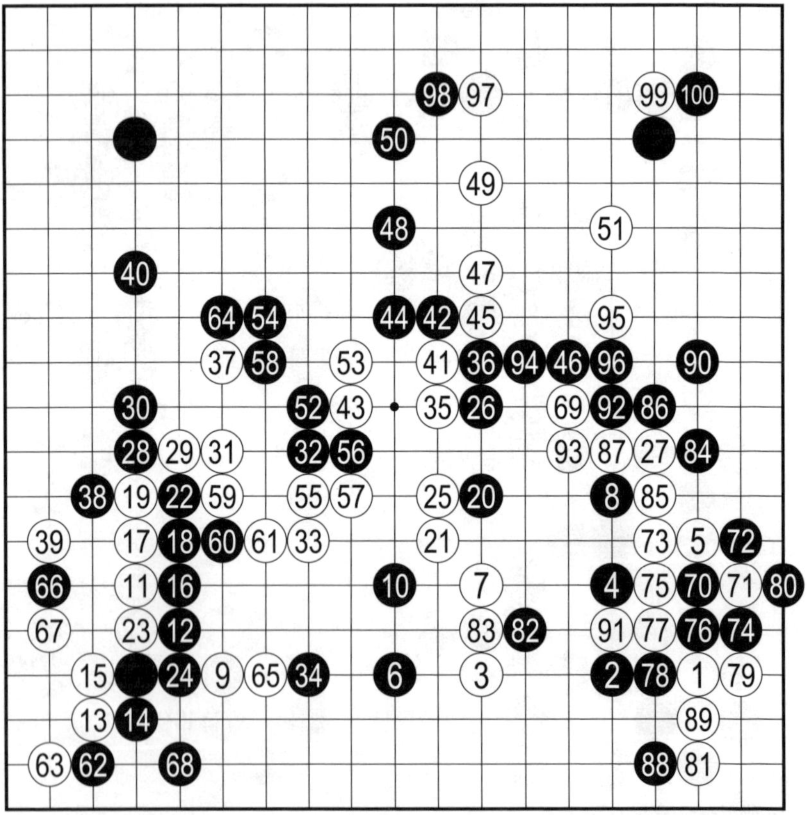

（1–100）

白方 **陈祖德** 九段

黑方 **邢印达** 业余 6 段（受三子）

黑 128 可在 143 上一路虎，更简明。白 133 只有在下边寻找逆转的机会。至 157 形成大转换，白方收获更大，但不足以逆转。此后黑始终保持优势。（谢赫）

共 184 手　黑中盘胜

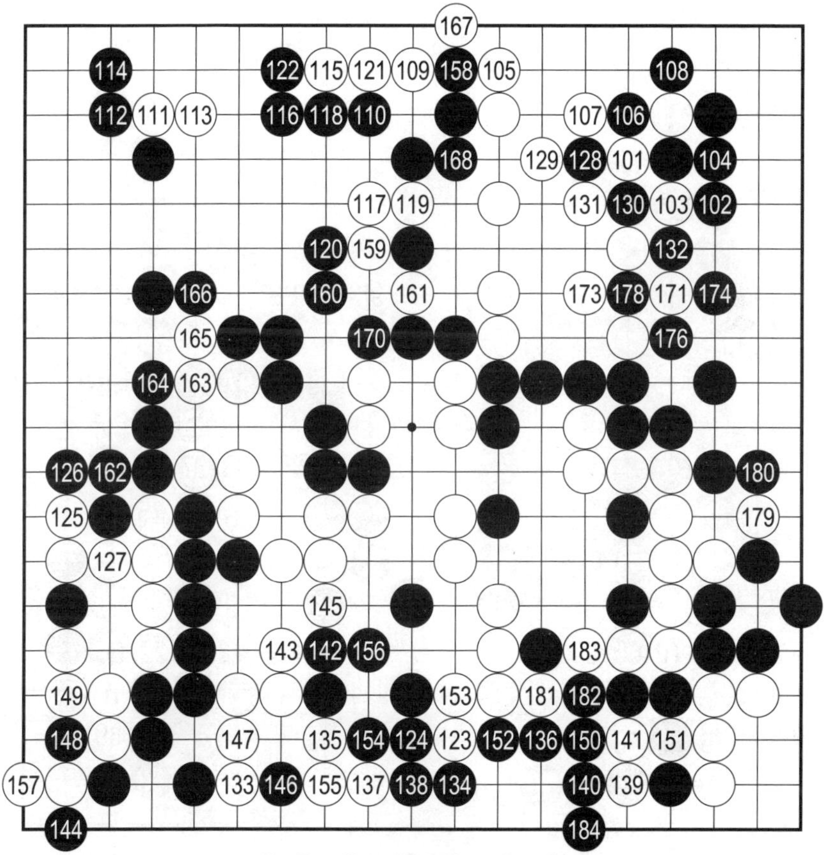

169 175 = 101　172 = 128　177 = 103

（101–184）

1989年12月26日弈于上海
嘉定杯围棋名手快棋赛

黑方 陈祖德 九段
白方 刘小光 九段

黑9是一种新颖的尝试，至19白比较实惠，黑全局配置也不错。黑25可单在27位跳。白28可在84位挡，让黑25和26的交换变损。白38高挂稍嫌损地，可考虑低挂。黑45、47浅消，进入持久战。黑53应在55位长，至61黑损地，而且白如在84位挡，黑空中味道较坏。白62稍缓，应在65右一路拦。白70应考虑在67左一路拼劫。至83白厚势不发挥，局面黑方开始领先。黑85、87是破空的好手。黑97意在99位穿象眼。（谢赫）

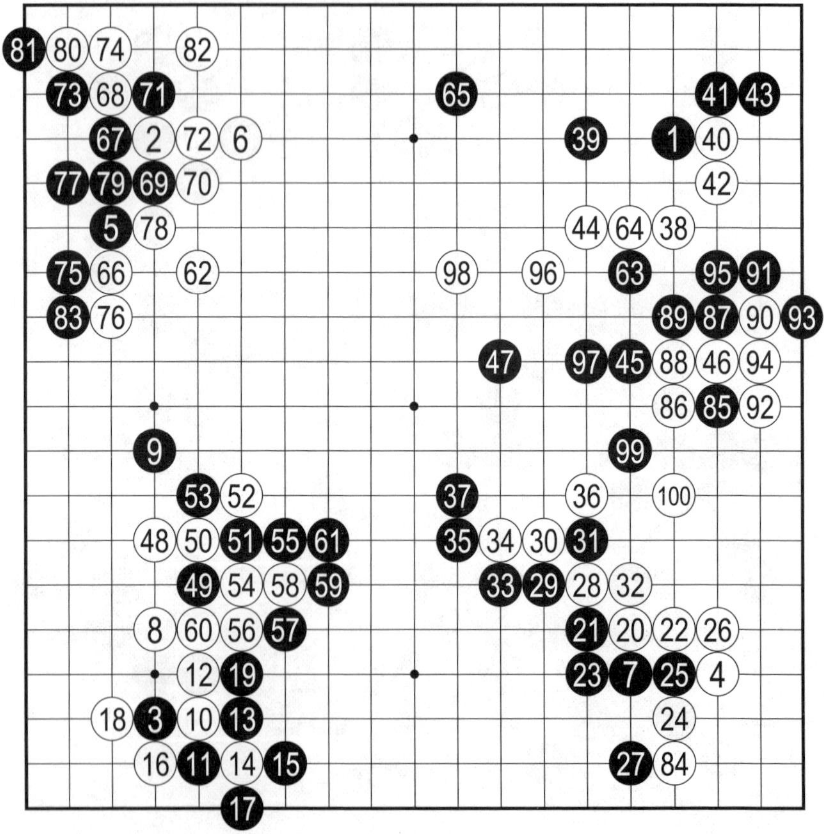

（1–100）

黑方　陈祖德 九段
白方　刘小光 九段

白106缓手，应在117上三路断，黑味道坏，白可以寻求目数便宜。黑107亦应在116位双。白122缓手，应在123上一路尖。黑123收官好手，打破常规的思路。白124委屈，还是应在125位打，提掉中央一子的价值虽然不是很大，却优于实战。至127黑优势愈发稳固。在收官的过程中，黑方下得滴水不漏，终局时黑盘面领先13目。

这盘棋是陈祖德老师因病退出棋坛近十年后复出的第一局，展现出很高的水准，令人敬佩。(谢赫)

黑贴$2\frac{3}{4}$子　共209手　黑中盘胜

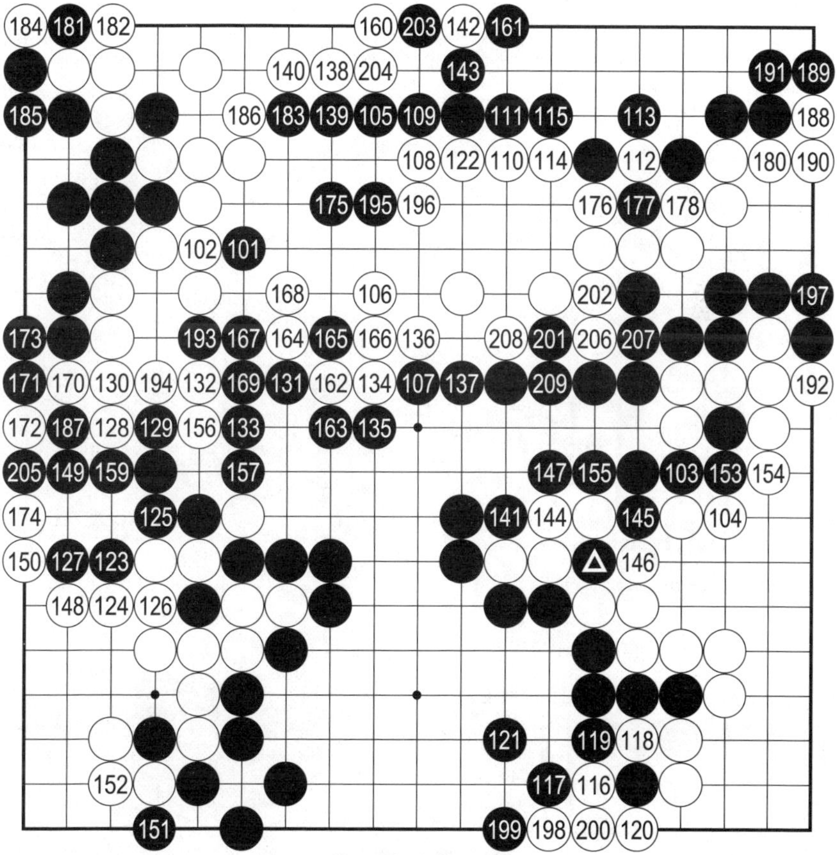

158=△　179=112

(101–209)

时年46岁

一九九〇

◎ 1月20日—24日，北京举办三棋全能超级大赛。陈祖德在围棋项目上击败李来群、刘文哲、胡荣华、简怀穗，负于老对手聂卫平。通算三棋成绩，简怀穗夺得冠军，陈祖德获得第五。

薛志春　整理　　　　**华以刚　审订**

1990年1月20日弈于北京
三棋全能超级大赛第一轮

黑方　李来群（象棋特级国际大师）
白方　陈祖德 九段

黑11过于局促，应在17位尖。黑15亦应在17位尖。黑21应在9左一路长。至29的结果黑大损。黑37应在30位接。白40如在35下一路消劫，局面大优。黑61稍损，可在62位挂。黑69、71有疑问，此处并非全局最大，可脱先在103位打入。白72挤，黑形状有缺陷。黑73应单在75位长。白76断有力，黑77应及时回头，脱先在103位打入。至86黑净死，损失太大。此后黑已无机会。（谢赫）

黑贴$2\frac{3}{4}$子　共150手　白中盘胜

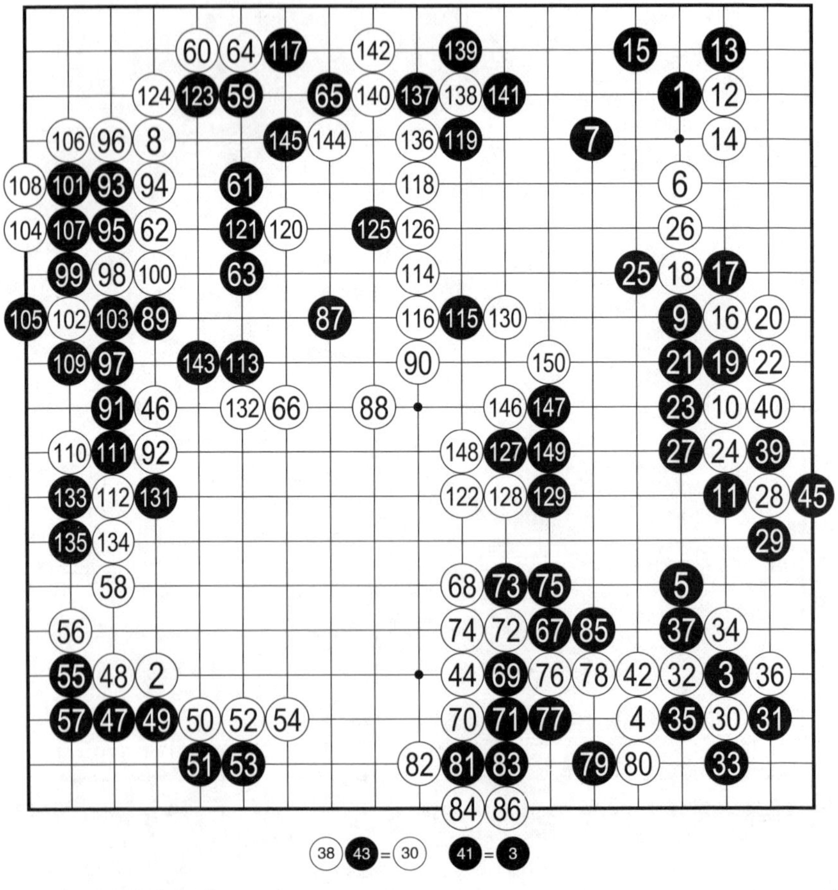

38 43 = 30　41 = 3

1990年1月21日弈于北京
三棋全能超级大赛第二轮

黑方　陈祖德　九段
白方　刘文哲（象棋大师，国际象棋特级大师）

白18稍损，应在24位断。黑23可在26位并，看轻15一子。白28如在48位连片是好点。白42过于勇猛，可在右下角点三三。白46俗手，应在45下一路扳。黑49如在52位贴，更简明。黑59可先在34左一路扳，瞄着在60位打。白60好形。白66断是俗手，应在87位扳。黑69冲出，白气太紧，吃65一子明显不便宜。白78本手是在98位补。黑85打入，白难办。黑93至97简明定型，形势黑大优。（谢赫）

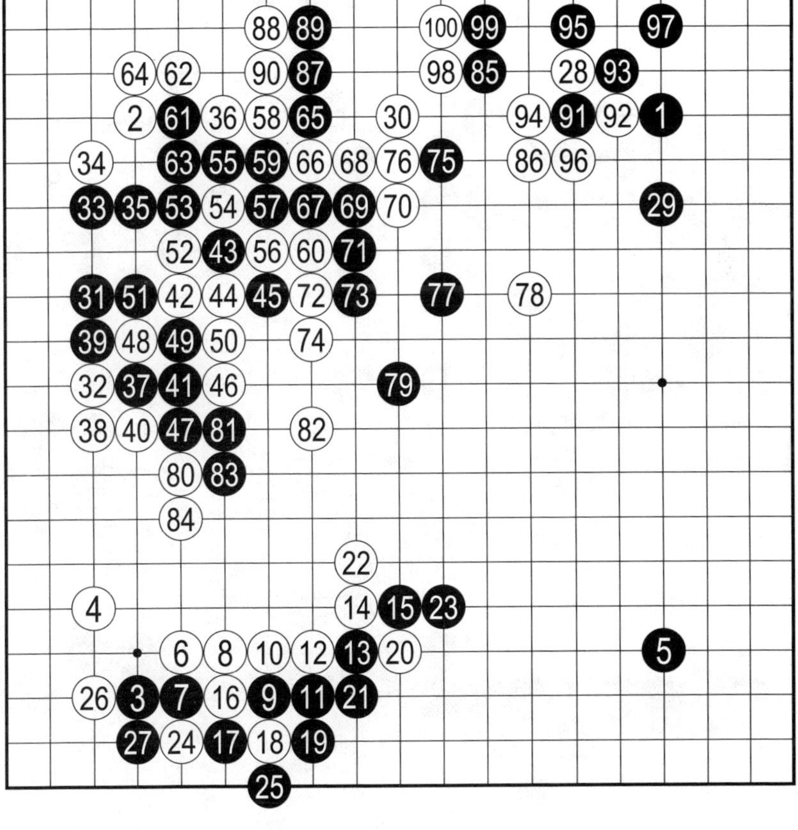

（1–100）

黑方 **陈祖德** 九段

白方 **刘文哲**（象棋大师，国际象棋特级大师）

黑 103 扎钉价值大。白 104、106 试图攻黑中央，难以奏效。黑 111 可直接在 113 位冲断。黑 115 极为稳健，如同胜利宣言。白 126 虽吃掉六子，黑方仍领先很多，白已无机会。（谢赫）

黑贴$2\frac{3}{4}$子　共 202 手　黑中盘胜

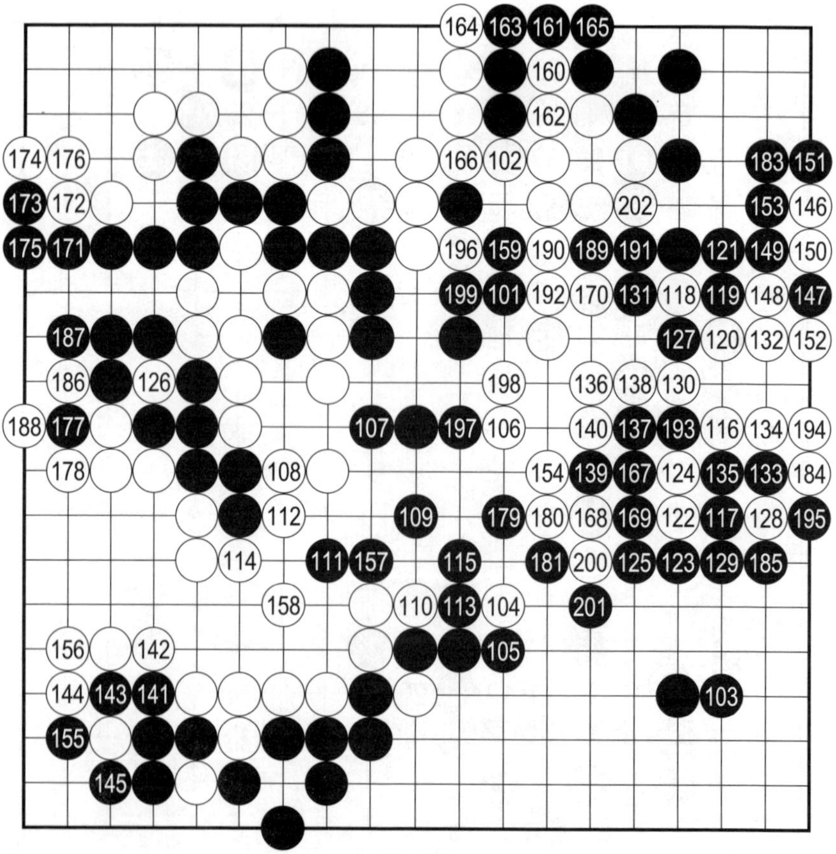

182=147

（101–202）

1990年1月22日弈于北京
三棋全能超级大赛第三轮

黑方　聂卫平　九段
白方　陈祖德　九段

白20打入，姿态积极。但白36有些恋战，此时可考虑脱先在上方行棋。白50、52是精彩的构思，同时给黑棋出了一道选择题。黑53应抱吃白50一子，白从57左一路扳出的战斗，黑周围厚实并不惧。白56应当是误算了，此处损失惨重，同时将黑棋撞厚。白受到形势影响，抑或认为局部不好处理，索性72抢了一手，但从事后来看，脱先终究还是过分了。以下黑通过攻击连续拔花，心情舒畅。白102迫不得已在黑的铁壁上行棋，败势已浓。白120对黑的弱点进行最后的冲击。黑123冷静应对，以下38位左两路跳下以及9位上一路冲断见合，白无功而返。（古力）

黑贴2$\frac{3}{4}$子　共135手　黑中盘胜

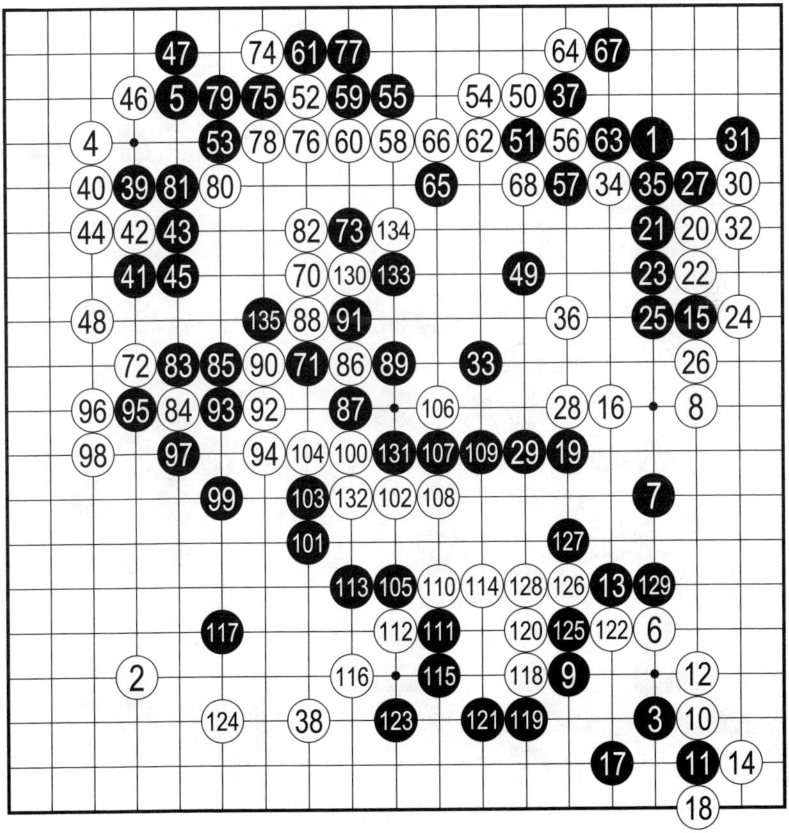

69 = 56

（1–135）

1990年1月23日弈于北京
三棋全能超级大赛第四轮

黑方　胡荣华（中国象棋国际特级大师）

白方　陈祖德 九段

至白12形成三连星对中国流的布局。黑13和白20互相挂入对方的阵势。白28试应手，瞄着点三三，此着也可暂时保留。黑31价值不大，可脱先在65位跳。黑35可在5左两路刺，白接后黑再35位靠。实战至41，黑虽然守住实地，却比较委屈，白方的外势收获更大。黑53碰入，白54判断清楚，白简明优势。黑67应在69位提。黑83胜负手。白92、94计算精准，黑左边一块已深陷险境。至白106，黑净死，难以为继。（谢赫）

黑贴$2\frac{3}{4}$子　共124手　白中盘胜

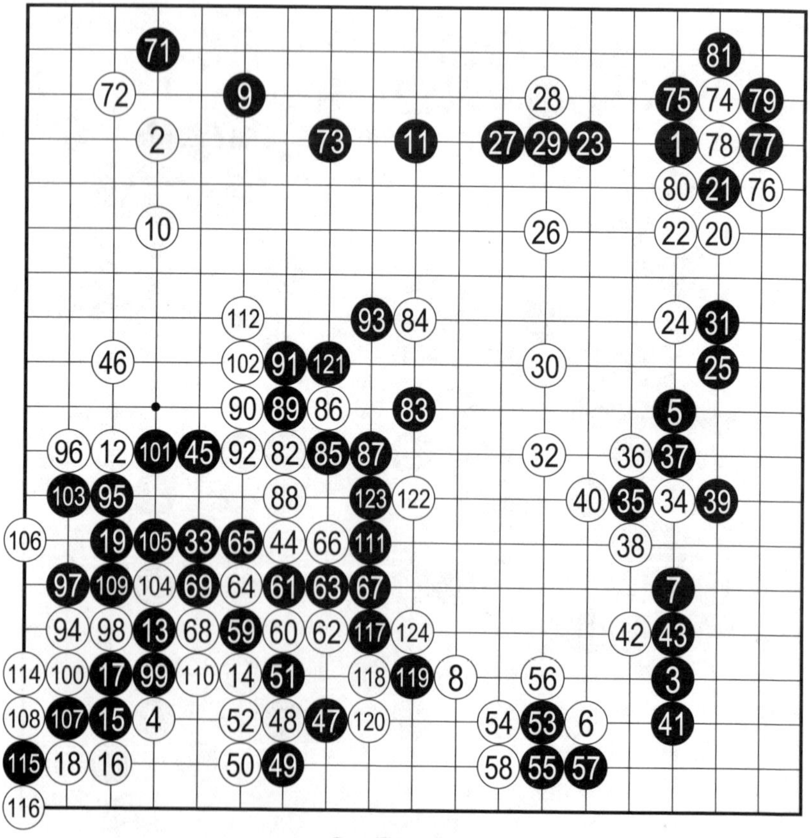

70=59　113=104

1990年1月24日弈于北京
三棋全能超级大赛第五轮

黑方　陈祖德 九段
白方　简怀穗

白12应在7下一路虎。白16应在右一路飞，看轻白10一子。白24应在63位拆。至25黑确立优势。黑29强手。黑31可单在33位长。黑37应在113位飞。至52的结果黑不便宜。白58应脱先在63位拆。白60失误，被黑61吃掉两子，大损。白62仍应及时回头在63位拆。黑63夹击，白苦战。白68如在92位大飞是好形。黑69要点。白76应在77位飞。虽难受，白80也只好在81位接。黑81接，白形状崩溃，已无力回天。（谢赫）

黑贴$2\frac{3}{4}$子　共127手　黑中盘胜

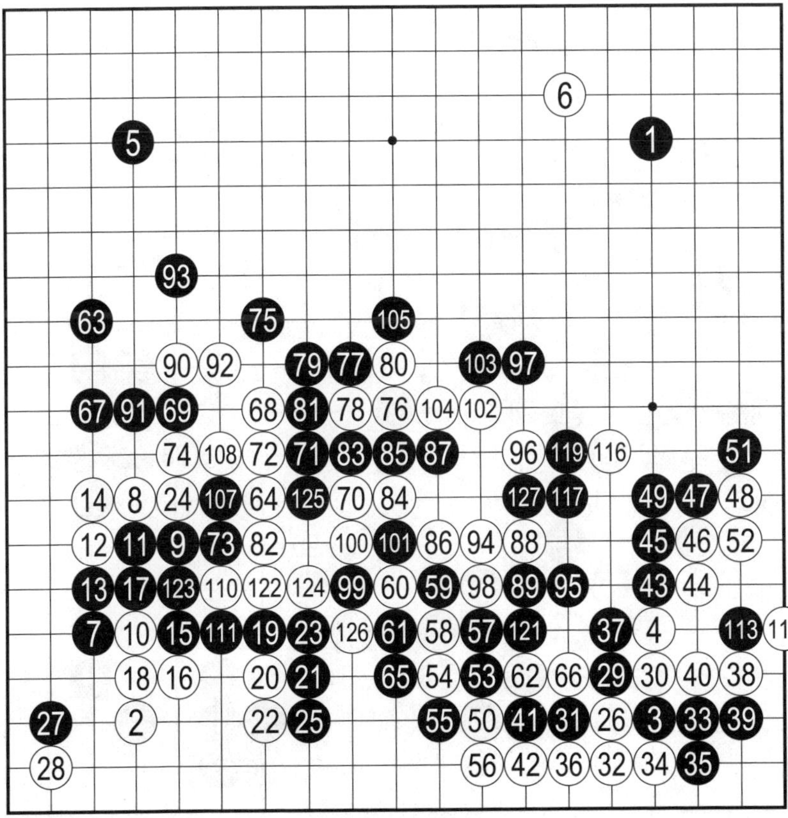

106 112 118 = 60　109 115 = 101　120 = 58

（1–127）

1990年2月3日
天元赛

黑方　张璇 七段
白方　陈祖德 九段

白8如今多在9位飞压。至20大致两分。白32断，开启战端。白38如在40位跳是本手。黑43可在45位打。白44可在46位虎。黑57如在60位打、先手长出后再走57更积极。白62看轻左上四子，大局观好。白70可在73右一路飞压。黑83应在7下一路长，白84扳吃收获很大，反观黑所得有限。白90可在87左一路靠，黑在89右一路挡，白在87上一路挖吃两子，更简明。黑91应在94下两路挂角，价值更大。至96是白方占优的局面。（谢赫）

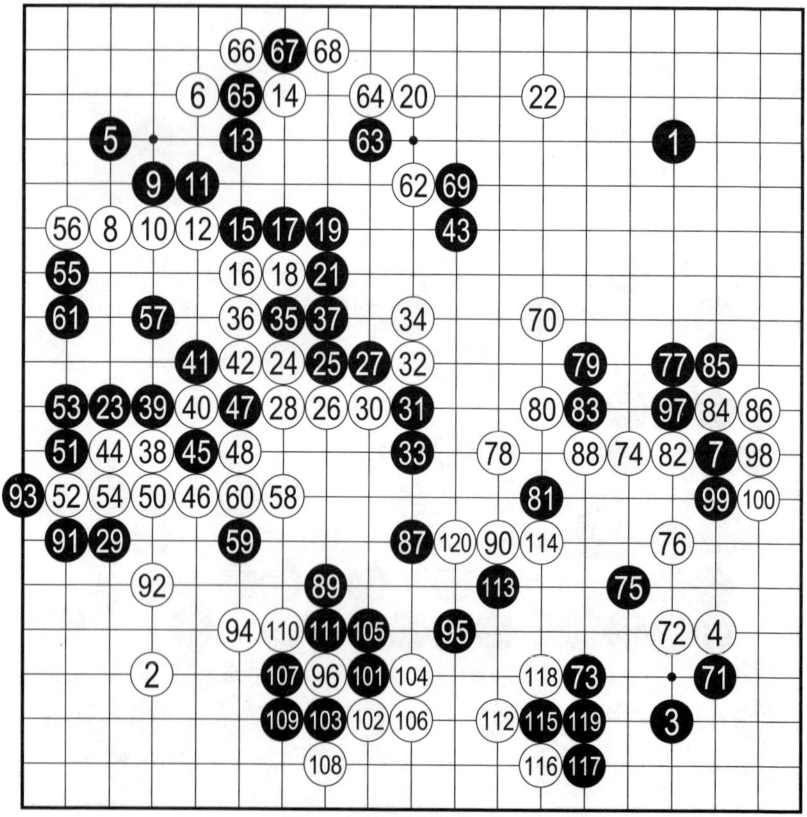

49=40

（1–120）

黑方　张璇 七段

白方　陈祖德 九段

白104如在107位长，可稳健保持优势。黑107抱吃，局面复杂化。黑113应在116位飞。白114可脱先在117位飞，价值极大。白126不如在127位长。黑131攻击，白大龙很苦，局面已是黑领先。黑141应看轻四子，脱先在181位吃，价值更大。黑157应在158位尖，黑简明做活可保持优势。白160败着，应在165位贴，黑如何做活变化还比较复杂，胜负尚难料。黑161、163好手，169吃白四子棋筋，黑优势稳固，白已无力回天。（谢赫）

黑贴$2\frac{3}{4}$子　共227手　黑中盘胜

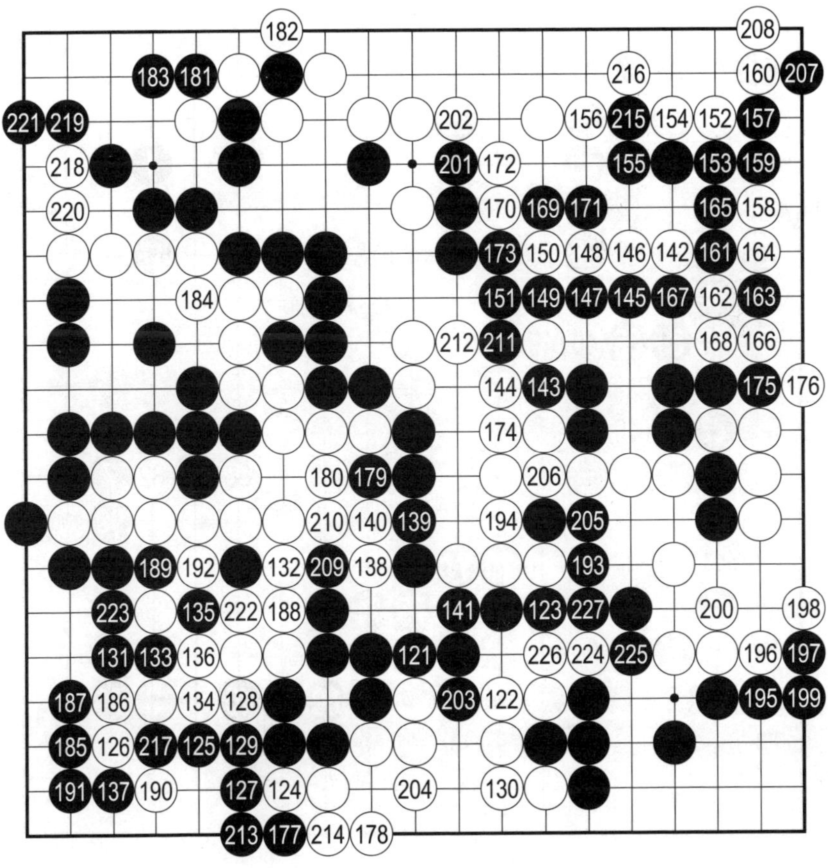

（121–227）

1990年3月7日弈于北京
第二届棋王赛预赛第一轮

黑方　车泽武 七段

白方　陈祖德 九段

白6是复古定式，黑11、13、15形成传统的“宇宙流”。黑21反挂灵活，值得推荐。白28、30强行开战，黑33再次转身，至53两块做活，不给白棋可乘之机。白54打入再度求战，但白58还是应该在62位补棋，黑59、61是关联手筋，先手杀白七子，获利巨大。黑67、69过于大方，局面又混乱了些。（牛雨田）

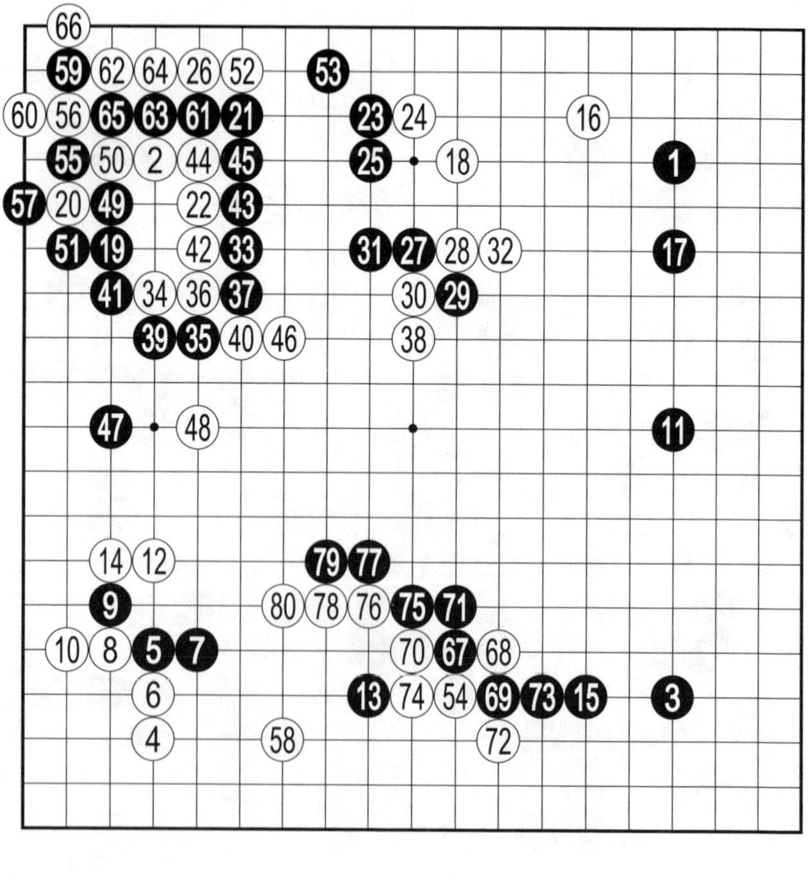

（1–80）

黑95走98位更厚，同样白100应走139位。白106有些过急，黑107、109冷静应对获得很多实空，先手抢到119，黑优势。之后通过右边打劫，至黑153吃掉白四子，确立胜势。（牛雨田）

黑方 **车泽武** 七段

白方 **陈祖德** 九段

黑贴$2\frac{3}{4}$子　共179手　黑中盘胜

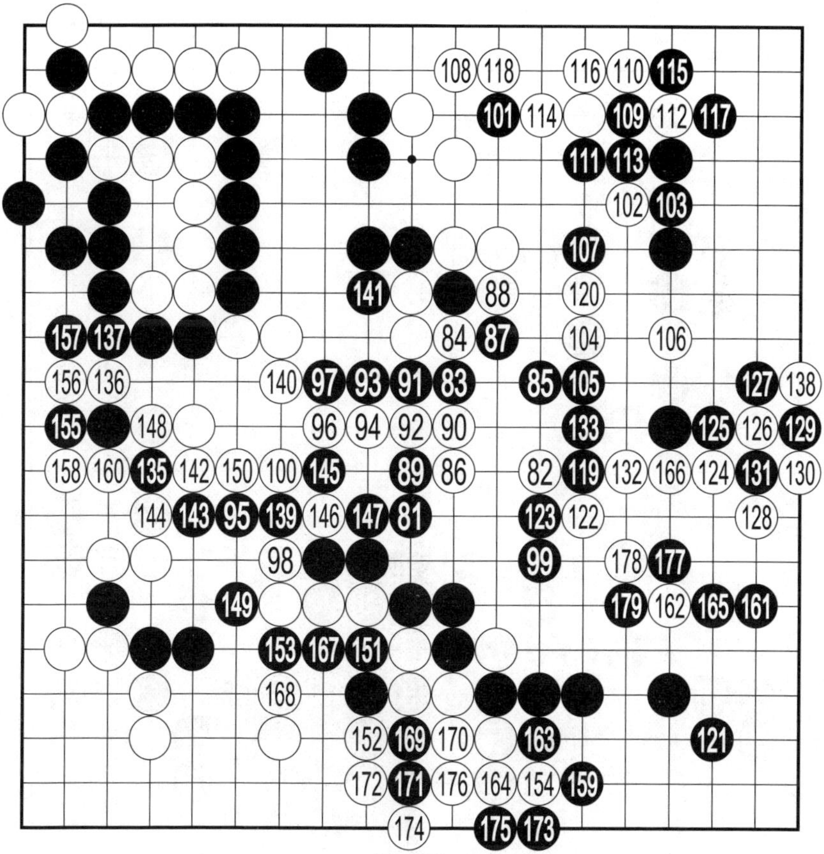

134=126

（81–179）

1990 年 3 月 25 日弈于华兰棋社

白方　陈祖德 九段

黑方　蒋丹宁（受二子）

黑 10、12 皆是宇宙流着法。黑 16 飞想利用周围子力优势，不过白 23 点角后，黑实地受损。黑 28 开始进攻，黑 36 是声东击西的好手。白 39 是绝好点，至 45，白大龙逃出，又破坏了黑空，形势逐渐追了上来。白 49 反攻黑棋，非常积极，黑 60 以下无奈做活，但应该先在 70 位打。白 69 机敏，黑棋围空的想法又破灭了。白 87 严厉，黑棋现在逐渐开始变薄，形势开始向白棋倾斜。（牛雨田）

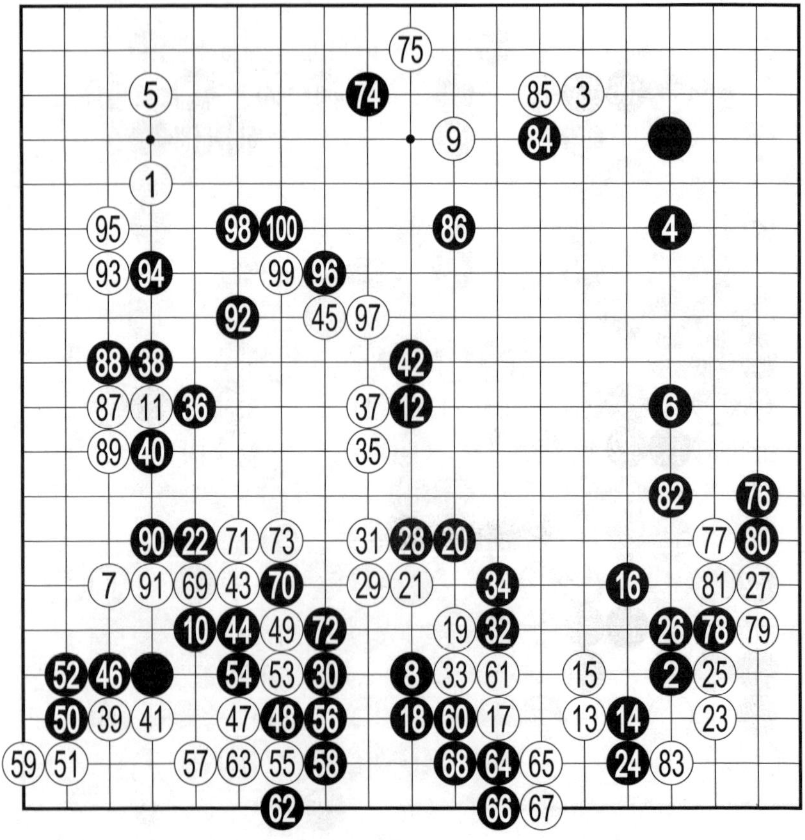

（1–100）

白方 **陈祖德** 九段

黑方 **蒋丹宁**（受二子）

白 105 靠入后，黑空又缩水。白 115 极大，143、145 是关联的手筋，至 173 确立胜势。（牛雨田）

共 193 手　白中盘胜

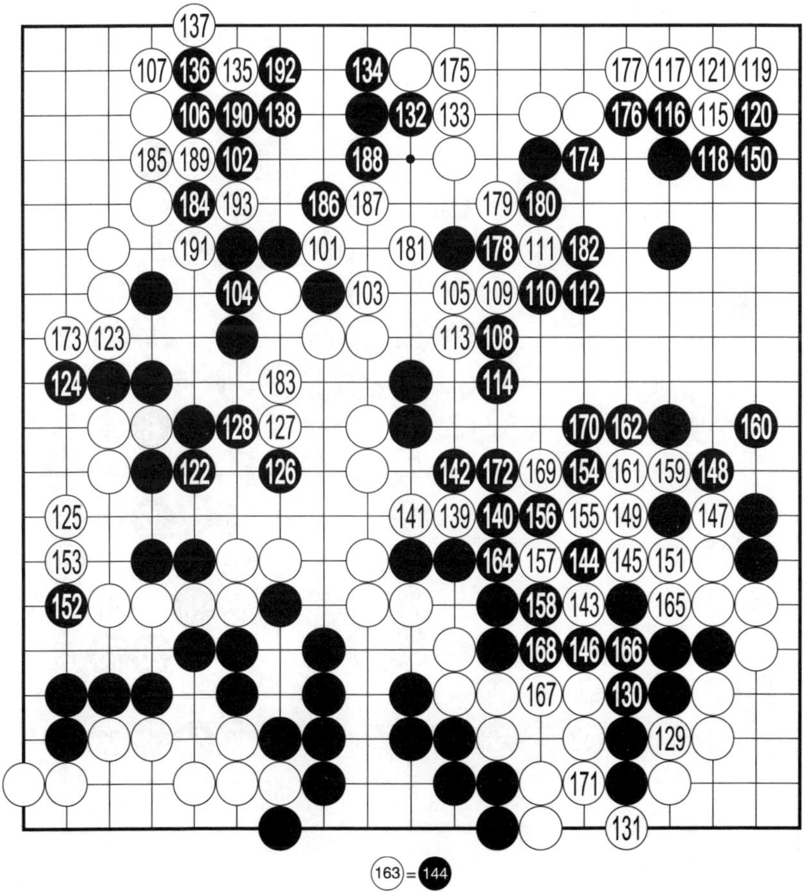

163 = 144

（101–193）

1990 年 9 月 13 日上午弈于兰州
元老杯赛第一轮

黑方　黄进先

白方　陈祖德

白 4 积极求战，白 12 能飞到并走到 14 可以满意。黑 15 小尖有些缓，应该占空角。白 26 占到角后，形势占先。黑 41 时机不好，中央还不活，遭到白 46 严厉的反击。之后白 54 飞出，弃子走厚。白 78 点入犀利，84 刺舒畅，黑棋危险。至白 112，黑大龙全灭。（牛雨田）

黑贴 $2\frac{3}{4}$ 子　共 112 手　白中盘胜

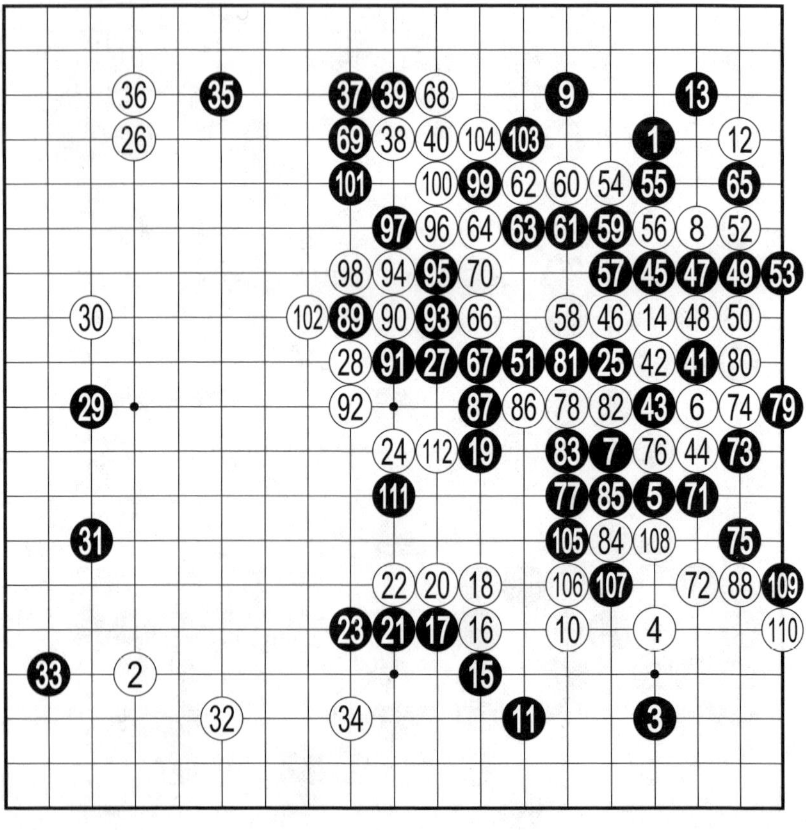

（1–112）

1990年9月13日下午弈于兰州
元老杯第二轮

黑方　陈祖德
白方　曹志林

布局很平稳，至白26，黑取实地，白取外势。黑27小尖徐图进入中央。黑39是好点，49极大。白72应消劫。白78、80判断有误，转换黑棋获利巨大。黑87开始全面反攻。白102以下滚包看似舒服，却不实惠。黑129胜利宣言。（牛雨田）

黑贴$2\frac{3}{4}$子　共149手　黑中盘胜

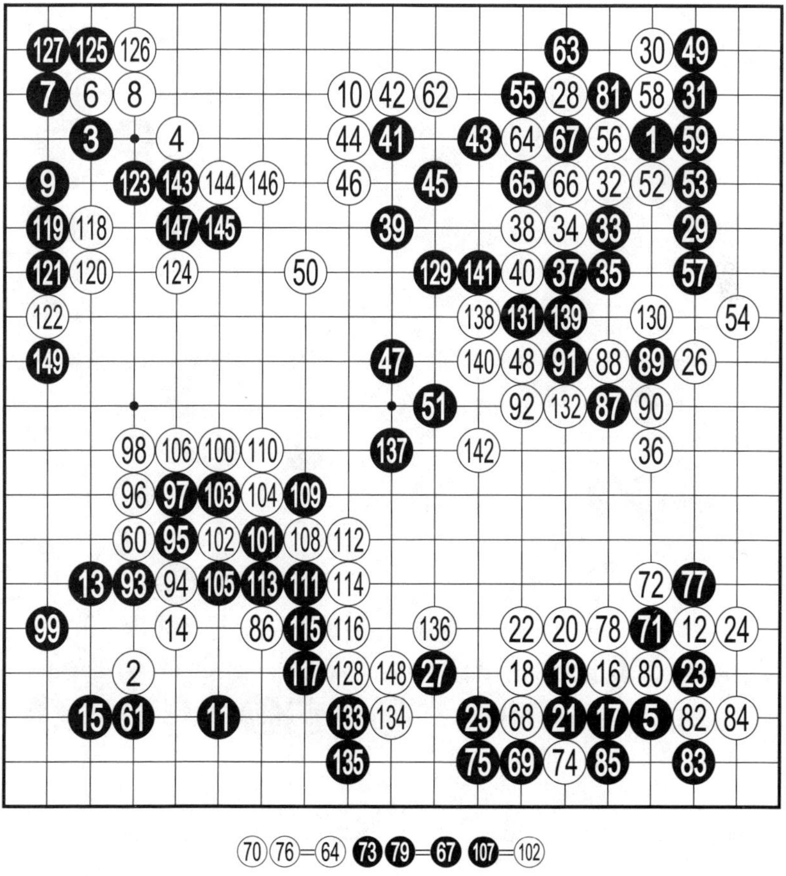

70 76=64 73 79=67 107=102

（1–149）

1990年9月14日上午弈于兰州
元老杯第三轮

黑方　华以刚 八段
白方　陈祖德 九段

白10如今多在14位托，至24是曾经流行的定式。白30可脱先在56位飞压。黑33如今多在83位托。黑37可在42位安定。白42搜根是进攻的要点。白52稍缓，可在7左两路镇。黑55、59形之要点，至69黑好调。白72打入是52的后续手段。黑73寻求简明处理。黑79点入，价值大。黑81稍缓，如在90位点，白于85位并，黑于81下一路尖，更积极。黑83至92的定型可保留。白94进攻时，黑95弃子走厚的思路灵活。黑101点时，白102有趣，以损1目为代价争得先手，走到104拆二。黑115是定型的好次序。（谢赫）

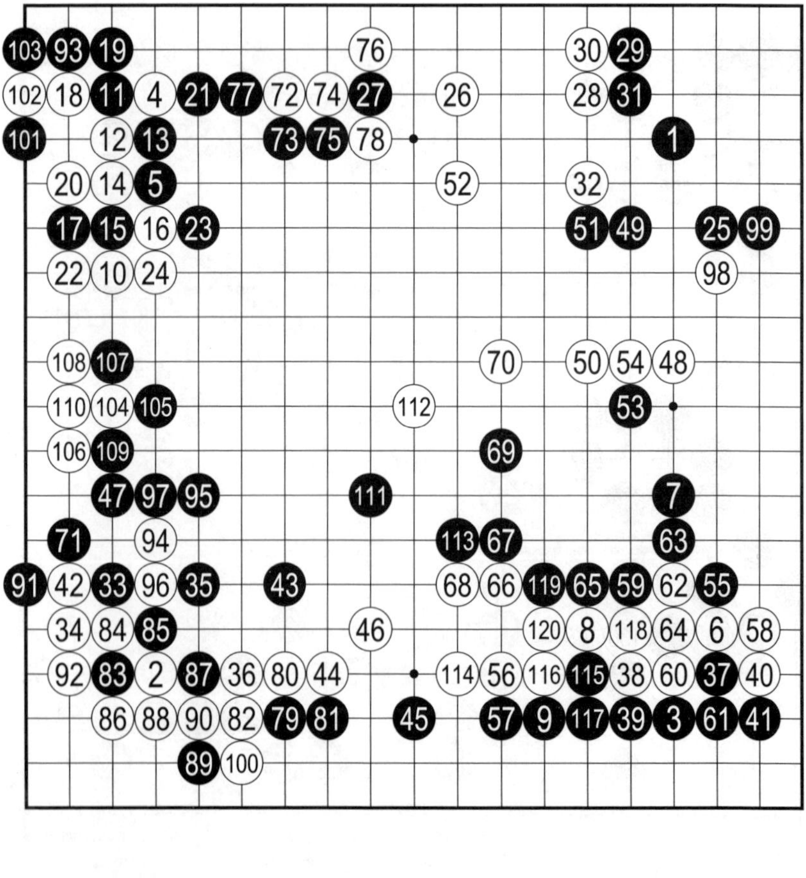

（1–120）

黑方 **华以刚** 八段

白方 **陈祖德** 九段

黑121过于稳健，可在122左两路跨断反击，变化更复杂，胜负尚难料。白122接，由于白方更厚，已是白稍优的局面。此后在收官的过程中，白保持领先优势直至终局。（谢赫）

黑贴$2\frac{3}{4}$子　共210手　白胜$2\frac{1}{4}$子

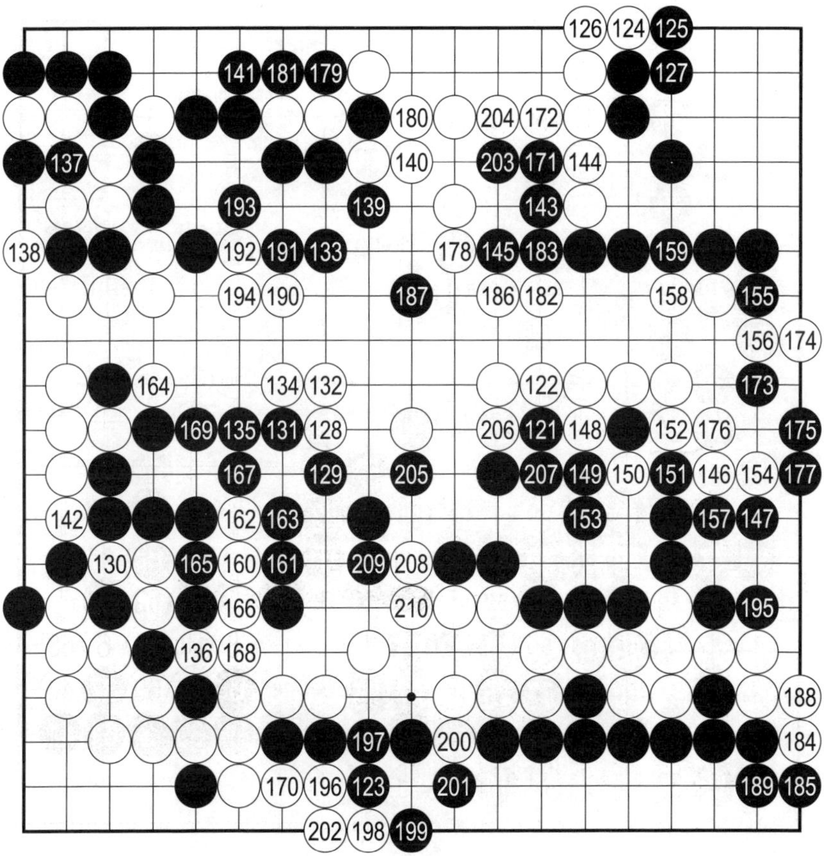

（121–210）

1990 年 9 月 14 日下午弈于兰州
元老杯第四轮

黑方　王汝南
白方　陈祖德

白 30、32、34 是整形的好手。黑 35、37 是关联的好棋。白 42 还是 43 接住较好。黑 53 有些缓。白 60 极大。白 66、68 是强手，不能让黑做活。黑 71 托是无奈之举，白 78 对此毫不妥协。白 80 扳起来后，再 88 断，至 100 大获全胜。（牛雨田）

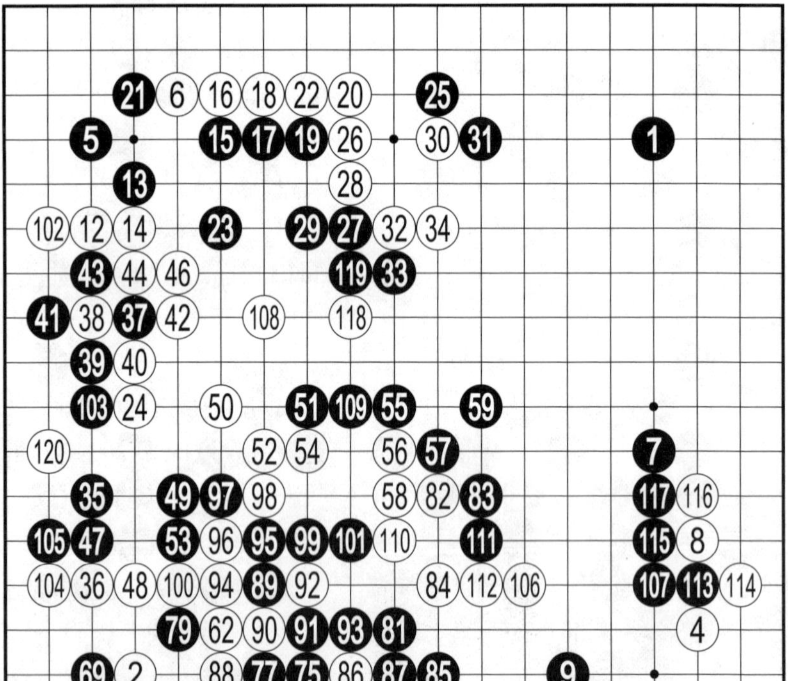

45 = 38

黑方 王汝南

白方 陈祖德

白120致命一击。黑127应走166位，还可打劫。实战白128后，局部成净死，只好围杀外面白棋，无奈是缓气劫，白棋右上成活后，胜势已定。（牛雨田）

黑贴$2\frac{3}{4}$子　共226手　白中盘胜

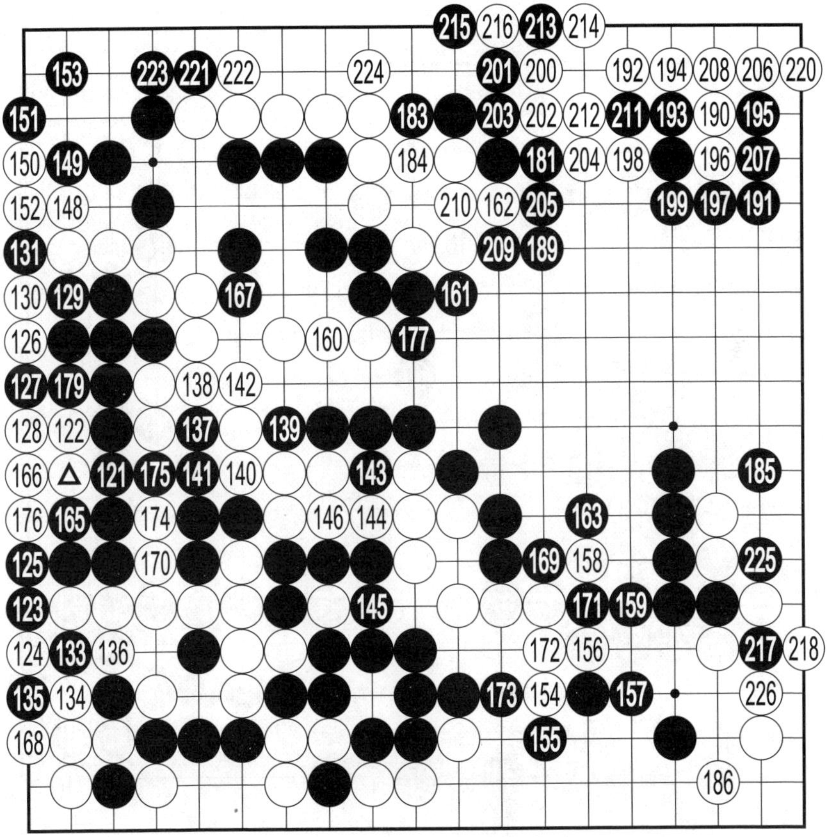

132 178=130 147=126 164=124 180=166 182=△ 187=131
188=122 219=213

（121–226）

1990 年 9 月 15 日上午弈于兰州
元老杯第五轮

黑方　陈祖德
白方　罗建文

黑 19 围住大空可以满意。黑 27 反击时，白 28 靠是灵活的好手，至 40 提掉一子可以满意。黑 43、47 有些过急。白 48、50 做劫好棋，左边的劫材非常舒服，至 64，白棋优势。白 70 尺度刚好。黑 71 打入再求战机，白 78 以下处理得当，至 102 全部做活，实空领先。（牛雨田）

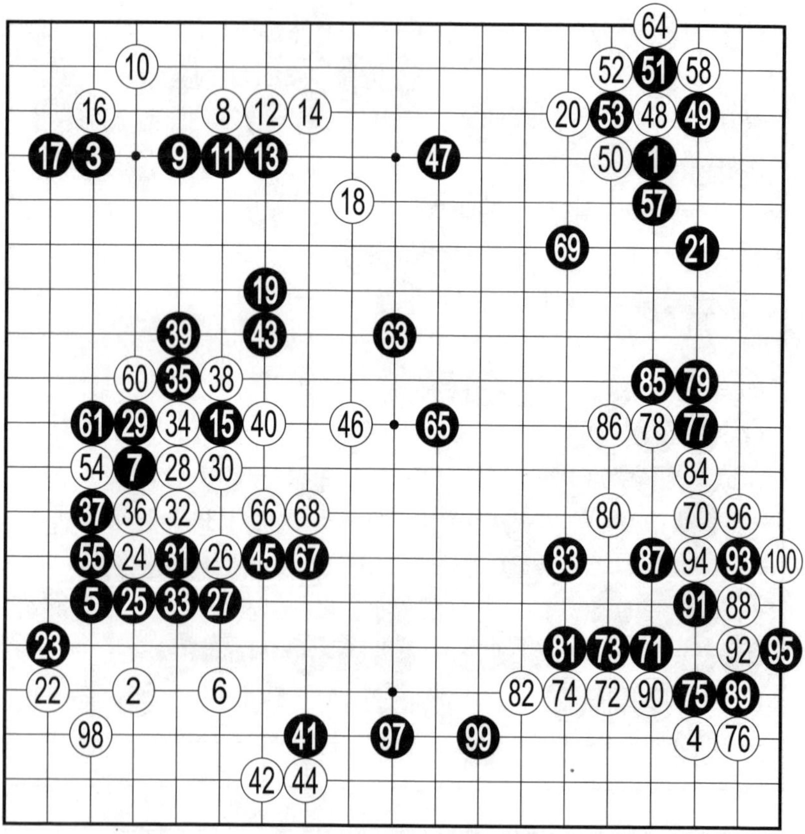

56 62 = 48　59 = 53

（1–100）

之后的战斗，黑 165 应该 171 位双，白 166 严厉，形成打劫，至 180 转换后胜定。（牛雨田）

黑方 **陈祖德**

白方 **罗建文**

黑贴2$\frac{3}{4}$子　共 184 手　白中盘胜

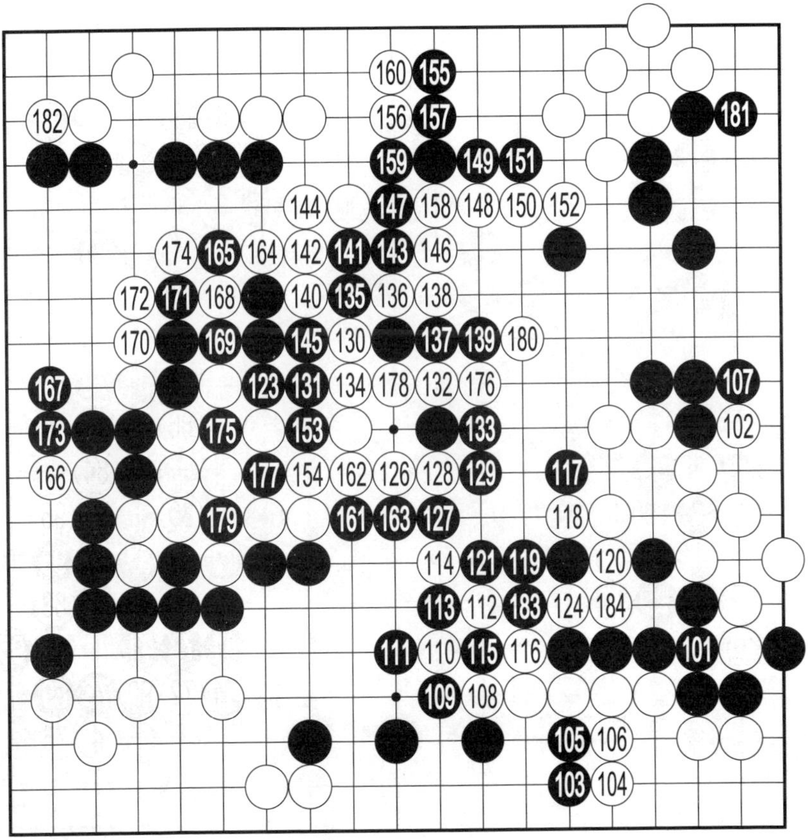

122=110　125=115

（101–184）

1990 年 9 月 15 日下午弈于兰州

元老杯第六轮

黑方　黄德勋

白方　陈祖德

白 20、22 是那时的流行下法。白 28 虎后棋形漂亮。白 40 开始攻击黑棋，打开局面，至 48 在右边形成模样。黑 49 靠强行破空，之后双方互不相让，形成劫争。白 88 是制造劫材的好棋。白 94 先围中央，获得优势。白 118 极大。（牛雨田）

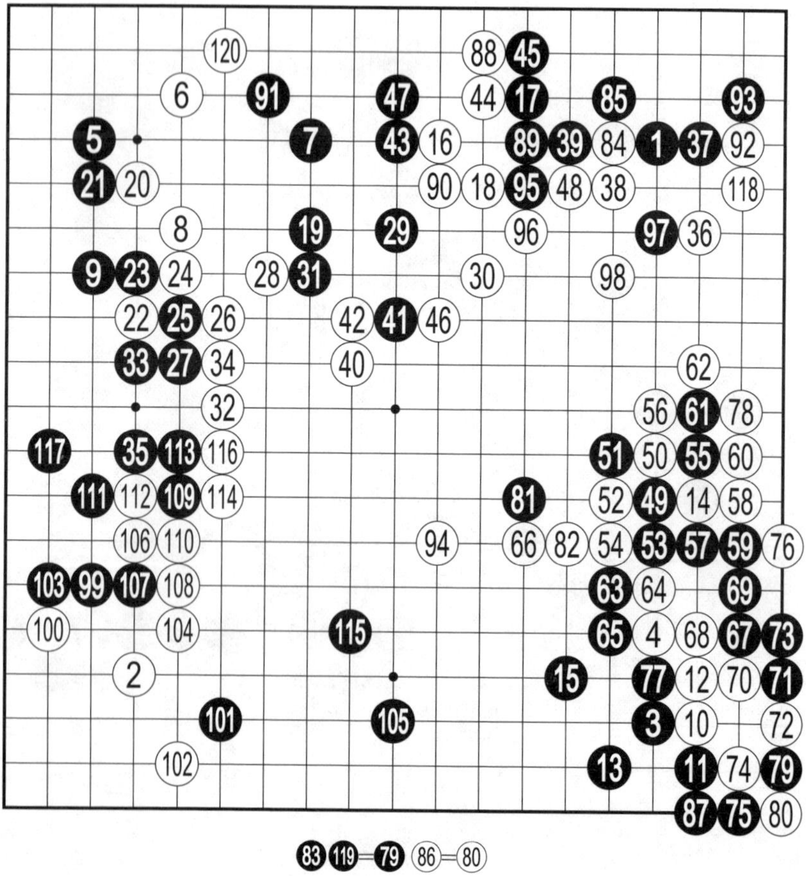

（1–120）

白 138 是后续手段，先手获利很大。白 162 主动放弃劫争，判断准确。至 178，白胜势。（牛雨田）

黑方 **黄德勋**

白方 **陈祖德**

黑贴2$\frac{3}{4}$子　共 248 手　白胜4$\frac{1}{4}$子

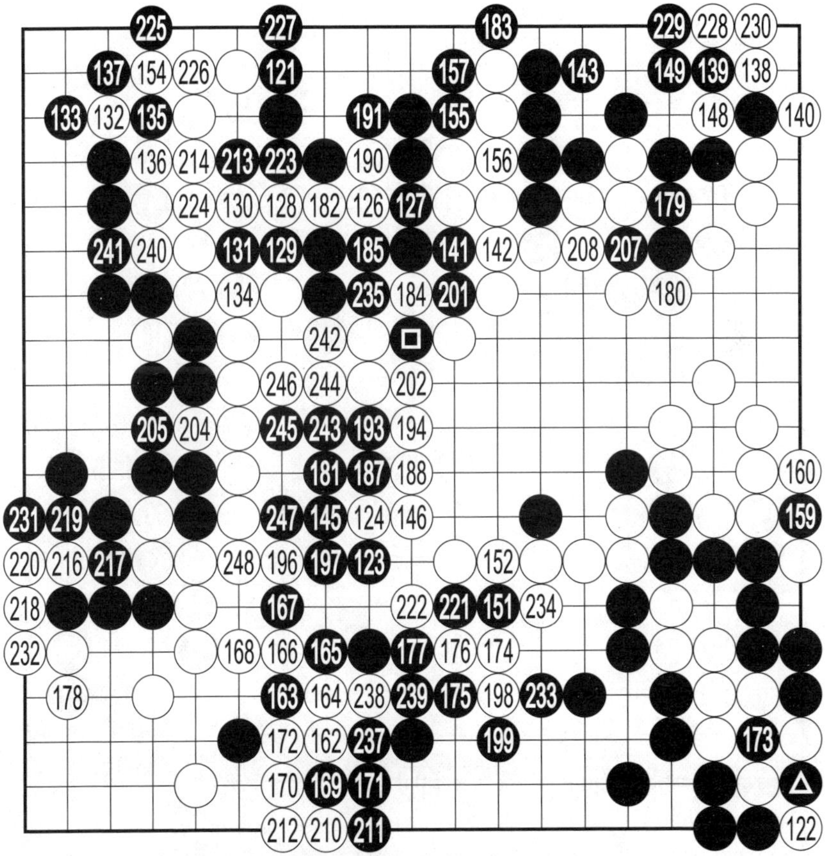

125 147 153 161 = △　144 150 158 = 122　186 192 200 206 215 = 132

189 195 203 209 = 135　236 = □

（121–248）

1990 年 9 月 16 日下午弈于兰州
元老杯第八轮

黑方　陈祖德

白方　赵之云

白 14 脱先不好，黑 15 极大。黑 23 断，展开战斗。黑 37 抢空很舒服。黑 41 先手整理好中间，调子极佳。黑 55 单跳形状优美，65 再夹攻白棋，处处占得先机。至 83，黑棋厚空多，非常好下。黑 105 是局部的好手。（牛雨田）

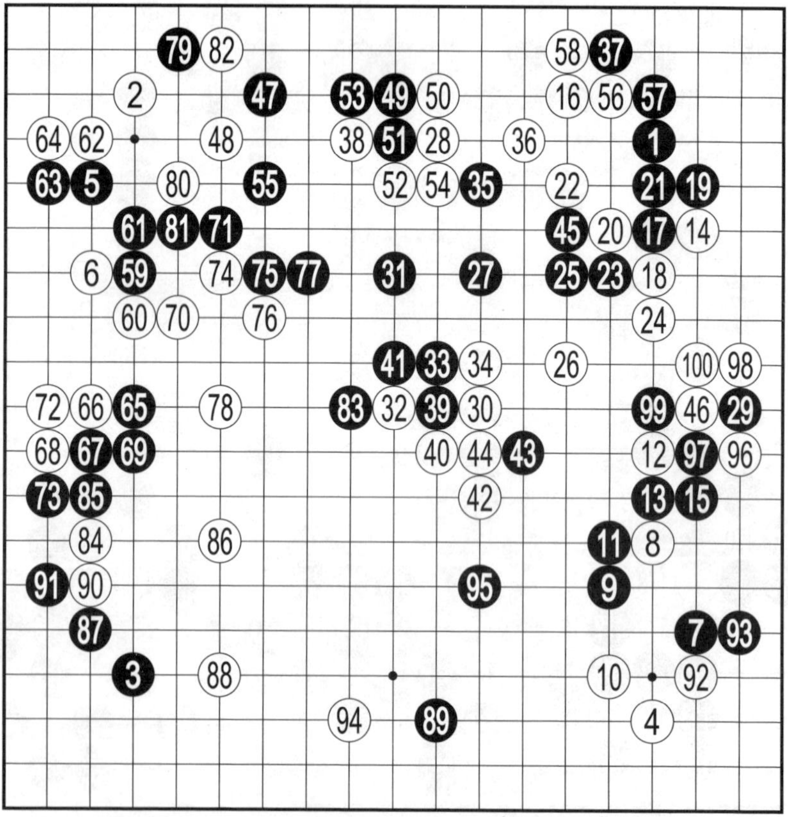

（1–100）

黑109也极大，带着白棋死活。黑121过后，黑棋全盘再无弱点，是完胜的好局。（牛雨田）

黑方 **陈祖德**

白方 **赵之云**

黑贴$2\frac{3}{4}$子　共193手　黑中盘胜

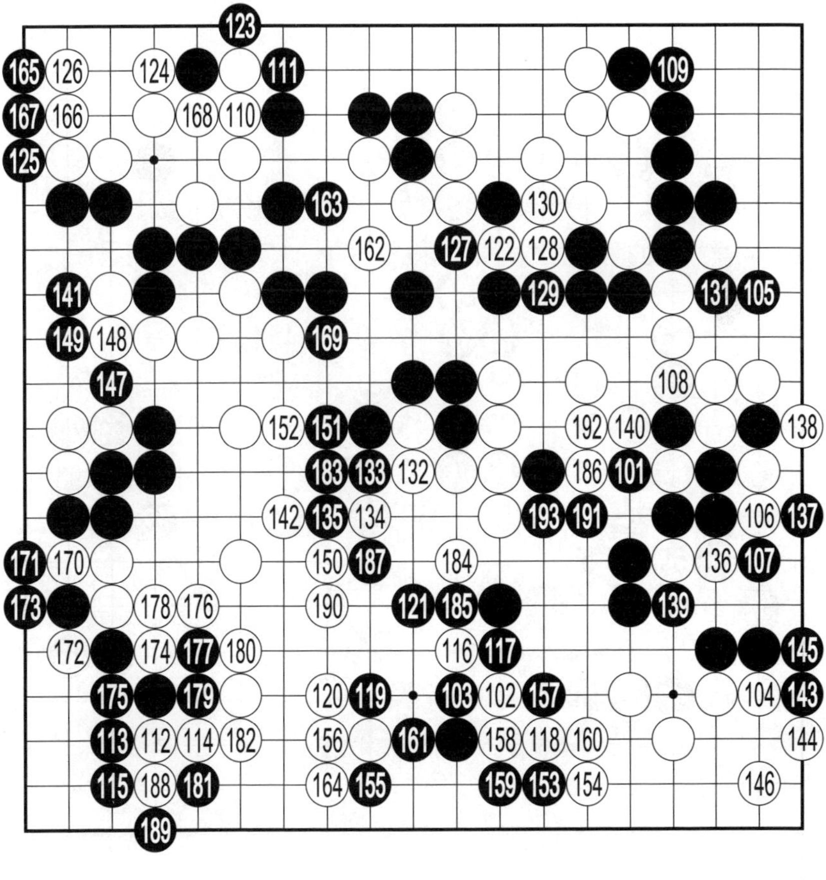

（101–193）

1990 年 10 月 16 日弈于北师大

白方　陈祖德

黑方　胡俊辉（受二子）

黑 38 棋形有破绽，应在 41 位顶，保证连络安全。白 39 靠断严厉，黑棋陷入苦战。黑 42 以攻为守，但非常危险，在让两子的局面下，还是应该先保证大龙的死活。黑 42 应在 35 左一路靠，留有后路，寻求做活。至白 51，成为两块大龙对杀的局面，黑两子的优势尽失。黑 52 重大问题手，应在 35 左一路靠，长气后争取杀气。至黑 60，黑棋落了后手，白大龙扬长而去，杀气已经不是悬念了。至 85，黑棋投了。（俞斌）

共 85 手　白中盘胜

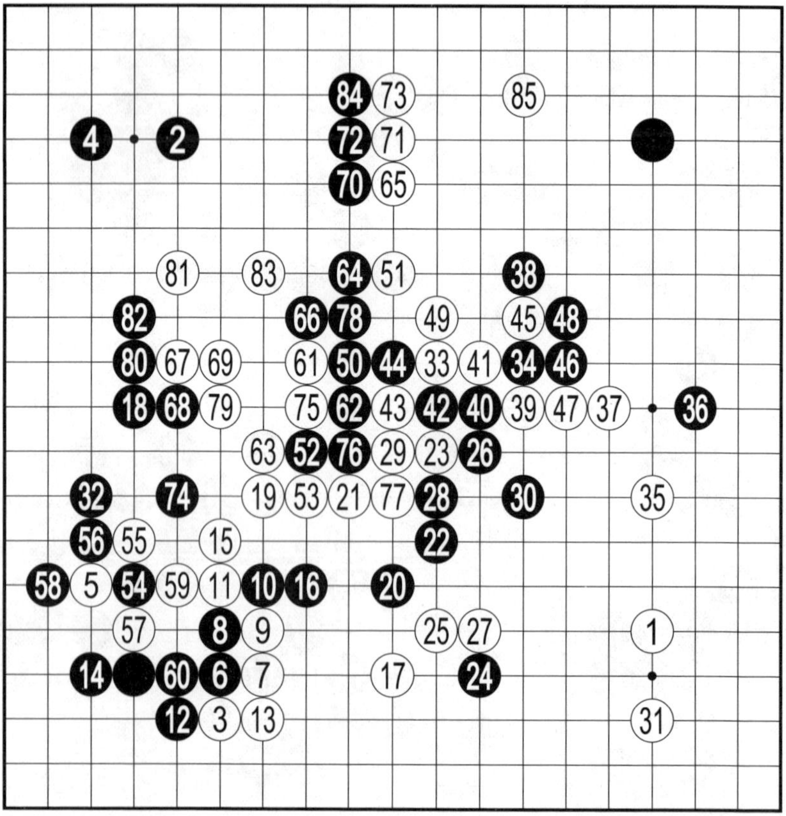

（1–85）

1990 年 12 月 25 日弈于无锡
飞达杯国手快棋赛第一轮

黑方　陈祖德

白方　邵震中

黑 19 价值小。白 20 打入后较为主动。黑 39 有必要在 80 位防守。实战黑分断白棋看似主动，但白 44 以下的搜刮严厉，至 64 白棋先手做活，黑攻击落空，形势白优。白 68 应在 112 位打吃，黑 113 位接，白 107 位，一手走干净。白 70 在 72 位也可以做活。白 100 在 172 位做活更好。

白 108 应在 110 位尖。白 118 做活过于保守，此时大龙并没有死活之忧，应在 121 扳粘抢空。白 118 应在 125 位顶。（俞斌）

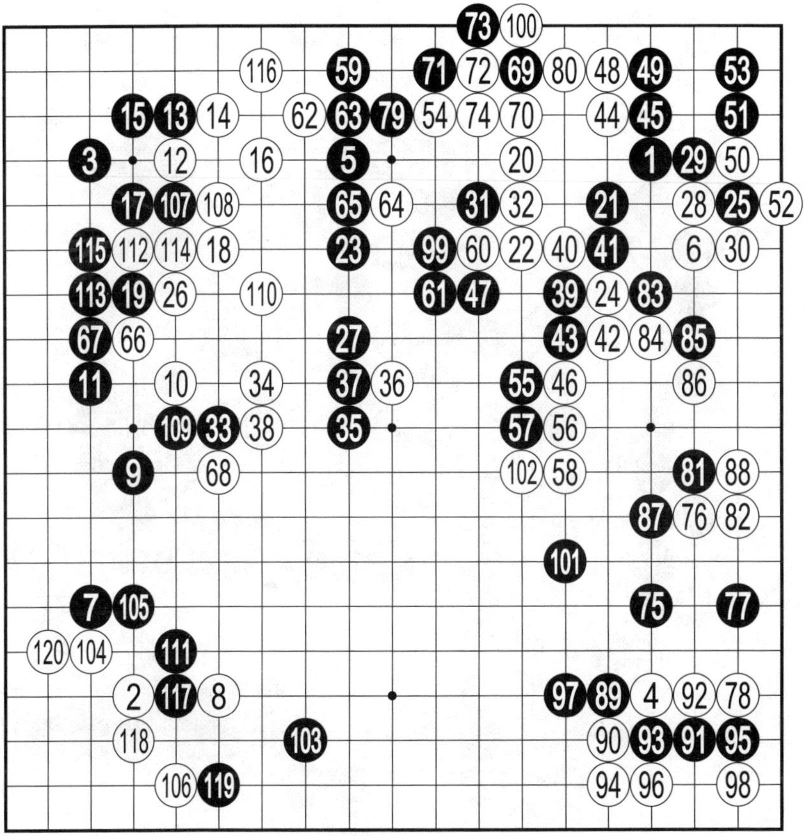

（1–120）

因为白连续的小错误，黑棋形势渐渐好转。白126应在左一路虎，此时形势已经非常紧张，必须争先抢占133处的大官子。黑抢到133位，实空已经领先。（俞斌）

黑方　陈祖德

白方　邵震中

黑贴$2\frac{3}{4}$子　共248手　黑胜$3\frac{3}{4}$子

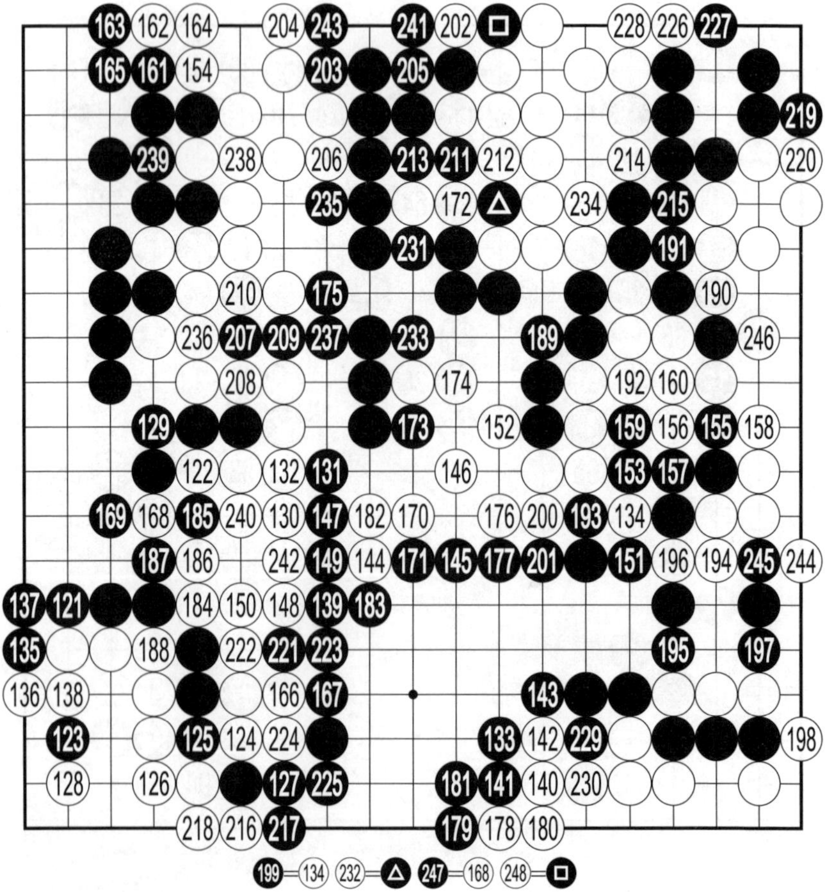

1990 年 12 月 27 日弈于无锡
飞达杯国手快棋赛决赛

黑方　陈祖德
白方　刘小光

白 90 接问题手，应该直接开劫，用 133 用作劫材，黑只能吃中央数子，白消劫后再获得 111 立，可确立优势。白 92 与黑 93 交换损，完全没有必要。黑 97 立形状完整，形势转为黑好。黑 111 应先在 18 右一路挤，与白 265 托交换，黑再 111 位渡过，交换一手影响白角部的死活，有利于未来对杀。黑 103 俗手，与 104 的交换弊大于利。黑 115、117 气合，白 118 挖断后，几块大龙绞杀，异常复杂。白 132 可考虑在 135 位团，是白棋有利的对杀。白 140 妥协，双方和平相处，形势接近。（俞斌）

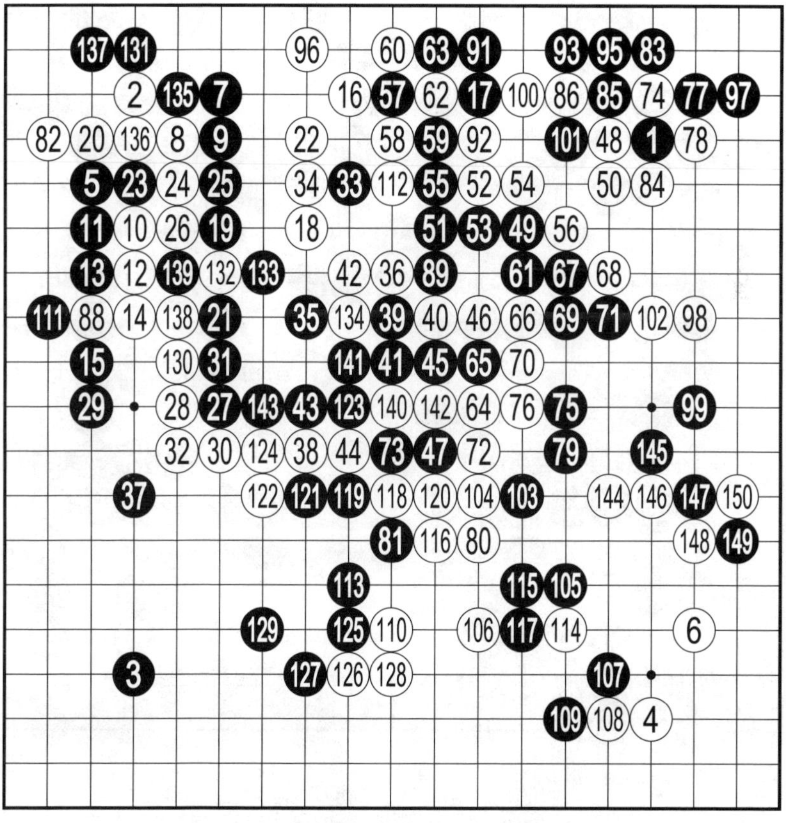

87=1　90=57　94=74

（1–150）

白156在185挡将是平稳的一局棋。白156抢一手，黑157以下杀棋，局面再一次紧急。白160应在202位打劫，局势仍然混乱。实战白大龙基本净死，一下子分出了胜负。（俞斌）

黑方　陈祖德

白方　刘小光

黑贴2$\frac{3}{4}$子　共279手　黑中盘胜

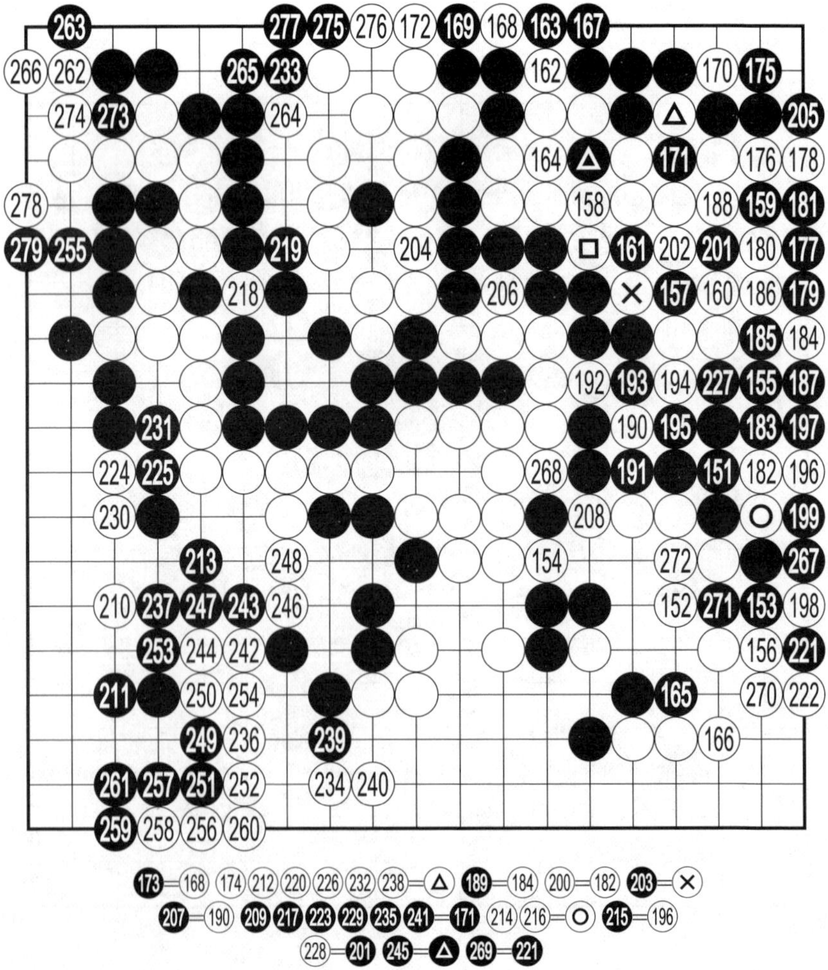

时年47岁

一九九一

◎ 2月1日，在北京中日围棋友好会馆举行“陈祖德从艺四十周年”快棋表演，中盘战胜马晓春九段。

◎ 2月5日—7日，第五届中国围棋天元赛举行。第一轮陈祖德淘汰张璇七段，第二轮负于聂卫平。

◎ 3月6日—10日，在第四届名人战预赛中，陈祖德接连战胜王磊三段、王洪军七段、刘菁四段、谭炎午七段，进入名人战循环圈。

◎ 5月25日—7月22日，在第四届名人战循环圈中，陈祖德第一、二轮连负于刘小光九段、俞斌九段。第三轮击败车泽武七段。接着连负聂卫平九段、吴肇毅七段、钱宇平九段和李豫川四段，被淘汰出循环圈。

薛志春　整理　　　　**华以刚　审订**

1991年2月1日弈于北京

陈祖德从艺四十周年快棋表演

黑方　陈祖德 九段

白方　马晓春 九段

黑19飞是陈老喜爱的下法。白22应脱先。白38过贪。白40恶手！此手应走36二间跳出，如此进行，黑不容易杀白。白42下法奇怪，仍应于55位托角。黑53应于115位挡，白54位提，黑56位接。实战黑59要接上很痛苦。白64失误，应于66位压。实战黑65、67好处理。白78贪小，应于155位进入。实战黑走到81位补，而白在右边又不能出棋，白已较难办。白84以下“安乐死”，此手应于102位强行进入中央。实战被黑93完封，白败势已无可挽回。（马晓春）

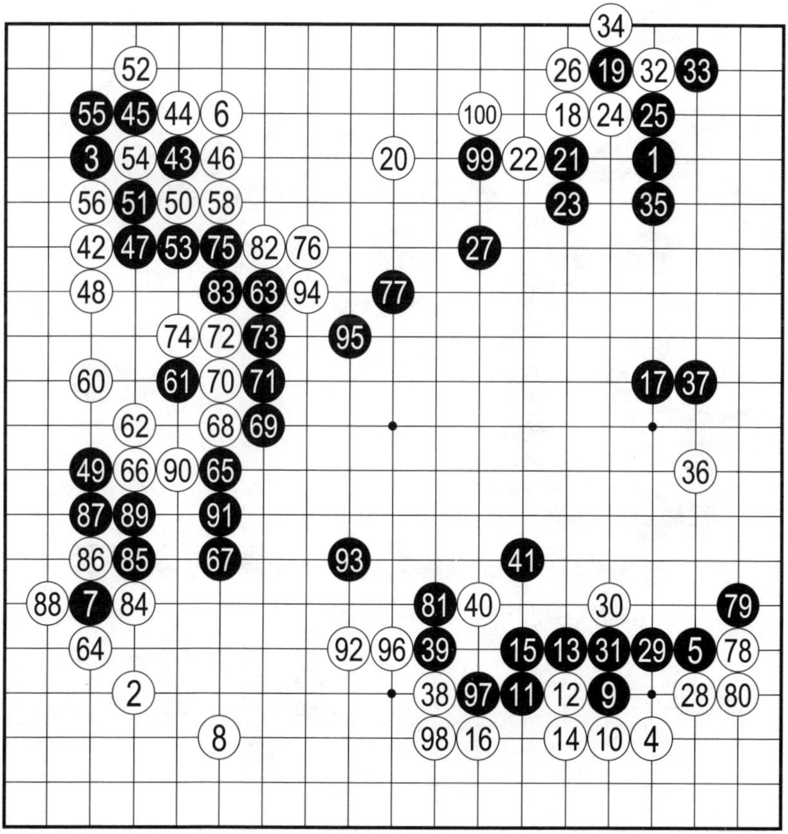

57=43　59=54

（1–100）

黑方 **陈祖德** 九段

白方 **马晓春** 九段

黑贴$2\frac{3}{4}$子 共 187 手 黑中盘胜

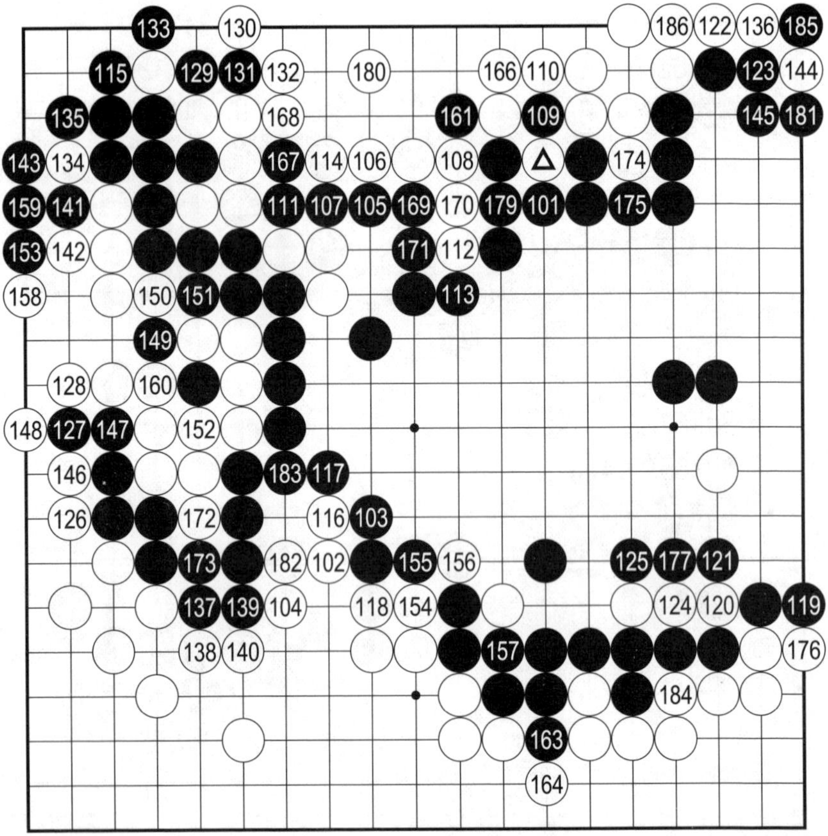

162 178 = △ 165 = 109 187 = 144

1991年2月5日弈于北京
第五届天元赛第一轮

黑方　陈祖德 九段
白方　张璇 七段

黑17夹击，发起攻势。黑25应在24下一路扳，白于26位虎，黑于24右一路打，如此更积极，关系到白方的根据地。白36稍缓，可脱先在67上两路拦。白48可在51位跳。黑51脱先飞下，方向好。黑57意在弃掉39一子，着重经营右边。白58可脱先在67上两路打入。白64过于稳健，应在69位二路侵分。至69黑简明优势。白70亦应在93上一路侵消。黑79、81大局清楚，右边围得很大，黑优势更加稳固。此后黑稳扎稳打，白已无机会。（谢赫）

黑贴$2\frac{3}{4}$子　共117手　黑中盘胜

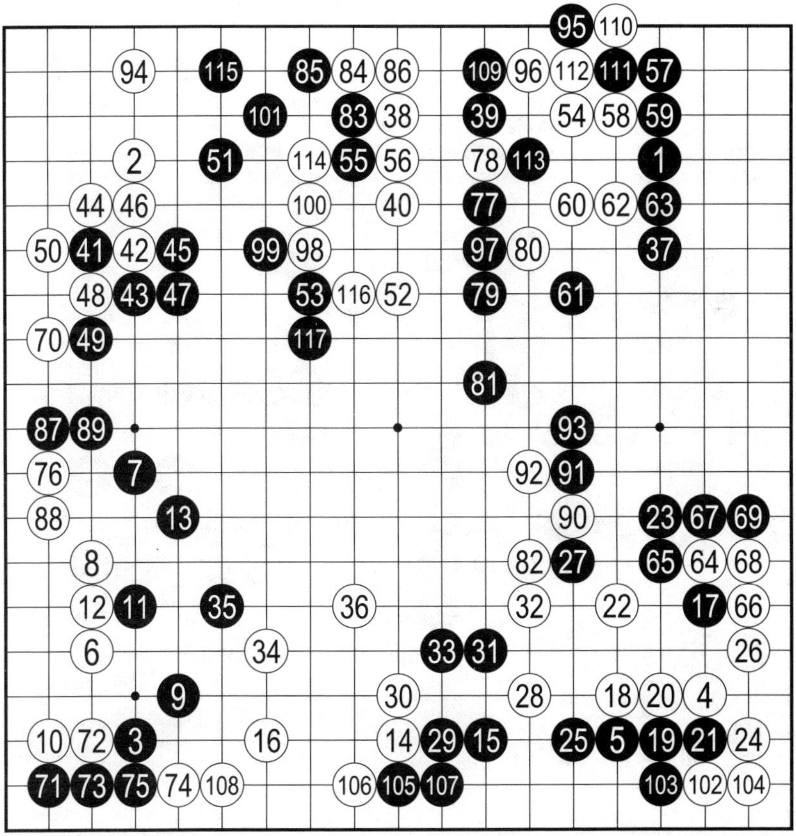

（1–117）

1991 年 2 月 7 日弈于北京
第五届天元赛第二轮

黑方　陈祖德 九段
白方　聂卫平 九段

黑 9 少见，体现了陈老师自由的思路。白 16 试应手，以下双方在右上斗智，至白 24 局面两分。黑 27 碰，再度积极求战，体现出陈老师酷爱战斗的棋风。黑 37 依然积极地追求高效，但黑 41 失着，此时应挡住。至白 46，黑丧失根据地，此后战斗略显被动。黑抢到 85，令局面回归均势，原因是白 82、84 有些松懈，应 72 下一路贴出，追究黑愚形的几子。黑 109 败着，应在 151 位跳。白 112、114 严厉，黑忽略了此处的危险。（古力）

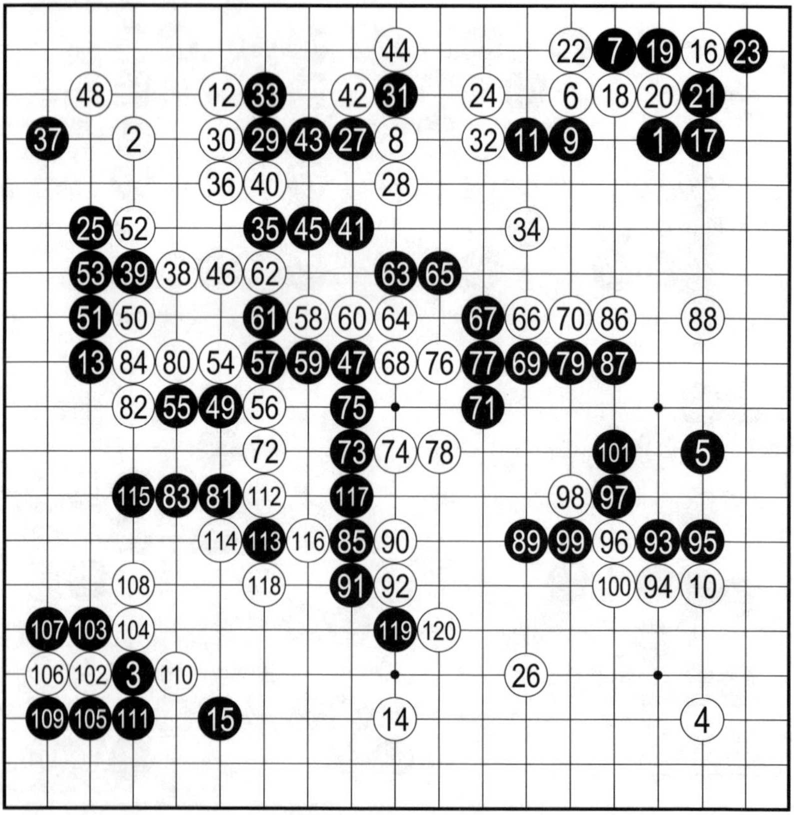

（1–120）

白124吃通棋筋后，黑已无法逆转。（古力）

黑方 **陈祖德** 九段

白方 **聂卫平** 九段

黑贴2$\frac{3}{4}$子　共224手　白中盘胜

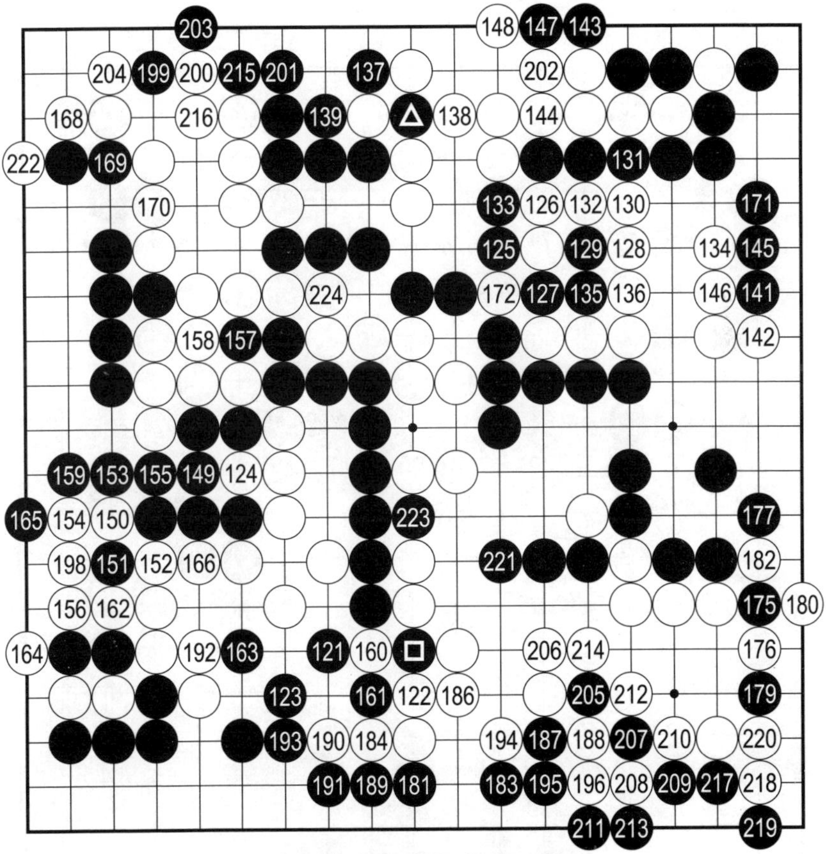

140=△　167=□　173 197=127

174=135　178=172　185=160

（121–224）

1991 年 3 月 4 日弈于北京
第四届名人战预赛第一轮

黑方 陈祖德 九段

白方 王磊 三段

白 22 应 25 位挡。白 32 应 89 位压弃子。至黑 43，黑布局稍稍领先。白 70 拐留下隐患，应老老实实在 85 位接，更为牢固。黑 77 冲击严厉，白苦战。白 78 与黑 79 的交换应该保留，有利于治孤腾挪。白 82 应 83 位长，暂时防住 85 冲的隐患。黑 85 冲严厉，追究白 70 留下的隐患。至白 96 苦活，实空已经大幅落后。（俞斌）

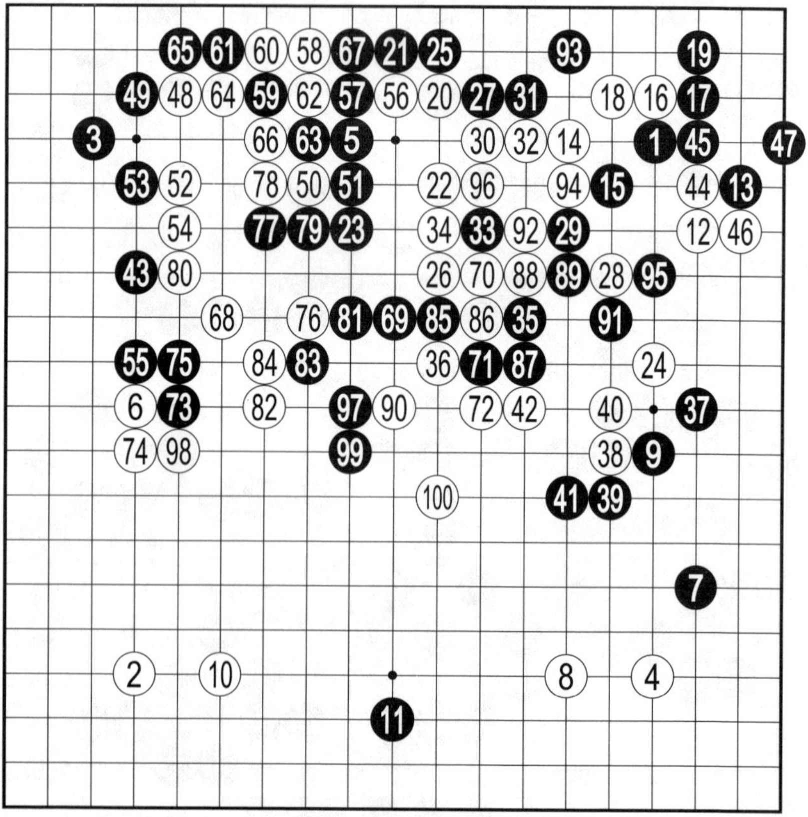

（1–100）

黑127以下长时间打劫，黑劫材多、实空多，白棋始终没有明显的机会。（俞斌）

黑方　陈祖德 九段

白方　王磊 三段

黑贴2$\frac{3}{4}$子　共189手　黑中盘胜

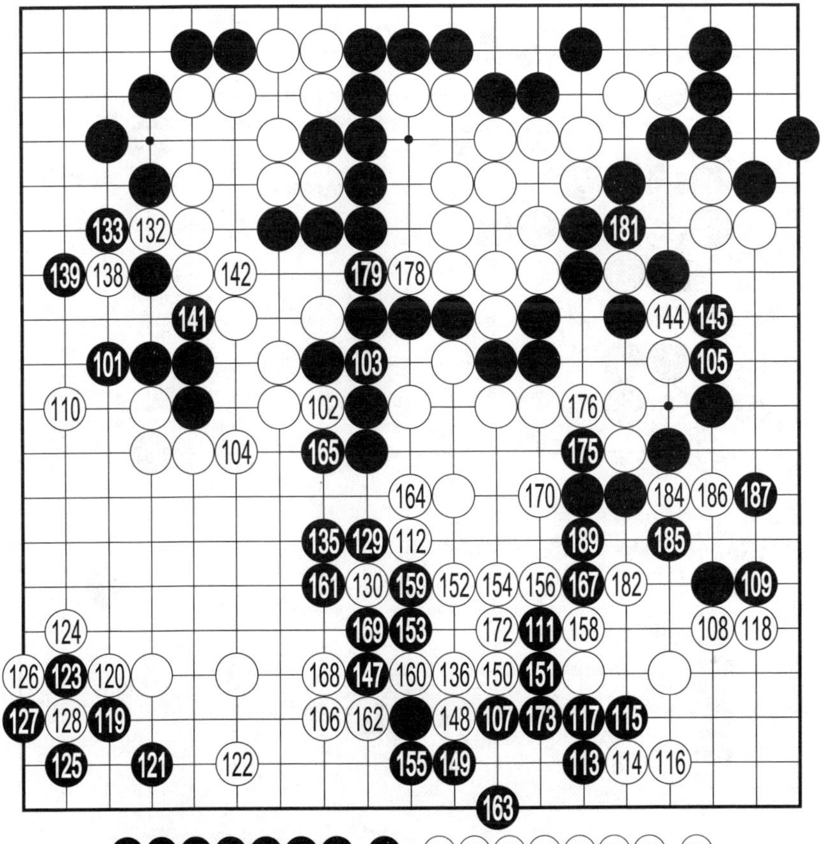

131 137 143 157 171 177 183 = 123　134 140 146 166 174 180 188 = 128

（101–189）

1991年3月6日
第四届名人战预赛第二轮

黑方　陈祖德 九段

白方　王洪军 七段

黑19尖，追求效率。白20立刻打入挑起战斗。黑21、23紧凑。白24应在25位扳，黑如断，白再24位拐，如此更好处理。黑25好形。黑31单接好手，如在21位提，白接，黑难办。白34应先在5上一路托。黑37尖，白陷入苦战。黑39紧凑补断。黑47至57吃掉三子棋筋，简明优势。白58应在5下一路靠。黑59点三三价值大。黑77先手扳粘愉快，黑优势更加显著。（谢赫）

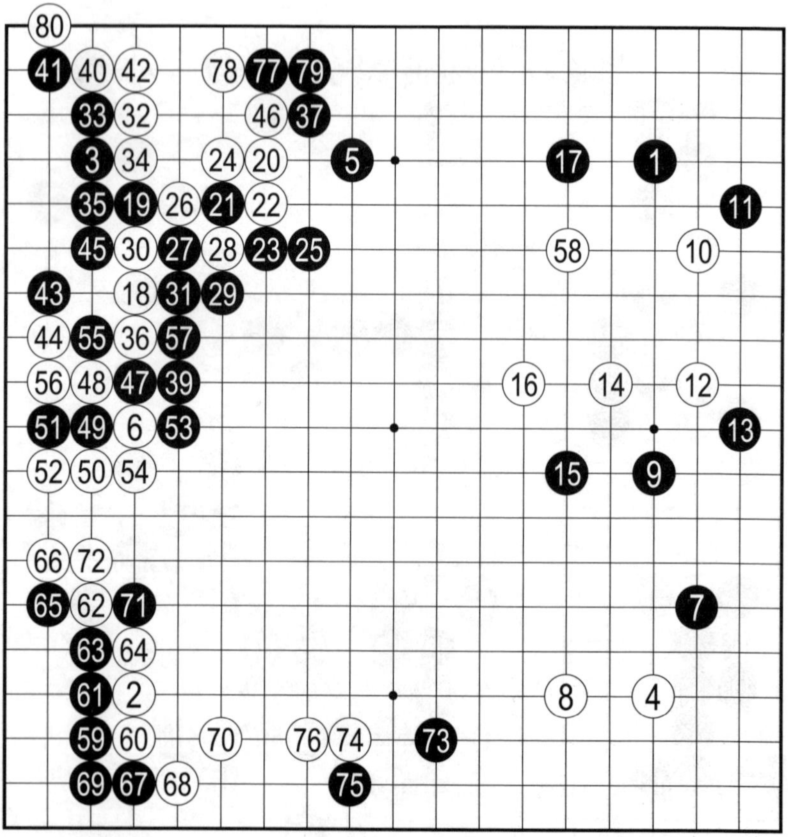

38=21

（1–80）

此后黑方始终保持优势，下得非常精彩，是陈老师快心的好局。（谢赫）

黑方　陈祖德　九段

白方　王洪军　七段

黑贴$2\frac{3}{4}$子　共173手　黑中盘胜

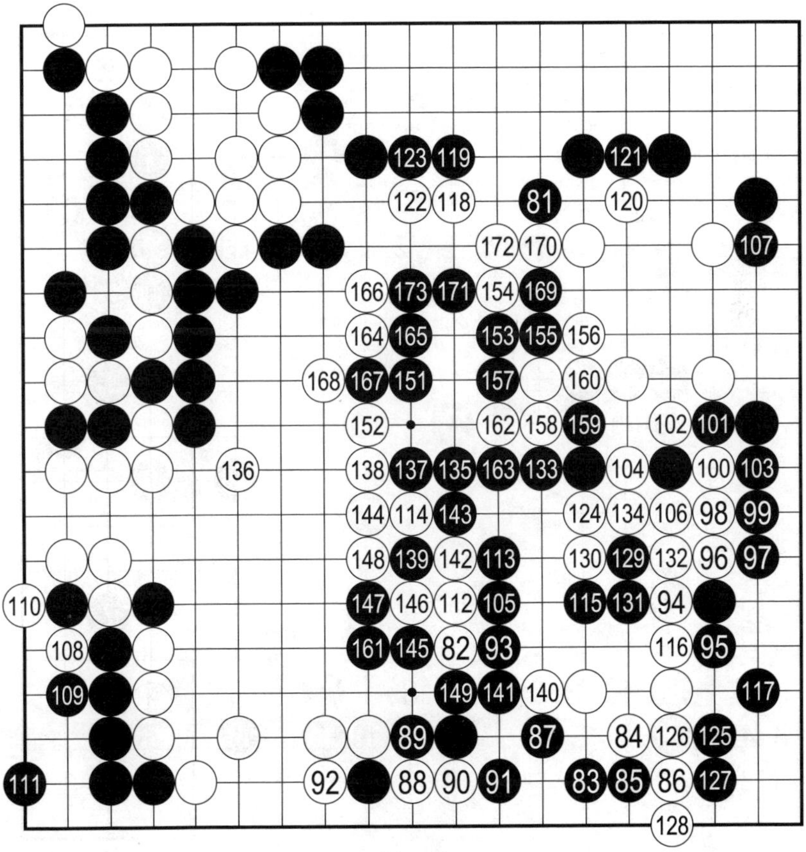

150=139

（81–173）

1991 年 3 月 8 日
第四届名人战预赛第三轮

黑方　陈祖德 九段
白方　刘菁 四段

白 16 方向不佳，可在 38 位挂角。黑 29 可在下一路尖顶。白 30 打入，黑较薄弱。白 32 好手。黑 33 可在 39 位扳，守住角地。白 42 稍缓，可在 54 位打入。黑 43 稍嫌过分，可在 59 下一路飞。白 56 应在 59 位接，价值大。白 68 施展手段过早，全局变薄。（谢赫）

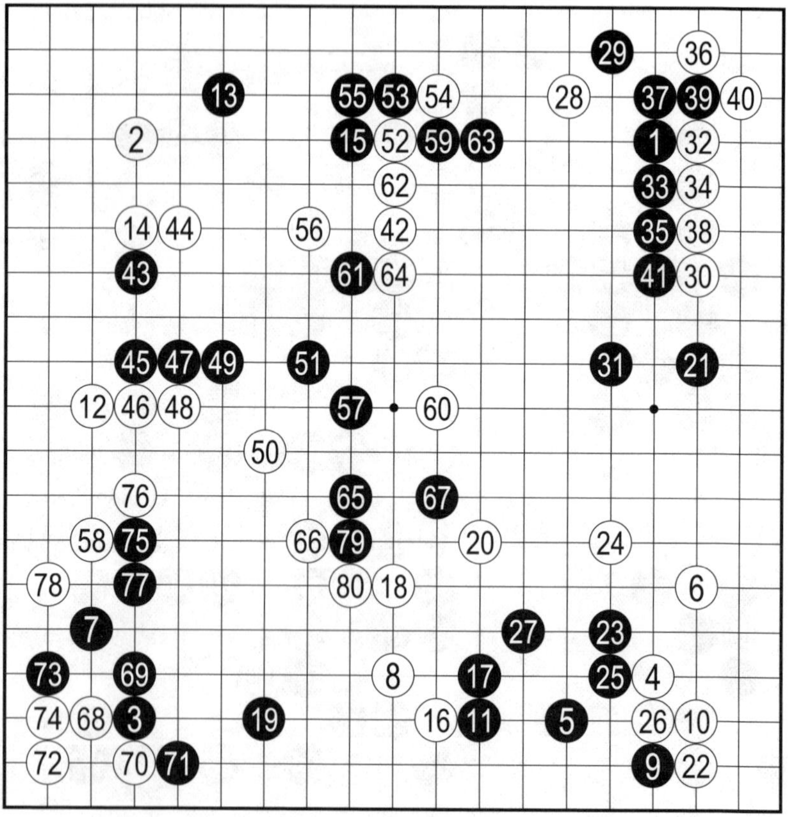

（1–80）

黑方　**陈祖德** 九段

白方　**刘菁** 四段

黑 87 敏锐，白连络存在问题。黑 93 扳出严厉，至 111，黑吃掉中央白五子，确立优势。黑 125 好手，白如 127 位团，则黑于 170 上一路点，白难办。黑 127 渡过，优势进一步扩大。（谢赫）

黑贴 $2\frac{3}{4}$ 子　共 177 手　黑中盘胜

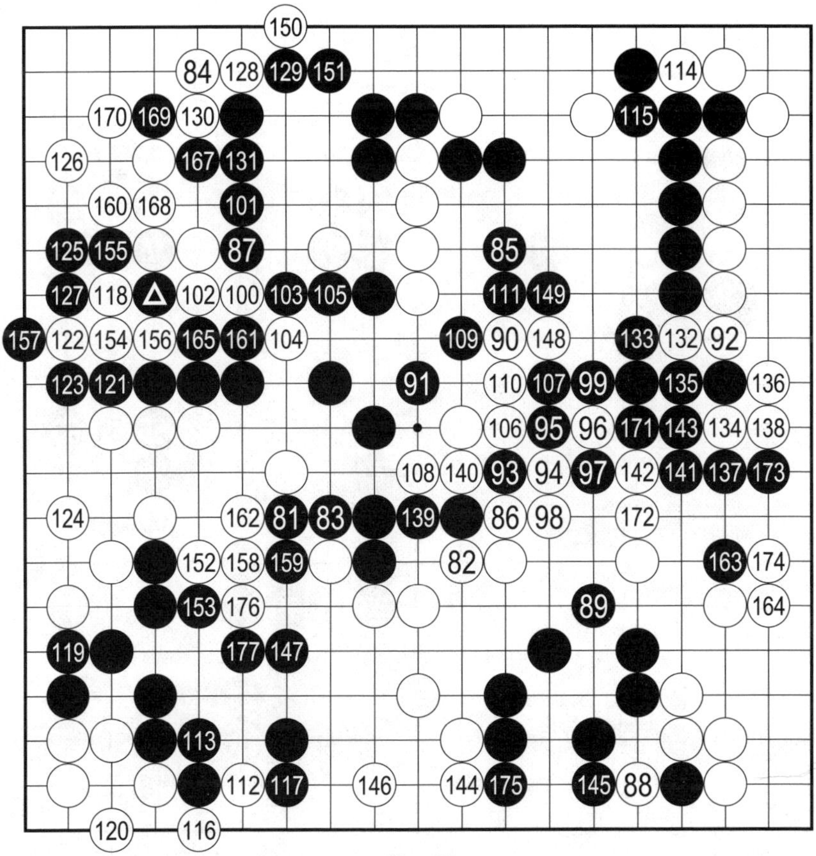

166 = △

（81–177）

1991–873

1991 年 3 月 10 日弈于北京
第四届名人战预赛第四轮

黑方　谭炎午 七段
白方　陈祖德 九段

黑 11 可在 14 右一路拦。白 20 脱先机敏，至 30 白好调。黑 33 俗手，应在 88 位虎。黑 35 亦损，37 进攻难以奏效。白 52 应在 58 位二路大飞，更稳妥。黑 55 如在 60 位接，白 55，黑 56，较为复杂。至 60 白简明优势。黑 81、83 是破眼的好手，然而白 96 可以在中央做眼，至 116 黑无功而返。（谢赫）

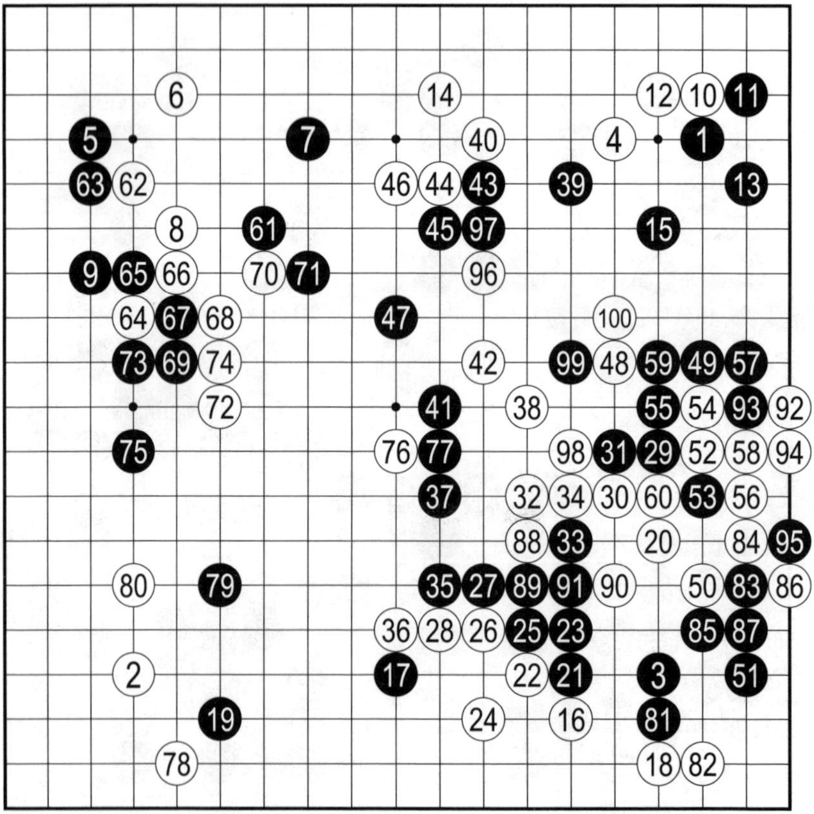

（1–100）

黑方　**谭炎午** 七段

白方　**陈祖德** 九段

黑121胜负手。白138应在152位接。黑139败着，如在140位挡，或许还有机会。白140、142严厉。白144计算精准，左下黑棋全军覆没。（谢赫）

黑贴$2\frac{3}{4}$子　共192手　白中盘胜

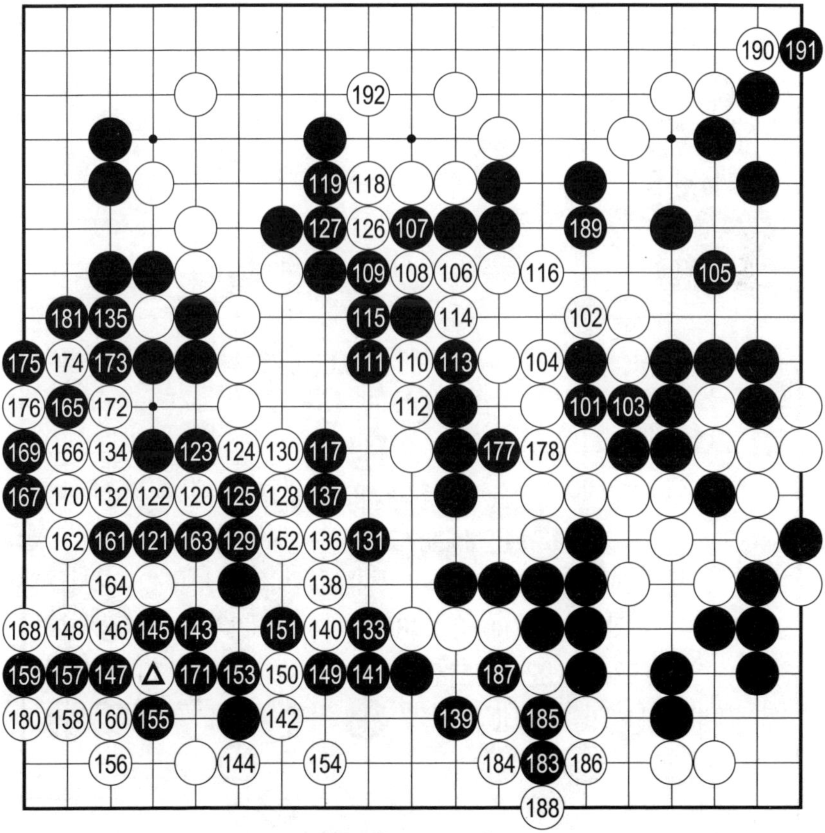

179=165　182=△

（101–192）

1991 年 5 月 21 日弈于中国棋院
CCTV 杯第一轮

黑方　梁伟棠 七段
白方　陈祖德 九段

白 42 虎问题手，放着不下黑棋反而没有手段。至白 44 落了后手，价值很小。黑 45、47 行棋方向有疑问。黑 57 应 59 位靠腾挪。黑 67 应在 77 位长，如此黑棋尚有一点点优势。白 72 开劫果断，至 78，白棋痛快。黑 91 从心情上需要对白棋发起直线攻击，可惜实战效果并不理想。黑 91 应在 109 位飞，缓攻。白 98 胜着，白全局厚实。白 100 断开后黑四子无路可逃。白 106 应 192 位飞。白 112 应该消劫。（俞斌）

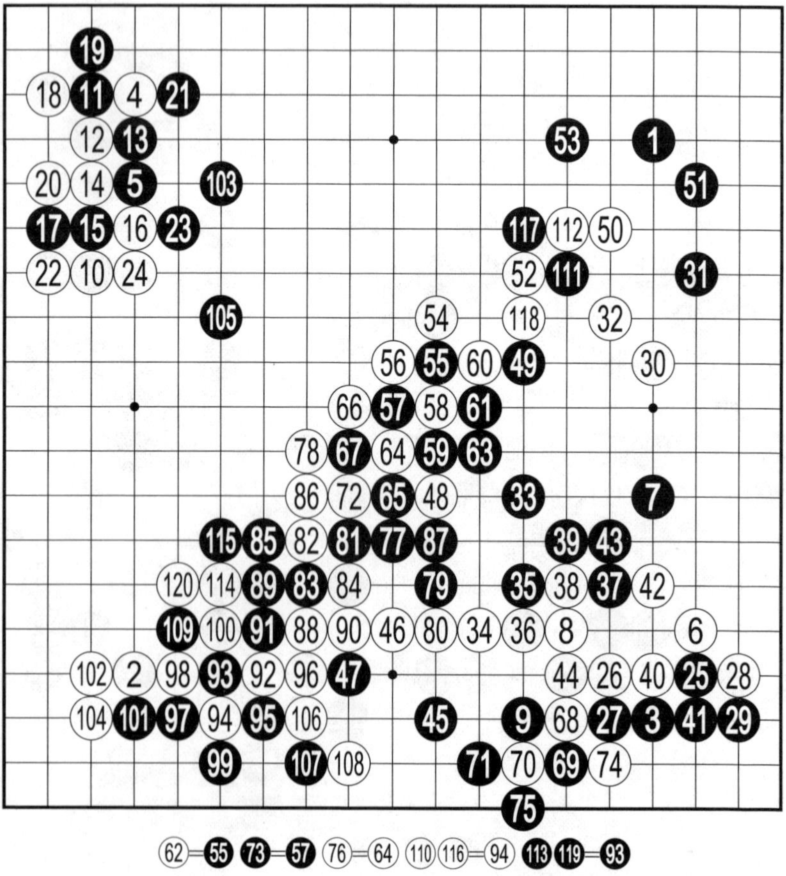

（1–120）

至黑127，黑棋进入白大空，形势拉近了很多，但依然是白棋胜势。之后黑棋并没有明显的机会。（俞斌）

黑方　梁伟棠　七段

白方　陈祖德　九段

黑贴$2\frac{3}{4}$子　共236手　白中盘胜

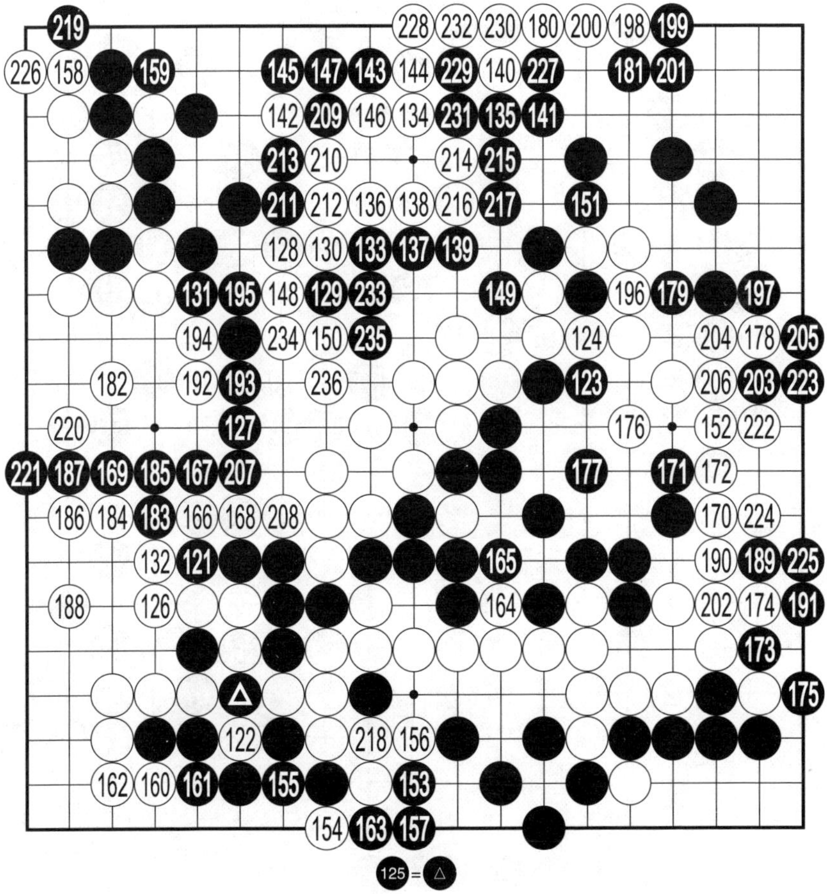

125 = △

（121–236）

1991年5月25日
第四届名人战循环圈

黑方　陈祖德 九段
白方　刘小光 九段

黑13可在14位长。白22应在26位长。黑25如在26位打，白25位，黑提，黑不坏。黑33可在55位反击。白38好点，黑较苦。白44好次序。黑45仍应在46位接。实战白46吃掉39，黑亏损。至50白确立优势。黑59打入拼搏。白74至78开劫有力，这是白64的后续手段。白82可在69右一路扳寻劫，更简明。黑87应在88位冲，白87位，黑89位，优于实战。白90、92思路清晰。白102好手，黑大龙打劫活，大势已去。（谢赫）

黑贴$2\frac{3}{4}$子　共124手　白中盘胜

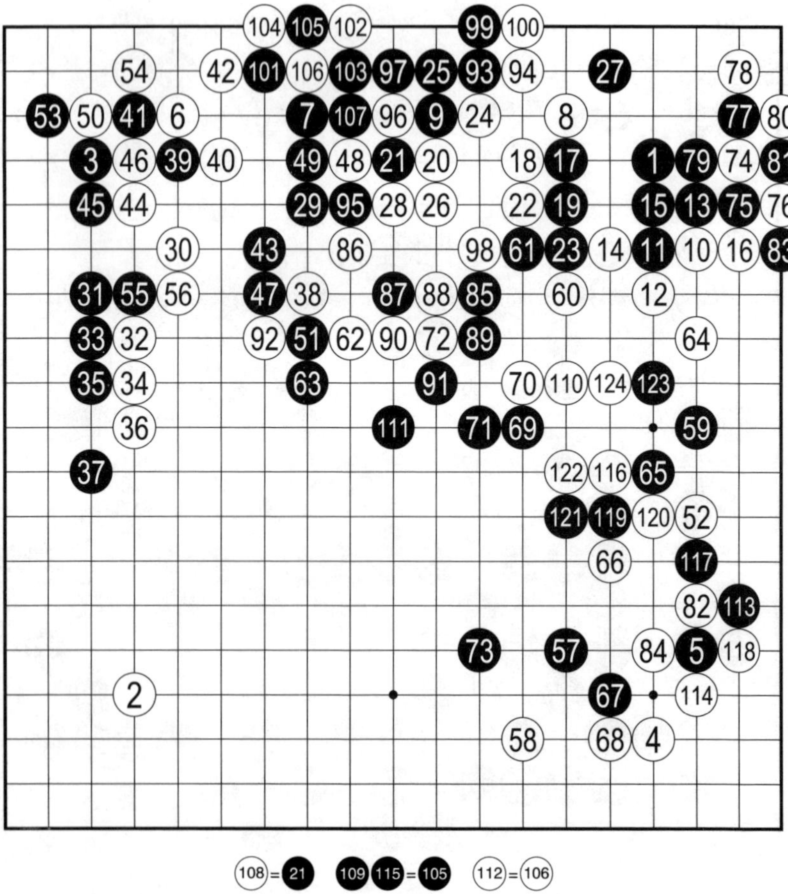

1991 年 6 月 5 日
第四届名人战循环圈

黑方　俞斌 九段
白方　陈祖德 九段

白 8、10 是取势的构思。白 12 可在 17 下一路守角。至 16 落后手，白稍有不满。黑 17 高挂意在限制白模样。面对白 26 扩张，黑 29 和 30 交换后再 31 打入，展现出对治孤的自信。白 42 可在 43 位冲，黑 44 位，白于 43 下一路转换。白 44 应在 35 下一路打。至 55，黑简明做活，确立优势。白 72 弃子封锁。白 84 应在 87 位断，黑 84 位，白 88 位，优于实战。黑 93 反击有力。黑 99 至 103 判断清楚，黑优势扩大。此后黑方进退有度，取得完胜。（谢赫）

黑贴$2\frac{3}{4}$子　共 143 手　黑中盘胜

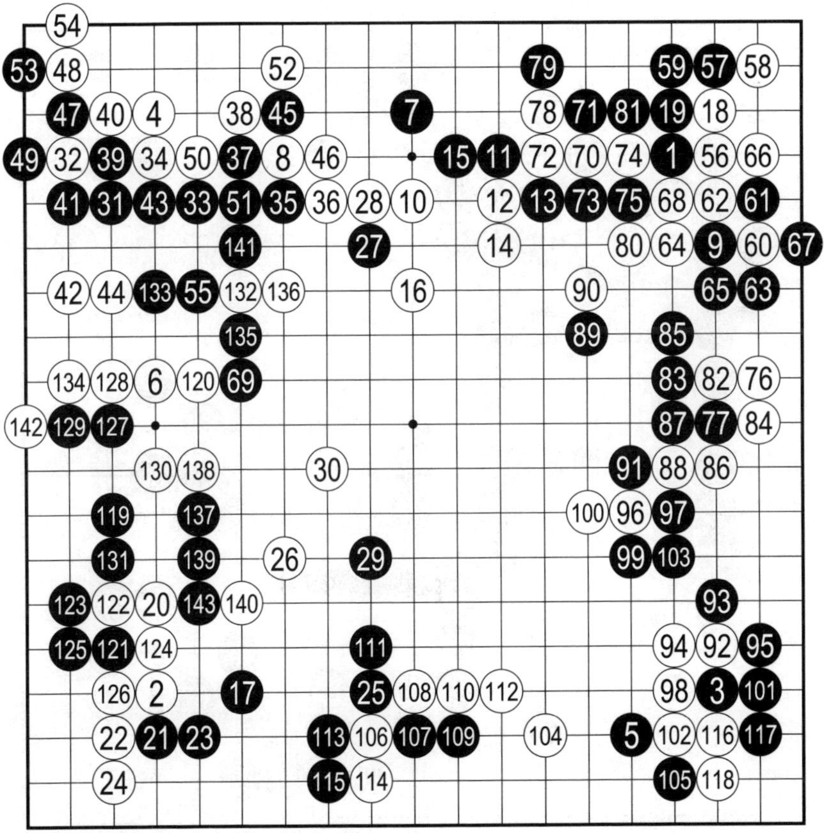

（1–143）

1991 年 6 月 7 日
第四届名人战循环圈

黑方　陈祖德 九段
白方　车泽武 七段

至 11 是陈祖德老师喜爱的黑布局。白 14 可在 62 下一路挂。白 22 可在 23 位反击，黑断，白于 23 上一路立。至 24，白稍缓。黑 25 也可在 26 位守。白 26 好点。白 28 扩张左下模样。面对黑 45 点入，白 46 可在 45 右一路压住。黑 47 脱先机敏。黑 49 如单在 51 位爬更好。至 55 形成黑好下的局面。白 58 失误，应在 59 位挡。黑 59 算路准确，白损。白 62、64 打入及时。黑 81 不如 90 位打的价值大。白 92 迫使黑 93 补活，白便宜。至黑 95，是细棋局面。白 102 试图攻杀黑棋。黑 109 计算清楚，至 117 已连回家。白 118、122 转而收官。（谢赫）

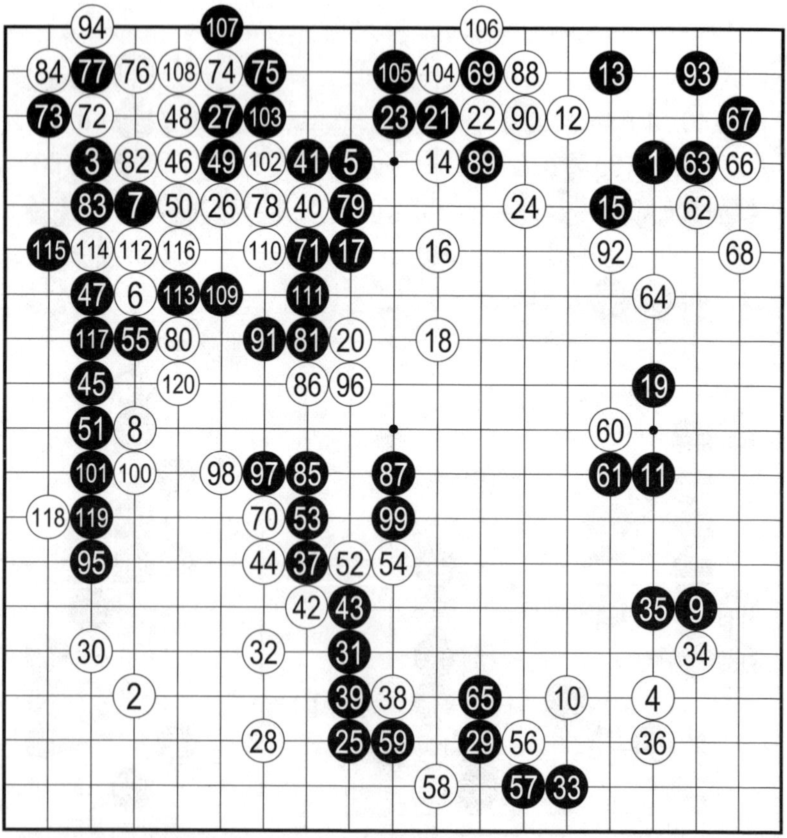

（1–120）

如155位接，黑于126下一路渡过严厉。至155，黑收获太大，白已无力回天。（谢赫）

黑方　陈祖德 九段

白方　车泽武 七段

黑123试应手。黑137寻求官子便宜，白138希望最大限度撑住目数，有过分之嫌，应在139位尖。白142败着，应在146位补。黑143、145敏锐，白遇到大麻烦。黑149尖时，白

黑贴$2\frac{3}{4}$子　共229手　黑中盘胜

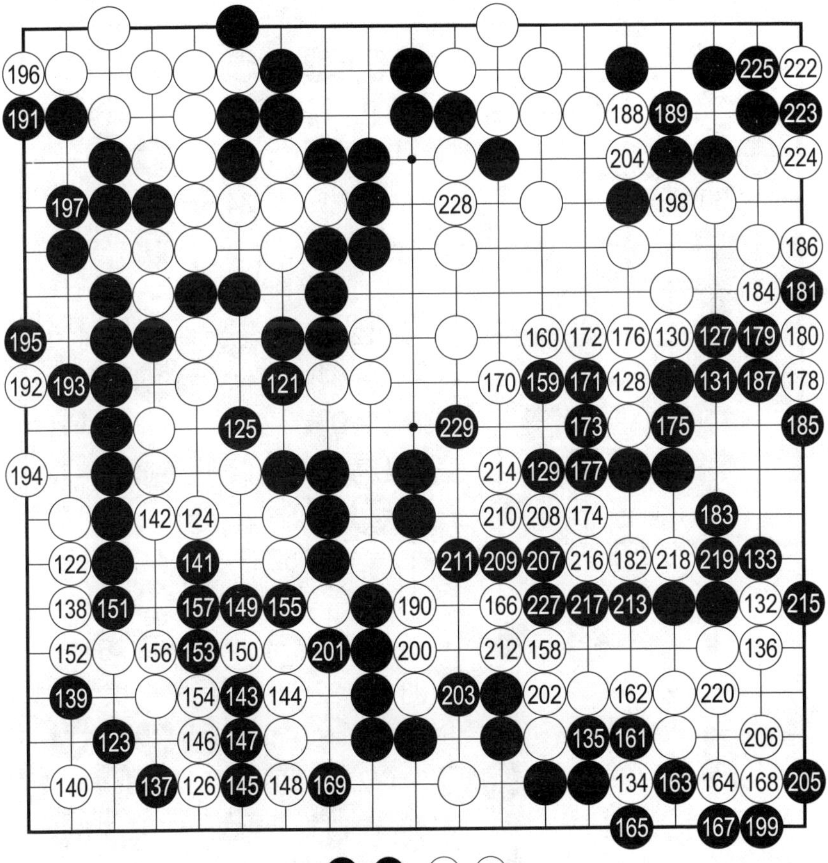

221=181　226=180

（121–229）

1991年7月15日弈于北京
第四届名人战循环圈

黑方　陈祖德 九段
白方　聂卫平 九段

黑17在当时普遍被认为是好形，但以后时机成熟时，白有30位上一路尖、再11右一路顶的手段，黑形状并不完善，所以应56位反夹。黑43、45保持攻势，体现了陈老师的力战风格。白48占据要点，黑颇为难受。黑57、59感觉有些远离主战场，或许应继续在下面行棋。白60极大，白获得安定，同时黑还没有活。黑73胜负手。白棋稳健应对，黑实地依然不足，还需找寻战机。迫于形势，黑89只得反击。白102压，白棋全局较厚，自身并不难处理。黑131最后一搏，但白134祭出手筋，棋局无法继续。（古力）

黑贴$2\frac{3}{4}$子　共134手　白中盘胜

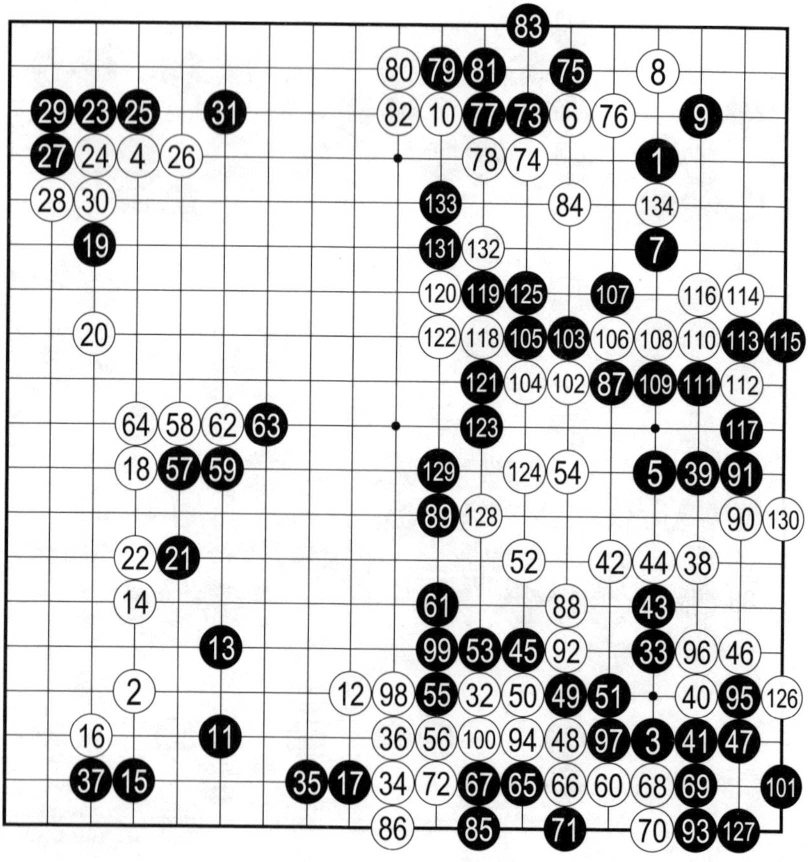

（1–134）

1991 年 7 月 17 日
第四届名人战循环圈

黑方　吴肇毅 七段
白方　陈祖德 九段

白 8 可在 12 位点三三。白 20 是陈老师喜爱的下法。黑 21、23 采用稳扎稳打的策略。黑 27 可在 32 位尖顶。白 28 不如在 31 位飞。黑 33 好形，黑已不易受攻。黑 39 可在 24 上两路飞，价值大。黑 49 是眼形的要点。白 56 可在 66 位立。至 71 是细棋黑稍好的局面。白 72 强手。黑 75、77 善于防守，此时黑征子有利。白 78 脱先有疑问，应在 81 位尖。黑 81 判断清楚。至 89，黑两边都处理好，优势扩大。由于黑全局厚实，白 96 进攻所得有限。黑 115 可在 227 位打入，更积极。黑 117 稳重，如在 118 位肩冲，可能担心白冲断，黑方在优势下采取安全运转的策略。（谢赫）

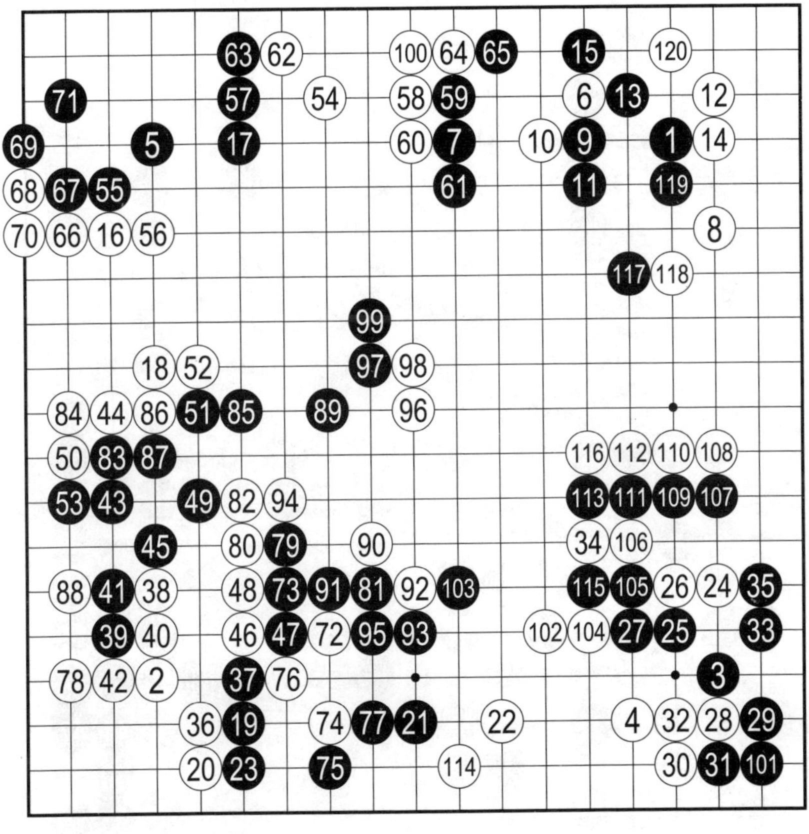

（1–120）

黑方　**吴肇毅** 七段

白方　**陈祖德** 九段

至黑129抱吃，黑盘面领先十目左右，由于全局已没有未定型之处，黑优势难以动摇。在收官过程中，黑下得很稳健，稍有亏损，然而白方并无机会逆转，最终黑盘面领先七目。（谢赫）

黑贴$2\frac{3}{4}$子　共254手　黑胜$\frac{3}{4}$子

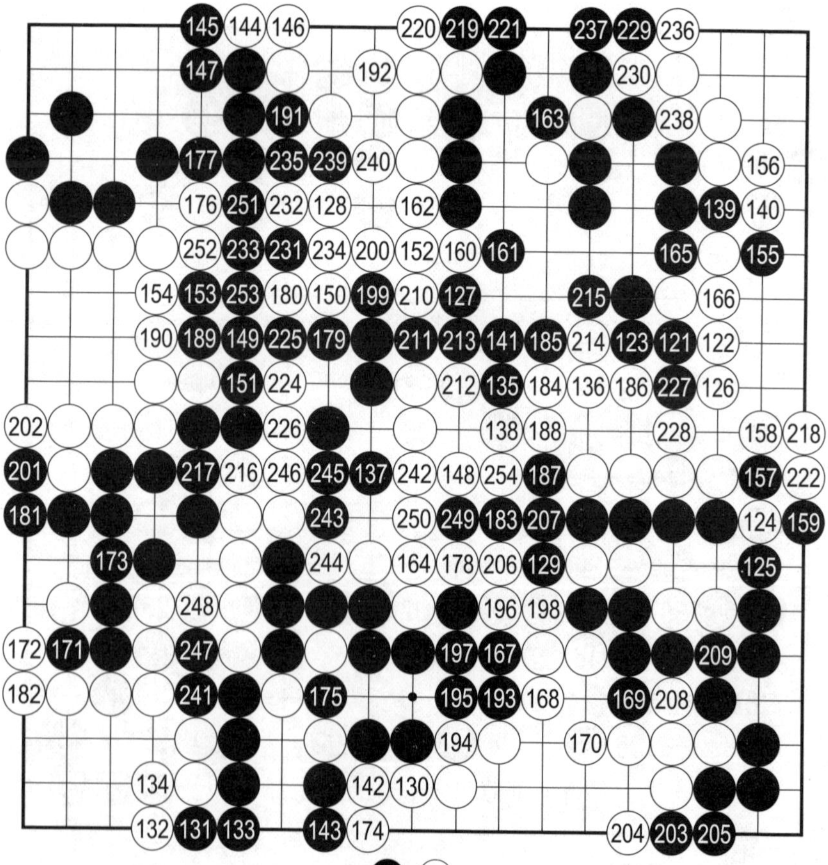

（121–254）

1991年7月19日弈于北京

第四届名人战循环圈

黑方　陈祖德　九段

白方　钱宇平　九段

黑21开启战端。白24稍缓，可在43位长。黑27好点。黑33可在30上一路冲。白34好形。白38缓手，不如39下一路跳价值大。黑39占据主动，43破坏白眼形，至51黑好调。黑61应在67右一路跳，可简明保持攻势。白62反刺机敏，64、66好形。白68先手飞下，74再占据拆二，处理得很成功。白80开始反攻。白90可在95位飞，更稳健。黑93形之要点。黑97夹击，战斗难分难解。白102强手。黑105很想在106位打，却担心后续白走105位，黑走129位，白走120下一路，如此黑较危险。白108可在109位断，黑走108位，白走125位，黑走108上一路，白提，黑走139位，白走189位，白大龙净活，大优。黑113敏锐。黑127不让白净活有过分之嫌，应在137位接，局面接近。黑129败着，应单在131位挡。白134好手，因为黑129撞气，此着得以成立。白136、138判断清楚，黑139还需后手连回，白简明优势。（谢赫）

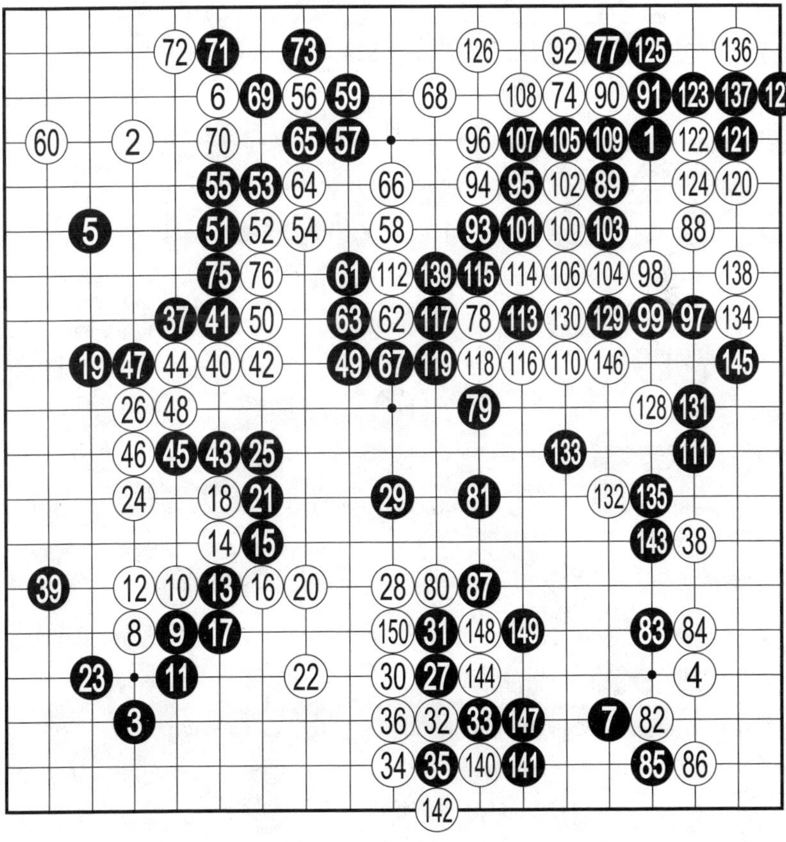

（1–150）

此后白稳健收官，黑已无机会。
（谢赫）

黑方 陈祖德 九段

白方 钱宇平 九段

黑贴$2\frac{3}{4}$子　共 285 手　白胜$2\frac{1}{4}$子

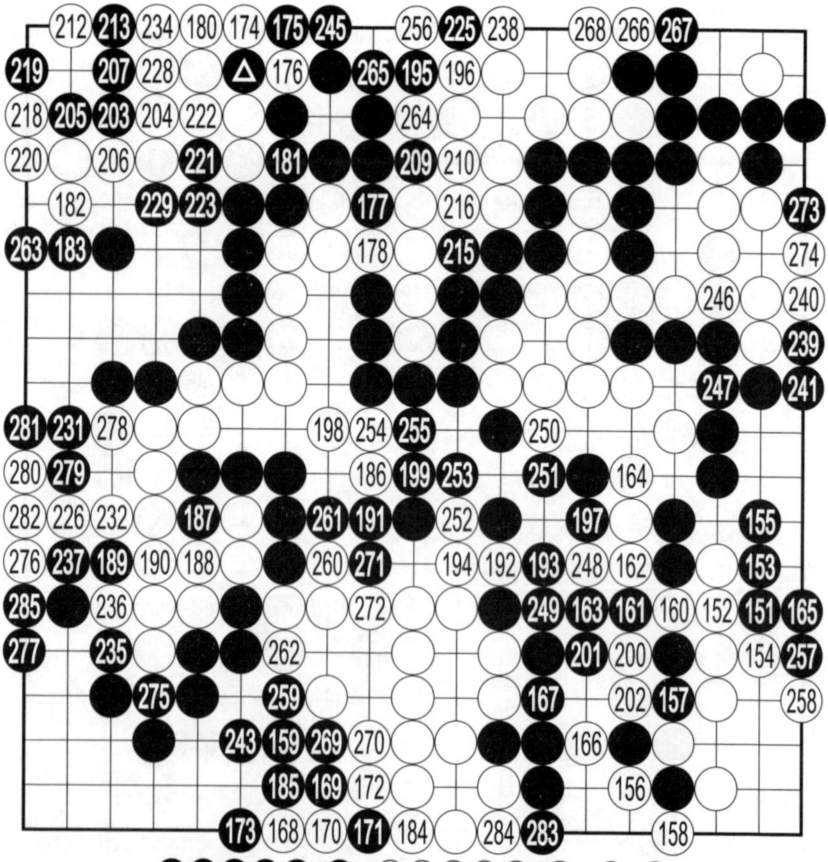

179 211 217 227 233 = △　208 214 224 230 244 = 176　242 = 171

（151–285）

1991年7月22日
第四届名人战循环圈

黑方　李豫川 四段
白方　陈祖德 九段

黑17可在18左一路跳。白18挡下厚实。黑21可在36下一路大飞守角。白34如在30左一路立更好，黑两个断点无法兼顾。白36挂，黑17一子变弱。白54有过分之嫌，可在97位扳。黑59靠时，白60还需再花一手补掉隐患，至67，黑好调。白70是拼搏的下法，白72至76瞄着黑的断点，黑77、79意在防断。白82应在85左一路扳过。黑83、85好手，白86不得不寻求转换，至88黑简明优势。白94胜负手。黑99贴出有力，白危险。（谢赫）

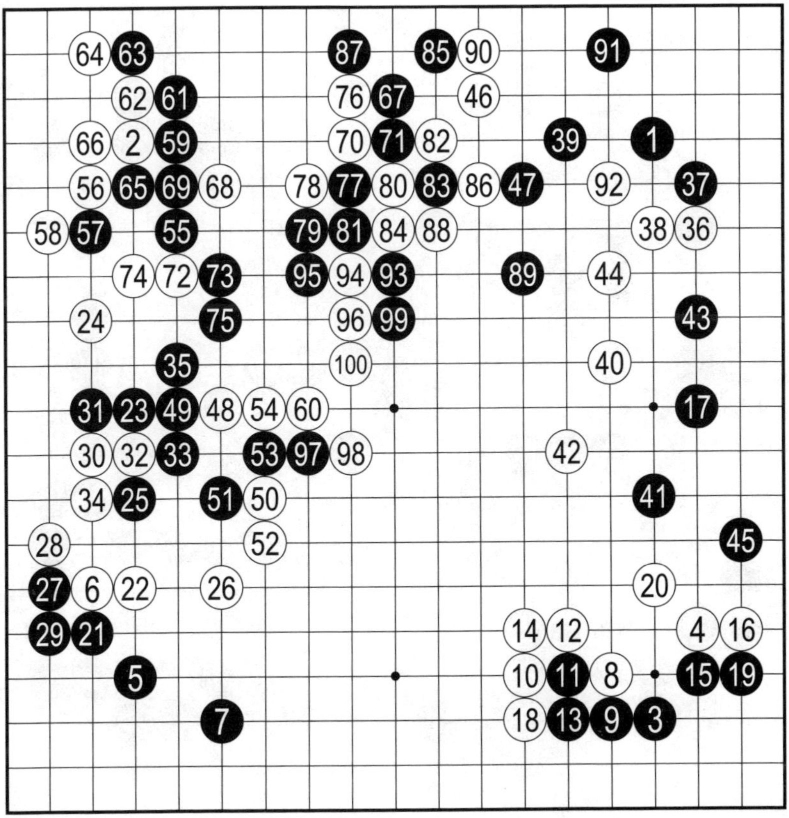

（1–100）

黑方　李豫川 四段

白方　陈祖德 九段

黑101单在103位并更好，白如冲断，黑再101位尖即可。白104、106寻求做活，黑顺势连厚，保持优势。面对白108点入，黑109、111冷静应对。白116如在119右一路尖，担心黑一路渡过。实战白116希望先手阻渡，黑119脱先做活可行。白124虽可攻杀黑角，但由于白中央太薄，被黑125发起冲击，白苦战。黑155冲断严厉。白202寻投场，如在189右一路打可以做活，黑在202上一路扳吃白三子，白方目数仍不够。（谢赫）

黑贴$2\frac{3}{4}$子　共203手　黑中盘胜

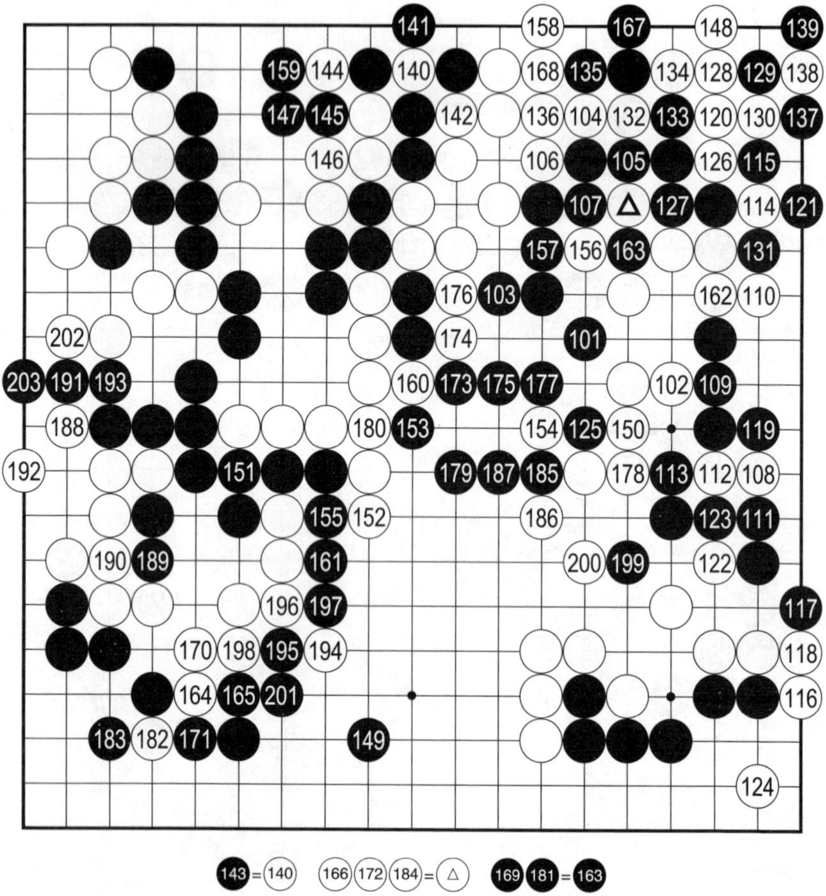

（101–203）

1991年10月4日
陈祖德指导棋教室

白方　陈祖德 九段

黑方　何香涛（受五子）

何香涛是北师大的教授，也是我国著名的天文学家。黑2、4小飞守角最坚实。白5靠，尽早地与黑发生接触战。黑8、10都堂堂正正，但黑12过于保守。白19本手是虎补，但太老实不是让五子的态度。黑20当断，看准机会不应胆怯手软，这是取胜的捷径。白23和白21相关联。黑24、26不上算。白29曲守中带攻。黑30不如挖积极。黑40不如夹击有力。白41是非常手段。黑42是正应。黑50压好手。黑56明显俗手。黑58看似要点，却被白59以下借劲跑了出去。白83打、85虎，全盘黑地已无明显优势。黑88打入好手。黑94被白的点方迷惑了。黑98无论如何应先打吃。黑102在关键时刻损失一手棋，是决定性败着。（陈祖德）

共133手　白中盘胜

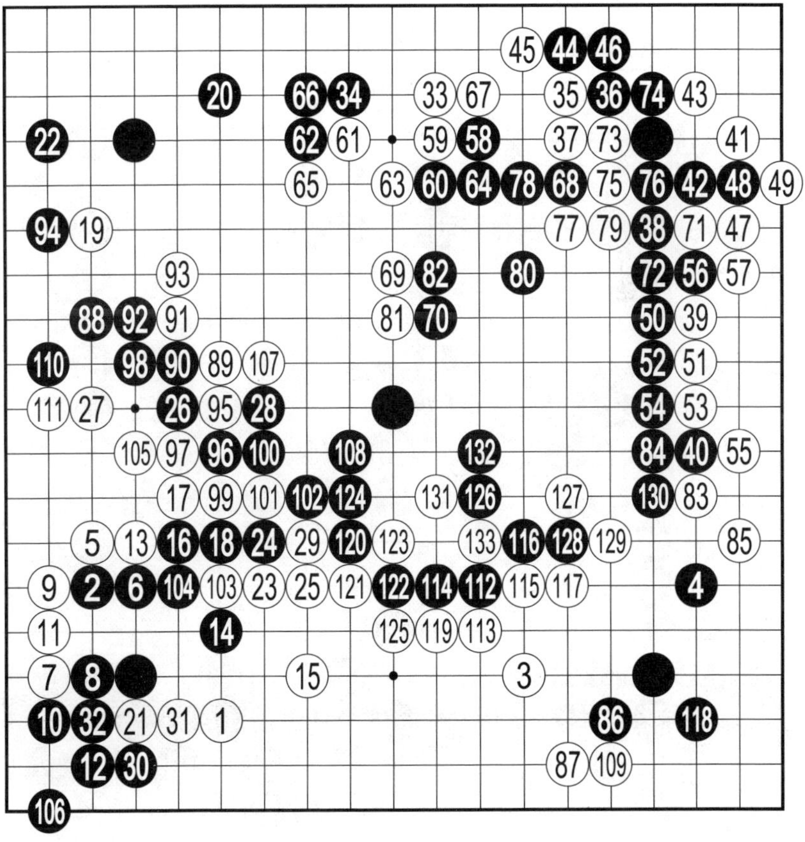

（1–133）

1991年10月20日弈于郑州
公开快棋赛

黑方　刘小光 九段
白方　陈祖德 九段

白22缓手，应在23位一带拆边。黑23抢攻后，局面稍优。黑43缓手，在48位出头更为流畅。至白62，形势大致两分。黑67靠是定式下法，但当前局面应在下一路小飞，白70位，黑71位，白72位，黑74位，连络后厚薄相差很大。黑77可考虑79位，黑79可考虑80位。黑棋在此局部可能有误算，黑81断先损，黑85仍然不能在86位连扳，至黑89，黑实地损失很大，明显失败。至白96飞，已经是白棋胜势。

之后小官子有些出入，但没有影响胜负。(俞斌)

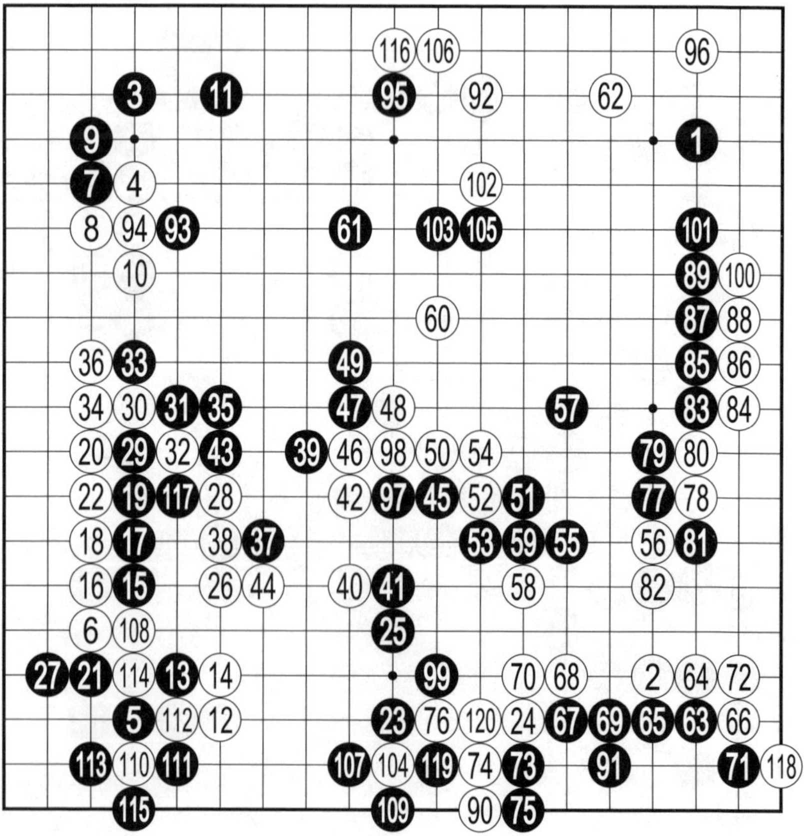

(1-120)

黑方　**刘小光** 九段

白方　**陈祖德** 九段

黑贴$2\frac{3}{4}$子　共 244 手　白胜$1\frac{1}{4}$子

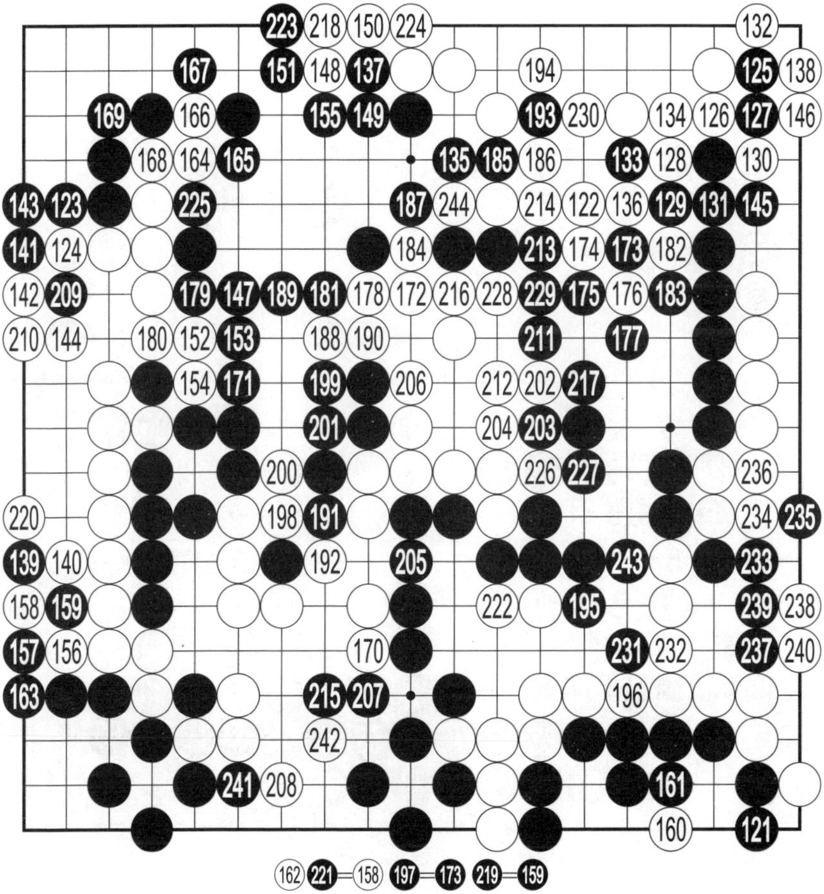

(121–244)

1991 年 11 月 4 日
陈祖德指导棋教室

白方　陈祖德 九段

黑方　唐腾（受四子）

白 33 挂有问题，右边才是黑发展的重点。白 35 再挂时，黑 36 尖补适宜，白两边为难。黑 38 是以静制动，但 40 过于保守。黑 50 至 54 连压三手，从全局看不失严谨重厚。黑 56 应 60 位飞，既扩张黑势又攻击白棋。黑 56、58 为时过早，帮白棋走强了，而右上角仍有手段。白 61 就地谋活不得已。黑 62 应简单挡住，白要一手活净不容易，而复杂的局势正是上手所欢迎的。实战至 74，黑落了后手，被白 75 抢先，在如此关键的时刻差了一手棋出入太大。黑至 94 虽得些实利，但白棋变得很坚强。黑 96 飞很有问题，此时必须尽快与右边连络。白 97、99 悠悠地将黑分断有些乐观。黑 100 接相当大。黑 102、104 不急。黑 106、108 做活不可少。白 109 缩小了双方实地的差距。黑 110、112 无可奈何。白 113 刺是效率最高的一手。黑 114 是正应。至白 117，胜负细微了。黑 118 还是不走为好。

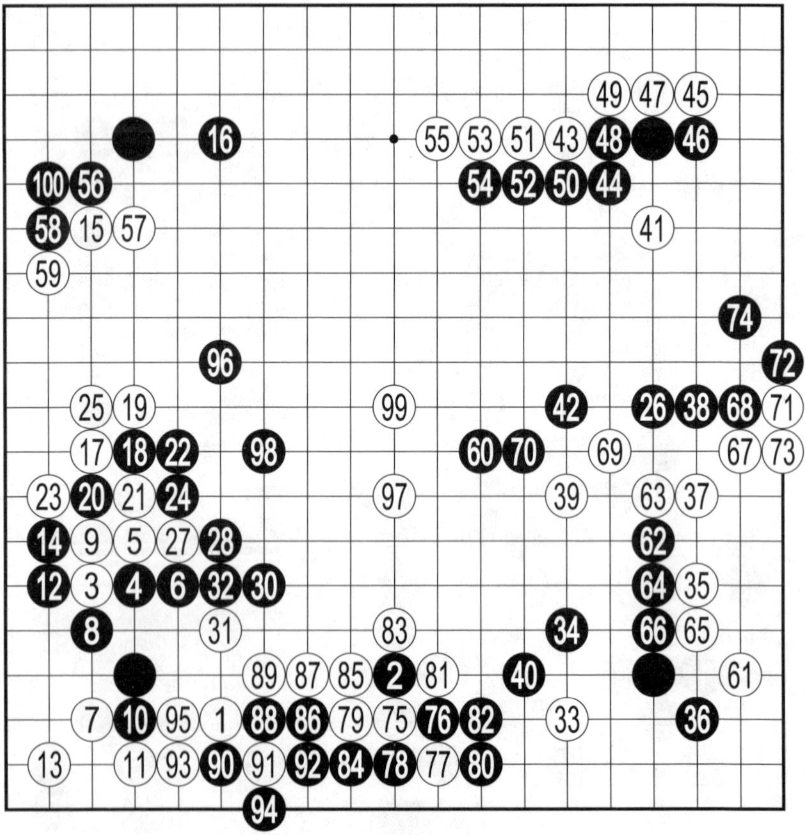

29=20

白方　陈祖德　九段

黑方　唐腾（受四子）

黑122挖好手。白127冲、129长实在是舒服，然而正因为心情太愉快，马上就下出了白131的大缓手！谁知黑经132、134的先手，再于136位顶，黑得到六目实地，而白在中腹难以围空。一手之差，白顿时处于下风。白139直至155均为白的权利。白157挤、159虎别无良策。黑164当一路打吃，结果被白165逆收三目。黑176接误算，黑的优势丧失。本局黑的布局下得很出色，作为四子棋来说是黑的杰作。中盘时黑有些问题，然而白过于乐观，白131没有在142位进攻，失去了唯一的胜机。最后白的获胜实在侥幸之至。（陈祖德）

共229手　白胜半子

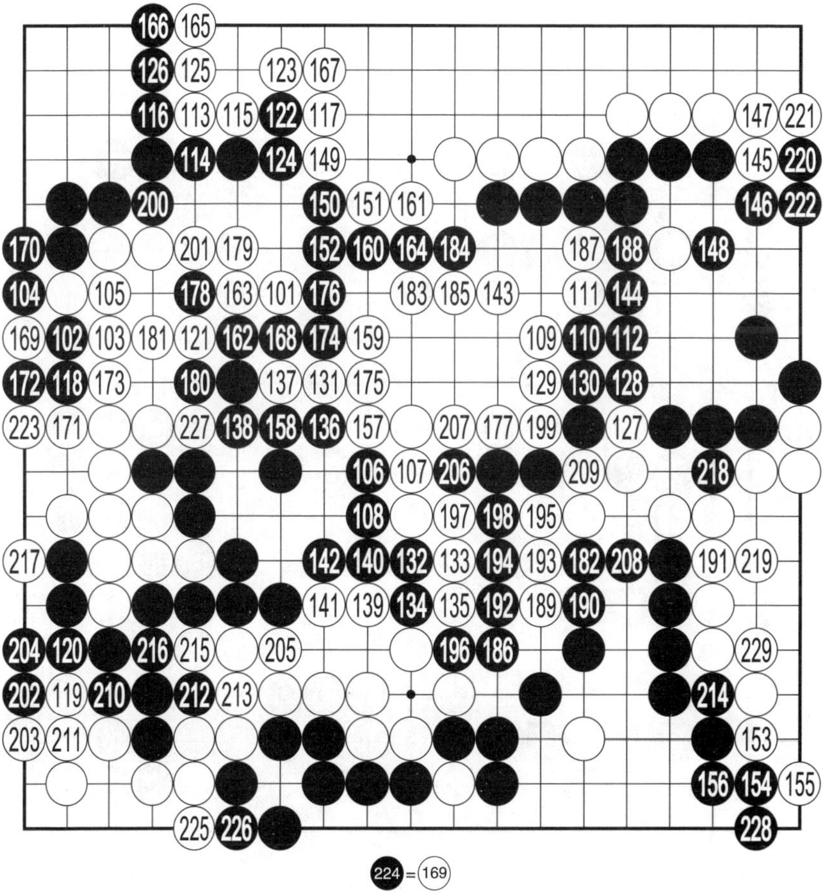

（101–229）

1991 年 11 月 17 日弈于上海
“天午杯”名人快棋赛

黑方　马晓春 九段
白方　陈祖德 九段

白 12 直接打入，体现了陈祖德老师敢于创新的风格。黑 27 凝重，应 78 位挂角，白 33 位断，黑可以 32 位打吃后挡下，黑棋快一气。至白 46，白稍稍优势。黑 81、83 胜负手。白 86 应 89 位打吃，黑 150 位，白 149 位，黑提，白长，如此定型白棋将保持优势。白 88 俗手，不如在 90 位单接。白 92 也不如下一路冷静单跳。（俞斌）

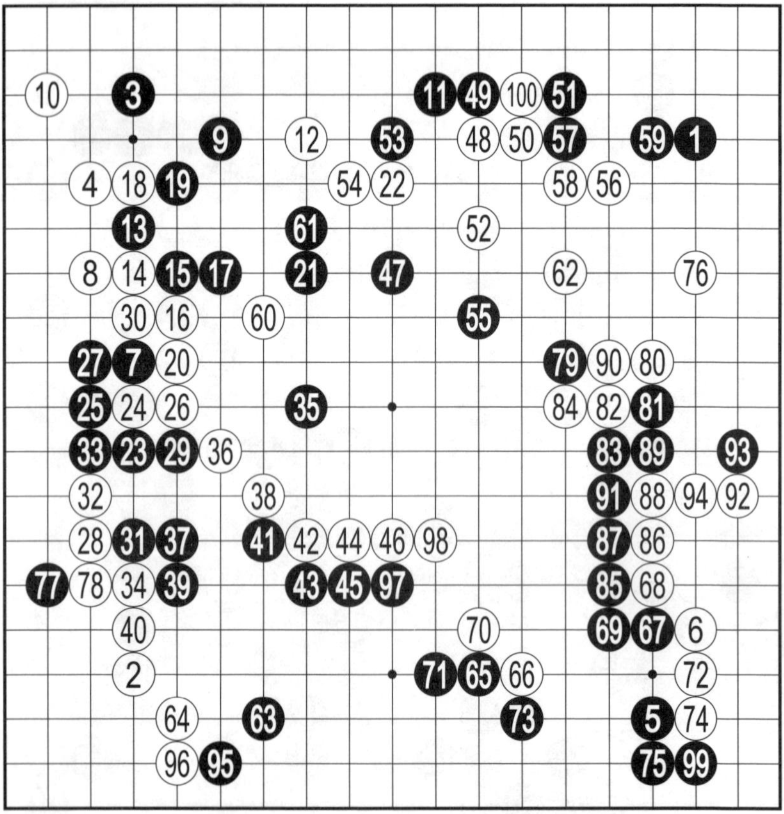

（1–100）

黑方　**马晓春** 九段

白方　**陈祖德** 九段

白108与黑109的交换应该保留，估计是没有注意到黑有127尖断的手段。白118败着，此时在140上一路点，争取高效率防住黑127，尚可一争胜负。实战黑127被用作劫材，白棋估计这时候才发现这个失误，但为时已晚。（俞斌）

黑贴$2\frac{3}{4}$子　共183手　黑中盘胜

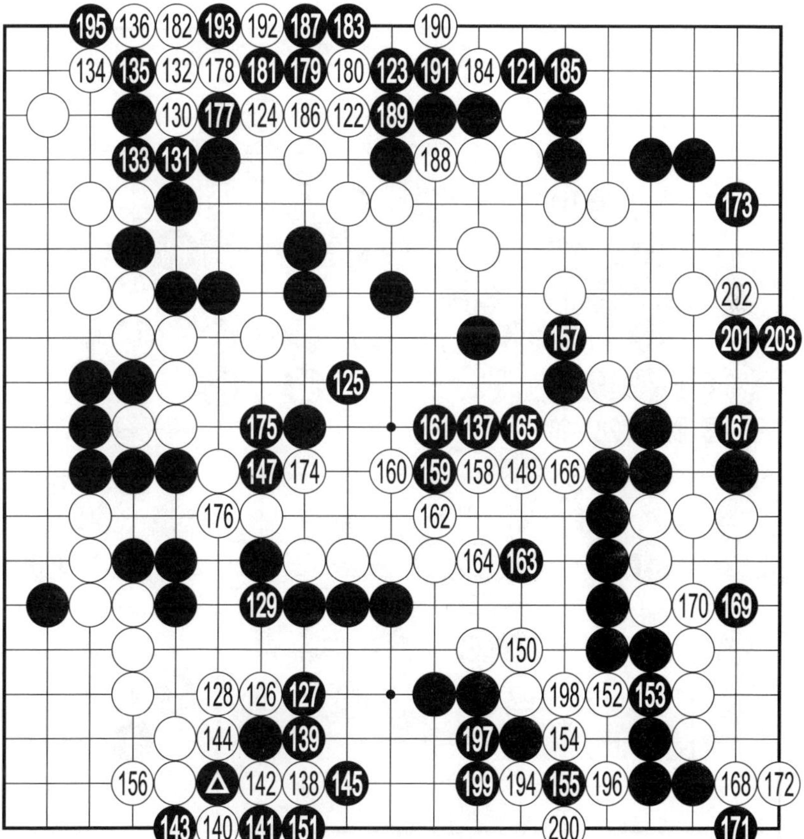

146=140　149=△

（101–183）

1991年11月18日弈于上海
“天午杯”名人快棋赛

黑方　陈祖德 九段
白方　刘小光 九段

白24至黑29是经典定型。白30可以考虑暂缓出动，黑33反击好手，黑可战。黑41应简单在43上一路跳，白42位，黑获得先手再51位回补，如此黑全局生动。实战白获得先手，白50击中要害，黑棋陷入苦战。黑51应在224位打吃，白接，黑52位接，如此伤害较少。黑55也应在56位出头。实战白56攻击严厉，黑大龙危险。白60放生，在65位拐黑将更加困难。实战至白72，白棋通过攻击还是取得了明显优势。(俞斌)

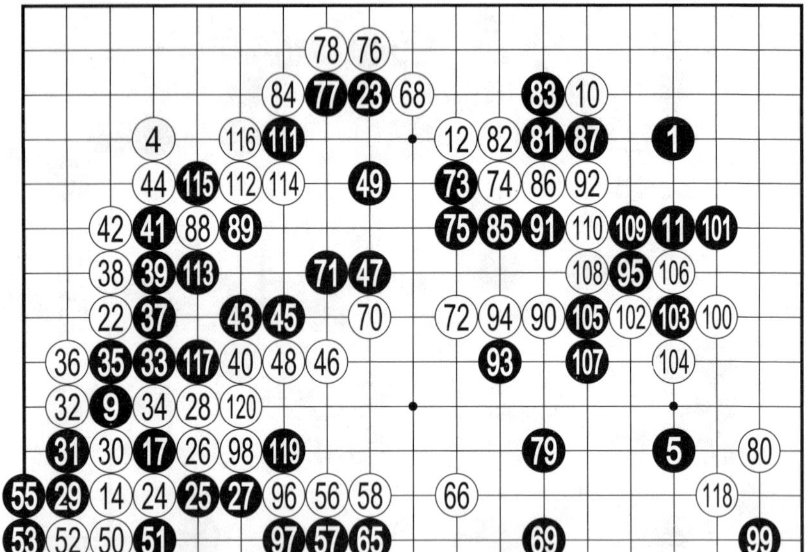

54＝17

(1–120)

黑方　陈祖德 九段

白方　刘小光 九段

白144重大失误，在5位右一路团，再154位打吃，可以简单做活，或者在146位爬再168位扳，弃子也可以大胜。黑151杀着，白大龙净死。白158以下只能收拾残局获取一些利益，至白172定型，仍然是白小胜的局面。

之后围绕左下角的劫争进行了很多回合。白任何时候只要下掉230与黑231的交换，再让掉劫，即可小胜。同样，黑221应在230位自补，白必须236位应一手，有少许目数区别，黑棋再打赢劫，就有胜负之争了。（俞斌）

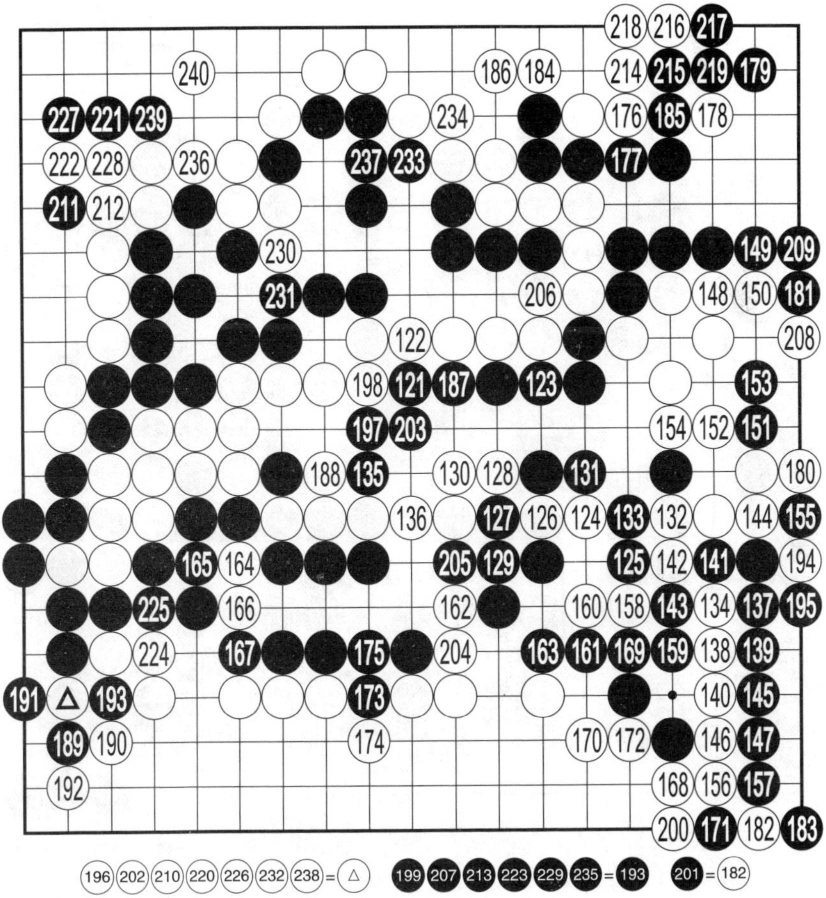

（121–240）

实战白下到230冲，再254冷静退让，白棋胜定。（俞斌）

黑方　陈祖德 九段

白方　刘小光 九段

黑贴2$\frac{3}{4}$子　共321手　白胜1$\frac{1}{4}$子

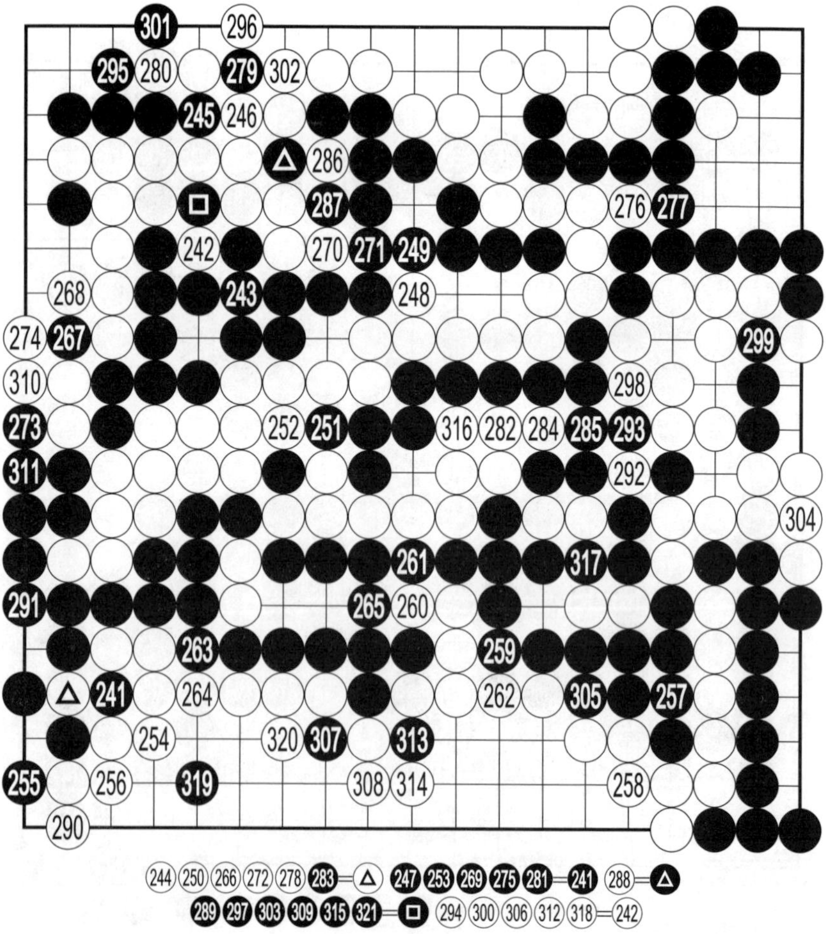

（241–321）

1991 年 12 月 5 日

陈祖德指导棋教室

白方　陈祖德 九段

黑方　韩念文

黑 12 当连片，迫白打入。白 15 点角是必争之手。黑 20 连扳有问题，被白 21 靠，黑很难应付。至白 31，局部白成功，但黑亦无大损。白 33 长出入太大。黑 34 至 40 的下法均很适宜。白 41 点角过分，应采取从容的态度。黑 44 立好手。白 55 飞无奈。黑 56 与白 57 交换没有必要。黑 60 退值得斟酌。黑 62 问白应手，锐利。白 65 是治孤的要点。黑 70 应保留变化。至白 81，黑差一气被杀。黑 86 有些俗。黑 90 再补一手，缓！白 91 对黑的大本营进行破坏，看到了胜利的曙光。白 95 靠，黑很为难。黑 96 虽有种种对策，但均无把握。黑 100 立，对白整体进行攻击。白 103 是绝对先手，再于 105 关，白已不是死形。然而黑 106 飞好手，白的出路狭窄。白 109 飞轻率，致上边受损。黑 112 靠紧峭。白 113 无奈。黑 114 顺势打吃，捞足了便宜。

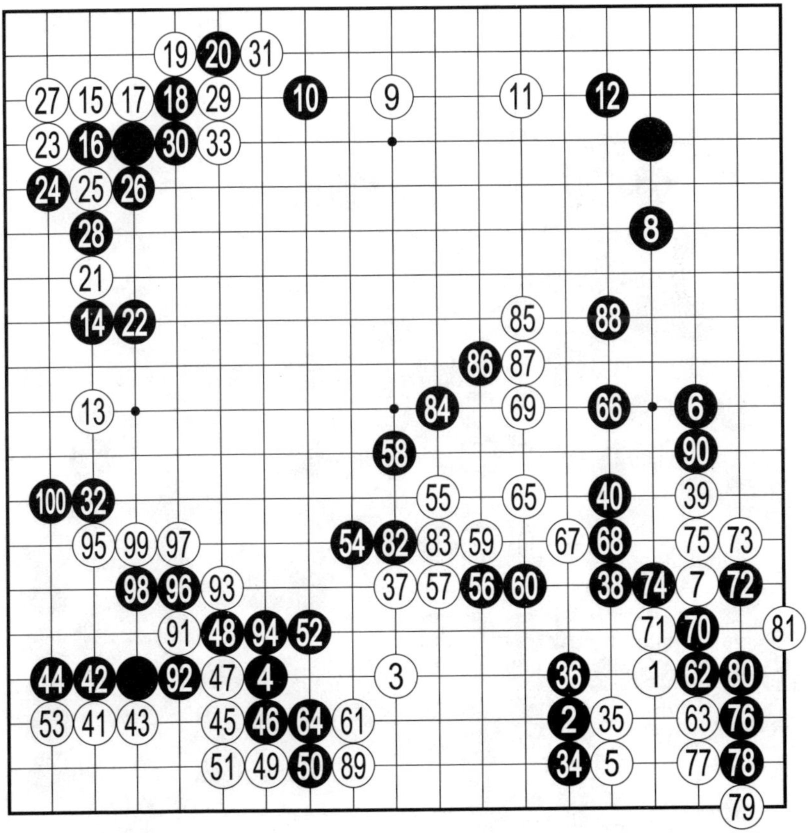

（1–100）

白方　陈祖德 九段

黑方　韩念文

黑124托时，白如吃黑122一子，是黑优的细棋。白125刺，寻求变化。白127扳，尽量复杂化。黑130不够简明，当于二路渡，白棋实地不足。白131至135，左边的黑地转化为白地，应当是白成功。白137是大失着，造成了不可挽回的败势。黑140先手将白棋切断。至黑154，黑实地领先，且棋形厚。白157是玉碎态度。黑160、162对白发起总攻，白上下无法兼顾。至207，白虽竭力抵抗，但黑滴水不漏、毫无破绽，终于生擒白的大龙。回顾1989年九段·业余棋手升降赛中，我侥幸捕获了念文一条“龙”，而这次念文毫不手软，屠了我的一条“大龙”，在我的记忆中，如此大块的棋被人歼灭还没有过。就这一点，我也要向念文表示钦佩。（陈祖德）

共209手　黑中盘胜

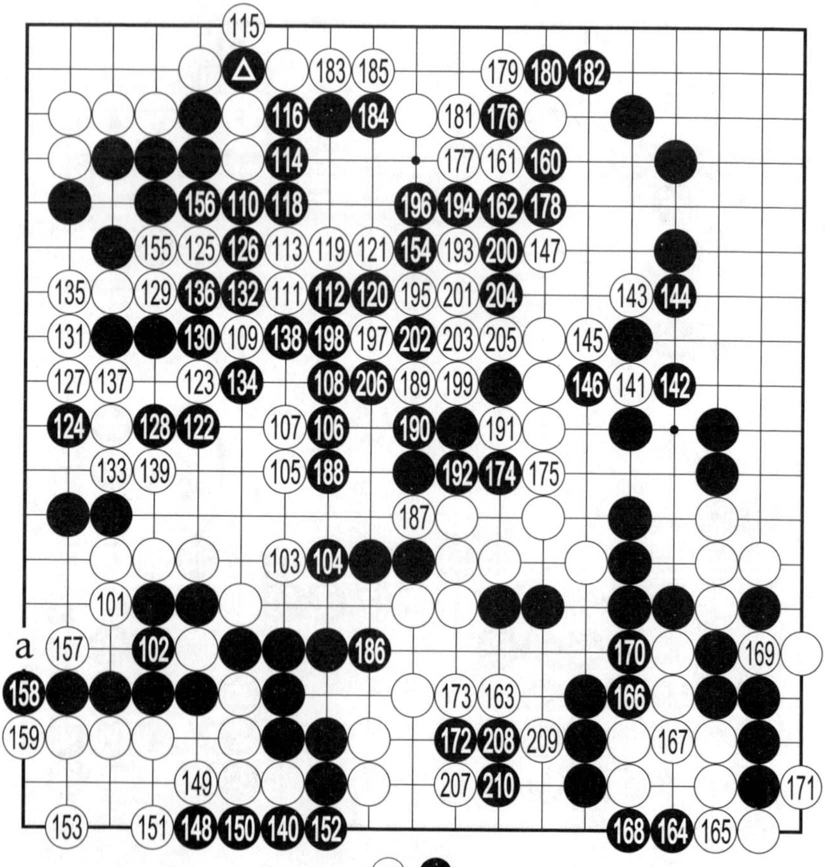

117=△

（101–209）

一九九二

时年48岁

◎ 1月20日—24日，在第14届新体育杯预选赛中，陈祖德第一轮击败杨士海，第二轮击败华学明，第三轮击败刘钧，进入新体育杯循环圈。

◎ 2月14—16日，在第六届中国围棋天元战第一轮中胜邵炜刚四段，第二轮负于俞斌九段。

◎ 2月14日—3月1日，第五届中国围棋名人战在北京开赛。首轮轮空的陈祖德在第二轮击败中辰光，第三轮负于马石。

◎ 3月15日，中国棋院在北京正式建成，陈祖德任首任院长。

◎ 3月17日—19日，第三届围棋元老赛在中国棋院举行。经过五轮比赛，罗建文获得冠军，陈祖德第二，华以刚第三。（第一届元老杯1990年在兰州举办，华以刚获得冠军，陈祖德的名次待考。）

◎ 6月10日—12日，通润杯第四届围棋棋王赛开幕。32强赛陈祖德击败郑弘，12日被聂卫平淘汰。

◎ 6月24日—26日，第14届新体育杯循环圈先进行两轮，陈祖德负于刘菁和邵炜刚。

◎ 12月4日—31日，在第14届新体育杯循环圈中，陈祖德击败曹大元，负于俞斌，胜聂卫平。

薛志春　整理　　　　**华以刚　审订**

1992 年 1 月 8 日弈于北京
陈祖德指导棋教室

白方　陈祖德 九段

黑方　陈炳骞（受五子）

黑 38 有问题，至 46 尚未活净。黑 60 迟了一步。黑 70 留着更富变化。黑 72 至 76 好。白 77 不肯单纯补角。黑 78 好。黑 88 于二路扳较好。黑 98 拆得过远。白 103 打入当然。黑 110 当封白，还是黑优。白 111 出头，黑成裂形。黑 114 同病。白 117 顶、119 跳后，黑陷入困境。黑 120 颇巧妙。至白 123 成细棋。黑 124 稍弱，126 断稍损。至黑 136 接，黑虽做活，但白已得利不少。白抢得 137 位接，胜定。（陈祖德）

共 181 手　白中盘胜

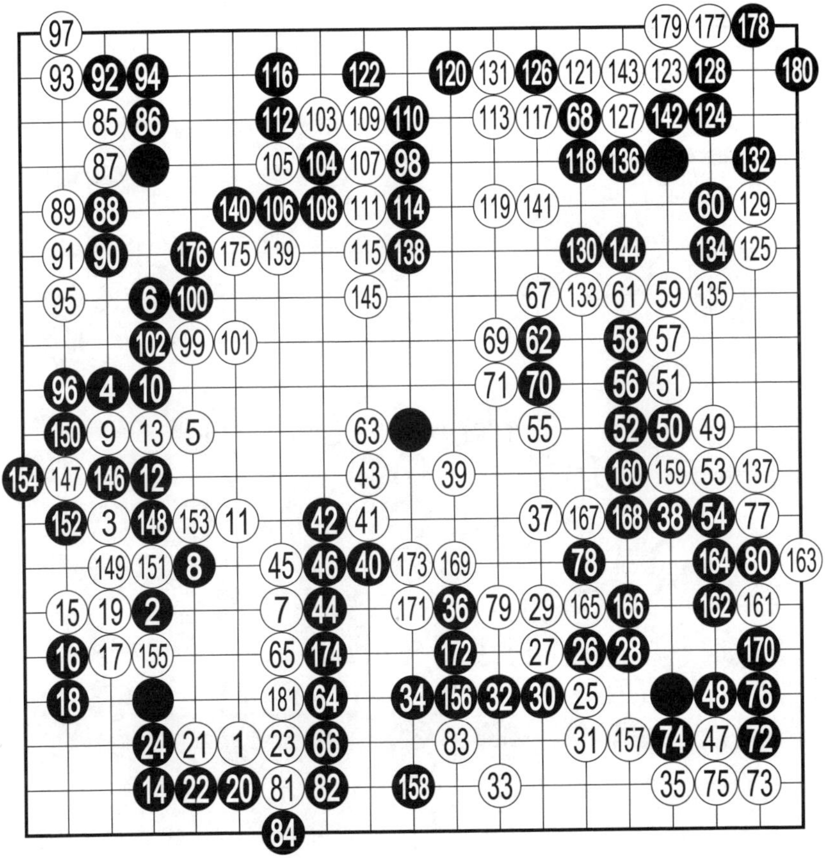

（1–181）

1992年1月11日弈于深圳
表演赛

黑方　聂卫平 九段

白方　陈祖德 九段

黑21可考虑在22位冲，白21位，黑68位，可以满意。实战黑21、23棋形凝重，黑27再捞一票，棋局早早进入攻防战。白30可考虑在33位拆二，自身安定的同时把黑棋往外驱赶，局面更好把握。实战白棋采用包围封杀的策略，至39黑棋做活，局势大约两分。白58应在60位单长，黑58位，白95位右一路压腾挪。实战黑69、71痛快，白棋形难受，至黑73，黑稍稍领先。白92可能是误算，在94位打吃是很复杂的战斗。黑97估计是棋谱错误，应该是在98位下一路冲。按照目前的棋谱，白98当然会在99位冲吃4子，大龙还可以做活。不管实战是怎样的次序，黑棋吃掉两子，胜定。(俞斌)

黑贴$2\frac{3}{4}$子　共99手　黑中盘胜

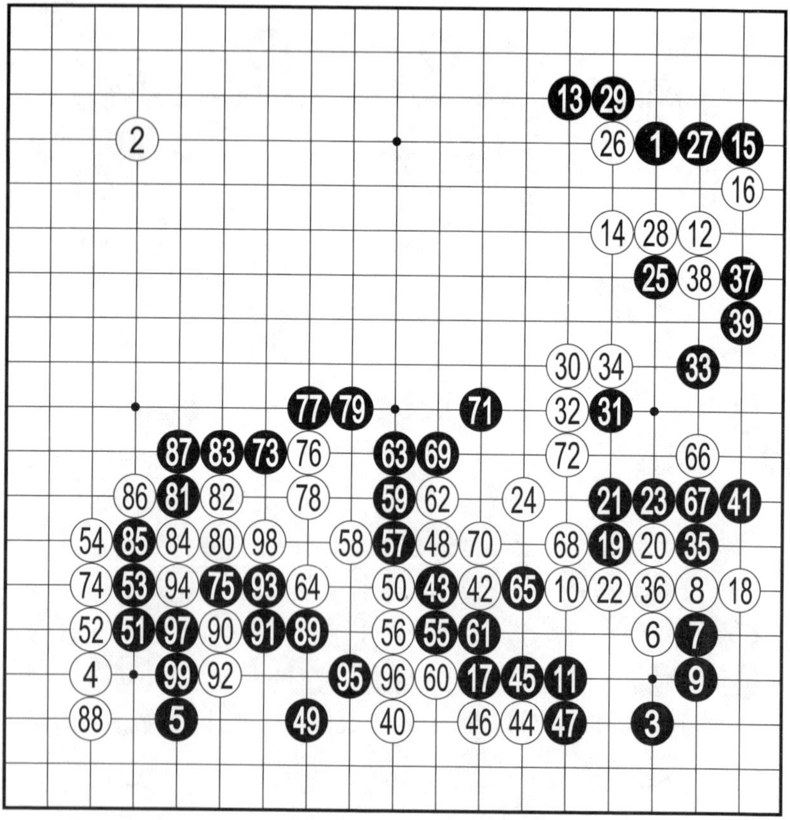

(1–99)

1992年1月20日弈于中国棋院
第14届新体育杯预选赛第一轮

黑方 杨士海 五段
白方 陈祖德 九段

至黑11，在当时看来是两分定式，但从现在的视角黑棋不能接受。白24稳健，应当对形势较为满意。白32打出方向不佳，进角为好。白40反击紧凑！黑41大恶手，应吃另一边，实战黑损失惨重。白52点角大，白优势明显。白86要点，紧接着96以下利用缠绕战术简化局面。白106在胜势下还是不依不饶。（廖行文）

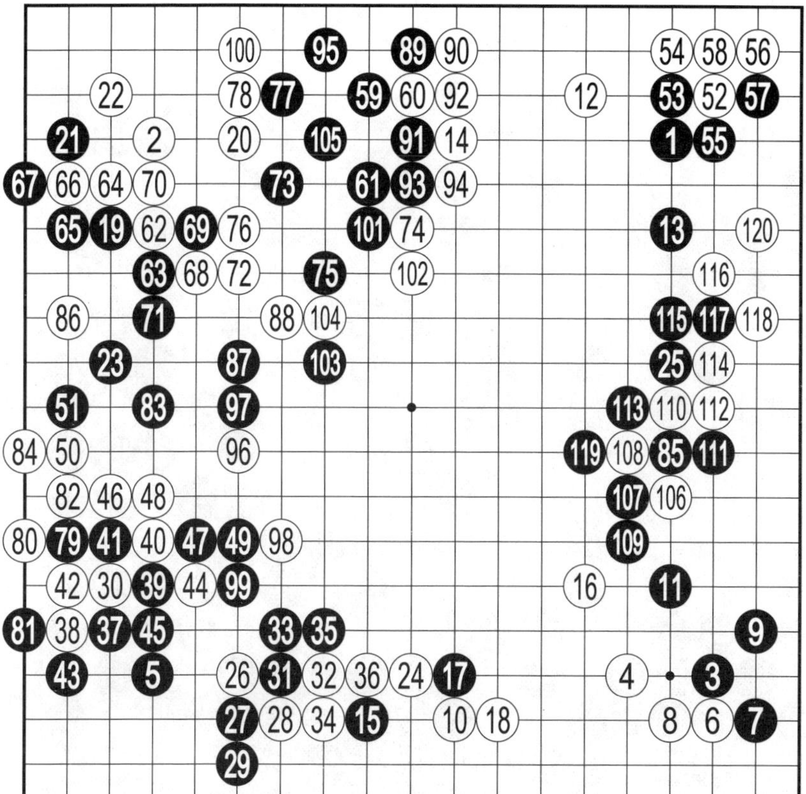

（1–120）

至126又破空得手。此后黑顽强拼搏，但已与胜负无关。（廖行文）

黑方　**杨士海**　五段

白方　**陈祖德**　九段

黑贴$2\frac{3}{4}$子　共220手　白中盘胜

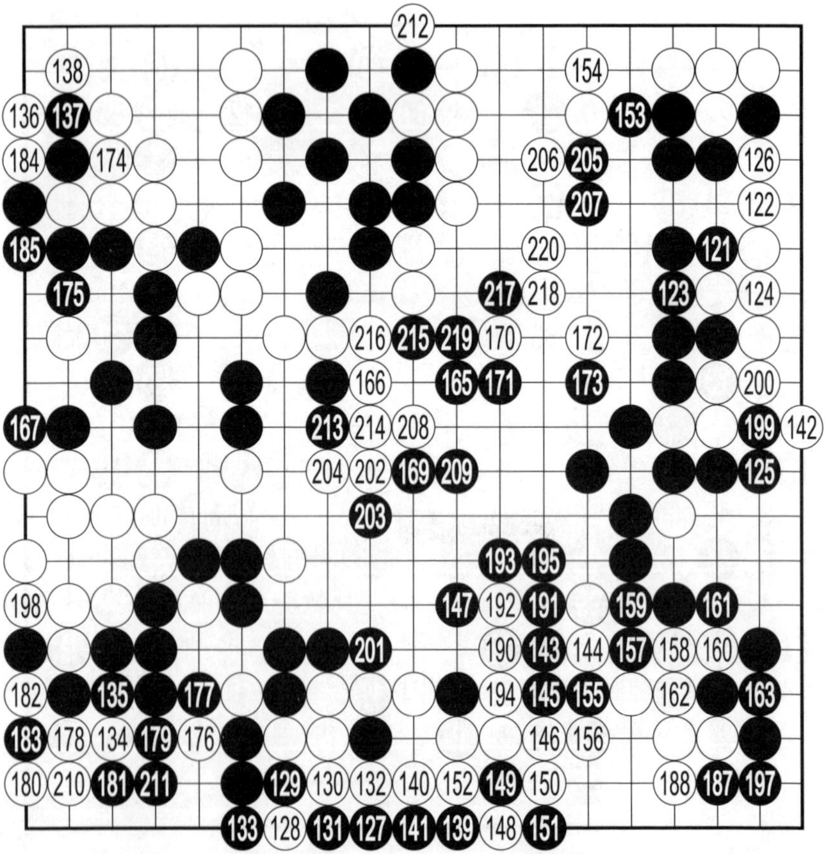

164=148　168=128　186　196=182　189=183

1992年1月22日弈于中国棋院
第14届新体育杯预选赛第二轮

黑方　陈祖德 九段

白方　华学明 六段

至白22双方平稳。黑23是要最大限度地扩张，白24时机合适。白28继续纠缠不好，应二路立简明得利。黑39是关键急所。黑43、白44双方展开斗智，形成转换后局面回到均衡。黑75、77组合拳犀利，至黑91拔花收获颇丰。黑107问题手，遭白反击陷入被动。黑127放出胜负手最后一搏。（廖行文）

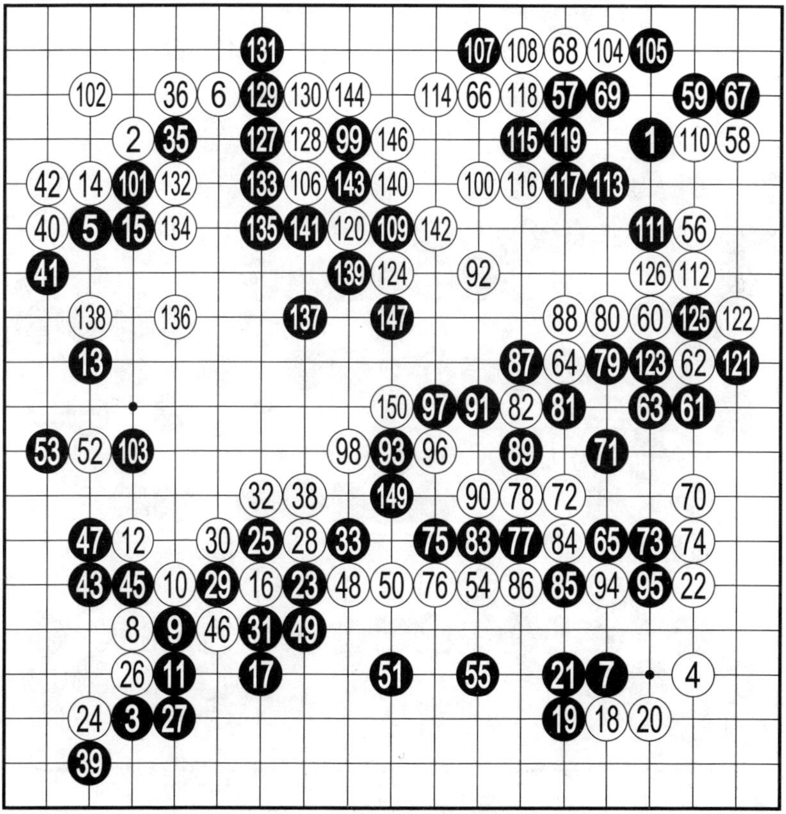

34 44＝16 37＝25 145＝109 148＝120

（1–150）

黑方　**陈祖德** 九段

白方　**华学明** 六段

白 148 判断失误，应补中腹。黑先手破空后局面微细。此后复杂的官子战黑略胜一筹，最终取得小胜。（廖行文）

黑贴2 $\frac{3}{4}$子　269 手以下略　黑胜1 $\frac{3}{4}$子

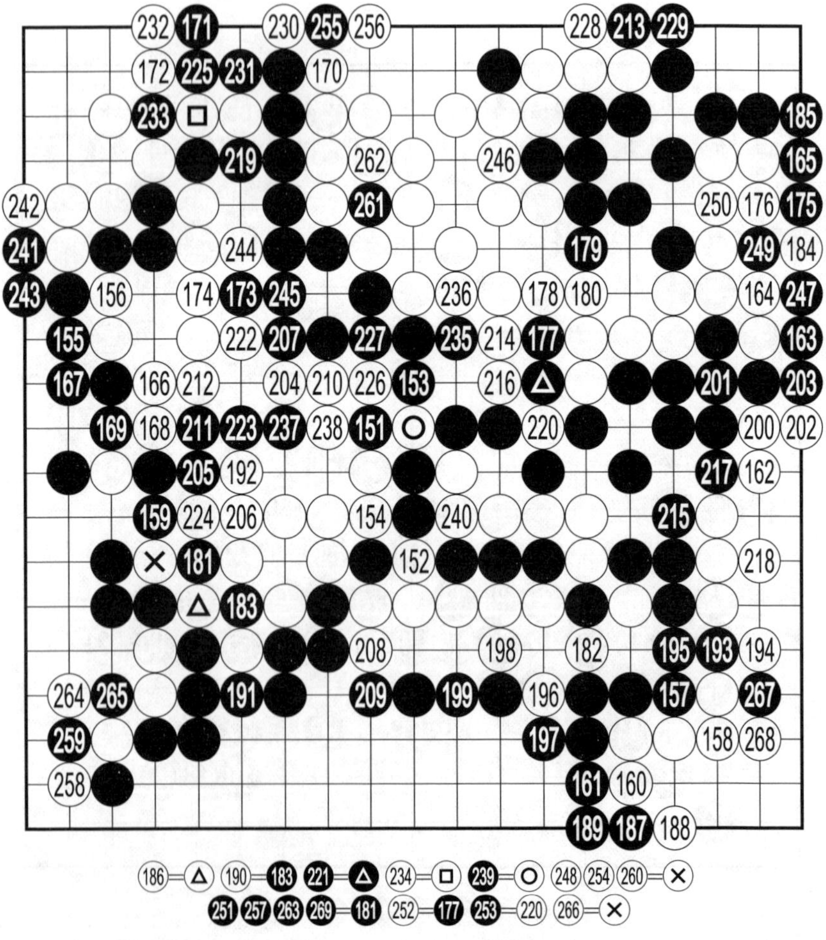

（151–269）

1992年1月24日弈于中国棋院
第14届新体育杯预赛第三轮

黑方　陈祖德 九段
白方　刘钧 三段

白42重大问题手，误判了黑43冲断的严厉性，应43位挡或在163下一路飞。黑47吃掉两子收获极大。白48断可以成立，但黑棋做活没有问题。白74发力希望能杀掉大龙，至黑91净活，差距进一步拉大。（俞斌）

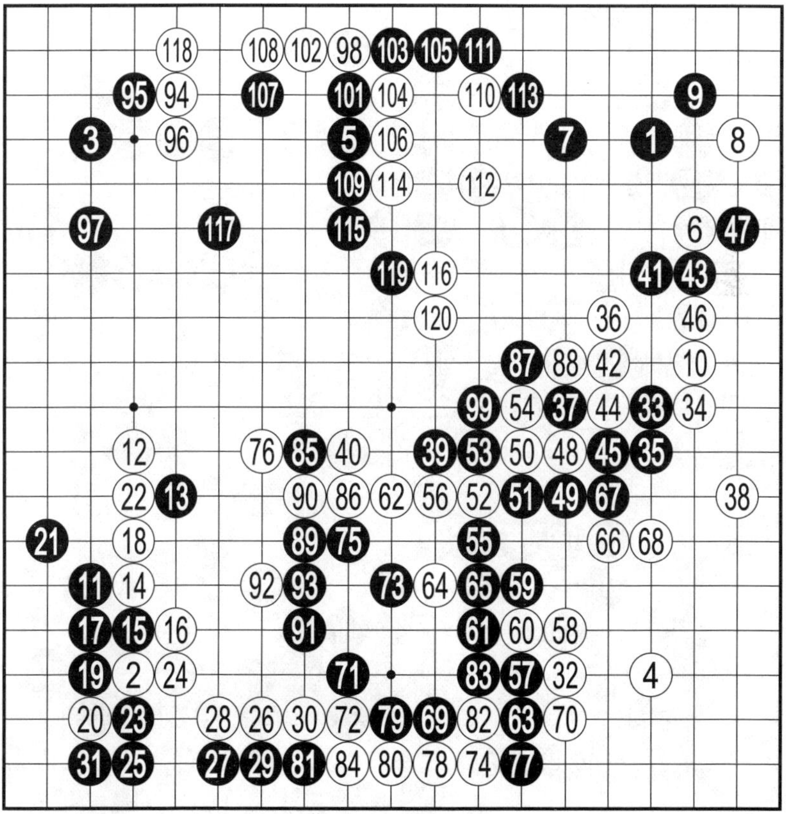

100=37

（1–120）

黑方　**陈祖德** 九段

白方　**刘钧** 三段

至黑131，已经是黑棋胜定的局面。黑133在134位渡过可简单取胜。实战黑133应该是一种对局心态吧。至白142，黑棋没有找到活角的办法。其实黑143在135右一路立，局部是有搞头的。好在前面优势很大，实战就算作净死了，仍然是黑棋胜势。以下黑兢兢业业收官，白棋再无机会。（俞斌）

黑贴$2\frac{3}{4}$子　共233手　黑中盘胜

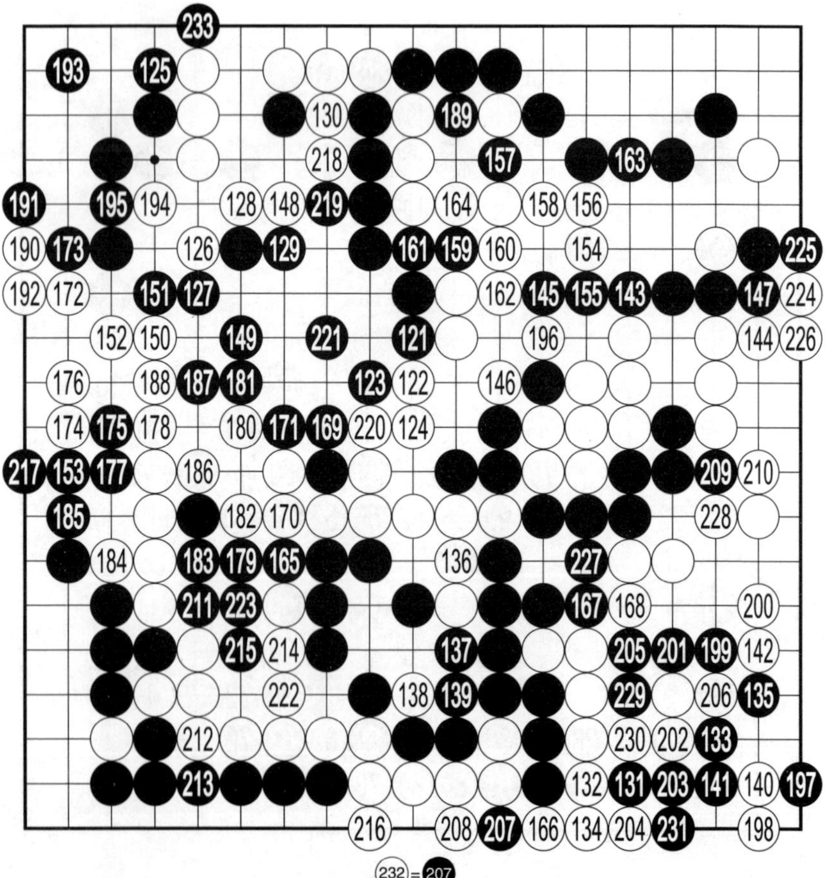

232=207

（121–233）

1992年2月14日
第六届天元战第一轮

黑方　邵炜刚 五段
白方　陈祖德 九段

白18出头应于11上一路冲，后面大家会对这个棋形有所认知。黑31至37非常损实地，被白38打入，黑落空。白50应于64位直接做活，黑61也应在64位挡住，这里似小实大。黑79捞得过猛，在中间补一手方为上策。（檀啸）

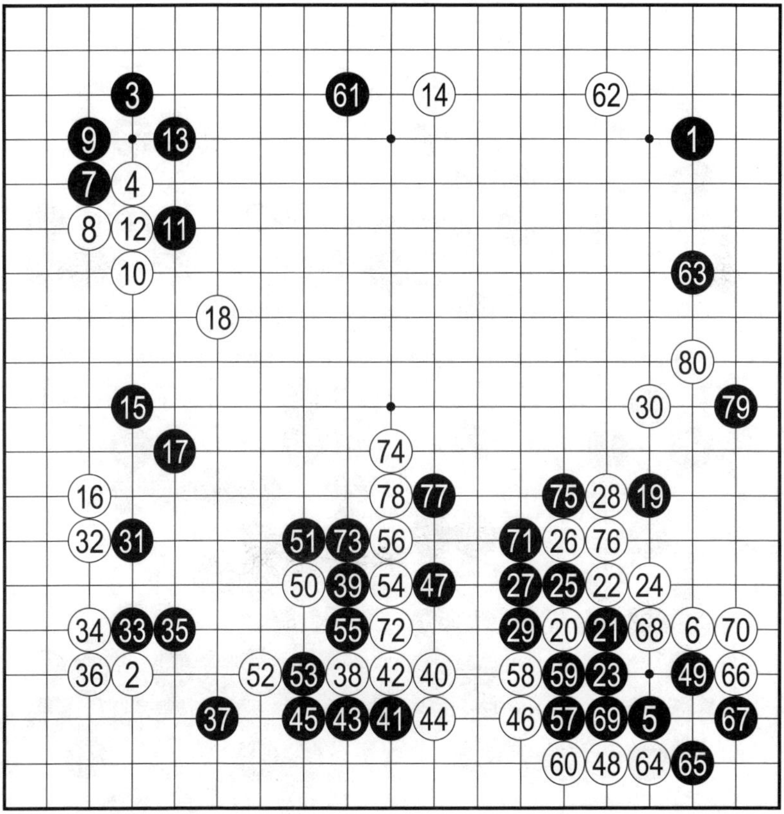

（1-80）

黑方 **邵炜刚** 五段

白方 **陈祖德** 九段

至102是白棋稍好的局面。白124犀利，这里考验黑棋如何应对。黑139是本局的败着，黑想争一个先手抢占超大的141位冲，但是没注意到被白142一尖，黑大龙已经无法做活。（檀啸）

黑贴$2\frac{3}{4}$子　共172手　白中盘胜

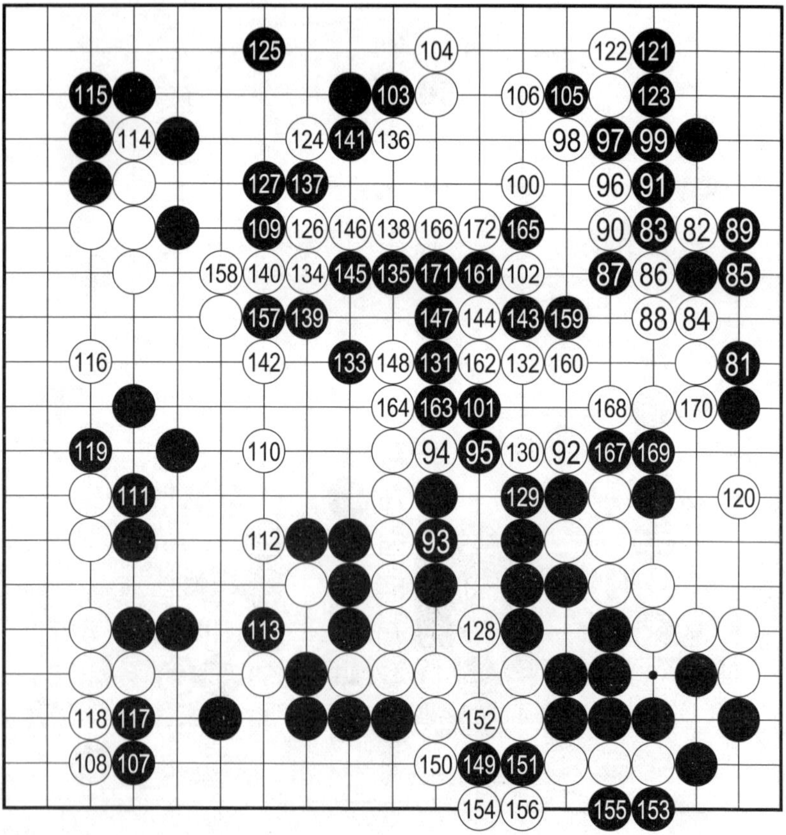

（81–172）

1992年2月16日
第六届天元战第二轮

黑方　陈祖德 九段
白方　俞斌 九段

白8大飞挂是当时流行的下法。黑9脱先很有新意。黑15次序有误，应先于17位点，看白棋如何应对。白28直接贴出，下法非常强硬，好像有点不符合俞老“洗衣机”的绰号。这里双方开弓没有回头箭，一场肉搏战已经在所难免。黑43拐也可考虑在46位飞，比实战要好一些。黑53严重误算，此时只能于55位断和白棋转换，如此局面尚早。实战白棋打出一套组合拳，黑直接崩盘。（檀啸）

黑贴$2\frac{3}{4}$子　共64手　白中盘胜

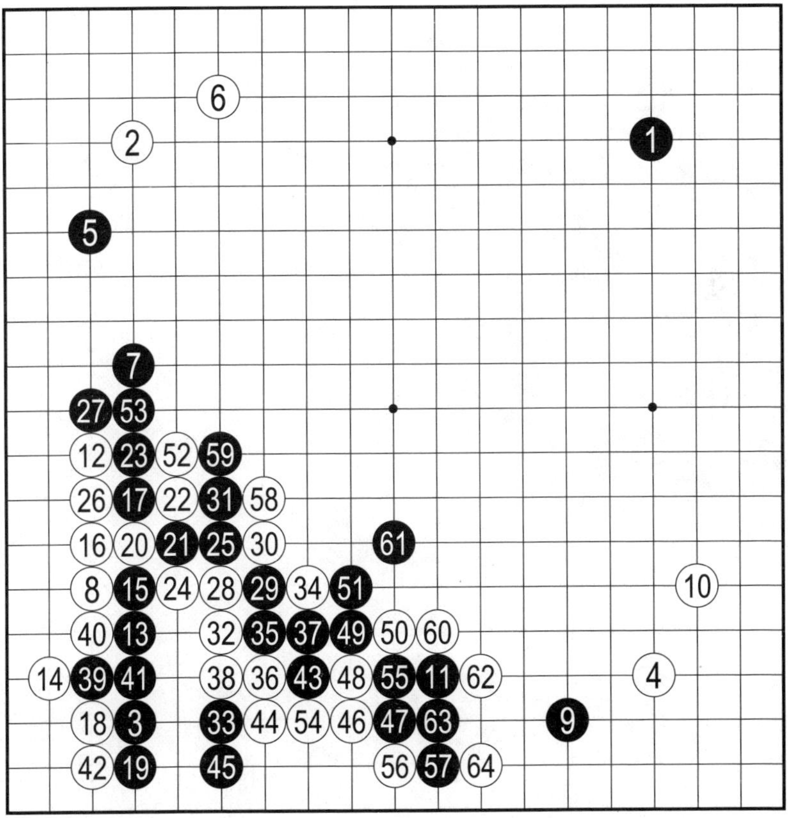

（1–64）

1992 年 3 月 6 日
指导棋

白方　陈祖德 九段
黑方　金同实（受二子）

黑 14 虎不好，应于上一路粘上。白 15 靠好棋，黑棋形难受。黑 40 过分，这时候只能于 41 位弃子。实战越爬损得越多，至 53 大亏。黑 64 过分，应粘在 65 位，味道干净。黑 80 是本局的败着，没有注意到白 81 打吃完可以冲出，到 85 夹，黑棋两边直接崩溃。（檀啸）

共 85 手　白中盘胜

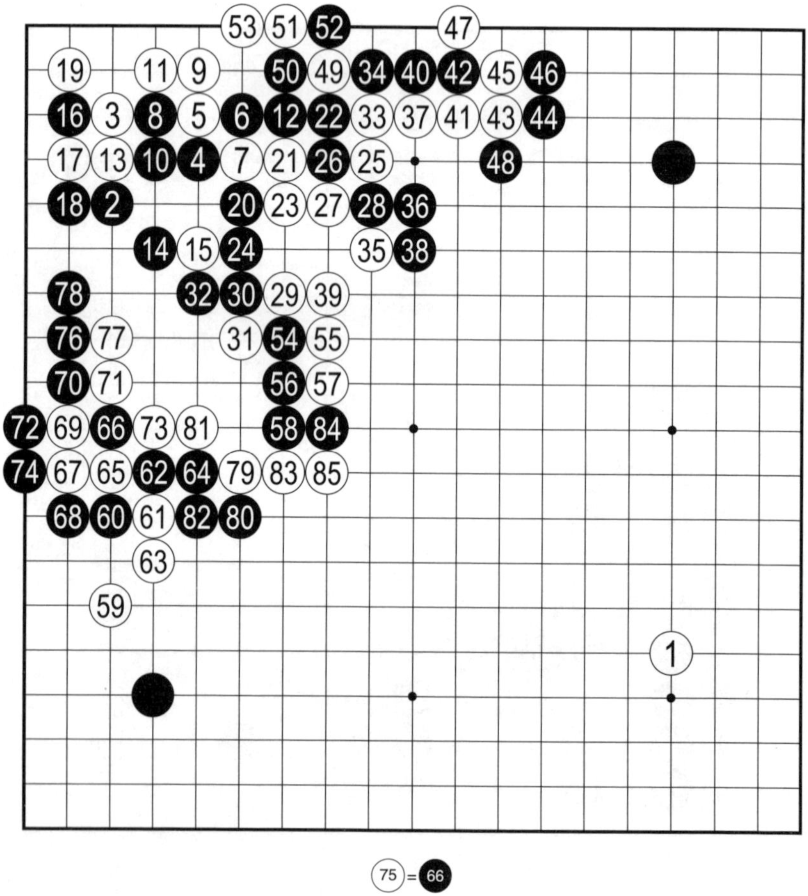

75 = 66

1992 年 5 月 19 日弈于会馆
指导棋

白方　陈祖德 九段

黑方　史荣三（受三子）

史荣三是朝鲜棋手，时年 13 岁。

白 5、7 是陈老师擅长的让子棋着法。黑 8 以下应对错误，至 13 黑损。白 29 好形，值得学习。面对白 43 的腾挪手法，黑 46 选择错误，大损，此时必然提花。实战黑仅吃下不到 20 目，得不偿失。黑 64 进攻也略显鲁莽，至白 79 连络，黑所得不大。白 85、87 精妙，使几颗子起死回生。（廖行文）

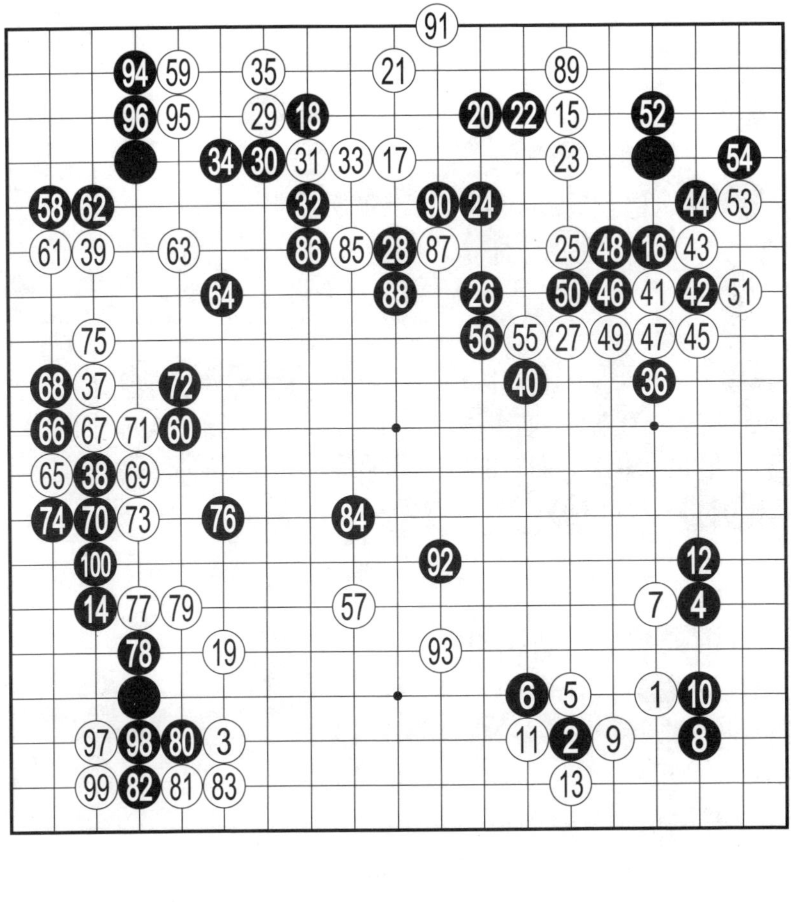

（1–100）

白107突入中腹胆大，129做活好手，至此白已取得优势。白141致命一击，通过劫争确立胜局。（廖行文）

白方　陈祖德 九段

黑方　史荣三（受三子）

共189手　白中盘胜

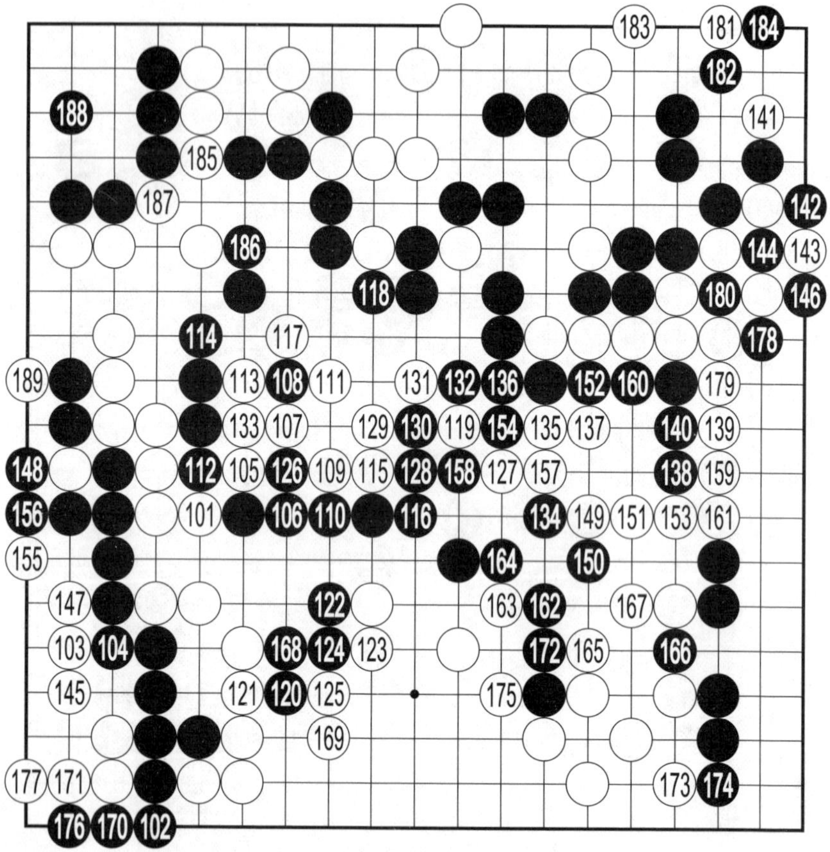

（101–189）

1992 年 6 月 10 日弈于中国棋院
第四届中国围棋“棋王赛”第一轮

白方　陈祖德 九段
黑方　郑弘 七段

白 16 镇头抢攻，进入陈老师喜爱的局面。白 24、黑 25 是互相限制棋形的常用手法。白 32 继续缠绕攻击略显勉强，至 44 白形状不佳。黑 51 分断思路清晰，白无奈只得局部苦活。黑 77 转头搜刮上方，形势主动。白 94 最大限度保证实地不落后。（廖行文）

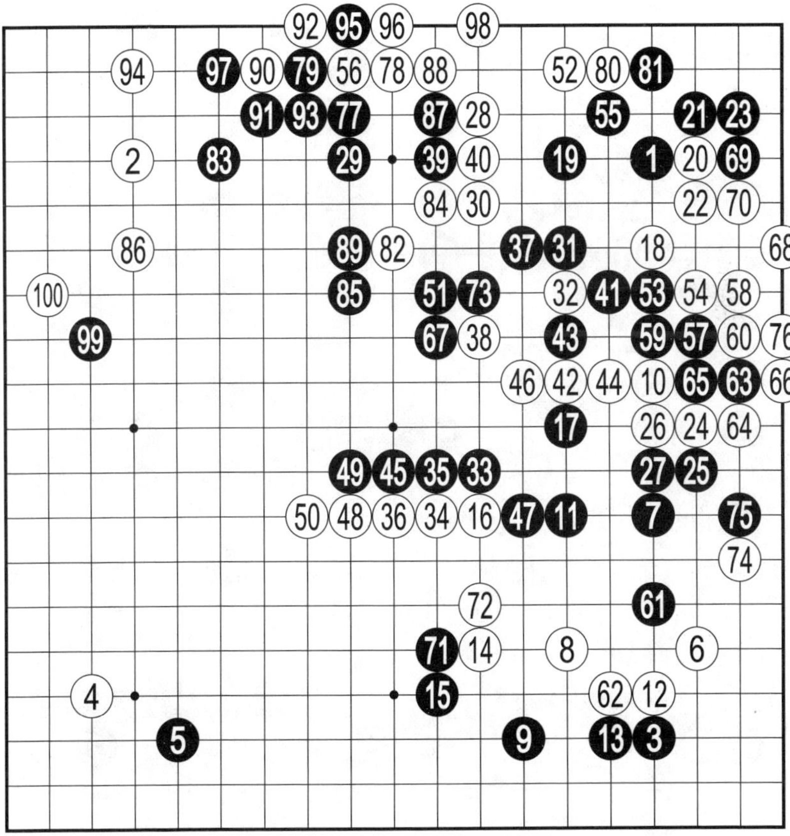

（1–100）

白方　**陈祖德** 九段

黑方　**郑弘** 七段

黑 115、117 两步缓手皆应于右下长角。白 120 以下果断开劫，觅得翻盘机会。至白 144，双方大型转换后局势细微。黑 151 败着，白 152 机敏，此处双先约 3 目足以影响胜负。此后白兢兢业业将小胜局面保持到终局。（廖行文）

黑贴$2\frac{3}{4}$子　218 手以下略　白胜$1\frac{1}{4}$子

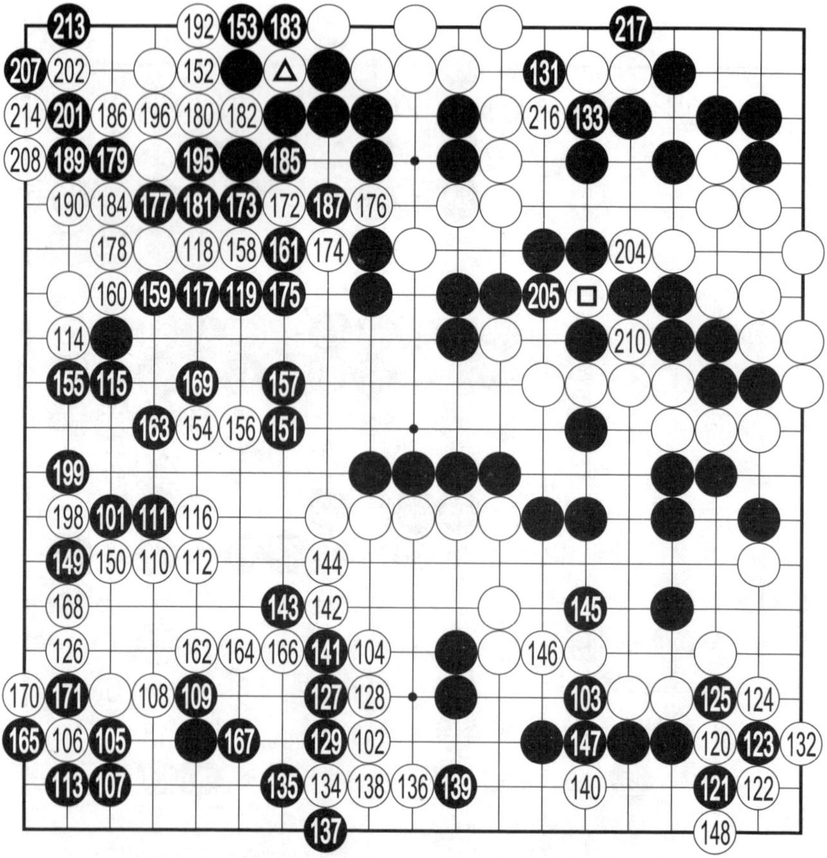

130=120　188 194 200 206 212 218=106　191 197 203 209 215=171

193=△　211=□

（101–218）

1992年6月11日
指导棋

白方　陈祖德 九段
黑方　孙宜国（受二子）

黑18镇下得非常积极，气势很足。至32，布局黑棋满意，白棋需要想些办法。黑46、48俗手，应在57位单飞。黑52-56直接开干，体现了拼搏的姿态。至75断，局面混乱，黑白双方几块棋都不活。面对白83的试应手，黑84果断反击。白95在右边试应手，至120留下了打劫。（檀啸）

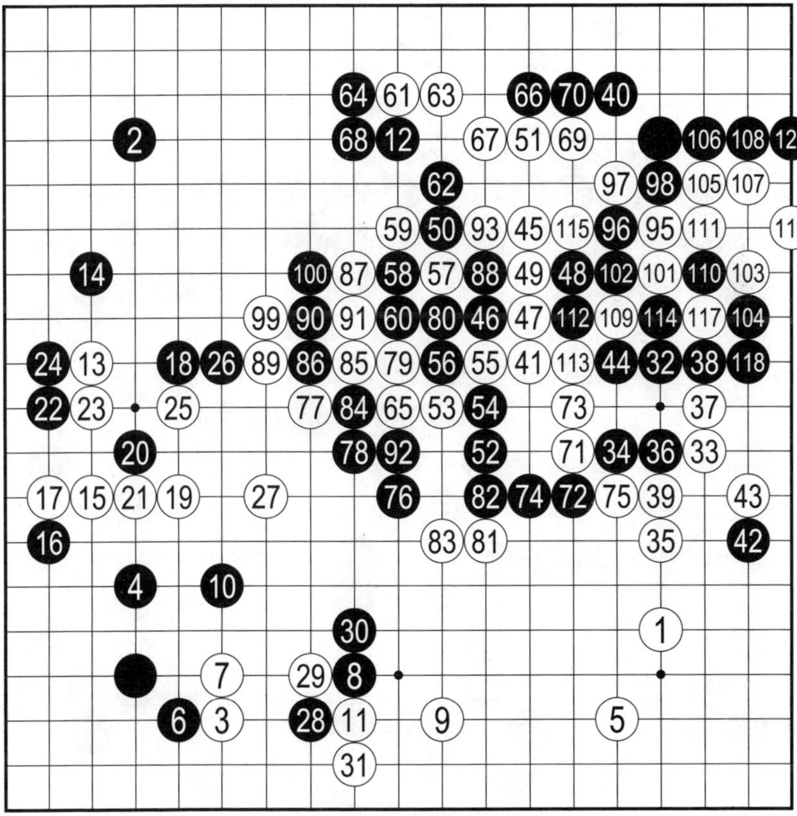

94=57　116=109

（1–120）

白方　陈祖德 九段

黑方　孙宜国（受二子）

白121继续打出，至125跳下，形成眼花缭乱的战斗。白157在局部走成了紧气劫。黑160找劫有问题，应该在165位把白棋吃干净。白167顶好棋，大龙死灰复燃，黑棋只能放活，很无奈。白195继续和黑棋打劫，由于黑劫材不够，只能又寻求转换。当黑230跳右下找劫时，白231开劫胜着，黑棋全盘劫材不够，只能无奈放弃劫争，形成白小胜的局面。（檀啸）

黑贴2目　共253手　白胜1目

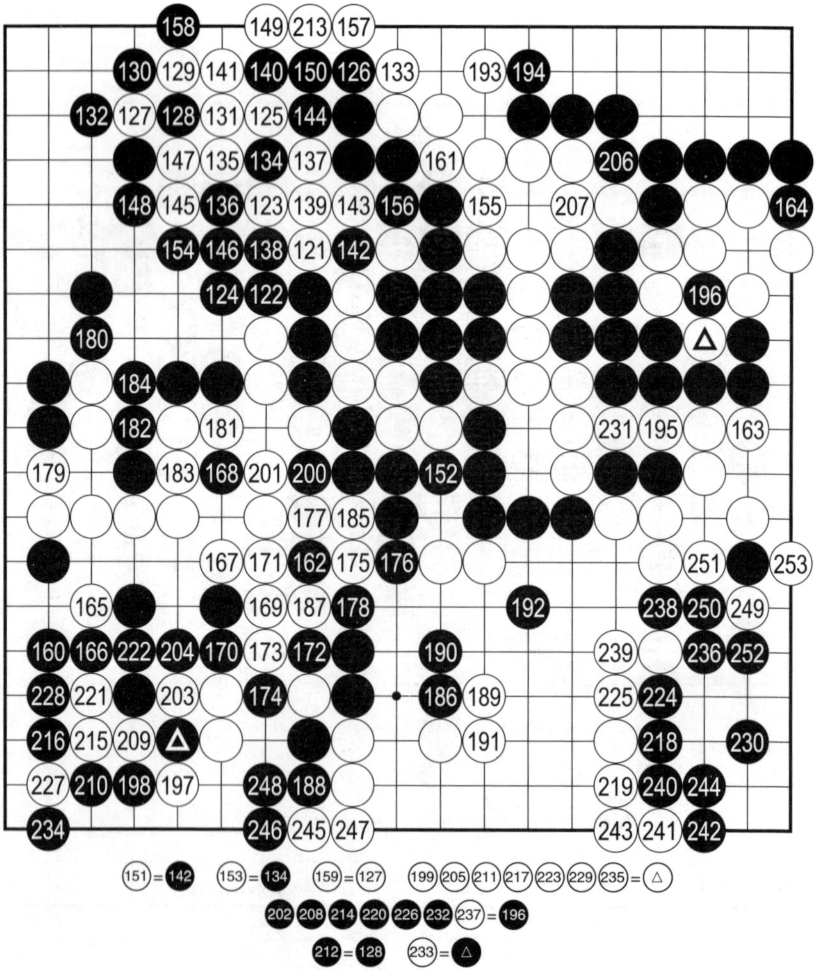

（121–253）

1992年6月12日弈于中国棋院
第四届中国围棋“棋王赛”第二轮

黑方　陈祖德　九段
白方　聂卫平　九段

白10挑起战斗，但16略草率，黑17实用好手，转换后黑略占上风。黑29飘逸，但有损实地之嫌。白先手取地后，抢到42的要点相当满意。白46谋求实地，黑47反击果断，双方展开本局第一处接触战。黑57稍有疑问，58位小尖为正形。黑73是颇具想象力的好手，瞄准白棋弱点。白80问题手，此时只能在中腹补棋。黑85犀利，白难以招架。至黑109吃住白六子，几成胜势。(廖行文)

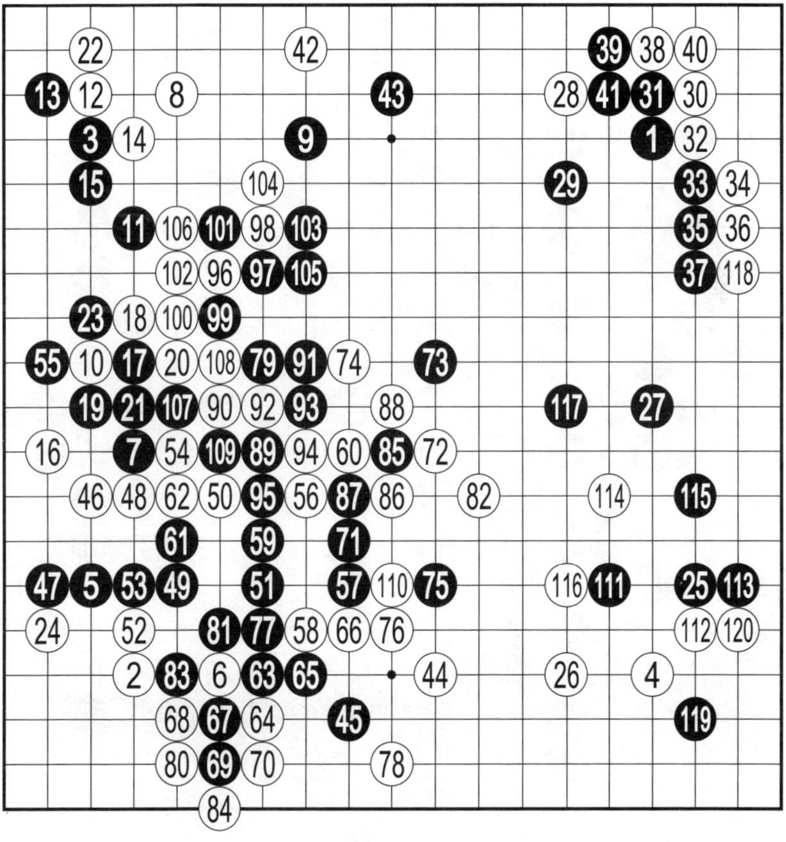

(1–120)

败着，看漏白180简单的先手，白白送死。本局是陈老师遗憾的一局。（廖行文）

黑方　陈祖德 九段

白方　聂卫平 九段

黑123闹事效果不佳，朴实接住活角即可。黑139补棋防止收气实属无奈，这应该是黑方忽略的。黑155过分，撑得太满，白156手筋，以下收获颇丰，局面逆转。黑179最后的

黑贴$2\frac{3}{4}$子　共232手　白中盘胜

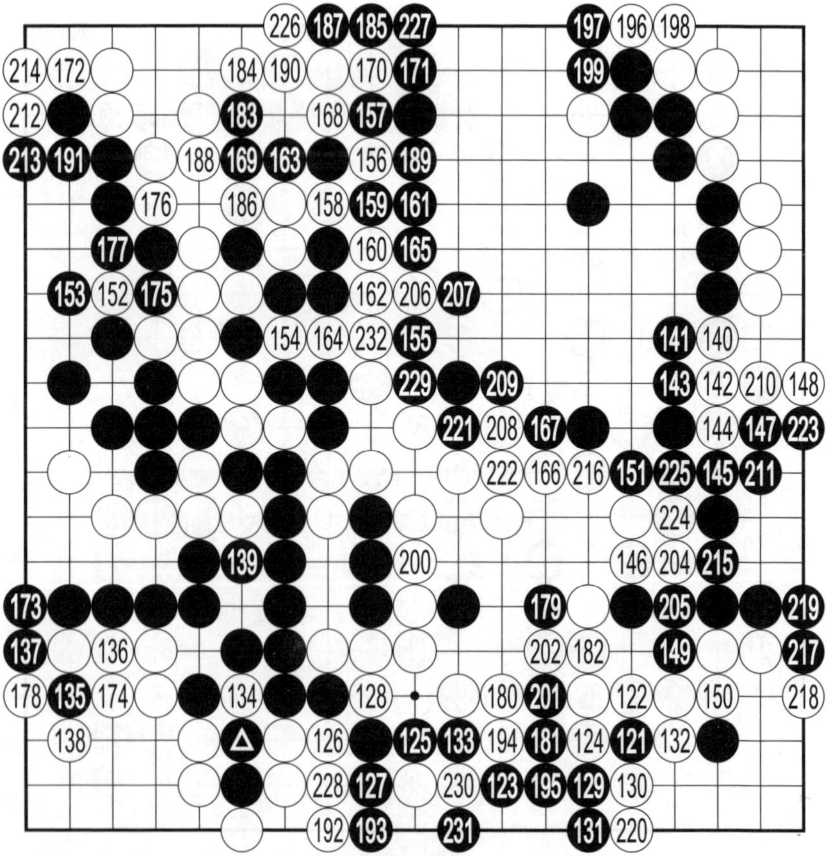

203=△

（121–232）

1992 年 6 月 13 日弈于国际饭店
指导棋

白方　陈祖德 九段

黑方　邢印达 业余 6 段（受二子）

作为业余棋手，在 90 年代能过陈老师的两子雄关并不容易。黑 6 简明的下法在当时很常见，但现在不推荐这样定型。黑 22 明显有疑问，局部留下隐患。白 41 发力，黑 44 以下恋战，过分，应简单弃子。白 61 好手，直接生擒黑数子。黑 70 又缓，白 73 托入极大。黑 86 发起强攻，白利用黑棋气紧轻松治孤，顺风满帆。

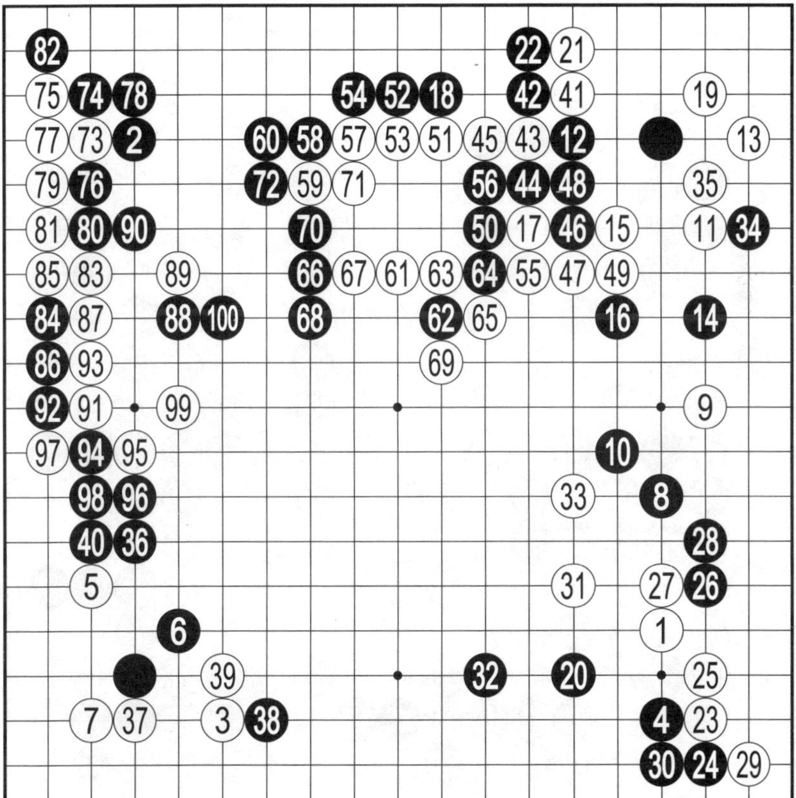

（1–100）

白135、137优势意识很浓。黑160应对错误，至173白棋胜势。白199是最后的败着。（廖行文）

白方　陈祖德　九段

黑方　邢印达　业余6段（受二子）

210手以下略　黑胜$2\frac{1}{2}$子

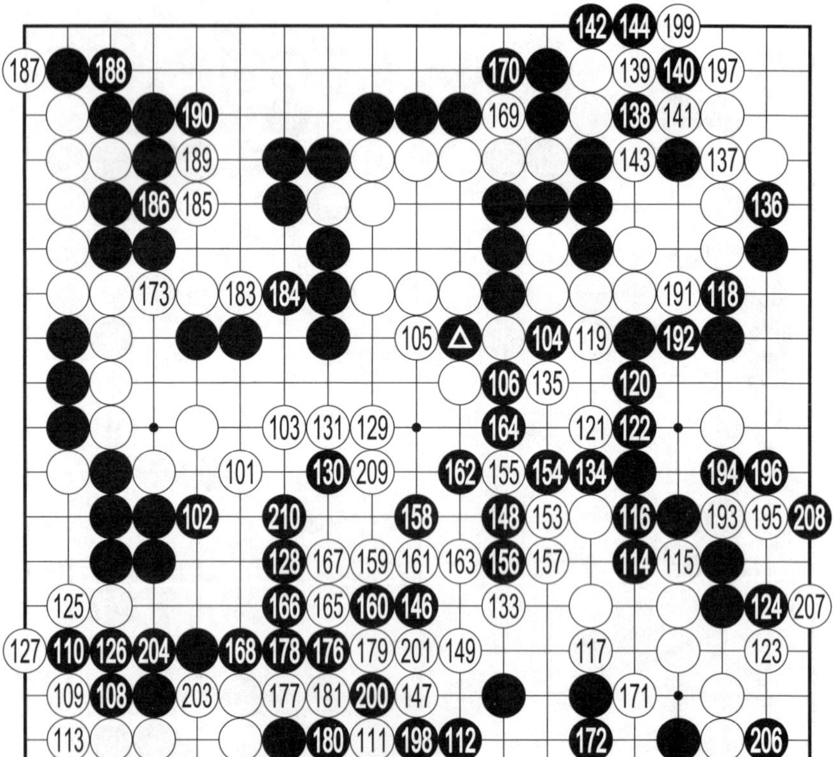

1992 年 6 月 24 日
第 14 届新体育杯循环圈

黑方　刘菁 四段
白方　陈祖德 九段

白 24 漏掉了一个次序，先在 32 位点掉更好。至 43，黑棋外面效率高，可以满意。白 48 以下不便宜，把黑棋撞厚了。黑 75 镇过来十分舒服，白棋棋形被拿捏。（檀啸）

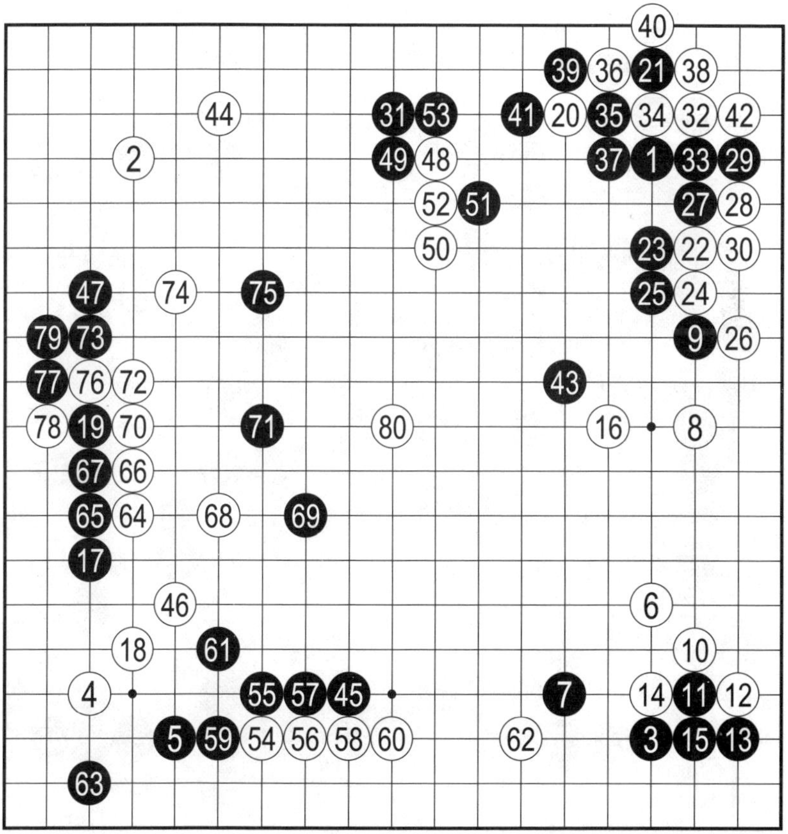

（1–80）

黑方　刘菁 四段
白方　陈祖德 九段

黑97尖断严厉！白棋面临崩溃。黑117转换判断失误，此时走124位虎，白左右都不活，已经无法两全。至黑129，又变成了细棋格局。白130是本局的败着，此时应在131位粘住，把自己补厚，则局面非常细微。被黑131、133打拔之后，135再穿入右边，白太薄，败势已定。（檀啸）

黑贴$2\frac{3}{4}$子　173手以下略　黑中盘胜

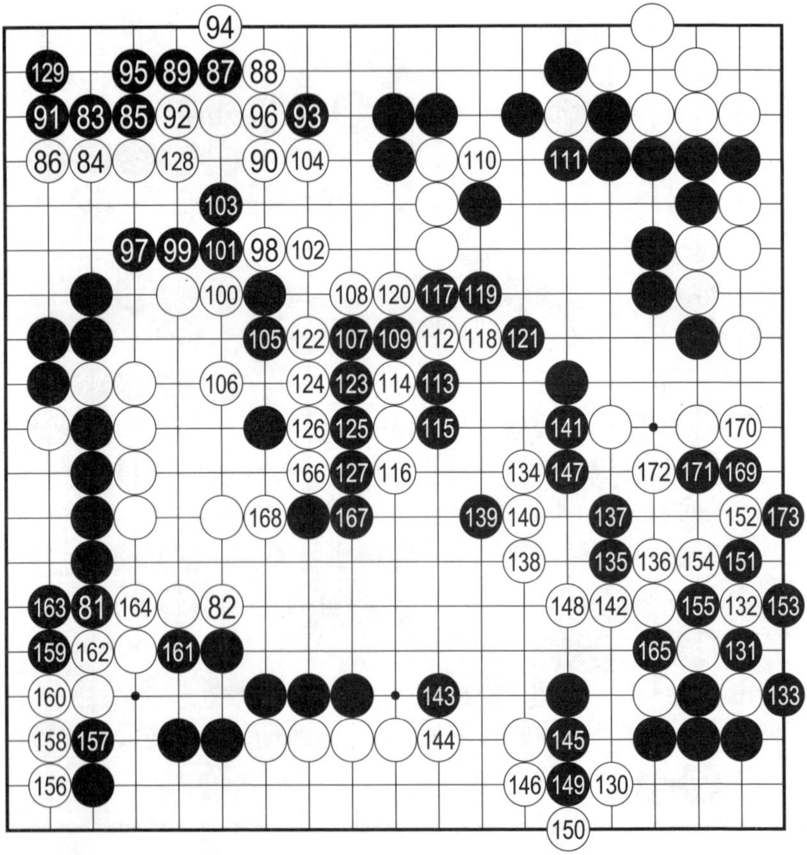

（81–173）

1992年7月20日

黑方　王汝南 八段

白方　陈祖德 九段

白18打入，黑19应对好手。黑29稍缓，直接压形成转换，黑不错。白42—46紧凑的好棋，黑略显难受。白54强硬！继续分断黑棋符合陈老师的棋风。黑81出逃过分，被白82兜打，黑棋显得顾此失彼。至100，白棋步调流畅，形势乐观。(廖行文)

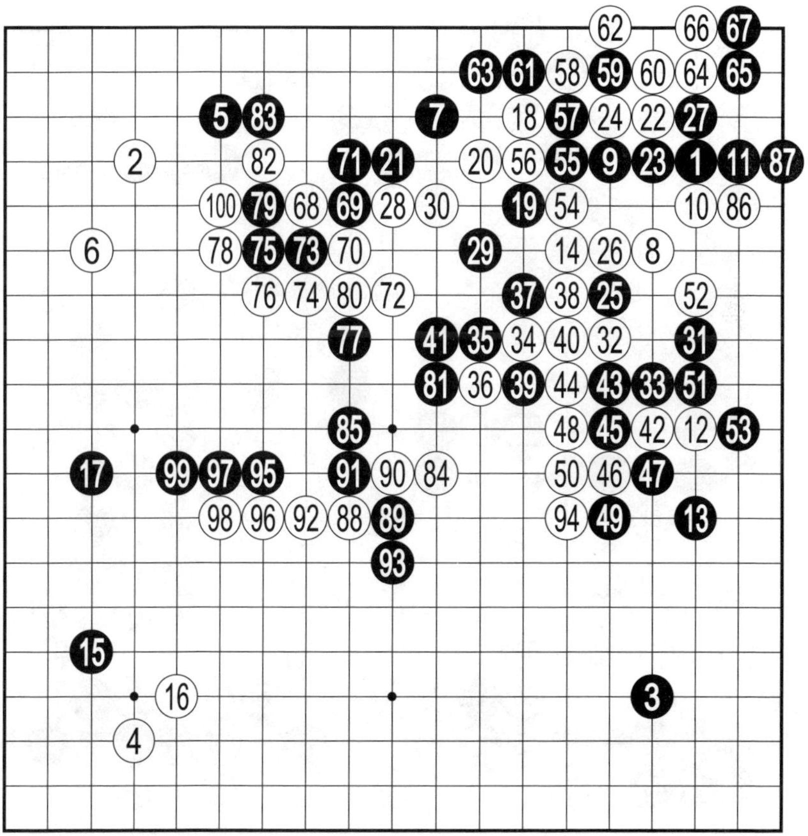

(1–100)

黑方　**王汝南** 八段

白方　**陈祖德** 九段

白 114 过分，如在上方围空可保优势。黑 131 败着，应 135 位顶住连络，中腹还可一战。白搜刮结束后占据 146 位，胜势不可动摇。（廖行文）

黑贴2$\frac{3}{4}$子　共 206 手　白中盘胜

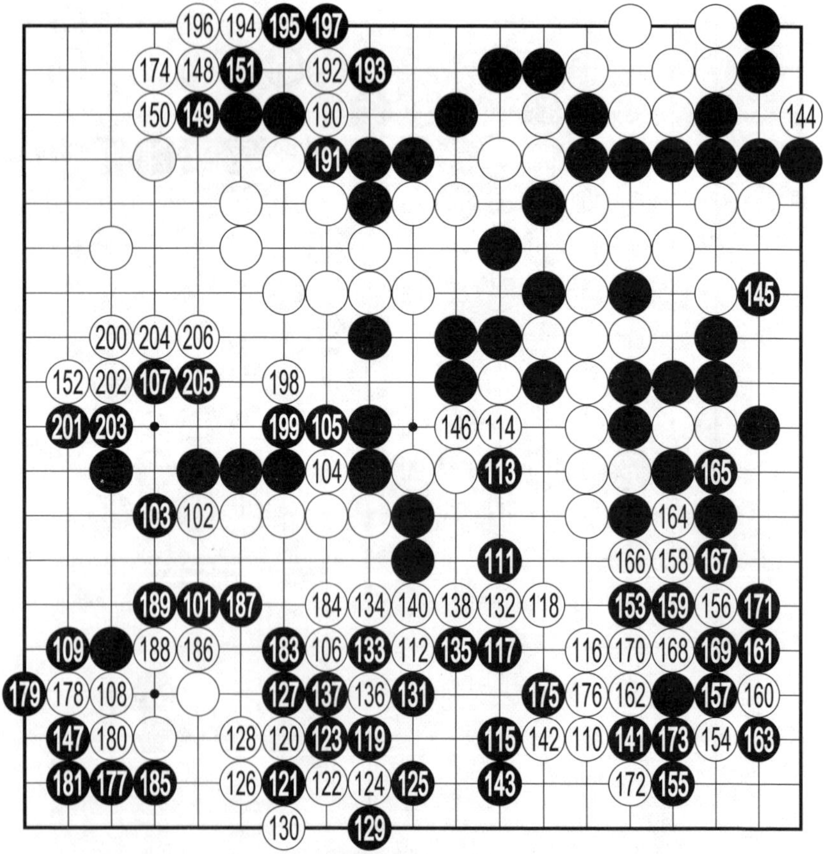

1992 年 9 月
第 14 届新体育杯循环圈

黑方　陈祖德 九段
白方　邵炜刚 五段

黑 17 打入不好，白 26 可以选择 41 位单立，黑棋吃亏。白 40 还是应该走 41 位立，实战可能忽略了 41 的严厉性。至黑 55 形成两分的局面。黑 57 反击好手！白被迫弃子大亏，至 73 黑满意。黑从 91 开始猛攻白棋，但至 116 一无所获，白获得优势。（檀啸）

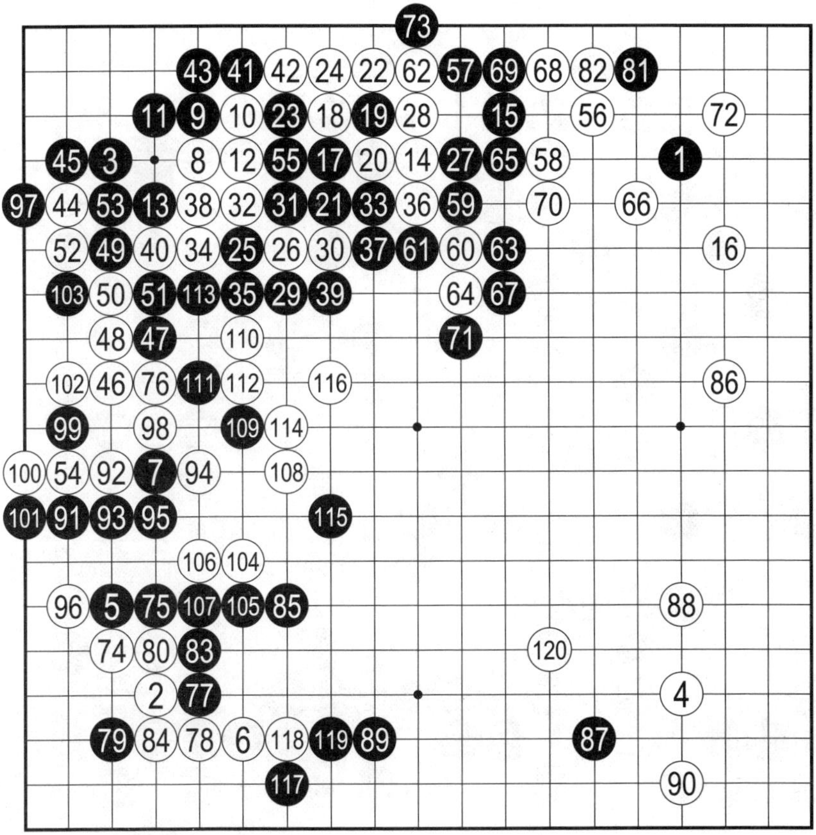

（1–120）

黑方 陈祖德 九段
白方 邵炜刚 五段

对黑127靠，白直接脱先于128位分断，开始反杀黑棋！黑131勉强，至155黑造出劫争。但白头脑很清晰，162先补劫，至170完成了反杀。黑173是最后一搏，白182消劫，不给黑棋任何机会。后面还进行了数手，但已无关胜负。（檀啸）

黑贴$2\frac{3}{4}$子　218手以下略　白胜$1\frac{1}{4}$子

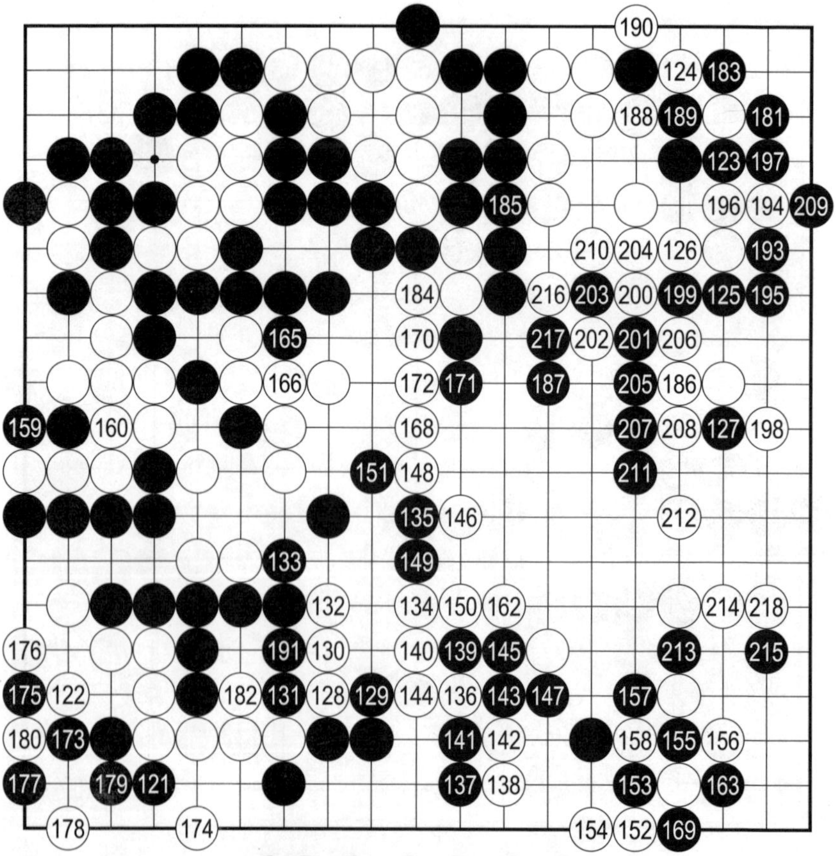

161 167 = 155　164 = 158　192 = 175

1992 年 10 月 24 日弈于郑州
“桂花杯”围棋国手超级大赛

黑方　陈祖德 九段
白方　汪见虹 八段

黑 17 积极，是陈老师常用的手段，但如今在 AI 看来并不合时宜，因为形成战斗后，黑对外围白棋无法展开攻势，略显无趣。白 46、48 与黑交换有略损之嫌。白 52 方向不佳，很想在 201 位打入。黑 55 绝好点，黑局面获得转机。白 56—66 看得出是苦心的手段，但效果却不理想。白 72 形状尴尬，此时只能先连回白 8 一子，再想办法作战。黑 81 犀利，制造白棋气紧后，87、99 都是相关联的手段，白显得疲于应付，败势渐浓。黑 117 松懈，应先手搜刮上方白棋。（廖行文）

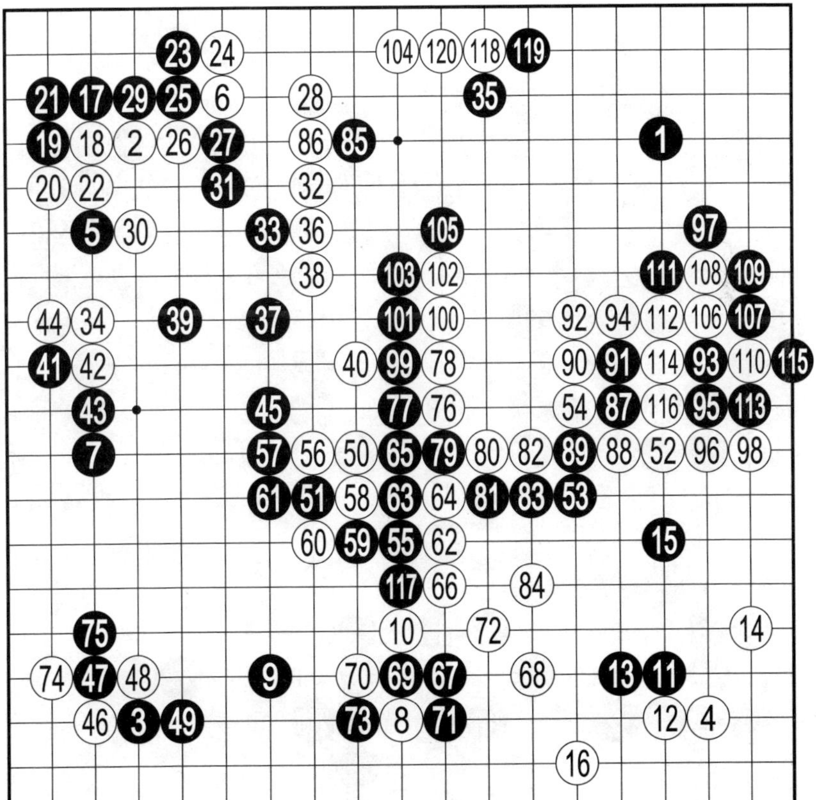

（1–120）

黑 123 又大意亏损了官子。黑 143 开劫完全没有必要，混乱的转换后黑再度亏损，所幸前面优势较大。（廖行文）

黑方　陈祖德　九段

白方　汪见虹　八段

黑贴$2\frac{3}{4}$子　共 242 手　黑胜$1\frac{3}{4}$子

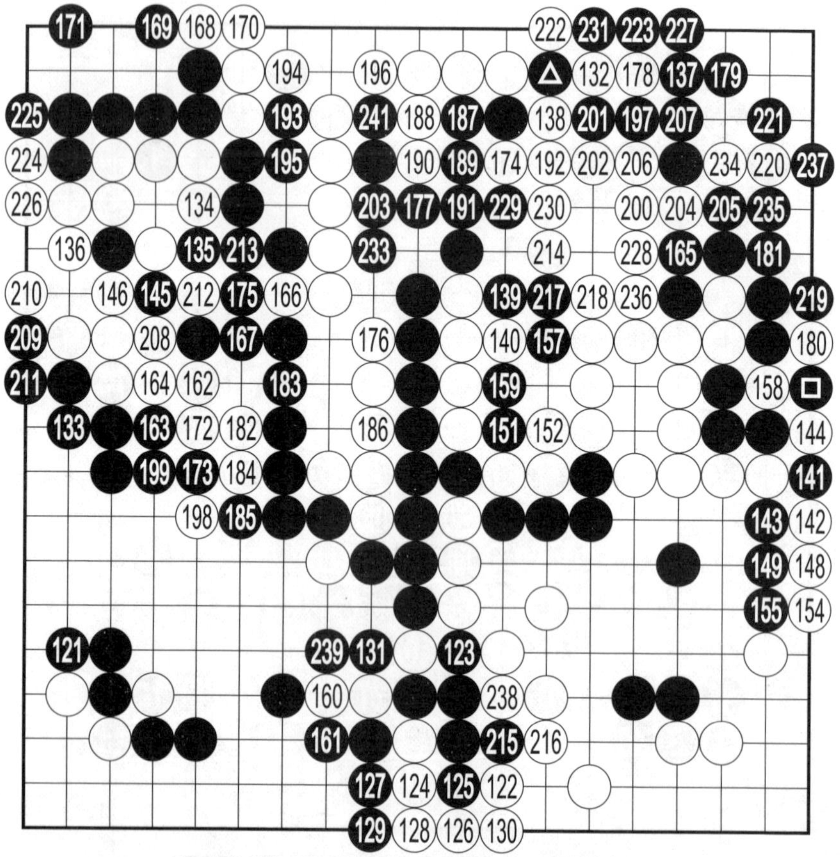

147 153＝141　150 156＝144　232＝△　240＝145　242＝□

（121–242）

1992年10月25日弈于郑州
“桂花杯”围棋国手超级大赛

黑方　陈祖德 九段
白方　聂卫平 九段

开局定型较为少见，白18为补断损失实地过大。黑31好次序，留下伏笔。至39连络，黑布局取得成功。黑51扎实，白只能无趣补活。黑65选点恰当，白66、68试图通过强攻扭转局面。白76孤注一掷，但黑79手软，如在80位打，白局部只怕难以招架。至89黑虽扬长而去，但白亦收获不菲。黑95分断，可能应先在上方做足准备工作。白96反击犀利，黑无奈只得使出103的“苦肉计”。至118，黑没走到实空，形势也变成细棋格局。（廖行文）

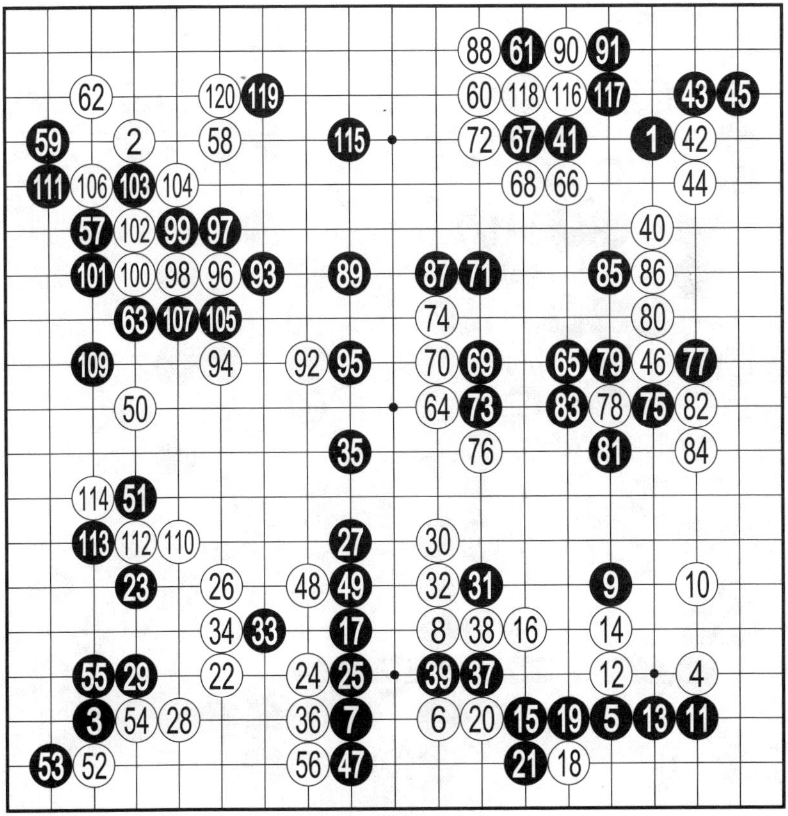

108=103

（1–120）

黑方 陈祖德 九段

白方 聂卫平 九段

白 138 寻劫大意，黑 139 错过胜机，应将白中腹大龙打劫断开。黑 145、147 官子不精确，如 166 位先冲击白中腹，局势难料。弈至 160 黑再无机会。本局陈老师前半盘状态极佳，最终失利可惜。（廖行文）

黑贴 $2\frac{3}{4}$ 子　共 228 手　白中盘胜

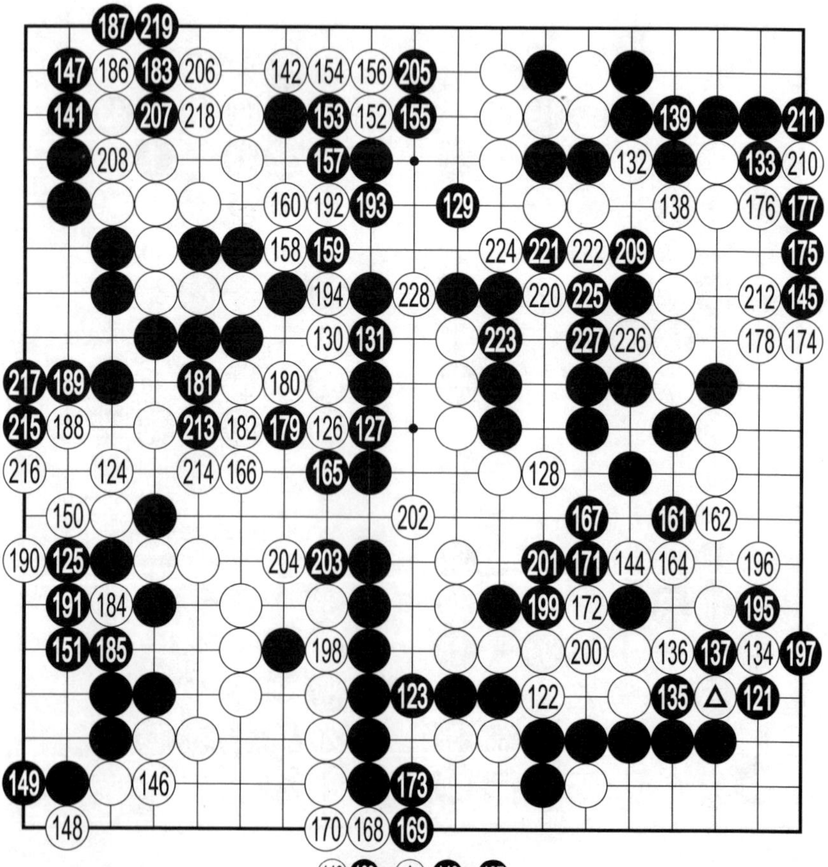

140 163=△ 143=137

1992年10月27日弈于普陀体育馆

黑方　邵炜刚　五段

白方　陈祖德　九段

白22缓手，应直接在28位飞角。黑33在34位长要稍好一点。黑81应在84位压住，实战被白棋抢到84，黑落后。黑85缓手，这时候应抢占88位爬。白110反击没有必要，应走111位粘住。实战白114和黑棋转换明显得不偿失，还是应该冷静地在117位补棋。（檀啸）

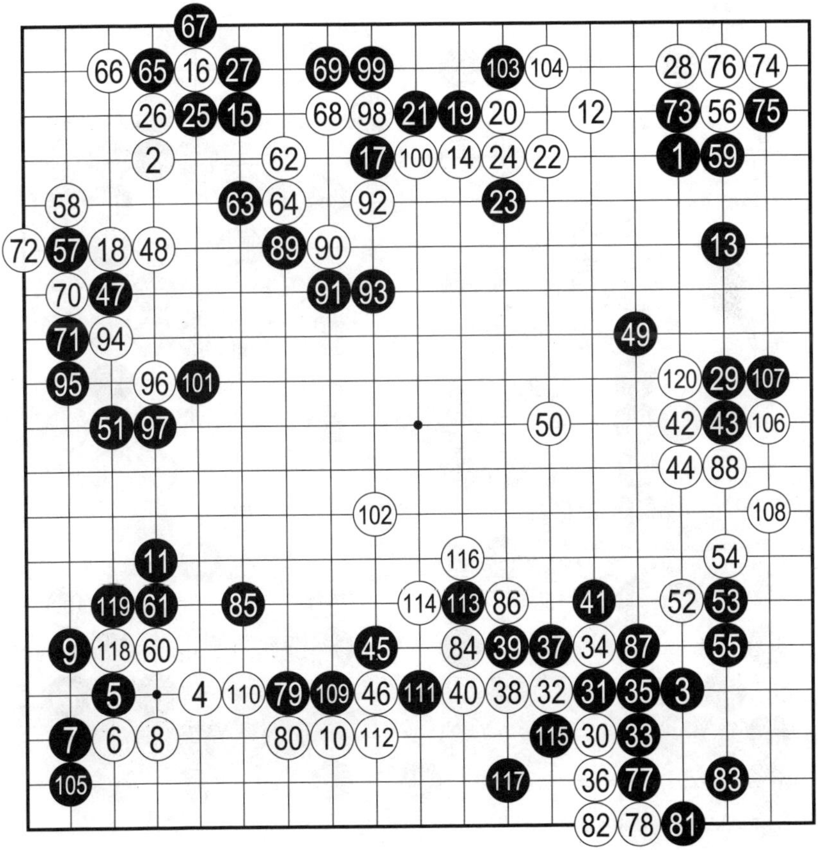

（1–120）

黑方 **邵炜刚** **五段**

白方 **陈祖德** **九段**

白122点好手。黑127应在128位补棋。白146失误，被黑147长之后局面变乱了。白154败着，应该直接在164位团断黑棋，实战白棋弃子之后强杀右边黑棋大龙，但可惜局部无法杀掉。（檀啸）

黑贴2$\frac{3}{4}$子　共217手　黑中盘胜

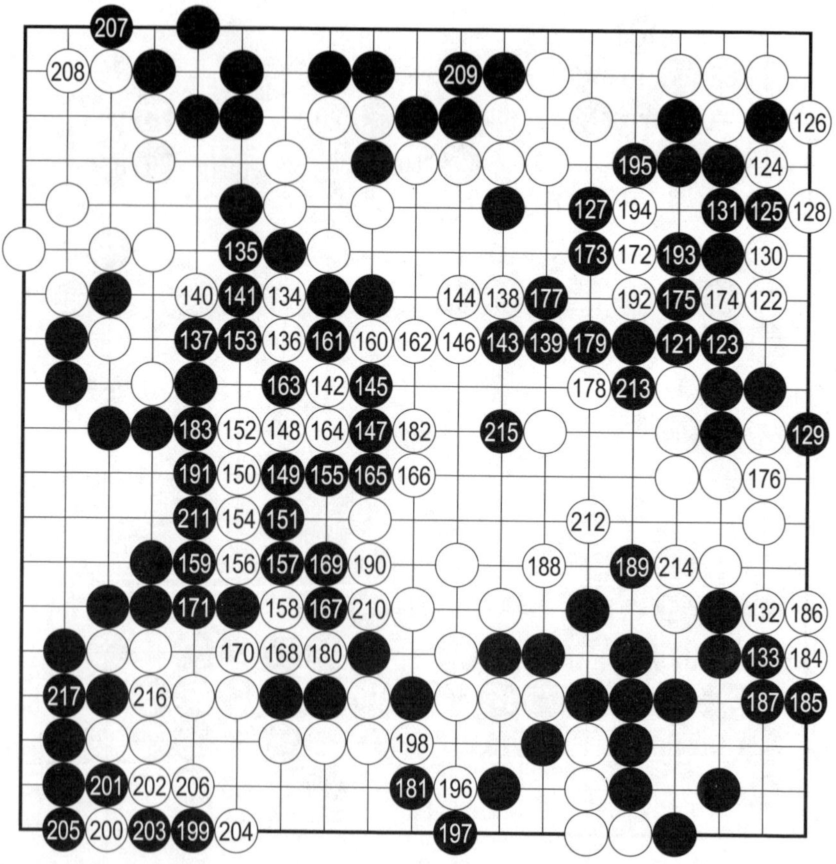

（121–217）

1992年12月4日弈于北京
第14届新体育杯循环圈

黑方　陈祖德　九段
白方　曹大元　九段

黑15打入积极，战斗非常符合陈老的棋风。黑17、19是15的后续，显然是有备而来。白26问题手，应在角上23左一路打吃，和黑棋战斗。实战至29，黑棋得分。黑37侵消过深，被白38罩住有些难受。白56方向失误，应在57位粘住，被黑棋冲断，白棋无理。至黑75提，是黑棋大优的局面。白86开始奋力拼搏，给黑棋制造麻烦。（檀啸）

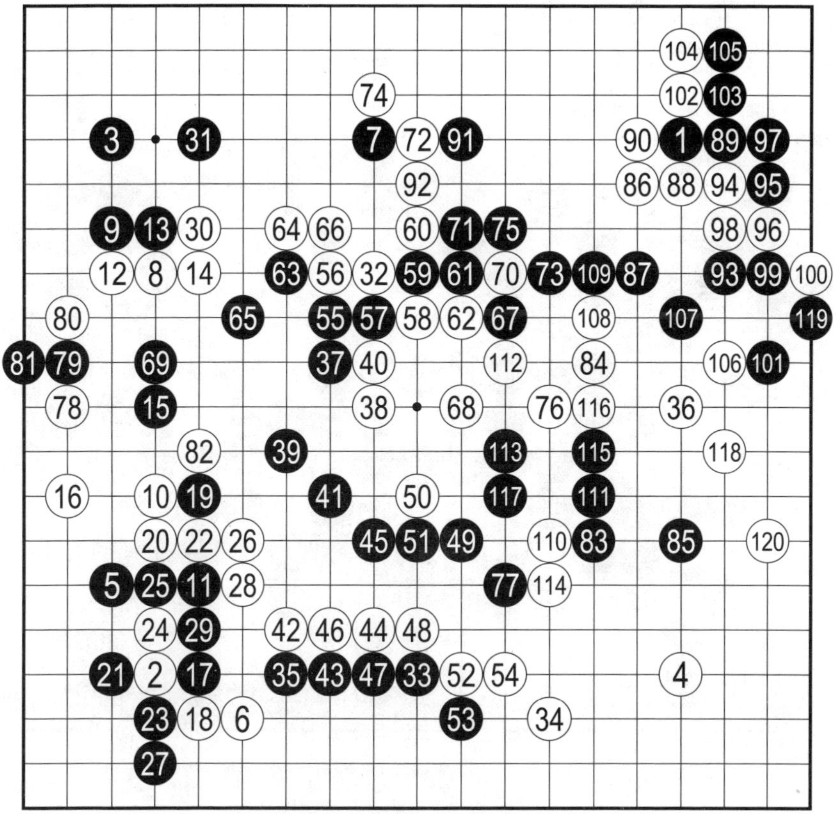

（1–120）

黑方　陈祖德　九段

白方　曹大元　九段

黑157打吃后大龙已活，白158继续制造头绪。黑189失误，此时黑棋中间已经是活棋，如去右上消劫，棋局直接结束。白224败着，如直接在264位冲，黑棋全盘已经没劫，这样白棋逆转。后面白顽强地去杀左上角，可惜劫材不够，无力回天。（檀啸）

黑贴$2\frac{3}{4}$子　共269手　黑中盘胜

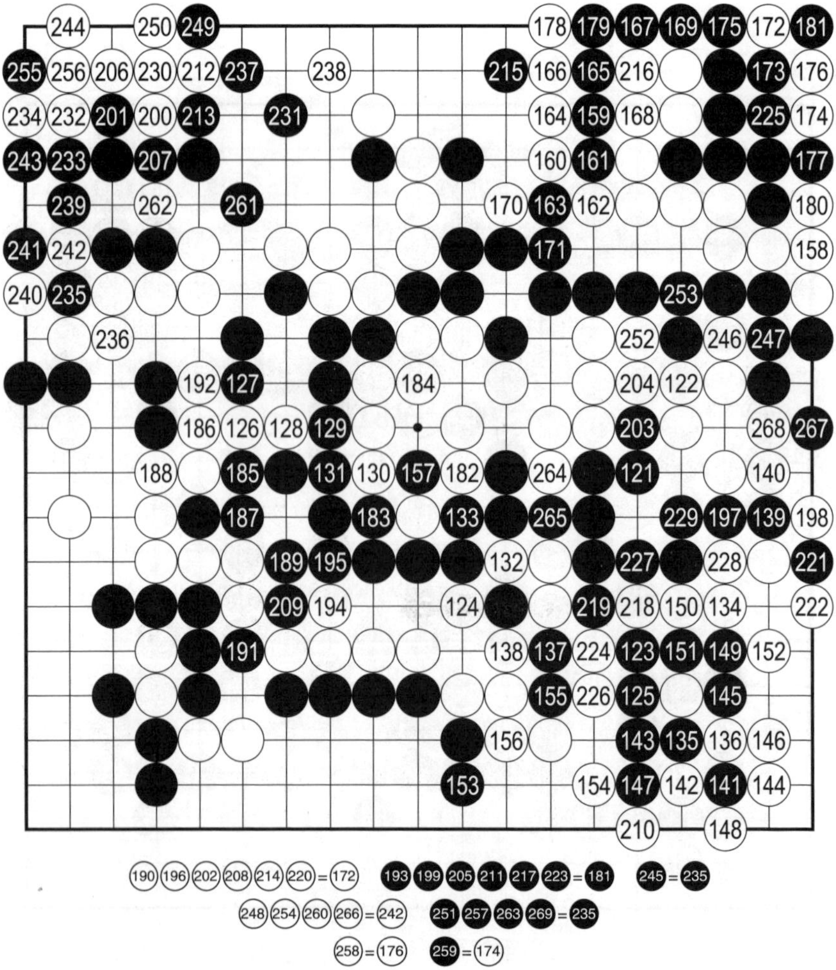

1992 年 12 月 26 日
第 14 届新体育杯循环圈

黑方　俞斌 九段
白方　陈祖德 九段

白 10 二路托，是曾经很流行的下法。黑 13 打是一种新尝试，在 14 位打更常见。由于白征子有利，至 22 的结果白不错。黑 47 可在 48 位扳，白上一路挡，黑再 47 位虎，优于实战。白 48 立，黑整块未活，难下。白 62 强手，如在 90 位挡更稳健。黑 65 虽出头却损，应在 63 上一路顶。白 70 在 90 位挡已可满意。黑 73 应在 78 位转换，虽然黑形势不利，但可能还有机会。白 76 冲出，黑大苦战。白 138 时黑大龙不活，结果似应为白中盘胜。（谢赫）

黑贴 $2\frac{3}{4}$ 子　138 手以下略　白中盘胜

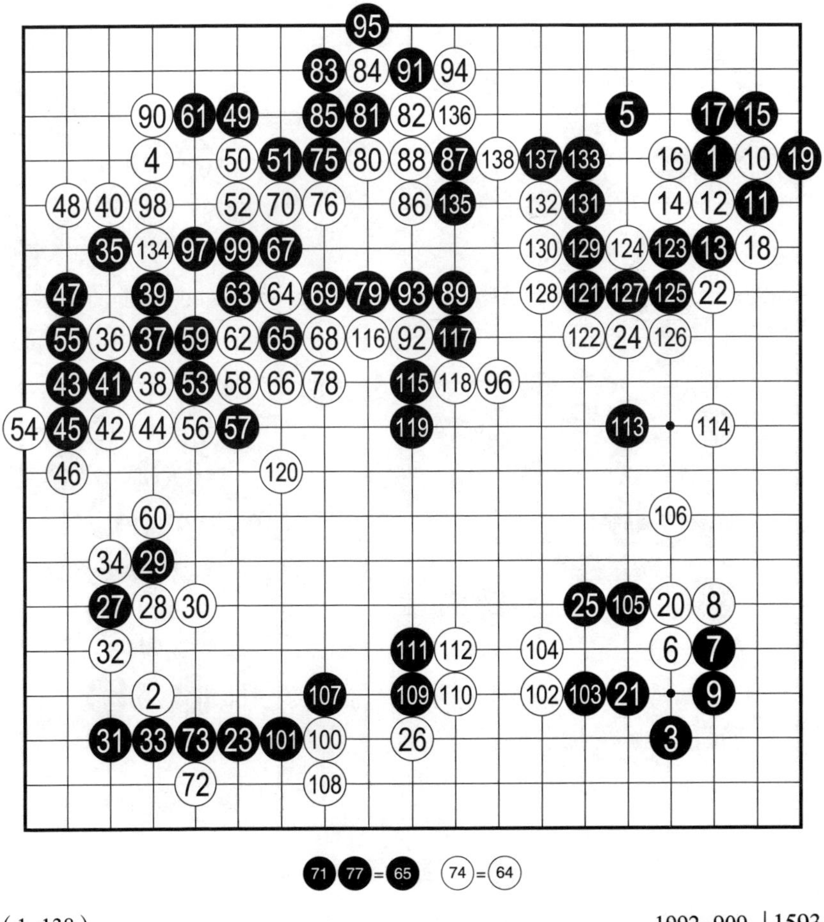

71 77 = 65　74 = 64

（1–138）

1992 年 12 月 31 日
第 14 届新体育杯循环圈

黑方　聂卫平 九段
白方　陈祖德 九段

左上至黑 31，形成 20 世纪 90 年代常见的定式，AI 认为黑大亏。过程中，黑 21 只能于 26 位接住。白 64 以下破空凶狠，但同样也是陈祖德老师的棋风。白 84 有些过分，有必要继续加强上边孤子。被黑 85 镇头，白 86、88 不得已寻找头绪。至黑 101，白损失惨重。白 102-108 是全力拼搏的态度。（古力）

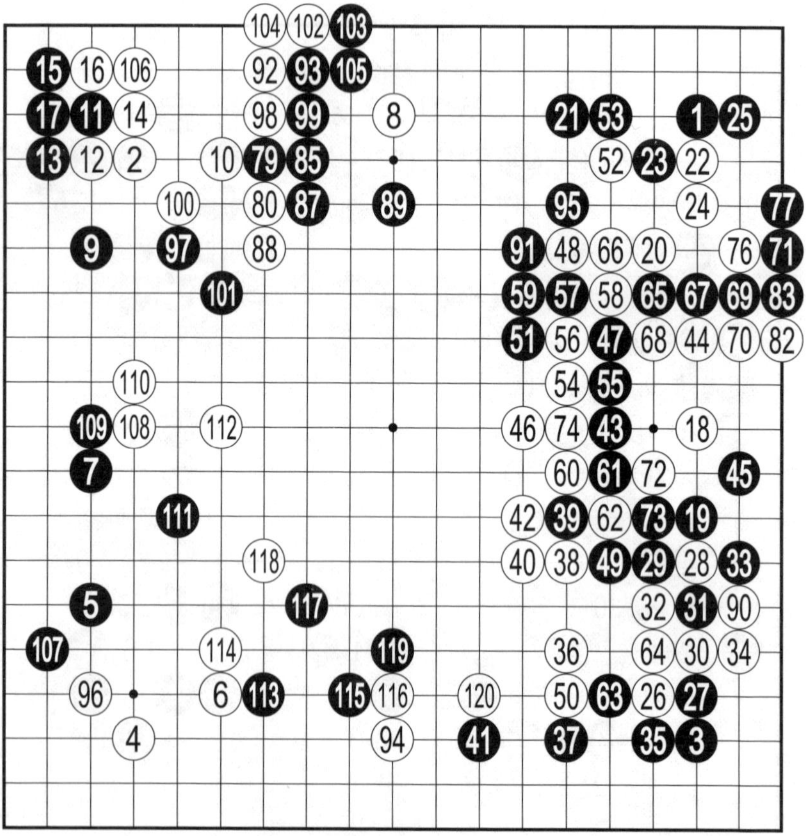

（1–120）

至黑 135，白棋顽强地拼出劫争，但转换后形势依然不乐观。黑 159、163 在优势心理下退让过多。（古力）

黑方　聂卫平　九段

白方　陈祖德　九段

黑贴$2\frac{3}{4}$子　共 224 手　白胜$\frac{1}{4}$子

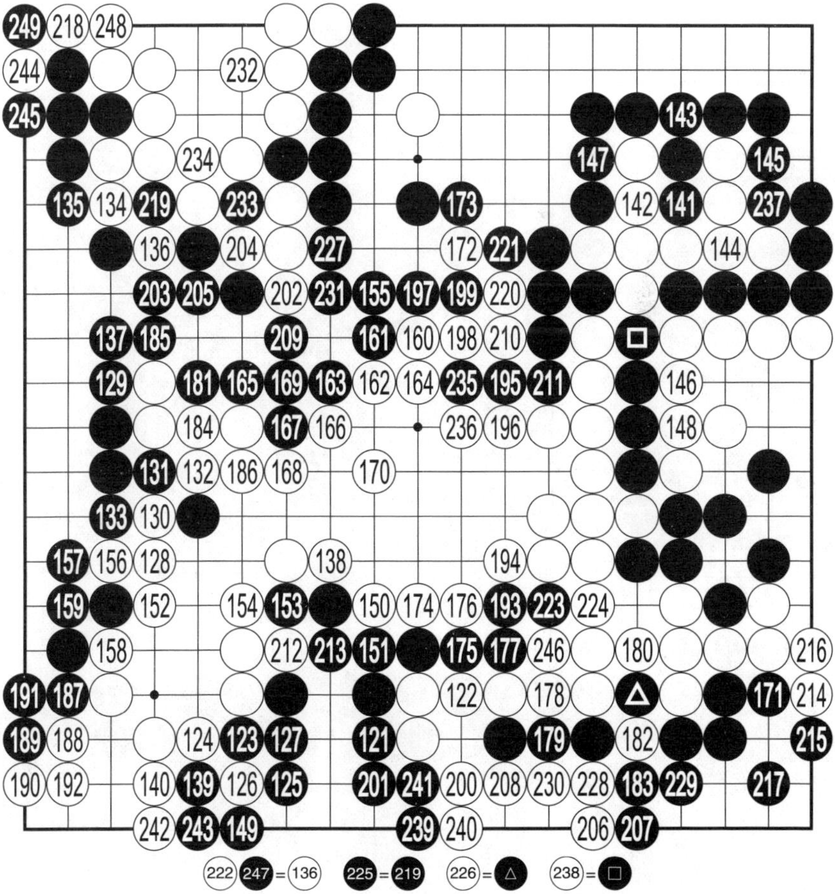

（121–224）

一九九三

时年49岁

◎ 1月7日，第14届新体育杯循环圈，陈祖德胜梁伟棠七段。

◎ 2月9日—17日，第七届中国围棋天元赛预赛开始，共有32位选手参加，采用单败淘汰制。陈祖德在第一轮不敌刘小光，被淘汰。

◎ 5月27日，CCTV电视快棋赛中，陈祖德击败沈果孙，随后负于聂卫平。

◎ 6月22日—24日，“安舒宝杯”围棋快棋邀请赛在江苏南通举行，陈祖德、刘小光、曹大元等八人参赛，刘小光夺得冠军。

薛志春　整理

华以刚　审订

疑 1993 年 1 月 5 日弈于中国棋院
第六届名人战预赛

黑方　金渭斌 七段
白方　陈祖德 九段

白 12 靠，创新之手，黑 13 以下应对稍有不佳，至 24 白棋得分。白 30 有刀尖起舞之感。黑 51 分断略显僵硬，白灵活转身后局势占优。(廖行文)

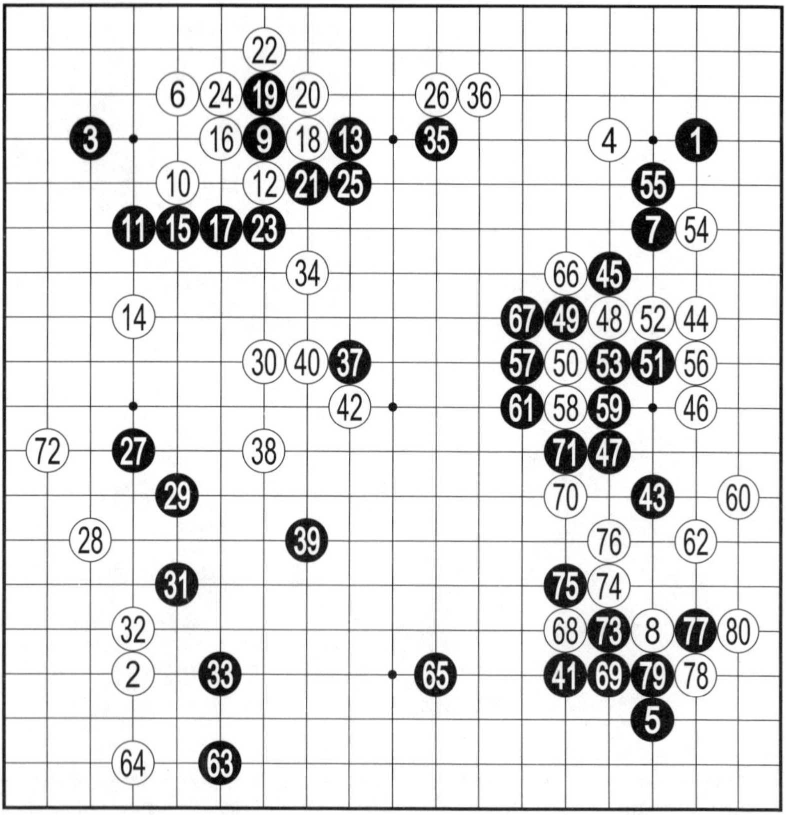

（1–80）

位的漏洞。白134补棋失误，是最后败着。黑137、143连环手筋，白骤然崩盘。（廖行文）

黑方　金渭斌 七段

白方　陈祖德 九段

白86判断清晰，选点恰当。黑93放出胜负手，正常进行不足以争胜，但白棋周围厚实应当不惧。至116，白通过弃子净吃右上，保持优势。白126是勺子，可能误算了137

黑贴$2\frac{3}{4}$子　共163手　黑中盘胜

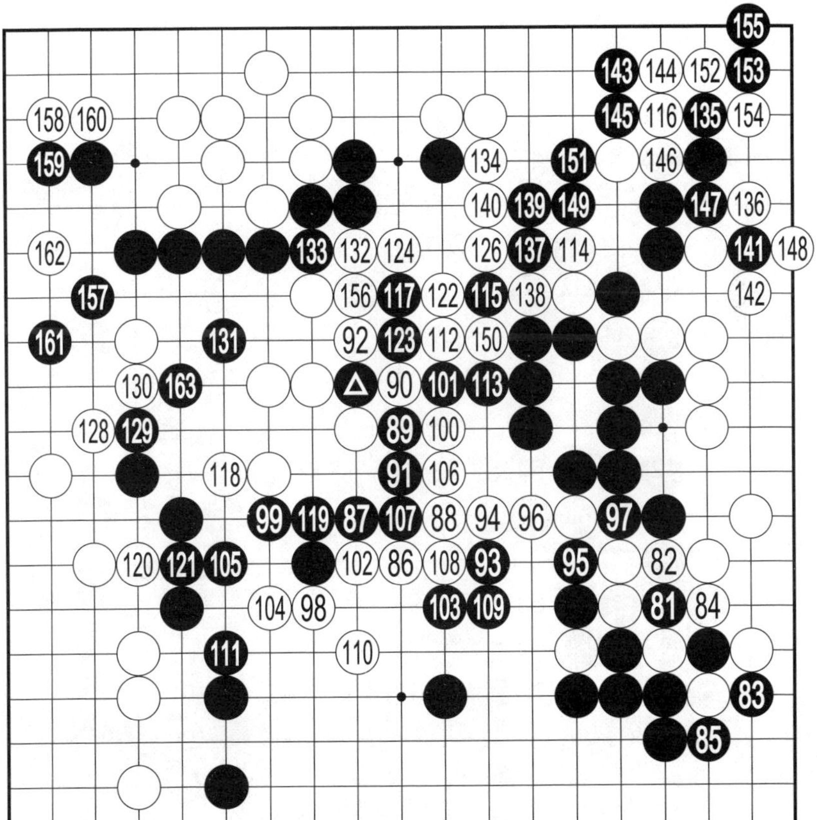

❶25=▲　❶27=⑨0

（81–163）

1993 年 1 月 7 日
第 14 届新体育杯循环圈

黑方　陈祖德 九段
白方　梁伟棠 七段

黑 19 长出战斗，一般是在 21 位直接提掉，现在因为黑两边都有子，所以选择作战。白 46 缓手，应直接在 13 右一路断，战斗白有利。白 56 冲断之后，弃角形成了转换，黑棋目数多，比较满意。黑 89 托不好，应直接在 91 位二路漏，实战活了个角但是并不理想。（檀啸）

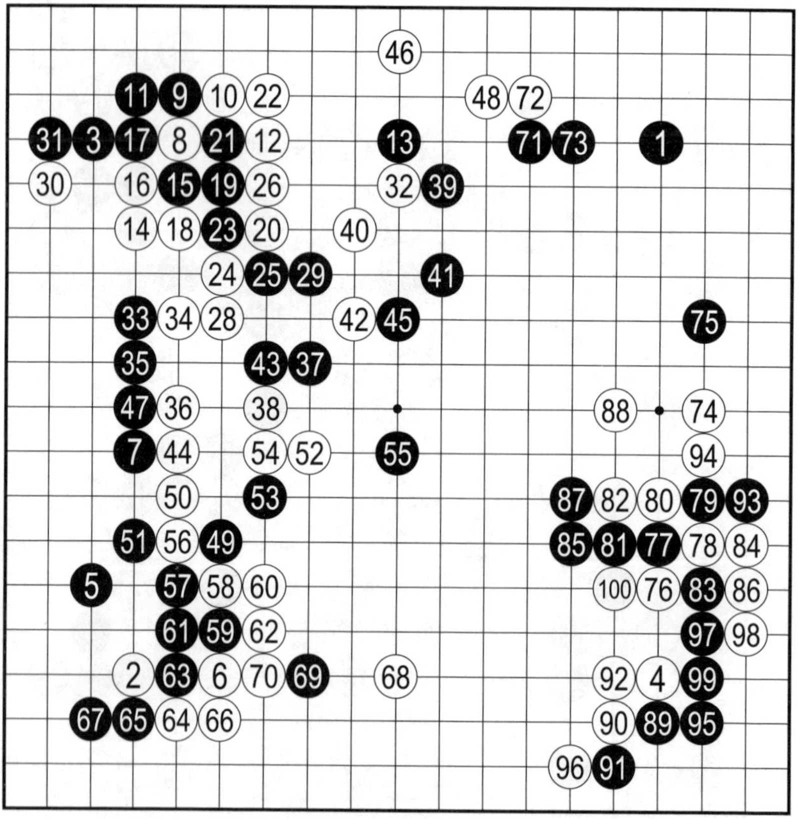

27 = 8

（1–100）

黑方　陈祖德 九段

白方　梁伟棠 七段

白 102 可以考虑在三路虎一个，这样黑角需要补一手，白再抢占外面大场。实战黑 103 反击必然。白 122 败着，显然是有误算，被黑 123 尖，白 124 只能忍耐，损失惨重。后面进行和胜负无关。（檀啸）

黑贴$2\frac{3}{4}$子　共 195 手　黑中盘胜

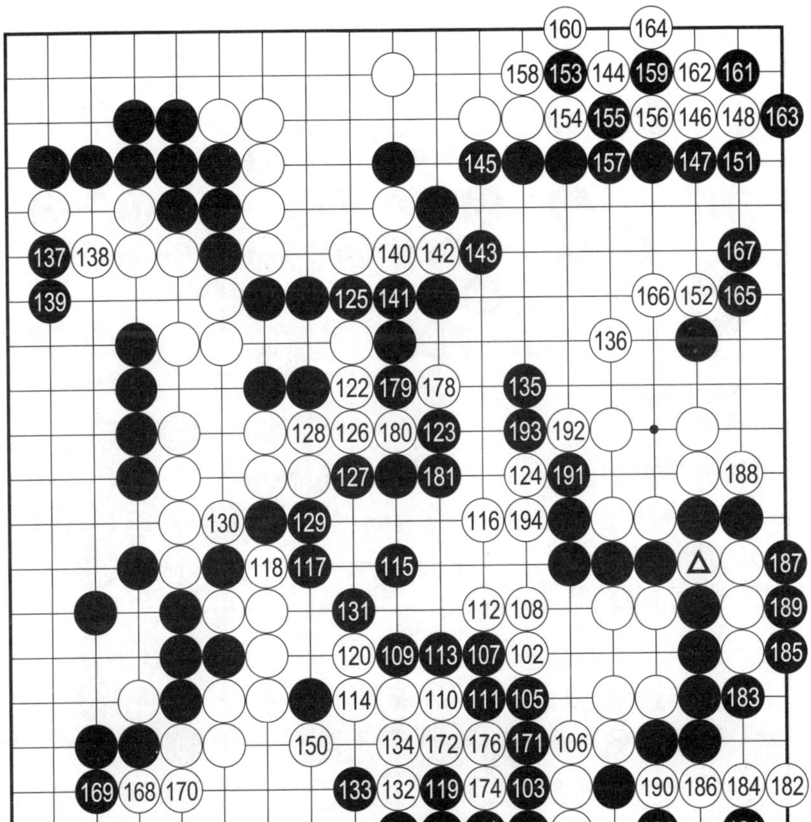

（101–195）

1993年1月11日弈于天津

黑方 聂卫平 九段

白方 陈祖德 九段

黑43至49过于稳健，白50挡下后实地可观。黑51拐头对白棋施压，白52肩冲至78拐的治孤非常漂亮，不仅做活且破了黑棋右边的目数，取得领先。至此黑棋全局较厚，如何冲击下边白棋三子将成为胜负的关键。黑79强力碰入！白80至90处理简明。（王昊洋）

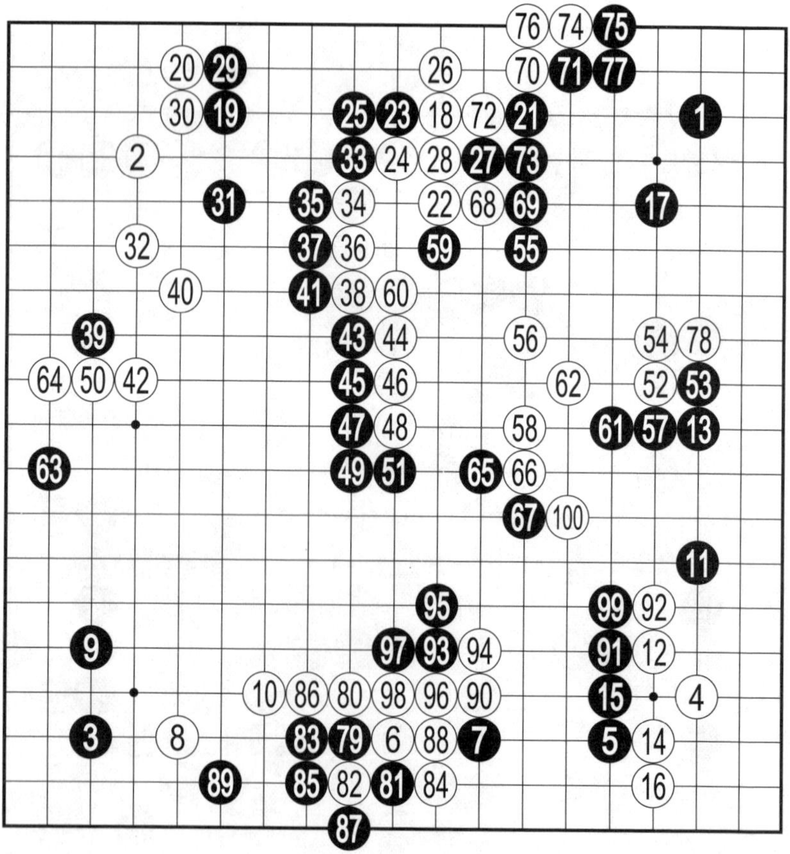

（1–100）

黑方　**聂卫平** 九段

白方　**陈祖德** 九段

白126长成为被逆转的败着，如于142位先手立做活大龙即可轻松获胜。白最后148扳成为致命的失误，如果在159位扳还是一局细棋。黑最大限度做活至181，白棋无法继续，遗憾告负。（王昊洋）

黑贴$2\frac{3}{4}$子　共181手　黑中盘胜

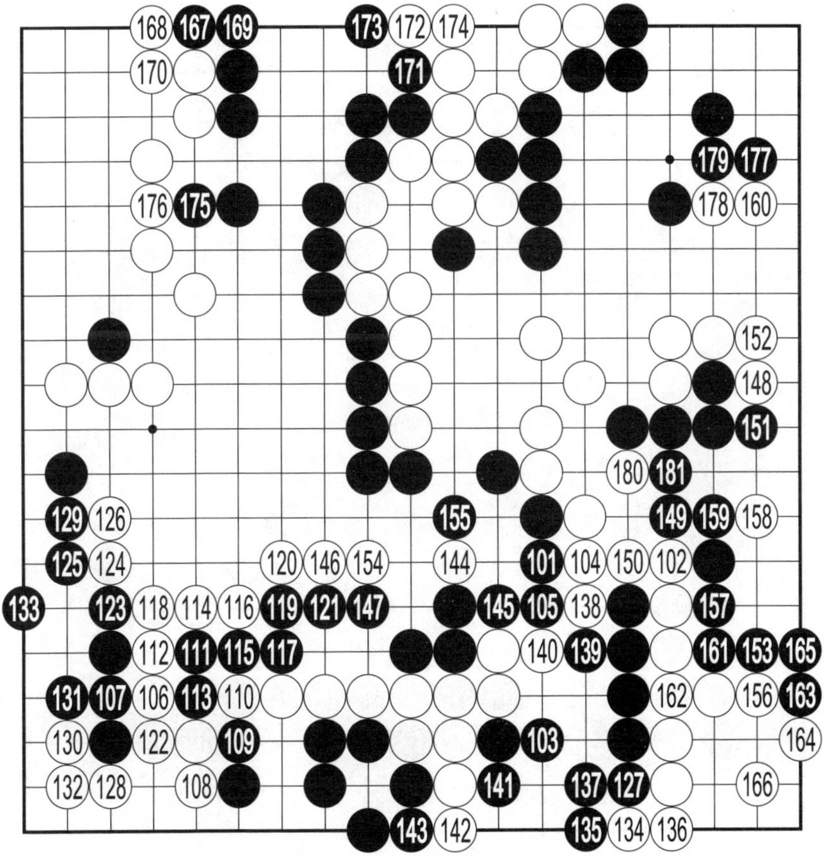

（101–181）

1993年2月9日
天元战

黑方　刘小光 九段
白方　陈祖德 九段

白22俗手，应该单在24位大飞，实战黑27靠死白两子之后，白22和黑23的交换很亏。白32应跟着扳起反击，实战黑35虎到很满意。白54出乎意料，这时候顶一个显然是后手。黑55冲下反击，白巨损，形势已经拉开了差距。黑75补厚自身之后77活角，不给白棋任何的机会。白84应在97位退回，稍微给黑棋大龙施加一些压力。实战黑101提掉之后全盘铁厚，白棋实空不足。(檀啸)

黑贴$2\frac{3}{4}$子　共151手　黑中盘胜

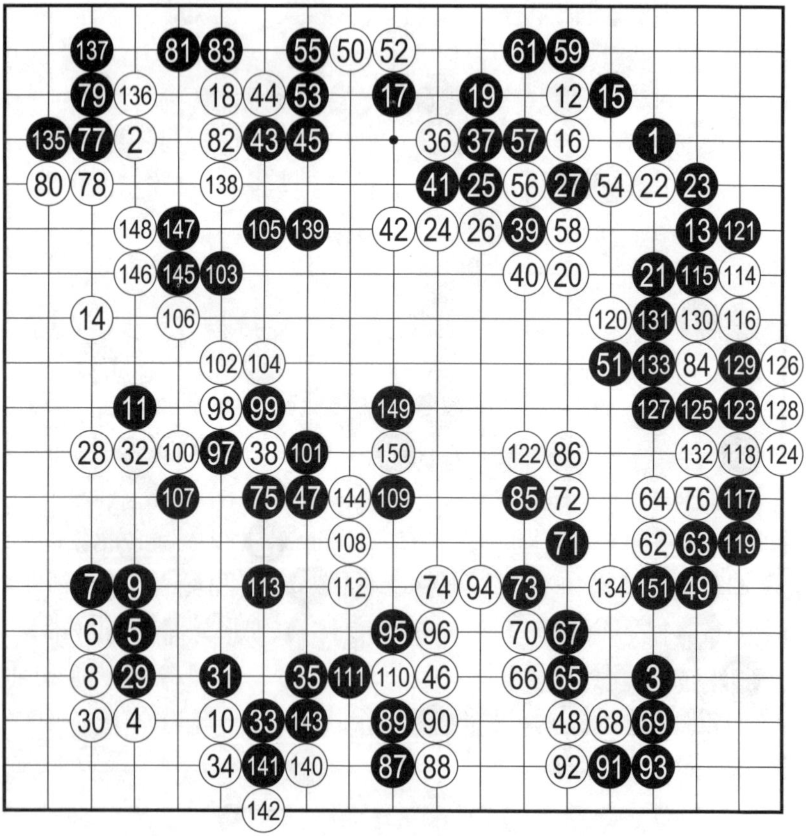

60=56

(1–151)

1993年4月19日弈于郑州

黑方　陈祖德　九段

白方　马晓春　九段

布局阶段白18镇头稍有疑问，黑19、21简单做活，白落空。白30、32强行撑起大模样也是形势所迫。黑33、35扳长出来，形成白热化战斗。黑37至45的定型虽然破坏了白的潜力，但让白两边都围出实空，效率太高，因此黑37应严厉进攻白下边四个子。白46靠出发力没什么必要，至57厚薄发生逆转，被黑59点入反击，形势逼近。白60跳至70尖一厢情愿，黑71挡下实利巨大。白72再次上头强杀黑龙时，黑73至109精彩治孤，反杀白棋两子，一举取得巨大优势！（王昊洋）

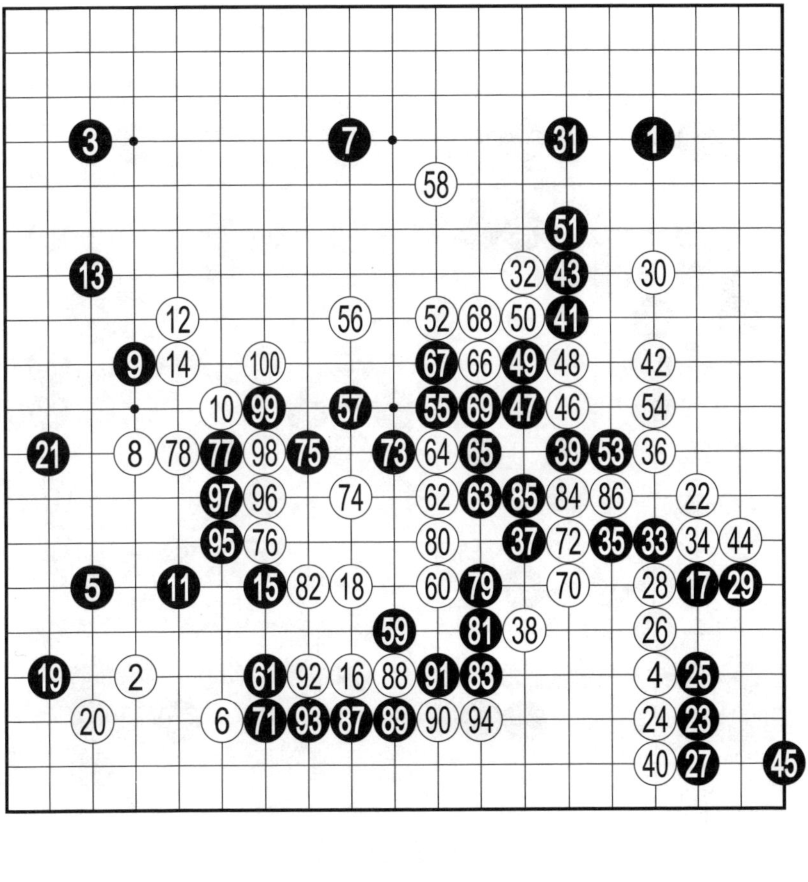

（1–100）

黑方　**陈祖德** 九段

白方　**马晓春** 九段

就当大家以为黑胜不可动摇之时，黑137立下是巨大误算！没有看到白140可以打在外面，几乎白送一手棋，顿时把优势拱手相让。后面进程中，黑虽然没有差很多但已无心恋战。黑189求投场，至白206点，大龙愤死。（王昊洋）

黑贴$2\frac{3}{4}$子　共208手　白中盘胜

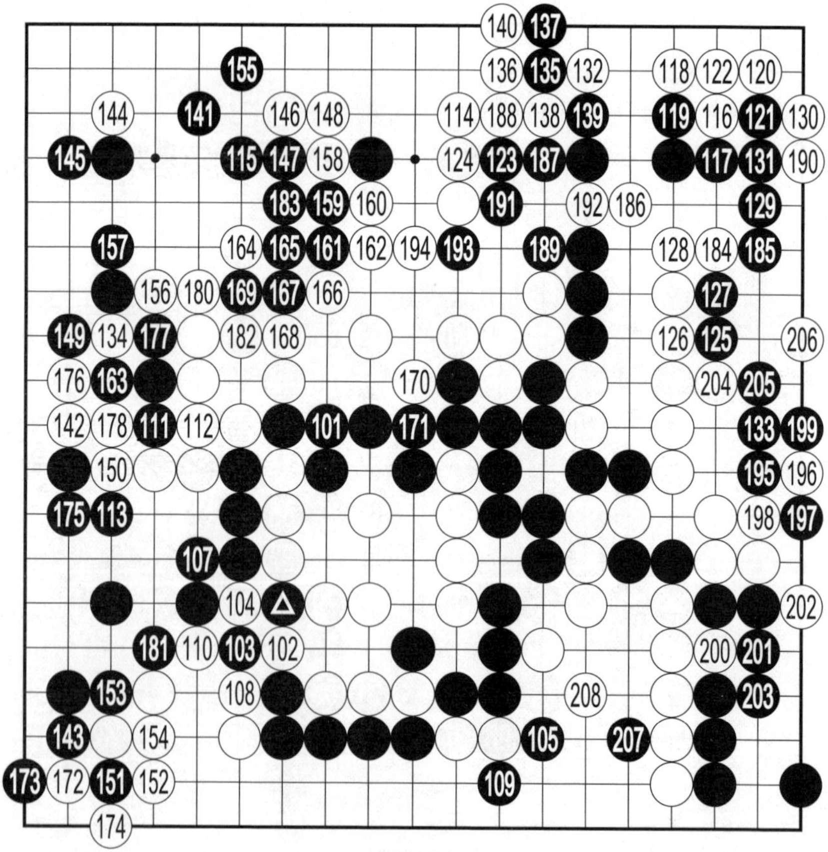

106=△　179=134

（101–208）

1993 年 5 月 16 日弈于日本

白方　陈祖德 九段

黑方　青木喜久代 四段（受先）

开局阶段黑 17 挖重大失误，从外面扳住是正手，至黑 35 团做活，白棋已经大优。但白 36 凌空一挖是假妙手，50 位靠简单成活即可。黑 37 愤然反击，至 57 跳下已经掌握主动。白 58 再次失误，黑 61 点绝妙，白 62 团无奈，如果在 66 位接住，黑棋长气，从 57 位大飞将杀掉白棋。白 64 后手补活，黑 65 再次对白发起致命打击，至黑 71 先手断开两子，已经取得决定性优势！白 74 开始竭尽全力想要搅乱局面，无奈黑棋应对无误，至黑 135，局面还是没有任何好转。

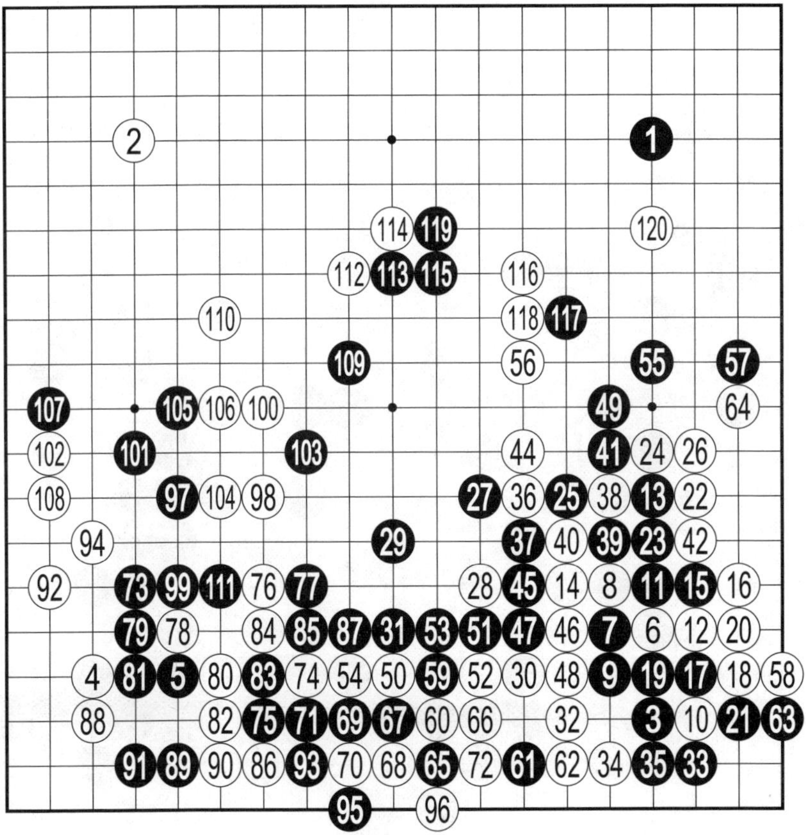

43 = 38

（1–120）

白方　陈祖德 九段

黑方　青木喜久代 四段（受先）

可是从黑 137 拐开始风云突变，137、139、141、143 连续四手欠佳，让局面接近了许多。最不可思议的是黑 145 无棋自补，让之前惊艳的前半盘化为泡影，此时如果在 155 位尖顶，依然保持着不小的优势。这给了白绝佳的逆转机会，白 146 挡至 158 的漂亮定型，一举完成了惊天逆转！后面的实战进程波澜不惊，白将优势保持到了最后。（王昊洋）

219 手以下略　白胜 8 目

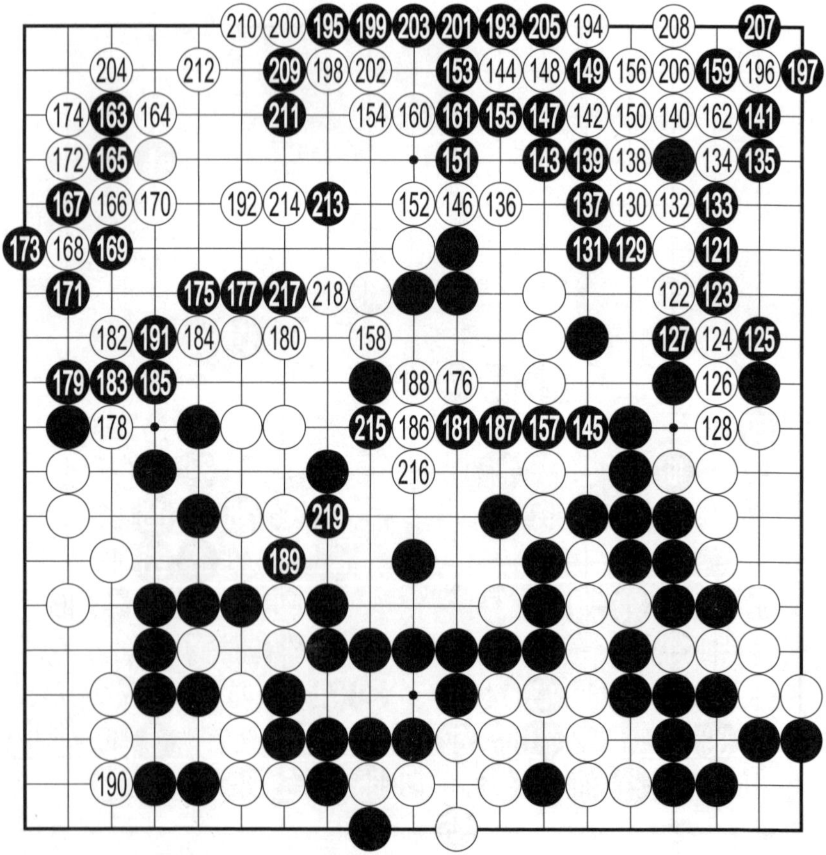

（121–219）

1993年5月18日弈于日本东京
日中友好中心成立纪念快棋

黑方　菊池康郎 业余7段
白方　陈祖德 九段

开局黑11象步非常新颖，不过现在看这样容易落空，菊池老师或是在做一种大胆的尝试。白12先飞再14穿出比较稳健，实际上直接14穿出转换，黑也已经亏损。黑21强行扳显然过分，白22跨好手，24粘住后黑棋形裂。黑25拐至白44定型大致相当，黑45凌空一吊令人赏心悦目！可见当时对围棋的追求非常纯粹和简单！白46跳起至68的定型干净利落，黑依然无法找到突破口。白70缓，黑71以下一连串的攻击显示出强大的力量，将局面拉近了很多。紧接着黑也出现了比较明显的失误，导致局面一泻千里，黑95扳应该老实地在104位挖吃白34一子，这里被白96虎之后味道太差。（王昊洋）

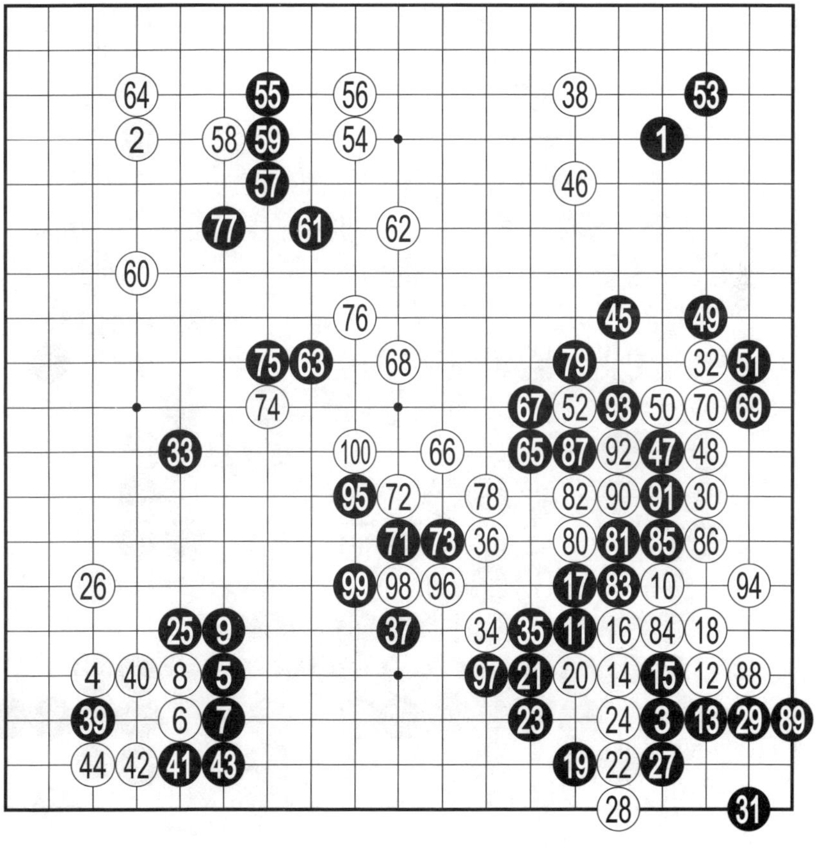

（1–100）

白102断是致命一击，至112吃住中央三子，黑棋败势已定！（王昊洋）

黑方　**菊池康郎** 业余7段

白方　**陈祖德** 九段

黑贴5目半　共208手　白中盘胜

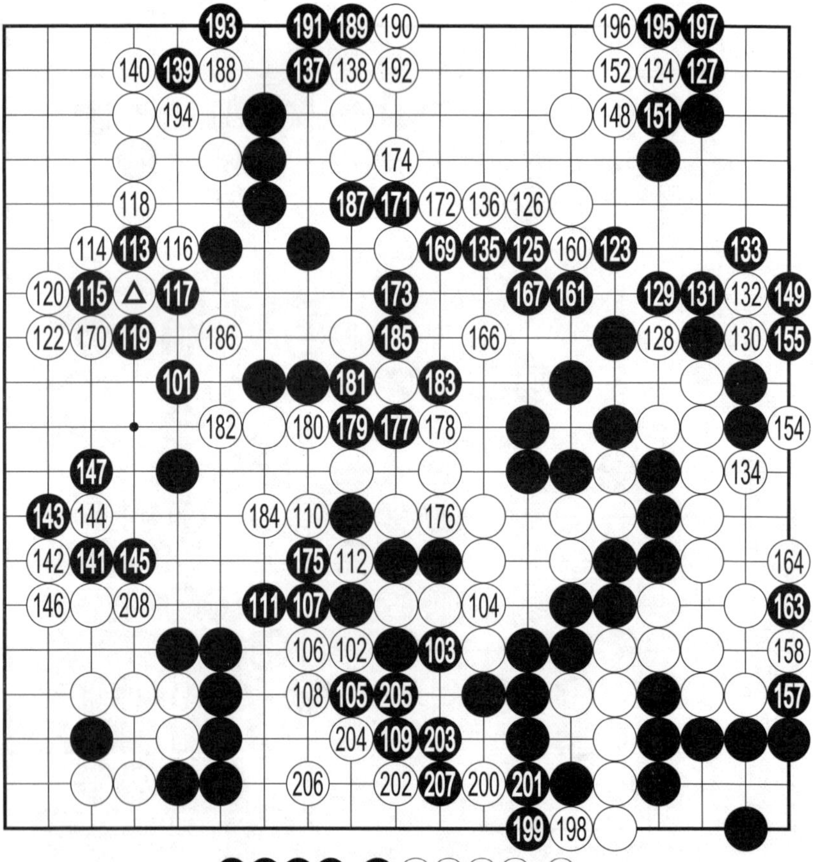

121 153 159 165＝113　150 156 162 168＝△

（101–208）

1993 年 5 月 27 日弈于中国棋院
CCTV 杯第一轮

黑方　陈祖德 九段
白方　沈果孙 七段

很多年之后的 AI 手法——白 16、黑 19，居然出现在陈老与沈老这局当中，再看到黑 23 退，似乎是超越时空的碰撞和交流。如果是现在，黑 23 会选择更注重实地的 24 位提。但这都不重要，围棋就是一代一代的传承！黑 37 飞攻发力过猛，白 40 至 76 的处理有力。白 78 挡住是重大失误，黑先手定型之后已经取得巨大优势。（王昊洋）

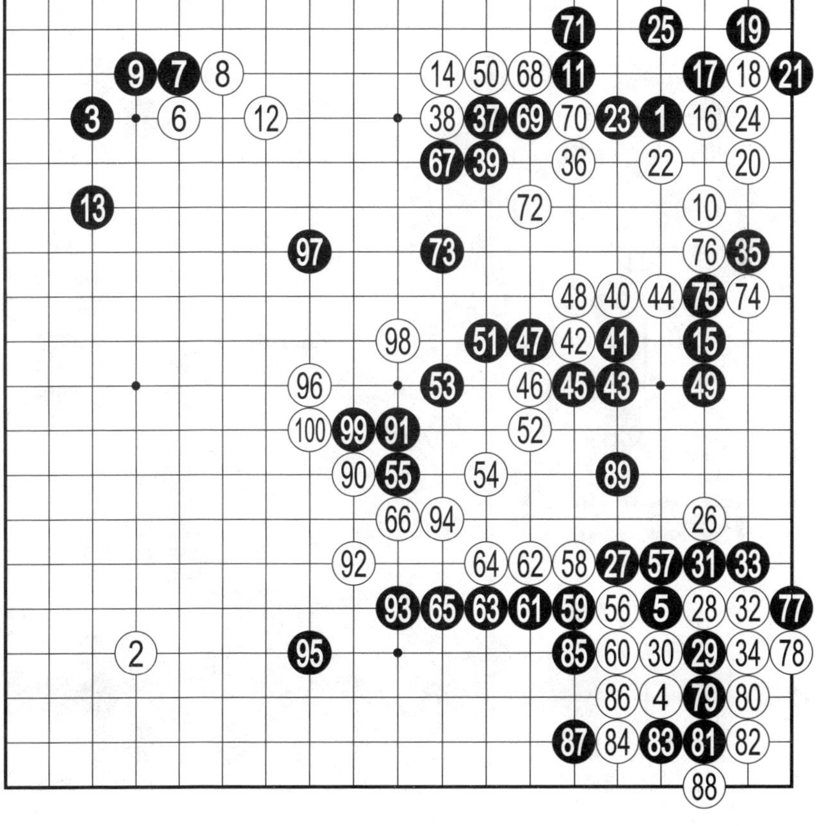

（1–100）

黑方 **陈祖德** 九段

白方 **沈果孙** 七段

黑 115 冲给了白棋最后的机会，白如果在 120 位顶住的话，双方将回到同一起跑线。白 116 败着，黑 117 尖断至 123 吃掉四子，白无以为继。（王昊洋）

黑贴$2\frac{3}{4}$子　共 185 手　黑中盘胜

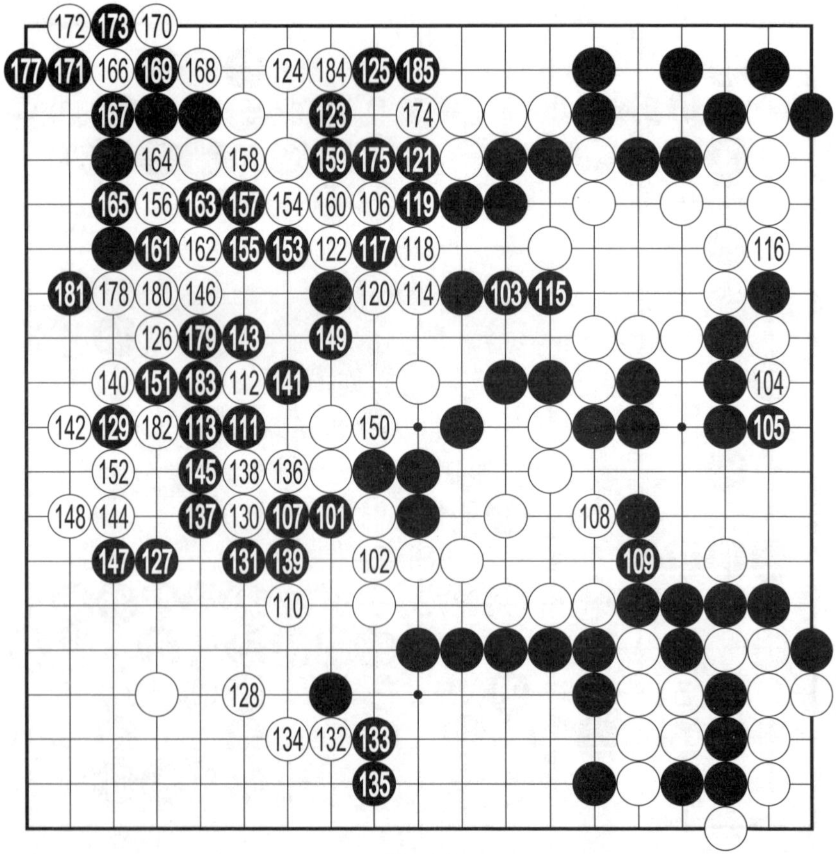

176=166

（101–185）

1993 年 5 月 27 日弈于中国棋院
CCTV 杯第二轮

黑方　陈祖德 九段
白方　聂卫平 九段

开局仿佛一下子快进了四十年，挂角、脱先、双飞燕、靠压，甚至黑 11 的压，都是 AI 经典的着法，令人感佩！至白 24 得失大致相当。黑 25、27 有些想当然。白 28、30 是灵活的好思路，但白 36 有点过分。黑 37 没有选择 38 位有些保守，白 38 至 49 争到先手局面大优！白 50 挂角开始展现聂老的大局观，无懈可击的表演几乎把黑棋逼到了绝境。（王昊洋）

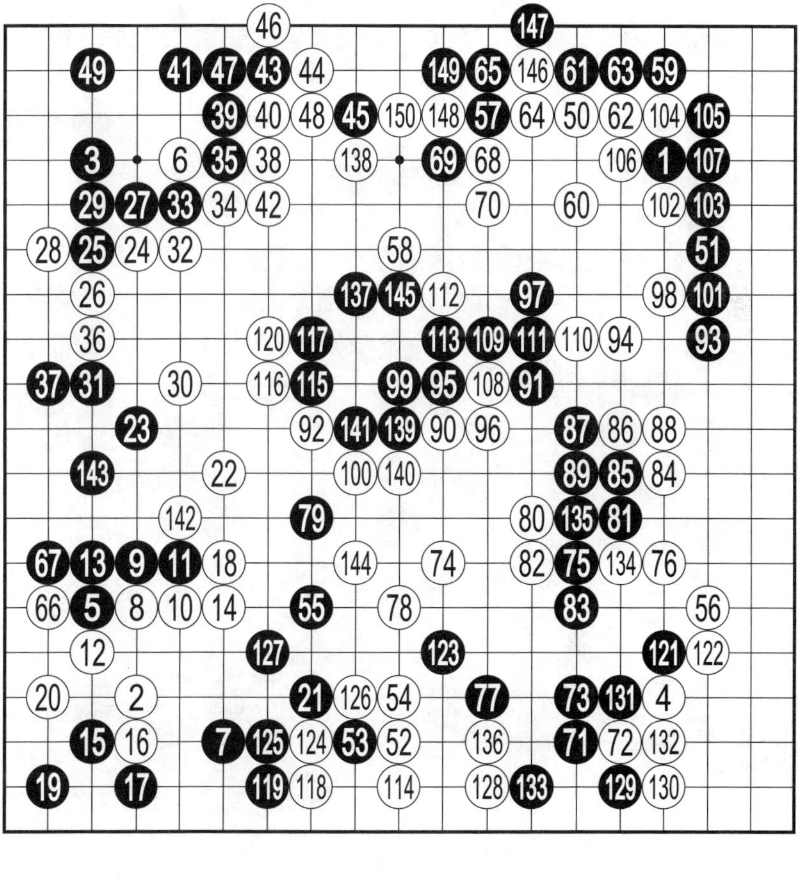

（1–150）

黑方　陈祖德　九段

白方　聂卫平　九段

就在命悬一线之时，黑棋发起最后的拼搏：黑167脱先制造了白168扑的方向问题，给了黑173打出来的机会，白一下子变薄了很多，这也让白188勺子的出现成为现实。黑189致命一击！白棋两边无法兼顾，形势急转直下。白196、198扳粘再次失误，202再错，206无奈连络之后黑棋已经完成逆转。眼见要拿下此局之时，黑却出现了215至219后手吃两子的误判，黑215如在218位挤的话就将成功逆转！后续白棋稳健收官，将优势保持到了最后。（王昊洋）

黑贴$2\frac{3}{4}$子　共281手　白胜$1\frac{1}{4}$子

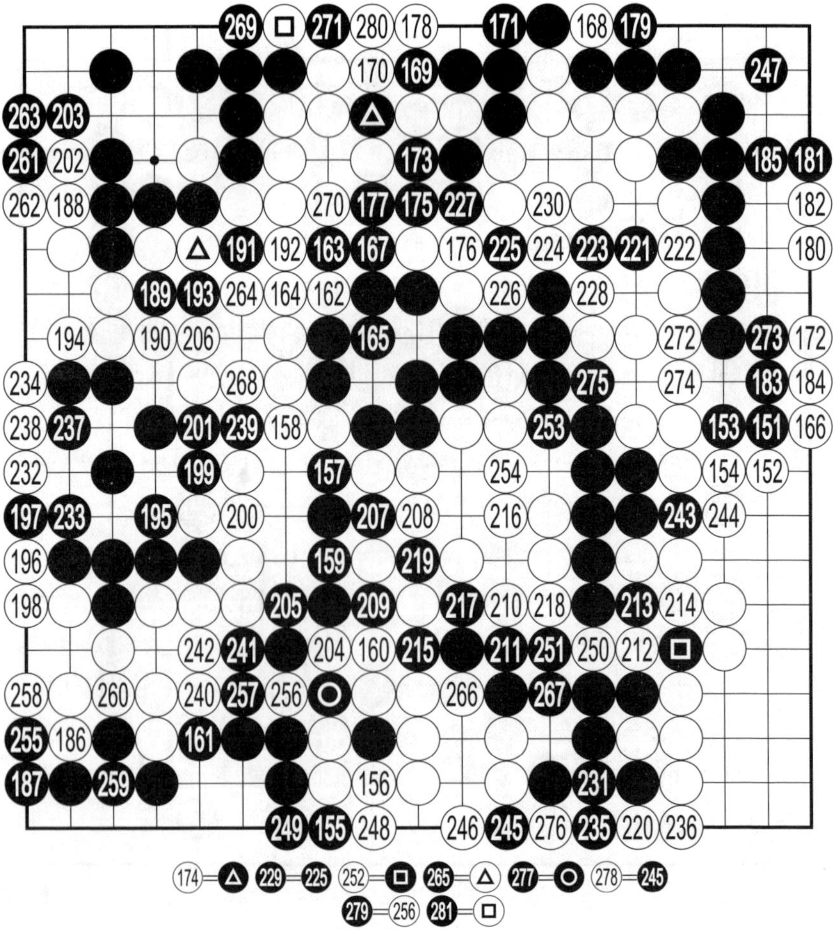

(151–281)

1993年6月22日弈于南通三星湖
安舒宝杯快棋赛

黑方 聂卫平 九段
白方 陈祖德 九段

黑15尖顶、17跳出没有必要，因为白10位虎，白无法在3位左一路靠断。白18、20补棋缓，应25左一路拆边，这攸关双方厚薄及目数。黑29外打强硬。至39，作战黑棋没有把握。白40跳出简明，在59位尖顶或许更有力，至黑51大致两分。白52托角至58有些损地。黑65略保守，可以考虑直接68位逼住。至白84贴起，双方回到均势。白90拆二见小，如果是现在，一定是把角地守住。那时不像现在对点三三如此痴迷，而是选择了91打入至95的激烈战斗。此后白98算作本局的败着也不为过，若先在164位虎交换一下，就是两分的局面。实战白应该没有注意99靠的严厉手段，至113做活，黑棋把白空全部打穿，取得了优势。（王昊洋）

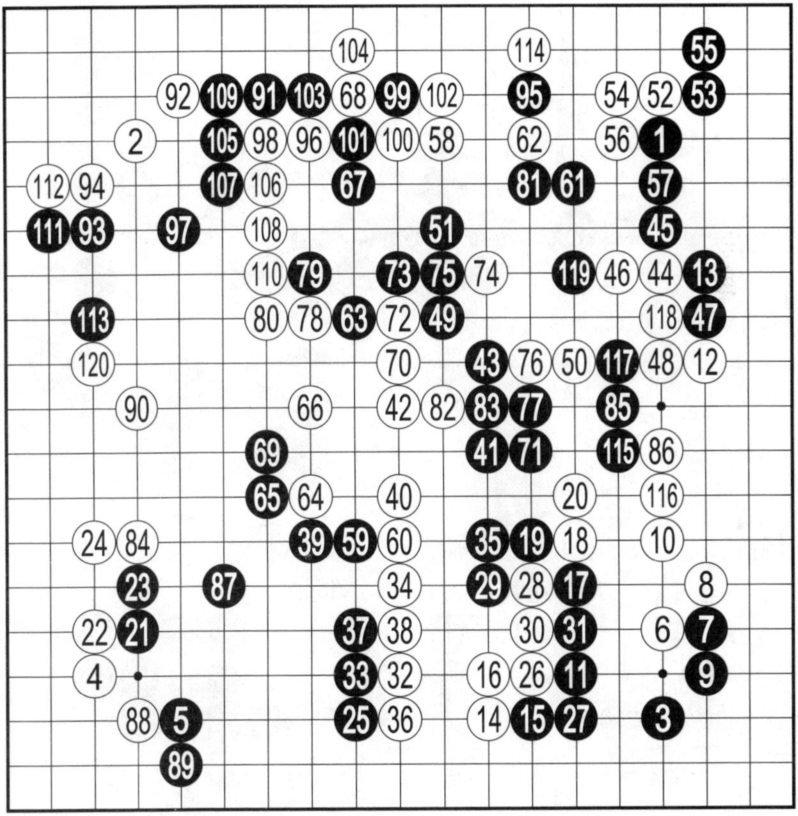

（1–120）

黑 141 立下给了白一丝机会，如果白在 152 位先靠，再于 143 位立，局面仅是黑棋稍好。白 142 跟着应，被黑 143 先手收官，胜负遂定！（王昊洋）

黑方 **聂卫平** 九段
白方 **陈祖德** 九段

黑贴2$\frac{3}{4}$子　共 246 手　黑胜1$\frac{3}{4}$子

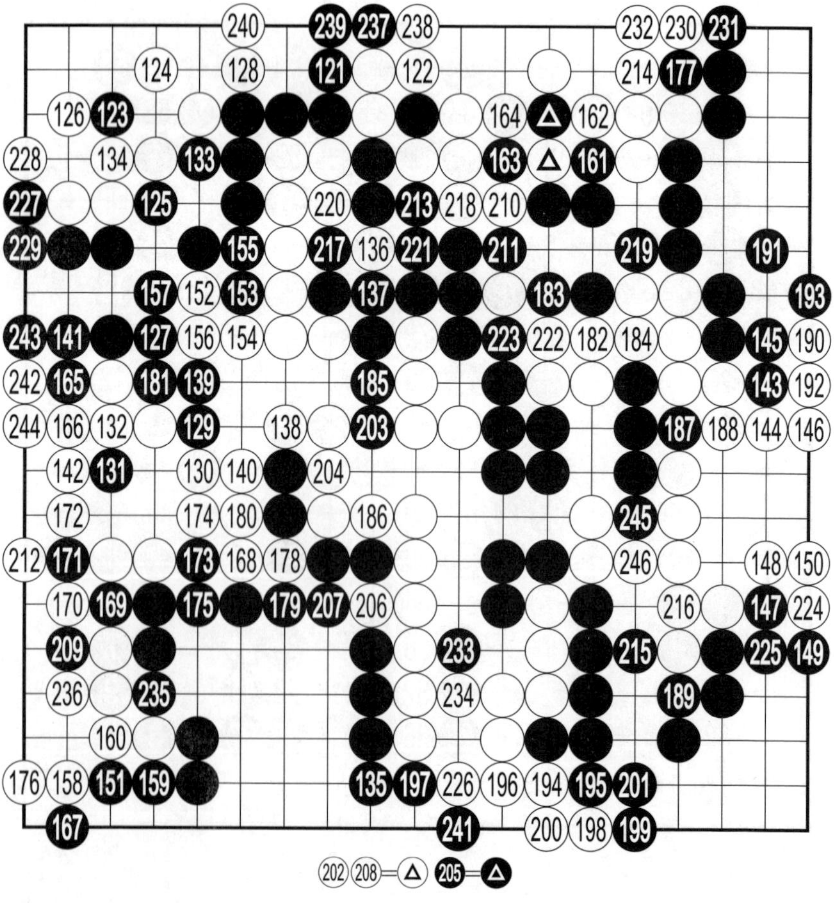

（121–246）

1993年8月7日
新体育杯

黑方　张文东 八段
白方　陈祖德 九段

白18稍显滞重，可考虑脱先走右上角点三三。至黑37，黑棋可以满意。黑63疑问手，应于77位扳，此手不但目数大，且事关黑棋左边两块的厚薄，至于黑棋上边两子，从轻处理即可。黑73有脱离主战场之嫌，应于152位小飞补强自身。白76开劫近乎败着，或许是白棋漏算了，因为即便打赢此劫，角上仍没吃干净。故白76应于105位小飞，如此黑棋两块不活，十分棘手。黑93机敏，而后黑99夹犀利，此后白棋始终未能改变苦战的态势。（江维杰）

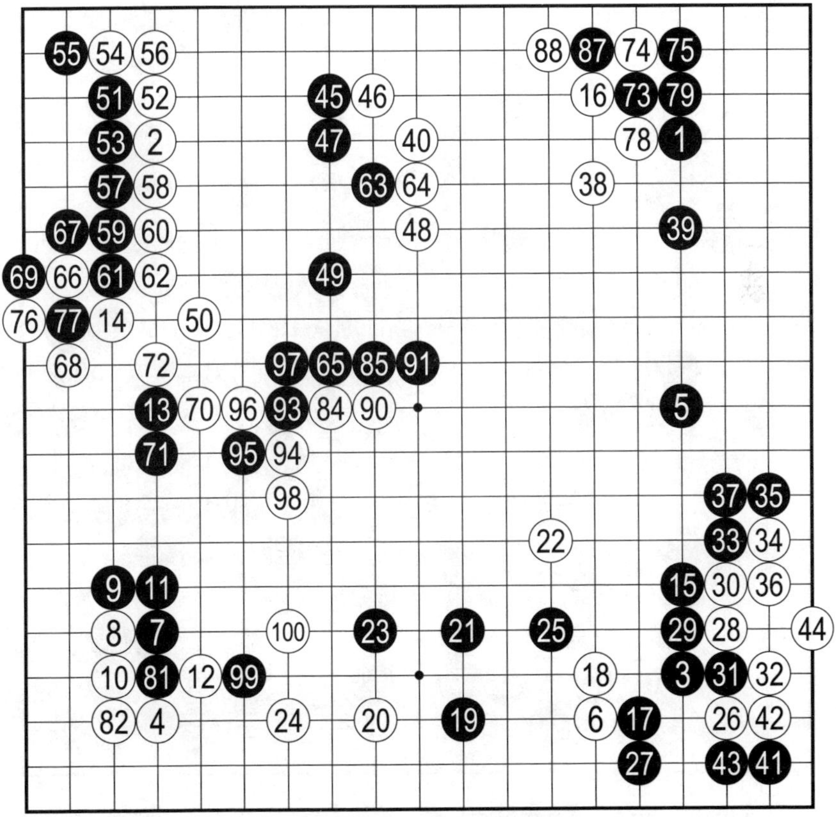

80 86 92 = 66　83 89 = 77

（1–100）

黑方 **张文东** 八段

白方 **陈祖德** 九段

黑贴$2\frac{3}{4}$子　共 205 手　黑中盘胜

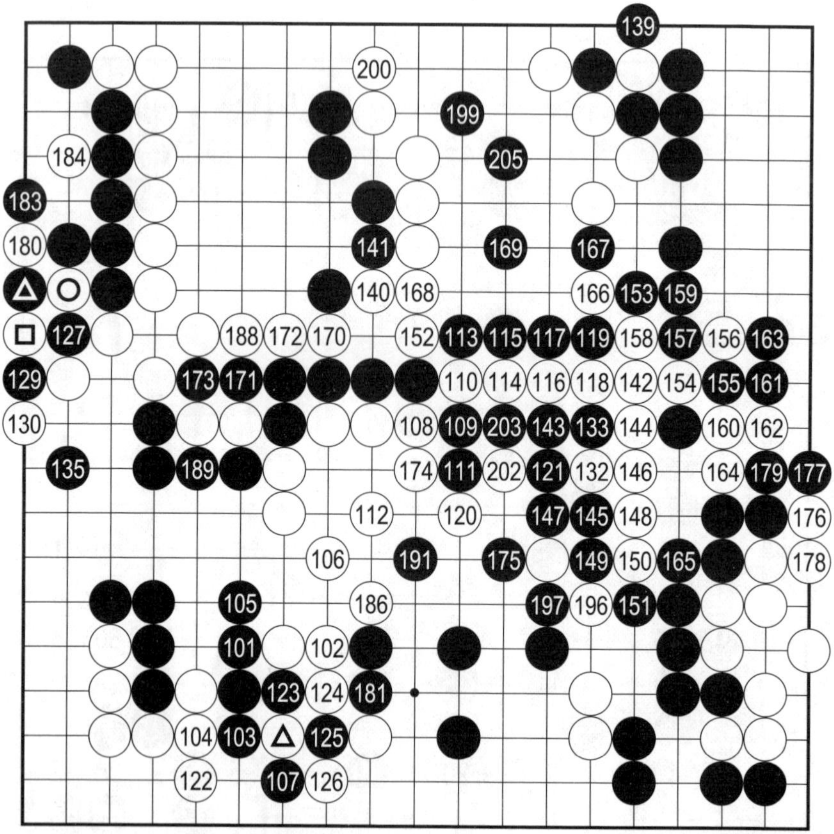

128 134 182 192 = △　131 137 185 194 = 125　136 = □　138 198 = ○　187 193 = ▲

190 = 180　195 201 = 127　204 = ○

（101–205）

一九九四

时年50岁

◎ 1月20日—21日，中国围棋四强赛在浙江杭州举办。20日陈祖德战胜陈临新，21日决赛负于聂卫平获得亚军。

◎ 1月25日，在第八届天元赛预赛第一轮中不敌陈临新九段。

◎ 4月9日—11日，第七届中国围棋名人战预赛在中国棋院拉开战幕。9日陈祖德战胜杨士海，11日负于车泽武。

◎ 6月9日，“宝通宝杯”围棋邀请赛在北京举行，当天陈祖德击败王汝南八段。

◎ 6月28日—7月4日，在第二届中国围棋国手杯赛中，陈祖德连闯三关，击败曹大元、邵炜刚、张文东，进入半决赛。在半决赛中半目惜败于吴肇毅，未能更进一步。

◎ 8月25日，“宝通宝杯”围棋邀请赛第二轮在北京东四建行举行。陈祖德击败华以刚，通算两轮比赛成绩，获得本次比赛第一名。

◎ 11月1日—2日，第四届“宝胜电缆杯”围棋快棋邀请赛在江苏宝应举行，经过三轮的比赛，陈祖德负于聂卫平，夺得本次比赛的亚军。

◎ 11月4日，陈祖德获日本棋界最高荣誉奖——“大仓喜七郎奖”。该奖是表彰为围棋事业做出巨大贡献的功勋人士。

◎ 11月21日，第一届中国围棋霸王战第三阶段在北京棋院举行，陈祖德负于罗洗河五段。

◎ 12月15日—12月19日，第六届中国围棋棋王赛预赛在中国棋院举行。前三轮，陈祖德先后击败汪见虹八段、聂卫平九段、刘菁五段，引人注目。

1994年1月3日弈于玫瑰园
围棋元老与业余棋手对抗

白方　陈祖德 九段

黑方　杜景宇 业余6段（受先）

白12是陈老的招牌手法，普通是12上一路跳。黑21镇头，23、25托虎及29位点，均显示出了业余强豪高昂的斗志，一番操作后至黑33跳，颇有反客为主之感。至黑59活净，黑明显优势。黑67单接是明显的失误，应左边打一下再接回，如此白的眼形出入很大。黑81与白82均错失要点，此时右侧拆二价值最大。（李康）

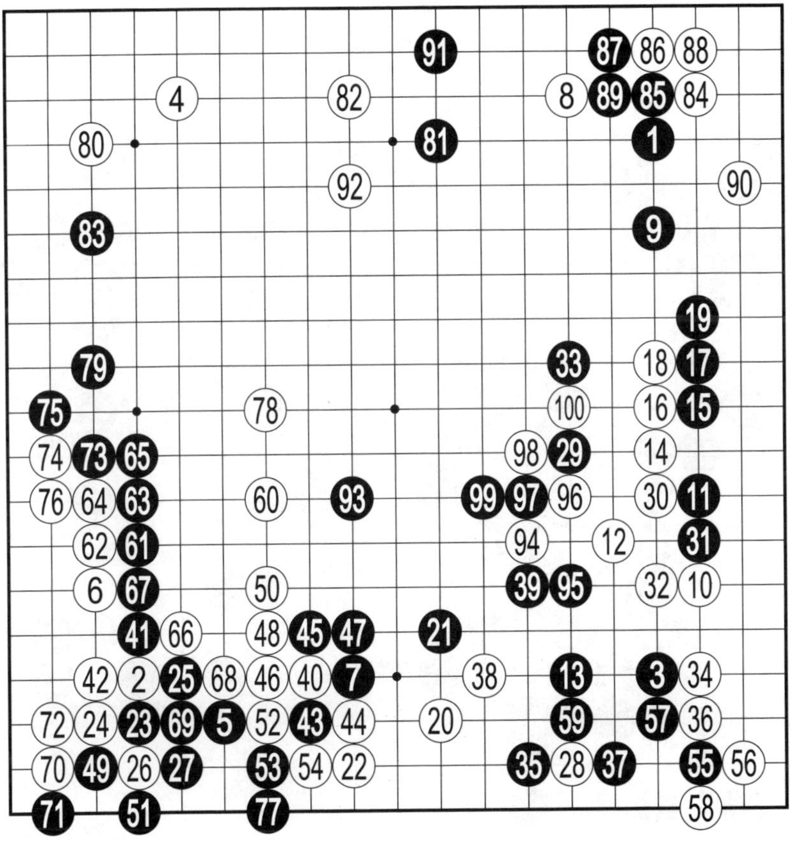

（1–100）

白方　陈祖德 九段

黑方　杜景宇 业余 6 段（受先）

白左下点角后至 104 跳出，陈老捞地治孤的思路十分清晰。黑 105 打吃与白 106 顶交换明显亏损。白 136 补棋不如在下方虎。以后官子黑稍亏，终局战成和局。这是一盘质量上乘的对抗佳作。（李康）

白贴2 $\frac{1}{4}$子　180 手以下略　和棋

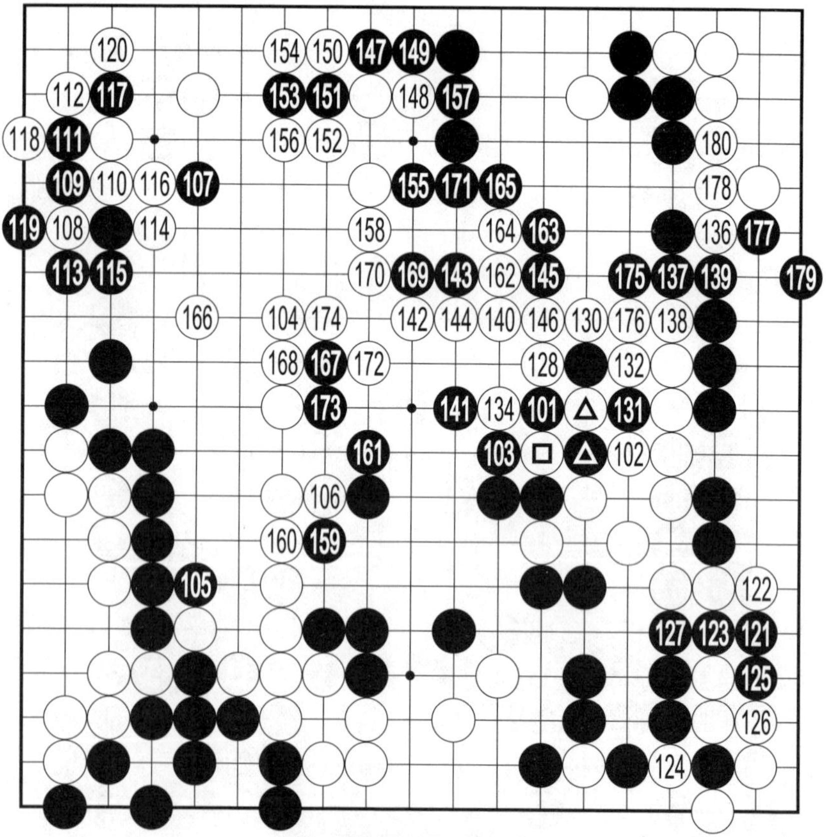

129=▲　133=△　135=□

(101-180)

1994年1月20日弈于杭州
中国围棋四强快棋争霸赛第一轮

黑方　陈祖德 九段
白方　陈临新 九段

白26粘太缓，不如补在49位压，被黑29飞后局面被动。黑31、33两手略显落空，白34肩冲进入，回到两分局面。白40虎大俗手，应该直接42位靠。黑43至47非常严厉，白的棋形被破坏，陷入被动。黑61至79发力过猛，简单81位长即可保持优势。白80再出缓手，完全可以先在98位扳给黑棋制造一点麻烦，实战至93黑棋大优。白94开始反击，黑95、103脱离主战场。（王昊洋）

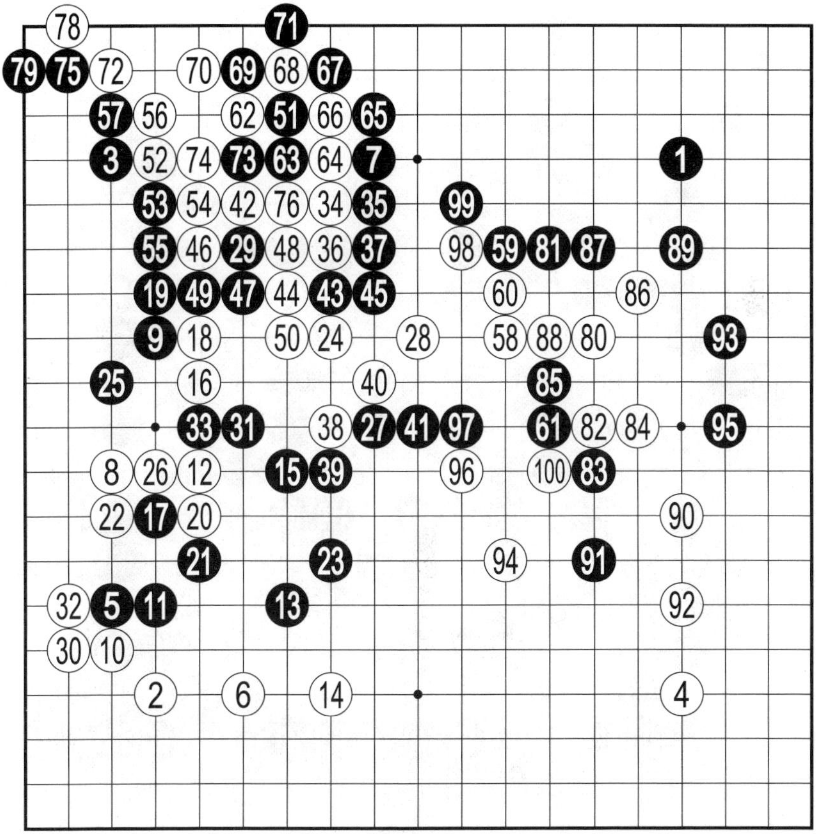

77=68

（1-100）

黑方　**陈祖德** 九段

白方　**陈临新** 九段

白104失误，应该在111位跳，棋形厚实。白106败着，没有注意黑107靠的好手。至黑123弃子成功，之后没有再给对手机会，199手中盘获胜！（王昊洋）

黑贴2 $\frac{3}{4}$ 子　共199手　黑中盘胜

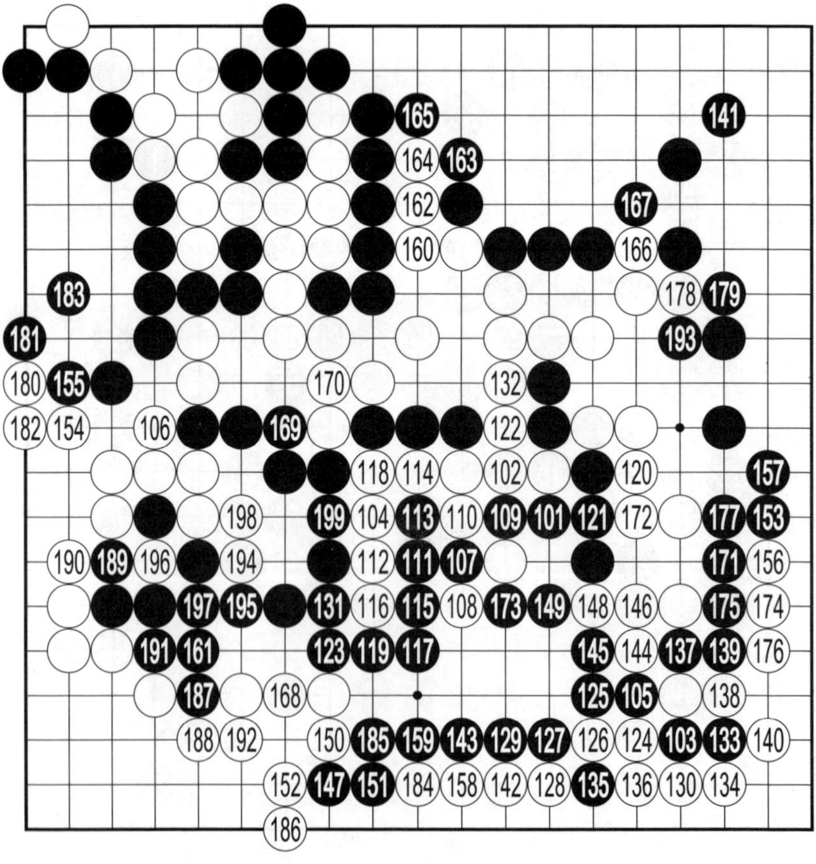

（101–199）

1994 年 1 月 21 日弈于杭州
中国围棋四强快棋争霸赛第二轮

黑方　陈祖德 九段

白方　聂卫平 九段

黑 7 属于当年较为常见的手法。至黑 43 挡角，双方布局四平八稳，似乎要进入官子阶段了。黑 47、53 均是有意挑起战端。白 58 断、黑 59 打，双方在此处都不愿退让，战斗一触即发。黑 77 错失战机，在 12 位上两路跳出极大，白无法脱先。白 98- 黑 113，双方围绕中腹厚薄展开精彩攻防。（古力）

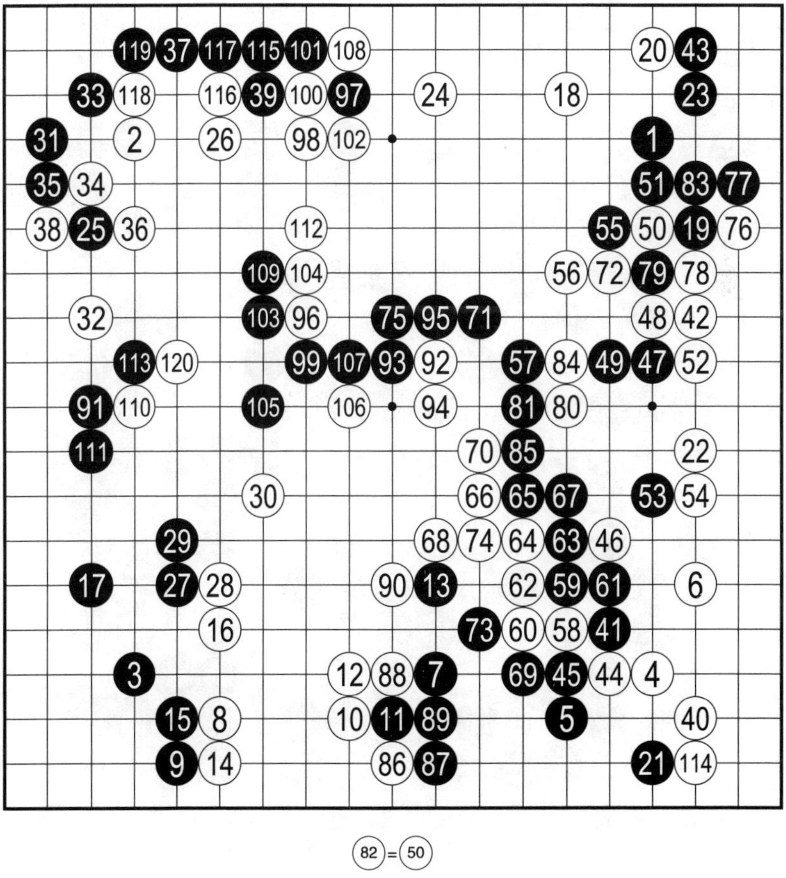

82=50

（1–120）

黑方 **陈祖德** 九段

白方 **聂卫平** 九段

黑 121 好棋，成功化解白方的冲击。至此局面细微，进入官子阶段。黑 155 败着，应在 161 位扳形成劫争，如此胜负难料。由于白 160 的存在，多出许多劫材，黑方劫争不利。转换白获利，黑方败局已定。（古力）

黑贴2$\frac{3}{4}$子　共 262 手　白胜1$\frac{1}{4}$子

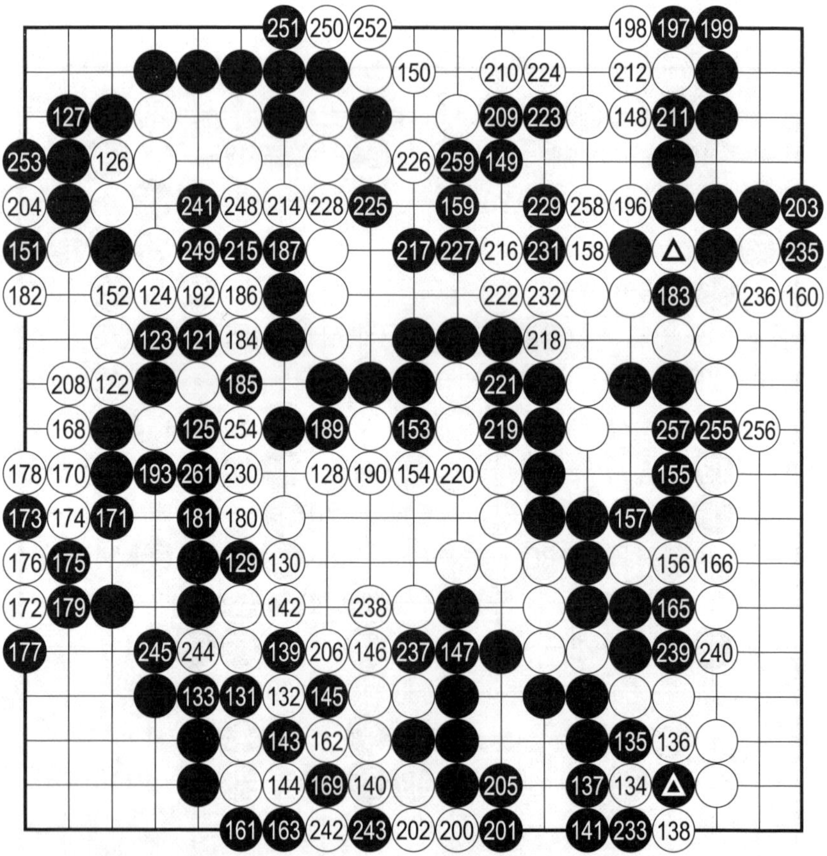

164 213 = 132　167 = 143　188 194 = △　191 = 183　195 = 173　207 = 176　234 = ▲

246 = 242　247 = 144　260 = 151　262 = 243

1994 年 1 月 25 日
第 8 届天元战预赛

黑方　陈祖德 九段
白方　陈临新 九段

黑 25 靠断积极，引发激战。黑 31 断不妥，若于 44 位断，将是黑棋可战的局面。实战白 32 至 40 冲下十分畅快，黑棋左边两子被碰伤，得不偿失。黑 41 断过于激进，此时先于 130 位扳粘，而后 112 位点三三转身方为上策。白 54 错失扩大战果的机会，若于 153 位断，黑棋将十分难办。黑 71 点犀利，至 79 逐渐找回了主动权。黑 83、85 过犹不及，应于 140 位飞出，不给白棋借力。黑 93 可抢先于 108 位立，有此一手，白棋左下大空难成。实战黑棋虽然吃住中间一队白子，但白 102 先手获利后，争到 108 位扳的超级大官子，黑棋的实空劣势已难挽回。（江维杰）

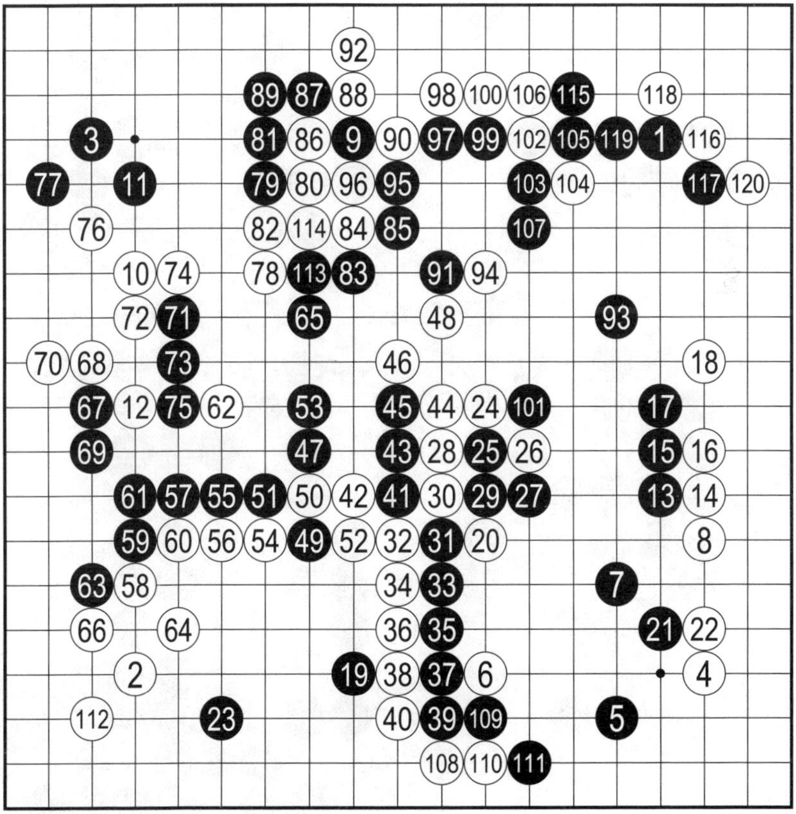

（1–120）

黑方　**陈祖德** 九段

白方　**陈临新** 九段

黑贴$2\frac{3}{4}$子　共 246 手　白中盘胜

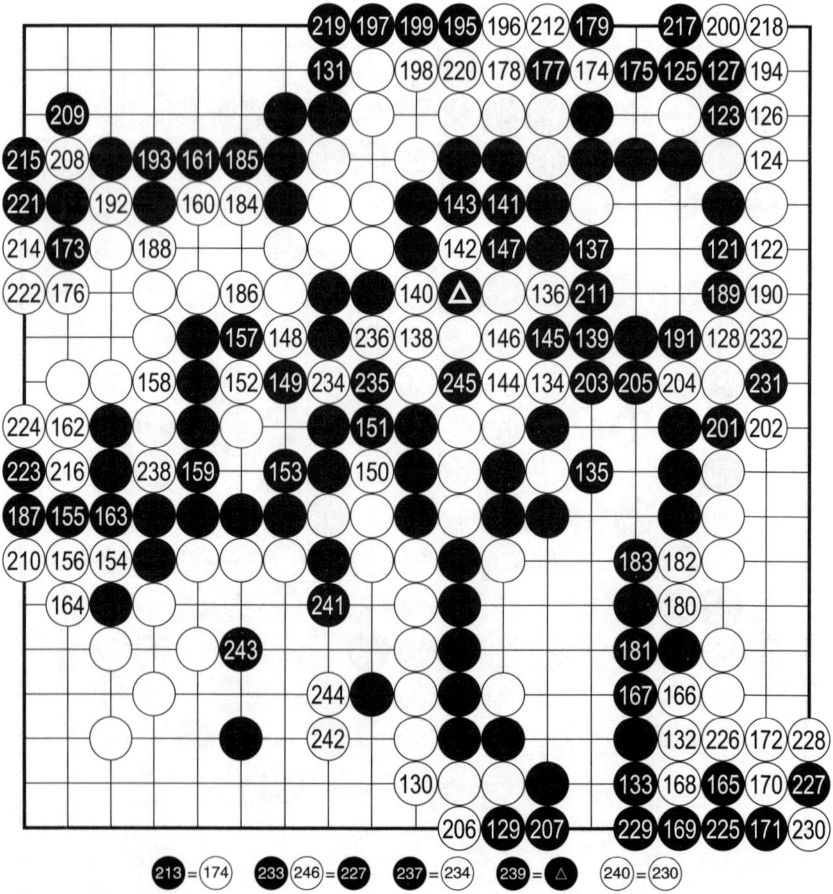

1994 年 4 月 9 日弈于中国棋院
第七届中国名人战预赛

黑方　陈祖德 九段
白方　杨士海 六段

黑 5、7 别出心裁，形成了此后流行于棋坛的迷你中国流布局。白 12 可考虑三三处托角，实战黑 15 断吃大角可以满意。黑 29 点角时，由于白左侧棋形较厚，因此白 30 挡在外侧更好。黑 37、39 扳粘未脱窠臼，应直接脱先它投。白 46 缓，于 202 位飞点对黑棋的压力更大。白 80 俗手，在 81 位跳才是正形。白 94、96 行棋过缓，是本局的败着。由于白左边一块不是易攻之形，白 94 理应 126 位点刺后，再 117 位飞出，这是大棋。实战被黑 97 挡下后，白棋再难寻得胜机。（江维杰）

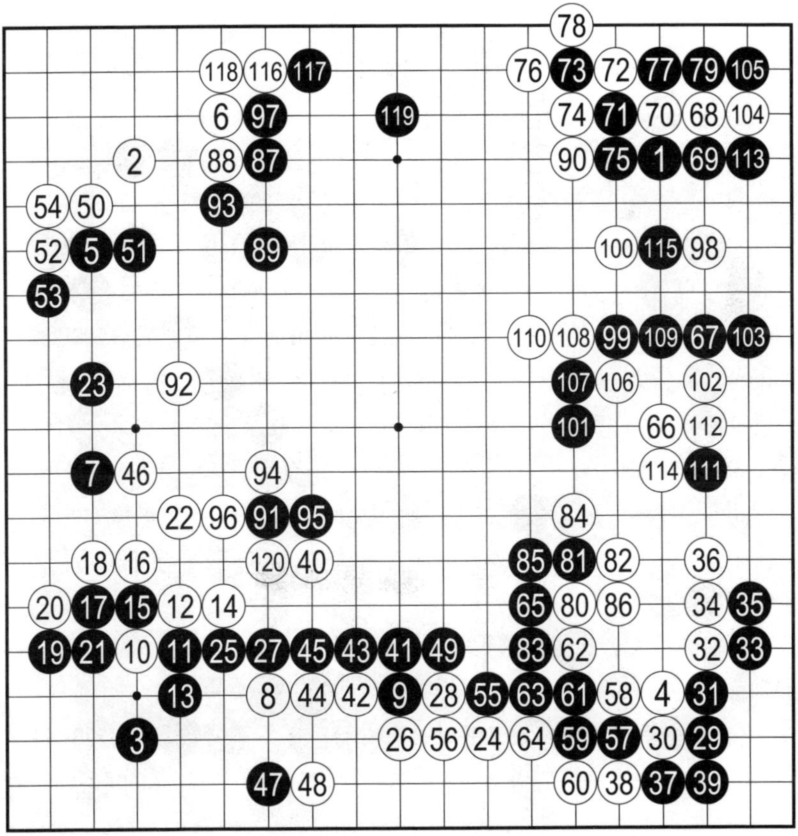

（1–120）

黑方 **陈祖德** 九段

白方 **杨士海** 六段

黑贴$2\frac{3}{4}$子 共 211 手 黑中盘胜

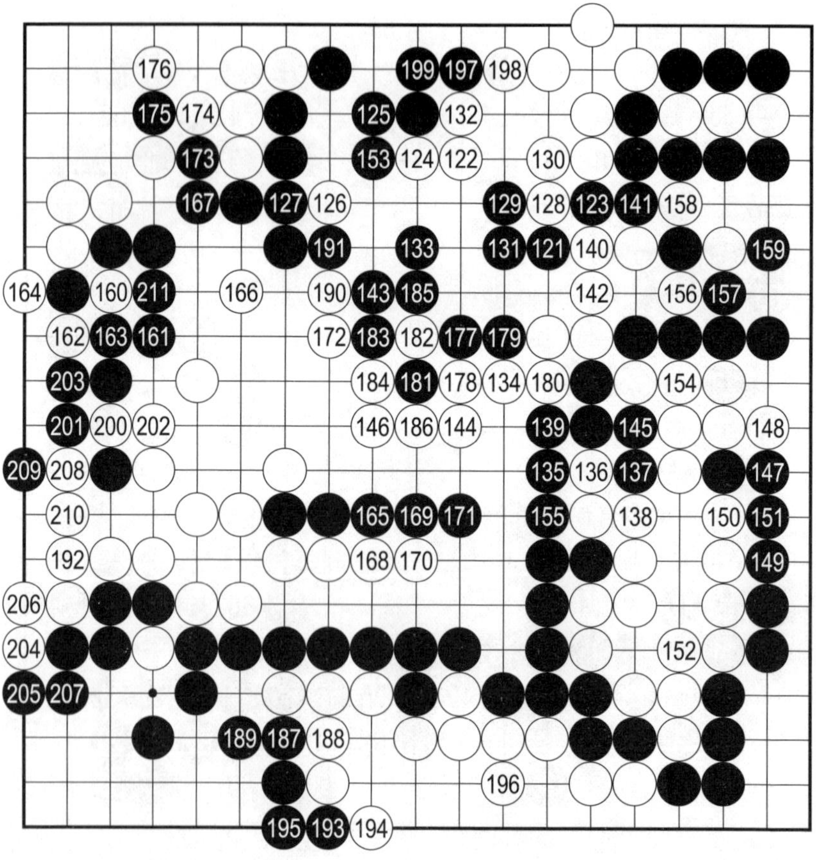

（121–211）

1994年4月11日弈于中国棋院
第七届中国名人战预赛

黑方　车泽武 七段
白方　陈祖德 九段

开局双方围绕左上角形成激战，白36先手飞到后，136位透点成为黑棋的隐患，至此白棋稍占上风。白40挂角至黑45跳补中央是非常有趣的进程，白连续抢占大场，黑棋则在中央积蓄力量，能否发挥出威力是胜负的关键。白48继续捞目有些过分，给了黑49杀出、分断作战的机会，先65位尖交换一下更稳妥。实战一系列精彩的斗力之后，至黑99贴，白棋作战不利。

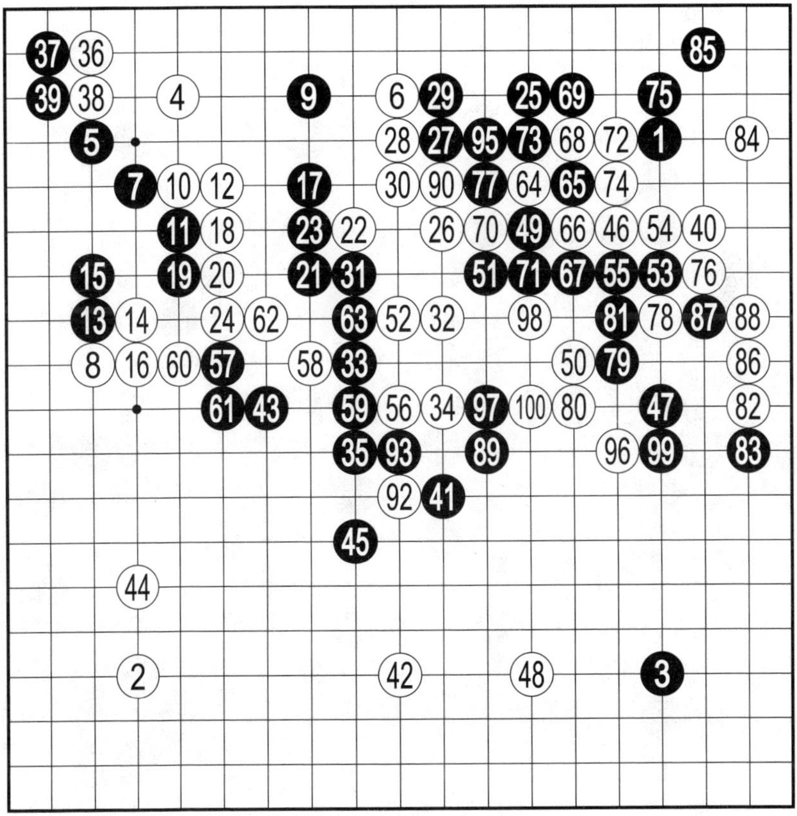

91=65　94=64

（1–100）

黑方　车泽武 七段

白方　陈祖德 九段

黑 101 飞有些发力过猛，在 122 位跳住缓攻即可，至 130 白棋活出，黑所得甚微，实地却损失不小，局面两分。黑 133 飞持续对白棋施压，双方似乎都没有注意到 136 位的严厉性。白 134 再次错过最佳时机。黑 141 靠没有必要，而白 142 扳随手，先在 146 位立会好一些。黑 151 尖断，白眼见形势不利 156 拼一手，遭到 157、159 的犀利反击！至白 176，黑先手搜刮目数大赚。利用白棋不活，黑 177 点至 197 顺利活出，黑棋近乎确立胜势。(王昊洋)

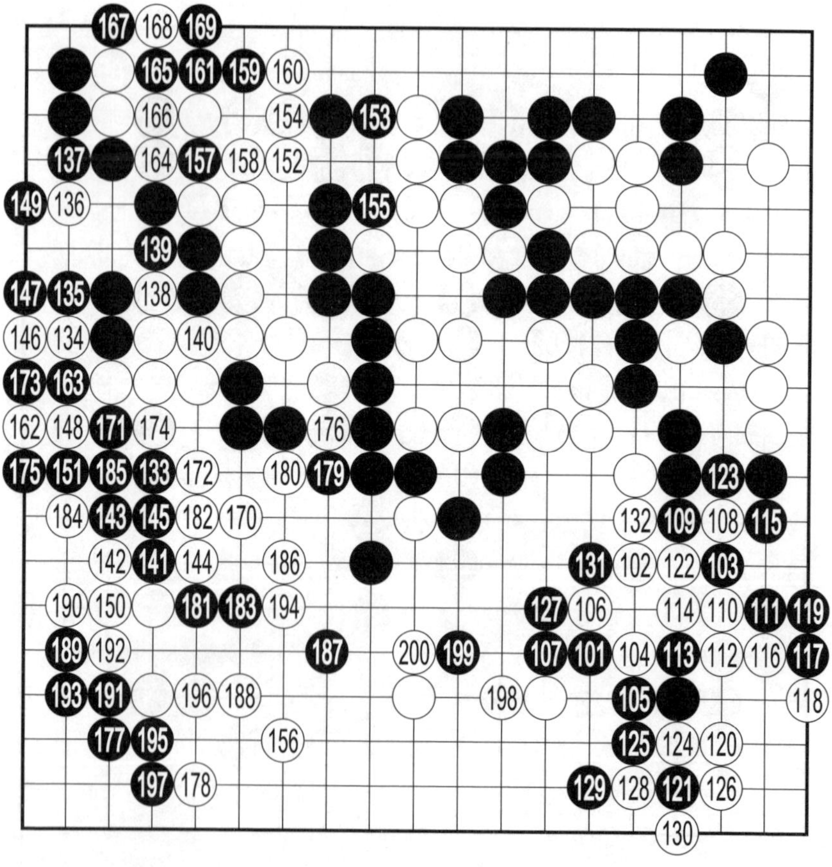

(101–200)

但黑209、211连续失误，没有抓住51位左一路的断点予以冲击，选择保守的自补，白先手渡过后局面已非常接近。后续在双方都有胜机的情况下，黑棋幸运地以半目获胜。（王昊洋）

黑方 **车泽武** 七段

白方 **陈祖德** 九段

黑贴$2\frac{3}{4}$子　共308手　黑胜$\frac{1}{4}$子

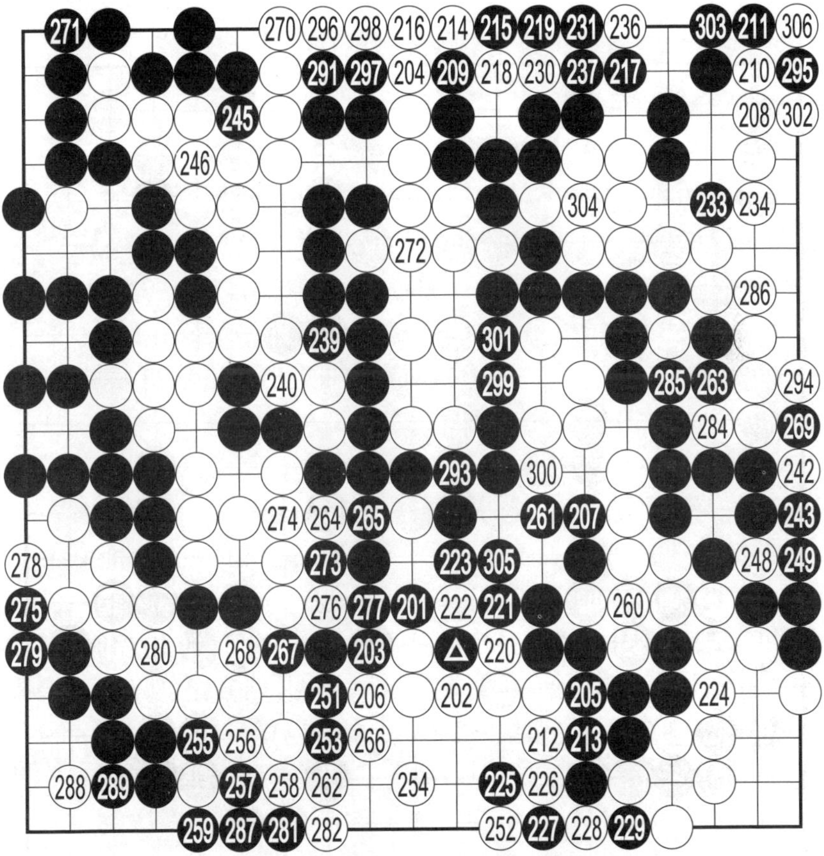

232 238 244 250 = 228　235 241 247 = 229　283 292 = △　290 = 222

307 = 242　308 = 295

（201–308）

1994 年 6 月 9 日弈于北京

宝通宝杯围棋邀请赛

黑方　王汝南 八段

白方　陈祖德 九段

白 8 是变着。白 12 点角灵活，如于 16 位扳则显得勉强。黑 15 是正着，17 跨不可省，至 23 告一段落，局部产生了一个新型。白 28 动作迟缓，当于 46 位二间关，再 197 位镇，对黑 5 大包围，使黑弃取两难。黑 31 关、33 大飞都是好点。黑 35 应于 32 左一路压，白只得长，黑连压后飞出。黑 35 飞时机尚早。白 36 压是大势上的要点。黑 37 尖嫌缓。黑 41 扳过分。至白 46，黑棋被分断，而上方的白势相当可观，白有望。黑 51 当破坏左上白势。白 52 守角大。白 54 尖必要。黑 59 关很沉着。白 64 不够积极。黑 69 靠是好手，唯有如此才能争胜负。白 70 扳至黑 75 飞，黑成功。至此成细棋局势。白 76 是要点。黑 93 如在 240 位跨是有力的一手，但条件未成熟。白 94 不可随手于 98 位应。黑 101 是要点。白 108 并是正着。白 114 穿象眼是坏着。黑 119 不当，应于 120 位压。

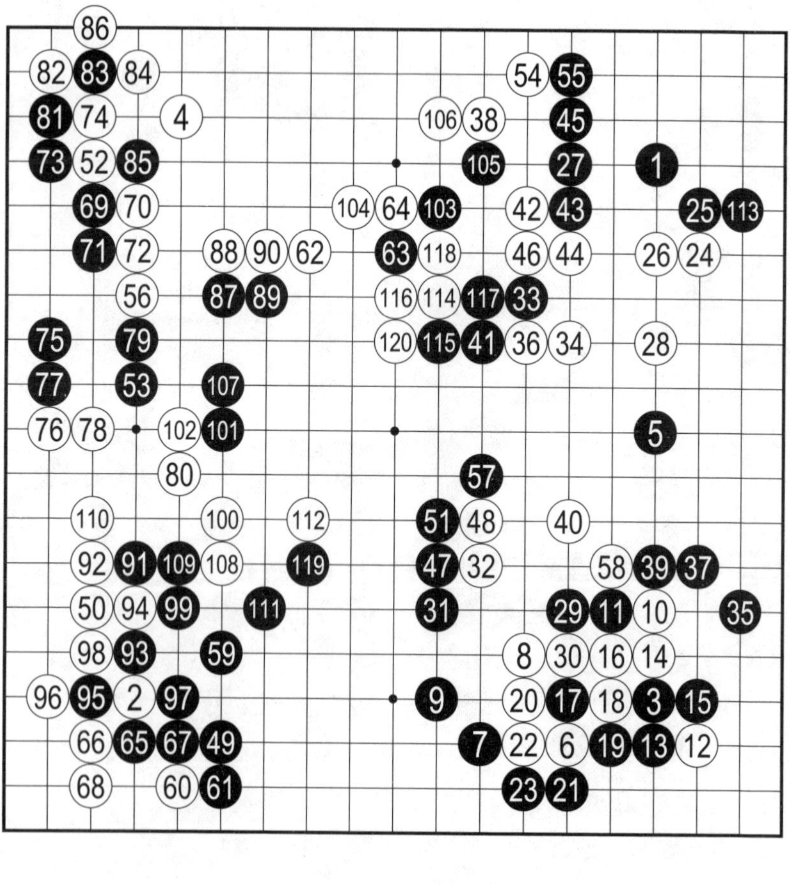

（1–120）

黑方　王汝南 八段

白方　陈祖德 九段

黑 139 不得已，如于 146 位打吃，白则做劫，下一手可走 142 位破坏右边黑空。黑 141 不如 144 位挡价值大。白 142 跳，形势的天平倾斜了。黑 153 如于 158 位接，比实战稍优。白 158 至 164 均为先手，黑败局无法挽回。在最后的小官子中，黑有机会于 138 位挤，如此结果也是黑输 1/4 子。实战被白争得 138 位，结果黑盘面多 4 目，由于黑争得最后一个单官，其结果也是负 1/4 子。

我的棋是喜欢战斗的，以往对局大多是中盘胜负。而 1994 年上半年共下了六局棋，却有三局是半目胜负，甚是不可思议。（陈祖德）

黑贴 $2\frac{3}{4}$ 子　共 250 手　白胜 $\frac{1}{4}$ 子

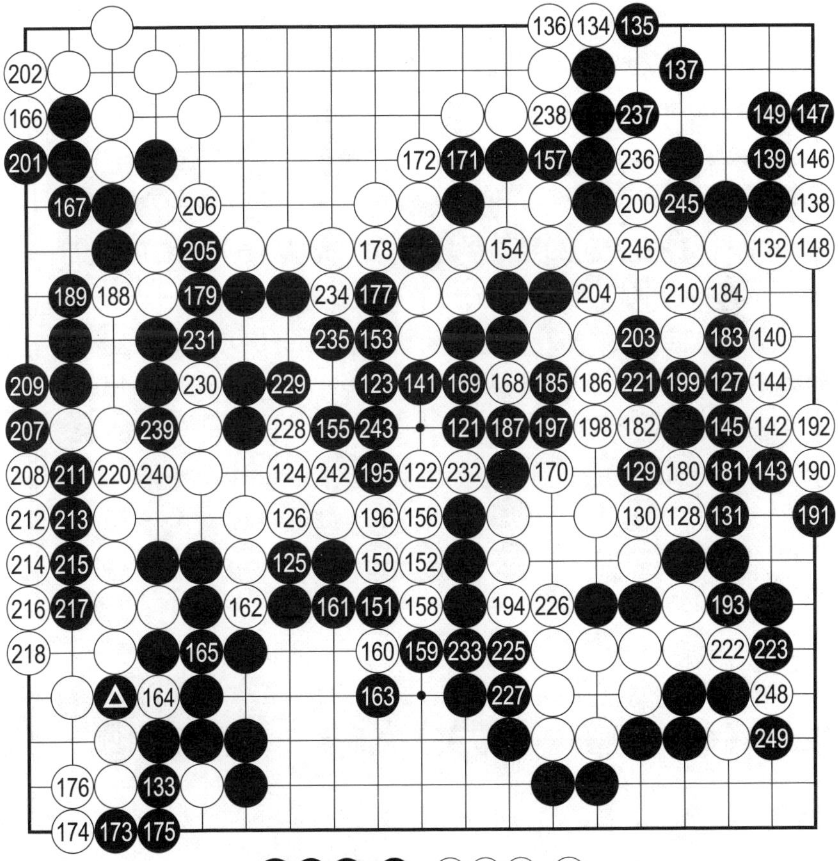

219 241 247 = △　224 244 250 = 164

（121–250）

1994年6月28日
第二届国手杯预赛第一轮

黑方　陈祖德 九段
白方　曹大元 九段

白34单飞过犹不及，于四路长出即充分可战。黑35应于36位打吃，白长出，黑再三路爬过，弃掉中间一子，如此黑棋满意。白54若于115位跳，黑将十分难办。黑61应直接于65位虎，此处黑棋过于用强，至白72损失惨重。白98料想应是棋谱错误，此手没有不走217位渡过之理。黑103意义不明，应该也是98的错误所致。白104应于105位扳，如此将是白棋的大优局面。自此之后，局面风向大变。白122应于123位跑出，白126应于262立。(江维杰)

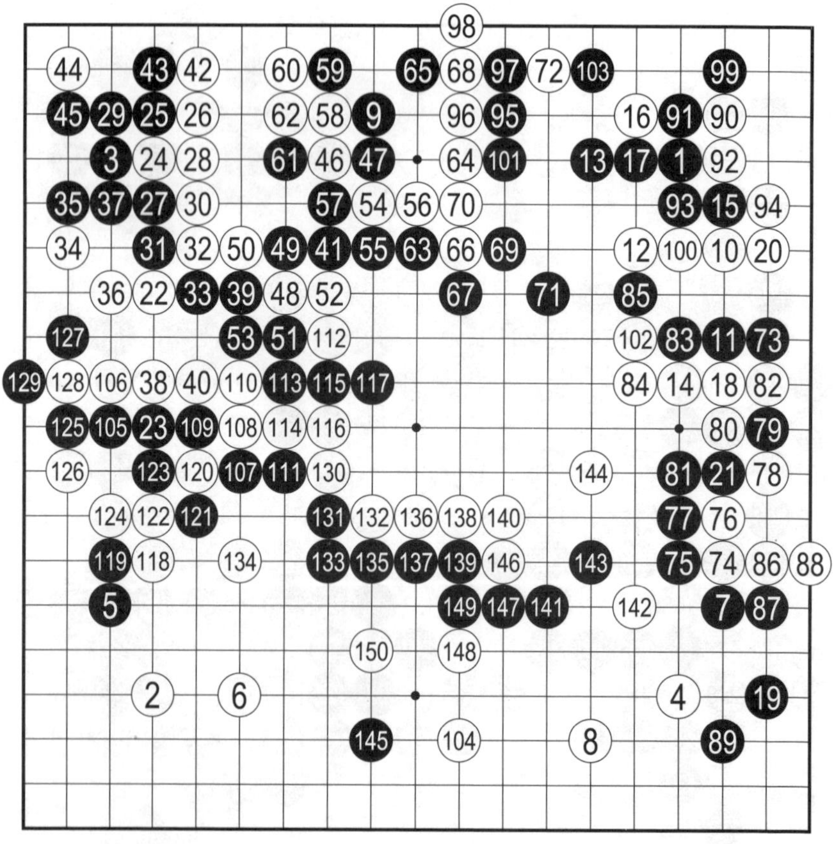

白162是最后败着，应于167位先手交换后，再164位贴，如此将是黑稍有利的乱战。（江维杰）

黑方　陈祖德 九段

白方　曹大元 九段

黑贴2$\frac{3}{4}$子　共283手　黑中盘胜

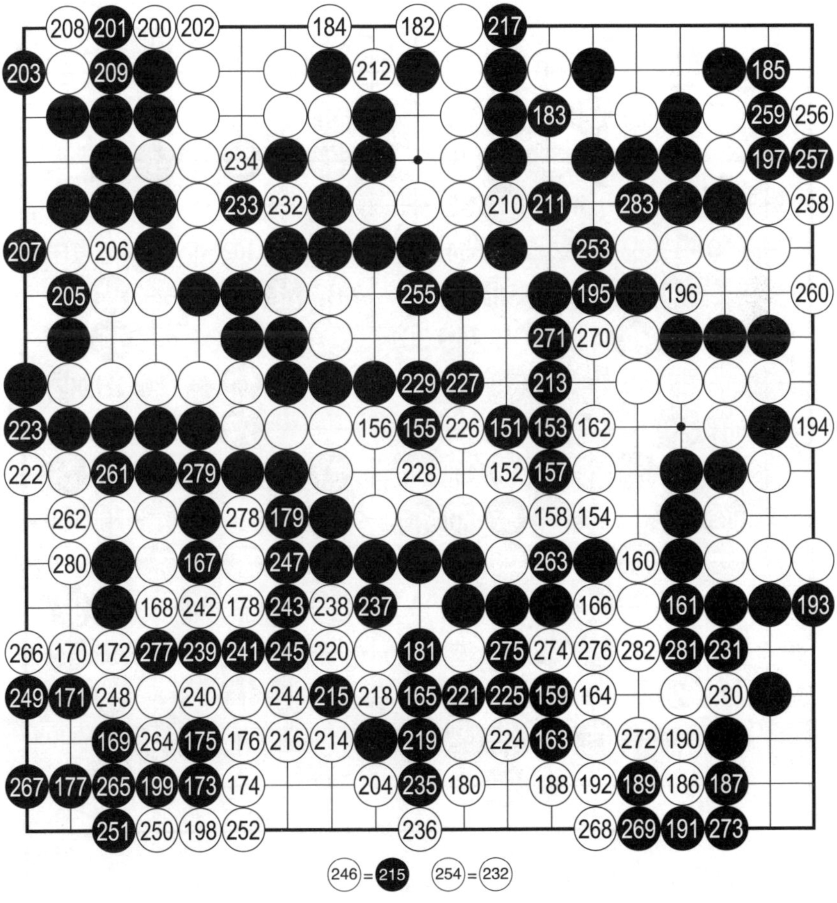

（151–283）

1994年6月30日弈于中国棋院

第二届国手杯预赛第二轮

黑方　陈祖德 九段

白方　邵炜刚 六段

黑9象步不落俗套。白16于三三处托角是要点。黑17应于18位托过，如此白棋不满。白40靠断冒进，无论黑41还是黑43冲在169位，白棋都很难办。白48、50挤断又过分，应54位提。黑55以下分断十分严厉，一举掌握了局面主动权。黑77逸机，应于102位扳断，白棋两条大龙左右为难，十分被动。白78近乎败着，此时于147位先手打吃后补强中腹乃当务之急。（江维杰）

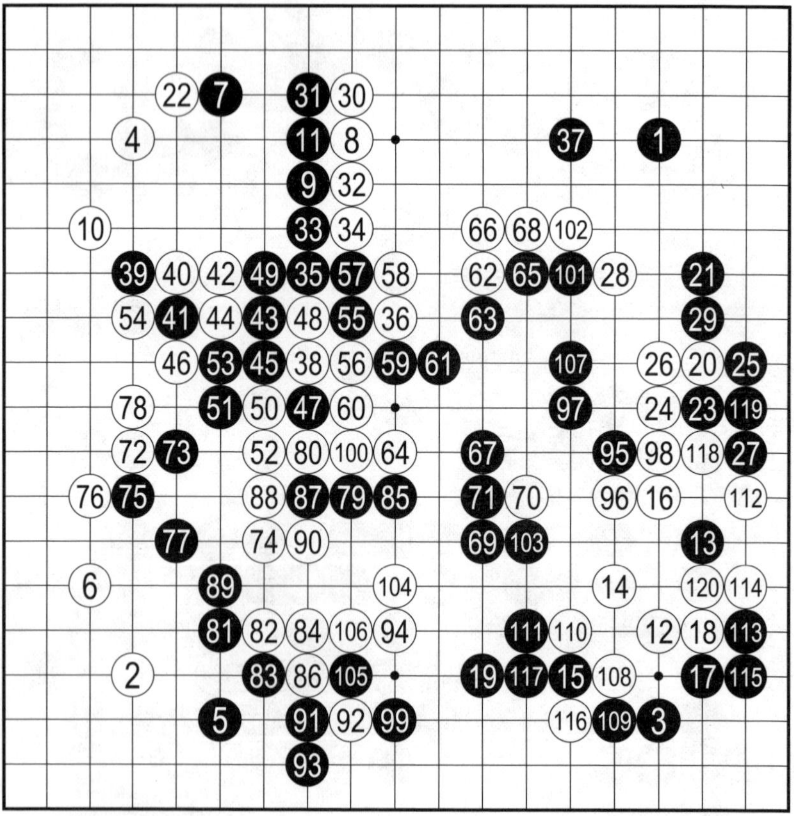

（1–120）

黑方　**陈祖德** 九段
白方　**邵炜刚** 六段

黑 123 失误，应直接在 133 位破眼，如此白局部只能打劫活。实战黑棋应该是没有注意到白 128 团的盲点，局部竟已成双活之形。此后进行了漫长的官子大战，最终黑棋以盘面 5 目、粘劫收后的细微优势胜出。（江维杰）

黑贴2$\frac{3}{4}$子　共 251 手　黑胜$\frac{3}{4}$子

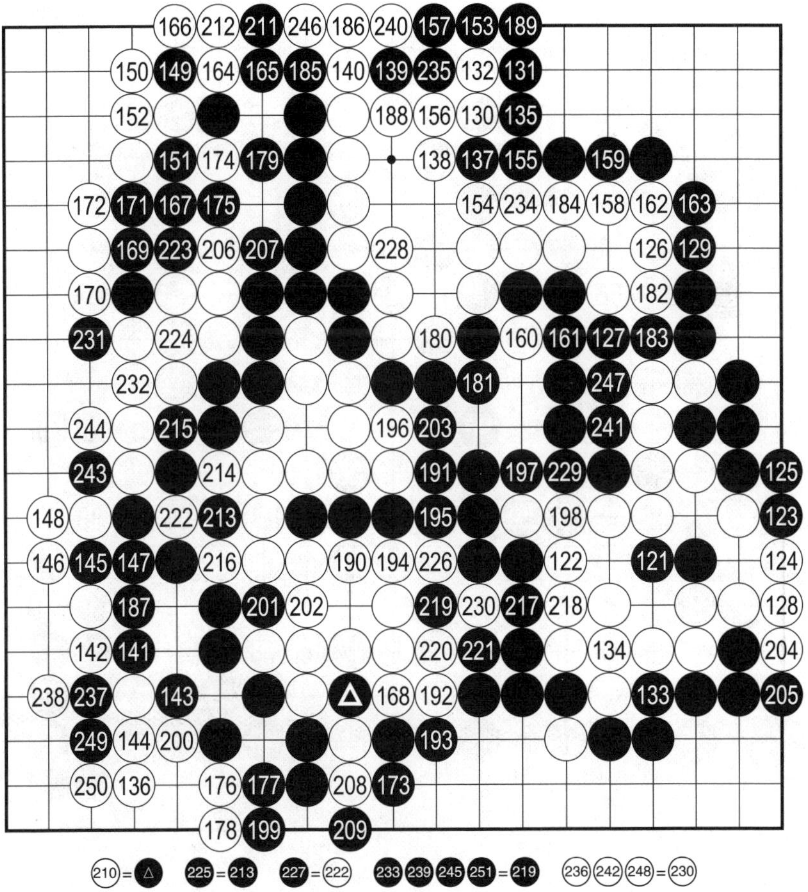

（121–251）

1994 年 7 月 2 日
第二届国手杯预赛第三轮

黑方　张文东 九段
白方　陈祖德 九段

白 18 并体现出了陈老好攻杀的棋风，但效率稍低。黑 25 缓，应 163 位守空。黑 49 打入找劫不足以弥补左上角的损失，应考虑在 121 位一带寻劫。白 68 优势意识浓厚，此时若于 71 位先手断一下，而后 69 位长角，则黑棋难办。黑 83 缓，此时于 149 位点三三是盘上的最大处。白 84 同样应于 197 位跳补，如此白棋空多棋厚，非常好下。黑 115 不妥，应于 130 位阻渡，实战白 116 托过机敏，黑棋丧失了攻击目标，实空危机迫在眉睫。（江维杰）

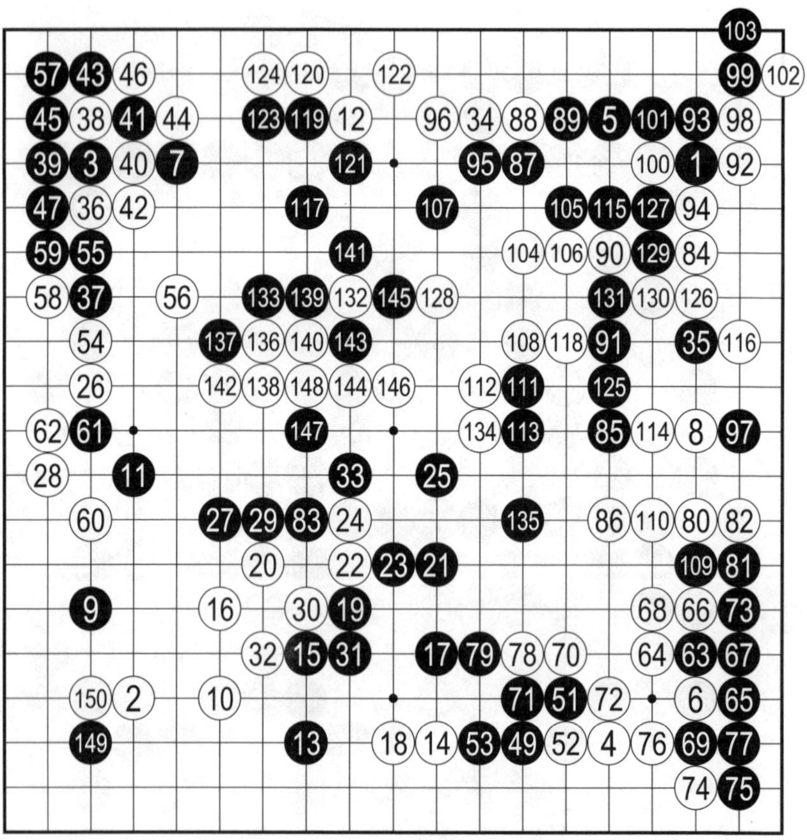

（1–150）

黑 155 开劫放手一搏。在漫长的劫争拉锯战中，黑 193 弈出了最后败着，此手只能在 202 位应劫，而后 217 位冲找劫，如此胜负依然难料。（江维杰）

黑方 **张文东** **九段**

白方 **陈祖德** **九段**

黑贴$2\frac{3}{4}$子　共 272 手　白中盘胜

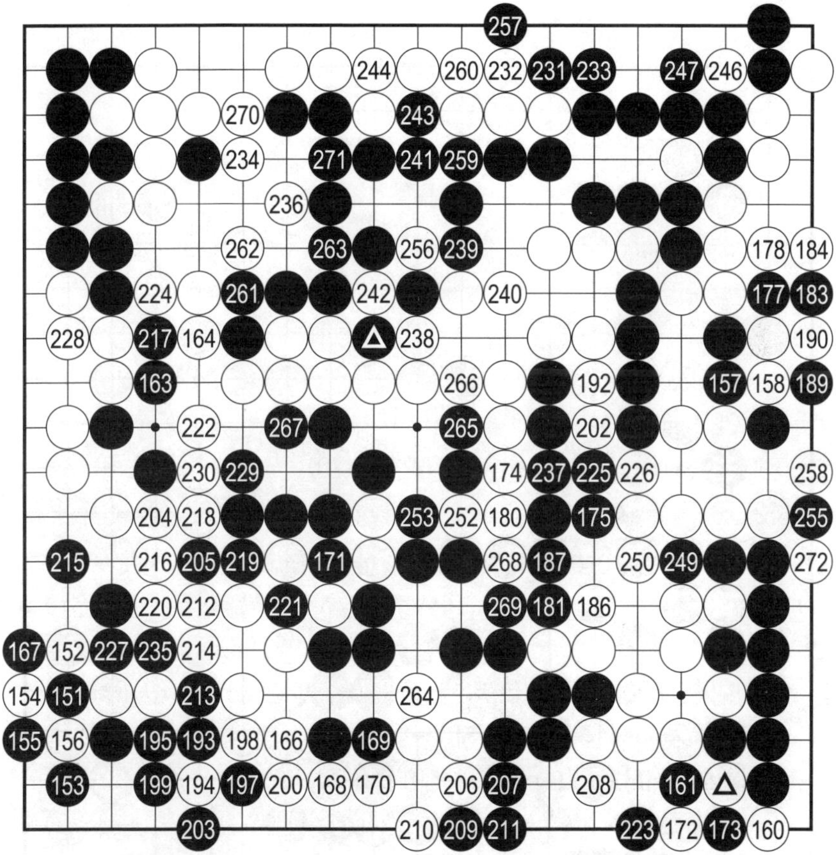

159 165 = 151　162 = 156　176 182 188 196 = △　179 185 191 201 = 173

245 251 = ▲　248 254 = 242

（151–272）

1994 年 8 月 25 日弈于北京
宝通宝杯围棋邀请赛

黑方　陈祖德 九段
白方　华以刚 八段

黑 7 象步是陈老的趣向。白 14 靠压可考虑在 19 位守角。黑 17 点角机敏，攫取角地的同时还顺便搜根。白 22、24 犯了战略性错误，此时左下白棋出头顺畅，完全不必急于渡过，白 22 于 31 位跳补是正形。黑 25、31 积极，最大限度追究白棋气紧的弱点，以下形成打劫。黑 39 是绝好的本身劫，至黑 49 虎过，白棋损失惨重。白 68 缓手，应考虑直接 74 位靠下，当前不利局势下，只能寄望于乱中取胜了。白 82 再想进攻为时已晚，黑 83 以下轻松处理好中腹大龙后，白棋实空已明显不足了。（江维杰）

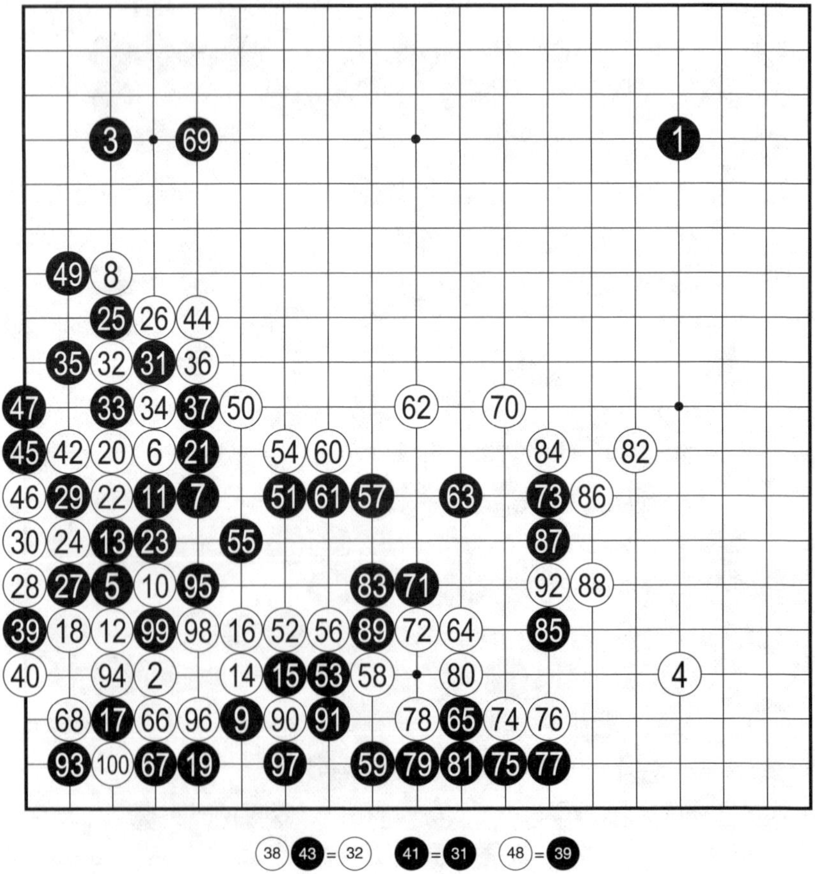

（1–100）

黑方　陈祖德 九段

白方　华以刚 八段

黑贴$2\frac{3}{4}$子　共 209 手　黑中盘胜

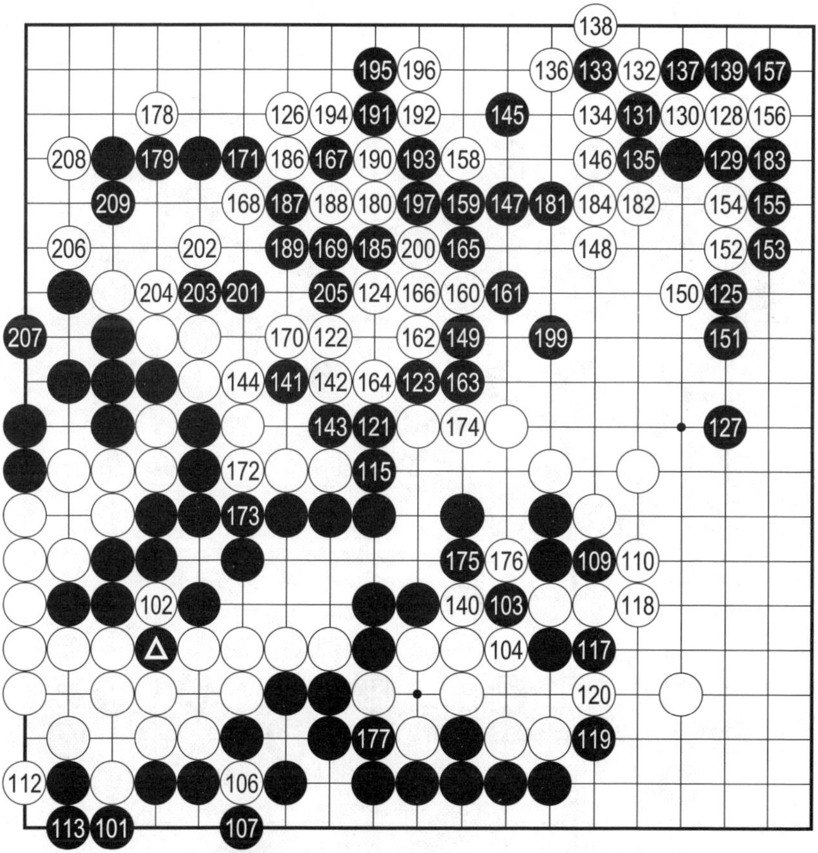

105 111 116 = △　108 114 = 102　198 = 167

（101–209）

1994年10月24日弈于北京东四建行宝通宝杯元老围棋邀请赛

黑方　罗建文 七段

白方　陈祖德 九段

布局时白22托过有缓手之嫌，应脱先在右上点三三取地。黑争先于29位拆边，占得上风。白46靠后48点是犀利的破空手段！至白54飞出，不仅破掉右边黑空，还将黑右边二子分割，陈老在此处找到头绪。黑59与白60退交换有些损，此时局面重回均势。白72顶后74连络是缓手，陈老此时对局面的判断有些过于乐观，应直接靠断反击。而争得先手后，黑77以下的攻击力道稍显不足，白86拐回后，全局进入细棋白稍优的格局。

在漫长的官子战中，罗老与陈老均显示出了深厚的收束功力。白152

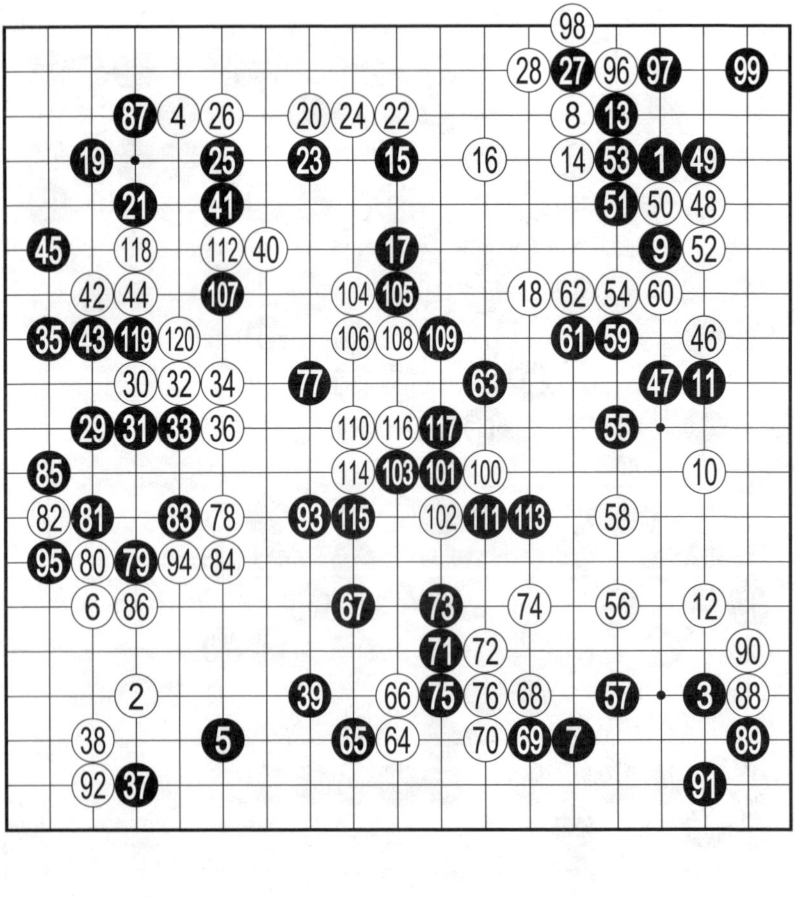

（1–120）

扳过也许是最后的败着，此时于 153 二路立先手收官，依然是白稍优。黑 153 逆收 6 目，罗老成功逆转。（李康）

黑方　罗建文　七段

白方　陈祖德　九段

黑贴2$\frac{3}{4}$子　共 232 手　黑胜$\frac{3}{4}$子

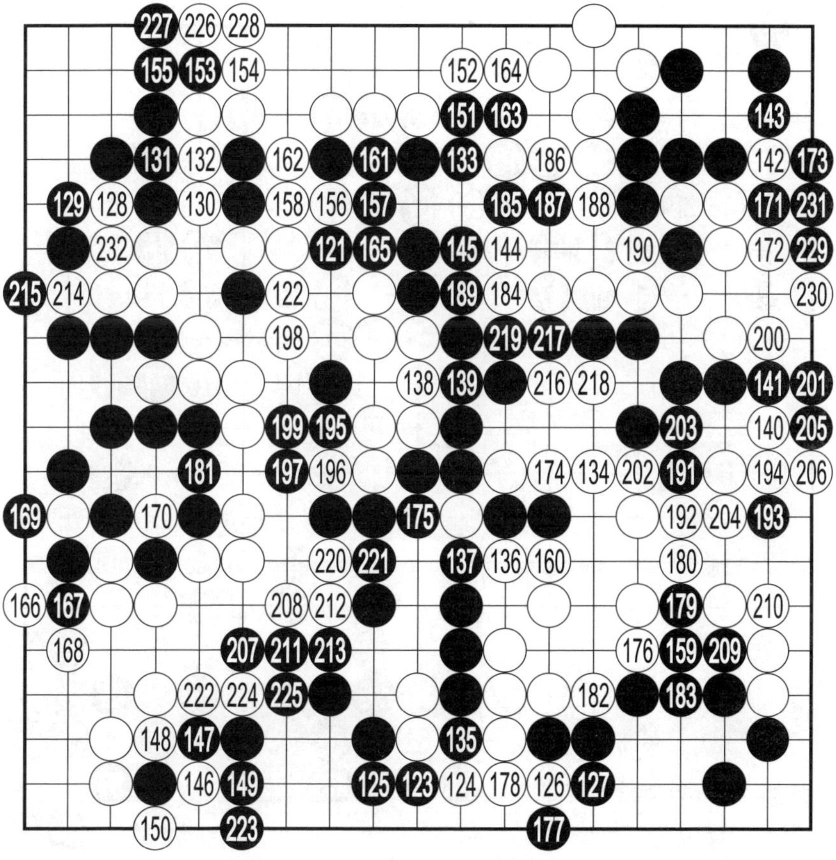

（121–232）

1994 年 11 月 1 日弈于江苏宝应
第四届宝胜电缆杯

黑方　华学明 七段

白方　陈祖德 九段

白 22 二路漏的手法有趣，展现了陈老极具攻击性的棋风。黑 23 尖顶反击后至 37 拐出，形成对攻的格局。白 38 以下抢先攻击黑上方，思路极其开阔。至白 56 位飞封，局面白主动。白 60 断吃发力过猛，此时在 61 位冲先手定型已可满意。实战被黑冲出后，至 76 的定型白方落了后手，明显亏损。优势下黑 97 开劫不简明，被白 102 冲下，局面变得混乱。黑 135 次序错误，应先于 137 位拐后再扳。被白 138 挡，黑瞬间崩溃。（李康）

黑贴$2\frac{3}{4}$子　共 148 手　白中盘胜

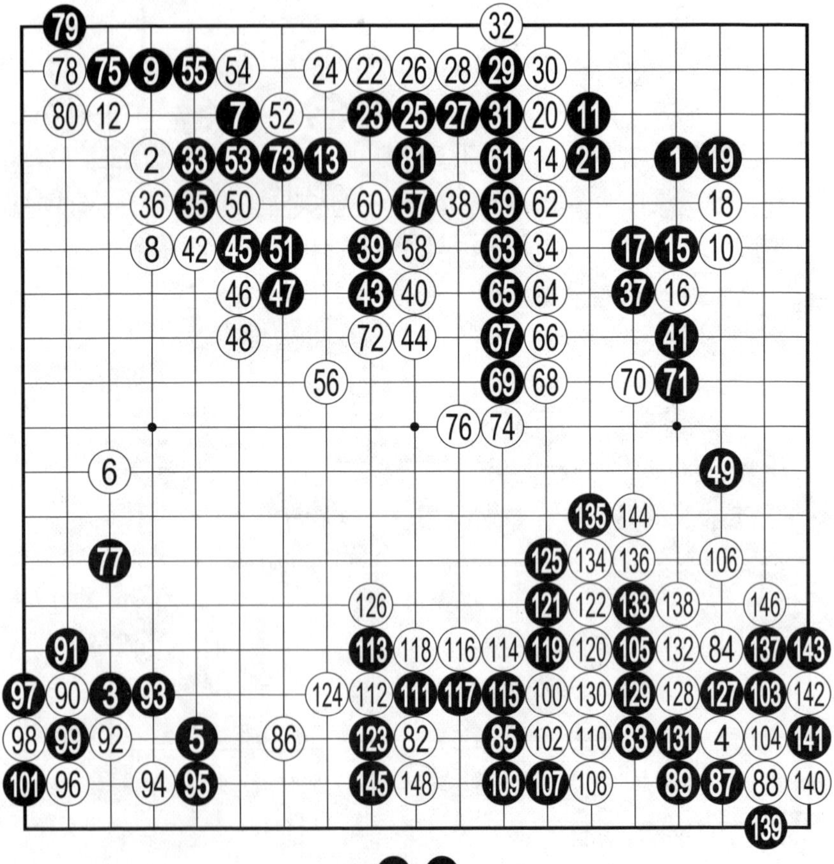

147=141

1994年11月2日弈于江苏宝应
第四届宝胜电缆杯

黑方　陈祖德 九段
白方　陈临新 九段

黑9象步是不常见的手法，体现了陈老勇于创新的进取精神。白16、18压长有些损地，不如直接在22位守角稳健。黑19点角时机恰好，掏掉白角的同时自身也获得安定。白24立下是重大的方向失误，应于下边断黑11、17两子，争先手。黑25断后，白在下边无后续手段，右边作战也难言乐观。黑43贴住后已取得较大优势。黑45靠又是犀利的手筋！由于白形较差，白只得忍耐。黑49枷后，已经完成对白棋整体的封锁。白62还是应于65位虎守住左边，黑65长出后，白已很难继续进攻。黑83、85两点是连贯的好手，至黑89断吃做活，全局再无不安定因素。以下定型至黑105小尖补厚，黑胜势不可动摇。（李康）

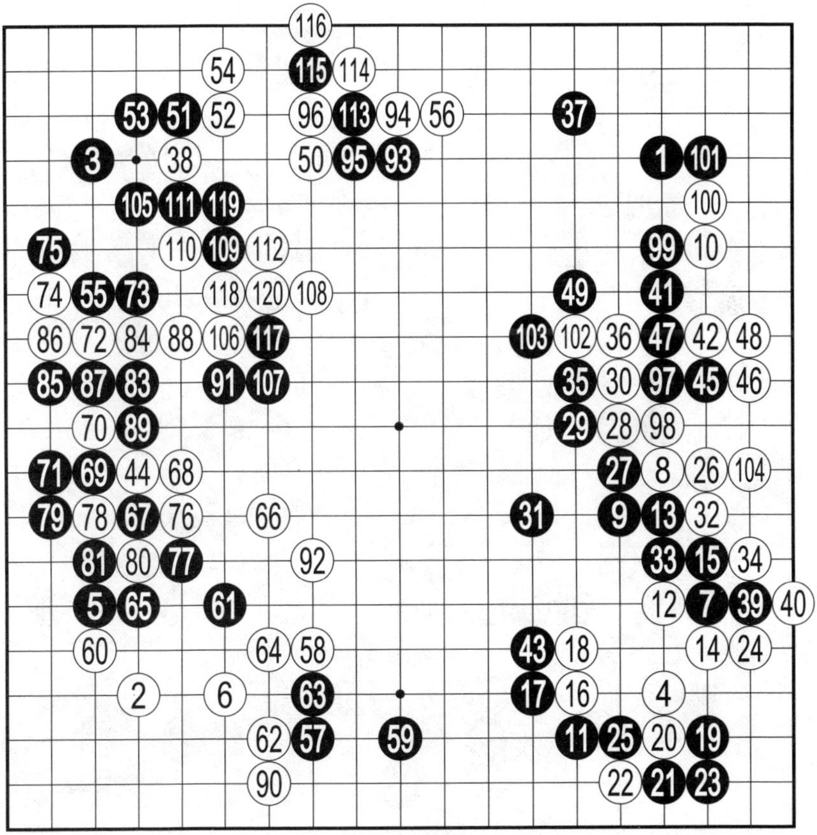

82=67

（1–120）

黑方 **陈祖德** 九段

白方 **陈临新** 九段

黑贴2$\frac{3}{4}$子 共 241 手 黑中盘胜

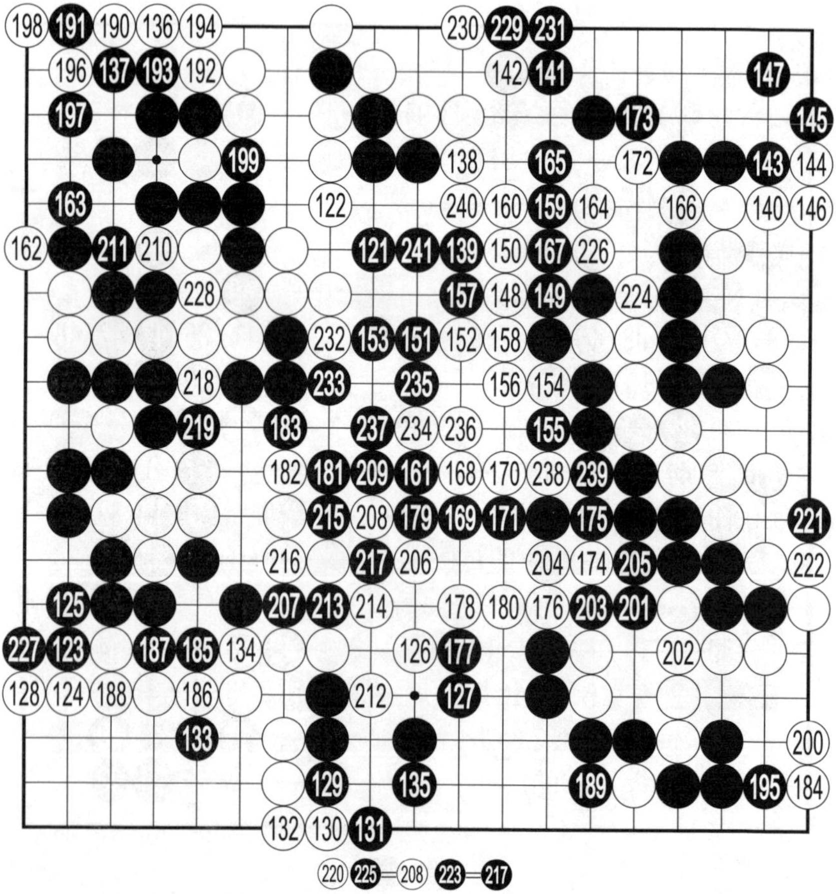

(121–241)

1994 年 11 月 2 日弈于江苏宝应

第四届宝胜电缆杯决赛

黑方　聂卫平 九段

白方　陈祖德 九段

白 10-14 的着法颇为紧凑。黑 17、19 应对有误，转换亏损明显。黑 47 意识到不利，主动挑战白外势。白 68 稍有问题，于 69 位小尖更为重要。黑 85 占据天王山，获得一定战果。黑 89 失误，应接回 13 一子，破坏白眼位。白 104 态度强硬，其实在三路退守也可保持优势。黑 115 当然要拼搏。白 110 眼见无法全吃黑棋，做出了退让。白 140 有些冒进，于 141 位补棋很有必要。（古力）

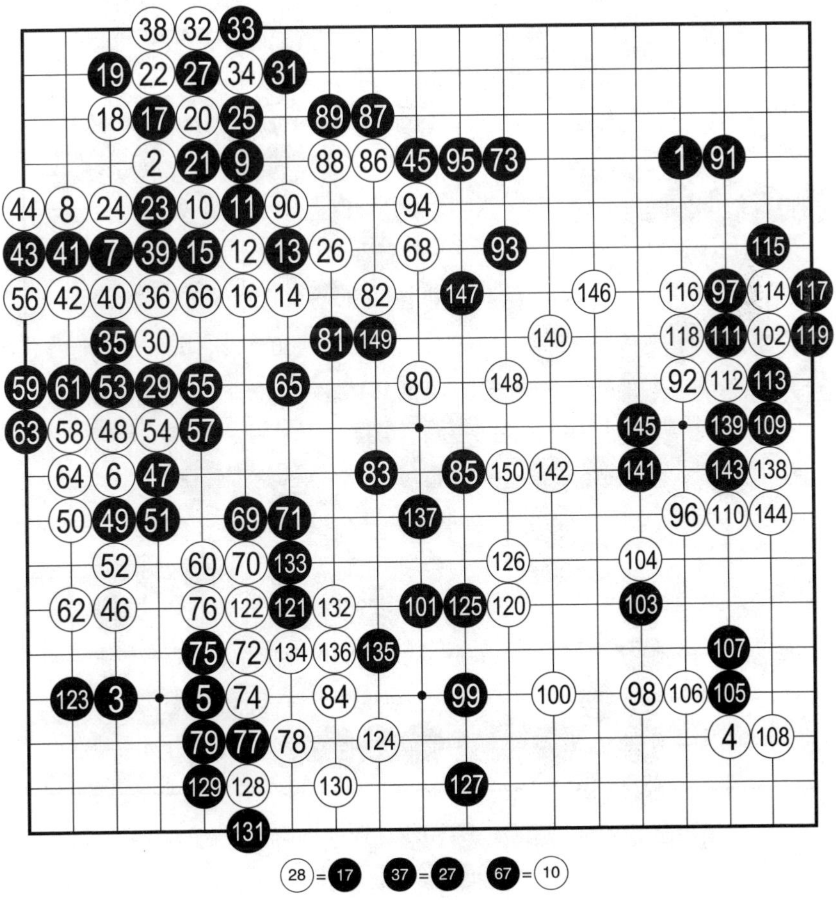

（1–150）

黑方　聂卫平 九段

白方　陈祖德 九段

至白152，黑棋走厚，而白中腹潜力化为乌有，有逆转趋势。白160点入精彩。至白166，黑要想全吃白棋颇为头疼。白188在黑大空中闹出劫争，白棋再次占据有利位置。白194、200撑目数给了黑棋再次翻盘的机会，只需在206位退让，保证打赢上面的劫即可。至黑217，由于中腹白棋突然陷入困境，此时局面极度复杂。白222最后的败着，如在225位挤，将形成打劫转换，白依然有机会获胜。经过两个复杂的劫争，白付出了中腹阵亡的代价，实空已然不足。（古力）

黑贴$2\frac{3}{4}$子　共279手　黑中盘胜

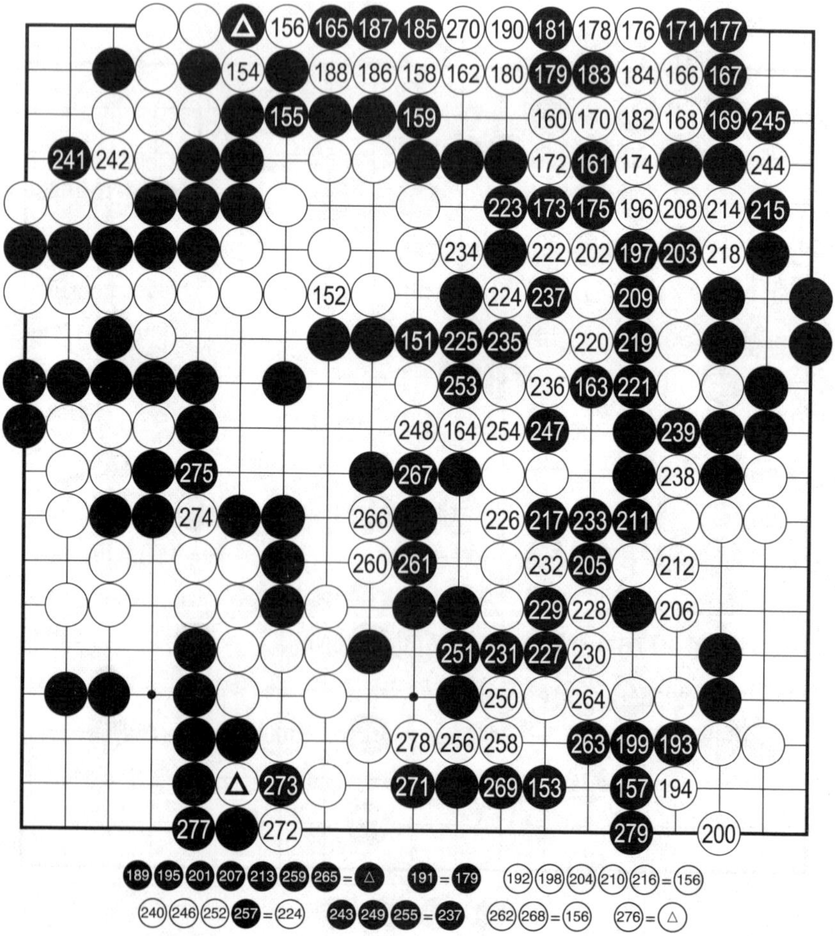

（151–279）

1994年11月13日

黑方　陈祖德 九段
白方　林海峰 九段

布局早早进入了乱战的格局。黑29严重失误，当于32位先手并后，再左边大飞连络，如此局面尚早。白30冲断严厉，黑棋陷入苦战。白54、58次序井然，72断后黑棋已经十分难下。劣势下陈老放手一搏，等到了对方92的问题手，可惜黑93败着，如挡在94位，下方白棋无法做活，胜负难料。实战被白棋先手活出，大势已去。（李康）

黑贴$2\frac{3}{4}$子　共100手　白中盘胜

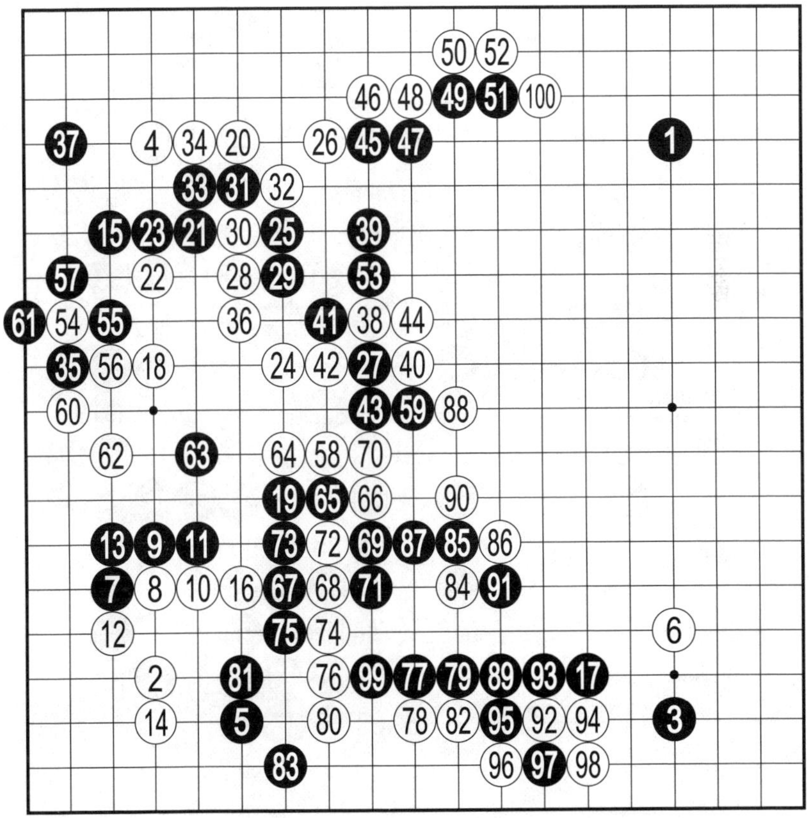

（1–100）

1994年11月21日弈于北京
首届霸王战

黑方　罗洗河　五段

白方　陈祖德　九段

黑19尖顶稍缓，可考虑直接在21位扳下。白20跟着应中计，于21位退回即可满意。黑25在26位挡下为好。白30扳头极大，至34白棋形势不错。白52、54有发力过猛之嫌，之后白60立不妥，应二路打吃争先，即便要立，也应该三路尖刺一下再立。实战黑61挖犀利，霎时攻守逆转。白74和白80瞄着125位的点断，但由于白棋自身尚未成活，此处作战终归有些勉强。黑87、93隐隐施压、借力打力，此后白棋始终未能摆脱苦战的局面。（江维杰）

黑贴$2\frac{3}{4}$子　共135手　黑中盘胜

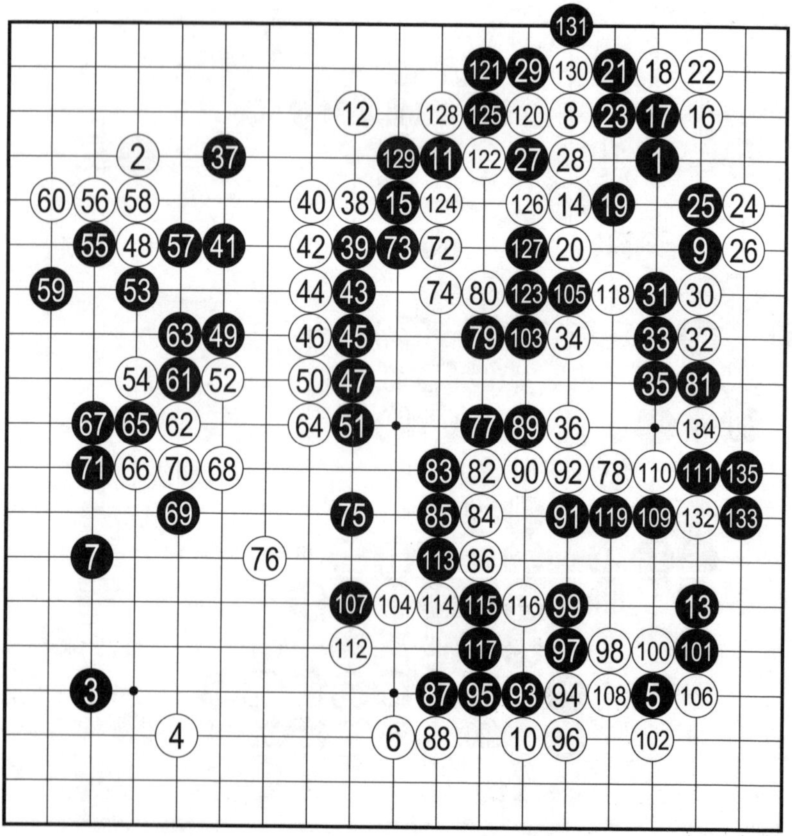

（1–135）

1994年12月15日弈于中国棋院
第六届棋王赛预赛第一轮

黑方 陈祖德 九段
白方 汪见虹 八段

布局形成黑势白地的格局，符合陈老先取势、后战斗的棋风。黑29可考虑直接在43位靠压。白42跳一之后，黑43再靠不免慢了一拍。黑63跳弄巧成拙，应231位挡住。白70于103位小飞是正形，实战黑71逸机，应点在101位，待白粘上，黑再105位卡吃，白棋有些难办。黑87跳不妥，白88夹出机敏，以下至白100切断，黑棋陷入苦战。白104飞优势意识过浓，应101位右一路粘，之后白棋只需确保大龙不死即可获胜。白112同样应113位挡住，白棋大龙弹性很足，不易被杀。（江维杰）

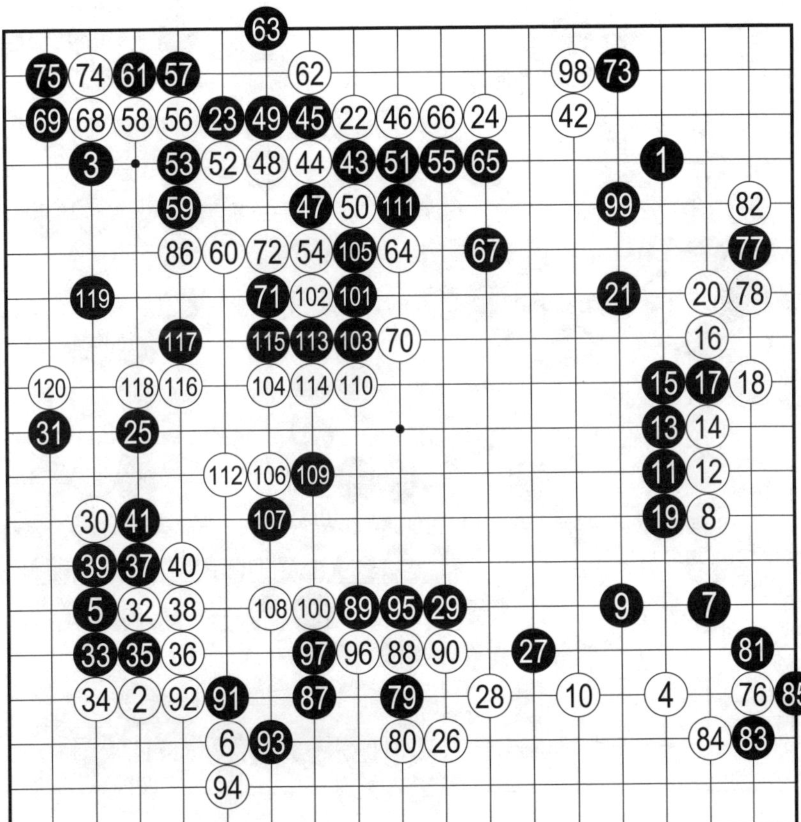

（1–120）

实战白棋弃子转身后，至黑129形势已大幅拉近。官子战黑棋越战越勇，最终获得小胜。（江维杰）

黑方　陈祖德　九段

白方　汪见虹　八段

黑贴$2\frac{3}{4}$子　共261手　黑胜$\frac{3}{4}$子

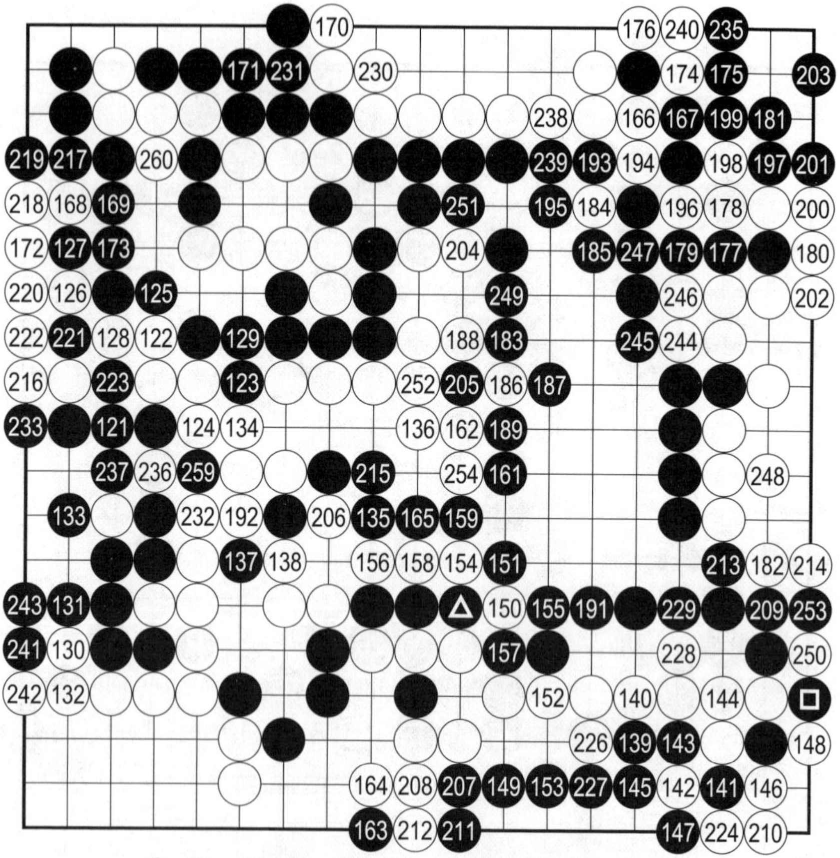

160=150　190=△　225=142　234=221　255=□　256=186

257=250　258=205　261=236

（121–261）

1994年12月17日弈于北京
第六届棋王赛预赛第二轮

黑方　聂卫平 九段
白方　陈祖德 九段

白22局部好手。黑41突入角地凶狠，白棋需在外面的攻击中取得成效。白62紧凑的行棋手法值得学习。白88是要以直接杀棋拼胜负的态度，但应于59下一路一带先做准备工作。黑105是唯一的做活手段。白棋孤注一掷的屠龙无功而返，局面岌岌可危。（古力）

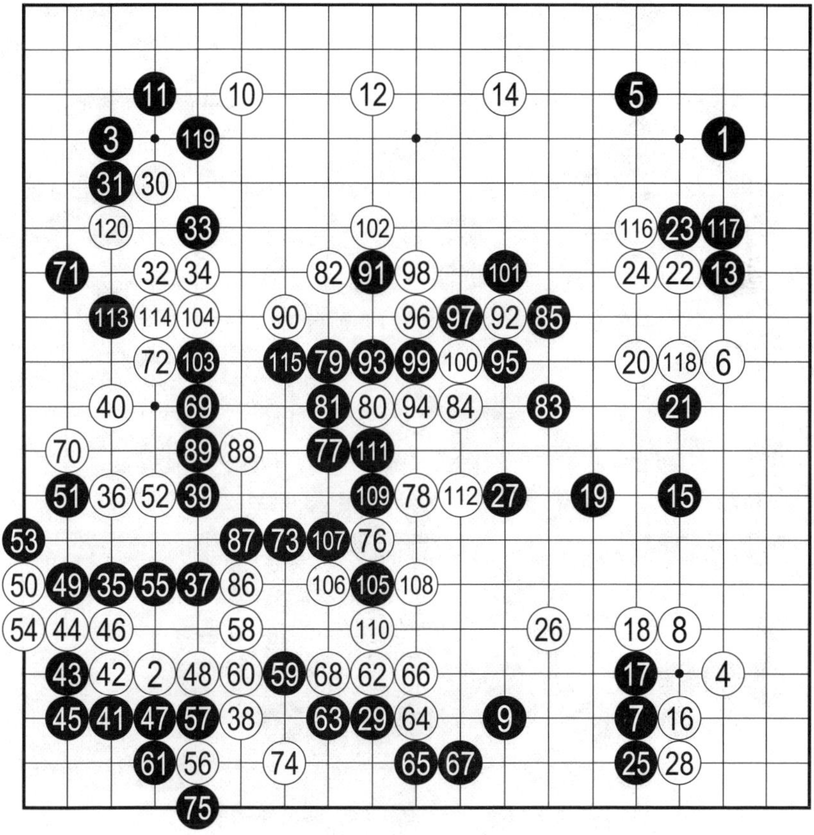

（1–120）

黑方　**聂卫平**　九段

白方　**陈祖德**　九段

黑 139 以下的处理不简明，应保证自身大龙成活。白 148 终于觅得逆转的机会。白 156 一剑封喉，黑陷入困境。之后形成转换，右边黑子悉数阵亡，仅仅是吃了白左下的干子，局面顿时逆转。此后官子白方有一定程度的退让，但小胜之势不可动摇。（古力）

黑贴$2\frac{3}{4}$子　共 269 手　白胜$\frac{1}{4}$子

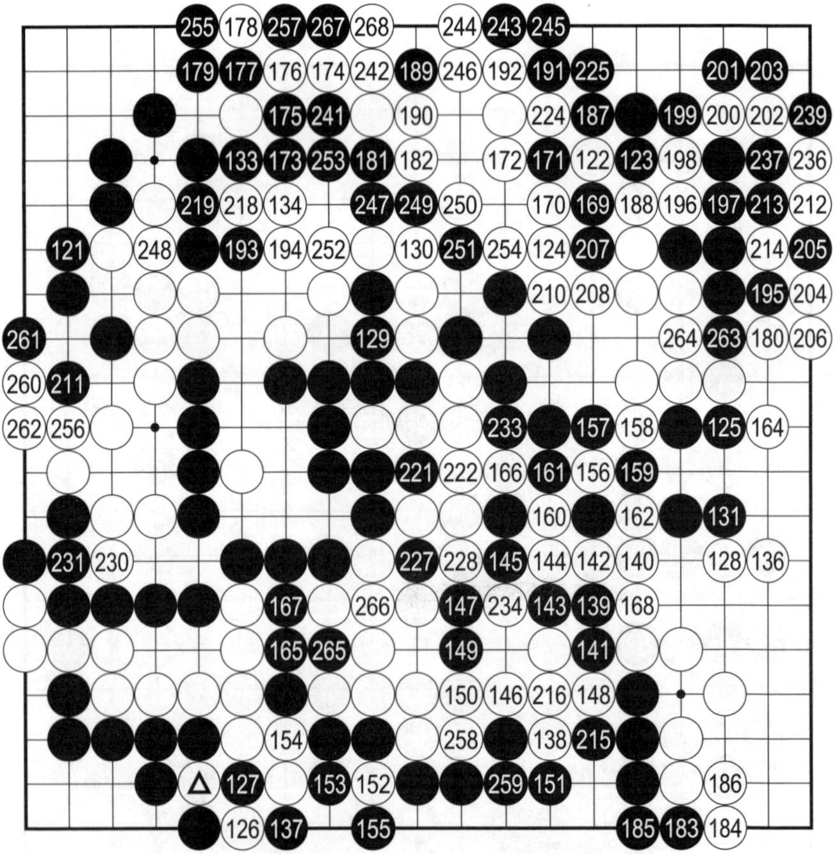

132=△　135=127　163=156　209=122　217 223 229 235 240=205

220 226 232 238=214　269=178

（121–269）

1994年12月19日弈于北京
第六届棋王赛预赛第三轮

黑方　陈祖德 九段
白方　刘菁 五段

黑7是陈老应对二间高夹时的常用套路。白20、22构思灵活，黑21、25沉着应对，双方各取所需，均可接受。黑39点角稍过分，以下至白44再度形成转换，白棋较为满意。黑59、61缓，应直接脱先于左上角行棋。黑63五路侵分构思新颖，但所得有限。白104应在110位跳点，这样无论对目数还是眼位都更有利。黑105至黑109几步，同样都应抢先占据110位虎顶的要点。实战被白棋并在110位后，黑棋大龙已明显眼位不足了。（江维杰）

黑贴$2\frac{3}{4}$子　共120手　白中盘胜

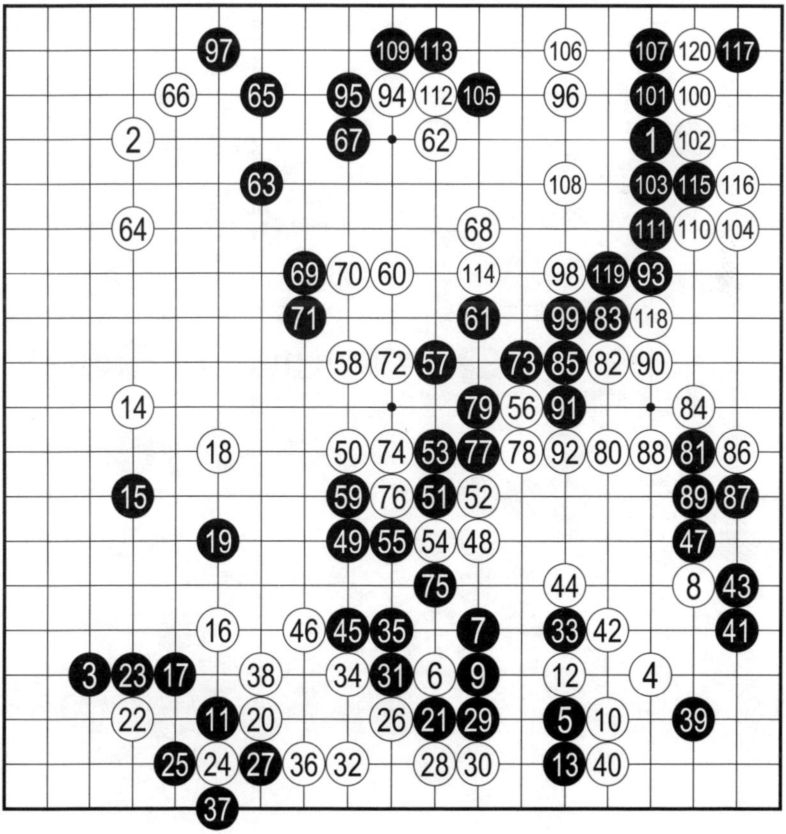

（1–120）

一九九五

时年51岁

◎ 3月10日，在第二届“友情杯”第二阶段比赛中不敌邵炜刚六段。

◎ 10月4日，第一届“五牛杯”围棋王位战第一轮在中国棋院举行，陈祖德负于罗洗河五段。

◎ 11月6日—7日，第二届中国围棋霸王战双败淘汰赛在中国棋院进行，陈祖德连负于常昊七段和杨晖八段，被淘汰。

薛志春　整理　　　　**华以刚　审订**

1995 年 2 月 4 日弈于美国旧金山 BLTMORE 酒店

黑方　陈祖德 九段
白方　车敏洙 四段

黑 19 稍缓，可考虑 25 位跳继续扩张。白 32 严重失误，也是导致白棋布局苦战的主要原因，应直接 40 位守角。黑 35、37 抢到要点，39、41、43、47 一套组合拳更是招招见血，打在了白棋的要害上。白棋虽在左边苦活，但黑 71 飞后，上边白棋又陷入了被动。黑 77 夹经典手筋，83 跳又是好手，打劫过后黑方已经大胜。后面陈老判断清楚，稳健运转，可谓快心的完胜之局。（李康）

黑贴$2\frac{3}{4}$子　共 141 手　黑中盘胜

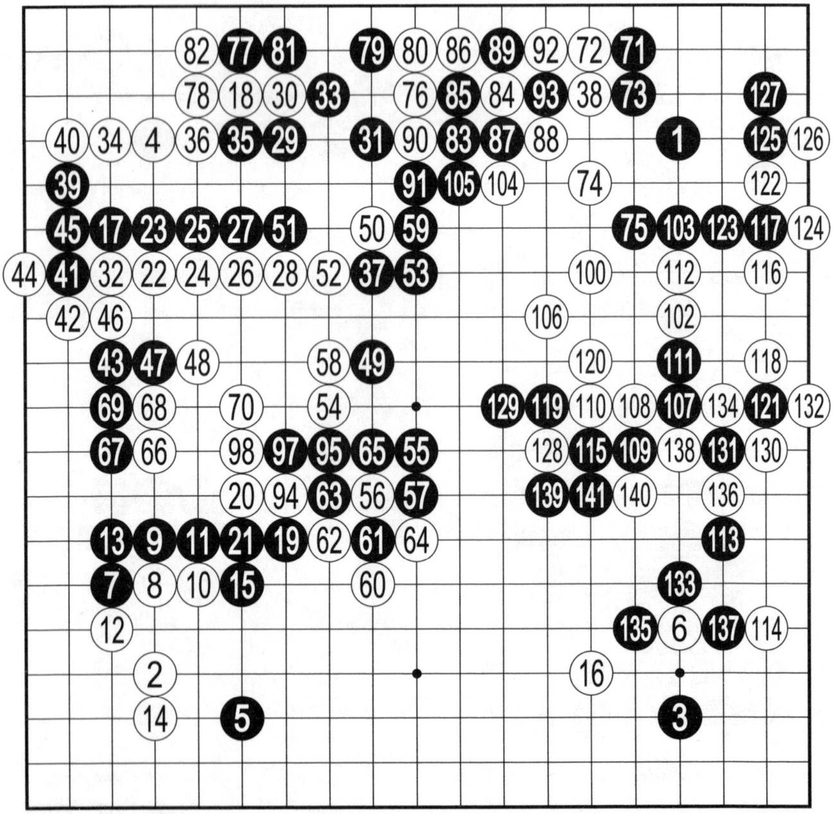

96 101=84 99=93

（1–141）

1995年3月10日
第二届友情杯

黑方　陈祖德 九段
白方　邵炜刚 六段

黑9高中国流是陈老喜爱的布局。白30应考虑在67位挺出，此处不必担心黑棋从26位上一路靠出，白棋外扳即可化解。黑51稍过分，此手于86位左一路挖是棋形要点。白54若于58位扳，黑棋有些难办。黑61、63没必要，粘出黑33一子对白棋的威胁并不大，应考虑在89位扳围空。黑71至黑75延续了黑61的错误战略，白72、76连续脱先机敏，黑棋对白棋下面一块的进攻仍难奏效。黑81冒进，应86位长从长计议，实战至白88粘，黑攻击大失败。(江维杰)

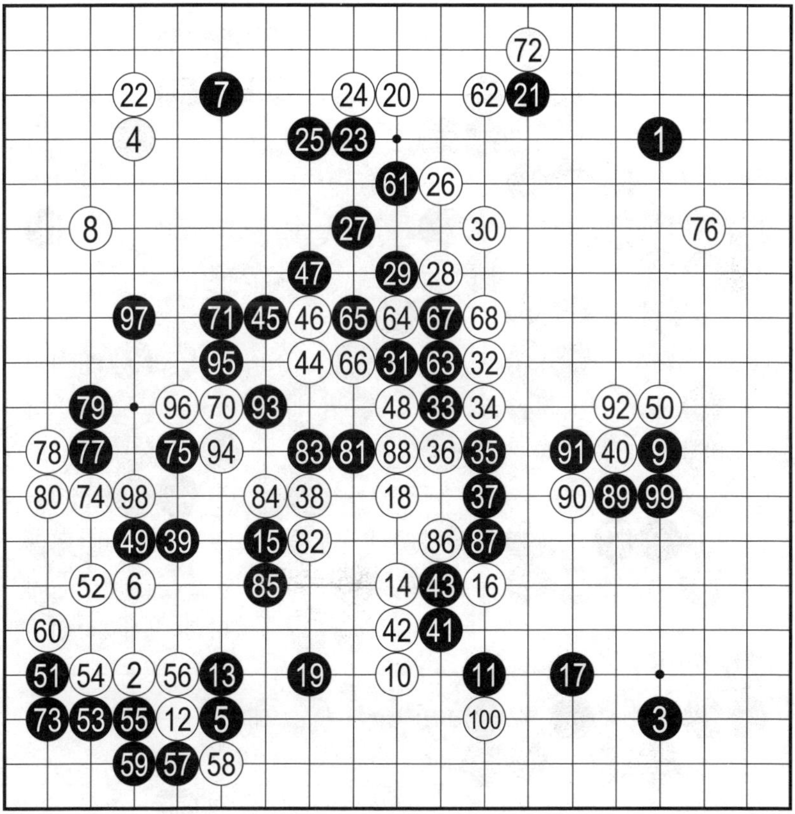

69=64

(1–100)

黑方 **陈祖德** 九段

白方 **邵炜刚** 六段

黑贴$2\frac{3}{4}$子 共 180 手 白中盘胜

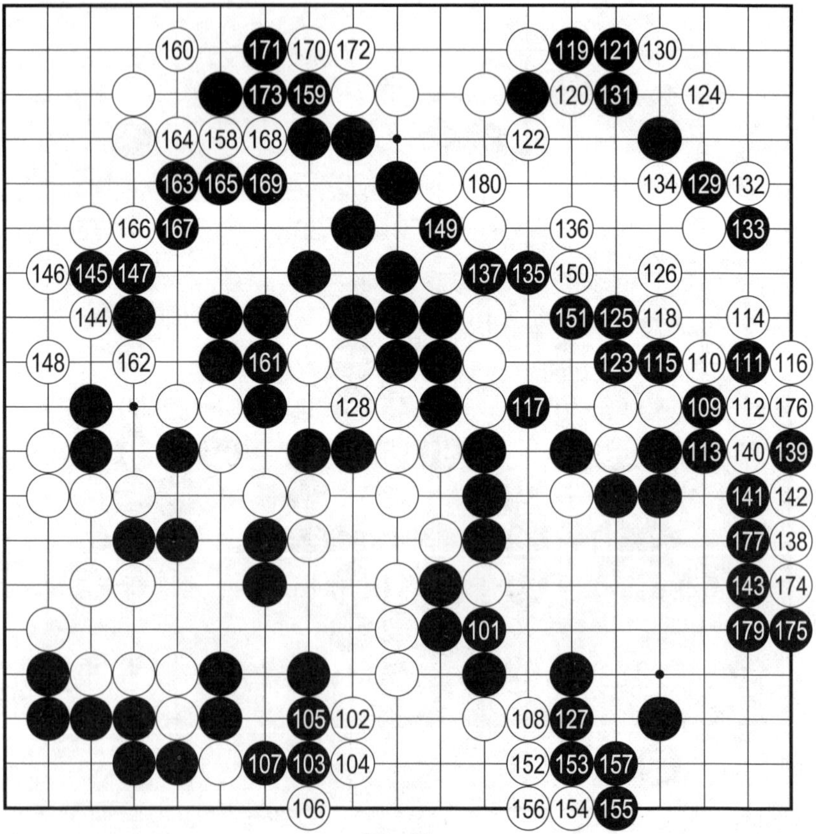

178 = 139

（101–180）

1995年4月12日弈于南京

黑方　陈祖德　九段

白方　刘小光　九段

左下是陈老喜爱的定式，黑25稍缓，可直接在31位挂角。黑61分断白棋，体现了陈老善战的棋风，然效果并不理想，还不如简单在73位打吃，以静制动。白72疑问手，简单74位打吃即可。黑73、75、79、81好手连发，一举扳回局面。可惜黑83靠断有些着急，可先于99位一带打入试应手。白90好手，成功突围后白棋取得了优势。黑123最后败着，左下一路先手扳太大了。白124逆收机敏，小胜的局面不可动摇。（李康）

黑贴$2\frac{3}{4}$子　151手以下略　白胜$3\frac{1}{4}$子

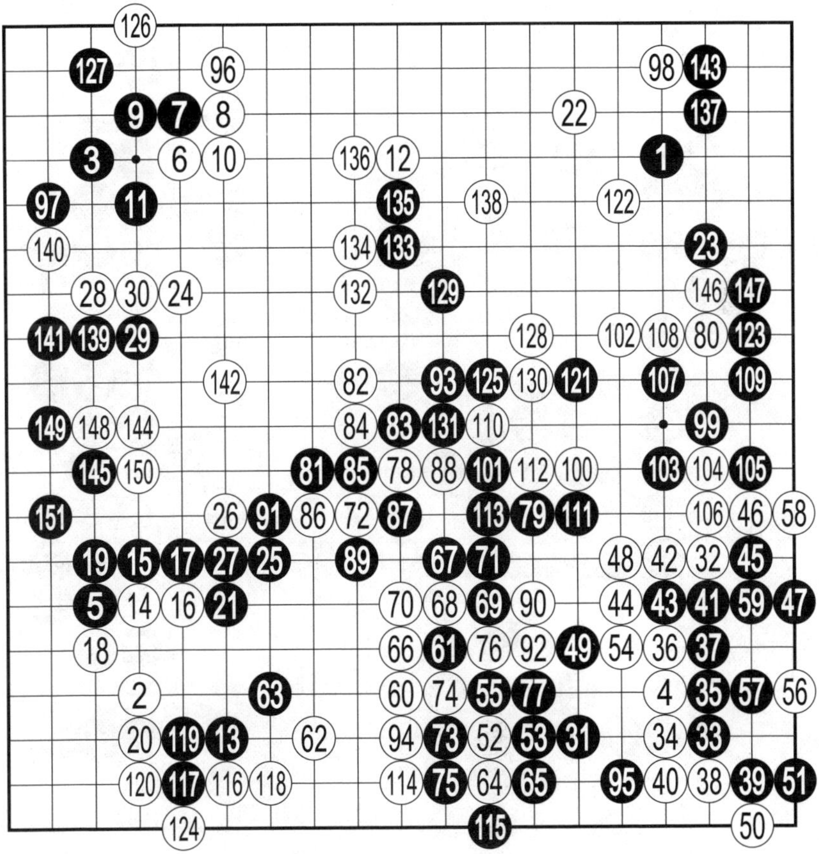

（1–151）

1995年5月1日弈于上海电视台
第一届STV杯决赛第一局

黑方　马晓春 九段
白方　陈祖德 九段

白6、10都是撑得很满的棋。黑23出动后争到27位的镇头，白28只能委屈地飞在二路，黑布局早早领先。黑31、33强硬出击考验白棋。白34应49位挡下应战。实战吃黑四个残子，被黑47镇头抢攻，白已很难收拾。过程中，黑43冲吃是次序，白左右为难。白50以下至72后手做活，黑不但顺便取得角地，还在外面筑起外势。黑73飞时已完全控制了局面。白74以下强行搞乱，但黑应对无误。至黑101打吃，由于此劫黑本身劫太多，白无法劫胜。白112扳出连打两手，但也只能吃黑几个残子，而左边被黑129刺，白已难兼顾。白130是最后努力。黑应对简明，弃掉右边，争得159挡下。白见做活136等子已大差，便爽快投子认输。(马晓春)

黑贴2$\frac{3}{4}$子　共159手　黑中盘胜

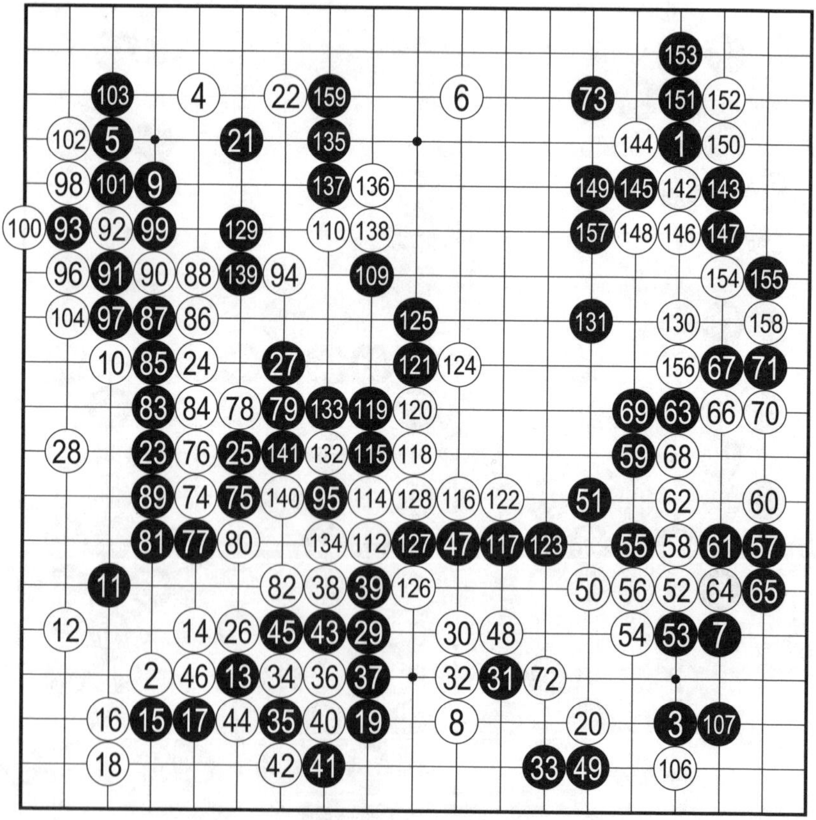

105 111 = 93　108 113 = 92

(1–159)

1995年5月2日弈于上海电视台
第一届STV杯决赛第二局

黑方　陈祖德　九段
白方　马晓春　九段

黑9、19体现了陈老不拘一格的棋风，不过也正中马老下怀，24、26、28棋形优美，轻松逃出。黑31是导致黑棋苦战的根源，先在33位刺一下就没事了。白32、34反击强硬，黑39只能在54位长和白棋拼命，不过黑棋也是极度凶险。白40、42冲断非常严厉，至58提，白棋竟然全歼了黑左下大角，胜负已定。（李康）

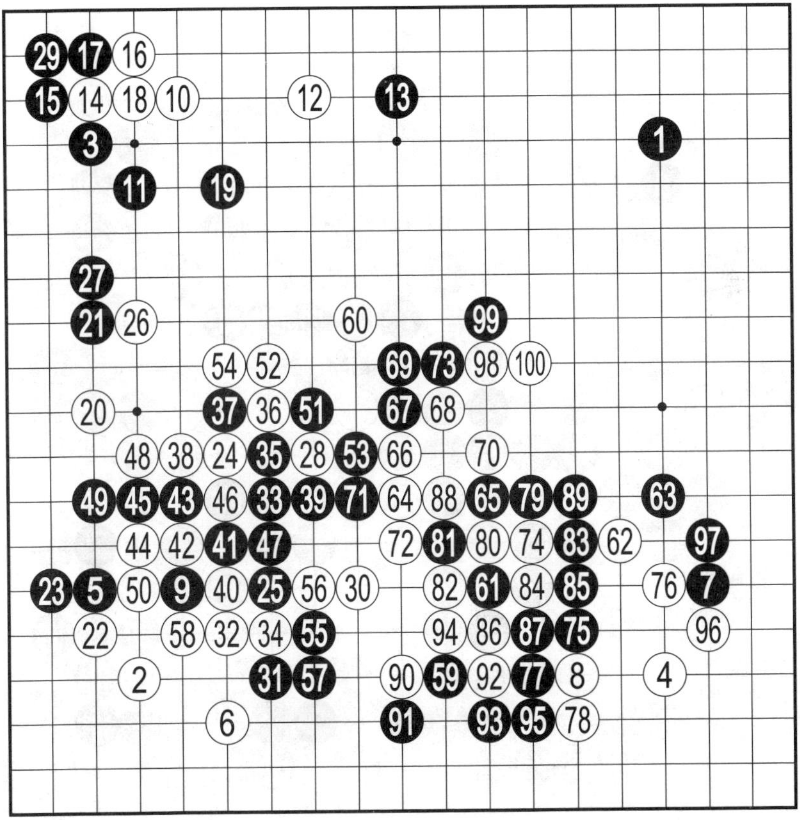

（1–100）

后面陈老奋力追赶，无奈前半盘黑棋失血过多，随着白 150、152 弃子做活上边大龙，黑棋实地不足，已无法挽回败局。(李康)

黑方 陈祖德 九段
白方 马晓春 九段

黑贴$2\frac{3}{4}$子 共 192 手 白中盘胜

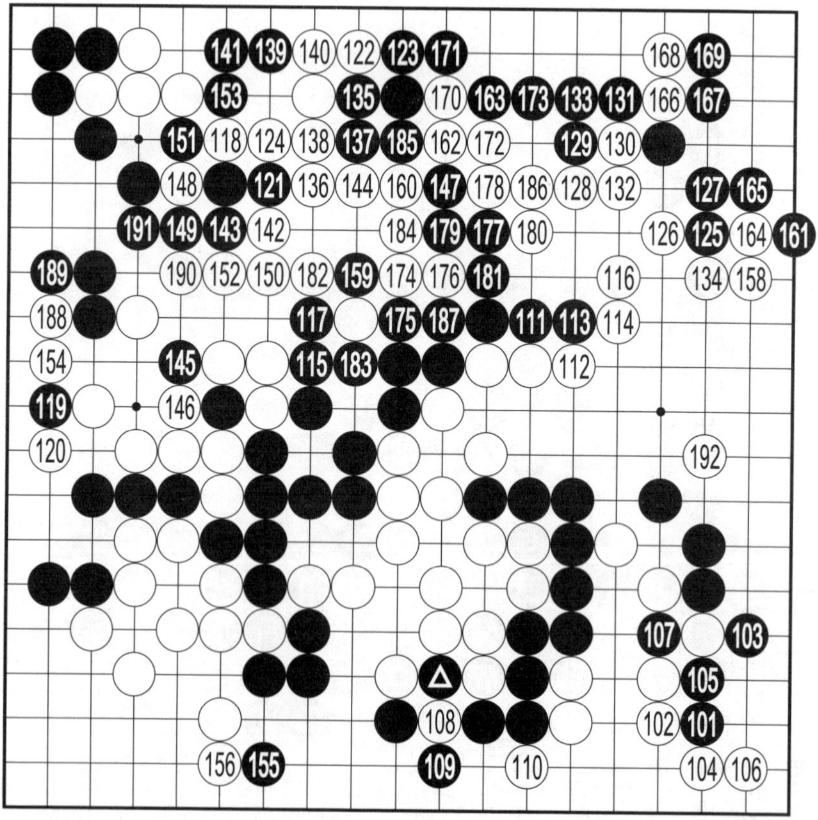

157 = △

(101–192)

1995 年 5 月 7 日弈于中国棋院
CCTV 杯快棋赛

黑方　杨晖 八段
白方　陈祖德 九段

布局杨晖以陈老擅长的“中国流”开局。白 26 略缓，可考虑 12 位右一路长，黑棋扳下并不严厉。黑 35、37 好手，将白棋封住可以满意。白 48 长近乎败着，当然应上一路打吃，如此可以提掉黑棋一子，味道与目数都比实战好很多。黑 63 好手，77 稳健，扳死白二子后已立于不败之地。后面陈老虽顽强拼搏，却再无胜机。黑 147 最后一击，做活大龙，锁定胜局。（李康）

黑贴$2\frac{3}{4}$子　共 147 手　黑中盘胜

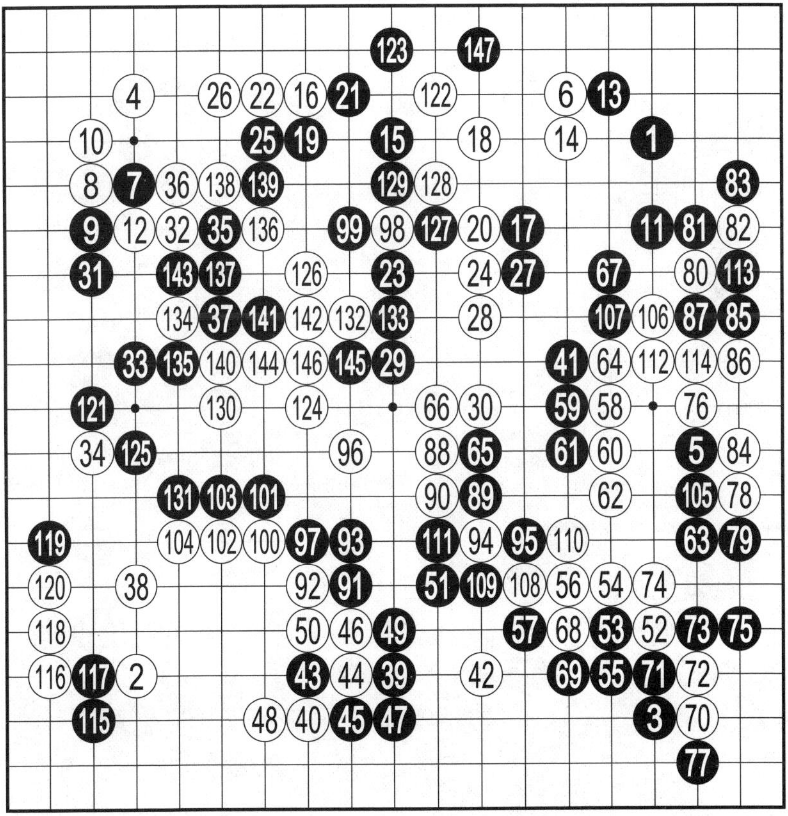

（1–147）

1995 年 7 月 5 日
全国围棋名人邀请赛

黑方　马晓春 九段
白方　陈祖德 九段

白 12 不如先在右下挂角，实战被黑守到 21 位，白无趣。黑 27 是场合手法。白 34 扳不好，应于 43 位一带行棋。黑 41 肩冲绝好。黑 45 尖出一子，白 60 还要单官补断，黑确立优势。黑 69、71 简明。白 74 提花作用有限。对于黑 83 的试应手，白较为难，官子角度上讲应粘上，但那样黑在 43 位左一路顶成为先手。黑 85 稳健。接下来争到 91 位扳，是简明优势。白 96 胜负手，但黑应对无误，至 111 抱吃彻底走厚，白无功而返。（马晓春）

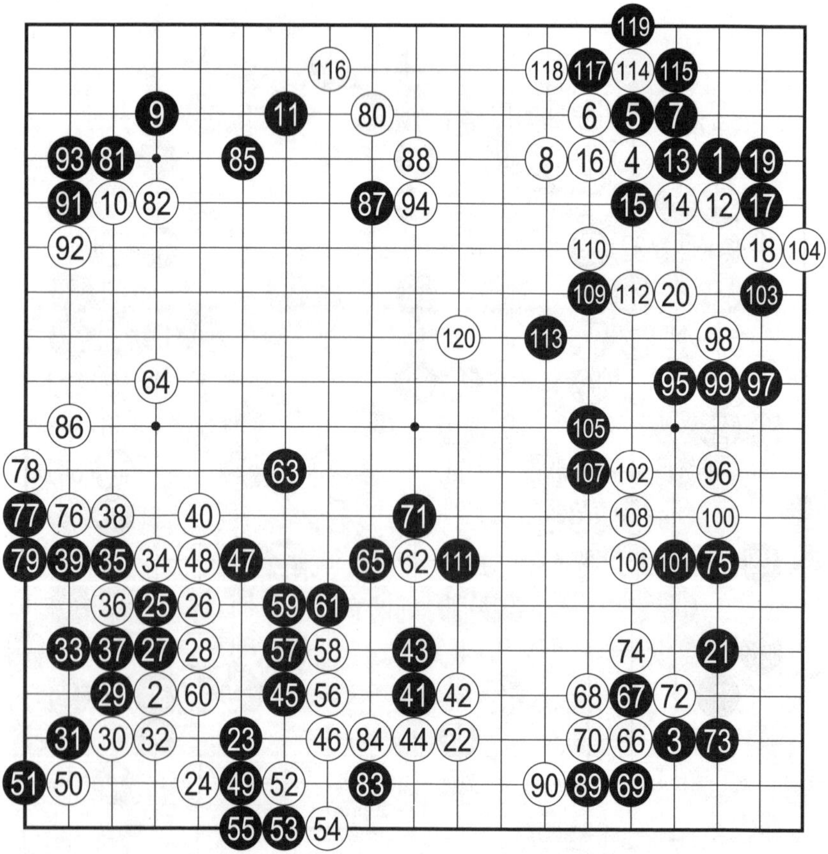

（1–120）

以下虽然官子进行了一百多手，但白已无胜机。（马晓春）

黑方　马晓春　九段

白方　陈祖德　九段

黑贴2$\frac{3}{4}$子　共215手　黑胜2$\frac{3}{4}$子

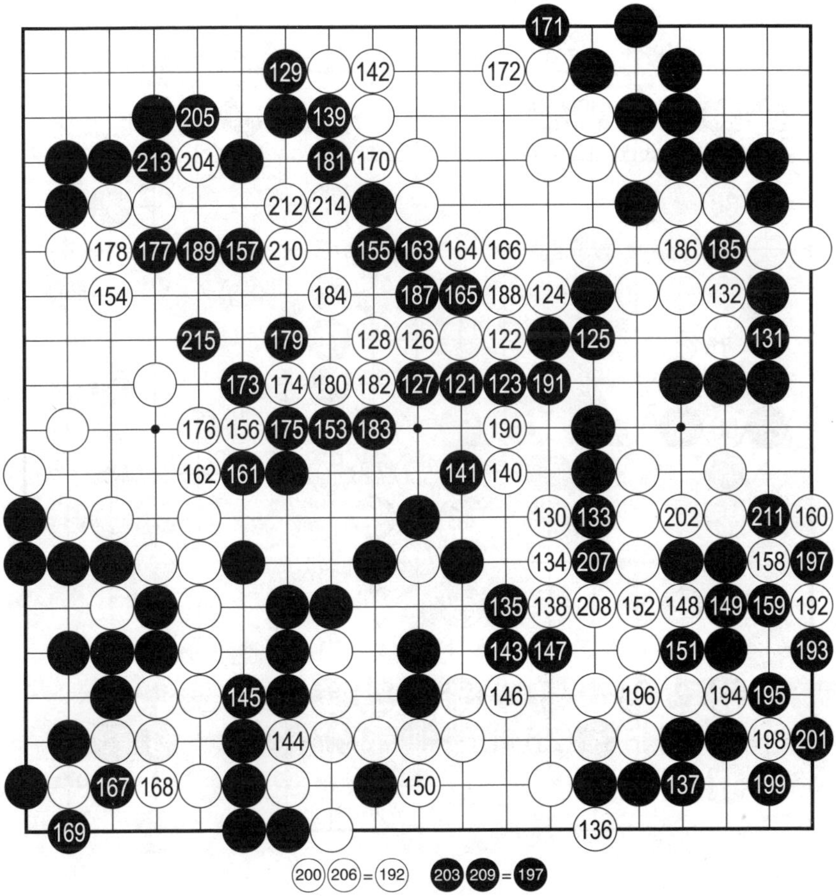

（121–215）

1995年10月4日
王位战第一轮

黑方　罗洗河　五段
白方　陈祖德　九段

白12继续在右下角行棋为好，实战脱先稍亏。黑45靠欠妥，白48、50十分紧凑，但白58应先在59位挡一下再尖，如此黑棋难办。黑69找劫松缓，应考虑在70位冲出，由于中腹四颗黑子活力尚存，此处黑棋不难治孤。（江维杰）

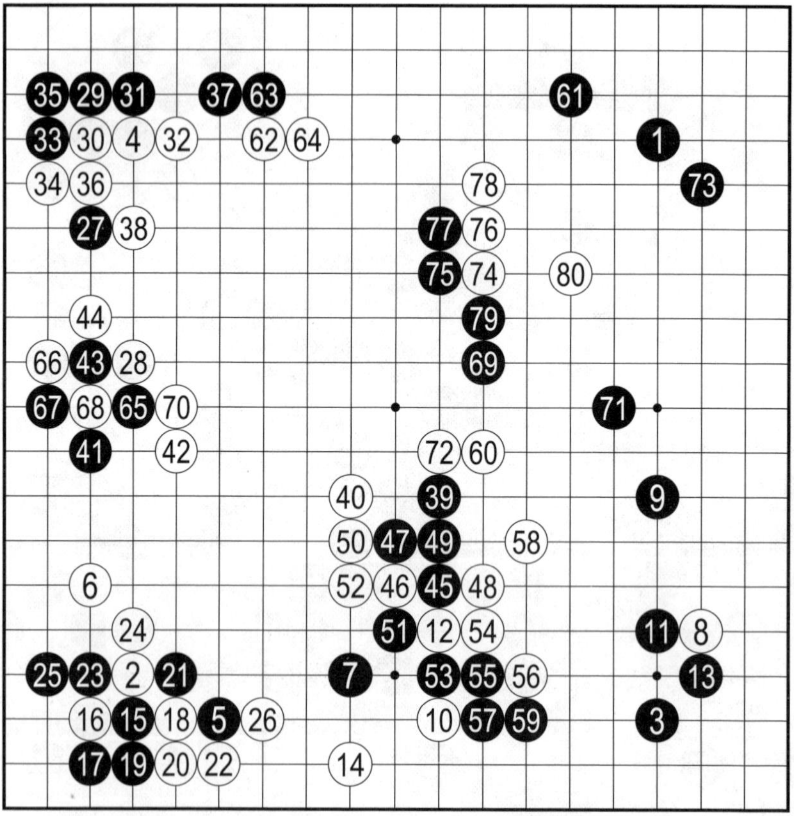

（1–80）

黑方 **罗洗河** 五段
白方 **陈祖德** 九段

白82靠好手，以下至96拐下，黑棋陷入苦战。白100小尖是重大失误，此手若于109位右一路点，黑棋大龙十分危险。白108也应点在109位，如此黑想做活还要费一番周折。白130是最后败着，此时只能先在169位粘住，从长计议。（江维杰）

黑贴$2\frac{3}{4}$子　共175手　黑中盘胜

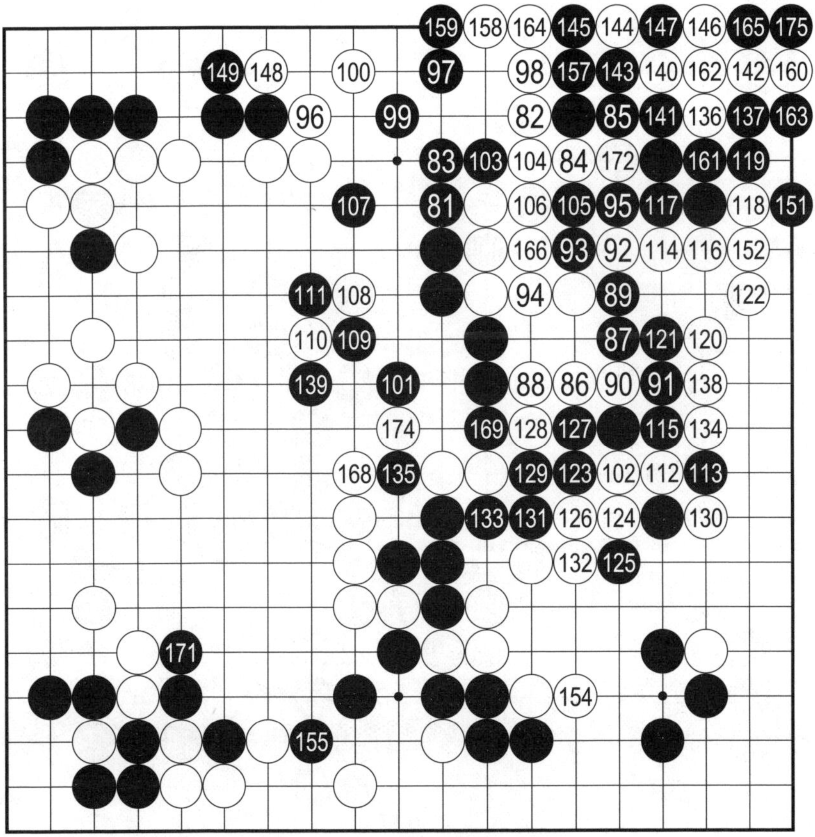

150 156 170 = 144　153 167 173 = 147

（81–175）

1995年11月6日
第二届霸王战

黑方　陈祖德 九段
白方　常昊 七段

右下角至黑27形成新型，结果大致两分。黑29、31过于激进，于242位靠出是正常分寸。白44不妨在249位飞，搜刮黑角的同时，瞄着94位尖杀棋筋的手段。黑59虎应在248位立下，这样对白棋的压力更大，实战黑角虽是净活，但目数和眼位都损失不少。白78于164位飞过为好，下边三颗白子目数极大，不宜被吃。黑105随手，白106应抢先于132位刺，破坏黑的棋形。黑131稍缓，可于146位扳过。白132犀利，追究黑棋薄味。黑135应对有误，应贴在136位，黑139也应扳在140位。实战至白146挡下，白棋两边获利颇丰，已是小胜的局面了。(江维杰)

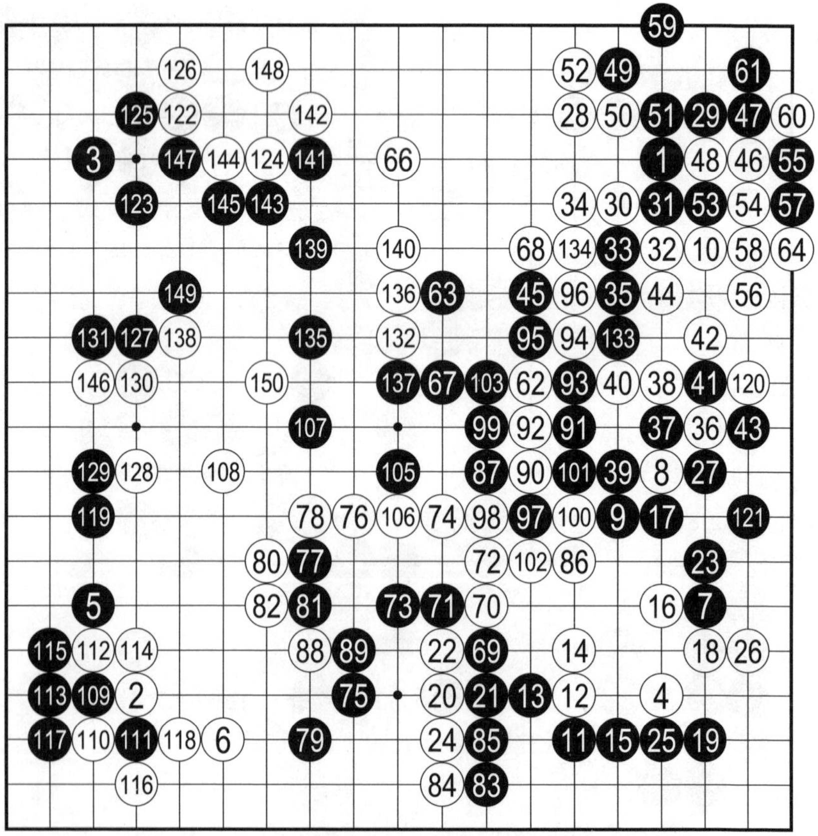

65=55　104=97

黑方 陈祖德 九段

白方 常昊 七段

黑贴$2\frac{3}{4}$子 共 284 手 白胜$\frac{1}{4}$子

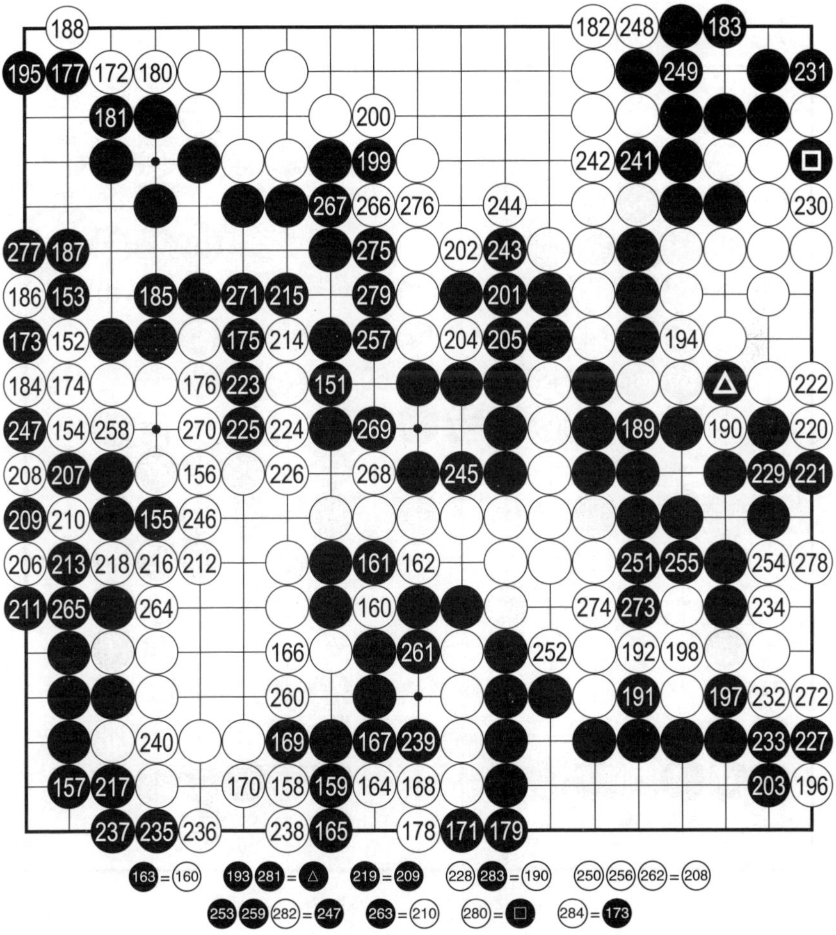

(151–284)

1995 年 11 月 7 日
第二届霸王战

黑方　陈祖德 九段
白方　杨晖 八段

白 18 分投少见，有打散、简化局面的意图。黑 41 断时，白 42 打吃俗手，应考虑 44 位单长或 130 位拐角。白 60 跳形不正，应在 61 位长，实战黑 65 若点在 105 位，白形将十分局促。白 84 稍缓，应考虑在 186 位肩冲，侵消黑棋的同时顺带补强自身。白 96 同样应抢先于 186 位肩冲。（江维杰）

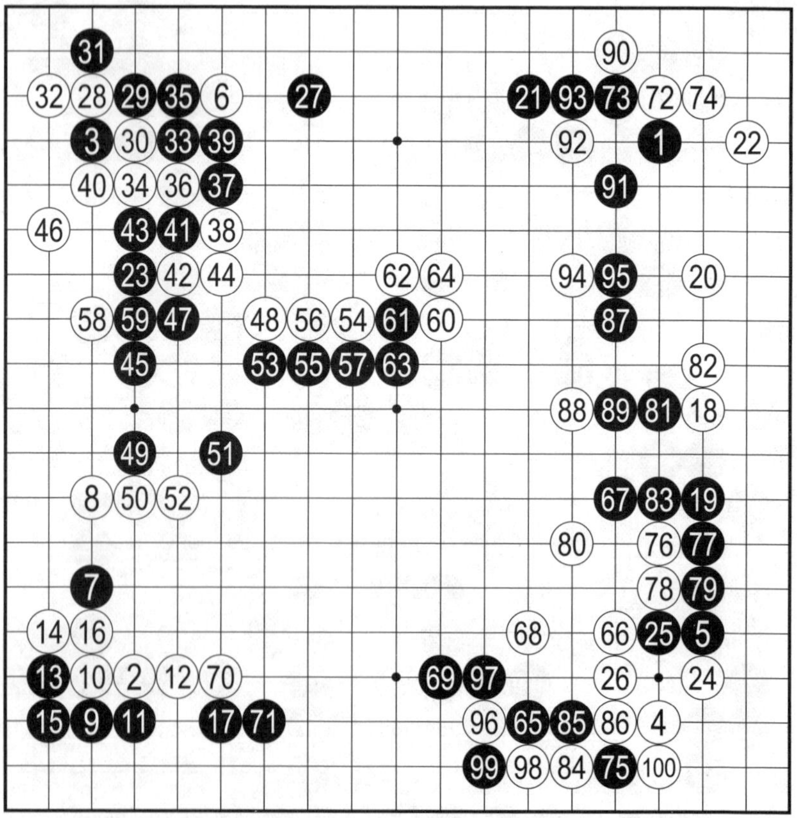

（1–100）

黑方　陈祖德 九段
白方　杨晖 八段

黑111断没必要，此手只需在126位守空，便已是乐胜的局面。实战黑125虽吃住白两子，但中腹被白棋打穿，且落一后手，得不偿失。黑147是最后败着，应打在148位，如此还是一盘细棋。（江维杰）

黑贴$2\frac{3}{4}$子　共204手　白中盘胜

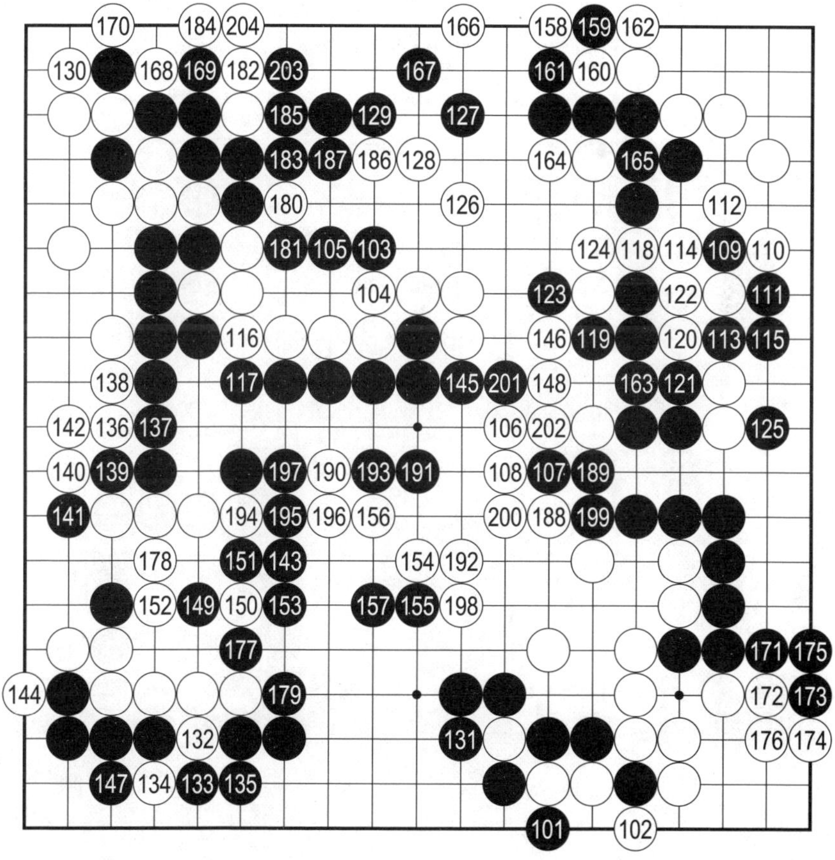

（101–204）

一九九六

时年52岁

◎ 1月17日—19日，第十届中国围棋天元战在中国棋院举行。陈祖德击败王元八段，负于聂卫平九段。

◎ 2月19日，在珠海举行的围棋元老赛中不敌王汝南八段。

◎ 3月6日，在第九届中国围棋名人战预选赛中，首轮轮空的陈祖德第二轮不敌王洪军七段。

◎ 3月12日，第二届友情杯第一阶段预选赛中，陈祖德负于张璇七段。

◎ 6月4日，第一届“日立杯”中国围棋男女双人赛在上海举行，首轮陈祖德和芮乃伟九段的组合负于俞斌九段和叶桂五段的组合。

◎ 9月5日—6日，中国围棋协会代表大会在重庆举行，决定陈祖德继续担任中国围棋协会主席。

◎ 11月，在第三届霸王战预选中，陈祖德先负丰云，再负方天丰后出局。

薛志春　整理　　　　**华以刚　审订**

1996 年 1 月 17 日

第十届天元战第一轮

黑方　陈祖德 九段

白方　王元 八段

白 20 脱先欠妥，此时于 127 位分断是当务之急，实战被黑 21 扳过后，左上一队白子成了无根之萍。白 36 应考虑在 167 位飞角，实战至黑 41 形成转换，白得不偿失。白 74 扳暗藏陷阱，黑 75 跟着扳中计，白 76 夹犀利，黑形顿感局促。回头看，黑 75 不必纠缠于局部，直接脱先它投即可。黑 89、91 过分，白 92 若在 90 位右一路拐下，黑角部难以成活。白 108 扳价值不大，当前于 158 位小飞是盘上最大处。实战黑 115 争得这步大官子后，白棋实空已难以追赶了。（江维杰）

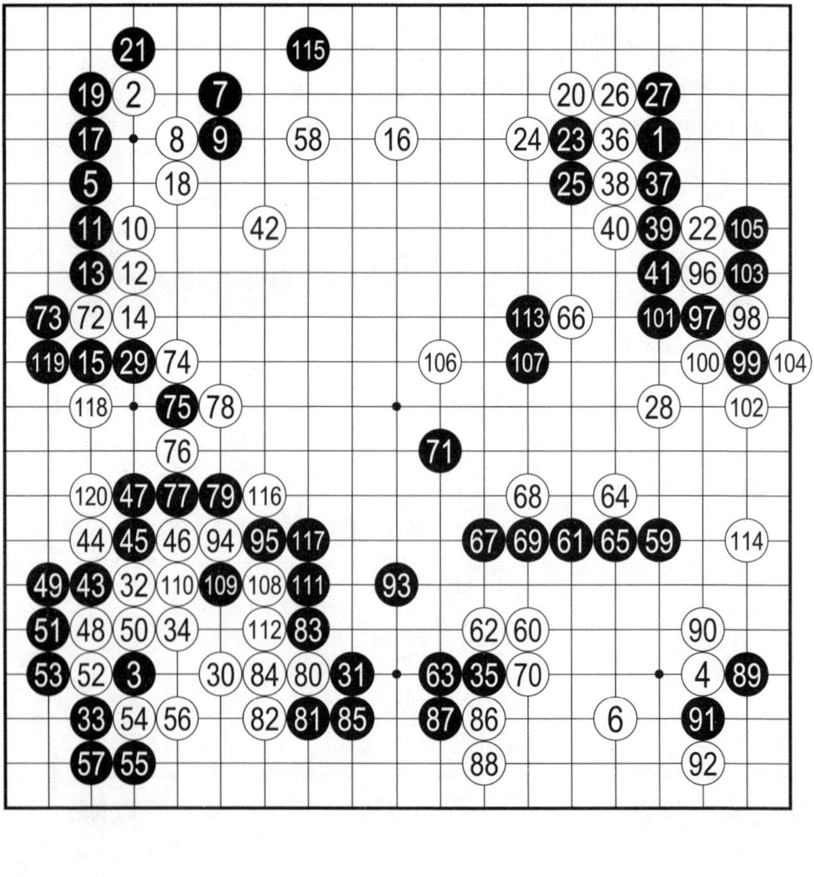

（1–120）

黑方　**陈祖德** 九段

白方　**王元** 八段

黑贴$2\frac{3}{4}$子　共 229 手　黑中盘胜

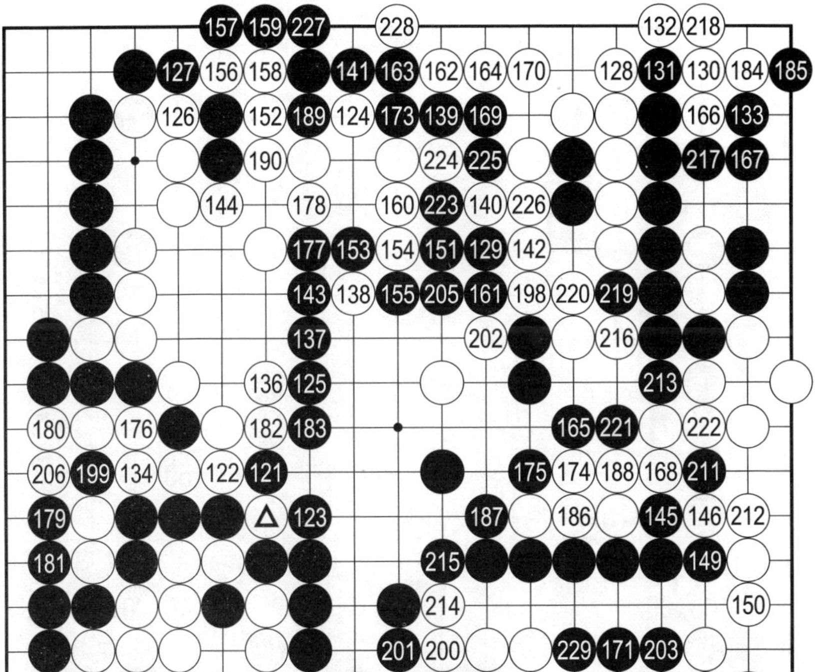

（121–229）

1996年1月19日弈于北京
第十届天元战第二轮

黑方　聂卫平　九段

白方　陈祖德　九段

布局形成两位老师各自喜欢的格局，黑占有坚实的实地，白棋拥有外势。白36失误，41位挡是易忽略的厚薄急所。黑41抢占此要点，后49跳，白形状不佳。至此，由于白右边厚势被完全限制，黑优势明显。黑59、63高级战术，白应对棘手。白80脱先，放出胜负手。（古力）

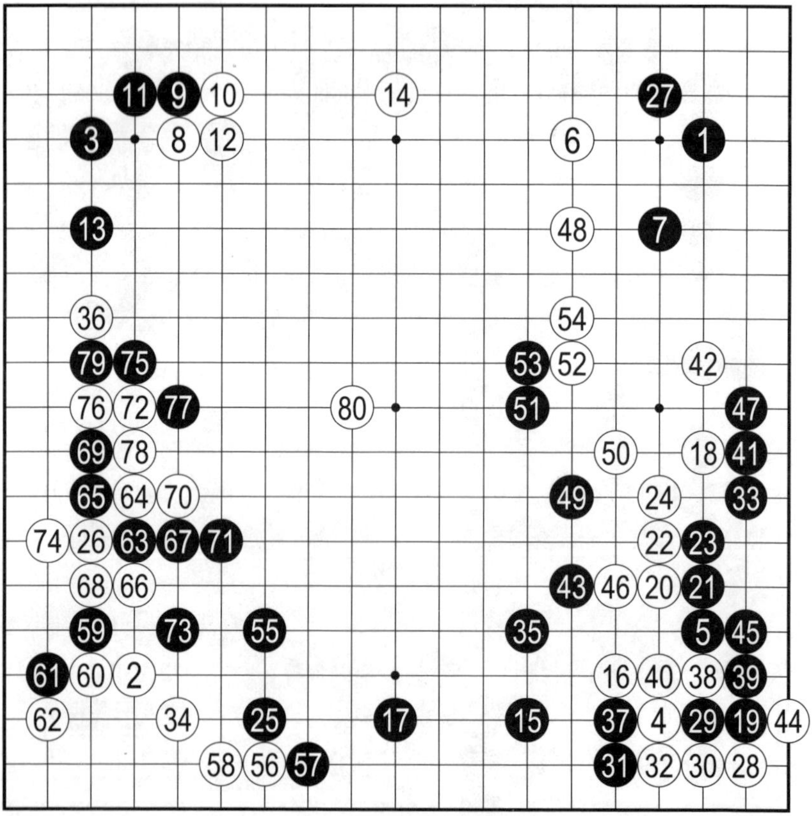

（1–80）

白 88 尽力向黑腹地搜刮。黑 93 利用周围厚势发起攻击，白实地不足的情况显而易见。黑 137 是胜利宣言。（古力）

黑方　**聂卫平** 九段

白方　**陈祖德** 九段

黑贴$2\frac{3}{4}$子　共 175 手　黑中盘胜

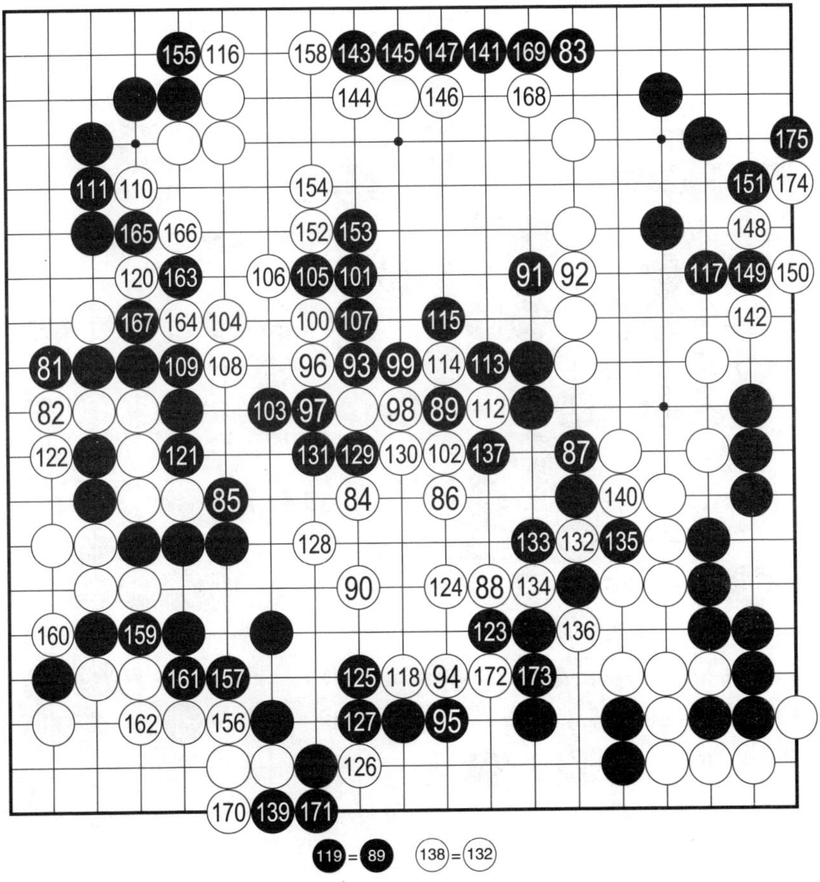

（81–175）

1996年2月19日弈于珠海
元老赛第一轮

黑方　王汝南 八段
白方　陈祖德 九段

白26不好，应该扳27位，实战被黑棋下到27位的棋形要点，白战斗失败。黑35、37不便宜，不如二路爬。黑49一串下法看起来有点过分，但分断白棋的结果是好的。白98过分，应该104位拐吃，下一手中间夹住黑棋非常严厉。白102也随手，保留这步棋能多出很多变化。左下角下完后白棋已无机会，白142后面的棋谱应该是省略了。（唐韦星）

黑贴$2\frac{3}{4}$子　共142手　黑中盘胜

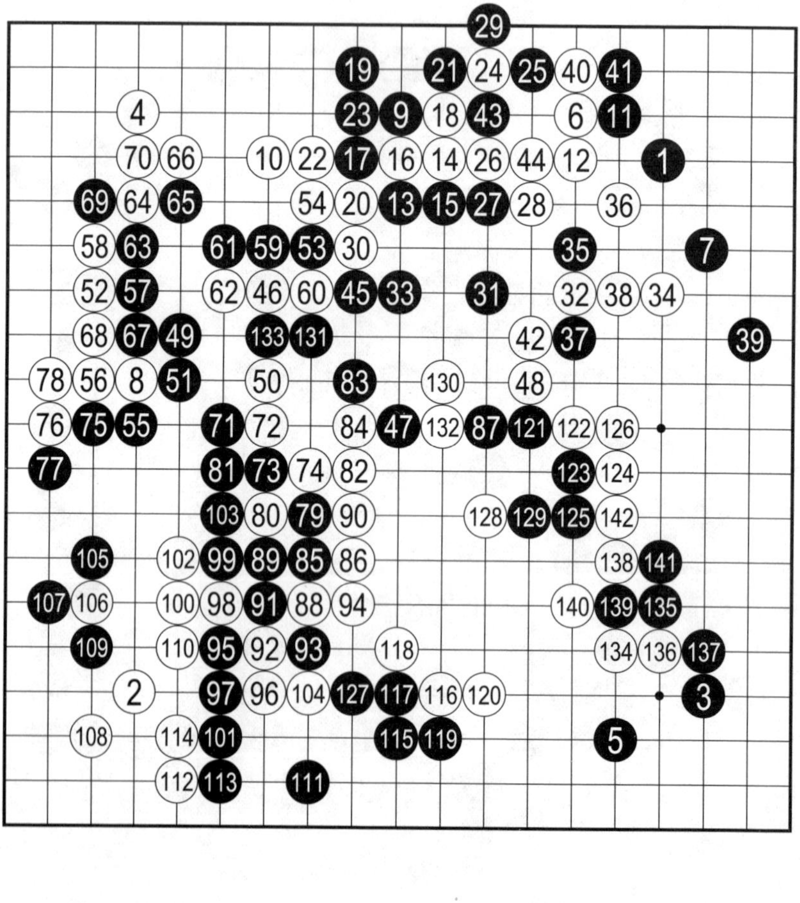

（1–142）

1996 年 2 月 25 日

CCTV 快棋赛

黑方　罗洗河 五段

白方　陈祖德 九段

开局黑 15 至 21 在二路走了四个子太缓。黑 29 弃子让白棋舒服进角是大恶手，应该下 37 或 32 位，这里下完后白棋大优。随后白棋一直都有浓厚的优势意识，在左边战斗中，白棋一直都在走厚自己，但是黑棋实地在不知不觉中追上来了。白 90 是大缓手，这手棋应在 149 位扳后再 135 位挖，保持攻击姿态，这样白棋依然主动。黑 97 可能还是有劣势意识，想拼一把，但应在 207 位尖吃，这样黑不错。实战白棋终于醒悟，从 98 战出，黑棋自身不厚拿不住白棋。（唐韦星）

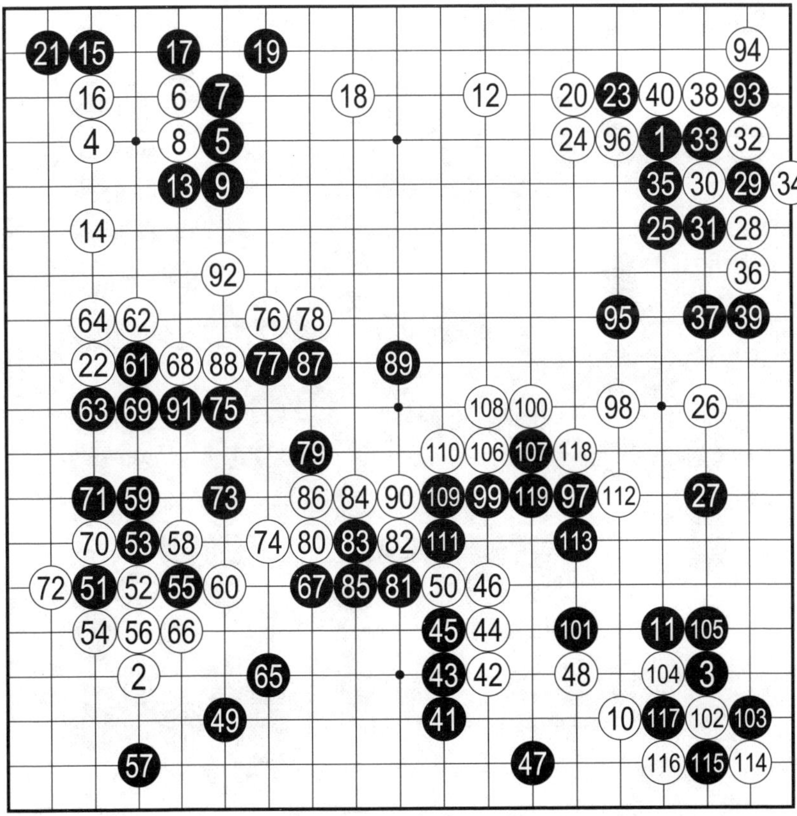

120=102

（1–120）

后面一通激战，但白棋一直掌握主动，最后打劫转换，白胜定。（唐韦星）

黑方　罗洗河　五段

白方　陈祖德　九段

黑贴$2\frac{3}{4}$子　共262手　白胜$1\frac{1}{4}$子

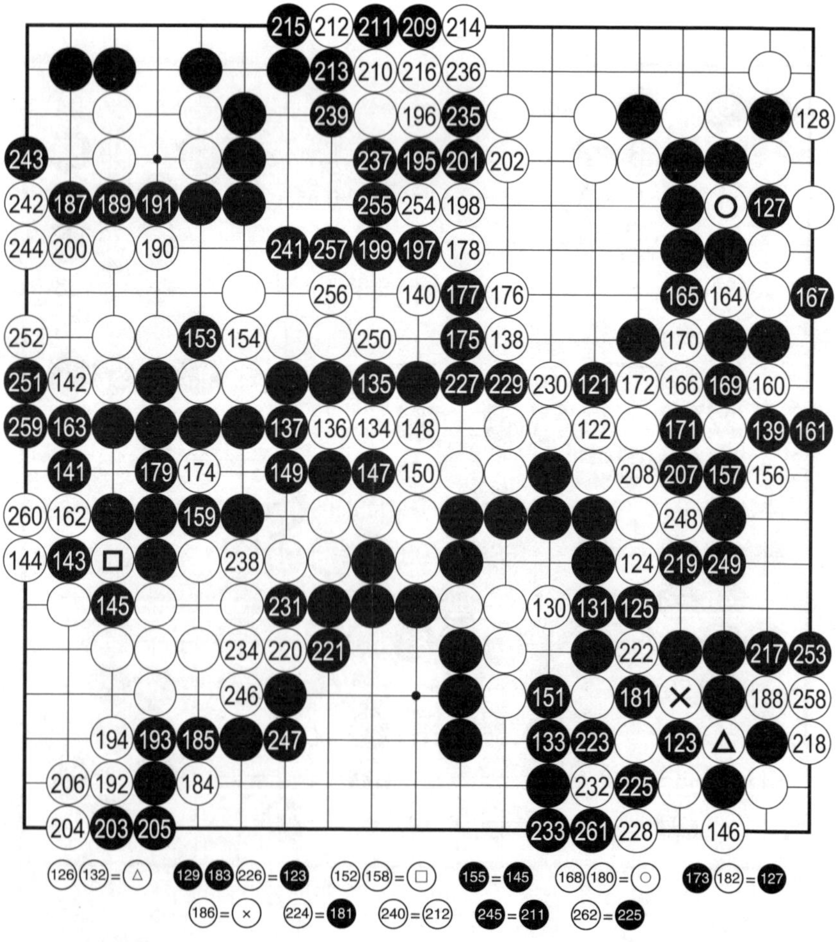

（121–262）

1996 年 3 月 12 日弈于中国棋院
NEC 杯快棋赛

黑方　陈临新 九段
白方　陈祖德 九段

开局白 16 以下强攻黑棋没必要。白 42 应该冲 53 位，黑扳二路，白就断吃黑 29 一子，这样效率高。黑如断 42 位，白棋就弃子，这样黑棋不好。白 48、50 两步是大恶手，应在 48 右一路跳，徐徐图之。实战明显吃不掉黑棋，却将自己的形状破坏了。黑 57 从容夹出后白棋大差。白 72 也应该在 79 位飞补，被黑 73 先手便宜后，白棋基本败势。后面数十手白棋积极求战，但是黑棋全局太厚，最终被黑杀龙。（唐韦星）

黑贴2$\frac{3}{4}$子　共 149 手　黑中盘胜

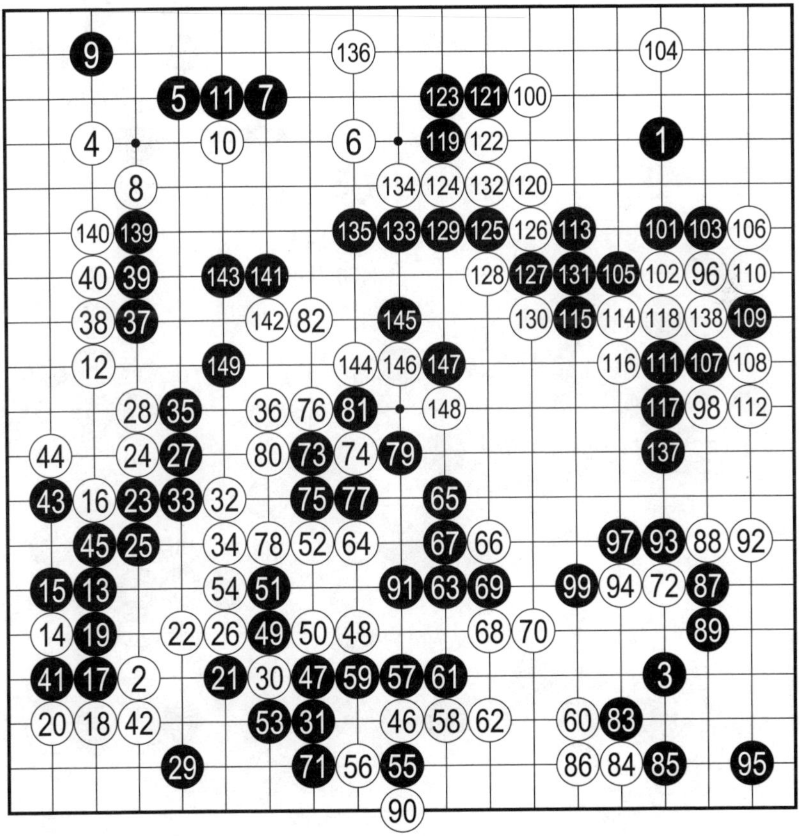

（1–149）

1996 年 3 月 13 日
CCTV 快棋赛

黑方　曹大元 九段
白方　陈祖德 九段

白 12 感觉不太好，不如脱先在 80 位挂角。黑 33、35 感觉应该在 132 位碰，实战被白棋先动手，黑棋效率低下。白 56 至 78 苦活可能有优势意识，白 56 下 60 位或 152 位更加积极，实战被黑走到 79 位，白棋已经不好了。白 92 还属于防守姿态实在是难以理解，应该下 99 位，让黑棋变薄一些，可能还有点机会。实战被黑提到 107 位，全局棋厚空多，白再无机会。（唐韦星）

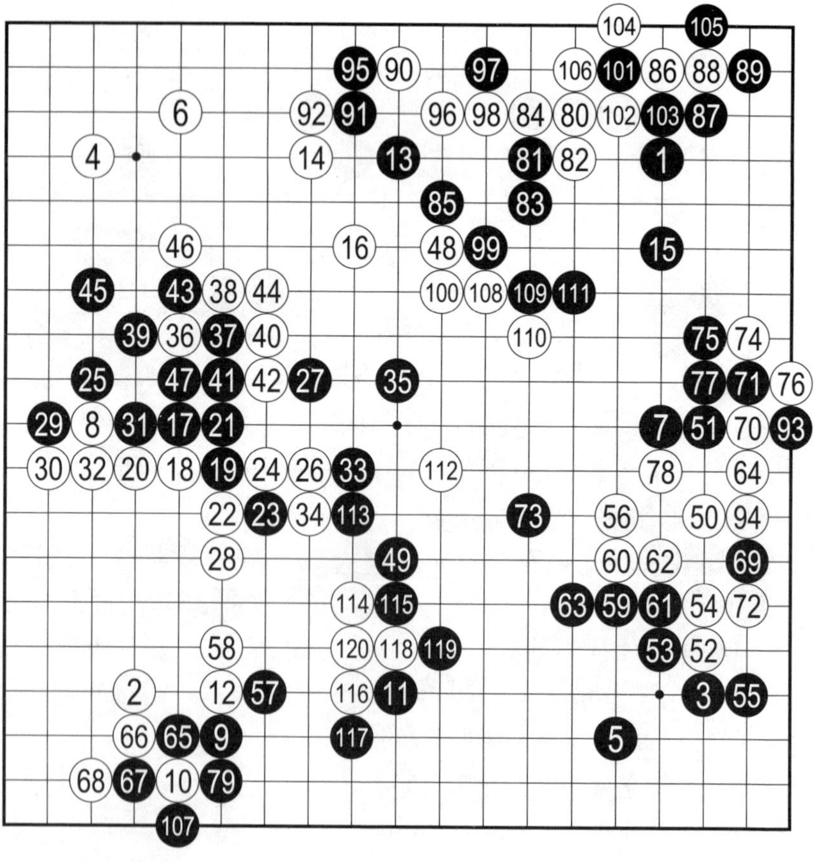

（1–120）

黑方　**曹大元**　九段

白方　**陈祖德**　九段

黑贴$2\frac{3}{4}$子　共 224 手　黑胜$3\frac{3}{4}$子

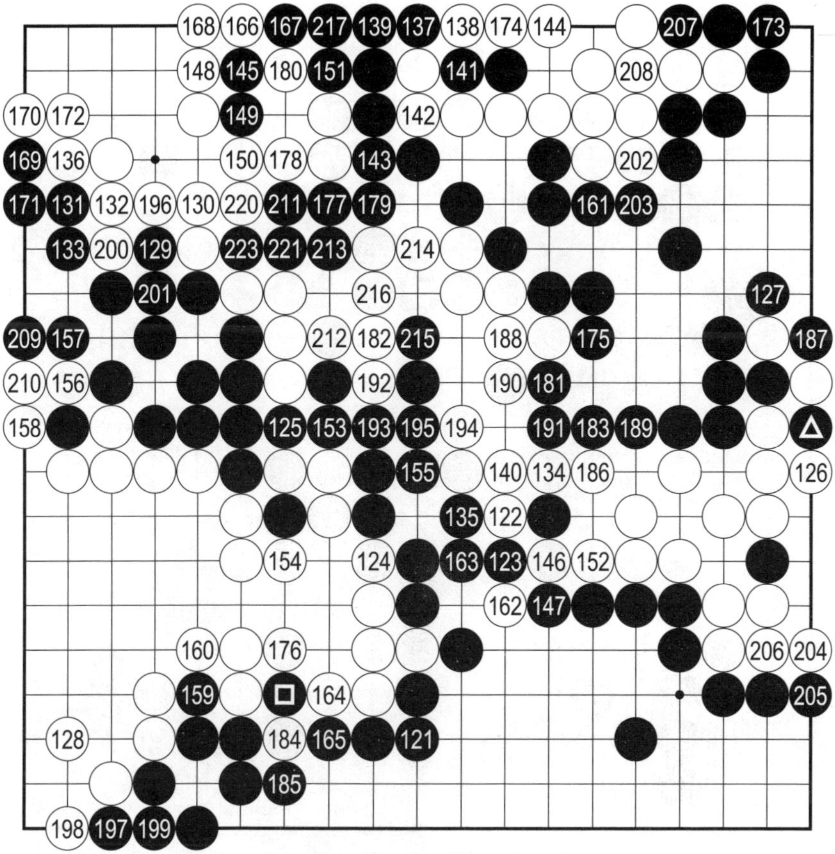

218=▲　219 224=■　222=184

1996年3月15日
第二届友情杯

黑方　陈祖德 九段
白方　李钢 六段

开局左上至黑15的变化，白棋便宜了。白22感觉应94位跳起。实战到黑37，形成白棋实地、黑棋厚势的两分局面。黑39以下的一串攻击有落空之嫌，感觉在91位围空较好。白54应在59位补，实战白在这里花了两手棋，让上面危险加大。白棋最后败着是88打吃，应该在92位先冲，这样上面不至于死。实战白92再冲时，黑93不应而吃掉白棋后，白棋就不行了。（唐韦星）

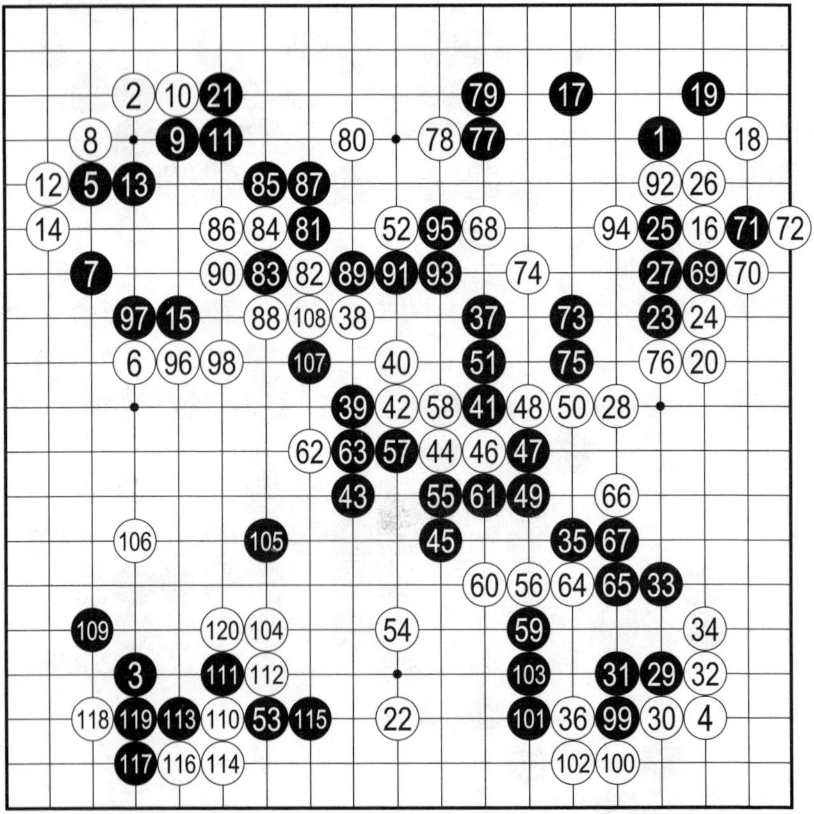

（1–120）

后面手数虽多，但是黑棋优势毫不动摇，最终白棋大败。（唐韦星）

黑方 陈祖德 九段

白方 李钢 六段

黑贴$2\frac{3}{4}$子　共235手　黑中盘胜

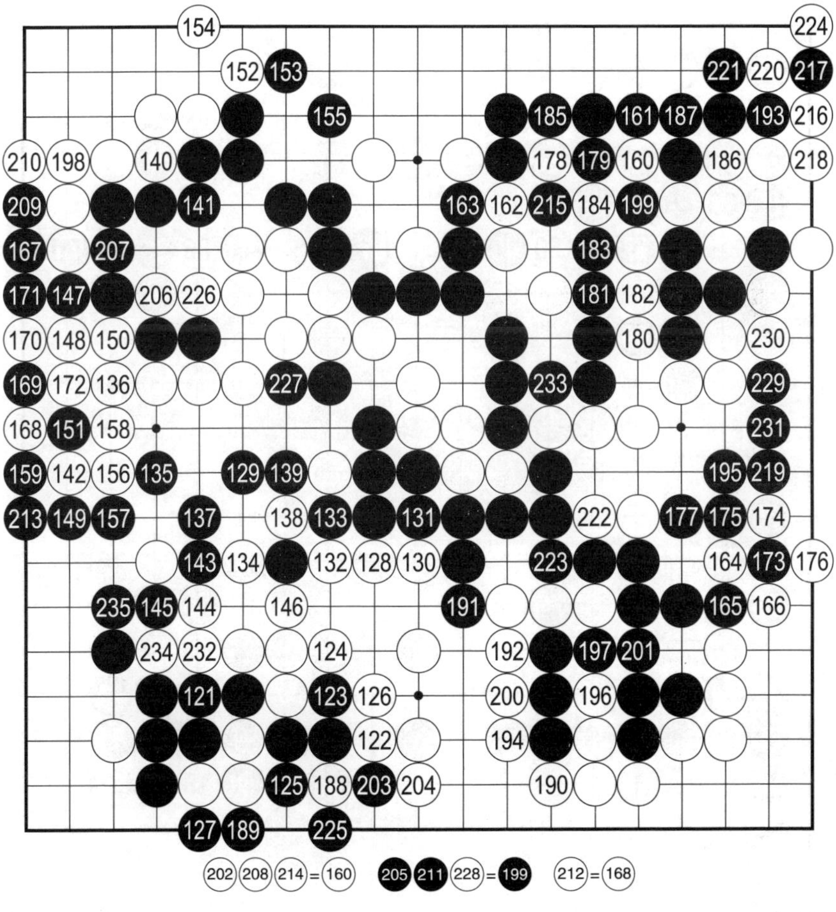

（121–235）

1996 年 3 月 16 日弈于中国棋院
第二届友情杯

黑方　陈祖德　九段

白方　张璇　七段

白 50 在左上吃一子转换不便宜，应该 48 右一路退。黑 65 一串太憋屈，应该 70 位靠进去战斗，白如 222 位扳，黑就 69 位断掉。黑 91 转换亏损，应该 92 位象眼穿出。白 102 过分，应该在上面继续二路立，如黑在右边补棋，白再 102 位出动。黑棋的败因是 113 一串跑残子，这里本身不太，如果脱先下 137 位，是黑棋不错。（唐韦星）

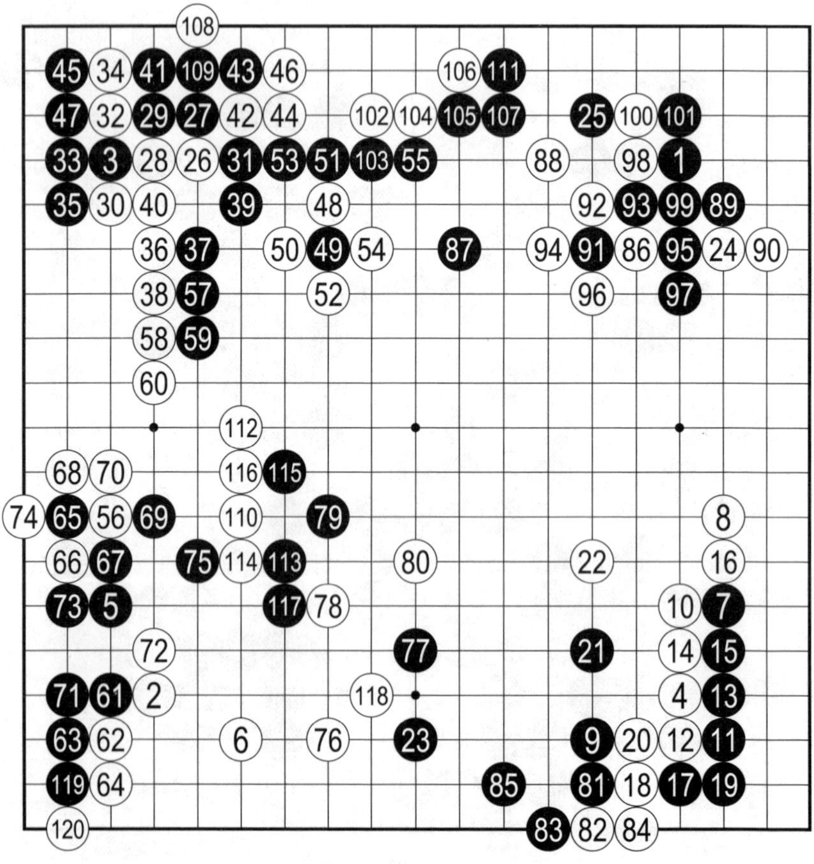

（1–120）

黑棋跑残子可以说是最差选择，本身被白124冲就亏损，关键中间越跑越重。后面黑棋再无机会。（唐韦星）

黑方　陈祖德　九段

白方　张璇　七段

黑贴$2\frac{3}{4}$子　共224手　白中盘胜

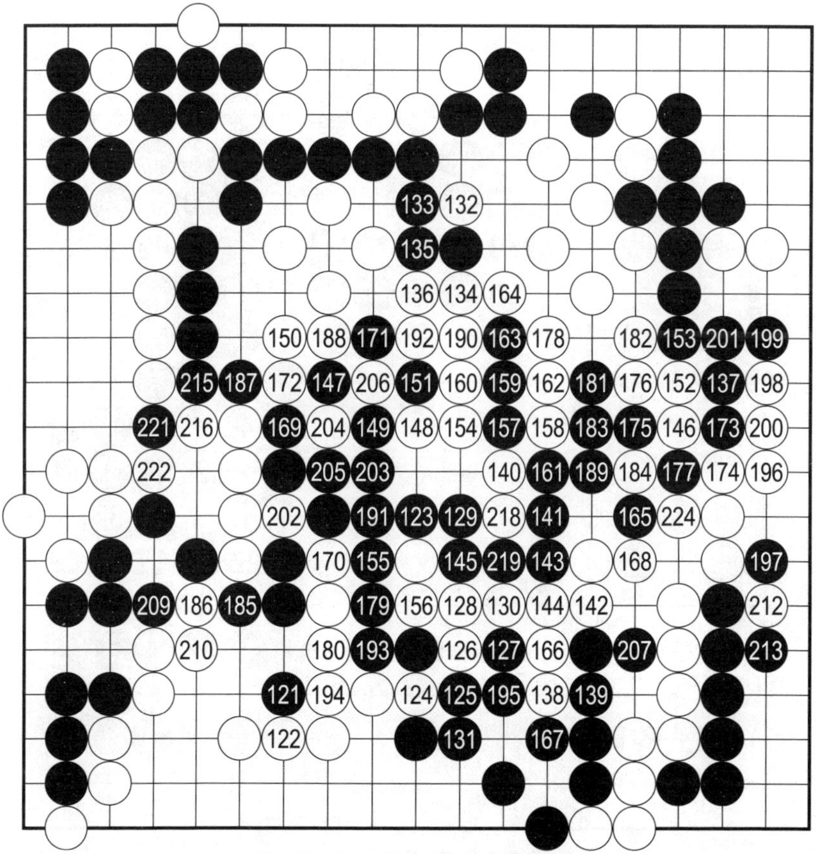

208 214 220 = 204　211 217 223 = 147

（121–224）

1996 年 3 月 25 日弈于中国棋院
第九届名人战预选赛第二轮

黑方　王洪军 七段
白方　陈祖德 九段

开始白棋气势恢宏，攻击黑棋一直占据主动，但是白 56 过犹不及，应该在 62 位靠下，这样先做活自己，黑棋实地并不多，由于白棋之前割下黑 25 一子很大，如此白棋优势。实战黑 57、59 反击，白棋难办。白如果走 80 位杀气不利，实战白 60 硬着头皮扳是没办法。现在看白 60 或许在 62 位靠下，让黑棋征吃两子还算最佳下法。（唐韦星）

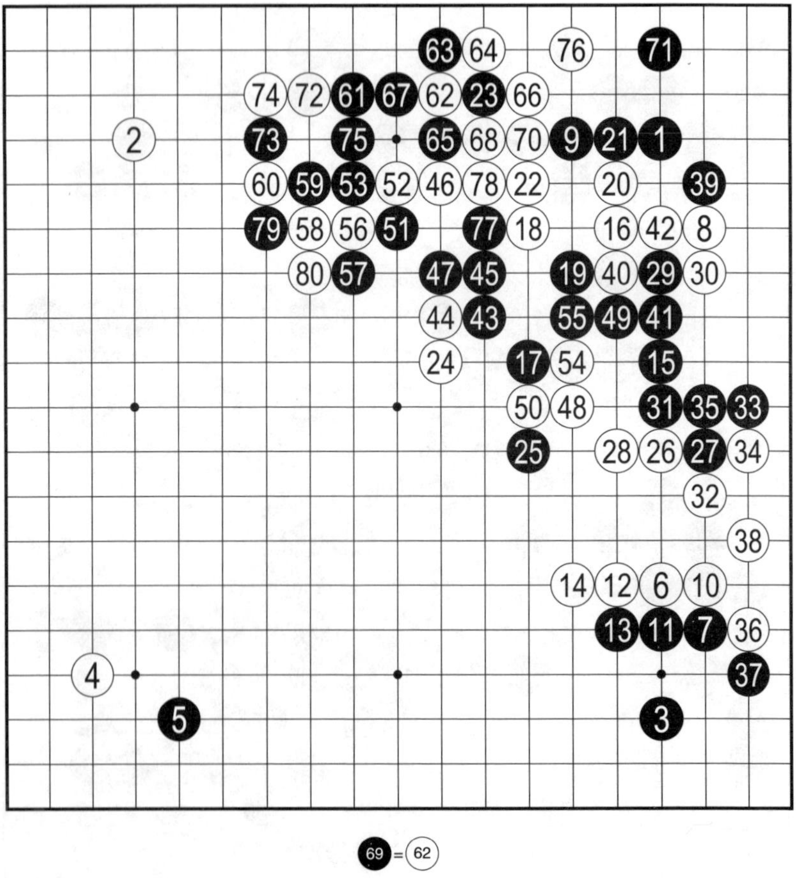

后面战斗白棋勉强，最后强行反杀失败就输了。（唐韦星）

黑方　王洪军　七段

白方　陈祖德　九段

黑贴$2\frac{3}{4}$子　共185手　黑中盘胜

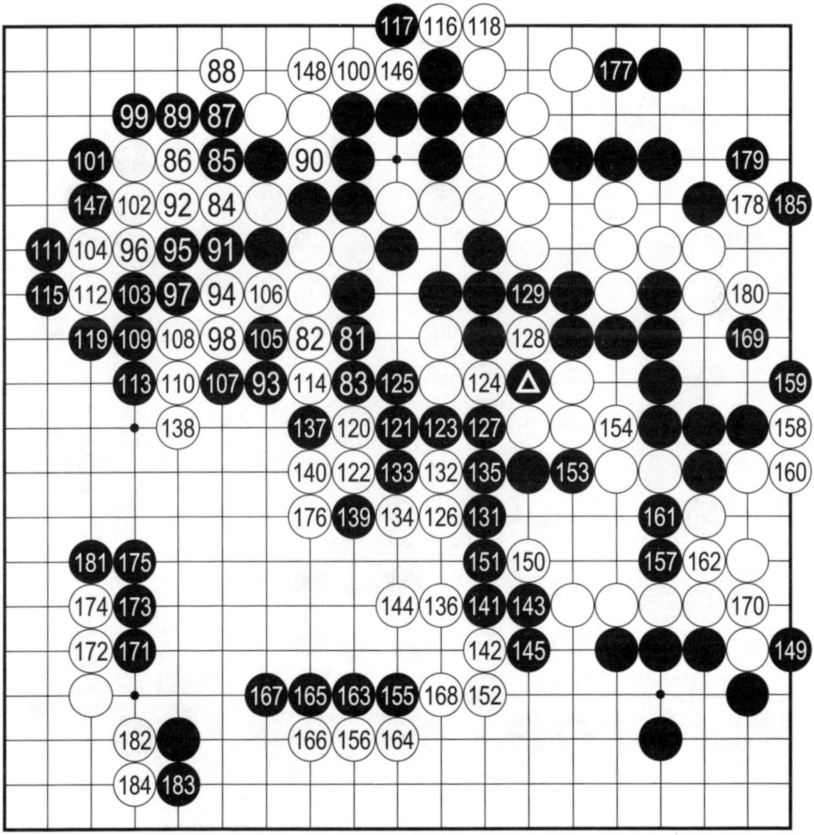

130=△

（81–185）

疑 1996 年 5 月 15 日弈于太原体育馆
全国围棋团体赛慰问表演

黑方 陈祖德 九段
白方 马晓春 九段

黑 7 趣向，但黑 13 应二路立，实战被白 14 飞构成好形，黑无趣。黑 15 以下作战至白 40 渡过，黑无收获，白确立优势。白 54、56 与中央连络求稳。黑 73 扳见小，是决定性的败着。此手虽形势不好，也要在右上角 74 位小飞。实战被白 74 双飞燕，黑大势已去！黑 89 无奈争胜负，但白 90 飞进角，是事关双方根据地的要点，黑更是雪上加霜。（马晓春）

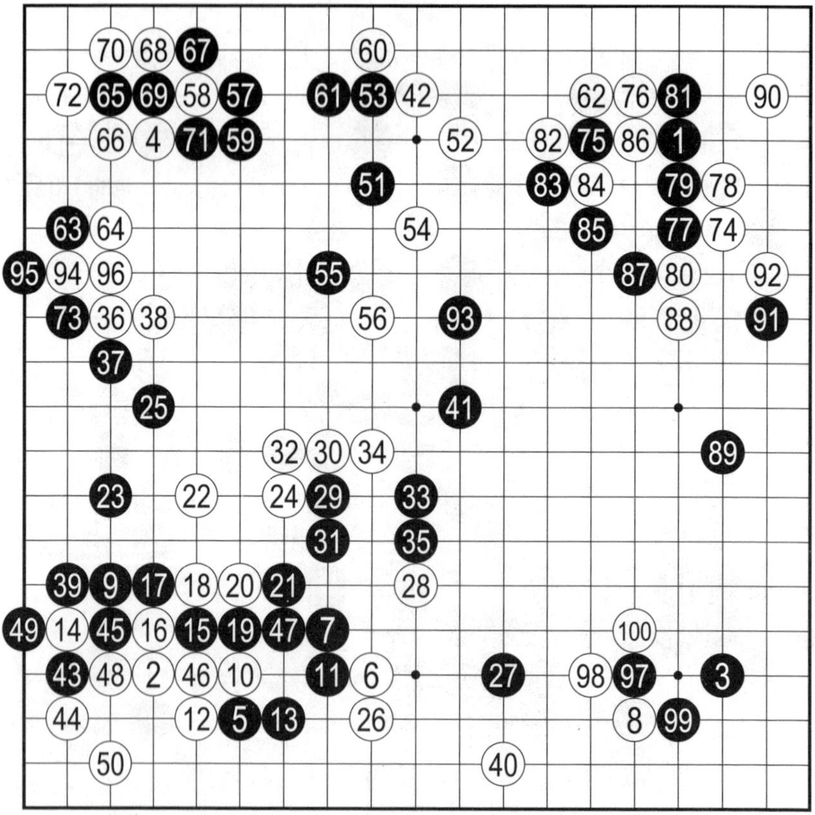

（1–100）

黑方 **陈祖德** 九段

白方 **马晓春** 九段

黑107眼看27这个子被吃无法争胜，遂靠出作战，无奈白棋太厚，白122冲断后126长，黑大龙左冲右突终无法做活。本局黑13的不妥导致一直被动，是白完胜的好局。（马晓春）

黑贴$2\frac{3}{4}$子 共182手 白中盘胜

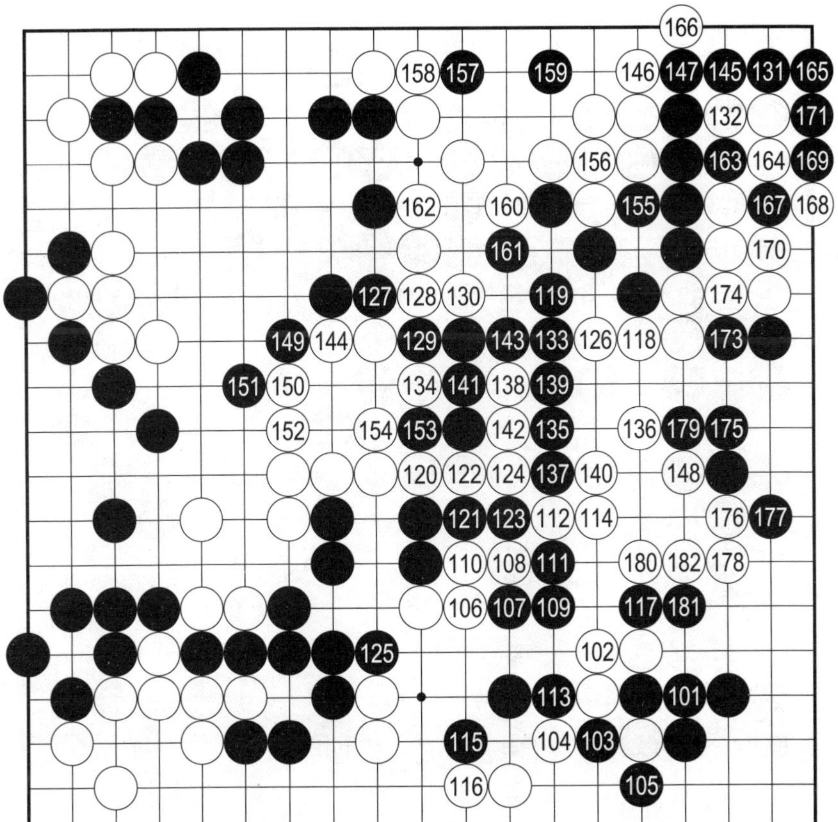

172=167

（101–182）

1996年7月14日弈于中国棋院

黑方　陈祖德 九段

白方　宫本直毅 九段

黑5、7双挂角后下高中国流，进行快速布局。右边战斗双方点到为止，至白22局面两分。左边黑棋先23拆边后进角，先手占角后再35位打入，是打定主意快速抢地了。白42补棋位置不好，以后角上还有味道，至黑53局面仍然复杂，但感觉黑棋好下。白54应该下57位攻击，实战估计是想缠绕，但是至黑65，白棋收获不多。白66破空必然，这里双方展现出精湛的功力，攻防都没有明显问题手。至120手，黑棋仍然保持微弱优势。（唐韦星）

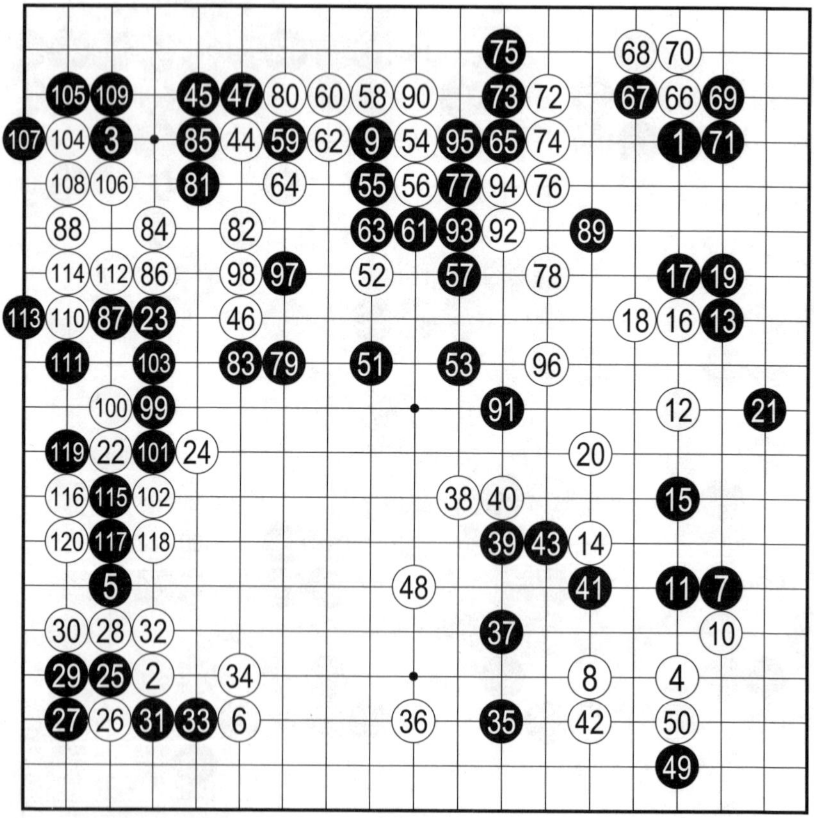

（1–120）

黑方　陈祖德 九段

白方　宫本直毅 九段

小官子阶段双方都有机会，白棋应该找机会先在169位破空，这可能是白棋本局唯一的胜机。

这盘棋双方失误都很少，黑棋领先时间更多，最终保持微弱优势到最后。（唐韦星）

黑贴$2\frac{3}{4}$子　共253手　黑胜$\frac{3}{4}$子

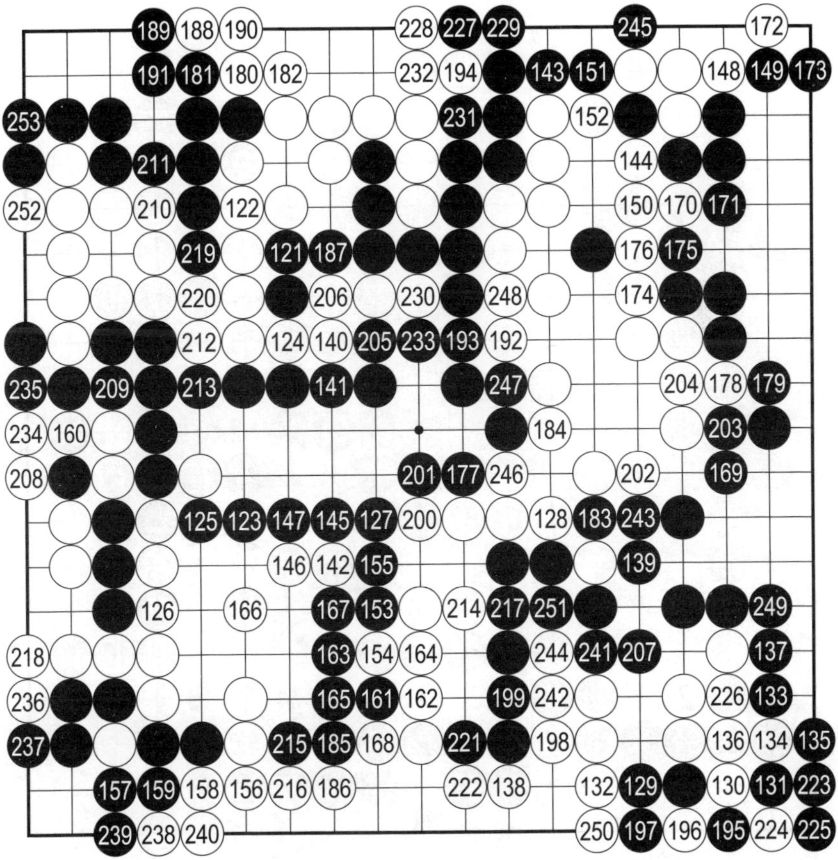

（121–253）

1996年9月9日弈于天津
超越杯元老围棋赛第一轮

黑方　王汝南 八段
白方　陈祖德 九段

白20可以考虑79位扳后再176位搜刮黑角。白38俗手，应在下一路贴，实战黑棋获得先手走到53，局面占优。黑57至61三手棋是不可思议的恶手，白棋明显活棋，黑棋自己薄味不少，还去分断对方，明显不符棋理。白62扑明显损空，肯定应该保留。白72、74两手是败着。白72如走80位打吃，黑棋不能粘，否则白在75位冲断，黑棋不行，故黑棋只能弃掉中间两子棋筋，这样白棋明显优势。白74也应先冲75位，以下黑183位，白97位，这样棋形和实地都比实战好。实战这里下完后白棋大差。（唐韦星）

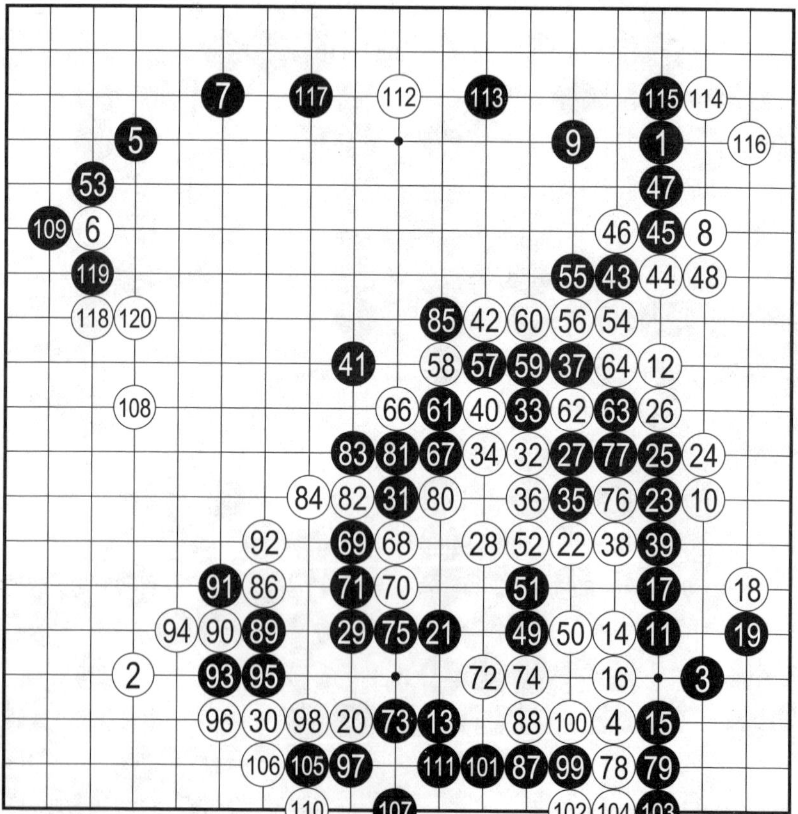

（1–120）

后面手数虽多但白无明显机会，最后黑盘面10目。（唐韦星）

黑方　王汝南　八段
白方　陈祖德　九段

黑贴$2\frac{3}{4}$子　共241手　黑胜

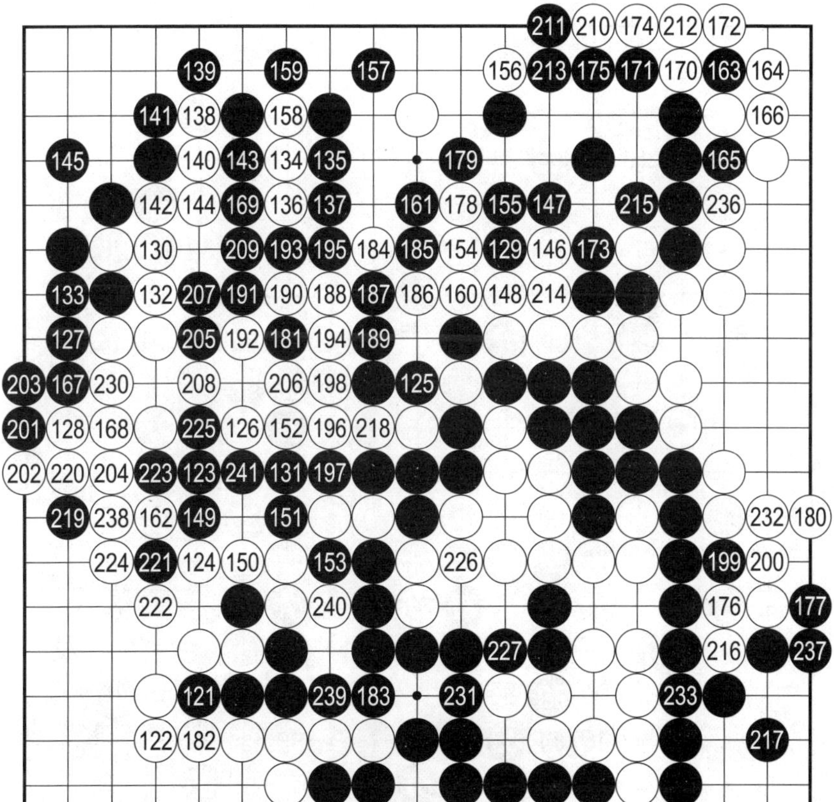

（121–241）

1996年11月16日
第三届霸王战

黑方　陈祖德 九段
白方　丰云 八段

布局双方平稳进行。黑31应该长，被白32打不好。白34封锁有些勉强，下39位立更好。白38也应下50位，实战白形状不好。中盘战斗中黑一直保持主动。白68应该在98位扳进行战斗，实战有些软弱。黑91应该下92位退，这样黑棋明显好，实战被白棋连络后仍有130位的断点，黑不满。（唐韦星）

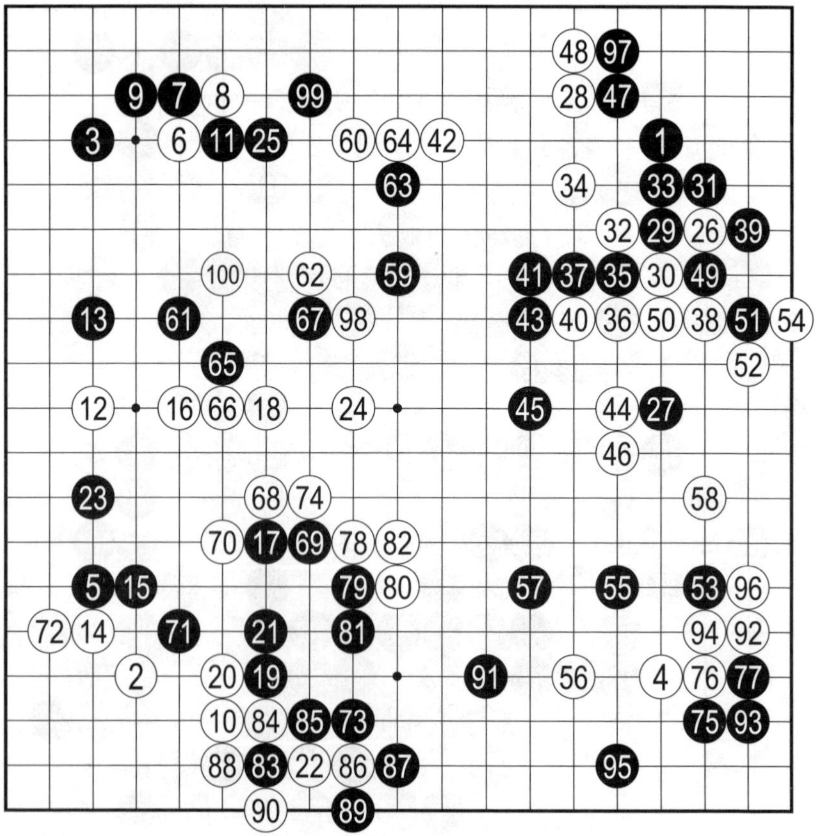

（1–100）

黑方 **陈祖德** **九段**

白方 **丰云** **八段**

黑最后失误是小看了上方的连络，109应该在103左一路连回，113更是在自己厚实的情况下落后手补棋，如果拐122位还是有优势的。实战黑棋可能有优势意识，但被白下到122、124后已经不好了，最后被白130搜刮，黑棋就不行了。（唐韦星）

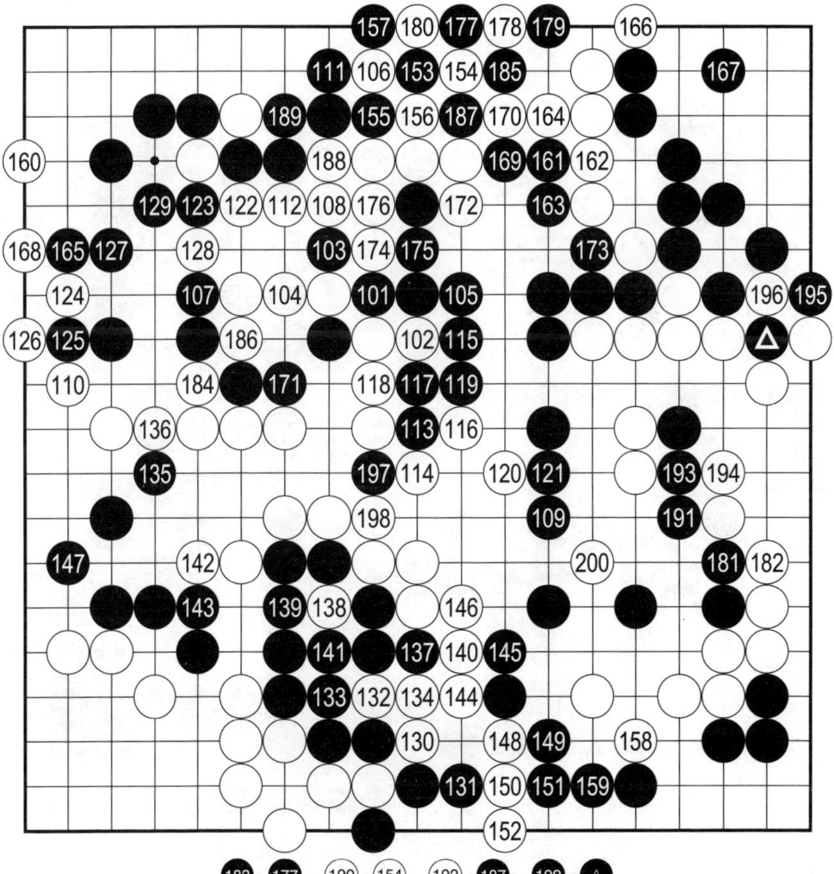

183=177　190=154　192=187　199=△

（101–200）

黑方　陈祖德 九段

白方　丰云 八段

黑贴2 $\frac{3}{4}$ 子　共 313 手　白胜2 $\frac{1}{4}$ 子

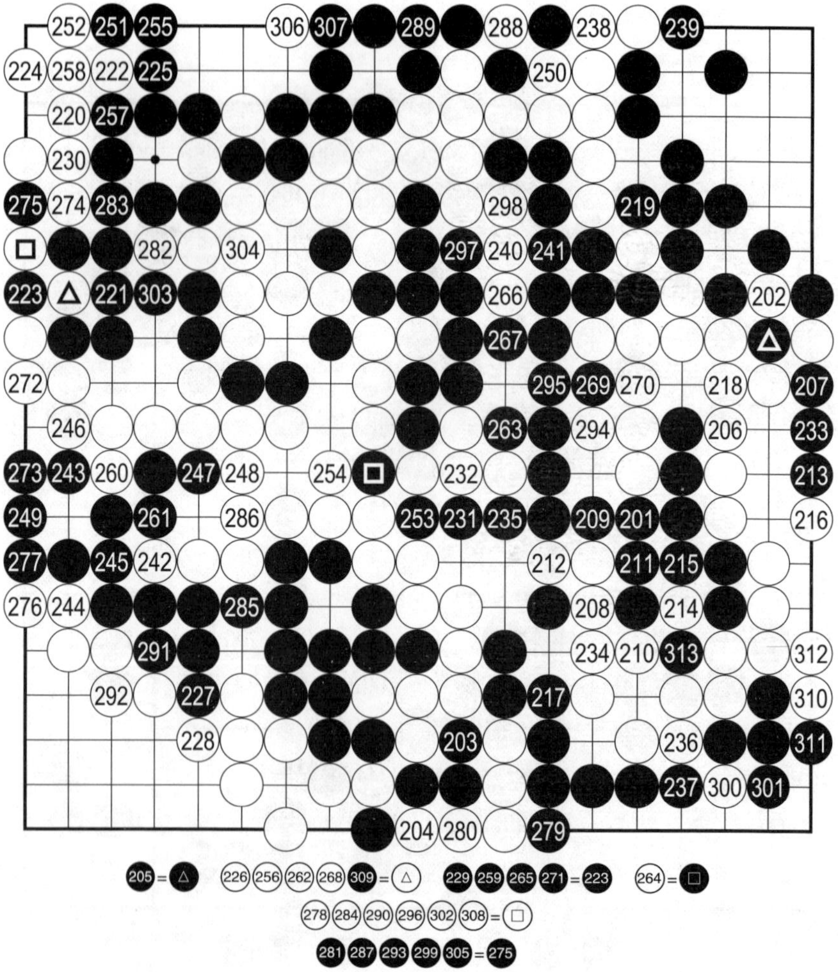

（201–313）

1996年11月18日
第三届霸王战

黑方　陈祖德 九段
白方　方天丰 八段

布局时的左下战斗，双方应该研究不多，白36险些成为败着，这手应在47位长。黑37错失良机，如果下38位点，白棋局部大亏。黑41继续战斗有些勉强，应该下55位转换。黑53也应该在54位长后脱先，实战战斗不利。黑75形状不好，如果下81位还可一战。进行至白90，黑棋极为勉强，后面再无机会。(唐韦星)

黑贴2$\frac{3}{4}$子　共150手　白中盘胜

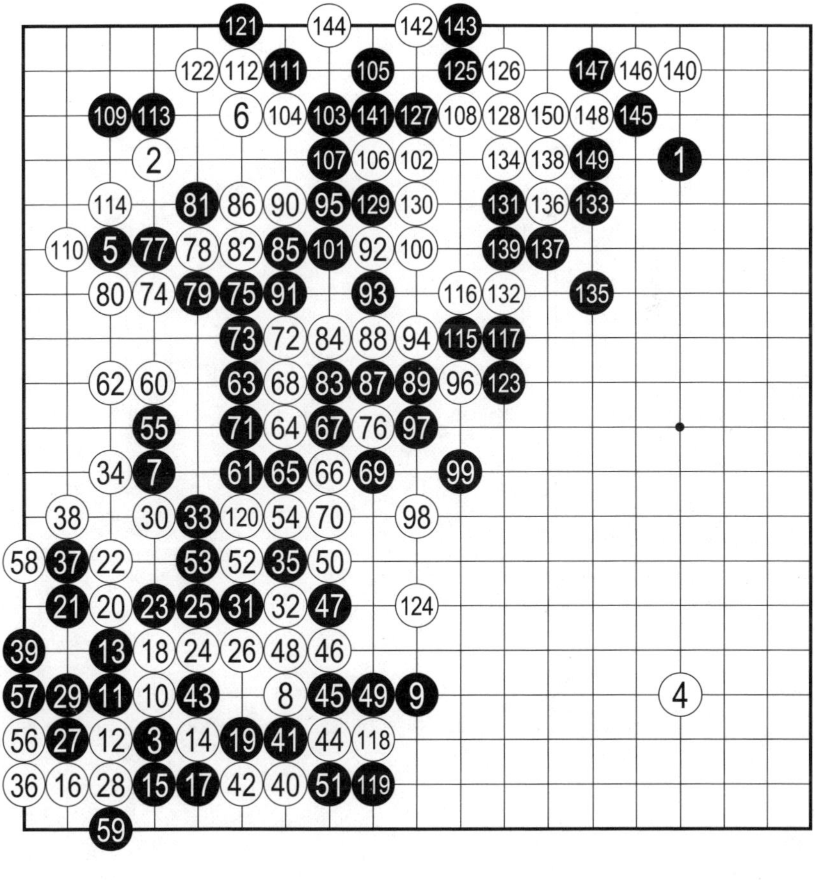

一九九七

时年53岁

◎ 3月23日—4月27日，在第九届CCTV中国电视快棋赛中，陈祖德首轮胜张文东九段，第二轮胜刘世振四段，第三轮胜华以刚八段，进入四强，半决赛负于俞斌九段。记者评论1997年的中国棋界“老树开新花”。

◎ 5月2日—3日，“海天杯”围棋国手元老赛在青岛举行，2日陈祖德击败罗建文七段，进入决赛，3日战胜聂卫平九段获得冠军。

◎ 8月13日—15日，第二届“三星火灾杯”世界围棋公开赛在韩国汉城开赛。首轮陈祖德击败崔圭炳九段，次轮负于刘昌赫九段。

◎ 11月28日，第一届“乐百氏”杯围棋赛举行，陈祖德首轮负于梁伟棠八段。

薛志春　整理　　　　**华以刚　审订**

1997年3月23日弈于北京
第九届CCTV快棋赛

黑方　陈祖德　九段
白方　张文东　九段

左边战斗中白30过分，应25右一路碰整形，实战被黑棋断下18一子，白无趣。至63时黑好。黑67没必要。黑71应该下105位，黑棋从下边动手方向不对。黑89至101强攻白棋过分，被白94、96吃住太大。黑89可能尖三三好一些。（唐韦星）

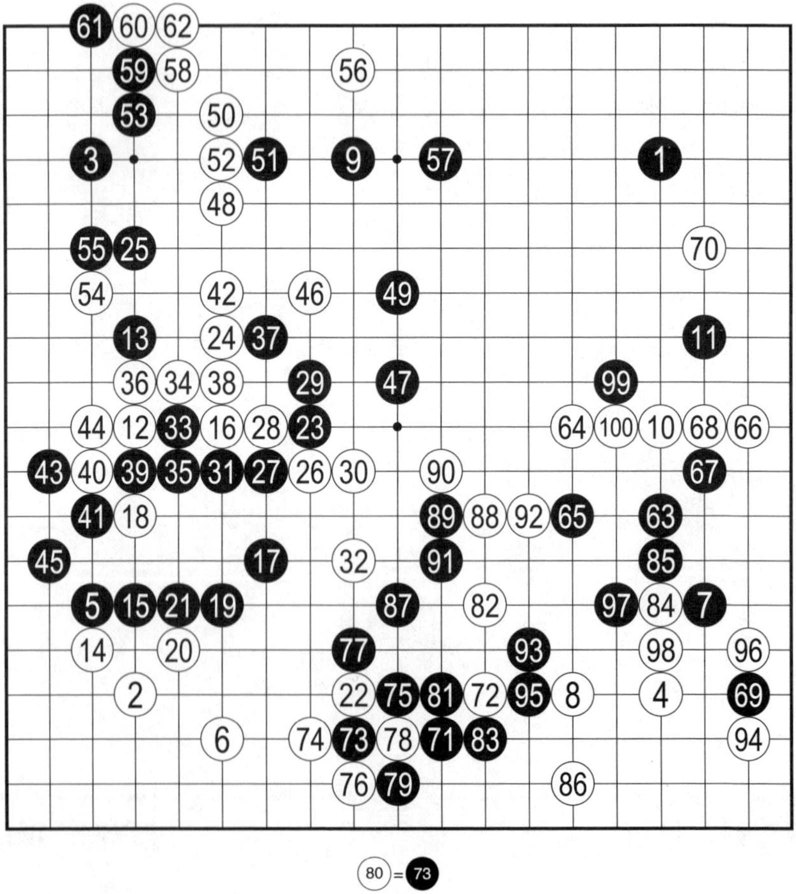

（1–100）

黑方　**陈祖德** 九段

白方　**张文东** 九段

白104、106反击可能有误算，其实走111位吃住后，白棋基本活棋，局部获得先手后走149位，全局实地明显领先。白棋最后败着是124，如果先下132位靠出，接下来可能会形成大转换，这样形势不明。实战中间被吃后，白棋就不行了。（唐韦星）

黑贴$2\frac{3}{4}$子　共183手　黑中盘胜

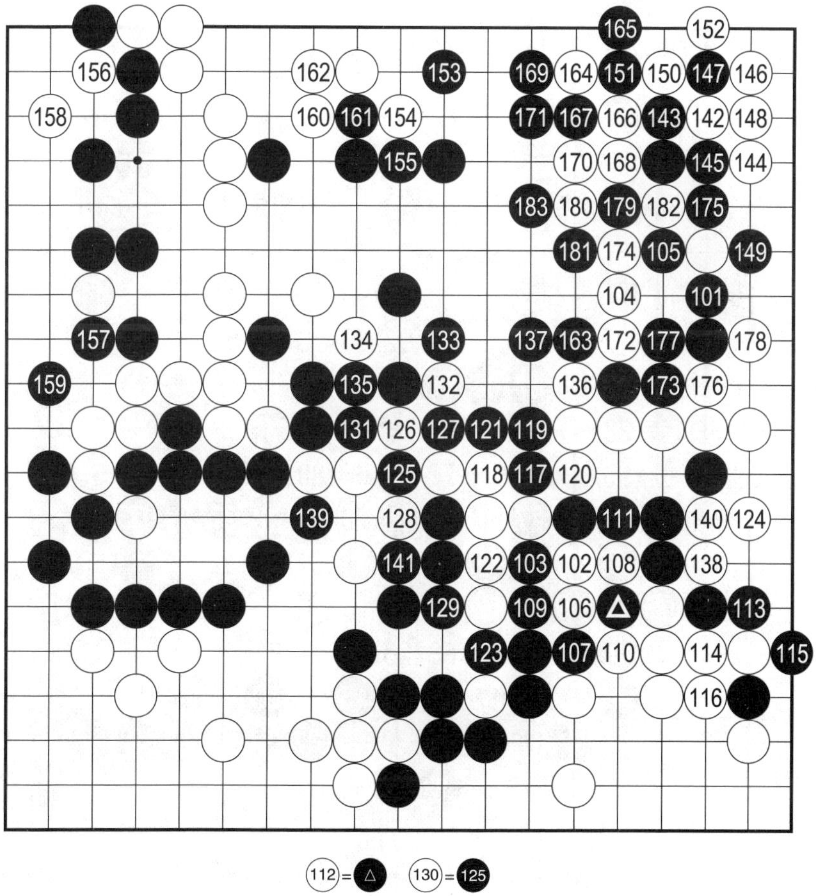

（101–183）

1997年4月12日
第九届CCTV快棋赛

黑方　刘世振 四段
白方　陈祖德 九段

右下的战斗中，黑先在下边获得实地，之后对白棋攻击的应对过于生硬。黑33应该下34位，被白71位冲断黑也不会死。黑35恶手，应该下36位，白37位，黑70位冲断，这样局面两分。白40应该点角，右上白42进角后，白优势。但白60过分，之前黑棋已经于41位加强自身，现在白应该75上一路飞，平稳进行就可以了。黑棋中间冲断求战，白98方向错误，这块棋眼形丰富，不用担心，98应该下104位，被黑下到103位后，局势变得混乱了。白118恶手，这里明显应该下119位争先手。白122、124也不好，至黑137打劫。（唐韦星）

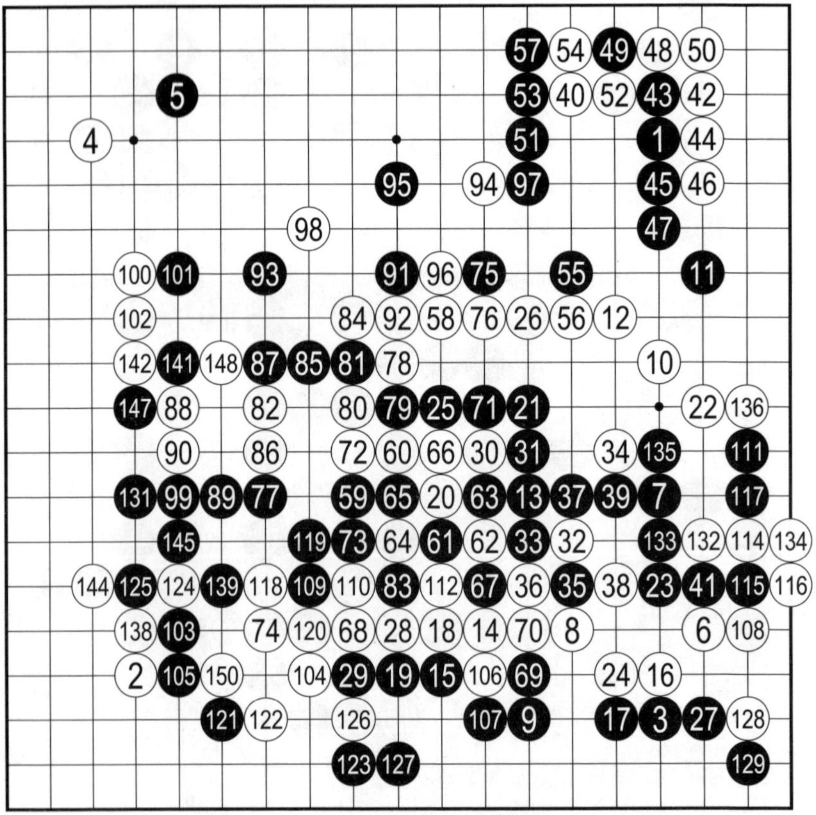

113=64　130 140 146=62　137 143 149=67

（1–150）

黑方 **刘世振** 四段

白方 **陈祖德** 九段

白棋打不过，最后只能156、158苦活，这时候黑棋盘面十几目。最后黑输棋是因为官子亏损太多，如黑171应该169右一路断，黑187应该200位爬。黑最后败着是195应该下200位，还是可以赢下来。实战被白棋左边围空太多，黑棋就小败了。（唐韦星）

黑贴2$\frac{3}{4}$子　共270手　白胜$\frac{1}{4}$子

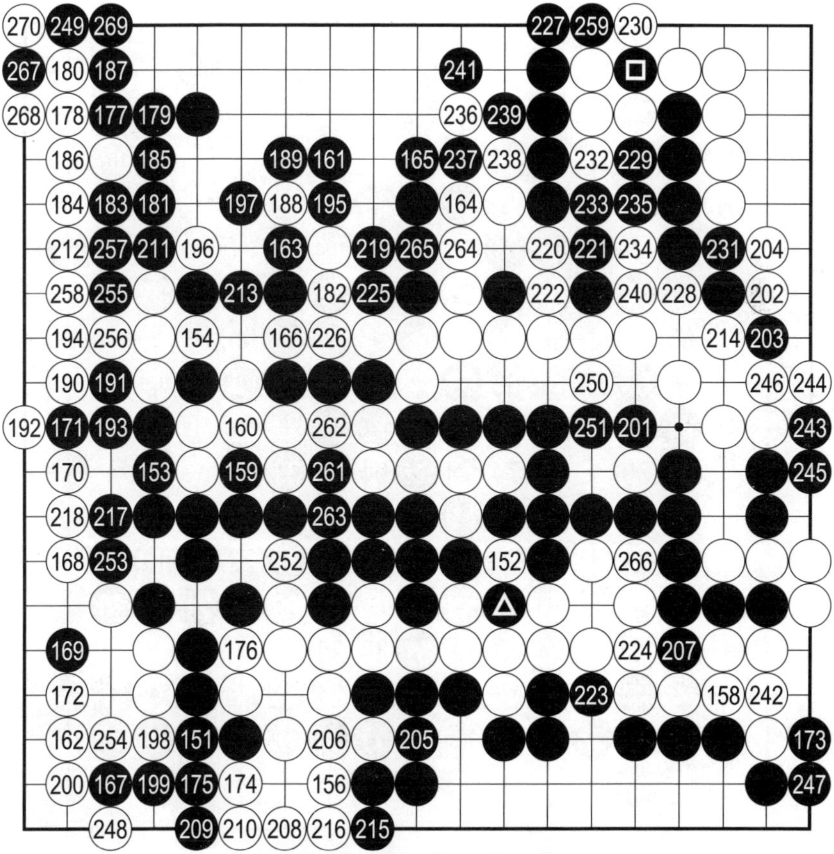

155=△　157=(152)　260=□

（151–270）

1997年4月13日弈于中央电视台
第九届CCTV快棋赛

黑方　华以刚 八段
白方　陈祖德 九段

黑棋开局选择变相中国流，右下的变化在以前比较流行，黑在局部应该满意。白42扳起来应该更好。黑45我会下91位。白46走左下角尖顶可能会好一点，实战斗力感觉无趣。中盘战斗双方没有严重失误，至白128时局势难解。白138应该走216找劫。黑141如果找94下一路的劫材，则白棋无劫。黑141失误，被白142长后大块变薄，但是白144险些成为败着，应在156位粘住，这样战斗白棋不怕。黑145如于156位消劫转换，将有盘面十多目的优势，可能是快棋不好判断。（唐韦星）

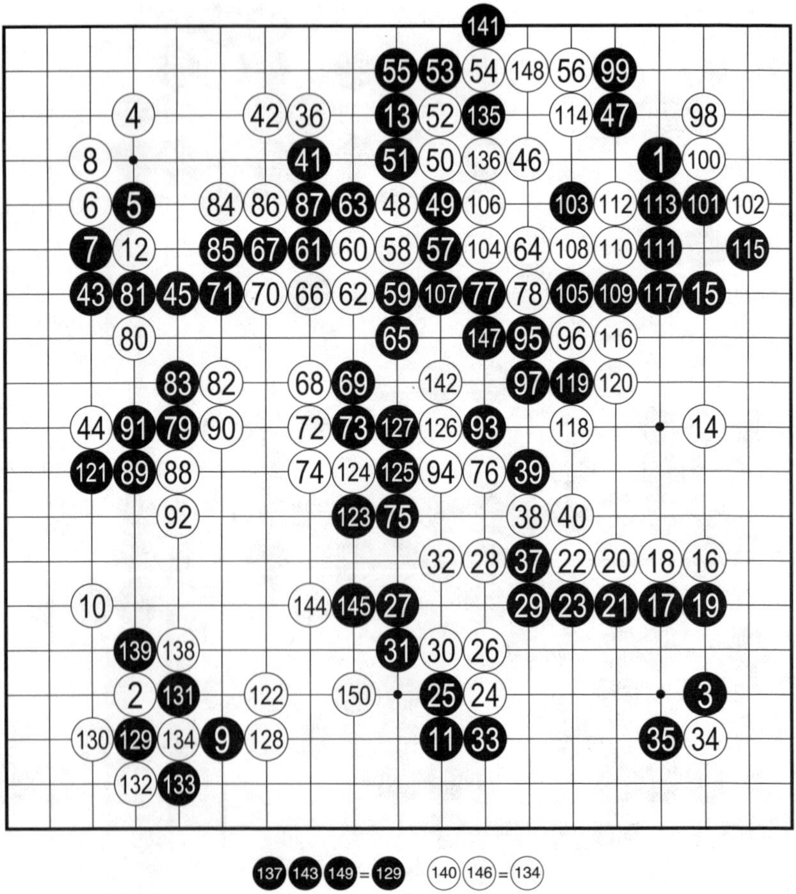

137 143 149 = 129　140 146 = 134

（1–150）

黑方 **华以刚** 八段

白方 **陈祖德** 九段

黑棋最后败着是183，这手棋如果吃角的话局势依然细微。白184活棋后黑不行了，因此黑183应是看错了白棋大块的死活。白194不知道是不是记谱错误，如按谱进行，黑195于196位提，白棋不行。白194下在196位我认为是正常进行，黑棋不行。（唐韦星）

黑贴$2\frac{3}{4}$子　共287手　白胜$4\frac{1}{4}$子

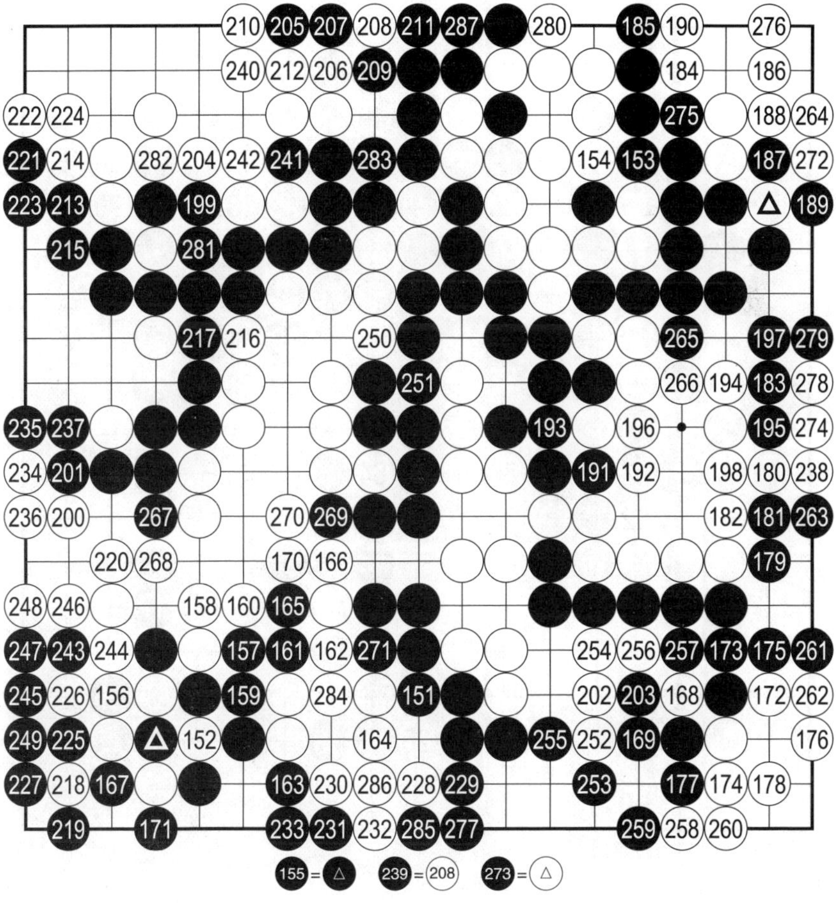

（151–287）

1997 年 4 月 27 日弈于成都
第九届 CCTV 快棋赛半决赛

黑方　俞斌 九段
白方　陈祖德 九段

本局俞老展现了先捞后洗的风格。白棋在上方略亏。白 54、56 两手形状不好，54 应改走 56 上一路。白 60 应该走 61 位补厚自己，被黑棋下到 61、63，白棋全局显得薄弱。白 70 可能应走上一路飞，这样积极些，实战被黑下到 81 位时，白棋实地不够了。白 84 拼命抢空，但黑棋应对稳健，最终白大棋被杀。（唐韦星）

黑贴$2\frac{3}{4}$子　共 121 手　黑中盘胜

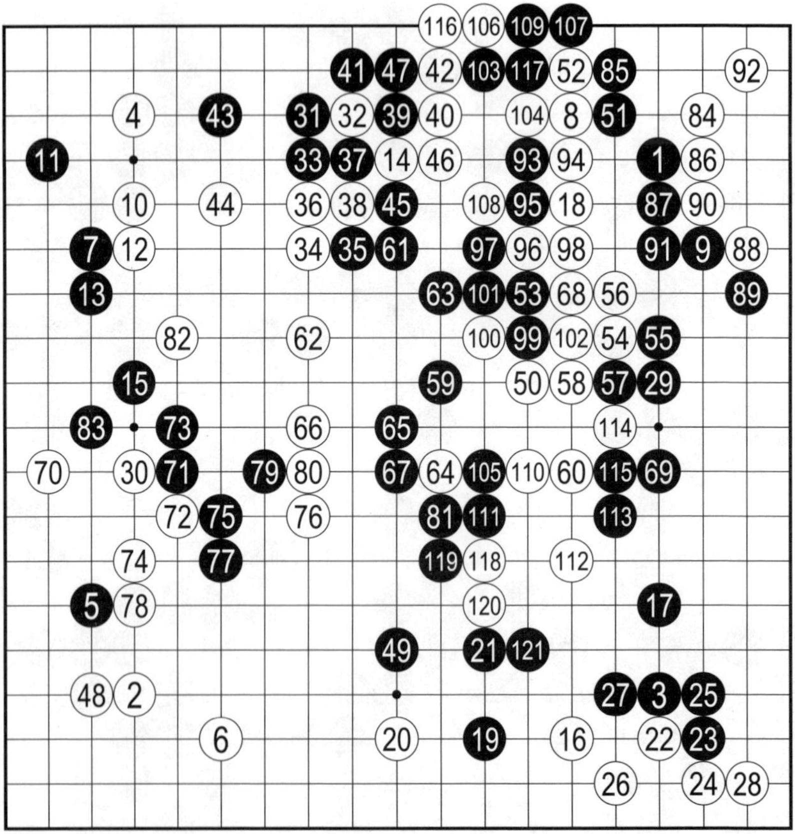

1997年5月2日弈于青岛
海天杯围棋国手元老赛

黑方　罗建文 七段
白方　陈祖德 九段

这盘棋的着法总体上较为平淡。白16、18棋形优美，但接下来20至34过于追求下方，左上白12一子被吃后明显不好。白20应该脱先于左上点角，白22应该23位拆边，白34应该下35位，实战白棋下方连续缓手导致局面被动。黑55应该下236位贴，实战过于保守，被白64以下活角后，实地差距拉近了。中盘时黑棋一直借助厚势掌控局面，但致命的失误是115至119。如果黑115先冲178位，再下188位，可以吃掉白棋；黑119如果回头下120位，局面仍然复杂。（唐韦星）

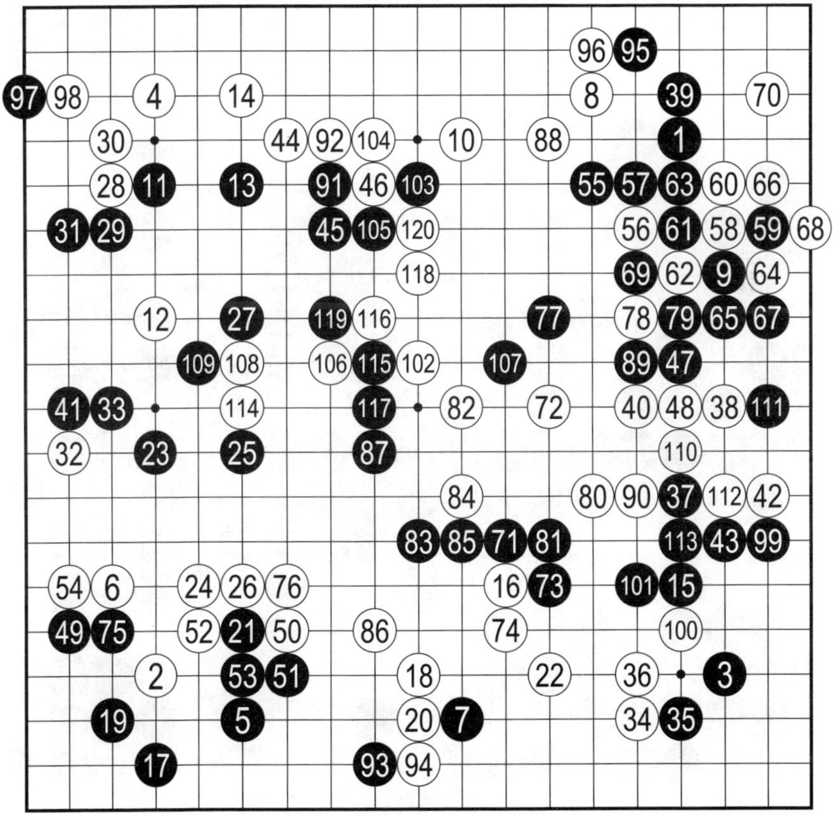

（1–120）

黑方 **罗建文** 七段

白方 **陈祖德** 九段

实战黑棋后手吃白中间三子，被白122冲下大亏。最后，虽然白188是昏着，黑棋还是可惜地输了半目。（唐韦星）

黑贴$2\frac{3}{4}$子　共251手　白胜$\frac{1}{4}$子

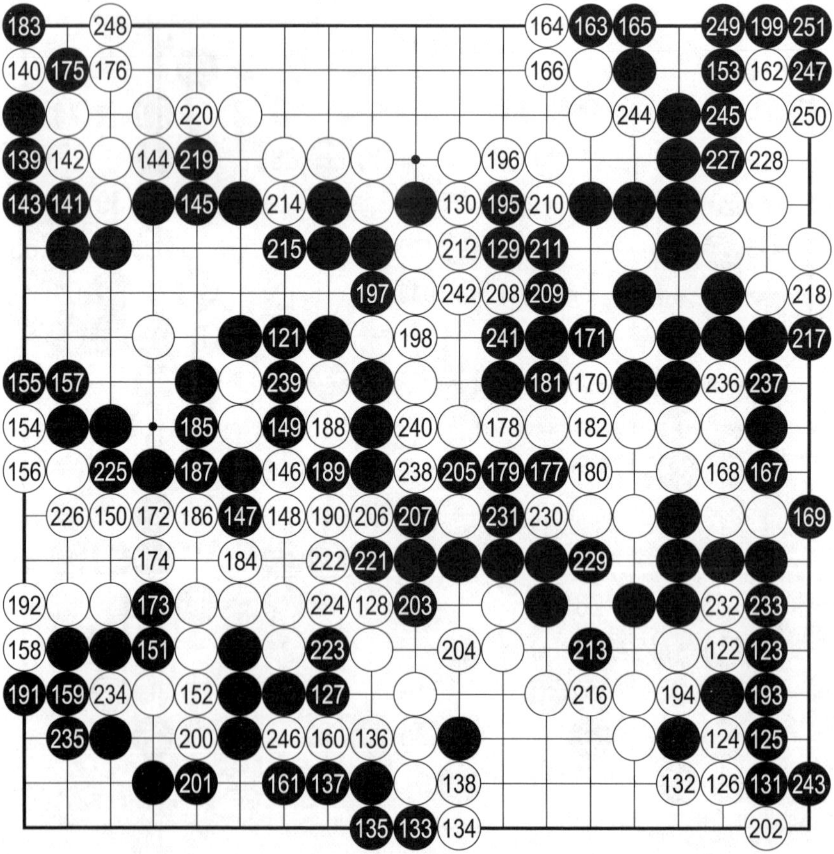

（121–251）

1997年5月3日弈于青岛
海天杯围棋国手元老赛

黑方　聂卫平 九段
白方　陈祖德 九段

下方黑17、19、21的连环妙手让白非常难受，不得已下出扳了打的俗手渡过难关。黑41靠是局部腾挪好手，至49活出，是黑棋优势局面。面对形势不利，白50内挂挑起战斗，此时黑选择尖顶后单关跳更好。黑55虎缓手，此时应右上三路碰。实战进行至白62跳，白棋形势有所缓和。白92、94是好次序。对黑99的打吃，白棋治孤处理得也极为漂亮，至106是白稍好的局面。（陈耀烨）

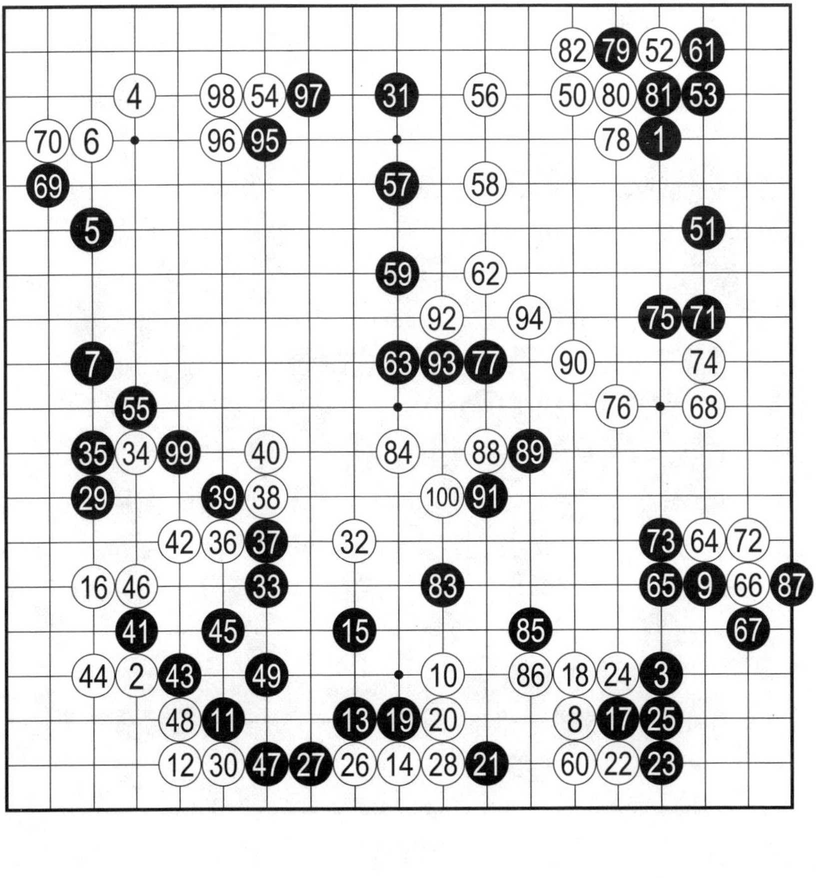

（1–100）

官子收束中，白114贴应先于二路扳。左上118-123这串交换白稍亏，黑131提一子后形成细棋格局。此后中央收束双方都下得极为出色，展现了极高的水准，至黑195是半目胜负局面。（陈耀烨）

黑方　聂卫平　九段

白方　陈祖德　九段

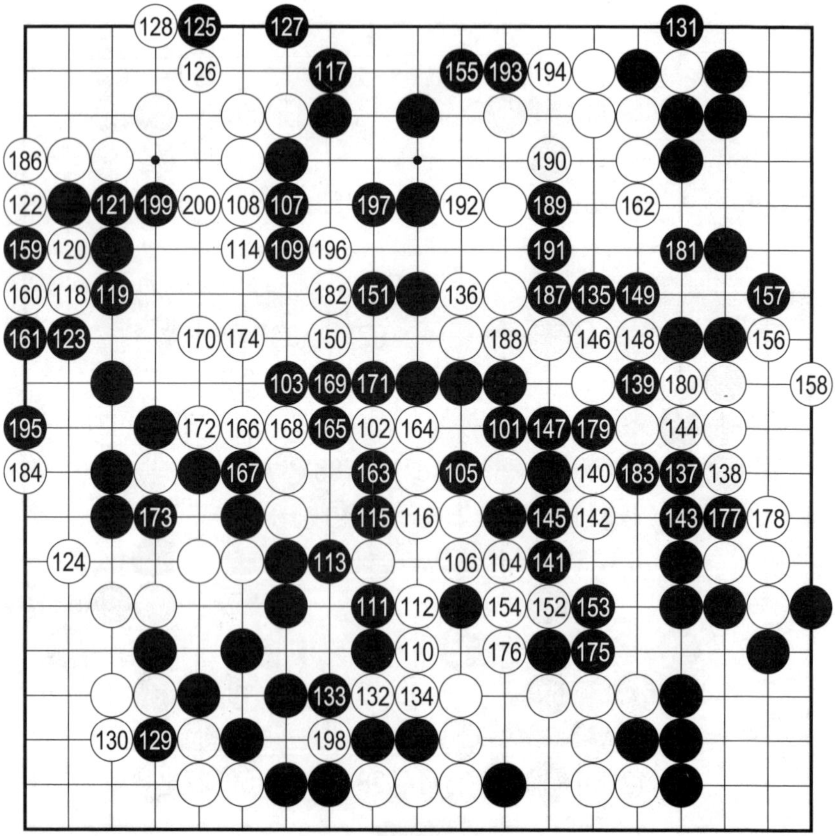

185=159

白206开劫非常果断，也是本局胜着，劫争结束后白小胜不可动摇。（陈耀烨）

黑方 **聂卫平** 九段

白方 **陈祖德** 九段

黑贴2$\frac{3}{4}$子　共310手　白胜$\frac{1}{4}$子

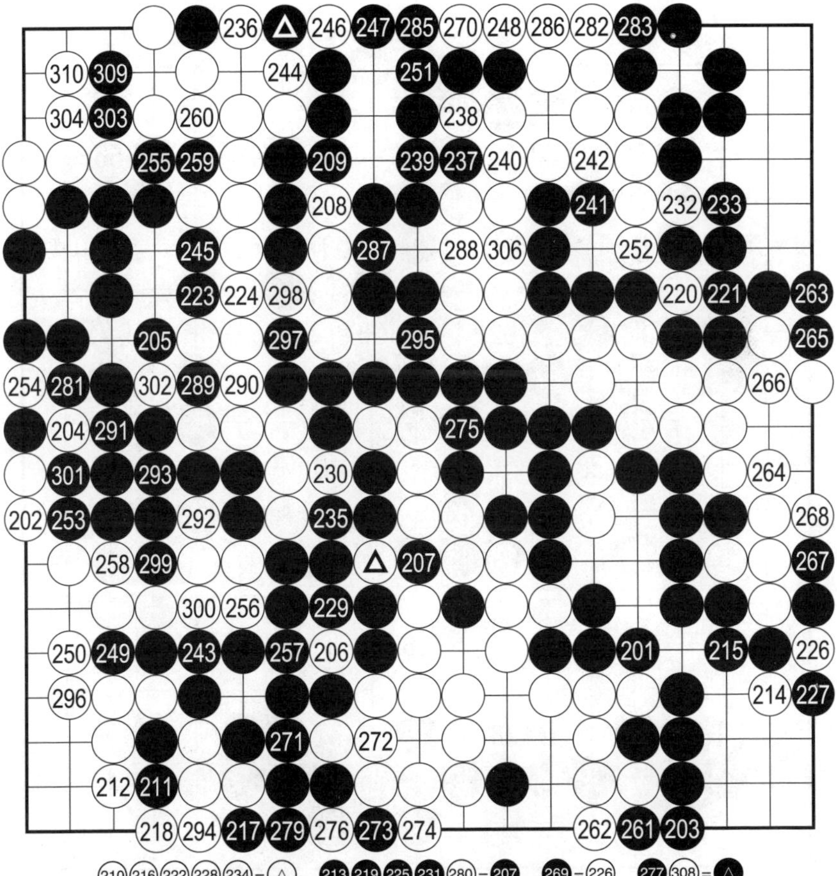

（201–310）

1997 年 5 月 31 日下午
第二届中国职业围棋混双赛

黑方　华学明、刘小光
白方　丰云、陈祖德

黑 21 软弱，应该星位顶后在 6 上一路跨断。白 30 靠下不好，可能没注意黑棋挖的手段，应该脱先去左上点角。黑 37 应该提，白棋打上来的战斗黑不怕。白棋重要的问题手是 62 的挖，应该脱先下 66 位飞。黑棋在上面先动手后，白棋应该想办法轻盈处理，或者脱先在 26 上一路冲后，再 63 上一路断，换一个战场。白棋从 78 位冲出后局面就已经很难了，在之前倒是可以考虑灵活处理，后面就没什么机会了。（唐韦星）

黑贴$2\frac{3}{4}$子　共 117 手　黑中盘胜

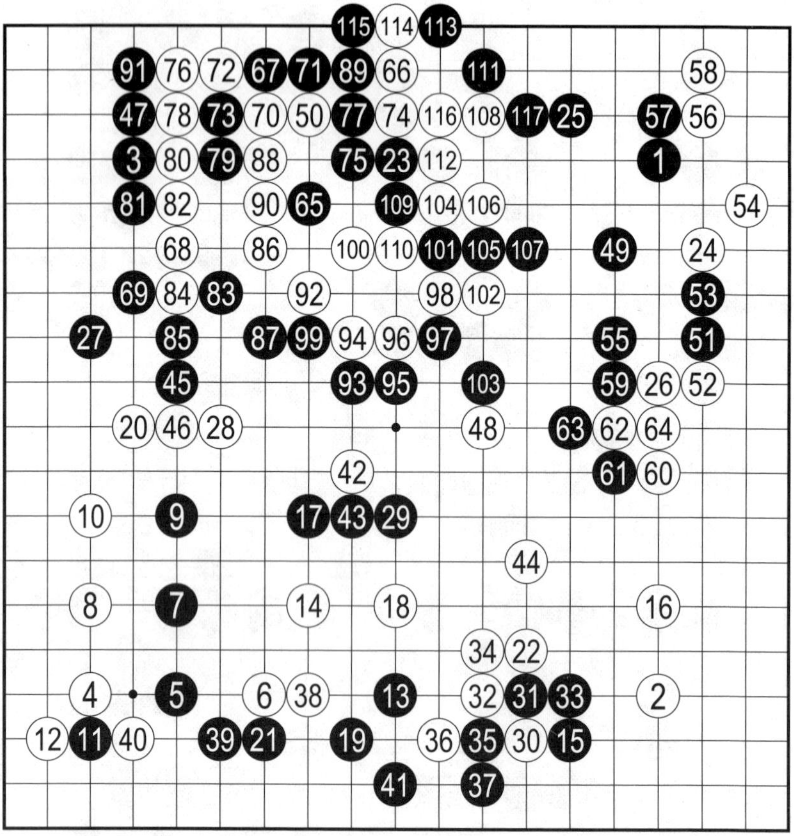

1997 年 6 月 1 日上午弈于上海
第二届中国职业围棋混双赛

黑方　丰云、陈祖德
白方　杨晖、曹大元

黑 19 棋形欠佳，可脱先在 97 上一路守角。白 20 本手。白 22 追究黑形的弱点。黑 23 应在 24 位忍耐，看轻 19 一子。白 24 分断，黑难下。白 38 如在 76 位尖顶更紧凑，黑左右两块不易处理。黑 49 好形。黑 51 可在 54 上一路跳守，局势尚早。白 52 至 56 分断后，战斗激烈。黑 61 反击过急，应先在 51 下两路活角，变化较为复杂。白 72 吃角，简明确立优势。（谢赫）

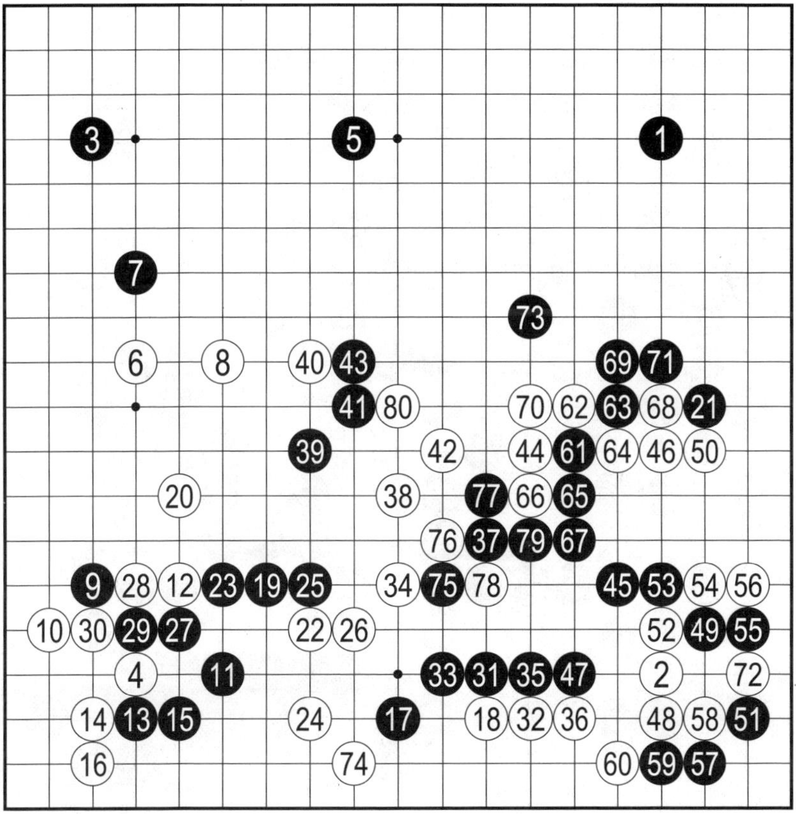

（1–80）

白112好手。黑117、119胜负手，此后白妥善应对，黑没有逆转的机会。（谢赫）

黑方 **丰云、陈祖德**
白方 **杨晖、曹大元**

黑贴$2\frac{3}{4}$子　共160手　白中盘胜

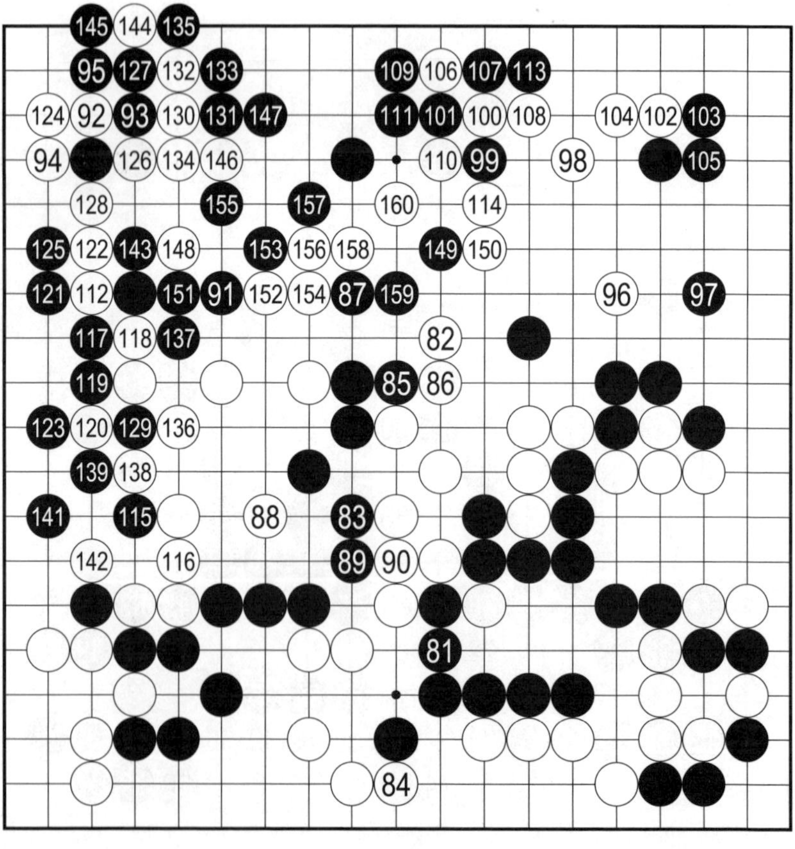

140=129

（81–160）

1997年6月1日下午弈于上海
第二届中国职业围棋混双赛

黑方　张璇、聂卫平
白方　丰云、陈祖德

开局至黑17是有年头的布局了。白18、20意在打散局面。右上角战罢局面两分。白66小局，应该77位附近跳出。黑79过分，应在94位跳缓攻白棋，实战下法让白棋轻松安定。黑91、93应该是联棋打将，但实战落后手吃角上五子实在太小，至126白棋优势。（唐韦星）

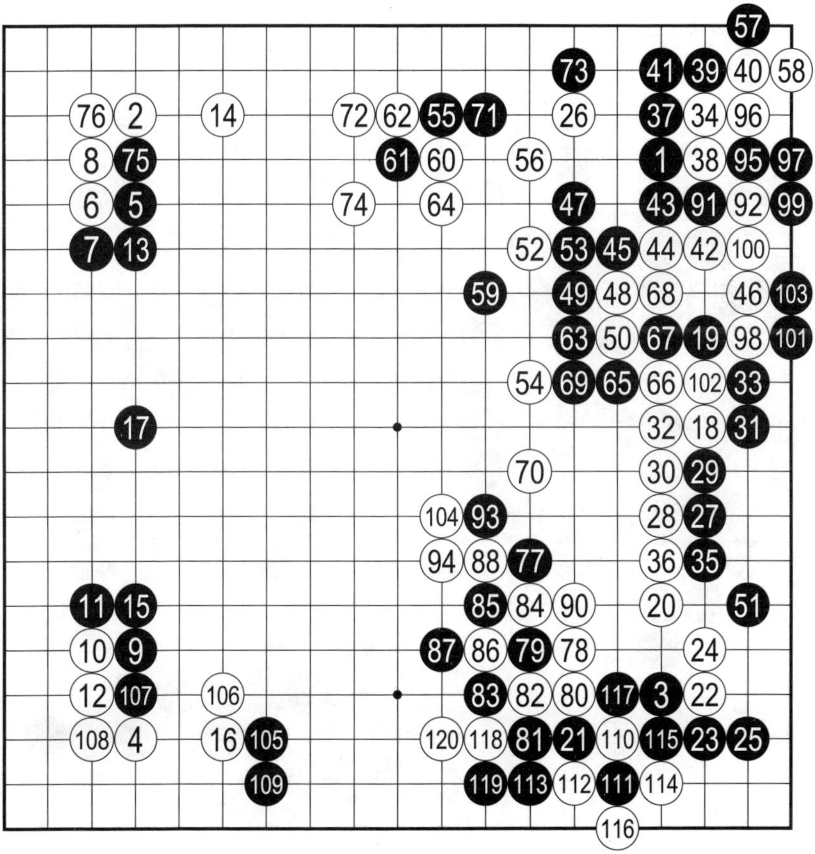

（1–120）

黑方　张璇、聂卫平
白方　丰云、陈祖德

接下来白棋一直保持优势。白棋的败着是：188没必要，如果下75右一路吃的话，白将小胜；白192如果回头是岸，在193位扳过，则局面仍然细微。被黑下到193位，白棋就不太行了。（唐韦星）

黑贴$2\frac{3}{4}$子　共219手　黑中盘胜

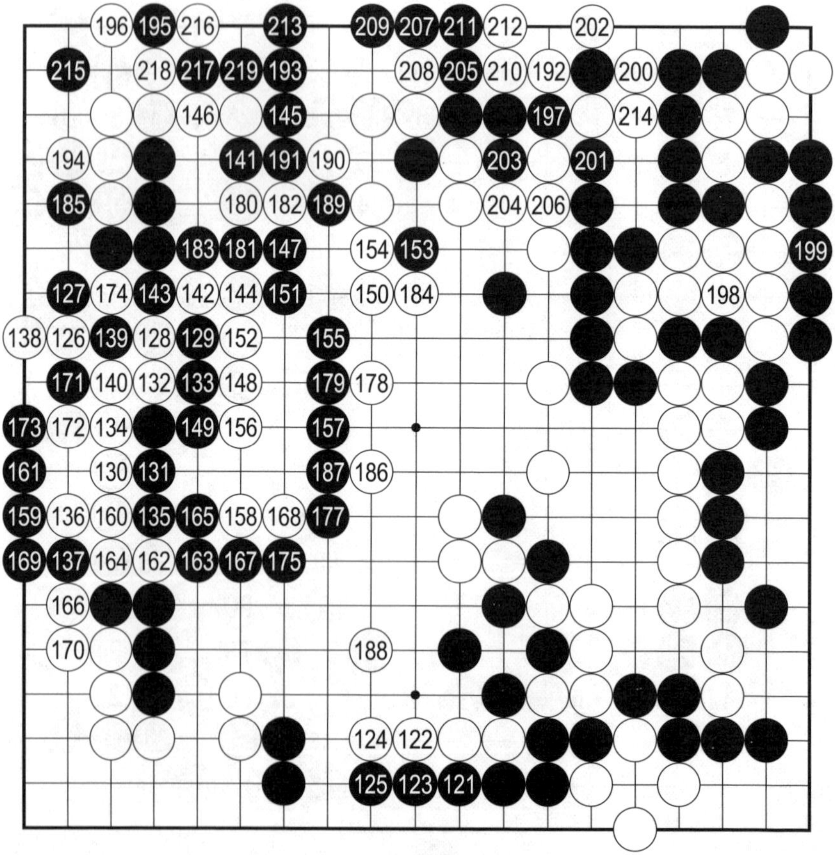

176=139

（121–219）

1997年8月13日弈于韩国汉城
第二届三星杯第一轮

黑方　陈祖德 九段
白方　崔圭炳 九段

开局双方下对角型布局，黑9引征左上的挖。白22下104位可能更好。黑25也许走77位好一些，实战进行至黑45，局面两分。白46以下一串俗手，应该直接走52位。黑59缓手，价值也太小，应该走95位拆边，上边被白棋进攻感觉不满。白74和黑75都应该在下边行棋。白76应该漏在99位，实战不够积极。随后是比较细微的白稍好的局面，但白116一串没有给黑棋压力，如在121位下一路碰，应该比实战要好一些。（唐韦星）

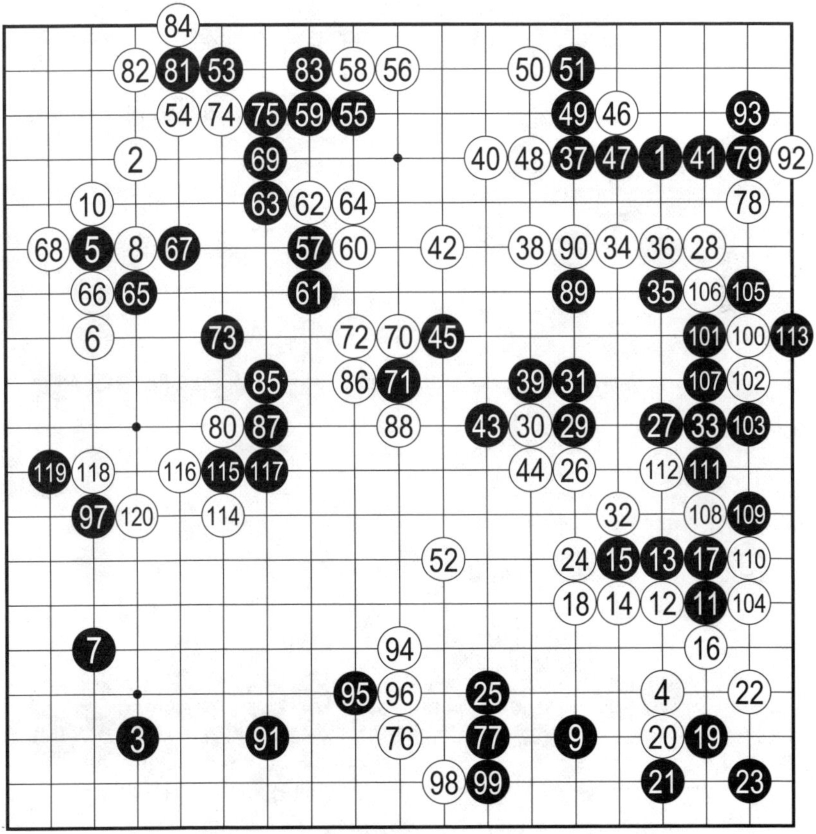

（1–120）

黑方　陈祖德　九段

白方　崔圭炳　九段

其后的局面在当年小贴目的时代极其细微。白196应走199位长，这样是半目胜负，实战白棋可能判断悲观，选择孤注一掷。黑201不紧气实在是严重误算，如走213位，白棋劫材不够。白202大恶手，如果下221位下一路的话，黑棋不能继续杀白，否则差一个劫材。白204最后机会，在222位打局面很复杂，实战白因为劫材不够中盘告负。（唐韦星）

黑贴5目半　共223手　黑中盘胜

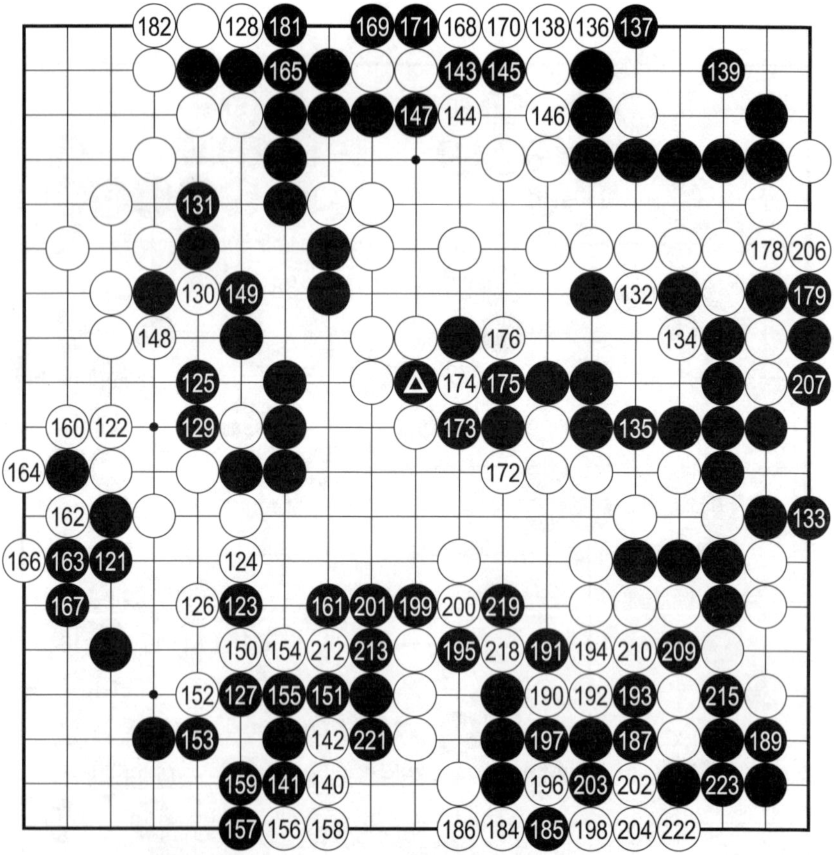

177 183 = △　180 188 = 174　205 211 217 = 185　208 214 220 = 196

216 = 209

1997年8月15日弈于韩国汉城
第二届三星杯第二轮

黑方　陈祖德 九段
白方　刘昌赫 九段

黑7在以前也很少见，可能局部黑棋有自己的想法。至黑21，左下白棋实地很多，形势占优。黑25太缓，应该下43位逼住或者45位点了盖住。黑27华而不实，这手棋还是下43位好一些，实战被白28靠出，黑没有好的手段。白34至42轻松破空，白棋优势明显。黑37应该在75位冲，将白棋下重。至白80，白棋实地很多，黑棋开局的外势策略失败。黑83明显俗手，本来在120位飞是局部好形，实战撞气了，让白棋厚实很多。黑97、99让局面变化进一步减少。（唐韦星）

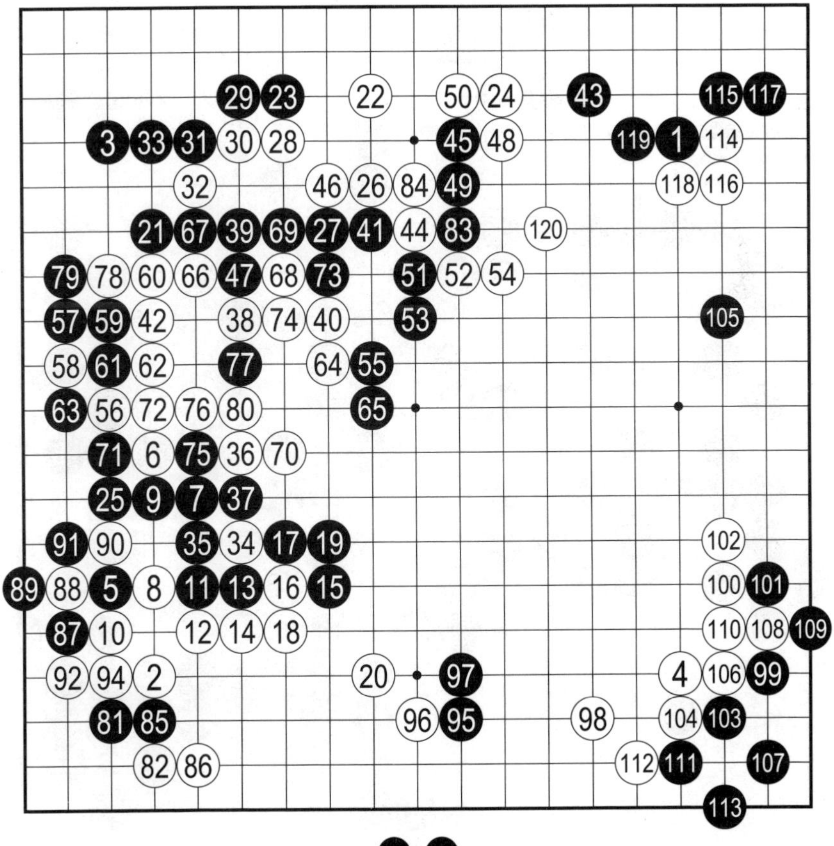

93=5

（1–120）

之后黑棋拼命追赶，但是贴目一直困难，207 选择玉碎也是无奈之举。（唐韦星）

黑方 陈祖德 九段

白方 刘昌赫 九段

黑贴 5 目半　共 212 手　白中盘胜

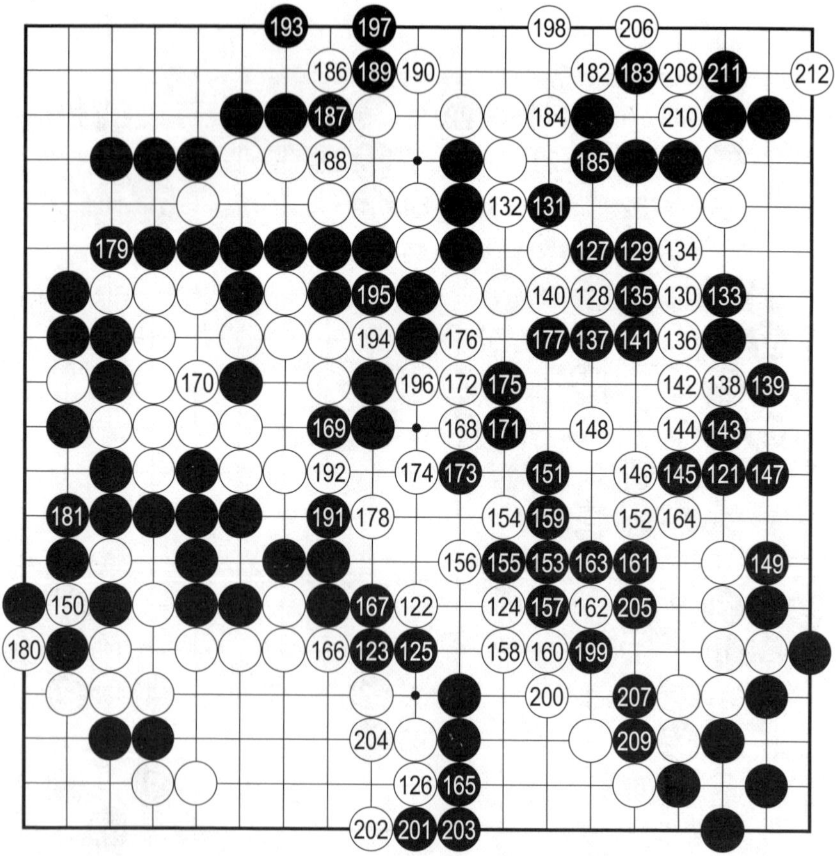

（121–212）

1997年9月9日

黑方　曹大元 九段
白方　陈祖德 九段

左下角至17是原来的老定式，黑棋取地，白棋取势，黑棋略好一点。白22、24展现了陈老气势磅礴的大局观。黑25打入必然，27是非常漂亮的选点。白34是本局非常严重的问题手，应在35位粘住，要比实战好很多。至43拆，黑棋在这个局部大获成功。白76、78、80连续给黑棋出难题，这里曹老应对无误化险为夷。黑95-101反冲击白棋，白棋的形势进一步恶化。（檀啸）

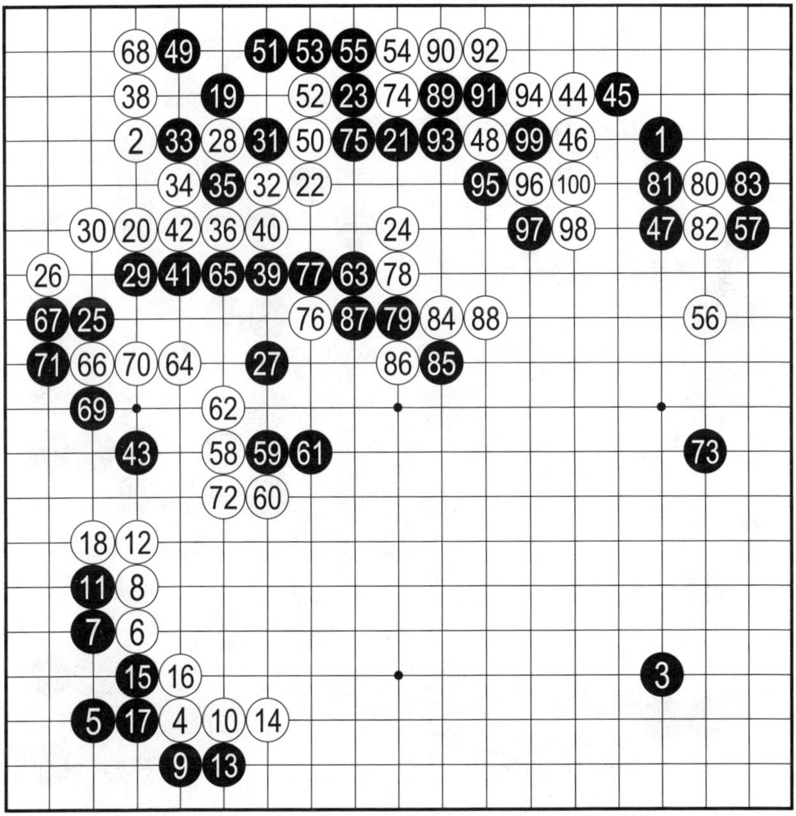

37=28

（1–100）

黑 129 在优势下毫不手软，至 143 确立了胜势。（檀啸）

黑方 **曹大元** 九段

白方 **陈祖德** 九段

黑贴2$\frac{3}{4}$子　共 195 手　黑中盘胜

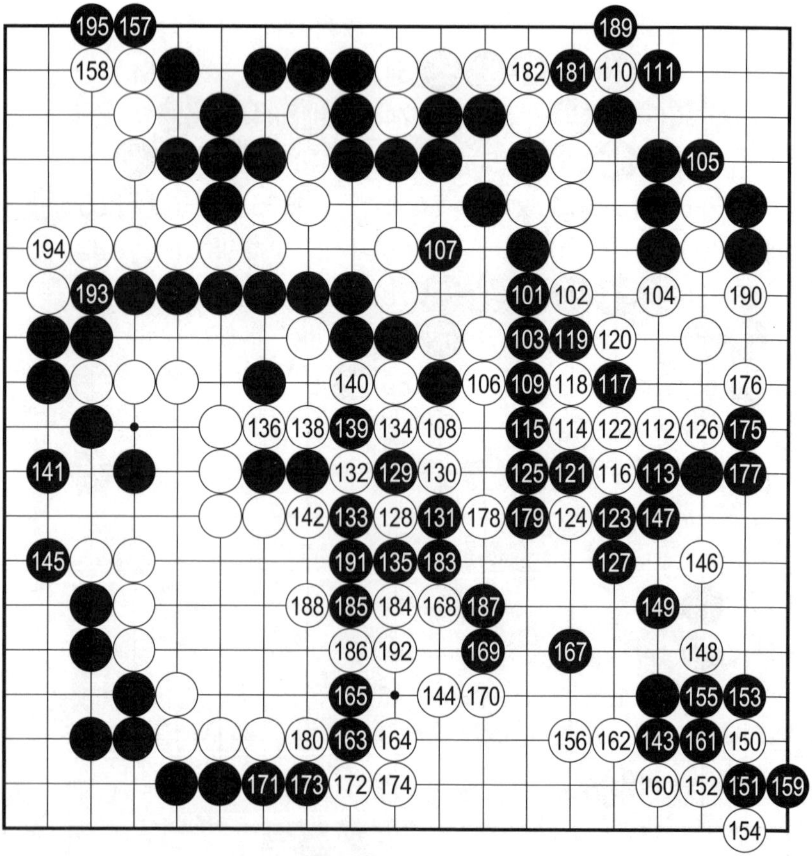

137 = 129　166 = 132

（101–195）

1997 年 9 月 24 日
让三子三面打

白方　陈祖德 九段
黑方　陈耀烨（受三子）

这是一盘让三子的多面打指导棋。右下角的大斜，黑棋选择了简明的外粘。黑 28 冲击白棋稍显无理。至 51，白棋明显得利，但黑全局依然保持约两子的优势。白 59 夹给黑棋出难题，这里陈耀烨处理得很冷静，选择了 60 忍耐和 62 反打的好棋。白 65 活角不便宜，把黑棋走厚了。（檀啸）

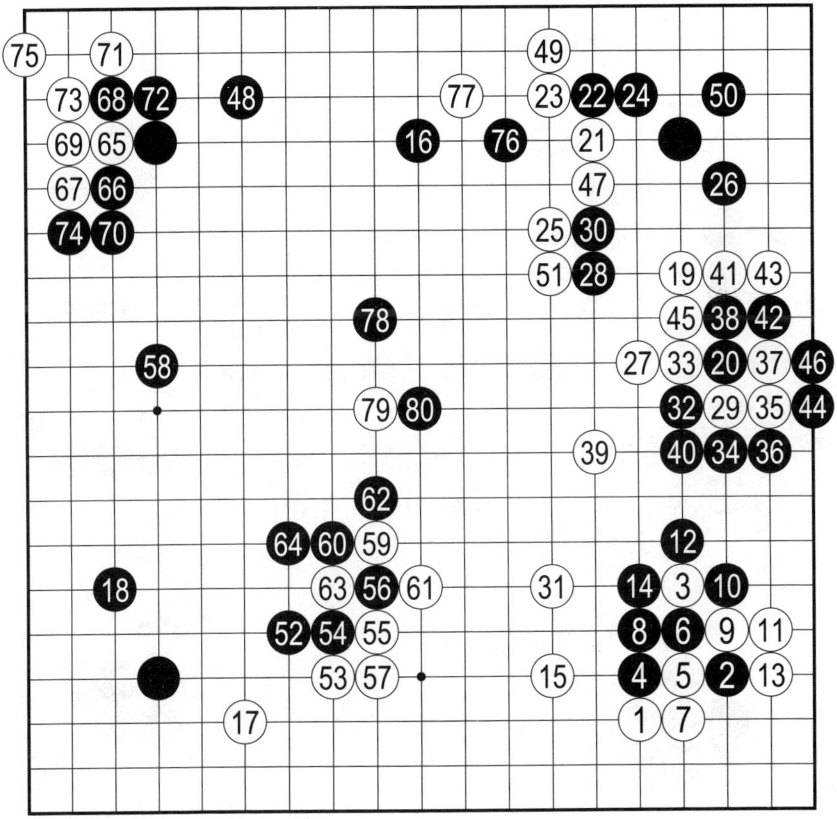

（1–80）

白方　**陈祖德** 九段

黑方　**陈耀烨**（受三子）

白81是胜负手，黑82杀在中间，大战一触即发！黑114误算，把白棋放活了。白119是本局的败着，应该120位粘住，如此进行，黑棋原本的让子优势已经荡然无存了。（檀啸）

黑贴3目　共173手　黑中盘胜

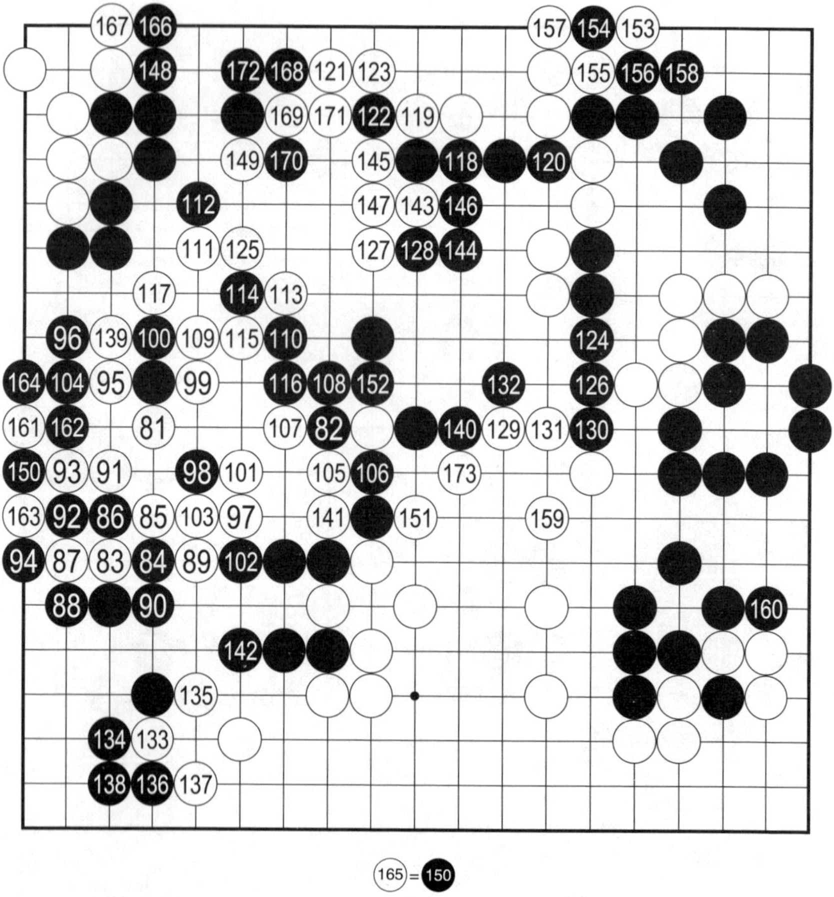

165=150

（81–173）

疑 1997 年 11 月 28 日
第一届乐百氏杯围棋赛第一轮

黑方　陈祖德 九段
白方　梁伟棠 八段

黑 17 稍缓，走在上一路小尖的位置会好一些。黑 23 点非常符合陈老的战斗型风格。白 56 是缓手，改下 67 位的效率将高于实战。白 68 明显有优势意识，此时价值最大的肯定是右上角的尖三三。黑 73、75 先手便宜后，抢到 77 拆二是黑棋稍好的细棋。黑 91 长出无理，应于 92 位粘回忍住，实战被白棋挖断并不便宜。白 100 犀利一点，非常严厉！黑棋中间变得非常薄。白 120 是败着！忽略了上面自身棋形的缺陷，被黑 121 冲下瞬间溃败。（檀啸）

黑贴 $2\frac{3}{4}$ 子　共 153 手　黑中盘胜

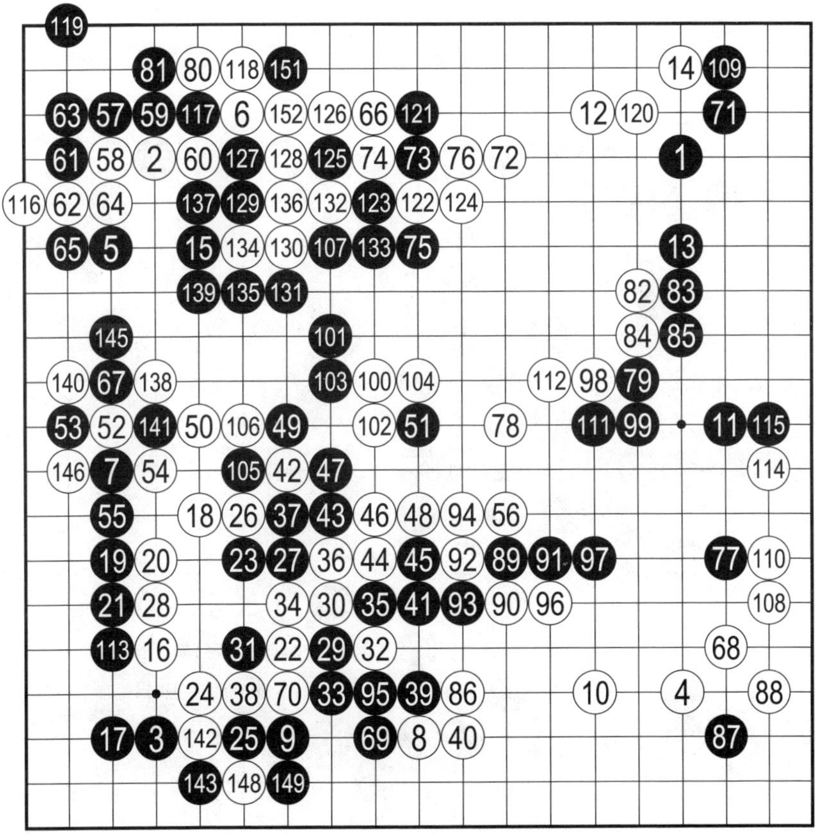

144 150 = 52　147 153 = 141

（1–153）

1997 年 11 月 30 日弈于中国棋院
第一届乐百氏杯围棋赛第二轮

黑方　罗洗河 七段
白方　陈祖德 九段

黑 11 大斜时，白 12 选择了忍耐，按现在的理念，白棋应该会靠出作战。白 26、28 的棋形不好，应直接 34 位点。对白 46 断，黑 47 选择了很有大局的弃子。白 54 扳过分，可能是觉得形势不太好，有点着急，被黑 55 断后陷入了苦战。黑 69 把白棋分断，白 78 只能选择弃子，但两边无法兼顾。（檀啸）

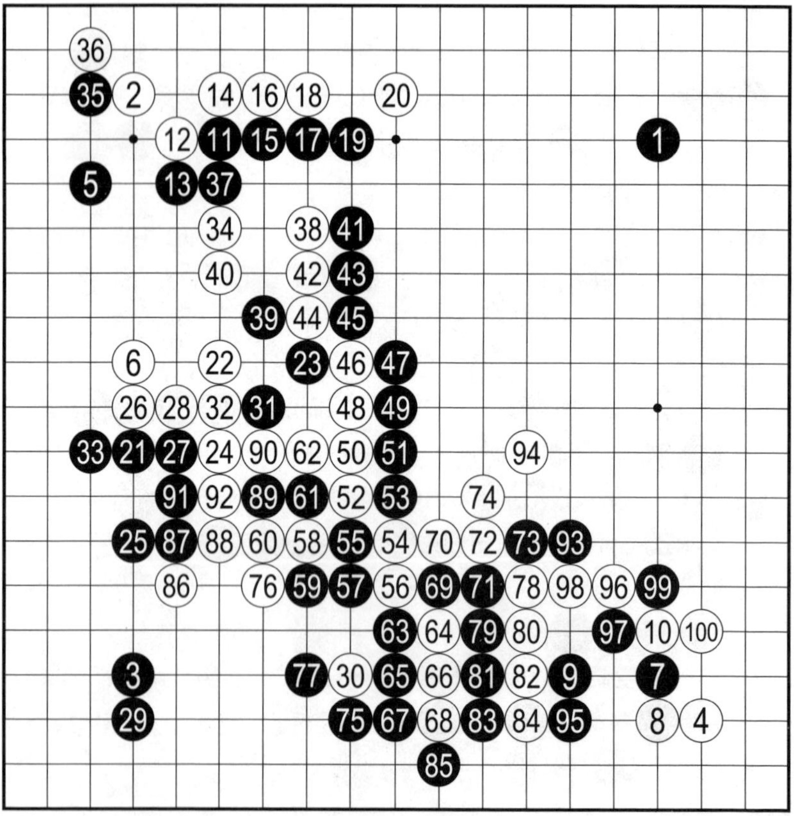

（1–100）

黑 101 非常漂亮的冲是本局的胜着！此后白棋虽坚持了数个回合，但黑棋应对无误，逐一化解。（檀啸）

黑方　罗洗河　七段

白方　陈祖德　九段

黑贴2$\frac{3}{4}$子　共 187 手　黑中盘胜

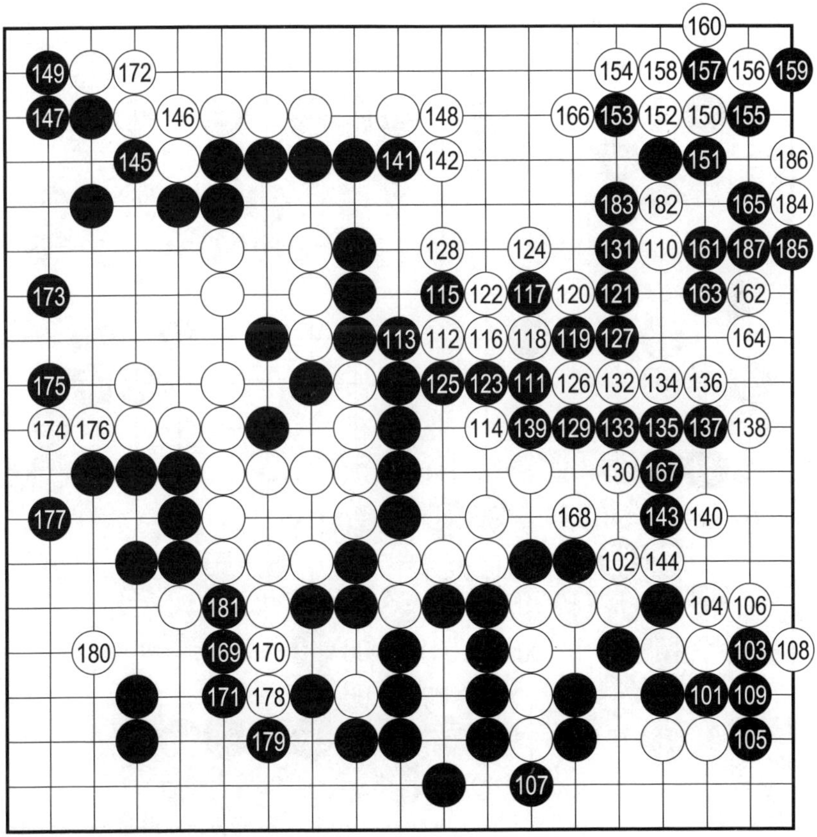

（101–187）

1997 年 12 月 1 日弈于中国棋院
第一届乐百氏杯围棋赛败者组

黑方　陈祖德 九段
白方　黄奕中 五段

白 8 大飞挂是那个年代的流行，笔者小时候老师也是这么教的，这个局部当时还有很多套路非常犀利。黑 21 应该扳起弃子，这个在当时有点难。黑 31 逼住很有想法，但好像不便宜。至 52，白棋布局总体比较满意。白 68 点入犀利，这里黑棋进退两难。至 92，白棋全部活出非常满意，黑棋总体还变薄了。黑 101 贴考验白棋，诱出了白 104 的失误，这里白应于 105 位冲出，瞄着左右两边的黑棋。以下黑棋抢到 113，形势有所缓和，变成了一盘细棋。白 124、126 连续两步缓手，应走 158 位跳，围中间的空。黑 131 巧妙一跳，活得非常舒服。白棋发觉自己不够了，132 进行拼命。至 149，白算到无法强杀黑棋，冷静下来发现还是细棋。（檀啸）

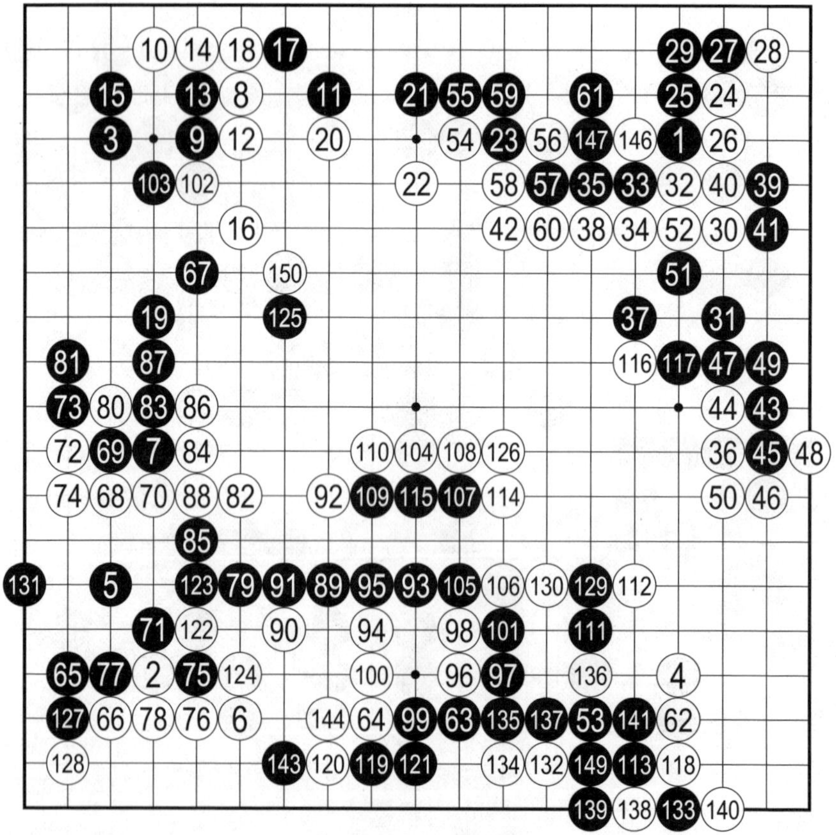

142 148 = 138　145 = 133

（1–150）

黑方 **陈祖德** **九段**

白方 **黄奕中** **五段**

白 174 是本局的败着！应走 177 位，这个地方没有任何保留的价值。对白 174 的失误，黑棋果断脱先抓住了机会。后面虽经历了翻天覆地的转换，但黑棋一直牢牢把控着局势。（檀啸）

黑贴2$\frac{3}{4}$子　共 298 手　黑胜3$\frac{3}{4}$子

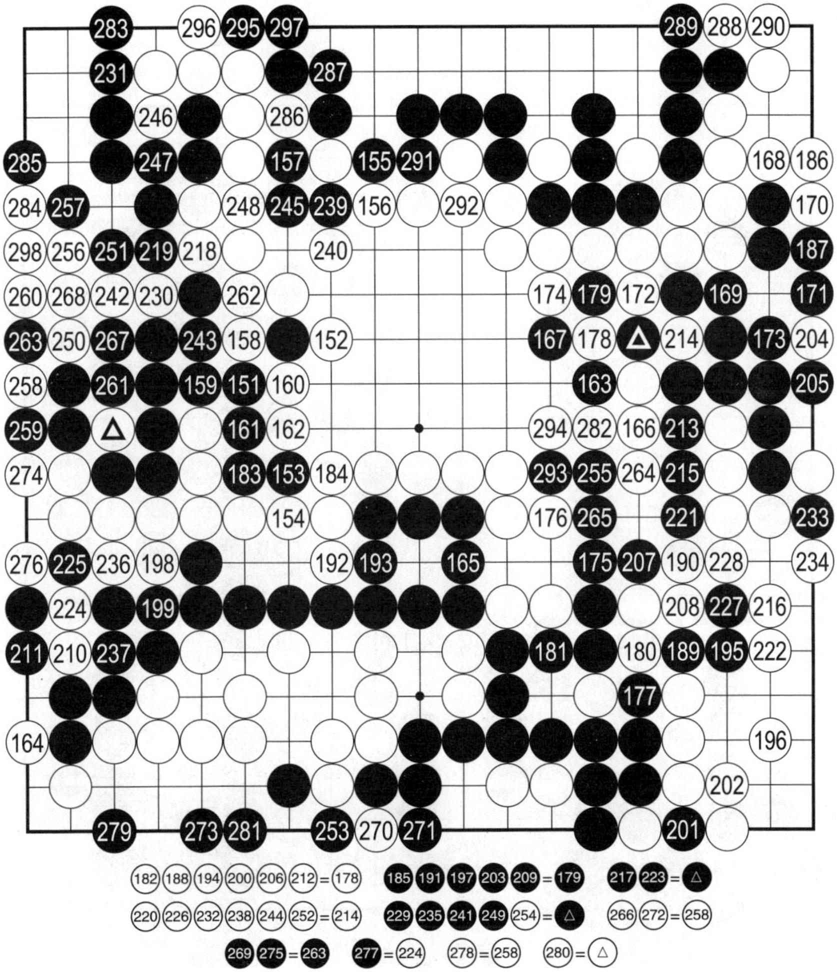

（151–298）

1997年12月4日

第一届乐百氏杯围棋赛败者组

黑方　陈祖德 九段

白方　方捷 七段

白32夹稍微过分，黑33应该冲95位，直接和白棋作战。白40镇头忽略了黑41跑出后自身非常薄弱的严重性。黑51好棋，抓住了白形的弱点。黑73直接开劫也可以考虑走外面，先保留打劫。黑81找劫走得太重，实战有点脱不开身了。白94严重误算，在这么关键的时刻落了后手。白114没有时间去提劫了，选择直接进攻黑棋。黑125想冲击白棋，但是被白126跳进去并不好办，此时应该冷静地在136位挡住做活。实战被白棋冲到136，黑棋已经无法全部做活，只能选择断尾求生。（檀啸）

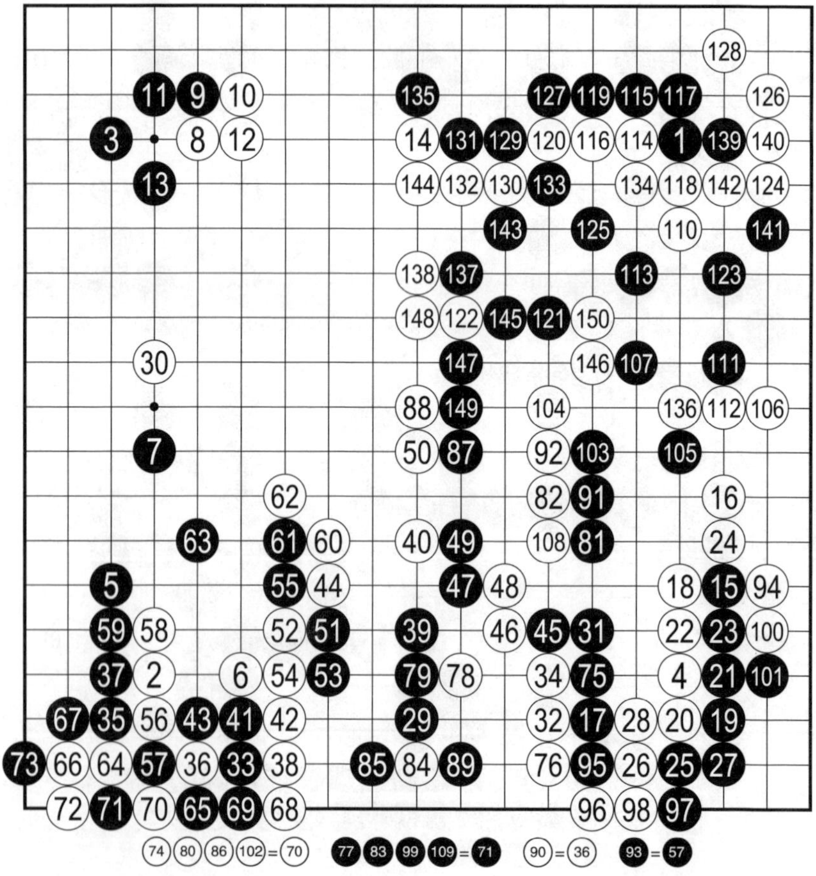

（1–150）

黑方 **陈祖德** 九段

白方 **方捷** 七段

至175形成了转换，黑棋上面全部阵亡，白棋中间还没死，黑棋已然败势。白180、182胜着！在这里先考验黑棋的应对，如果只能活一半，黑棋显然无法忍受。之后白棋判断清楚，黑棋再无机会。（檀啸）

黑贴$2\frac{3}{4}$子　共275手　白胜$5\frac{1}{4}$子

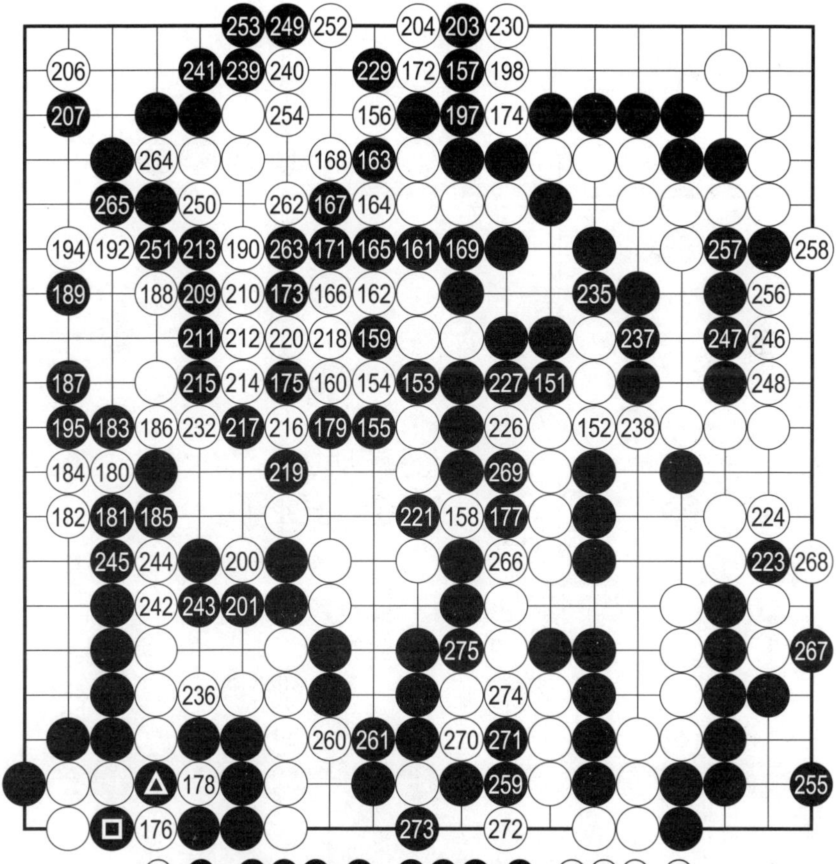

170=163　191 225 231=△　193 199 205=□　196 202 208=176
222 228 234=178　233=216

（151–275）

一九九八

时年54岁

◎ 1月4日—7日，在第12届中国天元战预选赛中，执白击败古力三段。进入本赛后，陈祖德第一轮击败段嵘六段，第二轮战胜方天丰八段。

◎ 1月8日，在第10届“爱多杯”CCTV电视快棋赛第一轮再胜方天丰八段。

◎ 1月9日，在第12届中国天元战本赛第三轮负于聂卫平九段。

◎ 2月8日，在第10届“爱多杯”CCTV电视快棋赛第二轮击败胡耀宇四段。

◎ 3月7日，“多佳杯”中国围棋超级双人赛在鄂州举行。这是《围棋报》十周年庆典活动之一。陈祖德和华以刚组合执白击败了聂卫平、王汝南组合。

◎ 3月14日—16日，在第11届“中兴通讯杯”中国围棋名人赛第一轮中击败谭炎午七段，第二轮负于许书祥五段。

◎ 3月29日，在第10届“爱多杯”CCTV电视快棋赛第三轮负于曹大元九段。

◎ 10月4日—22日，在第一届“溪口杯”中国围棋棋圣战九段组四分之一决赛击败邵震中九段，半决赛战胜张文东九段，在决赛中不敌刘小光九段，获得九段组亚军。最后九段组前四名都进入本次比赛的最高棋士决定战。

◎ 12月1日—4日，第二届“乐百氏杯”围棋赛第三阶段比赛开始。比赛采取双败淘汰制，陈祖德在第一轮负于罗洗河七段。败者组第一轮击败丰云九段，第二轮负于方天丰八段。

◎ 12月23日，第一届“溪口杯”中国棋圣赛最高棋士决定战第一轮，陈祖德负于周鹤洋七段。

薛志春　整理　　　　**华以刚　审订**

1998 年 1 月 4 日
第 12 届天元战预选赛

黑方　古力 三段
白方　陈祖德 九段

黑 5 是变相小林流，当时国家队对这个棋形很有研究。白 16 没有跟着提掉很有想法，有着超越时代的思路。黑 33 缓手，明显是后手的地方不着急走，应该抢占大场或者攻击白棋下方。白 34 扳至 46 基本必然，白棋走在外面心情非常舒畅。黑 55 靠住不好，黑棋虽然捞了些实空，但是把白棋走厚了，在 56 位扎实地并住才是上策。黑 73 败着，此时黑断 74 位尚可一战，黑 73 委屈做活，败势已定。（檀啸）

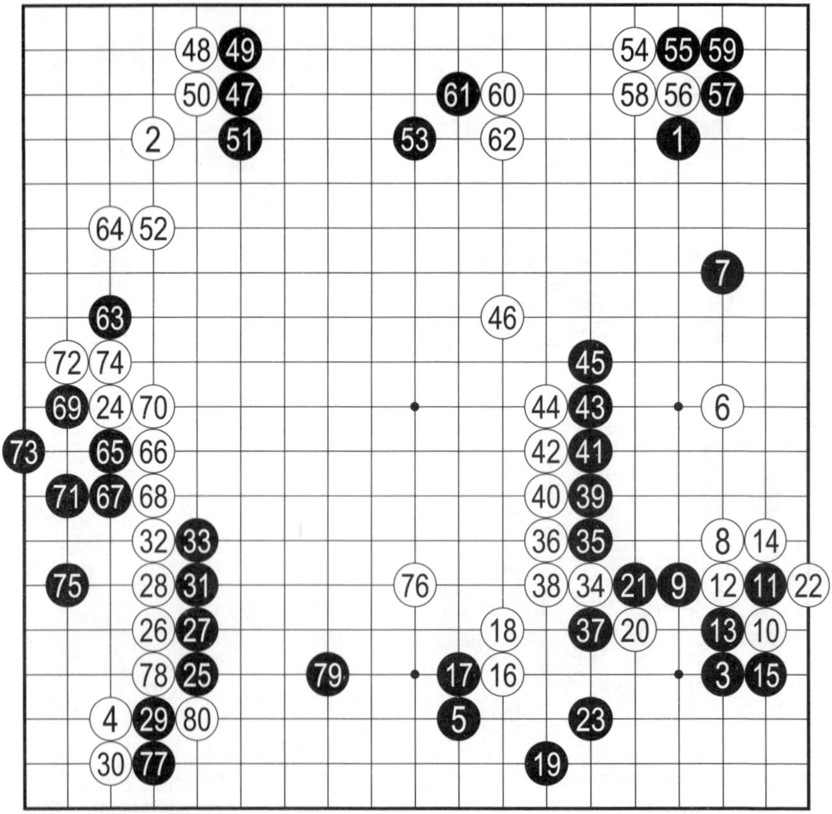

（1–80）

黑方　**古力** 三段

白方　**陈祖德** 九段

黑贴$2\frac{3}{4}$子　共 162 手　白中盘胜

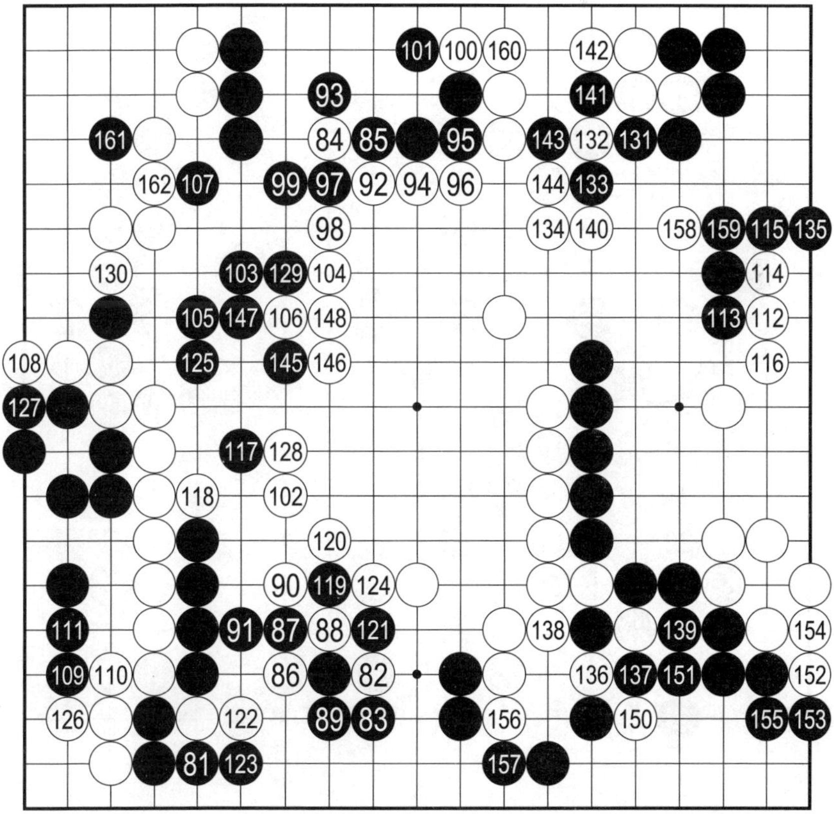

149 = 88

（81–162）

1998年1月5日

第12届天元战本赛第一轮

黑方 段嵘 六段

白方 陈祖德 九段

白10飞角是当时常见的下法，现在看来稍微有点无理。黑11应该左边拆二，白棋战斗不利。黑15肩冲和13的着法是连贯的，却把自己走薄了，至白30跳出，白棋满意。白40应该直接在56位冲断，吃掉黑两子，价值巨大。这里双方都没有意识到冲断是要点。黑41也应该于63位跳补断，实战白棋走到56位非常满意。至82右上告一段落，白棋优势明显。白94捞得过猛，这时候走95位压住，把自己连厚即可，被黑95贴出，局面变得混乱起来。黑101扳下，白棋只能补活，形成了细棋局面。（檀啸）

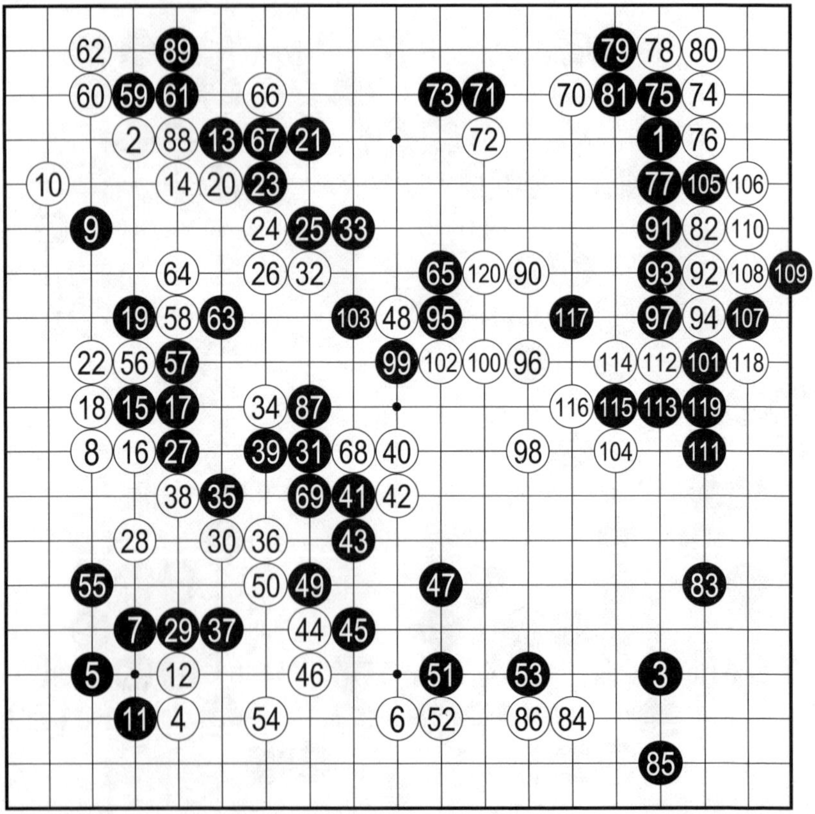

（1–120）

黑方　**段嵘** 六段

白方　**陈祖德** 九段

白124失误，这时候应该走125位尖，破坏黑棋上方实空。黑抢到125后，胜利的天平向黑方倾斜了。白128是好棋，这也是白棋粘124的原因，这里有一靠。黑129应对无误，白棋获得一点小便宜。黑151官子失误，这里走189位大飞要好一点。黑189是最后的败着，这里如果下二路夹，逆收3目，是黑棋要胜半目的局面。（檀啸）

黑贴$2\frac{3}{4}$子　共242手　白胜$\frac{1}{4}$子

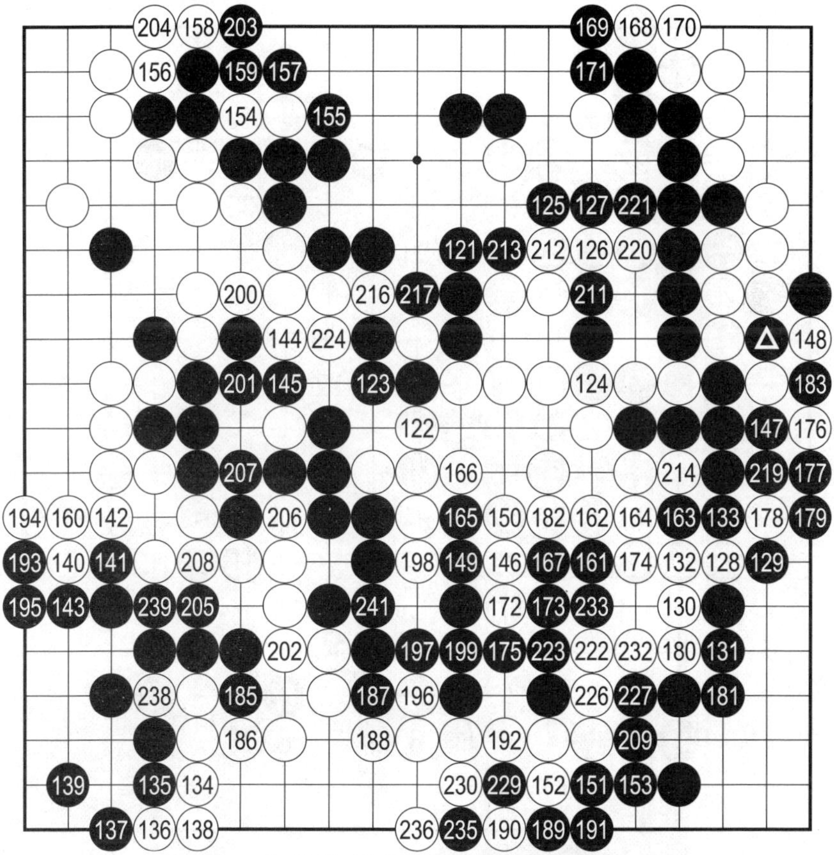

(184)=△　(210)(218)(228)(234)(240)=(176)　215 225 231 237 (242)=183

（121–242）

1998年1月7日

第12届天元战本赛第二轮

黑方　方天丰 八段

白方　陈祖德 九段

白4目外是陈老非常喜欢的下法。至24是典型的复古布局，双方下得非常扎实。黑37缓手，正常走58位把头抢过来。白42可以考虑脱先，实战正好凑黑43贴出，白棋上下打架。白50分断，黑51当仁不让地反击。黑59顶头很有力，这里黑棋准备弃子的想法很好。至黑71贴出，白棋下方整体不活，黑形势有利。黑87是问题手，这里黑没有劫材，被白92冲死，目数大损，只能把希望寄托于攻杀白棋中间的大龙。白100应该在下一路冷静地单退，这样就没有借用了。黑109并之后双方展开了生死对决，看上去白棋希望渺茫。（檀啸）

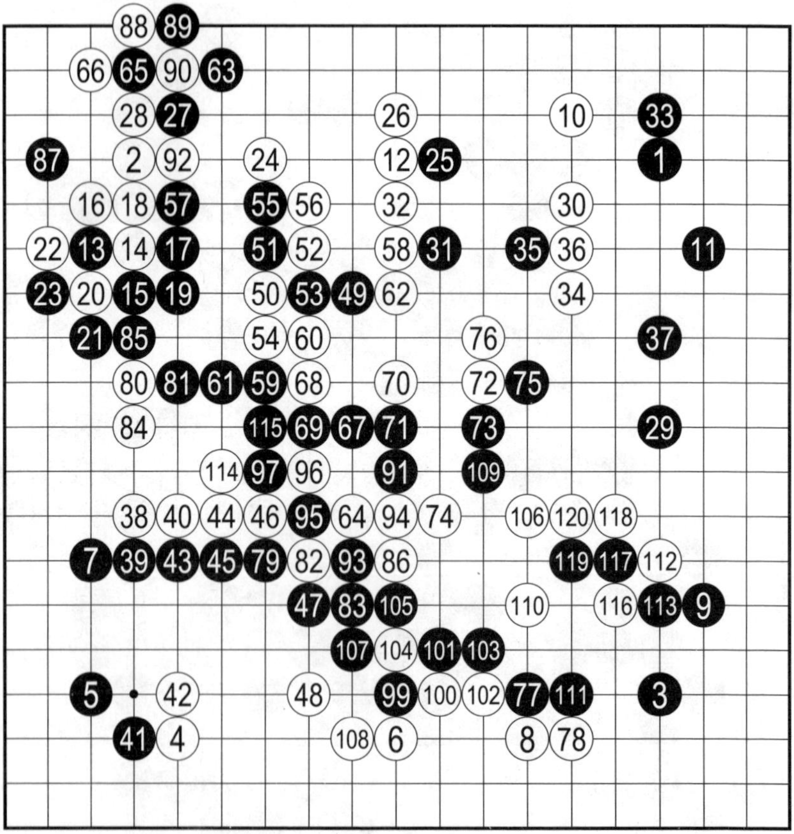

98=82

（1–120）

黑方　**方天丰** 八段

白方　**陈祖德** 九段

黑 123 错过了一举制胜的机会，应该于 125 位强杀。实战白 124 断逃过一劫，局面变成了细棋。黑 149 是本局的败着，应该走 152 位救回三子。实战白棋抓住机会，并把胜利保持到了终点。（檀啸）

黑贴$2\frac{3}{4}$子　共 243 手　白胜$2\frac{1}{4}$子

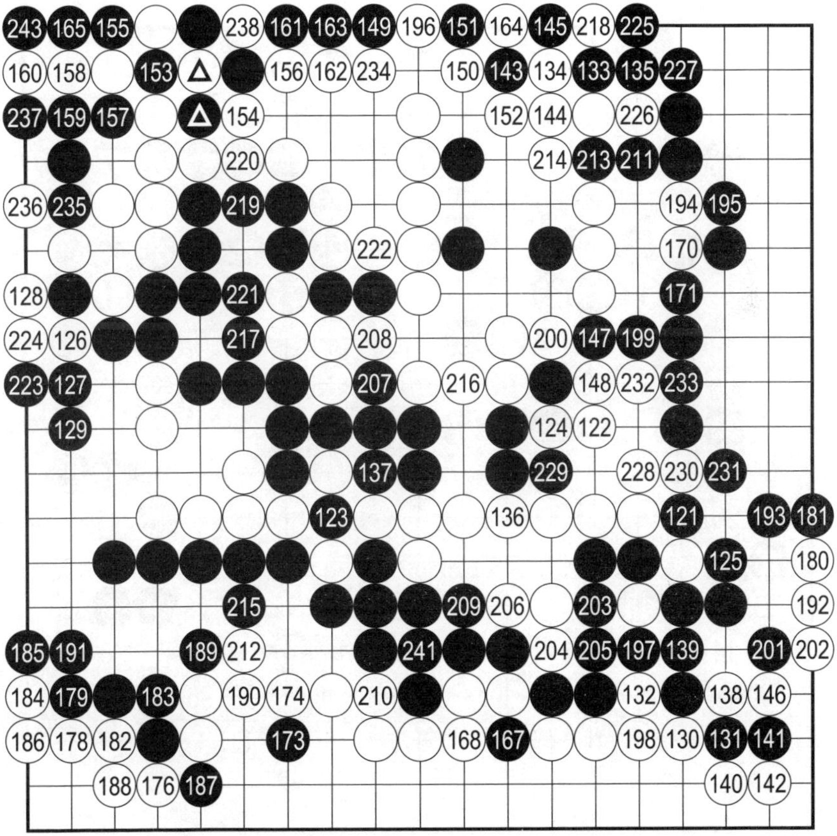

166 172 177 = △　169 175 = ▲　239 = 161　240 = 163　242 = 145

（121–243）

1998 年 1 月 8 日
第 10 届 CCTV 电视快棋赛第一轮

黑方　陈祖德 九段
白方　方天丰 八段

黑 9 形成“高中国流”，陈老发明的中国流好几十年都是热门布局。白 12 灵活，这里不要马上跟着挡下。白 38 缓手，这里应于 39 位分断黑棋，左下黑棋就变薄了。白 56 打断严厉，黑棋可能忽略了。黑 67、69 手筋，巧妙渡过了难关。至 78 白棋优势。黑 81 断开始发力，白 84 顶头弃子，至 90 双方都可接受。黑 101 继续寻找头绪，白 102 是严重失误！这里当然应该于 103 位虎住，使 101 变得很无趣。黑 103 长出，白棋难办。黑 107 扳时，白棋应该走 110 跳补，实战被黑 109 爬出，双方厚薄逆转。白 114、116 在一路后手渡过毫无价值，黑抢到 117 确立了胜势。（檀啸）

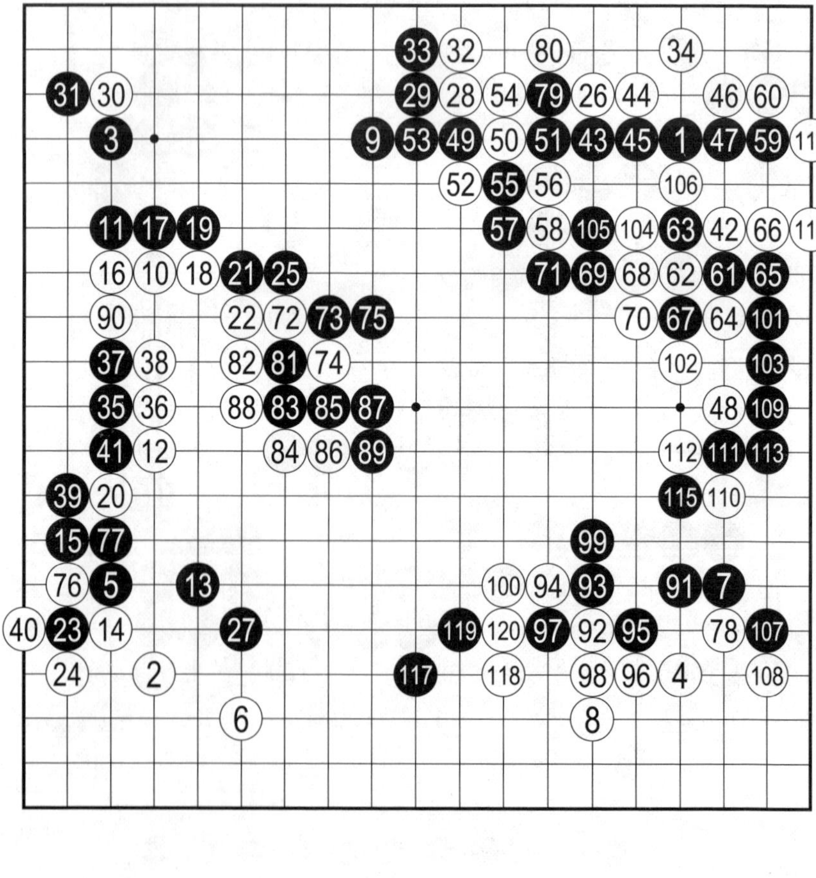

（1–120）

白132至144在黑棋空里寻找机会，但黑应对无误。后面又下了很多手，但已和胜负无关。（檀啸）

黑方　陈祖德　九段

白方　方天丰　八段

黑贴$2\frac{3}{4}$子　共263手　黑中盘胜

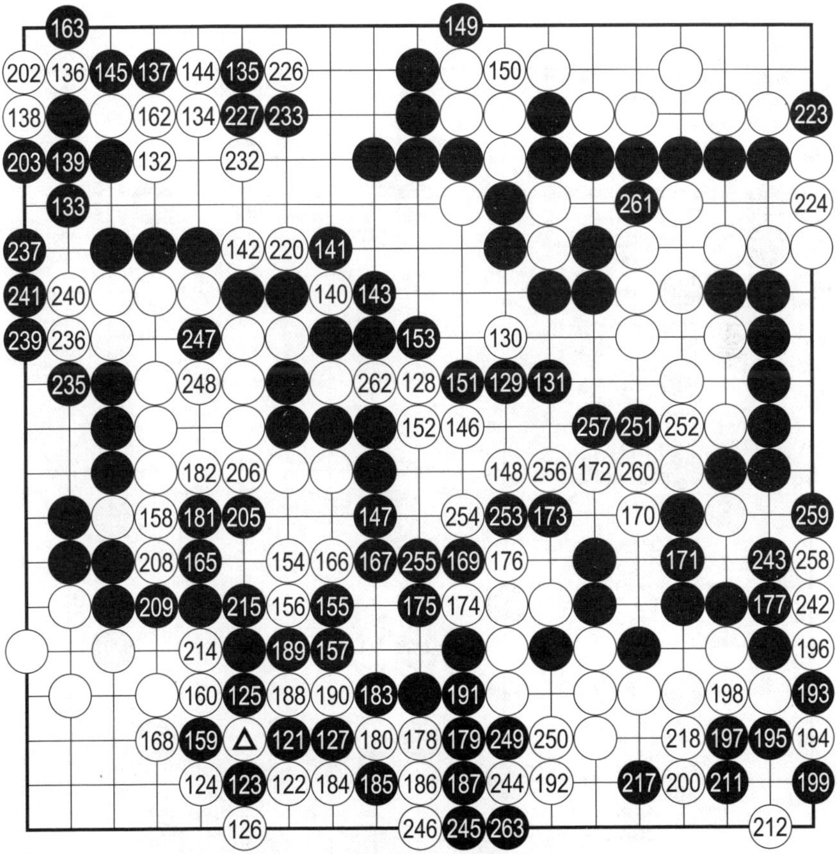

161=123　164=△　201 207 213 219 225 231 238=193　204 210=194

216 222 228 234=194　221=140　229=127　230=121

（121–263）

1998 年 1 月 9 日弈于北京
第 12 届中国天元战本赛第三轮

黑方　聂卫平 九段
白方　陈祖德 九段

黑 29、31 是此形的要点，至 39 跳，黑取得成功。白 40-44 这串吃黑三子的下法操之过急，将黑撞厚后白显然被动。左上黑 49 点角试应手的时机极好。白 56 应贴 70 位放黑活棋。实战由于下方白大龙过薄，被黑 65 拐过来后，白已非常难下。黑 79、81 扭断非常愉快，此时白下方大龙没眼，此局部不敢与黑纠缠。（陈耀烨）

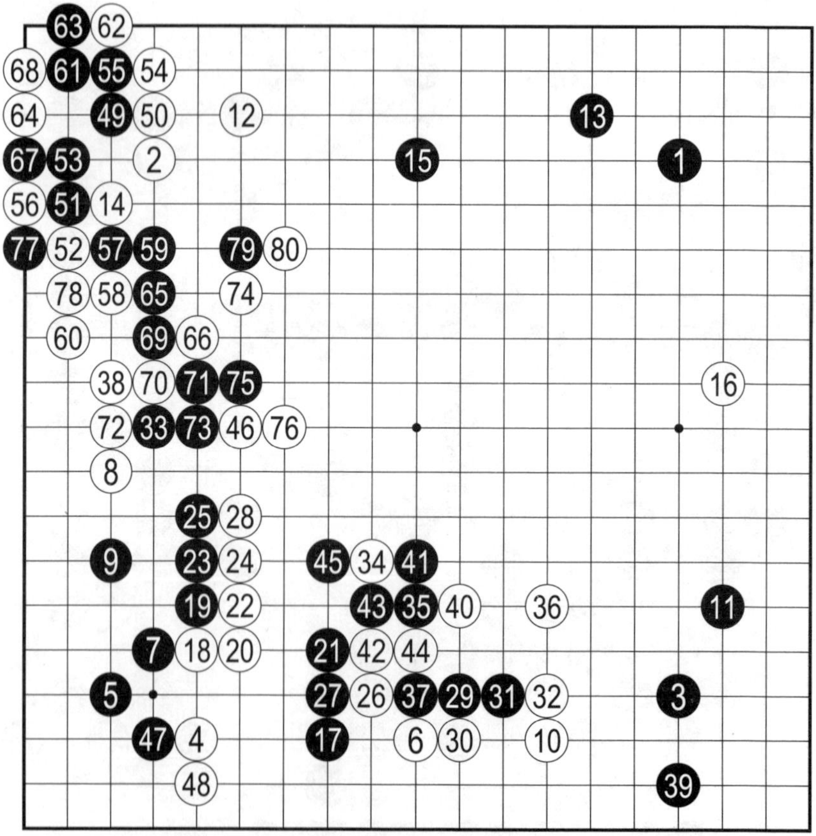

（1–80）

至97打出，黑通过攻击获得巨大战果，已是大优局面。在优势下，黑棋的处理都极为简明，在保持实地优势的同时，一直给白棋两块孤棋制造压力，最终顺利赢下本局。（陈耀烨）

黑方 **聂卫平** 九段

白方 **陈祖德** 九段

黑贴$2\frac{3}{4}$子　共165手　黑中盘胜

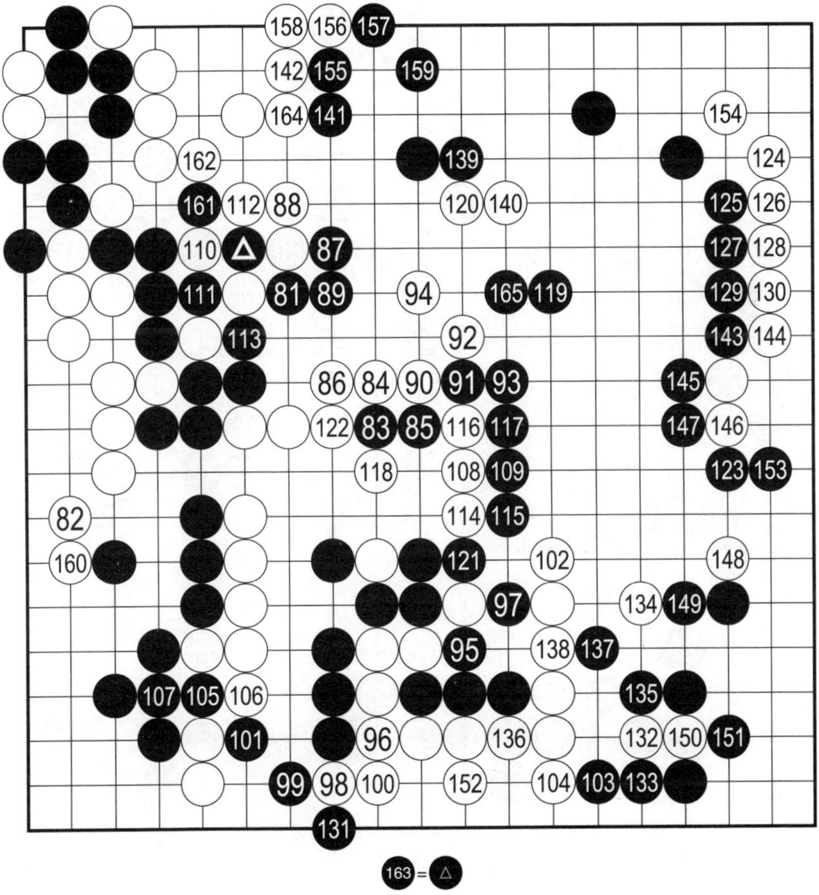

（81–165）

1998年2月8日
第10届CCTV快棋赛第二轮

黑方　胡耀宇 四段
白方　陈祖德 九段

黑15应在18位二路立。至30分投，白棋布局满意。黑35反靠好棋，这里如果跟着贴，被白棋长出，黑棋非常难受。黑51打入应该是意识到了形势不好，下得非常积极。白52冷静，至58托过，白棋优势明显。白72捞得过猛，这时应该于73位跳出。黑75的进攻过犹不及，应该走102位把白棋封在里面。白78、80非常愉快地出头之后，黑失败。白96是超级缓手，应该走右边一路，黑棋想吃掉白棋是不可能的。白104、118也都是缓手，显然觉得稳住就赢了，但这几步却把棋局导入细棋。黑121开始拼命，但这个下法并不便宜。(檀啸)

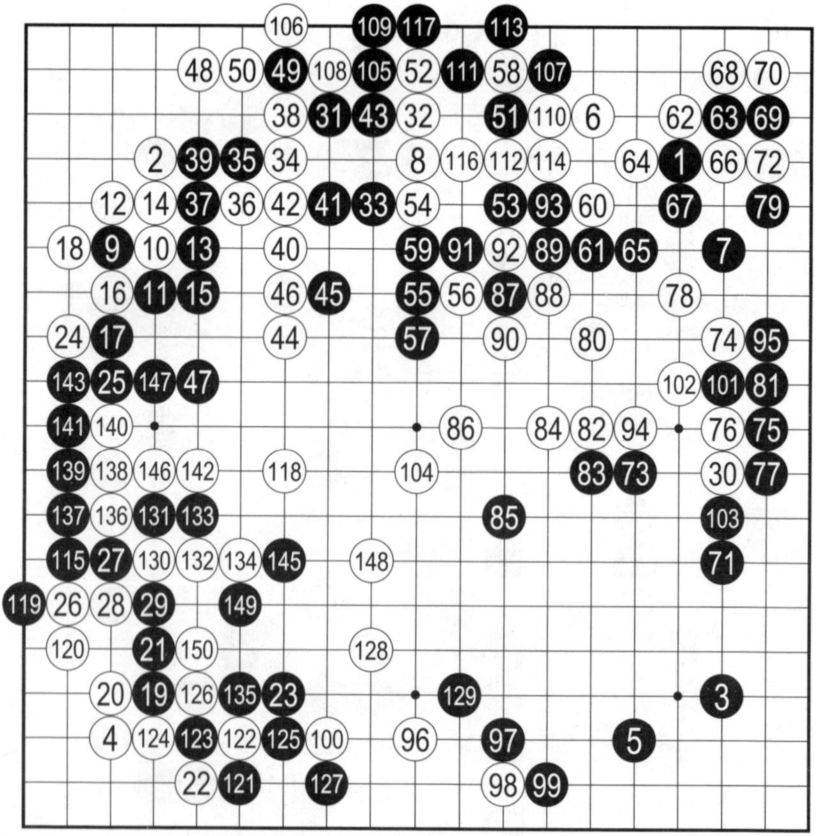

144=123

(1–150)

黑方 **胡耀宇** 四段

白方 **陈祖德** 九段

白154走163位的话，黑棋的空就被破掉了。实战白棋缓了一下，但还是小胜的格局。后面黑棋一直在拼搏，但始终没有机会，白棋把小胜保持到了终局。（檀啸）

黑贴$2\frac{3}{4}$子　共273手　白胜$\frac{1}{4}$子

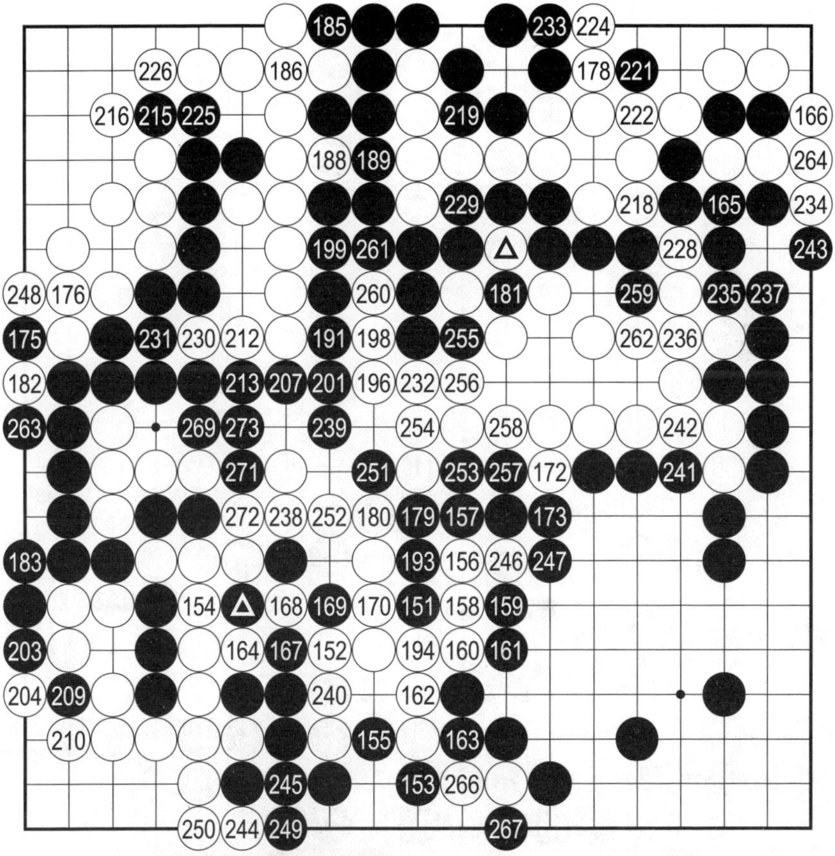

171 177 195 205 211 217 223 = △　174 192 202 208 214 220 227 = 168

184 190 200 = △　187 197 206 = 181　265 270 = 175　268 = 182

（151–273）

1998 年 2 月 21 日
圣雪绒杯快棋赛

黑方　陈祖德 九段
白方　程晓流 六段

白 16 跳不好，不如 17 位飞效率高。黑 21 点角发力过猛，有些无理，双方在这里打响了第一个战斗。白 42 的棋形不对，应于 43 位压，实战被黑 43 一拐，白棋有些酥麻。白 74 误算，这里走 75 上一路点刺是正解，实战被黑棋收一圈非常难受。黑 87 敏锐地发现了白形薄弱之处进行冲击，至 107 舒畅。黑 109 是明显的缓手，应该是感觉形势不错，此时应在 276 位跳出，白棋非常难办。白 110 通过弃子甩掉包袱，棋局变成了五五开的均势。（檀啸）

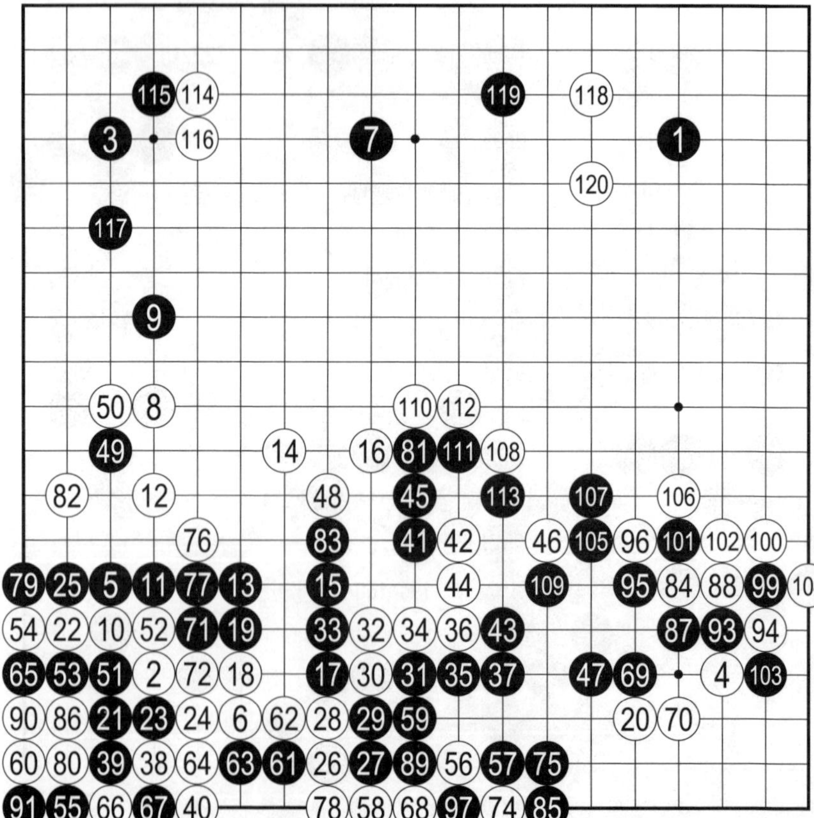

73=66　92=86　98=80

（1–120）

黑方　陈祖德 九段

白方　程晓流 六段

黑131时，白棋如何处理上方的孤棋是本局的关键。白144挖虽是常用的手筋，但把黑棋撞厚了，得不偿失。黑151中间断，十分严厉！白已经不好处理了。黑169失误，此时走170接，白棋中间和左边都不活，已经无法兼顾。实战被白170一冲，黑棋放虎归山。白214是本局的败着，应于241位靠断，争到先手之后抢217这个超级大官子。实战被黑粘到217，白棋败局已定。（檀啸）

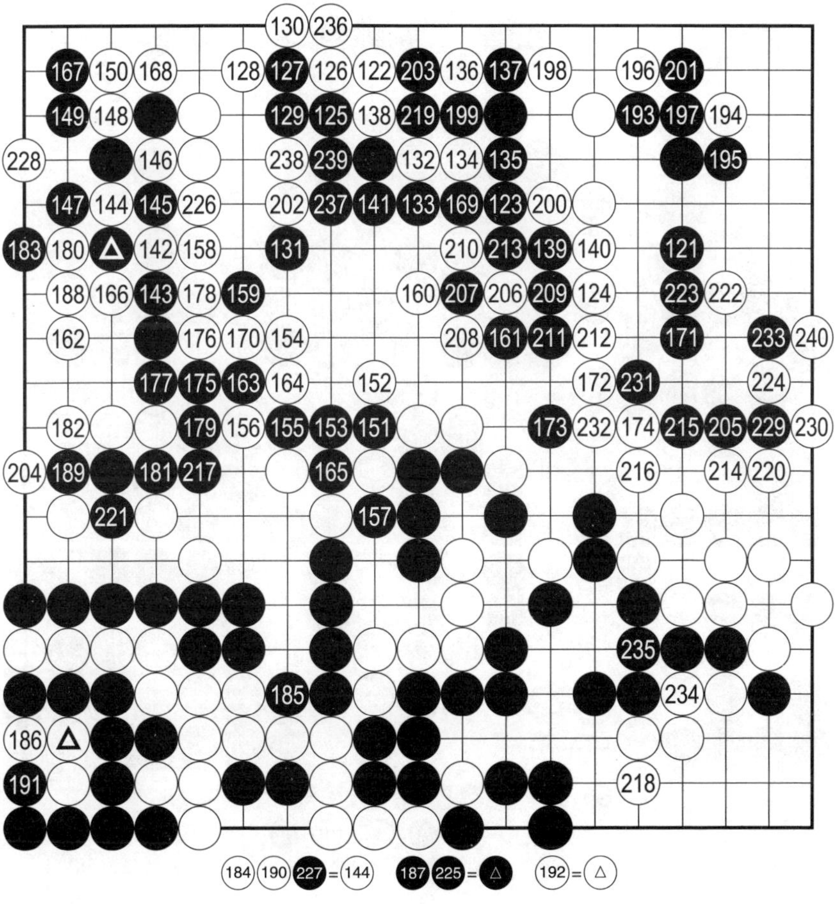

（121–240）

黑方　陈祖德　九段

白方　程晓流　六段

黑贴2 $\frac{3}{4}$ 子　共 331 手　黑胜2 $\frac{3}{4}$ 子

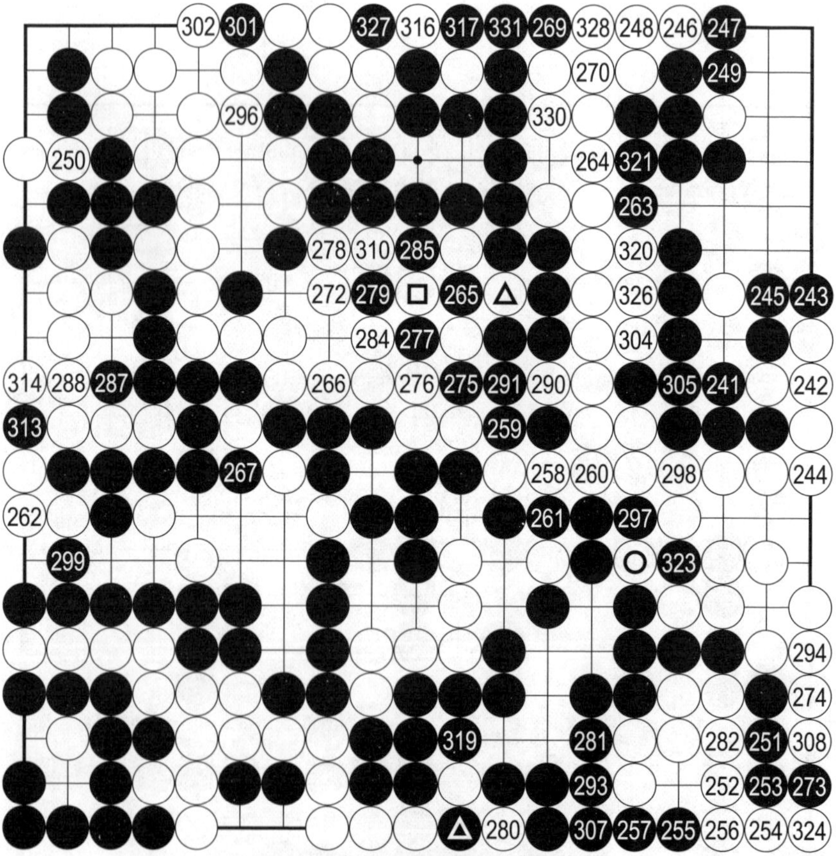

268 = △　271 = 265　283 289 295 303 309 315 = ▲　286 292 300 = 280

306 312 = 280　311 = □　318 = 301

322 = 313　325 = ○　329 = 316

（241–331）

1998年3月8日弈于鄂州
多佳杯超级双人赛

黑方　聂卫平、王汝南
白方　华以刚、陈祖德

黑19如今多在18下一路靠压。白24思路独特，普通在25位长。黑31大局清楚，白32扳过的结果大致两分。黑33可在34位挡，方向更好。黑35如在98位拦是好点。白42意在引征。黑43可在92位镇，兼防征子。白44长出，黑厚势的发展受到限制。以下至68，白整形的手法精准，局面进入白棋的步调。黑73应在74位挡。白74冲出，黑更为难下。白82、84思路清晰，至92白简明优势。白96是全局最大之处。(谢赫)

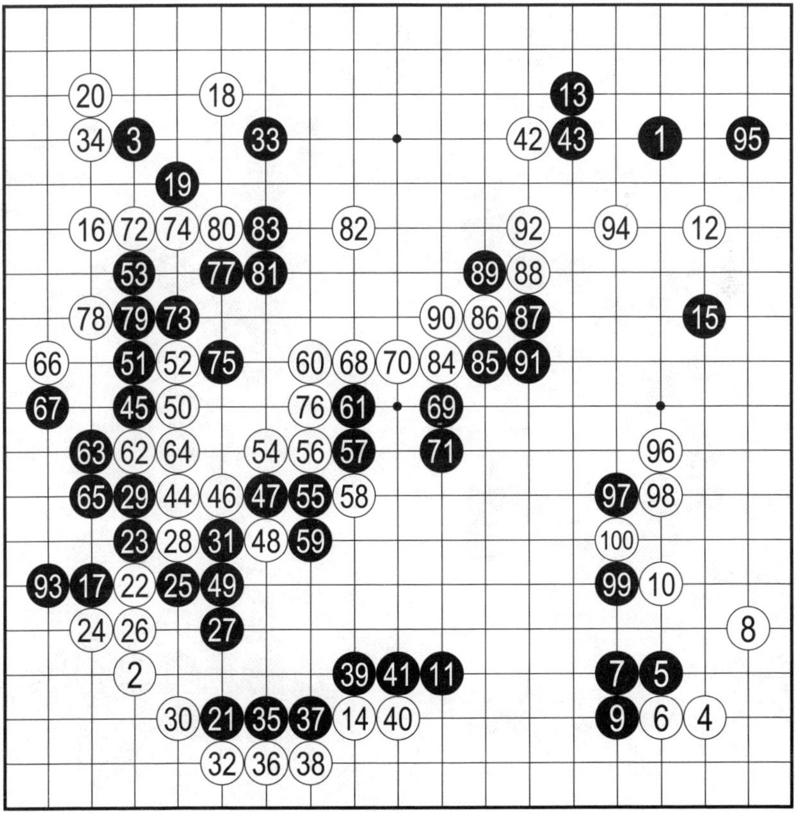

(1-100)

进入本谱，白棋始终安全运转，确保胜势不动摇。

本局是白棋完胜的好局。(谢赫)

黑方　聂卫平、王汝南

白方　华以刚、陈祖德

黑贴$2\frac{3}{4}$子　共202手　白胜$3\frac{1}{4}$子

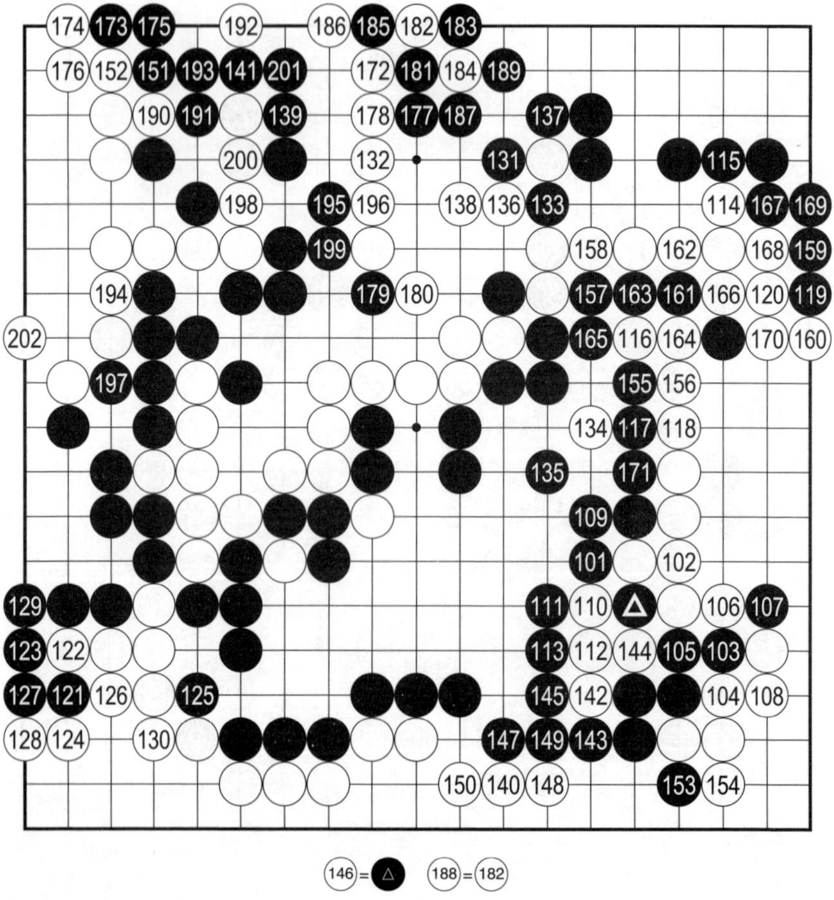

146=△　188=182

(101–202)

1998年3月13日

NEC杯第一轮

黑方　陈祖德 九段

白方　王群 八段

黑13跳出、15靠的下法很有力量，是陈老经典的力战型棋风。白20应该跟着在21位退，实战被黑25压死一子，黑棋舒畅。白32在33位连片好一些，被黑33打入，白不好攻击。黑51有点缓，可能认为形势不错。黑71失误，应该在73位补断。白72也没有抓住机会，如果走64右一路分断，黑棋难办。这里双方和平相处了。白82吃一子的价值很小，此后很难再威胁中间的黑棋。进行至白96靠，是黑棋明显优势。此后价值最大的右上角一直无人问津，白抢到114后，形成一盘拼官子的细棋。黑131扳、白132打吃，这里谁都不能退让。至133变成了生死劫。（檀啸）

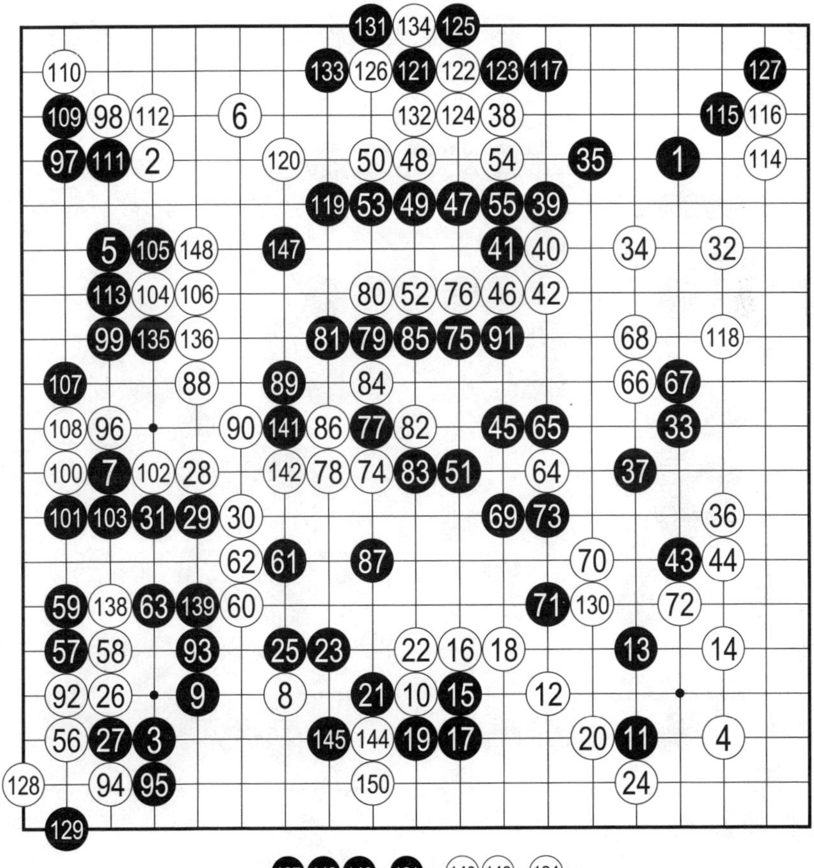

（1–150）

黑方　陈祖德 九段

白方　王群 八段

黑 165、171 连续找了损劫，至白 174 吃掉黑子，双方得失差不多，从白棋的着法看是觉得要赢的姿态。白 192 是败着，被黑 193 先手粘实在太大了，此时必须抢 193 位吃黑三子，仍是细棋局面。之后白棋小败在所难免。（檀啸）

黑贴$2\frac{3}{4}$子　275 手以下略　黑胜$2\frac{3}{4}$子

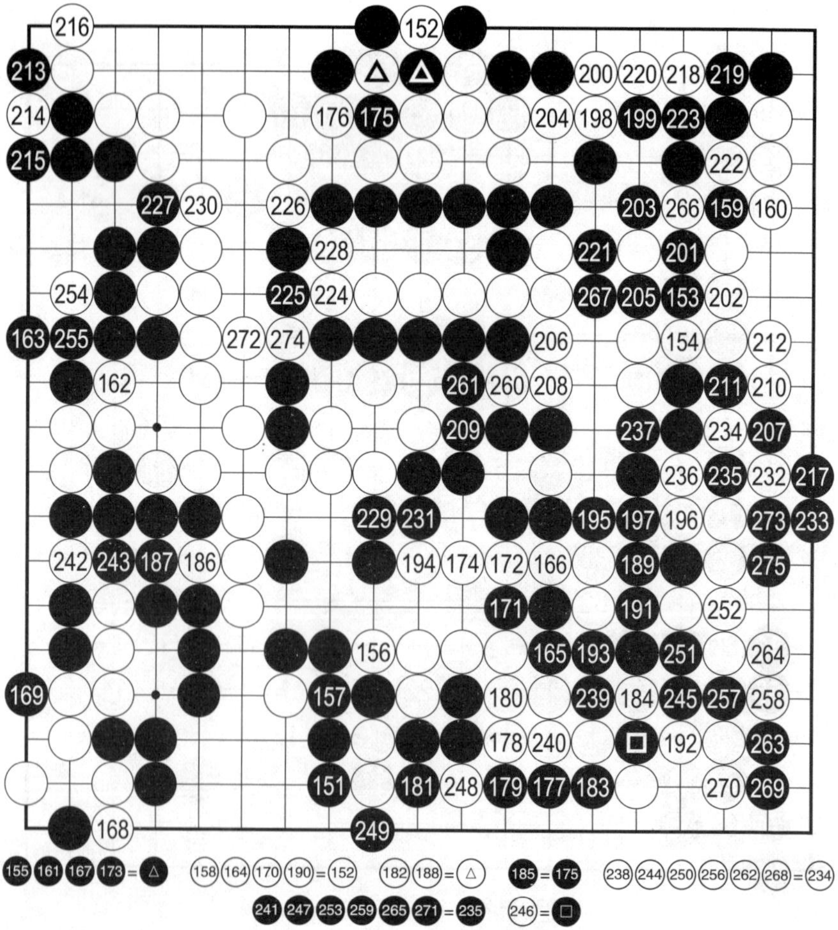

（151–275）

疑 1998 年 3 月 13 日

NEC 杯第二轮

黑方　梁伟棠 八段

白方　陈祖德 九段

白 4 目外之后 6 位拆边是陈老酷爱的布局，已经看到很多盘是这么下的了。白 14 飞应于 49 位一间低夹，由于黑棋左下角非常厚，白棋战斗不利。白 26 应该压，这样黑棋脱不开身，必须跟着应，白棋得以继续进攻左边黑棋。白 30 靠断没有成算，这里的对杀将直接分出胜负。白 46 走 47 位应该可以苦活，但白棋觉得形势非常不利，索性放手一拼。黑 57 断后，白棋大龙愤死，棋局也就结束了。（檀啸）

黑贴2$\frac{3}{4}$子　共 75 手　黑中盘胜

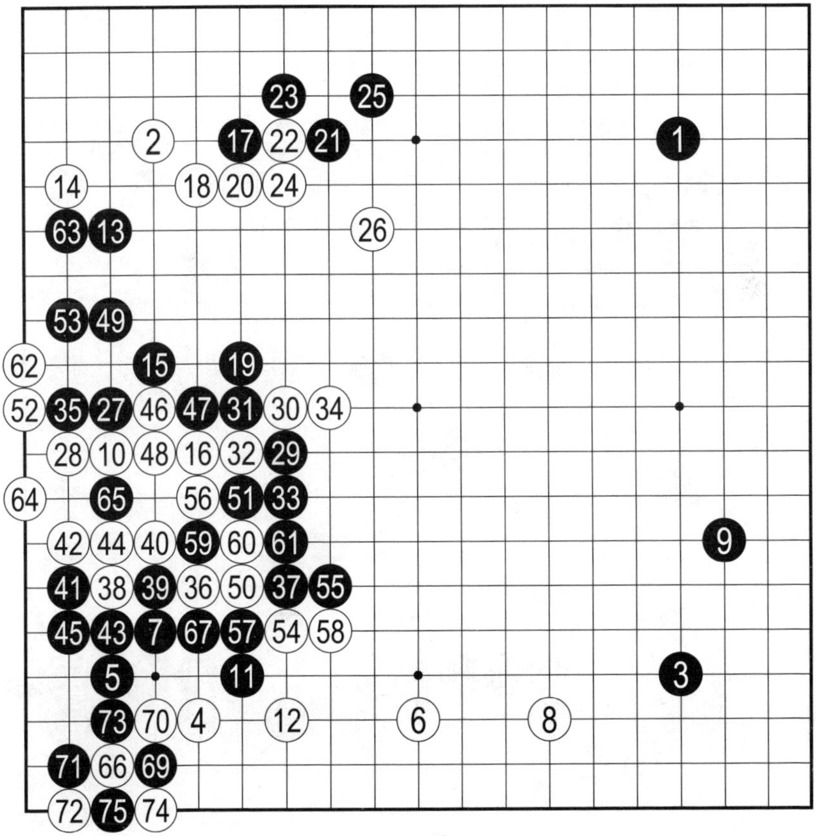

（1–75）

1998年3月14日
第11届中兴通讯杯名人赛第一轮

黑方 谭炎午 七段
白方 陈祖德 九段

黑9是十分古老的定式，随着时代的发展已经被淘汰掉了，现在会考虑走20位靠压。黑27没有保留的必要，被白28一长，黑棋吃亏。白46应直接于48位点，黑47也应于右一路挡死，实战被白48一点过于残酷。白56于60位二路立更好，实战黑棋吃掉左上角，也算可以接受。黑71断打二路是本局的败着，应于75位冷静单粘。实战至白102先手连回，黑棋这一串攻击没有达到效果，白棋稳操胜券。（檀啸）

黑贴$2\frac{3}{4}$子　共136手　白中盘胜

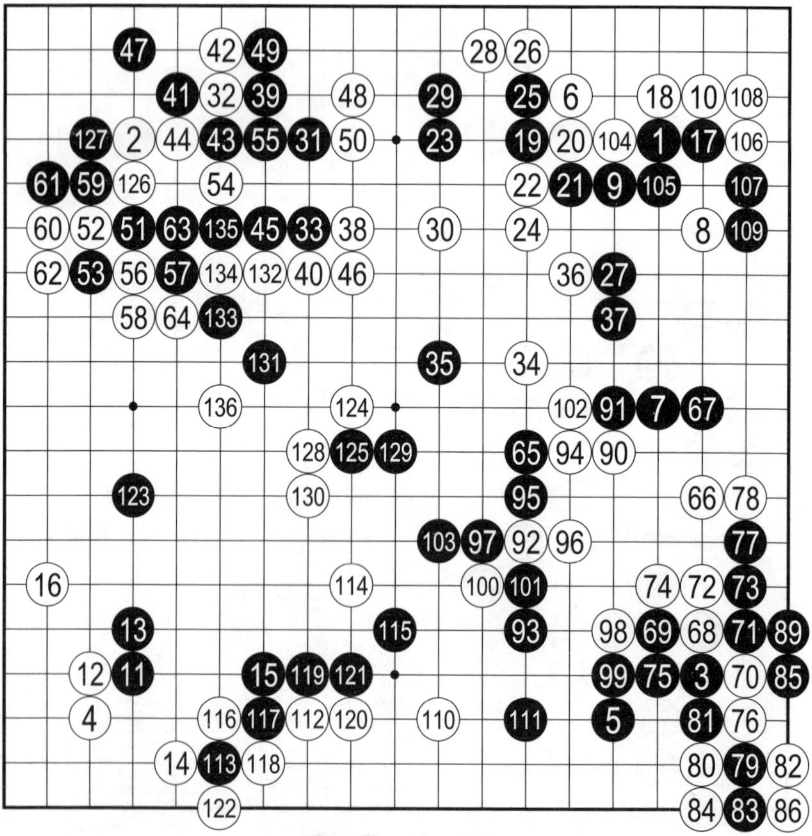

87=79　88=83

（1–136）

1998年3月16日
第11届中兴通讯杯名人赛第二轮

黑方　陈祖德 九段
白方　许书祥 四段

黑11有古风。黑23冲断是一种气势。黑33稍微有点缓，被白34靠压很难受，这里可以考虑强硬地拉出黑5进行战斗。以下至42是白棋好下的局面。白46、48有点缓，此时右下角明显不会有生命危险，应抢右上角221位的跳下，如此黑棋非常难办。对黑65的冲击，白66反击，双方“气合”各走各的。黑73是要点，至83占据了主动。白84、86开始反冲击，形成本局的胜负处。黑95没有抓住机会，如于83上一路拐，白棋希望渺茫。实战白96断掉，收获颇丰。黑107、109是败着，应该走126位退，比实战的做活好5目以上。这里亏损后，黑已难以挽回败势。（檀啸）

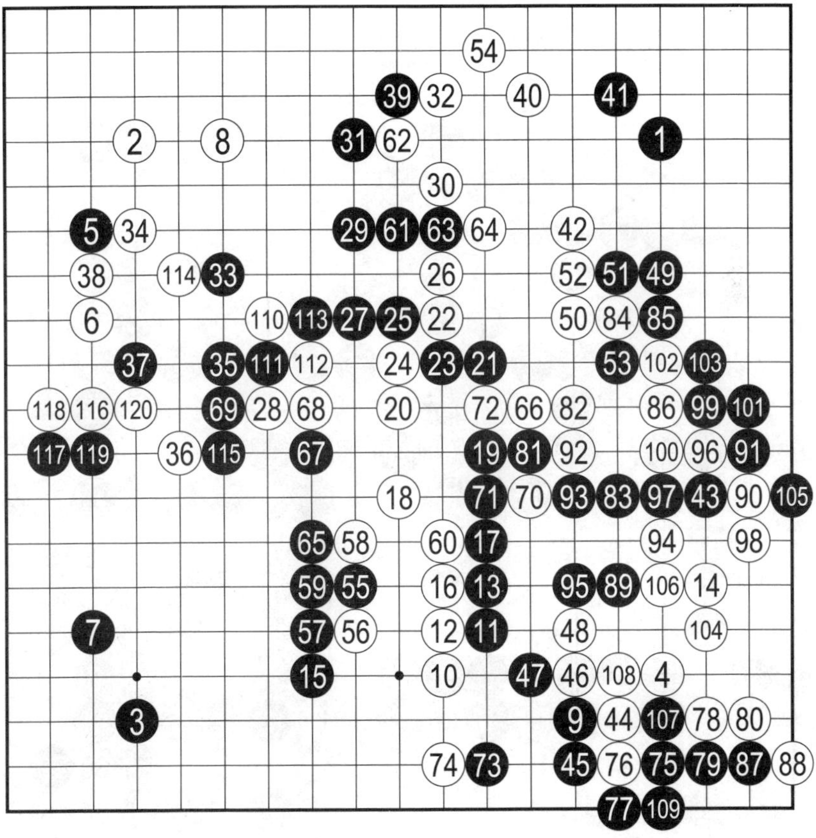

（1–120）

黑方 **陈祖德** 九段

白方 **许书祥** 四段

黑贴2$\frac{3}{4}$子 共 234 手 白中盘胜

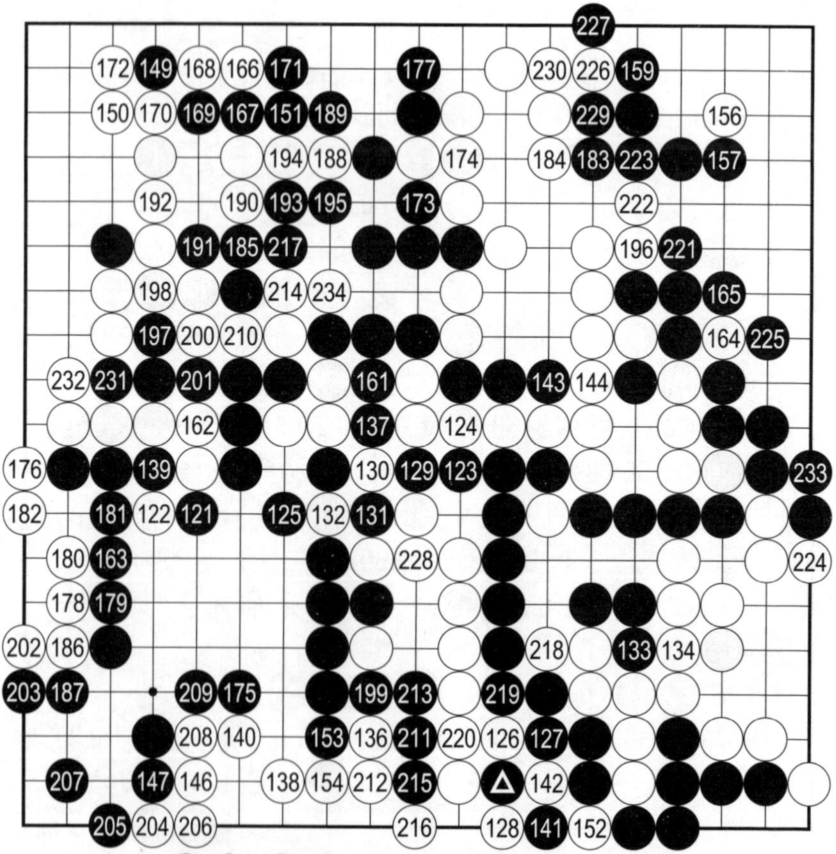

135=131 145=△ 148=142 155 160=141 158=152

1998-03-29

第 10 届爱多杯 CCTV 快棋赛第三轮

黑方　曹大元 九段

白方　陈祖德 九段

白 18 应该跟着二路扳，黑 19 立之后，局部战斗白棋吃紧。以下进行至 46，白棋厚势很难发挥作用。黑 53 捞得过猛，现在这个棋形公认应该往回粘。白 58 反击犀利，此处黑棋显然没有准备。至 72，白在左上围成了一块巨空，而黑棋右边的空并不好围。白 74 是超级恶手！把角上变化卖掉了，应直接走 86 位碰，黑动弹不得。实战交换后再碰，差了很多韵味。黑 91 跳住围空是第一感，但应冷静地走 93 位单长，给白棋留下断点。黑 103 靠入好棋，留下了后续手段，破掉了白棋中间后，形成了一盘细棋。黑 113 点、115 顶，双方的官子下得非常漂亮，几乎着着完美。（檀啸）

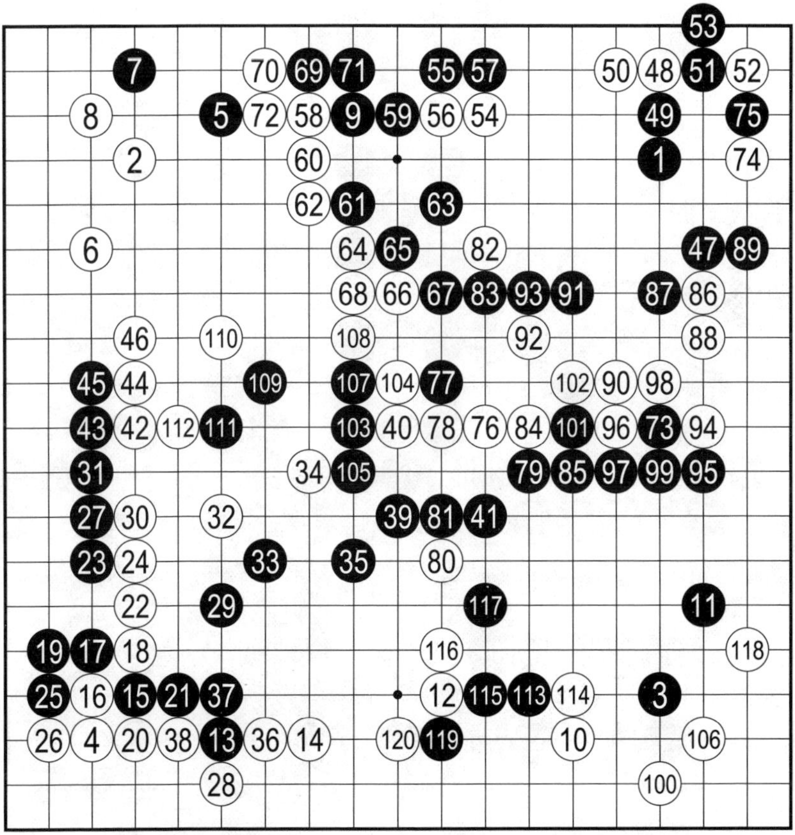

（1–120）

黑方　**曹大元** 九段

白方　**陈祖德** 九段

白142是本局的败着，现在应该直接走160位扳，仍然是非常非常细的棋。实战被黑收到143夹，白方小败。（檀啸）

黑贴$2\frac{3}{4}$子　共269手　黑胜$\frac{3}{4}$子

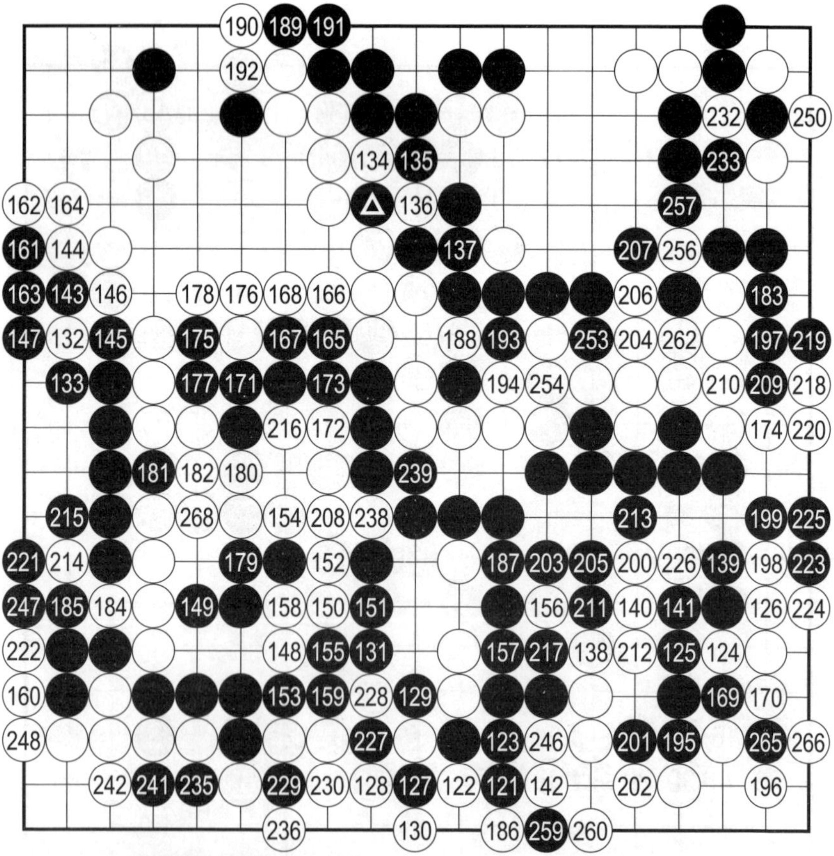

231 237 243 = 227　234 240 245 = 228　244 = 127　249 255 261 267 = △

251 = 232　252 258 264 269 = 136　263 = 256

（121–269）

1998 年 4 月 4 日弈于贵阳
中国围棋四强赛

黑方　聂卫平　九段
白方　陈祖德　九段

左下是小目一间高夹的老定式，在当年非常流行。右上变化中，白 24 顶过分，单退是正常定式下法，黑 41 扳后，局部白不行。劣势下白 56、58 靠了连扳再度出现问题，此时只能先大飞出头。实战被黑果断开劫，65、67 将白两子棋筋吃掉后，已是黑大优的局面。黑 75 镇头稍缓，此时下方三路拐极大。黑 87 的粘在三路虎更厚。（陈耀烨）

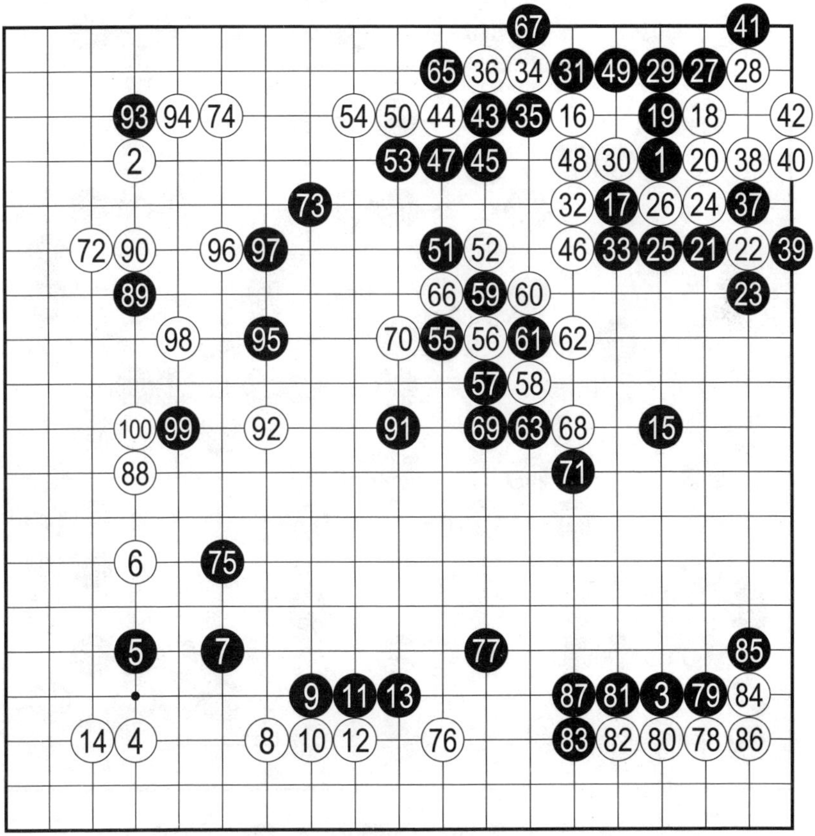

64 = 56

（1–100）

黑方　**聂卫平** 九段

白方　**陈祖德** 九段

白 134 扭断放出最后胜负手，但此时应右下先 153 二路夹后再扭断为宜。实战由于黑太厚了，白 142 选择开劫后没有合适劫材，被黑消劫，黑胜定。（陈耀烨）

黑贴$2\frac{3}{4}$子　共 187 手　黑中盘胜

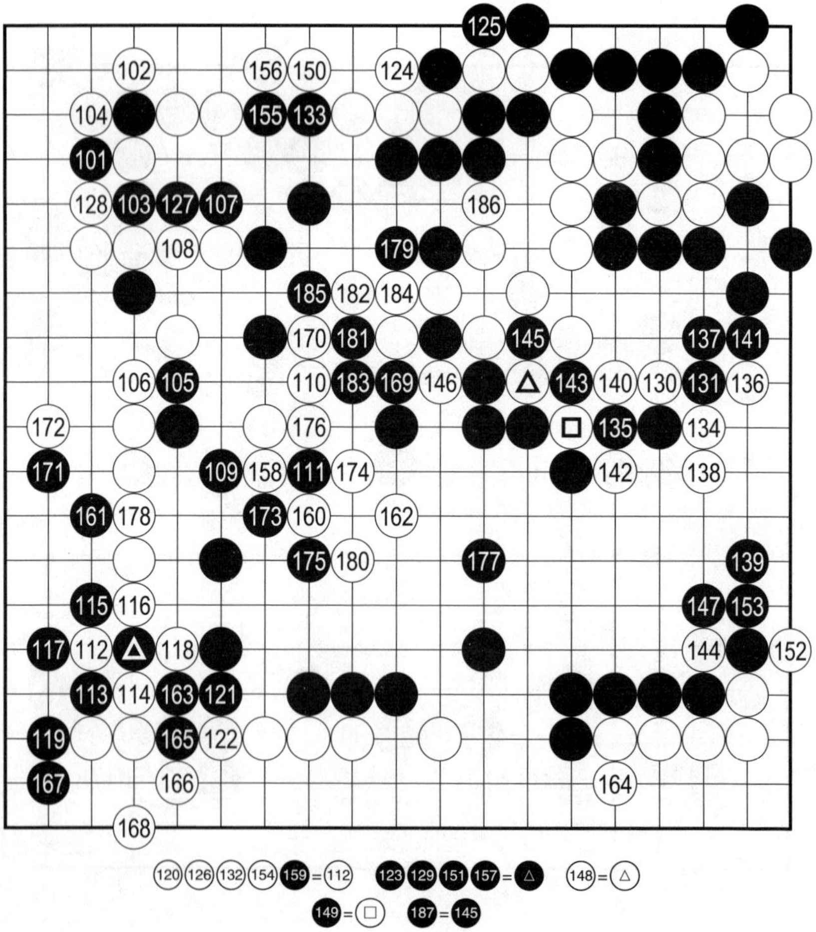

1998 年 4 月 25 日弈于武汉

黑方　陈祖德、叶桂

白方　聂卫平、黎春华

布局至 25 形成功夫棋的格局。黑 29、31 在寻求安定的同时瞄着三路透点的手段。面对白 46 进攻，黑 47 选择弃子思路灵活，由于有黑 51 点的存在，白棋所得没有想象中那么大。白 54 稍缓，可在左下 109 位挖。白 58 应在 59 位飞，此时当以实地为重。白 62 可在 109 位挖，黑 62 位冲，白 22 位上一路长，形成转换，优于实战。黑 63 冲很有收获，确立优势。此后黑棋简明掌控局面。黑 95 形之要点，黑 99 祭出手筋断吃白四子，大优。（谢赫）

黑贴2$\frac{3}{4}$子　共 153 手　黑中盘胜

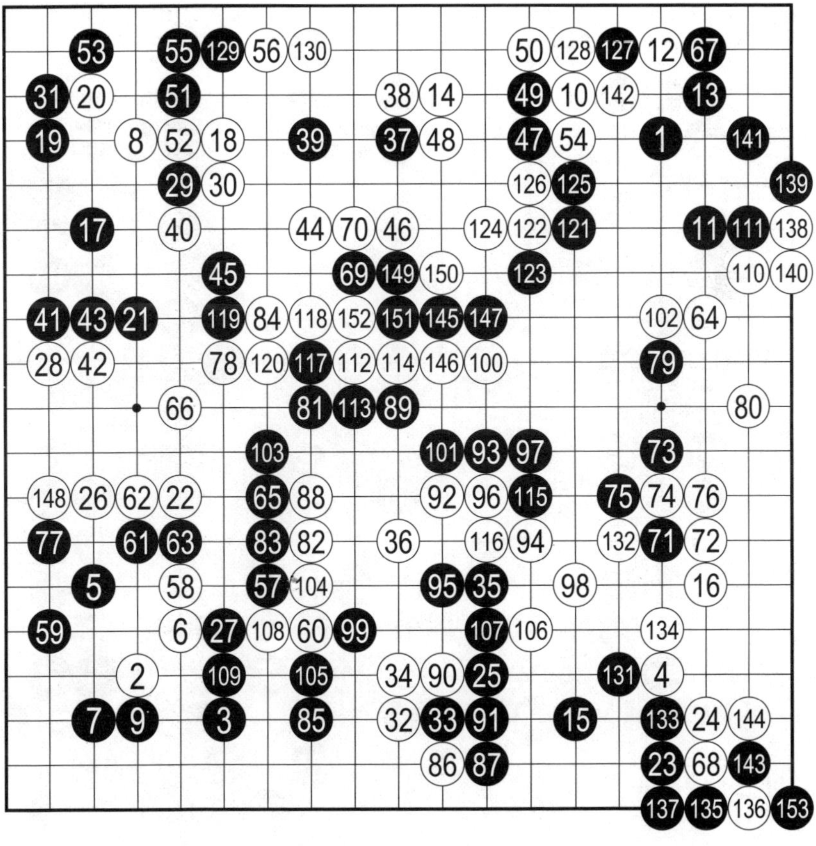

（1–153）

1998年4月25日

武汉围棋会馆成立纪念对局

黑方　马晓春 九段

白方　陈祖德 九段

黑5有点现代AI的味道。至黑21，双方无不满。白22跳出一子重，应直接24位肩冲。黑33镇头攻击，然后顺势吃下右边两子，此时即可看出白22的不好。黑63贪小利不好！当然应于68位逼。白72应于76位尖顶，实战帮黑在外面多走了73、75两手。黑77至白84各取所需。黑85至白96是行棋的调子。黑99大极！黑101碰是常用的手段，至111黑成功。黑113次序错误，应于119位靠。实战白114反击，至黑127形成转换，但黑落后手，明显亏损。（马晓春）

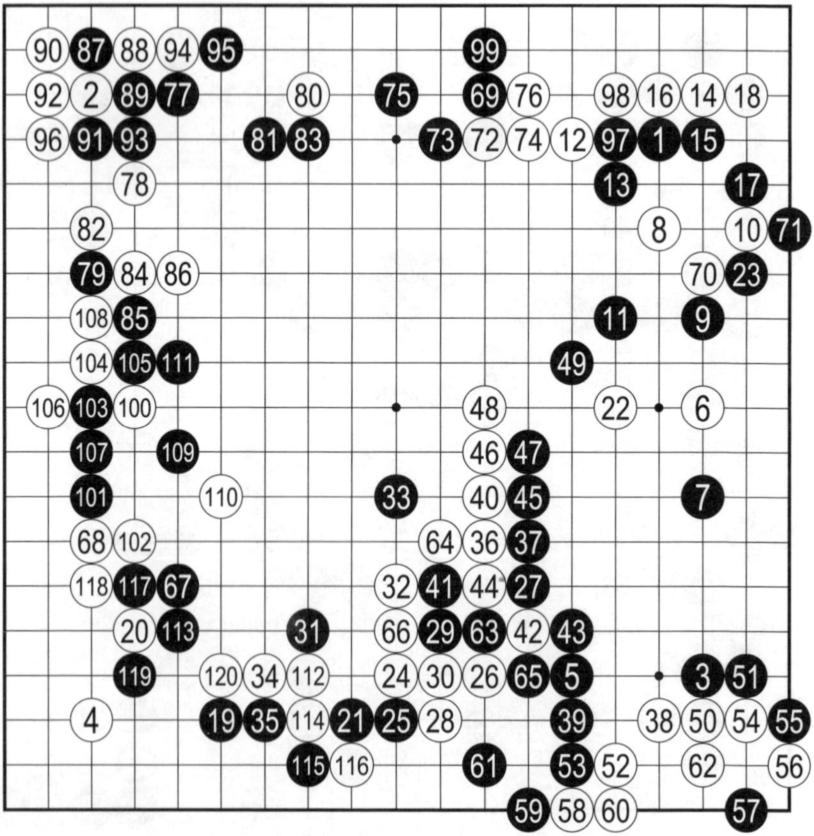

（1–120）

黑 153 逆收虽大，但中央更急！实战被白中央完封，黑亏损不少。由于黑前面领先较多，最后仍幸运小胜。（马晓春）

黑方　马晓春 九段

白方　陈祖德 九段

黑贴2$\frac{3}{4}$子　共 246 手　黑胜1$\frac{3}{4}$子

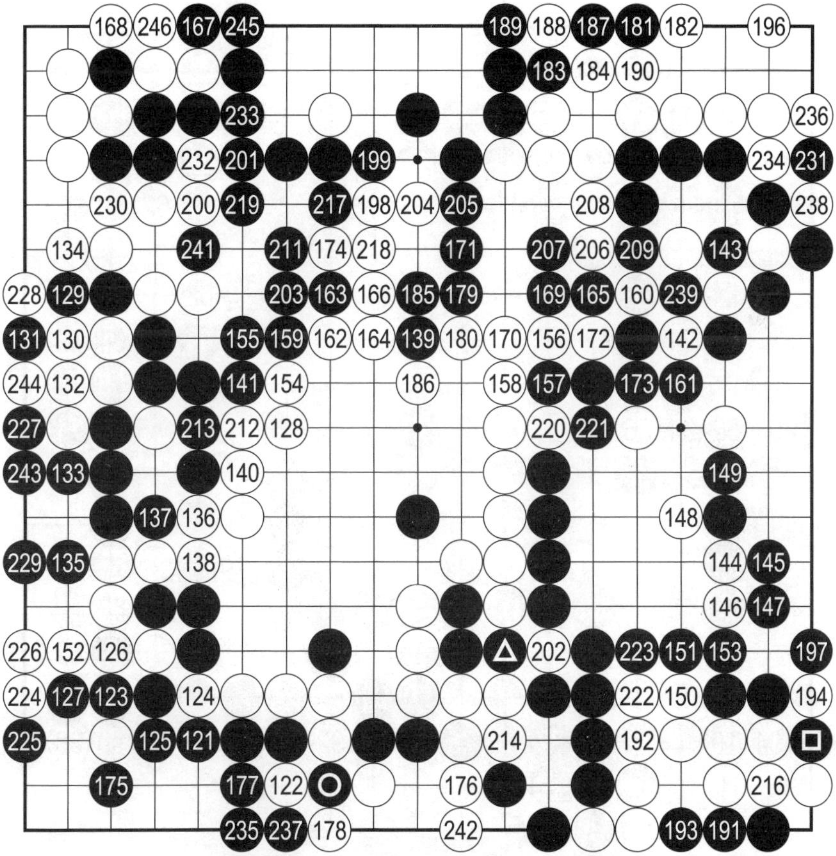

（121–246）

1998年5月8日弈于青岛
中国围棋四强赛

黑方 聂卫平 九段
白方 陈祖德 九段

开局双方都非常稳健，白22于27位小飞补更好。实战黑打入严厉，至37提，黑布局取得成功。黑45、47缓手，此时左边三路扳是攻防要点。白54扳到后，白形势有所好转。右上白58托角时黑应外扳，实战黑忽略了白棋拆二后贴的好手，至74白取得成功。右下白80选择三路夹弃子更好。实战黑果断反击，与白转换。至黑95镇头，双方再度形成均势。（陈耀烨）

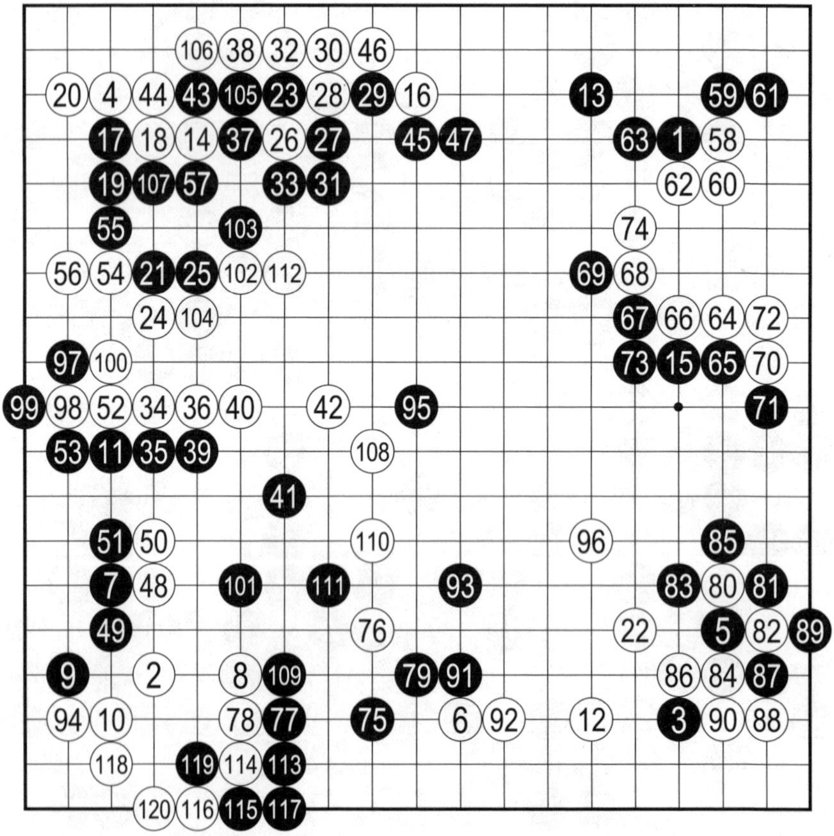

（1–120）

黑方 **聂卫平** **九段**

白方 **陈祖德** **九段**

此后双方在多个局部进行了多次小转换，至黑149是半目胜负的细棋格局。官子收束中，黑157靠和163、165的冲断都是局部手筋，展现了极高的官子水准。黑199中间尖后，已是黑胜定的局面。（陈耀烨）

黑贴2$\frac{3}{4}$子　共266手　黑胜$\frac{3}{4}$子

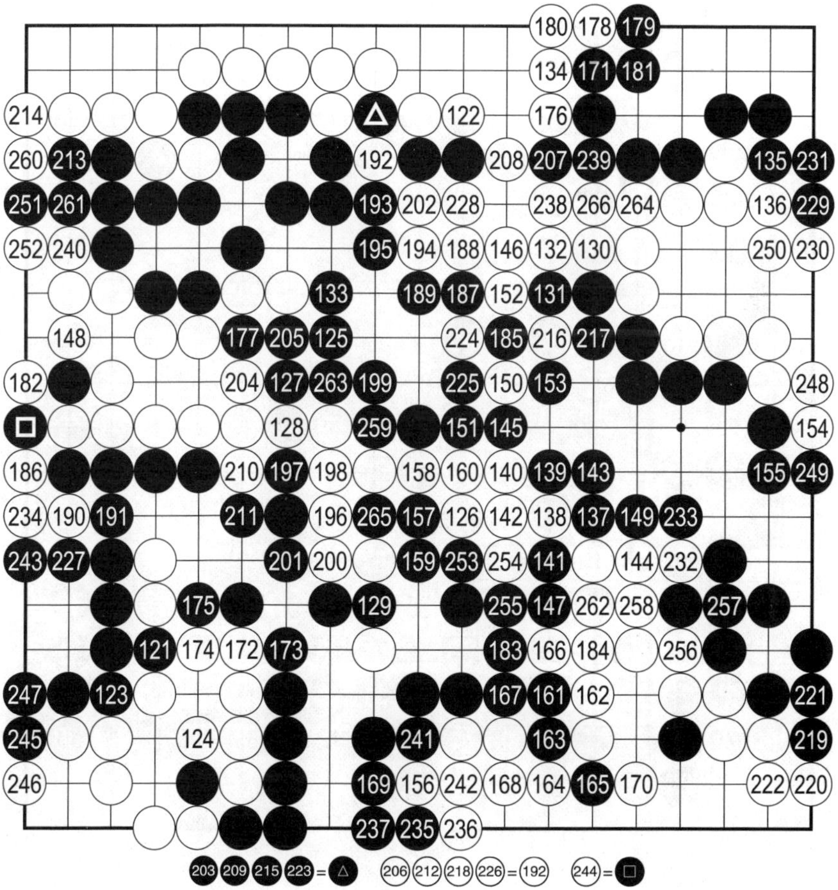

（121–266）

1998年7月24日

黑方　刘小光　九段
白方　陈祖德　九段

左上角白18靠压少见。黑23应该粘在24位，这样白棋后手吃一子不便宜。白32爬不好，单在34位扳优于实战。白38断过于强硬，被黑39、41、45滚包成了超级大饼，白棋局面十分困难。黑75没必要，可以直接走78位小跳，白棋难受。黑97靠断严厉，白棋由于形势不利没有补这边的断点，被黑103打，棋筋已经连不回来了。(檀啸)

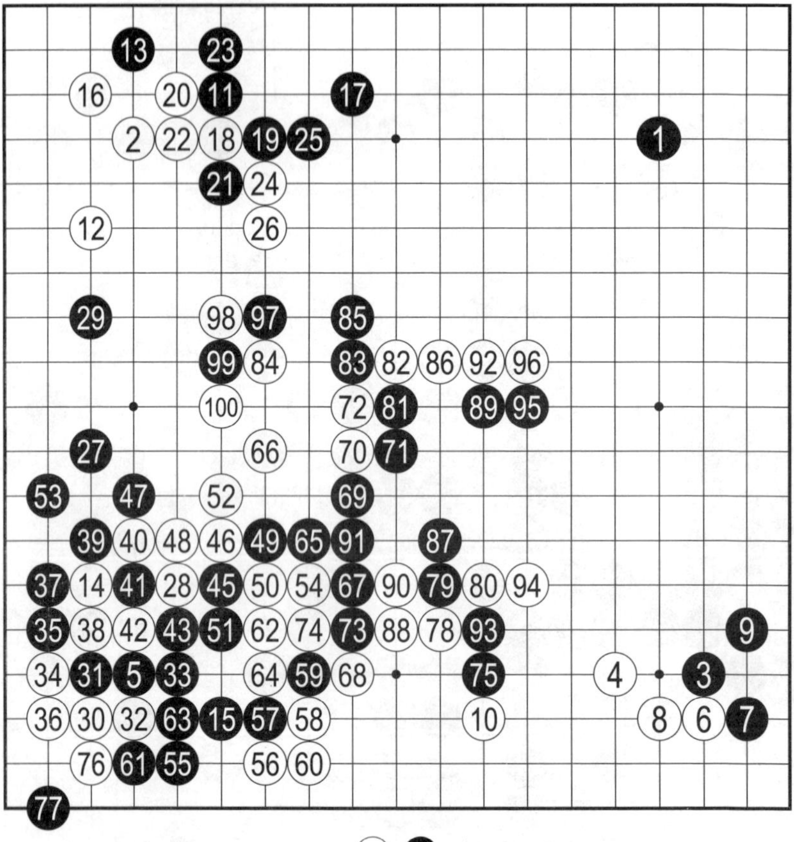

44=41

（1–100）

黑方　**刘小光** 九段

白方　**陈祖德** 九段

之后白棋选择和黑棋在右下打劫，这里黑棋没有做过多纠缠，至151牢牢把控局面。白164又去右上开劫寻找机会，但这个劫黑轻白重，对白非常不利。黑179尖是胜利宣言，白棋再无力回天。（檀啸）

黑贴2$\frac{3}{4}$子　共209手　黑中盘胜

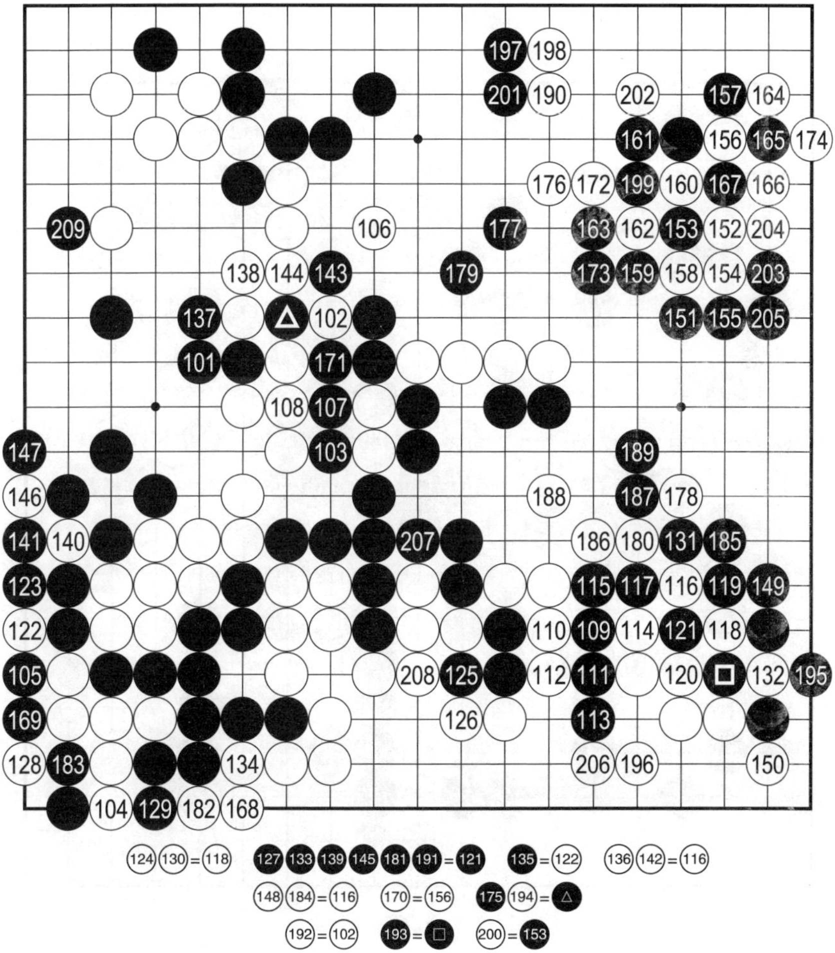

（101–209）

1998 年 9 月 20 日弈于济南
三箭杯名人邀请赛

黑方　陈祖德 九段

白方　华以刚 八段

布局双方下得堂堂正正。第一个问题手是白 34 的打入，右上黑棋非常厚，白棋打入这么深，明显有些无理。黑 35 靠时，白 36 应该扳起。实战被黑 59 分断后，白棋两边不活。白 62、64 是常见的处理方式。至 85 双方形势差不多。白 86 捞得太猛了，应该走 88 位贴起，补强自身。白 90 依然应该走 91 位，补活上方大龙。实战黑 91 图穷匕见，强杀白棋！白 106 是最后的败着，这里应该往上一路小尖，是否被吃还不一定，实战的进程白棋再无生机。（檀啸）

黑贴 $2\frac{3}{4}$ 子　共 143 手　黑中盘胜

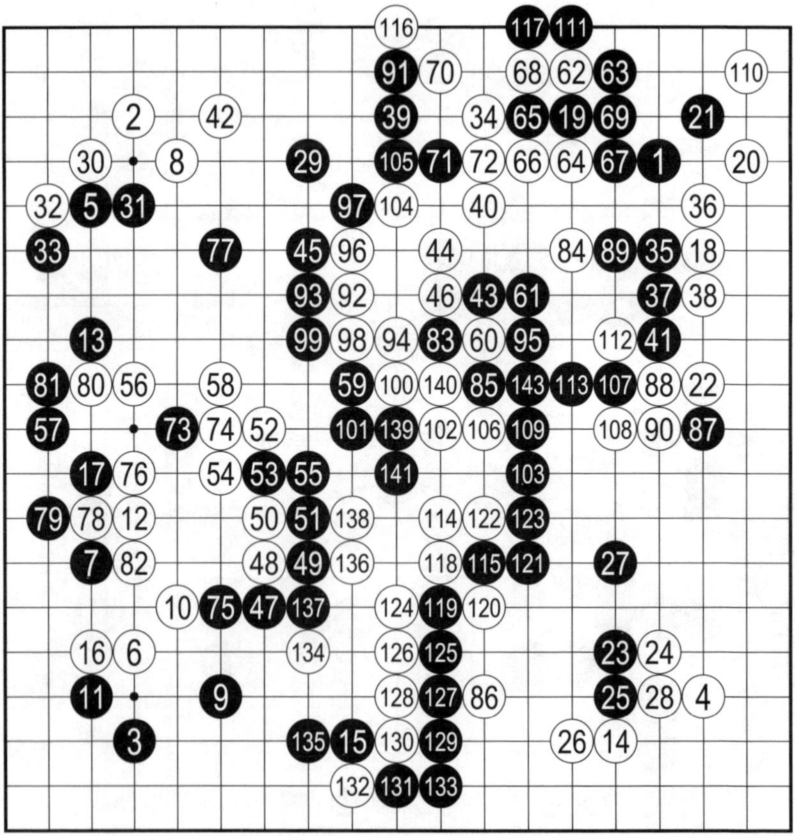

142＝60

（1–143）

1998 年 10 月 4 日

第一届溪口杯棋圣战九段组$\frac{1}{4}$决赛

黑方　邵震中 九段

白方　陈祖德 九段

布局伊始双方的走法很复古。白18过分，被黑棋冲断后战斗不利。黑31出头不好，这里应该先吃掉白18等子，白棋并不好攻击右边黑棋。黑47出人意料，下在这里需要勇气。黑49继续猛攻白棋，但并无成算。至74做活，白棋大优。面对白88至98的寻求头绪，黑99、101非常犀利地直接强杀白棋，棋局顿时进入了眼花缭乱的精彩大战。（檀啸）

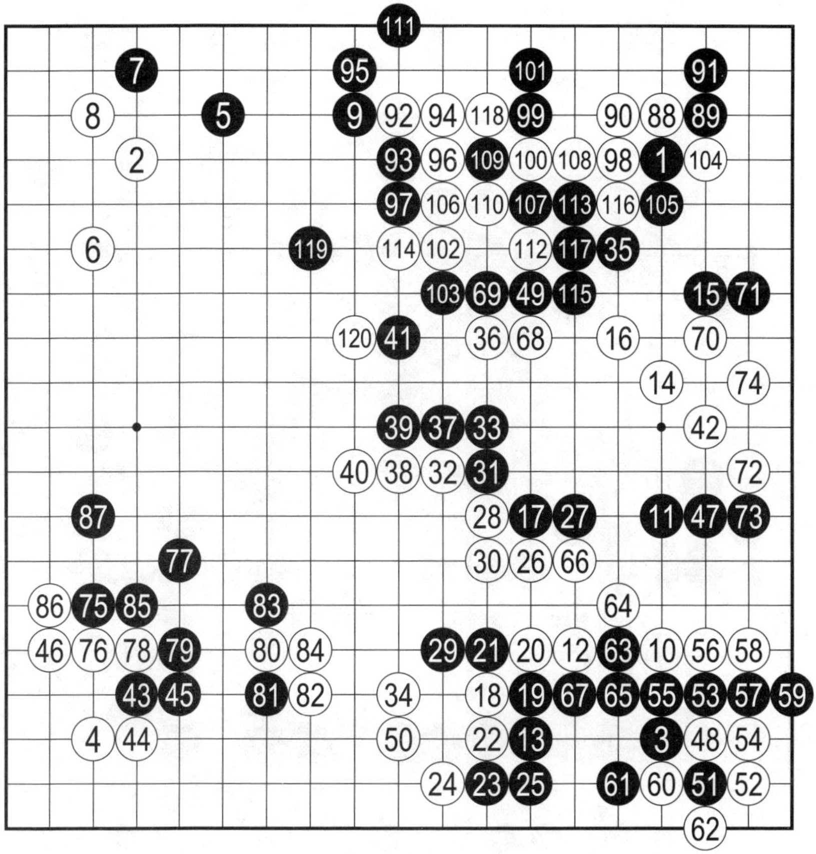

（1–120）

黑方　**邵震中** 九段

白方　**陈祖德** 九段

至123，黑棋继续追杀右边的白棋，白128、130很无奈地在一路做了个“赖皮劫”。白138找劫时，黑139脱先是本局最大的问题手，此时当然应该跟着应劫，白棋上方大龙还没活。黑157提劫再次失误，应走158位吃掉白棋右上，价值太大了。白168给了黑棋喘息之机，应该直接在右边找劫，这样黑棋就陷入全盘无劫的窘境。以下至188，是细棋白稍好的局面。黑189是败着，应该远一路于191位飞。实战白190反击严厉，给了黑棋致命一击。（檀啸）

黑贴$2\frac{3}{4}$子　共245手　白中盘胜

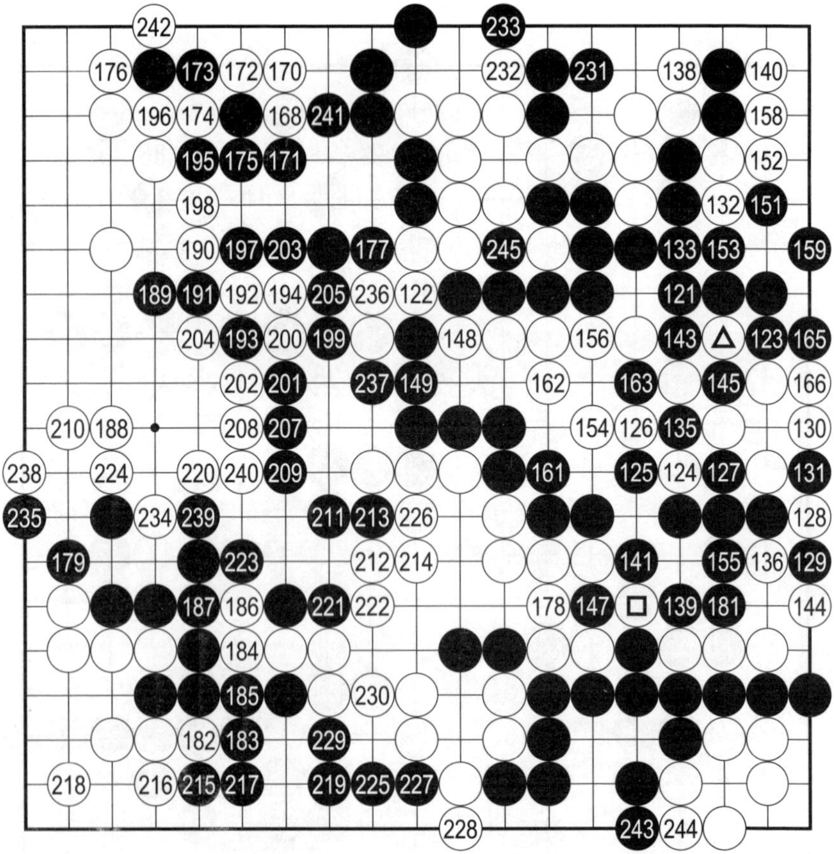

134 142＝128　137＝131　146 164 169＝124　150＝△　157 167＝135

160＝145　180＝□　206＝193

1998年10月16日弈于中国棋院

黑方　陈祖德 九段

白方　丰云 九段

白8如今多在下一路飞压。至14的老定式，黑不错。黑31肩冲出头，堂堂正正。黑37可在38位拆。至44，布局黑占优。黑49稳重，如在61位靠压更积极。白56声东击西，意在动出下边白两子。黑57好点。黑59可在62下一路跳，弃掉左边两子，黑简明优势。白68如在80位提，继而68和76见合，黑不便宜。白76仍应在80位提。白84至88动了杀心，如在91位吃，局势尚早。其实左边黑棋并不易杀，至95，棋局戛然而止。（谢赫）

黑贴$2\frac{3}{4}$子　共95手　黑中盘胜

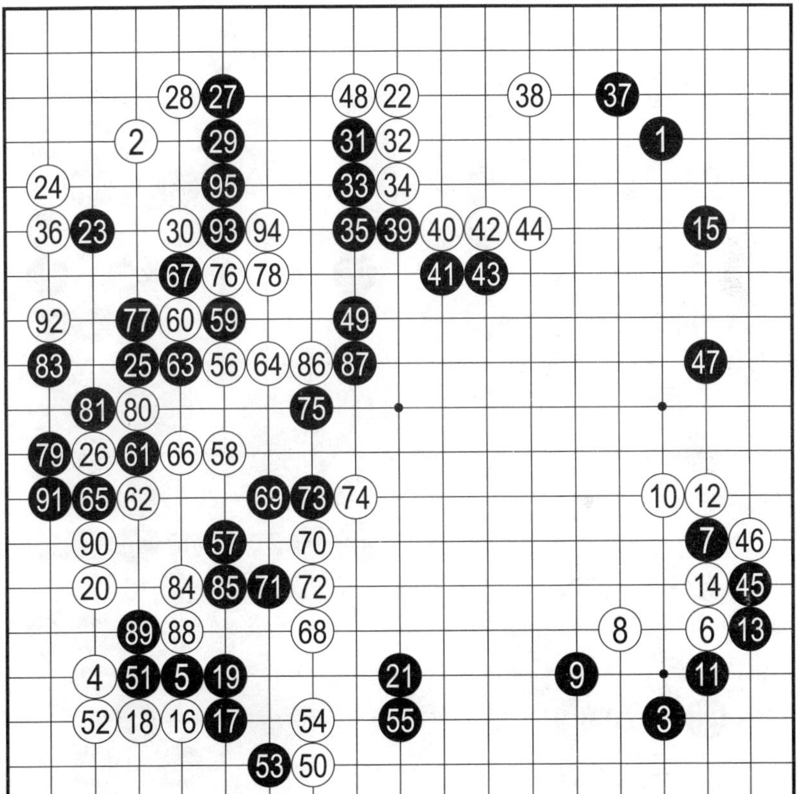

82=61

（1–95）

1998年10月19日

第一届溪口杯棋圣战九段组半决赛

黑方　陈祖德 九段

白方　张文东 九段

黑11扳少见，正常下会直接在13位挡，至24白棋获取实地，非常满意。白38碰很有想法，这里黑棋不能用强，大家可以多借鉴一下这种思路。黑61扳，捞得过猛，还是应该走64位正常长出。黑69至79又在左上捞了一票，但上方黑三子非常薄，将会受到白棋的猛攻。白82长严厉，这里黑棋已经没有好的棋形了。进行至100，黑棋外面非常薄，白棋优势明显。(檀啸)

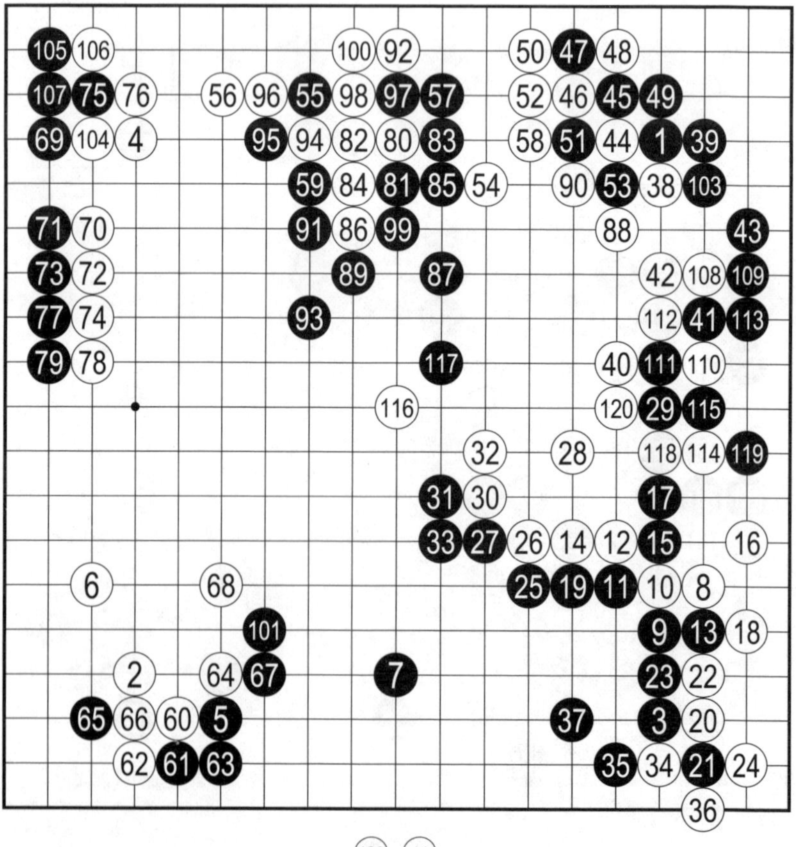

102=44

(1–120)

黑方　**陈祖德** 九段

白方　**张文东** 九段

黑127是犀利的胜负手！正常进行黑棋明显不够了，这也是高手敏锐的拼搏意识。白选择了136立下，142强杀黑棋，胜负在此一举。白150败着，这里不知道白棋看错了什么，如走158位扳，黑棋完全看不到活路。实战进行至168形成了打劫，白棋苦于劫材不利只能无奈放黑做活，黑棋一举逆转了形势。（檀啸）

黑贴$2\frac{3}{4}$子　共269手　黑胜$2\frac{3}{4}$子

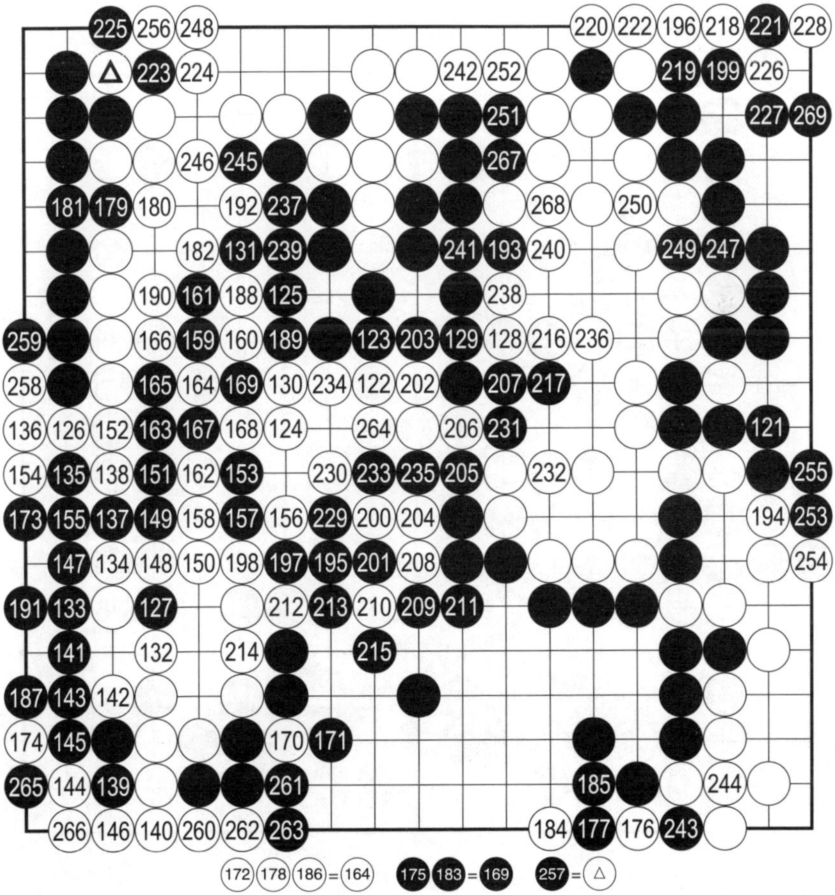

（121–269）

1998年10月22日弈于上海市人民广场
第一届溪口杯棋圣战九段组决赛

黑方　陈祖德　九段

白方　刘小光　九段

白12靠下少见，一般在13位挡下。至29形成均势。黑37、39做活不便宜，应走38位点。白56过于稳健，应该在92位立，黑棋之后的活角并不便宜。黑69错失良机，这时候应走79位打，然后83位飞，白棋十分棘手。黑97拐是俗手，应该先保留变化，实战攻击了一串，大亏。黑111开始拼命，这里必须要下得积极一些。白114走115位飞过更好，实战局面变得非常乱。（檀啸）

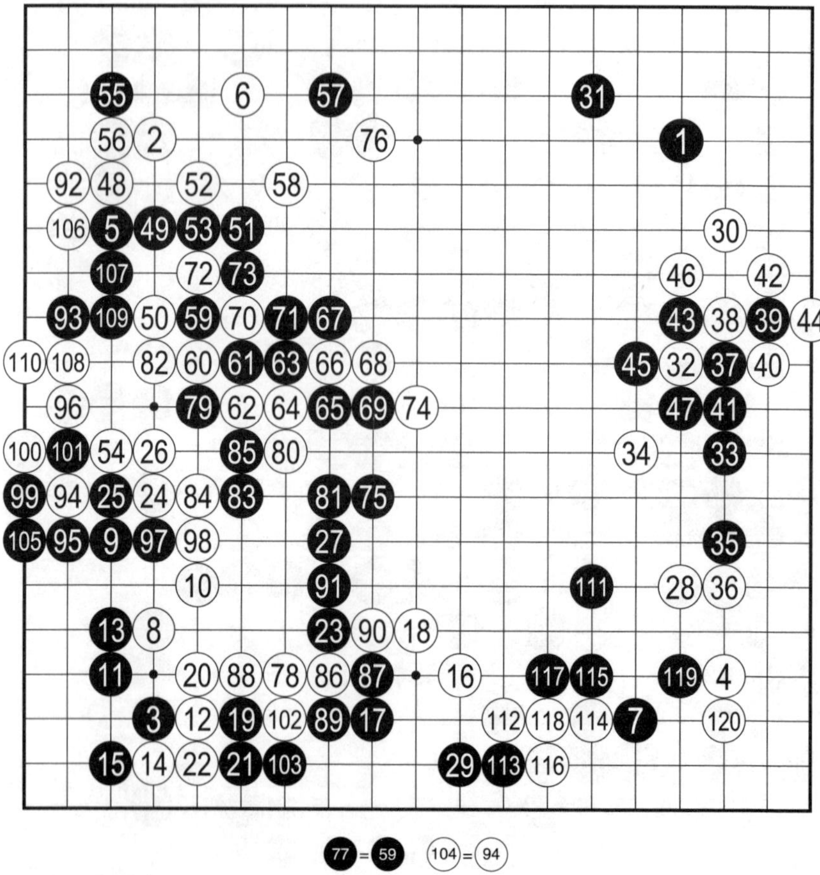

（1–120）

黑方　陈祖德　九段

白方　刘小光　九段

黑 125 过分，被白 132 抓到机会一冲，黑棋顿感困难。黑 155、157 是败着，此时应该先在 163 位粘掉，实战被白 158 跑出严厉。后面黑棋虽然顽强拼搏，但始终没有机会了。（檀啸）

黑贴 $2\frac{3}{4}$ 子　共 212 手　白中盘胜

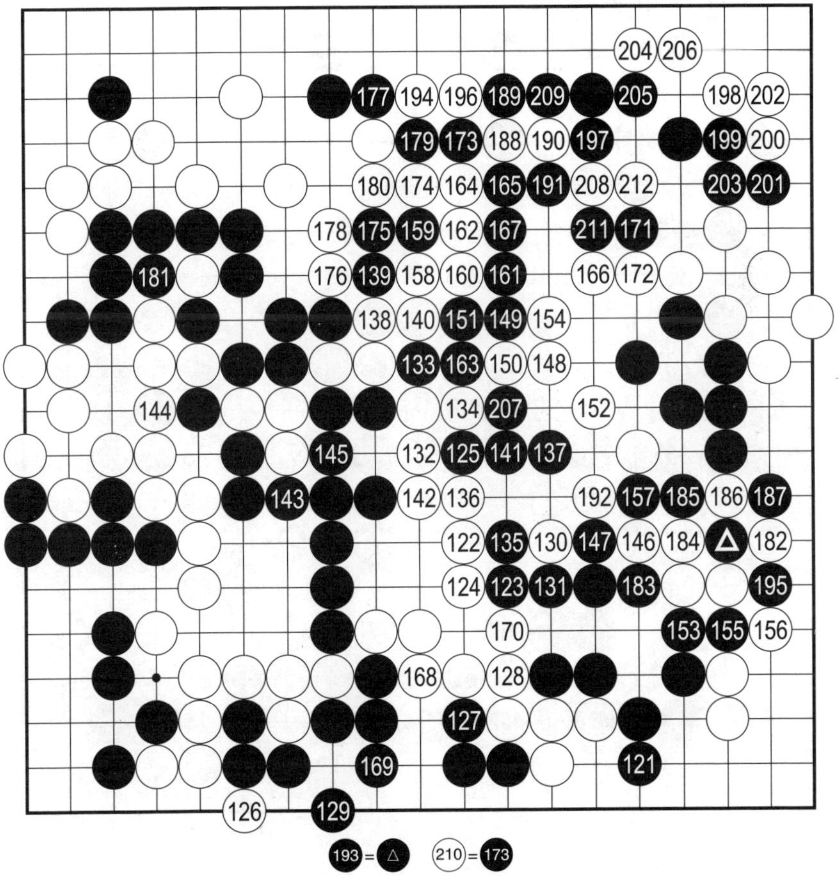

193=△　210=173

（121–212）

1998 年 11 月 6 日
春兰杯选拔赛第一轮

黑方　陈祖德 九段
白方　林峰 五段

黑 21 不好，应走 24 右一路跳起，给白棋压力。白 38 靠住好棋，至 40 白满意。对黑 47 靠，白 48 应该在 49 位忍耐，不给黑制造头绪的机会。黑 67 过分，走 68 位贴回是正着。黑 91 错失良机，应该在 96 位断掉，实战白棋很好处理。黑棋在上方攻击了一串没有获取任何便宜，只能 125 继续寻求头绪。白 126 至 138 应对无误，142 更像是胜利宣言。黑 145、147 胜负手，白 148 应对有误，应走 152 位贴，这样没棋。（檀啸）

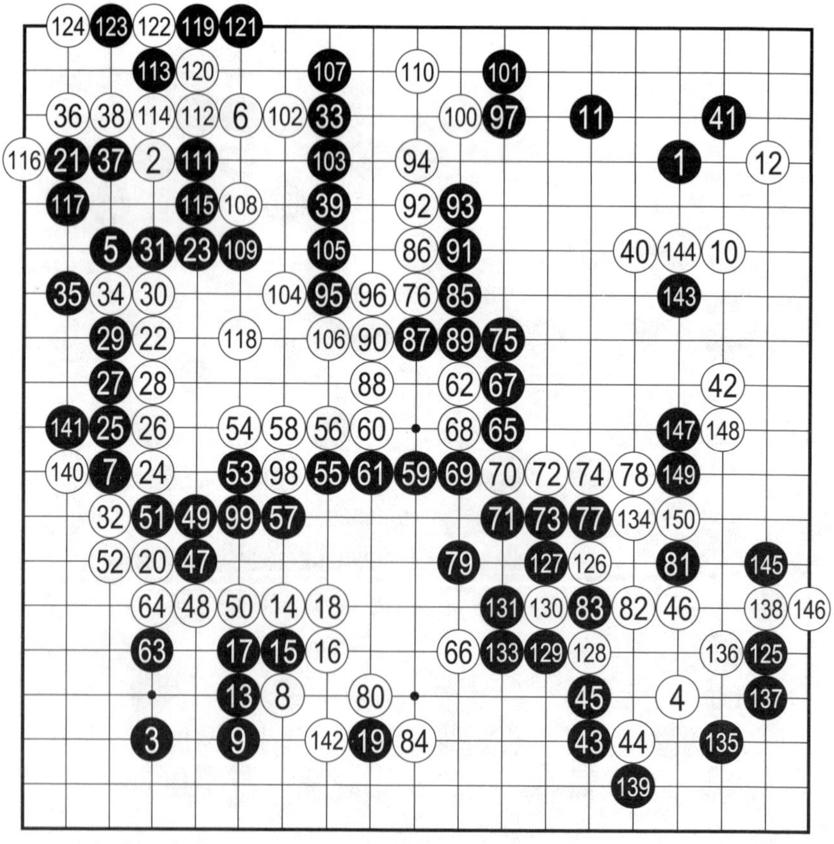

132 = 83

（1–150）

至165，黑棋把白空打穿，本局的胜负重新回到了起跑线。黑171是败着，由于有右边一路的硬腿，黑棋现在应在172位挡，白棋必须跟着应，黑再走回171位挡住。黑175的选择更是雪上加霜，被白176尖后，胜负已定。(檀啸)

黑方 **陈祖德** 九段

白方 **林峰** 五段

黑贴$2\frac{3}{4}$子 共278手 白胜$1\frac{1}{4}$子

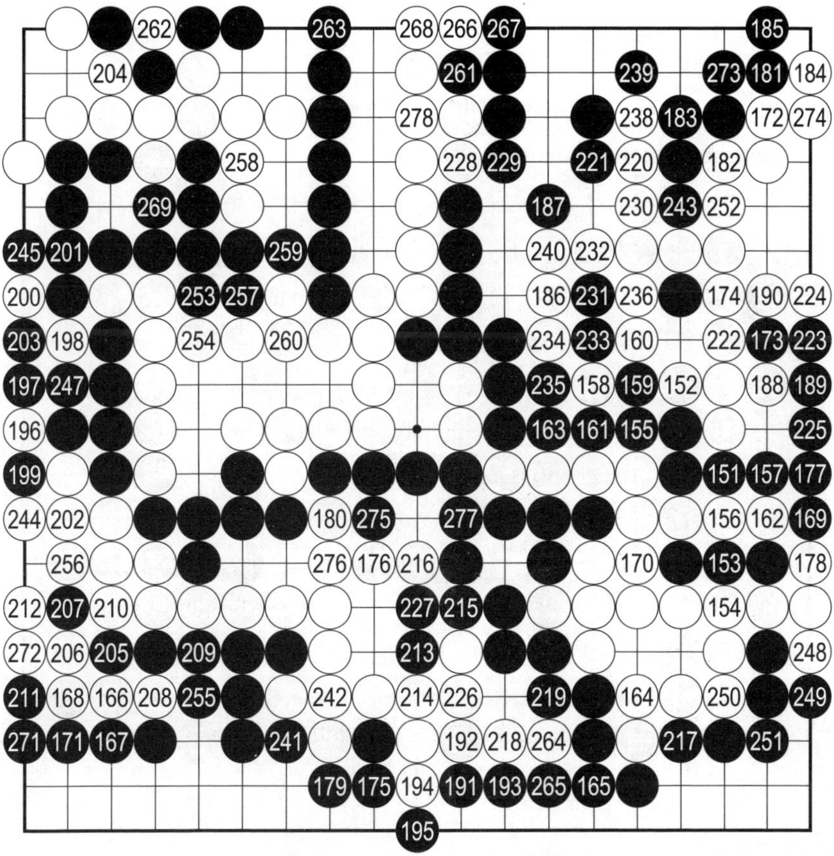

(151–278)

1998年11月27日

合肥双轮杯赛

黑方　邵炜刚 九段

白方　陈祖德 九段

左下至17走出一个新型，形成两分的局面。白18拆二稍缓，此时应走22位尖顶，左上角明显是全局最大的地方。至25黑棋满意，尤其是留下了49位的挖，这个挖对白棋来讲非常残酷。黑41有点缓，走在星位贴住更紧凑。白46应抓住机会在51位挖吃。黑49终于走到了关键的挖。白58可以说是本局的败着，此时只能在62位贴，之后黑如果冲65位，白棋顺势66位冲出。实战至80，白棋落了后手，黑胜势。（檀啸）

黑贴$2\frac{3}{4}$子　共151手　黑中盘胜

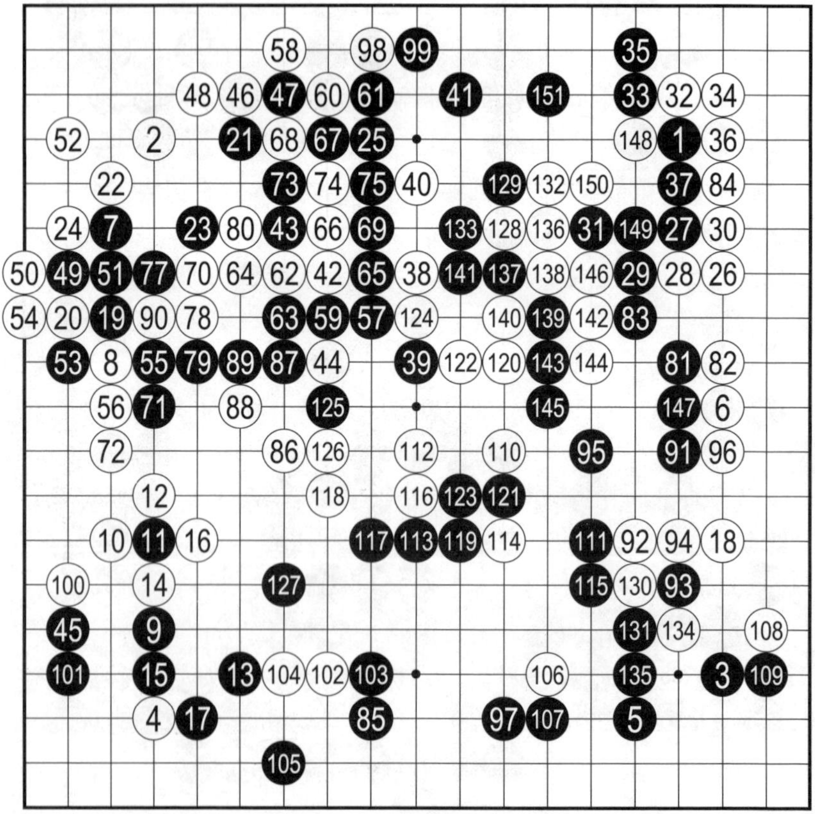

76＝47

（1–151）

1998年12月1日
第二届乐百氏杯第一轮

黑方　罗洗河 七段
白方　陈祖德 九段

白16通常在22位单长。黑17应在18位跟着扳。白24失误，这里只能在25位立下，实战白棋大亏。白62打劫过分，现在开劫为时尚早。白78、80开始拼搏，这里黑棋应对无误，至91黑棋活净，白棋局面困难。（檀啸）

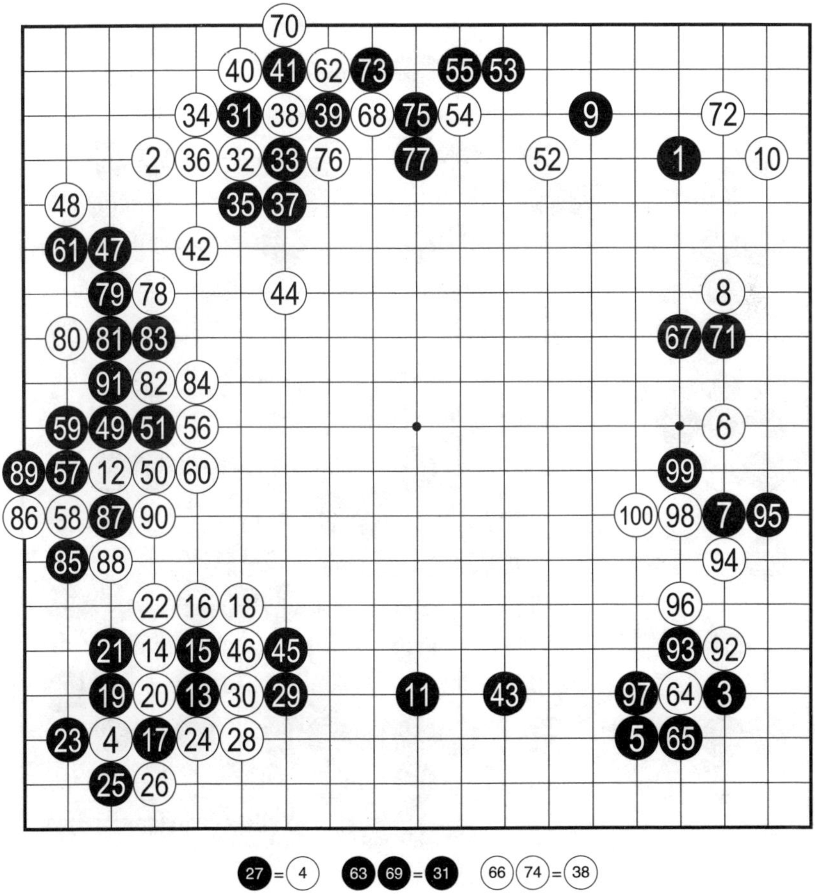

(1–100)

黑方　罗洗河 七段

白方　陈祖德 九段

黑 113 逆收 11 目的官子太大了，此前白有机会先手走掉。黑 143 没必要走得这么复杂，单在 147 位忍耐会更加简明，白棋全盘的目数不够。白 152 是最后的败着，应该走下一路小尖。实战白棋虽然活了，但尾巴被割掉，形势更加不利。(檀啸)

黑贴$2\frac{3}{4}$子　共 201 手　黑中盘胜

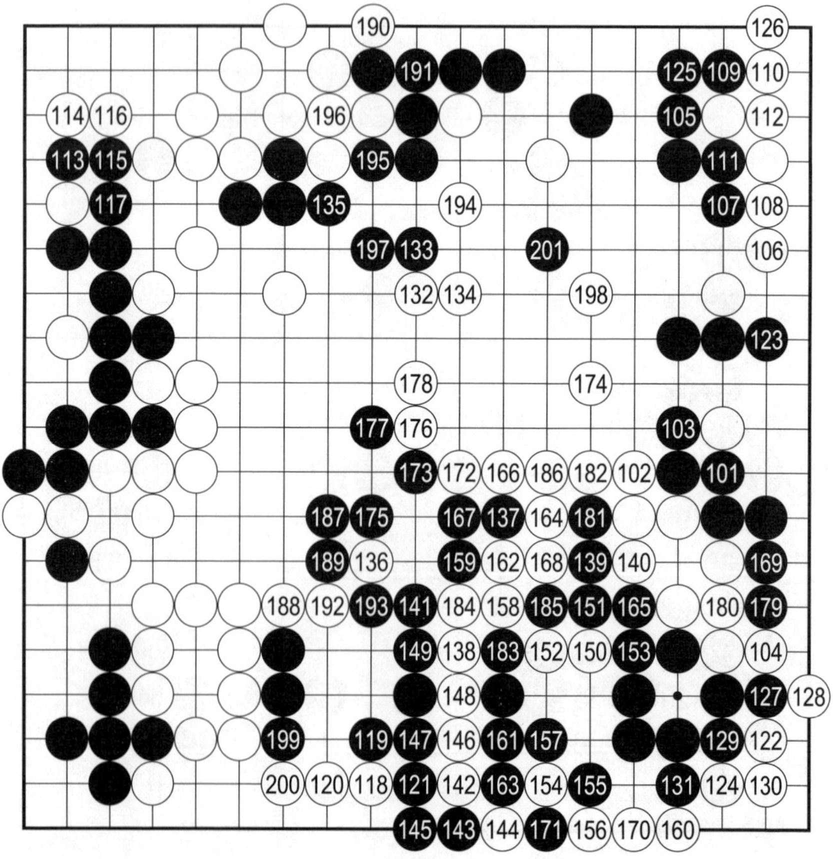

（101–201）

1998年12月2日
第二届乐百氏杯败者组第一轮

黑方 陈祖德 九段
白方 丰云 九段

布局双方都很熟练，进行至39是均势的局面。黑43压在49位的方向会更好，也就是常说的“压强不压弱”。白54挺头非常舒服。黑71顶过很酥软，这时候在72位断掉是只此一手，会形成复杂的战斗。（檀啸）

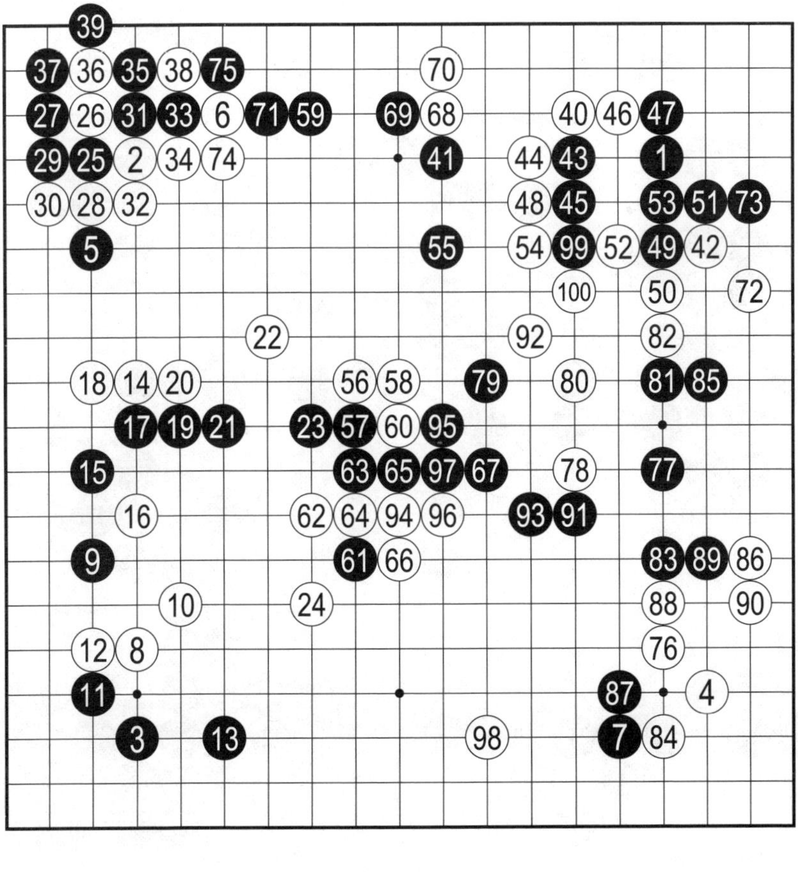

（1–100）

黑方 **陈祖德** 九段

白方 **丰云** 九段

白104失误，应先在108位扳掉再104位飞，黑二子不好处理，实战108再扳时被断掉，大亏。白128优势意识浓重，应在左边77上一路挖，黑棋已经崩盘了。如果弃掉二子，黑棋目数明显不够。白148败着，只能在154位跟着挡住，实战被黑149夹，瞬间逆转。（檀啸）

黑贴$2\frac{3}{4}$子　共187手　黑中盘胜

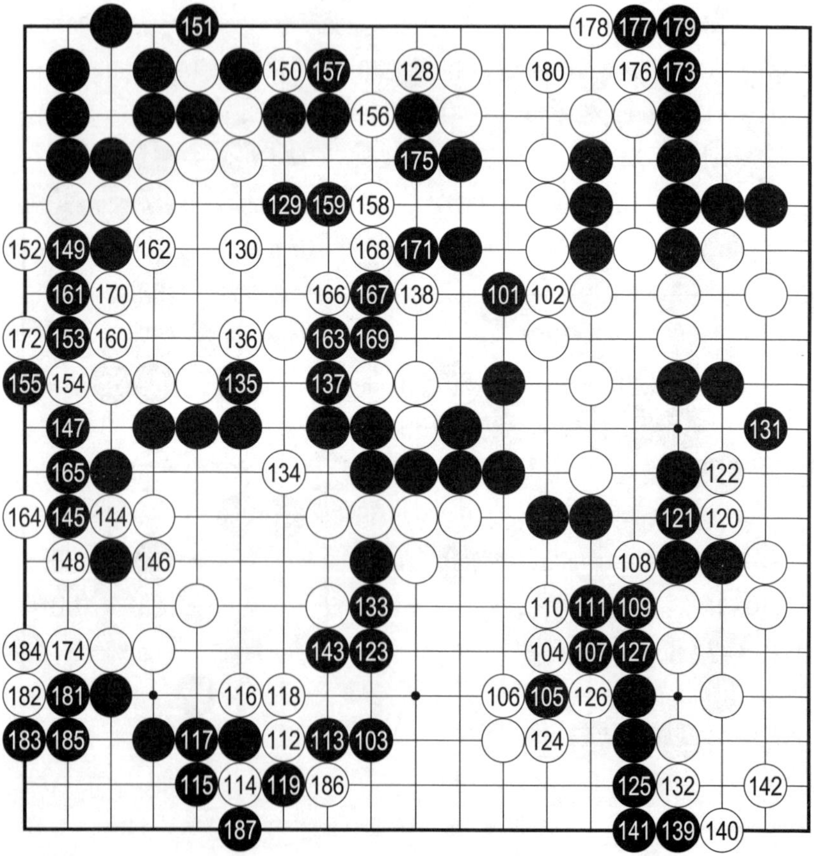

（101–187）

1998 年 12 月 4 日

第二届乐百氏杯败者组第二轮

黑方　陈祖德　九段

白方　方天丰　八段

进行至黑 23 是老定式，现在来看黑棋稍亏一点。黑 47 有点缓，应该在右边打入，白棋会有些头疼。白 56 夹有点奇怪，这个地方黑棋完全不怕白棋的冲击。黑 75 打吃是俗手，应该保留，单冲 77 位，实战白下出了 80 妙手一点，局面又回到了均势。（檀啸）

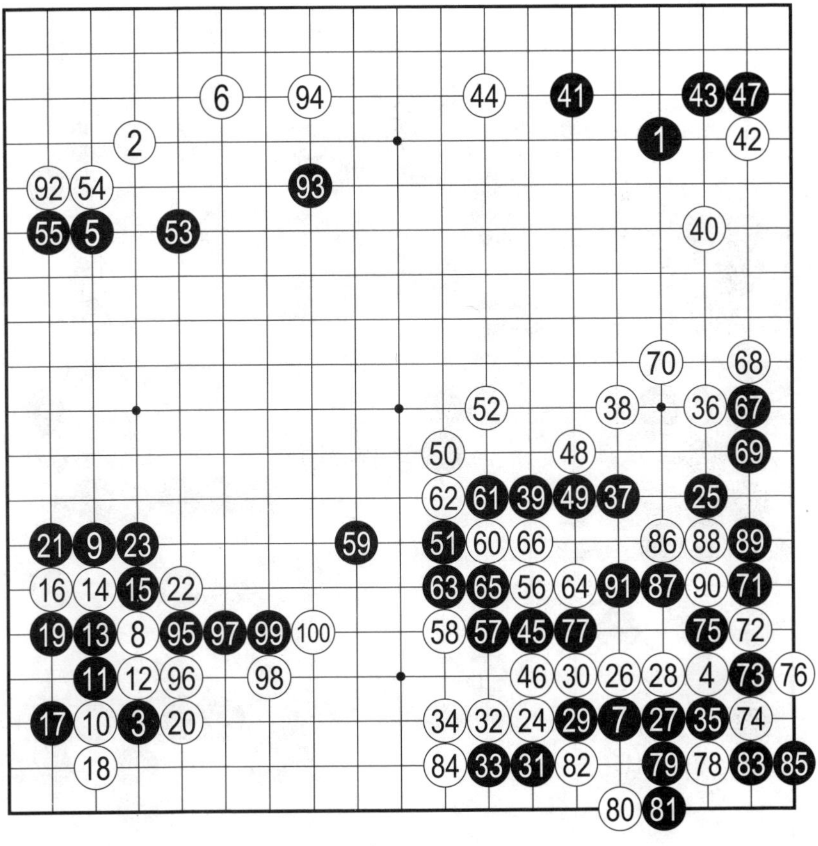

（1–100）

黑方 **陈祖德** **九段**

白方 **方天丰** **八段**

黑99、101价值不大，应在113位围空。黑105过分，应厚实地粘在106位。黑121随手打吃不好，这里酿成了大祸。白136手软了，应粘在137位，黑棋全盘没劫材。实战146-150不知道是不是棋谱出了些问题，这几手棋完全没有看懂。白168扳下时，黑棋实地不足。（檀啸）

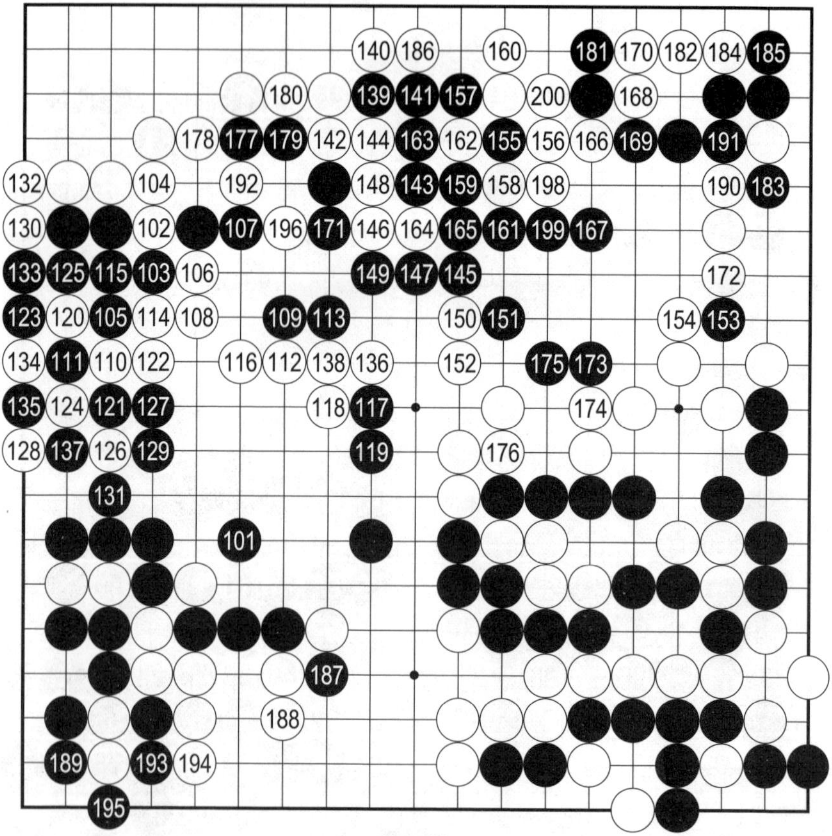

197=155

（101–200）

黑方　陈祖德 九段

白方　方天丰 八段

白 216 没必要，此时在 249 位抱吃，黑棋贴目困难。黑 217 必须挡下和白棋进行转换。白 236 犯了致命的错误，这里白棋可能没注意自己大龙的死活，被黑棋走到 239 后，白棋大龙成了打劫活。黑 261、267 连续犯错，这里只要走对一手，把劫消了，白棋大块就是死的。黑棋连续跟着应了两手，白棋大龙逃出生天，最后黑遗憾地半目落败。（檀啸）

黑贴$2\frac{3}{4}$子　共 304 手　白胜$\frac{1}{4}$子

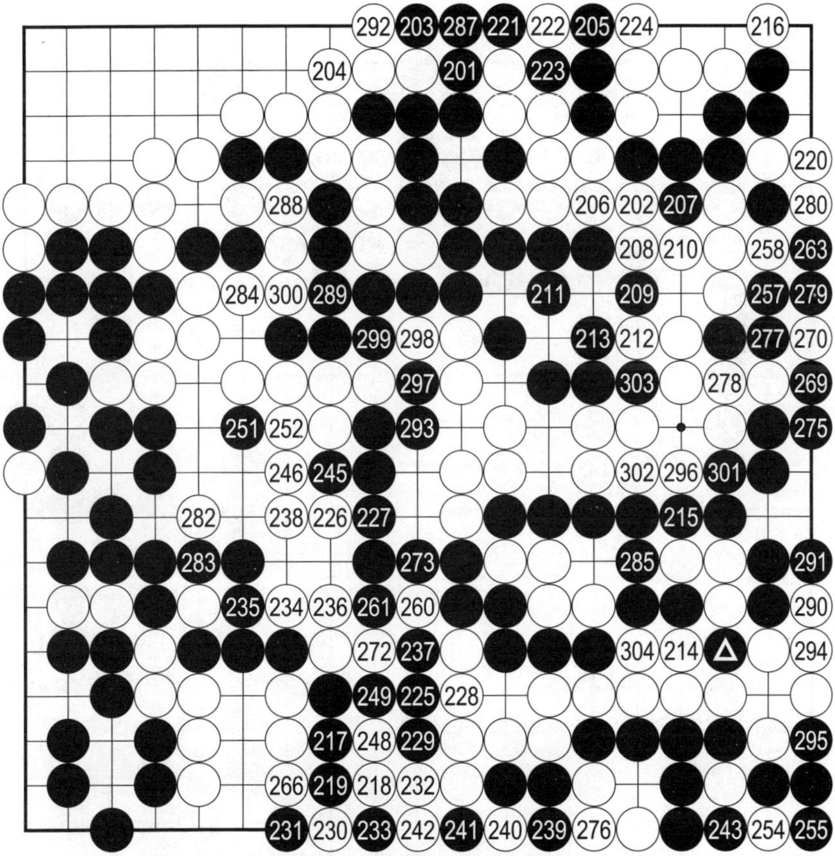

244 250 256 262 268 274 = 240　247 253 259 265 271 = 241　264 = 222

267 = 230　281 = 270　286 = △

（201–304）

1998–1010

1998年12月23日

第一届棋圣战最高棋士决定战第一轮

黑方　陈祖德　九段

白方　周鹤洋　七段

左上角到白26是原来国家队研究的飞刀，黑27常见的下法是冲出。白30不好，应该在114位跟着拐。黑33没有抓住机会，如果走34位夹，白棋局部成裂形。进行至51，是白棋满意的局面。黑59打入不着急，此时必须抢68位飞，左边是黑棋的大本营，全部围上才可以争胜。黑73位置有点奇怪，应往上一路跨断，形成乱战。白94反靠好棋，反击非常敏锐。实战黑虽然吃掉了白四子，但白甩掉包袱，全部变厚了。（檀啸）

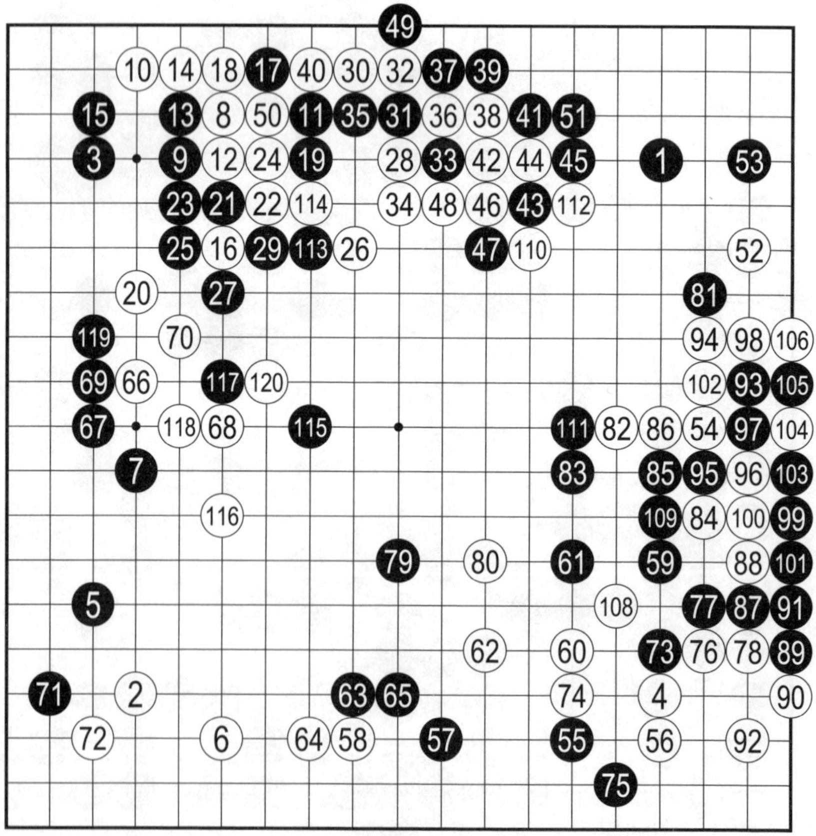

107=104

（1–120）

白142点是胜着，在这个局部一下子把黑棋击溃了。

本局是白棋完胜的一局。（檀啸）

黑方　陈祖德　九段

白方　周鹤洋　七段

黑贴$2\frac{3}{4}$子　共214手　白中盘胜

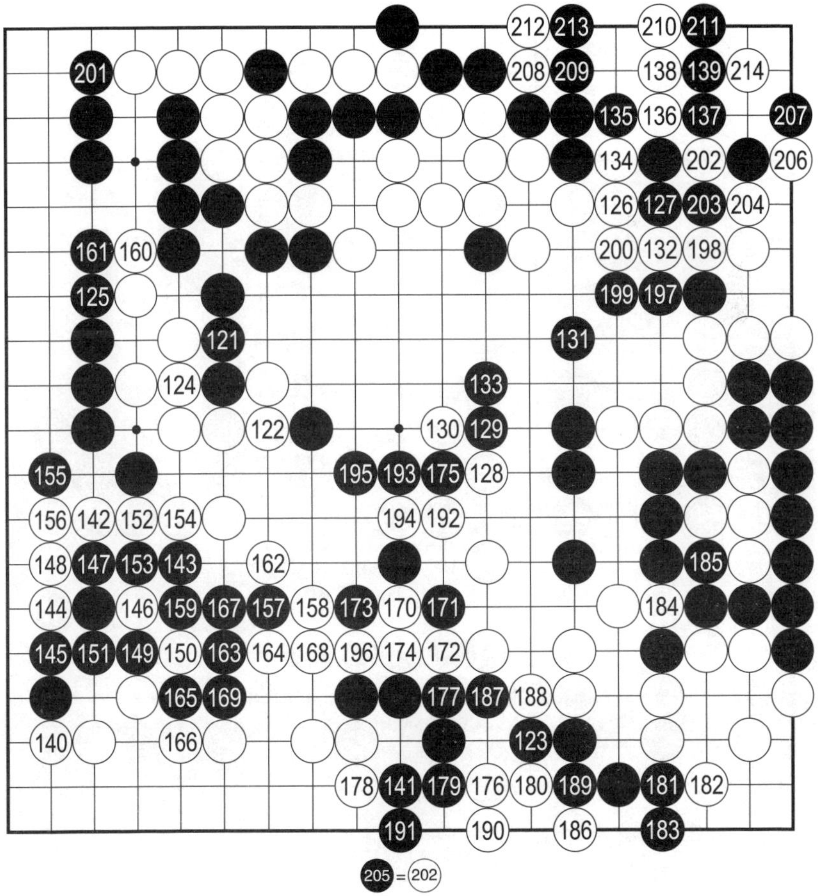

（121–214）

一九九九

时年55岁

◎ 1月8日，第11届CCTV电视快棋赛第一轮，陈祖德胜丰云九段。31日，第二轮胜彭荃二段。

◎ 2月21日，第13届中国围棋天元战第一轮负古力三段。

◎ 3月7日，　第11届CCTV电视快棋赛第三轮负于常昊八段。

◎ 7月8日—10月16日，第一届阿含·桐山杯围棋快棋赛预选赛开始，陈祖德第二轮负于罗洗河。

◎ 9月29日，在浙江“电信通讯杯”围棋名手快棋邀请赛上，陈祖德战胜马晓春、刘小光夺冠。

◎ 12月6日—28日，第3届乐百氏杯第三阶段比赛，由于公务繁忙，未能参加。

薛志春　整理　　　　**华以刚　审订**

1999 年 1 月 6 日上午
圣雪绒杯第一轮

黑方　陈祖德 九段
白方　方天丰 八段

黑 25、27 欲速则不达，以正常的粘住为上策。白 30 先手提掉一子很愉快，然后 32 扬长而出，黑棋失败。白 40 严重失误，下方三子必须要连回，黑棋并不好攻白棋。实战白棋弃子，棋局瞬间回到了均势。白 54 可以说是本局的败因。至 68，白棋不仅落了后手，目数还亏了。白 82 败着，应该在 112 位积极地碰进去，让黑棋脱不开身，黑有些难办。实战黑棋下出了 87 的胜着，白棋上方突然崩溃了。（檀啸）

黑贴2$\frac{3}{4}$子　共 115 手　黑中盘胜

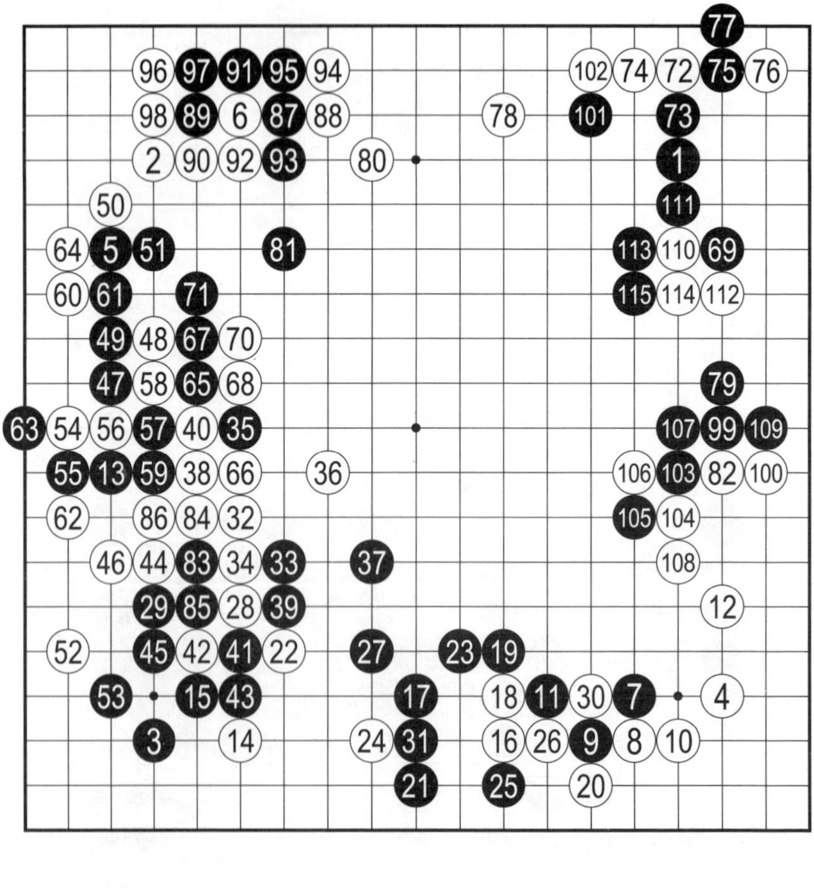

（1–115）

1999 年 1 月 6 日下午
圣雪绒杯第二轮

黑方　陈祖德 九段
白方　马晓春 九段

左下角的作战至白 46 大致两分。过程中，白 34 次序错误，应先于 36 位打吃，实战黑有 36 位先长的变化。白 48 不好，应于 49 位方向跳，弃掉白 6 一子。实战的下法导致白全面被动。黑 57 次序错误，应先于 67 位跳出，如果白仍按实战进行，则黑再 57 位压。白如 58 位挖，由于征子关系，黑 59 可改在 60 位打吃。白 68 失误，应于 80 位立。黑 77 应于 79 位点角。实战的下法让白 84 冲下然后 88 扳成立。虽然征子黑有利，但黑 93 如跑 55 一子，白在 151 位打吃后 145 位断，黑左边数子被全歼显然不行。白 94 提一子后全局稍有利。黑 95 跨下收获不大。（马晓春）

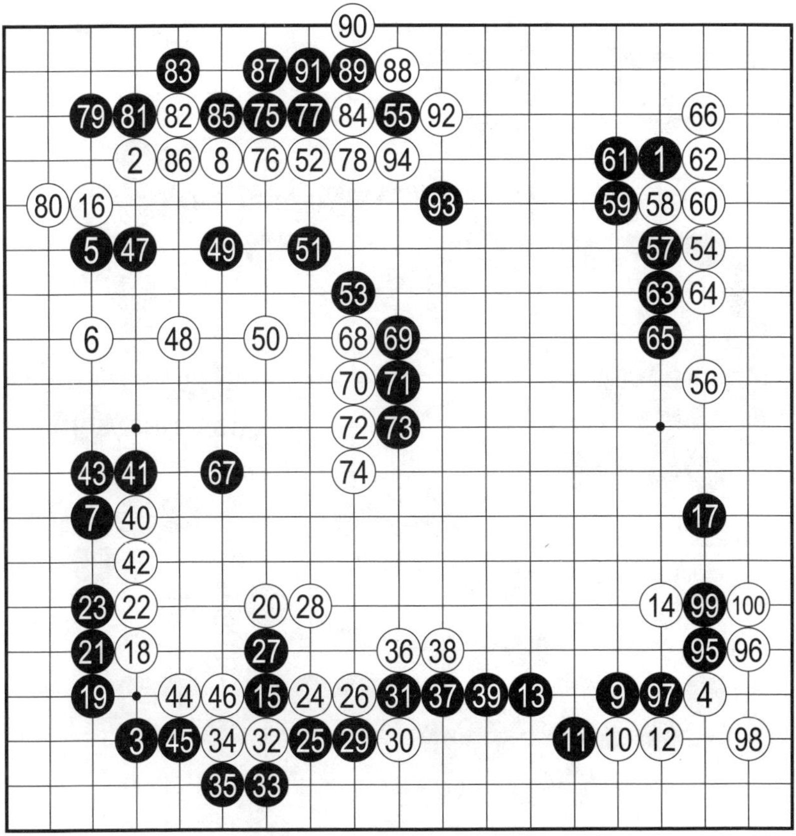

（1–100）

黑方　陈祖德 九段

白方　马晓春 九段

白 106 尖顶后，黑三子已不好连络。白 116 挖吃后白优势。白 124 以下严重失误！白 124 应先于 126 位刺，如此黑只能接。白 130 更是莫名其妙！被黑 131 简单顶，白三子就跑不出去。太可笑了！这里白大损后局势逆转。优势意识下，黑棋官子步步退让，上面让白棋便宜不少。至白 146 飞过时，局势已是难分优劣了。后面的官子有点小出入，最终白棋幸运地小胜。（马晓春：棋谱可能有误）

黑贴$2\frac{3}{4}$子　共 179 手　白胜$\frac{1}{4}$子

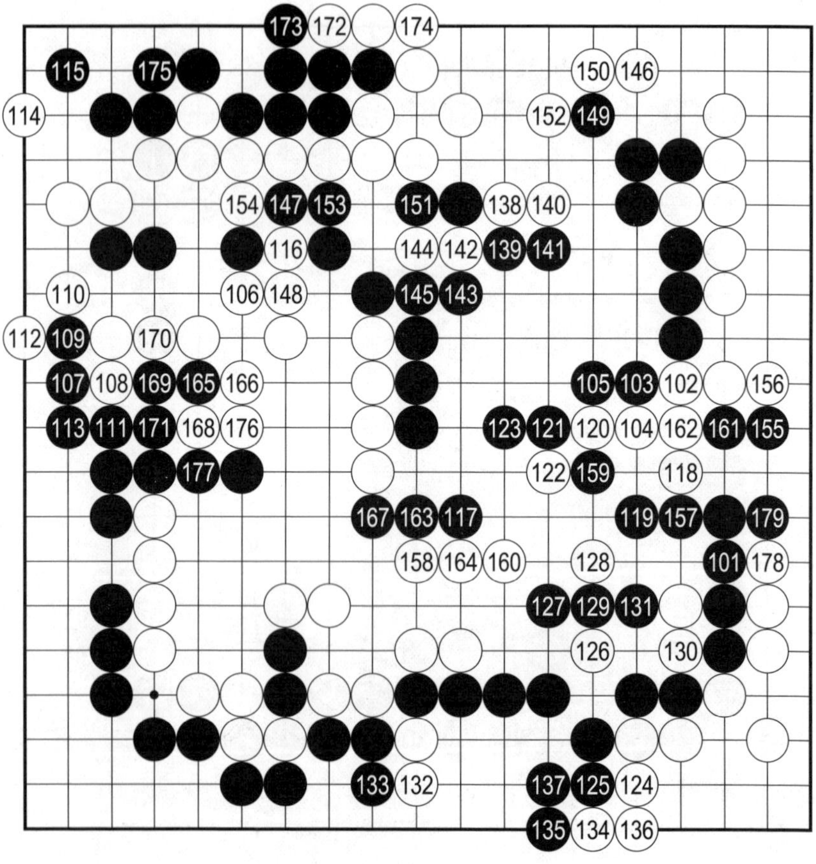

（101–179）

1999年1月8日
第13届CCTV杯第一轮

黑方　丰云　九段
白方　陈祖德　九段

白12考虑到黑上方拆二较为扁平，故选择在当时极为少见的点三三。黑25积极扩张模样。对此白选择反击，积极、正确。白34不依不饶，如在55位拆先安定自身，也是一种选择。黑47不佳，分断白方后所获甚微。至白60，右边黑阵损失巨大。白64是紧凑的出头手法。黑67忍无可忍，利用一路硬腿强行分断。白78妙手化解黑棋进攻。至94转换，白棋简明优势。（廖行文）

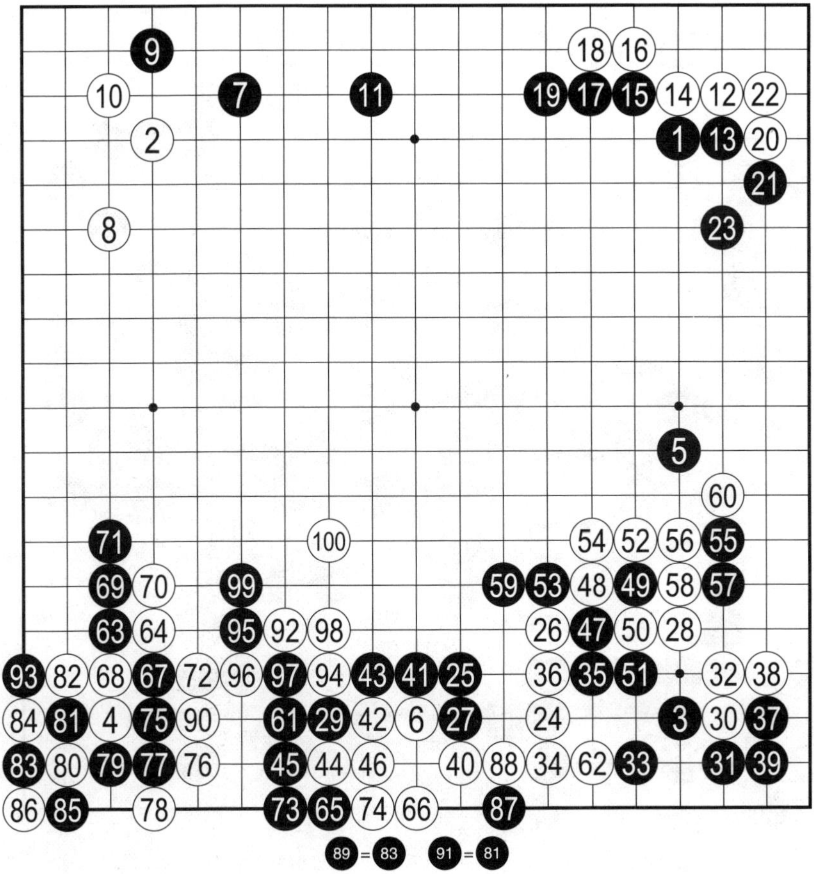

（1–100）

黑 121 展开最后一搏。白昂首挺入中腹，胜势已定。（廖行文）

黑方　**丰云** 九段

白方　**陈祖德** 九段

黑贴$2\frac{3}{4}$子　共 182 手　白中盘胜

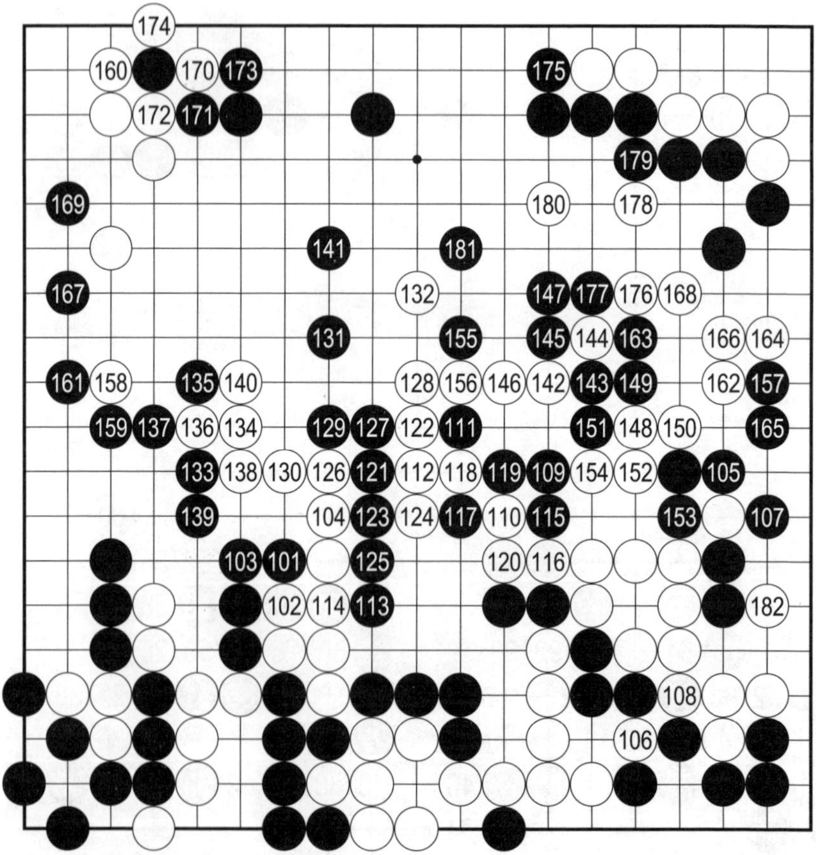

（101–182）

1999 年 1 月 25 日
晚报杯指导棋

白方　陈祖德 九段
黑方　孙宜国（受二子）

白 9 迅速挑起战斗。黑 14 应对也很强硬。黑 34 正形，显示出不亚于职业棋手的功底。白 53 在下方弃子，想要吃掉中腹黑五颗棋筋。黑 64 失误，应在中间出头。至 69 黑陷入危机。黑 70 寻找白棋弱点，双方形成白刃战。白 81 是局部唯一的脱困好手。白 87 也是长气好手。白 105 失误，应先叫吃再做活。至 114，由于白为求活在上方损失不少，黑方选择弃子，形势不差。白 121 勺子。最终白因气紧被分断。（廖行文）

共 126 手　黑中盘胜

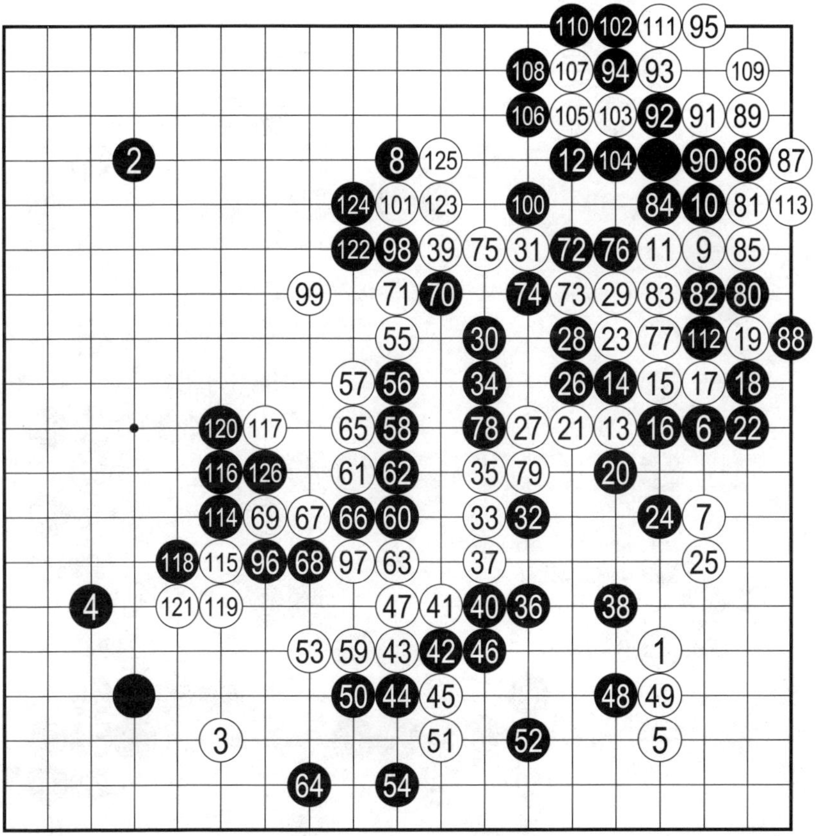

（1–126）

1999 年 1 月 31 日弈于中央电视台
第 13 届 CCTV 杯第二轮

黑方　陈祖德 九段
白方　彭荃 二段

黑 17 是有趣的选点，较为少见。黑 19 意在引征。白 36 稍缓，应 72 位反击。至 43，黑在局部妥协，白棋可以满意。黑 57 好手，此处争先必要。白 80 失误，应 81 位补棋。黑 81 锐利，白方不好应对。至 99，黑在局部取得巨大战果，白实地吃紧。黑 103 消掉白最后的成空潜力，简明保持优势。黑 115 机敏脱先抢占大官子。（廖行文）

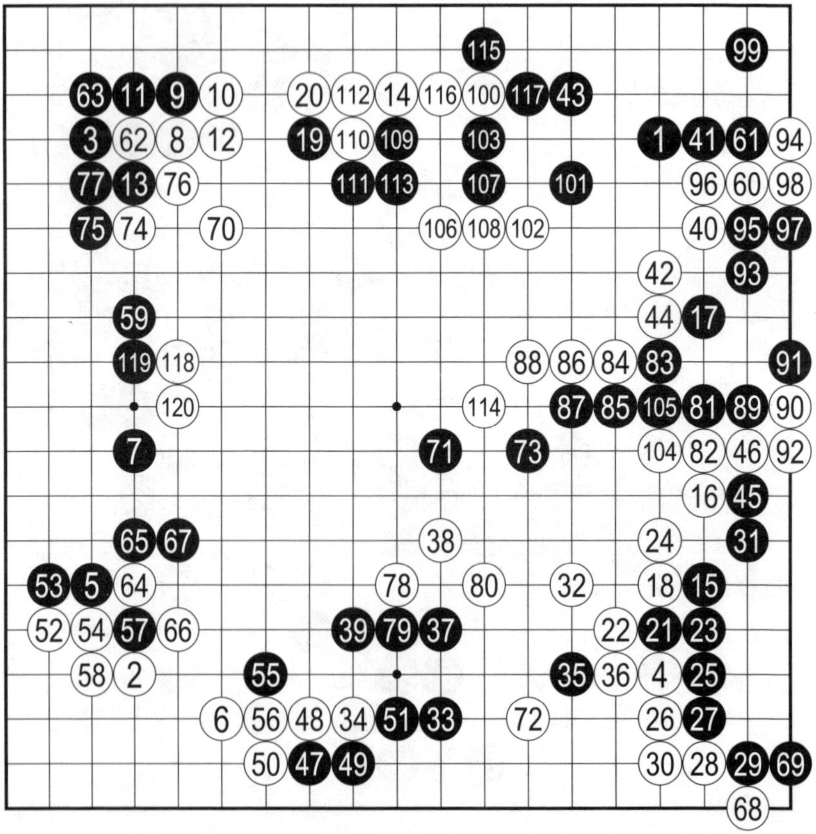

（1–120）

黑 131 跳入是胜利宣言。（廖行文）

黑方 **陈祖德** 九段

白方 **彭荃** 二段

黑贴$2\frac{3}{4}$子　共 245 手　黑胜$1\frac{3}{4}$子

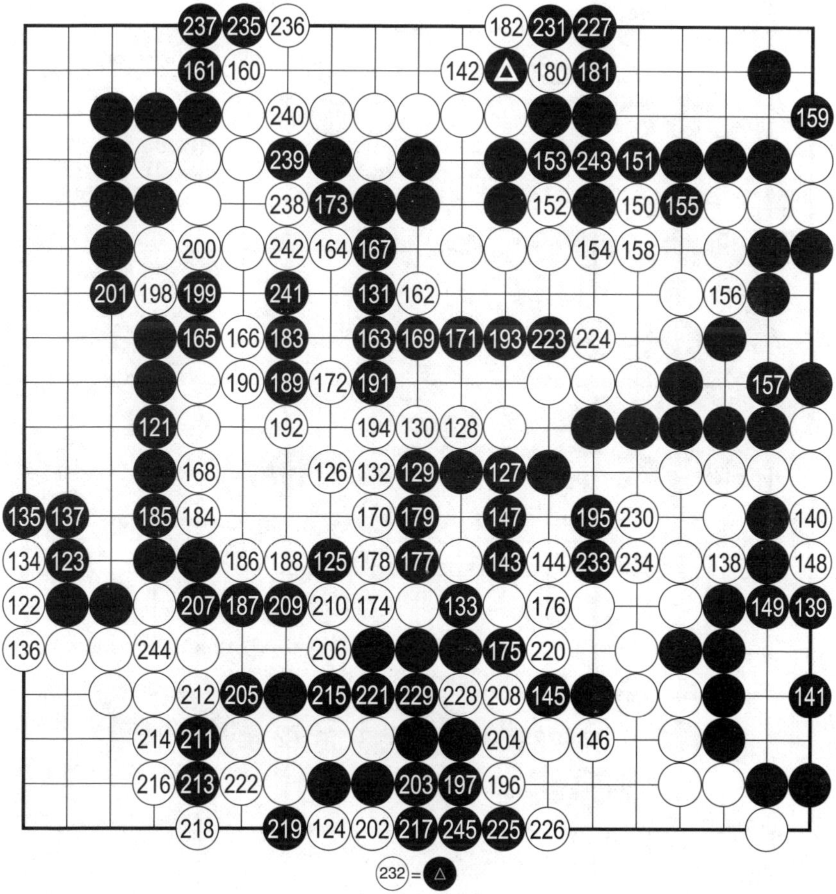

（121–245）

1999 年 2 月 21 日弈于中国棋院
第 13 届天元战本赛第一轮

黑方　陈祖德 九段
白方　古力 三段

黑 17 灵活，不在局部纠缠，意在扩张左边模样。白 22 有些冲动，应 29 位爬过。至 33 形成转换，黑形势不错。白 36 意在高效地压缩黑棋。黑 41 以下判断清晰。黑 53 双方再度形成转换，黑方大优。黑 59 稳健应对。至 75，虽然白在局部有所收获，但黑先手抢占大场保持住了优势。白 96 胜负意识极强。114 以下强手连发，最后一拼，黑 127 下出遗憾的败着。（廖行文）

黑贴 $2\frac{3}{4}$ 子　共 136 手　白中盘胜

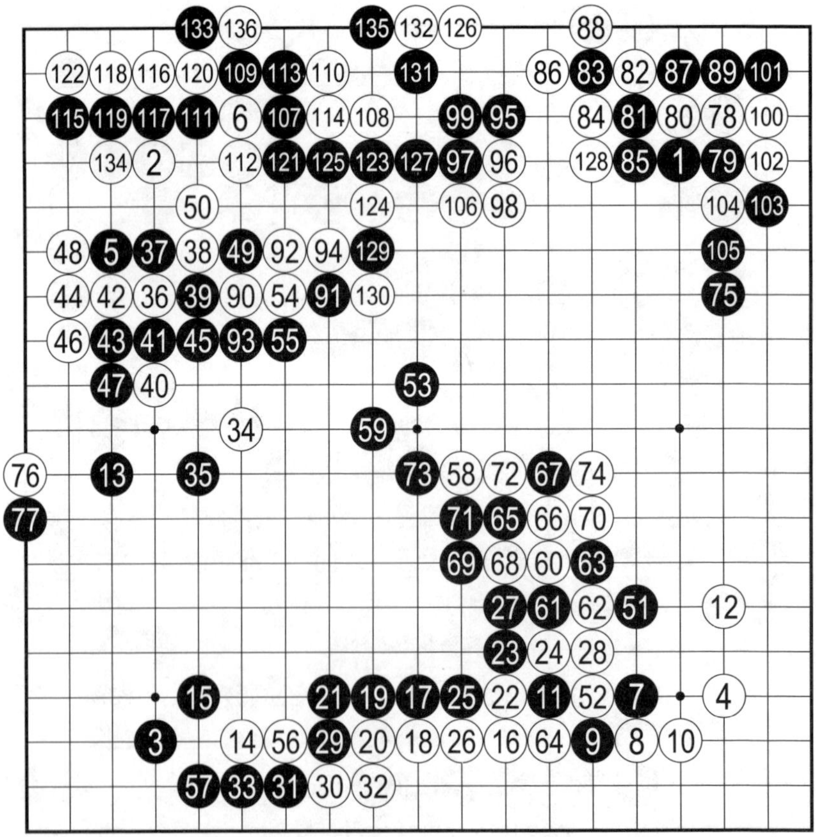

（1–136）

1999 年 3 月 7 日弈于中央电视台
第 13 届 CCTV 电视快棋赛第三轮

黑方　常昊 八段
白方　陈祖德 九段

白 30 好点。黑 47 补棋前想令白方走重。白 48 寻求头绪。白 56 抓住战机擒获黑四子。黑 63 封锁是先手，双方形成均势。黑 69 锐利地击打在白薄弱处，71 是相关联的手段，一场激战在所难免。（廖行文）

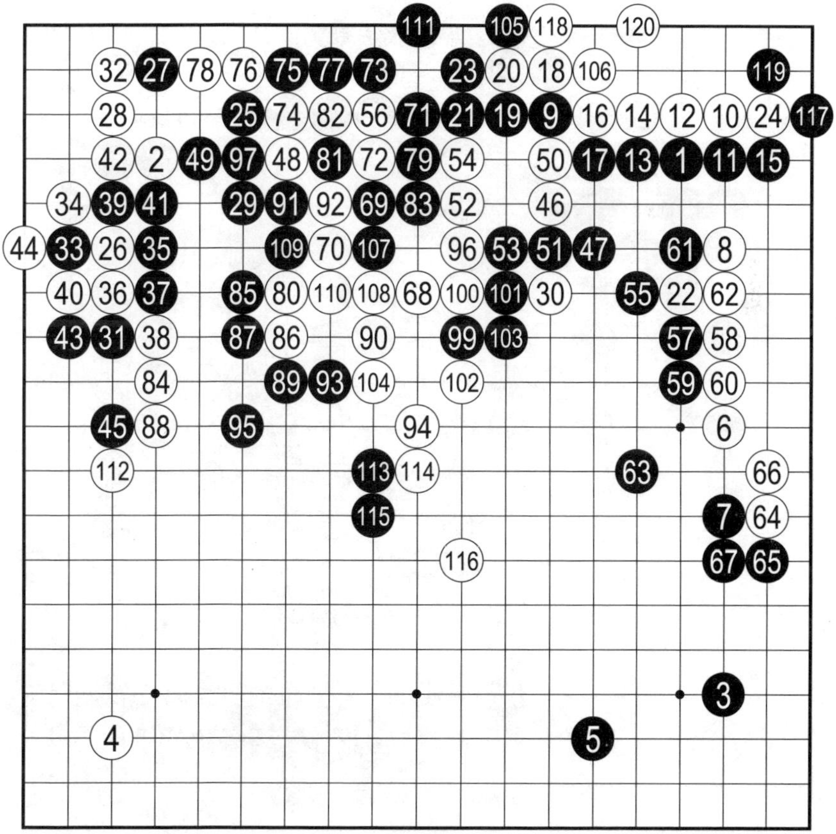

98 = 81

（1–120）

黑方　常昊 八段

白方　陈祖德 九段

双方激战至113手，白中腹的处理成为胜负关键。黑117脱离战场失误，显然是读秒中的打将。白122脱先机敏，大龙获得喘息之机。白126过于贪图实地，是败着，应在127位补强自身，形势尚可。黑131犀利，白感到窒息。白132无奈寻找头绪。黑149利用攻击将四子截下，白难以取胜。白168最后一搏，但面对黑铜墙铁壁无计可施。（廖行文）

黑贴$2\frac{3}{4}$子　共213手　黑中盘胜

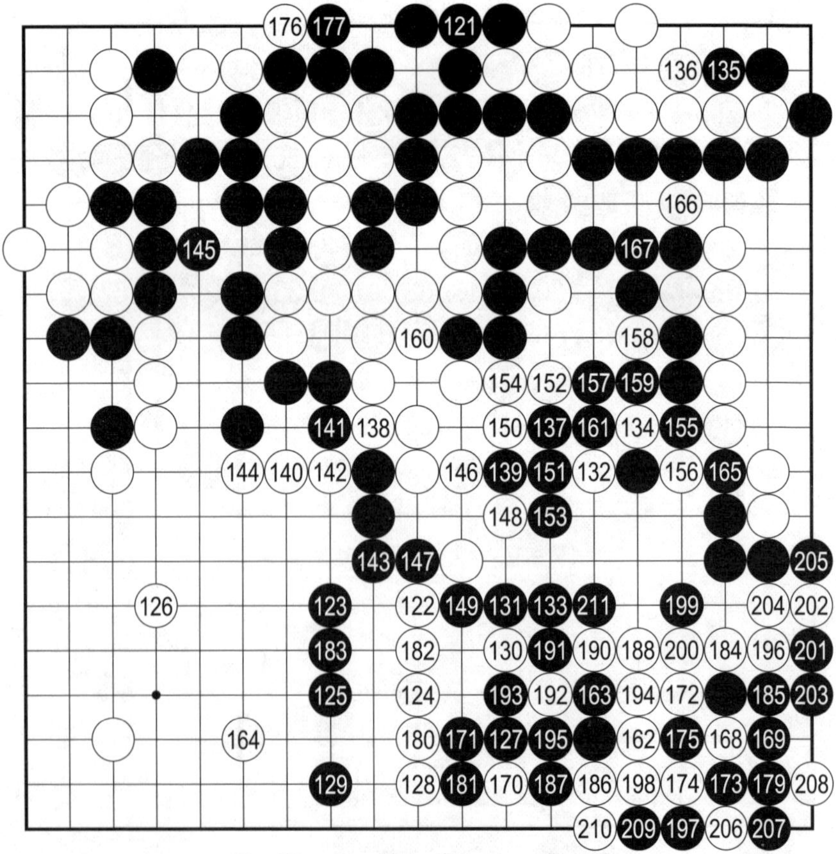

178=168　189=175　212=206　213=197

（121–213）

1999年3月16日弈于中国棋院
第12届名人战预选赛

黑方　张欣 五段

白方　陈祖德 九段

白10在布局阶段先放弃角地，是大胆的尝试。黑33犀利，白不好应对。黑37获得满意战果，取得一定优势。黑57分断略显僵硬。白84强，面对黑的进攻一毛不拔。至白96，黑收获甚微。白108继续寻觅战机。（廖行文）

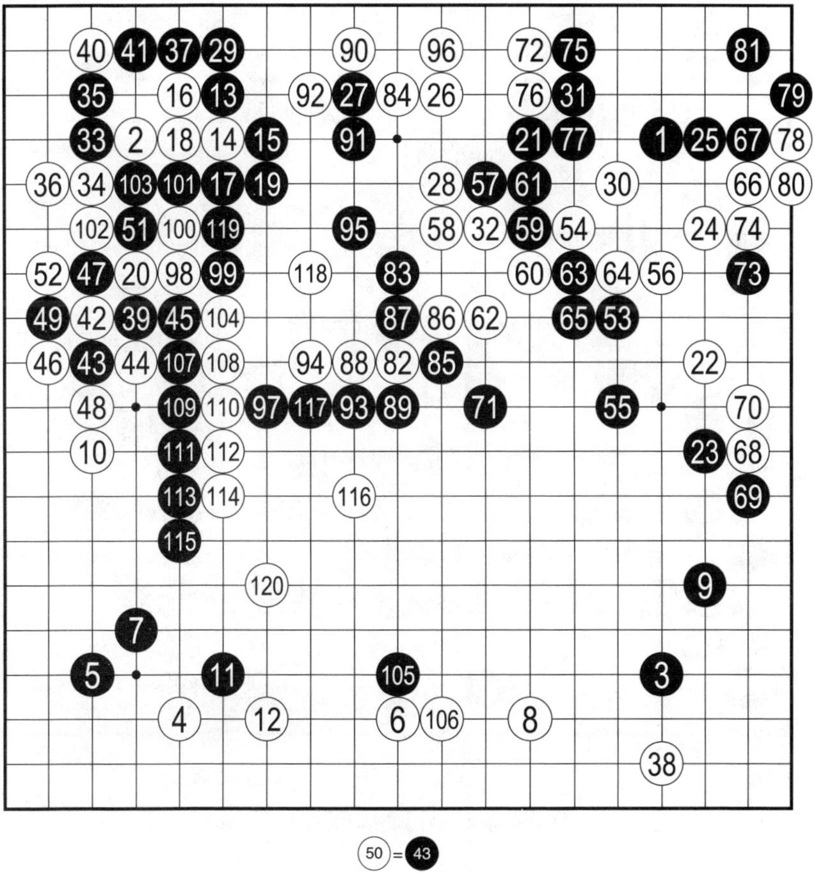

(1–120)

黑方 **张欣** 五段

白方 **陈祖德** 九段

黑149问题手。白152敏锐抢到要点，白看到曙光。白164失误，应174位做活。黑165机敏，如此白中腹只能劫活。黑181开始打劫，虽然白方本身劫很多，但黑只需利用劫争做活左下即可。黑243做活后，白小败不可避免。（廖行文）

黑贴$2\frac{3}{4}$子　共265手　黑胜$\frac{3}{4}$子

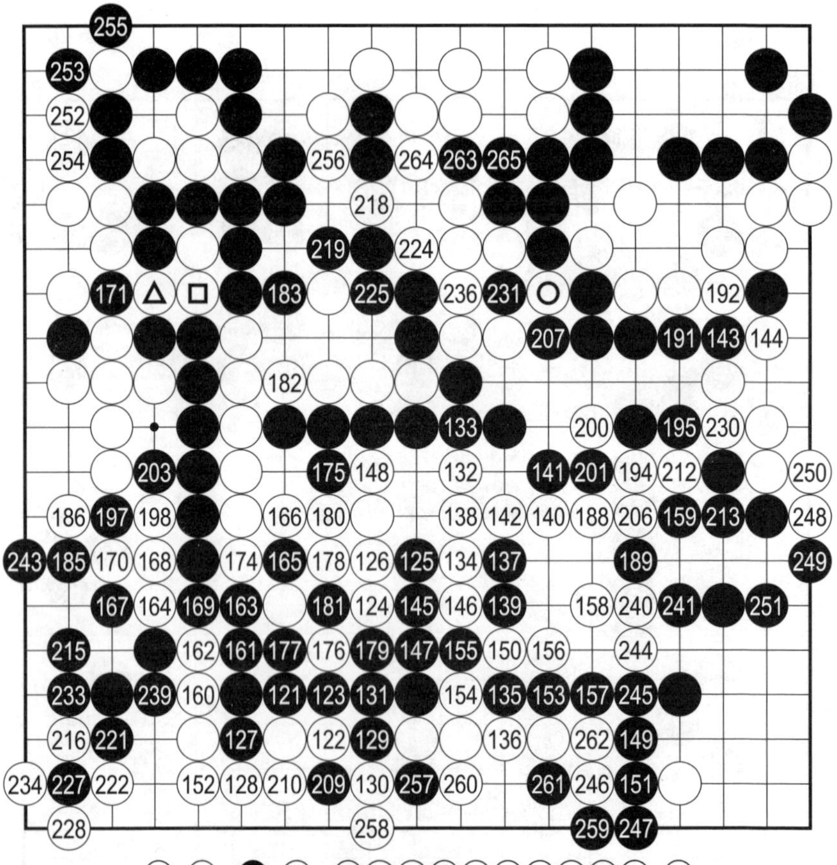

1999年4月16日

黑方　陈祖德、刘昌赫、常昊、马晓春

白方　加藤正夫、王立诚、依田纪基、赵治勋

黑19和白20的选点较为少见，颇具观赏性。白24、26好手，形之要点。黑27、29开始强攻。黑31可在32位尖顶，棋形优于实战。白32冲断后，由于黑棋外围并不厚，黑风险较大。黑41应考虑在46位拐，白42位，黑30位右一路抱吃，局势尚早。白46贴，黑不易攻白。黑49和白50的交换黑损。黑51、55胜负手。至白56接，棋局到此为止，如正常进行，白大龙不难处理，形势明显白优。（谢赫）

黑贴5目半　共56手　和棋

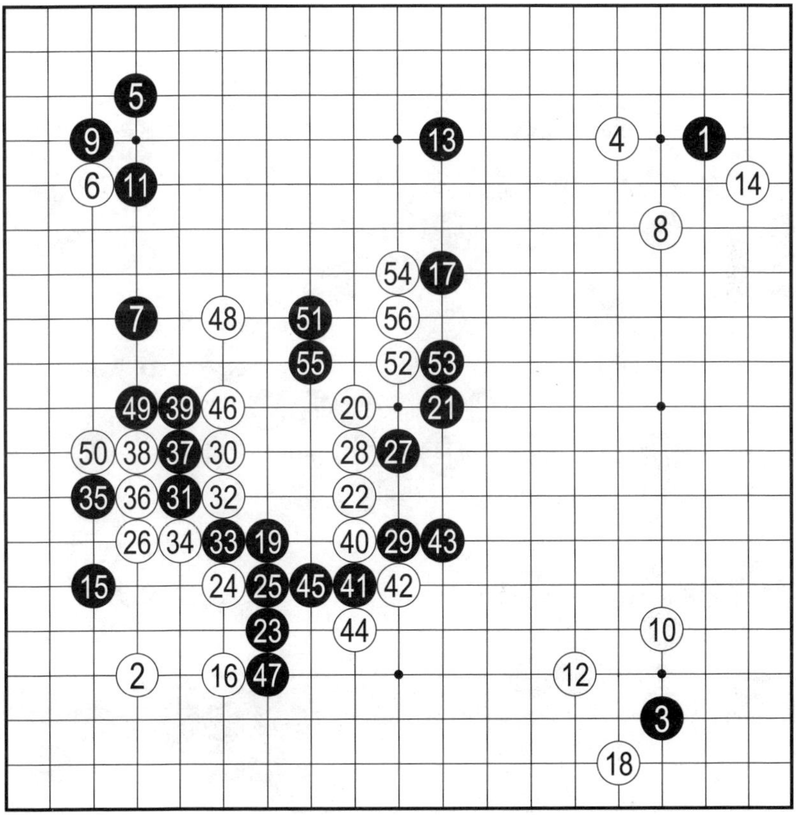

（1–56）

1999年4月29日弈于武汉
武汉围棋会馆周年纪念对局

黑方 陈祖德 九段
白方 常昊 八段

黑11是当时颇为流行的布局套路。黑47应在50下一路保持攻势为好。白52获得转身可以满意。黑69积极，此时黑需要积极争取实地。白92发力，想要分断黑方。黑97防守稳固，白棋效果不理想。白114应于右上扳接。黑117巨大。白122意图不明。黑125锐利，白陷入危机。黑131失误，应在132位分断，白较为困难。黑133败着，如在134位打，白也颇为棘手。白142由于通盘极厚，打劫无负担。至白156形成转换，黑小败。（廖行文）

黑贴$2\frac{3}{4}$子　156手以下略　白中盘胜

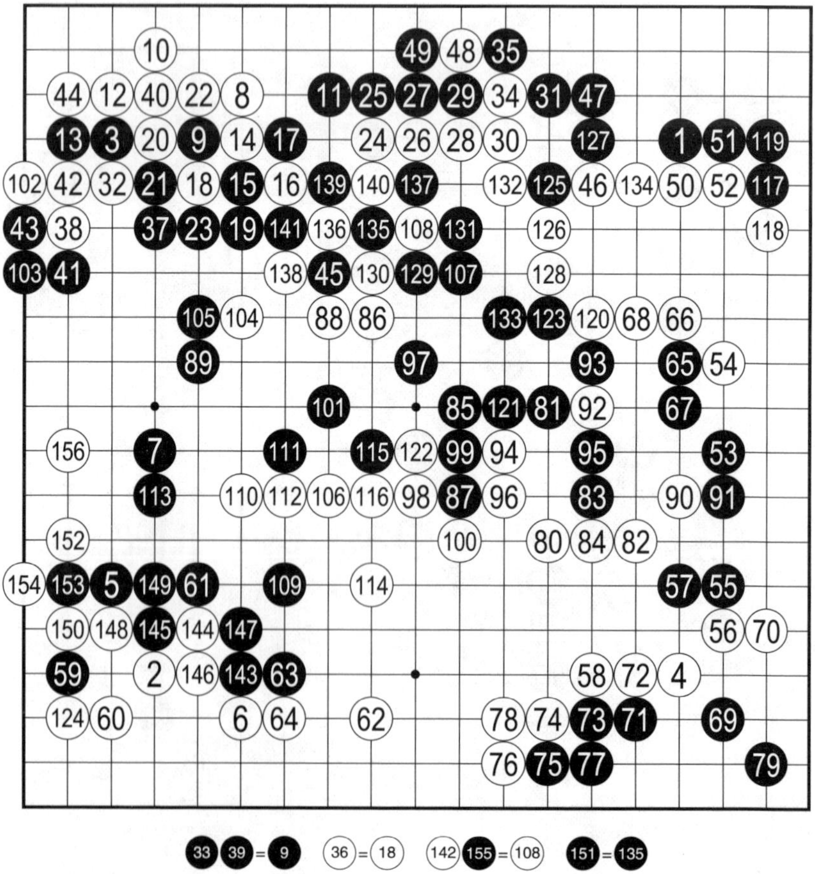

（1–156）

1999年4月30日弈于上海

首届围棋甲级联赛

黑方　陈祖德 九段

白方　李亮 五段

黑19、21两镇弈得极为潇洒。白30利用自身坚实的棋形展开反击。由于自身形状不佳，白32令黑不好应对。黑45连络自身，同时瞄着白角里的味道。至53双方均可接受。黑57全力构筑阵势。黑61一寸不让，想要全歼来犯白子。黑67略有松懈，应68扳，白在局部没有好的处理方法。白78获取一定实地，可以满意。黑81失误，应直接扳接。至90，黑角活得过小，得不偿失。白104后中腹攻守逆转，形势向白方倾斜。（廖行文）

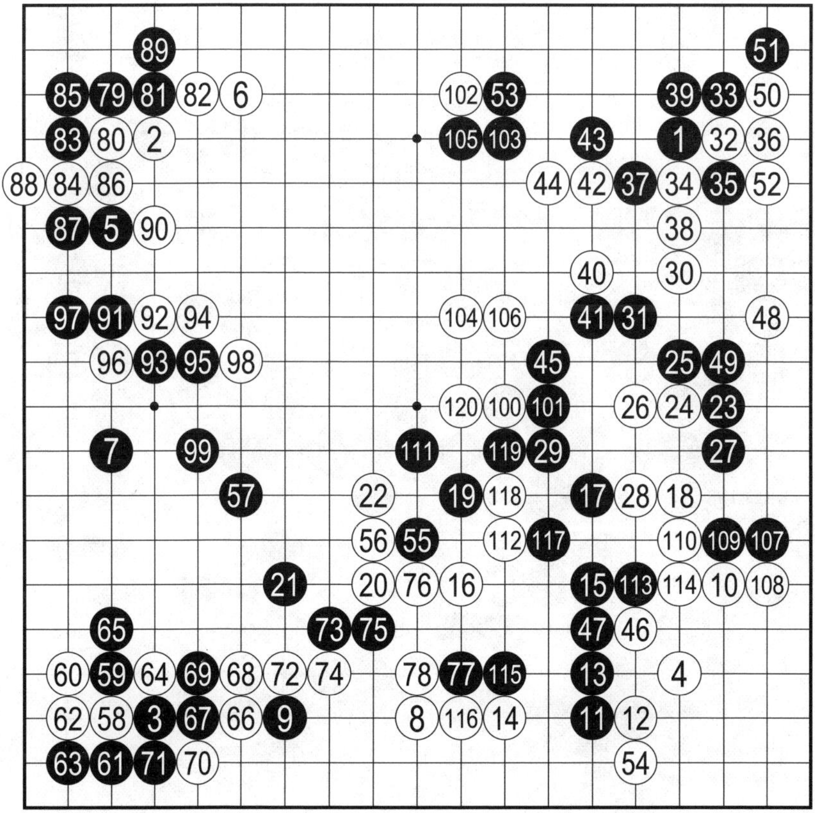

（1–120）

白 134 令黑大龙陷入危机。白 148 消劫获利明显，胜势已定。（廖行文）

黑方　**陈祖德** 九段

白方　**李亮** 五段

黑贴$2\frac{3}{4}$子　共 230 手　白中盘胜

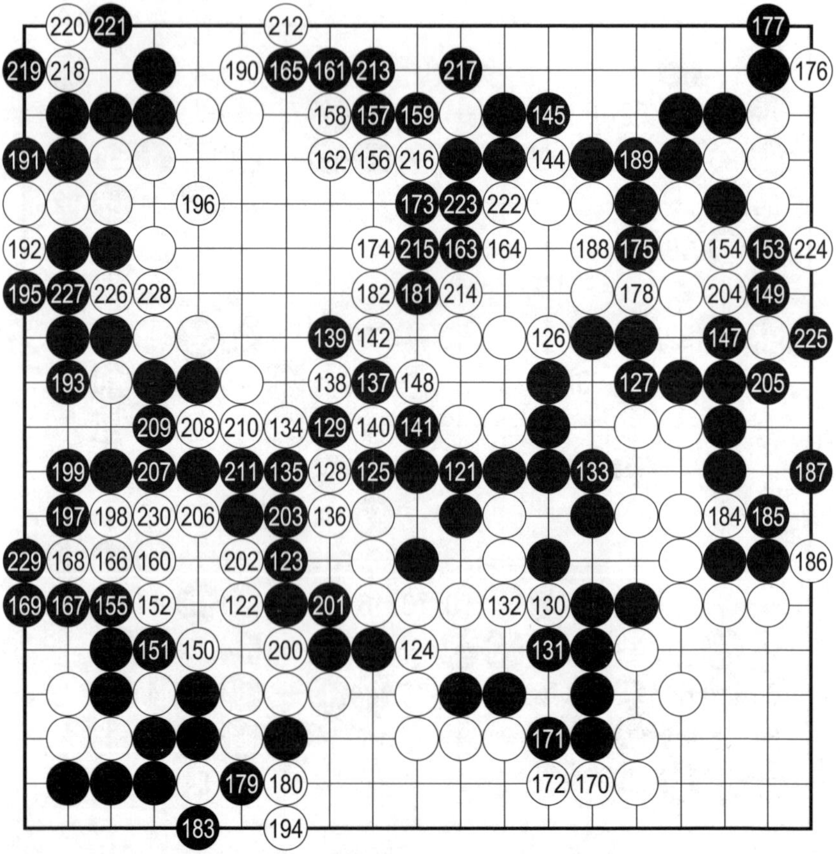

143=129　146=140

（121–230）

1999 年 5 月 21 日弈于上海

黑方　邹俊杰 四段

白方　陈祖德 九段

白 24、黑 25 的思路比拼颇为精彩，值得棋友们品味。黑 33 有些一厢情愿，想要威胁白龙，占取便宜。以下白连续脱先，对自身死活胸有成竹。白 46 以下腾挪效果不佳，不如简单飞进角。白 56、58 与上方大场相比见小。黑 59 在上方形成辽阔势力。白 66 反击，但终究子力不足，作战勉强。白 74 做活要点。（廖行文）

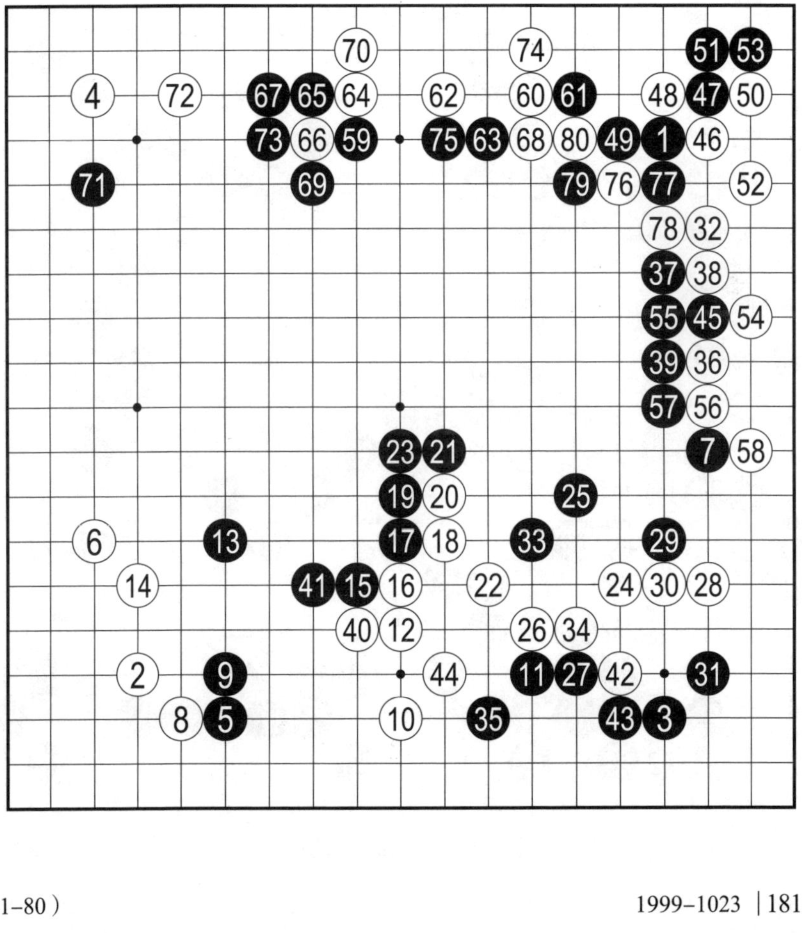

（1–80）

黑方　**邹俊杰** 四段

白方　**陈祖德** 九段

黑 81、83 形势判断清楚。黑 89 先手便宜颇为舒畅，是 85 留下的先手利。黑 101 以下安全运转，稳健将优势保持到终局。（廖行文）

黑贴$2\frac{3}{4}$子　共 175 手　黑中盘胜

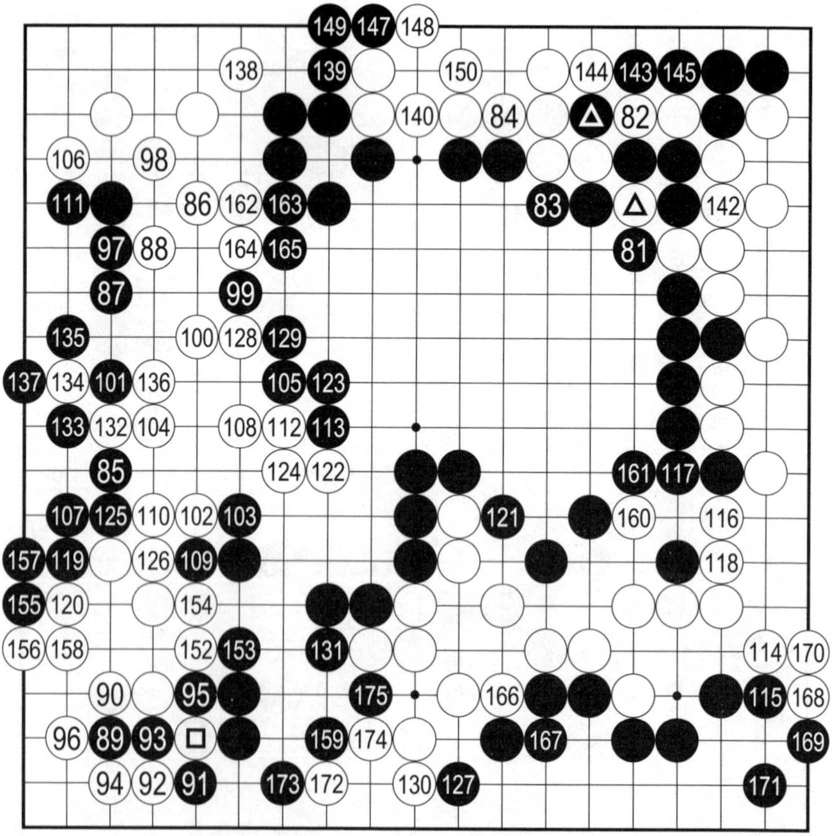

141=△　146=▲　151=□

1999 年 7 月 8 日弈于中国棋院
第一届阿含 · 桐山杯预选赛第一轮

黑方　陈安齐　六段
白方　陈祖德　九段

白 24、26 是局部常用手段。白 40 形状舒展，白无不满。黑 37、41 方向有误，导致随后战斗不利。白 60 有些恋战，黑 69 抓住机会攻击左下，收获颇丰，形势有所转机。（廖行文）

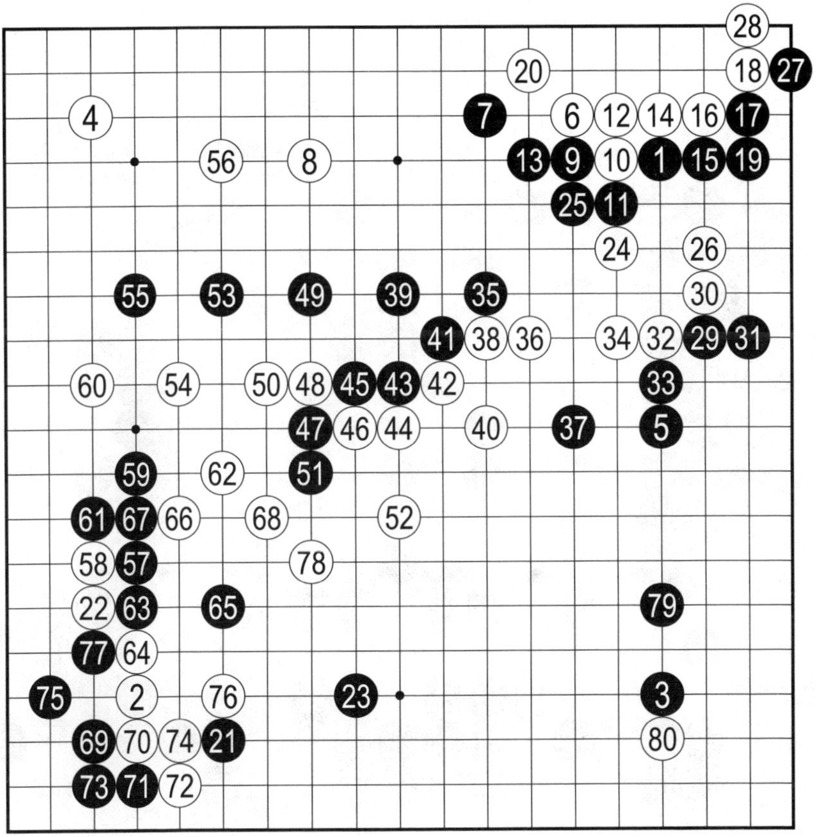

（1–80）

黑93败着，以下攻击毫无所获，应边捞取实地，边进行攻击。白安定后于106挺入，简明胜势。（廖行文）

黑方　陈安齐　六段

白方　陈祖德　九段

黑贴$2\frac{3}{4}$子　168手以下略　白中盘胜

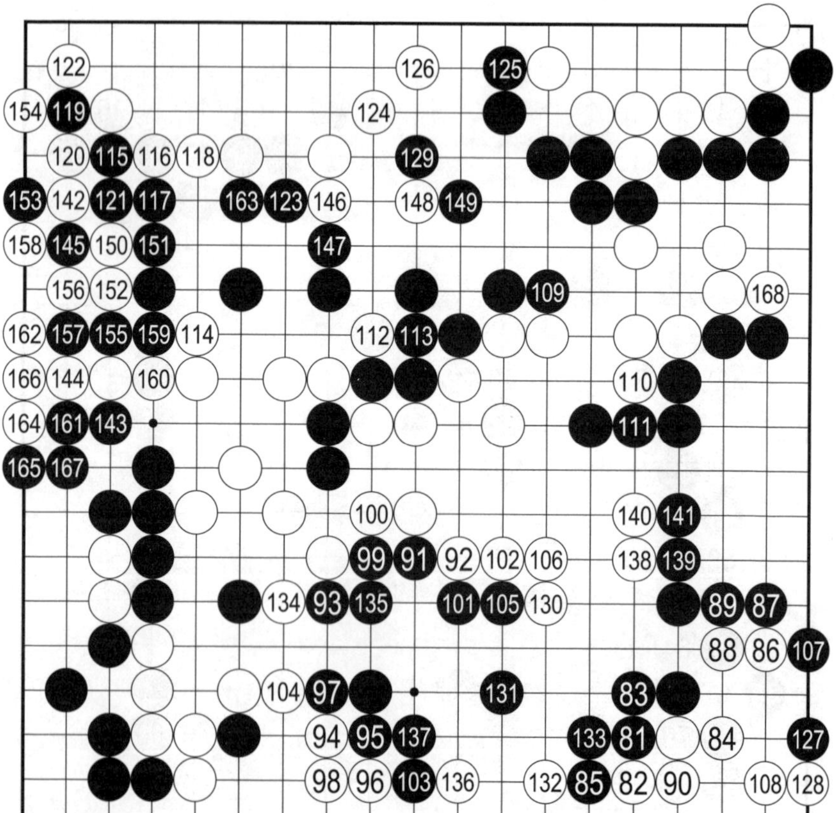

（81–168）

疑1999年7月9日弈于中国棋院
第一届阿含·桐山杯预选赛第二轮

黑方　陈祖德　九段
白方　罗洗河　八段

黑9是一种趣向。黑19求战，如在角上吃白14也可。白36似小实大。白40以下破空获得满意效果。黑57、59走厚自身，等待机会。白62-68意图不明，此时当抢占别处大场。黑71终于腾出手来点三三。白90开劫勉强。黑99吃掉白大块取得优势。黑101失着，应90上一路先打吃，这对自身眼位将有极大帮助。黑105苦心连络，形势依然保持均衡。如谱至黑133是双方接近的局面。（廖行文）

黑贴$2\frac{3}{4}$子　133手以下略　白胜$1\frac{1}{4}$子

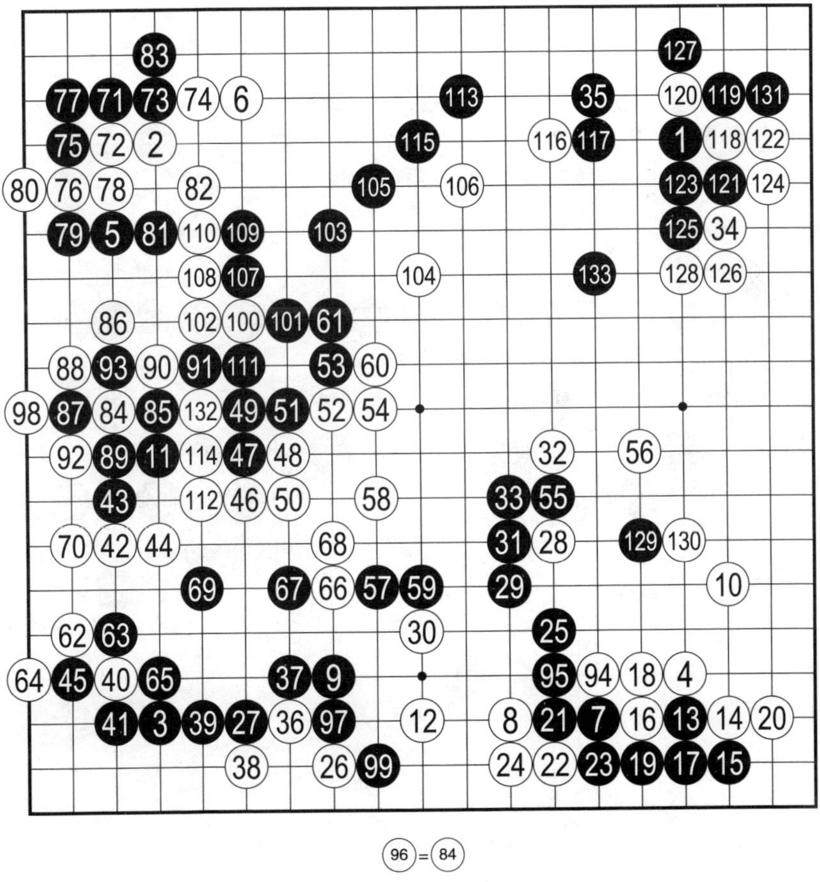

（1–133）

1999年8月25日弈于北京

黑方　陈祖德 九段

白方　陈临新 九段

黑27、29局部撑得很满，考验白棋如何冲击。白30要点，正确。白38尖出会好一点。黑55抢到先手打入右边很有力，白上方一块气紧也需要防备。黑57、59不依不饶对白方进行压迫。白66稍有问题，此时开劫劫材不利，不如先抢占68位根据地要点。至69黑收获颇丰，可以满意。黑89逃出两子不大，应考虑下方选点。黑111再进入白阵有慢一步之感。（廖行文）

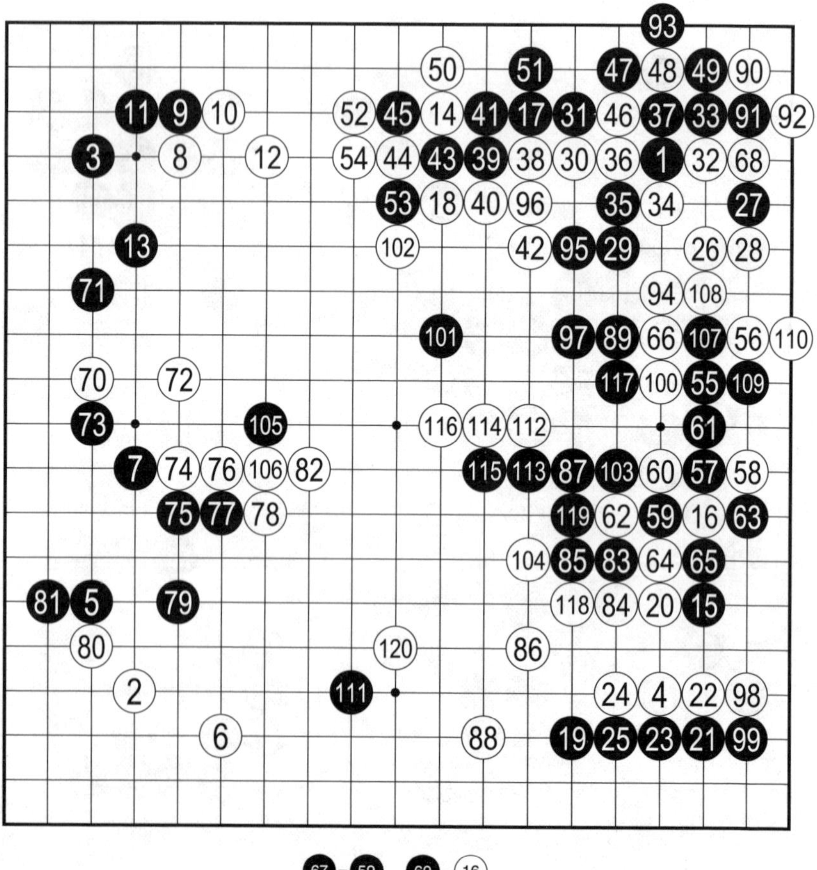

（1–120）

黑方　陈祖德　九段

白方　陈临新　九段

白 140 护住中腹，局势占优。黑 183 无奈最后拼搏。白 200 连环劫杀黑，奠定胜局。（廖行文）

黑贴$2\frac{3}{4}$子　共 214 手　白中盘胜

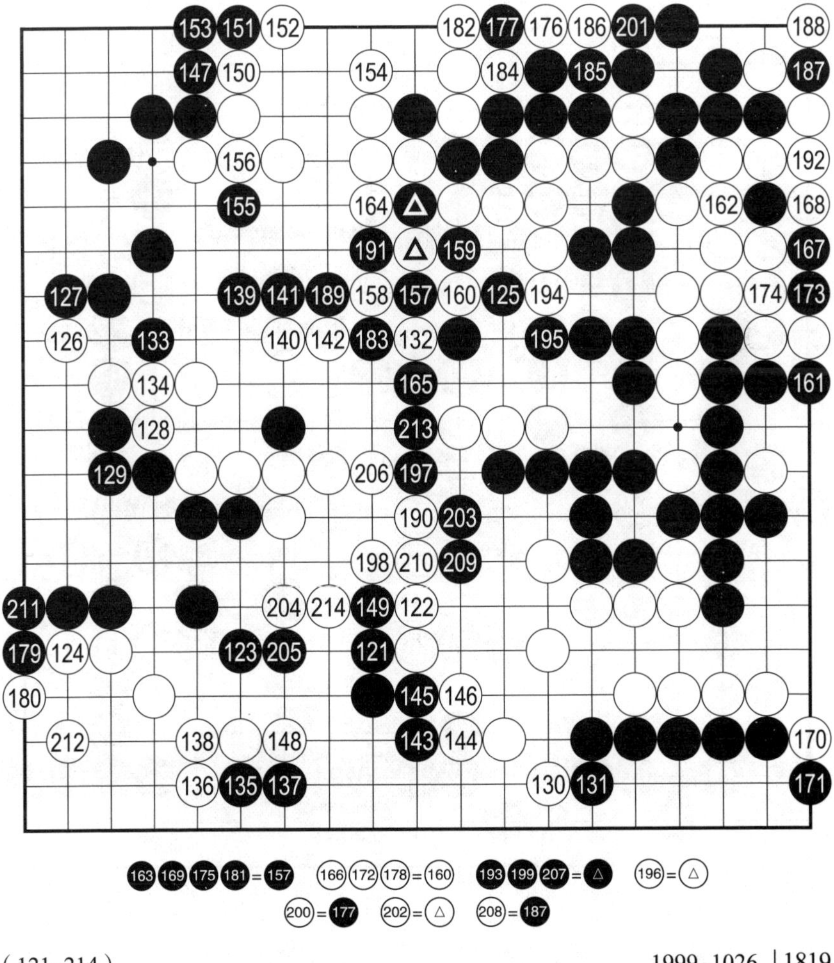

（121–214）

1999 年 9 月 2 日

农心辛拉面杯中国队选拔

黑方　陈祖德 九段

白方　方捷 七段

黑 19 以构筑模样开局。白 20 选点恰当。黑 43 应接住 37 一子，极厚。白 44 拿捏棋形是好手。白 50 紧凑，黑棋显得不好处理。白 78-88 教科书式压缩形势的下法值得学习。黑 105 不顾自身安危抢占实地，是拼搏态度。白 106 瞅准时机发动总攻，至 134 黑无法成活。

本局是白棋的好局，通盘流畅，无明显失误。（廖行文）

黑贴$2\frac{3}{4}$子　共 134 手　白中盘胜

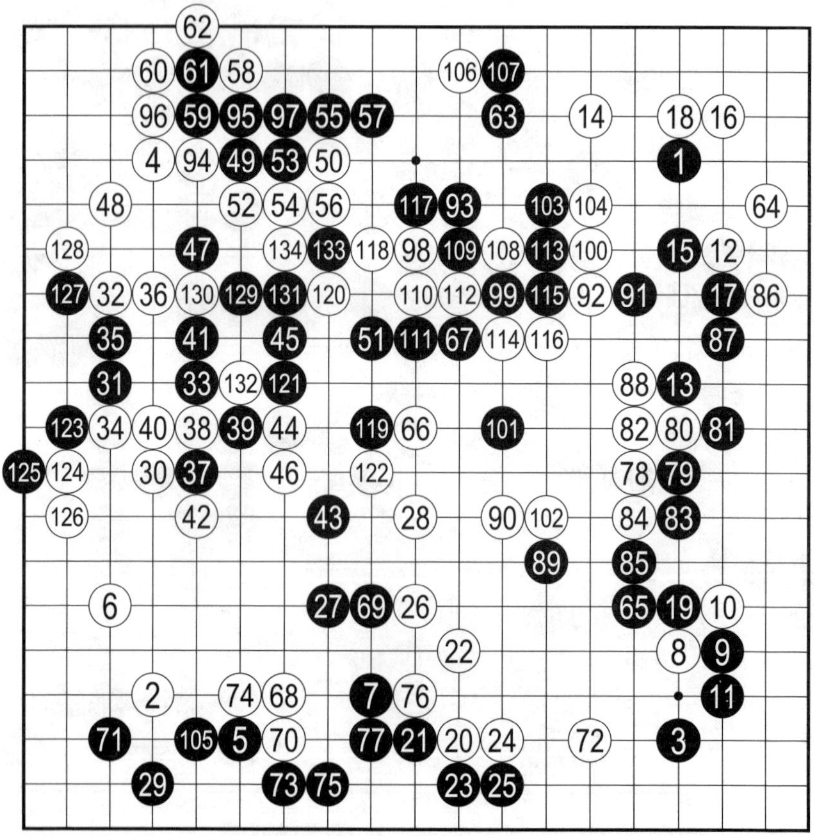

疑 1999 年 9 月 27 日弈于杭州

电信通讯杯围棋名手邀请赛

黑方　陈祖德 九段

白方　马晓春 九段

白 26 打入是当务之急。黑 33 不好，要跨的话现在跨 35 位还可以。白 38 打吃时，黑如 40 位接，则白 43 位点严厉，故黑只能让白 40 提一子，黑明显不利。白 46 缓手，应抢占 49 位或 123 位。黑 53 托制造手段。白 56 失误，应于 58 位接。黑 59 严厉。白 60 被迫形成转换，但被黑 65、67、71 先手便宜，白棋痛苦。白 76 不如 203 位拆二大。白 78 至 85 呈细棋局面。白 86、92 都不好，白 100 也不好。至黑 109 时，白已败势。白 120 也见小。（马晓春）

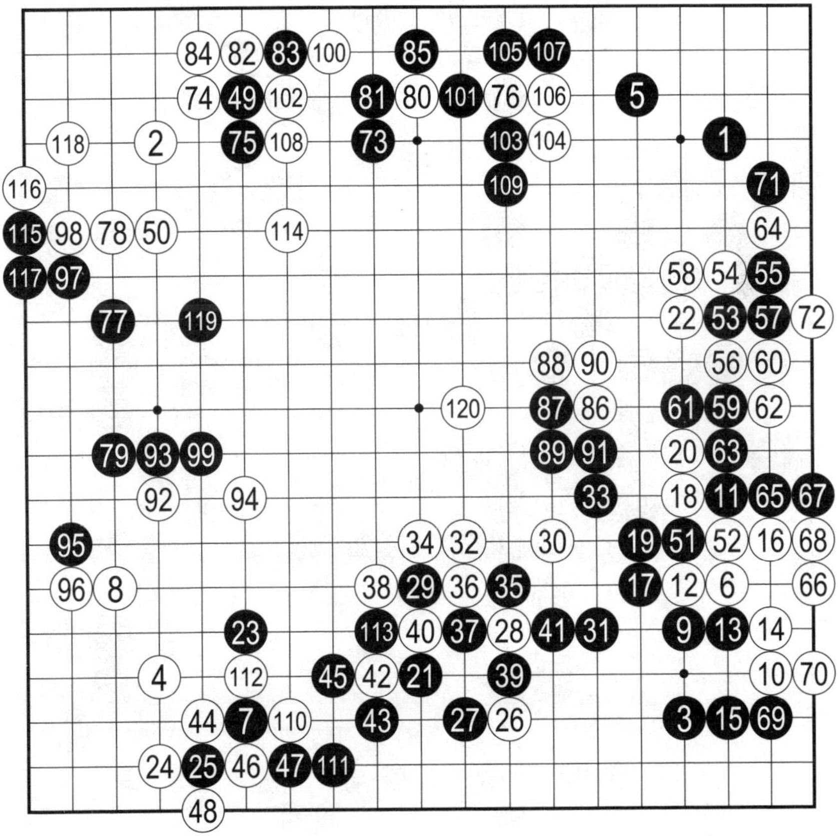

（1–120）

黑 121 飞后白再无胜机！（马晓春）

黑方 陈祖德 九段

白方 马晓春 九段

黑贴$2\frac{3}{4}$子 共 233 手 黑中盘胜

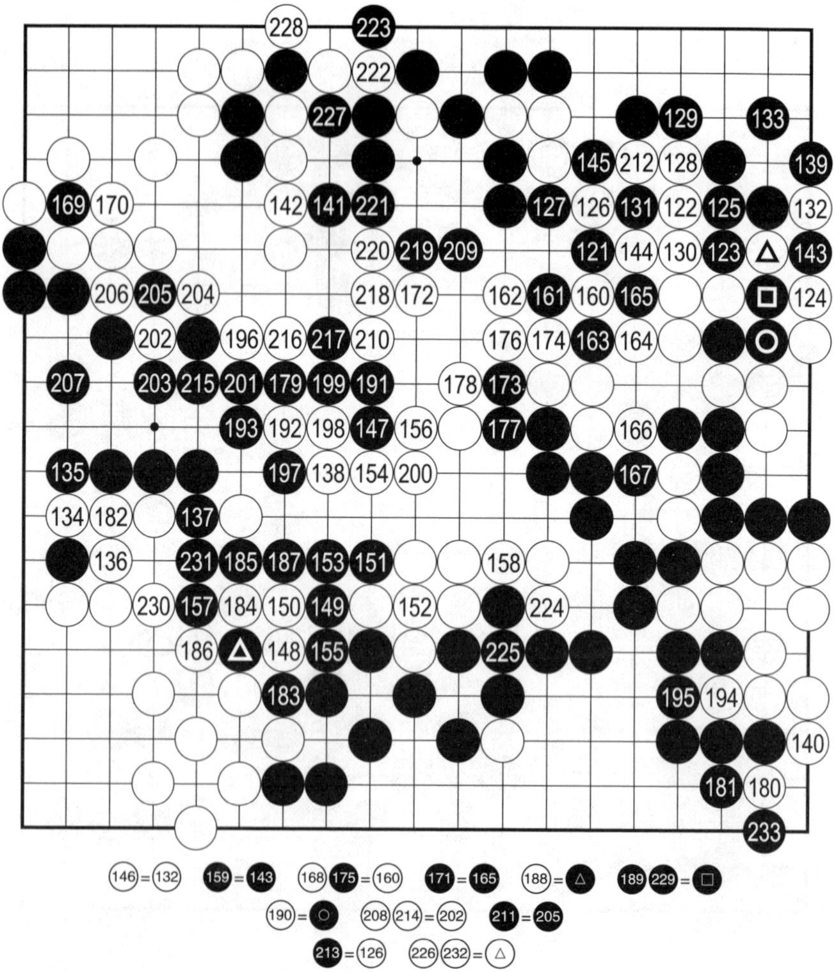

（121–233）

疑1999年9月28日弈于杭州
电信通讯杯围棋名手邀请赛决赛

黑方　刘小光　九段
白方　陈祖德　九段

开局两个定式打完，至32白方配合满意。白52以下的进攻略显草率，在黑棋完美防守下无明显收获。黑65有些缓，此时向中腹出头简明。白78过于强硬，于79位补棋必要。（廖行文）

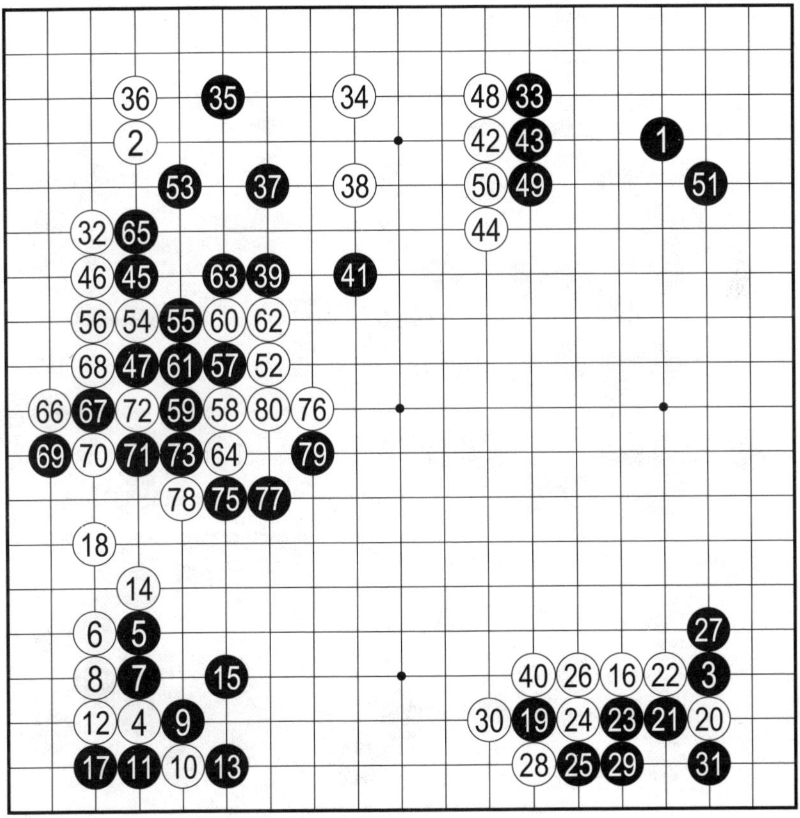

（1–80）

败着，如在 171 右一路团杀，白方危险。白 176、178 精确计算，黑崩盘。（廖行文）

黑方　刘小光 九段

白方　陈祖德 九段

黑 81 妙手，白陷入困境。白 100 只得转换，黑大优。白 102 先捞取大量实地，是拼搏的态度。黑 113 撑，拆边即可简明保持优势。黑 157 点杀，以白棋的死活决胜负。黑 175 最后的

黑贴$2\frac{3}{4}$子　共 178 手　白中盘胜

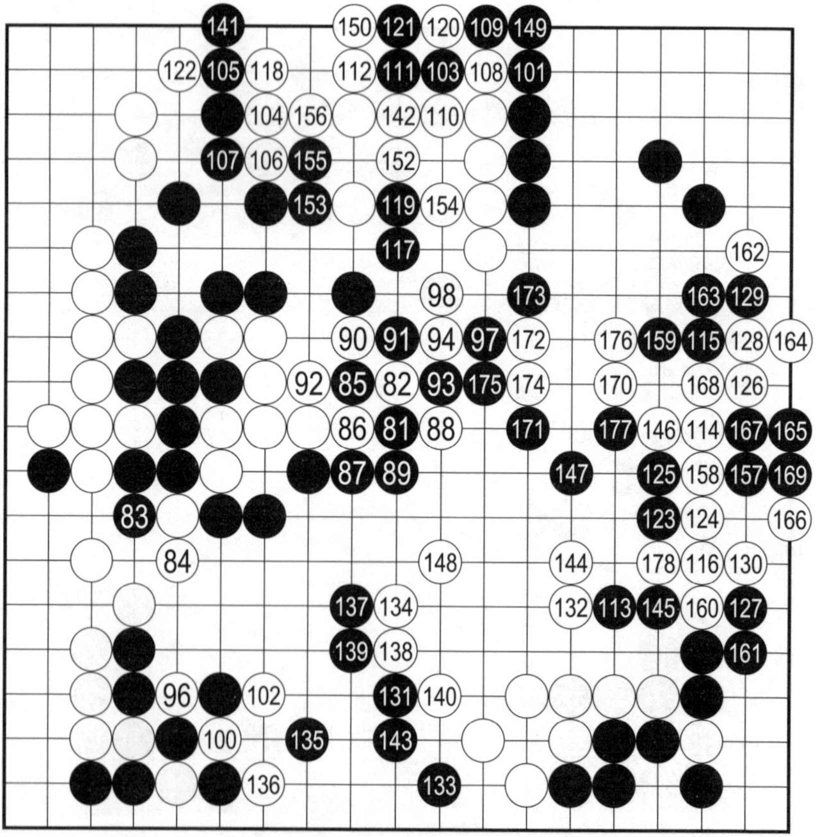

95=85　99=82　151=120

（81–178）

1999 年 10 月 17 日

黑方　陈祖德 九段

白方　孔杰 五段

白 26 是飘逸的好手。黑 39 强行对白展开攻势。白 54 抢占出头要点，黑有落空之感。黑 81 好棋，抓住白方弱点继续纠缠。黑 81 先手补厚中腹，形势得以缓解。白 104 选择不好，应打拔后抢先手补左上角。黑 111、113 犀利，一举取得优势。黑 133 问题手，应 144 位并，保持对白四子的压力。白 136 好棋，黑感到棋形不好处理。（廖行文）

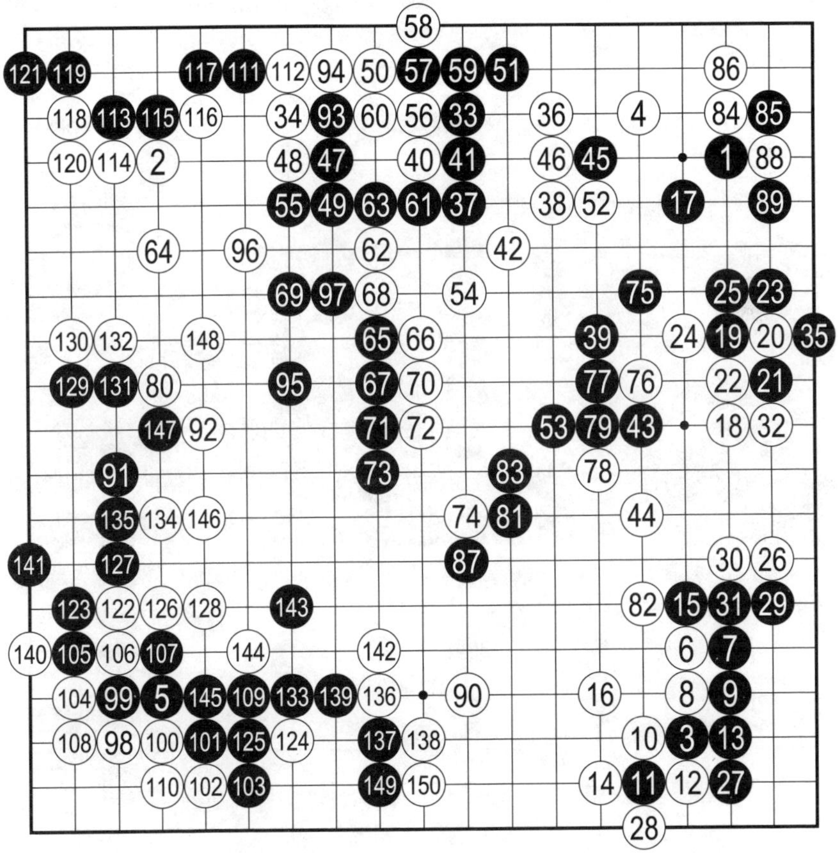

（1–150）

黑方 **陈祖德** 九段

白方 **孔杰** 五段

白154后呈官子细棋。黑159败着，如在162位托入对杀，胜负难料。白180后白棋取得微弱优势。官子阶段双方均展现超高水准，白棋获得小胜。（廖行文）

黑贴2$\frac{3}{4}$子　共284手　白胜$\frac{1}{4}$子

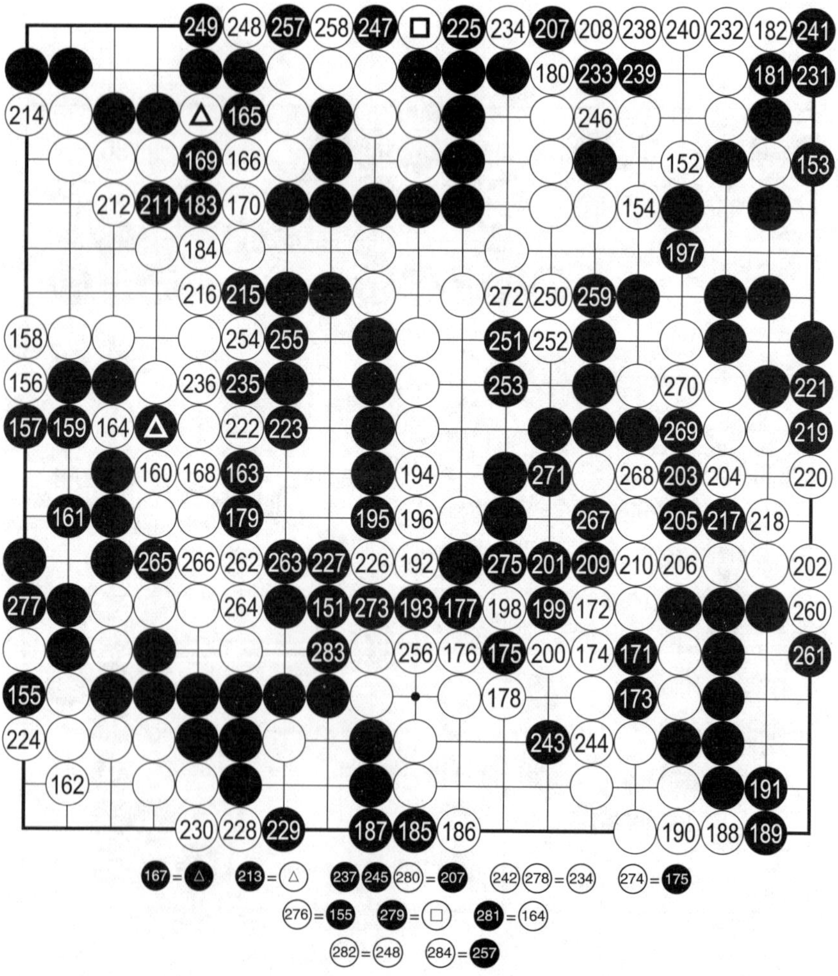

二〇〇〇

时年56岁

◎ 1月5日，在2000年“步步高电器杯”CCTV电视快棋赛中，陈祖德负于王煜辉六段。

◎ 3月30日—31日，“嵊州—巴贝杯”第七届中国围棋棋王赛本赛前两轮在北京举行。陈祖德第一轮胜汪见虹九段，第二轮负王磊八段。

◎ 4月21日，第三届中国围棋棋圣赛最高棋士决定战第一轮在云南昆明举行。陈祖德不敌俞斌。

◎ 11月16日—12月18日，“南方证券杯”中国围棋元老赛开幕。首轮陈祖德击败车泽武七段，次轮击败罗建文七段，第三轮击败王群八段，半决赛负于吴淞笙九段。

薛志春　整理　　　　**华以刚　审订**

2000年1月5日弈于中国棋院
第14届CCTV电视快棋赛第一轮

黑方　陈祖德 九段
白方　王煜辉 六段

黑9的下法值得借鉴，实战进程也获得不错效果。白26冲断过分。白38只好承认无法封锁黑方，白不好。黑45点三三极大。黑73获得先手后抢占左边大场，思路清晰。黑91是局部常用的突击手段。至117黑顺风满帆，同时对白方保持攻势。（廖行文）

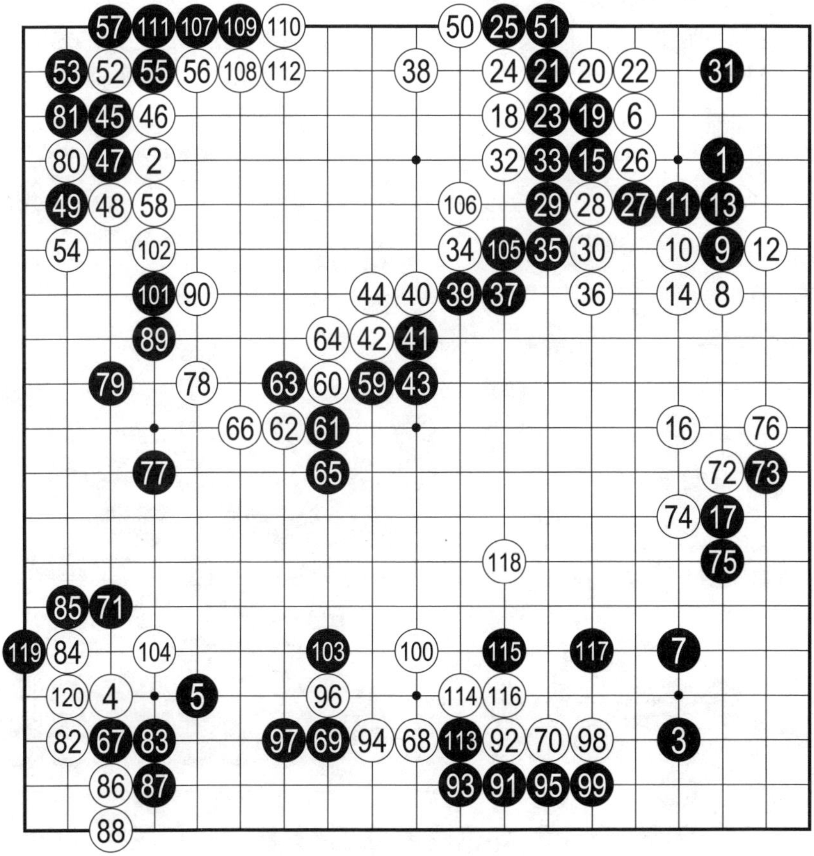

（1–120）

黑方　陈祖德 九段

白方　王煜辉 六段

白134是胜负手，在左下角和下方两块薄棋未安定之际，进行最后一搏。黑161失误，在162位粘或163左一路均可。白176好手，黑无法吃掉白棋，只能转头回右下进行对杀。至白190，黑攻击一无所获，同时右下出现生死劫争。至236形成转换，白小胜。黑颇为遗憾的一局。（廖行文）

黑贴$2\frac{3}{4}$子　共260手　白中盘胜

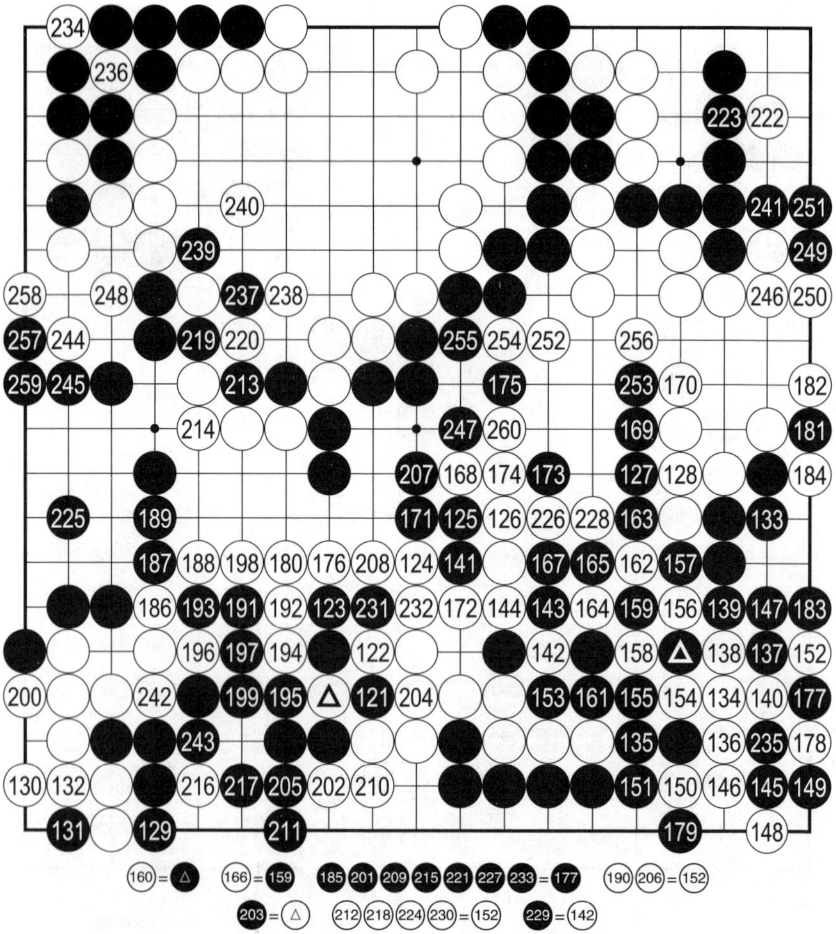

(121–260)

疑 2000 年 3 月 6 日
第 5 届 NEC 杯第 1 轮

黑方　陈祖德 九段
白方　丰云 九段

黑 17 与白 18 交换有稍亏之嫌，可以保留。白 20 应考虑更紧凑的低夹，不给黑棋空间。黑 29 好点。白 38 由于对自身间距不满而选择脱先。黑 49 在此处冲击获得头绪，可以满意。白 50 意在先手进行压缩。白 62、64 均为腾挪好手，可惜 66 过分，应该再于 67 位贴。黑 71 犀利。黑 75、77 凶狠，白棋岌岌可危。白 80 苦心的一手，在局部顽强造出劫争。黑 99 是关键的劫材，白方无法抵挡。至黑 109 是不成比例的转换，白大势已去。（廖行文）

黑贴2$\frac{3}{4}$子　共 137 手　黑中盘胜

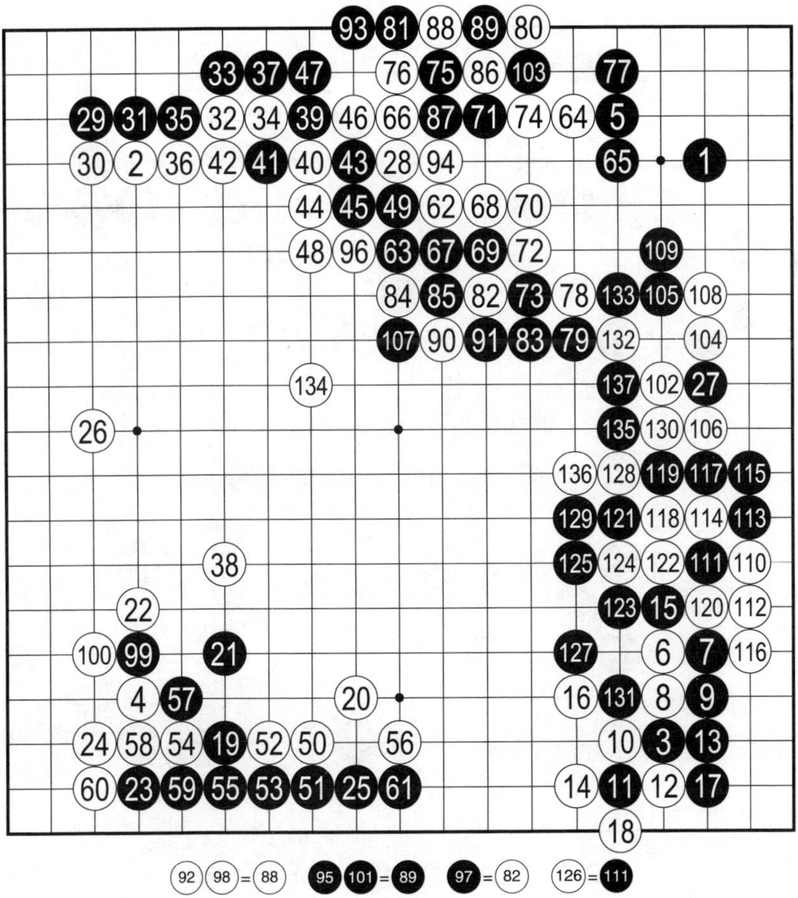

（1–137）

疑 2000 年 3 月 7 日
第 5 届 NEC 杯第二轮

黑方　丁伟 八段
白方　陈祖德 九段

白 8 的下法在今天几乎不会出现。黑 19 稍缓，应 72 位夹攻。白 28 主动挑起战斗，至 38，黑虽获得先手封锁，但外围并不完整，白棋满意。白 40 继续打出战斗，展现出令人赞叹的斗志。白 46 有些恋战，此时若在 48 位回补，白已达到战略目的。黑 55 机智，利用拔花厚味先在上方挑起战斗。黑 63 局部手筋。白 78 不好，此时逃出三子不着急，左下一带补棋必要。至黑 93，白作战不利。黑 101 脱先抢攻，白陷入被动。（廖行文）

黑贴$2\frac{3}{4}$子　139 手以下略　黑中盘胜

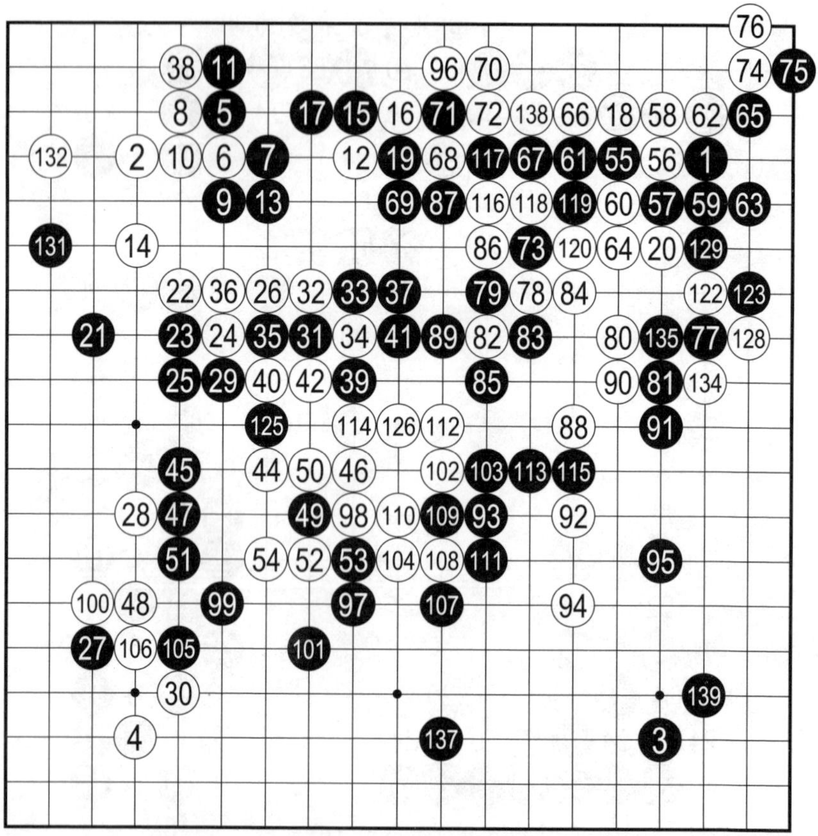

43=34　121 127 133=71　124 130 136=68

（1–139）

2000年3月31日
第七届棋王赛第一轮

黑方　陈祖德　九段
白方　汪见虹　九段

至白22是当时双方都可接受的布局套路。黑29直接进角积极，是陈老师喜爱的下法。白50是不起眼的要点，值得细细品味。黑51、53较为滞重，此处应考虑从轻处理。白58对黑施压。黑65不得已委屈做活。黑79试探白方应手。白80犯错，此时应忍让。黑81犀利，白阵瞬间露出破绽。白96意在追求高效补棋。黑101、103是与99相关联的手段。白134败着，此时应走135位的急所。白140无奈连续单官补棋，大势已去。（廖行文）

黑贴$2\frac{3}{4}$子　共153手　黑中盘胜

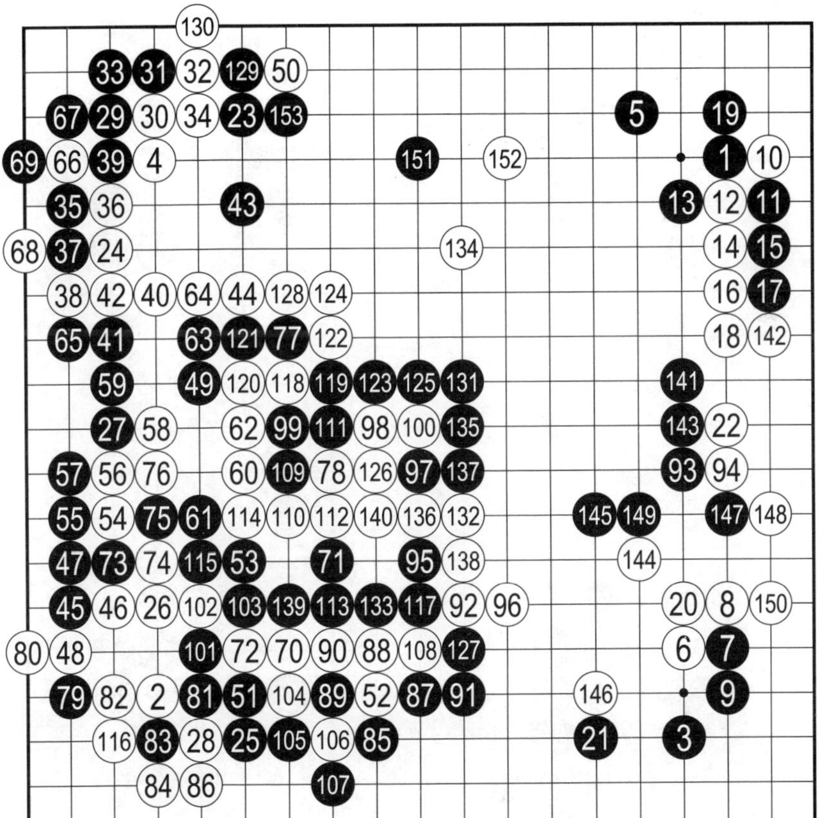

（1–153）

2000 年 4 月 2 日
第七届棋王赛第二轮

黑方　王磊 八段

白方　陈祖德 九段

白 14、16 都应在 19 位挡，至 22 白局部稍亏。黑 25 不大。白 54 是局部唯一的破阵好手。至 66，白先手破空可以满意。白 72 好棋，体现了陈老师锐利的感觉。(廖行文)

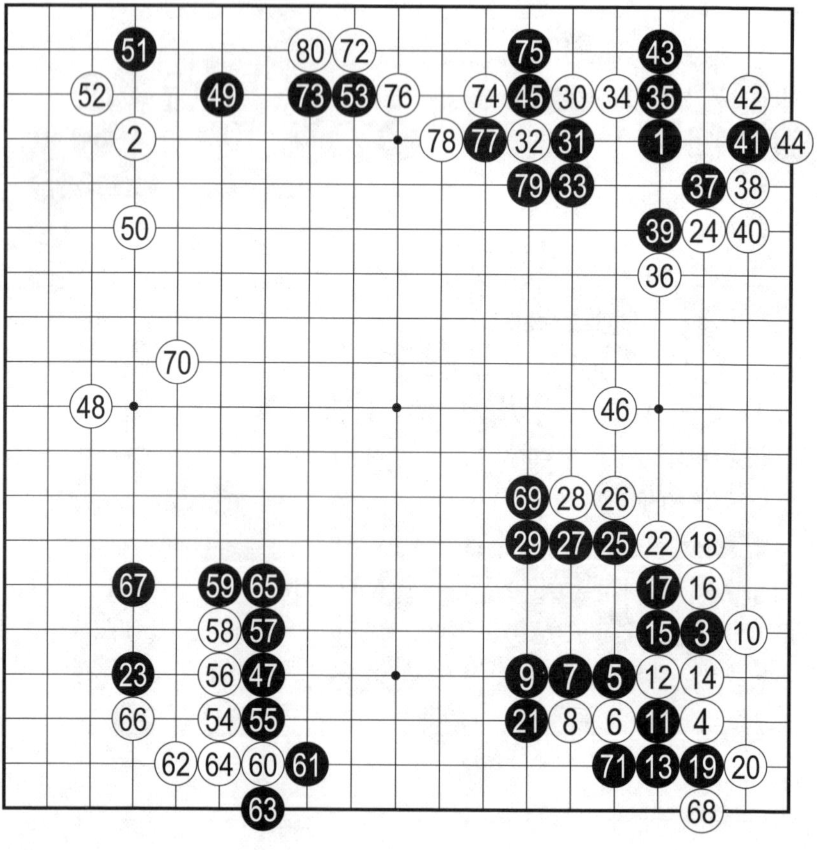

(1–80)

黑方　**王磊** 八段

白方　**陈祖德** 九段

白84有过分之嫌，在99位出头是正手。黑87试应手，白应考虑脱先。至白102形成转换，白实地损失严重。中腹双方一番纠缠后，黑以小优进入官子。白148最后败着，白龙被分断搜刮，大势已去。（廖行文）

黑贴$2\frac{3}{4}$子　共171手　黑中盘胜

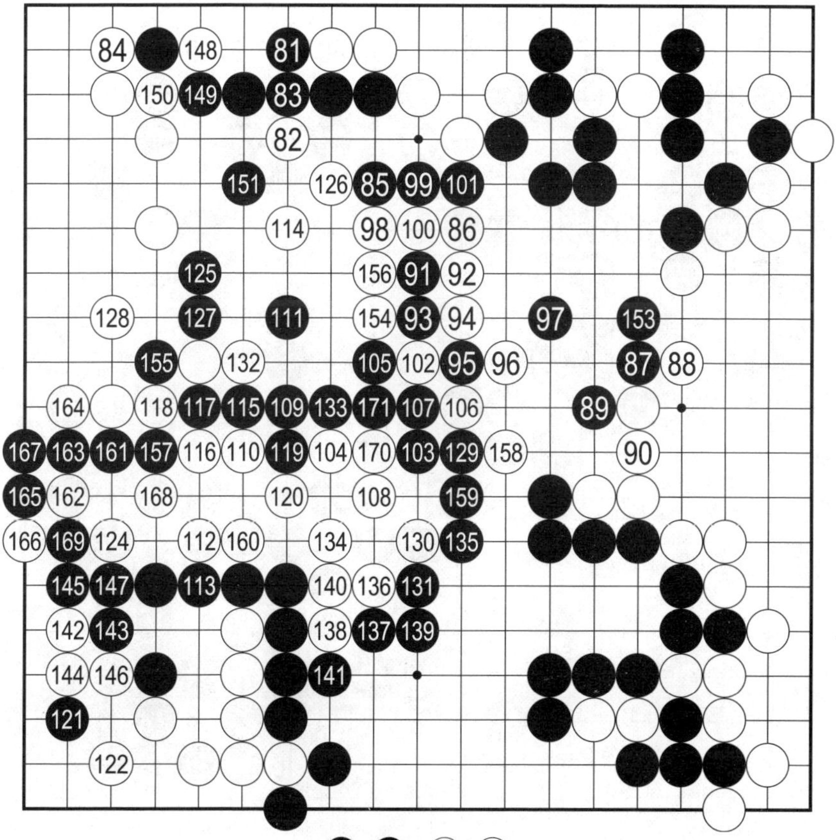

（81–171）

2000 年 6 月 26 日
第四届日立中国围棋混双冠军赛决赛

黑方　华学明、陈祖德
白方　张璇、常昊

黑 35 应在 49 位寻劫。白 38 如在 148 位点更好，黑难下。白 74 应在 77 位爬。黑 75、77 好手。黑 79 在 80 位冲更好。白 86 可在 66 右一路接，黑 69 位右一路立，白 66 位左一路贴，白不难治孤。白 88 至 92 手筋。黑 99 如在 93 左一路粘，形势胶着。实战黑在左上开辟新战场，意在导向复杂局面。白 124 可在 125 位连回三子。黑 135 败着，应在 149 位跳，胜负尚早。白 138 打，瞬间黑形崩。至 158 终局时，黑大龙虽不死，形势却已是白大优。（谢赫）

黑贴 $2\frac{3}{4}$ 子　共 158 手　白中盘胜

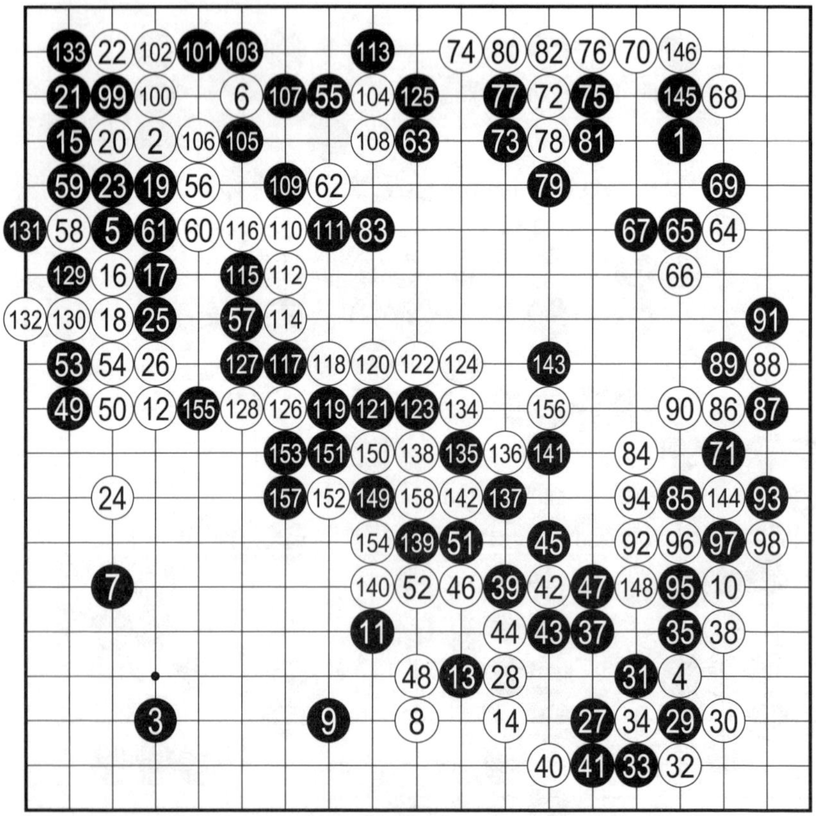

36 = 29　147 = 97

2000年7月6日弈于中国棋院
第二届阿含·桐山杯预选赛第一轮

黑方 陈祖德 九段
白方 孟凡华 初段

白18、20是不错的构思。白38占据要点，白棋战斗有利。白60通过攻击在下方获得可观模样。白62在68位守角为好。黑63先手点角，追近实地差距。白86显然应右上渡过活角。（廖行文）

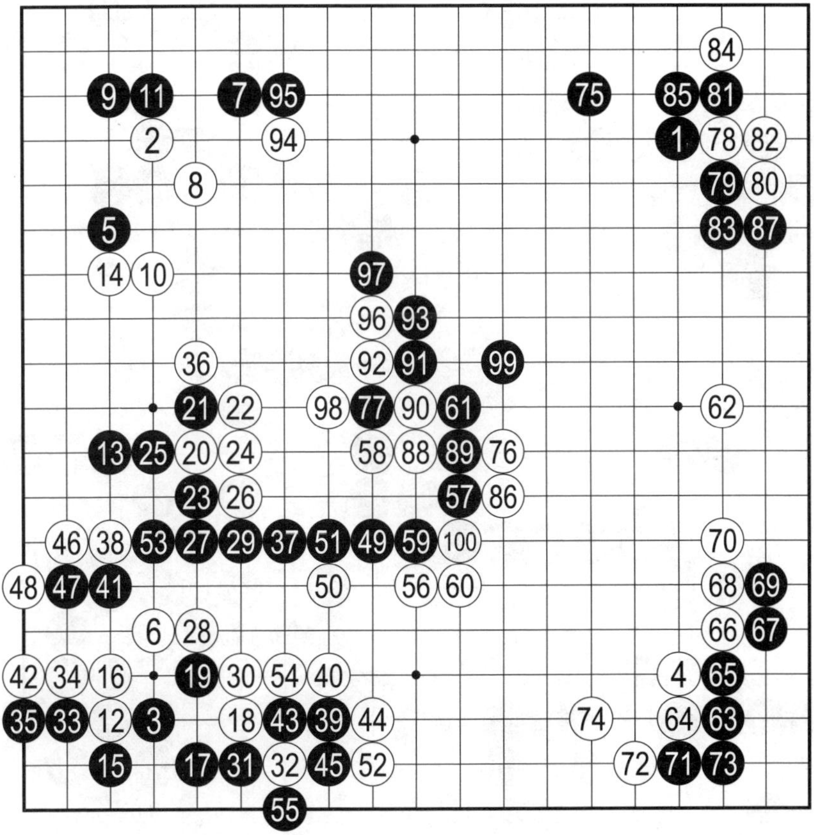

（1–100）

黑方　陈祖德 九段

白方　孟凡华 初段

至黑101，白在中腹收获甚微，黑形势得到缓解。黑135应抢占左上小尖的大棋，可保持优势。黑139以下通过进攻，进账约20目，但别处也损失十余目，总体不便宜。黑161也许是败着，在左下收官胜负难料。（廖行文）

黑贴$2\frac{3}{4}$子　199手以下略　白胜$1\frac{1}{4}$子

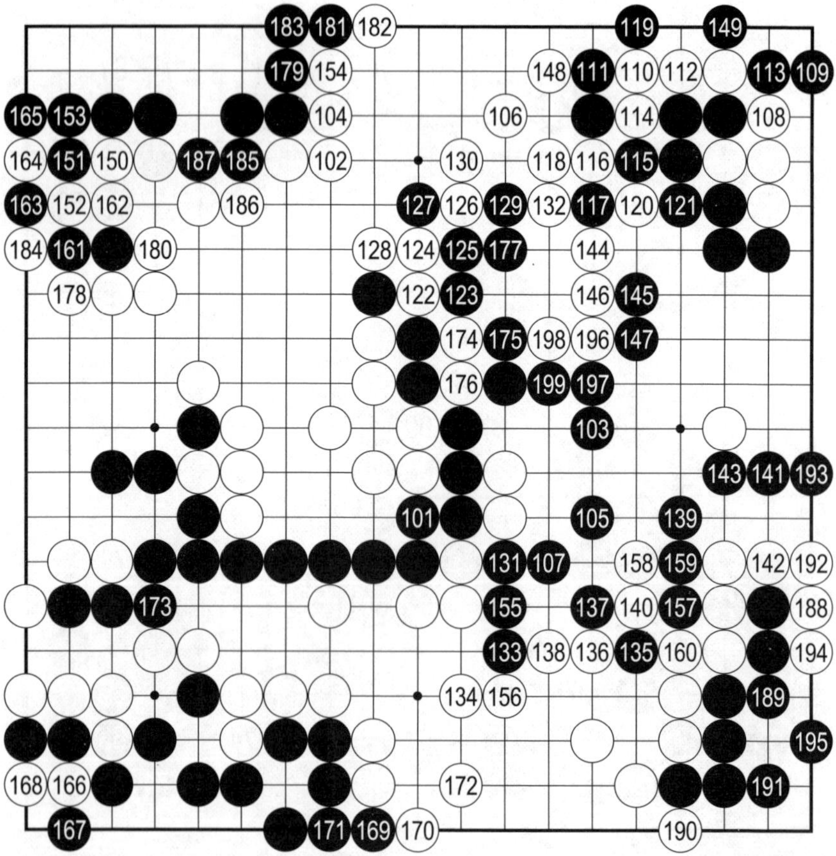

2000 年 7 月 14 日弈于贵阳棋院
公交杯围棋国手对抗赛

黑方　俞斌 九段
白方　陈祖德 九段

黑 17 脱先机智。至 43 形成白实地对抗黑厚势的格局。白 54 缓手，应脱先它投。黑 55 厚且大。黑 59 严厉，白陷入困境。白 66 以下展开最强硬的反击，局部形成对杀。黑 77 形成连环劫，白无计可施。至 91 是黑简明优势的局面，白 98 顽强地再度挑起劫争，但黑全局厚实并不害怕。(廖行文)

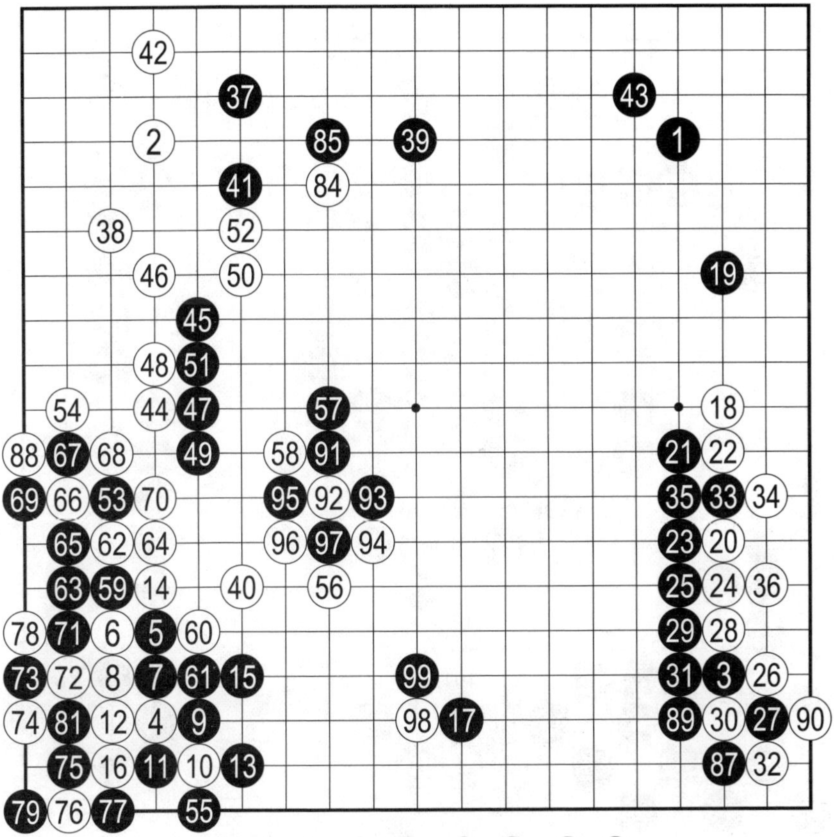

80 86 = 66　82 = 73　83 = 53　100 = 92

(1–100)

黑方　俞斌 九段

白方　陈祖德 九段

白 120 继续挑起战端。白 150 虽然逃出上方几子，但中腹亦付出相当代价，形势依然不利。白 156 发起最后一搏，虽再次破掉黑空，但依然不足。（廖行文）

黑贴2$\frac{3}{4}$子　共 181 手　黑中盘胜

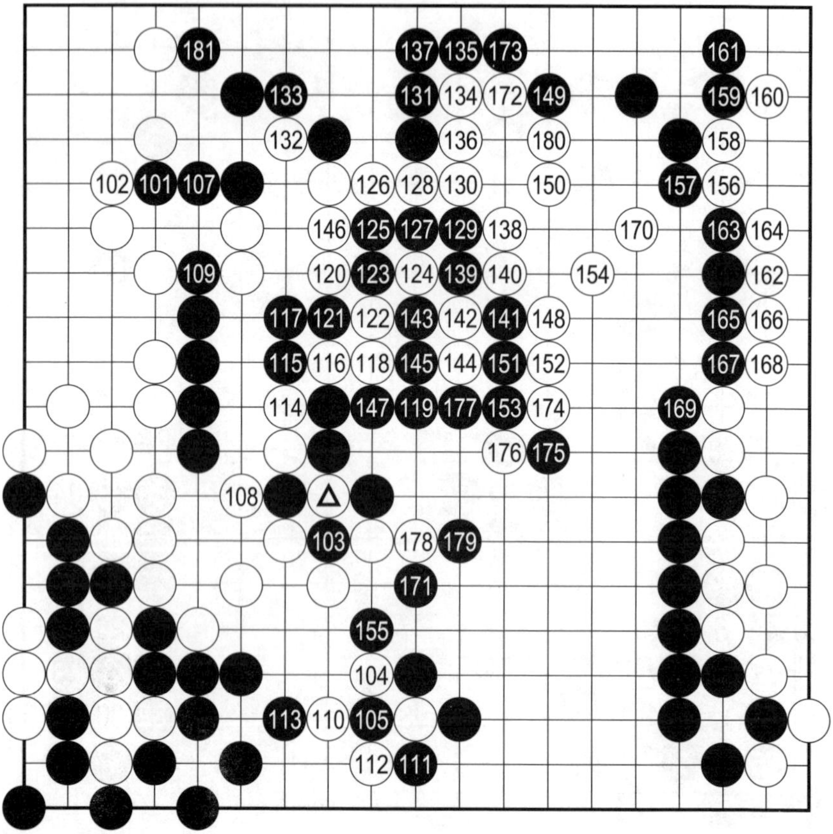

106=△

（101–181）

2000年7月15日弈于贵阳棋院
公交杯围棋国手对抗赛

黑方 聂卫平 九段
白方 陈祖德 九段

黑棋以迷你中国流开局，这也是当年最流行的布局。黑15小飞进角时，白跟着应缓手，此时应24位点后拆二，破坏黑模样。至黑39守角，布局黑成功。黑47飞出时，白跟着贴的下法过于笨重，导致棋形效率不高。至黑71飞，黑行棋流畅，已是大优局面。（陈耀烨）

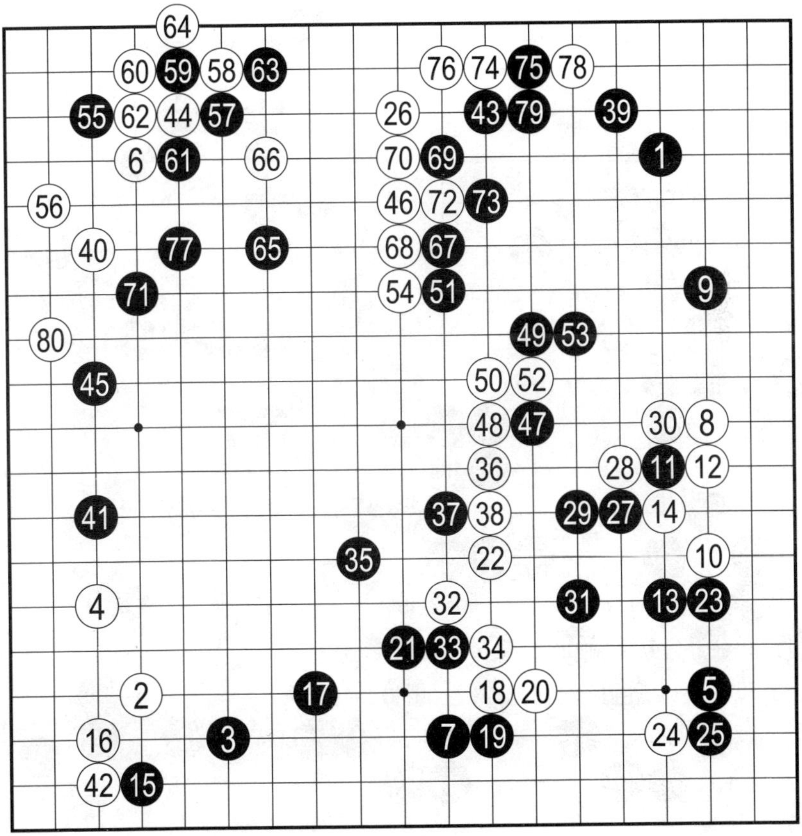

（1–80）

形势不利下，白86果断放出胜负手，但此局部黑处理得非常简明，选择了愚形连络抢得先手。黑101扳吃一子后，胜势已定。此后黑安全运转，顺利拿下本局。(陈耀烨)

黑方　聂卫平　九段

白方　陈祖德　九段

黑贴$2\frac{3}{4}$子　共171手　黑中盘胜

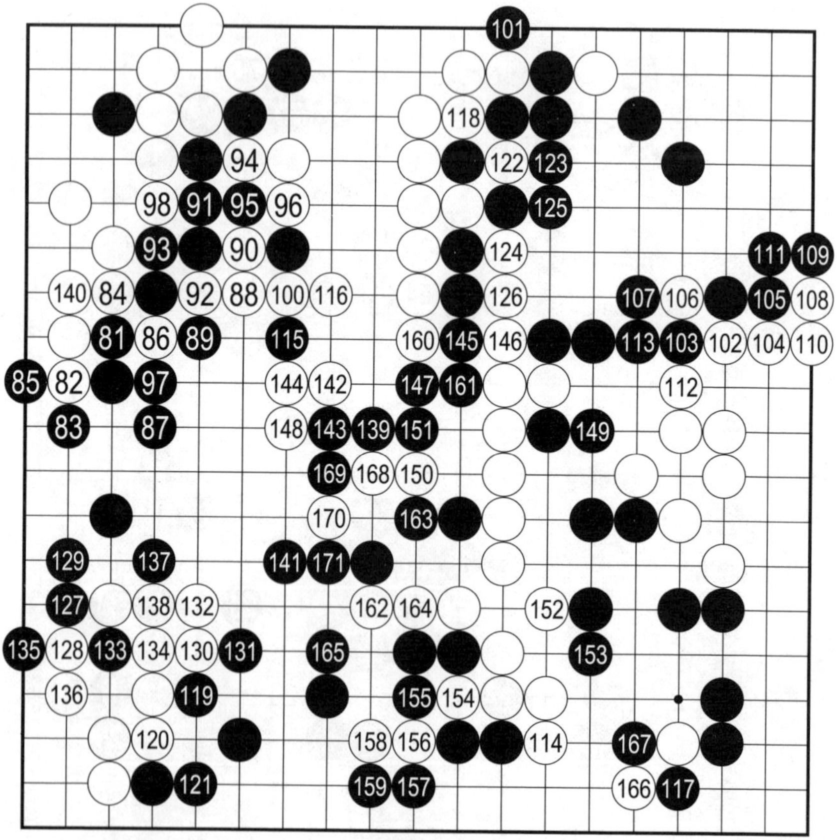

99 = 86

(81–171)

2000年7月28日弈于广州
名盛杯围棋棋王争霸赛第一轮

黑方　周鹤洋 八段
白方　陈祖德 九段

至17形成了当年颇为流行的变化。白18是积极的变着，普通在24位提子。白28搜根，陈老师积极的姿态跃然盘上。至40白厚实，无不满。黑47对形势不满，寻求变化。但转换后，白60吃住黑角，依然占据上风。白70、72流畅。黑75顽强地寻找头绪，企图争得先手于上方分断白一子。白82又是积极的以攻代守。白92进行预定的弃子计划。（廖行文）

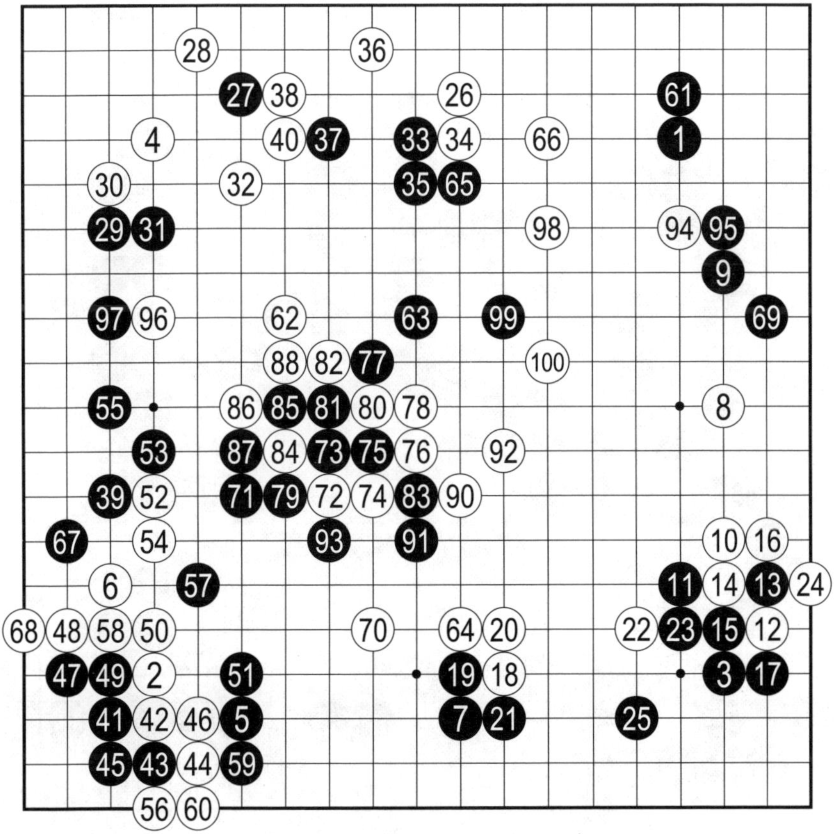

89=84

（1-100）

弈至124手，白胜利不可动摇。本局是陈老师的好局。（廖行文）

黑方 **周鹤洋** 八段

白方 **陈祖德** 九段

黑贴$2\frac{3}{4}$子 共200手 白中盘胜

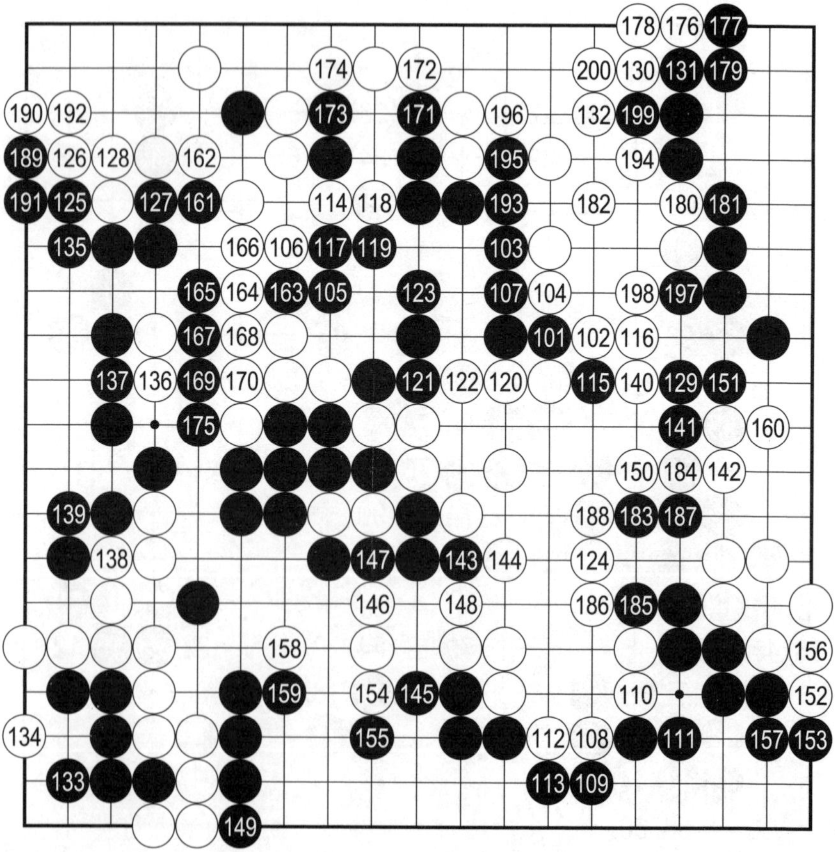

(101–200)

2000年7月28日弈于广州
名盛杯围棋棋王争霸赛第二轮

黑方　陈祖德 九段

白方　孔杰 五段

白34应于33左一路靠出为好。布局至45，黑无不满。白54试应手，值得学习。双方战斗焦点显然在45一子的治孤。黑79好手，控制白方棋形。（廖行文）

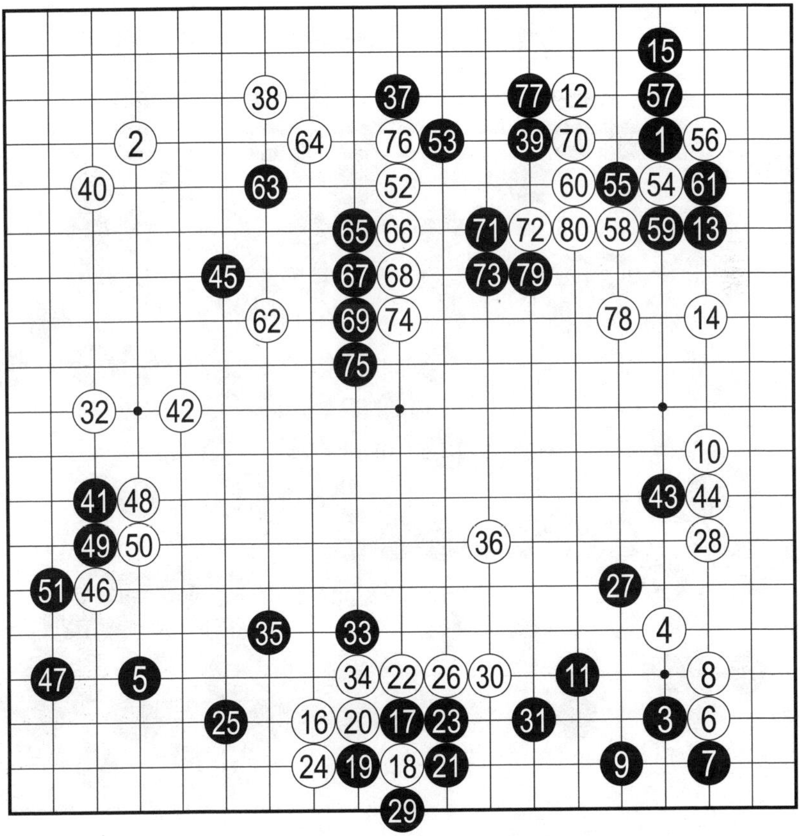

（1–80）

黑方　**陈祖德** 九段

白方　**孔杰** 五段

白82阻止黑棋连络必要。至88双方和平停战，黑棋形势不错。黑93略小，应于左边破进白空。黑103时机不恰当，可以说是本局败因。黑109图穷匕见。至124形成大转换，回过头来看黑103是白白损失了。白136好手，白龙脱逃，确立胜势。（廖行文）

黑贴$2\frac{3}{4}$子　共174手　白中盘胜

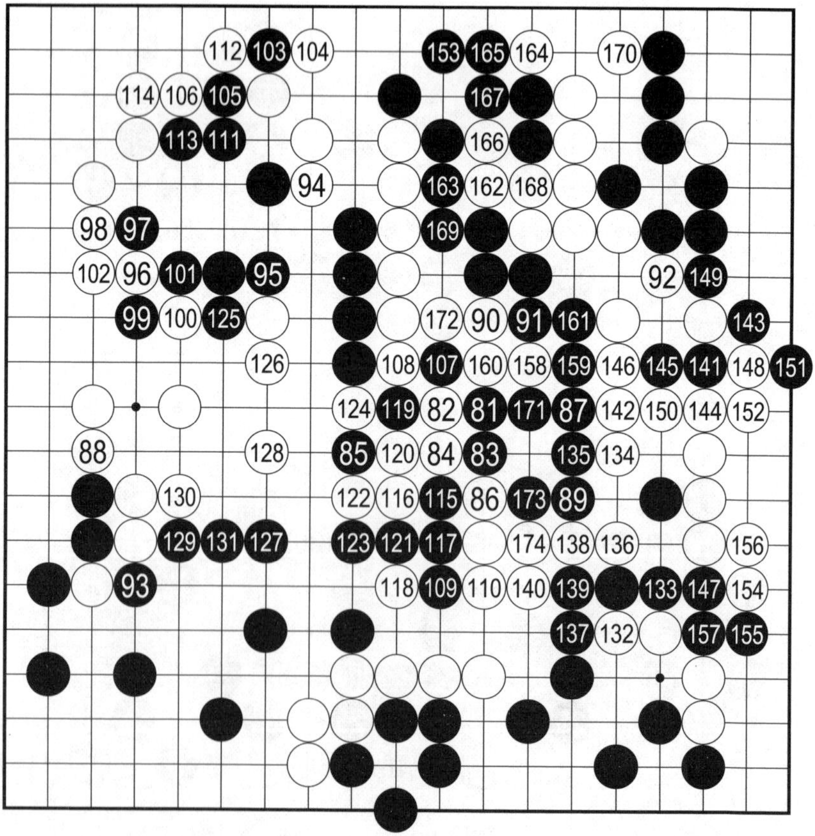

（81–174）

2000 年 8 月 14 日
海天杯中韩元老对抗赛第一场

黑方　尹奇铉 九段
白方　陈祖德 九段

至 21 形成以模样对抗的格局。白 30 以下的处理也撞厚了黑方，双方达成妥协。白 40 好棋感。黑 43 发起强攻。黑 49 要点，白略感难受。白 54 苦肉计出头，稍显无奈。白 70 不好，此时应在右边寻求做活。黑 79 如于右边搜根，白会比较苦。双方形成转换后，白棋得以松一口气。白 98 小，应于 101 位进角，如此简明优势。黑 99 极大。（廖行文）

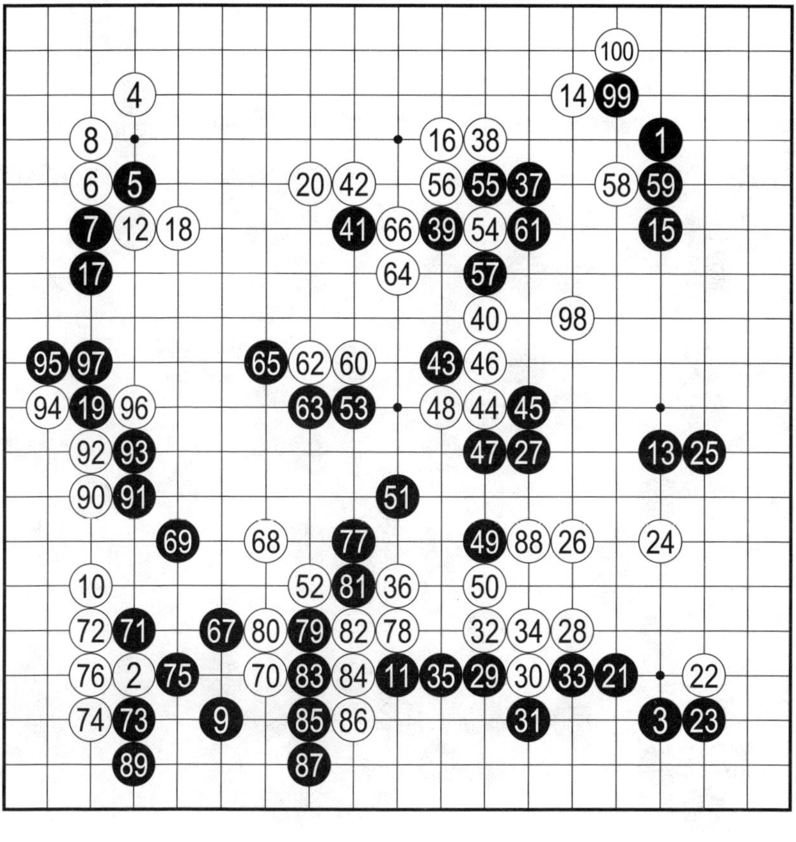

（1–100）

黑方　尹奇铉 九段

白方　陈祖德 九段

黑105失机，应107位夹入，则局势难料。白118是关键的大棋。白136又是极大的官子，至此小胜之势不可动摇。（廖行文）

黑贴5目半　共192手　白胜

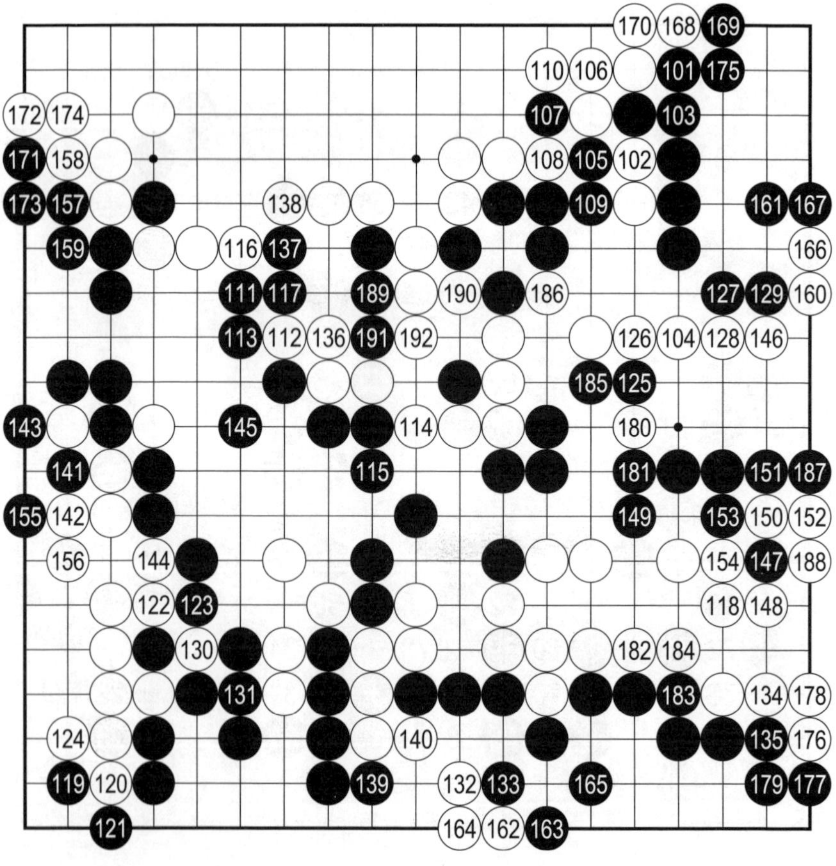

（101–192）

2000 年 8 月 15 日

海天杯中韩元老对抗赛第二场

黑方　陈祖德 九段

白方　金寅 九段

黑 23 在征子不利时如此选择，是大胆的创新尝试。白 32、34 稍缓，黑可以满意。白 52 作战方向不佳。黑 63 应 101 位先挖吃，中腹四子可弃可取。白 74 问题手，应于二路虎。白 82 利用厚势进行攻击，局势混沌起来。

黑 109 骚扰好手，白棋感到困扰但无法反击。白 130 棋形难受，上方防守有些捉襟见肘。白 134 是最后败着，如在 135 位弃掉右边还可一争胜负。至黑 143，白崩。（廖行文）

黑贴 5 目半　共 145 手　黑中盘胜

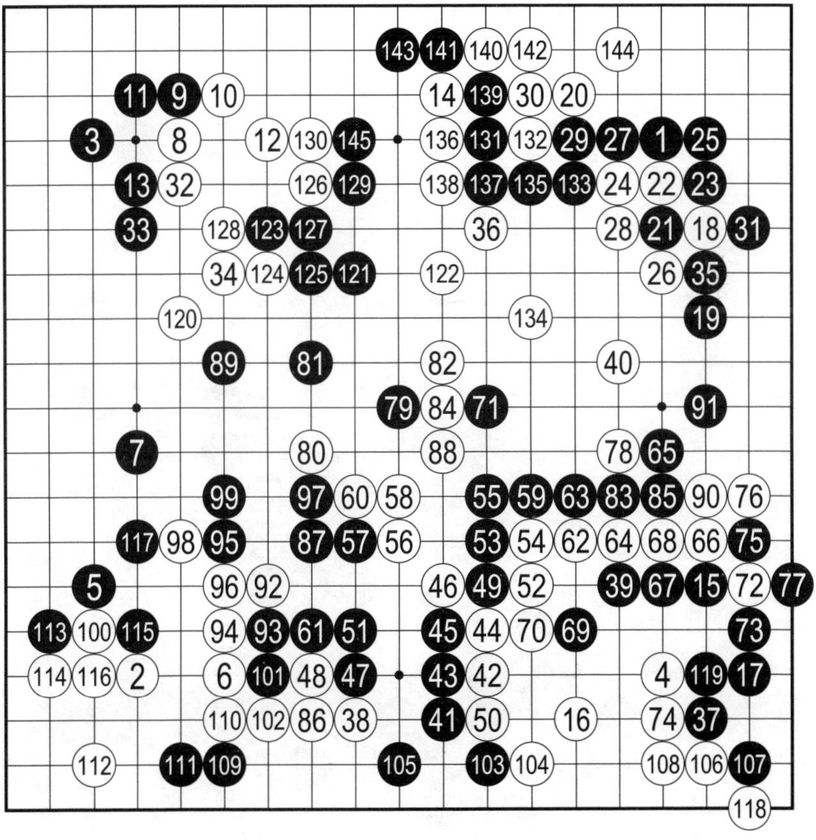

（1–145）

2000年8月28日弈于中国棋院
指导棋

白方　陈祖德 九段

黑方　李喆（受二子）

黑12、20两处拆一，形状扎实，显然对本局有充分的准备。白25强硬，陈老师展现让子棋功力。至白31，黑棋被压制得稍显局促。黑32苦心，瞄着7下两路的点入。白33、35是紧凑的好手，不给黑棋喘息之机。白43对两块棋进行缠绕。白45发力进攻，黑势必出逃，双方对杀在所难免。行棋至69，黑已感困难。（廖行文）

共69手　打挂

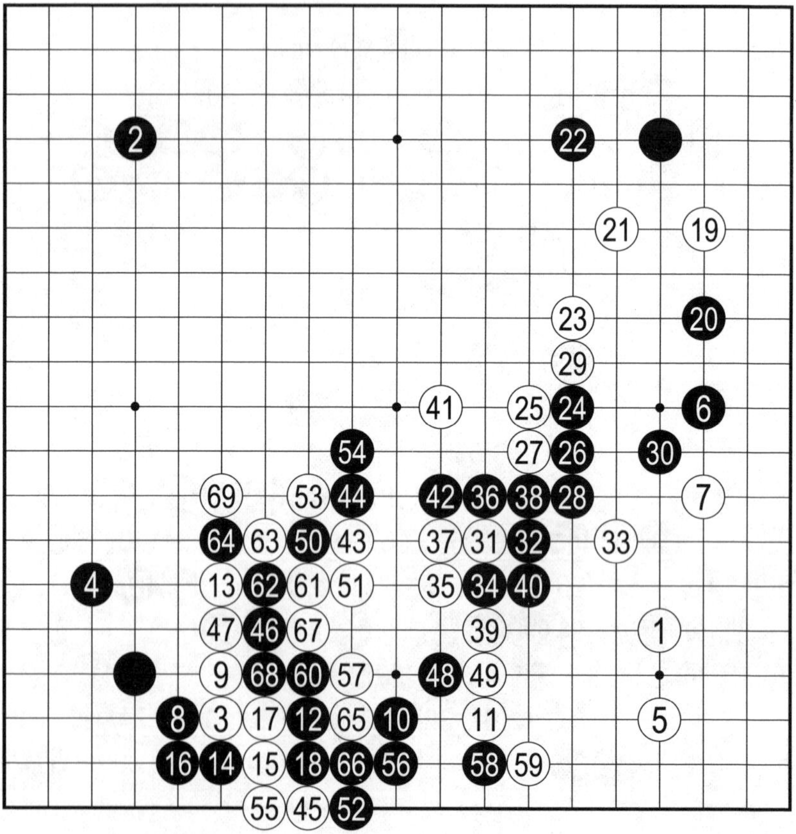

（1–69）

2000 年 8 月 28 日弈于中国棋院
指导棋

白方　陈祖德 九段
黑方　王昊洋（受二子）

白 17 打入挑起战端。面对大前辈，黑 32 的进攻也十分积极。黑 44 好手，白棋陷入危机。左下黑计算精确，白竟落后手，黑形势大优。（廖行文）

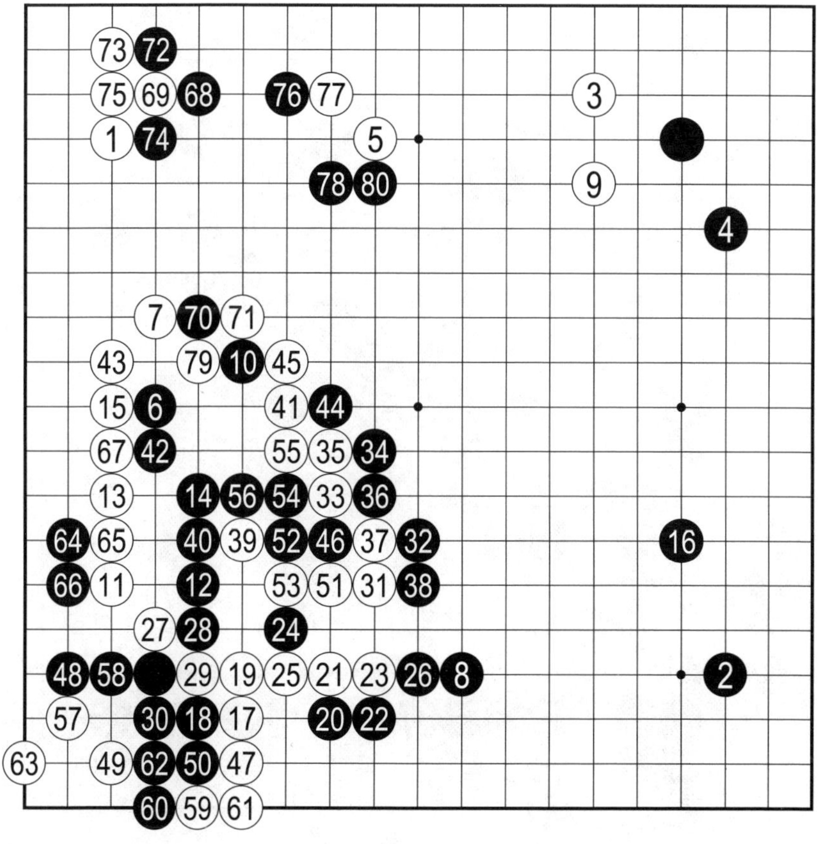

（1–80）

白方　**陈祖德** 九段

黑方　**王昊洋**（受二子）

黑 88 应往右一路行棋，实战黑行棋草率，上面大龙损失惨重。白 109 以下是犀利的掏空着法。面对白棋打入，黑 126 判断清楚形势后选择忍让，正确。白 139 最后的考验。黑 140 以下计算精确，白难以两全。（廖行文）

共 160 手　黑中盘胜

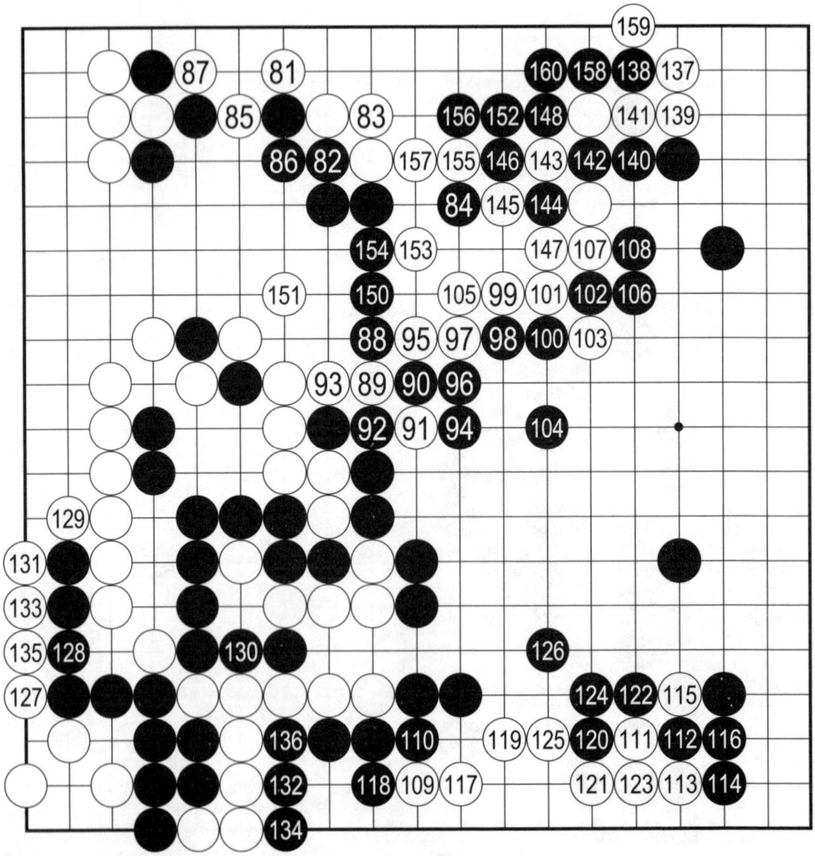

149=144

2000 年 10 月 15 日于中国棋院
第三届中国棋圣战

黑方 梁伟棠 九段
白方 陈祖德 九段

至白 16，双方展开空中作战，颇为有趣。白 22 紧凑。白 28 态度强硬，双方形成激战。白 36 让人赞叹。白 40 凶狠，在 50 位长可以满意。黑 49 忍无可忍。白 56 是陈老师一流的强手。黑 79 方向有误，白 82、84 动出严厉。（廖行文）

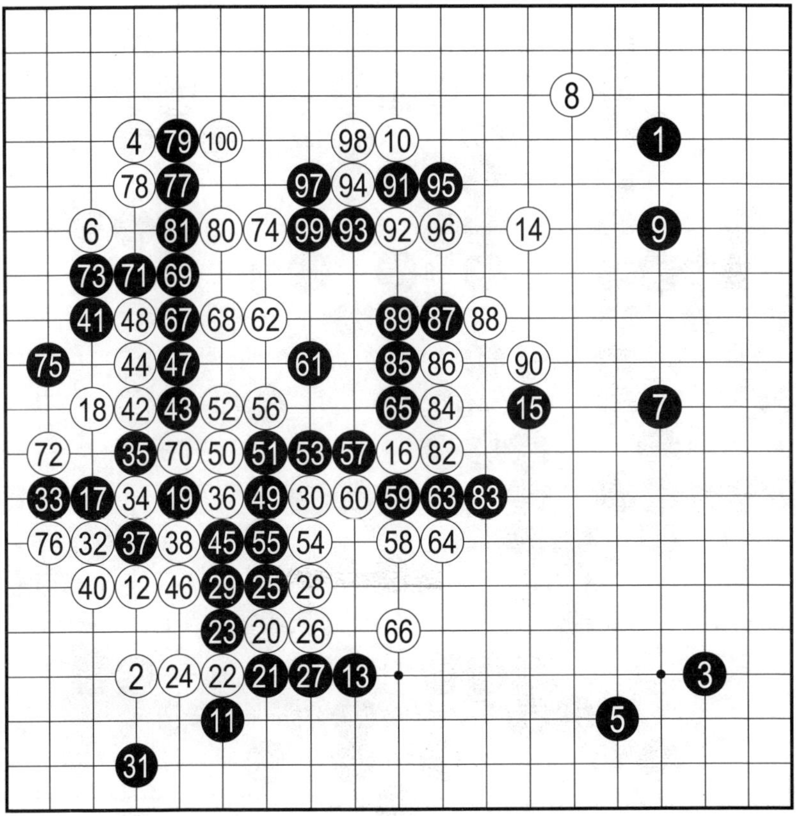

39 = 34

（1–100）

黑方　**梁伟棠**　九段

白方　**陈祖德**　九段

白 114 失误，在 115 位吃住已是大成功。黑 121 巧手，可能是白棋忽略的手段。黑 135 应 136 位连络，巨大。白 142 好手，两手棋鲸吞左下大角。白 158 侵入黑阵，黑只有吃棋一条路。白 184 以下计算精准，确立胜局。（廖行文）

黑贴$2\frac{3}{4}$子　共 196 手　白中盘胜

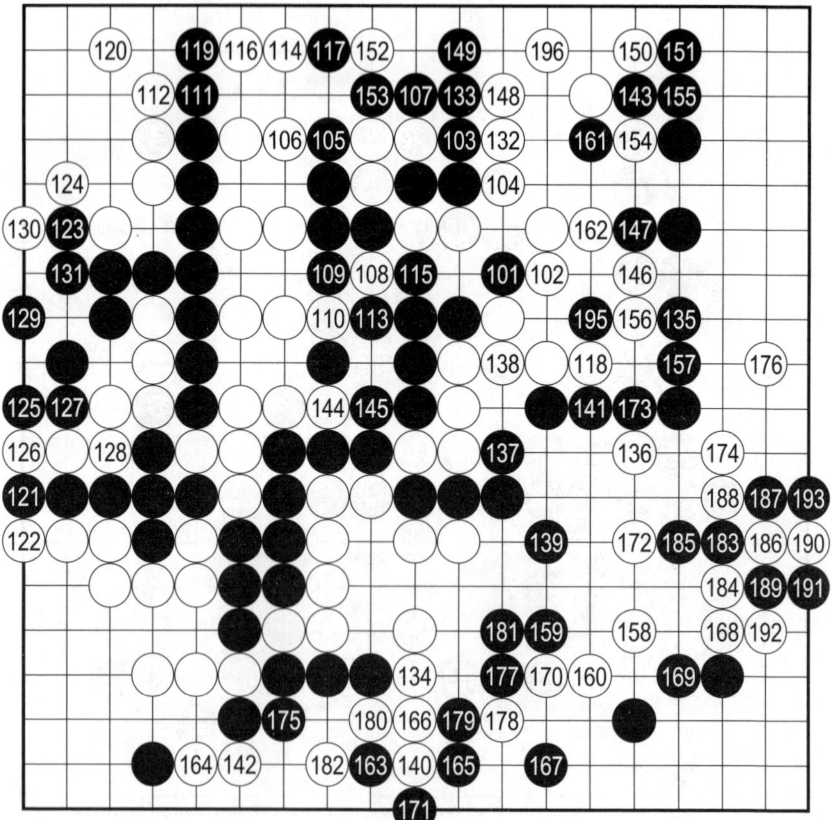

194＝186

（101–196）

2000年10月25日
指导棋

白方　陈祖德 九段
黑方　廖行文（受五子）

从黑10来看，黑棋形掌握得不错。白35过分，陈老当然是在进行“考试”。黑52大缓手，应中腹连络。黑62连回极为狼狈。白63不依不饶，在四周黑厚的情况继续挑起战斗。黑96、98急躁进攻，犯下大错。（廖行文）

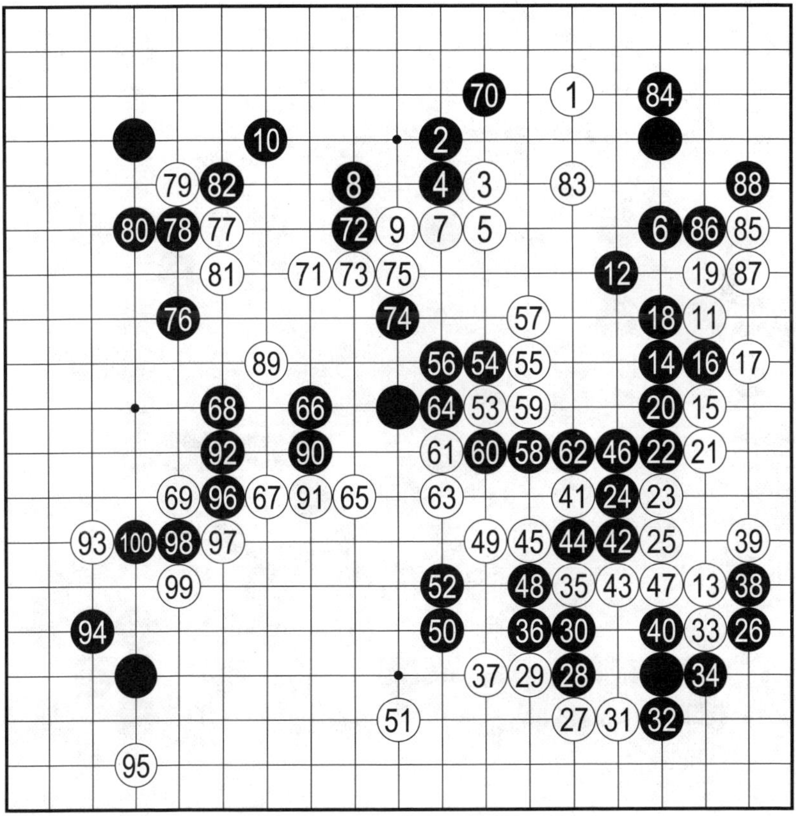

（1–100）

白方　**陈祖德** 九段

黑方　**廖行文**（受五子）

黑 124 无奈做活，这轮战斗黑棋亏损严重。黑 140 问题手，天真地以为黑角都是实地。黑 148 只能往回忍耐。白 149 犀利，黑无法阻止出棋。黑 166 以下最后拼搏被轻松抵挡后，实地已告不足。（廖行文）

共 209 手　白胜

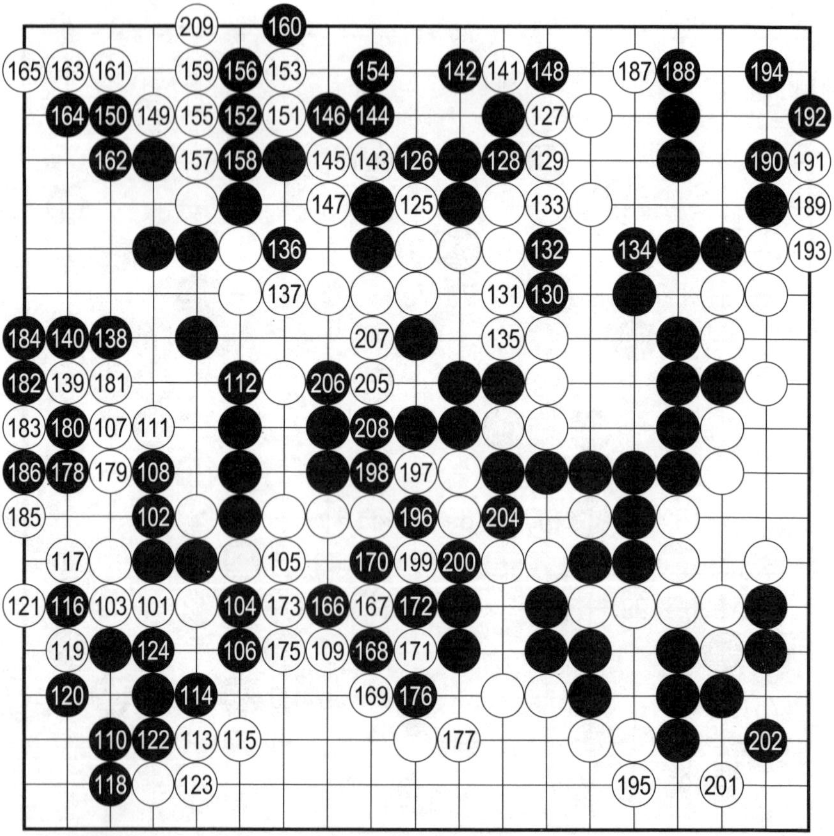

174=168　203=196

（101–209）

2000年10月27日弈于北京罗曼俱乐部
指导棋

白方　陈祖德 九段
黑方　周睿羊（受二子）

黑12冲断略显过分，但不惧战斗的勇气值得夸赞。白27、29强手。至45，黑局部大亏。此处也体现了小将与前辈的战斗力差距。黑66尽力冷静地拉长战线。（廖行文）

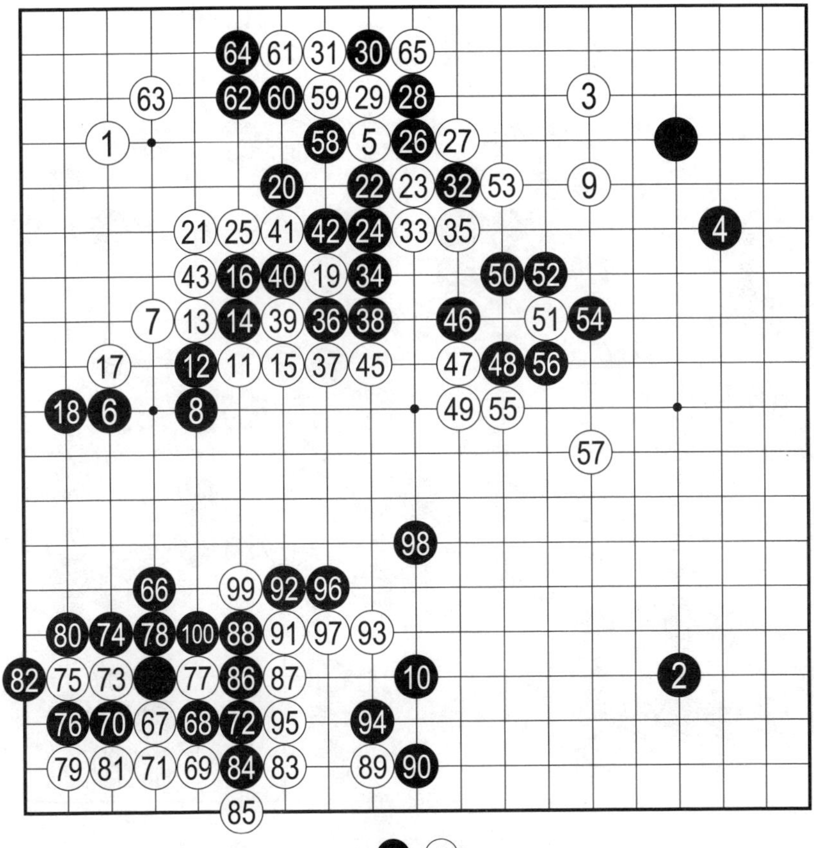

44=19

（1–100）

白方　**陈祖德** 九段
黑方　**周睿羊**（受二子）

黑104好手，在开局吃亏后，小将展现了极高的水准。黑110先手守住下方，收获颇丰。黑132在此处挑起劫争似乎没有太大必要。黑148稳住阵脚，优势还保持在手。白187是搅乱局面的胜负手。黑194绝好的劫材。（廖行文）

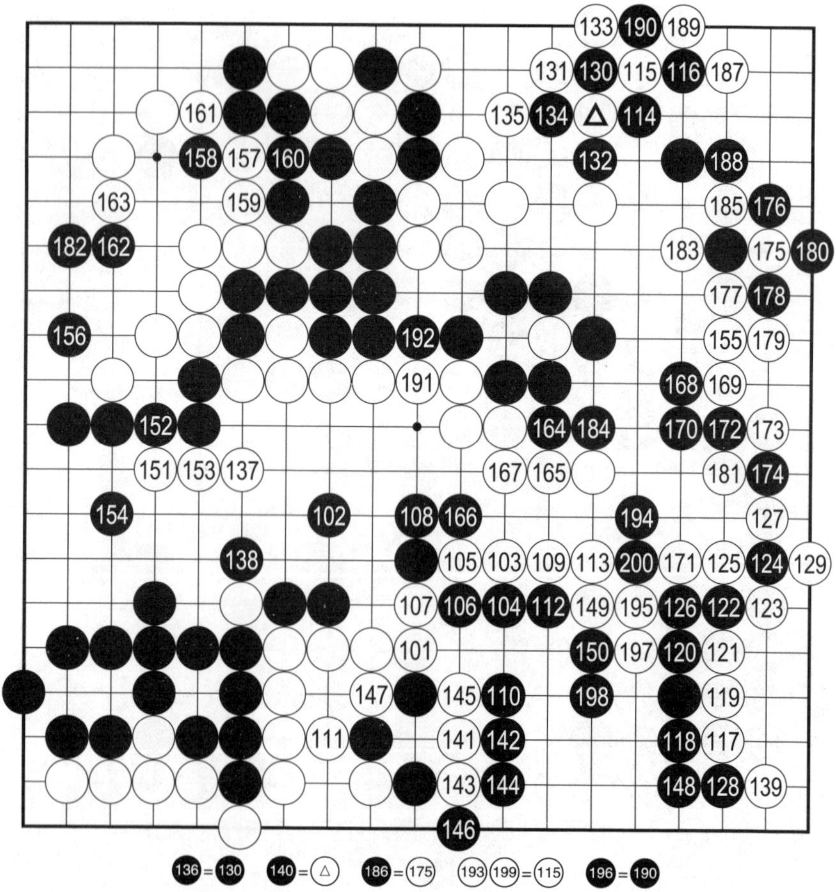

（101–200）

白方 **陈祖德** 九段

黑方 **周睿羊**（受二子）

此后双方数次转换，局面极为精彩。黑实地依然保持领先，小将展现出坚韧的后半盘实力。经过300余手的激战，黑遗憾超时落败。（廖行文）

共314手 黑超时负

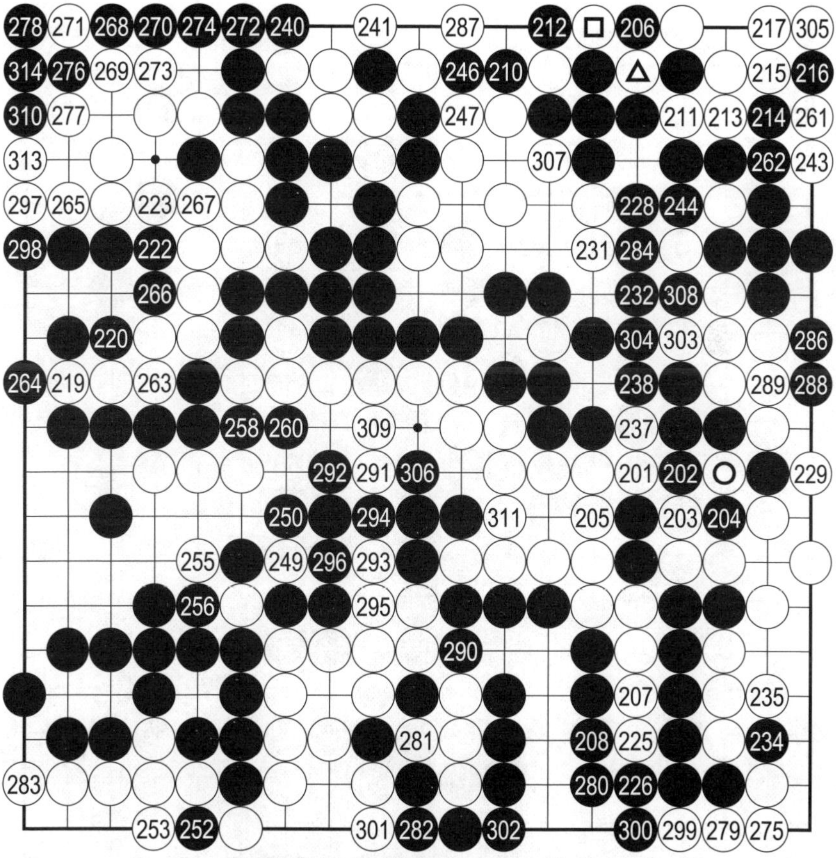

209=△ 218 224 230 236 242 248 254 259=206 221 227 233 239=□

245 251 257=□ 285=○ 312=271

（201–314）

2000年11月

白方　陈祖德 九段

黑方　吴树浩（受二子）

至22，黑形堂堂正正。白39积极制造混乱局面。黑48、50手段犀利，展现小将不俗的实力。黑58以下处理不佳，稍显保守。白65缠绕好手，黑有些难办。（廖行文）

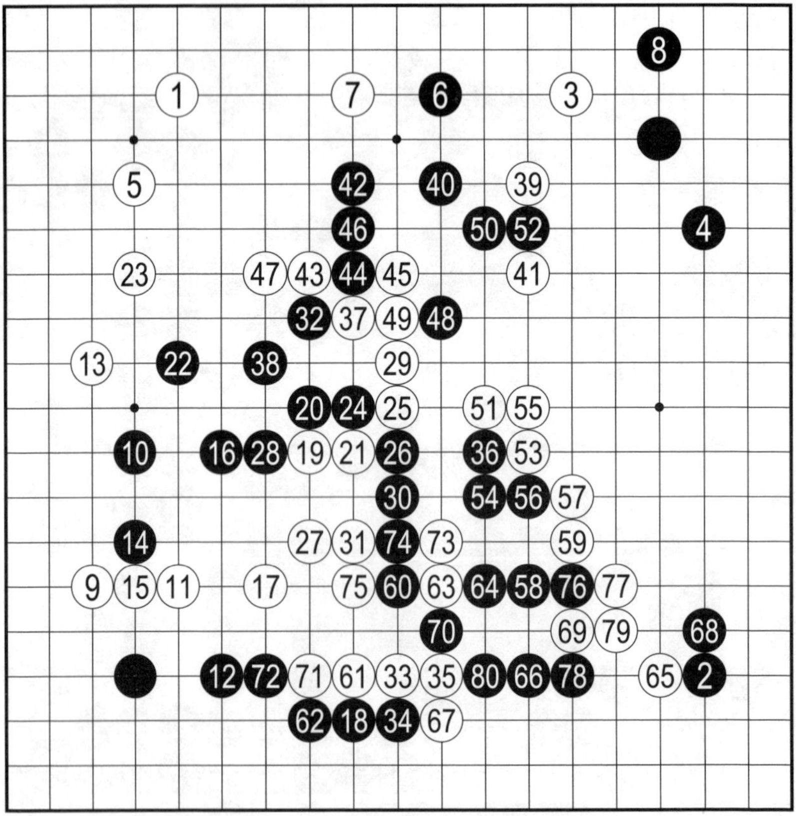

（1–80）

白方　陈祖德 九段
黑方　吴树浩（受二子）

白 89 点角收获颇丰。白 101 持续挑起激战，对小将的战斗力是个考验。黑 136 以下的处理显得相当沉稳。白 149 消劫败着，如继续打劫，胜负还难料。黑略作准备后，160 以下计算精准，擒获棋筋。（廖行文）

共 164 手　黑中盘胜

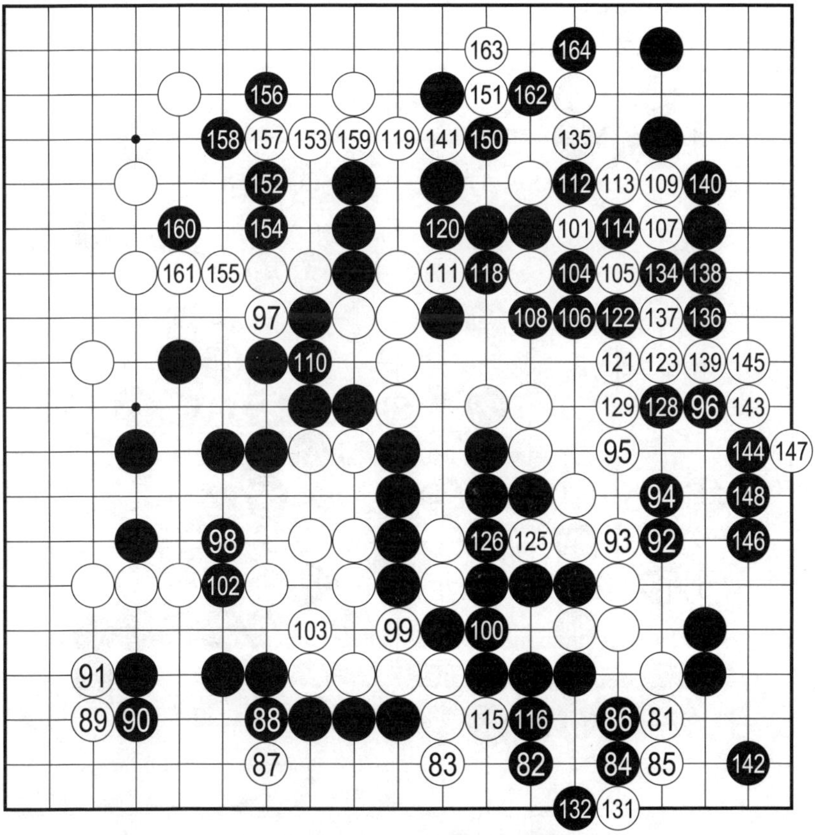

（81–164）

2000年11月18日弈于中国棋院
南方证券杯中国围棋元老赛第一轮

黑方 车泽武 七段
白方 陈祖德 九段

起手至白10是当时流行的布局。白12靠是创新的手法。黑13扳反击，白14反扳进角，放弃拆二夺黑角，谋求转换。白20略显过分，此时脱先走上边正常。白30打入选点刁钻，之后瞄着53上一路刺断黑棋的手段。白56中腹开花，获得局面主动。白68方向稍有问题。黑81、83相当精彩，白84以下不得已。至黑91，黑连提二子，局势领先。（廖行文）

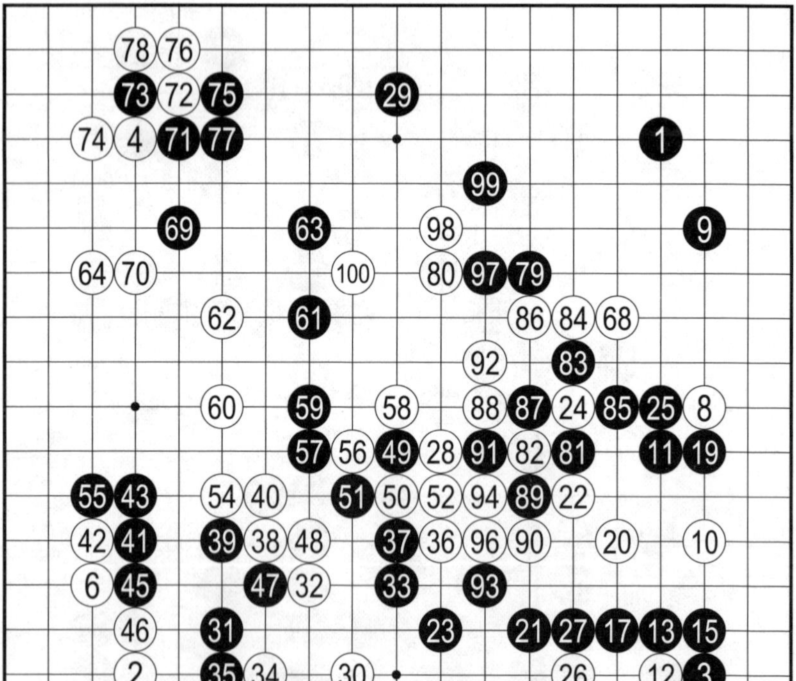

95＝82

（1–100）

黑方 **车泽武** 七段

白方 **陈祖德** 九段

白106深入黑阵是胜负手。黑113失误，应忍耐。黑139是最后的败着，于二路立可以保持优势。白154分断，黑败势。（廖行文）

黑贴2 3/4子　共198手　白中盘胜

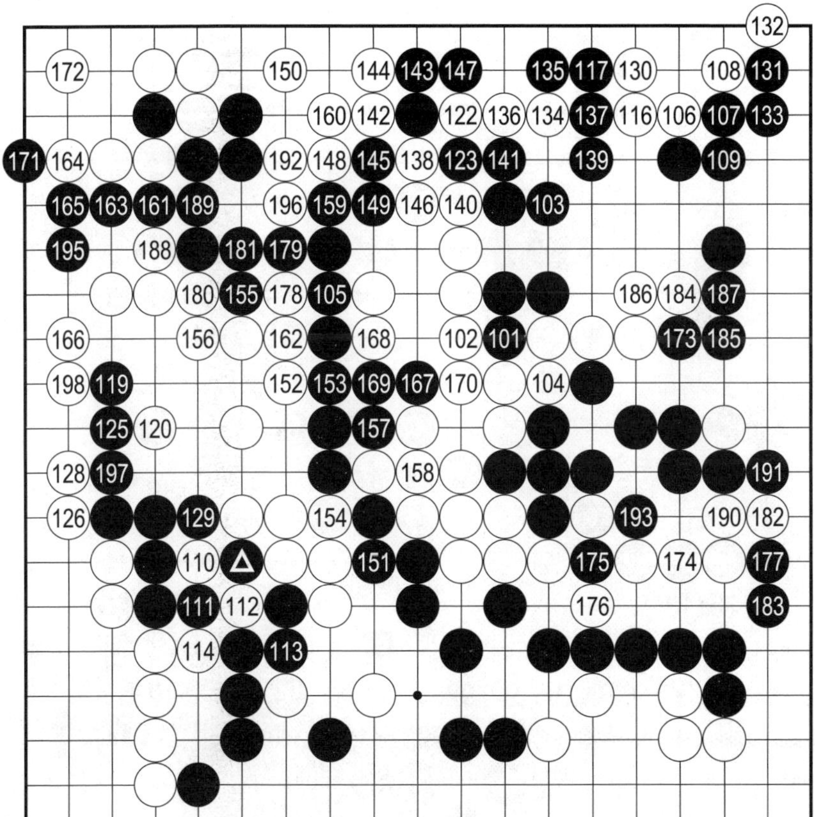

115 121 127 = △　118 124 = 112　194 = 175

（101–198）

2000 年 11 月 19 日弈于中国棋院
南方证券杯中国围棋元老赛第二轮

黑方　陈祖德 九段

白方　罗建文 七段

至 21，黑的配置很理想，而左上白形状不能满意。白 22 压至黑 29 挡，黑实地占据领先地位。面对白 30 的挑战，黑 33 顶、35 断，反击很果断。白 48 应扳，更为紧凑。至黑 57 长，黑既破了上边的白空，中央黑棋又得到加强，尤其是上边白棋还未活净，黑优势明显。黑 87 透点恰到好处。白 118 靠，开辟最后的战场。（廖行文）

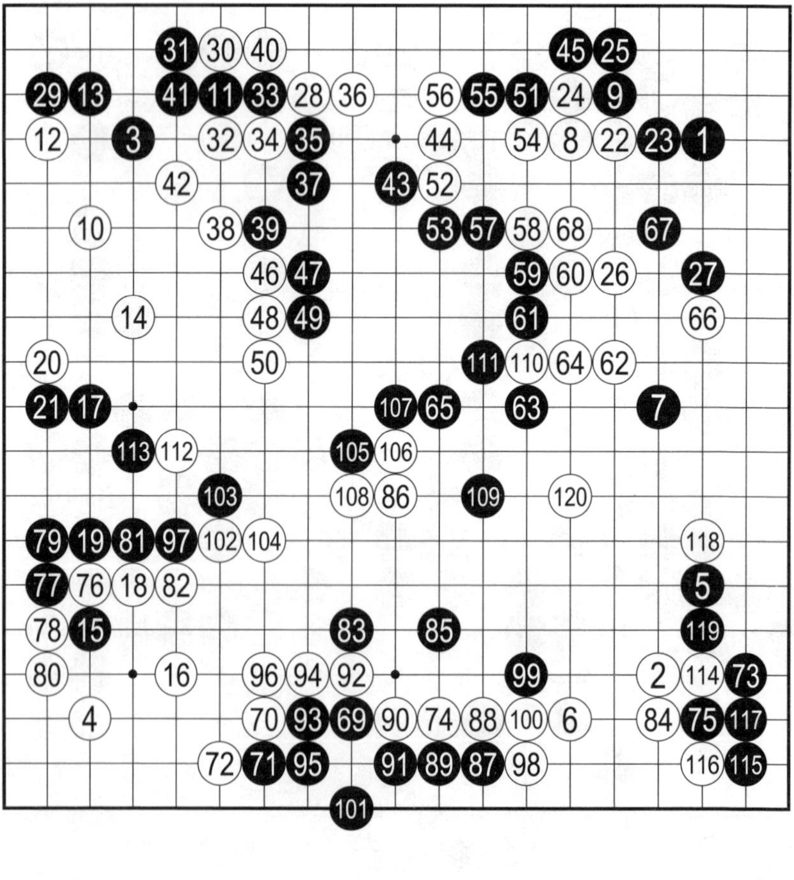

（1–120）

但黑131先手活后于137位反击严厉。至黑163，白实地不足。（廖行文）

黑方 **陈祖德** 九段

白方 **罗建文** 七段

黑贴2$\frac{3}{4}$子　共243手　黑中盘胜

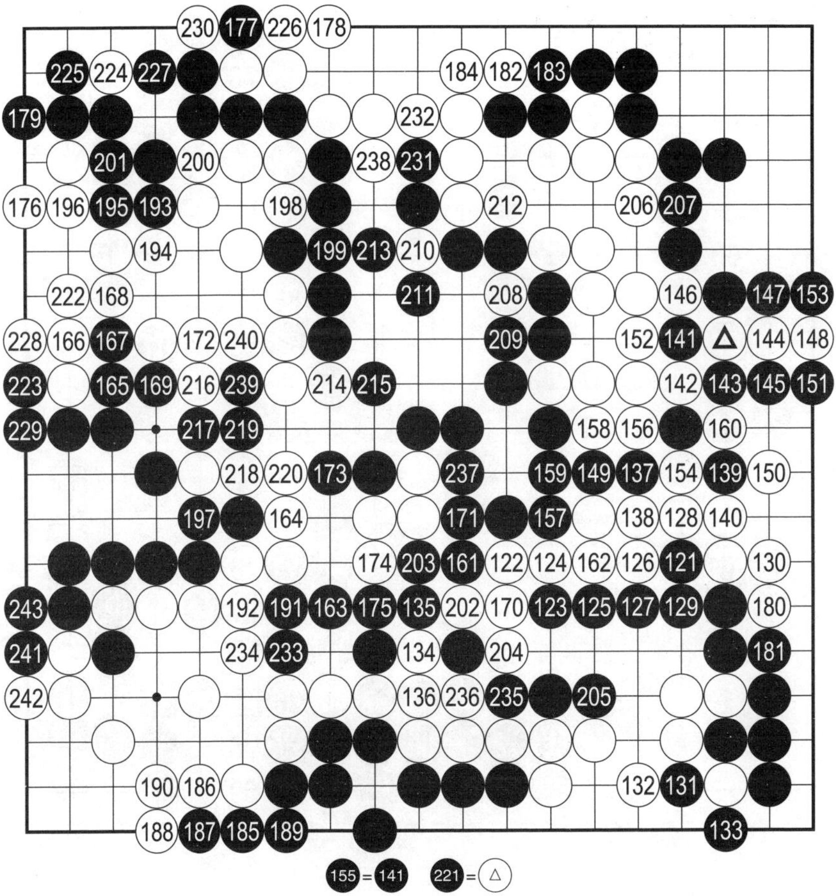

（121–243）

2000年11月20日弈于中国棋院
南方证券杯中国围棋元老赛第三轮

黑方　王群 八段
白方　陈祖德 九段

白14是积极的好手，颇有AI之感。白16反击必然。至白26将黑分断，黑不能满意。黑27扳，强手反击，但实地的损失也让人心痛。白34过分，回拐是正手。黑41托是好手，白似有忽略。黑47立又是好棋，白陷入困境。至65，黑大获成功，所幸棋盘还大。白70飞好点，迫使黑71应一手，72再挂角，好步调。黑73靠挑起了一场新的战斗。白82夺得黑角，获利不少。黑85扳方向错误，至106形成黑重白轻的劫争，黑略显失败。（廖行文）

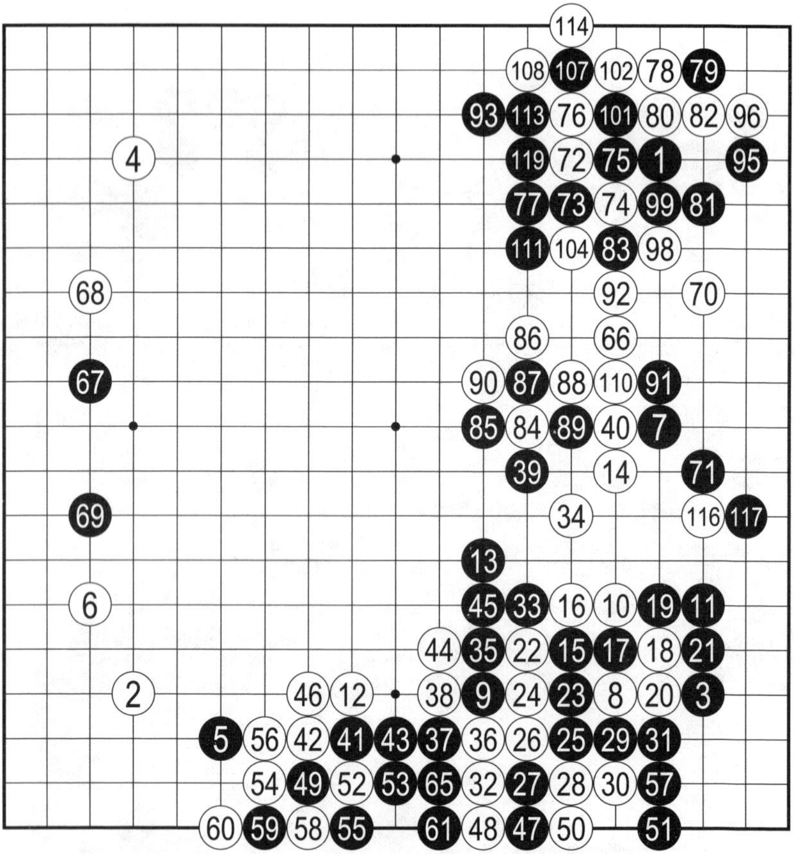

（1–120）

白 126 接，先手将黑分断，形势逆转。黑 129、131 似乎方寸已乱。黑 161 最后拼搏。白 168 致命一击，黑溃败。（廖行文）

黑方　王群　八段

白方　陈祖德　九段

黑贴2$\frac{3}{4}$子　共 226 手　白中盘胜

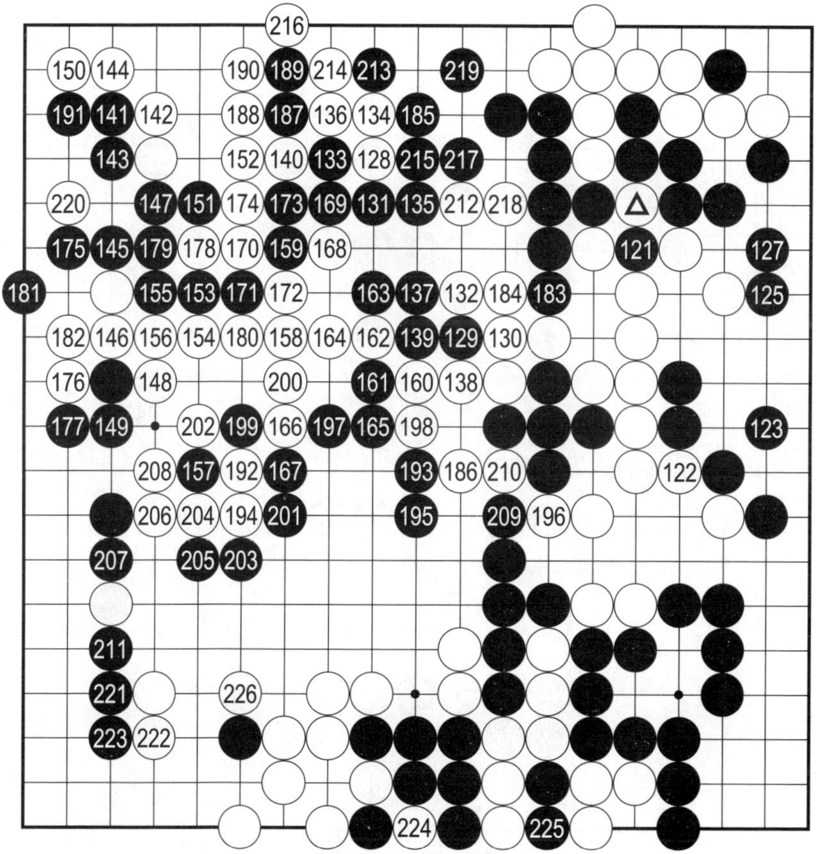

124=△　126=121

（121–226）

2000 年 11 月 24 日弈于北京

棋圣战

黑方　陈祖德 九段

白方　刘小光 九段

至黑 19 的结果双方都可接受。黑 23、25 是扩张好手，同时与黑 21 的思路相呼应。白 32 坚持捞空，表现极为自信。黑 39 以下利用引征的破空手法颇有趣。至 50，双方各有所获，依然维持平衡。白 54、56 不妥，应直接出头。黑 65 收获巨大。白 66 方向似乎有误。黑 73、77 都是好棋，紧紧抓住白形漏洞进行治孤。白 92 眼见暂时无法有效进攻，于右上角占些便宜。白 98 败着，卖掉打劫的变化令人不解。（廖行文）

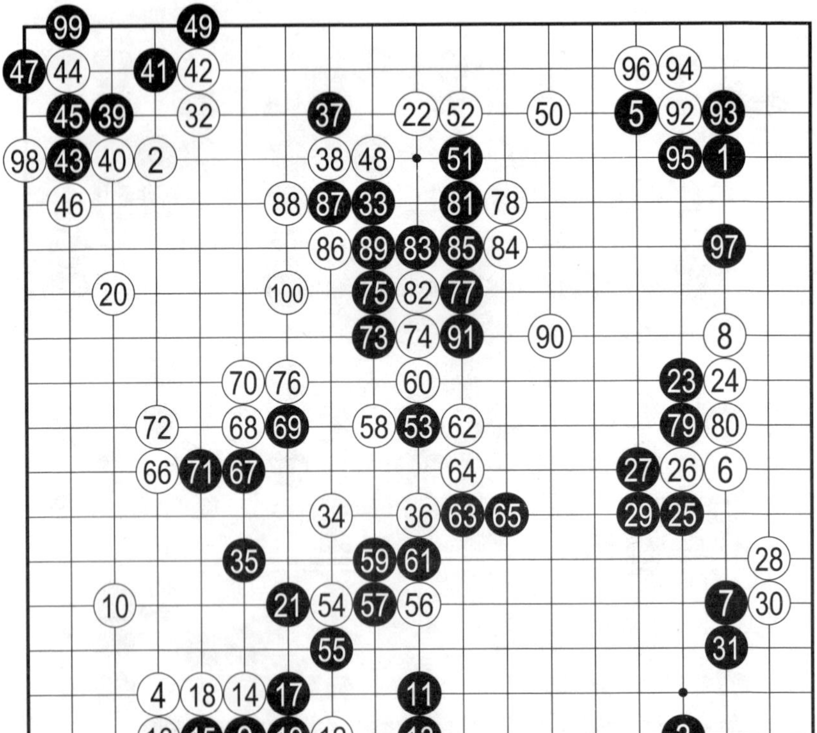

（1–100）

黑 103 以下计算精确，出逃时顺手捞取实惠，白败势。(廖行文)

黑方　陈祖德 九段
白方　刘小光 九段

黑贴2$\frac{3}{4}$子　共 194 手　黑胜2$\frac{3}{4}$子

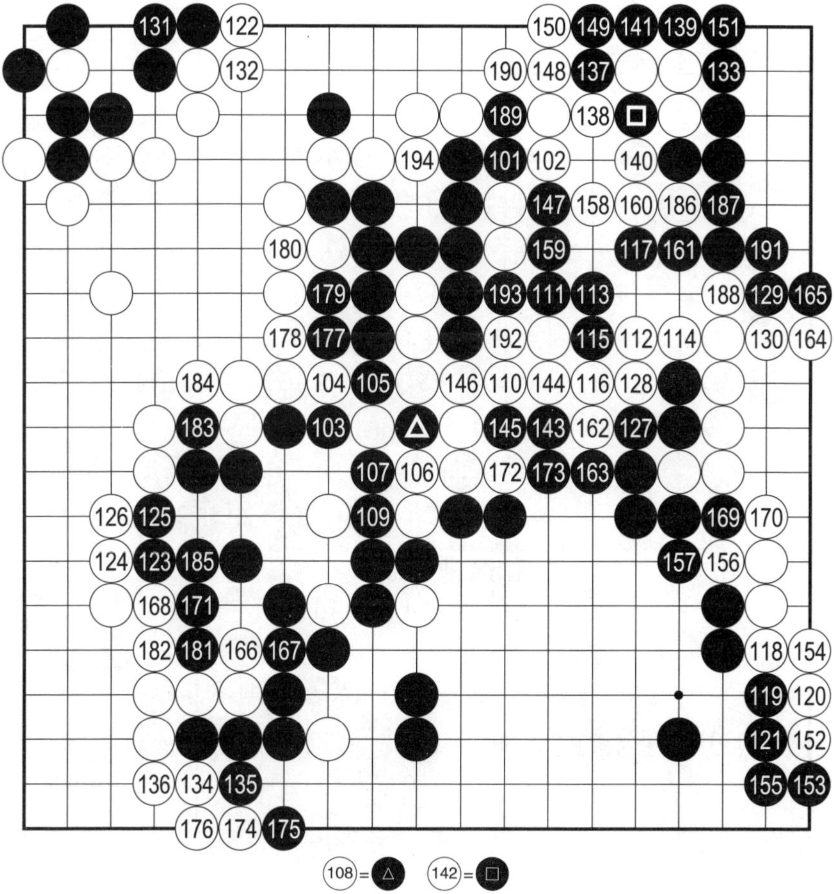

(101–194)

2000年12月16日弈于中国棋院
南方证券杯中国围棋元老赛半决赛

黑方　吴淞笙 九段
白方　陈祖德 九段

行至26，白在黑阵中获得开拆，应当可以满意。黑31积极抢占大棋正确。白42以下走得有些过于简单，导致棋形不佳，留下隐患。白48、52都是好形状，此处白棋得利。白64问题手，应走71位，简明优势。黑65终于不再隐忍，放出严厉的胜负手。黑73、75犀利，白76似乎只有补中间，将一子弃掉，局面尚可。黑89杀着，白棋陷入危机。白90败着，在一路挡还可支撑。至黑113，白两条龙无法兼顾，大势已去。（廖行文）

黑贴$2\frac{3}{4}$子　共151手　黑中盘胜

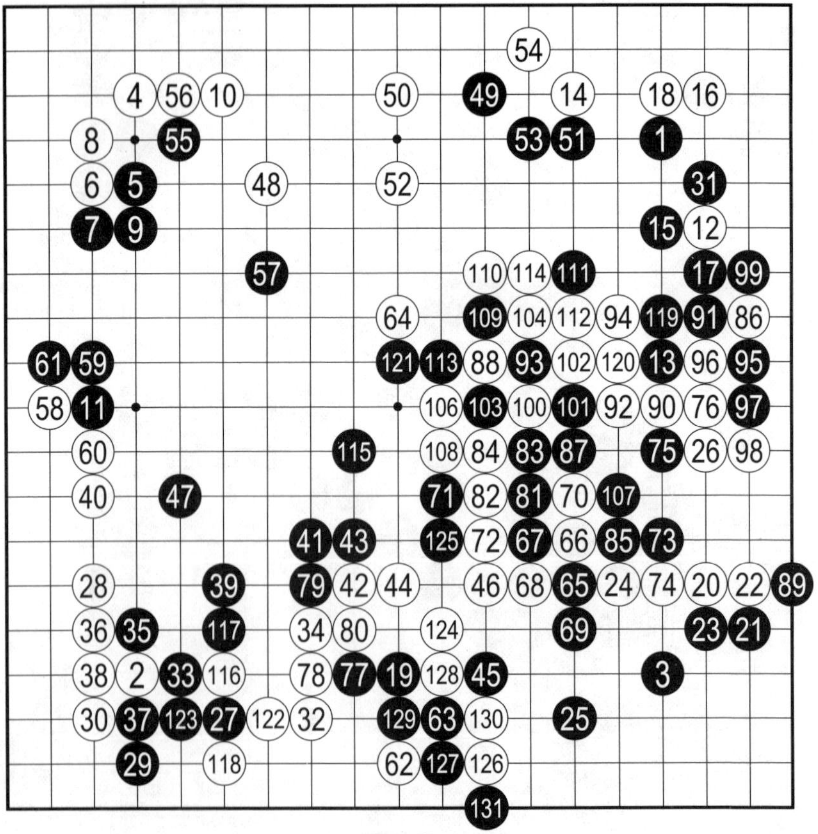

105=100

(1–151)

2000年12月30日

黑方　俞斌　九段

白方　陈祖德　九段

黑11、13是当时流行的变化，至22双方都可接受。白28好点，同时瞄着15下一路的扳出。黑33、35退让稍嫌委屈。黑45反击，白46扳下自然满意。白58选点值得商榷，也许还是应肩冲。白70分断不好，应与上方两子会合。黑85要点，形势逆转。白92似乎也应二路打吃，用上方三子的死活一拼胜负。（廖行文）

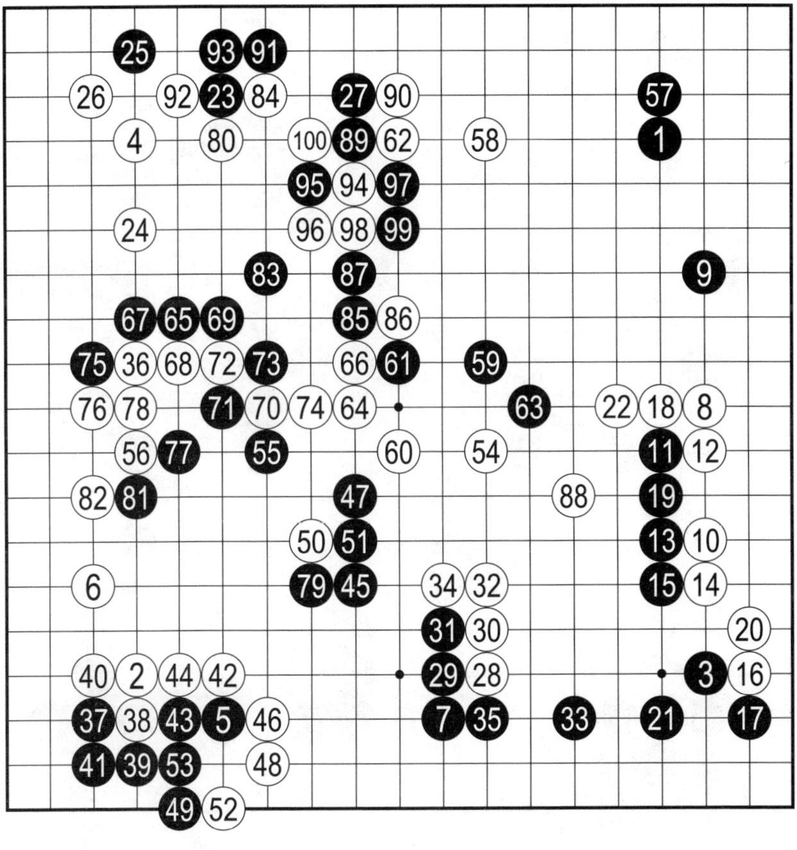

（1–100）

黑方 **俞斌** 九段

白方 **陈祖德** 九段

激战至黑109，白四子较难处理。白110胜负手。但黑113以下扎实推进，白棋作战勉强。（廖行文）

黑贴$2\frac{3}{4}$子 共185手 黑中盘胜

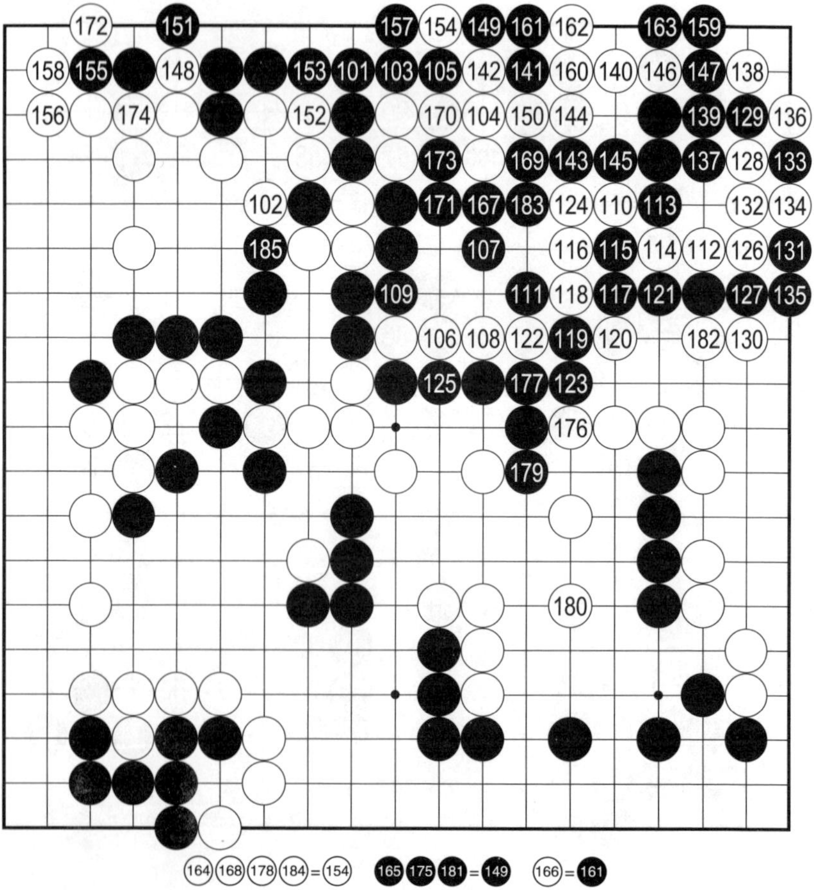

164 168 178 184 = 154　165 175 181 = 149　166 = 161

（101–185）

时年57岁

二〇〇一

◎ 1月26日—28日，“启新杯”围棋、象棋对抗赛在浙江宁波举行。双方各比赛两盘围棋、两盘象棋，陈祖德以2胜1和1负获得冠军。

◎ 2月9日，第15届CCTV电视快棋赛第一轮，陈祖德负于孔杰五段。

◎ 3月3日—4日，2001年“富士通杯”中日元老围棋友谊对抗赛在广州举行。第一场陈祖德击败林海峰九段，第二场负于宫本义久九段。结果中国围棋元老队以4∶2获胜。

◎ 11月10日，第二届“理光杯”中国围棋国手邀请赛在北京大兴举行。陈祖德首轮不敌曹大元九段。

◎ 12月14日，在第16届CCTV电视快棋赛中，陈祖德不敌刘星六段。

薛志春　整理　　　　**华以刚　审订**

2001 年 1 月 27 日弈于宁波
启新杯围棋、象棋大师对抗赛第二局

白方　陈祖德 九段
黑方　胡荣华（受二子）

黑 16 巧妙，显示出象棋大师不俗的功力。黑 22 时机不太恰当。黑 48 好棋，颇具想象力。此处黑方弈得可圈可点，值得称赞，但黑 70、72 重复不妥，应在中腹跳出。（廖行文）

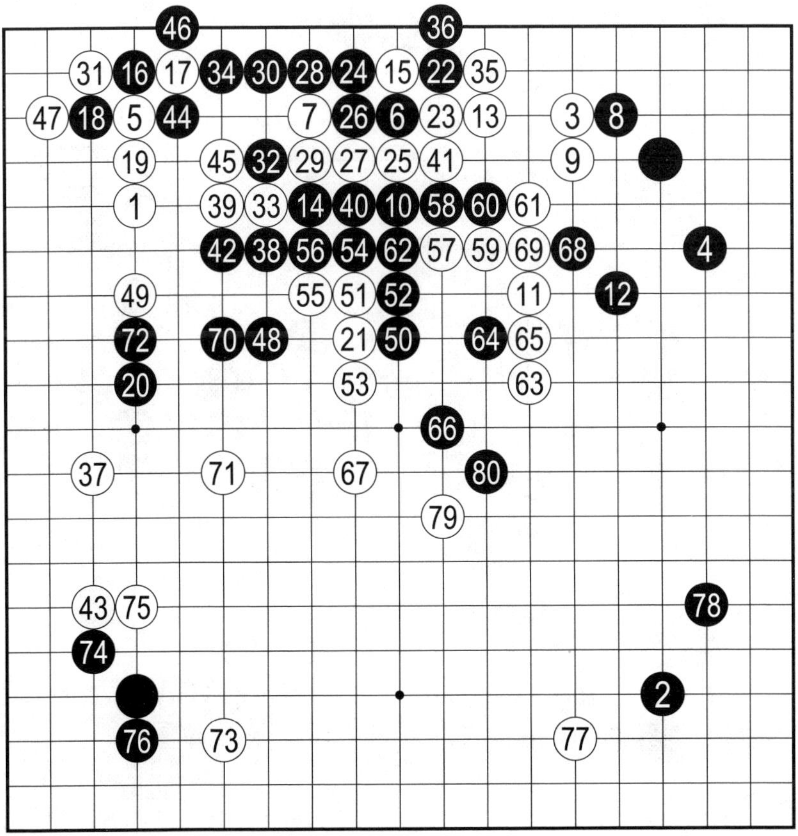

（1–80）

白方　**陈祖德** 九段

黑方　**胡荣华**（受二子）

黑 82-86 也许是慑于围棋大师的杀力而下得过缓，导致局面渐落下风。通过攻击，白 101 顺势围空，局势已然占优。白 119 是犀利的杀着，黑不得已与白展开对杀，但白 127 以下早已计算清晰，黑不行。（廖行文）

共 167 手　白中盘胜

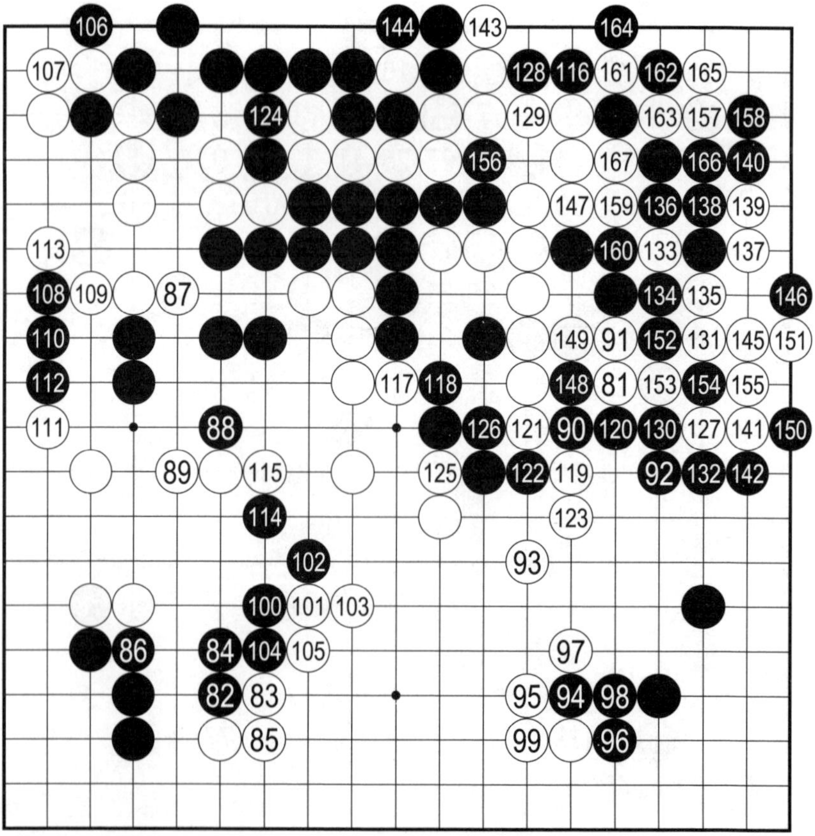

（81–167）

2001 年 2 月 2 日弈于杭州
微软杯新春围棋邀请赛

黑方　曹大元 九段
白方　陈祖德 九段

面对坚实的黑 7，白 8 可以考虑往右一些分投。白 24 有点落空，应 21 下一路一带求安定。至 37，黑进攻步调顺畅。黑 55 以下略显委屈，应肩冲出头。白 68 分断必然，双方形成激战。黑 77 问题手，当 78 位长。白 90 以下次序有误，应先提一手。至 105，黑吃掉右边，稍稍占优。白 106 以下掏空好手，黑只得保守应对。黑 119 好手。白 124 选择保留劫争，于上方先发难。非常精彩的一局，可惜棋谱止于 142 手。（廖行文）

黑贴$2\frac{3}{4}$子　142 手以下略　黑中盘胜

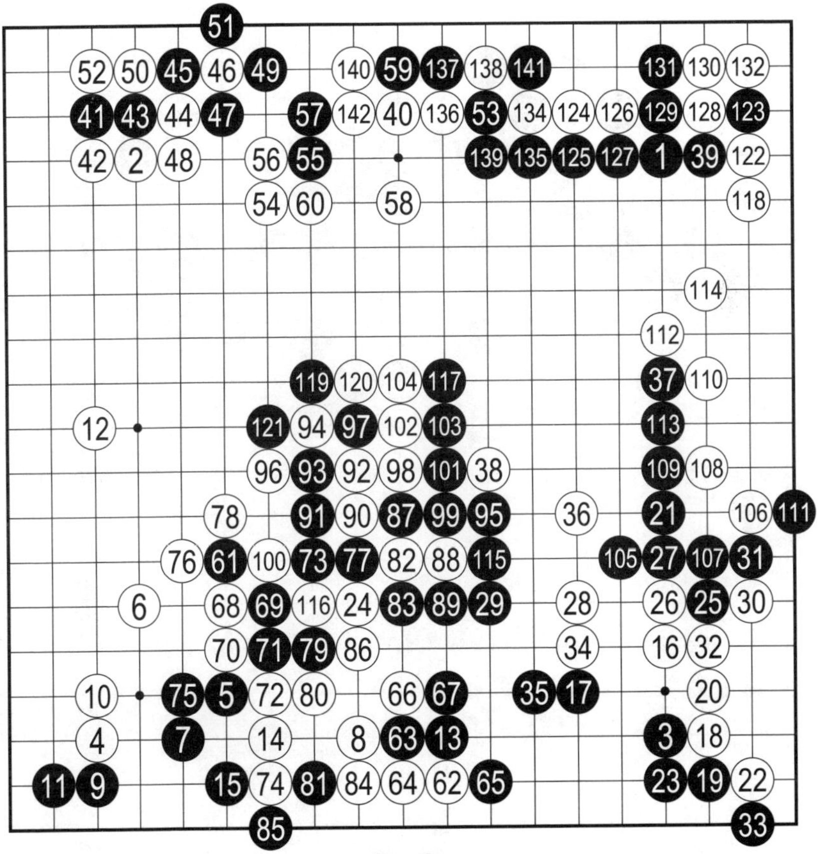

133 = 97

（1–142）

2001 年 2 月 20 日弈于中国棋院
第三届中国棋圣战半决赛

黑方 陈祖德 九段
白方 张文东 九段

至黑 17，双方互起模样。白 18、20 的破空手法少见，但至 25，黑形状显得厚实。黑 31、33 是相关联的进攻手法。黑 41、43 不好，应外面虎或者跳补，简明好下。白 54 脱离主战场，当应 55 位一带框住黑二子。黑 71 思路巧妙。至 79，白大龙生死难料。白 80 寻找做活头绪，黑 81 应立刻在中腹补棋，白危险。（廖行文）

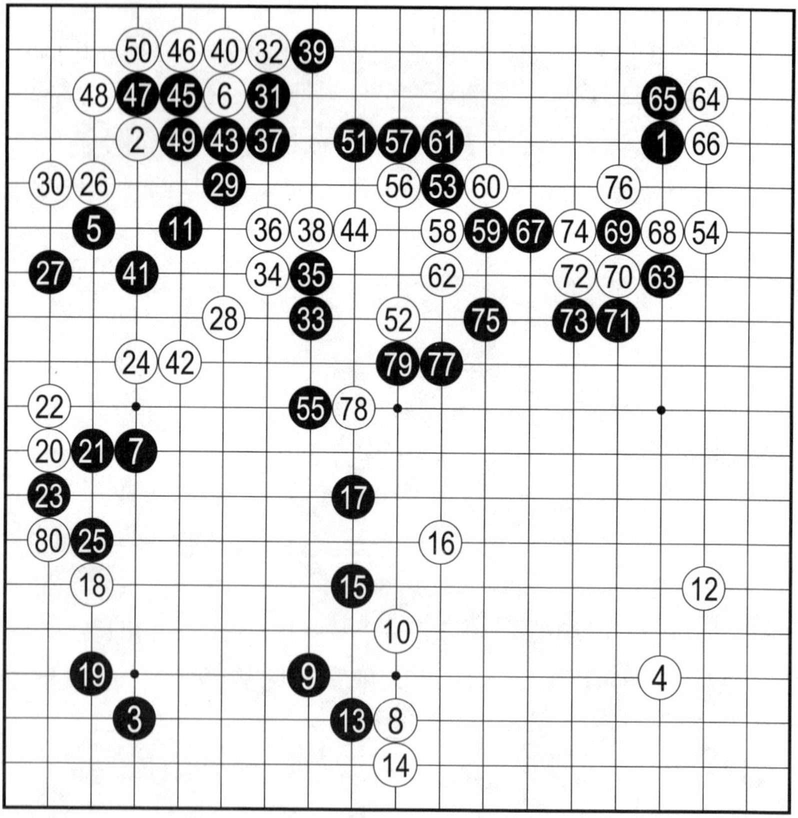

（1–80）

白86要点。黑89只能于92位顶了夹住，如此形成复杂对杀。至106，白龙逃出生天，黑显然不利。黑111开辟最后战场，但白应对无误。（廖行文）

黑方 **陈祖德** 九段

白方 **张文东** 九段

黑贴2$\frac{3}{4}$子　共174手　白中盘胜

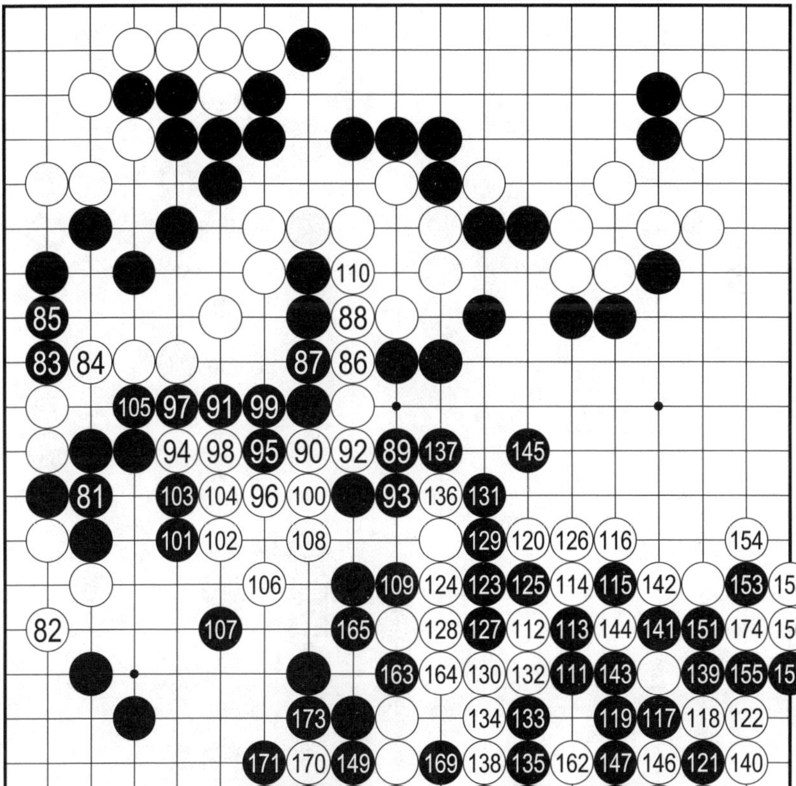

（81–174）

2001 年 3 月 3 日弈于广州金融大厦
富士通杯中日元老对抗赛第一场

黑方　林海峰 九段

白方　陈祖德 九段

布局前 15 手，双方着法新颖。但白 18 不好，至 25 黑占优。白 26 强硬尖出，黑 27 应下面小尖应对。白 36 飞出，局部可满意。黑 39 以下损失实地过多，似有不妥。至白 68，双方在中腹战斗中各走各的，属于气势的对决。黑 69 失误，竟落后手，当于下方夹攻白棋。白 100 虽只能苦肉计成活，然而全局优势明显。（廖行文）

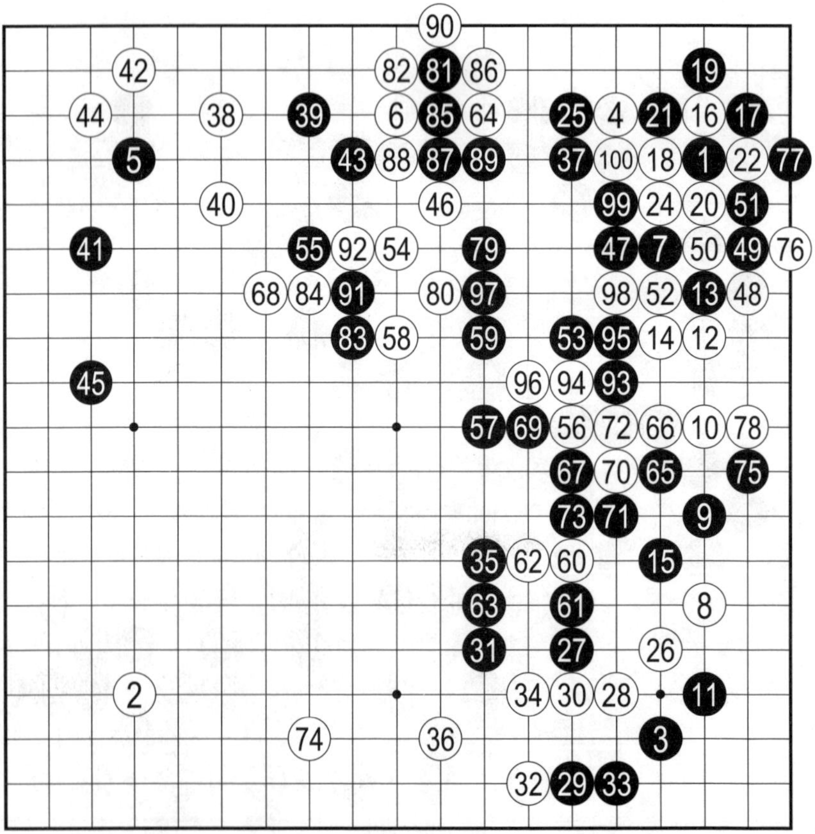

23 = 16

（1–100）

黑 113 手法犀利，白 116 以下忍让正确。至 148，白优势较大。（廖行文）

黑方　林海峰 九段

白方　陈祖德 九段

黑贴$2\frac{3}{4}$子　共 198 手　白中盘胜

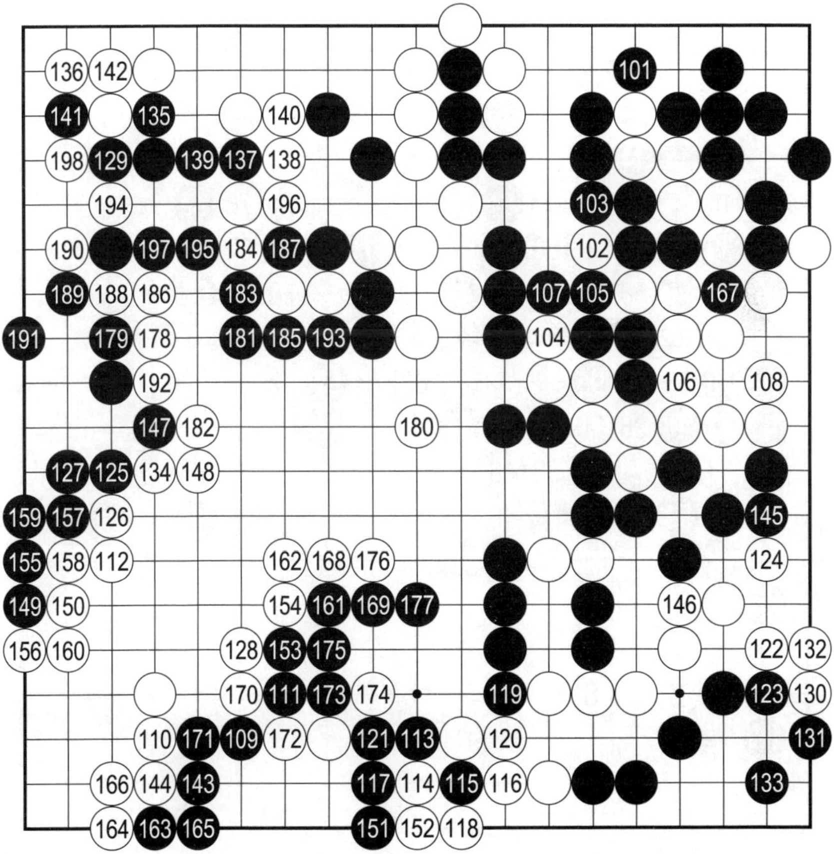

（101–198）

2001 年 3 月 4 日
富士通杯中日元老对抗赛第二场

黑方　宫本义久 九段
白方　陈祖德 九段

布局白 14 以后，双方的斗智很有趣。白 24 应二路并回，白不错。黑 33 分断略显过分。白 40 滚包极为愉快，战斗自然有利。白 44 不好，45 位才是要点。白 50 似乎也应于上方先突破。黑抢到 59，局面得到缓和。白 64 应脱先，局部白是活棋。黑 81 的进攻稍显急躁。实战形成劫争后，是白的明显优势。（廖行文）

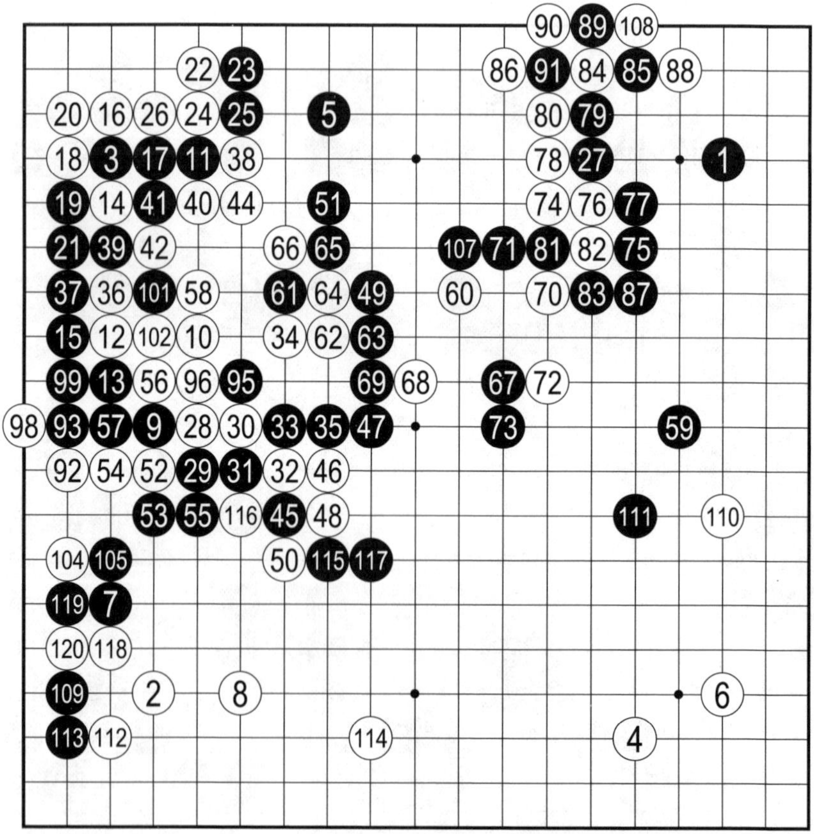

43=14　94 100 106=84　97 103=91

（1–120）

黑方　宫本义久 九段

白方　陈祖德 九段

白 122 以下沉浸在局部的缓气劫中是败因，此时脱先走大场可保持优势。白 144 也应先于右边补棋，再慢慢争取劫争。黑 193 严厉一击，白束手无策。（廖行文）

黑贴$2\frac{3}{4}$子　共 249 手　黑中盘胜

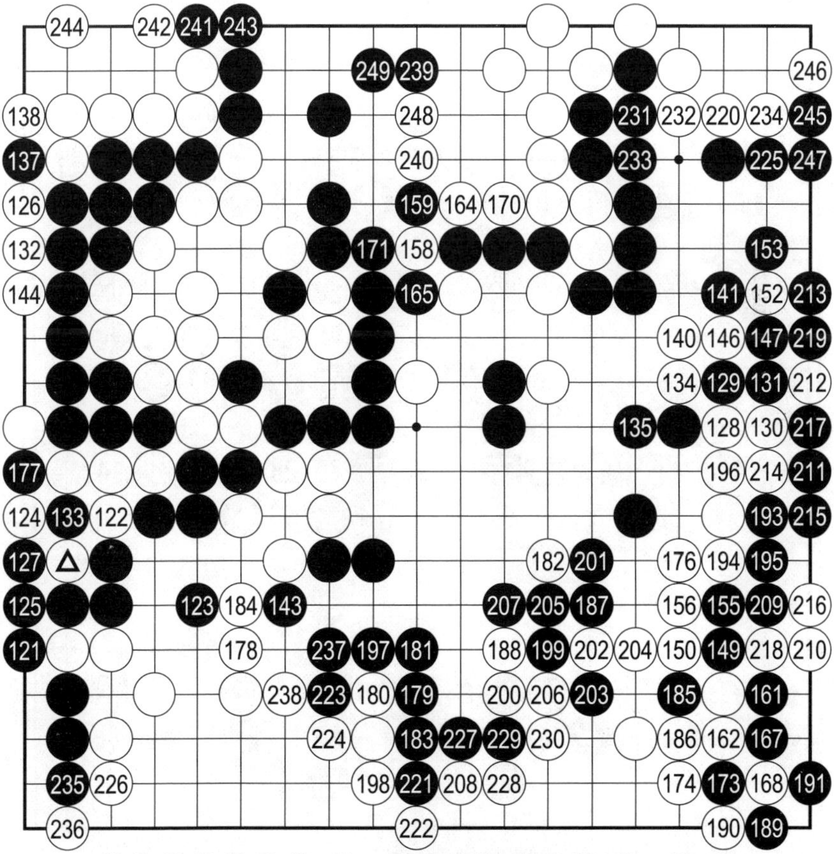

136 142 148 154 160 166 172 = △　139 145 151 157 163 169 175 = 133　192 = 173

（121–249）

2001年4月7日
力帆杯围棋元老赛

黑方　罗建文　七段
白方　陈祖德　九段

白20率先挑起战端。白24似乎应紧一路逼住。白30脱先有过分之嫌。黑37好点，白形状薄弱。至47，黑局面主动。黑61、63分断，白几处孤子需要处理，较苦。白82竭力治孤，黑83问题手，应上并。至96，白付出了极为有限的代价取得安定，局势漫长起来。黑113选择吃棋有些准备不足。（廖行文）

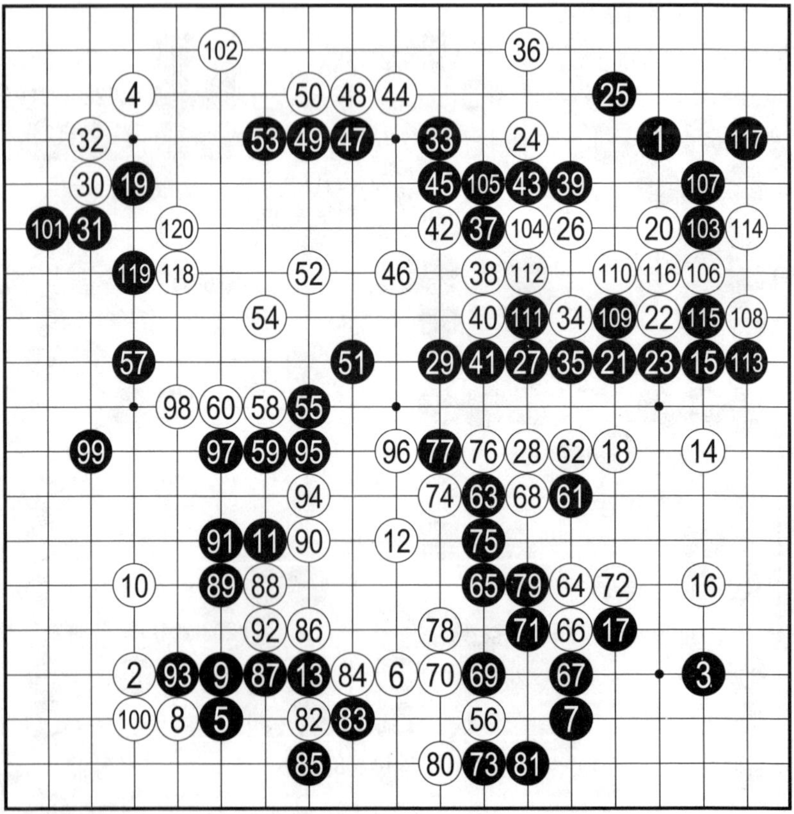

（1–120）

黑方　罗建文 七段

白方　陈祖德 九段

黑127最后败着，应162位虎，形势依然混乱。白连络后抢到136的大棋，已逆转局面。随后双方虽进行了百余手官子较量，然而大局早定。（廖行文）

黑贴$2\frac{3}{4}$子　共266手　白胜$2\frac{1}{4}$子

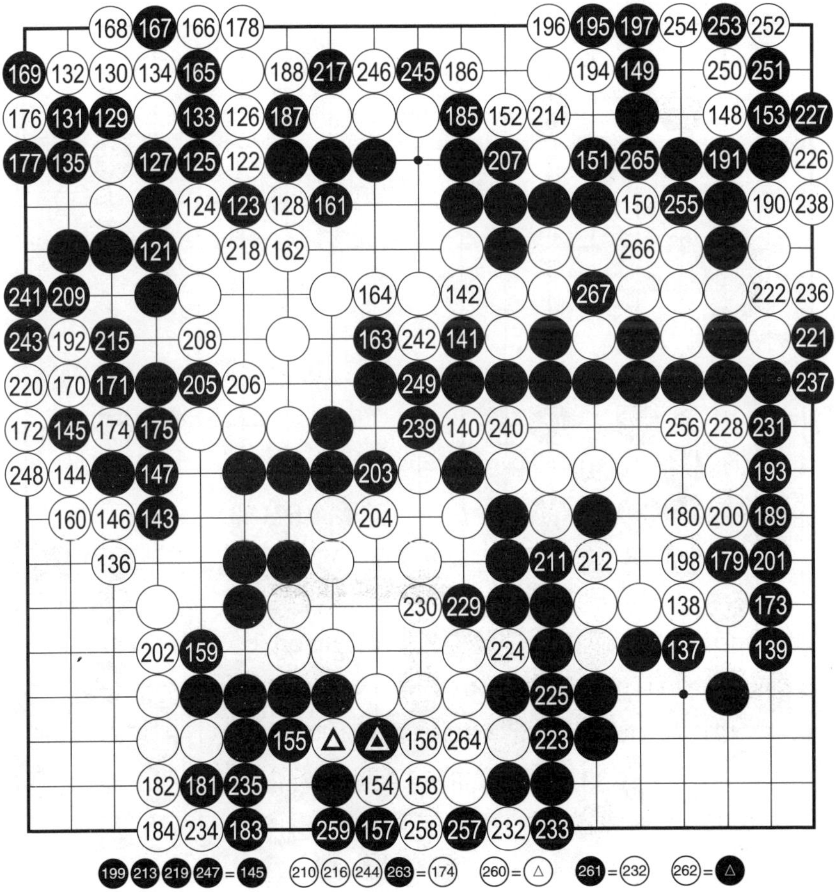

（121–266）

2001 年 4 月 21 日弈于昆明
第三届中国棋圣赛本赛

黑方　俞斌 九段

白方　陈祖德 九段

白 12 以下在当时可称为“定式”，现在则认为白棋大损。黑 23 好形，同时瞄着白棋。白 30 飞到二路略显无奈。白 38 展开强攻，但黑自身形状很好，不难处理。黑 49、51 突然发力，白棋有崩溃之感。白 60 以下奋力抵抗，无奈此处战斗白十分不利。转换后至黑 99，白地空虚，形势困难。黑 121 严厉，白难以抵挡。（廖行文）

黑贴 $2\frac{3}{4}$ 子　共 133 手　黑中盘胜

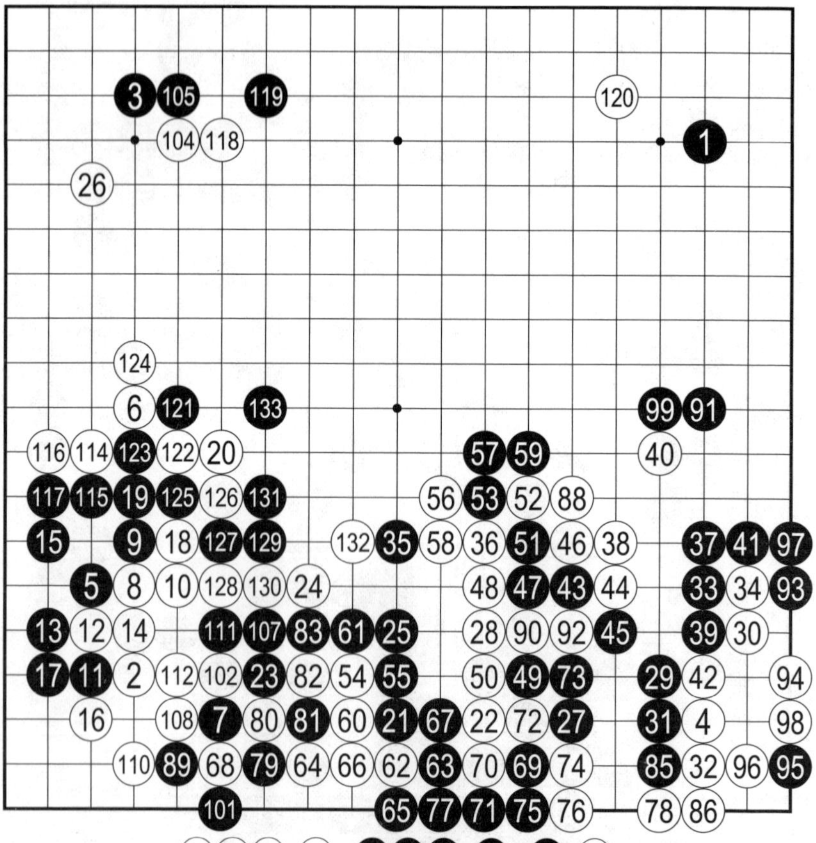

84 100 106 = 80　87 103 113 = 81　109 = 68

2001 年 5 月 26 日弈于桂林

白方 陈祖德 九段

黑方 廖行文（受四子）

黑 12 方向有误，应跟着扳头。至 31 的战斗，黑无趣。黑 48-54 整体行棋过于保守，想守住四子优势的心态过于明显。白 59、61 积极主动。黑 62 应对错误，不如直接接住忍让。黑 72 计算有误，应挡住，如此实地、眼位都更好。黑 88 软弱，当上长应战。（廖行文）

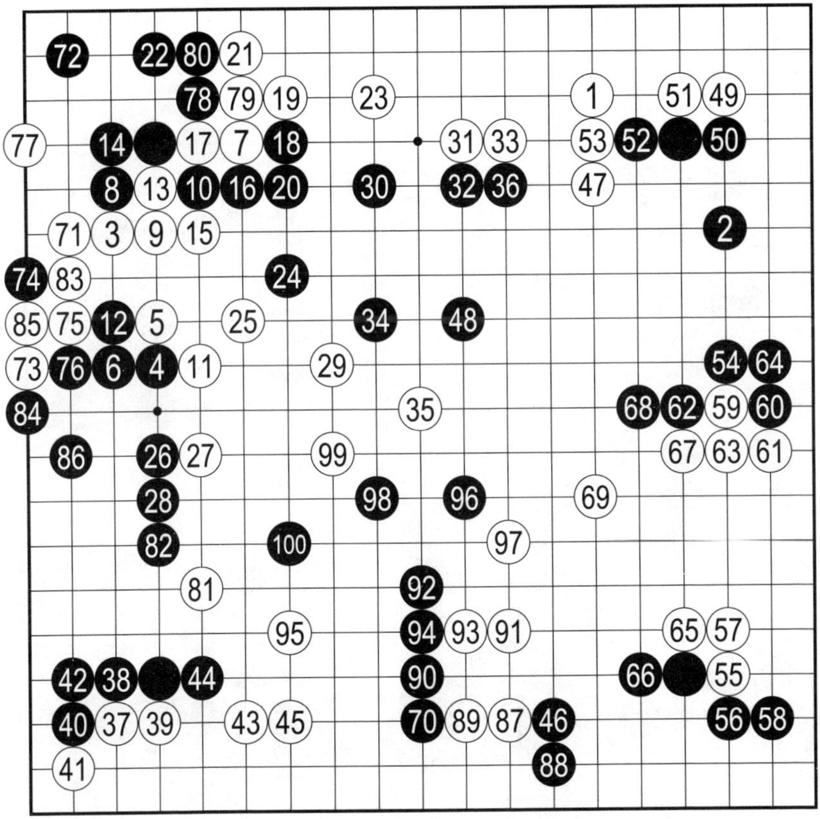

（1–100）

白方 **陈祖德** 九段

黑方 **廖行文**（受四子）

黑 112 小，应于右上先扳。黑 130 不可理解，实战黑打劫，右边损失一目了然。（廖行文）

共 189 手　白中盘胜

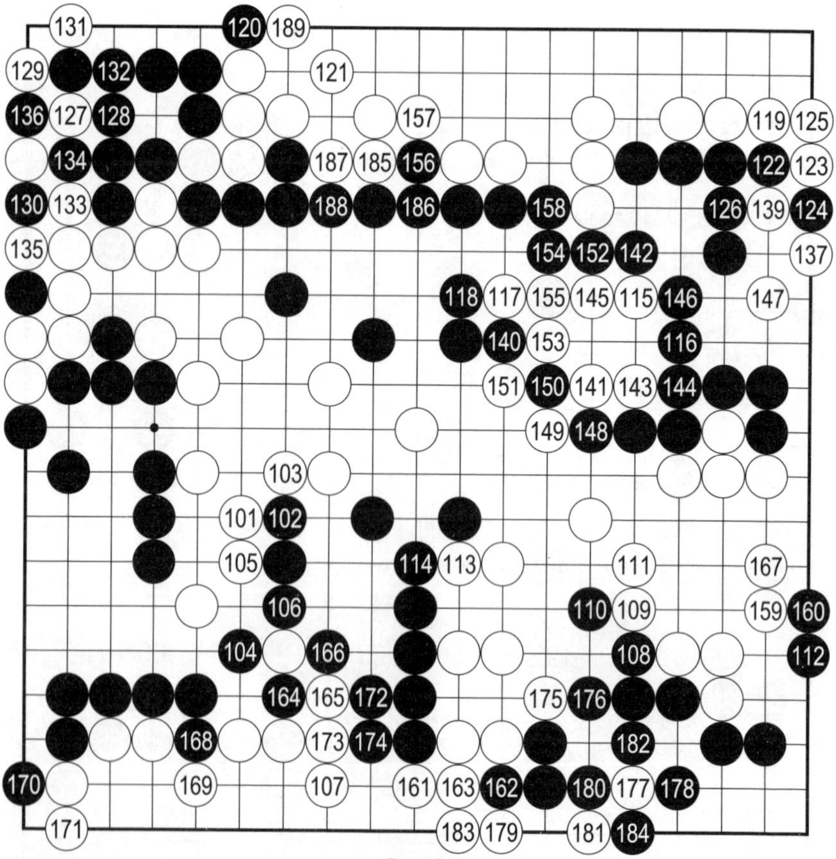

138=130

（101–189）

2001年7月6日弈于中国棋院

黑方　余平 六段

白方　陈祖德 九段

白28镇头气势十足，黑29靠出亦毫不相让。白40态度强硬，在一路提子补棋也能接受。白52、54两尖，棋形拿捏得非常到位。白58值得商榷，飞吃黑两子很有诱惑。黑61好棋。白70试应手时，黑71动出时机恰当，黑逐渐占据优势。白80也许只能先挡下左边再说。黑83分断强手。之后89、91都是紧凑的攻杀要点，白难以两全。（廖行文）

黑贴$2\frac{3}{4}$子　117手以下略　黑中盘胜

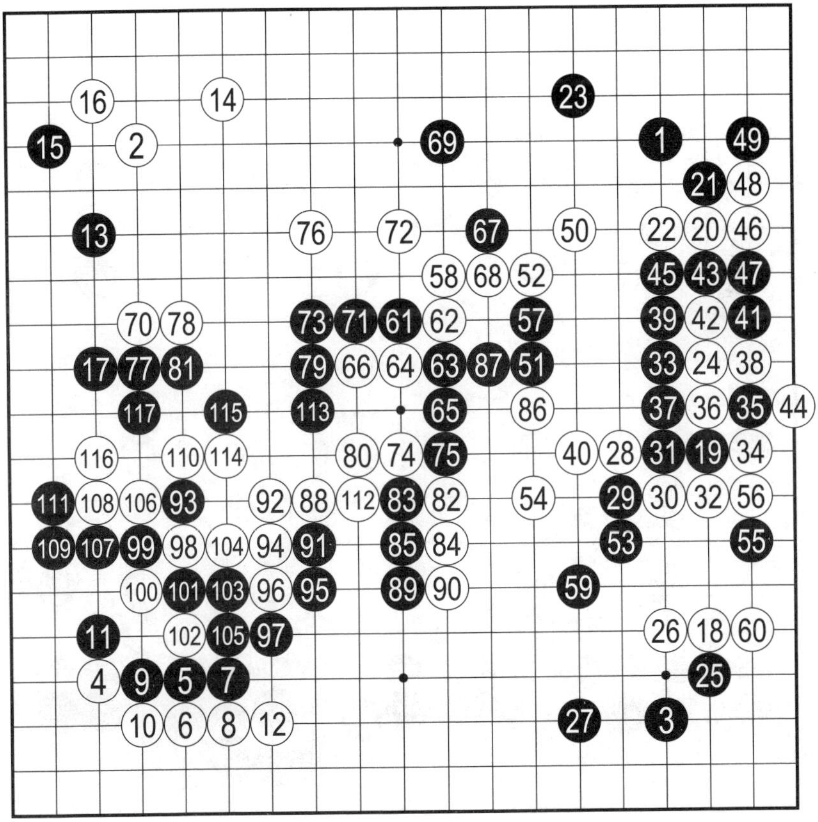

（1–117）

2001年9月3日弈于中国棋院
中韩元老赛

黑方　金寅　九段
白方　陈祖德　九段

黑25想多撑实地。白26、28好棋，予黑惩罚。白32拐下局部可满意。白44瞄准黑方弱点不依不饶。至白62双方基本必然，黑不容乐观。白62分断过分，上虎即可。黑83以下进攻急躁，其实在192位挺极大。白86、88好棋，迫使黑91俗手送白连络。至100，黑攻击无所得。（廖行文）

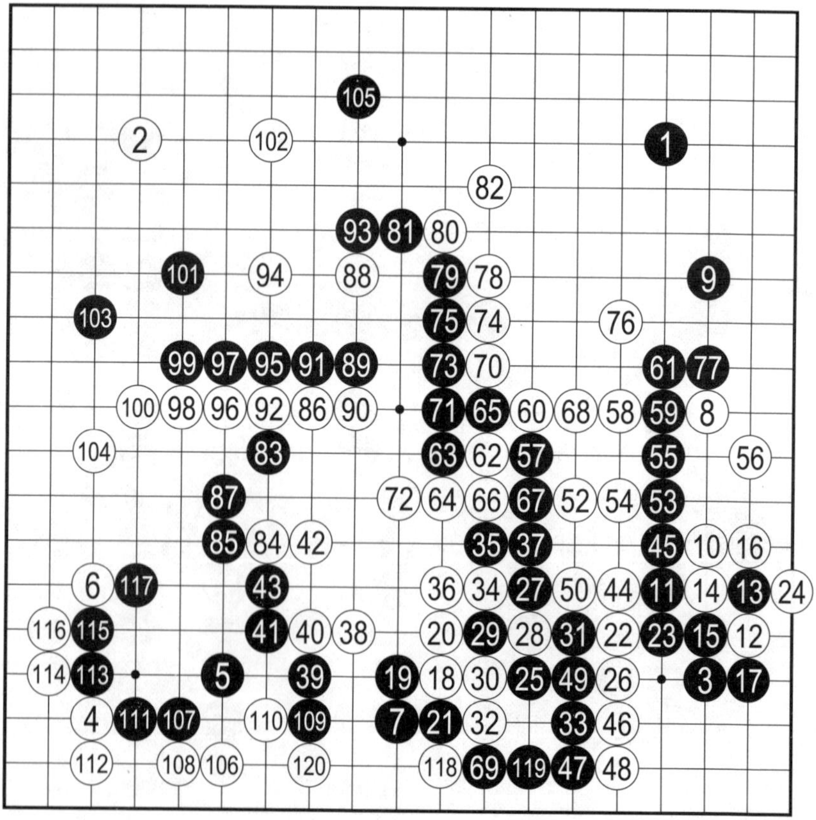

51=28

（1–120）

黑方　**金寅** 九段

白方　**陈祖德** 九段

白 106 以下搜刮愉快。白 140 送死是误算。所幸白及时醒悟。白 144 极难对付，在坚固角地生出变数。白 154 以下次序十分巧妙，形成缓气劫，全局白厚实，黑不行。(廖行文)

黑贴 5 目半　共 216 手　白中盘胜

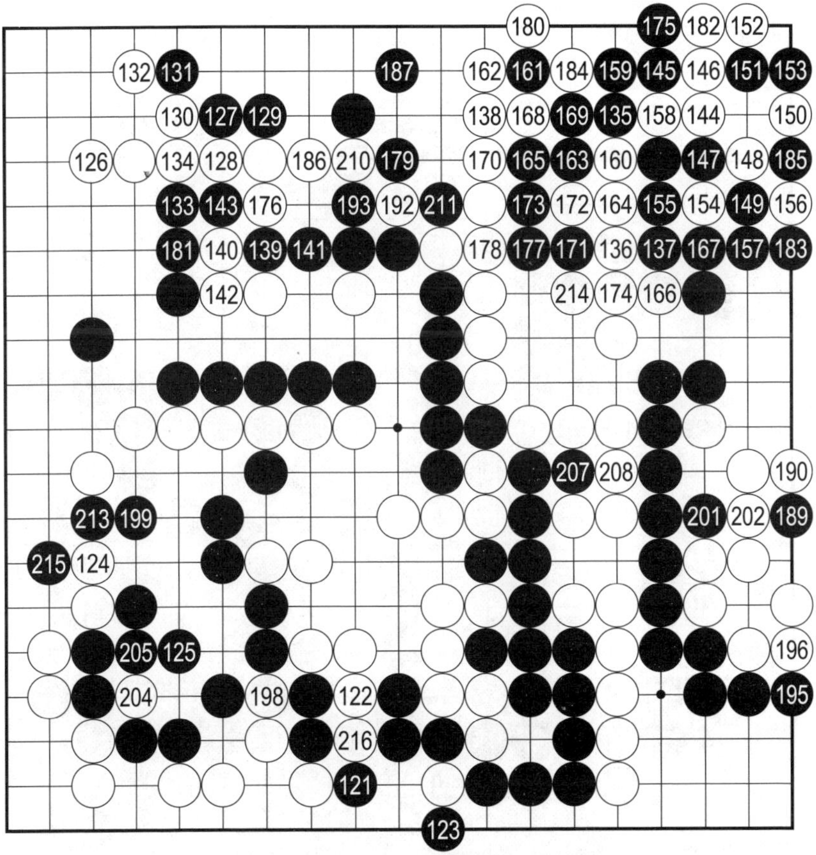

188 194 200 206 212 = 156　191 197 203 209 = 185

(121–216)

2001 年 9 月 17 日弈于襄樊
表演棋

黑方 阎安 七段
白方 陈祖德 九段

白 8、10 是陈老师酷爱的下法，在当年也极为流行。白 26 思路极为先进，是 AI 的手法。白 40 似乎立更好。黑抢到 47 开拆可以满意。白 52 不顾自身，于上方先寻找头绪是高级的思路。白 66 挺入黑阵，收获明显。白 70 以下双方气合，形成转换。白 84、94 飘逸，在黑铁壁上行走，也让人捏把汗。但黑此后的进攻似乎不得要领，至 116，白棋处处接近安定。白 146-150 是精彩的组合拳，黑只得投子。（廖行文）

黑贴$2\frac{3}{4}$子　共 150 手　白中盘胜

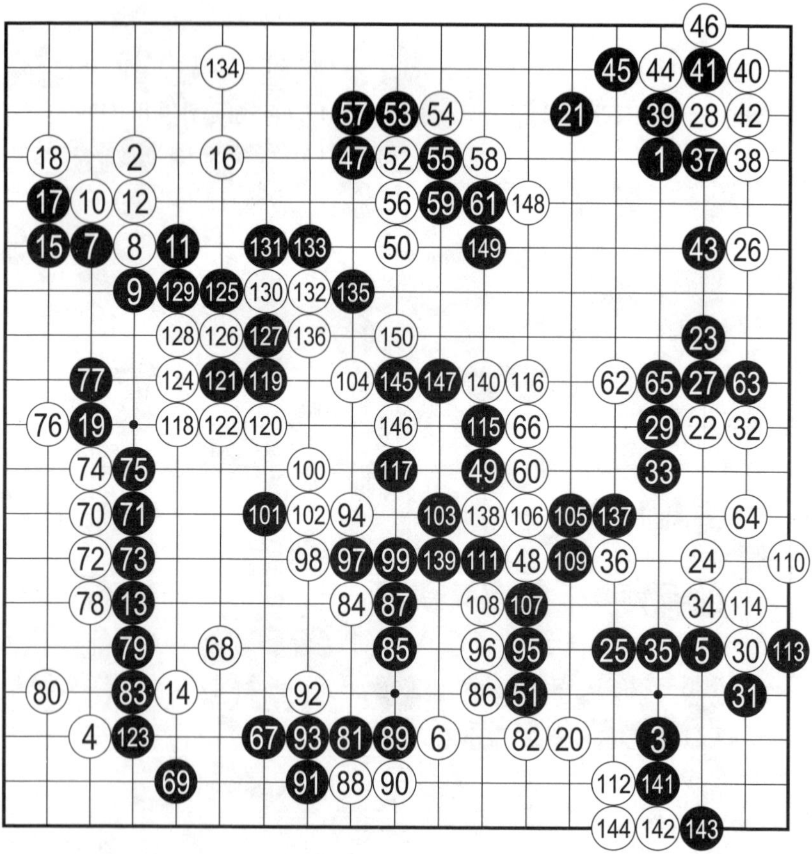

(1–150)

2001年9月30日弈于郑州

黑方　陈祖德　九段

白方　白石裕　九段

白8新手，显然有备而来，对此黑9应对稳健。至黑29局面两分。黑35态度强硬，正手还是小飞守角。对白36的压迫，黑37打破白意图当然。黑41、43是紧凑的好手。至53，黑走厚可以满意。黑65错失良机，应先强攻左边白棋。白66断至70再断，中腹厚薄逆转。黑83连回无奈。白84、86利用厚味骚扰黑空，十分讨厌。白96再度分断，黑只得求活。白100点入严厉。（廖行文）

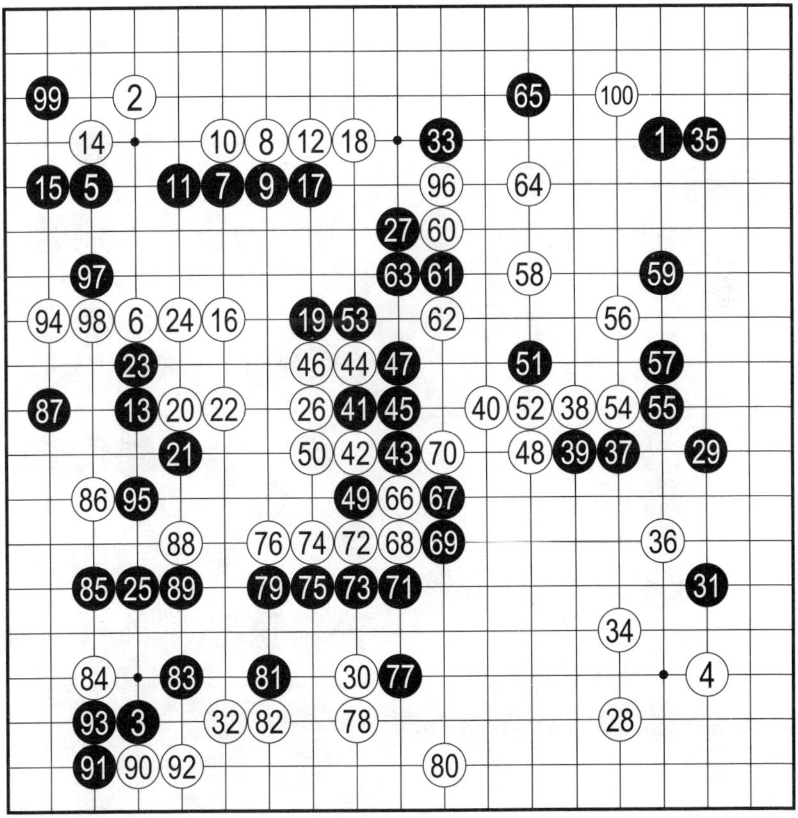

（1–100）

经过搜刮后，白抢到136的大场，黑败势。（廖行文）

黑方 **陈祖德** **九段**

白方 **白石裕** **九段**

黑贴2$\frac{3}{4}$子　共192手　白中盘胜

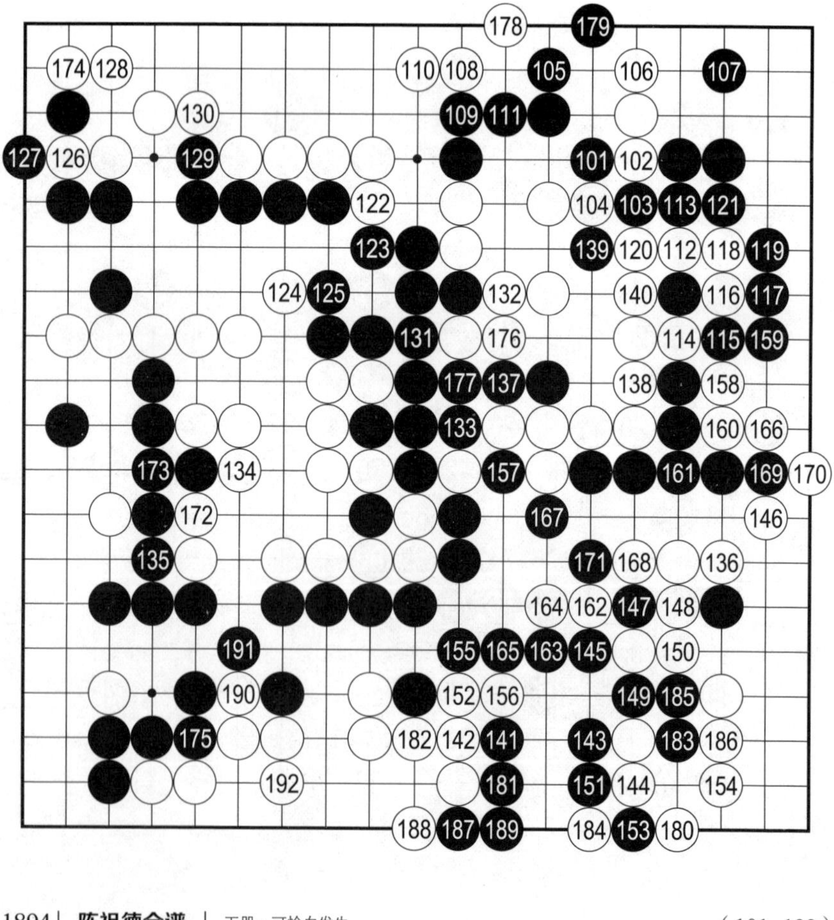

（101–192）

2001年11月10日
理光杯

黑方　曹大元 九段
白方　陈祖德 九段

白12灵活，黑13冷静，不中圈套。黑21以下手法实用，是曹大元老师的棋风。白36、38积极扩张。黑41打入是当然的好点。白54寻求变化，似乎朴实地在二路夹也可行。至69的转换两分，双方均有所得。白70局部好手，但78太损。（廖行文）

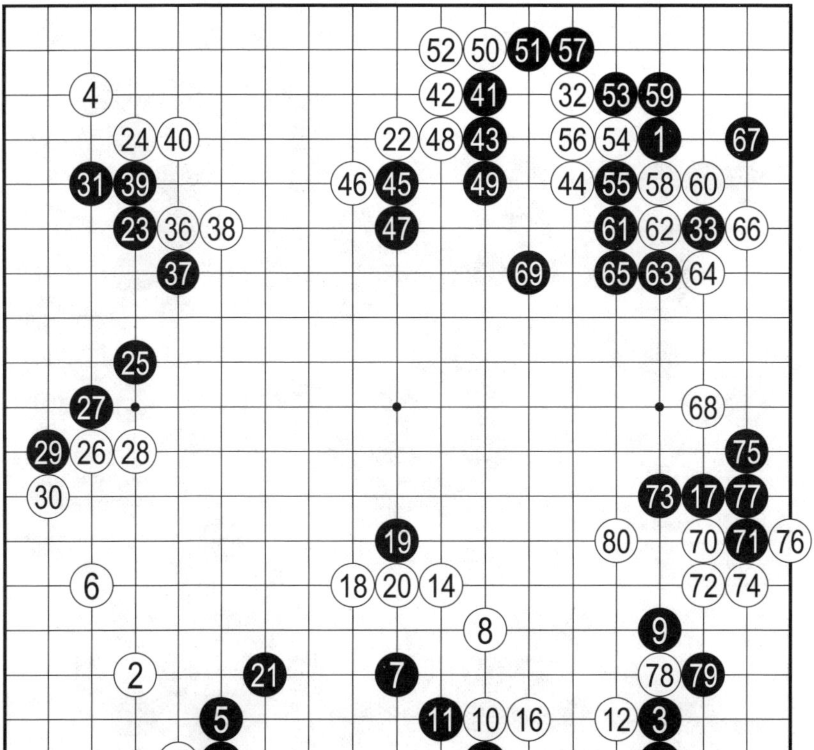

（1–80）

黑方　曹大元 九段
白方　陈祖德 九段

黑83尖出，白所破之空有限。定型至95，是黑厚实的局面。黑103锐利，白不好抵挡。白110、112好手，黑选择反击。黑119是当初拔花留下的余味，白只得退让。黑149锁定小胜之势。之后白玉碎。（廖行文）

黑贴$2\frac{3}{4}$子　共165手　黑中盘胜

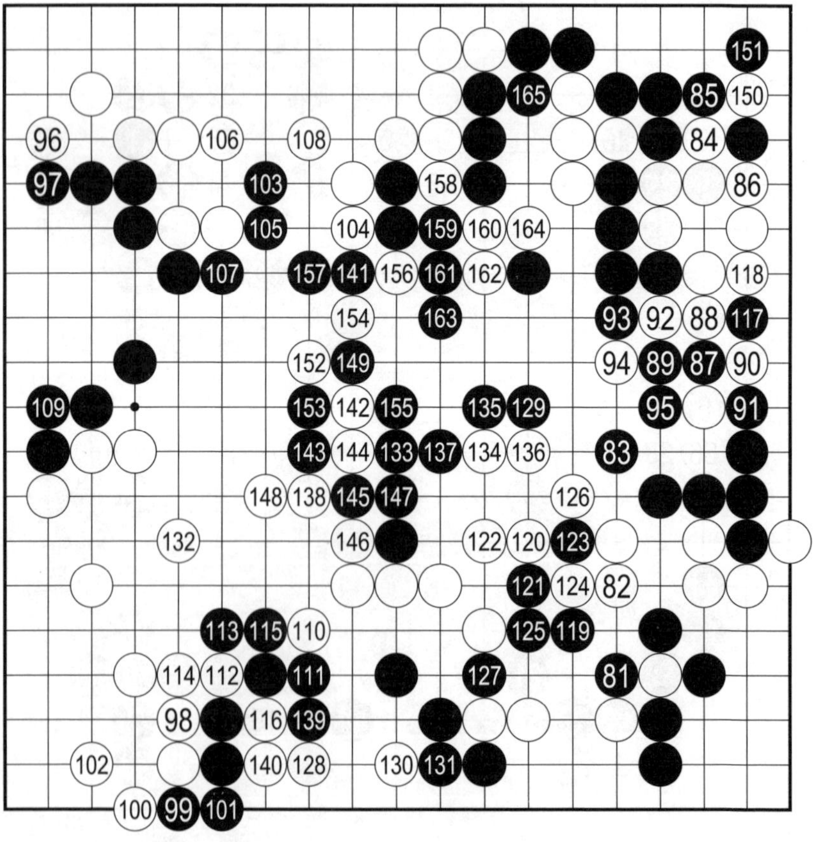

（81–165）

2001年12月14日弈于北京
第一届招商银行杯电视快棋赛

黑方　陈祖德 九段
白方　刘星 六段

至黑19为两分定式。黑21是陈老师酷爱的搜根下法。黑27挑起战端。黑35、白36都是不可省的要点。黑47认为上方黑自身不好处理，故选择转攻白下方。至60，白效率可观。黑67寻求开辟新战场。白70稍显草率。黑71以下冲击犀利，白应对狼狈。黑83风险较大，此时于上方鲸吞一子是黑优势。白90治孤好形，黑难受。黑105显然大失误，上方棋筋被吃通，黑损失惨重。黑107无奈寻找最后机会。白114、116以下处理清晰明了。（廖行文）

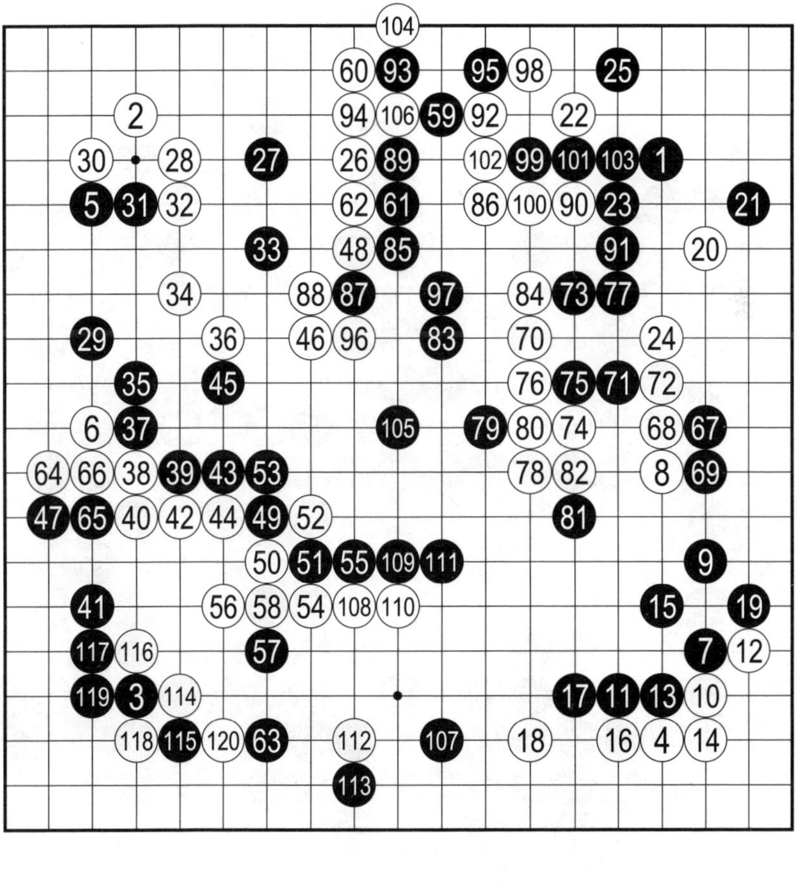

（1–120）

至白134活出，以下黑虽奋力追赶，但实际上已无任何机会。（廖行文）

黑方　陈祖德　九段

白方　刘星　六段

黑贴2$\frac{3}{4}$子　共238手　白胜1$\frac{1}{4}$子

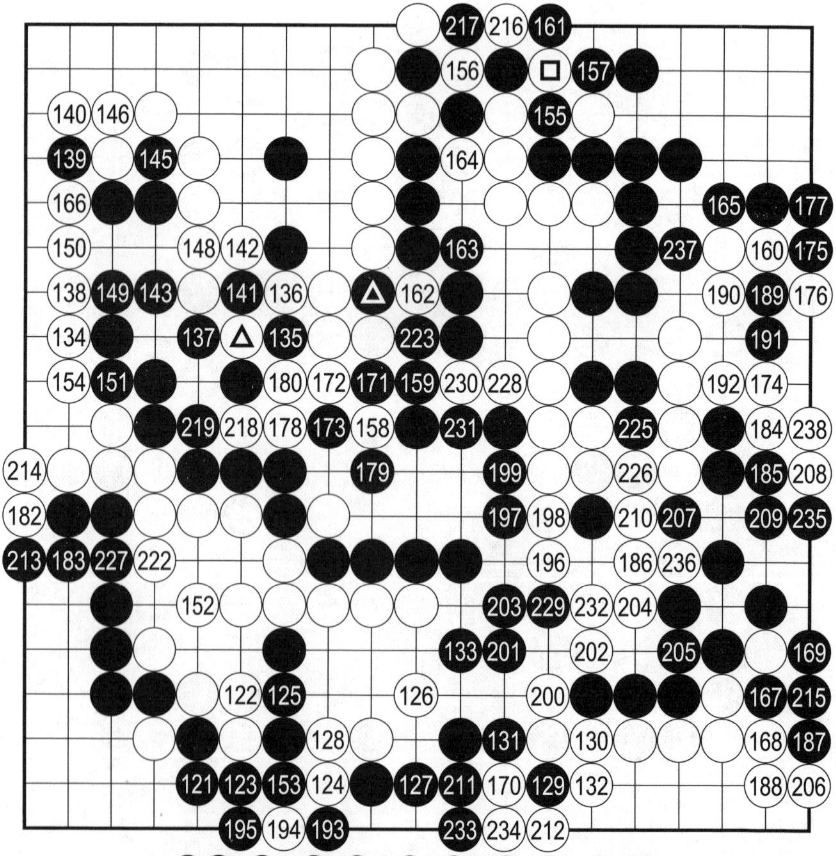

144 181=△　147=141　220=216　221=□　224=▲

时年58岁

二〇〇二

◎ 2月22日，第一届华润饭店杯围棋超霸，第一轮淘汰周鹤洋九段，半决赛负于聂卫平九段。

◎ 3月19日，第一届世界围棋王座战（丰田杯）第一轮淘汰后藤俊午九段。

◎ 7月21日，2002年中日围棋元老赛在广州举行。藤泽秀行九段对陈祖德进行一局对抗，后者获胜。

◎ 9月2日，第一届世界围棋王座战（丰田杯）第二轮中，陈祖德负于王立诚九段。

◎ 12月17日，在第二届招商银行杯电视快棋赛首轮中负于刘星。

◎ 12月21日—22日，第三届“理光杯”中国围棋国手邀请赛在北京举行。第一轮陈祖德击败郭明鑫二段，第二轮负于俞斌九段。

薛志春　整理　　　　**华以刚　审订**

2002 年 2 月 23 日
第一届华润杯围棋超霸赛

黑方　陈祖德 九段
白方　周鹤洋 九段

至黑 27，双方的布局构思体现了各自的风格。黑 39-45 是灵活的组合好手。黑 57 好点，有占据中腹主动权之感。白 64 失误，被黑 65 抱吃略有损失。至 79，黑弈得流畅自如，形势大优。黑 95 大棋，此时黑局面厚实，可以在四处获得搜刮权益。黑 101 的交换稍亏。白 120 败着，应 230 位先断一手。（廖行文）

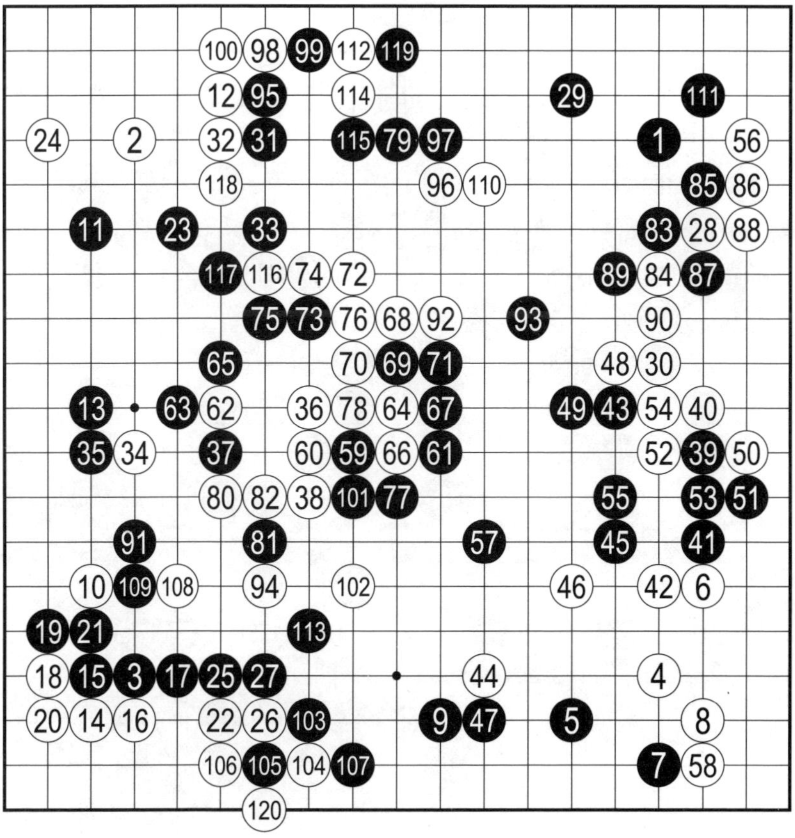

（1–120）

黑 121 穿入严厉。至 129 割下白近 20 目，收获颇丰。黑 139 的官子细致。至 161，黑的小官子略有松懈，然而胜势已定。（廖行文）

黑方　陈祖德　九段

白方　周鹤洋　九段

黑贴2$\frac{3}{4}$子　共 256 手　黑胜$\frac{3}{4}$子

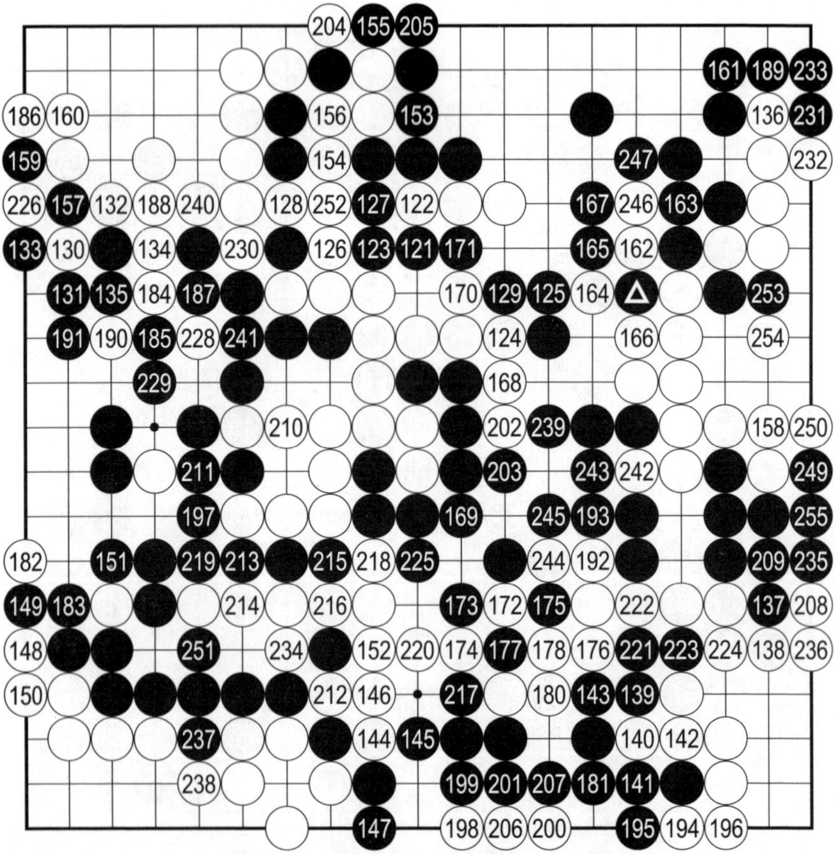

179=172　227=130　248=△　256=159

（121–256）

2002年2月23日弈于北京
第一届华润杯超霸赛半决赛

黑方　陈祖德　九段
白方　聂卫平　九段

开局白12跳时，黑13选择点角更好。右下是曾经的定式下法，现在来看此局部战斗黑不利。白36开劫非常果断，实战的转换、判断展现了实力。至52，白取得优势。白72虎是厚实的棋形要点。白74打入时，黑75跳下过分，此时只能四路盖。实战黑棋爬了很多个二路，白88扳后已是大优局面。在优势下白方毫不手软，各个局部的搜刮都非常漂亮。(陈耀烨)

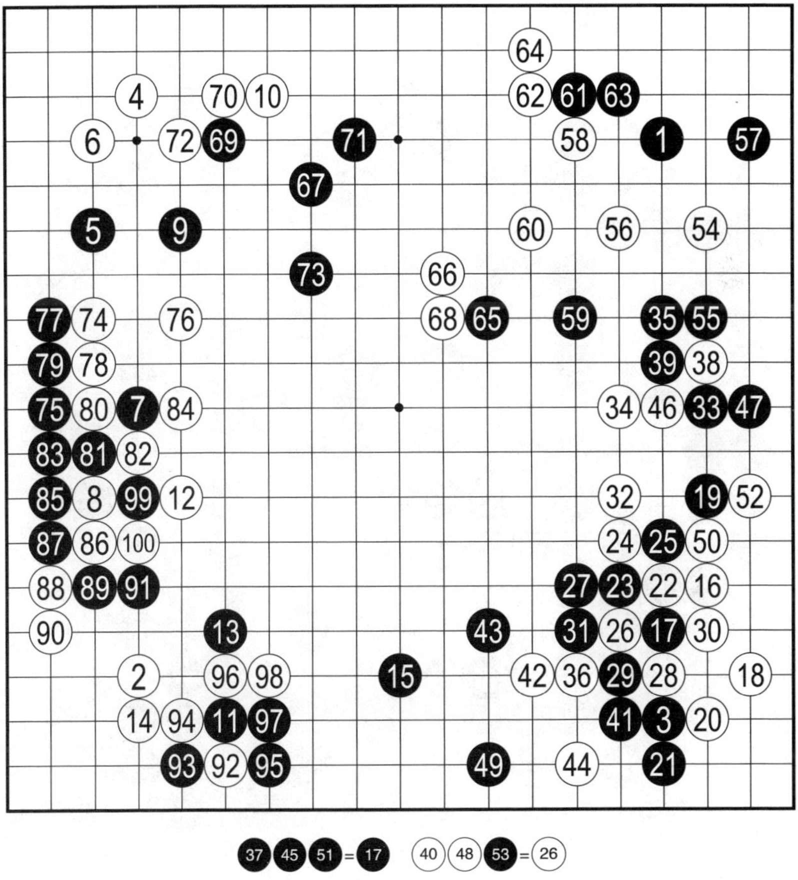

(1–100)

在棋局最后，白174、176、178展现连环妙手最后一击，先手吃掉黑四子后胜定。(陈耀烨)

黑方 **陈祖德** 九段

白方 **聂卫平** 九段

黑贴$2\frac{3}{4}$子 共186手 白中盘胜

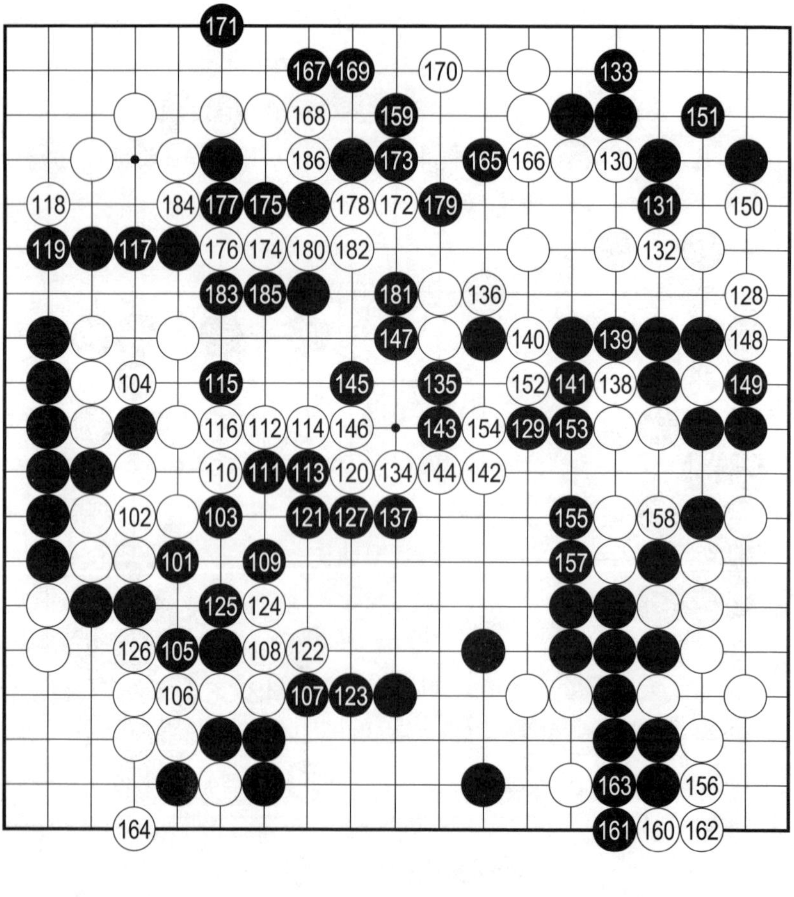

(101–186)

2002年3月5日弈于贵阳
中日元老赛

黑方　林海峰 九段
白方　陈祖德 九段

右下形成新型，白22似乎应该先扳二子头再说。黑31应于二路接住，既厚且大。白38飘逸，随后能抢到右下的先手大棋。白44、46是赏心悦目的强手。黑49以下是最强应对，但战斗不利。至66，白大获成功。对黑75的进攻，白76应不予理睬，继续在右上抢占大场。黑85飞出找到缠绕进攻的节奏。黑101连络后可肆意搜刮两块白棋。黑111先手活角舒畅，进一步拉近局面。黑125又是强手，白只得付出实地代价出逃。（廖行文）

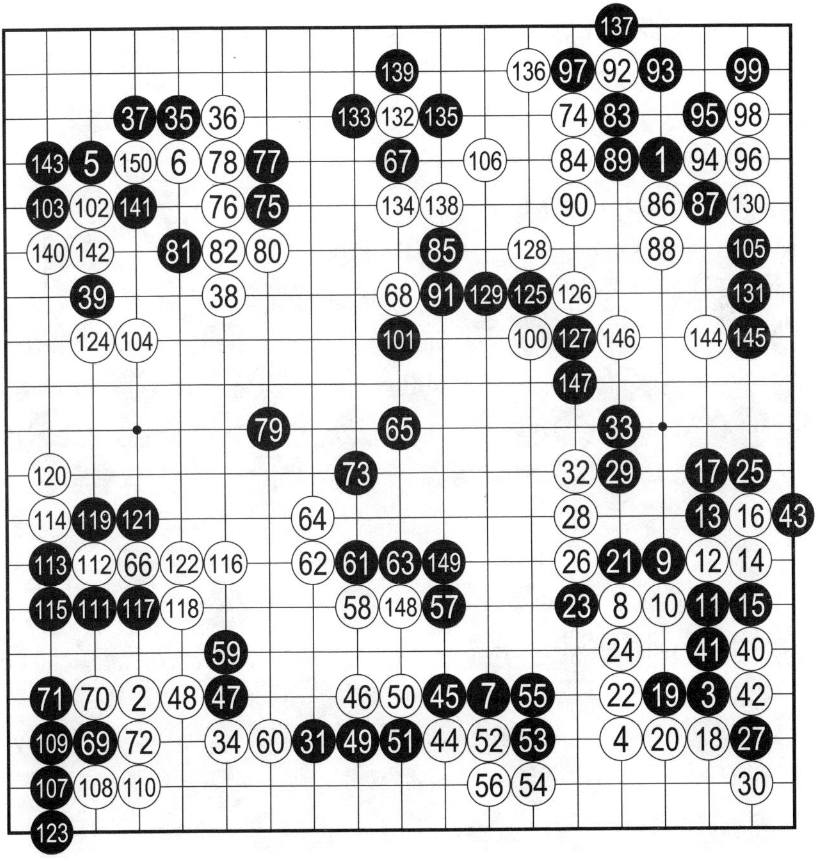

（1–150）

黑方　林海峰 九段
白方　陈祖德 九段

黑 153 过分。白抓住机会，172 擒获上方黑拔花后优势巨大。可惜白 194 是败着，此时退让一点也是大优之势。黑 197 妙手出棋，局部无端出现劫争。至 215，白方损失无法估量，最终也不过是小败。（廖行文）

黑贴$2\frac{3}{4}$子　共 272 手　黑胜$1\frac{3}{4}$子

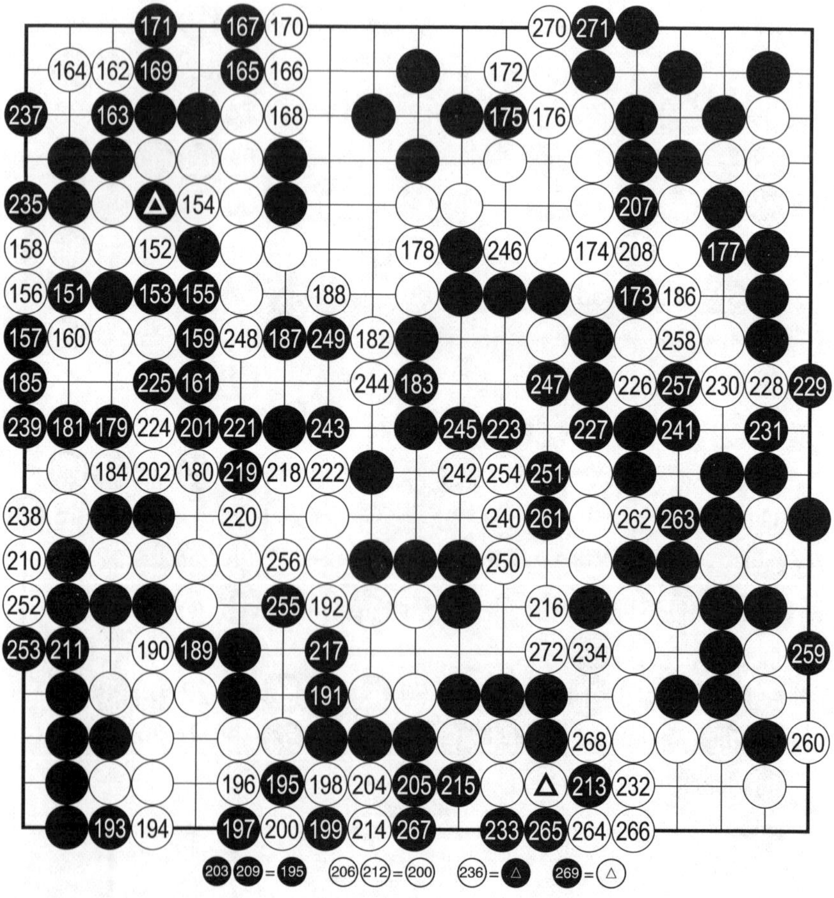

2002年3月19日弈于日本棋院
第一届丰田杯世界王座战第一轮

黑方　后藤俊午　九段
白方　陈祖德　九段

至黑11的定式，现在认为黑亏。白18是陈老师爱下的棋形。白20补棋必要，随后22、24好手，至白28取得成功。黑41失误，应单接。白42灵活，取得先手巩固上方实地，白棋进程流畅。白46好棋，至52局部再次得分。白88要点，随后92是好棋。白114先手定型后于右边进行搜刮，愉快。（廖行文）

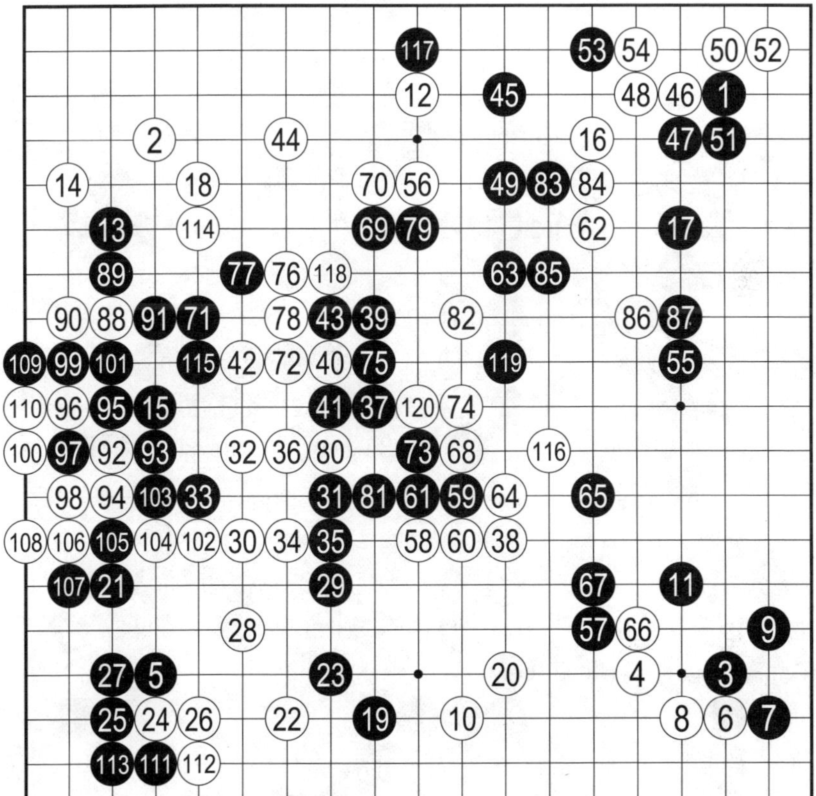

（1–120）

至134，白胜势不可动摇。

白完胜之局。（廖行文）

黑方　后藤俊午 九段

白方　陈祖德 九段

黑贴5目半　共253手　白胜2目半

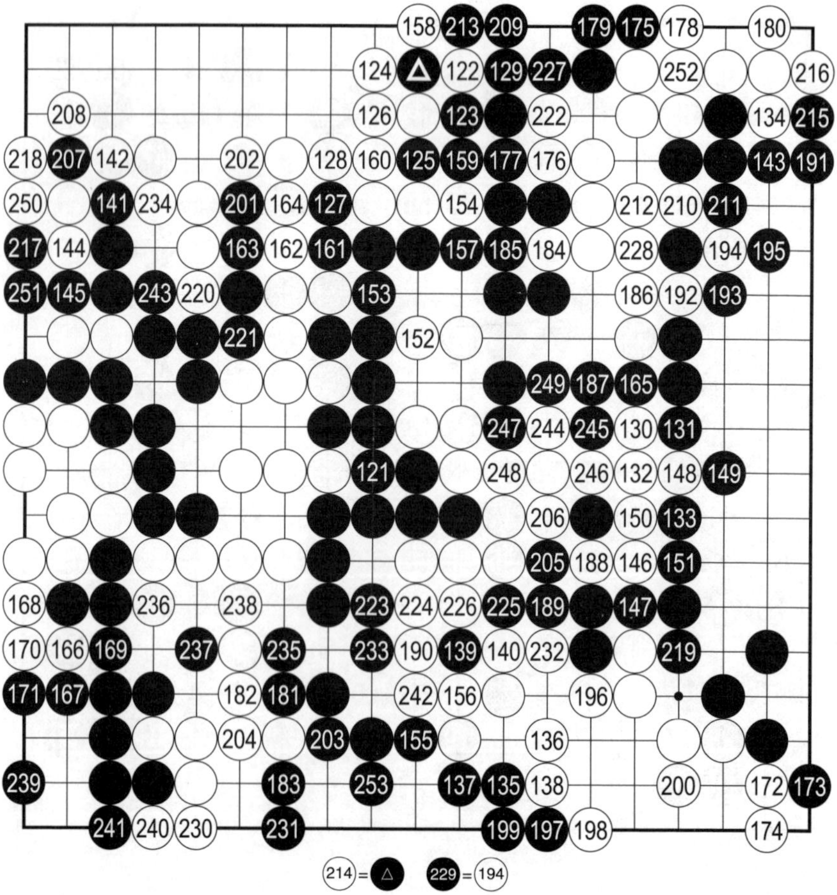

214＝△　229＝194

（121–253）

2002年7月21日弈于广州
第三届中日围棋元老对抗赛

黑方　藤泽秀行 九段
白方　陈祖德 九段

黑11拆边普通，实战的下法很有朝气。黑17以下极具攻击性。黑29锐利。白30反击是苦心的应对。黑41积极，正常是回拆。白56以下的整形值得商榷。白70脱先守角是拼搏的下法。黑73是好手，白棋不舒服。（廖行文）

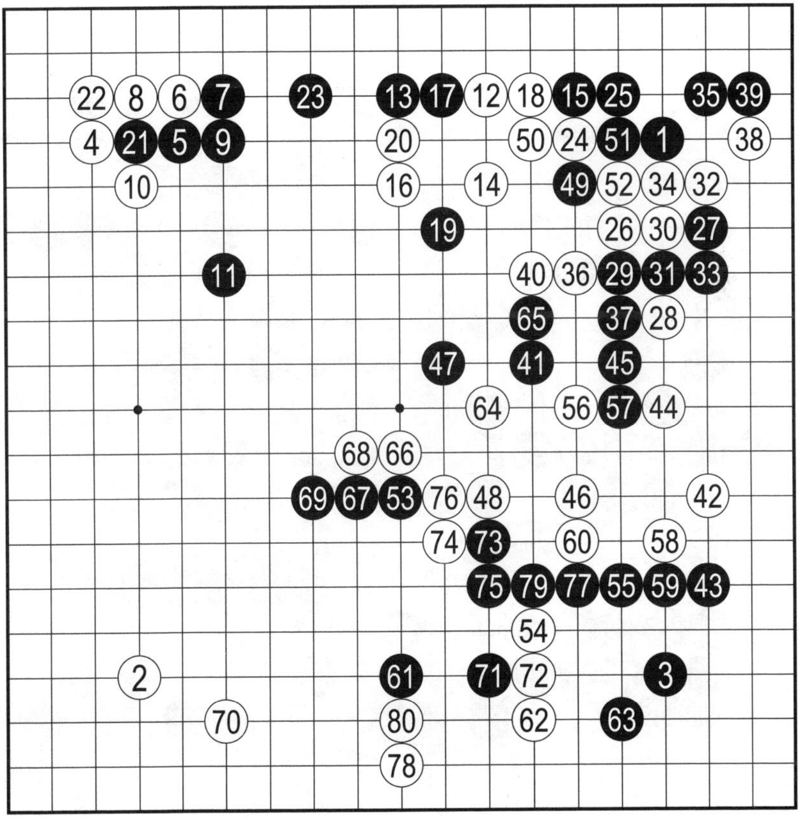

（1–80）

黑方　藤泽秀行 九段

白方　陈祖德 九段

黑 85 巧妙，白 86 只得忍让。黑 103 问题手，如飞封则白难办。至 116，白获得喘息。黑 123 是败着，应补活。白 130 安全起见，下一步可杀黑棋。白 136 先手提吃一子，胜定。（廖行文）

黑贴2$\frac{3}{4}$子　共 178 手　白中盘胜

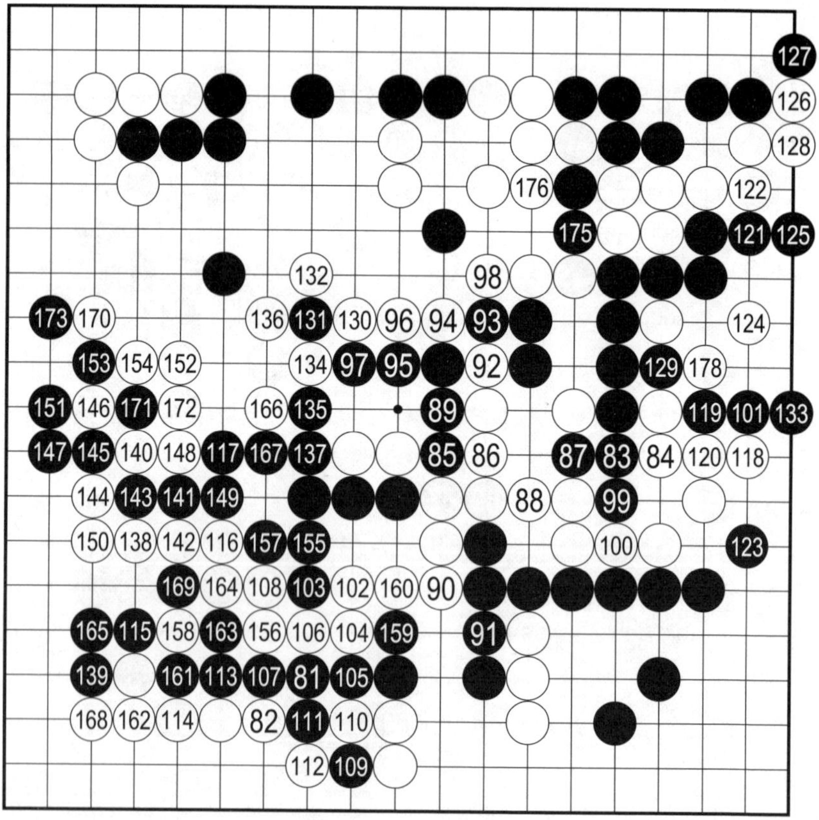

174=146　177=171

（81–178）

2002 年 9 月 2 日弈于日本东京
第一届丰田杯世界王座战第二轮

黑方　王立诚　九段
白方　陈祖德　九段

白 20 撑得过满，拆一即可满意。至黑 39，白略显难受。白 44 可考虑脱先抢占大场。黑 47 紧凑。至黑 55，白攻击收获不大。黑 57 先手很愉快。黑 79 试应手草率。白 80 反击机敏。白 86 分角后，继续于上方治孤以决胜负。（廖行文）

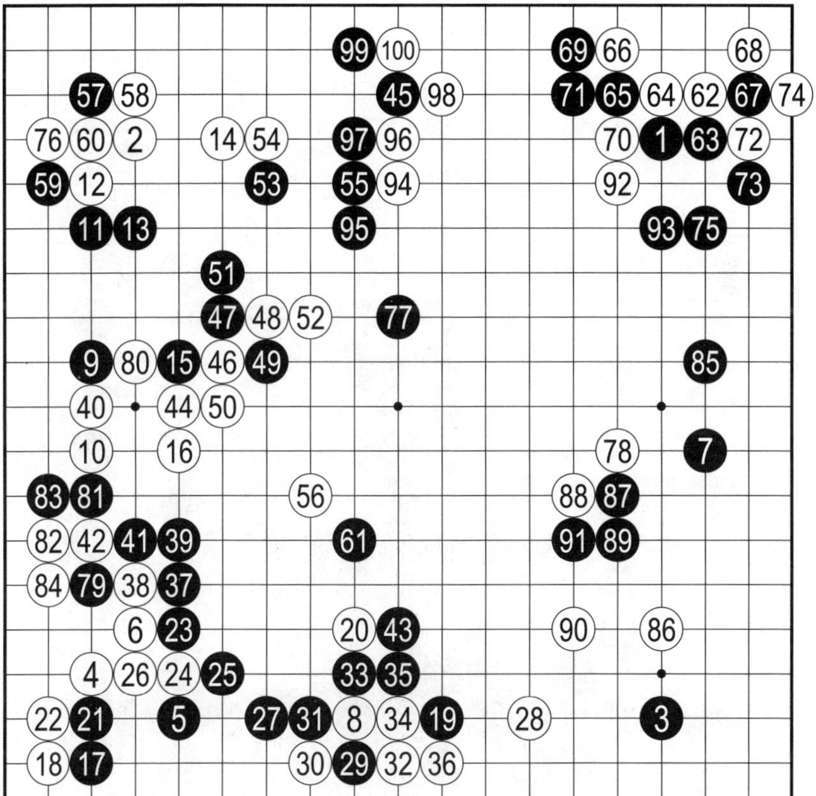

（1–100）

黑方　**王立诚** 九段

白方　**陈祖德** 九段

黑 105 缓手。白 114 贪心，应补强自身，形势尚可。黑 123 巧手，局部成劫，白压力陡增。白 136 毅然解除劫争，但黑 137 以下计算精准，白大龙阵亡。（廖行文）

黑贴 5 目半　共 191 手　黑中盘胜

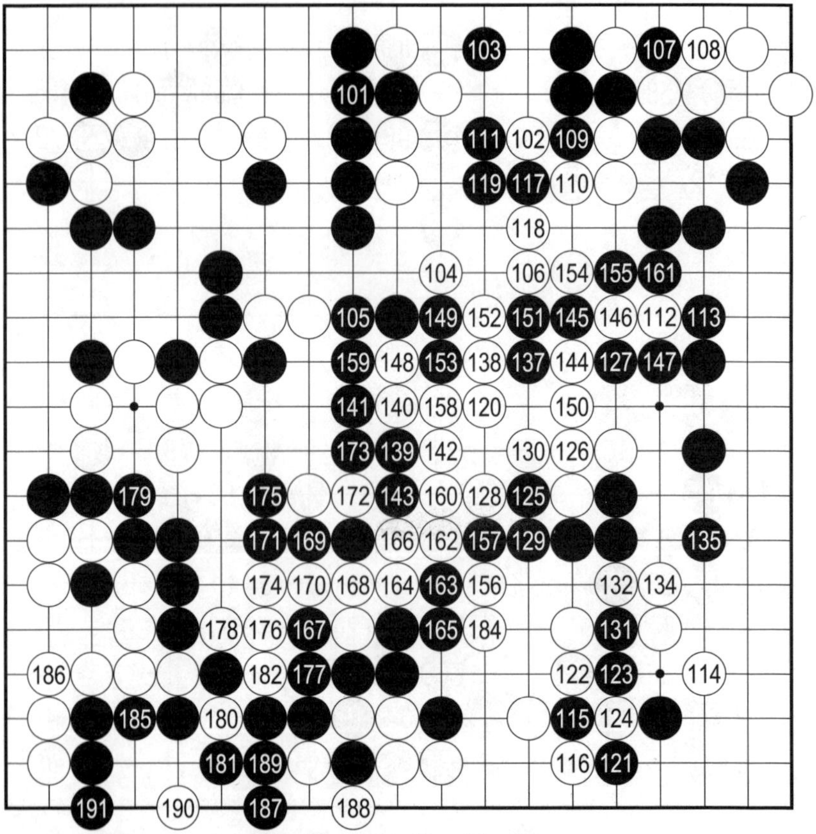

133=115　136=124　183=180

2002年9月10日弈于北京
中日围棋友谊赛

黑方　陈祖德 九段
白方　石田芳夫 九段

白16、18高效补棋。黑21舍弃实地换取厚势。白24简明处理，两分。黑57有走厚白棋之嫌，直接脱先较好。黑67突入积极，白68以下应对过缓。黑77撑住左上获得优势。黑85以下寻求简明下法。白98应冲出进行拼搏。（廖行文）

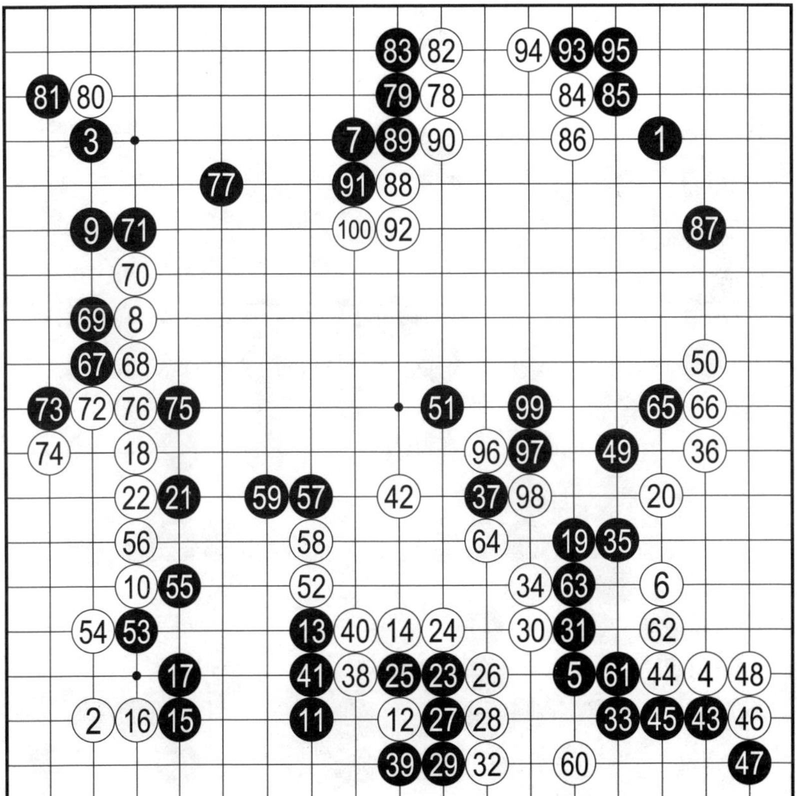

（1–100）

黑方 **陈祖德** 九段

白方 **石田芳夫** 九段

至127，黑保持优势进入官子阶段。黑129似乎应二路立，重视实地。黑153见小。黑167以下应寻找机会于180位提，可保住胜果。黑185最后败着，在中腹补依然有微弱优势。黑187出现错觉，忽略自身气紧。（廖行文）

黑贴$2\frac{3}{4}$子　共190手　白中盘胜

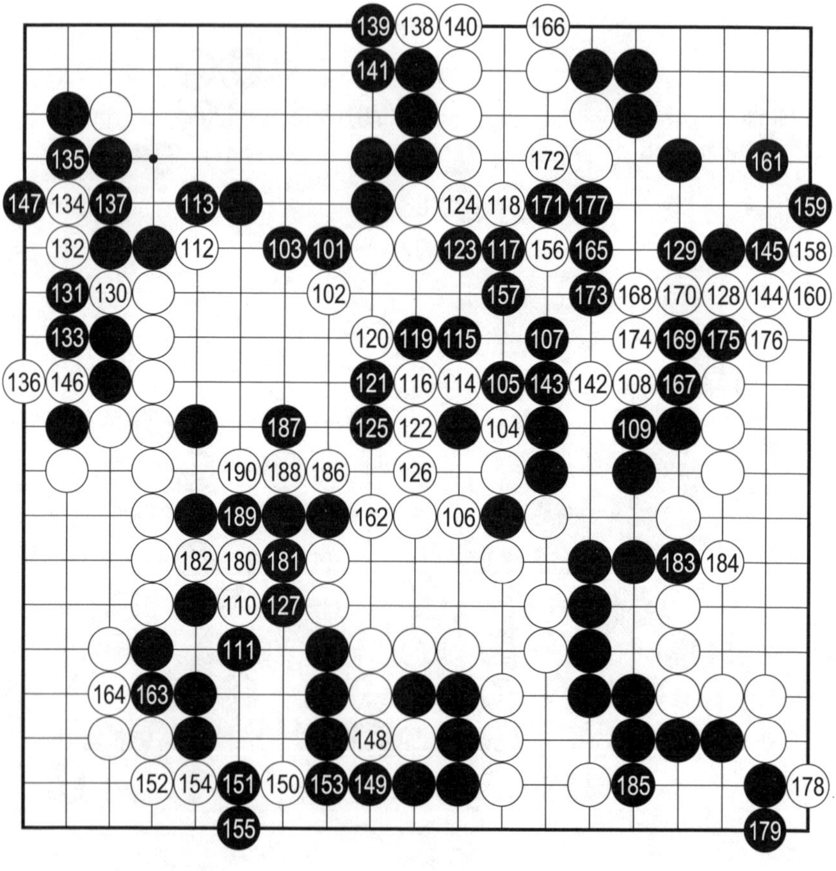

（101–190）

2002年9月26日弈于青岛
第三届中韩元老对抗赛第一轮

黑方　梁相国 八段
白方　陈祖德 九段

黑11以下形成大型定式，白实地可观。白42作战积极。至54，白将实利策略贯彻到底。黑57对白方攻击的力道不足。白66单骑突入黑阵，由于黑自身弱点颇多，不难处理。至82，白处理轻快。白84选点刁钻，黑不好进攻。白98以下的做活手段很实用。白112黑不好应对，索性113进行反击。白116计算精确。（廖行文）

黑贴$2\frac{3}{4}$子　共120手　白中盘胜

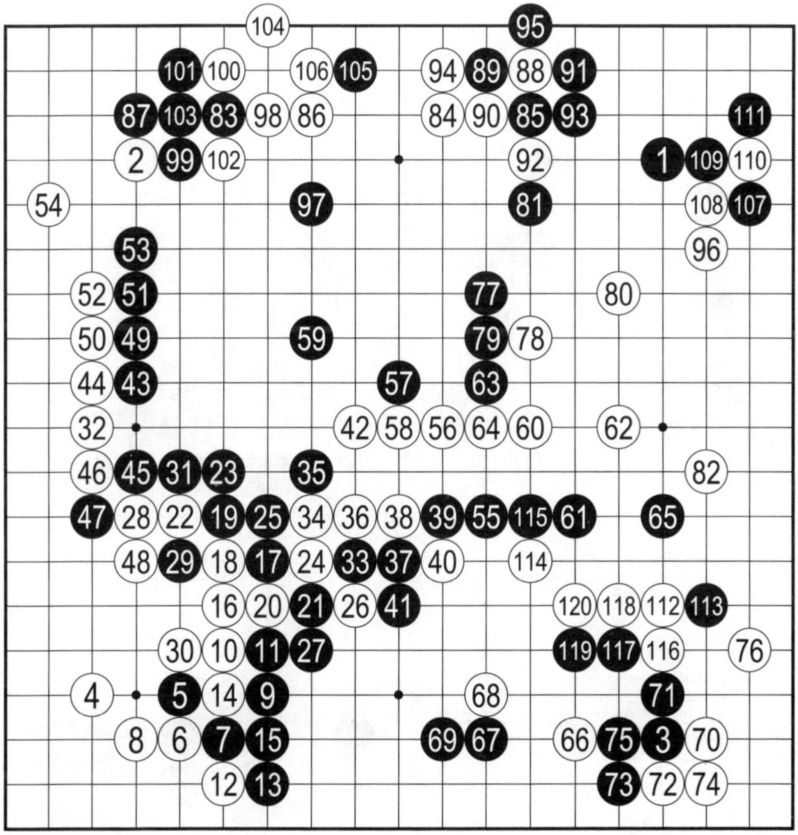

（1–120）

2002年9月27日弈于青岛
第三届中韩元老对抗赛第二轮

黑方 陈祖德 九段

白方 金寅 九段

行至19，双方布局工整。白20有稍缓之嫌。黑21肩冲是当然的好点。黑37值得商榷。黑41弃子整形。黑55碰寻找头绪。面对黑69的骚扰，白70反击有些急躁。（廖行文）

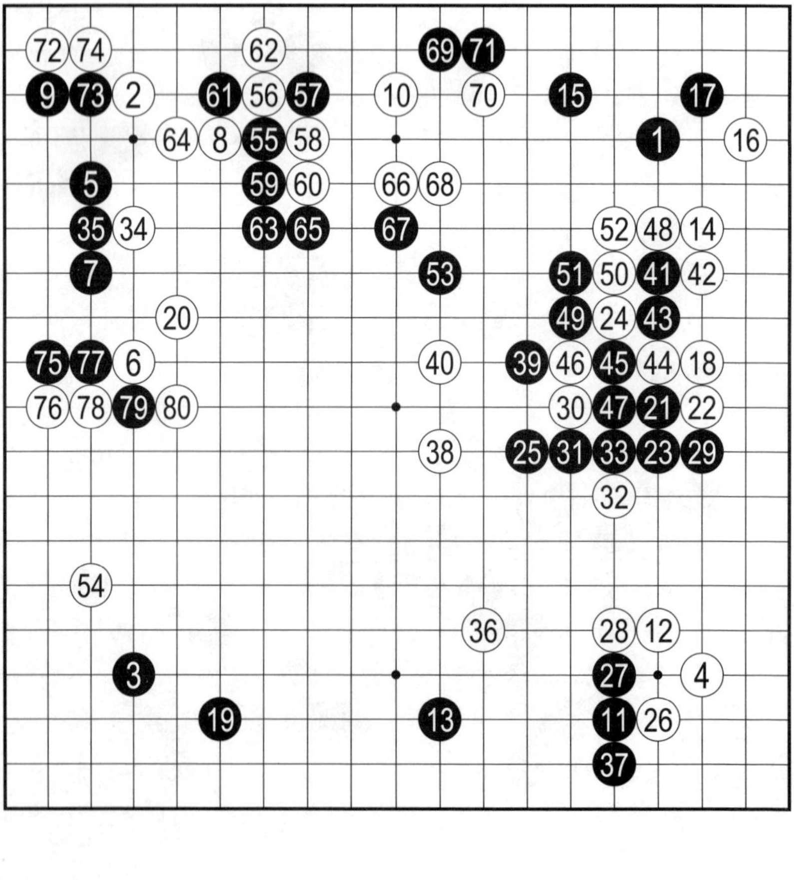

（1–80）

黑方　**陈祖德** 九段

白方　**金寅** 九段

至 87 黑战斗有利。黑 93-97 冷静分断白方，占据中腹主动权。白 102、104 竭力腾挪。黑 109 判断正确。黑 113 胜着，最大限度围住角地。黑 119、121 又是先手权利，抢到 123 胜局已定。（廖行文）

黑贴$2\frac{3}{4}$子　172 手以下略　黑中盘胜

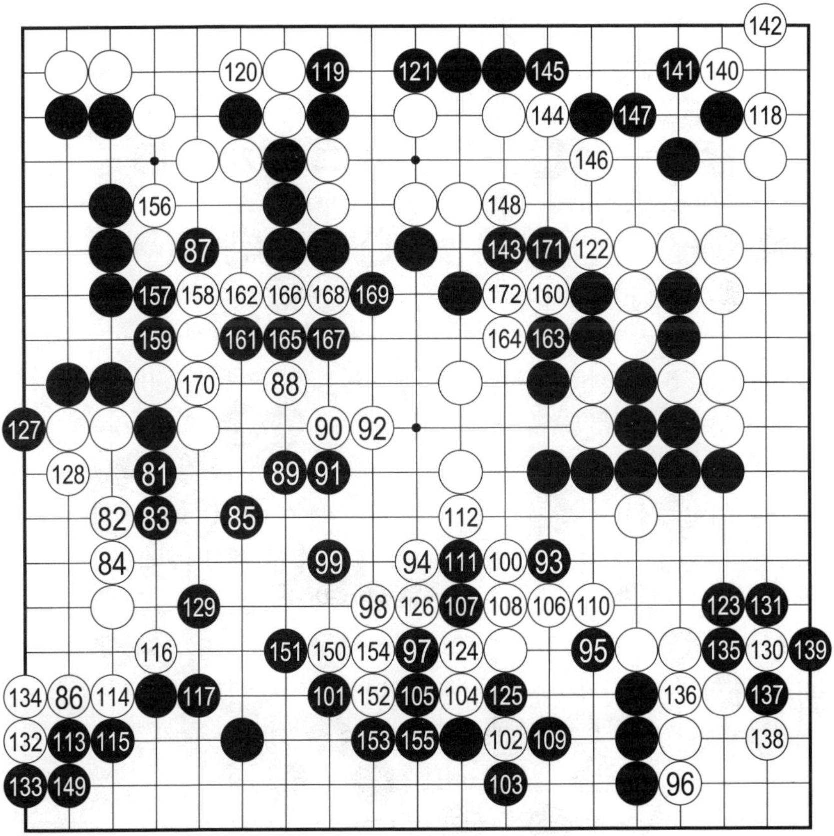

（81–172）

2002 年 10 月 27 日弈于济南
雷诺杯首届全国围棋霸王赛

黑方　谢赫 五段
白方　陈祖德 九段

面对白 22 的高位打入，黑 23 冷静应对正确。白 42、44 好构思。黑 45 为攻击白一子稍损实地。白 50 以下治孤相当精彩。至 66，白有成功之感。白 68 很想脱先它投。白 74 与 75 的交换有卖味道的嫌疑。白 80 稍过分。黑 81 以下利用厚势分断。白 100 只得调转枪头攻击下方黑棋。但黑 101、103 好棋，白只能选择转换。至 114 是黑稍优的局面。黑 115 失误，应二路跳搜刮。白 120 以下令人疑惑，为何围绕价值不大的劫连续找损劫。（廖行文）

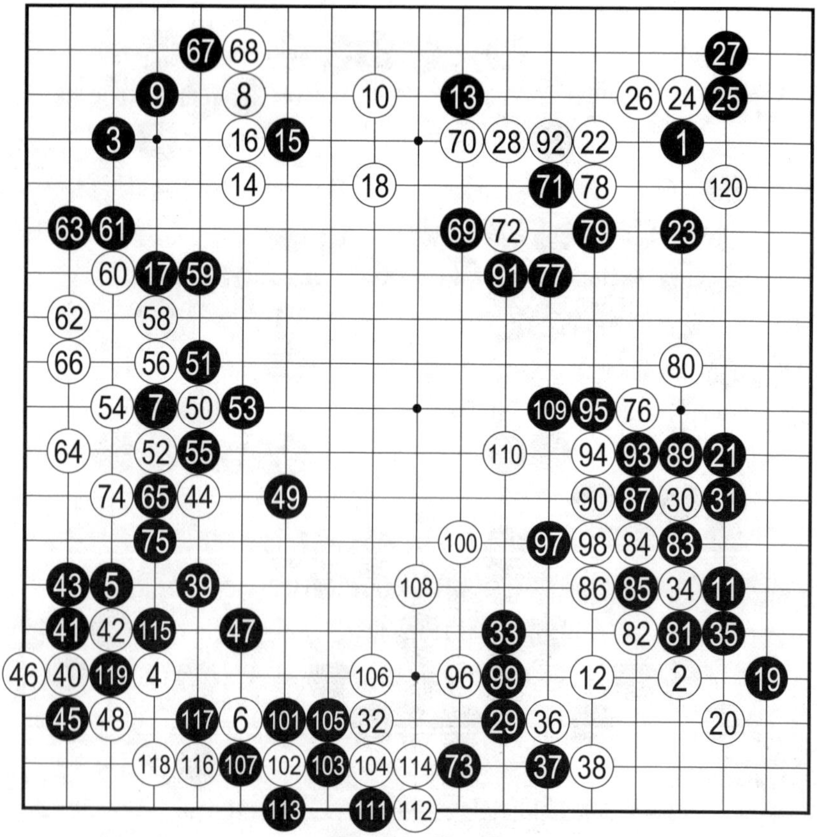

57=50　88=34

（1–120）

至 170，白终于劫胜，但全局实地已然不足。（廖行文）

黑方　谢赫 五段

白方　陈祖德 九段

黑贴2$\frac{3}{4}$子　共 219 手　黑中盘胜

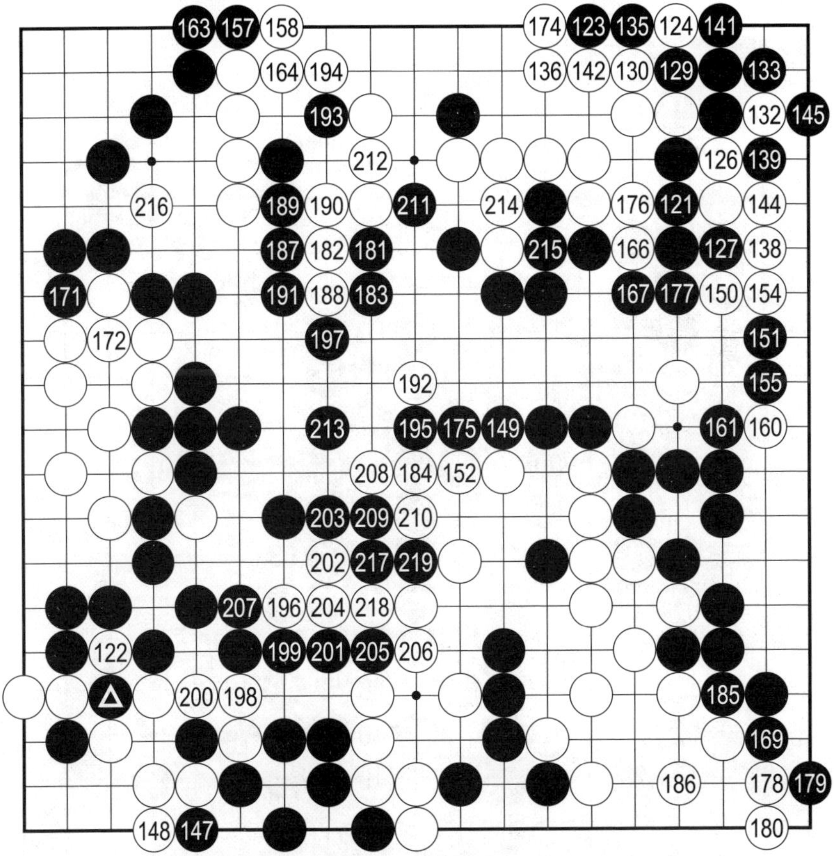

125 131 137 143 153 159 165 170 = △　128 134 140 146 156 162 = 122

168 = 122　173 = 124

（121–219）

2002年11月19日弈于杭州

黑方　徐能旭 九段

白方　陈祖德 九段

至20，白无不满。黑21挑起战斗，白22正面应对。白32价值巨大。黑33以下的手法值得探讨。白38又是好点，黑不好忍耐，只能脱先。白70似乎有优势意识，此时可继续破空。黑75把握战机最后一搏，拼命缠绕两块白棋。白94先收下四子，对大龙死活自信满满。白110形状要点，114长出后黑成裂形。（廖行文）

黑贴$2\frac{3}{4}$子　共130手　白中盘胜

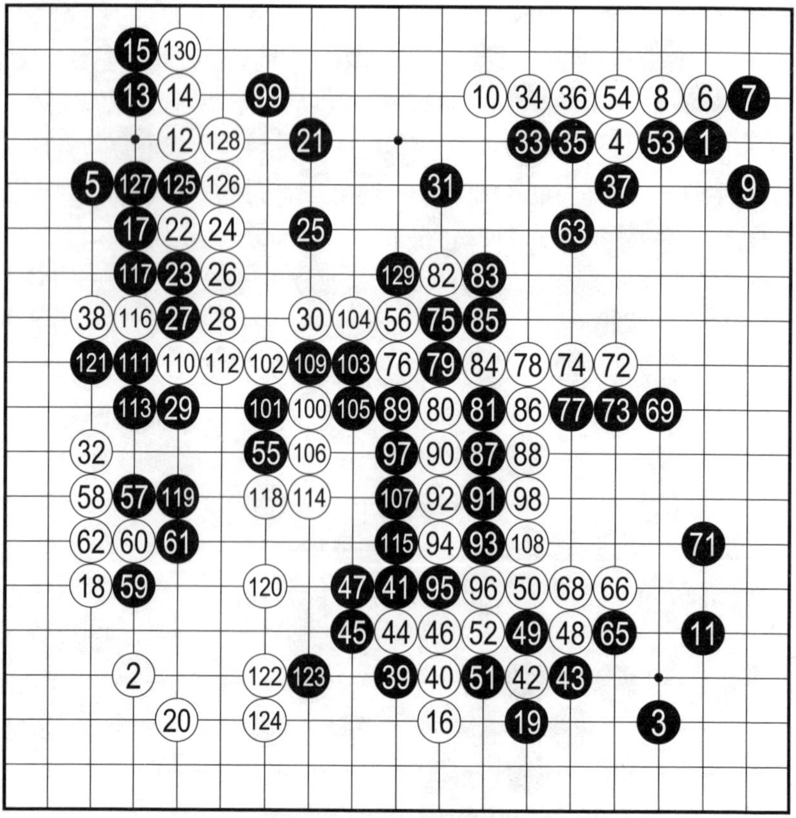

64 70 = 42　67 = 49

（1–130）

2002 年 12 月 21 日弈于北京
第三届理光杯

黑方　郭明鑫 二段
白方　陈祖德 九段

黑 11 态度积极。至 24 的定型，黑方较为厚实。黑 37 值得商榷，似乎在二路单吃好。白 44 以下为场合下法，白棋安定可以满意。黑 65 过分，以下的攻击付出代价太大，至 81 黑大亏。

白 82 打入不依不饶，体现了陈老师积极的棋风。黑 109 在中腹强行抢先后，想最大限度鲸吞白二子。白 110 以下做劫好棋，中腹白劫材甚多。至 144 黑大势已去。白 150 局部手筋，摧毁黑棋斗志。（廖行文）

黑贴 $2\frac{3}{4}$ 子　共 156 手　白中盘胜

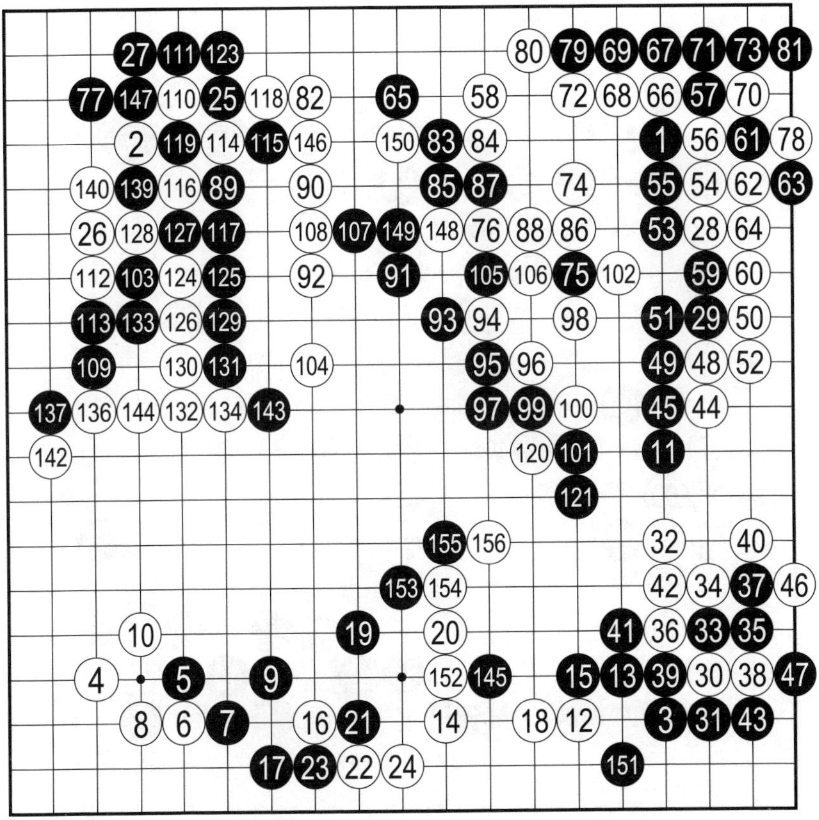

122 138 = 114　135 141 = 119

（1–156）

2002 年 12 月 22 日弈于北京
第三届理光杯

黑方　俞斌 九段

白方　陈祖德 九段

白 22 打入积极，至 36 可以满意。白 38 过于深入，浅削的话更为合理。白 52 活出，但从全局看得不偿失。白 58 忌惮黑模样，只得舍弃边空。白 62、64 于二路飞补较好。白 66 在上方再度开辟新战场。黑 81 处理有些松懈，此时出头白不利。白 92 应更深入中腹。白 94 败着。黑 107 是好手，白难以动弹。（廖行文）

黑贴 $2\frac{3}{4}$ 子　共 107 手　黑中盘胜

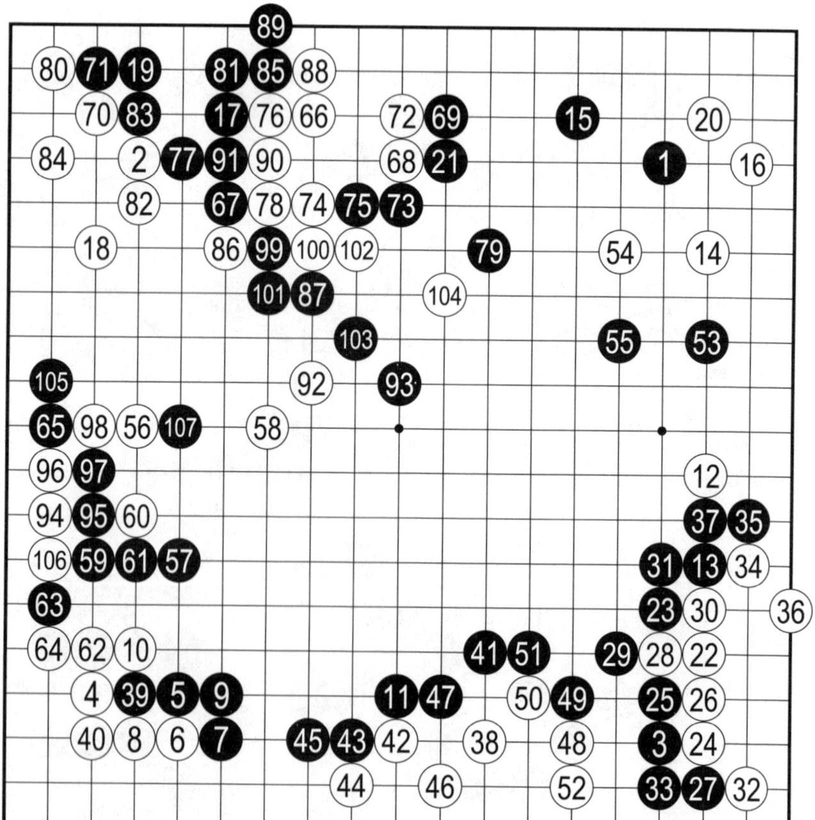

（1–107）

时年59岁

二〇〇三

◎ 2月8、9日，“大老板杯”中国围棋元老赛在成都举行。8日陈祖德战胜了陈安齐和华以刚，在9日的决赛中力克聂卫平获得冠军。

◎ 3月18日，第九届NEC杯围棋赛开赛，首轮陈祖德击败张璇，21日第二轮负于俞斌。

薛志春　整理　　　　**华以刚　审订**

2003年1月20日弈于汕头
第16届晚报杯专业业余六强对抗赛

白方　陈祖德　九段

黑方　柴青颖　业余6段（受先）

白16是超强手。至24双方都可接受。黑29、31稍嫌松缓。白32最大限度围空。黑55胆怯，此处无论如何要接。白断至66，已占据优势。黑83又缓，应脱先抢占实地。白84先手获得便宜。（廖行文）

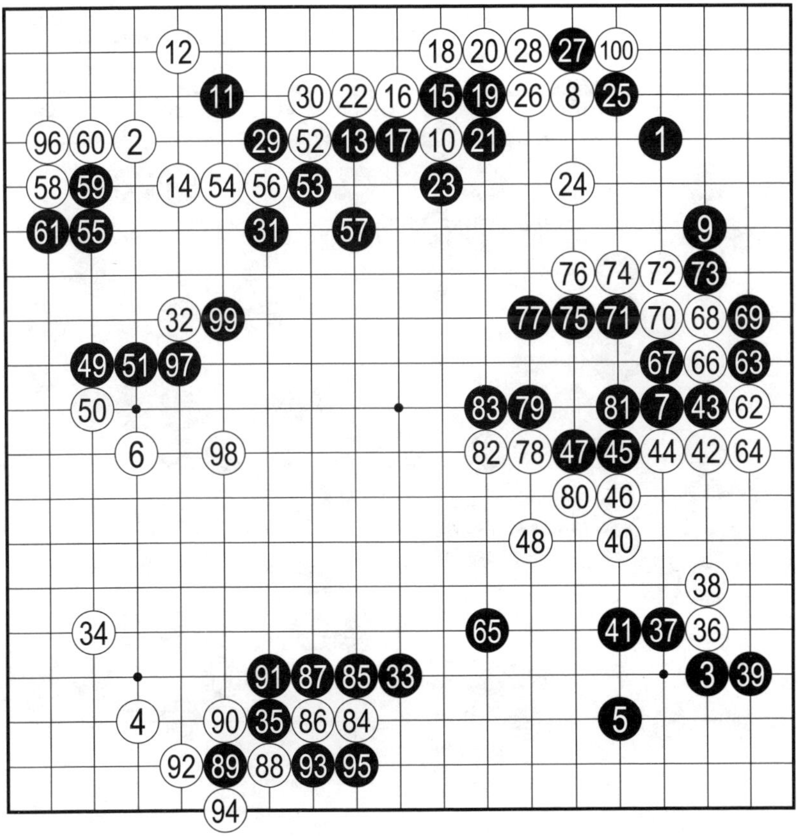

（1-100）

黑 105 如梦方醒开始拼搏。白 108 防御坚实。白 120 渡过胜局已定，以下官子黑无力回天。（廖行文）

白方　陈祖德 九段

黑方　柴青颖 业余 6 段（受先）

共 182 手　白中盘胜

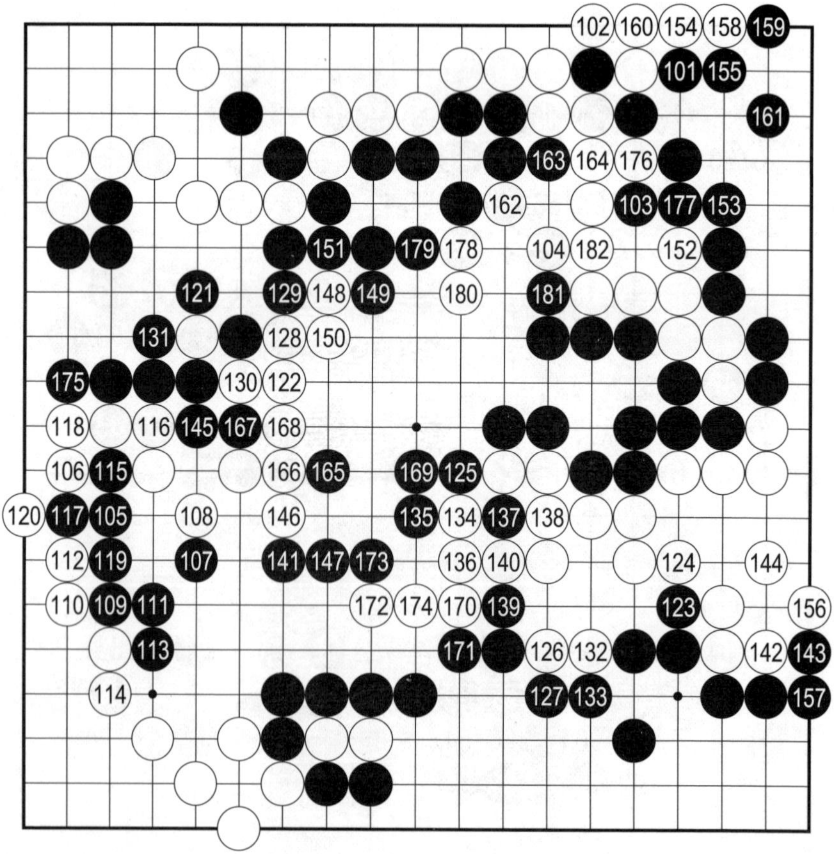

（101–182）

2003年2月8日弈于成都
大老板元老杯第一轮

黑方　陈安齐 六段
白方　陈祖德 九段

黑7变着，白8以下应对正确。白18态度强硬。黑33问题手，应长一手。至36封锁，白优势。白44以下搜刮后抢占60的大场，心情愉悦。白74、76简明轻快。黑91局部好手。黑103开辟最后战场。白112处理明了。（廖行文）

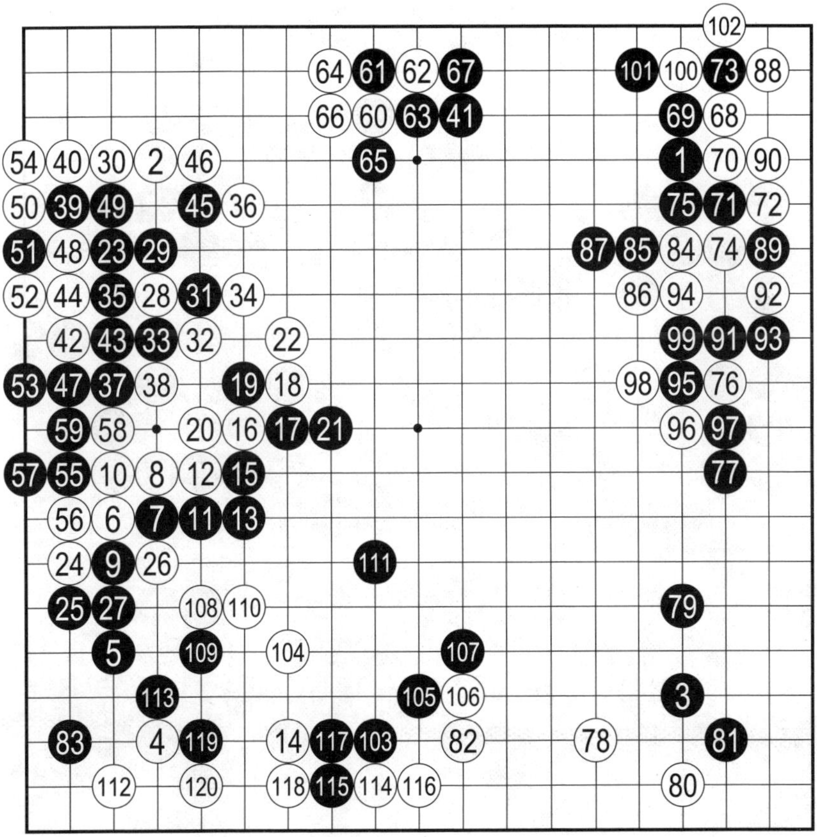

（1–120）

下方转换后棋盘缩小，白优势明显。至150，白胜已不可动摇。(廖行文)

黑方　陈安齐　六段

白方　陈祖德　九段

黑贴$2\frac{3}{4}$子　共256手　白中盘胜

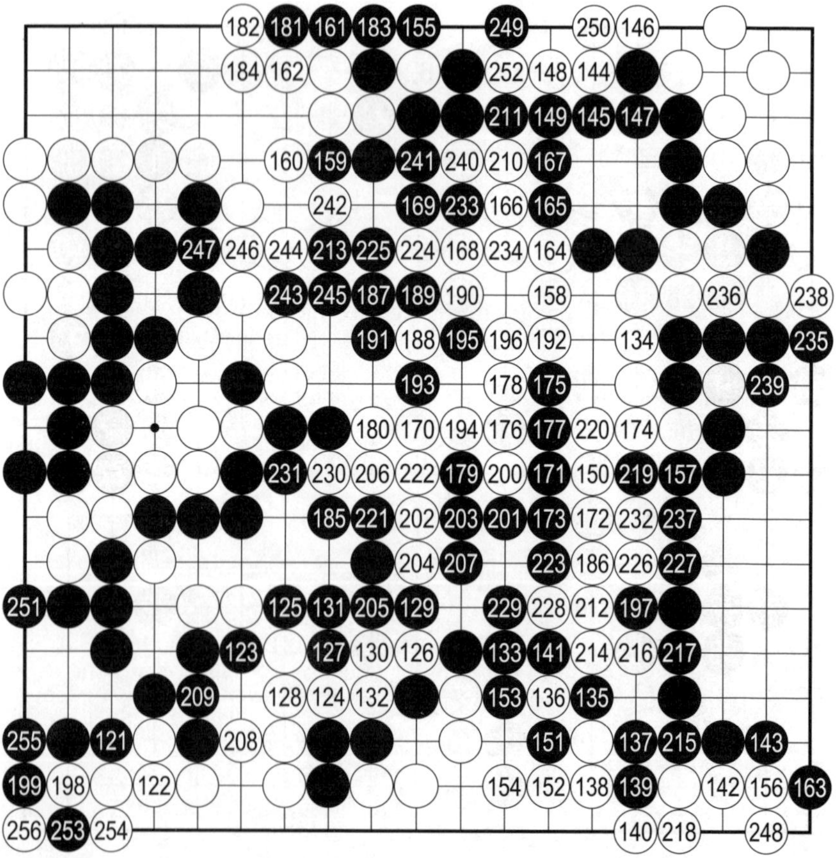

（121–256）

2003年2月8日弈于成都
大老板元老杯第二轮

黑方 华以刚 八段
白方 陈祖德 九段

白20颇具想象力。至28白达成目的。黑29打入好点。白30稍嫌过分，此时于37位安定自身较好。黑35好形。白38问题手。至白40，黑可以满意。白46犀利，局部白有所得。黑61、63是残留的手段。白68还需自补无奈。黑71进攻气势磅礴。白78转身正确。白104过分，此时自补右边是正着。黑105以下冲击犀利。（廖行文）

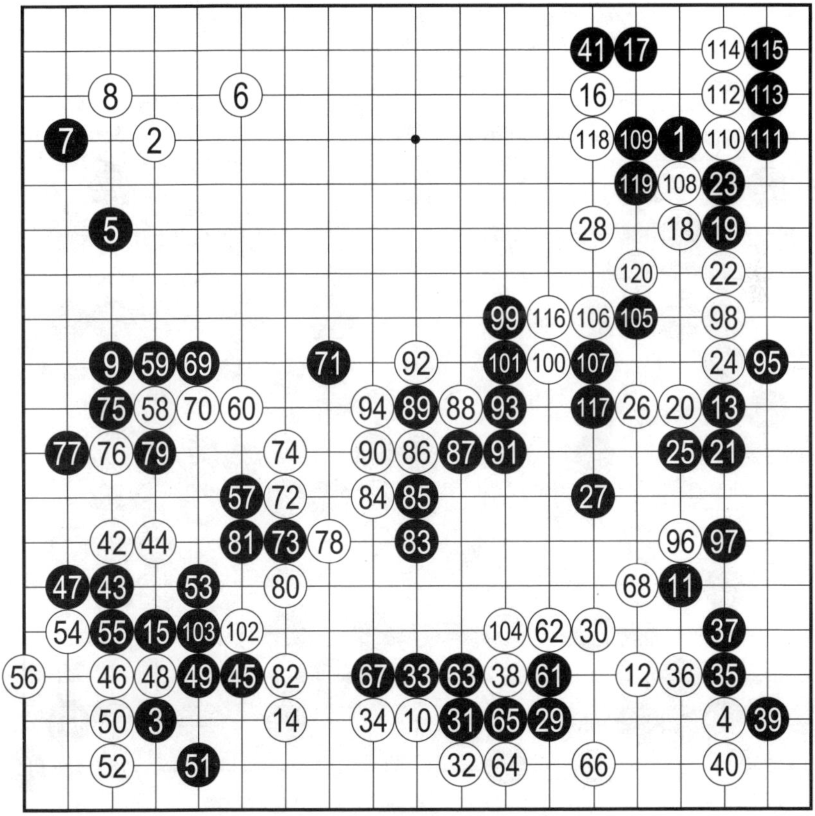

（1–120）

黑方　**华以刚** 八段

白方　**陈祖德** 九段

至黑141，由于局部白仅仅劫活，黑优势明显。黑153误算，应78下两路尖。至白162，黑损失惨重。黑163无奈只得拉长战线。黑165不急，此时当先于上方行棋。黑167最后的败着，如鼓起打劫，还存在机会。白182安定两块，终于保证胜局。（廖行文）

黑贴2$\frac{3}{4}$子　共249手　白胜2$\frac{1}{4}$子

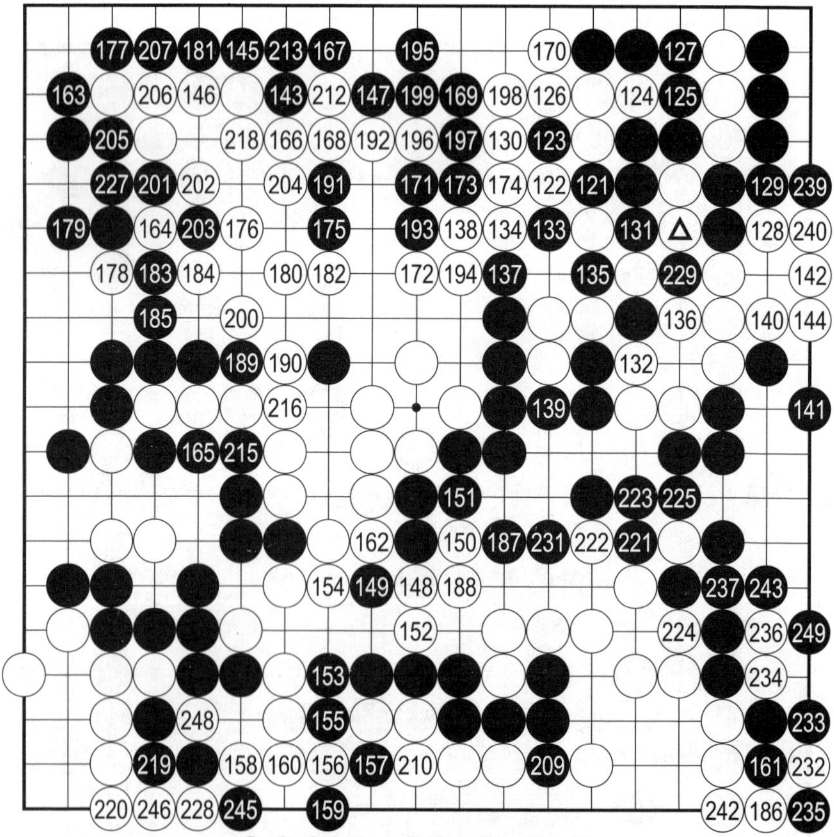

208 214 226 = 164　211 217 = 203　230 = △

238 244 = 232　241 247 = 235

2003年2月9日弈于成都
大老板元老杯决赛

黑方　聂卫平　九段
白方　陈祖德　九段

左下黑15三路靠时，白选择上扳更好，实战结果黑满意。黑25大飞进角稍小，此时右上守角更大。黑59靠时，白60反击非常果断，展现了白方好战的风格。中央战斗中，面对白82、84的冲断，黑对下方死活出现误算，此时应直接处理中央。白98二路打后形成打劫，黑危险。白通过劫争，在右下角取得丰硕战果，确立优势。（陈耀烨）

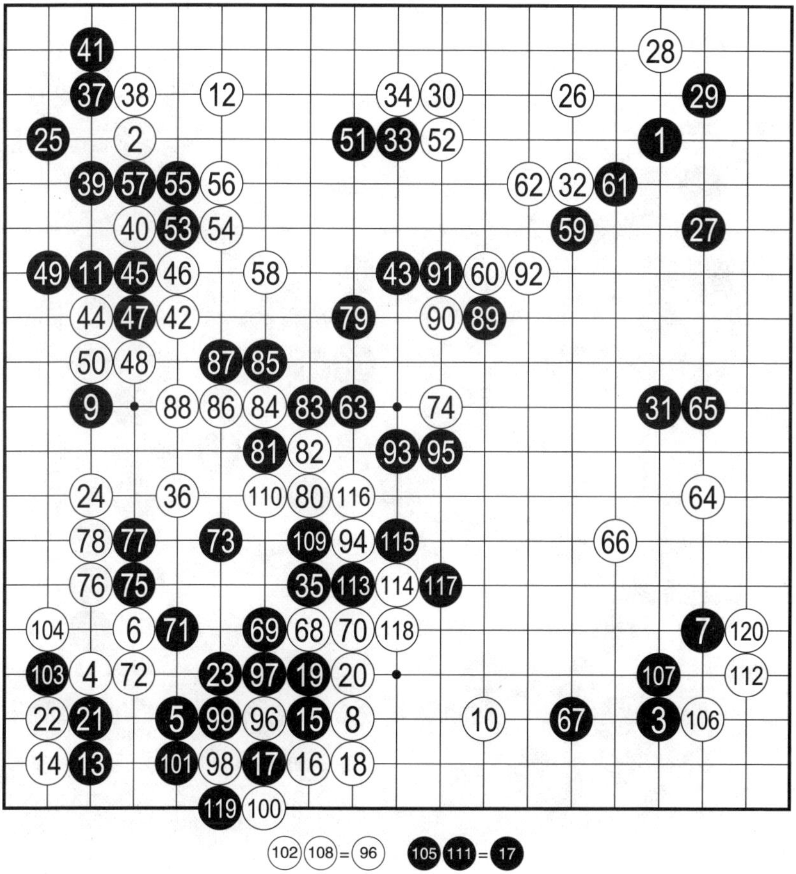

（1–120）

黑方　**聂卫平** 九段

白方　**陈祖德** 九段

黑 143 扳出是本局败着，此时应于右边二路吃，这样棋局还早。接下来白棋判断清晰，中腹先手定型，再抢到右上 168 爬的大官子，已是白小胜的局面。此后黑虽顽强拼搏，但再无胜机。（陈耀烨）

黑贴2$\frac{3}{4}$子　230 手以下略　白胜2$\frac{1}{4}$子

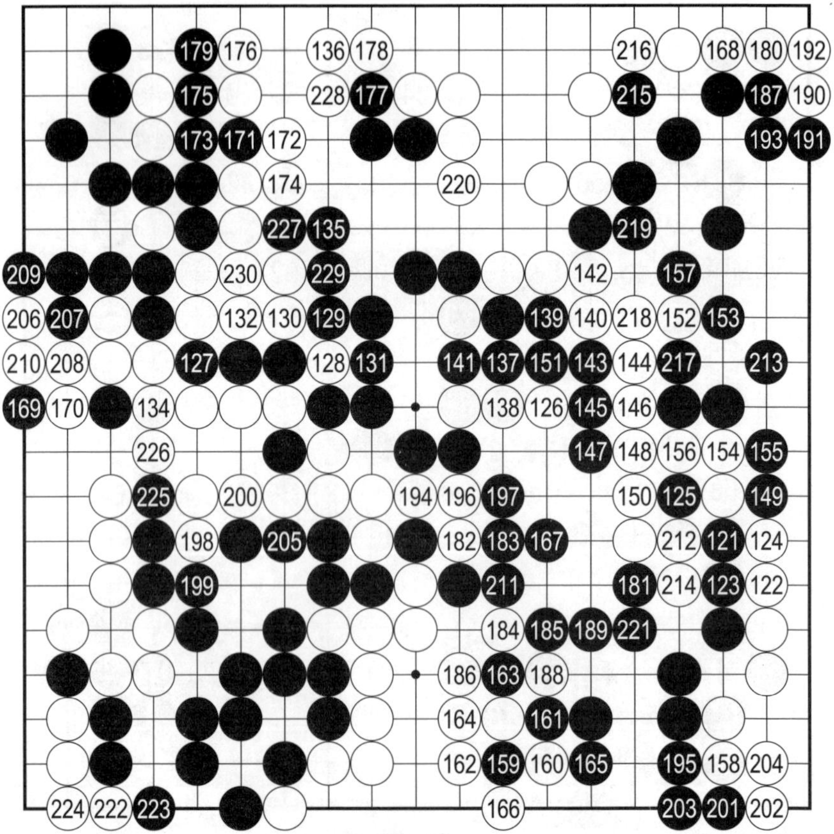

133=128

2003年3月18日弈于中国棋院
第九届NEC杯第1轮

黑方 陈祖德 九段
白方 张璇 八段

黑19反夹紧凑。白30处理精妙，但白40值得商榷。至白54，局部告一段落。左边至白64是定式。白70、72稍有问题，可考虑直接于二路漏过，取得安定。黑75抢占超级大官子。白82、黑85双方"气合"。白88失误，亏损。黑91扳入、95顶是连贯好手。至107，黑获得优势。黑109、113向中腹摆眼，简明。黑125以下安全运转，胜势已定。（廖行文）

黑贴$2\frac{3}{4}$子　共147手　黑中盘胜

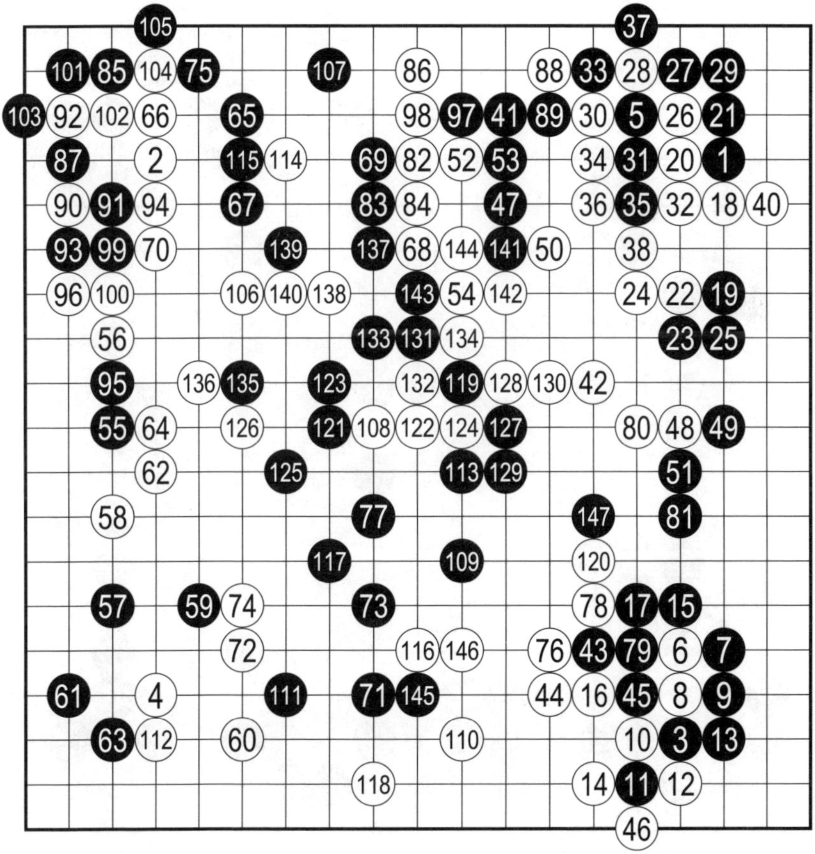

39=28

（1–147）

2003年3月19日
第九届NEC杯第二轮

黑方　陈祖德 九段
白方　俞斌 九段

至白22的定型流行过很长时间。黑31是老定式下法，AI认为黑只能上压。至38白满意。白46以下连压后，再50率先出头正确。白50、52又是好棋感，黑形势渐不利。黑65脱先积极，此时不能再自补。黑83忍耐略显无奈。黑91、93放开手脚进入白阵搏杀。白102以下计算似有误。至115，黑虽有所收获，但只是迫近局势。白116及时回头攻击。白120是极有价值的大棋。白124先手搜刮后，留给黑方拼搏的地方已经不多。（廖行文）

黑贴$2\frac{3}{4}$子　156手以下略　白中盘胜

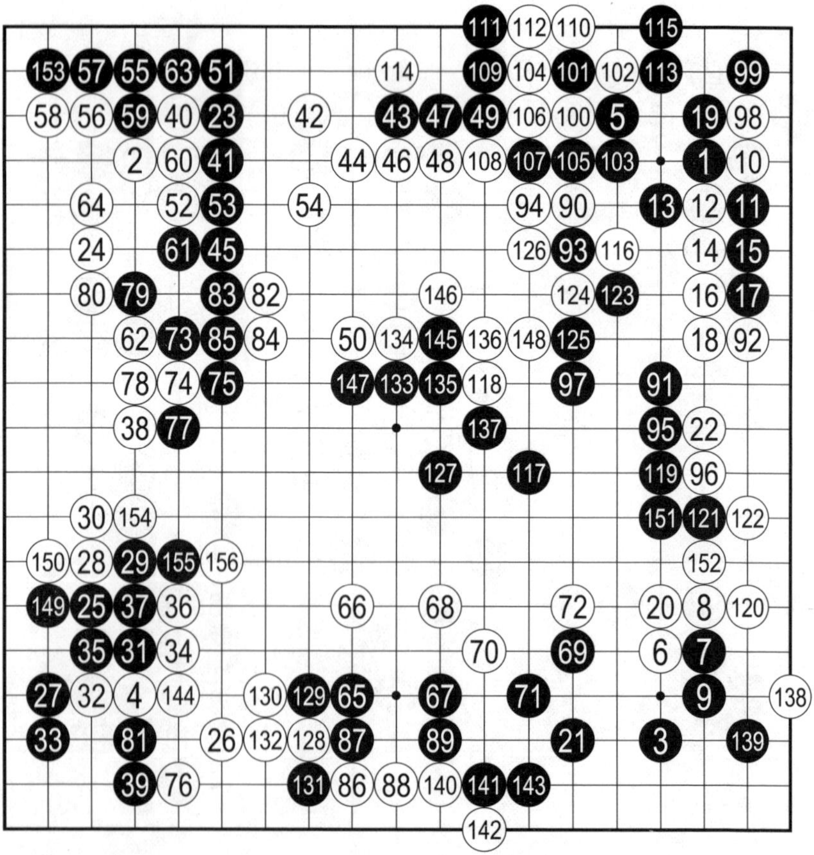

（1–156）

2003 年 3 月 21 日弈于北京
第二届中国围棋超霸赛

黑方　陈祖德 九段
白方　聂卫平 九段

黑 17 改在 20 位扳平稳。实战至白 32，黑对白 14 一子不好下手。白 34 急所。黑 35 脱先针锋相对。白 40 以下先手提一子心情愉快，不过应先走 52 位靠，较容易掌握。黑 47 必须走 51 位。白 48 找劫没必要，51 位双飞燕太大了。虽然是打劫，但感觉黑棋勉强。白 74、76、78 能连打三手，是因为黑棋要顾忌中间的劫。因没有合适的劫材，黑只能 81、83 破坏白角，但被白 84 回手中央，这一战役显然是黑棋吃亏了。白 86 接是正确下法，此时随手提则是“先中后”。白 88 至 93 是白棋愉快的先手权利。黑 95“拼命”，但白棋中央厚，不怕。（马晓春）

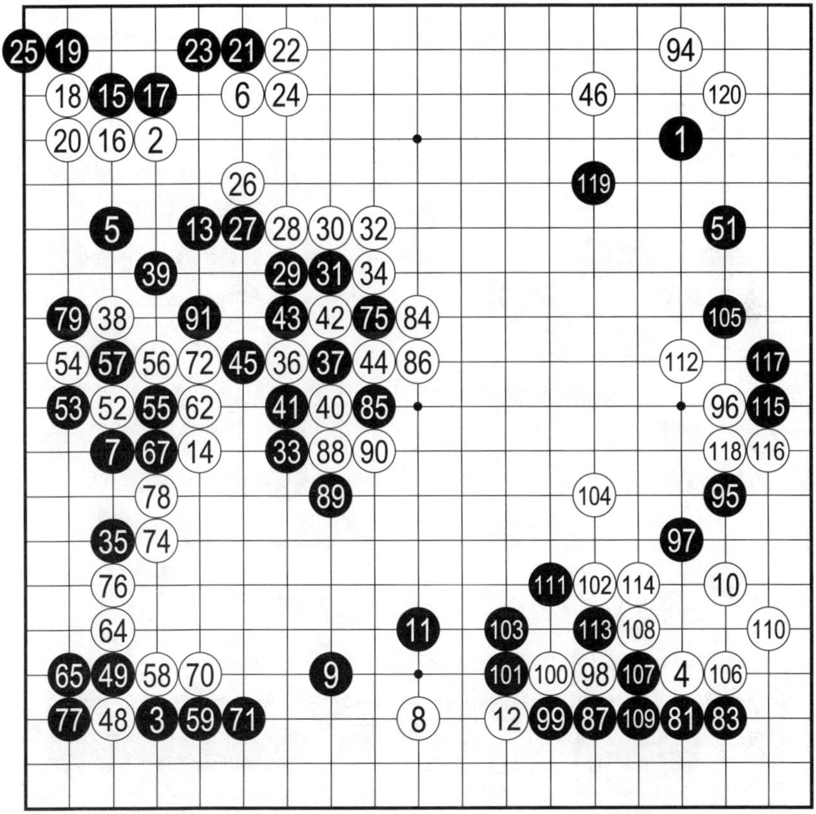

47 61 73 = 37　50 68 93 = 36　60 66 80 = 52　63 69 = 57
82 = 57　92 = 42

（1–120）

黑方　陈祖德 九段

白方　聂卫平 九段

黑107、109如不挖接，白197位扳黑难受。白112有优势意识，应改走119位跳起。黑113失机，改在108右一路断，白难受。争到119飞，黑挽回不少。白120于123位飞要大一些。黑125随手！也是最后败着。此手改走132位压，胜负还漫长。白126机敏！黑无法抵抗，125手变得大损，黑败势已无法挽回。（马晓春）

黑贴$2\frac{3}{4}$子　共212手　白中盘胜

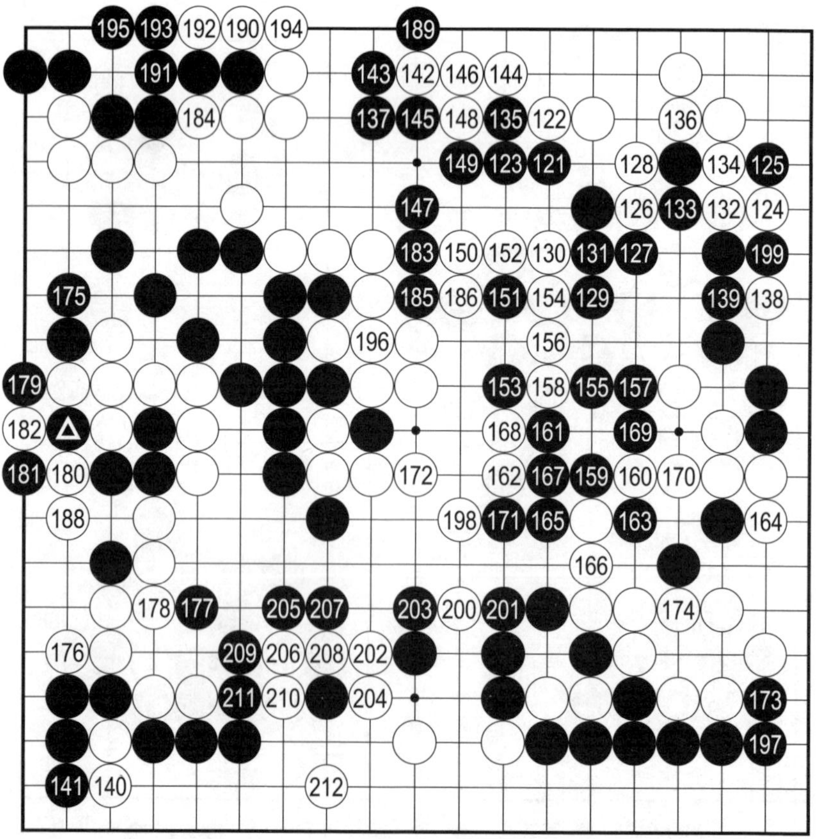

187=△

（121–212）

2003年3月26日弈于成都
龙泉杯中国围棋八强邀请赛

黑方　陈祖德 九段
白方　常昊 九段

黑19意在破坏白角地。黑33、35好次序。至47，黑达到全体连络的目的。黑57值得探讨，如于右边扩张似乎更佳。黑67以下过分。白74做活要点。黑75企图杀棋操之过急。至90，白已逃之夭夭。（廖行文）

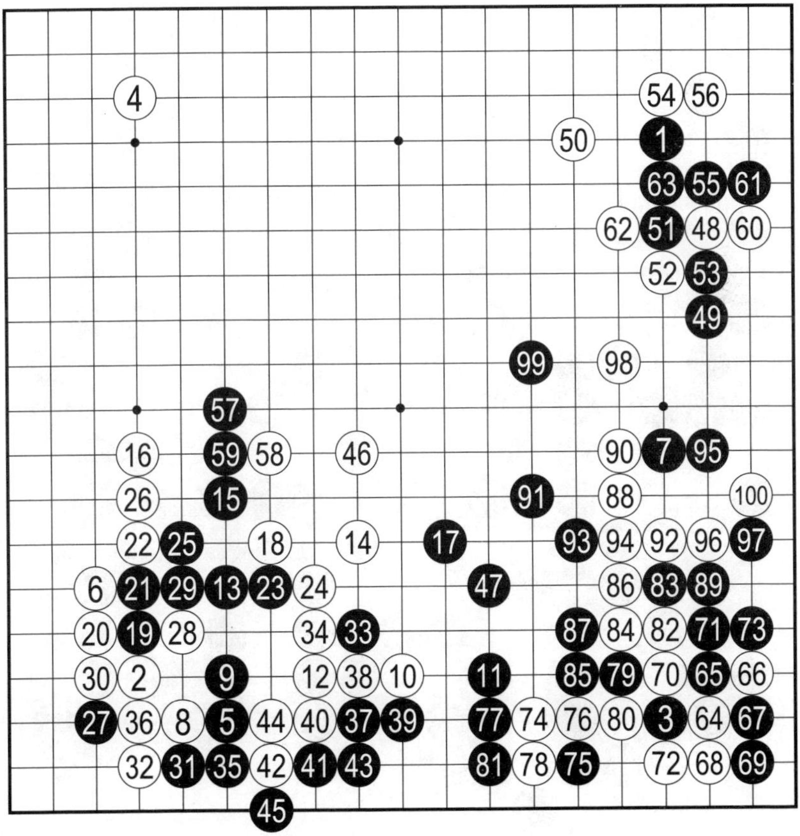

（1–100）

黑方　陈祖德 九段

白方　常昊 九段

黑 103 将最后希望寄托于缠绕攻击。白 104、112 是扎实的做活手法。至 130，白两块大棋已全部安定，黑十分不利。面对黑 133 的最后冲击，白 140 简明弃子保持优势。黑 165 玉碎拼搏。白计算精准，黑不行。（廖行文）

黑贴$2\frac{3}{4}$子　共 202 手　白中盘胜

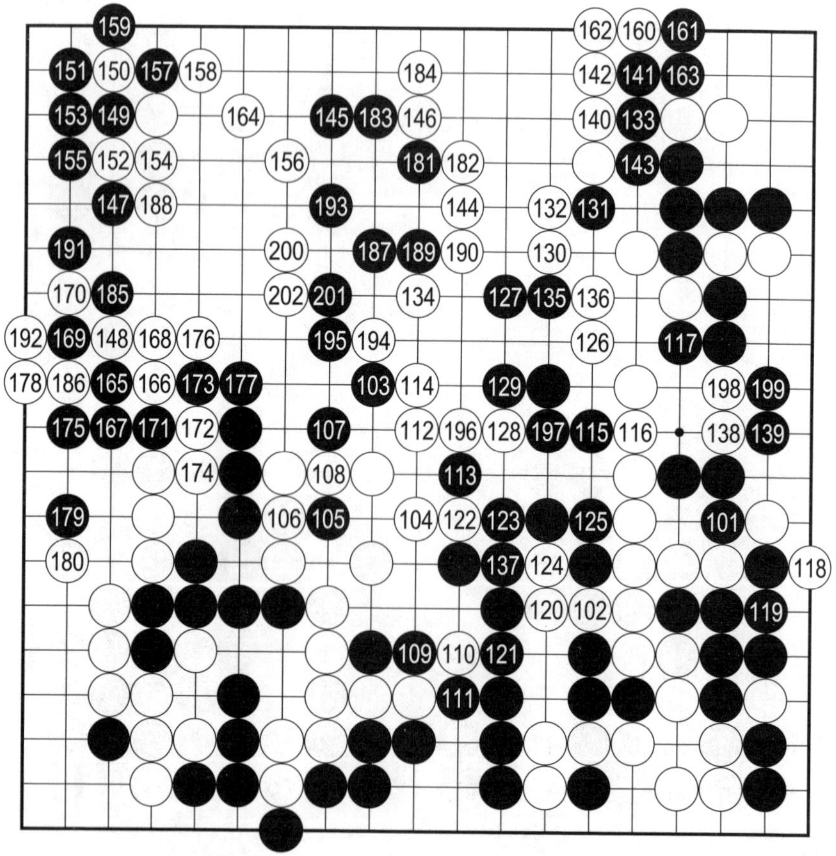

（101–202）

2003年4月7日

好猫杯围棋甲级联赛第一轮

黑方　曹大元 九段

白方　陈祖德 九段

白18精彩，在20年前下出AI流的好手。黑35略缓。白42整形好手。白56极大，思路清晰。白78有优势意识，想要间接补活下面白棋。白82进行官子收束，白稍优。黑89脱先求变。白98略小，在101位接极大。黑105又缓。白110厚且大。（廖行文）

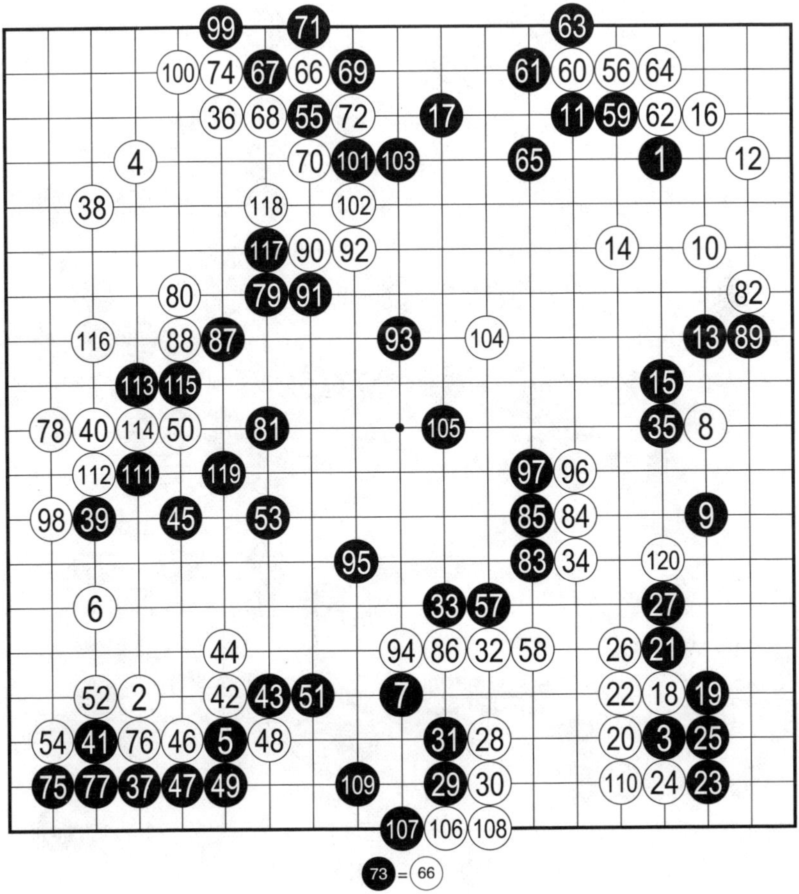

（1–120）

黑方 **曹大元** 九段

白方 **陈祖德** 九段

白 130-134 手筋组合锐利，破入黑空，一举奠定胜局。白 140 稍有疑问，应 141 位团，但已无伤大局。（廖行文）

黑贴$3\frac{3}{4}$子　共 237 手　白胜$2\frac{1}{4}$子

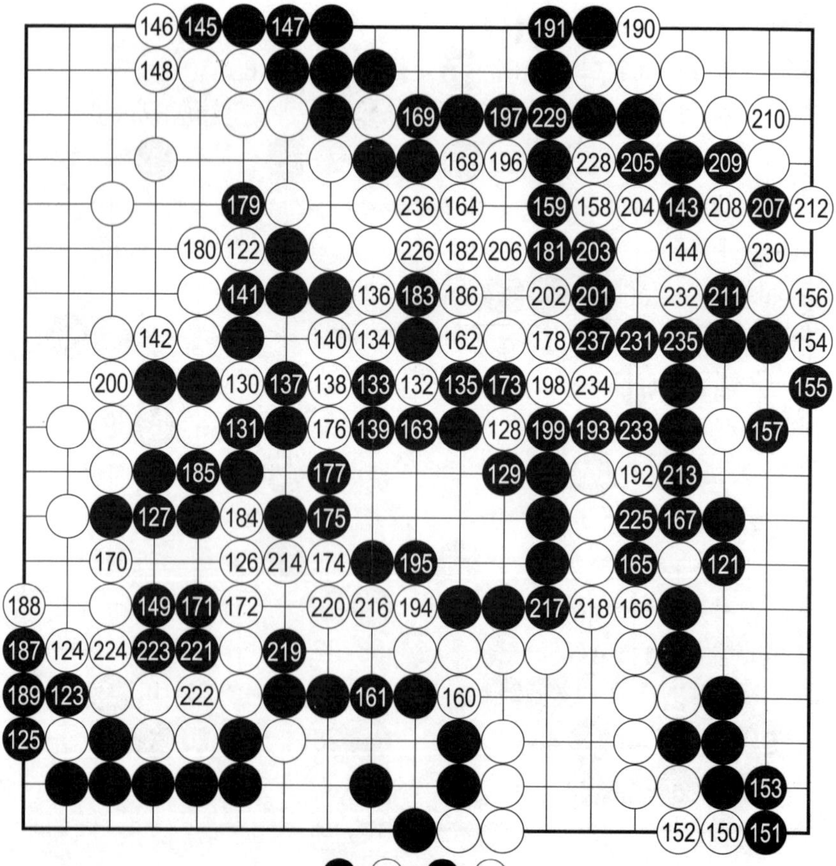

215=130　227=132

（121–237）

2003年5月4日

黑方　杨以伦 七段

白方　陈祖德 九段

白14高挂是新的尝试。黑21在82位吃更好。黑27有疑问，白28如在31位扳，黑难办。黑31亦应看轻两子，在32位出头。白32镇，黑苦。至47，白确立优势。白48好点。黑61、63意在搅乱局势。白72可在69左一路靠断。白78稍缓，可在119右一路点。白96应在158位点，攻守兼备，简明白优。黑103锐利，局势复杂化。黑127在128位尖更好。黑137败着，如在142位扳，胜负尚早。白140扳后，对杀黑不利，黑已无力回天。（谢赫）

黑贴$2\frac{3}{4}$子　共158手　白中盘胜

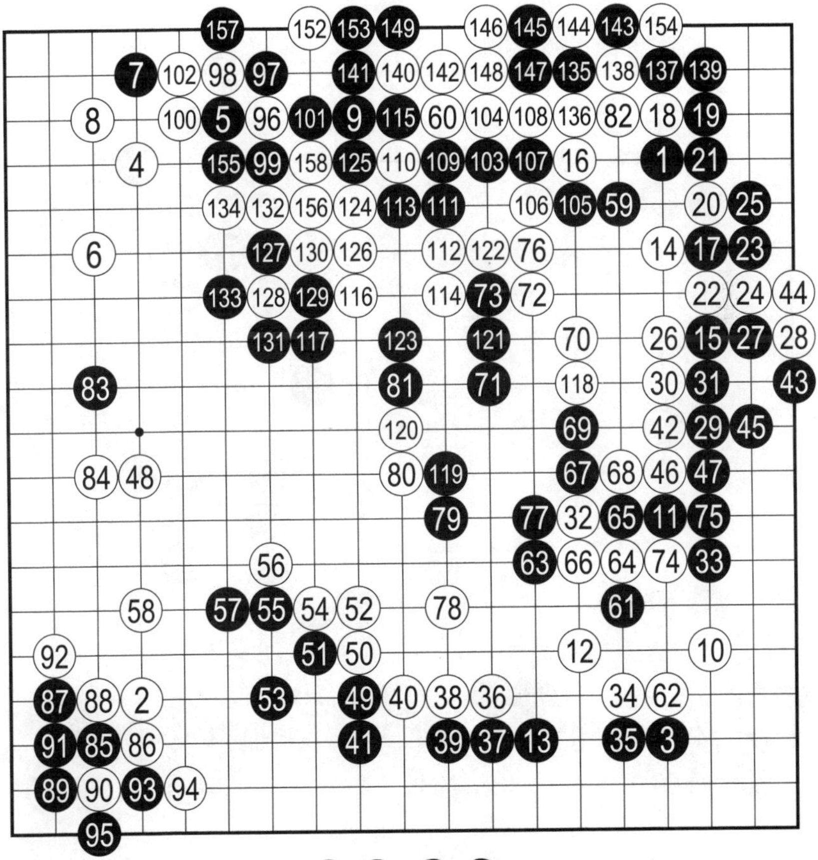

(150)=(144)　●151=●147

（1–158）

2003 年 5 月 23 日
国家队网络训练赛第六轮

黑方　陈祖德 九段
白方　王磊 八段

黑 9 此时选择托退定式，为 AI 所推荐。黑 19 可脱先在右下挂角或点三三。白 22、24 是当前配置的常用下法。至 34 的定型双方均可下。白 48 稍缓，应在 55 位打入。黑 49 至 55 顺势成空，黑有所得。黑 57 有疑问，应在 60 左一路尖，此局面实地更有价值。白 58 至 64 颇有收获。白 70 形之要点，白 80 是相关联的后续手段，黑角的目数被压缩。至 82，形势白占优。白 92 判断清楚，对黑 93 冲断并不担心。白 98 断，巧妙利用黑气紧，试应手。（谢赫）

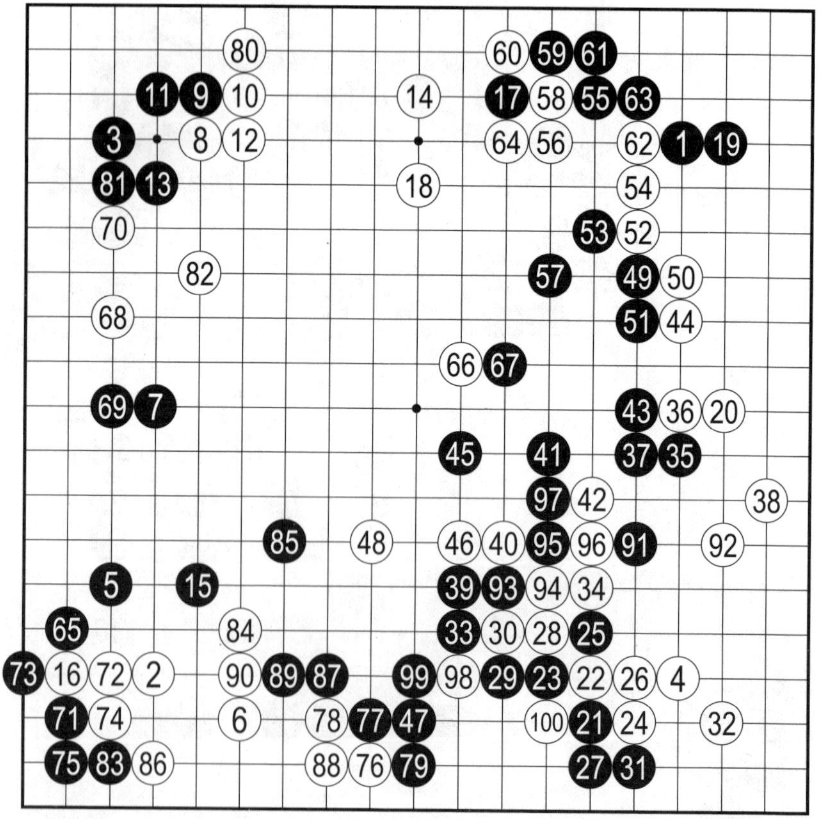

（1–100）

黑方　陈祖德 九段

白方　王磊 八段

白 102 寻求连络，由于黑气紧，白不难处理。白 110、112 是简明定型的好手，白保持优势。白 118 先手便宜。白 120、122 安全运转，如在 147 上一路点，价值更大。黑 137 应在 136 下一路顶。白 140 好手，至 144 先手断吃两子，白优势进一步扩大。（谢赫）

黑贴 $2\frac{3}{4}$ 子　共 202 手　白中盘胜

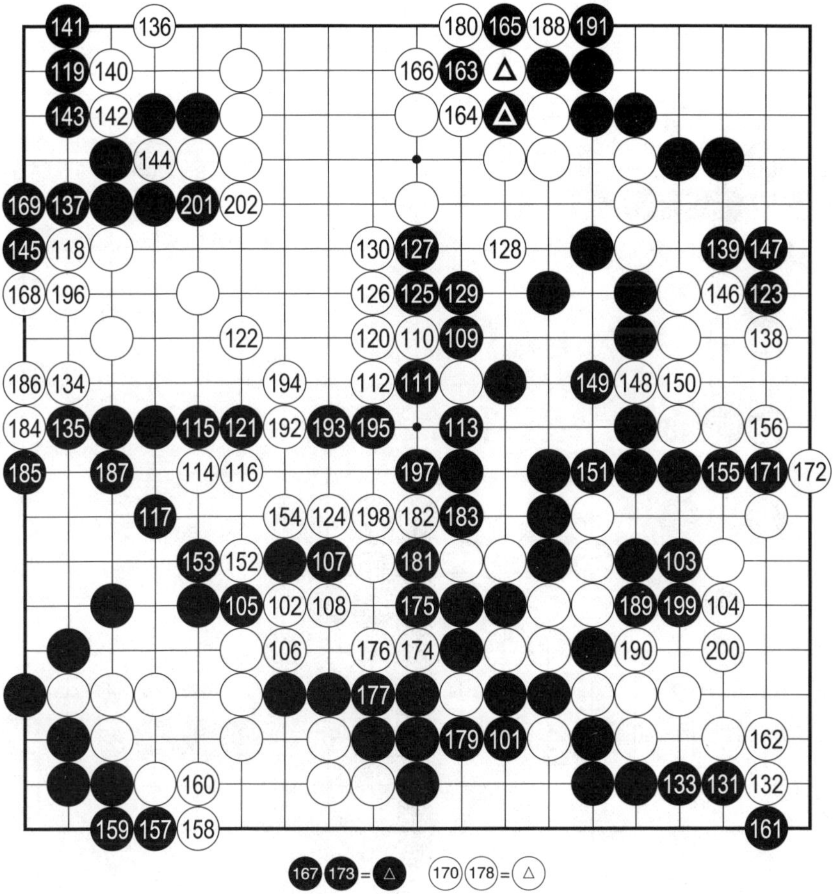

(101–202)

2003年5月26日
国家队网络训练赛第七轮

黑方　陈祖德　九段
白方　汪见虹　九段

白14可在7左一路尖顶。黑15好点。白18如今多在21位立。黑23直接在25位压更好。黑39有疑问，应在40位连回。黑47应在50位接，实战黑55还需再补一手，黑损。白80应在81位连，对黑下边一块保持威胁。（谢赫）

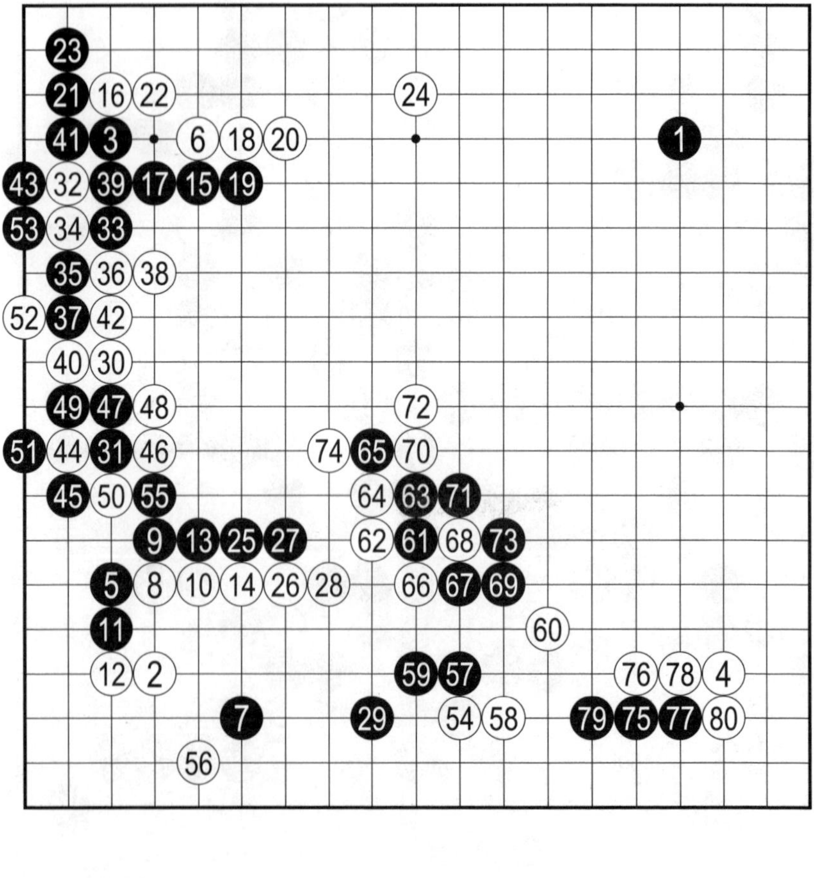

（1–80）

黑方　陈祖德 九段
白方　汪见虹 九段

黑 89 有力，至 97 颇有收获。黑 107 如在 106 上一路应劫，形势黑优。至 108 转换，局势瞬间接近了。黑 149 败着，应在 161 位断，白左一路打，黑 158 位尖，先做活右边。实战黑右边和上边两块棋难以兼顾，至 170 白大优。（谢赫）

黑贴 $3\frac{3}{4}$ 子　共 176 手　白中盘胜

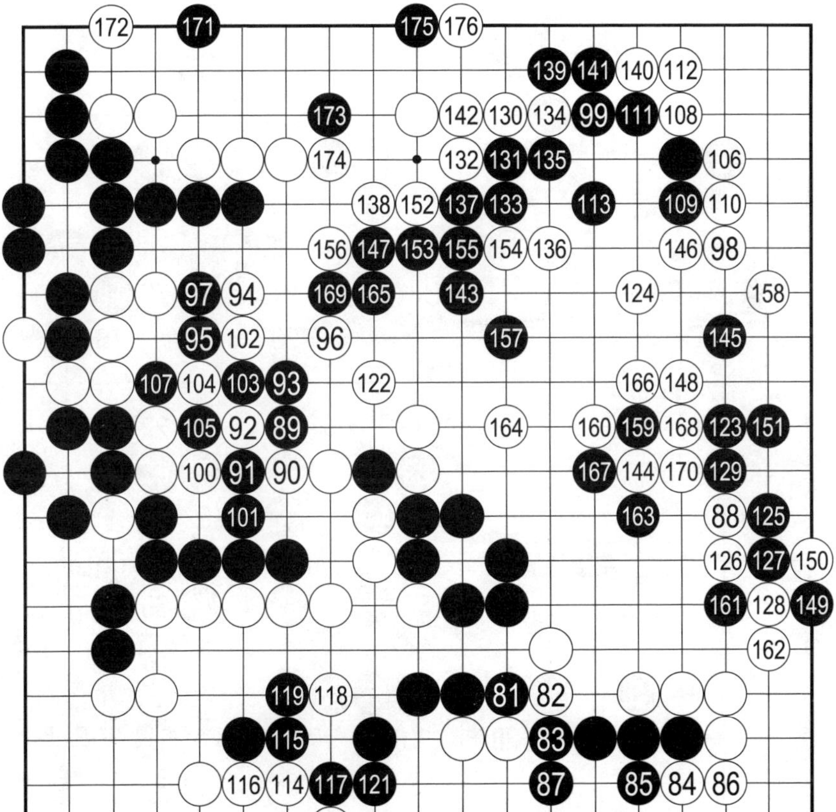

（81–176）

2003年5月27日
国家队网络训练赛第八轮

黑方　牛雨田 四段
白方　陈祖德 九段

白26普通可在72下一路跳。黑31在32位长更好，黑可战。白32挖好手，继而白36成为先手。黑37仍应在38位长。白38脱先在中央打吃，胆识过人。黑39至45活角后，白46挖好手，这是和白38相关联的后续手段，黑陷入苦战。白56如在57位并，之后66上一路点和67位靠两点见合，黑危险。白60失误，应在64位冲，黑走65位，白于64位右一路冲，仍是白好。至70黑确立优势。黑71好点。黑81有力，在攻击过程中，黑优势逐步扩大。（谢赫）

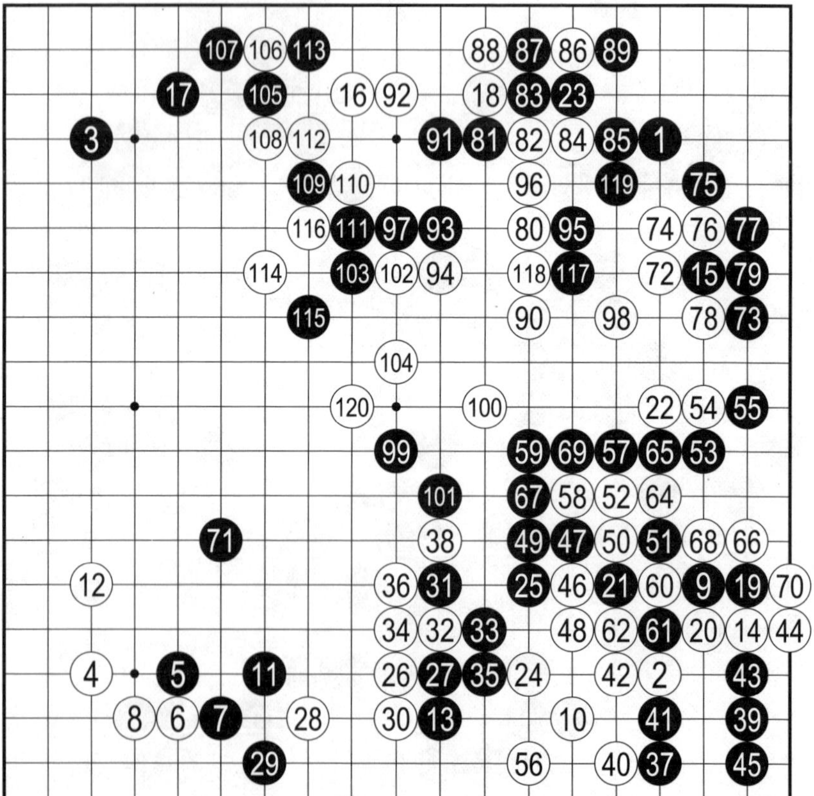

63=60

进入本谱，黑棋始终牢牢掌控局面，白棋没有逆转的机会。（谢赫）

黑方 牛雨田 四段

白方 陈祖德 九段

黑贴3$\frac{3}{4}$子　共 217 手　黑中盘胜

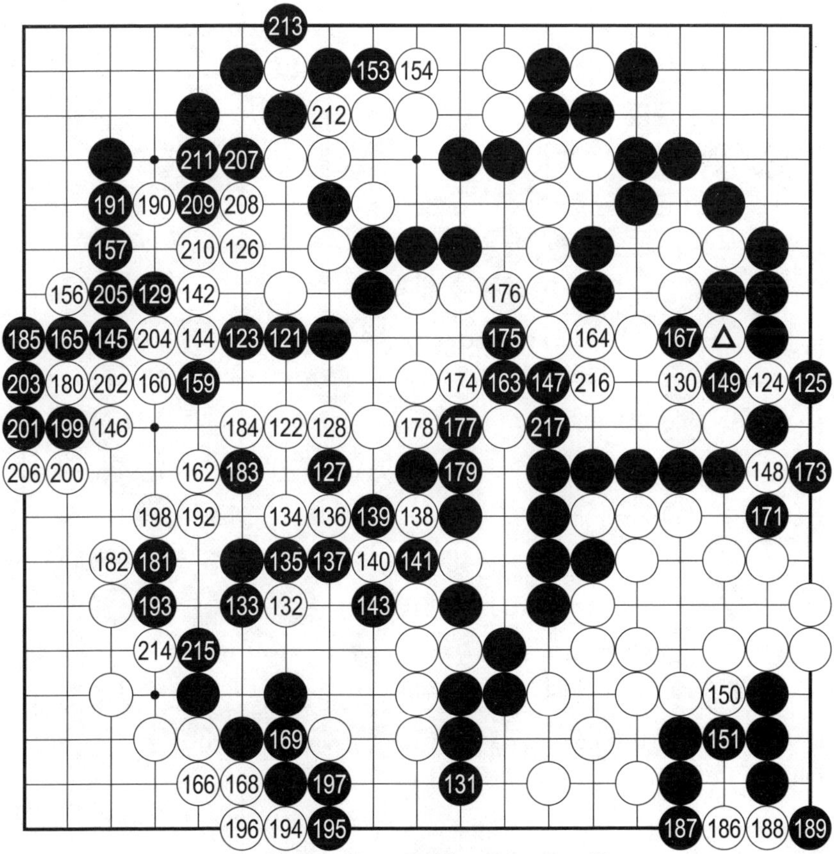

152 158 172 = 124　155 161 = 149　170 = △

（121–217）

2003年6月16日弈于中国棋院
应氏杯选拔赛第一轮

黑方　陈祖德 九段
白方　李劼 四段

黑13、15积极，白16打入应战。白22的手法值得探讨，至29黑满意。白36过于坚实，应考虑中腹小飞。白44苦心的好手，补棋后抢攻黑方。黑73疑问手，应二路夹。白86以下做活巧妙。（廖行文）

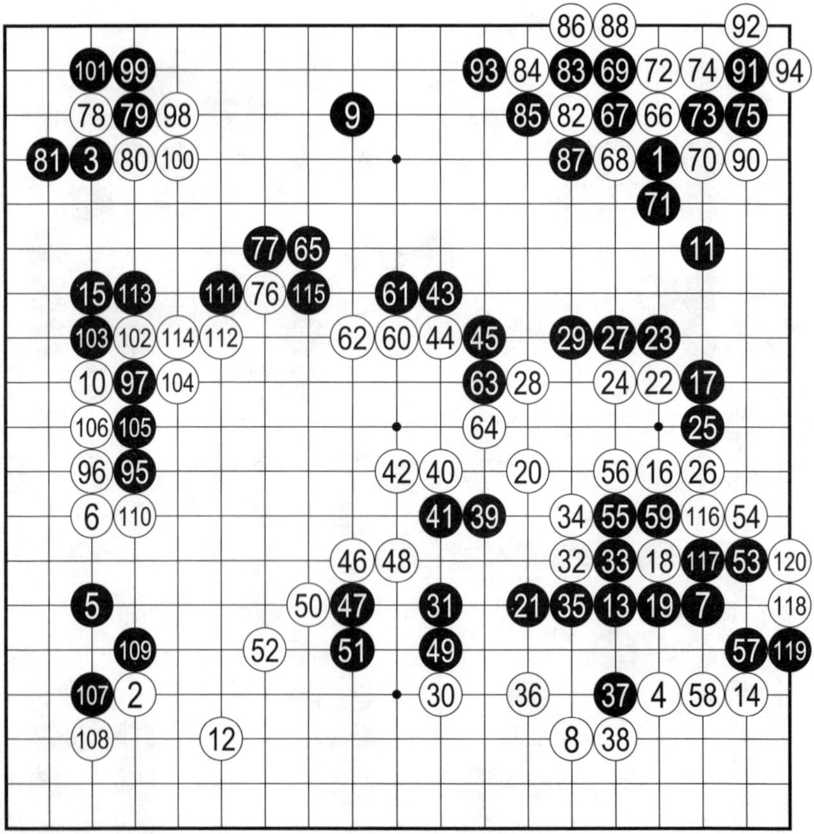

89=82

（1–120）

黑方　**陈祖德** 九段

白方　**李劼** 四段

白 102、104 又是强手，黑无可奈何弃子。黑 115 意识形势不利，拼住目数。白 118 杀棋值得商榷。白 152 是失误，应于 176 位接。黑 157、159 计算巧妙。至黑 175 连络形成细棋局面。官子激战后，最终黑棋小胜。（廖行文）

黑贴 8 点　共 264 手　黑胜 2 点

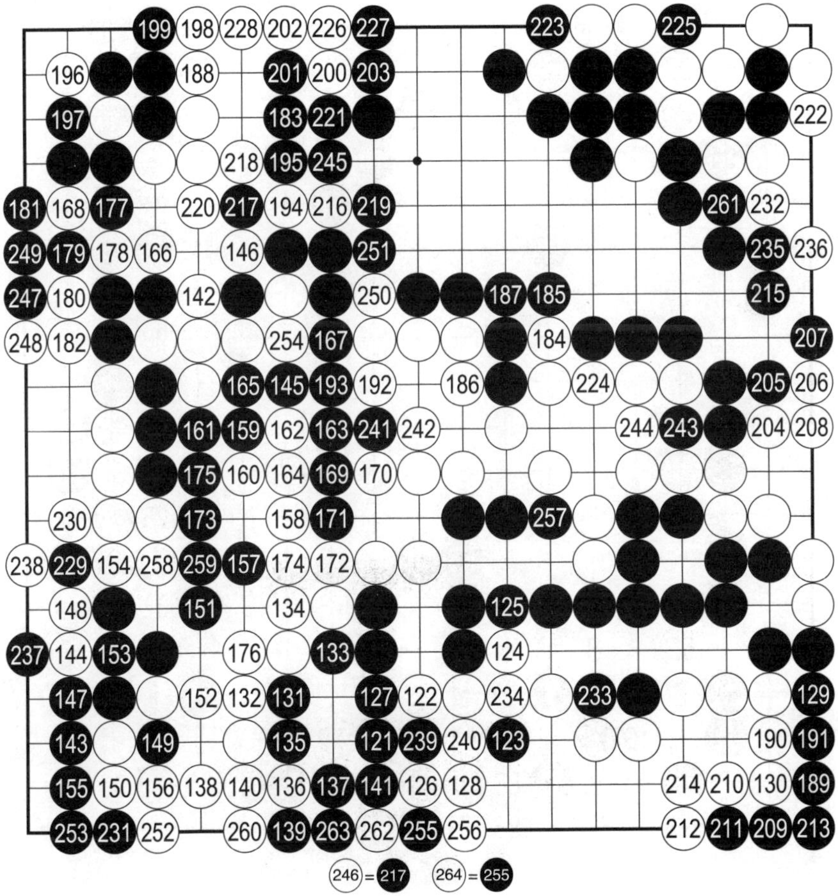

（121–264）

2003年6月18日弈于中国棋院
应氏杯选拔赛第二轮

黑方　华学明 七段
白方　陈祖德 九段

至白12，局部白获利，但黑也抢到了空角。黑25夹攻的定式选择有稍亏之感。黑39积极求战。白48、50连续脱先抢占大场。黑67不如在下一路小尖。黑69草率，白70、74组合拳计算精确。至90形成转换，白棋简化优势局面。白96限制黑中腹潜力。（廖行文）

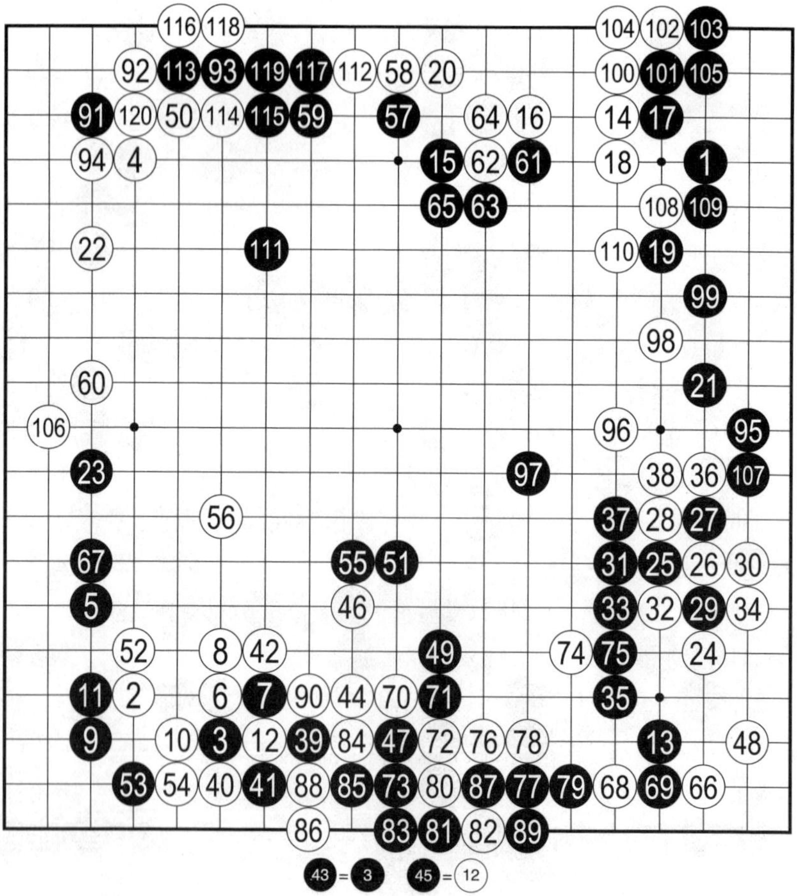

（1–120）

白 124 是空投要点，128 稳健连回，小胜不可动摇。（廖行文）

黑方　**华学明** 七段

白方　**陈祖德** 九段

黑贴 8 点　222 手以下略　白胜 4 点

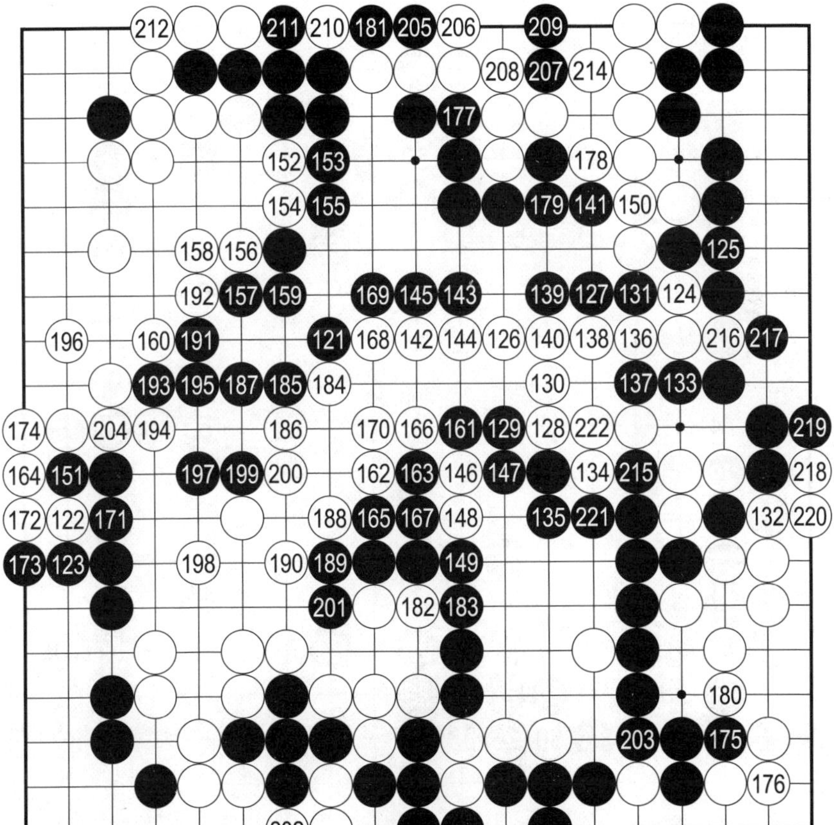

（121–222）

2003年6月21日
第七届日立杯混双比赛

黑方　黎春华、马晓春
白方　华学明、陈祖德

布局是黑步调快。黑29改在33位顶，白难办。黑35至49，双方平稳进行。白58软弱，黑棋开始领先。黑67试应手好手。黑75以后，白棋上边产生一些不安定因素。（马晓春）

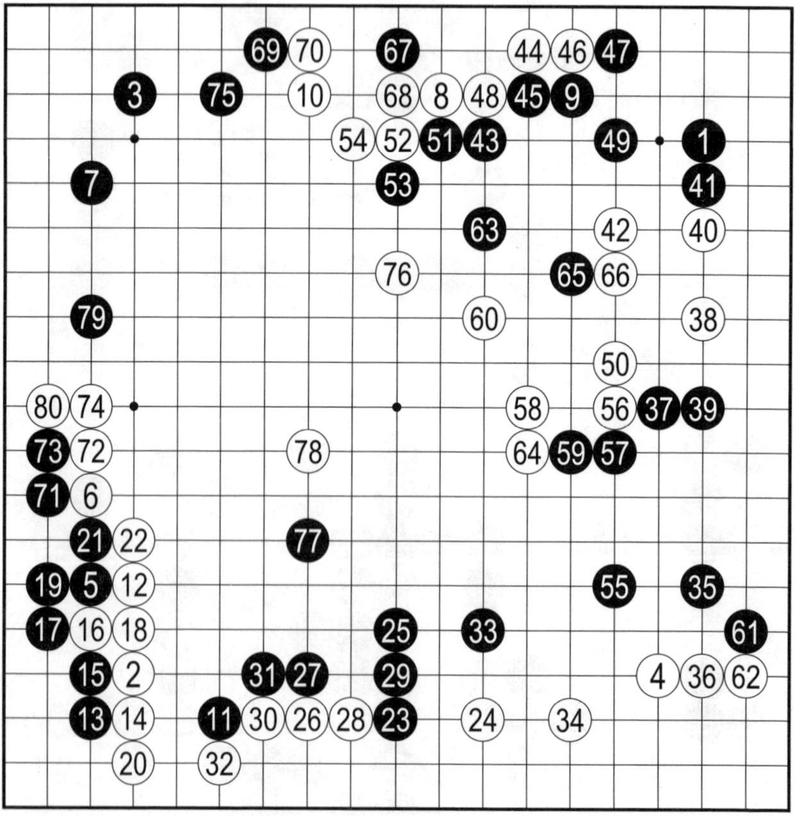

（1–80）

黑方 **黎春华、马晓春**

白方 **华学明、陈祖德**

黑 81 过早，导致气紧。黑 89 也可于 90 位长。白 90 以下至 106 虽吃住四子，但落后手，收获并不大。黑 111 强硬出击，黑仍优势。白 116 最后败着，改在 117 位回防，形势虽差，但胜负还漫长。黑 117 全局要点。白 130 以下失去理智，至黑 141 吃白四子，棋局终了。（马晓春）

黑贴$3\frac{3}{4}$子　共 163 手　黑中盘胜

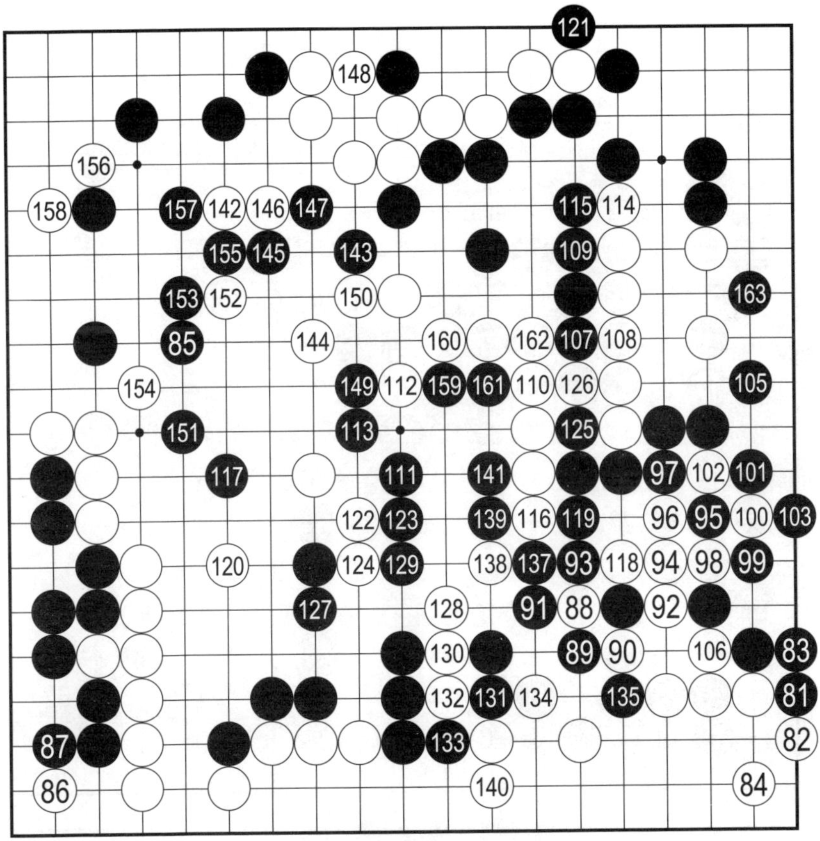

104=95　136=88

（81–163）

2003 年 6 月 24 日弈于中国棋院
应氏杯选拔赛第三轮

黑方　王煜辉 七段
白方　陈祖德 九段

黑 11、13 是新手。白 14 碰灵活应对。至 28，白战斗有利。黑 35 追究白弱点，白 36 刺好棋。白 44 先冲重要。黑 51 战斗勉强，只能冷静抱吃。黑 57 自身形状不佳。黑 69 见形势不利，只能积极寻求战机。白 72 利用黑棋气紧，妙手。白 76 封锁，黑困难。黑 95 造劫，但此劫白棋基本无忧，黑大势已去。（廖行文）

黑贴 8 点　共 134 手　白中盘胜

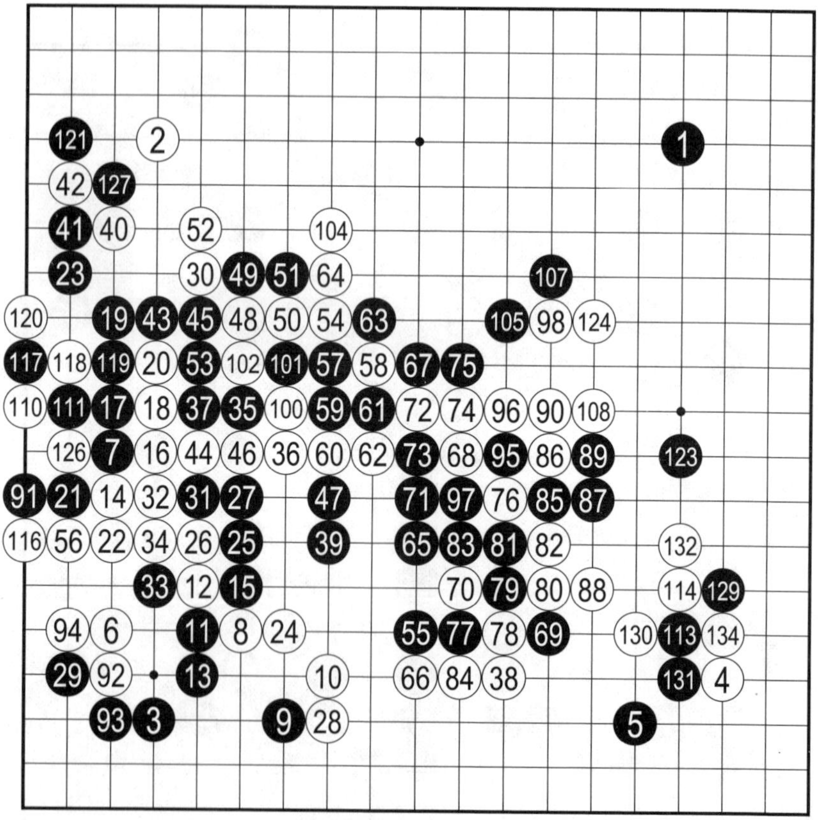

99 109 115 125 133 = 95　103 = 58
106 112 122 128 = 76

（1–134）

2003年6月26日弈于中国棋院
应氏杯选拔赛第四轮

黑方　杨一　五段
白方　陈祖德　九段

白34略过分，至39黑实地巨大。白50经营上方模样，挽回实地差距。黑51选点恰当。白62、64形状似乎过于重复。由于实地不足，白72只能寄望于吃掉黑棋。白74凶狠。（廖行文）

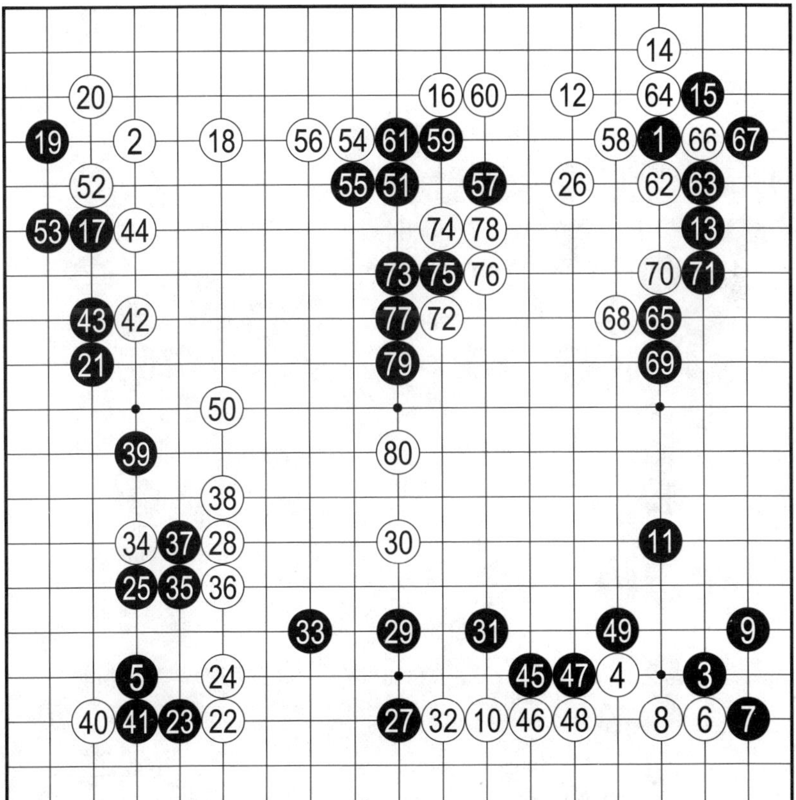

（1–80）

黑方　**杨一** 五段
白方　**陈祖德** 九段

白 82、84 是苦心的分断手法。黑 87 判断清晰选择弃子。黑 97、101 厚实推进，白棋局面困难。白 112 最后冲击，无功而返。至 131，黑胜定。（廖行文）

黑贴 8 点　共 175 手　黑中盘胜

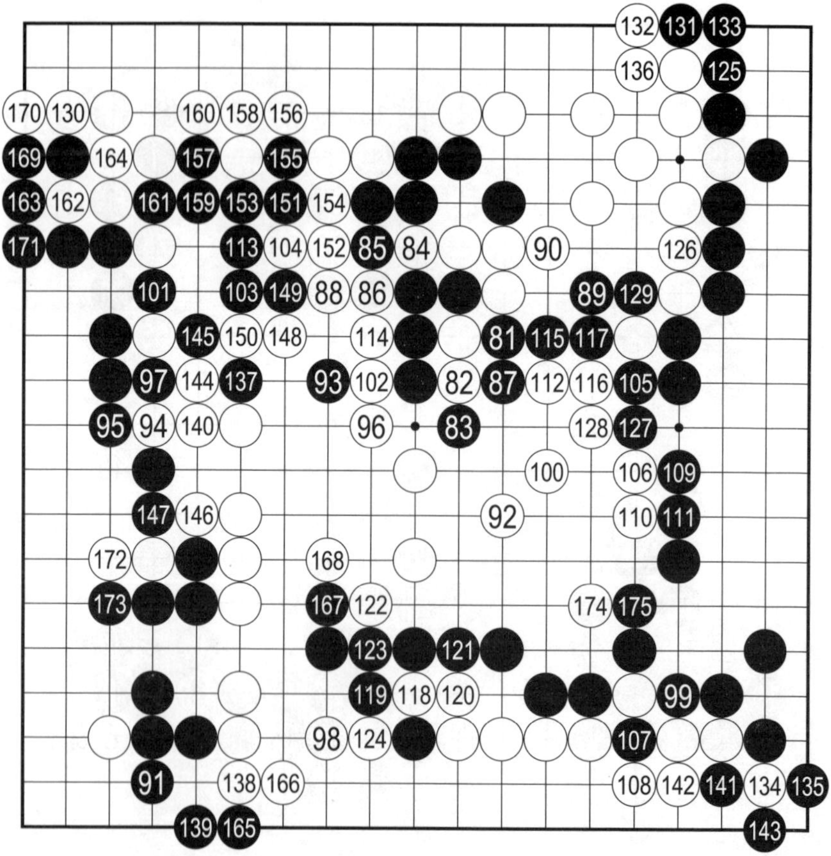

（81–175）

2003年7月1日弈于中国棋院
应氏杯选拔赛第五轮

黑方　罗洗河　九段
白方　陈祖德　九段

双方平稳开局，黑23好点。黑43可考虑脱先。白44值得探讨。黑49、51还是想以后追究白棋缺陷。白52好棋感，抢占制高点。至78，白形势不错。黑87强行作战，略感勉强。白104失着，应飞中央。黑107好手，白可能忽略了。（廖行文）

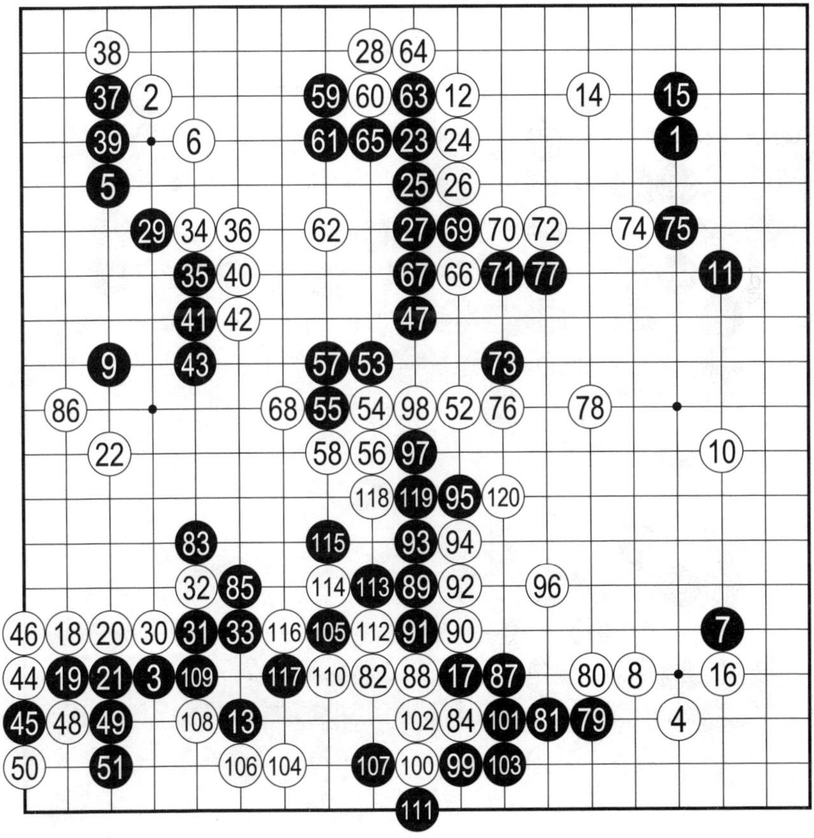

（1–120）

黑方　罗洗河　九段

白方　陈祖德　九段

至黑 127，白对杀不利，形势危急。黑 137 贪心，简单应住可保持优势。黑 147 失误。白 154 杀棋好手。至 165 形成对杀，白看到希望。黑 179 失误，应一路扑。黑 187 制造劫材。至黑 211，双方形成大转换。白 214 挡住，小胜不可动摇。（廖行文）

黑贴 8 点　222 手以下略　白胜 2 点

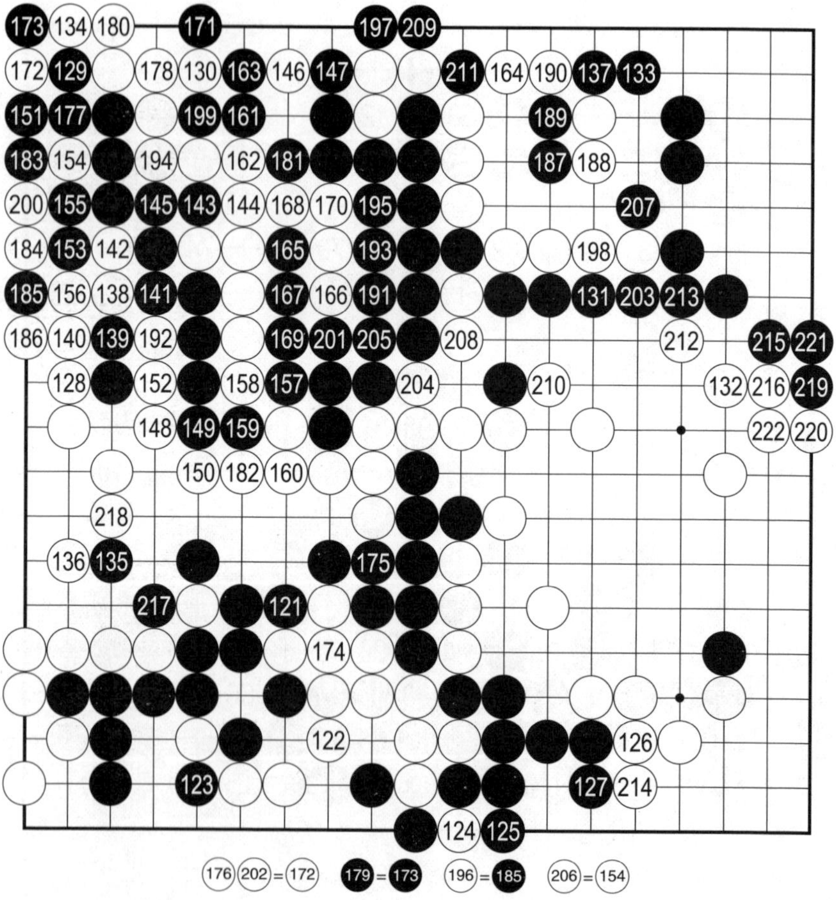

疑2003年7月5日弈于中国棋院
应氏杯选拔赛第六轮

黑方　刘菁　八段
白方　陈祖德　九段

白16以下应手稍缓，至21黑满意。白28轻灵处理值得学习。黑41选择不妥，亏损。黑53积极寻求战机。白58严厉，黑不好应付。白78安定后，黑79开拓新战场。黑81寻找头绪，白84、86应对无误。黑91过分，白92反击计算精准。白112滚包，黑不行。（廖行文）

黑贴8点　共120手　白中盘胜

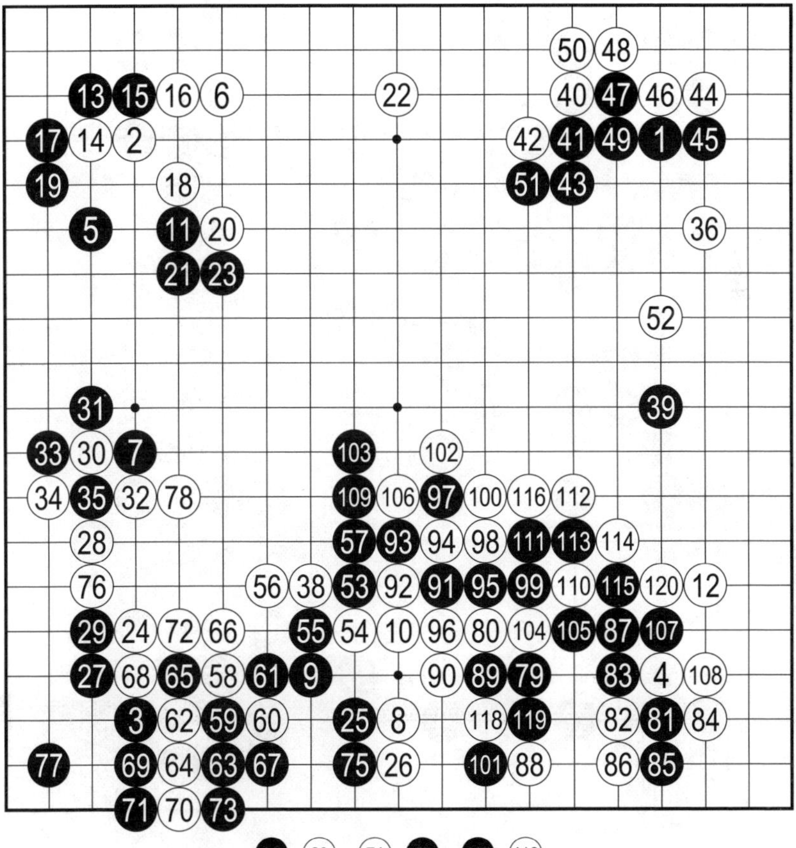

37=30　74=65　117=110

（1–120）

疑2003年7月7日弈于中国棋院
应氏杯选拔赛第7轮

黑方　周鹤洋 九段
白方　陈祖德 九段

白12、14新颖。黑31必要。白44断出，双方形成激战。黑49局部好手。白52-56是好次序，至60白成功。白72稍显滞重，应88位跳。黑85犀利。白88以下应手不妥。至99黑扬长而去，收获颇丰。白100反击机敏，但黑107先刺好次序。白122以下最后一搏，被黑137妙手击倒。（廖行文）

黑贴8点　共137手　黑中盘胜

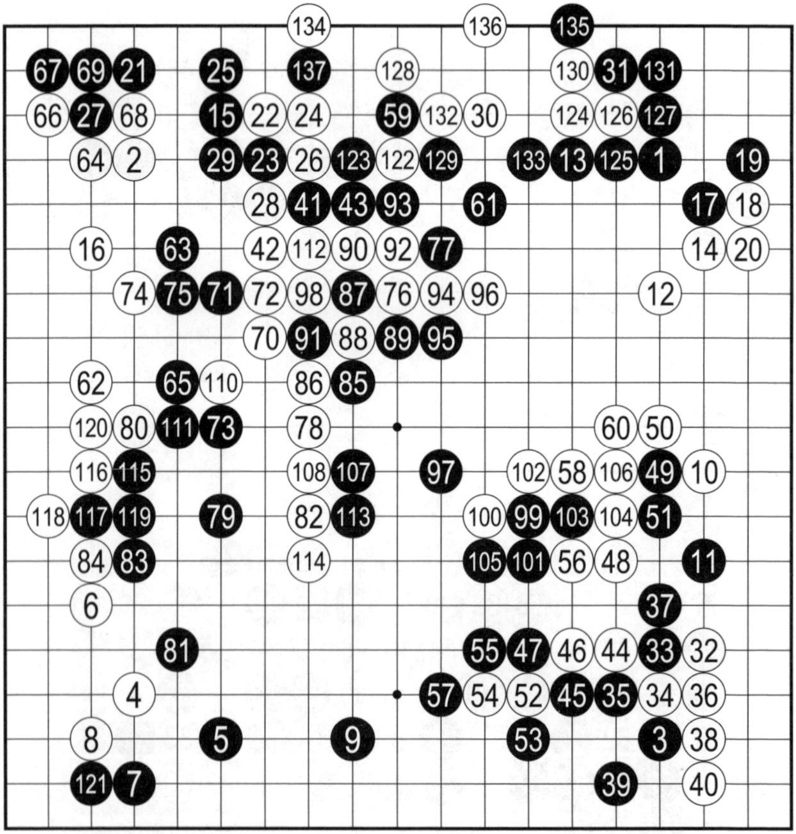

109=88

2003 年 7 月 17 日
中国围棋甲级联赛第五轮

黑方　李劼 四段
白方　陈祖德 九段

白 12、14 在右上形成新型，双方各有所获。白 20 是潇洒的构思。白 34、36 是局部实用手段。至 44 白棋不错。白 46 问题手，应靠压黑 45 出头。黑 47、49 犀利，白竟不好成活。黑 65 稳健补棋，白显然大亏。白 78 放出胜负手。黑 99 紧凑，白无法抵挡。（廖行文）

黑贴 $3\frac{3}{4}$ 子　共 105 手　黑中盘胜

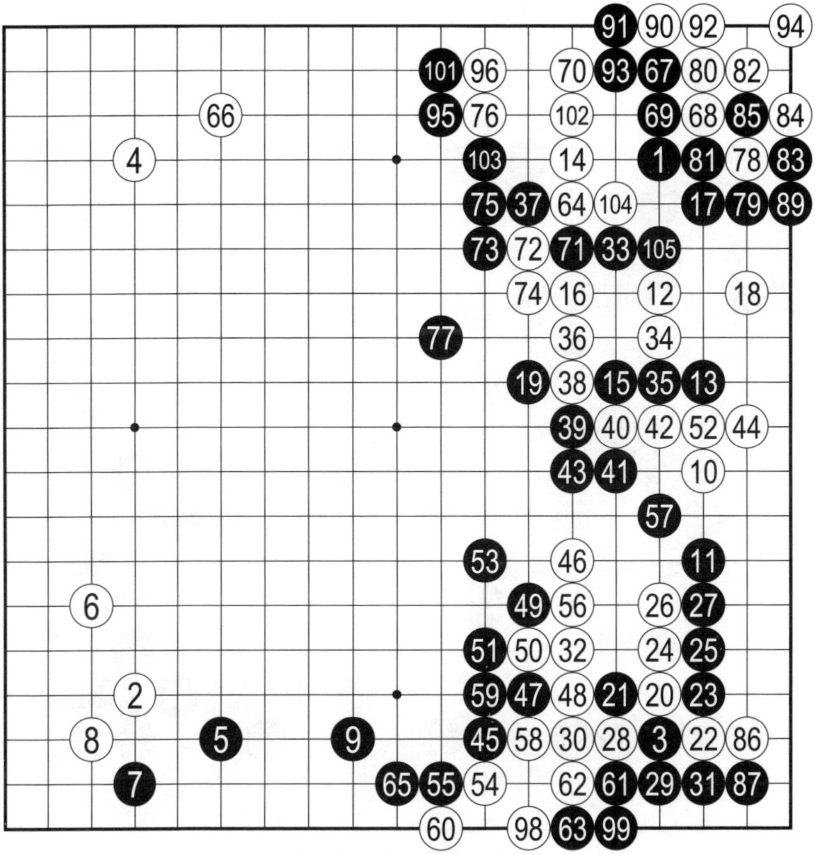

88 100 = 78　97 = 85

（1–105）

2003年10月4日弈于中国棋院
第五届阿含·桐山杯快棋赛

黑方　吴新宇　五段

白方　陈祖德　九段

至26，白右边脱先成功。黑31、33巧妙。白36应对正确。黑37稍有问题，应左边先顶一手。至44，感觉白可以满意。黑45-51布阵构思宏大。白60稍缓，应继续深入黑阵。白66双方要点，不可忽略。至77双方局势依然均衡。黑95有被便宜之感。（廖行文）

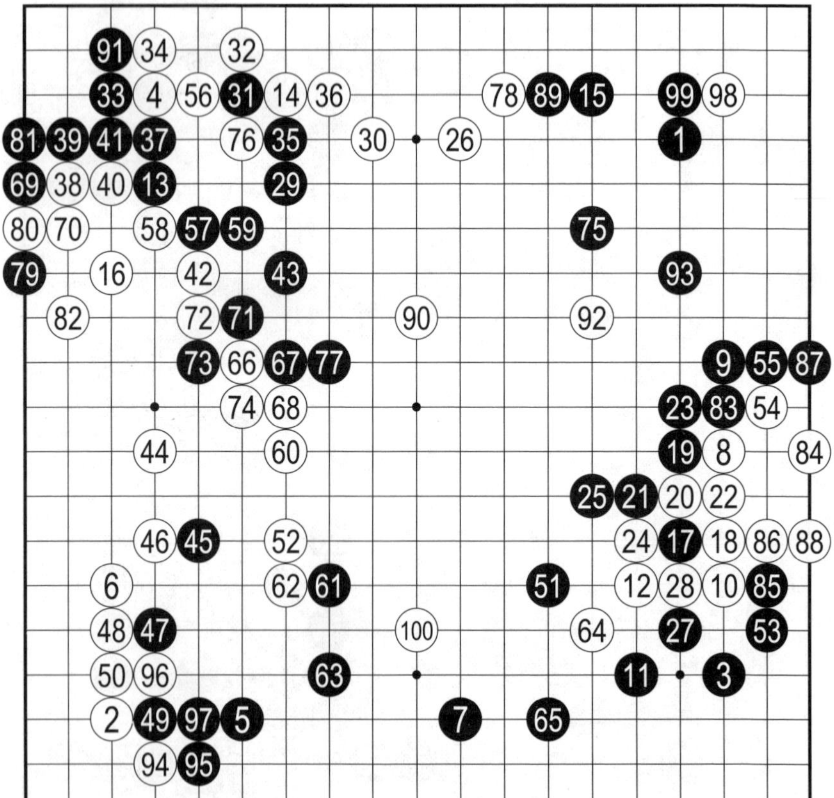

（1–100）

黑方 吴新宇 五段
白方 陈祖德 九段

黑103脱先时机不恰当。白106如断在另一边，黑较棘手。黑121选择正确。至127形成转换，双方均可接受。白132败着，应接住，白右上劫材众多，应选择打劫。白144意识形势不利放出胜负手，黑应对无误。（廖行文）

黑贴$3\frac{3}{4}$子　共193手　黑中盘胜

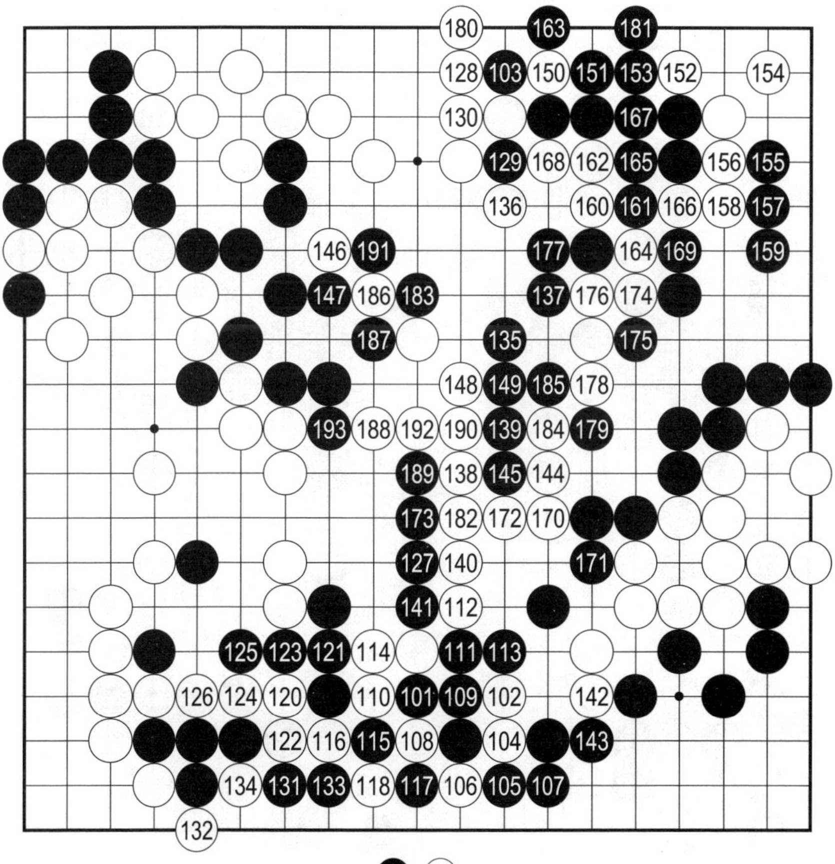

119=108

（101–193）

2003年10月3日弈于无锡
第一届中国围棋棋王争霸赛

黑方　周鹤洋 九段
白方　陈祖德 九段

至黑21，双方互围模样。白30是当年获得大众认可的手段。黑45飞出无不满。黑51是双方扩张要点。黑61围起巨空。白64是攻击要点。黑65以下应手稍嫌松懈，棋形不甚理想。白70交换没有必要。黑87退让，为了让白棋留有断点。白98以下平稳收束官子，局面细微。黑113靠出严厉，白118索性脱先。至黑129双方各有所得，局势依然难解。（廖行文）

黑贴$3\frac{3}{4}$子　148手以下略　黑胜$\frac{1}{4}$子

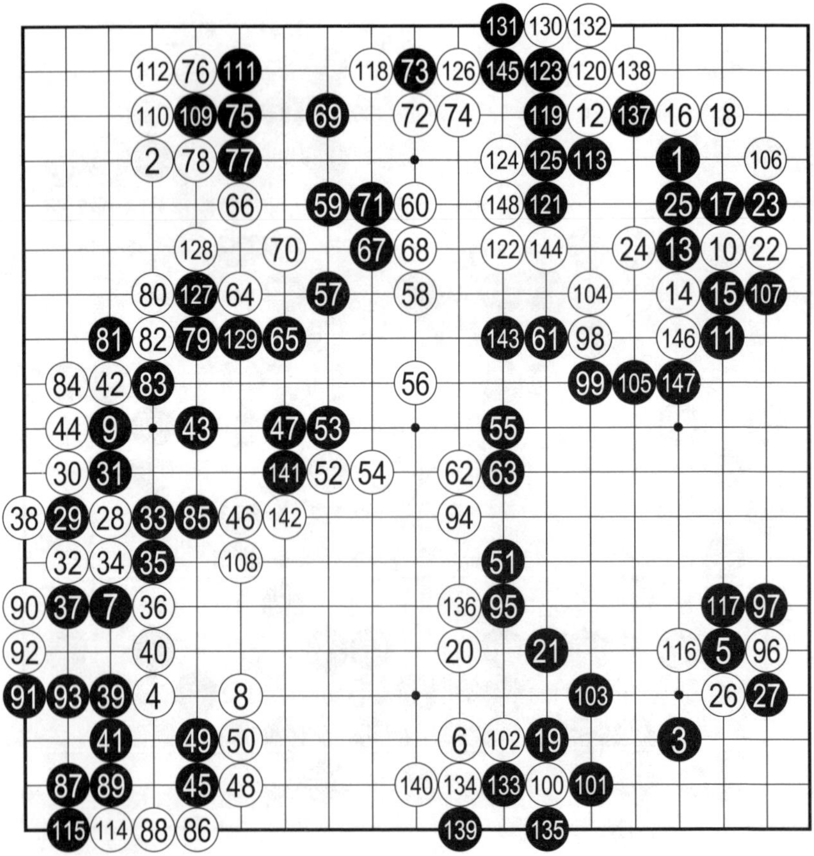

（1–148）

2003年10月5日弈于无锡

第一届威孚房开杯半决赛

黑方　聂卫平 九段

白方　陈祖德 九段

白22过于平稳，不像陈老的风格，此手改在23位小飞是方向。黑27、29进入本局的第一场战斗，但白棋坚实，作战似乎对黑不利。我推荐黑27于55位飞，先处理黑5一子。白40好手！但白50应于53位长后，再51位吃一子，如此白角实地大，外面也很容易处理。黑争到55位飞，全局黑稍有利。但紧接着黑57恶手，此手应于202位顶后再58位靠，就地安定。白62应于259位飞。白68应走88位。黑73应走75位。白74可深入到126这一线，如此黑为难。白78以下至86收获并不大。黑87缓手，应于215位镇头，下一手即能争到175位的靠下。实战白争到90飞，稍优。白94于164位团，黑也不好办。黑95不好，应奋起反击。白104应于105下一路尖，与黑107位接交换后再跳入，如此白简明。黑105反击后有逆转之意。黑109改在211位扳，则白危险。（马晓春）

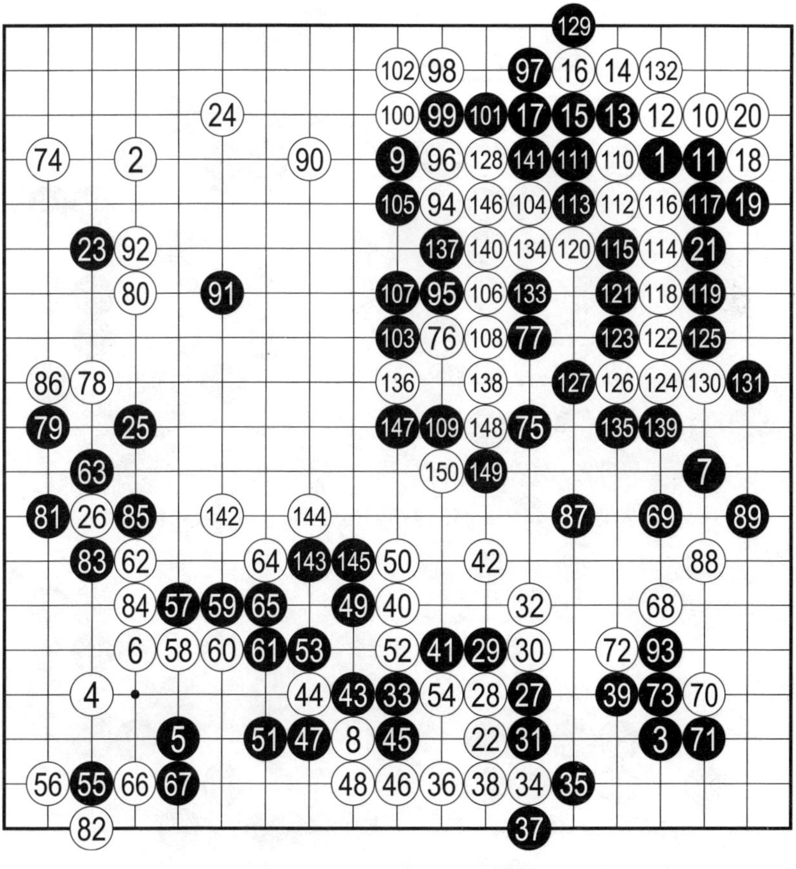

（1–150）

黑方　聂卫平　九段
白方　陈祖德　九段

白128错失一举获胜的机会，此手在133位先手倒扑后，再于101上一路收气，黑无论怎么应都无法防白在105下一路的挖。实战虽双方无事，但进入漫长的官子战，黑幸运半目胜。虽然本局错进错出，但不失为精彩的一局！（马晓春）

黑贴$3\frac{3}{4}$子　共271手　黑胜$\frac{3}{4}$子

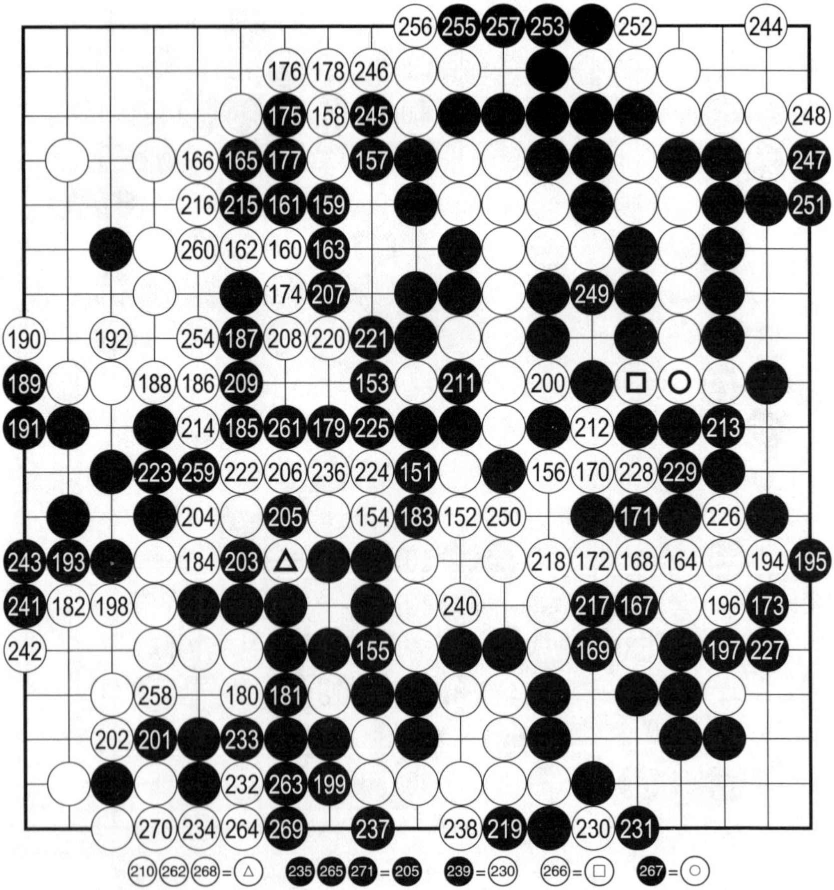

2003年11月18日
中国围棋甲级联赛

黑方　陈祖德 九段

白方　王檄 五段

白34稍缓，应小飞。白36紧凑。以下激战至黑53，双方基本必然。黑61侵入至69安定，黑可以满意。黑75、77威胁白龙的时机不妥，应先跳出。至白108形成转换，黑所得有限。（廖行文）

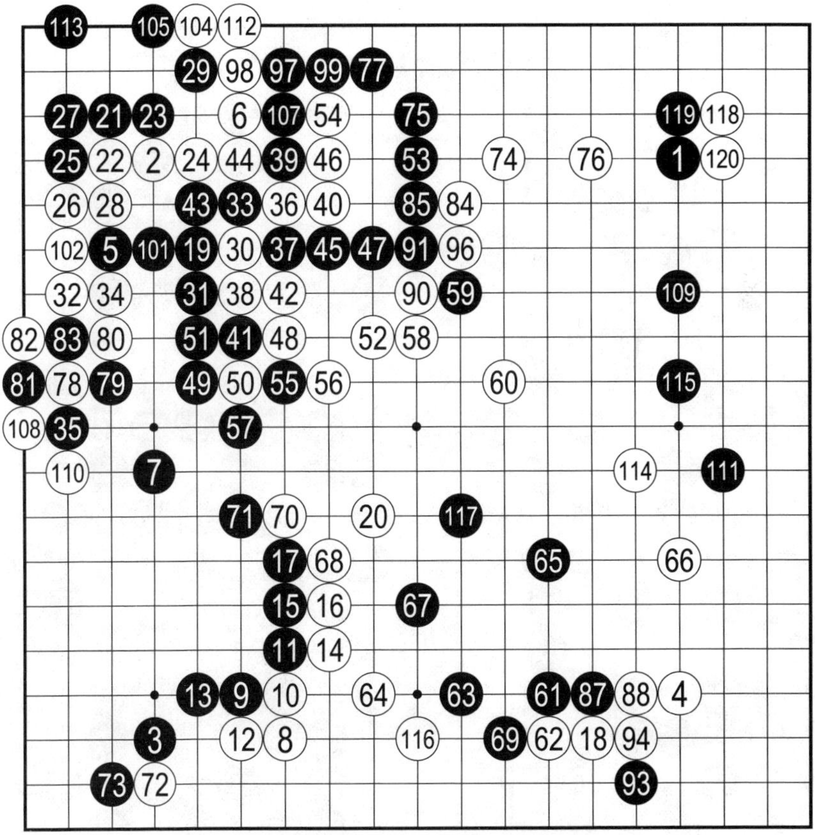

（1–120）

黑方　陈祖德 九段

白方　王檄 五段

白128不好，应先搜刮黑大块。黑129、133机敏。至139黑收获颇丰，局势难解。黑145严重错觉，一步棋亏损十余目。黑149无奈寻找头绪。白152不简明。黑167孤注一掷，让局面再起波澜。黑181冷酷的杀着，白大龙竟然已无生路。黑183应挡住外面全吃白棋。白202令人不解，应在208位补棋，依然稍优。黑203错失最后机会，如走84右一路，局部可出棋，形势将逆转。白208及时醒悟补棋，白小胜。（廖行文）

黑贴3$\frac{3}{4}$子　共250手　白中盘胜

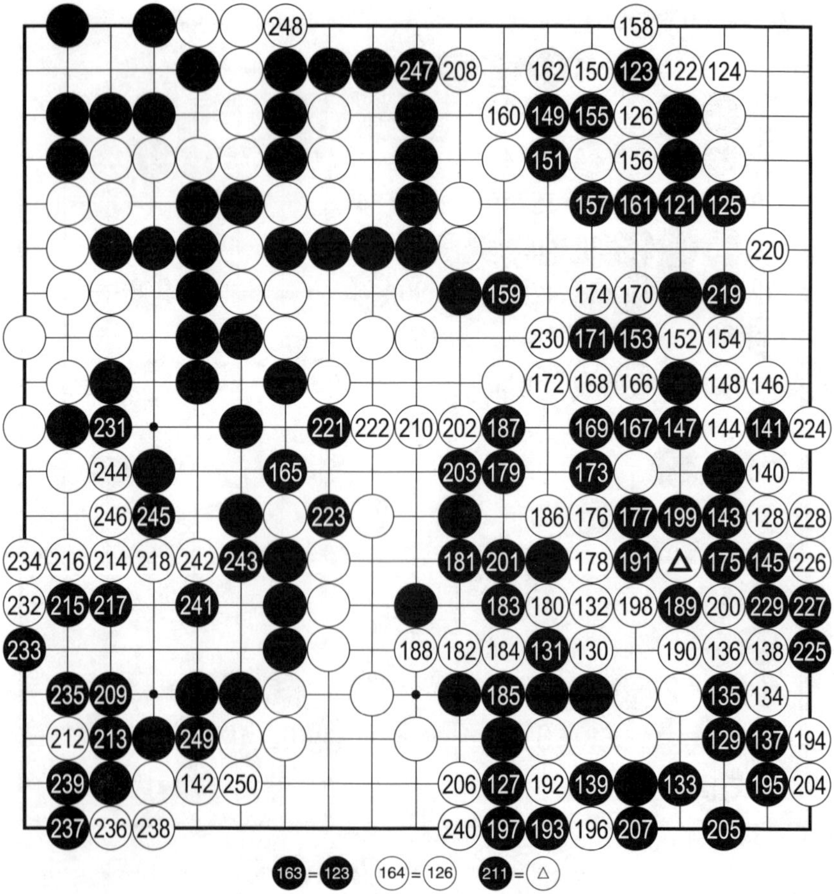

163=123　164=126　211=△

(121–250)

2003年11月22日弈于中国棋院
国家队训练棋

黑方　陈祖德 九段
白方　古灵益 四段

至黑21的定型，在当时是公认的两分。黑35选择积极抢占实地，而不是第一感的拆边。白42问题手，应43位接，对下方黑子施加压力。黑43、45冲断严厉，实战形成转换，黑收获颇丰。黑73如跟着扳，会更为厚实。（廖行文）

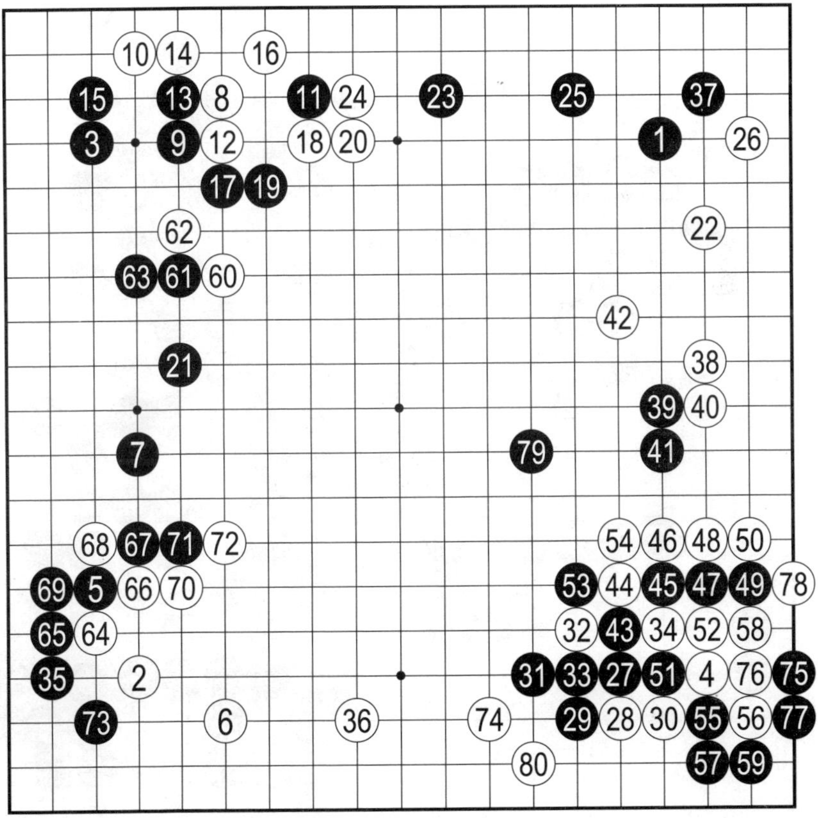

（1–80）

黑方　**陈祖德** 九段

白方　**古灵益** 四段

白 88 靠，黑棋形有点难受，只得忍让。白 104 败着，应尽量吃住黑 83 一子。黑 107 借劲逃脱，至 121 稳住局面。随后黑 135 稍作退让，黑小胜不可动摇。（廖行文）

黑贴$3\frac{3}{4}$子　163 手以下略　黑胜$\frac{1}{4}$子

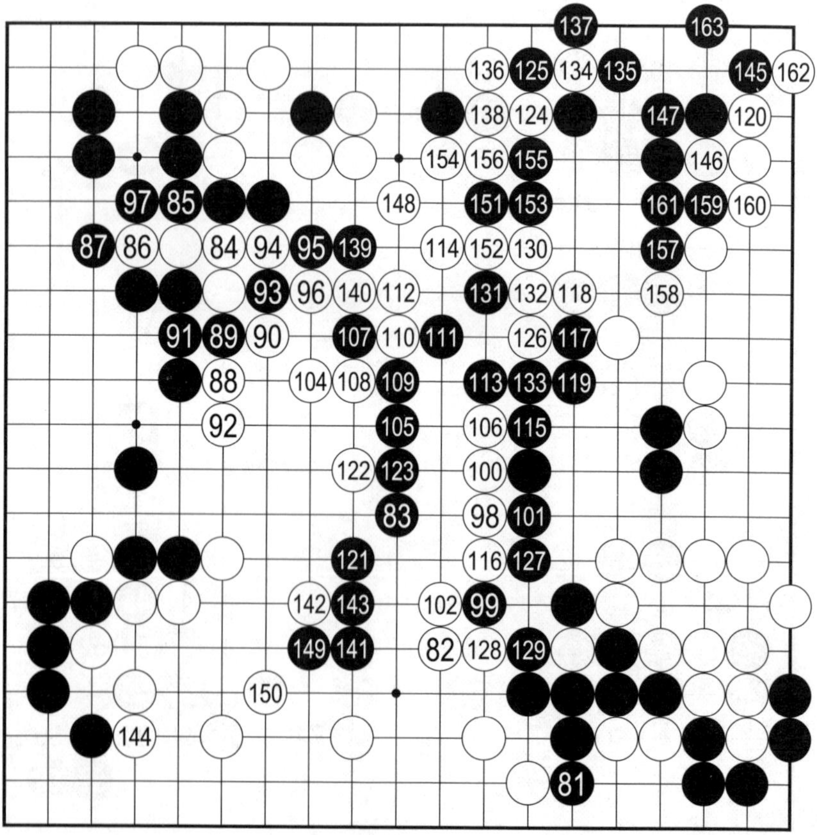

103=93

2003 年 11 月 27 日弈于北京
中国围棋甲级联赛第 19 轮

黑方　王亦民 七段

白方　陈祖德 九段

白 8 变着，黑 9 亦颇有趣。黑 25 感觉略缓。白 34 行棋步调舒畅，至 40 已占据主动。黑 43 反击强手，至 57 达到目的。黑 65 继续进攻白方弱点过分。白 70 应于 84 位分断黑方，至 83，白方有被动之感。白 94 是唯一脱困好手，中腹短兵相接时，谁都不能出差错。黑 109 只能顶住，如退，白有挖的妙手，可擒拿棋筋。黑 125 败着，应接住，如此将形成转换，胜负尚未可知。白 126 抓住机会"一劫爆"，在中腹抓花，获得胜势。（廖行文）

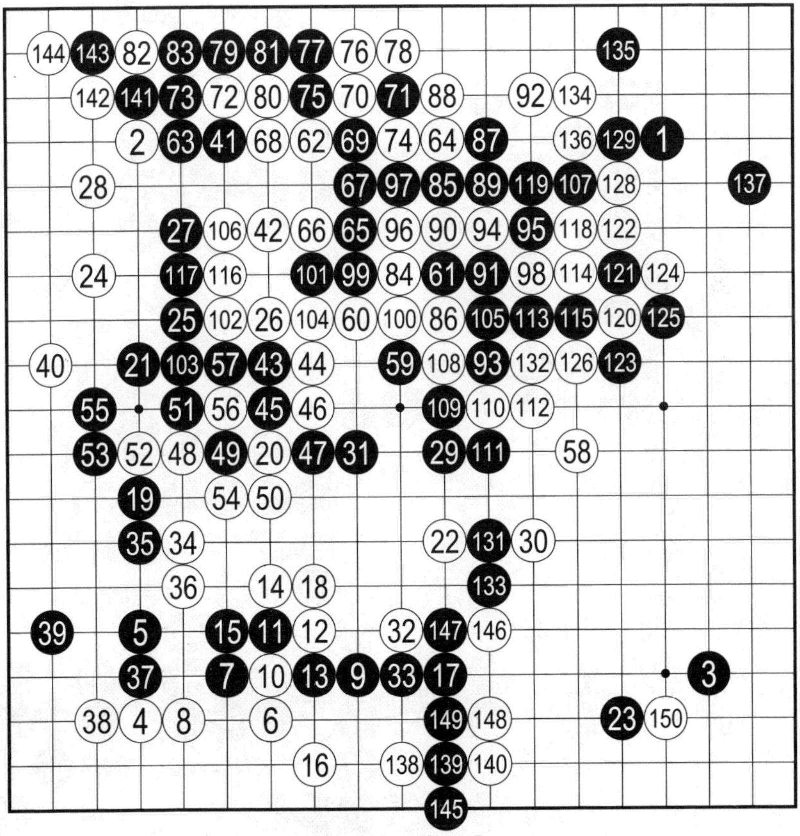

127=121　130=120

（1–150）

黑方　**王亦民** 七段

白方　**陈祖德** 九段

黑贴$3\frac{3}{4}$子　共 289 手　白胜$3\frac{1}{4}$子

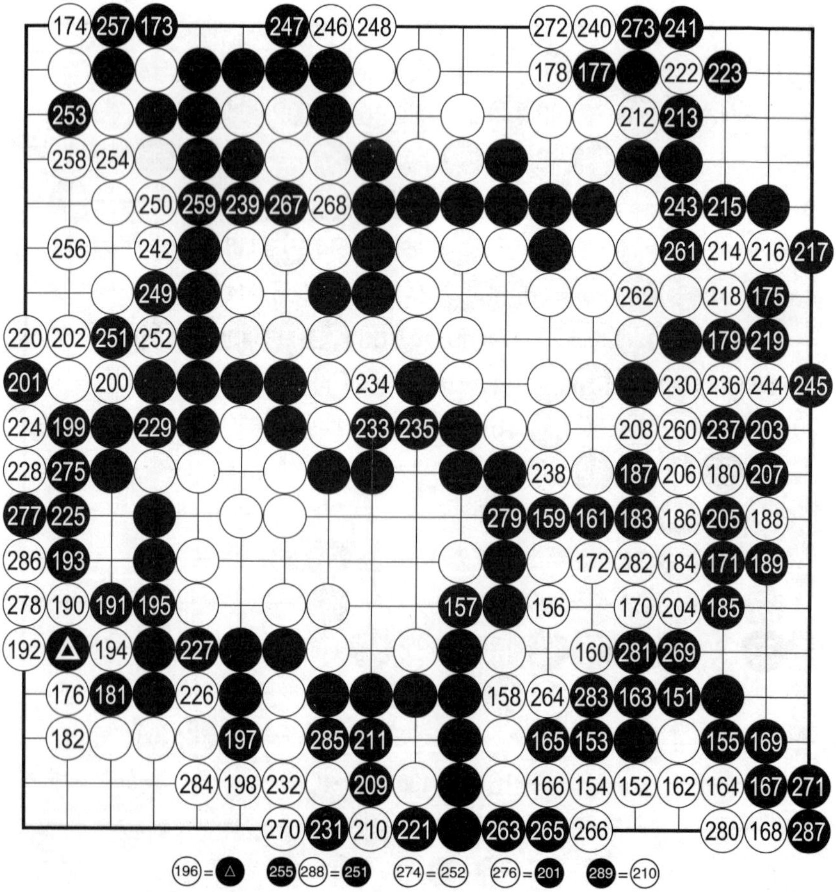

疑 2003 年 12 月 1 日
国家队训练棋

黑方　陈祖德 九段
白方　曹大元 九段

布局阶段，黑 13 与白 14 有趣，这是双方思维碰撞的产物。至 31，黑棋厚实。白 32 过分。黑 39 压迫后进角做活正确。至 47，局部告一段落，黑实地与外势兼具，非常满意。黑 53 见小，上方大场更为紧急。白 58 在上方长起，模样相当可观。黑 65 过分，白 66 抓住机会进攻犀利，但白 70 操之过急，被拔花不妥。但黑 85 手软，应 44 上一路追击。实战至 101 形成转换，是白稍占优的局面。（廖行文）

黑贴3$\frac{3}{4}$子　102 手下略　白中盘胜

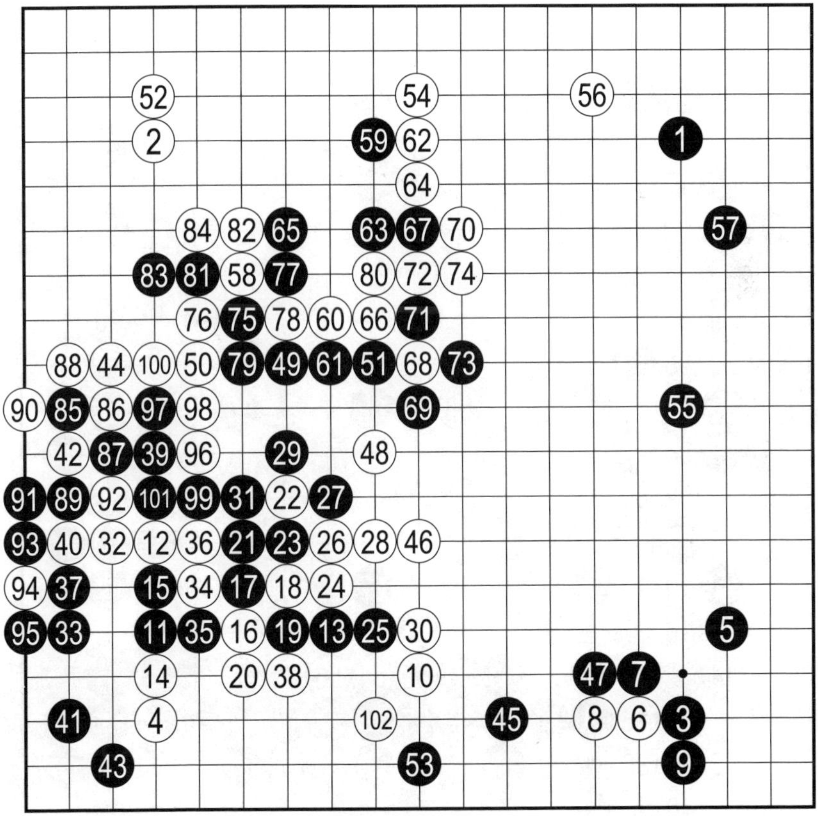

（1–102）

疑 2003 年 12 月 2 日弈于中国棋院
第三届招商银行杯电视快棋赛第一轮

黑方　俞斌 九段
白方　陈祖德 九段

白 22 是重视中腹的想法，AI 认为断吃两子实惠些。黑 43 强硬，白 48 打入必然，双方展开第一轮激战。黑 73 如接住，白获得提子的先手，外围会产生靠断，黑索性转身抢占大场。白 76、78 意在搜刮，黑 79 反刺机敏。白 86、黑 89 都稍有问题，抢先于右上行棋巨大。至 98，白形势不错。（廖行文）

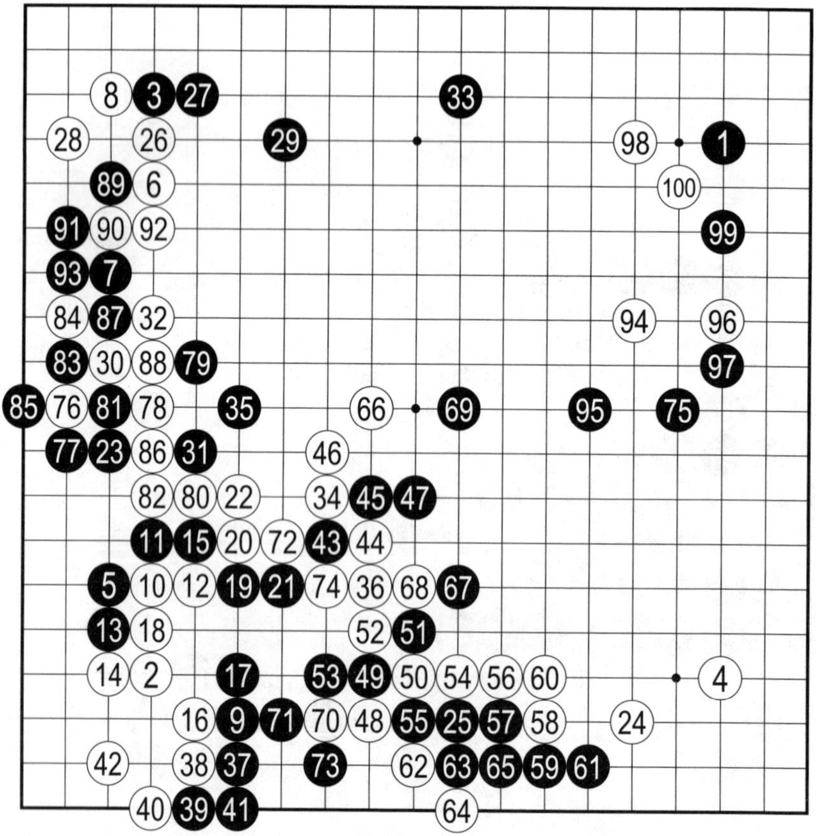

（1–100）

黑方 **俞斌** 九段
白方 **陈祖德** 九段

白114、118好手，局部活棋不成问题。白132失着，做活过于委屈，应156位靠出反击。白148败着，忽略了黑棋挖断的强手，此处损失后白难以翻盘。（廖行文）

黑贴3$\frac{3}{4}$子　共199手　黑中盘胜

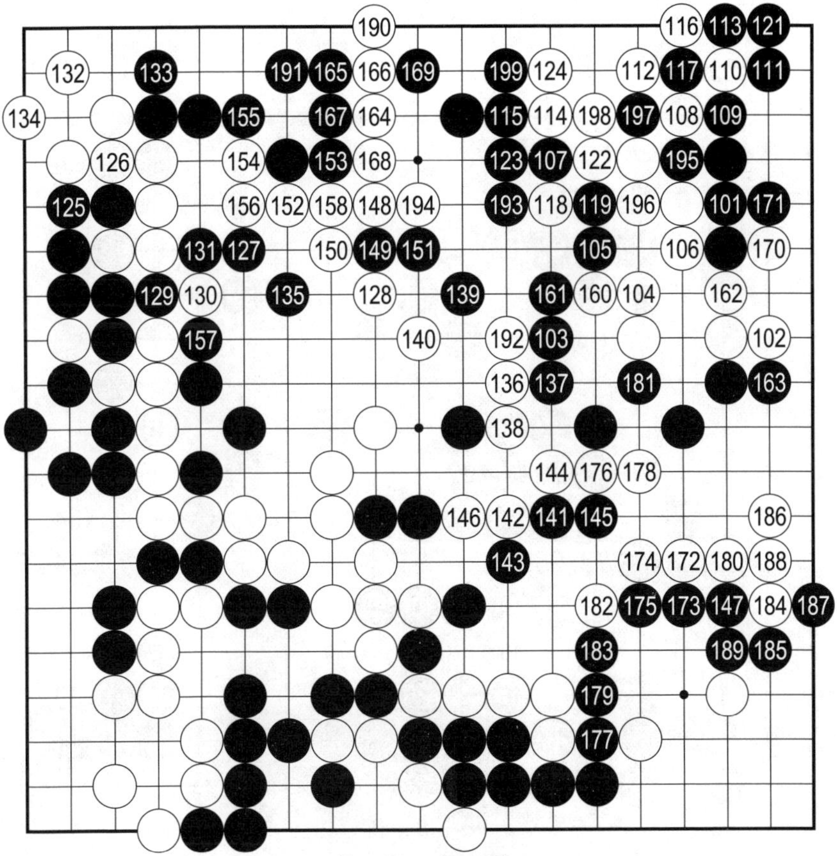

120=110　159=117

（101–199）

2003年12月5日
南北对抗赛

黑方　王磊 八段
白方　陈祖德 九段

白10-16构建起坚实的堡垒。白26灵活转身，思路明快。白46碰意在挤压黑厚势，但白50稍嫌滞重，应飞往中腹逃逸。黑51、55攻势磅礴，至61在中腹形成可观势力。白62深入虎穴一决胜负，黑63反击必然。但黑65问题手，沉稳应住为好，白66极厚。白72失机，应冲回转换。至79，黑保住中腹，占据优势。面对白86、88的竭力反击，黑选择退让，保守胜果。（廖行文）

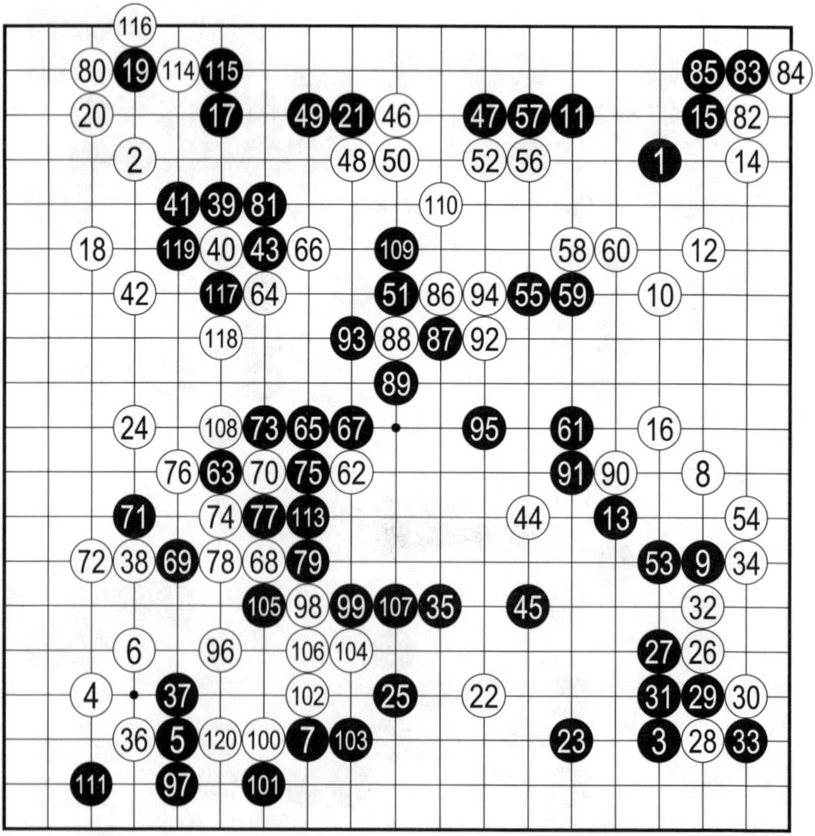

112=70

（1–100）

白 100、102 又获取了一些便宜。此后的官子白继续追击，但无奈棋盘越来越小，最终小败。（廖行文）

黑方　王磊 八段

白方　陈祖德 九段

黑贴3$\frac{3}{4}$子　共 199 手　黑胜$\frac{3}{4}$子

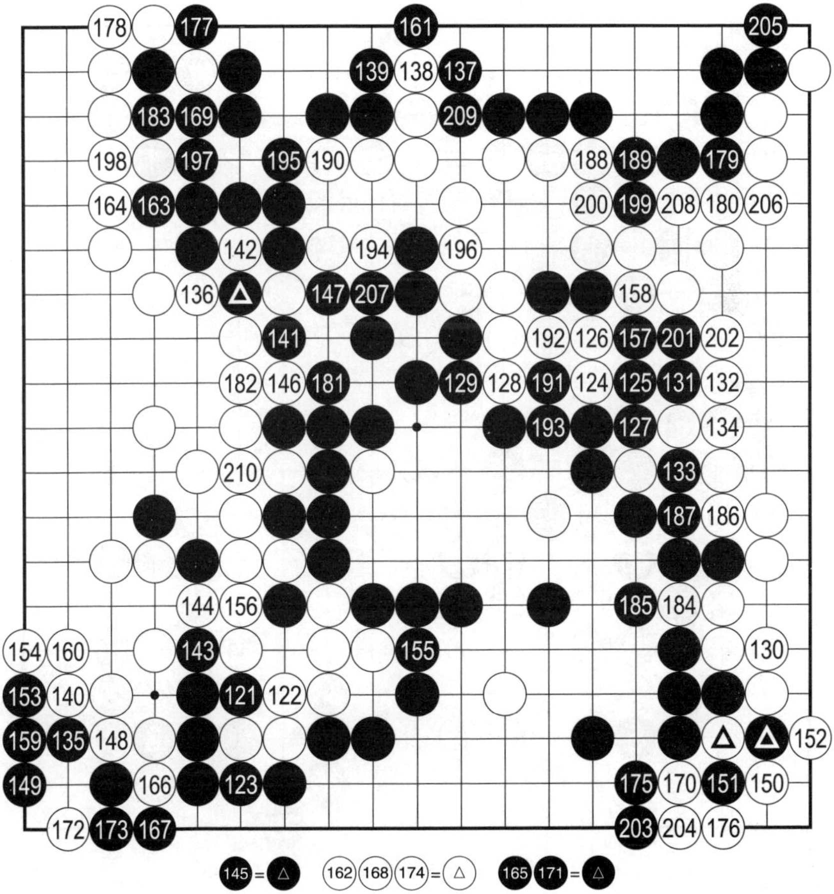

（101–199）

疑2003年12月20日弈于中国棋院
训练棋

黑方　华学明 七段
白方　陈祖德 九段

白16碰积极，符合现代围棋思路。黑33稍显过分，实战从一路渡过所得有限。白40、42凶猛，本手在中腹自补。黑49反击正确，此时黑不能只是委屈做活。黑59将白棋分断，拖入泥潭。黑71、73失误，应于80下一路封锁，战斗难解。白74、76选择正确。白84、86价值巨大，至此白占据主动。白102胜着。黑117不肯苦活，放出胜负手。白此后计算精准，轻松活出。（廖行文）

黑贴$3\frac{3}{4}$子　共142手　白中盘胜

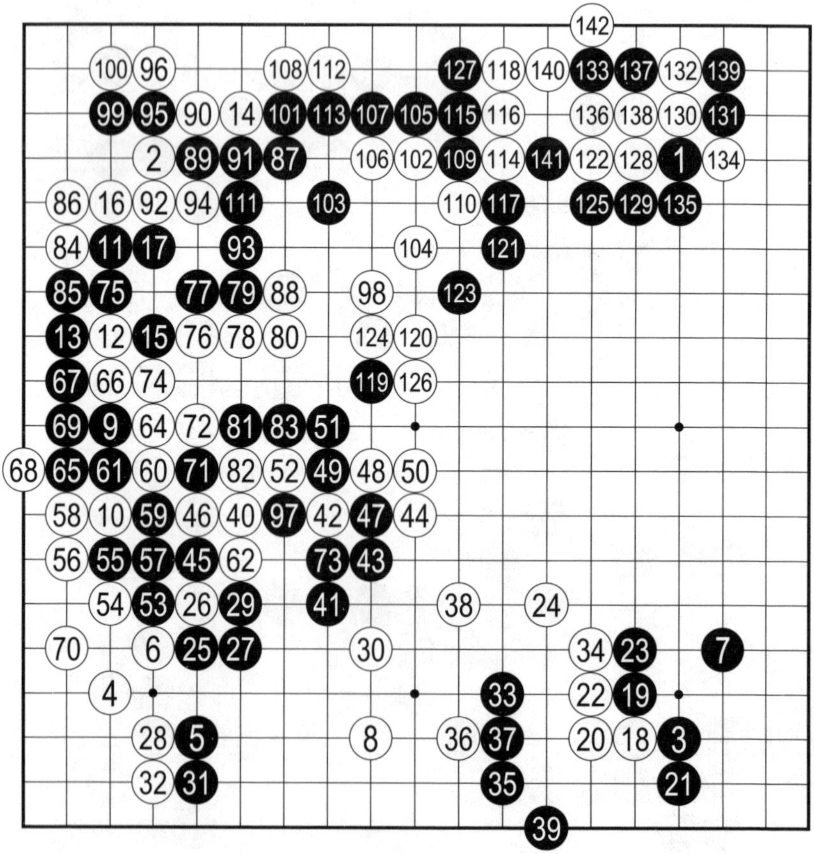

63=26

（1–142）

疑 2003 年 12 月 26 日
训练棋

黑方　陈祖德 九段
白方　王雷 三段

黑 7 要求战斗，正常要上扳。白 18、20 稳健应对。白 28 靠出稍显急躁，应角部尖顶。黑 31、33 冷静应对，至 48 形成转换，黑不错。黑 51 抢宽广处大场更佳。面对黑 67 的打入，白 68 依然选择先补强自身。黑 73 凶，体现了陈老师的棋风。白 74 忍无可忍选择反击。黑 77 挖是脱逃的手筋。（廖行文）

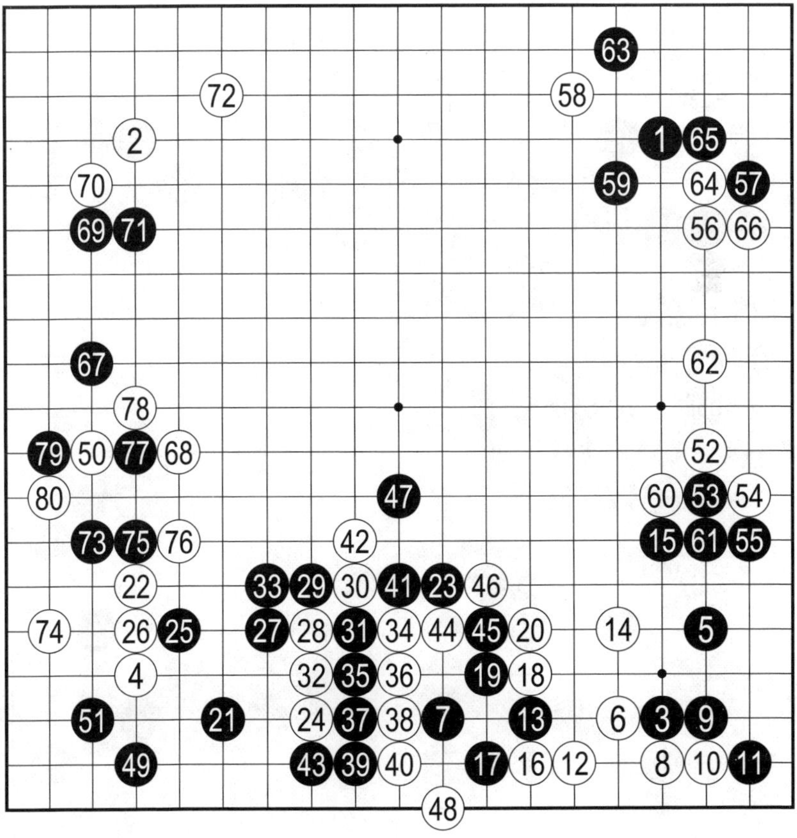

（1–80）

黑方 **陈祖德** 九段

白方 **王雷** 三段

以下进程必然，但黑93、99在酣战中出现失误，至110，白先手形成封锁，占据上风。黑127以下虽竭力挑战，白不为所动，平稳运转。（廖行文）

黑贴3$\frac{3}{4}$子　166手以下略　白中盘胜

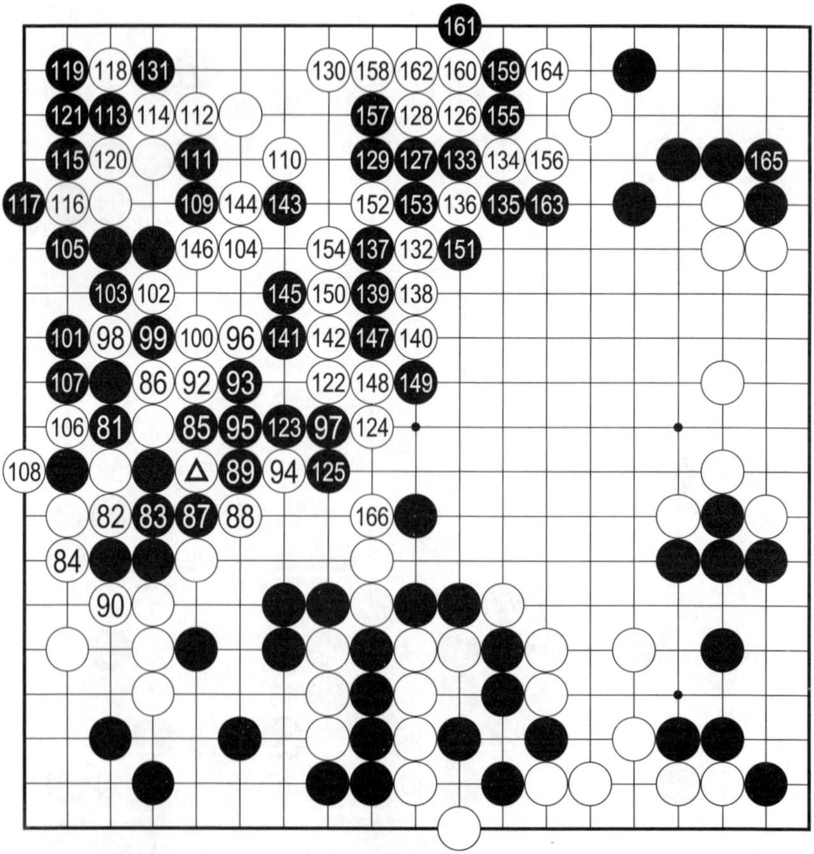

91=△

（81–166）

时年60岁

二〇〇四

◎ 11月底，在无锡举行的第二届威孚房开杯上负于邵炜刚。

◎ 12月初，在第四届招商银行杯电视快棋赛上负于周鹤洋。

薛志春　整理　　　　**华以刚　审订**

疑 2004 年 2 月 4 日弈于中国棋院

训练棋

黑方　刘世振 六段

白方　陈祖德 九段

白 8 选择了大模样格局。白 14 好点，16 是双方消长的天王山。黑 17、19 稳守反击。面对黑 21 的深水炸弹，白 24 搜根颇为实惠，其实跟着飞，扩张右边白大空，也可以满意。黑 33 侵扰好棋，白感到烦恼，对此白 34 直接采取露骨的分断。以下黑获得眼形后，白只能选择脱先它投。白 60 转回局面要点。但白 72 似乎应于左边继续腾挪。黑 73 反击犀利，白 86 尖出后竟不好成活，白 102 最后败着，走 104 位还有打劫的变数。（廖行文）

黑贴 $3\frac{3}{4}$ 子　共 109 手　黑中盘胜

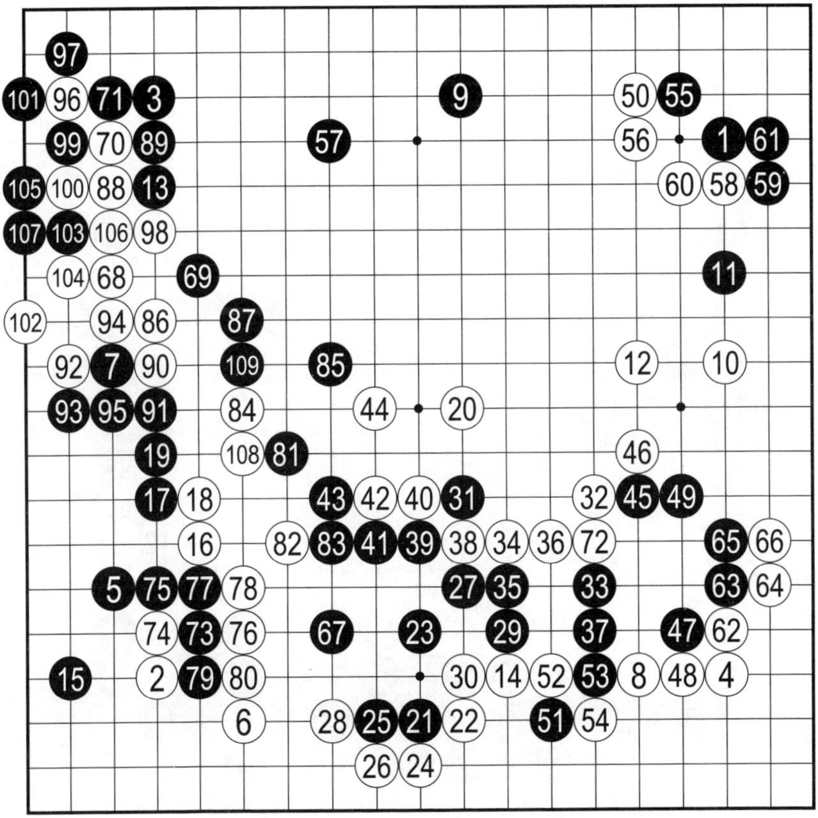

（1–109）

2004 年 2 月 7 日
训练棋

黑方　李劼 四段
白方　陈祖德 九段

白 18 是陈老师酷爱的坚实棋形。白 32 犀利穿入，对此黑 37 以下攻击不利，至 54 白大破黑阵，获得优势。黑 67 教科书般的手法，白 68 以下选择忍让正确。白 76 可以考虑大踏步向中腹跃进。(廖行文)

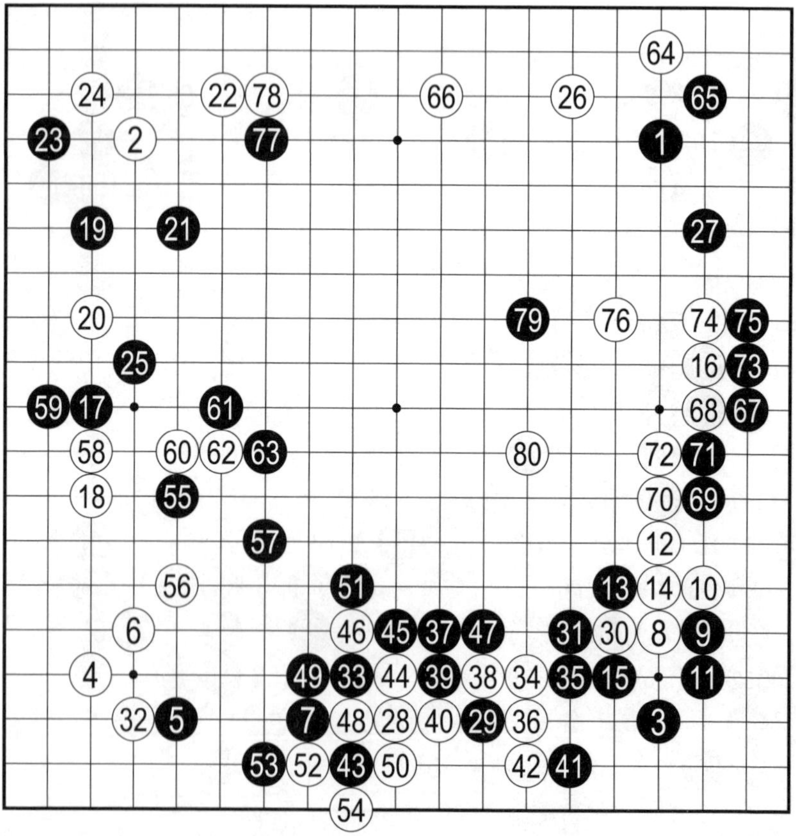

(1–80)

黑方 **李劼** 四段

白方 **陈祖德** 九段

黑 81 紧凑，意在利用白龙不安定竭力扩张中腹。黑 93 搜根收获颇丰，双方回到同一起跑线。黑 113 有点贪心，白 114 抓住机会，至 126 成功打破中腹潜力。黑 133 预谋杀着，白 134 大意没有防范，黑 135 以下突施冷箭，白龙骤然死亡。（廖行文）

黑贴$3\frac{3}{4}$子 共 167 手 黑中盘胜

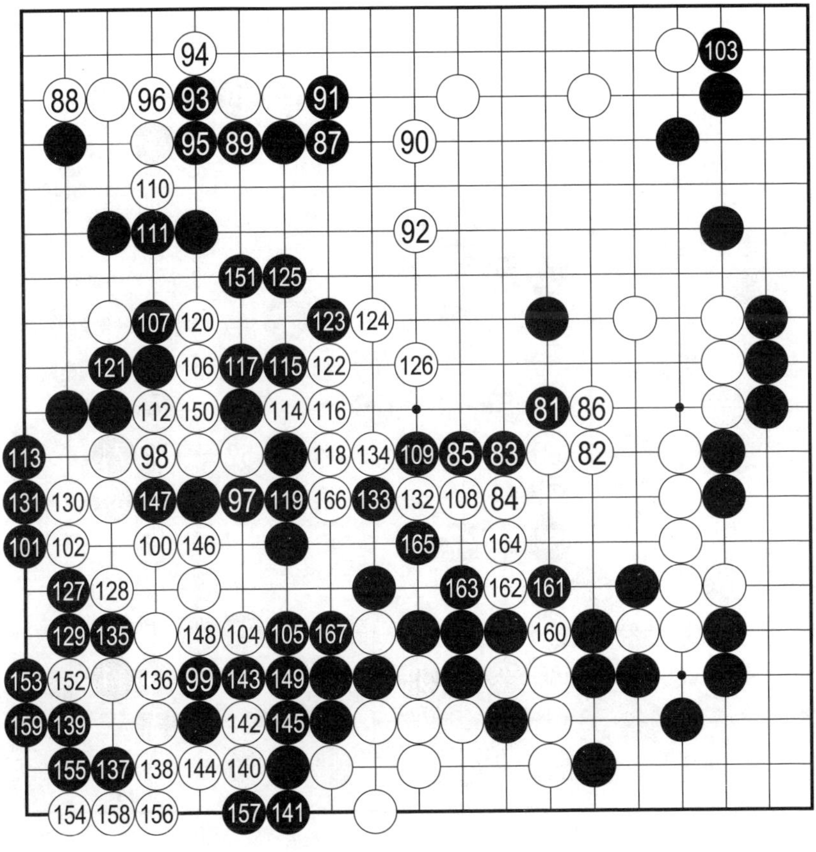

（81–167）

2004 年 4 月 17 日

大连美罗围棋俱乐部成立特别对局

黑方　王汝南 八段

白方　陈祖德 九段

黑 5 至 11 采用大模样布局。白 18 如今多在 22 位顶，黑 23 位挡，白 74 位爬。白 30 冲断，侵消黑模样。黑 43、45 借攻击围空。白 94、96 稍缓，可在 184 位靠，有力。（谢赫）

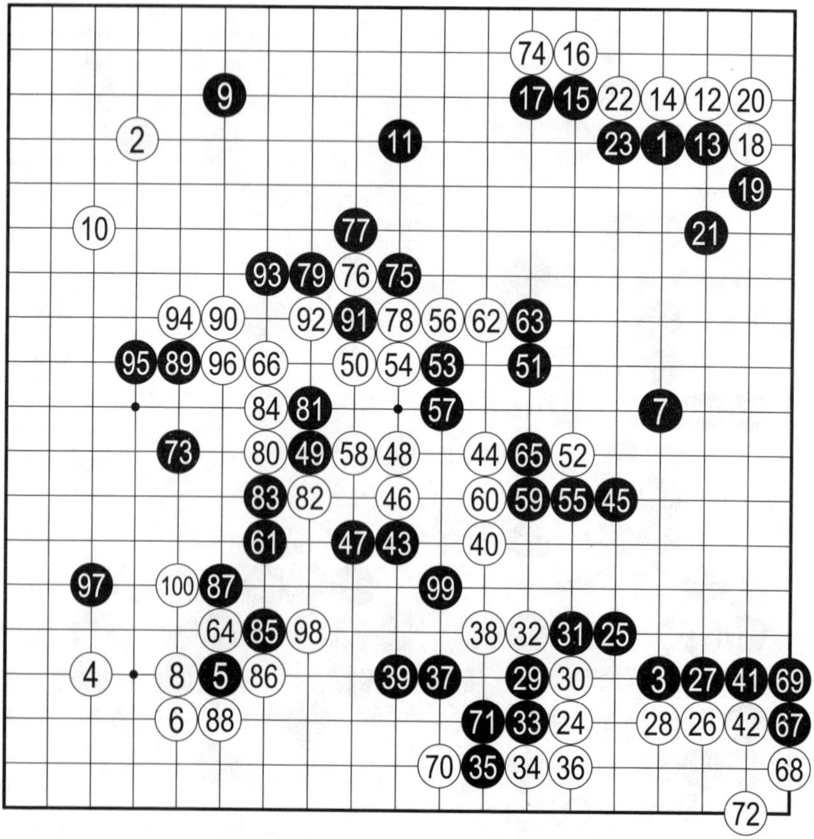

（1–100）

黑方　**王汝南** 八段

白方　**陈祖德** 九段

黑 115 如在 117 位夹，形势黑占优。白 116 应在 118 位反击。白 132 胜负手。黑 139 可在 130 下一路吃。至 145，细棋黑稍好。黑 163 应在 144 左一路扳。白 176 价值大。黑 177 亦应在 178 位弯。黑 189 败着，可在 164 左一路扳。棋谱至 193 为止，已是白小胜的局面。（谢赫）

黑贴$3\frac{3}{4}$子　共 193 手　白胜$2\frac{1}{4}$子

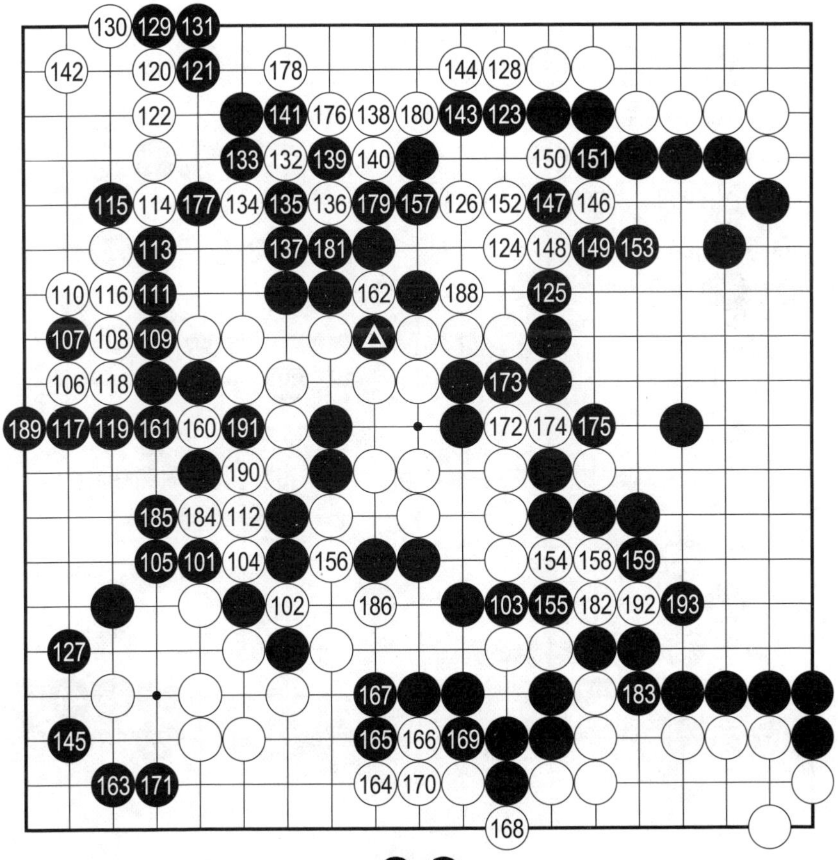

187＝△

（101–193）

2004–1118 | 1987

2004年4月26日
首届蒙山围棋四强邀请赛

黑方　陈祖德 九段
白方　马晓春 九段

黑29、33帮白上边成势，白肯定欢迎。黑45此时再吊已慢半拍。白46、48强硬。至黑57，白要强杀也无把握。白58扳下先试应手。黑63不敢在64位断打了。白64接后，隔断黑9和45，也有不小的收获。黑65只能在69位飞。实战白68、70穿下，黑外面受攻，明显不利。白80好手！（马晓春）

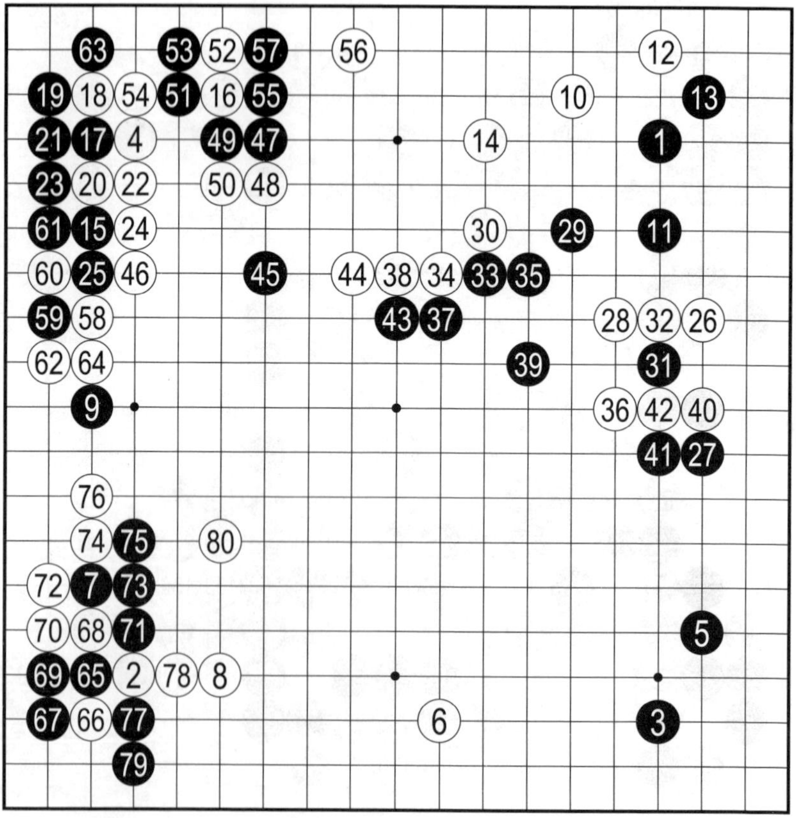

（1–80）

黑方　陈祖德 九段

白方　马晓春 九段

黑83痛苦，此手应于70位左一路先扳，再85位扳，白115位顶，黑再84位打入或149位肩冲，作弃四子处理。白90拐出要点，以下91位和92位各得其一。白94顶后再96跳，白已完全控制了局面。黑虽有125靠的利用，但129以下想要杀白仍是天方夜谭，不过黑不杀白，实空也大差，所以只能做最后的努力。白160扑后产生97下一路的挖，左边94上一路冲断，黑气也不够，只得黯然投子。（马晓春）

黑贴$3\frac{3}{4}$子　共164手　白中盘胜

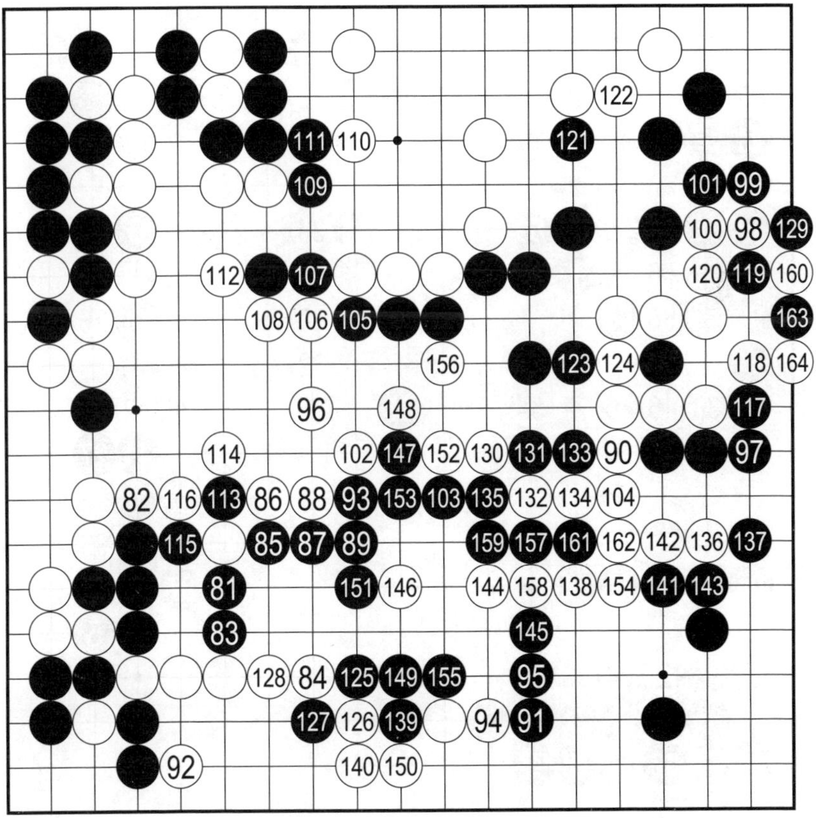

（81–164）

2004年5月19日弈于陈宅
指导棋

白方　陈祖德 九段
黑方　廖行文（受先）

黑11不好，当于角上搜根。白22、24好手。黑55脱离主战场，应165位连络，确保攻势。白62贴住，黑局部只得苦活。黑63率先进角是拼搏的态度。白76也是气合的体现。黑87弃子不好，应150位夹，局部有望出棋。黑91不得已扩张下方，以图挽回局势。黑99小，此时只能应住右下。（廖行文）

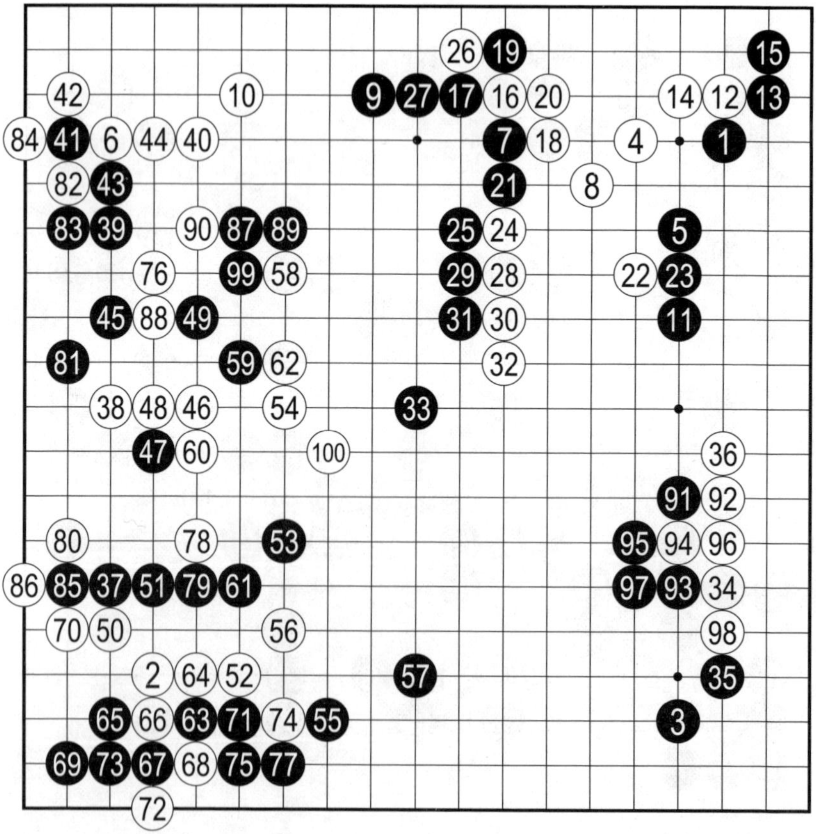

（1–100）

白方 **陈祖德** 九段

黑方 **廖行文**（受先）

白 102 考验黑棋，其实单拐出黑已难抵挡。黑 103 软弱，在 107 位应对较好。至 111 形成转换，局面意外的细微。白 118 似乎可以更进一步。黑 151 断吃后，黑终于获得微弱优势。白 154 逃出过分。黑 175 胜着。（廖行文）

共 191 手　黑中盘胜

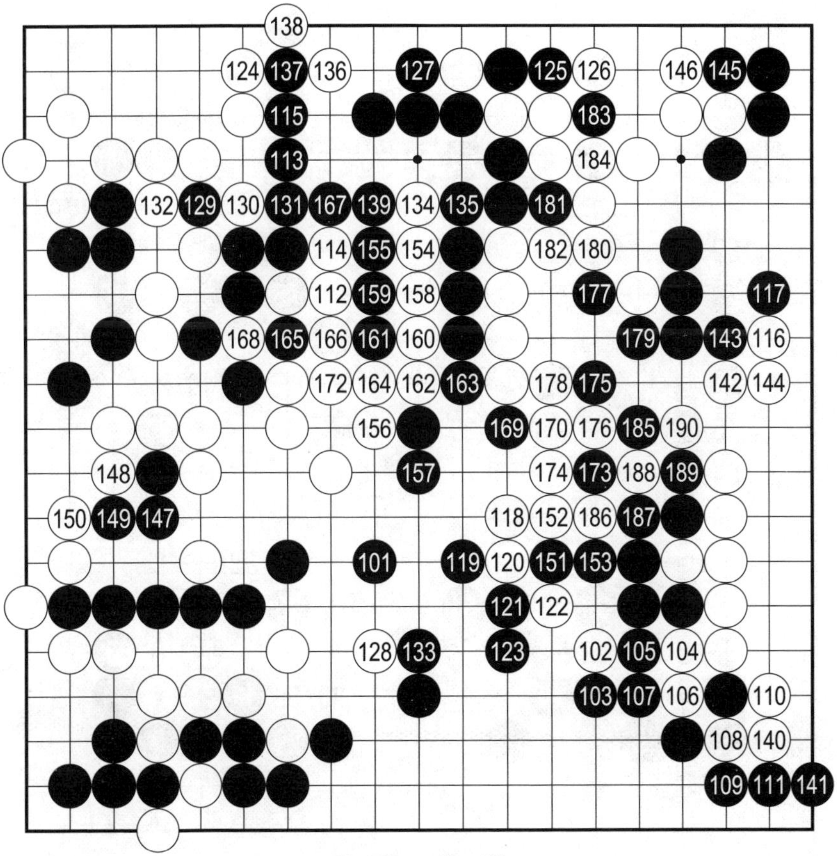

171 = 165　191 = 173

（101–191）

2004年11月5日
商业杯对抗

白方　陈祖德 九段
黑方　胡煜清（受先）

至黑27，双方开局堂堂正正。白32、34追求高效。黑35以下想突破白包围圈，但转换过后黑的方向似乎不对。黑59问题手，略显软弱，此时只能拐出作战。黑65机敏，抢占全局最后一个大场，保持住实地的平衡。白76、78先手定型思路清晰，抢到86后优势明显。白98稍显草率，虎的话局部成活。黑113保住角地得以追近局势。黑115有俗手之嫌，帮助白补断点。（廖行文）

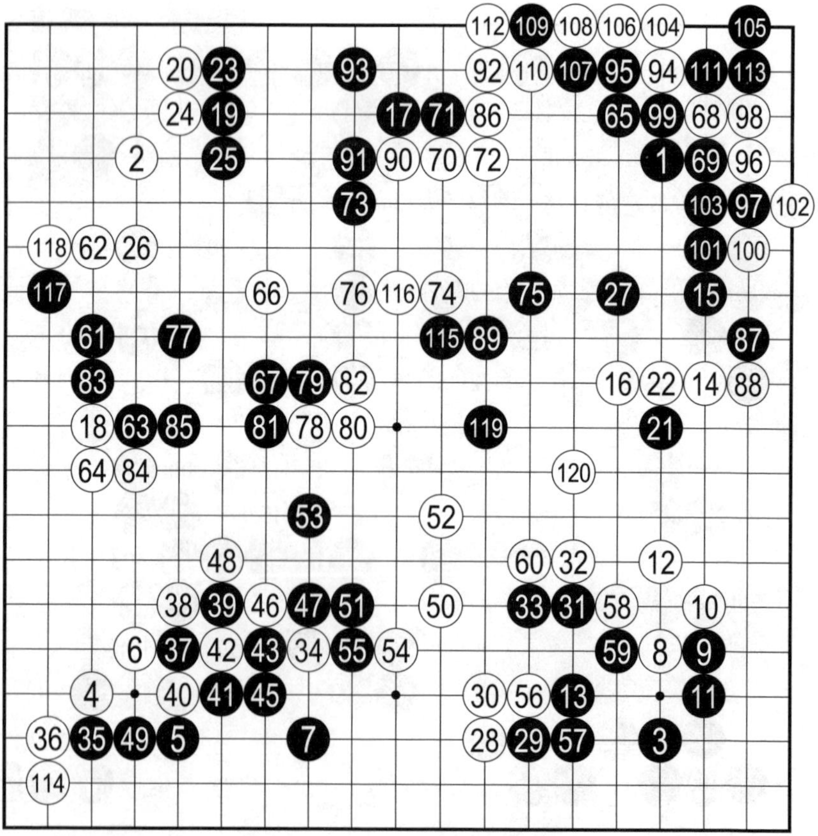

44=37

（1–120）

此后官子双方大致均势，黑依靠让先优势胜出。(廖行文)

白方　陈祖德 九段

黑方　胡煜清(受先)

共 250 手　黑胜 2 子

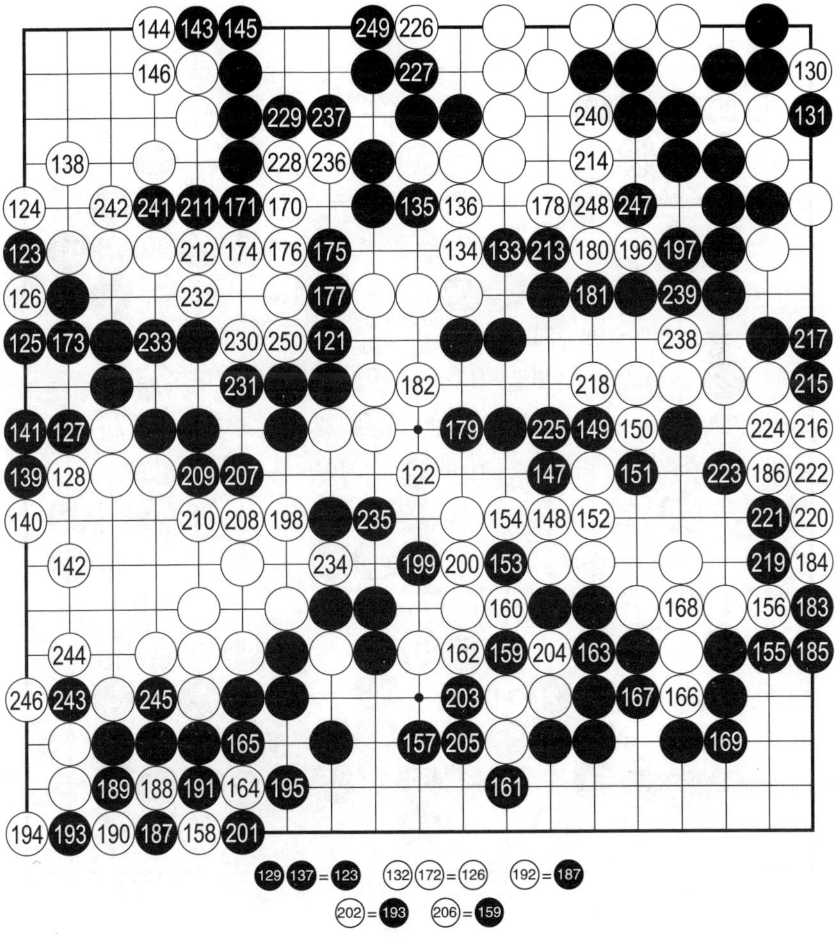

(121–250)

2004年11月27日
第二届威孚房开杯

黑方　邵炜刚 九段
白方　陈祖德 九段

白16连扳争先手，抢到22的要点，大致两分。白28有损实地之嫌，被黑33打入略显麻烦。白36好棋，局部最强应手。黑37转身机敏。白50奋起反击，但局部战斗是黑有利。至黑71，白中腹几子感到无趣。对白78挑起的转换，黑83判断清晰，果断弃角。随后白88过于深入，黑89反击后，白棋治孤非常艰难。（廖行文）

黑贴$3\frac{3}{4}$子　共155手　黑中盘胜

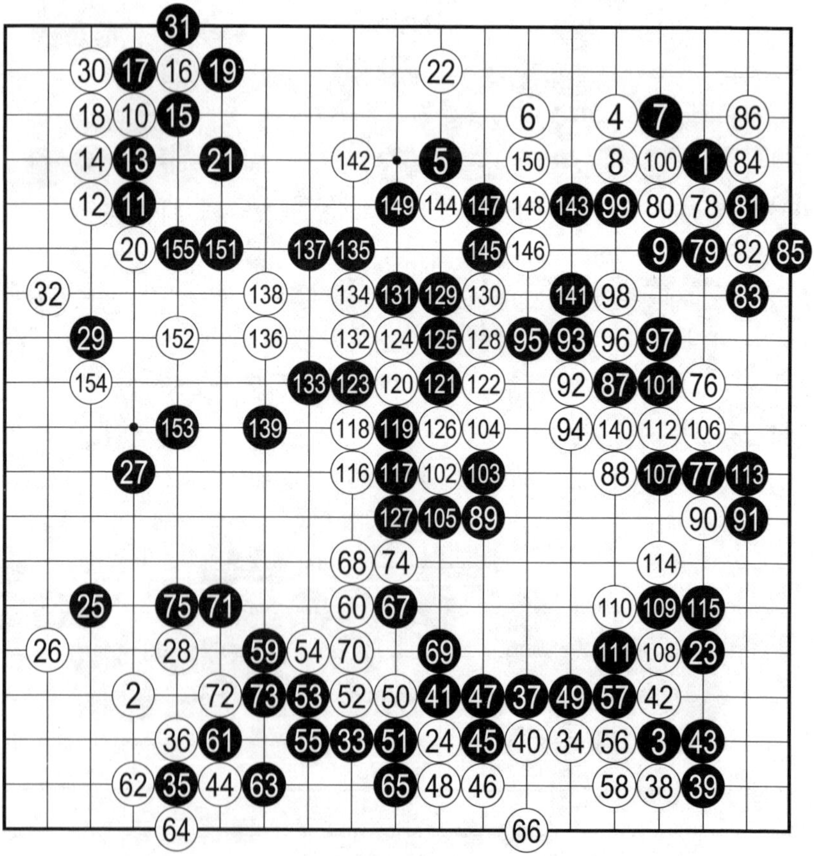

2004 年 12 月 6 日

第四届招商银行杯电视快棋赛第一轮

黑方　周鹤洋 九段

白方　陈祖德 九段

白 18 拆三，有诱黑战斗的意思，黑果然反击。白 28 挖断强硬，瞬间形成激战。黑 43 断做准备工作必要，如直接拐下，被白在 15 右一路挖，将陷入困境。至 51 形成转换，大致两分。白 54 失误，忽略了黑 57 挤的先手。黑跳至 65 占据主动。白 66 只得转身，从长计议。黑 89、91 出现破绽，白 92 以下机敏抓住战机，黑局部非常苦。但白 100 弈出败着，改走下一路是防守要点。（廖行文）

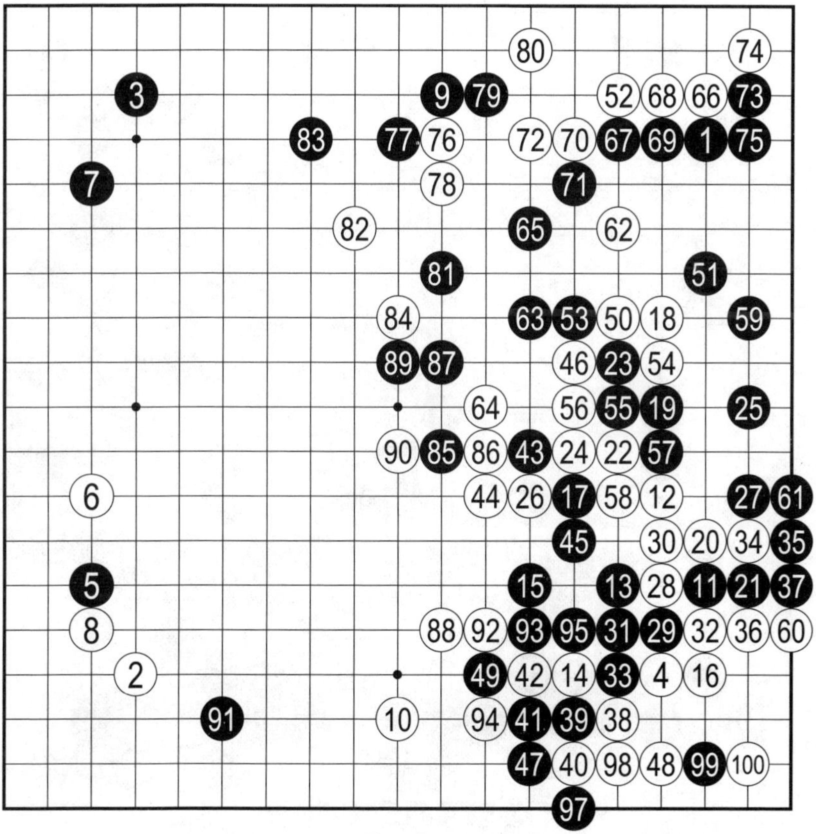

96=42

（1–100）

实战角部形成打劫，黑利用无穷的本身劫，白大势已去。（廖行文）

黑方 **周鹤洋** 九段

白方 **陈祖德** 九段

黑贴$3\frac{3}{4}$子 共183手 黑中盘胜

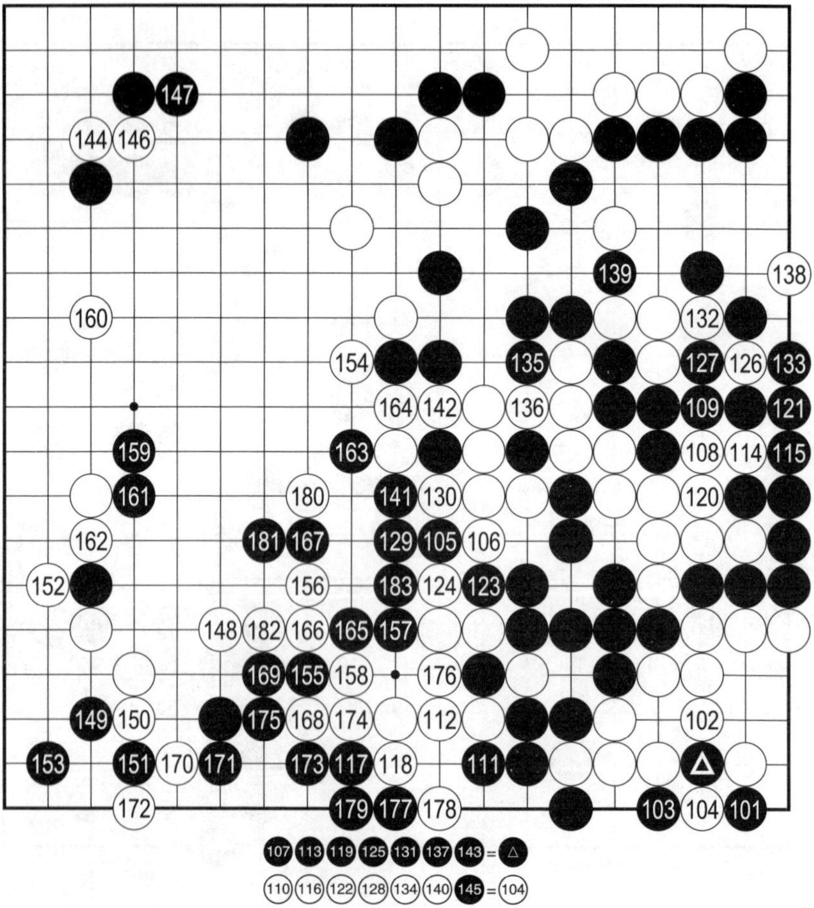

（101–183）

二〇〇五

时年61岁

◎ 5月，在日本爱知县名古屋举行的世博会上，与林海峰九段、大竹英雄九段对弈。

◎ 9月，在中华书局再版《当湖十局细解》。

◎ 12月，在中国围棋甲级联赛第21轮，憾负于刘世振。

薛志春　整理

华以刚　审订

2005 年 1 月
晚报杯专业业余对抗赛

白方　陈祖德 九段
黑方　唐韦星 业余 7 段（受二子）

因是让两子，迫使白开局就要走得非常积极。白 17、21 也是寻求高效的应对。黑 30 打破白意图正确。白 49 反击，将局势变乱。黑 68、70 好棋，展现了唐韦星锐利的感觉。白 75 打出无奈，撞伤了右边白棋。（廖行文）

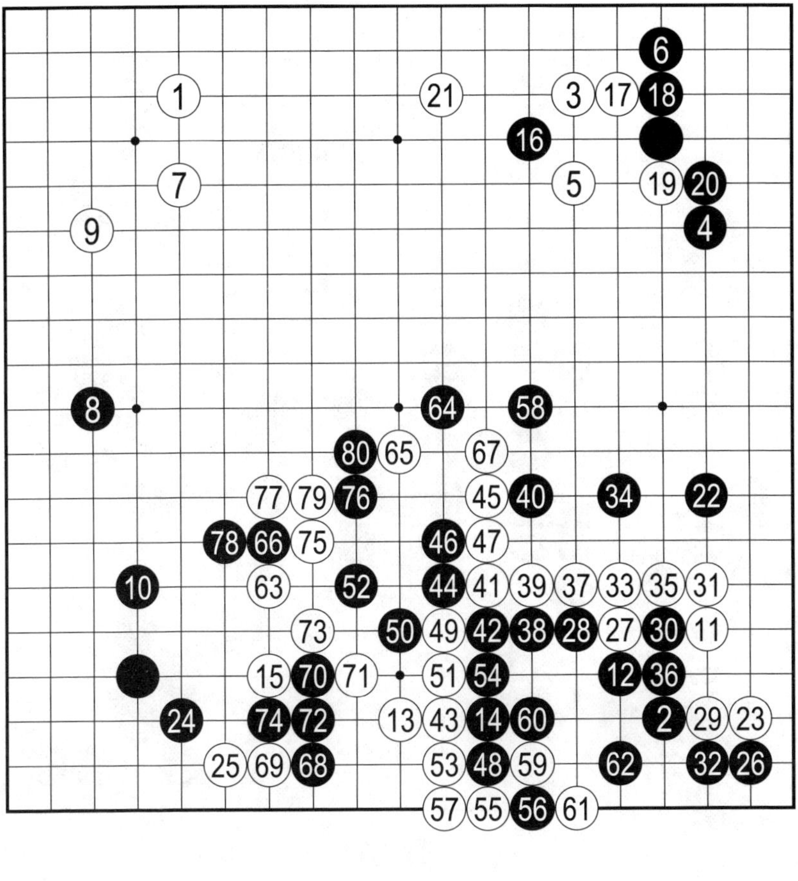

（1–80）

2005–1124

白方　**陈祖德** 九段

黑方　**唐韦星** 业余7段（受二子）

白95腾挪好手，至105顺利治孤。黑106略有问题，此时脱先它投更佳。白113掩攻中腹，有厚薄逆转的意味。所幸黑124利用白弱点积极应战获得成功。至144，黑依然牢牢把握住了优势。（廖行文）

共172手　黑中盘胜

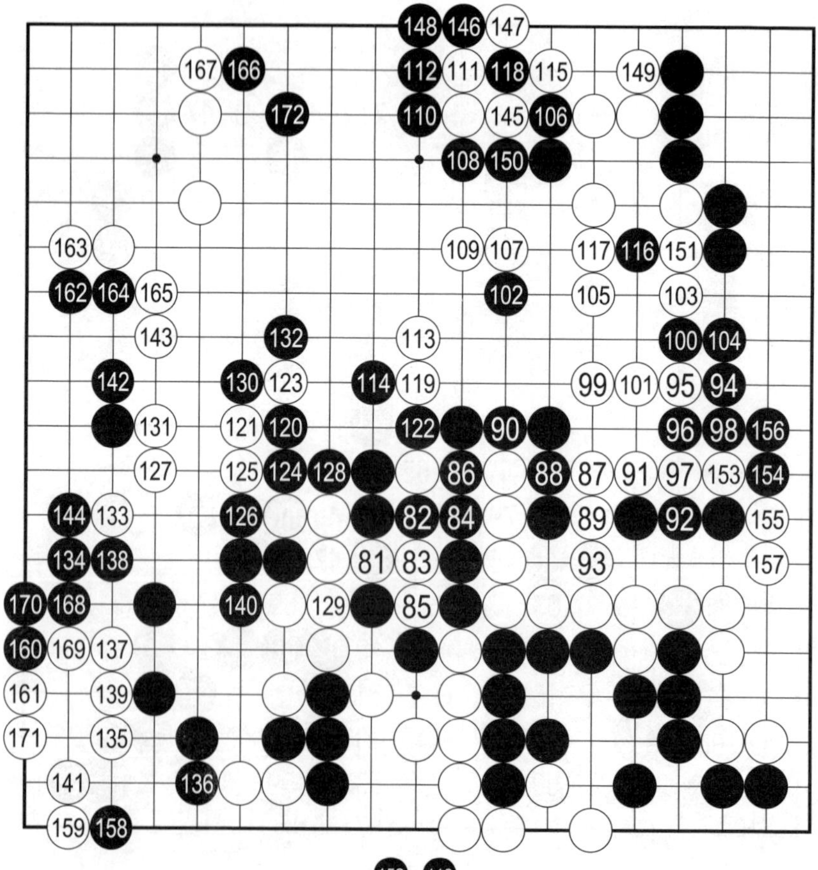

152=118

2005年3月8日
第11届NEC杯预赛第一轮

黑方　陈祖德 九段
白方　董彦 七段

白18略显恋战，至黑25，局部黑不错。至38，右下定式两分。白40扩张模样。黑43棋形处理似乎不佳，左一路是要点。白随即通过攻击搜刮左上，收获明显。白74做劫紧凑，利用全局劫材有利“欺负”黑角。（廖行文）

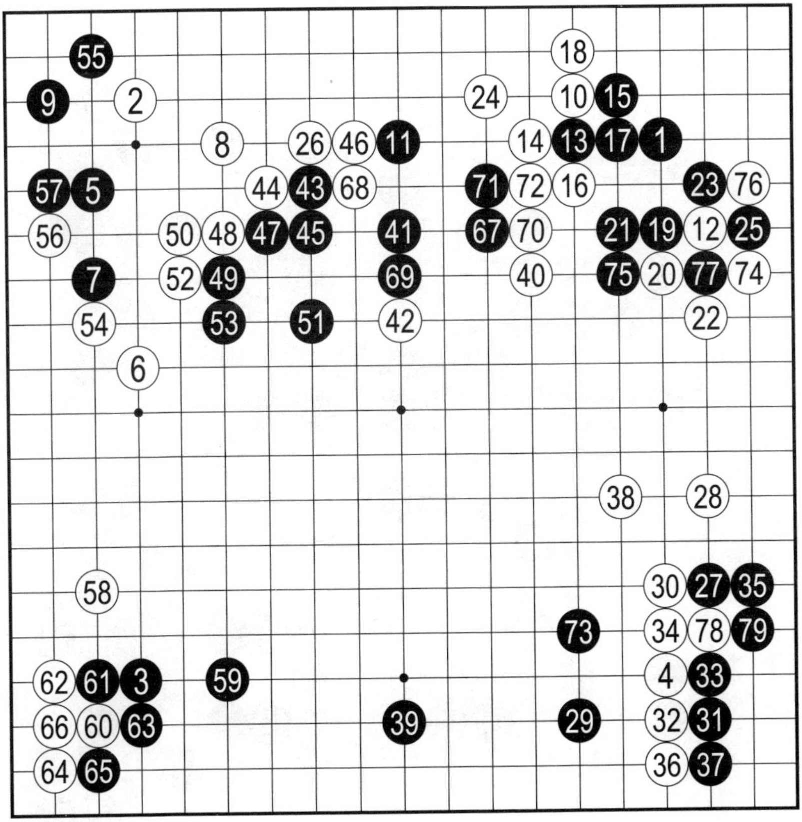

80＝12

（1–80）

黑方　**陈祖德** 九段

白方　**董彦** 七段

白90处理打劫思路高级，值得学习。黑97虽斩获白数子，但外围薄弱，形势依然不乐观。白122、126胜着，黑两条大龙需要处理，最终难以兼顾。（廖行文）

黑贴$3\frac{3}{4}$子　共166手　白中盘胜

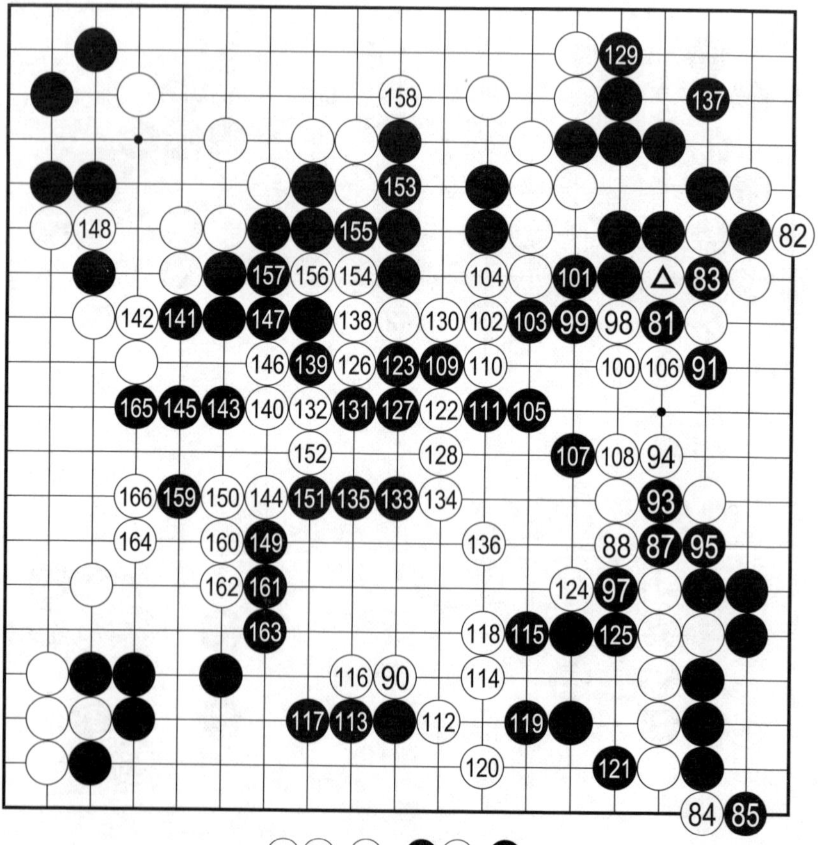

(86)(92)=(△)　(89)(96)=(83)

(81–166)

2005年5月30日弈于名古屋
世博会中日对抗赛

黑方　陈祖德　九段
白方　林海峰　九段

开局时，面对白10、12的灵活处理，黑选择坚实回应。黑19、21冲击白形弱点，白22以下苦心应对，但同样也撞实了外围黑势。白36应对非常强硬，但是在黑厚壁旁作战，略感不利。黑51计算失误，是败着，如选择接回打劫，则战斗黑棋有利。白74从尾巴收气，为黑所漏算，棋局戛然而止。（廖行文）

黑贴6目半　共74手　白中盘胜

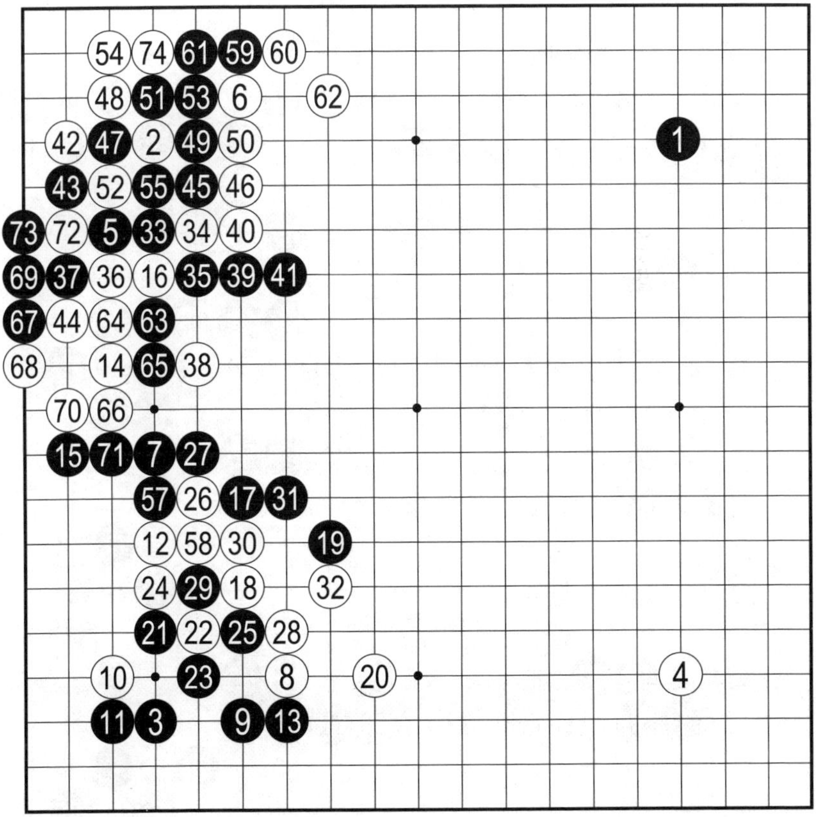

(56)=●47

（1–74）

2005 年 5 月 31 日弈于名古屋
世博会中日对抗赛

黑方　大竹英雄 九段
白方　陈祖德 九段

右上至黑 19 形成古老的定式，用现在的视角看白棋占优。白 22 搜根是陈老师喜欢的手法。对此，黑 23 镇也非常潇洒。白 28 反击，导致角部被压迫，至 34，局部白棋稍感不满。白 38 依然选择坚实以对，虽很想在下边打入。白 46 步调略缓，被黑 47 镇住不好处理。无奈之下，白 58、66 等花了数手才得连络，全局隐隐落入下风。白 76 长入想在局部制造事端，然而至 83 无功而返。白 86 放出最后的胜负手，至 92 确有收获。黑 97、99 次序精妙，利用角上打劫牵制白方。黑 125 搜刮，斩获实地颇丰，确立胜势。（廖行文）

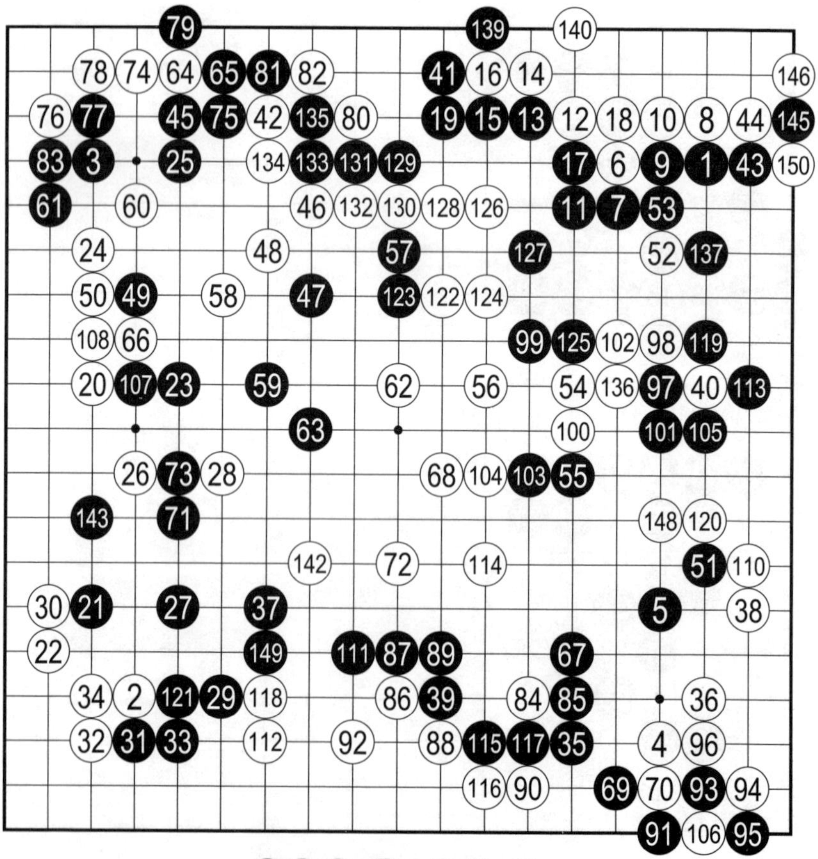

109 141 147 = 93　138 144 = 106

(1–150)

此后官子进程已与胜负无关。

（廖行文）

黑方　大竹英雄 九段

白方　陈祖德 九段

黑贴 6 目半　共 288 手　黑中盘胜

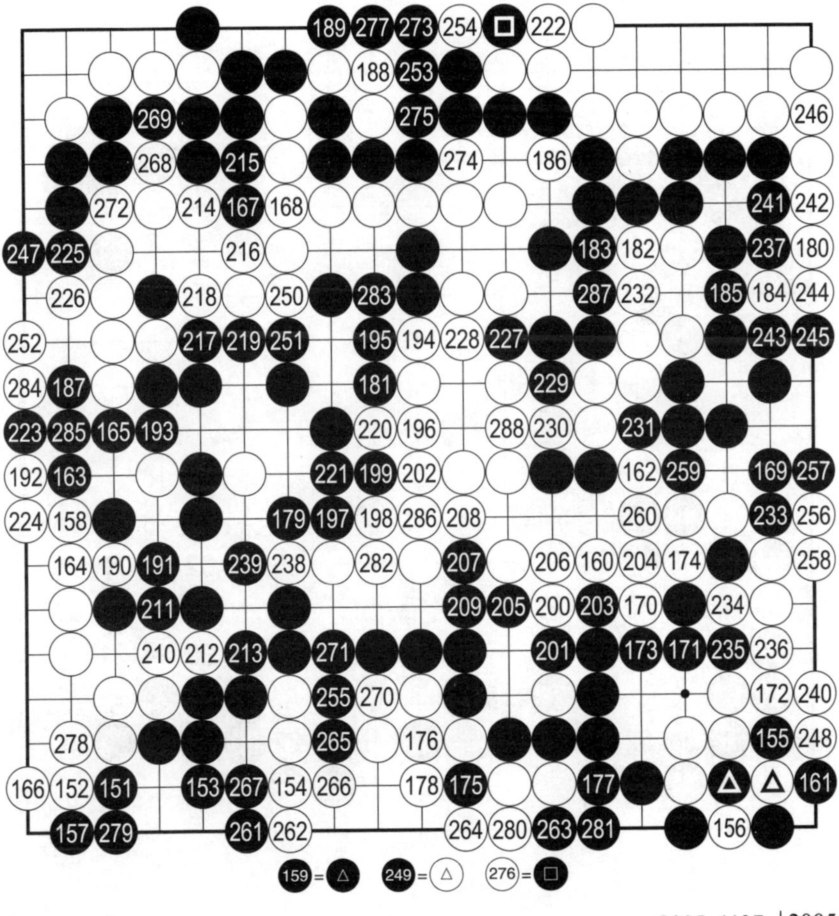

（151–288）

2005 年 9 月 17 日

博士山杯元老围棋邀请赛

黑方　陈祖德 九段

白方　王汝南 八段

黑 25 锐利。黑 31 先在 30 上一路断更好。白 32 可在 33 位长。黑 37 如在 190 位贴，有力。白 38 可在 37 右一路扳吃。至 45 的结果黑好。黑 61 应在 50 上一路冲，白危险。黑 67 不如在 71 位接。黑 75 俗手，应在 82 位退。至白 76，形势已难分优劣。黑 83 应在 111 位打，味道好。白 84 至 88 有所得，且仍有 102 位动出的余味。（谢赫）

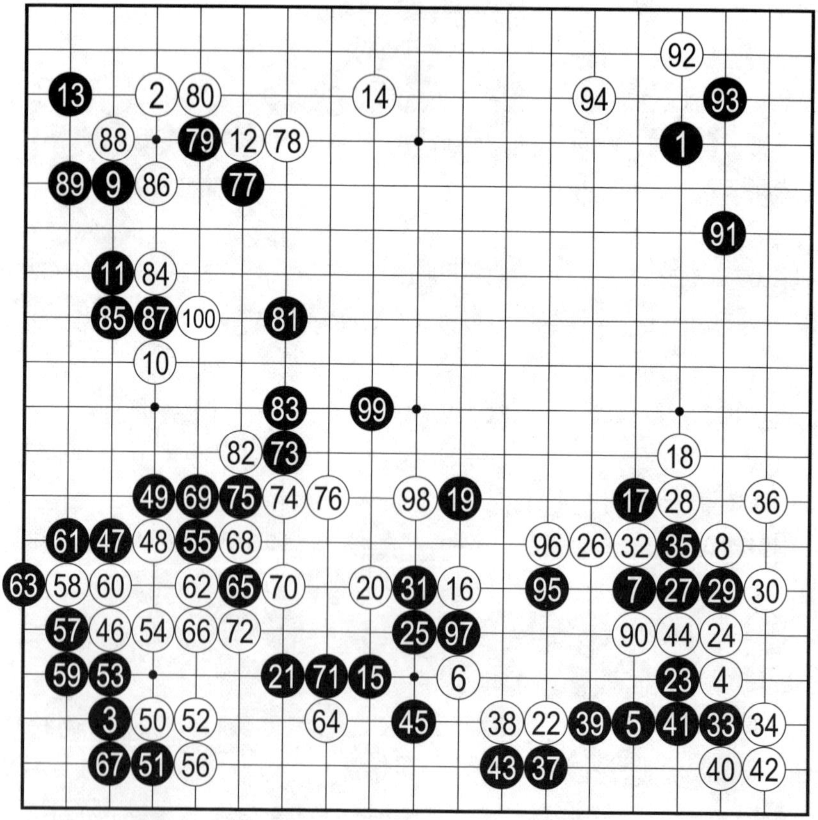

（1–100）

白106应在112位接。白108似有误算。黑109尖，白亏损。至131白无所得，黑优势。此后白棋没有逆转的机会。(谢赫)

黑方 **陈祖德** 九段

白方 **王汝南** 八段

黑贴$3\frac{3}{4}$子　共195手　黑中盘胜

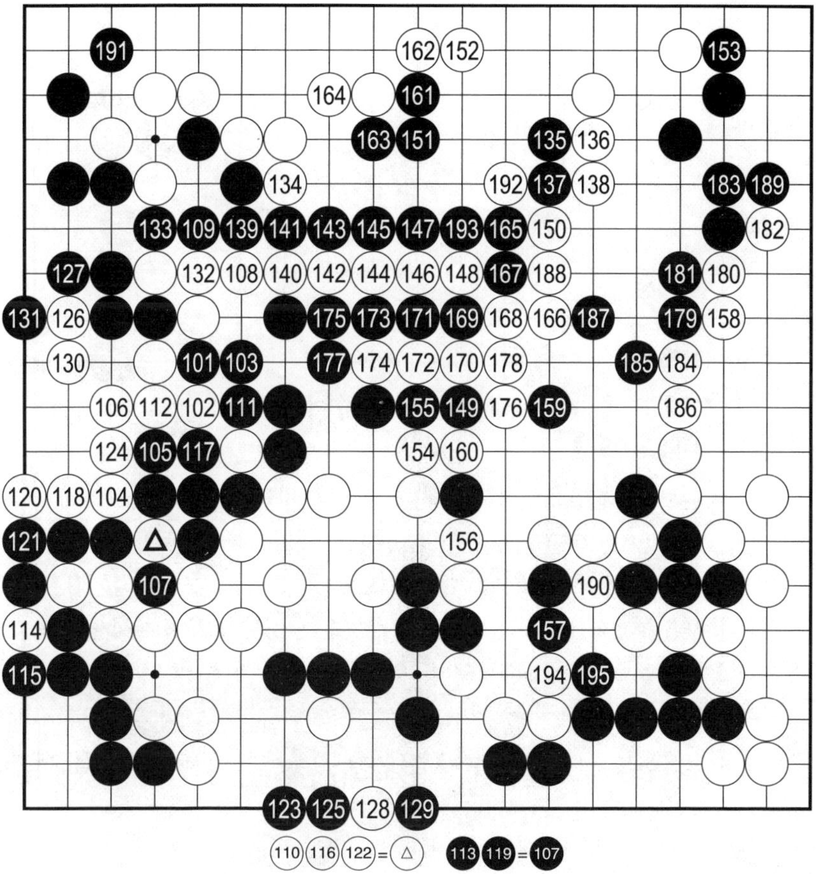

(101–195)

2005年9月18日弈于北戴河
元老邀请赛决赛

黑方　聂卫平 九段
白方　陈祖德 九段

白12、14的下法有待商榷。白32应在28上两路虎，实战白12一子受攻。白36改走37位是形的急所。实战白不活，明显不利。白58无论如何也要走71位扳住再说。实战白几块被分断，苦战。白76最后败着。此手改在79位立，黑走7下一路立，白再78位挤，如此进行还比较复杂。实战黑利用滚打弃子，至89活出，黑大优。黑91-95稳妥厚实。黑105至白112，白后手活痛苦不堪！白116虽点得三三，但亦有隐患。（马晓春）

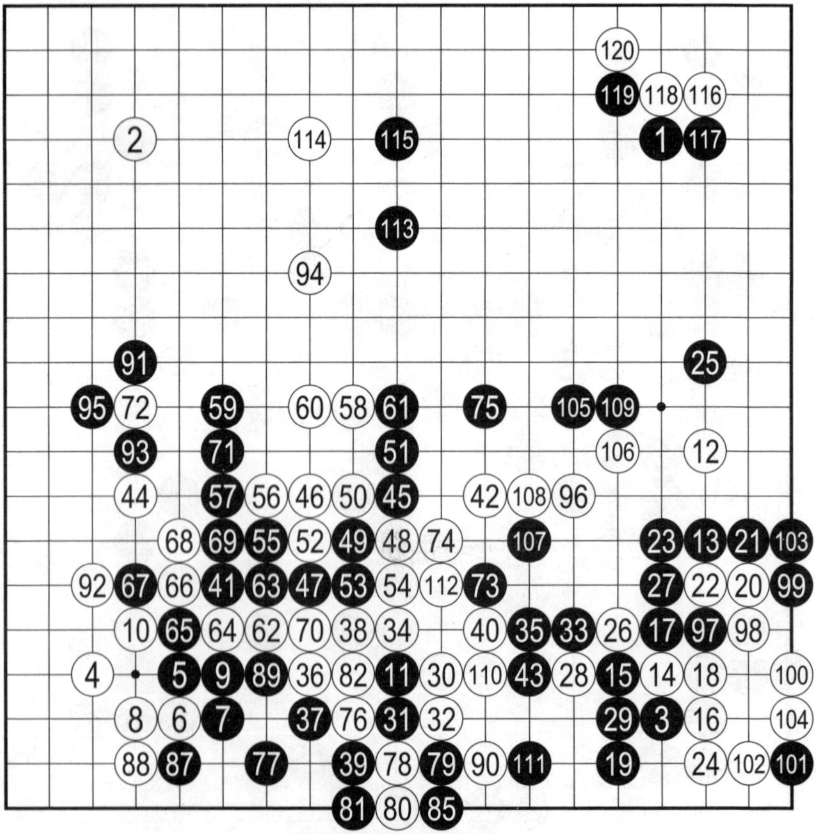

83 86 = 31　84 = 11

（1–120）

黑 127 靠出犀利，白难以抵挡，至此棋局终了。（马晓春）

黑方　聂卫平　九段

白方　陈祖德　九段

黑贴$3\frac{3}{4}$子　共 215 手　黑中盘胜

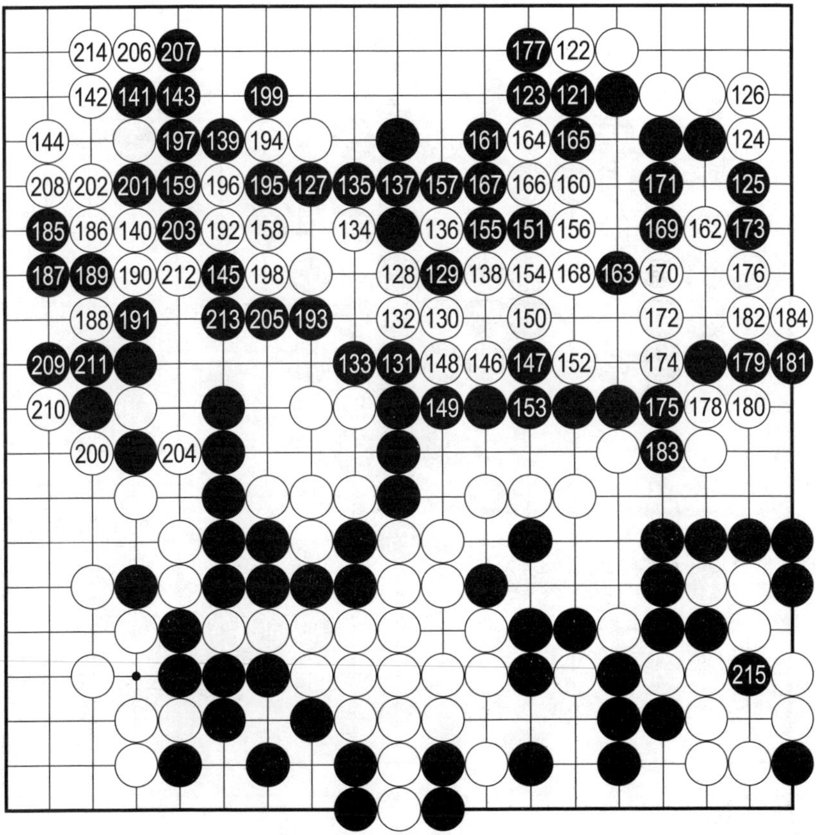

（121–215）

2005年12月1日

黑方　陈祖德、唐莉

白方　胡耀宇、孔祥明

布局至20的变化在当时很流行。白22普通在20上一路拐。黑23可在27位扳。白26过分，应在27位立。白34过急。黑37好手。黑43判断清楚，至45，白两块棋未安定，苦战。黑67失误，应在75位提。白70如在67右一路开劫，黑危险。黑75消劫有疑问，应在76位接，白提劫，黑于32右一路挖，白消劫，黑于46右一路冲，如此转换局势尚早。至76白优势明显。白78好手，至82黑苦战。白98应在97右一路挤。（谢赫）

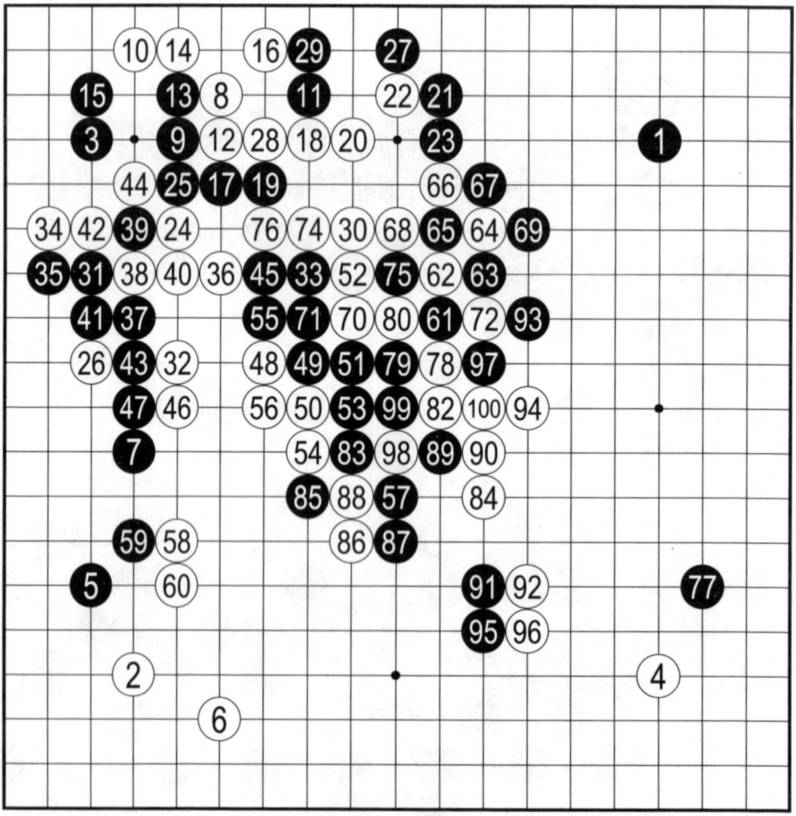

73=65　81=62

（1–100）

黑方　陈祖德、唐莉
白方　胡耀宇、孔祥明

白104如在138位扳，更简明。白106应在107位长，黑接，白109位退，白简明优势。黑109扳出，局面复杂化，作为处于劣势的黑方来说是欢迎的。黑115有疑问，如在114下一路尖顶，白138位吃，黑149位扳，将形成复杂的对杀。黑135应在137位尖，力争搅乱局势。至142白简明大优，此后黑已无机会。(谢赫)

黑贴3$\frac{3}{4}$子　共204手　白中盘胜

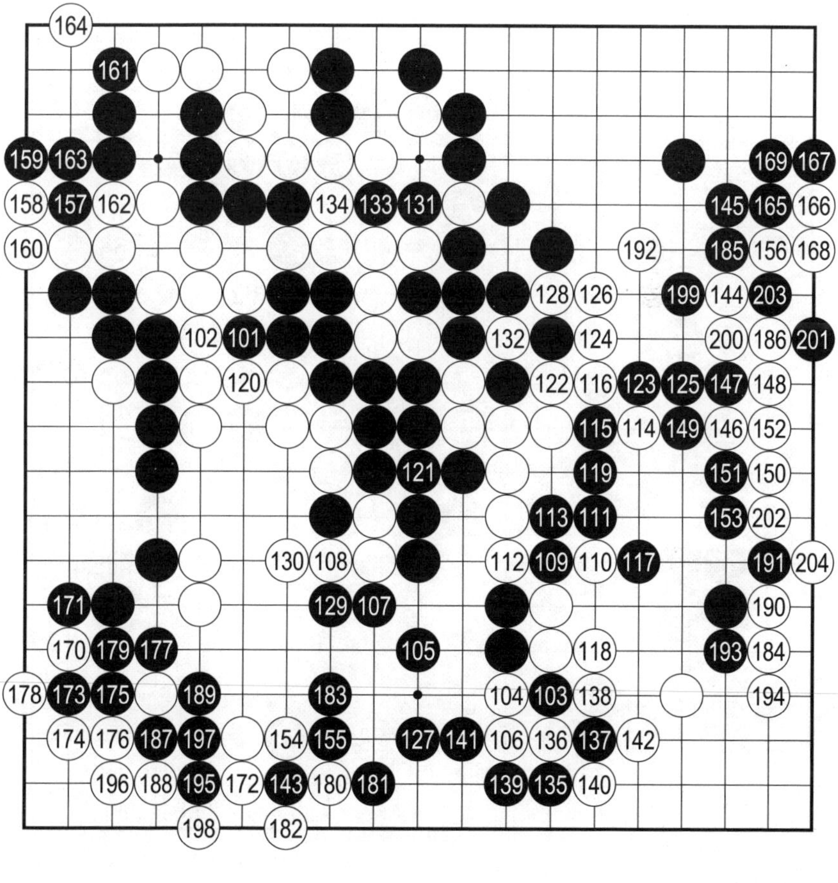

(101–204)

2005年12月4日
指导棋

白方　陈祖德 九段
黑方　王香如（受先）

黑19积极压迫白的拆二，但似乎右上吃角更为实惠。黑39方向正确，但白获得先手抢占空角，双方形成均衡局面。白54大且厚。黑55好感觉，瞬间在左边构成巨大的阵势。白60好棋，连络的同时对右上黑棋产生了威胁。黑71略有问题，应直接在73贴住，较实战厚实。（廖行文）

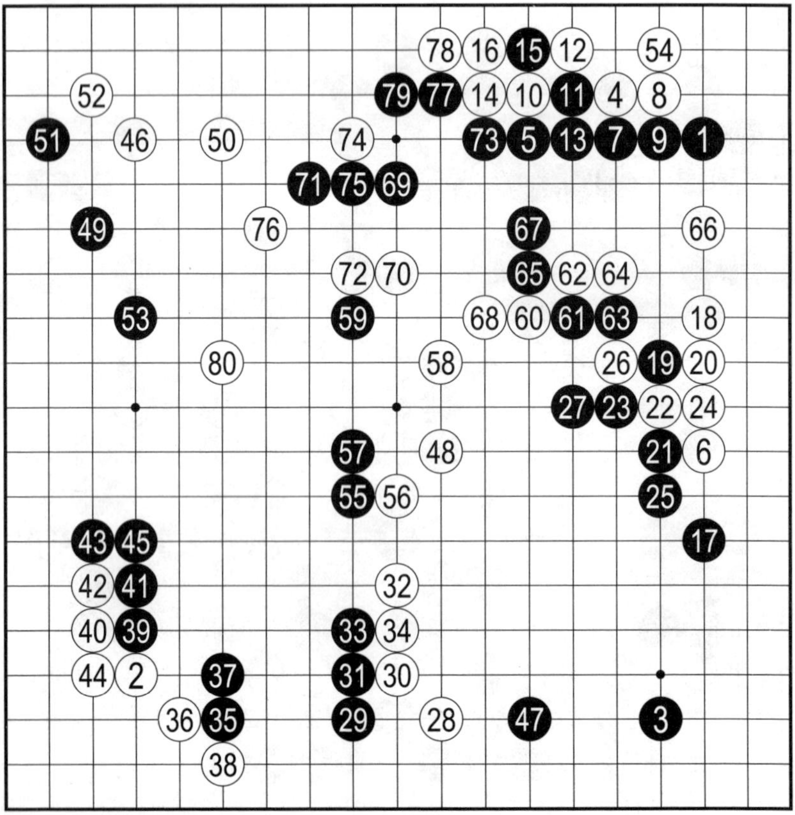

（1–80）

白方　**陈祖德** 九段

黑方　**王香如**（受先）

面对白84的搜刮，黑无奈只得苦肉计做活。白106犀利，击中黑要害。至132，白获得巨大战果。黑155进行最后一拼，但白164是脱险好手，黑无功而返。（廖行文）

白贴$1\frac{1}{2}$子　共170手　白中盘胜

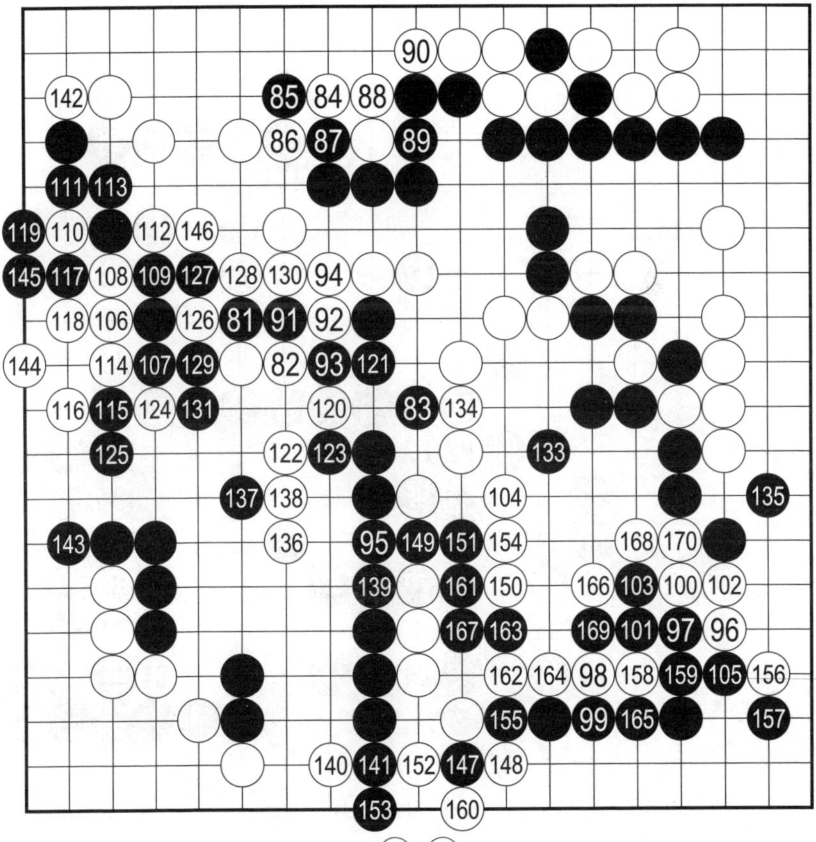

132=126

（81–170）

2005 年 12 月 24 日
中国围棋甲级联赛第 21 轮

黑方　陈祖德　九段
白方　刘世振　六段

白 22 稍有疑问，应脱先。白 26 托是破入黑空的常规着法。黑 41 不依不饶紧追孤棋，是陈老师喜欢的步调。白 52 选点有问题，从此处强硬杀出，战斗未见有利。黑 67、69 防御稍缓，白棋得以喘息。黑 93 正形，在局部留下打劫，令白棋不舒服。（廖行文）

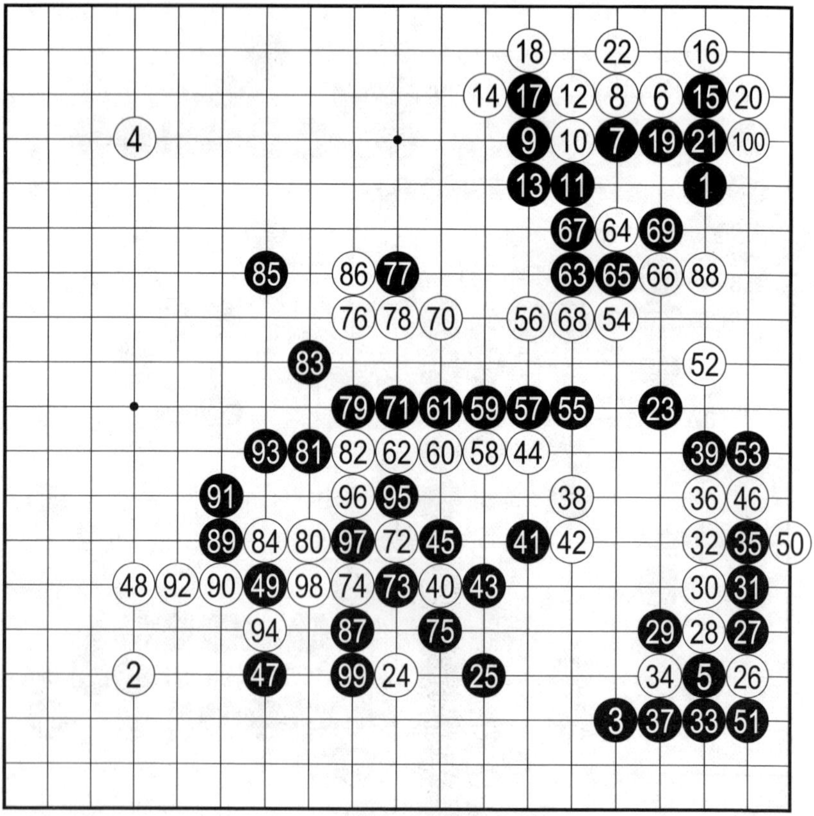

（1–100）

黑方　陈祖德 九段

白方　刘世振 六段

随后双方围绕劫争都不肯退让，过程中黑123敏锐地斩获白龙，占据优势。白136“送死”是为了有更多劫材，在下边战斗中做文章。黑149开劫没必要，在二路跳做活自身，简明优势。白156消劫后局势极为接近。双方此后又形成数个劫争，局面也是几度反复。（廖行文）

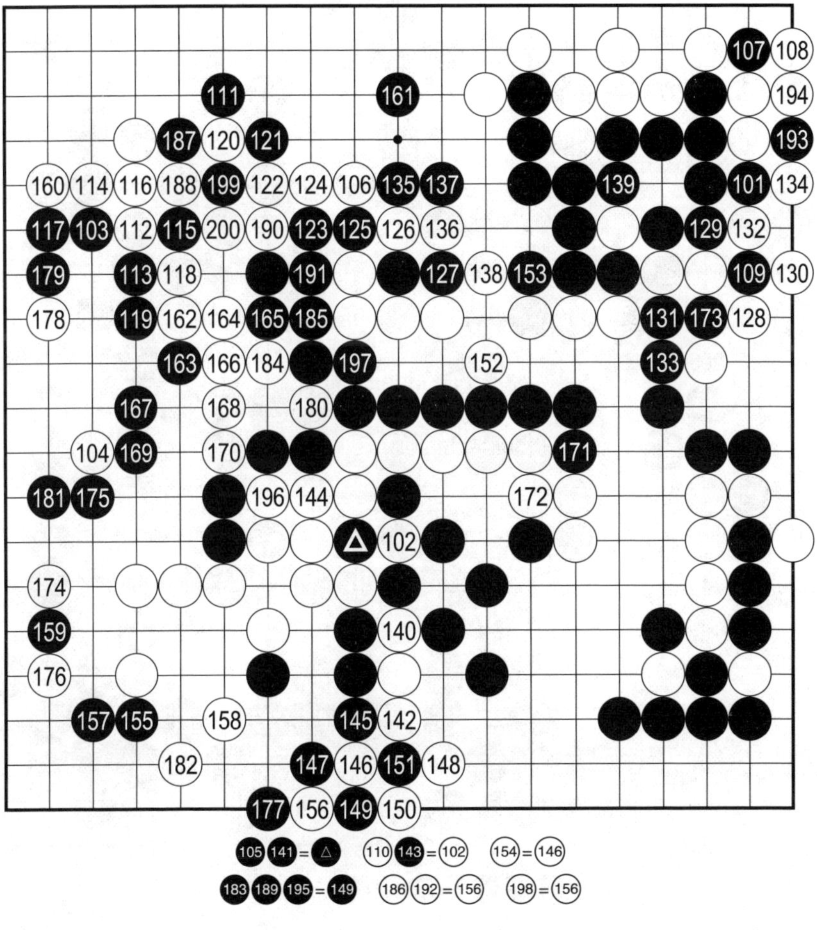

（101–200）

黑方　**陈祖德** 九段

白方　**刘世振** 六段

黑265大意自补是最后的败着，应242右一路挡住收官，则小胜不可动摇。激战到最后，黑遗憾半目败北。但年逾六旬的陈老师在这激烈的对局中所展现出的战斗力和精神力让人敬佩。（廖行文）

黑贴$3\frac{3}{4}$子　共306手　白胜$\frac{1}{4}$子

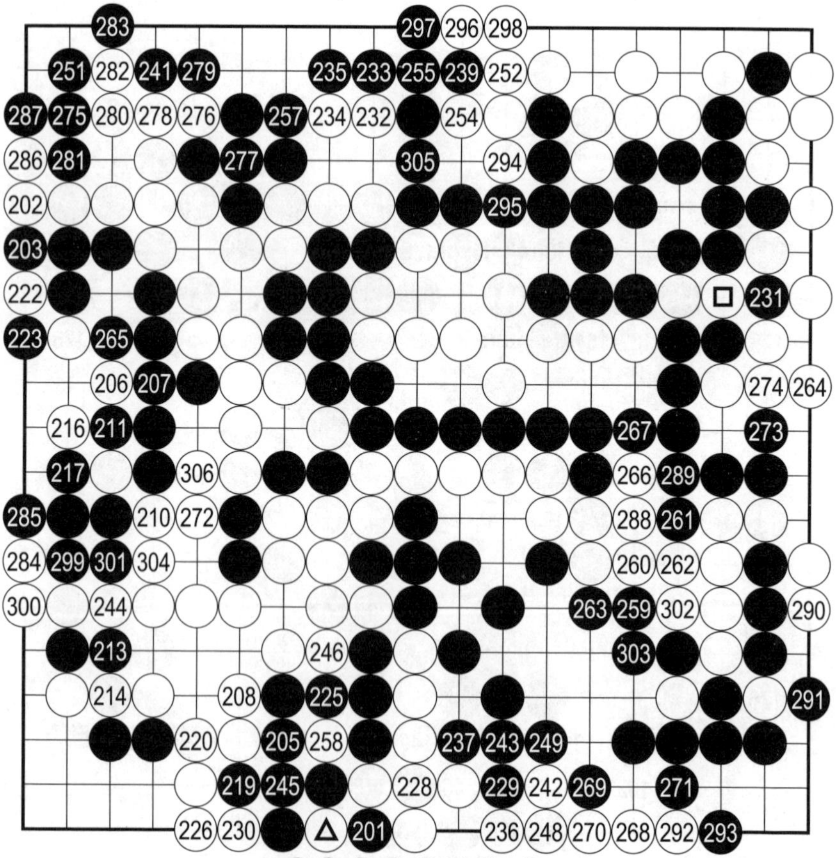

(204)(212)(218)(224)(238)(250)(256)=(△)

(209)(215)(221)(227)(247)(253)=(201)　(240)=(□)

（201–306）

时年62岁

二〇〇六

◎ 6月，在沈阳的中日韩围棋元老赛上，胜宫本直毅和尹奇铉。

◎ 8月，在百花杯围棋国手邀请赛上胜聂卫平，负郑弘。

薛志春　整理　　　　**华以刚　审订**

2006年1月17日弈于北京
第五届招商银行杯电视快棋赛第一轮

黑方　方捷 七段

白方　陈祖德 九段

黑21避战略缓，白22吃通收获颇丰。黑35欠佳，肩冲为正手。至45，黑虽破空成功，但白角部子效可满意。白46先手定型后于右上碰入，弈得顺风满帆。白76成功治孤，优势明显，棋局也早早进入官子阶段。白100先手便宜后占据106，白优势进一步简化。（廖行文）

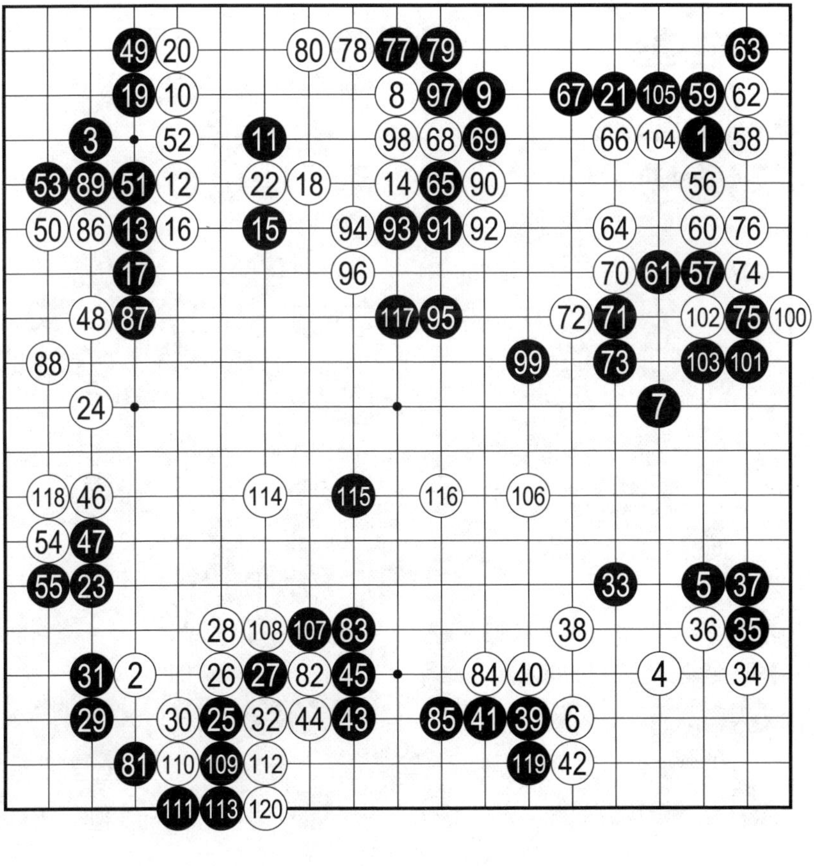

（1–120）

黑方　方捷 七段

白方　陈祖德 九段

白126抢攻中腹积极。白140意在最大限度收官，必要性不大，此时中央拐住可稳保胜局。黑149分断预谋反击。黑160在局部形成收气吃，黑追近局势。白170分断不佳，黑181挖断好手，又获得些小便宜。此后局面相当微细。白246失误，于247位挤，则小胜不可动摇。白252最后败着，如于133右一路，胜负还难料。白后半盘接连失误，是遗憾的一局。（廖行文）

黑贴$3\frac{3}{4}$子　共261手　黑胜$\frac{1}{4}$子

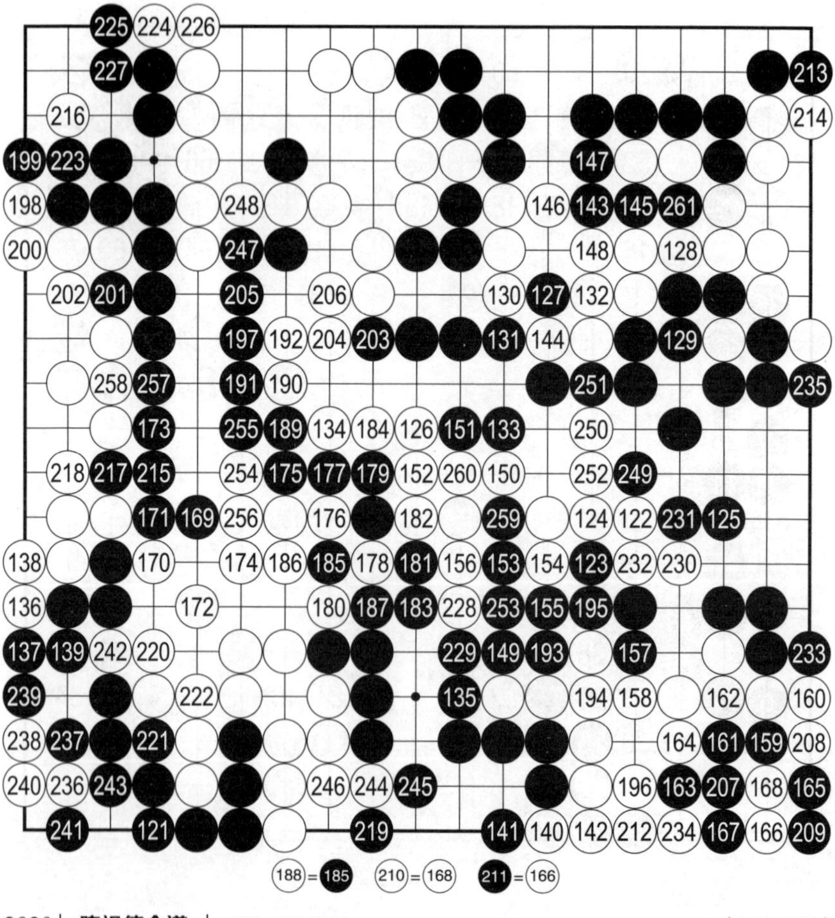

（121–261）

2006年3月28日
NEC杯

黑方　林峰　五段
白方　陈祖德　九段

白26是积极的下法，黑27下扳应对稍显不妥。白32可考虑48位压后征吃一子。白34、36问题手，被黑吃住两子损失太大。白50意识到形势落后，开始挑起战端，但黑63贴出后棋形坚实，反观白棋两块需要处理。白74后得以先手稳固自身，形势稍稍缓和。（廖行文）

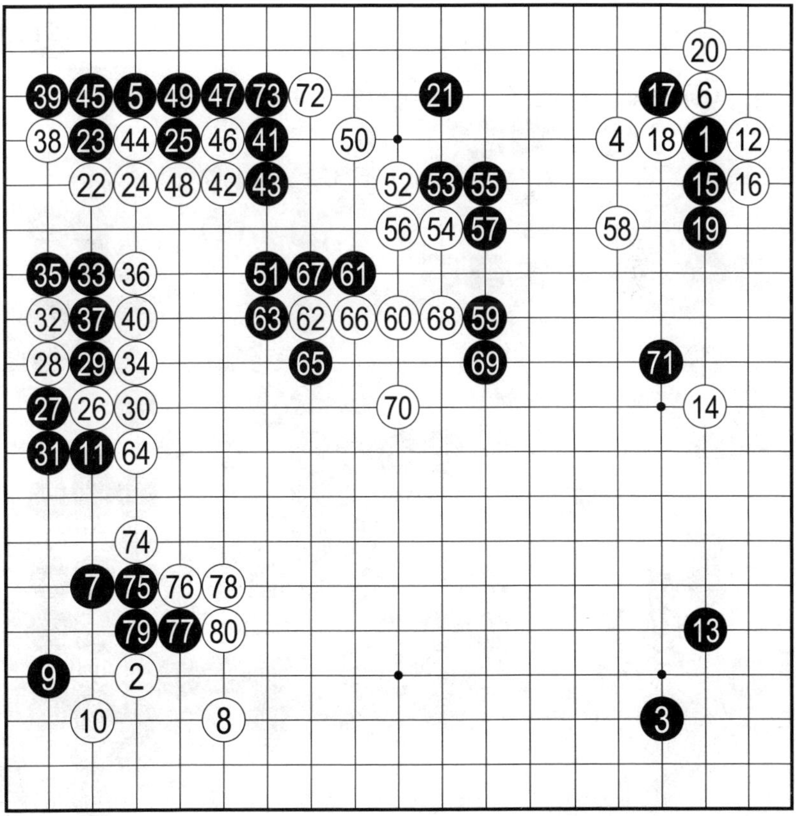

（1–80）

黑方 **林峰** 五段

白方 **陈祖德** 九段

白86、88思路巧妙，形成转换后白棋得分。白104过分，遭到黑105坚决反击。白114、116局部计算出现失误，大势已去。（廖行文）

黑贴$3\frac{3}{4}$子　共167手　黑中盘胜

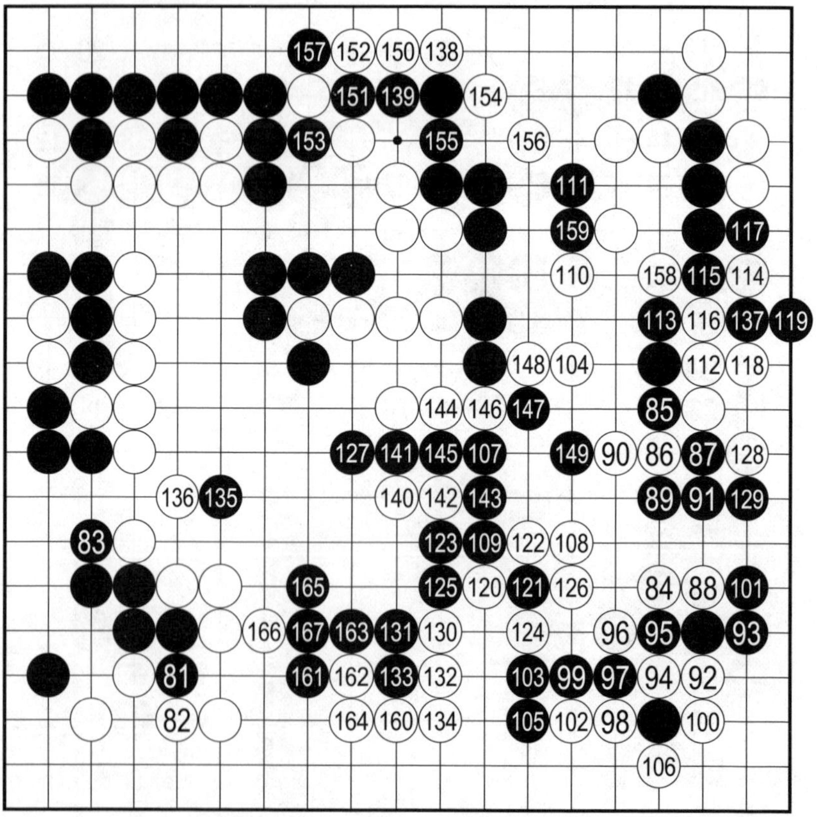

（81–167）

2006年5月25日
中日韩围棋元老赛

黑方　陈祖德 九段
白方　宫本直毅 九段

黑13意在防御断点，至27大致两分。黑31进攻是陈老师的风格。黑37扳头强硬，白38断必然，双方在中腹展开激战。黑47看似呆板，实则是厚实的形状。白62稳健补厚，黑63迅速在下方开辟新战场。黑71好手，封锁与杀角必得其一。黑83围住大空，形势明显占优。(廖行文)

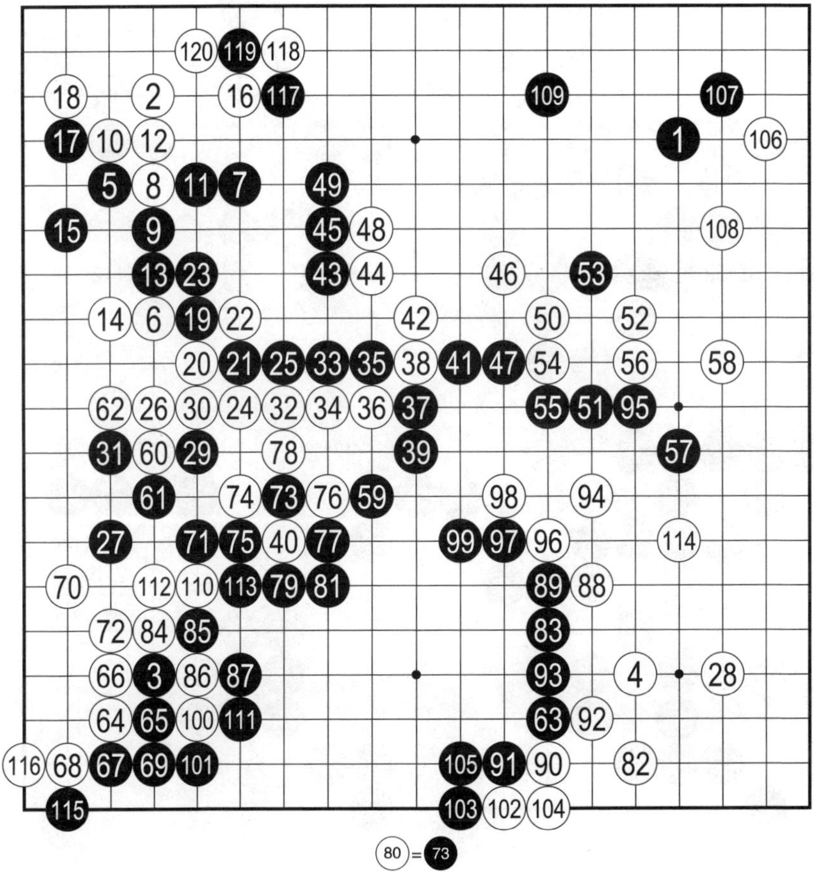

(1–120)

黑方 **陈祖德** 九段

白方 **宫本直毅** 九段

黑贴$3\frac{3}{4}$子　共 213 手　黑中盘胜

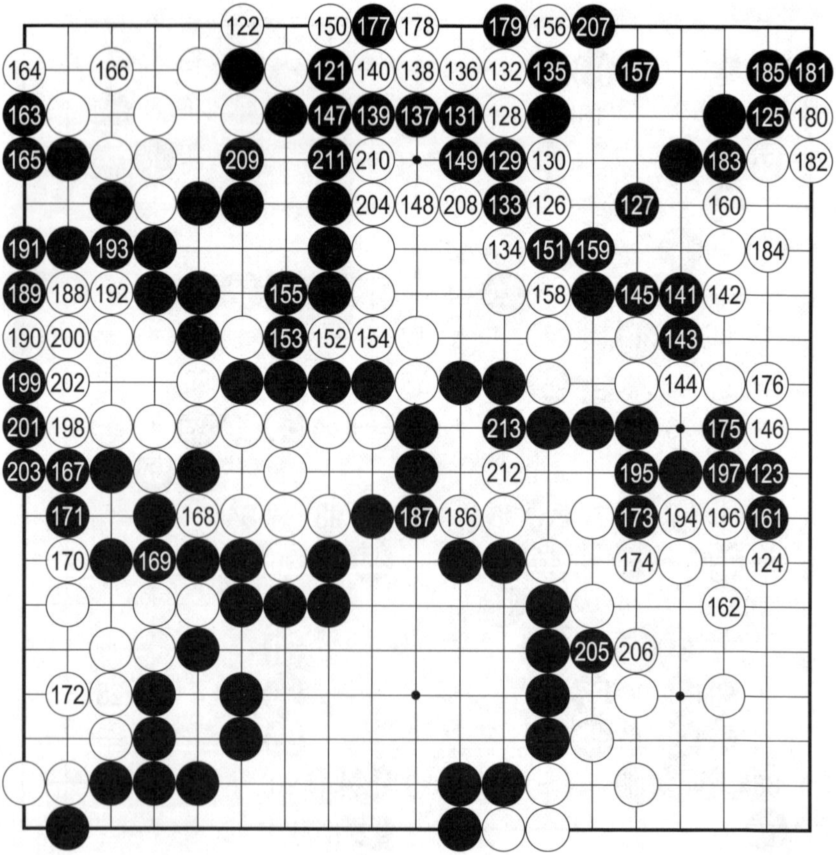

（121–213）

2006 年 5 月 26 于沈阳
中日韩围棋元老赛

黑方　尹奇铉 九段
白方　陈祖德 九段

黑 11、13 少见，显得有些过于缓慢。至 28，白快速展开，布局成功。白 32、34 是高效的扩张手法，值得学习。白 48 要点，同时威胁黑棋眼形。白 54-60 步调轻快，可以看出陈老师本局状态甚佳。黑 83 走愚形过于委屈，如此进行无异于安乐死。（廖行文）

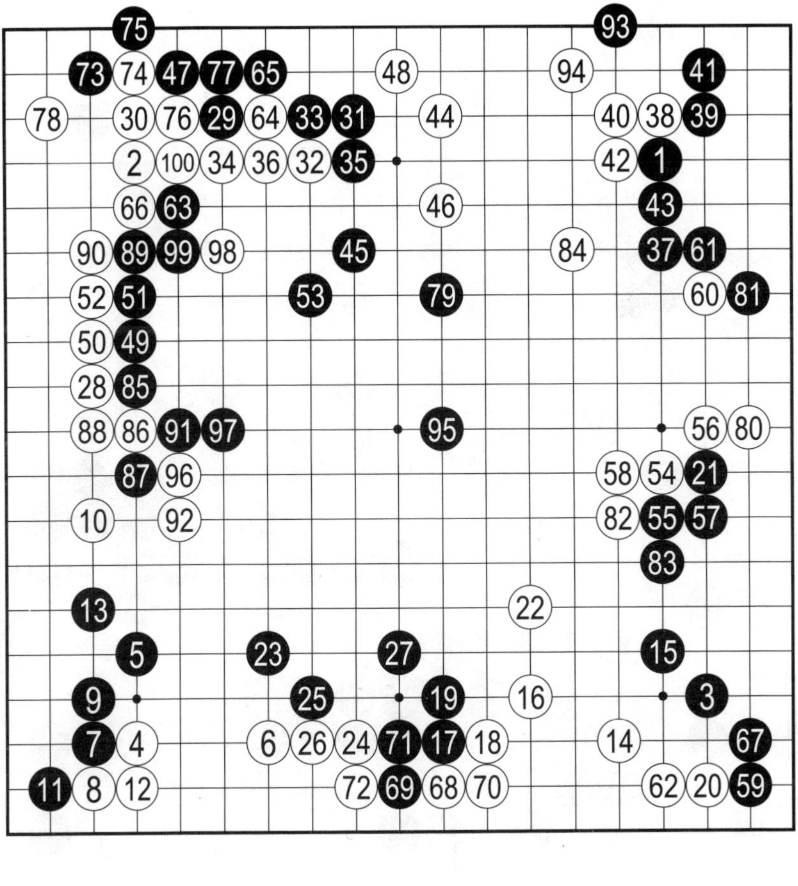

（1–100）

白 102 简单运转局面，抢到 112 后实地已大幅领先。黑 115 最后一拼无功而返，白棋获得完胜。（廖行文）

黑方　尹奇铉　九段

白方　陈祖德　九段

黑贴 $3\frac{3}{4}$ 子　共 192 手　白中盘胜

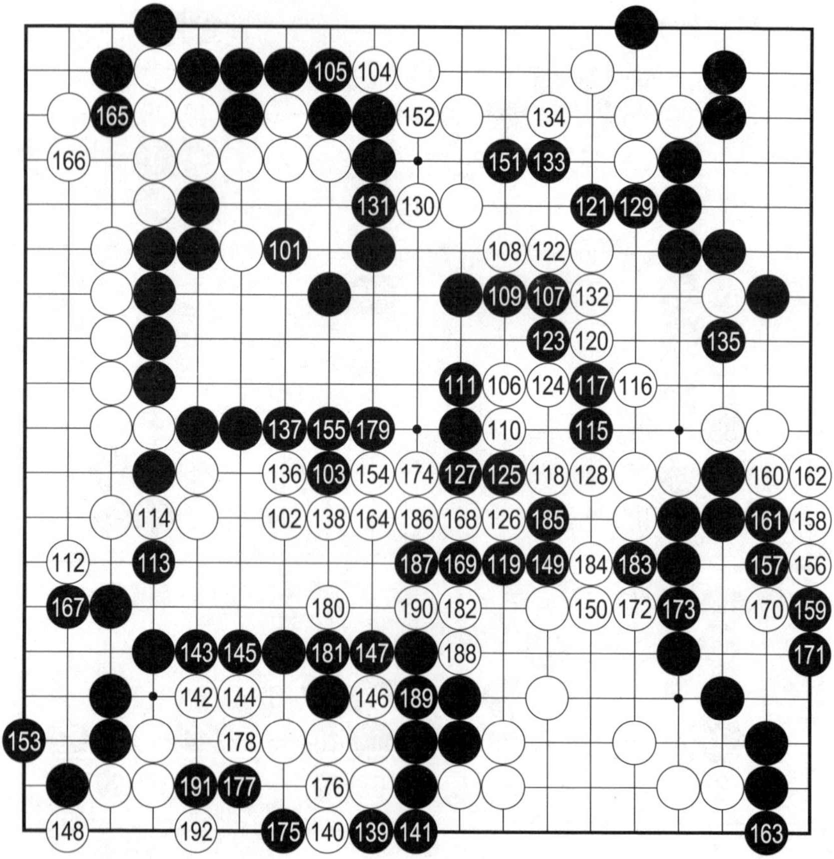

（101–192）

2006 年 6 月 22 日弈于武夷山
第 8 届炎黄名人围棋赛“青龙瀑布杯”元老赛

黑方　林海峰 九段
白方　陈祖德 九段

布局双方互张模样，至 24 白配合不错。黑 29 是紧凑的好棋，至 35 开拆小有收获。黑 45 以下形成转换，黑不便宜。白 58 稍缓，似乎应先破坏黑右下实地。黑 69 贴回，实地壮观。白 70 展开进攻，但黑 71 是极好的防御，至 91 白无趣。白 96 放出胜负手。（廖行文）

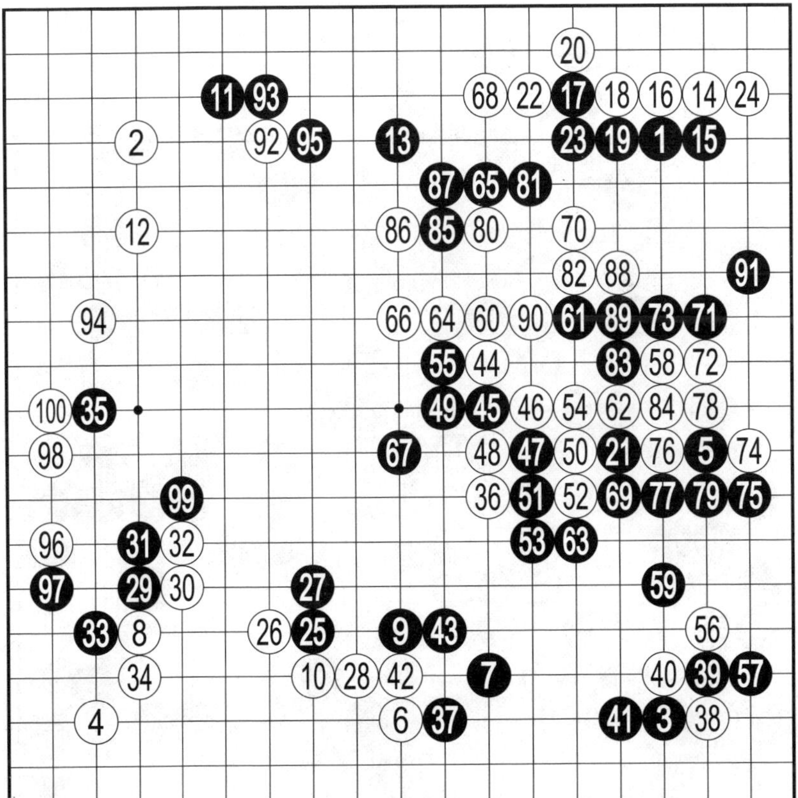

（1–100）

黑 107 简明做活后，白 110 再捞一票。黑 111 利用攻击顺手获取便宜后，白难觅胜机。（廖行文）

黑方　林海峰 九段

白方　陈祖德 九段

黑贴$3\frac{3}{4}$子　共 209 手　黑中盘胜

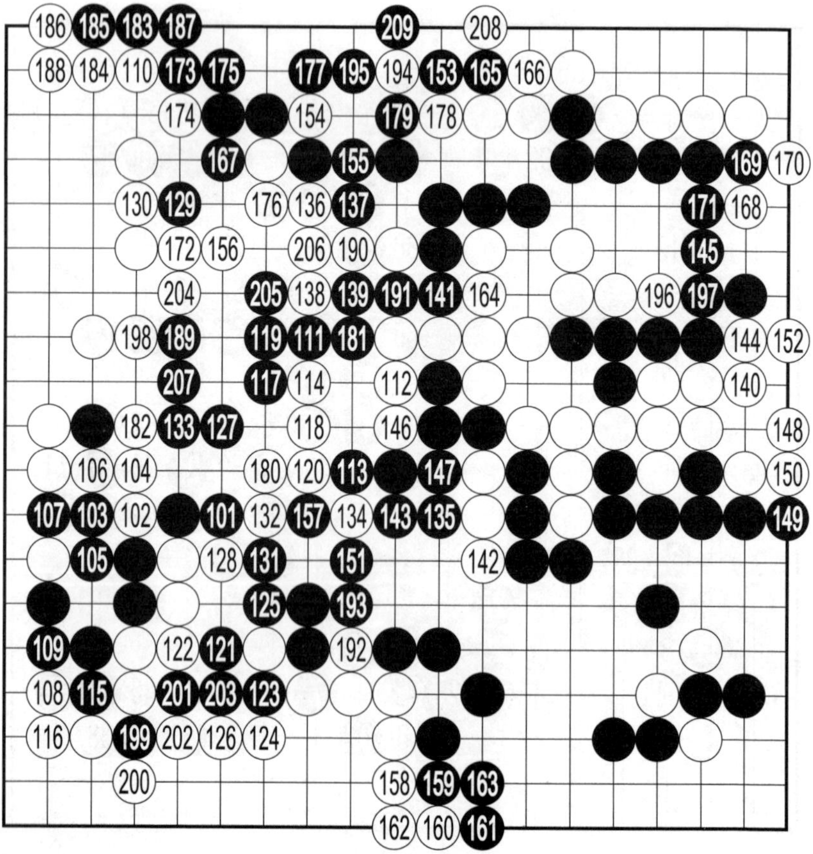

（101–209）

2006年8月17日
百花杯围棋国手邀请赛

黑方　陈祖德 九段
白方　聂卫平 九段

白6就是抢先手分投的意思，不过至黑33，应该是黑配合不错的结果。黑39以下没必要，应直接43位跳起，下一手于97位肩冲是绝好点。黑53以下的一系列下法很贪。白66不好，应于70位长。实战白80虽是先手，但也生出两个断点。黑75应于74下一路托，白在96下一路扳，黑再75上一路大跳出头。实战被白78镇头，黑苦。无奈之下，黑79断寻找头绪，但终究勉强。白98缓手！如从74位尖刺，黑难办。黑99穿出，然后101挡住，形势逆转。（马晓春）

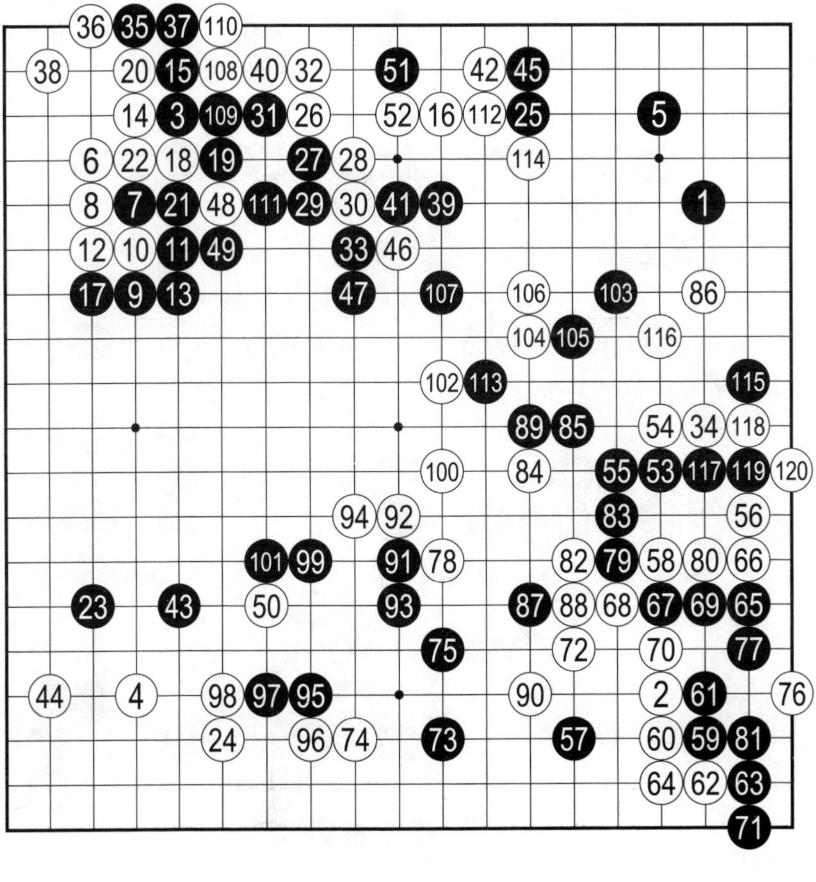

（1–120）

黑方　陈祖德 九段

白方　聂卫平 九段

右边作战中，白134错觉，此手改在135位长，黑小尖连回，白138位挡活棋，如此局面尚早。黑135、137吃白右边，白败势。以下进行与胜负无关。（马晓春）

黑贴$3\frac{3}{4}$子　共227手　黑中盘胜

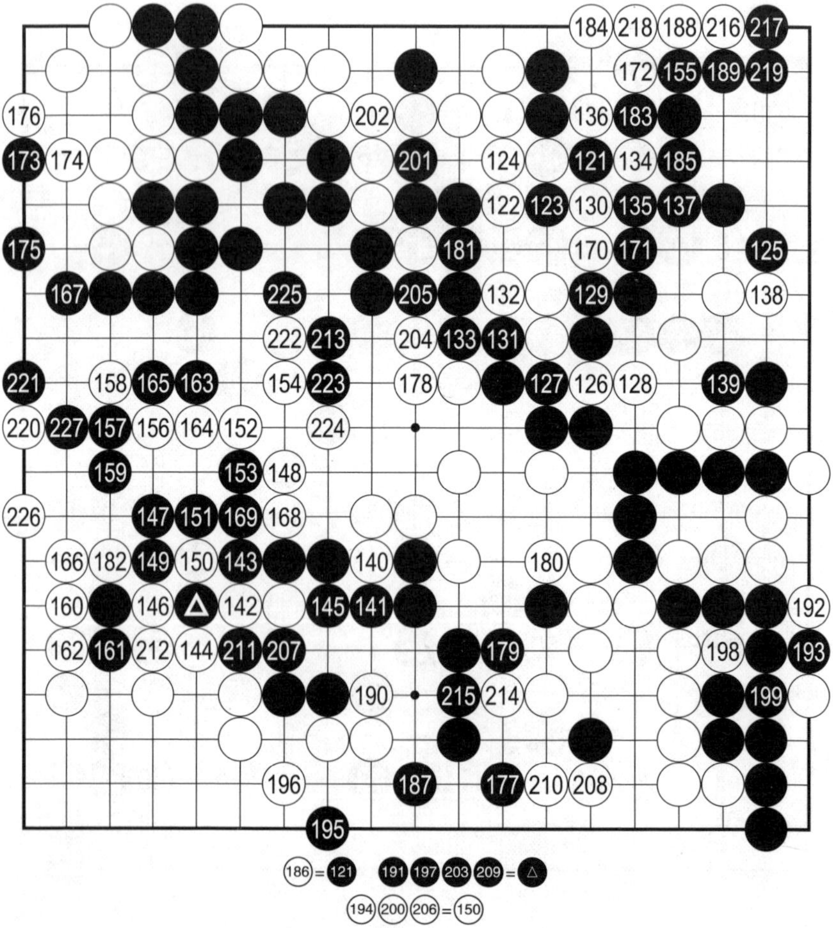

（121–227）

2006 年 8 月 19 日
百花杯围棋国手邀请赛

黑方　郑弘　九段
白方　陈祖德　九段

白 16 是陈老师酷爱的棋形，白 20 虎在 21 位为好。黑 31 进攻急躁，但白 34 的应对也有些不恰当，至 55 双方都可接受。白 62 深入敌阵，考验黑棋的力量。至 80 必然形成打劫，黑 87、89 判断清晰，黑稍好。黑 105 手软，应 106 位横冲。白 114 先手成活，黑失败。（廖行文）

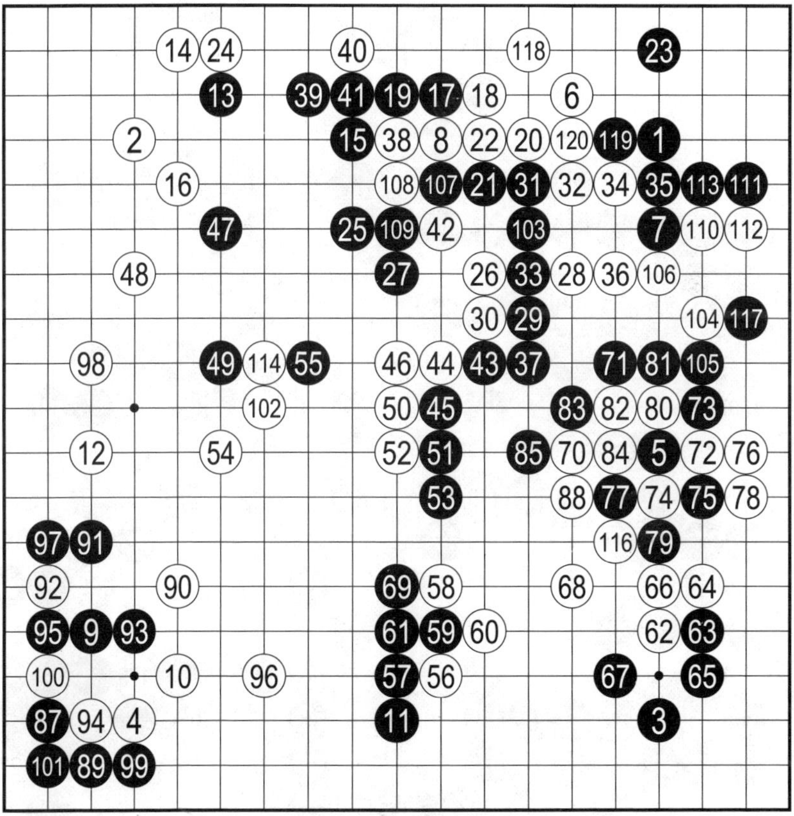

86 = 74　115 = 5

（1–120）

黑方　郑弘　九段
白方　陈祖德　九段

黑139犀利，白140防御不当。至155，黑收获颇丰。但黑157自补缓手，白抢到160的大棋，局势依然接近。随后白176手筋，迫使黑割让一子，白已是小胜局面。白218是最后的败着，应接住一子，大约是白胜半目的局面。（廖行文）

黑贴$3\frac{3}{4}$子　共223手　黑胜$\frac{3}{4}$子

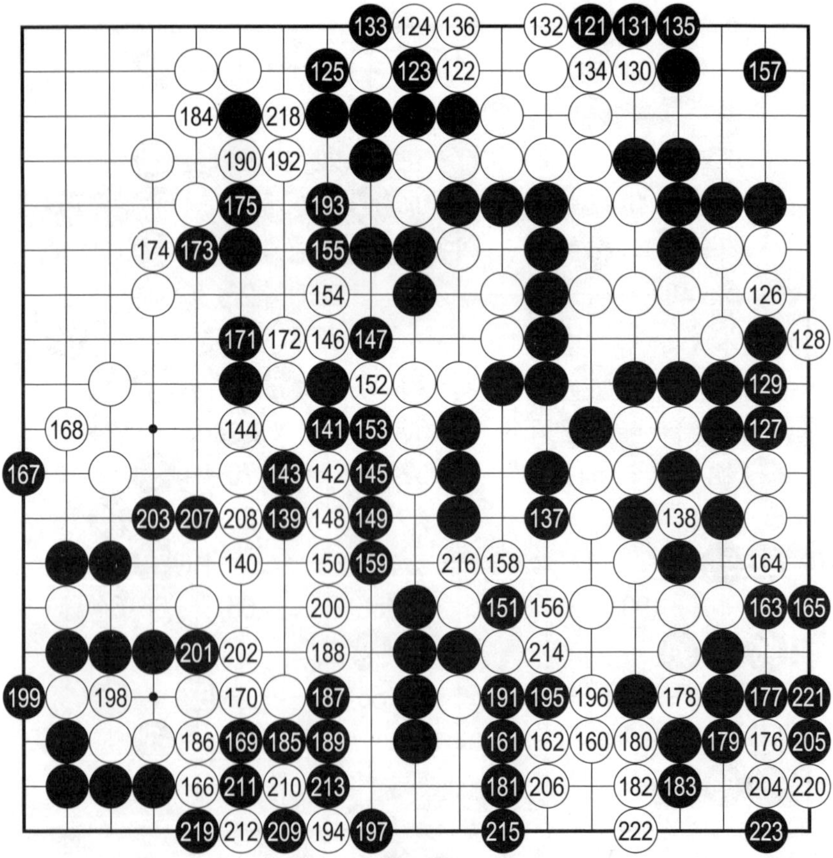

217=209

2006年9月9日弈于威海
元老赛

黑方　陈祖德　九段
白方　聂卫平　九段

黑两目外开局。白22可占左下空角。白36损实地。白38方向错误。黑41时是黑好调。黑43应21下一路外长，实战被白44打入，黑不敢在100位等处强杀。白留下后来66位靠的腾挪，白有棋可下了。黑47冲断后51接亏损半手棋，应于159位并补。实战被白52扳两子头，黑不好。白52是必然的反击。白60打吃时，由于有188位的挖，黑两子不能接了。白62提后厚极，且黑前面47-51完全成为废棋。白回手66靠确立优势。白68以下手法漂亮，至黑83大获成功。白88没必要，此手改在91左一路更好。当然，实战白94后留下98以下的手段，也非常漂亮。黑115深入是为了争胜负，不过此手应先于141位爬试应手，这跟后面有关系。(马晓春)

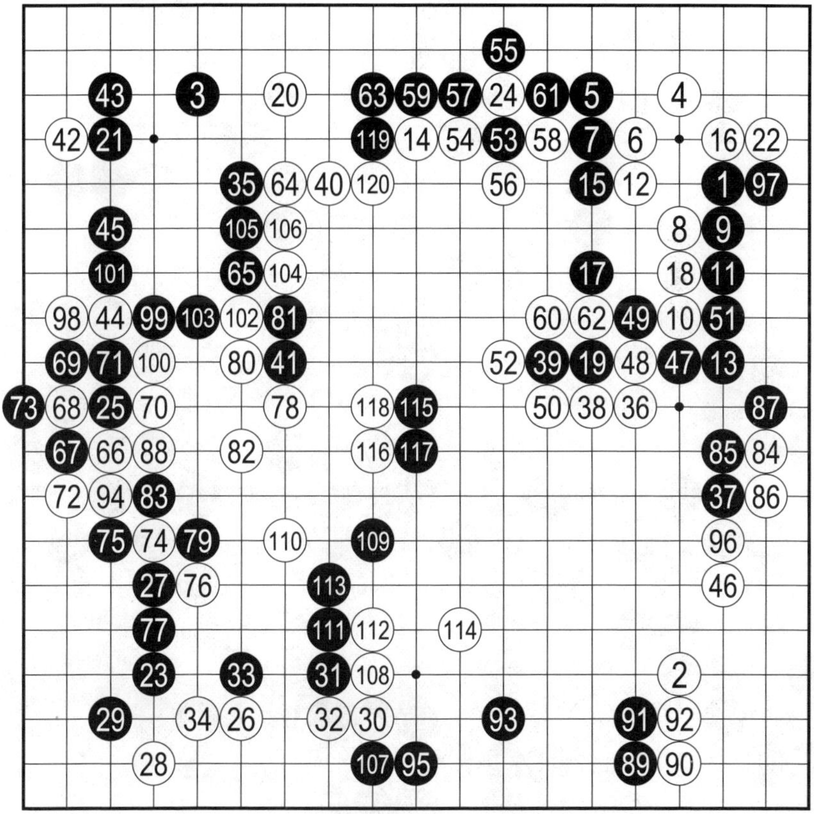

(1-120)

白128锐利！黑无法忍让，但实战被132立下吃住89、91两子，而黑由于中央存在缺陷，无法杀白左边，胜负在白活出后决定。（马晓春）

黑方 **陈祖德** 九段

白方 **聂卫平** 九段

黑贴$3\frac{3}{4}$子 共268手 白中盘胜

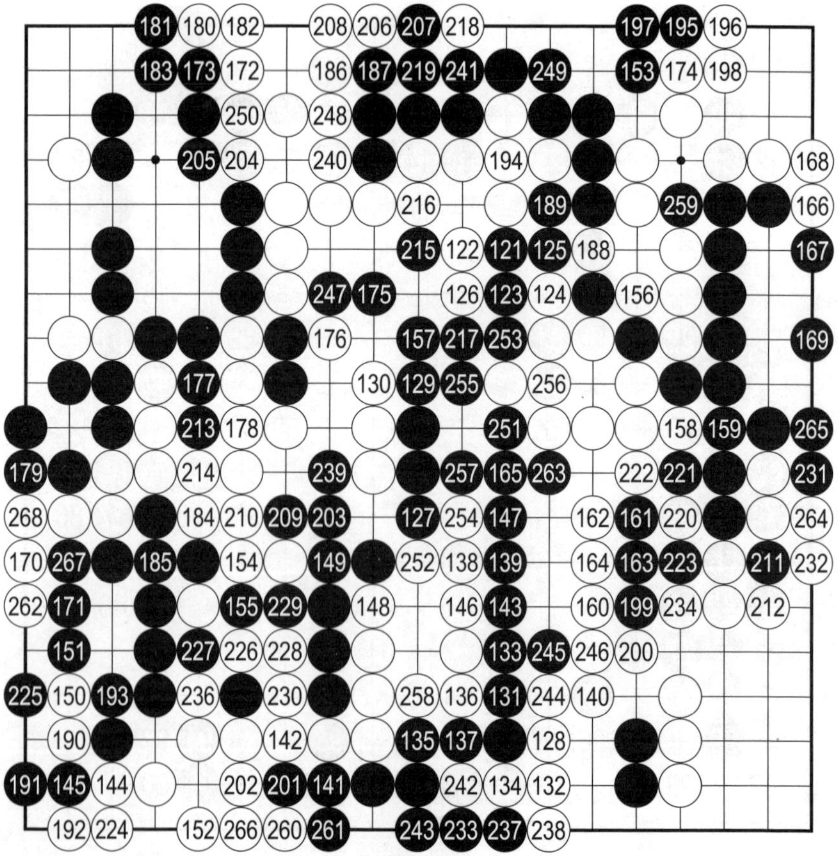

235=220

（121–268）

2006年9月9日
元老赛

黑方　陈祖德 九段
白方　华以刚 八段

至黑11形成古典的定式。白20传统手筋，但也有把黑撞实之嫌，未必便宜。白42抢急先手机敏。至54，感觉白布局成功。黑65好棋感，白66也是坚实的好形。对黑67的封锁，白72分断强硬。黑73可以说是早早的败着，被白中腹开花收获巨大。白90、92安全运转局面，至110彻底走厚自身，黑实地难追。（廖行文）

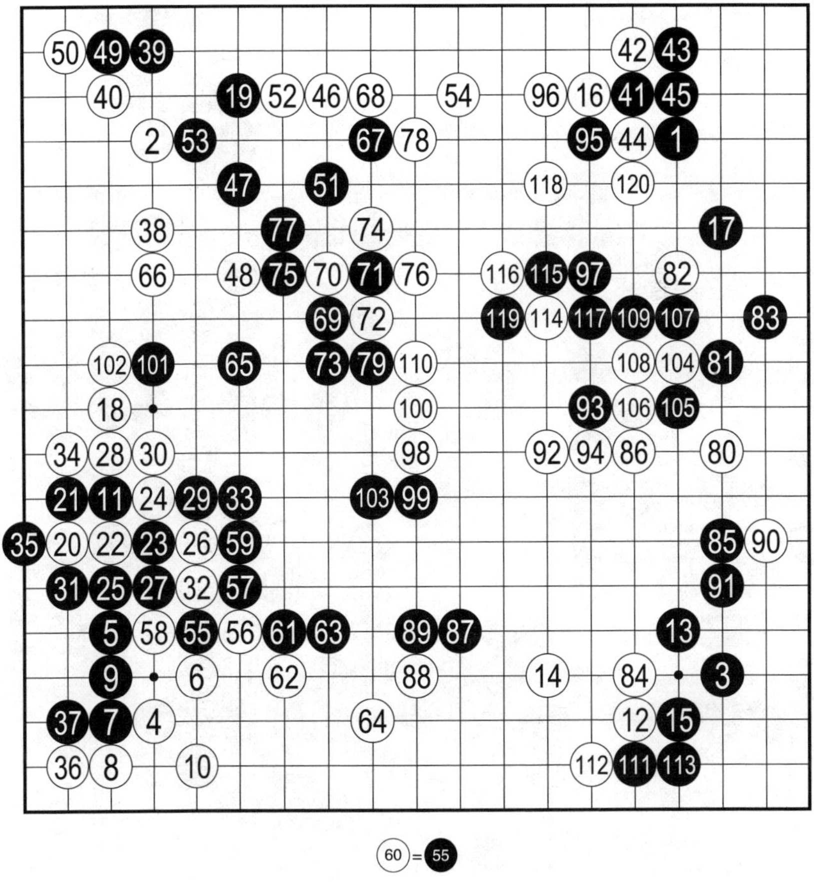

60 = 55

（1–120）

黑方　**陈祖德** 九段

白方　**华以刚** 八段

黑贴3¾子　共242手　白中盘胜

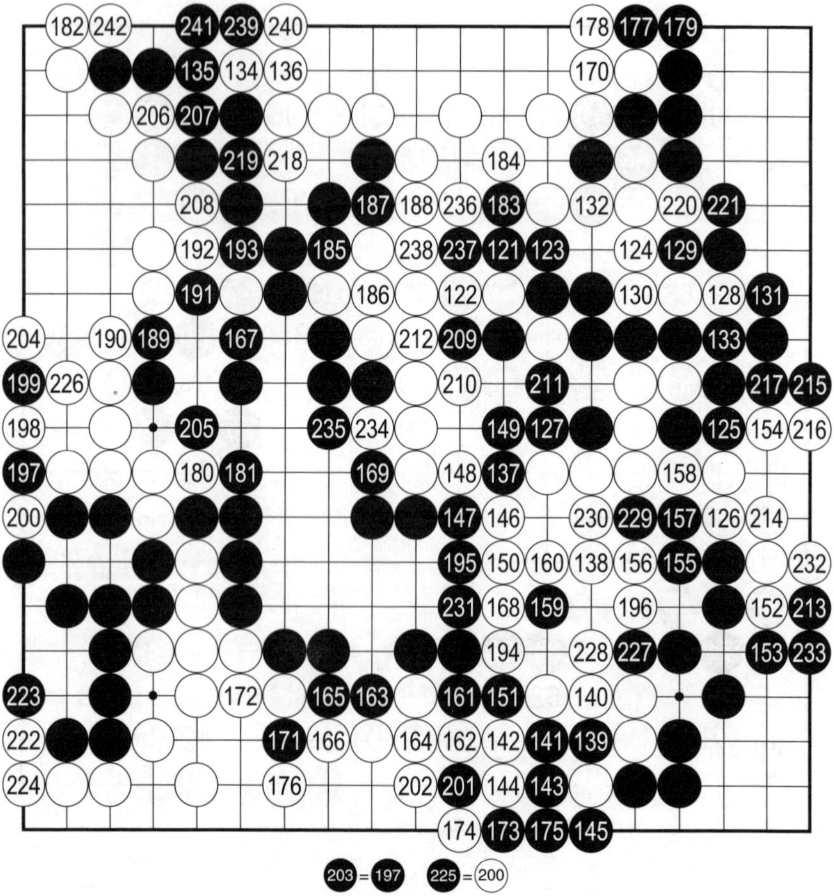

2006年9月19日弈于浙江衢州
第一届中国围棋冠军赛第一轮

黑方　古力 九段
白方　陈祖德 九段

白18挡住强硬，双方形成复杂战斗。白26手筋，将黑棋打成愚形，是白方战斗的资本。白46是紧凑的好手。黑49反击出现失误。白52妙，擒住黑大块，局势自然占优，黑61只得重新开拓战场。白62回拆即可，实战更有侵略性的下法是陈老师的风格使然。白74依然选择最凶的下法，黑看到机会，75反击必然。(廖行文)

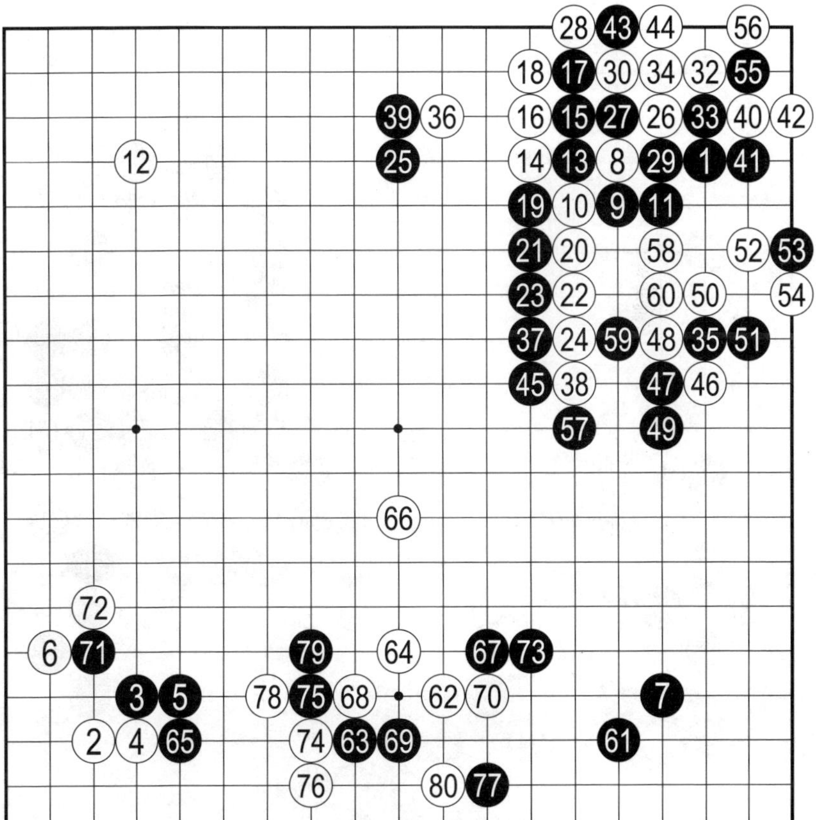

31=8

(1–80)

黑方　古力 九段

白方　陈祖德 九段

至93形成转换，白依然保持着优势。白104过分，应进角求活。黑115、117是狠辣的杀着，白危险。白136挖断后形成对杀，可惜差一枚劫材。（廖行文）

黑贴$3\frac{3}{4}$子　共167手　黑中盘胜

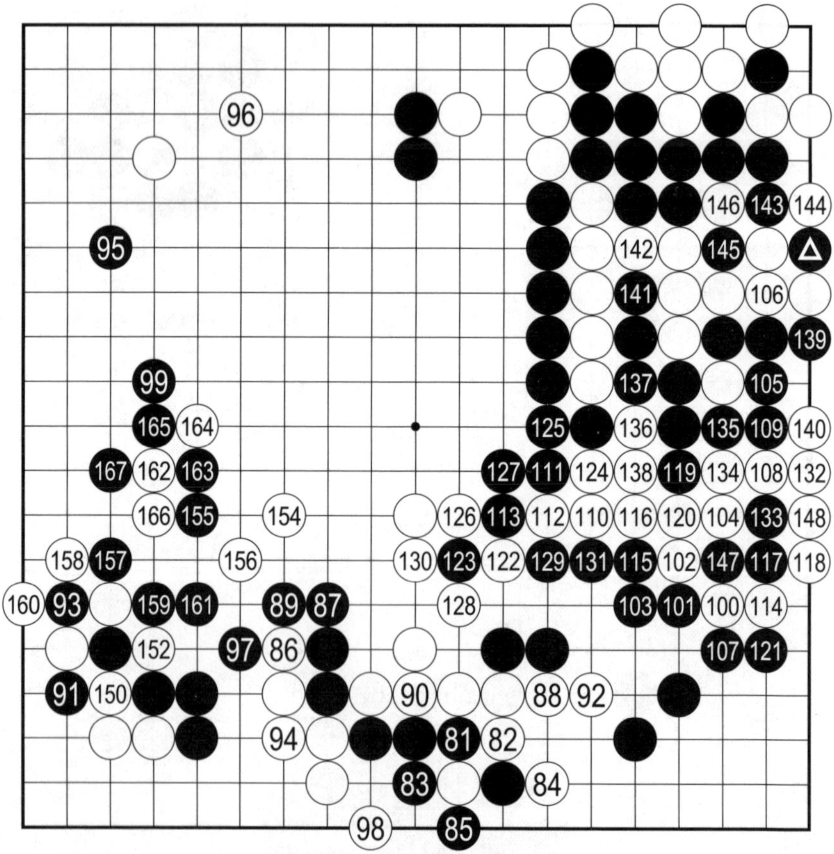

149=145　151=△　153=117

（81–167）

2006年10月28日
商业杯元老邀请赛半决赛

黑方　吴玉林 六段
白方　陈祖德 九段

白24可在25位打。黑25、27是好次序。白34、36强手，引发劫争。白40应在33位消劫，继而40位和31左一路两点见合。至44的转换，黑好。黑45如在9下一路长更好。白52亦应在9下一路虎，这是关系厚薄的要点。黑57不如在82位挂角。白60积极求战。黑67过于保守，可在72下一路出头。至77黑活得委屈，白确立优势。黑79应保留，可在82位挂角。由于形势不利，黑85跳出反击。然而白全局厚实，白86挡下，并不难治孤。（谢赫）

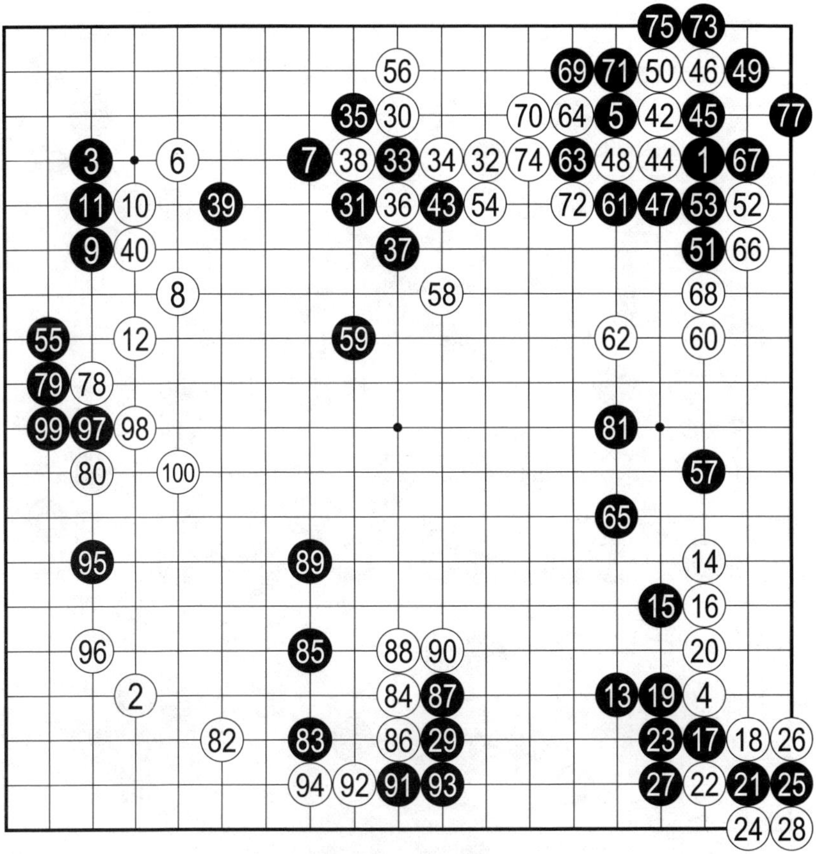

41=33　76=63

（1–100）

黑107是攻击的好点。白114以攻为守。黑145、147拼搏。白154挖，简明化解了黑棋的攻势。至160，白优势不可动摇。（谢赫）

黑方　吴玉林 六段

白方　陈祖德 九段

黑贴$3\frac{3}{4}$子　共204手　白中盘胜

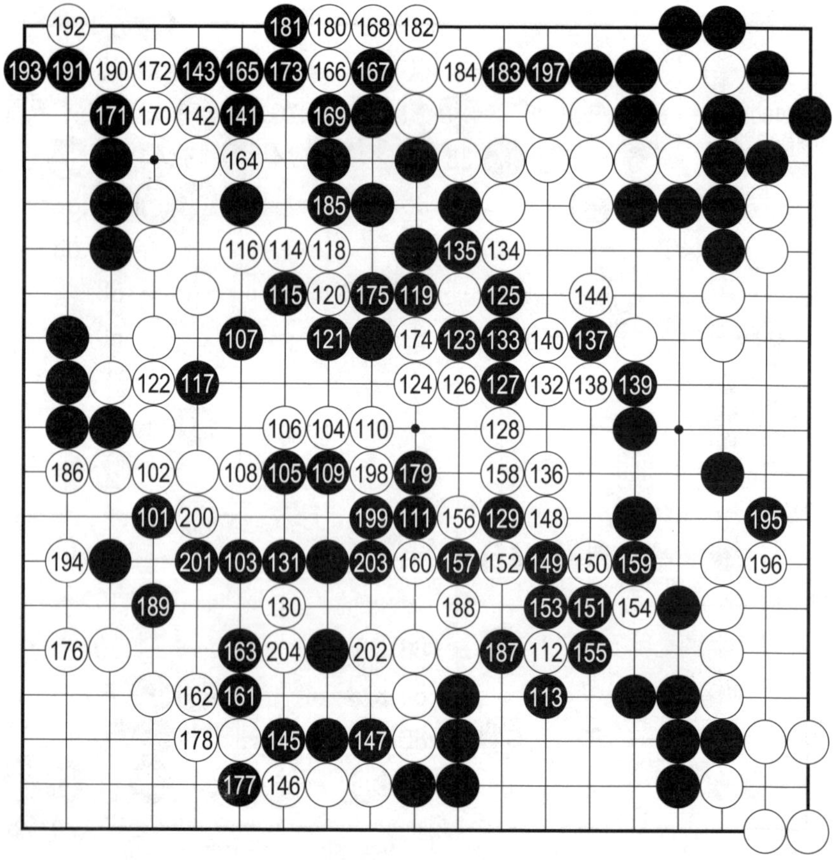

（101–204）

2006年10月29日弈于杭州
商业杯元老邀请赛决赛

黑方　聂卫平 九段

白方　陈祖德 九段

白14可考虑在下边继续拆二。白24凑黑25补不好，应于29位靠。白28需补棋，黑布局有利。黑35意义不大，应37位一带夹击，实战再夹已慢了半拍。黑41至45意义也不大，应于52位守角。白48、50恶手，被黑51顶后难受之极！白48应压黑47一子。黑63缓，应于76位一带拆边。白70、72没必要，此处脱先也完全没有死活问题。黑73打入，以下先手吃住一子，再破坏白左上角。（马晓春）

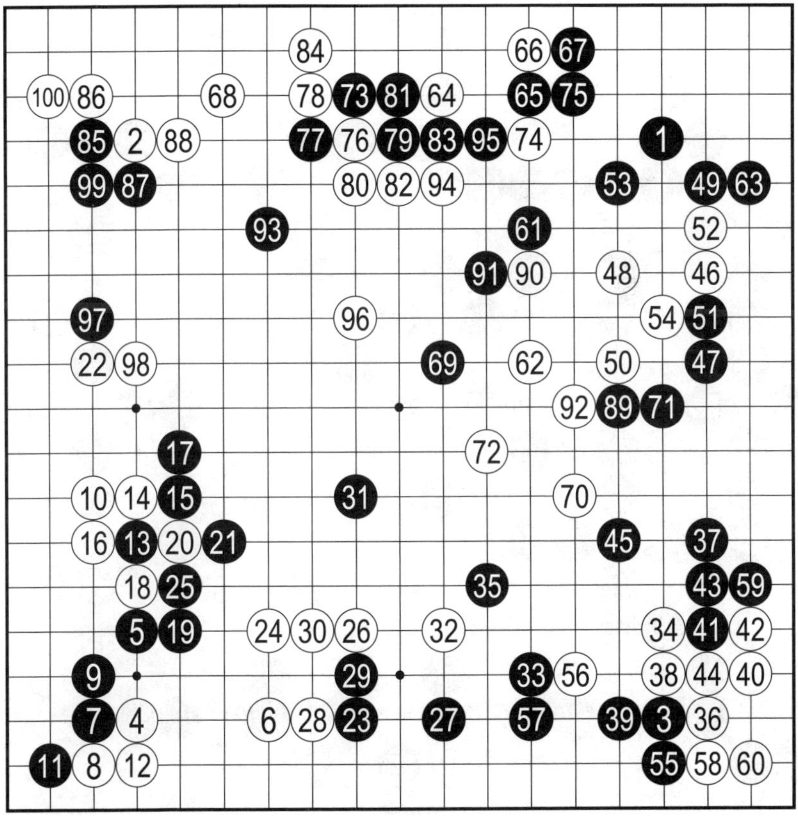

（1–100）

黑方　**聂卫平** 九段

白方　**陈祖德** 九段

至105，黑确立优势。白114胜负手！不过勉强。黑121夹试应手，白为难，如131位立下，则黑一路挡成了先手，黑做活就容易了。黑125、127留下半只眼，129吃一子后活棋。白132以下开始打劫，但此劫事关白棋生死，而黑游刃有余。白144是瞎劫。黑145解消后胜定。（马晓春）

黑贴$3\frac{3}{4}$子　196手以下略　黑胜$2\frac{3}{4}$子

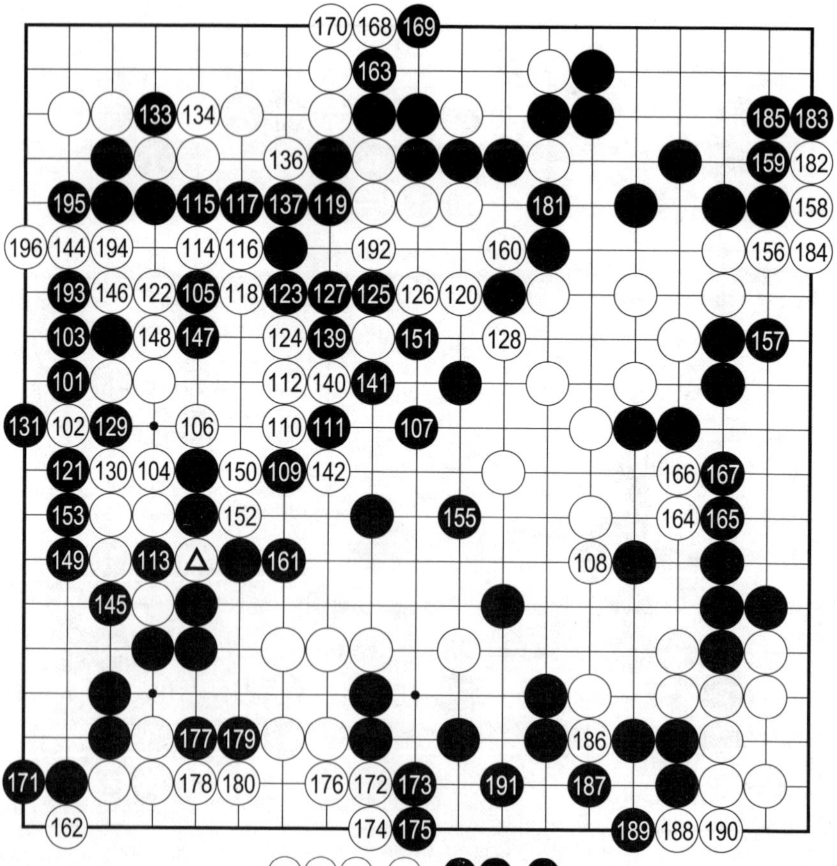

132 138 154 = △　135 143 = 113

（101–196）

2006年12月14日
第一届龙星战第二轮

黑方　陈祖德 九段
白方　张文东 九段

黑1、3双目外是布局趣向。黑17如在右一路长，棋形更好。黑23可在46位出头。白24断有力。黑25应在26位打，白长，黑38位长。白28至40二路爬看似委屈，在当前配置下却很有力。黑41已不能再应，白42先手扳之后，44再转攻右边，黑苦战。黑47可在54位反击。至55的结果，白确立优势。黑63脱先拼搏。白66、70发动攻势。至89黑虽能逃脱，而白仍保持领先。白90如先在91位冲更好。（谢赫）

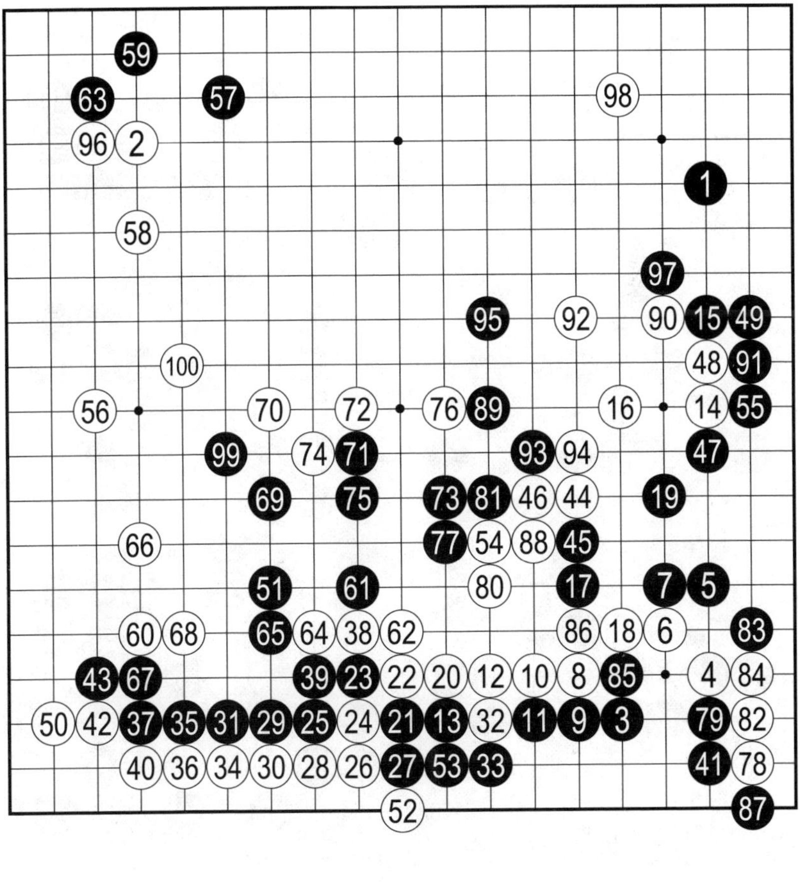

（1–100）

黑方　陈祖德 九段

白方　张文东 九段

白 120 如在 129 位团，则是简明优势。黑 125 可在 132 位挡，白 189 位断，黑 125 位打，白接，黑 158 位跳出，变化较为复杂。黑 127 开劫，力争搅乱局势。黑 149 胜负手。黑 155 在左一路打稍好。由于黑劫材不利，黑 177、179 转而收官。白 180 如在 198 位解消劫争更简明。黑 181 可在 198 位开劫，白 130 位提，黑 173 上一路寻劫，增加局面的变数。至 188 形势白优。白 192 应在 199 位接，价值大。黑 197 败着，亦应在 199 位提，收官尚有机会。（谢赫）

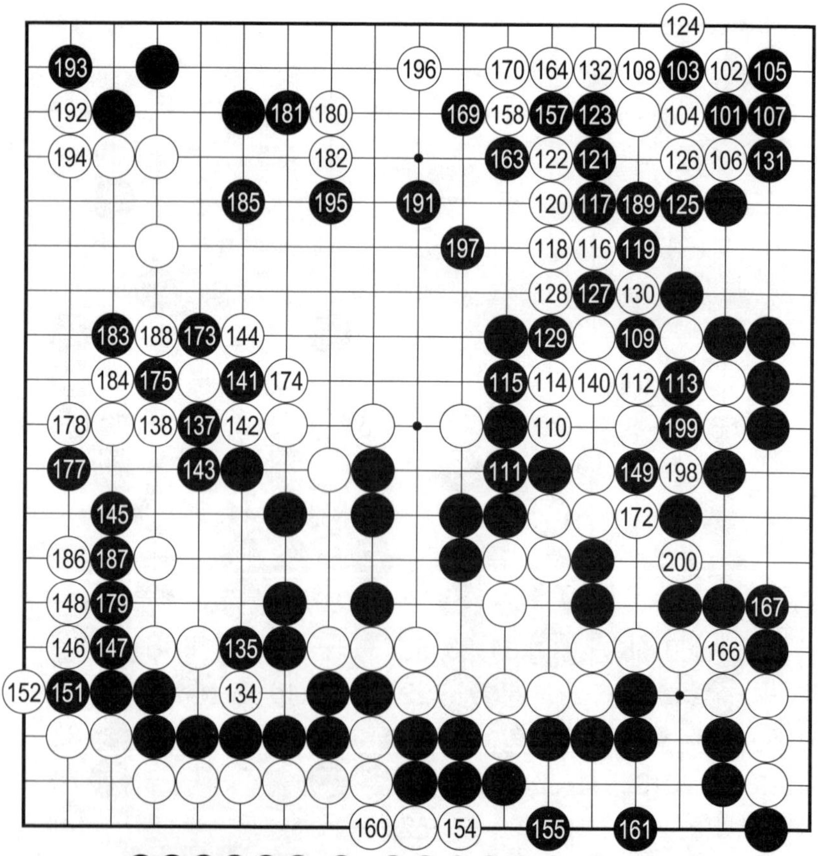

133 139 153 159 165 171 = 127　136 150 156 162 168 190 = 130　176 = 141

黑方 **陈祖德** 九段

白方 **张文东** 九段

白212吃住两子颇有收获。黑213提劫，是全局最后的未定之处。白220如在239位寻劫，可便宜一枚劫材。最终还是白棋的劫材稍多，至260消劫，白小胜不可动摇。（谢赫）

黑贴$3\frac{3}{4}$子 共310手 白胜$2\frac{1}{4}$子

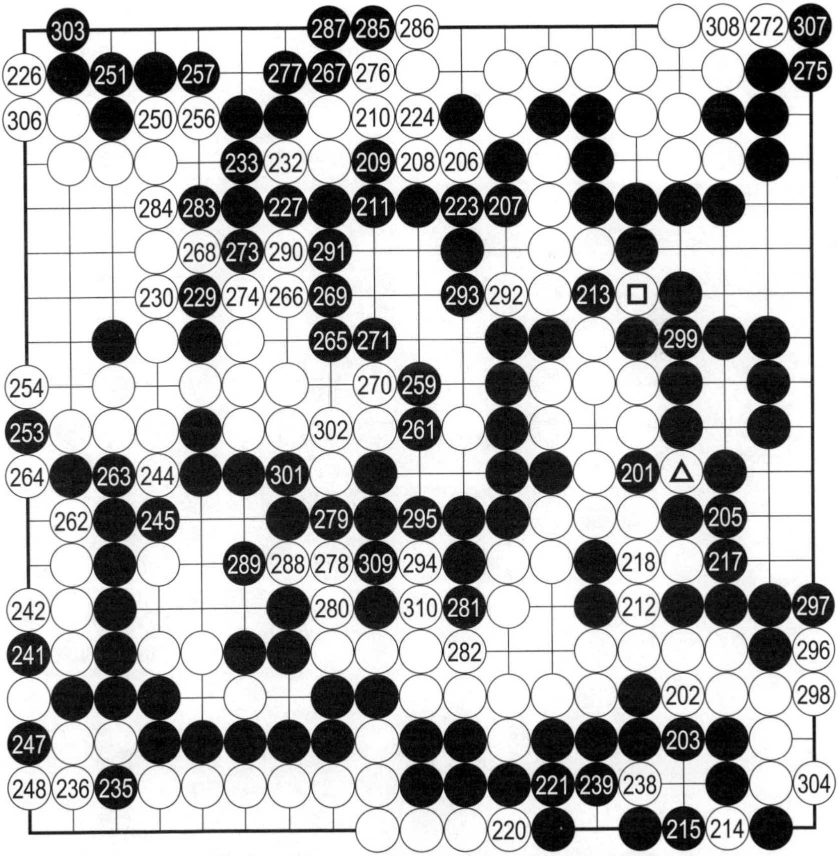

204=△ 216 222 228 234 240 246 252 258=□ 219 225 231 237=213

243 249 255 260=213 300=201 305=214

（201–310）

二〇〇七

时年63岁

◎ 6月，在中华书局出版《春兰花开——第六届春兰杯世界职业围棋锦标赛对局集》。

◎ 8月，在晋城文化节与曹薰铉九段对弈。

◎ 10月，杭州元老邀请赛决赛憾负聂卫平九段。

薛志春　整理　　　　华以刚　审订

2007年1月27日于广东潮州

第20届晚报杯专业业余六强对抗赛

白方　陈祖德 九段

黑方　胡煜清（受二子）

白11可在184位挖。黑12厚实且价值大。黑18分投，意在寻求简明。白27让子棋下法，本手是在37位补。黑28打入可行。白33如在36位冲，黑挡，白44位冲更厚实，随后白可在118位攻击。至44黑保持领先。白55碰入寻找头绪。白59可在右一路拐。黑60贴出，黑可战。白91胜负手。（谢赫）

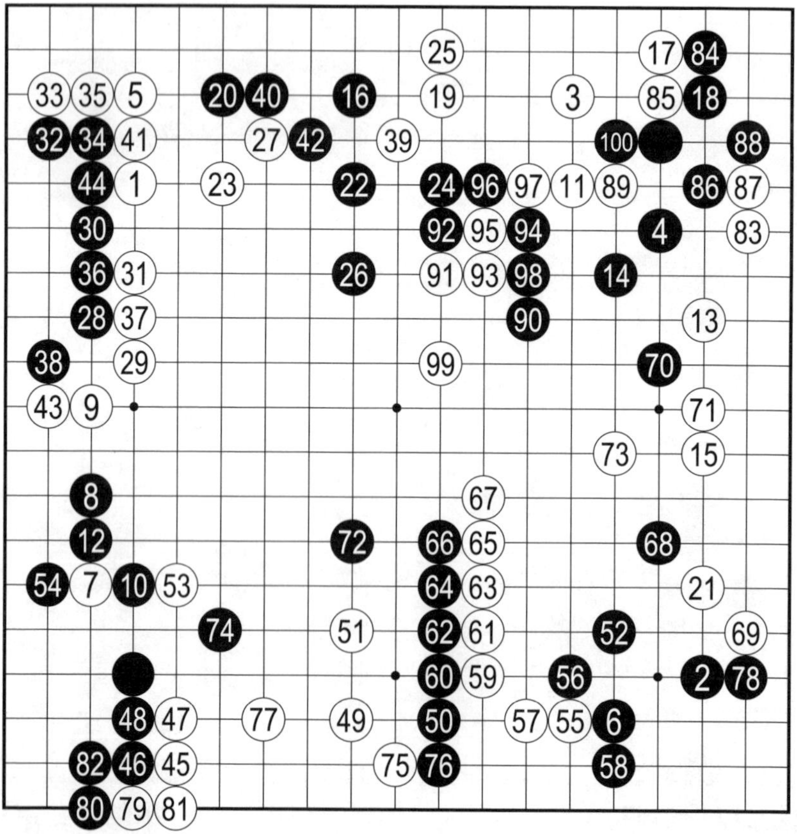

（1–100）

黑 114 在 130 位长更稳妥。白 115 至 119 有力。白 121 可在 129 位拼搏。有了黑 122 后，黑 124 可以成立。至 133 白收获有限，黑胜势不可动摇。（谢赫）

白方　陈祖德 九段
黑方　胡煜清（受二子）

共 197 手　黑中盘胜

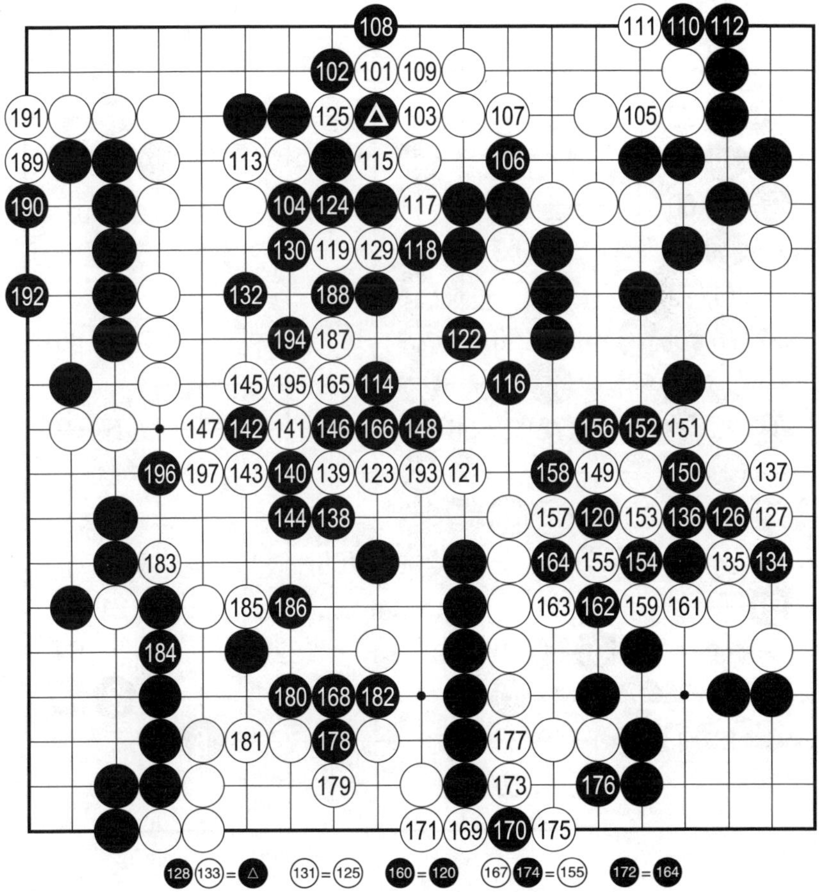

（101–197）

2007 年 2 月 15 日弈于北京方庄

指导棋

白方　陈祖德 九段

黑方　王香如（受先）

布局白 6 至 10 选择了平稳的下法，有意导入功夫棋的格局。白 24 打入挑起战端。黑 37 在 141 位飞补是本手。白 50 可在 130 位接。黑 67、69 均应在 141 位补。白 70 打入严厉，至 84 黑大损。黑 93 应在 141 位拐，白 142 位，黑 75 左两路尖，黑可先手活。（谢赫）

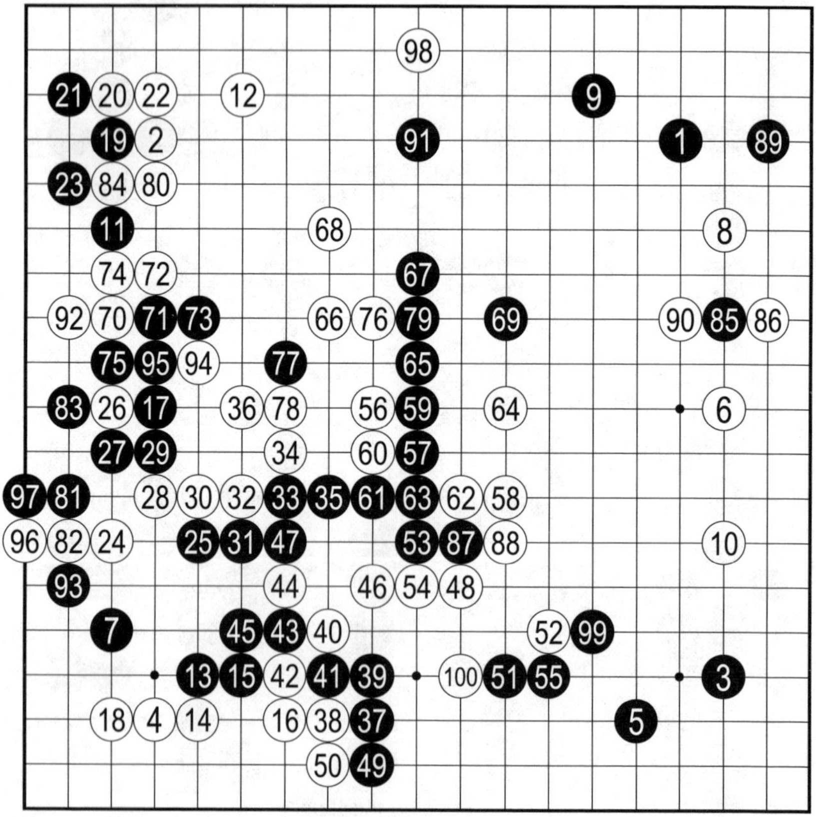

（1–100）

白方　**陈祖德** 九段

黑方　**王香如**（受先）

黑 119 胜负手。白 120 可在 126 位吃。黑 121 应在 120 左一路打。黑 123 开劫，局面复杂。至白 148 消劫转换，细棋黑稍好。黑 151 应在 152 位扳。至 180 终局时，如正常收官将是黑小胜。（谢赫）

共 180 手　打挂

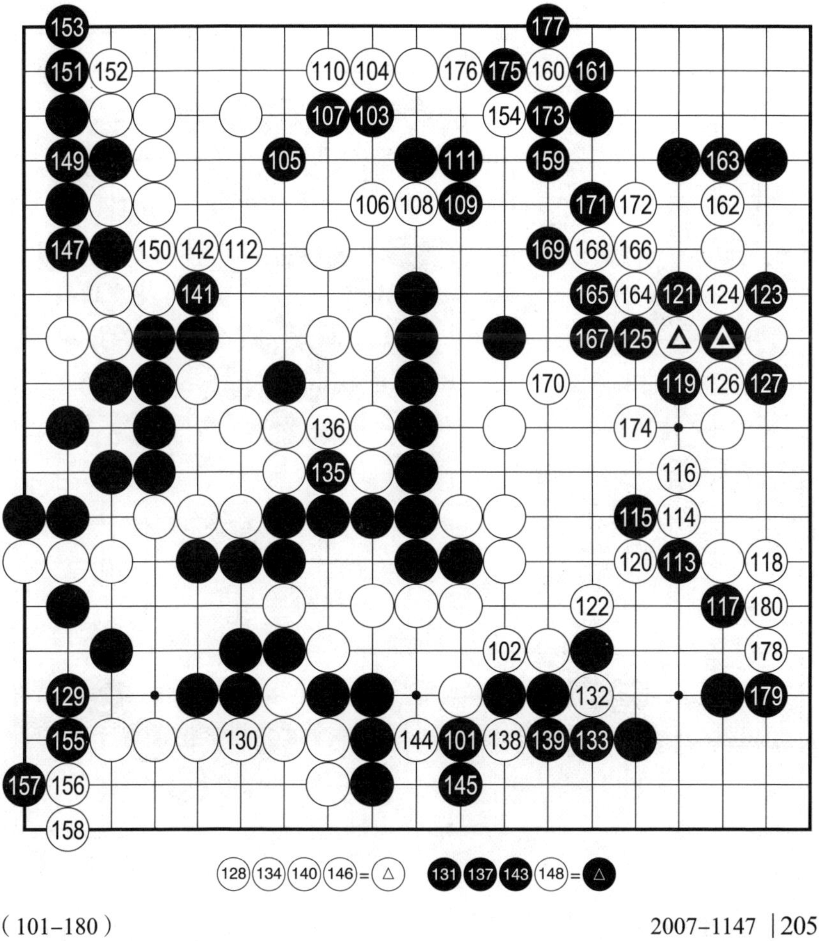

（101–180）

2007 年 2 月 16 日弈于北京方庄
指导棋

白方　陈祖德 九段
黑方　王香如（受先）

白 10、12 是布局趣向。黑 21 普通在 24 位扳。白 26 可在 35 位飞压。白 44 是让子棋下法，本手是 65 位贴。白 52 扳，也属于非常规下法。黑 59、61 的次序可行。白 62 如在 63 位接，黑 62 位，白 75 位，黑 70 位，白 64 位提，白优于实战。黑 63 吃后，白危险。黑 79 应在 31 下两路虎，白如 68 右一路做眼，黑则 64 右一路挖，白不活。（谢赫）

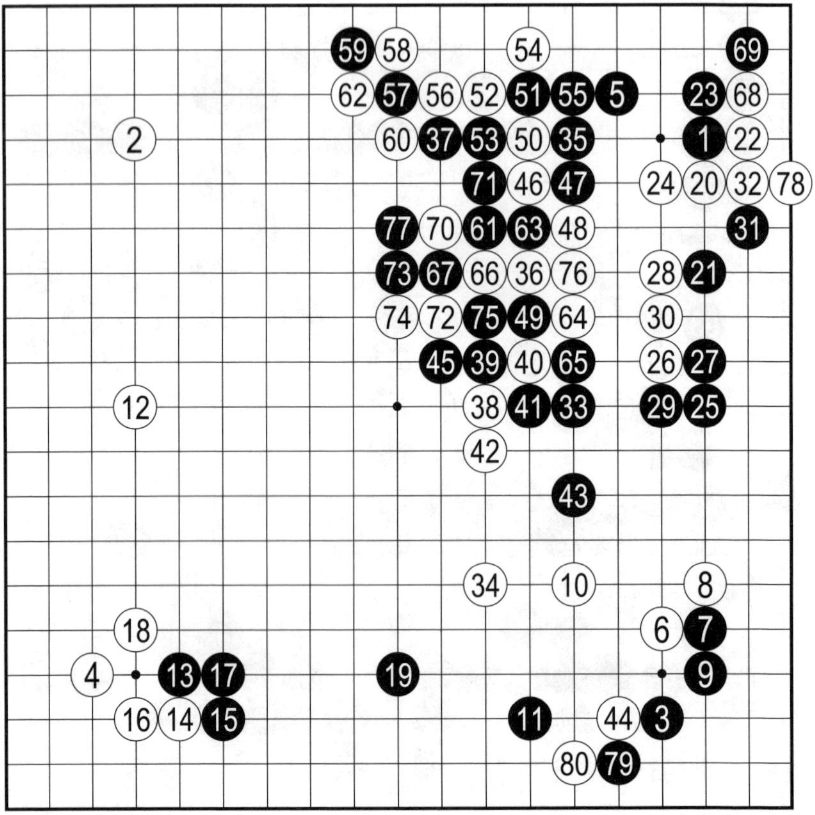

（1–80）

白方　**陈祖德** 九段

黑方　**王香如**（受先）

黑 99 打入没必要。白 108 可在 107 下一路冲。白 114 应在 116 位接。至黑 119，白苦战。黑 127 接出，黑优势扩大。（谢赫）

共 167 手　黑中盘胜

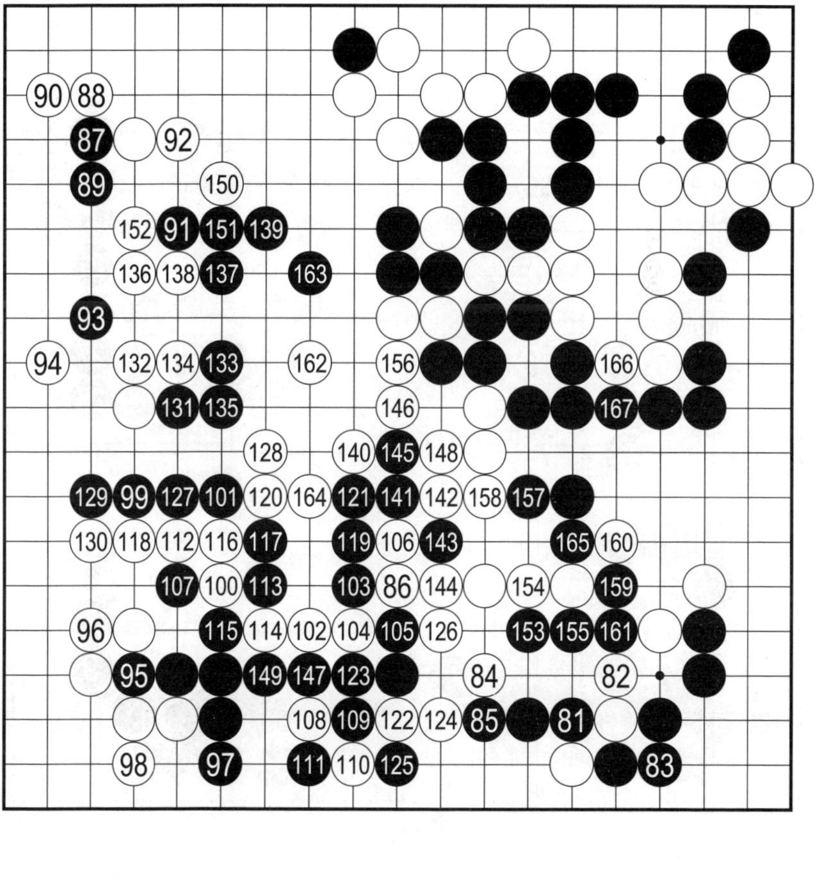

（81–167）

2007 年 8 月 8 日弈于晋城
晋城文化节元老邀请赛

黑方　陈祖德 九段
白方　曹薰铉 九段

白 22 可在 41 位拆二。黑 23 好点，黑配置不错。白 38 试应手，黑 39 在 48 位长更好。白 46 是 38 的后续手段。面对白棋的进攻，黑 79 至 87 好形。（谢赫）

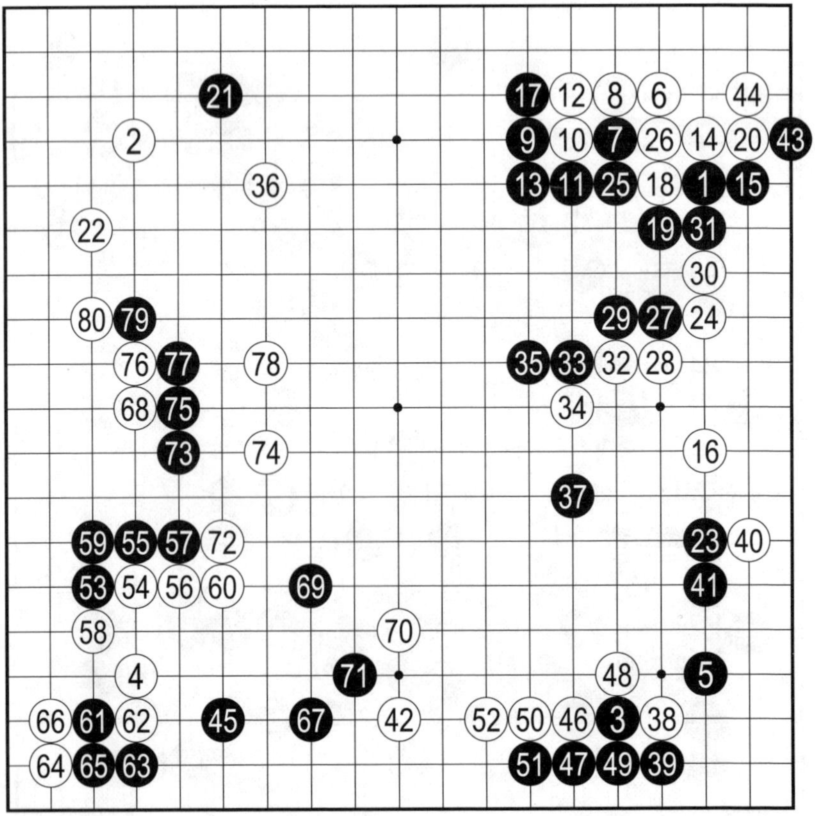
（1–80）

黑方　**陈祖德** 九段

白方　**曹薰铉** 九段

黑 89 如在 72 上一路虎，白挡，黑 151 位冲断，则是黑简明优势。白 120 至 124 有过分之嫌。黑 129 在 90 上一路打更好。黑 131 应在 143 位忍耐。实战至 143 黑落后手，亏损。白 144 应在 148 位扳吃。黑 145 败着，如在 148 位先手连回三子，再 90 上一路打，局势尚难料。白 148 后，黑已无机会。（谢赫）

黑贴3$\frac{3}{4}$子　共 166 手　白中盘胜

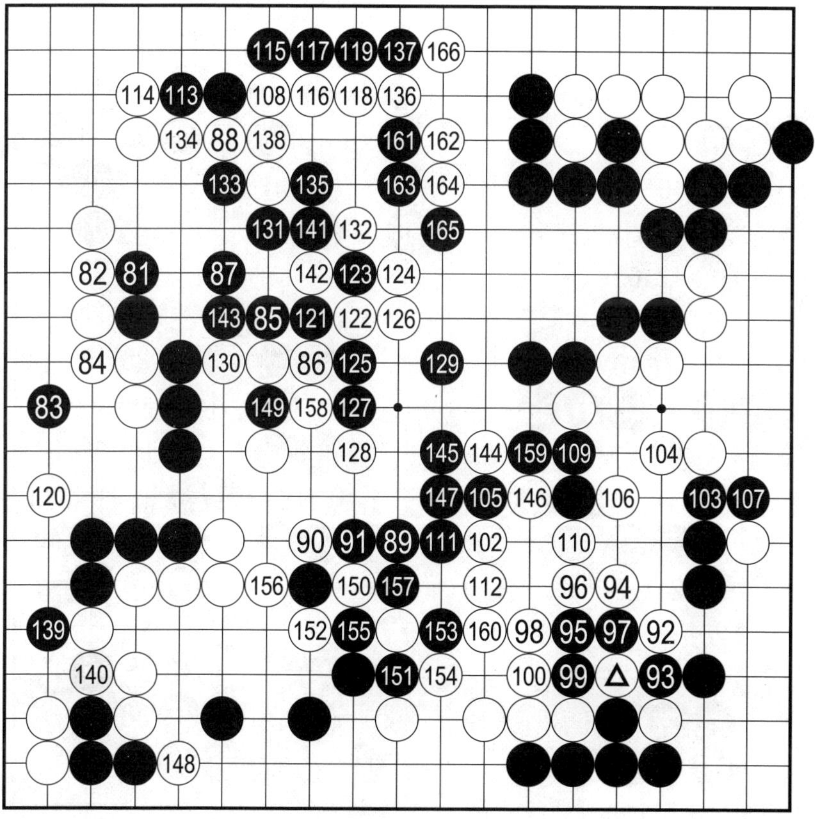

101 =（△）

（81–166）

2007年10月26日弈于杭州
元老邀请赛决赛

黑方　陈祖德 九段
白方　聂卫平 九段

黑13缓！黑15也不好，至白18跳起，白生动。白22、24步调奇怪。白22应直接于24位靠压。黑29只能在31位退，委屈忍让。白42应于53位扩张，如此白大优。白44贪小，应于50下一路飞。实战被黑45肩冲，白优势顿失。白60贪小利，应于225位打吃。白68应先于70位并，再68位跳起，如此白稍优。黑69打入胜负手！黑87反攻倒算，局面混乱。乱战中形成转换，白大亏，黑优势明显。（马晓春）

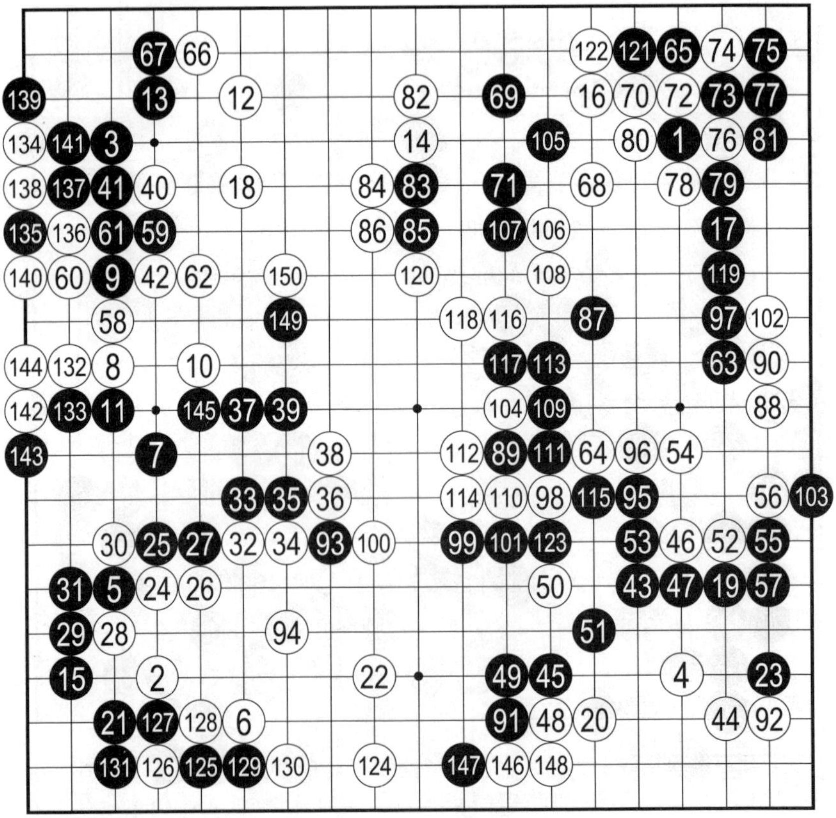

（1–150）

黑方 **陈祖德** 九段

白方 **聂卫平** 九段

进入官子阶段后，黑有很多明显的胜机。最为简单的是在白180提之前于189位打吃，白由于6位右一路断点的关系而不能于190位接。最后的最后，黑275提错劫，如果不发生错觉，单劫黑胜，仍是黑胜半目！（马晓春）

黑贴3$\frac{3}{4}$子　共276手　白胜$\frac{1}{4}$子

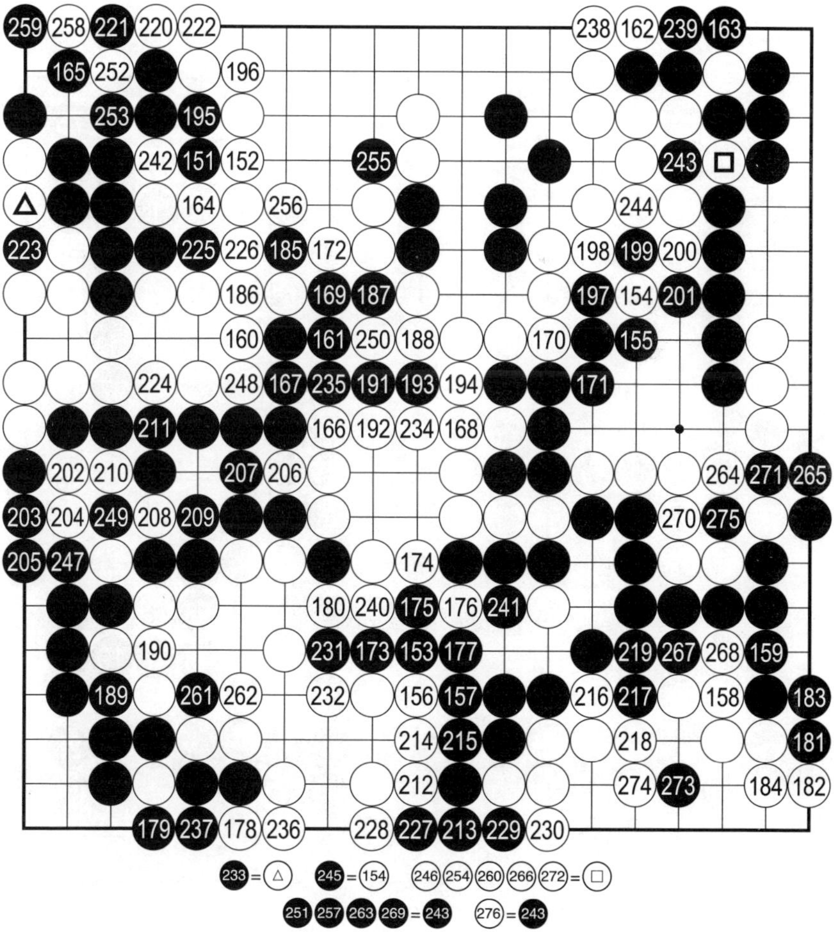

（151–276）

时年64岁

二〇〇八

◎ 1月5日，第三届“理光杯”职业混双围棋赛举行，陈祖德与唐莉组合首轮负于聂卫平与唐奕组合。

薛志春　整理　　　　**华以刚　审订**

2008年1月5日弈于北京梅地亚中心
第三届理光杯混双赛第一轮

黑方 聂卫平、唐奕

白方 陈祖德、唐莉

白10可在7左一路选择托退定式。白16有疑问，应在85上一路尖出。至21的结果黑好。白26可在25下一路冲，黑左一路扳，白25右一路拐，优于实战。黑43大局观好。黑51好手。至61白苦战。白70可在71右一路尖，先活角再于中央治孤，是拼搏的姿态。黑71虎补，优势稳固。面对白72打入，黑73至77思路清晰。白84至88胜负手，至97形成劫争。黑99消劫判断清楚，黑简明优势。黑119试应手，充分利用残子的余味。（谢赫）

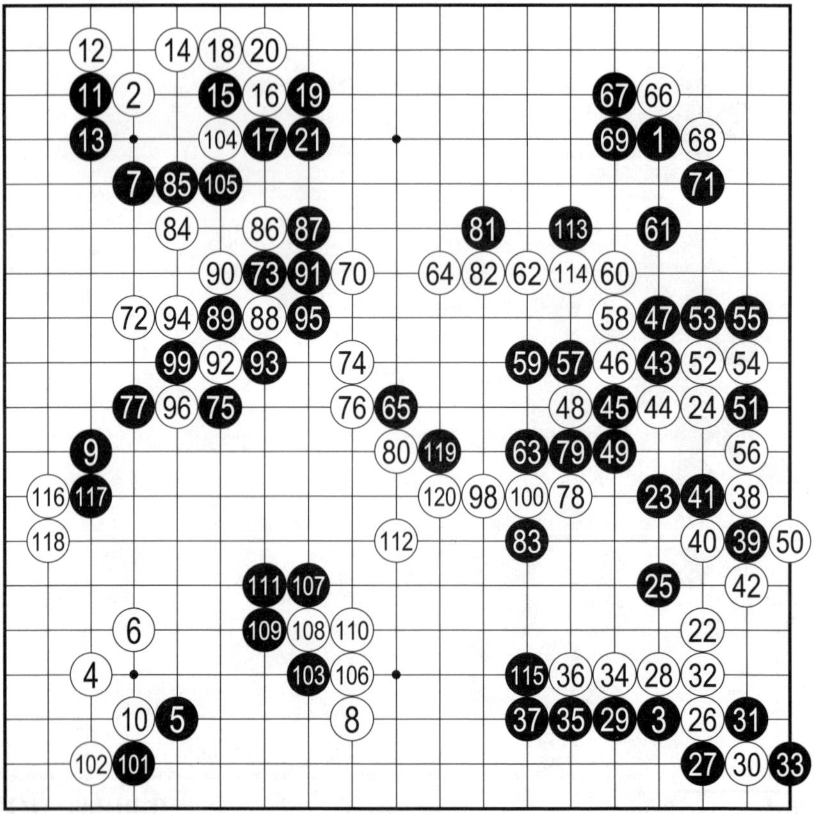

97=89

黑方 **聂卫平、唐奕**

白方 **陈祖德、唐莉**

白126在129位提是本手。黑129接后，白棋面临收气吃。黑133如在140位团更好，白仅快一气，黑可以全部收紧。白146官子好手。黑147回避劫争，判断清楚。白虽有收获，却难以挽回局势。此后白棋顽强奋战，而黑棋始终保持优势。

这盘棋是黑完胜的好局。（谢赫）

黑贴$3\frac{3}{4}$子　共267手　黑中盘胜

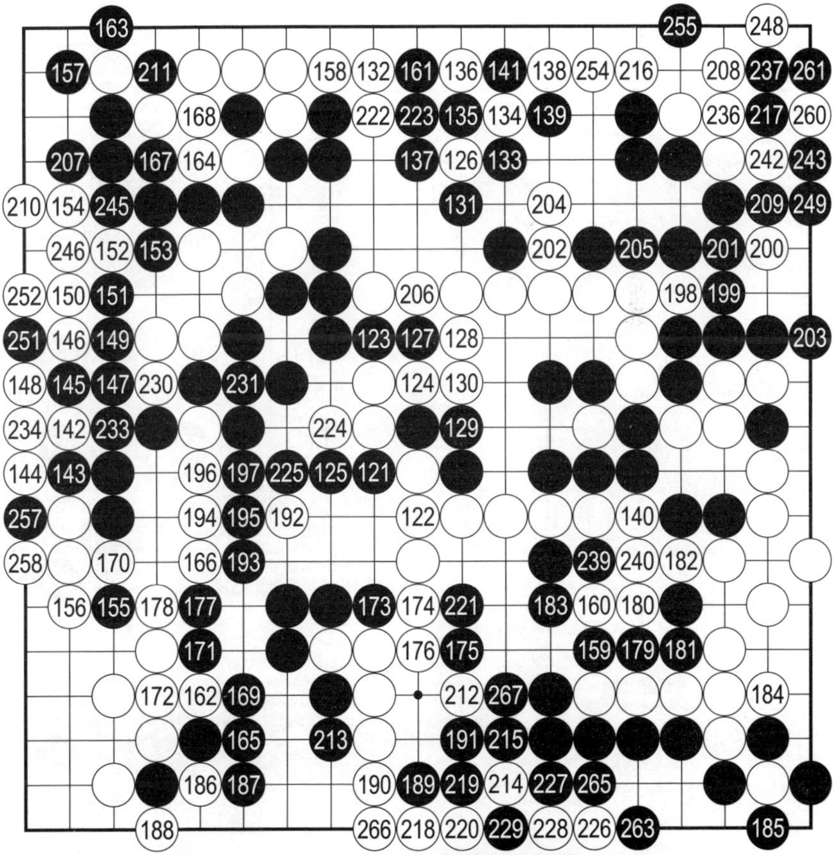

232 238 244 250 256 262 = 214　235 241 247 253 259 264 = 229

（121–267）

二〇〇九

时年65岁

◎ 4月16日，聂卫平、陈祖德、华以刚、王汝南参加“河北体彩杯”中国围棋名人邀请赛。在上午举行的半决赛中力克王汝南八段，下午进行的决赛负于聂卫平九段。

◎ 10月，在中华书局出版《超越自我》典藏本。

◎ 本年开始，陈祖德全身心地投入《中国围棋古谱精解大系》的解说、整理工作中。

薛志春　整理

华以刚　审订

2009 年 7 月 20 日弈于伊春
元老邀请赛决赛

黑方　聂卫平 九段
白方　陈祖德 九段

白 14，如果是我，一定选择在右边拆二。黑 23 没必要再下。黑 29 也应脱先或 54 位拆一。黑 39 贪，于 41 位跳补是形。白 44 应直接在 46 位跳出，如此白有利。黑 71 应走 73 位一带才是正确的方向，实战再下 73 慢了一拍，使白 74 的反击变得严厉！

白 104 亏损，至 113 黑优势。白 114 以下拼命，但至 161 仍是黑优势。（马晓春）

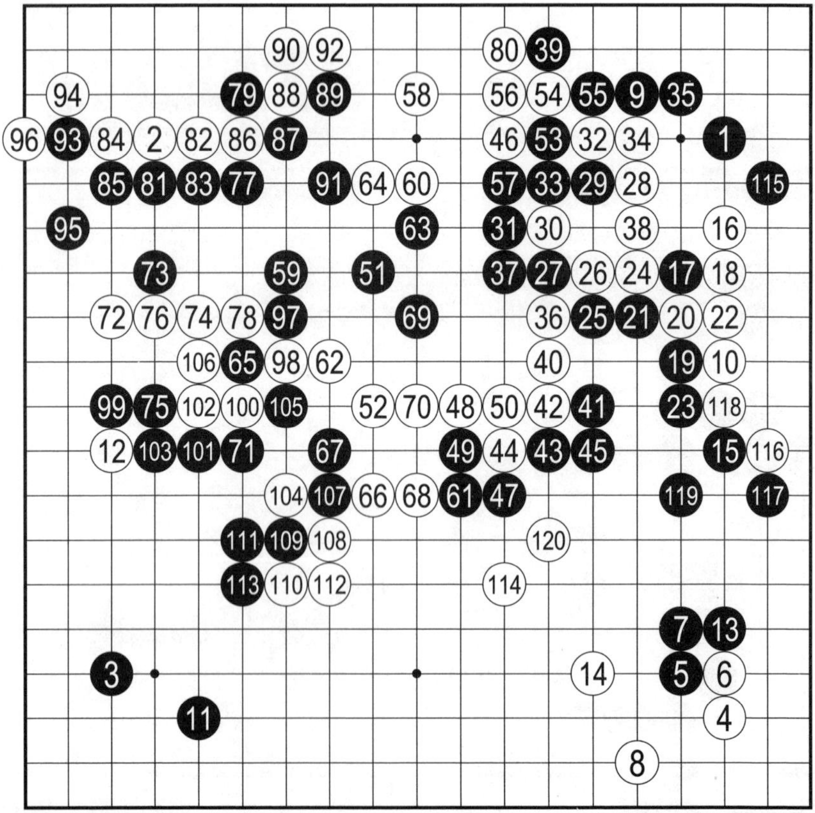

（1–120）

黑方 **聂卫平** 九段

白方 **陈祖德** 九段

黑 177 显然没有 180 大。黑 191 莫名其妙，这里白在 1 位之上两路点入，黑走 1 位上一路应，并没有什么了不起的棋。黑 191 改在左边 193 一带补则是黑小胜。黑 195 也奇怪！在 196 位应，中央大龙并不会死。实战被白 196、198 吃住三子，棋局终于被逆转。（马晓春）

黑贴 $3\frac{3}{4}$ 子　共 249 手　白胜 $1\frac{1}{4}$ 子

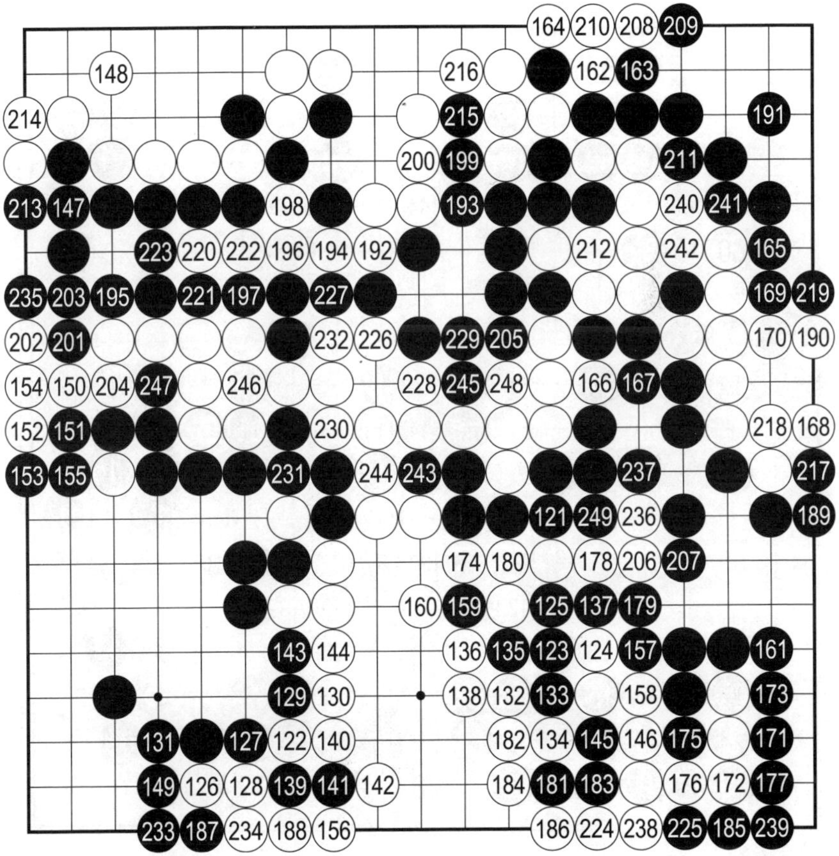

（121–249）

2009 年 10 月 25 日弈于杭州棋院
元老邀请赛决赛

黑方　陈祖德 九段
白方　聂卫平 九段

陈老很喜欢三三。黑 23 缓，应抢占左上三三，实战被白争到 26 尖顶，白有利。黑 29 瞄着 51 位的靠，不过此时在 41 位挂角是当务之急。白 30 应于 41 位小飞，如此进行，右边的拆和 236 位的挂角，白必得其一。黑 31、33 貌似强硬，其实并不好。不过接下来的白 42 过于保守，此手应于 73 位飞，不让黑进角。黑 61 小，应于 125 位守空。如此进行，黑已挽回劣势。现在局面已是均势，被白 62 打入，实空平衡被打破。白 68 以下没必要，改于 76 位跳后再 226 位挡下，白明显优势。白 78 见小，此手于 265 位压，黑爬二路后挤住，白再 86 位虎起，白全局厚实，实空也不落后。实战被黑 79 爬后，白已无法形成好形。黑 85 挖断后，局面顿时陷入混乱。（马晓春）

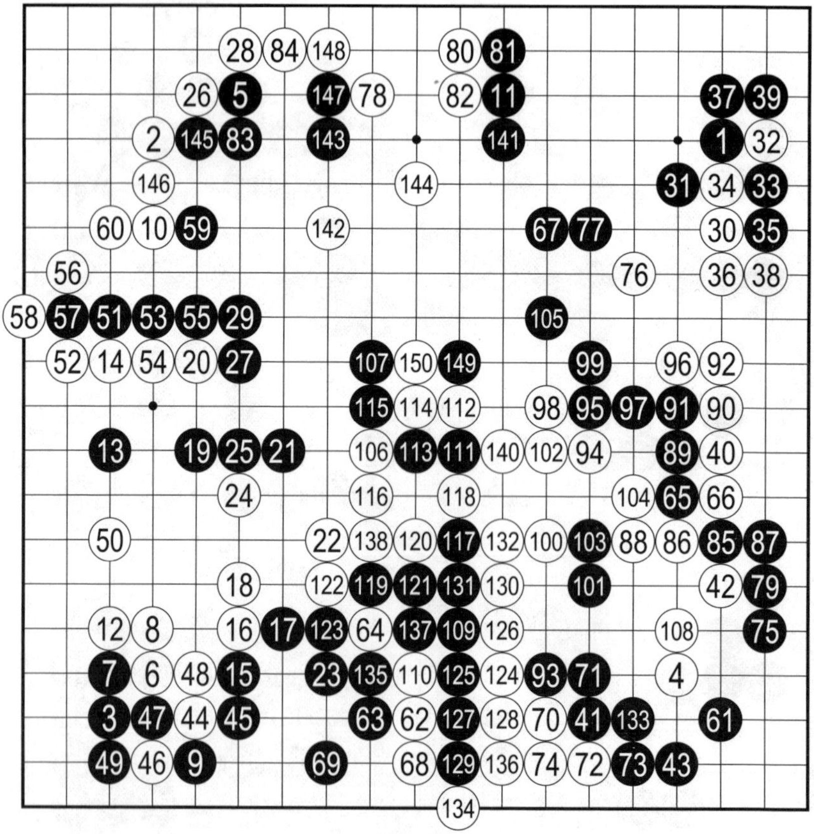

139=64

（1–150）

最后，白未注意黑171飞后173冷静退的好手，白大龙不活，顿时败势。黑棋幸运的一胜。（马晓春）

黑方　陈祖德　九段

白方　聂卫平　九段

黑贴3$\frac{3}{4}$子　共281手　黑中盘胜

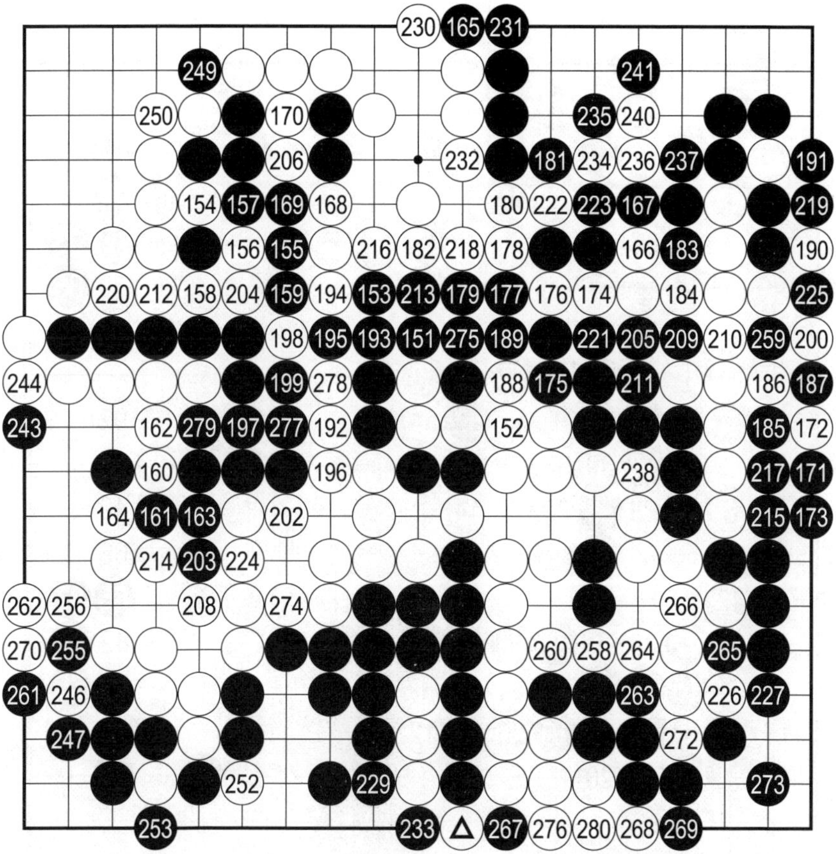

201=172　207=198　228 242 248 254=190　239 245 251 257=225

271=246　281=△

（151–281）

2009 年 12 月 29 日
第五届理光杯混双赛第一轮

黑方　邱峻、王香如
白方　陈祖德、宋容慧

白 28、30 率先挑起战端。白 32 强手，至 43 形成双方都较难掌握的局面。白 46 可在 51 位靠，黑 43 位上一路长，白 71 位靠，更紧凑。黑 49 如抢占 52 位更积极。白 52 好点。白 62 可在 72 右一路尖。白 64 如在 63 右一路挖，是有趣的下法。至 77 的结果黑稍好。（谢赫）

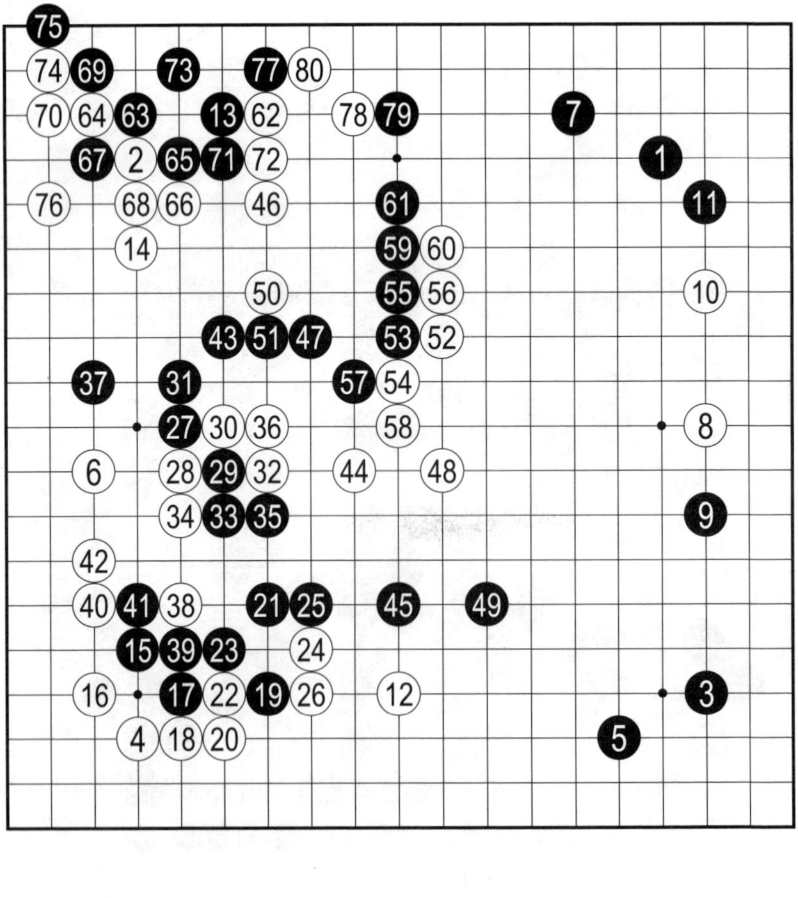

（1–80）

黑方 **邱峻、王香如**
白方 **陈祖德、宋容慧**

白102过分，应在103下一路虎，局势尚早。至106，白形状太薄。白112脱先也过分，应在113位跳补。黑119至123计算精准，白134无奈弃子，黑135断吃后大优。（谢赫）

黑贴$3\frac{3}{4}$子　共170手　黑中盘胜

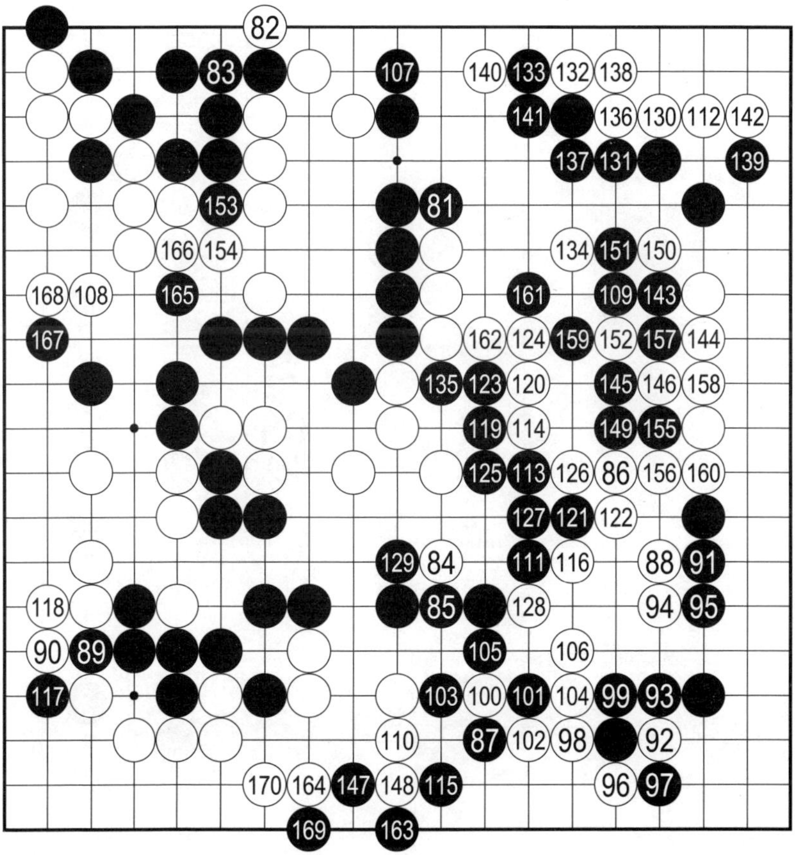

（81–170）

二〇一〇

时年66岁

2010 年，66 岁

◎ 10 月 6 日，“时尚天河杯”中国围棋国手战混双赛在广州举行。陈祖德、魏昕组合负于汪见虹、敖立贤组合。

◎ 10 月 27 日，“灵芝之乡”中国围棋名人战在安徽举行。上午的半决赛陈祖德击败聂卫平九段，下午的决赛击败王汝南八段获得冠军。

◎ 11 月 9 日，在杭州举办的“商业杯”围棋元老赛中负于孔祥明。

◎ 12 月 21 日，在“百灵杯”元老・女子擂台赛第八场中击败女子主将唐奕，使元老队获得了本次擂台赛的最后胜利。这也是陈祖德最后一盘正式对局。

2011 年，67 岁

◎ 年初，陈祖德被诊断出罹患胰腺癌，原本打算出 16 册的《中国围棋古谱精解大系》，只能调整至 14 册。

2012 年，68 岁

◎ 3 月，胰腺癌复发。在病床上有时还在推敲古谱的下法，然发声越来越困难，故第 14 册一些未竟的解说工作交托给了刘小光九段。

◎ 11 月 1 日 20 时 45 分，病逝于北京协和医院。

薛志春　整理　　**华以刚　审订**

2010年10月27日弈于宣城市旌德县
灵芝之乡围棋名人邀请赛半决赛

黑方　聂卫平　九段

白方　陈祖德　九段

黑25至29重复。白34镇头后，中央一片白茫茫，白有利。黑39以下至61，白下面已活净，黑无趣。对黑63的出头，白64、66漂亮！至白76，白收获角地，优势明显。黑91以下虽然利用手段出棋，但91有损在先，又落了后手，白优势依然不动。（马晓春）

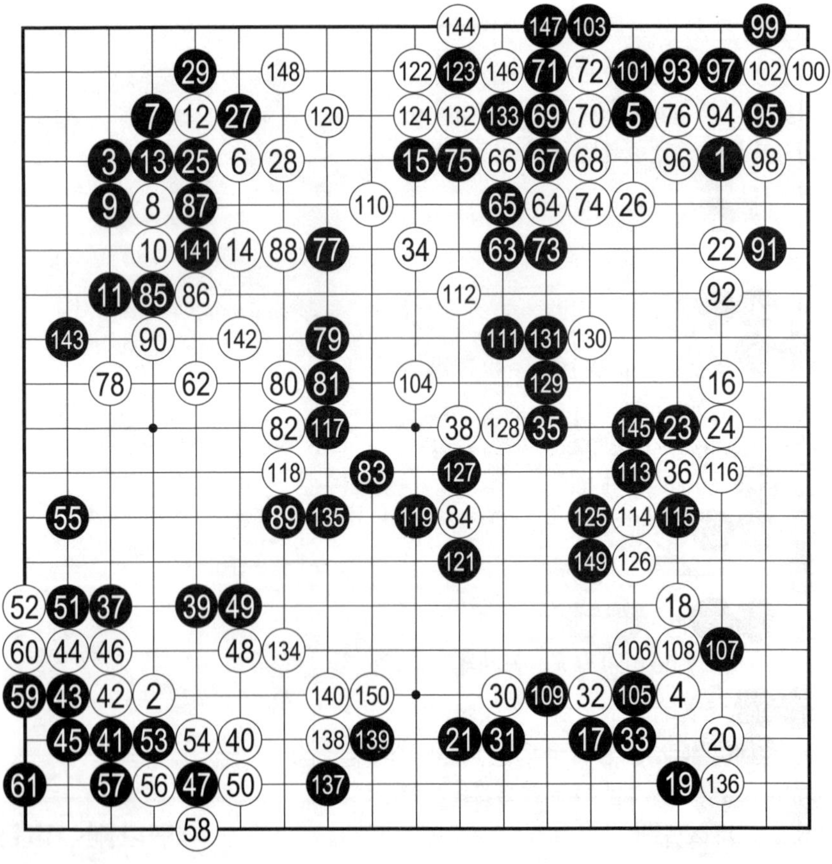

（1–150）

黑方 **聂卫平** 九段

白方 **陈祖德** 九段

白 104 以下至 120 自身连络，白 122 又反攻倒算，黑只有招架之力，败势浓浓。白 136 不如 139 位大。由于白优势过大，白 138、140 虽委屈求活，但局面已进入官子，黑也无翻盘机会。

本局是白棋的好局，亦是聂老罕见的不发挥之局！（马晓春）

黑贴3$\frac{3}{4}$子　共 278 手　白中盘胜

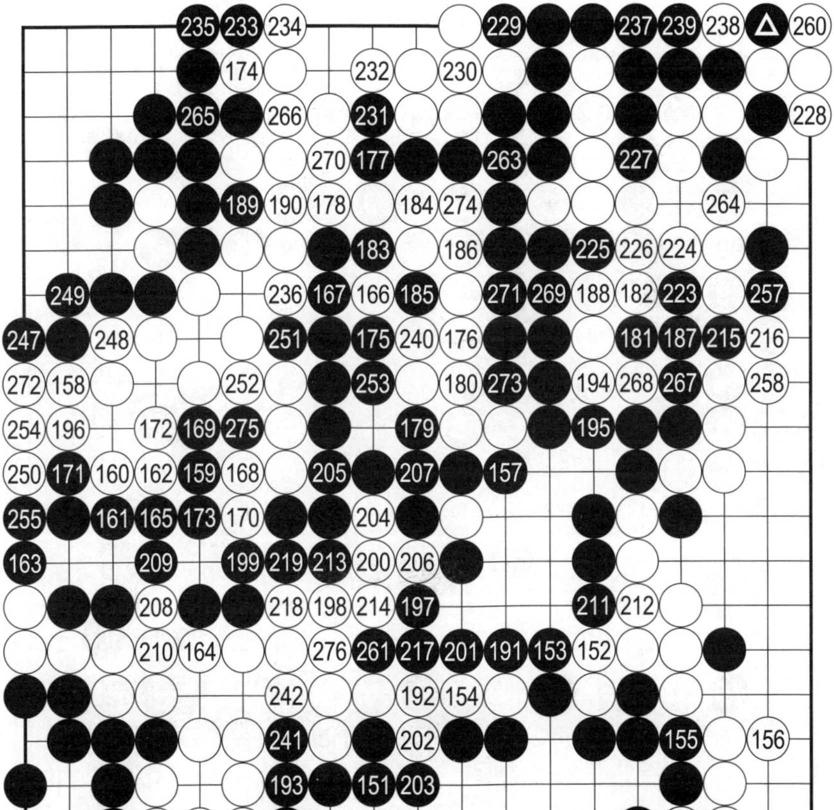

（151–278）

2010年10月27日弈于宣城市旌德县灵芝之乡围棋名人邀请赛决赛

黑方　王汝南 八段

白方　陈祖德 九段

黑5三连星，白6高中国流，模样棋的格局已初步形成。白16、18保留二路扳粘也是AI的推荐。黑27可在28位守角。白38如在37左一路扳，黑断，白37位右一路打，白可战。白50可在51位长。黑51好点，黑模样膨胀。白70似有误算，应在37左一路扳。黑71可脱先在115位扳。黑77、79试应手。白86应在112位提。黑95好手。黑107如在110位扳，白难办。至114转换，形势难分优劣。黑115、117完封模样。白118打入势在必行。（谢赫）

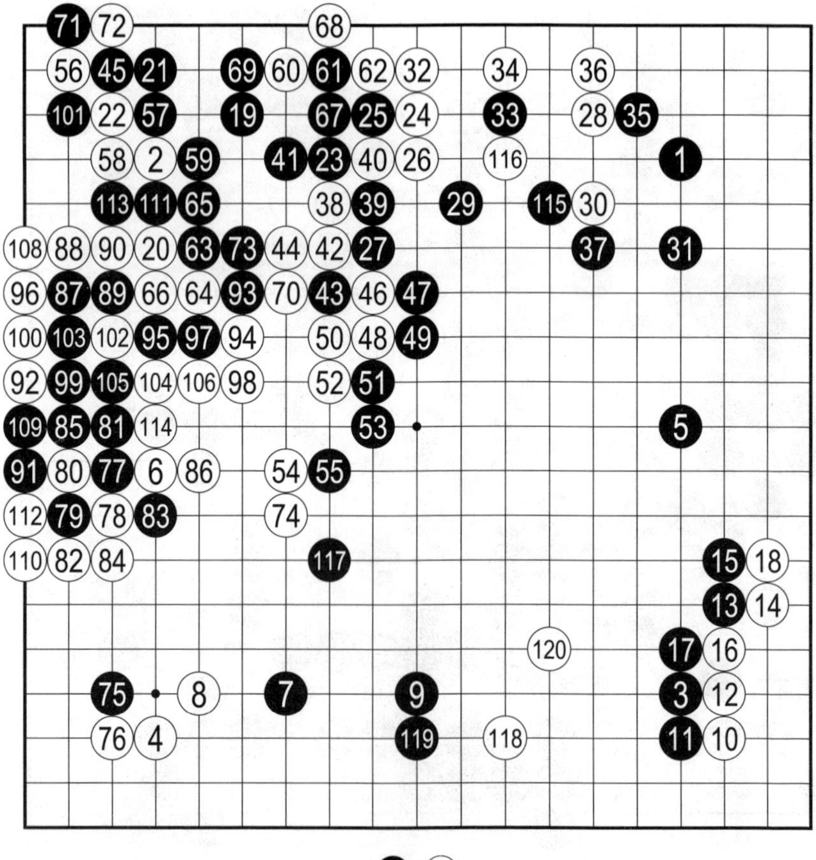

107=102

（1–120）

黑方　王汝南 八段

白方　陈祖德 九段

白 124 可在 220 位冲。黑 133 如在 147 位虎，白颇危险。白 138 手筋。黑 139 可在 142 位打，白 158 位，黑 160 位，变化复杂。白 148 如在 159 位靠，黑 156 位，白 165 位，将形成极为复杂的对杀。白 148 至 154 脱先颇有胆略。黑 155 如在 166 位补，将是黑优势。白 156 撒手锏。白 168 应在 171 位接。至 172 形势白稍优，此时可看出白 148 至 154 的用意。白 192 失误，应在 194 位立。黑 193 最后败着，如在 225 位冲将逆转。至 194，白胜势已定。（谢赫）

黑贴 $3\frac{3}{4}$ 子　共 238 手　白胜 $2\frac{1}{4}$ 子

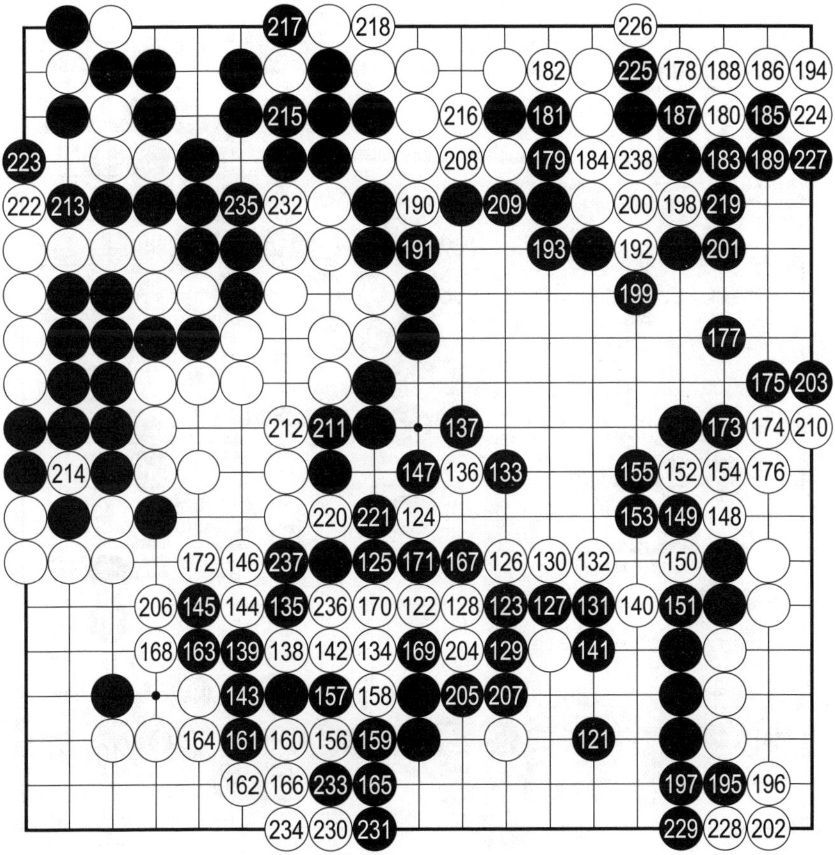

（121–238）

2010 年 12 月 21 日

第六届百灵杯元老女子擂台赛第八局

黑方　陈祖德 九段

白方　唐奕 五段

布局至 15 进入功夫棋的格局，陈祖德老师较少采用这种策略。黑 35 肩冲是侵消的要点。白 38 可单在 42 位跳。黑 43 挡下形状饱满。白 46、48 有过分之嫌。黑 49 在 50 位反击有力。至 53 白有所得。白 54 在 68 位立很有价值，关系厚薄。黑 57 如在下一路虎，形状更好。黑 69 稍缓，可脱先在 83 位打入。黑 73 可在 74 位争先手。白 80 亦缓，可在 96 位抢攻。白 94 至 106 强手连发，局势骤然紧张。白 110 好手，至 116 活出，形势白占优。（谢赫）

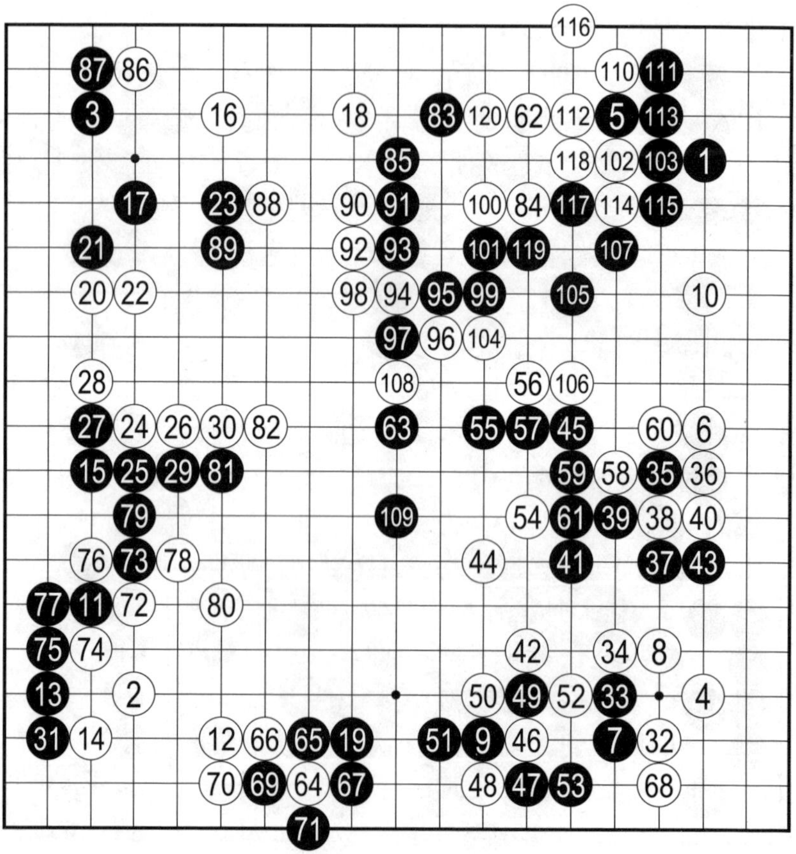

（1–120）

黑方　陈祖德 九段

白方　唐奕 五段

白 126 追求效率。黑 127 反击必然。黑 137 敏锐，瞄着 132 左一路冲。黑 139 可在 140 位接，白如 150 位，黑则 155 位。白 140 至 150 判断准确，至 163 转换，黑虽收获不小，白仍保持领先。对白 170 的威慑，黑 173 脱先是胜负手。白 180 祭出屠龙刀。黑 181 应在 188 位点，白 186 位，黑 194 位，能连回家。白 190 如在 196 位跳，黑危险。白 196 亦应在 209 位并。白 200 败着，如在 206 位接，仍是白有望。此后黑劫材占优，大龙回家，成功逆转。（谢赫）

黑贴$3\frac{3}{4}$子　共 225 手　黑中盘胜

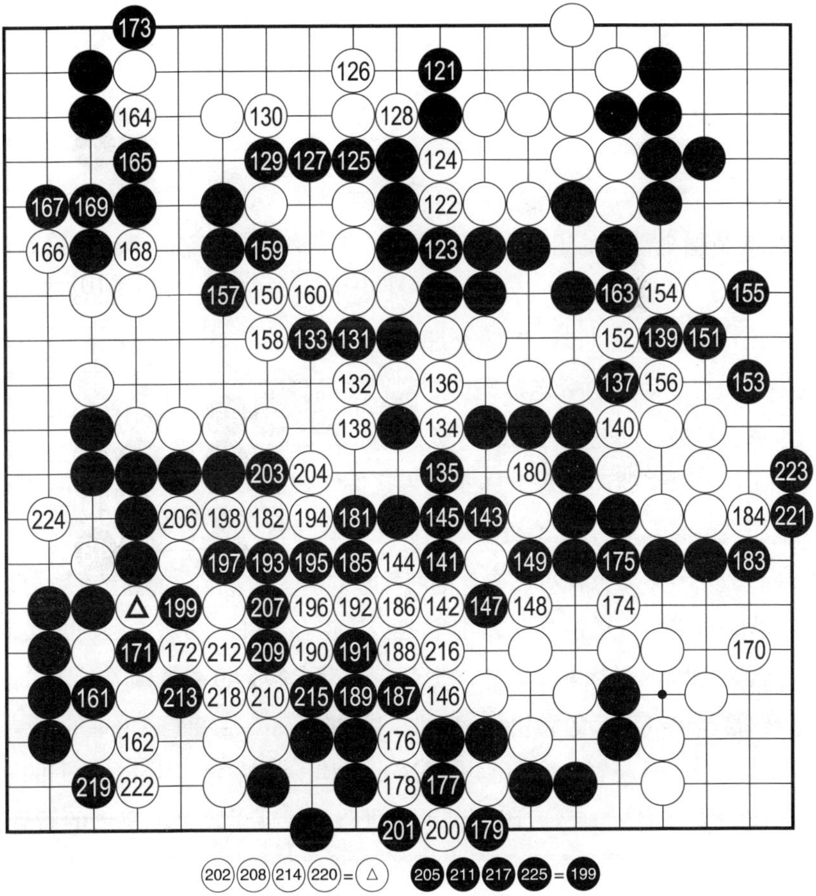

（121–225）

代跋

致谢

夏彩娟

《陈祖德全谱》的出版，从最早提议到最终付梓，前前后后耗费了大约三年时间，却正巧赶上陈老师的八十周年，这也许是冥冥中的注定。

书中所收录的棋谱，大部分是陈老师自己的记录，厚厚的一摞，大概一千局，然后是俞斌老师提供的两百多局打印谱，以及热心棋友提供的珍稀棋局抄本。谢谢他们的奠基工作和热心帮助。

陈老师原来的助手程天祥邀集了几位懂棋的伙伴，把棋谱的照片转成电子文件，认真校对了几次。这项工程非常浩大，需要十二分的耐心和细心，一千多局棋查对比重，他们耗时大半年才完成。感谢他们。

棋谱确定后，邀请到华以刚华老、马晓春老师、俞斌老师、常昊老师、古力老师、谢赫老师、李喆老师、时越老师、檀啸老师等三十位国手，对这些棋局进行了解说评定。他们往往还热心指出了棋谱中的错误，尤其是华老、马晓春、俞斌、周鹤洋、谢赫、李喆等。国手老师们的潜心研究，让棋谱更加贴近职业棋手的思路，保证了陈老师棋谱的质量，真的是功莫大焉。

接下来是整理棋评、推进出版的工作，这些工作比较繁剧，大都是程天祥在承担。本书的序文作者，像林海峰九段和李世石九段，也是他一再向我建言，最终下决心邀请的。

如今，陈老师的全集终于面世了，他的成就、甘苦和不屈终于有了一部书可以承载，朋友们和棋友们对他的缅怀和纪念终于有了实物的寄托。这是他的光阴故事，也是对他所经历的那个时代的忠实记录。

为陈老出版全集，是我能为他做的事，也是助手程天祥一直以来的心愿。这次更得到了以华老、聂老为首的国手们的全力支持，热心朋友们的许多帮助，在陈老师和他的读者中间架起了沟通的桥梁，我想我们的付出颇可告慰陈老师了。

再次郑重地感谢下述领导、老师和朋友们：

① 棋谱提供者：俞斌九段，黄红霖，姚垚，李辉，阮军，居伟钊，胡随善。

② 棋谱整理者：程天祥，薛志春，姚斌，宋毅，肖烜，冰剑。

③ 评棋的国手们：华以刚八段、王元八段、马晓春九段、俞斌九段、常昊九段、周鹤洋九段、王磊八段、丁伟九段、黄奕中七段、古力九段、胡耀宇八段、谢赫九段、李喆六段、陈耀烨九段、时越九段、檀啸九段、柁嘉熹九段、周睿羊九段、江维杰九段、唐韦星九段、廖行文七段、邹俊杰五段、陈潇楠四段、郭闻潮五段、吴树浩四段、王雷六段、牛雨田七段、王昊洋七段、李康六段。

已发行的报刊中，如日本濑越宪作名誉九段、顾水如、王幼宸、汪振雄、魏海鸿、石弓、雷溥华、孙义章等前辈的原评，及陈老师在《无极谱》及其他资料中的自战解说，也都尽量收录进来了。

④ 作序者：林海峰九段，华以刚八段，常振明先生，聂卫平九段，何云波教授，马晓春九段，常昊九段，李世石九段。

最后，还要特别感谢北京颉腾文化传媒有限公司的领导周中华先生，对陈老师全集的大力支持和优容。另外要感谢应氏基金会、上海棋院发起纪念陈老师八十周年的活动，上海棋院还专门为陈老师设立了个人展馆，以资纪念。这些善意和友情将永存我心。

本书最后几个月一直处于抢工状态，错漏之处恐怕不能避免，烦请读者朋友发现后一定告知，待下次重印或修订时改正。在此提前感谢读者朋友的慧眼和灼见。

2024 年 6 月 19 日于北京方庄

图书在版编目（CIP）数据

陈祖德全谱 / 陈祖德著. -- 北京 : 华龄出版社，
2024. 7. -- ISBN 978-7-5169-2814-1

Ⅰ. G891.3

中国国家版本馆 CIP 数据核字第 2024VJ6083 号

策　　划	颉腾文化		
责任编辑	貌晓星	**责任印制**	李未圻
书　　名	陈祖德全谱	**作　　者**	陈祖德
出版发行	华龄出版社 HUALING PRESS		
社　　址	北京市东城区安定门外大街甲 57 号	**邮　　编**	100011
发　　行	（010）58122255	**传　　真**	（010）84049572
承　　印	涿州市京南印刷厂		
版　　次	2024 年 7 月第 1 版	**印　　次**	2024 年 7 月第 1 次印刷
规　　格	880mm×1230mm	**开　　本**	1/32
印　　张	67.25	**字　　数**	1802 千字
书　　号	978-7-5169-2814-1		
定　　价	399.00 元（上中下）		

序一

宝贵的财富

林海峰

在我眼中的陈祖德老师，不只是令人敬佩的棋界传奇，更是一位充满魅力、温柔内敛的人。

陈祖德老师的棋力不必多说，无疑是中国围棋承先启后的名手。在当年那个中国围棋突飞猛进的年代，他是第一位无畏于挑战，首次战胜日本职业九段的中国棋手，是中国围棋复兴的开路先锋。

然而，名留青史的成就却从未改变他谦谦君子的内涵。我曾有幸受邀到陈老师家中拜访，映入眼帘的是大量的书籍、名著，足见他的博学多闻；陈祖德老师下得一手好棋，还写得一手好字，更是好学，可说是处处展现他的才华，处处洋溢他对生命的热情。

我缅怀陈老师，始于棋，也终于棋，尤其他将“中国流布局”发扬光大，刻苦钻研、别出心裁，才得以让中国流在日本甚至全世界流行。

我衷心感谢陈祖德老师的一切，他对我而言是尤可宝贵的财富。

序二

高光与失落

华以刚

陈祖德英年早逝十多年之后，他的全集出版了。这是中国围棋界赶超世界先进水平的里程碑，也是国际围棋界的大喜事。

陈祖德在其自传《超越自我》中，真情总结了自己的围棋人生。“我个人的成长史和新中国的围棋史紧密相连。我所走的路也就是新中国围棋事业所经过的路。我是新中国围棋史的见证人。这一切我最清楚，我有责任把这一切写下来，我不写是罪过！”写下这段文字的时候，陈祖德正遭受着贲门癌的突然袭击，而日本哲学家中江兆民的著作《一年有半》却赋予他带病坚持写作的力量。当时他并不知道自己的生命还有没有一年半，但是使命感促使他必须写，在病床上平均每天 500 字的写写写。我与陈祖德一起学习、工作近 40 年，感受或者亲历了发生在他身上、新中国围棋身上的许多大事。以下我就根据共同的经历和体会，参酌《超越自我》，概述他的平生大略，并附上相关注解。

1960年，濑越宪作（名誉九段）率日本围棋代表团访华，揭开了中日友谊赛的崭新篇章。代表团规格非常高，团员有桥本宇太郎九段、坂田荣男九段、濑川良雄七段和铃木五良六段，而中国队迎战的主要是经历过旧社会的老棋手。其中王幼宸胜了濑越，刘棣怀胜了濑川。顾水如半途退出。这三位都是陈祖德的恩师。16岁的陈祖德三次出场未有建树。最终成绩为日本队32胜1和2负。显然，这个数字意味着失败、耻辱。

1961年9月，日本棋院理事长有光次郎率团访华。这次比赛是一对一固定对手，连战5局。双方阵容是，刘棣怀对曲励起八段，黄永吉对小山靖男七段，王幼宸对伊藤友惠五段（女），过惕生对菊池康郎（业余本因坊），陈祖德对安藤英雄（业余十杰战优胜）。虽然日方阵容比1960年的明显弱一些，中方为迎战还专门进行了半年集训，但是前5场中方4胜21负，说明实力悬殊。最后3场中国队仍无起色。曲八段和伊藤五段都是八战全胜。回顾新中国围棋发展史，谁都难忘1961年中日比赛惨败，难忘伊藤老太太威风凛凛大获全胜。而对陈祖德来说，尤其难忘几乎同龄的业余棋手安藤在比赛中漫不经心地来回散步。

1962年全国围棋比赛在合肥举行。由于通过比赛将首次授予相关段位，就形成了史上首次由南刘北过、黄永吉、陈祖德为代表的老中青三代棋手的同台竞技。48位棋手个个踌躇满志，奋力拼搏。经过34天的鏖战，最终前三名依次为过惕生、陈祖德、吴淞笙。按赛前颁布的明文规定，三人荣获五段称号，这是当时中国的最高段位。刘棣怀的成绩并未达标，但是综合考虑其实力、战绩和贡献，被破例特批为五段，可谓实至名归。而1960年的全国冠军黄永吉，可能在家乡比赛心理压力太重，连前六名都没有挤进，名落孙山。这次比赛涌现出沈果孙、赵之云、赵之华、陈锡明、罗建文（因病退赛）、王汝南等一批青年棋手，他们对老棋手形成了实实在在的挑战。过惕生荣获桂冠后，正式宣告引退。

除了扣人心弦的赛事，还有一件大事必将永垂史册，那就是中国围棋协会正式成立。这是中国围棋史上的划时代事件。首任主席为国家体委副主任李梦华。更令围棋界全体喜出望外的是，政治局委员、国务院副总理陈毅担任协会名誉主席，开了国家领导人担任单项体育运动协会名誉主席的先河。陈毅元帅多次讲过，提倡围棋不仅是自己的爱好，更是“经过政治局的，是毛主席同意的”。陈毅元帅的任命，体现了党和国家对围棋事业的格外重视，是事业顺利发展的根本保障。

1963 年 9 月，杉内雅男九段率宫本直毅八段、桑原宗久七段、村上文祥（业余四天王之一）、田冈敬一（业余 5 段）访华。与 1961 年相比，实力显然高出一块。那年中方主要依靠老将出马，而这次 19 岁的陈祖德成为一号主力，率领十几岁、二十几岁的青年棋手迎战。陈祖德先后对阵田冈、村上、桑原、杉内、宫本全部获胜，创造了中日友谊赛的纪录，体现了自身棋艺水平的提升。其中战胜杉内虽然是让先，已经是中国棋手的重大突破，近代史上绝无相关记录。此次日本来访共赛 11 场 53 局，中方 19 胜 1 和 33 负。虽然还是输得偏多，但是我们胜了不少局职业棋手，基本上是青年棋手赢的。其中陈祖德、吴淞笙的战绩尤为突出，被日本媒体形容为“陈吴时代”。

9 月 27 日不仅是陈祖德战胜日本九段的纪念日，当天晚上，杉内九段和宫本八段还分别代表日本棋院和关西棋院向陈老总赠送了名誉七段的证书。这是日本围棋界为感谢陈毅副总理对日中围棋交流的关怀，首次授予国外人士这样高的荣誉。陈老总高兴地致答辞表示感谢。10 月 3 日，陈老总设宴招待日本代表团时，周总理也拨冗光临。周总理与中日双方棋手一一握手，感谢日本朋友赠送陈老总名誉七段证书，还谦虚地说：“我这个人有偏心，我对乒乓球重视，对围棋关心不够，今后应该多关心围棋。”周总理和大家合影留念。这是周总理对围棋界的亲切关怀。

正式比赛结束后，宫本八段和桑原七段留在北京为中国棋手讲棋一个月。这恐怕就是最早期的“引进国外智力”吧。回国前，陈老总再次宴请两位老师时，谈及发掘围棋天才少年的问题。宫本说陈祖德就是天才。陈老总不认同：“他不能说是天才，只能说有才能。”过了一会儿又说：“祖德，你还要好好努力呵。”殷殷嘱托，溢于言表。

1964年4月，全国围棋锦标赛在杭州举行。陈祖德获得待望已久的平生第一个全国冠军，陈祖德时代的序幕正式拉开。这一年获得前6名的选手中有5名是年轻棋手。黄永吉获第4名，是唯一的中年棋手。杭州成为刘棣怀、王幼宸等老前辈最后的竞技舞台。他们认真栽培年轻一代，在界内广受赞誉。

1964年廖井丹率团访日，团员为陈祖德、吴淞笙、罗建文、沈果孙、王汝南、陈锡明。共赛54局，中国队20胜4和30负。必须指出，其中还有一个授二子专场，并且我方仅2胜4负。有点说不过去，却是历史。

1965年的中日交流特别繁忙，4月梶原武雄八段率团访华，团员有工藤纪夫六段、安倍吉辉五段。共赛27局，中国队6胜2和19负。陈毅元帅决定，中日比赛从此一律分先。

7月姚耐率团访日，团员有陈祖德、吴淞笙、王汝南、姜国震、黄进先。共赛35局，中国队11胜2和22负。

10月岩田达明九段率团访华，团员为刘谷启八段、谷宫悌二五段、木谷礼子四段（女）、原田稔（业余四天王之一）、西村修（业余四天王之一）。共赛60局，中国队17胜3和40负。

在《超越自我》总共20章中，唯一使用日本棋手起名的是第十二章“苦斗梶原”。陈祖德说：“我与梶原苦战了6局，这6局充满着苦和乐、悲和喜，这是我永远不会忘却的6局。如果把1962年和1964年与梶原的棋加在一起，我俩共赛了8局。这是个庞大的数字，即使在国内和某个棋手要在比赛中较量8次也谈何容易。这8局棋对我来说受益匪浅，对我棋艺的长进、思维的开阔、经验的补充、意志的锻炼，起了难能的积极作用。为此，我在这里向梶原八段表示诚挚的谢意！”

时隔半年之后，陈祖德战胜了岩田团长。这是中国棋手首次分先战胜日本九段，是继两年前让先战胜杉内九段之后，又一个醒目的里程碑。日本职业棋手参加正式比赛很少，大多数一般水平的，往往一整年也就30盘左右。因为比赛多为单淘汰制，输掉一局就意味着告别此赛。岩田代表团访华20多天要下10局，大大超过了平常数量。岩田九段的10局中，7局对陈祖德，2局对吴淞笙，1局对王汝南，负荷相当大。梶原代表团的赛程也基本相同。陈祖德作为一号主力，迎战这两个团，一场不落，下了19局，非常辛苦。但陈祖德是受教方，是受益方，远方的老师送上门来，只要能学棋，吃点苦真算不上什么。而日本棋手是指教方，是付出方，他们的辛苦才值得称道。他们提携陈祖德，就是帮助中国围棋。

1965年夏季，有一天陈毅副总理在中南海宴请出访归来的中国乒乓球队，围棋界代表陈祖德、王汝南应邀出席盛会。席间，周总理招呼："下围棋的同志请上来。"陈、王紧张地走上前去，周总理拿起酒杯亲切地说："为了你们迅速提高水平，早日赶超日本，干杯！"这是周总理向围棋手敬的一杯酒呵！无比甜美，醇厚！紧接着，陈老总又敬了陈、王一杯，并向李先念、邓小平等中央领导介绍围棋界代表，希望他们多多支持围棋事业。党和国家领导人的关怀是围棋人莫大的幸运。

围棋界当年还有一件大喜事。国家围棋队于1965年12月正式成立。单位的名称为北京体院运动系，是国家体委的直属单位，后改名为训练局。乒乓、游泳、足篮排都是我们的兄弟队，举重和围棋在同一个党支部。为迎战日本队，1961、1962、1963年都曾组织过集训队，任务结束便告解散。而国家队是正式编制，调组织关系的。

1966年4月在郑州举行了全国比赛，共有24个省级单位80人参赛，赛程长达32天。陈祖德蝉联冠军，吴淞笙连续两次亚军。陈吴时代的氛围愈益浓厚。

1966年，一场大风暴平地而起，围棋不可避免受到波及。在大字报铺天盖地，高音喇叭持续不断的大环境里，教练无法安排内部对局，棋手最多只能自觉打谱。

好不容易熬到11月，岛村俊广九段率团访华，团员有宫本义久八段、家田隆二五段、石田芳夫四段、加藤正夫四段、武宫正树二段。共赛36局，中国队9胜3和24负。陈老总来到陈祖德和岛村九段的赛桌旁坐下，与客人亲切寒暄并观战1个多小时就走了。万万没有想到，这是陈老总最后一次观看陈祖德对局。直到5年之后，在三〇一医院的太平间里，陈祖德无比悲痛地站在遗体旁告别恩人。在比赛中有一件事令人哭笑不得，棋手在比赛中必须看小红书。如果说中国棋手用毛泽东思想指导下棋理所当然，日本棋手也看，就不可理喻了。

1969年10月10日，周总理在首都体育馆接见国家体委军管会负责人。军管会提出要撤销围棋时，周总理说，围棋有对外交流的任务，不要绝种。军管会置若罔闻，不久后又打报告，执意撤销围棋。周总理明确批示："围棋不是撤销的问题。"然而最终结果，围棋还是被撤销，国家队被解散。

国家队没有遣返回原籍的最后7个人是陈祖德、吴淞笙、王汝南、曹志林、邱鑫、华以刚、黄德勋。恰好每人相差1岁。除王、黄两人之外都是上海人。面对北京不让留、上海不让进的尴尬局面，军管会祭出拖延时间的高招——1970年7、8月间让7个人去国家体委五七干校。至于这7个人根本不是干部，那就管不着了。4个多月后（去干校前没有任何人告诉过要去多久），7兄弟一同被分配到北京第三通用机械厂，美其名曰落实周总理关于"留种"的指示。我们整整做了2年产业工人后，1973年初围棋奇迹般地恢复了三四十人规模在工人体育场的集训。

在集训期间发生了一件天大的好事。1973年4月中旬，中日友好协会会长廖承志将率50多人赴日本进行友好访问。在最初的出访名单请示件中没有陈祖德的名字，结果受到周总理的呵斥："友好访日代表团怎么能没有围棋界的代表？”周总理还亲自点名陈祖德参加。代表团出发前夜即 1973 年 4 月 14 日晚 9 点，周总理接见代表团全体成员。见到陈祖德第一句话就问，下棋了没有。周总理谈完乒乓球就谈到围棋。周总理指示：“要做好吴清源的工作，请他回祖国看看。如果第一次不行，下次再请，第二次不行，第三次再请嘛。”周总理还说请林海峰一起来。周总理又说：“有人要撤销围棋，借口说围棋不属于体育项目，但这项事业总要搞嘛。我看放在体委也不错。”周总理感慨地说：“陈老总去世了，中央没有像陈老总这样的人来抓围棋了，我们谁来关心一下？”周总理转向在座的李先念和耿飚等领导同志，逐个问他们会不会下围棋。周总理还谈了不少在日本可能遇到的而出访成员未曾考虑到的事，令所有在座的人惊叹不已。陈祖德聆听周总理整整 4 小时的谈话，更加崇敬，更加体会到周总理多么伟大。

廖承志代表团在日本受到了国宾级的礼遇，整团活动时，全程配备警察多达 3000 名，路上不遇红灯，天上直升机警戒巡逻。围棋大使陈祖德受到日本围棋界热烈欢迎，各地组织和代表人物纷纷向其发出会见或对局邀请，表达对中国围棋界的真诚友情。毕竟双方刚刚开始的交流一下子就中断了 7 年之久。陈祖德第一局就与老朋友藤泽秀行手谈，压轴则是会见吴清源先生。吴先生还是用那一口老北京话回忆他俩 1964 年的首次见面，那次来不及对局，这次终于圆梦。陈祖德全程共下 9 局之多，但还有许多邀请无法应约。

东京围棋界的欢迎会在新落成的日本棋院举行。招待会一开始，首先举行追赠陈毅副总理名誉八段的仪式。日本棋院理事长有光次郎宣布决定。证书的填发日期，采用中日两国联合声明发表的日期——1972 年 9 月 29 日，以纪念中日邦交正常化。陈老总也受到日本人民的尊敬和怀念。陈祖德访日的直接成果是，中日围棋交流得以恢复，仅 3 个月后就实现了坂田荣男九段率团访华。周总理时刻挂念围棋事业的生存问题，对围棋界代表亲切细致关怀，围棋人永远铭记在心。对陈祖德本人而言，能被周总理亲自点名参与国家外事活动，促成中日围棋交流的恢复，是毕生的政治荣誉，是生命中的高光时刻。

陈祖德回国后，围棋队兵分东、西两路进行巡回表演，向各地体委宣传围棋大势的好转，为全面复兴做好舆论准备。没过多久，围棋队又迎接了坂田代表团的来访，忙得不亦乐乎。1974 年前后，国家队的骨干开始回训练局酝酿再次建队。

1974 年 7 月，“三棋”同时聚集“棋城”成都举行全国比赛。这是围棋事业经过 8 年摧残之后的复苏。陈祖德再次蝉联全国冠军。

1975 年，“四人帮”把持下的国家体委，竟倒行逆施，又要撤销围棋。陈祖德听到内部消息，怒不可遏，先后与吴淞笙、华以刚以及罗建文、王汝南、聂卫平联名上书邓小平副总理。过程相当曲折，但终于得到了“一律保留”的鲜明有力批示。体委在第三届全国运动会召开之际，无奈公开传达，闹剧尴尬收场。整个过程比纸面所叙述的，当然复杂、紧张、困难得多，致使陈祖德心力交瘁，比赛发挥欠佳，只得到第三名。聂卫平首次折桂。乘着上升势头，1976 年访日时又刮起“聂旋风”，7 战 6 胜 1 败，将多名超一流九段斩于马下，取得突破性成绩，开启了聂卫平的黄金时代。而陈祖德的人生就是这样，既有胜利也有失败。

陈祖德 1975、1978、1979、1980 年共 4 次领衔代表上海队参加全国团体赛，全部夺冠。在 1978、1979（全运会）、1980 年全国个人赛中分别获得第 2、第 4、第 3 名。1980 年在四川乐山市的全国赛，马晓春、刘小光这一代棋手开始崛起，也成为陈祖德告别演出的舞台。

1993 年 11 月 4 日，陈祖德获“大仓喜七郎奖”，这是日本围棋界最高荣誉奖。

接着转向棋谱。东晋高僧支遁“以围棋为手谈”以来，手谈就成为围棋的别称。棋谱犹如手谈的书面记录。能设想只谈话而不留下书面记录吗？那样围棋世界还能久远延续吗？

棋谱犹如教科书，本手、俗手、恶手、妙手尽显其中。模仿、研习老师的棋谱称为“打谱”。打谱是学棋过程中必不可少的基本学习方法之一。

棋谱犹如史书，可窥知时代的兴衰。看建国初期老前辈们的棋谱，实战不足、棋理不通、情报不灵、基本功差等问题随处可见。一言蔽之就是水平落后于时代了。那是国运衰败造成的。看陈祖德 1959 年集训前后的棋谱，可知其进步飞速，足足提高了两个子甚至更多。其中离不开刘棣怀、王幼宸等老师的倾囊相授，才带来他第一次顿悟。再看 1963 年陈祖德的棋谱，刚柔并济，进退得宜，告别往昔的幼稚，初具高手风范了，可谓第二次顿悟。其中的外因，当然离不开与日本棋手的切磋磨砺。陈祖德作为中国一号选手，与日本棋手交流最多，得益也最多，其他中国棋手再向陈祖德学习，这就是真实的历史。1964 年以后的陈祖德明显趋于成熟，不免令人想起陈老总的论断，陈祖德不是天才，但是有才能。离开了沃土，他也长不成参天大树。

棋谱犹如镜子，围棋的深刻内涵以及职业高手实战谱的深奥玄妙反映其中。近代日本围棋界的观战记者应运而生，他们描绘出超一流棋手对局的精彩瞬间，棋友们一看棋谱获得共鸣，于是流传更广。剃刀坂田、刽子手加藤、宇宙流武宫等，都脍炙人口。高川秀格堪称自觉适应贴目的智者，改变传统，执黑积极主动，执白从容不迫，并以“流水不争先”为座右铭。理论一旦披露，棋谱自然成为高手们关注的对象，先睹为快。日本自古就有“小桥石板敲敲才渡”的谚语，提醒人们凡事要谨慎。林海峰有一局欲杀对方大龙时，做了万全的准备。当所有人都认为下一手必开杀戒时，林海峰突然转而收官。原来林海峰担忧屠龙“智者千虑，必有一失”，收官更加安全。观战记者遂以“敲敲石板却不渡”来形容林海峰的格外谨慎，棋谱也就成为名谱。在这里语言和棋谱相得益彰。

陈祖德立德、立功、立言的光辉人生，通过《超越自我》得到充分的彰显。同时，棋谱也是其人生不可或缺的重要组成部分。《陈祖德全谱》是其留给围棋界的巨大财富。收藏它，放在家里显要的位置当然很好。更希望大家勤翻阅，勤打谱，亲近围棋，体会围棋的博大精深，这才是对陈祖德最好的纪念。编辑部请了二三十位职业棋手做了精彩的评注，就为方便大家看谱。

2023 年 9 月 12 日于北京

序三

亦师亦友

聂卫平

欣闻陈老的对局全谱集出版，非常高兴，这套书对中国围棋的意义非凡。

陈老是我们棋界一位非常伟大的人物，他对中国围棋的影响可以说是不可动摇的。尤其是在中国围棋的困难时期，是他一直没有松懈，克服种种困难，不断努力，可以说一生都在为围棋事业奋斗。

陈祖德让先和分先战胜日本九段是中国围棋发展的里程碑事件。那个时代我们下不过日本，一直在向日本学习，是陈老的胜利掀起了我们赶超日本的最开始的序幕。希望后辈们永远不要忘记陈老的功绩和精神。

陈老的棋风非常有特点，极其锐利，有一种舍我其谁的气势。陈老的棋经常是大开大合，战斗非常激烈。甚至有些看上去比较勉强的局面，陈老也会主动出击，寻找战机。所以看陈老的棋，爱好者们会感觉比较过瘾，因为一直在战斗。

陈老于我亦师亦友，又都是为中国围棋事业共同奋斗的战友。他为中国围棋做出的贡献有目共睹，各方面都很值得我们尊敬和学习。

棋如其人，希望大家能够通过这本对局集更好地了解陈老精湛的棋艺、华丽的棋风、坚韧的品格、传奇的经历。

序四

纵逸枰上　英气几分

——回忆“中国流”并怀念陈祖德先生

常振明

陈祖德先生在自传《超越自我》中写道：“宁愿因为创新而导致失败，也不能因为失败而不去创新。”这句话折射出他对围棋认知的格局，也是他攀登事业巅峰所秉持的精神，在我的记忆里历久弥新，始终鼓舞着我砥砺前行。

我与祖德先生的缘分起始于1967年深冬。一个13岁的孩子端坐在清华大学学生宿舍的桌前，面对着棋迷心目中“神的存在”——围棋全国冠军陈祖德。那是在国家围棋队“奉命解散”之前，“逍遥”于动乱之外的清华师生围棋“发烧友”居然请来了陈祖德与曹志林，我的围棋启蒙老师、大学生余昌民安排我下了一局受九子的指导棋。在我的想象里，陈祖德肯定像一位皓首飘逸的仙翁，没料到竟是一个儒雅书生！当他给我这个初学蒙童复盘讲解时，和煦的目光中还略带几分腼腆……

从那以后，祖德为清华棋迷们敞开了周末去国家围棋队向国手们求教的方便之门；他也特别理解我们这些围棋草根的渴望，不时带上伙伴来清华大学给我们指导，同我们欢聚。

1975 年，我有幸入选国家围棋集训队，与祖德老师一起生活、学习有半年之久。他是围棋队的领导，又是棋艺上绝对的权威。训练对局之后的复盘拆解是至为重要的一环，是对棋理、布算幡然领悟的关键时机，每当棋手们困于技穷或者境界未臻的时候，祖德一来往往豁然开朗，柳暗花明！他的思路不落窠臼、不循成法，加上功底深厚、迷恋完美，总是能寻绎出尤具创意的着法来，令人望尘莫及、感佩不已！

我和祖德穿越了动荡的年代，走上了不同的路，各自揣着受惠于围棋的脚踏实地、动静相应和未泯的壮志。1997 年我和祖德老师同在中央党校学习，闲暇时我常去他的宿舍聊天，我们聊得最多的还是围棋。那时他虽已不在黑白较量第一线了，但作为棋界的最高领导，对中国围棋的发展状况未免忧虑：在受到商业化冲击的当下，年轻棋手兴趣过泛，用心不专，开创不足，不似他们那一代胸怀使命、心无旁骛地用功了……言谈之中，我感受到他对棋境探索、人生追求的惊人执着，和对驰骋世界当之不让的中国新一代棋手的殷切期待。

祖德先生是国家围棋队第一批队员，中国第一个围棋九段，中国棋院首任院长。可以说他为围棋而生，毕生为国艺围棋的发展倾力倾情。从中国棋手被日本棋手让二三子方能勉力支撑，到中国逐步崛起与之抗衡，他就像艰难远征中的一面猎猎战旗。后因罹病告别一线，他转而投身于围棋发展与普及的制度建设。在他的带动下，首创了中国围棋等级分制度，建立了中国围棋甲级联赛体系，创立了“春兰杯”等世界大赛。祖德先生晚年在清代古谱研究上倾注心血，网络上能搜到他亲自讲解古代名局的影像，见到他忘我的瘦削身影，中信出版社亦躬逢盛会，可谓与有荣焉……

伟大棋手创下的非凡棋局，是他的精思、妙想、敏察、谋略、坚韧、伟力的结晶。运筹学研究这样的智慧角力，演进出了《博弈论》。

每一场战役的风云、机锋、壮烈、震撼化为了一张张棋谱，其随时再现的精彩对抗给后人留下多少启发与激动！祖德 1963 年抗击杉内雅男九段的绝地反击，1965 年挫败岩田达明九段的刀光剑影，都是具有深远意义的历史名局；他开创的“中国流布局”，纵逸枰上，英气几分，彰显的是驰骋自在的随意与慨然自任的襟怀。这些彪炳中国围棋史的足迹与贡献已尽可能收入了今天问世的《陈祖德全谱》之中。

祖德先生竭生命之余火完成了巨著《中国围棋古谱精解大系》，在他病势趋重时，刚赶上出版安排就绪。那次相见，他不无欣慰地对我说：“这是我最大的心愿。”我哪曾想到，这竟是我可敬的老师对我说的最后的话。每当想起，不禁泫然……

如今，围棋人工智能 AlphaGo 的降生，仿佛在判定每一步棋的价值时，出现了一位“上帝”，他深算无涯，永不犯错……我与基辛格博士在 2015 年曾经有过类似的讨论，博士对未来人工智能与人类的关系难掩忧思。此刻我多想与祖德对坐，倾听他的评点呀！也许对棋友们来说，弈棋的趣味（如果包含“明修栈道，暗度陈仓”、错进错出、诱发“勺子”、挑逗撩拨“盘外招”的话）会减少吧？他大概会说：围棋不就是人与人的游戏嘛。围棋中的思考与创新，既是乐趣之泉，也是人类大脑妙不可言的训练呀！有了人工智能这位“老师”的无所不知，也需要人类的优秀大脑来承载啊！

谨以此文纪念陈祖德先生。

序五

黑白世界的精神斗士

何云波

认识陈祖德老师，是在2001年，贵阳国际围棋文化节的“围棋之道·名人论坛”。当时我刚完成了书稿《围棋与中国文化》，等待出版。书稿寄了几章给陈老看，自然有探问“画眉深浅入时无”之意。陈老觉得挺好，推荐我参加论坛，然后有了与陈老、与金庸先生同台论道的机会。那年我39岁，虽然教授已当了六年，但在棋界却是真正的“新人”。处女秀，有点闪亮登场的意味。而这一切，首先得力于陈老对后辈的大力提携。

后来因博士论文《围棋与中国文艺精神》，顶着个“围棋博士”的头衔，有了很多与陈老见面的机会，见识了陈老的儒雅、低调、平易、随和，当然也见识过乃至亲身体验过他在棋盘上的“凶狠”。都说陈老的棋力大无穷，颇有古风。他在棋坛上曾经横刀立马，纵横捭阖。他的让子棋也经常毫不相“让”，据说曾把某位受过专业训练的业余好手打至七子，与云南棋王下升降棋，打到授三子，使对手颇为难堪。他后来在

《超越自我》中说起此事，觉得很是歉疚。作为棋院院长和中国围棋协会主席，到地方来是为了推动围棋事业的发展，而不仅仅是作为棋手，图一时痛快，打击地方棋手的积极性。这从此使他懂得了，如何做一个好的围棋工作者。但另一方面，好胜，是一个棋手的本能。

《陈祖德全谱》收录的逾千局棋谱，便是其一生争强好胜的完整记录，也是其围棋人生的生动再现。1952 年，8 岁的陈祖德与顾水如对局，被其收为弟子。而 1959 年，陈祖德 15 岁的时候，大量的对局是前辈国手如刘棣怀、王幼宸等跟他在训练赛中下的指导棋，从授二子、执白倒贴到让先，不一而足。正是前辈棋手倾囊相授，无私帮助，提高了他的棋艺，也使他明白了一个道理：培养后进超过自己，也是人生的一种境界。这大约也是后来，陈老一生都在提携后进、乐于助人的内在原因吧！

那个时代的中国棋手，都有一个共同的目标——打败日本棋手。为此，就像一个拳击手，日日苦练，不断地挥拳挥拳再挥拳，只为了某一日在擂台上给对手致命一击。陈老在《超越自我》中曾写到，1961 年日本围棋代表团访华，中国棋手被日本女棋手伊藤友惠横扫，而业余棋手安藤英雄与作者对局时，竟也如一年前的坂田一样，不时得意地起身，在赛场、在外面的庭院中转悠……这不光使作为棋手的作者感到屈辱，甚至成了“国耻”。这大约也是激励那一代中国棋手不断发愤图强，以求有朝一日一雪“国耻”的原因吧！

最后，在几代中国棋手的不懈努力下，终于做到了。陈祖德成为首先战胜日本九段的中国棋手，同时称霸国内棋坛，开创了“陈吴时代”，其首创的“中国流”布局，让“中国”在围棋史上留下永远的印记。

可惜的是，正当陈老准备再创辉煌之时，1980 年，36 岁的盛年，他的人生却拐了一个弯，一场疾病让他住进了医院。但他在病房里，以另一种方式开始了新的战斗，撰写自传性回忆录《超越自我》。当终于战胜病魔，战胜自己，他写道：

我已经“死”过一次了，我体味过失去这个世界的滋味，

我充分地享受着重新获得这个世界的欢乐！

我的心脏在我虚弱的身子里强烈地跳动着……

作者称超越自我是他所渴望的一种人生境界，又是一个没有止境的艰难历程。浮士德在不断的自我超越中企求人生那个永恒的美的瞬间；西绪福斯在每天推石上山的单调而无用的劳作中体验到一种让人落泪的幸福；两千年前的屈原也在漫漫长路中上下求索，虽九死犹未悔。陈老也由此开启了他新的人生。一方面作为“围棋管理者”，致力于推动中国围棋的普及、提高；另一方面，作为棋手，又回到棋盘上，开始继续“挥拳”……

可惜的是，作为棋手的陈祖德，已经再难再现过去的辉煌了。虽然偶尔也可在元老级别的赛事中夺冠，但在与后辈的博击中，虽然也有发挥神勇的时候，仍然不免在最后一刻被更年轻的“拳手”打下擂台。这让人想起海明威笔下的斗牛士，最后一次斗牛时被牛刺伤，在送往医院的路上还在喃喃自语：我斗得很好，不是吗？

人是需要一点精神的，作为“斗士”，总渴望着胜利，并且是永远都不会服输的。这不仅体现了一个棋手的精神，同时也是“一个真正的人的内涵，一个真正的斗士的精神”。也许，这才是真正的“超越”吧！作为一个棋手，当然首先要在棋艺上勇于创新、不断超越，但另一方面，作为一个人，更需要完成精神上的、人生的“超越”。这时，胜负便不是第一位的了。

2020 年 12 月 21 日，在“百灵杯”元老女子擂台赛第八场中，陈祖德击败女子主将唐奕，使元老队获得了本次擂台赛的最后胜利。这是陈老最后一盘正式对局。一个棋盘上的“斗士”，以这种方式为自己的人生画上了一个完美的句号。

而这个时候的陈老，其实主要的心思，已经转到了另外一个不见硝烟的“战场”上，编撰《中国围棋古谱精解大系》(14卷)。在这个时代，做围棋文化研究的可能棋力有限，职业棋手又往往无心于皓首穷经坐冷板凳，陈老为古谱做解说、整理工作，以棋谱证棋史，可谓功莫大焉。当2011年初，陈老被诊断出罹患胰腺癌，在医院里，他仍心心念念的是古谱整理的进展。4月我去北京看望陈老，那时他动完手术不久，正在病床上。那天他精神很好，因为刚刚拿到了大系第一卷和第二卷的样书——《黄龙周虎》《血泪篇》，其喜悦之情可想而知。

2011年10月，我去北京参加一个学术会议，然后去陈老家中探望。那天约好的时间是下午三点半。到后，陈老抱歉地跟我说，中间来了一拨客人，所以工作还没结束，让我稍等一会儿。我说没关系。于是，我饶有兴味地充当了听众，听陈老对着电脑，跟两个助手解说古谱……

此情此景，令人生出由衷的敬意与感动，让人想起中国古代的精卫填海、愚公移山、夸父追日，想起《钢铁是怎样炼成的》中的保尔，因为瘫痪，双目失明，他拿起笔，开始了另一种方式的战斗，让自己重新回到队伍中。陈老也是以这种方式重新拥有了世界。

而当陈老走了，他留下了《超越自我》《中国围棋古谱精解大系》等著作，留下了凝结一生心血的作品——逾千局棋谱。陈老曾说：要知道中华民族有多智慧吗，围棋古谱告诉你。我也想说：想真正地了解一代国手陈祖德吗？那就读一读他的棋谱吧！那里有他的棋艺追求和拼搏，有他的喜怒哀乐、人生况味，更有一种不断超越、永不言败、永远不屈服的斗士精神。

人的肉体生命可以消失，精神却是可以不朽的！

2023年6月26日于湘潭大学

序六

我与陈老二三事

马晓春

陈祖德老师（以下简称陈老）的《全谱》一书即将出版发行，我受陈老家人彩娟的委托回忆和陈老的几件事。

一、陈老是新中国围棋第一代的领军人物，他的鼎鼎大名我在 1974 年 5 月到杭州集训时就有耳闻，并在当年第一次出省去成都时，在赛场领略了他比赛的风采，只是那会儿我知道他而他不知我。

陈老正式认识我应该是 1976 年从上海去合肥的火车上。现在已记不得当时是谁把我介绍给他，请他下一盘指导棋，对局结果是他让我三子我赢了。通过这盘棋他记住了浙江省围棋队有一个 12 岁的孩子。

二、转眼间到了 1980 年，那会儿我已经进入国家队两年多，跟他也比较熟了。在出征全国个人赛前他跟我说：“这次个人赛你要争取前三名！”我回答那不是天方夜谭吗？其实，我在当年 4 月份的团体赛上已经赢过聂卫平，完全具备争取前三名的实力，只是心理上还没有底而已。

比赛结果是，我再次战胜聂卫平，还赢了陈老等很多当时的高手，获得亚军，超额完成了陈老让我争取前三名的任务。通过这次比赛，我将今后所有比赛的目标都定为夺取冠军！

三、1995 年 8 月，第八届富士通杯决赛将在我和小林光一之间进行，领队是已经担任中国棋院院长的陈老。本来这是一场正常的比赛，但陈老干了一件看起来不太正常的事：他瞒着我悄悄联系了一家企业，制作了 2000 个“祝贺中国棋手首次获得富士通杯冠军”的首日封并带到日本，同时又让日本棋院方面联系日本的邮局，在比赛结束后加班盖上日本邮政的戳。试想，如果我没有赢得冠军，这一堆首日封将完全变成废纸，一系列的工作和所有的投入都将化为泡影！由此可见陈老做这事要下多大的决心，当然我也没有辜负陈老对我的期望，赢得决赛并捧起了富士通杯！

四、1995 年 12 月 6 日，我的家乡撤县（嵊县）设市（嵊州市），我受邀回去参加成立仪式并在当天火速赶回北京，第二天我独自前往东京，和先期几天已经到达的中国队汇合，刚到酒店见到代表团团长陈老，就听他说第二天要匆匆回国，问其原因得知他的一对双胞胎儿子早产了。屈指数来他们今年都已经 28 岁了，在此顺祝他们健康快乐！

2023 年 7 月于贵阳

序七

以身垂范

常昊

敬爱的陈祖德老师离开我们十一年了，他的音容笑貌仍浮现在眼前，他的谆谆教诲仍回响在耳畔。作为引领了一个时代的伟大棋手和当代中国围棋事业的开创者，陈老一生追求并践行的“超越自我”精神始终鼓舞着我们、激励着我们、影响着我们，至今不变。

同是上海出生的棋手，自幼时起我对陈祖德老师就心怀一份独特的景仰。学习着他的棋谱，阅读着他的著作，我逐渐成长，直到进入国家围棋队，代表中国出征，成为陈老手底的一个兵，有了更多和陈老接触、聆听教诲的机会。那些在《超越自我》中感动我无数次的人物和故事一再闪回，无数前辈棋手的艰辛奋斗史在他动情的讲述里生动鲜活，潜移默化成我们以棋报国的不竭动力。

身为新中国第一代领军棋手，陈祖德老师棋艺超群，棋品卓越，棋盘上执着求胜，棋盘外风度翩翩。他带领我们翻越了“日本九段不可战胜”的大山，又以身垂范，发扬围棋在传统文化、对外交往中的优秀价值，开拓了棋手形象的边界。陈老在与病魔斗争的过程中，充分诠释了“超越自我”的坚强意志，是“棋人合一”的完美表现。退出竞技一线的他转型行政管理职务，事必躬亲，以身作则，倾力服务行业发展。从岗位上退休后，他持续发光发热，研究传承围棋文化，直至燃尽生命的烛火。陈老每一个人生阶段都洋溢着为围棋倾尽所有的火热情怀，是作为晚辈的我理应也必将终身学习的高贵品质，并努力在棋手中间一代一代传递下去。

回想起我曾在 20 世纪 90 年代末的正式比赛里向陈祖德老师学习过一盘棋，那时的陈老已担任棋院院长多年，肩负着繁重的行政工作，仍然展示出令我左支右绌、眼花缭乱的高级战术，使当时在中国棋界已排名靠前的我印象极深。陈老一生不屈于命运，不甘于流俗，围棋上的胜负斗志和生活中的谦和儒雅实现了高度统一，令我怀之思之，心向往之。

铭记一位棋手的最好载体就是他的棋谱，经过彩娟阿姨矢志不渝的努力，陈祖德老师 60 年围棋生涯的全貌得以披露，这是新中国围棋发展的全程写照，更是中国围棋文化的无尽珍宝。为共襄盛举，我与围棋界的众多前辈、后辈一道，不揣冒昧对这些珍贵的棋谱进行了技术上的解读，以期读者能更好地感受以陈祖德老师为代表的中国围棋人筚路蓝缕、承前启后的奋斗历程。我们会认真总结、学习、传承陈老的优秀精神，化为指导中国围棋高质量发展的无形力量，不负陈祖德老师的在天之灵。

2023 年 9 月于北京

序八

安得促席说平生

李世石

欣闻陈祖德老师的全集将要在中国出版了，心里觉得宽慰了许多。追思长者的音容笑貌，也多了一股春天的昂扬气息。

我与陈老师的交集很少，但他对围棋界的贡献，他立身行事的高尚德操，我早有耳闻，也令我非常尊重。

2011 年底，还在担任中国广西华蓝队总教练的陈老师，决定引进我作为外援，征战围乙。之后，我在韩国见到了专门来访的时任华蓝集团董事覃洪兵、广西华蓝队领队周结凝。有感于他们满满的诚意，我当天就决定加入华蓝队。

2012 年 6 月份，我不负所望，取得了 6 胜 1 负的成绩，与队友携手冲上甲级。在华蓝队，我没有见过在北京养病的陈老师，但他对华蓝集团、对队员的影响力和潜移默化，让我更生好奇与敬重之心。我也暗暗对自己提出了更高的要求。

2012年8月19日，我按照事先约定好的，在领队、队友以及翻译的陪同下，去陈老师的家中探望。

为什么去探视一位异国老前辈呢？原因有很多，比如，好奇现在这位老人，如何从年轻时代就自强不息；比如，他是围棋界的传奇人物，我却还没有近距离地领教他的风度和志趣；等等。

来到一座高楼的高层，老人家穿着正式，在门口迎接我们，并让我坐在最靠近他的位置上。我表示不敢当。陈老却谢谢我到家里来探视他，还特别感谢我帮助广西华蓝队重新打回甲级队。我谦虚道："这是全队共同努力的结果。"

陈老师病中仍在坚持做的，是继续解说中国清代的棋谱。他把已经出版的第一辑赠送给我。写赠言时，为表尊敬，我肃立在一旁，看陈老师运笔成风。陈老师题的是"李世石大国手惠存"。他问我："知道大国手的意思吗？"我回答说："知道，在韩国，我们也这么尊称高水平的围棋手，但我觉得我还够不上大国手。"陈老师爽朗地笑起来："以我看你早够了。"

陈老师还谢谢我在广西队对张立、廖行文等小队员的帮助。我知道自己复盘的时间特别长，也许会让年轻队友感到不耐烦，就对总教练表示了歉意。陈老师说："他们都学到了你的职业精神，非常钦佩。"

之前的远看近观，见过陈老师很多面，都不及这次亲身探访的记忆深刻。真正的男子汉，在逆境中，就要像陈老师这样屹立不倒！

如今，陈老师的全集就要问世了，这是他一辈子的心血，在其间不知付出了多少，所以我很愿意向棋友们推荐，不妨多打一打陈老师的谱，感受一下那个时代的风范，他坚贞不屈的意志，以及不时惊艳的灵光和才华，这是对一位大棋士最高的礼赞。

作者生平

余昌民

陈公祖德行略

围棋乃中华文化之瑰宝，人类智慧之明珠。人生结缘围棋即若幸事，艺娴为国手辄众人仰慕，然独步于时代、兴开山之举、令国人扬眉吐气如陈公祖德者，中国棋坛比肩几人欤？

祖德幼秉家传，长承善弈耆宿沾溉，复蒙名帅良臣识赏，修得超群棋艺，三度占鳌首，演创“中国流”，以弱冠踏破东瀛九段之阵，一洗吾国弱旅之羞，于近代中国功莫大焉！

忽焉山河云蔽，家国罹难，祖德其时二十有二，奈何徒有冲天之志，恨恨挥泪而去，蛰伏工厂，孜孜播种于民间，长夜呼梦于床榻。国运关乎棋运，良有以也！

中年祖德无时不思作续梦之搏，讵料横遭病魔逆袭，命舛如此，闻者痛心。

俟神州霾扫云消，祖德壮心不已，居中国棋院院长等要职，细理方策，改良体制，擢拔才俊，著述文章，中国围棋呈今日之强盛绚丽，宁无铺路搭台建制振旅之艰辛及远谋乎？其《超越自我》励志鸿篇，影响尤逾围棋之外。

惜哉天不假年，顽疾复来，隐忍抗争，力终不逮。弥留之际以名山巨作《中国围棋古谱精解大系》之剩墨图文面授弟子，心中念念者唯吾国文化精华之传承流播，而言不及其余，妻子纷泪，见者动容。

祖德一生清正磊落，一丝不苟，平易近人，惜贤爱才，担风袖月，崖岸自高。术道业绩，可圈可点，后进尊之为师长，外人敬之为先驱，学者引之为同道，棋痴视之为良友。

围棋所演乃宇宙万物之理，今一代英才化入宇宙，以天地纵横为棋枰，以日月星辰为棋石，棋士宿命，舍此而谁？伟哉祖德！

公元二〇一四年盛夏

例言

全书构建与体例

程天祥

关于《陈祖德全谱》成书的构建和体例，照例要向读者做一个提前的说明，以增进理解。

《全谱》之“全”，并不是数学意义上的100%，这在现实中几乎不可能做到，哪怕在严格控制可变因素的实验室条件下。这个“全”，其实是“求全”之“全”，希望在既有条件下，尽可能多地搜集陈老的棋谱，使之成为迄今为止集大成者。这个任务基本上达成了，在陈老的自记谱、俞斌老师和热心棋友的协力下，剔除错谱和重局，《全谱》的总数超过了1000局，追平了日本一流棋手一生的对局量。从这个角度来衡量，本书的体量是相当可观了。

在质量方面，经过以华老领衔的国手们的研究和考证，及其他材料的印证，对部分棋局调整了行棋的次序，为缺失的着手找到了合适的位置，明确指出了谱中的疑问，抢救了约几十张棋谱，为开发和保存陈老的遗局出力甚巨，厥功甚伟。

纲目构建

全谱的编排是以年为纲，按对局时间的先后，从 1952 年一直序到 2010 年的。这是一种简便的编排法。如果更精细一些，可以考虑在一年之内，以比赛为目再做一次划分，陈老的职业地图显然会更加清晰，也更易为读者掌握。可在陈老那个年代，新闻棋战远不如日本那么多，甚至到 1979 年才由《新体育》杂志社创办了第一届“新体育杯”，当时的正式比赛只有全国棋艺锦标赛和全国运动会，这些由国家举办的、数年一届的重大赛事，因为是全国高手短时间内汇聚一地，故在《全谱》中已经集中地呈现出来了。

棋谱是这样排列的，负责解说棋局的国手们，按理说也是各有“工段”的，也就是在某一个“局部”会频繁出现，具有一定的“排他性”。不过在评棋工作即将结束之时，又发现了陈老的八本自记谱，数量超过 500 局。这当然是好事情，使陈老的对局量一举突破了一千局大关，但对整理者、新加入评棋的国手和出版流程也提出了很大的考验。而前后两次大评解合并呈现的结果，就是国手固有的边界被打破，形成你中有我，我中有你的局面。比如在上海电视台举行的第一届 STV 决赛，由陈老对马晓春老师，第一局是马老的自战解说，第二局却是李康六段简评的。个中原因，无非是第一局和第二局出现的时间先后不一样，前者在第一批棋谱中，早早被马老点名要了去；而后者却在第二批中，已经无暇细究，请当局者来自战解说了。

体例规制

所谓体例，就是把收集来的“棋谱信息”多有缺失的棋谱尽量补全，把国手形式多样的解说文字尽量用一个标准呈现，把陈老《无极谱》中及前辈国手的棋评尽量削足适履，经国手确认的错谱且无可挽救的尽量不收，而少数次序有疑问或终局目差因为没有终局、贴目多少不定而存疑的尽量保留，包括棋评中的用语，都尽量按一个标准予以规范了。

具体来说，在体例之下还有若干方面，在整理和规范过程中遇到了很大的困难，在此向读者提前分说一二。

一、棋分

所谓棋分，即陈老与前辈国手、同辈棋手、日本棋手以及后辈棋手对局时，依据棋力的高下所采取的不同规格。

我国棋手在最开始对阵日本棋手时，因为实力有差距而无法平等对弈，在上世纪60年代中国围棋代表团访日时，对方甚至还安排过九段让二子的专场，我国棋手依然负多胜少，可见那时水平差距之大，日本九段如何高不可攀。

受先的情况，即我方执黑不贴目，是比较多见的。这个棋分比让子体面，下手空枰开局，可以跟上手平等争胜。

而中国棋手对日本棋手一律分先，这是陈老总在1965年4月日本梶原武雄围棋代表团访华时“硬性”规定的，在《超越自我》中有明确的记录。当时就棋力而言我国棋手还多有不如，陈老总便是借此激励年轻棋手努力争胜，早日突破。

对国内棋手时，陈老作为当时的后起之秀，以及老一辈国手着重培养的对象，所经历的棋分变化更加复杂。据《超越自我》以及《全谱》中所见，陈老经历过被师傅顾水如让七子、让五子、让四子不等，这个由低到高的成长过程可以理解；刘棣怀、王幼宸两位前辈指导时，为了激发少年陈老的进步，故意从让子改成了受先，但上手执白倒贴六子到四子，再到二子半，等等。上手自降棋分，把自己置于跟少年同样的起点，这是很不容易的。此中的苦心孤诣和谆谆之念，至今仍令人动容。

上述受先的棋分具体维持到何时，不是十分确定。1962 年全国赛，少年陈老已有冲击冠军的实力，最后取得全国亚军的佳绩，在这次比赛后不至于再被让先。而全国赛之前，陈老棋力日日突进，可能从某一时刻起，老一辈国手也不肯再让先了。不过具体何时，今天已无法确知。也许，从受先到分先也不是一刀切，在一天之内完成的。故整理棋谱时最“头疼”的是陈老执黑，白方是前辈高手，又是中盘见胜负的，真不知如何判断是受先还是对子了。

好在还有一些线索可循。少年陈老的对局虽多中盘胜负，但也有一些细棋收到最后，标出了清楚的目差，或者临近终局，盘上只剩下不致影响胜负的小官子。这时国手可根据终局盘面目差倒推出棋分是不是受先。在经过国手的背书后，可以大致推定，此局之前，《全谱》中陈老执黑应大都是让先的；而在 1962 年全国赛之后甚至之前，也不再明确加注“受先”字样了。

二、贴目

陈老对局中的贴目情况也不可尽知，在体例上不易规制。根据陈老的自记谱、《无极谱》等出版物，他在正式比赛中亲历过黑出 4 目半、5 目、5 目半、7 目半。在上海市体育宫、国家集训队、国家队内部训练中，又被上手倒贴过六子、四子、二子半等。经历之复杂，可能前无来者。因为原始资料的漏记、缺失，或因年深日久而不可辨识，故有些中盘决胜的棋局，后来者无法肯定贴子或贴目到底是多少；只有那些官子收完或只剩一两目小官子的棋局，才可根据盘面目差和胜负情况，做一个逆向工程。

陈老成长的年代是以日本为师，由此国内的贴目情况，可以合理推断颇受日本棋界的影响。但我国并非亦步亦趋——从棋谱中看到，有先贴还 5 目，而正式比赛又贴回 4 目半的情况。在 1959 年上海市秋运会上，陈老执黑对赵之云先生一局，解说汪振雄汪老有“因为黑要贴白二子半，此时黑方已成负局”的话。作为亲历人，汪老这句话可作为实据。而三年后的 1962 年 11 月 5 日的全国围棋锦标赛——规格更高、更受棋手看重的国家级比赛，居然是贴二又四分之一子，也就是 4 目半。这是怎么回事呢？

贴目的发展之路如此曲折的确始料不及。具体到陈老的对局，则引出一个棘手的问题。即在 1962 年全国赛之后，我国通行的贴目，是何时从 4 目半改成的 5 目乃至于 5 目半的？这个问题只好含糊对付，在下一局由国手根据终局目差判明本局贴目之前，一仍旧章。该局之后，则改为新的贴子。这样做实在有些无奈。所幸，中盘胜负在陈老的对局中占比较大，这些斗力的棋局可以不必细究多贴一目还是半目。

三、训练棋的比重

在陈老一生的对局中，我们现在耳熟能详的新闻棋战所占比例是“不足”的。因为我国第一个新闻棋战——新体育杯，到 1979 年才举办，冠军奖金 80 元。当年陈老 35 岁，作为胜者组冠军与败者组“复活”的聂卫平（当年 27 岁）展开了激烈的争夺，最终以 1 比 2 告负。在此之后，由于身体、年龄、工作的影响，陈老再未进入新闻棋战的决赛，故总体上对局量偏少。

占比最高的是从上海体育宫棋队到国家围棋集训队，再到后来国家围棋队的内部训练棋。这在那个时代是常态的，因为罕有正式的比赛可下——只有国家举办的全国棋艺锦标赛，以及分量更重的全国运动会，而它们往往易受政治因素的影响。

从收录的棋谱看，当时的训练棋还是采取了多种形式，如让先白棋倒贴，内部积分循环，分组对抗，升降赛，还有研究棋、加压棋等。在训练棋中，陈老往往也会试验一些新的下法，如两个方向朝外的小目布局，中国流布局以及迷你中国流，还有1965年对吴淞笙时，陈老的1、3、5、7四手在中央独舞，被陈耀烨九段认为损了两个贴目，种种尝试不一而足，颇有新鲜的意趣。

当然，重中之重的对局，还是当时中日围棋代表团互访的对抗，规格相当于今天的国际比赛甚至有所过之，因为对局机会少，也非定期举办。

四、黑白乃至胜负的颠倒

黑白方的颠倒，乃至于胜负反转，在《全谱》中出现不止一次。可能的原因之一是当时记录出现了笔误或整理时解读有误。虽然有些匪夷所思，但确定真实发生了。原因之二是棋谱的简记。记录到终局的情况比较少，通常是在中盘决定胜负之后。但有些棋局手数截止时，盘面形势跟胜负对应不上。这时大都参照甚至核对陈老的记录，极个别情况根据国手的判断做了调整，读者可从国手简评中一探缘由。原因之三是排版、制作时发生错误，由于人手不足和目力所限，也许未能一一核正，这是要向读者朋友们提前告罪的。

《全谱》的整理头绪纷繁，难以尽言，我且少说几句，留待读者自行探访幽胜。

目录（上册·少年不识愁）

序一 / 宝贵的财富 / 林海峰 // 1

序二 / 高光与失落 / 华以刚 // 2

序三 / 亦师亦友 / 聂卫平 // 12

序四 / 纵逸枰上　英气几分 / 常振明 // 14

序五 / 黑白世界的精神斗士 / 何云波 // 17

序六 / 我与陈老二三事 / 马晓春 // 21

序七 / 以身垂范 / 常昊 // 23

序八 / 安得促席说平生 / 李世石 // 25

作者生平 / 陈公祖德行略 / 余昌民 // 27

例言 / 全书构建与体例 / 程天祥 // 29

1952

001——顾水如 / 授四子 // 003

1953

002——顾水如 / 授五子 // 006

1955

003——顾水如 / 授四子 // 009

1959

004——刘棣怀 / 授二子 // 013

005——王幼宸 / 授二子 // 015

006——刘棣怀 / 授二子 // 016

007——王幼宸 / 授二子 // 017

008——王幼宸 / 授先 // 019

009——刘棣怀 / 授先 // 020

010——王幼宸 / 授先 // 022
011——刘棣怀 / 授先 // 024
012——王幼宸 / 授先 // 025
013——刘棣怀 / 授先 // 026
014——王幼宸 / 授先 // 028
015——刘棣怀 / 授先 // 030
016——王幼宸 / 授先 // 031
017——王幼宸 / 授先 // 033
018——刘棣怀 / 授先 // 034
019——朱金兆 / 授先 // 036
020——刘棣怀 / 授先 // 038
021——朱金兆 / 黑 // 039
022——刘棣怀 / 授先 // 041
023——赵之华 / 黑 // 042
024——王幼宸 / 授先 // 044
025——马洪九 / 黑 // 045
026——朱金兆 / 白 // 047
027——刘棣怀 / 授先 // 048
028——王幼宸 / 授先 // 049
029——刘棣怀 / 授先 // 051
030——王幼宸 / 授先 // 054
031——吴淞笙 / 受先 // 055
032——刘棣怀 / 授先 // 057
033——吴淞笙 / 白 // 058
034——刘棣怀、王幼宸 / 白 // 059
035——王幼宸 / 授先 // 060
036——王幼宸 / 授先 // 062
037——刘棣怀 / 授先 // 063
038——林勉 / 白 // 065
039——王幼宸 / 授先 // 066
040——吴淞笙、刘棣怀 / 黑 // 068
041——王幼宸 / 授先 // 069
042——黄乘忱 / 黑 // 071
043——王幼宸 / 授先 // 073
044——林勉 / 黑 // 075
045——王幼宸 / 授先 // 076
046——吴淞笙 / 黑 // 078
047——吴淞笙 / 黑 // 080
048——王幼宸 / 授先 // 082
049——吴淞笙 / 黑 // 084
050——王幼宸 / 授先 // 086
051——吴淞笙 / 黑 // 088
052——王幼宸 / 授先 // 090
053——王幼宸 / 授先 // 092
054——王幼宸 / 授先 // 093
055——吴淞笙 / 黑 // 094
056——吴淞笙 / 黑 // 096
057——刘棣怀 / 授先 // 097
058——吴淞笙 / 黑 // 098
059——刘棣怀 / 授先 // 100
060——刘棣怀 / 授先 // 102
061——刘棣怀 / 授先 // 103

062——张李源 / 黑 // 105
063——吴淞笙 / 黑 // 106
064——刘棣怀 / 授先 // 107
065——马洪九 / 黑 // 109
066——赵之华 / 黑 // 111
067——赵之云 / 白 // 113
068——赵之华 / 白 // 115
069——汪振雄 / 白 // 117
070——孙步田 / 黑 // 119
071——汪振雄 / 白 // 120
072——戴文龙 / 黑 // 122
073——赵之华 / 白 // 124
074——王幼宸 / 授先 // 126
075——魏海鸿 / 白 // 128
076——赵之云 / 白 // 130
077——汪振雄 / 白 // 132
078——赵之华 / 黑 // 134
079——王幼宸 / 授先 // 136
080——汪振雄 / 授先 // 138
081——林勉 / 白 // 140
082——刘棣怀 / 白 // 142
083——吴淞笙 / 黑 // 143
084——吴淞笙 / 黑 // 145
085——吴淞笙 / 黑 // 147
086——吴淞笙 / 黑 // 148
087——吴淞笙 / 黑 // 150
088——吴淞笙 / 黑 // 152
089——吴淞笙 / 黑 // 153
090——赵之华 / 白 // 155
091——黄永吉 / 授先 // 157

1960

092——吴淞笙 / 黑 // 161
093——吴淞笙 / 黑 // 162
094——吴淞笙 / 黑 // 164
095——陈锡明 / 白 // 166
096——凌光甫 / 黑 // 168
097——汪振雄 / 授先 // 170
098——郑怀德 / 白 // 172
099——朱金兆 / 白 // 173
100——郑怀德 / 黑 // 175
101——薛仰嵩 / 黑 // 177
102——薛仰嵩 / 白 // 179
103——刘棣怀 / 授先 // 180
104——余文辉 / 黑 // 182
105——张李源 / 白 // 184
106——余文辉 / 黑 // 185
107——余文辉 / 黑 // 186
108——孙义章 / 白 // 187
109——张李源 / 黑 // 189
110——张李源 / 黑 // 191
111——孙义章 / 白 // 192

112——张李源 / 黑 // 194
113——张李源 / 白 // 196
114——林勉 / 白 // 198
115——坂田荣男九段 / 授先 // 199
116——铃木五良六段 / 白 // 201
117——濑川良雄七段 / 白 // 203
118——黄承忱 / 白 // 205
119——孔凡章 / 黑 // 207
120——王幼宸 / 白 // 209
121——刘棣怀 / 白 // 210
122——吴淞笙 / 白 // 212
123——林勉 / 黑 // 214
124——林勉 / 白 // 216
125——王幼宸 / 黑 // 218
126——王幼宸 / 白 // 220
127——汪振雄 / 黑 // 222
128——汪振雄 / 白 // 224
129——赵之云 / 白 // 226
130——赵之云 / 黑 // 228
131——吴淞笙 / 白 // 230
132——曹均石 / 黑 // 232
133——赵之华 / 白 // 234
134——刘棣怀 / 白 // 236
135——王幼宸 / 黑 // 238
136——汪振雄 / 黑 // 240
137——王幼宸 / 黑 // 242
138——魏海鸿 / 黑 // 244
139——黄乘忱 / 黑 // 245
140——庞凤元 / 白 // 247
141——黄永吉 / 黑 // 249
142——过惕生 / 黑 // 251
143——王幼宸 / 黑 // 253
144——刘棣怀 / 黑 // 255
145——齐曾矩 / 白 // 257
146——朱金兆 / 白 // 259
147——王幼宸 / 白 // 261
148——赵之华 / 黑 // 263
149——林勉 / 白 // 265
150——汪振雄 / 白 // 267
151——吴淞笙 / 黑 // 269

1961

152——王幼宸 / 白 // 273
153——赵之华 / 白 // 275
154——王幼宸 / 白 // 277
155——王幼宸 / 黑 // 278
156——魏海鸿 / 黑 // 279
157——魏海鸿 / 白 // 281
158——刘棣怀、王幼宸、魏海鸿 / 白 // 283
159——刘棣怀 / 黑 // 285
160——刘棣怀 / 白 // 287

161——王幼宸 / 白 // 289
162——王幼宸 / 黑 // 290
163——吴淞笙 / 黑 // 291
164——王幼宸 / 黑 // 293
165——刘棣怀 / 白 // 295
166——刘棣怀 / 黑 // 297
167——魏海鸿 / 白 // 299
168——赵之华 / 黑 // 300
169——金亚贤 / 白 // 302
170——黄永吉 / 黑 // 304
171——黄永吉 / 白 // 306
172——金亚贤 / 黑 // 307
173——金亚贤 / 白 // 309
174——罗建文 / 黑 // 311
175——过惕生 / 白 // 312
176——邵福棠 / 白 // 314
177——崔云趾 / 黑 // 315
178——竺源芷 / 黑 // 317
179——魏海鸿 / 白 // 319
180——过惕生 / 黑 // 321
181——金亚贤 / 黑 // 323
182——王幼宸 / 黑 // 325
183——黄永吉 / 黑 // 327
184——刘棣怀 / 白 // 329
185——刘棣怀 / 黑 // 331
186——陈锡明 / 白 // 333
187——竺源芷 / 黑 // 335
188——庞凤元 / 白 // 337
189——郑怀德 / 黑 // 339
190——蔡学忠 / 黑 // 341
191——吴淞笙 / 白 // 343
192——吴淞笙 / 白 // 345
193——朱金兆 / 白 // 347
194——陈锡明 / 白 // 349
195——张福田 / 黑 // 350
196——袁兆骥 / 白 // 352
197——竺源芷 / 黑 // 354
198——崔云趾 / 白 // 356
199——崔云趾 / 受先 // 357
200——王幼宸 / 黑 // 360
201——魏海鸿 / 黑 // 361
202——魏海鸿 / 白 // 363
203——过惕生 / 授先 // 365
204——金亚贤 / 授先 // 367
205——刘棣怀 / 黑 // 369
206——金亚贤 / 黑 // 370
207——刘棣怀 / 白 // 372
208——黄永吉 / 白 // 374
209——过惕生 / 黑 // 376
210——崔云趾 / 白 // 379
211——黄永吉 / 黑 // 381
212——崔云趾 / 黑 // 383

213——崔云趾 / 黑 // 385
214——邵福棠 / 白 // 387
215——邵福棠 / 黑 // 388
216——过惕生 / 黑 // 389
217——金亚贤 / 白 // 391
218——崔云趾 / 黑 // 392
219——刘棣怀 / 白 // 394
220——王幼宸 / 黑 // 395
221——魏海鸿 / 黑 // 397
222——崔云趾 / 黑 // 399
223——安藤英雄 / 黑 // 400
224——安藤英雄 / 白 // 401
225——安藤英雄 / 黑 // 403
226——安藤英雄 / 白 // 405
227——安藤英雄 / 黑 // 406
228——小山靖男七段 / 白 // 408
229——赵之云 / 黑 // 410
230——吴淞笙 / 黑 // 412
231——魏海鸿 / 黑 // 414
232——王幼宸 / 白 // 415
233——刘棣怀 / 白 // 417
234——赵之云 / 白 // 419
235——章照原 / 黑 // 420
236——赵之华 / 白 // 421
237——赵之云 / 黑 // 423
238——魏海鸿 / 白 // 425
239——王幼宸 / 白 // 427

1962

240——章照原 / 受二子 // 431
241——吴淞笙 / 黑 // 433
242——王幼宸 / 黑 // 434
243——赵之云 / 白 // 435
244——魏海鸿 / 黑 // 437
245——董文渊 / 黑 // 438
246——董文渊 / 白 // 440
247——董文渊 / 黑 // 442
248——董文渊 / 黑 // 444
249——董文渊 / 黑 // 446
250——王幼宸 / 黑 // 447
251——吴淞笙 / 白 // 449
252——魏海鸿 / 白 // 451
253——王幼宸 / 白 // 453
254——王幼宸 / 黑 // 455
255——刘棣怀 / 黑 // 457
256——刘棣怀 / 授先 // 459
257——黄永吉 / 白 // 461
258——朱金兆 / 黑 // 463
259——黄永吉 / 黑 // 465
260——朱金兆 / 白 // 467
261——张李源 / 黑 // 469
262——竺沅芷 / 白 // 471

263——黄永吉 / 白 // 472
264——董文渊 / 白 // 475
265——金亚贤 / 白 // 477
266——金亚贤 / 黑 // 479
267——张福田 / 白 // 481
268——过惕生 / 白 // 483
269——过惕生 / 黑 // 485
270——崔云趾 / 白 // 487
271——崔云趾 / 黑 // 489
272——过旭初 / 白 // 491
273——金亚贤 / 白 // 493
274——刘棣怀 / 白 // 495
275——刘棣怀 / 黑 // 497
276——沈果孙 / 白 // 499
277——茅野直彦五段 / 黑 // 501
278——梶原武雄七段 / 白 // 502
279——福井正一 / 业余 // 504
280——西村修 / 白 // 506
281——桥本昌二九段 / 授二子 // 508
282——菊池康郎六段 / 黑 // 510
283——前田陈尔九段 / 授二子 // 512
284——齐曾矩 / 黑 // 514
285——沈果孙 / 白 // 516
286——赵之华 / 黑 // 518
287——赵之云 / 黑 // 520
288——魏海鸿 / 黑 // 522
289——周东璧 / 黑 // 524
290——孙步田 / 黑 // 526
291——殷鑫培 / 黑 // 528
292——吴淞笙 / 黑 // 529
293——刘棣怀 / 黑 // 531
294——王幼宸 / 黑 // 533
295——朱福源 / 黑 // 534
296——赵之华 / 黑 // 535
297——吴淞笙 / 白 // 536
298——郑怀德 / 黑 // 538
299——金亚贤 / 白 // 540
300——朱宝训 / 白 // 542
301——朱金兆 / 白 // 543
302——黄乘忱 / 黑 // 545
303——王立 / 白 // 547
304——黄汝平 / 黑 // 548
305——陈岱 / 白 // 549
306——王汝南 / 白 // 550
307——史家铸 / 黑 // 551
308——赵之云 / 黑 // 553
309——刘棣怀 / 白 // 555
310——郑怀德 / 黑 // 556
311——董文渊 / 白 // 558
312——过惕生 / 黑 // 560

313——吴淞笙 / 白 // 561
314——沈果孙 / 黑 // 563
315——金亚贤 / 白 // 565
316——崔云趾 / 黑 // 567
317——陈岱 / 白 // 569
318——黄永吉 / 黑 // 570
319——吴淞笙 / 黑 // 572

1963

320——魏海鸿 / 黑 // 576
321——王幼宸 / 白 // 578
322——刘棣怀 / 黑 // 580
323——魏海鸿 / 白 // 581
324——王幼宸 / 白 // 582
325——赵之华 / 白 // 583
326——魏海鸿 / 黑 // 585
327——吴淞笙 / 黑 // 586
328——白玉琪 / 白 // 588
329——竺源芷 / 黑 // 590
330——姜国震 / 白 // 592
331——邵福棠 / 白 // 593
332——齐曾矩 / 黑 // 594
333——朱金兆 / 白 // 596
334——赵之华 / 白 // 598
335——黄良玉 / 黑 // 599
336——崔云趾 / 白 // 601
337——王幼宸 / 白 // 603
338——陈锡明 / 黑 // 605
339——竺源芷 / 白 // 607
340——吴淞笙 / 黑 // 609
341——郑怀德 / 白 // 611
342——黄永吉 / 黑 // 613
343——齐曾矩 / 黑 // 615
344——赵之华 / 黑 // 617
345——朱金兆 / 黑 // 619
346——沈果孙 / 白 // 621
347——金亚贤 / 黑 // 623
348——吴淞笙 / 白 // 625
349——王幼宸 / 黑 // 627
350——陈锡明 / 黑 // 628
351——黄永吉 / 黑 // 630
352——齐曾矩 / 黑 // 633
353——吴淞笙 / 黑 // 635
354——王幼宸 / 白 // 637
355——郑怀德 / 白 // 639
356——陈岱 / 黑 // 641
357——黄永吉 / 白 // 643
358——田冈敬一 / 业余 5 段 / 黑 // 645
359——村上文祥 / 业余 6 段 / 白 // 647
360——桑原宗久七段 / 授先 // 649

361——杉内雅男九段 / 授先 // 651
362——宫本直毅八段 / 授先 // 653
363——陈锡明 / 白 // 655
364——宫本直毅八段 / 授先 // 656
365——桑原宗久八段 / 授先 // 658
366——宫本直毅八段 / 授先 // 660
367——吴淞笙 / 白 // 662
368——竺源芷 / 黑 // 664
369——黄永吉 / 黑 // 665
370——安永一六段 / 授先 // 667
371——石毛嘉久夫六段 / 授先 // 669
372——黄永吉 / 黑 // 671
373——罗建文 / 白 // 673
374——竺源芷 / 白 // 675
375——吴淞笙 / 黑 // 677
376——张福田 / 黑 // 679
377——罗建文 / 黑 // 681
378——张福田 / 白 // 683
379——黄永吉 / 黑 // 685

一九五二

时年8岁

1944 年，1 岁

◎ 3 月 4 日陈祖德出生于上海。其父是上海一所中学的校长。有一姐一弟。

1951-1952 年，7-8 岁

◎ 开始跟父亲学围棋。据 1963 年 10 月《青年报》记载，开始其父要让陈祖德二十五子，两个月左右就感到不支。其父感到他在下棋方面有些才能，就请了学校里的一位教员周己任，作为他的第二任老师。

◎ 周老师跟陈祖德只下了一盘棋就不再下了，他感到应该请个名师来指教他。通过周老师的介绍，陈祖德在襄阳公园认识了顾水如先生。顾先生在 30 岁左右收下吴清源，事过 30 年又收下陈祖德这第二个学生。

◎ 陈祖德自从拜上顾水如为师后，几乎每个星期天，以及寒暑假的每一天都跟着顾先生。

◎ 由于跟着顾先生，陈祖德有机会接触社会上不少棋手。经常找顾先生讨教的还有赵氏兄弟，即赵之华、赵之云。陈祖德和他们下棋时，顾先生总是很认真地观战。其实顾先生本人和陈祖德对弈并不算多，主要是讲棋，每过上一段时间，他才跟陈祖德下一盘。在顾先生的不断指点下，陈祖德的棋艺有了较快的提高。

薛志春　整理

华以刚　审订

1952 年 4 月 27 日

白方　顾水如

黑方　陈祖德（受四子，8 岁）

这是顾水如老师指导 8 岁的陈祖德。纵观全局，白方抢得很厉害。一方面是因为让四子不得不抢，另一方面也是对孩子的测试。

黑 8 应于 10 位尖，实战被白两面得利。黑 16、18、20 表现出局部算路，优秀。黑 24 不会 25 位跳，稍稍出人意料。黑 32 重视 34 吃净，有独特的思想性。按“扭十字，一方先长”的格言，黑 56 于 59 位退即可。黑 62 挑战，黑 64 隔断，表现出战斗意志和能力。（华以刚）

共 70 手　胜负不明

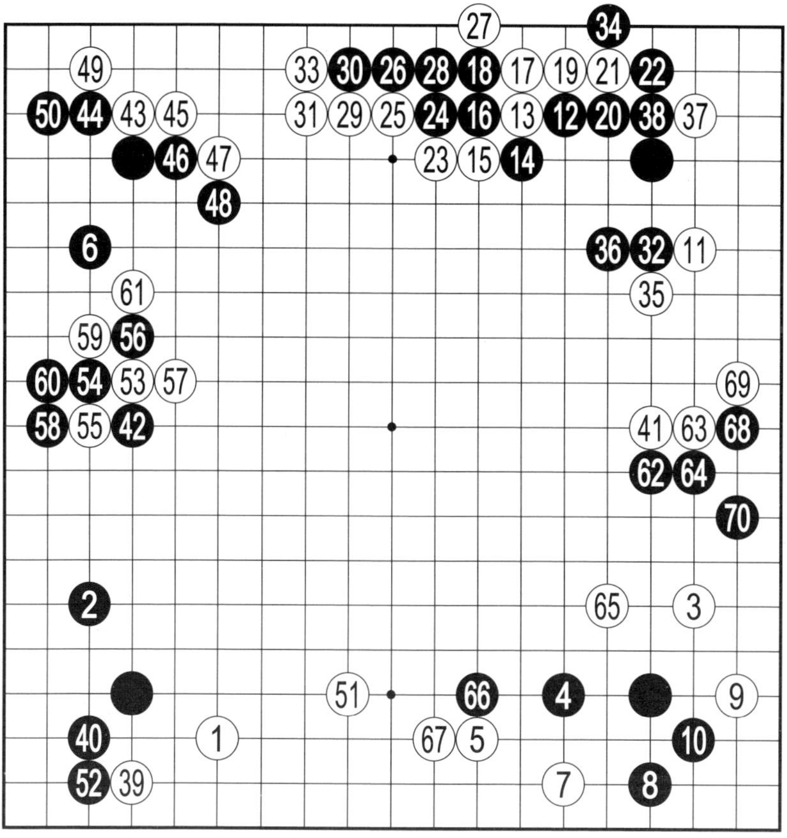

（1–70）

一九五三

时年9岁

◎ 10月，顾水如让陈祖德五子，陈祖德获胜。棋谱被日本《棋道》杂志刊载。濑越宪作八段做了详细的讲解，并称："以仅九岁儿童能有此成绩，实为奇迹。若来日本习学，无疑是吴清源之后继人物。"

薛志春　整理　　　　**华以刚　审订**

1953 年 10 月弈于上海顾宅

白方　顾水如

黑方　陈祖德（受五子，9 岁）

白 29、31、33 让子功巧妙，至白 43 打开局面。黑 44 显示九岁儿童棋力。面对白 49、51 挑战，黑 52、54 正面应战。白 55、57 造劫是强手，接着白 61 迫使黑 64 屈服，不仅右上角留下种种余味，左边也不损。白 93 如在 110 位长，更加积极一些。既然征子不利，则黑 94 是最好的定型方法。黑 96 选择简明手法，形势判断清楚。白 111 寻求最后一搏，白 119、121 都是腾挪好手，作战富有成果。但是黑坚实收空，确保实地大优。（华以刚）

共 140 手　黑胜

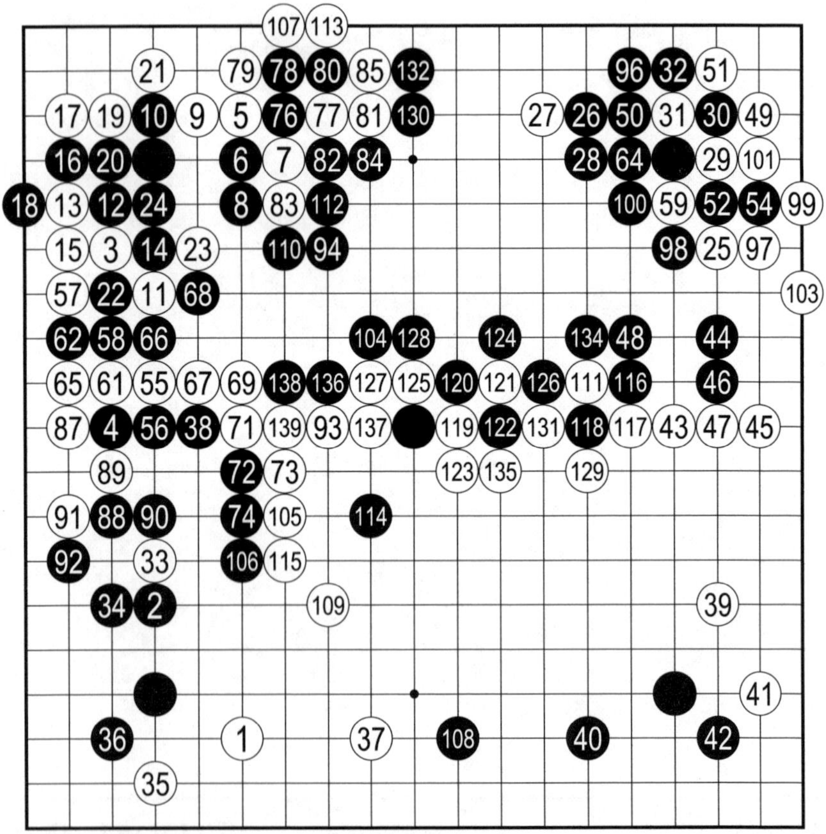

53 63 75 95 = 31　60 70 86 = 30　102 = 59　133 = 7　140 = 121

时年11岁

一九五五

1954 年，10 岁

◎ 时常与陈毅和李立三对局。多次受到了他们的关怀、爱护和帮助。

1955 年，11 岁

◎ 8 月 25 日，被顾水如让四子，陈祖德胜出。在春节期间，在上海锦江饭店对面的文化俱乐部（旧称法国总会），陈祖德与过惕生对局，被让四子获胜，被让三子败。推测两人对局在这一年进行。

薛志春　整理　　　　**华以刚　审订**

1955年8月25日

白方　顾水如

黑方　陈祖德（受四子，11岁）

陈祖德，现在年纪只11岁，棋艺上已经具备相当造就。据顾先生自称，四子已经感到不易对付了。最近本报请他们对局一次，并公布结果，以供同好者研究。

——《上海新民报·晚刊》1955年9月3日刊

面对白5镇头，黑6正面应战。

黑26次序好，深得作战要领。

黑44穿通，作战成功。

白61、63控制中原，并考验黑方补法。

黑64时的关键在于防白9一子出动，于63右下尖刺是争先要诀。

白65以下顺势而为。

白77、79棋形潇洒，至白99，白扳回不少。（华以刚）

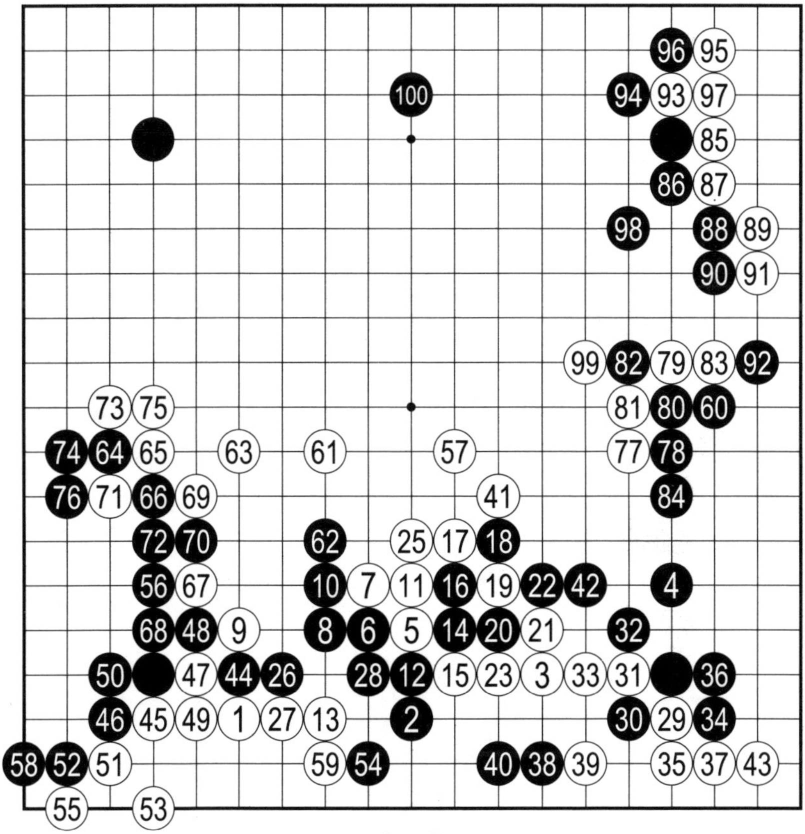

24=19

（1–100）

白方　顾水如

黑方　陈祖德（受四子，11岁）

面对白109，黑110脱先颇有胆气。

白129暗藏陷阱，黑130懂棋理。

黑142连通，基本锁定胜局。

从本局看，黑方水平已经难让四子，但是白方的功力亦令人赞叹。（华以刚）

198手以下略　黑胜5子

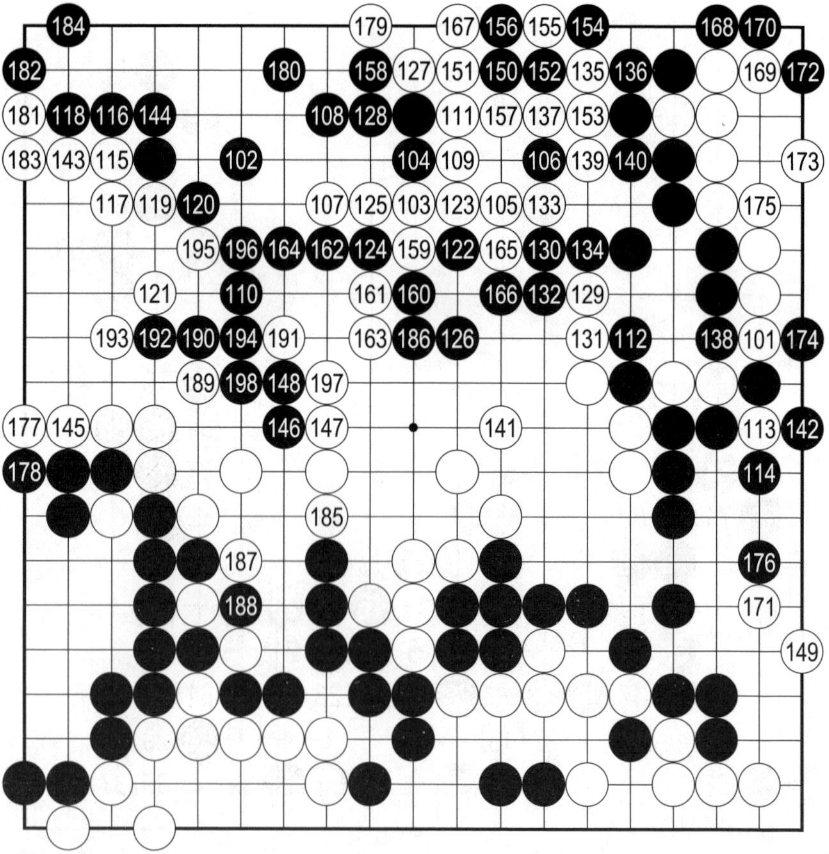

（101–198）

一九五九

时年15岁

1956 年，12 岁

◎ 2 月 28 日，因《人民中国》要写一篇介绍我国围棋情况的文章，陈祖德和林勉、顾水如、刘棣怀、魏海鸿、汪振雄、王幼宸拍下了五大国手观看陈祖德和林勉对弈的照片。

◎ 在上海锦江饭店对面的文化俱乐部，陈祖德与赵之云做公开表演赛。此时由于陈祖德进入中学，要兼顾学业，棋艺稍有停顿。

1957 年，13 岁

◎ 至 8 月 8 日止，上海市首次举办市围棋比赛。参加比赛的有刘棣怀、王幼宸、汪振雄、曹均石、林勉、陈祖德、吴淞笙、赵之云、赵之华等共 80 人。陈祖德具体的名次不详。

1958 年，14 岁

◎ 7 月 16 日—18 日，上海市举行青少年围棋锦标赛。比赛在上海市体育宫内进行。共 39 人报名。比赛前六名参加 1958 年上海市围棋比赛。参加比赛的有赵之云、赵之华、陈祖德、吴淞笙、徐人曙、徐人靖等。陈祖德未取得前六名。

◎ 同年秋，高一的陈祖德进入造船厂半工半读。

1959 年，15 岁

◎ 1 月，上海体育宫组成围棋集训队。集训队由刘棣杯、王幼宸、陈祖德、吴淞笙组成。当时陈祖德和二老大致有三子的差距，所以集训初期被让二子仍难以取胜。为了调动年轻人的积极性，二老主动把棋分改为让先白方贴子。集训队还邀请了魏海鸿、汪振雄偶尔过来指导年轻棋手。外省棋手到沪，也主动让陈祖德去对局，使他得到了长足的进步。

◎ 10 月 5 日，上海举行了秋季赛。初赛采用的是分组循环赛的方法。共五组，每组前两名出线，参加决赛阶段的比赛。

◎ 预赛第一轮，陈祖德一着不慎负于戴善全。不过后来一路过关斩将，以小组第二成功晋级决赛阶段。

◎ 10 月 17 日下午，秋季赛决赛阶段开始。共 10 人参加决赛。有当时并称“四虎将”的赵之云、赵之华、陈祖德、吴淞笙，还有王成是、王家梁、戴善全、王燕祥、殷鑫培、胡文元。最后陈祖德九胜一负获上海市第一名。

◎ 11 月 5 日，秋季运动会表演赛开始，刘棣怀、王幼宸、魏海鸿、汪振雄加入，陈祖德以五胜二负再次夺冠。

薛志春　整理　　　　**华以刚　审订**

1959年1月20日

白方　刘棣怀

黑方　陈祖德（受二子）

白9之后，右边是显而易见的急场。结果双方迟迟没有着手，白方是上手的霸气，黑方可能犹豫，究竟怎么下。

黑24有风险，如果遭到白25于28位打，黑不利。实战躲过一劫。

黑30至50，双方都下厚了，两分。

白51、53是待望的大场。

黑54冒进，58位是正常分寸。

黑56、58、60、62是让六子以上的下法，用在让两子的棋当然行不通。

白63以下步调甚好。

黑80、82很大。如果被白于80位立，马上就面临死活威胁。

至黑120局面趋稳，白有望。（华以刚）

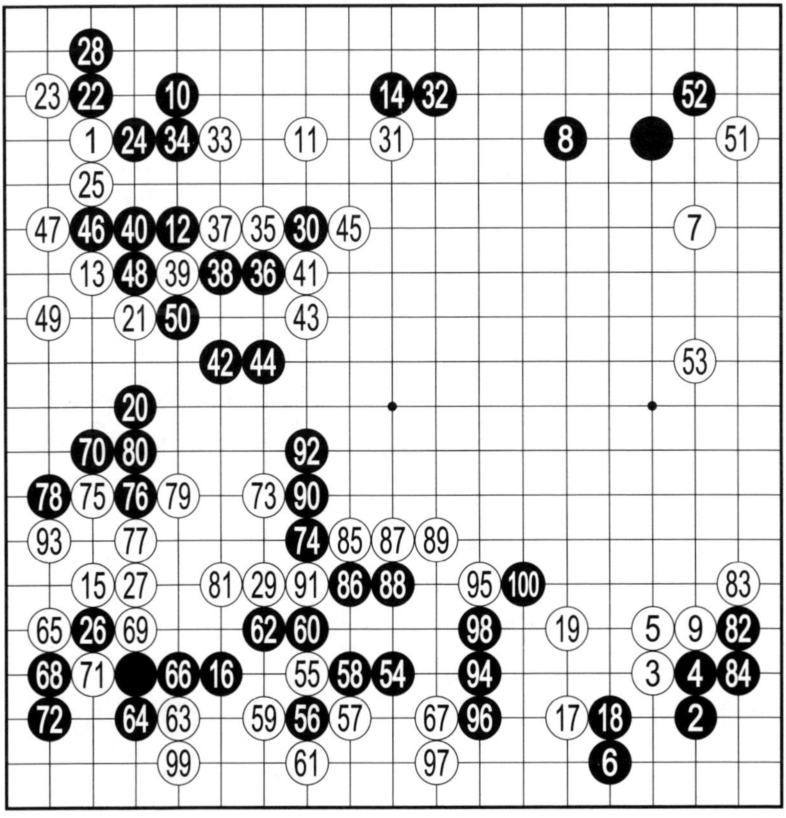

（1–120）

白方　刘棣怀

黑方　陈祖德（受二子）

刘先生是我迈进体育宫大门的第一位老师，为我的成长倾注了很多心血。这段师生之情令我感激涕零。他为人质朴敦厚，平易随和，凡请教棋艺，从不拒绝。北方棋手十分推崇他的棋艺、品格和涵养，而刘先生喜欢斗力斗勇，胜不骄败不馁，颇有大将风度，于是棋手便热情地称呼他为“刘大将”，这一美称逐渐传遍棋坛并载入史册。1958、1959年，刘先生蝉联全国比赛冠军。

共213手　白胜2子

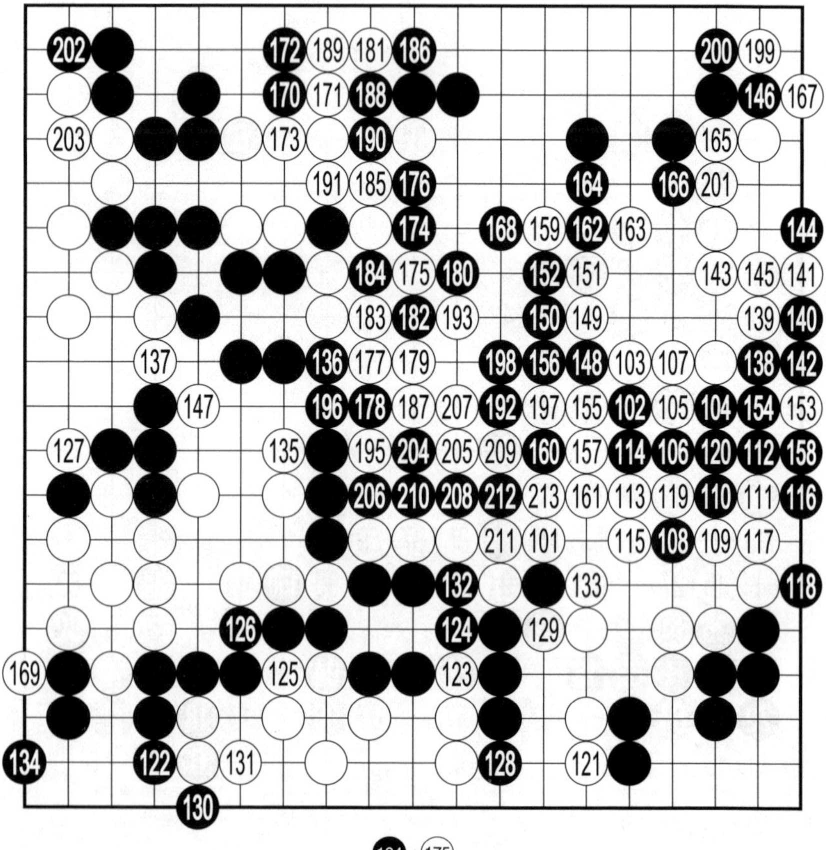

194＝175

（121–213）

1959年1月21日

白方　王幼宸

黑方　陈祖德（受二子）

白3不守小目角，直接挂星，具有现代棋的气息。黑10不妥。古法是30位扳，白31，黑34。最近流行则是18位关或17位飞压。总而言之不能脱先。被白11一挤，黑形窘迫。黑12俗打后又被提掉，显然不利。黑18意气用事，白棋不可能接的地方，千万不能这么打，应于27右虎。黑22只能在46左右围。黑34大失着，应于上一路虎，以下渡过和先手扳角必得其一。白35以下次序井然，黑棋为做活，只能32下一路挤，白36下一路断打时，不能提了。（华以刚）

6大恶着，应在12手上。48坏着，应在37一路左，或39一路右。（陈祖德）

49手以下略　白中盘胜

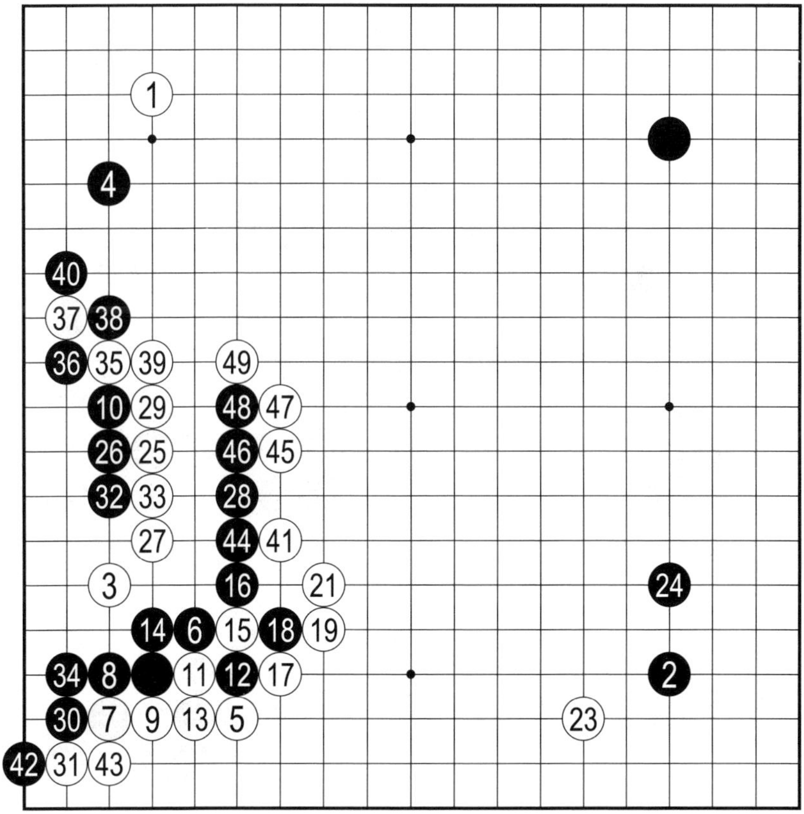

20=12　22=15

（1–49）

1959 年 1 月 23 日

白方　刘棣怀

黑方　陈祖德（受二子）

黑 18、22、白 23 都是最强手法。白 29 是整形要诀。黑 30 下扳是典型的“跨而勿冲”。黑 50、52 强手，至 60 形成白棋输不起的大劫。看来当初白 45 于 50 位比较稳当。白 71 一边破空一边做眼。黑 72 至 84 成功守住右边。黑 88 如 103，当然可以吃住，但被白 88 位曲头，黑还须 102 位再补一手。黑 92 吃住了中腹白龙，但是白 93 断时，上边和白龙难以兼得，所以白 99 成功复活。黑 102 是最强杀着，无奈被白 115 反杀，白方算路更胜一筹。（华以刚）

共 141 手　白中盘胜

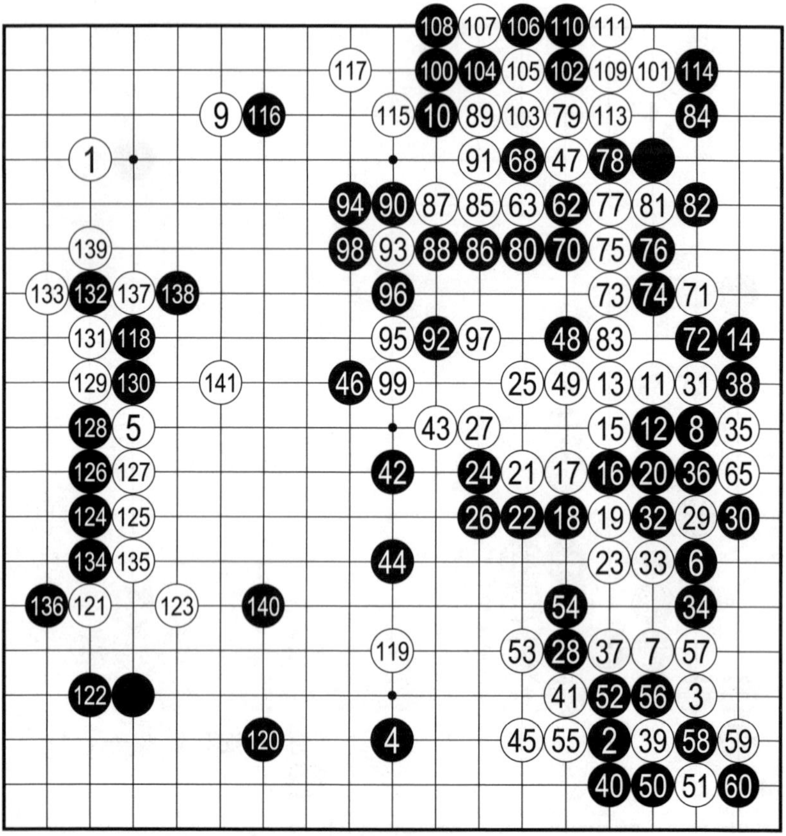

61 67 = 39　64 69 = 58　66 = 29　112 = 107

（1–141）

1959年1月26日

白方　王幼宸

黑方　陈祖德（受二子）

黑4于27或10位更为常见。黑12如于13位立，则白24位立。白13先手空提一子，作战成功。可能由于黑16、18、20效率不高，白21也稳扎稳打，建议17右二路关起，张势并瞄着下一手58位的好形。白37好手，令黑方二选一。黑38封锁并且补征子，有构思。

至白67，白右下既得利，下边又活出，作战成功。黑64守角欠扎实，应在右一路单关。其缺点在白75、77时暴露出来，白方几乎先手活角。（华以刚）

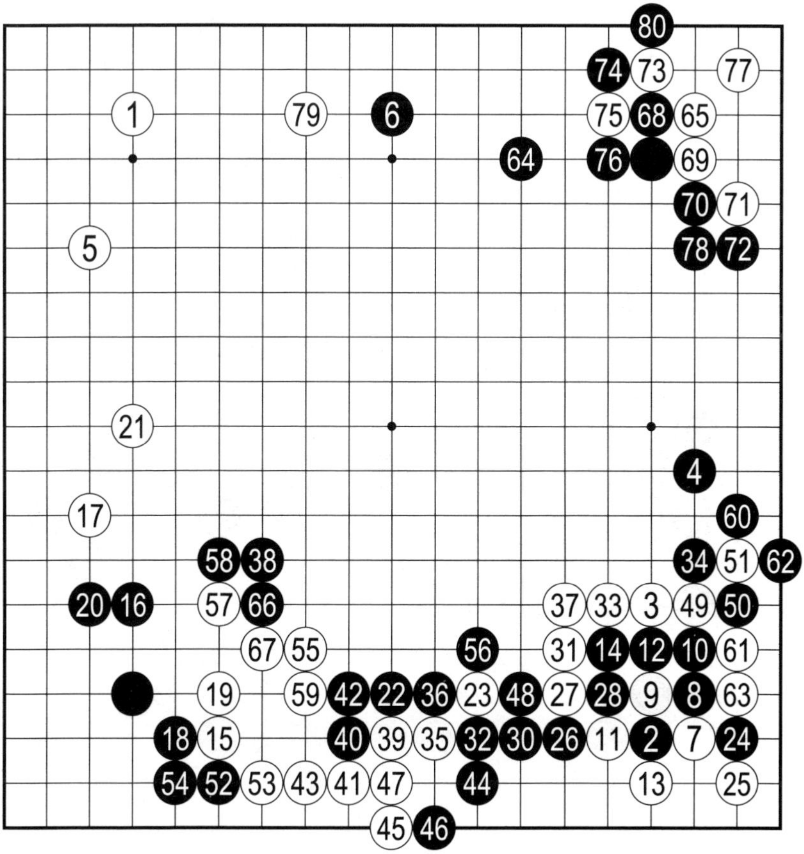

（1–80）

白方 **王幼宸**

黑方 **陈祖德**（受二子）

前谱黑 80 开劫后，黑 86 被迫回提，作战完全失败。早知如此，黑 80 就不应打吃。白 87、89 乘势破空并进攻，好步调。黑 90 急躁，选错了作战场所，这一带谁厚谁薄还真不好说。黑 100 大失着，落了后手，接近下了一手单官，应当在 108 一带着手。白 103 以下攻守逆转。白 121 活净，几乎胜定。黑 126 不敢在 149 位打，因为担心白在 127 位打。白 129 提通两子，厚实无比，且有余利，已经胜定。（华以刚）

161 手以下略　白胜 15 目

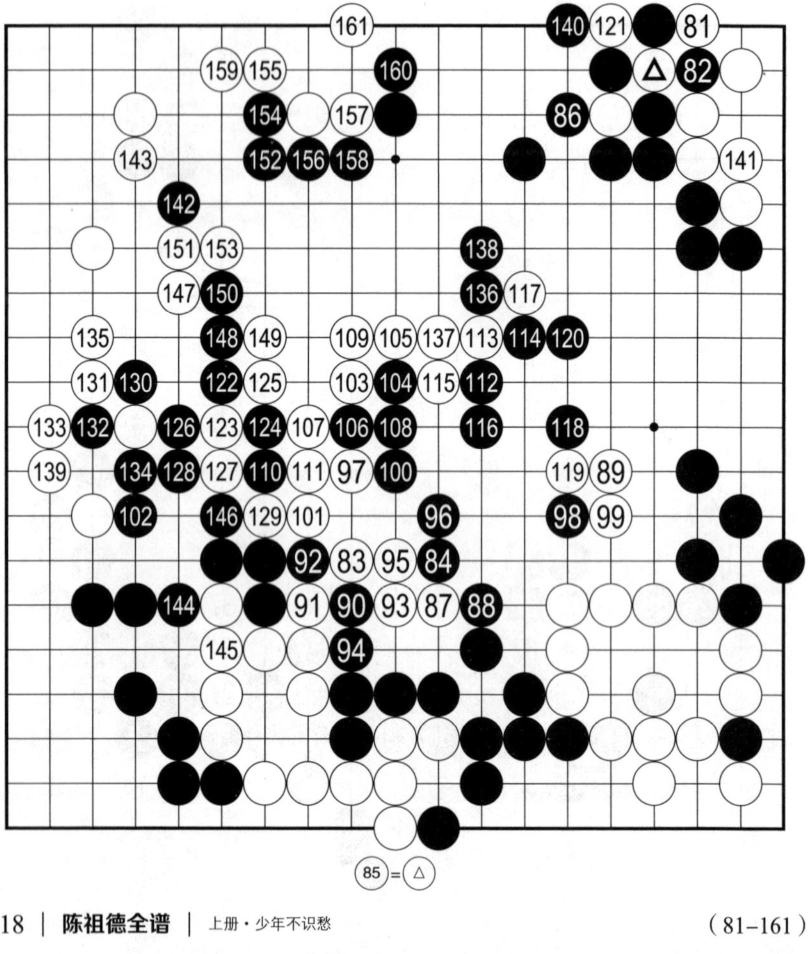

(85)=(△)

（81–161）

1959年1月28日

白方　王幼宸

黑方　陈祖德（受先）

黑21重，还是按定式在120位跳为好。至27连续下了两手二路，显然不利。黑33以下棋形重滞，关键是整体眼位不明确。白48典型手筋，不但设置连络障碍，白52还顺带增加目数。白62继续正面进攻。白88寸土不让，封住了这一边。黑93、99都是非常手段。白108最强，黑方吃不着任何白子。白120以后棋谱不详。无论过程还是现状，白方优势无疑。（华以刚）

共120手　白中盘胜

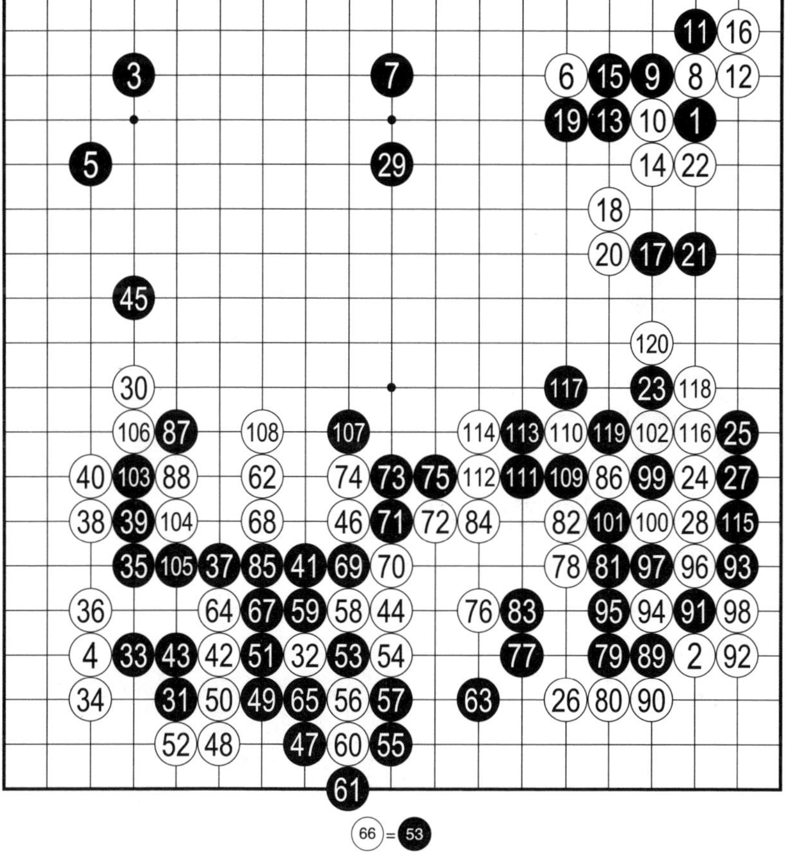

（1–120）

1959 年 1 月 29 日

白方　刘棣怀

黑方　陈祖德（受先）

本局很可能是限时制比赛，特别是后半盘跌宕起伏过大，像是双方读秒之中的混战。

黑 47 一般是 91 位小飞。白 48、50 是能抢的都要抢。黑 51 至 61，黑方尽显棋才，作战非常积极，给对方造成巨大压力。黑 69 本身是进攻好手段，但是不妨稳当一些，先在 77 位补厚，看白方上边如何应对。白 112、114 反击锐利。黑棋也不是一点缺陷都没有。白 120 先手，黑右上角就成为焦点了。（华以刚）

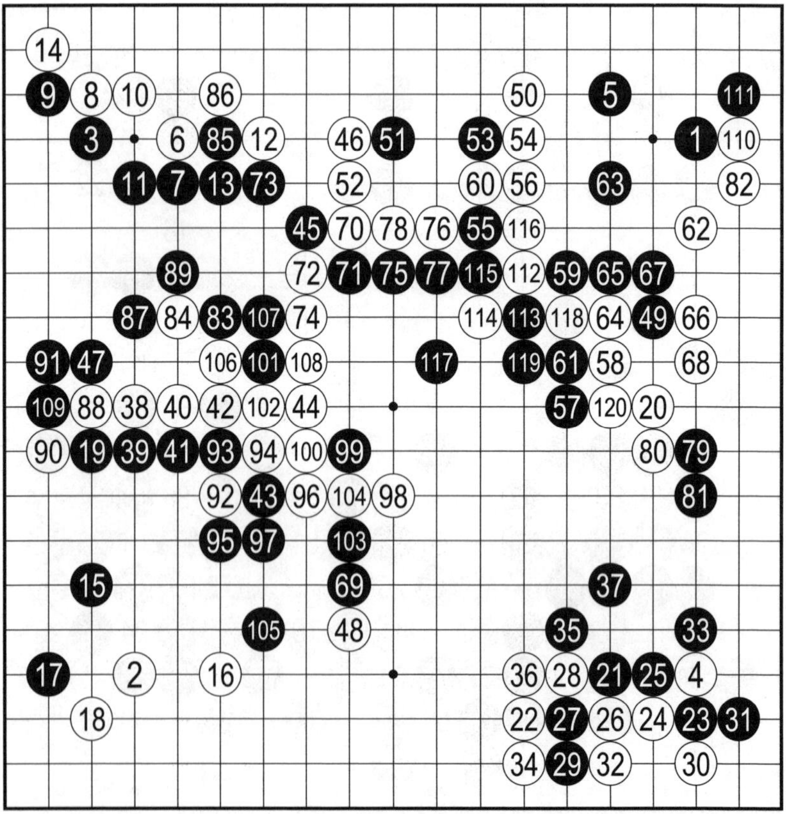

（1–120）

白方　刘棣怀

黑方　陈祖德（受先）

白 122 表面看似冲击黑方的弱点，实际上也补活了右边。如果不下这一手，将遭到黑小目下一路的冷静的挤，白方自身无法全身而退。对于白 122，黑方无论应在 124 还是 139 位，黑角肯定可以活，但是白方右边也已先手成活。这一带变化深奥有趣，建议自行研究。黑 137 竟然成为先手，跌破眼镜。白 150 成为先手，黑 151 不补，则白于 151 左一路挤。左下沧桑巨变，再跌眼镜。白 166 应 187 位吃通。

手心捏汗之局。（华以刚）

白贴 6 子　共 215 手　白胜 5 子

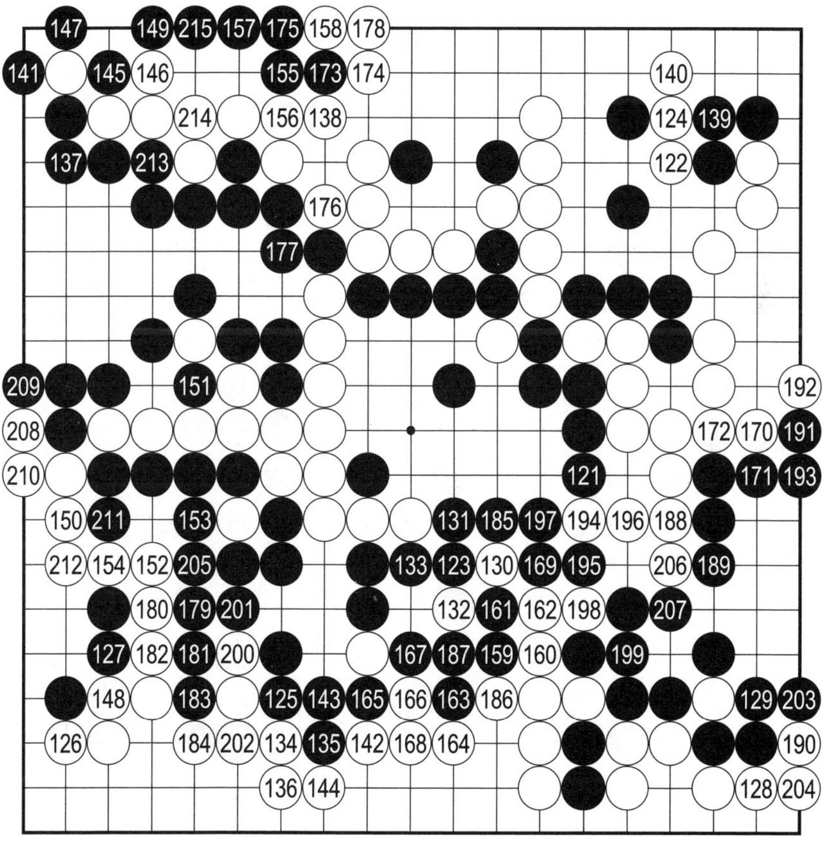

（121–215）

1959年1月30–31日

白方　王幼宸

黑方　陈祖德（受先）

黑25至33如不下，担心白右上三三托角后，整体眼位受到威胁。白34是标准的厚形，这一带双方各有所得。黑35比50位拆二更为积极。白36立刻打入，形成战斗。黑39、41是此际常用腾挪手段，但是43突然脱离主战场，大有问题，应当在白8上一路压，继续整形。黑43本身并非急务。白46急所。黑47以下，冲破白角似乎得手，其实在眼位和目数上都不便宜。白56飞补，白方两面都是好形。白76采取实利优先战法。白114棋形潇洒。（华以刚）

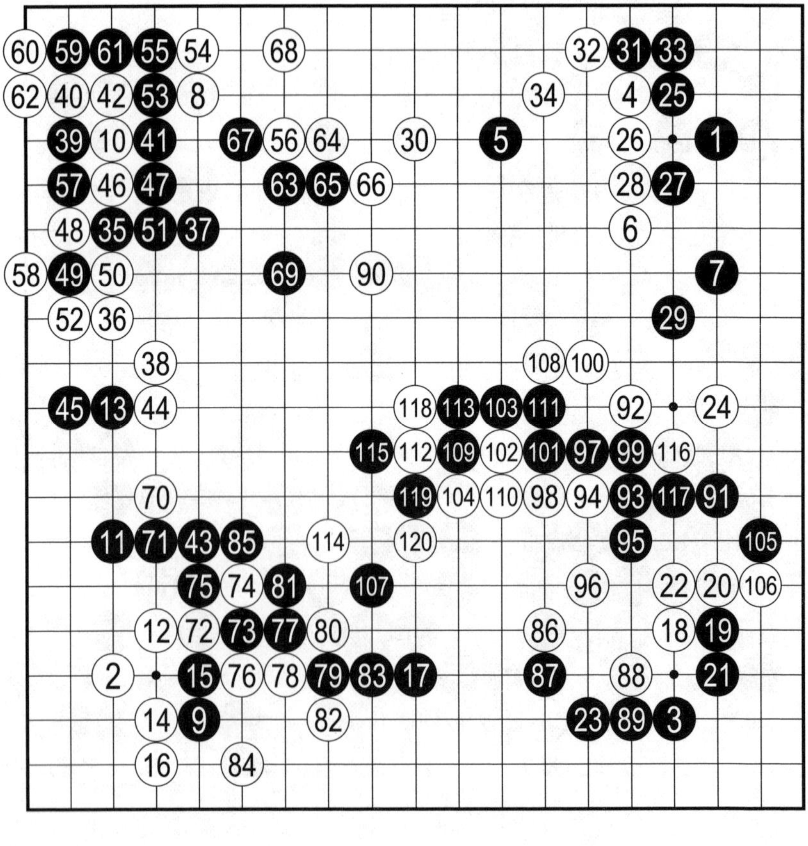

（1–120）

白方　王幼宸

黑方　陈祖德（受先）

白 124 防黑 124 左一路虚枷。白 126 好手。黑如 167 位挡住，白 142 位夹出即可。黑 127 好手。白如 145 位接，黑 168 位顶，白不行。

白 128 枷，主要战斗告终，白方稳稳掌控局面。黑 135 还要补强大龙，苦不堪言。白 138 乘势搜刮 2 目，巧妙之极。黑 139 如 140 位冲，由于白方可以伺机于 246 位断，现在就可以 145 位接了。这种地方最能体现高手的功力。白 160 形成上边立体大空，胜定。（华以刚）

白贴 6 子　共 250 手　白胜 9 子半

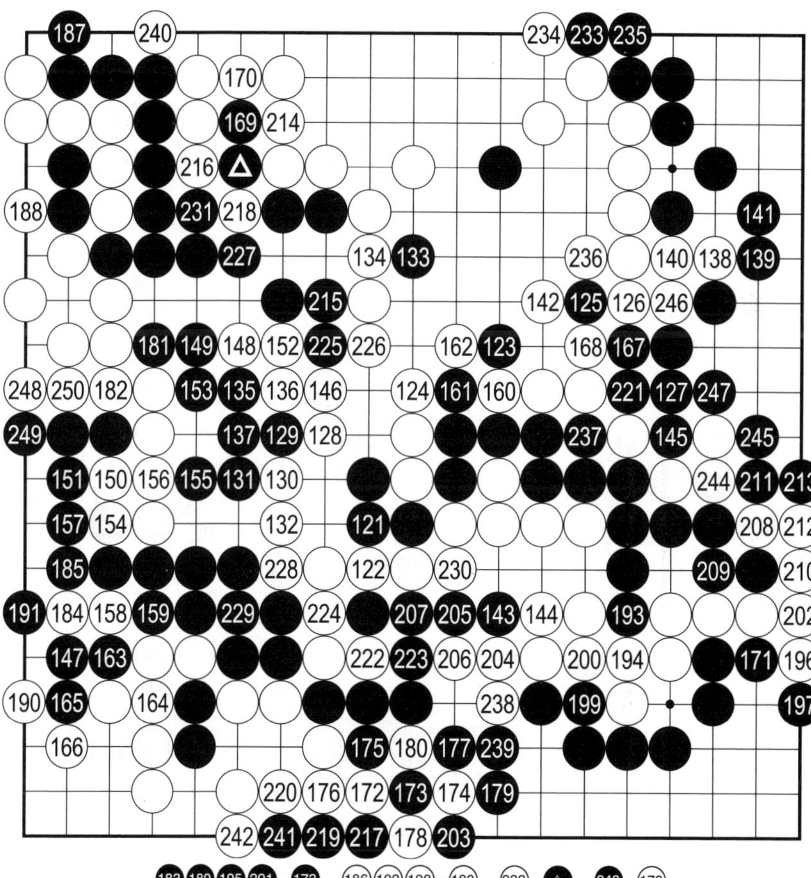

183 189 195 201 = 173　186 192 198 = 180　232 = △　243 = 178

（121–250）

1959年2月2日

白方　刘棣怀

黑方　陈祖德（受先）

黑21出头，含有进攻、进取之意。如果重视实地，在22上一路拆二也可考虑。白36防黑左一路镇头，是攻防要点。黑37没有必要，也不便宜。建议45位尖顶，白43时，黑48扳后，再连扳定型。

白40好感觉。黑43错过上述定型后，难以置信下出黑47愚形，可叹。黑49损，使白52的刺更无任何顾虑。黑55帮倒忙，应57位提。白60整形痛快。白62镇头，黑大龙已经非常窘迫时，63还要硬撑，被白64一跳，黑方终于被擒。（华以刚）

白贴6子　共86手　白中盘胜

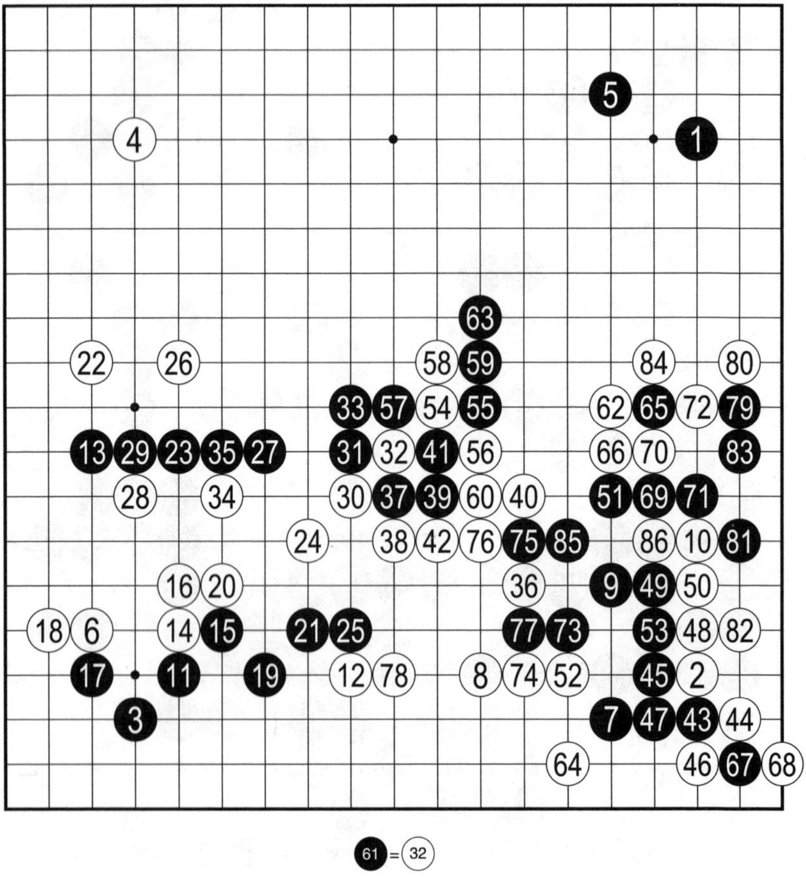

61=32

1959年2月5日

白方　王幼宸

黑方　陈祖德（受先）

白10虽不多见，也是当时的定式一型。白26至白34，意在捞足实地，使黑势低效化，发不出力来。黑37此际如于上边张势，建议走56位，而此时右边似乎更为急迫，例如39位。白38过于从容了，可考虑黑1下一路碰，强行进入黑阵。白40太朴实，可考虑44右一路跳，以下47位飞出和45左一路出头必得其一。白52又缓，无论如何要前进到57位，阻止黑方封口。黑如112位应，则白35下一路靠。黑63几乎完封，胜利在望。黑113时，黑110目，白90目左右。（华以刚）

共113手　黑中盘胜

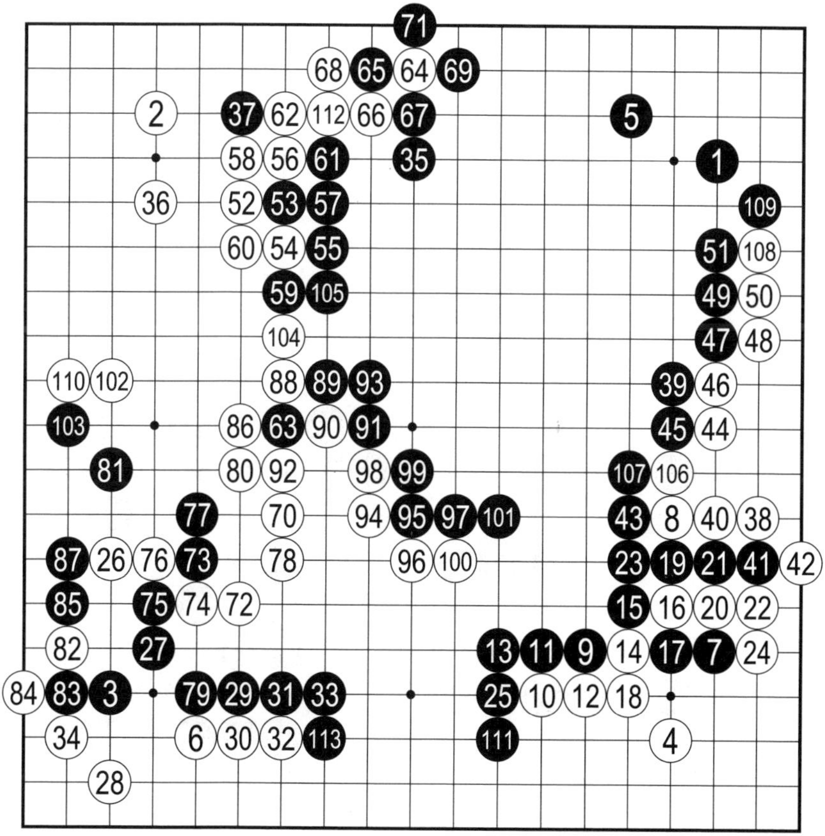

（1–113）

1959 年 2 月 6 日

白方　刘棣怀

黑方　陈祖德（受先）

黑 27 侵削不是第一急务。右下定式还没有下完，特别是白 26 挺头而不是白 36 抱吃时，不能脱先。黑可选 53 位夹或者稳健的 70 左二路小飞。白 28 应当立刻在 58 位挡，先手发动整体进攻，明显获利后再转手右边。这样事半功倍，将与实战天上地下。黑 31、33 令人眼花缭乱，尽显少年意气。其实黑 31 直接在 33 位靠，白 36，黑 31，效果并无差别。白 34、38 反击，形成有趣变化。黑 49 企图完整成空，又遭到白 50 以下连根逃出。至白 80 扬长而去。（华以刚）

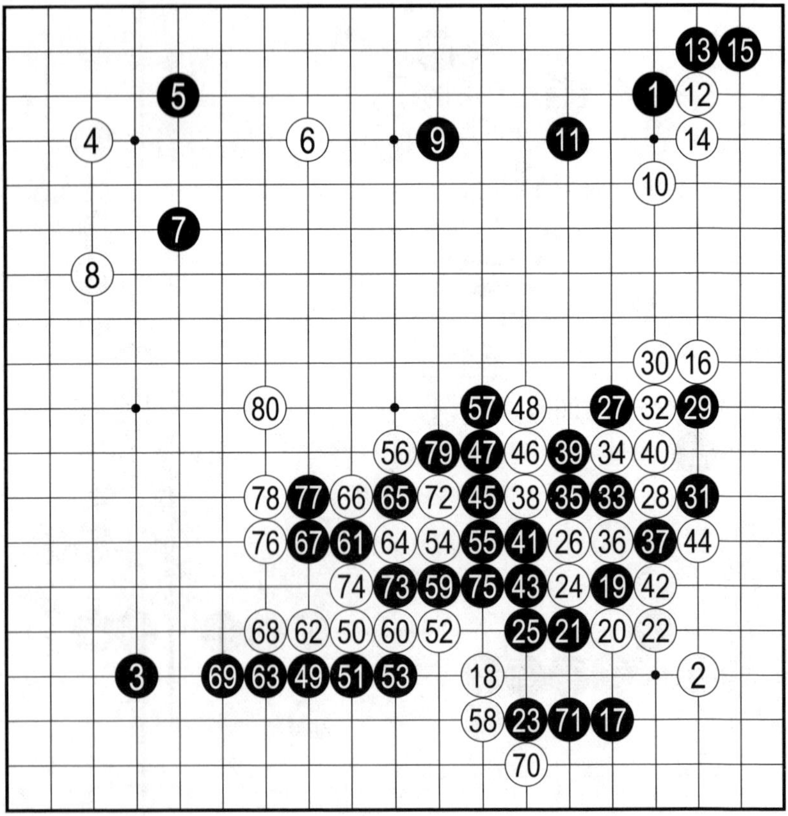

（1–80）

白方　刘棣怀

黑方　陈祖德（受先）

白88属于典型的现代下法，吴清源老师大力倡导。把这个梅花形当成愚形，是旧棋理的严重误区。梅花形中埋葬了一颗敌子，相当于白送我方一手棋，所以此形奇厚无比。黑99、101的态度强硬，连同黑107、111等，斗志旺盛，攻击性强。黑161百密一疏，可以在上一路挤，白方将凭空多出一个断点，情形将完全不同。黑165时，白162左一路接可以活棋，白方全局有望。（华以刚）

白贴6子　共165手　胜负不明

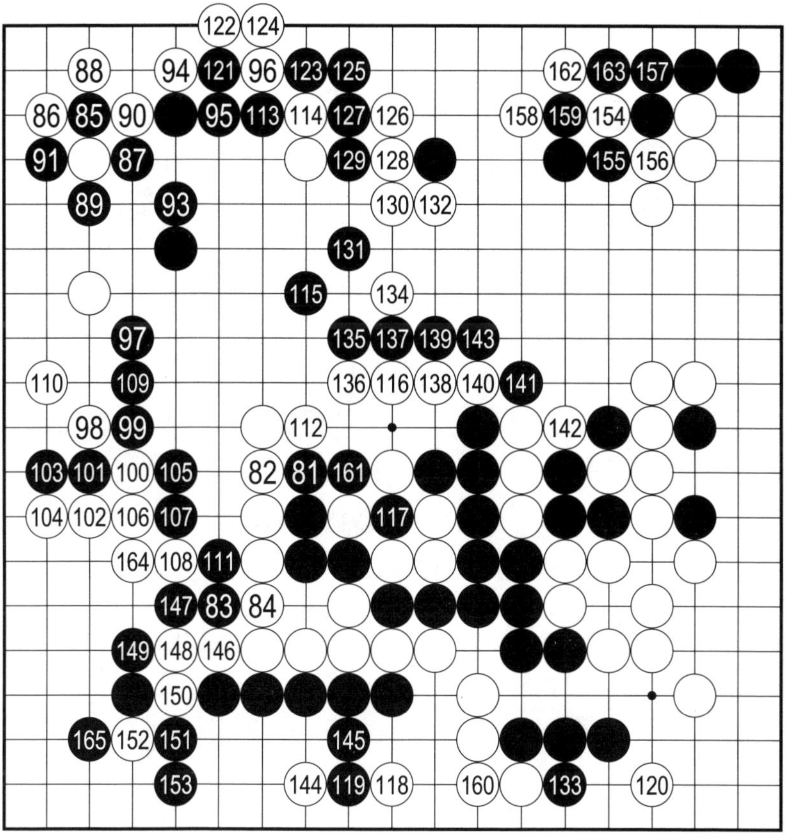

92=85

（81–165）

1959年2月12日

白方　王幼宸

黑方　陈祖德（受先）

到白8为止守了两个角，相当罕见。传统日本围棋理论认为，不能让黑棋守到两个角。白棋更不用说。实战可能是刻意尝试。白14在21位拆也很常见，都可下。黑15算不上坏棋，但是有点平庸，建议18位高一路逼。白如39位关，则黑38位刺，白37，黑22下一路关。白16、18是灵机的好手，也是白14的预谋。黑应于56位直接出头。黑31显得急躁。这种地方不可能让黑方渡过的。以下进程，白方合理有效，黑方比较勉强。（华以刚）

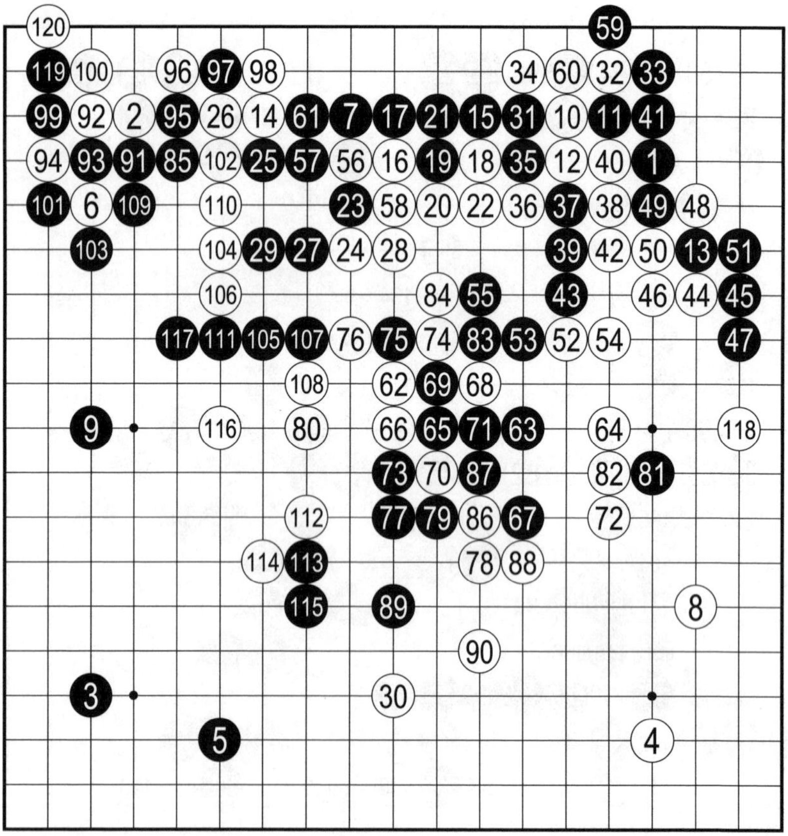

（1–120）

白方 王幼宸

黑方 陈祖德（受先）

本谱的黑121，应为黑119，视为119和120两手跳过去就好。白122稳稳应付，局面已优。白132之后，瞄着左下三三靠之类的侵角手段。黑135防白左边穿象眼。白154决胜点。此后黑方没有任何机会了。最终盘面白胜6目，是白方好局，以倒贴6子致败。（华以刚）

白贴6子　共227手　黑胜2子

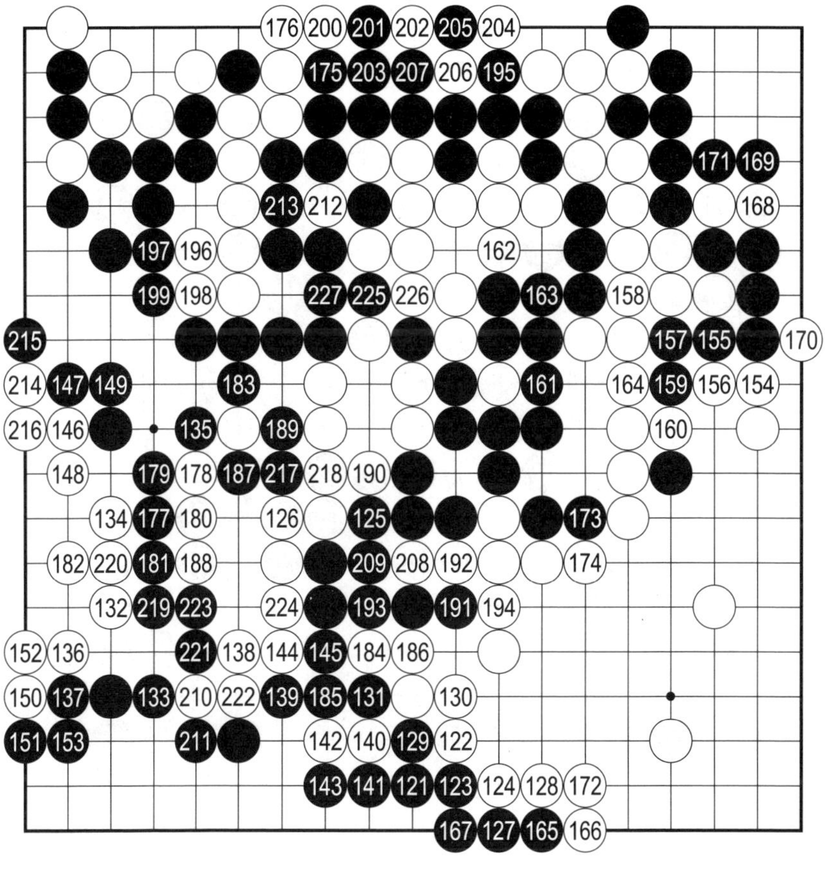

（121–227）

1959年2月14日

白方　刘棣怀

黑方　陈祖德（受先）

黑35的效果不明显，正常下法是白34右两路拆。黑53好时机，迫使白54接。黑55、57方向欠佳。此时黑59位关才是中原的正面。

被白58占到正面，黑59就慢了一步。白72作战要领，时机好。

白82、84收获巨大。此后黑方枪法有点乱。黑135时，白棋只要接上，棋局就应当结束。中腹黑与右边白五子杀气，慢一气。（华以刚）

白贴6子　共136手　白中盘胜

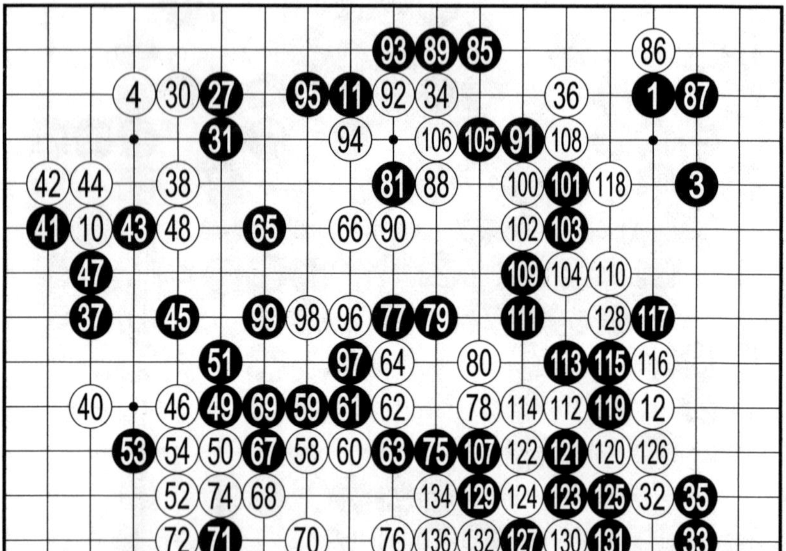

22=15

（1–136）

1959年2月16日下午

白方　王幼宸

黑方　陈祖德（受先）

白12、14守两个角可以满意。黑15时，右边的中心点对于双方都是一等大场。黑27和29有点矛盾。白34已经初步获得成功。白46飞，黑方没有取得实惠的成果。白52已经先手活净。黑57以下在右边破空很大。至67是正常分寸。白70先手立，右边更趋完整。白74意在扩大右下角实地时，遭到意外的抵抗，形成激战。（华以刚）

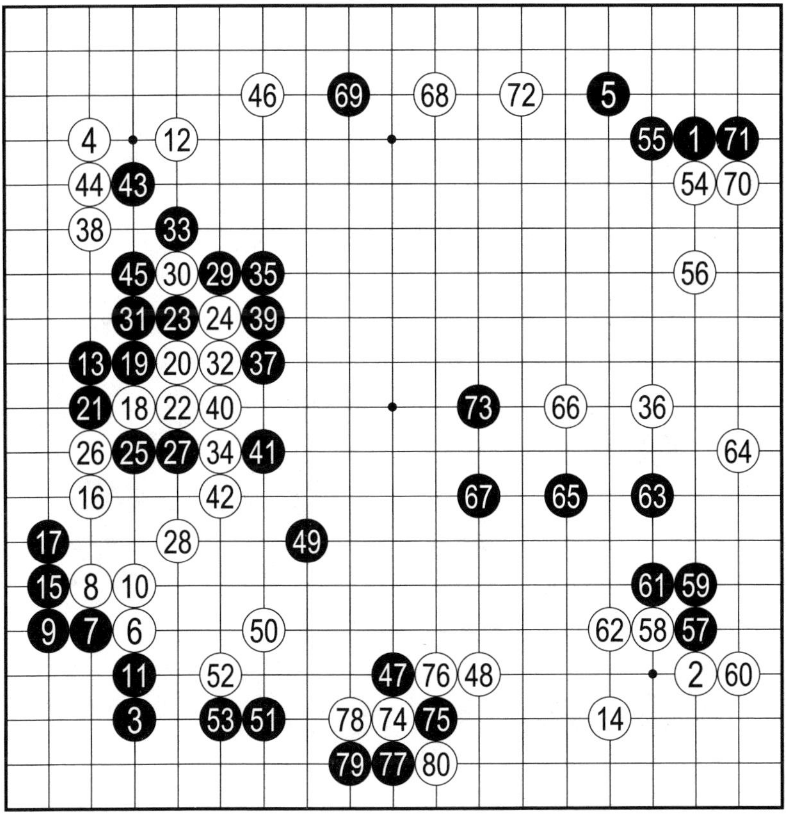

（1–80）

白方　王幼宸

黑方　陈祖德（受先）

白84基本手筋。白92是好步调，至96自然吃住四子。白98先手处理，非常满意。白108意在把角补牢，把拆一补厚，如能再顺手破掉一些黑空，那是更好。黑129、131、133一连串意外强手，要打劫分断白棋。白152造劫冷静。白棋并无刻意追求，有点便宜就行。白170冷静。黑吃两子后，白一路大飞，恰好干净杀黑。（华以刚）

白贴6子　170手以下略　白中盘胜

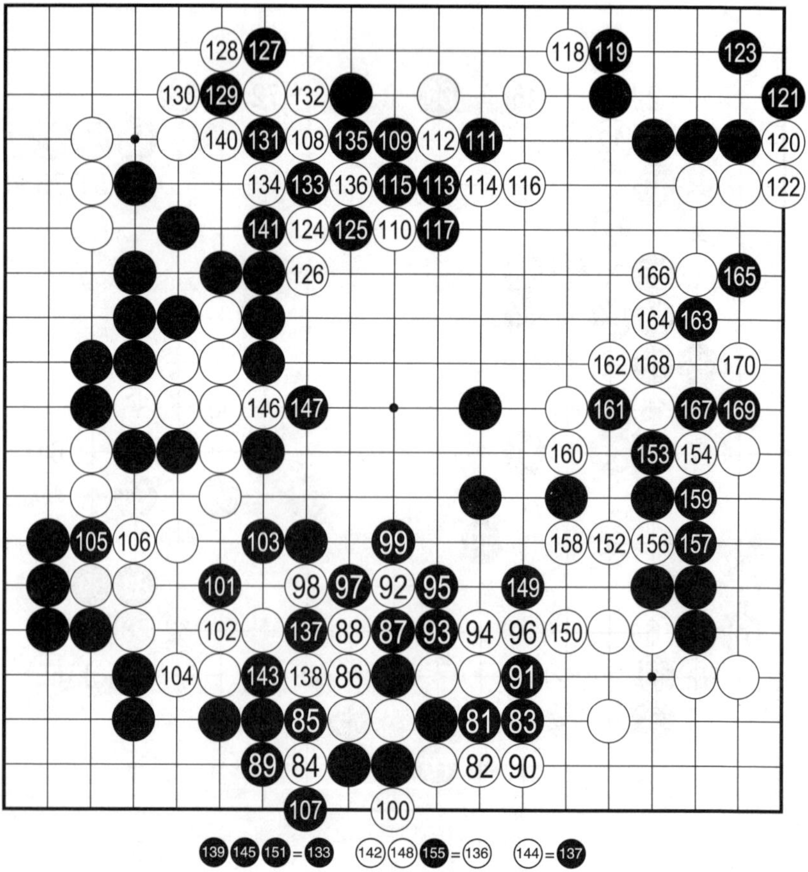

（81–170）

1959 年 2 月 21 日下午

白方　王幼宸

黑方　陈祖德（受先）

黑 1、3 求变。白 18 于 5 右一路守角最为简明，此处关系到双方根据地。黑 29 于 30 位低挂，实利上更有利些。白 50 当然是大场，但在 52 位固守，更像白方一贯棋风。黑 51 好手，时机恰到好处。白 52 过强，只能 61 下扳忍耐。黑 53 进攻，理所当然。粗看白 62 显然应当 71 顶。实战没有这样下，就让我们信任对局者的算路吧。

至白 80，棋局尚早。（华以刚）

黑 69 或于 71 位接，白 70 位，黑再 69。（华以刚）

白贴 6 子　80 手以下略　黑中盘胜

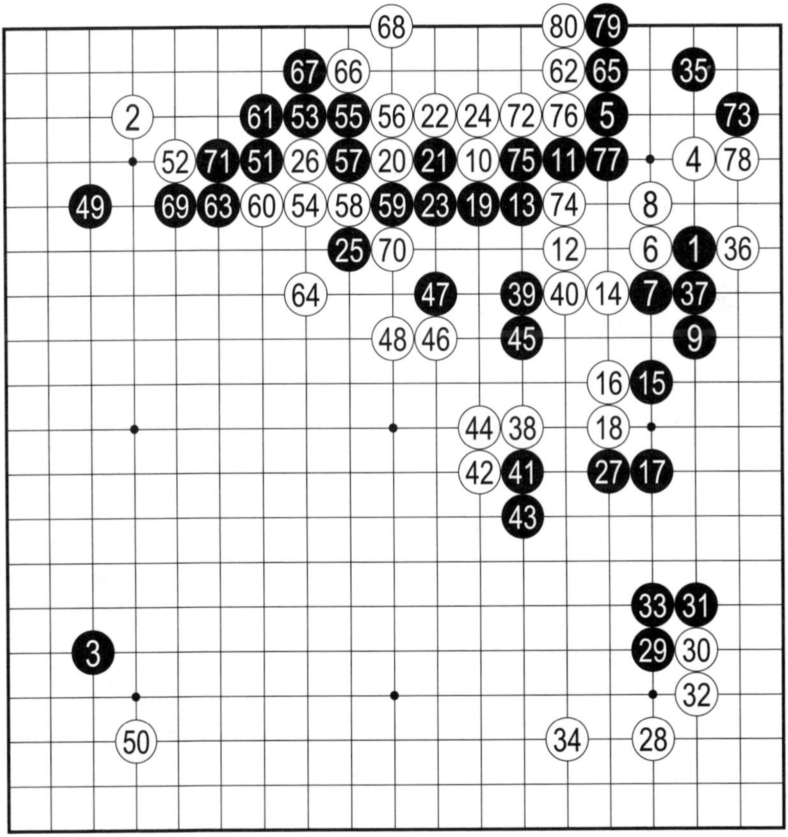

（1–80）

1959年2月23日

白方　刘棣怀

黑方　陈祖德（受先）

白24好点。黑27普通于30位跳，但与下方配置略显重复，所以采取临机措施。黑29好点。黑41好手。白44如于41右一路打，则黑35上一路冲，获得角地。白46时，直到白62之前，黑方都应当立刻在46左一路先手靠住，出入巨大。黑53重大失误，应当一路倒虎做活。实战白在30下两路虎将成为先手，否则留有1位右一路的劫杀。黑83失误，漏算白84虚枷的好手，导致亏损。白98又是强手。（华以刚）

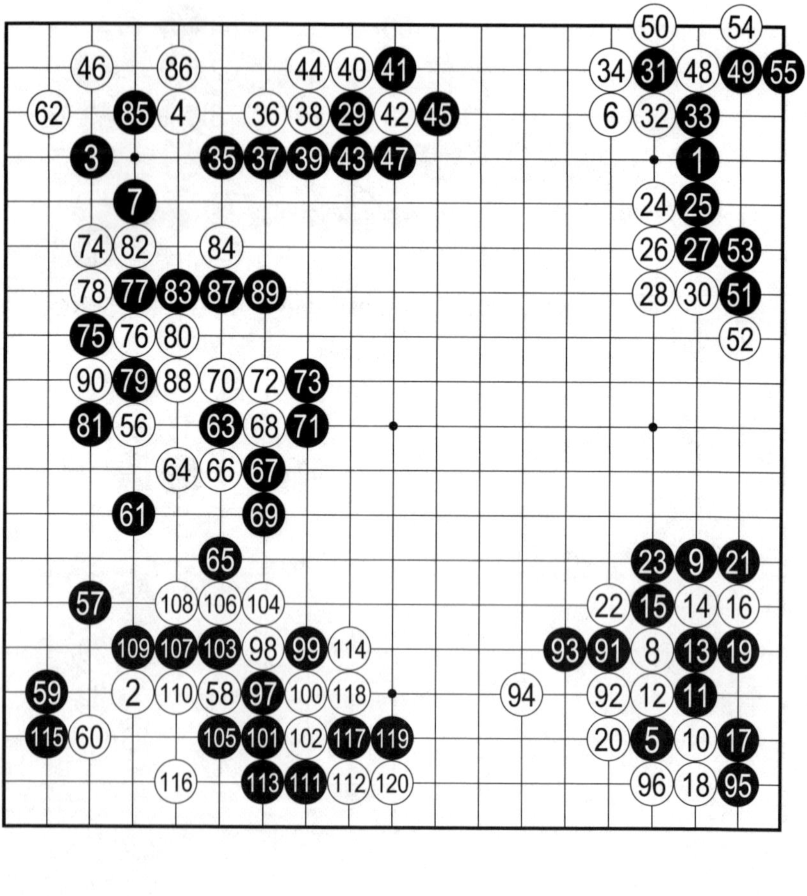

（1–120）

白方　刘棣怀

黑方　陈祖德（受先）

通过黑121的好手，125已经捕获四子。黑133虽然失去122上一路的打，却是必走的次序。否则白133左打吃，再一路打吃可以先手渡过。由于有这个后门，左下角白棋已经连回家了。白136的先手时机不佳，遭到黑137的强硬反击，应于137上一路补，这样白方形势很好。黑157的补活法是对白眼位威胁最大的。白166太贪，应于171位连回。黑如166位断，白再补左下角，可保优势。最终结果，白方只可活一小块，大龙被全歼。（华以刚）

白贴6子　共211手　黑中盘胜

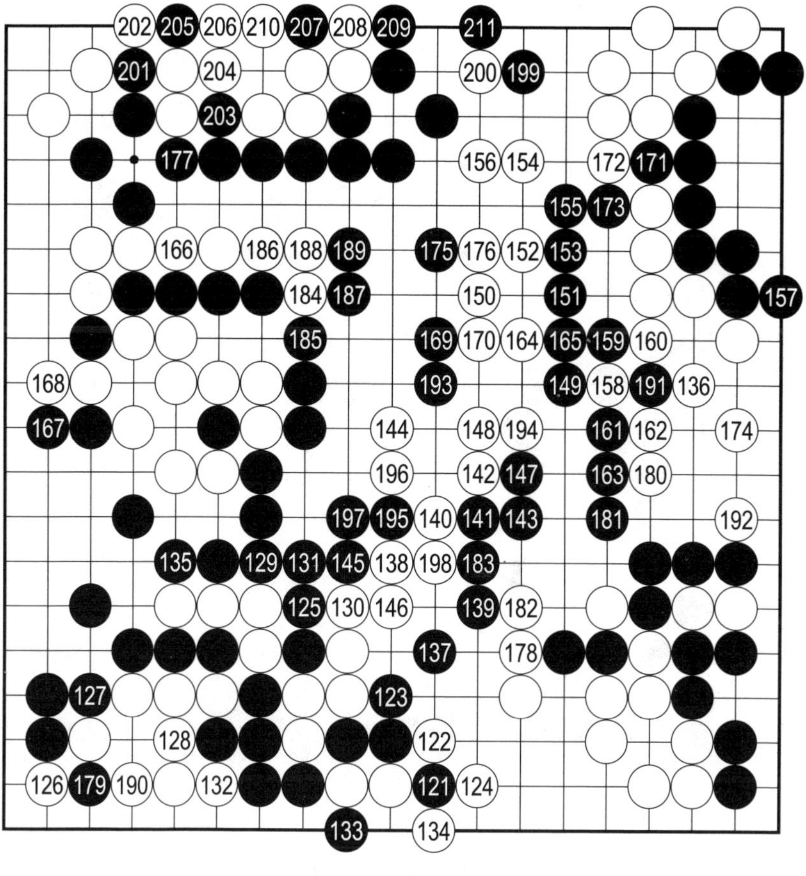

（121–211）

1959年2月24日

白方　朱金兆

黑方　陈祖德（受先）

朱金兆，安徽人，与黄永吉同一时代。

黑7因两个小目均处低位，选择8位或15位尖起比较常见。白34被35先手打有点损目，在36位接并无安全顾虑。白38点，好次序。白42为止成功破空。白58是闻所未闻的天才下法，黑往任何方向扳，白方就反方向长，真是不拘是非的实战家。白120太朴实了，可以考虑15左一路扳，黑25右一路挡，白15右一路打，黑接，白再120挡住，这样留下一个吃二路子的大官子，优劣一目了然。（华以刚）

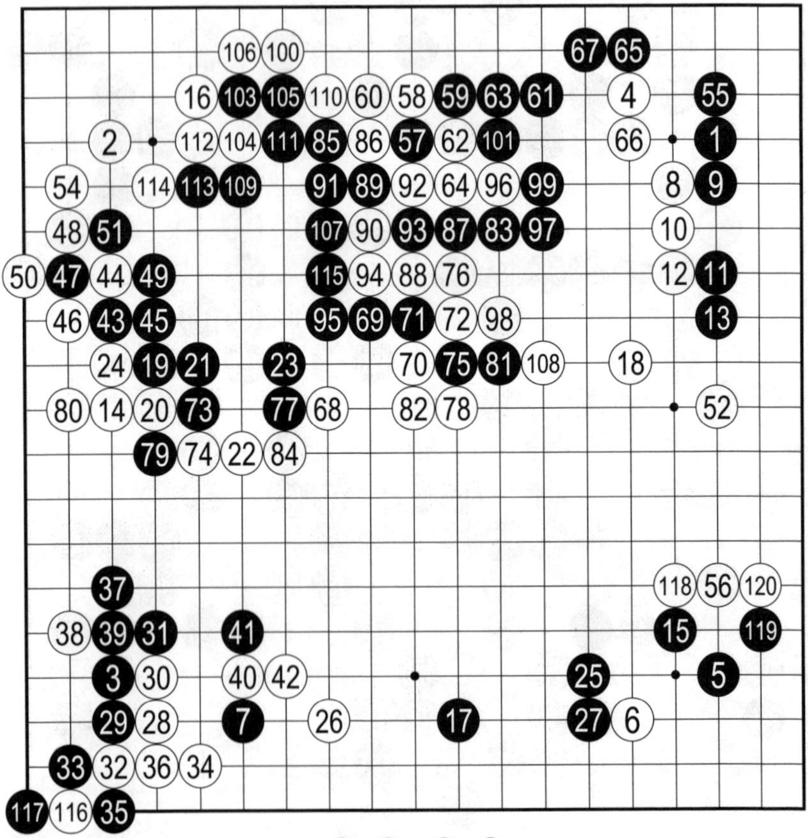

53=47　102=57

（1-120）

白方　朱金兆

黑方　陈祖德（受先）

黑121长，白122已经是最大的点了。

指摘小官子阶段白方两处大失误。白142大损，应213挡，黑142，白214。这样，白方还保留着219打吃的可能性，即一半的权利。白204超级巨损，应201下一路断，黑一路抱吃，这时候白204不仅成立，而且是先手4目的大官子！更夸张的是，实战白204还白送1目！黑225时，白在135下一路扳接，全局黑66目，白65目。让先黑胜，贴目白胜。（华以刚）

共225手　黑胜半子

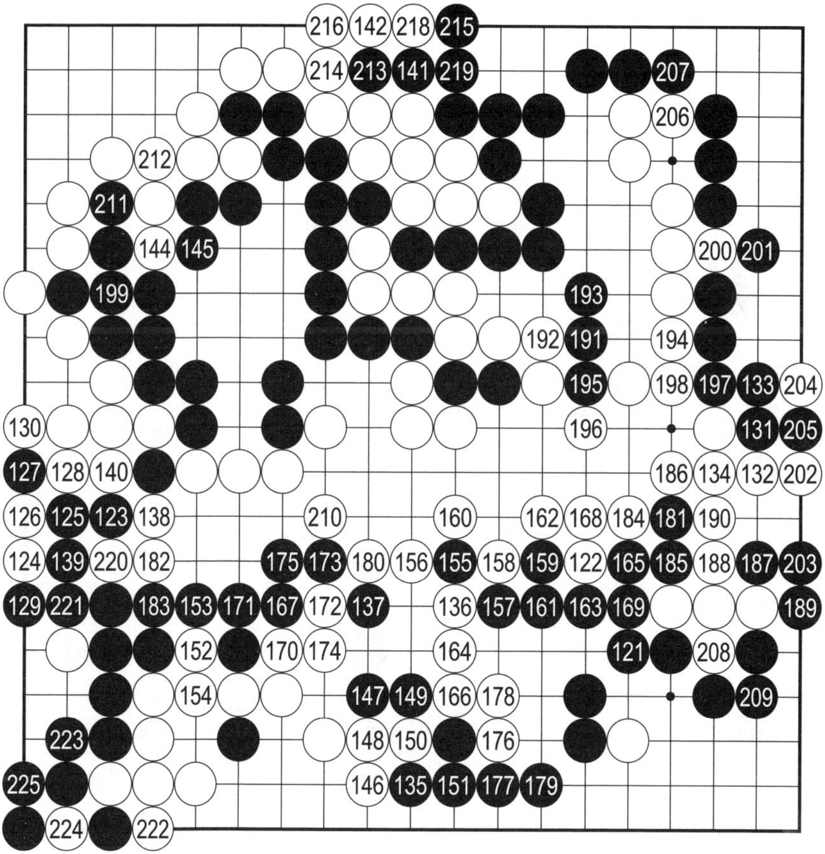

143=127　217=126

（121–225）

1959年2月25日

白方　刘棣怀

黑方　陈祖德（受先）

白12是木谷实老师首创的中庸下法。黑13于上一路小飞，白14，黑22，也很常见。如谱积极抢占大场。白22阻止黑方连片。黑23阻止白正面出头。白26可以直截了当于57跳下，吃住黑21，不仅获得目数和眼位，还使黑方整体不活。上一手黑25于39位刺，是防白方上述手段的好时机。黑27又是挑战。至白78时，黑方左上、中原、上边均未最终安顿，白方看似占据外围，棋形也没有完整。双方变数很大。谱的记录到此为止。（华以刚）

白贴6子　共78手　胜负不明

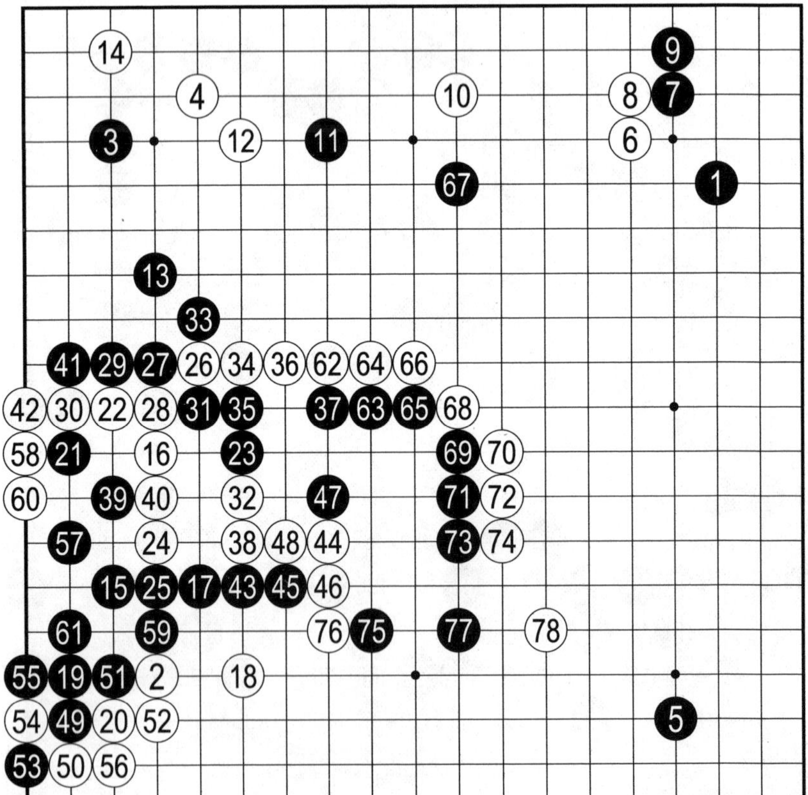

（1–78）

1959年2月27日–3月3日

黑方　朱金兆

白方　陈祖德

黑5占天元，7、9、11连占边星，创意满满。黑35是第一个接触战。白38、40，特别是白42的一路立，采取正面对抗。黑43如继续在一路边打吃，则白在37上一路打，黑43时，白再47上一路虚枷，也是一种有趣的变化。当初白36也可以轻飘飘地在43上一路飞，避敌锋芒，以下白36挡和47上一路挡必得其一。对于黑79的潜航作战，白80可谓边的定式。对方往任意一边长，就扳住另一边。（华以刚）

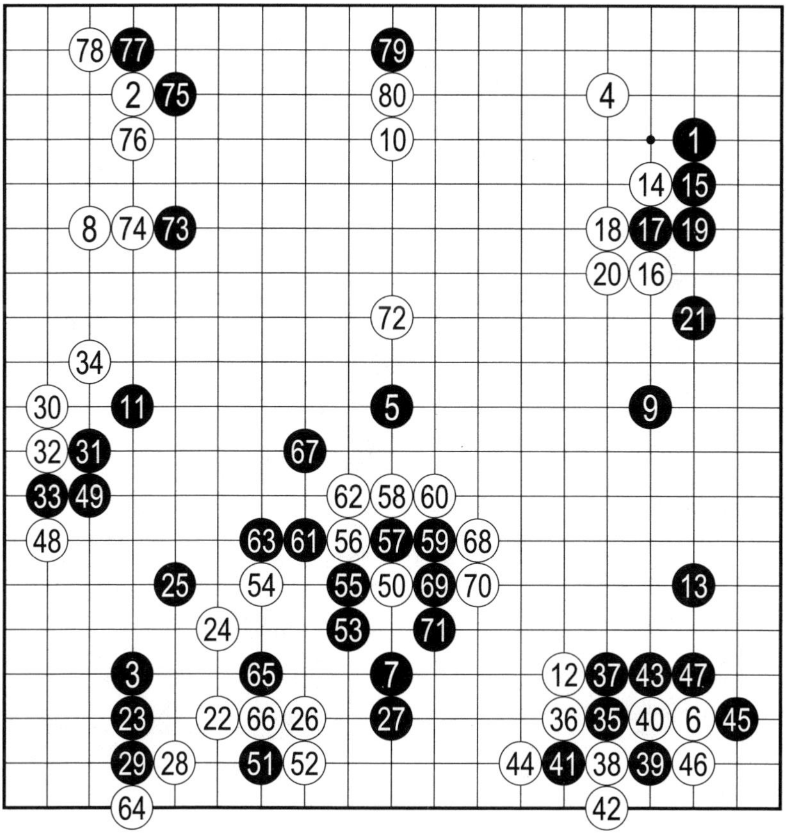

（1–80）

黑方 **朱金兆**

白方 **陈祖德**

白84是此际有效的定型法。黑85如84右一路扳，白134，黑135后，白85位将成为令人满意的先手挡。黑89应于94左一路接，极大。白92至98先手定型机敏。对于黑103以下的进攻，白方块块成活，而且活得都不小，显示出中盘战斗功力。至白168，黑方实地显然不够。（华以刚）

168手以下略　白胜$5\frac{1}{2}$子

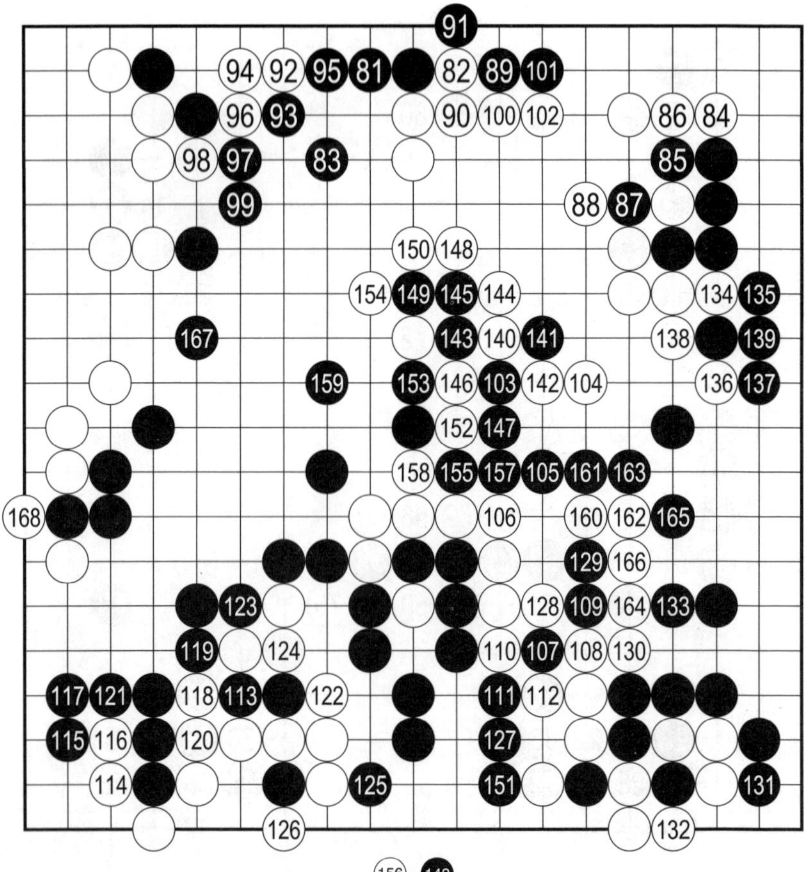

156=143

（81–168）

1959年3月2日

白方　刘棣怀

黑方　陈祖德（受先）

黑13退等于黑9关起后，白12小飞，黑在四路连压两手，于理不合。白16要先飞起，才逃白8，追求效率。白26守角好步调。黑37应干脆38位再补一手，反正白方也连不上。黑41、43的杀法很薄，导致黑45不能46位长，右边被破光。白62锐利。

黑99时棋谱终了。以下大致白99下一路接，黑95下一路双，白84左两路刺，黑65右一路接，白71下一路吃通。黑方大龙明显有缺陷，全局棋形薄，是白方有利局面。（华以刚）

白贴6子　99手以下略　胜负不明

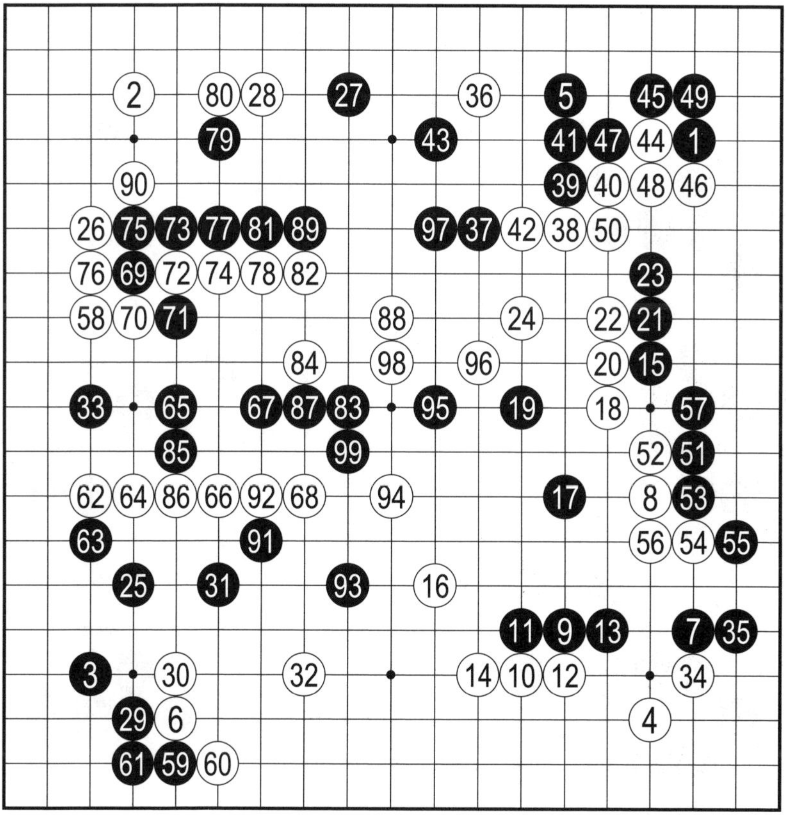

（1–99）

1959年3月4日

黑方 **赵之华**

白方 **陈祖德**

赵之华，上海人，与陈祖德同时代。

黑25为止进入黑方步调。此时白26无论如何要抢占左边大场，最积极的是31位夹，起码也要115位拆。白34自提，防黑96位冲断，效率低得惊人。白34在104位试黑应手正是时机，如黑106阻渡，则白34先手提。如黑让渡，白方就干脆渡过，毕竟渡过也有一手棋的价值。黑55华而不实，没有补牢。白60果断，白方先手活一大块，挽回甚多。黑93闭着眼睛也要在98位扳。双方先手半目就是全局最大，更何况此处是双先4目！（华以刚）

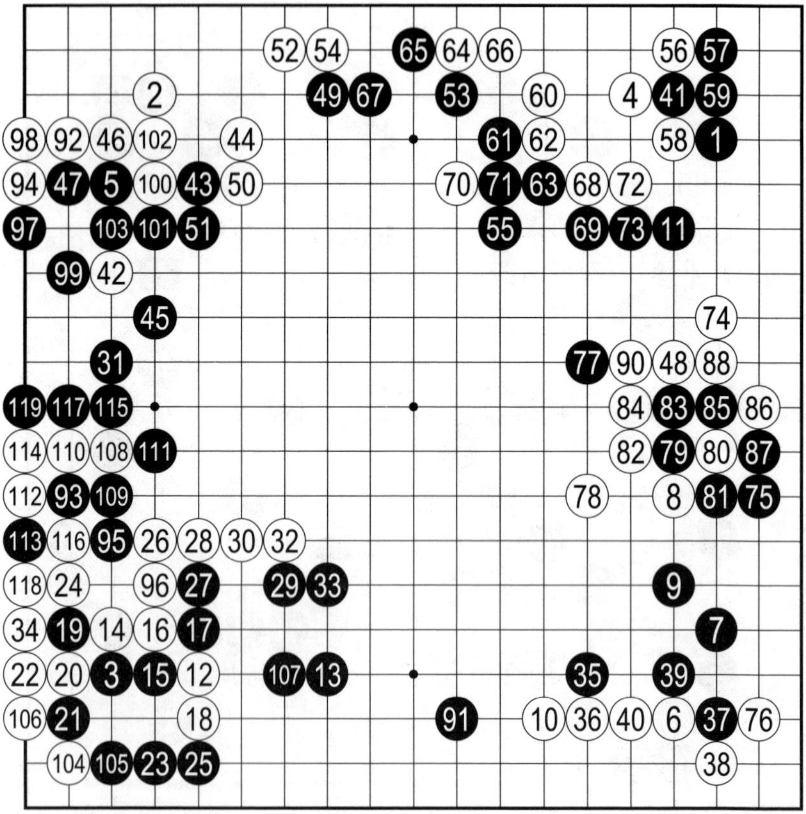

89=80　120=113

（1–120）

黑方 **赵之华**

白方 **陈祖德**

黑127时是黑优势。白142一面收官，一面做成了一个打劫眼位。

黑145在优势时还能逼白150让步，不容易输了。为破空，白方猛拼，总之很勉强。黑217是先手，否则黑方只要打赢左下角的劫，白即死。如果白方补活，黑方只要207左一路即可。（华以刚）

共219手　黑中盘胜

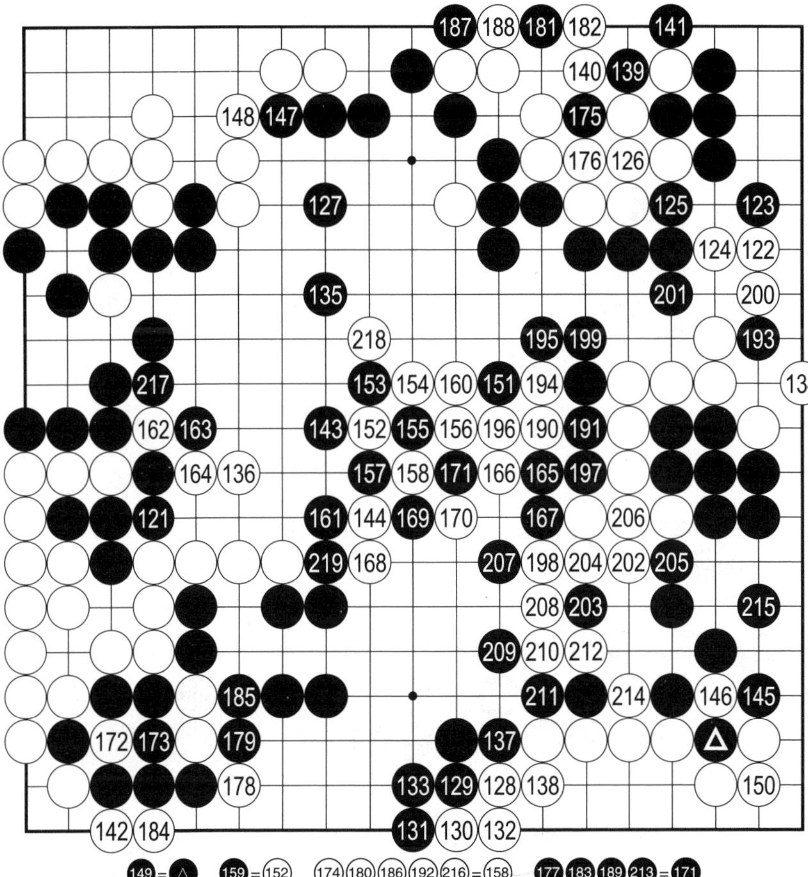

149=△　159=152　174 180 186 192 216=158　177 183 189 213=171

（121–219）

1959年3月6日

白方　王幼宸

黑方　陈祖德（受先）

白18以下，充分利用提子梅花的厚实，脱先他投深得要领。白44看轻白6一子，重点放在右下。黑51以下撞厚，凑白56出动。黑63灵活处理，再于66位接没有意义了。黑87大恶手，应于60右打，先手确保大龙活棋。黑89、91、93执迷不悟，根本不成立。白92还算姑息，正解是左一路退，角上情况完全一样，黑棋大龙已经必须求活了。（华以刚）

共102手　白中盘胜

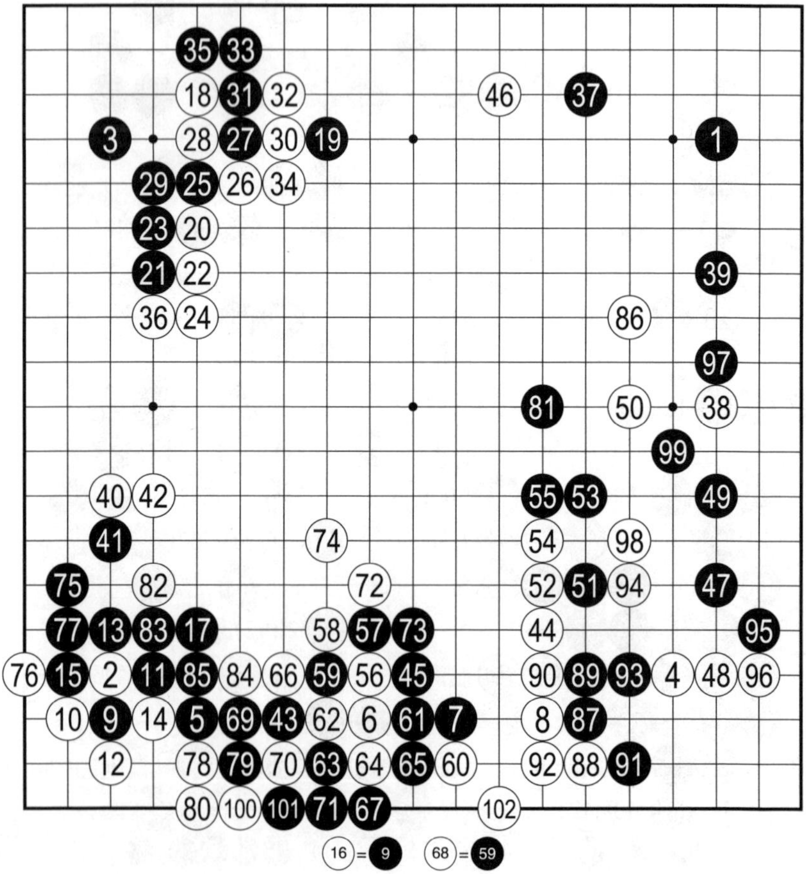

(1–102)

1959年3月7日

黑方　马洪九

白方　陈祖德

马洪九，上海人，业余棋手，对局时明显强于对手。

黑37应于116位靠，实战效率低。白38攸关双方根据地。白42棋形潇洒。黑45应于118位靠，此处仍是必争要点。黑51亦然。白52以下轻松活出，还没有伤及左右，反过来证明黑51步子偏大了，看来只能走95位。黑93于116位接，极大。白120接，早早实地占优。（华以刚）

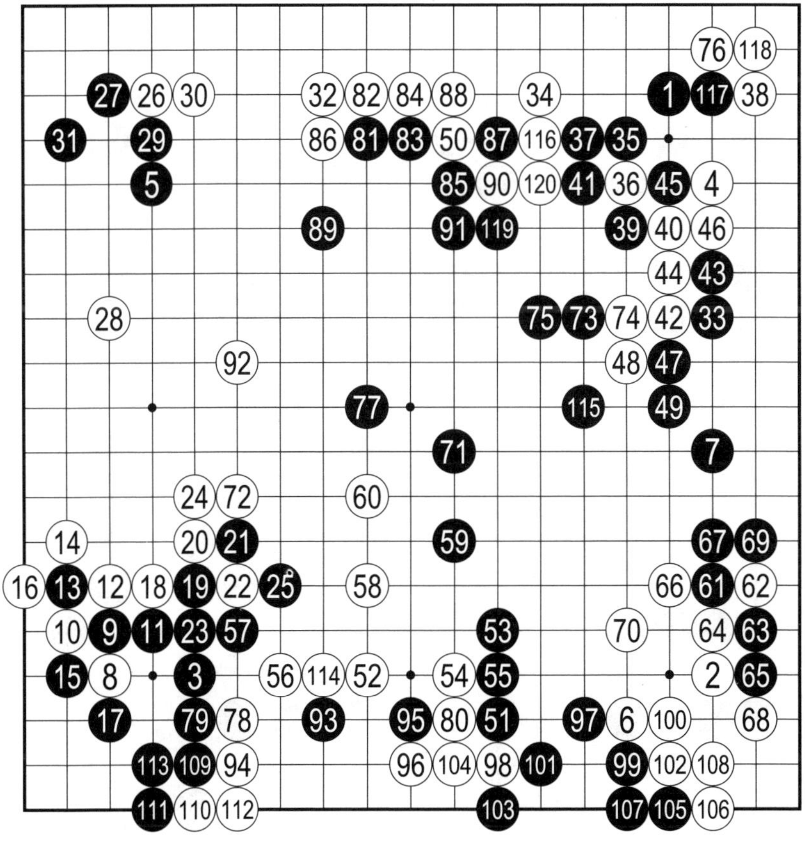

（1–120）

黑方 **马洪九**

白方 **陈祖德**

进入本谱，双方失误较多，择要简述。

白 126 于 127 立是正常分寸。黑 127 可能判断形势不利，所以求变。黑 135 感觉独特，在 136 位接普通。白 138 于右一路直接挤更加紧凑。实战给了黑 139 于右一路团眼的机会，但是黑方并未抓住。

黑 141、143 试图围中空，但是味道很坏，效率也低。白 146 软弱。应 138 右一路挤，黑接，白方即可 147 堂堂正正冲出。尽管如此，实战也是白方优势。至白 214 时，白方盘面胜 12 目左右。（华以刚）

共 214 手　白胜 6 子

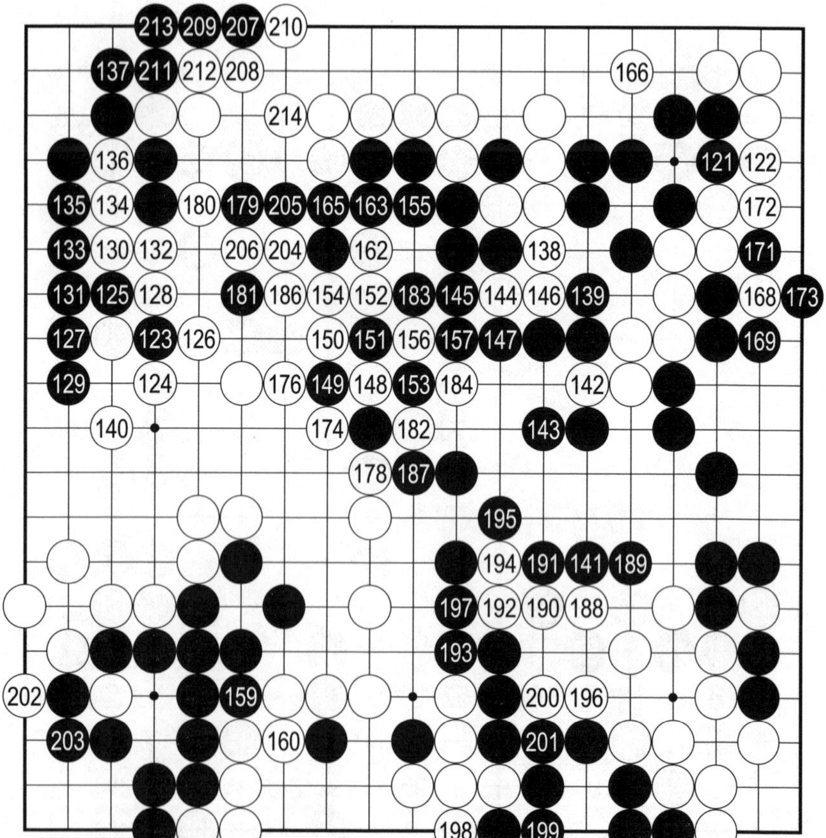

158 164 170 177 = 148　161 167 175 = 151　185 = 156

（121–214）

1959年3月10日

黑方　陈祖德
白方　朱金兆

右下黑13开始，大规模投资经营中原。理论上虽有风险，实战过程却充满自信，具有连贯性，最终大获全胜，值得赞赏。黑29为止，气势恢宏。白30应高一路拆。白52应于42右一路接，这样就给黑方出了难题：要不要阻渡，如果要，怎么个阻渡法。实战黑方应法痛快，毫无困惑。白56削势好点，如果黑方跟着围97，形势未必乐观。黑57、59好感觉。白60于69位只此一手。以下白方不谙中原战斗，以致全灭，连左下和下边都留着明显缺陷。（华以刚）

共131手　黑中盘胜

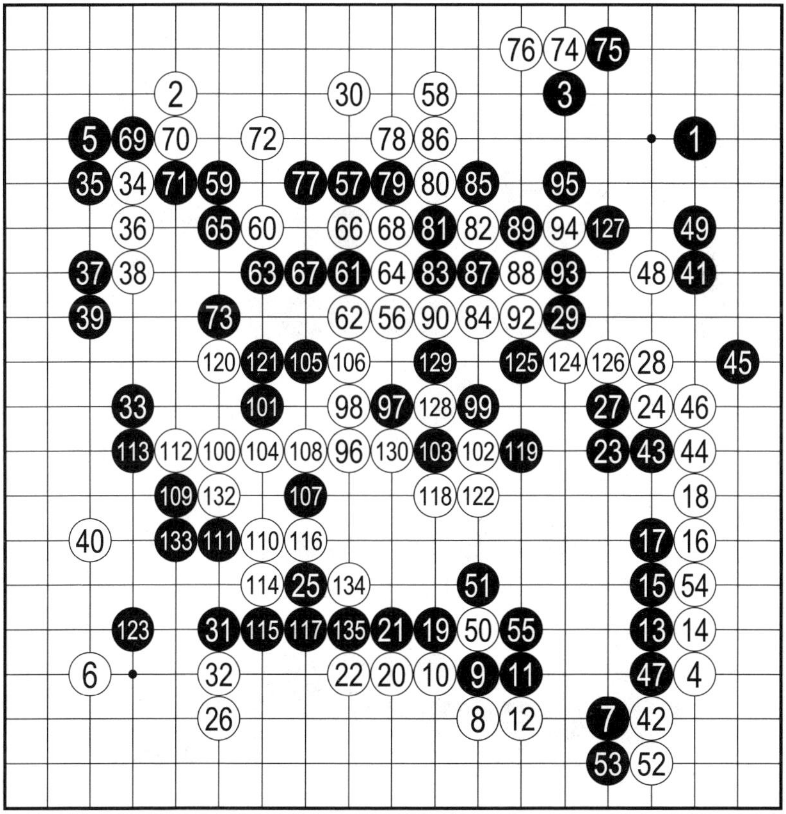

91=82　131=128

1959年3月11日

白方　刘棣怀

黑方　陈祖德（受先）

至白18为止，白布局厚实。白26飞压切合时宜，尤其黑13处于低位。白54为止步调好。黑55、57好手，黑59成眼。白60、62是实惠的进攻。白64又是要点。白86是过于乐观后的缓手，首先应89位先手刺掉；其次应于93位关，黑两块不安定，苦战。黑89、91趁白松懈之机获得眼位。白92接近于单官，仍应走93。白110正好凑黑113先手打，成为活棋。黑121时，白左上一队就此被吃。黑下边大龙暗藏着一个眼，即73下一路立，白61下一路扳，黑72右一路挤。（华以刚）

共137手　黑中盘胜

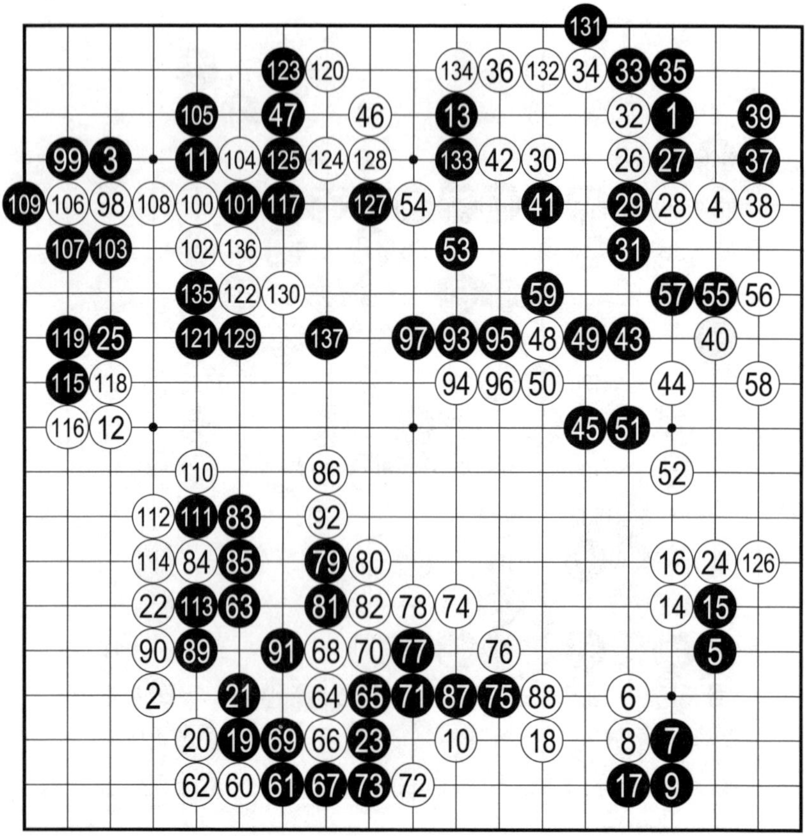

（1–137）

1959年3月12日下午

白方　王幼宸

黑方　陈祖德（受先）

白22看似稳健，一旦黑23不再补强，白24立即动如脱兔。黑25不愿被白31位托过，双方斗智斗勇。黑55先手沾光时，白56先破坏黑形，再补回68，一张一弛。黑69好时机，目数便宜。白74至80不急不躁，徐图侵入上方。白82试应手，如黑119，则白83，也有利用。白84是预定后续手段，如黑95则白85断，黑119，白96。黑91极大。白94堪称妙手。黑95如98，则白118，黑119，白116，黑83上一路，白120，黑97，白117左，将出现大问题。（华以刚）

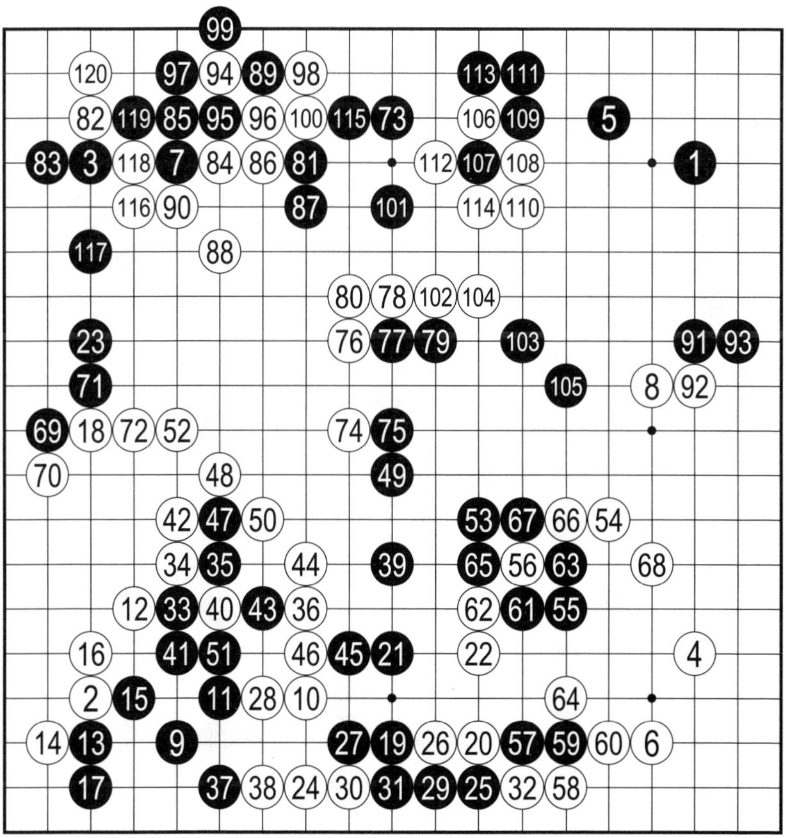

（1–120）

白方 王幼宸

黑方 陈祖德（受先）

白122是预定的搜刮手段。黑123必须补，否则白193位扳下，将打劫断黑。这是典型的“无忧劫”，打不得。白124扑，又是一个白轻黑重的劫，迫使黑133屈服。这里白先手获利约10目。白134以下，双方都是简明的收束。白148决胜点，盘面白胜6—7目。以下解说从略。（华以刚）

白贴4子　共242手　黑胜1子

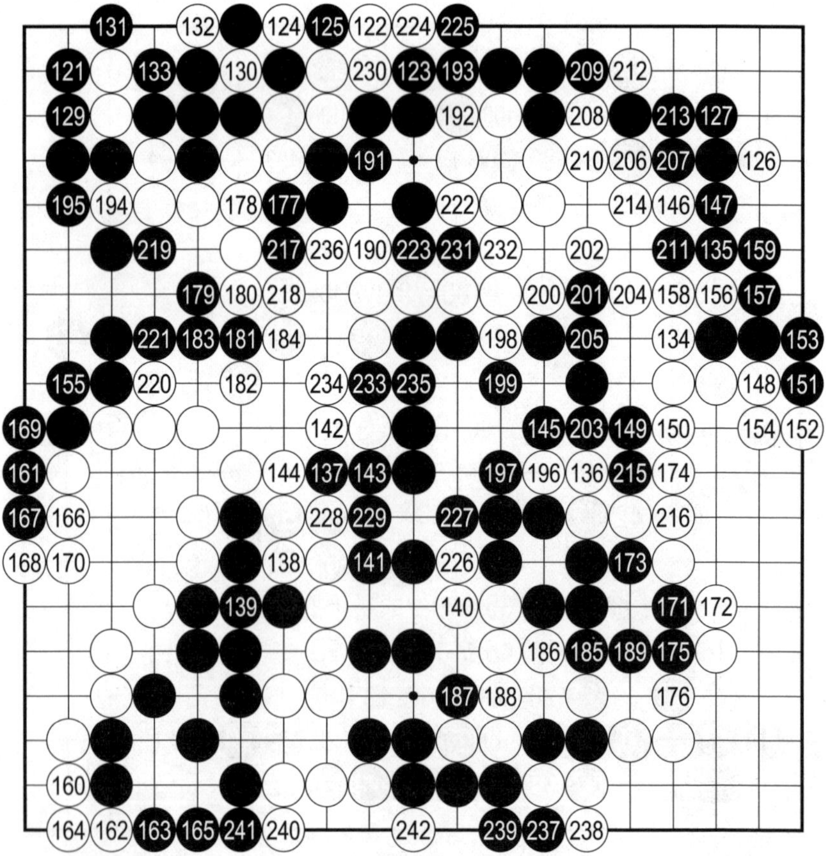

128＝124

1959 年 3 月 13 日

白方　刘棣怀

黑方　陈祖德（受先）

黑 21 好点，但对白 18 镇头正是好时机，强化一下右下角再攻白 6，情形就不一样。黑 27 一般在 28 位，如谱求变。白 36 压，下边的配置还不错。白 38 于左一路尖住即可，黑 41 爬，白方可以 41 左一路扳住。白 64 至 68 是定式。黑 77 凑白步调，这不是发力之处，应于 79 位吃。白 82、84 先手提花，意外之财。白 86、88 坚决不让连片。黑 95 属于进攻手段，但目前理应以防守为重点，所以 96 位托比较好。至白 100，黑明显苦战。（华以刚）

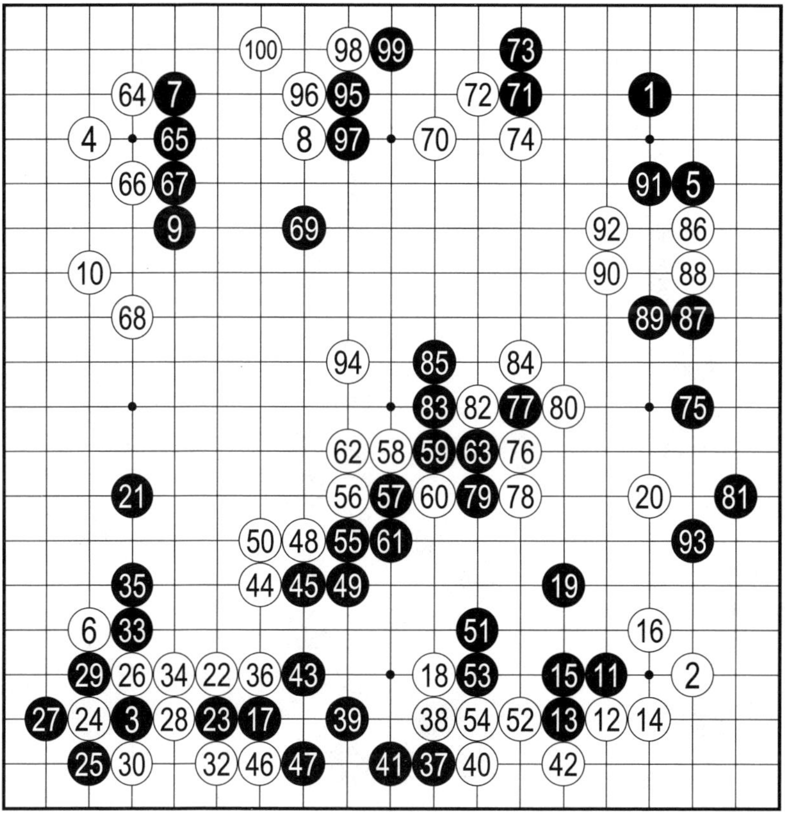

31 = 24

（1–100）

白方 **刘棣怀**

黑方 **陈祖德**（受先）

白104断，黑眼位和目数俱失。前谱黑95之过一目了然。白112、114很大。黑125至129企图迫使白方打劫让步，多少占些便宜，无奈劫材还不够，遭到白158提通，至此全局形势更为明朗。白200扳，其中包含着官子基本功。

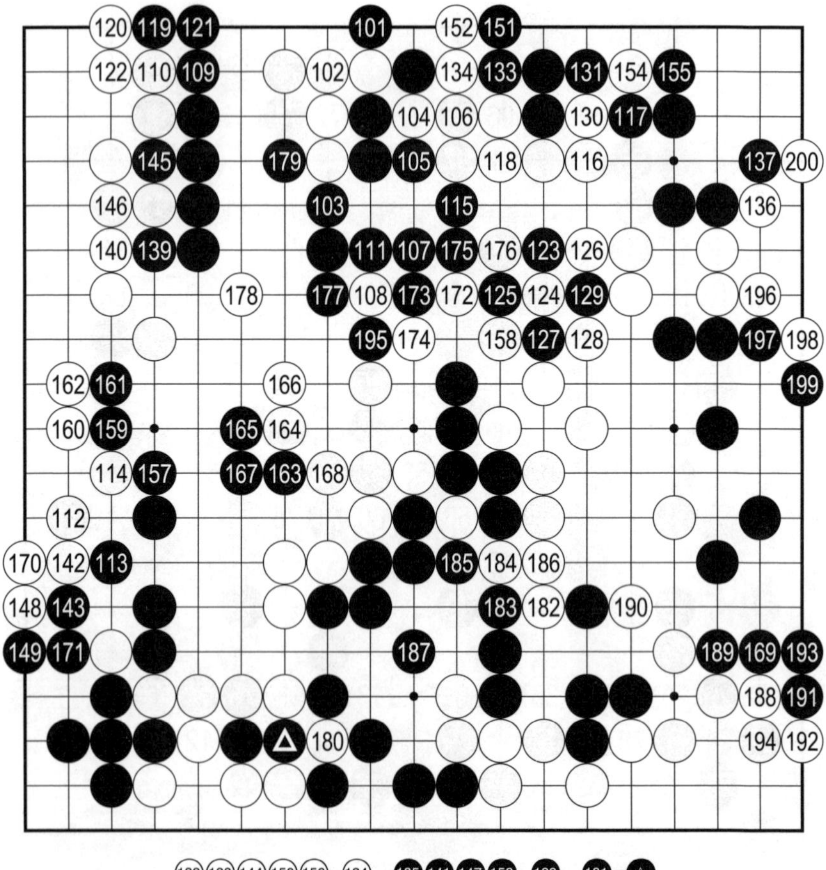

白方　**刘棣怀**

黑方　**陈祖德**（受先）

黑 201 很想在 204 位直接打，但此时白 292 自缩一路，两面同时造劫是妙手。劫材有利时，这将成为致命的一击！黑 201 算清这一切，冷静让步。而白方则由此实实在在白赚 2 目。知识就是目数！以下手数很长，没有看点了。（华以刚）

白贴 4 子　共 308 手　和棋

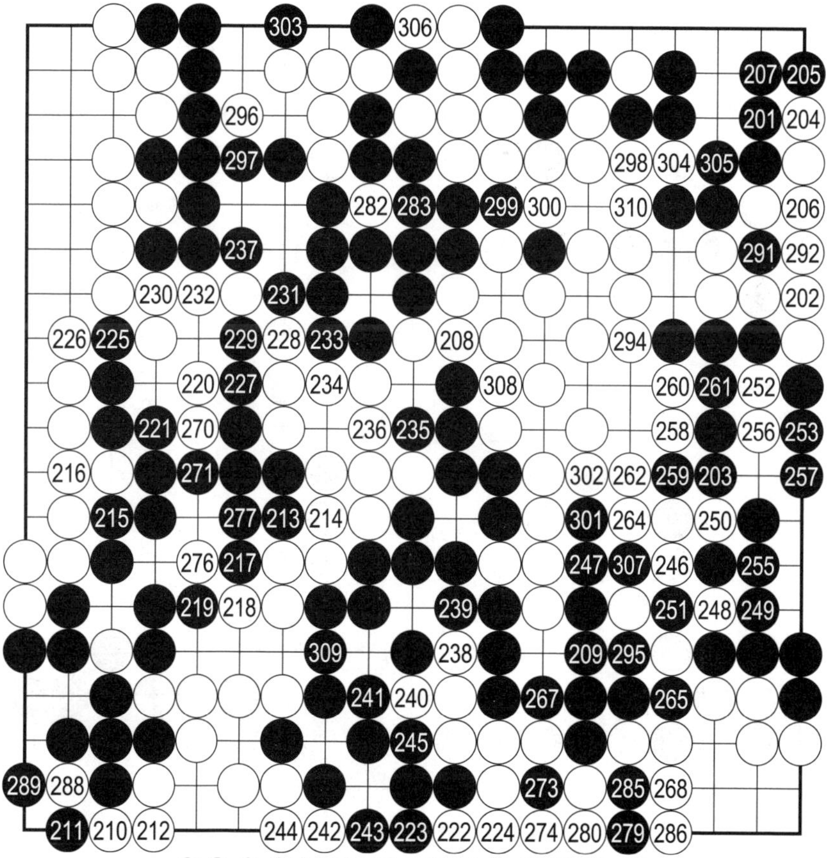

（201–308）

1959 年 3 月 16 日
比赛棋第二局

白方　王幼宸
黑方　陈祖德（受先）

白 10 在当时是较新定式。白 24、26 想两面得手。黑 27 可临机 29 尖，白 30 则黑 25 上一路长，白 6 下一路则黑 27 靠。黑 29 大恶手，打吃后脱先，闻所未闻，应于 31 位接。实战被提一子大损。黑 35 应 116 扳住，站稳脚跟，本身价值也大。白 36 当然出动，又获黑 37 帮忙成空，白方早早大占优势。白 48 跨是棋形要诀。至白 52，黑方成为裂形。白 78 当时便开始流行起来，是试黑应手的有效手段。黑 97 因急躁又损。白 104 固守，优势不可动摇。（华以刚）

白贴$2\frac{1}{2}$子　153 手以下略　白胜 6 子

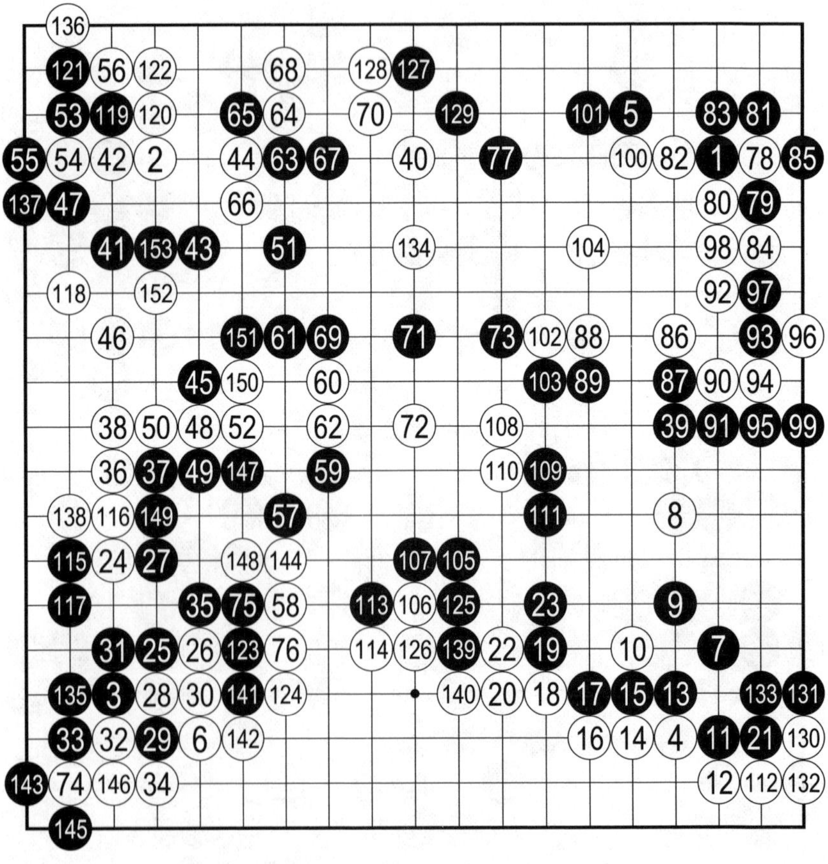

（1–153）

1959年3月19日

白方　陈祖德

黑方　吴淞笙（受先）

黑11、13、15少见。黑21在22位挡，角上三三明显有棋。白22爬到，可以满意。白24可以考虑25位夹。白34直接在37上一路侵角比较实惠。黑35与白36交换到，黑明显得利。黑37应当64位围。实战挡角有点费解：白34时并不担心白棋进角，被黑35便宜到一手，反倒担心起来了吗？黑45于73位飞更为常见，但也很有思想性——白50如于51，则黑准备了60位跨的封锁好手。黑65构思独特：先迈超大步，被白追究时，依然不屈不挠。（华以刚）

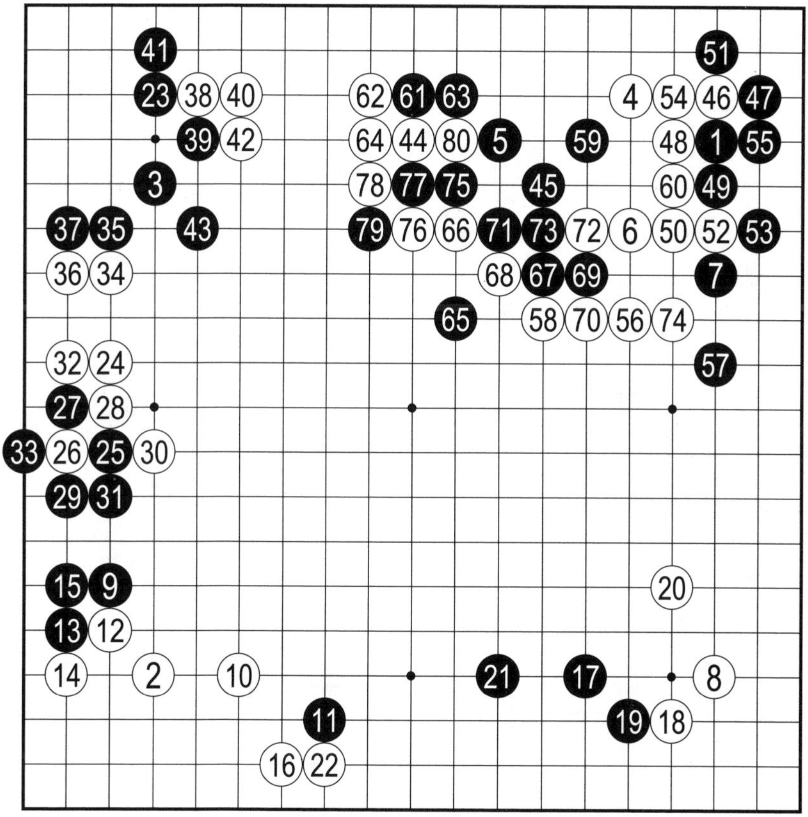

（1–80）

白方　陈祖德

黑方　吴淞笙（受先）

黑 93 不在 109 挡，意在追求效率。

黑 95 点时，白 96 在 99 位挡是简单明了的活棋。黑棋的好处是 102 的扳成为眼见的先手。

白 106 非要活得大一点，就诱发了复杂的战斗。白方局部是“梅花六”死棋，但是气特别长。

简述精彩战斗结果：通过劫争，白方得大角而活，黑方则吞食左边。由于白方得到目数较多，白方总体还是便宜了。

黑 147、149 强硬掏角，白 152、154 硬杀，此处战斗白又得手，全局胜定。（华以刚）

白贴 4 子　173 手以下略　白胜$3\frac{1}{2}$子

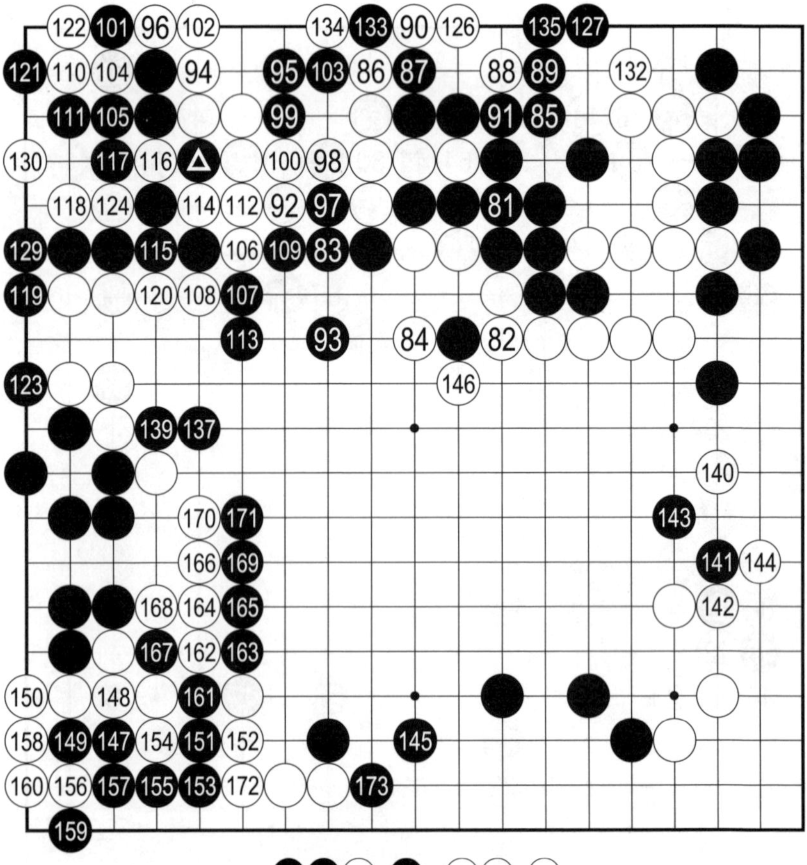

125 131 138 = △　128 136 = 116

（81–173）

1959年，具体日期不可识

白方　刘棣怀

黑方　陈祖德（受先）

黑25大关求变，不见得好，所以鲜见模仿者。白56、58彻底重视实地，不拘常形。白68试探应手。黑如70位接，白方可能69下一路打入。白74立，目数获利可观。白76好点。黑77的定型法，既落后手，目数也不大。白94好点，瞄准下一手于57上一路靠下。如果黑于57左上位尖刺，虽可先手防靠，白方也就变厚了。所谓各得其所。此时局面尚早，不宜轻断。（华以刚）

白贴2½子　94手以下略　白中盘胜

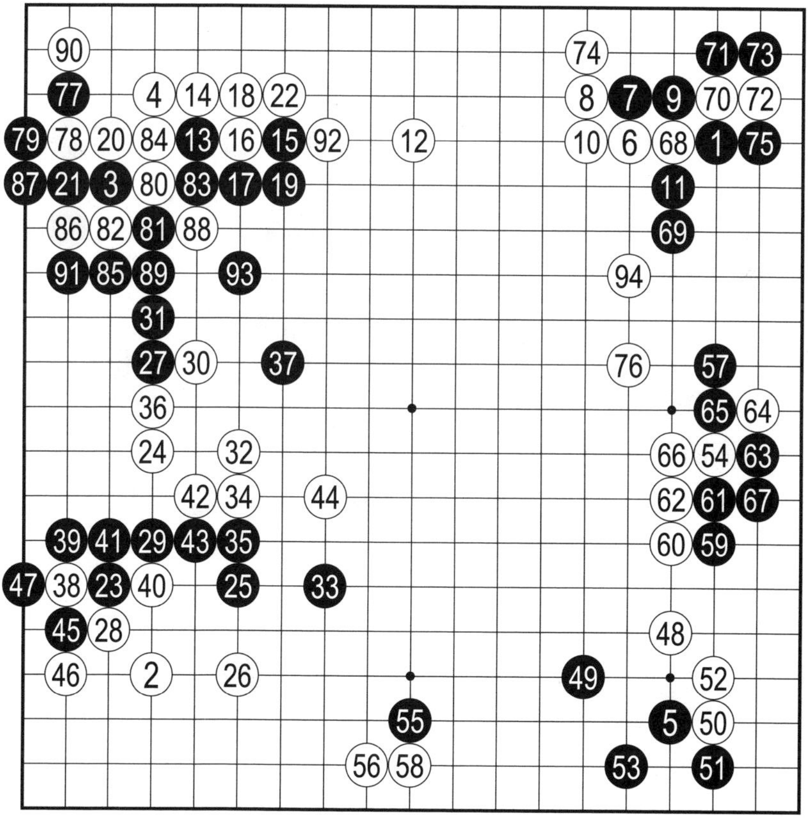

（1–94）

1959年3月24日

黑方　陈祖德

白方　吴淞笙

白10很像人工智能下的棋，有趣。黑29直接出动，至黑45活出，目的达到，但是善恶不明。白方先手下厚也有所得。黑51有职业棋手俗称的“薄吃厚”的嫌疑，明确不赞成，于54位关是正常分寸。白62于63位跳，才是“入腹争正面”，将是非常简明的局面。争得先手后，在右下角占个小目空角即可。黑方的效率一点都不高。（华以刚）

66手以下略　白中盘胜

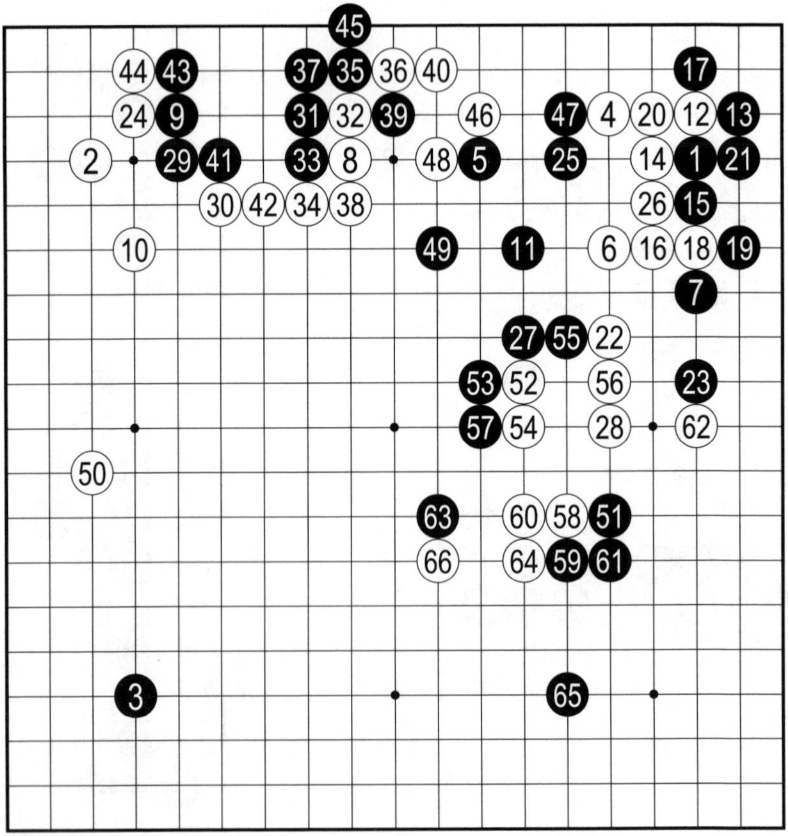

（1–66）

1959年3月30日

黑方　陈祖德、吴淞笙

白方　刘棣怀、王幼宸

本局是联棋，由二老对二小，显然是训练棋。

黑13很想在73位镇头。白20有点进攻性，因下边自身势力较强。黑31阻止连络，白32亦咬紧攻击。白36防黑特别厚时走40位挖断。白48反攻。黑49此时不宜。只能51尖顶，白49，黑53，白56，黑70左一路，借攻白折一大步退却。白60意外的强手，竟直取命门。一局就此告终。（华以刚）

共74手　白中盘胜

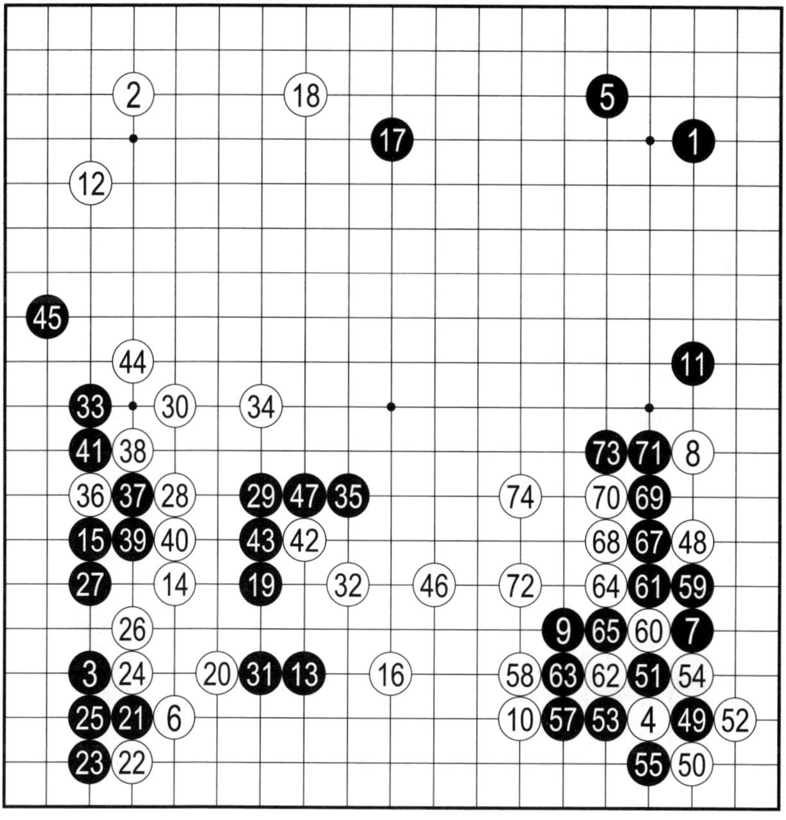

56=49　66=51

（1–74）

1959年4月2日

白方　王幼宸

黑方　陈祖德（受先）

至黑47为止，双方的序盘作战均为典范。白50连回的方向值得推敲一番。黑55挡下，白56就成为眼位的急所。黑顺势获得59拆二，渴望久矣！白56和黑59的交换，目数大小一目了然，黑赚大发了！竟然还是白方主动请求！那么问题出在哪里呢？

当初白50应当从55位方向连回。黑方当然接上。白方二路飞，这样右上角就彻底活透了。接着无论黑方怎样补白51位的扳出，白方都在59上一路拆。这手棋实在太大，右下角的势力一举扩大，变得有效。（华以刚）

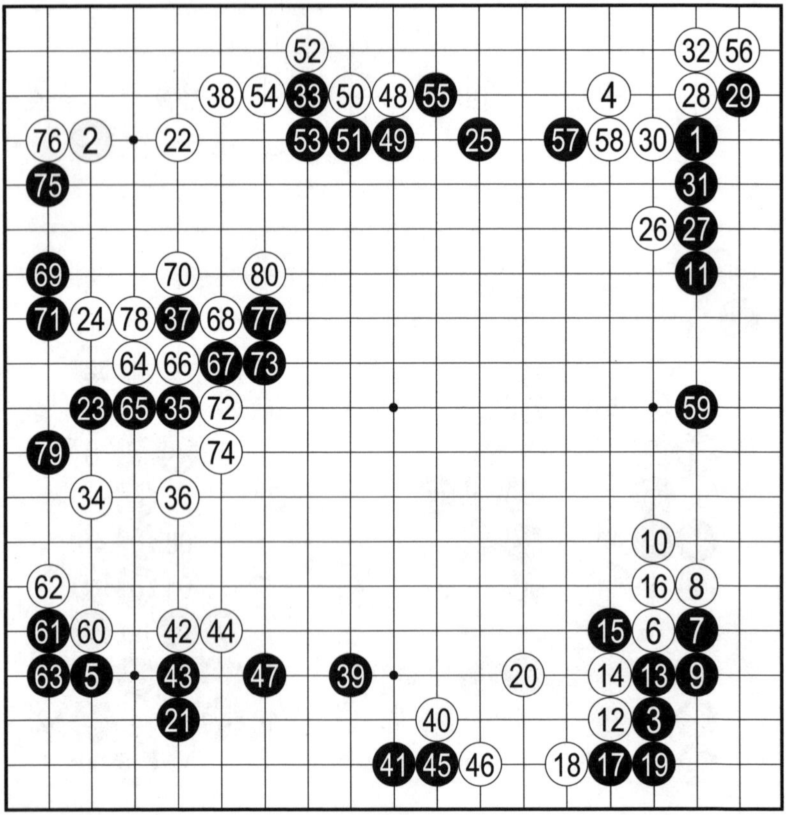

（1–80）

白方　王幼宸

黑方　陈祖德（受先）

白 82 之后，形成类似于征子的紧凑棋形。白 102 算路精准，至黑 115，白方先手活出，局部而言可谓最善。黑 117 以为总是先手便宜，其实不然。需要做活时，这一类变化保留为好。以实战为例，白 124 时，如果事先没有 117 与 118 的交换，则通过黑 118 以下先手立到一路，就产生了 120 右的扳，可以吃掉黑两子。白 142 不大，应于 136 左一路贴，黑长，白 163 扩张。白 152 应于上一路曲，迫使黑 153 接才是正形。白 160 小，应于 163 位。几个不起眼的失误，拉大了差距。（华以刚）

白贴$2\frac{1}{2}$子　167 手以下略　黑中盘胜

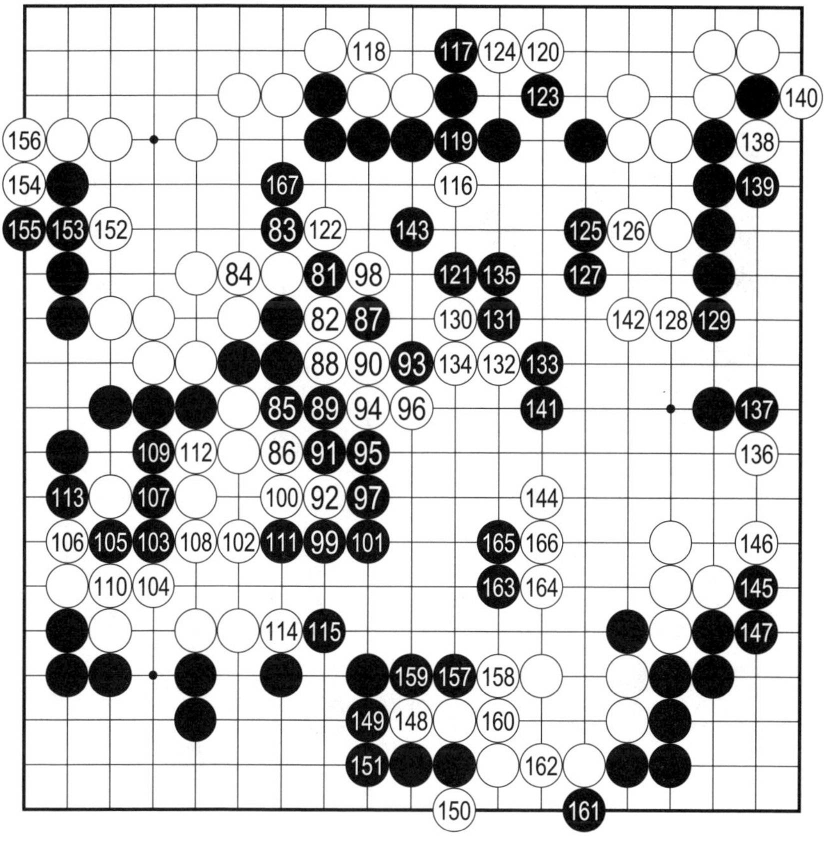

（81–167）

1959年4月11日

白方　王幼宸

黑方　陈祖德（受先）

黑39弱，应当在140右一路尖。白42于44位小飞更为常见。实战既想染指上边，又防黑40下一路封头。黑73自紧一气，超大恶手，被其所累，以下实战吃尽苦头。黑73应当在36左一路先手扳而定型。白78断，恶果初现。白82成为先手，后续是30下一路直接贴死。连白86都成为先手，否则白85左一路挖，黑无应手。黑91既顶，93必须94右一路扳角。白140时黑如果硬撑，左上角将成为白方的“独角戏”，限于篇幅从略。（华以刚）

白贴$2\frac{1}{2}$子　共140手　白中盘胜

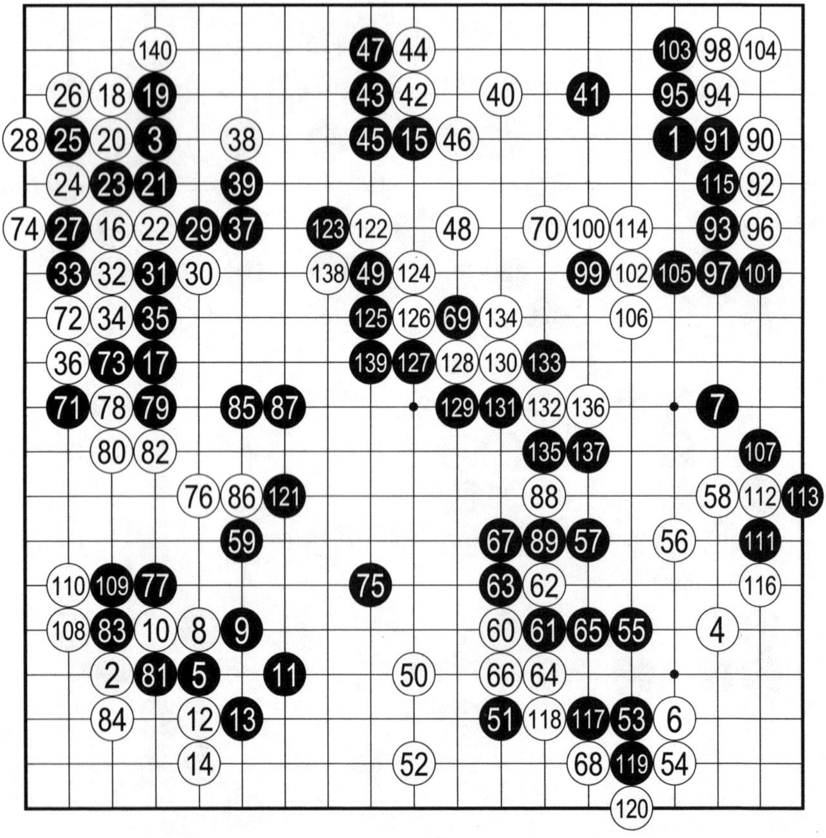

（1–140）

1959年4月12日

白方　刘棣怀

黑方　陈祖德（受先）

黑19先于23位尖顶，白25，再19夹比较常见。白30如脱先，则黑34右一路先手跳。白32于51下一路则平稳。实战属于棋风，不可论优劣。

黑33当今流行34弃子整形，白34下一路，黑33，白打吃，黑48。白36，自我感觉显然已经属于忍让，黑37竟然还不肯44位应，那白40只有连根打入了。这就是棋风，也属于实战心理。黑37、39之后白方如脱先，则黑6上一路虎，迫使白在6左一路立，黑就此已经得利。现在的常识，可能当时尚未普及。（华以刚）

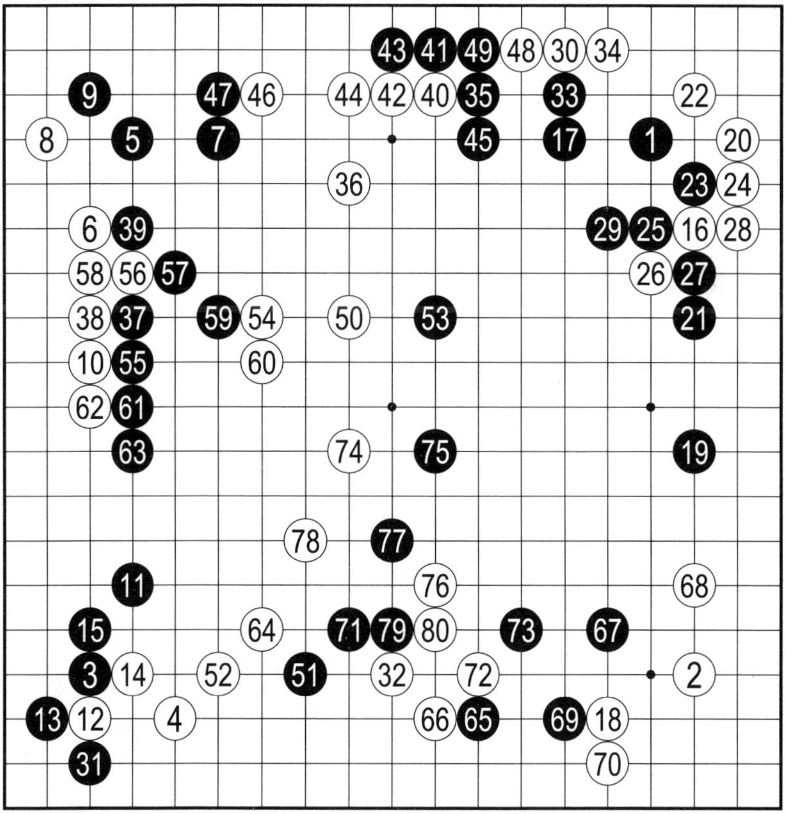

（1–80）

白方　刘棣怀

黑方　陈祖德（受先）

白82强手，逼迫黑87下出愚形。白92让自身完全安定。白102，特别是下一手白104，明明白白就是不让封口。白108有点大意，如在109位并就天下太平了。黑109、115超级顽强，活生生搞出一个劫。至黑137，黑劫已经轻多了。白142连这样的劫材都要应，恰恰说明苦战的程度。白150明智。白154自豪。黑155如158，则白157。白160收兵，棋局告终。

白方中盘战斗碾压对手。（华以刚）

白贴$2\frac{1}{2}$子　共162手　白中盘胜

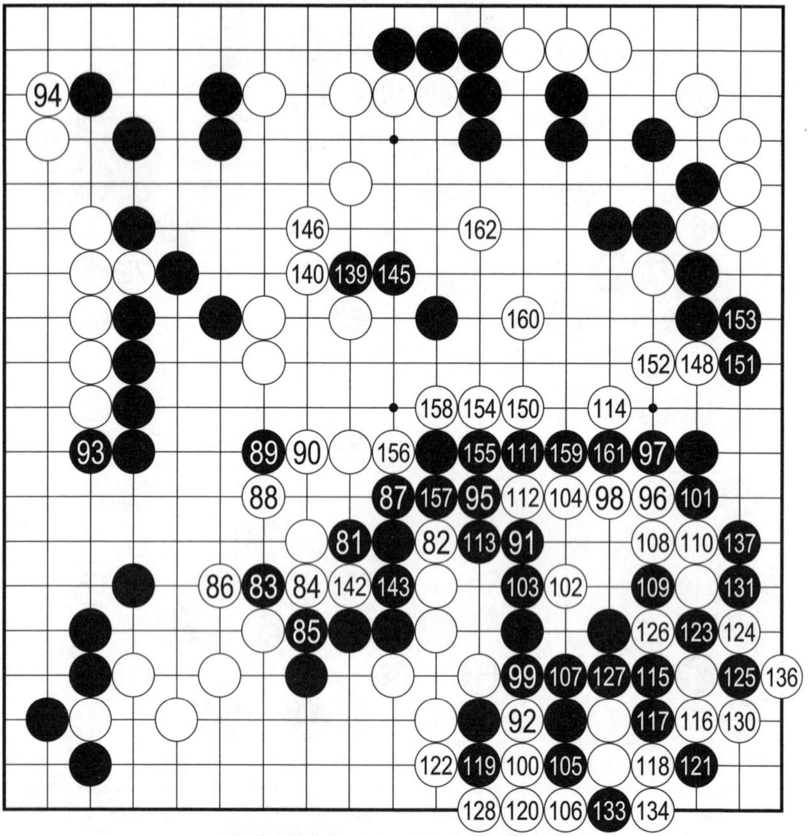

129 135 141 147 = 123　132 138 144 149 = 126

1959年4月14日

黑方　陈祖德

白方　林勉

林勉，上海《围棋》月刊资深编辑，上海围棋队众多队员的启蒙老师。

白22的常规下法是23长，实战尽显霸气。白28，简而言之——不成立。白34只有扩大战线。黑37、39已经吃住上边，黑41、43小心翼翼处理这一块。对于白54，黑55、57毫不手软，白方苦战历然。黑69至75明确眼位。黑79于119补更加扎实。黑89自我哆嗦。实在看不清89位挖的余味，91就行。被白90先手掏角，黑大损。由于序盘便宜过大，黑147时依然黑方优势。（华以刚）

147手以下略　白胜6子

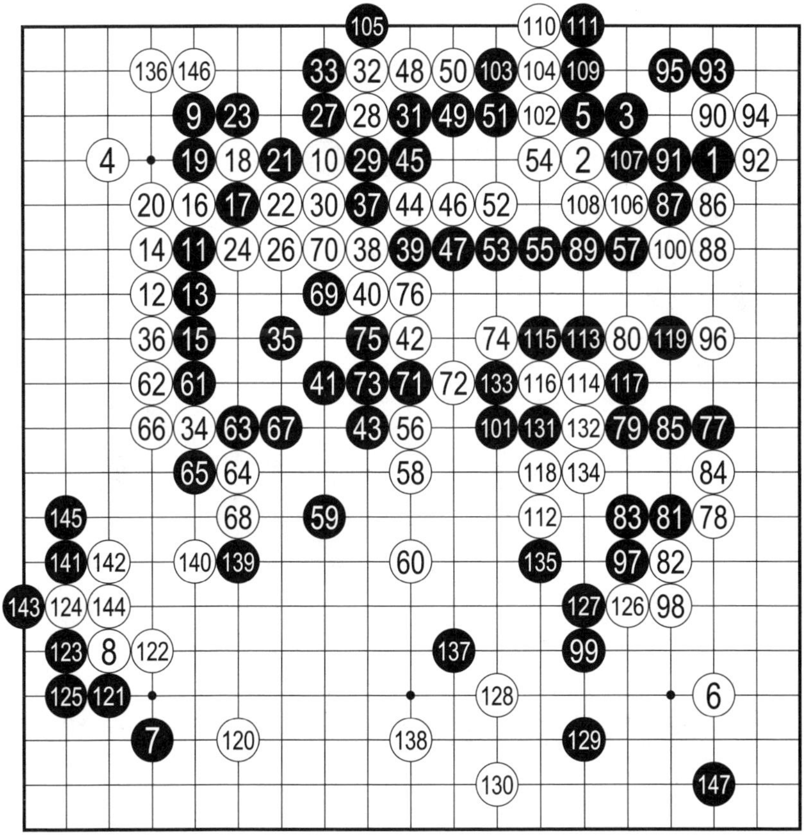

25=18

(1–147)

1959年4月16日弈于上海

白方　王幼宸

黑方　陈祖德（受先）

白12至30，对黑白双方所有的构思、选点均难以认同。理由如下。黑11之后，如果再有机会占得60位，黑方在左边将形成牢固的阵势，确定地也很可观，白6、8就相对变弱，白方将一下子陷于难局。白12必须立刻于32位打入，一般进行为黑32右一路靠，白32下一路长，黑7上一路接，白62下一路飞。黑方还需要再补一手，这样白方就先手获得眼位和实利并阻止黑方自然成空。白32、34一举夺回主动权。黑71于73可能好一些。实战是最坏的结果。（华以刚）

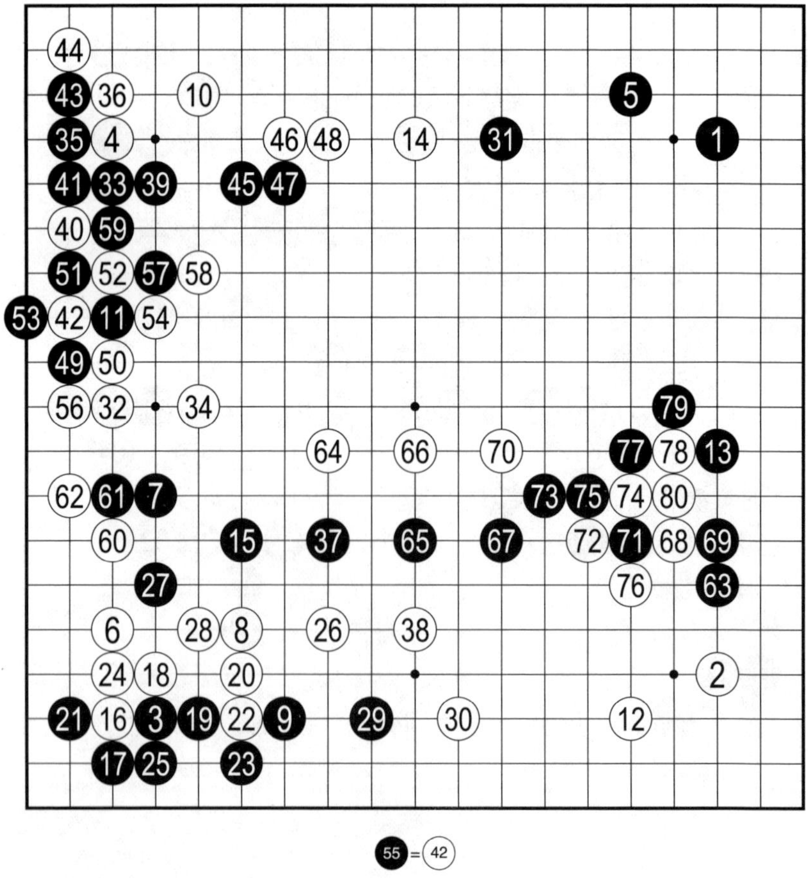

55=42

（1–80）

白方　王幼宸

黑方　陈祖德（受先）

白 82、84 冲破黑阵，获利巨大。黑 85 只有守住基本空。白 90 至 96 先手便宜，白方权利。白 98 出乎意料，或有敦促认输之意。的确，白方周围太厚，要犯错误都不容易。最终黑方 153 吃通，挽回一点面子。白 156 应当走 154 右一路，黑走 154 左一路，白走 84 上一路打掉并扳接掉（逆收 7 目），再 156，黑 157，白 157 上一路断。但早与胜负无关。（华以刚）

白贴$2\frac{1}{2}$子　177 手以下略　和棋

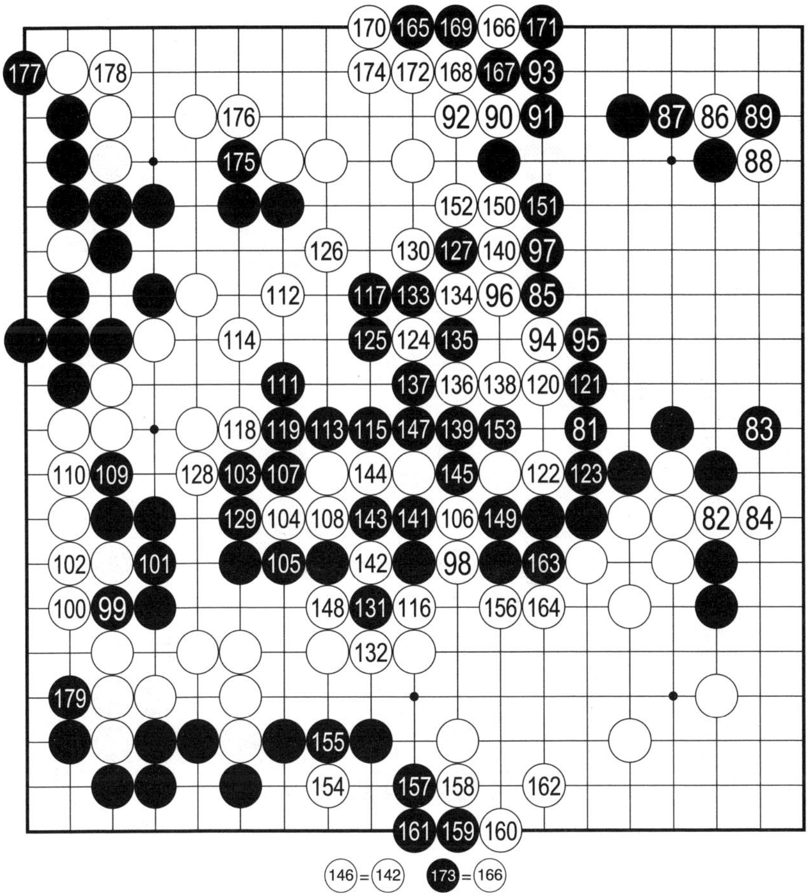

（81–177）

1959 年 4 月 20 日

黑方　吴淞笙、刘棣怀

白方　陈祖德、王幼宸

这也是一局训练联棋。

黑 15、19 都是大飞，鲜明的时代烙印。当时流行星大飞和星单关，星小飞利于守角的长处没有被发现。黑 33 是定式。即使征子有利也不宜脱先，否则被白于 33 上一路尖刺，黑形凝结。黑 37 有被穿象眼的风险，本身也未必便宜，所以当前不流行。黑 43 托角时，白如 71 冲，黑 71 上一路挡，白 5 下一路冲，黑二路挡住，将形成复杂战斗。如果想避战，可选 63 扳。总之不宜脱先，因为后来的黑 63 太大。白 92 只能 93 挡。实战有点自暴自弃。（华以刚）

黑贴$2\frac{1}{2}$子　共 97 手　黑中盘胜

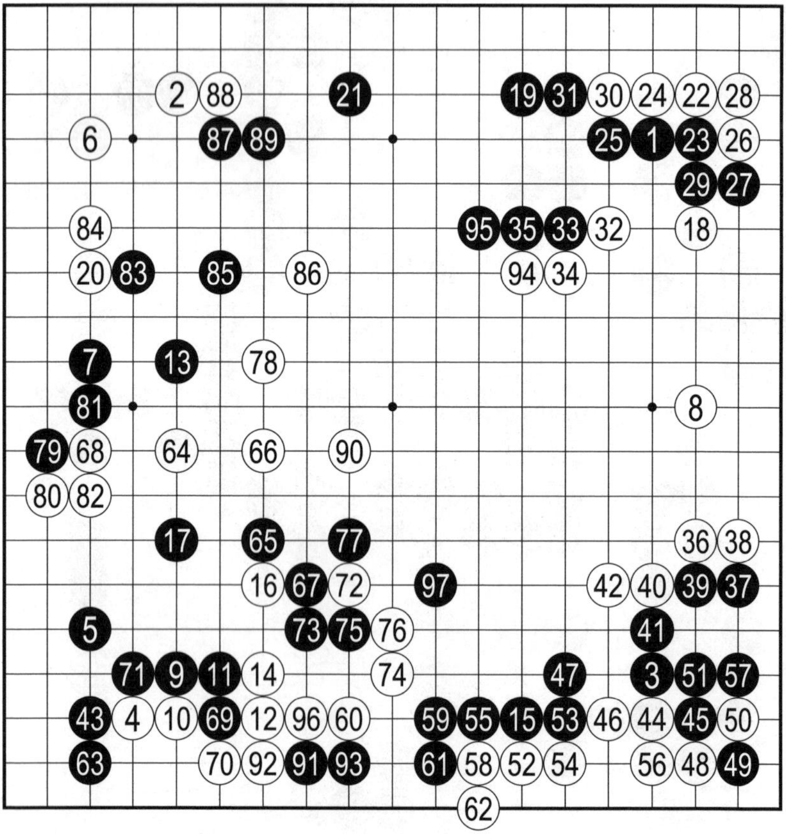

（1–97）

1959年5月27日

白方　王幼宸

黑方　陈祖德（受先）

黑29至37战果颇丰，特别关键的是黑37打掉了一子，白必须反思。起码白28应直接30长，黑31，优于实战。白30于35，黑34，白31再打并冲出，也符合棋理，郑重推荐。黑39企图大吃，气势可嘉，同时，战斗必至。下边混战中，白108不起眼，却是大妙手。如随手110挡，被黑108，白死。实战黑109如110杀白，白70下一路立，死的是黑方！白120一石三鸟。进攻黑左上；声援己方大龙；瞄准90上一路的冲断。要赢白方一局真不容易。（华以刚）

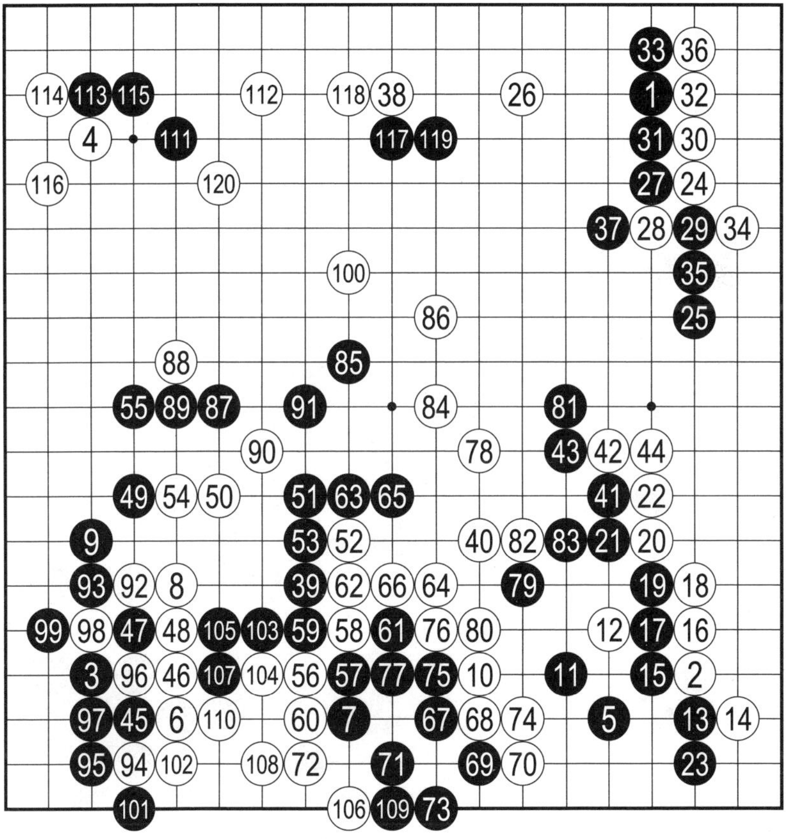

（1–120）

白方　王幼宸

黑方　陈祖德（受先）

黑121反攻迫不得已，守也很难。白152做活不忘抢空。黑155是破眼好手，如黑157，白161先手，可简单活棋。白160反过来劫杀。黑165以下四个劫材，一个赛一个损。相反白174顺手牵羊。白190劫胜，优势。白202，最干净的是走204，消除黑方一切狙击手段。黑203时，白204必应，否则黑走204一扳，白没有退路，一举成劫杀。白206是可惜的败着，必须走219，白方胜势。黑219后白方顿死。（华以刚）

白贴$2\frac{1}{2}$子　共219手　黑中盘胜

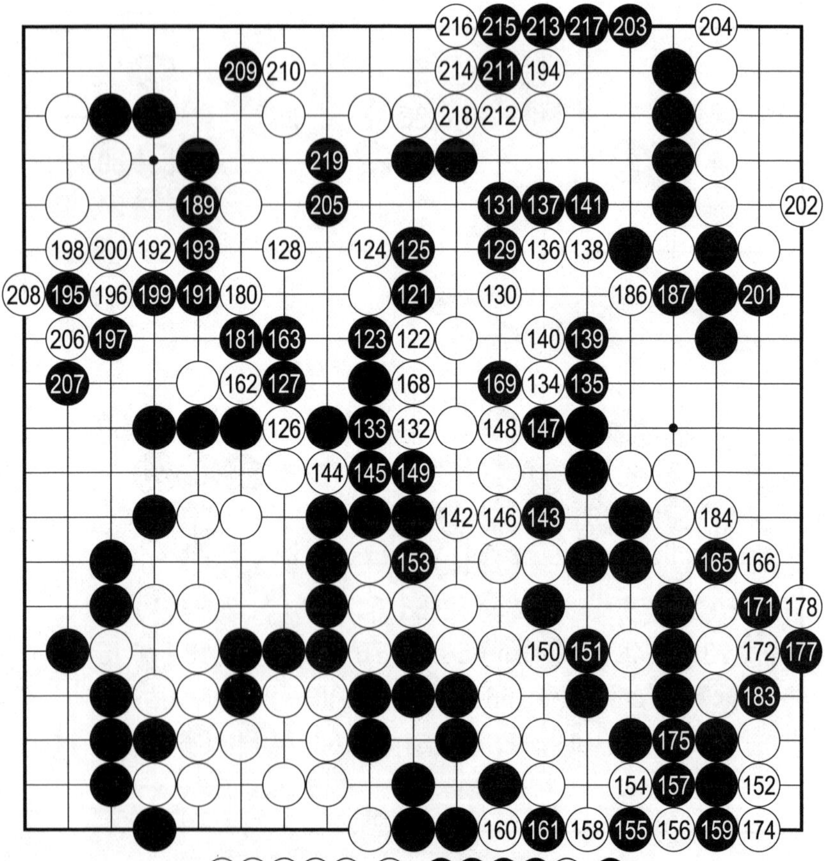

164 170 176 182 188 = 160　167 173 179 185 190 = 161

1959年5月29日

黑方　黄乘忱

白方　陈祖德

黄乘忱，四川人。

白10，古今中外闻所未闻，速度很慢，未见特别的好处。黑25抢占大场。白28以下，加厚自身棋形，获得34、36两个刺，小有收获。白40薄形。黑41之后，可以早早在17下一路冲，白只能4右一路挡，则黑于20上一路挡极大。白走20下一路退不能成立，因黑有40下一路挤。黑47至55理论上棋形偏重，但是黑方似乎不在乎。黑69抽空又抢大场。白70以下竭力拼搏，却未见便宜。黑99接根本没有必要，在42左一路扳过，简明有利。（华以刚）

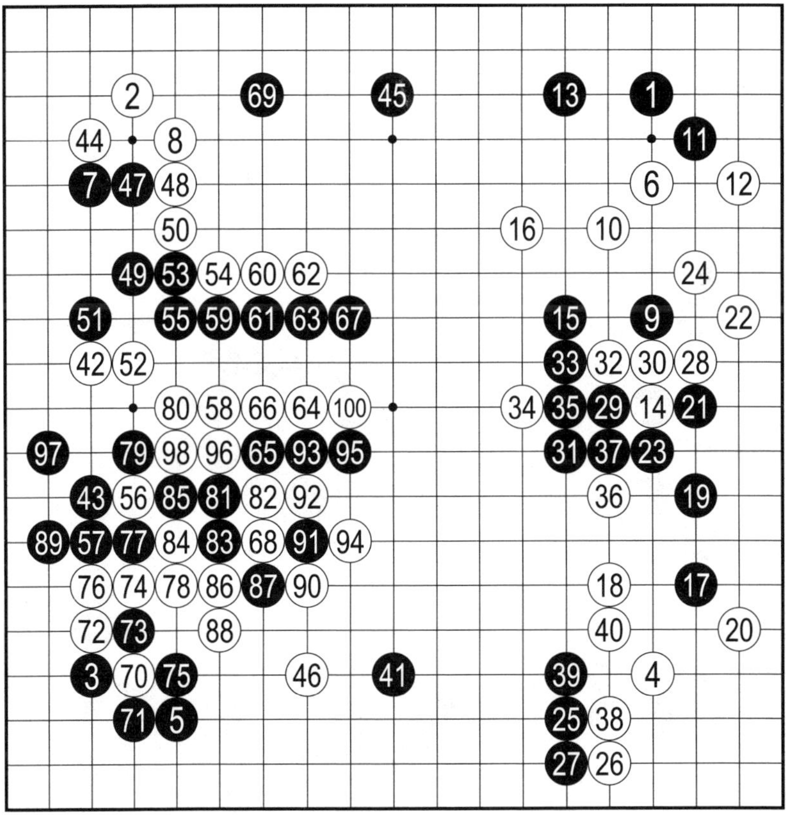

99=56

（1–100）

黑方　黄乘忱

白方　陈祖德

白104抓住黑方没有渡过的机会进行搜刮，机敏。白106机不可失。白114是关键点，想走117打，如黑星位接，则白114，黑方杀气不够。但白走117时，黑117下一路反打有力，白提劫，黑115即可。白方既不能劫杀黑方，也没有实战的收气便宜了。白116被迫妥协。收气虽然痛快，白124还要单官连回，无语。白132以下最后一战。黑143先手，痛快。黑147反攻，威胁白方大龙。黑149托又是巧手，白方实地大差。(华以刚)

共188手　黑胜5子

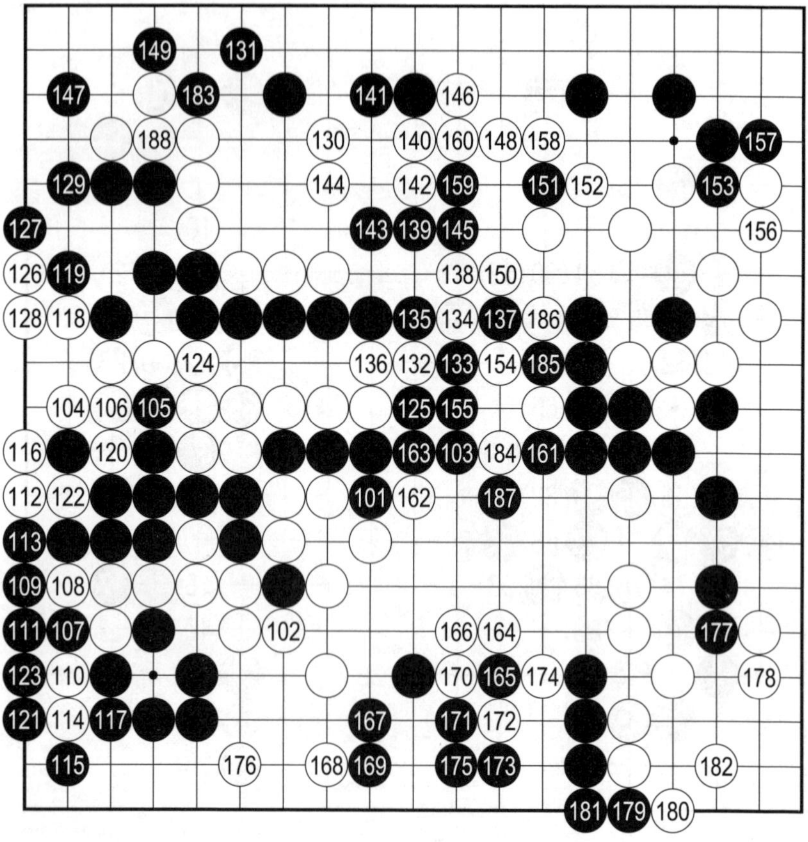

（101–188）

疑 1959 年 6 月 10 日

白方　王幼宸

黑方　陈祖德（受先）

黑 11 至白 24 一气呵成，当时流行定式。目前也流行黑 11 飞压，但是黑 15 以下暂不定型。黑 25 很大，否则被白 25 右拆，左下立体化。黑 27 高位无益，应小飞为好。黑 35 和白 36，双方各得其一。白 38 肩冲，正常分寸。白 50，时机和手法均佳。白 60 好时机，对此黑 61 如 60 左一路接，则白 61 上一路尖刺。白 62 很大。白 80、82 敦促补断。

黑 85 尝试连络中原。黑 87 以下被迫龟步应对，当初白 60 效果显现。逼黑 97、99 后手连回，白方完成战略目标。（华以刚）

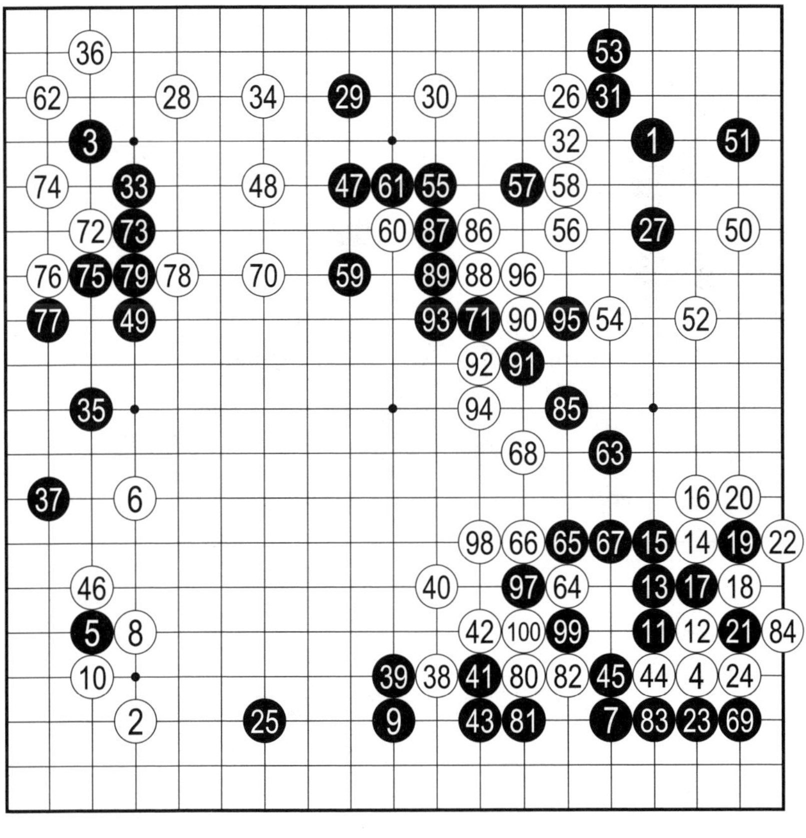

（1–100）

白方　王幼宸

黑方　陈祖德（受先）

黑105绝非误算，意在通过黑107先手阻断，再109时，白110只能做活，黑方就留有渡过。回溯白102如果暂不定型，直接104冲，因留有连络的后门，上边回旋余地就大得多：如黑仍109，则白139，黑110，白140，黑110下一路，白105。这样无论目数还是对黑方大龙的威胁，白方都明显优于实战。白138厚实。如果这个子被逃走，白方连络令人不放心。白142、144很大。白146应走160。黑157应走166，此处价值逆收十多目，本来走不到。白146送礼而黑方不纳。（华以刚）

白贴$2\frac{1}{2}$子　共182手　白中盘胜

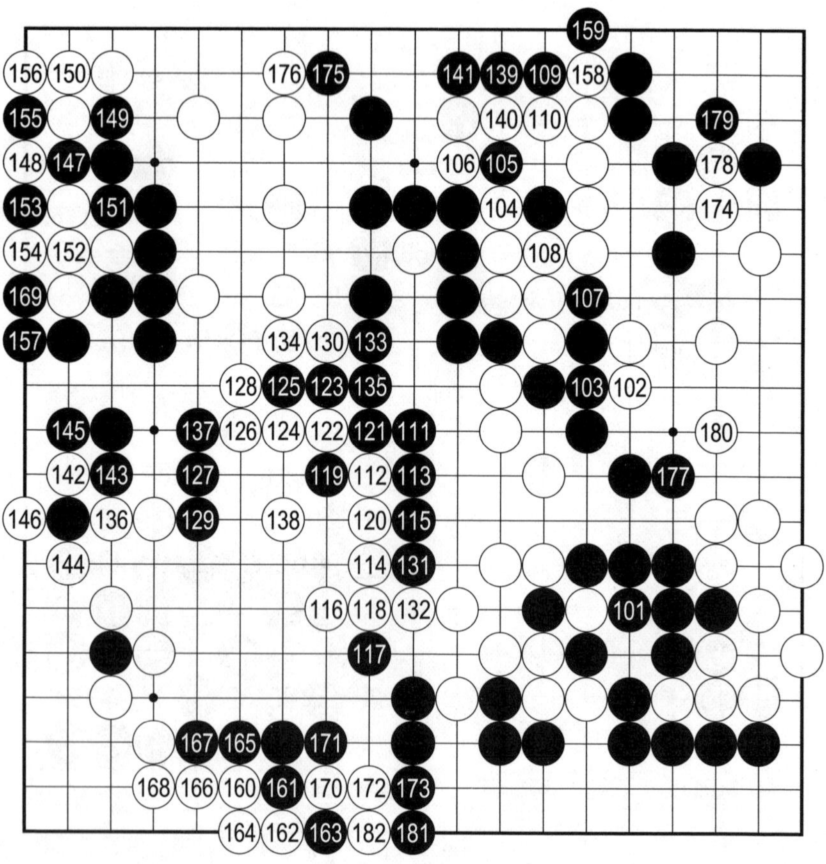

（101–182）

1959年6月12日

黑方　林勉
白方　陈祖德

黑31好手，准确抓住了缺陷，至37得角愉快。黑49抓住白形弱点，至黑71提通，整体变厚。白72不仅是自补，还对左下角眼位开始构成威胁。黑73于88尖顶是守备要点。黑87大恶手，白方吃住二路子完全变厚，而黑方整体不活。黑87只有90位忍耐。黑137后虽然棋谱不详，可以预想白112扑，黑提，白天元打，黑接，白2左一路接。黑一大团不仅气紧，还有82左一路的断点，不仅不可能吃住中原，反倒是左下角尚须经营。所以预测白中盘胜。（华以刚）

131大恶手。（陈祖德）

共138手　白中盘胜

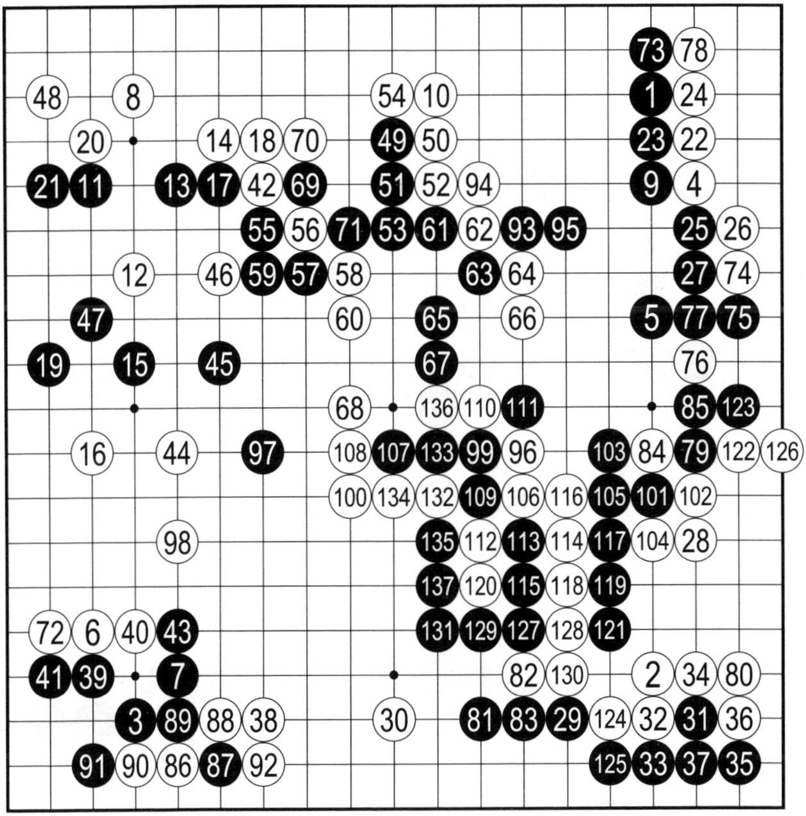

138=112

（1–138）

1959年6月13日弈于上海体育宫

白方　王幼宸

黑方　陈祖德（受先）

下边两个小目配两个挂角是“同型”。日本围棋自古就有同形先着有利之说，但是现代棋也未必视为圭臬。白10、12积极求战。黑31可考虑43，白32时，黑顺势31。同理，白32可考虑43，这是棋形的正面。黑35步子更大一点也可以，但是须有算路支撑。黑45于48反打是只此一手，以下白45，黑45左一路打住，期待下一手于30上一路冲出。黑47、49只顾逃命，被白50、52吞食，一派败相。黑93应于上边围。白94后，左上缺陷一目了然。（华以刚）

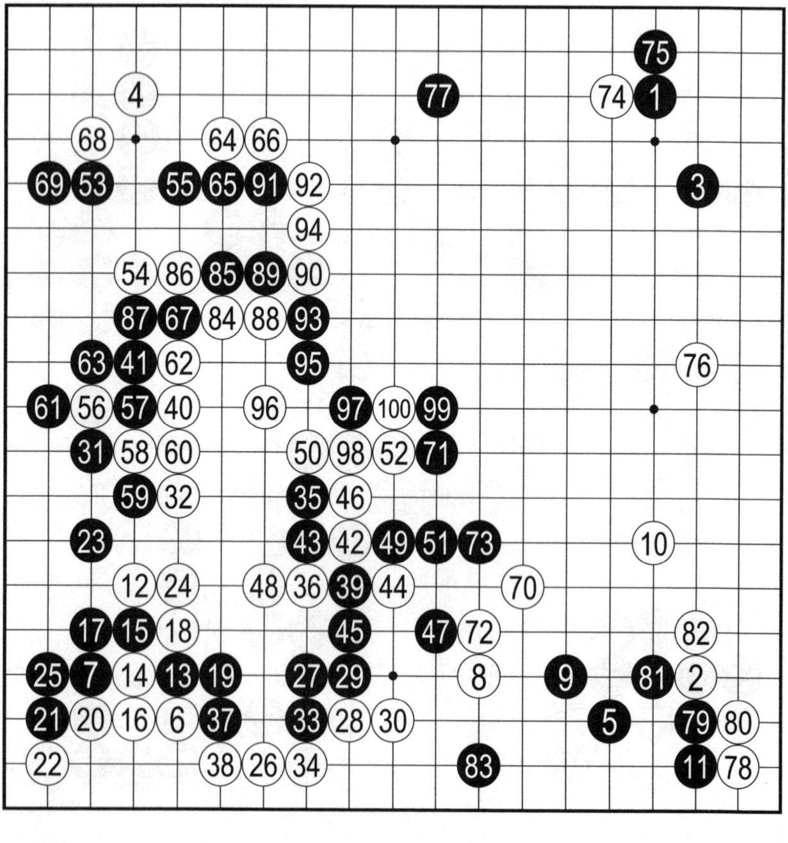

（1–100）

白方 王幼宸

黑方 陈祖德（受先）

白 108 的劫黑方必须赢，意味着白方可以任意连下两手。白 112、114 非常厚实。黑 117 至 121 超常规拼命。白 140 时，分不清谁在攻谁。白 144 失着，应于 155 补。这一失误造成白方不小损失。白 174 应 175，黑 177，白 175 右一路。白 184 补活万事休。但后面的故事无从考证。（华以刚）

白贴$2\frac{1}{2}$子　共 184 手　黑胜 1 子

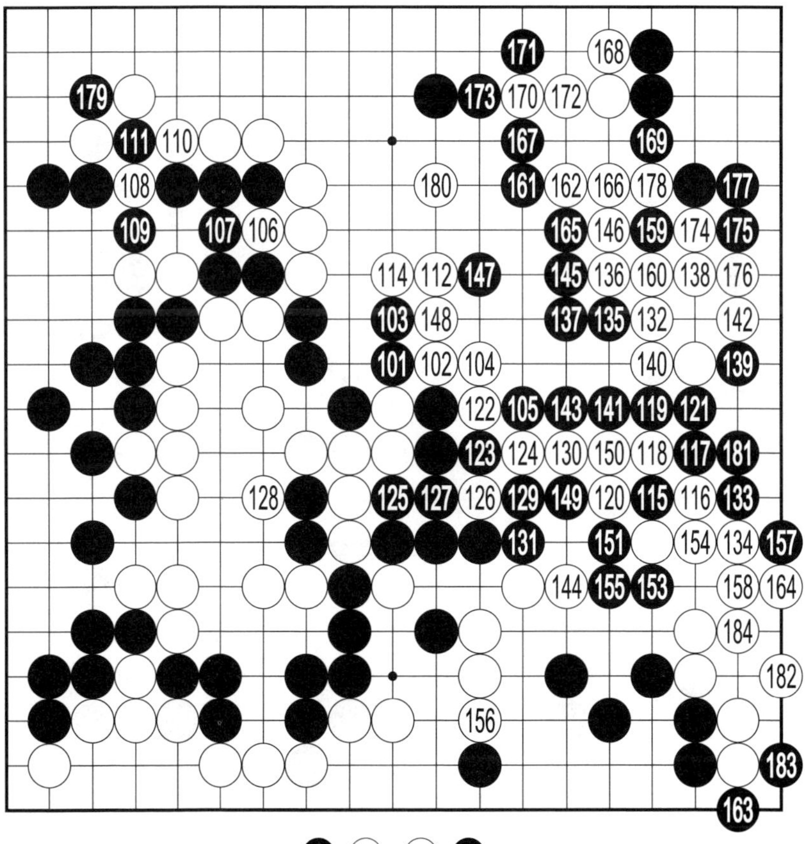

113=108　152=115

（101–184）

1959年6月17日

黑方 吴淞笙
白方 陈祖德

黑7的定式着法是在2下一路靠。不提倡实战下法。白8于36贴已经得利。黑9天外奇想。推荐10挡或11退。实战等于黑7一子送死。白20好构思。黑23也许应当26位忍耐。白26断是气势，但是之前白24自撞一气大恶手。黑39，最近的流行下法是54点角。黑41没有在2右一路吃，大概是错觉。黑43仍应54点角。以下黑方在白厚势中竭力折腾，并未见好结果。（华以刚）

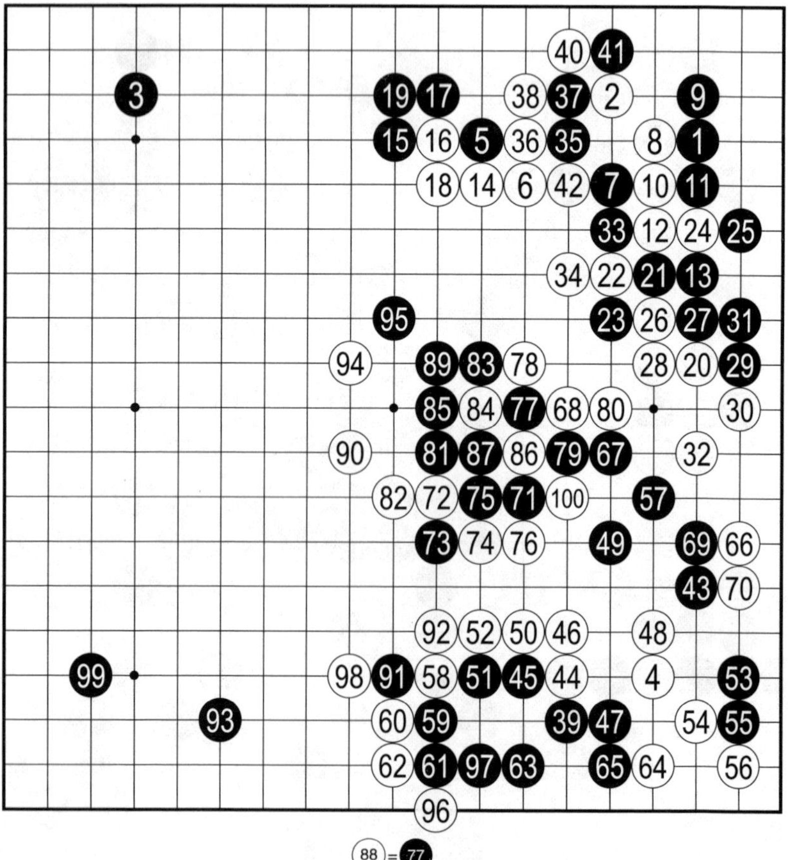

（1–100）

黑方 **吴淞笙**

白方 **陈祖德**

白102以下攻势顺畅，特别是白110时，黑方根本没有应手。白108企图先手破眼时，黑109是妙手，白如走108上一路，黑111，白107右一路，黑145，这样黑方就留有112复活的余地，也算有点收获。黑113总算苦活。全局形势不用讨论了。（华以刚）

共192手　白胜5子

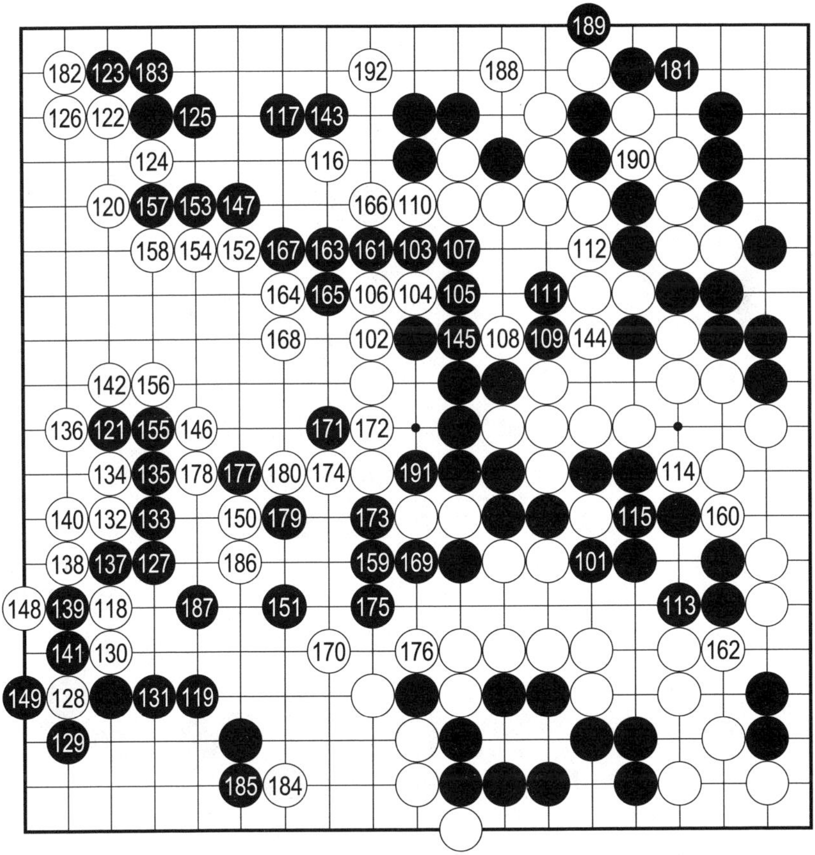

（101–192）

1959年6月19日

黑方　吴淞笙

白方　陈祖德

黑15颇有盯着打的气概。黑27非常小心谨慎，担心白走11左二路，黑走9下一路，白走5下一路的突袭。黑35、37不是好手。首先是跟着应，白方没有不满之理。其次，经过白38、黑39挡住的交换后，白于38下一路冲断，往往成为有力的狙击。黑41构思独特。黑61有疑问，应37下一路长。黑63更有疑问，遭到白64轻飘飘的好手，或许非常懊恼。黑65、67、69是匪夷所思的局部强手，但从全局看来却是直接的败着。白76张势，左边凸现飞机场。(华以刚)

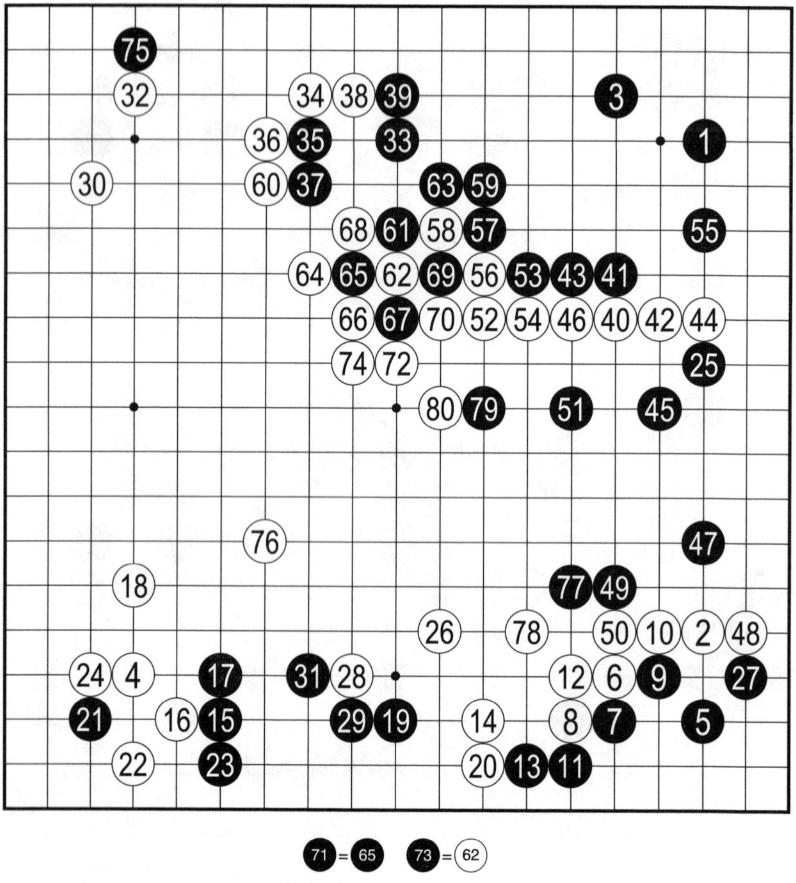

71=65　73=62

(1-80)

黑方 吴淞笙

白方 陈祖德

右下角是一道著名死活题。黑方眼下当然是活棋。但是如果白有128的硬腿，黑方脱先，就是打劫活。次序如下：白135下一路点，黑134最强，白133，黑135，白137，黑方提劫，就决定此处死活。白137时，黑方如果想不打劫而净活，于93追吃，则白132接成“丁四”，黑提，白132，黑92，白133位断成为“金鸡独立”。

所以白92如于102单飞，黑方的最强应法是105单靠，如此才能确保眼位和目数。黑111无法活在边上，肯定空不够。黑151本身没有任何意义，找个认输台阶。（华以刚）

共168手 白中盘胜

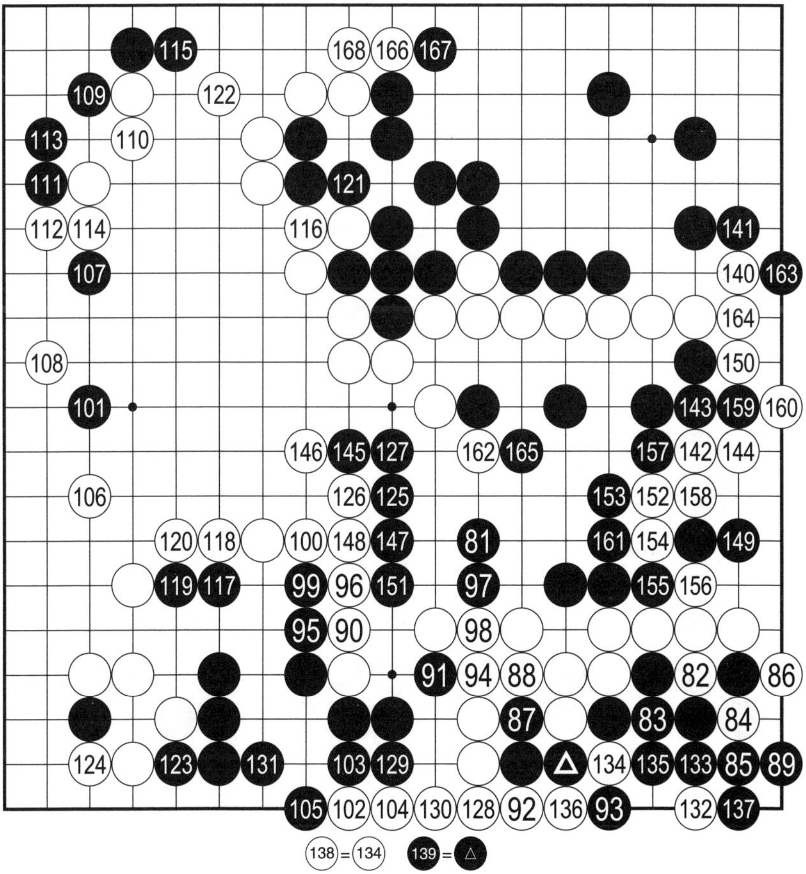

（81–168）

1959年6月22日

白方　王幼宸

黑方　陈祖德（受先）

黑9、11遭到白12打，目数和厚薄都亏，这是吴清源老师的结论。黑9可11位尖顶。

黑25失着，遭到白28、30、34组合拳，被白38征吃，损失很大。

黑25必须34再爬，白50，才能38。

黑33于30左一路属于基本功。33之后，白方随时可以走30左一路，黑打吃，白于32下一路先手定型，将略优于实战。

白62分断，黑明显勉强。原因在于，黑59可谓假先手，并不能随时拿来就用的。

白68出头，阻止黑势连片是要领。至白80，基本达到目标。（华以刚）

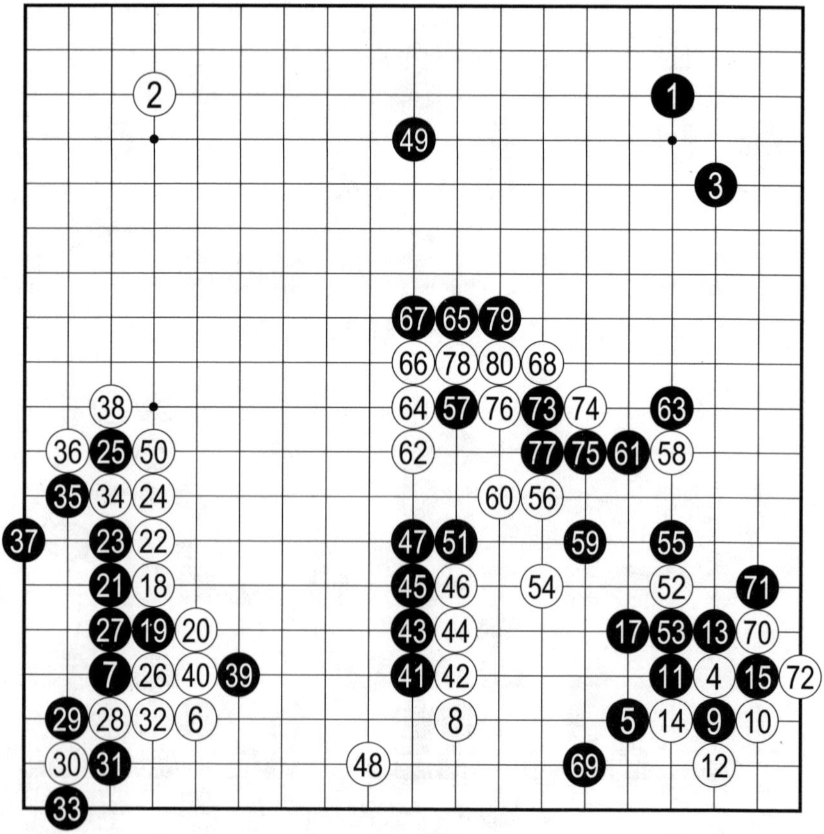

16=9

（1–80）

白方　王幼宸

黑方　陈祖德（受先）

黑 81 明知勉强，苦于没有更好的封空手段。

白 82 于 81 左一路冲，黑挡，白 119 位扳，更为合理，更有气势。关键是白大模样的规模和厚薄程度远超对方。

白 92 是大缓手，应于 104 位打。经过黑 92，白提，黑 88 左一路，白 92 左一路，黑方顺势冲下时，白按第一谱黑 33 那一段解说的方法阻渡，看不出黑方有什么活路。

白 96 等于承认黑 95 竟是先手，由此放跑了大龙。

白 110 转战右边时，黑方刚刚松了口气，所以黑 113 收兵。

白 118 安顿之后，白方保持优势。（华以刚）

白贴$2\frac{1}{2}$子　共 164 手　白中盘胜

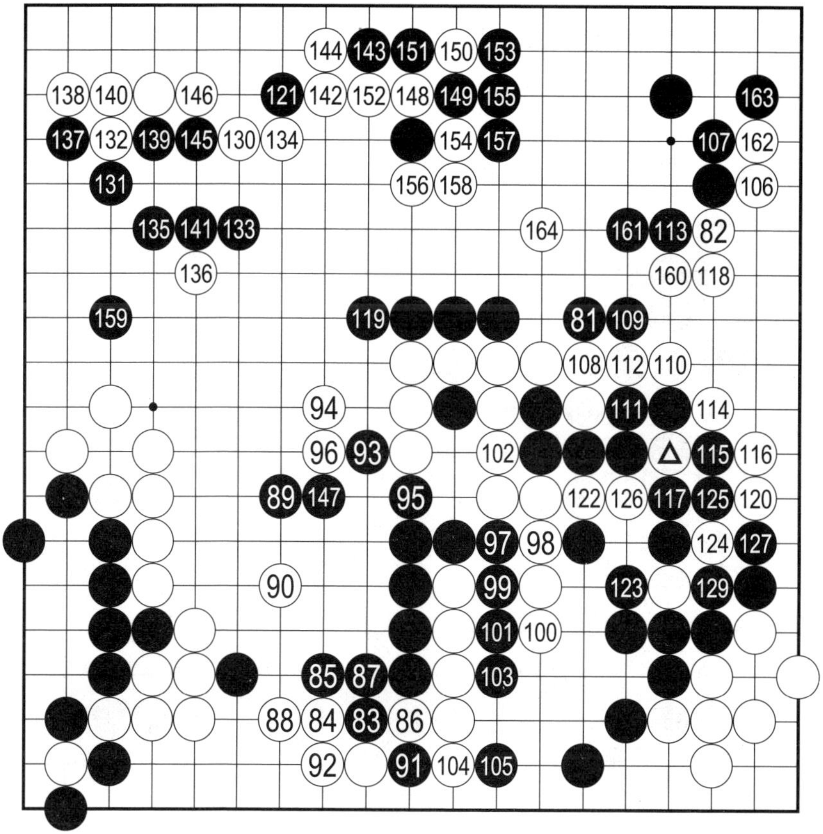

128 = △

（81–164）

1959年6月22日

黑方　吴淞笙
白方　陈祖德

黑25防白66，强化自身才能从角上出动。白44值得犹豫一下，要不要46连扳，黑44，白接。这时候黑方面临两个选择：其一，47接，白46右一路长，黑45活角。这个结果无疑优于实战，但实战是由于白方失误才造成。其二，黑走46右一路打，白47，黑提一子，白提两子。虽然白角又大又干净，不排除有人重视黑于二路空提一子。黑45无论如何也要再爬46位。白46是意外的大成功。黑55应于59单跳。黑63的时机和目的均难理解，白64以下又发横财。（华以刚）

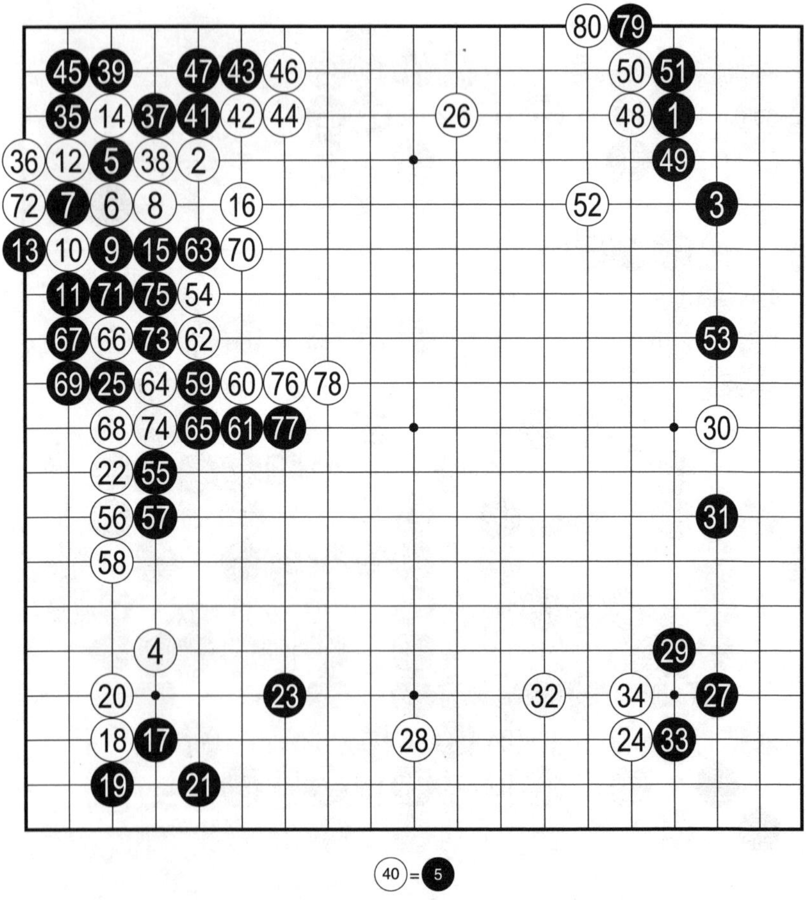

(40)=(5)

（1–80）

黑方　吴淞笙
白方　陈祖德

右上角双方同时误算令人吃惊。黑83可于84位打。第一谱的白80一路打，太过夸张。白104应于108位单接。黑109步子太大。黑117如于160扳，白159冲，自动隔断109。白118先手扳，黑形更加凌乱。白142是好手，黑方显然漏算了。白164是不易注意的妙手。经过白166、168的次序，黑方被净杀。但这不是双方最善的结果。黑167应于153下一路立，白走168下一路，黑167，白于165右一路提劫，就此成为生死之劫。通常此时黑168，可以通过“涨牯牛”做活。

留题：现在为什么不行呢？（华以刚）

共168手　白中盘胜

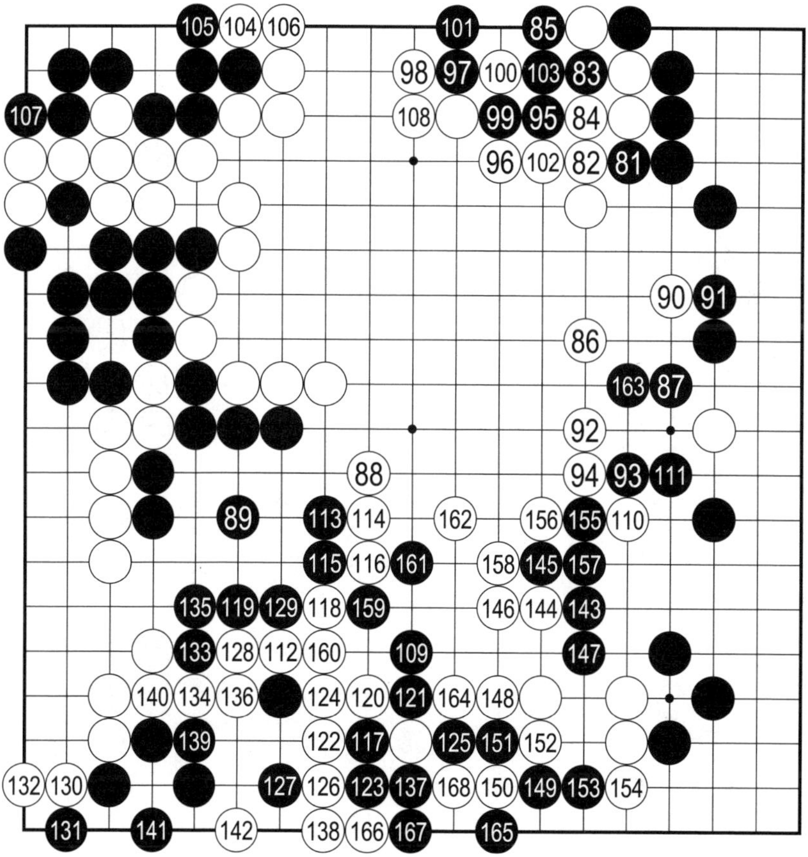

（81–168）

1959年6月25日

白方　王幼宸

黑方　陈祖德（受先）

白34也许48打入更为扎实。下一手51下一路关，即可大围。

黑47恰当，刚好围住。

白48必须立即侵削，稍纵即逝。

黑53的方向感颇有疑问。右边白46俗称铁头，黑方没有发展潜力。如一定以右下角为中心，推荐54或64，总之都是小飞。其实左边59才是最大的。白走59上一路几乎是先手！

白60点角，至白72轻松活出。

黑73没有在74接，可能担心攻不出效果还落后手。

黑79大。

黑91应92顽强守空。

白90先手便宜官子并强化连络，步调好。（华以刚）

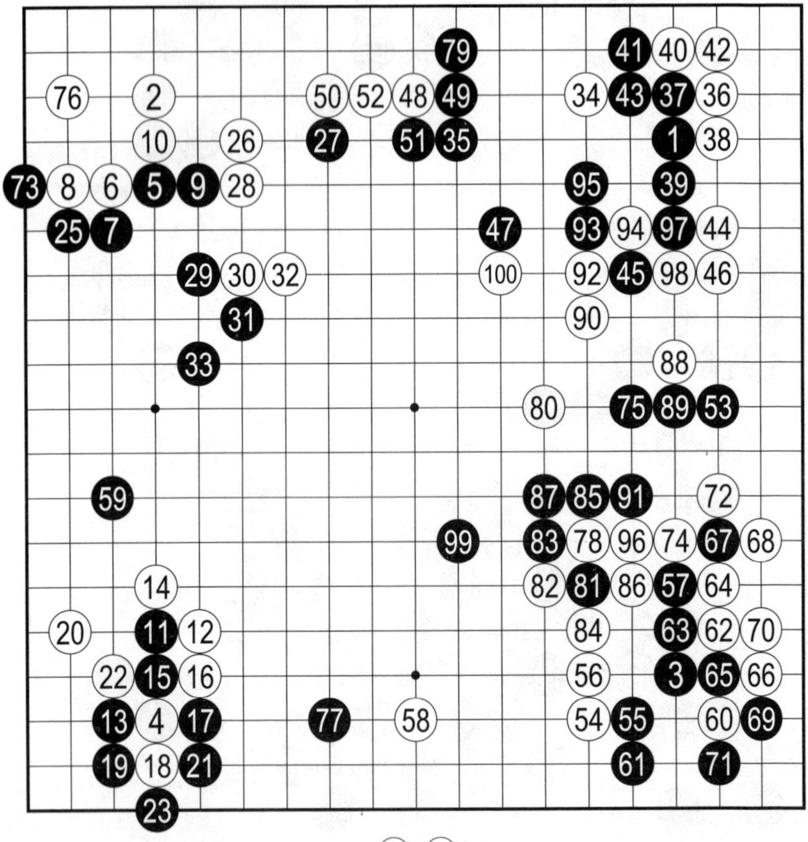

24=4

白方　王幼宸

黑方　陈祖德（受先）

白 104 厚实无比，典型的优势下法。

黑 105 分断至白 122 夹，并不能对白形成多大威胁，也不增加多少目数。

黑 129 通常是先在 132 位下两路接，再收一、二路的官子。

白 156、158，相当于先手 6 目。

黑 159 自杀行为，白白奉送了对手 160 先手挤。

黑 163 起码应走 160，白 159，黑 163，相差 2 目。

黑 165 于 166 为好。

以下官子完全无关胜负，解说从略。（华以刚）

白贴$2\frac{1}{2}$子　共 201 手　白中盘胜

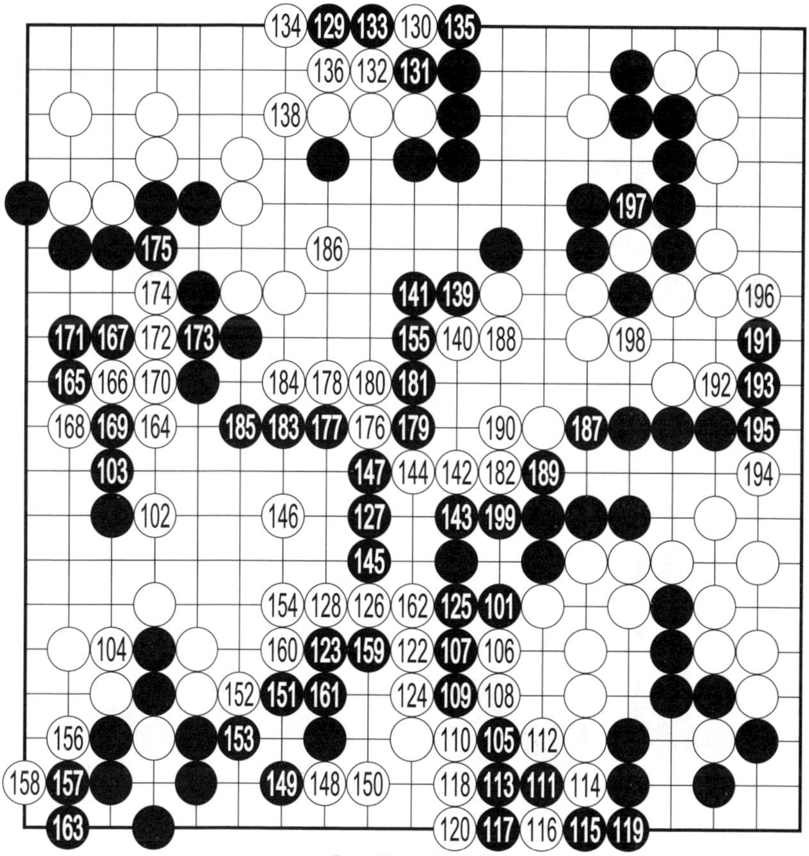

121=116　137=130

（101–201）

1959年6月27日

黑方　吴淞笙

白方　陈祖德

黑7通常上一路小飞，相应的黑9也上一路拆。实战下法速度快，守地不甚扎实。白16、18积极求战。白22没有在24接，是为了能26跳。黑27可以保留各种味道，41单扳为佳。黑37于39压更为简明。白38是意外的强手，正所谓棋从断处生。白44暂时保留左下变化，如继续则推荐于52上一路拦。白50于67，事关双方劳逸，目数也很大。白50至56强硬到颠覆三观的程度。黑71于77即可，此处白已经很苦，穷寇莫追。黑79、81是教科书等级的妙手，却遭到意外反击。(华以刚)

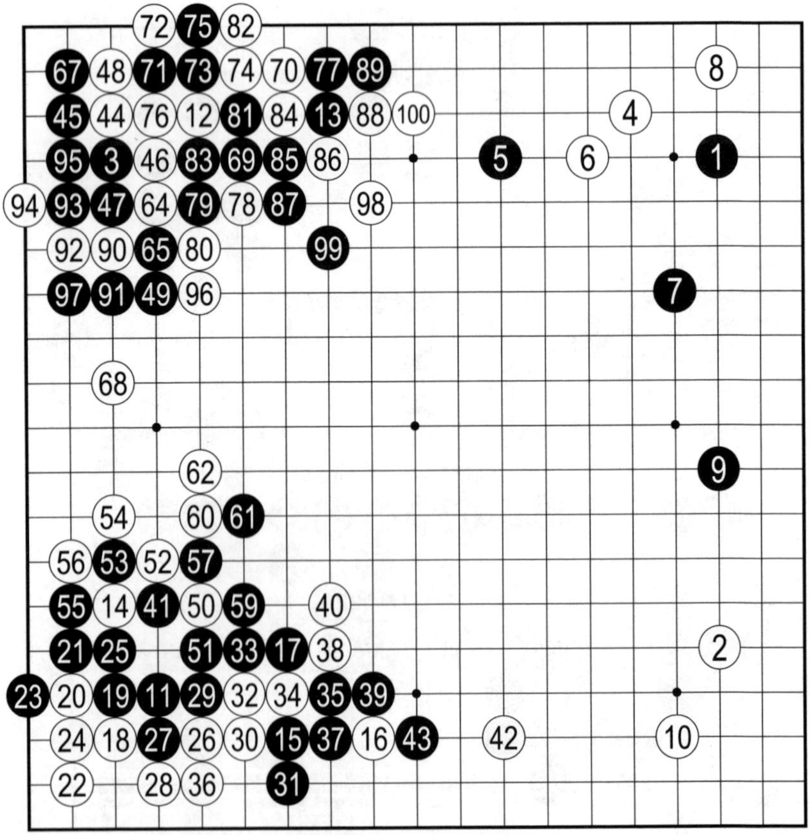

58 66 = 14　63 = 53

(1-100)

黑方　吴淞笙

白方　陈祖德

白102成立，黑四子被吃。原本上边是黑方成空之处，正在攻白，现在不仅攻击无果，反而成为白方大空，其中出入一目了然。黑105以下封锁是好手。面对黑115、117执拗攻击，白116、118简明处理。黑121应于122位俗手冲，白122上一路，黑121。白124、126逃出残子，黑方雪上加霜。黑125还是应当126挖，忍耐一下，确保自身安全。黑131获利的代价是白130先手活。白146挖空不依不饶。黑171做最后的抗争。白186巧手。白192至204简单收兵，已是大胜。（华以刚）

共204手　白中盘胜

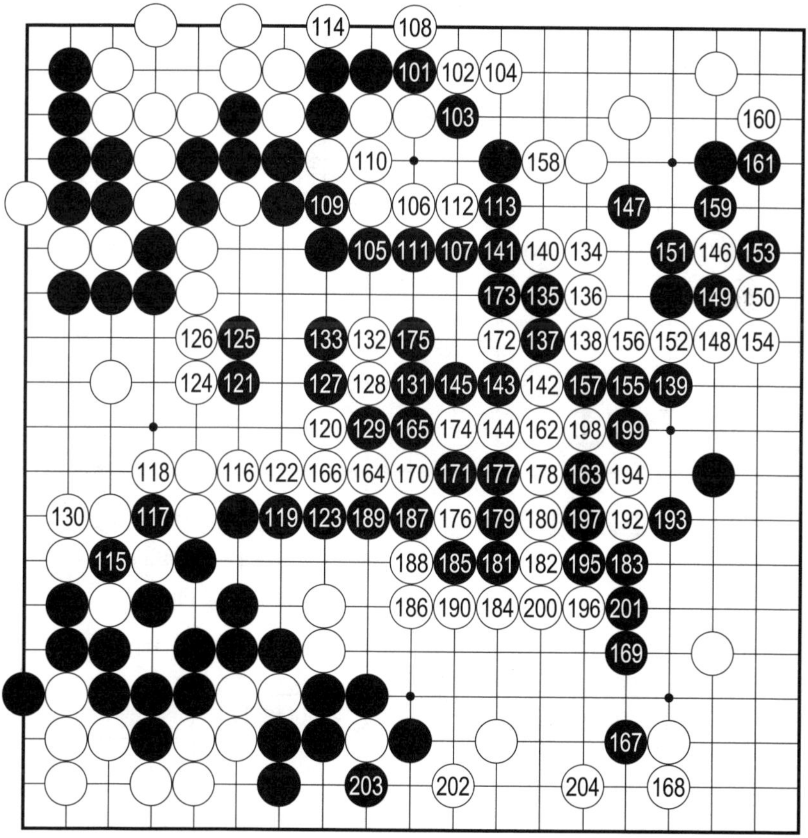

191=176

（101–204）

1959 年 6 月某日

白方　王幼宸

黑方　陈祖德（受先）

白 16、18 先手便宜后，白 20 至 34 大获成功。20 世纪 60 年代，中国棋手普遍不太理解厚势——特别是布局阶段厚势的巨大能动作用。例如本局，会认为黑方吃到棋，获得成功甚至是大成功！其实黑地区区 30 目而已，白方征子提花价值已经超过。更何况是在黑方两个空角的边上实现的。最后不能忽略黑空里留着四个大劫材，也是很大的负面因素。

白 42 疑问手，没有理清攻守关系，现在应当 43 下一路猛攻。白 48 的好形堪称本局亮点。（华以刚）

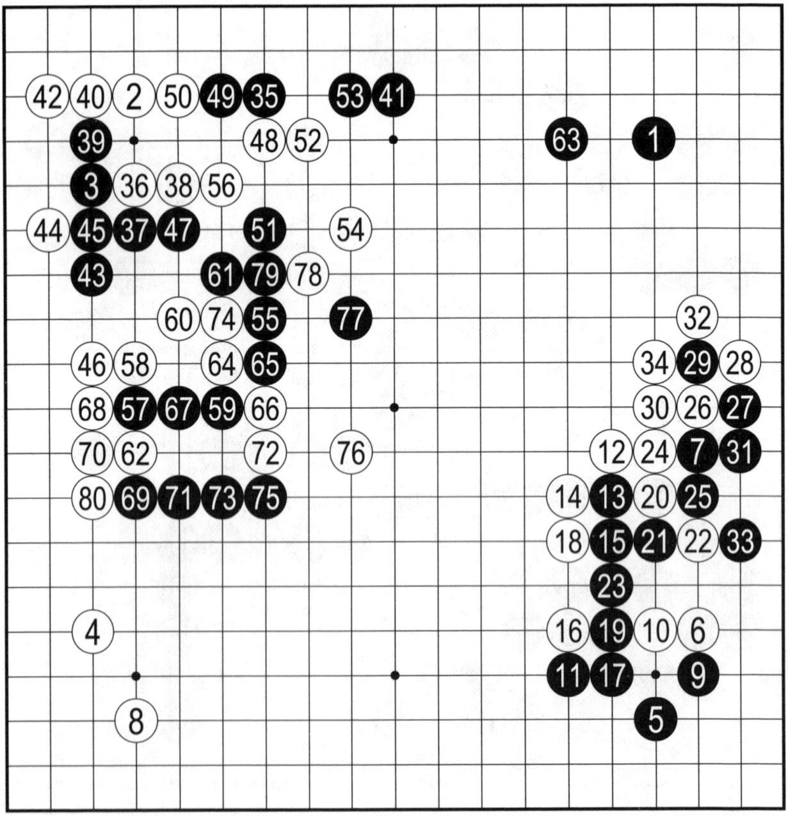

（1–80）

白方　王幼宸

黑方　陈祖德（受先）

白 82 欺凌，正是时机。白 88 也是好时机。黑 101 步子太大。白 102 严厉反击，成功迫使黑 109 委屈后手活，白方顺风顺水。白 110 之后会输掉，不可思议。白 112 轻视了角部的余味，应当 130，黑 129，白 119，角地很厚。黑方尚须后手经营时，白转向 135 上一路。黑 129 后，黑走 116 上一路将成为对白致命的狙击，但黑 131 先手提，恍若梦境。白 134 仍应于 135 上一路着手。白 136 虽然成立，却是薄形。黑 151 反攻，白完全陷入黑方步调。至黑 161，白形破碎。（华以刚）

白贴 $2\frac{1}{2}$ 子　共 161 手　黑中盘胜

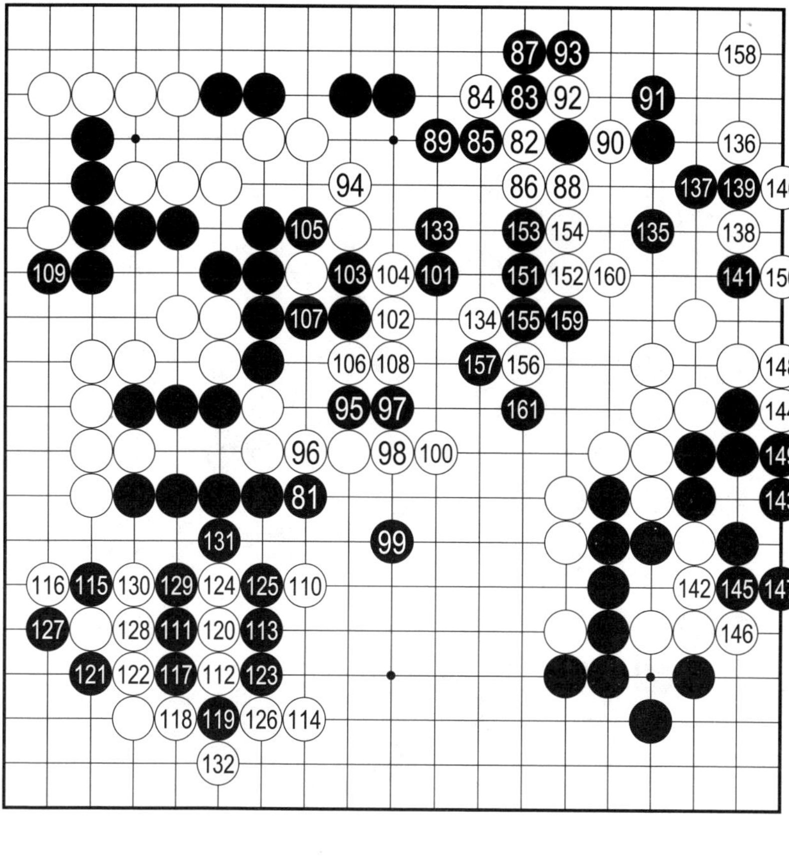

（81–161）

1959年6月某日

白方　王幼宸

黑方　陈祖德（受先）

白22露出31镇头总攻的苗头。黑23多少强化一下眼位后，黑25、27固角而收兵，进而黑31走畅，不失贤明。白46抢占大场，至白60有收获。黑63扳头严厉，白64如65，不排除黑79立即断。所以当初白46还是走65，正面出头为正。白112至116的劫虽属勉强，但凭借白118之后的五个以上劫材，黑方也不能大意。黑119时机巧妙。白120太贪，如122或干脆125，起码不至于劫败，胜负尚待争夺。黑121等同于补劫，胜负已决。（华以刚）

共137手　黑中盘胜

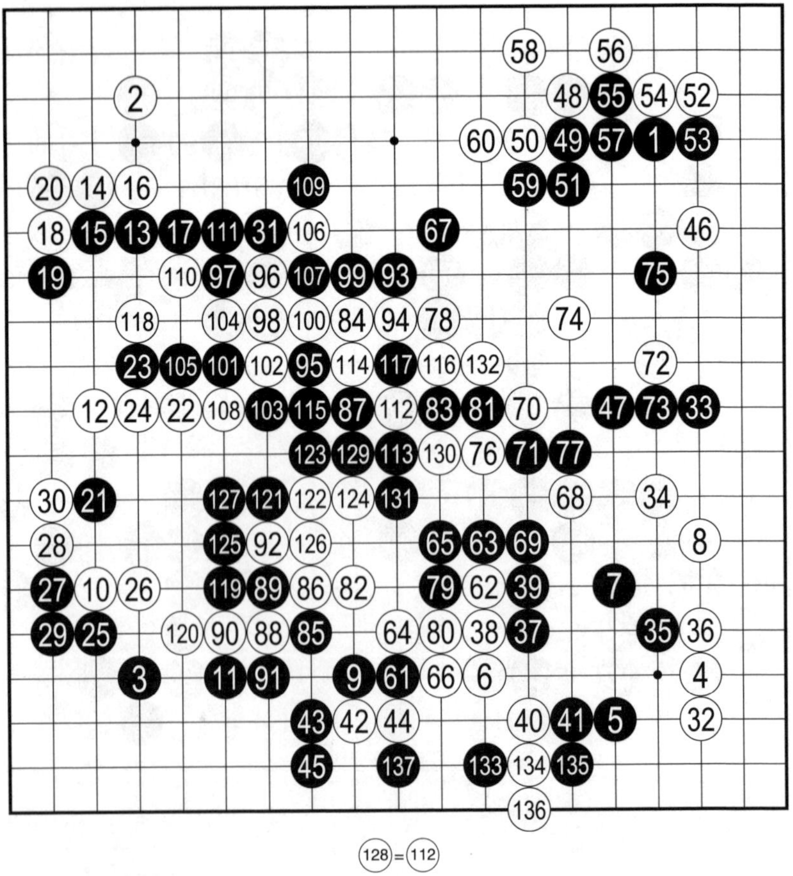

128=112

（1–137）

1959年7月4日

白方　王幼宸

黑方　陈祖德（受先）

白22坚实无比，却能保持局面平衡，功力独到。白26试探应手。黑39通常85。白40守空，有效率。白42点三三更为常见。至白50双方平稳。黑51、53又厚又大。白60、62都是形的要点。白64意外大，黑方对此忽略了。白66至72，棋形潇洒。黑75、77好手，稳稳吃住一子。白82、84好次序，白先手得利。白88，分断并缓攻。白94、96收放自如，黑方要这一边，白方就自然转向另一边。白104、106也是如此。白108先手定型，胜负已定。（华以刚）

白贴$2\frac{1}{2}$子　共134手　白中盘胜

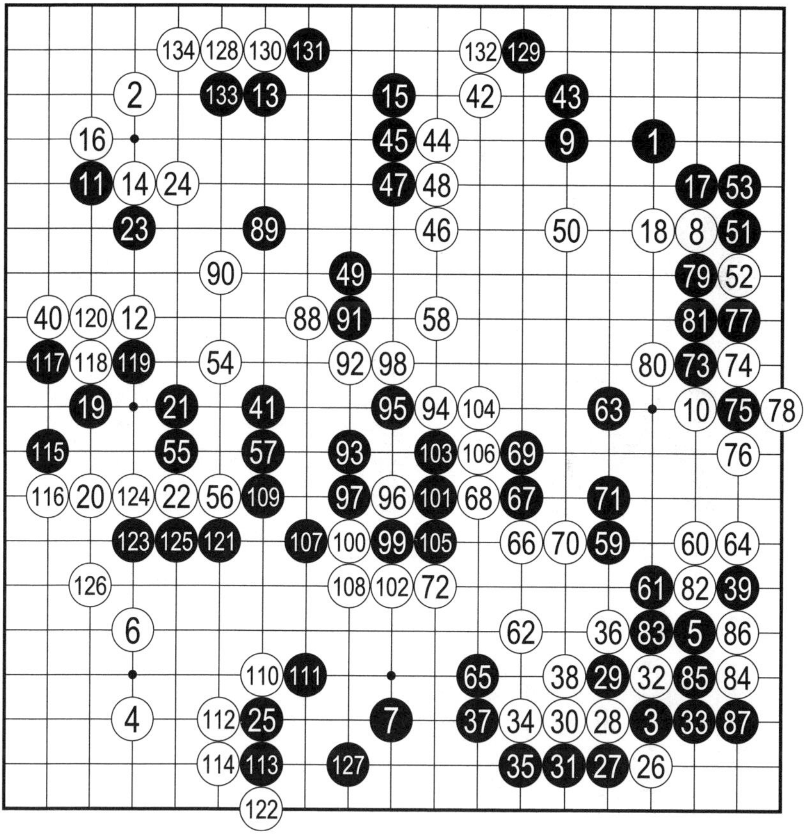

（1–134）

1959年7月8日

黑方　吴淞笙
白方　陈祖德

白12不在13托是个进步。白20应21，黑23，白24，黑27以下同实战。不考虑眼位，比实战便宜2目强。白40全无必要，应43。

黑45于49位拆简明。黑49、51准备白53粘时，黑77破角转换。白52不肯53补，想大吃黑41、43两子。黑53居然反断，要求直接吃白两子，双方针锋相对！白54、56延一气，58时，60和76必得其一。白60不能白62，否则没法征子了。黑67获利不到30目，白左上获利远远超出。

黑69抵近顽抗，遭到白70不依不饶的追究。(华以刚)

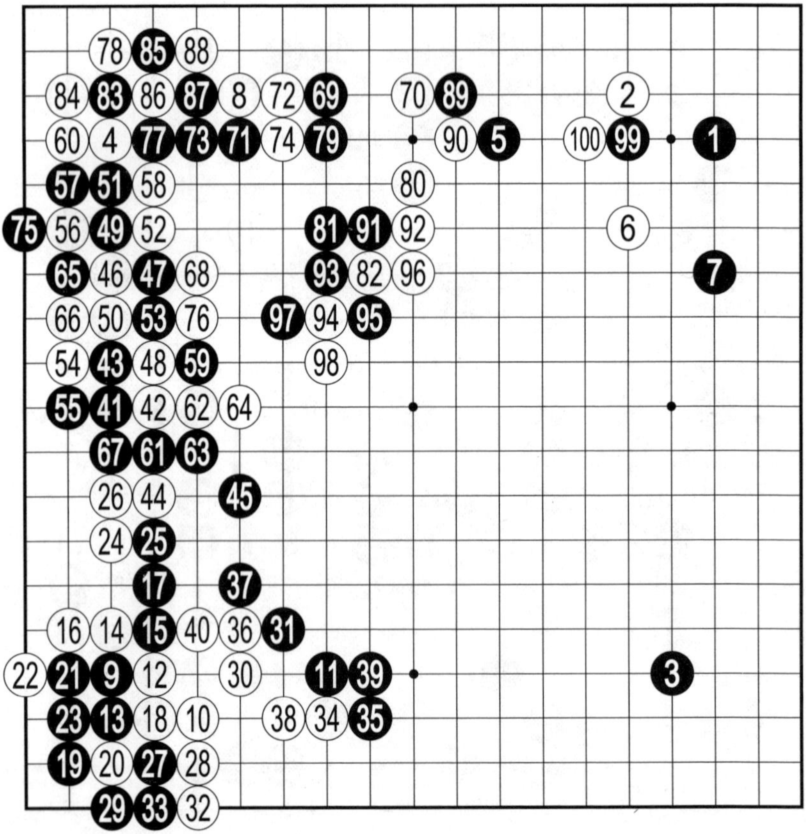

(1–100)

黑方 **吴淞笙**

白方 **陈祖德**

上一谱双方在左上大战，黑方明显勉强，理应以全灭告终。黑103有吃就吃。白110时，黑方不可能无伤连通，那么，黑111不如130补净一边。白112于117最干净。黑113居然又出棋。白132还是应当吃角。白151位拐，黑131上一路时，白方可以扳到角里，不仅20多目，黑整体还不活。白150是白方有利的收气。白方活掉半块（50%机会）后，174又打劫，黑175是全盘唯一劫材。白176好时机。如黑178位应一手，白方就先手活了。黑179劫胜，白180的收获当然更大。（华以刚）

共198手　白中盘胜

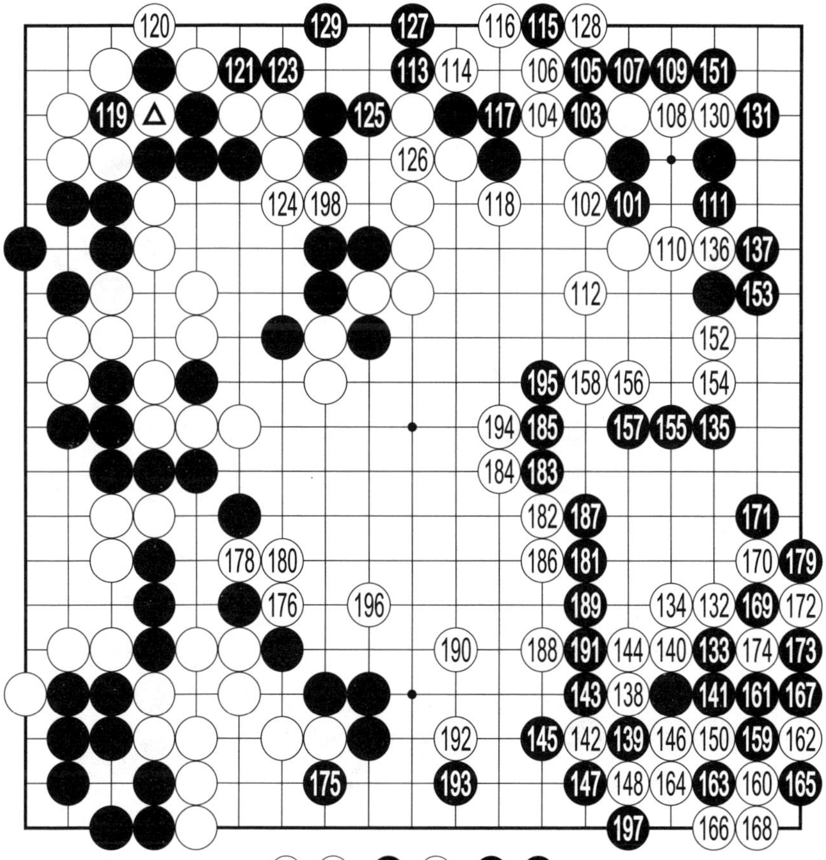

122=△　149=142　177=169

（101–198）

1959 年 7 月 11 日

黑方 **吴淞笙**

白方 **陈祖德**

黑 13、15、17 可称之为“木谷定式”。黑 25 方向有误，于下边飞进角明显较好。白 28 迫使黑 29、31 愚形走重，白 32 轻快转占空角，一张一弛。黑 35 时，已经露出黑 37、39 的苗头。白 36 此时先手 40 位刺则简明。白 46 轻率，此时必须 50 位曲，黑 50 左一路挡，白 40 下二路做眼，才能确保对杀获胜。黑 47 应于 50 右一路立，白方要子将被吃。黑 109 时，如果白走 100 下一路紧住气，黑方就能 148 冲断，这是唯一生路。白 110、112 直接致命。黑 113 不能再应，意味着棋局告终。（华以刚）

共 154 手　白中盘胜

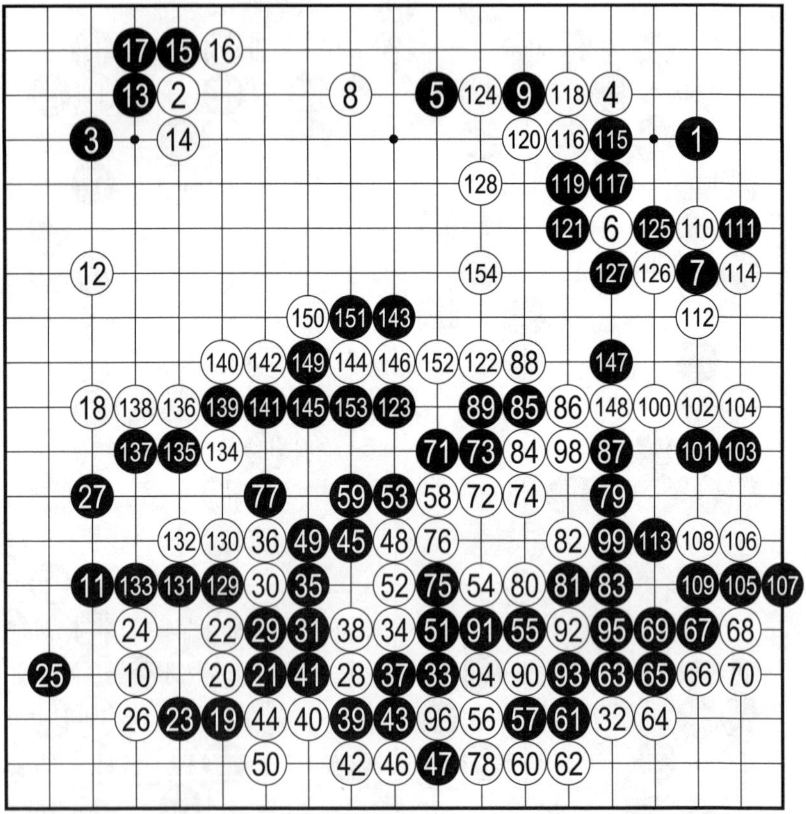

97 = 92

1959 年 7 月 21 日

白方　刘棣怀

黑方　陈祖德（受先）

黑 15 拆大了两路，走 16 位是分寸。黑 23 构思有才华。白 32 过于强硬，一般是 61，稳稳活角，外围伤害还不大。黑 43、45，此时定型时机恰好。黑 57 厚实。黑 61 斤斤计较，闭着眼睛 62 一提就好，以下白 61，黑象眼尖出，形势黑大优。黑 63 企图净吃不成功。推荐黑 69 于 73 上一路，白 91，黑再 69，这可谓特殊场合快速处理法。白 120 抢攻，黑苦战。此前黑方下得太薄。黑 139 虽强，要付代价。白 150 补强是先手，黑须 145 右一路补。白 156、158 好手，白胜定。（华以刚）

白贴2$\frac{1}{2}$子　共 158 手　白中盘胜

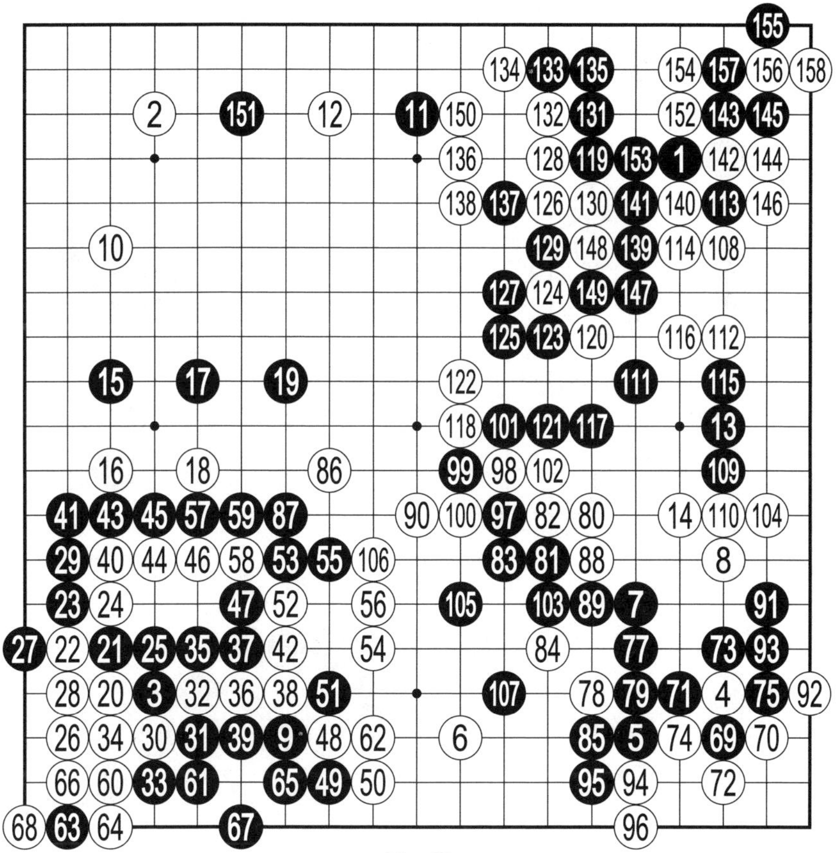

76 = 69

（1–158）

1959年7月22日

黑方　吴淞笙

白方　陈祖德

黑29应于41阻挡。白30飞入，黑方还要跟着应，相当不舒服，效率也低。黑35至白40为止的交换黑损。黑43继续补，无语。白46本身是否便宜不明。黑47应当接上。白58、60自行紧气通常是坏棋，但是现在想获得64的急先手，加厚上方。黑65显然应当66。被白66先手接，白达到了目标。白80曲，白上方看似势大，实际上气很紧，味道不好。下一手黑应当首先从右上“点方”入手削势破空。点方是先手，白方怎么应都不舒服。(华以刚)

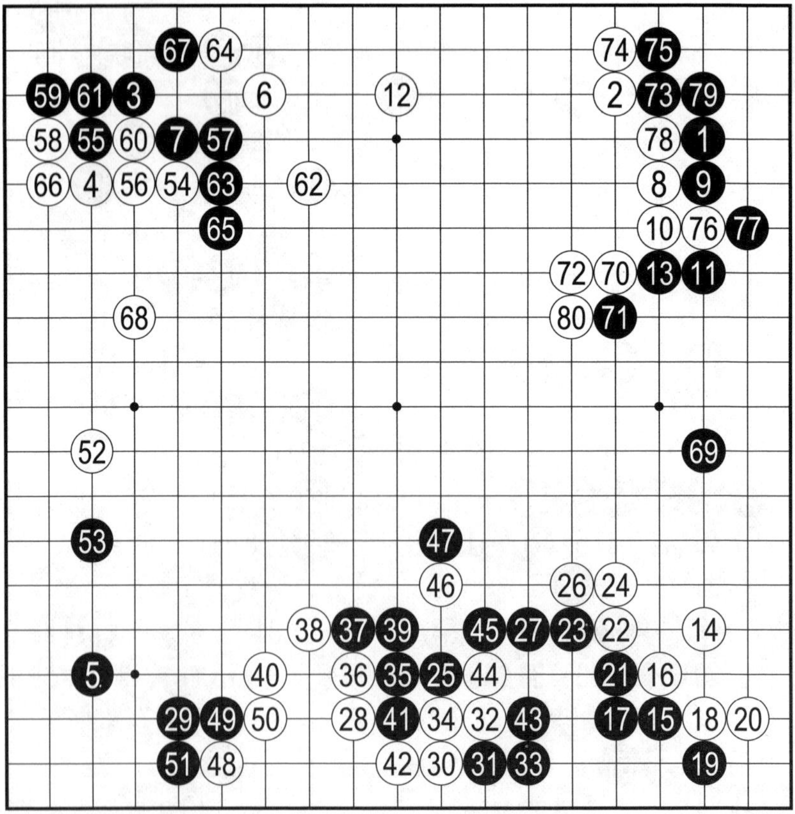

(1–80)

黑方　吴淞笙

白方　陈祖德

黑 81 本身价值不大，而且味道不好。现在是实施第一谱点方的最后机会。白 82 有点得寸进尺。白 92 主动寻找战场，真正的战略目标是围住上方。白 98 先手 10 目，现钞进账。黑 101 是争先好手。白 106 先手封头。白 108 以攻为守，意在安顿下方。白 112 离围住上方又近了一大步。白 130、132 次序未必最佳，但是 136 先手吃通，白方没有任何隐患了。白 138 价值 12 目，不见得最大。最终黑方拼搏过度，导致大龙被歼。白方牢牢掌控着大局。（华以刚）

共 166 手　白中盘胜

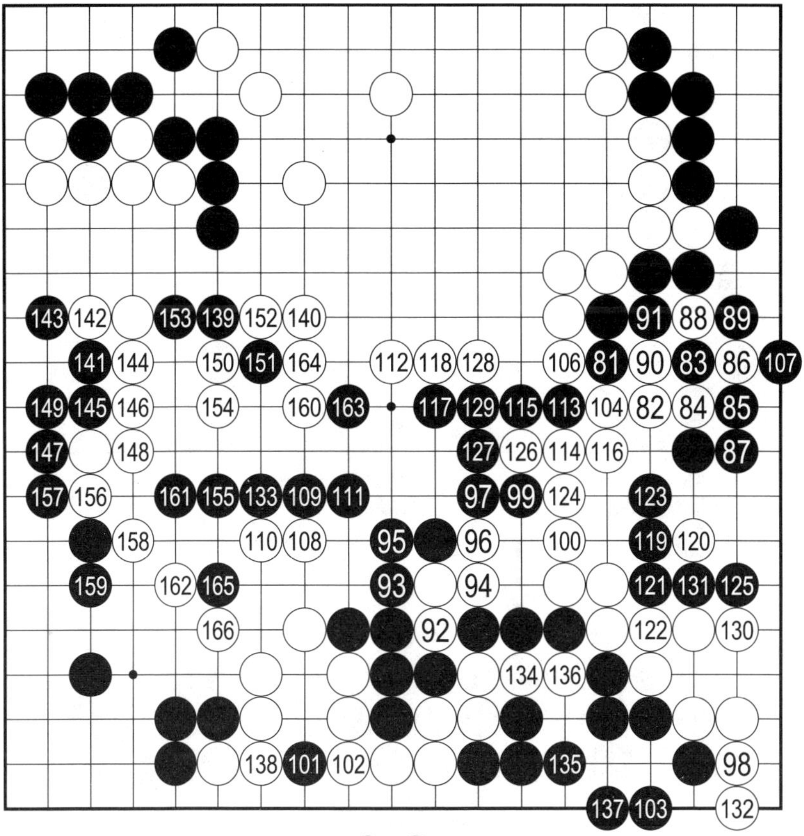

105=83

（81–166）

1959年7月25日

白方　刘棣怀

黑方　陈祖德（受先）

白26既是好手，也是定式。黑27如30，则白81，也是有趣的一型。白30正着，不可于51位扳，否则将遭到黑31、白32、黑70的强袭，白角部大损。白34于51位扳是唯一选择，事关双方劳逸。白42是典型的让子棋下法，分先棋不可容忍。黑47应于51退。双方同时忽略此处，不可思议。白54、56开始乱战，于64求封锁和连络是一般分寸。黑55于62位则是退让的一法。黑57正面抵抗，双方势成骑虎。实战各死一块形成大转换，直觉黑方稍稍得利。（华以刚）

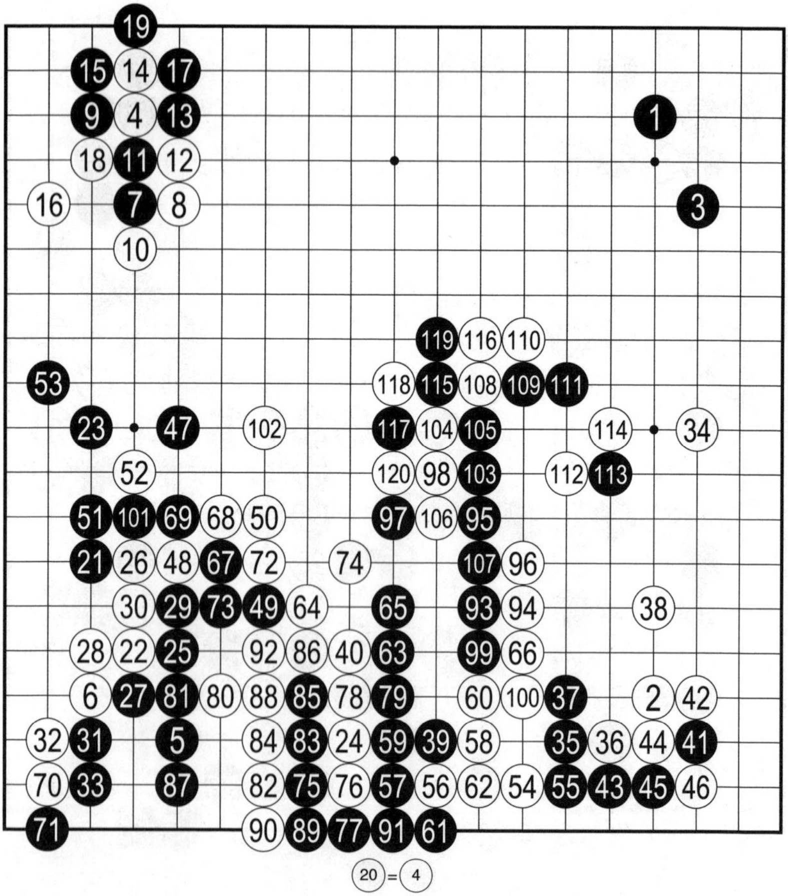

（1–120）

白方 **刘棣怀**
黑方 **陈祖德**

进入本谱，黑方大龙以及白方三子的攻防是唯一焦点。黑129必须补断。白130如走129左一路，黑177，白137，黑137左一路，白130上一路，大吃二子当然成立，但是黑方外围更厚了。实战可能顾忌这一点。而白方也许智者千虑的是，被黑137补回，不但补了断点，干脆直接就活了。黑137本身20目，白方连目数都不够了。作为结论，白130只能129左一路，别的听天由命。白136同理。被黑137补，无异于就此认输。白204抢空，至黑217大龙被歼。（华以刚）

白贴2$\frac{1}{2}$子　共217手　黑中盘胜

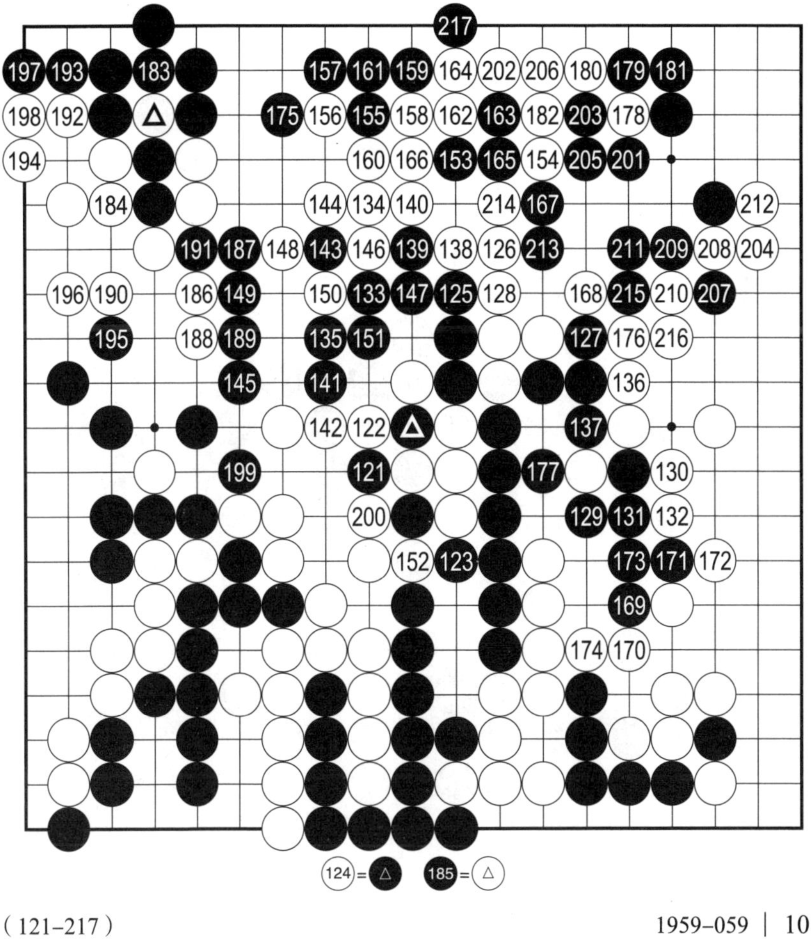

124=▲　185=△

（121–217）

1959年7月29日

白方　刘棣怀

黑方　陈祖德（受先）

至白40为止是战斗局面。黑41呆并难以理解，连眼都没有做好，虽然不能说是单官。黑89大失着，应单走91位。同样白92、黑93、白94、黑95、白96时，黑走99位绝好。至白108，黑净损13目。黑129断没有意义。黑143以下毫无战果。白158胜定。（华以刚）

白贴$2\frac{1}{2}$子　共158手　白中盘胜

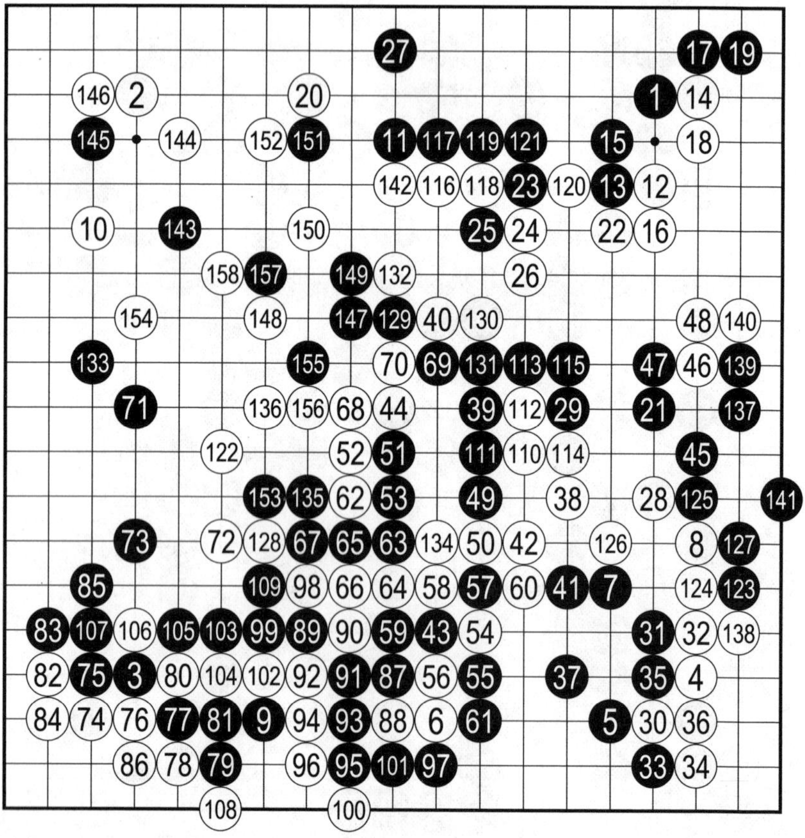

（1–158）

1959 年 7 月 31 日

白方　刘棣怀

黑方　陈祖德（受先）

珍贵棋谱。围棋大家少年时代的枰上气息，扑面而来。打谱时，六十多年的时光，随落子而穿越。彼时，少年棋风尚未形成。总的来看，正统、本格，比如黑 15、29、37 三处小尖；同时，如毛竹即将破土而出般，求效率、求战斗的苗头，也已显现，比如黑 43（但应 44 位）、黑 73（应虎补）。（王元）

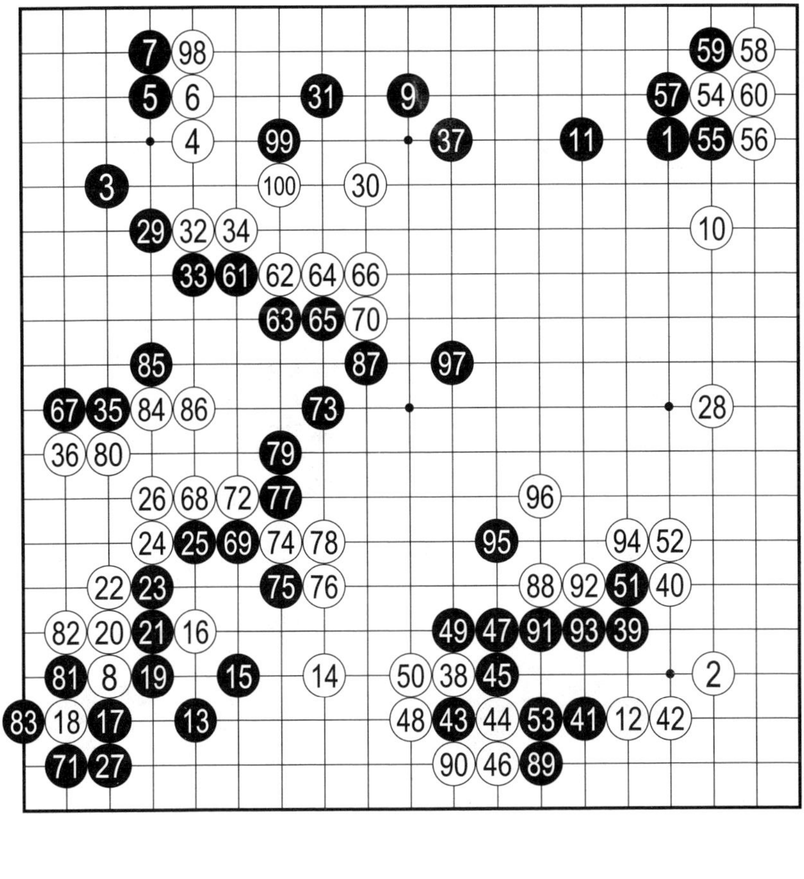

（1–100）

白方　刘棣怀

黑方　陈祖德（受先）

另外，黑169体现了很好的计算力，而黑111、113完全无必要。陈老若复见，定哈哈大笑！（王元）

白贴$2\frac{1}{2}$子　共186手　白胜3子

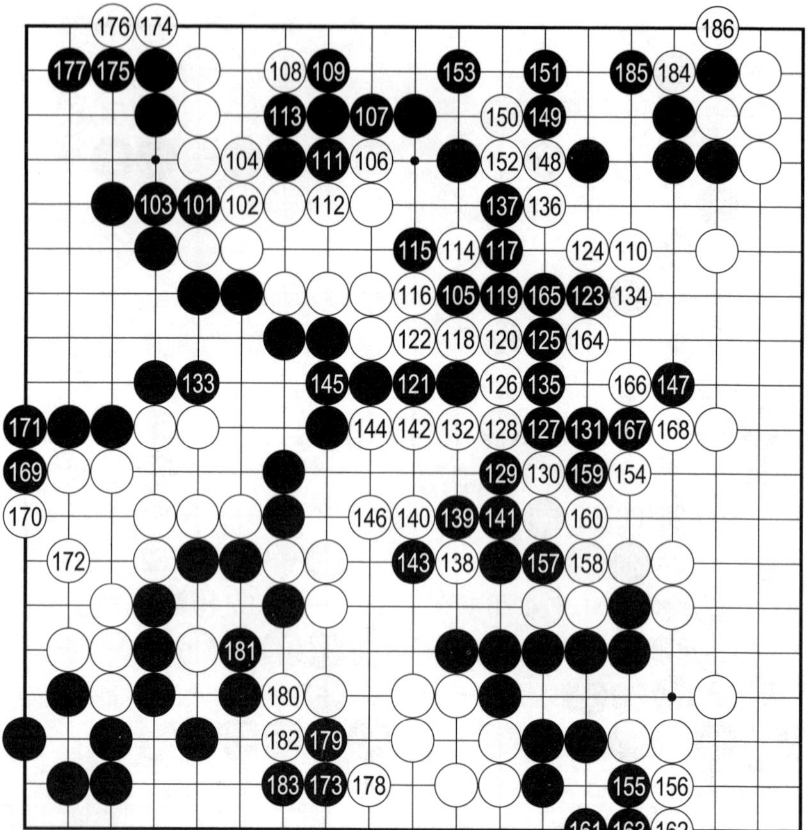

（101–186）

1959 年 8 月 17 日

黑方　张李源

白方　陈祖德

珍贵棋谱，本局显然是陈老年少时期的作业。乱战！乱杀！但杀力不足。然而，没有这样的基础和进程，哪有后来闻名天下的围棋大家！黑 11、17，均有欲追求更高棋子效力的表现，但显然没有必要。黑 21，是“少年壮志不言愁”，导致天翻地覆。黑 81，可脱先，于中腹白 60 下一路“咔嚓”。（王元）

共 146 手　白胜

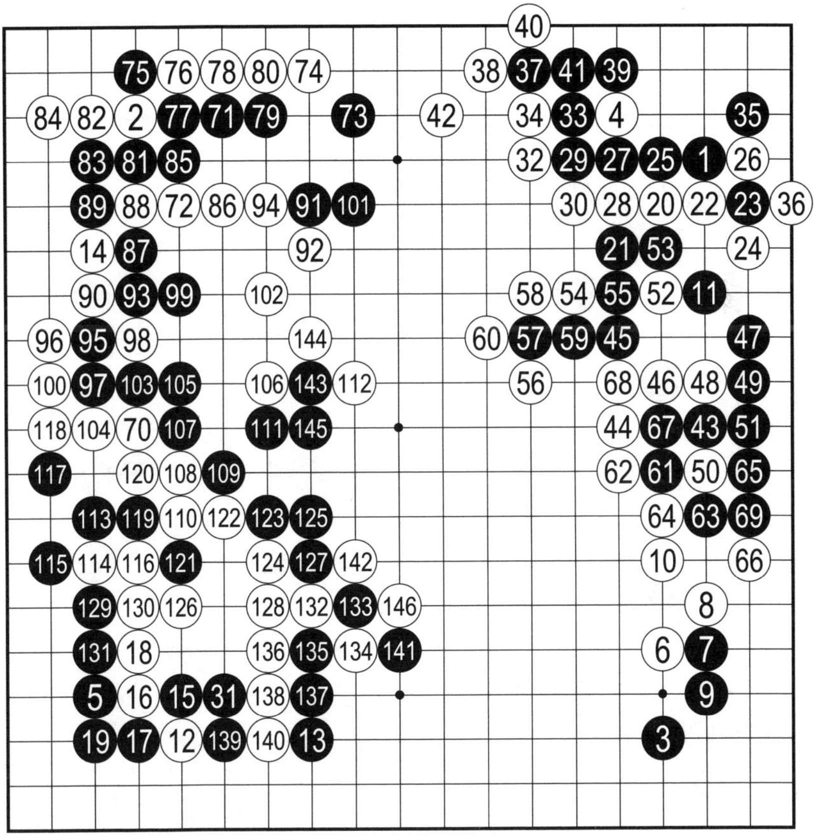

（1–146）

疑 1959 年 8 月 19 日

黑方　吴淞笙

白方　陈祖德

1982 年，我国始有三位九段：陈祖德、吴淞笙、聂卫平。在新中国的围棋发展史中，这三位举足轻重。

本局，显然是陈吴两位少年时的作品。可想而知对局当时，两个小小少年是何等开心：既有左上角彼时流行定式的“死记硬背”，又有右下角“放学后偏不回家，先在野外玩耍一个够再说”的童趣。

抚局感怀，浮想联翩……（王元）

共 94 手　白中盘胜

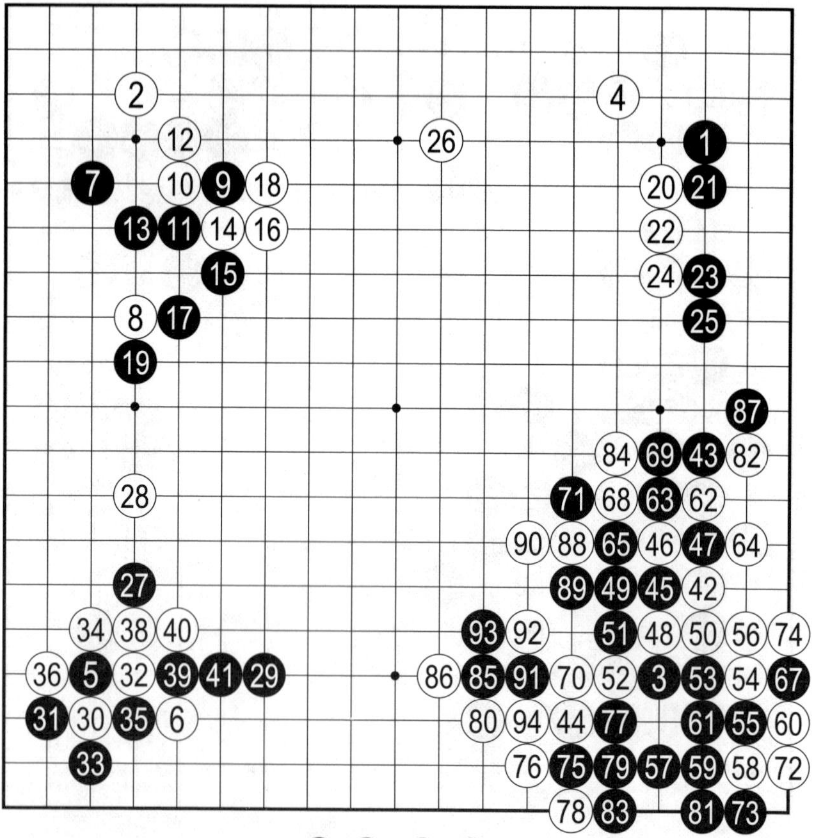

37=30　66=47

（1–94）

1959 年 8 月 27 日

白方　刘棣怀

黑方　陈祖德（受先）

能够与刘棣怀先生“对子”，说明彼时年少的陈祖德，棋力已然猛进。这一点，已能从棋谱中看出。

本局最闪光的一点，是黑 21 对白 20 打入的脱先！对黑 15、17 的超大飞构形，凡白 20 打入，百年来，黑都是在 26 位右一路盖头的，由此衍生出了此处的定式。但在 2010 年代，韩国李世石九段，下出了对白 20 打入却干脆脱先的革命性下法，一时之间，启发意义巨大。不曾想，此着陈祖德在 50 年前即已下出——黑 21！（王元）

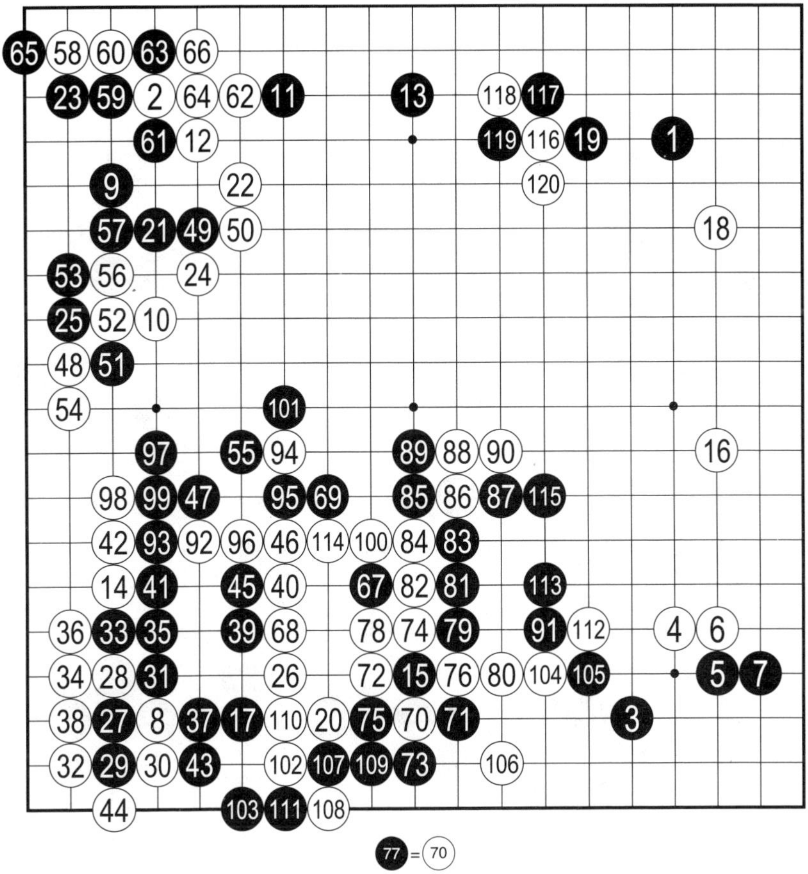

（1–120）

白方　刘棣怀

黑方　陈祖德（受先）

白贴$2\frac{1}{2}$子　共 221 手　黑中盘胜

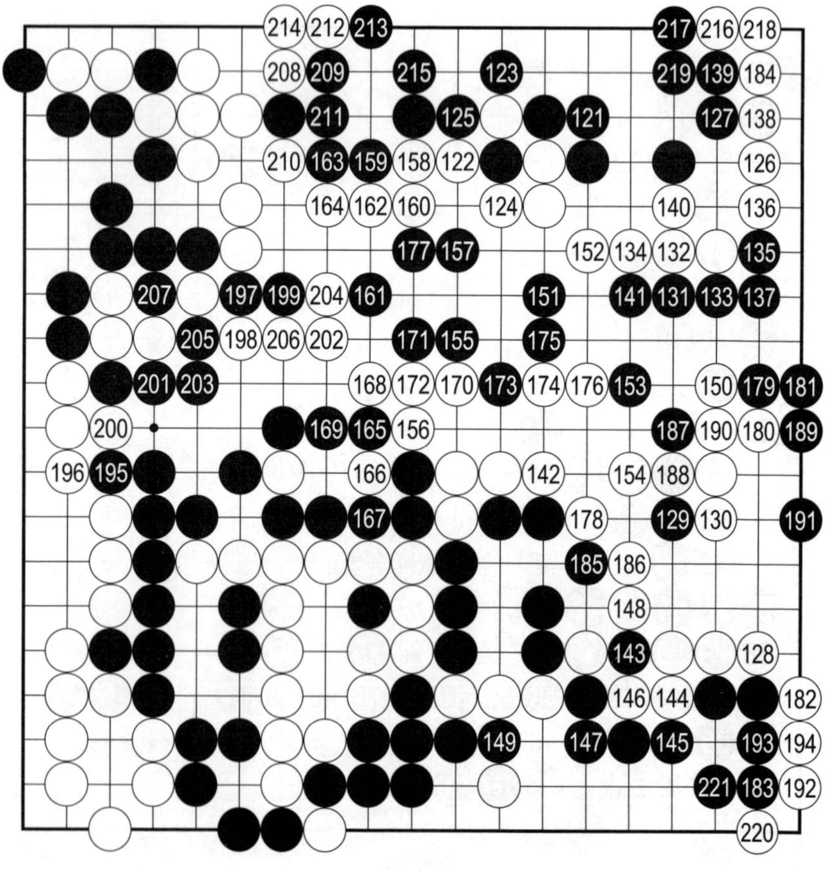

（121–221）

1959年9月3日

黑方　马洪九
白方　陈祖德

血气方刚的一现。

左下角的弃子取势表演，黑方神清气爽。从具体变化中看，黑33也可先于39位扳，以下白40位、黑35位、白36位、黑37位、白38位，黑再回头先手拔掉白30一子，如此更有弹性。黑51、61、77，均健步如飞，但“春风得意马蹄疾”的最后一步——黑77，没有刹住车，此着于79位扳，优势。本局的黑方，年轻啊……（王元）

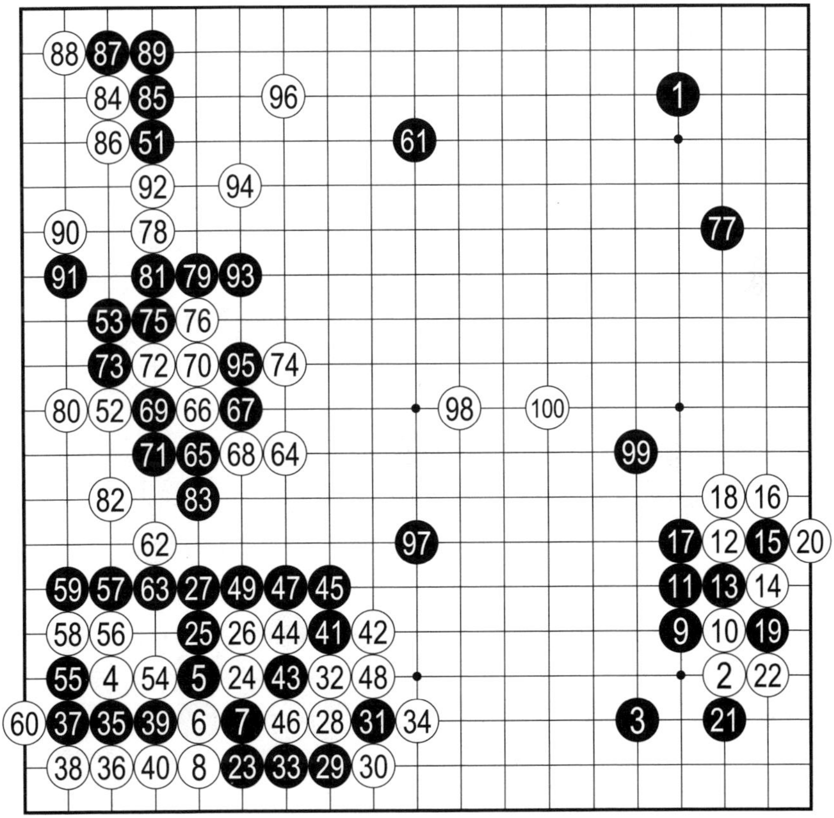

（1–100）

黑方 **马洪九**

白方 **陈祖德**

共 205 手　白胜$7\frac{1}{2}$子

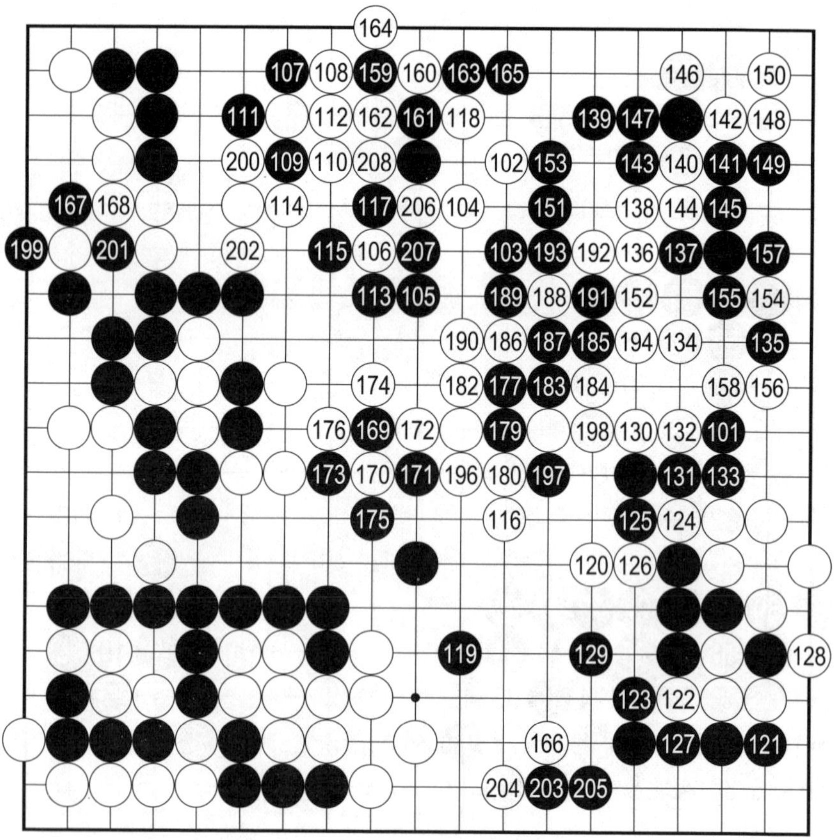

178=170　181=169　195=188

1959年9月8日

黑方　赵之华

白方　陈祖德

规矩，却力量不够，而在了解这一点后，始有蜕变。成年后，陈老与日本棋界著名的力战家加藤正夫斗力，也毫不处于下风。甚至，陈老还战胜过吴清源大师。后来人们对陈祖德九段的强烈印象是：力量已有余，而斤斤计较或不足。本局黑41脱先，不够细，还是应先40位右一路扳头。（王元）

白22恐怕过早，造成不利状态。白90恶手。（陈祖德）

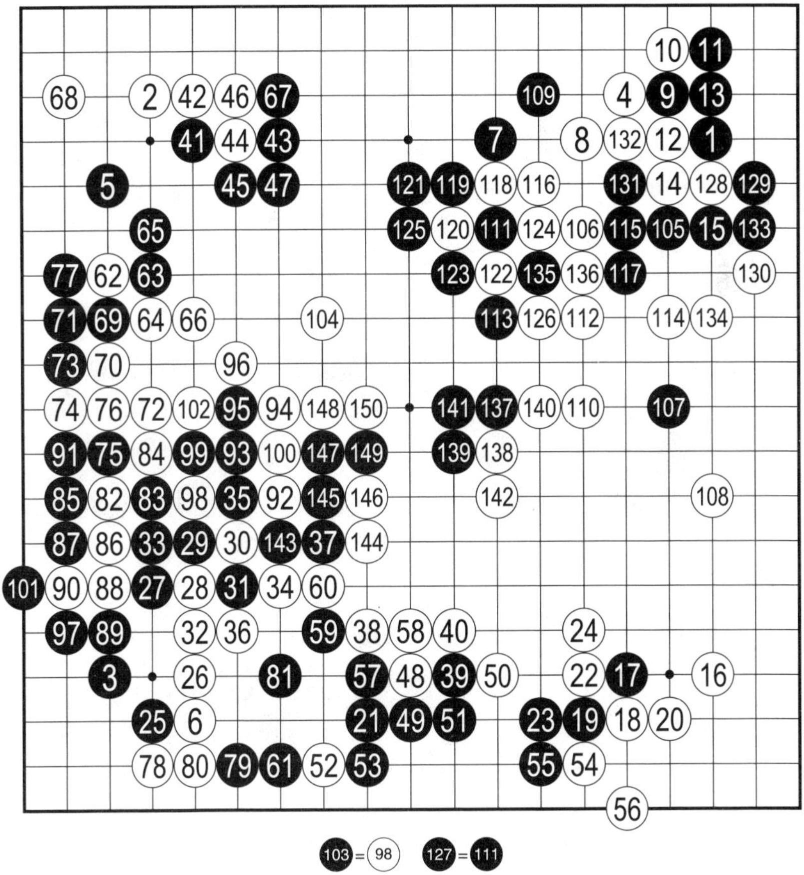

（1–150）

黑方　**赵之华**

白方　**陈祖德**

共 279 手　白中盘胜

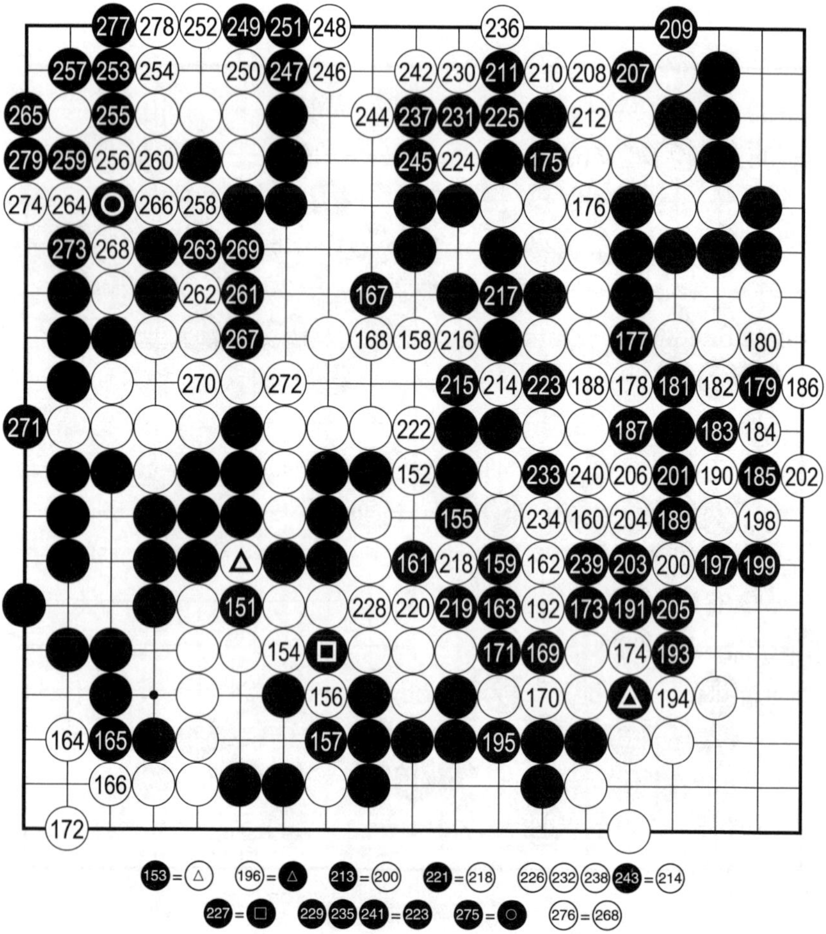

1959年9月10日

训练棋

黑方　陈祖德

白方　赵之云

白2、4的“朝外小目”布局，数百年来仅见。因为，人们在“感觉”上，认为此配置不利于形成合力。但，围棋盘比想象的更大。关键是，年轻的陈祖德，已经显现了“不信邪”的性格。此布局，20世纪80年代后期，赵治勋九段也试过一次。

本局仍是力战之局。陈老曾说，他研究过古谱，对于“力”有较深的体会。后，在其同时代棋手中，鲜有可在“力”上与之比肩者。（王元）

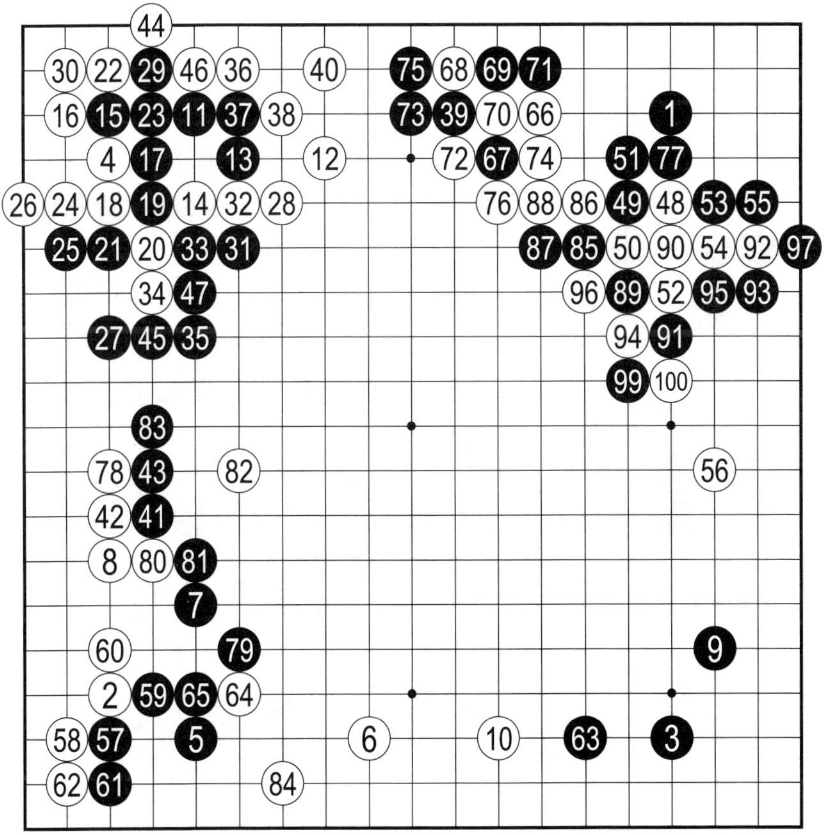

98=89

（1–100）

黑方　陈祖德

白方　赵之云

共 198 手　白胜 9 子

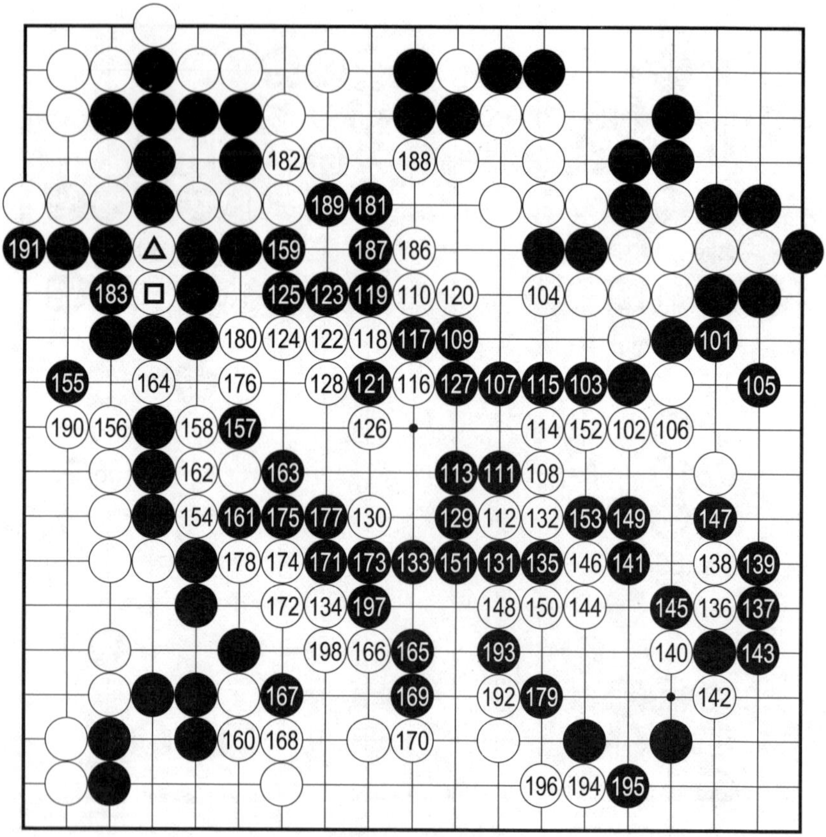

184=△　185=□

（101–198）

1959 年 9 月 14 日

黑方 陈祖德

白方 赵之华

也许是刻意改变棋风的缘故吧，年轻时段的陈祖德，常故意选择复杂变化，故意挑起战斗。对手也是如此。比如白 30——本手是 52 位压；比如白 62——本手是退一路、“边星”。第一谱，白方强杀黑大龙失败，形势已非。（王元）

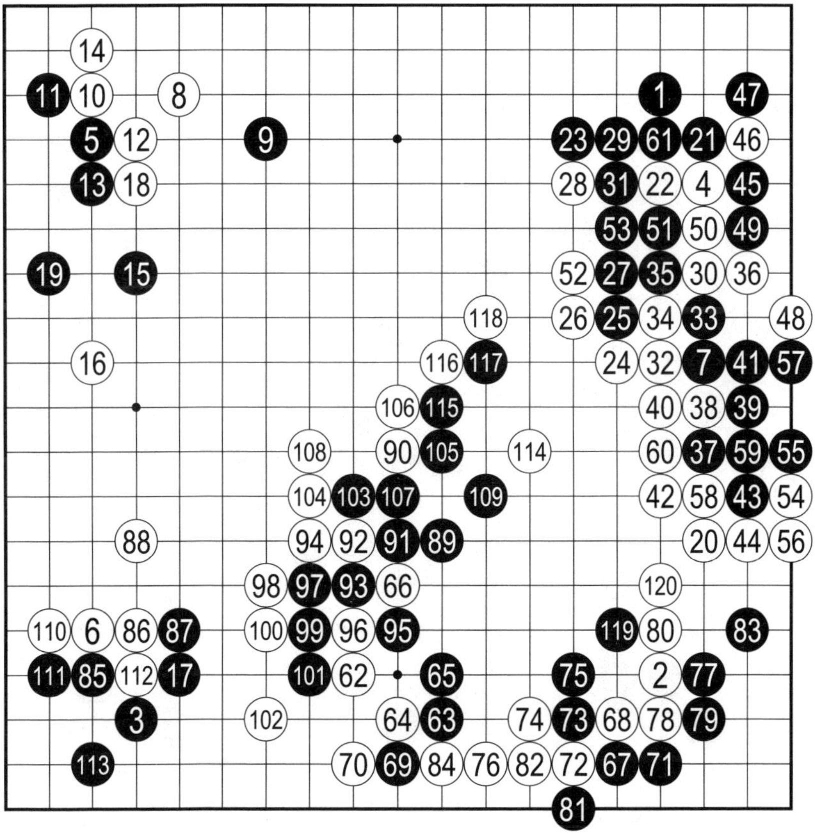

（1–120）

黑方　陈祖德

白方　赵之华

第二谱，就胜负而言意义不大，但从自我锻炼这个角度来看，却是难得、生动的。

围棋中，方正从容虽然需要以力量为基础，但正因为这个“力量”是在背后，失之于实践减少，所以真正出手时，出现误差的概率便自然增加。年轻的陈祖德，频繁练习“战斗”，此或为因。（王元）

共235手　黑胜10子

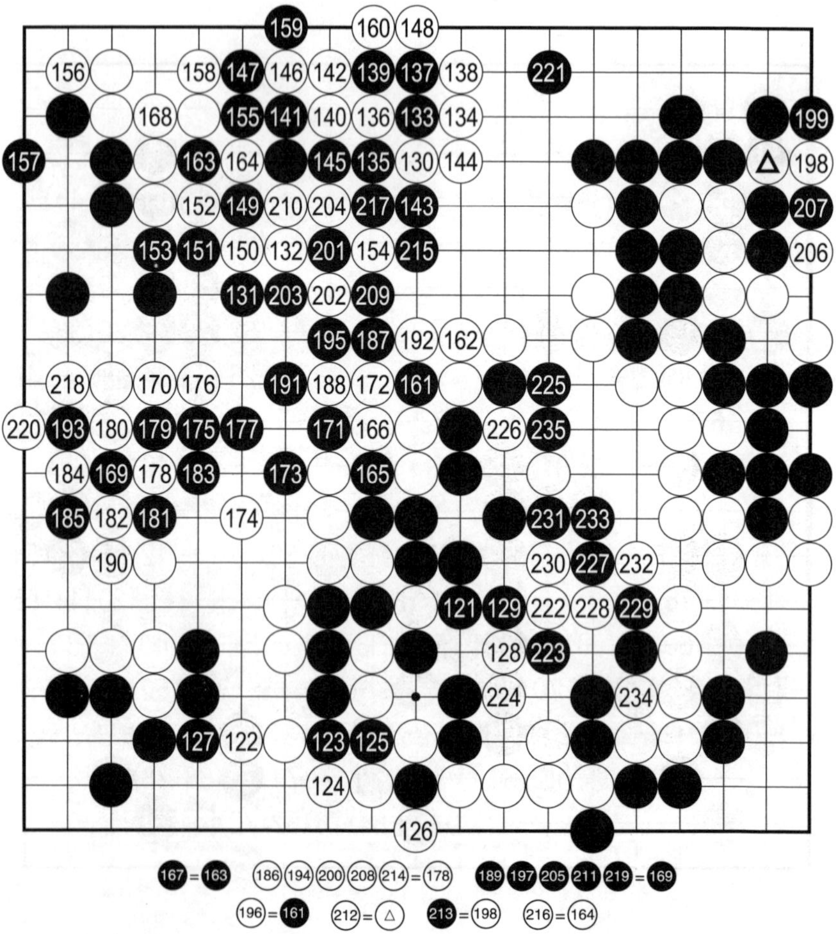

（121–235）

1959 年 9 月 15 日

黑方　陈祖德

白方　汪振雄

白 78 挖，手筋。吃掉了棋筋，白方立即建立了“胜势”。

陈祖德老师是新中国第一位击败日本九段者。那个时代，“九段”高不可攀。这在 AI 时代的今天，是难以想象的。陈老，由少年时的“书房棋”，升华为“力战棋”，并雄踞天下十数年，是棋史中显赫的存在。与此同时，今天回看，正因为当时环境和条件，致天赋过人的陈祖德，未能在围棋顶峰上持续更长的时间，未能在棋艺上充分发挥自身的潜力，这不能不说是一种遗憾。（王元）

73 着大恶手。（陈祖德）

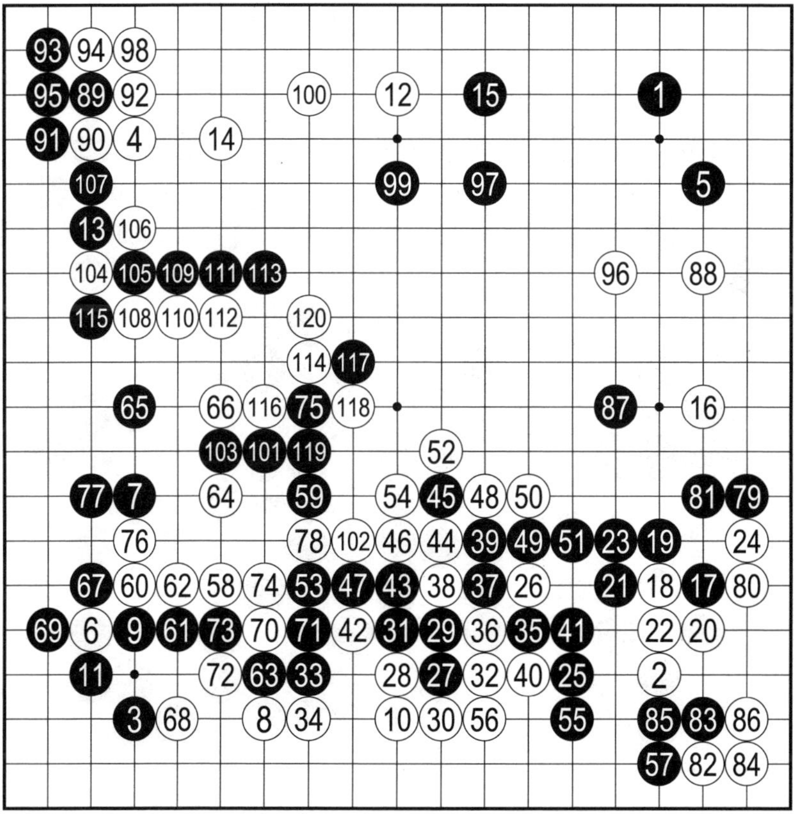

（1–120）

黑方 **陈祖德**

白方 **汪振雄**

共 267 手　和棋

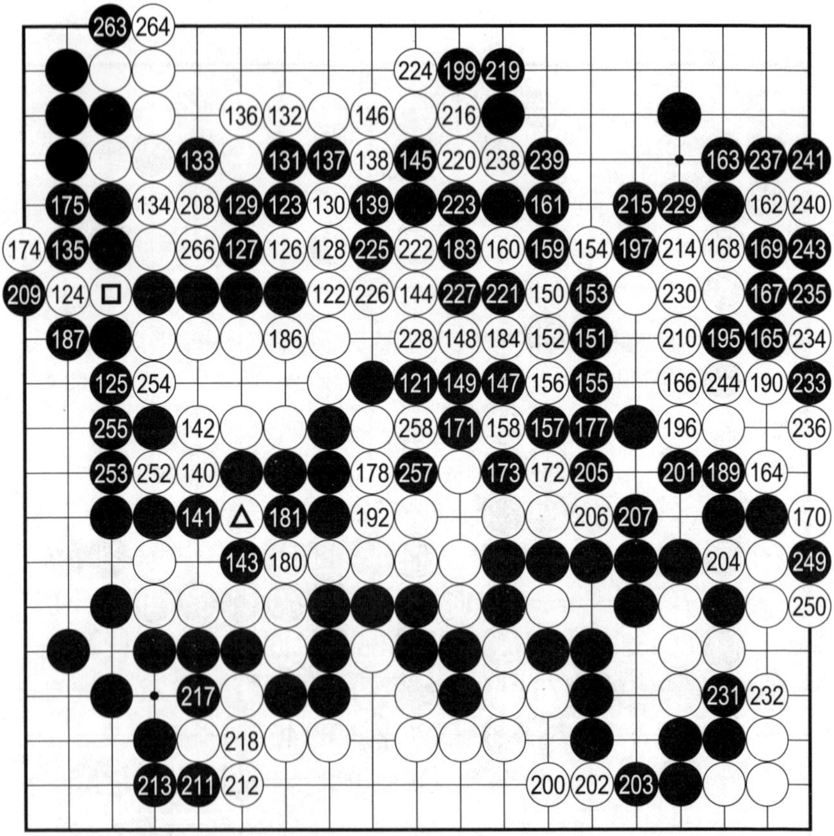

176 182 188 194 = 158　179 185 191 198 = 173　193 = △　242 248 = 234　245 251 259 265 = 233

246 267 = □　247 = 124 256　262 = 234　260 = 162　261 = 240

1959 年 9 月 16 日
训练棋

黑方　孙步田
白方　陈祖德

从黑 19 下错了“定式”（应俗尖顶或盖白 14 之头），到黑 105 接错了地方（应四路接）可以看出，这是“学棋少年”的作业。但是，激烈的肉搏战中，黑方的力量仍可圈可点。

在陈老的自传体作品《超越自我》中，叙述了从书房棋到力战棋的自我超越过程，若非如此，则在围棋上追赶日本的现代围棋发展史，必会非常不同。而包括本局在内的胜局及很多败局，少年陈祖德能够认真地记录下来，也是读懂他的重要元素。（王元）

共 152 手　白中盘胜

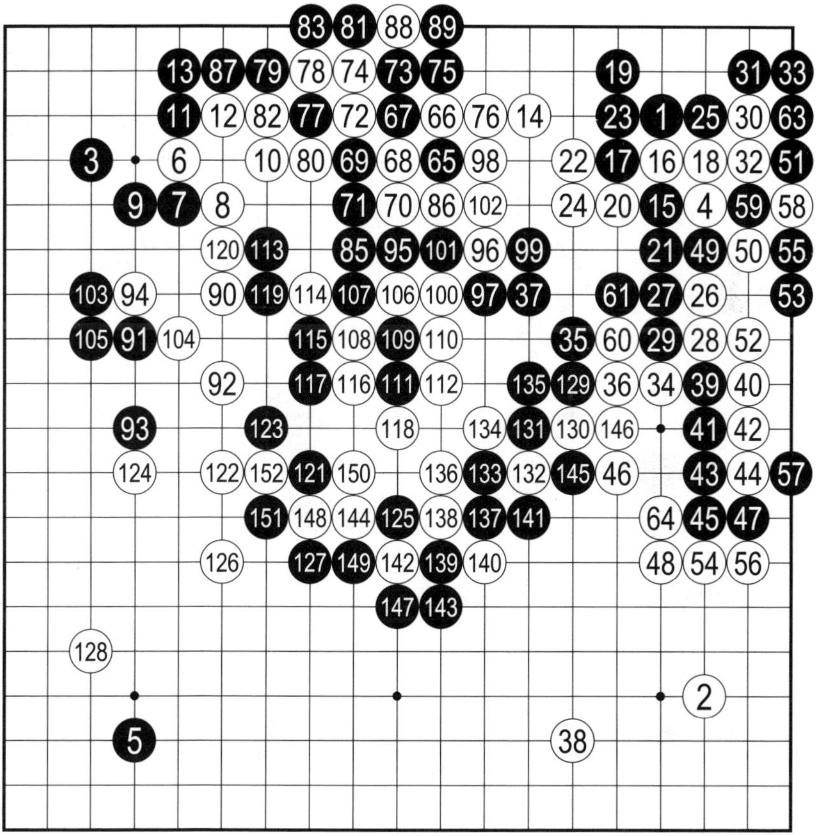

62 = 58　84 = 77

（1–152）

1959 年 9 月 22 日
训练棋

黑方　陈祖德
白方　汪振雄

本局中，汪老前辈展示了他对围棋的新理解。两个重要的细节是：一是白 14。此着，与其说是创新，不如说是“不信邪”。因为从来都认为，此着应该上长。后来，陈祖德许多棋也尝试过下立，是故这可以成为一个难度很高的“科研题目”。第二个细节是白 60。从来都认为，征子不利时，白 60 不成立。但在本局的情况下，老前辈打算弃征子而一路搂过。正因为“不信邪”的传承，后来的陈老有许多被称为“祖德流”的作品。（王元）

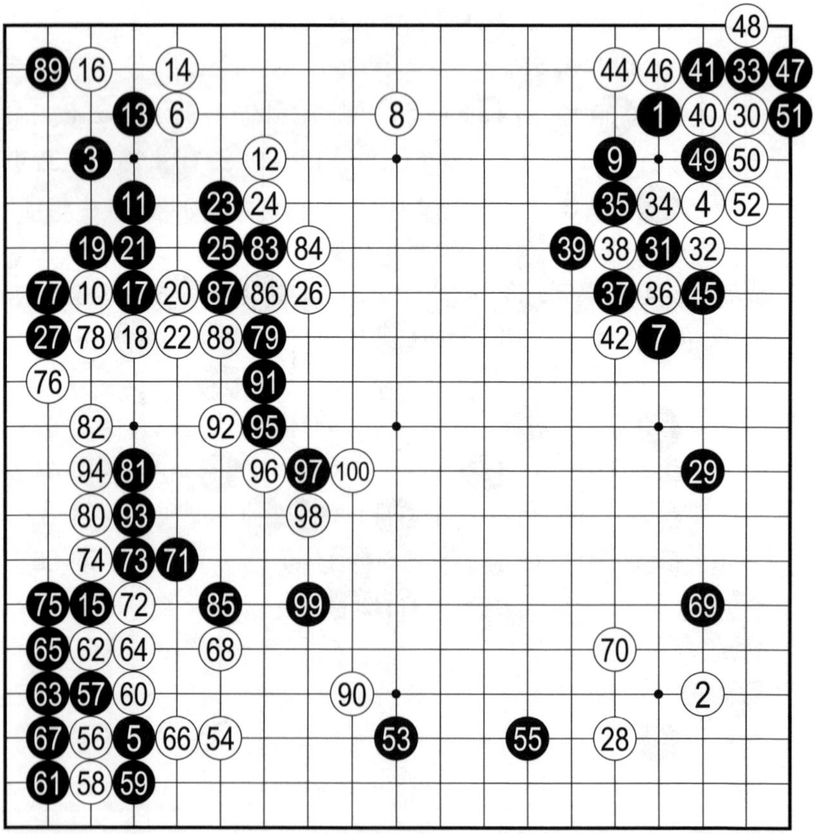

43 = 31

(1–100)

黑方 **陈祖德**

白方 **汪振雄**

共 184 手　白中盘胜

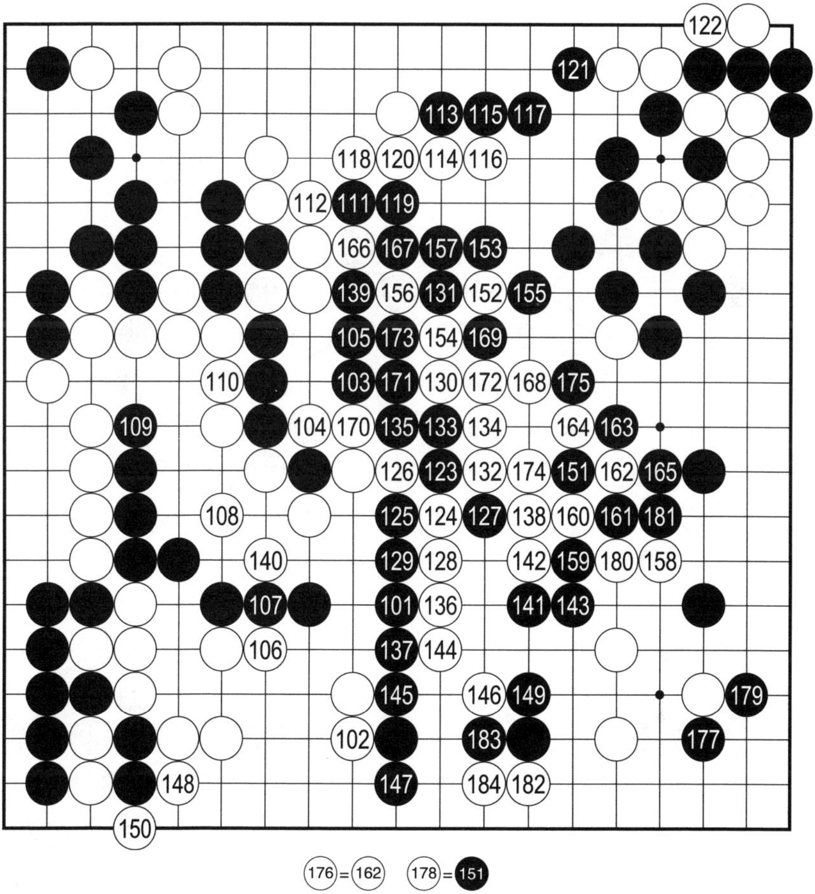

(101–184)

1959年10月5日
1959年秋季赛初赛

黑方　戴文龙
白方　陈祖德

黑27应在19左一路接，白28应101长。双方各一步疑问手，依旧是均势。黑31应101打吃，白102接，黑107。至白36，白稍稍优势。黑49大缓手，应脱先在52拆或67跳。实战白50、52抢攻，黑棋苦战。黑63、65估计是次序记录错误，请忽略。至白74，白棋攻击成果明显，取得优势。白94压出方向错误，黑109先手做活，白攻击落空。但之前优势巨大，依然是白棋的优势。（俞斌）

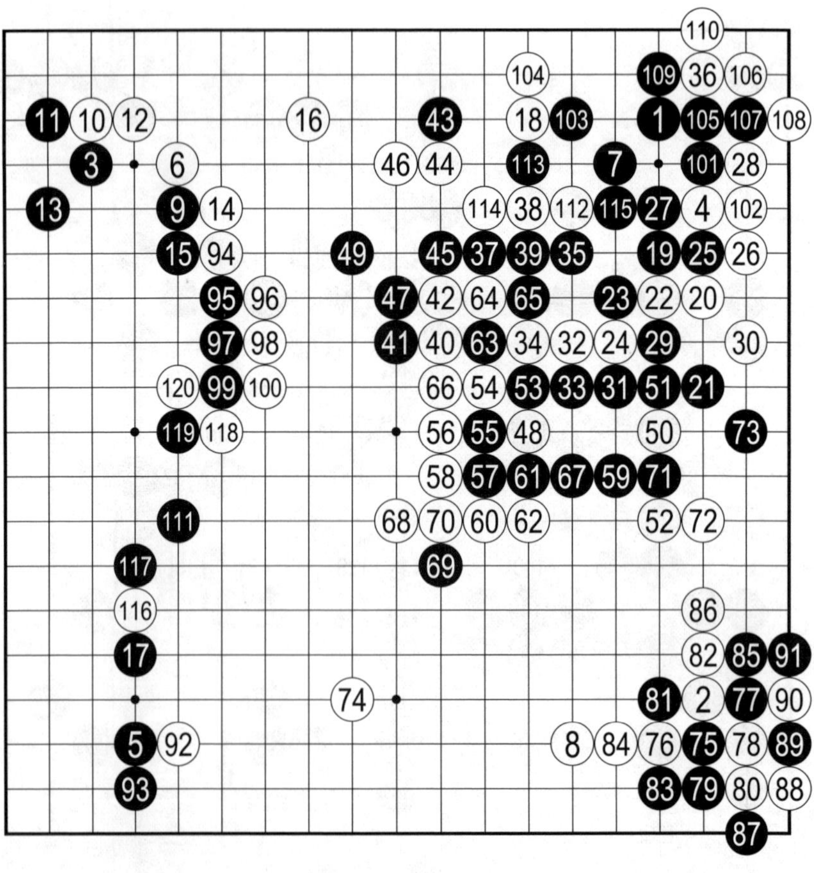

（1–120）

黑方 **戴文龙**
白方 **陈祖德**

白棋一直将优势保持到214手。214以下是白棋失误还是记录错误，我无法判断。特别是白220，简单送吃不可思议，我判断是记录问题。因为最后结果是黑胜，所以估计214手之后才是胜负关键之处。因怀疑棋谱有误，无法评论。（俞斌）

共223手　黑胜$2\frac{1}{2}$子

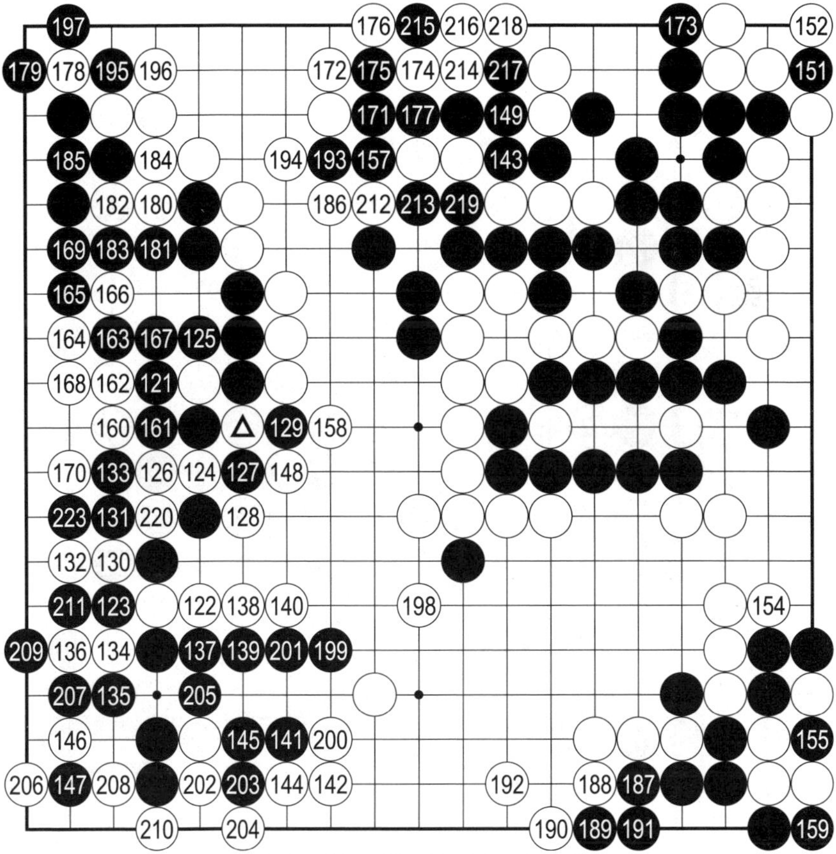

150 156 = △　153 221 = 127　222 = 124

（121–223）

1959年10月24日
1959年上海市秋运会

黑方　陈祖德
白方　赵之华

白62主动出击，本身是非常复杂的战斗。黑69避战缓手，应在66右一路断应战。至白70，白棋吃掉一串黑子，取得优势。

白106稍稍过分，应在125拐，双方安全。白108应在114位打吃，时机正好，可以先手加强自身。

黑111、113转守为攻，白106的薄味暴露。至128形成转换，形势逆转。

黑131应在（145右一路）尖补，黑137应188挡。白138靠，黑无法净杀白棋。至146白先手逃出，局势转为细棋格局。

官子阶段白发挥更好。本局贴二子半，黑胜一子。（俞斌）

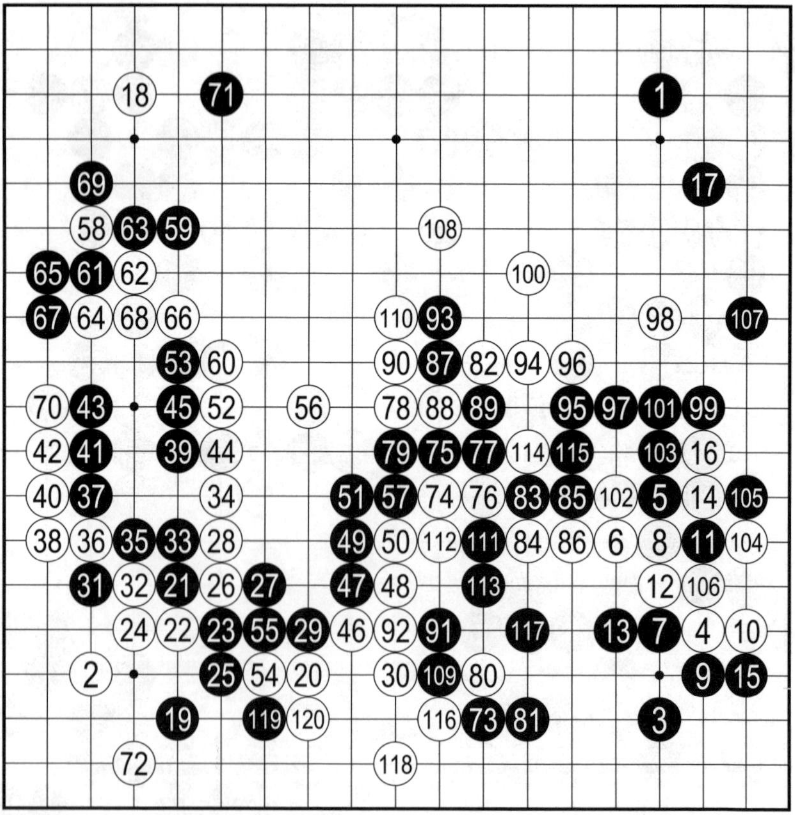

（1–120）

黑方 **陈祖德**

白方 **赵之华**

黑贴$2\frac{1}{2}$子　共 222 手　黑胜 1 子

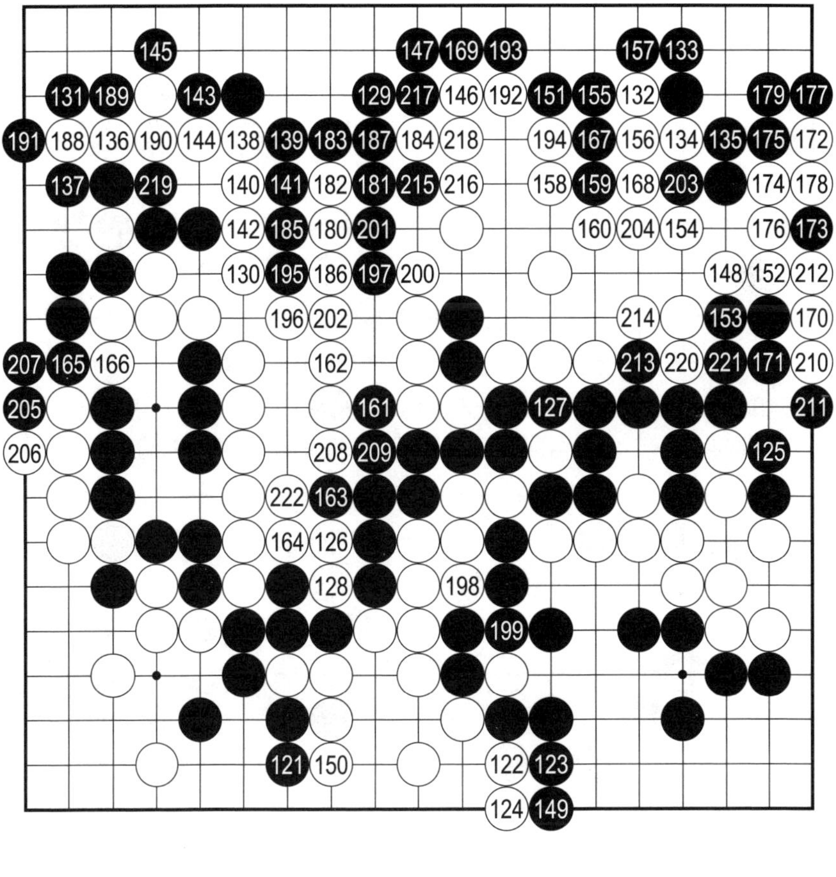

（121–222）

1959年11月3日

白方　王幼宸

黑方　陈祖德（受先）

王幼宸老师是大器晚成的典范，五十多岁后棋艺迅速提高，跻身全国一流高手行列，1958、1960两获全国亚军。1960年，受先胜濑越宪作名誉九段1子。在我跨进市体育宫大门后，刘、王二老总是轮番陪我对局，局后做简明的复盘指导，使我获益匪浅，终身难忘。

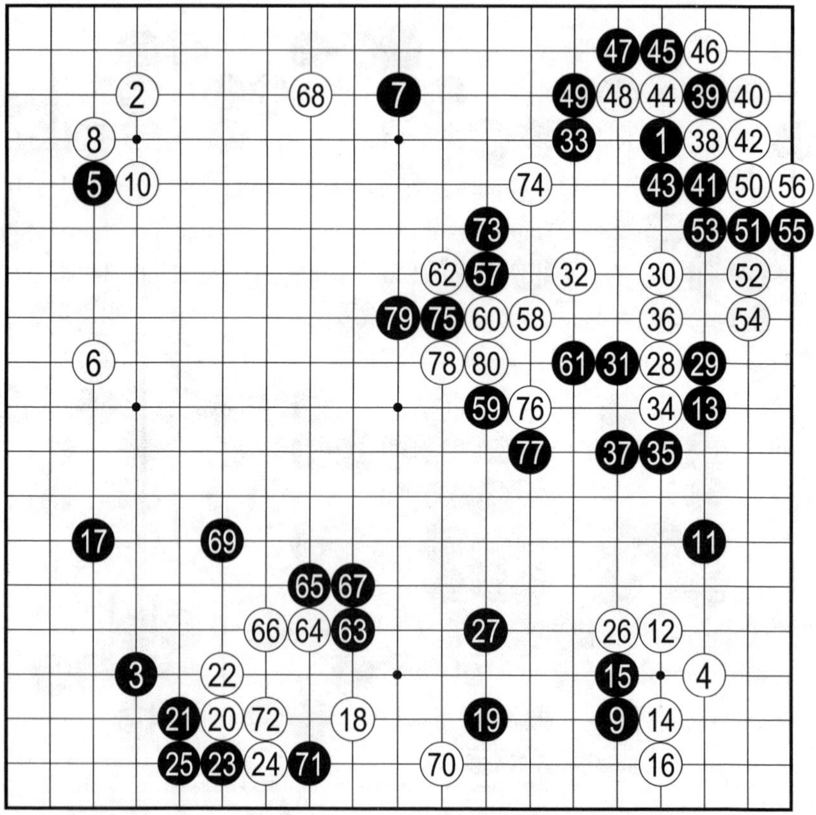

（1–80）

白方　王幼宸

黑方　陈祖德（受先）

黑115过早，造成后来败局。黑135过分，如改为2·九（二路虎），那白就无法在黑空中谋活。（陈祖德）

共170手　白中盘胜

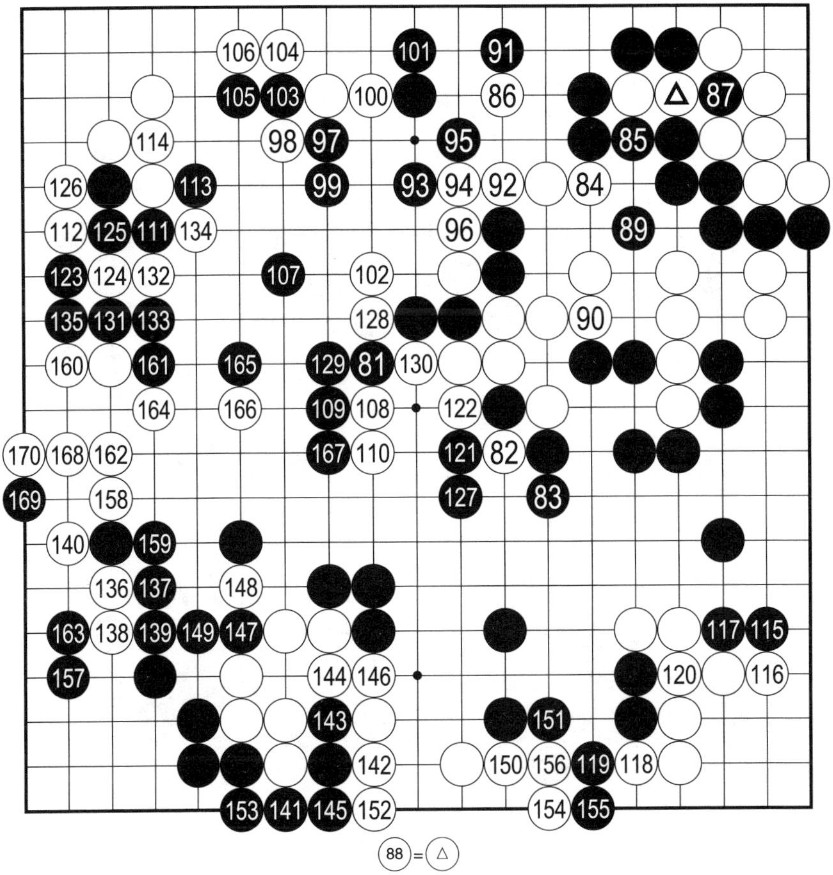

（81–170）

1959 年 11 月 11 日弈于上海

黑方　陈祖德

白方　魏海鸿

黑 3 立即守角少见。白 6 拆稍有问题。黑 7 没能给白 6 制造点不满或出点难题。黑 17、19 主要是为了与 11、13 相配合。白 20 是关系双方势力消长的大场，但目前盘面上又大又急的是尖顶攻击左下黑子。黑 21 靠出紧急。白 22 应直接在 27 位长，这样黑反而无法利用。黑 23 正着。白 24 只此一手。白 26 扳不当，此时只能粘，避免被黑利用。黑 27 卖掉了以后在 29 位立的手段。白 38 几乎浪费了一手棋。黑 39 侵削不当，至白 42，黑反而感到无从应对。黑 43 挡可能无理，现在研究仍然找不到满意的应手。白 44 冲绝对，但 46 应当研究。黑 55 虎补太软弱，应于 60 位打。白 58 缓着。黑 59 长，现在看来不可思议。白 68 严厉，我没有觉察到。白 70、72 是魏老细腻、本分棋风的写照。黑 73 打入及时。白 74 不如 104 位压安全。至黑 93，白反被分断，攻势顿时瓦解。白 100 不得已，只有先确保不会被杀。

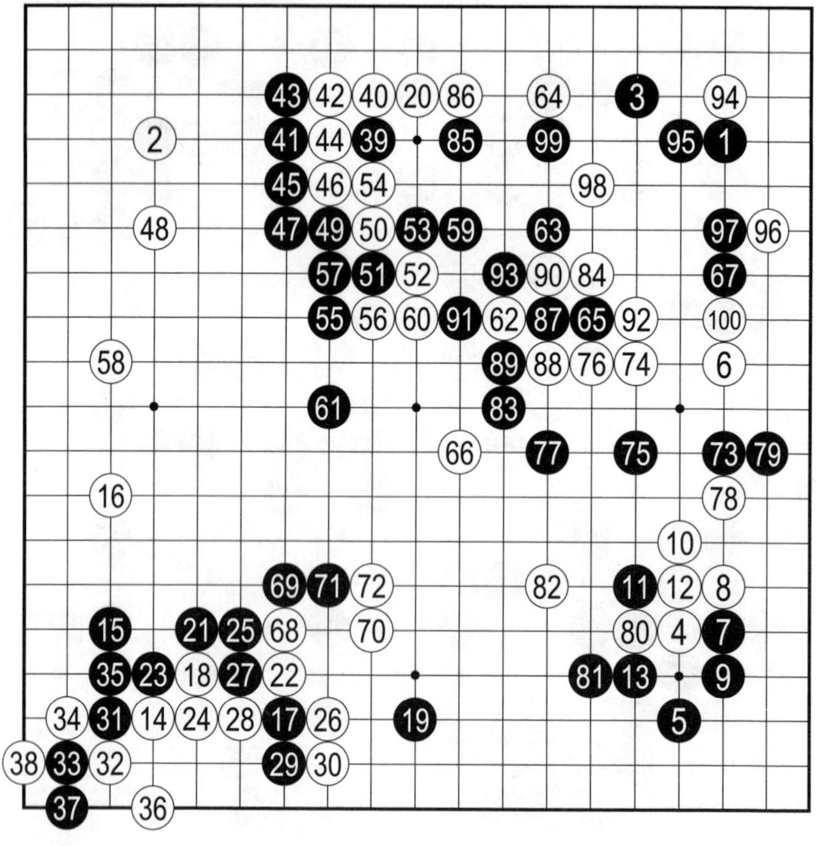

（1–100）

黑方　陈祖德

白方　魏海鸿

白102、104采用挖断战术使上下通连。黑107机敏。白108应吃净黑二子，以后角上还有倒脱靴。白110不敢用强。黑113点角全局最大。白116明智。白120好手，虽然官子稍损，但122压出时，黑由于连络有缺陷而不敢用强。白134打入盘面最大。黑137引发一场激战。白148扑是妙手。黑149单长机敏。白150前功尽弃，当158粘，才能体现扑的妙味。黑157试探。白158提两子没必要，引出黑159的手段来。黑161断严厉，施展出一连串的漂亮手段，将白棋逼上了绝路。白162若在169位顶可顽抗一番，但无济于事。黑175后，白无路可逃且气很短，只好认输。（陈祖德）

黑贴$2\frac{1}{2}$子　共175手　黑中盘胜

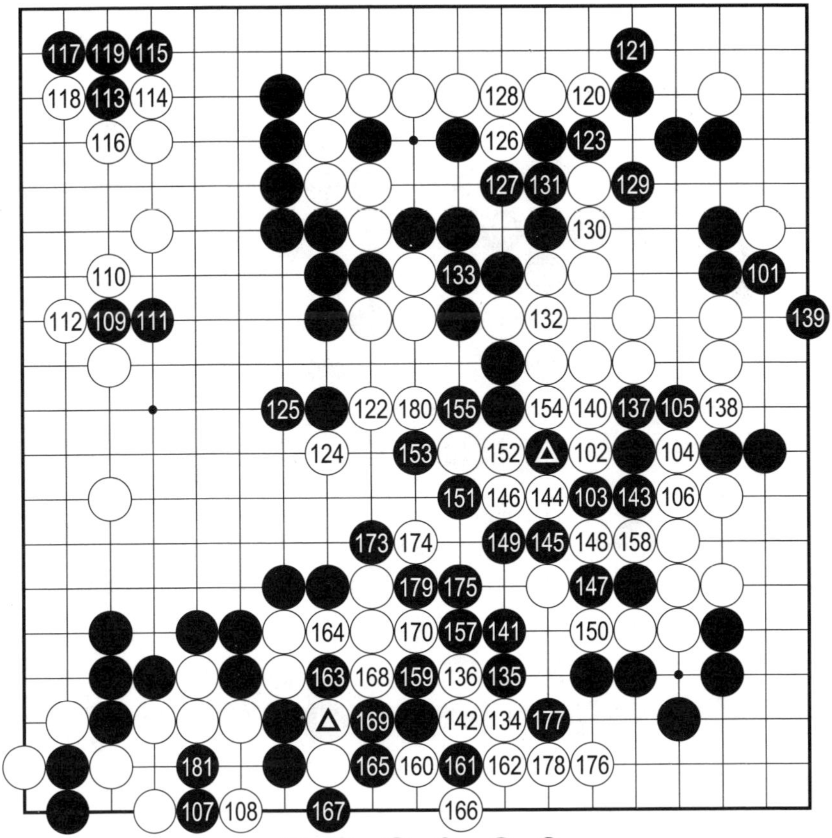

156=△　171=163　172=△

（101–175）

1959年11月12日弈于上海市体育宫
1959年上海市秋运会

黑方　陈祖德
白方　赵之云

白6隔二高挂，虽为过去走法的一种，但因以后白在三三顶的效力不大，黑可暂时脱先不应。白12是古代的一种急于求变的作风，近代已不适用。黑13搪不必，当在15位挂，搪后反使白12之子收到功效。白14投子，太过空虚，仍以大飞（守角）比较稳健。白20断勉强，当在24位补角，不必多生头绪。黑23松，当在41位靠紧，方能与21长出的用意配合。黑37压，对白影响不大，不及关，出路较宽。白38长出嫌局促，不及关。黑49松，当在121位压，使白不能脱手。白52攻黑及时，以后可以相机弃取，运用甚多。白68投子欠考虑。黑73虎补太弱，当吃净白一子，

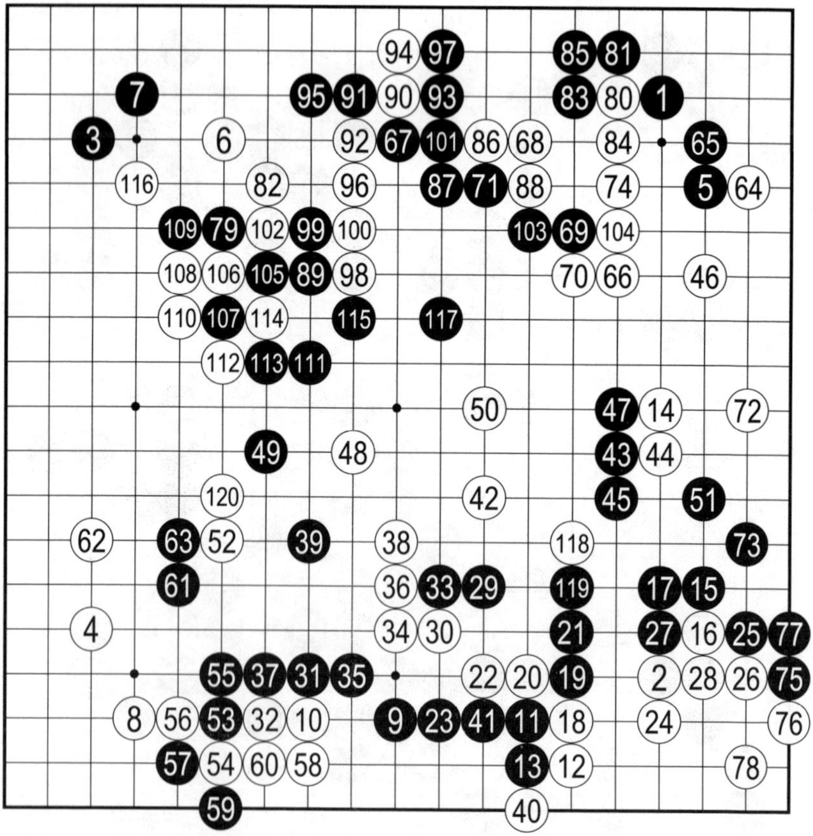

（1–120）

黑方 **陈祖德**

白方 **赵之云**

且照应边上黑子。白 82 尖出嫌局促，当拆一，以后活路甚多，黑亦难于攻逼。黑 85 接不及虎。白 90 不得已。黑 101 太稳，不及关出，以后作用较大。黑 111 关不扼要，当在 113 位虎较为有力。黑 185 挖做劫，计算精密。因白重黑轻，稍占便宜。黑 217 打做劫，便宜极小。因为黑要贴白二子半，此时黑方已成负局（汪振雄）

黑贴$2\frac{1}{2}$子　241 手以下略　白胜$2\frac{1}{2}$子

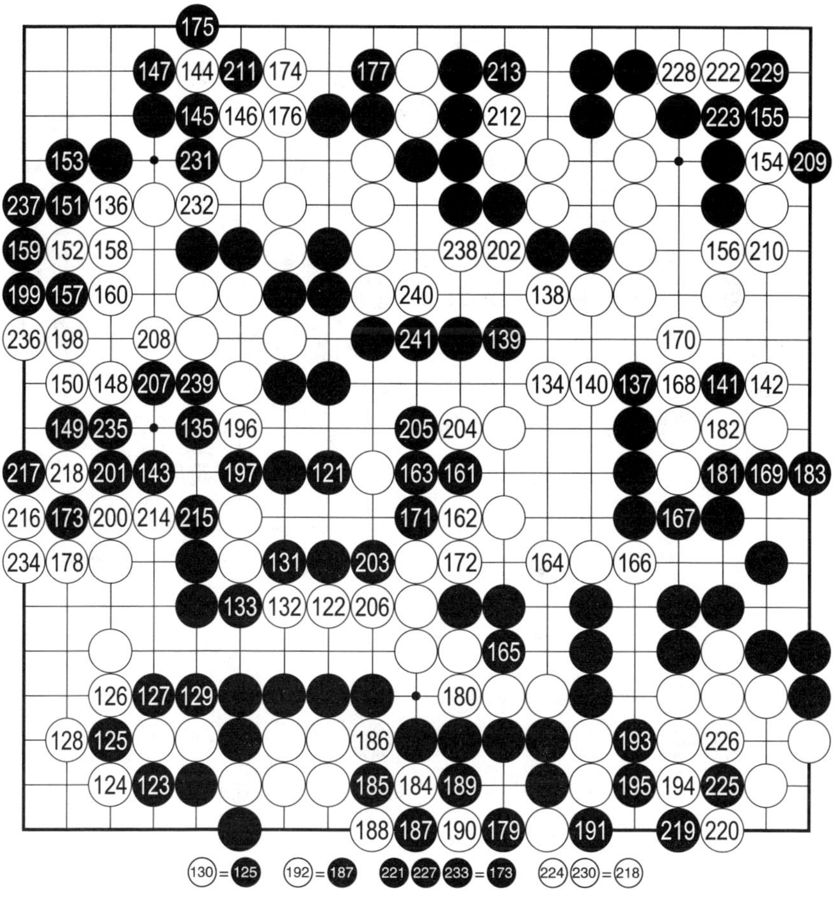

（121–241）

1959年12月2日

黑方　陈祖德

白方　汪振雄

白32有所图谋。黑33应抢先一步在30左一路断。白36点妙手，与32相映成辉，至白38渡过，白棋稍稍获利。

白54挖也是绝妙的手筋，但时机过早，在62飞出头更为紧要。黑55以下弃子正确，黑59转守为攻，取得了战斗主动权。

黑73缓手，在83长可以成立。白74长得以安定，白棋渡过了难关。

黑75再围一手，黑左下角的模样巨大，如何侵消成为本局胜负的关键。白112以下强行进入黑阵，黑不得已强杀，攻防战非常激烈。（俞斌）

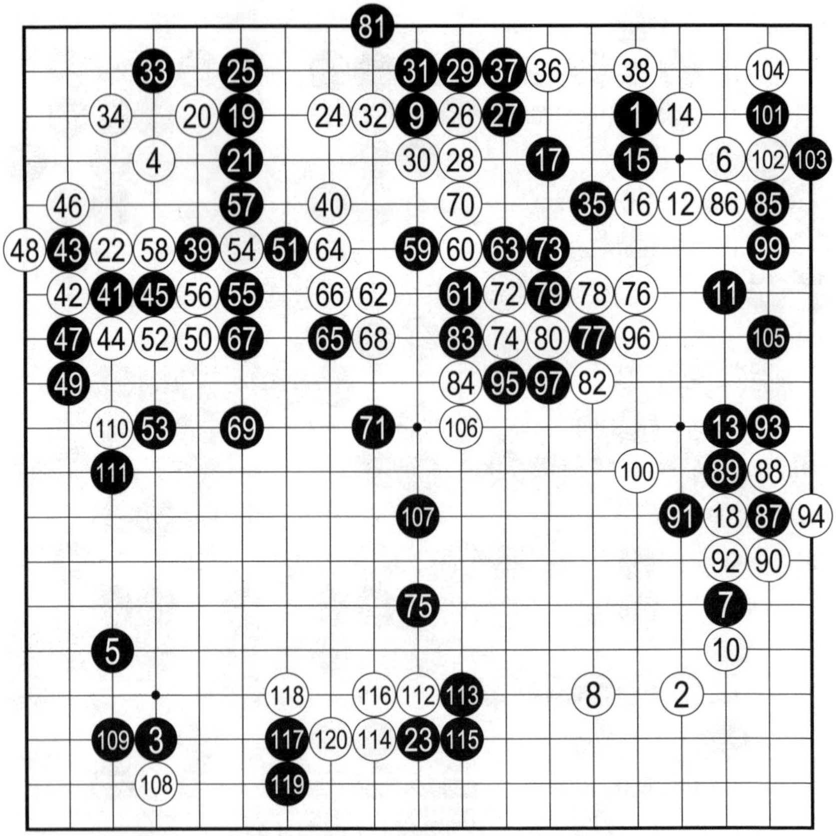

98=77

（1–120）

黑方　**陈祖德**

白方　**汪振雄**

至白158，成为两块巨龙杀气的战斗。白178最后败着，应在191靠，白棋可战。（俞斌）

共229手　黑中盘胜

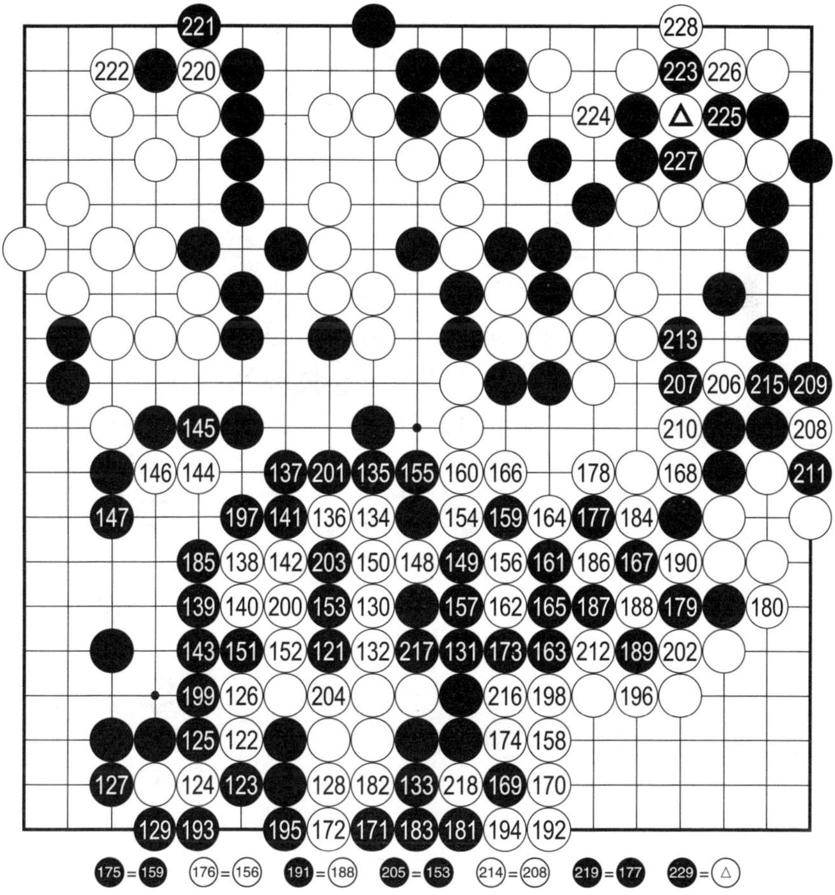

（121–229）

1959年12月3日

黑方　赵之华

白方　陈祖德

白16如今多在22位跳。黑19、21开启战端。白26可在31位贴。黑31、33发起攻势。白34有俗手之嫌，可在35位冲。白42、44势在必行。白52应在57位飞，将成双活。黑57净吃白角，取得优势。白64、68强攻，孤注一掷。黑77应保留，可在89位尖，白苦战。白88出头，稍得喘息。黑109应在110位冲，关系到眼位。黑113至123劫杀白角，局面复杂。黑127应在128位弃子。白130如在132位开劫更有力。至143转换，形势黑稍优。（谢赫）

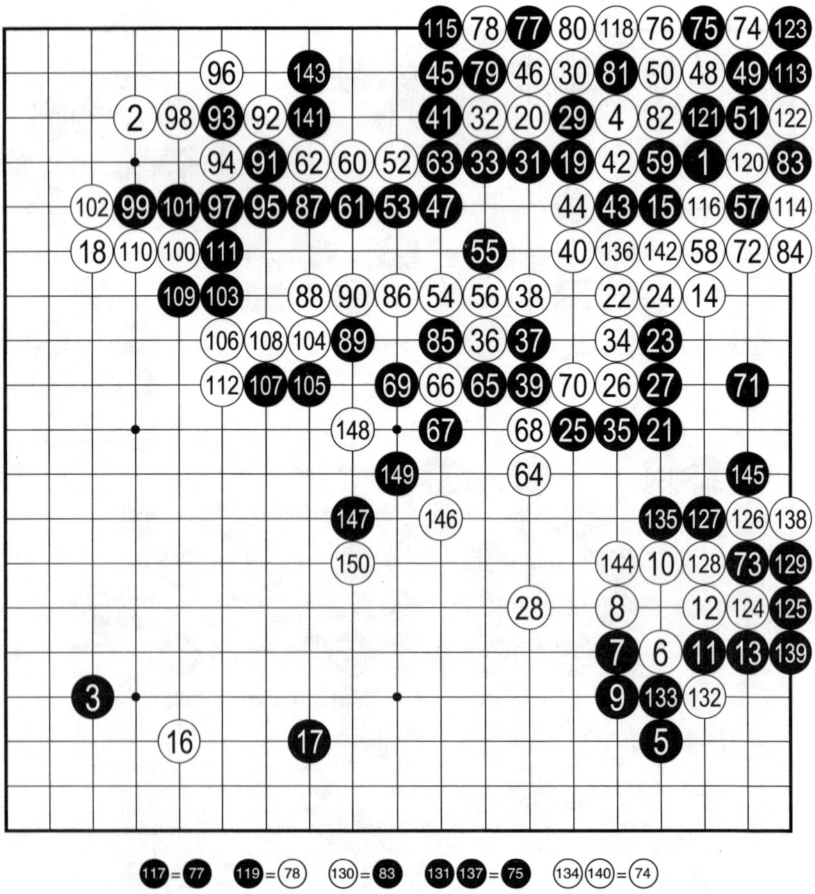

黑方 赵之华
白方 陈祖德

黑151强手。黑155可在221位长。白158如在159位飞、黑158、白169，优于实战。白160、168滚打包收虽愉快，所得却有限。白186、188胜负手。黑189、191判断清楚，至195简明优势。白204是做活的好手。黑213、217似有误算，应在222右一路虎。白218敏锐抓住机会扳回局势。黑223败着，走232位价值更大。白224、226占据全局最大之处，成功逆转。（谢赫）

黑贴2$\frac{1}{2}$子　共272手　白胜1$\frac{1}{2}$子

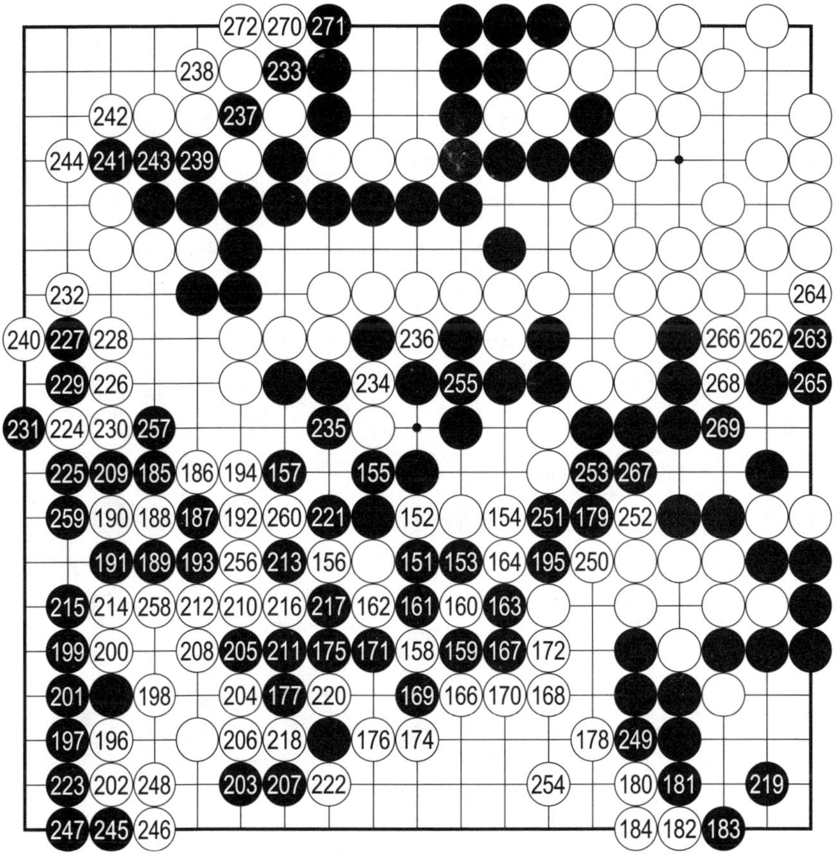

165=160　173=158　261=156

（151–272）

1959 年 12 月 18 日

白方　王幼宸

黑方　陈祖德（受先）

黑 21 可在 10 上一路靠压，兼补下边。白 22 打入有力。黑 29 可在 24 上一路靠，弃掉 5 和 19 两子。至 35 双方竞相跳出，白可战。白 44 普通在 66 位扳即可。白 46、50 有过分之嫌。黑 51 如在 60 位打，白损。黑 59 失着，应在 60 位提，黑极厚，白角很苦。白 60 至 66 弃子，确立优势。黑 69 应在 70 位挖。白 72 跳出，黑两块棋都薄，陷入苦战。（谢赫）

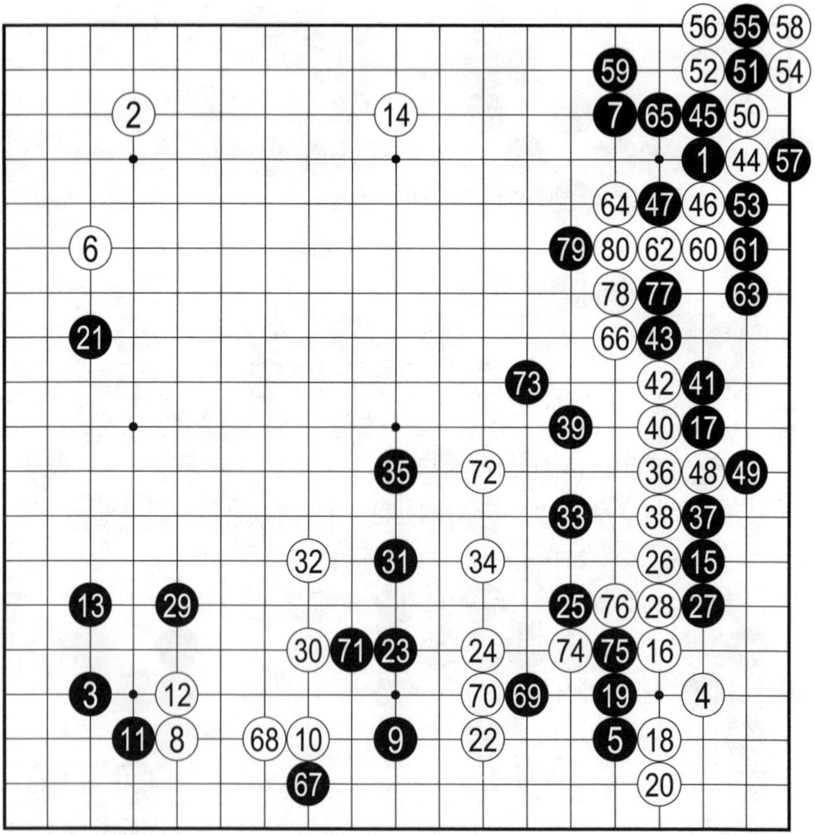

（1–80）

白方　王幼宸

黑方　陈祖德（受先）

白86点方，黑87只好忍耐。白96挤时，黑97有疑问，应在126位接。白100发起攻势。白106刺、108罩，来势汹汹。黑111、113挖粘时，白114虎，选择简明处理，由此可以看出白方的思路不是要吃黑大龙，而是希望通过攻击顺势走厚。至123，黑活棋虽不成问题，全局却是白简明大优。此后黑已无机会。（谢赫）

共174手　白中盘胜

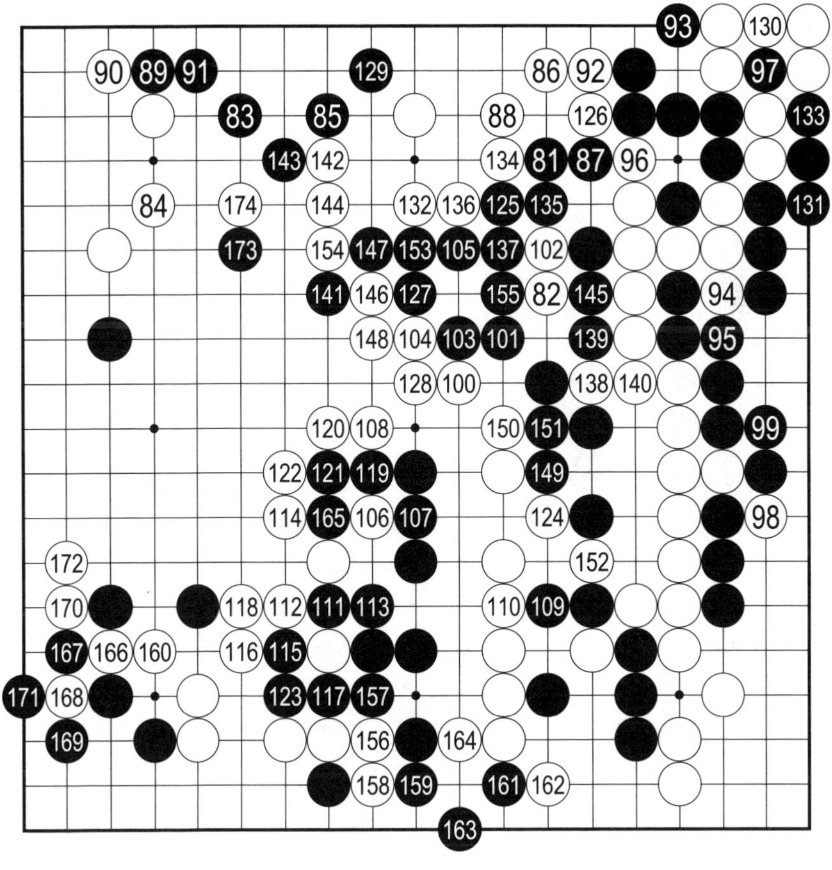

（81–174）

1959年12月21日

白方　汪振雄

黑方　陈祖德（受先）

黑23断吃是不错的选择，逼迫白棋做活，至黑35，黑棋主动。

白36过分，在黑棋势力范围内作战。黑63放生，有缓手之嫌，在83位继续强攻可以成立。

白70出头，算是逃过一劫。黑73应在74位连扳，依旧是黑棋简明优势。

黑81、83局部好手，生生造出一个打劫，但时机很不好，反而是本局的败因。黑81应在87位虎，先吃住两子安定自身，如此黑棋仍然保有让先的优势。

黑97只能消劫，黑棋尚有一点点优势。至112，形势完全逆转。（俞斌）

可惜也。可惜也。昏头昏脑。一定要打倒汪公、汪大头。（陈祖德）

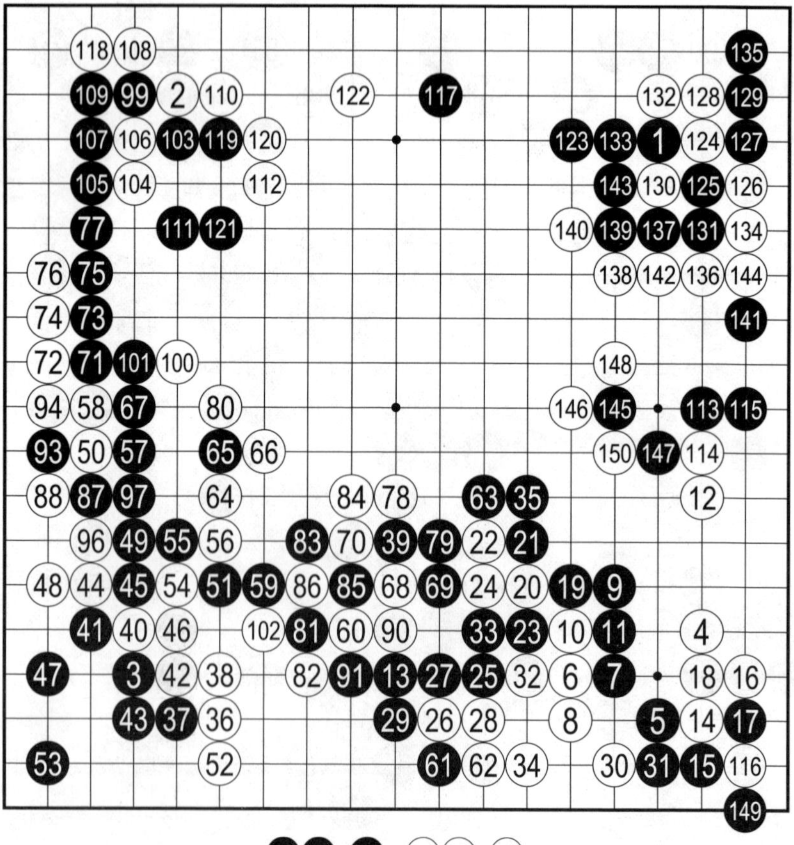

白方 **汪振雄**

黑方 **陈祖德**（受先）

共 293 手　白胜 1 子或$\frac{1}{2}$子

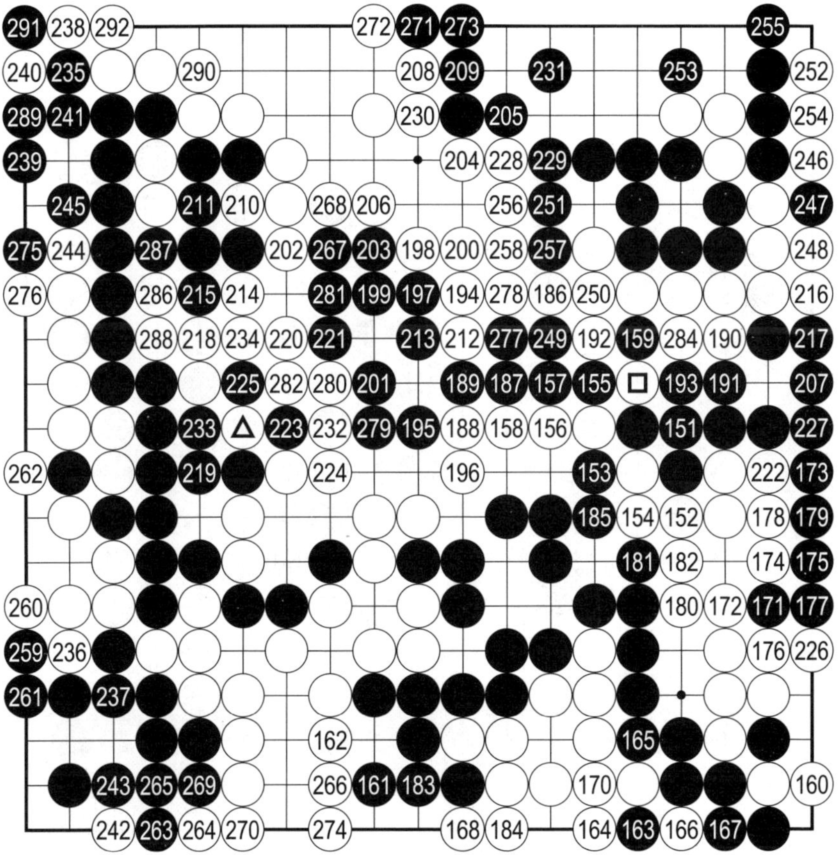

169 = 163　283 = △　285 = □　293 = 240

（151–293）

疑 1959 年 12 月 23 日

黑方　陈祖德

白方　林勉

黑 35 好着。白 36 还是连接较适宜。黑 37 后，39 又是好着，白受迫。黑 43 再度好手。黑 49 妙。黑 51 后白被围，大局已定。到 72 止，白已无法挽救。（陈祖德）

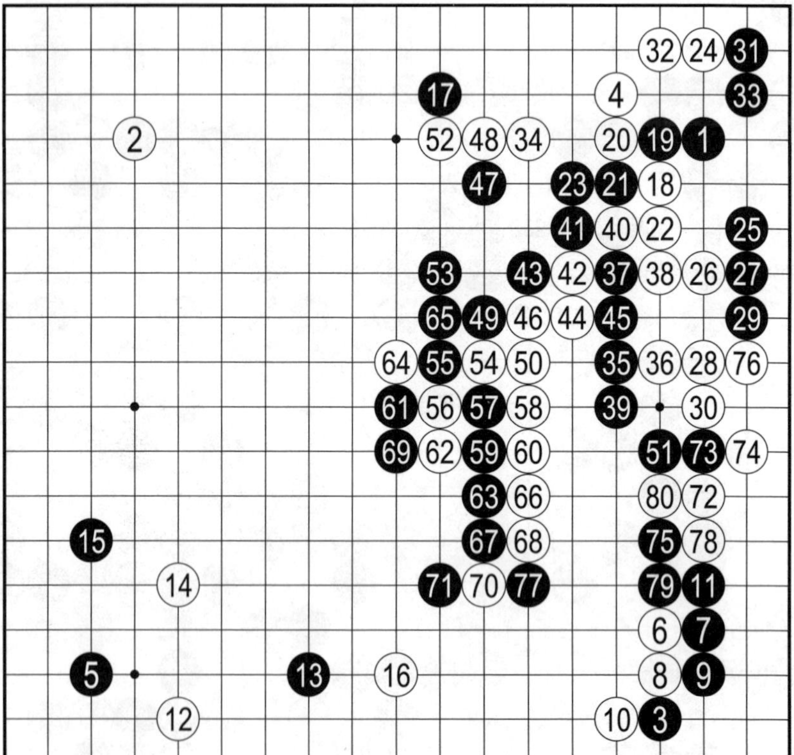

（1–80）

黑方 **陈祖德**

白方 **林勉**

共 169 手　黑中盘胜

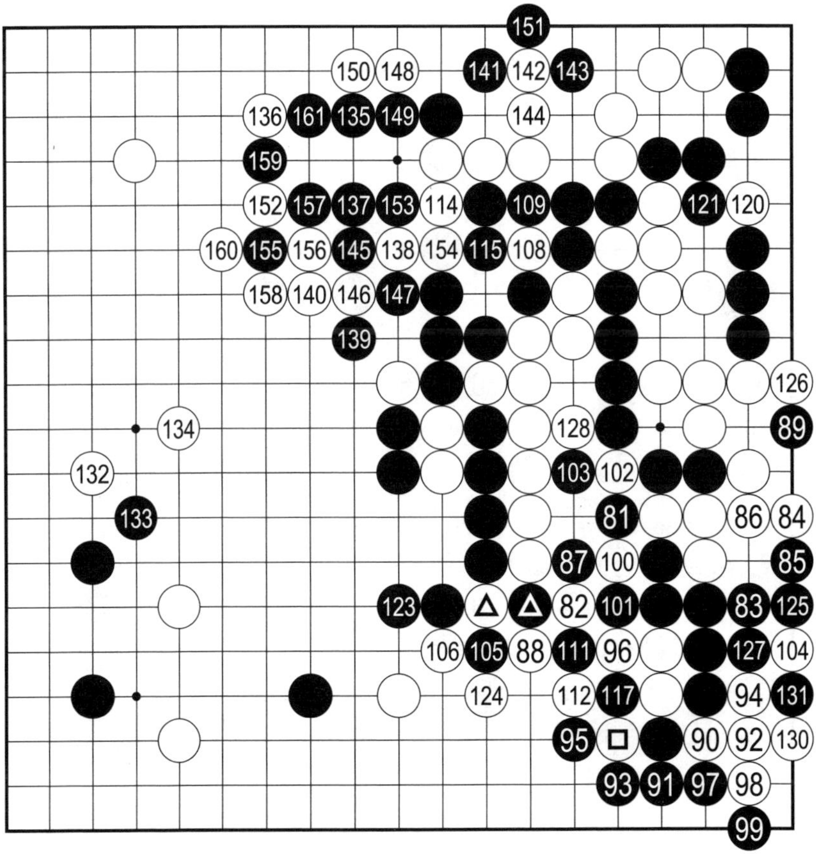

107 113 119 = △　110 116 122 = △　118 = 111　129 = 100

（81–169）

1959 年 12 月 24 日

黑方　陈祖德

白方　刘棣怀

黑 9 还是三间夹较为适宜。白 20 强。黑 35 好着（两用），至 45 仍是黑优。到 57 为止黑先手封净，外势厚。黑 59 要点，65 太强，形势就此转变（应跳或飞过，先手而实利）。黑 117 败着，外搪不可，135 最后败着。（陈祖德）

共 152 手　白中盘胜

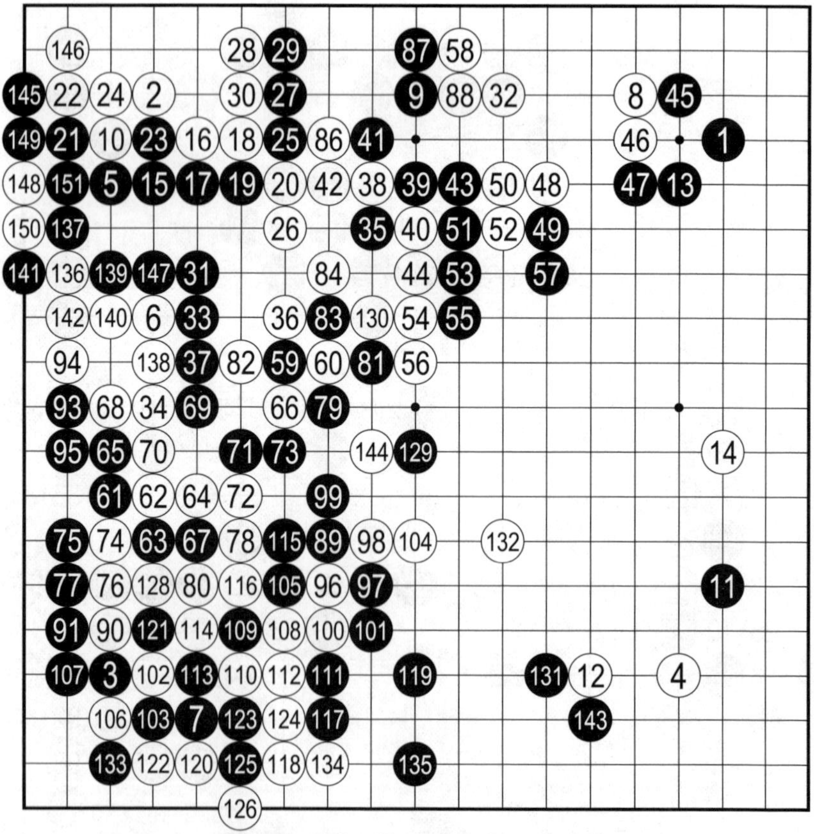

85=59　92=60　127=102　152=150

（1–152）

疑 1959 年对局

第一局

黑方 吴淞笙

白方 陈祖德

黑 33 托至黑 47 是那个时代的经典定式，全局配置黑稍稍不满。

黑 57 以下的组合手段很有意思，白只能被动应对，但黑棋并不便宜，白 72 在 86 位压住即可。

黑 81 过分，在 86 位贴出本手。白 90 吃住三子后取得优势。

白 100 抢攻严厉，黑棋苦战。（俞斌）

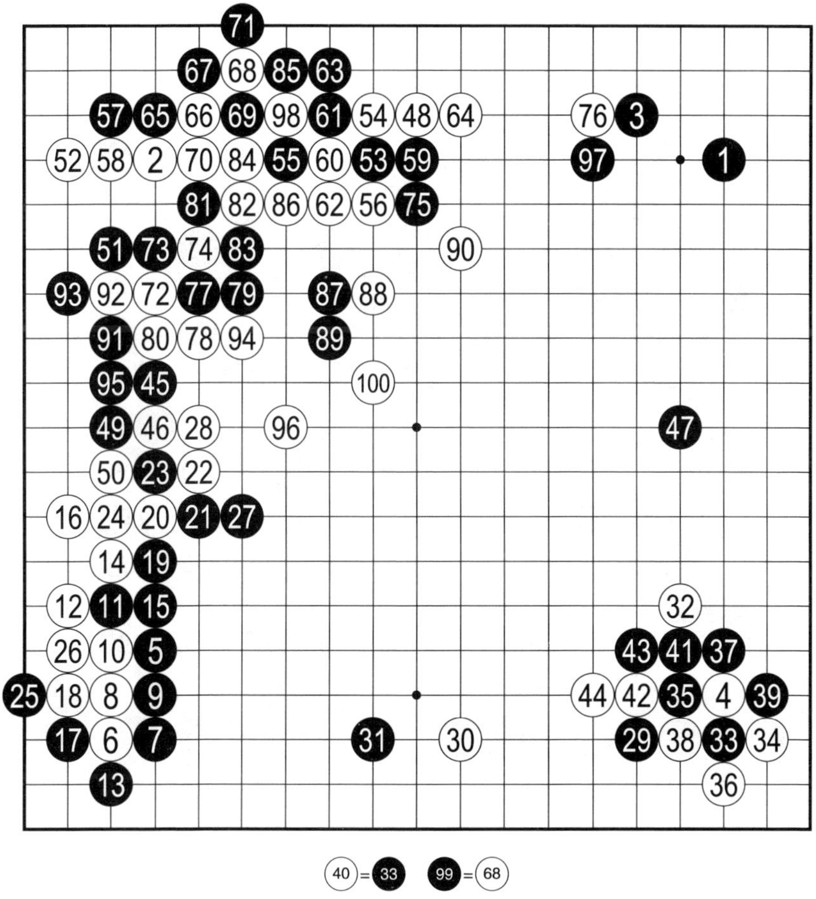

（1–100）

黑方　吴淞笙
白方　陈祖德

白112不够简明，在111右一路先手交换掉，走轻自身然后弃子，可以简明优势。

黑117后，白棋进入治孤考试，确实不好回答。白118应在130位跳，黑120，白再123轻处理，依然是白棋优势。实战白118以下强硬治孤，虽然利用白120的先手成功做活，但价值还不如黑棋死灰复燃大。此役白棋损失巨大，形势逆转。（俞斌）

共199手　黑中盘胜

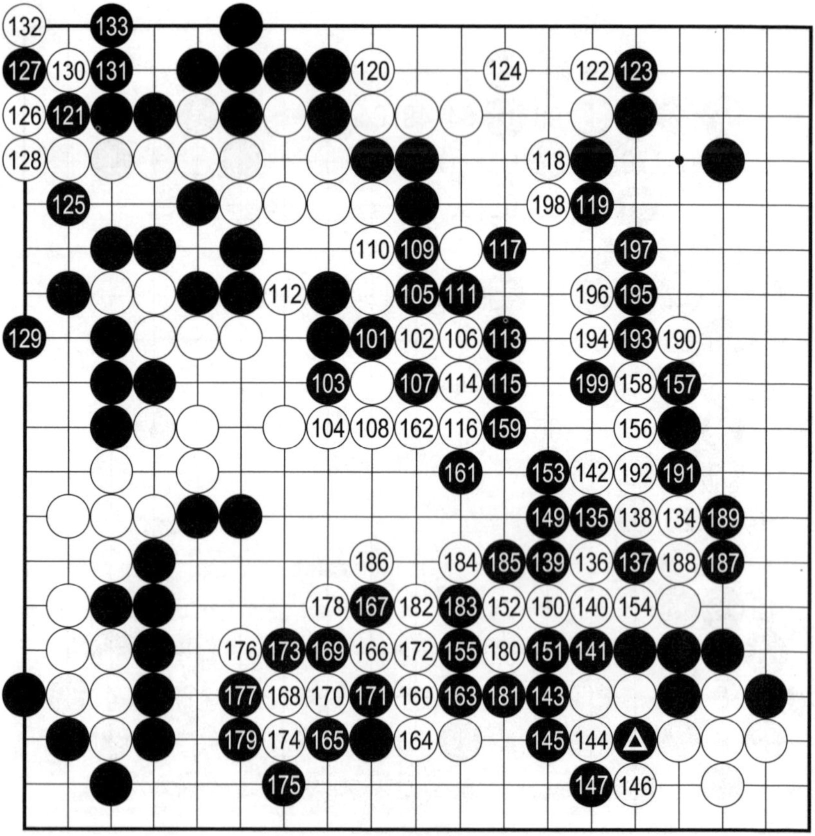

148=△

(101–199)

疑 1959 年对局
第二局

黑方　吴淞笙
白方　陈祖德

白 40 顶疑问手，在 42 位退本手。

黑 47 轻灵奔放，白 40 一子更是显得效率低下。黑 51 硬气功，虽然不是必然之着，但确实可以成立。

白 54、56 难以理解。下了两步损着，为了 58 的逃出，但 58 出逃仍然不能成立。至黑 63 吃掉两子，黑早早取得胜势。

黑 67、71 是现代 AI 对付大飞角的着法，在那个时代出现，很有意思。（俞斌）

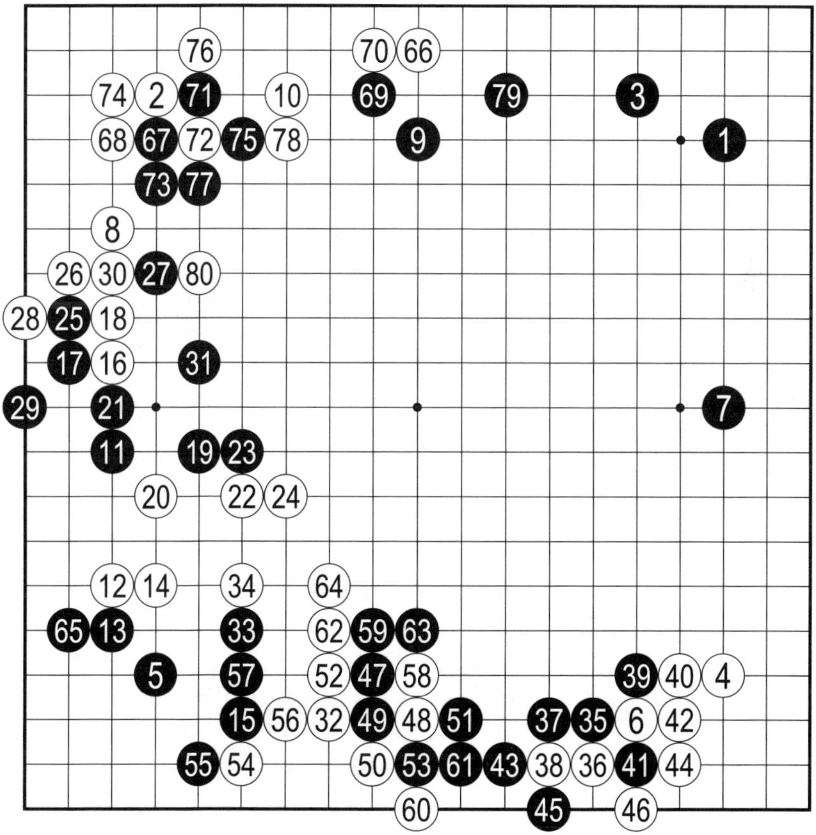

（1–80）

黑方 吴淞笙

白方 陈祖德

黑 101 交换后再 103，有些难以理解。不过，黑棋的优势没有动摇。

白 148 冲击，但黑棋下方有一个打劫眼，安全没有问题。白实空不足，实在难以扭转局势。（俞斌）

共 179 手　黑中盘胜

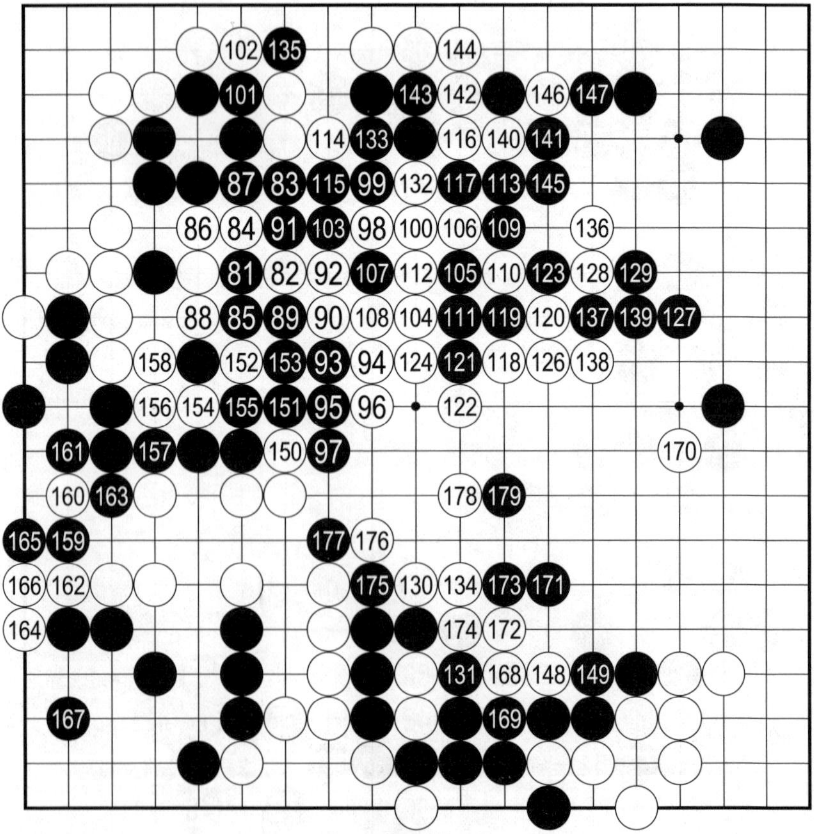

125=110

（81–179）

疑 1959 年对局

第四局

黑方　吴淞笙

白方　陈祖德

黑 43 缓手，应 101 下在外面攻击，白 95，黑 58。

黑 53 发起攻击，已经晚了一拍。至白 62，白棋取得优势。

白 74 在 73 右一路断成立，可以一举获胜。

白 92 断没有必要，在 150 位冲已经足够。白 100 担心被聚杀而退让，局部明显吃亏。白 100 还是应 101 跑，黑想要完美聚杀难以操作。

白 122 最后败着，应 27 下一路顶，跑出 106 一子，如此仍然白稍稍领先。（俞斌）

黑贴$2\frac{1}{2}$子　153 手以下略　黑胜$4\frac{1}{2}$子

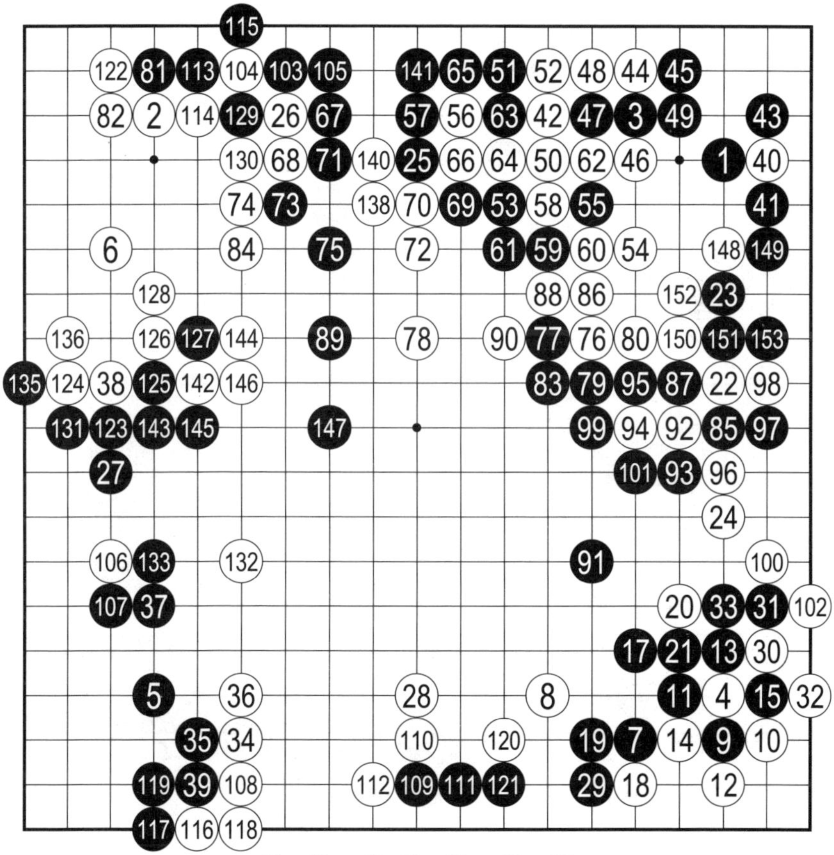

16=9　134 139=104　137=129

（1–153）

疑 1959 年对局
训练棋

黑方　吴淞笙
白方　陈祖德

黑 39 应在 46 位补住断点。黑 45 应在 46 位爬或 93 位飞，局部可获得先手抢到 56 位逼。实战白抢到 48 位拆二，白棋取得优势。

黑 57 过分。白 70 开劫没有必要，应简明在 85 虎。实战至白 84 的转换，白棋保持着优势。（俞斌）

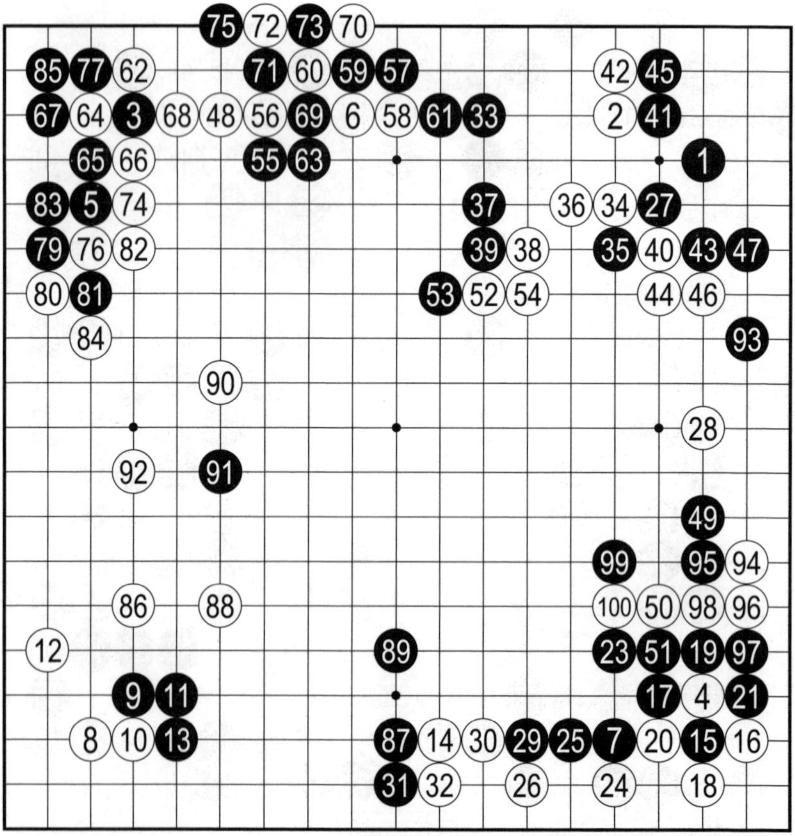

22=15　78=3

黑方 **吴淞笙**

白方 **陈祖德**

白108应在110退，保证安全运转。黑115丢失本局唯一的机会，在120位压，弃二子杀外围白棋，可一举逆转。

至白140做活，白棋胜定。（俞斌）

黑贴$2\frac{1}{2}$子　192手以下略　白胜$3\frac{1}{2}$子

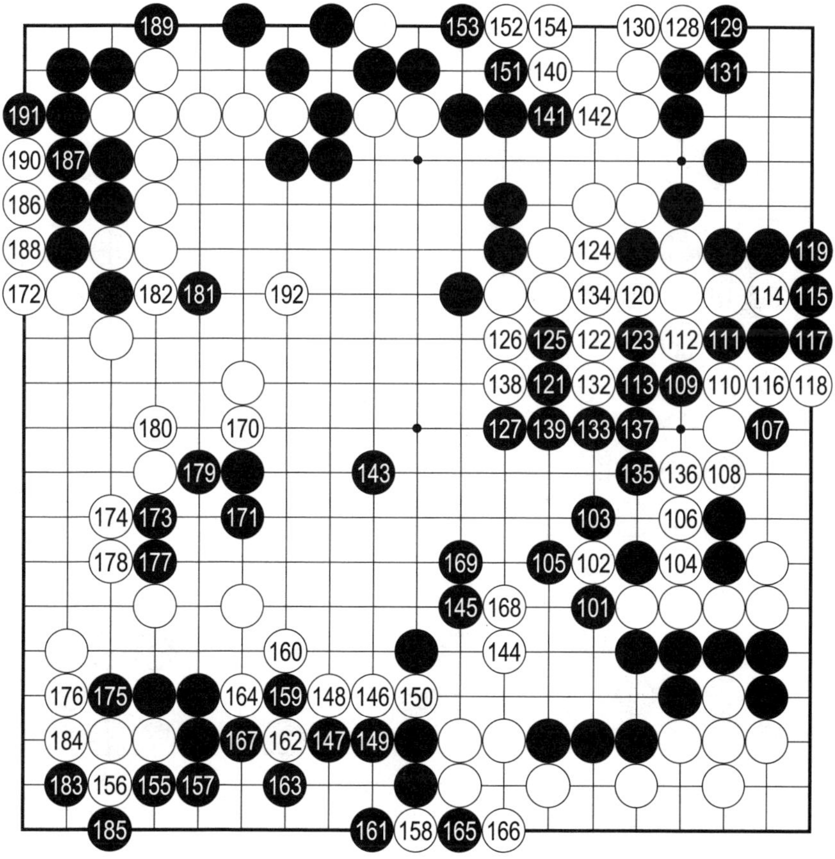

（101–192）

疑 1959 年对局
训练棋

黑方　吴淞笙
白方　陈祖德

黑 33、35 与白 34、36 的交换，没有必要而且损失很大，是本局黑棋失败的主要原因。

白 42 以下借助攻击扩张模样，黑 53 明知过分也必须进入，黑棋苦战。

黑 63 试应手，本意是储备劫材。白 64 脱先，黑外围已经难以应对。

白 72 可考虑在 74 位打吃，避免打劫。至黑 75 形成打劫，黑棋还算有些收获。

黑 77 的劫材有疑问。白 78 消劫简明，白 80 以下一气呵成，至 104 全歼黑大龙，一举取胜。(俞斌)

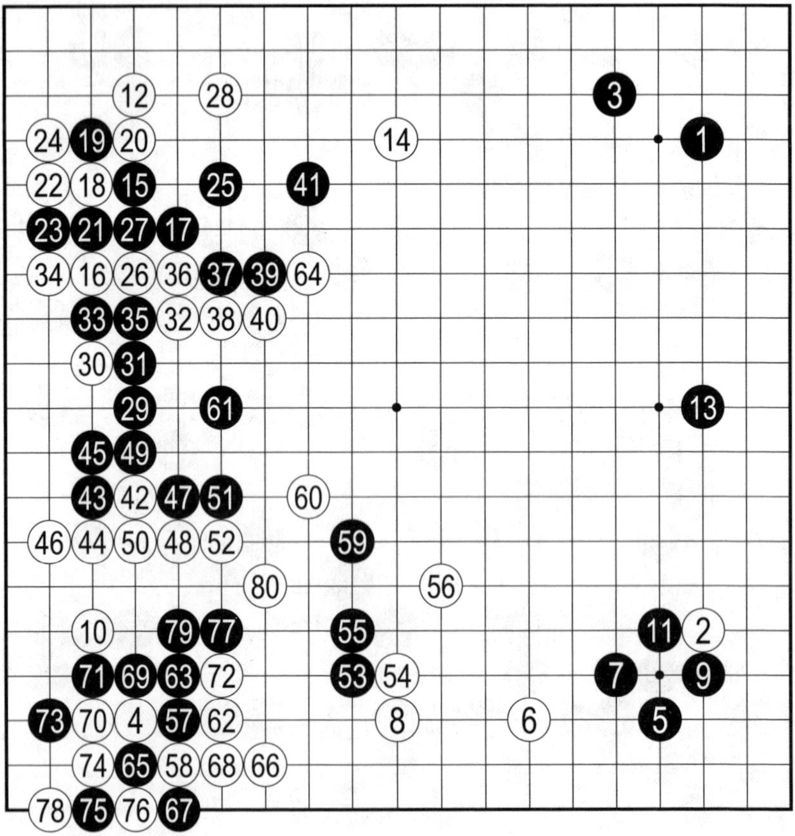

（1–80）

黑方 **吴淞笙**

白方 **陈祖德**

黑贴$2\frac{1}{2}$子　共 160 手　白中盘胜

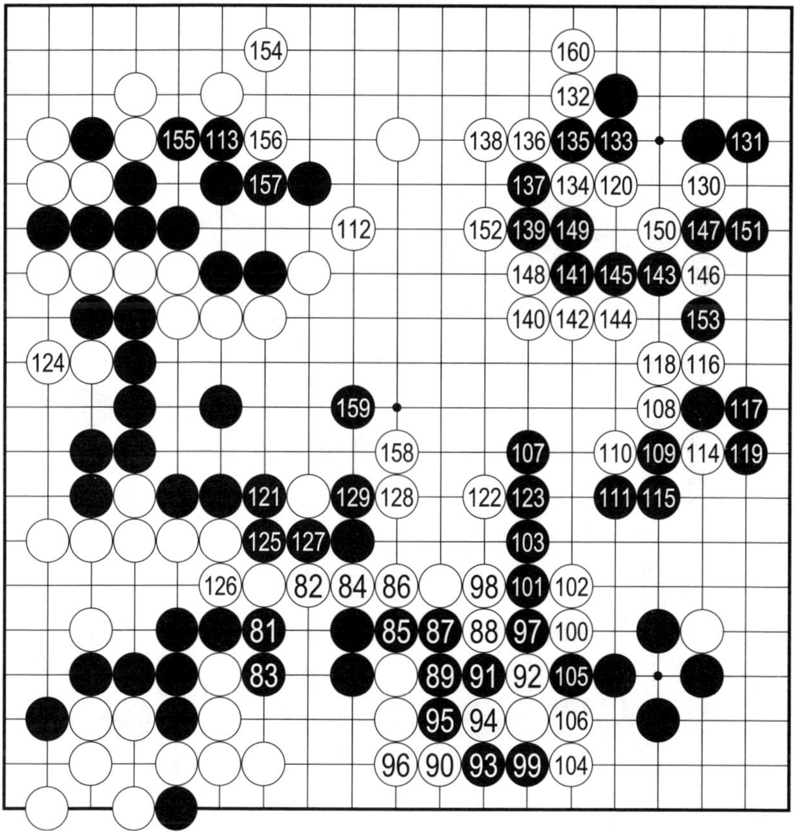

（81–160）

疑 1959 年对局

训练棋

黑方　吴淞笙

白方　陈祖德

黑 27 应 53 点三三，两边取一边即可。白 28 应 30 位挡。黑 29 最后的机会，应在 53 位进角取一边。实战黑企图两边都要，但两边都是苦活。

至白 42，黑形势已非。

黑 49 误算，在 54 并，两边都可以做活。白 52 在 54 位虎，可整体杀棋。实战白 52 也很简明，至 59 先手吃掉一半，已经是白棋的胜势。

黑 91 只能硬着头皮进入白阵，白 92 以下强杀表演，充分体现了白棋的力量。（俞斌）

黑贴$2\frac{1}{2}$子　共 153 手　白中盘胜

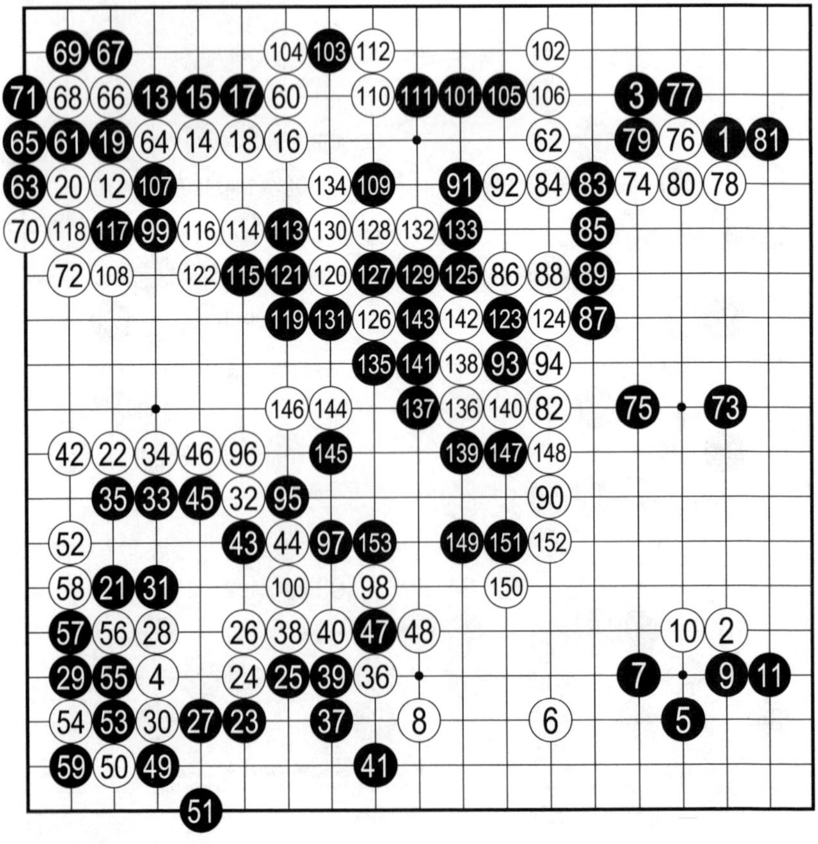

（1–153）

疑 1959 年对局
训练棋

黑方　吴淞笙
白方　陈祖德

白 30 应在 58 位压，走畅自身。黑 39 攻击严厉，白棋苦战。

白 48 应在 72 位连扳治孤。实战白棋局部不活，只能 56 委屈出头，局势已非。

黑 65 成立，白局部只能打劫杀。至黑 79 消劫，黑棋形势大优。

黑 81 以下花费很多手做活，得不偿失。黑 81 应在 110 左一路尖出头。

至 89 黑苦活，黑形势依然占优。（俞斌）

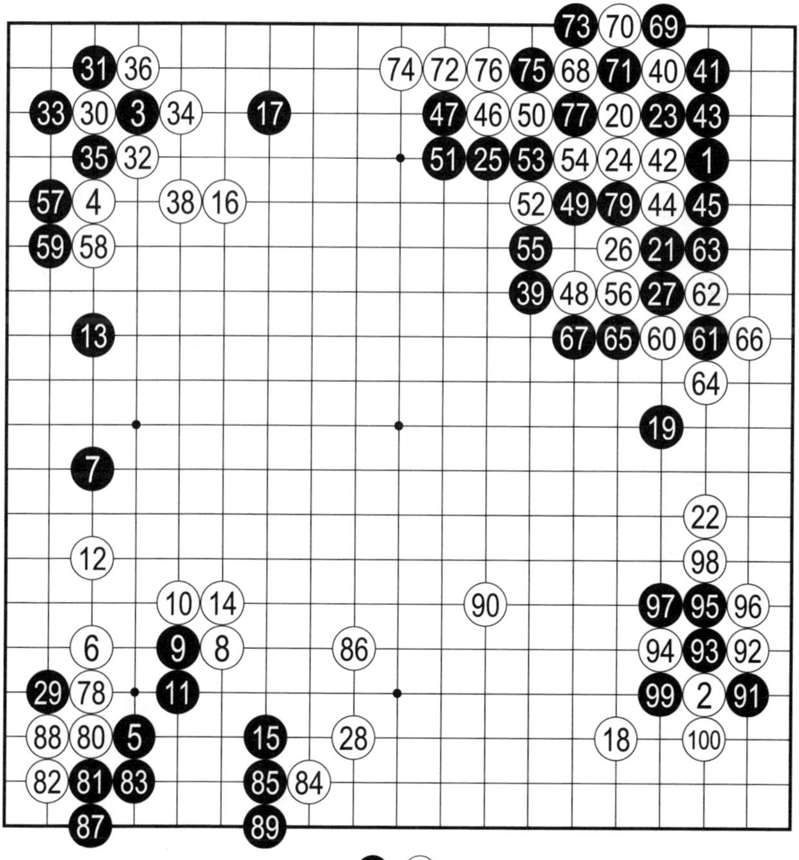

37 = 30

（1–100）

黑方 吴淞笙

白方 陈祖德

黑 103 没有必要，应在 201 一带出头。黑 105 凝重，是本局最后的败着，应在 194 位冲断，争取轻处理。

白 106 以下强杀，体现了白强大的攻击力。至 126，黑全军覆没，形势逆转。（俞斌）

黑贴$2\frac{1}{2}$子 共 219 手 白中盘胜

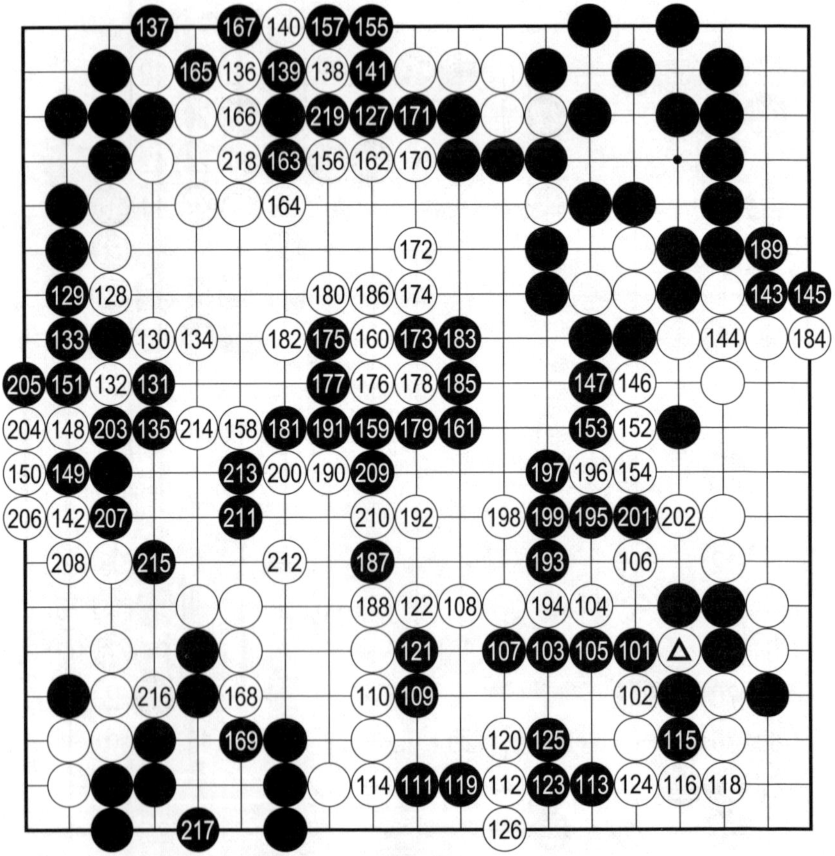

117=△

（101–219）

疑 1959 年对局

训练棋

黑方　陈祖德

白方　赵之华

黑 41 松缓，应在 110 位拐，白只有 44 接才能逃出四子，黑先手攻击后再 42 扳做活。白 42 立要点，黑必须花费两手做活，黑形势已非。

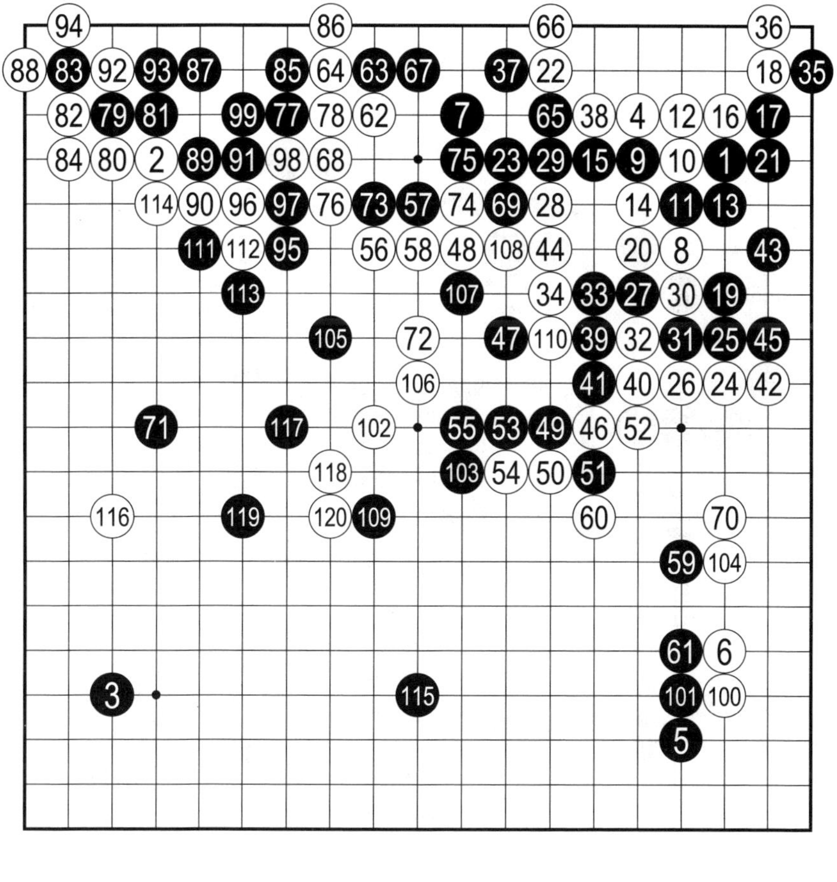

（1–120）

黑方 **陈祖德**

白方 **赵之华**

白棋优势一直保持到150手。白152疑问手，应在153提。白158疑问手，应在159先手拐掉。白160还是在159左一路虎住为好。由于白连续失误，至173，黑借助攻击收住实空，局势已经完全逆转。

黑207难以理解，210位冲可简单吃掉棋筋。210应在232紧气，白差一气。至225收气吃掉白棋，还是黑棋胜势。

黑249冲一下不接，估计记录有错误。我的判断，黑棋接回了数子，但最后没有看到256的断吃而导致翻盘。(俞斌)

惜败也，痛哉！呜呼！253之大意千古恨。(陈祖德)

黑贴 $2\frac{1}{2}$ 子　共256手　白中盘胜

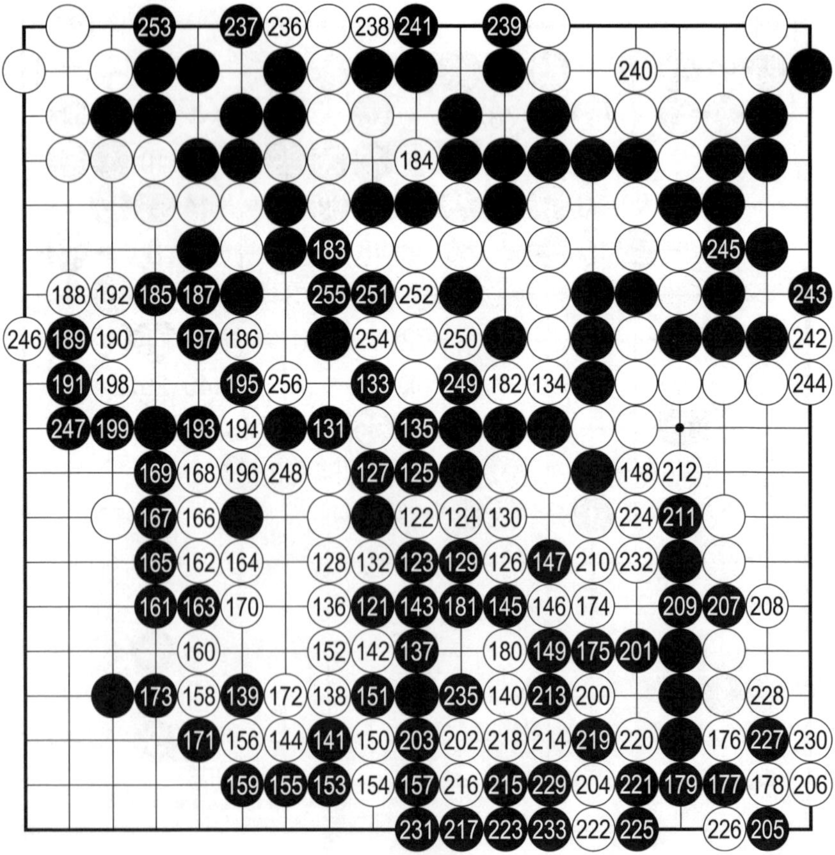

234 = 219

疑 1959 年对局

白方　黄永吉

黑方　陈祖德（受先）

黑 19 靠疑问手，至 25 的转换并不便宜。

黑 37 疑问手，应保留变化在 35 左一路连压。

黑 81 应在 99 位接。实战白 82 飞出，角上的余味一并消除，效率很高。

由于黑连续的小错误，至白 82，虽然是让先，但形势已经逆转。

白 66 是疑问手，应在 69 位靠。黑 67 逸机，应在 68 位扳住，尚有胜负。

白 76 以下轻处理，黑棋难以找到战机。（俞斌）

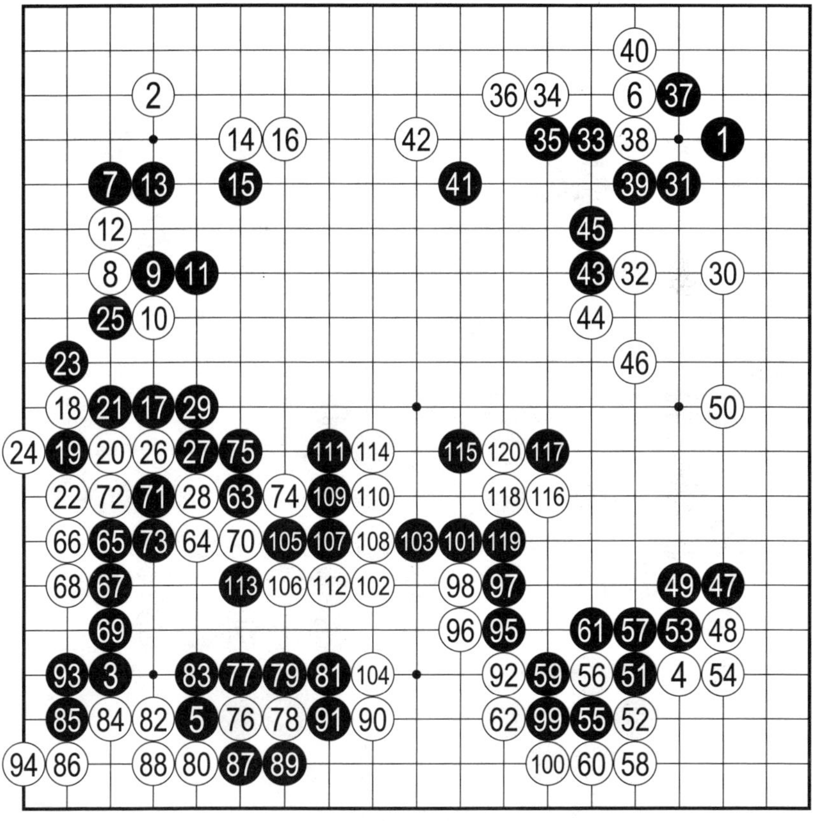

（1–120）

白方　**黄永吉**

黑方　**陈祖德**（受先）

白贴$2\frac{1}{2}$子　共 220 手　白胜 10 子

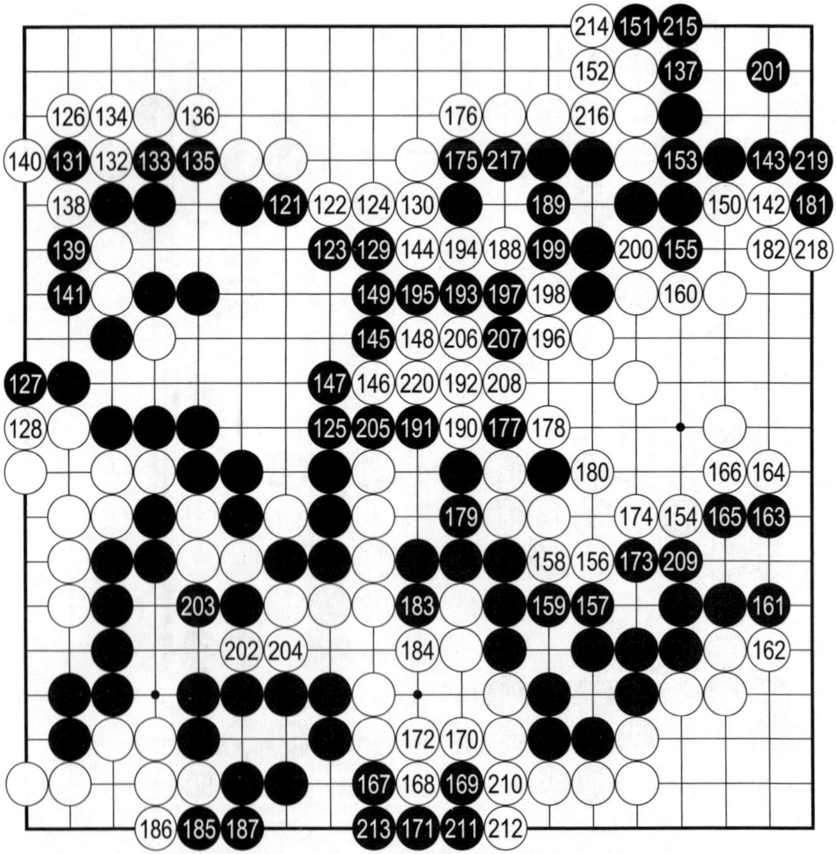

（121–220）

一九六〇

时年16岁

◎ 3月5日—13日，上海举行了分组冠军赛。初赛共41名棋手参加。最后出线的是赵之云、赵之华、陈祖德、吴淞笙、章照原、戴善全、马洪九、李道传等八人。

◎ 3月17日—27日进行决赛。除了上述八人外，还加入了刘棣杯、王幼宸、魏海鸿三人。最后陈祖德获得第四名。

◎ 上海比赛结束后，薛仰嵩、郑怀德来沪，恰好黄永吉、朱金兆、史家铸亦来沪。于是此五人组队与上海队打对抗。上海参加对抗的有刘棣杯、王幼宸、汪振雄、陈祖德、吴淞笙。比赛的方式是每方五人和对方五人轮流分先下两局。陈祖德取得至少5胜的成绩。

◎ 5月中旬，余文辉、孙义章、张李源来沪，与陈祖德、吴淞笙作友谊比赛。比赛结果，陈祖德对余文辉、张李源均2胜，与孙义章1胜1负。

◎ 5月26日陈祖德、吴淞笙应邀去杭州进行围棋交流，6月5日返回。在这期间，两人在杭州共下了13局棋，各5胜1负。两人还下了一局联棋并获胜。

◎ 6月12日—14日，日本围棋代表团在上海和中国棋手进行友谊比赛。由于实力不足，陈祖德先后负于坂田荣男九段、铃木五良六段和濑川良雄七段，未获得一局胜利。

◎ 10月16日—11月3日，北京举办了全国棋类锦标赛，共50人参加，进行十六轮积分循环赛。

◎ 第二、三轮陈祖德分别战胜黄承枕和庞凤元，取得三连胜。第四轮以1子负于黄永吉。第五轮获胜后，第六轮陈祖德又以1子负于竺沅芷。接着，第七、八、九轮分别击败袁兆骥、过惕生和陈岱。第十轮陈祖德1子负于王幼宸。28日，陈祖德在第十一轮中击败刘棣怀，十二轮击败齐曾矩，十三轮击败朱金兆，后面的棋局全部获胜。最终黄永吉14胜2负夺冠，陈祖德与第二名王幼宸同为13胜3负，但因负于王幼宸，获得第三名。

薛志春　整理　　　　**华以刚　审订**

1960年1月12日
训练棋

黑方　吴淞笙
白方　陈祖德

黑45方向错误，应在10下一路靠，抢先在此处动手，黑棋可战。白52回头补好，黑棋失去冲击的机会。至白60，白稍稍领先。

黑67疑问手，应在68位长。实战白68打吃一下，以后就算弃子也已经获利。

黑89应在98位断吃三子，价值很大。黑95最后的机会，还是应该在98位断吃三子。白98连回，白棋胜势。

黑113希望先手补掉毛病，但至白120的交换，黑棋的毛病更大。白128断绝杀，黑棋无任何喘息的机会。（俞斌）

共152手　白中盘胜

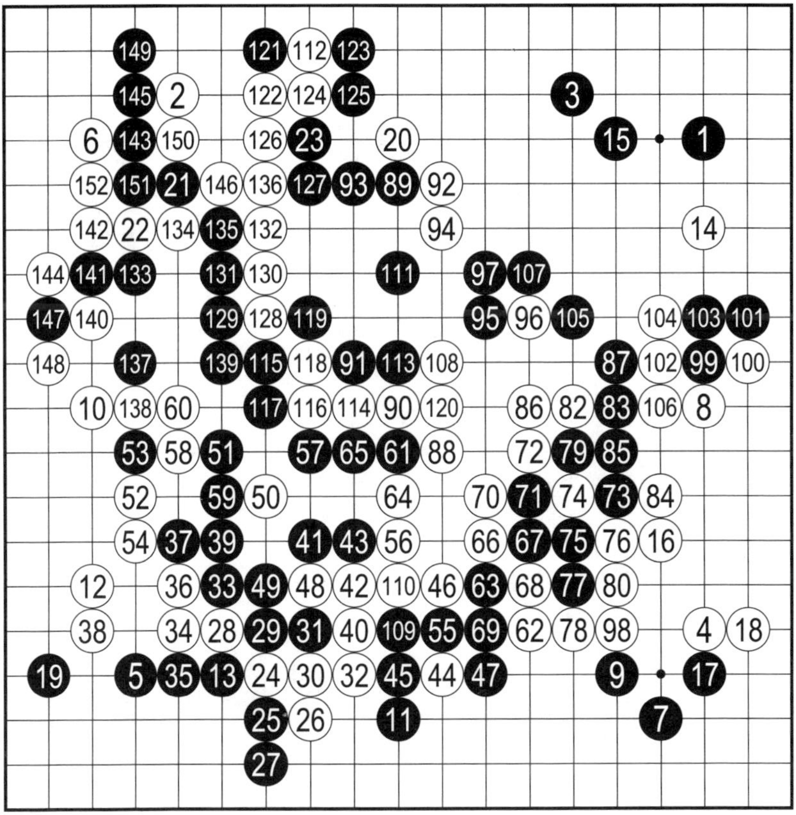

81 = 74

（1–152）

疑 1960 年 1 月 16 日
训练棋

黑方　吴淞笙
白方　陈祖德

白 60 误算，只能在 61 位爬。黑 65 跳冷静，白棋苦战。至黑 73 扑，白棋筋被吃，损失巨大。

白 110 还是在 111 位拐吃为好。白 112 胜负手。黑 113 计算正确。（俞斌）

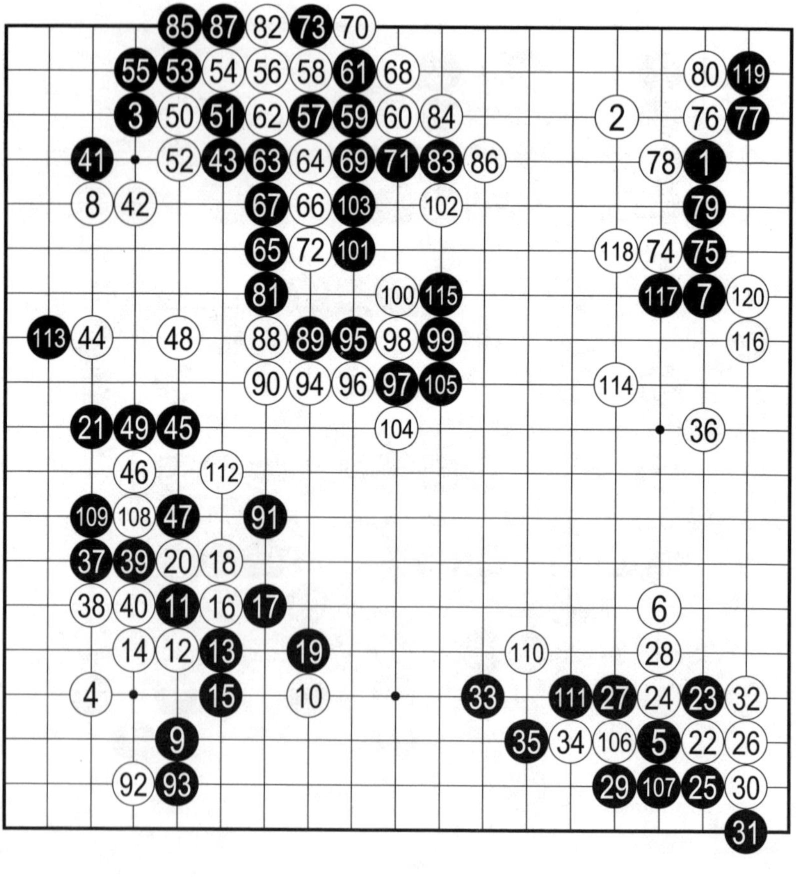

（1–120）

黑方 **吴淞笙**

白方 **陈祖德**

之后黑获得137痛快滚包，局部对杀是打劫，黑棋胜势。

黑155、161的劫材，可以选择181上一路这一边的劫材，更为简明。

黑165应先170冲，可保无事。实战白166挖绝妙，吃三子贯通，收获很大。可惜黑171围住大空，白依旧不足。白184以下玉碎。

共211手　黑中盘胜

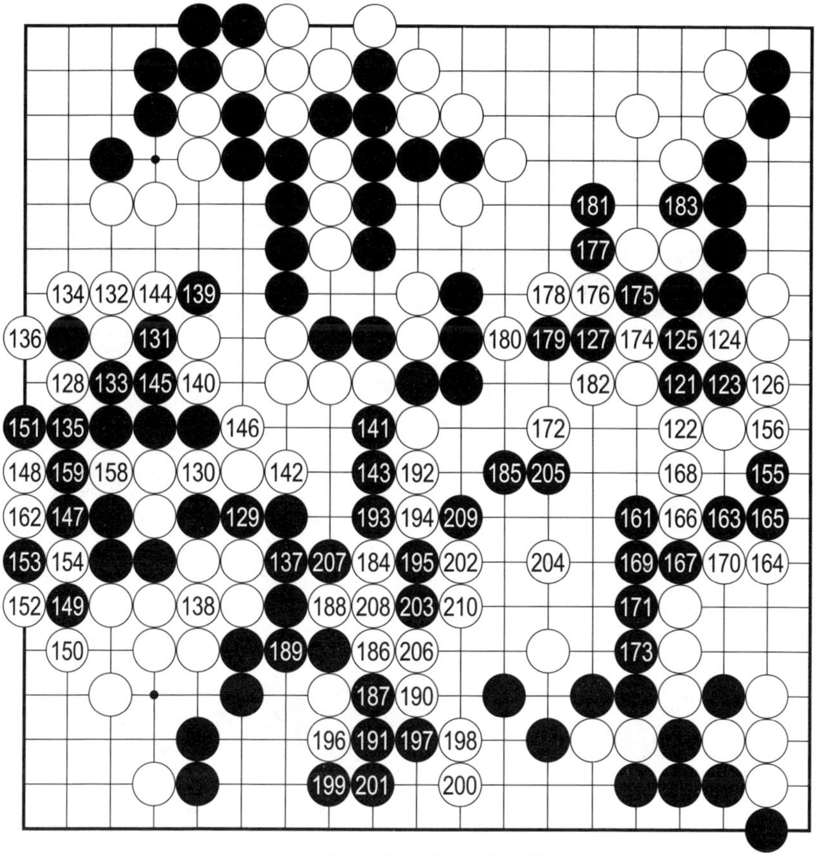

157=149　160=154　211=195

（121–211）

1960 年 2 月 15 日
训练棋

黑方 吴淞笙
白方 陈祖德

黑 35 扳粘价值小，应抢占大场。黑 51、53 的次序存在疑问。

黑 77 应 90 断，是复杂的对杀。实战活角，黑整体棋形较薄。

黑 101 应在 96 左一路挡，活棋的同时照顾了上边的孤棋。实战黑 105 接苦涩，全局形势已非。

黑 107、117 都过于强硬，黑孤棋很多，陷入苦战。（俞斌）

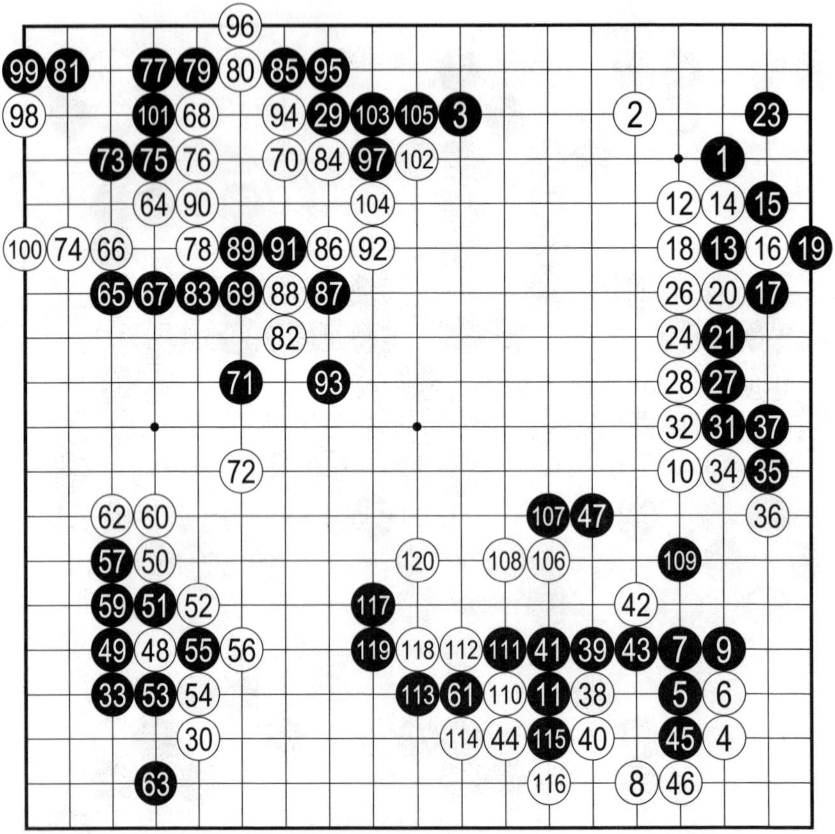

22 = 16　25 = 13　58 = 48

（1–120）

黑方 **吴淞笙**
白方 **陈祖德**

白 140 可以在 141 应一手，之后就没有劫材了。白 156 冲是很好的劫材，如此白棋更为简明。

实战至 155，白差一气被杀。好在黑欠账太多，156 以下强杀成功，取得胜利。（俞斌）

共 238 手　白中盘胜

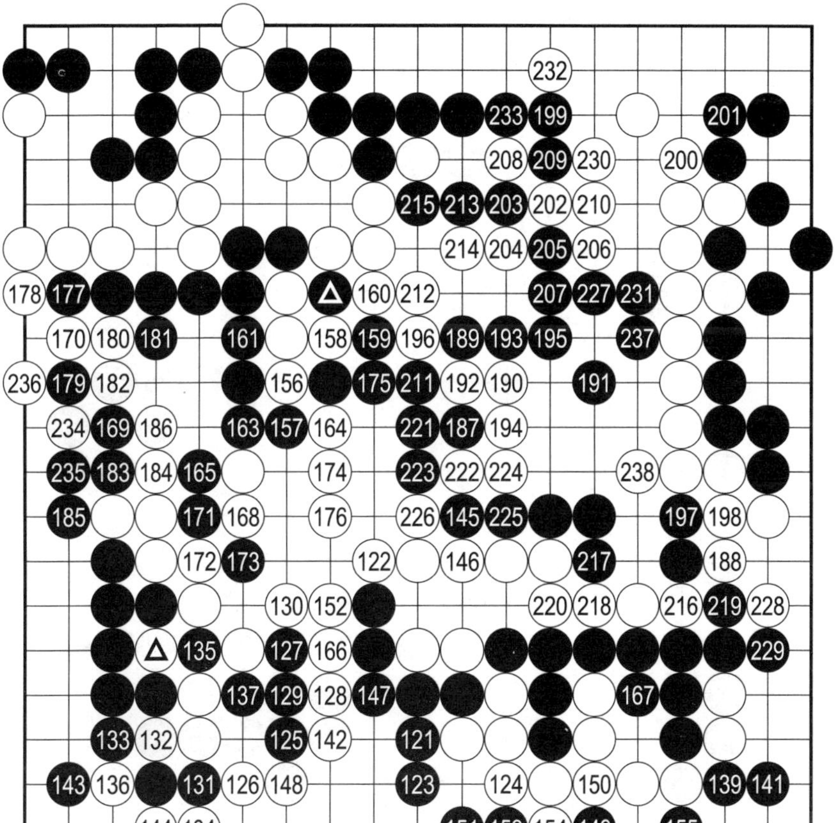
138 = △　140 = 135　162 = ▲

（121–238）

疑 1960 年 2 月 18 日
训练棋

黑方　陈祖德
白方　陈锡明

白 30 断过分。黑 35 开劫正确，此劫黑有利。黑 41 消劫简明，至 53，黑局势领先。

黑 59 与白 60 交换不便宜，应保留。

黑 67 靠问题手，送白棋进入黑阵地。至黑 87，黑棋落了后手，白 88 逼价值大，局势已经逆转。（俞斌）

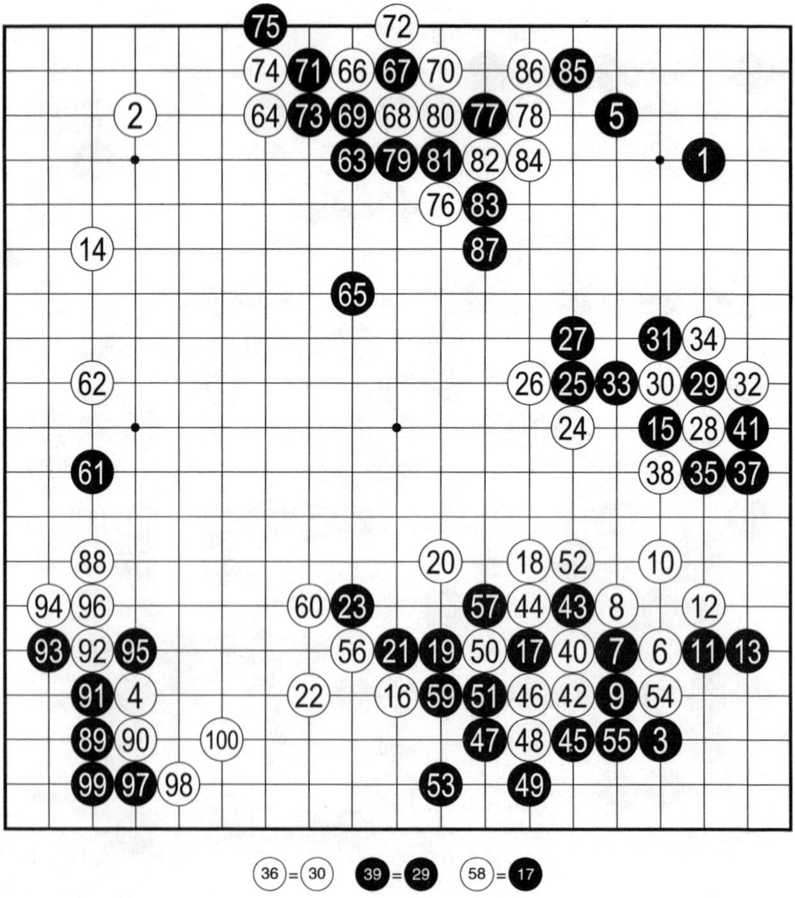

（1–100）

黑方 陈祖德

白方 陈锡明

黑 113 凝重，应在 14 下一路靠腾挪。

黑 149 最后败着，应在 146 右一路挖，白打吃，黑 138 接，白只能 150 提补一手，黑点入强杀，如此尚有一拼。

白 150 补强，黑再无胜机。（俞斌）

黑贴$2\frac{1}{2}$子　共 184 手　白中盘胜

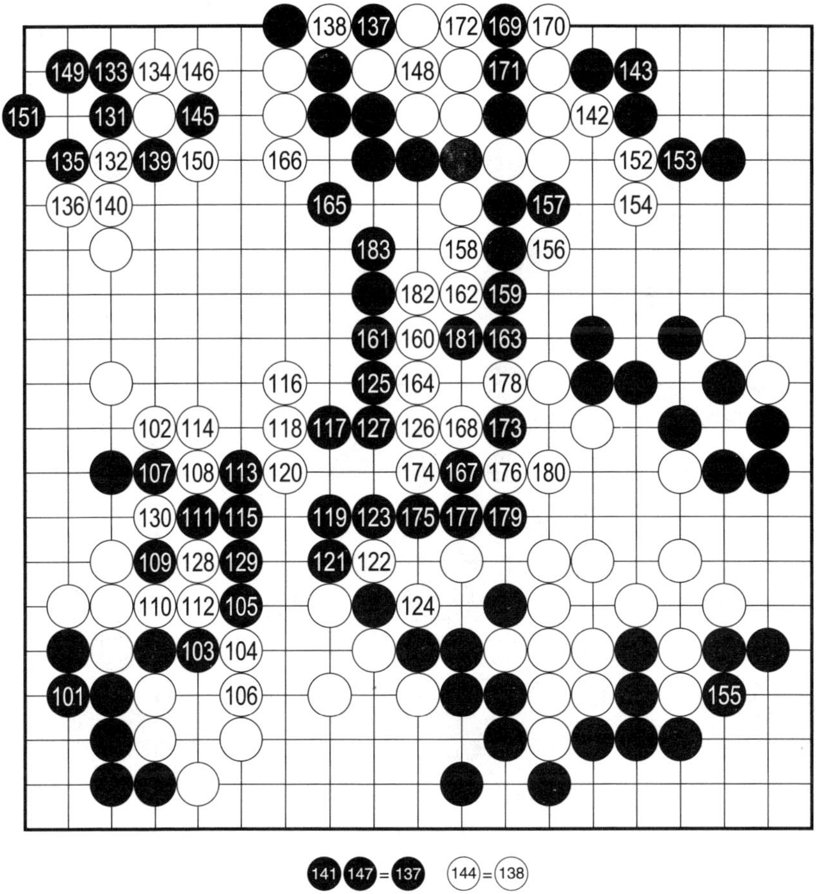

(101–184)

疑 1960 年 2 月 22 日
训练棋

黑方 凌光甫
白方 陈祖德

黑 21 虽然是简明之策，但局部稍亏，还是应在 106 扳。

白 72 为了安全而退缩，应在 75 尖，也可以做活。

黑 85 应在 100 左一路扳，搜刮的同时加强自身。白 86 时机正好，黑棋只能强封头，最后白 98 点轻松做活，白棋取得优势。

白 112、114 等治孤着法，都应先在 155 托定型，简化局势。（俞斌）

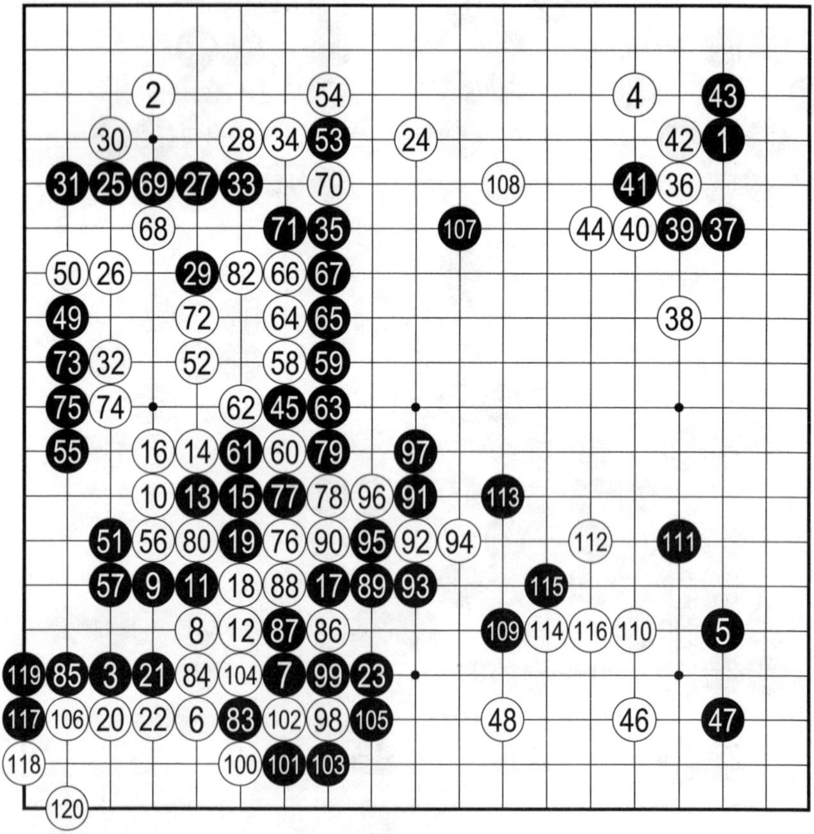

81 = 60

(1–120)

交换不利于杀棋。

黑 153 退缩，白 156 愉快做活，白棋胜定。（俞斌）

黑方　凌光甫

白方　陈祖德

白 128 打入没有必要，还是应该 155 托定型。实战至 148 白棋活出一块，下方白棋的死活成为胜负的关键。

黑 151 应在 266 位飞，是非常复杂的死活题。实战黑 151 与白 152 的

黑贴$2\frac{1}{2}$子　共 229 手　白胜 3 子

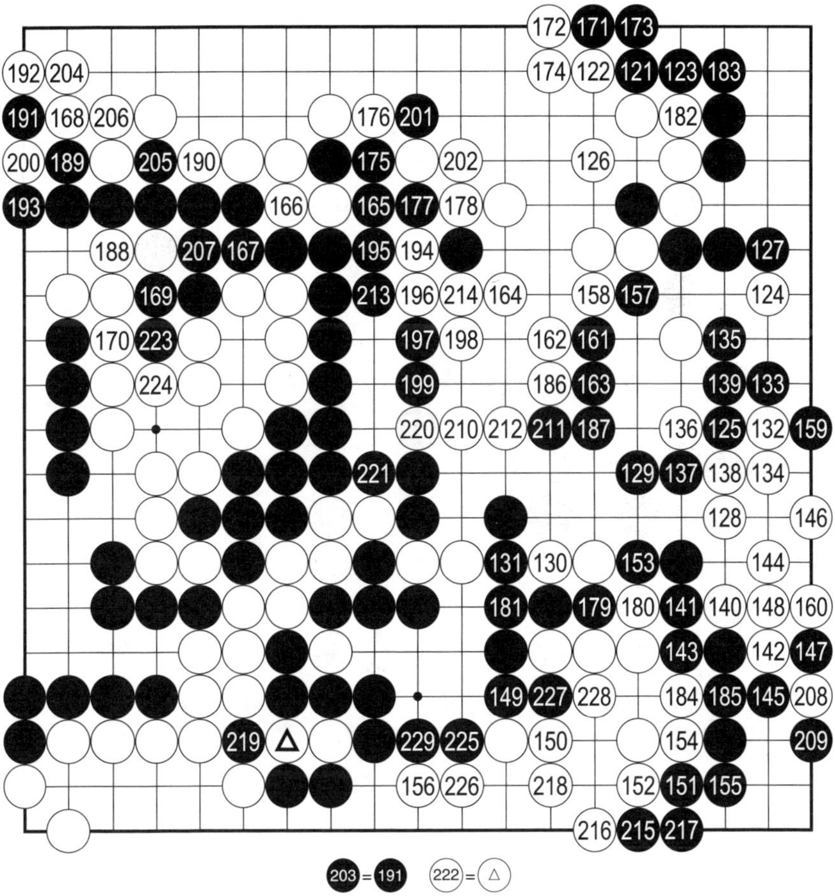

（121–229）

1960年4月20日

白方　汪振雄

黑方　陈祖德（受先）

白8在当时少见。黑9先把左上安排好，不失为一种下法。白14镇轻灵，但为时过早，失去了115位的先手利，不会便宜。黑17、19托退，失去了变化，应当保留。白22缓，无论如何应58位扳。黑23飞渡，祈求安逸，当继续58位压，走畅。白24、26分别挂角后再28分投，是白棋得意的布局构思，但白28只有拆一的余地，总显局促。白32镇过强。黑35严厉，先手把白棋切断，使其陷于被动。黑51、55是强手。白56失当。黑57挺极为严厉，中央白棋立即变得支离破碎。黑59以下的攻击手段极为漂亮。至黑65，白已呈崩溃之形。白66不得已而为之。至黑75，左边黑棋已安全定型，全盘无懈可击。黑85是攻击要点。

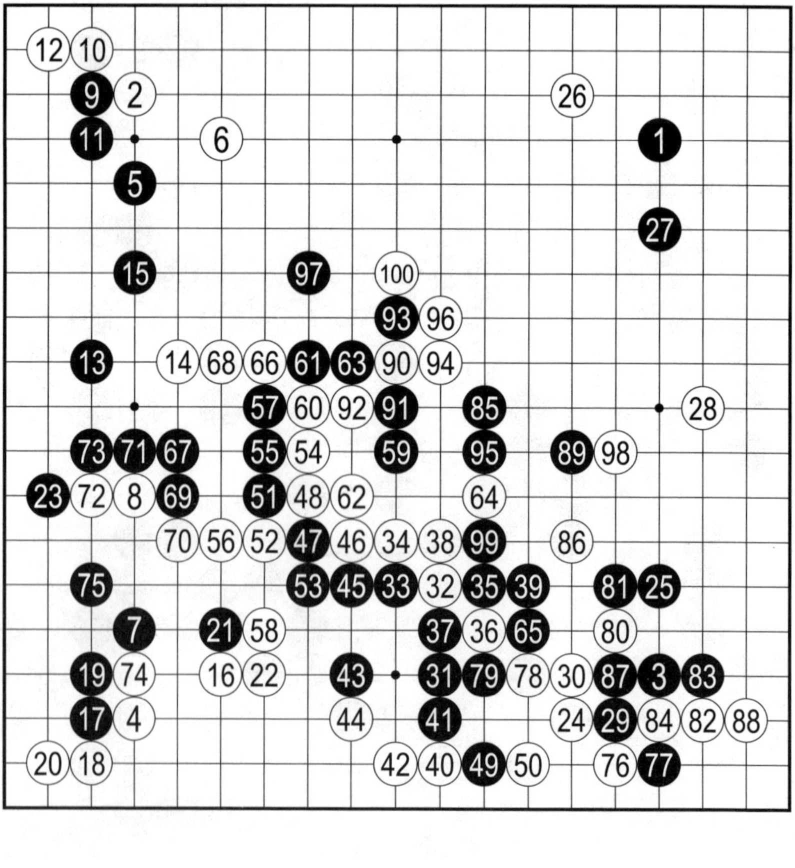

（1–100）

白方 **汪振雄**

黑方 **陈祖德**（受先）

黑87令白首尾不能兼顾。白90、92企图在黑外围制造纠纷，但已无济于事了。白126并非先手。白128作最后努力。黑133应当在139位跳。白跨断之后成劫，但黑轻白重。黑163以下攻杀，至177，虽仍需打劫，但白无法再争胜。（陈祖德）

195手以下略　黑胜1 1/2子

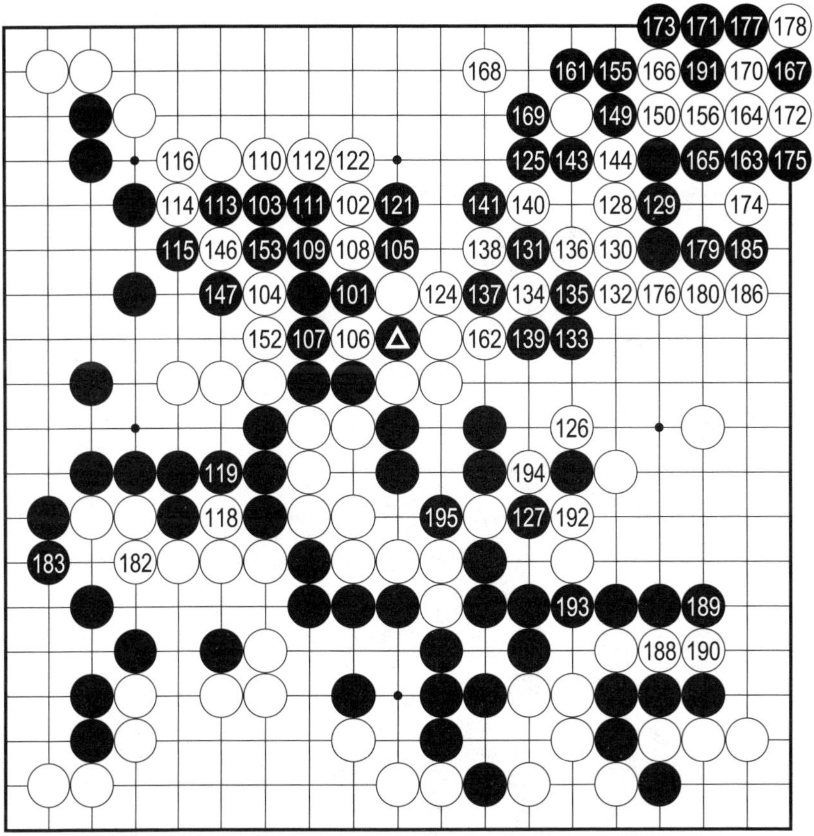

117 123 = △　120 158 = 106　142 148 154 160 = 134　145 151 157 = 131

159 = 146　181 187 = 167　184 = 178

（101–195）

疑 1960 年 4 月 23 日
训练棋

黑方　陈祖德
白方　郑怀德

白 14 顶少见，至 25 的结果，白棋稍稍吃亏。

白 40 过分，应在 44 跳。黑 41 压出，白棋苦战。黑 53 或 57 在 40 右一路挤，已经安全连络。

黑 61 点试应手，白 62 大吃，此处的战斗成为本局胜负的关键。

白 68 可考虑在 69 位打吃，黑 70，白 68，黑 17，白 77，如此定型白棋可以满意，

白 74 败着，应在 75 位长或提两子，角部依然可以活棋，如此双方做活是两分的均势。实战白 78 还是需要做活，黑 79 断严厉，白棋崩溃。（俞斌）

黑贴 $2\frac{1}{2}$ 子　共 123 手　黑中盘胜

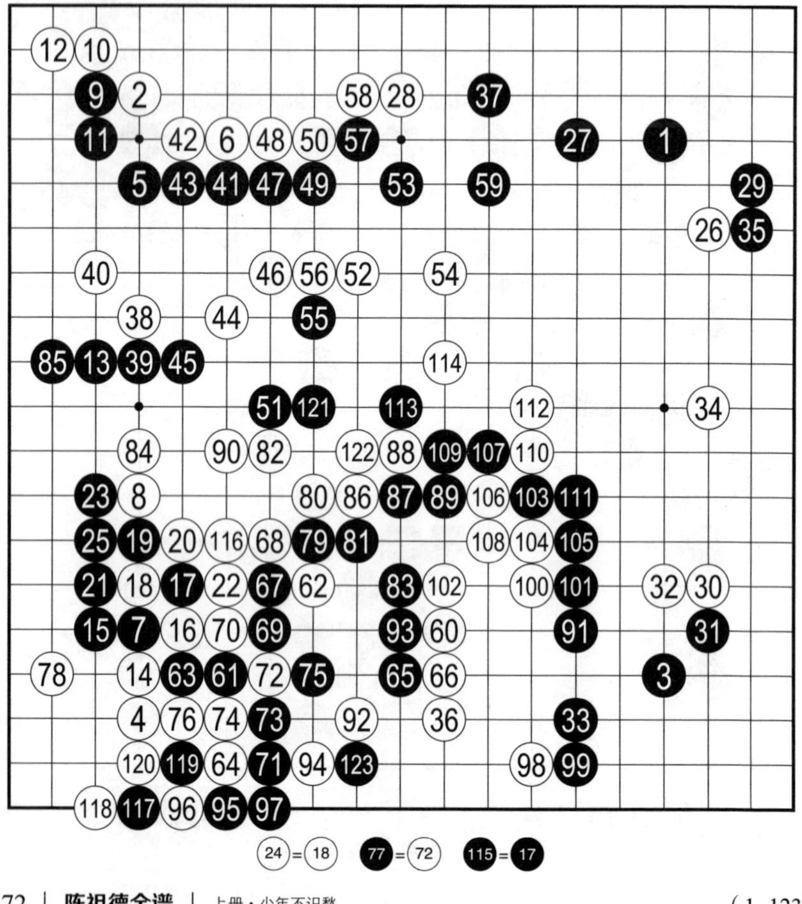

24=18　77=72　115=17

（1–123）

疑 1960 年 4 月 24 日

训练棋

黑方　陈祖德

白方　朱金兆

黑 17 问题手，按照定式是在 16 左一路爬。白 18 应在 16 左一路拐，黑棋非常危险。

黑 19 以下连续先手压后回到 25 断，黑棋反而获利。

白 28 重大问题手，应保留，暂时留住自身的气，以后随时可以交换。白 28 正解是在 38 位拐，如此本局部的损失尚可接受。

黑 33 提干净，白损失巨大，一个局部的战斗就决定了本局的胜负。

白 44 又是缓手，应在 117 断。至黑 49，黑棋胜定。(俞斌)

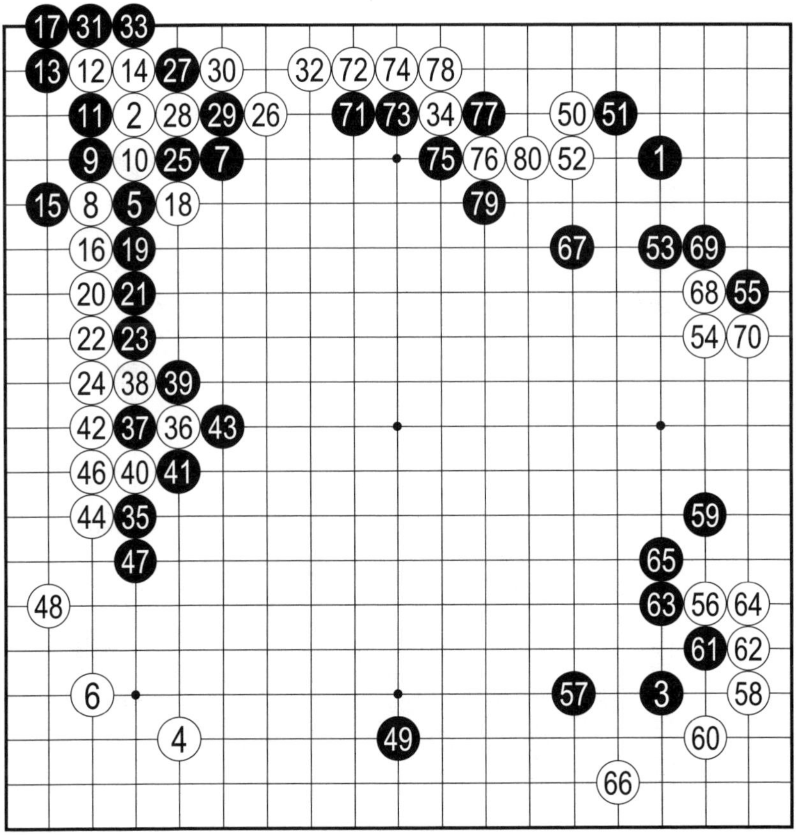

45 = 37

(1–80)

黑方　**陈祖德**

白方　**朱金兆**

黑贴$2\frac{1}{2}$子　共161手　黑中盘胜

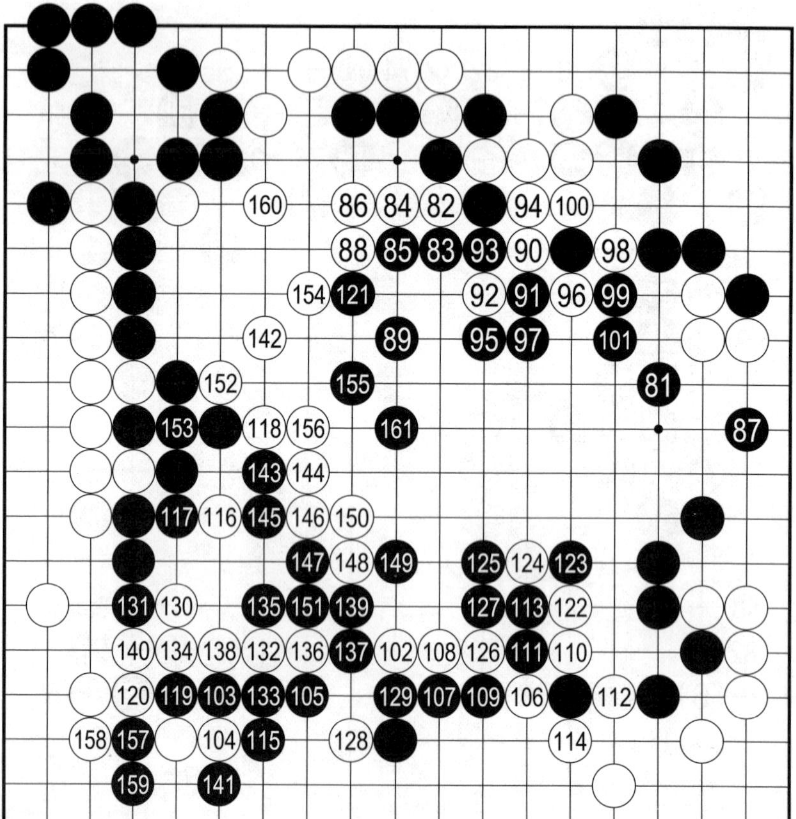

（81–161）

疑 1960 年 4 月 25 日
训练棋

黑方　郑怀德
白方　陈祖德

黑 13 次序错误，应先在 15 位冲断。白 18 可以在 20 位接。黑 19 再次次序错误，应先在 20 位打吃，交换后再 19 断吃，是经典定式。

黑 21 希望先手交换，白 22 反击正确，黑棋陷入苦战。

黑 25 过分，应在 27 位贴。白 26 以下计算正确，至白 32，黑棋筋被吃。开局一个局部，就决定了本局的胜负。

白 106 疑问手，应该保留，单在 108 接。黑 109、111 是本局黑唯一的亮点，吃住白三子获得一些便宜，但收益不足以逆转，依然是白大幅领先的局势。（俞斌）

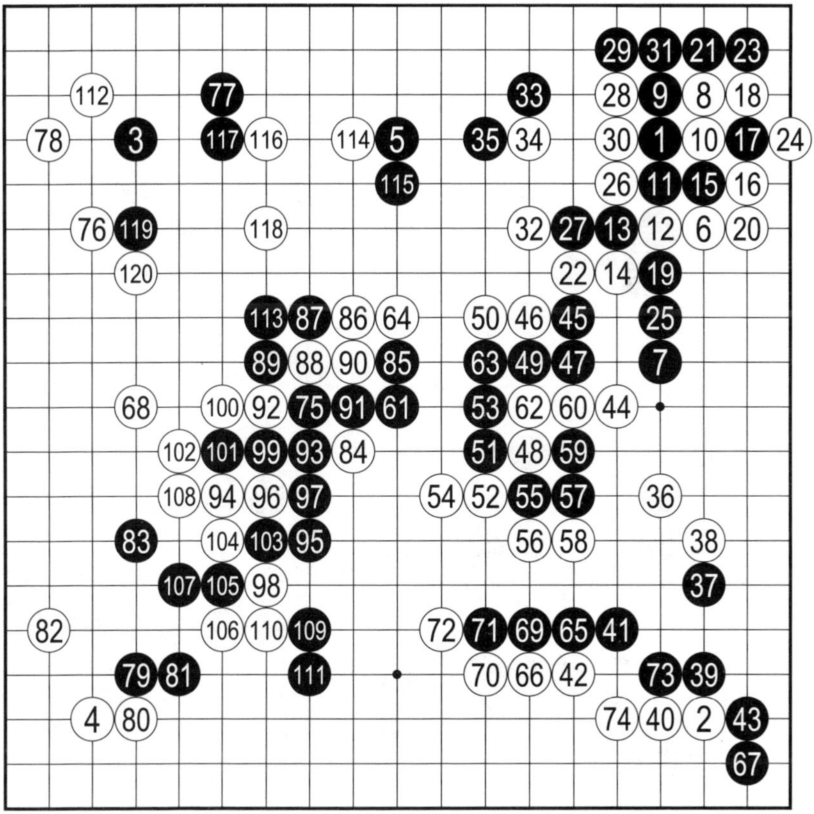

（1–120）

黑方　郑怀德
白方　陈祖德

黑贴$2\frac{1}{2}$子　共222手　白中盘胜

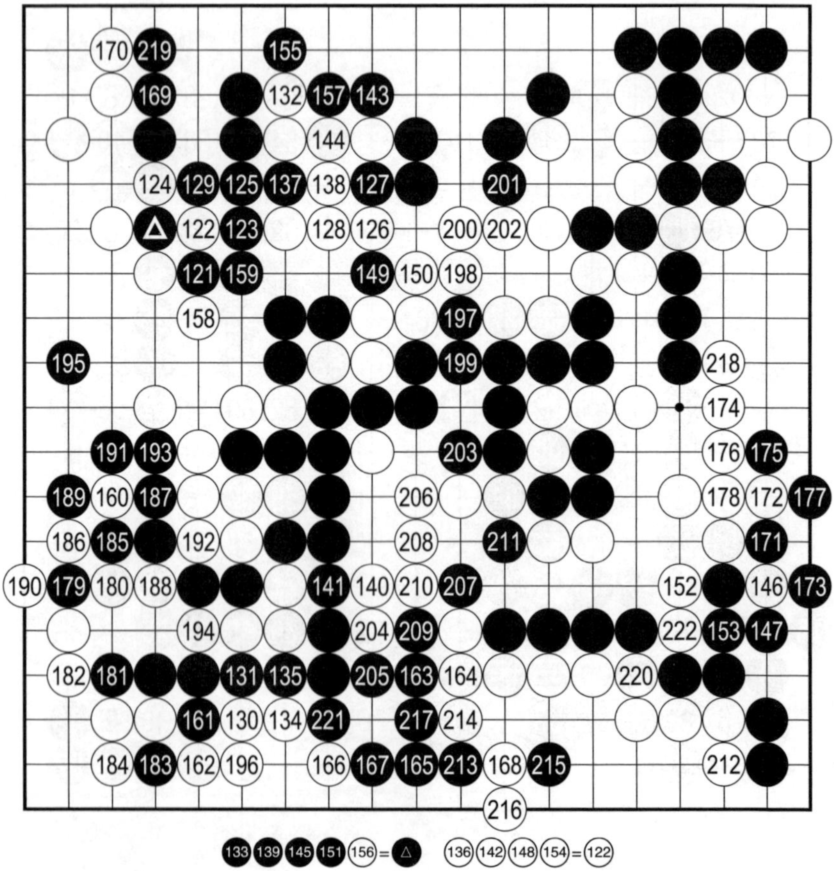

疑 1960 年 4 月 26 日
训练棋

黑方　薛仰嵩

白方　陈祖德

白 22 点三三时机过早，至黑 37 的定型，白棋稍稍吃亏。

至白 70，是黑稍领先的平稳局面。

黑 93 可在 94 位尖，更为简明。实战白 94 冲击时机正好。至 110 的转换，局部是白稍稍获利，但黑 111 是严厉的搜刮，正好补回损失。

黑 113 应在 114 爬或 126 退，如此是黑领先的细棋格局。（俞斌）

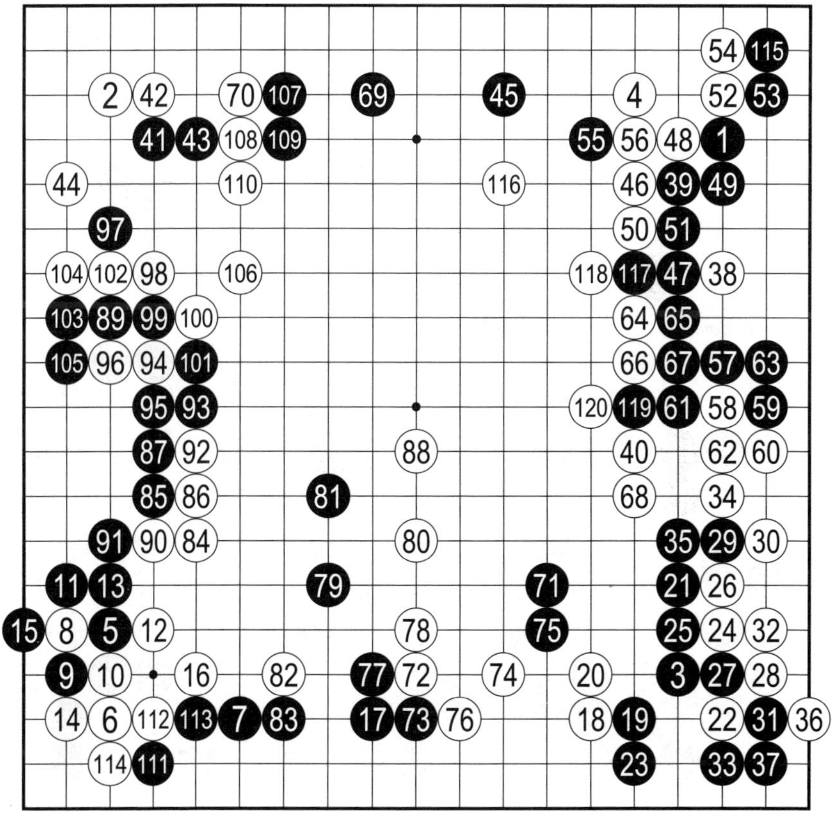

（1–120）

黑方　薛仰嵩

白方　陈祖德

白 126 没有抓住机会，应先在 129 接，再 126 吃掉一子，可以逆转形势。

黑 173 应 177 提。白 174 扳是好手，但 176 没有抓住机会。白 176 直接动手在 143 右一路打吃，已经出棋。

白 188 应在 104 左一路立，白棋有望逆转。之后谁抢到这个官子，谁就获得胜利。最后棋谱没有了，因为结果是黑胜，估计是被黑棋抢到了。（俞斌）

黑贴2$\frac{1}{2}$子　共 214 手　黑胜2$\frac{1}{2}$子

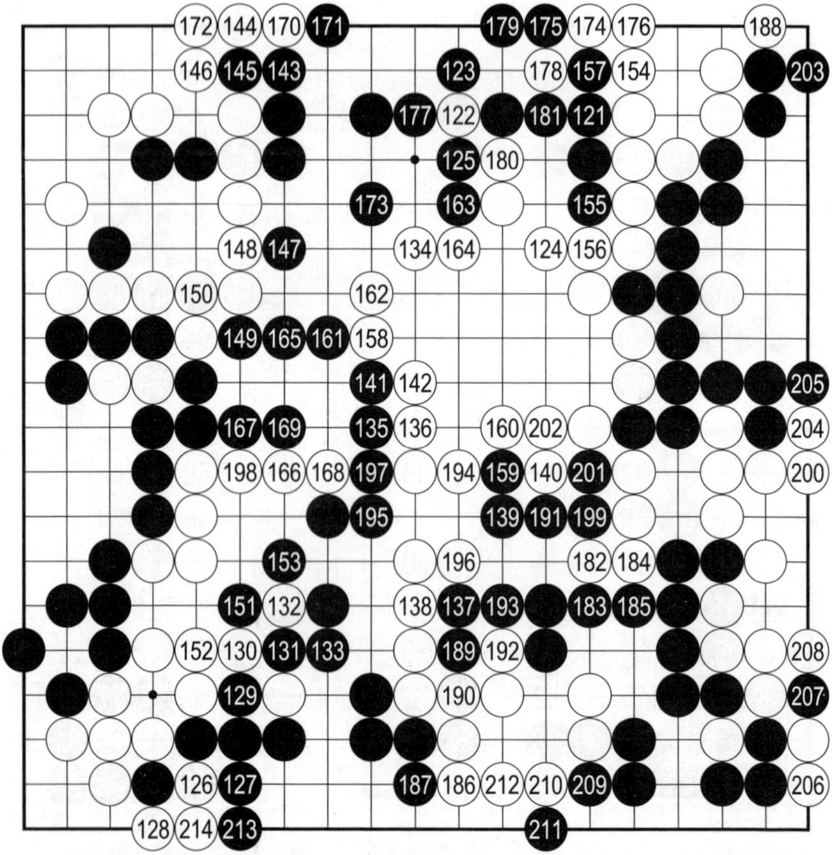

（121–214）

1960年4月27日
训练棋

黑方　陈祖德
白方　薛仰嵩

白14疑问手。黑15冲断正确，至黑19的定型黑棋便宜。

白54过分。黑55打入严厉，至黑67的结果，也是黑棋有利。

黑79利用连环劫，至81的转换大致两分，黑棋保持着一定的优势。

黑99发力，局势突然紧张起来。白106应在120位压，黑107，白走114靠出头。

黑109点入强杀，有一点危险。白110败着，应在138打吃，黑接，白再打吃，黑提，白在13右一路虎，如此可以轻松逃逸。

至黑123，白棋大龙被杀。（俞斌）

黑贴$2\frac{1}{2}$子　共149手　黑中盘胜

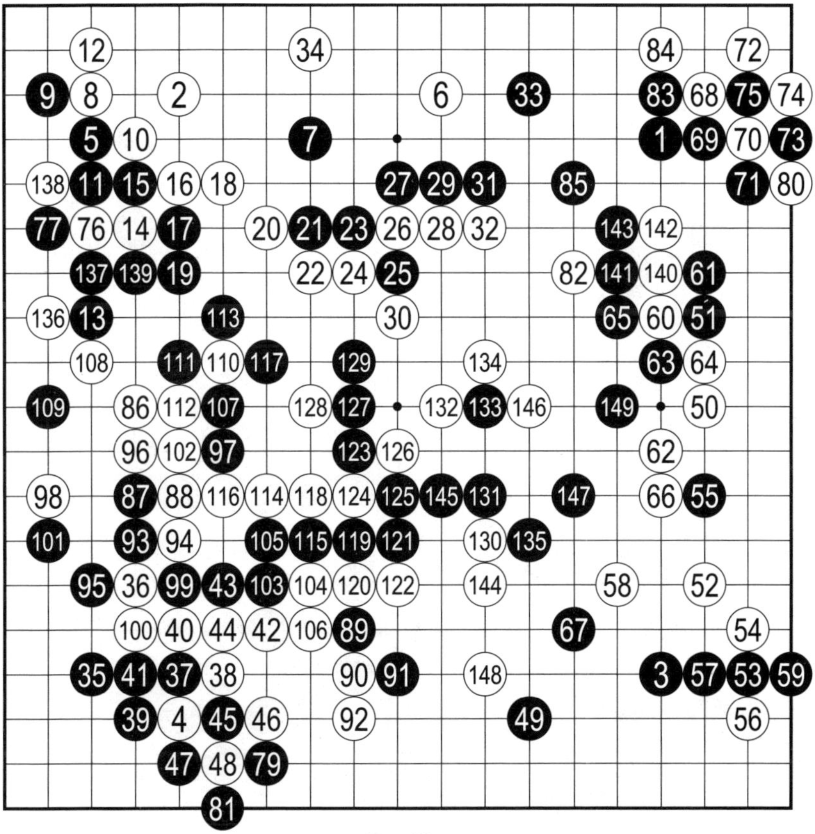

78＝70

（1–149）

1960 年 5 月 1 日弈于上海市体育宫
国际劳动节纪念对局

白方　刘棣怀

黑方　陈祖德（受先）

黑 1、3、5 的配合，意在取势，可以使中盘趋于复杂化。黑 13 仍是贯彻前意。白 18 长应，不欲轻于启变。黑 25 断过早，当先在 34 位曲，照大雪崩定式才可免于吃亏。白 28 搪失算，当即在 31 位吃净黑方两子，黑以后虽尚可后手做活边子，但白得外势，使黑方成谋趋于失败。白随手凑黑生变，至黑 35，白角反为黑有，白仅得黑两子，不利甚明。白 42 似嫌稍急。黑 47 稍犯攻坚之忌。黑 55 飞起到 65 觑断为止，攻白弱点，着法紧峭。黑 71 凑白 72 接实，以后或有侵黑角地的机会。白 74 夹并无成算，不如先在 152 位打，黑外面孤子甚多，亦不可能抽暇再补一着，则白较之立刻走重为累，自属有利。白 98 欠细，凑黑 99 破眼，使白以后陷于困境，不及先虎谋活。白 102 觑至 126 尖，亦不过勉强借劫周旋，遂致势成骑虎，愈救

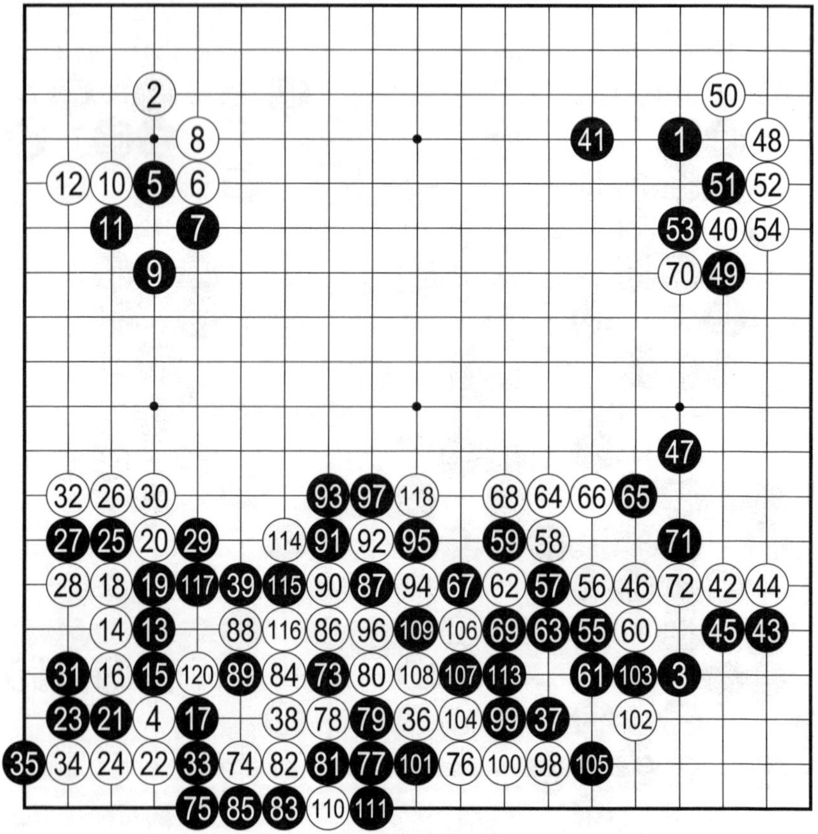

（1–120）

白方　刘棣怀

黑方　陈祖德（受先）

愈劳。白128因劫材不足，不能认真打劫到底，已无救出大块的可能，唯有利用弃子以取偿于他处。黑137、139细，使白无可腾挪。至黑149破眼，白穷于施展，黑显然占优。黑165恋子走重。黑173当先在191位做眼，且阻白渡过。黑183亦失之于贪，能活已足，何必多生头绪。黑187当在204位尖补，黑气甚宽，白难于腾挪取利，仍可保持优势。黑191欠细，凑白192立之巧着，以后角上残子可成劫杀，对黑极为不利。黑199当先在角上提劫自补，虽已吃亏，但优于认真打劫。白202粘劫是，此时白落得打劫，即使不能劫胜，亦必大可取偿于他处。至白222，黑竟成负局，殊为可惜。（王幼宸、汪振雄）

共222手　白中盘胜

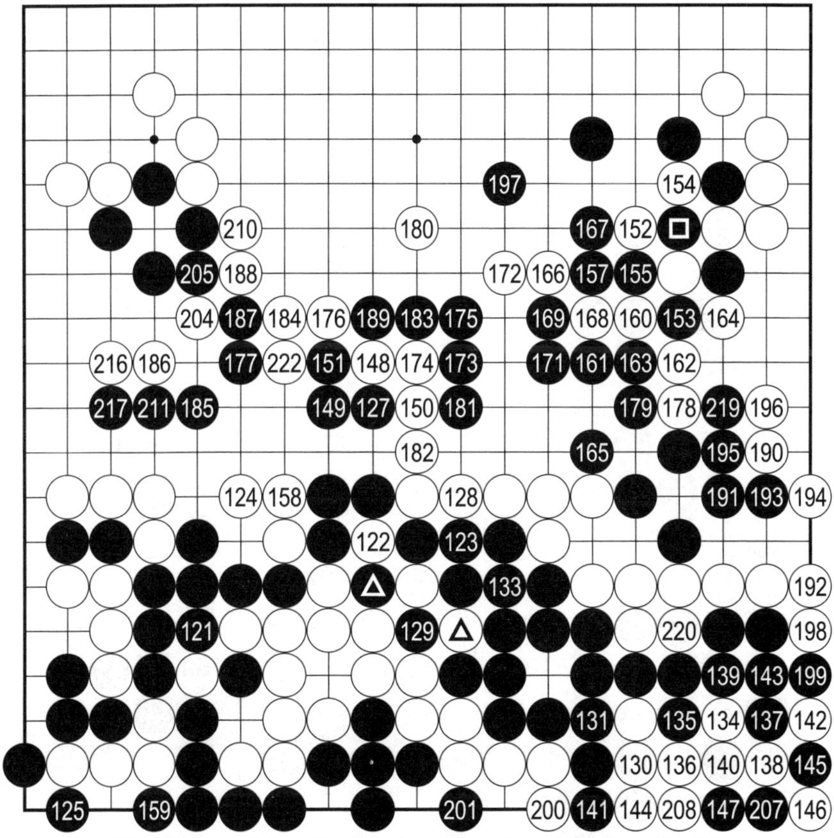

126=△　132=△　156=□　170=153　202=129 203 209　215=145

206 212 218=142　213=207　214=147　221=145

疑 1960 年 5 月 10 日
训练棋

黑方　余文辉
白方　陈祖德

至白 28，是白棋稍稍有利的老定式。黑 27 以下有误算，至白 32，黑差一气被杀，损失很大。

白 48 断严厉，由于白征子有利，黑 49 在左一路打吃，白 50 长，黑 50 右一路压，白可以 50 上一路长，黑再压，白棋还可以长，还是白棋征子有利。实战至白 52 定型，局部白棋获利，形势领先。

白 56、58 是简明定型的好手。

白 78 可考虑在 82 飞，优势局面下避免战斗。实战黑 81 飞封，出现战斗状况。白 96 弃子为简明之策，争得先手后白 100 吃住黑上边一块，锁定胜局。（俞斌）

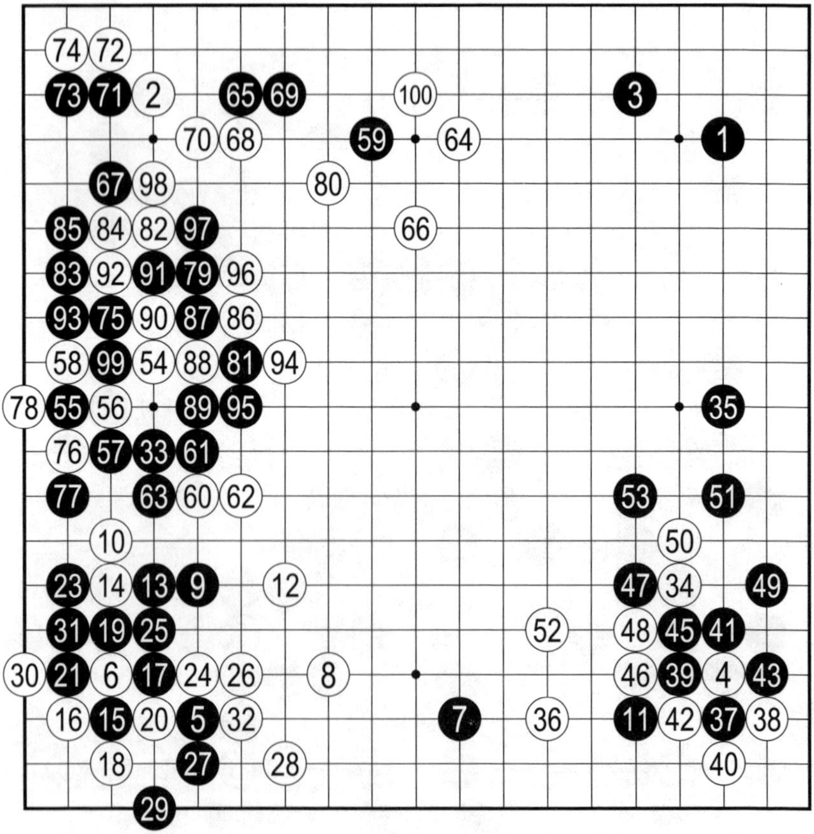

22 = 15　44 = 37

（1–100）

黑方 **余文辉**

白方 **陈祖德**

黑贴$2\frac{1}{2}$子　共 184 手　白中盘胜

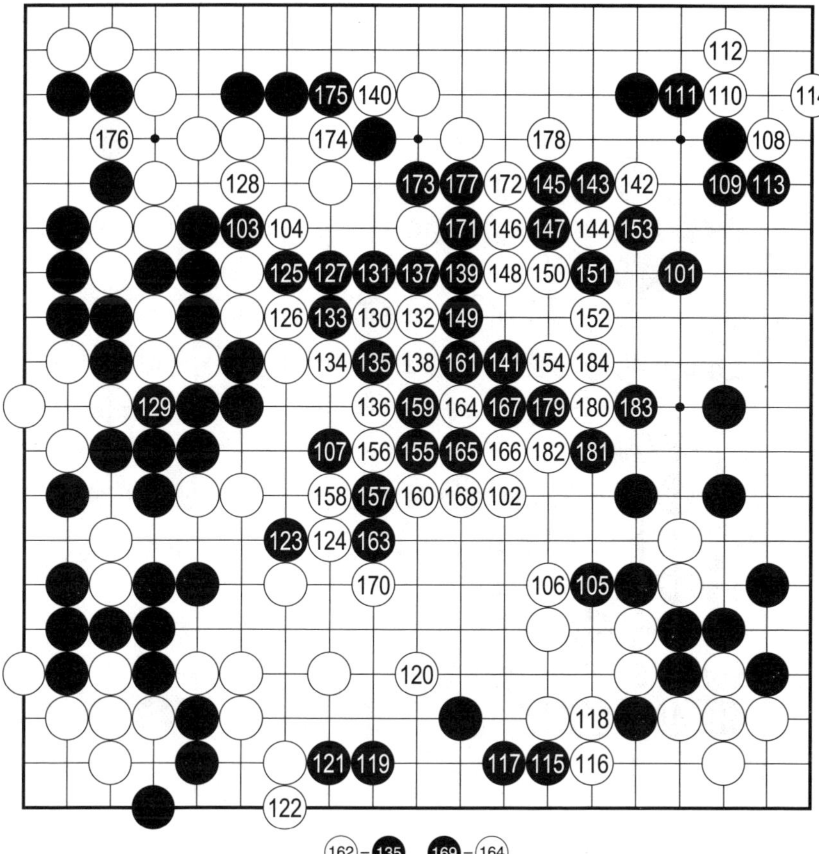

（101–184）

疑 1960 年 5 月 19 日
训练棋

黑方　陈祖德
白方　张李源

白 24 偏于实地，应 27 夹击兼顾下方。白 30、32、34 不便宜，应 87 粘本手。黑 35 长出严厉，白已有破绽。黑 45 走 46 立下较简明。白 46 应先 54、58 打扳后再于 46 断，对杀复杂。黑 47 巧手。白 52 只能 69 打，黑 68，白吃掉 45 一子，黑从 120 粘出，白形势依然艰难。黑 63 愚形妙手。黑 97 没有必要，于 98 点方，白 97，黑 101 顺势做活已成胜势。接下来黑 105、107 都应占领 108 的要点，活棋不成问题。白 108 抢到要点，黑大势已去。（周鹤洋）

黑贴 $2\frac{1}{2}$ 子　共 130 手　白中盘胜

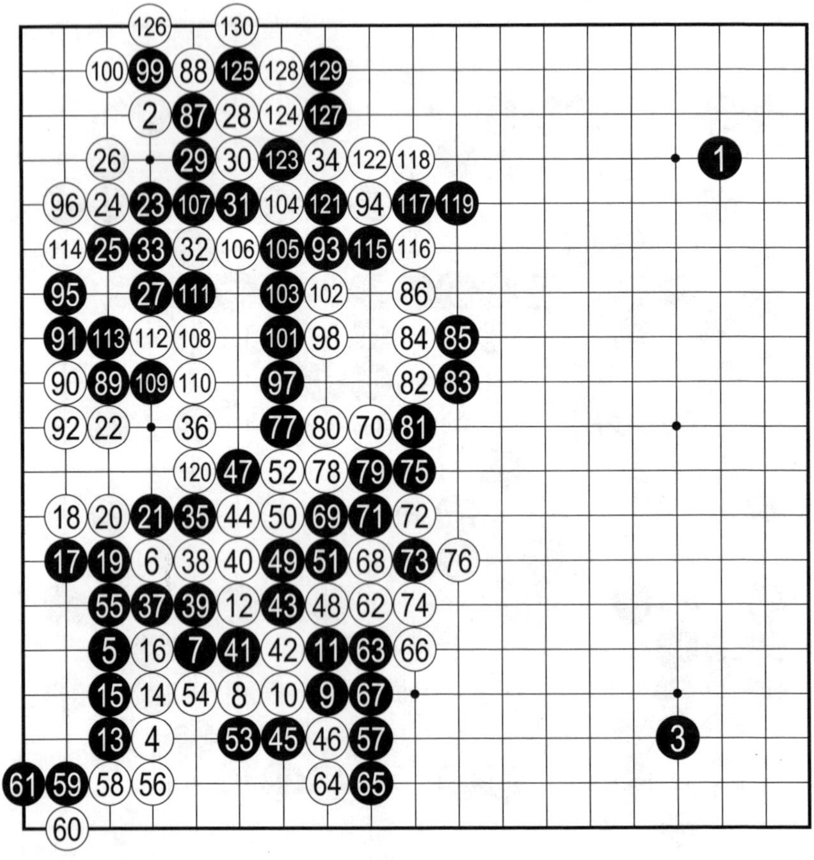

（1–130）

疑 1960 年 5 月 20 日
训练棋

黑方　余文辉
白方　陈祖德

黑 15 不大，应 62 压攻击白棋。白 16、18 是积极的下法，普通小飞逼住无不可。黑 19 退缩，应反击断打，抱吃 18 一子进行转换。白 26 是大胆的思路，在 61 粘住是本手。黑 27 上当，应 61 挖打出去。以下白构思巧妙，至 44，黑疲于奔命。黑 47 败着，只能 50 补断点。白 52 夹手筋，黑溃败。黑 53、55 更是雪上加霜，太小了，应 56 位挂拼死一搏。（周鹤洋）

黑贴2$\frac{1}{2}$子　共 66 手　白中盘胜

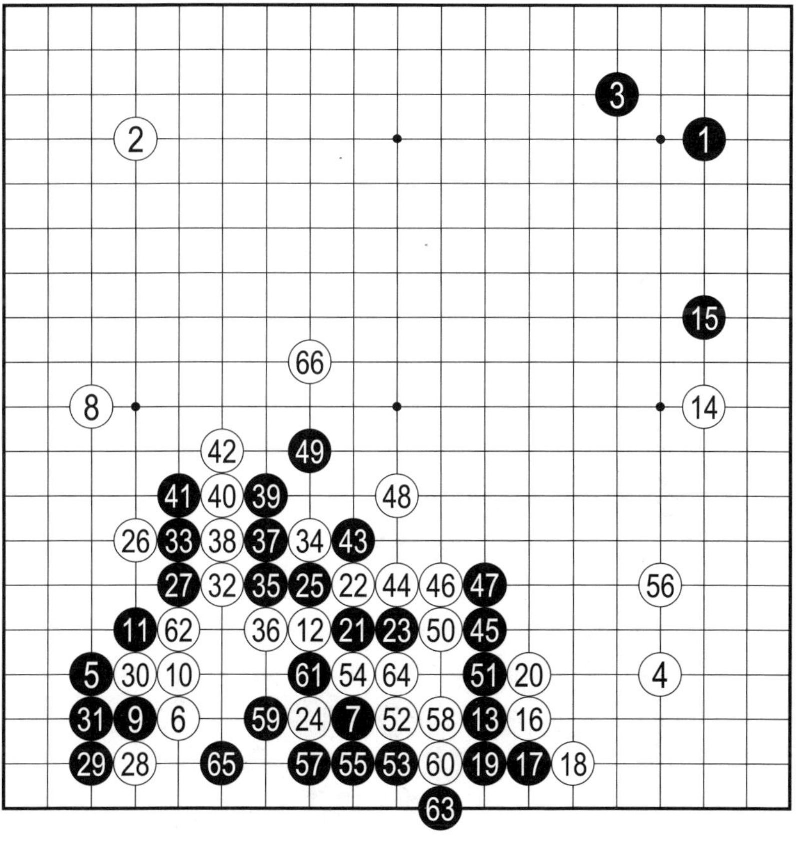

（1–66）

疑 1960 年 5 月 20 日
训练棋

黑方　余文辉
白方　陈祖德

白 2、4、6 布局奔放。黑 29 靠时，白 30 退冷静，不给对方借劲。黑 37 打入的选点奇怪。白 38 跳出作战生猛，其实三路托过无不满。黑 43 跨断严厉，但 47 跳补下边软弱，应 51 长正面迎战，白将陷入困境。白 48 开始腾挪，黑反而有所顾忌。白 62、64 选择激战真是硬汉，走 63 立过弃子已可。黑 71 失机，应 82 爬过。黑 73 再次失误，走 74 托可以一战。白 82 挡下成先手，黑局面已不可收拾，无以为继。（周鹤洋）

黑贴$2\frac{1}{2}$子　共 142 手　白中盘胜

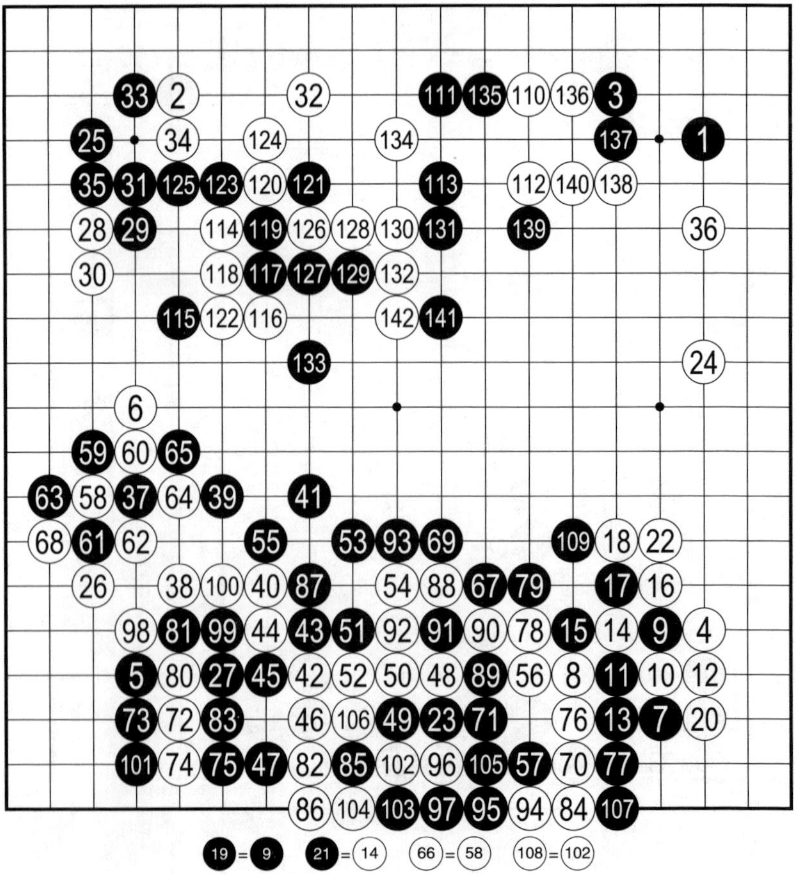

疑1960年5月21日
训练棋

黑方 **陈祖德**
白方 **孙义章**

白18走26挂角更好一些。黑27应34飞起攻击，实战黑子力过于偏右。白28、30方向正确。黑31缓手，应151扳起作战。白32、34也是缓手，应直接38夹击黑两子。黑35犀利。黑37不急，在38飞补必要。白38选点不好，应169打入，黑难受。实战黑39、41托回，渡过困境。黑45、47思路新颖，但49、51继续压迫无必要，直接53压过去，棋形较为厚实。至70告一段落，黑所得不多。

黑71走76尖出头急迫。白74靠下严厉。黑93贪心，94位立求活是本手。白96、98好手，局部形成劫活，黑危险。(周鹤洋)

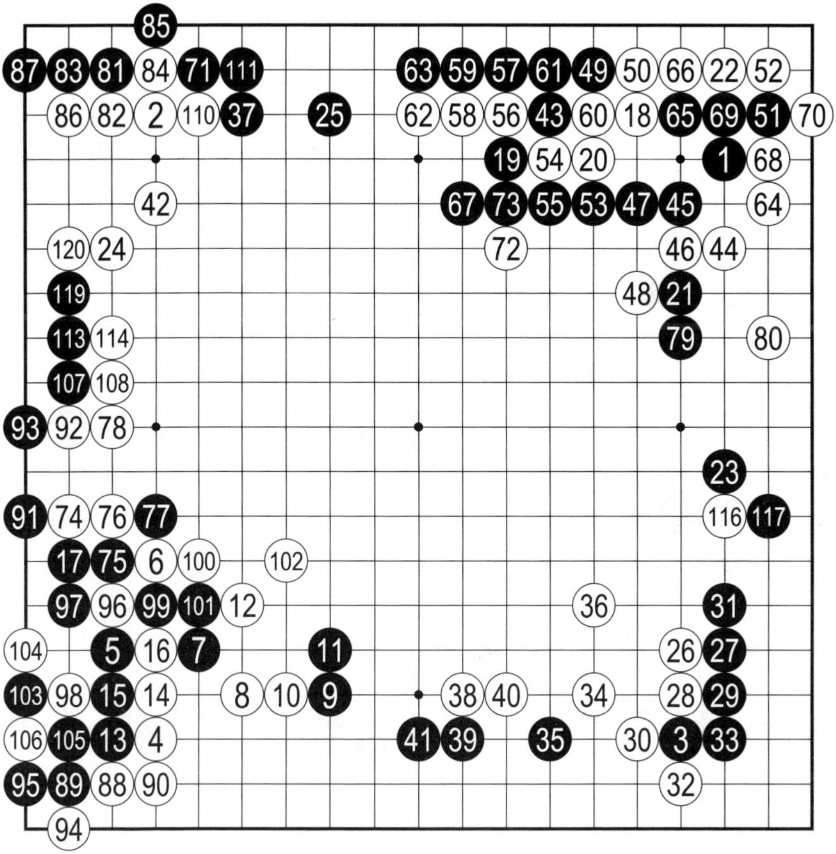

109 115 = 103　112 118 = 106

(1–120)

黑方 **陈祖德**

白方 **孙义章**

白128失机，当140扳，一边攻击下方黑棋一边找劫材，黑窘迫。黑137消劫，局势缓和。白140大极。白150缓手，当211冲出反击，黑无成算。白162、164莫名其妙，下面黑177粘住就是活棋，这种进攻必定无功而返。黑173冲好时机，白174只能退让。白204败着，应205长收官，形势并不落后。黑215锐利，白大势已去。（周鹤洋）

黑贴$2\frac{1}{2}$子　共221手　黑中盘胜

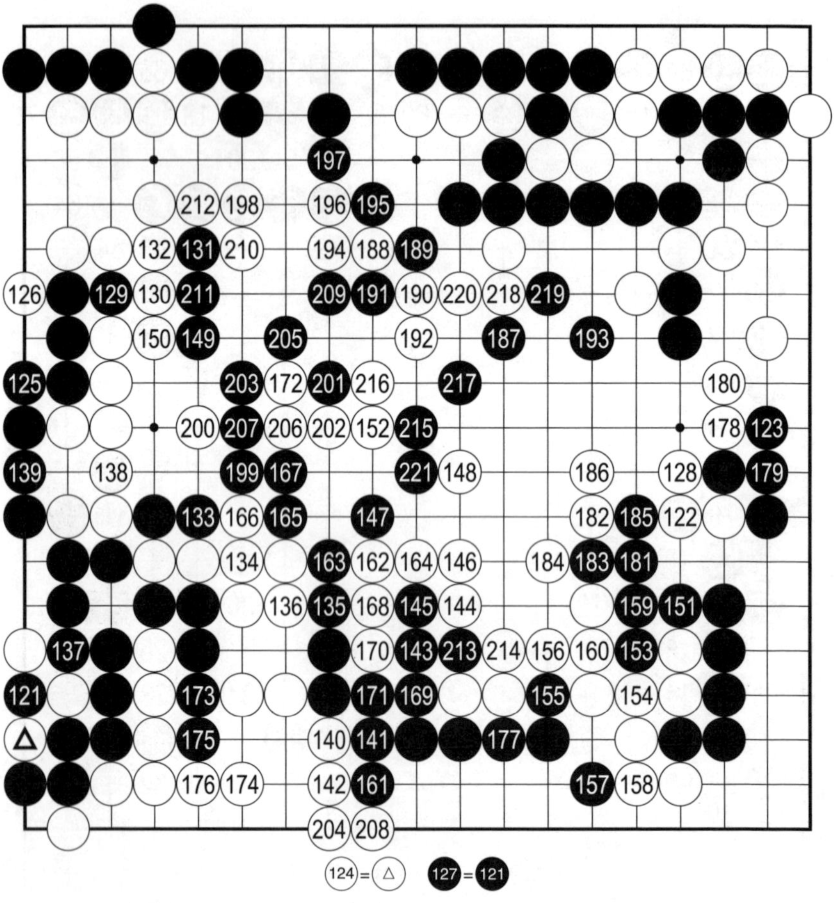

疑 1960 年 5 月 23 日
训练棋

黑方　张李源
白方　陈祖德

白 20 走 22 先拐再 20 立是大雪崩定式，实战是少见的变着。黑 35 走 36 提即可，白 35，黑打吃，白 39，黑 64 尖简明。黑 49 问题手，应先 50 冲后再 49 夹。实战白棋选择弃子明智，至 56，白布局成功。黑 67 大缓手，走 74 跳急迫。白 72、74 非常规手段。黑 77 软弱，应 82 贴出，白扳头，黑 84，白 83，黑 77 虎正面作战，白无成算。黑 85 无奈，白 90 跳补后，黑形势恶化。（周鹤洋）

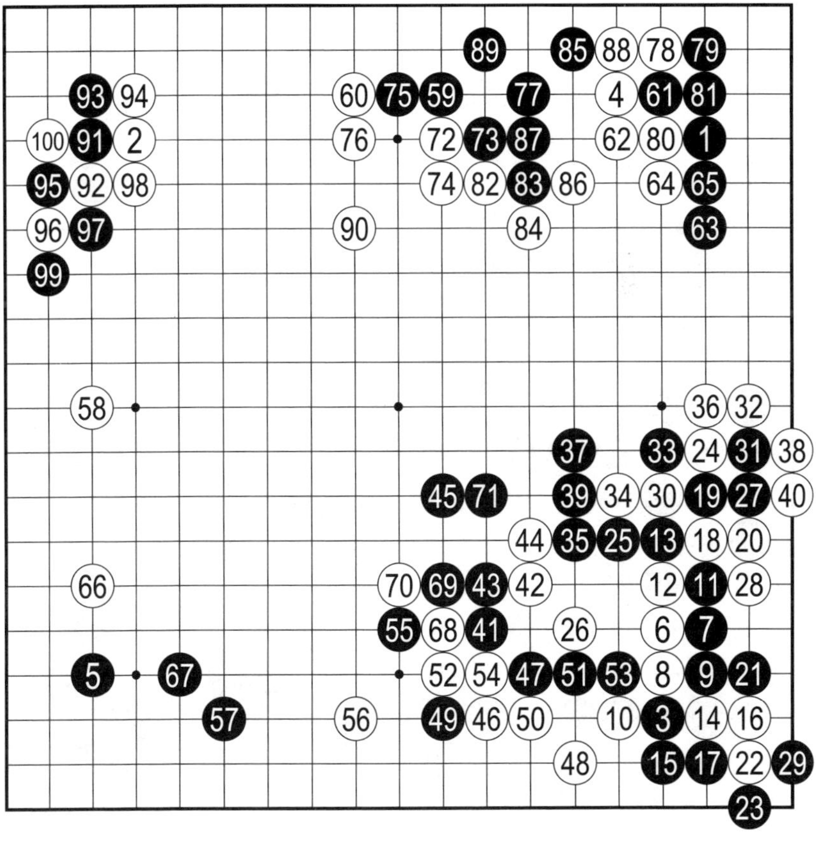

（1–100）

黑 103 于 109 贴是形。黑 107 无理，败着。白 108 强手，黑左右无法兼顾，形势已非。（周鹤洋）

黑方 **张李源**

白方 **陈祖德**

黑贴$2\frac{1}{2}$子　共 186 手　白中盘胜

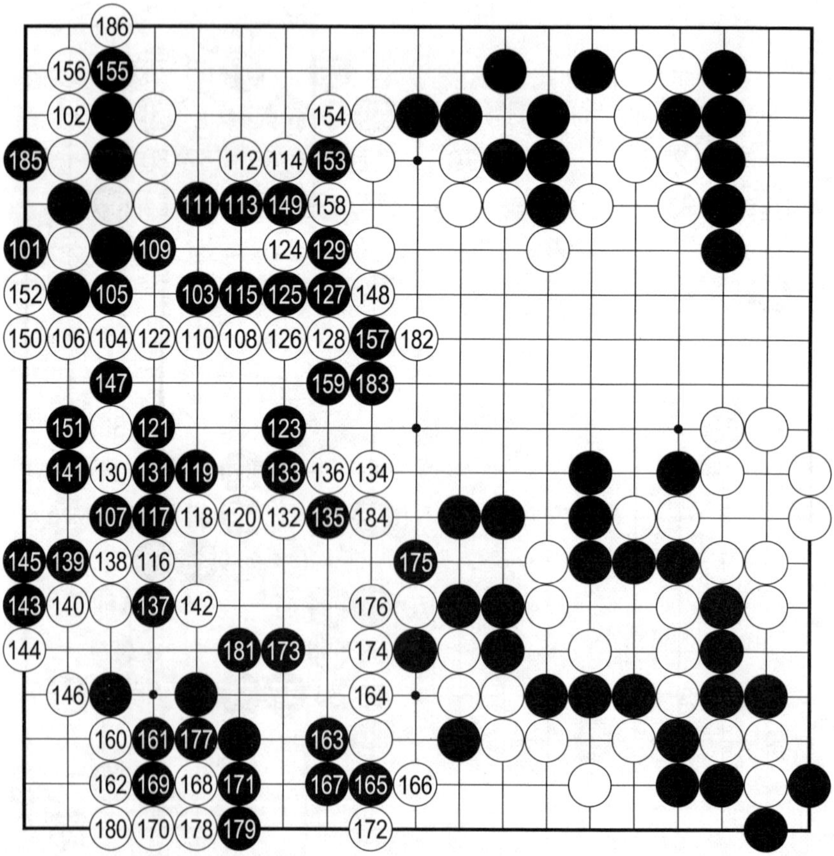

（101–186）

疑 1960 年 5 月 28 日
训练棋

黑方　张李源
白方　陈祖德

黑 9 夹击不好，11 飞是本手。白 12、14 凶狠。黑 15、17 强行作战不明智，弃子争先才是正确的思路。白 24、26 冲出冷静，黑局势已然艰难。黑 43、45 不好，应 107 分开上下白棋寻求战机。白 52、54 转身攻角有力。黑 59 俗手，可以 61 单靠。黑 67 失误，68 活棋没问题。白 70 粘出成立，给对方最后的致命一击。至 90，黑哀鸿遍地，是白大胜的一局。（周鹤洋）

黑贴 $2\frac{1}{2}$ 子　共 124 手　白中盘胜

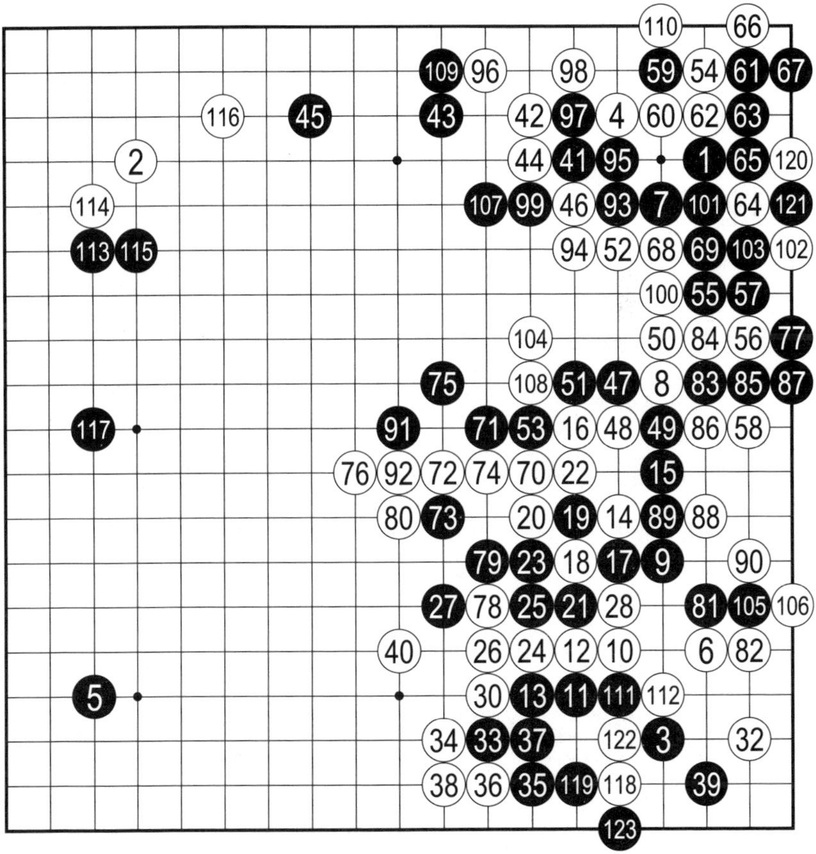

29=19　31=18　124=64

（1–124）

疑1960年6月1日
训练棋

黑方　陈祖德
白方　孙义章

布局双方飘逸。黑23无理，应走24，白23，黑虎下的定式为好。黑51亏损。白62恶手，直接64拐即可。黑65严厉。白68不明智，走92飞做活为上策。黑71跳下，白陷入被动。白72以下病急乱投医，没什么作用。白90计算有误，败着，走92先靠是妙手，黑93，白97，黑157，白90成活棋。实战黑91杀着成立，白死。（周鹤洋）

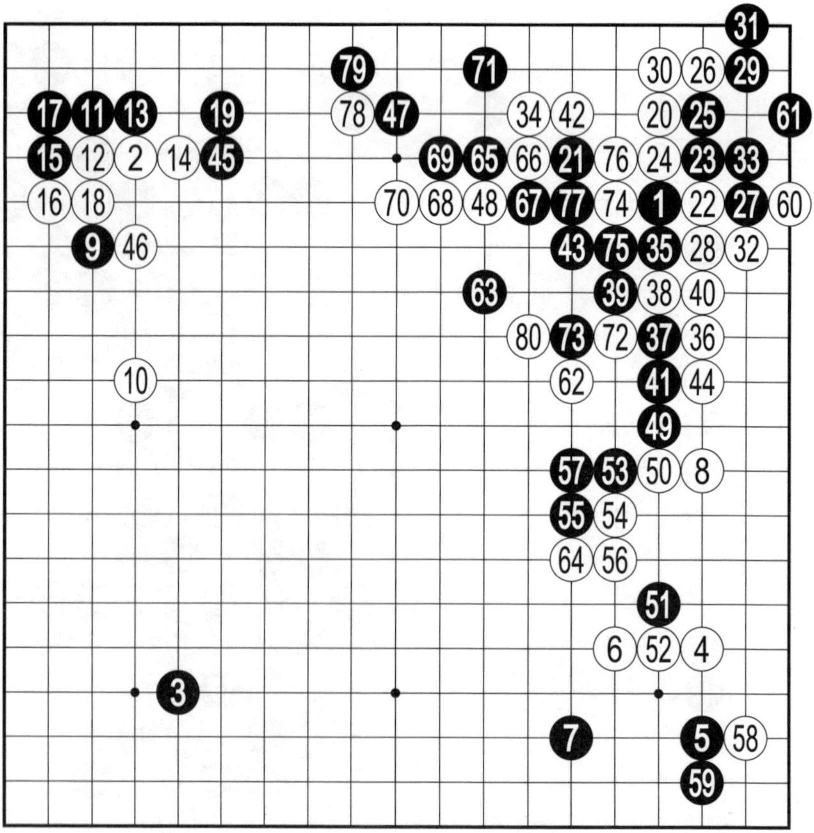

（1–80）

黑方 **陈祖德**

白方 **孙义章**

黑贴$2\frac{1}{2}$子 共 161 手 黑中盘胜

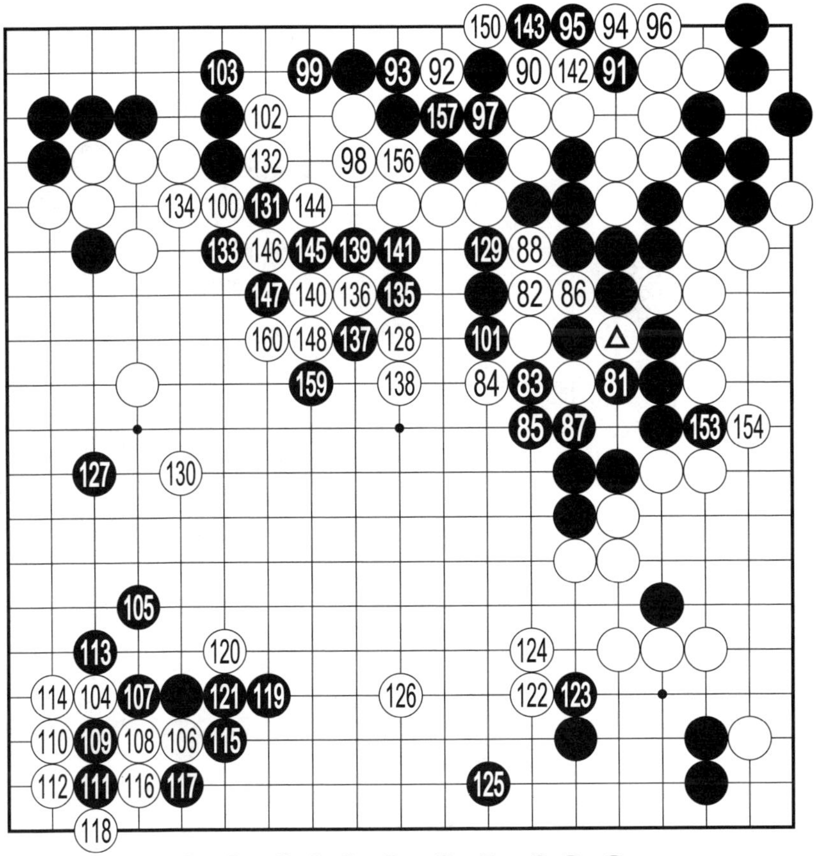

89=△ 149 155 161=131 151=143 152 158=146

（81–161）

疑 1960 年 6 月 2 日

黑方　张李源

白方　陈祖德

黑 11 少见，直接 23 飞压是定式。黑 13 俗手，不走为好。白 24 走 105 较稳妥。黑 29、31 的作战操之过急。白 38 应 44 压，不给对方喘息。黑 53 空提一子冷静，至 59 大获成功。白 62 无理，在 65 跳出逃跑要紧。黑 63 犀利，白大龙岌岌可危。黑 67 失着，于 68 挡住完全可行。黑 79 再次失误，应 81 长，白 80 断，黑 83 冷静拐吃，白借不上劲，依然难处理。白 82 连扳手筋，黑不敢用强，放虎归山。至 100，下面做出一只眼很轻松。

白 102 失着，走 132 跨是手筋。白 114 不甘平庸做眼，想活之前讨些便宜。（周鹤洋）

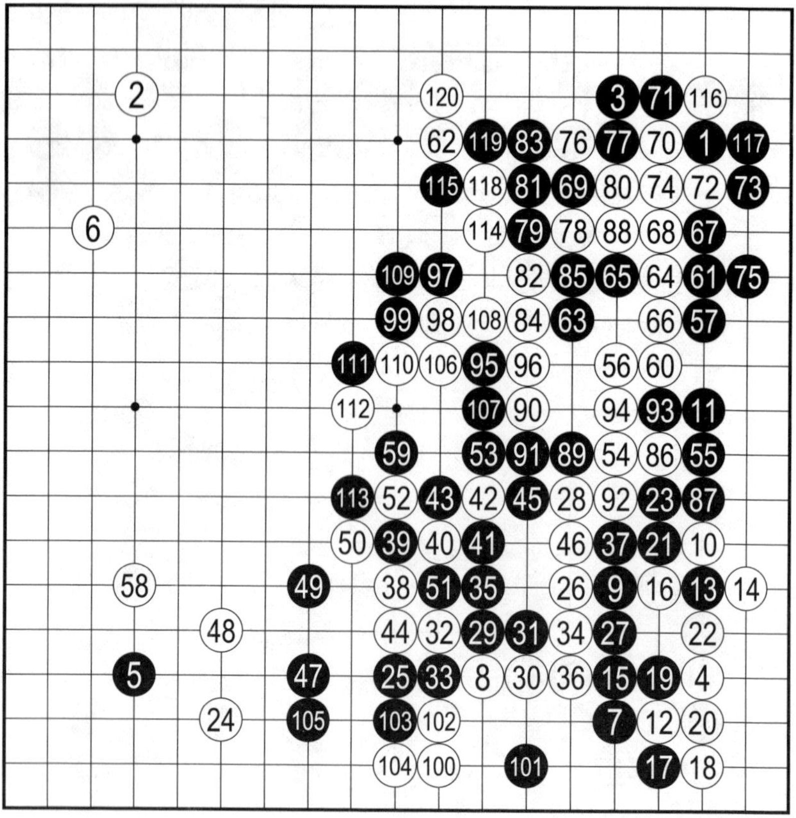

（1–120）

黑方　张李源

白方　陈祖德

白124好手，最终还是要回到132跨的手筋做活。黑137再起硝烟，因为有厚势依托，白并不好下。白138可考虑143点角转身。黑149失误，此时180团是要点，白149，黑154，白150，黑231，白163，黑173，对杀白慢一气。实战黑的下法不理想，至158，劫争不可避免。黑165苦肉计，但下到182，依然无法净杀白棋。黑183另辟战场，局势开始向白方倾斜。白222扑挑起劫争，黑已失去主动。白232消劫后，白胜势。（周鹤洋）

黑贴$2\frac{1}{2}$子　共244手　白胜

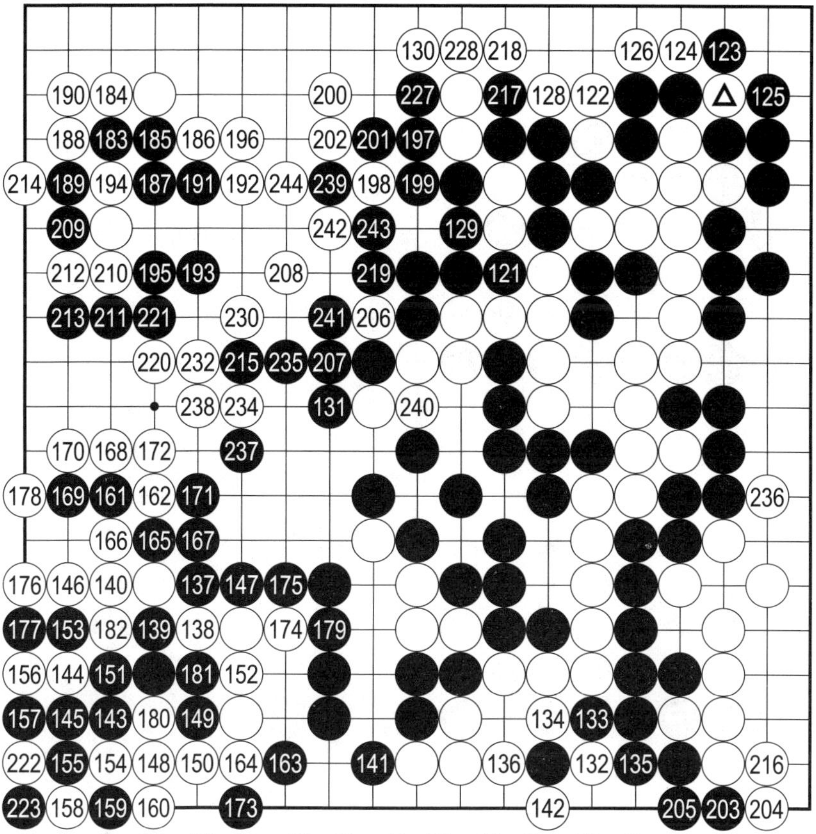

127＝△　224＝144　225＝156　226＝222　229＝223　231＝159　233＝158

（121–244）

疑1960年6月3日
训练棋

黑方　陈祖德
白方　张李源

白12、14作战勉强。黑25不好，当27托试白应手，白如28，则黑二路立，38扳和36断两者得其一。至33做活，黑委屈。白42挂角方向失误，当45挂角。白52、56俗手，应保留53点角的手段。黑61粘出强硬，白陷入苦战。白66、68枪法大乱，黑71点方进攻，黑好调。（周鹤洋）

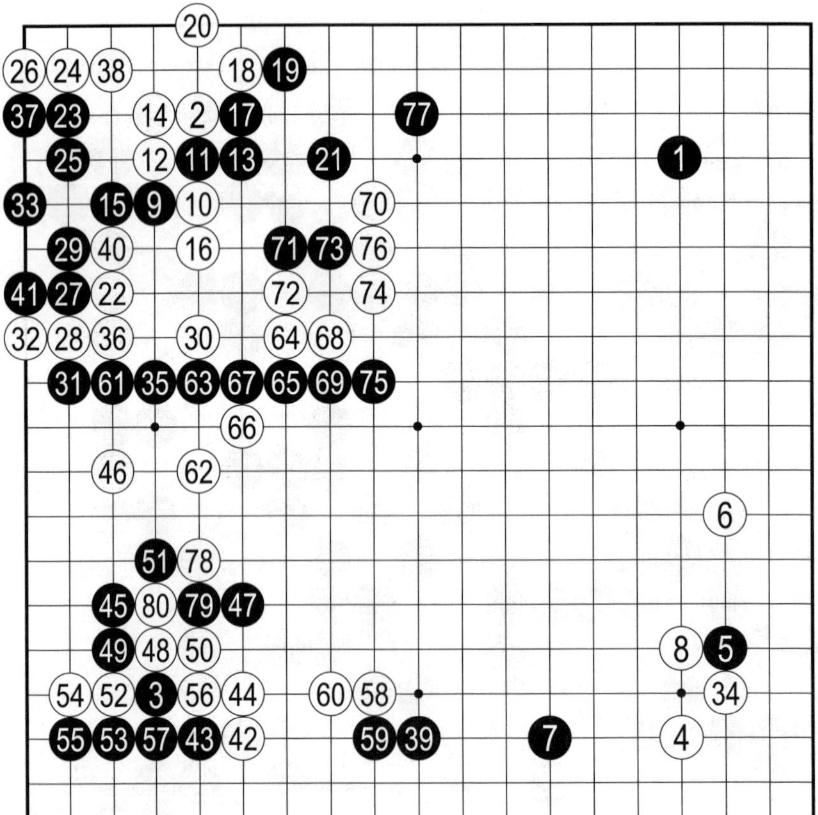

（1–80）

黑 103 要点，白疲于奔命。至 135，白局面已溃。（周鹤洋）

黑方 **陈祖德**

白方 **张李源**

黑贴$2\frac{1}{2}$子　共 171 手　黑中盘胜

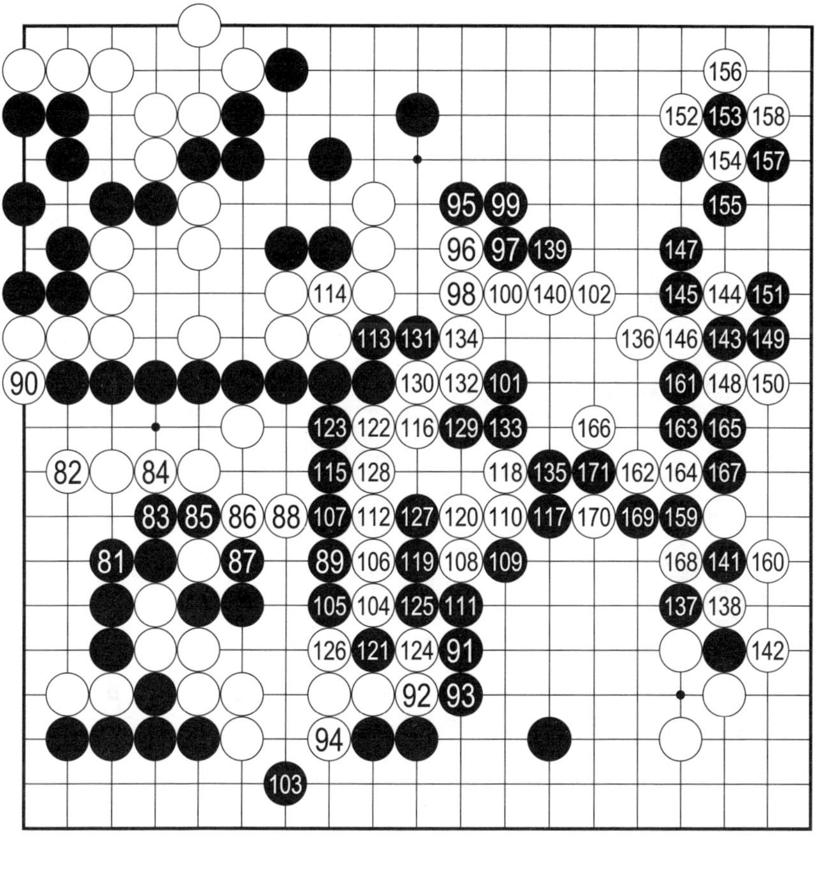

（81–171）

疑 1960 年 6 月 8 日
训练棋

黑方　陈祖德
白方　林勉

黑 23 应 24 挖较好。白 34 应 42 冲跑，实战黑 37、39 是借力的好手。黑 57 虎补没有必要，下边黑已是活形，可以大胆地在外面 79 位争头。白 70 大俗手，直接 72 贴回即可。白 80 应 87，黑 80，白再 89 做活。实战黑 87 贴死白四子棋筋，大获成功。黑 99 长出无理，其实在 101 拆二实地已经领先。白 104 坏棋，应 133 逼住，黑上边窘迫。黑 113、115、117 一套组合拳生猛，白摇摇欲坠。黑 145 恶手，应 149，白 150，黑 151，之后 146 和 153 两者得其一。白 154 后，黑无功而返，痛失好局。（周鹤洋）

黑贴$2\frac{1}{2}$子　共 154 手　白中盘胜

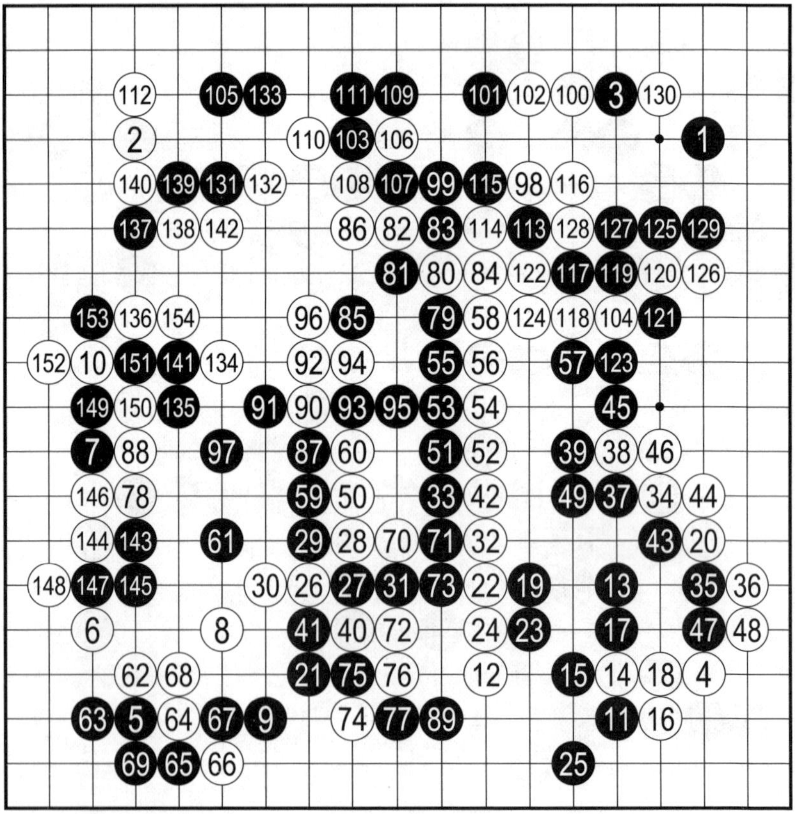

（1–154）

1960 年 6 月 12 日

瀨越宪作围棋代表团访华友谊赛

白方　坂田荣男 九段

黑方　陈祖德（受先）

1960 年，日本围棋代表团第一次来到新中国，这次交流是陈毅同志和日本自民党元老松村谦三先生共同发起的。6 月 12 日举行了在上海的第一场比赛，对手是坂田荣男九段。他是当时世界上最强的棋手之一，水平高出我太多。我虽然竭尽全力，还是免不了惨败。（陈祖德）

白 32、34 选择正面作战令人意外。至 49，双方犬牙交错，混乱之极。黑 53 不好，应 55 虎出。实战白 54 扳住后，黑若 58 冲下，白则 57 挖打，黑初棋无劫。黑 55 选择忍让实乃无奈之举。白 66 冷静，抢到 68 的要点，白布局大获成功。黑 77、79 胜负手，白应对极为稳健。白 92 压时，黑 93 不敢提劫，否则白可以 93 包住整体吃。白 94、100 顺势攻击，黑只是获得劫活。（周鹤洋）

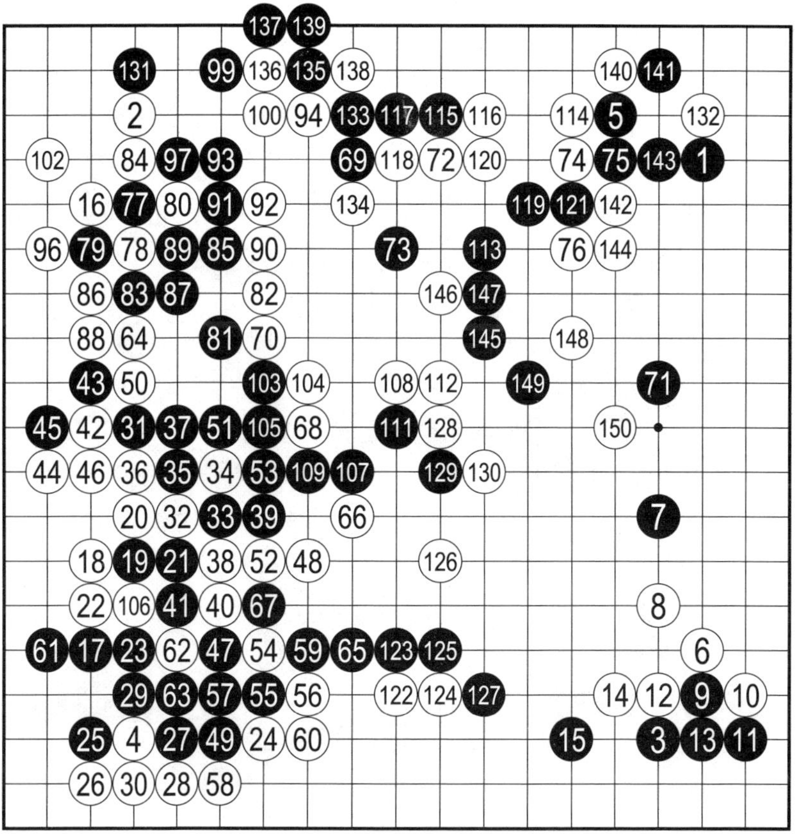

95=77　98=78　101=79　110=62

（1–150）

白方　坂田荣男 九段

黑方　陈祖德（受先）

黑 107 寻求战机，白 108、110 处理得非常轻盈，局势被白方牢牢控制。黑 119 好手，白 120 只能粘，黑 121 冲过有所收获。白 128、130 逼黑做活，黑 131 补得机敏，留下了伏兵。白 132 碰试应手，黑 133、135 操之过急，甚为可惜。黑本手应 142 粘，白 177，黑 176，白 181，黑 167 反打，局部不怕。白 142 断痛烈，黑棋形崩溃。白 176 好手，黑只有 179 做劫最后一搏。白 206 消劫的妙手，黑无力回天。（周鹤洋）

共 278 手　白胜 $13\frac{1}{2}$ 子

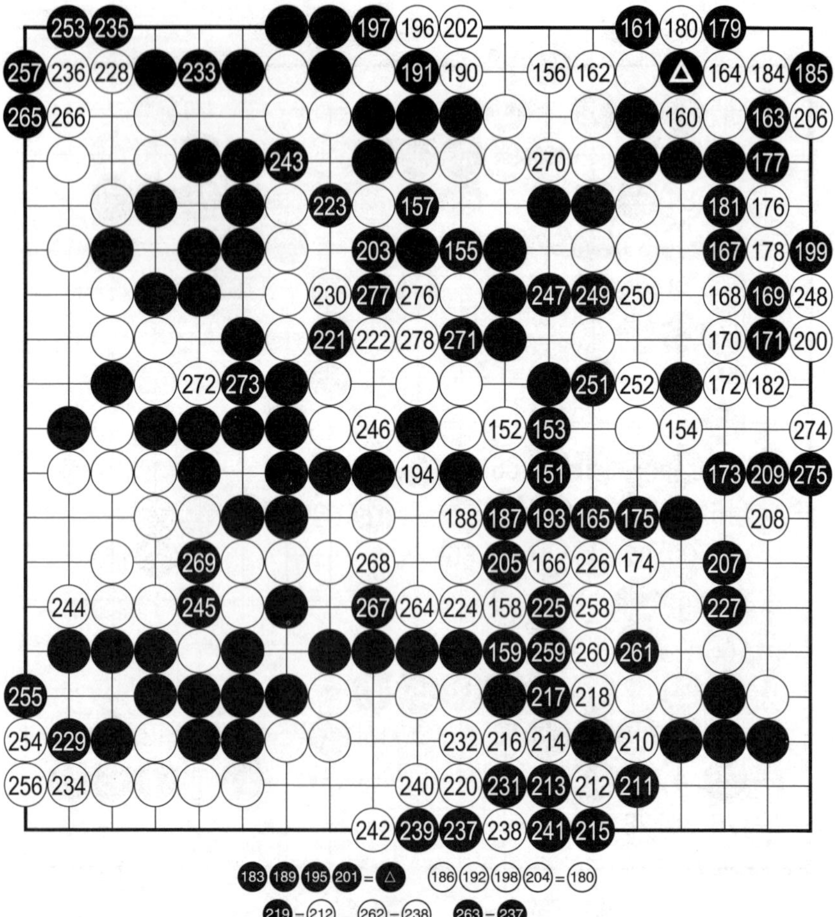

183 189 195 201 = △　186 192 198 204 = 180

219 = 212　262 = 238　263 = 237

1960年6月14日弈于上海体育俱乐部
濑越宪作围棋代表团访华友谊赛

黑方　陈祖德

白方　铃木五良　六段

第二场比赛的对手是铃木五良。我在布局上力争不落常套，出奇制胜。黑1、3占对角三三，在当年可以说绝无仅有。黑5再占三三，简直有几分惊世骇俗了。黑7俗手，应直接在9位托。黑15至19虽极普通，从全局看并不适宜，应努力发展右上方势力。黑27再压情况就大不一样了，受右上白四子的限制，已不可能转化为实地，故27应马上侵分下边白势。白36持重，布局已占上风。黑37固然重要，但被白38进一步扩张，黑就更困难了。对黑39试应手，白40持重。黑47与白48交换显然亏损。黑49应于右一路跳，争先在左下角补，这里松了一路，结果出入太大了。黑57、59

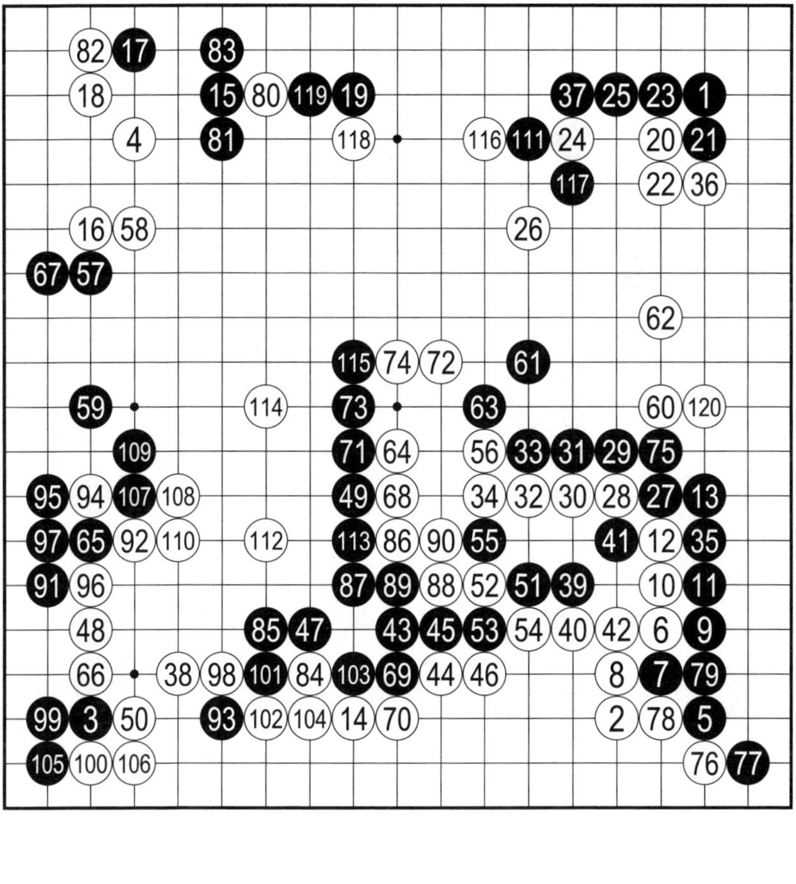

（1–100）

黑方　**陈祖德**

白方　**铃木五良** 六段

不让白在左边发展的确很重要，不过此时在63位扳才关系全局厚薄。白60刺是好棋。白68、70抢空及时。白72厚重。白80似乎很激烈，只是为了加强左上角。白84尖顶是好手。黑85过分看重左下角暗伏的破空手段，86位扳才是正着，实战被白吃黑四子实在太大。由于中央黑子成了孤棋，白116、118时，黑无法反击。白120后胜定。（陈祖德）

200手以下略　白中盘胜

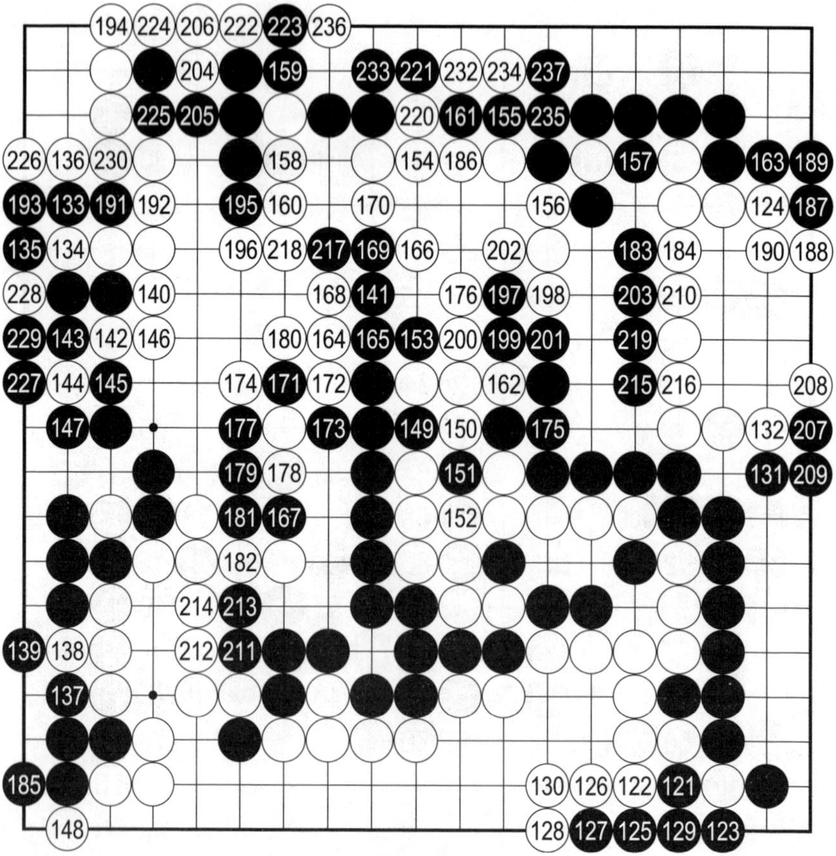

231=228

1960年6月16日弈于上海体育俱乐部
濑越宪作围棋代表团访华友谊赛

黑方　陈祖德

白方　濑川良雄 七段

黑11无趣，是导致布局苦战的原因，直接13夹攻即可。白12冷静的好手。黑27误算，白30打吃后，黑不能跑征子，白可外打再39飞夹，黑动弹不得。白40提厚实，黑形势愈发不利。黑57不能挡痛苦。白60、62好调。白64、66大极，黑实地已显不足。白100打入严厉，因为全局白极为厚实，黑无有效攻击手段。(周鹤洋)

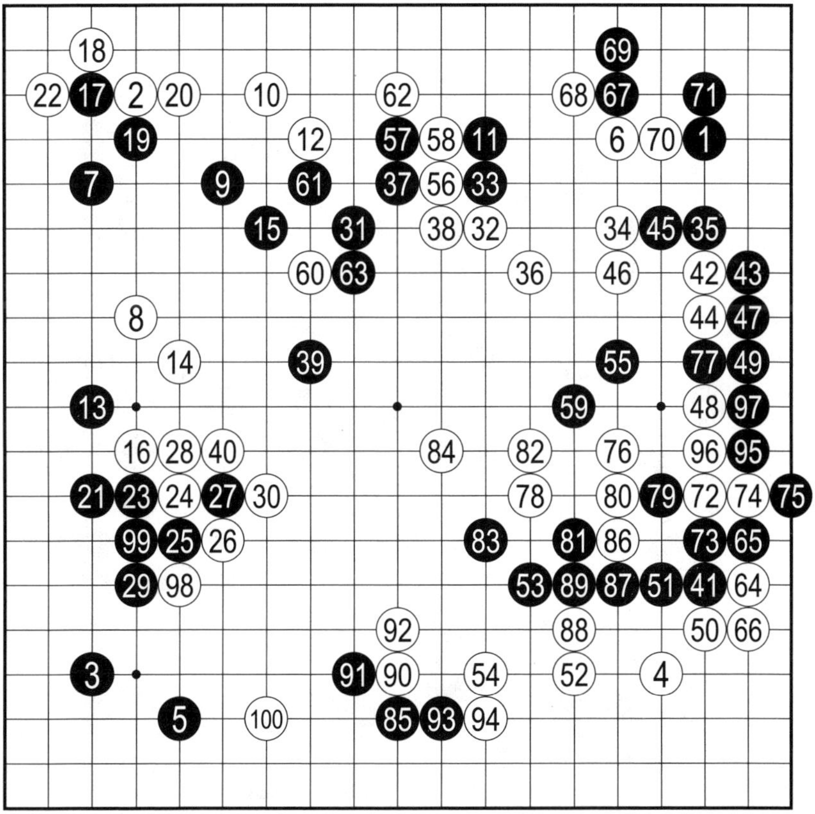

(1–100)

黑方　陈祖德

白方　瀬川良雄　七段

白138鸣金收兵，已进入官子。黑143、145非常手段。黑185最后的胜负手。白192消劫判断准确，胜势不可动摇。（周鹤洋）

共208手　白中盘胜

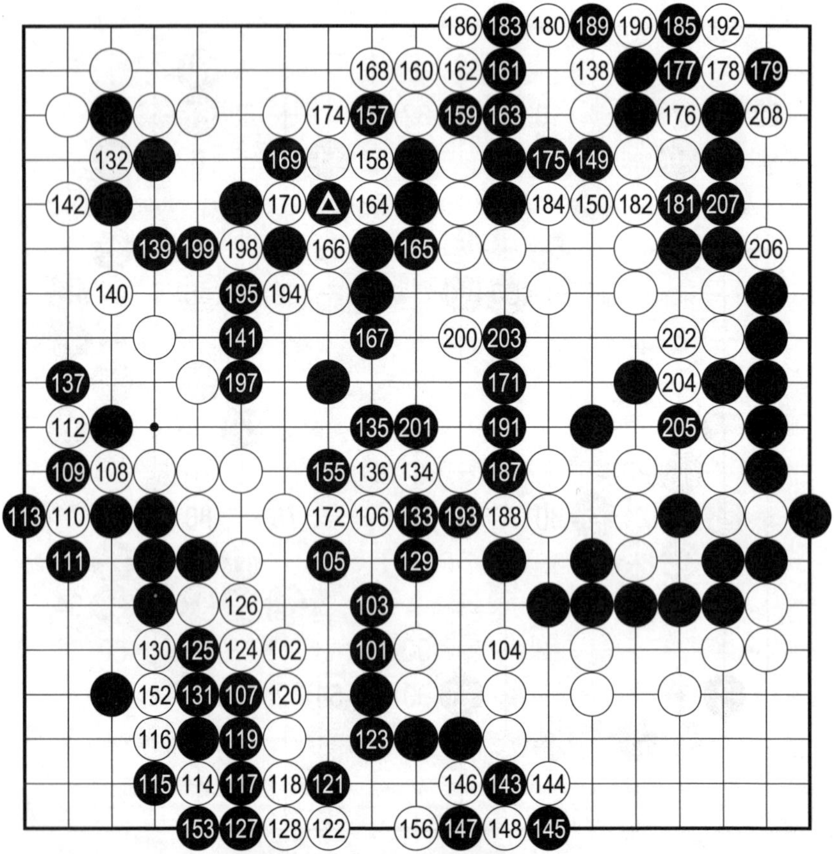

疑1960年7月4日
训练棋

黑方　陈祖德
白方　黄承忧

白24新颖。黑25选择正面作战，如上靠24一子迂回作战也是一种思路。至41，双方竭力破坏对方棋形，总体看白棋落于下风。黑47应52立柱，更为坚实。黑61跳封，白依然苦战。黑65没有必要，简单66长，放对方往下跑，白并无前途。黑69恶手，走70外贴关键。白70后，黑气紧且短，形势发生逆转。白88拔通棋筋固然舒畅，但若89长，棋局已经结束。白92、94、96都是优势下的缓手。（周鹤洋）

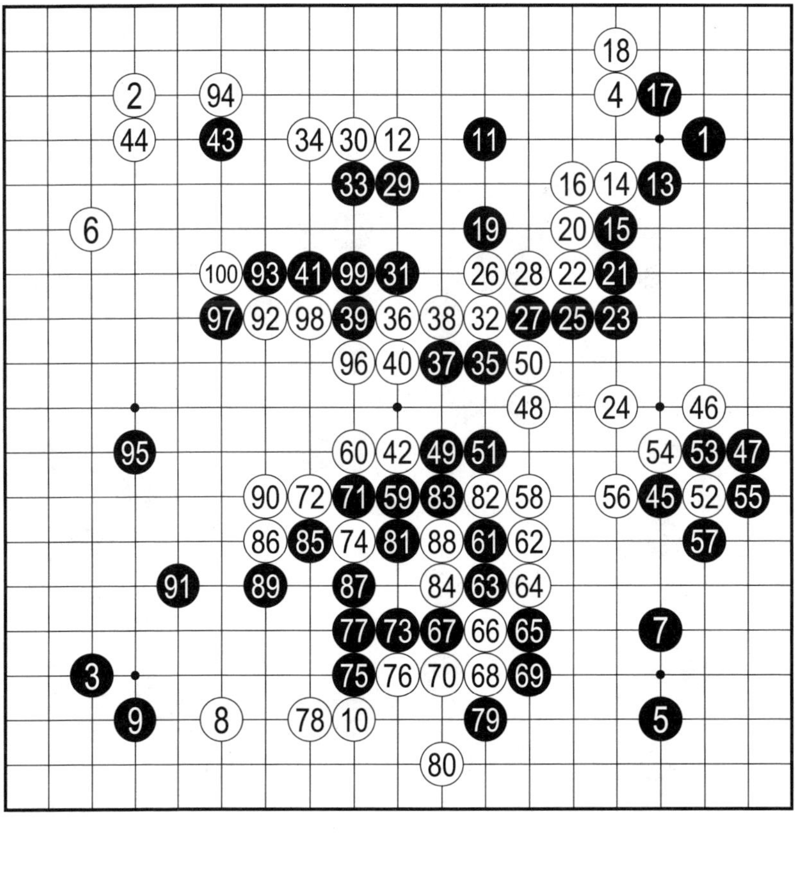

（1–100）

白104、106也应抢占109的要点。白118败着，走119是本手。（周鹤洋）

黑方 陈祖德

白方 黄承忧

共204手 黑胜3子

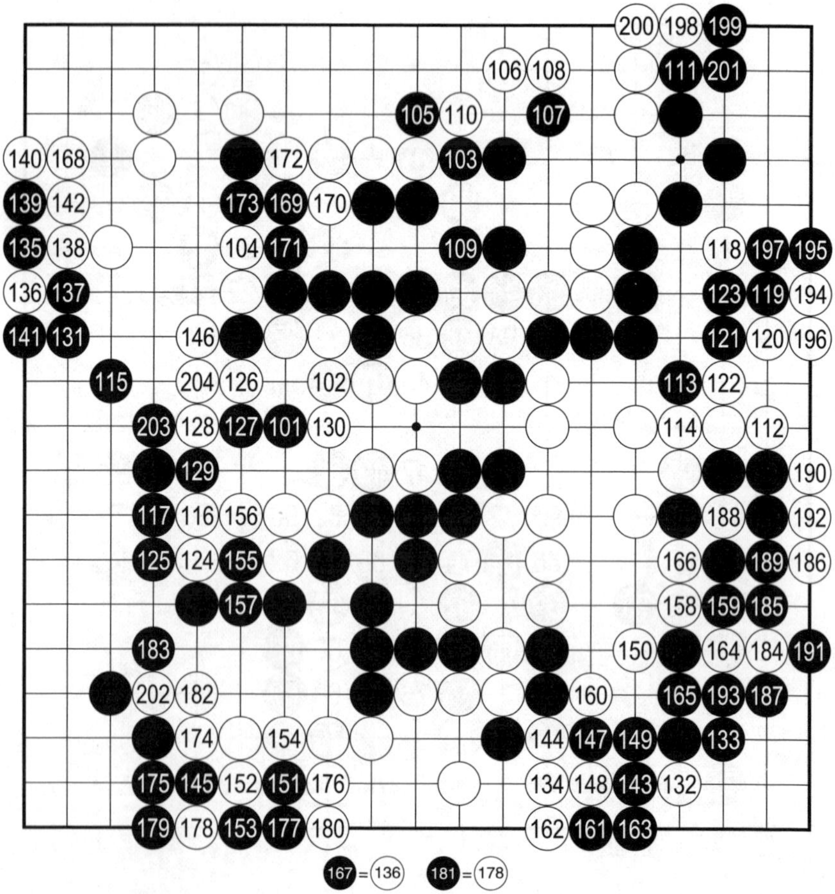

167=136 181=178

（101–204）

疑 1960 年 7 月 6 日
训练棋

黑方 **孔凡章**
白方 **陈祖德**

黑 17 走 18 飞断较好，实战白获得实地。白 48 走 53 外扳是本手。黑 65 以下弃子巧妙，黑全局配合极佳，作战成功。（周鹤洋）

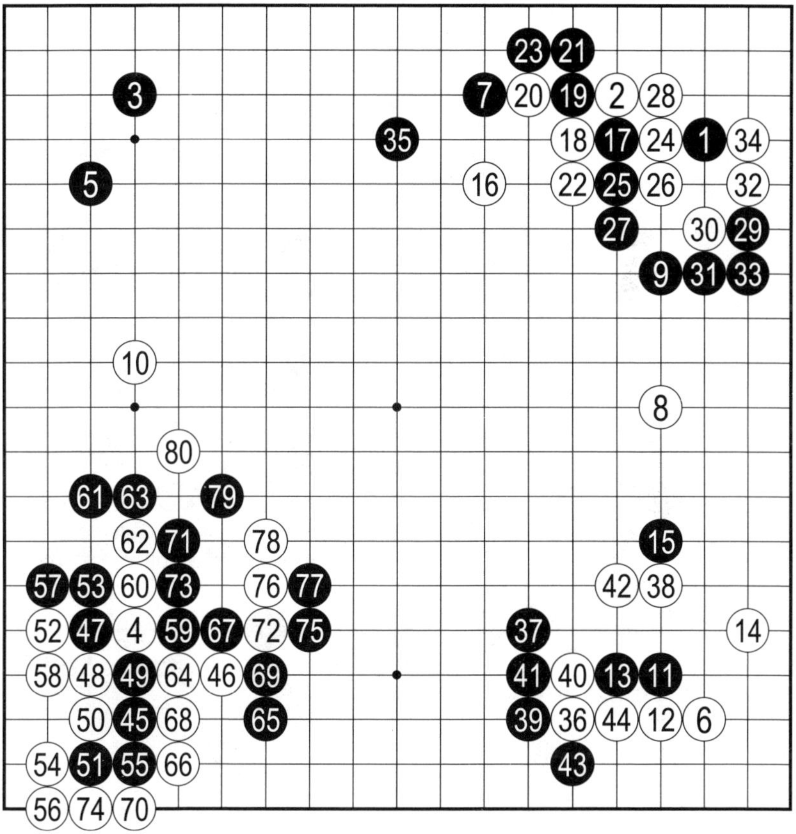

（1–80）

黑方 孔凡章
白方 陈祖德

黑 89 没有必要，走 94，白 89，黑 116 顺势而为即可。黑 95 应 108 镇头分断。白 106、108 弄巧成拙，直接 108 靠回即可。黑 109、111 强悍，先吃为敬，白被动。黑 125、127 妙手，但 129 失着。黑 129 若白 8 上一路挤，大龙已跑，棋局结束。黑 143 飞极大。黑 165、167 严厉，白无计可施。（周鹤洋）

共 177 手　黑中盘胜

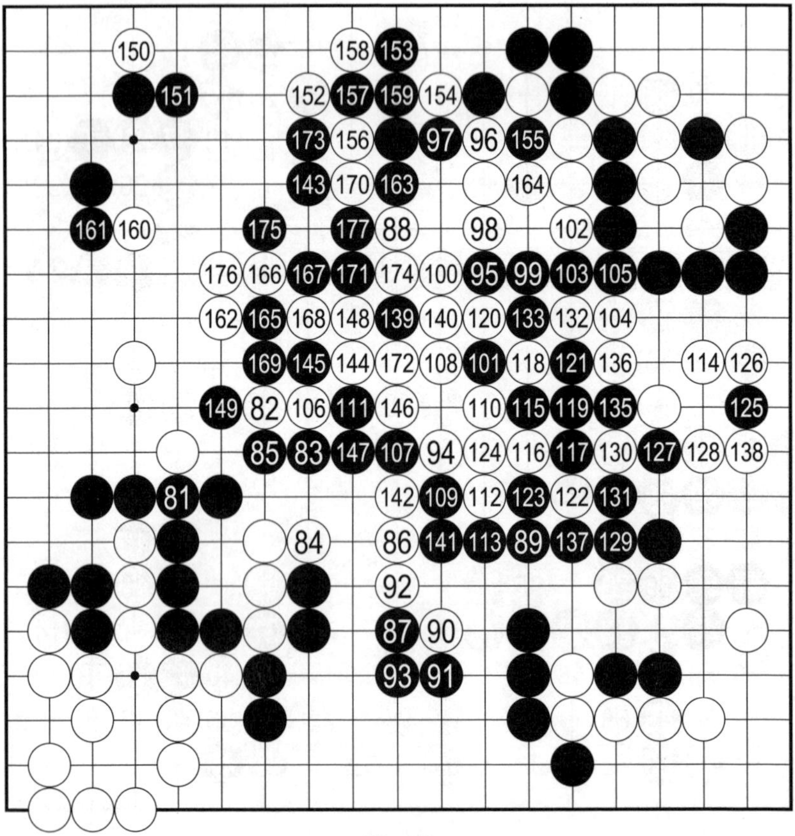

134 = 101

疑 1960 年 7 月 7 日
训练棋

黑方　陈祖德
白方　王幼宸

黑布局有古谱风范。白 22 打入构思巧妙，普通是点角，实战形成激战。白 42、44、46 机敏，再晚一拍就走不到了。黑 55 寻求调子，实则恶手，直接 57 贴是正手。白 58、60 反成好调，黑陷入被动。黑 75 还是小飞守角为好。白 78 好点。至 92，白全局明显占优。白 94 下出了气势。白 112、114 进行缠绕，讨得小便宜后于 122 鸣金收兵，其实走 140 压住，黑大龙危险。白 134 巧手，显示了功力。白 136 有必要，防止了黑二路透点。白 154 好手，黑实地不足。白好局。（周鹤洋）

共 154 手　白中盘胜

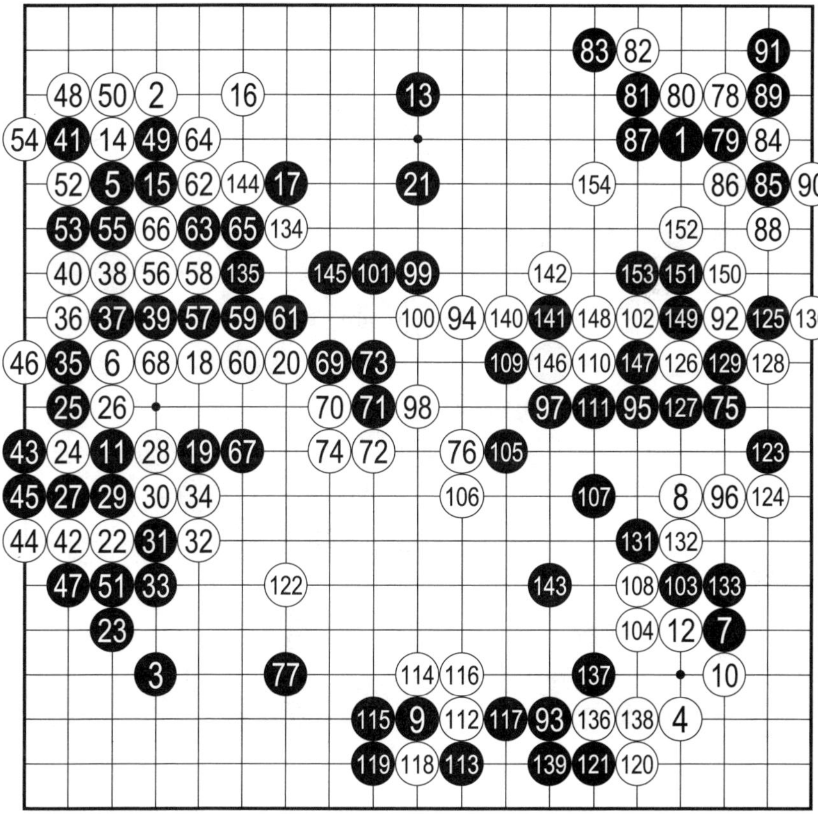

（1–154）

疑 1960 年 7 月 8 日
训练棋

黑方　陈祖德
白方　刘棣怀

白 24、26 问题手，走 29 尖出头更为急迫。白 38 的定式选择不好，应 40 单虎，要想尽办法抢得先手占领 49 的大场。黑 49 两翼张开，大极。黑 51 紧凑，白无法反击，黑 57 长棋形舒畅。白 58 二路漏系非常手段。黑 59、61 下得极其稳健。黑 67 稍显急躁，走 73 镇头从容。黑 75 退让冷静，局面依然黑方主动。白 90 胜负手。黑 91、93、95 步步为营，白陷入包围。黑 101 冷静回补，白 102 粘上宁为玉碎，不为瓦全。至 115，白全军覆没，黑大胜。（周鹤洋）

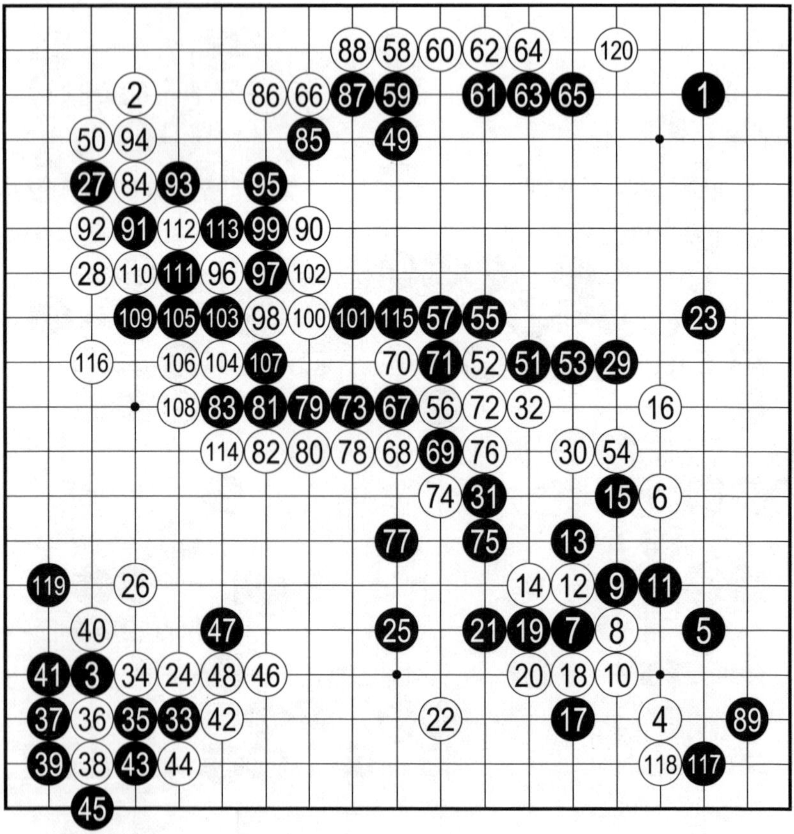

（1–120）

黑方 **陈祖德**

白方 **刘棣怀**

黑贴$2\frac{1}{2}$子　共 215 手　黑胜$6\frac{1}{2}$子

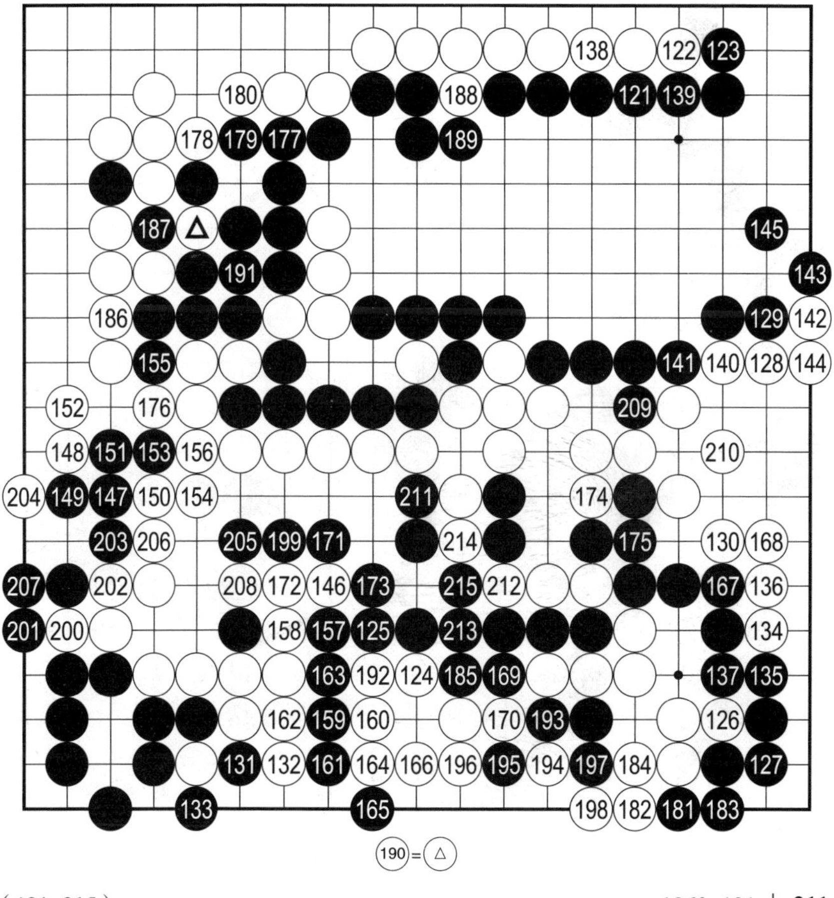

（121–215）

疑 1960 年 7 月 19 日

黑方 **陈祖德**

白方 **吴淞笙**

白 20 委屈，22 又无理。黑 33 当冲断白棋。白 36 扳下有收获，逃过一劫。黑 55 围二路小，应 121 继续扩张。黑 63 大缓手，应 107 夹击白棋。白 66 拆二活得轻松，白局面优势。（周鹤洋）

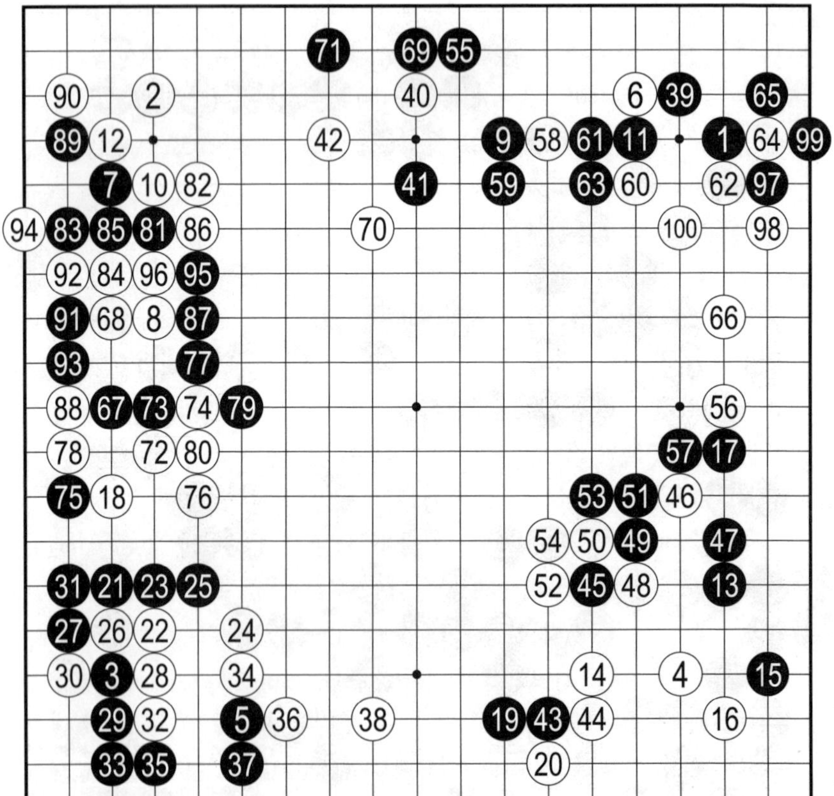

（1–100）

白 118 于 121 拐住厚实。黑 149 败着，150 粘是要点。（周鹤洋）

黑方 **陈祖德**

白方 **吴淞笙**

共 182 手　白中盘胜

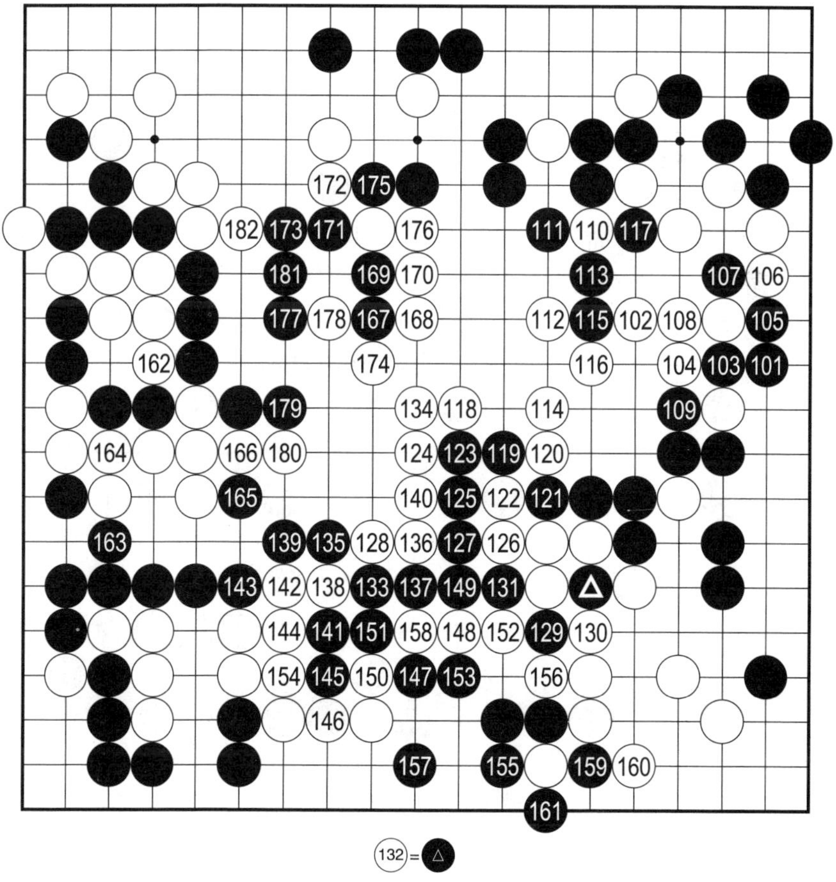

（101–182）

疑 1960 年 7 月 26 日

黑方　林勉
白方　陈祖德

布局至35，黑形厚实。黑41走53紧逼更加积极。白42、44、46选择弃子下法明智。白48令人意外，当上扳应对。白62、黑63皆为棋形要点。白64不甘在65位忍辱做活，可是一旦战斗起来，全局黑的厚势将发挥作用。黑73俗手，应保留。黑79大缓手，应在75右边挡下。白80飞过极大，形成了黑厚、白地多的局面。黑87大俗手，直接89分断即可。白90是棋形的要害。黑91下法不当，应100贴回强行分断，白凶险。白92先手得利后再回到100，黑攻击失败。

黑103、105的下法有些凌乱。黑111、115虽然成功把白棋断开，但白棋也获得了眼形，进攻难言有效。（周鹤洋）

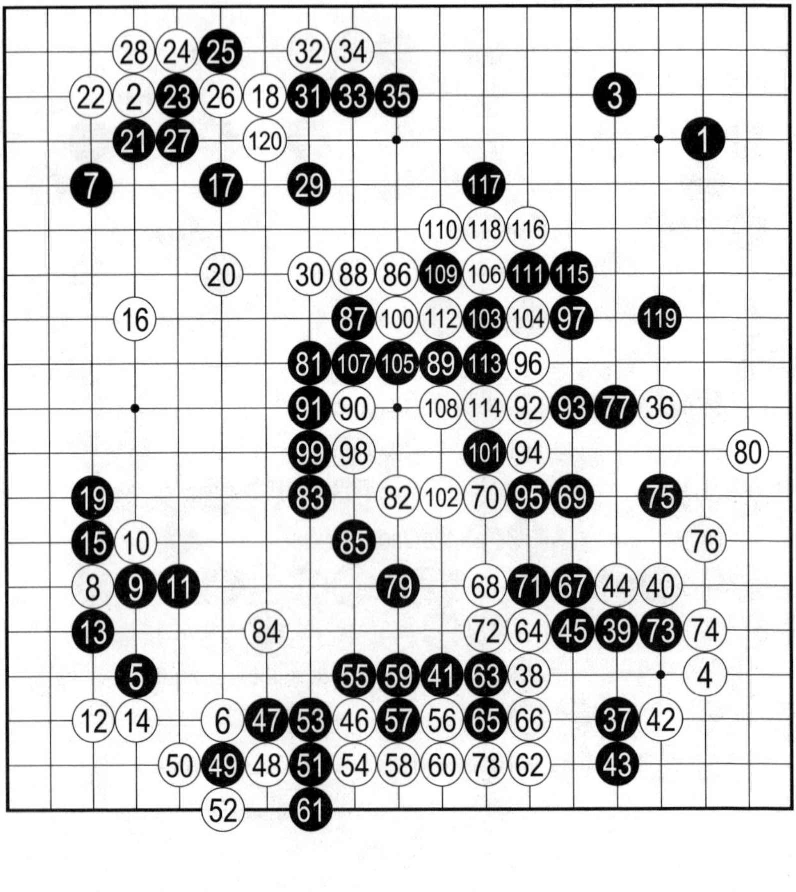

（1–120）

黑方 **林勉**

白方 **陈祖德**

白 122 改走 125 坚实。黑 127 奇怪，走 128 冲出并无不可。白 144 鲁莽，直接走 146 位即可。黑 145 败着，若 156 反击，局势将变得复杂。白 172 先手收束后再抢到 182 的大官子，白胜势不可动摇。（周鹤洋）

黑贴2$\frac{1}{2}$子　共 224 手　白中盘胜

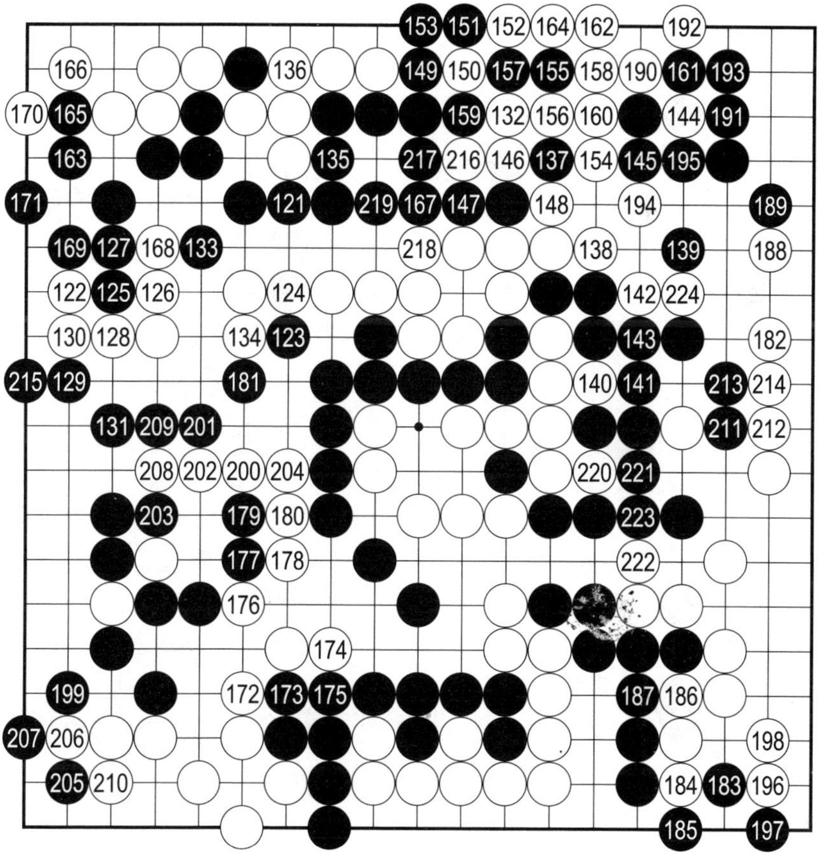

（121–224）

疑 1960 年 7 月 29 日

黑方　陈祖德

白方　林勉

黑 13 走 190 拐较好。白 20 拔一子舒畅，白满意。白 42 镇头好调。白 56 过急，在 59 断吃本手。黑 79 托好手。白 84 是救命的手筋。（周鹤洋）

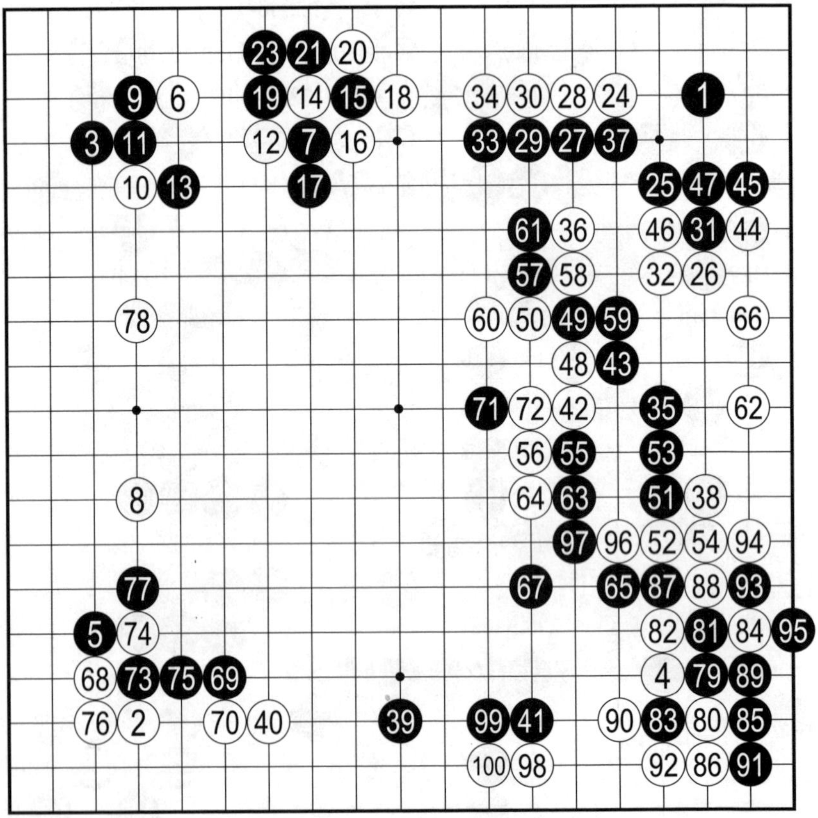

22 = 15

黑方 **陈祖德**

白方 **林勉**

至 109 飞，黑作战成功。黑 121 打入问题手，不如 122 立下大。黑 123 俗手，159 提子正着。白 146 凶悍，黑已露出破绽。黑 151、153 开始拼命，但白应对无误，黑大败。（周鹤洋）

黑贴2$\frac{1}{2}$子　共 192 手　白胜 10 子

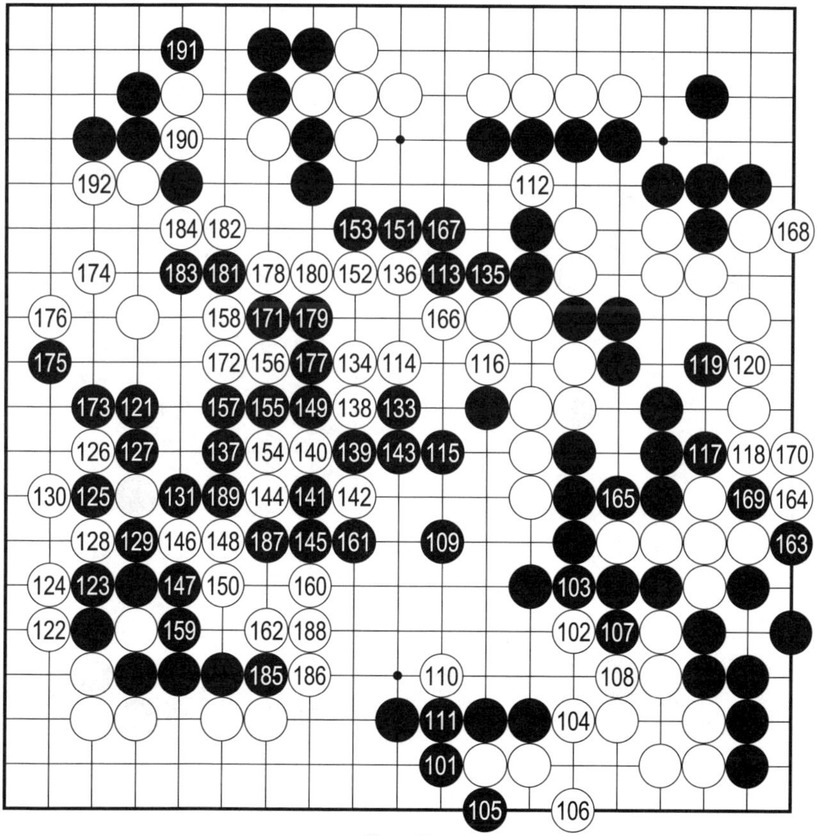

132=125

（101–192）

疑 1960 年 8 月 2 日

训练棋

黑方　王幼宸

白方　陈祖德

布局黑得实地白取外势。白 52 失着，应 55 飞进攻。黑 53、55 巧手，白 56 没有办法，黑 57 夹构成好形，作战成功。白 66 手筋，黑 67、69 依然选择外势。白 72 碰无理。黑 77 直接 111 打断，白无法收拾。（周鹤洋）

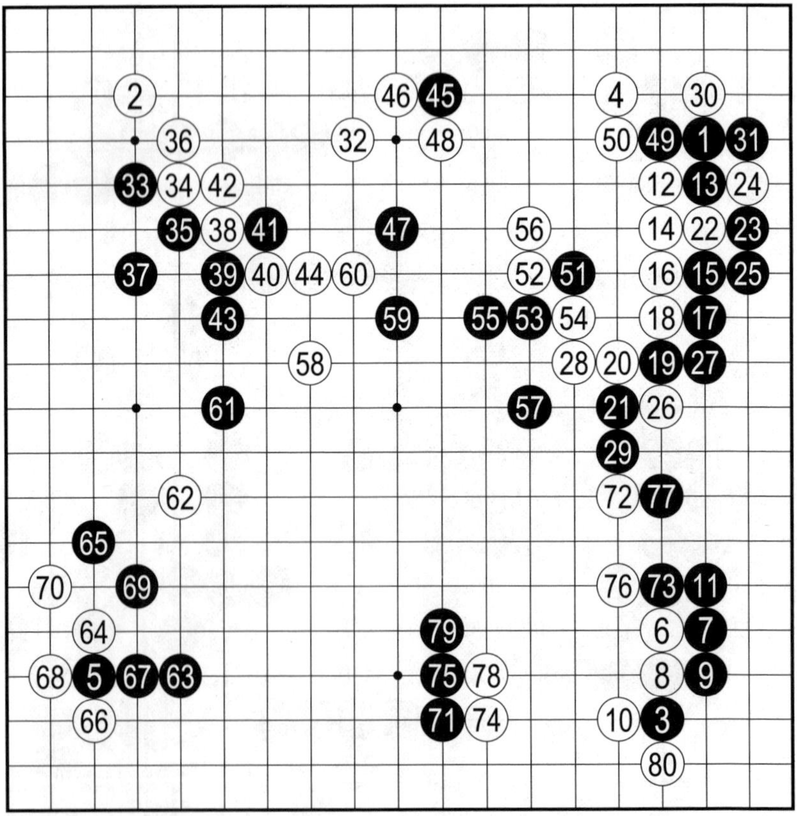

（1–80）

黑 107、109 极大，全局黑优势。黑 143 过急，应直接 147 补回。白 162 失机，应 167 反击，形势将逆转。（周鹤洋）

黑方 **王幼宸**

白方 **陈祖德**

黑贴$2\frac{1}{2}$子　共 172 手　黑中盘胜

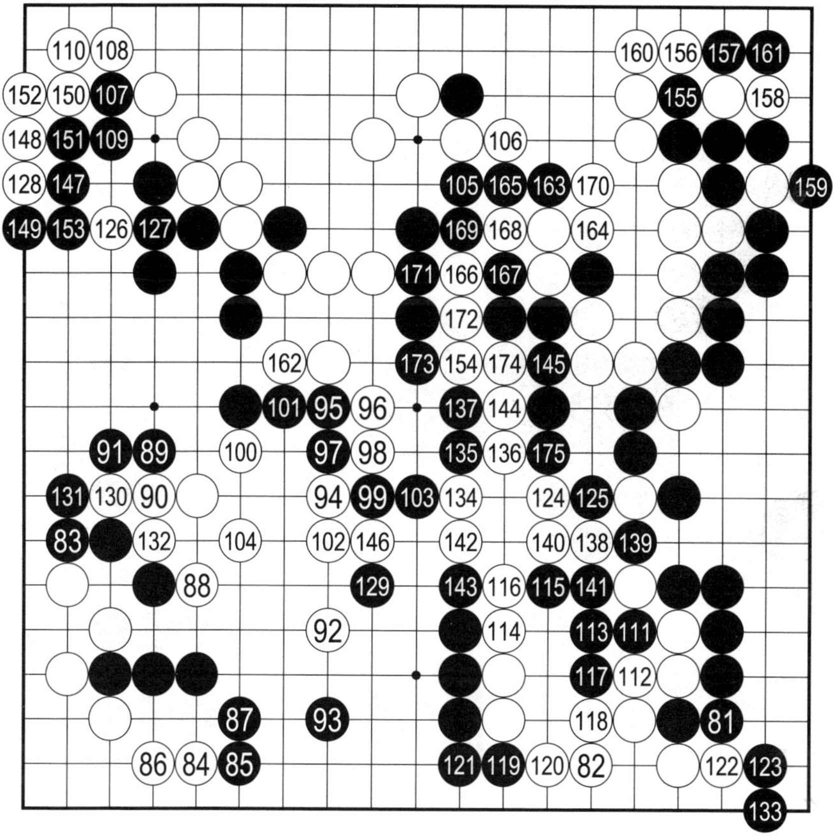

（81–172）

疑1960年8月5日
训练棋

黑方　陈祖德
白方　王幼宸

黑7、9和13、15是当时流行的定式。黑23缓手，走打入更加积极。黑33反击无理，应三路尖出。白40断亏损，直接44压或48扳住都可行。黑57镇头好点。黑59靠下整形时，白60、62的反击异常凶悍。黑71爬过于贪心，直接75，白71，黑76弃子是正手。白72好棋，黑意图破灭。黑81不能示弱，劫争无法避免。至90，双方转换，白棋厚实易下。黑95胜负手，但过于无理。白104、106攻击的好调。白108强扳没有必要，应111退，黑前路渺茫。白118大失着，断上去黑中腹必死。白126也应127反击。白130失机，应160尖试应手，黑难办。黑131机敏补棋，双方进入了官子阶段。（周鹤洋）

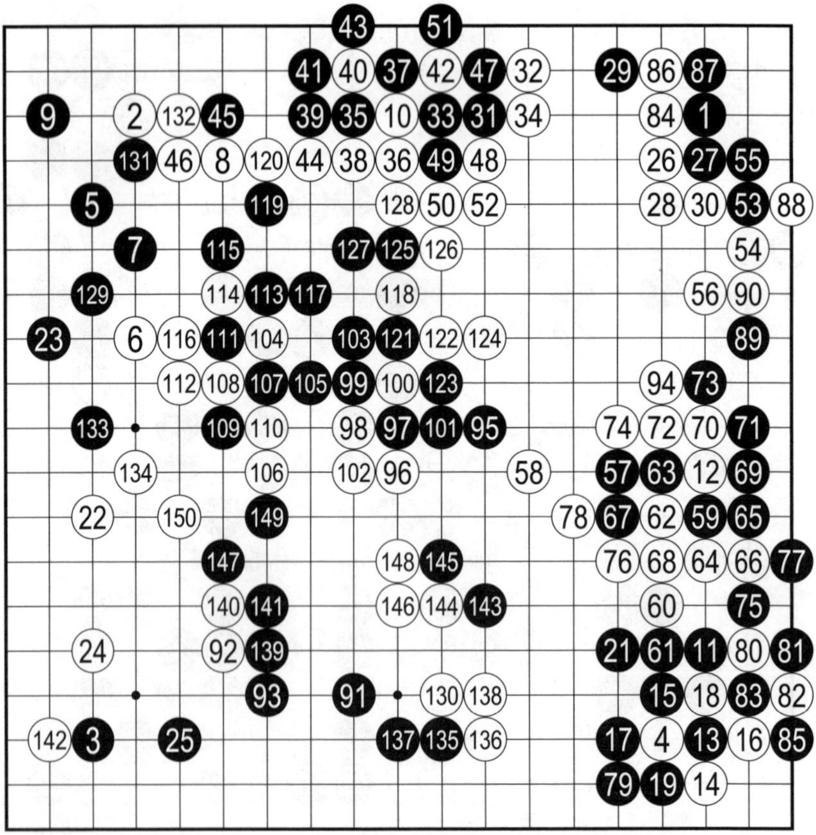

20=13

白 182 打吃不能退让，黑 183 若 184 打劫，由于自身不活，无法负担。白 226 最后一击，至 248 转换，白小胜不可动摇。（周鹤洋）

黑方 **陈祖德**

白方 **王幼宸**

共 275 手　白胜半子

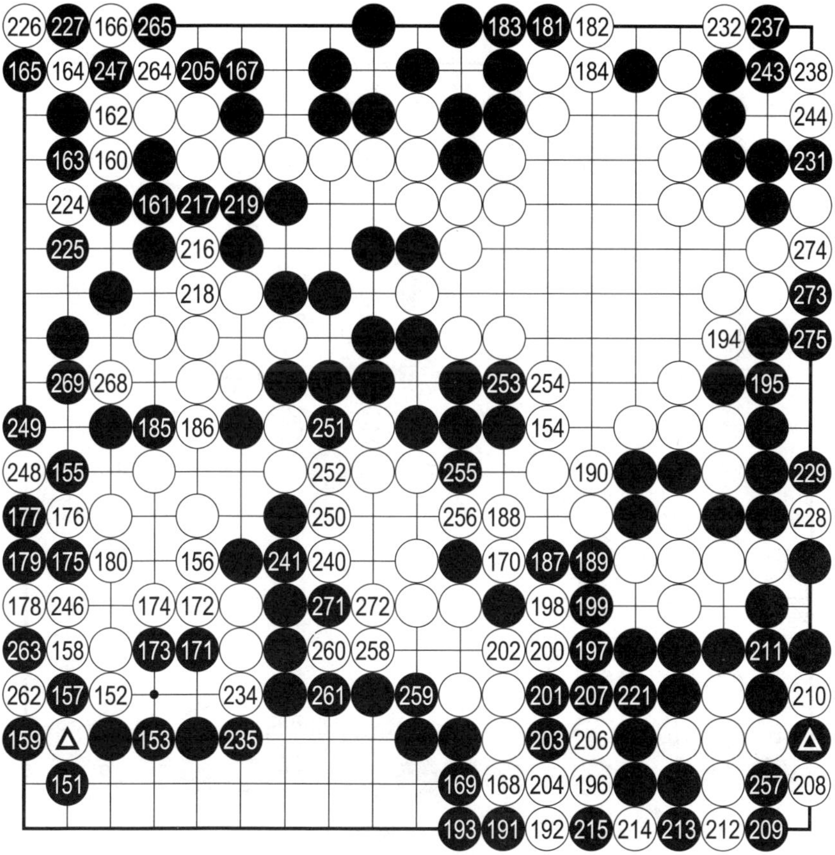

220=214　222=215　223=△　230 236 242=226　233 239 245=227

266=262　267=△　270=177

（151–275）

疑 1960 年 8 月 10 日
训练棋

黑方　汪振雄
白方　陈祖德

本局白 28 技术过于鲁莽，应先在角上补一手才稳当。白 44 托恶手，走 76 位才是正着，以后都由于此着之影响造成形势的不利。白 70 如先在 105 位尖，迫使黑应一手，再 100 位点，不但能渡过自己谋活，而且除了黑的根，亦是种较积极的着法。

白 94 错算，在这种情况下靠压黑 7 为较妥当的着法。

至 112，白虽活了一块，但形势显然为黑有利。

黑 147 后，白大块已为困兽犹斗了。以后白虽打劫活，但局势已定。

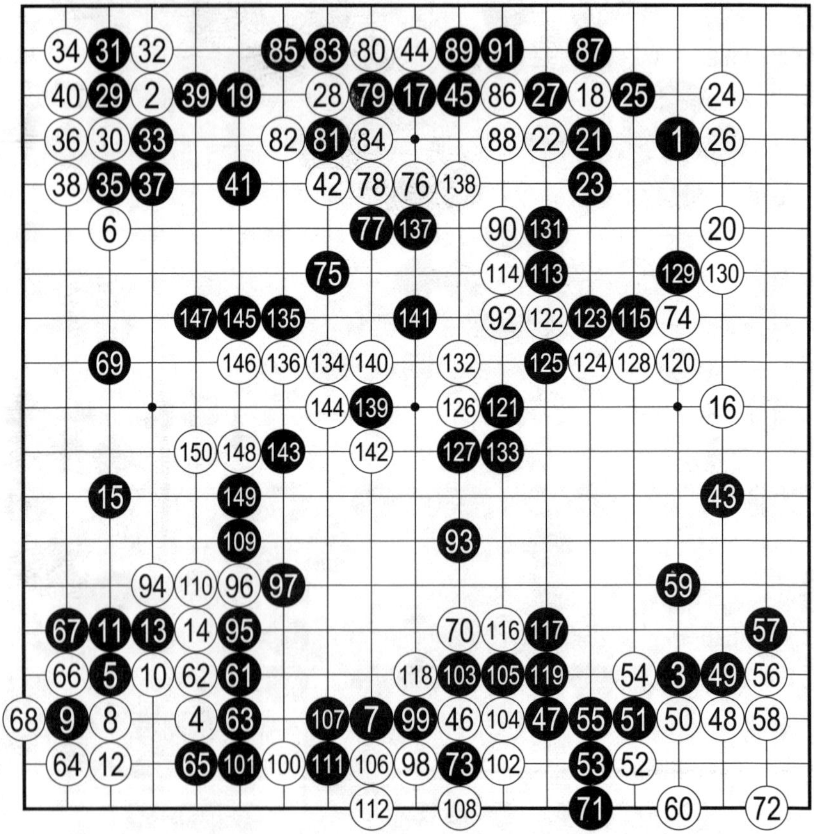

（1–150）

黑方 **汪振雄**

白方 **陈祖德**

黑227提恶手，如粘的话，仍是没有棋。

白248失掉胜机，如在250长就形势好转。（陈祖德）

黑贴$2\frac{1}{2}$子　共283手　黑胜$1\frac{1}{2}$子

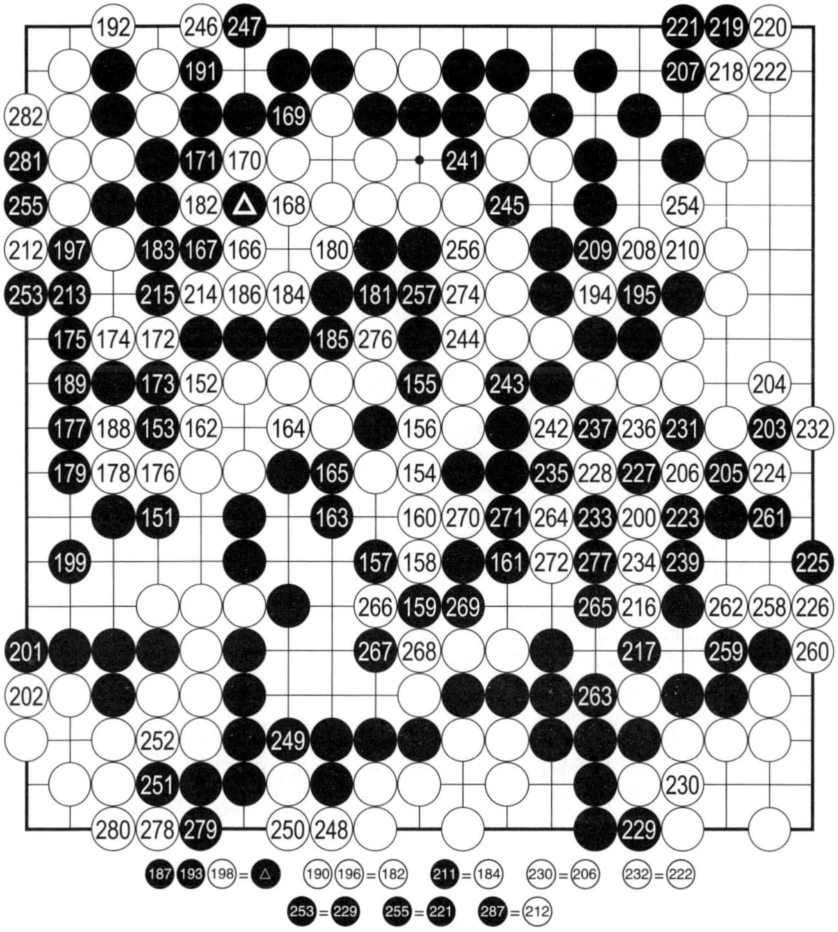

（151–283）

1960 年 8 月 14 日
训练棋

黑方　陈祖德
白方　汪振雄

白 34 无理。黑 39 冷静，白已无法有效弃子。黑 49 扳出后，白近乎崩溃。黑 51 跑征子不简明，若 58 长出，黑已难收拾。白 70 应上压 69 一子，下步瞄着 71 的要点。黑 83 逼极大，白 86 飞也很舒服，双方各有所得。白 90、92 没有破坏黑大龙的眼位，还不如不走。白 98 不经意的随手是导致后面苦战的原因。

黑 103、白 104 交换后，黑大龙已先手活。黑 105 锐利，之前若没做 98 与 99 的交换，白可 115 贴防守。黑 107 断掉后，进入了黑棋的步调。（周鹤洋）

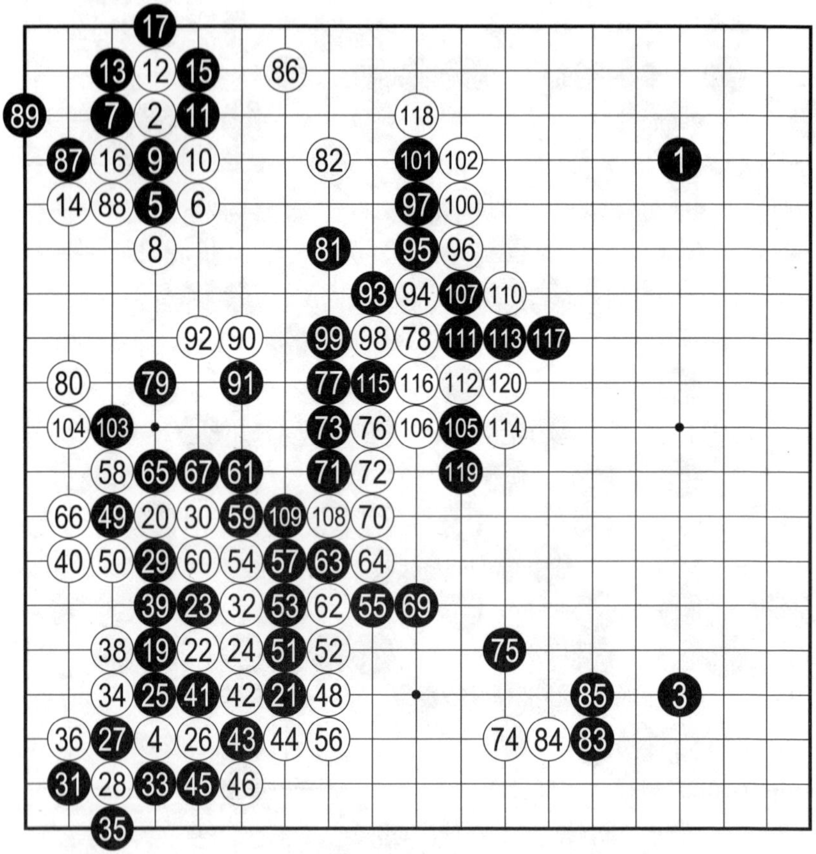

18=2　37=28　47=26　68=49

（1–120）

黑方 **陈祖德**

白方 **汪振雄**

黑 121、127、133 攻击极为舒畅，抢到 141 的大场，已经是黑方大优的局面。黑 143 是活棋的巧手。白 172、174、176 胜负手，做最后的拼搏。黑 183 杀着，白已死。黑 197、199、207 应对得极为冷静，白无法挣扎，是黑畅快的一局。（周鹤洋）

共 219 手　黑中盘胜

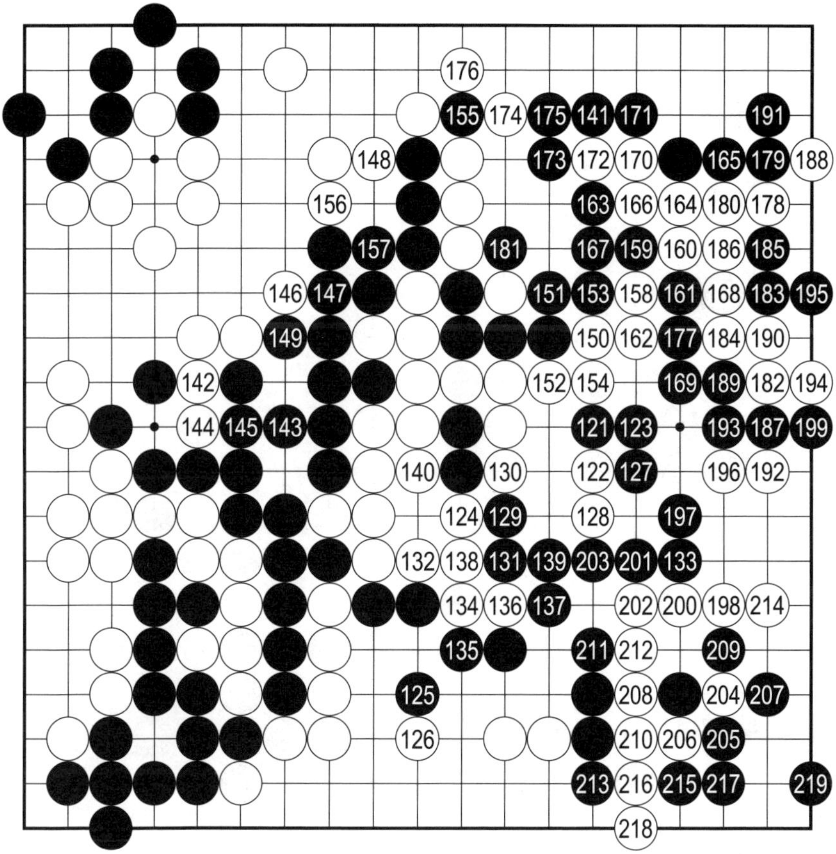

（121–219）

疑 1960 年 8 月 17 日

黑方 **陈祖德**

白方 **赵之云**

白 36 打入不急，走 46 扳粘补角大。白 38 价值小。黑 41 大，至 49 形成转换，但白 36 一子的位置变得奇怪，黑布局成功。黑 53、55 借调攻击，黑 59、61 也极为舒畅。黑 63 走 155 封头普通，但实战获得了实地。黑 77、79、81 轻盈，赏心悦目，全局黑实地领先。（周鹤洋）

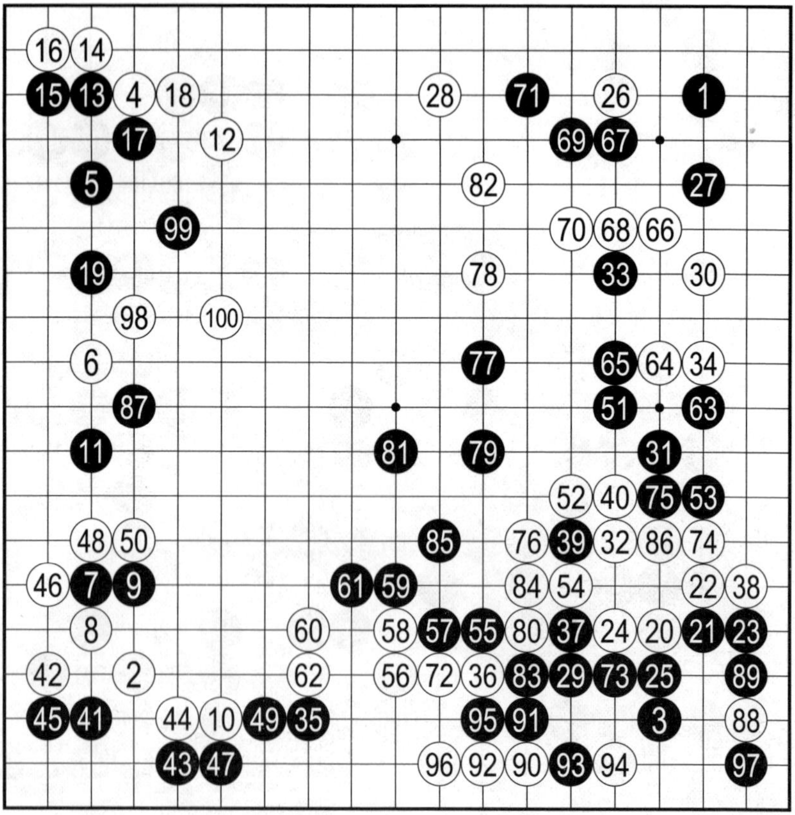

（1–100）

黑方 **陈祖德**

白方 **赵之云**

黑107不疾不徐，由于白下方有隐患，白吃不住左边。至121，黑作战成功。白122、124做最后一搏。以下黑应对无误，139虎后大龙没有后顾之忧，是黑的完胜之局。（周鹤洋）

209手以下略　黑胜9子

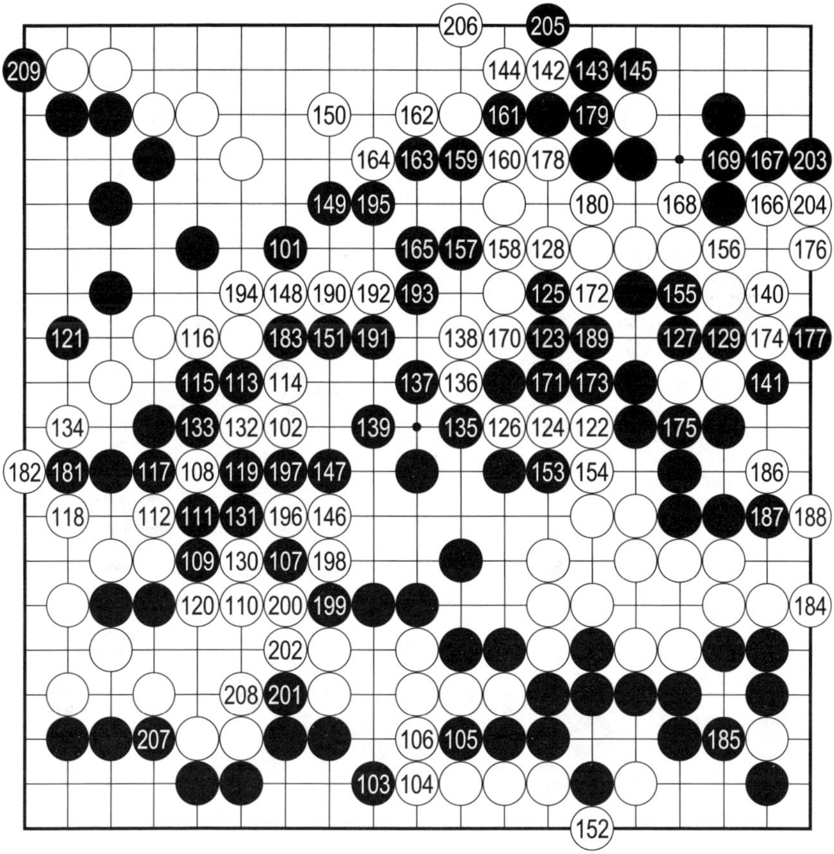

（101–209）

疑 1960 年 8 月 19 日

黑方　赵之云

白方　陈祖德

黑 21 缓手，应 22 拆边。黑 35 行棋过缓，被白 36 打入，白主动。白 56 大恶手，脱离主战场，当 60 虎抢先动手。黑 57 打吃形状饱满。黑 59 靠没有必要，白抓住时机，从 60 逃出殊死一搏。黑 69 声东击西，白 70、72 防守精妙。黑 81 大缓手，应抢占天元争正面。黑 89、91 委屈，白 92、94 围住中腹后，白重新获得优势。白 102 补有必要。白 110 不好，应 112 打，黑 110，白 221 弃一子而围中腹更优。黑 113 效率低，应 170 冲后再双。（周鹤洋）

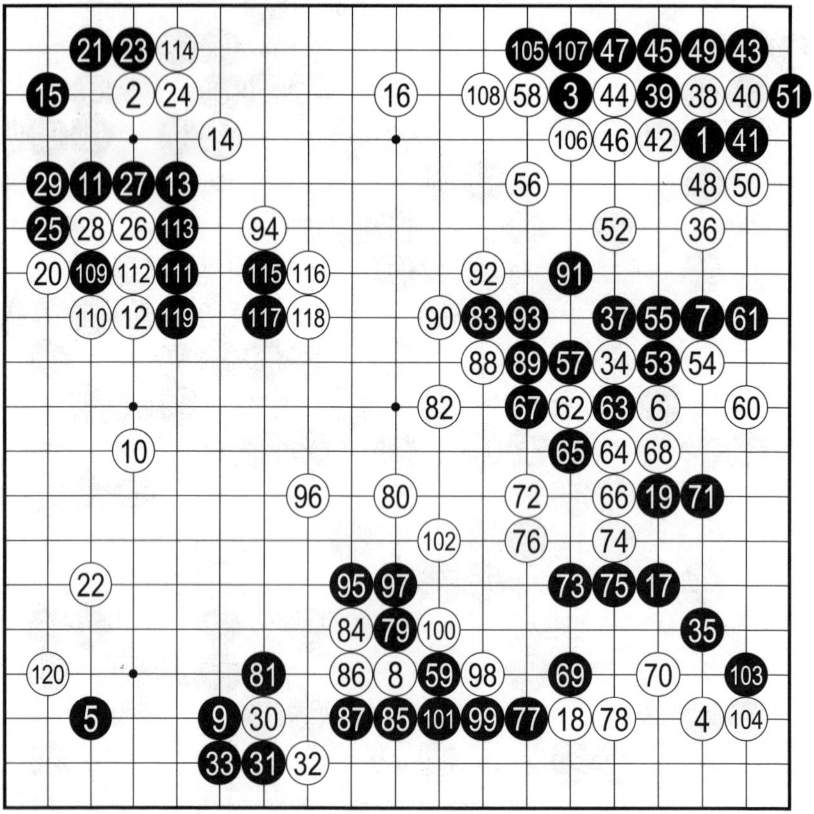

（1–120）

黑方 **赵之云**

白方 **陈祖德**

黑123大伸腿是官子好手。黑139失误，于144扳是先手官子。白142机敏，逆收价值极大。白156轻率，败着，若159长围住中腹，白将小胜。黑165断后中腹出棋，已是黑小胜的局面。（周鹤洋）

共235手　黑胜半子

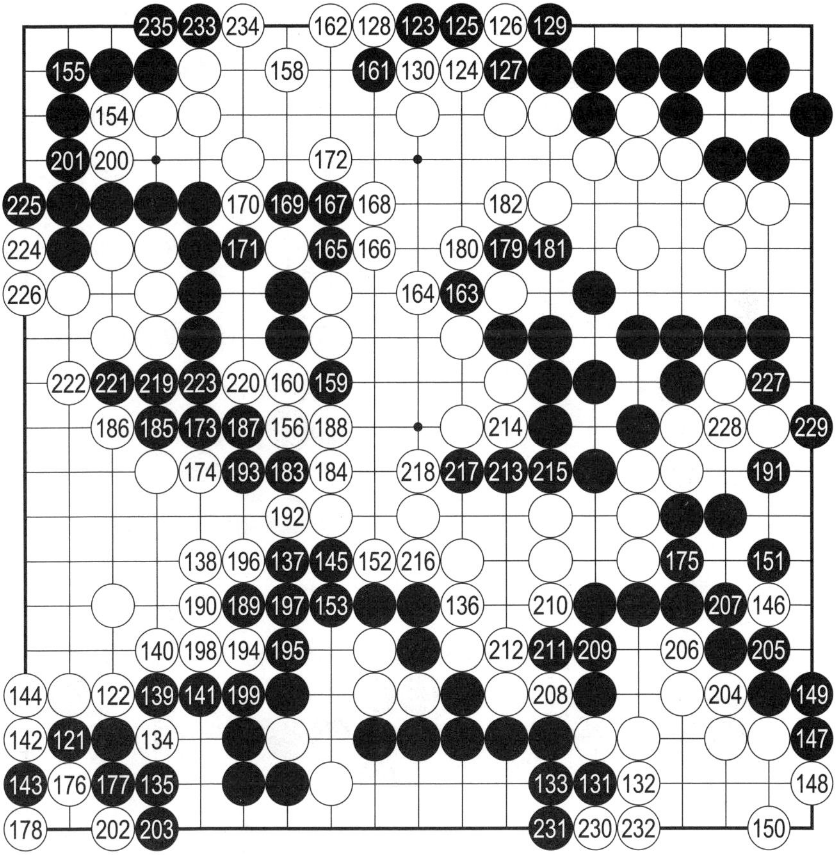

157=126

（121–235）

疑 1960 年 8 月 23 日

黑方　陈祖德

白方　吴淞笙

白 22 跳出前应先 64 逼一下。黑 23 舒畅，白布局落空。黑 25 走 58 更加积极。黑 35 步子过大，走 56 本手。黑 39、41 无理，白 42 失机，应 44 单尖，黑已难两全。实战白勉强。黑 51、53 应保留，先 57 扳更好。白 82 虽然很想走，但 83 断吃太大，白冲动。黑 95、97 连续击打白要害，锐利的感觉。

黑 101、白 102 双方骑虎难下，一场混战。黑 115、119 过于生猛，败着，其实在 126 飞，白 116，黑 129 简单整形，全局黑实地明显占优。白 120 愚形好棋，黑苦战。(周鹤洋)

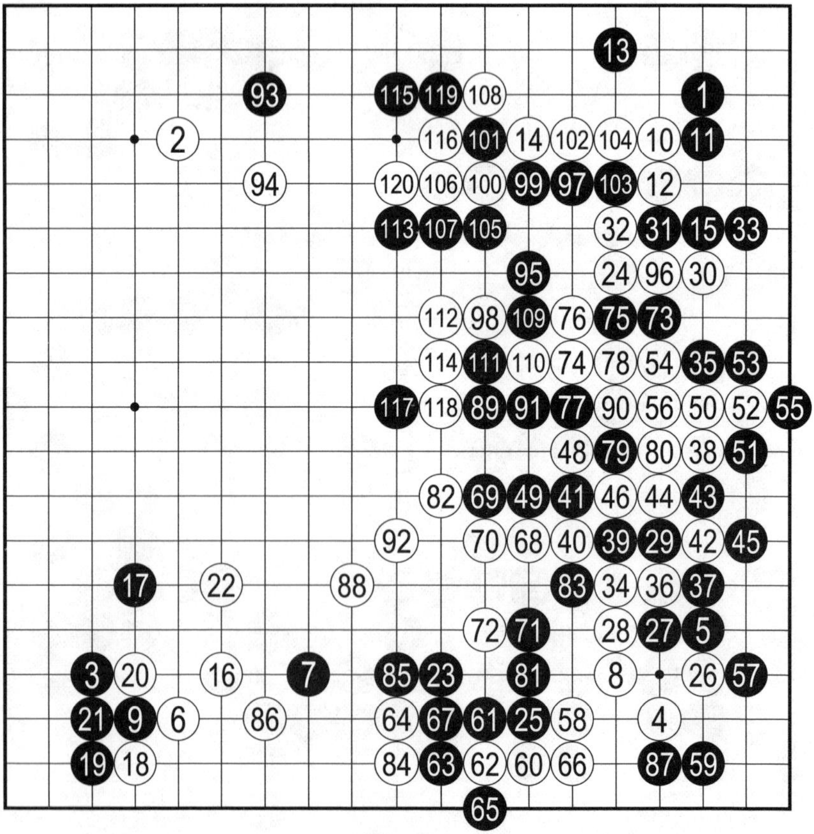

47=42

(1–120)

白 132、134 乘胜追击，黑陷入绝境。白 152 断后，黑大势已去。（周鹤洋）

黑方　**陈祖德**

白方　**吴淞笙**

共 214 手　白中盘胜

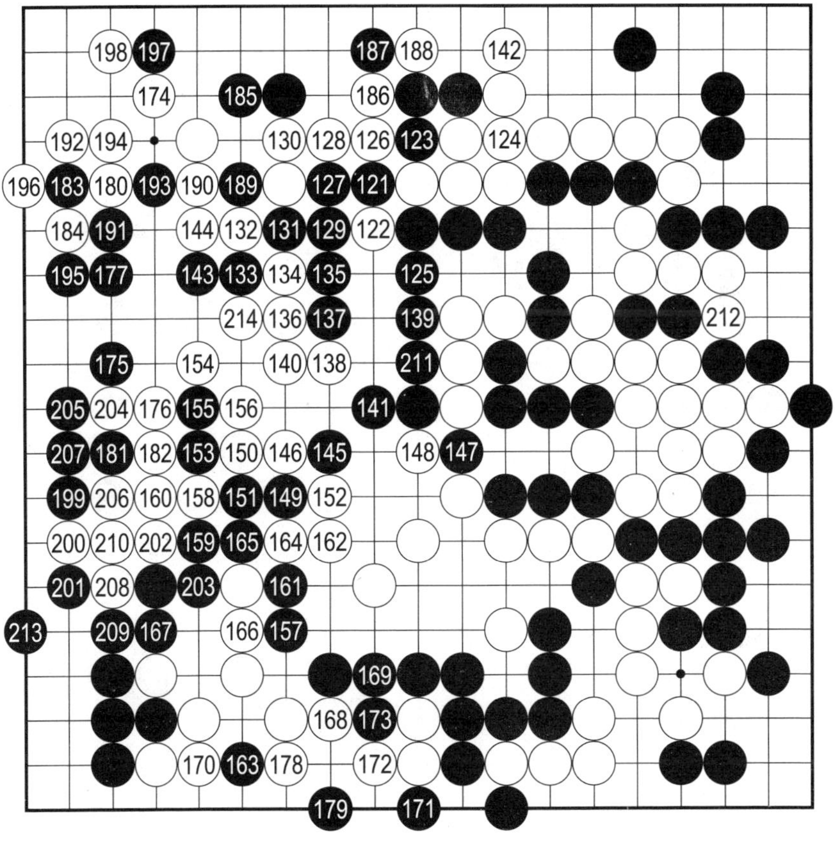

（121–214）

疑 1960 年 8 月 25 日

黑方　曹均石

白方　陈祖德

白 30、32 方向不好，应从 187 位挂角。黑 51 大恶手，无论如何也不能走到二路。黑 61 还是要 65 跳出威胁一下白棋。白 78 拔通，全局极为厚实，黑宇宙流失败。白 80 官子大极。白 90 无理，没有必要。黑 91 软弱，当应抓住机会从 163 跳出反击。白 94、96 巧手，黑愈发难受。（周鹤洋）

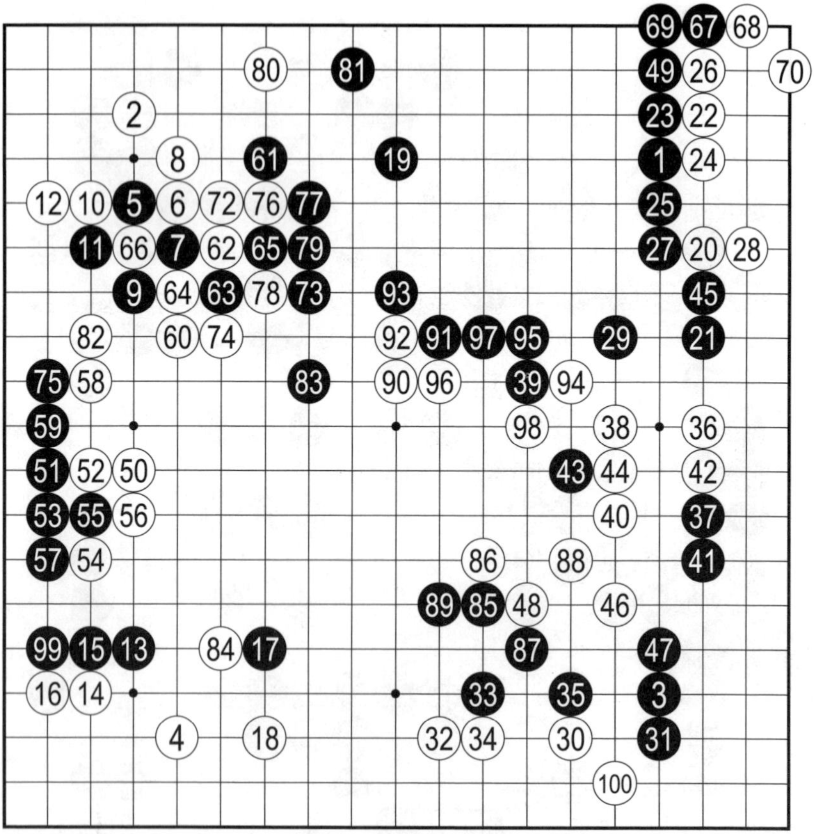

71 = 7

（1–100）

黑方 **曹均石**

白方 **陈祖德**

黑 103 胜负手，但为时已晚。黑 129 误算，只能 131 连回，白 129，全局白胜势依然不可动摇。（周鹤洋）

共 191 手　白中盘胜

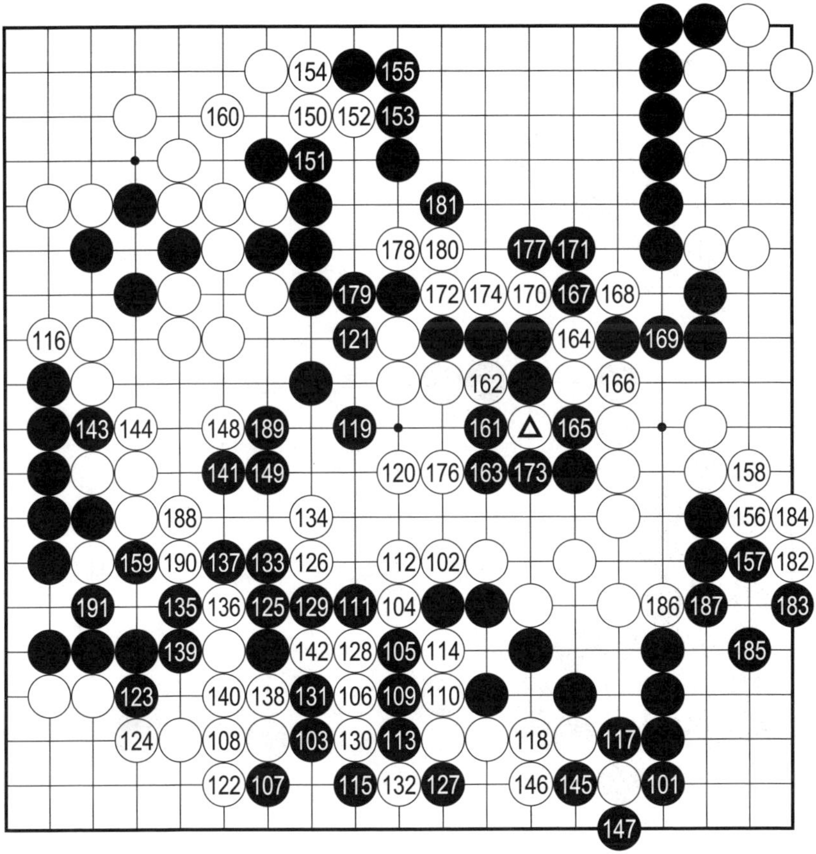

175 = △

（101–191）

疑 1960 年 9 月 5 日

黑方　陈祖德

白方　赵之华

白 38 问题手，应 69 长，黑二路扳时，白可 54 扳下应对。白 46、48 过急，至 65，白所得了无，一败涂地。白 68 亦不好。黑 71 应 76 跳封，白难以应对。黑 77、81 好调。（周鹤洋）

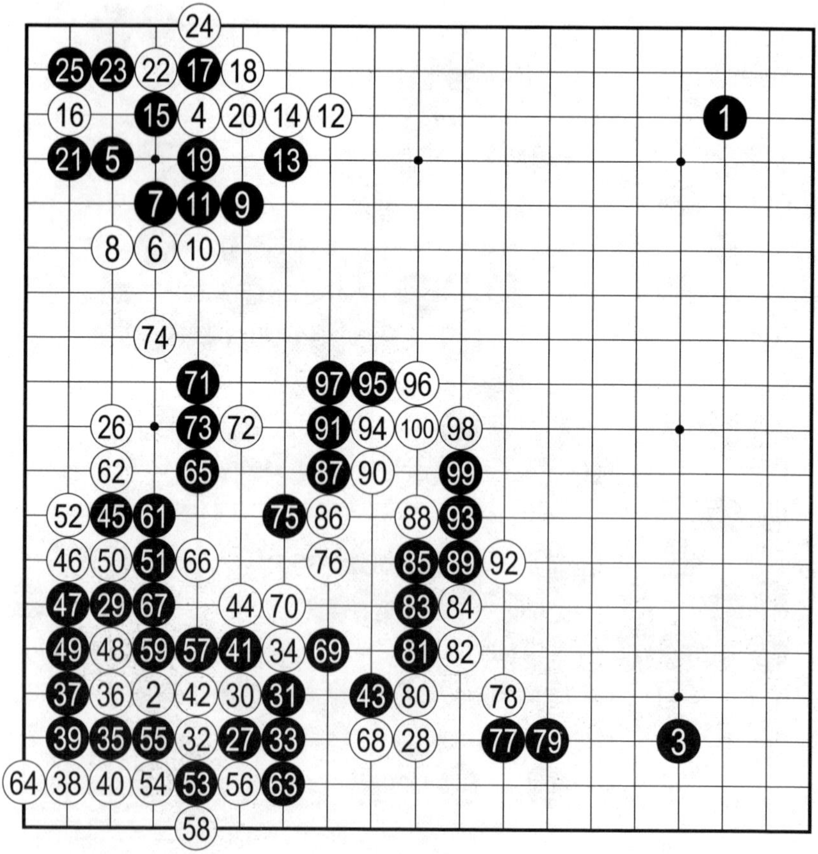

60 = 53

（1–100）

黑方　陈祖德
白方　赵之华

至101，黑顺风满帆。白104、110强手，黑111退冷静。黑117走129拐吃本手。黑125顶是手筋，继续缠绕进攻。白126于129吃两子极大，如此尚有一战。白136恶手，败着，单138吃回，局面还未崩溃。黑141、143手筋，大胜。(周鹤洋)

共209手　黑中盘胜

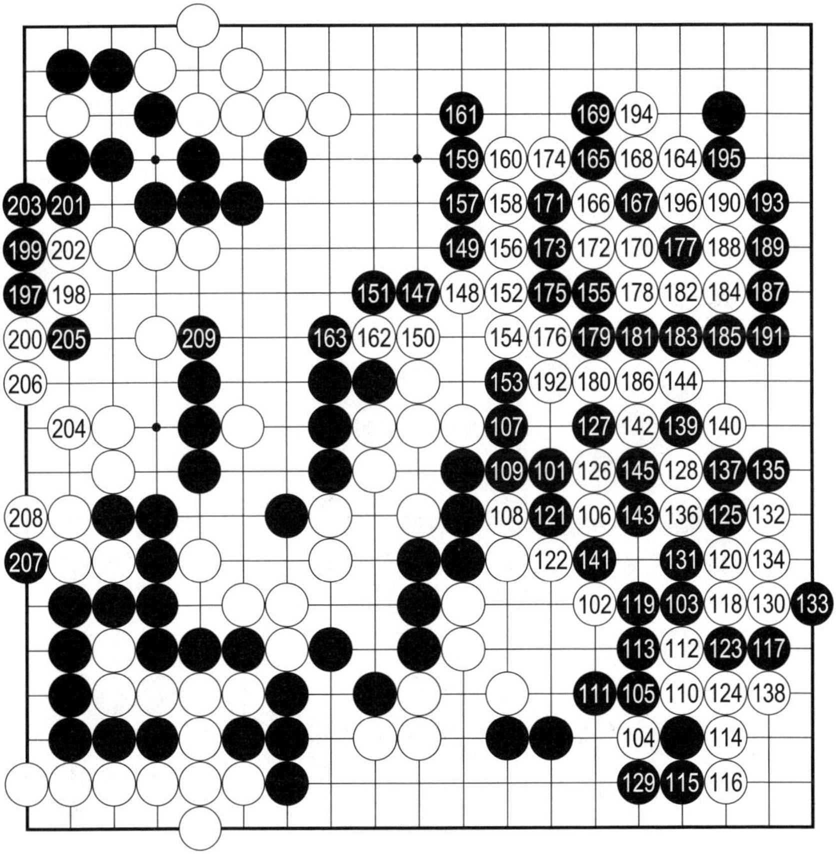

146 = 139

（101–209）

疑 1960 年 9 月 7 日

黑方　陈祖德
白方　刘棣怀

黑 29 应 79 扳，白 80，黑抢 36 拆二大。白 30 逼住大极，黑 31 托弃子整形，白 32、34 凶悍，至 41，双方告一段落。黑 43 不如 44 拆边大。黑 45 和白 46 均为好点。白 50 以下不好，逆水行舟，不如直接在角上 64 位拐活。白 68 问题手，应 69 贴出，此时下边更急。黑 69 拐厚实，白 70 断并不可怕。黑 75 抢到要点，局面占到主动。白 86 不好，对黑死活没有影响，当补外边。黑 89、97 两边都占到要点，白局势更加恶化。黑 101 处理得非常轻松，白无趣。（周鹤洋）

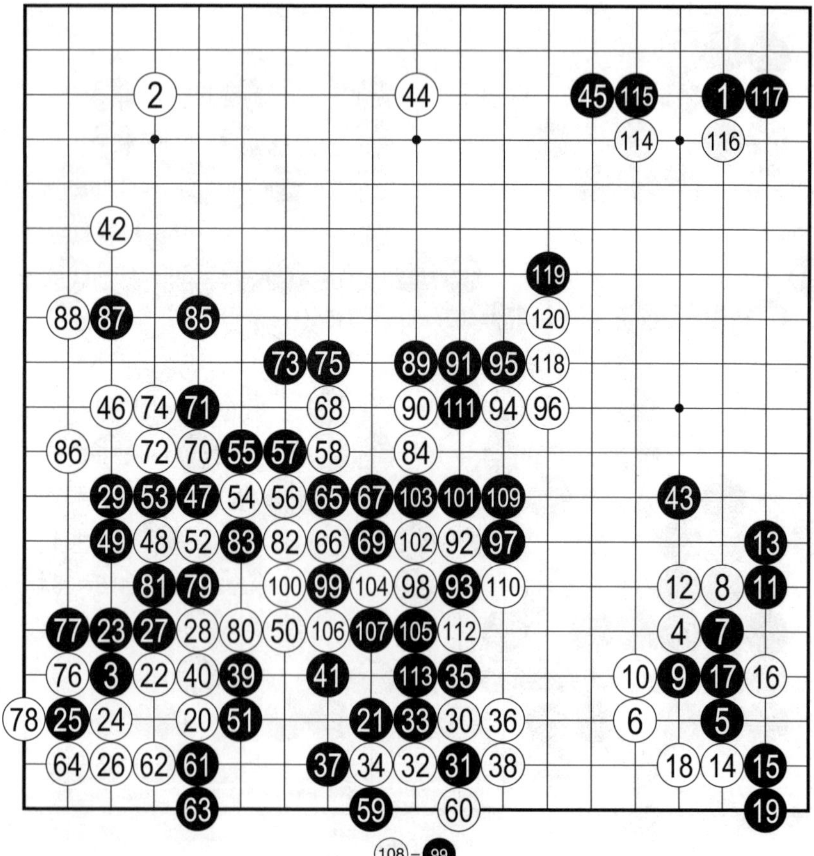

（1–120）

黑方 **陈祖德**
白方 **刘棣怀**

黑121强硬，把白棋赶向厚势。黑131不够简明，应132贴回，白137，黑135冲出，如此坚实。黑167、169、171渡过有惊无险，稳住了局面。黑179、181稳扎稳打，白方无力回天。（周鹤洋）

黑贴$2\frac{1}{2}$子　共234手　黑胜6子

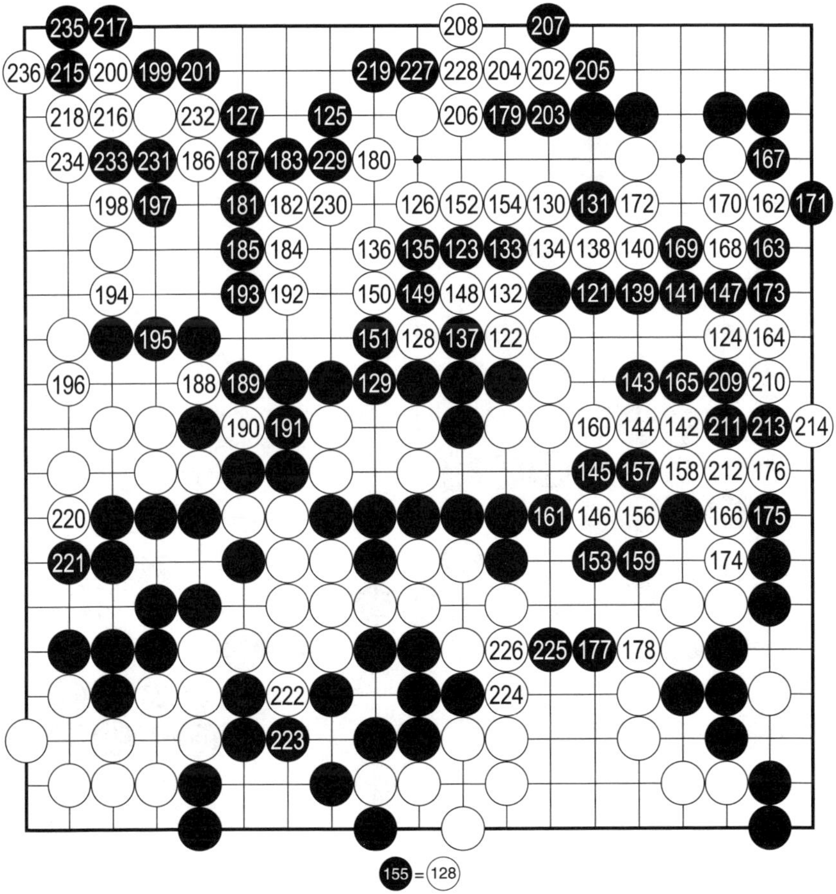

（121–234）

疑 1960 年 9 月 9 日

黑方　王幼宸

白方　陈祖德

白 20 在 27 位扳较好。白 54 应抢占 92 位跳，黑 55 也应占 92 位，这是双方要点。白 76 靠断有力，白棋获得棋局主动权。（王磊）

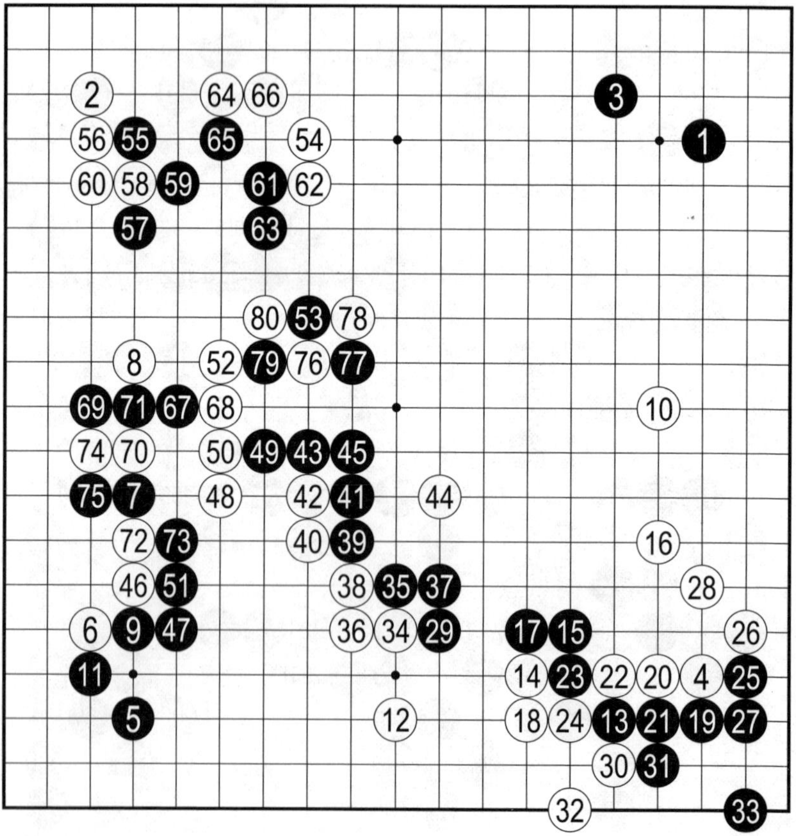

（1–80）

黑方　王幼宸
白方　陈祖德

白 86 无理，应 96 位长。黑 87 错失良机！如在 96 位开劫，然后找 12 右靠的劫材，黑形势好。白 118 转为收空是败着，应 141 断黑后路继续攻击。黑 141 处理好大龙，黑棋优势。黑 151 碰是漂亮手筋！下边定型后黑胜定。本局白攻黑守，双方实力旗鼓相当。（王磊）

黑贴$2\frac{1}{2}$子　共 179 手　黑胜 1 子

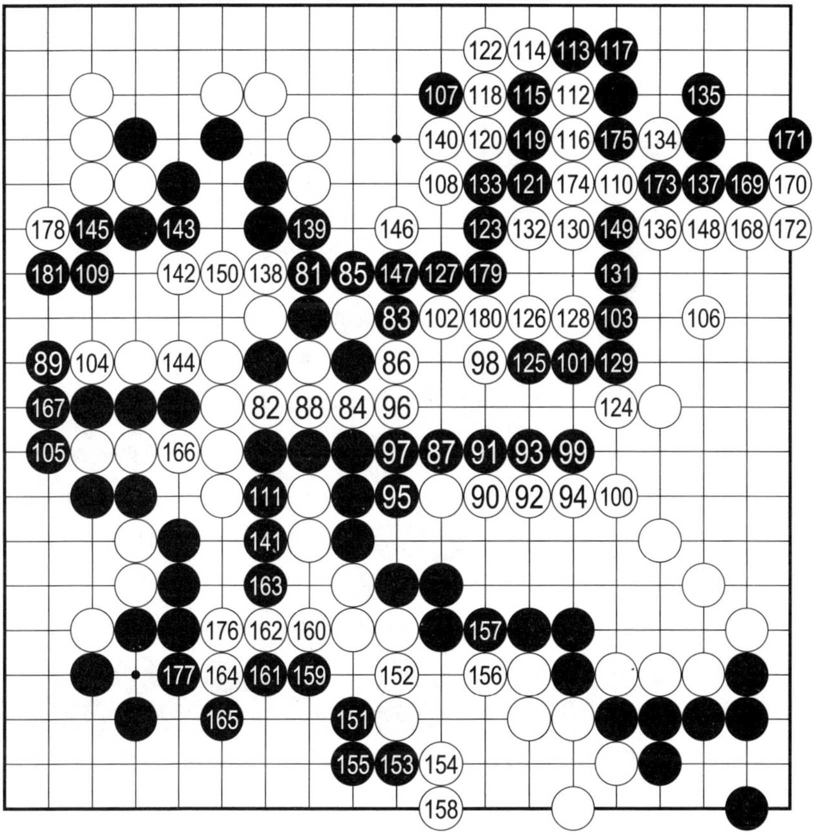

（81–179）

疑 1960 年 9 月 23 日

黑方　汪振雄
白方　陈祖德

白 18 至 22 是老定式，现白 18 多在 21 位进角。黑 23 最佳下法是在 144 位碰。白 56 无理，应 155 位补断。黑 57 中计，应 62 位断反击。白 98 过分，应 99 位退。黑 105 如 139 位消劫，白很难杀黑左上角大龙，黑有利。白 110 失误，应在 74 下冲，白棋有利。黑 115 应 139 位消劫，黑优。（王磊）

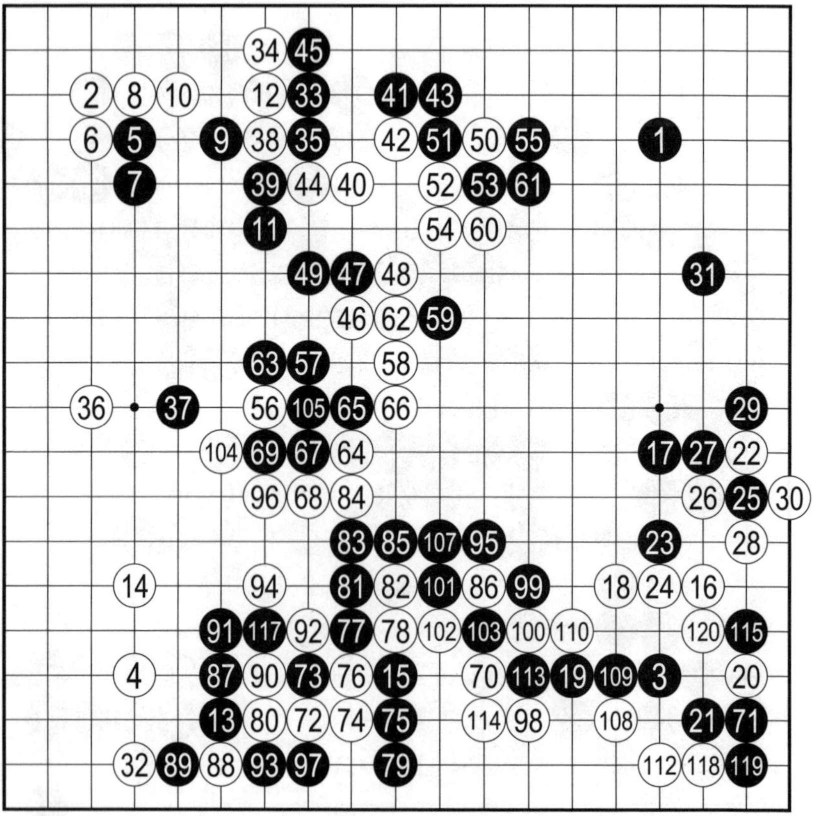

106 116 = 86　111 = 103

（1–120）

黑方 汪振雄

白方 陈祖德

白140应104上接，抢攻黑左上角大龙。黑145断严厉，黑优。黑183提败因，应185位接，黑优。黑189不如下左一路立。白190打吃没必要，直接192即可。黑191败着，如195位虎回，局势还混乱。（王磊）

黑贴$2\frac{1}{2}$子　共228手　白胜5子

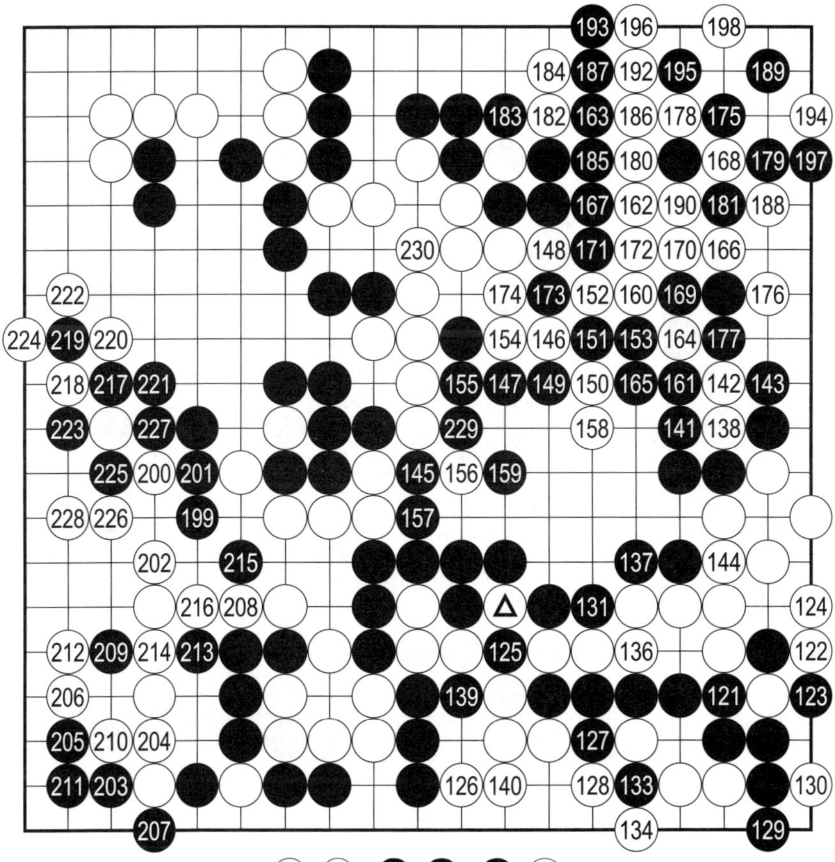

132=△　135=125　191=168

（121–228）

1960年9月30日

黑方 **王幼宸**
白方 **陈祖德**

白8至11是老定式，现白8多在9下一路飞压。黑25应205镇，攻击白24一子。黑31应32位接，白32吃一子机敏。黑37和39均应在40位尖。白48破掉黑右边空得利。黑49应52靠较好。白78镇无理，下79位压本手。黑83随手，应103位肩冲，攻击白78一子。白88在11下靠为佳。黑95缓手，应在97位强杀白龙，和白一决胜负。白96挡下没必要，在97位尖形势已经很好。黑99应在104下尖拼搏，白100简单连络，黑棋左边大空被破，全局实地明显不足。白110、112弃子好手，白120做活大龙胜定。（王磊）

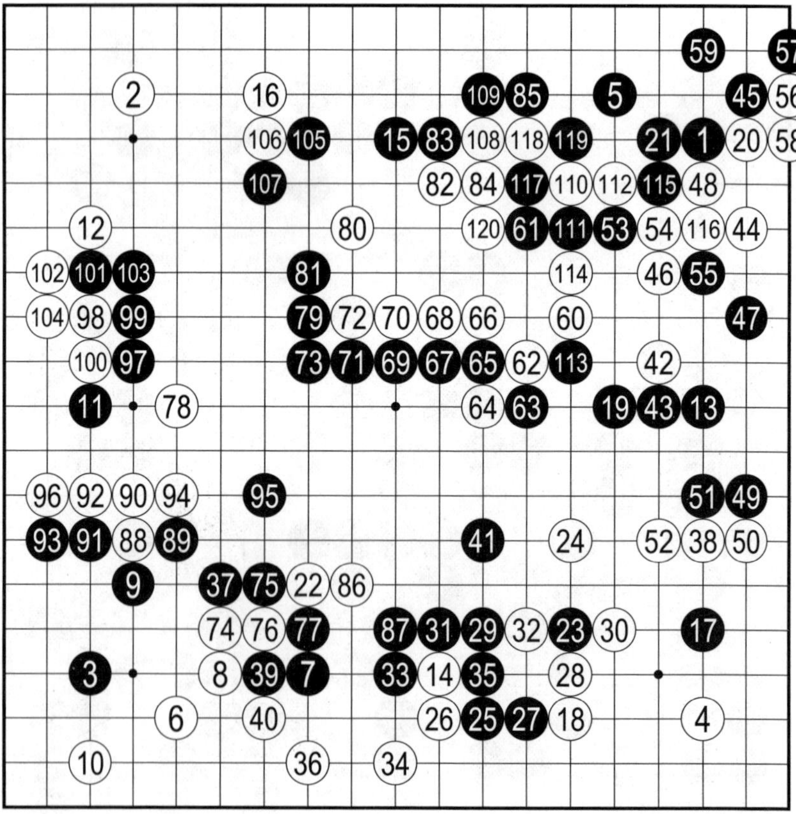

（1–120）

黑方 **王幼宸**

白方 **陈祖德**

黑贴2$\frac{1}{2}$子　共216手　白胜4子

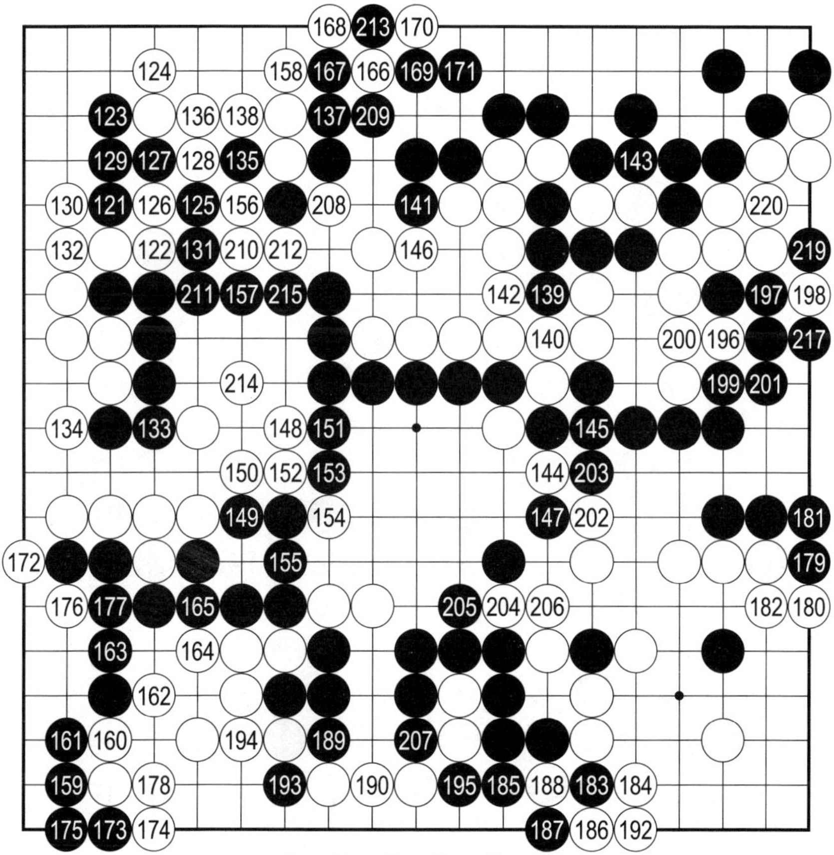

191=183　216=166　218=213

(121–216)

1960年10月4日弈于上海体育俱乐部训练棋

黑方　魏海鸿

白方　陈祖德

白18尖应在29位扳。黑19应20下跳阻渡。白20飞形状完美，白好。黑25应10左扳。白28恶手，应29位虎。白34挤不好，应35位接。黑35冲得利。白42应右一路扳。黑47反打好手。白54飞过分，黑57跨反击严厉，黑大好。黑83碰好手。白102碰是胜负手，黑103以下应对稳妥，白无功而返。本局黑棋发挥上佳，是黑完胜之局。（王磊）

黑贴$2\frac{1}{2}$子　共123手　黑中盘胜

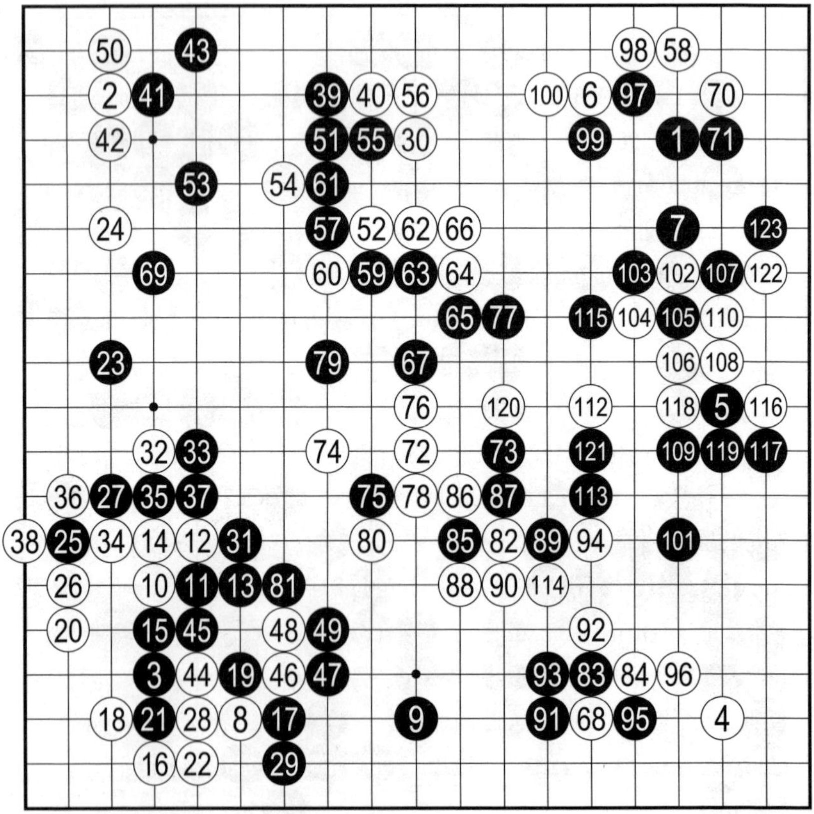

111=102

（1–123）

1960 年 10 月 17 日

全国棋类围棋锦标赛第 2 轮

黑方　黄乘忱

白方　陈祖德

白 2 起手三三，白 6 高挂，取其变化较多，是青年棋手的特点。白 12 压，这是大雪崩型的开始。自从这个定式着到黑 17，已有新手发现，不照旧法如谱向右拐头，而在 35 位向左拐头，于白不利。因此白 12 一般都视为畏途。今白 12 毅然出此，当然别有意图。黑 17 仍照旧法着去，可能想避开复杂的着法。黑 23 宜在 25 位扳。白 48 粗，应当先在 50 位长。白 52 不得不开拆二。白 66 粗，被黑 67 一着吃净，就存在着黑逃出两子死棋的机会。黑 75 粗，应当在 82 位粘。黑 83 提掉一子固然很大，但被白 90、92 先手提一子，94 补去左下角，白 68 以下作战的结果系白子便宜。黑 105 曲嫌早。

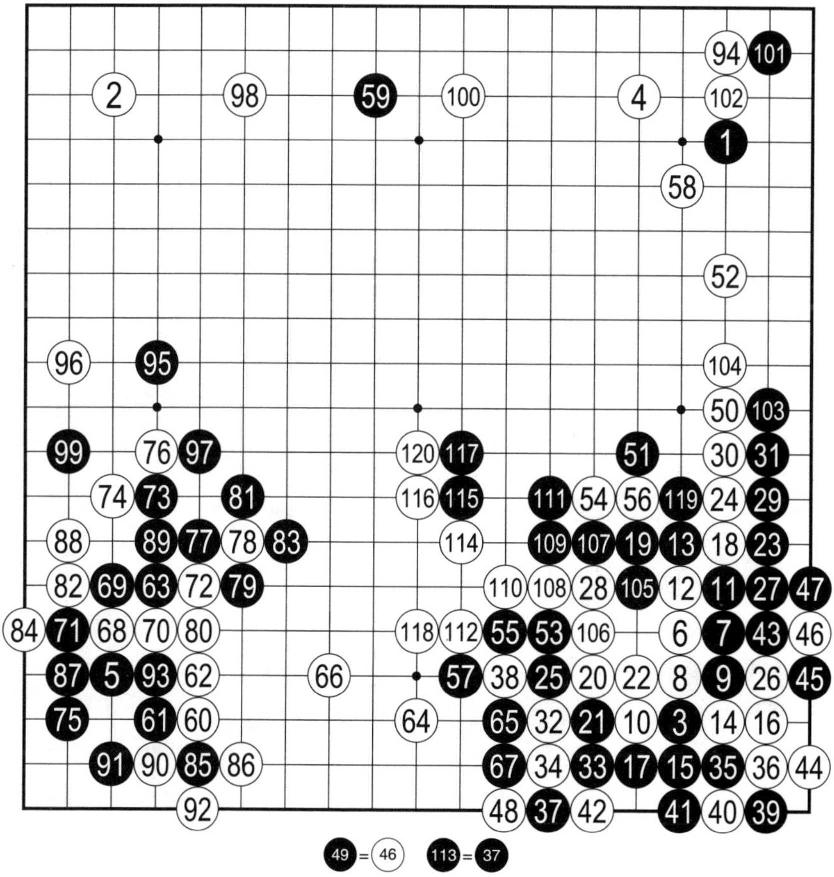

（1–120）

黑方　黄乘忧

白方　陈祖德

黑119见小，还是应120位曲头。白120、122先手长出，对右边残子有了照应，所得甚大，已呈优势。黑135跳点非常生动，白不易对付。黑137失算。白142小器，当在148位冲出，让黑活一小角，争先于154位关，或198位尖补，显然白势已优。黑177、179不吃五子，力争破空，由于黑块未净，被白186至192冲断后，到212割断下边两子，败势更定。（陈嘉谋）

黑贴$2\frac{1}{2}$子　共230手　白中盘胜

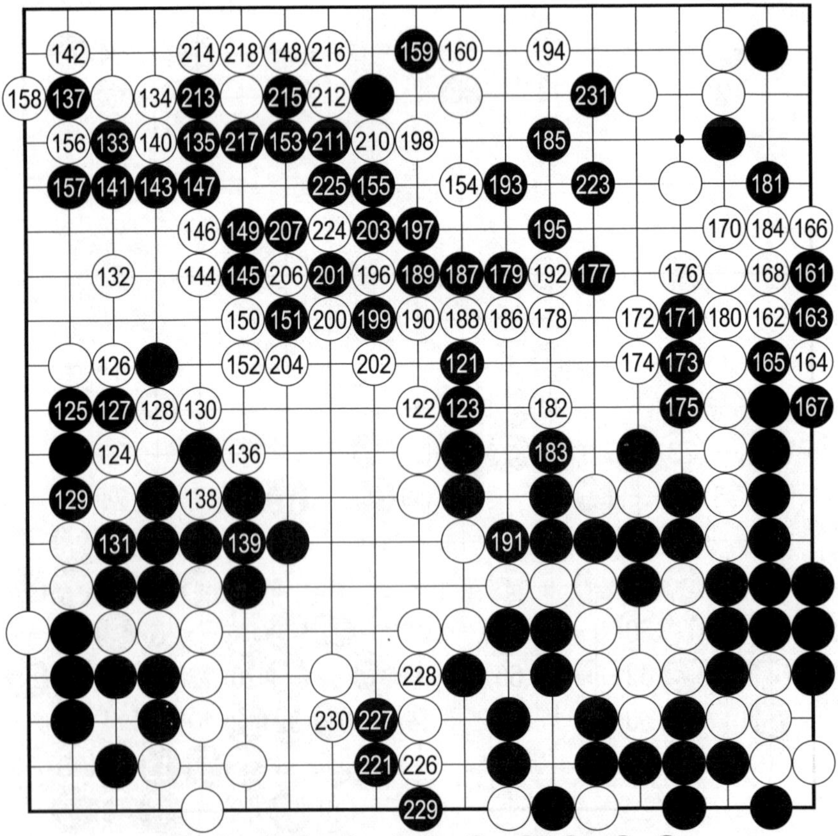

169=164　205 219=199　208 222=196　209=151　220=206

1960年10月18日弈于北京劳动人民文化宫
全国棋类锦标赛第3轮

黑方　陈祖德
白方　庞凤元

白10应在15位扳。黑11和白12都应下13位。至黑15的变化黑好。黑31靠无理，在36位跳正手。白32顶断反击有力，黑棋苦战。白44、46均应在55位打吃。白54很有在55位拔花的心情。黑57处理好孤棋，黑扳回局势。（王磊）

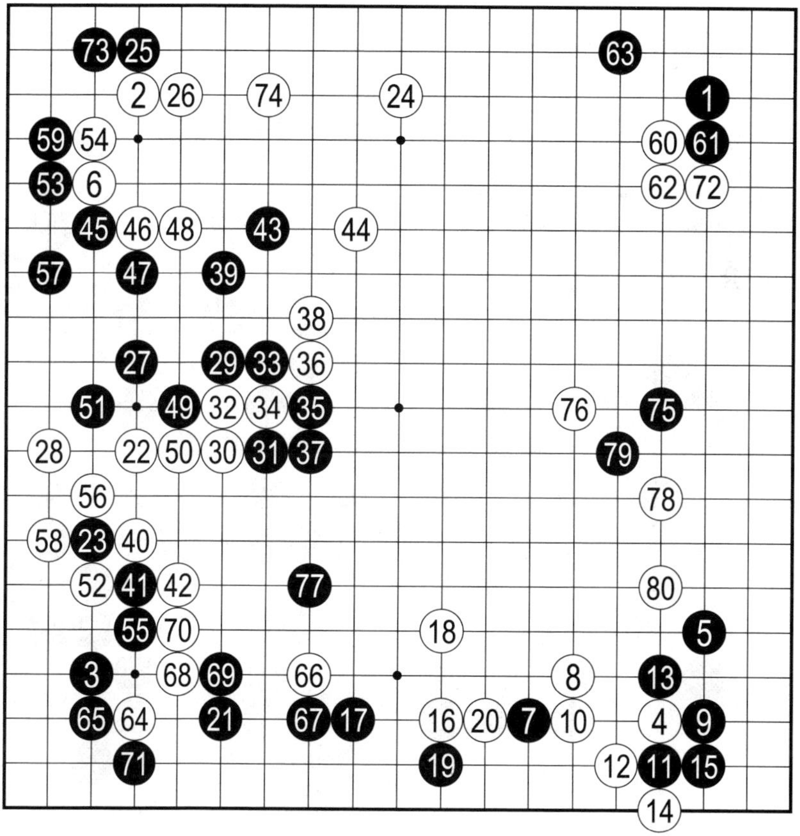

（1–80）

黑方 **陈祖德**

白方 **庞凤元**

黑 87 应 93 位挡下。黑 89 的交换影响了角部死活，应保留。黑 103 随手，应 105 位接。白 108 时白形势占优。白棋败着是 166 扳，171 贴可保优势。黑 171 冲有力，白中间两子和下边大龙无法两全，白惨遭逆转。（王磊）

黑贴2$\frac{1}{2}$子　177 手以下略　黑胜 1 子

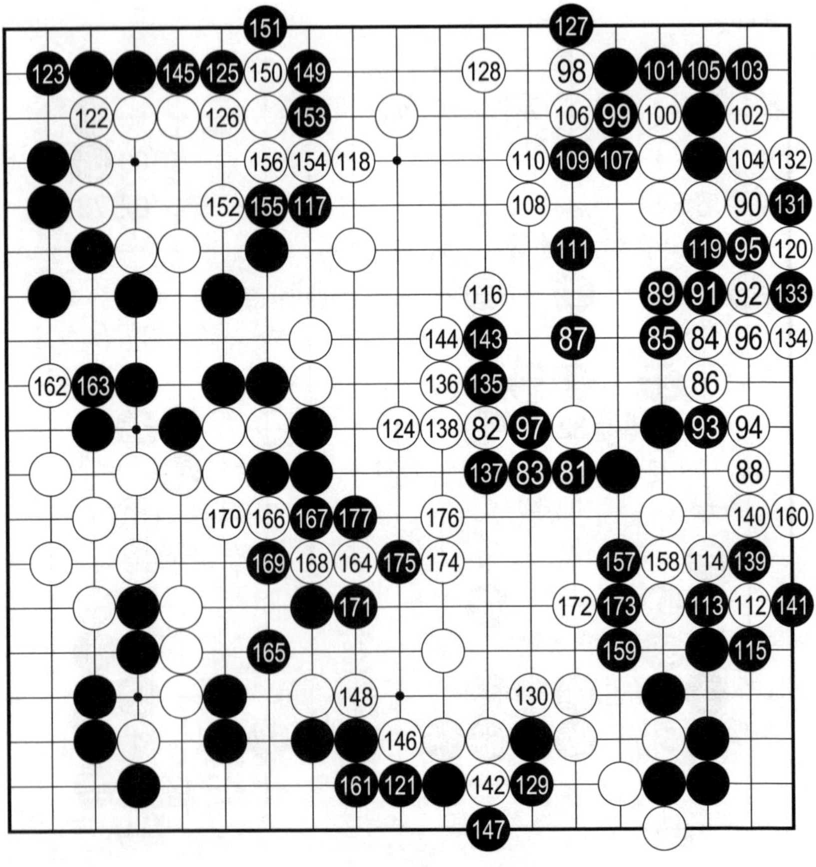

（81–177）

1960 年 10 月 19 日弈于北京
全国棋类锦标赛

黑方　黄永吉

白方　陈祖德

黑 13 扳出乎我的意料。我神经麻木似的下出了白 14。黑 15 爬，白束手无策。白 16 强扳，只能如此。白 18 又强行在右上角夹攻，多少有点无理。黑 19 在 22 位断更为严厉。白 24 扳凑黑 25 连扳，不如径走 31 位或脱先。白 26、28 俗打，万般无奈。白 30 及时转战机敏。黑 31 打，确实太诱人了，气势上也应如此。黑 37 显然应 94 位长，解脱被封锁的危机，最为简明。白 38 佯封是好手。黑 39、41 冲断，很有力量。白 42 欠细，应左一路虎。如此，黑 43 长时，白可 93 位退，黑须在 46 位补。白 52 粘又是疑问手，一定要在 55 位打吃，不让黑有做眼的可能性。白 64 做眼是第四个疑问手，即便黑走这里破眼，对白死活也无威胁，无端落了后手。白 72 反打明智。黑 77 曲极为重要，以后上边乃至中腹都好下了。黑 79 逼，全局黑空多、势厚，优势历然。白 80 争胜负。黑 81 一间紧夹较凶。白 82 凑黑床上叠床，86 飞轻灵。黑 87、89 中了诱敌之计，被白 88、90 轻易得角，实地受了很大损失。黑 91 是形之急所。黑 95 走法实惠。白 96、98 是最强的抵抗。

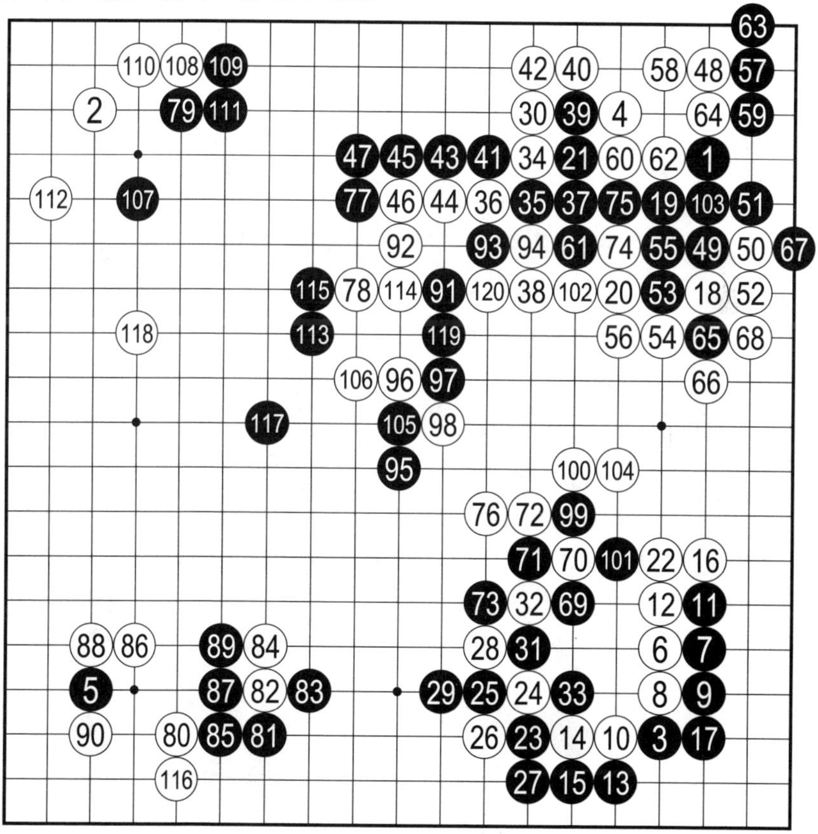

（1–120）

黑方 黄永吉

白方 陈祖德

黑107以下希望利用外势围空，得不偿失，不如在222位夹攻。113觑是局部好手，白116是最大官子，追成了细棋局面，胜负将由左边的归属来决定。白118败着。我一味追赶，因而下得过分，此时185位才是最佳落点。黑127、129立即定型，体现了黑的细腻风格。白146强手，黑不敢用劲。黑151与白152均欠细。最后盘面六目，黑由于收后而胜一子。

黄永吉体格魁梧，精力充沛，年龄虽是我的一倍，但无疑还属于少壮派。他的棋细腻扎实，擅长后半盘收束。当年他正处巅峰时期，每战必兢兢业业，比赛的四个半小时总用得足足的，显示了中年棋手的沉稳和干练。16轮比赛后，黄以14胜2负荣登冠军宝座，“南刘北过”的时代从此动摇了。（陈祖德）

黑贴$2\frac{1}{2}$子　共223手　黑胜1子

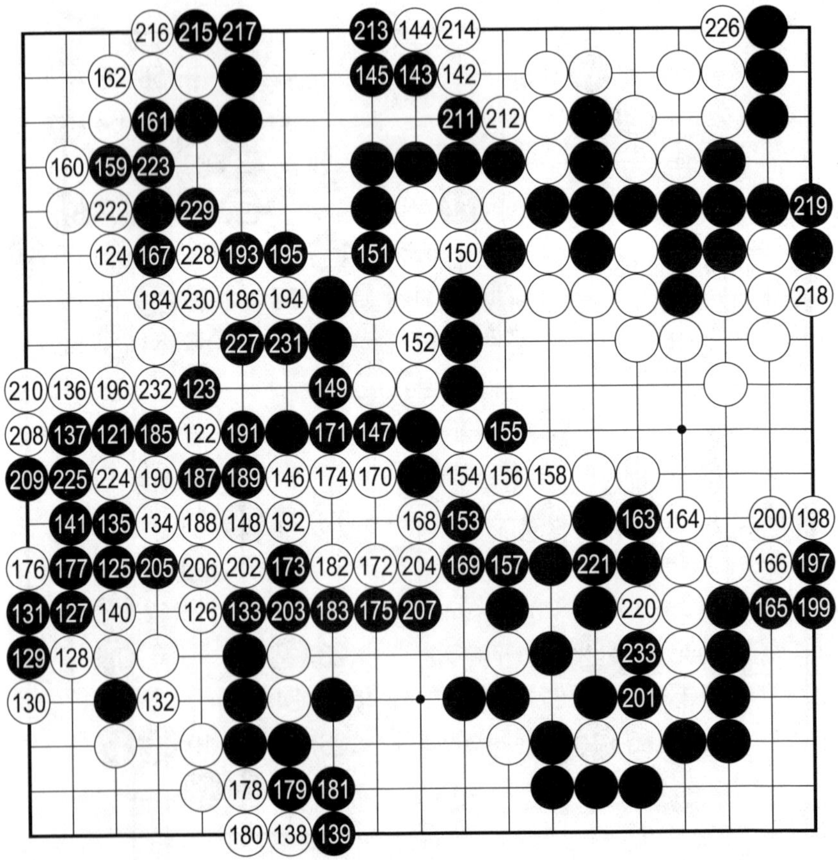

（121–223）

1960 年 10 月 23 日弈于北京

全国棋类锦标赛第 8 轮

黑方　过惕生

白方　陈祖德

过先生曾在 1956、1957 和 1962 年三夺全国冠军，又诲人不倦，桃李满门。他的棋，具有布局步调快、轻灵多变、注重大局等特点，擅长声东击西、弃子取势、借劫生波。

白 18 是争取布局主动权的关键一手。白 28 压是正着。黑 31 至白 34 皆本分之着，第一个接触战和平解决了。黑在边上所得不多，白的阳面直指中腹，黑似得不偿失。黑 35 跳起已势在必行。白 38 打入，可托渡可整形，选点正确。黑 45 打有问题。黑 49 镇，意在缠绕攻击。黑 51 扳恶手，应直接在 53 位顶，实战等于帮白构成眼位。白 60 飞出后，全盘已无险情。黑 61 继续攻击，但白利用甚多，最后只得放走。黑 71、73 打入不是上策，会影响中腹的薄棋。黑 79 断很大，不过应先在中腹作必要的定型，结果被白 80 冲击，正中要害。

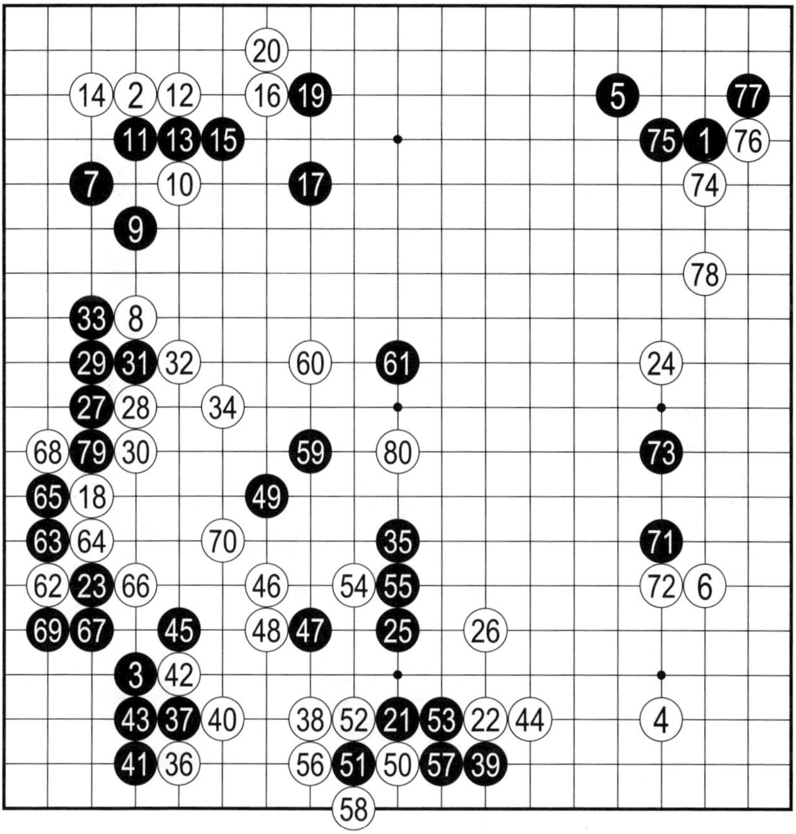

（1–80）

黑方 **过惕生**

白方 **陈祖德**

黑81镇，争取先和右边二子取得连络，免得被分断而受到缠绕攻击。黑83若在86位连络自然很安全，但白在83位冲断，一手棋有16目强的价值，太大了。白84扳出，严厉，黑两块弱棋被分断，将陷入苦战。黑87腾挪。白88不受干扰，达到了分断的目的。黑89抢救右边三子时，白90扳，中腹黑棋出路已成问题，故是宁为玉碎的下法。黑103至白128，黑棋尽管运用了一切办法，终因地方太狭小，无法做出两个眼来。黑129是最后拼搏，至白160，白显然已经活净，黑只得推枰认输。(陈祖德)

黑贴$2\frac{1}{2}$子　共160手　白中盘胜

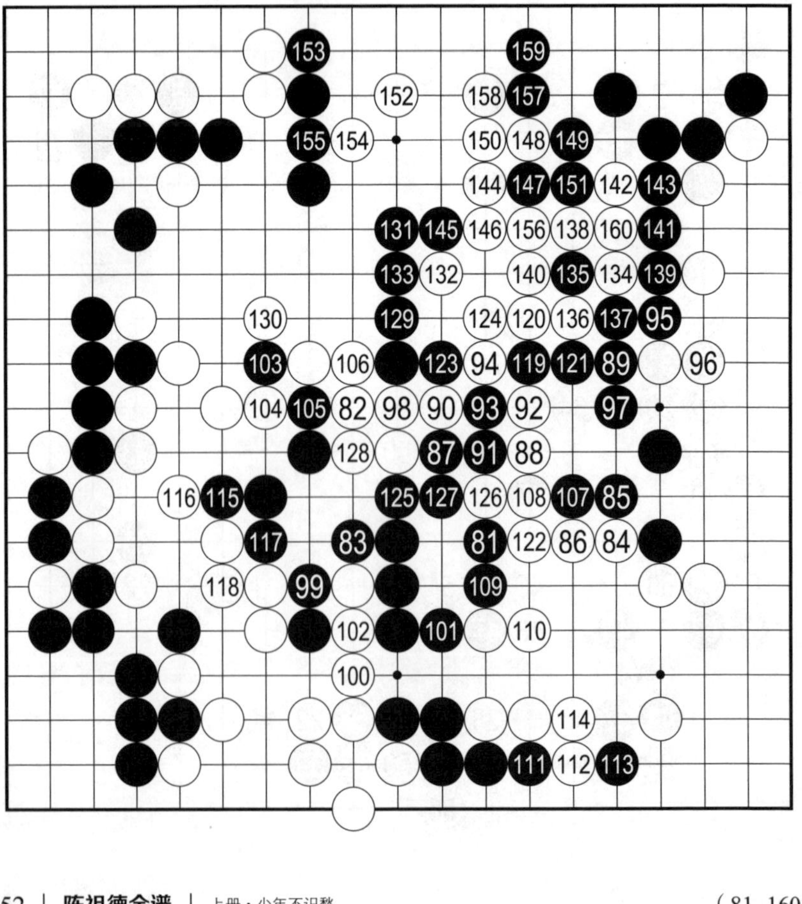

(81–160)

1960 年 10 月 27 日
全国棋类锦标赛第 10 轮

黑方　王幼宸
白方　陈祖德

白 16、18 不好，应脱先下 222 位飞压。黑 27 简单在 32 位吃住两子即可。白 36 长应在 38 位断。白 44 也应在 45 位拐吃。黑 47 吃两子明显优势。黑 67 碰手筋，黑 87 得角实地大，转换黑棋得利。白 94 打劫凶猛，黑 95 老实接住，优势意识浓厚。（王磊）

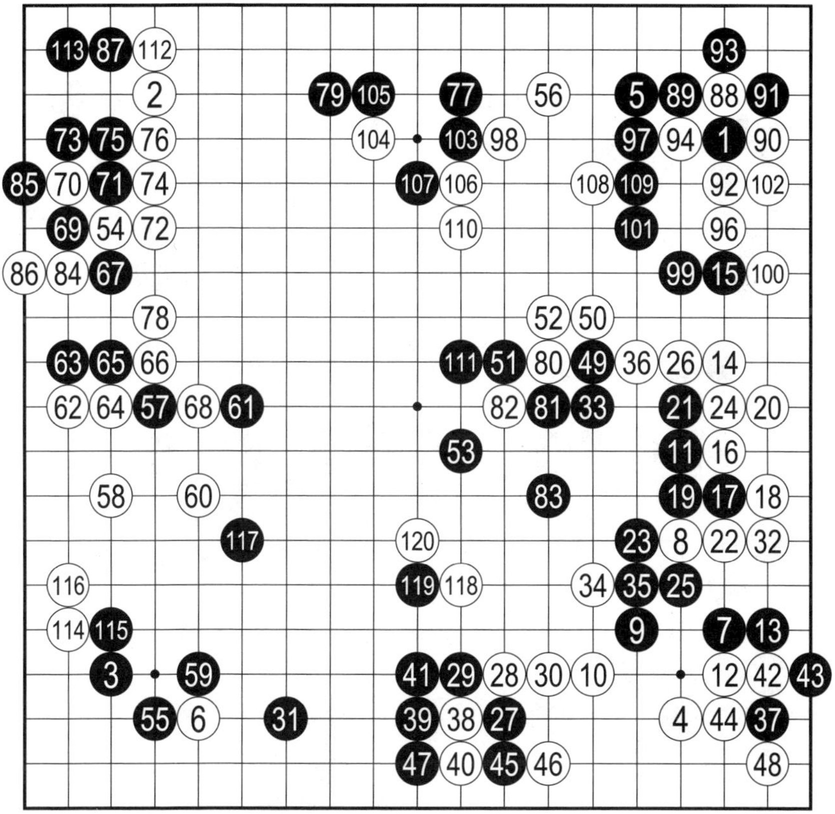

95=88

（1–120）

黑方 **王幼宸**

白方 **陈祖德**

黑143跳失误，应154位长。白148吃住黑一子，实地追上不少，但全局仍是黑棋领先。官子阶段，白164、168应先190冲，黑167应175提最大。黑183放弃在184位打劫，是判断赢了的稳健下法。黑237应在246右点，是官子妙手。（王磊）

黑贴$2\frac{1}{2}$子　共254手　黑胜1子

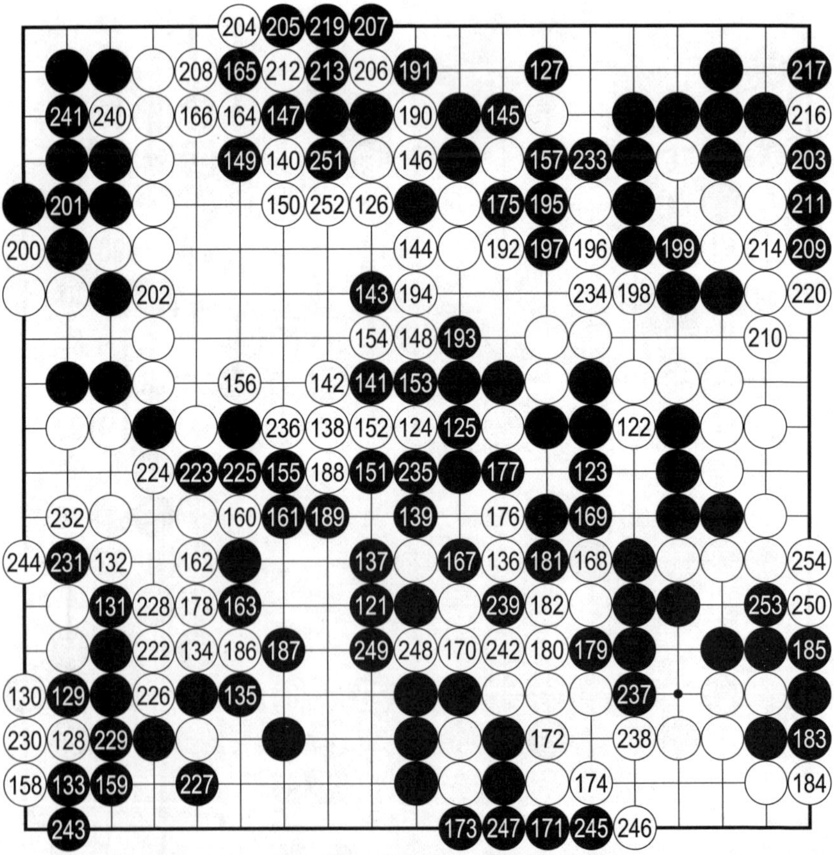

215=165　218=212　221=216

1960 年 10 月 28 日弈于北京

全国棋类锦标赛第 11 轮

黑方　刘棣怀

白方　陈祖德

白 10 并凶狠，以下 11 位和 12 位必得其一。白 22 极大。黑 23 也极大，但在 26 位扩张才是当务之急。白 24 构思欠佳，黑 25 关欠灵活，大飞守角最佳，可限制下边白一子的活动。下围棋就是步步相逼，着着生变。白 26 后生出 28 拆逼的好点。白 32 显得过于贪图实地。黑 33 离开主战场，缓手。白 38 罩封，貌似严厉，其实结构松散。白 44 缺乏强封意识。黑 55 滚包是手筋，之后黑不但安然脱险，还先手将白分断，可见刘大将的力量和神勇不减当年。白 62 非断不可。至白 76 补断，双方相当。黑 77 觑欠妥，落了后手，当在 80 位封。

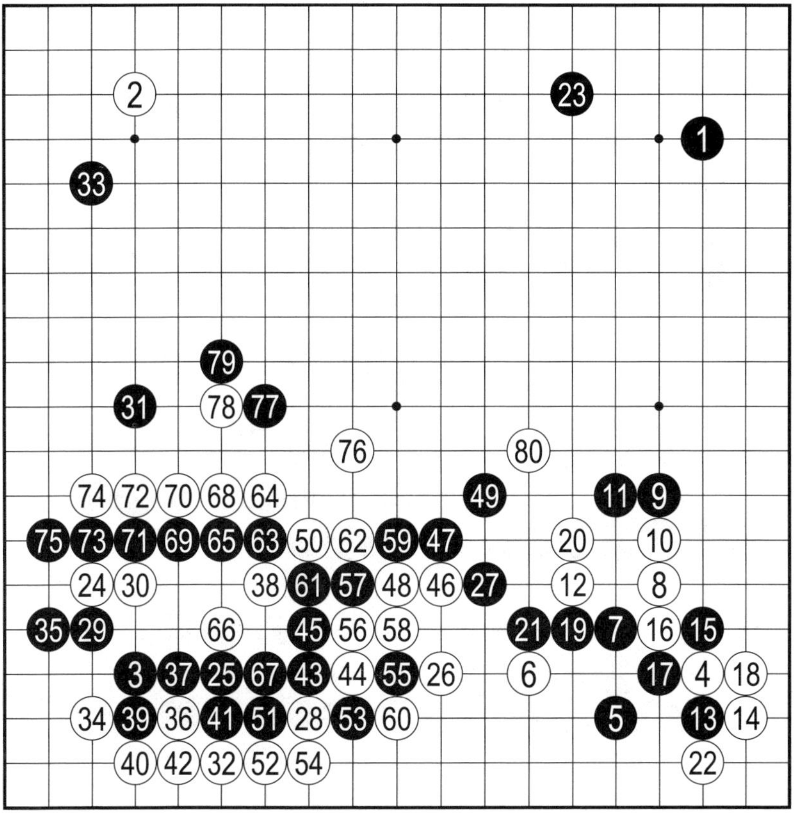

（1–80）

黑方　刘棣怀

白方　陈祖德

黑81罩封是强手。白86退细腻，次序好。黑87补断出于无奈。白94断，巧妙地补掉断点，精练。白96粘，最大限度发挥了子效，紧凑有力。黑99貌似自补，仍瞄着白之孤棋，这正是刘先生的棋，须处处提防。

黑101分断在我意料之中。黑103过贪，不如于98位下一路靠。黑111曲厚实，似乎只能如此。白112先手通连，彻底解除了后顾之忧。白114以攻击大龙为手段，对右边黑阵进行渗透和破坏，严厉。白124、126开始露骨地接近目标。黑127逃迫于无奈。白132是棋形要点，至136割下黑二子，长出近20目。黑137必抢。白140机敏，这里也确实有可乘之机。黑143希望左右兼顾，其实只能暂解燃眉之急。白144跨严厉，黑145只能扳断，做玉碎之举了。白150切断了黑大龙的归路。黑165做劫是最后挣扎。（陈祖德）

黑贴2$\frac{1}{2}$子　共168手　白中盘胜

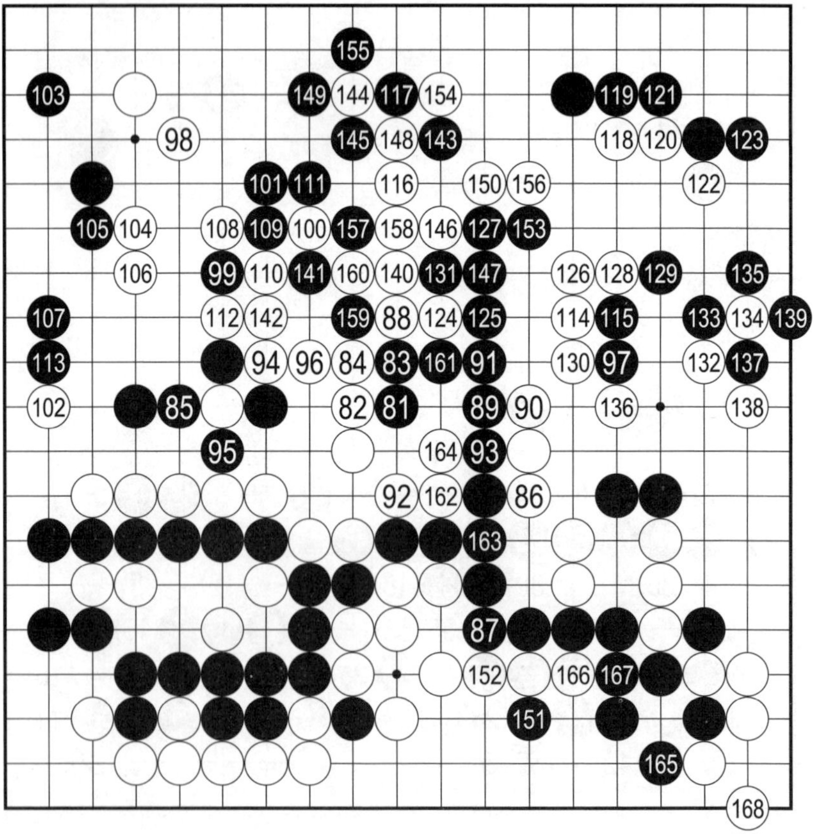

（81–168）

1960 年 10 月 30 日
全国棋类锦标赛

黑方 陈祖德
白方 齐曾矩

黑 15 大跳，被白 16 以下借用，便存在着上下两个断头，怎样补断都有困难。（因征子不利）黑 21 只能关护上断，25 又不得不打，毕竟存在着大劫，对于今后行子，不免受到相当限制。因此黑 13 在 17 位小尖，比较平稳。黑 27 嫌低。黑 31 尖顶和白 32 交换，对黑不利。白 34 尖嫌缓，应在 37 位封压，使黑 1 与 27 之间处于低线重复形状，而 28、32 二子顺势得到充分活力。黑 39 打吃不是要点，应当在 41 位连扳。黑 51 提劫随手，应在 52 位长，沉着。白 60 扳弱，当 61 位退。白 64 嫌走重，当一间跳。黑 67 紧凑有力，为此时好着。白 68 当在 72 位封，比较生动。白 72 长不如 75 位

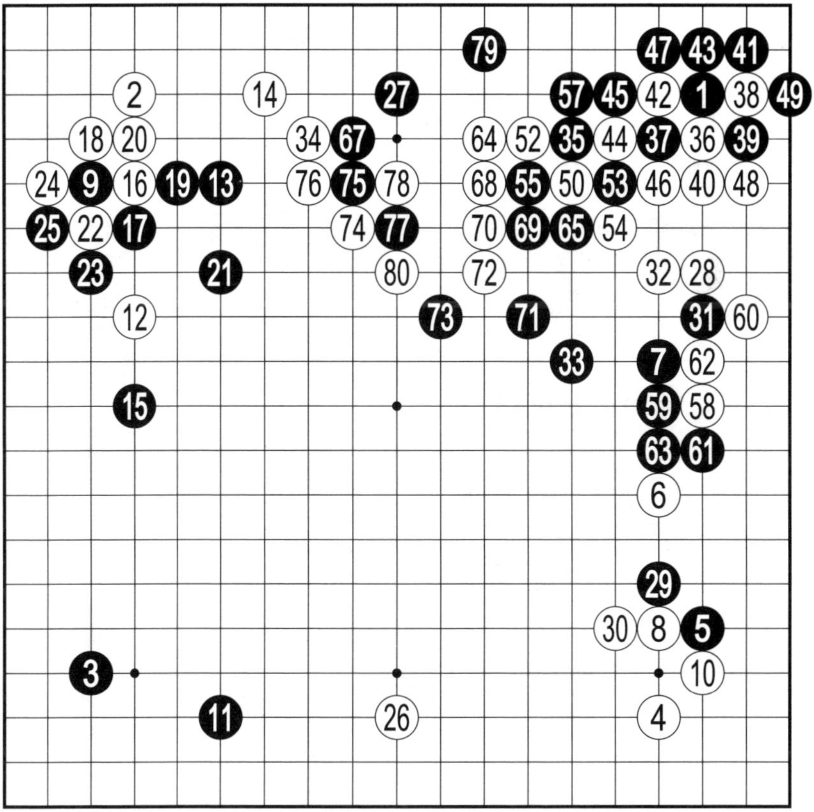

51 = 37　56 = 44　66 = 53

（1–80）

黑方　陈祖德
白方　齐曾矩

扳。白78觑断为这时好着。黑85点为及时要着。黑99随手，有关胜负之劫仍未补掉，殊为失算。白132勉强，但局势已非，不得不用强图变。黑133先攻下边白块，颇有见识。白138仍是勉强之着，被黑先在139曲，疲于奔命，局势更难挽救。白152又失算，被黑153接后，败局已定。（刘棣怀、顾水如、王幼宸等集体解说）

黑贴$2\frac{1}{2}$子　165手以下略　黑胜6子

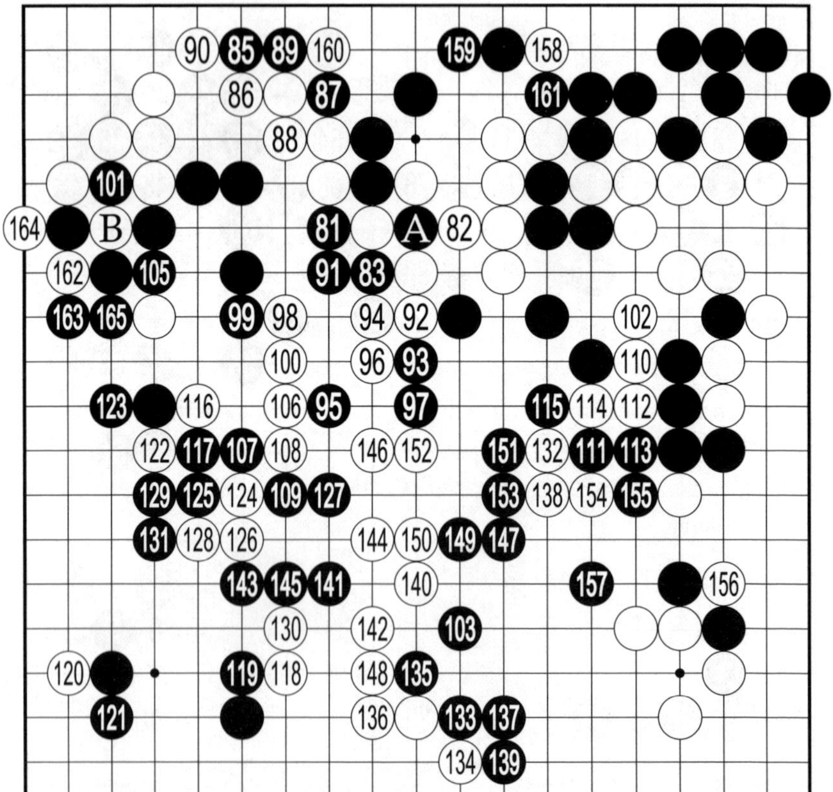

84＝A　104＝B

1960年10月31日
全国棋类锦标赛第13轮

黑方　陈祖德
白方　朱金兆

白16缓，应18位挂角。白24应25位长。白34应33右夹。黑35拆边获优势。黑37接重，应脱先占大场。白54飞缓，应204位压住。白64过分，应72位碰。黑65靠反击严厉，黑主动。白102应121位扳，黑103也应175位扳，中央是双方要点。黑113并失误，应114位断。白120恶手，应121位扳。黑135尖起，形势大优。（王磊）

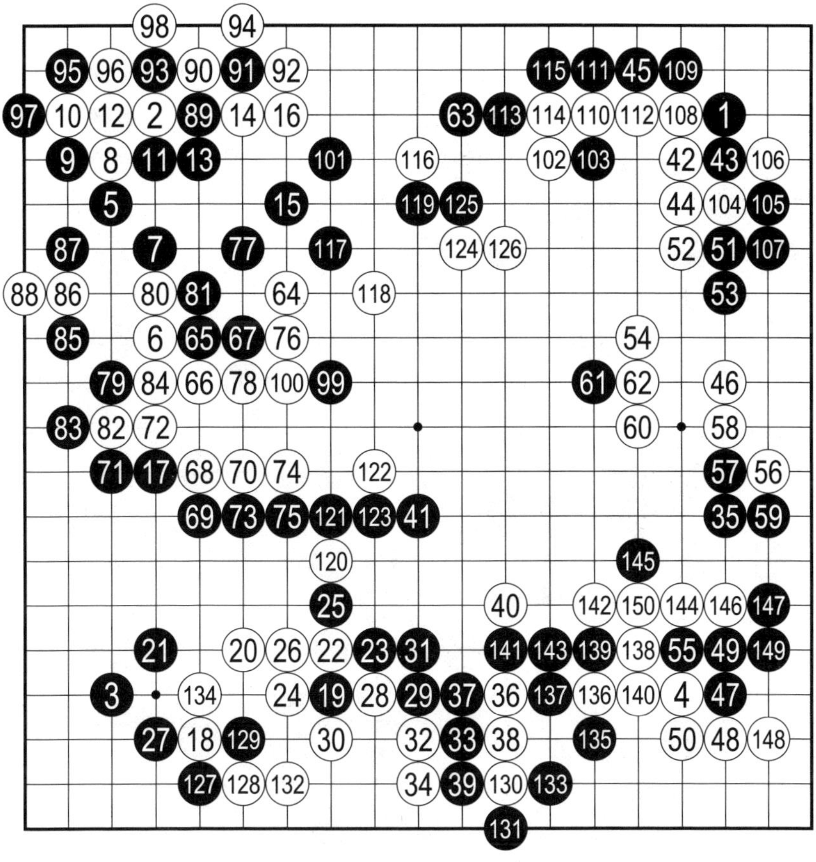

（1–150）

黑187恶手，应191位夹。白190败着，应204位贴，局势混乱。黑203吃住一子胜定。本局是黑完胜之局。（王磊）

黑方 **陈祖德**
白方 **朱金兆**

黑贴$2\frac{1}{2}$子　共292手　黑胜4子

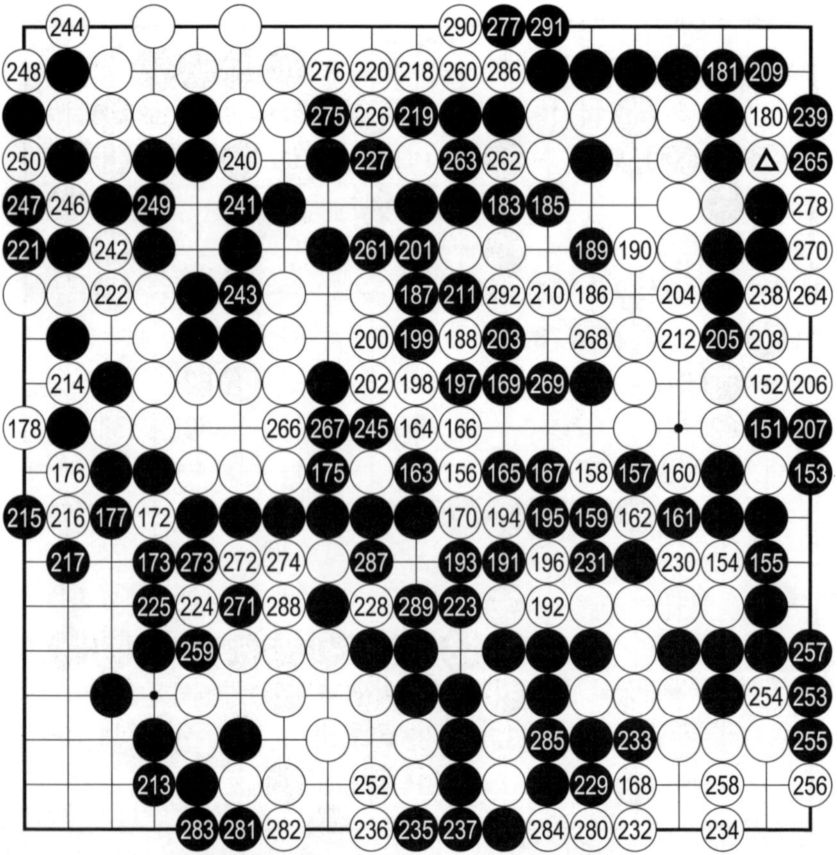

171 179 184=157　174 182=162　251=246　279=△

1960 年 12 月 7 日
训练棋

黑方　陈祖德
白方　王幼宸

黑 37 恐怕还是在 38 位关好。黑 47 不妥当。黑 51 不如改在 52 处较轻。白 58 如在 65 位扳，以后黑就没有渡过。黑 69 恶手。75 重，77 俗手，以下都勉强。白 120 还是粘五子较大。白 134 软。

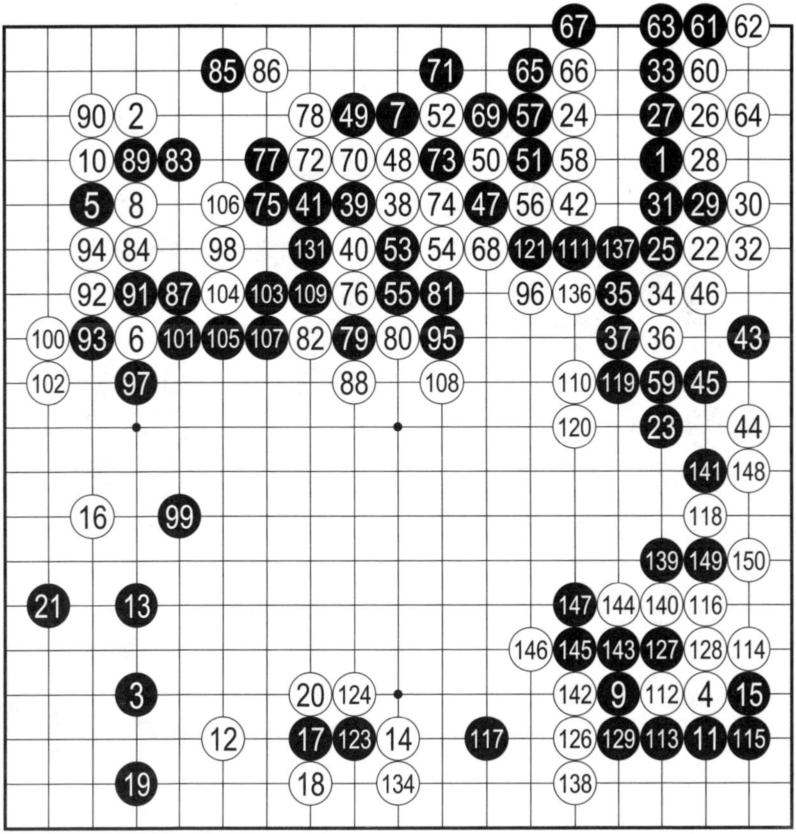

(122)(130)●135 = (50)　●125 ●133 = ●47　(132) = ●79

(1–150)

白 154 恶，如改走黑 163 处，形势就定。从白 156 到吃掉为止，都是过分，也是转折点。(陈祖德)

黑方　陈祖德

白方　王幼宸

黑贴$2\frac{1}{2}$子　共 287 手　黑胜$1\frac{1}{2}$子

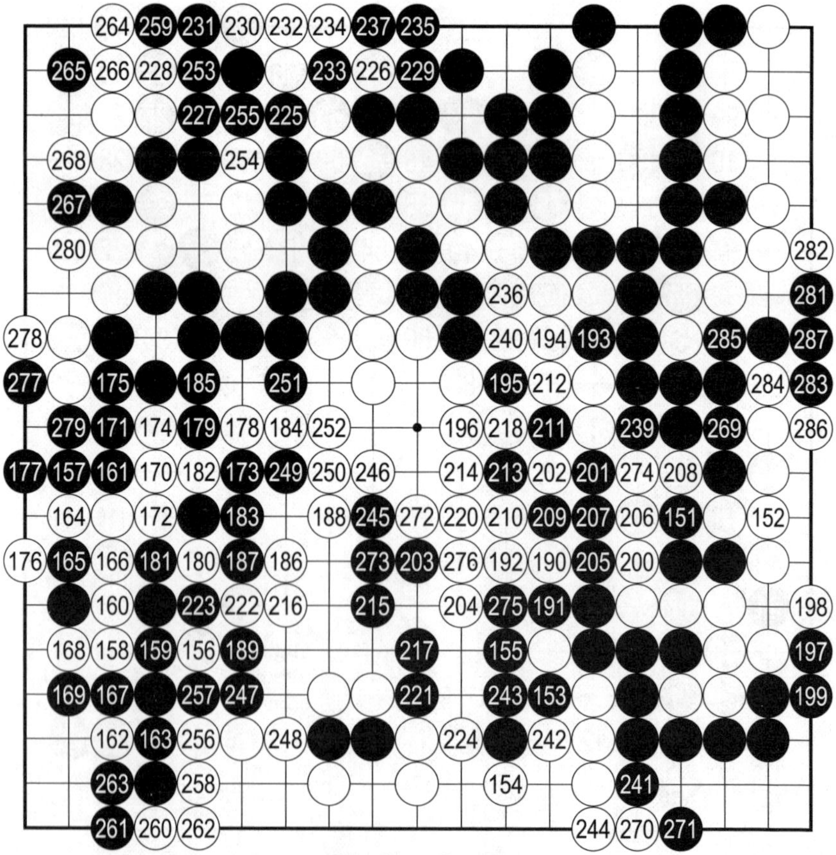

219=202　238=233

(151–287)

1960年12月30日
训练棋

黑方　赵之华
白方　陈祖德

黑29应34位打弃掉两子。黑33强行救出两子，外围三子和左下角受损，得不偿失。白50好手，是形状要点。白52弃去中央三子大局清楚。白66尖妙手，黑角成劫活，白棋确立优势。黑87强攻白上边是胜负手。白98不难处理好中央大龙。（王磊）

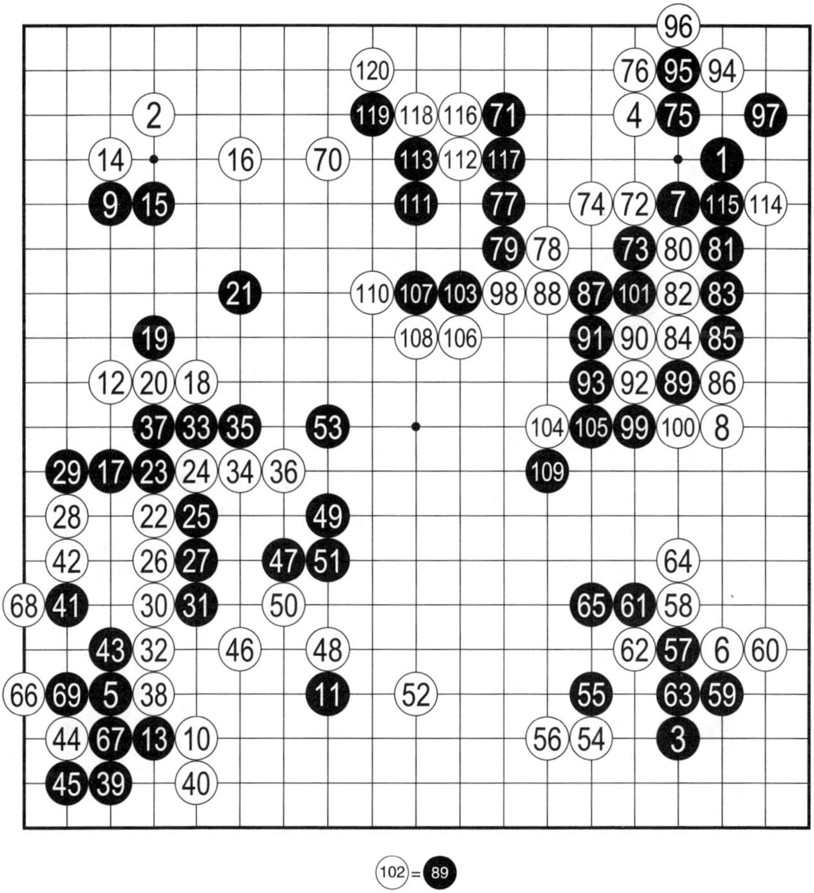

（1–120）

黑方 **赵之华**

白方 **陈祖德**

黑 139 冲恶手，应 140 位接。白 140 救出棋筋，黑棋崩溃。本局白棋布局发挥上佳，后半盘也几无失误，是白棋的好局。(王磊)

黑贴2 $\frac{1}{2}$ 子　共 242 手　白胜 5 子

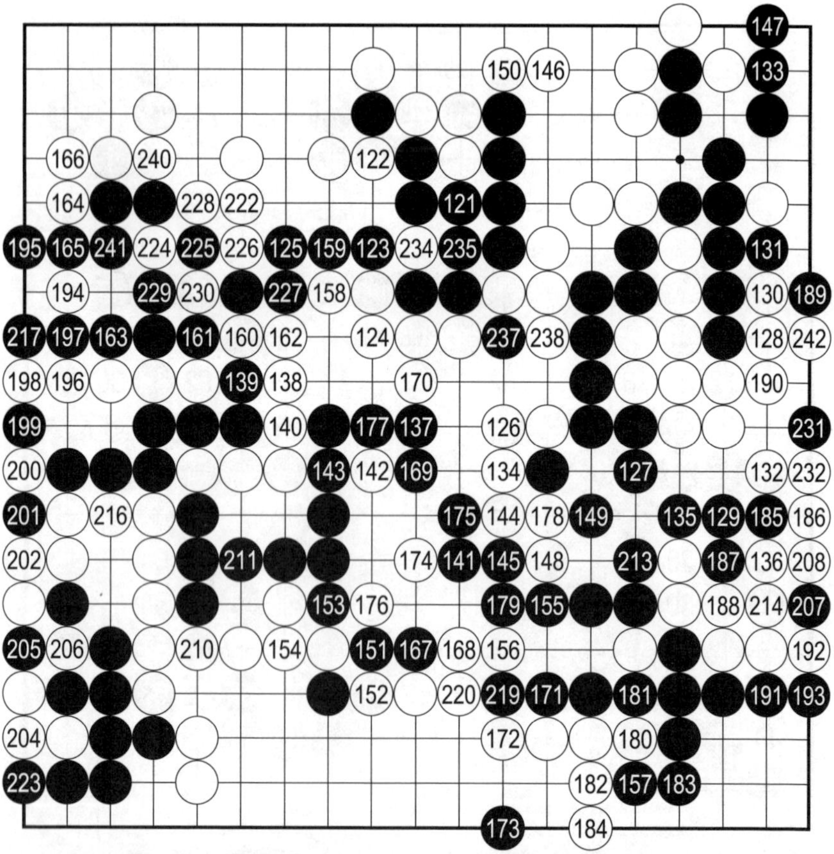

203=200　209 215 221=205　212 218=206　233 239=225　236=230

疑 1960 年对局
训练棋

黑方　陈祖德
白方　林勉

白 16 应在 17 位尖。黑 31 应 39 外围两打后 29 右立。白 42、48 弃子不成功，应 21 下挤。白 62 虎撞气恶手，应 21 下一路挤。黑 69 靠逃出大龙，黑棋优势。黑 75 应下 98 位，走外面。白 78 应 82 外打，此处应看轻四子。（王磊）

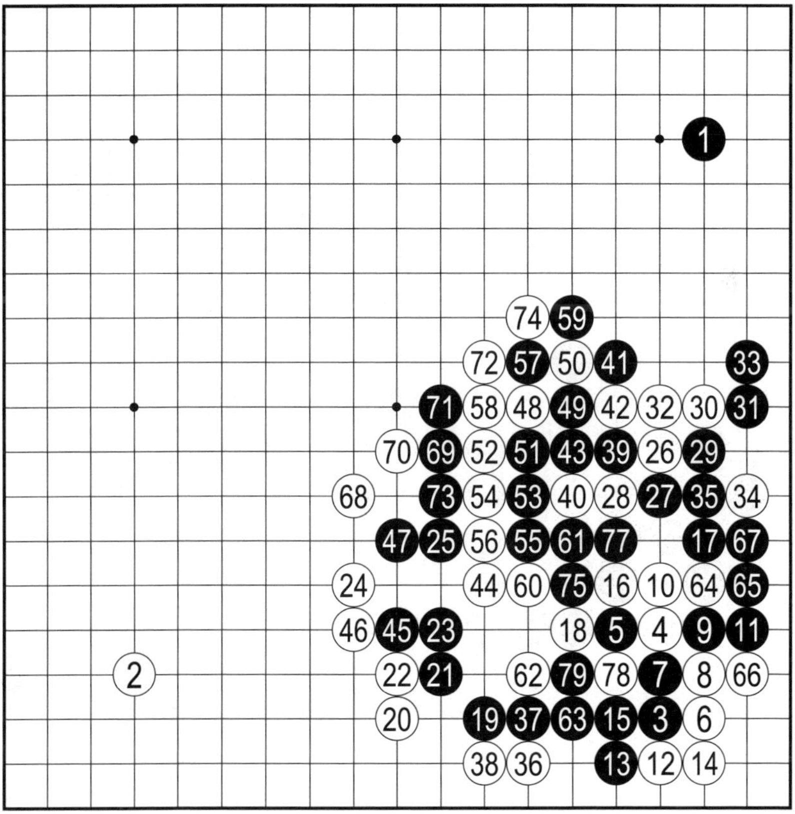

76 = 50　80 = 5

（1–80）

黑方　**陈祖德**

白方　**林勉**

黑85接后，因白右下角未活，黑大龙没有被杀的危险，黑棋明显优势。黑135使出杀着，吃掉白角胜定。

本局黑棋完胜。（王磊）

黑贴$2\frac{1}{2}$子　共165手　黑中盘胜

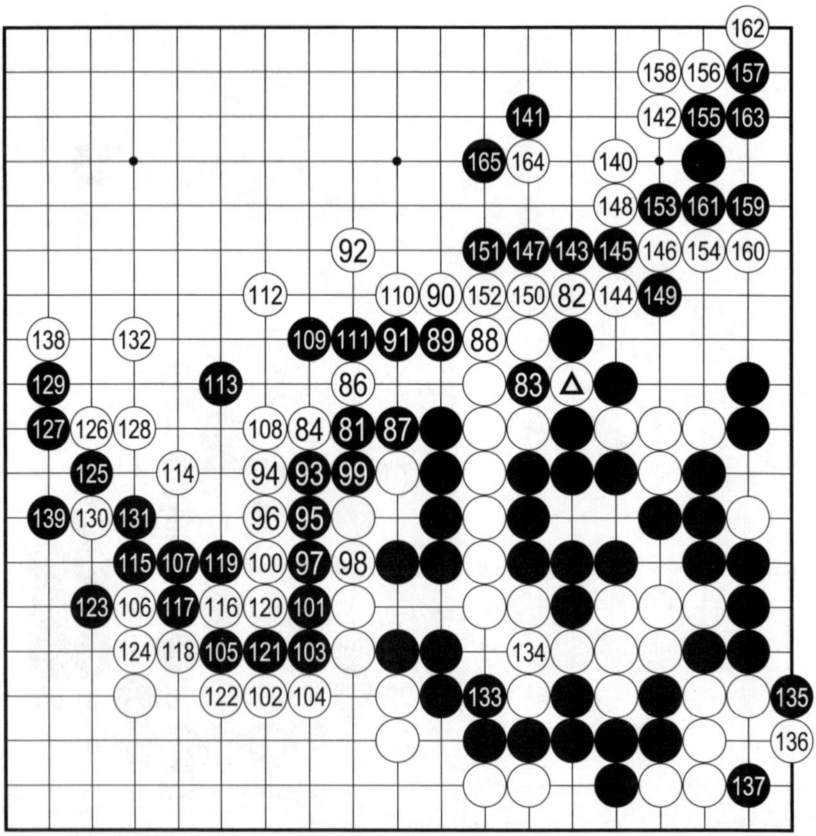

85=△

（81–165）

疑 1960 年对局
训练棋

黑方　陈祖德
白方　汪振雄

白 12 是一种新尝试，如今 AI 也有白 10 直接在 12 位尖顶的下法，颇为相似。白 18 应在 21 位爬。黑 21 拐的价值很大。黑 23、25 过早，应在 61 位尖，先处理好右下。白 26 脱先机敏。黑 37 失着，应在 38 位断，劫杀白角。白 38 接住成双活，黑无所得，白优势。白 42 着眼全局。白 46 枷，白 58、60 攻击着法紧凑。至 67 白方保持优势。白 68 亦可在 76 位飞。白 88 追求攻击的步调。白 92 可在 95 位长，守住左边更易掌握。黑 99 好手。（谢赫）

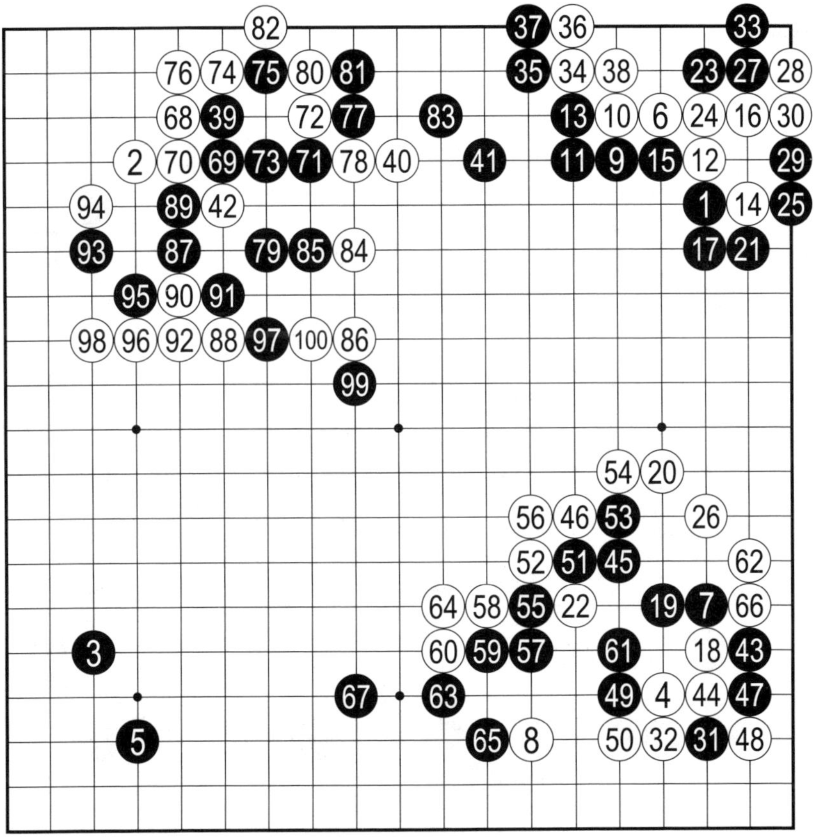

（1–100）

黑方　**陈祖德**

白方　**汪振雄**

黑103立下，价值极大。白104封锁，势成骑虎，局面复杂。黑113开劫时机尚不成熟，应先在117位冲断。白120应在132位寻劫，然后白可万劫不应，简明占优。白140失着，应先在150位收气。黑141机敏，143挖出，白危险。白148似有误算。黑149如在126位接，对杀白不利。黑151败着，应在左一路接，仍是白危险。实战由于黑气紧，白左上已经安全。至162的结果，白全局铁厚，白优势难以动摇。（谢赫）

黑贴$2\frac{1}{2}$子　共182手　白胜$2\frac{1}{2}$子

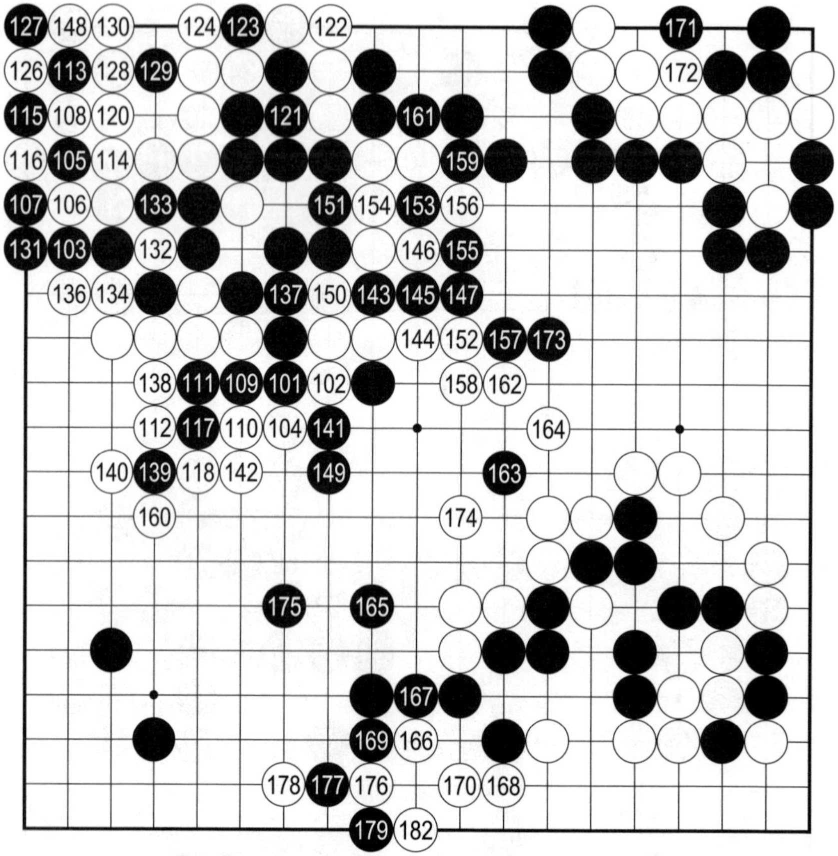

119=105　125=116　135=132　180=126　181=153

（101–182）

疑 1960 年对局

黑方　吴淞笙

白方　陈祖德

黑 13 跨，不识大局，应在 12 下托。黑 27 开得太大，以至于被白 28 位跳出，造成不利状态。白 34 靠，应暂时不应，较为轻松。黑 43 太过分，如改为 44 位冲，形势还为黑有利。黑 43 后，形势愈加恶化。白 58 冒险。白 84 后，形势基本上已定。白 86 太粗。黑 107 须先在 116 位接，就无毛病。到白 118 为止，黑大损。

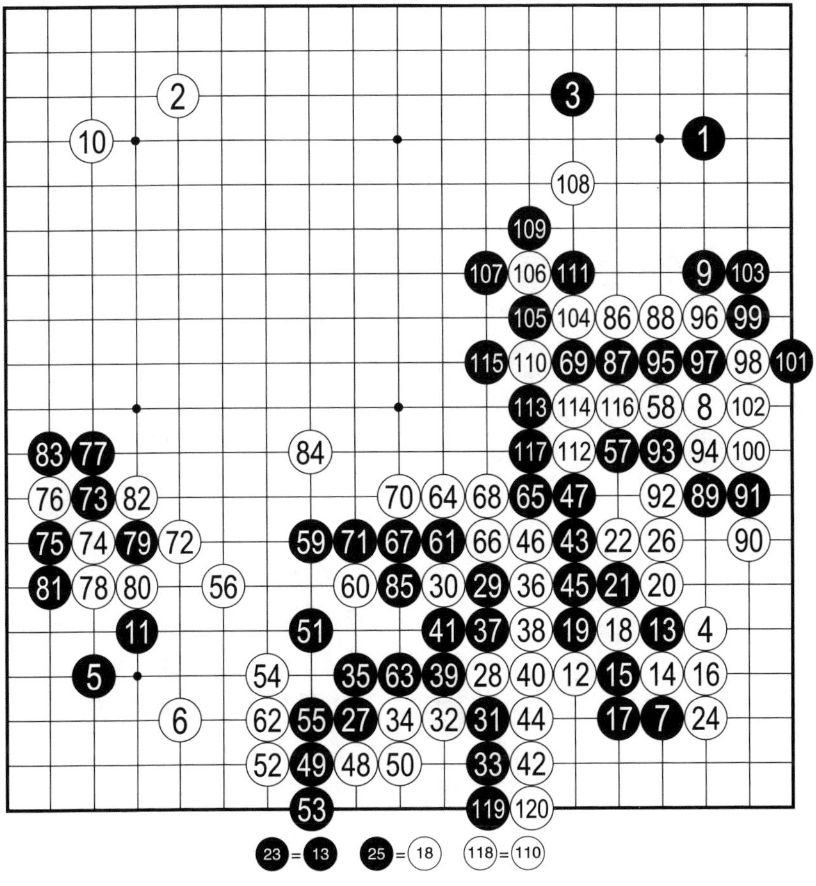

（1–120）

119、121、123 败着。以后黑勉强。

（陈祖德）

黑方　吴淞笙

白方　陈祖德

黑贴$2\frac{1}{2}$子　共 246 手　白中盘胜

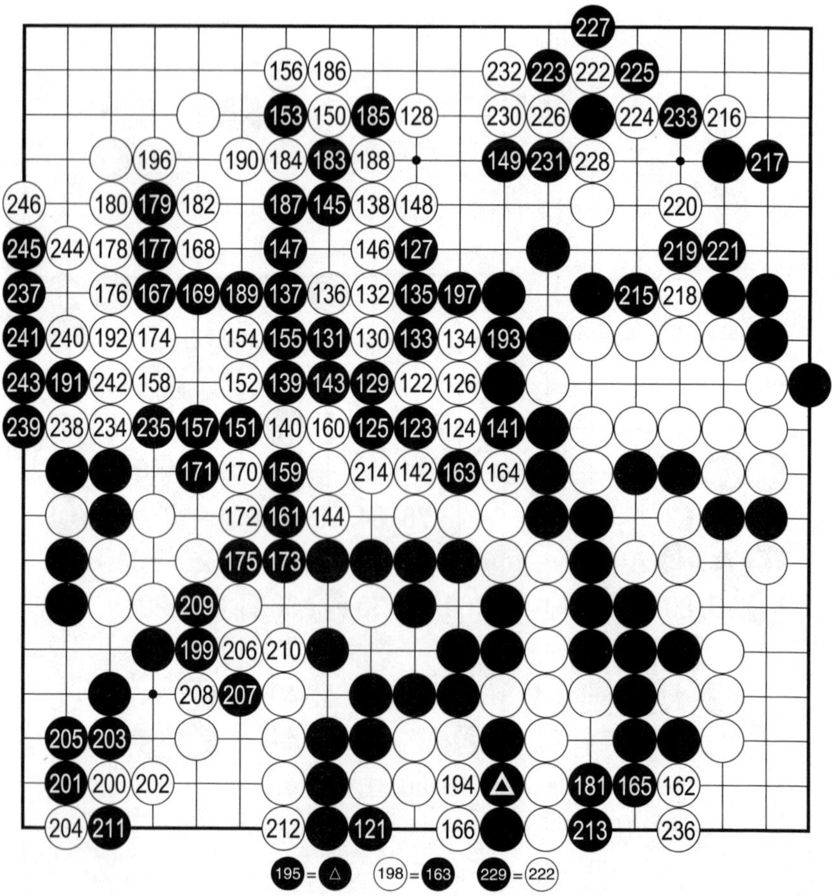

（121–246）

一九六一

时年17岁

◎ 1月—3月，陈祖德先在上海训练，而后赴北京参加了国家集训队。这个集训队由老、中、青三代棋手组成，目标是9月对日本的比赛。

◎ 9月15日—29日，与日本棋手再度较量。陈祖德对战的是日本业余围棋冠军安藤英雄，分先连下五局。在前三场连负的情况下，连续扳平两场，取得了2胜3负的成绩。25日第五场比赛没有安排陈祖德上场。27日，陈祖德与小山靖男七段进行对局，负于对手。最后一场，仍然没有安排他上场。共取得2胜4负的成绩。

◎ 10月—12月回到上海，参加当年年底的上海市冬季围棋比赛。

薛志春　整理　　　　**华以刚　审订**

1961年1月1日
元旦表演棋

黑方　陈祖德
白方　王幼宸

黑21应22位接。白22冲机敏，白24先手吃一子得利。白40应左一路拐为佳。黑45缓手，应26上接寻求弃子。白46应26上补净。白50同样应26上一手补净。黑61冲断至75，局部吃住两子虽成功，但被白76抢到大场，全局失分。黑61应直接占162位大场。（王磊）

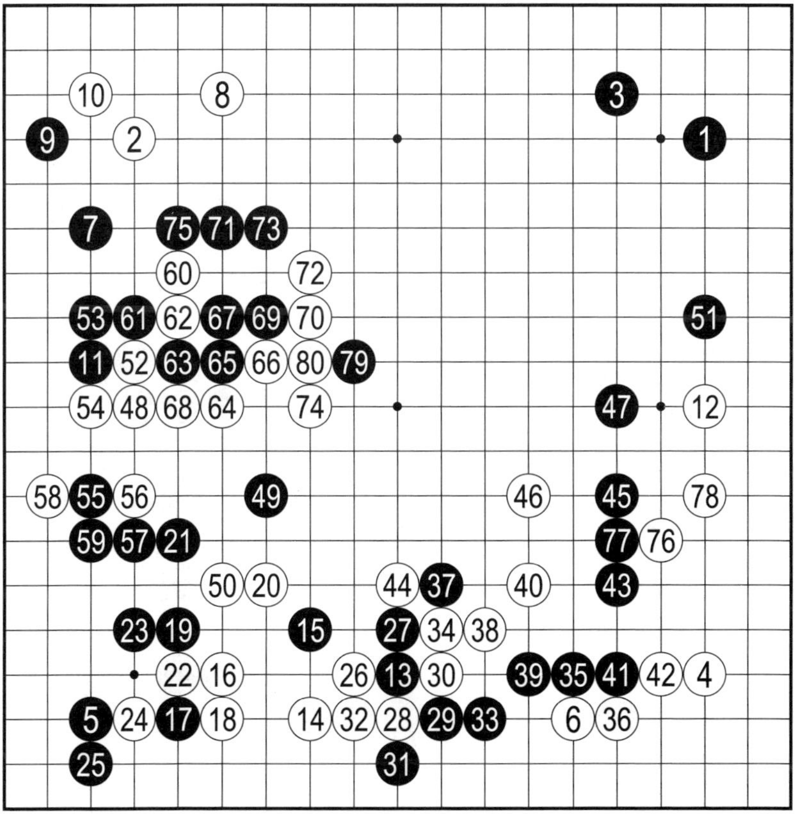

（1–80）

黑方 **陈祖德**

白方 **王幼宸**

黑81过分，白82反击严厉！至白114的一系列攻击手法漂亮。白116应118吃，简明优势。白152活棋后胜定。

本局白棋完胜。（王磊）

黑贴$2\frac{1}{2}$子　共170手　白中盘胜

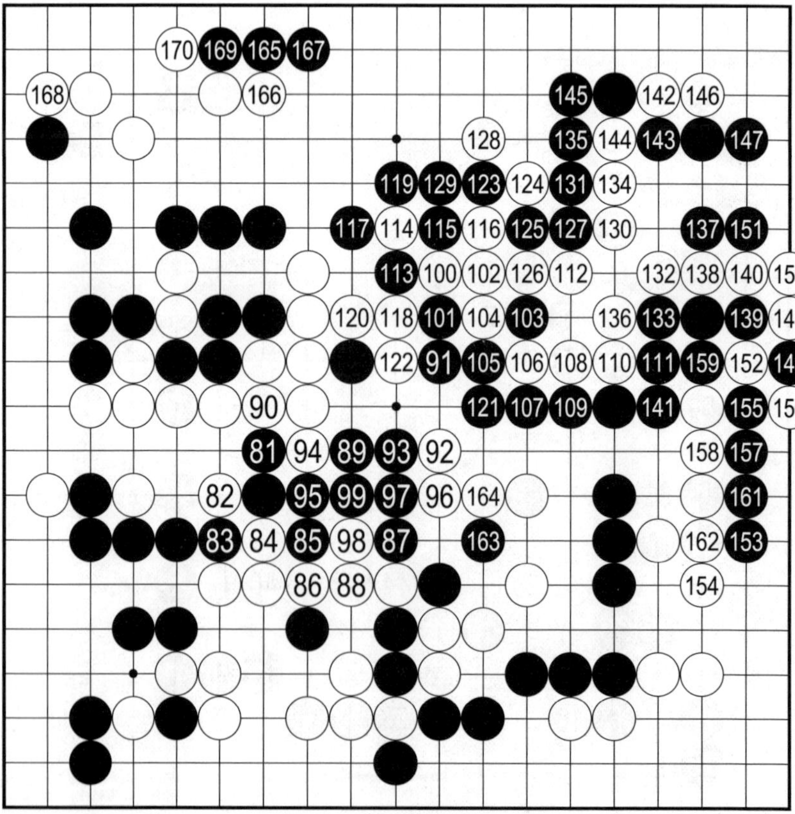

160=149

（81–170）

1961 年 1 月 4 日弈于上海棋社

黑方　陈祖德

白方　赵之华

黑 23 手法有趣，但黑 27 应在 34 位扳。白 28 同样应 34 位立，这里是双方要点。白 44 应 81 位跳。黑 53 在左一路虎为佳。白 60 立恶手，应 61 左跳从轻处理。（王磊）

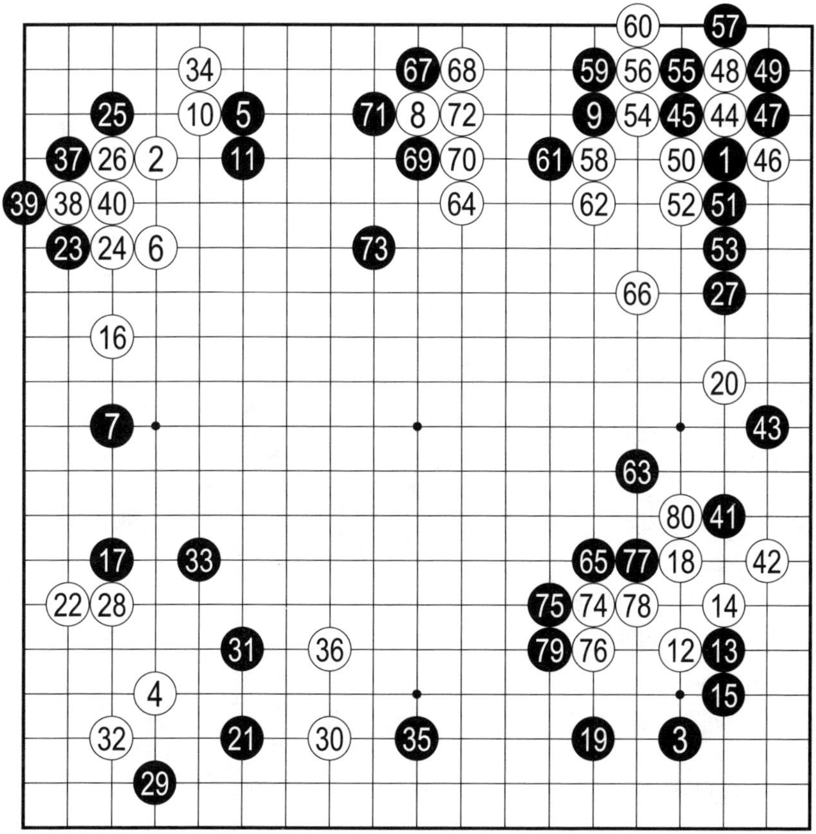

（1–80）

黑方 **陈祖德**

白方 **赵之华**

白 84 挖没必要，黑 85 如在 86 位吃，白龙危险。黑 93 应直接走 95 位镇。白 98 断反击严厉！但白 102 扳随手，应 141 位冲，白棋好下。白 158 败着，应 163 接，胜负难料。（王磊）

黑贴$2\frac{1}{2}$子　共 179 手　黑胜$4\frac{1}{2}$子

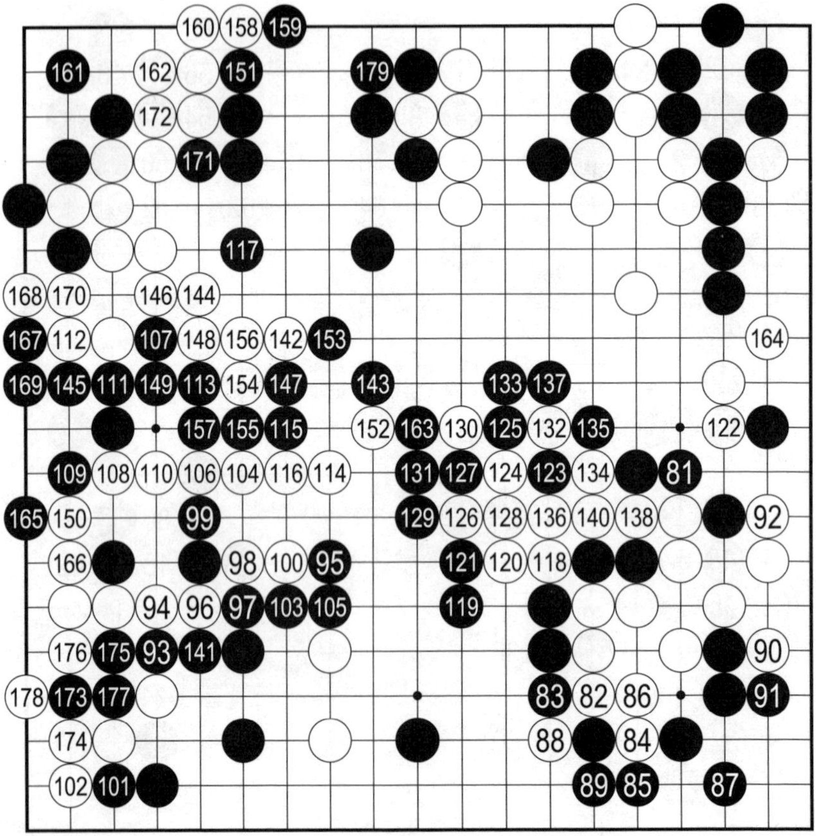

139=123

（81–179）

1961 年 1 月 9 日弈于体委

训练棋

黑方　陈祖德

白方　王幼宸

白 10 现今多在 15 位飞压。白 28 在 30 位尖较好。白 36 恶手，应在 43 位吃。黑 53 俗手，应 92 位飞。白 62 过分，被黑 63 断反击，白陷入苦战。黑 79 要点。白 92 恶手，在 99 下跳是正手。黑 103 直接 106 跳枷也成立。黑 117 吃住右上角大龙，大获全胜。

本局黑展现出强大攻击力，是完胜之局。（王磊）

黑贴 $2\frac{1}{2}$ 子　共 117 手　黑中盘胜

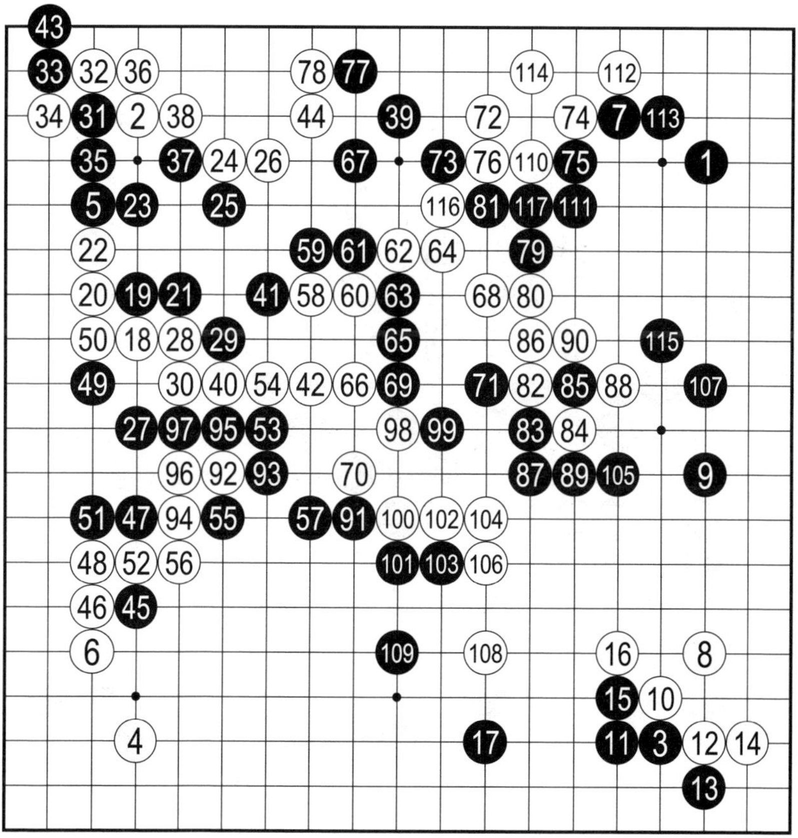

（1–117）

1961 年 1 月 13 日弈于上海体委

训练棋

黑方　王幼宸

白方　陈祖德

黑 23 无理，走 14 上靠是正手。黑 31 应 32 位吃寻求转换，实战白棋明显得利。白 54 大飞好感觉。白 76 脱先思路灵活。白 80 飞恶手，应 87 位尖。黑 81 跨断严厉，白左边陷入险境。黑 89 应 90 位尖，黑棋善战。

白 98 无理，应 100 压弃子，形势尚早。黑 113 虎，白棋对杀不利，陷入绝境。黑 117 恶手，应 125 贴。白 132 随手，应 137 位接，对杀黑不利。黑 141 败着！如 143 位冲，形势逆转。（王磊）

黑贴 $2\frac{1}{2}$ 子　共 146 手　白中盘胜

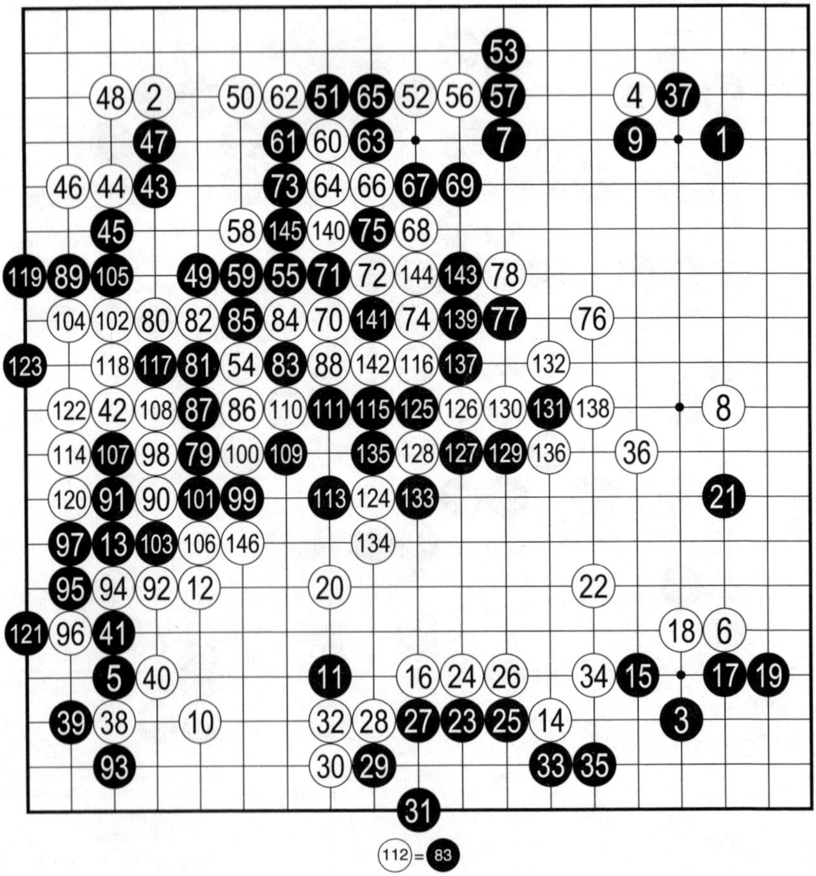

112＝83

（1–146）

1961 年 1 月 20 日弈于上海体委训练棋

黑方　魏海鸿

白方　陈祖德

白 58 挖是漂亮手筋。白 76 挤和 84 接应保留。黑 89 刺、91 尖好次序，黑棋优势。黑 111 应 112 位接。白 114 吃出来形势好转。白 116 恶手，应 118 位接。（王磊）

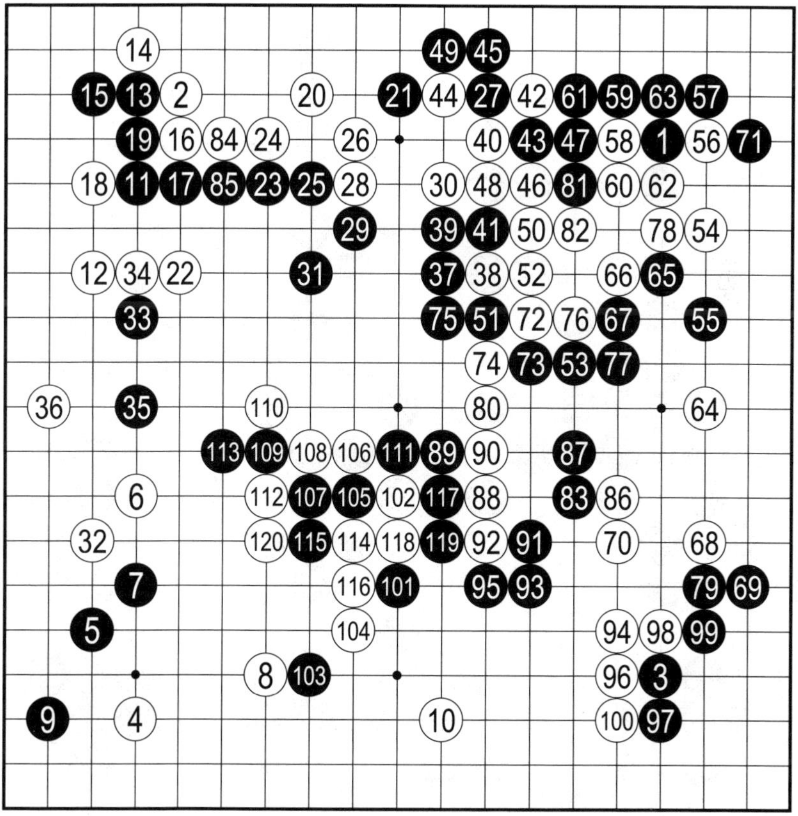

（1–120）

黑方　魏海鸿

白方　陈祖德

黑127恶手，应121左长。白130应下131托。白138尖恶手，应142位扳。黑139在153位靠、黑171在209断吃都可获得优势。白174吃住黑左边，白棋反获优势。黑219点是官子妙手。白228似乎对大龙死活产生错觉，在229位挡是活棋。白236贪官子执迷不悟，如225左补活下边大龙仍是赢棋。黑241亮出杀着，白大龙愤死。

本局白棋看错大龙简单死活，输得非常遗憾。（王磊）

黑贴$2\frac{1}{2}$子　共241手　黑中盘胜

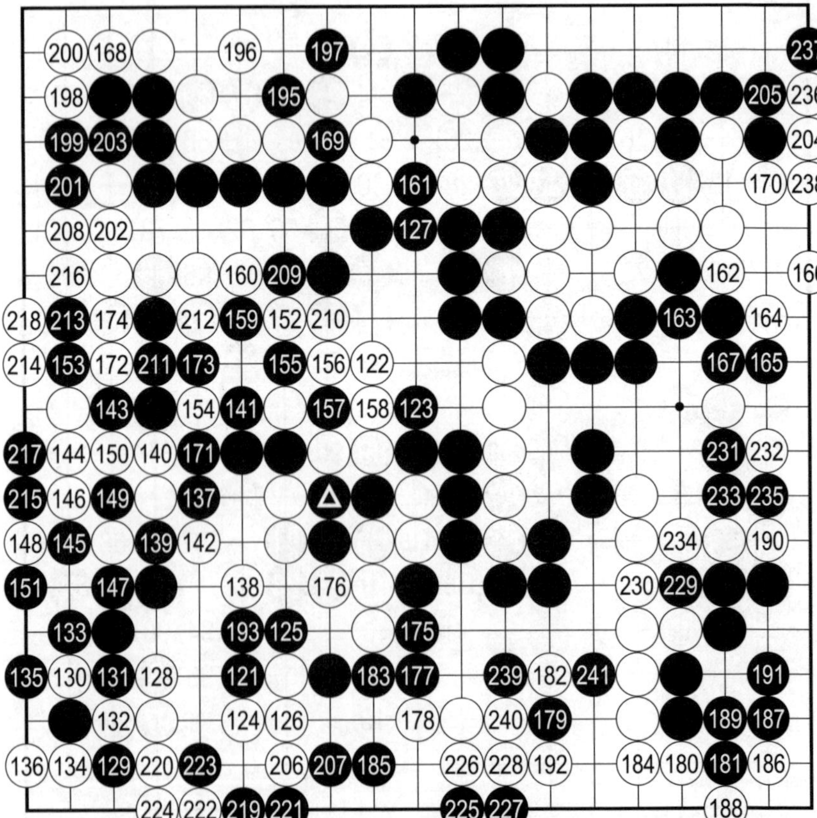

194=△

（121–280）

1961 年 1 月 23 日弈于上海体委训练棋

黑方　陈祖德

白方　魏海鸿

黑 31 长应在 34 右一路罩。白 32 应 35 位双。黑 37 应 46 位尖，实战被白 42 靠反攻，黑棋被动。白 58 应 60 位贴。白 70 简单扳过就好。白 82 至 88 没必要，在 80 下一路贴是正手。黑 95 靠出严厉。黑 101 缓手，应 107 位断。白 106 长恶手，应 108 位接。白 114 接大恶手，应 134 位拐吃。（王磊）

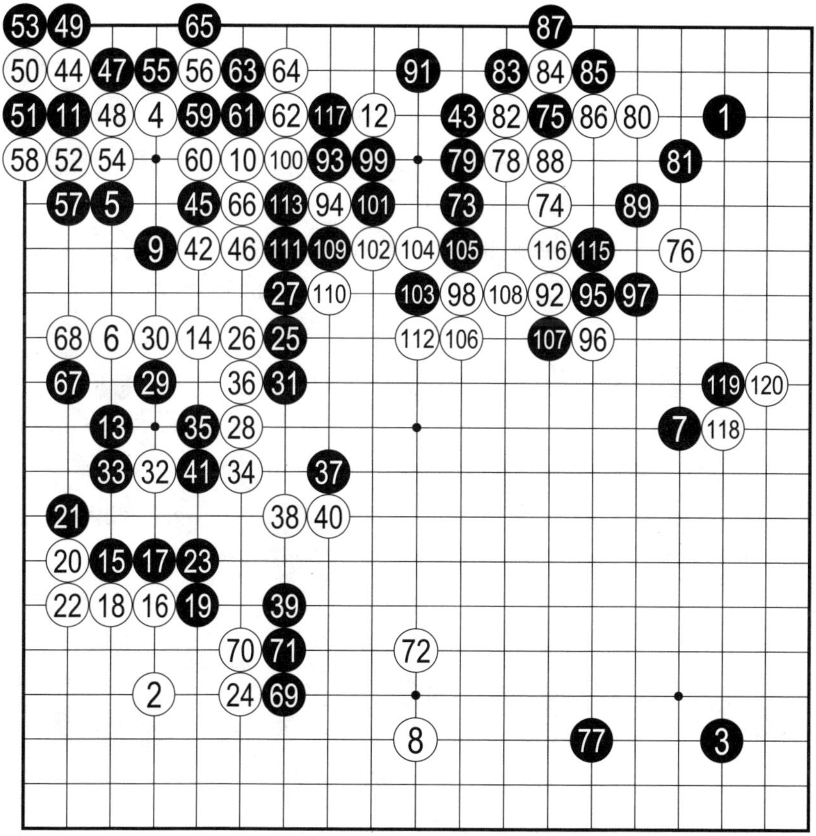

90＝84　114＝75

（1–120）

黑方　陈祖德

白方　魏海鸿

黑 125 爬过分，在 205 位吃简明优势。白 126 好手，白棋扳回局势。白 152 过分，应 154 位接住。黑 155 飞应 177 位长。白 176 应 177 位冲。黑 183 应 192 位贴。白 192 败着，应 194 位挤，胜负难料。黑 233 消劫后胜定。（王磊）

黑贴 $2\frac{1}{2}$ 子　共 265 手　黑胜 8 子半

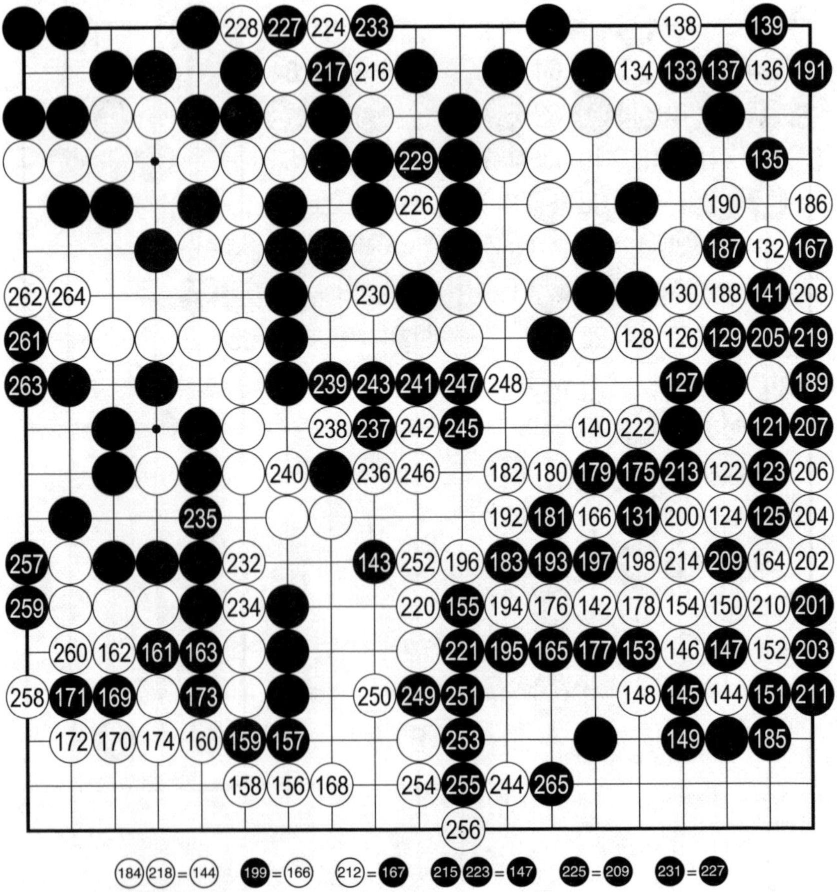

（121–265）

1961年1月25日弈于上海

研究棋

黑方　陈祖德、吴淞笙、赵之华

白方　刘棣怀、王幼宸、魏海鸿

这盘“研究棋”由三小对抗三老，共下了两天。

黑1、3占地或取势有冲突。从黑7至白12，选择了最稳当的变化。黑13按理当在14位守角，但我总想用别致的新东西出奇制胜。黑19扳普通，若在22位挖，虽复杂凶狠，但并不能满意。白20改在22位粘，最强。黑23粘厚，但封锁线有被冲破的危险，不如将白棋封住。白28迫黑29补，先手在握，显然占了上风。白30方向正确。黑31诱白棋打入。白32势在必行。黑35施展缠绕战术。白36争取在上边生根，机敏。白40加固不可省。黑41强封无可奈何。白42似无必要。至白48虽在中央开花，但黑通连后，说不定这朵花将来会成为负担。黑53应主动出击，想办法把局势搅乱。白58好手，边接应边取

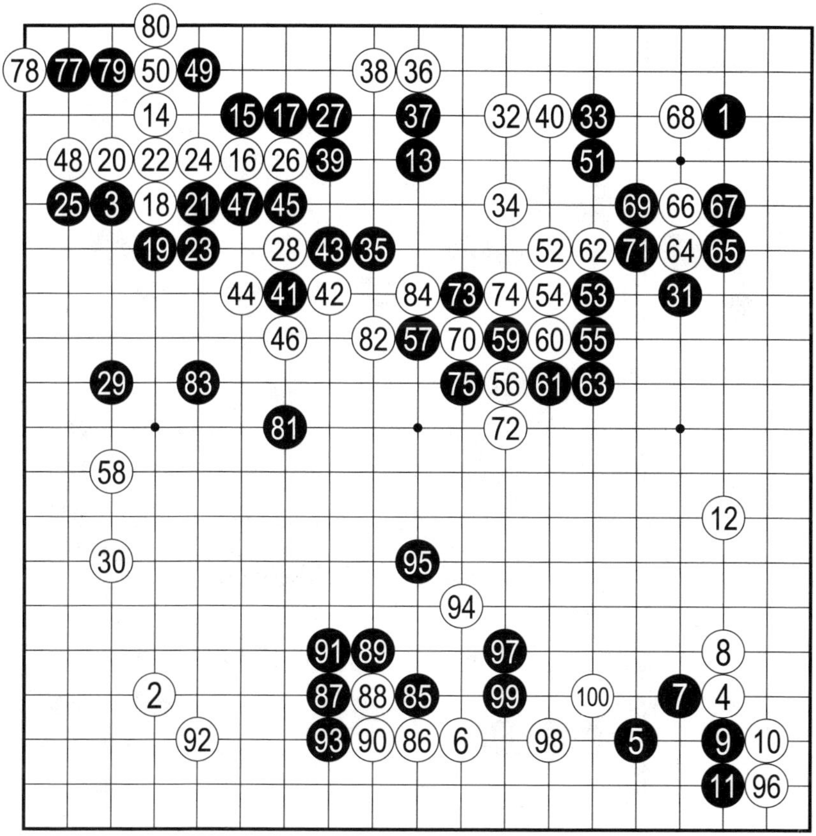

76=59

（1–100）

黑方　陈祖德、吴淞笙、赵之华

白方　刘棣怀、王幼宸、魏海鸿

地。黑59只好如此。黑63过贪。白68靠使黑为难。黑69应急的巧手。让白72长出，黑71有些不可理喻，败着。黑79顶虽然做成“万年劫”，但白角外气太多，要想吃角显然力不从心。黑81再镇，显然失去了攻击力。白82、84后，不但安全连络，中腹白势也相当厚壮。白92极为老练。白96极大。黑97挑起事端。黑99并有力。白114大胆断，黑又陷入困境。黑使尽浑身解数，总算使左右两块脱离险境。但白134扳后，白优更加明显。白148冲击黑的薄味，黑已无还手之力了。白174极为贤明，先手将角空收实，再争到186的大官子，黑败势已定。（陈祖德）

黑贴$2\frac{1}{2}$子　200手　白中盘胜

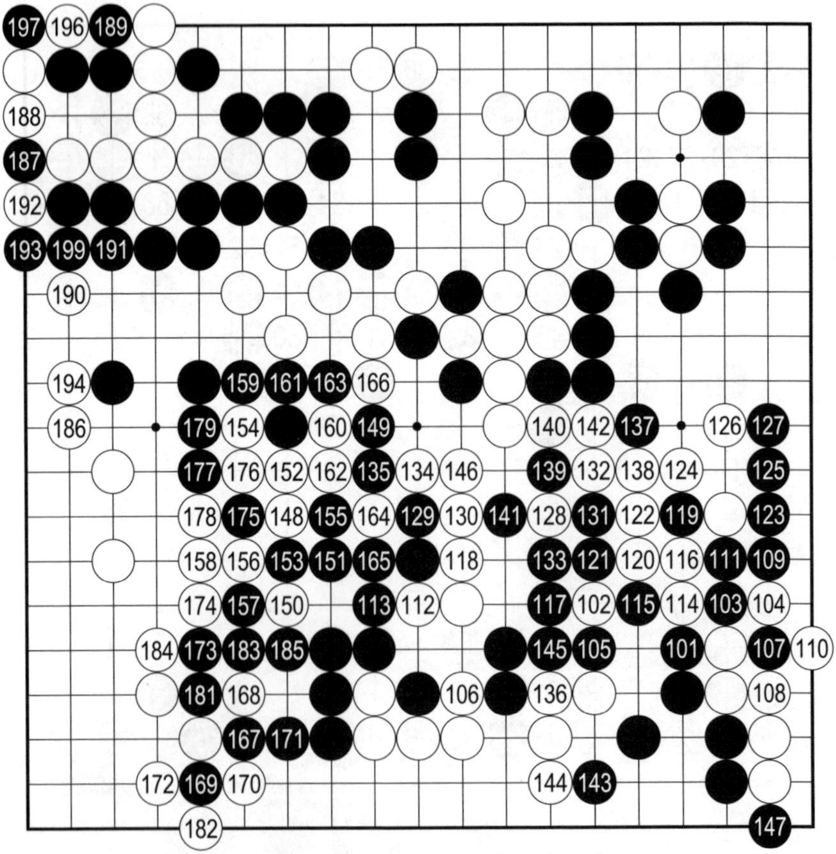

180=175　195=187　198=192　200=196

1961 年 1 月 27 日弈于上海体委训练棋

黑方　刘棣怀

白方　陈祖德

黑 11 局部走 12 位反扳为佳。白 32 碰手筋。白 46 扳应保留。白 52 断是为了 56 顶能成立，但这个构思不成功，是导致白局势落后的根本原因。白 52 应 163 位贴。白 56 也应在 167 位挖。黑 63 飞，明显优势。此后黑棋几无恶手，把优势顺利保持到终局，体现出深厚的控局功力。（王磊）

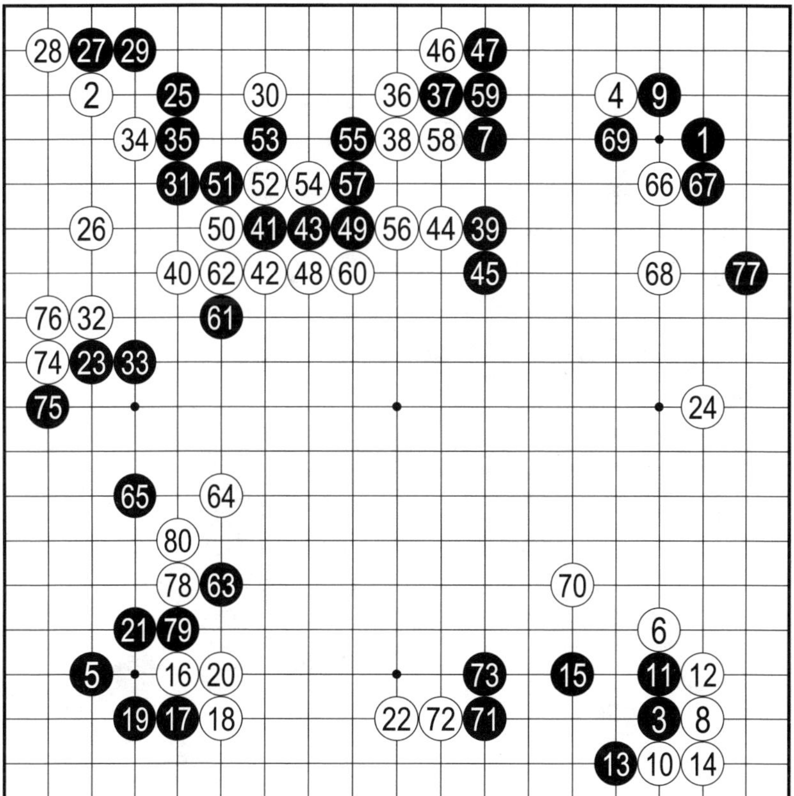

（1–80）

黑方　刘棣怀

白方　陈祖德

黑贴2$\frac{1}{2}$子　共 167 手　黑中盘胜

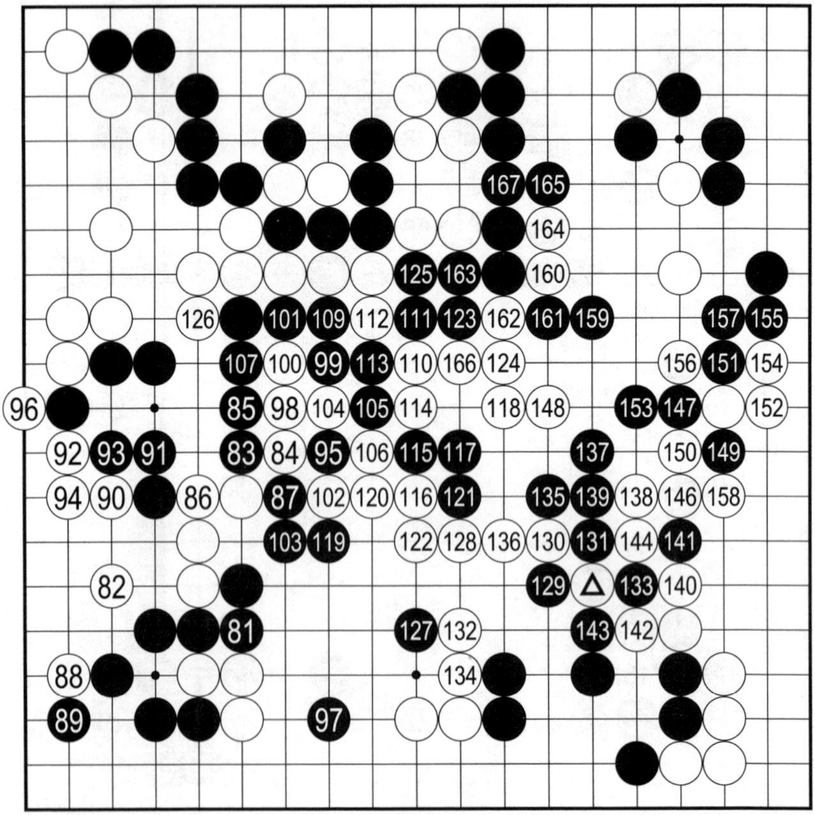

108=95　145=△

1961 年 1 月 30 日弈于上海体委
训练棋

黑方　陈祖德
白方　刘棣怀

黑 19 在 25 位点较好。黑 29 点局部手筋，但被白 36 断，从全局看不便宜。白 62 拆，布局领先。黑 65 应在 167 位攻击白右边大龙。白 84 选择消劫弃大龙魄力十足！黑 85 应 167 位尖。白 96 时全局仍为均势。（王磊）

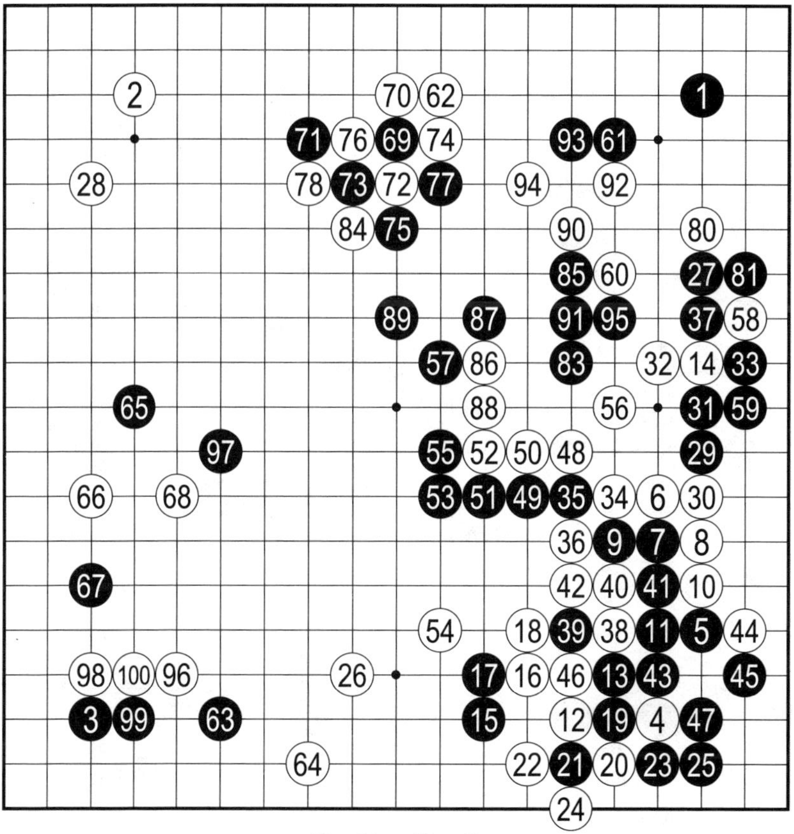

79 = 69　82 = 72

（1–100）

黑方 **陈祖德**

白方 **刘棣怀**

黑 123 夹恶手，应 147 位压。白 130 恶手，如 139 位尖则是白棋优势。黑 143 弃子整形，此时全局形势旗鼓相当。白 154 拐败着，应 155 位长。黑 177 立下吃住白 172 胜定。

本局双方形势一直比较接近，白 84 弃掉右边大龙令人印象深刻。(王磊)

黑贴$2\frac{1}{2}$子　195 手以下略　黑胜$5\frac{1}{2}$子

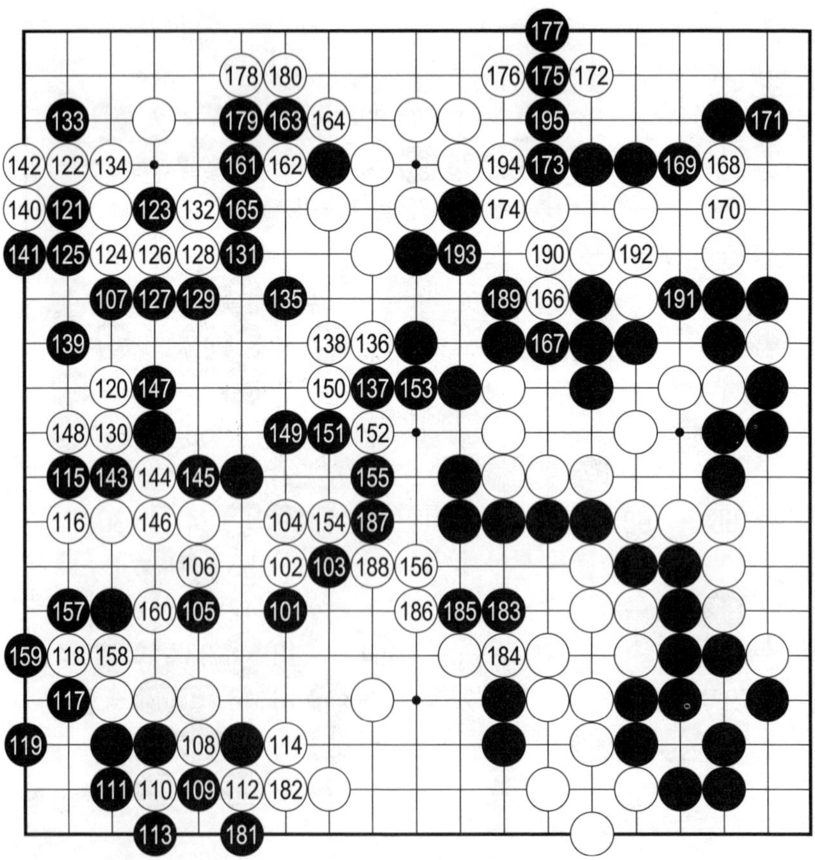

(101–195)

1961 年 2 月 3 日弈于上海体委训练棋

黑方　陈祖德
白方　王幼宸

黑 7 现今多在上一路飞压。黑 23 好点。黑 37 是本局落后的起因，应 90 左跳。黑 41 靠无理，应 63 位退。白 42 扳出反击有力，自此白掌握局势主动权。白 86 反攻好调，但白 88 没必要，应 89 上一路飞。黑 95 虎是败着，如 100 位逃出尚有一争。白 98 淡淡一跳，黑大龙惨遭毒手。

本局白棋发挥上佳，是完胜之局。（王磊）

黑贴$2\frac{1}{2}$子　共 128 手　白中盘胜

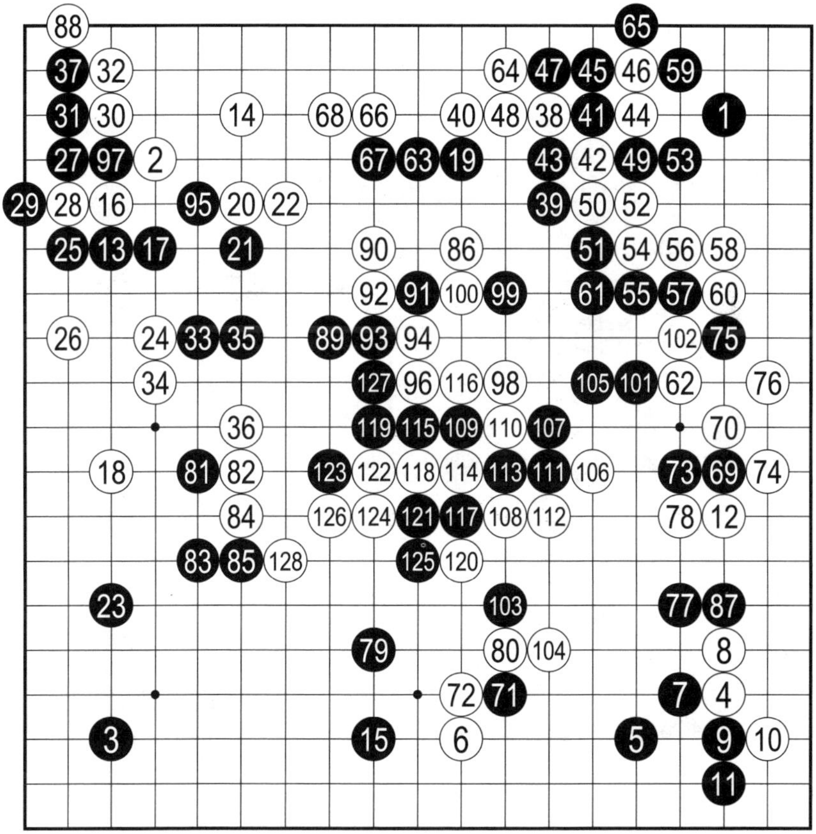

（1–128）

1961 年 2 月 6 日弈于上海体委训练棋

黑方　王幼宸

白方　陈祖德

黑 25 应脱先在 27 位挂角。黑 47 现今多在 38 右一路爬。白 54 扳过分，应 50 上一路退。黑 65 应 66 位夹。白 64 连扳过分，应 49 下扳。黑 69 在 70 位扳较好。白 82 手筋。黑 115 立败着，如在 130 退局势混乱。白 116 施展屠龙术。白 128 杀着，黑大龙无路可逃。

本局白自 116 起的屠龙术干净利落，展现出强大的战斗力。（王磊）

黑贴$2\frac{1}{2}$子　共 146 手　白中盘胜

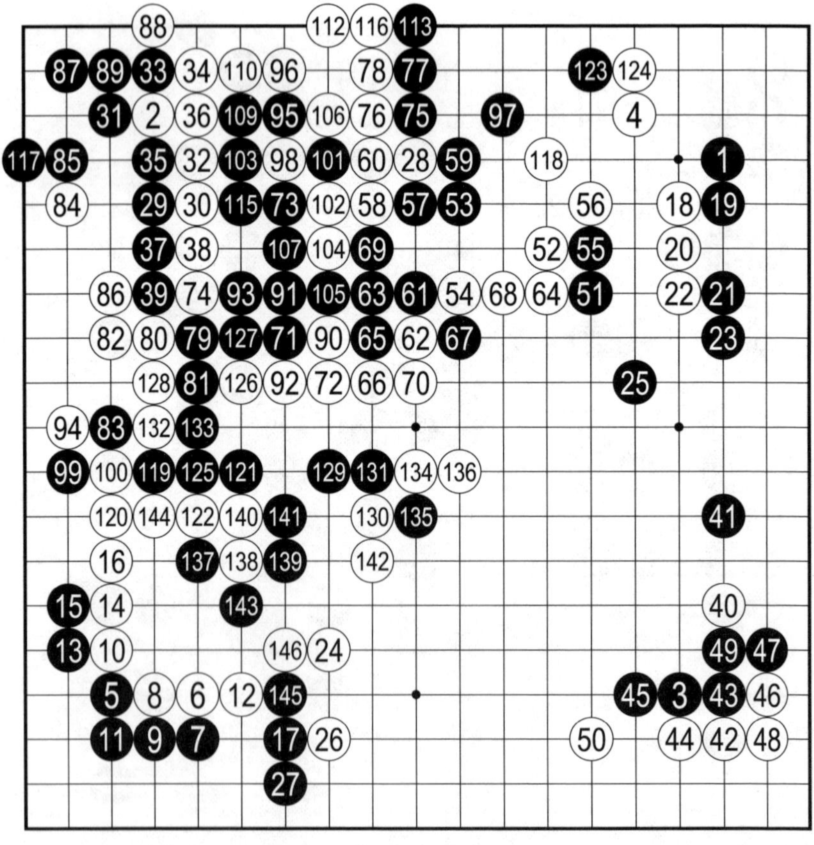

（1–146）

1961年2月10日弈于上海体委

黑方 吴淞笙

白方 陈祖德

黑1起手下天元是趣向。白30碰手筋。黑33应32右一路打。白40应52安定左边三子。黑41应在53下一路攻击白左边三子，这里是双方要点。白52占据要点，获得优势。白78应121打吃。黑85应98位接。（王磊）

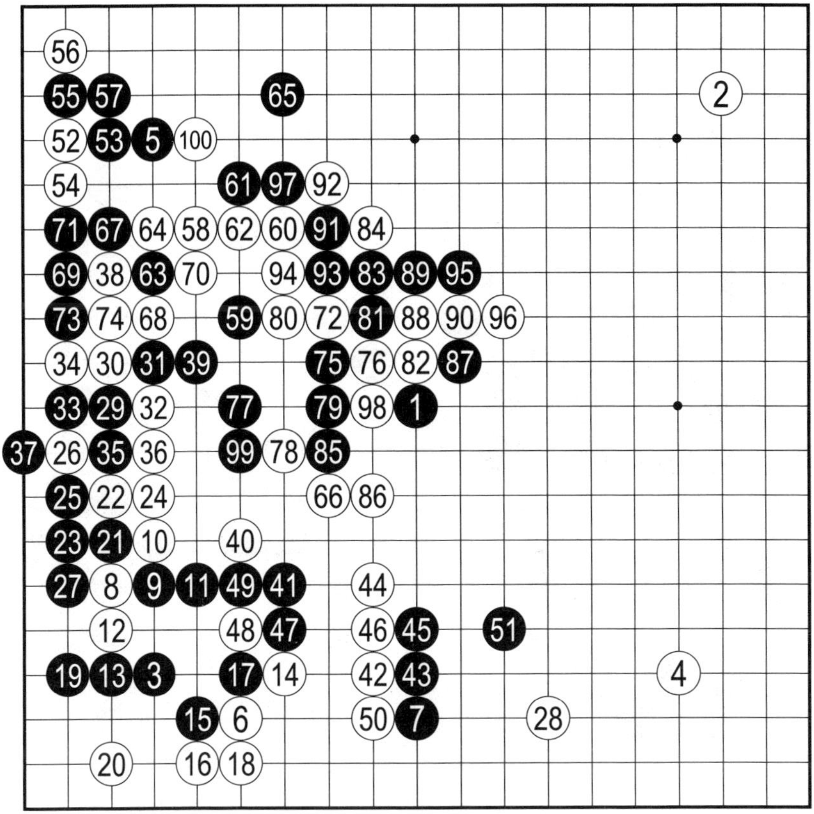

（1–100）

黑方 **吴淞笙**

白方 **陈祖德**

白 102 弃子很有魄力，如在 121 冲了活棋是简明优势。黑 117 败着，应 122 位跳，眼位好很多。白 118 罩严厉，黑龙陷入绝境。白 142 吃住黑大龙，胜定。(王磊)

黑贴$2\frac{1}{2}$子　共 200 手　白中盘胜

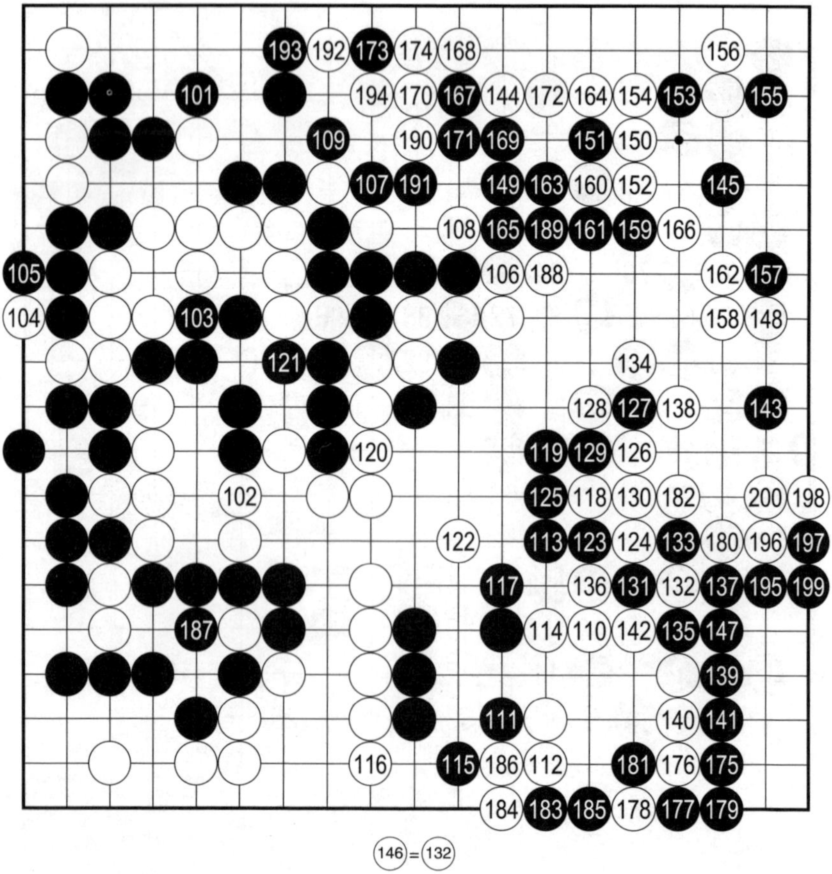

146=132

(101–200)

1961 年 2 月 18 日弈于上海体委训练棋

黑方　王幼宸

白方　陈祖德

白 28 跳缓手，应 29 位长。黑 41 可考虑 58 位打入。白 52 虎应 53 位退，目数好。黑 63 缓手，应 98 位跳。白 74 应 80 位飞，加强上边白子。黑 75 应 5 上一路挡，总攻。白 84 断败着，应 87 位虎弃子。白 90 无理，应 93 位双。白 96 丢盔弃甲勉强逃出，但外围受损，得不偿失。白 108、110 做成连环劫，手法有趣。（王磊）

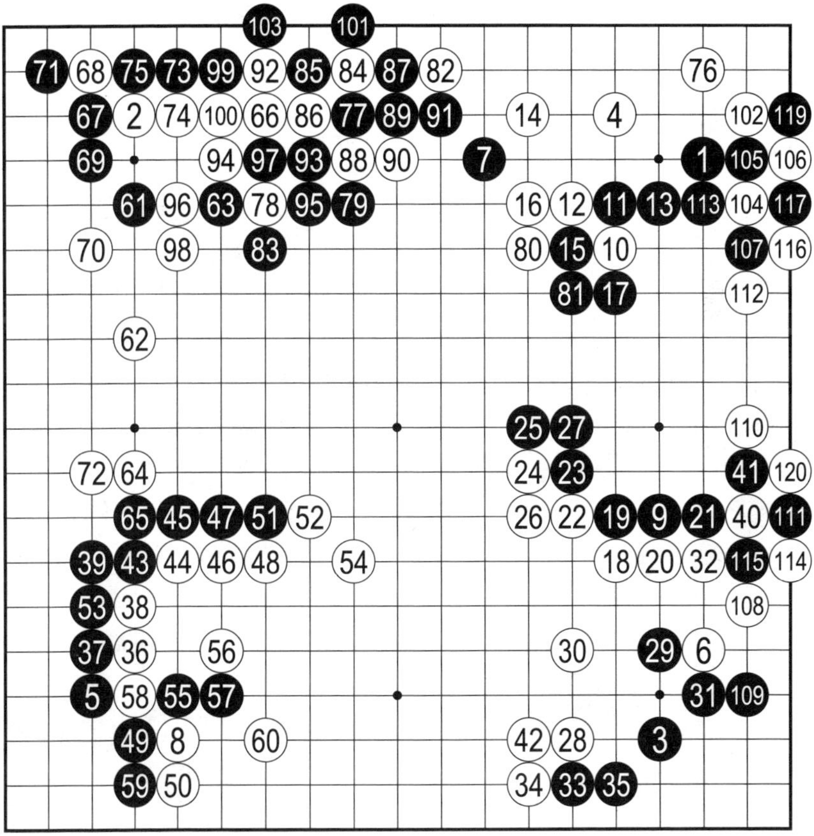

118=40

（1–120）

黑方 **王幼宸**
白方 **陈祖德**

黑121托手筋。白136为了救大龙使出苦肉计，黑141、143占尽便宜，白棋已经是大败之势。

本局黑棋攻击犀利，是完胜之局。（王磊）

黑贴$2\frac{1}{2}$子　共217手　黑中盘胜

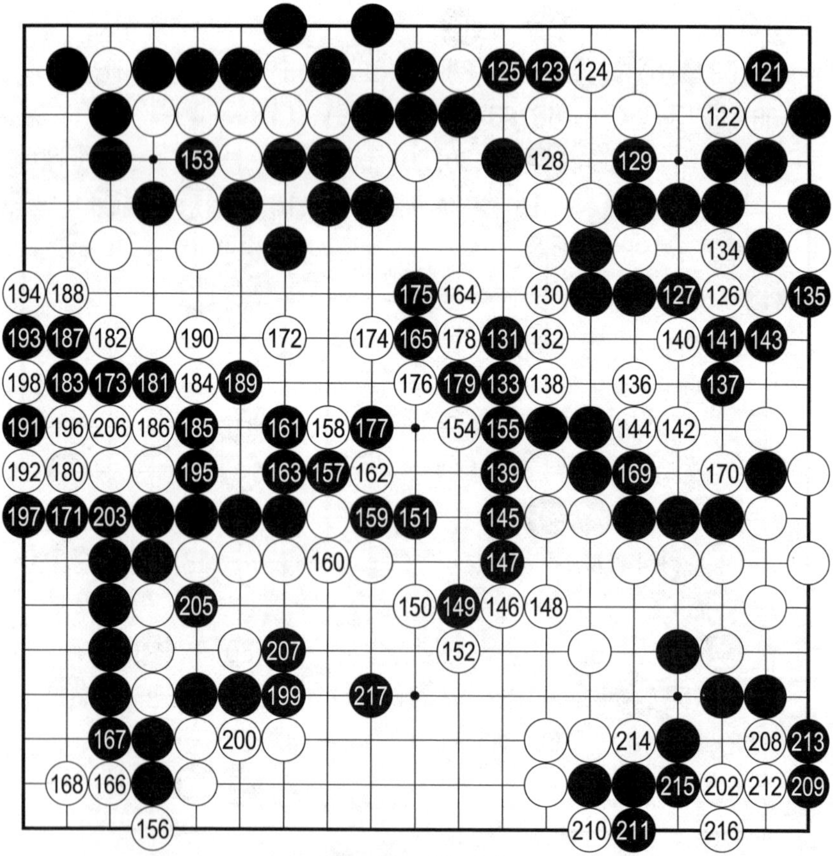

201=191　204=198

（121–217）

1961年2月21日弈于上海体委训练棋

黑方　陈祖德

白方　刘棣怀

黑41应在42位立。白44应112位接。

白66恶手，应先55上一路尖。白68弃子很有魄力，但实地损失过大，不划算。黑79过分，在104位补棋就很好。白92方向错误，应在93位打，活左下角。（王磊）

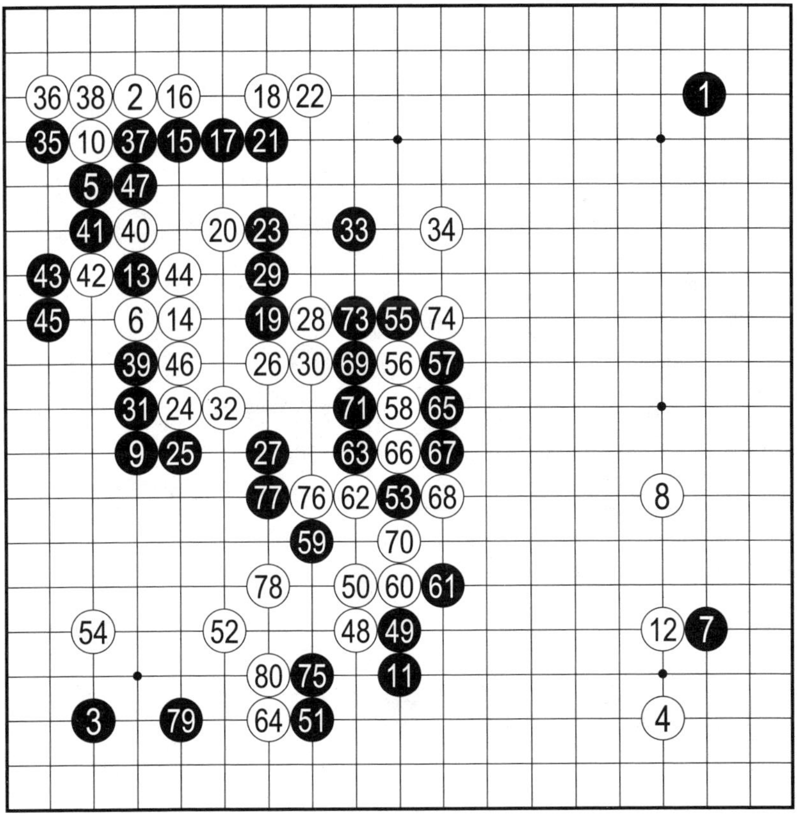

72=53

（1–80）

黑方　陈祖德
白方　刘棣怀

白106接小，应113位先手定型。黑119跳过分，应121位稳妥。

白138夹败着，应先142扳，保留上边其他下法。黑143接杀着，白146吃不住黑上边数子，大龙无路可逃。

本局搏杀激烈，双方都表现出很强的战斗力。（王磊）

黑贴$2\frac{1}{2}$子　共167手　黑中盘胜

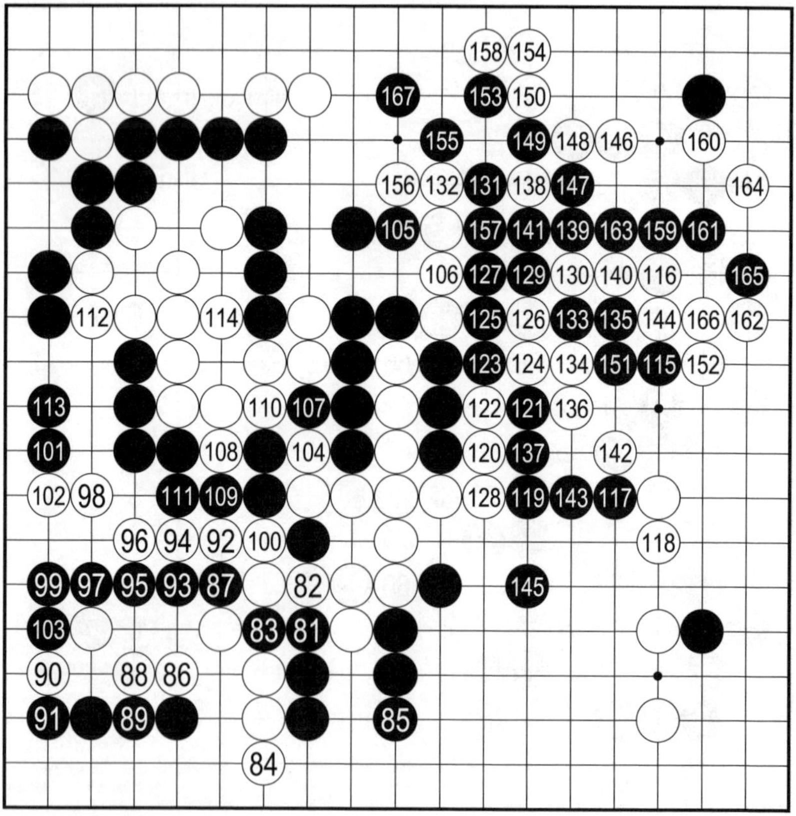

（81–167）

1961 年 2 月 27 日弈于上海体委训练棋

黑方　刘棣怀

白方　陈祖德

白 18 应在 189 位拐。白 34 大恶手，应 35 位立。黑 95 碰好手，是 AI 一选。

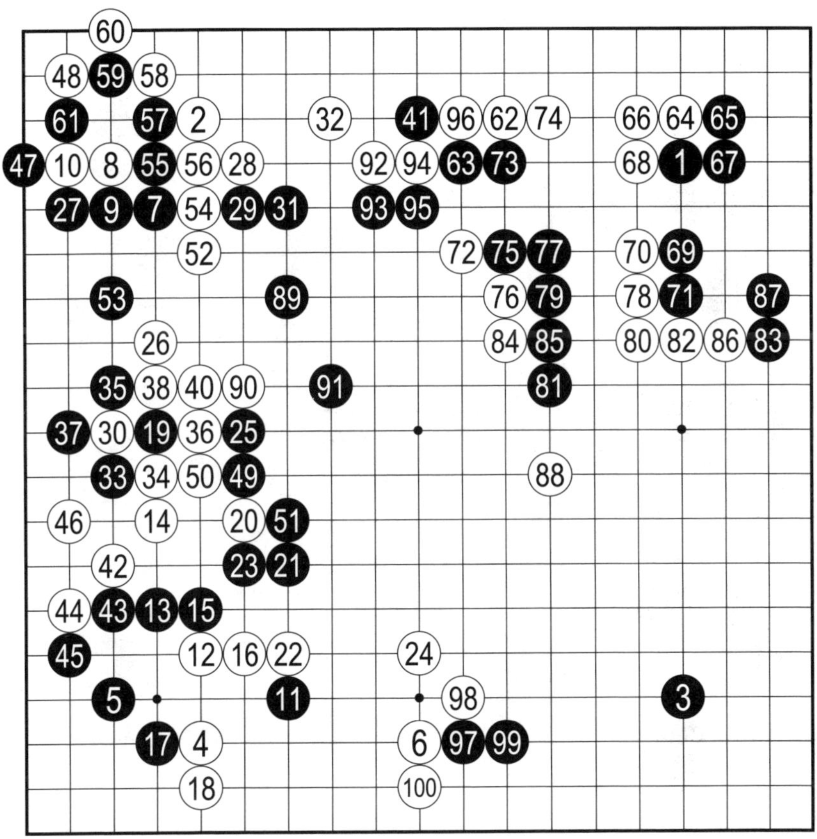

（1–100）

后败着，下138位攻黑下边或许还有机会。黑161手筋，189活棋后大胜。

本局黑棋表现出很高水准，完胜白棋。（王磊）

黑方　刘棣怀

白方　陈祖德

黑101应在102位挡。白104恶手，应107位爬。黑117在118位飞本手。白124在89右一路碰机会大些。黑129以下没必要和白在右边纠缠，在176位补中央足够。白136最

黑贴$2\frac{1}{2}$子　共191手　黑中盘胜

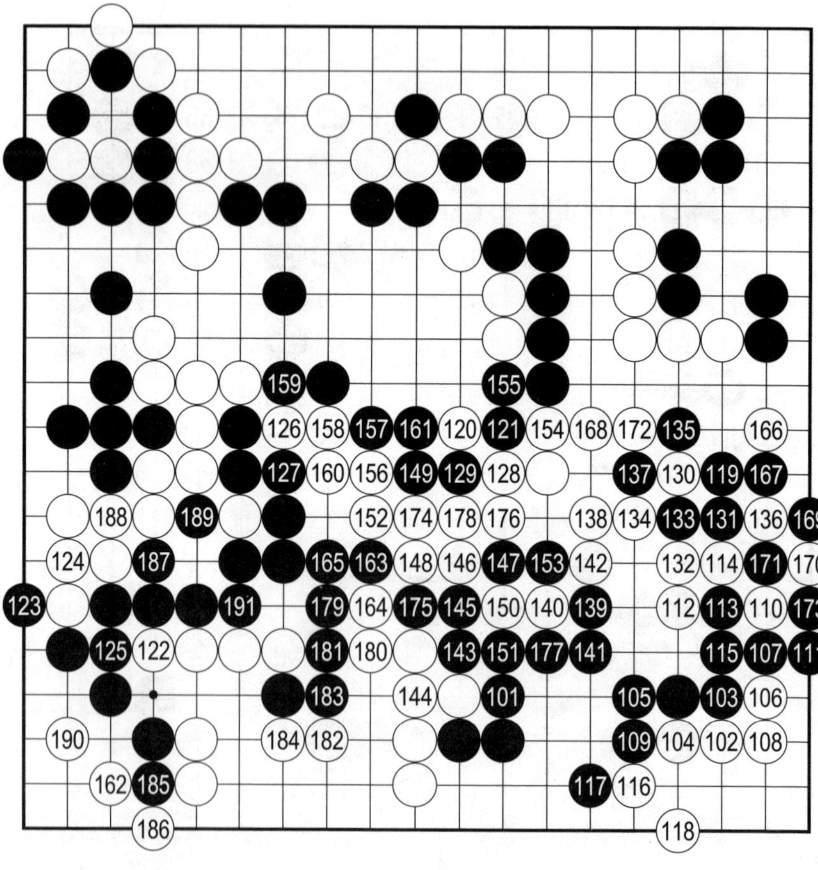

（101–191）

1961 年 3 月 3 日弈于上海体委

训练棋

黑方　陈祖德

白方　魏海鸿

黑 35 飞强手，其实简单在 34 左一路靠出也很好。白 40 在 64 下一路飞刺较好。黑 43 又是强手，本手在 52 下一路退。白 54 败着，应 64 下一路飞刺，后续劫争变化复杂。黑 61 顶吃住白棋数子，白棋劫活变净死，局势大差。此后黑棋安全运转，白棋再无胜机。（王磊）

共 159 手　黑中盘胜

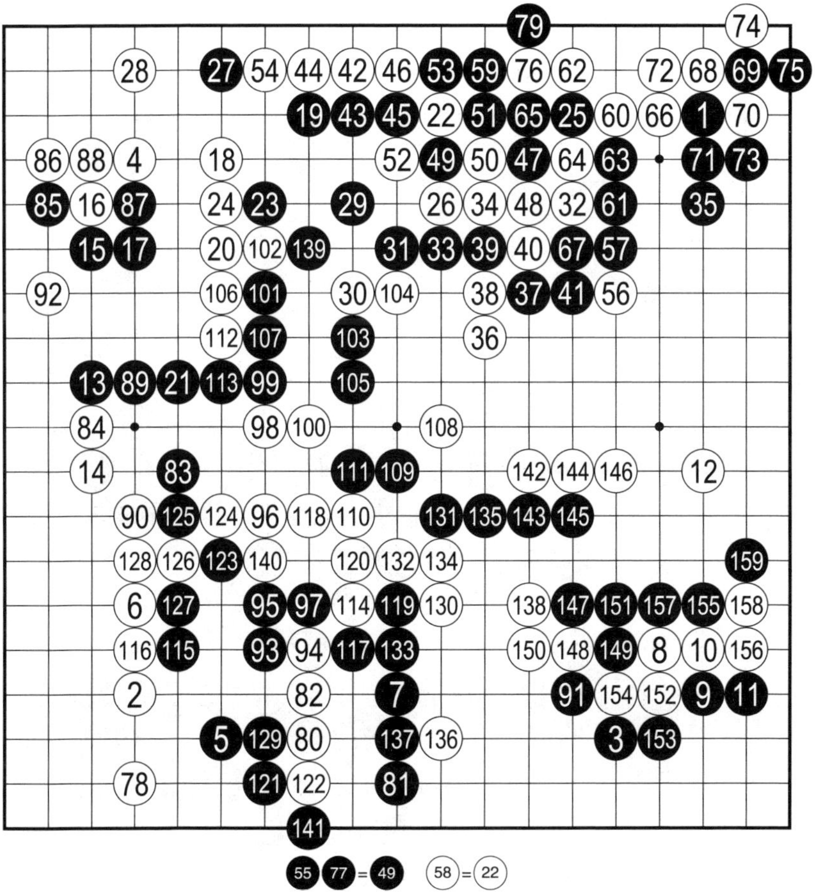

（1–159）

1961年3月6日弈于上海体委
训练棋

黑方　赵之华
白方　陈祖德

黑27在9位左二路跳出正常，实战贴起，再31跳出，有点自己和自己打架的感觉。黑37很有心情抱死白32、34两子。白52是延气的妙手。白60与黑61的交换不便宜，保留为好。黑69只能在70位拐吃，实战黑71是关联下法，出现误算，损失惨重。白78后，黑下方战斗中实空损失惨重，白棋已明显优势。白94跳在14位右两路为好，只要能封锁黑棋就成功。黑95反击严厉。

黑101在94位右一路冲是本手。（丁伟）

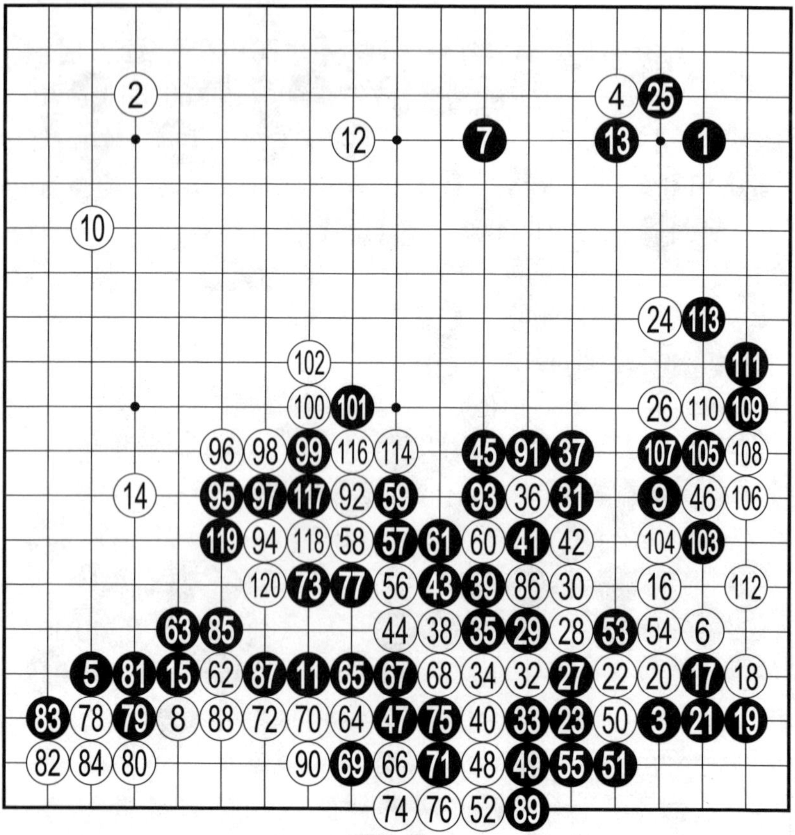

115=41

（1–120）

白122至黑125交换不便宜，直接在126位断为好。白134飞后黑棋危险。白146挤净杀黑棋，白已胜定。（丁伟）

黑方 **赵之华**

白方 **陈祖德**

黑贴$2\frac{1}{2}$子　244手以下略　白中盘胜

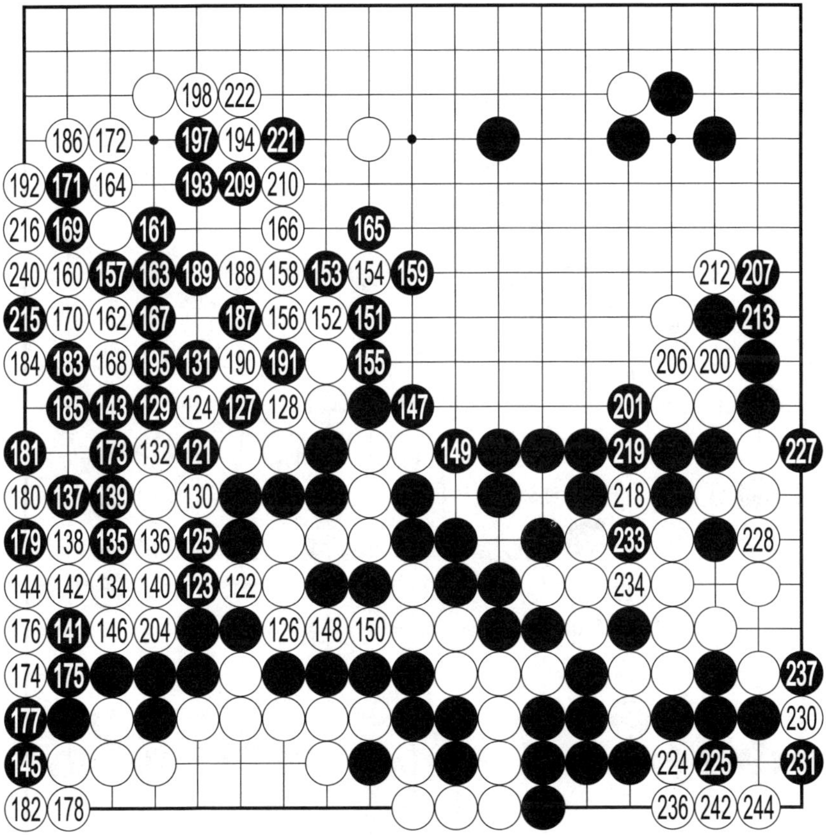

133=124　196 202 208 214 220 226 232 238 243=190　199 205 211=191

203=179　217 223 229 235 241=191　239=169

（121–244）

1961年3月17日弈于北京体育馆
训练棋

黑方　陈祖德
白方　金亚贤

白18本手是拆回。黑37缓手，可考虑在33位上两路刺，争取分断白棋，这样更为积极。黑53扳断白棋，可战。黑55外扳也可。白60断后成转换，黑棋不满意。黑71优劣难分，白棋虽重了，但黑棋的气也很紧，黑棋此下法未必便宜。

黑103直接在101上一路拐优于实战。（丁伟）

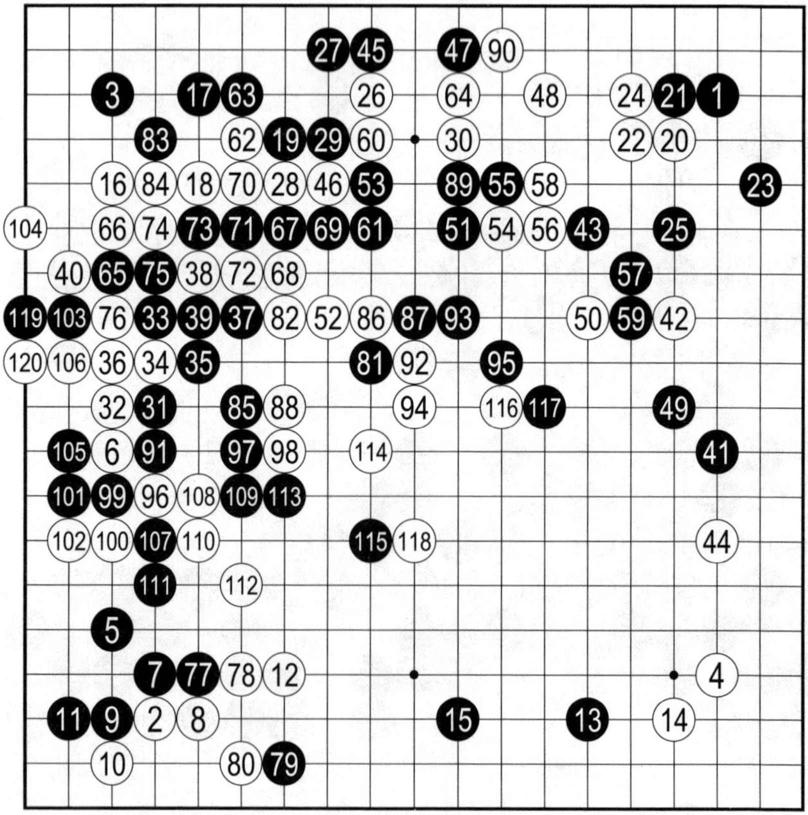

（1–120）

黑方 **陈祖德**

白方 **金亚贤**

对白136以下先手利，黑棋没脾气，这也是白122落了一个后手换来的权利。白144有点缓，黑棋肯定转身了，白棋应该直接长出130一子，战斗虽然复杂，但白棋应该拼搏。黑173爬过，白棋已经追不回来了。回头看白144成了败着。（丁伟）

黑贴$2\frac{1}{2}$子　共221手　黑胜$4\frac{1}{2}$子

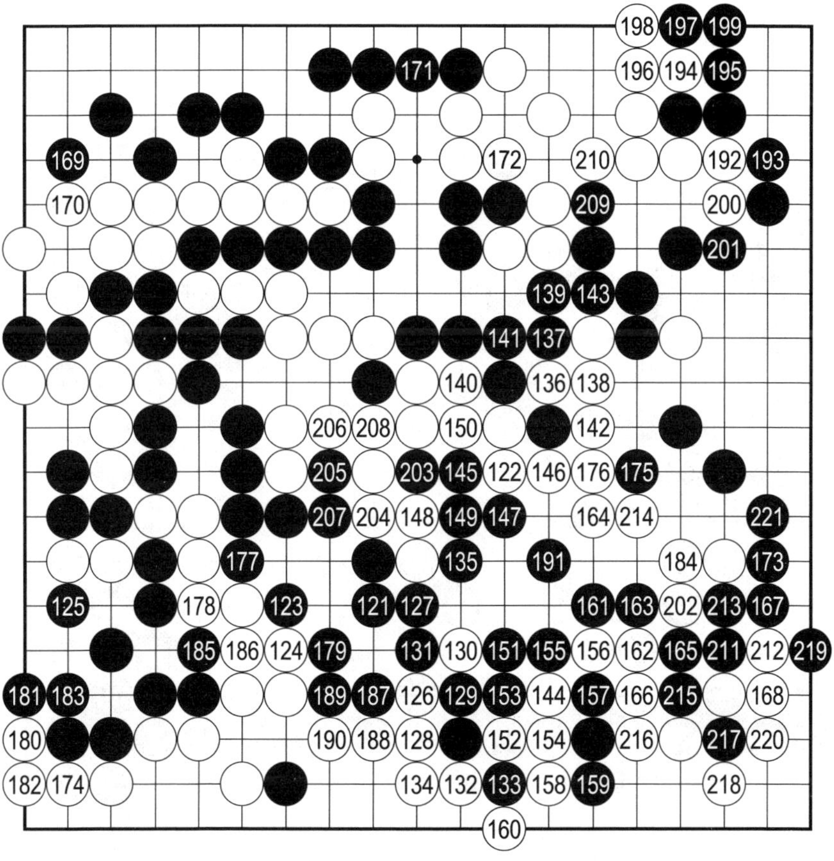

（121–221）

1961 年 3 月 24 日弈于北京体育馆
训练棋

黑方　黄永吉
白方　陈祖德

白 40 断，形成转换，黑不错。白 44 现在就动手有点早了。黑 51 往前长为好。黑 71 巧手，白棋刚好杀不掉黑。黑 77 虽躲过白 70 连扳的杀着，但棋形还是留有隐患，白在 77 右一路挖，就是大问题。白 90 抱死一子，告一段落，左边黑棋没有吃干净白棋，留有一个劫。黑 91 落后手无奈。左边的劫是黑的心病，此时白在全局占优。白 92 位置偏右，在上方边星开拆更为合理。黑 93 在上方分投为好，右上角和右边飞各得其一。

白 106 开劫了，右边有现成的劫材。此劫一直是黑棋的心病，就看白什么时候引爆。（丁伟）

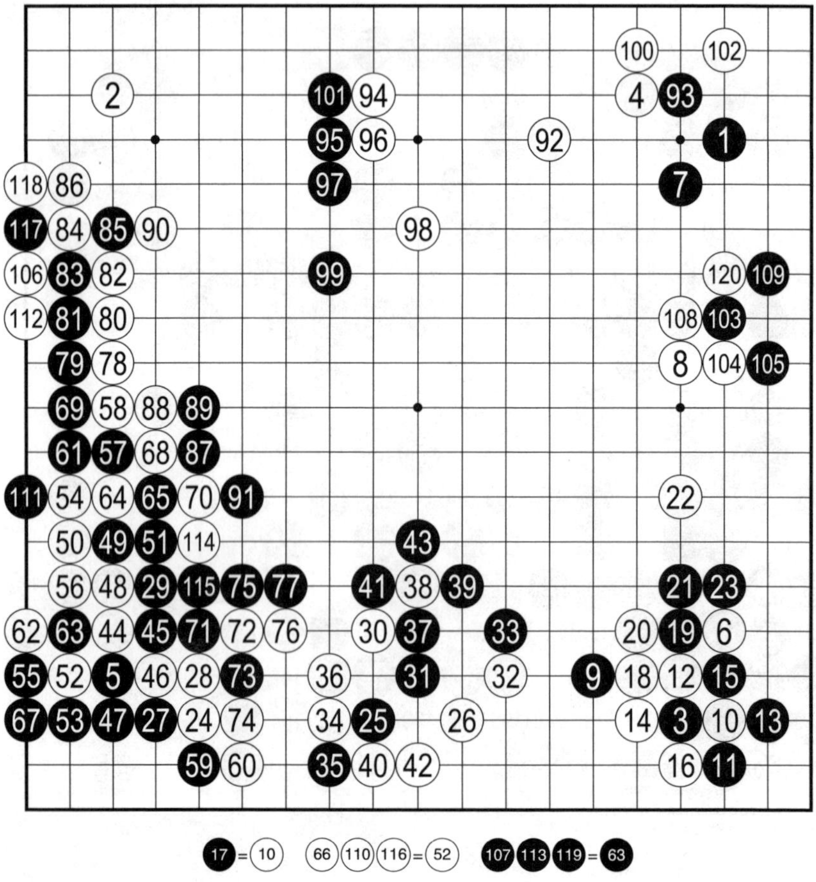

（1–120）

至 130 消劫，白优。消劫后实空对比，白棋盘面都好了，黑败势。（丁伟）

黑方 **黄永吉**

白方 **陈祖德**

黑贴2$\frac{1}{2}$子　共 248 手　黑胜3$\frac{1}{2}$子

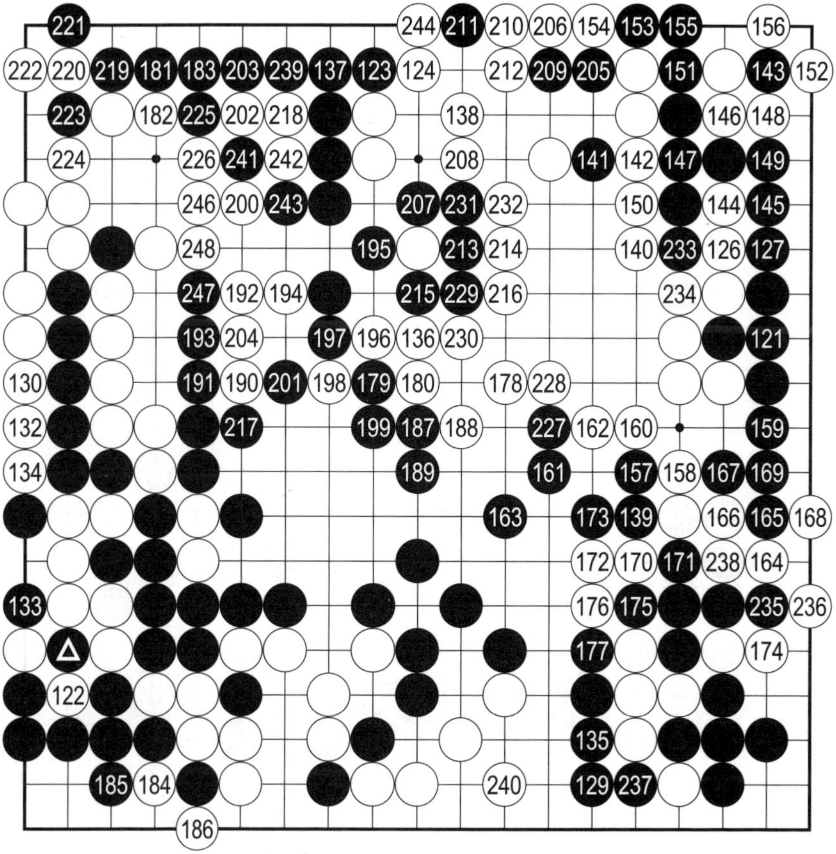

125 131 = △　128 = 122　245 = 241

（121–248）

1961年3月27日
训练棋

黑方　陈祖德
白方　黄永吉

黑15可考虑在白12一子右边小飞的位置逼住，很大。黑35好棋，此处是白形的弱点。白46进攻黑棋时，黑47脱先，反碰入白空求战，时机上感觉黑棋有过猛之嫌。白48、50跟黑49、51交换不便宜。黑65意外，这手棋有两个用意，一是接应左上黑棋，二是瞄着白6右一路夹的手段。黑71外靠一下脱先，再上方73、75打，局面顿时变得混乱，足见黑棋求战心切。黑93消劫后，形成转换，黑棋明显优势。黑95在19位右一路爬明显好于实战。黑111、113打穿后奠定胜势。（丁伟）

共119手　黑中盘胜

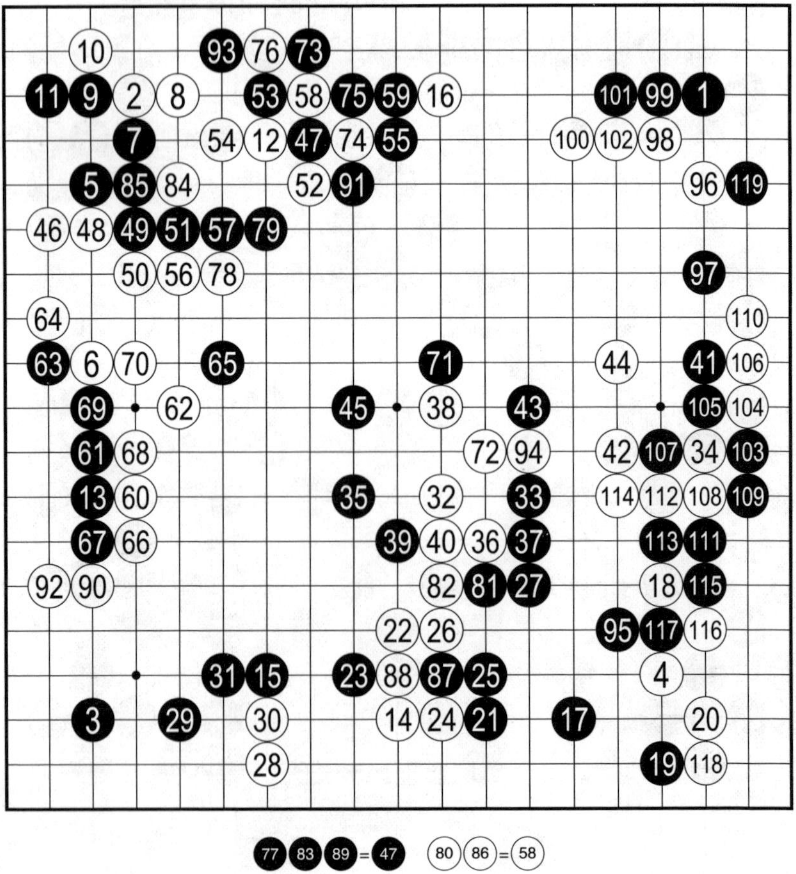

（1–119）

1961年3月30日

训练棋

黑方　金亚贤

白方　陈祖德

黑19不便宜，本手是在20位长。黑61有点想当然，白棋一定会脱先的，故黑61在60位上一路靠为好。黑89、91出现误算。白100补棋很有必要，此处味道很坏，总是欠一手棋。白102与黑103的交换没必要，可以考虑在101左一路夹，补强右边，同时兼顾下方三子。黑139在140上一路小尖优于实战。白140在141位跳也好于实战。白150胜负手。（丁伟）

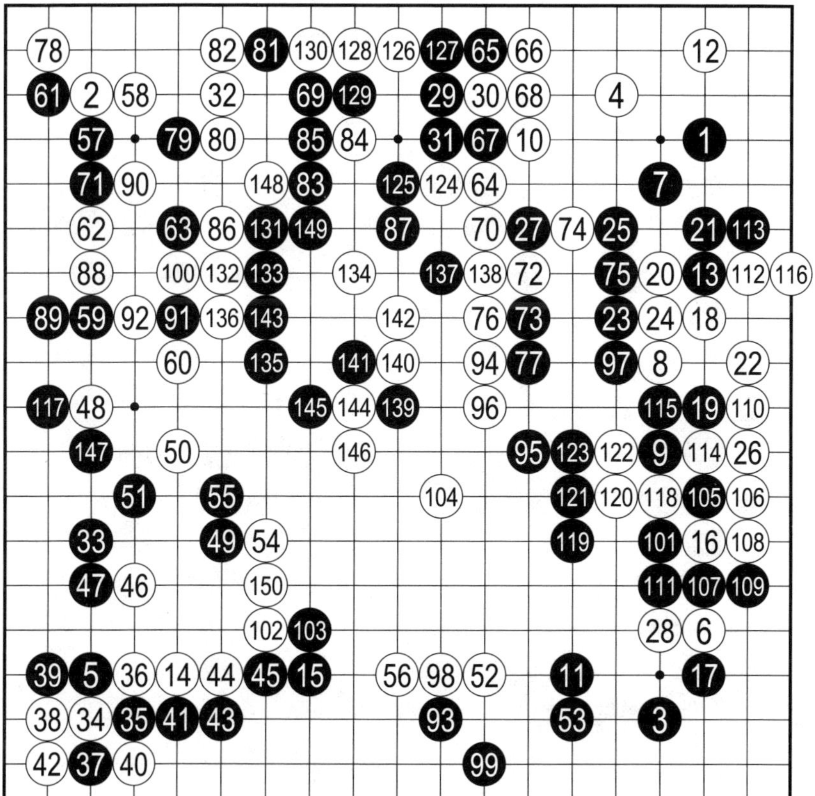

（1–150）

到166跳回，白棋全连上了，胜负手成功。白186官子巧手，黑棋贴不出目已成定局。（丁伟）

黑方　金亚贤

白方　陈祖德

黑贴$2\frac{1}{2}$子　共272手　白胜半子

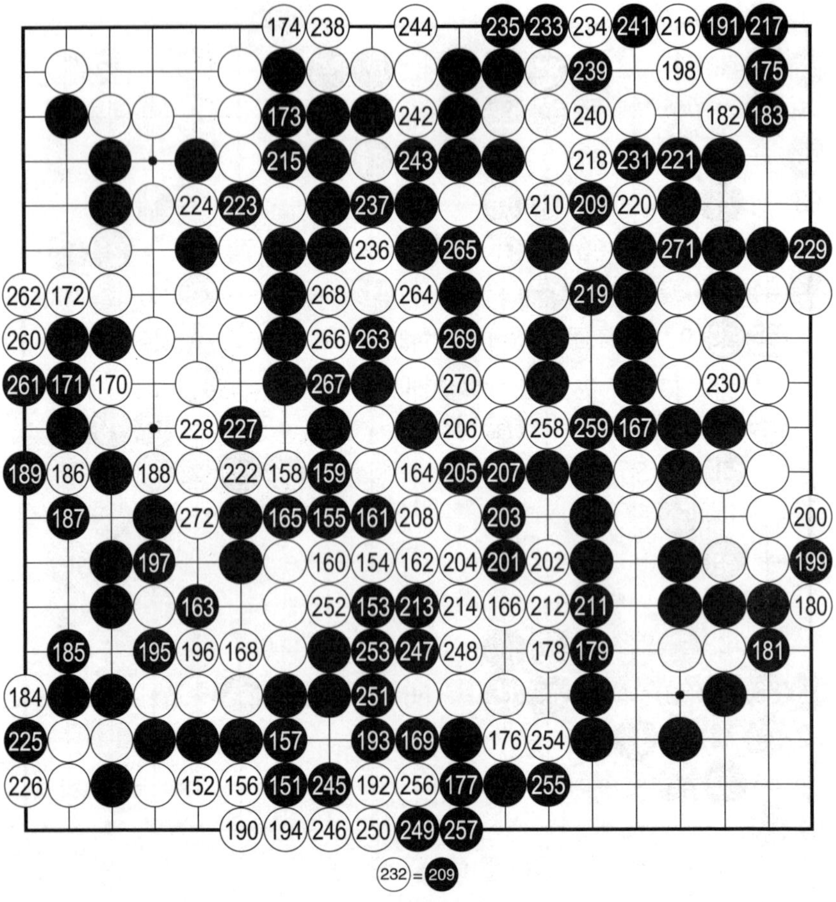

1961年4月3日
训练棋

黑方　陈祖德
白方　金亚贤

白18断有点过猛，在6位右一路长则普通。白22顶住虽紧凑，但自身棋形不好，留下隐患。黑49可以在右一路飞，白只能爬，黑再44位右一路贴，黑棋可战，上方黑三子还能弃，很灵活。白62跳出，大致两分。黑91严厉，劫对白棋来说有点重。至113转换后黑好。黑143可以考虑在142左一路打掉，没必要保留了。（丁伟）

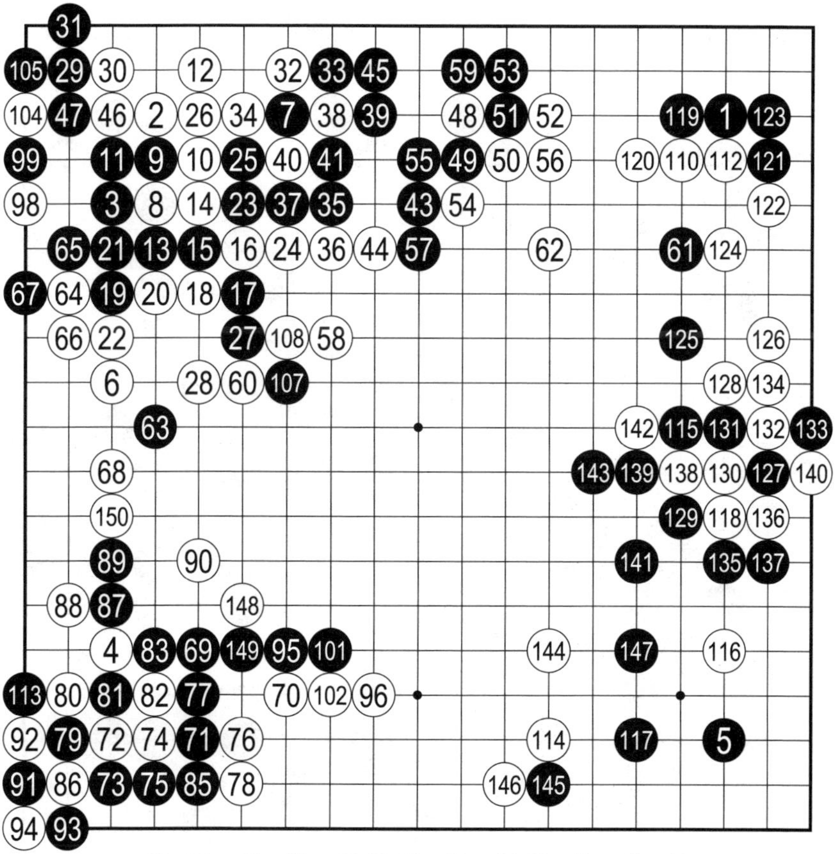

42=7　84=81　97 103 109=91　100 106=94　111=79

（1–150）

黑方　陈祖德

白方　金亚贤

黑 155 胜负手，如果不拼，也是细棋局面。白 174 挖断后，黑棋很危险。至 215 黑棋活了，也付出了代价。白 218 切断后是白棋稍好。白 224 补后已成定局，白小胜。（丁伟）

黑贴$2\frac{1}{2}$子　共 294 手　白胜$1\frac{1}{2}$子

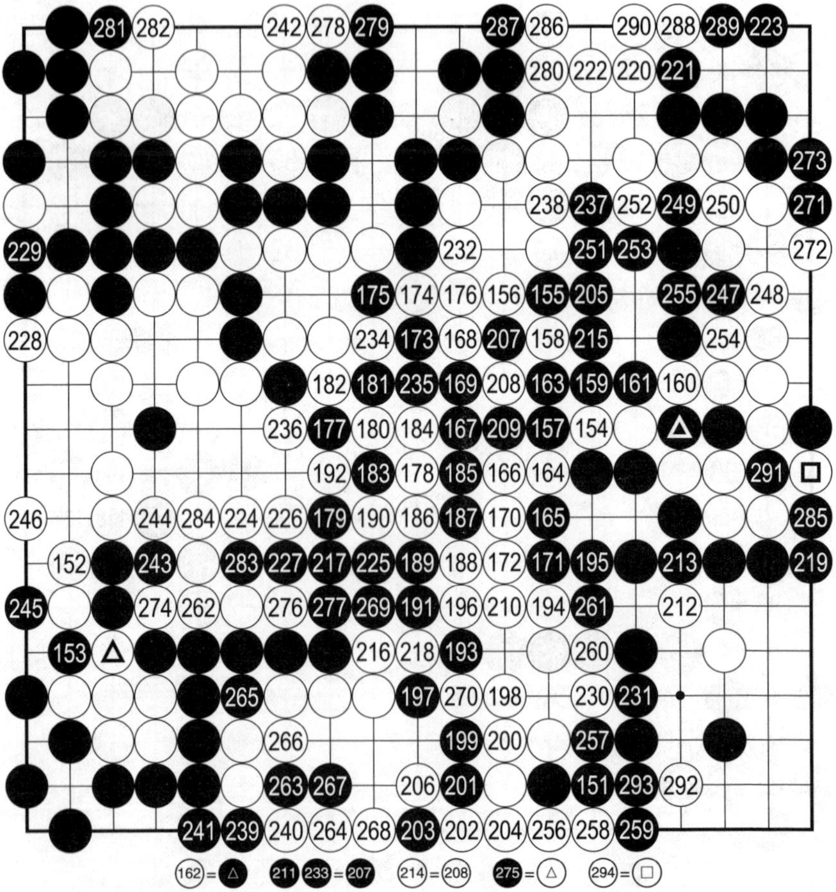

（151–294）

1961 年 4 月 6 日弈于北京体育馆

训练棋

黑方　罗建文

白方　陈祖德

白 24、26 是关联好手。白 36 弃子后封住外围，形势不错。白 60 可直接脱先，在左边一带夹击，黑棋暂时还不敢动白角。白 68 落了后手，被黑 69 占到最后一个大场，有些不甘心。黑 89 在右一路并要好于实战。黑 97 在 95 位上两路跳是棋形，白棋贴，黑再扳头，白难受。实战黑 97 这颗子也没啥用处。白 100 长厚实。现在回过头来看，当初黑 91 没断到啥东西。白 110 冲出，黑 101 点刺以下的交换也亏了。白 116 点犀利，看准了黑棋的七寸。白 124 打，黑已成崩溃之势。白 128 太舒服了，黑空也不够了。（丁伟）

共 146 手　白中盘胜

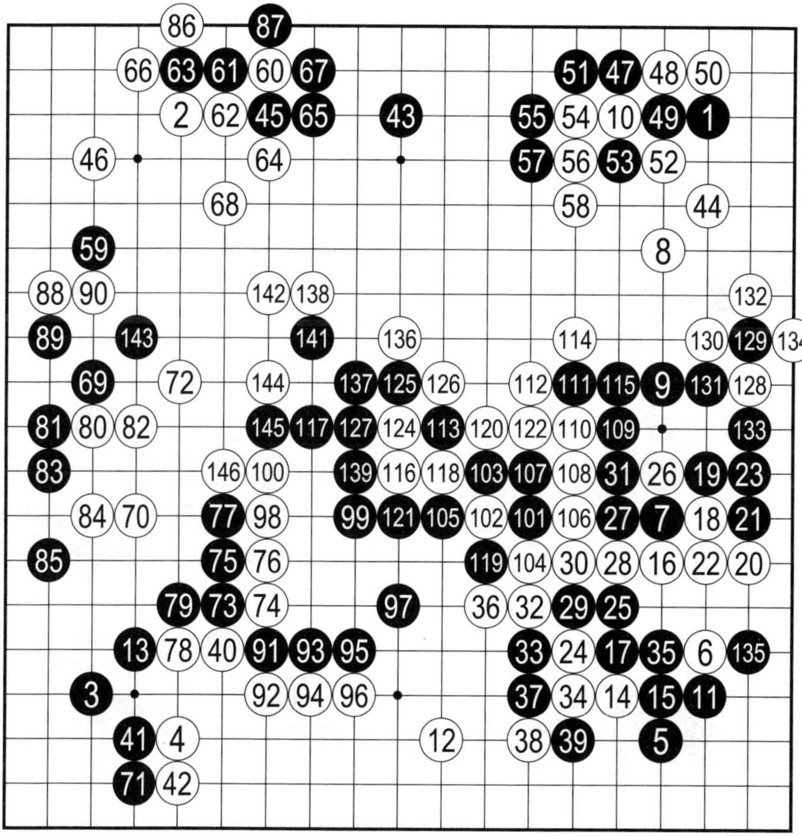

123 = 102　140 = 113

（1–146）

1961 年 4 月 10 日弈于北京体育馆
训练棋

黑方　陈祖德
白方　过惕生

白 12 在 6 位右一路往上长为好。黑 15 扳住可满意。黑 25 强硬。白 38 妙手解围。白 42 只好转换。黑 43 吃掉两子可以满意。黑 47 跳在二路好于实战。白 52 先手分断让黑棋变薄了。白 64 有点缓，可考虑在右上星位点一下，再将黑 63 压住。白 66 下得太重复了。（丁伟）

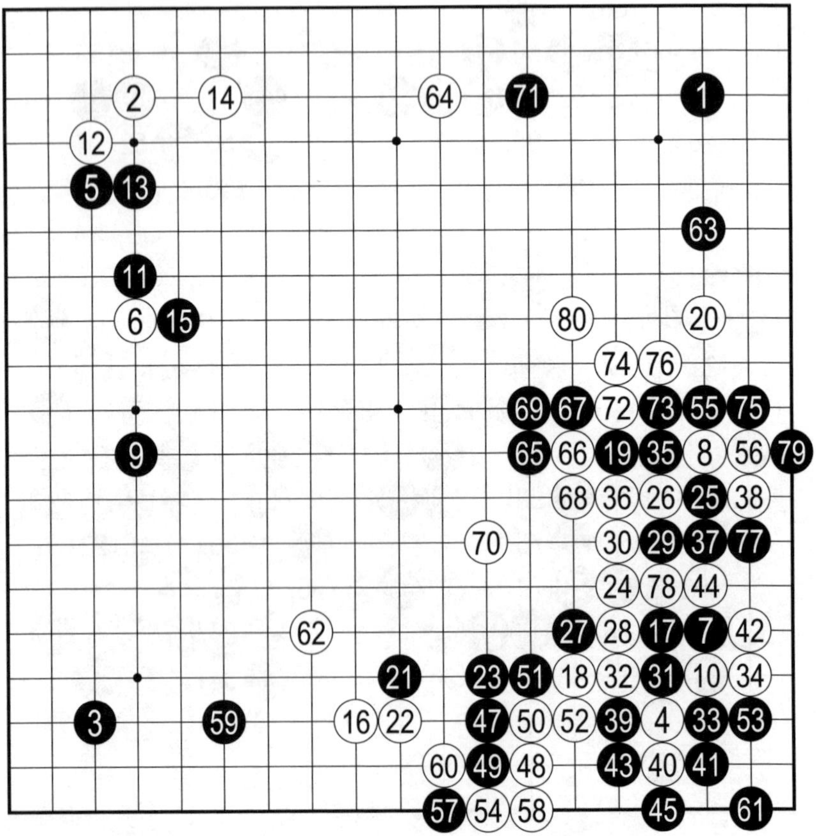

46＝4

（1–80）

黑方　**陈祖德**

白方　**过惕生**

白100开始发力。黑111在98下一路虎，集中优势兵力先攻白右边一块，可令白腾不出手走左边。黑129只能在98位下一路虎出，还是混战局面。被白156扳，中央黑棋都死了，胜负已分。（丁伟）

黑贴$2\frac{1}{2}$子　共168手　白中盘胜

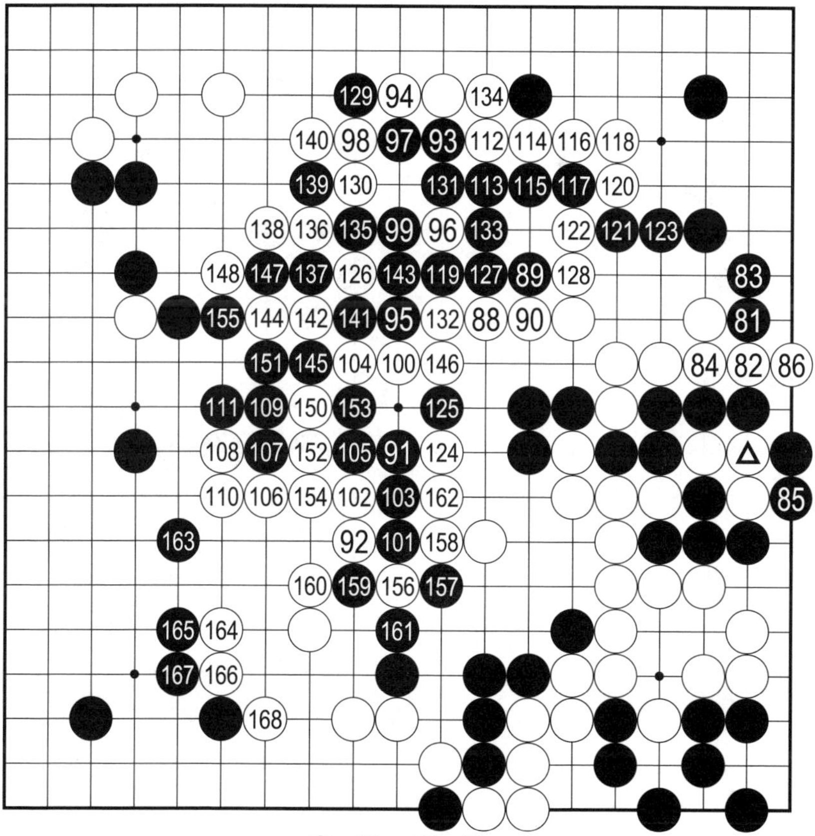

87=△　149=126

（81–168）

1961年4月13日弈于北京体育馆
训练棋

黑方　陈祖德
白方　邵福棠

白18在12位左两路跳，普通。白22、24简单弃子，无法满意。白32要想办法掏右上的黑空，这么大的形势要都给黑棋，黑的效率太高，白棋断然无法接受。白42挡星位，再13右一路托，有头绪。白54应先在49位下一路断，留下余味，再54飞。实战白棋做不活，也就结束了。(丁伟)

共83手　黑中盘胜

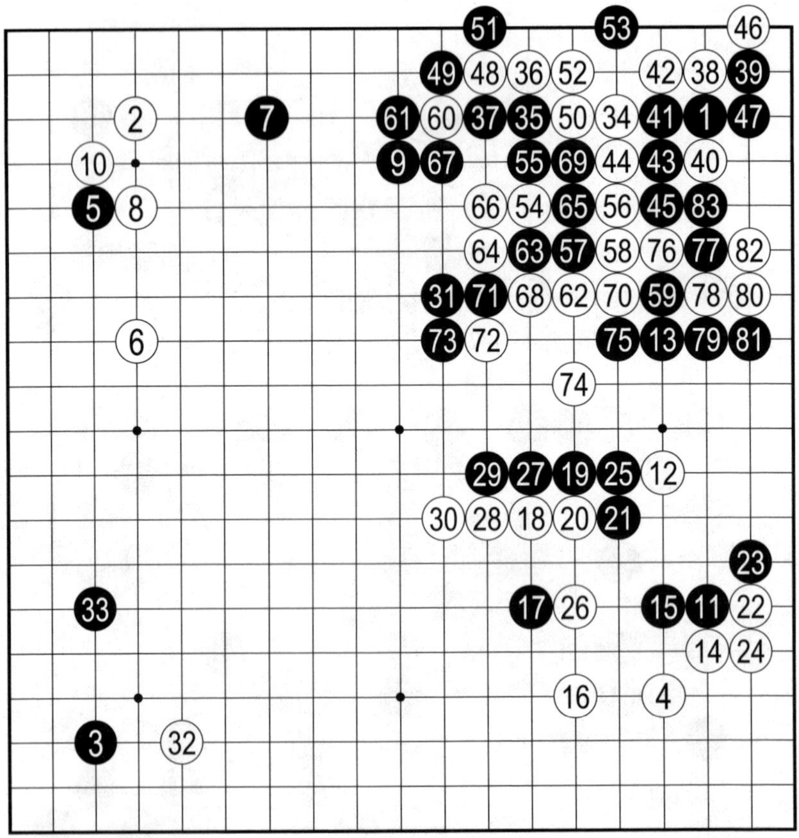

（1–83）

1961年4月17日弈于北京体育馆

训练棋

黑方　崔云趾

白方　陈祖德

黑33可在24位上两路飞镇，守住黑形的要点。黑39只好在37位上一路长。黑47在46位右一路扳，白只好长，黑再立，是正常的应对。黑实战脱先，被白棋先走，丢掉了主动权。白64以下让黑提一子，不便宜。绕了一圈，被黑91提通，白棋也没啥便宜。黑103与104不用先交换，直接在105飞好于实战。黑115误算了！！可以挡住白棋，白如果断，黑双，白就死了。白116冲出，黑棋缠绕攻击失败。（丁伟）

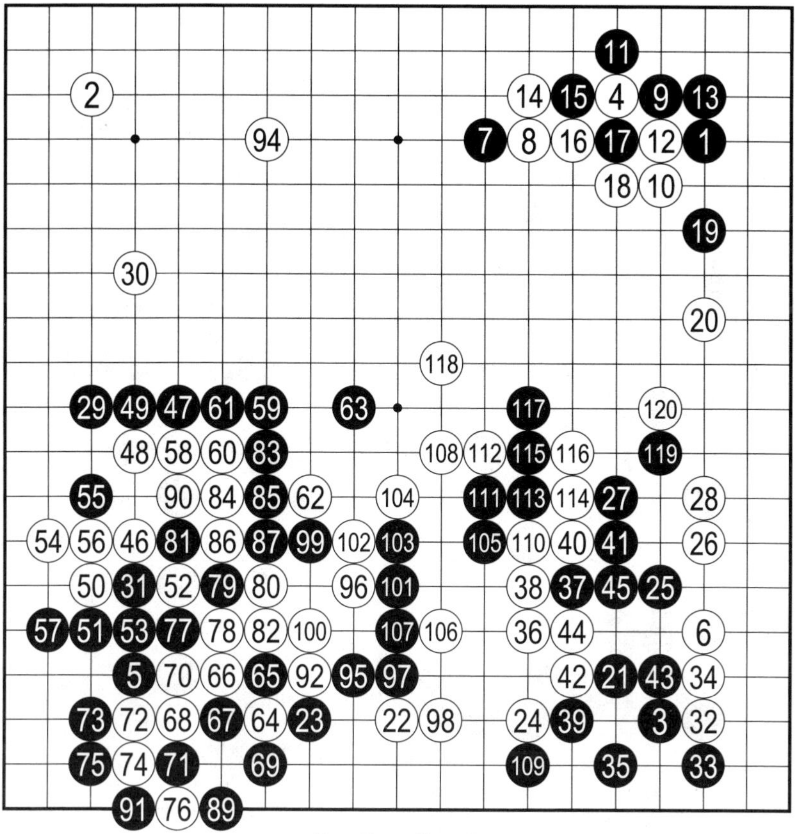

88=52　93=64

（1–120）

黑方　崔云趾

白方　陈祖德

黑129割下白一子，但所得甚微，关键是落了后手，此时左边太大了。黑131应走132位，明显好于实战。白134不着急补，外面还出着头。白140在138位右两路跳点是先手，可通过冲击黑棋来加强自身。白168挡形成对杀，黑棋危险了。黑169冲到一下，白棋一路多了个软头，对杀是黑棋有利。黑179补活后进入官子，局面细棋。白208最后败着，没注意到中央气紧，被抽掉了三子，如果白208补中央，是半子胜负。（丁伟）

黑贴2½子　共237手　黑胜1子

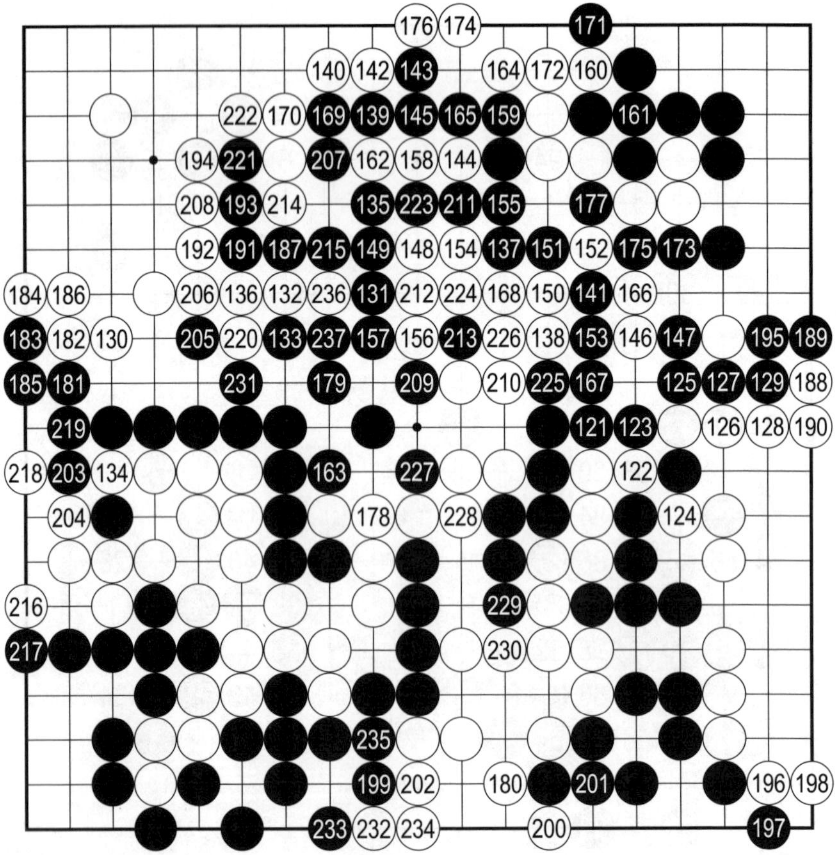

（121–237）

1961 年 4 月 20 日弈于北京体育馆

训练棋

黑方　竺源芷

白方　陈祖德

白 10 镇华丽，至 18 两分局面。过程中黑 15 应在 16 位挡。

白 28、30 可考虑在 60 位夹击。

白 56 点犀利，黑 57 应在 200 位挺。实战至 66，白棋治孤成功。

白 70 在 71 位尖稳妥，黑 73 位补棋，之后白 153 位打拔是要点。

黑 73 应在 74 位顶，实战定型黑棋亏损，白棋获得优势。

黑 85 之后活角价值不大，还是应在 180 位吃住 84 一子。至 96，白棋优势扩大。

白 110 至 132 中央处理得当。白胜势不可动摇。（黄奕中）

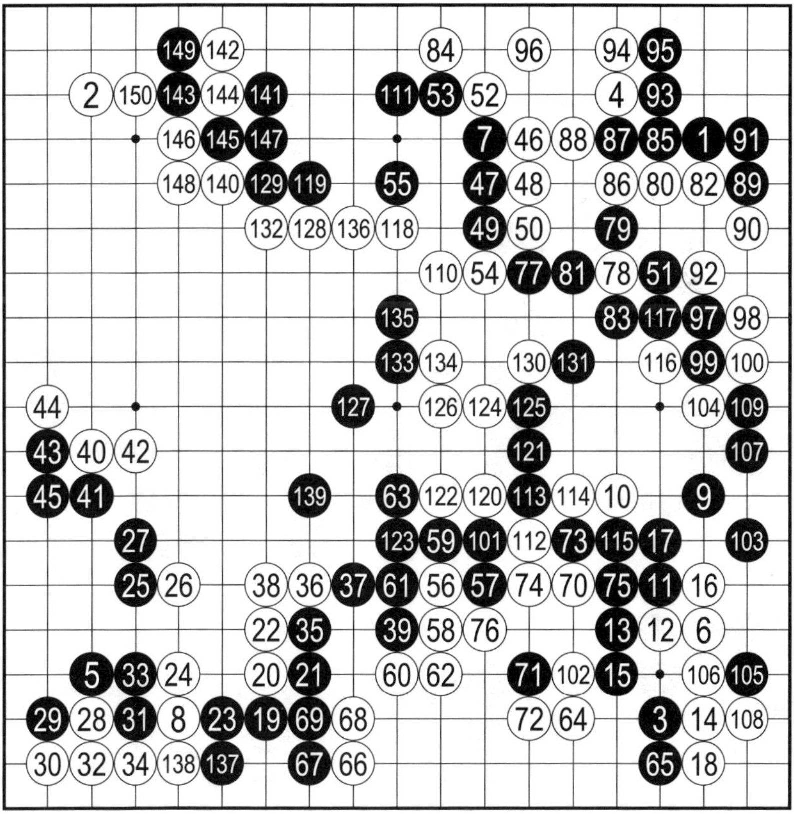

（1–150）

黑方 **竺源芷**

白方 **陈祖德**

黑贴$2\frac{1}{2}$子　共 279 手　白胜 4 子

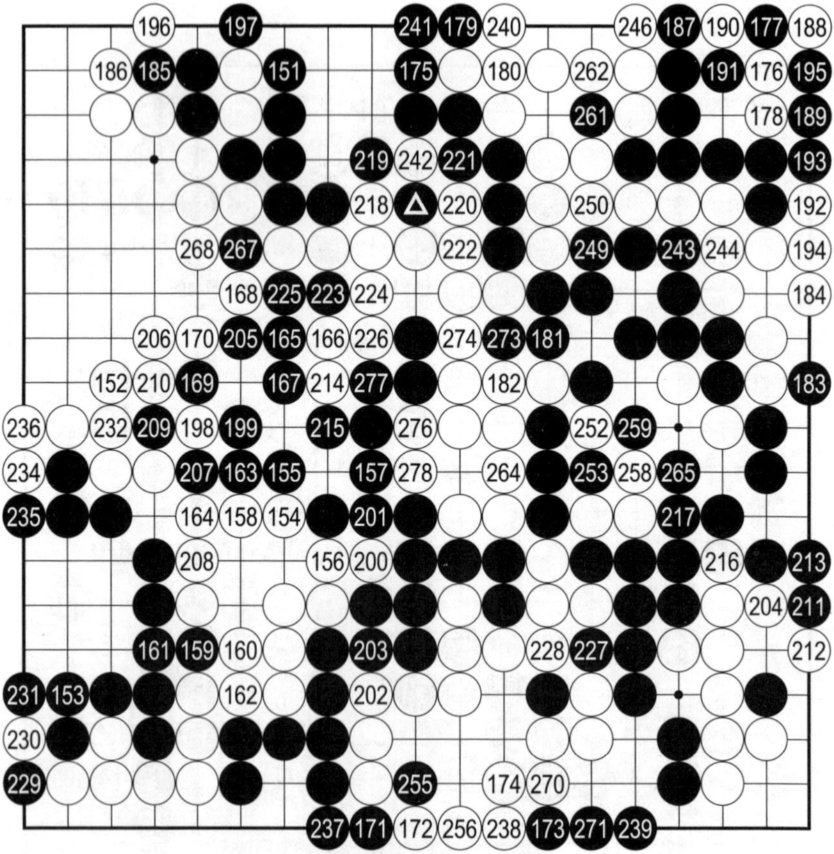

233=198　245 251 257 263 269 275=△　247=177　248 254 260=242

266 272 279=242

1961 年 4 月 27 日弈于北京体育馆

训练棋

黑方　陈祖德

白方　魏海鸿

布局白 14 至 21，双方大局清楚。

黑 33 应在 34 位长出，弃掉上方三子，优于实战。

黑 37、39 气势磅礴，至 49 双方各有所得。

黑 55 应于 100 位二路飞，实战白 56、60 安定后，白棋优势。

白 74 应直接于 79 位拐，实战至 81，白棋大亏。

黑 85、87 无理，85 应在 86 位压住。（黄奕中）

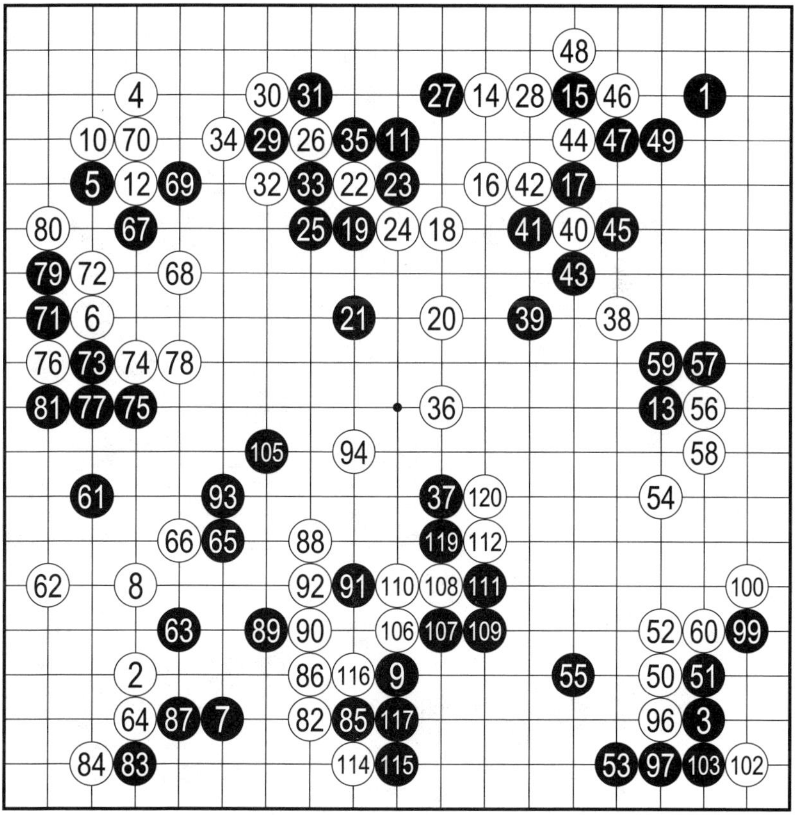

95 101 113 = 29　98 104 118 = 26

（1–120）

黑方　陈祖德
白方　魏海鸿

白 120、122 误算，白 120 在 140 位扳，局面还很漫长。

黑 125、127 锐利，至 131 提通三子，黑一举获得胜势。（黄奕中）

黑贴$2\frac{1}{2}$子　共 259 手　黑胜 3 子

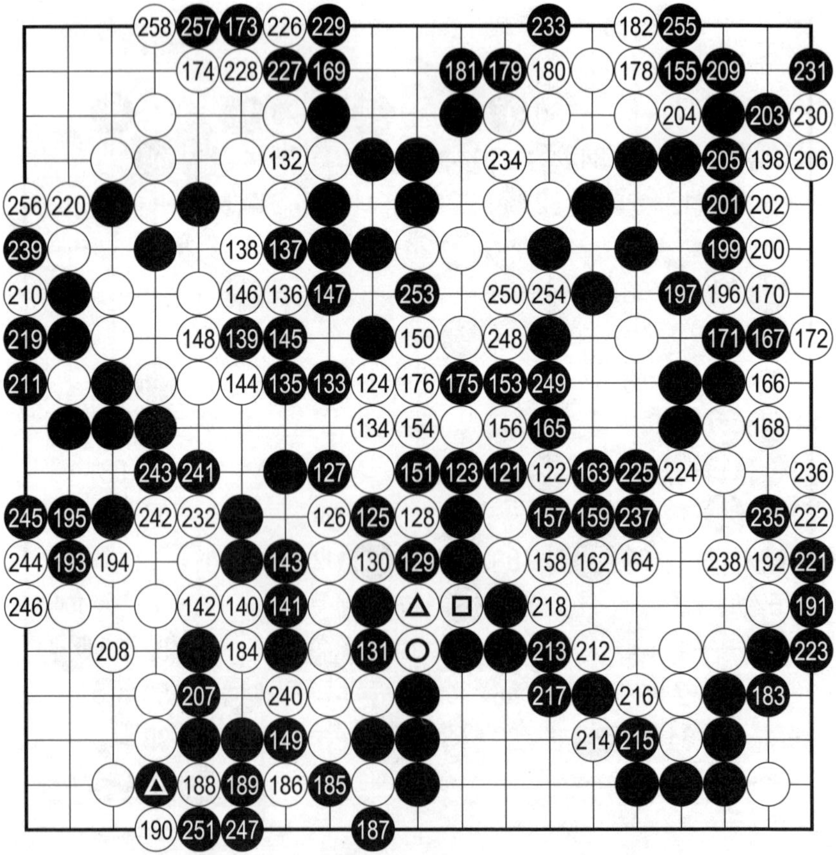

152=125　160=△　161=□　177=○　252=▲　259=226

(121–259)

1961 年 4 月 29 日弈于北京体育馆

训练棋

黑方　过惕生

白方　陈祖德

黑 29 在 30 位冲是要点，实战被白 30 拐到，白棋好下。

白 34、36 断打定型不便宜，34 直接在 38 位粘好。

黑 59 应于 60 位断，弃掉左边五子。

白 68 在 72 位扳好，实战和黑 69 交换不便宜。

白 92 在 107 位拆一大。黑 93 于 130 位断更积极。（黄奕中）

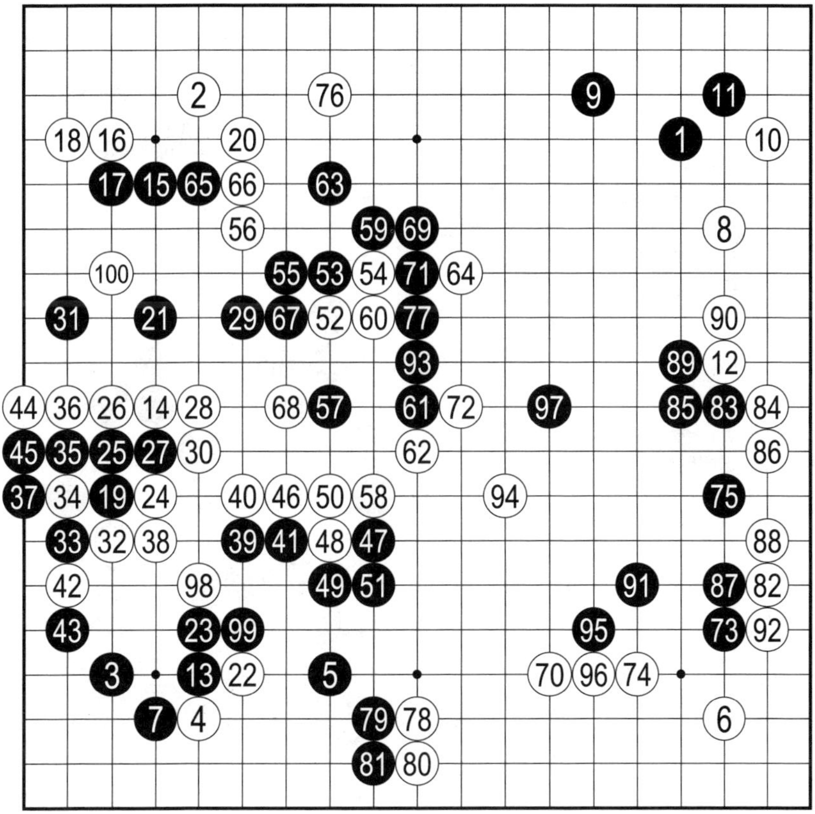

（1–100）

黑方 **过惕生**

白方 **陈祖德**

黑111于204位点，围中央大。

白112积极进取，至136连回，白棋一举取得胜势。过程中黑123应于127位并定型。黑129、133落后手是黑棋最后的败着。（黄奕中）

黑贴$2\frac{1}{2}$子　共204手　白胜1子

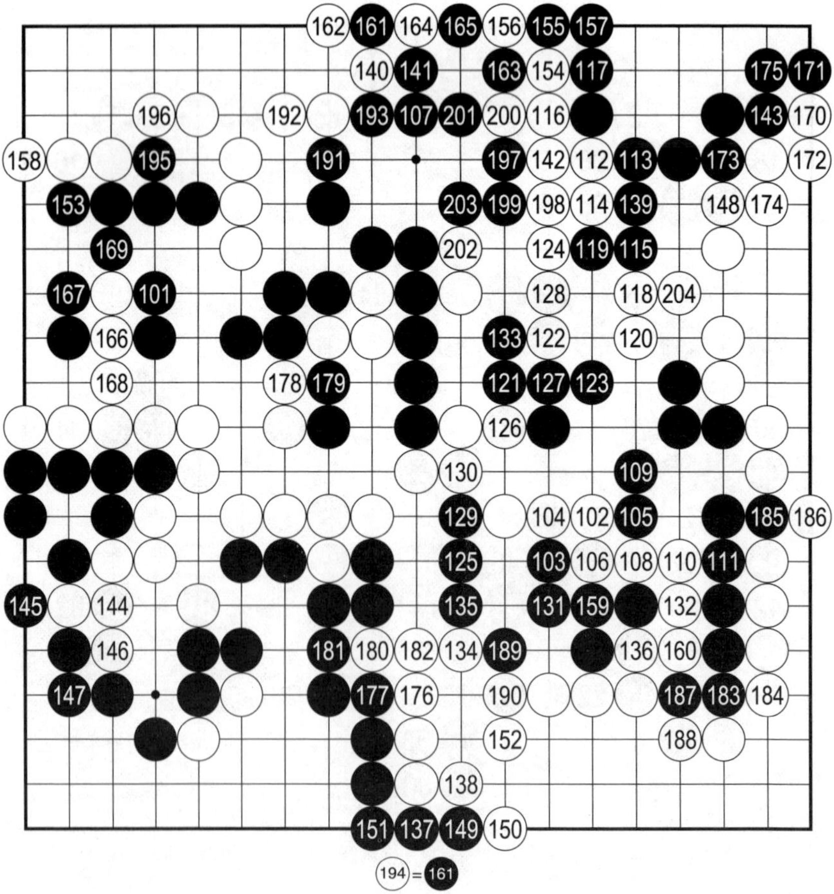

（101–204）

1961 年 4 月 30 日弈于北京体育馆
训练棋

黑方 **金亚贤**
白方 **陈祖德**

白 16 稍缓，在 18 右一路托是当前的大场。黑 33 应在 19 左一路挡，这样安心。白 34 应于 35 位挡，直接在角上出棋。黑 49 至 65 的定型黑棋得分。过程中白 52 应于 56 位打，白 64 应于 65 位接。白 68 是比较大的失误，应于 69 位打，黑 71，白 74，如此局势接近。实战至 77，黑棋取得巨大优势。本局是黑棋的好局，后来一直牢牢把控住局势到终局。(黄奕中)

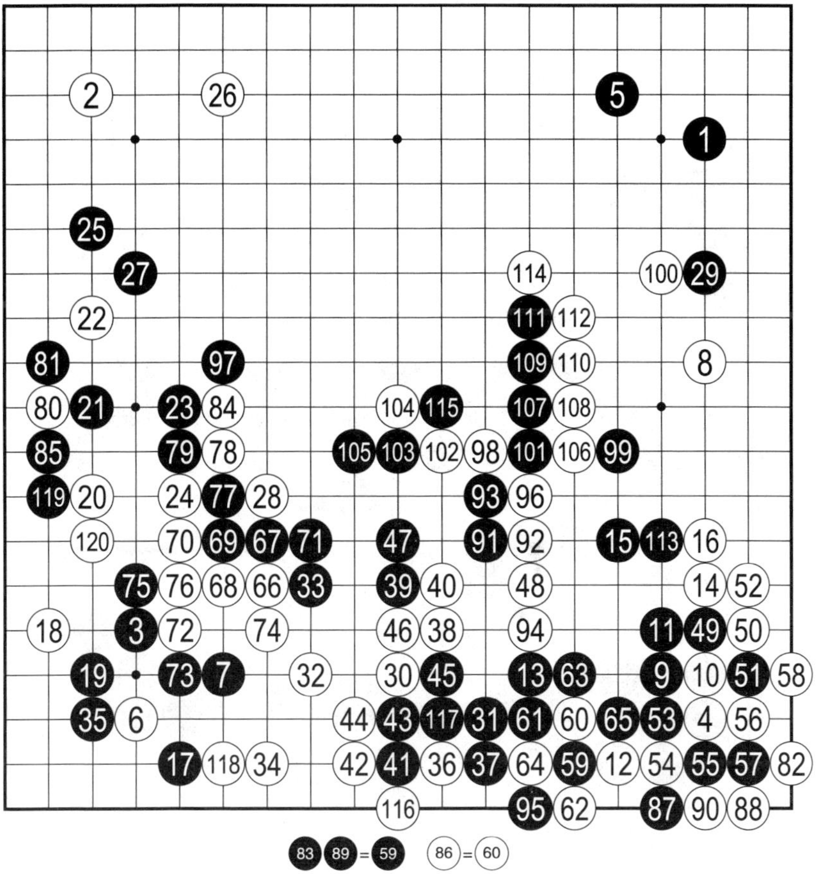

(1–120)

黑方 **金亚贤**

白方 **陈祖德**

黑贴$2\frac{1}{2}$子　共 219 手　黑胜$2\frac{1}{2}$子

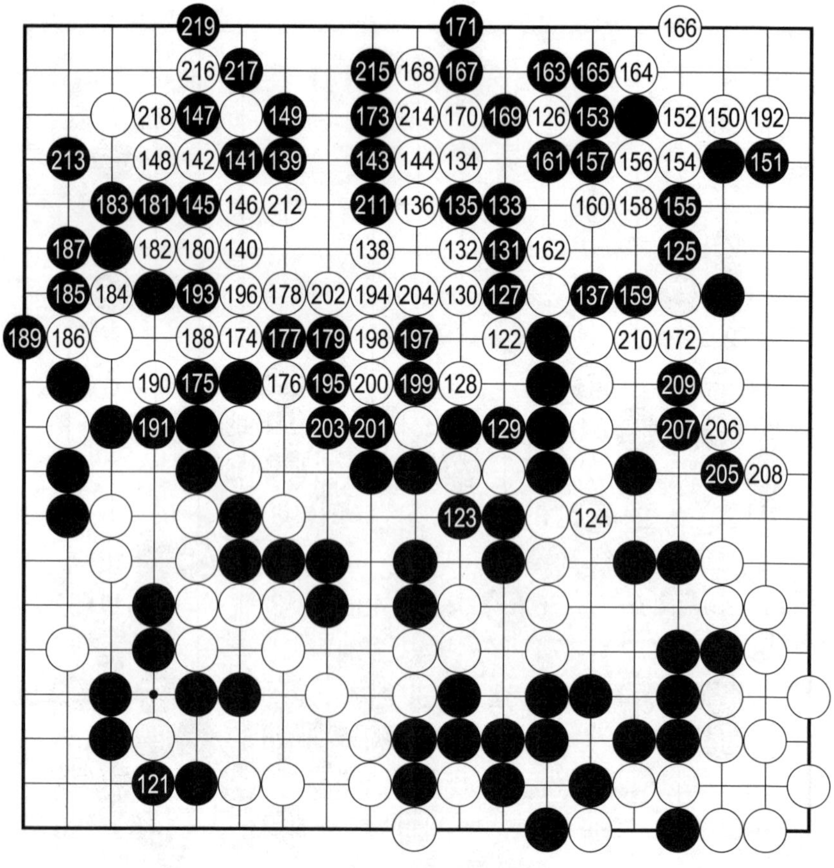

（121–219）

1961 年 5 月 3 日弈于北京体育馆
训练棋

黑方 王幼宸
白方 陈祖德

白 8 碰是陈老喜欢的下法。至 42 告一段落，白棋稍亏。过程中黑 15 应在 16 位断。白 18、20 应直接在 26、28 位冲。白 28 应在 42 位直接断。白 38 应在右一路虎，如此将来角上留有打劫杀。

黑 61 应于 77 位团，这样 73 位冲和 67 位飞封见合。白 62 在 145 位尖出即可，这样下白棋有所转机。

实战至 80 白棋苦活，黑棋形势大好。

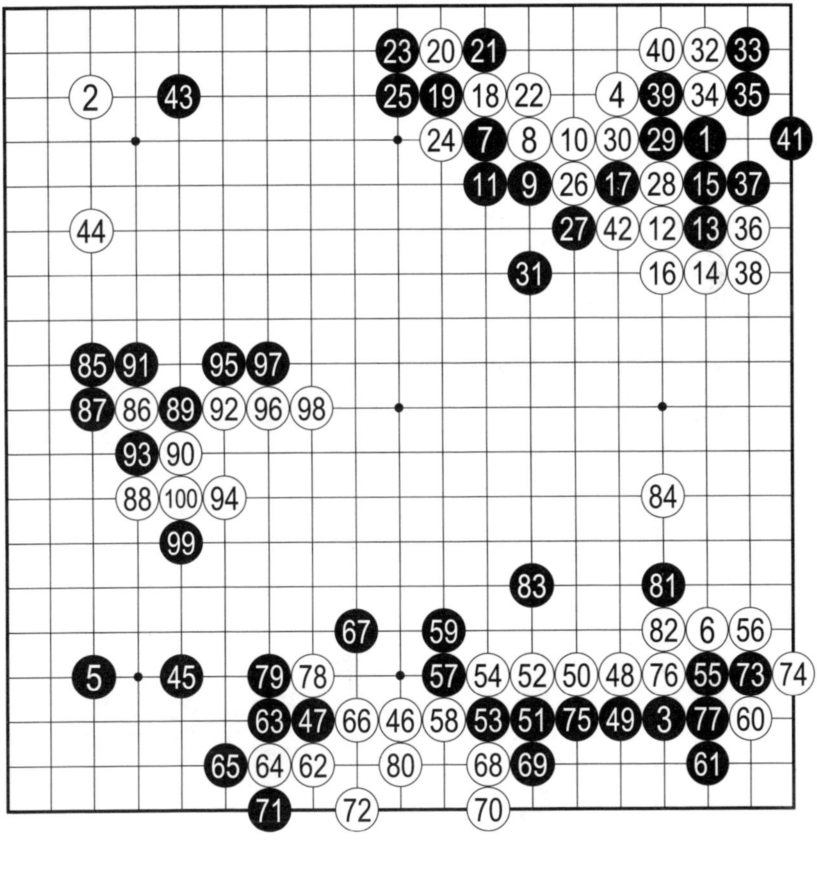

（1–100）

黑 133 至 141 的定型非常精确，体现了老一辈棋手深厚的功力。黑 143 反击锐利，至 151 定型，黑棋胜势。

本局可以说是黑棋的名局。（黄奕中）

黑方　王幼宸

白方　陈祖德

黑贴2$\frac{1}{2}$子　共 187 手　黑中盘胜

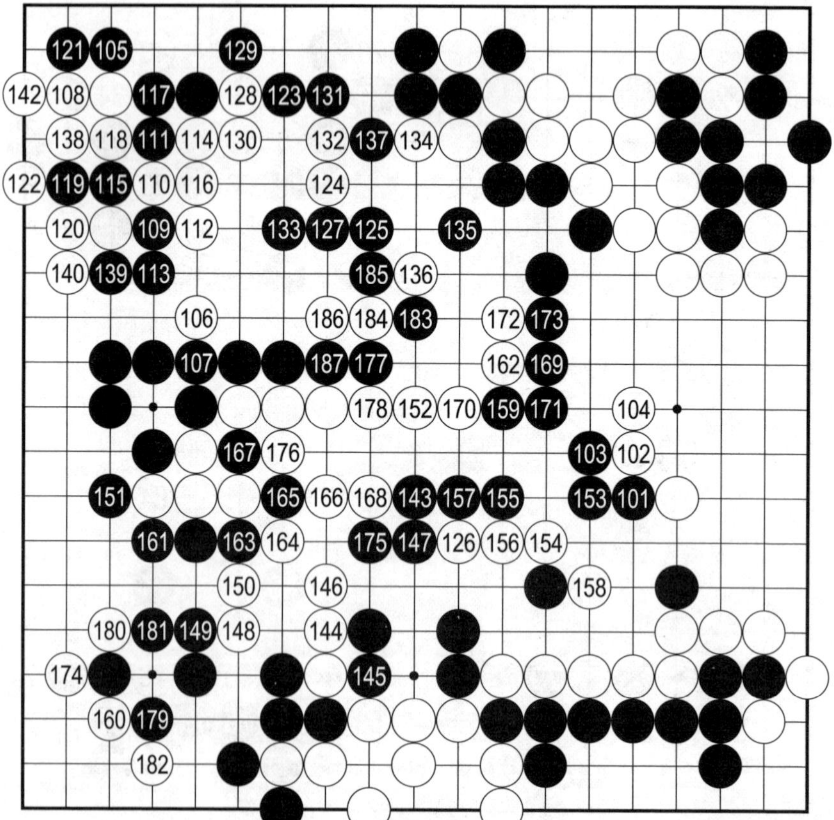

141=115

（101–187）

1961 年 5 月 8 日弈于北京体育馆

训练棋

黑方　黄永吉

白方　陈祖德

白 12 应于 34 位扳出，黑 17 虎住，局部黑棋好。

黑 23 应于 24 右一路飞压，之后再打入左边。

黑 31 缓，在 206 位打入是当务之急。

黑 35 在 34 上一路打吃是正着。白 40 先在 50 位飞优于实战。

黑 59 应在 64 左一路尖出，中央价值更大。白 64 封住后，白棋稍优。

白 82 应在 95 位长，这样简明优势。

黑 91 应于 95 位打，白 96，黑 94 冲，这样黑棋主动。实战白 92 错失一举制胜的机会，应于 95 位长，黑 94，白 85 上一路扳，黑棋无法净杀白棋。（黄奕中）

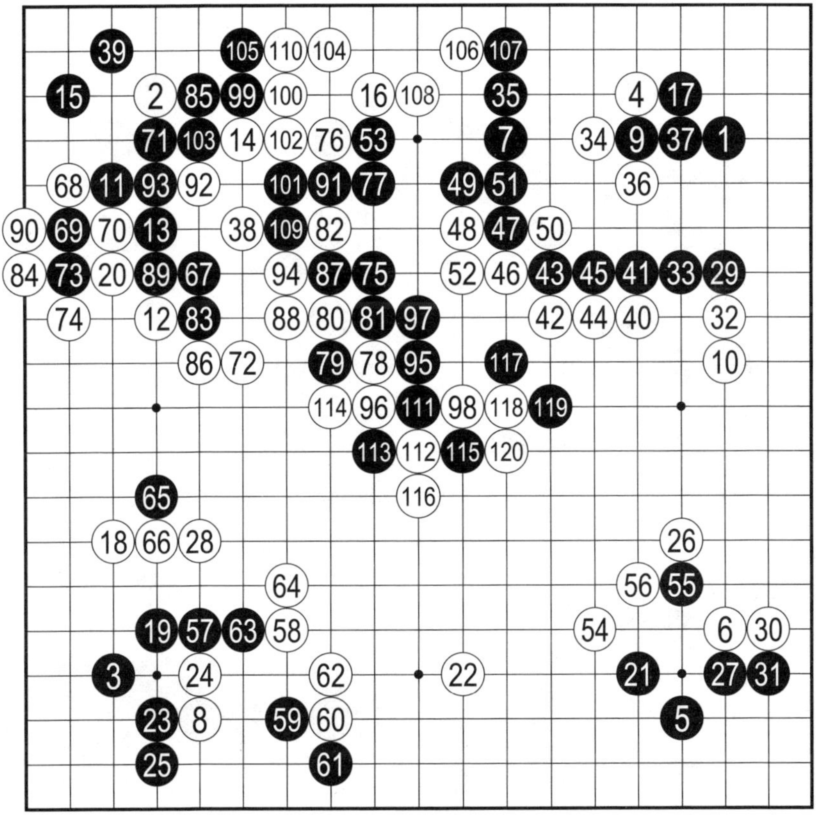

（1–120）

黑方　**黄永吉**
白方　**陈祖德**

白98应于115位飞，实战定型至123，黑棋优势明显。

125至152黑棋大损，形势逆转。过程中黑125应于128位飞，黑131应于145位长。

白174失着，在175位补棋是白小胜。实战被黑棋收气白损了两三目。（黄奕中）

黑贴$2\frac{1}{2}$子　共230手　和棋

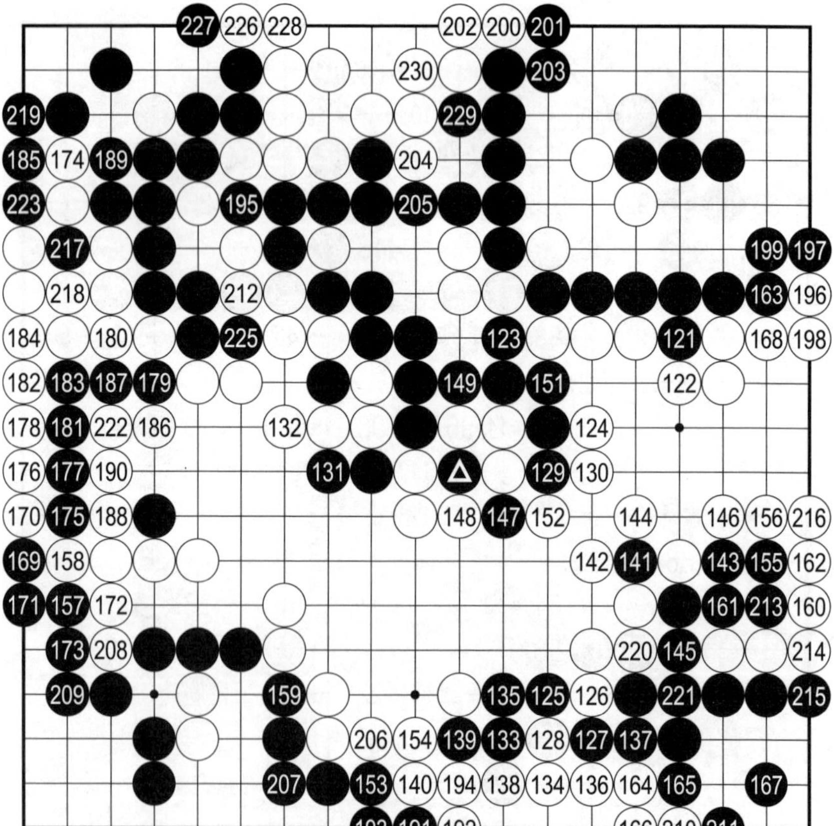

1961 年 5 月 10 日弈于北京体育馆

训练棋

黑方　陈祖德

白方　刘棣怀

黑 17 至 25 稍亏，17 应于 27 位夹击。白 34、36 活角不大，应于 38 位冲，黑 39，白 42 断严厉。黑 37 草率了，此手还是应在 44 位虎，实战被白 42 断之后，黑棋陷入苦战。白 50 应于 66 位补棋，如此白棋优势明显。被黑 51 贴出，局势混乱。白 60 应于 68 位打吃，黑 66，白 67 弃掉下边，经营右边。实战 63、65 后黑棋好下。黑 77 不急，应于 72 右一路扳，白应，黑 80，如此黑棋大优。（黄奕中）

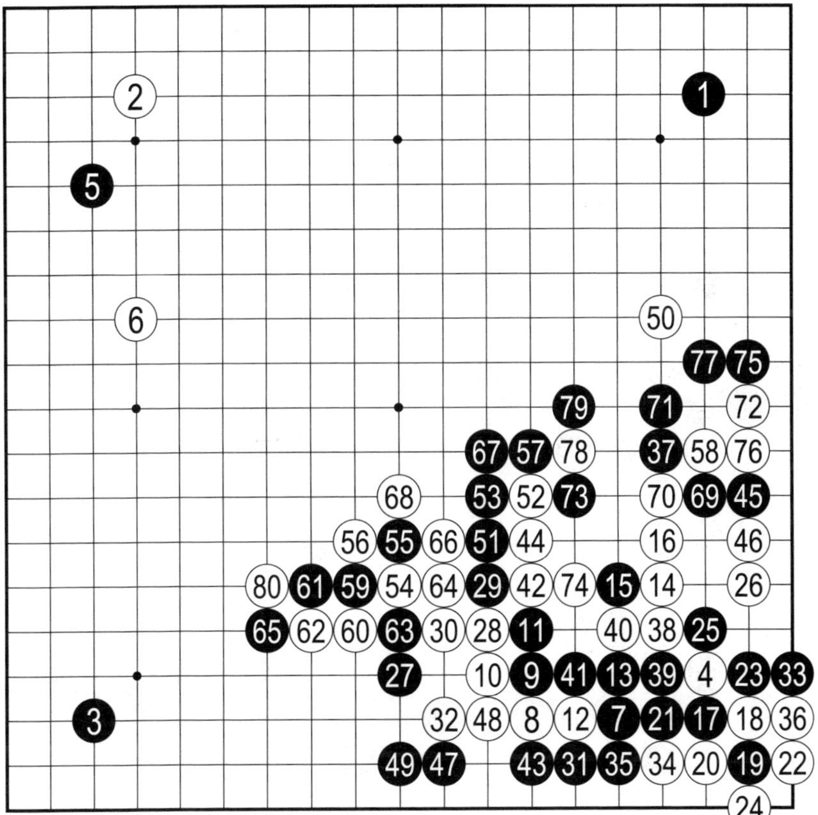

（1–80）

黑89应于92位冷静做活，还是黑好。至100，黑棋大龙愤死，棋局难以为继。（黄奕中）

黑方 **陈祖德**

白方 **刘棣怀**

黑贴$2\frac{1}{2}$子　共168手　白中盘胜

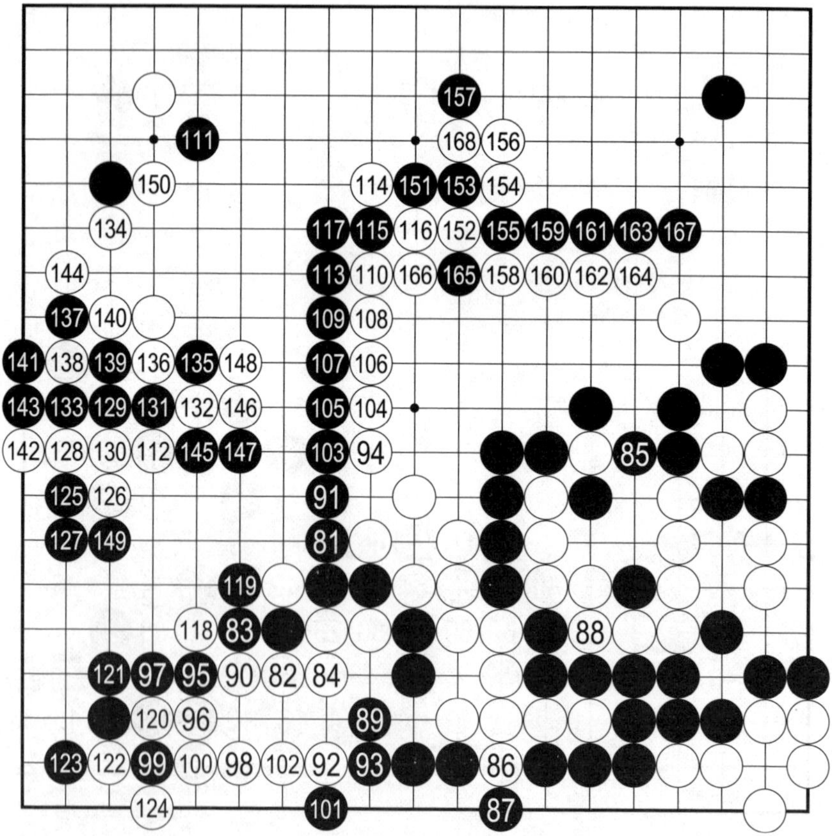

（81–168）

1961 年 5 月 15 日弈于北京体育馆
训练棋

黑方　刘棣怀

白方　陈祖德

黑 23 应于 24 位大飞，才是此局面的要点。黑 45 破空太深，在 46 右一路镇是正常分寸。实战至 70，白棋稍优。白 80 应于 82 位扳，黑若 96 断，白可在 80 位顶。实战被黑 87 封住后，白棋苦战。白 104 应于 76 右一路并，这样黑棋中央多一处断点，会薄很多。白 108 应于 109 位先爬再压，实战被 109 挡下，黑棋优势。（黄奕中）

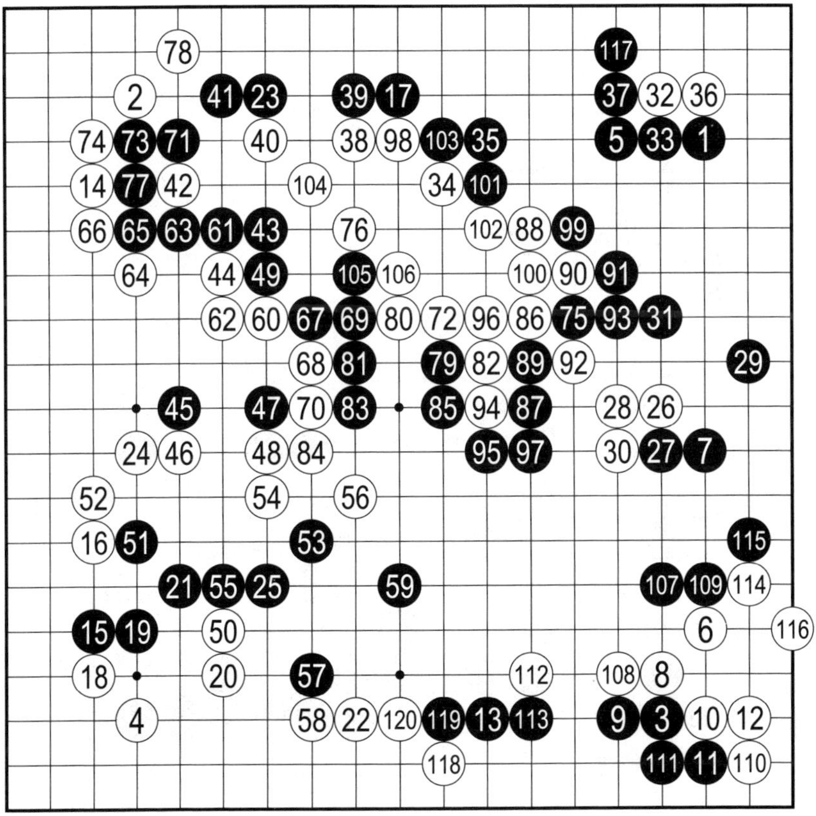

（1–120）

白124在135位尖出尚有一搏，实战被黑127稳住，黑胜势不可动摇。（黄奕中）

黑方　刘棣怀

白方　陈祖德

黑贴$2\frac{1}{2}$子　共241手　黑胜3子

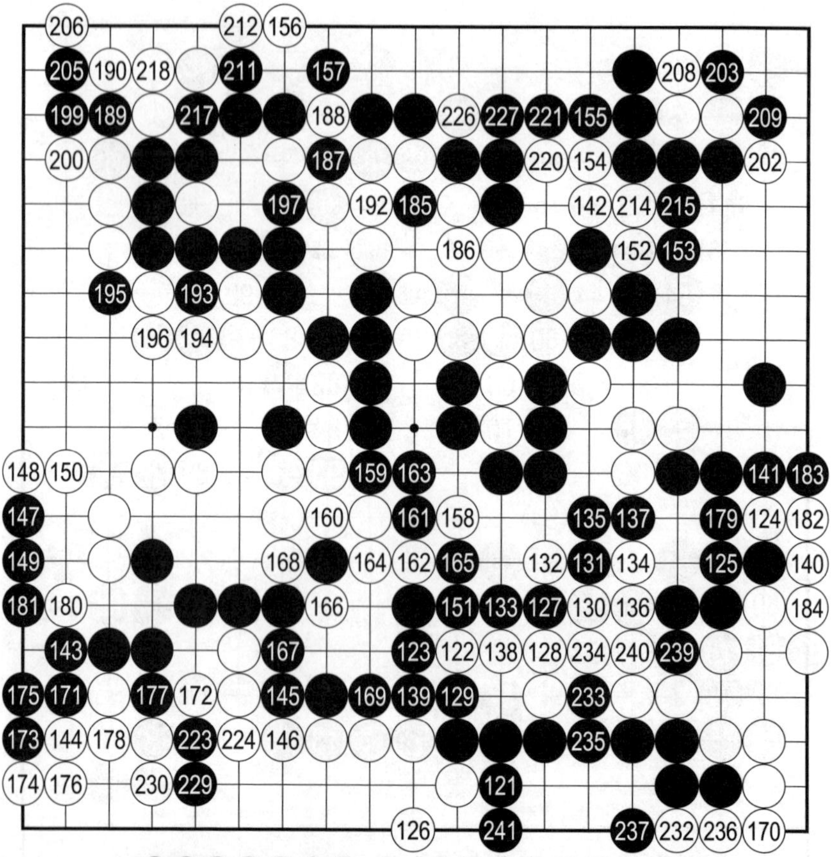

191 201 207 213 219 225 231 = 187　198 204 210 216 222 228 238 = 188

（121–241）

1961年5月17日弈于北京体育馆

训练棋

黑方　陈祖德

白方　陈锡明

白20应于22位打。黑25应直接在37位夹击。白32应于56位虎。至37，局部黑棋得分。

黑47直接在30下一路打吃好，实战48至52的交换白便宜很多。至68，白棋获得优势。

黑73应于79位爬过。左下角的定型黑棋亏损，局势进一步有利于白棋。（黄奕中）

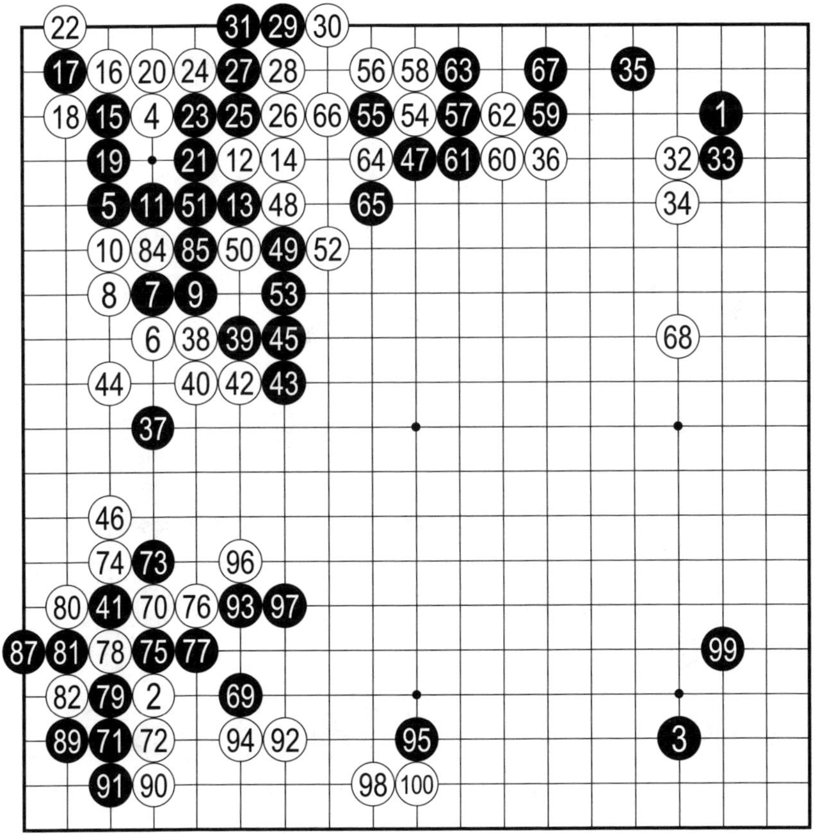

（1–100）

黑方 **陈祖德**

白方 **陈锡明**

白108不简明，在126位飞镇形势就大好。

白128应于129位拐吃，实战被打一下大亏。至135已成为细棋。

白144过分，在145位飞是正常分寸，实战白棋被分断，两块棋不活，最终大龙无疾而终。（黄奕中）

黑贴$2\frac{1}{2}$子　共181手　黑中盘胜

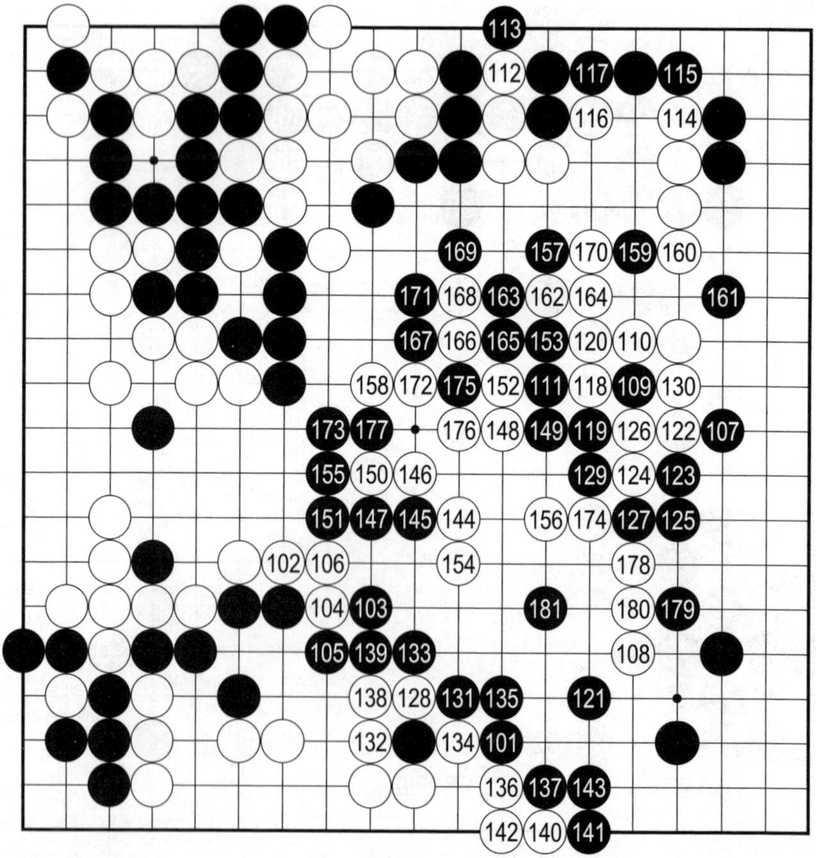

（101–181）

1961年5月19日弈于北京体育馆

训练棋

黑方　竺源芷

白方　陈祖德

白12可考虑在15位挖。实战右下角的定型白棋亏损。

黑33应于34位长出，实战被打进去太憋屈了。

白40在41位接外面更厚。白42应于99位长，白52，黑43，白59拆二。

白52应于50左一路挺，防黑走55。实战黑55冲断成立，白棋陷入苦战。

白68意识到形势不妙，强攻黑棋。（黄奕中）

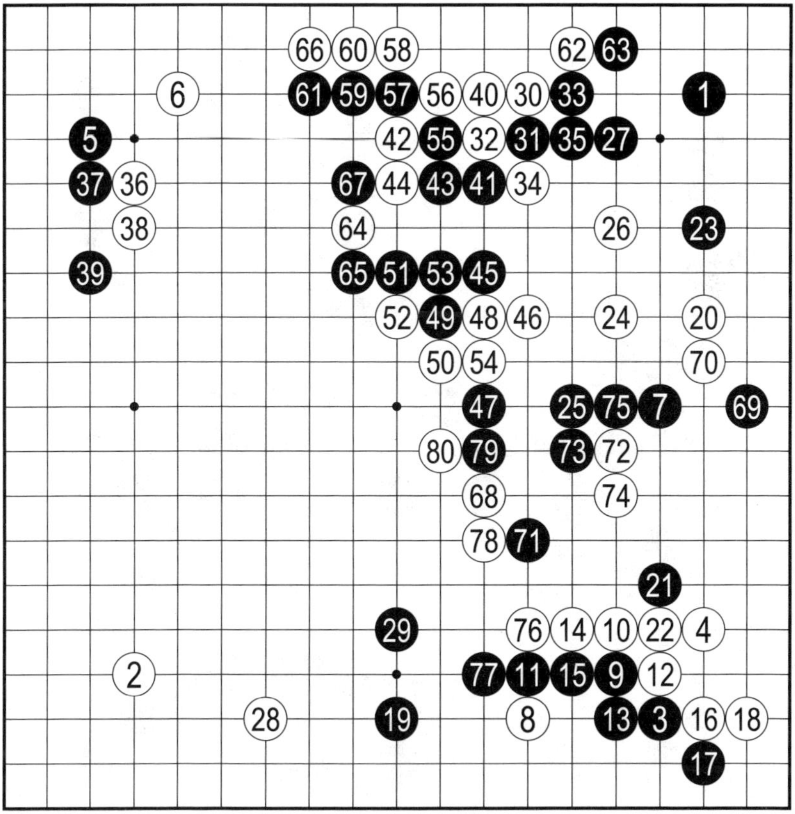

（1–80）

黑方　竺源芷

白方　陈祖德

至 87，由于白棋自身不厚，黑活棋不成问题。

白 94 至 101 的转换让黑棋简化了局势。黑棋一举奠定胜势。（黄奕中）

黑贴2$\frac{1}{2}$子　共 165 手　黑中盘胜

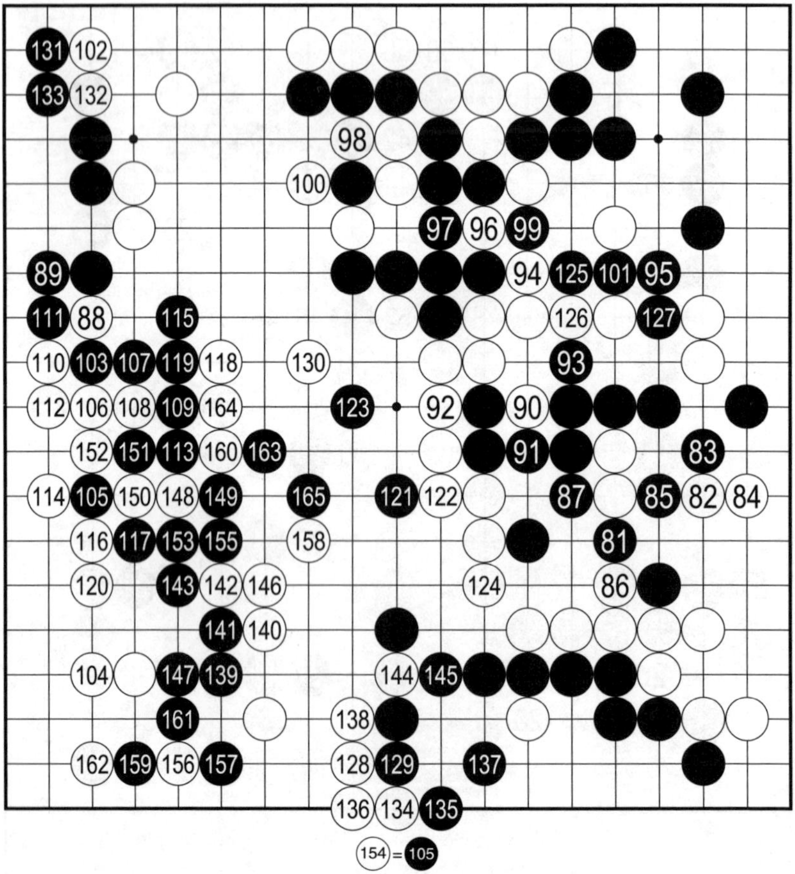

（81–165）

1961 年 5 月 22 日弈于北京体育馆

训练棋

黑方　陈祖德

白方　庞凤元

黑 21 应于 20 下一路扳出，实战白 22 虎住后布局成功。

白 28 应于 100 位虎，实战棋形过于凝重。

黑 47 应于 48 位立下，实战黑棋吃角不如右边大。

白 58 应于 59 位接上，实战白棋作战不利。

黑 95、97 逃出两子不大，应于 242 位长出。

黑 101 应于 104 位虎，实战被白 110 先手虎住后，白棋建立了优势。（黄奕中）

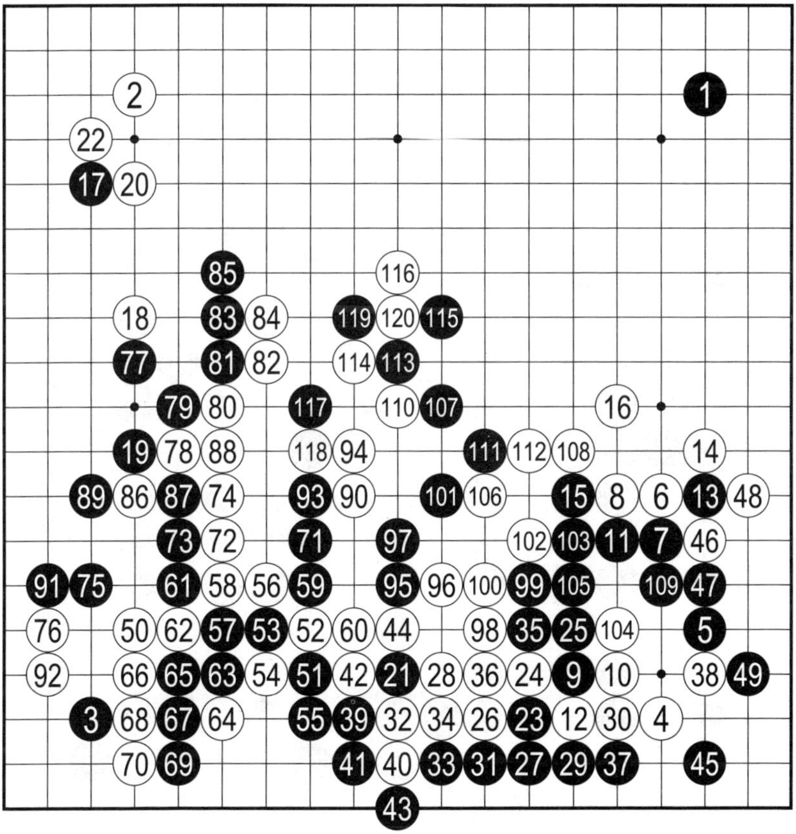

（1–120）

黑 119 应在 130 位贴出，实战黑棋活得太苦，至 160 白棋胜定。（黄奕中）

黑方　陈祖德

白方　庞凤元

黑贴2 $\frac{1}{2}$ 子　共 243 手　白中盘胜

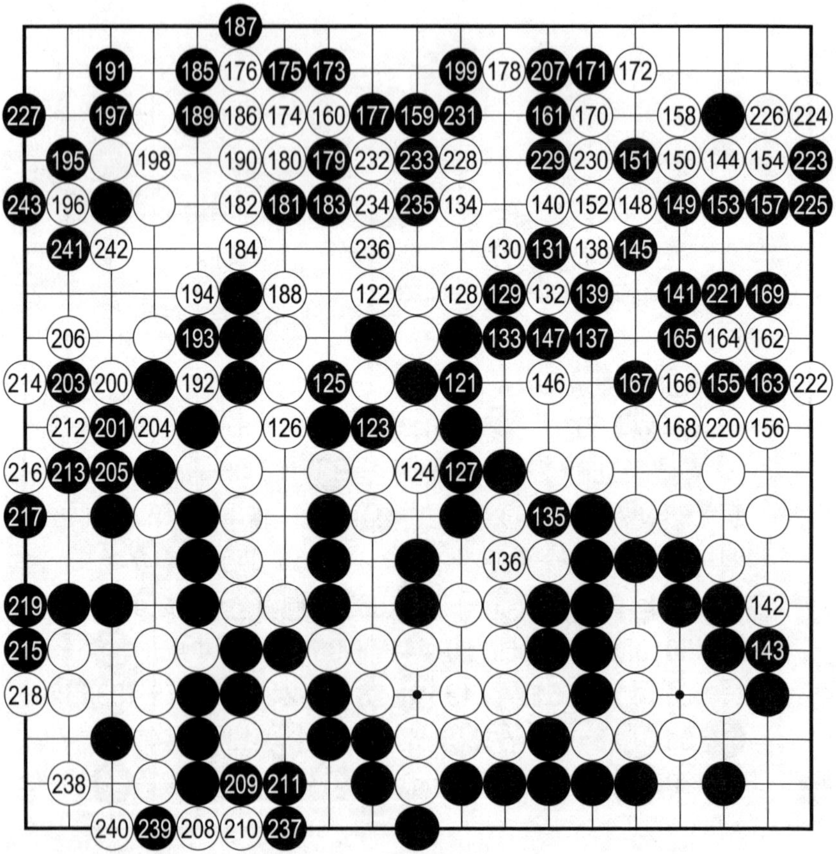

202=192

（121–243）

1961 年 5 月 24 日弈于北京体育馆

训练棋

黑方　郑怀德

白方　陈祖德

白 2、4 体现了陈老的气魄和创新精神。

黑 33 应于 34 另一边叫吃，弃掉 13、25 两子。黑 41 应该脱先，吃三子并不大，实战白棋得分。

白 54、56 失误，局部大损。

白 86 至 103 的交换不便宜，直接在 146 位二路挡是急所。（黄奕中）

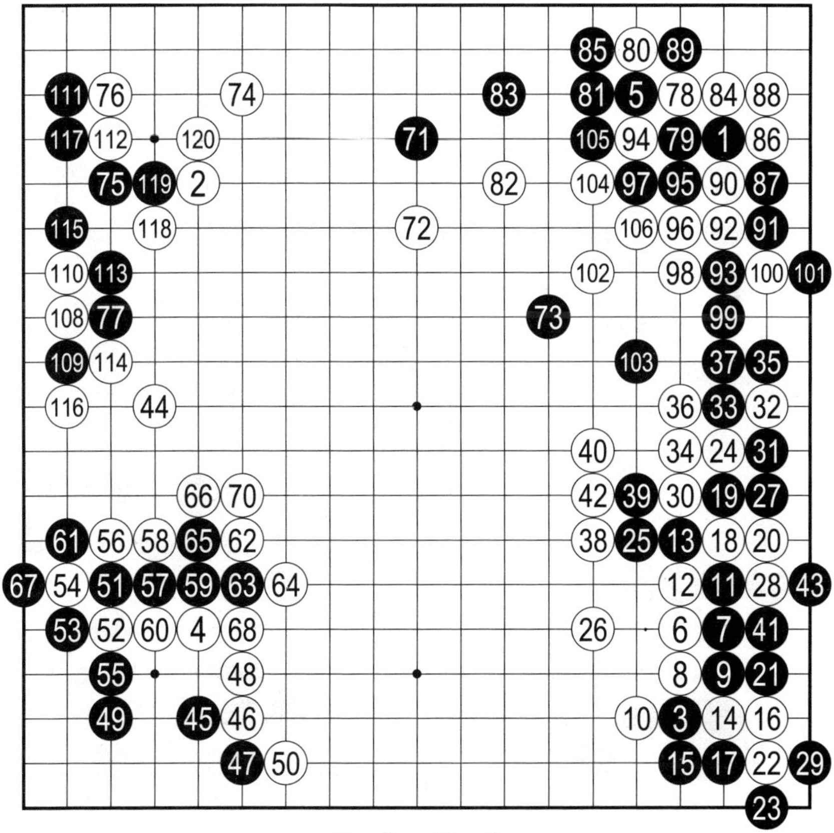

69 = 54　107 = 94

（1–120）

黑方 **郑怀德**
白方 **陈祖德**

黑 137 应于 140 位贴，实战被白 142 飞封住，成为细棋局面。

白 144、146 无理，144 在 145 位跳是正常分寸。实战至 151 黑棋优势。

黑 209、211 应在 177 上一路冲，这样仍是黑好。

黑 221 败着，应于 172 左一路打，白 233，黑 177 上一路冲，仍是细棋。实战黑棋突然崩溃。（黄奕中）

黑贴$2\frac{1}{2}$子　共 246 手　白中盘胜

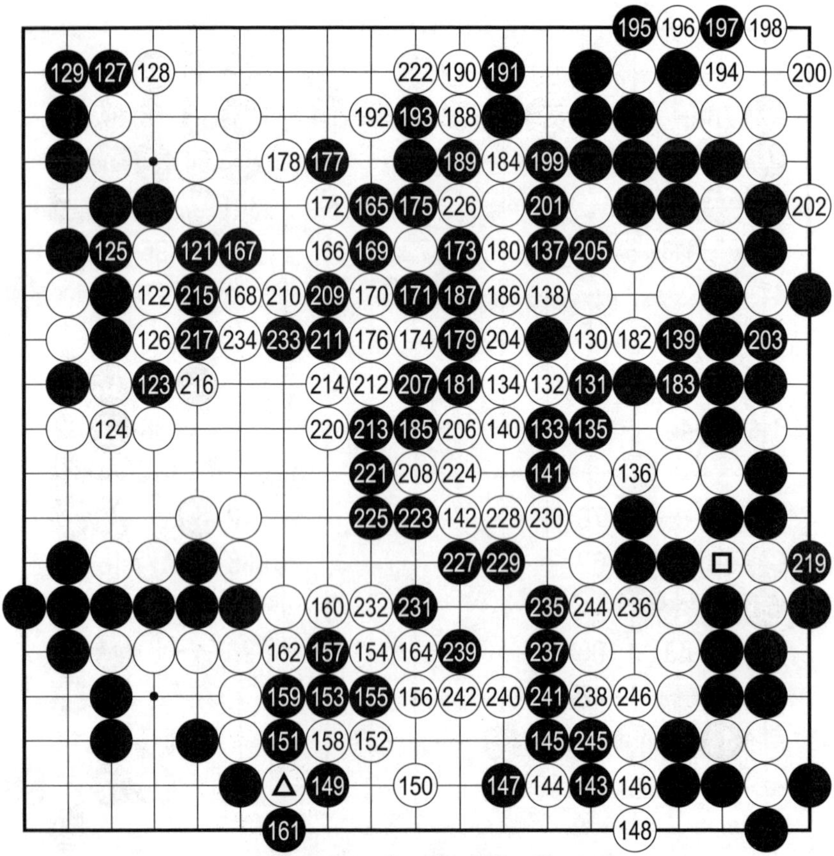

163=△　218=123　243=□

（121–246）

1961 年 5 月 26 日弈于北京体育馆
训练棋

黑方　蔡学忠
白方　陈祖德

黑 19、21、23 过于直接，19 可考虑在 31 位肩冲。实战至 26，白棋好下。

黑 51 有些缓，应于 115 位一带侵削右下角。

黑 53 应于 42 下一路托。实战至 68，白棋优势进一步扩大。

白 70、72 好手，黑局部没有应手，至 96 白棋胜势。（黄奕中）

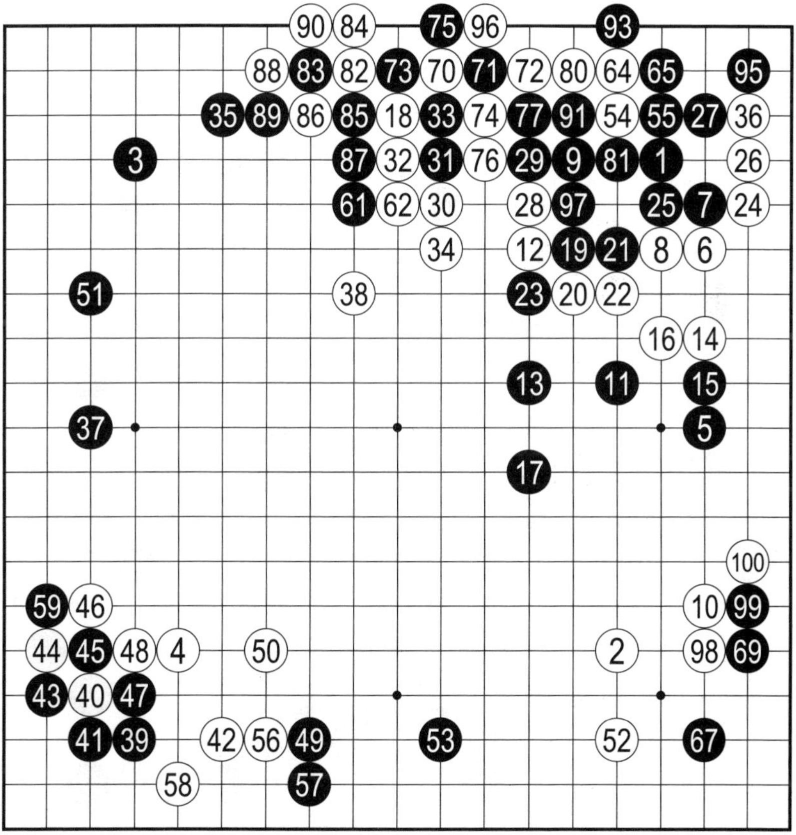

60 66 = 40　63 68 = 45　78 94 = 70　79 = 33　92 = 31

（1–100）

黑方 蔡学忠

白方 陈祖德

黑贴$2\frac{1}{2}$子 共200手 白中盘胜

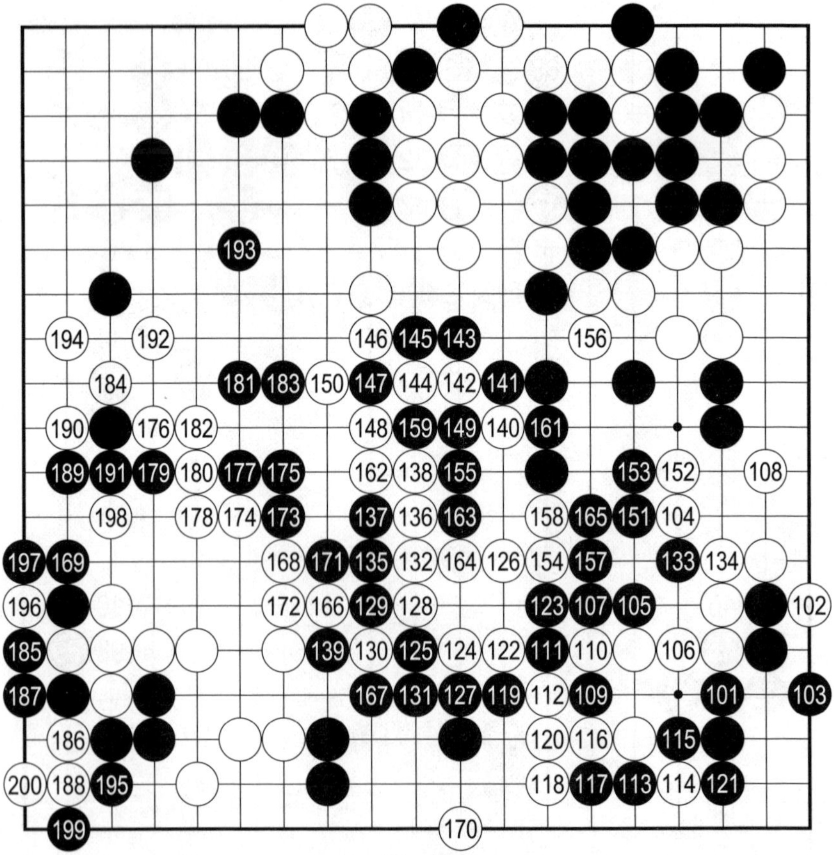

160=147

（101–200）

1961 年 5 月 29 日弈于北京体育馆

训练棋

黑方　陈祖德

白方　吴淞笙

白 36 缓，于 194 位靠更紧凑。

黑 45 应于 57 位冲，实战至 56，黑棋亏损。过程中黑 47 应于 149 位连扳。

白 64 失误，应于 65 位飞，实战后来黑 135 位打，角上有棋。

黑 77 应在 135 位出棋，实战被白 78 补住，白棋优势。

黑 85 应于 106 位靠，白挡住，黑 175 点三三定型。（黄奕中）

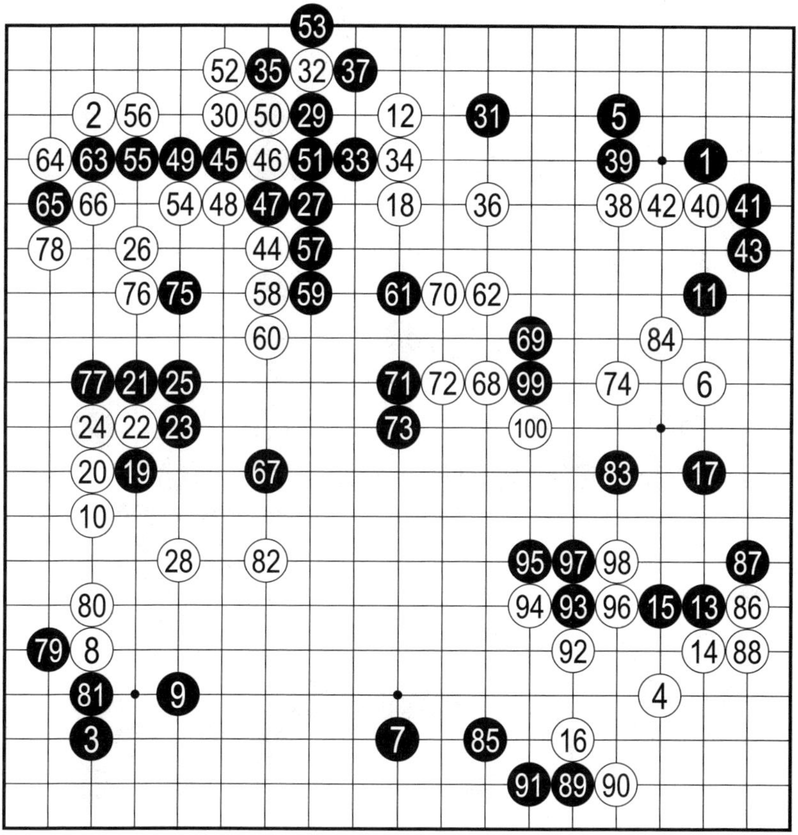

（1–100）

黑方　陈祖德

白方　吴淞笙

白136应于179位提，实战吃掉黑棋也不便宜。

黑139、141出棋时机不好，139应于122右一路接，将来搜刮白右上这块棋很舒服。

至198白棋优势，后面棋谱缺失。不知黑棋如何逆转的？（黄奕中）

黑贴2$\frac{1}{2}$子　共199手　黑中盘胜

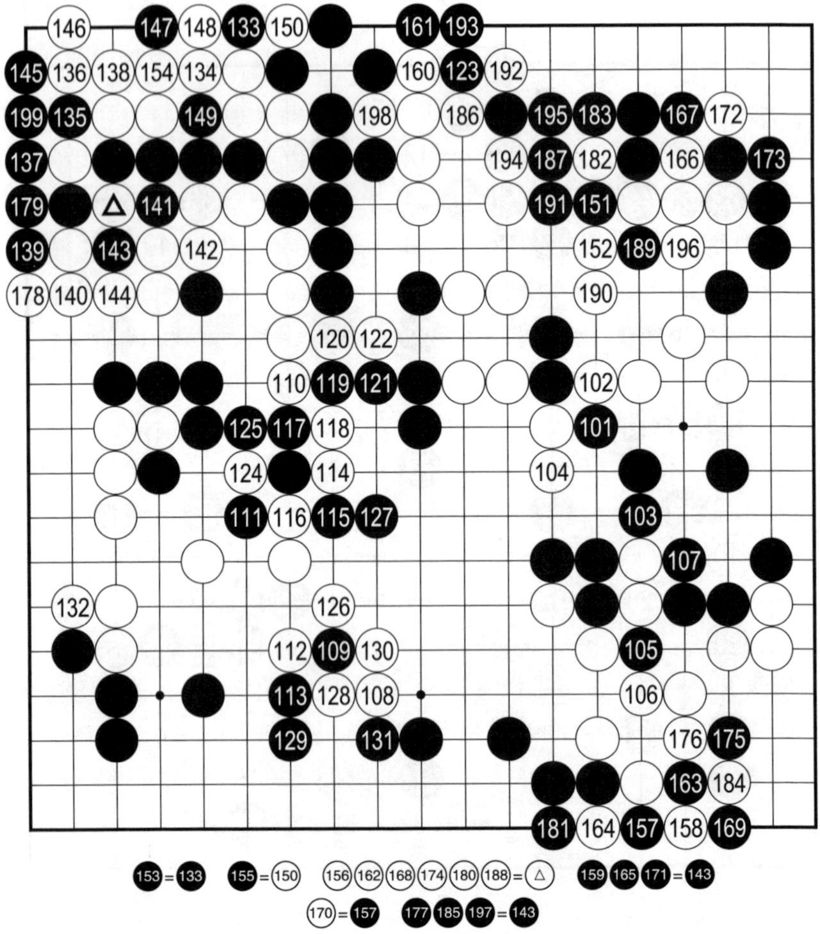

1961年6月2日弈于北京体育馆
训练棋

黑方　陈祖德
白方　吴淞笙

白32应于33位粘，黑85，白154飞。黑棋走到33断，布局成功。

黑47应于53位顶，白54，黑64。实战至50，白棋局势有所缓和。

白74失着，此手应于70上一路挤收气，这样杀气白有利。实战黑棋吃掉白八子以后，大优。

白90、92打断奋力一搏，但过于勉强。（黄奕中）

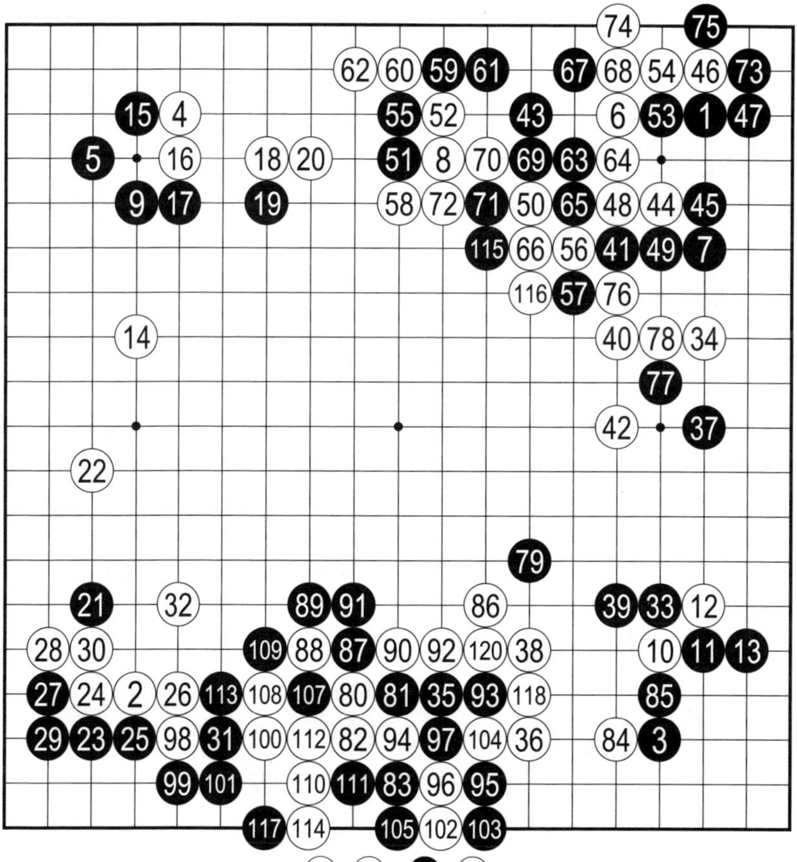

106＝96　119＝102

（1–120）

至 131 形成转换，黑棋一举取得胜势。（黄奕中）

黑方　陈祖德

白方　吴淞笙

黑贴2$\frac{1}{2}$子　共 233 手　黑中盘胜

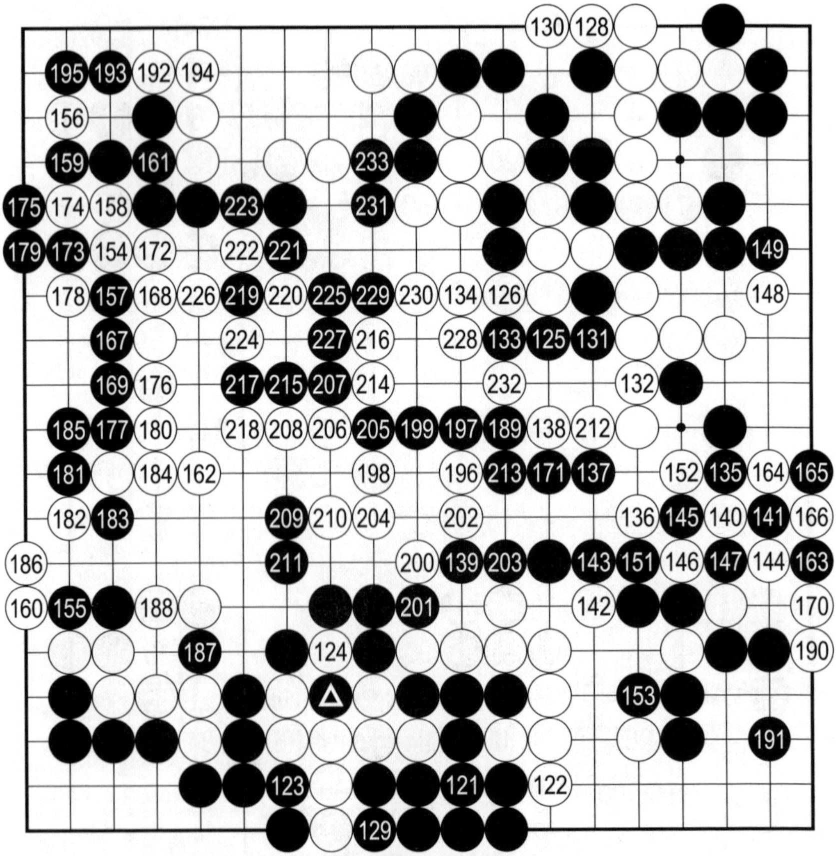

127 = △　150 = 140

（121–233）

1961 年 6 月 5 日弈于北京体育馆
训练棋

黑方　陈祖德

白方　朱金兆

白 54、56 不大，应在 65 位尖出冲击黑棋。至 65 定型后，黑棋优势。白 66 缓，不如在 145 位先手打吃后，再 202 虎角价值大。黑 79 靠入锐利，利用了右边白棋大龙不活的弱点，至 85 轻松破空。白实空大差，黑棋一举奠定胜势。（黄奕中）

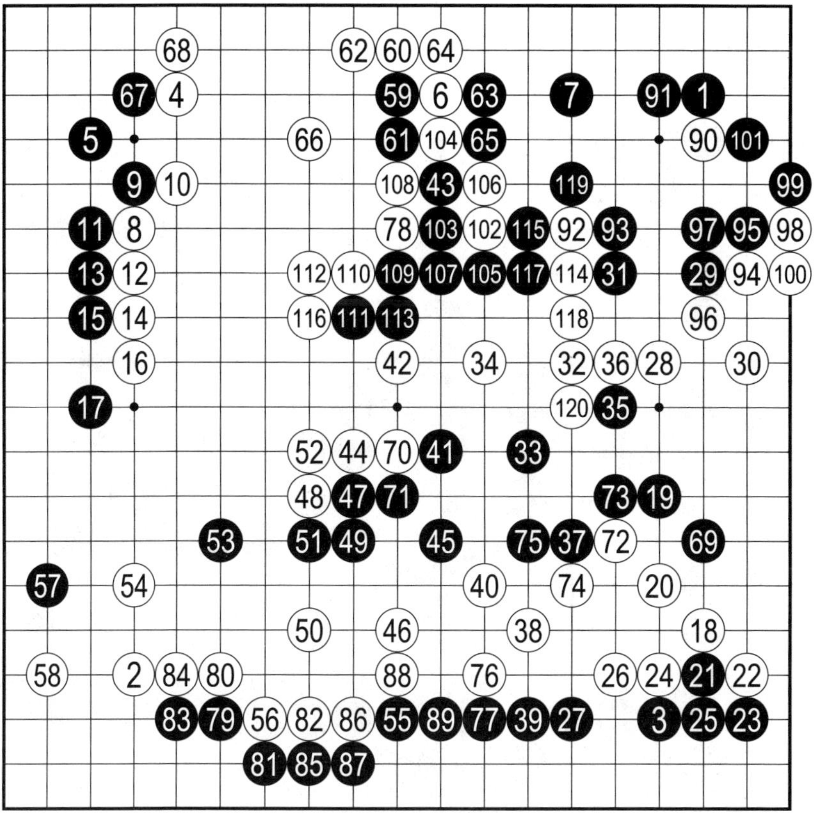

（1–120）

黑方 **陈祖德**

白方 **朱金兆**

黑贴2$\frac{1}{2}$子　共 246 手　黑中盘胜

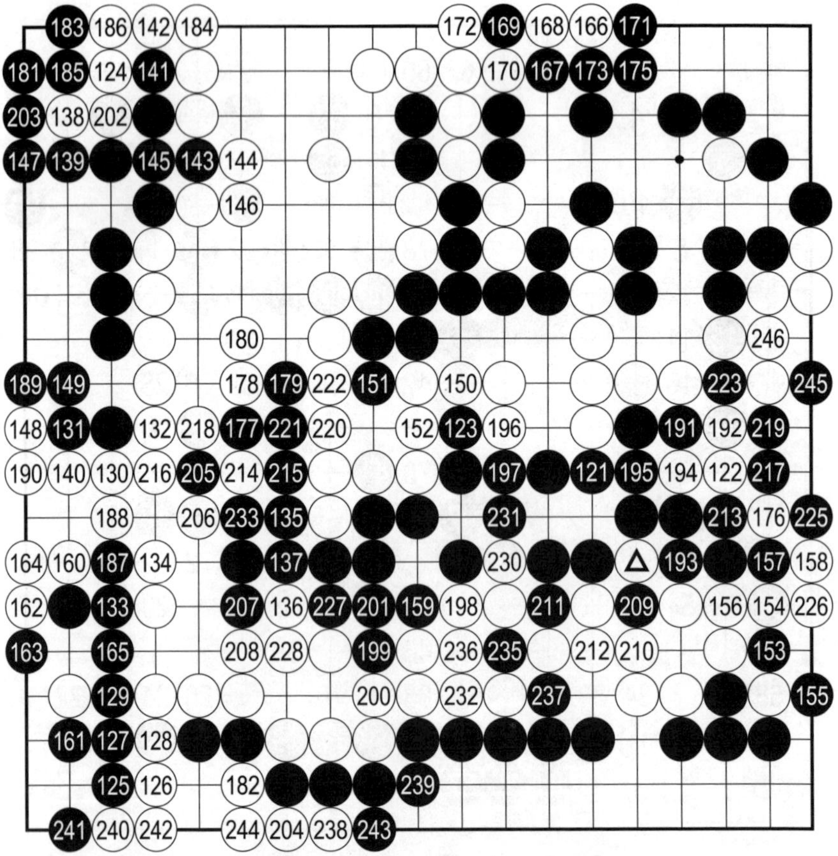

174 = 169　224 = 192　229 = △　234 = 205

1961年6月12日弈于北京体育馆

训练棋

黑方　陈祖德

白方　陈锡明

白20应于21位厚实地粘住。实战被黑棋断出至31，白不利。

黑45有些过分，应在56位扳，白45，黑61，这样黑棋好下。

白52应于59位跳，如此白棋不错。实战至69，白棋陷入苦战。

白72应于88位二路跳，黑79，白89，如此局面尚早。实战至91大飞，黑棋优势明显。

白124应于125位接，黑124，白126，这样尚有一战。实战黑棋走厚了，简明获胜。（黄奕中）

黑贴$2\frac{1}{2}$子　共155手　黑中盘胜

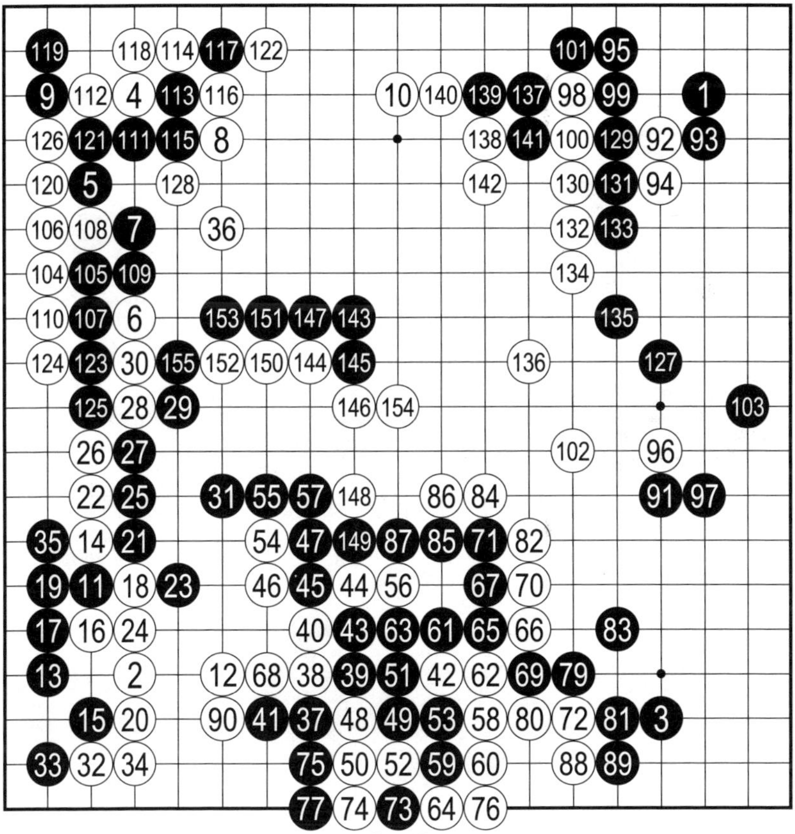

78 = 73

（1–155）

1961 年 6 月 14 日弈于北京体育馆

训练棋

黑方　张福田

白方　陈祖德

黑 31 在 45 位肩冲是要点，白 63，黑 122 尖下，白不好对付。

白 36、40 都应在 58 位补，实战被黑 45、47 穿下来还是严厉。

白 54、56 交换不便宜，把 55 扳的变化走没了，应直接 68、70 打了粘。

黑 59 应在 63 位拐吃，实战被白 60、62 先手便宜不少。

黑 67 应在 68 位长，黑棋并不怕白棋冲断。

黑 77 应于 80 位长，这样白棋左边数子并不安定。实战被白 82、84 打穿，白棋取得优势。（黄奕中）

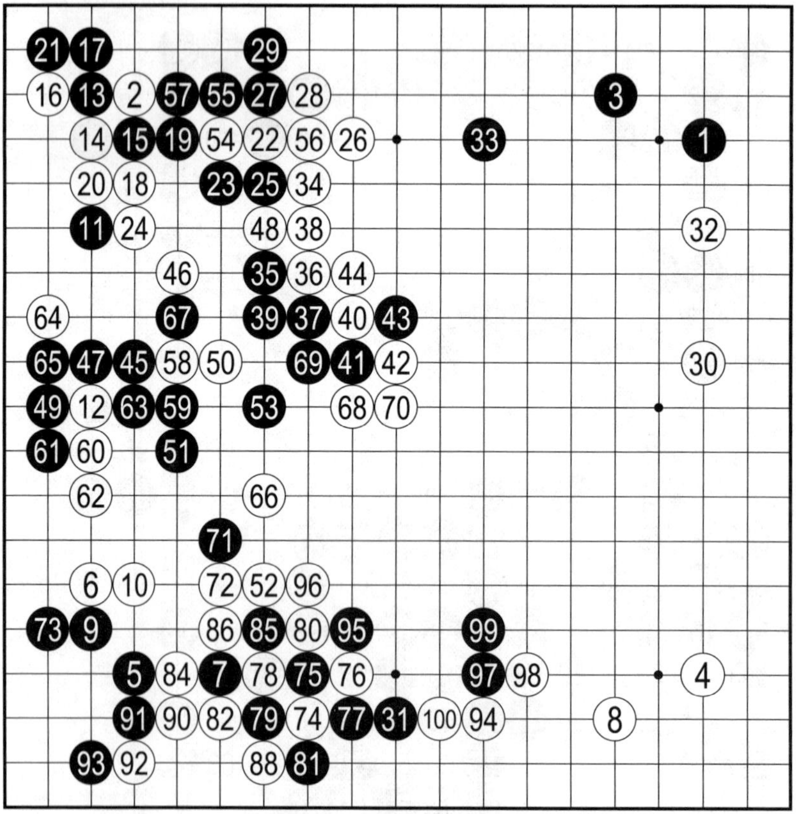

83=75　87=78　89=74

（1–100）

黑 113 只能在 114 接住，实战黑棋被搜刮得太惨。至 134 白棋胜势。（黄奕中）

黑方　张福田

白方　陈祖德

黑贴2$\frac{1}{2}$子　共 188 手　白中盘胜

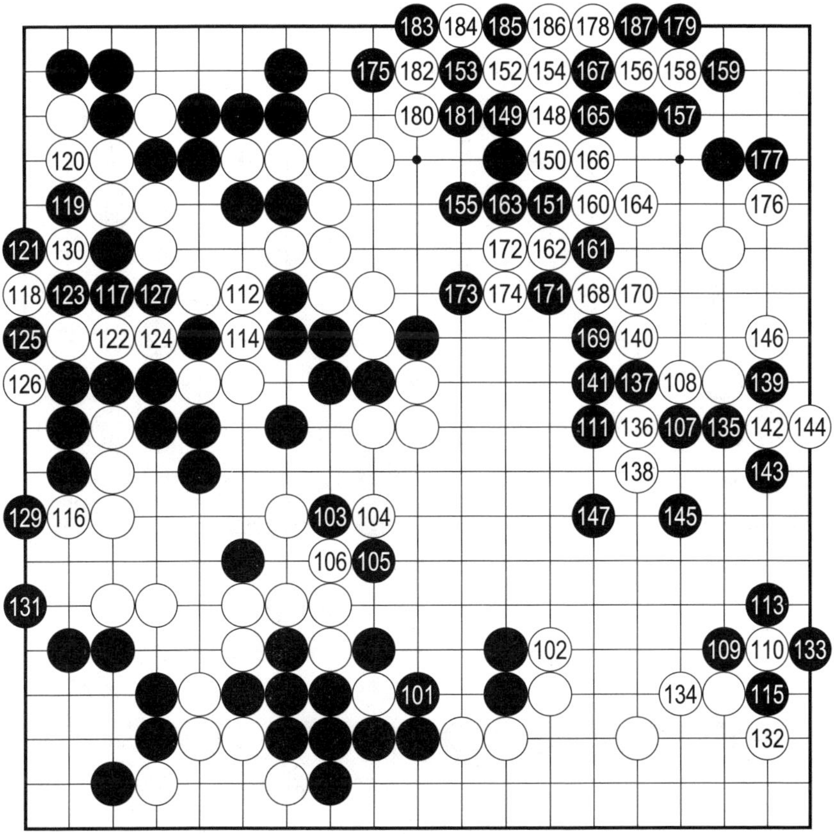

128=118　188=184

（101–188）

1961 年 6 月 16 日弈于北京体育馆
训练棋

黑方　陈祖德

白方　袁兆骥

白 32 应于 43 位扳，黑如 43 上一路连扳，白可在 4 左一路挤。

白 56 应于 88 位拆边，实战至 61 黑棋优势。

白 70、72 仍然应在 88 位拆边，实战黑走到 79 逼，优势进一步扩大。

黑 85 有点过分，在 88 位外扳即可。白 94 应在 95、97 打了爬，这样局势逆转。（黄奕中）

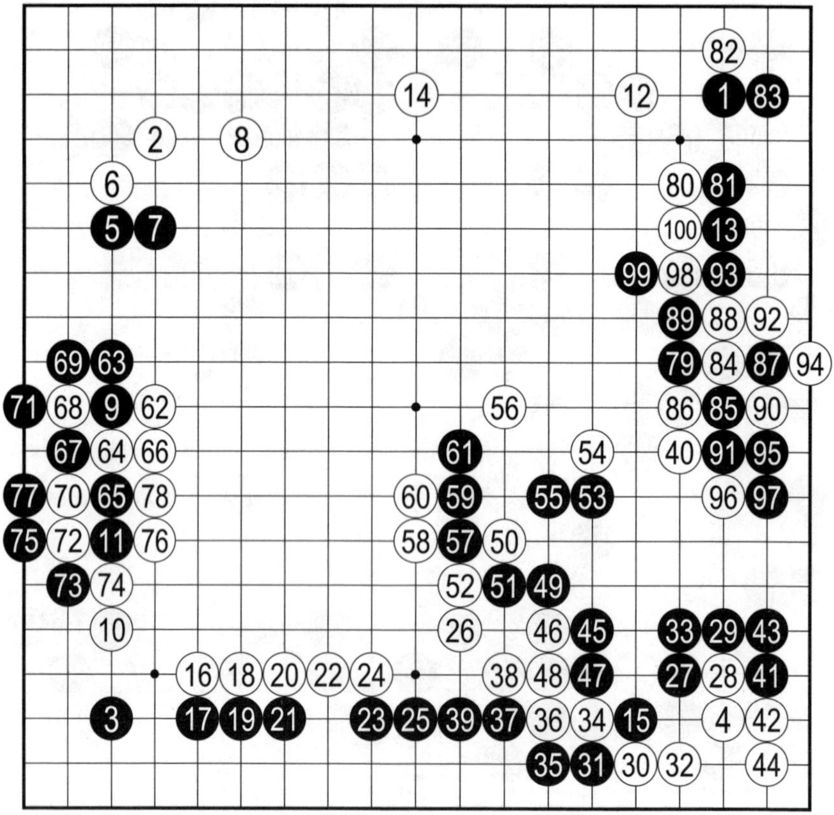

（1–100）

黑方　陈祖德

白方　袁兆骥

白 102 错失机会，应于 53 右一路虎，黑 109，白 104 跳，如此局面复杂。实战黑 103 虎出后黑棋有利。

黑 111、113 逃出四子不大，应于 139 位贴。至 120 拐，黑棋无法突围，形势发生逆转。

白 136 应于 139 位冲，黑断，白 142 长定型。实战至 153，转换黑便宜，成为细棋局面。

白 156 大勺子，应在 163 右一路做眼，实战死了棋局结束。（黄奕中）

共 207 手　黑中盘胜

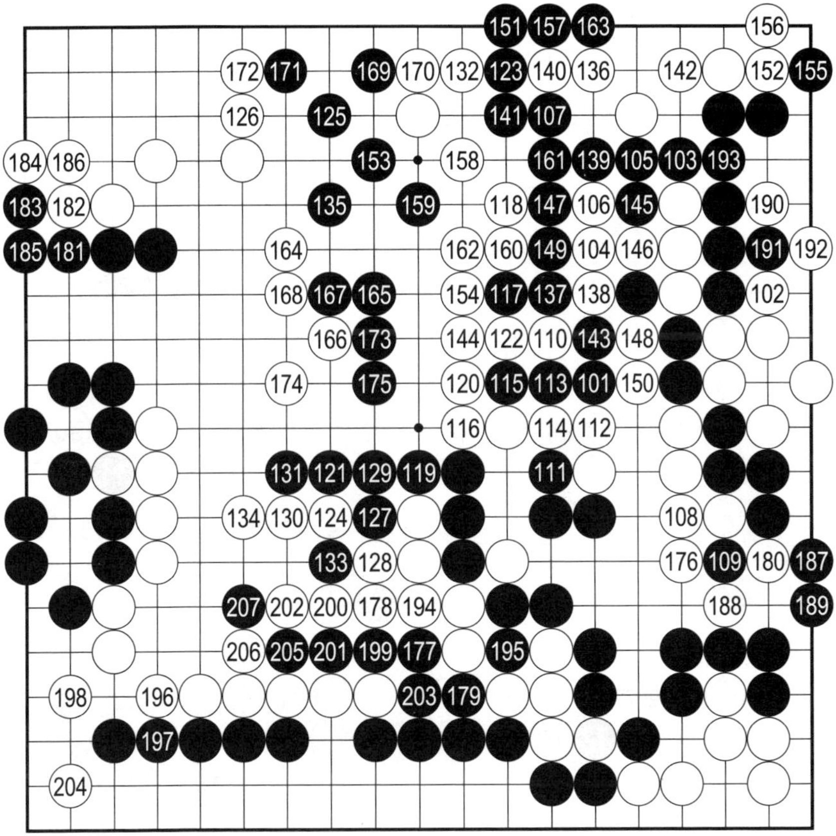

（101–207）

1961 年 6 月 19 日弈于北京体育馆

训练棋

黑方　竺源芷

白方　陈祖德

黑 19 应在 25 左一路跳，至 27 黑棋下得过于直接，白棋优势。

黑 51 应在 56 位长，白 58，黑 53。实战至 68 黑棋大亏。过程中 57 应在 47 上两路跳。（黄奕中）

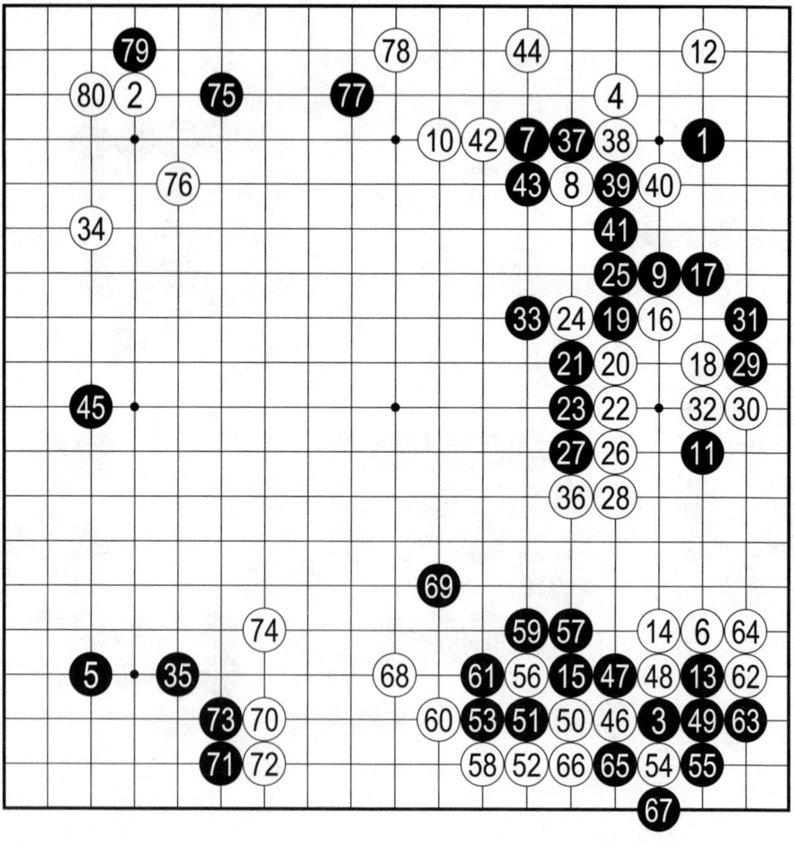

（1–80）

黑方 **竺源芷**

白方 **陈祖德**

白 82 尖好手，至 85，白棋优势继续扩大。

黑 91 穿出至 108 并不便宜，91 在 114 位拆一是正着。实战进行被白棋简化了局势。

黑 117 应于 118 位拐，白 120，黑再 117 冲。实战至 130，白左边收获太大，一举获胜。（黄奕中）

黑贴$2\frac{1}{2}$子　共 160 手　白胜 4 子

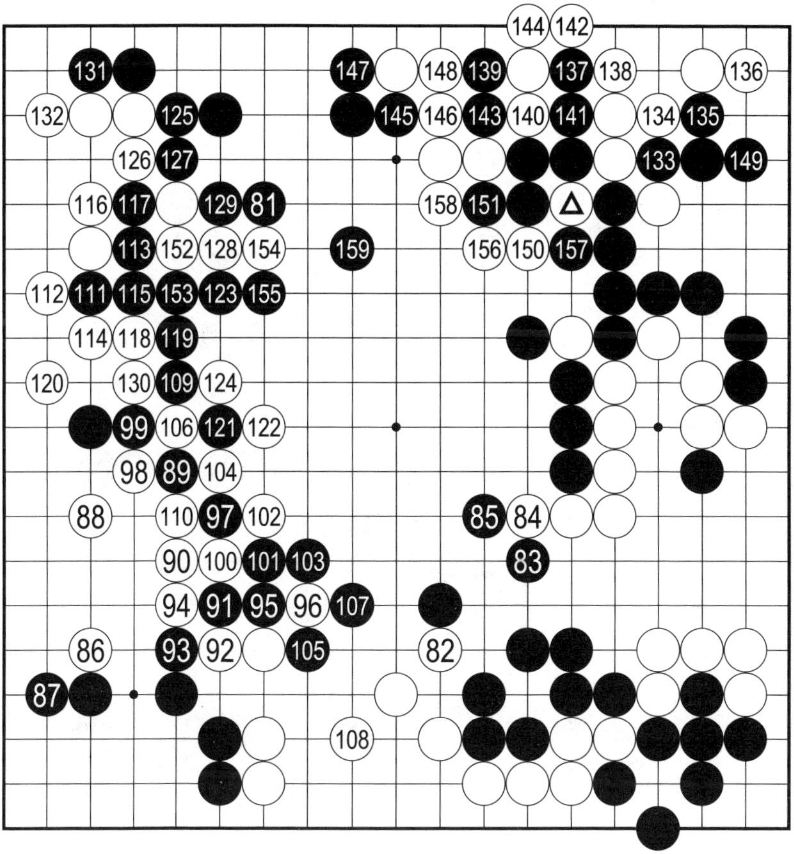

160=△

（81–160）

1961年6月26日弈于北京体育馆
训练棋

黑方　陈祖德

白方　崔云趾

白16应在18位单靠，黑19，白走8下一路长出。白38、40应先在42位爬再扳粘。黑41应在48位跳，下一手42位挡很舒服。黑47在69位飞是急所，实战被白48飞点难受。白54和黑55的交换亏了，应在60位一带攻黑棋。白56缓，应在57上一路飞是急所。白64应于82位飞，实战至75，黑棋作战有利。白80应于86位断，实战几手交换不好，至91黑棋取得优势。黑93至113攻击有力，白苦苦支撑，最终右上死得过大，无力回天。(黄奕中)

黑贴$2\frac{1}{2}$子　共139手　黑中盘胜

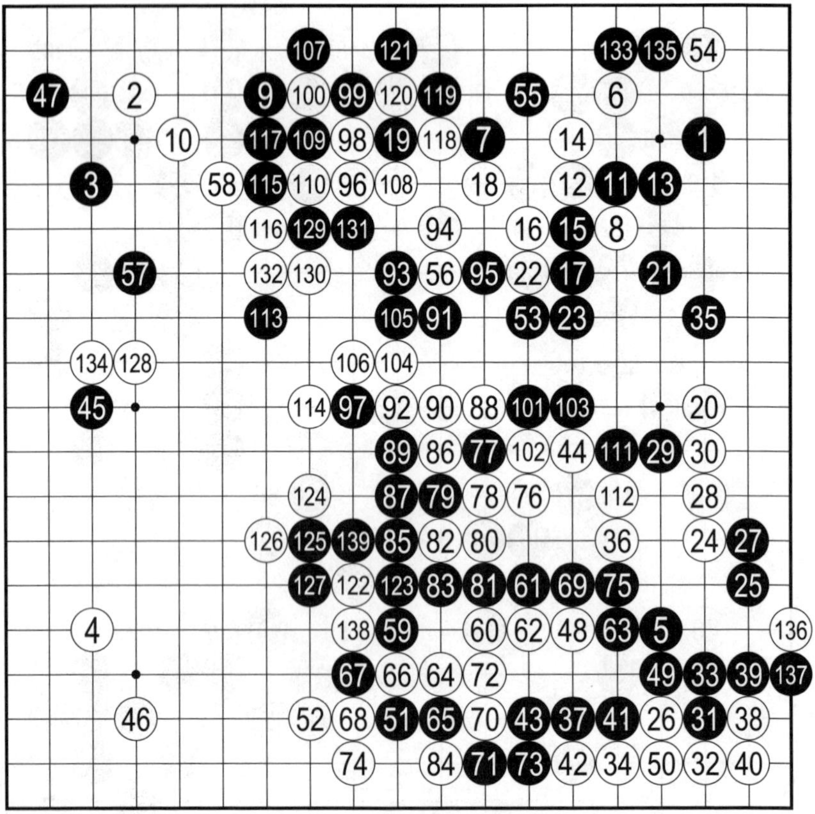

(1–139)

1961 年 6 月 28 日弈于北京体育馆

训练棋

白方　陈祖德

黑方　崔云趾（受先）

本局最终是黑盘面 3 目，从结果看棋分应该是让先。

白 32 在 155 位跳封是左上角的要点。黑之前应找机会在 154 位先手压一下。

黑 69 应于 121 位顶，白 115，黑 161，这里是先手。此后一段时间这里一直是要点。白棋找机会在 161 位并逆收很大。

白 96 不补也是活棋，此手应在 97 一带落子。实战黑抢到 97 尖后取得优势。（黄奕中）

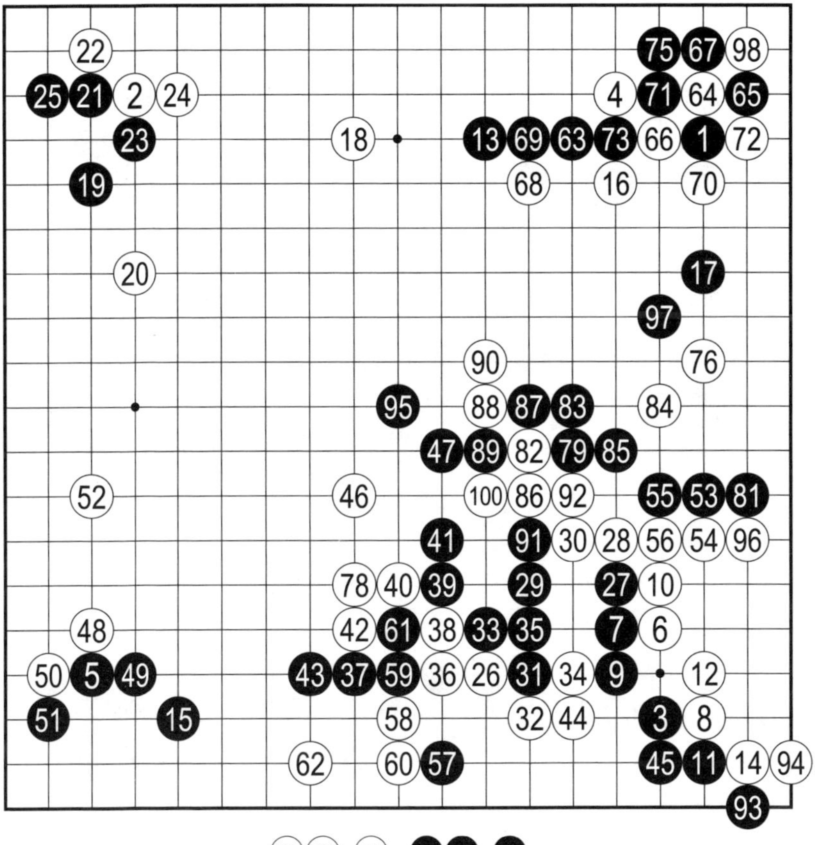

（1–100）

白方　**陈祖德**

黑方　**崔云趾**（受先）

黑 129 出现误算，应于 133 位打，白 134，黑 135，白不行。白 132 也应在 136 位靠，黑棋净死。

黑 145 应于 303 位开劫，实战白棋提净后形势逆转。

白 196 至 223 亏损，196 应直接在 210 位吃两子，实战黑棋再度逆转。（黄奕中）

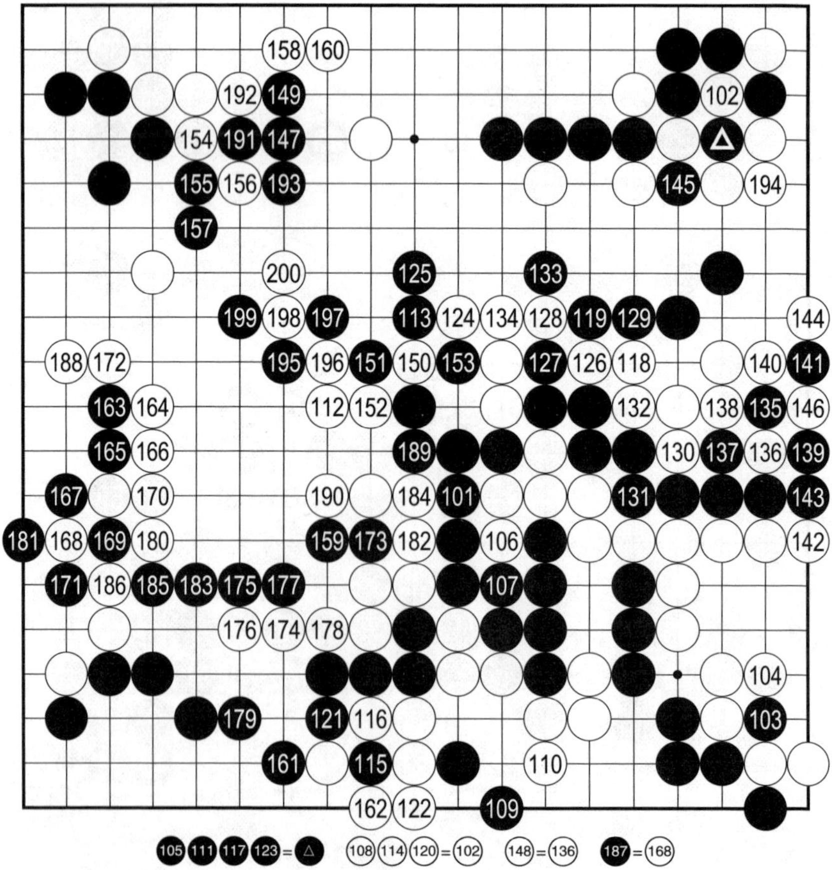

（101–200）

白方 **陈祖德**

黑方 **崔云趾**（受先）

共 306 手 黑胜$1\frac{1}{2}$子

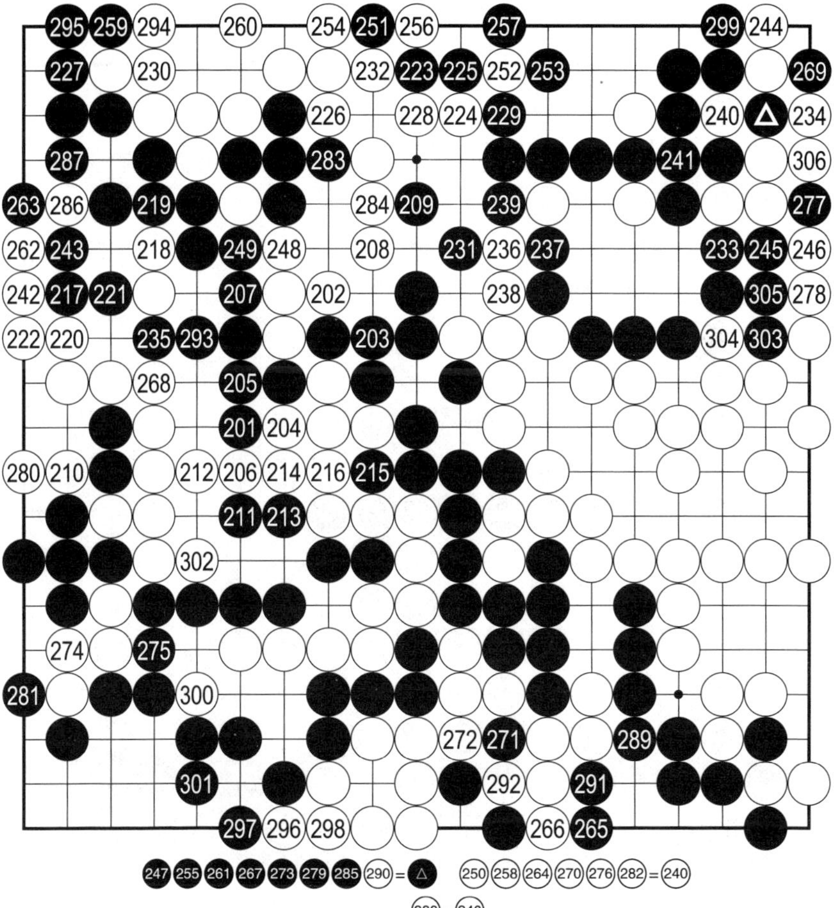

（201–306）

1961 年 6 月 30 日弈于北京体育馆
训练棋

黑方　王幼宸
白方　陈祖德

白 14 应于 13 上一路扳，实战白 10 的位置不太好。

白 30 应脱先守左上角。白 32 至 40 在自身弱点很多的情况下作战过于勉强。

黑 47 至 67 下得很精准，白棋陷入苦战。

白 78 应于 80 位虎，实战黑 89、91 好手，一举将白棋击溃。(黄奕中)

黑贴 $2\frac{1}{2}$ 子　共 97 手　黑中盘胜

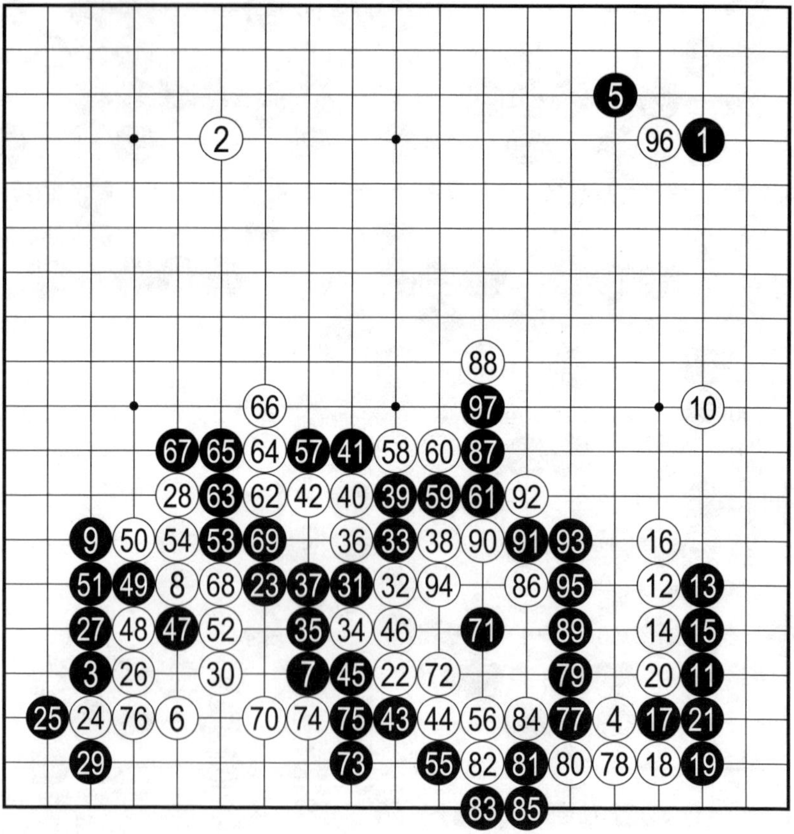

(1–97)

1961 年 7 月 5 日弈于北京体育馆
训练棋

黑方　魏海鸿

白方　陈祖德

黑 19、21 的定型不好，19 应于 18 右一路顶，白 26，黑 22，这样优于实战。

黑 35 应于 38 位补棋，实战白 38 长出严厉。

黑 65 应于 68 位扳，实战白 68 是要点。至 76，白棋取得优势。

黑 77 应于 86 位跑出两子，这样局面会复杂一些。实战白 86 提掉两子太厚。（黄奕中）

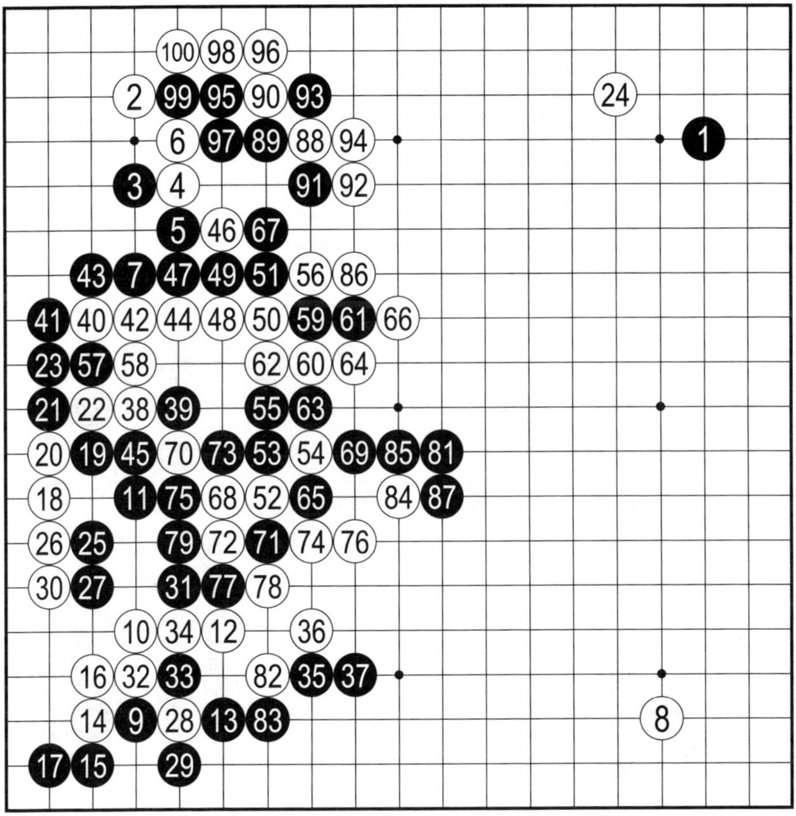

80 = 71

（1–100）

黑 137 无论如何应于 113 下一路冲拼搏，实战至 152，黑棋无力回天。（黄奕中）

黑方 **魏海鸿**

白方 **陈祖德**

黑贴$2\frac{1}{2}$子　共 192 手　白中盘胜

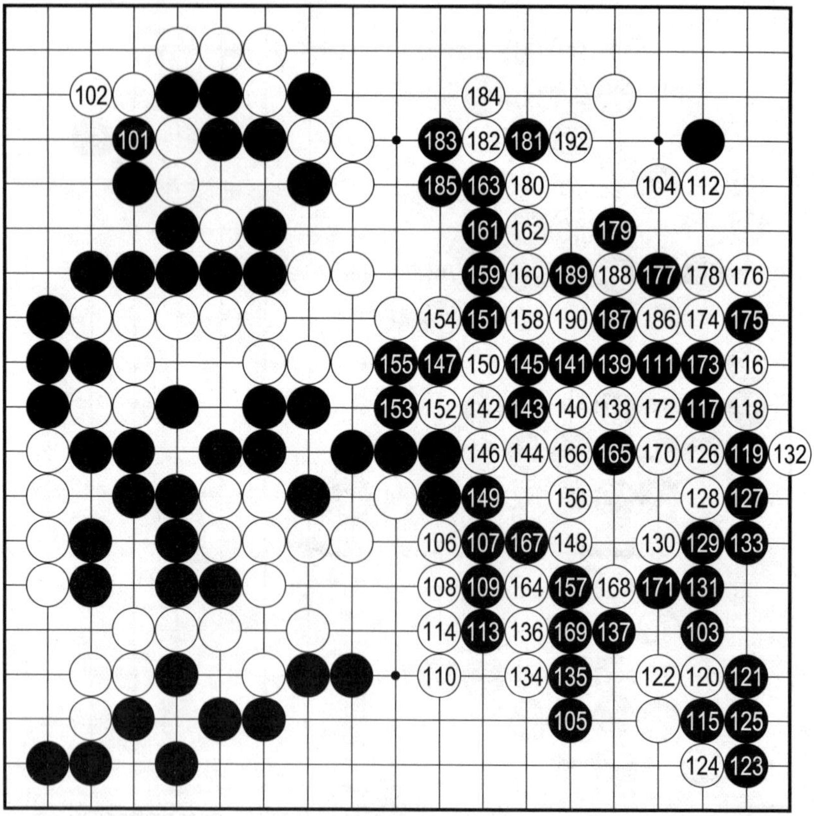

191 = 188

（101–192）

1961 年 7 月 7 日弈于北京体育馆

训练棋

黑方　陈祖德

白方　魏海鸿

黑 9 体现了陈老勇于创新的精神。白 14 在当时都是退的，现在来看，这样的棋形应在 15 位打已经是共识了。

白 32 应于 33 位反打，如此是白棋好下，实战至黑 37 形势发生逆转。

白 38 应于 36 下一路拐吃，黑长，白 80 跳，之后白 43 位尖是要点。实战被黑 43 尖到，黑棋优势扩大。

白 68 无理，此手应于 82 位扳，如此局面还很漫长。实战至 81 中间数子死了，白棋败局已定。（黄奕中）

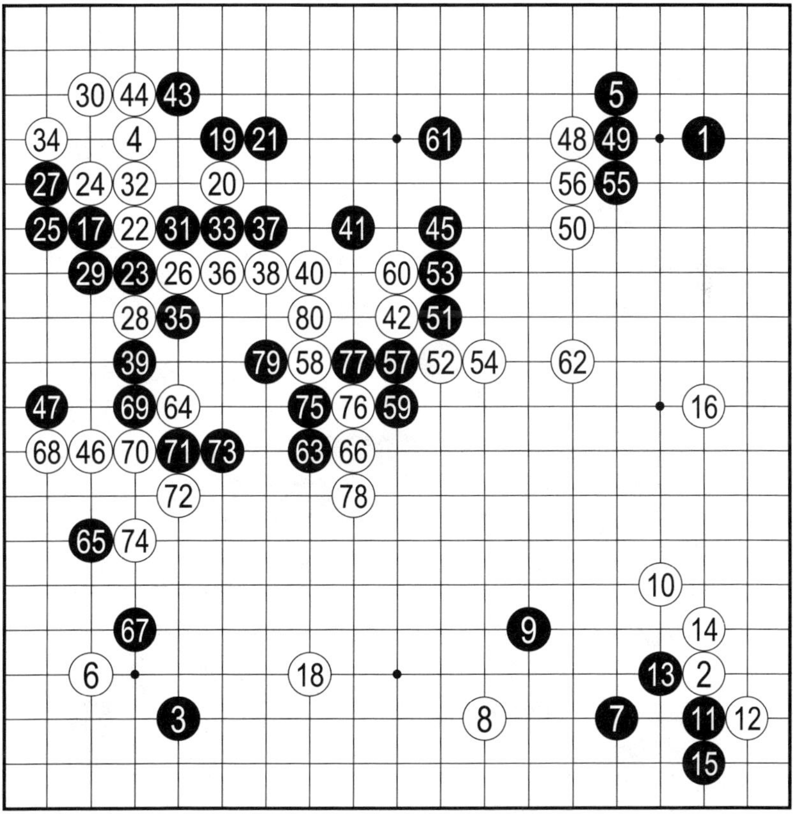

（1–80）

黑方　陈祖德

白方　魏海鸿

黑贴$2\frac{1}{2}$子　共 171 手　黑中盘胜

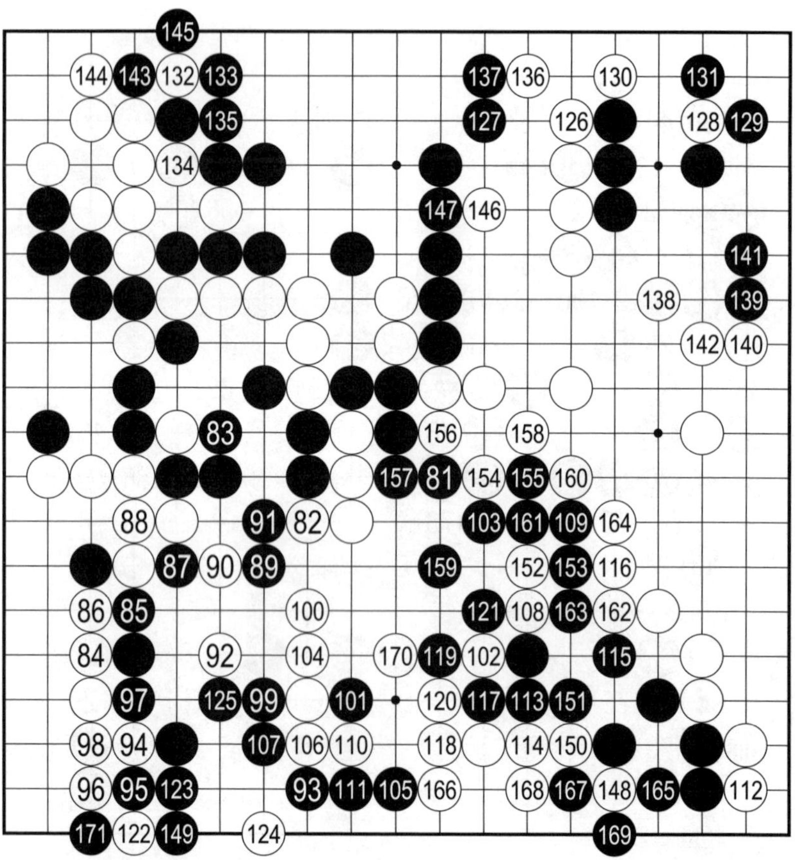

（81–171）

1961 年 7 月 10 日弈于北京体育馆

训练棋

白方　过惕生

黑方　陈祖德（受先）

本局从最后一手的形势和最后结果来看，棋分应该是让先。

白 32 应于 136 位顶，黑 94，白 204。

白 38 应于 120 位补棋，黑 39 在 186 位靠下严厉。

黑 57 应于 54 左一路连扳，实战白 58 打之后，白棋形势有所缓和。

黑 63 应脱先在 160 位扳。白 72 先手扳到后，白棋得分，形势稍优。（黄奕中）

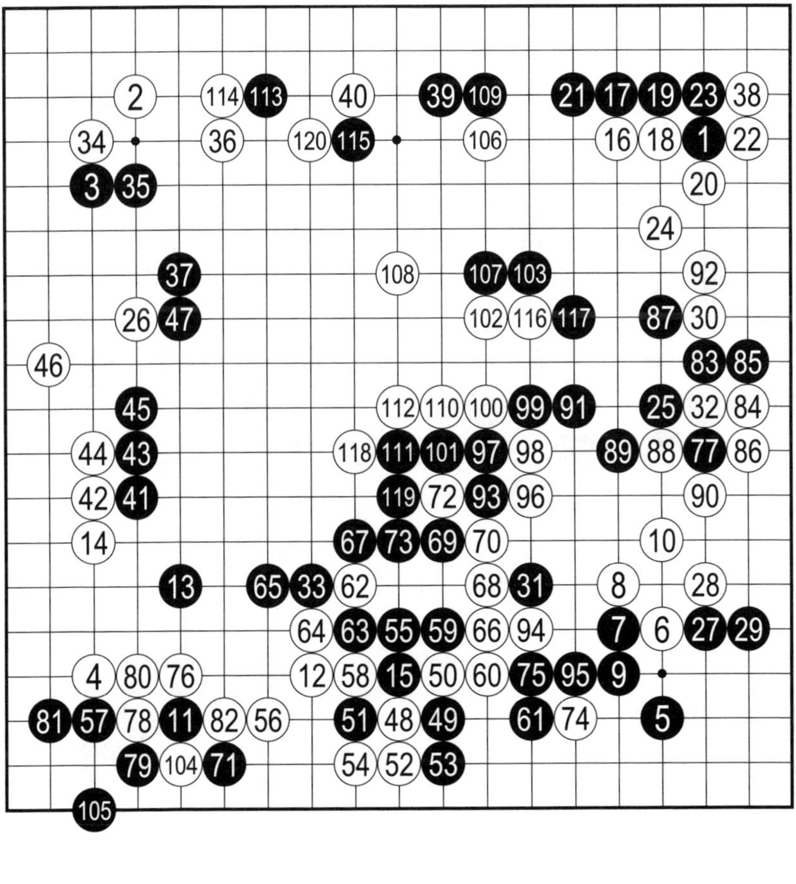

（1–120）

白130应于143位扳，黑133，白121右一路打定型。实战被黑143长到后，白棋让先已经很难了。（黄奕中）

白方 **过惕生**

黑方 **陈祖德**（受先）

共221手　黑胜3子

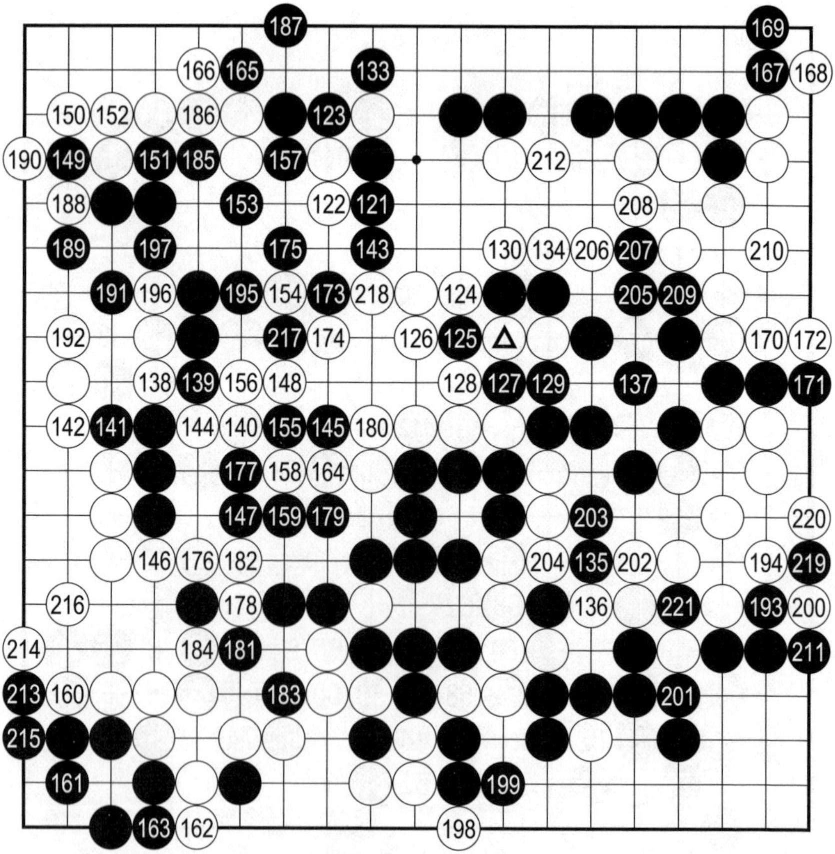

（121–221）

1961 年 7 月 12 日弈于崇外旅馆

训练棋

白方 金亚贤

黑方 陈祖德（受先）

本局从最后一手的形势和最后结果来看，棋分应该是让先。

白 28 应于 29 位长，实战被 29 包打一下，白棋亏不少。

白 38 应于 13 下一路扑，实战白棋角地损失太大，黑棋大优。

白 64 应于中央一带行棋，实战黑 65 至 83 弃子行云流水，黑棋扩大优势。（黄奕中）

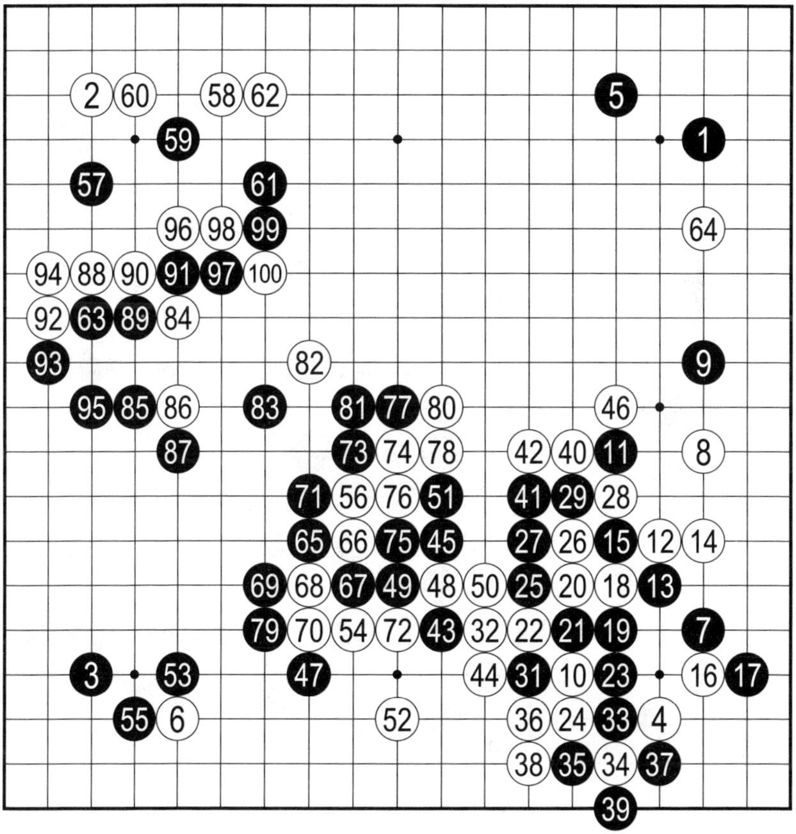

30 = 15

（1–100）

黑方 **陈祖德**

白方 **金亚贤**

黑 137、139 应保留，实战交换后眼位失去弹性，局势拉近了。

黑 157 应于 156 左一路打，白 158，黑 165 虎，优于实战。

白 158 不解，这里不用补的，应直接在 160 位尖，如此还有点细。

实战黑棋抢到 161 跳之后，胜势不可动摇。（黄奕中）

共 195 手　黑胜$2\frac{1}{2}$子

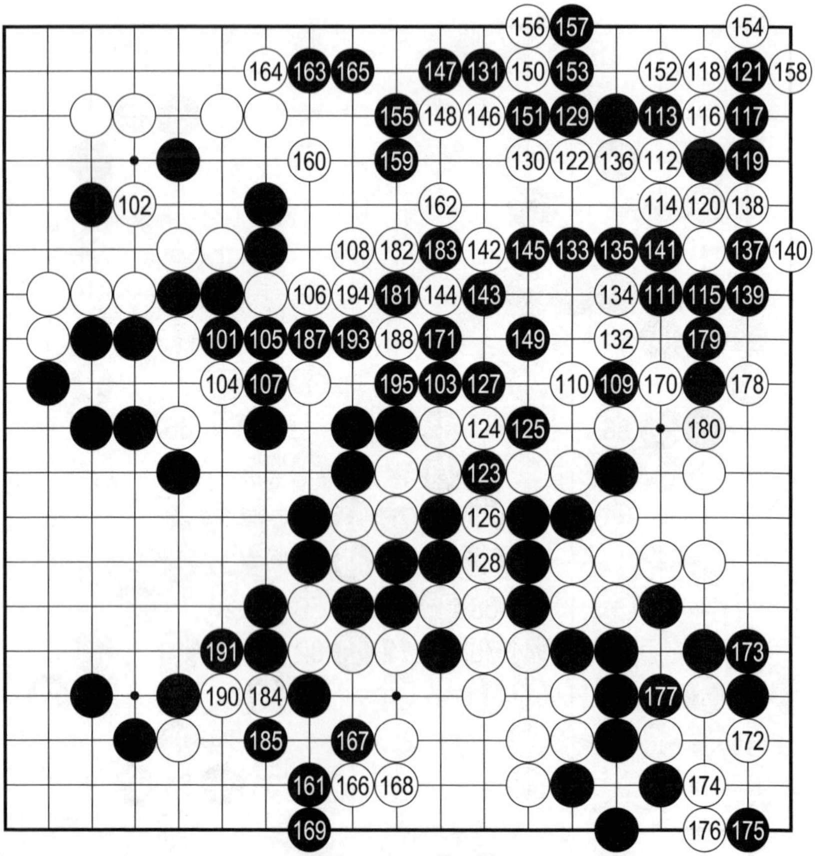

186 192 = 144　189 = 183

1961年7月13日弈于崇外旅馆

训练棋

黑方　刘棣怀

白方　陈祖德

白12应于13位粘之后再22位拆。实战黑13断后，局部黑棋便宜。

黑29略显保守，应于33位跳，白76，黑77。

白36至42的定型值得推敲，36可于37位长，黑41，白再于右边守空。

白52应于55位长，实战被提掉一子损失太大，黑棋优势。

白76、78应在下面行棋，实战被黑棋先动手差别太大。战斗至97，黑棋胜势。（黄奕中）

黑贴2½子　共135手　黑中盘胜

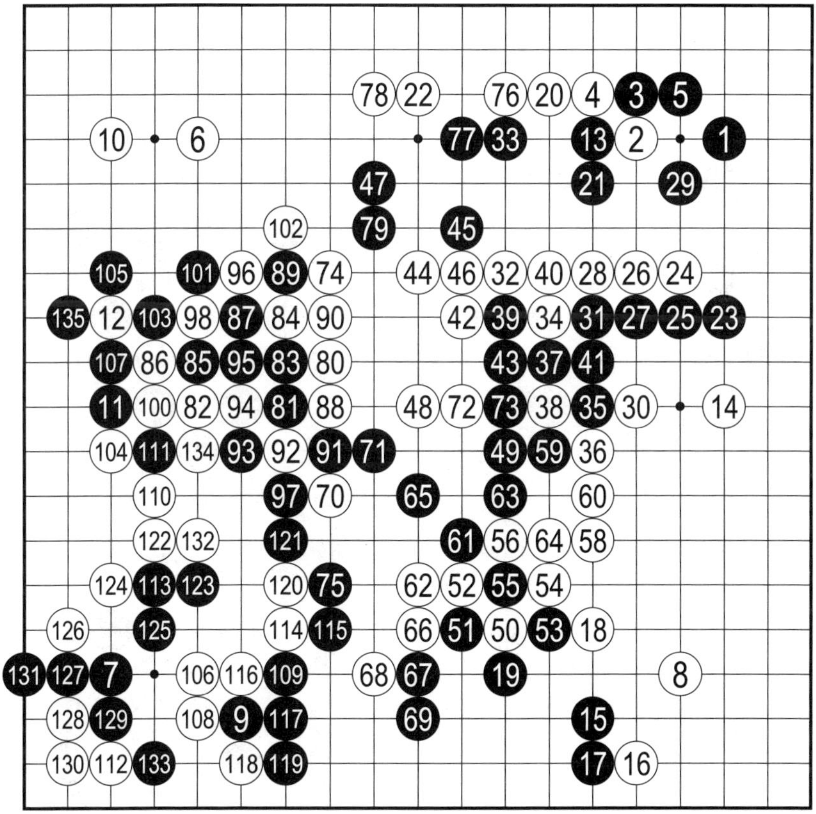

57=50　99=92

（1–135）

1961 年 7 月 17 日弈于崇文旅馆

训练棋

黑方　金亚贤

白方　陈祖德

右下角的定型黑棋稍亏，黑 17 可以考虑脱先于 30 位长出。

黑 29 不着急，应于 30 位长，白 114，黑 33 位打入。白 30 虎后，布局成功。

白 56 应直接在 59 位断，黑 58，白 126 冲出，如此白好下。此后在这个局部黑 61 错失良机，应于 62 位打，白 61，黑 126，白 128，黑 129，这样黑优。

白 70 应于 77 位断，实战黑 75 应于 76 位抱吃。至 78 白棋重新取得优势。

黑 89 应于 90 位二路拐吃，实战黑无功而返。（黄奕中）

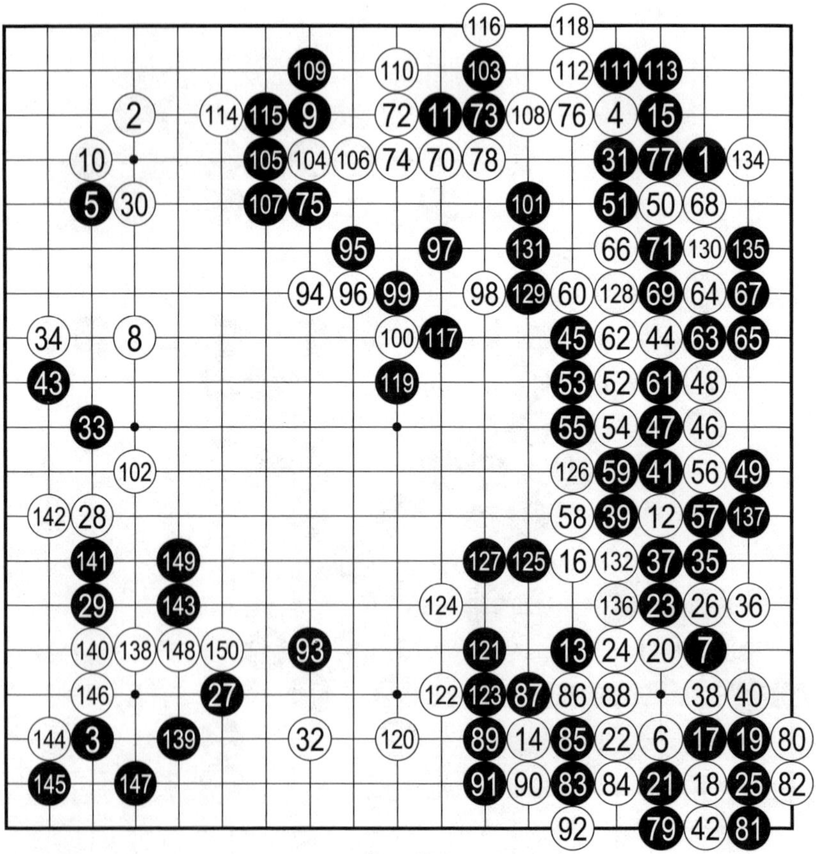

133=12

(1–150)

黑方 **金亚贤**

白方 **陈祖德**

白 102 应于 277 位补棋，实战黑棋出棋严厉，至 119 形势逆转。

黑 195 败着，此手应直接在 213 位挖出棋，这样白不好杀黑。实战至 208，白棋已是胜势。（黄奕中）

黑贴$2\frac{1}{2}$子　共 284 手　白胜半子

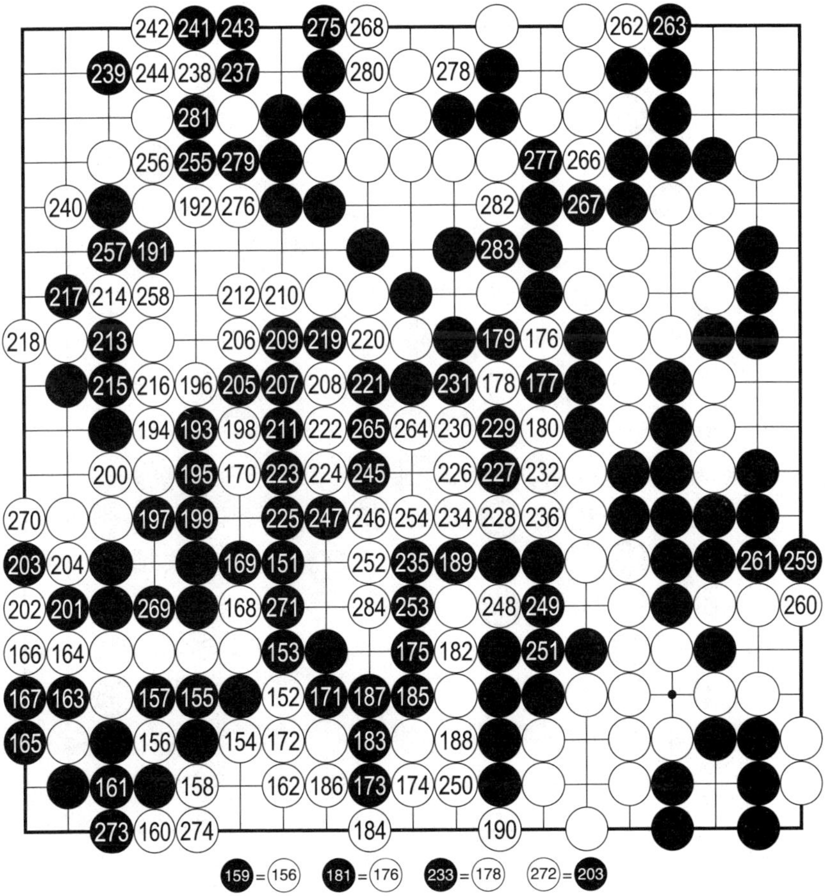

（151–284）

1961 年 7 月 19 日弈于崇外旅馆
训练棋

黑方　陈祖德
白方　刘棣怀

左下角的定型黑棋亏损，黑 17 应于下一路立，白 20，黑 29，看轻左下角两子。

白 42 应于 43 位厚实地挡，黑 42，白 41 右两路漏，如此白优势。（黄奕中）

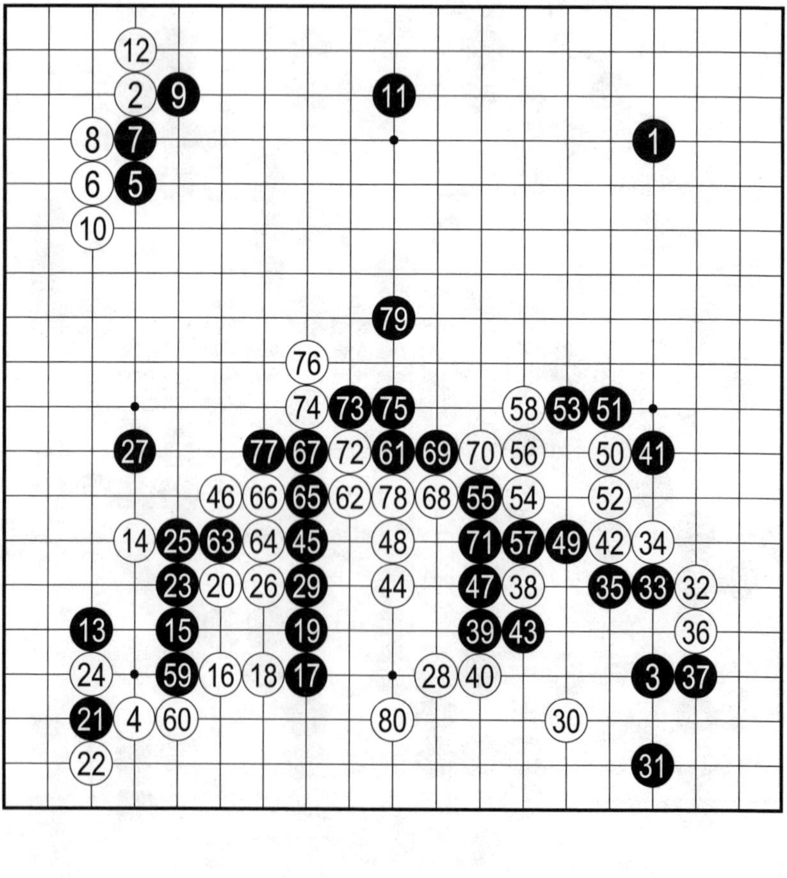

（1–80）

黑方　陈祖德
白方　刘棣怀

黑83失着，应于115位挡，白111，黑109跳，就地做活。

黑89应于90位尖，白131做活，黑89断，这样局势尚早。实战被白90封住，黑棋危险。

至133，黑棋虽然竭尽全力下成双活，无奈外面损失惨重，白已是胜势。（黄奕中）

共168手　白中盘胜

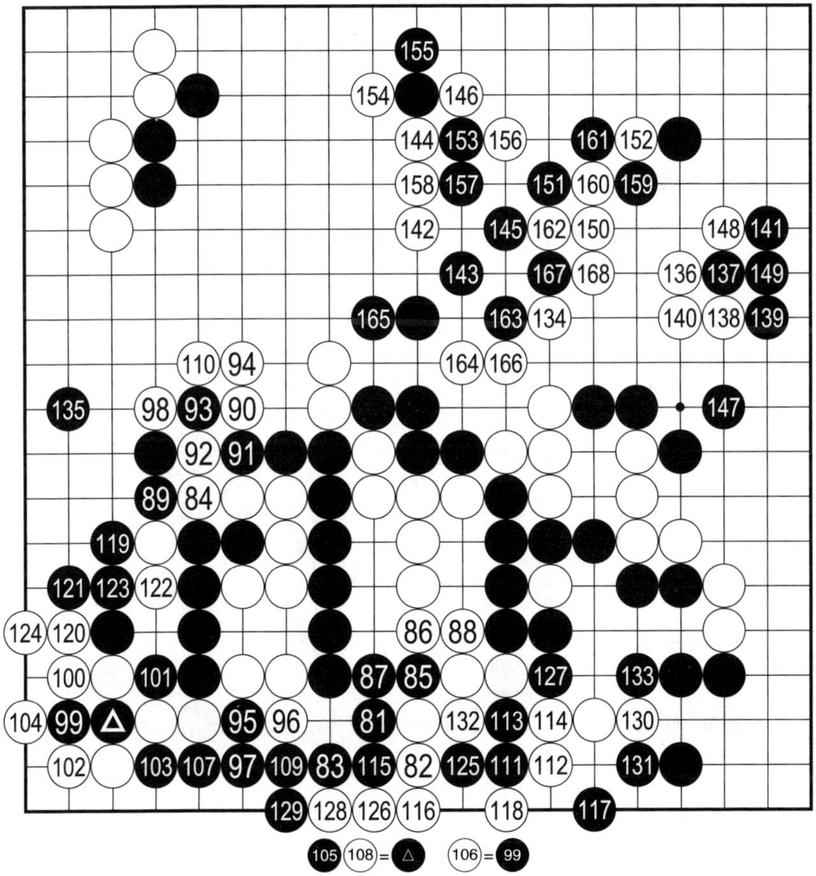

（81–168）

1961 年 7 月 21 日弈于崇外旅馆
训练棋

黑方　陈祖德
白方　黄永吉

黑 7 是有趣的下法。黑 15 直接挂入，体现了陈祖德老师好战的风格。黑 31 用意是制造劫材，为黑 33 开劫做准备。对此白 36 还是应该消劫，右下黑若 36 位冲，白可反冲应对。实战右上劫争被黑棋打赢后，黑拔花极厚！并且与黑 7 一子的配合极佳。

黑 65、67 虚晃两枪后，为黑 69 扳出创造了条件，这套组合拳展现了陈老灵动的思路。（胡耀宇）

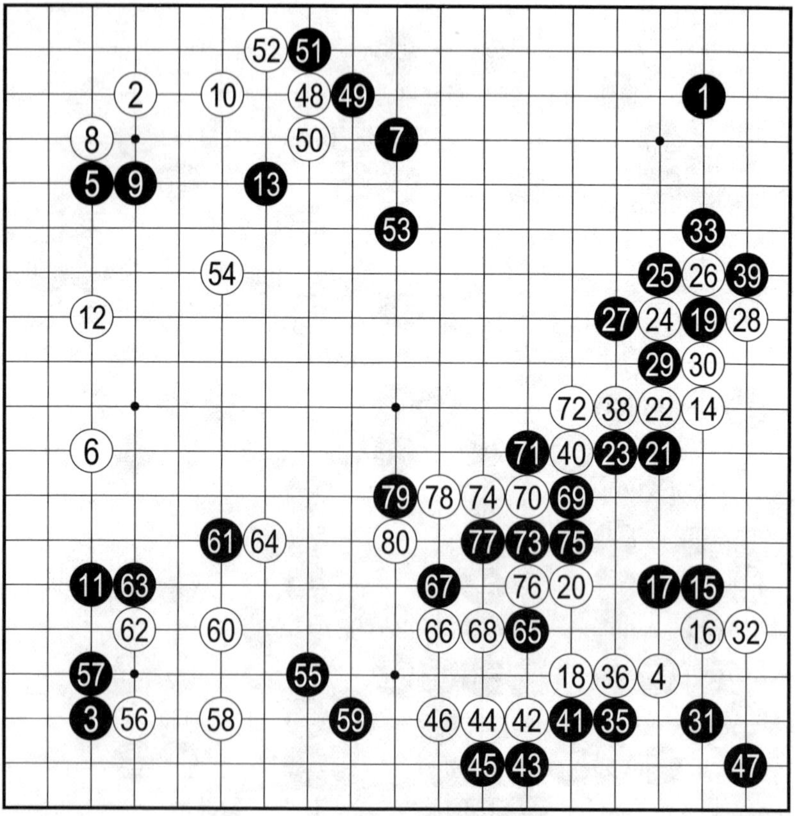

34＝24　37＝19

（1–80）

黑方 **陈祖德**

白方 **黄永吉**

右边黑大块杀出与左下黑棋会师后，黑胜局已定。

注：黑83、85、87疑似次序错误，正常应该先黑87再83，然后85。（胡耀宇）

共179手　黑中盘胜

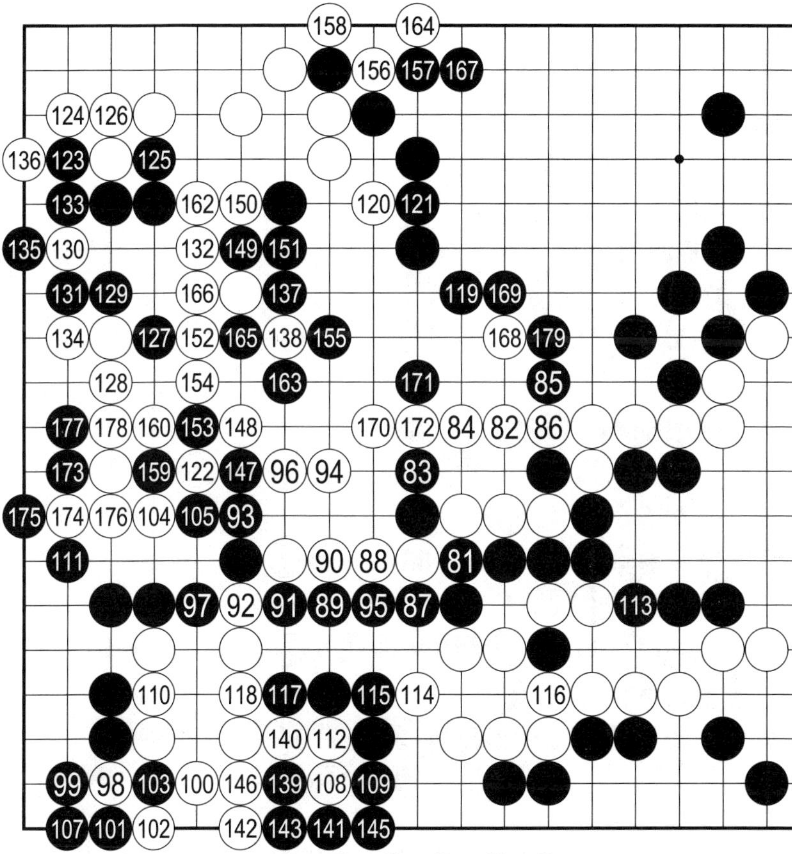

106=98　144=103　161=122

（81–179）

1961 年 7 月 24 日弈于崇文旅馆

训练棋

黑方　过惕生

白方　陈祖德

白 6、8 是有趣的新手，引发了左下战斗，之后战火一直蔓延到了左上。双方直到 100 手以后才有空去占右下空角，可见战况之激烈。由于黑棋的气太紧，黑 39 冲挑起正面作战有过分之嫌。黑 39 可考虑先占右下空角徐徐图之，实战白棋明显可战。白 98 失误，应直接在 100 位虎，这样黑局部将活得很难受。（胡耀宇）

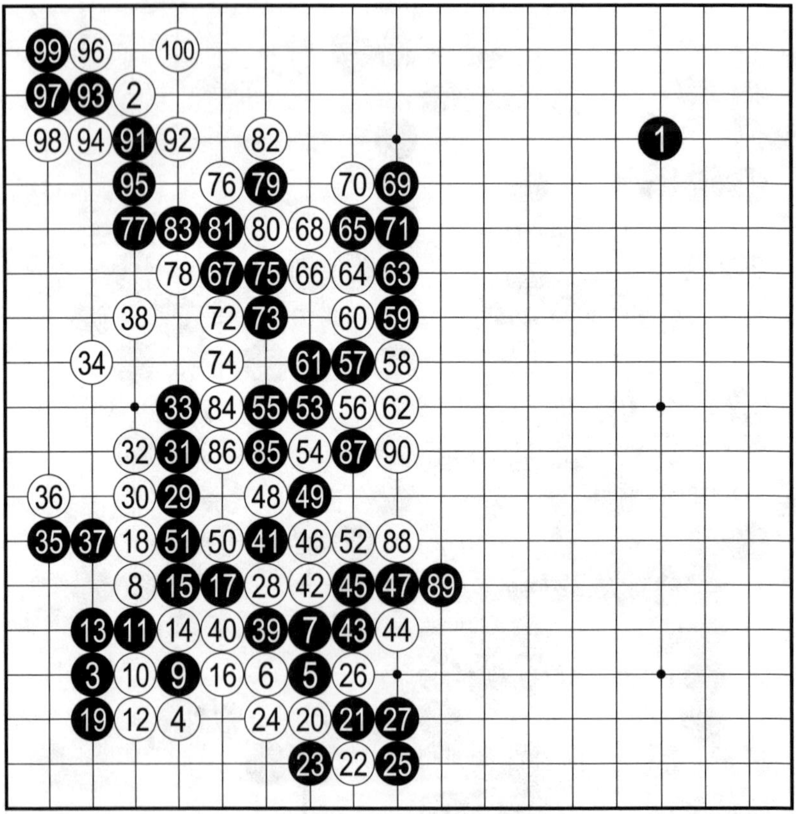

（1–100）

黑方 **过惕生**
白方 **陈祖德**

由于下方黑棋太厚，因此白110占空角的方式有疑问，应该走161位三三或者181位小目更好。白114也应小尖，实战白角很薄。黑169应先287位挡，白大致283位粘，黑再170位先手挡一下，如此比实战好很多。（胡耀宇）

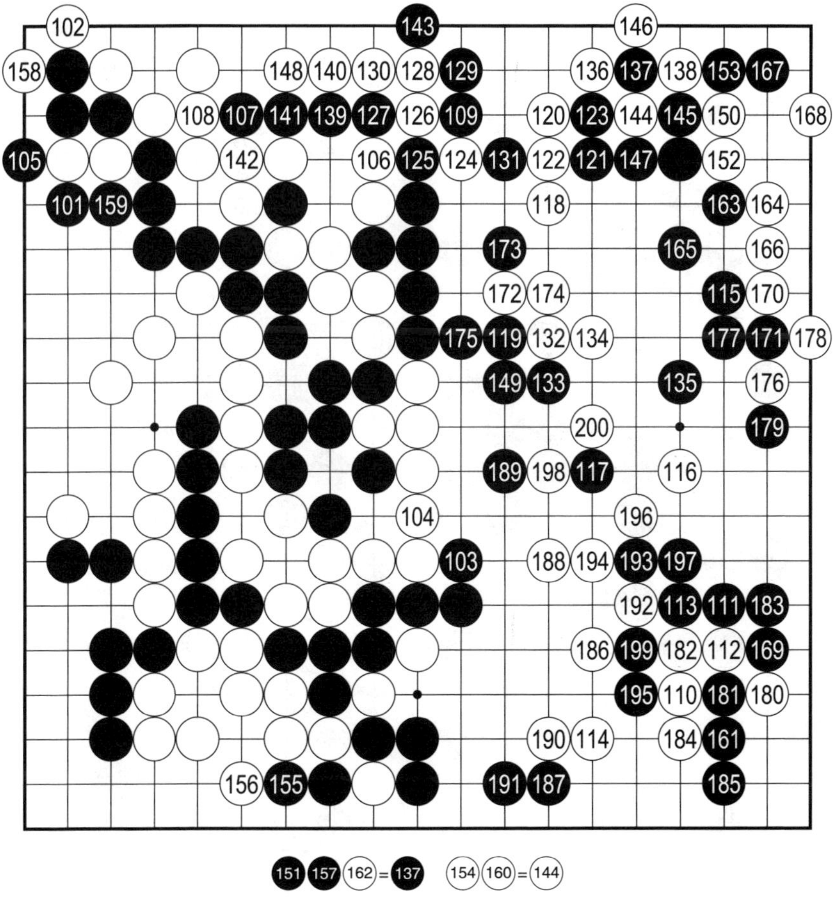

（101–200）

黑方 **过惕生**
白方 **陈祖德**

最后右下攻防战白棋通过弃三子得以保全大龙，但棋局却意外地大杀小输赢，最后白棋幸运地小胜1目。这盘棋对局双方的攻防战非常精彩，值得我们好好学习。

最后白棋盘面好2目，不知为何只算赢1目？（胡耀宇）

共300手　白胜半子

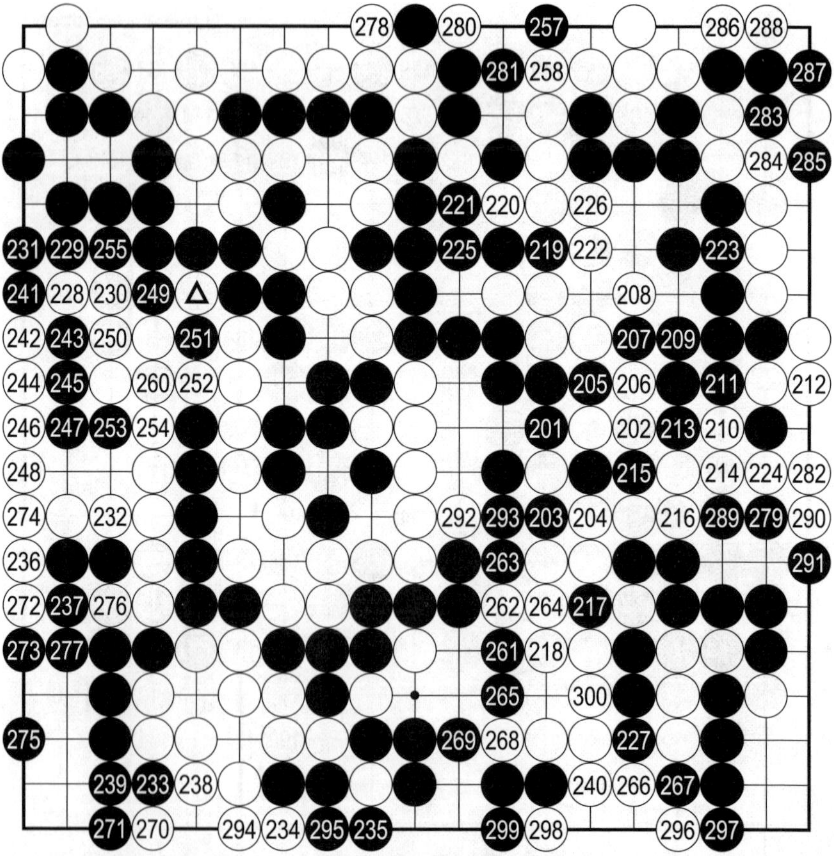

256=△　259=251

1961年7月26日弈于崇文旅馆

训练棋

黑方　陈祖德

白方　崔云趾

黑23应30位逼住，实战黑27打吃时，白28先提再30反打机敏！白32可考虑肩冲右上三三找劫材，反正左上轮黑棋走也没好棋下。不过实战黑开劫后，白棋抢到38拆二好点，局势依然很好。面对黑53碰求战，白54转身尖顶，无论此着好坏如何，这灵活的思路值得学习。

黑67以下引爆劫争出现严重的判断失误。实战左下角黑棋损失惨重，而右下白大块就算死了，黑棋也得不偿失，更何况局部还有个打劫活？这劫争转换后，黑棋大势已去。(胡耀宇)

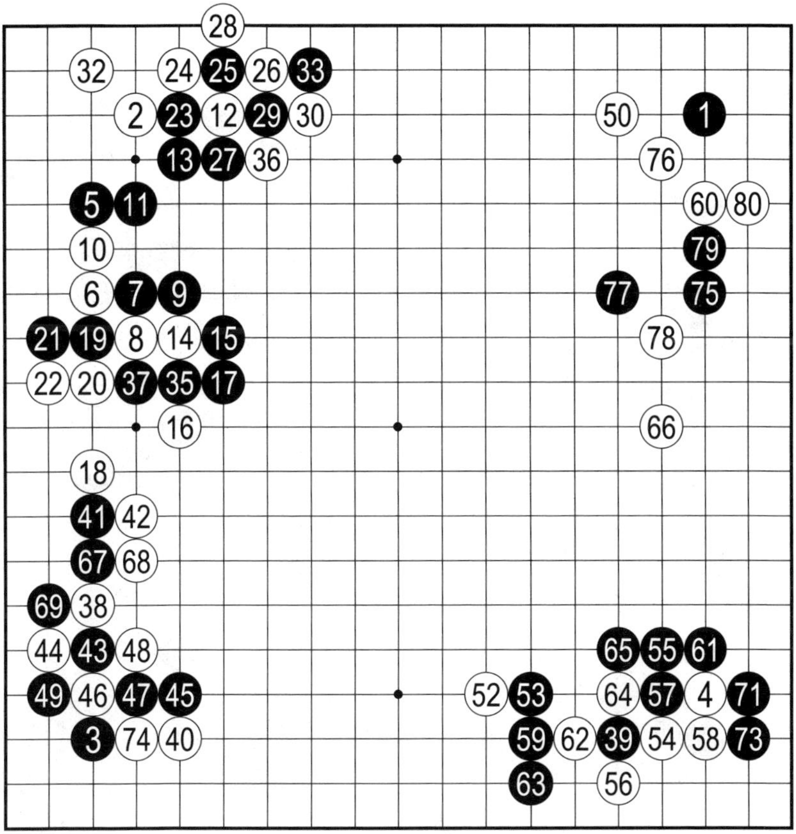

31=25　34=12　51 72=43　70=46

(1–80)

黑方　陈祖德

白方　崔云趾

共 171 手　白中盘胜

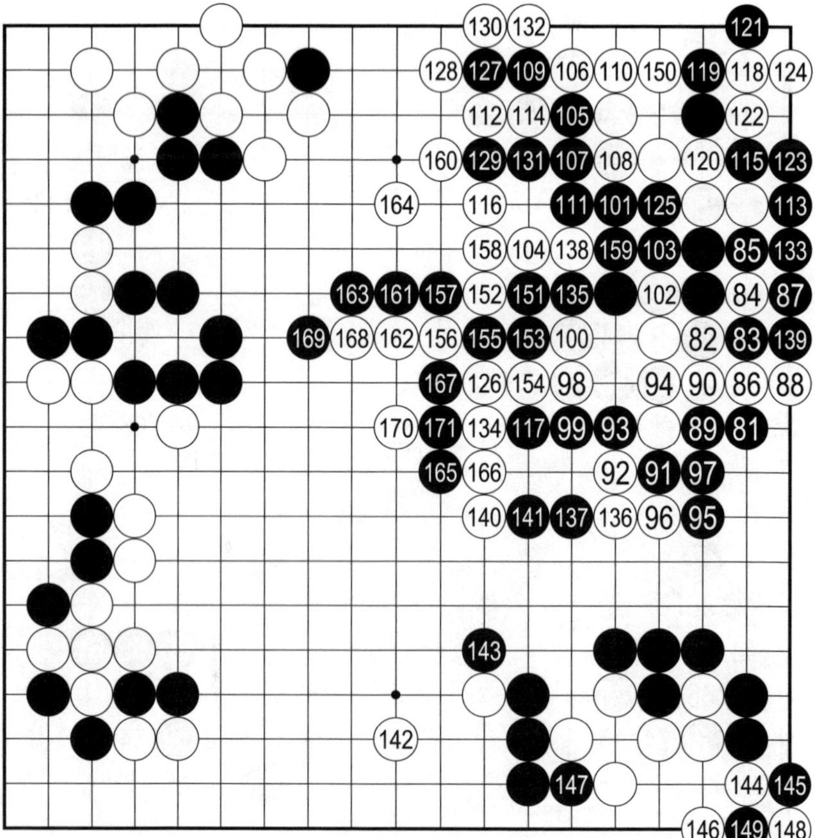

（81–171）

1961年7月28日弈于崇外旅馆

训练棋

黑方　黄永吉

白方　陈祖德

黑29可以考虑在30位连扳寻求腾挪，实战黑棋有凝重之嫌。白46先刺后再48飞是行棋的好次序。白88缓手，应94位先冲后再91位双出，如此黑棋很难办。实战由于黑87、89多了两颗援兵，黑91以攻为守，棋局顿时混沌不清。（胡耀宇）

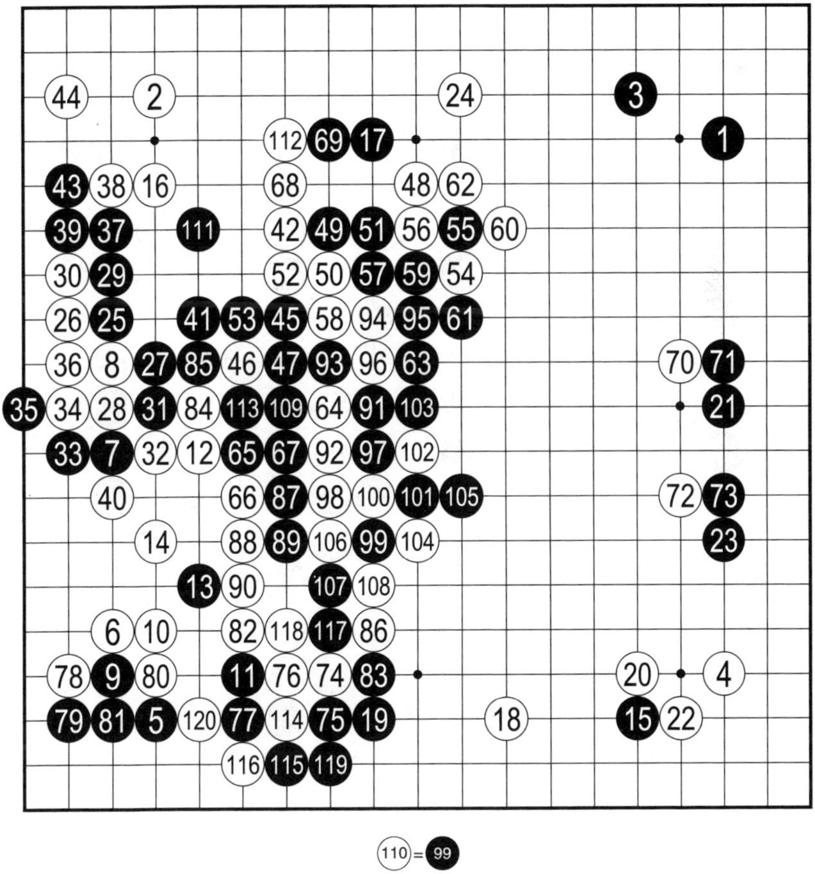

(1–120)

黑方 **黄永吉**

白方 **陈祖德**

黑119应121打吃。白126、128行棋方向不好，白126应132位肩冲，限制右上黑势。黑131过分了，应139位飞封，如此棋局胜负难料。实战白132肩冲反击机敏！白142断是妙手，之后右上形成转换，白棋明显得利，取得胜势。（胡耀宇）

共258手　白胜1½子

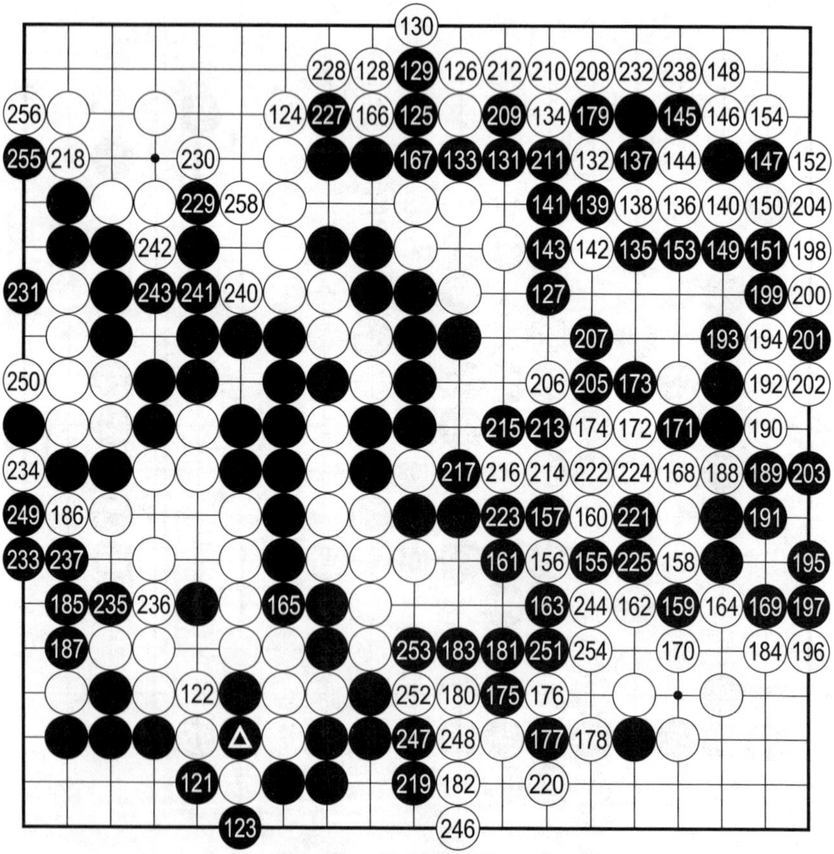

226=159　239=132　245=156　257=△

（121–258）

1961 年 7 月 31 日弈于崇外旅馆
训练棋

黑方　崔云趾
白方　陈祖德

白 18、20 行棋方向有误，应在右边行棋。白 26 应 104 位虎，如此黑棋不好封锁。实战黑 27 尖封后，白棋陷入苦战。白 44 应 46 位单扳。黑往前长，白再 44 位顶断黑棋；黑若往回退，实战等于白挤跟黑棋粘交换一下，黑大损。黑 49、51 靠断是以攻为守的好手段，右下白棋攻黑不成，自身反而出了问题。（胡耀宇）

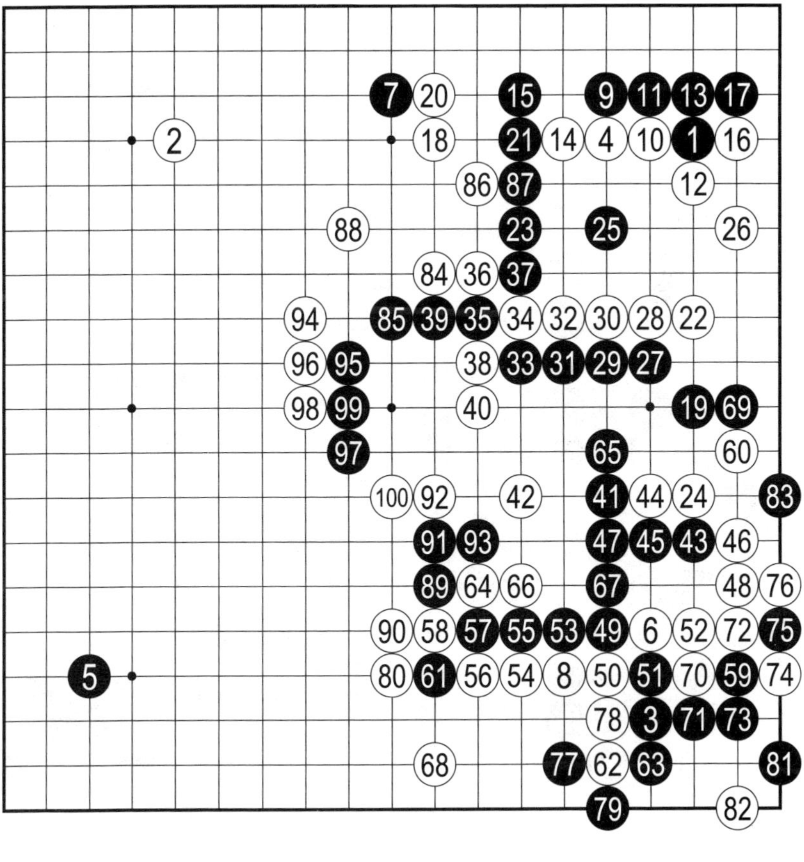

（1–100）

黑方 崔云趾
白方 陈祖德

最后黑 149 靠看似是形，实则应 156 位小尖。黑 151 应右一路勾，贴住白气，这样黑棋还可与白对杀。不过黑棋应该是忽略了白 152 挖的妙手，导致被白反杀。（胡耀宇）

共 194 手　白中盘胜

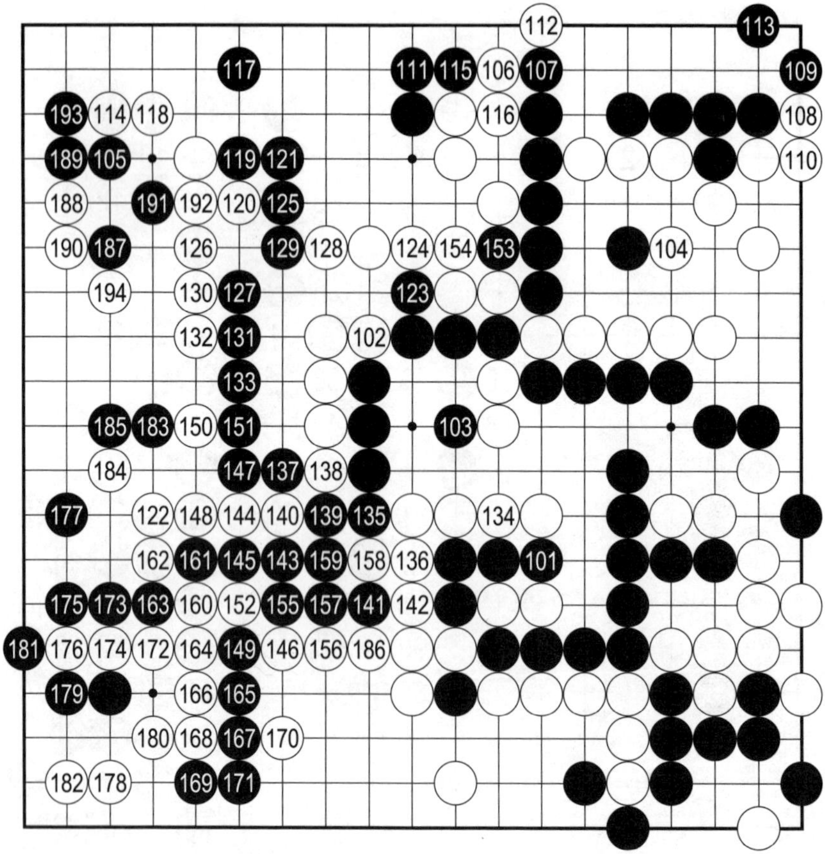

（101–194）

1961 年 7 月 31 日弈于崇外旅馆

训练棋

黑方　崔云趾

白方　陈祖德

黑 37 应 120 位二路跳，这是事关黑白两块根据地的急所。白 78 错失良机，应 81 位上一路打吃，黑若 78 位提，白可断打，将黑两子棋筋吃掉；黑若 81 位粘，白可 46 位左一路断打。黑 85 应上方二路小尖先手搜刮白棋，不然被白 97 位打吃后扳过的话出入巨大。白 88 应直接 97 位打吃后二路扳过，黑棋还欠个“接不归”。（胡耀宇）

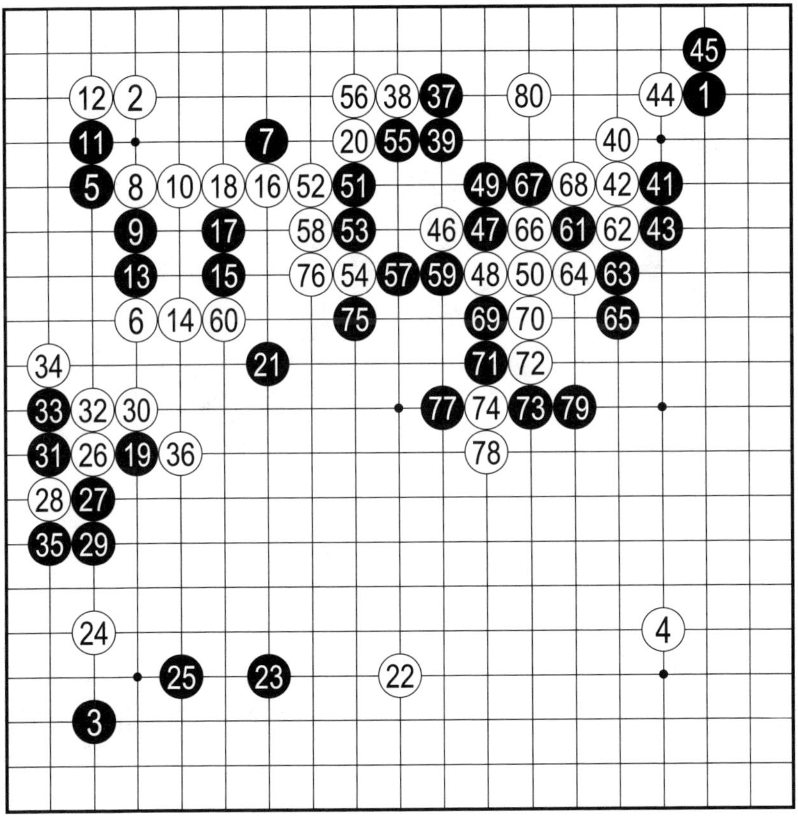

（1–80）

黑方 **崔云趾**

白方 **陈祖德**

黑125应135位粘，如此白棋难以两全。实战黑右下发力过猛，导致崩溃。最后白158是“送吃”的妙手。（胡耀宇）

共160手　白中盘胜

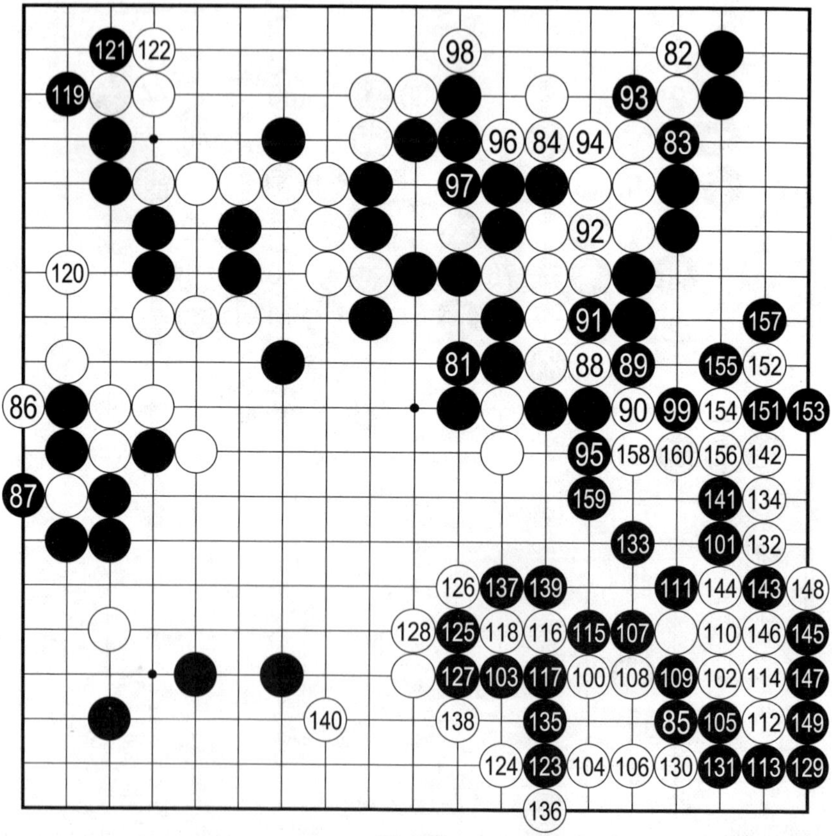

150=143

（81–160）

1961 年 8 月 7 日弈于崇文旅馆

训练棋

黑方　陈祖德

白方　邵福棠

白 22 行棋凝重。白 32 断打俗手，应 35 位单扳。白 44 应三路拆一防守，因为左下态势是黑强白弱。白 46 棋形太难受了！应 47 位夹，黑若顶，白可粘完后顺势 59 位跳出，这是行棋的步调。实战白 48、50 单纯逃孤，下方还被黑 51 抢先攻逼，形势已非。（胡耀宇）

共 91 手　黑中盘胜

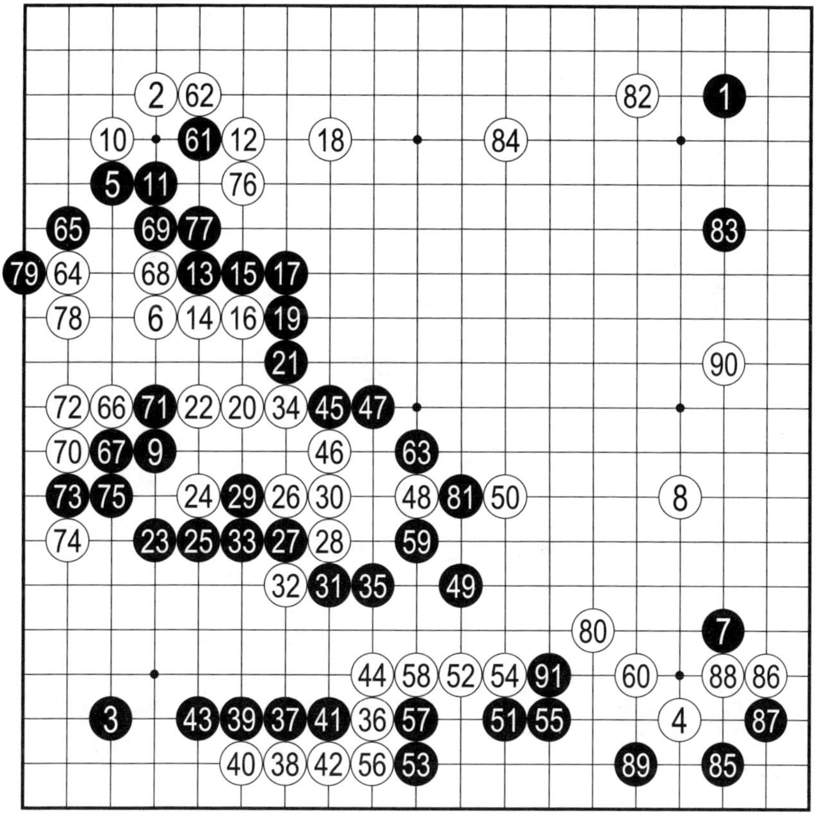

（1–91）

1961 年 8 月 8 日

黑方 邵福棠

白方 陈祖德

黑 11 可考虑抢占左上挂角好点。黑 13 如下 91 位效率更高。白 56 是为了白 62、64 托了连扳的手段做准备，但本身出头慢了。白 76 应往上一路跳，棋形更好。白 106 脱离主战场，且本身价值不大。白 106 应 107 位扳，黑冲的话，白右边多了援军，在中腹作战的处境要比实战好很多。实战黑 107 长后，中央白明显苦战。黑 125 走 132 位单贴是形。黑 133 突然脱先是败着，应 128 位左一路扳，可救出中央八子棋筋。（胡耀宇）

共 146 手　白中盘胜

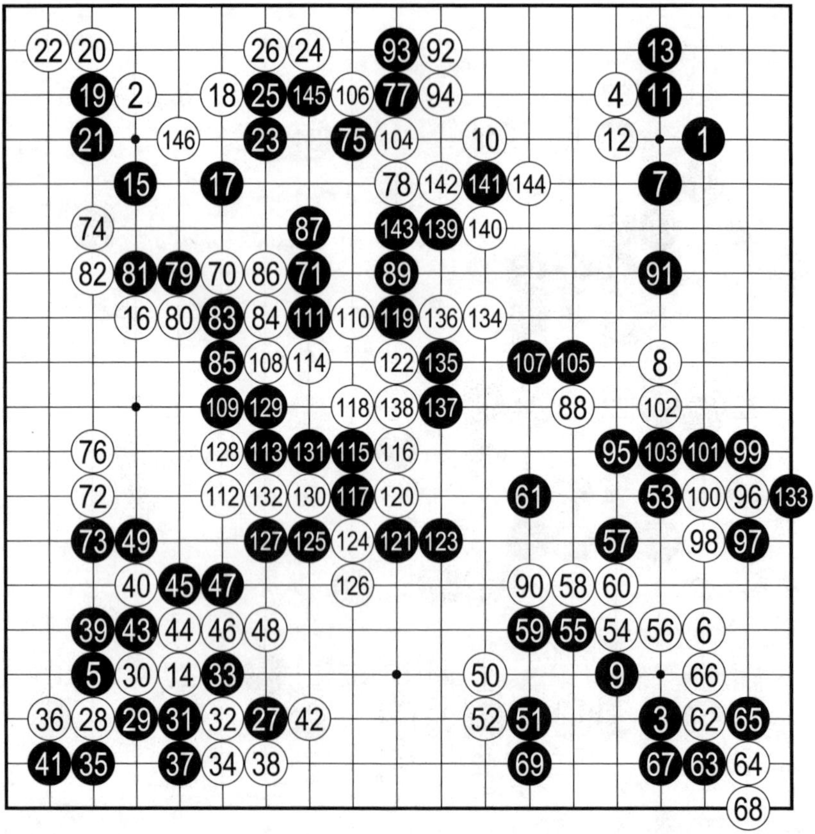

（1–146）

1961 年 8 月 10 日弈于崇文旅馆

训练棋

黑方　过惕生

白方　陈祖德

黑 37 打出来过分了，应该直接抢左下 47 虎的好点，如此黑棋序盘顺风满帆。白 46 打入也是想求战，但是至黑 61，白棋所得很有限。白 62 以下双方在上面的攻防非常值得学习。黑 79 抢到右下角后，双方又在右下展开激烈的战斗，但是由于黑在左边和右上有子力接应，总的来说是白棋苦战。(胡耀宇)

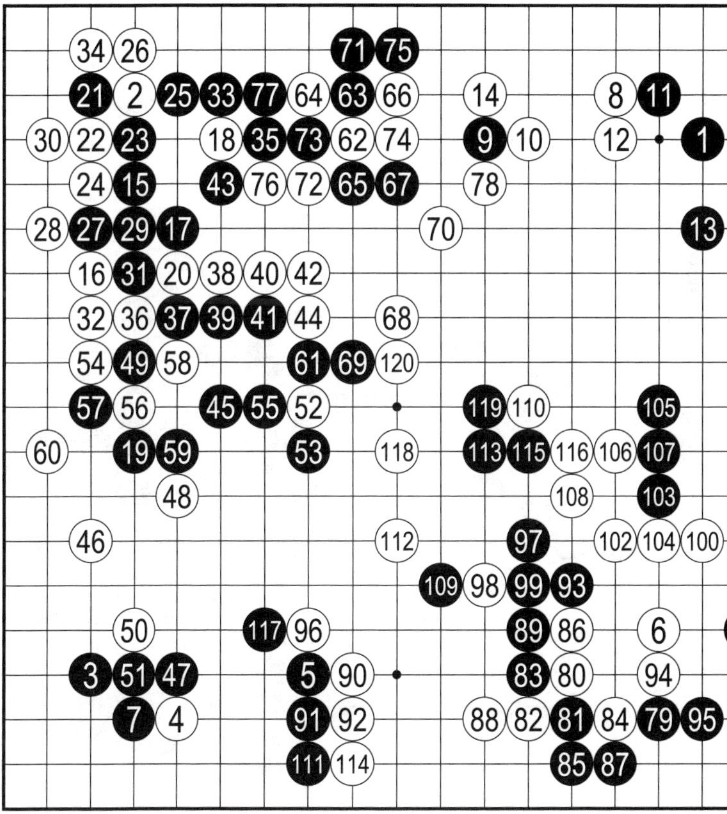

(1–120)

黑方 **过惕生**

白方 **陈祖德**

但是接下来黑127不简明，应137位打吃，白粘上，黑再131位虎，白138双，黑207冲，可吃白两子连络。实战白棋通过劫争将中央黑数子割下后，棋局难说了。可白148缓手，应173位小尖冲击黑形弱点。实战黑151顺利连络后，黑棋再次取得较大的优势。但是黑169大失误！应直接171位粘，这样黑棋胜势不可动摇。实战黑棋估计想先手粘一下，却没注意白170以下冲过来后，黑棋与白对杀气不够。无奈之下，黑181只好及时止损。这样棋局进入官子胜负，黑209错失胜机，应208位左一路挖，如此黑棋将获胜。最后双方盘面平空，经过全盘精彩激烈的战斗后握手言和。（胡耀宇：黑白目数一样，为何是白胜2目？）

共223手　白胜1子

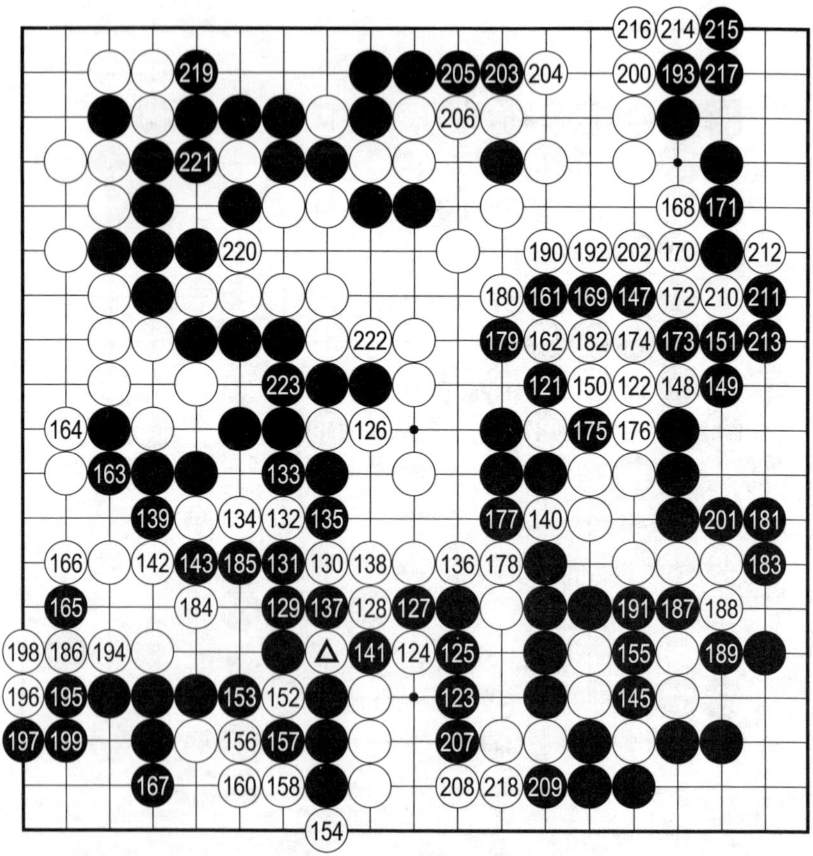

144=△　146=141　159=152

（121–223）

1961 年 8 月 11 日弈于崇文旅馆
训练棋

黑方　陈祖德

白方　金亚贤

黑 23 应 89 位并。白 38 尖补是防黑二路点的手段。黑 39 靠断体现了陈老师的好战风格。但黑 55 断打过分了，应直接 61 位跳。实战白 58 弃两子好手。白 64 值得学习。但白 72 错失良机！白 72 应直接 71 位下一路靠，黑粘，白扳，黑拐，白可贴了枷住黑棋，如此黑中央棋筋被吃肯定不行。白 78 应 81 位扳。黑 111 应右上 102 上一路靠断试白应手，如此白棋很难办。实战黑 121 虽然撑住大空，但是空里味道不好，可白棋似乎忽略了这个问题，这是一盘未下完的棋。（胡耀宇）

共 121 手　胜负不明

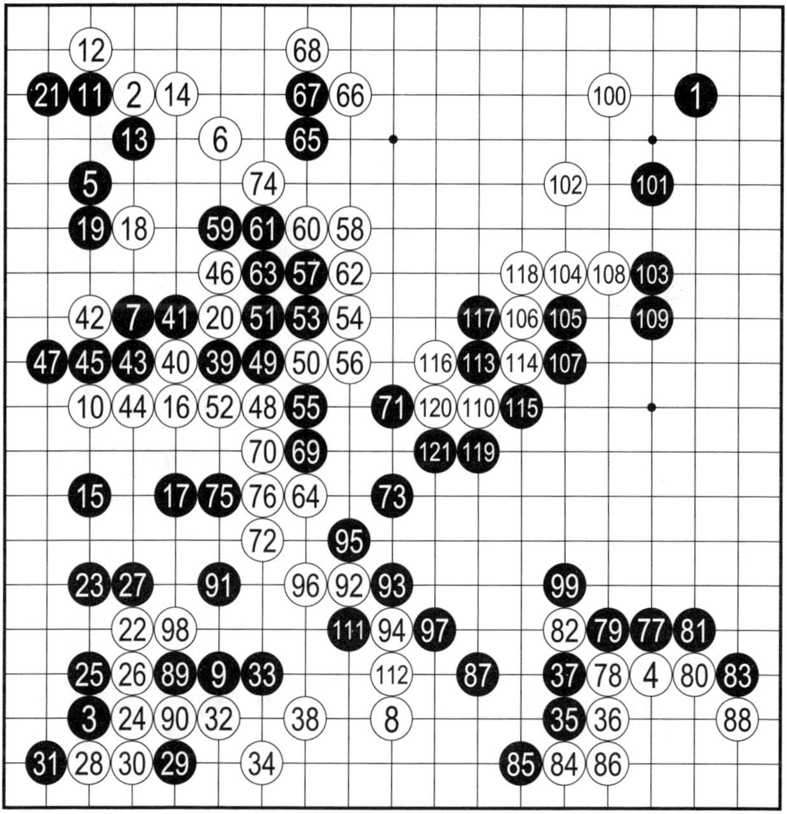

（1–121）

1961 年 8 月 14 日弈于崇文旅馆
训练棋

黑方　崔云趾
白方　陈祖德

白 48 强手，引发激战。黑 57 可直接在 59 位长，白如试图吃黑 39、49 两子，黑有滚包的妙手可以突围。黑 63 看似平常，其实暗藏杀机，随后黑 65 封锁好手，69 紧凑，白只能做打劫活。此处展现出崔云趾先生的精准算路。至 100 转换的结果，黑棋一举取得优势。（谢赫）

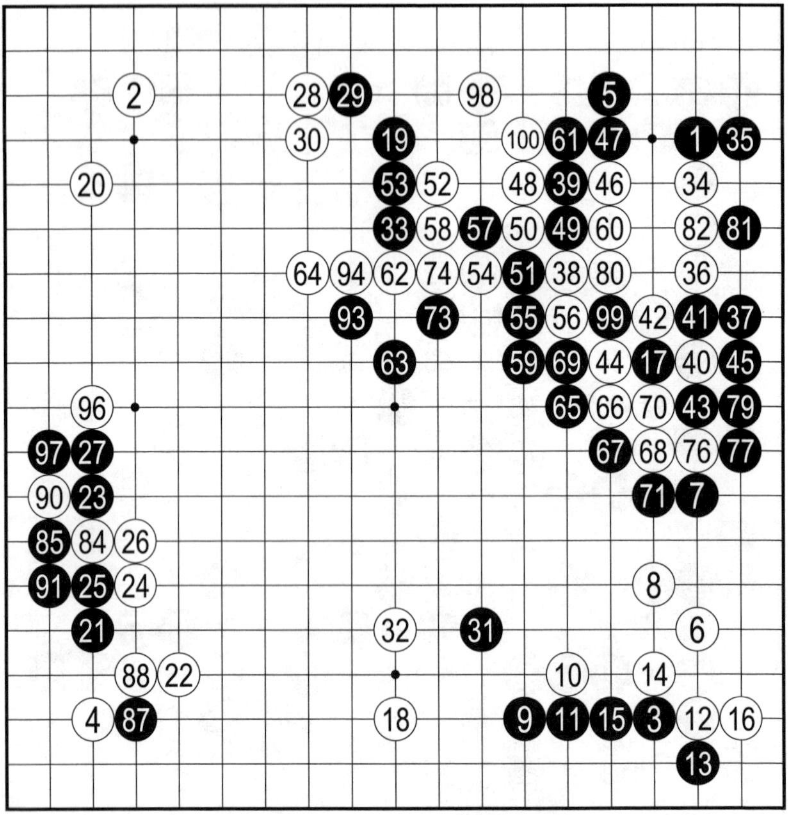

72 78 86 92 = 40　75 83 89 95 = 17

（1–100）

黑方 **崔云趾**
白方 **陈祖德**

黑101一边收空一边瞄着白棋不活。白102应在117位补一手。黑103一剑封喉，将白右下整块净吃，黑棋的优势进一步扩大。此后黑安全运转，稳操胜券。（谢赫）

黑贴$2\frac{1}{2}$子　共192手　黑中盘胜

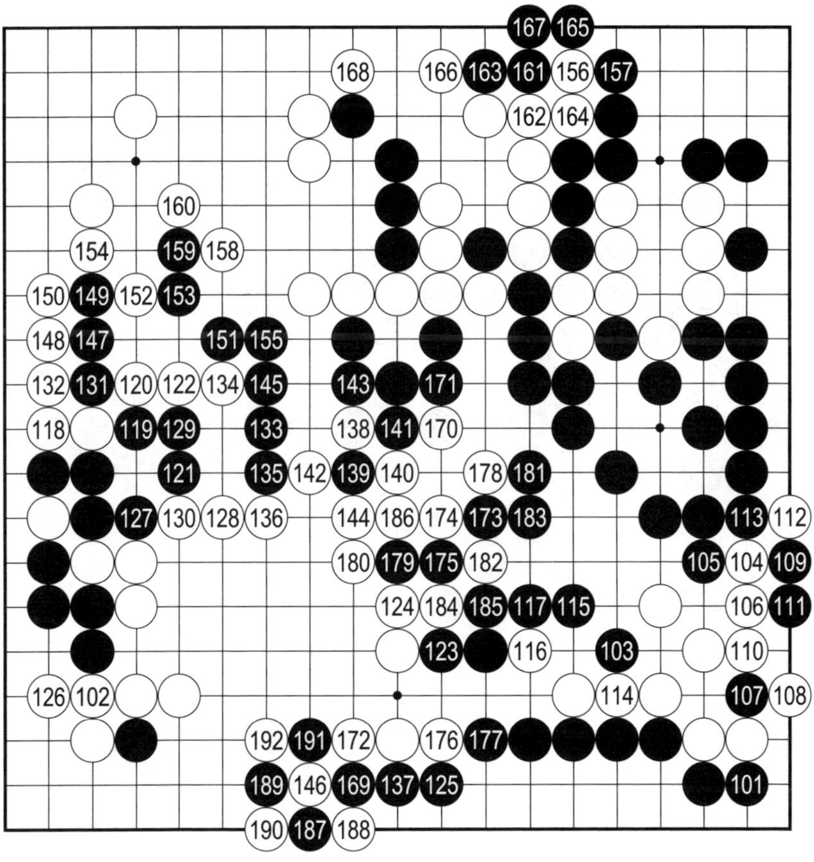

（101–192）

1961 年 8 月 17 日弈于崇文旅馆
训练棋

黑方 陈祖德
白方 刘棣怀

白 12 至 22 的定型，至今仍常用。白 42 强调进攻，如在 55 位跳更为稳健。黑 47 断，白有点难办。白 50 迎难而上，白 52 至 64 强撑，这一带的作战白棋比较勉强。黑 73 可考虑舍弃两子，在 53 上一路动出严厉，将是黑棋简明优势的局面。黑 91 应在 81 左一路长，优于实战。白 94 至 110 一气呵成，算路精准。局势错综复杂。黑 121 败着，应考虑在 138 位贴，进而瞄着挖的手段。至 132 黑实地大损，白成功逆转。（谢赫）

共 148 手　白中盘胜

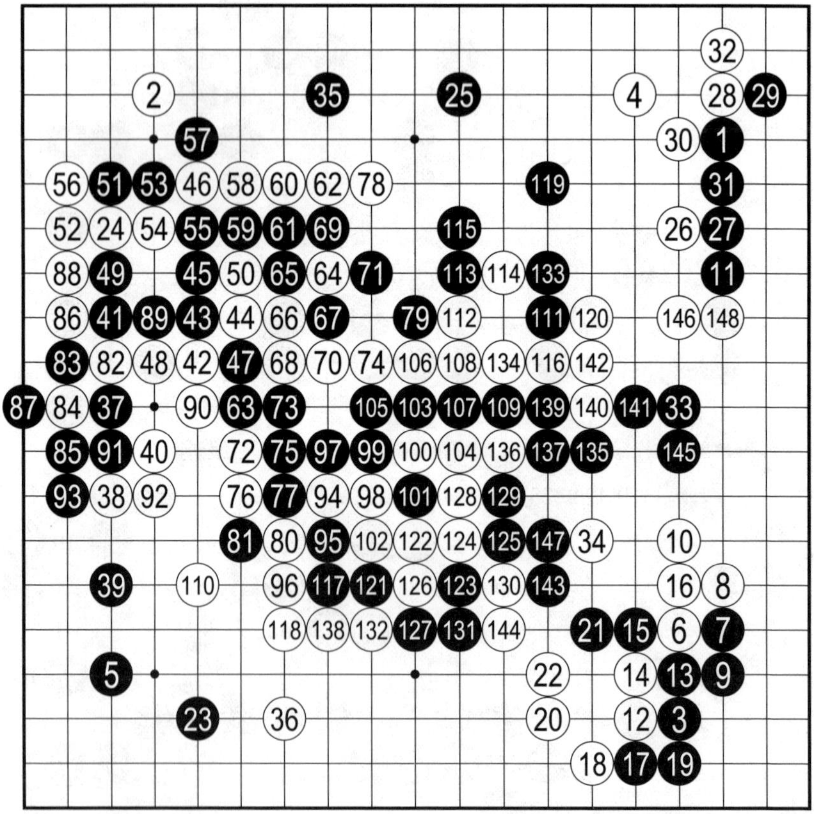

（1–148）

1961 年 8 月 22 日弈于崇文旅馆

训练棋

黑方　王幼宸

白方　陈祖德

白 22 有俗手之嫌，不如在 54 位抱吃。至 38 白构筑大模样，黑 39 动出时，白攻杀颇有难度。白 44 至 60 灭眼，已形成死活定胜负的局面。黑 75 失着，应在 76 位打、白长、黑 68 上一路打，黑简明活出。实战白 76 接，黑大龙危险。(谢赫)

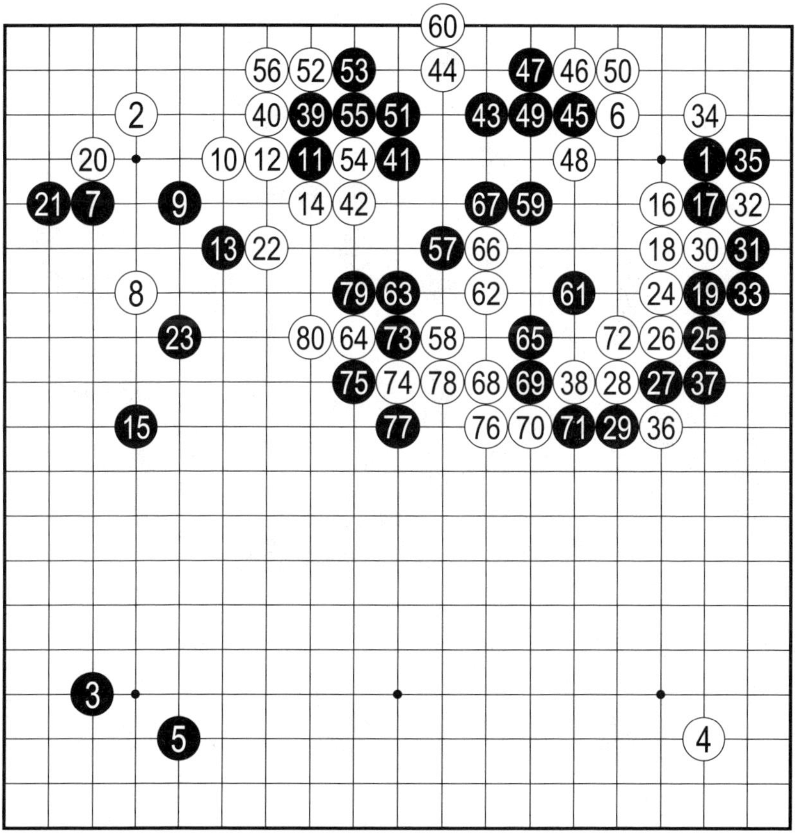

(1–80)

黑方 **王幼宸**

白方 **陈祖德**

白102在103位跳是眼位要点，白一旦活了，黑大龙就死了。黑103抓住白棋的失误，猛烈追杀。至167，由于黑有48右一路断的手段，黑大龙是活的，形势黑大优。（原始棋谱写的是白胜，但形势黑大优，并且黑167最后一手，建议改为黑胜。）（谢赫）

共167手　黑胜

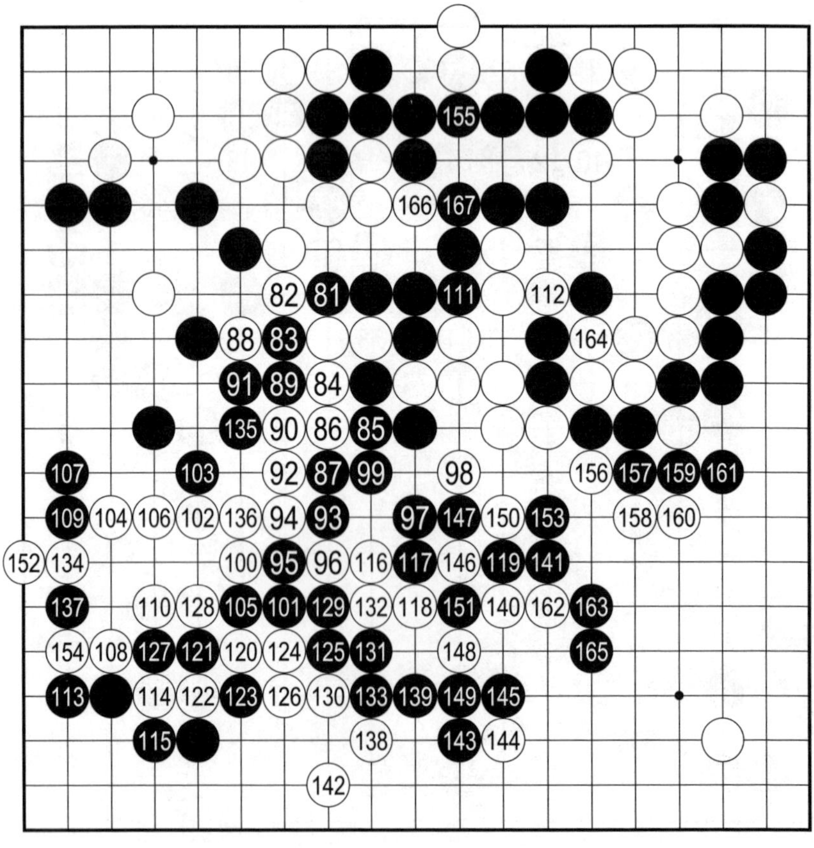

（81–167）

1961年8月24日弈于崇文旅馆
训练棋

黑方　魏海鸿

白方　陈祖德

黑17应在18位守角。黑33操之过急，应在28右一路虎。至54，黑两边无法兼顾。白58断、62抱吃，白确立优势。在优势局面下白98至108有不够简明之嫌。黑111应考虑在100左一路冲出搅乱局势。黑113、115似有误算，至120，白优势进一步扩大。（谢赫）

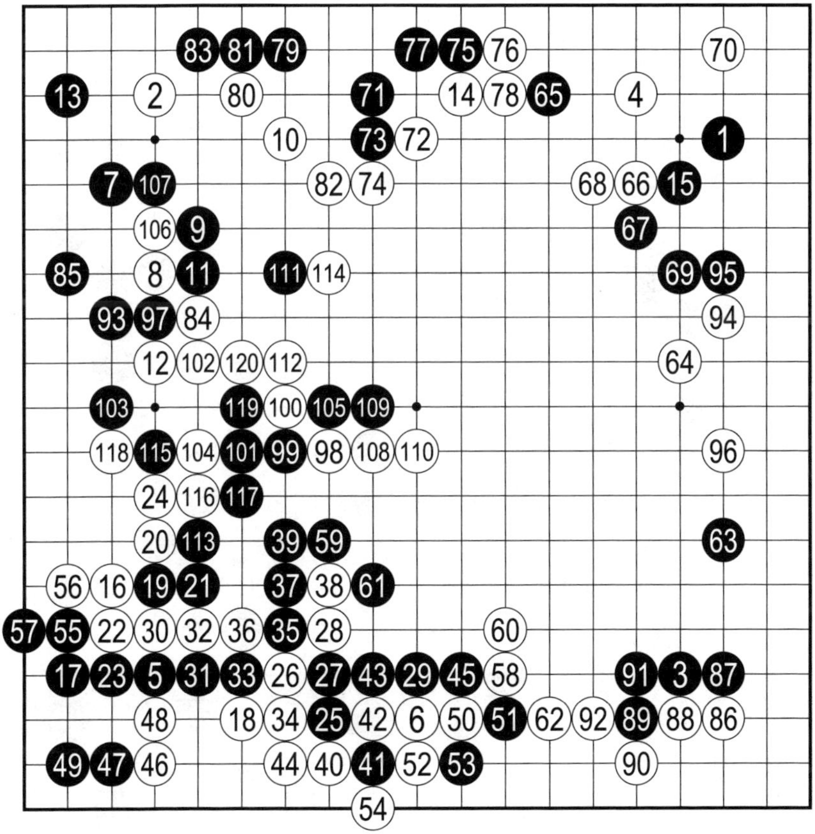

（1–120）

黑方 魏海鸿

白方 陈祖德

黑125至141奋力拼搏。白148、150判断清楚，接着白152刺，黑两块必死一块。至162，白简明大优。白174应在177位冲，让黑在175位单官连回，白可以省了实战178这手棋，目数好很多。黑179至202，黑棋官子收得好，形势接近不少，但仍是白稍优。黑203靠时，白204过于稳健，应在205位接，右上白棋没有死活问题。至黑215，形势更加接近了。白棋原本大优，最终竟成和棋，颇为可惜。（谢赫）

黑贴$2\frac{1}{2}$子　共261手　和棋

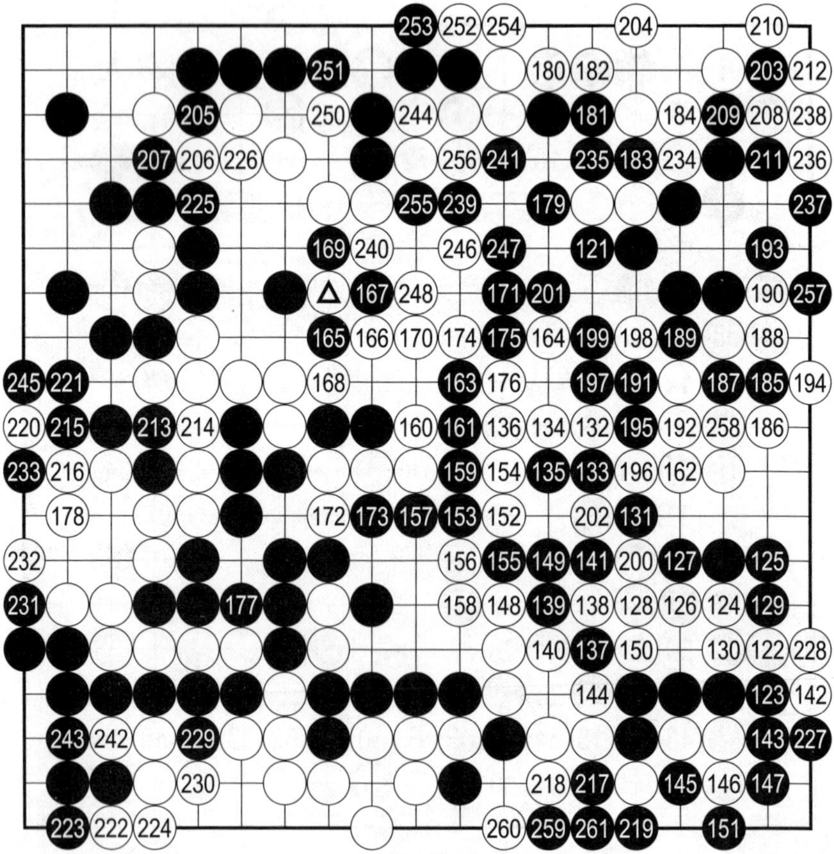

249＝△

疑 1961 年 9 月 5 日
训练棋

黑方　崔云趾
白方　陈祖德

黑 47 在 50 位长是本手。白 48 好手，至 51 白棋先手抱吃一子，收获颇丰。黑 65 靠时，白 66 应在 69 位冲、黑 75 位长、白 68 位抱吃，白简明易下。白 76、78 极为进取。黑 79 如脱先在 90 位扳，看轻 67、73 两子，思路更灵活。白 110 拼搏，让黑 113 拐下风险不小。黑 119 应在 114 下一路断，寻求转换。白 120 好手，由于气紧黑 121 只能退让，白 122 连通确立优势。白 132 至 136 计算清楚，至 146 形势大优。（原始棋谱写的是黑胜，但形势白大优，并且白 146 最后一手，建议改为白胜。）（谢赫）

共 146 手　白中盘胜

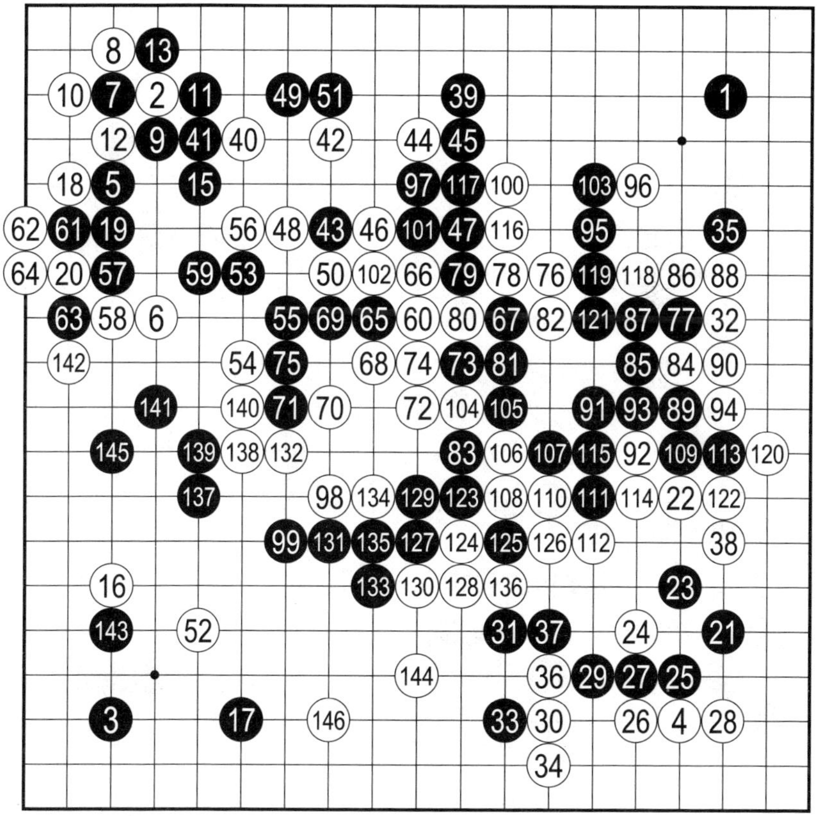

14＝7

（1–146）

1961 年 9 月 15 日弈于北海悦心殿
日本围棋代表团访华比赛第一轮

黑方　安藤英雄
白方　陈祖德

1961 年 9 月，日本围棋代表团访华，棋手有曲励起八段、小山靖男七段、伊藤友惠五段、菊池康郎业余本因坊和安藤英雄业余十杰第一位。陈老师的对手是年仅 18 岁的安藤英雄。

黑 5、7 是过去常见的模样棋下法。白 8 至 12 老定式，有阻止黑棋形成模样的含义。黑 21、23 求战，黑 27 果断反击，颇有气势。白 30 冲是疑问手，应在 47 位断，黑如 31 位接，白则吃黑一子，转换白可下。至黑 33，白棋角地损失大，形势不利。白 36 在 41 位补厚是本手。白 48 至 52 强撑有过分之嫌。黑 55 长出有力，白苦战。此后的接触战，黑下得相当出色，白未能找到转机。本局安藤英雄展现出强劲的实力，取得完胜。（谢赫）

黑贴$2\frac{1}{2}$子　共 87 手　黑中盘胜

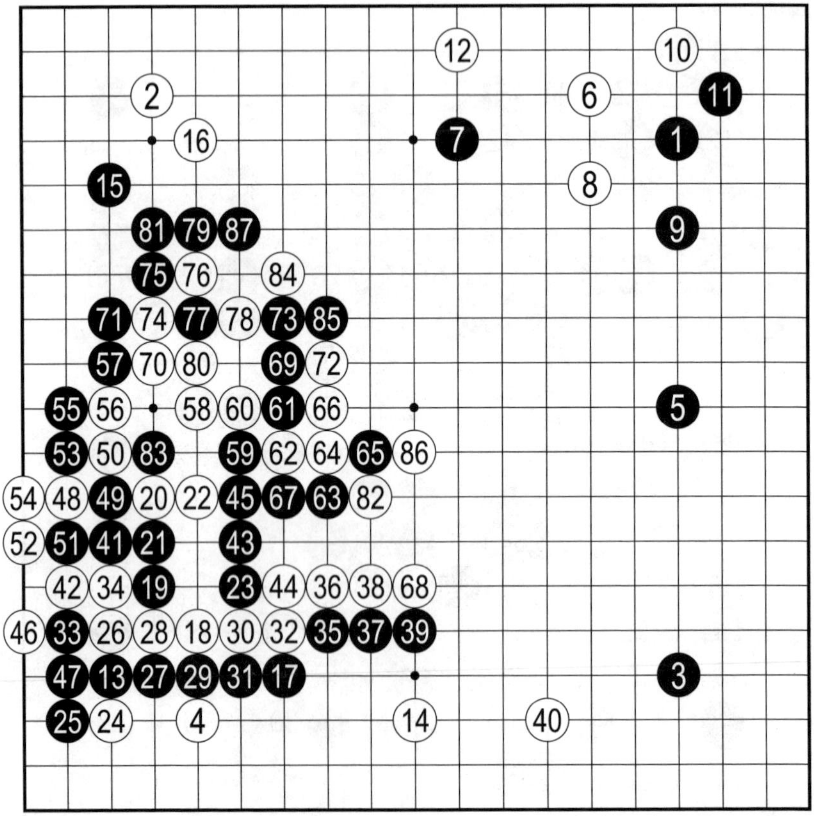

（1–87）

1961 年 9 月 17 日弈于北海悦心殿
日本围棋代表团访华比赛第二轮

黑方　陈祖德

白方　安藤英雄

白 8 为吴清源大师首创，至 22 形成较为复杂的变化。黑 37 如在 53 位飞起，全局更均衡。白 38 罩、42 断是强手，安藤英雄相当善战。至 54，白棋一举取得优势。黑 55 攻击要点，白 56、58 防守得当。黑 59 虽封锁白棋形成外势，然而白 66 先手活，76 再占据上边，白保持优势。（谢赫）

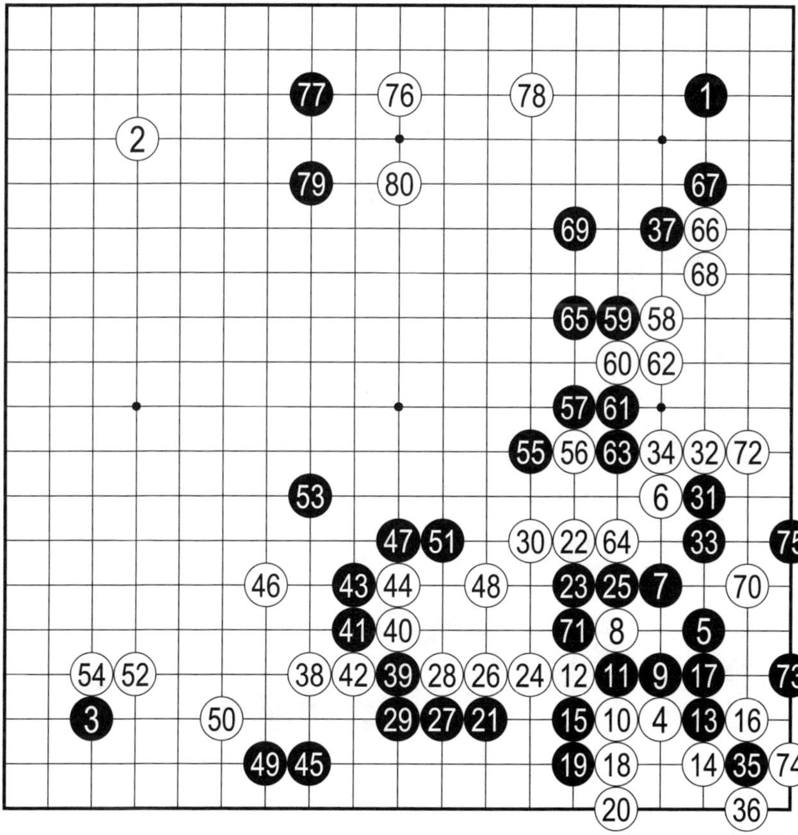

（1–80）

黑方 **陈祖德**

白方 **安藤英雄**

黑77打入、95碰入，力争发挥外势威力，而白棋始终应对无误。白134、138在优势下施展强手，越战越勇。黑149攻杀白左上角时，白152判断清楚，安全运转。（谢赫）

黑贴2$\frac{1}{2}$子　共176手　白中盘胜

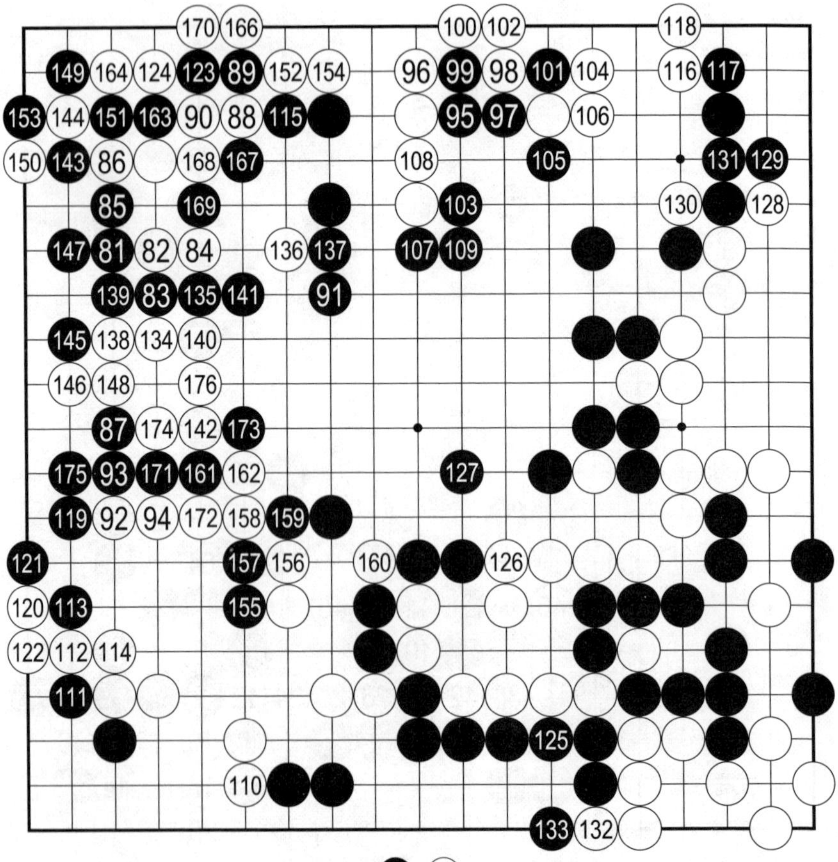

165=144

1961年9月19日弈于北海悦心殿
日本围棋代表团访华比赛第三轮

黑方　安藤英雄
白方　陈祖德

白14碰，斗志旺盛，普通下法是在20上一路飞压。黑15、17也毫不示弱。白26、28弃子取势，至37的结果黑较为实惠。黑43虎思路独特，在44位长更照顾全局。白52可在20右一路冲出，紧凑有力。黑55、57弃掉两子，大局观好。黑63用力过猛，在64位飞稳妥。白72应在73位占据眼位要点，黑73敏锐抓住白棋的失误，白陷入苦战。（谢赫）

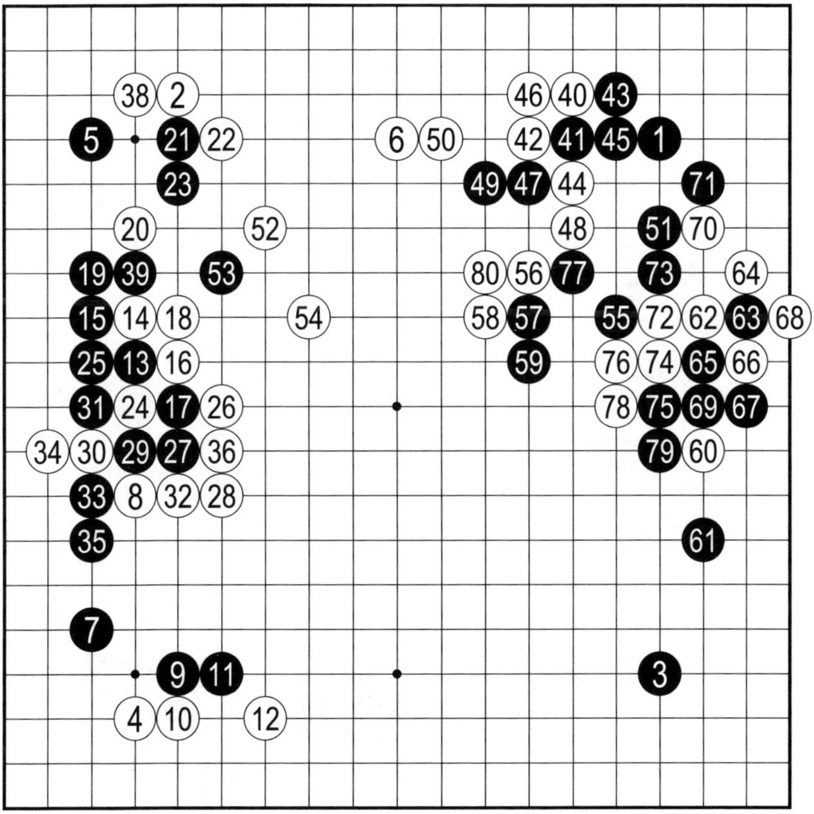

37=24

（1–80）

黑 101 不如在 102 位挡，但黑棋仍保持优势。此后的进行，白棋没找到明显的逆转机会。（谢赫）

黑方 安藤英雄

白方 陈祖德

黑贴$2\frac{1}{2}$子　共 171 手　黑中盘胜

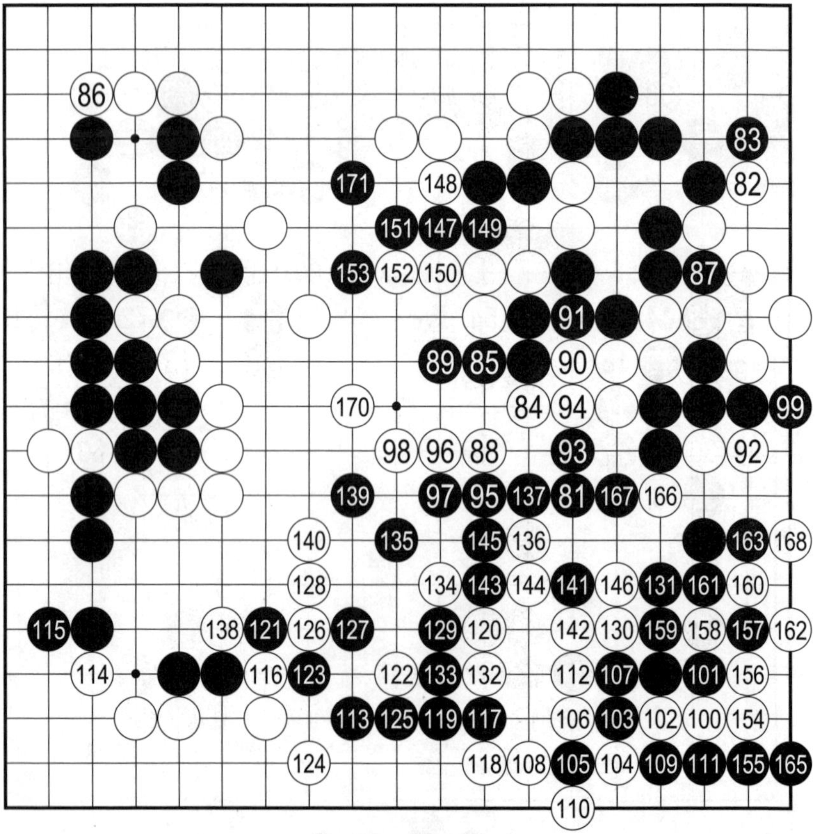

164=158　169=157

(81–171)

1961 年 9 月 21 日弈于北京

日本围棋代表团访华比赛第四轮

黑方　陈祖德

白方　安藤英雄

前三局我均告失利，使我想到必须稳住阵脚，在中盘战斗中寻找胜机。白 18 镇当然，黑相当困难，19 飞很委屈。白 20 显示了良好的感觉。黑 21 非扳不可，改在 24 位扳难以忍受。黑 25 在 100 位虎稳妥。白 28 沉着。黑 29 立是无可奈何。白 30 挡好手，但 32 是大失着，应于 44 位打，再 36、39 位冲断。被黑 35 一粘，白顿时陷入困境。黑 41 吃掉白角，获得不少实利，但白 46 将黑封住，外势依然可观。黑 47 最后大场。白 48 破坏下边黑空当然。黑 53 帮忙，当于 55 位扳。黑 59 让白很难应。白 60 胜负手。黑 61、63 弃子是正着。黑 73 是针对中腹白棋缺陷投下的决定性一手。安藤君知道防守已无济于事，74 不顾一切深入，宁为玉碎。黑 75 安全稳妥。白 78、80 是劣势下的无理棋。黑 81 反击，白 82 无可奈何。白 86 挑起新事端，但一无所获。黑 93 最坚实，否则可在 94 位先手尖，白只得粘，黑再 113 跳入。白 98 过分。黑 99 抓住机会强袭。白 104 只能如此。黑 105 断，白已回天乏术。(陈祖德)

黑贴 $2\frac{1}{2}$ 子　共 125 手　黑中盘胜

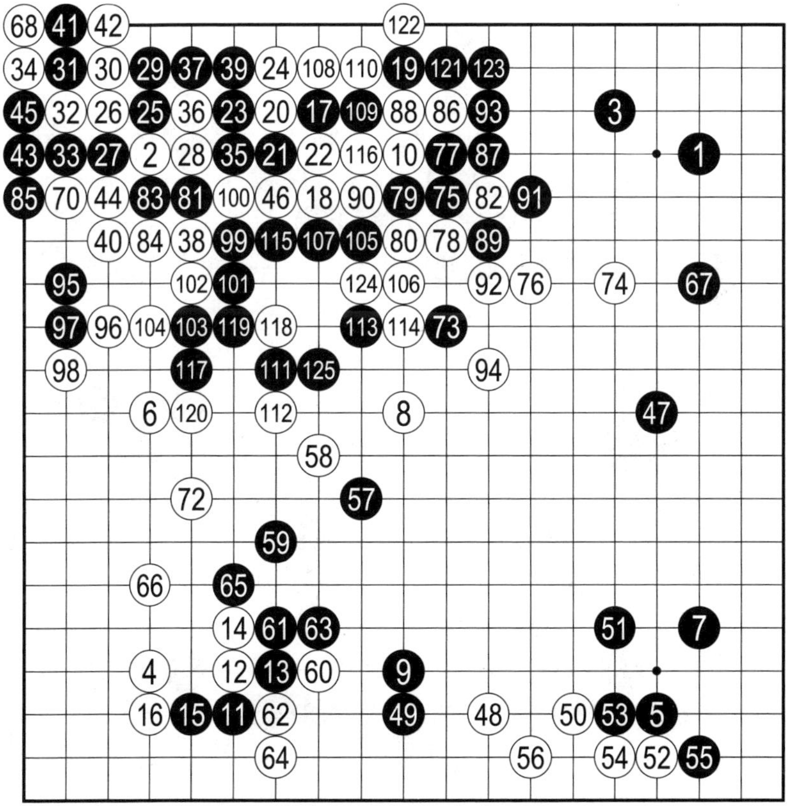

69 = 31　71 = 41

(1–125)

1961 年 9 月 23 日
日本围棋代表团访华比赛第五轮

黑方　安藤英雄
白方　陈祖德

白 10 至 18 迈开大步快速展开。白 28 碰入，勇字当头。白 46 好次序，至 51 形成外势对实地的格局。白 52 积极扩张模样。黑 61 反攻时，白 62 迂回的思路灵活。黑 63 靠时，白 64 果断扳出形成复杂的对攻。白 80 寻劫，极为精彩，一般很难想象白这么多子能被黑 81 提起来。白 82 滚打包收，将上边黑棋 11 颗子全灭，沧海桑田的巨变，白棋一举扭转局势。白 88 连扳好手，此时让黑中央拔花损失有限。白 98 至 114 稳扎稳打，白优势越来越明显。（谢赫）

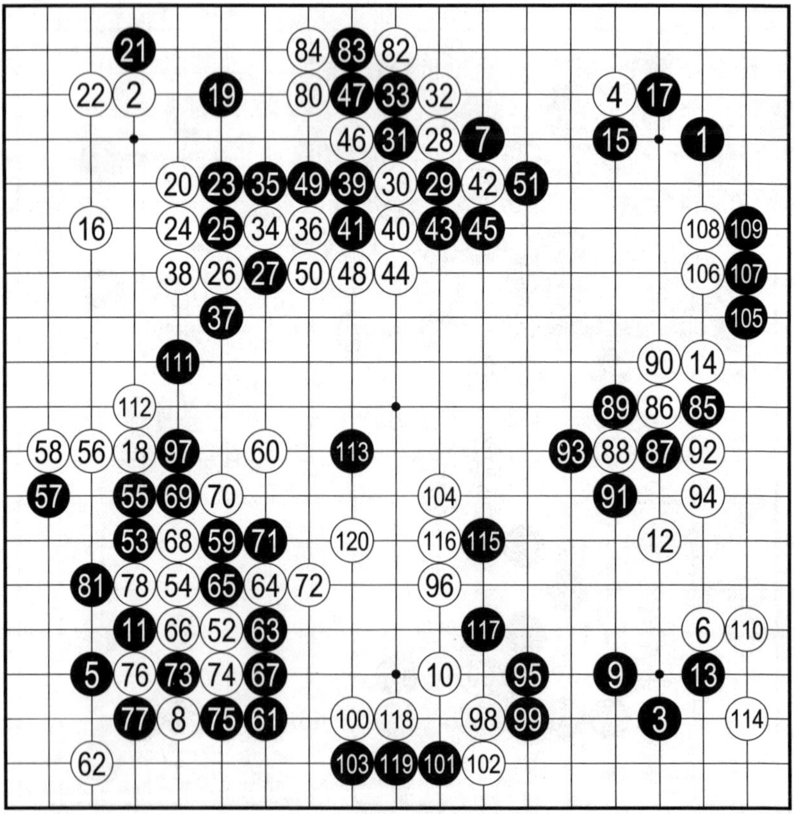

79 = 73

（1–120）

黑方　安藤英雄

白方　陈祖德

面对黑棋的进攻，白124、134踏实做眼，至140活净并有7目，形势白保持领先。白144先手救回两子，然后白146脱先补右上断点，计算清楚。白左边看似薄弱，其实没有问题，黑147如在201位飞，白则150位跳，黑202位挡，白149位尖断可以成立，空里没棋。白160、164、172官子收得好，白胜势不可动摇。

陈祖德老师继第4局成功扳头后，再次取得快心的胜局，从棋的内容来看，状态已渐入佳境。（谢赫）

黑贴$2\frac{1}{2}$子　共232手　白胜5子

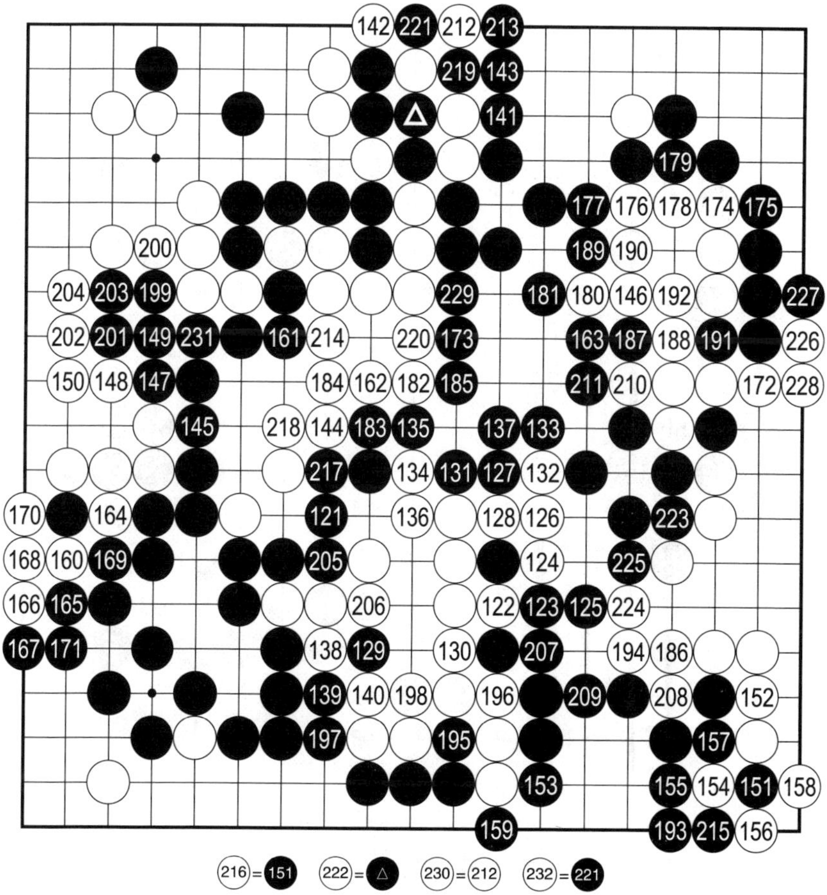

（121–232）

1961 年 9 月 27 日

日本围棋代表团访华比赛

黑方　陈祖德

白方　小山靖男 七段

至白 8，四个角均呈对峙状态，这叫作“全挂”布局。黑 11 求变，意态积极，为我所爱。黑 13 退至白 18 断，双方必然。黑 35 攻击，掌握了主导权，但 37 无论如何要在 90 位扳。实战顾虑白在 39 位虎，这是完全不必要的。黑 53 争到大势要点，局势缓解。黑 55 凌空飞镇，让小山七段大吃一惊。白 56 非打入不可。白 58 定型过早，应向中央关出。黑 59 至 63 是最好的下法。白 66、68 次序好。白 70 应下一路。黑 77 争先关出后，局面胜负未定。黑 87 应 93 位粘。黑 91 恶手，此时只有在 95 位打入，方可一争胜负。白 94 当在 95 位补，白即占胜势。黑 97 强手。白 98 从心情上说非如此不可。黑依仗右边有很多劫材，毅然开劫，展开了一场生死攸关的白刃战。

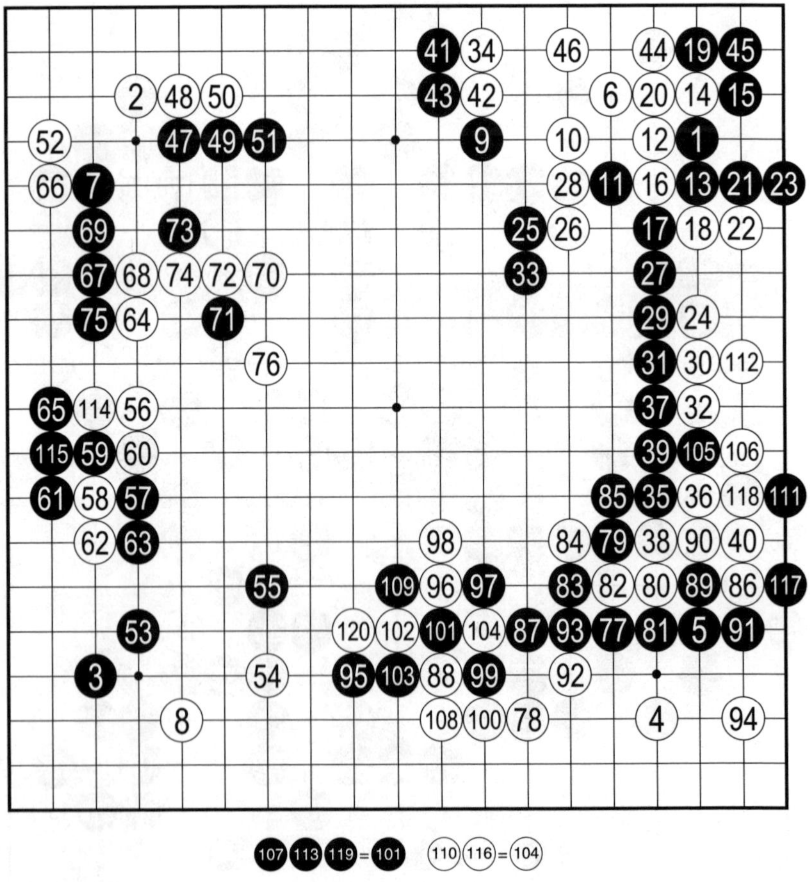

107 113 119 = 101　110 116 = 104

（1–120）

黑方 陈祖德

白方 小山靖男 七段

至黑139粘，白不但被打成凝形，还出现两块孤棋，黑无疑成功。黑141软，无论如何应在153位长。由此错过良机，实在太遗憾了！黑143不如160位靠。黑147分断当然，但不如先163位刺，再166位飞，如此两块白棋无法兼顾。黑153恶手，若158位尖，白仍不易处理。白154应直接在158位尖。黑155跟着犯错。黑165非冲断不可，否则实地相差太多。白170不能在177位长。黑181可以说是败着，若在其他地方找劫，仍可一争胜负。白196巧手。黑199虽吃了七子，但代价惨重。白200救出二子，胜负遂定。

小山靖男七段11岁拜关山利一九段为师，14岁入段。1961年是他晋升七段的第二年，是他的黄金时代。他的棋风非常老实正派，毫无出格之处。（陈祖德）

黑贴$2\frac{1}{2}$子　共225手　白胜$1\frac{1}{2}$子

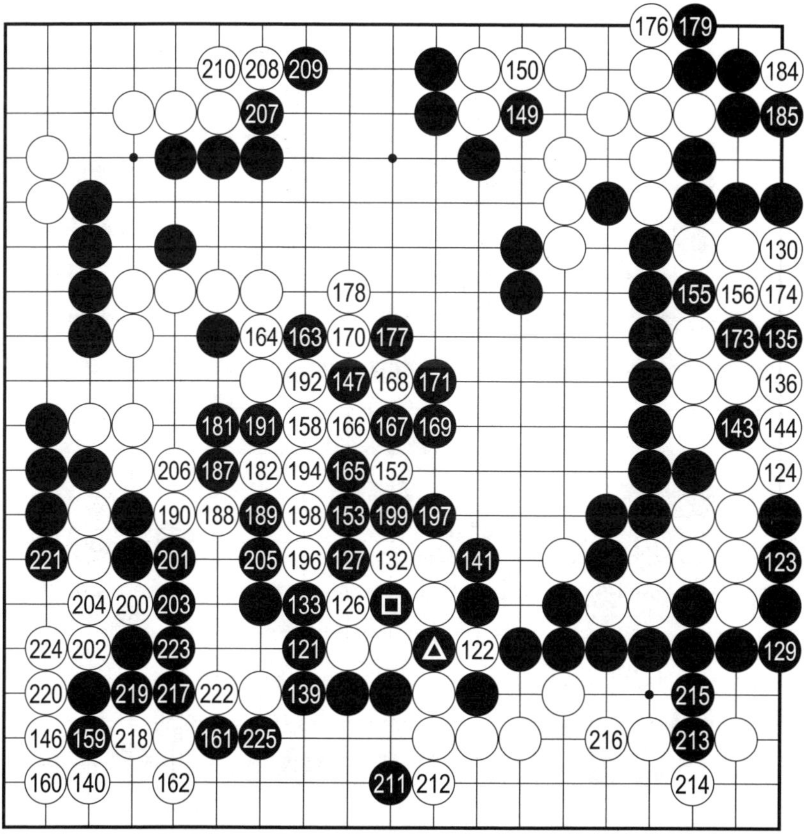

125 131 137 145 151 157 175 183 193 = △　128 134 142 148 154 = 122

138 = □　172 180 186 195 = 122

（121–225）

1961 年 10 月 24 日弈于上海体育俱乐部
训练棋

黑方　赵之云
白方　陈祖德

布局白 8 和 46 的下法有新意。黑 53、69 思路灵活。白 74 发起攻势，黑 75 如在 76 位挡更稳健。黑 75、77、87 连续脱先有过分之嫌。白 88 缠绕攻杀黑两块棋。（谢赫）

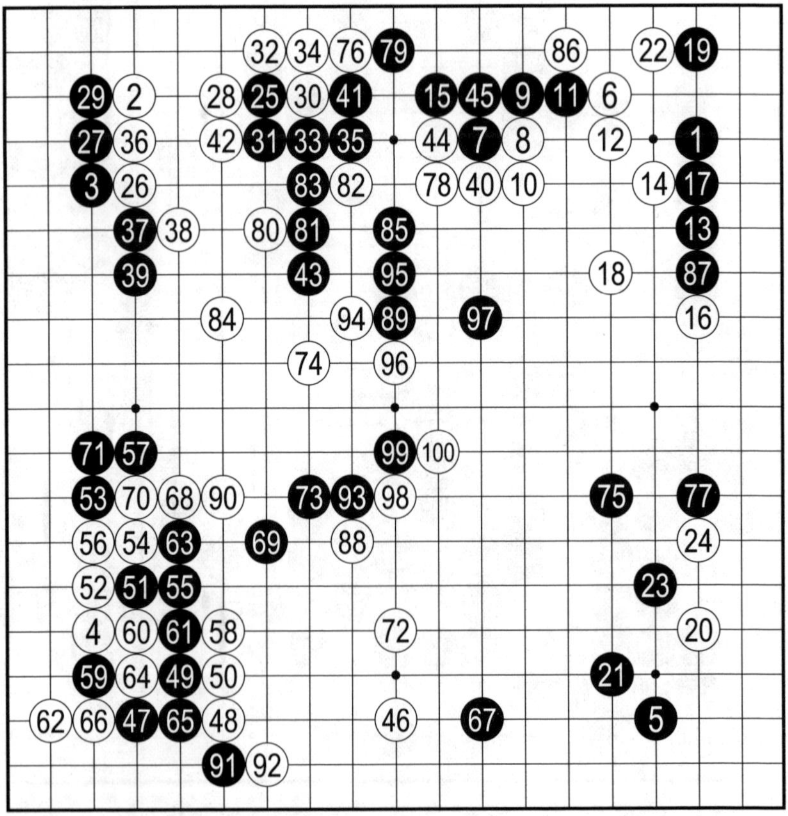

（1–100）

黑方 赵之云

白方 陈祖德

黑105反杀白右上。黑107应在116位靠，实战至120已无法杀白。白144失误，应在152位拐，白优势明显。黑145并，上边白棋只有半只眼，大龙危矣。黑165应在179位补净，形势黑已大优。黑181应在186位挡。实战黑棋可能漏算了白190扑，最终戏剧化逆转。（谢赫）

黑贴$2\frac{1}{2}$子　共194手　白中盘胜

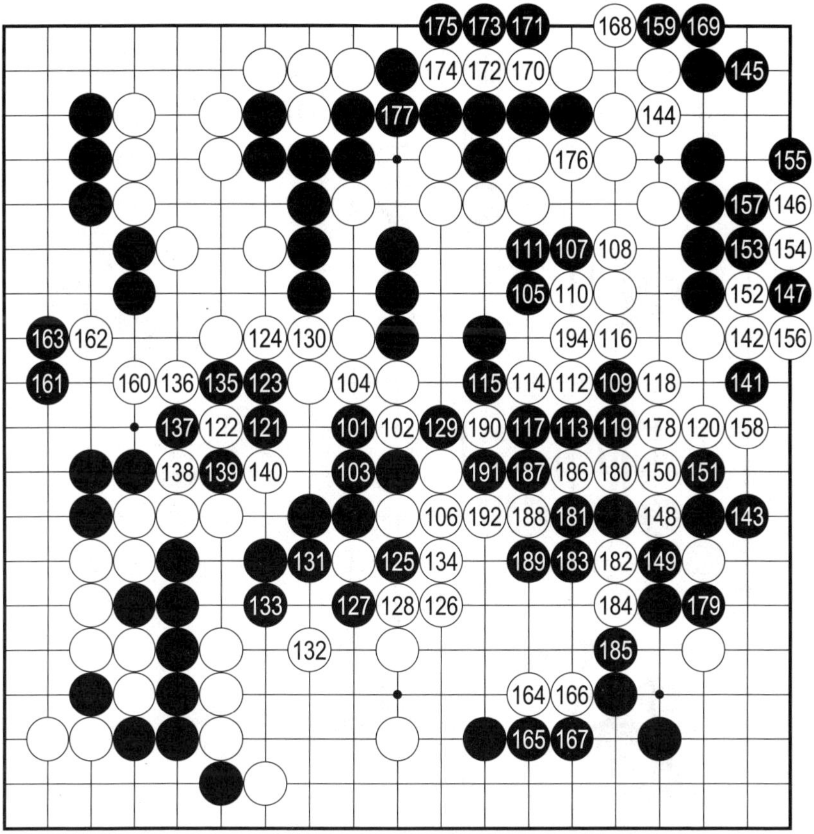

193=190

（101–194）

1961 年 11 月 13 日弈于上海体委训练棋

黑方　吴淞笙

白方　陈祖德

黑 17 的新尝试不太成功，应按正常下法在 18 位打。白 20 应在 23 位连压。黑 23 是机敏的好次序。黑 45 不妥，应在 46 位长出。黑 55、59 连续脱先，大局观好。白 86 碰入弃子，获得 88、90 的先手便宜，思路巧妙。（谢赫）

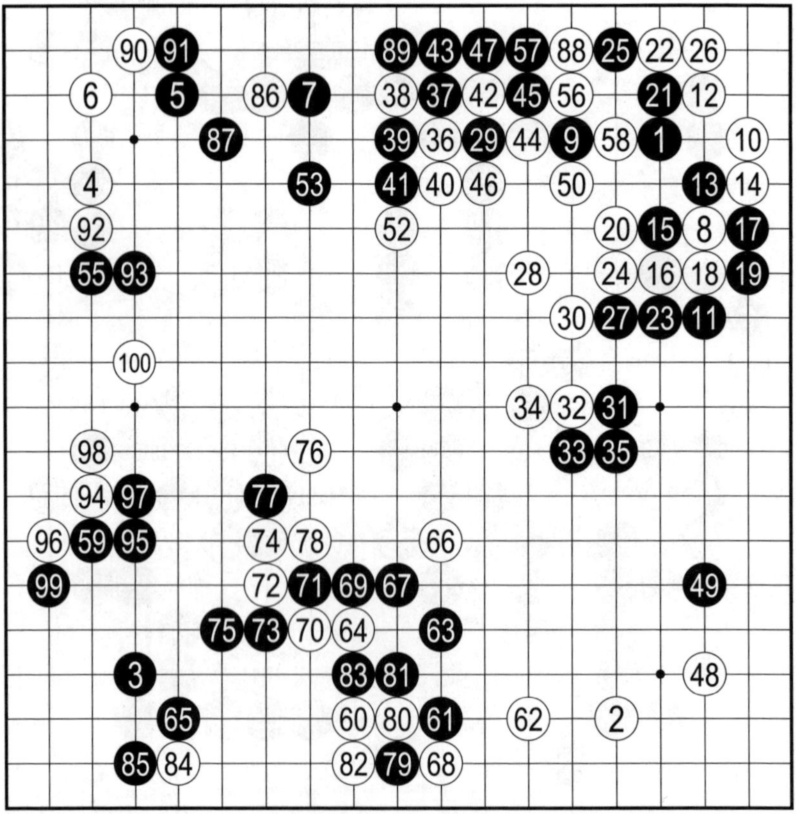

51 = 29　54 = 42

（1–100）

黑方 **吴淞笙**
白方 **陈祖德**

白136如在165位靠，是白稍优的细棋局面。实战白136施展胜负手。黑151应在152位长，放白中央五子逃出，黑有望小胜。黑159败着，应在195位打。白162至166计算精准，最终形成打劫转换，白大胜。（谢赫）

黑贴2$\frac{1}{2}$子　共196手　白中盘胜

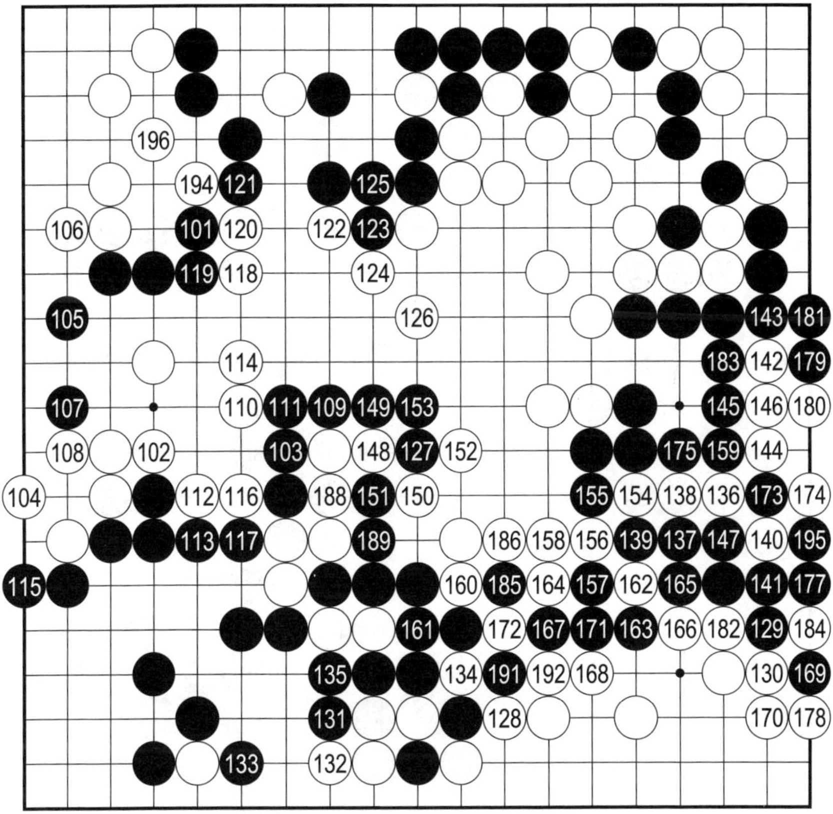

176=173　187 193=169　190=184

（101–196）

1961 年 11 月 14 日弈于上海体委训练棋

黑方 魏海鸿
白方 陈祖德

白 4 挂角、6 目外是陈祖德老师喜爱的布局。黑 21 如在 78 位一路打，效率更高，不怕白棋吃黑 1 一子。白 28 寻求行棋的步调。黑 29 和 31 均应考虑脱先，在 26 左一路拐头。白 38、40 一边攻击一边围空，白好调。至 66，白棋完美掌控局面，确立优势。在优势下白 86 仍积极进取。黑 109 靠时，白 110 脱先计算精准，白 112 至 121 漂亮地先手滚包定型，122 再冲回，白优势更加明朗。黑 135 以下选择玉碎。这盘棋是白棋完胜的好局。（谢赫）

黑贴2$\frac{1}{2}$子　共 158 手　白胜

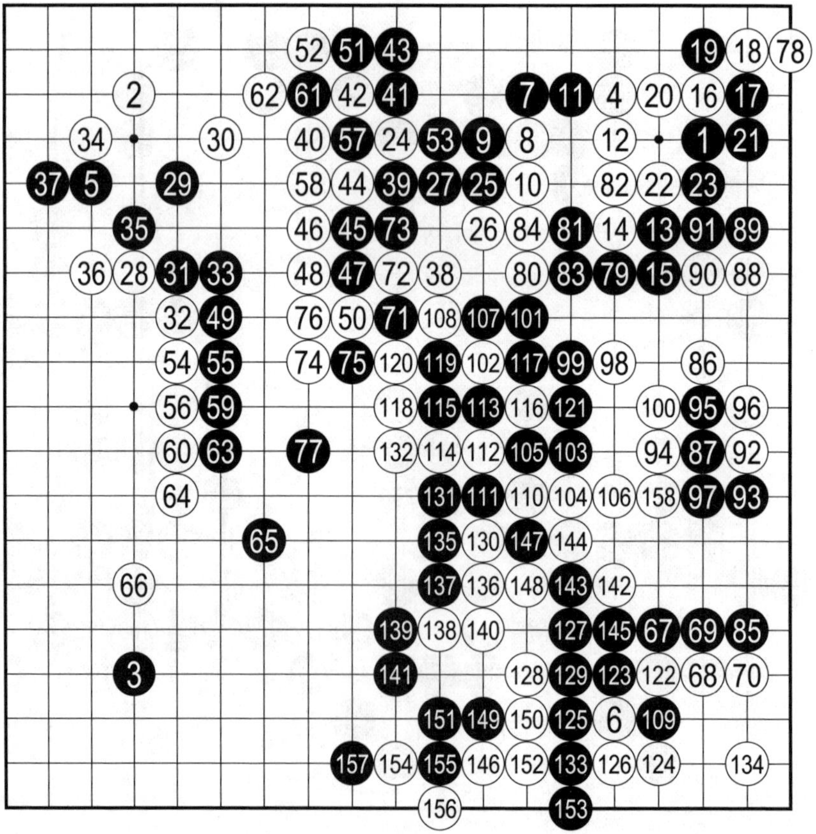

（1–158）

1961年11月17日弈于上海体育俱乐部训练棋

黑方　陈祖德

白方　王幼宸

黑31碰入过早，应在41位扳。白32应在34位上扳。白38应在41位长，看轻左边白子。黑47发起攻势，进入黑棋的步调。白72拆三时，黑73至79立刻打入分断白棋，展现出强大的力量。（谢赫）

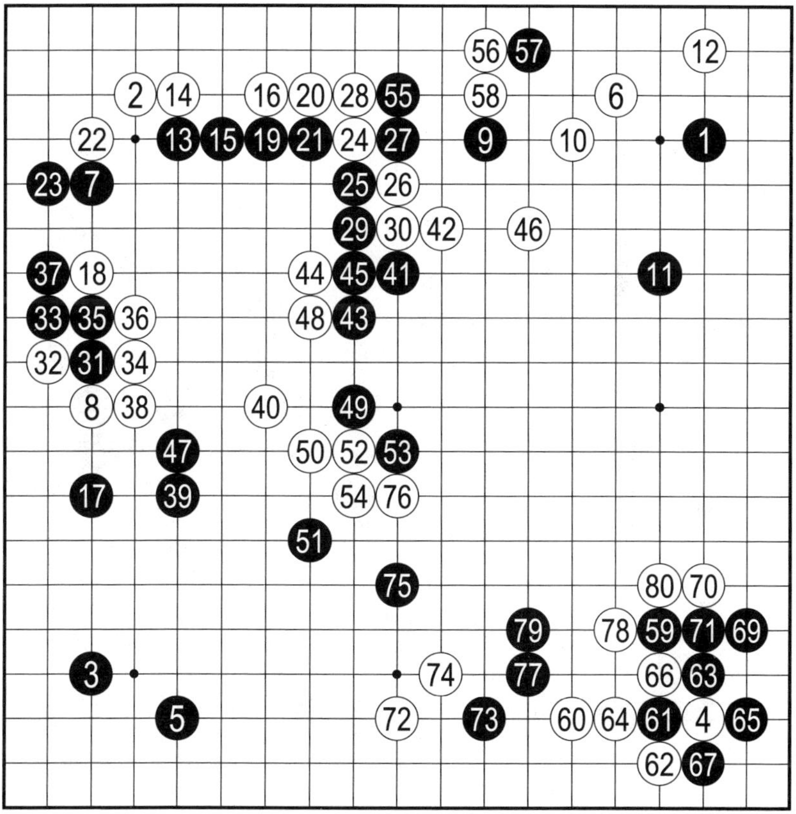

68＝61

（1–80）

黑方 **陈祖德**
白方 **王幼宸**

至101，黑鲸吞下边，一举确立优势。由于右下白棋还没活净，黑109、111继续缠绕攻击，颇有中国古棋的神韵。黑127至131的攻击手法精准，黑137灭眼追杀。白142至156虽然找到一条活路，但上边损失过于惨重，难以为继。（谢赫）

黑贴$2\frac{1}{2}$子　共163手　黑中盘胜

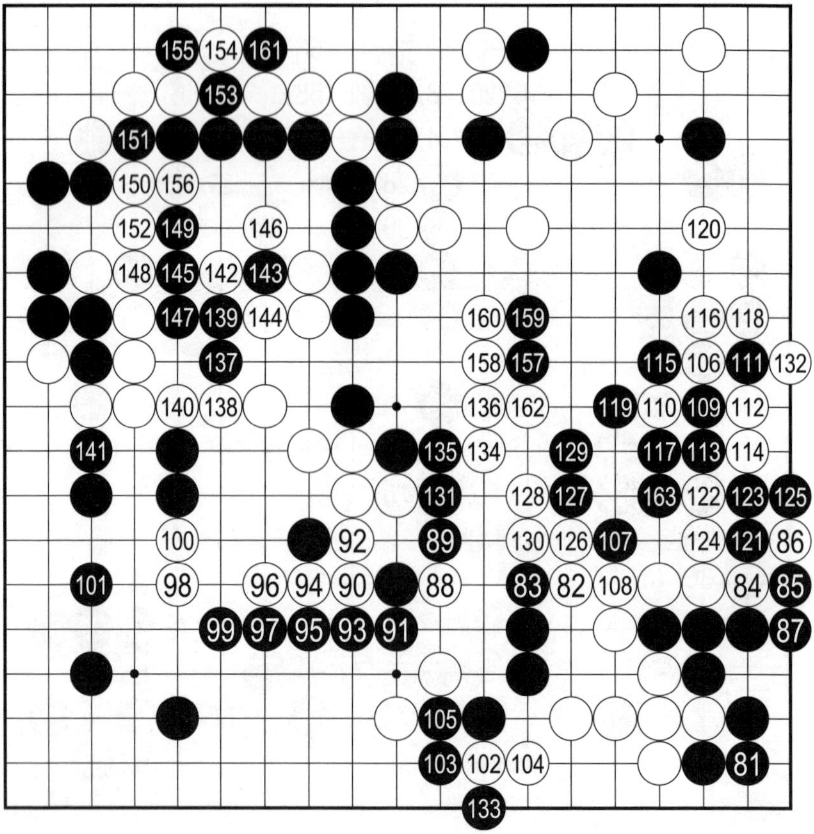

(81–163)

1961 年 12 月 14 日弈于上海体委

训练棋

黑方　陈祖德

白方　刘棣怀

面对黑 33 的强手，白 34 反扳是手筋。黑 35 应在 39 位双打吃。白 36、38 妙手，黑两边必死一边。黑 39 应在 40 位拐吃，弃三子优于实战。黑 51 至 55 断，战斗再次打响。黑 59 来势汹汹，本手是 92 位提掉。白 68 应在 76 位长。黑 77 好手，白气紧的弱点暴露。至 90，虽然白棋目数上有所收获，但黑棋极为厚实，黑 91 拐，中央白子成为无根的孤棋，白苦战。黑 109 可考虑在 47 左两路跳，先手定型后，再在 111 位攻击，黑简明易掌握。（谢赫）

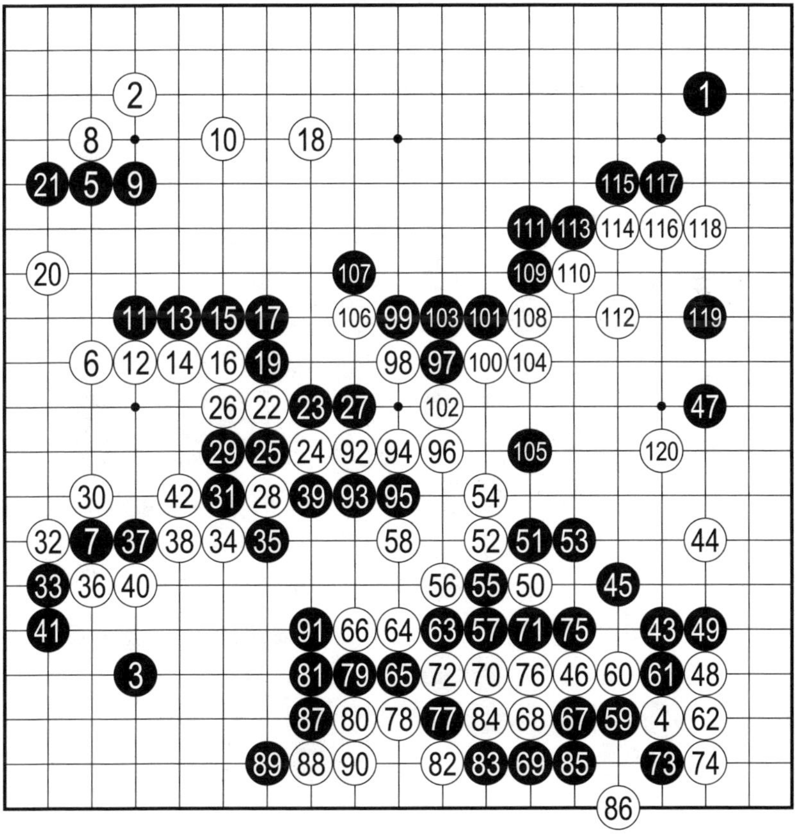

（1–120）

黑方　陈祖德

白方　刘棣怀

黑121近乎败着，应在125位尖，瞄着白断点，白难处理。实战白122至134完全安定，白棋目数领先的优势显现出来了。白138冲击黑棋的弱点，敏锐。至153白棋先手便宜。至158贴，白胜势难以动摇。

本局充分展现出刘棣怀先生思路清晰严谨、擅长接触战的风格特点。（谢赫）

黑贴$2\frac{1}{2}$子　共226手　白中盘胜

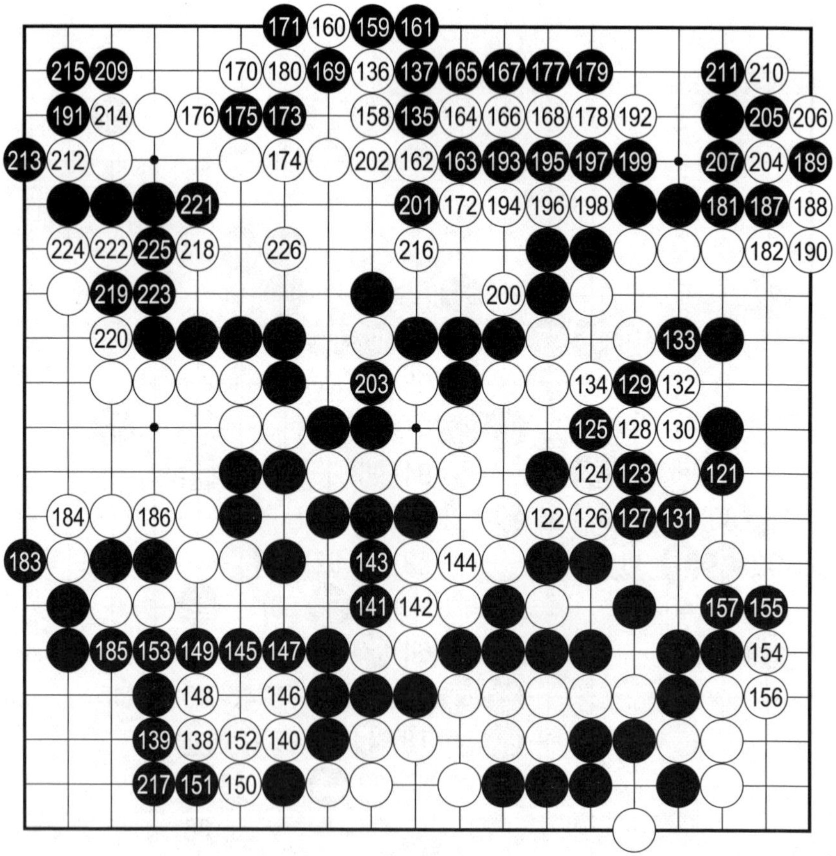

208=189

1961 年 12 月 15 日弈于上海体育俱乐部训练棋

黑方　陈祖德

白方　赵之云

黑 5 碰是一种少见的尝试。白 28 应在 46 位打，黑 29、35 中央拔花很厚。黑 41 应在 33 右一路长，对白压力更大。黑 43 动出严厉。黑 55 在 57 位飞更好，以下白 56、黑 62，白还没活。黑 63 有过分之嫌，在 65 下一路跳补是本手。白 64 分断，黑变薄。黑 85 应在 86 位长，以下白 94、黑 91，黑顺势补住弱点。白 90 穿象眼，中央十颗黑子已逃不掉。黑 91 只能在 94 位提，弃子从长计议。至 98，黑慢一气被杀，似有误算，形势已无法挽回。（谢赫）

黑贴 $2\frac{1}{2}$ 子　共 156 手　白中盘胜

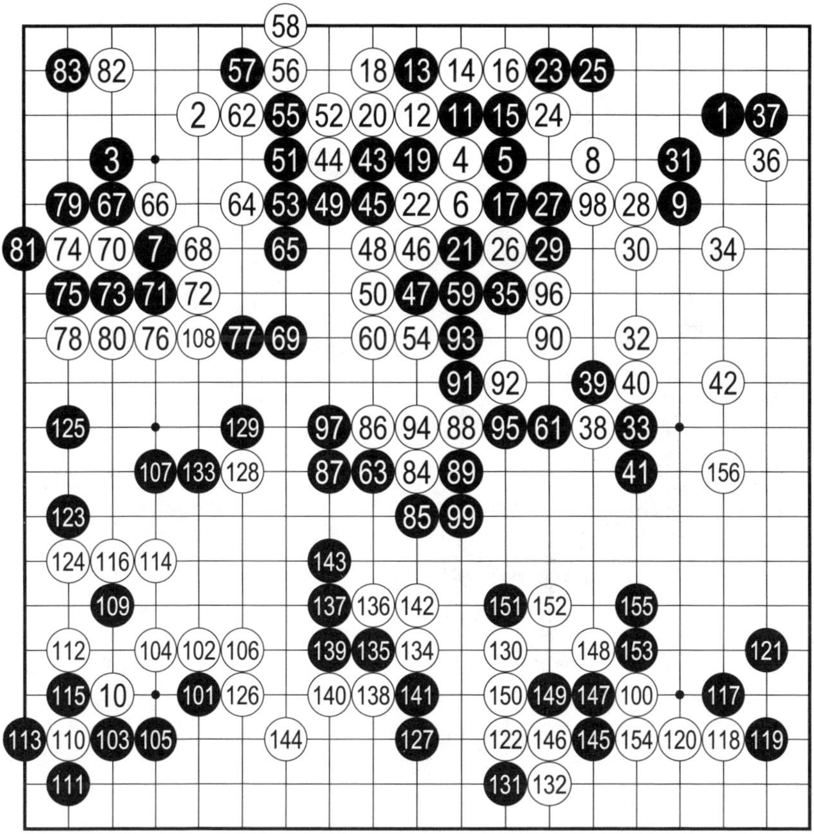

（1–156）

1961年12月19日弈于上海体委
训练棋

黑方　章照原

白方　陈祖德

黑21如在40位拆更坚实。白22大跳至32拦，左上黑棋受攻。黑51可在6上两路小尖，是守住右边的好点。黑65应在68位小尖，因为实战白66挖出后，有白70绝好的引征。白72拔花，对全局厚薄影响非常大，白优势明显。黑85、87打入争胜负，黑89至95冲断是拼搏的姿态。黑105应在114位虎。白106至112计算精准，黑慢一气被杀。棋谱的最后一手是黑121，接下来白在33右一路挡，上边黑棋也将阵亡。（谢赫）

黑贴$2\frac{1}{2}$子　共121手　白胜

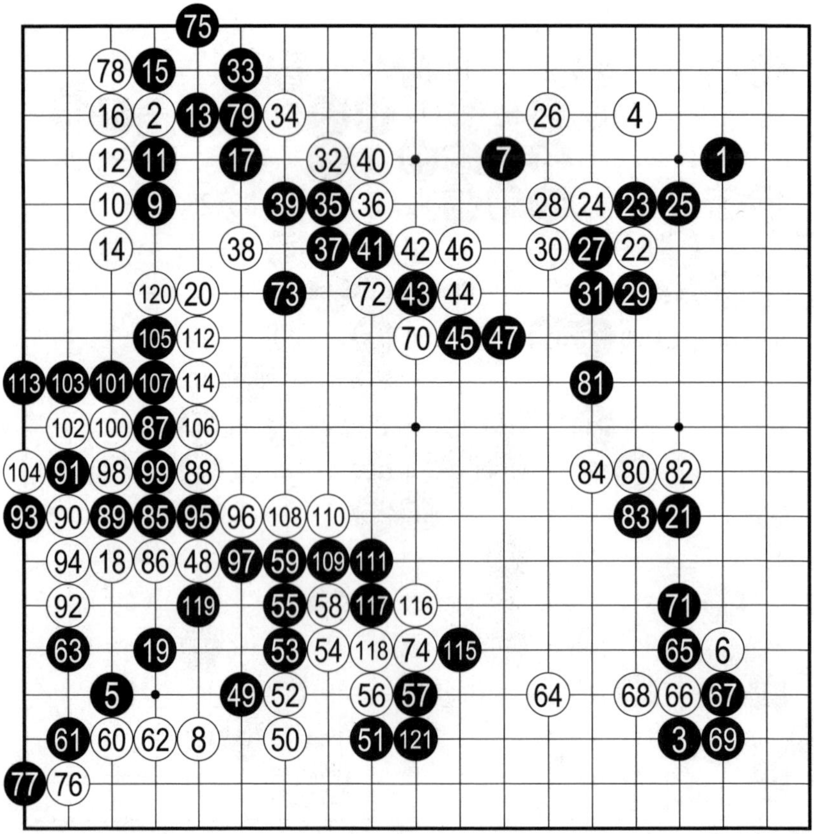

（1–121）

1961年12月20日弈于上海体委训练棋

黑方　陈祖德

白方　赵之华

黑23至27是豪放的构思。白34应在35位长。至43，白角活得很小，黑确立优势。白44应在47位分投。黑45脱先，大局观好。白46打入苦战。至64，黑先手封锁，让白在里边苦活，黑65至71再在右边构筑起大模样，黑棋掌控全局，优势显著。（谢赫）

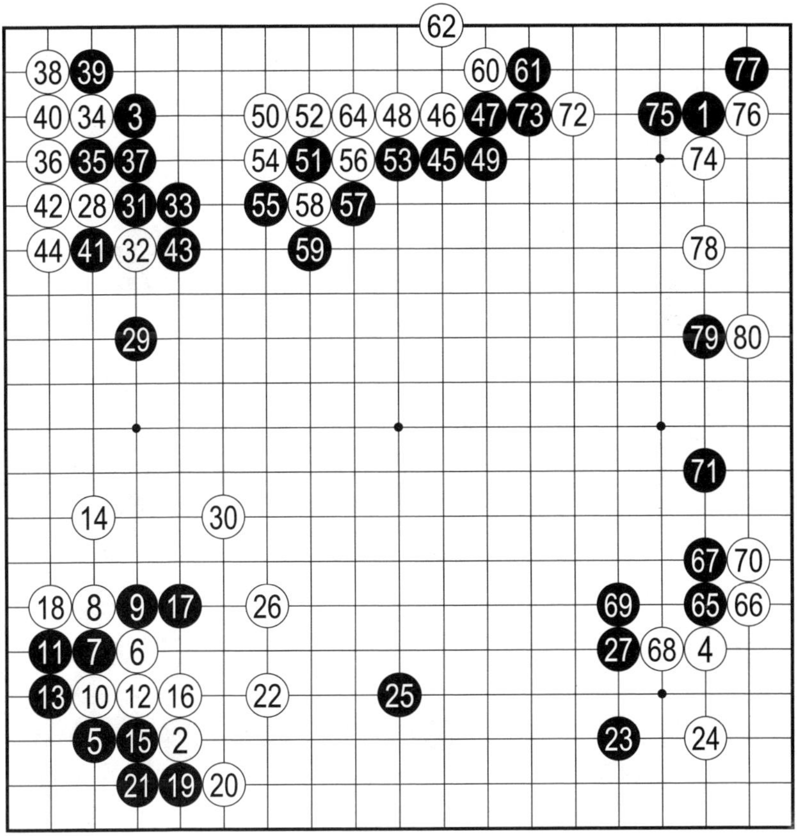

63=51

（1–80）

黑方 **陈祖德**

白方 **赵之华**

黑83不仅是扩张的好点，还瞄着动出黑两子，白84不得不补。黑101好手，至109黑优势进一步扩大。此后黑简明定型，胜势不可动摇。（谢赫）

黑贴$2\frac{1}{2}$子　175手以下略　黑胜$8\frac{1}{2}$子

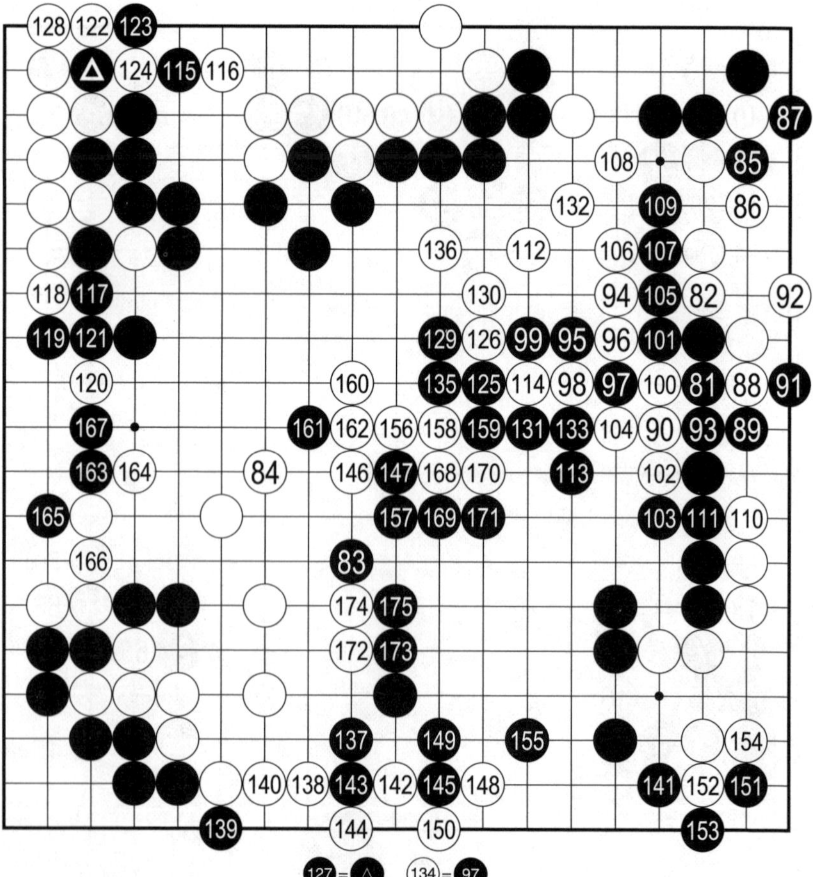

（81–175）

1961 年 12 月 22 日弈于上海体委训练棋

黑方　赵之云

白方　陈祖德

白 18 积极进取，白 20 和黑 21 反靠都是好手，至 24 形成转换。白 26、28 防黑打入右边，同时也有争先的含义，待黑 29 长，白 30 挂角是令人瞩目的好点。黑 35 变着，至 45 也是一型，然而黑 35 不如选择在 36 位打吃的普通下法。黑 49、51 冲击右边白薄弱处，白 58 至 62 弃子走厚，得失相当。白 68 有过分之嫌，应在 69 位立。黑 69、71 敏锐抓住白的弱点，黑 81 夹又是好手，下得很精彩。至 97，全局黑棋占据主动。

黑 103 失着，应在 100 右一路打，白如接住，黑 99 下一路接，在黑铁壁的包围中，白治孤的难度很大。白 114、116 好手，由于此时黑在 116 上一路接不是先手（再花一手不能净吃白角），所以黑 117、119 只好妥协。（谢赫）

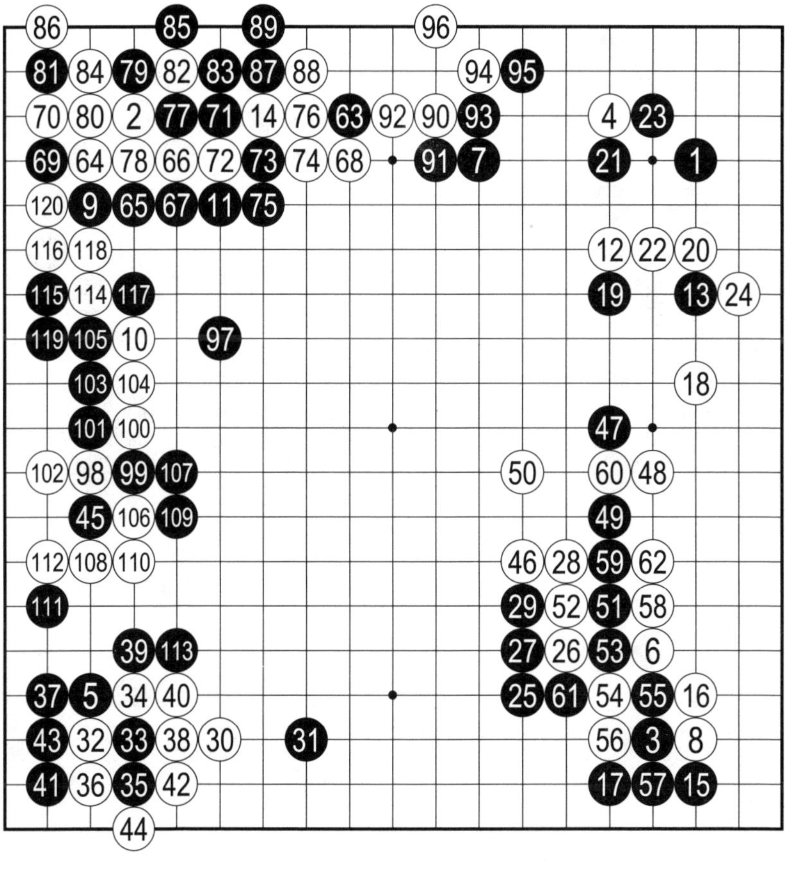

（1–120）

黑方 **赵之云**

白方 **陈祖德**

白120吃收获很大，同时白124还将左边白棋做成净活，形势逆转。黑153败着，应在154位抱吃，虽然黑形势不利，但差距还不大。白154计算精准，至170一举确立胜势。白172、174是目数最佳的收束。（谢赫）

黑贴$2\frac{1}{2}$子　共210手　白胜$8\frac{1}{2}$子

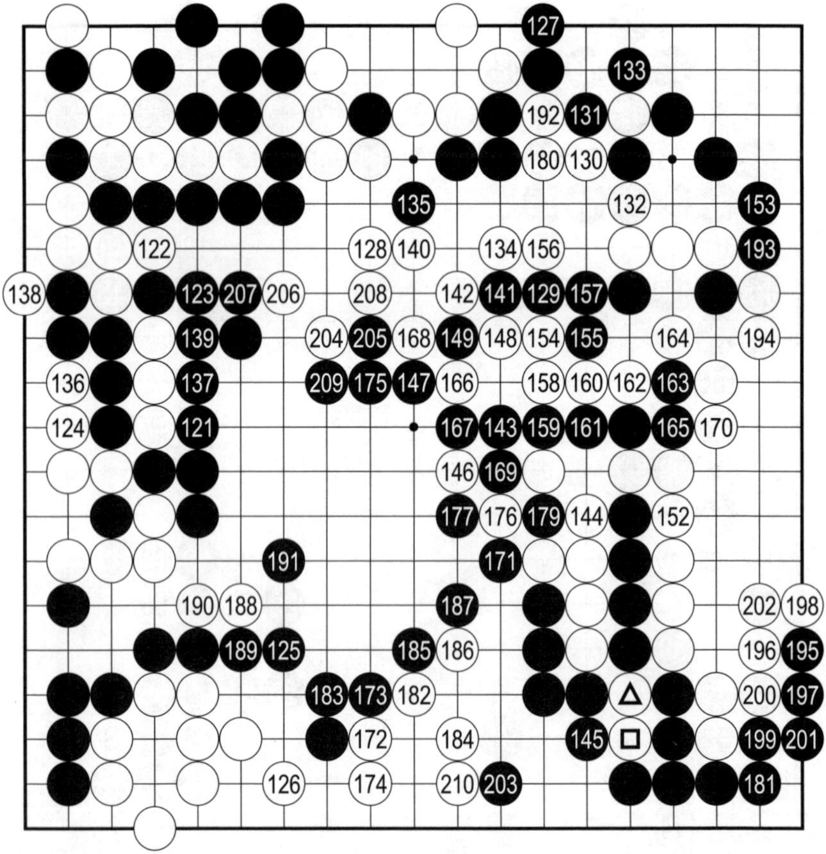

150 178 = △　151 = □

（121–210）

1961 年 12 月 29 日弈于上海棋社

训练棋

黑方　陈祖德

白方　魏海鸿

黑 29 有过分之嫌。白 30 应在 31 位扳，不惧转换。黑 55 失误，应在左一路接，黑角是净活。白 56 应在 51 上一路扳，黑角变成打劫活。黑 59 至 63 机敏，白受攻。白 64 脱先过分，应在 72 位补断。黑 67、69 计算精准，白大龙危矣，黑角的打劫活已不存在，白只能寄望和黑上边对杀。（谢赫）

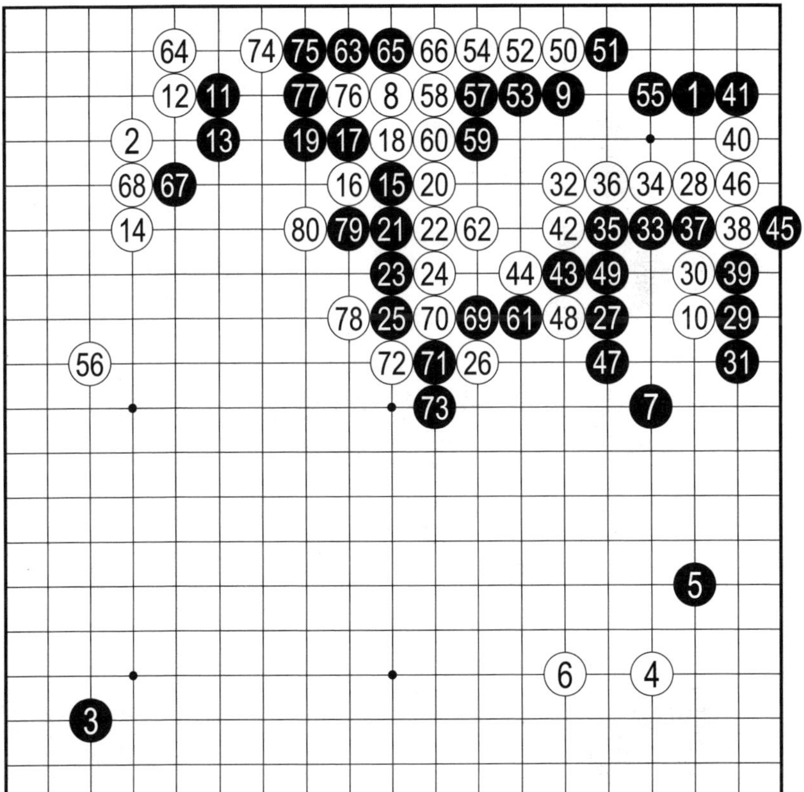

（1–80）

黑方　陈祖德

白方　魏海鸿

黑101失误，应在107位挤，是延气的要点。白102败着，应在107位挤，可能有机会逆转。黑107占据要点，黑113、115收气好手，白大龙愤死。（谢赫）

黑贴$2\frac{1}{2}$子　共179手　黑中盘胜

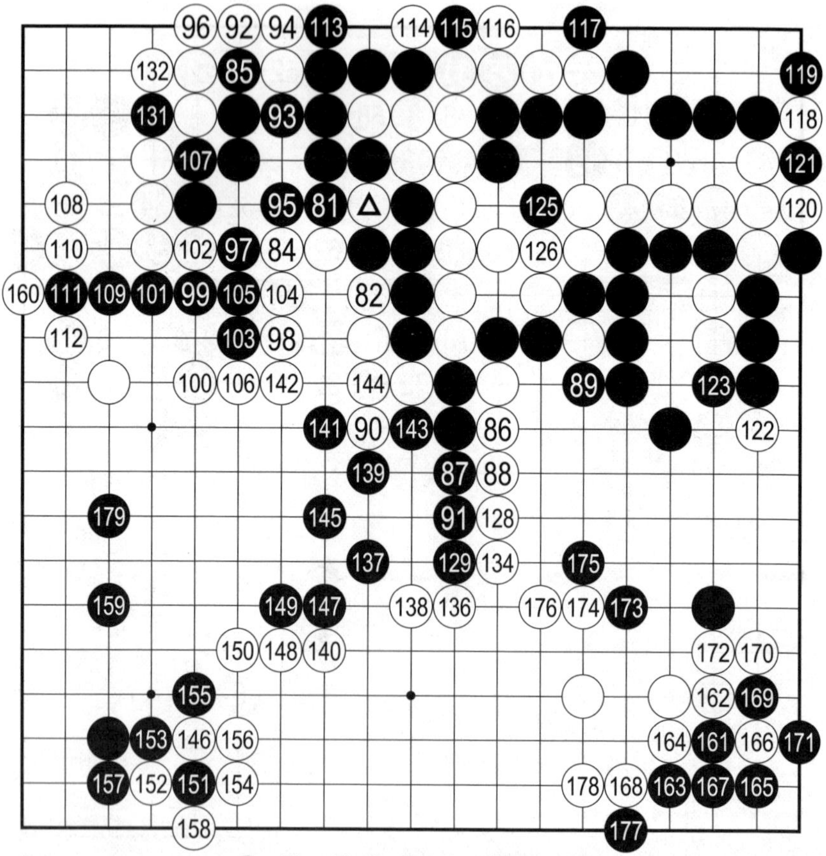

83=△　124 130 135=118　127 133=121

（81–179）

疑 1961 年对局
训练棋

黑方　陈祖德
白方　王幼宸

黑 13、15 是有趣的尝试，白 16 飞出挑起战斗。黑 27 应在 25 上一路接。白 28 应在 25 上一路打，吃掉黑 13 一子，白好。黑 35 冲出，白挡不住，黑好。（谢赫）

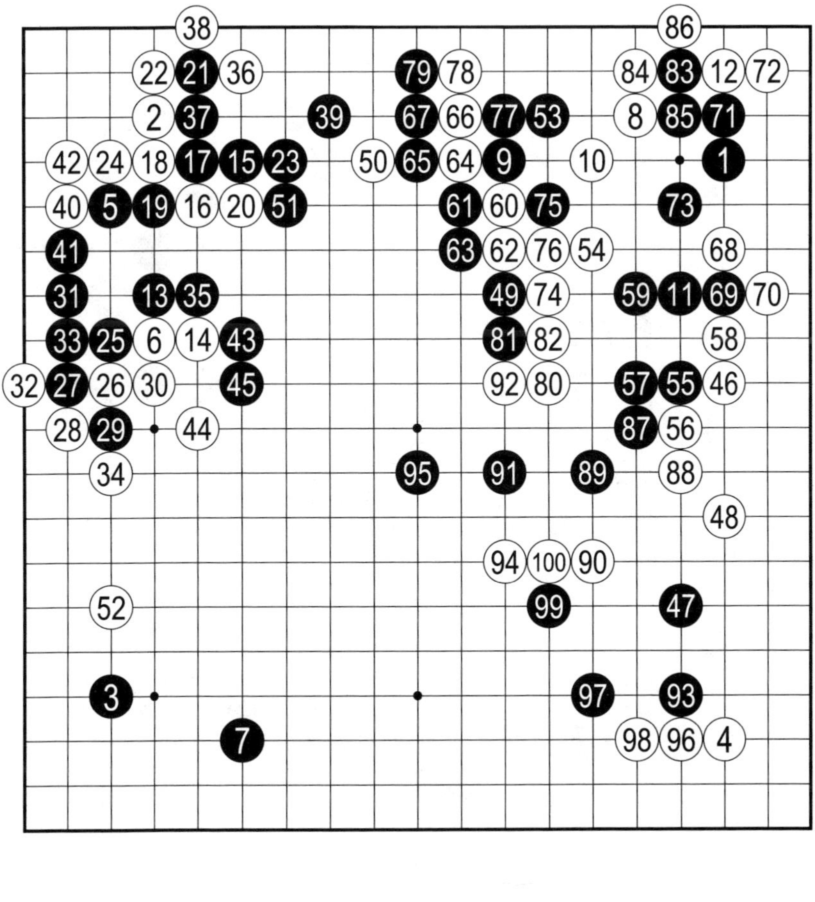

（1–100）

黑方 陈祖德

白方 王幼宸

黑155应在158位长，收空的话黑简明优势。黑159误算，形势逆转。白168应在169位做活。至173白棋不活，形势再度逆转。白182、184胜负手。黑185应在190位接，白如75上一路断，黑则182上一路挡，由于右上白棋无法净活，黑将取胜。黑187败着。

本局几经反复，最终黑棋输得遗憾。（谢赫）

共190手　白中盘胜

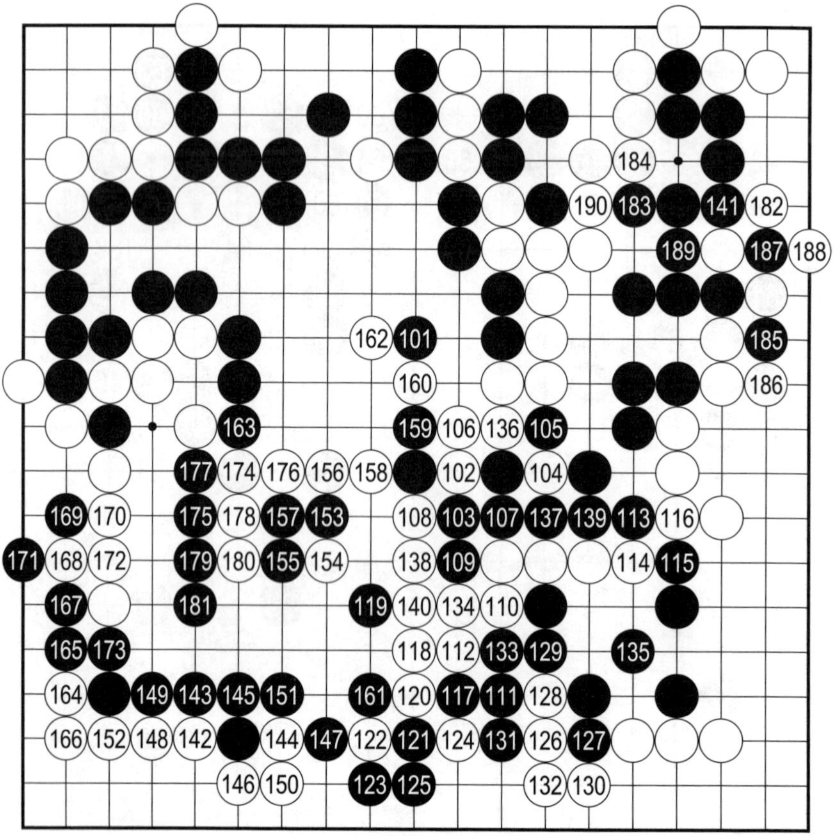

（101–190）

一九六二

时年18岁

◎ 1月27日，历时一个多月的上海冬季围棋比赛结束。预赛有72人参加。经过预赛，有18人晋级决赛阶段的比赛。共计进行十轮积分循环。陈祖德第一轮出奇兵击败诸鸿恩。第二轮对手不详。第三轮击败吴淞笙后，取得三连胜。第四轮负于王幼宸，此局实际上就是本次比赛的冠亚军决赛。第五、六轮连胜赵之云、魏海鸿。第七轮对手和结果不详。第八、九轮战胜殷鑫培和陈华钦。第十轮与赵之华弈和。最后王幼宸获得冠军，陈祖德第二，魏海鸿第三。

◎ 1月22日—2月1日，董文渊访沪，与陈祖德对战五局。

◎ 2月3日，王幼宸和陈祖德在上海新城溜冰场作围棋表演赛。

◎ 3月23日，安徽棋手黄永吉、朱金兆、王汝南访问上海，作沪皖棋赛。24日晚，陈祖德经过八个小时的激战击败黄永吉。25日晚，执白击败朱金兆。

◎ 4月7日—17日，杭州举行四省市围棋比赛。陈祖德在第一、二轮击败张李源和竺沅芷，第三、四轮击败黄永吉、董文渊。四连胜后实际已经夺得冠军。结果六战全胜获得第一，董文渊第二。邀请赛期间，陈祖德还让三子和王汝南下了一局。

◎ 5月，至北京训练，备战访日比赛。

◎ 7月11日—18日，中国围棋代表团和日本棋手开始友谊比赛。11日和13日陈祖德分别负于茅野直彦五段和梶原武雄七段。15日击败业余棋手福井正一之后，19日不敌业余豪强西村修。而后被让二子击败桥本昌二九段。7月25日战胜了菊池康郎。最后一局在被让二子的情况下击败了前田陈尔。在分先和让子的情况下取得了4胜3负的成绩。

◎ 11月4日—12月7日，全国棋艺锦标赛在合肥进行，共有48名棋手参加。

◎ 比赛分两个阶段进行。陈祖德被分在第3组，是公认的实力最强之组。第一轮，陈祖德击败了吴淞笙，随后连胜郑怀德、金亚贤、朱宝训、王立、黄汝平、陈岱、史家铸，以全胜成绩晋级决赛。

◎ 决赛阶段前四轮，陈祖德先后击败了赵之云、刘棣怀、郑怀德、董文渊取得四连胜。第五轮负于同样是四连胜的过惕生。这局实际上等同于本次比赛的冠亚军决战。第六轮惊险击败吴淞笙后，第七轮陈祖德负于沈果孙。后面连胜金亚贤、崔云趾、陈岱，第十二轮负于黄永吉。最后一轮轮空后，以9胜3负的成绩获得第二名。第三名是吴淞笙。

薛志春　整理　　　　**华以刚　审订**

1962年1月2日弈于上海棋社
训练棋

白方 陈祖德

黑方 章照原（受二子）

白1、3多见于让子棋。黑8碰，至今仍常用。白31可考虑在32下一路点三三。黑56过分，应在57位点，白如56位挡，黑64上一路尖，黑简明优势。至63的结果黑损。白73如在75位尖攻击黑棋，当优于实战。（谢赫）

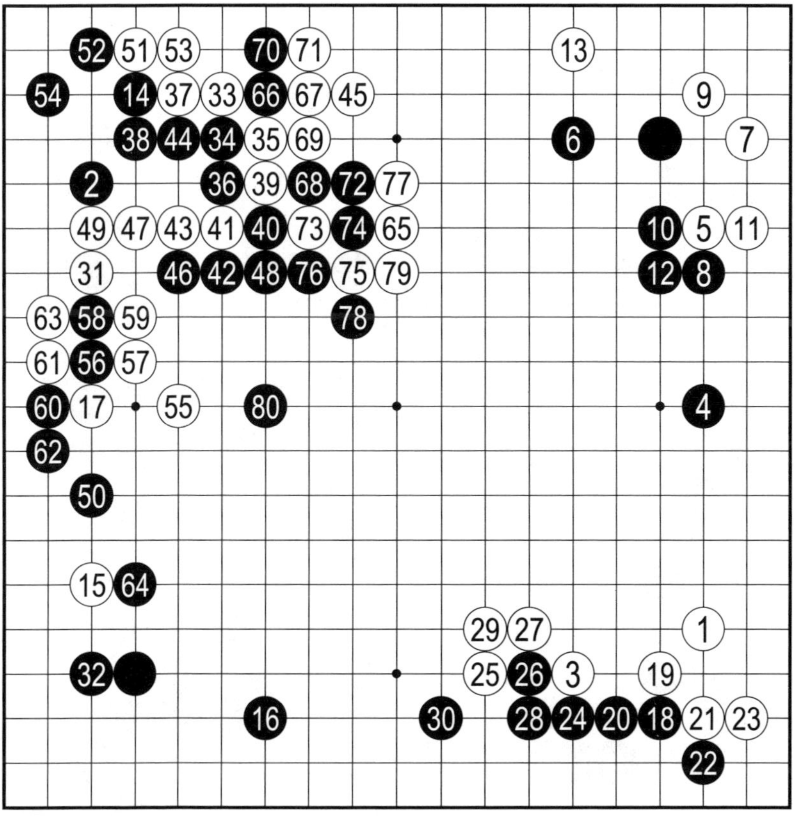

（1–80）

白方　陈祖德

黑方　章照原（受二子）

白 89 至 93 是胜负手。黑 96 脱先有疑问，应在 98 位扳，白如 99 位应，黑则可以脱先。白 97 应在 112 位点，黑角成打劫活，白有望逆转。黑 102、104 好手，黑角净活，简明优势。此后黑棋安全运转，白棋没有逆转的机会。（谢赫）

共 176 手　黑胜3$\frac{1}{2}$子

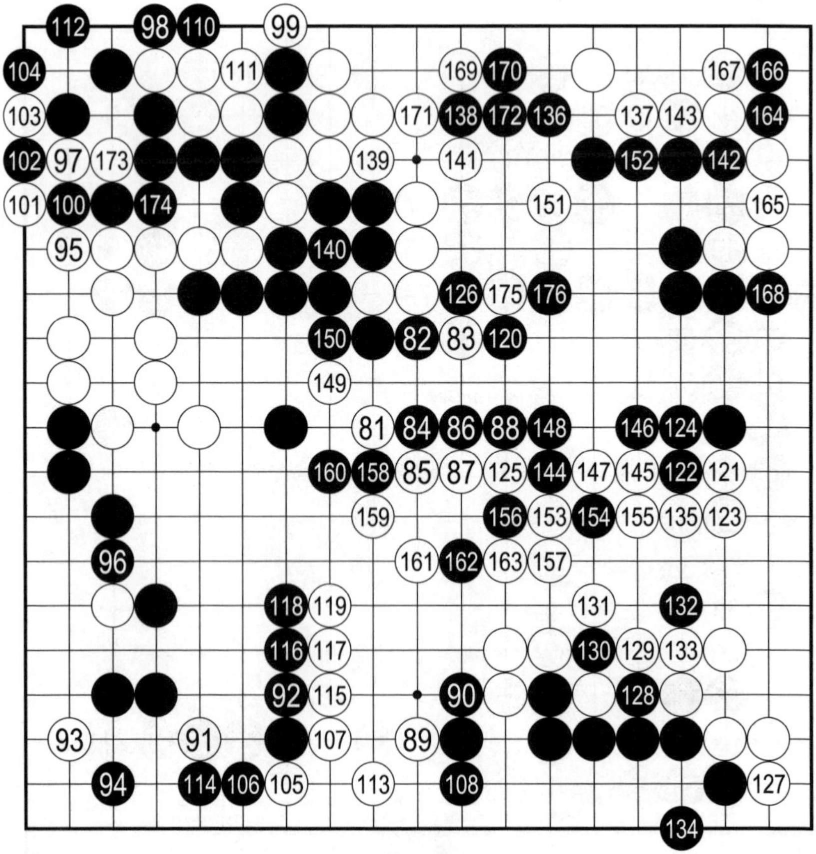

109=102

（81–176）

1962年1月11日弈于上海新城溜冰场训练棋

黑方　吴淞笙
白方　陈祖德

白2、6是陈祖德老师喜爱的下法。白8大飞挂角也是有趣的尝试。白44应考虑在47位长，看轻一子。黑45缓手。白46应在43右一路征吃。至71黑棋占据主动。黑89过紧，应在114位立。黑101攻击白棋不够简明，应在100上一路扳。白110断是手筋，至118的结果黑亏损。黑119、121过急，仍应在100上一路扳，形势黑稍差，然而胜负尚早。黑125俗手，和白126交换后黑形状不好，棋谱至此告终，黑棋确实已相当难下。（谢赫）

黑贴$2\frac{1}{2}$子　共126手　白中盘胜

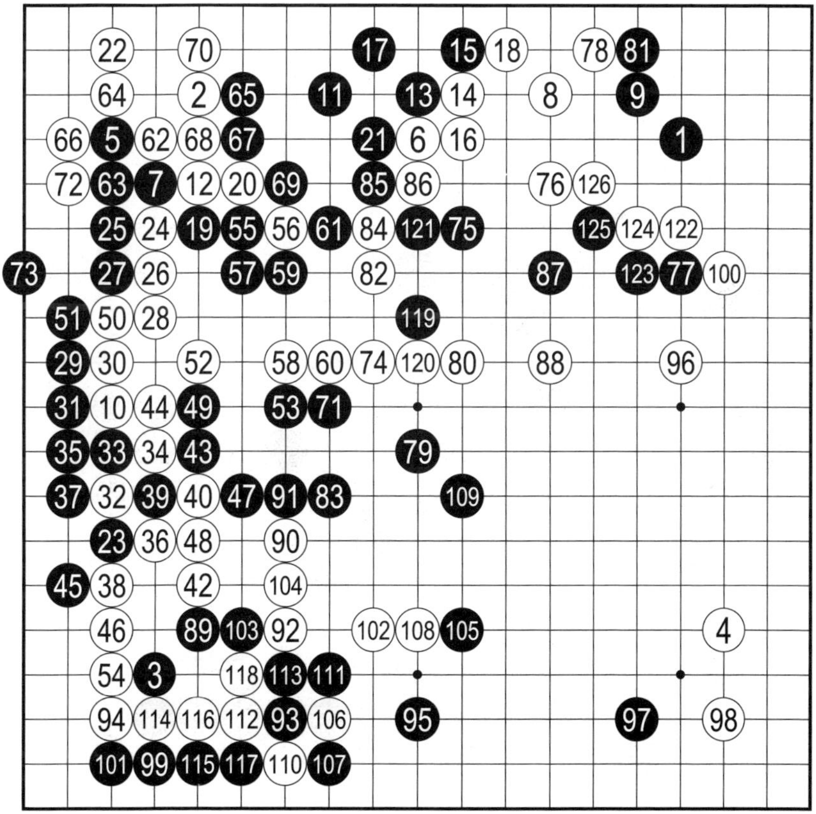

41=32

（1–126）

1962 年 1 月 13 日弈于上海新城溜冰场
训练棋

黑方　王幼宸
白方　陈祖德

白 8 至 11 是当时流行的定式下法，如今白 8 多在 9 右一路飞压。黑 13 拆一看似狭窄，却是关系双方厚薄的要点。黑 21 本手是在 22 右一路飞补。白 22 打入后战斗开始。黑 35、37 是整形的好手。黑 47 二路点入时，白 48 应考虑在 71 位挡，黑如 50 位爬过，白则 20 右一路正面作战。实战白 48、50 虽吃住黑一子，但黑棋变厚，致黑 51 断严厉。白 52 过分，应在 55 位打，从长计议。黑 55 长，白陷入苦战。此后黑棋牢牢掌控局面，是完胜的好局。（谢赫）

黑贴 $2\frac{1}{2}$ 子　共 105 手　黑中盘胜

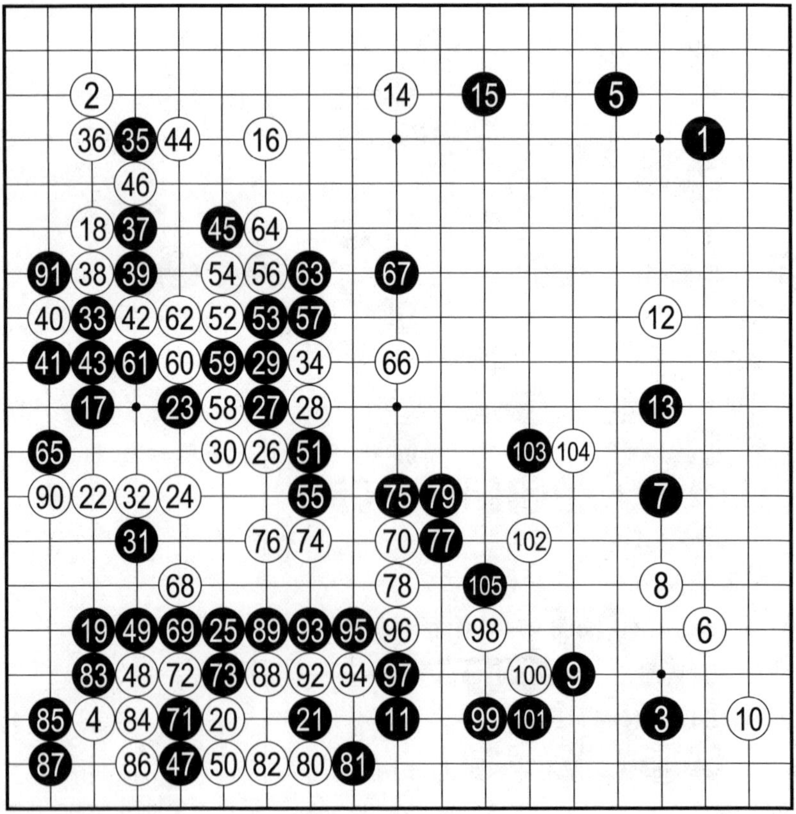

（1–105）

1962 年 1 月 16 日弈于上海新城溜冰场
训练棋

黑方 **陈祖德**
白方 **赵之云**

至 8 形成有趣的模仿棋。白 10、14 空中漫步，黑 11 至 15 稳扎稳打。白 20 打入求战。黑 23 有过分之嫌，应在 27 右一路跳，瞄着冲断。白 32 应在 143 位顶、黑挡、白扳，黑难过。黑 49 至 55 展现出陈老师的力量。至 69 黑形势领先。白 72 至 76 胜负手。（谢赫）

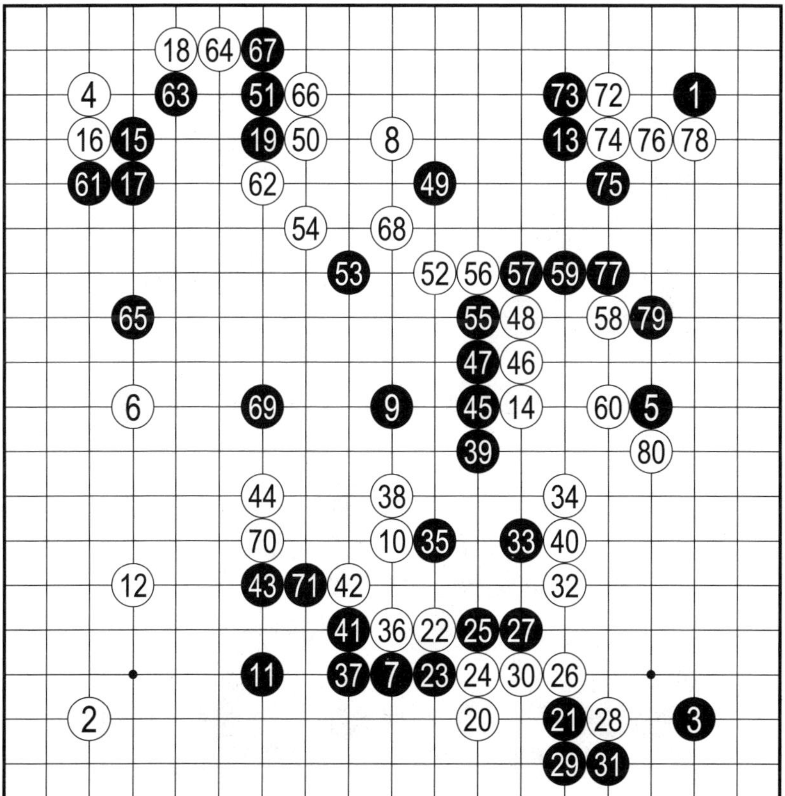

（1–80）

黑方 **陈祖德**

白方 **赵之云**

白90应在83上一路吃，不惧转换，可一争胜负。黑97、99过急，应在109位尖，黑占优。白104败着，应在106位拼搏，黑如104位夹将形成劫争，胜负难料。黑105严厉，此后白无胜机。（谢赫）

黑贴$2\frac{1}{2}$子　共179手　黑中盘胜

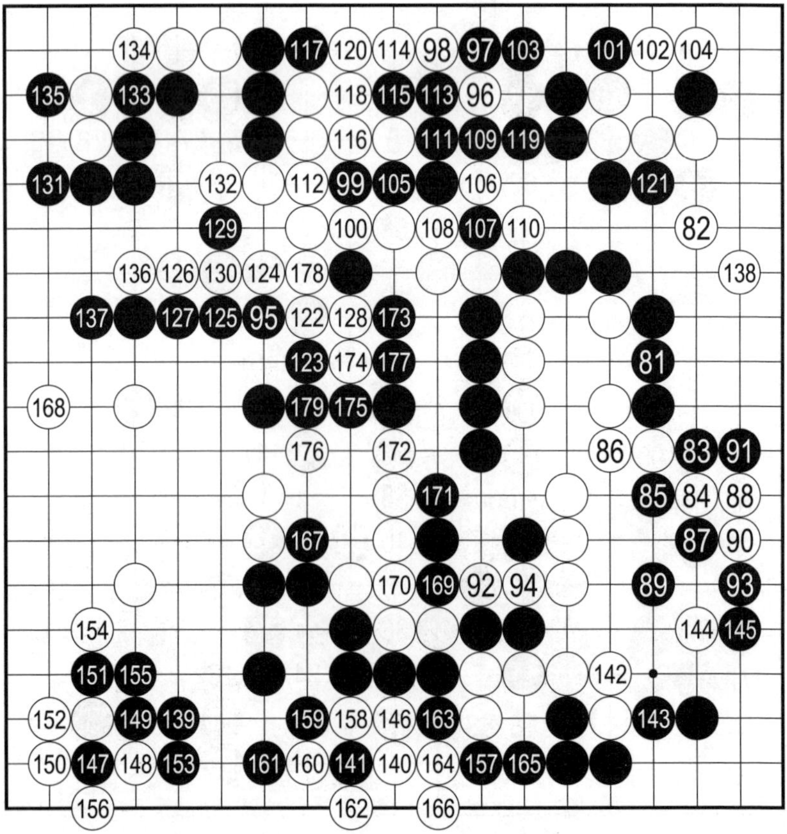

（81–179）

1962 年 1 月 18 日弈于上海新城溜冰场
训练棋

黑方　魏海鸿

白方　陈祖德

白 36 至 40 大局观好。黑 41 寻劫时，白 42 脱先有气魄。黑 43 虽收获不小，然而白 44 先手拔花十分厚实，形势白占优。白 56 应在 61 位飞，继续利用残子的余味取势。白 58 方向有问题，仍应在 61 位飞。至 63 黑棋中央出头，白全局的潜力受到限制，形势转为黑领先。黑 103 冲断敏锐。白 108 挤时，黑 109 是做眼的好手，意在争先。白 110 应在 114 位夹。黑 111 至 123 弃子定型相当成功，黑简明优势。棋谱到 140 为止，此时已是黑胜势。（谢赫）

共 140 手　黑胜

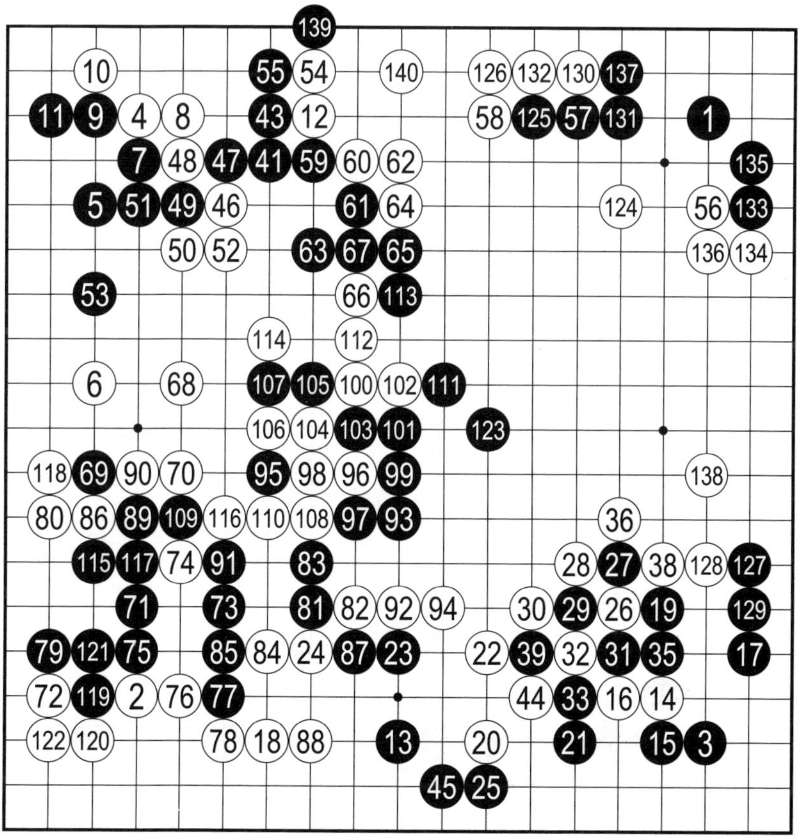

34 40 = 26　37 = 29　42 = 32

（1–140）

1962年1月22日弈于上海棋社

黑方　董文渊

白方　陈祖德

白12至16是陈祖德老师喜爱的下法。白24可考虑在31位小尖，形成均衡格局。白34、36争先手，思路灵活。白42占据好点，双方的模样都很可观。白50如在51上一路拆，更简明。白52、54开劫是强手，至91转换的结果，双方均可下。（谢赫）

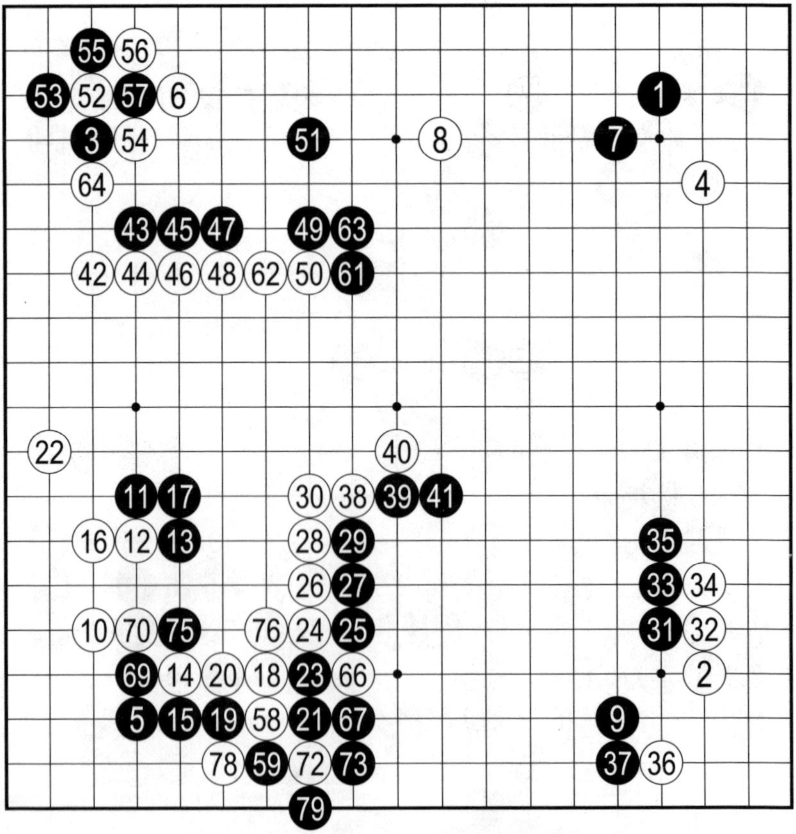

60 68 74 80 = 52　65 71 77 = 57

（1–80）

黑方 **董文渊**
白方 **陈祖德**

黑95见小，应考虑在110右一路肩冲。白122、124过分，白122应单在124位尖。黑125败着，应在126位长出，白如125位长，黑可在145位冲击白薄味。实战白128严厉，此后黑已无胜机。（谢赫）

黑贴$2\frac{1}{2}$子　174手以下略　白胜5子

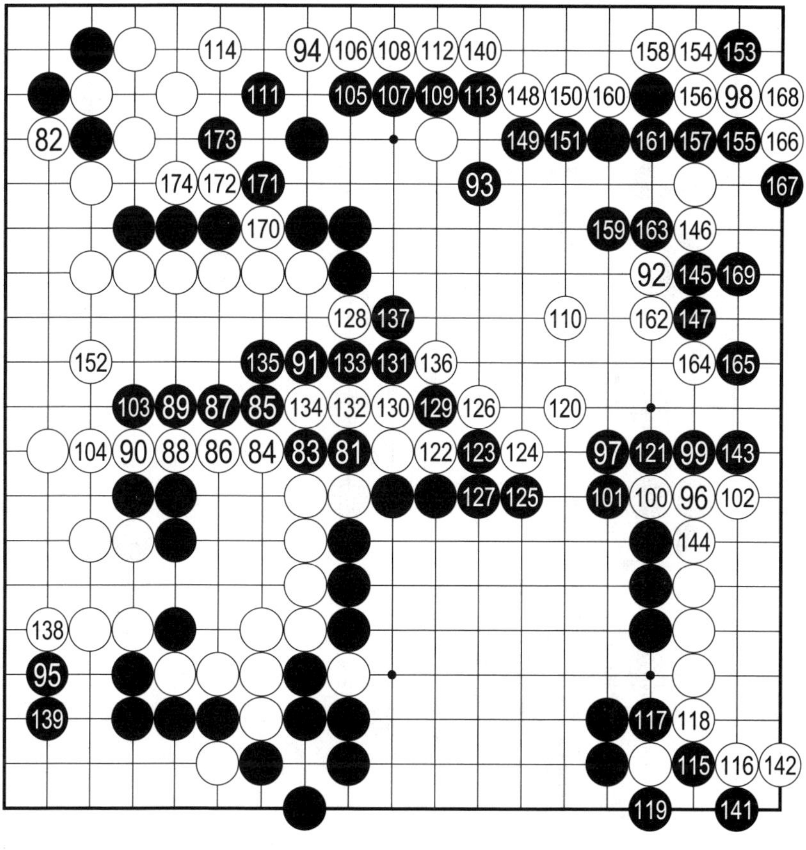

（81–174）

1962 年 1 月 24、25 日弈于上海棋社

黑方　陈祖德

白方　董文渊

黑 15 靠引发激战。白 34 是问题手，应在 33 上一路扳。黑 37 可在 39 位吃，弃掉 13、19 两子，黑已很充分。白 46 缓手，应在 51 左一路刺，黑如接，白则 45 右一路扳。黑 47 中央出头，黑确立优势。黑 79 不够简明，应在 85 位飞。（谢赫）

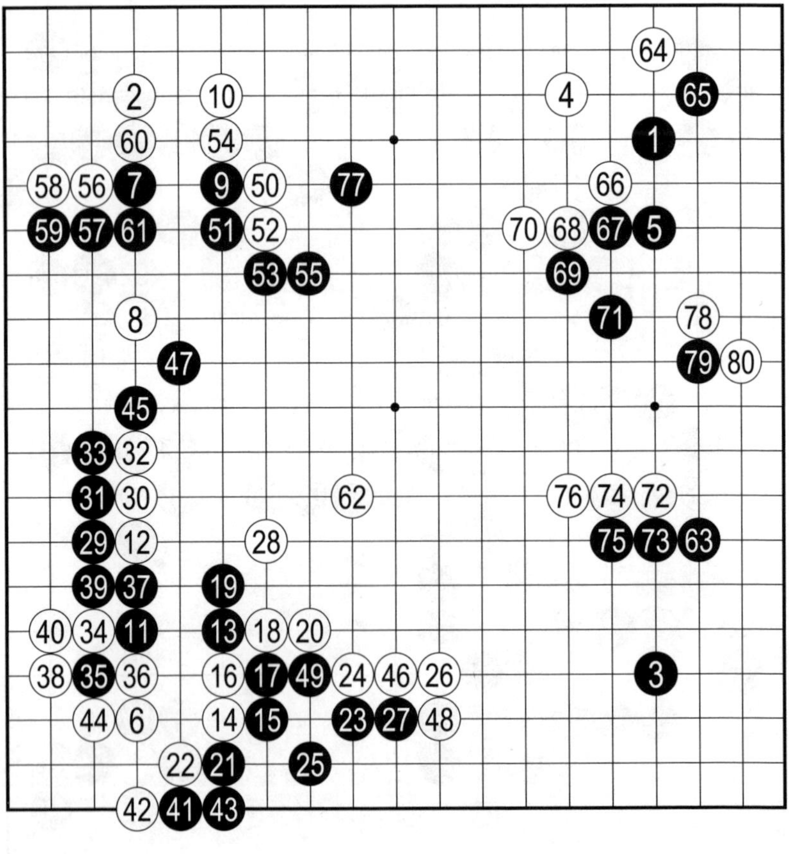

（1–80）

黑方 **陈祖德**

白方 **董文渊**

白80至86冲下是手筋，然后白88点三三，局势稍显复杂。至99转换的结果，黑优势缩小。黑103是全局价值最大之处。黑107点时，白108、112连续脱先，遭到黑113以下一系列精准攻击，白难以为继。（谢赫）

黑贴$2\frac{1}{2}$子　共165手　黑中盘胜

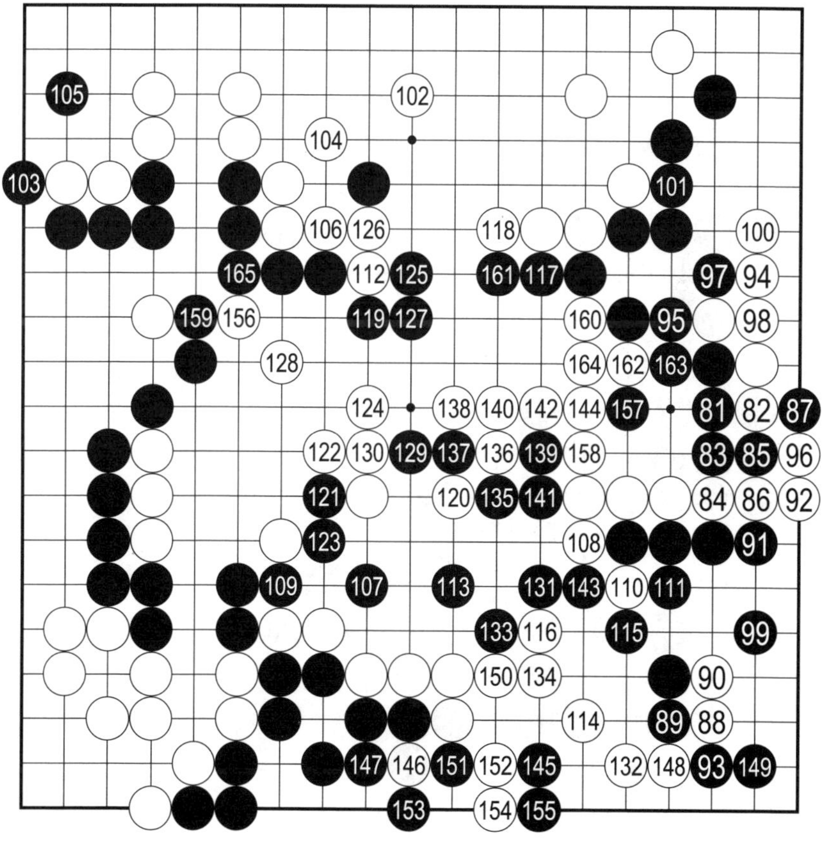

（81–165）

1962 年 1 月 28、29 日弈于上海棋社

黑方　董文渊

白方　陈祖德

黑 19 应在 28 位尖。白 22、24 过分，黑 25 如在 47 位简明连络，白棋不便宜。实战黑 25 至 29 的变化复杂。黑 55 寻求渡过见小，应在 60 位挡住弃子，然后争得先手在 23 下一路拐出，黑好。至 70 的结果，局部黑得以连回，全局却是白优势。白 78 如在左下角点三三，更简明。白 102 至 112 好手，一整套漂亮的组合拳。白 114 应直接在 116 位先手滚包，然后在 85 右一路提，如此白简明优势。黑 115 应在 112 左一路打。

白 122 仍应在 131 位提，左下角白棋是活的，白优势明显。黑 123 先手滚包，然后 131 吃掉下边白棋，至 141 的局面，虽然还是白稍优，但优势已很有限。(谢赫)

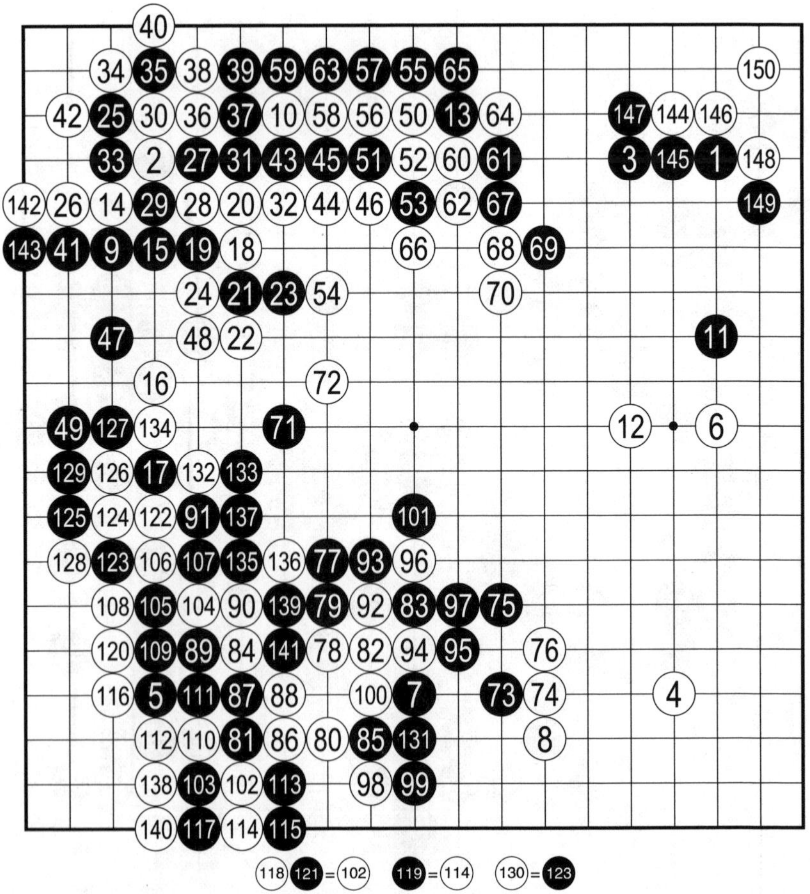

（1–150）

黑方　董文渊

白方　陈祖德

白156点入过急，应考虑在210扳粘做活右上角，进而瞄着214位长的手段，白棋收空还有优势。实战至168吃黑两子，白不便宜，主要因为黑169利用劫材优势开劫很严厉。黑207先手提三子收获很大，209一路打住也是好手，此后白无明显胜机。（谢赫）

黑贴$2\frac{1}{2}$子　共296手　黑胜$1\frac{1}{2}$子

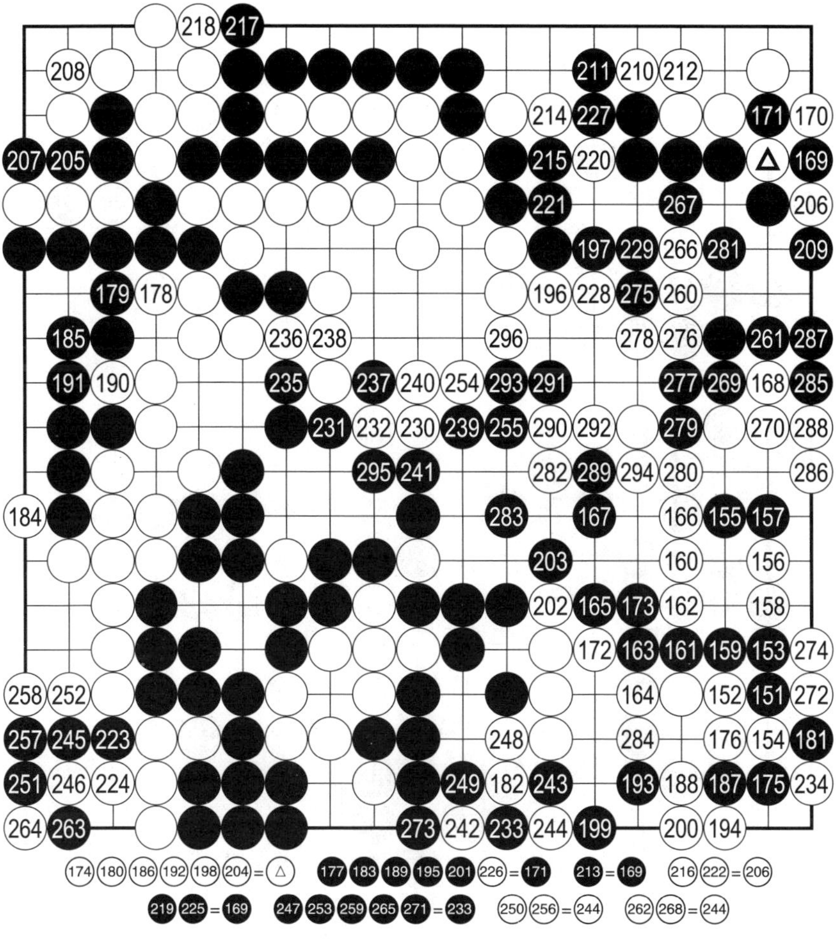

（151–296）

1962年2月1日弈于上海棋社

黑方　董文渊

白方　陈祖德

白16至28是老定式，如今认为白亏损，故白16大多改为52位托。白46飞时，黑47应在50位托，实战黑棋脱先，白50好手，至53先手定型，白厚实。白54、56靠出作战有力。白68应在67上一路靠，补断重要。黑69冲断敏锐，这可能是白棋所疏忽的，白陷入苦战。白94并是苦心的一手，意在兼顾两边。白104冲断形成转换，至116的结果黑有利，全局黑优势明显。黑119点入不够简明，应在31上一路弯，先手定型，正常收空即可。（谢赫）

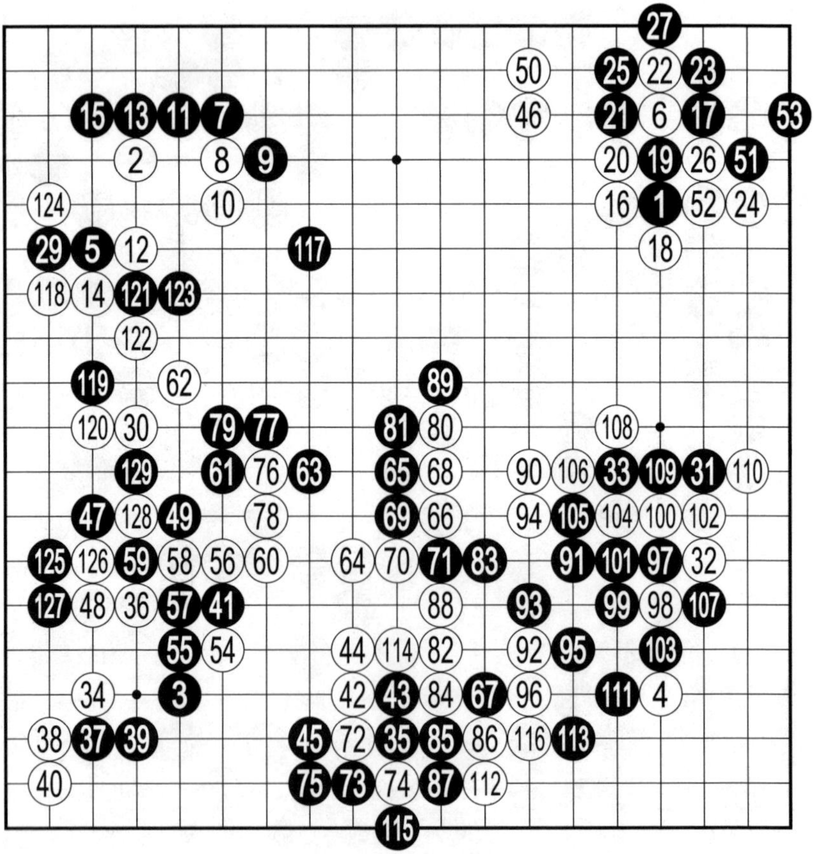

28=6　130=59

（1–120）

黑方 **董文渊**

白方 **陈祖德**

黑127应在128位接，实战被白128提掉，黑不便宜。白132如在138位吃，黑优势已缩小。黑133失误，应在139位断，白难办。白134也出现失误，应在142位虎，黑如138位拐，白则140位断，转换的结果黑亏损，全局将回到均势。黑135断有力，形成打劫。由于劫材不利，白146只好妥协。至149黑优势明显。黑193败着，应在195位提，补掉隐患。白194接，形势瞬间大逆转。至206，劫争形成黑大损的转换，黑败局已定。（谢赫）

黑贴$2\frac{1}{2}$子　共263手　白胜半子

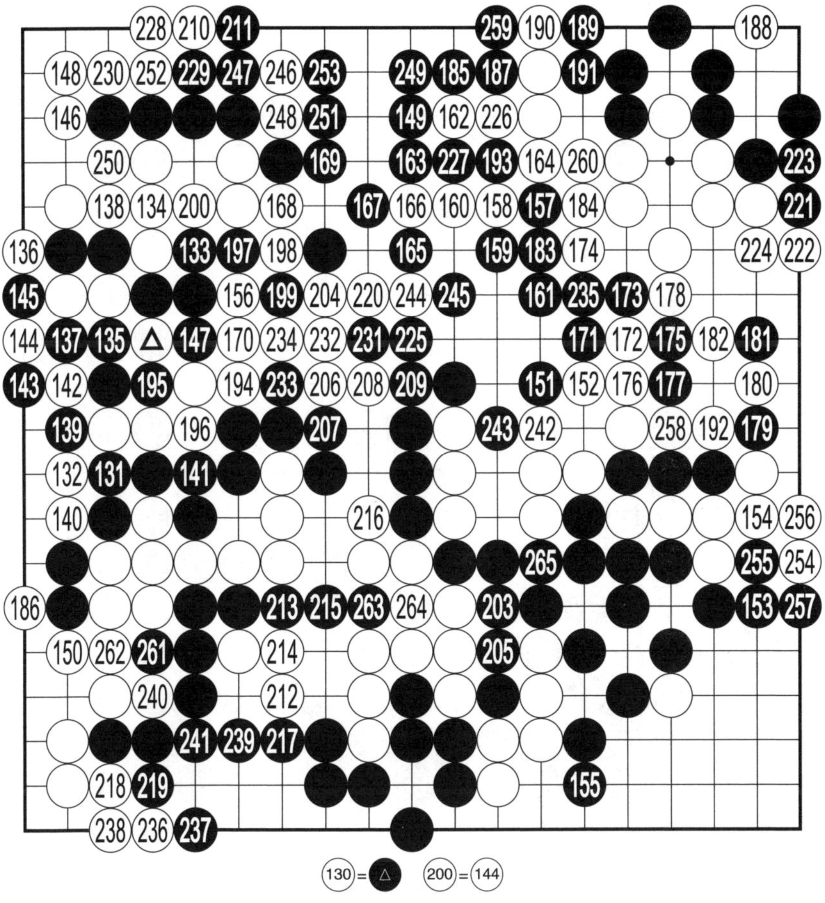

（121–263）

1962 年 2 月 2 日弈于上海棋社

黑方　董文渊

白方　陈祖德

白 20 至 24 是当时常见的下法。黑 25 应在 84 位扳。白 28、30 意在争先，白 32 拦的价值大。白 48 应脱先在 60 位飞，黑 62 位跳，白 91 位立，守住下边很大。黑 49 过分，白可在下一路反击。黑 51 断，白可脱先，三子价值不大。黑 53 打入，是白棋弱点所在。白 56 如在 74 位扳，棋形更好。白 68 失误，应在 69 位制造劫材，黑如 71 位渡，白则 67 右一路开劫有力。实战白棋没有合适的劫材，被黑 73 补净后，黑简明优势。此后白无胜机。（谢赫）

黑贴 $2\frac{1}{2}$ 子　共 105 手　黑中盘胜

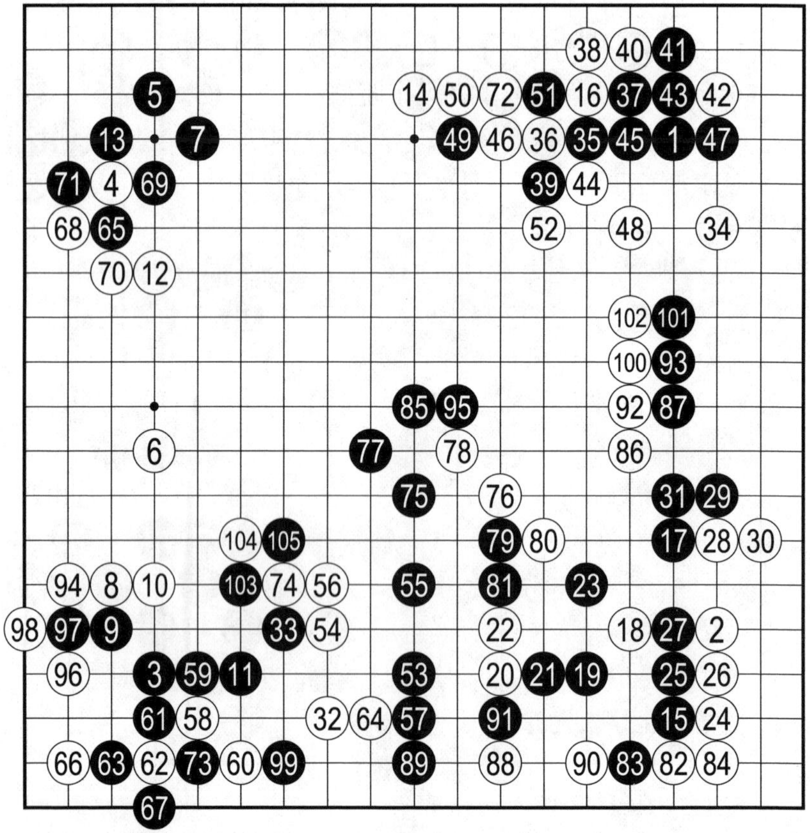

（1–105）

1962 年 2 月 3 日弈于上海新城溜冰场训练棋

黑方　王幼宸

白方　陈祖德

白 24 可考虑在 99 位挂角。白 32 应在 104 位拐，黑 33 也应在 104 位压，此处是要点。黑 53 扳时，白 54 应在 57 位冲。至 59，形势黑好。黑 67 如在 73 位靠是手筋，更佳。黑 77 分断攻白两边，总体来看白棋比较难处理。白 98 是做活的好手。白 100 应在 99 下一路打，黑如 105 位接，白再在 100 位挡做活，明显优于实战。至 112 虽然白棋活了，但黑在 109 位多了一颗子，上边白大龙危险。黑 113 失误，如在 114 位尖，白大龙难以做活。（谢赫）

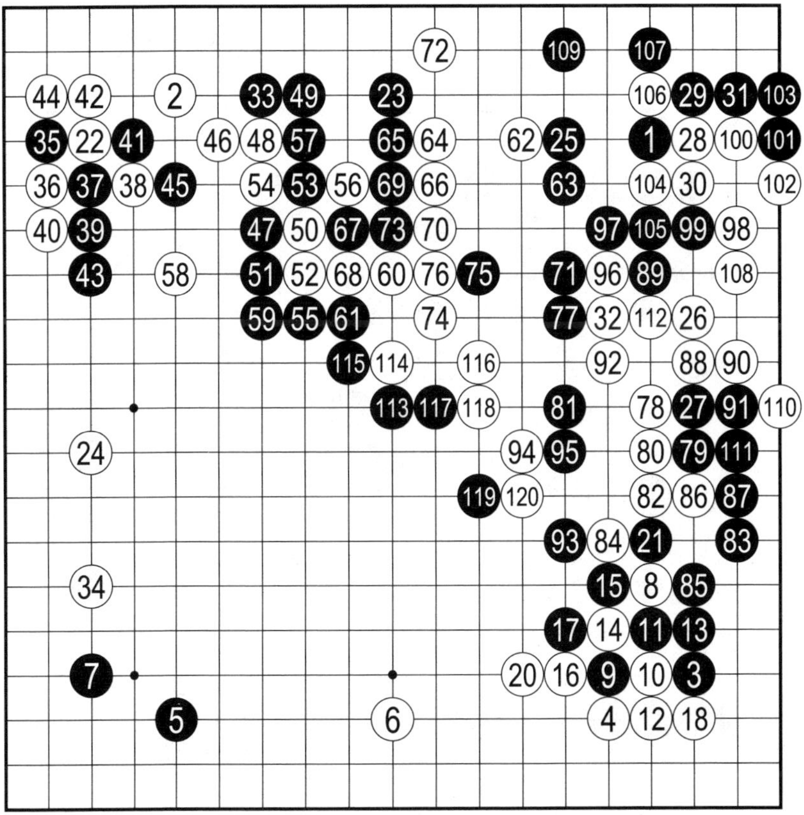

19 = 9

（1–120）

黑方　王幼宸

白方　陈祖德

白122连回家，形势难分优劣。黑123应在188位肩冲。白126好手，黑难过。白132应在149位先手定型，黑还需在199位连络，局势白优。实战白132碰入，局面复杂化。白148在149位虎仍是好形。黑151应在153位出头。白152如在153位飞，更简明。白160失误，应在163位长，白棋分头做活可确保优势。至170的劫争白棋负担更重。黑171如在172位挖，劫材更多。至185转换，形成细棋局面。此后双方都有机会，最终黑小胜。（谢赫）

黑贴$2\frac{1}{2}$子　共227手　黑中盘胜

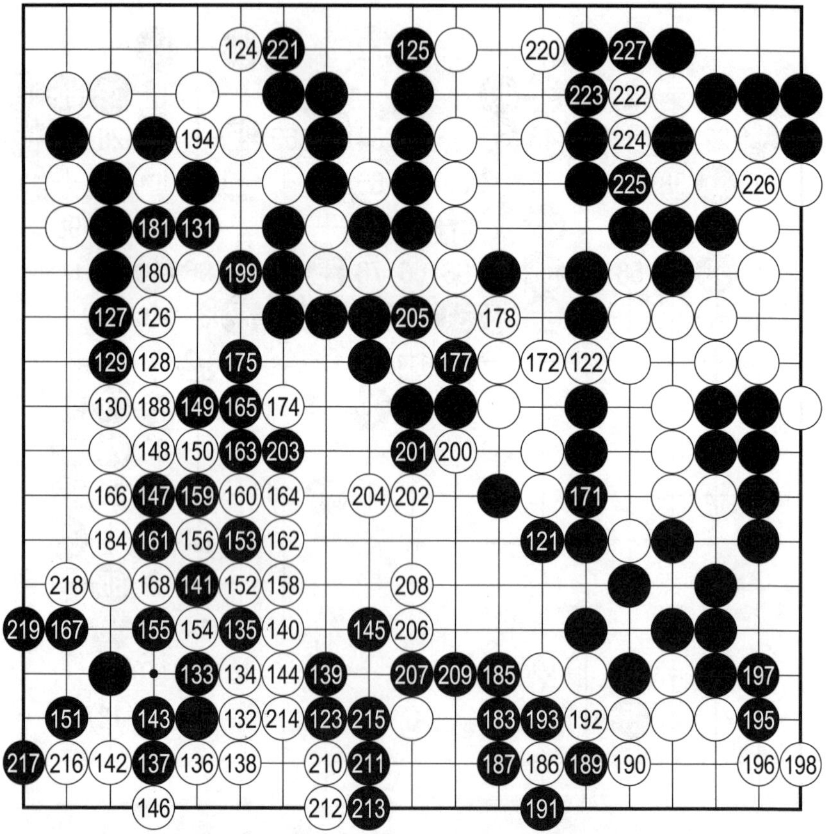

157=135　169=154　170 176 182=156　173 179=153

（121–227）

1962年2月10日弈于上海科学会堂表演赛

黑方　陈祖德
白方　吴淞笙

白26是大胆的构思，意在寻求转换。黑37应在42位飞。白42飞后，接下来44愉快地先手尖，白确立优势。白78碰入黑空，颇像AI的下法。（谢赫）

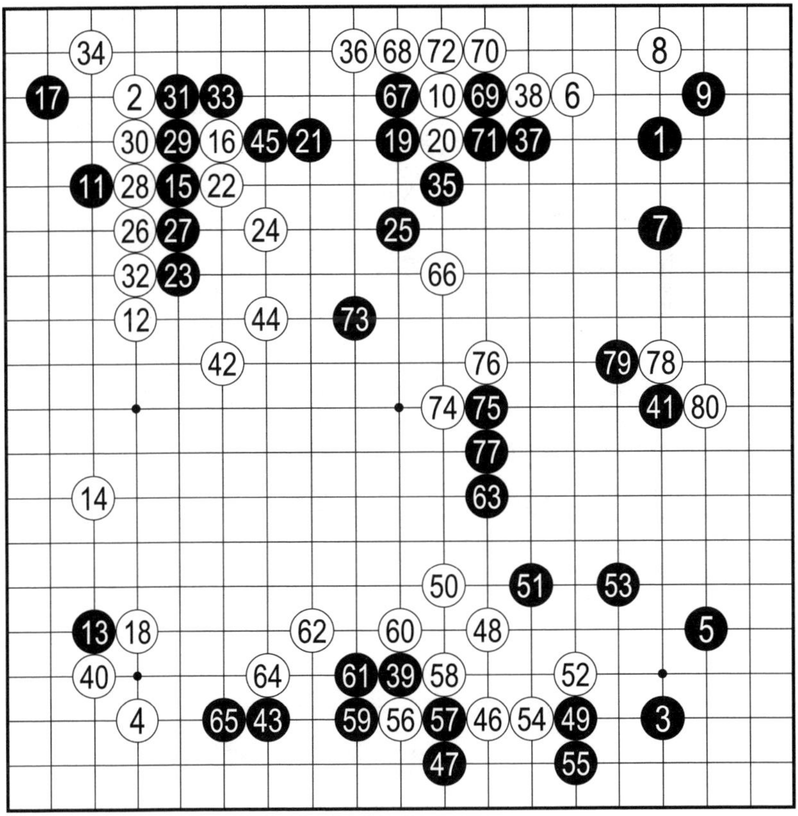

（1–80）

黑方　陈祖德

白方　吴淞笙

黑105失误，应在106位接，弃掉左上黑六子。白106分断，黑陷入苦战。白150失误，应在153位接，黑大龙危险。黑151也错过机会，应在153位扑、白提、黑152，大龙活出，形势逆转。至162达成妥协，呈细棋局面。黑163应在52右一路虎，关系到黑空中的味道。白170、172出棋，棋局告终。（谢赫）

黑贴$2\frac{1}{2}$子　共172手　白中盘胜

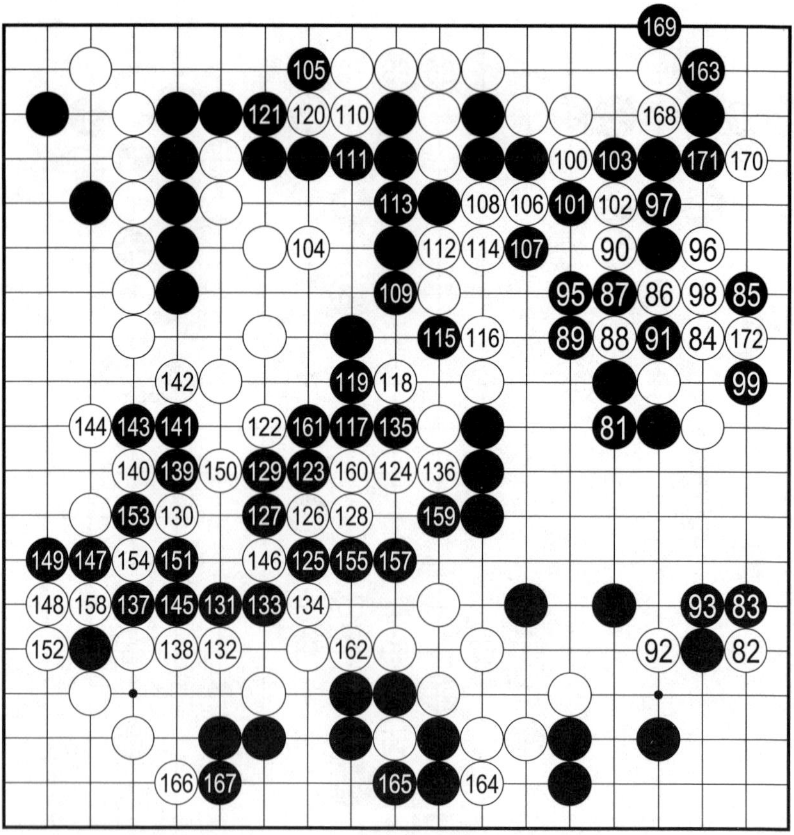

94=88　156=153

1962年2月15日弈于上海棋社

黑方　陈祖德

白方　魏海鸿

白16如今多在70位跳。黑25如在26位弃两子，黑简明。黑41积极进取。黑47过分，应在67位跳，黑51也应在52位立。实战被白52断，黑不好。白60失误，应在67位断，可进一步攻击中央黑棋。至67的结果，白大坏。黑81至85是愉快的先手便宜。黑87拐价值大。（谢赫）

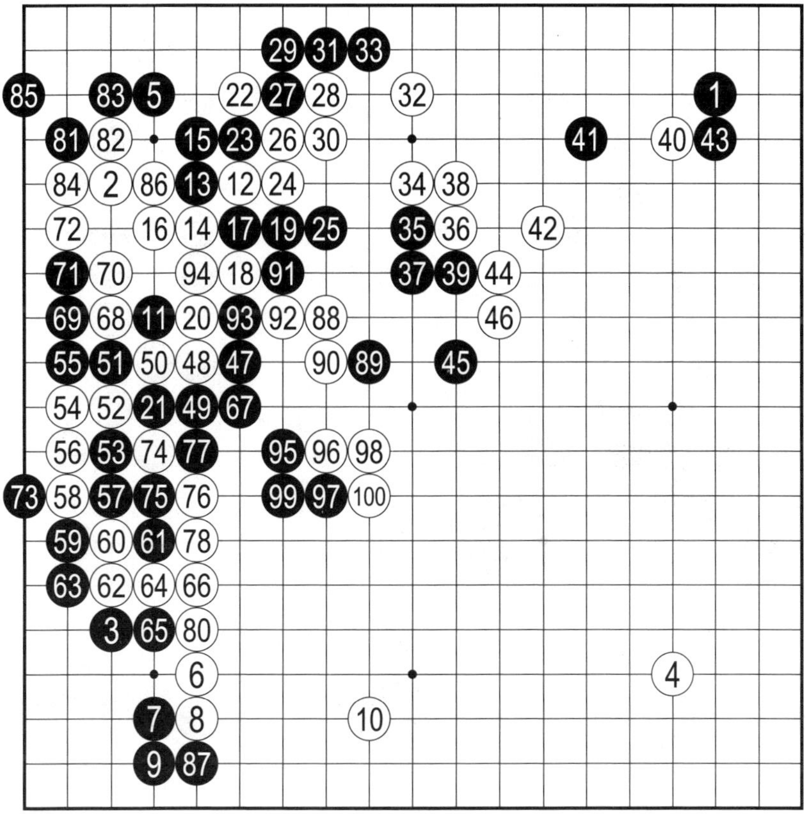

79＝74

（1–100）

黑方 **陈祖德**

白方 **魏海鸿**

黑101、103大局清楚，中央黑子可以弃掉。黑113、115计算精准，左下白棋已无法做活。此后黑棋安全运转，简明地将优势转化为胜势。（谢赫）

黑贴$2\frac{1}{2}$子 共187手 黑中盘胜

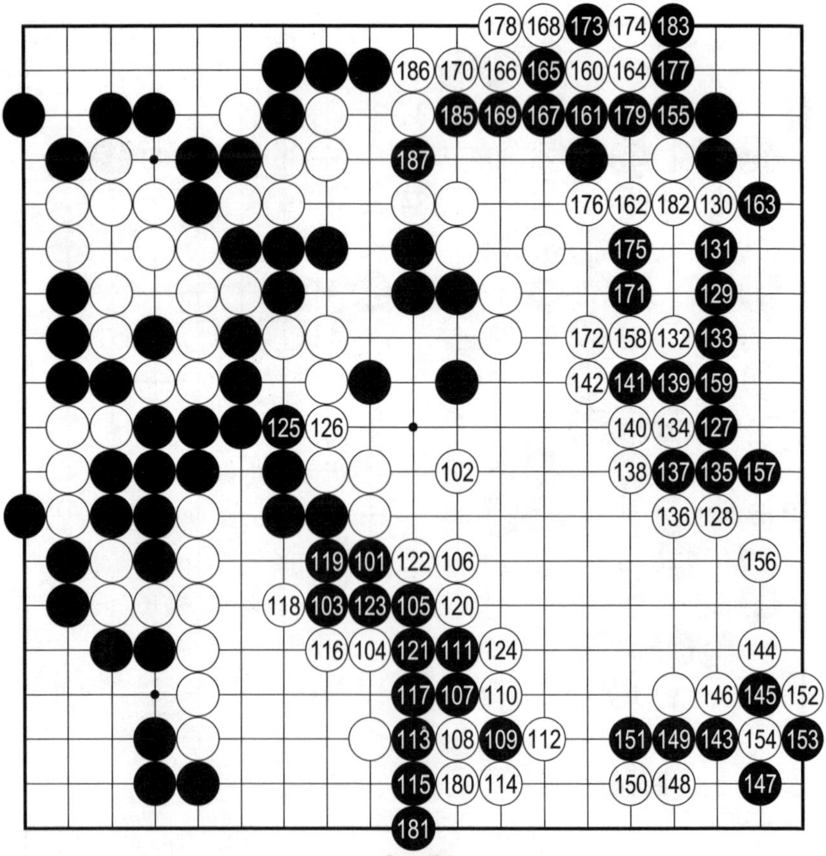

184=173

(101–187)

1962年2月22日弈于上海棋社

黑方　陈祖德

白方　王幼宸

黑21好选点，虽然白有22至26的手段，但白不便宜。黑27价值大。至31，黑确立优势。白42方向不佳，应先在69位虎，黑如长，白可脱先在左下挂角。黑43应在69位立，逼白打拔做活，黑顺势走厚价值大。白48应在49位尖。黑49、51分断有力，白陷入苦战。黑59如在60位扳更简明。黑67、69大局清楚，残子可弃，白右下角和右边两块棋难以两全。（谢赫）

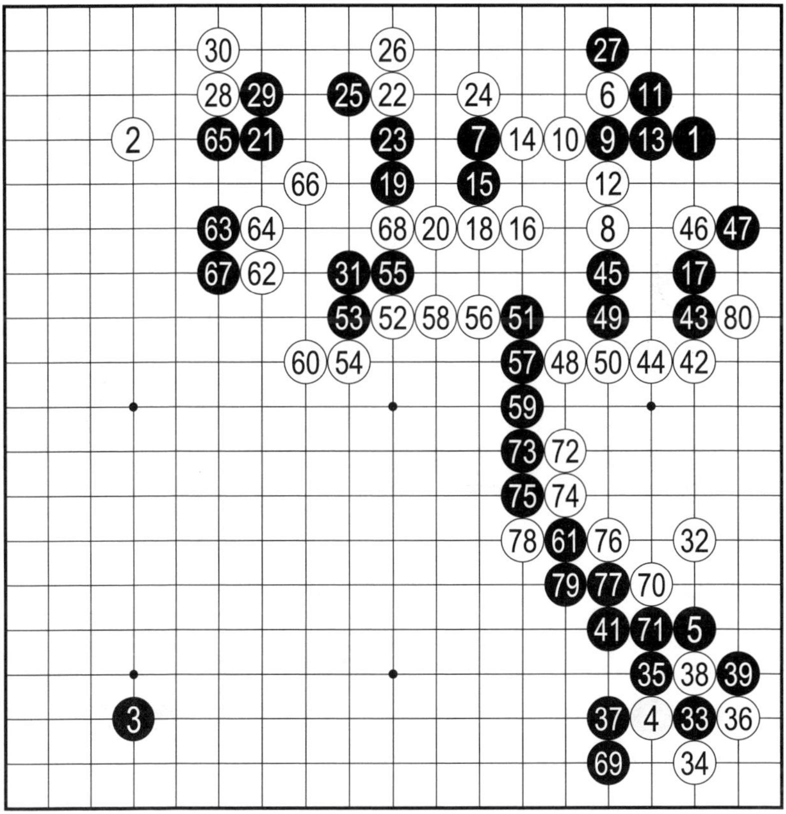

(40)=(33)

（1–80）

此后面对白棋的奋力反扑，黑棋应对得当，白无可乘之机。

本局是黑完胜的好局。（谢赫）

黑方　陈祖德

白方　王幼宸

黑贴$2\frac{1}{2}$子　共163手　黑中盘胜

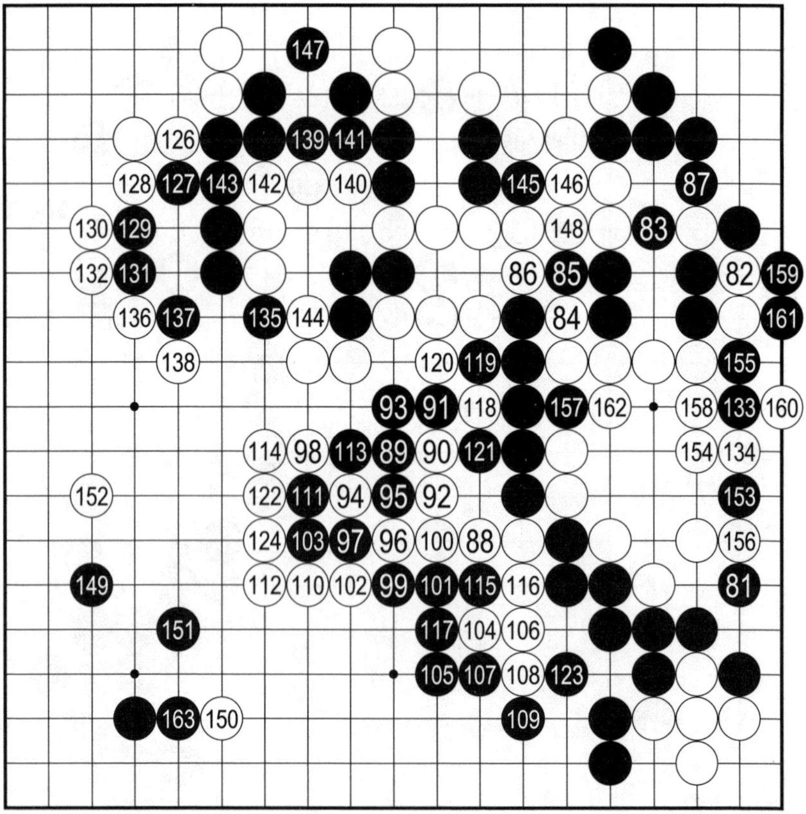

125=94

（81–163）

1962年2月26日弈于上海棋社
训练棋

黑方　王幼宸

白方　陈祖德

白28，如今AI认为应保留，单走30、32，有趣。黑33应在34位双打吃转换，黑不错。黑41至49的下法，意在限制白外势的发展。黑61深入白阵，黑63靠压是相关联的后续手段。黑67、69好手，至75的定型漂亮。白82失误，应在85位接。黑83敏锐，至91白陷入苦战。黑97在98位挡更好，白如断，黑则100右一路罩。（谢赫）

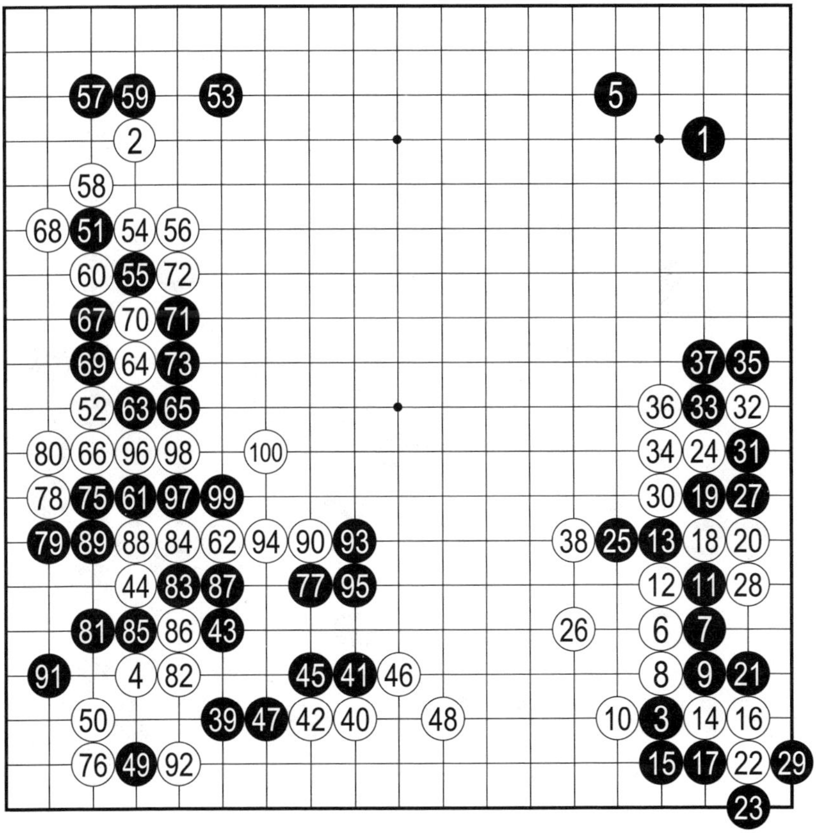

74=55

（1–100）

由于形势不利，白110、112以下全力追杀。然而黑棋防守严密，没给白棋逆转的机会。

本局是黑完胜的好局。（谢赫）

黑方　王幼宸

白方　陈祖德

黑贴$2\frac{1}{2}$子　共195手　黑中盘胜

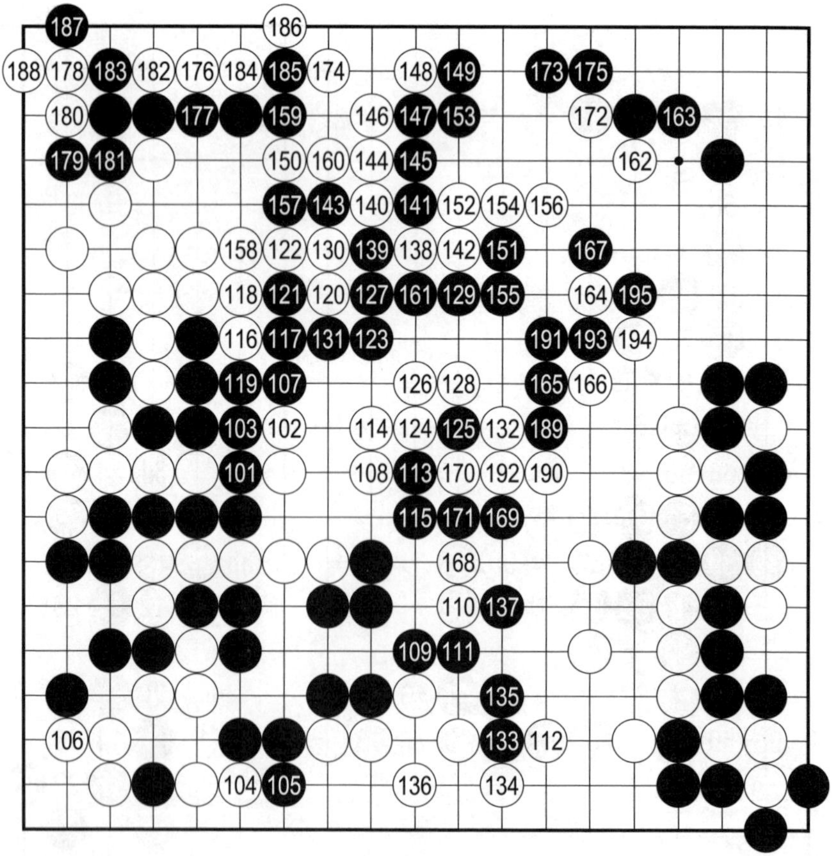

（101–195）

1962年3月1日弈于上海棋社
训练棋

黑方　刘棣怀
白方　陈祖德

黑13有俗手之嫌，应在61位尖。黑27靠断开始战斗。白34弃子思路简明。白46如在21右一路断，更积极。白48好手，以下通过弃子获得便宜。黑61应脱先在101位夹击。黑65落后手，白66占据好点，白确立优势。黑95浅消并瞄着白断点，白96至102应对得当。（谢赫）

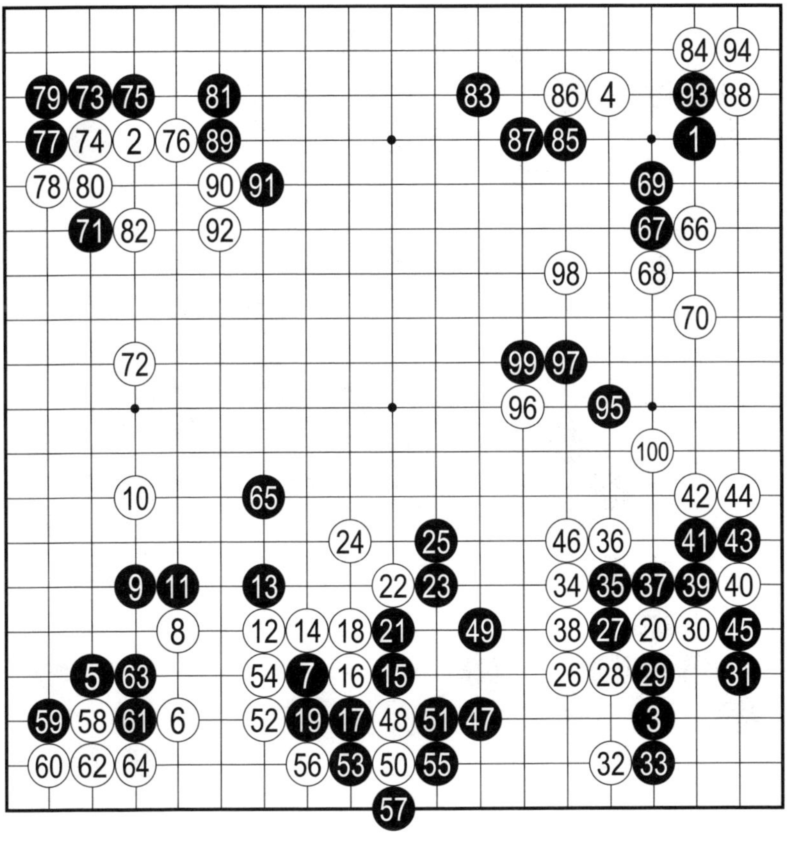

（1–100）

黑方　刘棣怀

白方　陈祖德

白122大局观好，弃掉两子，占据128，白优势扩大。白172消劫判断清楚，白176稳妥做活，胜势已不可动摇。

本局是陈祖德老师发挥出色的快心之作。（谢赫）

黑贴$2\frac{1}{2}$子　共186手　白胜$7\frac{1}{2}$子

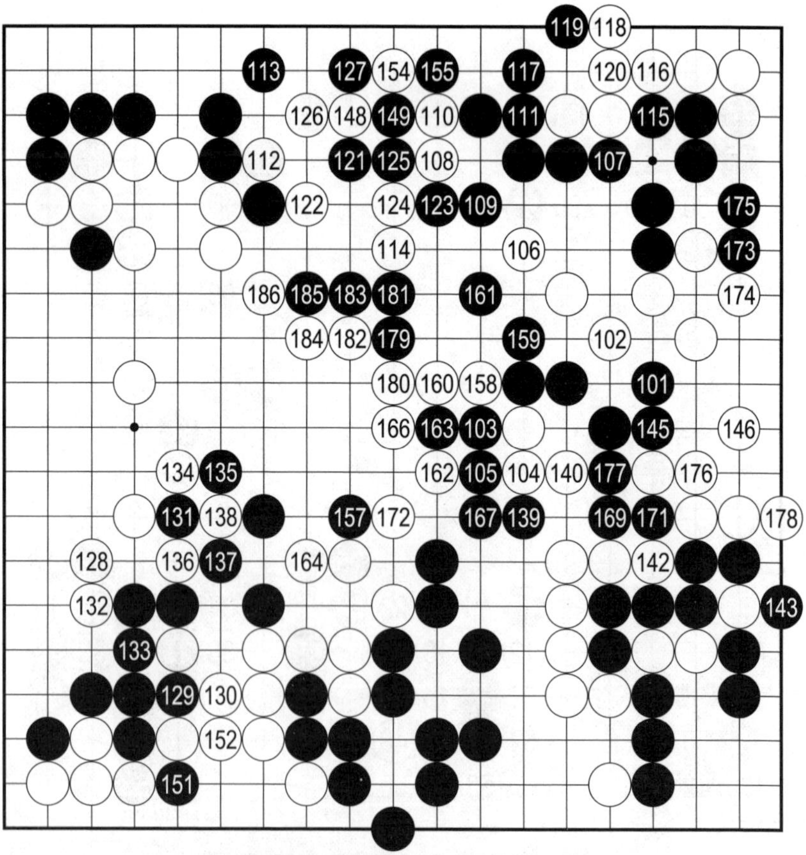

141 147 153 165 170 = 131　144 150 156 168 = 138

（101–186）

1962年3月5日弈于上海棋社

训练棋

白方　刘棣怀

黑方　陈祖德（受先）

白14不如在16位长。至19白形状不佳。黑29飞攻，白比较苦。黑39在42位吃可以满意，因为白30、34的交换已经损了。至48，黑弃掉四子有损失，局面回到均势。白56如在57位靠压更简明。至85大致两分。白88过分，应在83左一路靠压。黑97分断，白陷入苦战。黑109应在111位提。白112手筋。黑113应利用劫材优势，在112下一路挡住打劫。白114断是好手，中央白棋得到了很好的处理。黑115只好转攻右上。白棋仍然苦战，白130是救命绝招，134打劫求生。（谢赫）

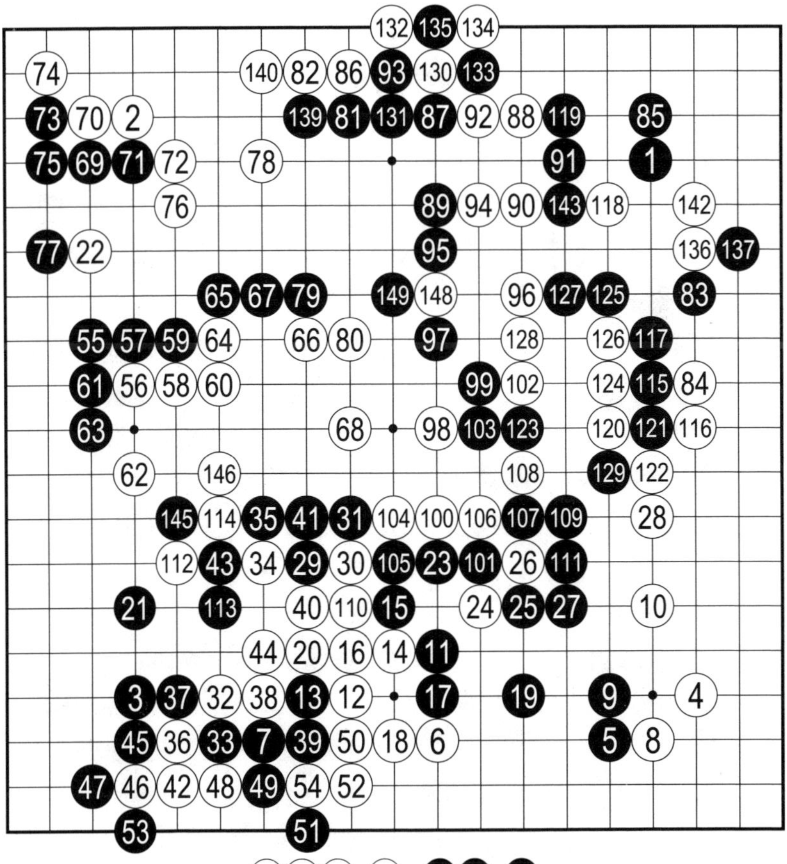

138 144 150 = 130　141 147 = 135

（1–150）

白方　刘棣怀

黑方　陈祖德（受先）

黑151选择收兵，如在219位找损劫更狠，黑还有很多劫材。至159也是黑优势，这可能是黑151收兵的原因。黑171如在172位接，味道更好。黑185没必要，在208位靠，让白棋做活，即可确保小胜。黑207应在208位靠。实战白208夹，黑损目。由于劫材不利，黑225退让，从黑185至此，黑棋明显亏损。但由于本局的规则是让先，黑不贴目，最终黑仍小胜。（谢赫）

共286手　黑胜$1\frac{1}{2}$子

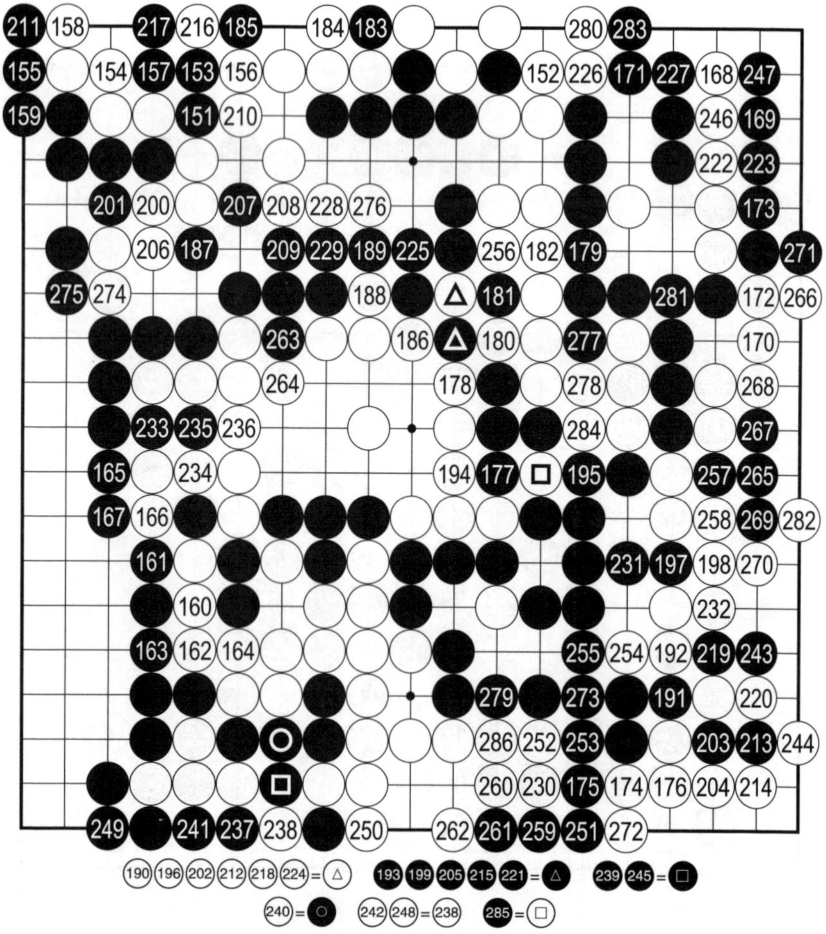

（151–286）

1962 年 3 月 24 日弈于上海新城溜冰场
沪皖棋赛

黑方　陈祖德

白方　黄永吉

白 26 至 30 和 AI 的思路颇为相似。白 40 应在 43 位扳。至 48 的作战白棋比较勉强。黑 49 应保留，黑 55 应在 85 位提。白 72 至 83 的定型白亏损，过程中白 74 应在 75 上一路拆；白 76 至 83 的交换让黑变厚，应保留。白 92 在 95 位挡，目数较好。至 95，黑已确立优势。黑 99 如在 97 右三路（星位下一路）转身，较为简明。（谢赫）

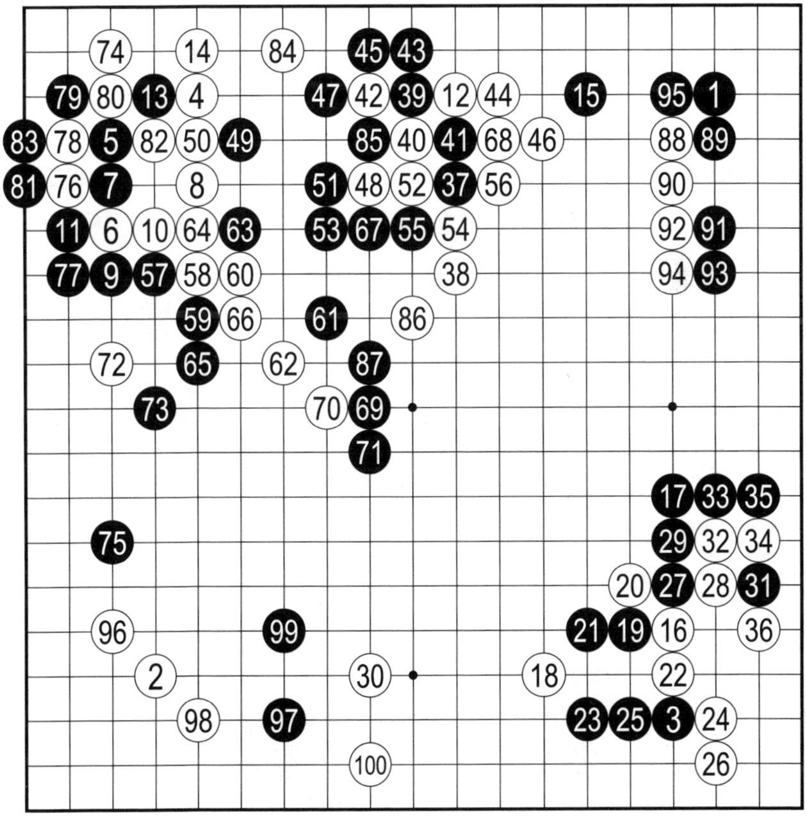

（1–100）

黑方 **陈祖德**

白方 **黄永吉**

白 104 过于稳健，应在 105 位长，上方黑大龙还没活净。黑 119 在 75 右两路跳是本手，黑大约有盘面 10 目的优势。黑 133 和 137 均应考虑在 150 位补厚，有必要。白 138 应抓住机会在 142 位靠，进而瞄着 161 位分断，黑较危险。白 144 仍有机会在 161 位分断。黑 145 失误，应在 150 位补，仍是黑稍优的局面。白 150 错过机会，应在 159 位并，黑如接，白则 157 位断，黑相当危险。黑 159 应在 160 位连络。白 160 败着，如在 161 位分断，黑危险。黑 161 连络后，白再无胜机。

本局的中后盘，双方的形势判断可能存在一定偏差，从而影响攻防的选择。（谢赫）

黑贴$2\frac{1}{2}$子　共 203 手　黑中盘胜

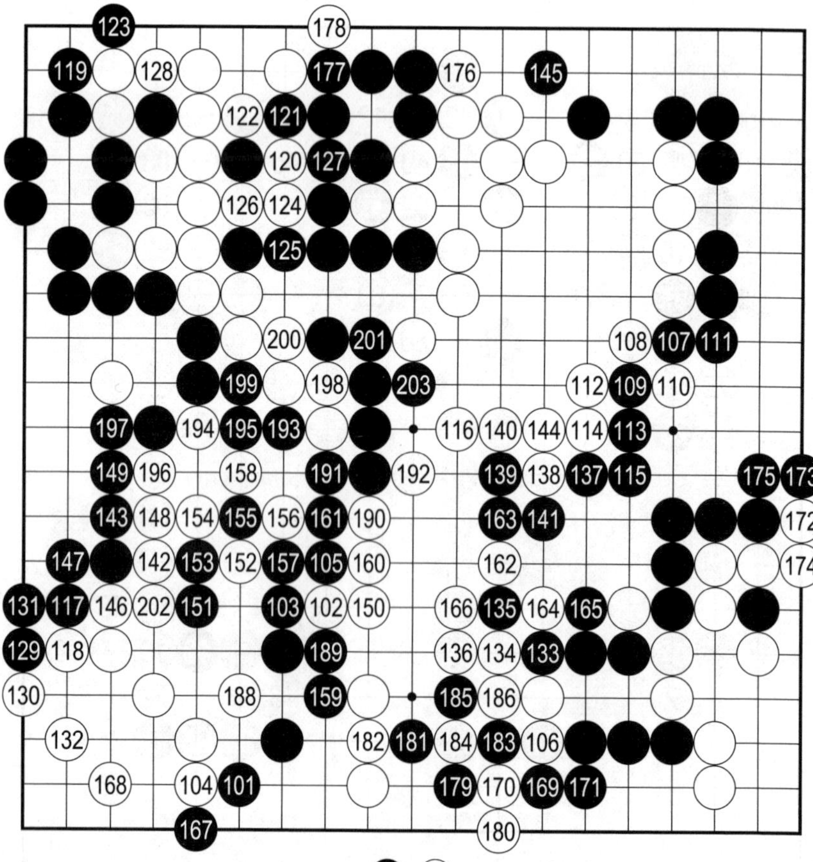

187=184

（101–203）

1962年3月25日弈于上海新城溜冰场
沪皖棋赛

黑方　朱金兆
白方　陈祖德

白10、12有疑问，黑13穿象眼，白难下。黑25、27大局观好，弃子结果黑不错。黑31过早，应在右上守角或上边开拆。白34和黑35均应占据三三。黑73点入是为黑81挡下做准备，但比较损。白86应保留，黑89吃两子很厚，白损。黑93、95冲断勇猛。为了吃黑，白96是损着。黑99应在95左一路接、白116位压、黑98右一路断是妙手，白只好吃黑三子，黑则滚包，黑好。（谢赫）

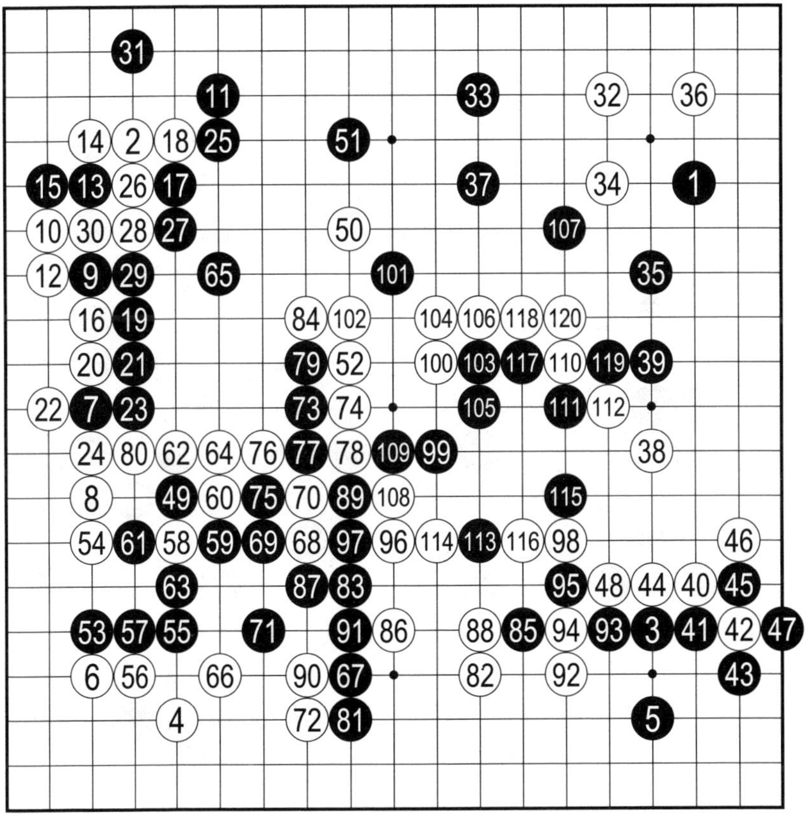

（1–120）

黑方 **朱金兆**

白方 **陈祖德**

黑107失误，应在108位连络。白108、110分断，黑危险。至135，黑棋虽然活了，但活得太苦，形势白棋已领先很多。黑139可以考虑在208位断，攻杀中央白棋，虽然成功的难度较大，但似乎别无他法。此后收官黑无胜机。（谢赫）

黑贴$2\frac{1}{2}$子　共216手　白胜7子

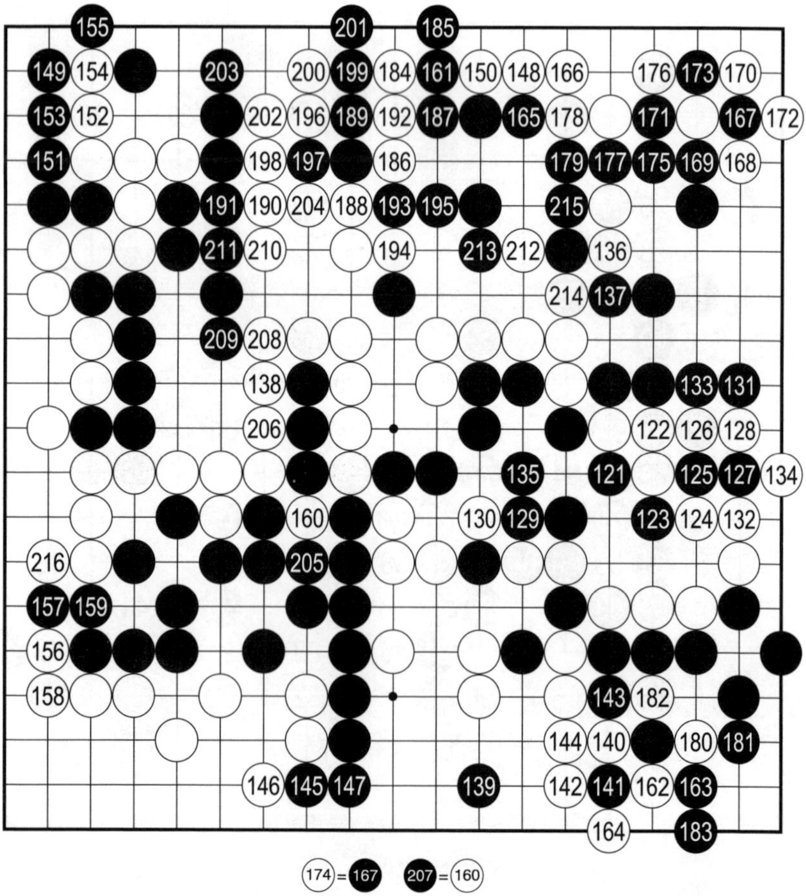

（121–216）

1962年3月27日弈于上海棋社

训练棋

黑方　黄永吉

白方　陈祖德

白20尖是注重均衡的好点。黑21如今多在22位守角。白36有疑问，应在51位尖，黑右一路顶，白43位跳出方向较好。至45的作战白棋比较勉强。黑65要点。黑67如在18下一路挡，白2右一路补，黑59右一路粘，更简明。实战黑67、69选择大转换，很有胆识。黑73应在79位补净，黑简明优势。黑83如在82下一路打，优于实战。白102如在103位点，能活得更好。至120白棋做活，全局仍然是黑优势。（谢赫）

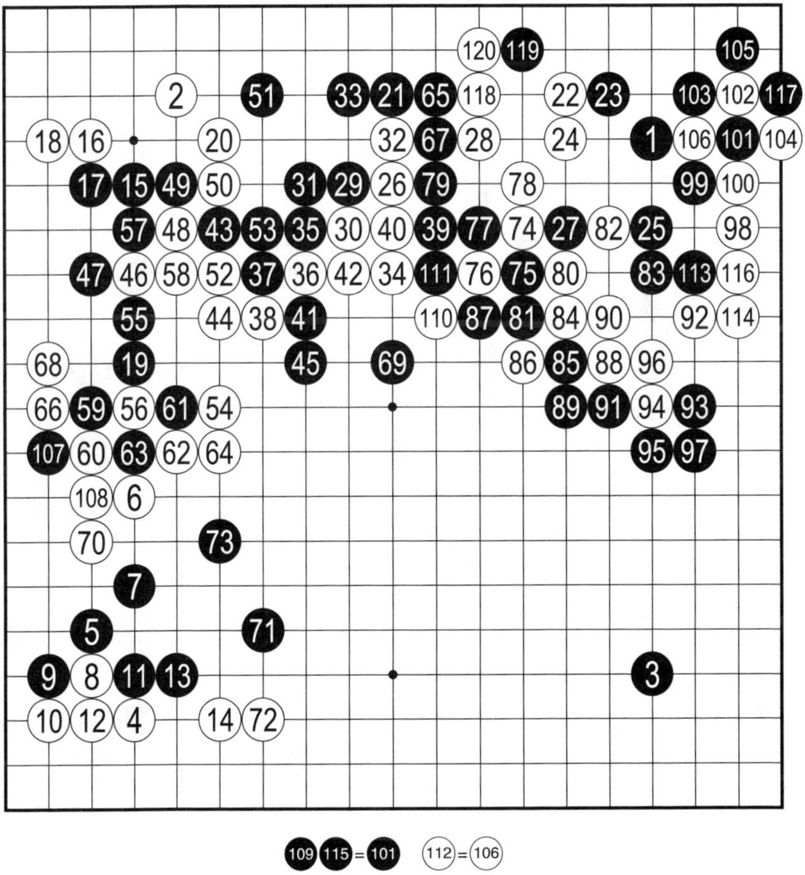

（1–120）

黑方　黄永吉
白方　陈祖德

黑123继续张势。白126打入时，黑127补厚有必要。黑139至143是好次序，先手定型后，145选点恰到好处，黑保持优势。白148、150胜负手。黑151应对得当。黑167失误，应在168位尖，围住大空，黑优势明显。白168胜负嗅觉敏锐，黑169、171不得不退让，黑优势缩小。黑175过于稳健，应在228位靠，撑住目数。至180，形势已很接近。黑185应在上一路虎，利用劫材优势撑劫，还是黑稍优的局面。至216，白小胜已成定局。（谢赫）

黑贴$2\frac{1}{2}$子　共255手　白胜1子

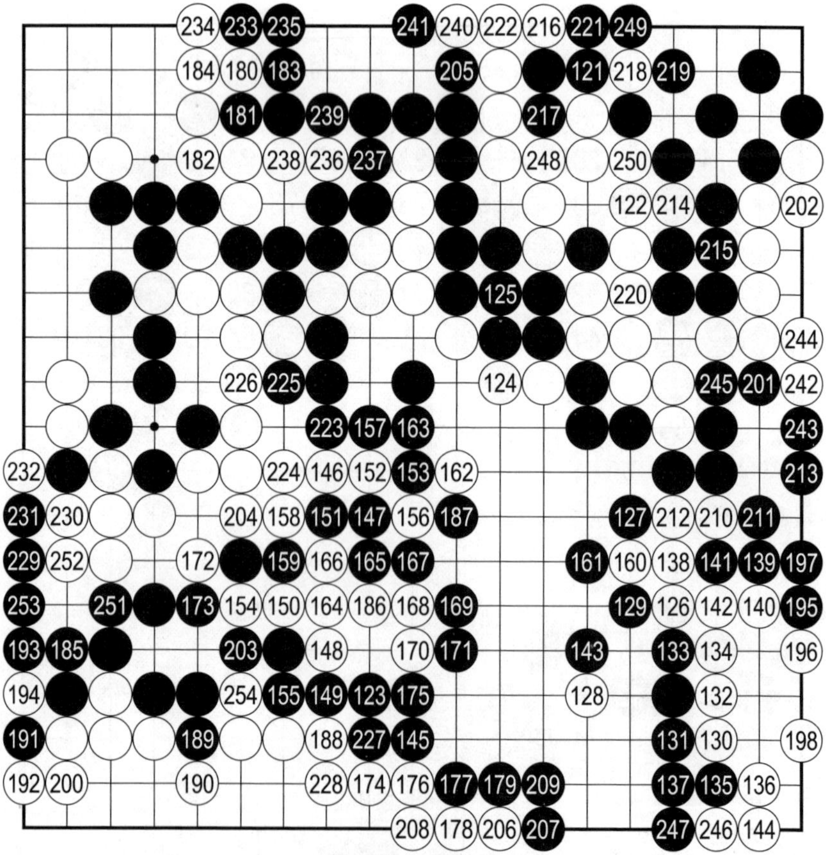

199=191　255=194

（121–255）

1962年3月28日弈于上海棋社

沪皖棋赛

黑方　陈祖德

白方　朱金兆

白22拦，颇像中国古棋的下法，如今多会选择点三三。白32应在44位飞。黑33在42位挡下即可满意。白42应在56位长。实战白42至53交换后，白54、56再回头补棋，白棋显得重复。至59黑优势。黑63价值不大。白70应在83位靠压。

白108应在109位长，黑108位接，白109左一路吃，虽然白有115位的弱点，然而白棋形势不利，只好如此拼搏。白116应在73右一路提。至119白亏损，黑优势明显。（谢赫）

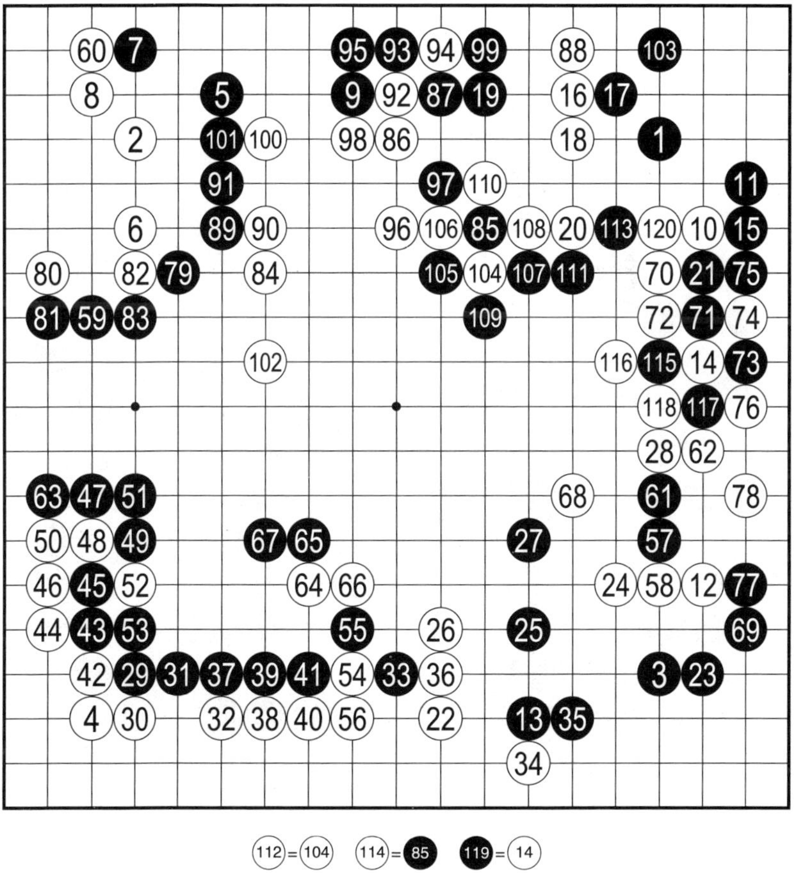

（1–120）

进入本谱，白已无胜机。黑 141 如在 142 位破眼，将净吃白棋。实战放白做活，黑棋也简明取胜。（谢赫）

黑方　陈祖德

白方　朱金兆

黑贴$2\frac{1}{2}$子　共 231 手　黑胜 3 子

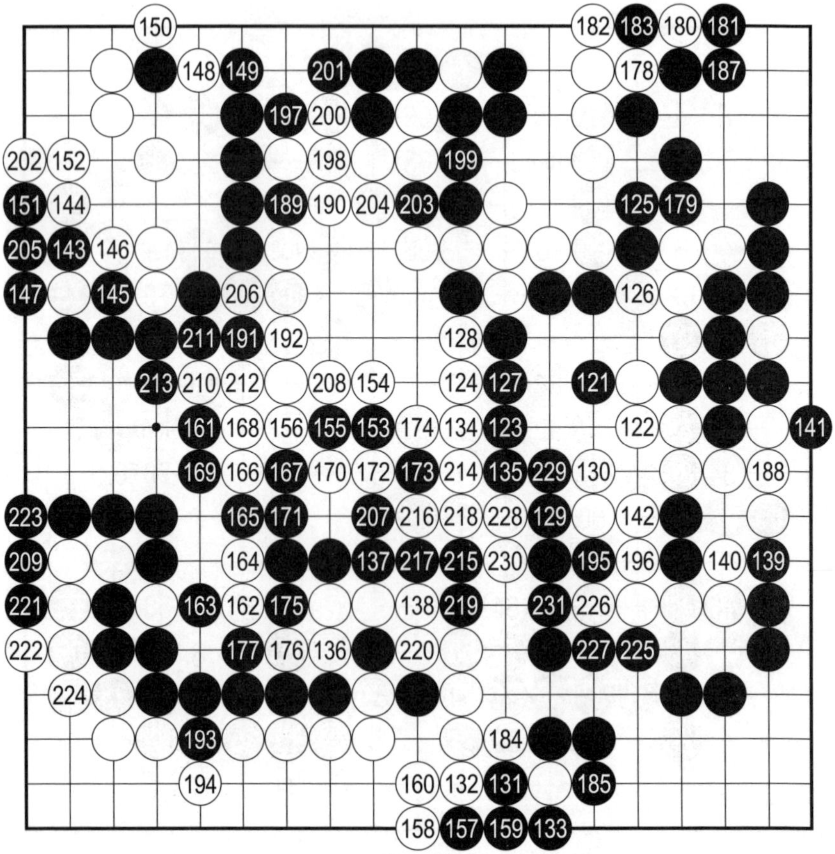

186=180

1962 年 4 月 7 日弈于杭州市体委

四省市围棋邀请赛

黑方　张李源

白方　陈祖德

黑 11 看轻黑 7 一子，思路明快。白 16 应考虑在 15 左一路扳出作战。至 17 的结果黑棋满意。黑 19 方向不佳，应在左下守角。黑 25 应在 27 位取地。黑 27 应在 31 位挡住。至 37 的结果黑大损。黑 39 应在 82 位夹击，并兼顾自身。至 44，黑棋下边一块受攻，是沉重的负担，形势已是白大优。此后白棋牢牢掌控局面，黑无胜机。（谢赫）

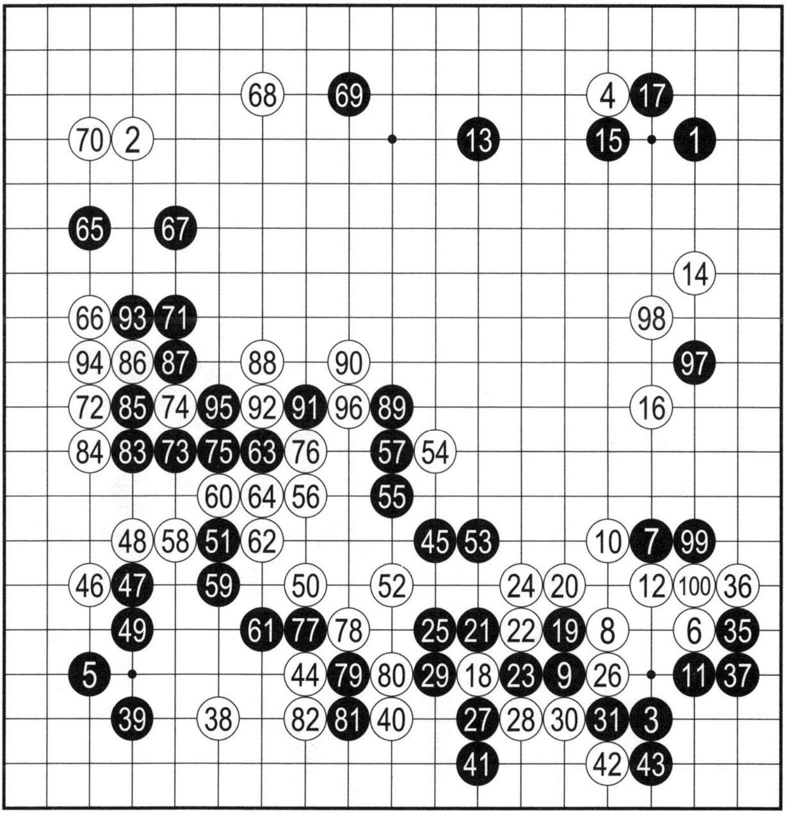

32 = 18　33 = 23　34 = 9

（1–100）

黑方 **张李源**

白方 **陈祖德**

黑贴$2\frac{1}{2}$子　共 206 手　白中盘胜

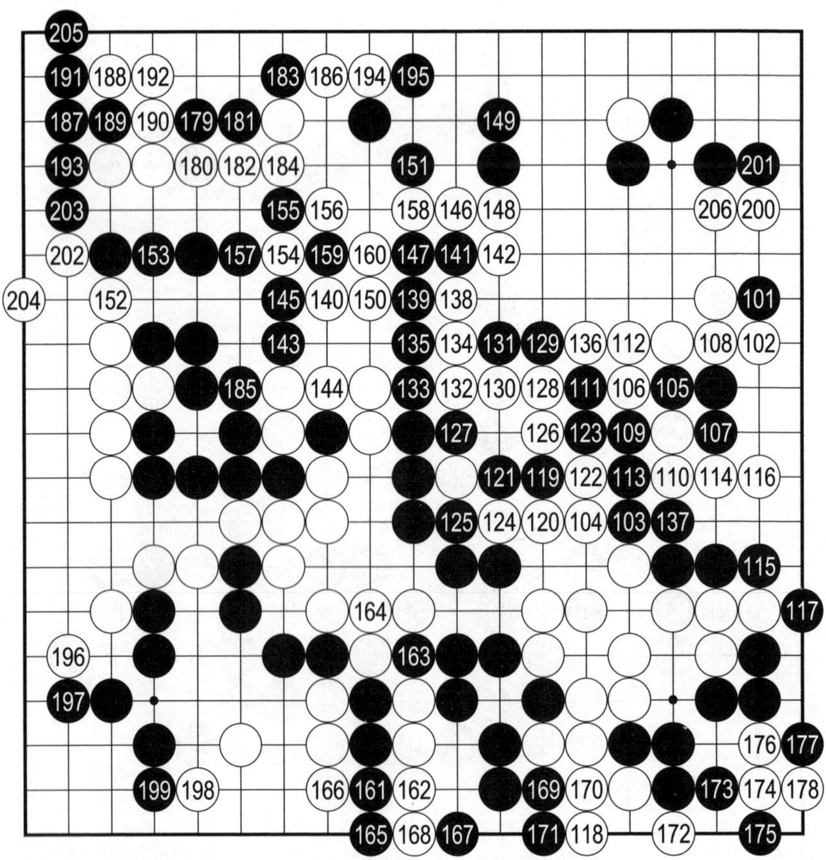

（101–206）

1962年4月8日弈于杭州市体委

四省市围棋邀请赛

黑方　陈祖德

白方　竺沅芷

黑9应在10位扳。白10立下，有力。白18至22简明弃掉白8一子，思路清晰，白不错。白26、28弃掉一子，将来保留引征，也不失为一种有趣的思路。白50如在91位飞，更稳妥。白52过分，应在90位爬出，此时攻击黑棋难度太大。白54失误，应在55位接。白60应在66位挡，防黑61位刺。实战黑61刺，白陷入苦战。此后白无胜机。（谢赫）

黑贴$2\frac{1}{2}$子　共145手　黑中盘胜

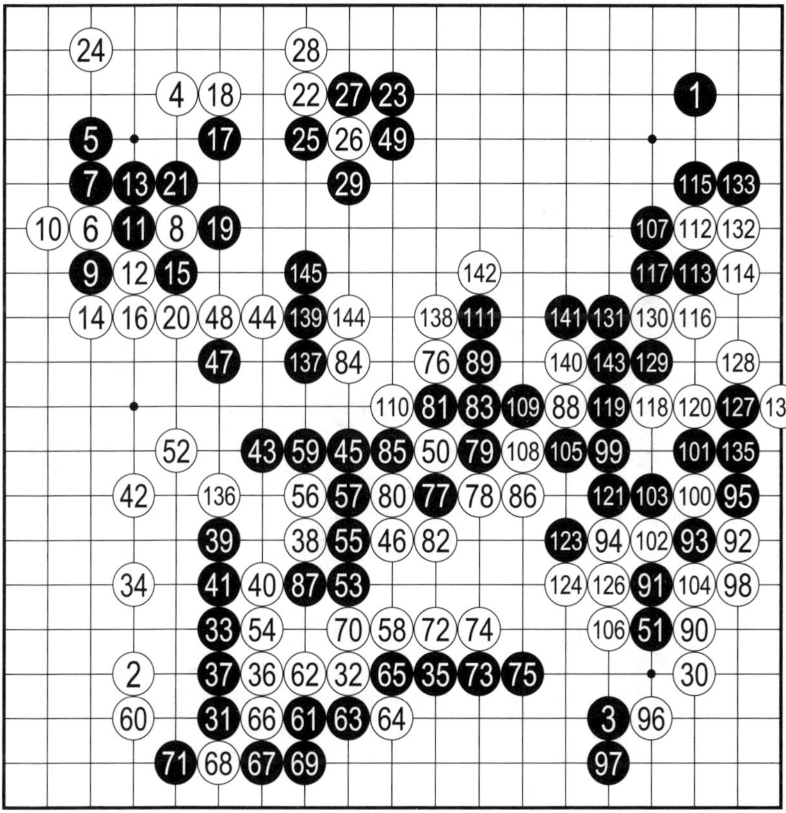

(122)=(100)　(125)=(93)

（1–145）

1962 年 4 月 10 日弈于杭州市体委四省市围棋邀请赛

黑方　陈祖德

白方　黄永吉

面对黑 7 至 11 的下法，白 12 思路清晰，简明不坏。黑 31 至 39 渡过是手筋，并且征子有利，可行。白 40 应在 41 位打，简明弃子。至 45 白苦战。黑 53 如在 51 右一路顶，更好，白右上将难以做活。黑 59 是要点，好形。白 70 应在 75 左一路飞。至 79 的定型白损。黑 87 好点，黑优势明显。白 92 至 98 深入黑阵，一争胜负。（谢赫）

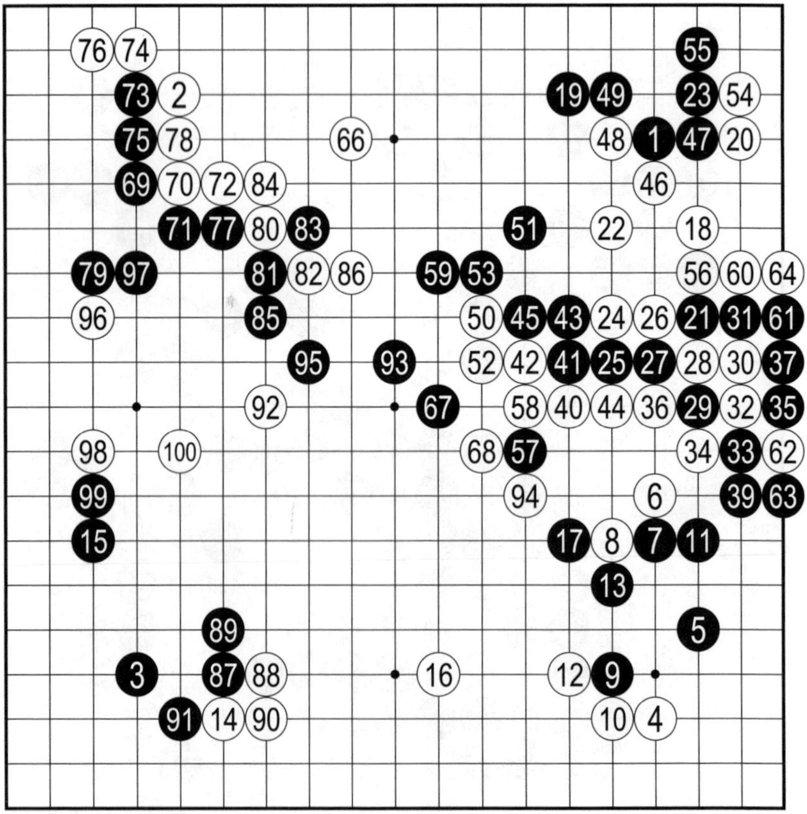

38=29　65=62

（1–100）

黑方 **陈祖德**

白方 **黄永吉**

黑101缓攻，同时瞄着下边白阵的薄味。黑105至117灭眼，由于有黑119靠的好手，白118无法连回，白苦战。

黑129飞时，白已不敢应。黑133、135厚实，有收兵之意。黑137应在146位接，白两块不活，相当苦。黑141至148简明定型，让白连络，仍是收兵的思路，黑优势有所缩小。黑149扳下是预定的计划。白154应在161位扳。至165黑简明优势。黑181应走254位，白挡，黑190位扳，白再挡，先手交换后黑再在223位连回，明显优于实战。白184全局最大，黑优势缩小。此后黑棋官子收得好，一直保持着微弱的优势。(谢赫)

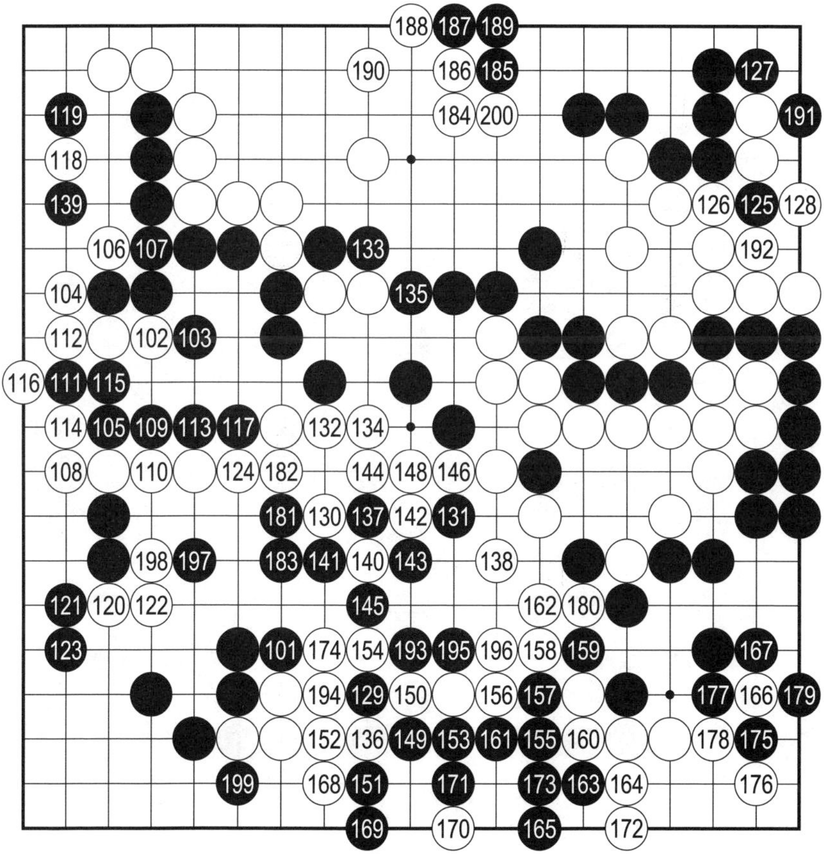

(101–200)

黑方　陈祖德

白方　黄永吉

黑贴$2\frac{1}{2}$子　共 301 手　黑胜 2 子

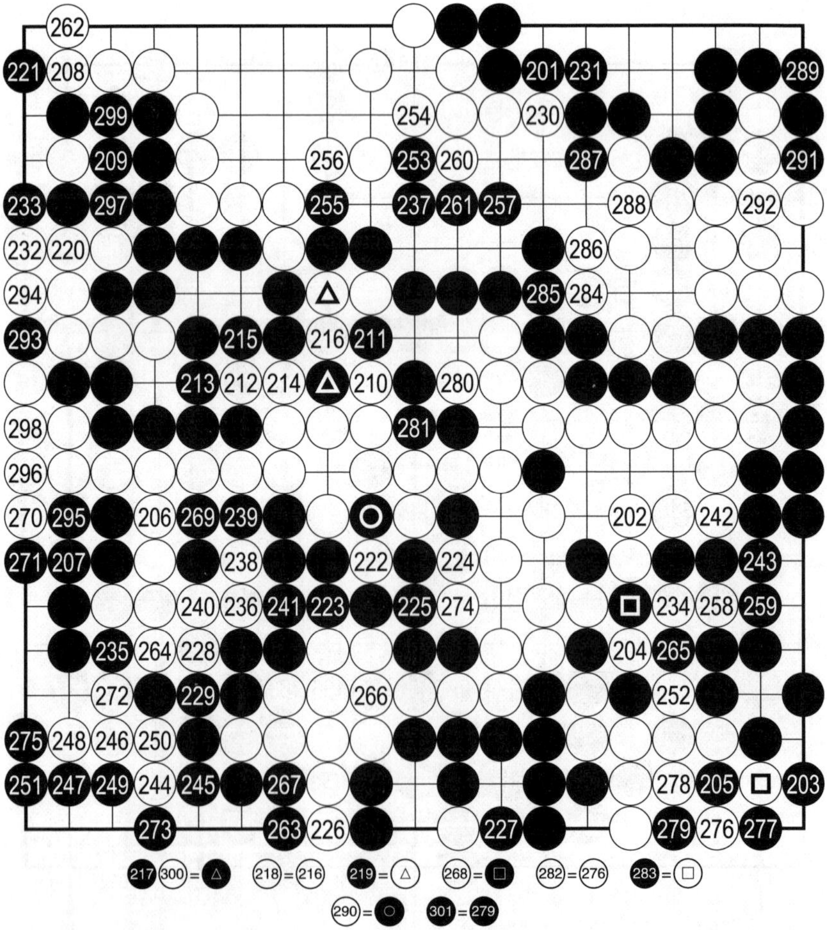

（201–301）

1962 年 4 月 11 日杭州市体委
四省市围棋邀请赛

黑方　陈祖德
白方　董文渊

白 10 不如在上一路尖。黑 27、29 转而取地，判断正确。白 50 和 52 均应在 94 位飞，黑 53 挡下后，白薄。黑 63 如在 64 位接，白 63 位挡，黑 31 上一路并，更简明。黑 67 应直接在 71 位挡。白 72 的本手是在 76 位补。黑 75 冲出有棋。白 86 应在 80 左一路接，黑 82 上一路扳，局部是打劫。黑 87 应在 94 位吃，里面还是打劫，故白 86 大损。实战黑 87 至 91 虽然净吃白角，却吃亏不少，形势黑不利。白 106 应在 120 位压。黑 107 好手。（谢赫）

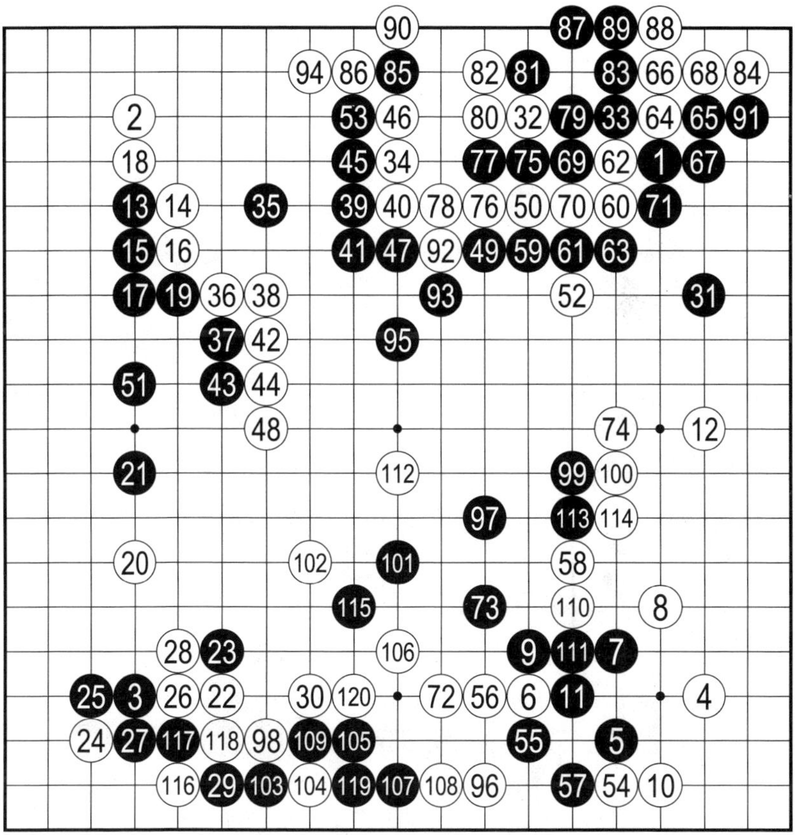

（1–120）

黑方　陈祖德

白方　董文渊

面对白棋的进攻，黑133选择反击，如在122左一路挖，白打，黑112左一路冲是好形，更稳妥。至149形成对杀。白150应在168位破眼并收气，黑比较危险。黑153错过机会，应在168位做眼。白154仍应走168位，黑危险。实战白154至158损气，160也并非收气要点，对杀已是白不利。白172无奈选择转换，显然白棋损失更大。至177，黑胜势不可动摇。白256选择玉碎，正常应在空里补一手。终局黑盘面领先14目。（谢赫）

黑贴$2\frac{1}{2}$子　共257手　黑中盘胜

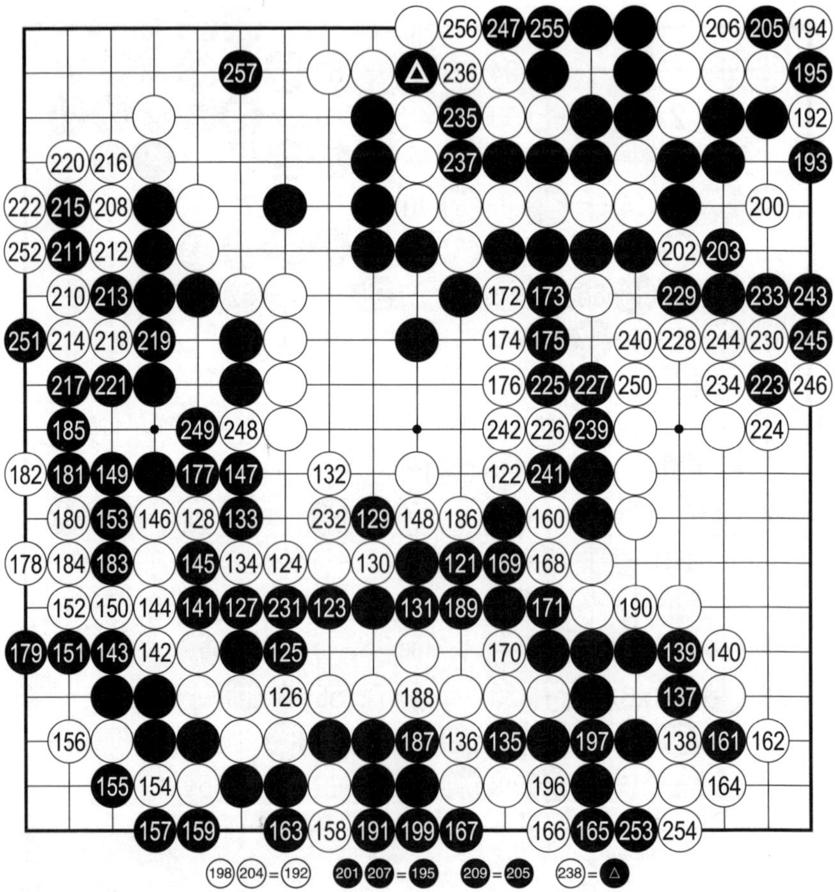

1962年5月4日弈于北京国家体委训练棋

黑方　陈祖德

白方　金亚贤

白16应在27位扳。黑27如在26左两路飞，更好。白36点三三过早。黑39应在43位争先手。黑47、49进攻有气势。白60应在63位守住下边，中央白棋有治孤余地。黑63打入有大局，黑占据主动。白80应在96位顶。黑81错过机会，应在96位断，白只好后手苦活，黑优势。黑89至101着法简明，意在控制大局。黑103应在117位连片。白106应在107上一路拆二。黑115好手，补断的同时瞄着白不活。白116、118胜负手。（谢赫）

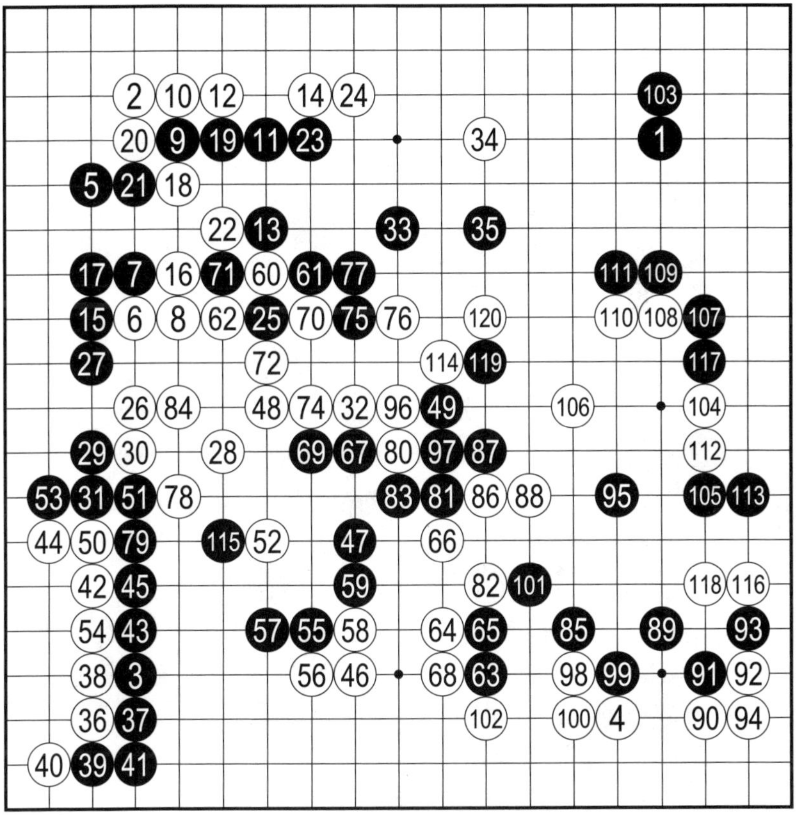

73＝60

（1–120）

黑方　陈祖德

白方　金亚贤

通过攻击白棋，至131黑棋有收获，确立优势。白132、136全力寻找逆转机会。黑145不够简明，应在146位做活。黑149失误，应在152位做眼。白150败着，错失逆转机会，应在157位接，黑大龙危险。黑153至159好手，大龙连回家，黑优势明显。白棋已找不到可以争胜负之处，此后无胜机。（谢赫）

黑贴$2\frac{1}{2}$子　共225手　黑胜$3\frac{1}{2}$子

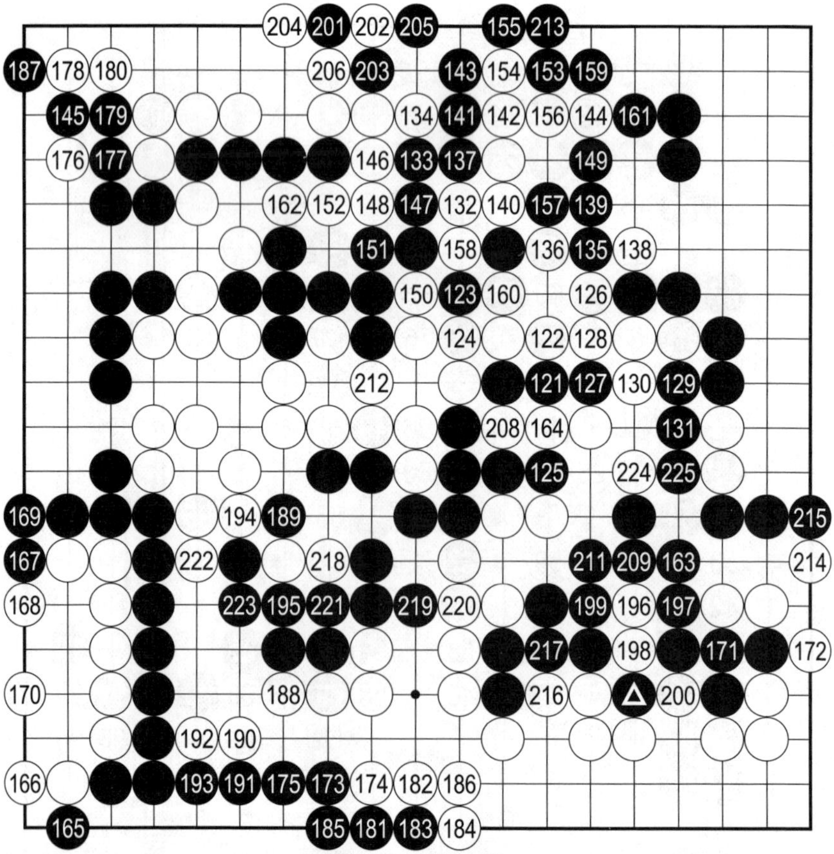

207=202　210=△

（121–225）

1962 年 5 月 9 日弈于北京国家体委训练棋

黑方　金亚贤

白方　陈祖德

黑 21 如在 14 右一路压也可下，更平稳。白 26、28 紧凑。白 32 在左一路挤更好。白 44 缓手，应在 51 位打。黑 69 至 83 战斗激烈。黑 85 如在 89 位虎，优于实战。黑 95 可在 96 位立。（谢赫）

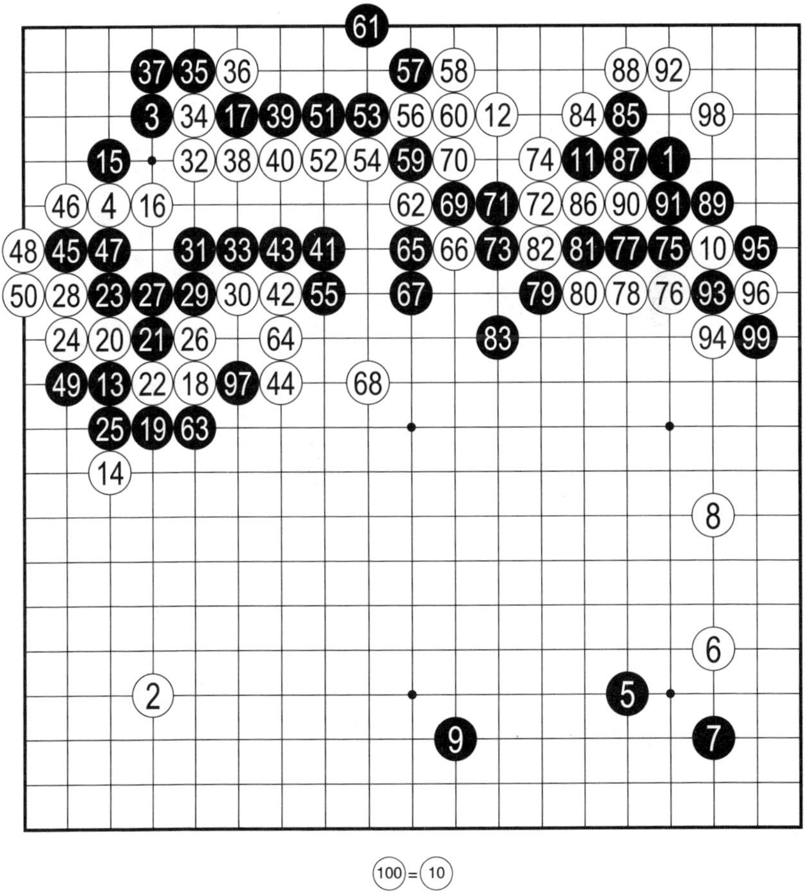

100=10

（1–100）

黑方　金亚贤

白方　陈祖德

黑101应在84左一路找劫。白102消劫，形势白棋领先。黑113扩张要点。黑119至123攻击得法。黑145如在123上一路收兵，形势已转为黑不错。黑159败着，应脱先在161位靠，胜负尚难料。实战黑161和白166双方各得其一，黑实空已不够。（谢赫）

黑贴2½子　共192手　白胜5½子

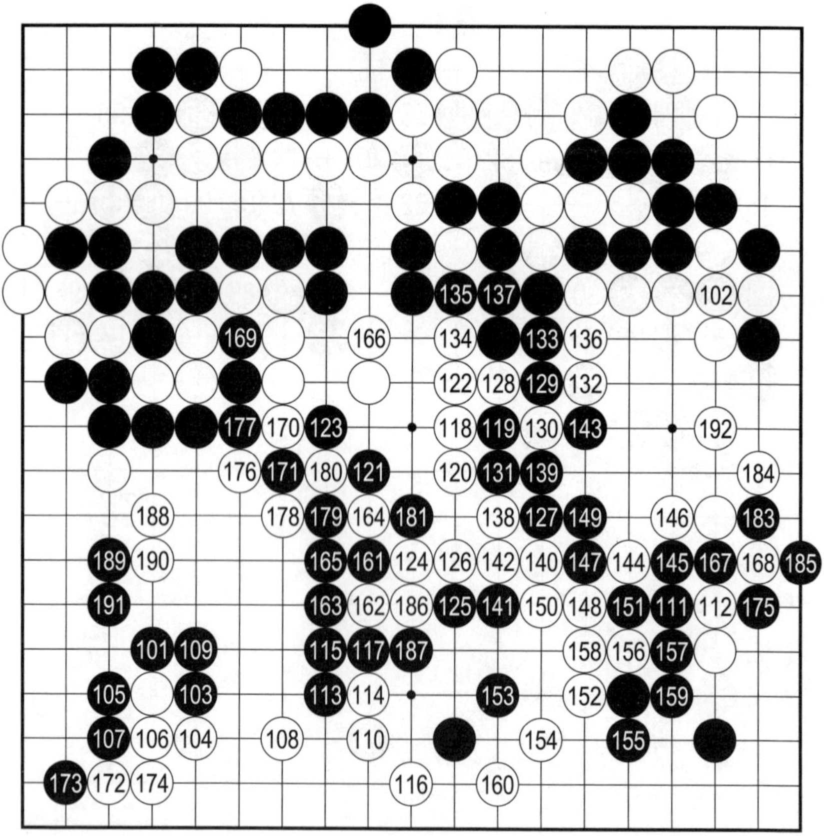

182=171

1962年5月11日弈于北京国家体委训练棋

黑方　陈祖德

白方　张福田

白16应考虑脱先。黑17扳好手。黑19应在20位接，白71位吃，黑142位靠，黑好。白42好感觉。白44方向不佳。白52应直接在54位跨。黑55抱吃一子，白亏损。黑59应在79位碰，补强左边。白70好手，正中黑弱点，黑陷入苦战。白90失误，应在93位吃。黑91至103好手，黑成功连络，重回均势。（谢赫）

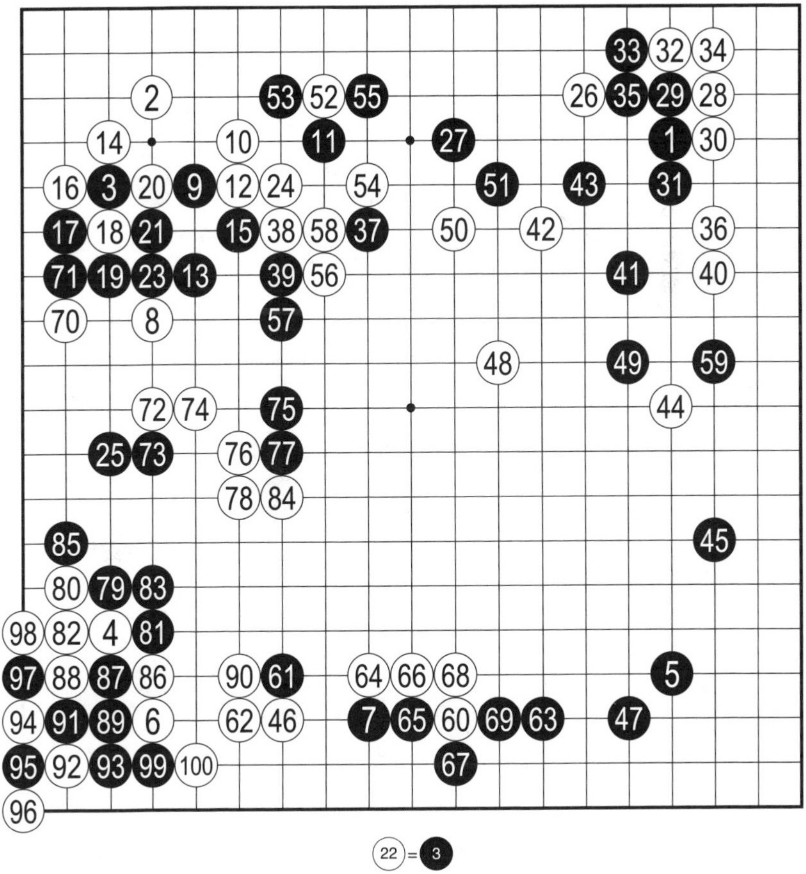

（1–100）

黑 127 过分，如在 131 位吃，形势黑不错。白 128 败着，应抓住机会在 122 右一路长。黑 131 吃回，黑优势明显，白再无机会。(谢赫)

黑方 **陈祖德**

白方 **张福田**

黑贴$2\frac{1}{2}$子　共 193 手　黑胜$6\frac{1}{2}$子

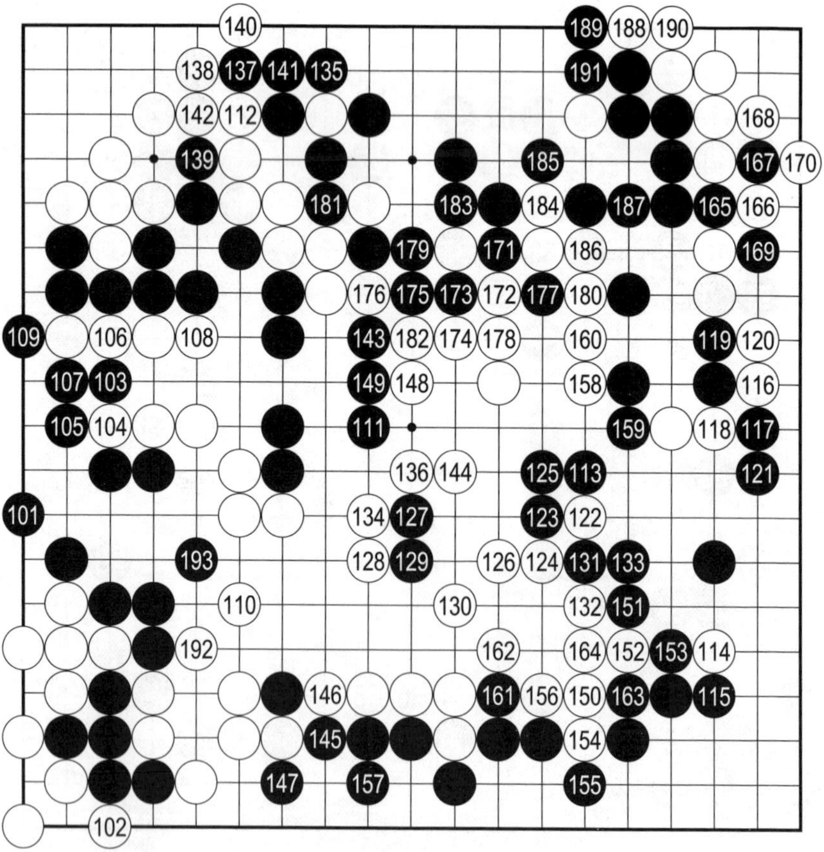

(101–193)

1962年5月16日弈于北京国家体委训练棋

黑方 陈祖德

白方 过惕生

黑19如在20位压，更简明。白28贴出开始战斗。白66应在75位飞。至71白苦战。黑93应在94位连，黑简明占优。(谢赫)

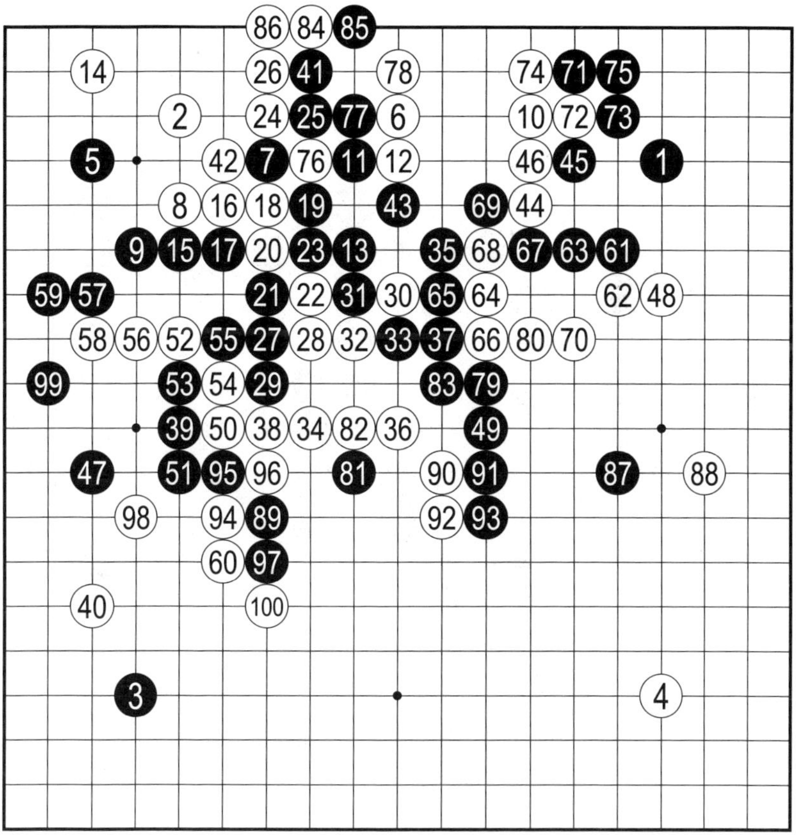

(1–100)

黑方　陈祖德
白方　过惕生

白118应在135位飞。黑119有力。黑123在129位扳更好。白128应在133位挡。至143黑确立优势。黑145有疑问，应在119左一路接，攻白左下。黑151失误，应在152位忍耐。白152、154连提，黑损失惨重，形势逆转。白158应在159位做活，白优势明显。白160至170似有误算，至177，白棋全军覆没。（谢赫）

黑贴2$\frac{1}{2}$子　共193手　黑中盘胜

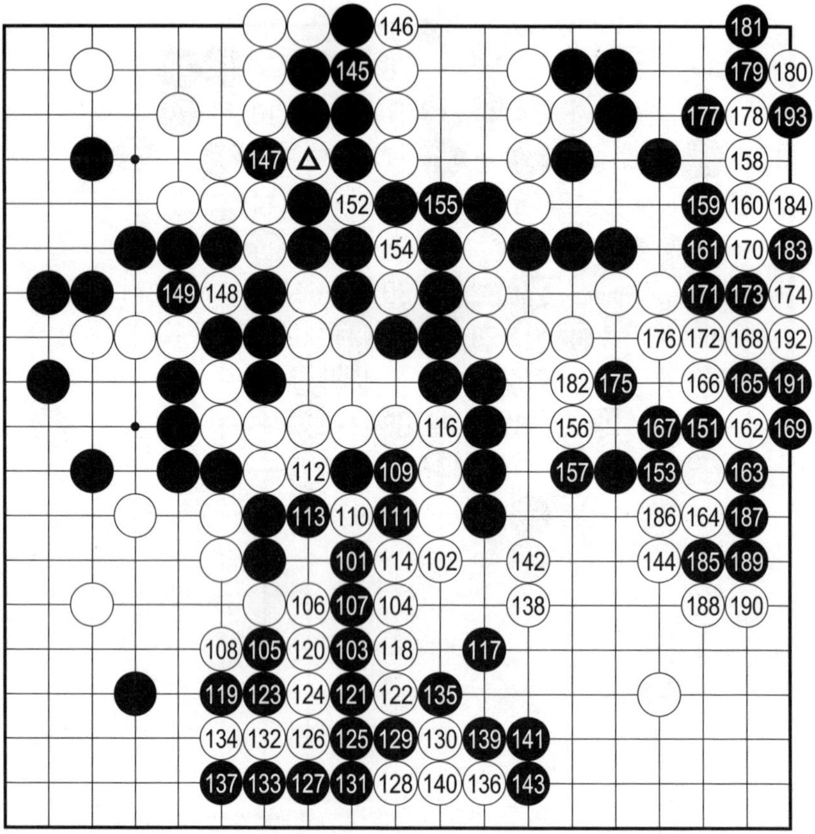

115=110　150=△

（101–193）

1962年5月21日弈于北京国家体委训练棋

黑方　过惕生

白方　陈祖德

黑53应在60位爬，弃子黑不错。（谢赫）

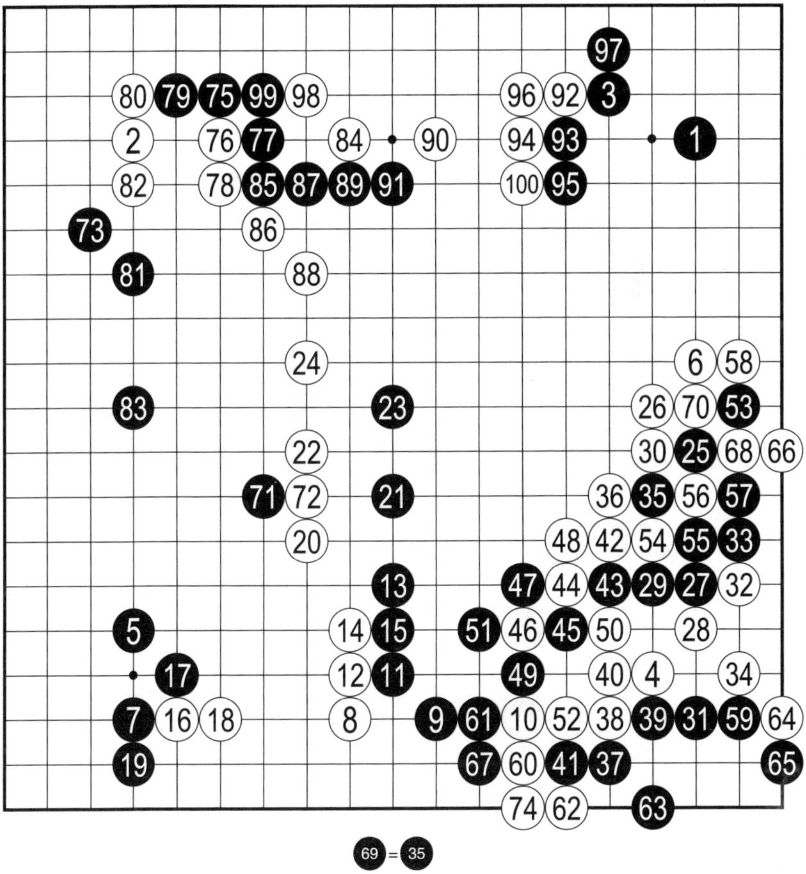

(1–100)

黑方　过惕生

白方　陈祖德

白102应在117位接。黑103至119的构思有气魄。至143，胜负关键在于白大龙的死活。黑149失误，应在148右两路尖，白154位挡，黑156位点，白大龙难以做活。白158没必要，在157右一路做活即可，白优势。至161重回以大龙死活定胜负的局面。白174失误，应在161右一路做眼，白大龙能活。黑175、177败着，落了后手，应在161右一路破眼，能杀白大龙。白178做活，黑棋大势已去。（谢赫）

黑贴$2\frac{1}{2}$子　共190手　白中盘胜

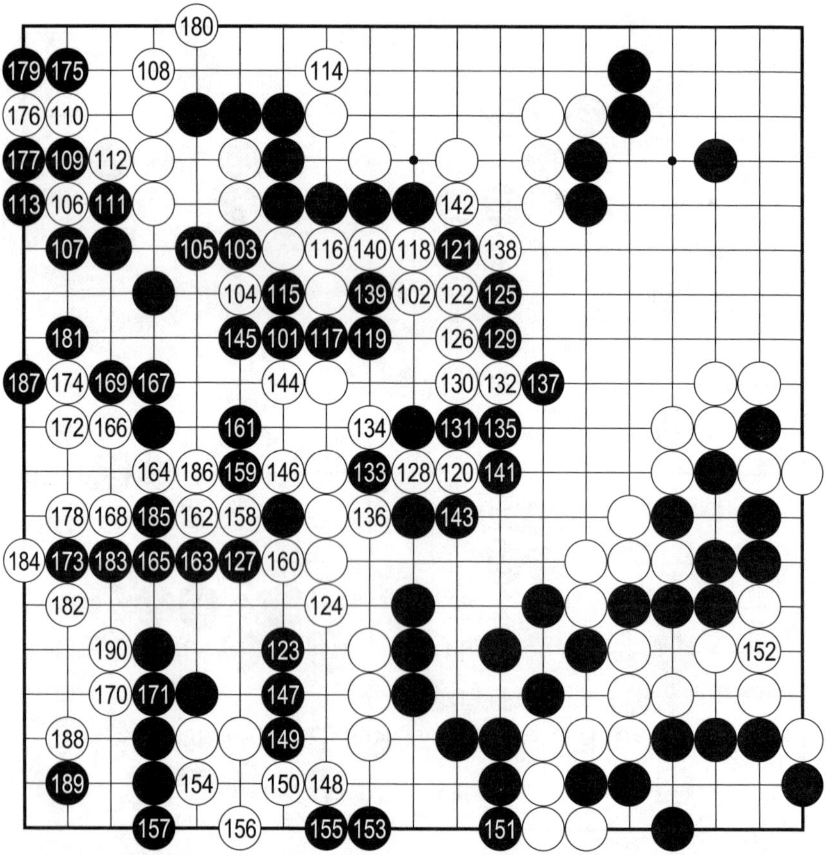

（101–190）

1962年5月25日弈于北京国家体委训练棋

黑方　陈祖德

白方　崔云趾

白12应脱先在18位飞压。至17黑满意。黑33似有误算，应在36位长。至42黑亏损。黑45应看轻两子，在58位尖，棋局尚早。黑47不得不补，防白在29右一路靠的手段。白58点三三价值大，白优势。黑59长出对白棋威胁不大。白62在63位提更简明。黑69只有通过攻击寻找机会。（谢赫）

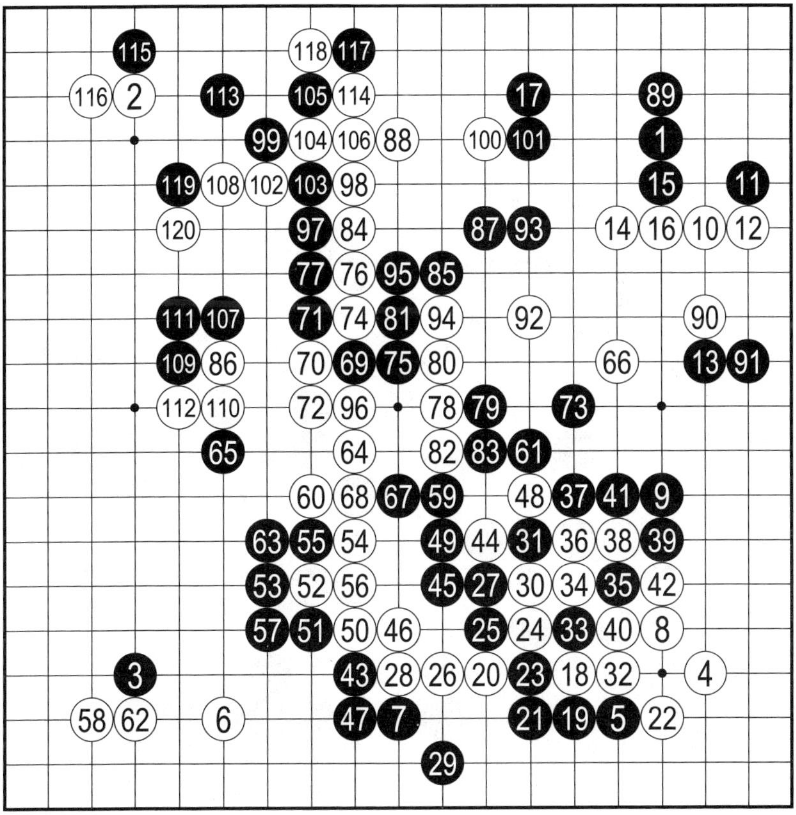

（1–120）

黑方　陈祖德
白方　崔云趾

然而白棋应对得当，白102跨是好手，黑陷入困境。黑117如在118位立，白则117位挡，黑棋也比较困难。白132断，黑133只好开劫。至143形成转换，形势白大优。白144胜利宣言。此后黑棋顽强拼搏，然而没有逆转的机会。（谢赫）

黑贴$2\frac{1}{2}$子　共210手　白中盘胜

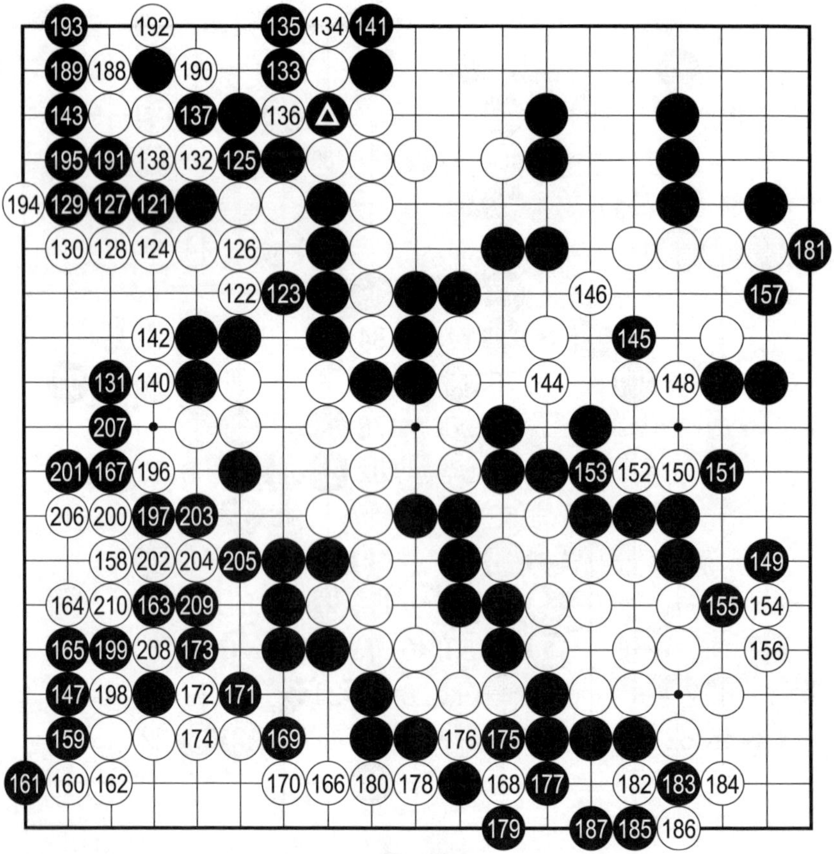

139=△

1962年5月30日弈于北京国家体委训练棋

黑方　崔云趾

白方　陈祖德

白10、12过分，黑13应在14位长，黑好。黑33应在35位打，白如反打，黑提掉一子厚实。至46大致两分。黑67应在68位尖，是双方的要点。白68尖，黑难受。白82有过分之嫌，应在83位长。黑97失误，在102位双是要点。白102尖，黑陷入苦战。白104如在105位扳粘更好。白106好手，攻黑的同时照应了右边一块的死活。白108应在78右一路挡，兼顾角地。黑115过分，和白116的交换黑损。（谢赫）

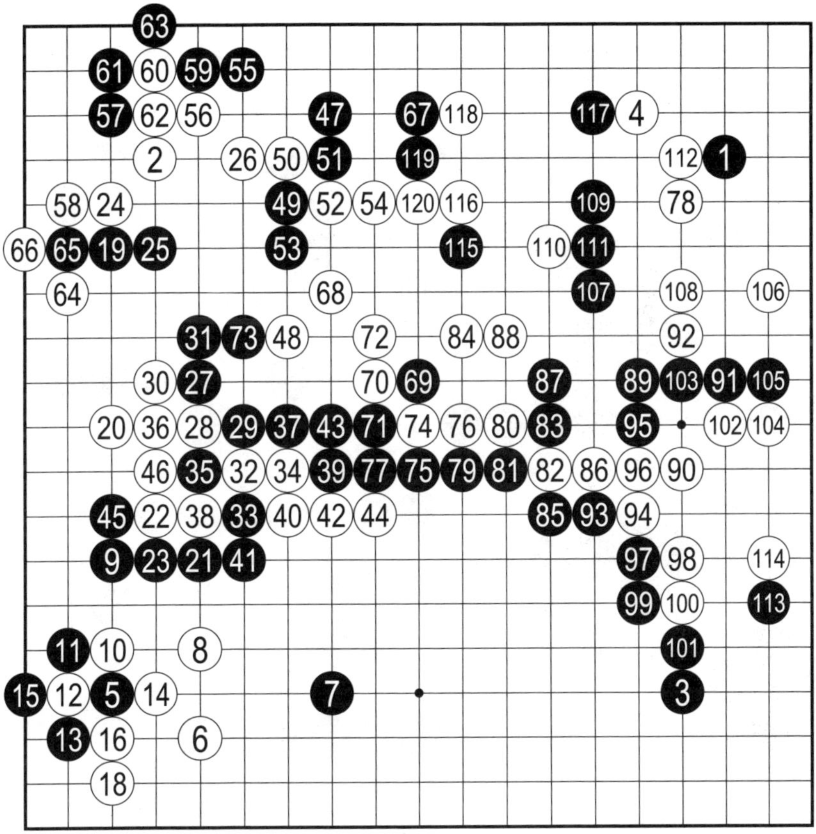

17=12

（1–120）

黑方　崔云趾

白方　陈祖德

白122如在126位收兵，简明护角，白优势。黑125反攻白角，有力。至133局面复杂。黑137应在122上一路阻渡。至140双方达成妥协，形势白稍好。白146断，战端再起，如在165位肩冲更简明。黑169好手，白170只能选择转换，至175黑棋收获更大。黑177应在178位打，便宜2目。白194失误，应在197位挖。黑215失误，如在219位吃，将是黑小胜。白218败着，如走219将逆转。黑219吃后，白已无胜机。（原谱是白胜，但棋谱记到263手，黑盘面10目以上，应为黑胜。）（谢赫）

黑贴$2\frac{1}{2}$子　共263手　黑胜

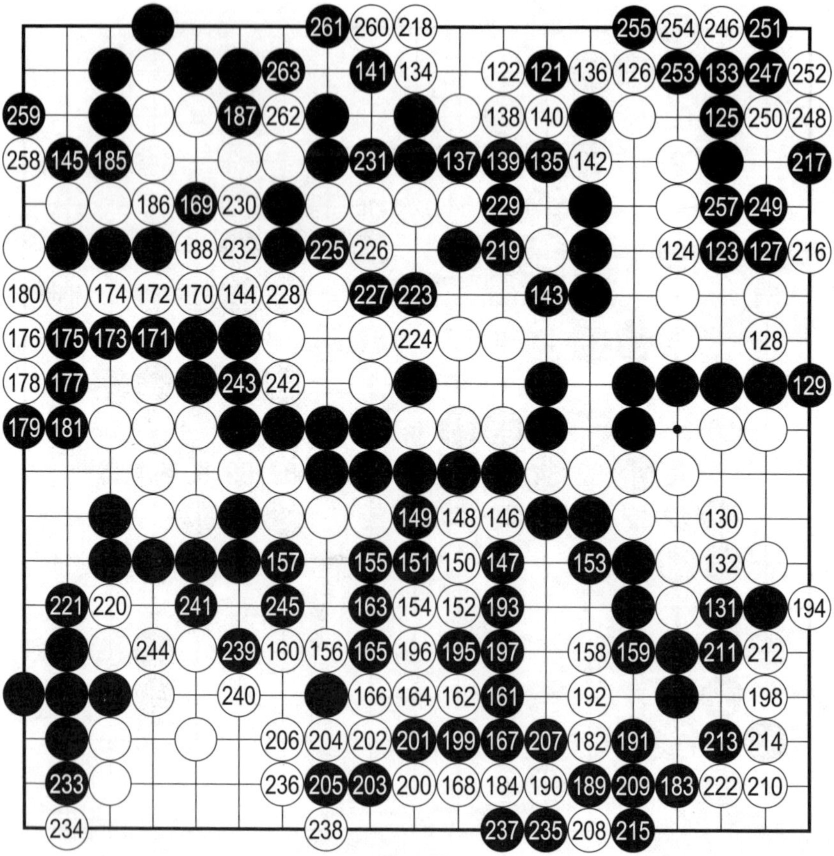

256=254

1962年6月1日弈于北京体委训练棋

黑方　陈祖德

白方　过旭初

白14应在85上一路点三三。黑21如在30位肩冲，更稳妥。白22至28分断作战，有力。黑29至35寻求转身。白40在左一路接更好，黑41位跳，白41左一路尖顶，白善战。白42仍应在41左一路尖顶，黑43位靠，白44位夹，黑45位立，白51位接，随后46位挖和41右一路夹必得其一。实战形成打劫，至52转换的结果白大损，黑优势显著。

此后黑棋牢牢掌控局面，将优势转化为胜势，没给白棋任何机会。（谢赫）

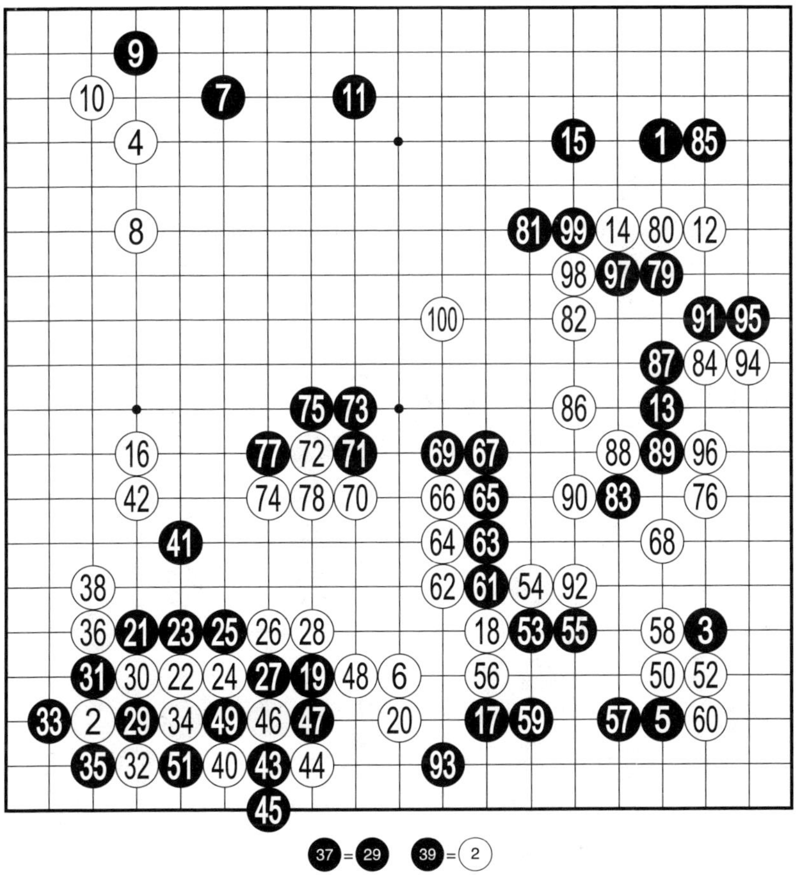

（1–100）

黑方 **陈祖德**

白方 **过旭初**

黑贴$2\frac{1}{2}$子　193 手以下略　黑胜 10 子

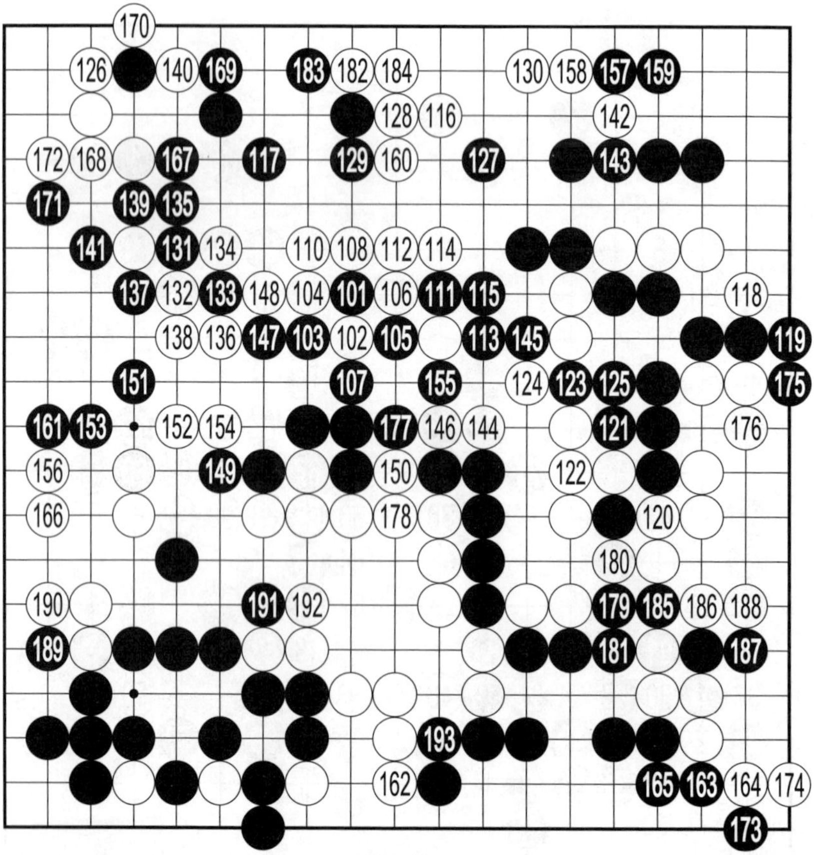

109 = 102

（101–193）

1962年6月3日
训练棋

黑方　陈祖德
白方　金亚贤

白8如今多在13位飞压。至15是老定式的一型。白16普通在33位尖。黑19可脱先在33位飞压。白24不如直接在28位跳。至28白棋落后手，有所不满。黑29的用意是瞄着黑31跨断。黑35断时，白36应在37位吃，弃掉白角，因为此时外面价值更大。黑37长出，黑好。白44有疑问，应在45位打，黑接，白可脱先，看轻22和32两子。黑45长出，白苦战，黑优势明显。（谢赫）

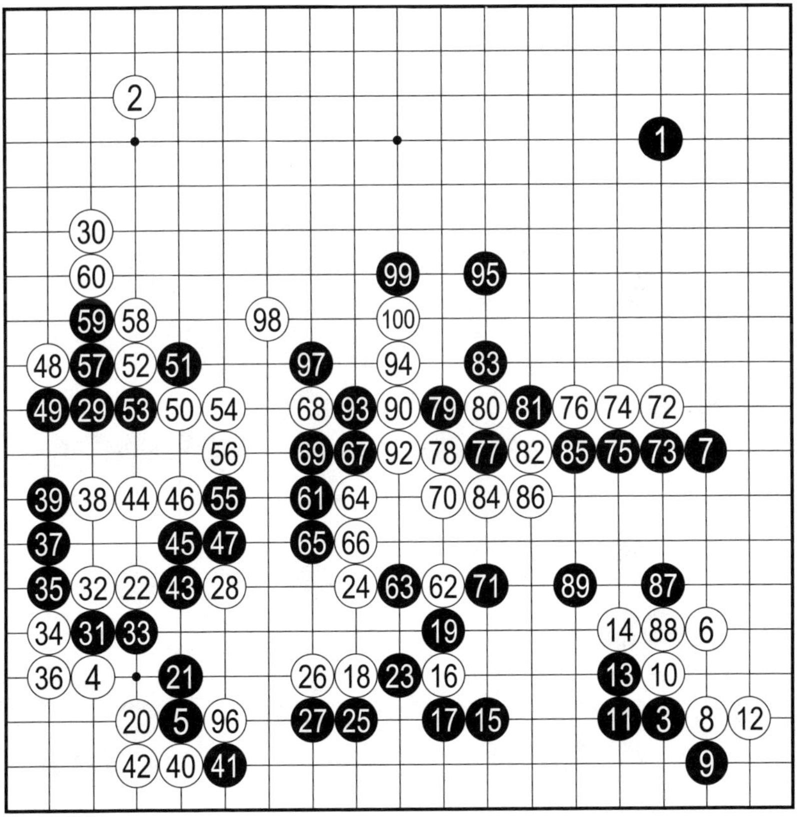

91=80

（1–100）

此后的进行是黑棋的精彩表演，白棋艰苦奋战，却已无胜机。（谢赫）

黑方　陈祖德
白方　金亚贤

黑贴$2\frac{1}{2}$子　共197手　黑中盘胜

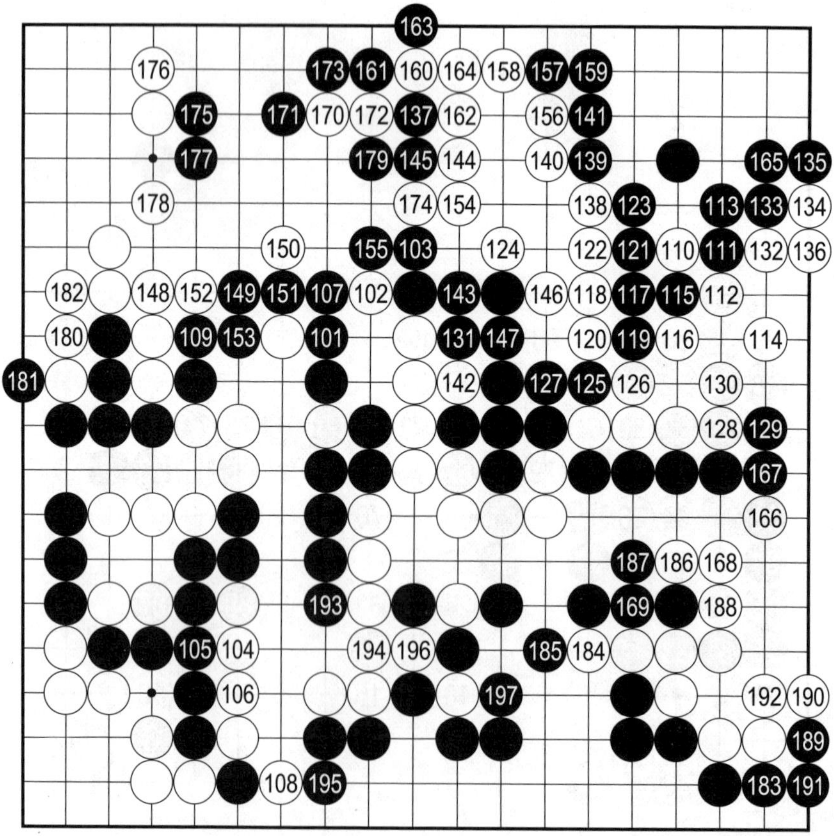

（101–197）

1962年6月4日弈于北京体委训练棋

黑方　陈祖德

白方　刘棣怀

白8应在12位飞。黑9在12左一路飞压是好点。黑13应在12上一路压。至22白好调。白28如在34位分断更好。黑35应在34右一路吃，白损。至40白优势。白56至60有疑问，应在72位夹。黑65好点。白70如在71位长稳妥。黑71反击，局面复杂，至91，白陷入苦战。黑93应在45右一路冲，白挡，黑87右一路立，白88上一路接，黑再93位扳，明显优于实战。(谢赫)

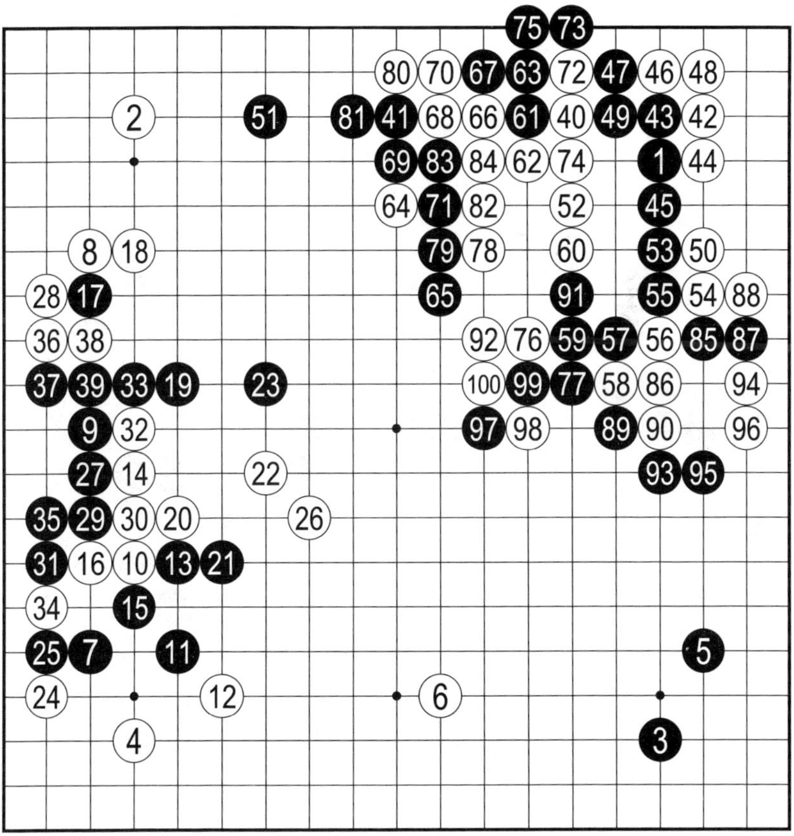

(1–100)

黑方　陈祖德

白方　刘棣怀

白118好手。黑119应在116右一路连络，还可继续总攻白棋。白122如在123位贴更好。至124形势难分优劣。黑125好点，白棋难免被分断。黑139应在140位长，白如在下边做活，黑中央成空可以满意。面对白146跨，黑147应在166位扳。白148错失机会，应在149位冲，黑148位断，白162位挖严厉，滚包后形成对杀，黑危险。白152败着，似有严重误算，应在155位贴。黑155冲断，白死。白162冲断最后一搏，对杀白不利，黑187如在188位可净吃白棋。至209转换，也是黑大胜。（谢赫）

黑贴$2\frac{1}{2}$子　共209手　黑胜5子

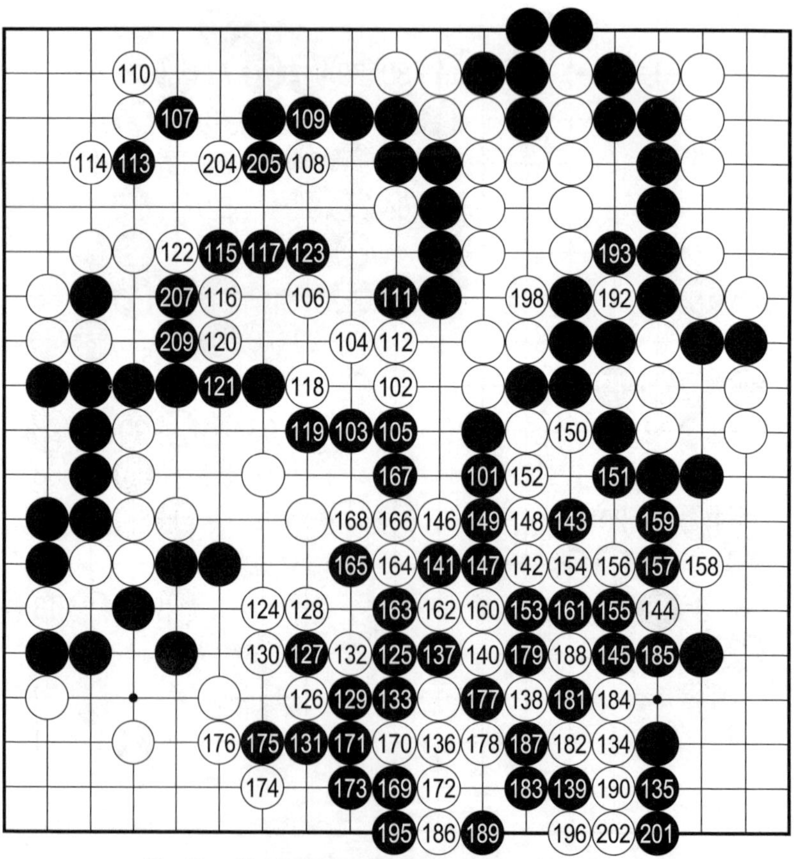

180=170　191 197 203 208=181　194 200 206=188　199=192

（101–209）

1962年6月8、9日弈于北京体委训练棋

黑方　刘棣怀

白方　陈祖德

白18有疑问，应脱先或在19位尖。黑19扳出弃角，黑好。黑31缓手，应在32位扳。黑35有过分之嫌，应在50位出头。黑51应在53位长。白52如在53位打，黑接，白57位打，弃子白不错。黑65应直接在67位虎，保留62左一路靠的手段，将对攻击白棋有帮助。白78如在76右一路冲，黑挡，白1右一路断，将更容易治孤。黑79俗手，应在115位冲。白80接，黑已难以攻白。黑91、93拼搏。白108至114好手，打劫回家。（谢赫）

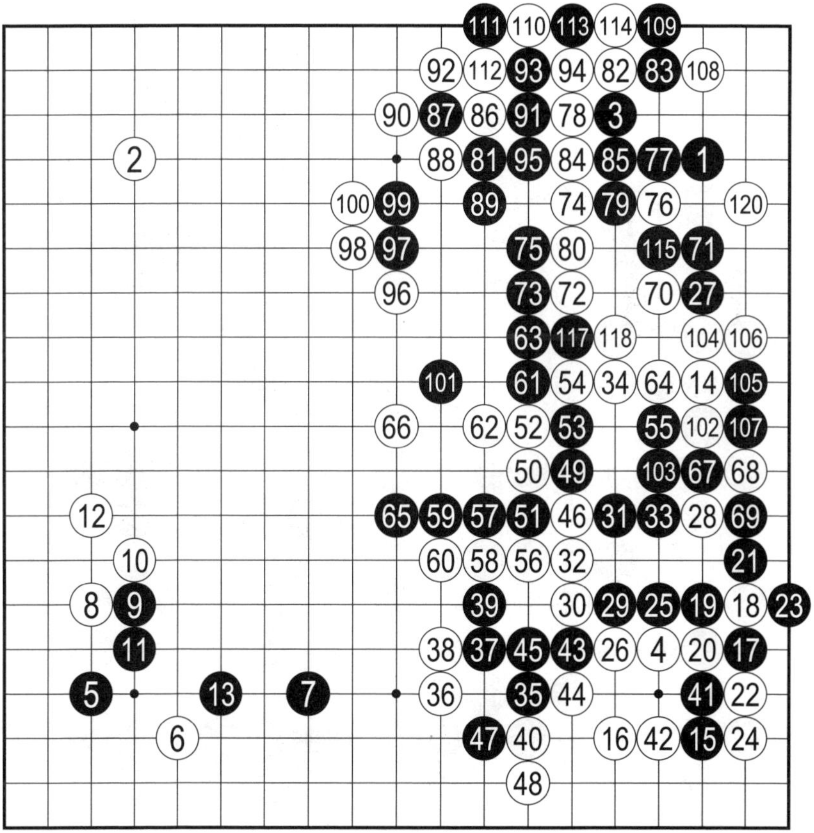

116=110　119=113

（1–120）

黑方 **刘棣怀**

白方 **陈祖德**

白136消劫，大龙连回家，白优势明显。黑167如在171位长，白172位断，黑170位虎，可以考验下边白棋如何做活，虽然杀白的机会不大，却优于实战。至172，下边白棋活净，全局已基本定型，白优势难以动摇。此后白安全运转，黑已无胜机。（谢赫）

黑贴2$\frac{1}{2}$子　共240手　白胜5子

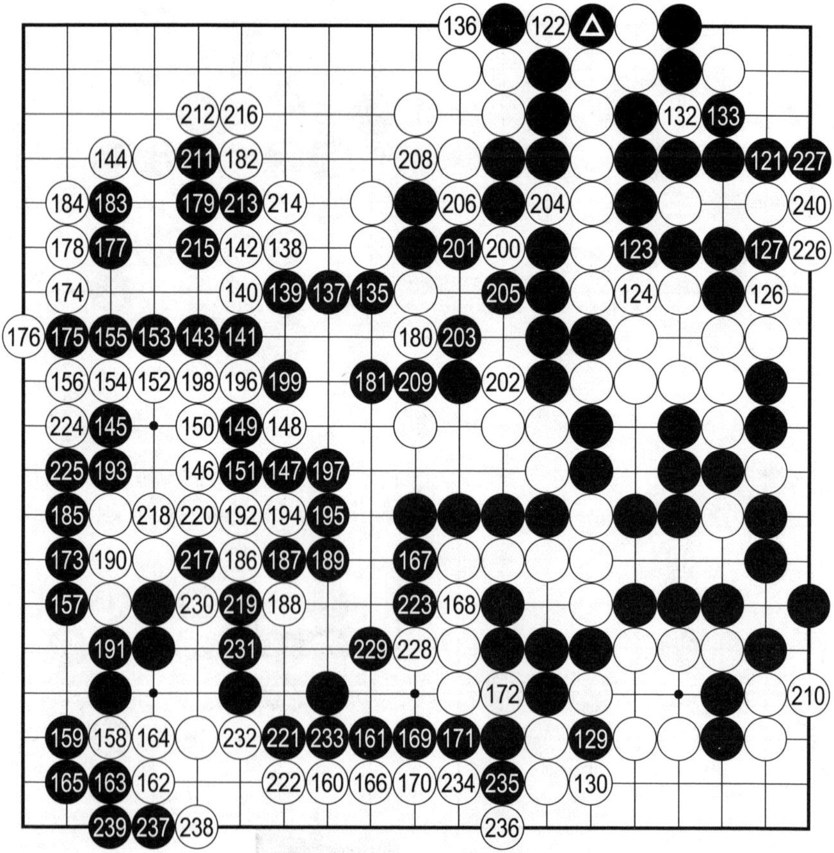

125 131 = △　128 134 = 122　207 = 200

（121–240）

1962年6月10日弈于北京文化宫

黑方　陈祖德

白方　沈果孙

黑7、9的下法，可能是在训练中的一种新尝试，黑9一般是在10位贴。白10、12简明，这个结果黑棋不便宜。黑13在18位扳是本手。白16过分，应在18位立。黑17错失机会，应在18位断，白如17位顶，则黑6下一路征吃，黑好。黑19、21应保留，交换后这块棋变重了。至32黑陷入苦战。白48应在52位顶。黑51应在77位虎是好形。至74白优势明显。（谢赫）

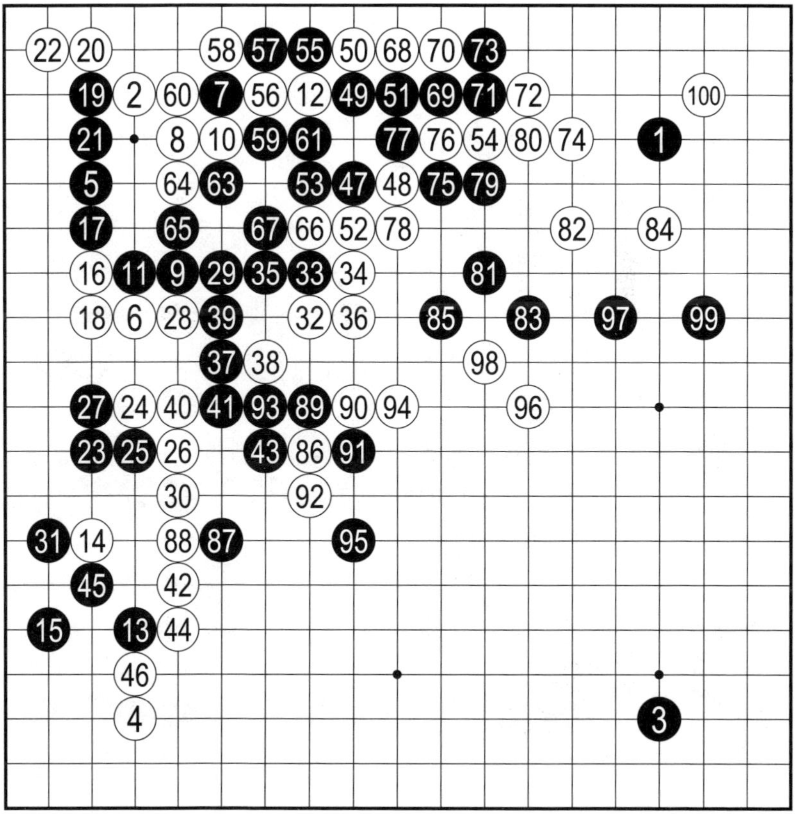

62＝7

（1–100）

黑方 **陈祖德**

白方 **沈果孙**

此后黑棋奋力拼搏，然而白棋牢牢掌控局面，黑棋没有找到逆转的机会。（谢赫）

黑贴$2\frac{1}{2}$子　共196手　白中盘胜

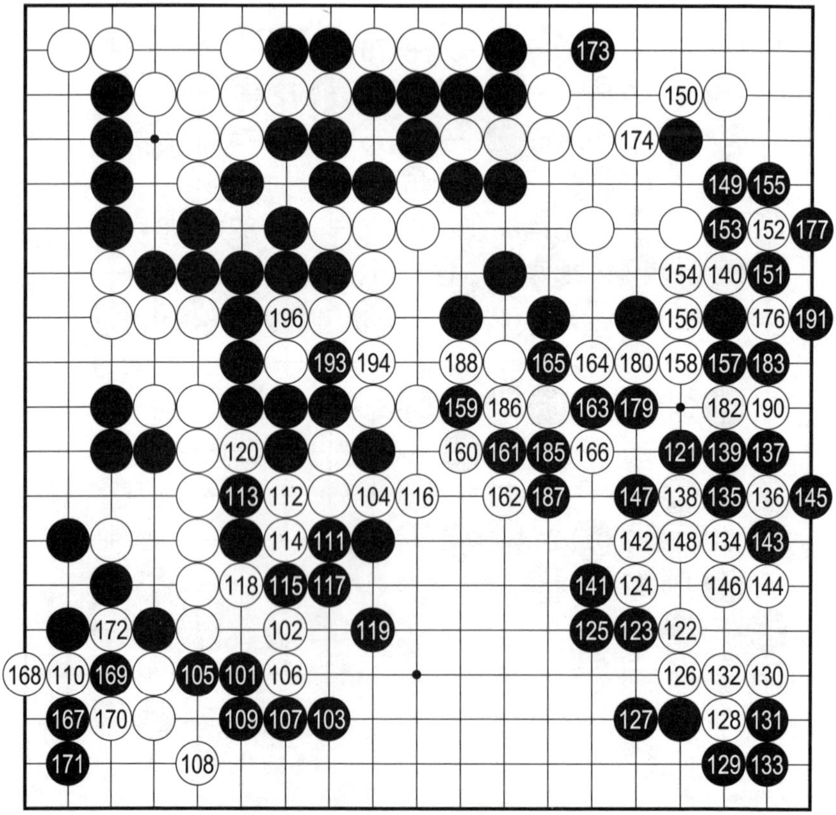

175 181 189 195 = 169　178 184 192 = 172

（101–196）

1962年7月11日弈于《朝日新闻》本社

黑方　茅野直彦 五段

白方　陈祖德

白8如今多在下一路飞压。白18应在19位压。黑19贴、21拐，白形状难受。黑25、27强手，黑主动。白28应在31位忍耐。黑31关系到双方的根据地，作战黑有利。白38进攻稍嫌过分。白44、50均应在63位守。黑55稍缓，如在60位断更有力。白56脱先过分，应在61位守。黑59搜根的要点，白整块受攻，白大苦战。此后黑发挥出色，牢牢掌控局面，白没有机会逆转。本局是黑完胜之局。（谢赫）

黑贴5目　共139手　黑中盘胜

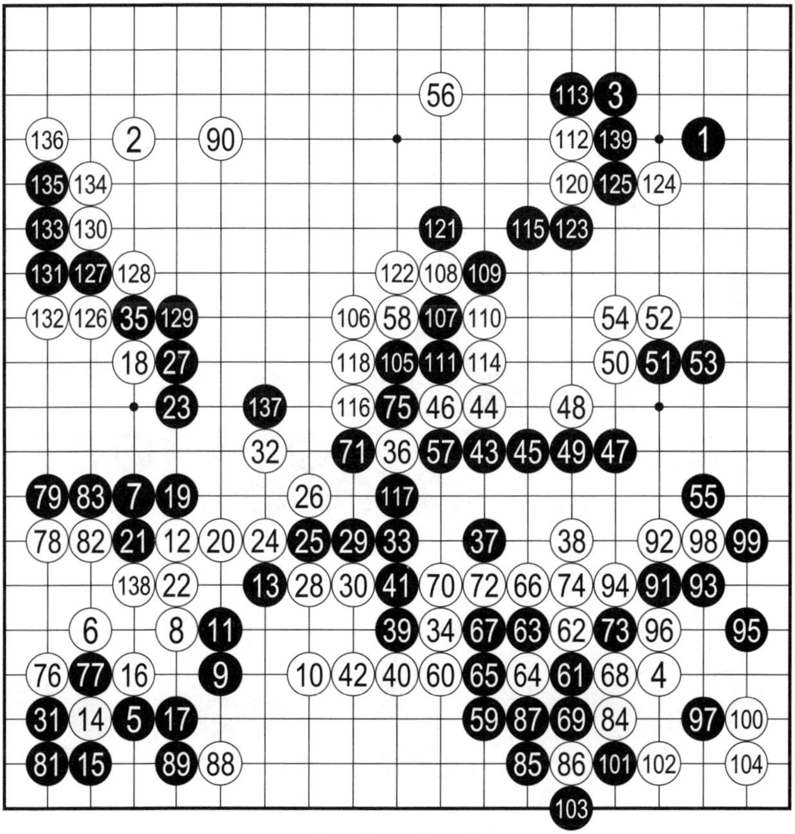

80=14　119=36

（1–139）

1962 年 7 月 13 日
中日围棋友谊赛

黑方　陈祖德
白方　梶原武雄 七段

黑 13 一间低夹不如 16 位二间高夹。对黑 17、19，顾认为“是取急战态度，到 48 关为止的结果，黑棋沿边带角处于低位，不能算是战略上的成功。与其这样反不如 17 改为托渡，沉着应战，静以待动”。王、魏则认为是当然之着。《棋道》称这两手是“最强的反击”。陈用手割判断应能成立。王认为黑 23 粘不如虎。魏认为黑 25 当从右侧打出。陈认为 27 有疑问。《棋道》评：“白 28 长，攻黑 19、25 两着，同时还含有 32 位关下的走法，黑棋即陷于困境。”《棋道》指出，黑 39 如在 42 位扳，白将在 39 位立，对杀黑差一气。从白 40 至 48 的结果基本必然。顾认为黑 49 看似要着，尚非其时。顾评白 58 似应在 80 位尖。第二个战役到 85 着告一段落。陈认为战斗

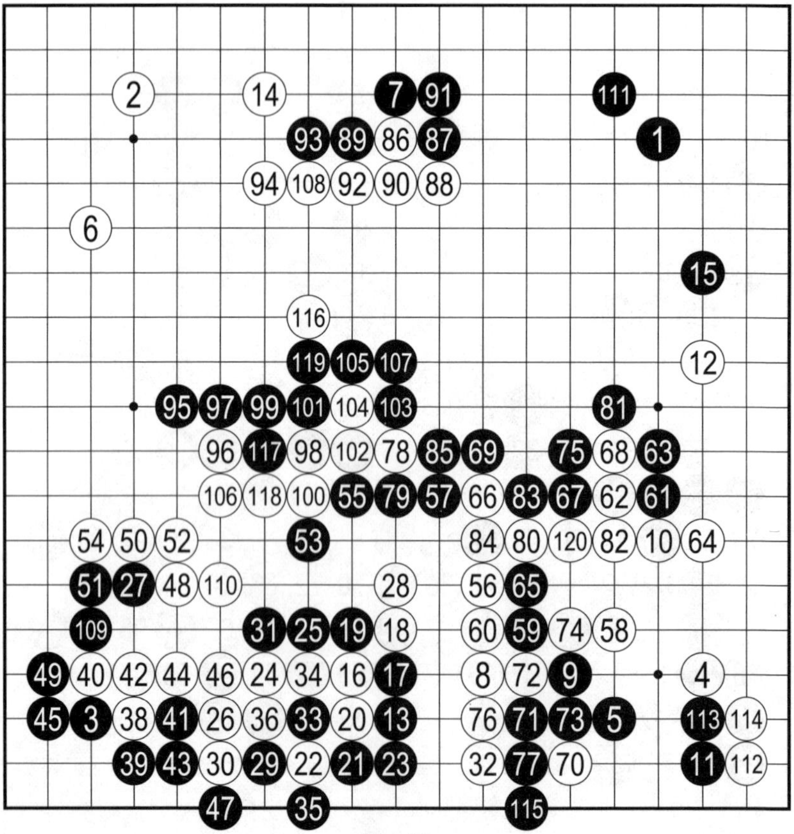

37=22

黑方　陈祖德

白方　梶原武雄 七段

是胜利的："白方唯一的战利品是两个黑子，而中间黑棋已成为铜墙铁壁。"白68不能长，要在85位扳。陈称赞白86、88两着好极。黑91接不得已，在这个接触中白又占上风。顾评："黑95浅侵好。到108为止，先手在黑，遂成细棋局面。"

《棋道》称黑101、103是好着。至黑111，黑先手效力仍在。黑113被陈自斥"败着"。顾评："黑113误算，把活棋走成死形，顿呈败势。"白120好，126打后可以说已胜定。顾评："黑127另辟战场，以图挽回颓势，奋斗到157成劫杀，到181无条件劫胜，局面又一变，胜负又不明。""白182再掀战端，可惜黑89重蹈113覆辙。"（顾水如、陈祖德、王幼宸、魏海鸿等）

黑贴5目　共222手　白中盘胜

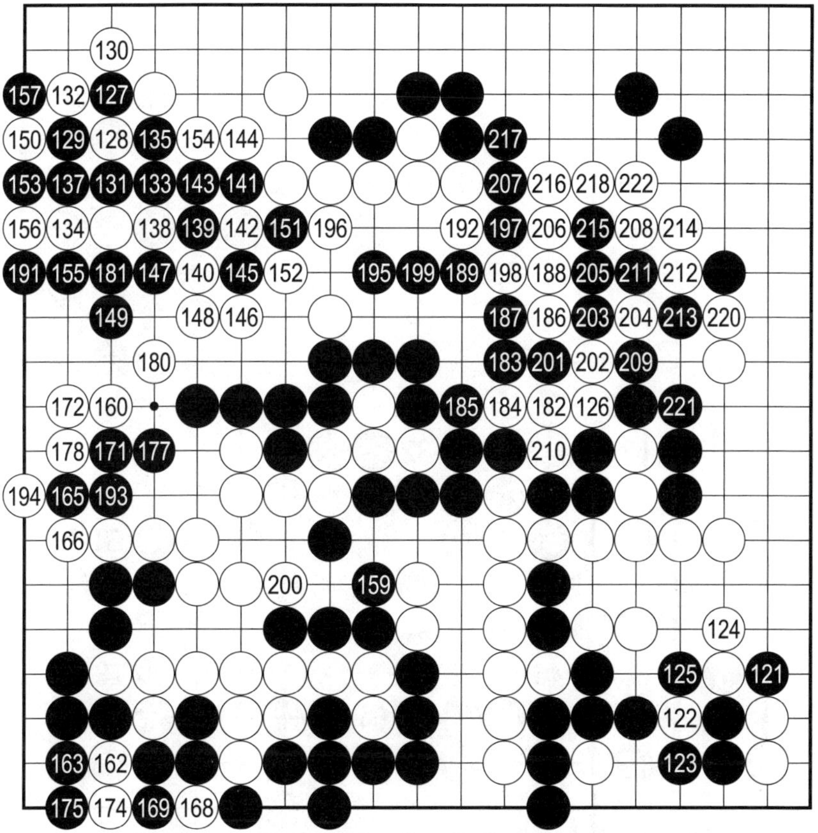

136＝127　158 164 170 176 190＝142　161 167 173 179＝145　219＝204

（121–222）

1962年7月15日弈于日本京都二条城
中日围棋友谊赛第三轮

黑方 福井正一（业余）
白方 陈祖德

黑15应在16位长。白16、18弃子，大局观好。黑35如在36位尖，更稳妥。黑37冲断开始战斗。黑51过分，应在54位跳。白52、54冲断有力。黑67在96位补是本手。黑77失误，可能以为是先手便宜。白78果断脱先，大局观好，由于黑在96位欠一手棋，黑形状难受。至86白确立优势。黑95仍应在96位补。白96、98连回后，黑已无法攻白。

白100开始反攻。（谢赫）

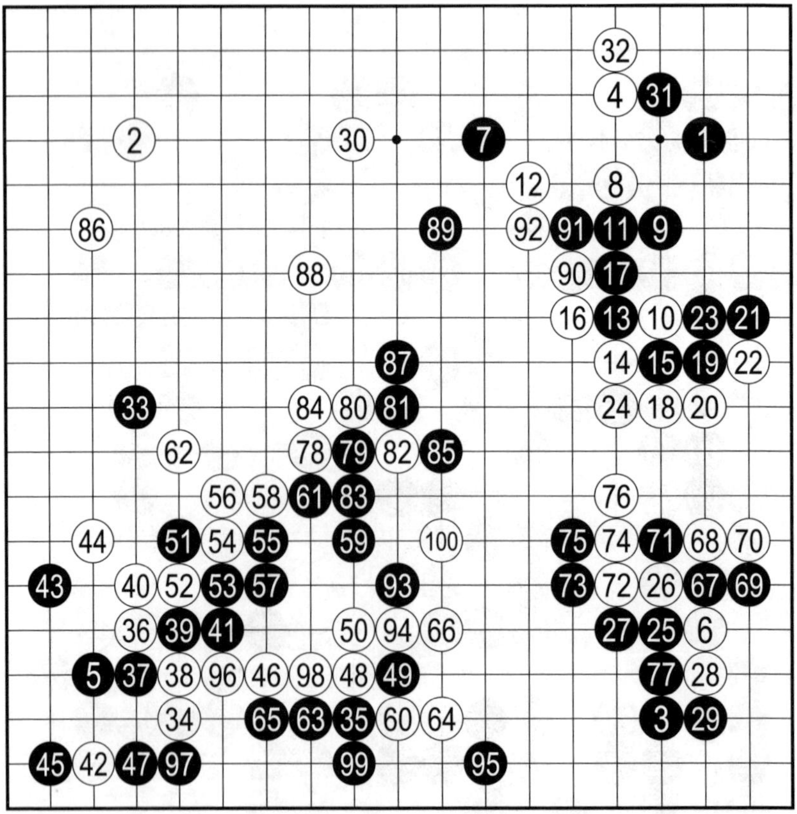

（1–100）

至 110 黑大苦战。此后是白棋的精彩表演，差距越来越大。（谢赫）

黑方 **福井正一**（业余）

白方 **陈祖德**

黑贴 5 目　共 186 手　白中盘胜

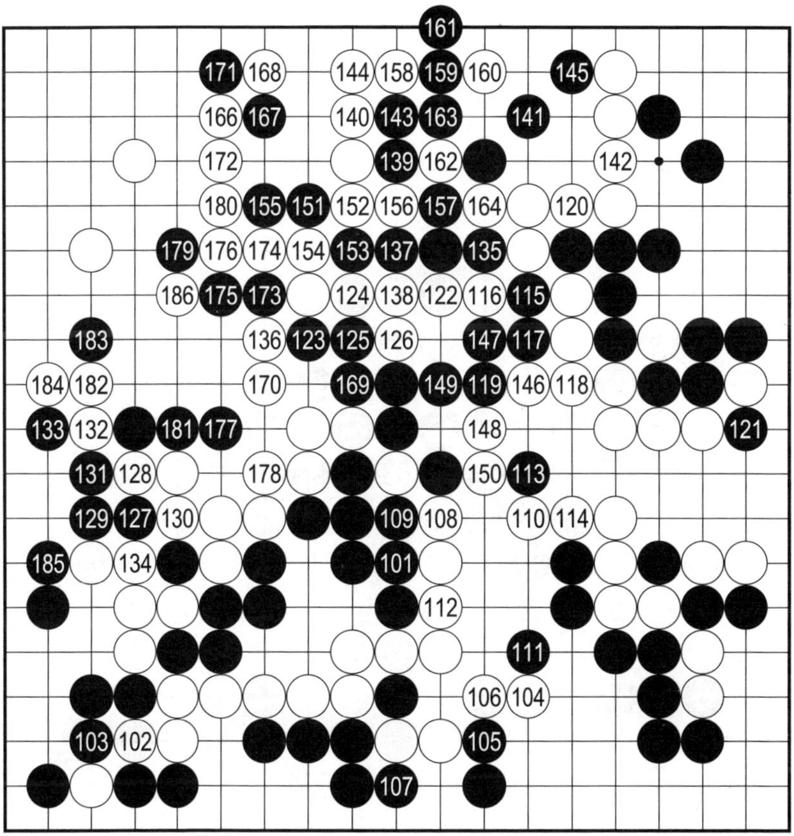

165 = 162

（101–186）

1962 年 7 月 19 日弈于日本大阪
中国围棋代表团访日友谊赛

黑方　陈祖德
白方　西村修

白 2 占高目是趣向。黑 7 在四路分投积极。黑 11 位置稍低。白 18 断次序好。白 26 不得不补，但还留有断点，似乎稍差。白 38、40 连行后，此时中原是形势要点，不能退让，黑 41 必须在 42 位跟长，左边即成绝对优势，被白 42 扳头后，只得委屈自补，徒受损失。这是初盘接战黑方最大失着。黑 49 借断生情，使白方有断点之顾忌，对黑中边八子攻逼难于着力。白 52 似以 61 位小尖为佳。白 68 三三侵角适当。黑 69 至 79 为角上常用之定式，俱适当。白 80 三三侵，黑无好的应着，又恐走重了不易放手，因而脱先他投。黑 83 是配合左边形势的一种定式活用，以下到 87 拆二，黑的阵型俱合理想。白 90 似应乘黑未补之隙，即在 91 位行，俟讨着便宜后，再

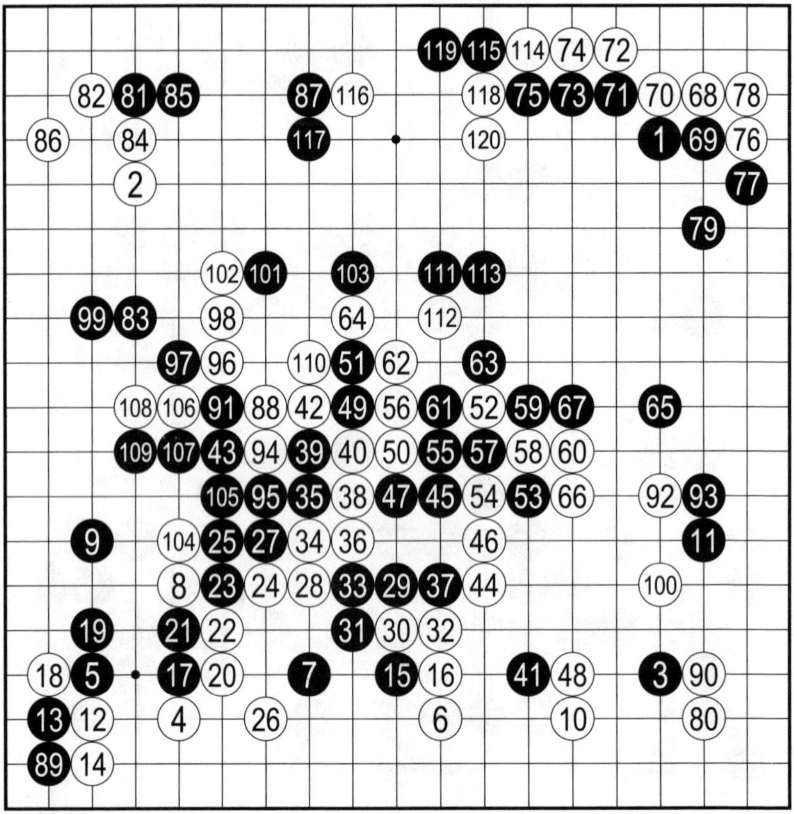

（1–120）

黑方　陈祖德

白方　西村修

在右下角侵分。白 94 到 98，虽有余味，但着到黑 99 补，得不偿失。

黑 115 太强，此时所胜已多，宜力求稳固，在 118 位平，白便无隙可乘。白 116 以下因败势已显，只得奇兵突入，希图挽回。到 130 止势成骑虎，不得不尔。黑 137 如改在 198 位飞，白将不能通连而被吃，但变化复杂，如应接不慎，或转更为不利，对局者想因时间匆促不暇多算，以至白先手通连，成为细棋。白 142、144 次序好，164 最后大官子。黑 181 应在左上边 184 位补，如谱被白 182 挖后，损失很大。白 198、200 巧妙收官。（王幼宸）

黑贴 5 目　共 234 手　白胜 3 目

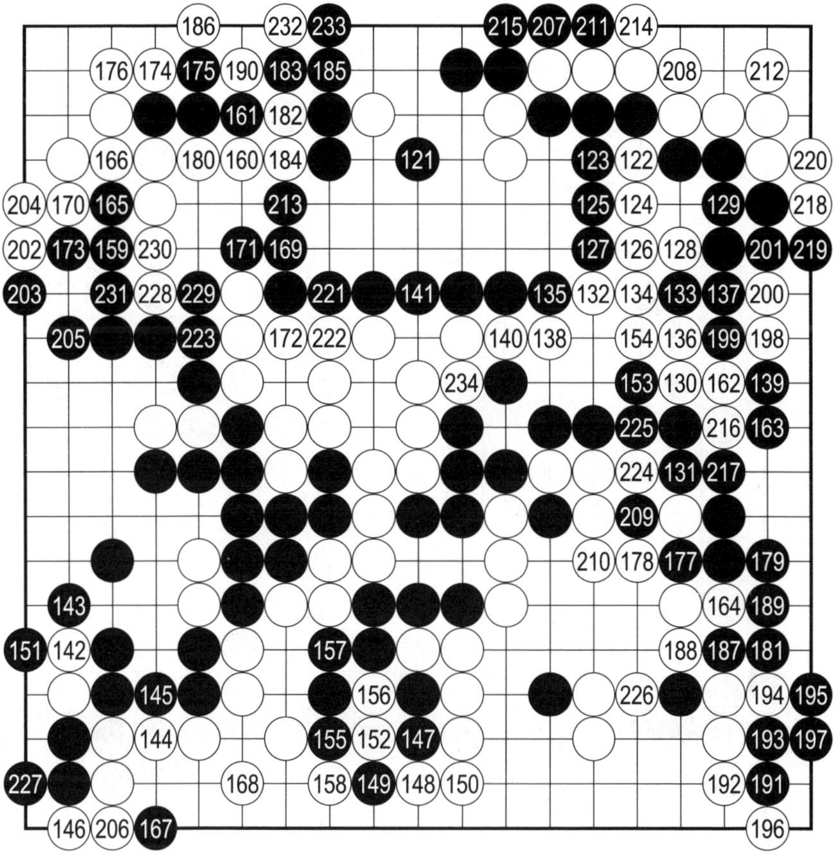

（121–234）

1962年7月20日

中国围棋代表团访日友谊赛

白方　桥本昌二 九段

黑方　陈祖德（受二子）

白13疑问手。黑14应16位挡，白20位退只此一手，黑再91位断，征吃白11，显然白棋亏损。黑22、24过于缓慢，应在下边高拆。黑26很难选择。黑36、38非常激烈，初生牛犊无所畏惧。白长考后选择了39长，其实应40位先打。黑46托不可省。黑64改在67位尖是成立的，实战中没有发现团的愚形强手。至黑78，白捕获黑七子，得到30目实地，黑在右下筑起广阔的阵地，得失基本相当。黑82若83位分断，白有靠黑2、再连扳的漂亮腾挪，黑难以收拾。白91当然。黑92打入及时，若稍有放松，局势很可能就要落后。白93改在95位托较好。黑94挖好手。白95还是无可奈何地二路渡，被黑96打吃显然亏损。黑98扳头，白失去了后续。黑100扳是机会，白顿时陷入绝境。

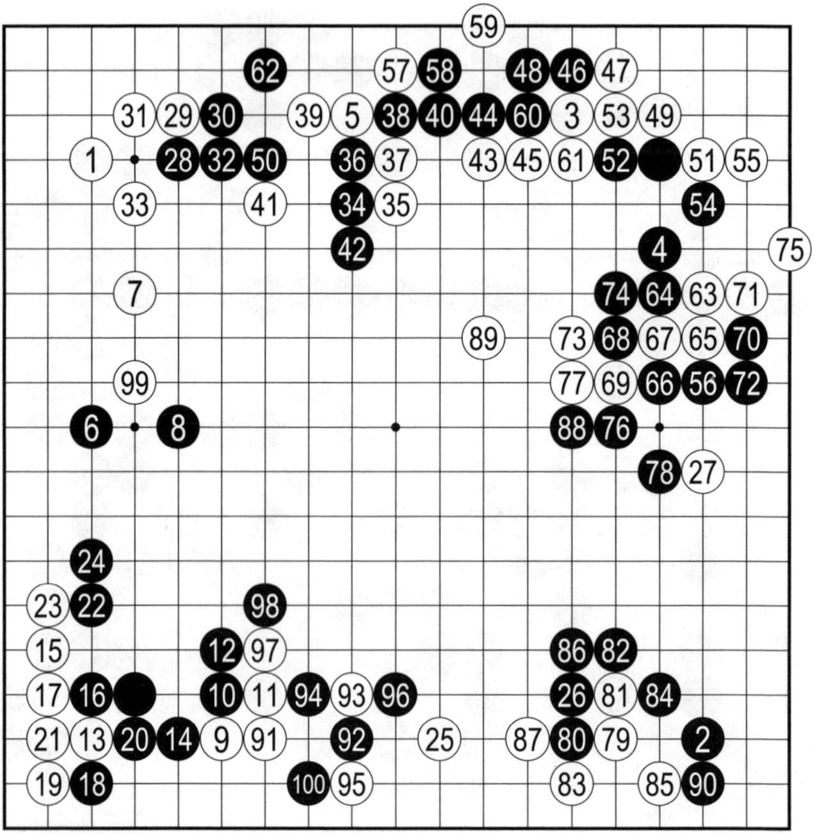

（1–100）

桥本昌二是日本第一流高手，当时他27岁，23岁时升九段，创下了日本最年轻、最快升九段的纪录。他是日本最有名的长考派，感觉又很敏锐，一旦参加快棋比赛就会大显神威。（陈祖德）

白方　桥本昌二 九段

黑方　陈祖德（受二子）

白109为了营救五子，只得牺牲左下角。白113透点是好手。黑120靠是手筋，122得以最大限度围成腹空。黑138稳重。白139是逆7目官子。白143作最后骚扰。黑144妥善。至黑200，黑空领先约10目，白棋认输。

共200手　黑中盘胜

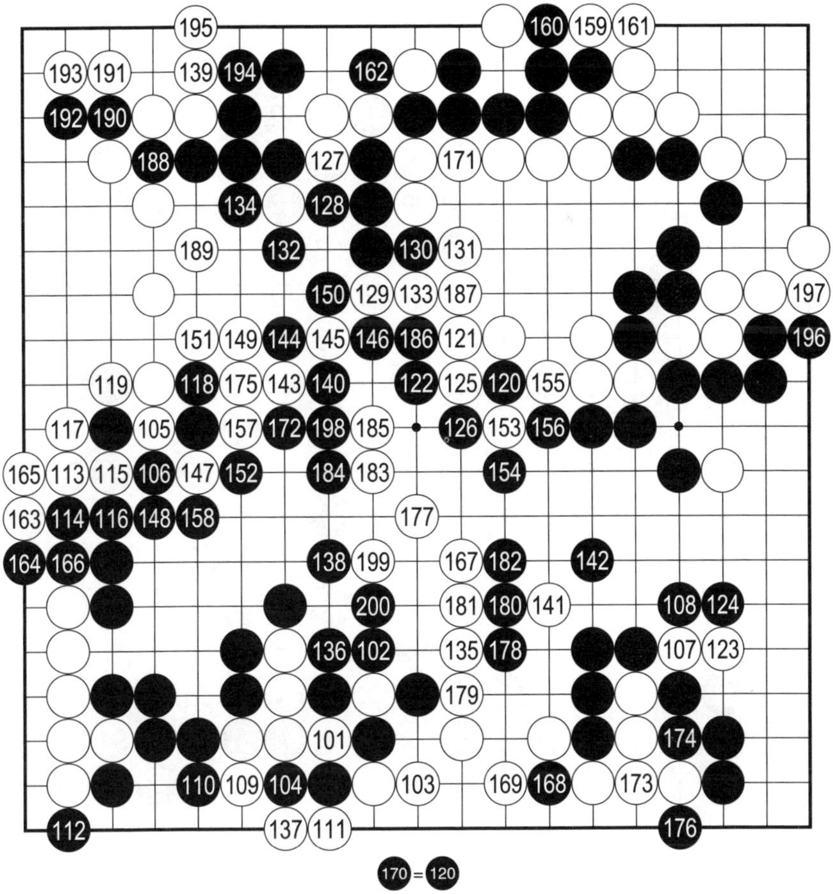

（101–200）

1962 年 7 月 25 日弈于日本东京
中国围棋代表团访日友谊赛

黑方　菊池康郎 六段

白方　陈祖德

白 8 所采用的定式新颖，表示出力求早战的态度。黑 13 长似有问题，不如自粘或 172 位扳。白 24 巧妙。到 37 止告一段落，很清楚，白是便宜了。白 40 随手，应在 45 位关。白 54 勉强，拆二是本手。黑 59 突出奇兵，深入虎穴，但让局面更加混乱，似乎不必要。白 66 至 70 声东击西。白 74 动手嫌早，准备工作尚未做完。白 92 是巧着。黑 97 次序错误，此时必须先在 109 位压一手。白自 98 起的打入手段，就是利用了黑棋没有活净。

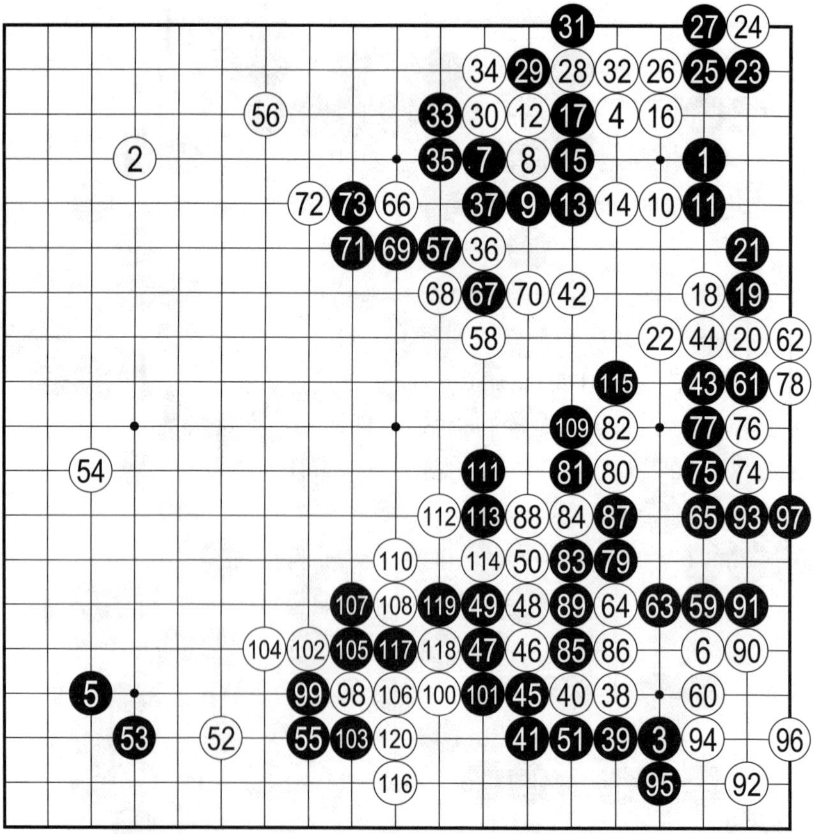

（1–120）

黑方　**菊池康郎** 六段

白方　**陈祖德**

从黑100走到122为止，一场混战宣告结束，形成了大转换，白稍有利。黑123虽大，却是大缓着，被白124长到，局面更于黑不利了。白130必要。黑143败着，到白154就很清楚。以后黑看到形势不利，从159手起就乱杀了，这当然是不成立的。（陈祖德）

黑贴5目　共210手　白中盘胜

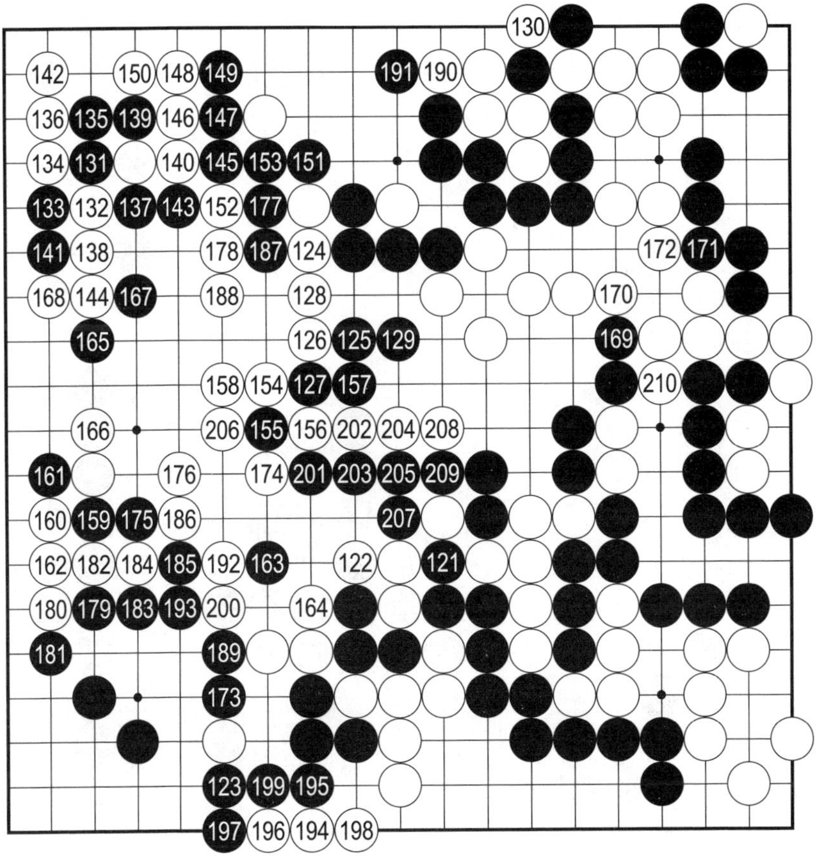

（121–210）

1962 年 7 月 26 日弈于东京《朝日新闻》本社

白方　前田陈尔 九段

黑方　陈祖德（受二子）

黑 30 意在引征，白如 32 位挡，黑则 31 上一路扳过。白 31 破坏黑意图。黑 32 脱先，有气势。黑 54 至 58 简明弃子，大局清楚。（谢赫）

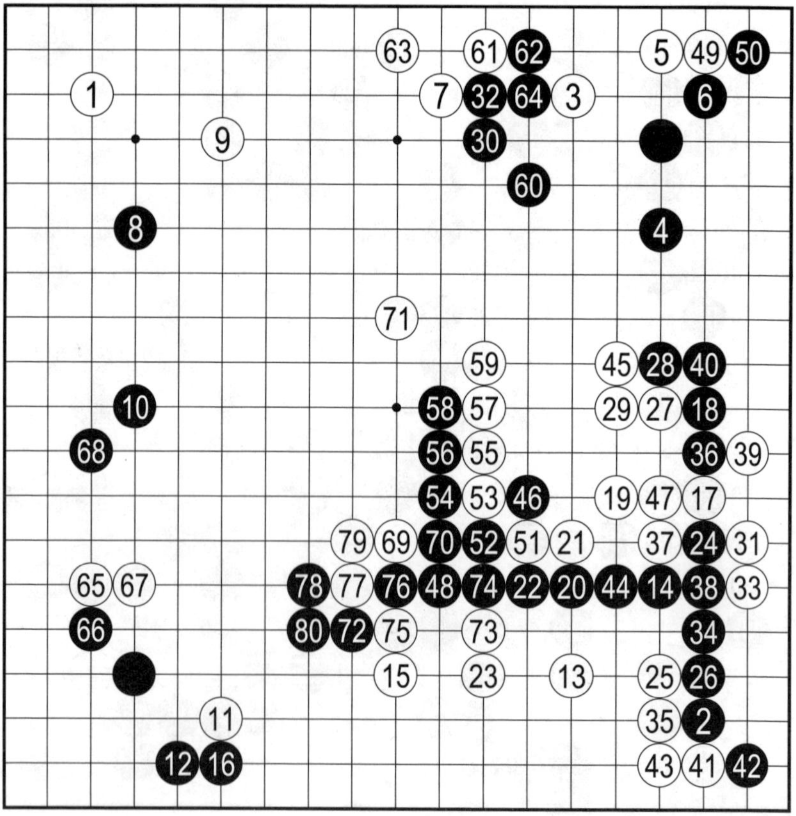

（1–80）

白方　**前田陈尔** 九段

黑方　**陈祖德**（受二子）

白 87 搅乱局势。黑 102 弃子思路清晰，黑简明优势。黑 120 勇字当头，如在 150 位吃更稳妥。至 137 局面复杂化。黑 150 失误，应在 153 位飞。白 153 错失唯一机会，应在 160 位断，黑上一路接，白 153 位夹，黑 154 位断，白 155 位破眼，形势将逆转。终局时，白如 154 左一路打，黑则 107 上一路挡，白大势已去。（谢赫）

共 160 手　黑中盘胜

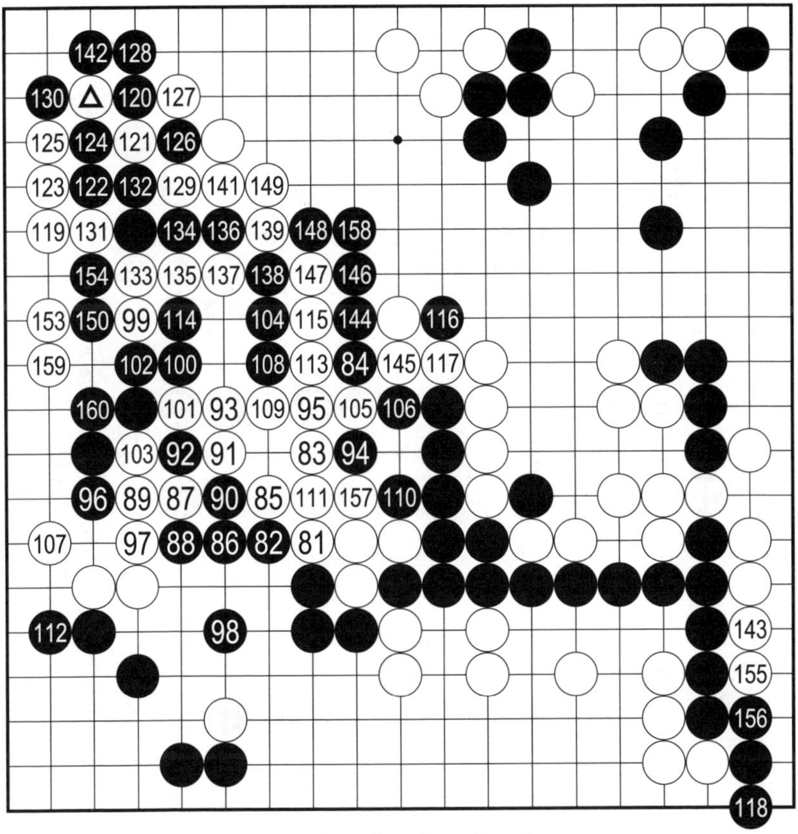

140=126　151=121　152=△

（81–160）

1962年8月15日弈于北京国家体委训练棋

黑方 **齐曾矩**

白方 **陈祖德**

黑15脱先过于重视大局，应在9右一路长。黑25在121位出头正常。白46颇像AI的下法，此时稍有过分之嫌。黑47在左一路跳更好。白58试应手，瞄着黑的薄味，白66出手了。黑71如直接在73位托，可简明连络。白88好手。至95双方达成妥协，局势尚早。（谢赫）

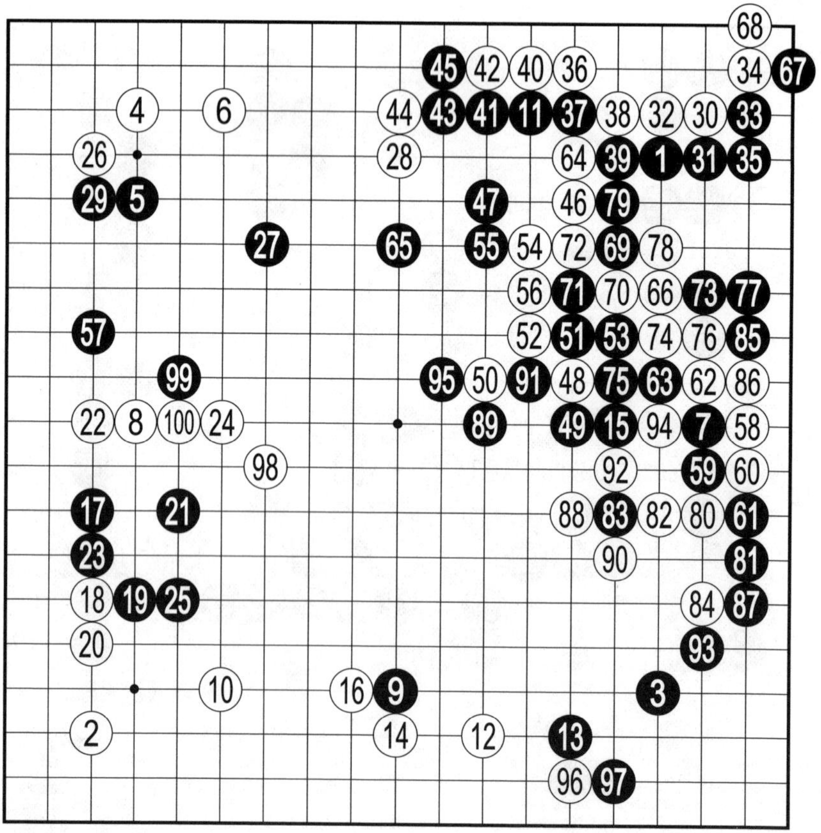

（1–100）

黑方 **齐曾矩**
白方 **陈祖德**

黑111胜负手，却嫌过急，应在114位正常收官。白118至122缠绕攻击黑两块棋，黑陷入苦战。白130、132判断清楚，白134罩，左边黑棋深陷险境，最终全部阵亡。(谢赫)

黑贴2$\frac{1}{2}$子　共180手　白中盘胜

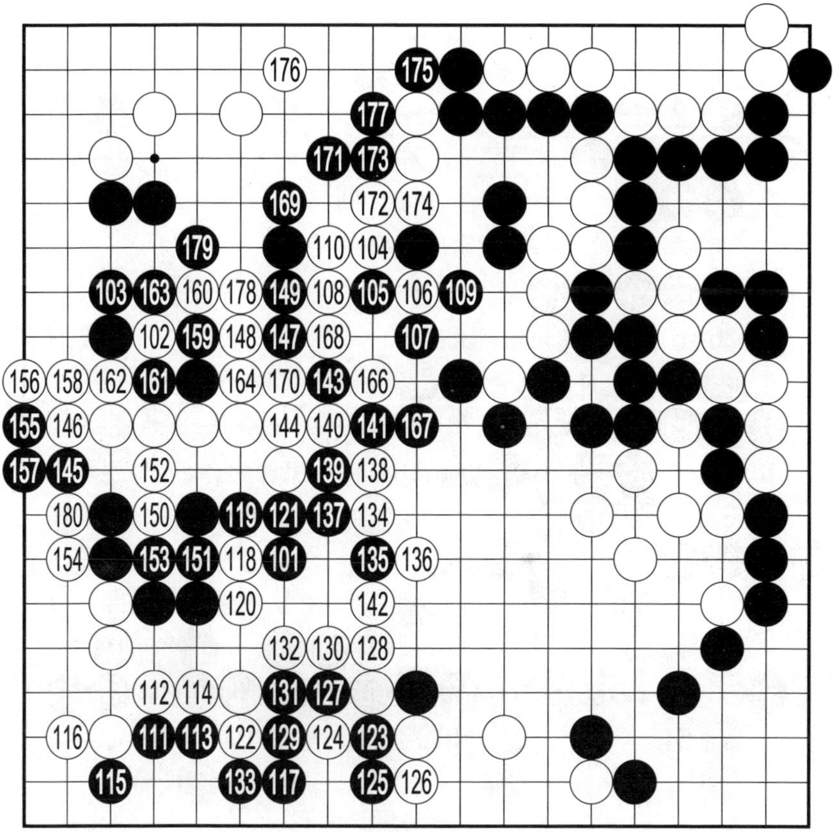

165=102

（101–180）

1962 年 8 月 22 日弈于北京体委

训练棋

黑方　陈祖德

白方　沈果孙

黑 7-21 是当时流行的定式下法。

白 24 棋形不佳，在 34 位拐更为紧凑。

黑 25 拆回即可。

黑 33 俗手，直接在 37 位贴住为好。

白 50 恶手，应在 54 位单靠，实战与黑 53 交换亏损。

黑 59 凶狠，61 可在 59 左一路爬。

白 76 好手，此处黑方次序略有疑问。

白 94、96 过急，应在 90 位右一路挺头。

黑 111 是倚仗计算力的凶狠下法，于 116 位拐吃，弃掉两子，形势也不差。（李喆）

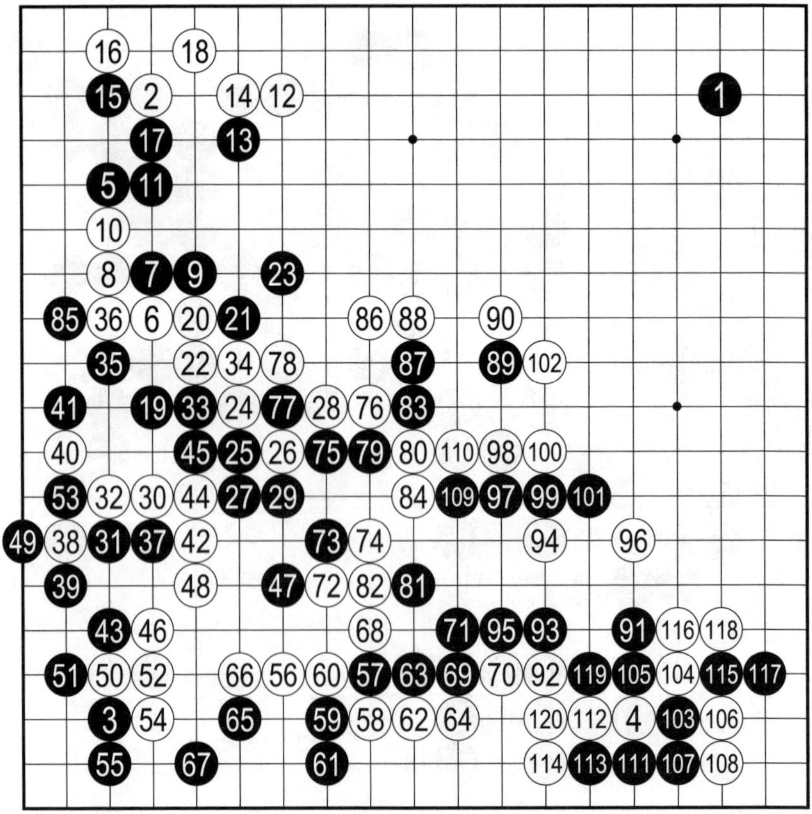

（1–120）

黑方 **陈祖德**

白方 **沈果孙**

白 122 扑不好，强行紧气的结果是让黑方快一步出头，得不偿失。

白 134 可在 138 位挡，局部净活。实战至 144 形成劫活。

白 154 失误，找了个瞎劫，应在左上找劫，则形势十分难解。

黑 155 消劫、157 渡过后确立优势。

白 180 问题手，应在 210 位冲，攻击黑整体。黑 211 不如直接走 229 连回。

白 226 败着（如没有 220-221 交换，则为 224），应在 229（227）位长，角上与黑棋打劫。

实战黑方连回后，白败局已定。（白 222 和黑 223 附近记谱有误，应是先走 224 与 225 交换，否则黑 223 可以提吃一大片白棋。）（李喆）

黑贴$2\frac{1}{2}$子　263 手以下略　黑胜$2\frac{1}{2}$子

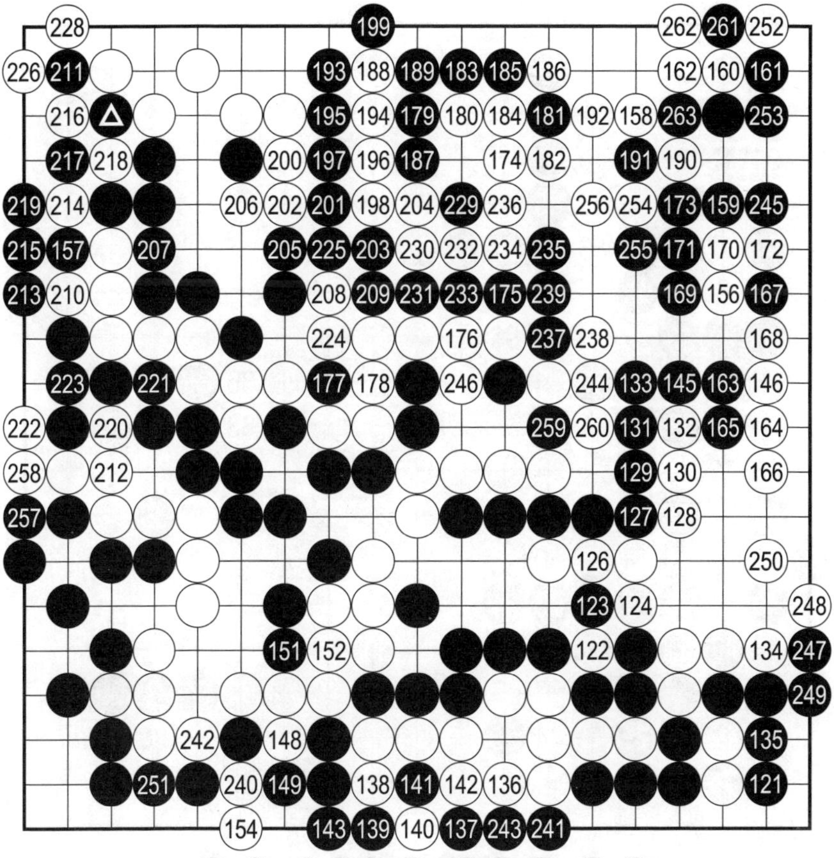

125=122　144 150 155=140　147 153=141　227=△

（121–263）

1962 年 8 月 28 日弈于北京国家体委训练棋

黑方　赵之华

白方　陈祖德

白 20、22 简明弃子，白不坏。黑 47 应直接在 53 位连扳。白 54 打，黑难受。白 64 失误，应在 49 左一路提，白简明优势。至 80 白明显亏损。黑 91 应在 94 位扳粘，关系双方厚薄。（谢赫）

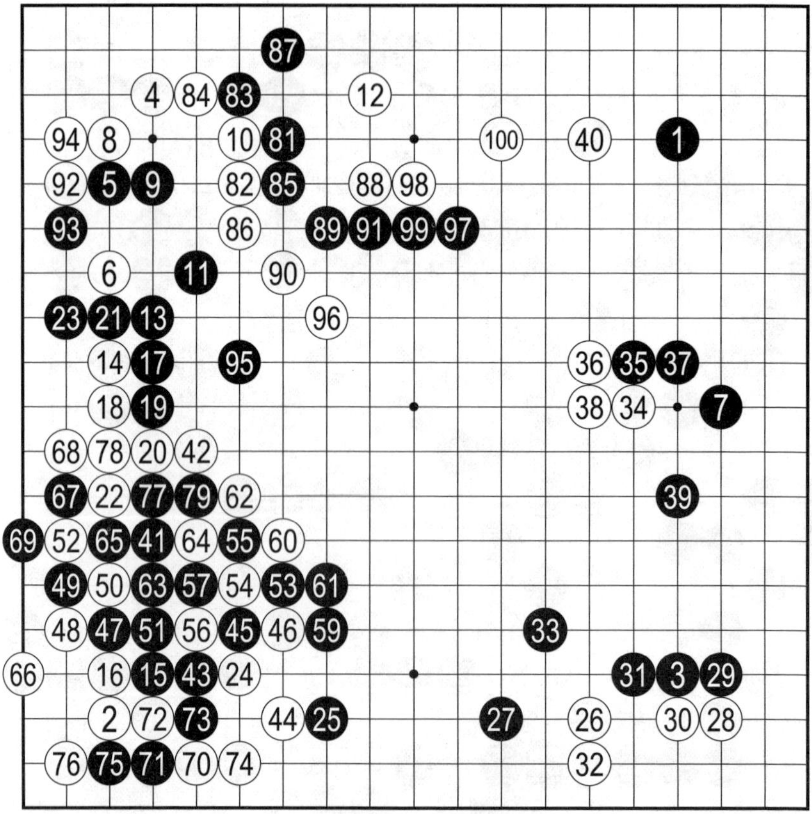

58 = 45　80 = 55

（1–100）

黑方　赵之华
白方　陈祖德

白106应先在110位虎。黑119应在127位接。黑137失误，应在141位做活，白无法净吃黑左下。至144白确立优势。白166应在172下一路立，简明收官已是白优势。白170败着，似有误算，如在171位虎仍是白优。黑171立，形势瞬间逆转，白已无力回天。（谢赫）

黑贴$2\frac{1}{2}$子　共197手　黑中盘胜

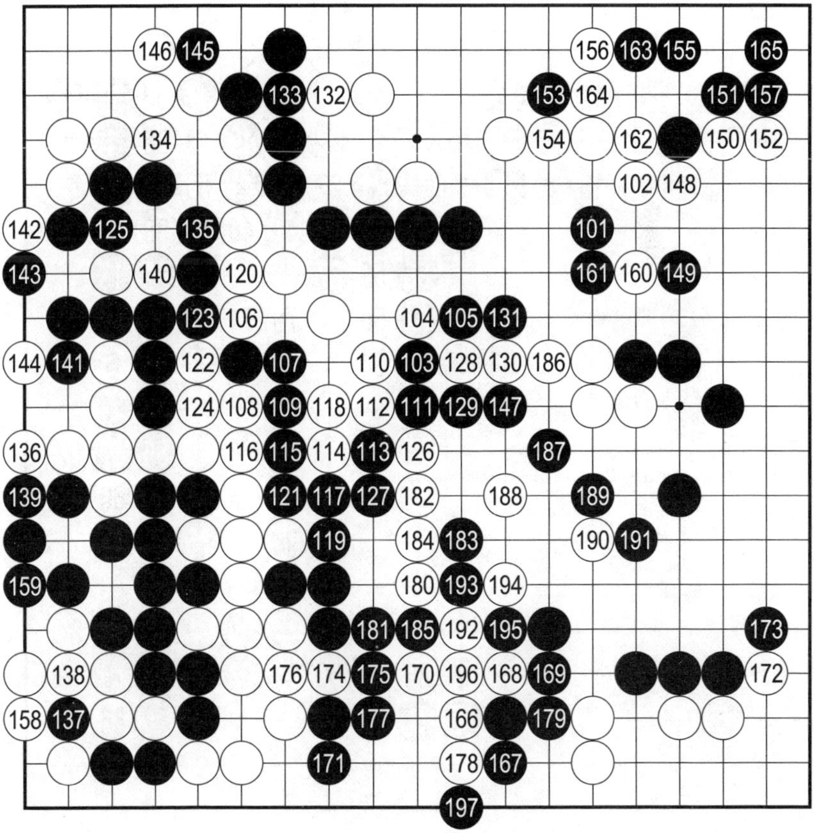

（101–197）

1962 年 10 月 3 日弈于上海棋社
训练棋

黑方　赵之云
白方　陈祖德

白 20 如在 51 位碰，更容易腾挪。白 30 应在 37 位长，黑 33 位扳，白 55 位枷，转换白不坏。黑 39 如在 40 位提，黑可以满意。白 44 应在 45 位断。黑 45 应在 49 位冲，白 45 位打，黑 51 位提，白 43 右一路吃，黑 42 右一路扳，黑好。黑 49 见小，应在 52 位接，黑不错。白 52 断，对全局影响很大，白确立优势。黑 59 好手。黑 65 应在 6 上一路顶，瞄着动出 37 一子。黑 81 俗手，应在 93 位肩冲。至 90 黑陷入苦战。白 114 压，白优势明显。（谢赫）

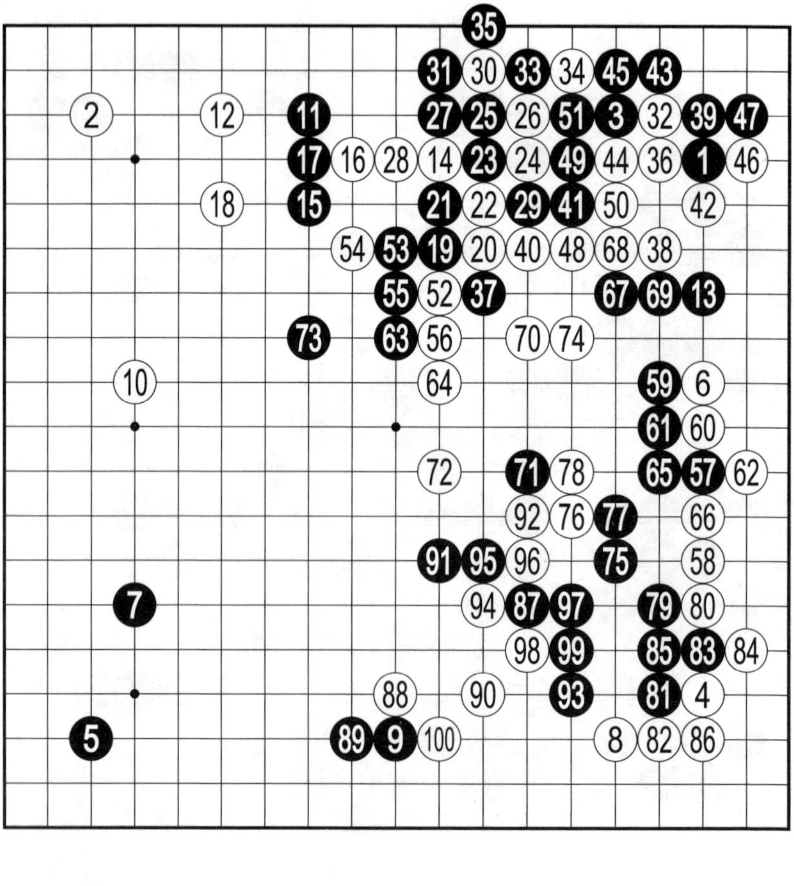

白方 **陈祖德**

黑方 **赵之云**

进入本谱，白棋一直牢牢掌控局面，将优势转化为胜势。比如面对黑155胜负手，白156至160简明化解。黑棋没有逆转的机会。（谢赫）

黑贴2$\frac{1}{2}$子　共208手　白胜6$\frac{1}{2}$子

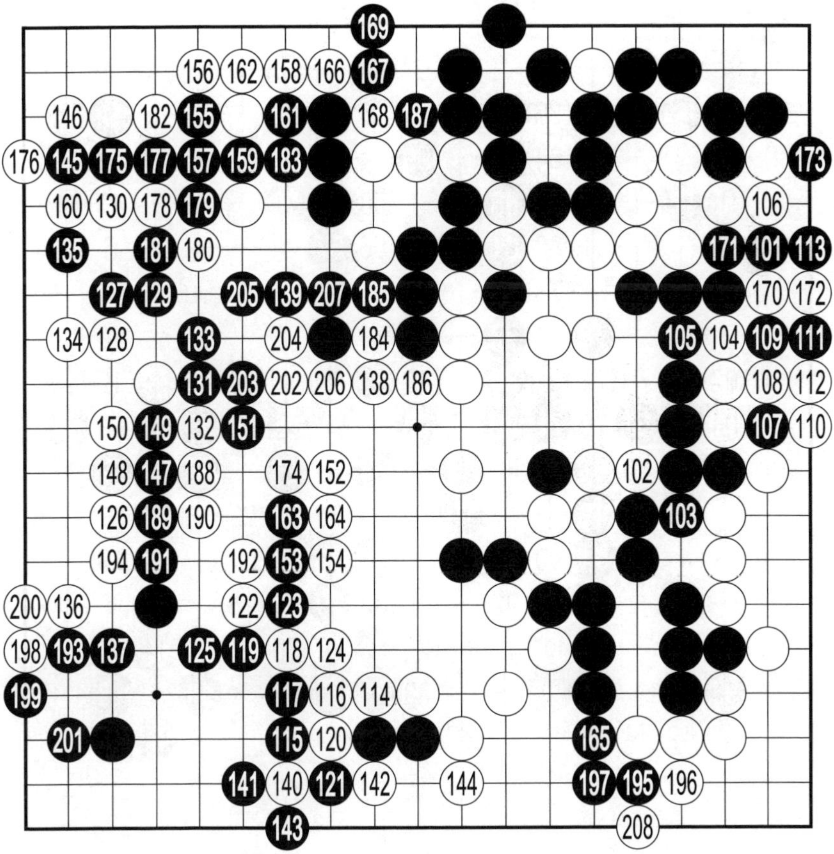

（101–208）

1962年10月5日弈于上海棋社
训练棋

黑方　魏海鸿
白方　陈祖德

布局双方均未占据左上空角，颇为罕见，可能是在训练中的一种尝试。白46积极发起攻势。白60应在8上一路爬。黑63应脱先在8上一路先手便宜，再占据左上空角，黑简明优势。黑77至87很有气势，然而却是白棋欢迎的，因为白左上收获更大。白94如在109位守，形势已是白优。黑101失误，应在99上一路挤，可以一手补净。白104脱先有疑问，如在99右一路接，能出棋。黑107终于占据左上三三，成为一道大型实战死活题。（谢赫）

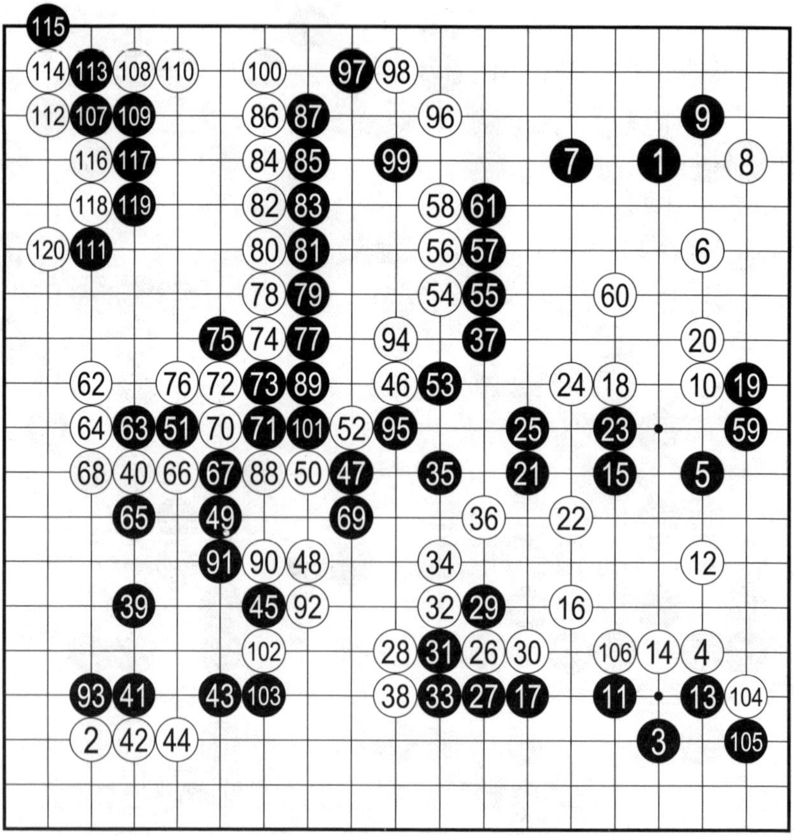

（1–120）

黑方　魏海鸿

白方　陈祖德

黑123应在124右一路虎、白123位做眼，黑129位打，白130位提，黑125右一路做眼，变化复杂，黑优于实战。至134白确立优势。黑157至161胜负手，然而白应对无误，至170黑无法杀白。白172在161上一路吃目数更好。白192应在204位打。白204应在205位接。白206在207位接是逆收4目半，优于实战。由于白棋小官子亏损，至215白优势缩小，已是极度细微的局面。然而棋谱到此为止，胜负也未注明。（谢赫）

黑贴$2\frac{1}{2}$子　共215手　胜负不明

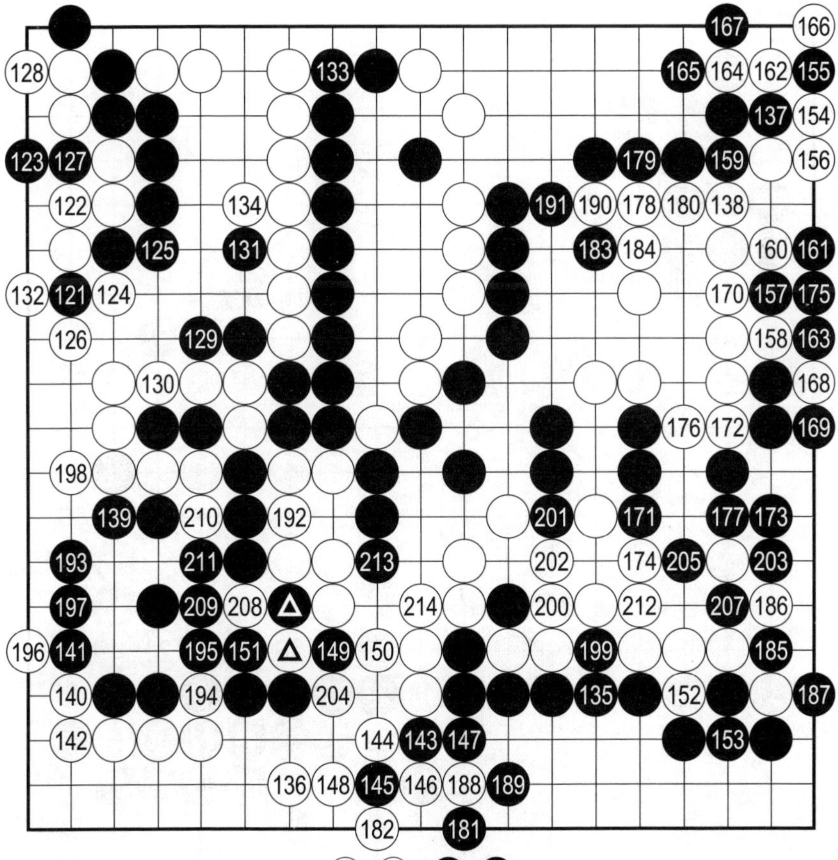

206=△　215=▲

1962 年 10 月 6 日弈于上海棋社
训练棋

黑方　周东璧
白方　陈祖德

白 18 冲断有力。白 26 在 33 位搜根更好。黑 27 有俗手之嫌，不如在 33 位拆二。白 32 至 42 是一串漂亮的定型。白 46 在 47 位团即可。黑 49 在 50 位尖，优于实战。白 56 大局观好，白优势明显。黑 79 靠时，白 80 肩冲乘虚而入，可行。（谢赫）

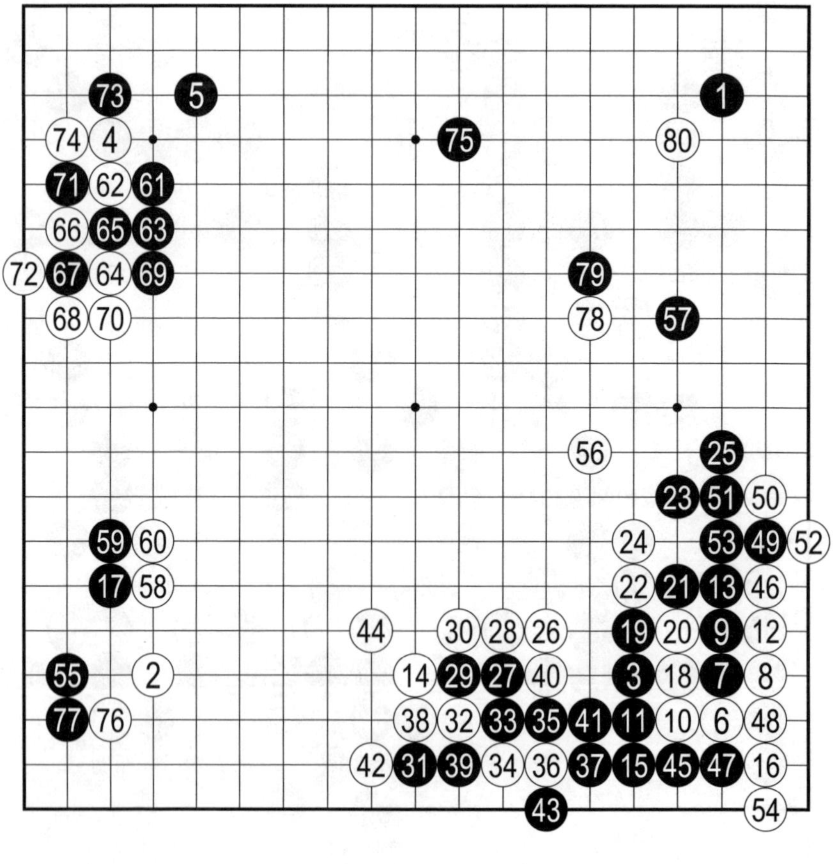

（1–80）

黑方 **周东璧**

白方 **陈祖德**

白 82、84 腾挪手法。黑 97 在 100 位扳粘较好。由于形势不利，黑 101 应在 102 位拼搏。至 104，白棋在黑空中活得很大，局面更加简明，白优势难以动摇。此后白棋牢牢掌控局面，黑已无胜机。（谢赫）

共 168 手　白中盘胜

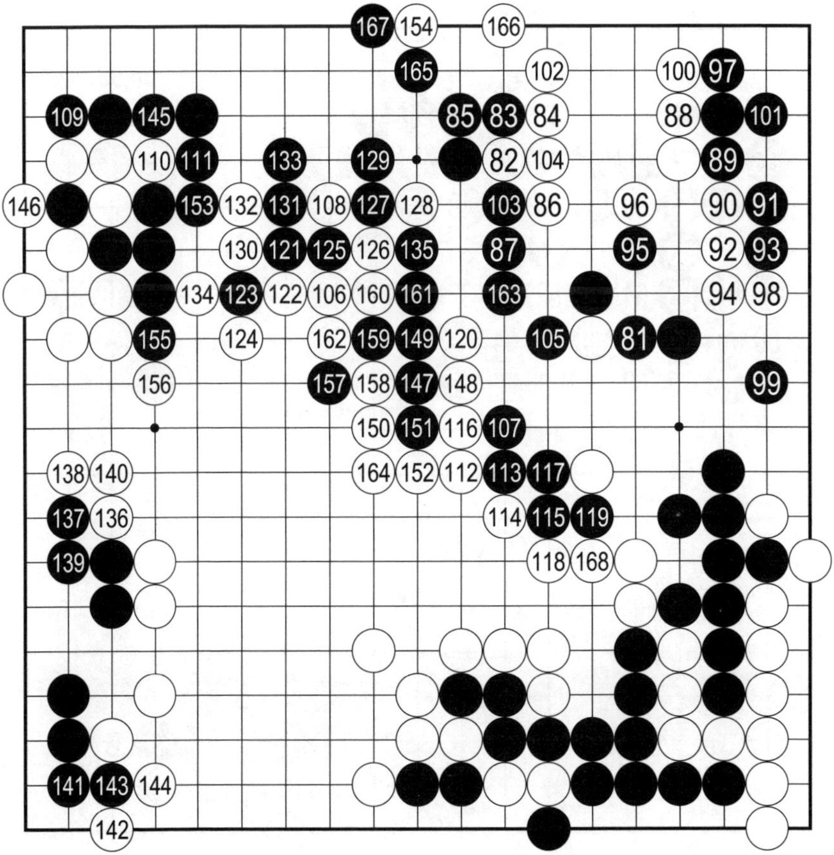

（81–168）

1962 年 10 月 8 日弈于上海棋社

训练棋

黑方　孙步田

白方　陈祖德

面对白 12、14 连贴，黑 15 思路简明，可下。黑 31 过分，应在 33 位虎。白 32 断严厉。黑 41 应舍弃两子，脱先在 61 位断。白 42 穿象眼有力，至 46 黑危险。白 52 错失机会，应在 56 位贴。黑 53 机敏，及时回头。黑 61 应在 62 位打。白 74 失误，应在 78 位飞，黑 81 位接，白 76 位挡，黑 77 位立，白 84 位跳，白好。实战至 84，形势尚早。黑 89 可考虑在 4 右一路尖顶。白 90 飞价值大，黑二子受攻。（谢赫）

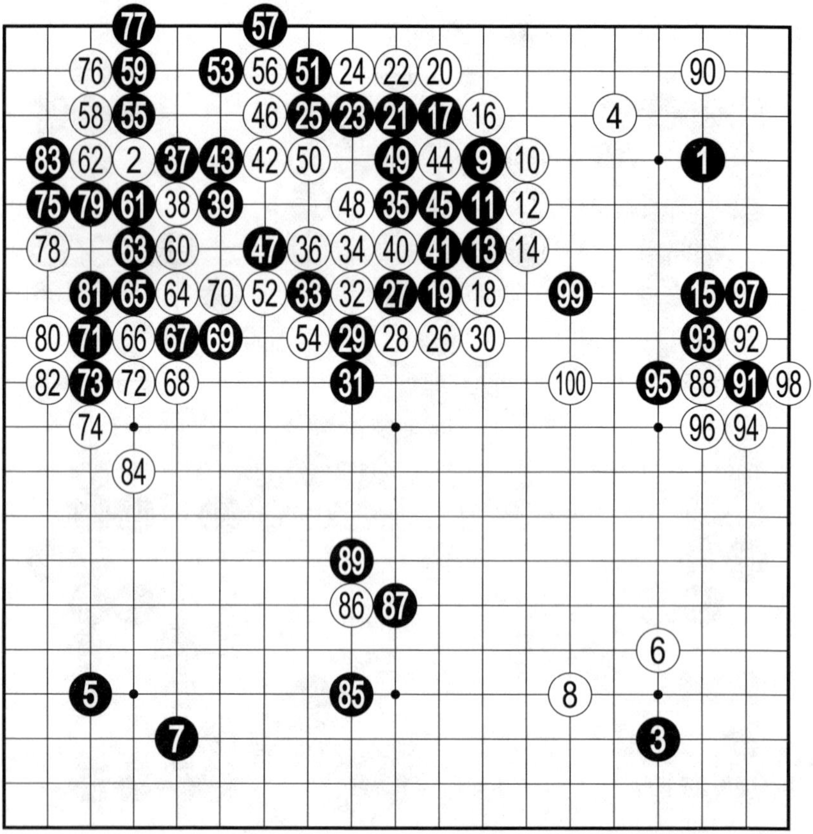

（1–100）

黑方　孙步田
白方　陈祖德

黑107应在111位跳，至116黑亏损。白122吃净黑角，确立优势。面对黑129动出，白130至134计算精准。黑137、139败着，应在16右一路打，白须176位补断，黑16上一路提，白177右一路断，黑186位靠，如此进行，虽然黑形势也不好，但差距还不大。白140、142补净，前述的手段已不复存在，白优势难以动摇。此后白棋安全运转，黑棋没有逆转的机会。（谢赫）

共202手　白中盘胜

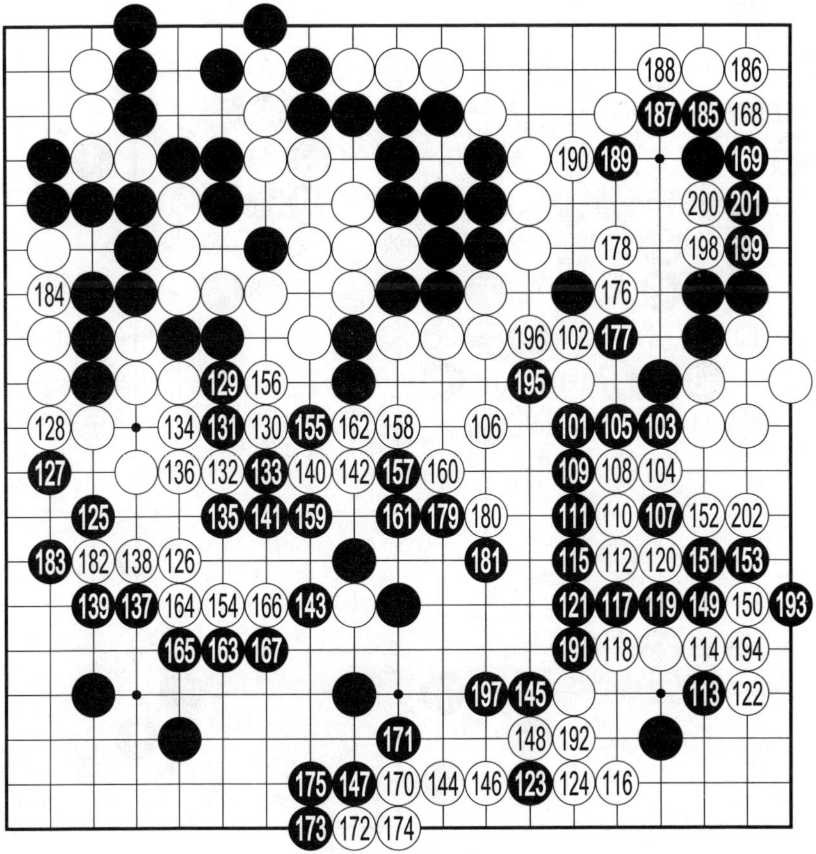

（101–202）

1962 年 10 月 10 日弈于上海棋社
训练棋

黑方 殷鑫培
白方 陈祖德

黑 21 俗手，应在 135 位飞。至 32 的结果，可以看出黑 21 和白 22 的交换亏损。黑 47、49 有疑问，应在 64 位托，白下一路扳，黑 56 位断，是正常进行。黑 51 至 55 似有误算，白 56 挡住后，黑如在 69 位断，白则 70 位尖，黑不成立。实战至 58 的结果黑大损。黑 63 如在 69 位断，白 70 位挤，黑 71 位并，黑尚可做活。实战白 72 点入，净吃黑棋，白优势显著。此后由于差距过大，黑已无力回天。（谢赫）

共 138 手 白中盘胜

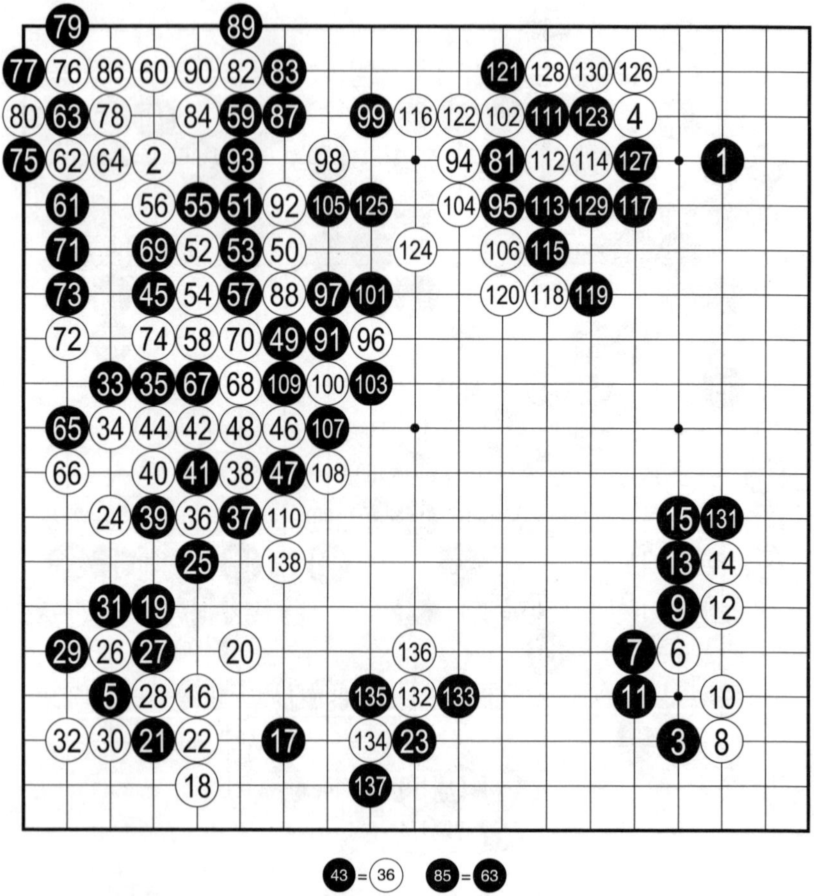

（1–138）

黑方　孙步田

白方　陈祖德

黑107应在111位跳，至116黑亏损。白122吃净黑角，确立优势。面对黑129动出，白130至134计算精准。黑137、139败着，应在16右一路打，白须176位补断，黑16上一路提，白177右一路断，黑186位靠，如此进行，虽然黑形势也不好，但差距还不大。白140、142补净，前述的手段已不复存在，白优势难以动摇。此后白棋安全运转，黑棋没有逆转的机会。（谢赫）

共202手　白中盘胜

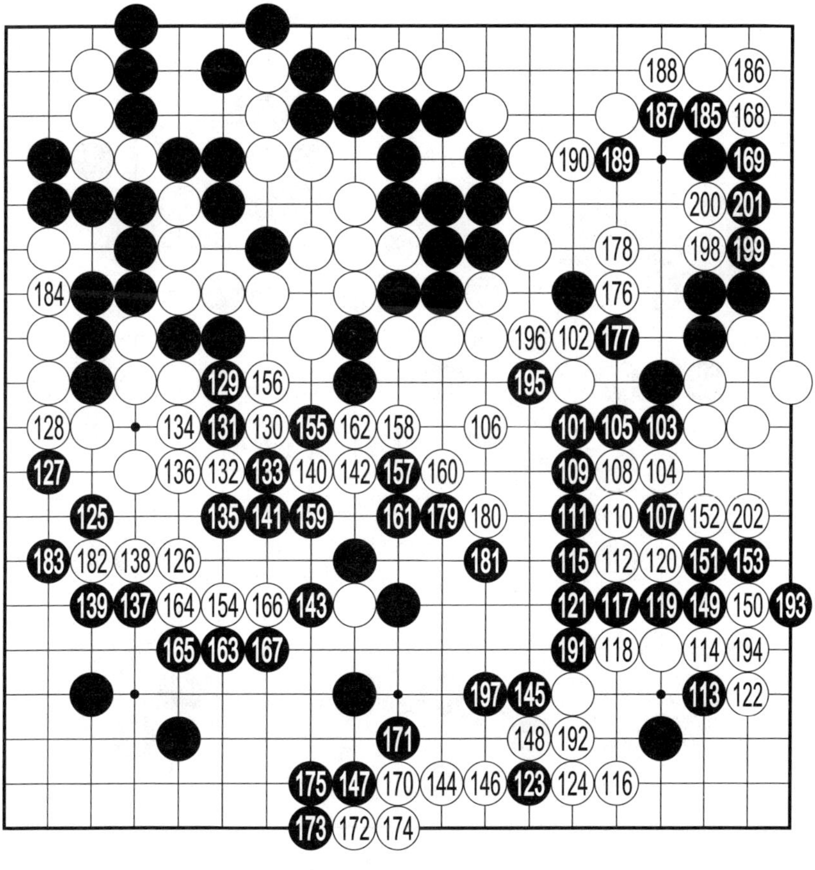

（101–202）

1962年10月10日弈于上海棋社

训练棋

黑方 殷鑫培

白方 陈祖德

黑21俗手，应在135位飞。至32的结果，可以看出黑21和白22的交换亏损。黑47、49有疑问，应在64位托，白下一路扳，黑56位断，是正常进行。黑51至55似有误算，白56挡住后，黑如在69位断，白则70位尖，黑不成立。实战至58的结果黑大损。黑63如在69位断，白70位挤，黑71位并，黑尚可做活。实战白72点入，净吃黑棋，白优势显著。此后由于差距过大，黑已无力回天。（谢赫）

共138手　白中盘胜

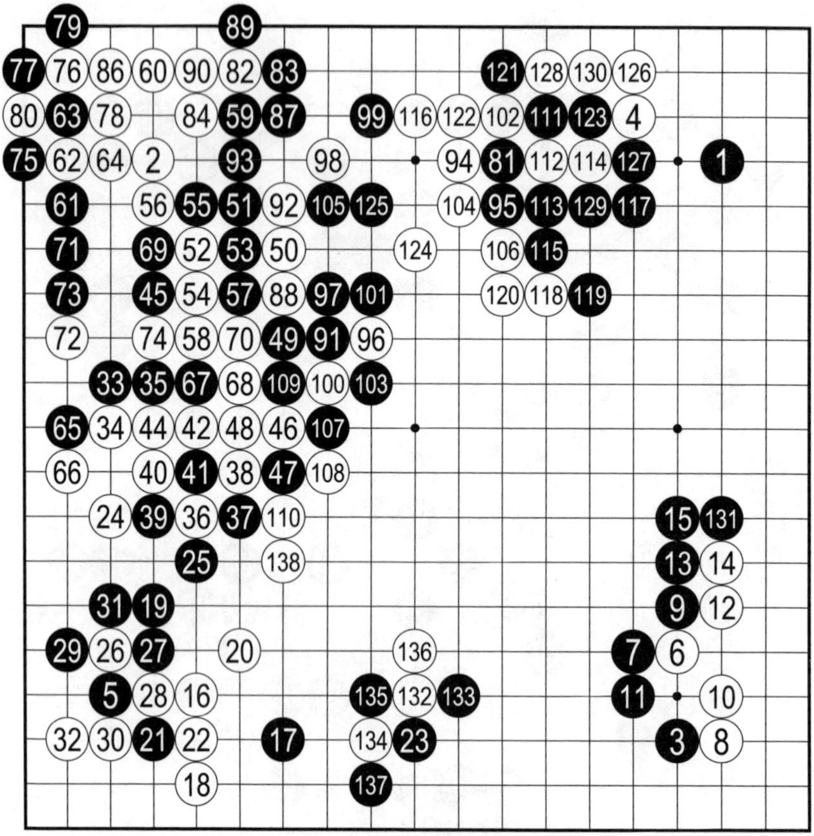

（1–138）

1962 年 10 月 11 日弈于上海棋社

训练棋

黑方　吴淞笙

白方　陈祖德

白 22 可考虑看轻白 4 一子，在 75 位拆二。黑 23、25 是进攻的要点，白苦战。白 32 应在 57 位虎，中央出头价值大。至 36 黑好。黑 37 有疑问，应在 63 位拦，利用厚势攻白 16 一子。黑 39、41 过分。白 42 打，黑十分难受。至 58 的结果，黑棋方向有问题，形势已转为白好。白 74 可在 75 位接，黑如吃白两子，白则 101 位拐出，更简明。黑 85、87 分断进攻时，白 88 弃子好手，至 94 白棋保持领先。白 114 应在 7 右一路虎。黑 117 好手，白亏损。

黑 125、127 撞气不好，应直接在 131 位挡。黑 141 失误，应在 150 上一路虎，形势难分优劣。白 142 断严厉。（谢赫）

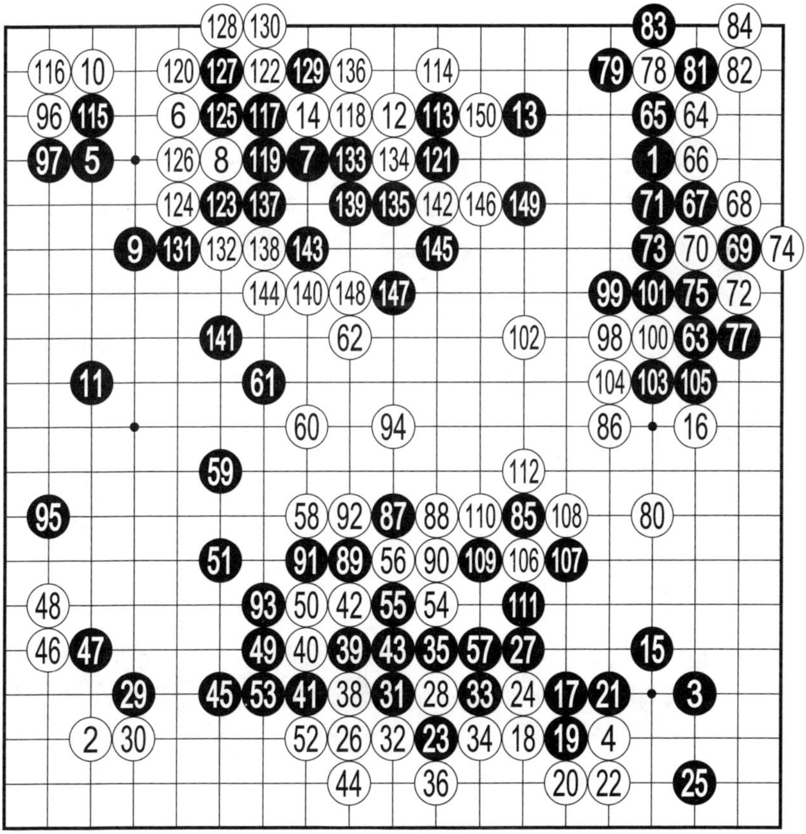

37 = 28　76 = 69

（1–150）

黑方　吴淞笙

白方　陈祖德

黑149只能舍弃两子，至152黑亏损，白确立优势。白166应在178位尖。黑169、171好手，白损。白178全局最大，形势仍是白优。白214不便宜，应在218位冲。白230应在232位虎。黑231应在232位长。白238至244最佳收束，白小胜已成定局。此后的官子有点小的出入，已经与胜负无关。（谢赫）

黑贴$2\frac{1}{2}$子　共256手　白胜1子

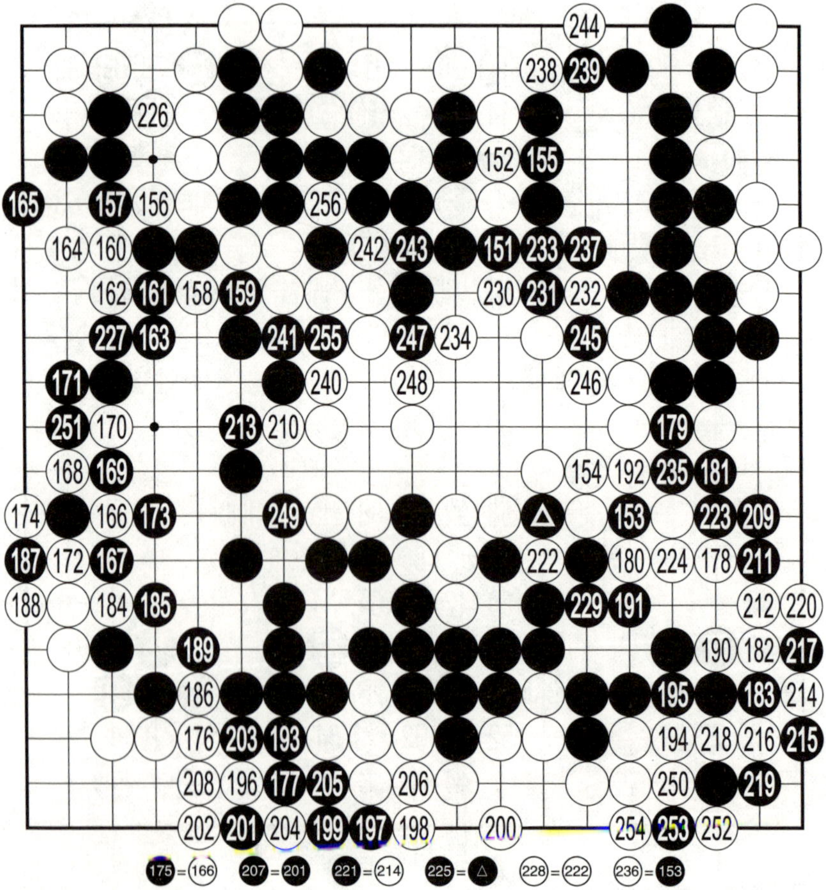

1962 年 10 月 13 日弈于上海棋社
训练棋

黑方　刘棣怀
白方　陈祖德

布局相当罕见，至 29 黑不错。黑 33 缓手，应在 43 位扳。白 46 应在 51 位靠。黑 47 封锁，白难下。黑 49 如在 54 位尖更简明。黑 79 失误，应在 80 位打，弃三子，黑简明优势。（谢赫）

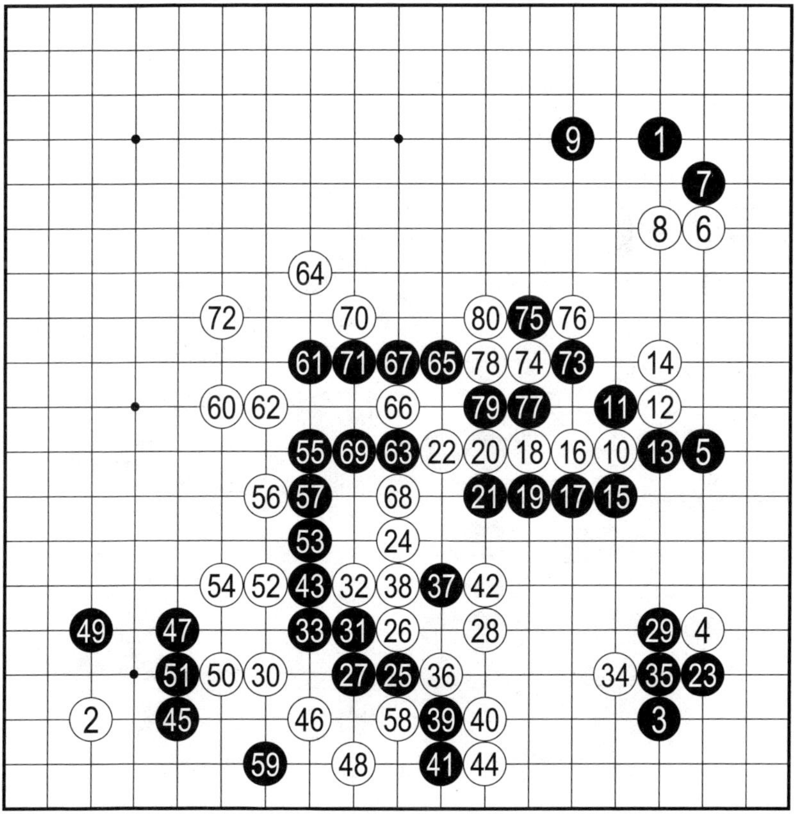

（1–80）

黑方 刘棣怀
白方 陈祖德

白86过急，应在12右两路跳。黑91严厉，至95黑优势。黑121不简明，应在126位打、白125、黑123，分头做活。黑133应在129左一路贴，白126右一路接，黑151位扳，黑善战。黑135败着，应在136位打。白136接，左下黑大龙净死，黑已无力回天。（谢赫）

黑贴2$\frac{1}{2}$子 共166手 白胜8子

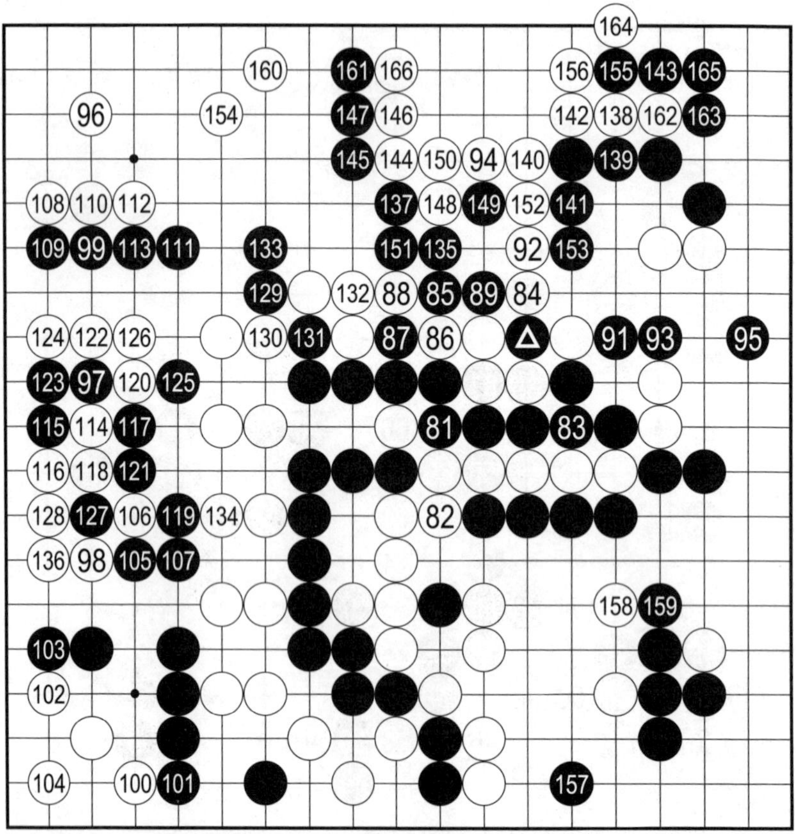

90=△

（81–166）

1962 年 10 月 15 日弈于上海棋社
训练棋

黑方　王幼宸
白方　陈祖德

黑 21 如在 18 右一路打，优于实战，黑不用担心白在 21 位打，吃黑 1 一子效率不高。黑 35 应在 39 位扳。白 36 封锁，黑难受。黑 41、43 将白棋撞得太厚，应保留，可在 15 左一路拐。黑 45 如在 46 位托，白下一路扳，黑 45 位连扳，更容易腾挪。白 52 拦，黑苦战。白 54 至 58 利用劫材优势先手便宜，白 72 至 80 通过攻击获利，白 82、84 再占据好点，下得非常精彩，白优势显著，黑难以为继。

本局是陈祖德老师完胜的佳作。（谢赫）

黑贴$2\frac{1}{2}$子　共 108 手　白中盘胜

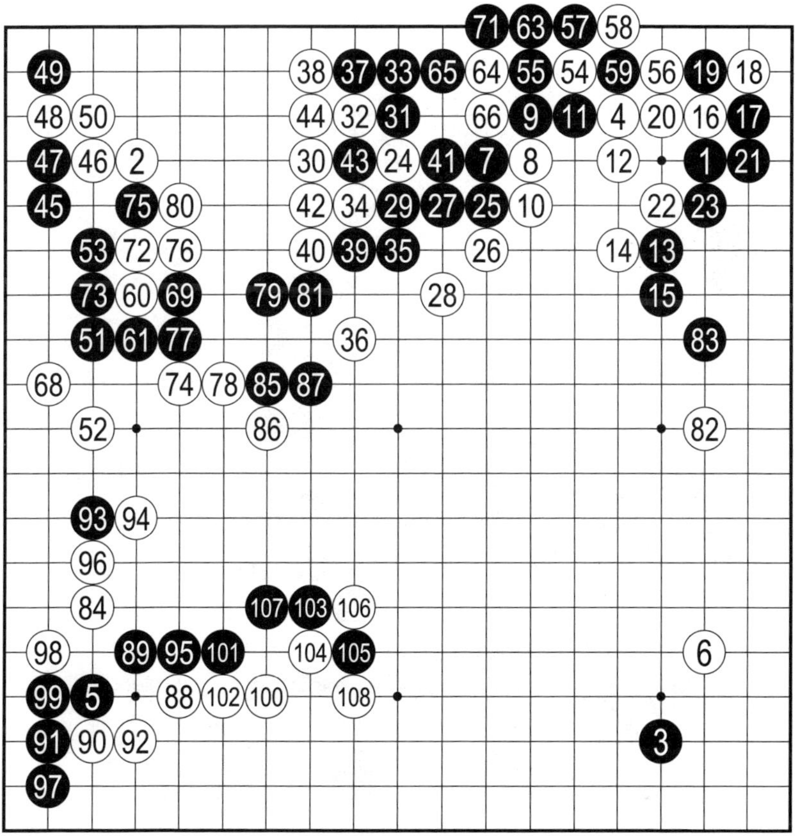

62 70 = 54　67 = 59

（1–108）

1962 年 10 月 17 日弈于上海棋社

黑方　朱福源

白方　陈祖德

黑 15 过分，应在 97 位夹击，白 103 位守，黑 16 位拆二。白 16 夹击好点。黑 19 应在 15 上一路长。至 24 白优势。白 26 在 39 位跳更稳妥。黑 35 应在 62 位扳，黑可战。白 56 失误，应在 70 位扳，黑 71 位虎，白 57 位断。黑 57 败着，应在 58 位长，局势尚早。白 58 拔花太厚。黑 59 虽能杀白，然而白 68 至 80 严厉。黑 83 如在 87 位长，能吃掉下边白棋，形势仍是白大优。白 90 好手，至 102 计算精准，最终劫杀黑大龙，棋局告终。（谢赫）

共 118 手　白中盘胜

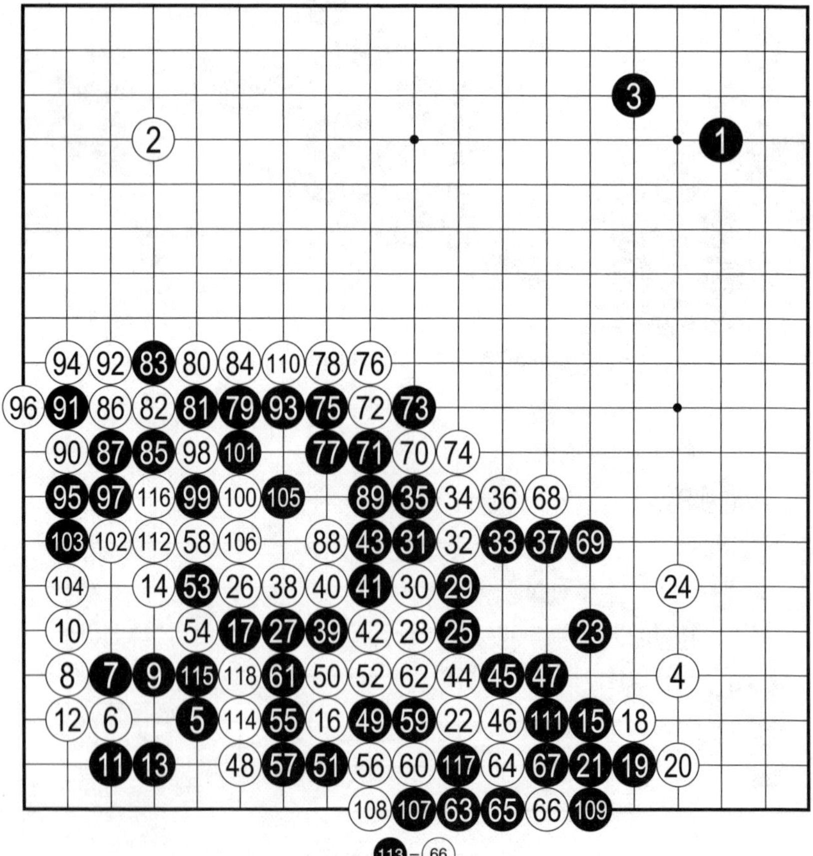

113=66

（1–118）

1962年10月20日弈于上海棋社
训练棋

黑方　赵之华
白方　陈祖德

黑5肩冲小目，极为罕见。白10在71位贴更好。黑11可考虑在71位拐。实战黑11至21是大模样的构思。白22侵消时，黑23至27连续脱先有疑问。白28如在49位吃，白棋已很充分。白46、48稍缓，应脱先在58位靠。白52正常应在53位扳，实战用意不明。黑53气合脱先。白54分断时，黑55好手。黑67可在70位接，黑征子有利。黑77手筋，漂亮的定型。至白86，战斗难解难分之时，棋谱却到此为止，颇为遗憾。（谢赫）

黑贴$2\frac{1}{2}$子　共86手　白胜

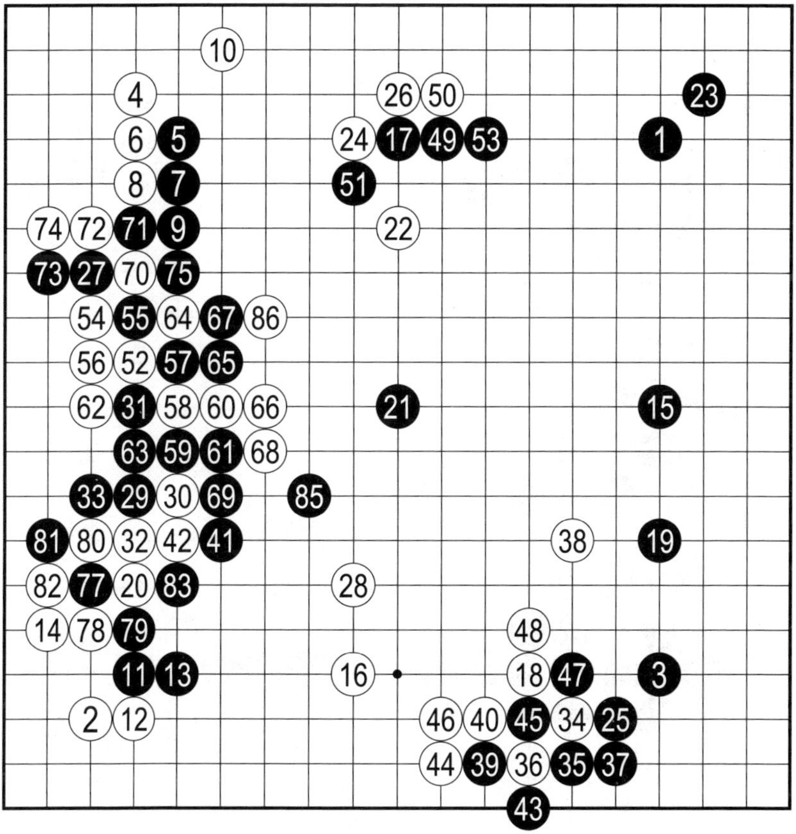

76=55　84=77

（1–86）

1962 年 11 月弈于合肥体育场
全国棋艺锦标赛预赛三组第 1 轮

黑方　陈祖德

白方　吴淞笙

白 16 如在 13 右一路拐，配置较好。白 38 舍弃 32 一子的思路灵活。黑 39 也可脱先在 55 位守角。白 60 弃子注重大局。白 66 有损目之嫌，应保留。白 68 好点。白 78 似小实大，关系双方厚薄。黑 85 在 100 上一路飞更稳妥。白 86 断，有力。黑 91 试应手，白 92 脱先征吃有气势。白 94 有疑问，应在 100 位立。实战白棋味道坏，至 100 白损。（谢赫）

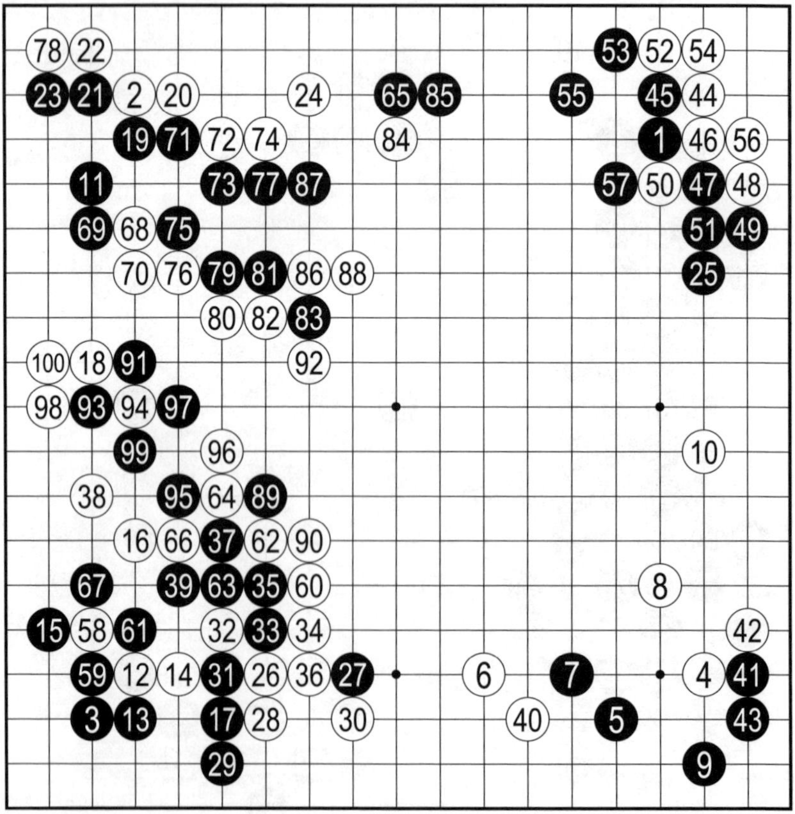

（1–100）

黑方　陈祖德

白方　吴淞笙

黑101如在106位断是手筋，优于实战。至113双方达成妥协，局势尚早。白114至120定型手法巧妙。

白124大局观好。黑133在150位浅消更稳妥，形势难分优劣。黑139有疑问，仍应在150位浅消。白146如在151位贴弃子，则是白优势。白150如在163位镇，黑151位拐，白162位并，更有把握。白154应在158位提，此后如按实战进行，对杀将是白有利。黑159、163妙手，这可能是白棋忽略的。至167白陷入险境。白168如在186位尖还有机会，但难度很高。至169，白对杀不利，大势已去。此后黑棋计算精准，白没有逆转机会。（谢赫）

黑贴$2\frac{1}{4}$子　共201手　黑中盘胜

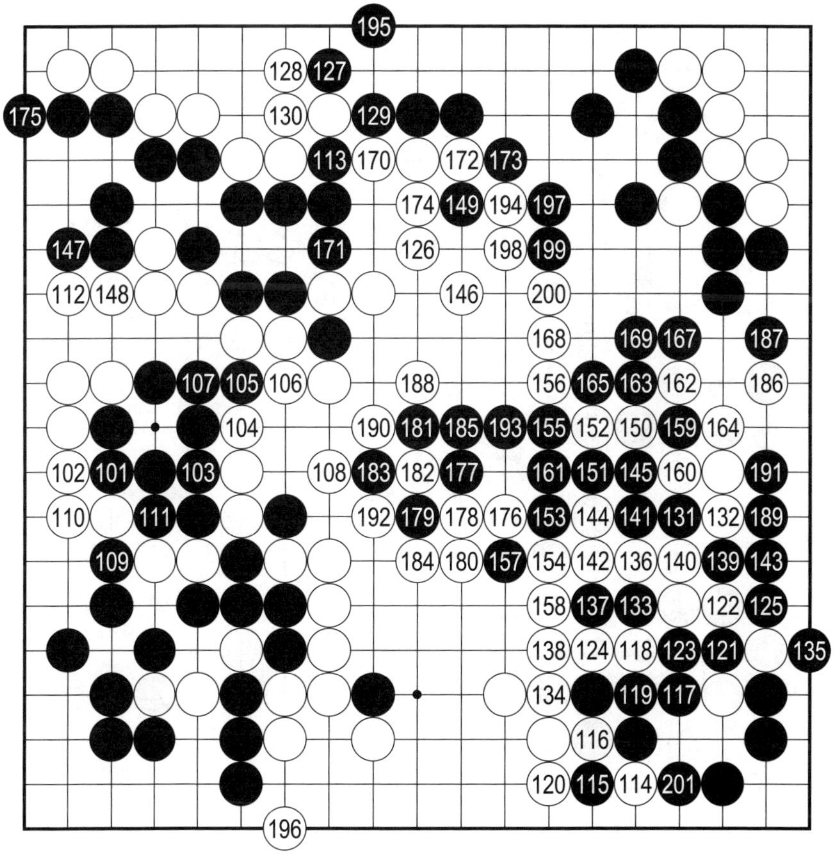

166=159

（101–201）

1962 年 11 月 5 日弈于合肥体育场
全国棋艺锦标赛预赛三组第 2 轮

黑方　郑怀德
白方　陈祖德

白 18 如在右一路扳，黑 18 位断，白 56 位虎，白可战。白 30 应在 31 位打，黑如 30 位立，白则 36 位虎，优于实战。至 49 连贴的棋形罕见，形势难分优劣。黑 59 如在 60 位扳，白 94 位断，黑 92 位立，黑有利。黑 65 俗手，应在 107 位挡，是关系到根据地的要点。白 68 跳入，黑苦战。黑 81 失误，应在 87 位虎，补住弱点。白 82 冲，黑形状崩溃。至 104，左边黑棋全部阵亡，损失惨重，形势白大优。黑 105 利用劫材优势开劫，力争挽回局势。（谢赫）

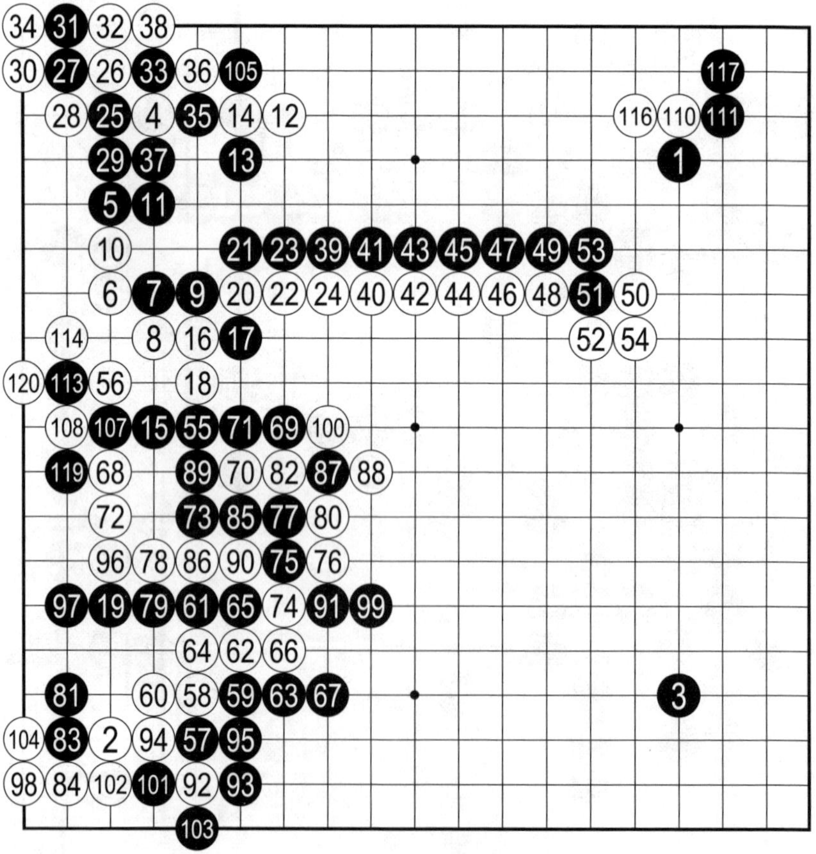

106 112 118 = 4　109 115 = 33

（1–120）

黑方　郑怀德

白方　陈祖德

白 122 可考虑放弃劫争，在上边星位的上两路分投，黑 141 位消劫，白 135 上两路拆二，在上边做活，白简明大优。黑 135 应在 141 位消劫，白难以破黑上边。至 142 转换，黑虽有收获，还是白明显优势。白 168 在 171 位冲更简明。黑 177 应考虑在 180 位断，搅乱局势。官子阶段有些小的出入，黑棋已无胜机。（谢赫）

黑贴 $2\frac{1}{4}$ 子　共 254 手　白胜 4 子

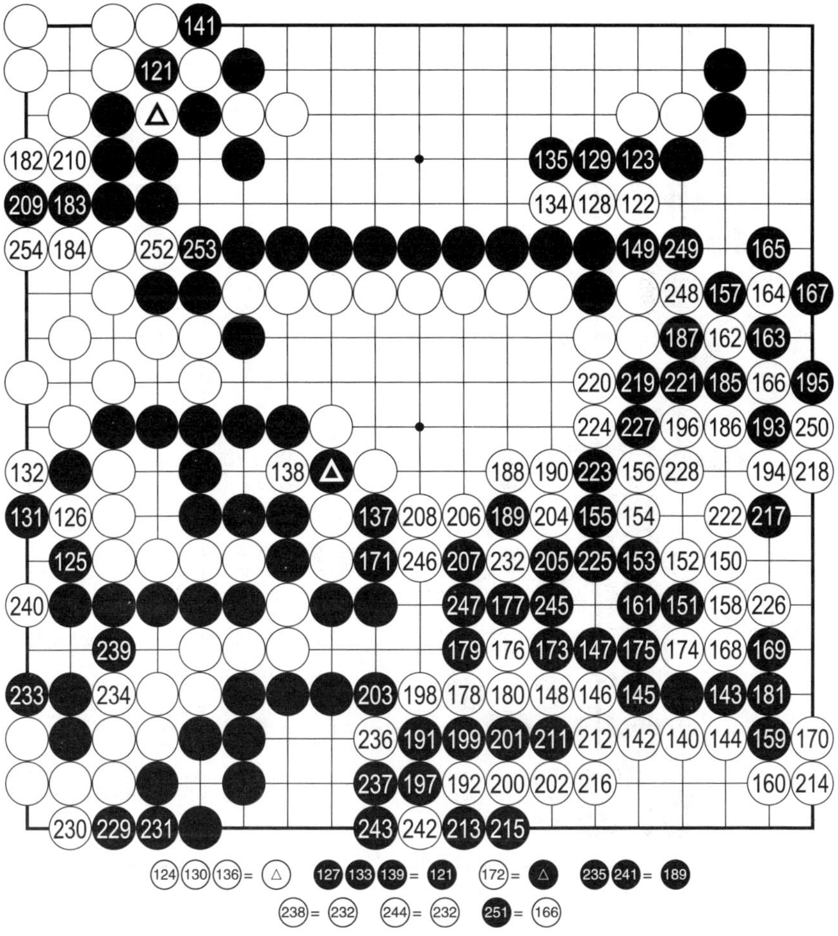

（121–254）

1962 年 11 月弈于合肥体育场
全国棋艺锦标赛预赛三组第 3 轮

黑方　陈祖德

白方　金亚贤

金亚贤（1892—1979）先生是满族人，世代行医。他中年丧妻而不娶，把子女逐一抚养成人，退休以后一直义务行医。秉性刚直，是不折不扣的力战型，但后半盘收束功夫略逊。曾以古稀之年在强手如林的全国比赛中跻身前六名。

白 16 阻渡充分体现了金老的强硬棋风，但不如 155 位尖。黑 17 冷静。黑 25 是双方必争的要点。黑 27 厚。白 28 尖，过于重视角上实利，应 45 位跳补。白 30 是为了争到 34 而采取的权宜之计，此时在 31 位压才是整形的要点。白 36 俗手，当在 39 位跳。争到黑 45 挂，将白角完全封住，黑的序盘构想获得了成功。白 48 托是好手，黑不能被断，也不敢用强。黑 49 俗顶是实用的好手。黑 51、53 弃子整形。白 64 打入太过分。黑 65 反击是第一感。黑 67 靠激烈，执意将白割开再分而攻之。黑 71 断，白必将陷入苦战。然而白并没有忘记捕捉黑棋的弱点，白 76 就是这类反击的手筋。

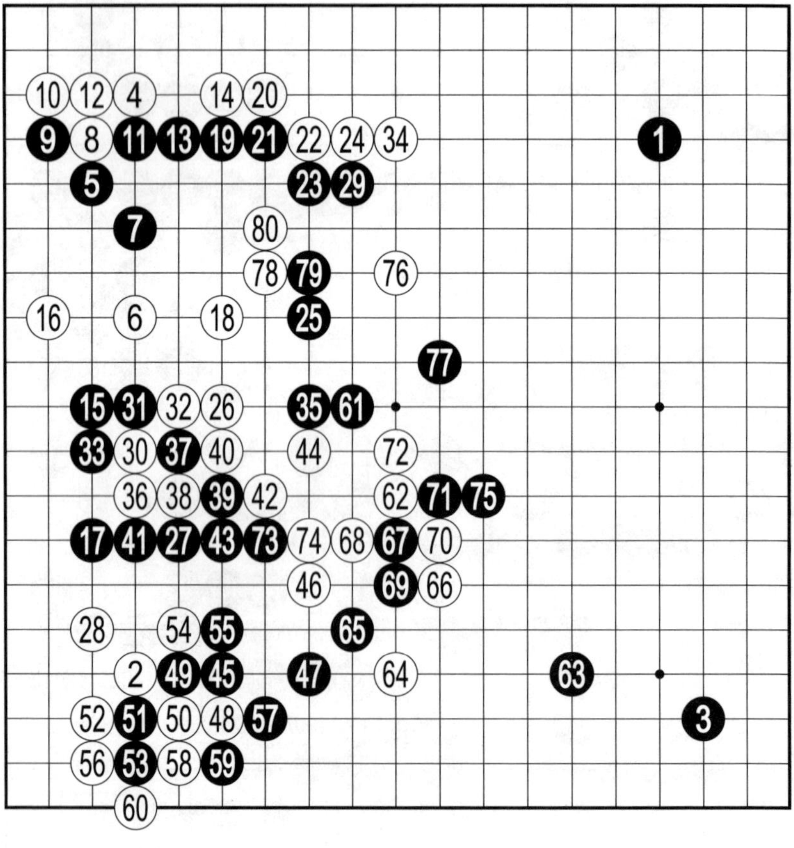

（1–80）

黑方　陈祖德

白方　金亚贤

黑87稳健，若在88位强行封锁将适得其反，但又过于自重，不如直接长，白出头会遇到较多的困难。白92咬住黑棋，施展贴身战。白96是要点，这里可借劲之处甚多，做活是不会有问题的。黑103很想粘，但被白棋尖到这里，颇有先手意味。现在正处于中盘战的关键时刻，落了后手问题将十分严重。黑107方向正确。黑109果断。白120忍让不得已。黑121仅希望上下通连，如此就能确保胜利。白126为争取意外的战机，如此侵角，实属无可奈何。白132最大限度逼近，瞄着三三的断点。黑137本想在139位补活，但被利用显得太委屈。白138是不得已的玉碎手段。至黑151，角上形成黑宽一气的先手劫。白168扳是最后的抗争。白172粘，可能是误算，以为黑无法一手补净。至黑177挤，成为有眼杀无眼。（陈祖德）

黑贴$2\frac{1}{4}$子　177手以下略　黑胜$3\frac{3}{4}$子

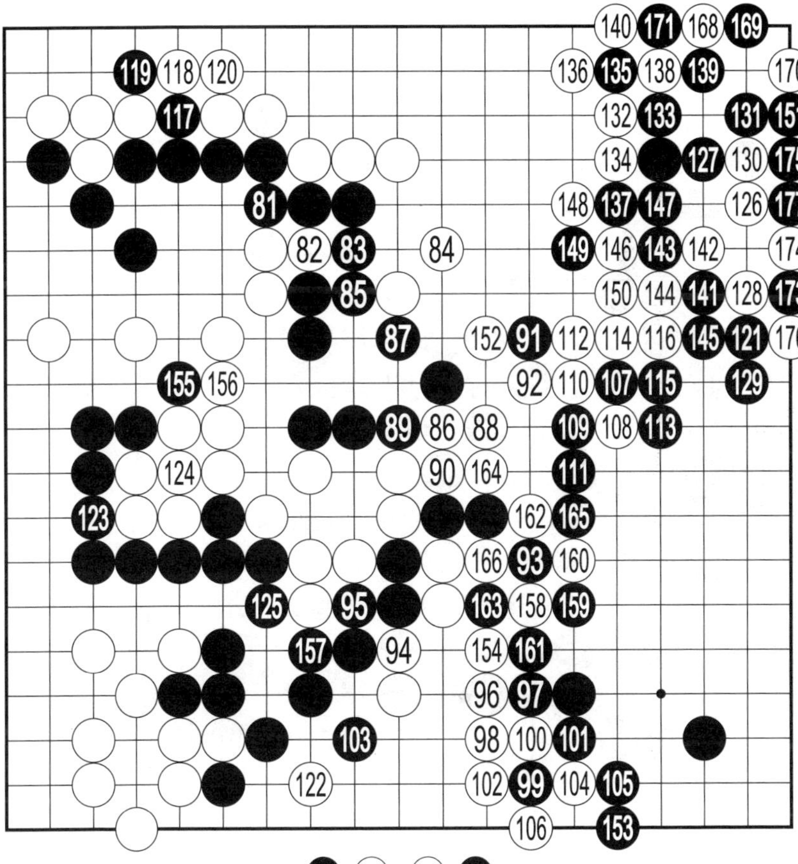

167=158　172=135

（81–177）

1962年11月8日弈于合肥体育场
全国棋艺锦标赛预赛三组第4轮

黑方　陈祖德
白方　朱宝训

至9是典型的大模样布局。白10如今多在11右两路点三三。白18有疑问，应在90上一路守角。黑19如在30位尖有力。白24好点。白30应在左一路顶。黑37可考虑在56位顶，弃掉两子，然后黑在68位靠出有力。白40应在下一路打，和厚薄有关系，差别很大。白42至46过分，应在57位扳。至53白损实地。白60过分，正常应在61位长。黑61扳，白难以攻黑。此后差距越来越大，白棋没有逆转的机会。（谢赫）

黑贴$2\frac{1}{4}$子　共159手　黑中盘胜

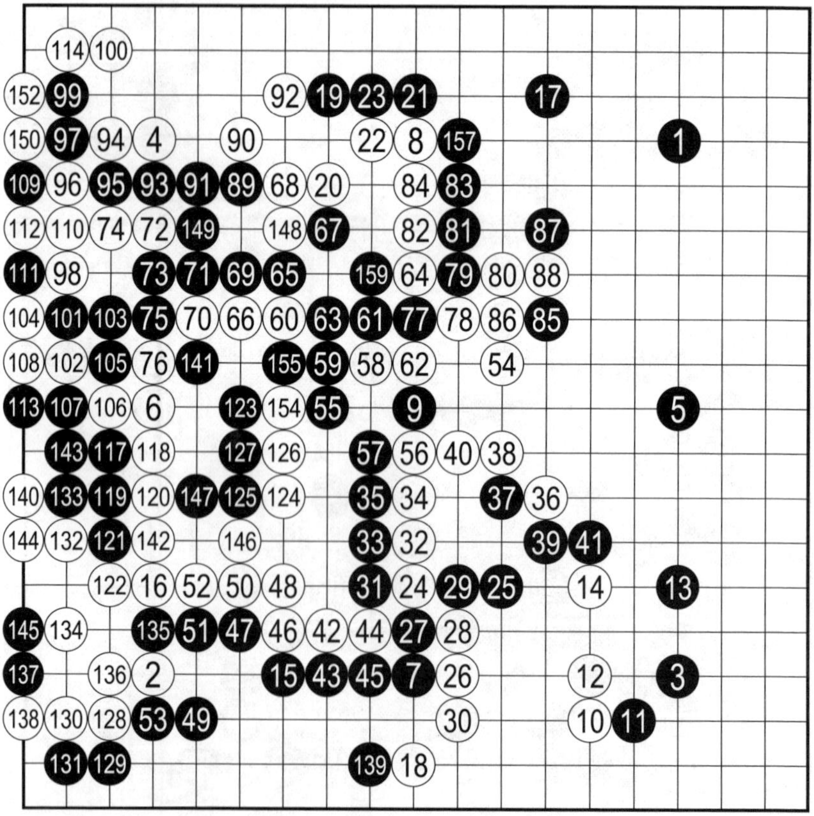

115 153 158 = 111　116 156 = 104　151 = 108

（1–159）

1962 年 11 月 9 日弈于合肥
全国棋艺锦标赛预赛三组第 5 轮

黑方　陈祖德
白方　朱金兆

黑 5 高挂是在贴目的情况下配合二连星的极好之点。故白 6 拆一是稳健之着。白 12 是此时唯一大场。22 要着，有关双方势力消长，下一步彼此均可打入，如被黑方占去，形势顿然两样。黑 31 关补，以免受逼。白 32 破黑眼位，官子也大。黑 35 拦有力。白 36 尖不得不然。黑 39 点及时。至黑 53，黑边塞已实，中腹亦畅，局势稍优。黑 55 灵动。白 60 意在不给黑棋二处通连。黑 71 似不如径在 73 位飞轻灵。黑 97 如改在 98 位一路扳，系劫杀。黑方认为局面已优，故给白后手做活。黑 103 连扳好，胜于在 106 位扭断。（雷溥华、孙义章）

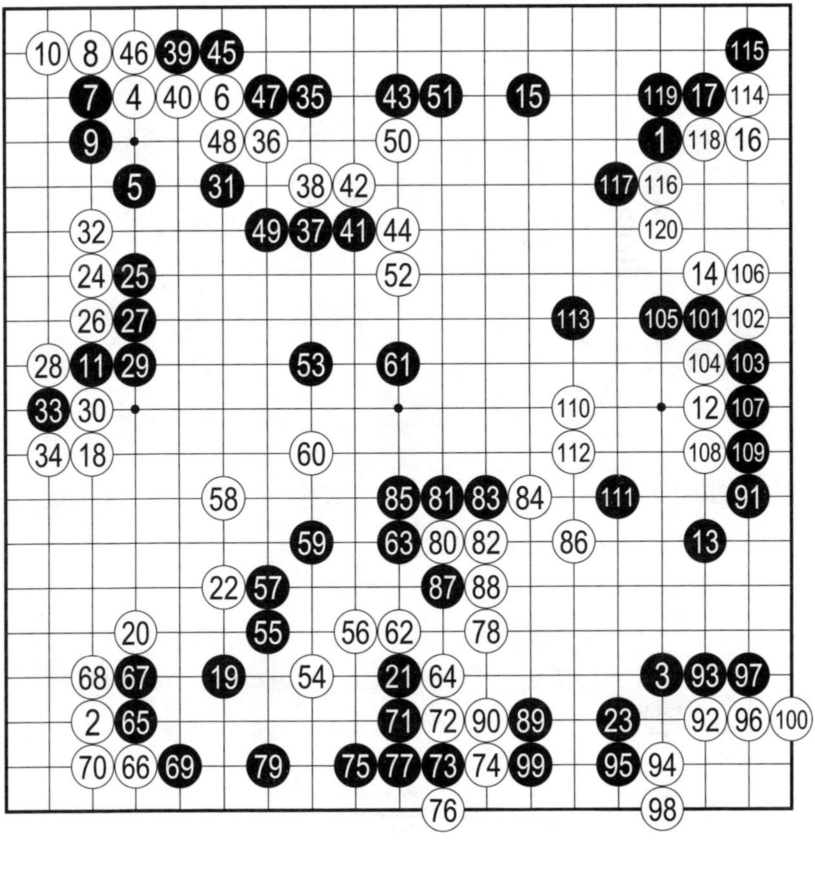

（1–120）

黑方 **陈祖德**

白方 **朱金兆**

至122，白虽谋活，黑外势雄厚，且二块白棋未净，局面仍属黑优。黑135缓着，宜在137位阻渡，看白应手。黑143跨好，白难以应付。白144挖吃，黑如吃净58一子，局面上基本可胜。如谱连60一子也随手连出，黑损。至此遂成细微之局。以后黑方官子也不细腻，如黑171应在227位退，可多得二目；黑181扑亦损，宜183位虚挤。黑143跨后，胜利在望，反负一目半，殊为可惜。（雷溥华、孙义章）

黑贴$2\frac{1}{4}$子　249手以下略　白胜$\frac{3}{4}$子

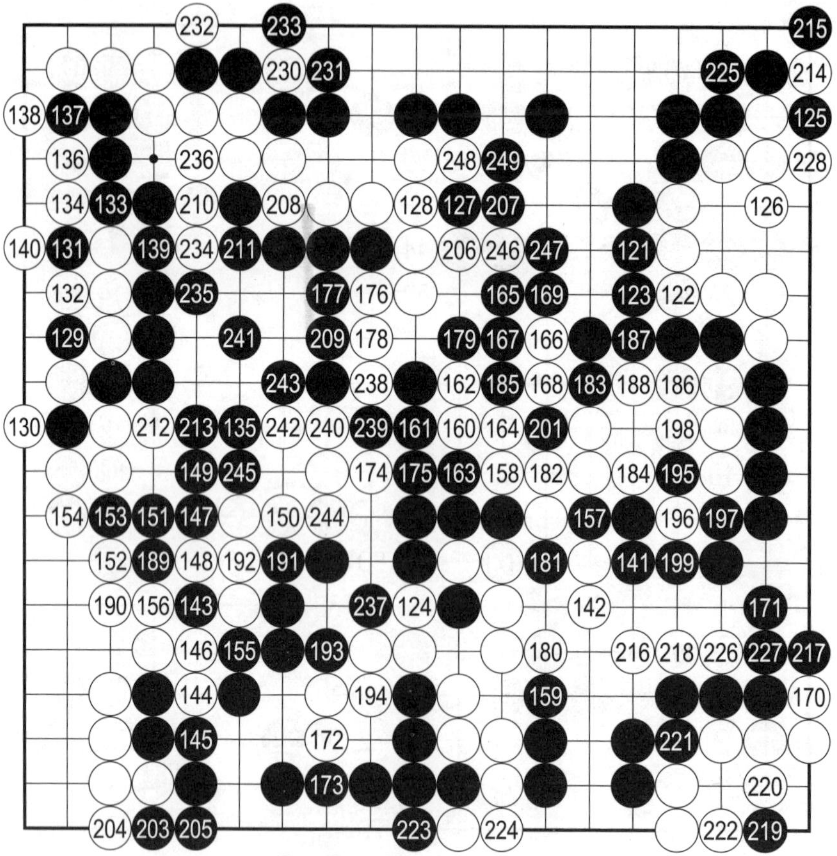

200=195　202=168　229=214

（121–249）

1962年11月10日弈于合肥体育场
全国棋艺锦标赛预赛三组第6轮

黑方　黄乘忱
白方　陈祖德

白8至12是老定式的变化之一。白16如在20左一路飞，更好。黑21应在22左一路三间夹。白22好点。白26、28重视左边，此时方向好。黑29应在32位尖三三。白32如在76位跳补，更好。黑33应在73下一路点，是棋形的要点。白34仍应在76位跳补。黑53大缓手，仍应在73下一路点。黑53至71活得太委屈，形势已是白大优。黑77过分，至84黑又亏损。此后白棋牢牢掌控局面，黑无机会。（谢赫）

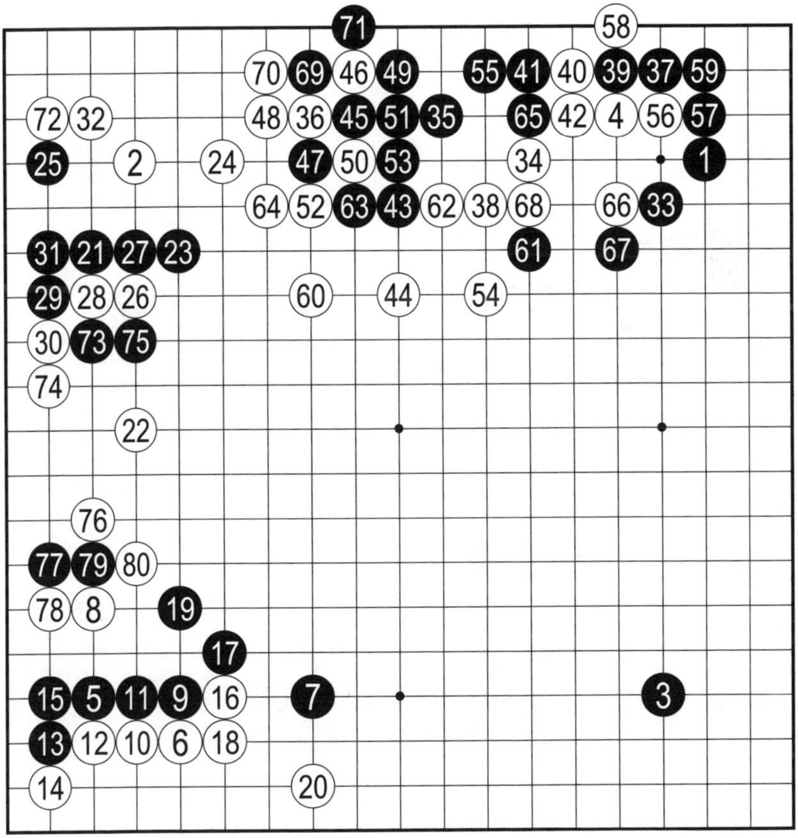

（1–80）

黑方 **黄乘忱**

白方 **陈祖德**

黑贴2$\frac{1}{4}$子 共168手 白中盘胜

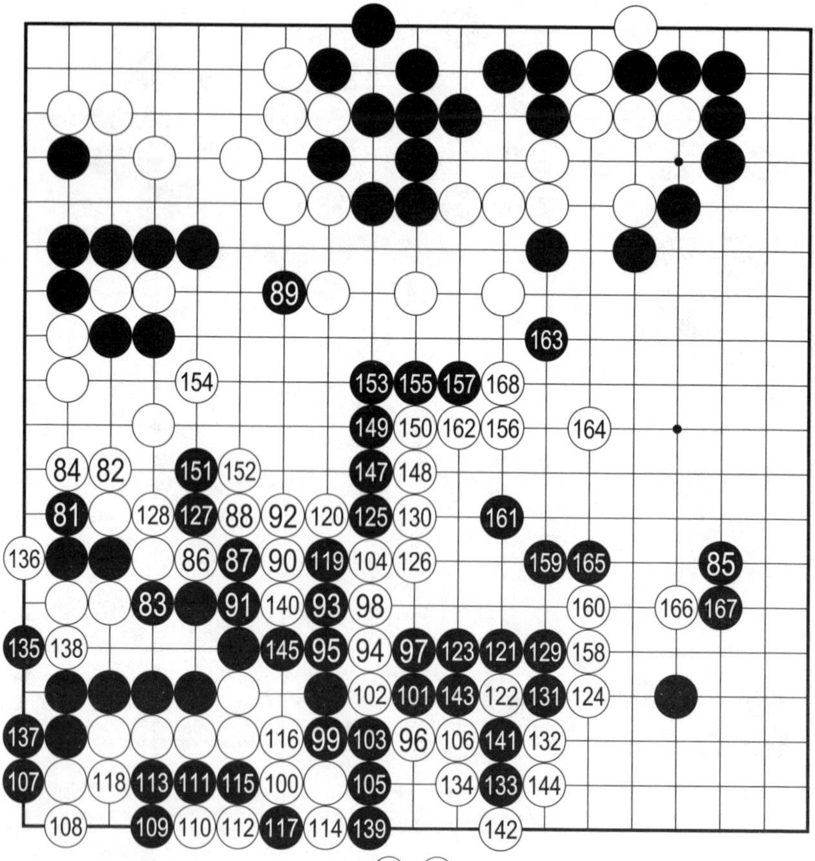

146=122

（81–168）

1962 年 11 月 12 日弈于合肥体育场
全国棋艺锦标赛预赛三组第 7 轮

黑方　陈祖德
白方　王立

面对黑 7 至 11 的下法，白 12、14 简明处理，可行。白 16 不如在 19 位点三三。白 22 不便宜，应在 52 位长。白 24 也应在 52 位接。黑 37 如在 38 位拐，黑简明优势。黑 39 应在 46 位立，更稳妥。白 46 扳，黑形状难受。白 48 在右一路打更好。白 54 败着，应在 53 下一路冲，黑 48 上两路挡，白 53 上一路打，黑 48 上一路接，白 54 位跳，局势尚早。黑 55 立，白三子阵亡，损失惨重，形势黑大优。此后白棋没有逆转的机会。（谢赫）

黑贴2$\frac{1}{4}$子　共 125 手　黑中盘胜

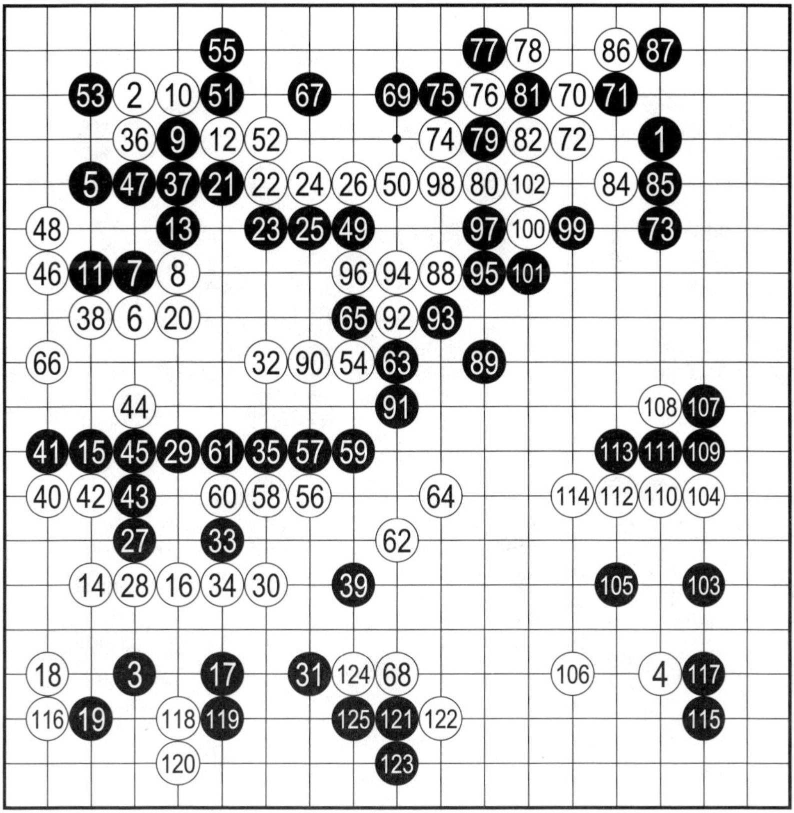

83 = 76

1962 年 11 月 13 日弈于合肥体育场
全国棋艺锦标赛预赛三组第 8 轮

黑方　黄汝平
白方　陈祖德

白 12 如今多在 16 上一路拆二。黑 13 飞压好点，白棋有点难受。黑 19 可在 20 位点三三或 25 上一路双飞燕。黑 23 有疑问，应在 24 位立。白 24 要点，黑棋形状不佳。黑 27 不便宜，应在 29 位退。至 30 黑已经很难下。黑 31 在 34 位尖是形之要点。白 32 在 34 位跳更好。黑 33 仍应在 34 位尖。黑 39 似有误算，应在 43 位打，白 44 位接，黑 40 位弯可以做活，虽然黑棋形势很不利，但也只好如此。白 40 扑，黑净死。此后黑已无力回天。（谢赫）

黑贴2$\frac{1}{4}$子　共 146 手　白中盘胜

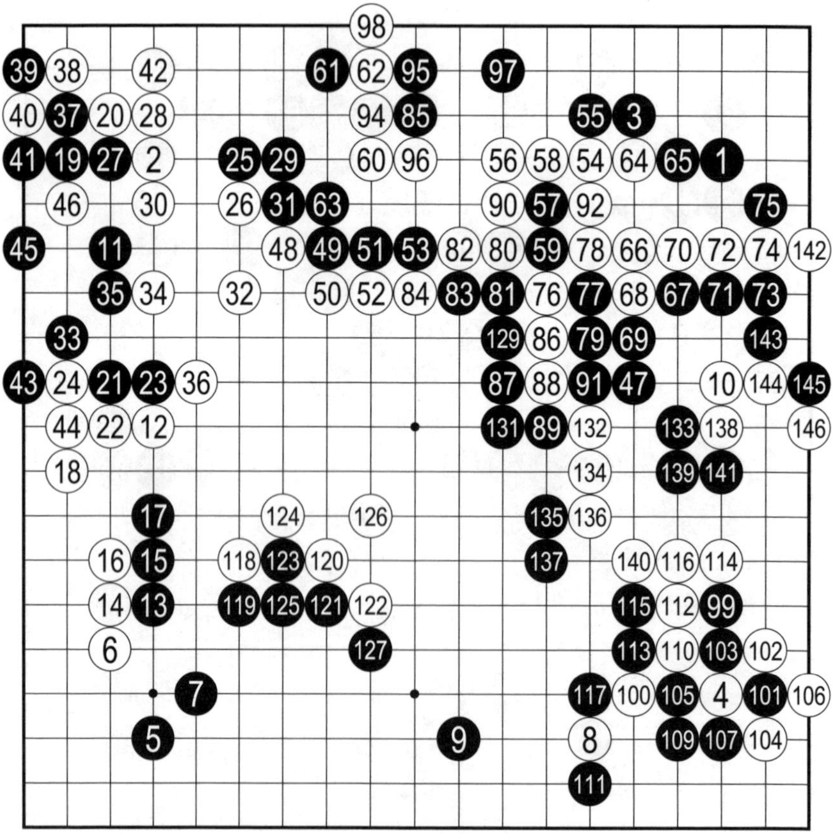

93 130 = 59　108 = 101　128 = 57

1962 年 11 月 14 日弈于合肥体育场
全国棋艺锦标赛预赛三组第 9 轮

黑方 陈祖德
白方 陈岱

黑 7 靠是定式变化之一，也可在 9 位尖。白 12 过分，应在 13 位提。黑 13 长出，白苦战。黑 19 在 20 位断更好。白 32 过分，应在 39 下一路跳。随后白棋只好弃子，至 43 白亏损，形势黑大优。黑 45 如在 147 上一路挂角，更简明。黑 61 是和黑 53 相关联的着法。白 72 应考虑在 75 左一路跳，黑 72 位立，白 52 下一路长，争取搅乱局面。黑 75 扳，黑厚实。白 80 过分，应在 52 下一路长。此后差距越来越大，白无力回天。（谢赫）

黑贴 $2\frac{1}{4}$ 子　共 157 手　黑中盘胜

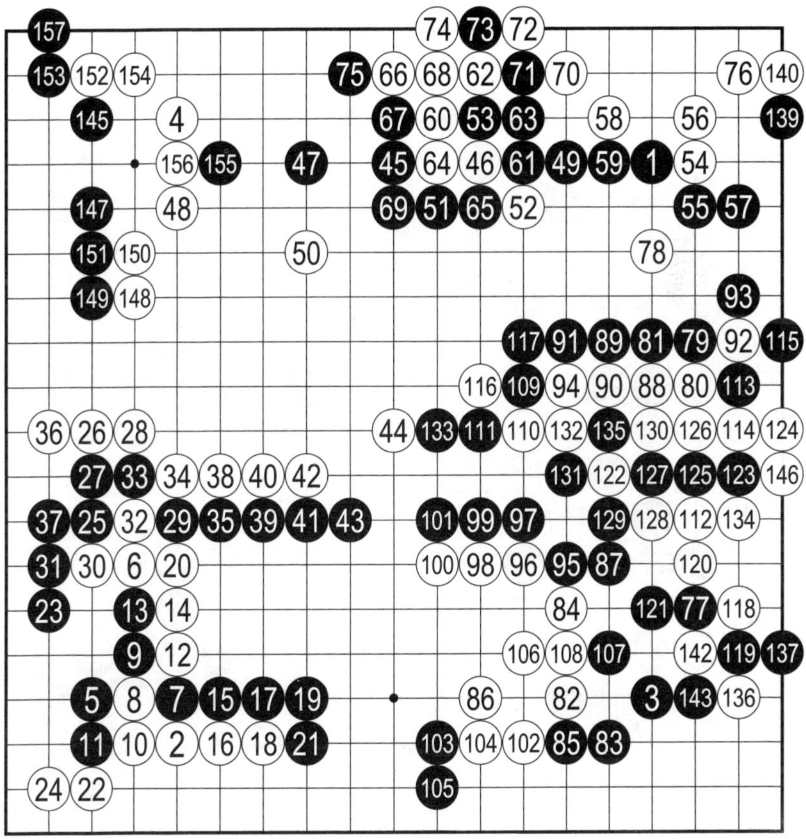

138 144 = 122　141 = 135

（1–157）

1962 年 11 月 16 日弈于合肥体育场
全国棋艺锦标赛预赛三组第 10 轮

黑方　陈祖德

白方　王汝南

白 22 扳，好手。至 26 白好下。白 28 如在 29 位飞，更实惠。黑 43 有疑问，应在 21 右一路团，白 22 右一路挡，黑 42 右一路贴。白 44 应在 90 位接，黑 91 位冲，白 93 位枷，白不错。白 48 再花一手棋，黑 49 控制中央很有收获。白 50 应在 61 位出头。至 61 转换的结果黑好，黑确立优势。白 86 打入，势在必行。白 96 应在 97 位冲。黑 119 好点。白 120 拼搏，至 130 转换，白虽吃掉黑角，形势仍是黑优。黑 139 全局最大，黑胜势已定。（谢赫）

黑贴$2\frac{1}{4}$子　151 手以下略　黑胜$12\frac{1}{4}$子

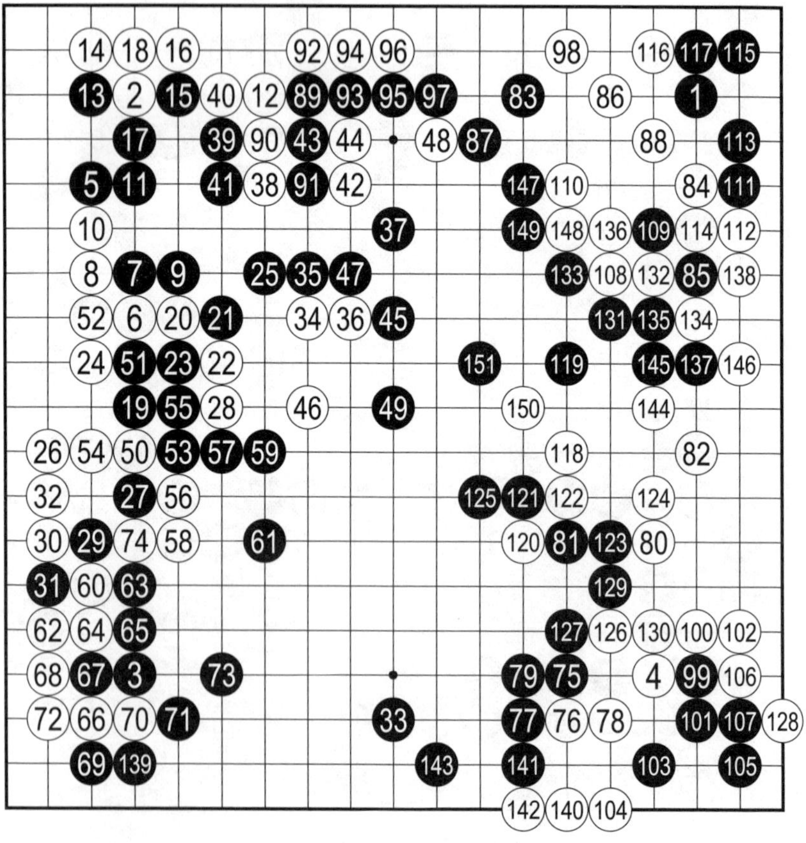

（1–157）

1962 年 11 月 17 日弈于合肥体育场
全国棋艺锦标赛预赛三组第 11 轮

黑方　史家铸

白方　陈祖德

至 11 的布局，构图有趣。白 14 在 12 右两路拆一更好。黑 19 过急，应在 111 位守角。白 24 在 27 位长更简明。白 34 有疑问，可在 37 右一路跳过。黑 35 应在 36 位冲，白 36 右一路挡，黑 42 位虎，优于实战。黑 45 大俗手，应在 46 位接，白 45 位接，黑 38 上一路打，黑可战。白 46 提，白优势明显。黑 55 过分，应在 58 位贴。白 56 至 60 严厉。白 66 计算精准，至 74 吃黑八子，收获巨大，白胜势难以动摇。此后黑已无机会，解说从略。（谢赫）

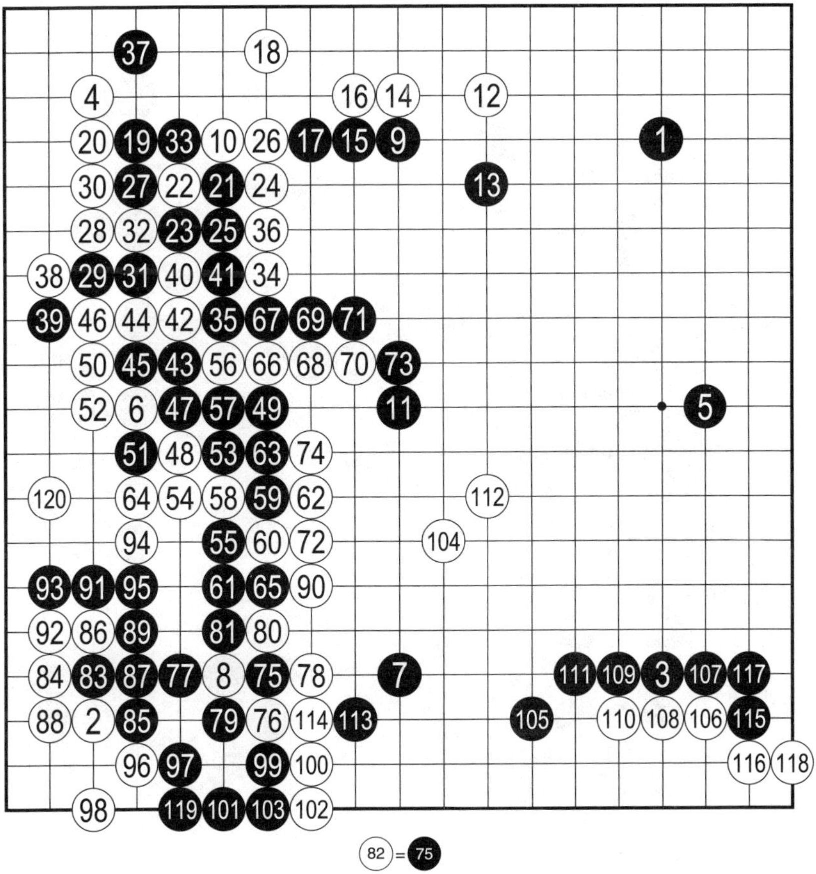

（1–120）

黑方 **史家铸**

白方 **陈祖德**

黑贴2 $\frac{1}{4}$子　共216手　白胜14 $\frac{1}{4}$子

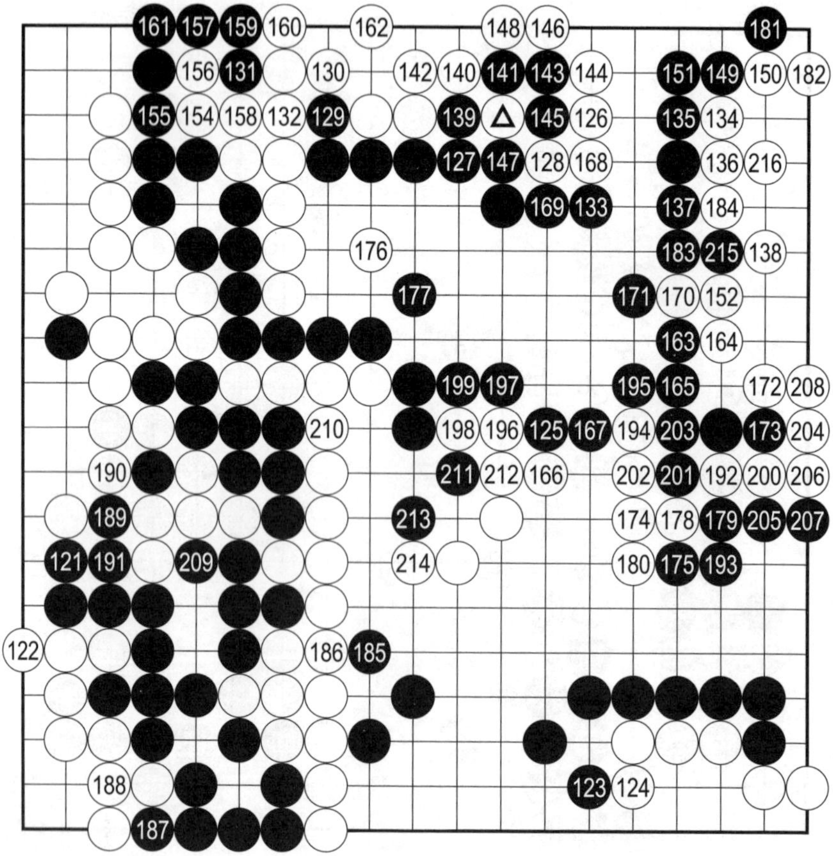

153 = △

(121–216)

1962 年 11 月 19 日弈于合肥体育场
全国棋艺锦标赛决赛一组第 1 轮

黑方　赵之云
白方　陈祖德

白 8、10 选择了相对激烈的下法。黑 17 可在 55 位扳，白 17 位接，黑 27 位拆一，比较简明。面对白 30 的进攻，黑 31、33 好手。黑 35 应在左一路打，白接，黑再 35 位接，打吃虽俗，却对出头有帮助。白 38 强手。白 46 找劫判断准确。白 48 封锁，黑苦战。白 54 应在 53 右一路扳。黑 55 也应在 53 右一路挡。黑 57 应在 58 位弯。白 58 冲，黑危险。至 64，白优势明显。黑 67 似有误算，此处不用补。白 92 弃子简明定型，形势已是白大优。（谢赫）

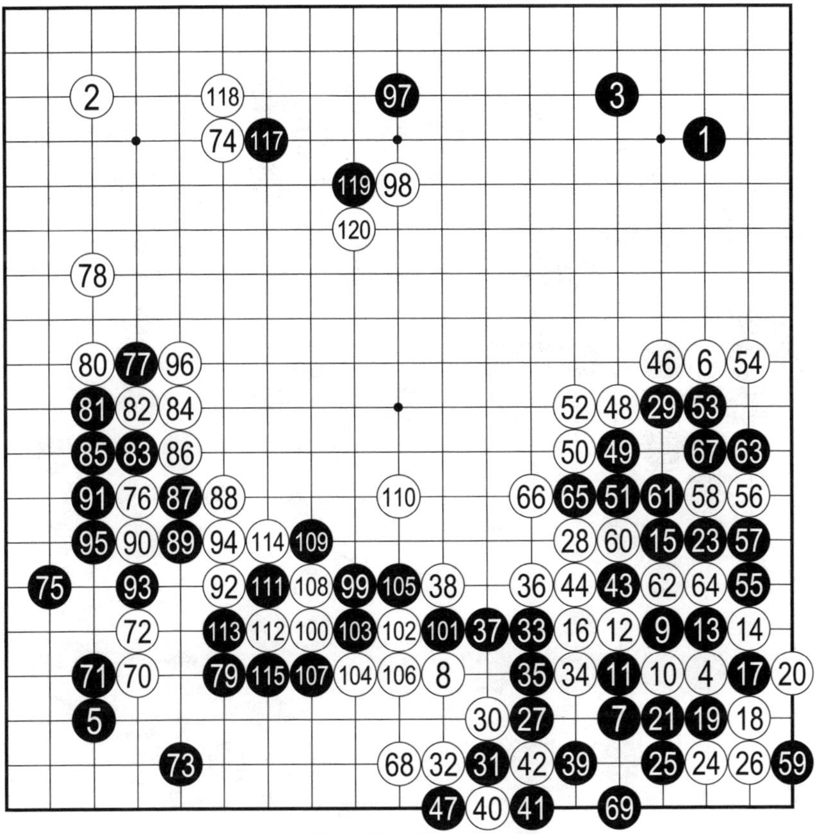

（1–120）

进入本谱，黑棋一直奋力拼搏，白优势有所缩小。然而白棋始终牢牢掌控局面，黑棋并无逆转的机会。（谢赫）

黑方 **赵之云**

白方 **陈祖德**

黑贴$2\frac{1}{4}$子　共 232 手　白胜$4\frac{1}{4}$子

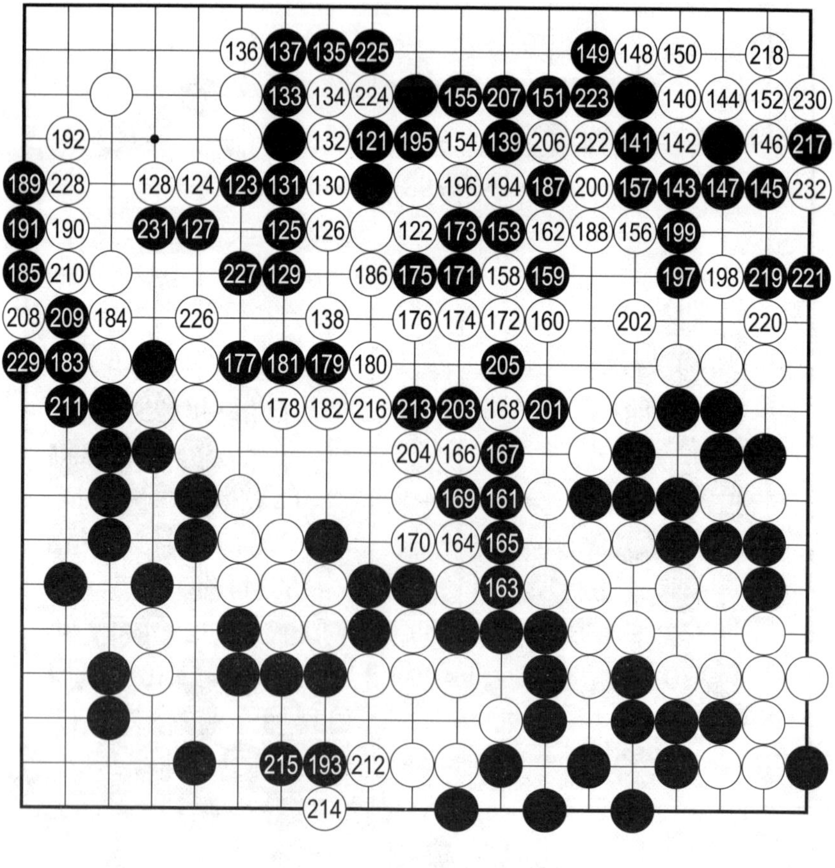

（121–232）

1962年11月20日弈于合肥体育场
全国棋艺锦标赛决赛一组第2轮

黑方　陈祖德

白方　刘棣怀

白18可考虑在21位跳，黑如38位飞压，白则39位冲断，白可战。黑21镇，好点。白28有疑问，应直接在30位虎。黑33征吃，黑好。黑35似有引征的含义，和黑37相关联。白40退让不肯，应在41位接，黑如46位爬，白则20右一路长，正面作战。黑41吃，黑确立优势。白46应看轻三子，在47下一路拆。黑47夹击好点。黑49至53攻击手法精准，至59白大苦战。此后黑棋下得非常精彩，不断扩大战果，是黑棋完胜的好局。(谢赫)

黑贴$2\frac{1}{4}$子　共157手　黑中盘胜

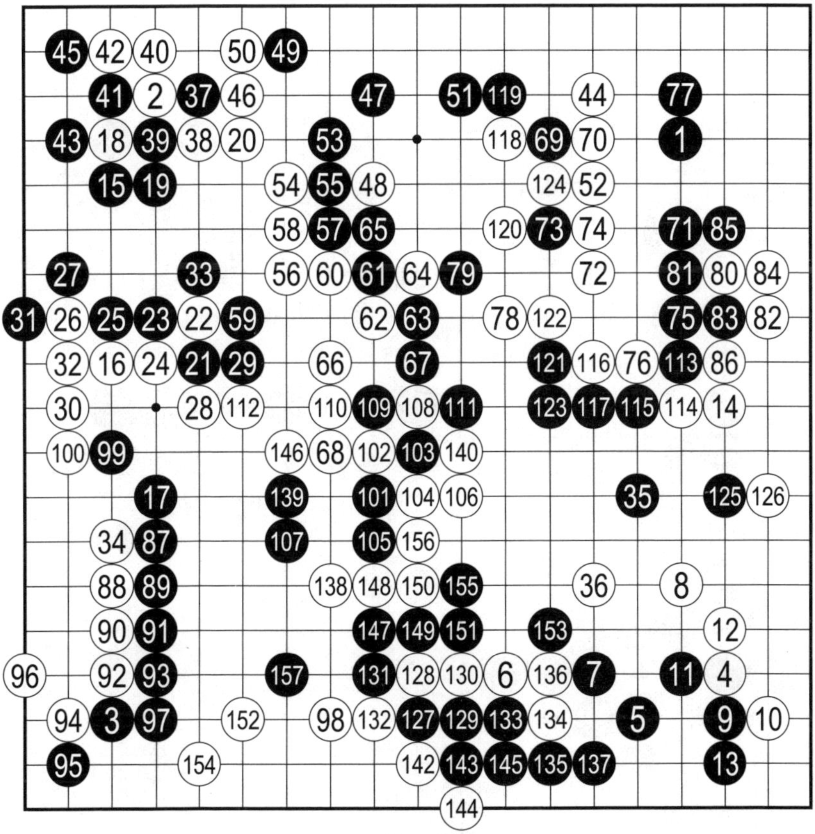

141=108

(1–157)

1962年11月22日弈于合肥体育场
全国棋艺锦标赛决赛一组第3轮

黑方　郑怀德
白方　陈祖德

黑21有疑问，应在22位立，白23位挡，黑22上一路拐，黑可战。白24可在77位制造劫材。黑25失误，应在26位接，黑不坏。白26断，黑陷入困境。打劫过程中，白40至44简明定型，让黑活角，形势已是白大优。白46至54大局观好。（谢赫）

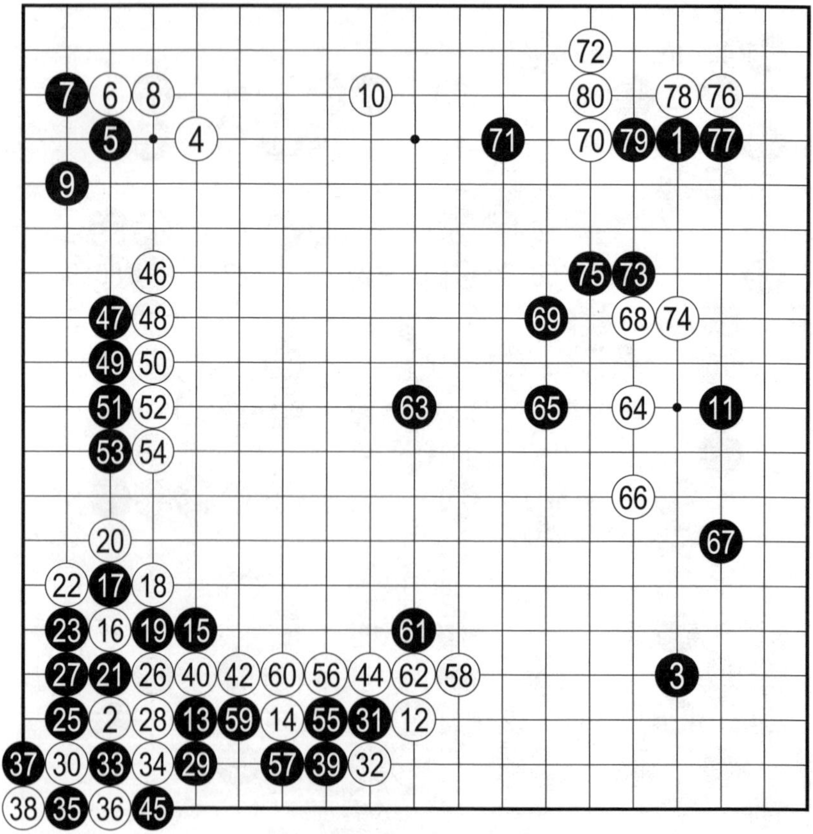

24=17　41=35　43=33

（1–80）

黑方 郑怀德

白方 陈祖德

黑95应在90右一路接，白103左一路虎，黑占据116位的好点，优于实战。白98脱先大局清楚。黑103打时，白看轻一子，做活右边思路清晰。此后白棋安全运转，简明地将优势转化为胜势。（谢赫）

黑贴$2\frac{1}{4}$子　共164手　白胜$7\frac{1}{2}$子

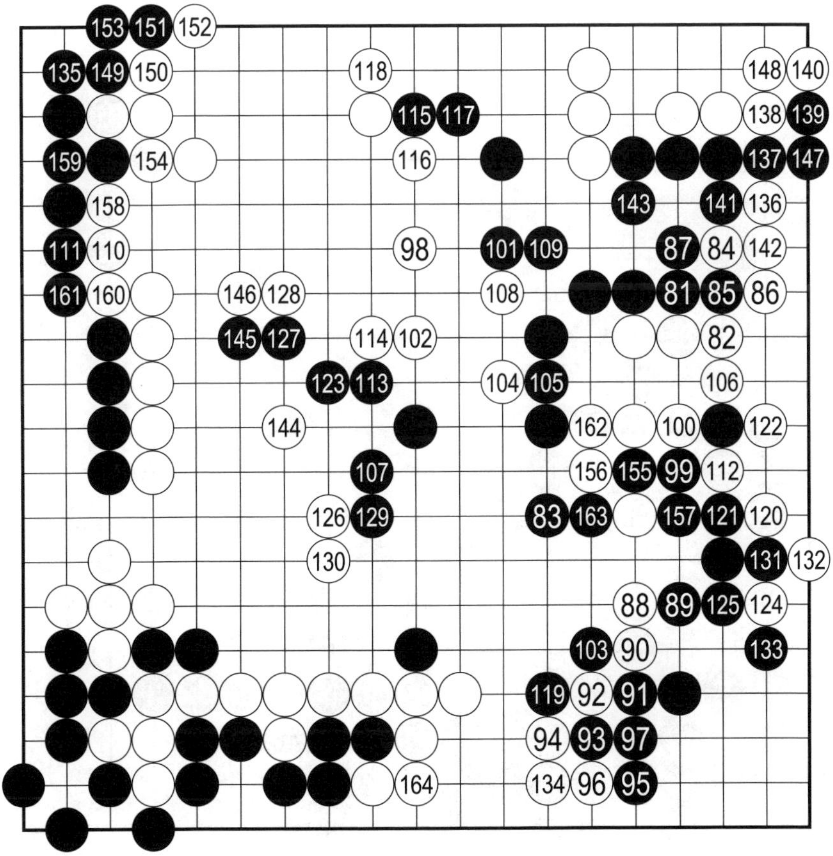

（81–164）

1962 年 11 月弈于合肥体育场
全国棋艺锦标赛决赛一组第 4 轮

黑方　陈祖德
白方　董文渊

白 24 缓手，应在 22 左一路拐。黑 25 飞，黑好。面对白 36、38 的手段，黑 39 选择了相对复杂的下法，体现出对算路的自信。黑 39 如在 40 位打，白 43 位断，黑 44 位提，黑简明占优。黑 51 至 57 必然，形成对杀。黑 59、61 计算精准，是唯一的妙手。白 62 应保留，在 64 下一路弯，优于实战。至 66 的结果，白后手双活，黑优势明显。从黑 67 开始，黑棋通过攻击中央白孤棋，至 99 有收获，形势黑大优。

白 100 力争搅乱局势，寻找机会。（谢赫）

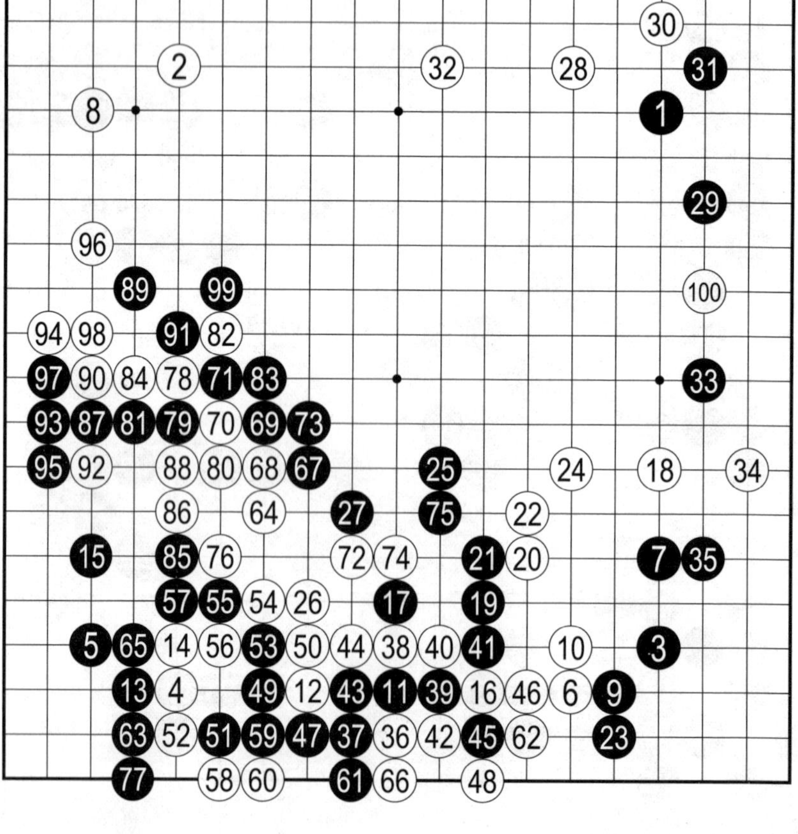

（1–100）

黑方　陈祖德

白方　董文渊

白134胜负手，正常应在140位接，黑141位连络，白147位穿象眼，如此进行能吃掉右边黑四子，然而总体来看，黑棋在上边收获也不小，形势仍是黑大优。黑135断，再次形成对杀。黑137是先手，白138不得不应。黑143一路跳，绝妙！是唯一能延气的选点，黑快一气杀白，胜势已定。

本局在左下角和右上角出现了两处对杀，充分展现出陈祖德老师精准的算路。(谢赫)

黑贴$2\frac{1}{4}$子　共205手　黑中盘胜

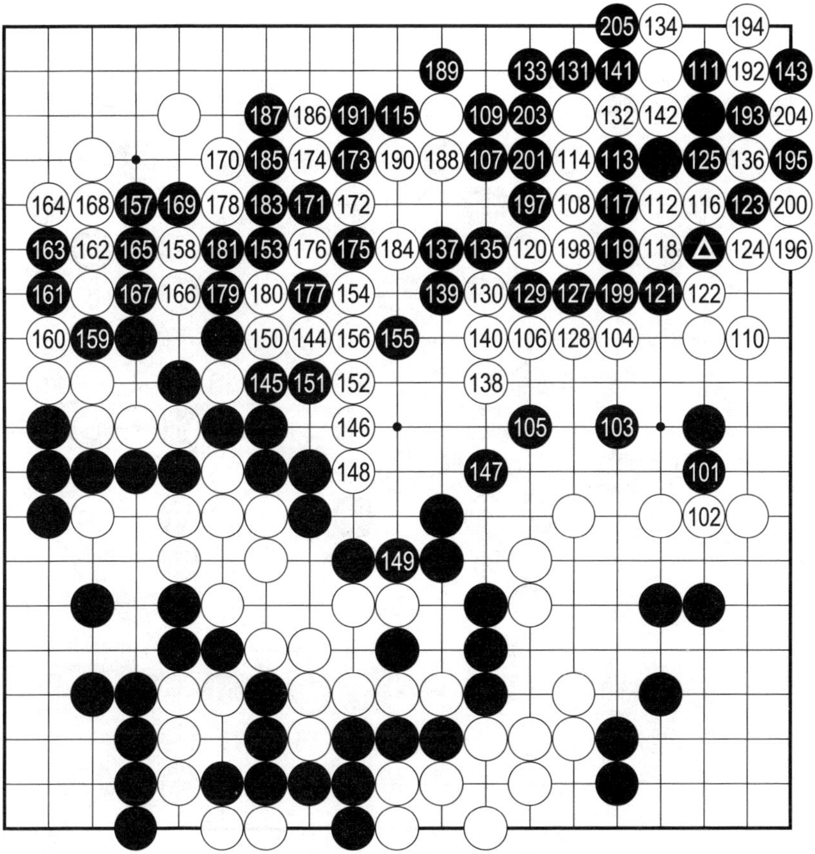

126=△　182=176　202=136

(101–205)

1962 年 11 月 25 日弈于合肥体育场
全国棋艺锦标赛决赛一组第 5 轮

黑方　过惕生

白方　陈祖德

白 18 结果并不理想，因为被黑占到 21 的好点。白 22、26 太草率，虽然占到 28 的好点，但被黑 27 接，得不偿失。黑 37 应在右边分投。黑 41 最后大场，先着效力仍在。白 48 虽得到不少实利，但右边形势大大削弱了。黑 51 极机敏。黑 53、55 的弃子战术不可缺少。黑 61 攸关全局形势，还有暗藏的妙着，威胁左边白棋。我最终选择了 62、64 的下法，表面上似乎太缓，但伏有第二手。黑 65 的确漂亮，但不免有些落空。白 66 是预定的，至 78 的结果黑较损，中原的黑势化为乌有。黑 67 在 73 位靠较适宜。黑 79 不得已。白 80 不够积极，和黑 81 交换显然吃亏。黑 85 大极。白 86 有问题，黑 87 毫不犹豫，正是反扑的机会。白 98 简单地夹住黑 95，形势就很乐观了。白 106 败着，只需在 111 位接。黑抓住机会马上发动一连串的攻击，至 121，中原的白棋完全崩溃！（陈祖德）

黑贴$2\frac{1}{4}$子　共 151 手　黑中盘胜

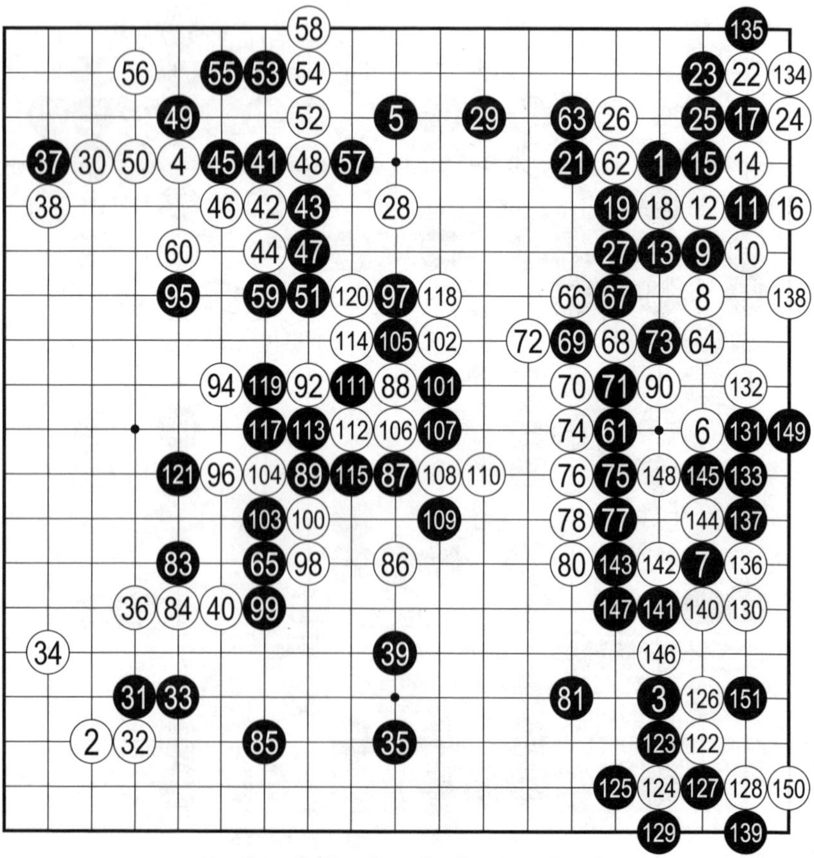

20=11　79 91=69　82 93=68　116=111

1962年11月27日弈于合肥体育场
全国棋艺锦标赛

黑方　沈果孙
白方　陈祖德

黑1、3两手用无忧角，是这次全国赛中有计划的尝试，尤其对手较强时。白10碰不常用，或许是希望导致混战。黑15欠灵活，与白16交换后，白10的位置变得很恰当。黑17似乎是好点，但被白18尖出，黑反露出19、20两处不可兼顾的弱点。演变至22，白方比较满意。白28压不免有些多事，于44位虎是双方皆可满意的正变。黑29不应而扳出，白28便觉意味索然。白30不得不然。至黑51补，显然黑棋乐观。白52、54本身自相矛盾，但不得不然，否则46、48与黑47、51交换就损了。但经黑57—白66，黑先手活出一块，又争得67位大场，中央雄厚，十分生动。白68活动孤子是非常手段。白74强手。白78好手，无论如何白都可得到好形。黑79声东击西，与中腹呼应。（沈果孙、罗建文）

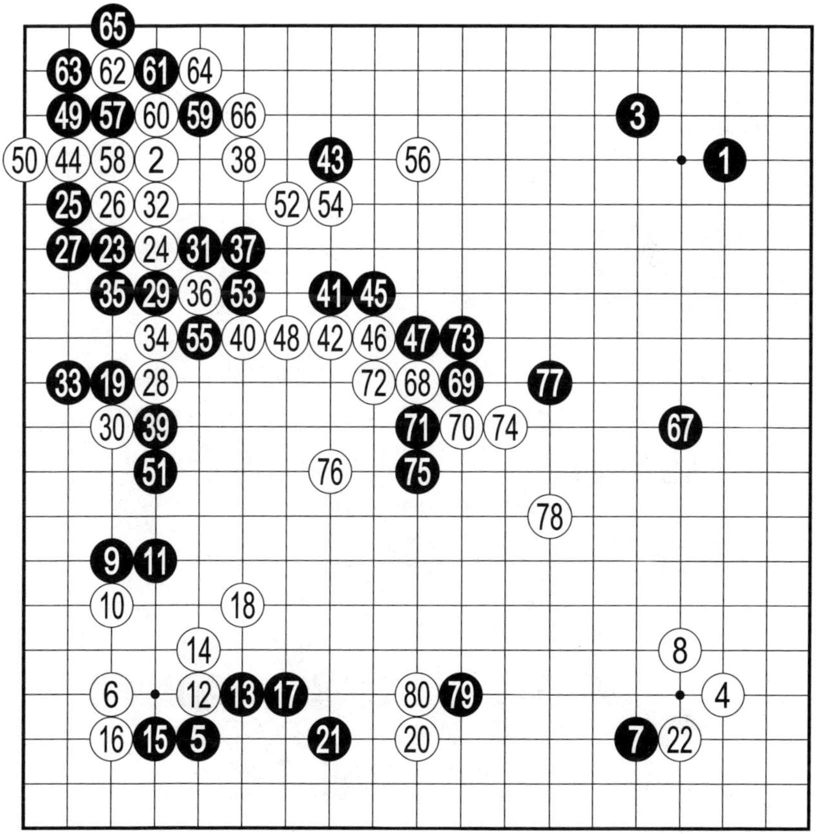

（1–80）

黑方 **沈果孙**

白方 **陈祖德**

黑 81、83 是与 79 相关联的好手。黑 85 恶手，被白一曲、一打成愚形，自增累赘，当于 86 位立下。黑 95 又一恶手，自塞 101 位飞出攻白的变化。白 98 好手，中腹白基本安定，再 100 尖威胁下边，至此白已有起色。黑 101 以下大可不必，送尽了中腹两子，失去了攻逼对象，同时自紧数气。黑 111、113 是唯一的走法，黑有把握打胜。黑 119 找劫损。白 134 欠当，生出黑 137 之手段。白 140 长出过强且重，至黑 145 断，白很难应付。黑 147 大错着，如 148 位扳，白边、角不能兼顾。白 148 见机之着，至 154 黑下边数子被杀，局面波澜又起。黑 159 次序错误，赋予白最后争胜之机，当先于 160 位长。白 164 错着，误认黑必应。黑 165 以下巩固了左上边角后，再 173 补活，奠定了胜基。（沈果孙、罗建文）

黑贴$2\frac{1}{4}$子　173 手以下略　黑胜$1\frac{1}{2}$子

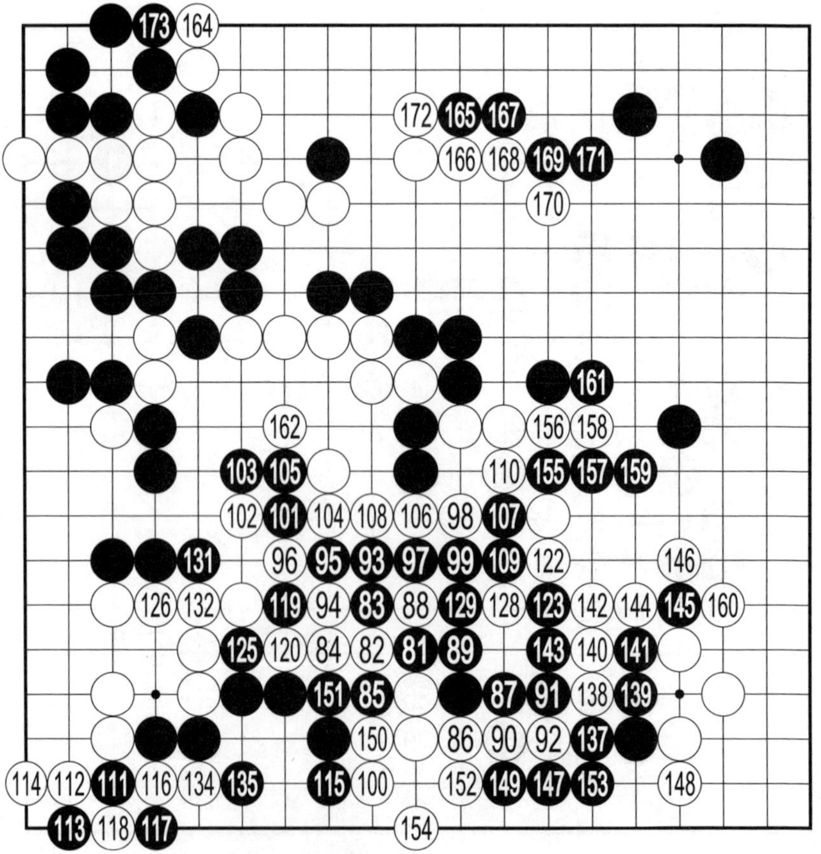

121 127 133 = 111　124 130 136 = 118　163 = 119

1962年12月1日弈于合肥稻香楼礼堂
全国棋艺锦标赛

黑方　陈祖德
白方　金亚贤

黑31有过分之嫌，应在84位跳。白32如在34位冲，黑形状不佳。白54应在59位压。黑59如在60位接，白损。白62压有力。黑69应在81位打，确保做活。黑71至75反攻过分。白76如在82位扳，黑98位弯，白76上一路跳，黑苦战。白84在98位抱吃味道好。由于有91的先手，黑85至89得以成立。白94应在96位冲出弃子，仍是白不错。白110只好在104右一路压。至115白大损，黑确立优势。白116缓手，应在24上一路顶。（谢赫）

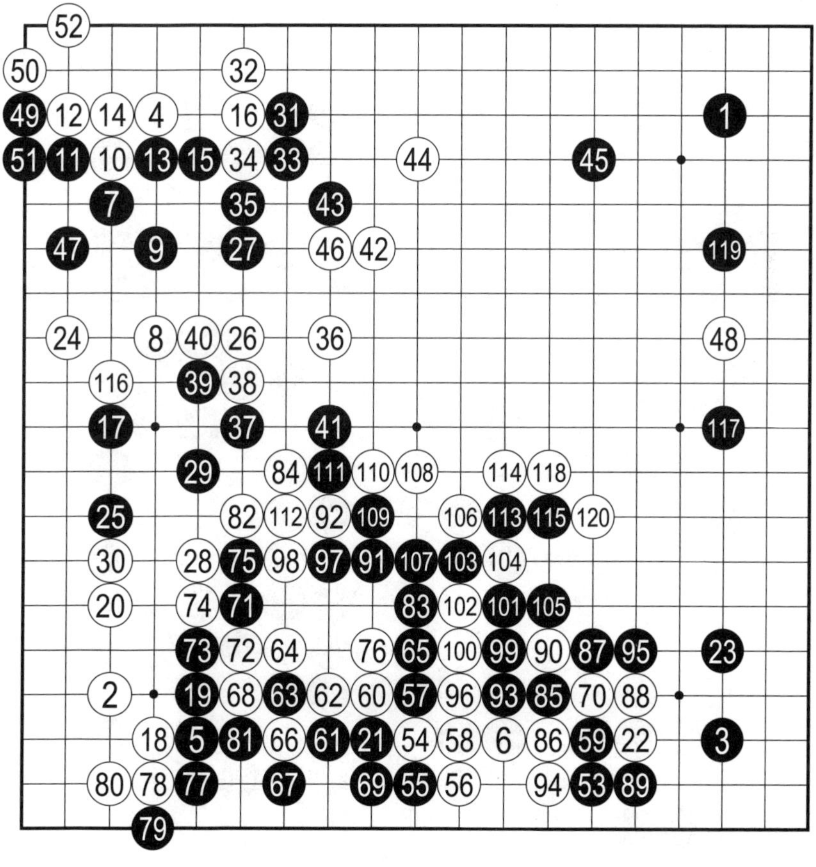

（1–120）

黑方　陈祖德

白方　金亚贤

进入本谱，黑棋优势明显。白126应考虑在207上一路点，争取搅乱局势。白128靠入时，黑129至135简明应对。黑137扳出有力，至149，黑胜势不可动摇。（谢赫）

黑贴2$\frac{1}{4}$子　共225手　黑胜4$\frac{3}{4}$子

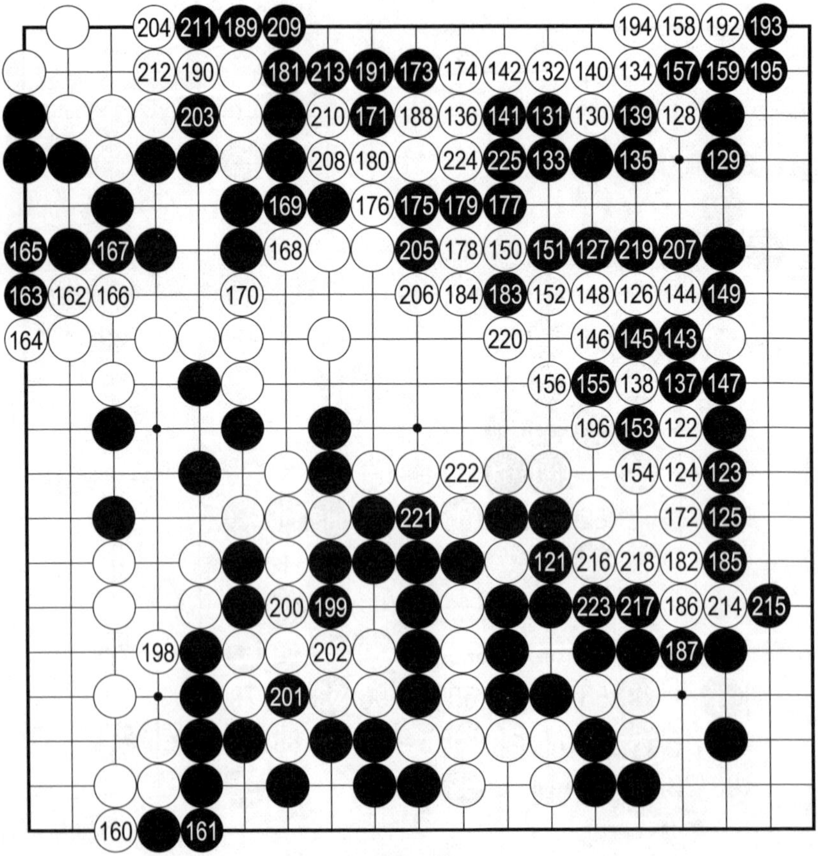

197=138

1962年12月3日弈于合肥稻香楼礼堂

全国棋艺锦标赛决赛第10轮

黑方 **崔云趾**

白方 **陈祖德**

白14通常二间夹，实战中我斟酌再三。白20补断不可省。白22觑嫌急，应先26位压再觑。黑27错失良机，应28位冲。白30曲后，上边成为白地，黑成了孤棋，大为不利。黑33投，目的是形成跟白一道出头的步调，然而四路之子得不到相应的补偿是不能弃的。白34压、36尖出，抓住机会将黑33割断，从而掌握了主导权。黑41封凶狠，棋形却嫌松散，威胁不大，先活动黑33才是争胜的办法。白42靠强手。上边白轻易地成了三十多目实地，显然有利。白48闪电一击，轻易突破了黑的防线。局后反复研究，认为黑只有针锋相对，才能顶住白的冲击。黑55有些疲于奔命。黑57无可奈何照应73位的断点。白68极其稳健，具有全局意义。黑69至77有所收获。白78后黑单方面逃孤，苦不堪言。白86、88似小实大。白90跨必然。由于征子不利，黑91、93只能这样整形，寻求眼位。黑97是崔老的误算。

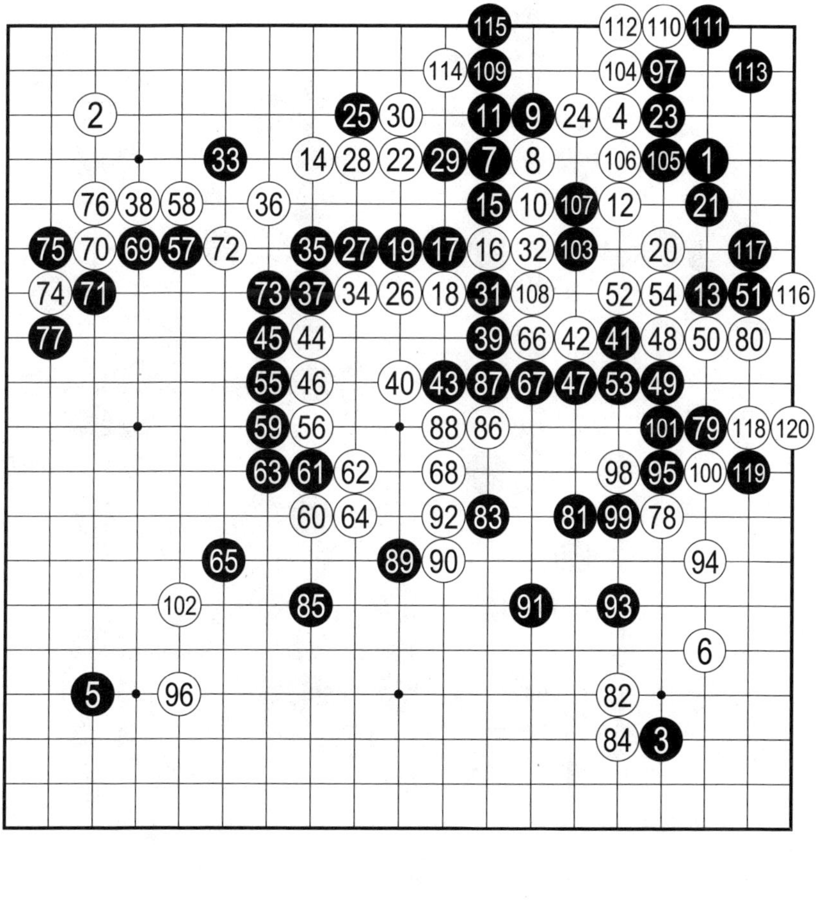

（1–120）

黑方 **崔云趾**

白方 **陈祖德**

至白124，右边已经明朗。黑125取地，白126顺水推舟，至134，又在左边划出一块地域。黑139做劫，目的是制造混乱。白处处安全后，146可以放心大胆地打劫了。黑161损，然而不如此寻劫，右下角的劫就打不赢。白186决定收官，放弃劫争。这一役黑小有收获。黑189立是好棋，迫白紧气吃黑，可赚官子利益。黑197又是漂亮的手段。黑203无理。白218断机敏，黑219打落入圈套，白通过一连串漂亮的手段把黑棋割断了。

崔云趾（1892—1973）先生世居北京，和过老、金老共执北京棋坛牛耳多年。他身材高大，是围棋界中最高最胖的，棋风却属于典型的小路子。他终生积极主动提携后进，从不摆架子、讲身份。（陈祖德）

黑贴$2\frac{1}{4}$子　共228手　白中盘胜

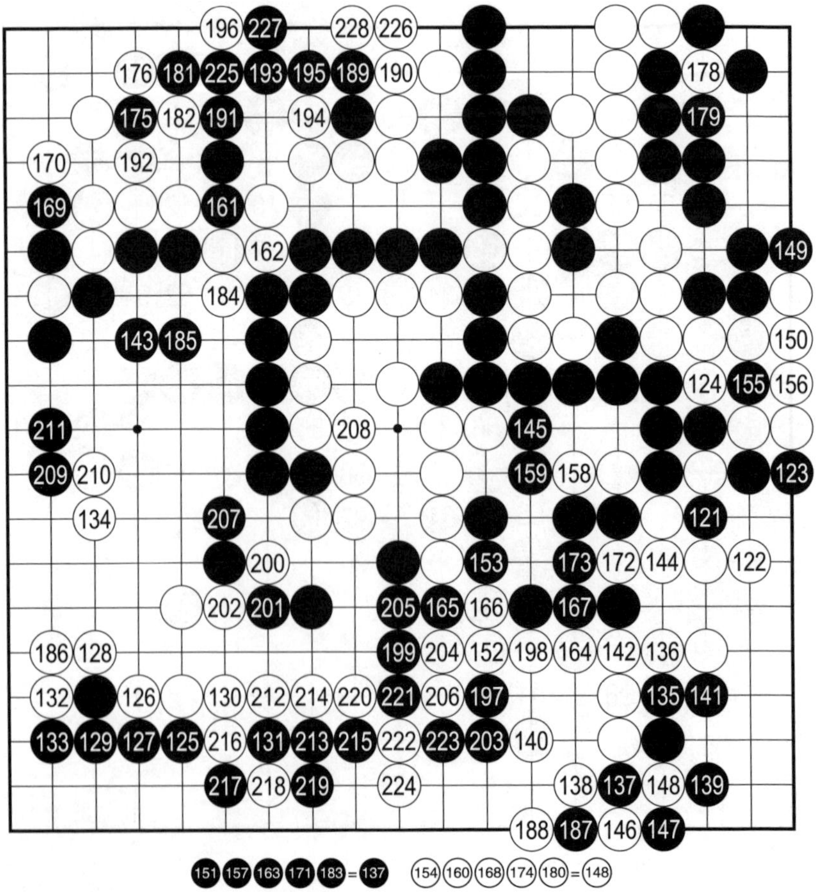

151 157 163 171 183 = 137　154 160 168 174 180 = 148

1962 年 12 月 4 日弈于合肥稻香楼礼堂
全国棋艺锦标赛决赛一组第 11 轮

黑方　陈祖德
白方　陈岱

黑 1 至 5 的构图独特，可能是一种新的尝试。白 6 可在 11 位挂角。黑 17 如在 54 位肩冲，白 53 位贴，黑 59 位跳，更轻快。白 18 好点。白 28 缓手，应脱先在 11 左三路肩冲黑无忧角。黑 29 扩张模样，颇有气势。白 34 败着，应在 35 位长，黑 32 左一路吃，白 31 下一路打转换，白棋虽形势不利，胜负也还早。黑 35 拔花，至 41 右下成巨空，白损失惨重，黑优势显著。由于左方黑棋不易攻击，白棋难以挽回损失。此后白已无机会。（谢赫）

黑贴 $2\frac{1}{4}$ 子　共 125 手　黑中盘胜

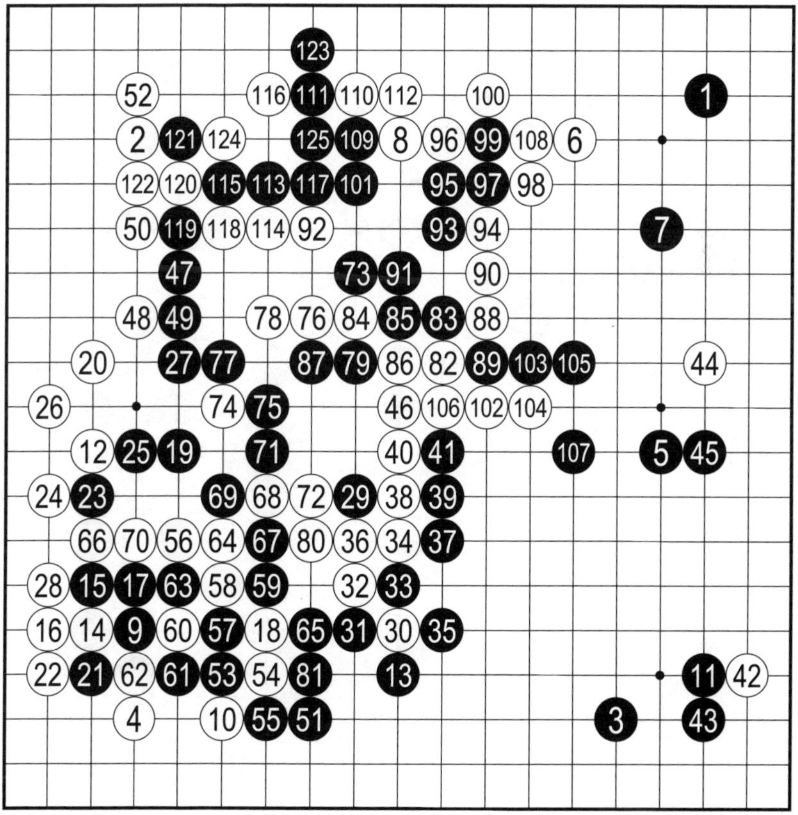

（1–125）

1962 年 12 月 6 日弈于合肥
全国棋艺锦标赛

黑方　黄永吉
白方　陈祖德

白 12 打吃为旧法。白 18、20 急攻，黑 21、23 转身高妙，占据优势。

白 44 体现攻击意识，损失实地也要搜根；本手为 51 位扳，缓攻。

黑 95 妙手，99 稍稍损目，可选择 100 位吃。（李喆）

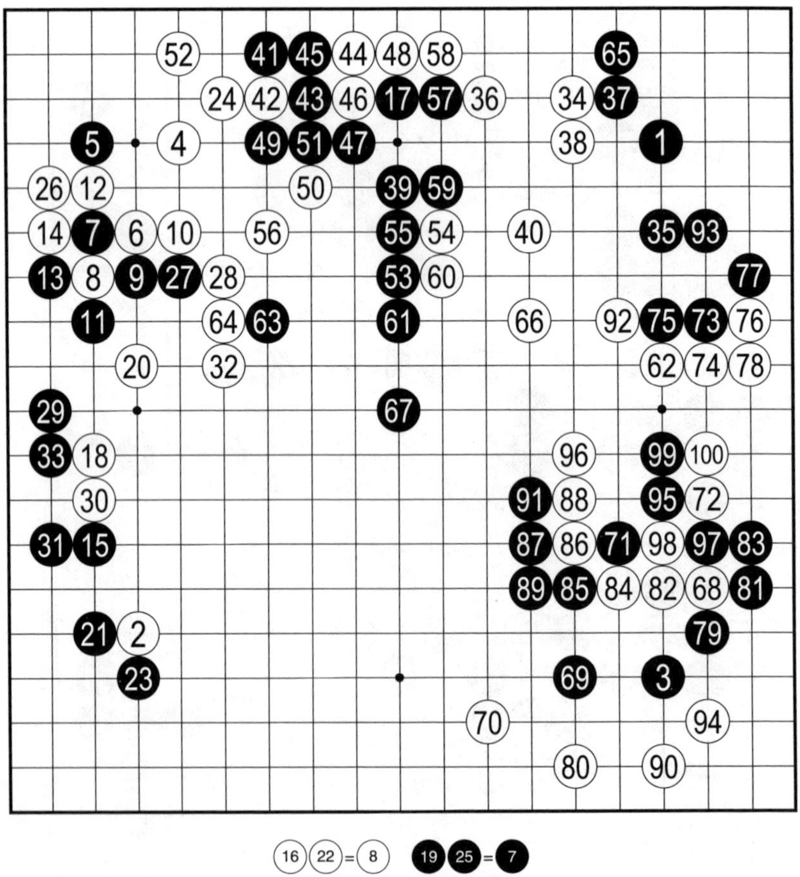

（1–100）

黑方 **黄永吉**

白方 **陈祖德**

白 118 夹，好手，形势逐渐接近。

白 132 可选择 145 位断。

白 170 败着，应先于 171 位交换，则胜负细微。

实战白 182 玉碎，若 183 位退亦为小败。（李喆）

黑贴$2\frac{1}{4}$子　共 191 手　黑中盘胜

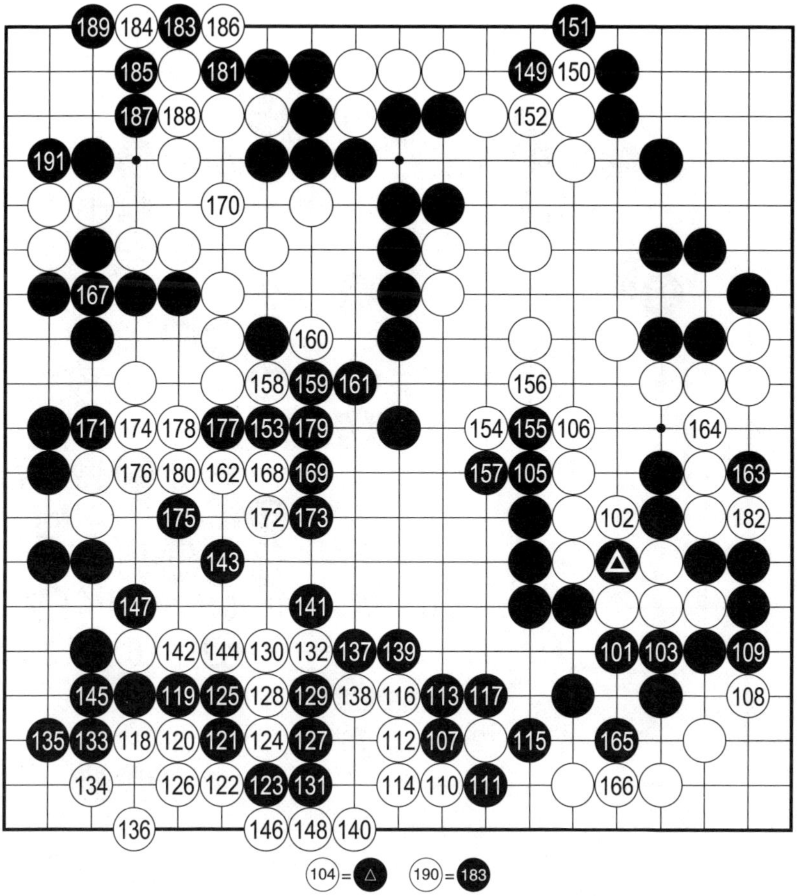

（101–191）

1962年12月30日弈于上海新城溜冰场元旦表演棋

黑方　吴淞笙

白方　陈祖德

黑11按常见定式是走12位或78位拆，但如今AI认为黑11乃是正选。

黑13-25稍缓，应于右下跑出，继续作战。

白26好点。黑27再来出动，威力降低。

黑43应于44位退，争先手为佳。

白50-58着着完美，两块白棋连成一片，弱棋变成厚势，白方一举占据优势。

白90犀利，分断黑棋的局部好手。

白94继续施展妙手，黑103回以局部净杀的好手。（李喆）

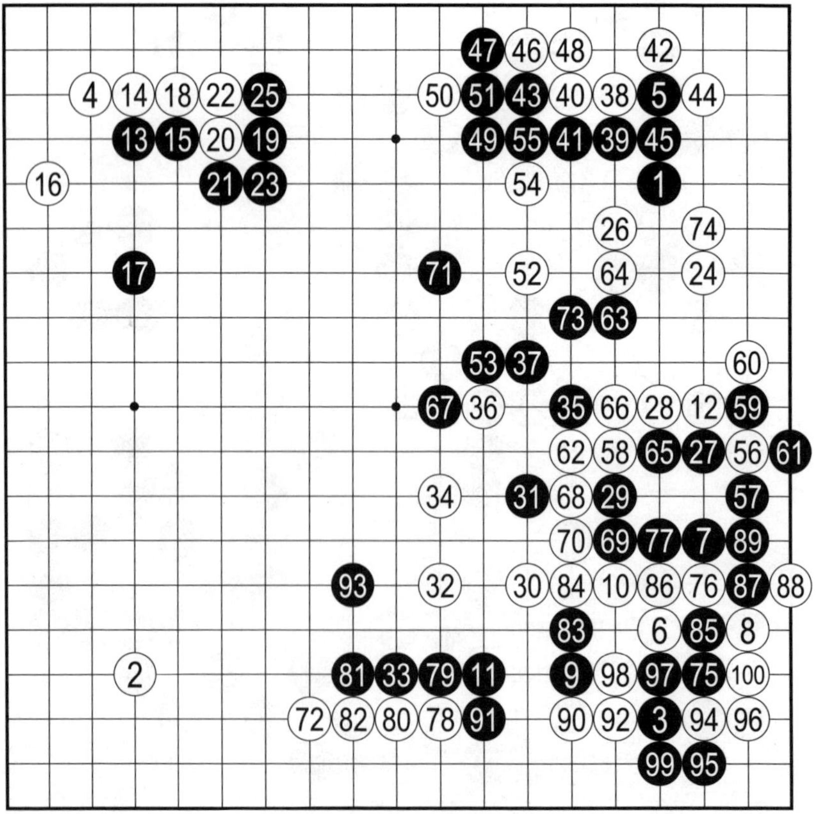

（1–100）

白 138-150 吃掉中腹后胜局已定。

（李喆）

黑方　吴淞笙

白方　陈祖德

黑贴$2\frac{1}{2}$子　共 194 手　白中盘胜

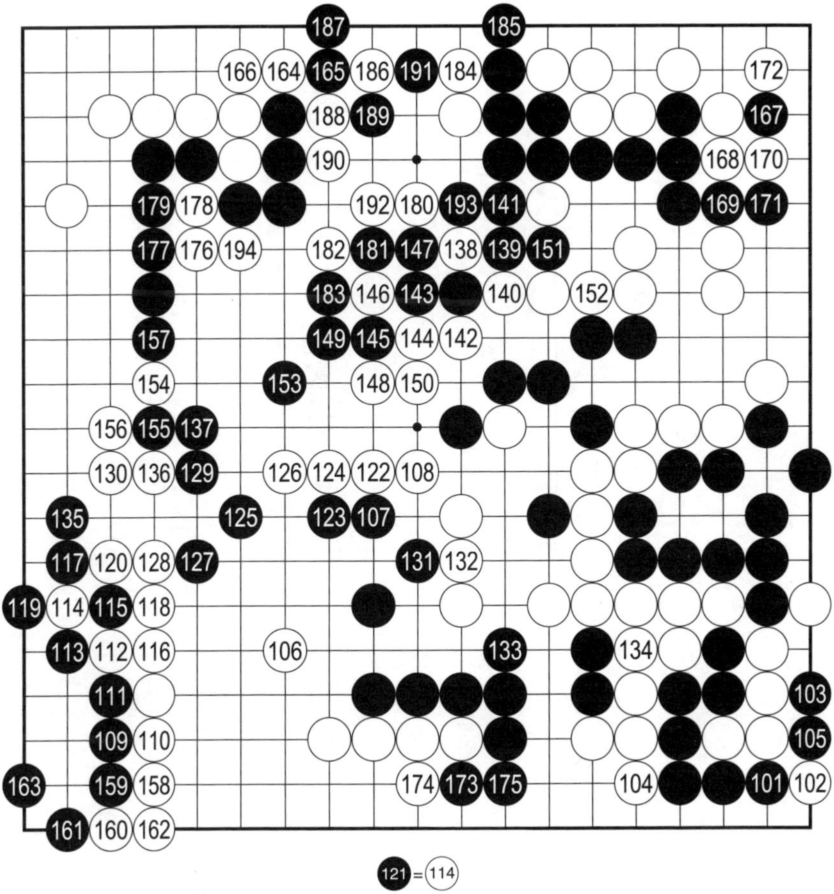

121=114

（101-194）

一九六三

时年19岁

一九六三

时年19岁

◎ 3月5日—9日，陈祖德至温州体育场进行交流，负于吴淞笙，击败白玉琪、竺沅芷和姜国震。

◎ 9月13日—10月8日，与日本围棋代表团作友谊比赛。13日在杭州陈祖德并没有出场。15日陈祖德对阵日方最弱的田冈敬一并取胜。19日，比赛移到了上海，陈祖德3子战胜业余天王村上文祥。21日陈祖德被让先战胜桑原宗久七段。23日，在上海的第三场比赛陈祖德未上场。

◎ 27日，战场转移到了北京，陈祖德出战日方主将杉内雅男九段。陈祖德在被让先的棋分下击败了对手。这是中国棋手除了吴清源外，首次在让先的情况下击败日本九段，意义非凡。这天吴淞笙击败宫本直毅，这标志中国棋手完成了新老交替，进入到“陈吴时代”。

◎ 10月2日，陈祖德在被让先的情况下击败宫本直毅八段，以全胜的战绩结束了这次友谊赛。

◎ 比赛结束后，宫本八段和桑原七段留下给中国棋手讲了一个月的课。两人分别让先和陈祖德对局，皆负。

◎ 10月22日，陈祖德在执黑对陈锡明的训练赛中首次下出了中国流布局。

◎ 12月初，安永一四段、石毛嘉久夫六段来访。陈祖德受先战胜了安永一，负于石毛嘉久夫。

薛志春　整理

华以刚　审订

1963 年 1 月 7 日弈于上海棋社

训练棋

黑方　魏海鸿

白方　陈祖德

白 28、30 邀战，黑 31 反刺敏锐。

黑 35、37 过于直接，损失了变化，应先于 39 位冲。

白 40 凶狠，本手于 92 位跳。黑 41 应于 42 上一路扳下。

面对黑 53 打入，白 54 脱先于中腹挺头，有神采。

白 56-60 连续发力，此处黑方应对有误，攻守瞬间逆转。黑 57 应于 92 位尖后 62 位虎。

黑 71 后形成决定胜负的对杀。黑 77 缓，若于 79 紧贴，则对杀胜负难料。（李喆）

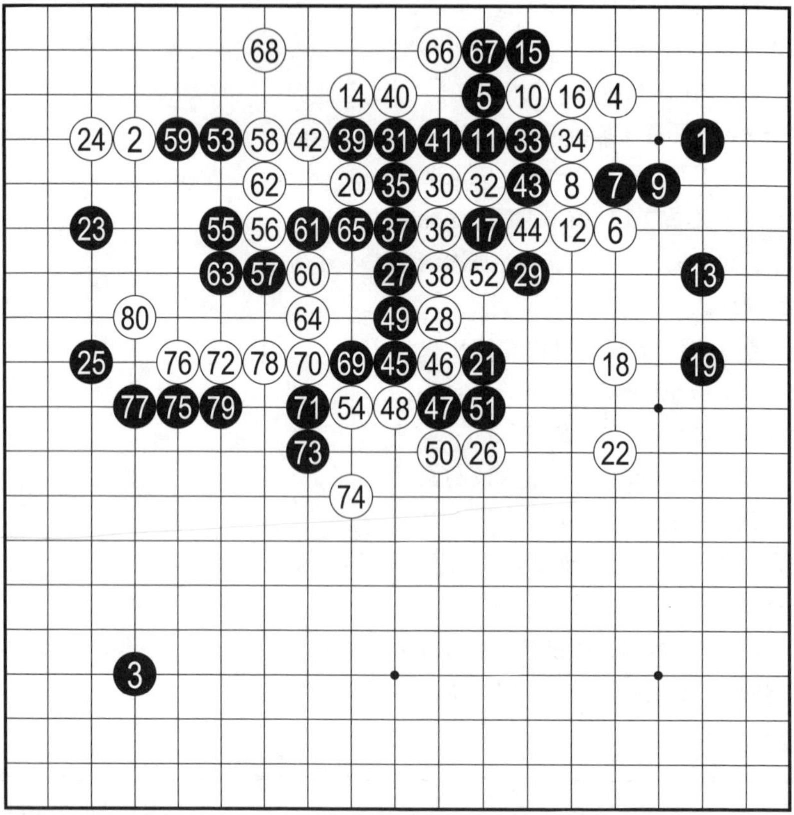

（1–80）

实战至90，黑差一气被吃，胜负乃定。（李喆）

黑方　魏海鸿

白方　陈祖德

黑贴$2\frac{1}{2}$子　162手　白中盘胜

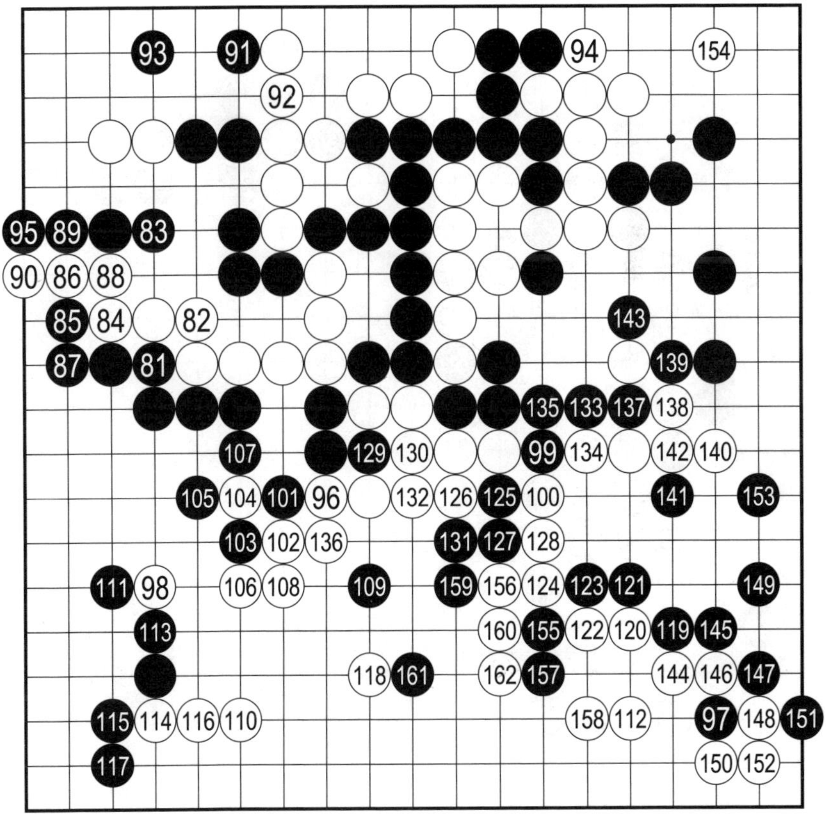

（81–162）

1963年1月10日上海棋社

训练棋

黑方　陈祖德

白方　王幼宸

白12、14灵活，至28白棋不错。

白30应于黑9左一路吃，乃棋形之急所。

黑35-39是最强应对。白40、42不妥，应44位夹，寻求弃子转身。

白44应贯彻意图于53位断，仍优于实战甚多。至54，黑棋先手铁厚，白棋大损。

黑73、75冲断凶狠，体现风格。白78以下次序不佳，应先于82位冲。（李喆）

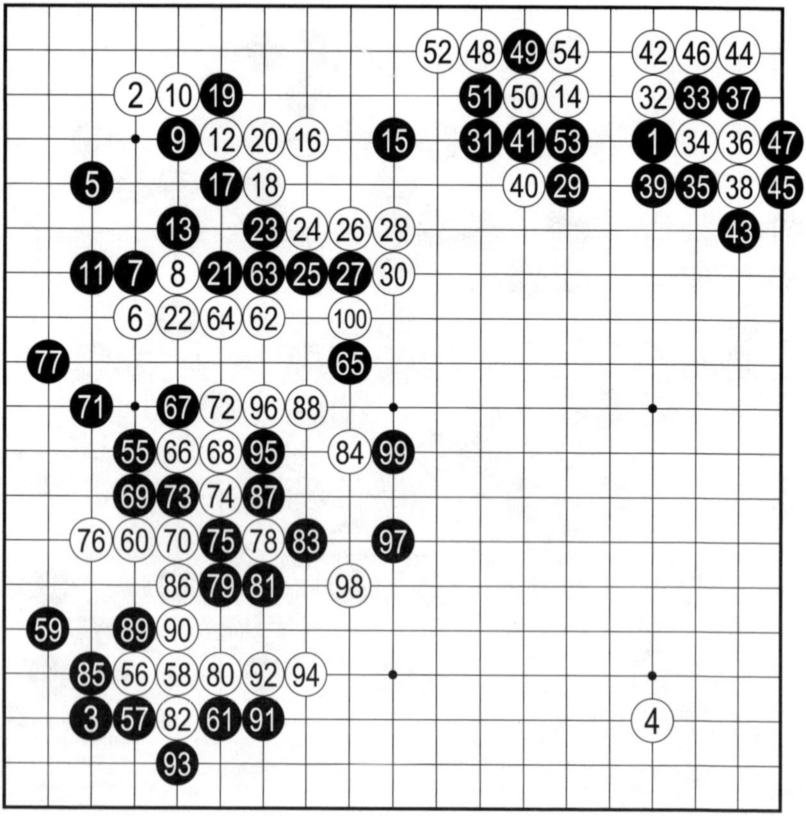

（1–100）

黑85是形，91后白不敢阻断，黑方顺利展开缠绕攻击，取得胜势。（李喆）

黑方　陈祖德

白方　王幼宸

黑贴$2\frac{1}{2}$子　共181手　黑中盘胜

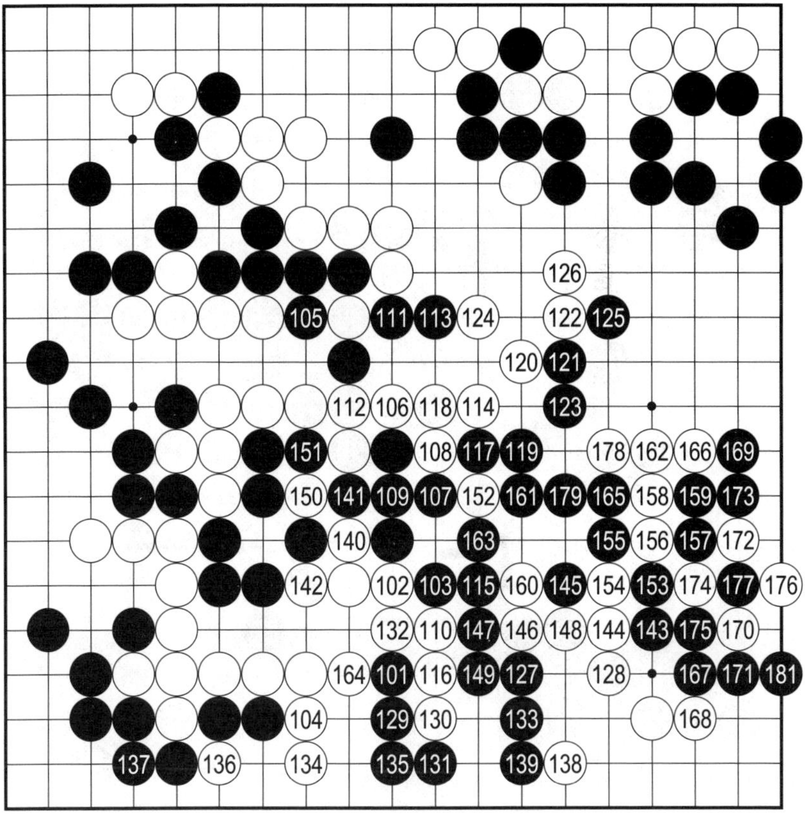

180=174

（101–181）

1963年1月14日弈于上海棋社

训练棋

黑方　刘棣怀

白方　陈祖德

白16是旧定式，稍缓。

黑21、23展现出缠绕攻击白方两块的意图。

白28应于29位立，或34一带行棋，两块需先安定一块，再筹谋反攻。

黑29、33连续占据要点。黑39应42二路爬过。

白40随手，应直接于42位拐，有望弃子封锁。

黑53可直接于59位打吃。黑81不如提吃，放白苦活。

白96、98撑得太满，上边白棋并不厚。

黑121拐好手，体现功力的一着，白棋失去应手。

白122以下奋力抢空，因中腹太薄而败。（李喆）

黑贴$2\frac{1}{2}$子　共154手　黑中盘胜

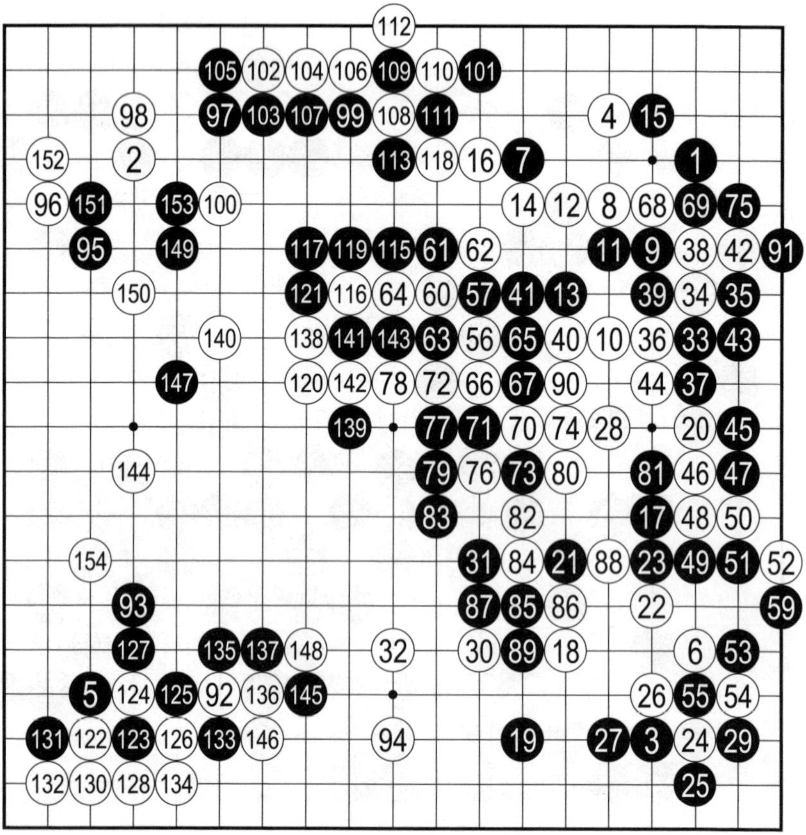

58=24　114=109　129=124

1963 年 1 月 18 日弈于上海棋社

训练棋

黑方　陈祖德

白方　魏海鸿

黑 17 灵活，好手。黑 25 攻击寻求步调，展现风格。

白 34-38 局促，不如干脆 56 位挖粘，实战是凑黑出头。

至 56，白方于中腹防御花费手数过多，黑外势宽广，有利。

黑 65、67 弃子，好。

至 89，黑方再弃中腹残子，于右下围成大空，提升了三三占角的效率。

本局是黑方以攻击换取子效的好局。（李喆）

黑贴$2\frac{1}{2}$子　共 145 手　黑中盘胜

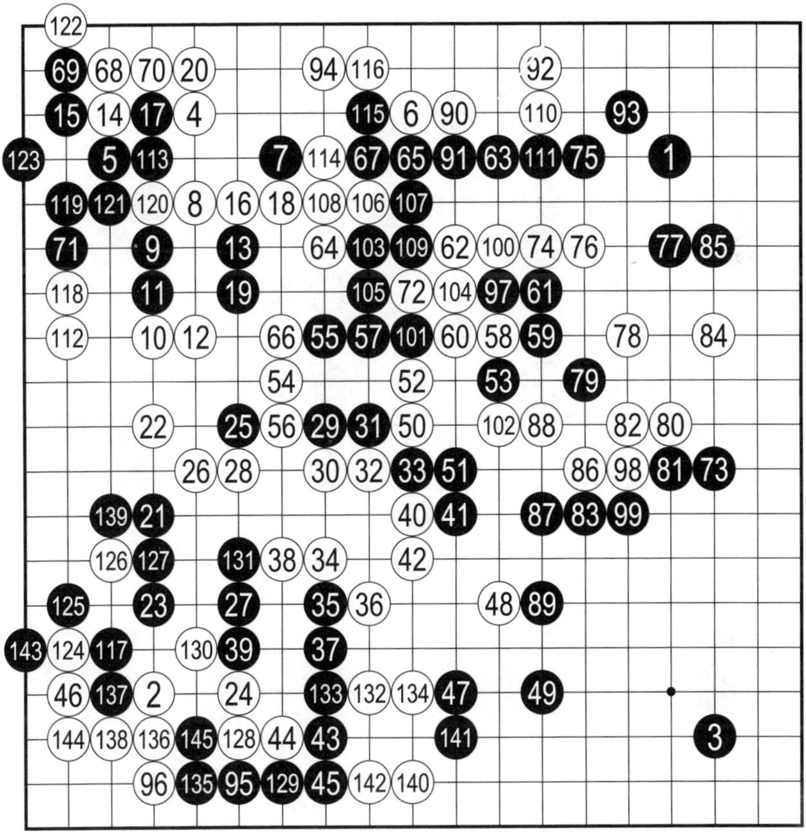

（1–145）

1963 年 2 月 11 日弈于上海棋社

训练棋

黑方　陈祖德

白方　王幼宸

开局黑 13、白 14 后形成急战。

黑 23 应选择 24 拐头，有望形成有利的弃子图。

白 36 靠下严厉，黑 37 应于 39 位夹寻求缓解，实战至 42 白棋局部得利巨大，取得优势。

白 50 暗藏手段。

黑 51 略有不察，应先于 18 右一路夹，得一路先手后再于 57 虎，可弥补棋形弱点。

白 52 一路冲下，黑无法阻挡四子棋筋被吃，由对攻变为单方面逃孤。

白 64、66 着法有趣。黑无心恋战，至 74 被吃，爽快认输。（李喆）

黑贴$2\frac{1}{2}$子　共 74 手　白中盘胜

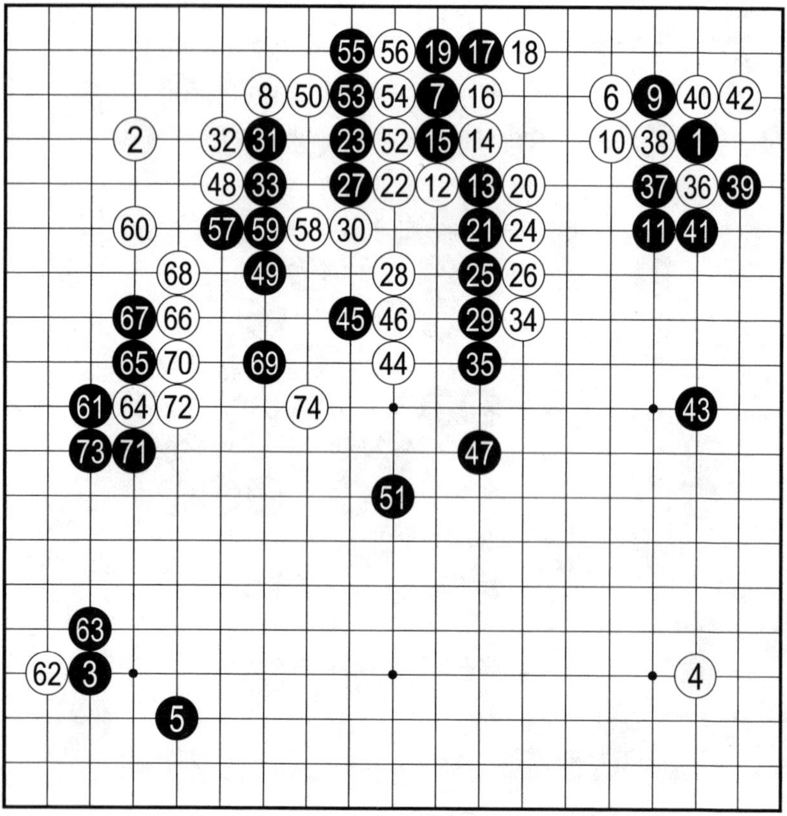

（1–74）

1963 年 2 月 21 日弈于上海棋社

训练棋

黑方　陈祖德

白方　赵之华

白 28 趣向，局部黑有利。

黑 43 打入好点。白 44 方向有误。黑 45 有力，49 可于 50 位顶。

白 56 略缓。黑 63 在 65 跳为佳。

白 64 打入积极，形成战斗。

79-82，双方寸步不让。

白 92 挖、黑 93 断打，都是最凶的着法，形成复杂对杀。（李喆）

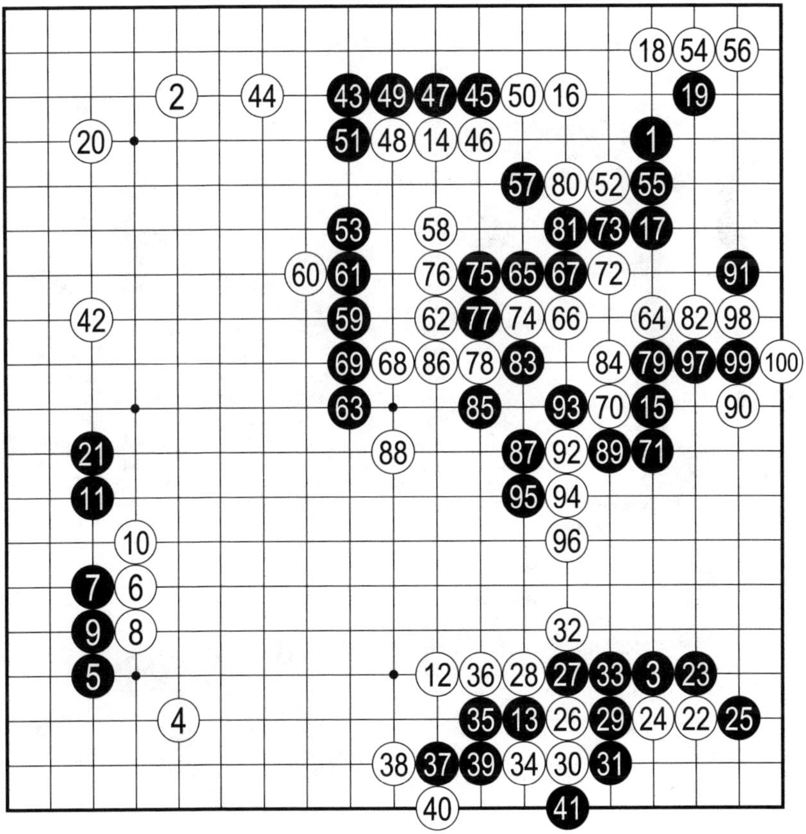

（1–100）

黑方 **陈祖德**

白方 **赵之华**

白 102 夹好手，但白 104 错过妙手，应于 105 位挖，局部将形成劫争，如此全局形势难解。

实战黑 113 后形成净杀，胜负立判。（李喆）

黑贴$2\frac{1}{2}$子　共 191 手　黑中盘胜

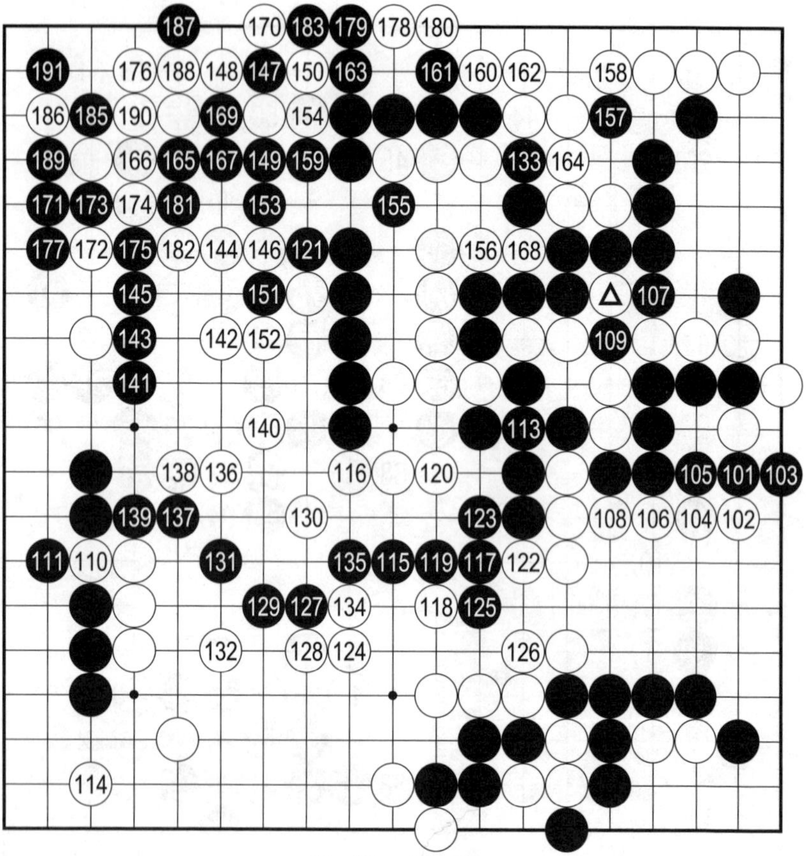

112=△　184=147

（101–191）

1963年2月25日弈于上海棋社

训练棋

黑方　魏海鸿

白方　陈祖德

白6少见，或为训练棋的实验下法。

白22搜根，体现攻击性的棋风。

黑29可考虑于31位单立，将选择权交给白棋。

至39形成转换，大体仍为两分。

黑51应57位挺头，白56亦应抢占57位要点。

黑77不佳，应退一路于78位小尖，方为要点。

白78靠断反击严厉，形成激战。

黑135败着，应径于139位做活左上，则中腹不死，胜负尚难预料。（李喆）

黑贴$2\frac{1}{2}$子　150手　白中盘胜

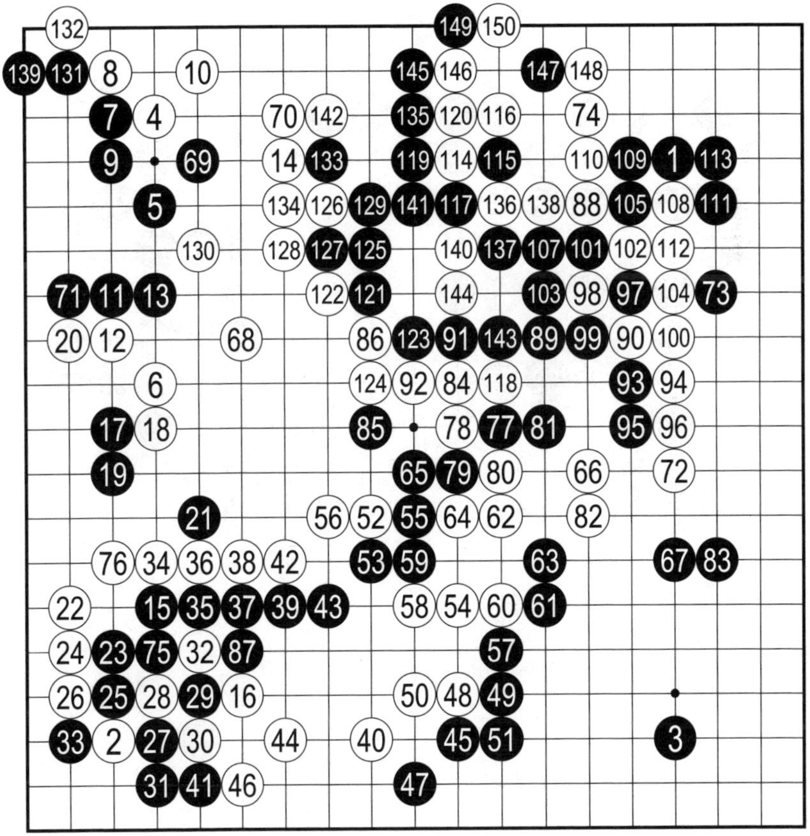

106=98

（1–150）

1963年3月5日弈于温州体育场

训练棋

黑方　吴淞笙

白方　陈祖德

黑15、17为古法，损多于得，不妨直接于23位夹攻。

白22可于27位做劫，恰好有233位穿无忧角做劫材。

黑37多虑，还是以征吃为好。

白48断严厉。至61形成转换，白稍有利。

黑69-75反击敏锐。

白100做活稳健，可考虑保留右上角变化，于51右一路扳出作战。

白108严重失误，与109交换大损。（李喆）

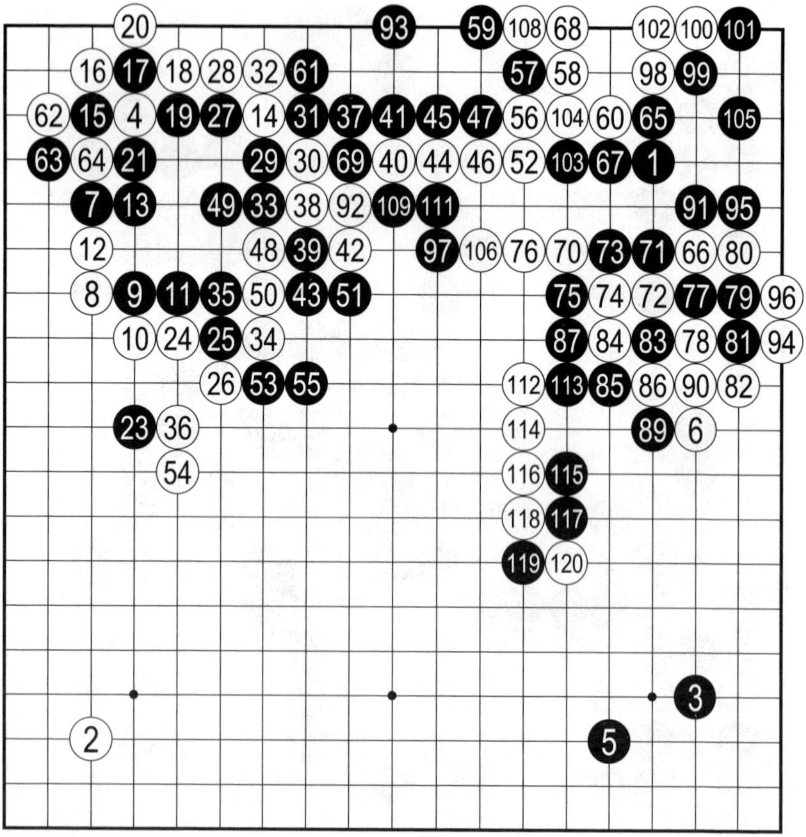

22=17　88=83　107=15　110=64

（1–120）

黑方 **吴淞笙**

白方 **陈祖德**

黑 139 跳出后，白局势被动。

白 158 绝妙手！唯此手与上一路小飞可解围。

黑 159 及时回头，仍有优势。

白 170 见小，可于下边开拆。

175-192，黑方先手定型，下边围出大空，确立胜势。（李喆）

黑贴$2\frac{1}{4}$子　共 261 手　黑胜$5\frac{1}{2}$子

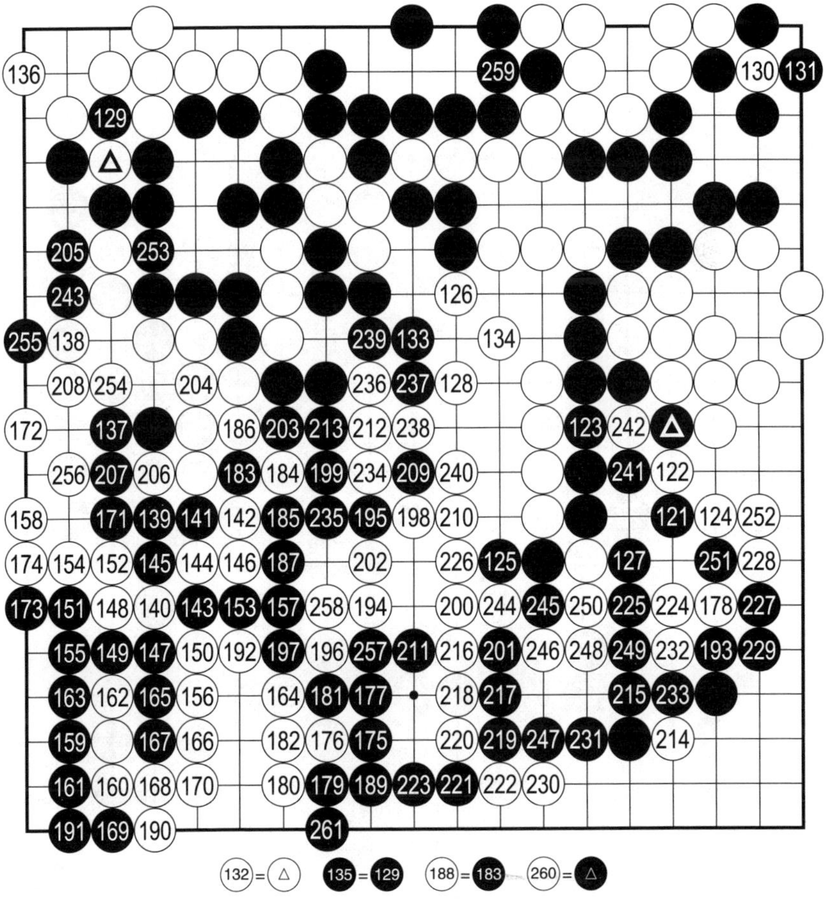

（121–261）

1963 年 3 月 7 日弈于温州体育场
训练棋

黑方　陈祖德

白方　白玉琪

黑 17 扳头过强，于 25 位飞出为正形。

白 30 以下强行打入，棋形不整，不如于 100 位跟着应，先安定自身。

白 38 应选择 37 左一路双。

黑 39 好点，白方棋形局促，反倒受攻。

白 56 软，应 59 位飞起，邀请黑方开劫，增加棋局变数。

白 60 托退此时为俗手，应于 60 下一路侵分，目数和眼位均优于实战。（李喆）

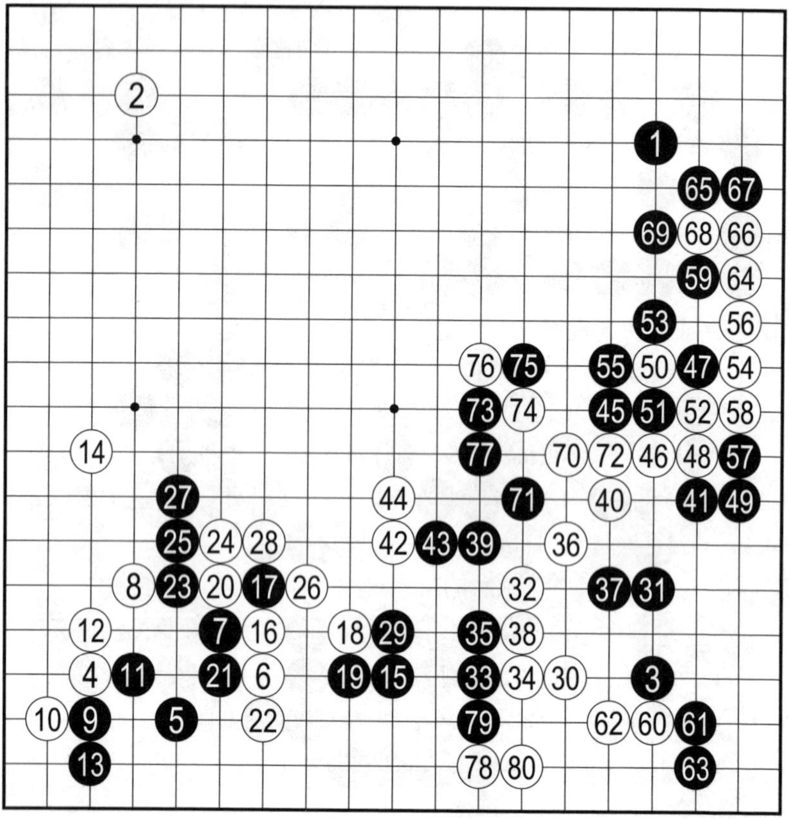

（1–80）

黑方 陈祖德
白方 白玉琪

至90，白方单方面苦活，黑棋已占上风。

黑121犀利，吃掉白右上一块，胜负即分。

（棋谱信息标注为黑胜半目，初疑为棋谱不全；但从棋谱内容来看，至171手已是黑方大胜几十目之局势，白方此时认输较为正常，很难再收到半目胜负。因此棋谱信息或许有误，建议写为黑中盘胜。）（李喆）

黑贴$2\frac{1}{4}$子　171手以下略　黑中盘胜

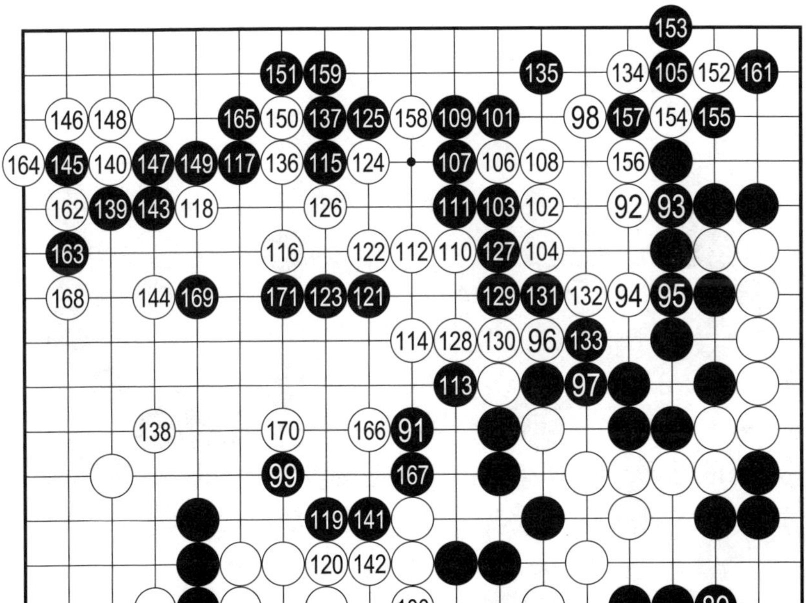

160=154

（81–171）

1963 年 3 月 9 日温州体育场
训练棋

黑方　竺源芷
白方　陈祖德

黑 13 疑问手，若选择左下行棋，应走 124 位取先手，而后轻处理，实战黑 13 对白无威胁而多出受攻之目标。

白 26 镇，大气。

白 30 追求高效，本手是 41 位补。

白 40-42 太过强硬，应脱先或轻处理，允许黑方活棋出头。

白 54 应 63 位挡，实战用力过猛。

黑 73 好手，白方反而被杀，似乎棋局将要结束。

黑 81 脱先有追求，若在左边补一手已是大胜之势。实战至 91，左边留下缓三气劫，埋下了大逆转的伏笔。

白 126 启动缓三气劫，寻找最后的机会。(李喆)

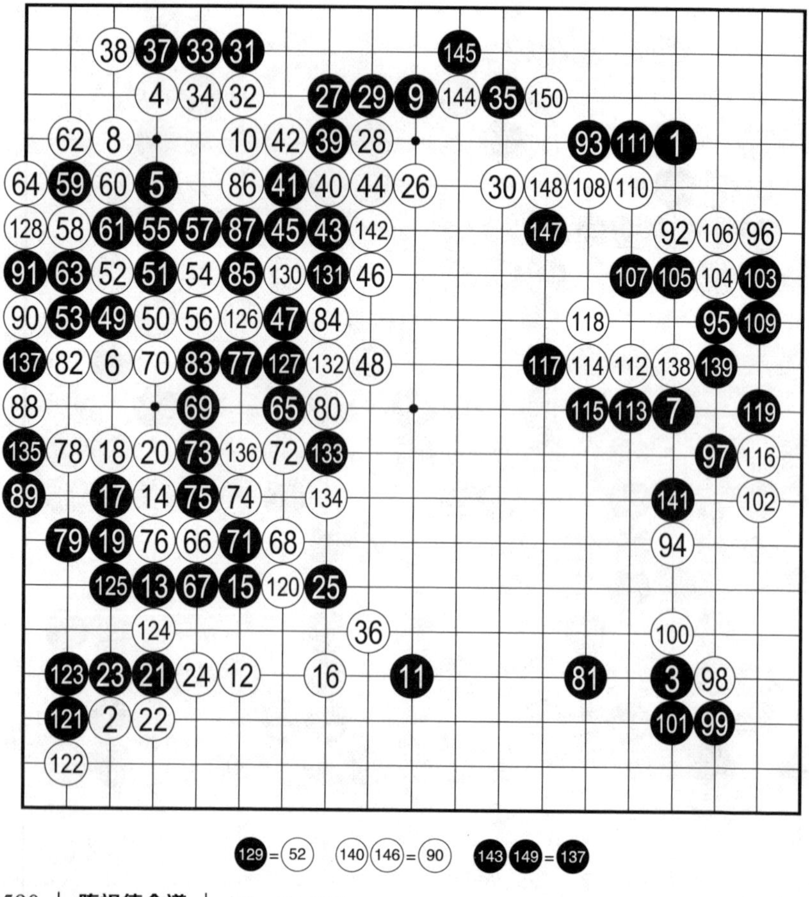

(1–150)

黑方 **竺源芷**

白方 **陈祖德**

黑167补净，白方已无劫材，看似山穷水尽。黑175至179类似胜利宣言。

白186最后一搏，此时黑187严重随手，应于下一路立，白方此处并无劫材。白方得到机会，立刻188开劫。

白190找劫时，黑方应于左上消劫为大。黑193应于69右一路找劫，仍可保胜势。

实战至194，白方终于打赢价值85目的缓三气劫，全局形势细微。

黑199、203仍是胜势下法，过于稳健，是逆转局中常见的优势意识延续。

白212抢到最后一个大官子，完成了不可思议的大逆转。（最后收完应为黑盘面2目，白胜2目半，倒推贴目为4目半。）（李喆）

黑贴2$\frac{1}{4}$子　共270手　白胜1$\frac{1}{4}$子

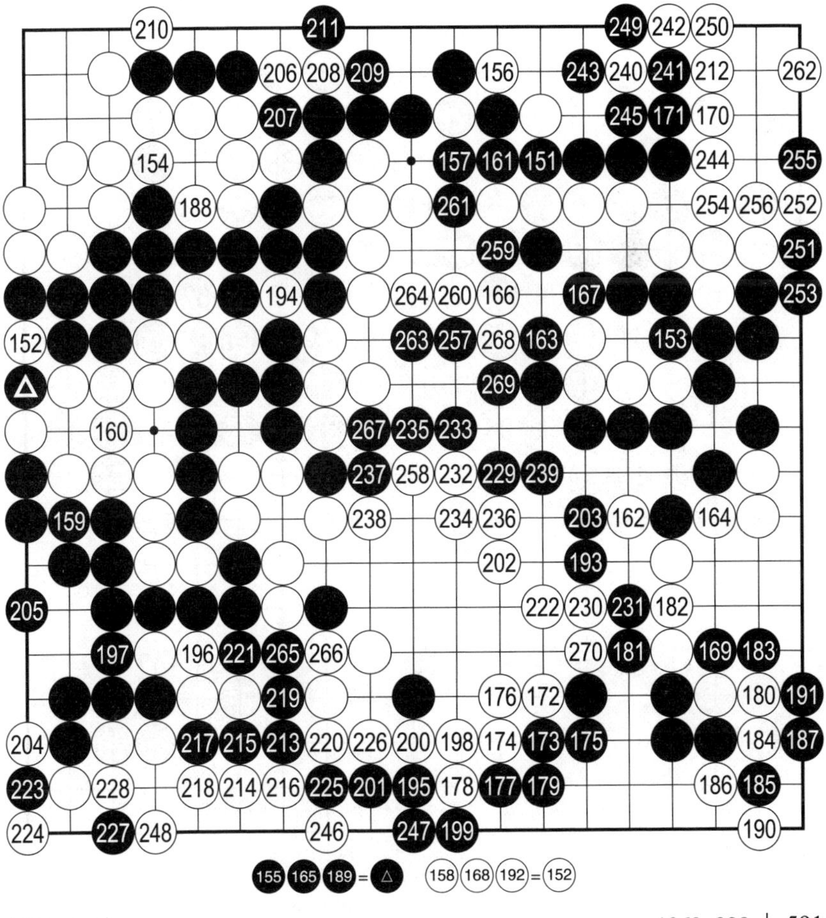

（151–270）

1963 年 3 月 9 日弈于温州体育场
训练棋

黑方 陈祖德
白方 姜国震

白 18 阻渡无趣，对黑棋威胁不大，反而使自身变重。

黑 29 应于左上 103 位拐，关系到双方眼位，似小实大。

白 32 大恶手，从里往外打吃，结果仍被封住，是为本局败着。此手应于 33 位从外面打吃，局势尚为两分。

至黑 37，白左右已不能两全。

黑 49 提，棋厚目多，局势大优。

黑 67-77 凶狠，直接杀掉了白棋。（李喆）

黑贴 $2\frac{1}{4}$ 子　共 113 手　黑中盘胜

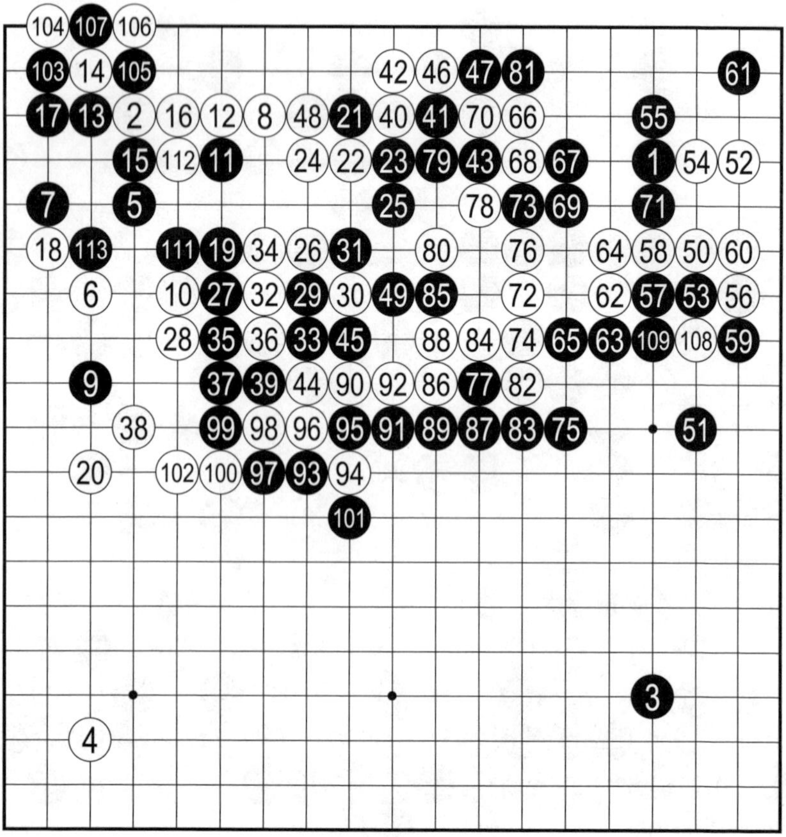

110=14

（1–113）

1963 年 3 月 22 日弈于北京体育馆

训练棋

黑方　陈祖德

白方　邵福棠

白 10、黑 11 均为正应。

白 20 价值偏小，黑 21-28 交换必然性不高。

白 30 点三三，好。

黑 39 失误，应于 1 位左一路粘。实战至 47，黑棋大亏。

白 68 应保留，单于 70 位飞，若黑 68 位长，则白于 74 左一路飞起连络，大可满意。

实战至 79，黑方挽回局面。

黑 87、89 冲击白方棋形弱点。

白 96 败着，应于 91 左一路断打，弃掉右边数子。实战救回十几目，左边亦损失十几目，但黑棋已活，白棋单方面变薄许多，黑棋由此奠定胜势。（李喆）

黑贴 $2\frac{1}{4}$ 子　共 147 手　黑中盘胜

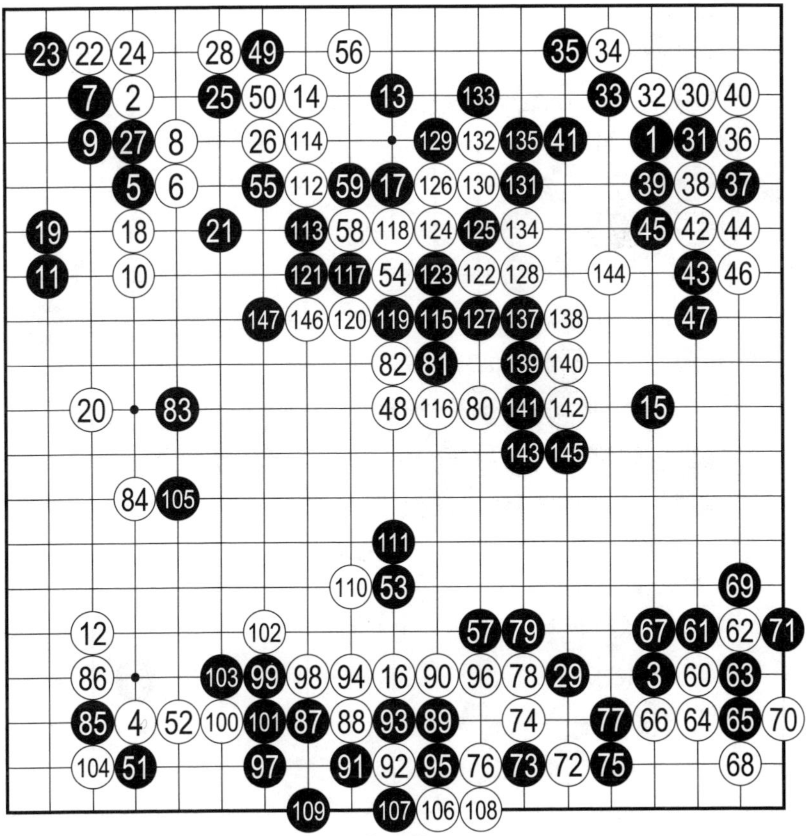

136=125

（1–147）

1963 年 3 月 25 日弈于北京体育馆

训练棋

黑方　齐曾矩

白方　陈祖德

黑 15 可考虑 16 位爬，白断，黑二路打后脱先，可降低白方棋形效率。

黑 23 靠，形之要点，白 24 针锋相对，变化有趣。

白 28 可保留，先走 33 位补强外势。

黑 33 好手！但黑 37 失机，应于 55 位先手提，弃掉五子后在左边开拆，全局黑方有利。

白 38 极大，左上厚势得以发挥。

白 40 以下展开猛攻，但过刚易折，至黑 97，白方封锁宣告失败。

黑 99 可于下边开拆。实战白 100 点，展开第二波攻势。（李喆）

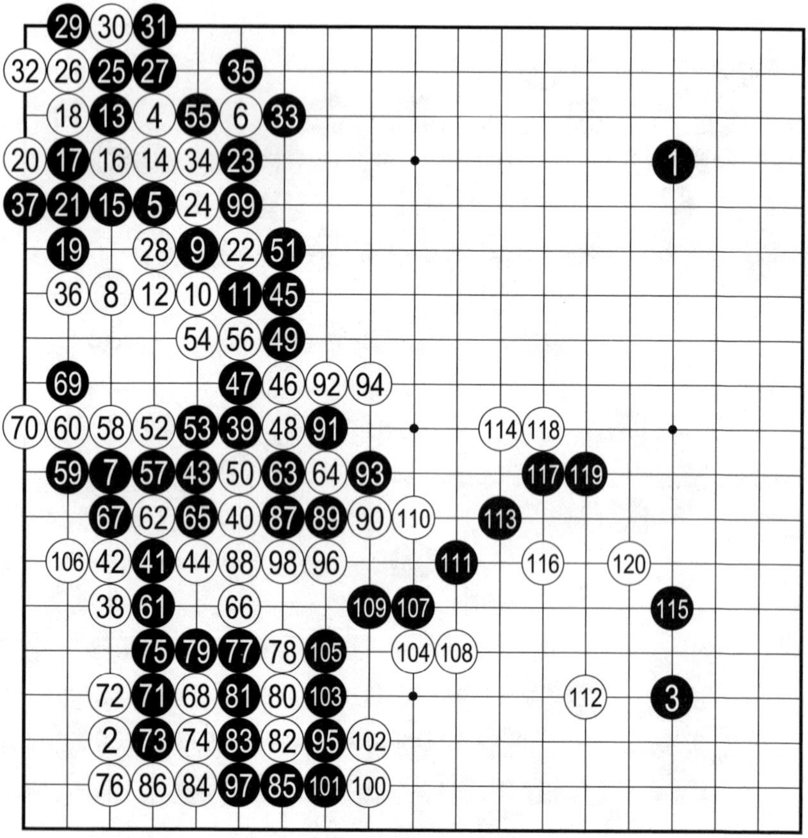

（1–120）

黑方　齐曾矩

白方　陈祖德

黑 125 稳健连回，保持优势。

黑 151 异常，如不在 152 接，则不应走 149，实战黑大龙眼位受损，影响甚大。

白 168、170 准备在 206 位出手杀棋，黑 171、175 连续隐忍退让，优势迅速缩小。

黑 189 应走 190，仍可保持小优。白 190 十分机敏，黑惧怕 206 位弱点，仍不敢走 194 位反击。

黑 201 最后败着，如在中腹 220 位先定型，局面仍然细微。

白 202 后逆转胜定。(李喆)

黑贴$2\frac{1}{4}$子　共 252 手　白胜$1\frac{1}{2}$子

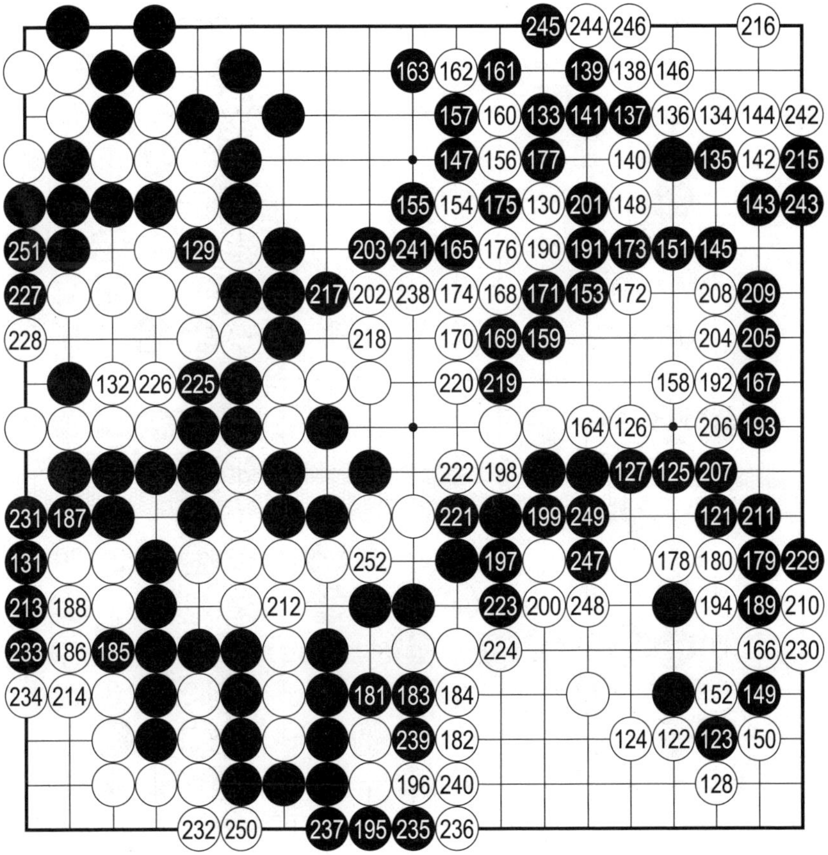

(121–252)

1963 年 3 月 28 日弈于北京体育馆

训练棋

黑方　陈祖德

白方　朱金兆

黑 23 重，此时可脱先他投。

白 34 避战，此局面走 35 位可战。

白 46 于 53 位补断为紧要。

定型至 62，黑方先手走厚，再于 63 位靠出作战，占据优势。

黑 73 可于 98 位拐出整体攻击。白 86 冲回有所收获。

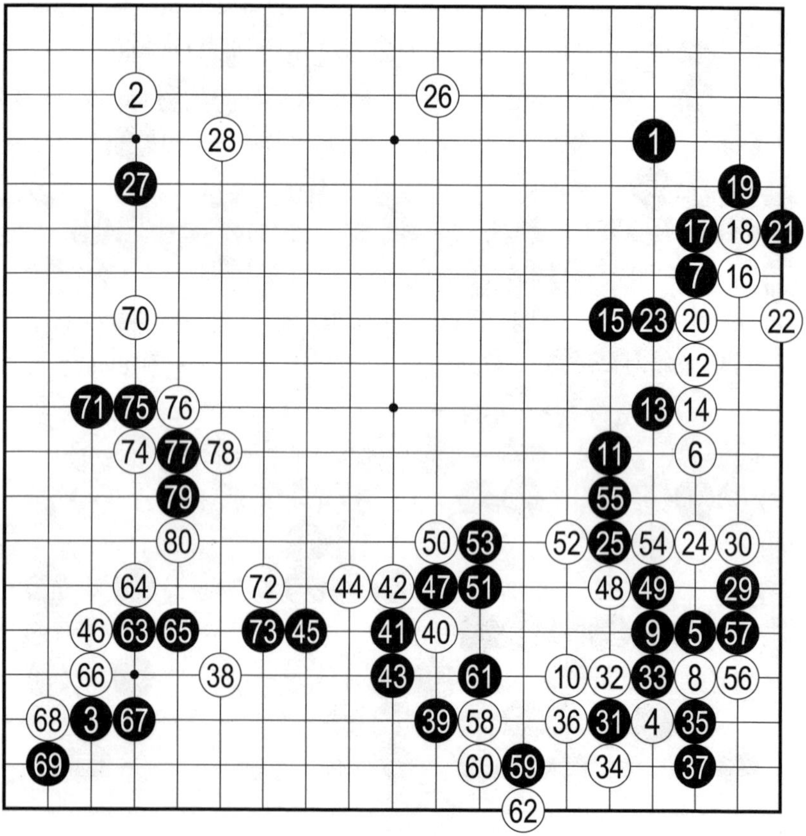

（1–80）

黑方　陈祖德

白方　朱金兆

97 要点，黑仍保持实地优势。

白 114 试应手，苦心的手段。黑 121 再捞一大笔，逼迫白方强杀上边黑棋。

黑 151 于 145 右边长出更为简明。

黑 159 妙手！白 160 中计，应于 144 左一路拐，可弃四子吃上边黑棋。即便如此，全局仍为黑稍优。实战白 160 被黑 161 绝杀。（李喆）

黑贴 $2\frac{1}{4}$ 子　163 手以下略　黑中盘胜

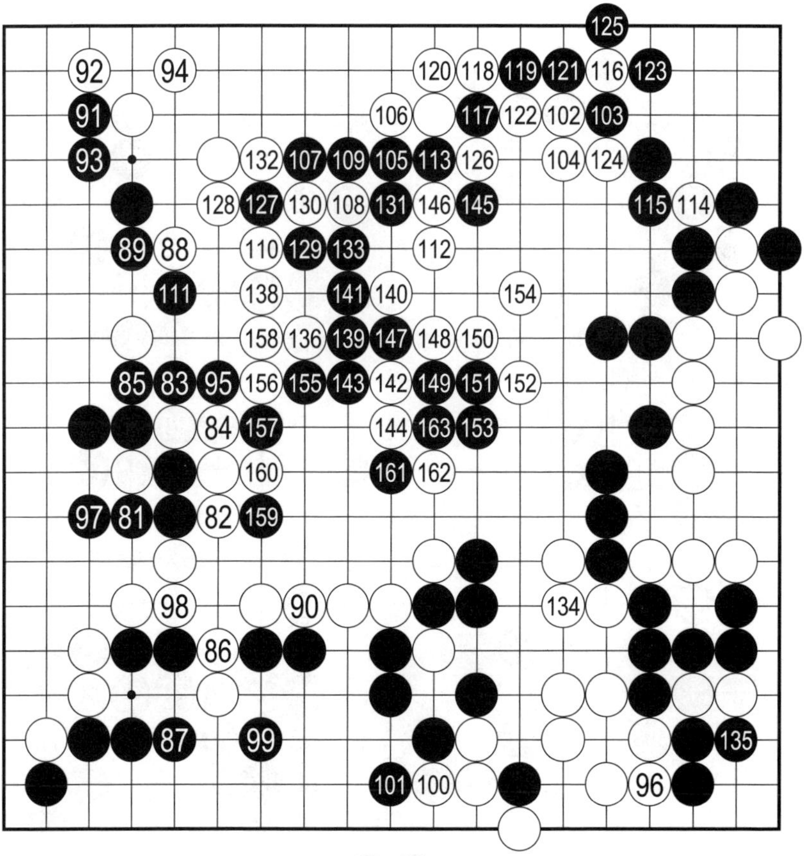

137 = 127

（81–163）

1963 年 4 月 4 日弈于北京体育馆

训练棋

黑方　陈祖德

白方　赵之华

黑 21 恐交换不到，应单走 25 跳或 45 扳。

白 24 走 25 为好，黑若吃 24，白可打一下脱先，布局速度较快。

黑 27 至 33 次序井然。

白 46、48 还原古棋着法。

黑 49 二路袭扰，白 50 应压在三路退防。

黑 61、63 严厉！至 73 转换，黑方取得优势。

白 88 稍损。黑 111 不细。

黑 137 长出，加速定型至 157，黑胜势已定。

此局为黑方完胜。（李喆）

黑贴 $2\frac{1}{4}$ 子　共 157 手　黑中盘胜

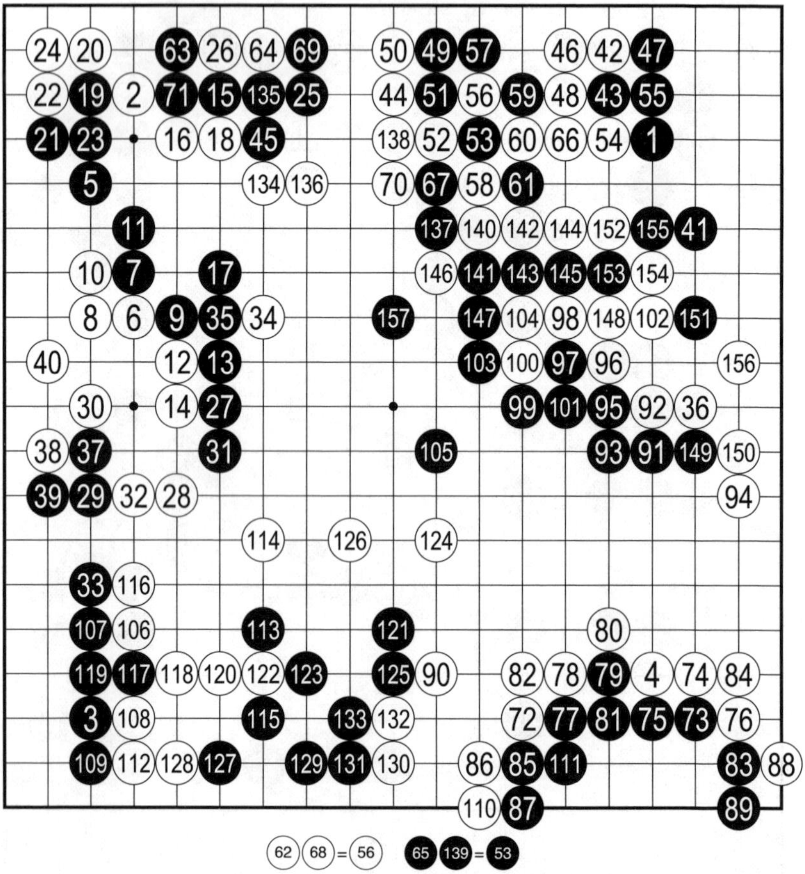

（1–157）

1963 年 4 月 8 日弈于北京体育馆

训练棋

黑方　黄良玉

白方　陈祖德

白 6 为布局趣向，其时边角价值差异尚未十分确定。

黑 13 打入求战，稍显过分。

黑 15 应于 122 位出头。实战被白 22 封锁，黑棋在边路苦活，局面不利。

黑 25 苦活之前可在 30 位靠出制造头绪。

白 32 不如 44 尖大。白 58 渡过不急。

黑 65 单官阻渡相当不妥，此时脱先于 69 拆，黑方局面已不落下风。（李喆）

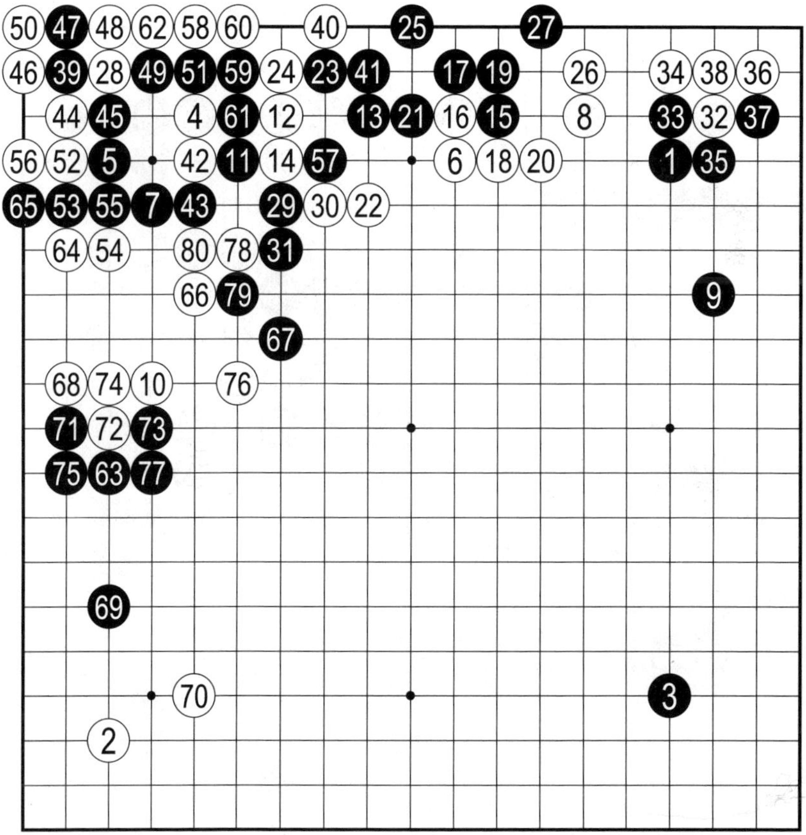

（1–80）

至105黑棋苦活，白方优势。

白122不急，可先于右边或下边进攻。

黑141-147跑出无理，若守住下边，胜负尚早。

黑155误算。（李喆）

黑方　黄良玉

白方　陈祖德

黑贴2$\frac{1}{4}$子　共172手　白中盘胜

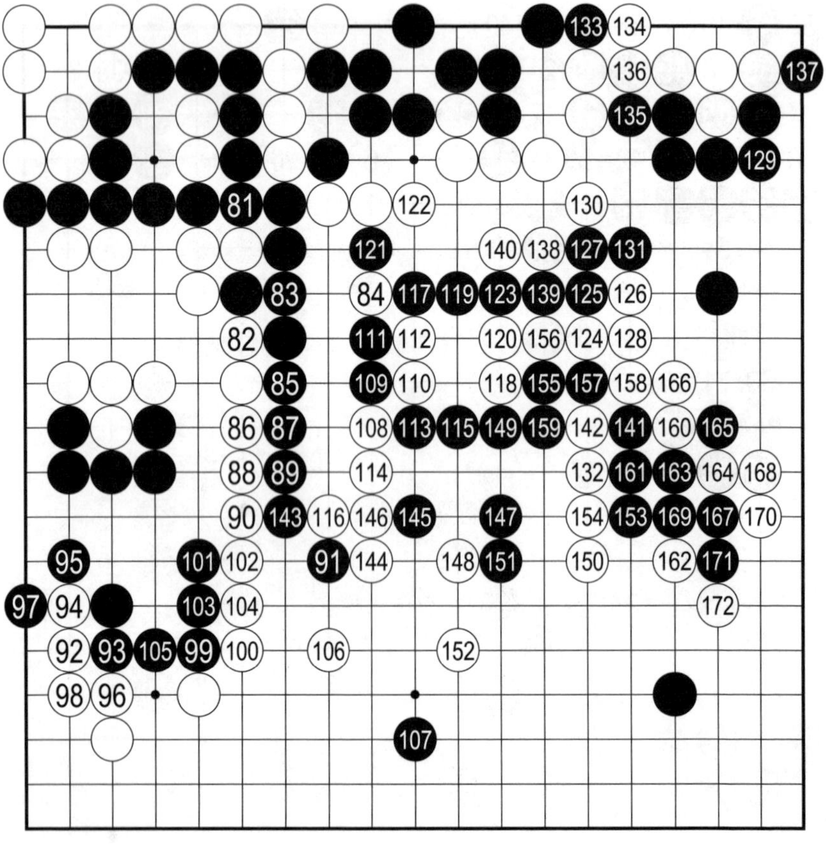

1963 年 4 月 11 日弈于北京体育馆
训练棋

黑方　陈祖德
白方　崔云趾

黑 17、19 是体现攻击性的下法。白方可能担心征子不利而不敢在 1 位左边靠下。

黑 35 好棋感，如先于 43 交换后更佳。

黑 39 亦可于 40 位挡，弃两子后长出。

黑 53 应 56 位连络。

白 76、78 着法犀利。

黑 105 过强，应 114 提净。白 114 粘出后，作战黑棋危险。（李喆）

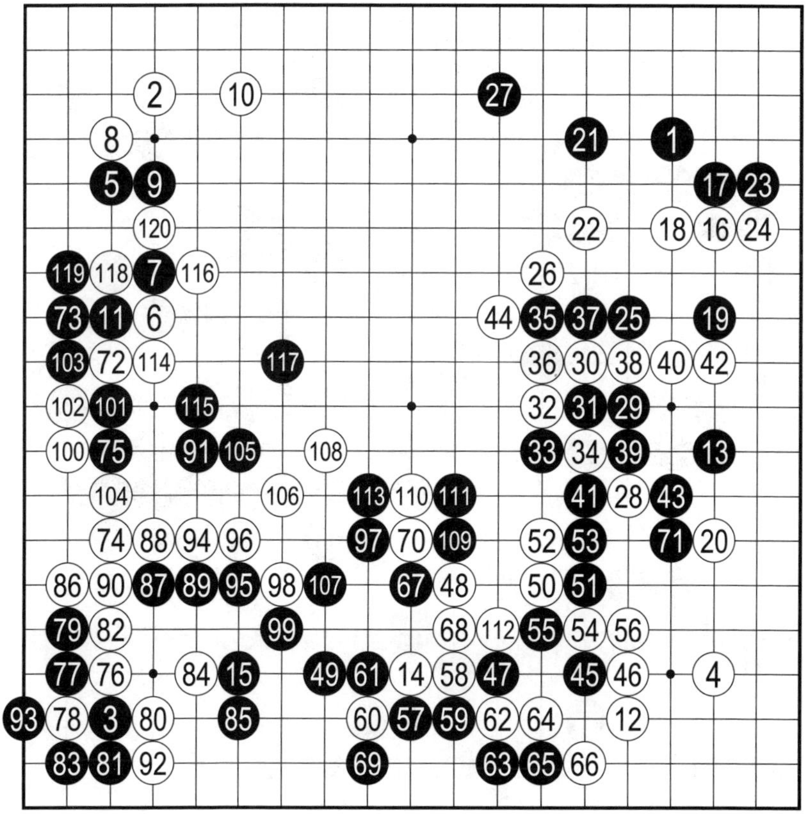

（1–120）

黑方　陈祖德

白方　崔云趾

白126、138稍缓，黑方得喘息之机。

黑157连回大块，白158断，仍然复杂难解。

黑169可选择左上打吃收空，实战转换黑方稍亏。

白180以下官子滴水不漏，收束完美，黑方难挽小败。（按照棋谱，最终应为盘面4目。不知是白胜1目，还是贴目并非5目。）（李喆）

黑贴$2\frac{1}{2}$子　共256手　白胜1子

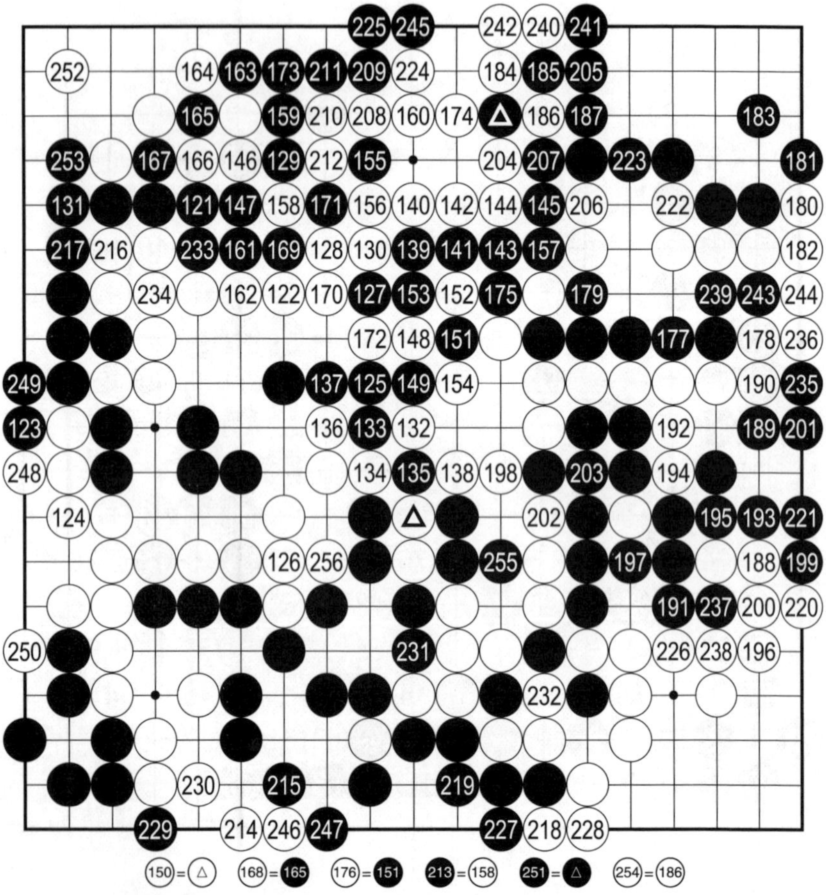

（121–256）

1963 年 4 月 14 日弈于北京体育馆

训练棋

黑方　陈祖德

白方　王幼宸

白 12 还是应在 13 位扳起。

黑 27、29 略缓，但隐含攻击性。

黑 37 凶狠，普通于 38 位提已可满意。

白 40 应单于 42 位拐，保留弃子变化。

白 48 妙手！

白 56 可选择于中腹行棋。

白 78 应保留。

黑 83、85 攻击好手。

黑 91 可于 93 位吃，放白出头方可继续攻击。（李喆）

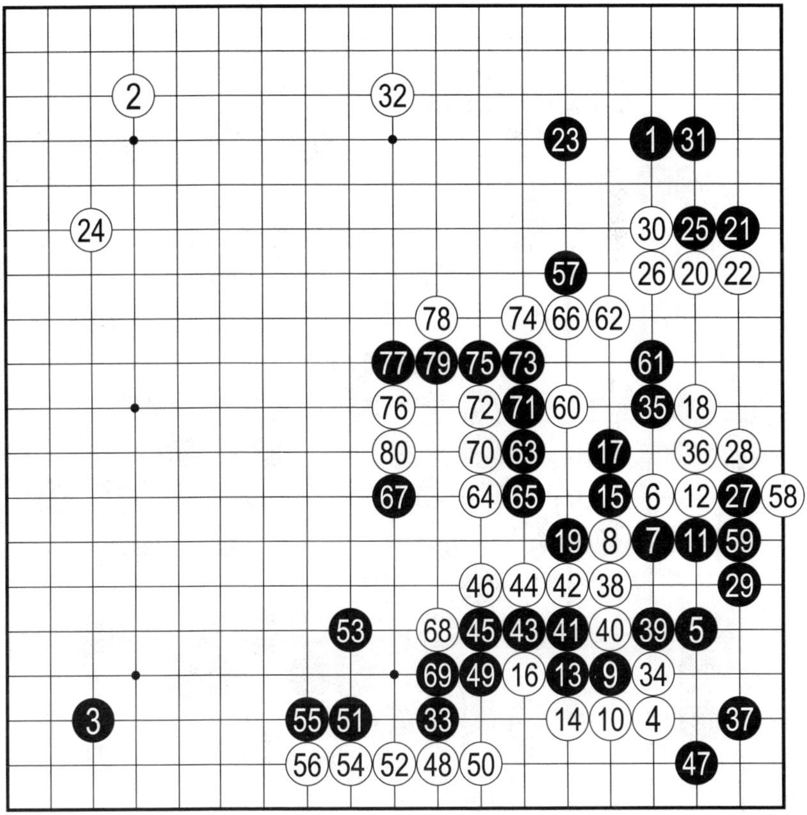

（1–80）

黑方　陈祖德

白方　王幼宸

白102方向奇特，还是于103的宽处碰更好。

黑123过分，至132，黑攻击完全落空。

黑139应147位虎，白140应137右一路挤，可先手补上。

黑147抢到要点，定型至163，黑方确立胜势。（李喆）

黑贴$2\frac{1}{2}$子　共179手　黑中盘胜

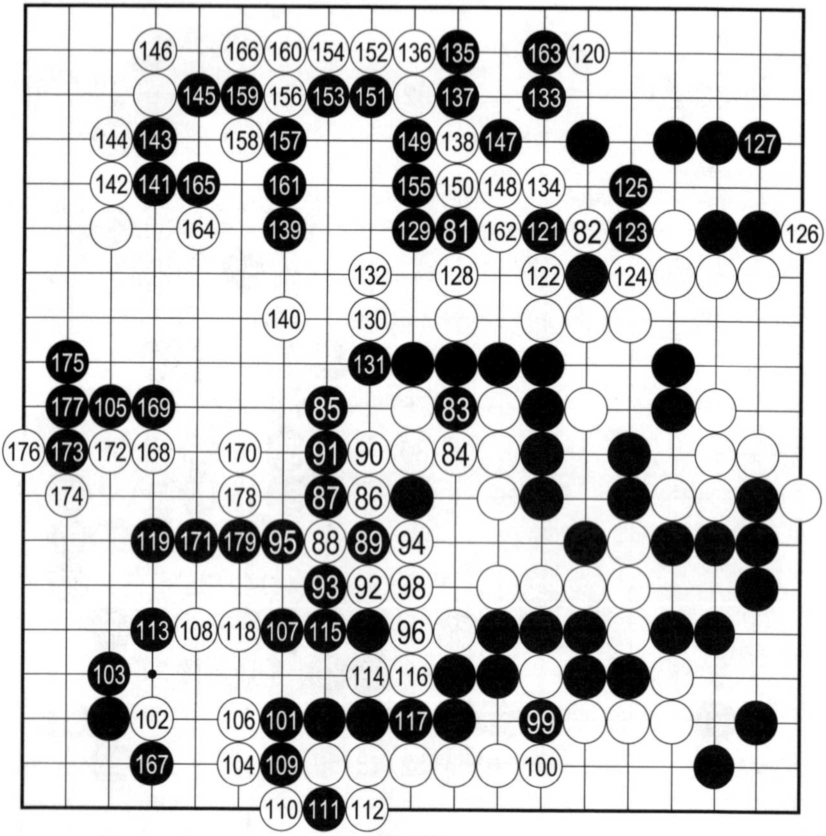

97 = 89

（81–179）

1963年4月18日弈于北京体育馆

训练棋

黑方　陈锡明

白方　陈祖德

黑7-21是被吴清源大师批评的旧定式，认为白方角上提吃一子的效率很高。AI也认同吴清源的判断，甚至认为黑13只能走14位愚形粘上。

黑27以下出头局促，可直接走29位。

白70打入伴攻，黑71、73中计，应走74位立。实战白78连络后，黑79仍未吃净白棋。

白80、82深入虎穴，艺高人胆大。

至98白轻松活出，确立胜势。此后进程与胜负无关。

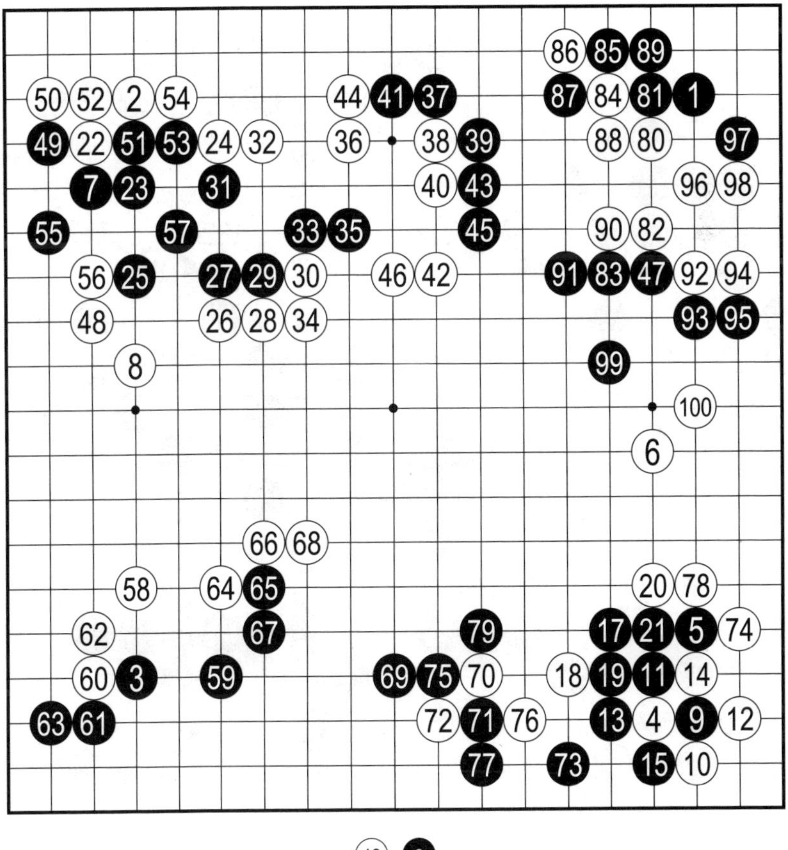

16=9

（1-100）

本局为白方完胜。(李喆)

黑方　陈锡明

白方　陈祖德

黑贴$2\frac{1}{2}$子　共198手　白胜4子

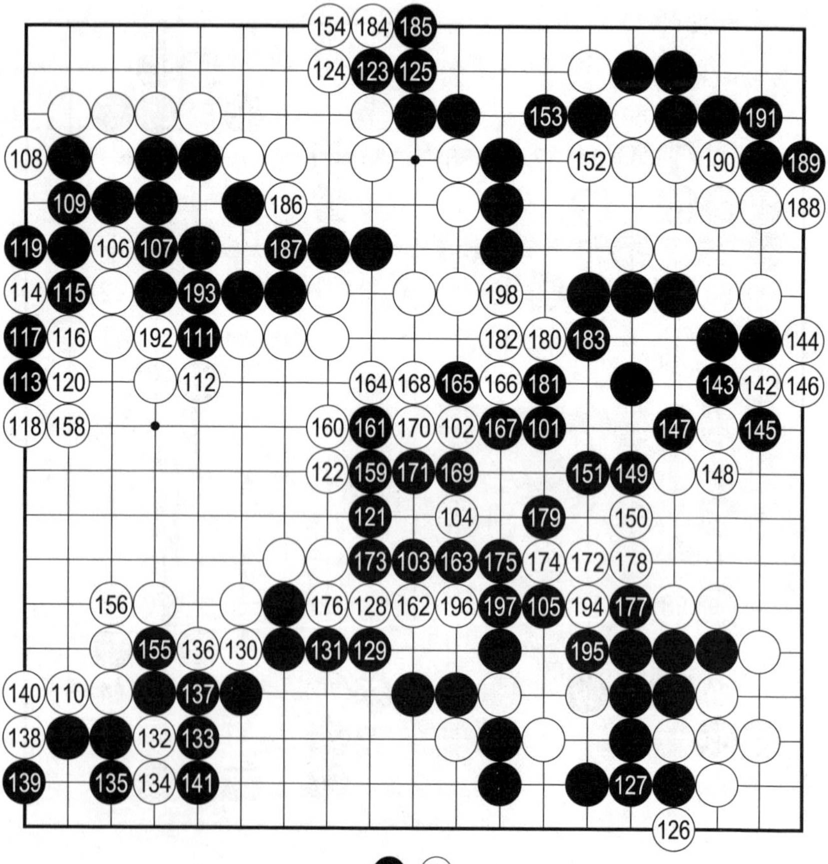

(101–198)

1963 年 4 月 22 日弈于北京体育馆

训练棋

黑方　陈祖德

白方　竺源芷

白 26 略缓，应先一步于左边打入。

黑 27 跳起后，白 30、32 再来袭扰，已慢了一拍。

黑 39 可选择脱先，于左上 58 位造劫。

白 60 应 63 位扳粘。

白 64 扑和黑 71 扳都过于看重左上角的万年劫。

白 72 应 116 位抢攻。

白 88-90 过强，应先在 102 位刺，考验黑棋。

黑 97 可于 98 位直接吃。（李喆）

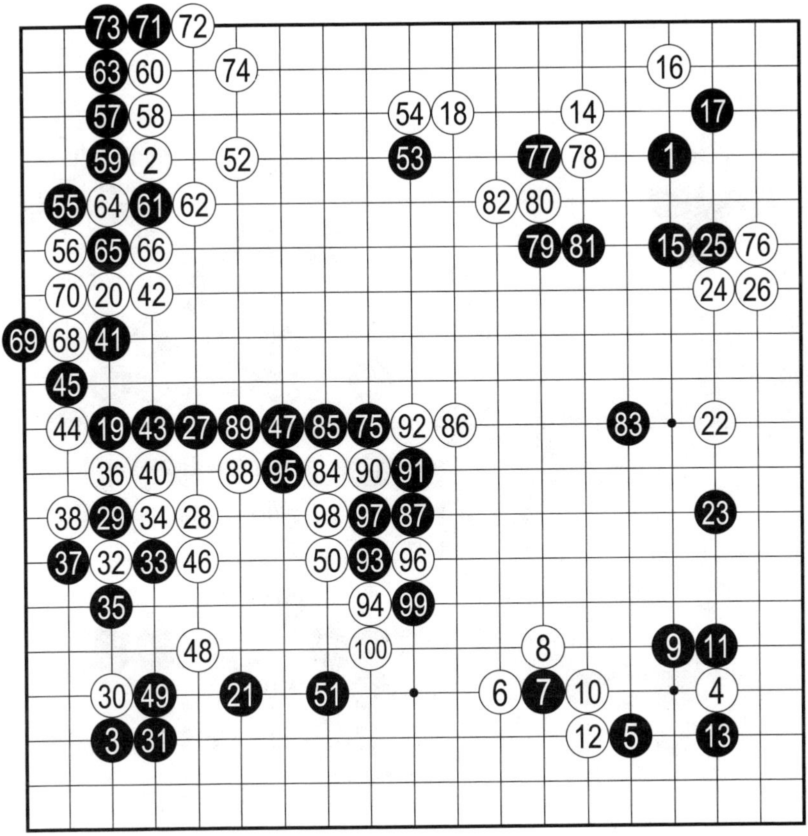

39=32　67=64

（1–100）

102再刺已来不及，黑105以下简明吃通，确立胜势。

以下白棋奋力拼搏，黑方应对强硬，有惊无险。（此局“棋谱信息”里标为白胜，但从棋谱来看应为黑中盘胜，至181手白方无以为继。）（李喆）

黑方　陈祖德

白方　竺源芷

黑贴$2\frac{1}{2}$子　共181手　黑中盘胜

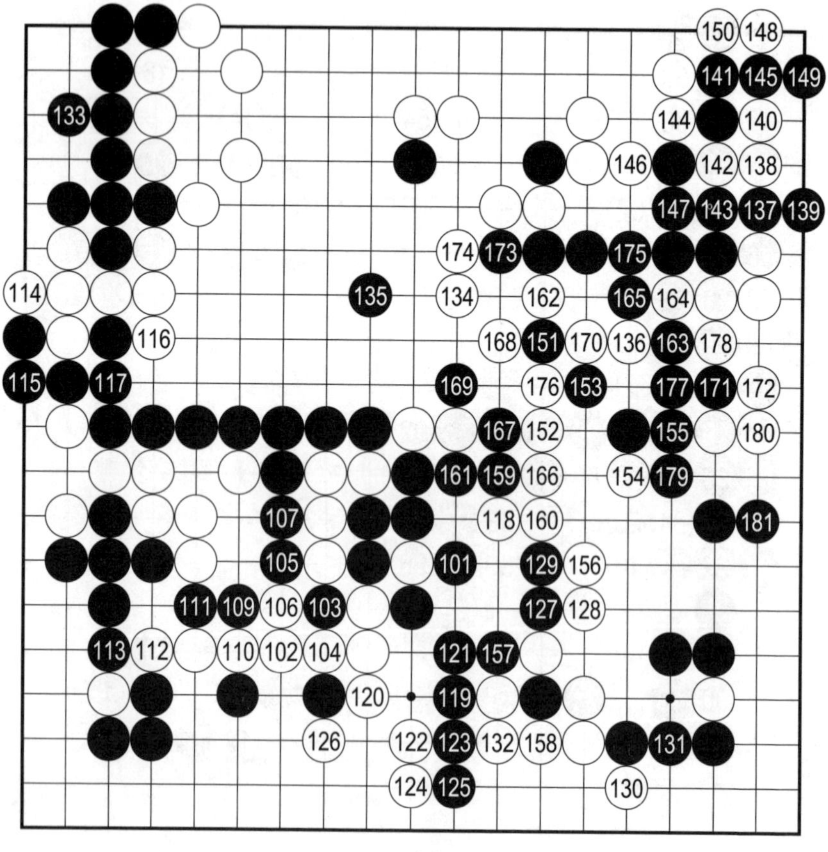

108＝103

（101–181）

1963 年 4 月 29 日

训练棋

黑方　吴淞笙

白方　陈祖德

白 6 有趣，似是高中国流雏形。

黑 11 在上方有势力时宽夹，被对手点角的下法，此后渐被淘汰。

黑 25 是旧形，略缓。

黑 35 雪崩不妥，被白 36 扳起后无应手。白 40 于 42 立已可满意。

黑 41-49 精彩腾挪，体现实力。

白 56 局部妙手。

黑 59 可直接于 65 拆，更为灵活。

黑 69 应先在 71 靠，若白冲，再 69 夹出，实战局势险峻复杂。

黑 77 危险。

白 82 可于 85 位长。

黑 93 失着，于 95 扳更为紧凑。

白 100 应单于 102 下一路虎。（李喆）

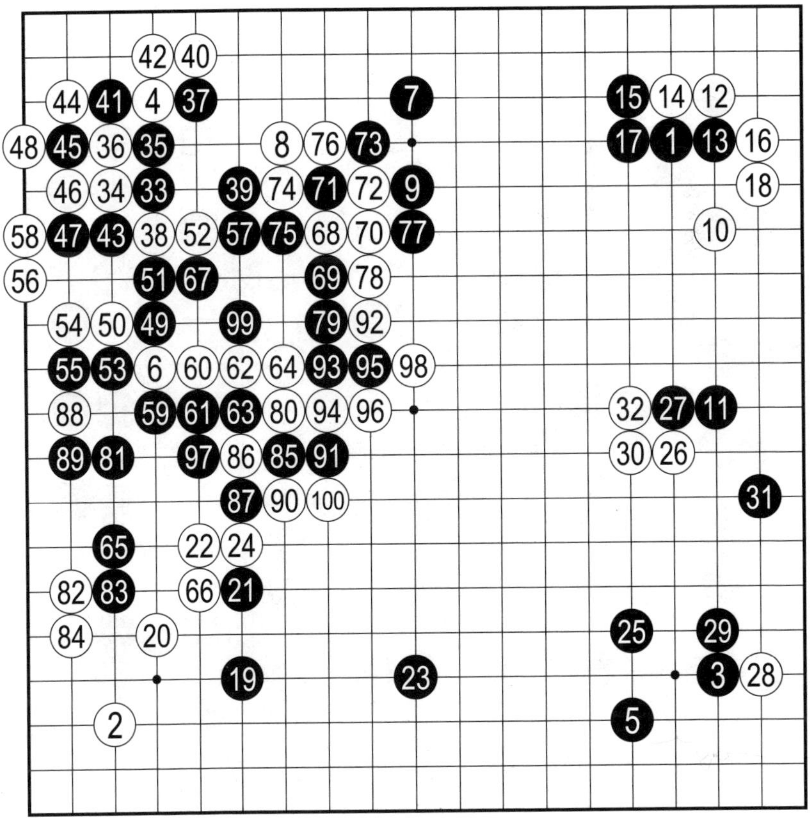

（1–100）

黑方　吴淞笙

白方　陈祖德

白 110 可选择右一路吃。

黑 119 断，紧凑至极！

白 134 于 135 尖较为稳妥，实战追求效率，以致激战升级。

黑 139 失着，应 141 冲。

白 148、150 不简明，应于 155 右一路肩冲，寻求连络。

黑 151 分断凶狠。此后黑方着着攻白要害，至 175 吃掉白方大龙，取得酣畅的胜利。

此局攻防较为精彩。（李喆）

黑贴$2\frac{1}{2}$子　共 206 手　黑中盘胜

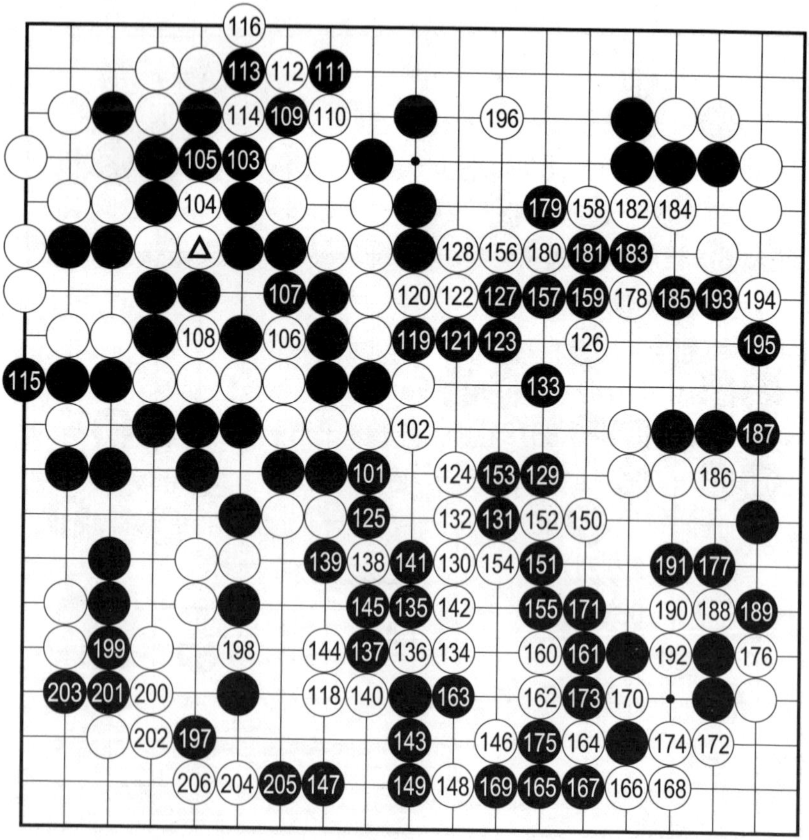

117 = △

（101–206）

1963年5月1日

训练棋

黑方　陈祖德

白方　郑怀德

黑7似是中国流雏形。

白24棋形不佳，还是应12下一路挡。

黑49危险。白50应63打后再52长，对杀黑棋不利。

黑57凶狠。白58应直接于64位冲断。

黑71应于73位尖出。

白78大失着，应于82位单碰，是突围的绝妙手段！

实战至89，黑割掉白棋大段尾巴，取得大优。

黑95不如96位贴，下一步瞄准100位。

白112夹后，局势又复杂起来。（李喆）

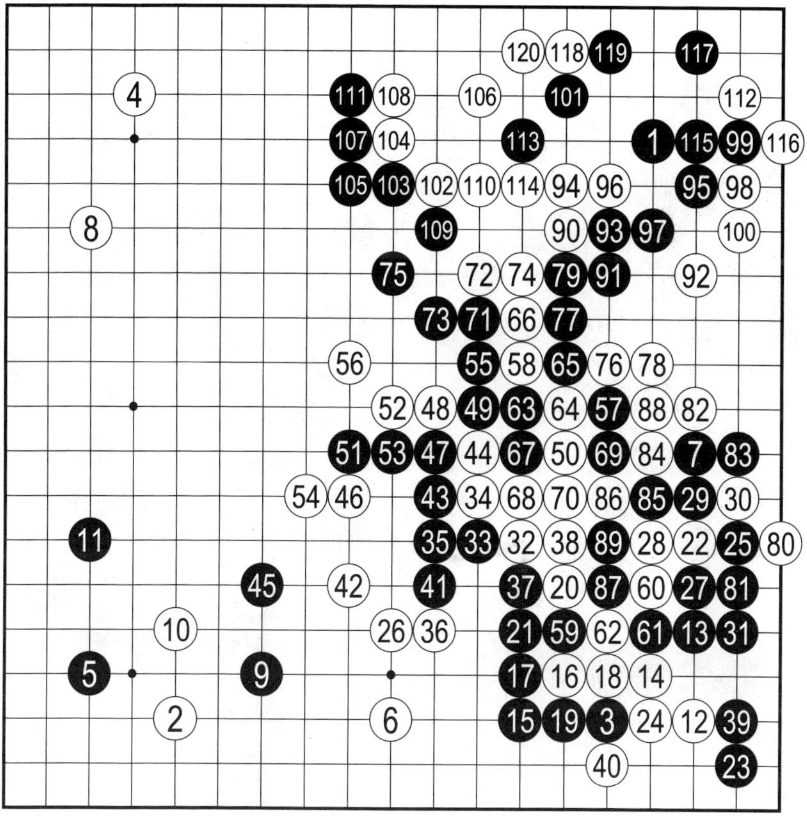

（1–120）

黑方　陈祖德

白方　郑怀德

黑 133 细腻。

白 140 定型时，黑 141 脱先好魄力！果断放弃先手 14 目。

黑 157 不简明，可于 166 一带行棋，控制中腹白三子为重。

白 204 失机，应于 205 开劫，则局势复杂。

黑 205 补后，白方面临小败。

黑 219 最后一击。（李喆）

黑贴$2\frac{1}{2}$子　227 手以下略　黑胜$4\frac{1}{2}$子

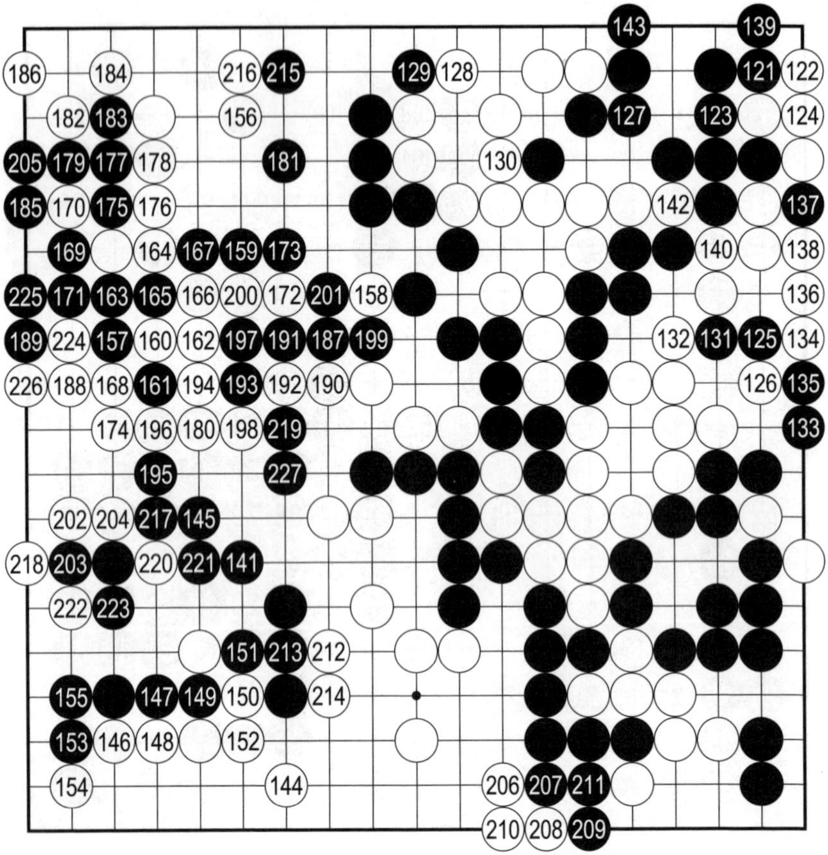

（121–227）

1963年5月9日弈于北京体育馆

训练棋

黑方　黄永吉

白方　陈祖德

白28二路断打少见。当年有很多实验性的下法，通过对局验证优劣，这在有AI以后已很难想象。

黑31可于34位拐掉，实战白34机敏。

白48补断手法独特。

白70可考虑于154跳出分断。

白92粘委屈，不如干脆于132位夹，弃子。

从黑95开始，双方都没留意132位的双先大官子，此处出入甚大，关系到全局优劣。

黑115断好手，弃右边取中腹，厚薄判断清楚。（李喆）

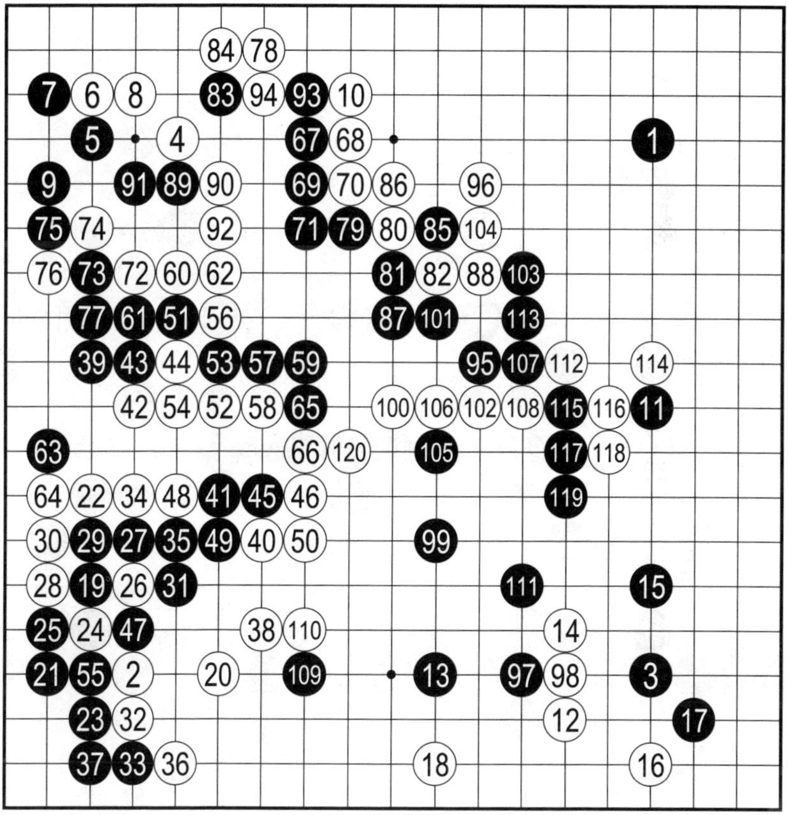

（1–120）

黑方　黄永吉
白方　陈祖德

黑 123 不如直接 131 贴，棋形更优。

白方终于抢到 132 的双先要点，此时形势接近。

白 140 不细，应 193 位挤。

黑得到 159 的大官子，形成微弱优势。

黑 161 稍缓，可于 18 左一路靠下。

白 176 如果继续于 190 渡过，黑有 176 左一路长的杀着。

小官子阶段双方出入不大，黑方始终保持着微弱优势直至终局。终局盘面 6 目。（李喆）

黑贴$2\frac{1}{2}$子　共 248 手　黑胜半子

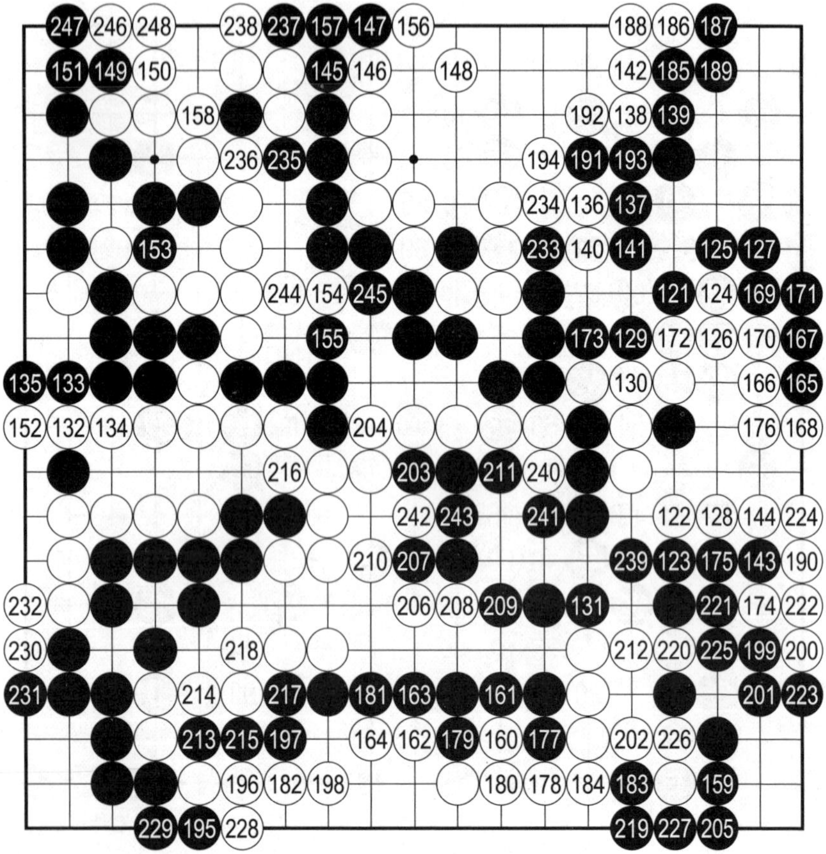

（121–248）

1963 年 5 月 13 日

训练棋

黑方　齐曾矩

白方　陈祖德

白 10、12 疑为训练中的实验着法，通常白 10 于 18 位扳，或白 12 于 15 位虎。

黑 17 在 18 位长一手为佳。

白 22 紧凑，于 23 位拐亦可。

白 28 可于 32 粘。

黑 31 应于 46 位扳起，再撑一下。实战至 38，白棋得利。

黑 59 凑白 60 靠出，不如 64 位尖。

白 72 以下搜刮畅快。

白全局厚实，黑 89 改 92 低拆为妙。（李喆）

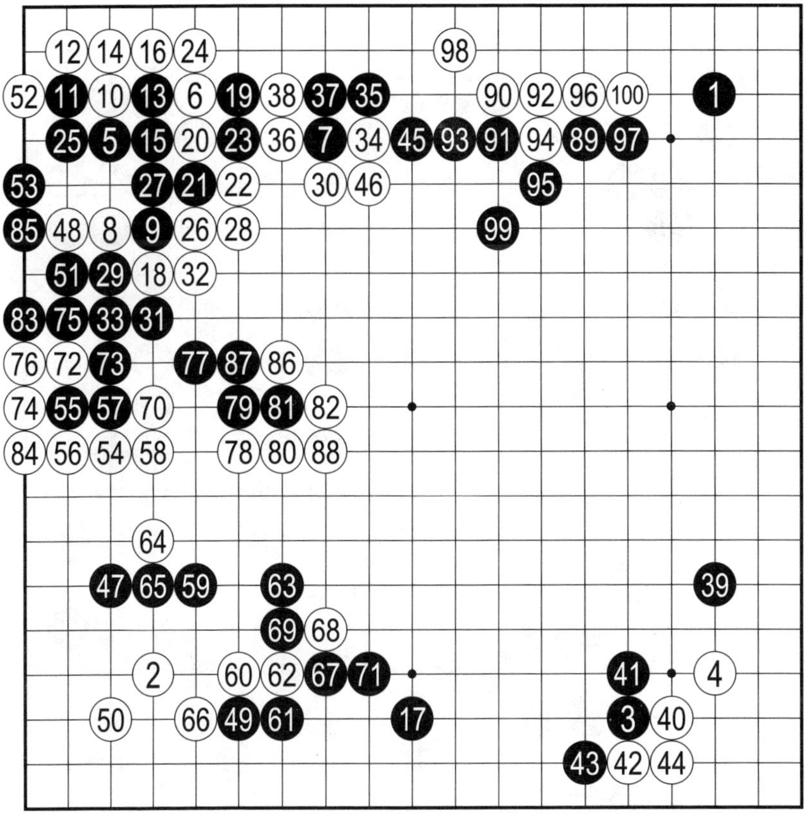

（1–100）

黑方 **齐曾矩**

白方 **陈祖德**

黑101过分，白102顶断严厉，至108黑角变白角，黑方实地损失过大。

此后白方安全运转，黑无争胜之机。（李喆）

黑贴$2\frac{1}{2}$子　194手以下略　白胜$5\frac{1}{2}$子

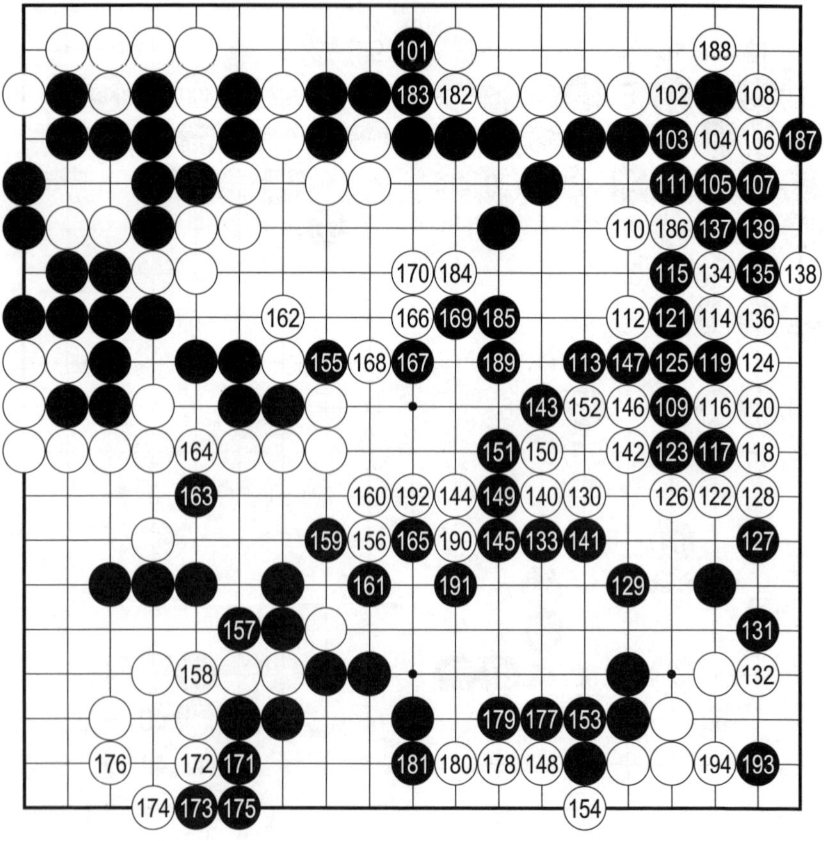

（101–194）

1963 年 5 月 17 日
训练棋

黑方　赵之华
白方　陈祖德

黑 17 靠起强围并非良策，可考虑 48 位镇头。

白 28 点角恰到好处。

白 38 可脱先补强中腹。

黑 43 攻白棋形要点，不如于 46 位补断总攻。白 44 断，弃子转身，漂亮。

白 60 以下先手定型至 72 补，清晰明快。

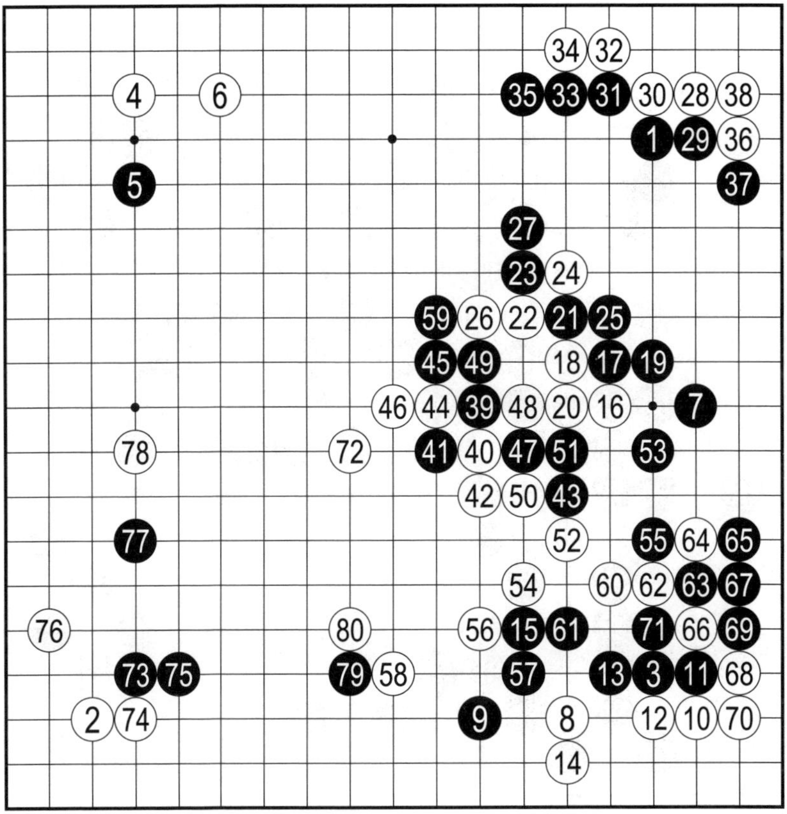

（1–80）

黑方　赵之华

白方　陈祖德

白 86 巨大。

白 96 断，形成攻势，加速定型。

至 116，白方通过攻击鲸吞左上，取得胜势。

白 148 施展手筋，扩大领先优势。

（“棋谱信息”里有白胜 17 目也有白胜 17 子。谱着结束时白棋约有盘面 30 目的巨大优势，且局面简明，从差距来看更接近白胜 17 子而非 17 目；但之前的自藏谱中似乎又少有以子差论胜负的，因此存疑。由于棋谱不全，或写为白中盘胜亦可。）（李喆）

黑贴$2\frac{1}{2}$子　162 手以下略　白胜 17 子

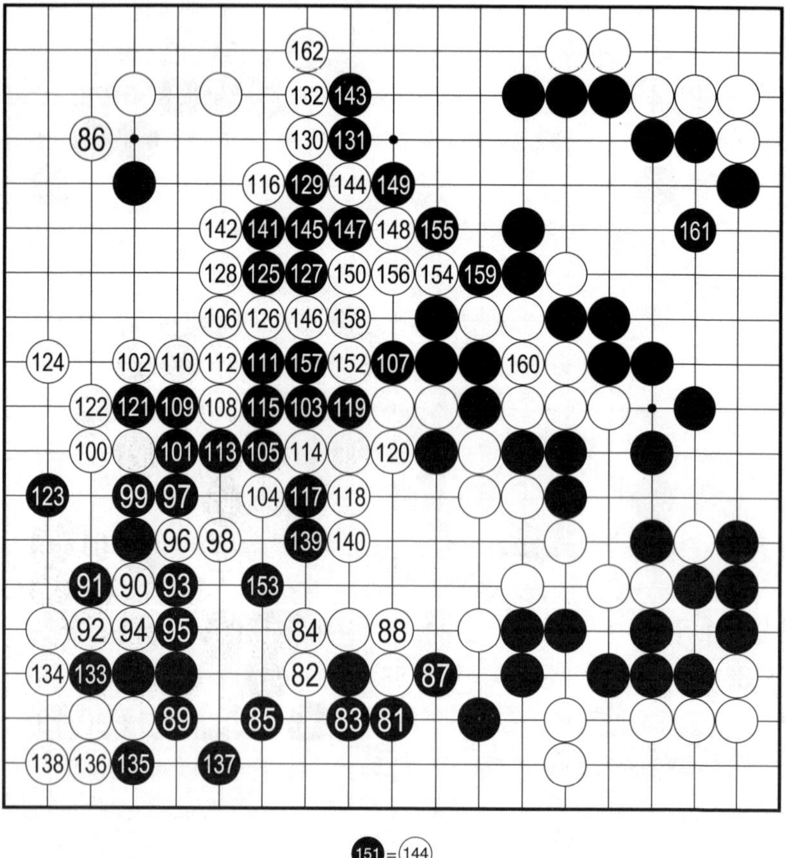

151=144

1963年5月20日
训练棋

黑方　朱金兆
白方　陈祖德

黑19可于29位尖防御，白20应单扳。

黑25靠断有些僵硬，此时已可脱先。

黑35俗，应于112位扳，继续借用。

白44缓手，三子已轻，应在下边开拆。

黑51、53反击严厉，至61，黑方大为成功。

黑73拔花后应立刻于101位出动。

白86以下虽有收获，但黑走到101位，仍是黑棋主动。

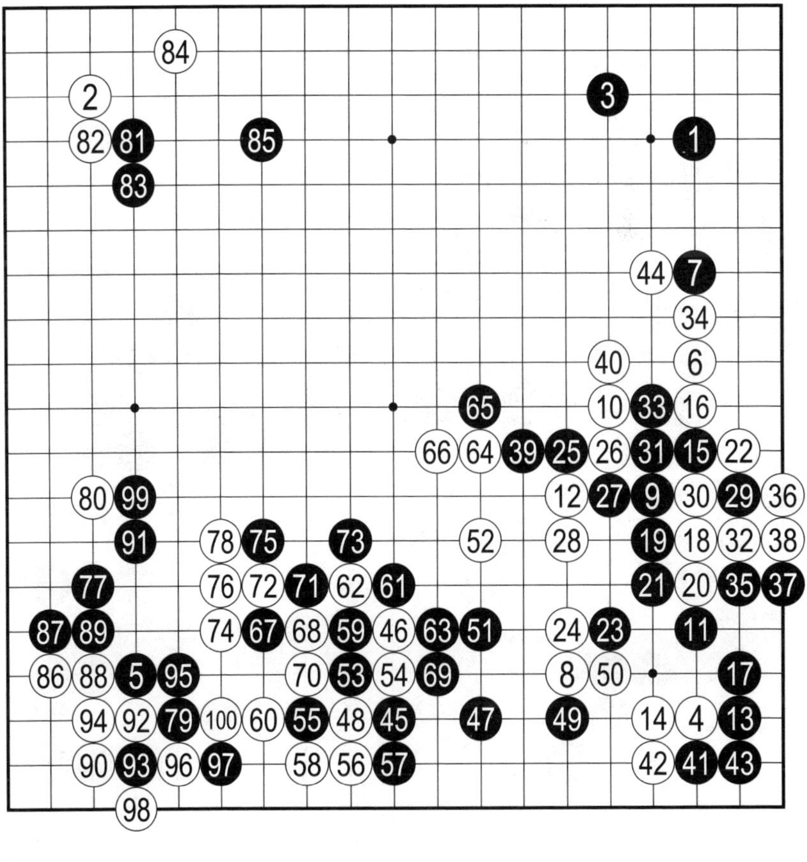

（1–100）

黑方 **朱金兆**

白方 **陈祖德**

黑 105 变调，白 108 后局势缓和。

白 130 凶狠。

黑 141 冲下所得不多，白走到 152 时局势已逆转。

白 176、178 强杀误算，于 177 扳出，不必吃棋即可大优。

黑 181 拐，白方对杀不过，棋局戛然而止。（李喆）

黑贴$2\frac{1}{2}$子　共 191 手　黑中盘胜

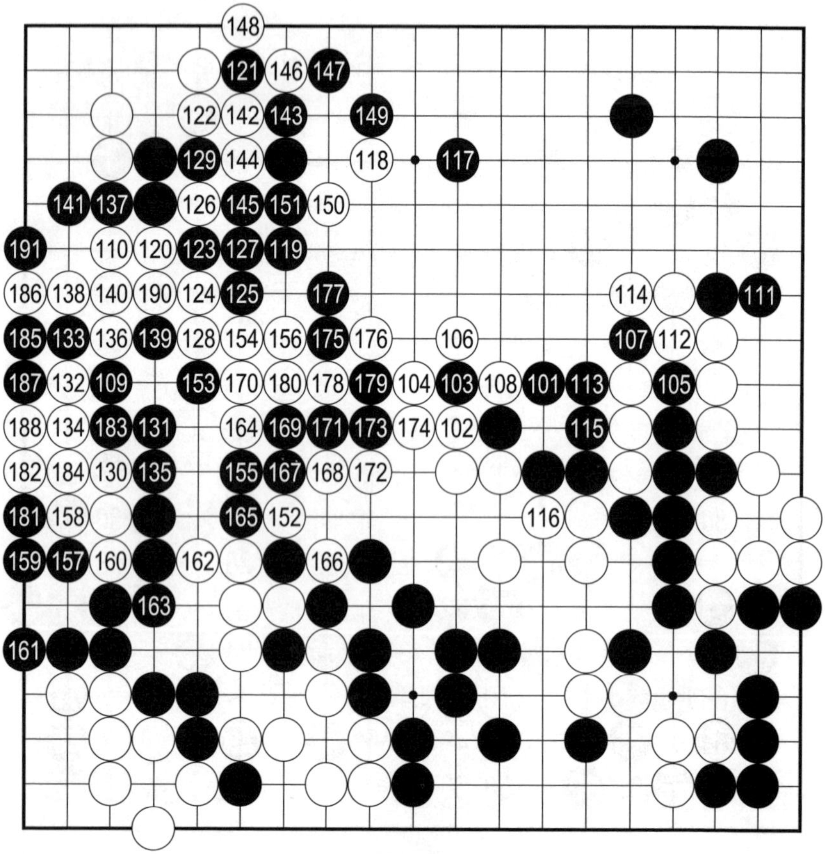

189=185

（101–191）

1964年5月24日

黑方　陈祖德

白方　沈果孙

黑13、15是好手。黑31夹击见小，33至37的下法有些损实地。白46以下出手时机较早。黑57可在103位飞出，展开进攻。白60脱先好棋。白76断有些执着。（李喆）

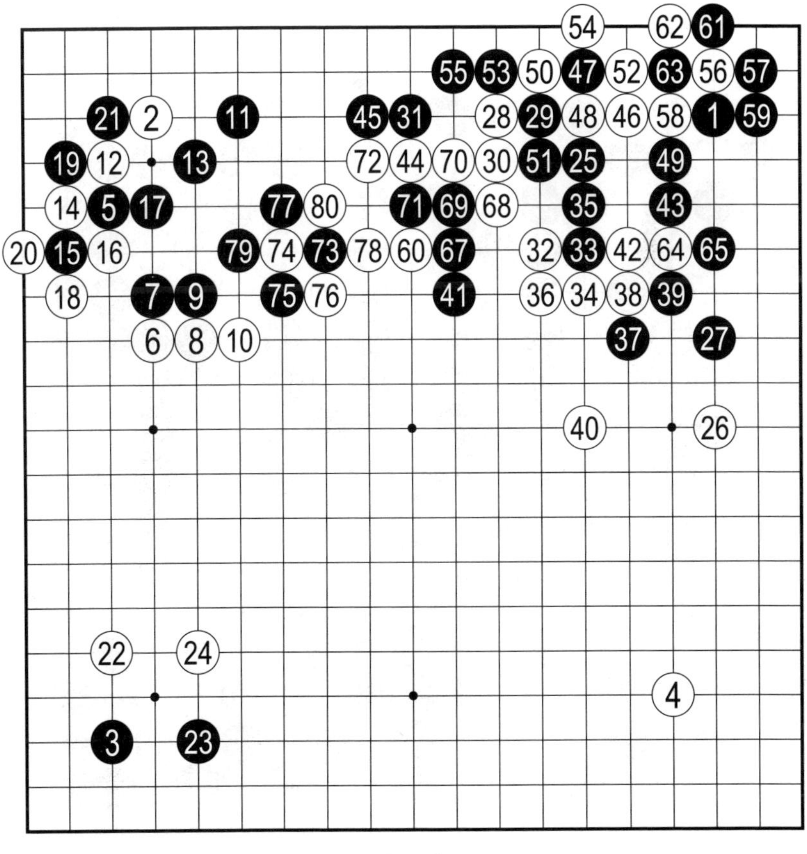

（1–80）

黑方 **陈祖德**

白方 **沈果孙**

黑 83 可在 114 位寻求转换。黑 97 跑出严厉，白应先防守此处。白 114、116 不妥，应吃掉 103 一子。白 118 败着，应从 117 右边冲回，则形势接近。至 128 黑方先手活，白棋只连回了 104、106 两子，右下阵势亏损严重。白 142 只能在 160 位补一手，黑 143 飞出至 149，白外势反被吃。

黑贴$2\frac{1}{2}$子　171 手以下略　黑中盘胜

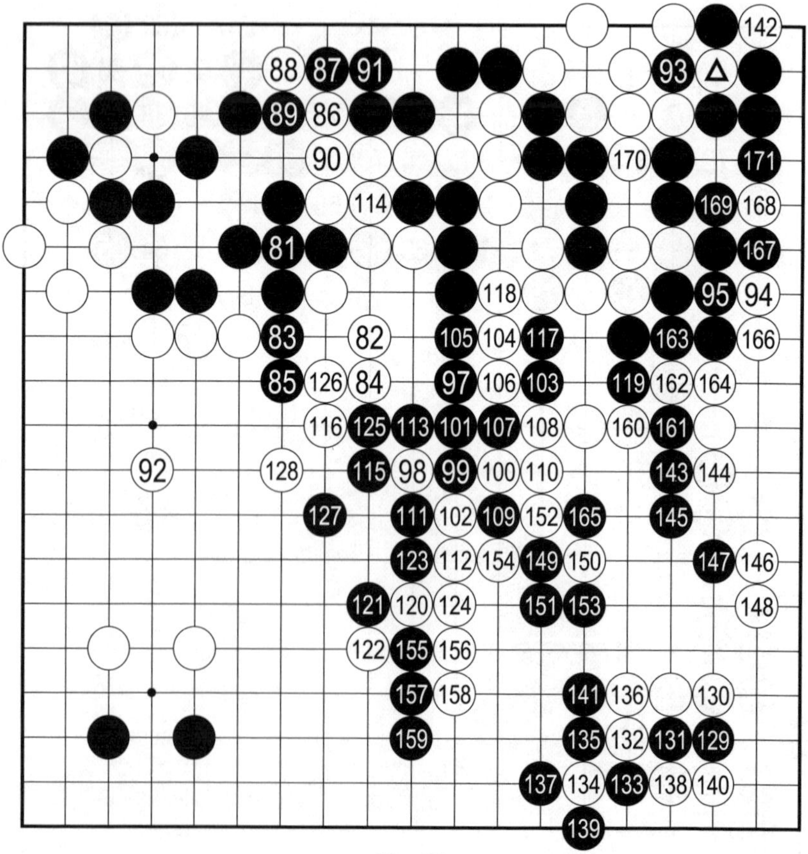

96 = △

（81–171）

1963年5月28日弈于北京体育馆训练棋

黑方　金亚贤

白方　陈祖德

黑13、25有古风。

白36寻求转换，黑37强硬。

白44可选择57位跳。

黑69巨大。

70-78定型为古法，过程中白76可于69右一路灵活靠出，黑77应选择78位，更大。

白80积极。

黑95可选择96位吃。（李喆）

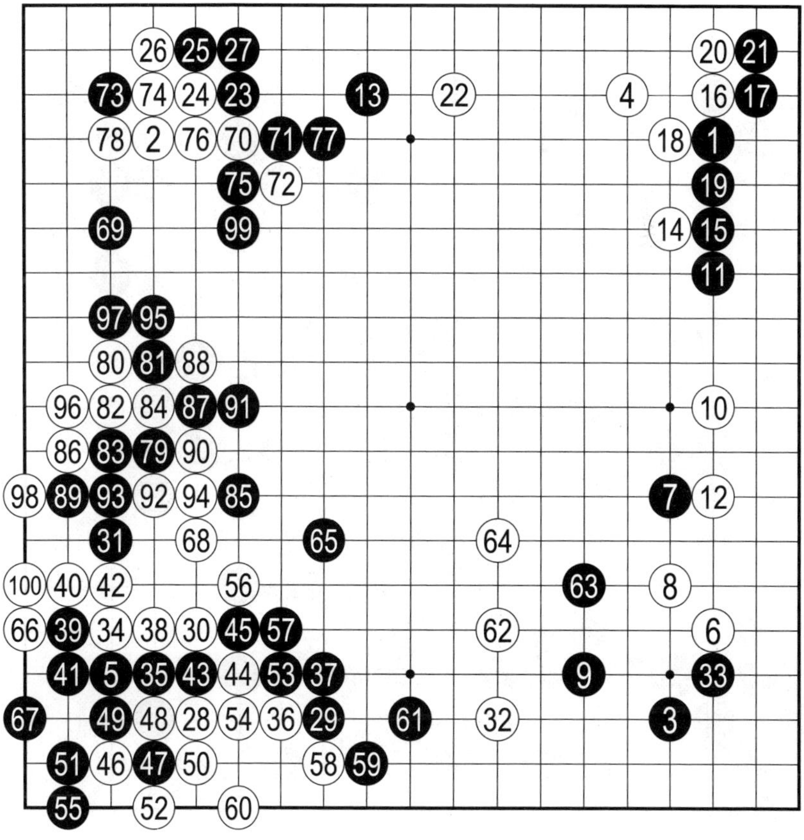

（1–100）

黑方　金亚贤

白方　陈祖德

黑 105 不精确，应 114 位尖刺反击。

黑 121 围中腹，白 122、124 深入腹地，全然不惧。

至 172，白棋顺利逃出。

黑 173-177 系蓄谋已久的手段。

白 178 败着，应于 175 上一路吃，借连环劫成活，则白方稍优。

实战形成劫杀，黑方全局劫材太多，白方无计可施。（李喆）

黑贴$2\frac{1}{2}$子　共 193 手　黑中盘胜

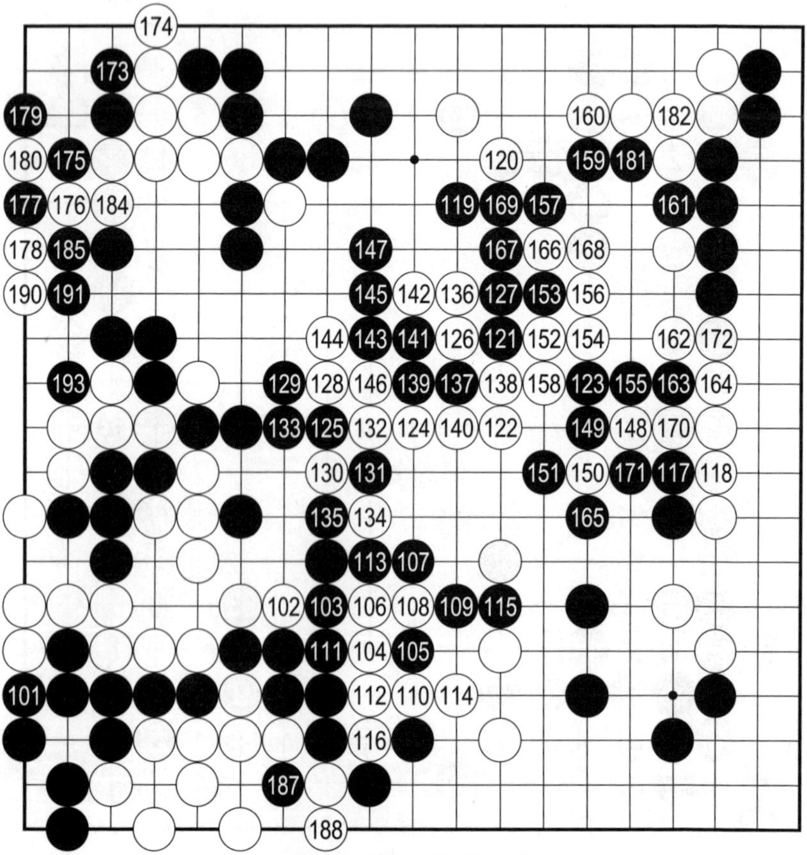

183 189 = 177　186 192 = 180

1963 年 5 月 31 日弈于北京体育馆
训练棋

黑方　陈祖德

白方　吴淞笙

白 18 交换不便宜。

白 38 妙手，至 47 白方获利。

黑 49、51 强硬无比，力战风格显露无遗。

白 52 以下弃子巧妙。

白 64 小，应抢占右上挂角，则白方形势不错。

白 78 仍看重左边，则当初应早占此处，此时再转换已损失不少。

黑 85 碰入不必要，白 92 征吃后黑棋不便宜。

白 112 可惜，应贯彻 106 意图于 122 位挡，则有劫争之利。（李喆）

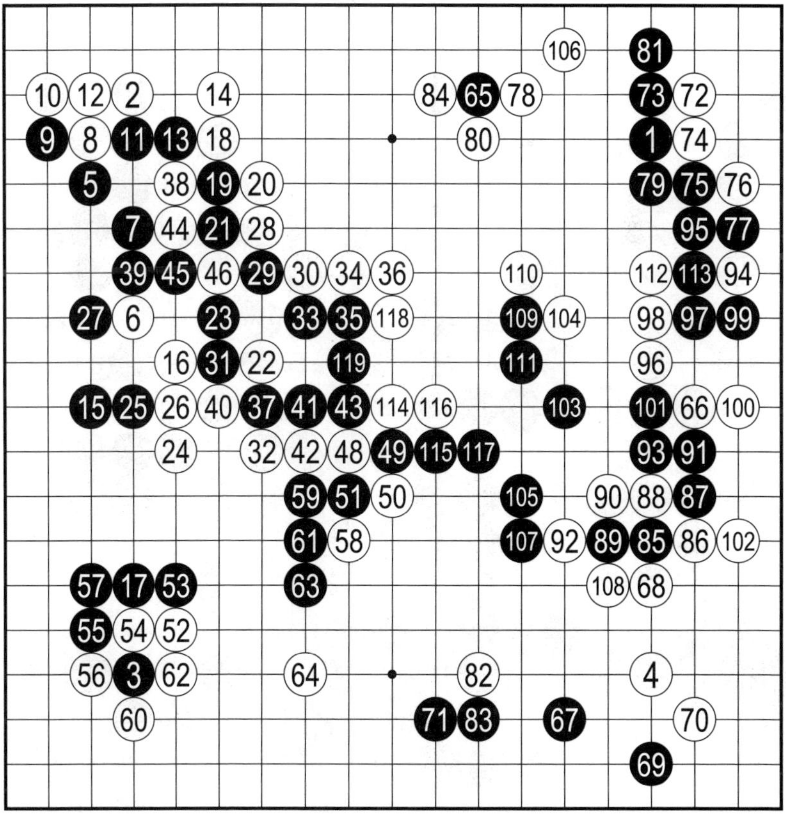

47 = 21　120 = 19

（1–120）

黑方 **陈祖德**

白方 **吴淞笙**

白 126 缓手。

黑 127 大飞，确立官子优势。

白 152、黑 153 均应抢 160 位的大官子。

黑 167 胜利宣言。

白 210 撑劫作最后一搏，此劫黑方无忧，白方难挽败局。（李喆）

黑贴2$\frac{1}{2}$子　共 234 手　黑中盘胜

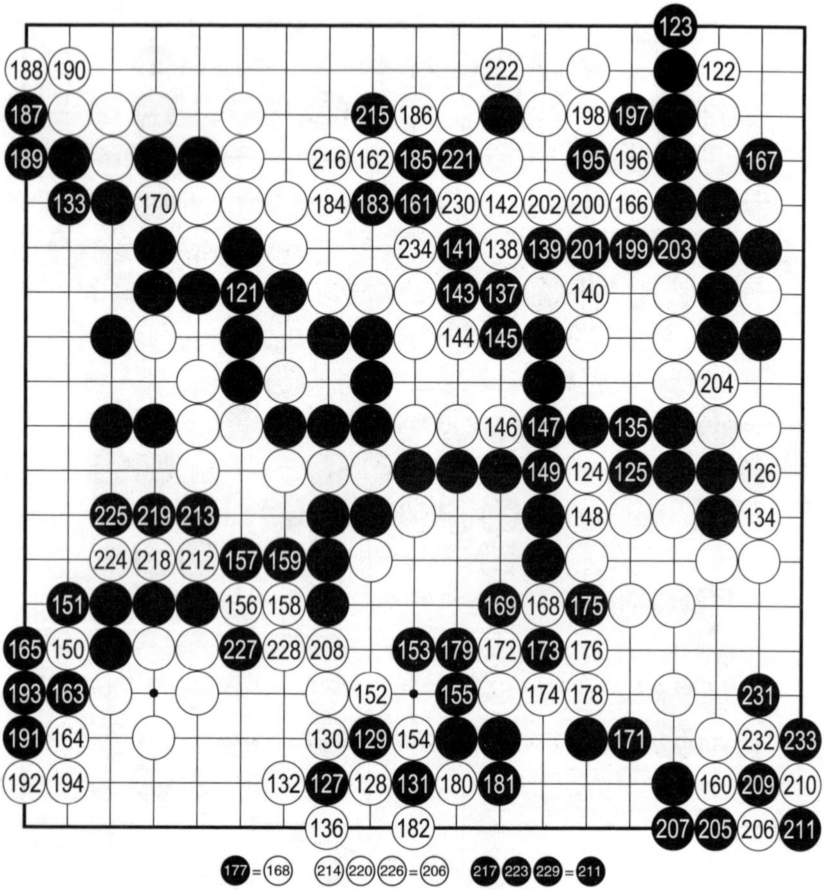

1963 年 6 月 4 日弈于北京体育馆

训练棋

黑方　王幼宸

白方　陈祖德

白 40 选择分断，体现进攻型棋风。黑 41、43 稍俗。

白 60 似小实大。

由于白方进攻意图明显，黑 61 不妨于 67 位补一手，以逸待劳。

白 62 攻击要点。白 66 小误，应于 67 位长，破坏黑方棋形。

实战至 75，白方攻击收效不高。

白 76 以下继续攻击，换得 84、86 先手，再于 88 打入进攻，行棋清晰流畅，但白方包围网本身并不厚。

黑 103、105 过于稳健，应于 2 位右一路吃子，白方也难以强攻。

黑 109 再冲断反击并不严厉，白方漂亮弃子。

黑 123 败着，应 124 活角为大。（李喆）

黑贴 $2\frac{1}{2}$ 子　共 154 手　白中盘胜

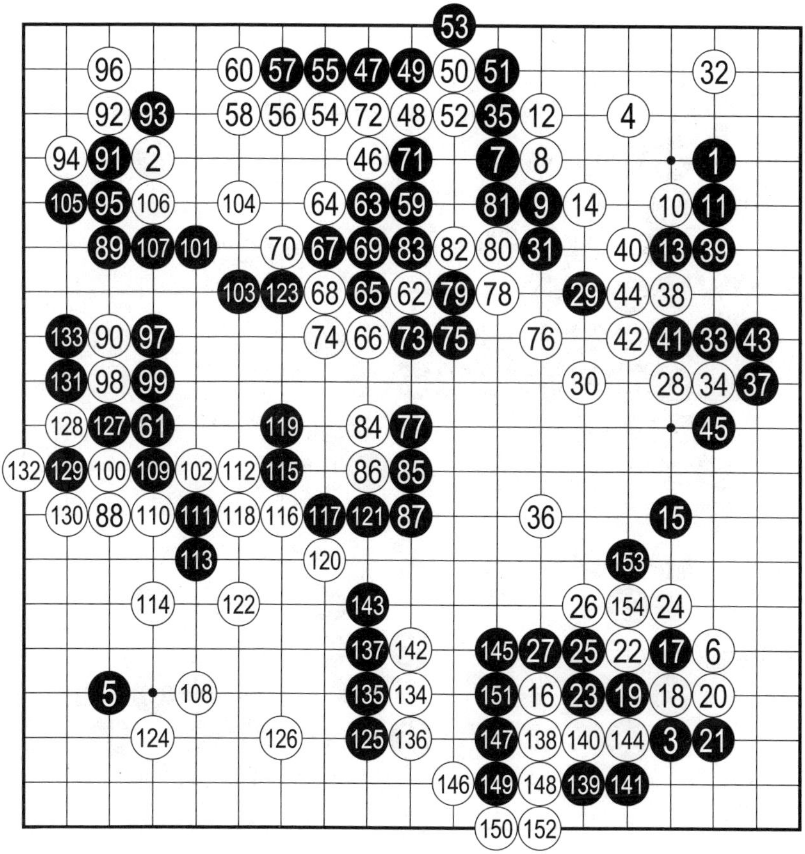

（1–154）

1963 年 6 月 7 弈于北京体育馆

训练棋

黑方　陈锡明

白方　陈祖德

黑 23 是局部亏损的老定式，白 28 可先于 29 位立掉。

白 50 棋形要点，但不如先在 138 位拐，实战黑方反击严厉。

黑 57 后已然连络，白子反而成为负担。

黑 59 重，应 60 位长。黑 61 反击无理，再度陷入混战。

白 66 亦可先于 70 位打完再断。

黑 91 不如 92 位抱吃，更有节奏。

白 106 冲，带目成活，白方占据优势。（李喆）

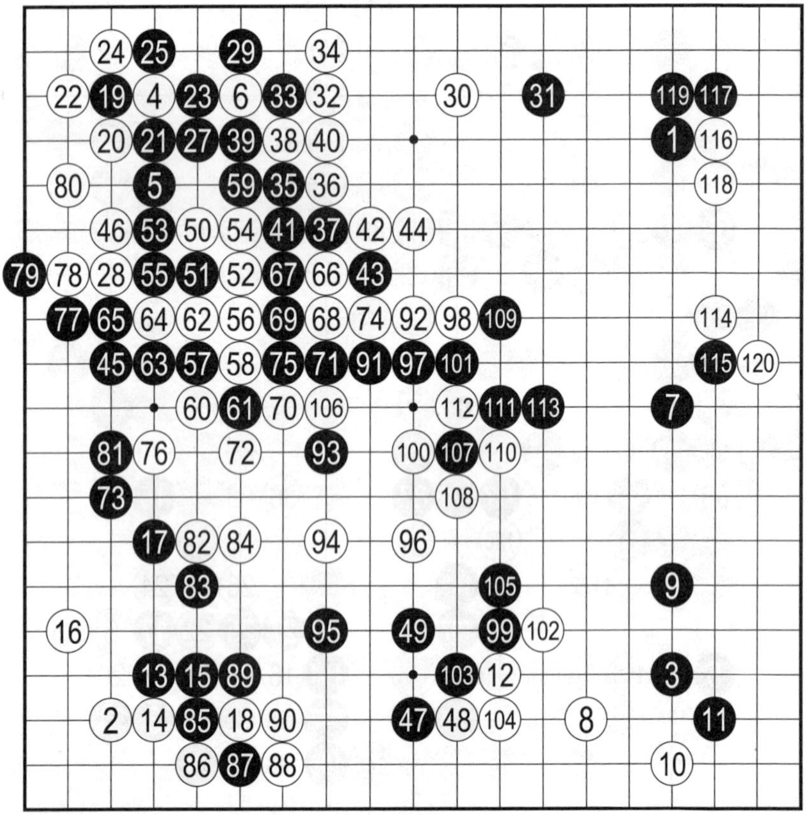

26 = 19

（1–120）

黑方　陈锡明

白方　陈祖德

白 122 俗，不如 126 单粘。

白 130 严重失误，应 133 位粘，局部虽不活，但黑方无法强杀。白方如要走 130，则不应交换 128 与 129。

黑 131 严厉，白方目数大损，并且反而不活。

黑 141 不妥，应 145 位断，或于 150 位飞强杀，则局面复杂。

实战至 158，白方简单逃出，黑棋攻击无所得。

白 162 补棋方式独特。

黑 171 小，应于左下角收官。

白 178 跳，最后的大官子，白方确立胜局。（如果继续收下去，是白棋盘面好 5 目左右，如果是黑贴 5 目，应为白胜 10 目左右，除非是让先对局。考虑到没收完的只剩下 1-2 目小官子，已无变数，胜负结果应为白盘面 5 目或白胜 5 子。）（李喆）

黑贴 $2\frac{1}{2}$ 子　共 238 手　白胜 5 子

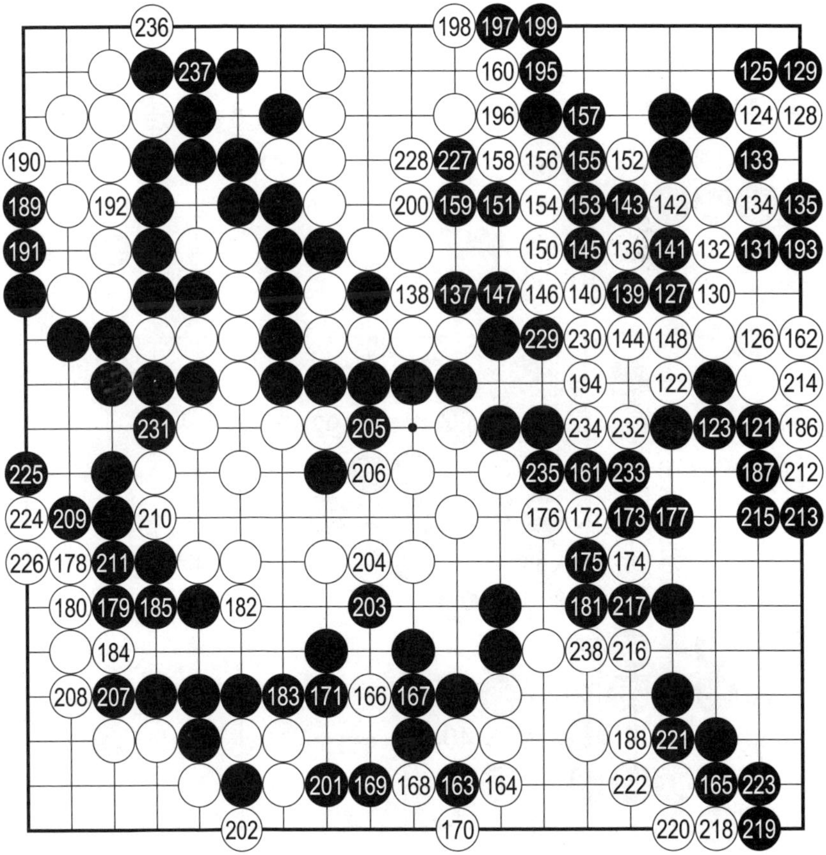

149=136

（121–238）

1963年6月30日弈于北京体育馆
训练棋

黑方　黄永吉
白方　陈祖德

白2、4双目外开局现已绝迹。中国古棋的让子棋中白方常下目外。

黑15应16位先扳一下，实战白16挺头巨大。白20畅快。

黑31应选择34位补断，实战白32严厉，黑方陷入苦战。

白44也可于52位夹，先试应手。黑45、47的次序疑似有误，怀疑正确次序为黑47爬、白48挡、黑45粘、白46点，但谱中次序也有可能。

白52、54弃子紧要。黑55于54左一路断出头为好。至65，白方弃子成功。白66立，好。白76气势足。

黑81担心被全杀，未敢于82位贴。至84白方大获成功，接近胜势。

白114稳健。（李喆）

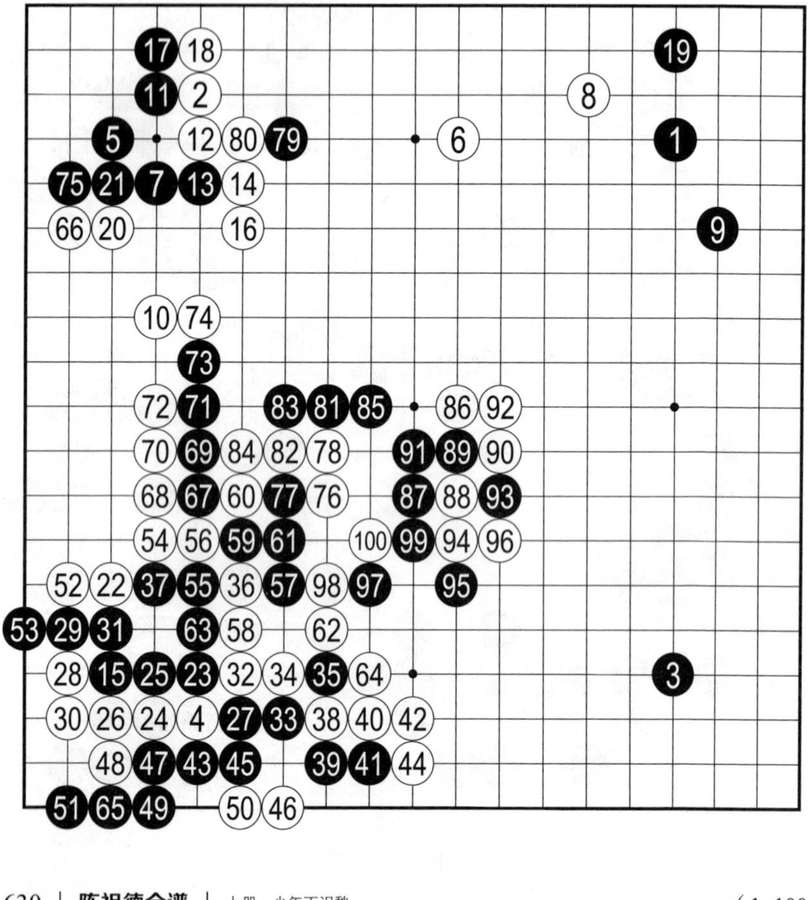

（1–100）

黑方　黄永吉

白方　陈祖德

白 128、146 皆属求稳的安全运转之着。

黑 155 以下冲击无成算，至 170 反而亏损。

黑 193-197 施展手筋，强行做劫，但由于右下有 216 位的大官子，黑方整体无所得。

白 262、272 鸣金收兵，继续找劫则黑方差距更大。

本局为白方漂亮的完胜之局，左下弃角取势占优，中腹攻击奠定胜局。（李喆）

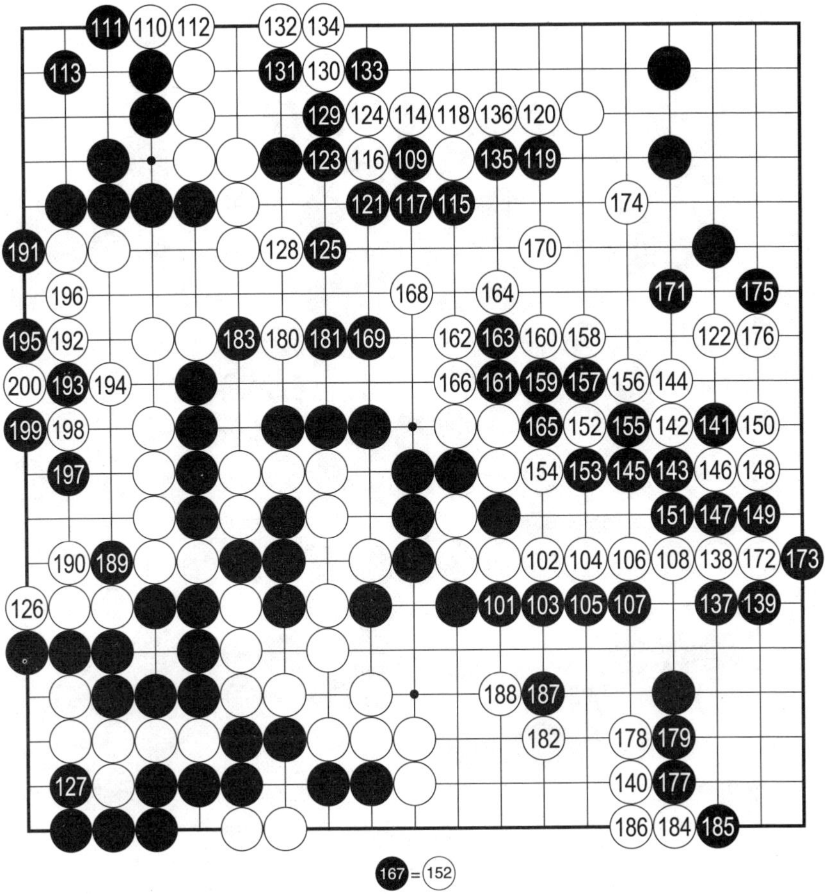

（101–200）

黑方 **黄永吉**

白方 **陈祖德**

黑贴$2\frac{1}{2}$子　共 306 手　白胜$7\frac{1}{2}$子

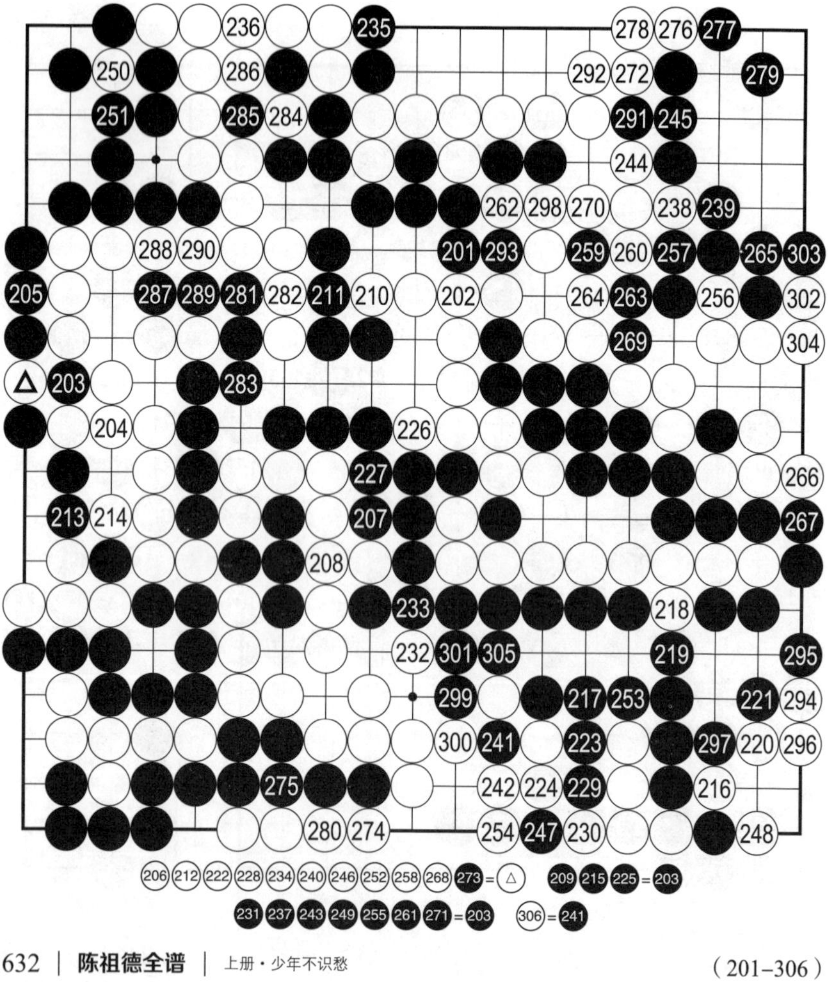

（201–306）

1963年7月24日弈于北京体育馆

训练棋

黑方　齐曾矩

白方　陈祖德

白26在右一路挤更佳。

黑31、33做劫不妥，可直接于37位尖下。

白48稍缓，应152跳继续抢攻。

黑63-71构思精彩，白左边打下去不便宜。

白方失去攻击目标，只得于82抢空，如此攻守、厚薄逆转。

黑93可选90位上一路断角。（李喆）

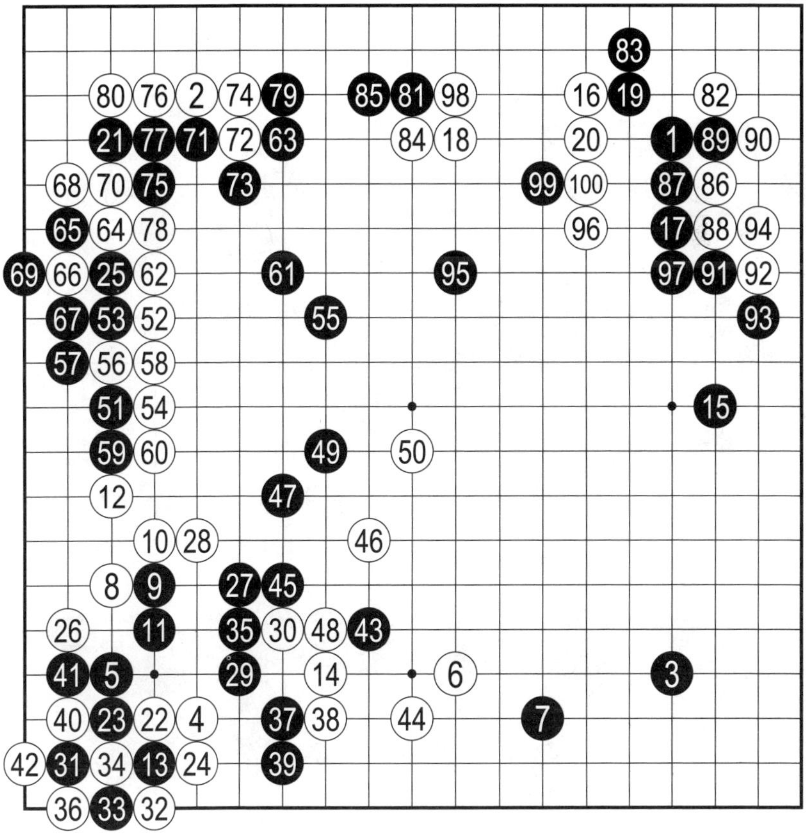

（1–100）

黑方 齐曾矩

白方 陈祖德

白 102 犀利，黑 103 应对错误，应于上一路穿。

黑 107 缓，可于 112 位贴。

白 120 本手是 95 上一路挤吃。

黑 149 以下出手严厉之极。

黑 173 失误，于 174 位先粘即可确保胜势。实战黑方忽视了 188 位断的手段，以为已经吃住下边白棋，导致棋局被瞬间逆转。（李喆）

黑贴$2\frac{1}{2}$子 共 190 手 白中盘胜

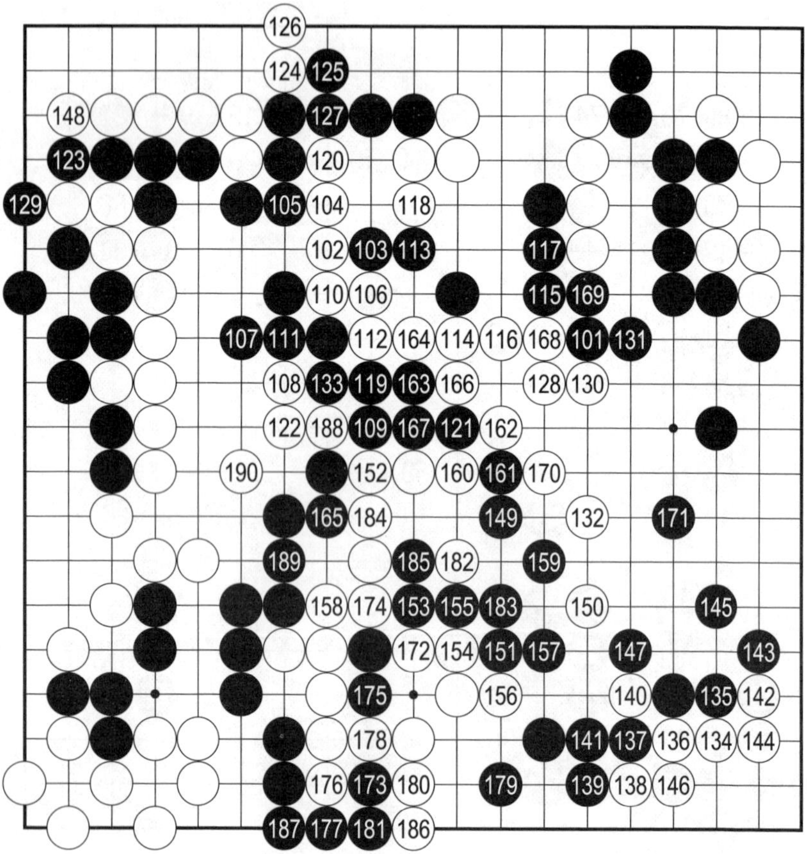

（101–190）

1963 年 7 月 26 日弈于北京体育馆

训练棋

黑方　吴淞笙

白方　陈祖德

黑 31 应 32 位贴一下。

白 38 紧凑。

黑 51 进角大不妥，应于 6 位上一路虎。

白 54 严厉，至 67 黑方于角部苦活，白方有利。

黑 89 大。

白 92 问题手，应 95 压，黑 94 退，白 93 尖，优于实战甚多。（李喆）

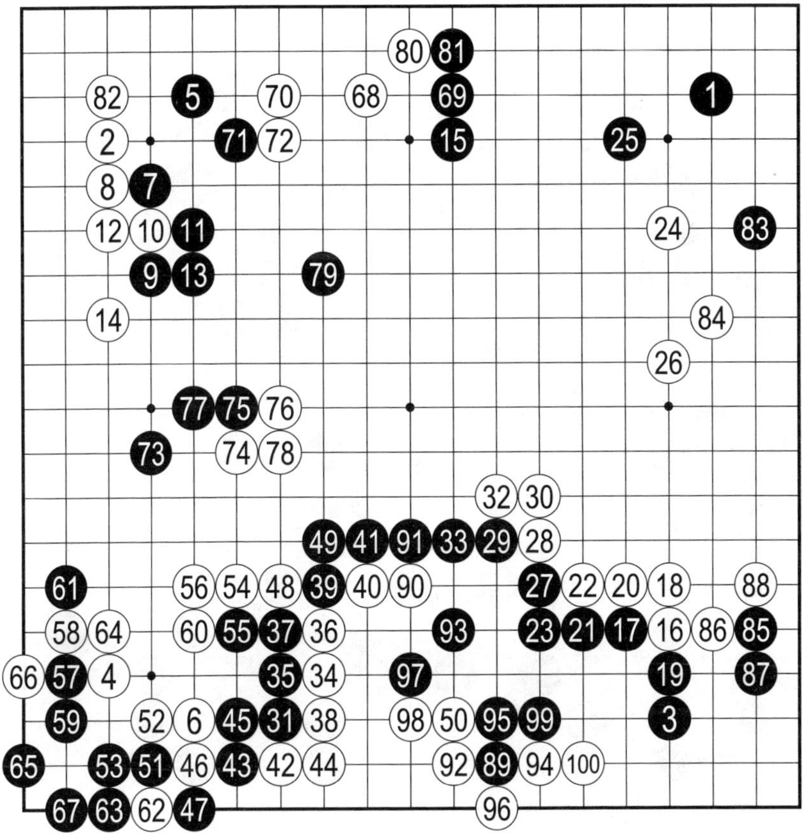

（1–100）

黑方　吴淞笙

白方　陈祖德

黑 111 奇着。

黑 121 怪异，没理由不在 141 打后 123 长。（谱中 121 手的失误似乎有点不合理，如果改换 118 和 120 的次序则完全合理，不知是否棋谱记错。假设谱中 118 与 120 次序记反了，先走 120，黑 121，然后白 118、黑 119，白 122，次序更合理。）

白 124、126 是早有准备的手筋。

白 138 于 139 位提已可满意。

黑 143 劣势下的胜负手。白 144、146 软，应于 128 下一路拐出作战，将是白方有利。至 149 白方丢盔弃甲，优势全无。

白 164 败着，应 165 位扳，则胜负尚难预料。（李喆）

黑贴$2\frac{1}{2}$子　共 202 手　黑胜$2\frac{1}{2}$子

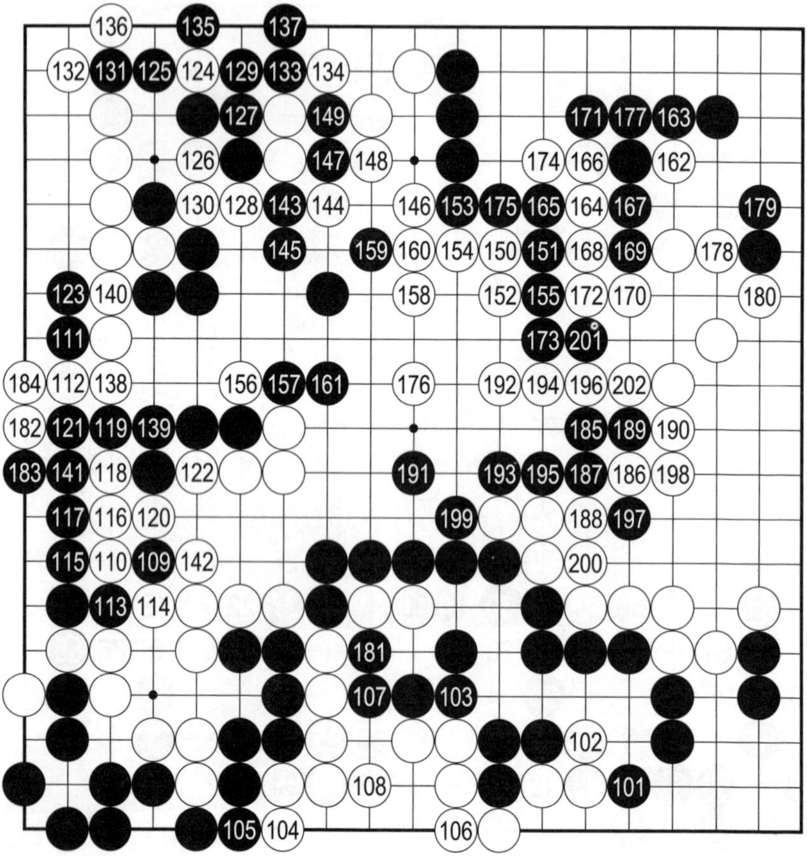

（101–202）

1963 年 7 月 29 日弈于北京体育馆

训练棋

黑方　陈祖德

白方　王幼宸

黑 9 镇头有气势。

黑 15 体现力战风格。

白 18 不如于 22 位靠。

黑 25 在 26 位尖顶一下更好。

黑 33 好手，抓住了白形的要点。

白 40 本手是在 43 位虎。

黑 43 以下缠绕攻击，至 61 封锁，大获成功。

白 68 以下苦活太损，应于 173 位挖，是考验黑棋的绝妙手。

至 87 跳出，白方局势已非。

黑 115、119 等下法过于求稳，至 154 白方追回不少，但因之前劣势太大，白方难挽败局。（李喆）

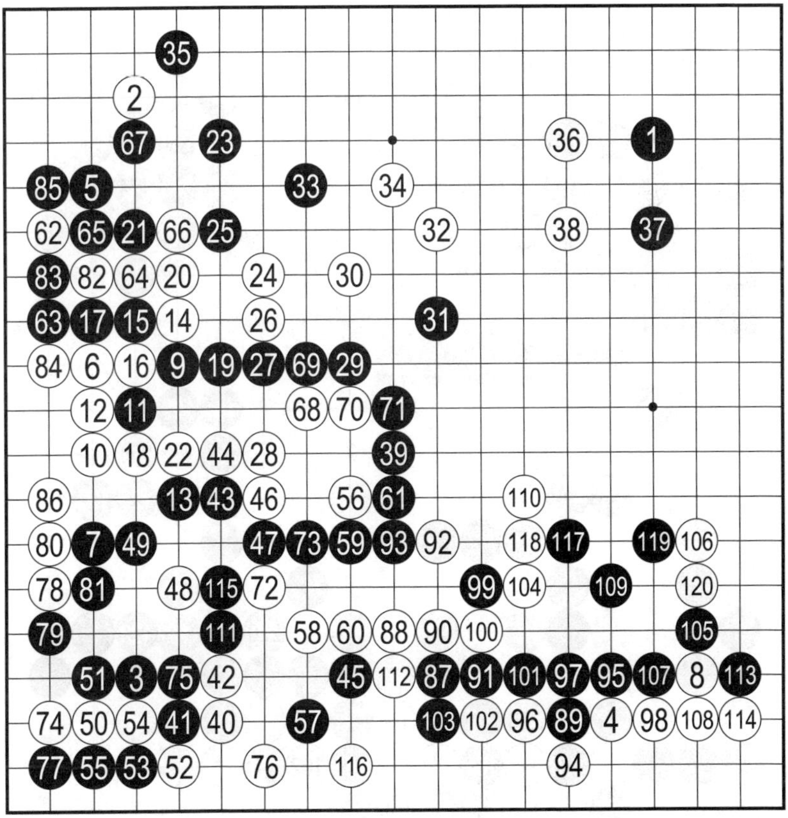

（1–120）

黑方　**陈祖德**

白方　**王幼宸**

黑贴$2\frac{1}{2}$子　共 225 手　黑中盘胜

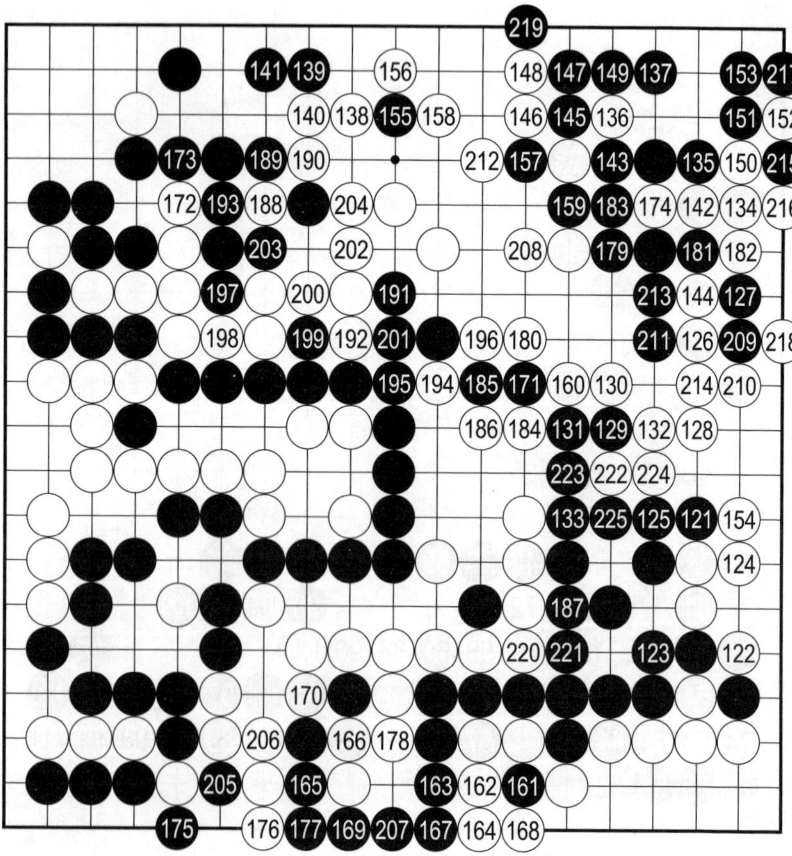

（121–225）

1963 年 8 月 12 日弈于北京体育馆

训练棋

黑方　陈祖德

白方　郑怀德

黑 23 扳断，选择激战。

黑 31 缓，直接 41 位出头为正着。

黑 35 多挡一下所得并不多，花费 31 一手棋得不偿失。

白 46 可在其上两路先刺一下。

黑 53 应先 54 位冲一下再 53 断。

白 62 巨大。

白 64、66 效率不高。

黑 79 奇着。

白 80 以下判断有误，应于 79 左一路扳。

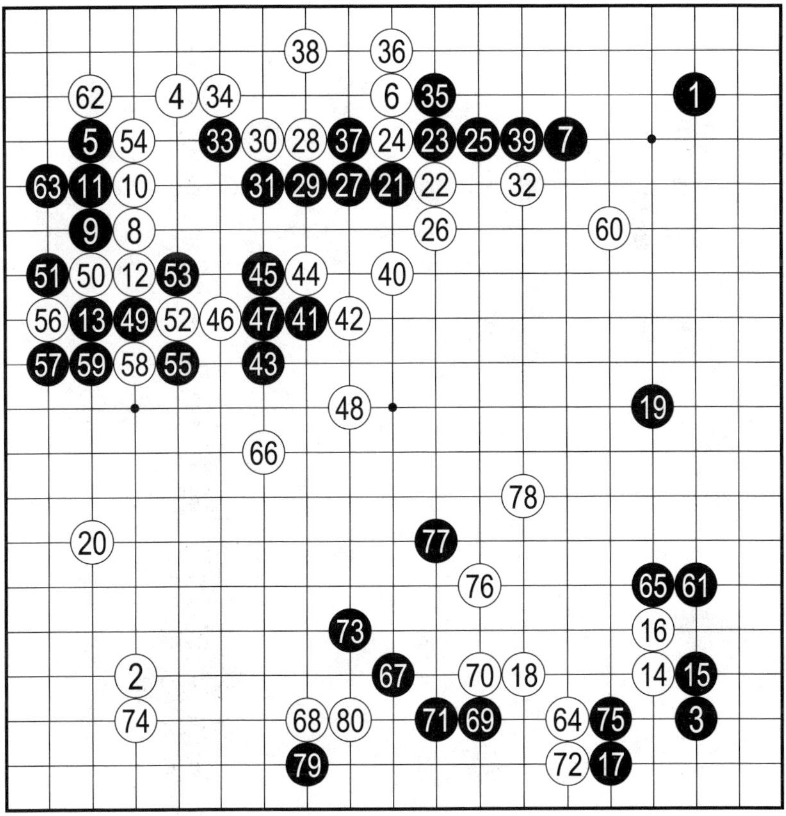

（1–80）

黑方　陈祖德
白方　郑怀德

黑 87 好手！令白方进退两难。

黑 95 不如 100 位打。

白 98 和 104 都应于 105 位消劫。

黑 107 消劫判断清楚，转换后黑方取得优势。

黑 147 好手，此处定型后黑方将优势保持至终局。（谱着结束时大约是盘面 13 目的差距，不过剩下官子较多，不知是官子阶段黑棋便宜了 5 目，还是应为盘面 13 目而非黑胜 13 目。）（李喆）

黑贴$2\frac{1}{2}$子　173 手以下略　黑胜$6\frac{1}{2}$子

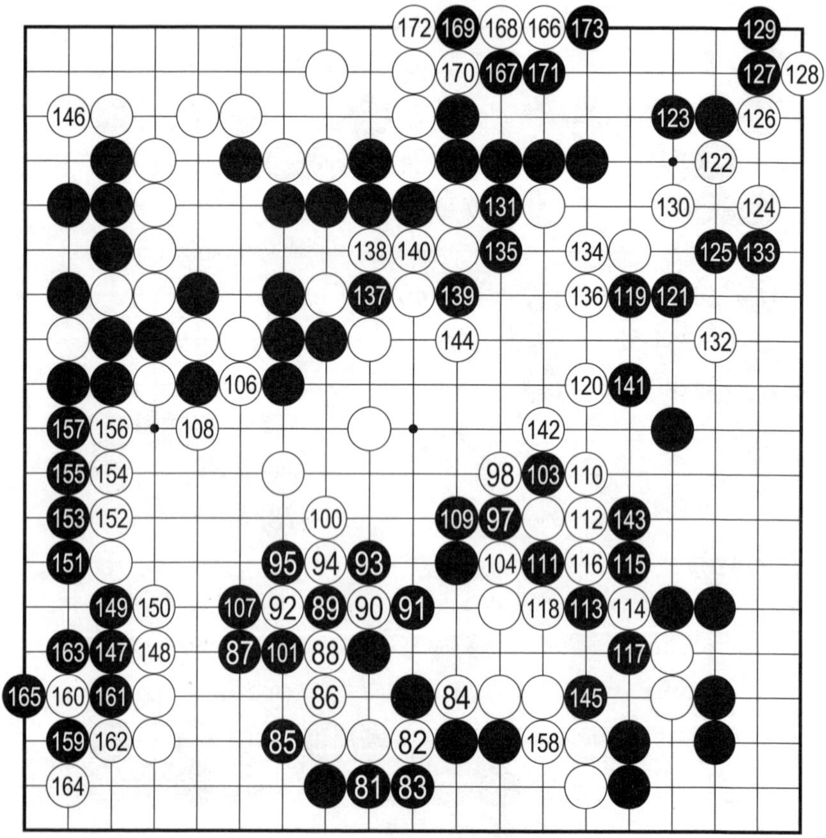

96 102 = 90　99 105 = 89

（81–173）

1963 年 8 月 19 日弈于北京体育馆

训练棋

黑方 陈岱

白方 陈祖德

黑 17、27、29 等下法稳而过缓。

黑 35 应抢左上 80 位为大。

黑 59 弃子避战过于大方，必须 60 位连回作战，黑方战斗前景并不落后。

至 80 位飞，黑弃子后的攻击无所得。

白 96 应 103 扳过为好。

黑 111 渡过后，白方变薄，形势接近许多。

白 118 脱先好手！胜负感敏锐。黑方应先在此处做些交换。（李喆）

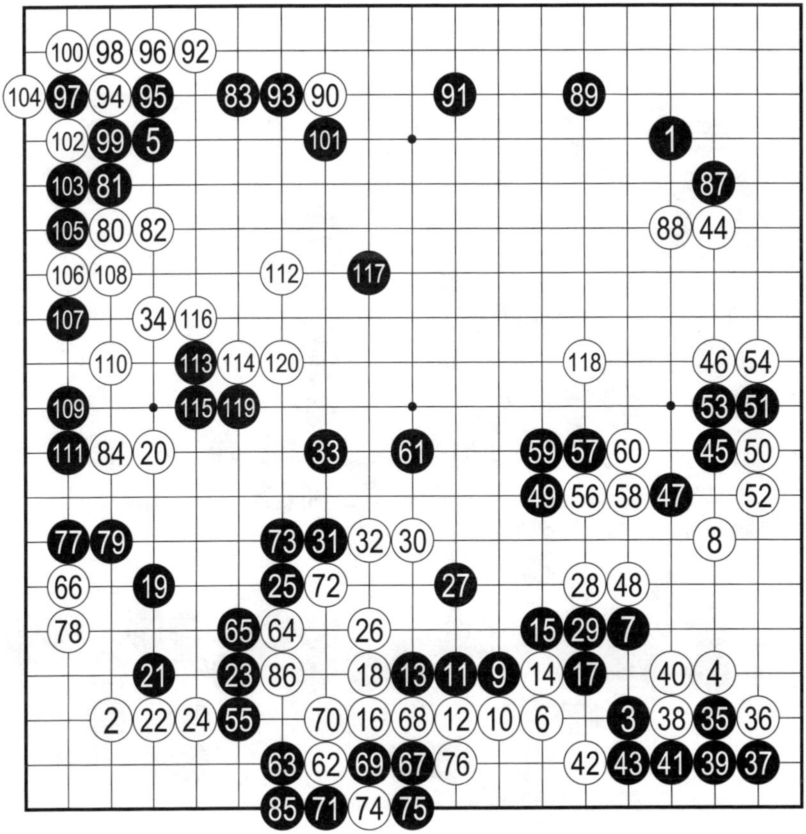

（1–120）

黑方 **陈岱**

白方 **陈祖德**

黑119以下的攻击无所获，至140，白棋保持优势。

白200官子好手，扩大了领先优势。以下白方安全运转至终局。(李喆)

黑贴$2\frac{1}{2}$子 共227手 白胜$4\frac{1}{2}$子

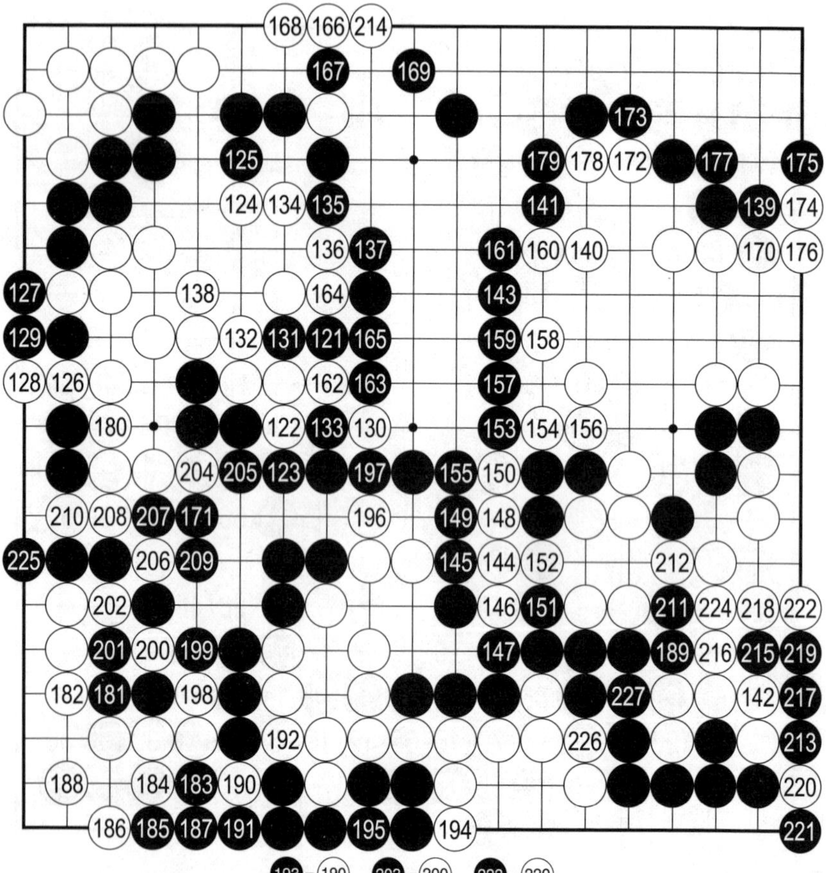

193=190 203=200 223=220

(121–227)

1963 年 8 月 23 日弈于北京体育馆

训练棋

黑方　陈祖德

白方　黄永吉

白 14 本手是于 15 位退。

黑 31 冲断不便宜。

白 44 不如 49 位跳。

黑 55 应直接 57 位补，则白 58 位断时黑不必走 55。

黑 65 好棋感。

白 76 交换意义不明。

黑 87 以下疑似出现误算。

黑 97 大恶手，可谓败着，应 73 右一路冲后于 51 左一路挡，局部便可活棋，而白方外势不厚。

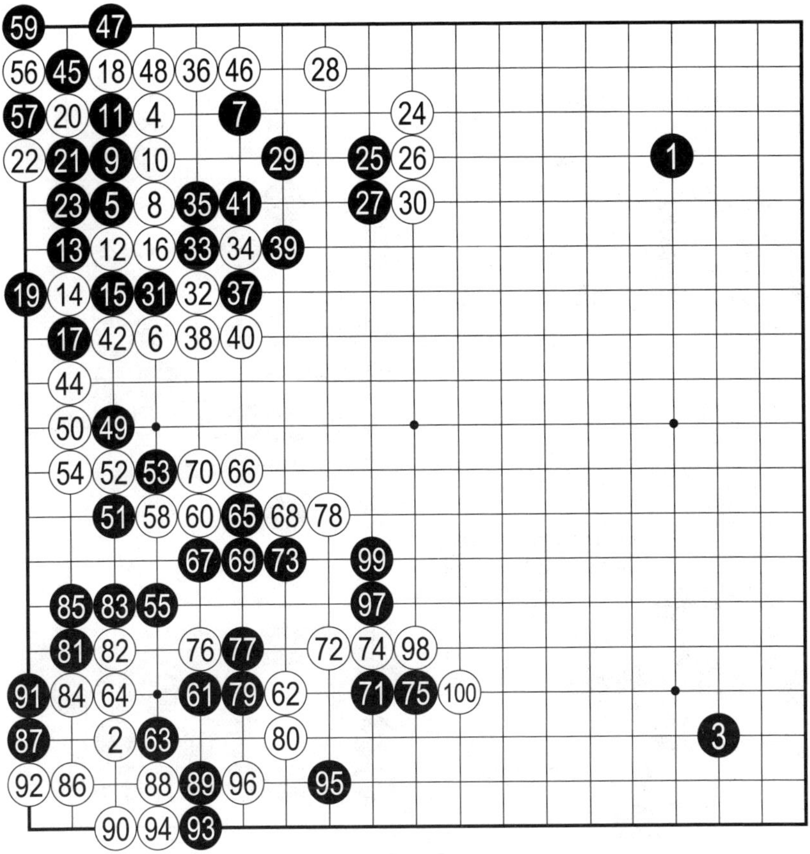

43 = 14

（1–100）

黑方 **陈祖德**

白方 **黄永吉**

黑 105 应于 106 下一路虎。

黑 109、127 再回头做活，太过委屈。

黑 163 以下开始拼搏，但为时已晚，白 180 妙手解围，锁定胜局。(李喆)

黑贴$2\frac{1}{2}$子　共 190 手　白中盘胜

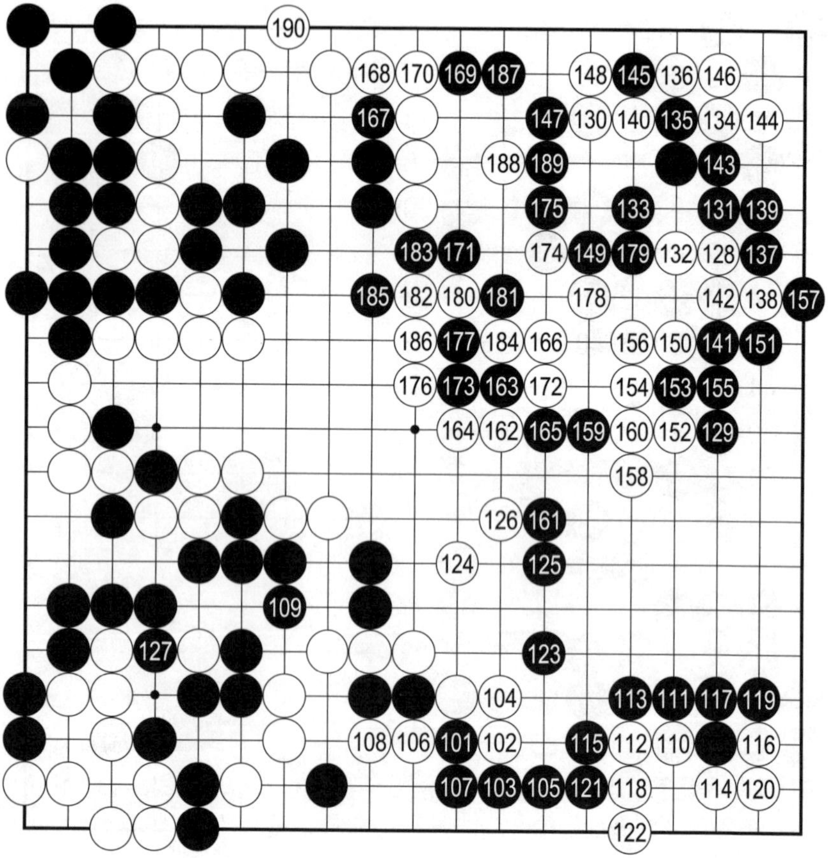

(101–190)

1963年9月15日

日本围棋代表团访华赛第二轮

黑方　田冈敬一 业余5段

白方　陈祖德

黑15、17不妥，不如脱先在65位拆。

白28打断是力战下法，亦可脱先。

黑47软，应于44右一路靠断作战。

白48定型好手，至60白方取得优势。

白62以下弃子紧凑。

白84缓，应直接点角或走85位。

黑97-101见小，可直接于111破白左边阵势。

白106守，左下成为高效的实地，白方占据优势。（李喆）

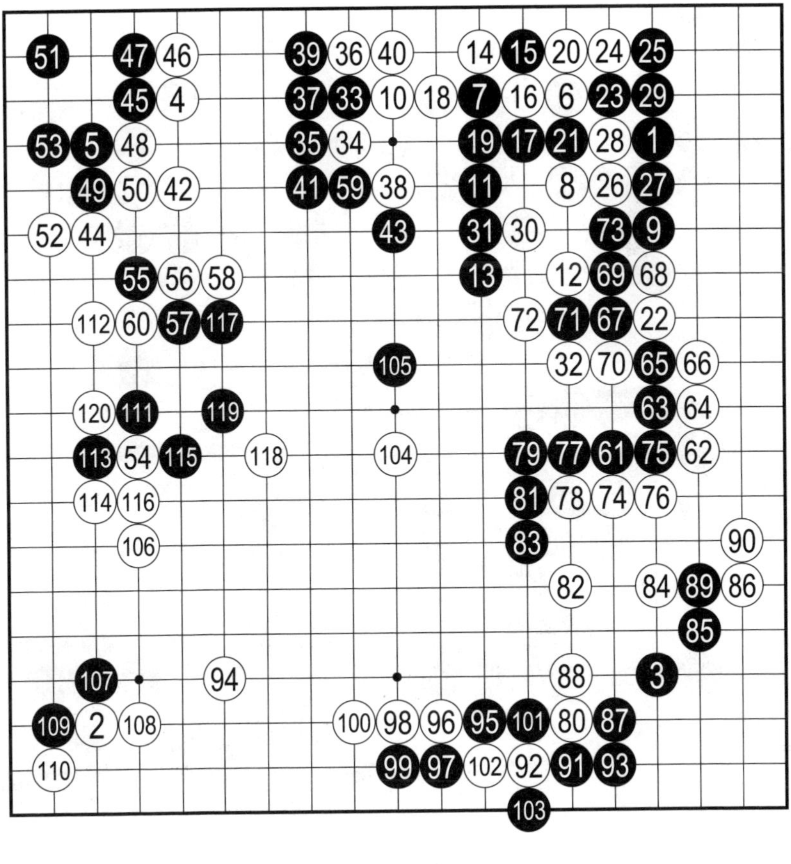

（1–120）

黑方　田冈敬一 业余 5 段

白方　陈祖德

黑 129 最后败着，应抢占 144 位的巨大官子。

白方走到 144 后确定胜局。

此后官子手数虽多，但与胜负无关。（李喆）

黑贴$2\frac{1}{2}$子　共 230 手　白胜 6 子

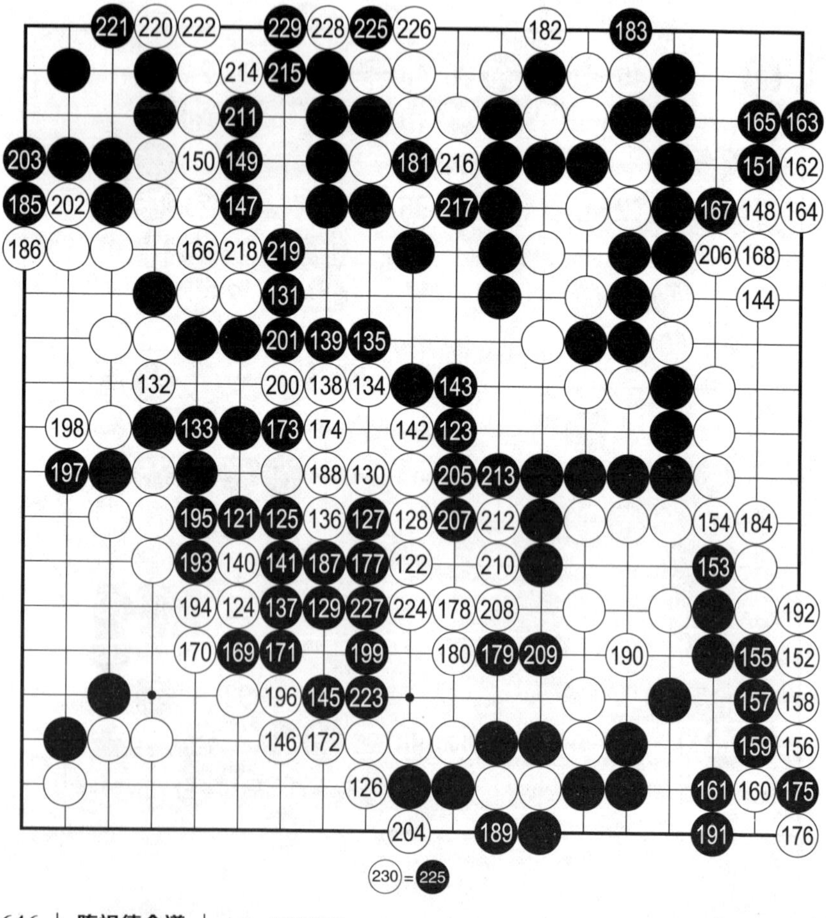

(121–230)

1963年9月19日弈于上海

日本围棋代表团访华赛第三轮

黑方　陈祖德

白方　村上文祥　业余6段

白6隔三高夹比较新颖。黑17也可径走19位挺，保留角上先手曲之利。黑21具有我国古风。白22是好点，黑23势所必然。白24迎头攻击是及时好着，黑如占得此点，局面便可开展。黑25到39不免感到局促。黑41应改投125位，白也须在46位尖，黑再113位拆一，似乎好一些。白54应该从55方面关镇。至黑65，局面黑还是在苦战中。白68进角搜根是好着，黑三处不安定，局面仍不见佳，故黑67一决雌雄，至白74形成了和白对攻的局面。黑75没有抓住机会先在79位刺一着。黑79欠细，被白80封反而受制，只能在87位关，以观动静。黑85是好着。白86应粘，现贸然一冲，凑黑好调，白反而不利。白92过于自重，应争先在101位扳。黑93、95是好着。

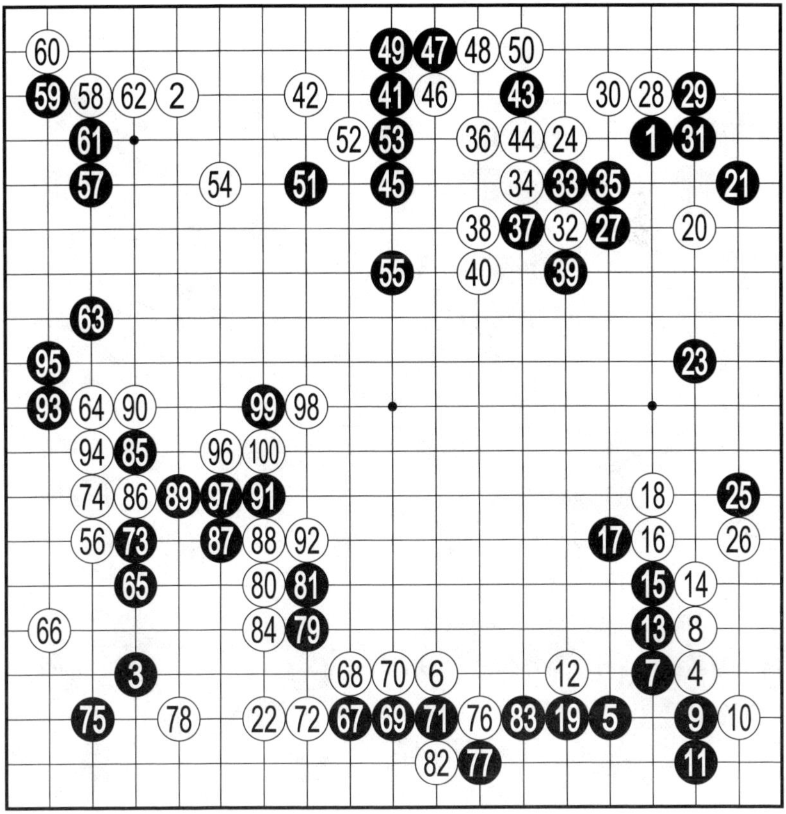

（1–100）

黑方　陈祖德

白方　村上文祥　业余6段

至黑101，黑左上、左下两处稍告安定，已渐入佳境。黑111至119弃子成眼，局面见优。黑127极大。白134时机未到。黑135失着，应139位拦。到黑153的结果，黑显然不利。白154当63位压，先自安全，上下两块黑棋未妥，主动在白，还是有望之局。白162随手，亟须163位压。黑175、177极大，到黑185把中腹二白子吃通，黑胜势已定。(顾水如)

黑贴$2\frac{1}{2}$子　211手以下略　黑胜3子

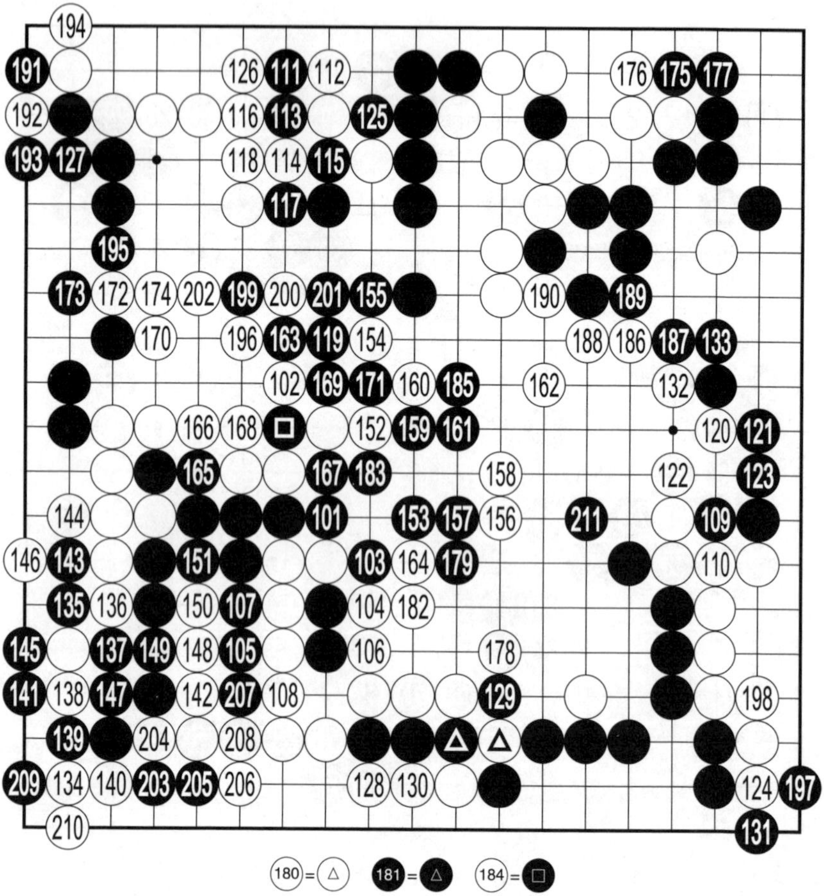

(101–211)

1963 年 9 月 21 日弈于上海

日本围棋代表团访华赛第四轮

白方　桑原宗久 七段

黑方　陈祖德（受先）

1963 年最值得我怀念而感到回味无穷。黑 19 镇有些过分，应退一路占 20 位。白 20 反击，白 24、26 连扳，当然。黑 31 在 65 位虎是本手。白 34 试黑应手尚早，且失去变化，应在 37 位肩冲。至黑 39，白花了代价但未能封锁住中央黑棋，丧失了主动权。白 42 断意在求变，虽然也无把握。黑 43 当 44 位立，结果白不会好。黑 51、53 以逸待劳。黑 59 顶是为了加强下边，但让白获得实利较多，看来脱先为宜。白 72 至 78 利用厚势猛烈反击，这是黑始所未料的。黑 83 在 84 位出头才是本手，目前局势已不能乐观，故抢占大场。白 88 煞费苦心。白 92 不在 93 位打，不可思议。黑 95 先求连络，取得 103 断的补偿，我认为值得。

白 108 必须冲断，否则黑在 28 位右一路虎，可先手补净。白 118 以下竭尽全力腾挪。

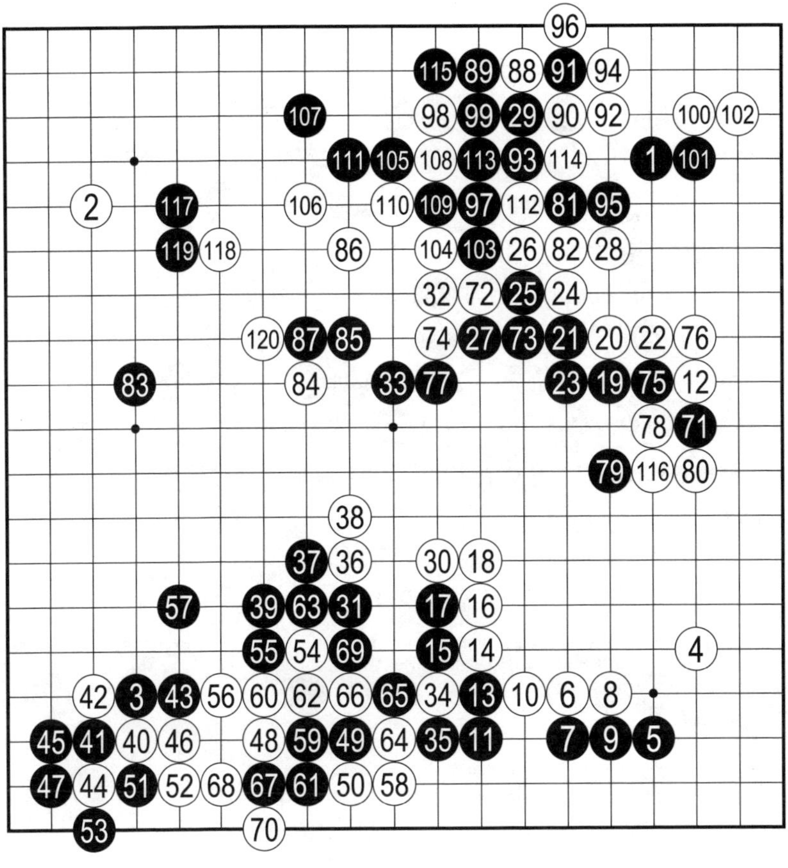

（1–120）

白方　**桑原宗久** 七段

黑方　**陈祖德**（受先）

白 134 断激烈。白 148 不得不补，黑 149 夺得左上角，实地明显领先。黑 151 虽然可以，但不如 159 位顶简明。白 156 靠，局面更趋复杂。黑 157 应付不当，当四路顶住。至白 162 断，终于在黑空中做出了文章。黑 163 又误，如于 171 位打吃，还可稳住阵脚。白 170 冲，错过了好不容易出现的胜机，当于角上立。黑 173 当于 222 位挡。以后官子还有些小出入，但白的败势难以挽回。（陈祖德）

共 251 手　黑胜半子

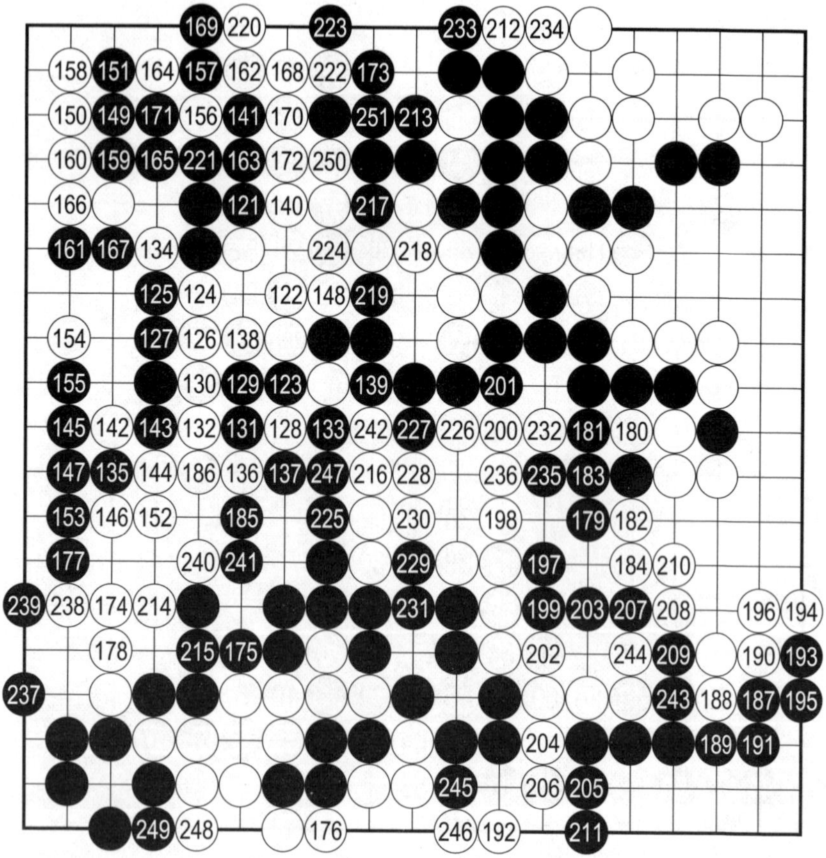

（121–251）

1963 年 9 月 27 日弈于北京

日本围棋代表团访华赛第 6 轮

白方　杉内雅男 九段

黑方　陈祖德（受先）

黑 13 不够生动，应 148 位尖，作战。由于征子不利，黑 27 只得虎。黑 39 出逃要点。白 40 好棋。黑 41 必须如此，43 是关联的下法。白 44 若断吃，不利。黑 45 强手，杉内九段陷入沉思。白 46 非接不可！白 48 有问题。黑 53 不妥，应 207 位打。白 62 关好形，下边黑棋出路甚窄。黑 65 迟缓，当在 232 位飞。黑 69 当在 73 位跳。白 82 连扳有力。黑 93 俗手，实属无可奈何。黑 99 与白 100 交换不合算。至此黑很为难。黑 101 飞至 109 断，以攻为守，激烈。这里的战斗对胜负影响极大。黑 117 强手。白 118 好手，黑如阻渡，则白 218 挖是先手，就护住了断点。黑 119 不得已。

黑 123 挡至 129，双方大致如此。白 130 厚实，但过于持重，如 136 位顶，给上边四子加一刀，则黑无法弥补这里的损失。白 138 若 141 位退，则黑 166 位尖二路是做活要点，局势细微。白 138、140 后，已成非吃黑不可之势，之后转换双方得失大致相当。

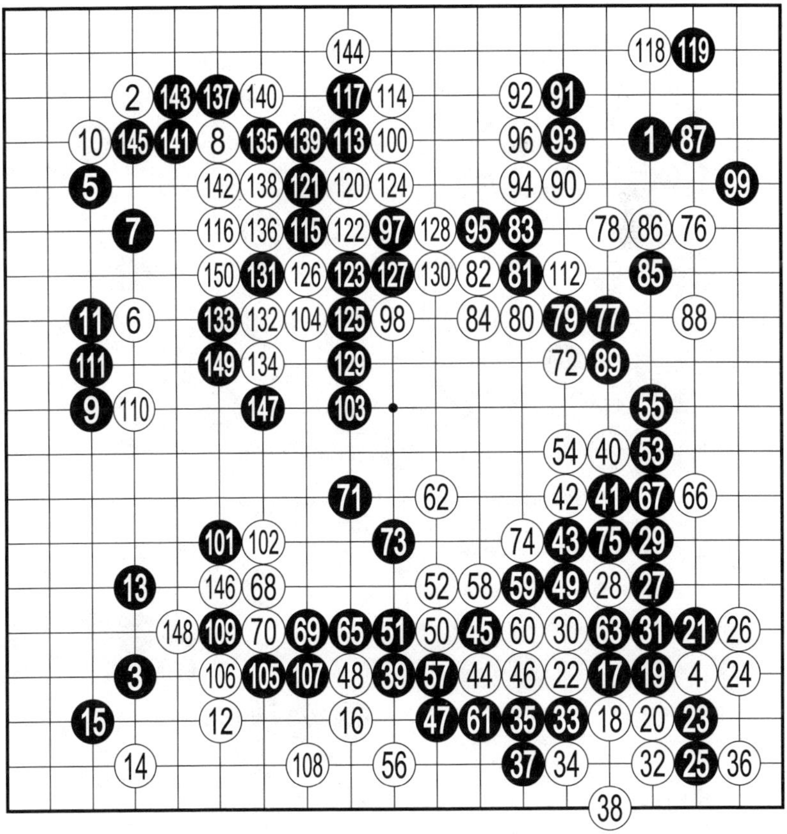

64 = 45

（1–150）

白方　杉内雅男 九段

黑方　陈祖德（受先）

白146如在中央关封，黑159位挖是突围的唯一途径。白152如在157位扳，则白有望。白168是败着，只有在173位长才能一争胜负。白196是意识到实地不足而采用的非常手段。黑197若在200位接，被白走到197位，黑不行；若在235位接，白200位冲，局势可能发生逆转。黑203损失四目，当210位接。黑223打吃不当，当224位接。白256点方时，黑257在259位接，白在左上角也没有手段，但我当时正处于读秒阶段的最后时刻，担心万一误算前功尽弃，更重要的是我已确信黑胜不可动摇，于是宁可损失2目。本局不但是我第一次战胜日本九段，在中国围棋史上也是第一次。半个子是那么微不足道，却又重逾千斤！（陈祖德）

共272手　黑胜半子

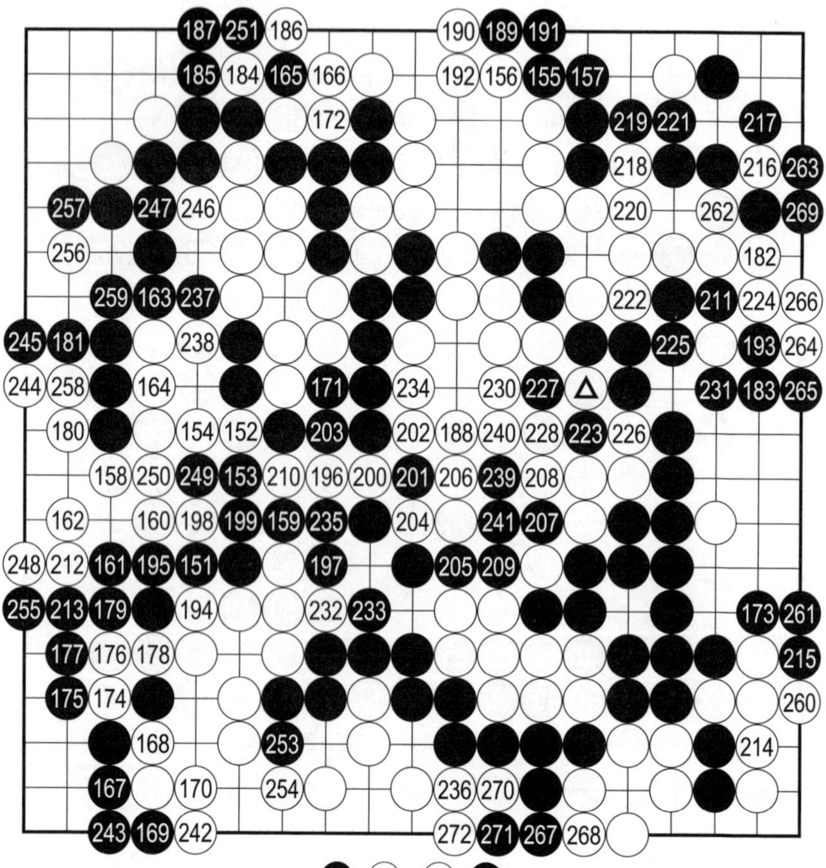

229=△　252=165

1963 年 10 月 2 日
日本围棋代表团访华赛第八轮

白方　宫本直毅 八段
黑方　陈祖德（受先）

开局至 19，黑方堂堂正正。
白 22、24 求战勉强，黑应对无误。
黑 57 要紧，至此黑方发挥完美。
黑 91 在 93 位单立更为稳妥。
被白 106 断之后，黑目数亏损。
黑 115 好手，敏锐的反击意识。
（李喆）

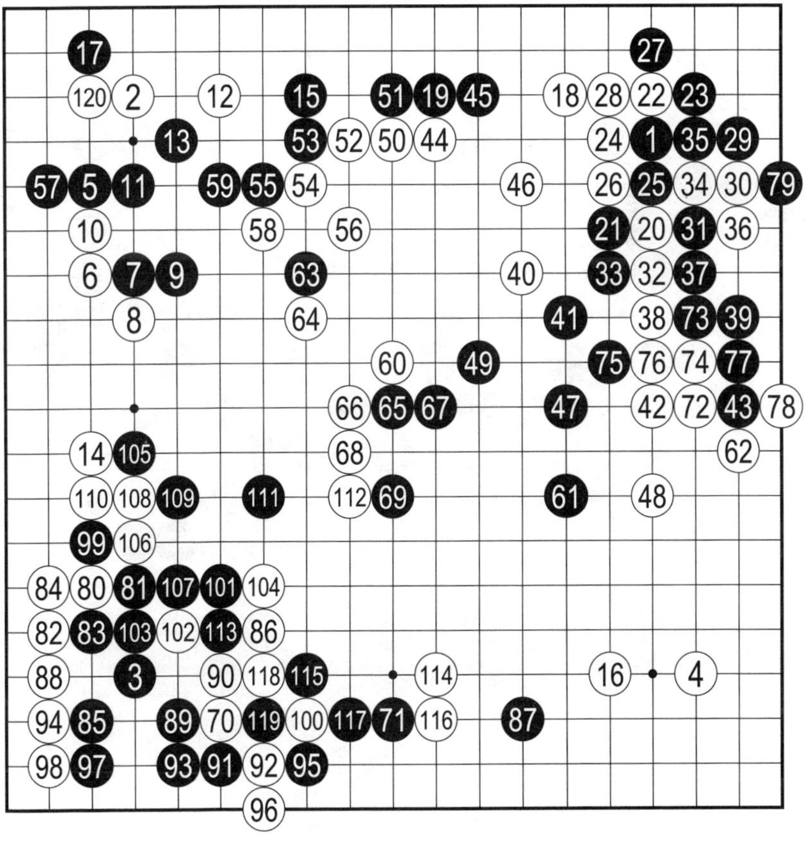

（1–120）

白方　**宫本直毅** 八段

黑方　**陈祖德**（受先）

黑123以下计算精确，至137冲吃收获巨大，只要右边不死即可取胜。

白158考验黑棋，黑159选择弃子稳健，如走162连回，白也难以屠龙。

白160好手，至166吃掉尾巴，目数追回一些，但不足以逆转局面。

本局黑方没有明显失误，棋形高效，计算精准，判断清晰，可谓完胜之局。（李喆）

共211手　黑胜$5\frac{1}{2}$子

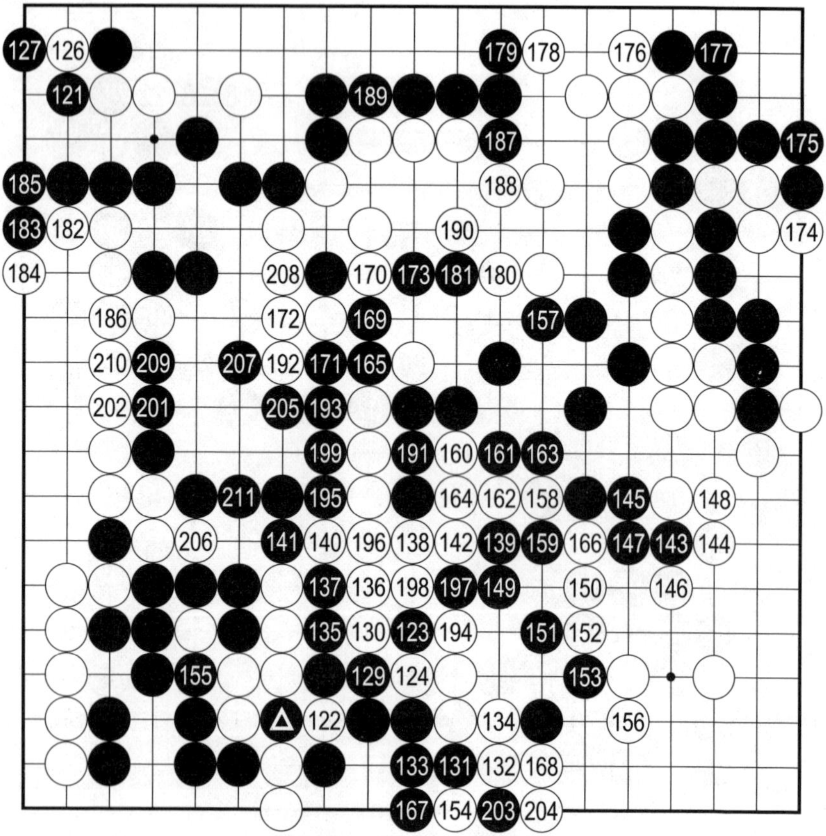

125=△　128=122　200=123

（121–211）

1963年10月22日弈于北京体育馆

训练棋

黑方　陈祖德

白方　陈锡明

本局为黑方第一次在训练棋中尝试后来被命名为“中国流”的开局。

黑15可在4位下一路断。

黑17-23限制白左上厚势。

黑29、31方向好，思路清晰。

白46应在28左一路断，多弃一子较好。

实战至51，白方已大幅落后。

黑63挖断简明，吃掉右下白棋后形成连角带边的巨空，黑方胜定。

首次尝试取得了很好的效果。

中国流是一种速度较快的布局下法，尤其低中国流在攻击和取地两方面都有不错的前景，此布局流行五十年并非偶然。（李喆）

黑贴$2\frac{1}{2}$子　共89手　黑中盘胜

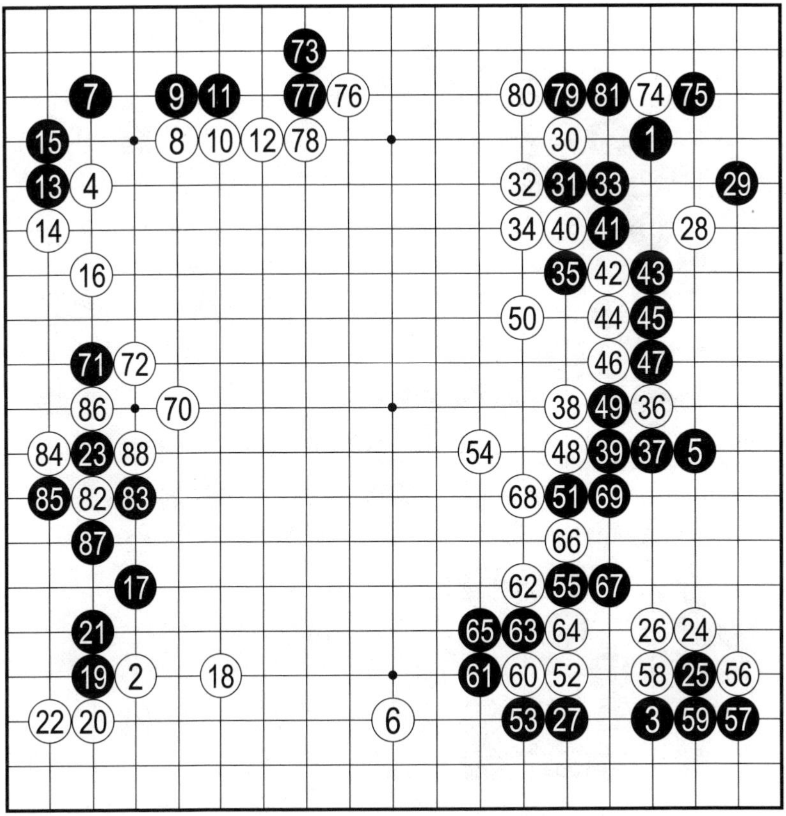

89=82

（1–89）

1963 年 10 月 12 日弈于北京新侨饭店

白方　宫本直毅 八段

黑方　陈祖德（受先）

1963 年日本围棋代表团访华完成 11 场正式比赛后，宫本直毅八段和桑原宗久七段应邀帮助中国围棋界特训一个月。本局应为训练棋。

黑 7 求变。白 18 应于 16 下一路冲，黑 21 位，白 19 位，黑 18 位，白 24 位夹攻。这样黑上边、左边都比实战薄，而白大队比实战厚，出入巨大。黑 19、23 好手。白 48 逸机，应于 48 下一路，黑 49 位，白 49 位下一路紧夹，黑 48 位右一路，白 49 位左一路。发现滚包，笔者自豪！白 54 松弛，应 64 位，黑 55 位下一路，白 69 位，大大优于实战。（华以刚）

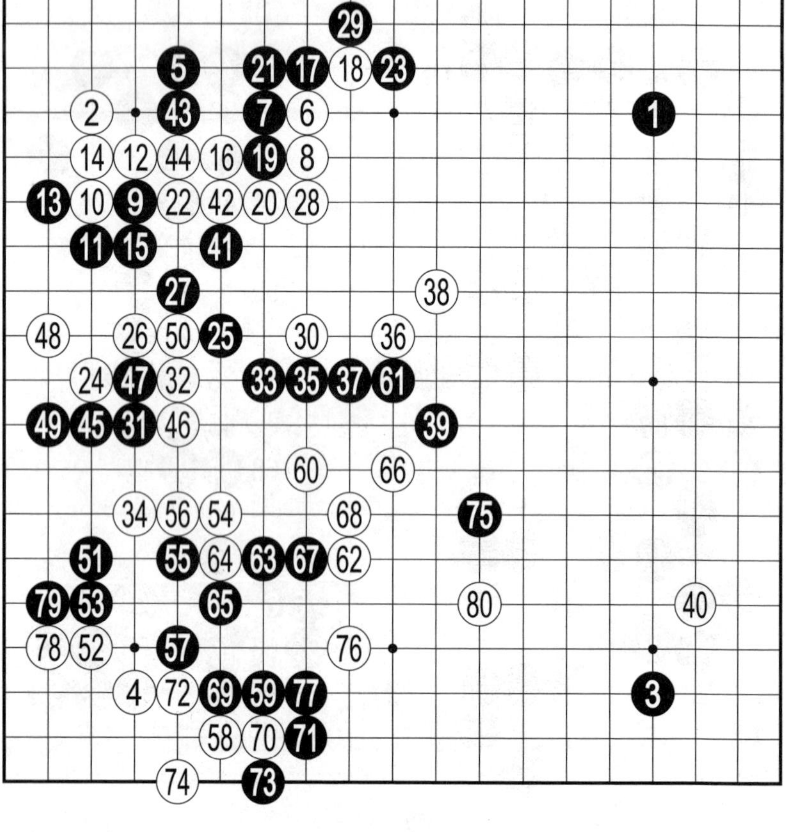

（1–80）

白方　**宫本直毅** 八段

黑方　**陈祖德**（受先）

共 171 手　黑中盘胜

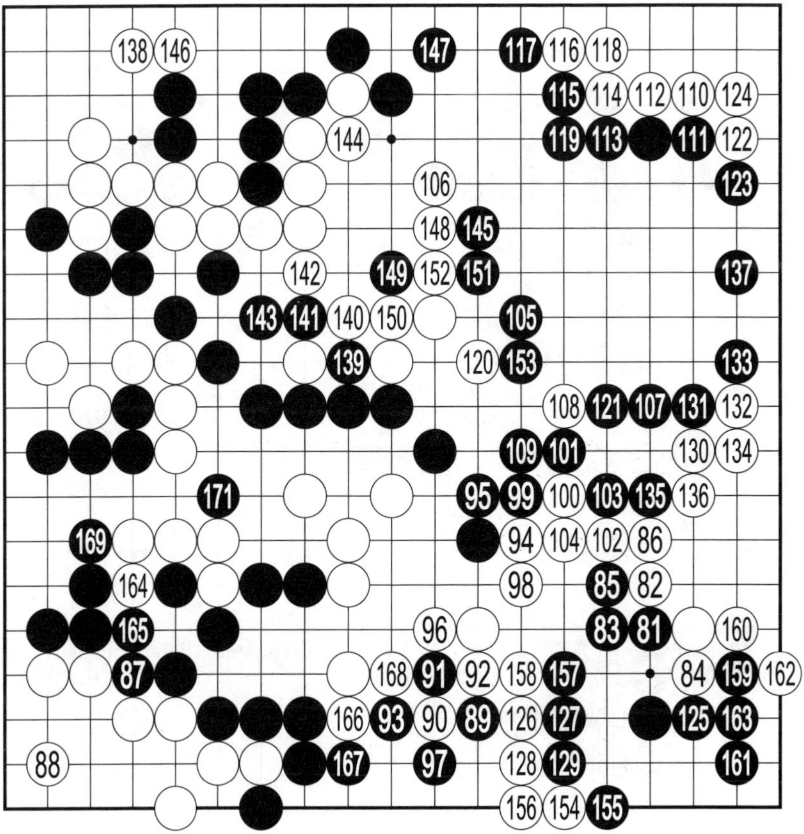

170=90

（81–171）

1963 年 10 月 19 日弈于北京体育馆

白方　桑原宗久 八段

黑方　陈祖德（受先）

布局至白 30 为止是黑方有利。白 32 常用构思。白 42、44 锐利。至黑 63，白先手得角可以满意。白 64 浅消是正常分寸。白 66 利用外援强行破空。白 76 单冲下，好手。（华以刚）

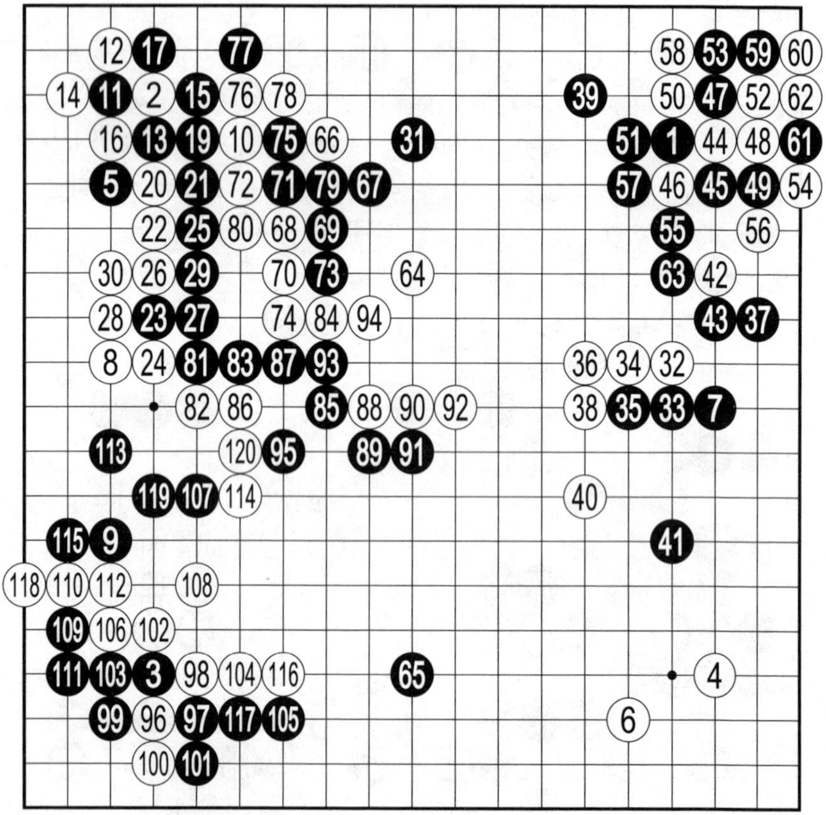

18=11

（1–120）

白方　桑原宗久 八段

黑方　陈祖德（受先）

白126于138位简明。白138用力过猛，139位即可，黑只能126上一路"地躺拳"，白146位，黑160位，白147位提劫。这个劫白还可以在135位接上继续打。至黑181是双活。右上213的劫事关双方四块棋的死活，价值足有几百目！黑217、219妙手，胜着。黑235之后，此处白三子和白6等六子无法兼顾。全局精彩战斗实属罕见。（华以刚）

共235手　黑中盘胜

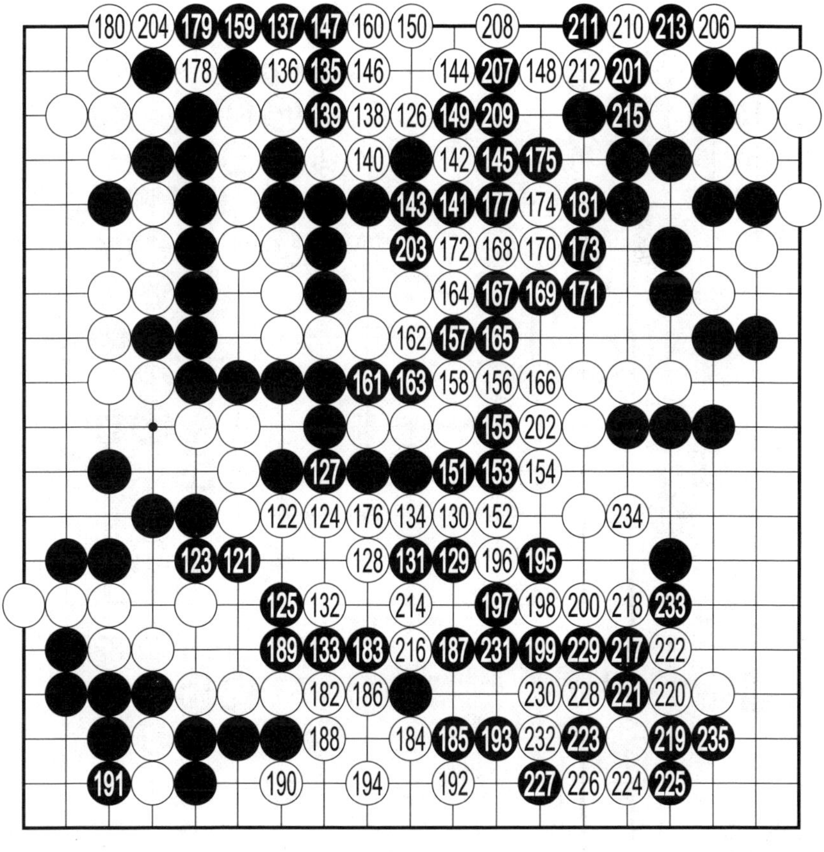

205=178

1963 年 11 月 4 日弈于北京

白方　宫本直毅 八段

黑方　陈祖德（受先）

黑 5 不在右下守角是希望甚至迫使白棋来挂，在局部形成二打一的架势。这就是中国流布局的精髓。黑 13 至 19 步调理想。白 20 不如在 23 位左一路打入。黑 25 尖顶攻击白 24，顺势扩张右下模样最佳。黑 29 虽是薄形，但有利于打入左上白阵。黑 31 至 35 虽然先手保住了角，但白形厚实，故黑 31 不如并三三。黑 47 扳稍损。黑 55 在 56 位关才是要点。白 58 缓手，因为白 100 位接是先手。黑 59 打入，破坏了局势的均衡，白应手困难。白 60 强行打入以求转机。黑 61 若 70 位尖封，白可取得利用，包围右边黑棋，如此作战没有把握。至黑 69，白棋并不成功。白 62 改在 64 位顶较为妥善。黑 77 也可以在 79 位压。白 80 靠妙手。

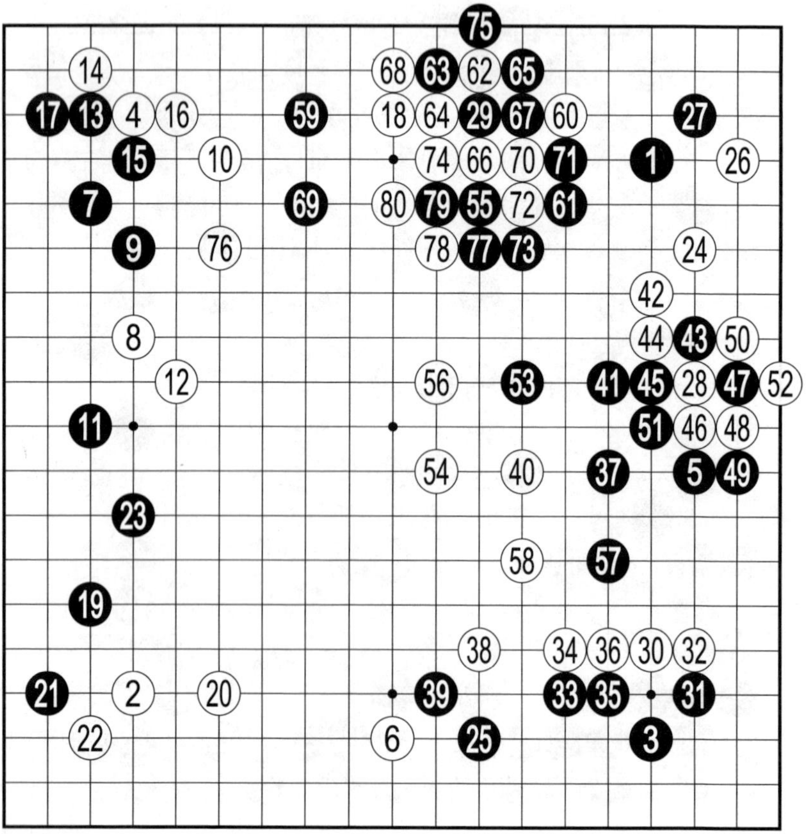

（1–80）

白方　宫本直毅 八段

黑方　陈祖德（受先）

黑93先手扳到，之前两手交换完全值得。黑95是攻击要点。白100接沉着。黑101似给人愚形之感，但价值很大。黑103转身，如直接营救中央二子，免不了被动挨打。黑107不如122位长价值大。白130退不可理解。黑131挡后，实地已领先10目左右。

宫本八段来我国前竞技状态甚佳。前一年打进了象征日本最高水平的“名人战”循环圈，名列第四。中日围棋赛后，宫本八段和桑原七段应我方请求留在北京，给我国棋手讲了一个月的课。这局棋便是在京期间的对局，我第一次运用中国流布局。（陈祖德）

共169手　黑中盘胜

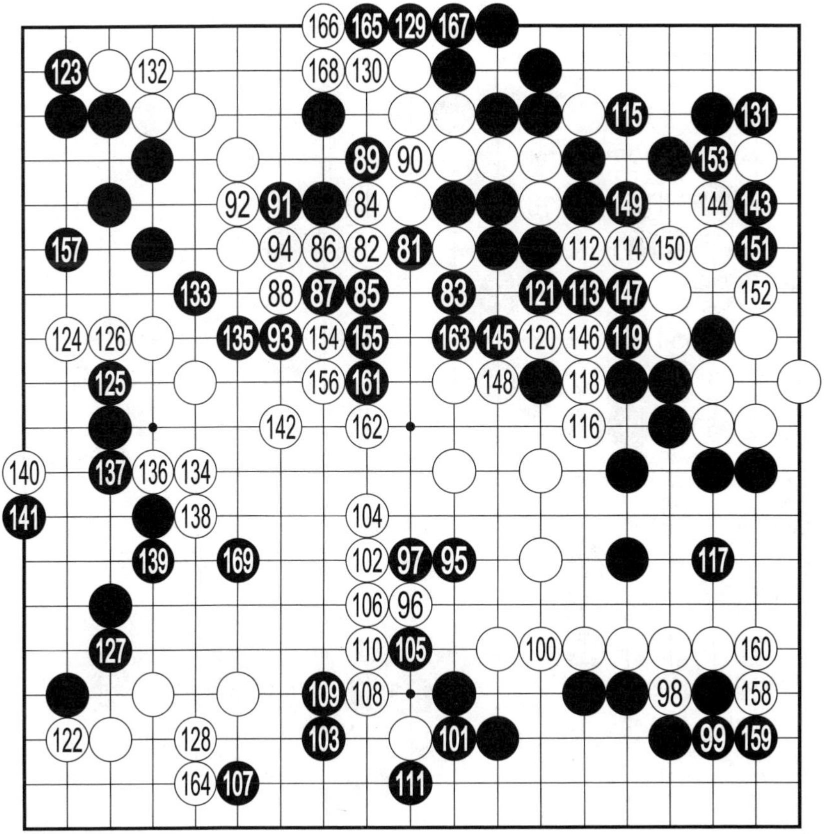

（81–169）

1963年11月6日弈于北京体育馆

训练棋

黑方　陈祖德

白方　吴淞笙

黑11稍缓。

白14、16大失误。白16如于15上一路爬回，担心黑在18位点。但实战白16临时改计，又使白14亏损。

黑33不如在34位冲一下。

白36与37交换过于稳健。

白48应于98位点角定型，实战黑49巨大。

黑55跳出后，白方需处理两边，黑棋有利。

黑63应在138位虎，黑65以下的搜刮并不便宜。

白98可直接在125位破眼搜刮。（李喆）

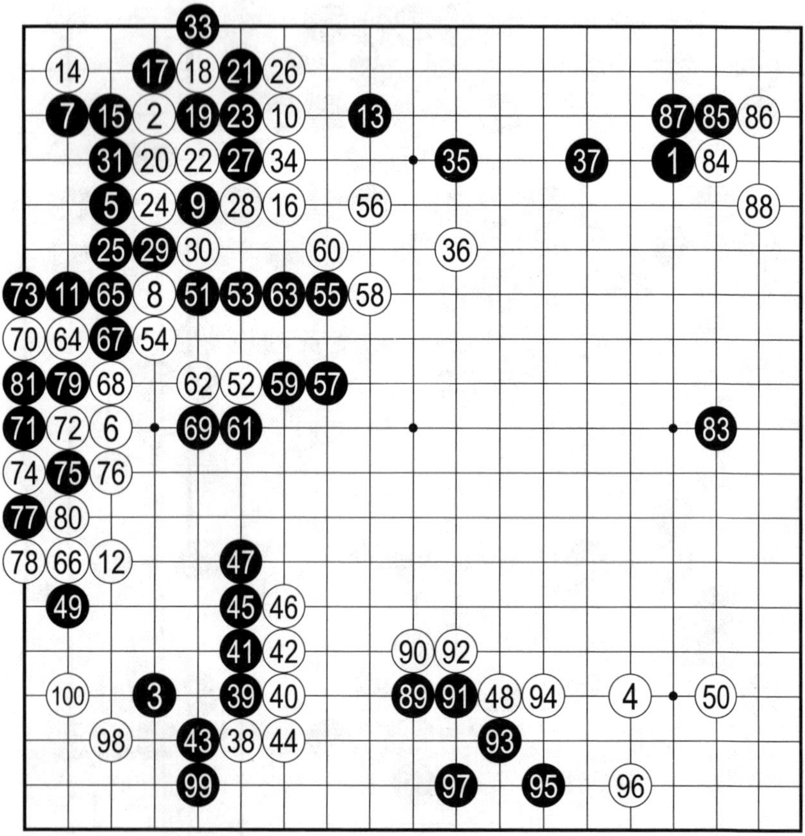

32=9　82=74

黑方 陈祖德

白方 吴淞笙

黑105以下处理巧妙，至137分头成活，白方无所得。

定型至181，黑胜势不可动摇。

白188应于191位托，为局部妙手。（李喆）

黑贴$2\frac{1}{2}$子　共197手　黑胜4子

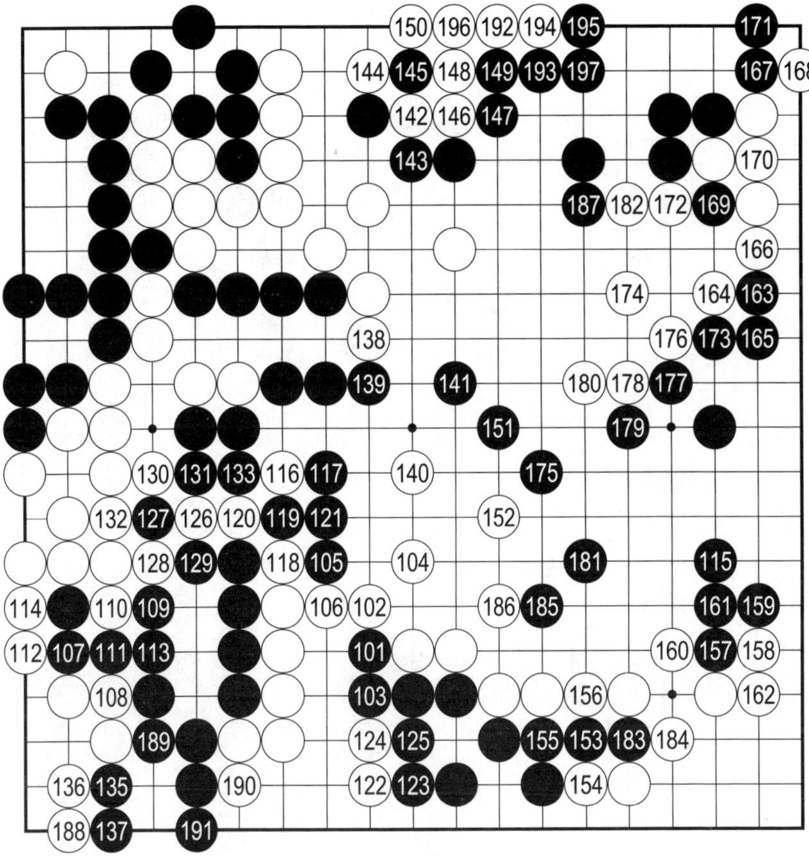

134=127

（101–197）

1963年11月19日北京体育馆
训练棋

黑方　竺源芷

白方　陈祖德

黑17是旧定式，应于21位拐。白26应于27位长出。白32、34好手。黑41扭断太过激烈，白42可在39左一路吃。黑43不妥，应于111位从上边打吃。白54略俗，应单走58渡。白60弃子有气势。黑63-67吃法不当，尤其黑65应于66位拐。黑75以下手段不便宜。白88开劫严厉。

至118，黑方到处不活，实地亦落后，已呈败势。（此局至谱148手黑方已呈大败之势，难以为继，认输亦属正常。此时棋盘左边还很空旷，如果要收到终局白仅胜6目，尚需很多着手，且白方需大幅退让。）（李喆）

黑贴$2\frac{1}{2}$子　148手以下略　白胜3子

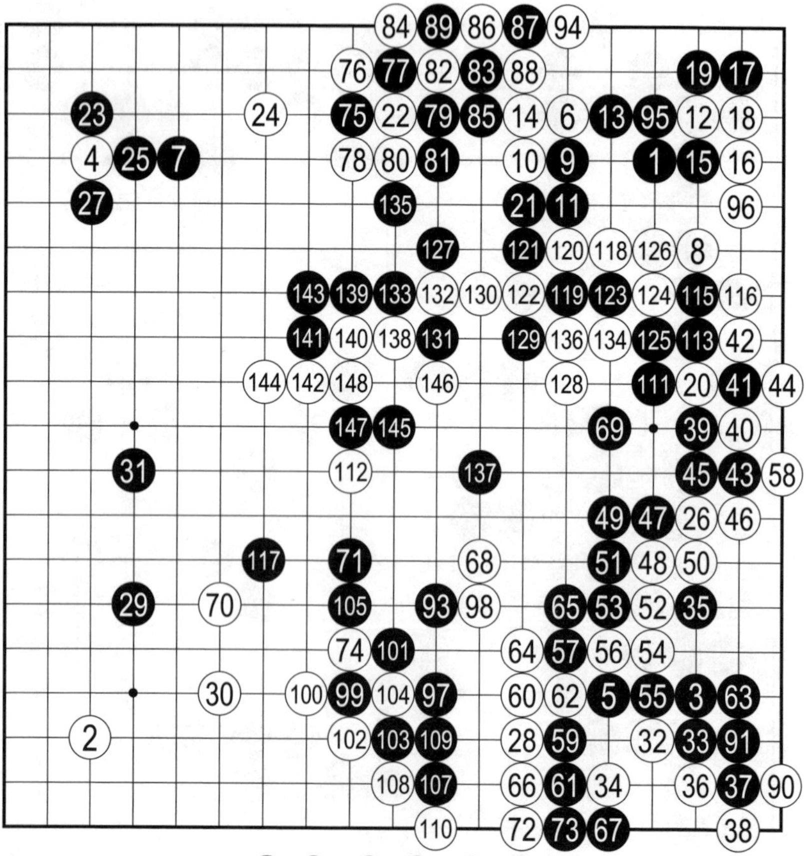

92=86　106=99　114=41

（1–148）

1963年11月21日北京体育馆

训练棋

黑方　黄永吉

白方　陈祖德

黑17见小，应20位飞。

黑33应继续于左下角行棋，实战与31前后矛盾。

白42可先往中腹搭眼。

黑55失机，应56位长入，白方不好处理。

黑67、69大损，原本直接于68扳几乎可吃掉两子。（李喆）

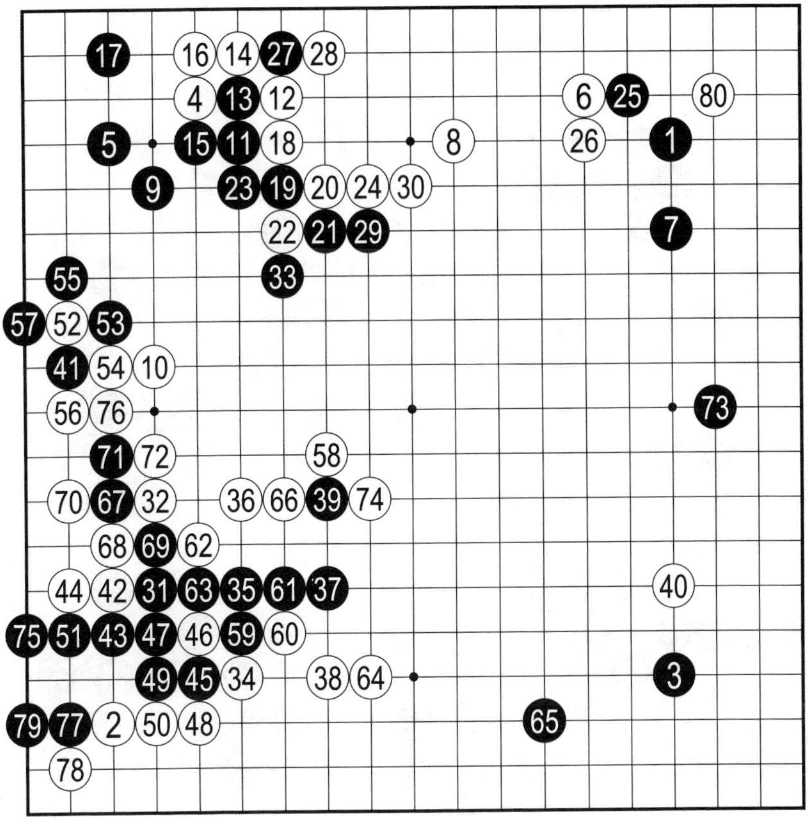

（1–80）

黑方 **黄永吉**

白方 **陈祖德**

白 82 略缓，可于 115 位大飞。

黑 89 小，应走 91 位。

白 102 有趣。

黑 139 断，出击方向有误，应 146 位长。

至 160，黑方攻白之子悉数被擒，胜负乃定。（李喆）

黑贴$2\frac{1}{2}$子　166 手以下略　白胜 9 子

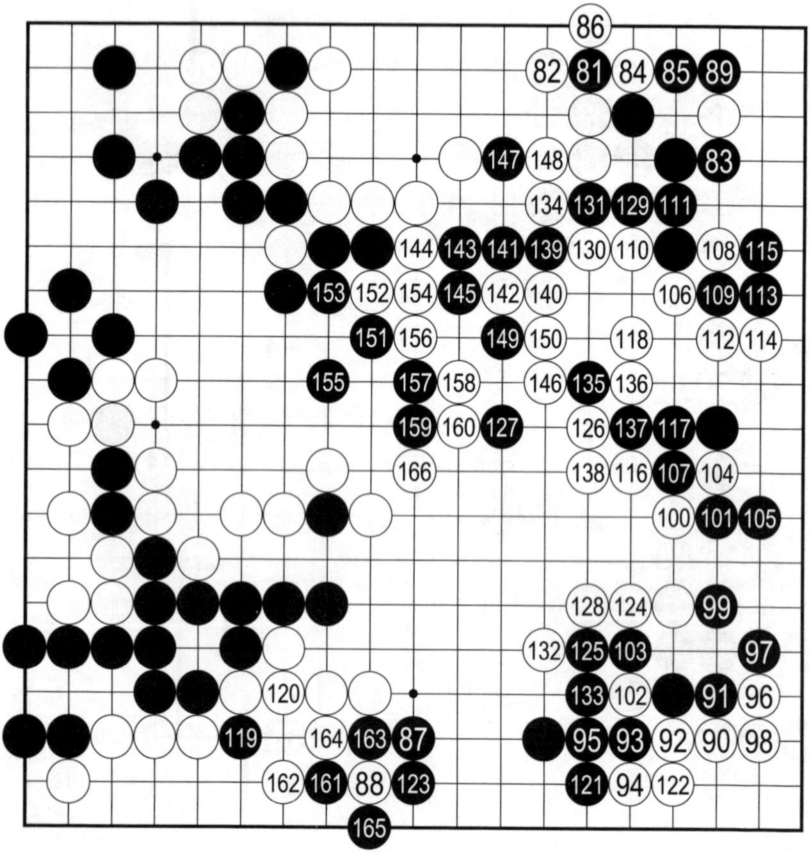

（81–166）

1963 年 12 月 1 日弈于北京

中日友谊赛

白方　安永一 六段

黑方　陈祖德（受先）

白 10 避免影响左上角。黑 11 操之过急。白 16 好感觉。黑 17 只能如此。黑 19 应飞压白角。黑 21、23 不够紧峭。对付白 24 尖顶，黑没有好应手。白 36 点角后，黑棋先着的效能已完全丧失了。黑 37 接为时尚早。黑 39 非如此不可。白 40 先手断绝三子的生路。黑 43 勉强，但不如此则无法争胜。白 44 至 50 必然。黑 53 先手立后，生出了 77 位渡的后门，因而黑 57 放手进攻。黑 61 攻击方向正确。白 68 刺正是时机，令黑很为难。黑 77 不得已。白 78 争得先手守角，局势已稍乐观。黑 81 若脱先，被白点角，黑实地难以抗衡。黑 83 试探，是不利形势下的特殊手段。白 84 毫不示弱。白 88 不能于 95 位断吃。黑 89 冲应直接在 95 位接，白如虎，黑便关出，白难以攻击。白 90 尖，照应右上大块。白 96 后，黑 97 只能如此。白 98 反打破黑眼位，最狠。

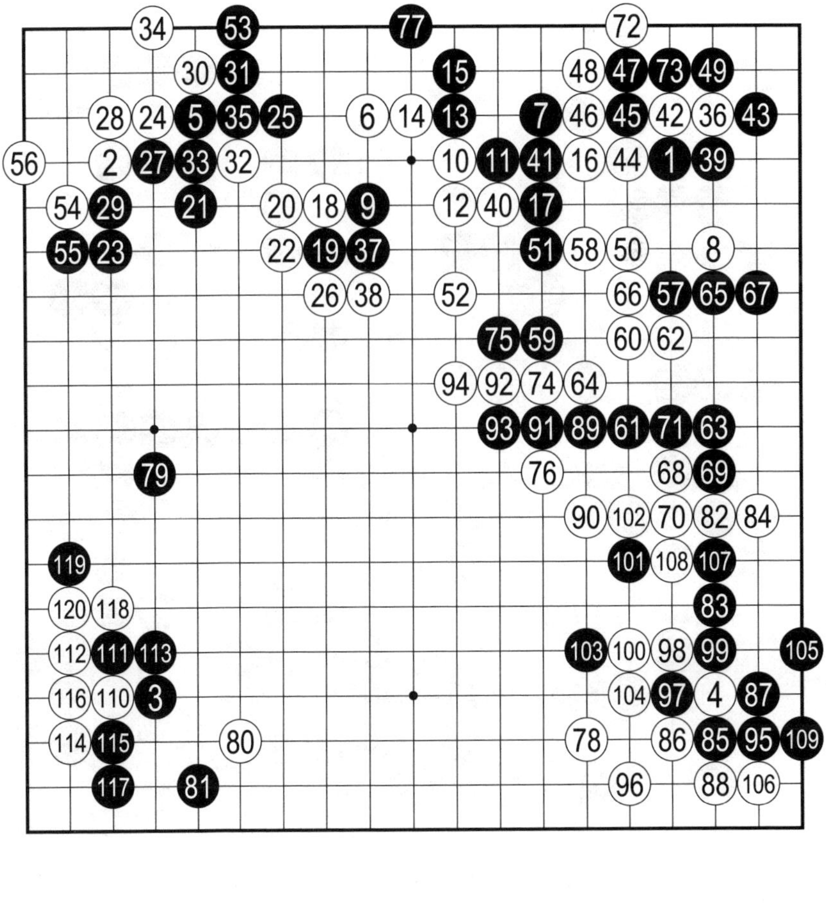

（1–120）

白方　安永一　六段

黑方　陈祖德（受先）

但白的封锁也不够严实，黑 101 利用其缺陷。黑 103 恶手，应 107 位顶。至黑 109 虽得活，但白外势极厚，且为先手，白充分。白 110 值得探讨，此时在 123 位关简明易下。黑 119、121 强袭，若被白轻易做活，黑将难以争胜。白 124 靠，敏锐。黑 127 至白 132 必然。白 138 后，白的势力得到加强，黑 139 不得不补，白优。白 148 可能是误算，当 150 位冲或 161 位爬。白 154 打是败着。此时如忍耐于 164 位打，白实地依然领先。以下至黑 163 形成转换，白棋虽然形成了厚势，但下边成空的可能性消失了，败势遂定。白 164 虽有力，但黑 165 曲就将其作用完全抵消了。白 166 再围腹空为时已晚。以后的收官无关胜负。（陈祖德）

共 222 手　黑胜$2\frac{1}{2}$子

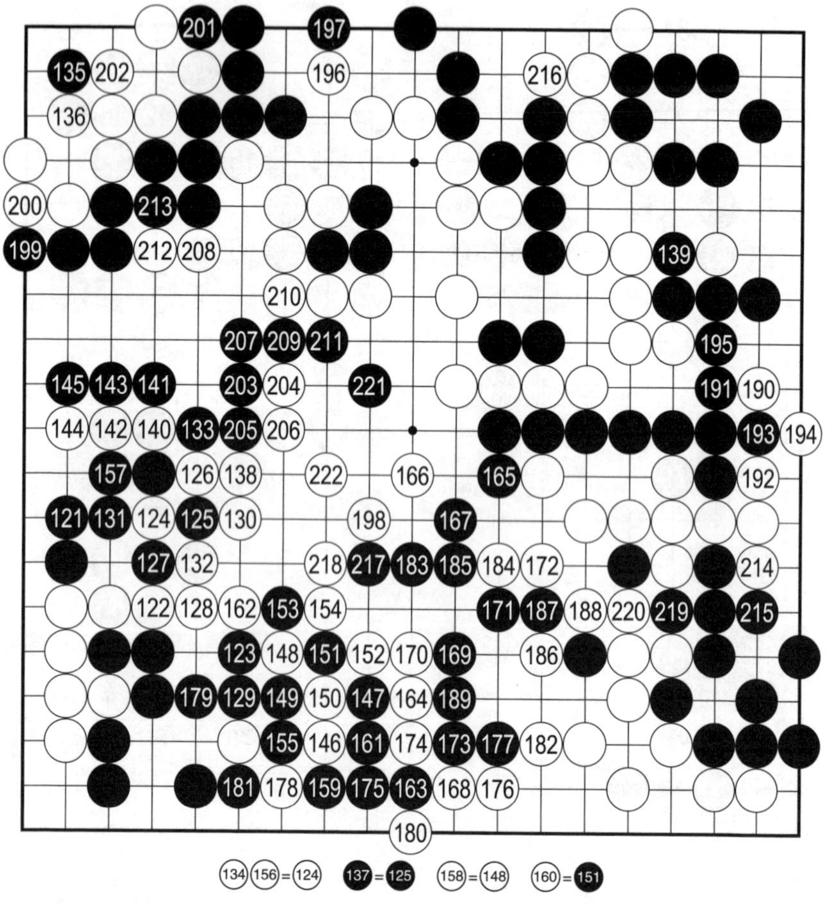

1963 年 12 月 3 日弈于北京国际俱乐部
中日友谊赛

白方　石毛嘉久夫 六段

黑方　陈祖德（受先）

白 10 在四路拦，颇有新意。黑 15 为时过早，应在 24 位跳，可以照顾全局。黑 25 关，只此一手。白 26 紧峭。黑 31 非断不可，至白 36 大致如此，结果黑略显被动。白 40 应于左下角点方，使黑边、角不能轻易连络，关系大局。白 46 很有问题。黑 47 轻快飘逸，白已经无法攻击了。白 48 灵活。黑 49 要点，若被白于此处飞攻，黑孤子将陷入大包围。白 56 压不得已。至黑 59，白的实地已明显不足。黑 61 尖后，白仍未摆脱困境。白 62 至黑 67 的交换，白明显吃亏，但别无良策。黑 69 又是要点。白 72 断有些勉强，但没有其他方案。黑 77 若在 78 位冲，战斗将更加激烈，但黑也感到没有把握。白 84 扳，过分，但黑 85 痛失良机，应 99 位断，再 86 位打，最终快一气杀白。至白 88，白地整整多了 10 目，已能决定一局棋的胜负。我的情绪极其懊恼，黑 89 以下毫无成算且明显吃亏。至白 94，局势已相当细微。黑 95 企图彻底破坏下边白地。黑 99 至 107 一是先手加强中腹，二是争取时间计算下边的变化。黑 113 再次错失良机，应 133 位打。白 114 机敏。

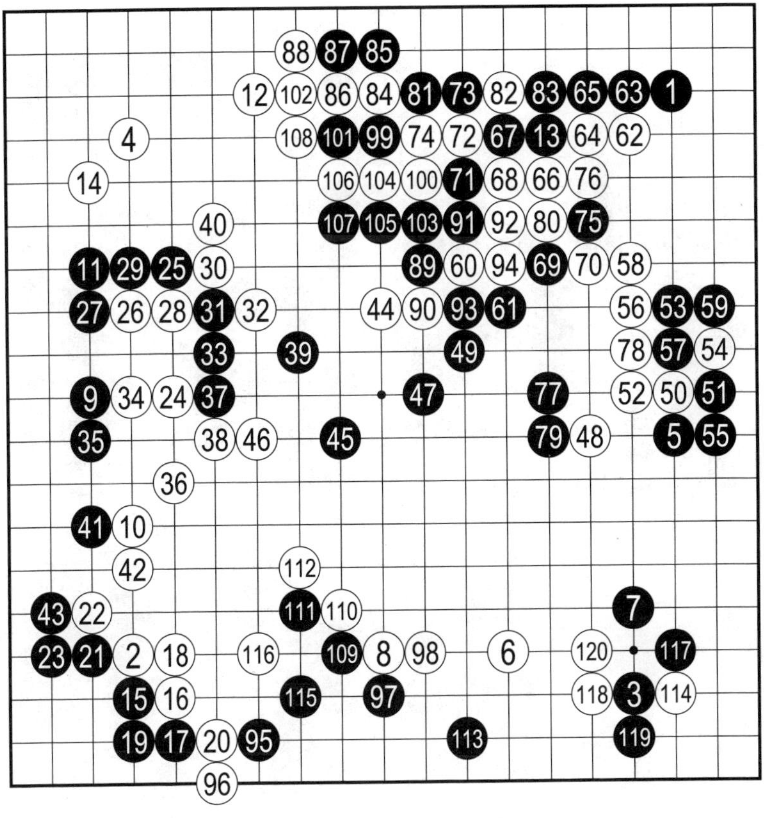

（1–120）

白方　石毛嘉久夫 六段

黑方　陈祖德（受先）

白 124 严厉，在威胁中腹的同时保护了 134 位的断点，一箭双雕。黑 125 以下不得已而为之。黑 147 当于 219 位补。白 148 挖、150 断是漂亮的收官。黑 163 宁为玉碎。黑 165 至 171 避免了一场危机。黑 173 见小，当 195 位飞。白 176 至 180 是正确的次序。白 184 跳后，白明显优势。黑 187 后，产生了 195 位的断，白损失不小。最后的单劫白劫，终胜半子。（陈祖德）

共 260 手　白胜半子

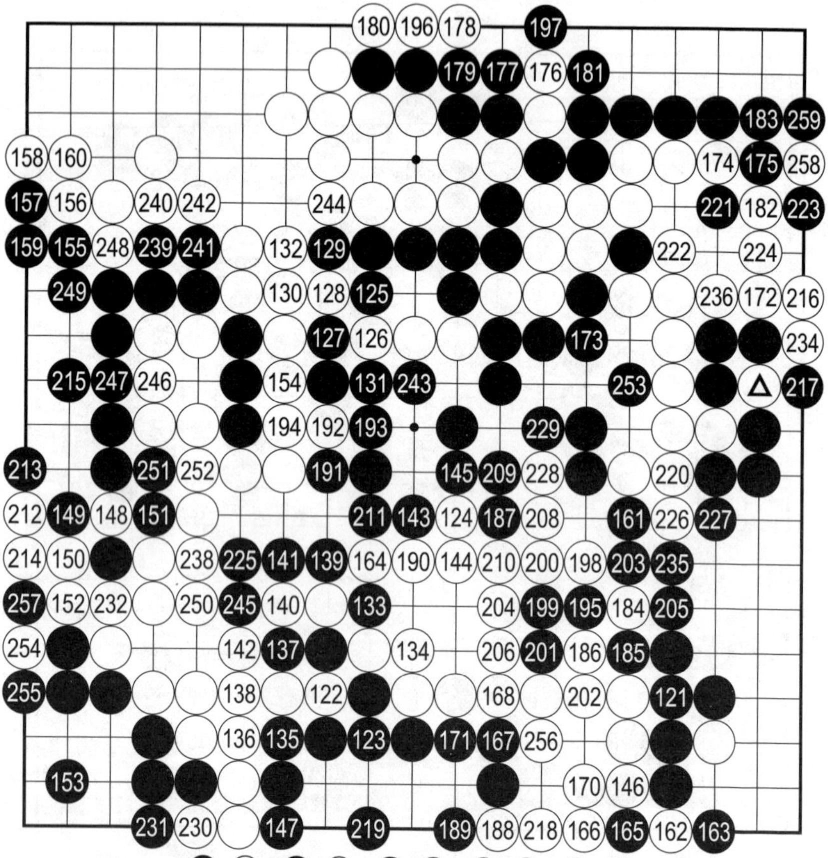

169=162　207=184　233=148　237=△　260=254

1963年12月12日弈于北京体育馆

训练棋

黑方　黄永吉

白方　陈祖德

黑19、21不妥，应于13下一路长。

白32应在33位打吃为厚。

黑35压形成局部激战，此手改为49位扳更佳。

黑67略缓，应92位立，白方如脱先，黑右下角有严厉手段。

黑71好，至89黑方大有收获。

黑91仍应92位立下。

黑103应走双飞燕，此时黑方稍占优势。（李喆）

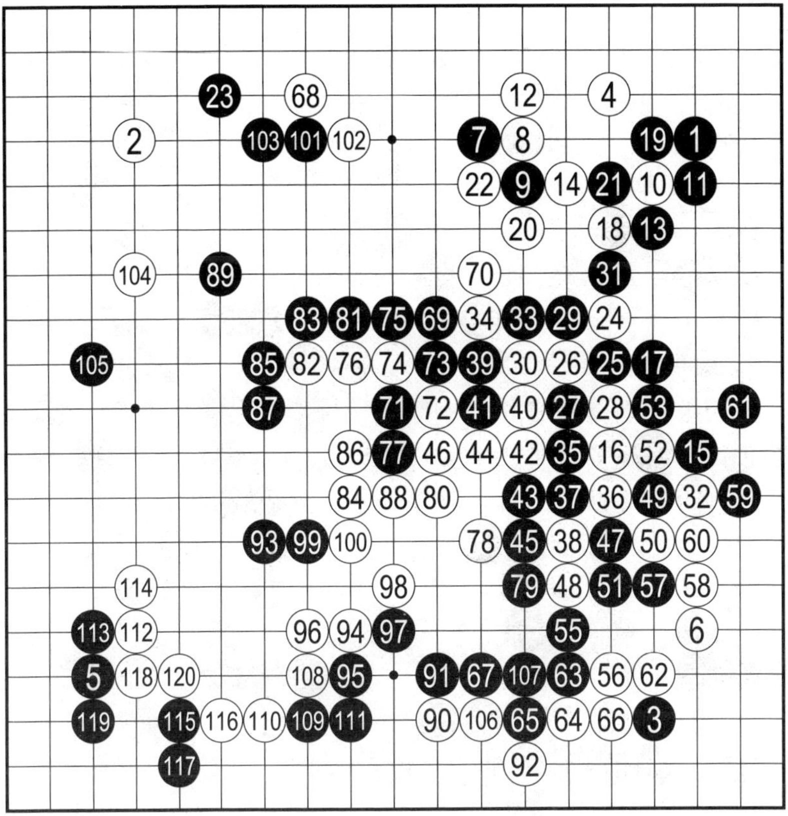

54 = 49

（1–120）

黑方　黄永吉

白方　陈祖德

黑125攻白角，白134妙手防御。

白138奇思妙想！精彩的一手。

黑139以下中计，应于147位反击。

至148，白方巧妙转身大获成功，逆转局面。

白160稍有疑问，应161位拐回或抢占180打吃。

黑167目数不如于168顶。

白184应于211左一路长。

黑187之后是细棋白稍好。

白212应213位断。

黑235于122左一路团是最后机会，但或许此处白方在实战中已先手交换掉了。(李喆)

黑贴$2\frac{1}{2}$子　共241手　白胜半子

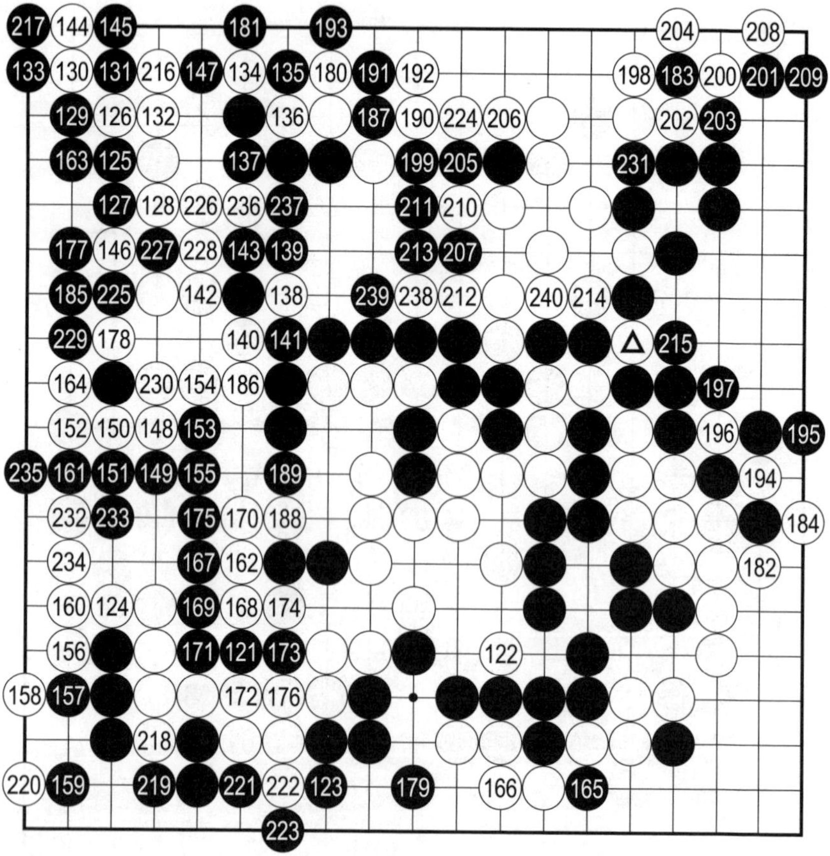

241=△

(121–241)

1963年12月15日弈于北京体育馆

训练棋

黑方　陈祖德

白方　罗建文

黑9飞角时，白10如在右边拆二，黑28位飞压，则是21世纪初再度流行过的下法。

黑11追求效率，白14反击必然。

黑21以下手法巧妙。

白32应于28左一路压。

黑39继续求战。

白46先中后，应于60位单粘。

黑53-61漂亮，弃掉两子处理好两边，一举取得优势。（李喆）

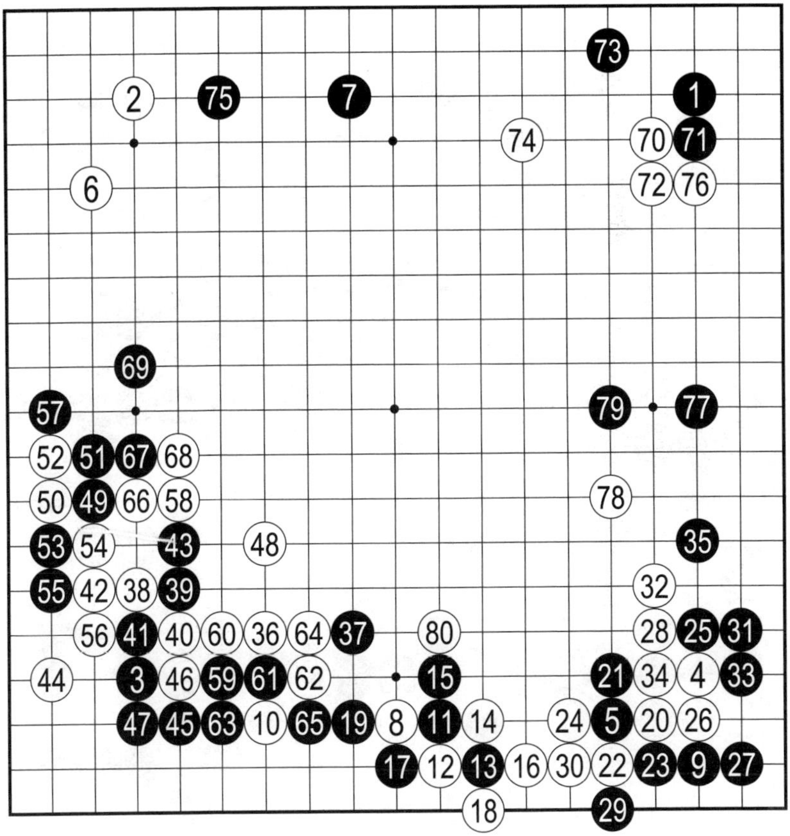

（1–80）

白方　罗建文

黑方　陈祖德

白 84 无理，被黑 85 巧手一扳，局部失去应手。

白 120 强挖，寻找机会，至 138 围出了不少目数，但右上陷入困境。

黑 159 消劫锁定胜局。（李喆）

黑贴$2\frac{1}{2}$子　共 179 手　黑中盘胜

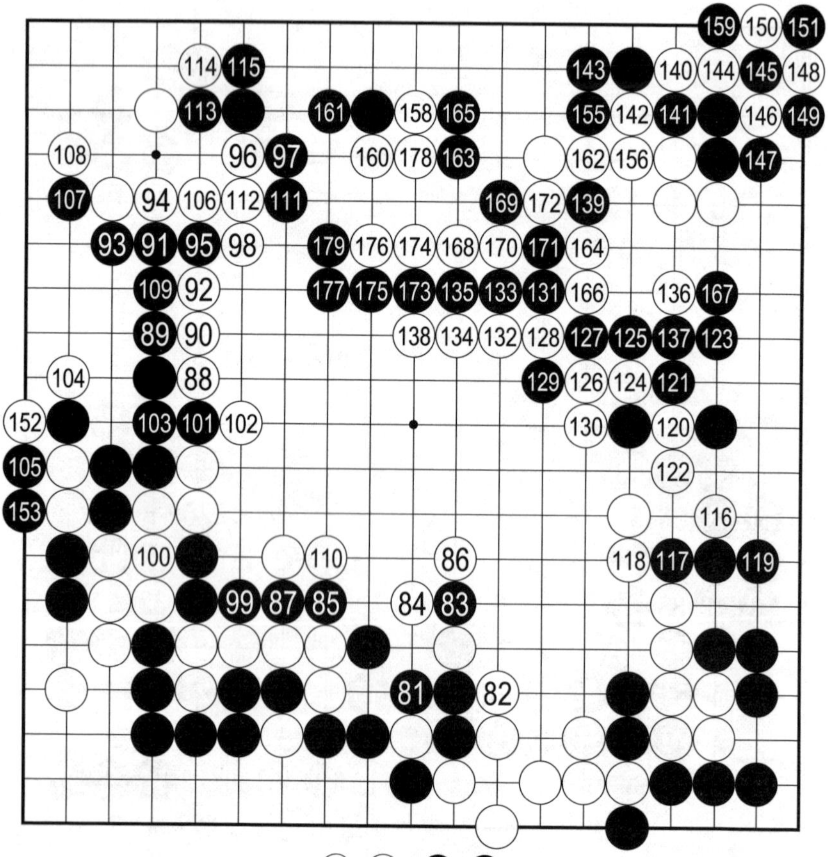

154=148　157=151

（81–179）

1963 年 12 月 20 日弈于北京体育馆
训练棋

黑方　陈祖德
白方　竺源芷

开局黑中国流对白三三小目单关角，是五十年后也不过时的布局。

黑 15 犀利，黑 19 可于 20 位继续转换。

白 42 应走 43 位飞，步调更好。

白 54 可于 59 位跳出。

黑 63 托时，白 64 以下定型恰当。（李喆）

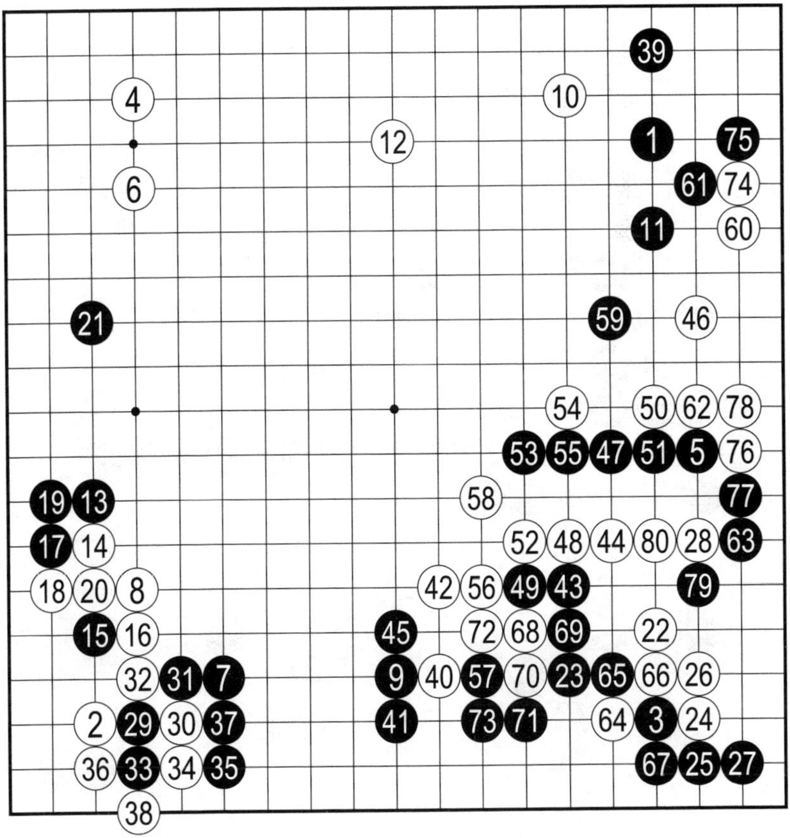

（1–80）

黑方　陈祖德

白方　竺源芷

白86连扳过分，在87位长则白方形势不错。

黑103犀利，白方大龙陷入危机。

黑123于129位飞更好，实战白126后有些复杂。

在黑135之前，白方应把140交换掉，则对杀结果尚不明朗。

实战黑方在上边延气同时做出先手眼，形成有眼杀无眼，取得杀气的胜利。（李喆）

黑贴$2\frac{1}{2}$子　共169手　黑中盘胜

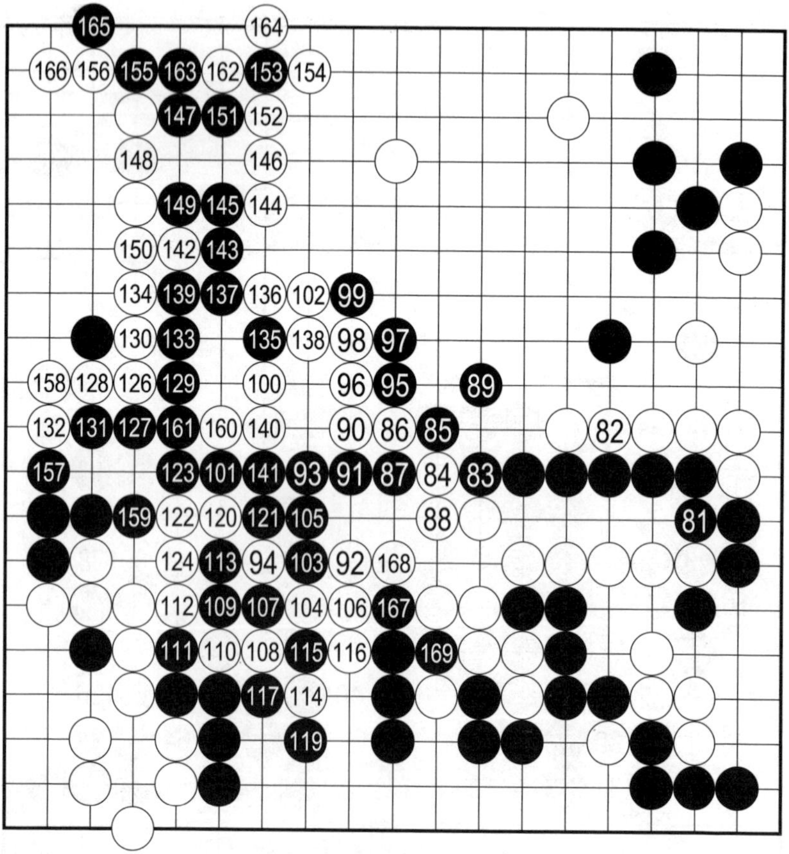

118=115　125=94

（81–169）

1963年12月25日弈于北京体育馆

训练棋

黑方　吴淞笙

白方　陈祖德

黑25、27有趣。

黑31以下双方着法紧凑。

黑53应于195位点反击。

白54应于49左边顶掉，再于55位提净，保持对黑大块的威胁。

黑55长，敏锐。

白62不如70位顶吃干净。

黑69、71妙手！白方顿时难以两全。

白76、78形状不佳，76应于77位冲掉为好。

黑81、83紧凑，在双方气紧的战斗中，黑棋形状更好。

黑91凶狠，在96位压住缓攻两块，更为稳妥。（李喆）

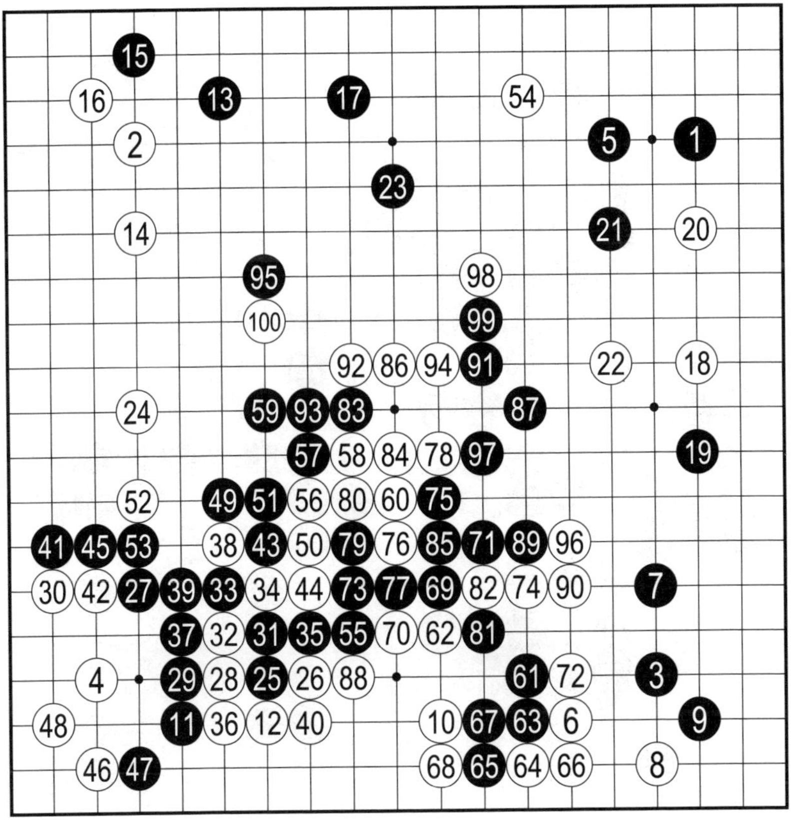

（1–100）

黑方 **吴淞笙**

白方 **陈祖德**

黑 117 寸土不让，也给了白棋反击之机。

黑 147 大失误，应于 168 位飞，是双方眼位要点。

白 152 选择弃掉三十多目的大龙，如连上，上边的死活将非常复杂。

黑 157 目数不如于 13 左一路长，如此则局势细微。

白 164 危险动作，直接收空即为白优。

黑 177 败着，应于 178 位尖，与白方形成杀气，黑方目数远好于实战，有逆转希望。实战白回头走到 186，黑棋目数不够了。

本局双方厮杀十分激烈，是一盘力战的好局。（李喆）

黑贴2½子　共 198 手　白中盘胜

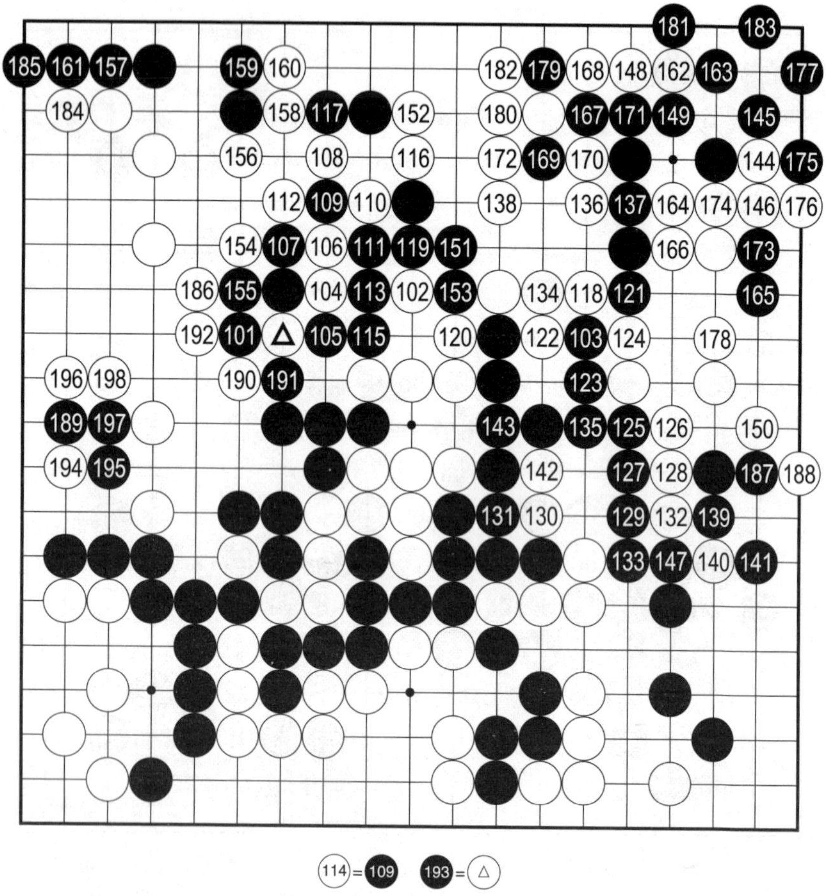

114=109　193=△

（101–198）

1963 年 12 月 27 日弈于北京体育馆

训练棋

黑方　张福田

白方　陈祖德

白 12 是旧定式，于 14 位尖或 13 位飞更好。

白 20 略缓，应抢占 104 位。

黑 23、白 24 针锋相对。

白 26 顶过不佳，应 27 位扳出弃子定型，实战黑 31 靠出严厉。

至 55 手，白棋左边损失过大，全局形势大幅倾斜。

白 58 是劣势下扩大战场的下法。

黑 59、63 稳健，以下黑方全面退守，不给白方可乘之机。（李喆）

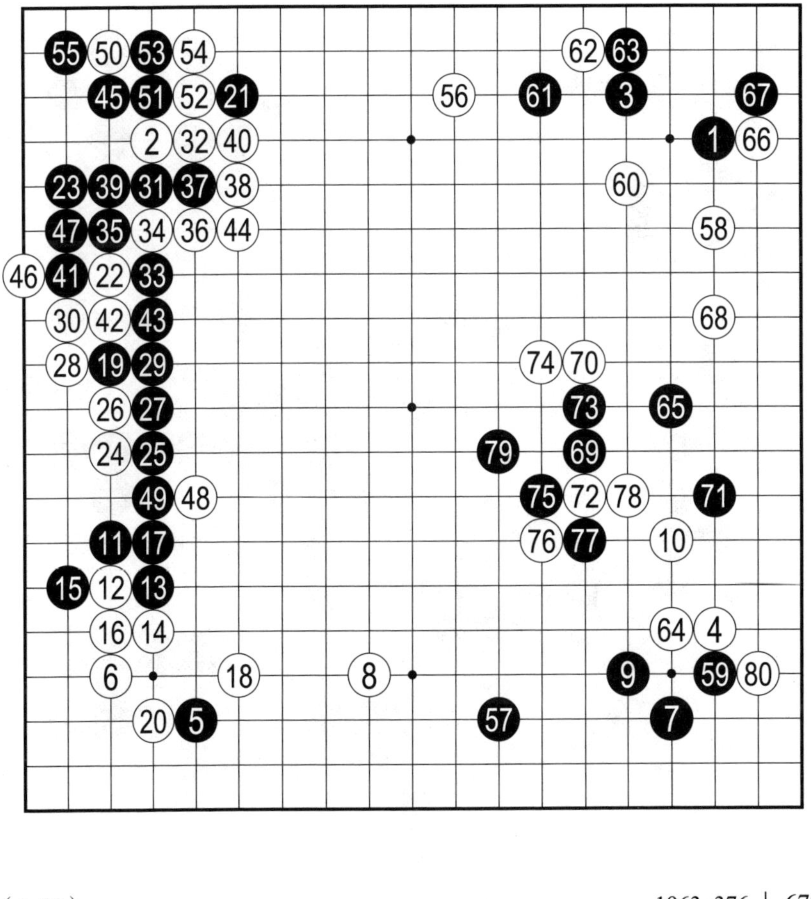

（1–80）

至 119，右边黑大龙活净，白方已无处争胜。

本局是白方不发挥的一局。（李喆）

黑方　张福田

白方　陈祖德

黑贴$2\frac{1}{2}$子　共 177 手　黑中盘胜

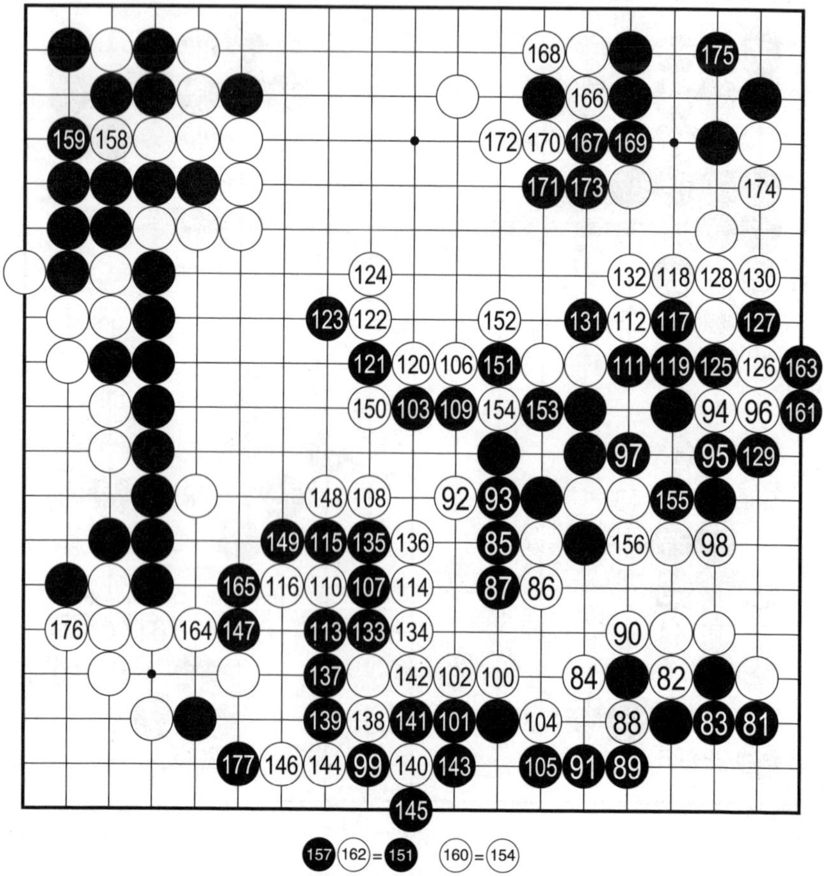

（81–177）

疑 1963 年对局

训练棋

黑方 罗建文

白方 陈祖德

白 12 先拐再拆是旧法。

黑 19 激烈，是邀战着法，普通于 20 位飞。

白 38 局部计算准确，但不如单于 40 位退，放黑跑出，再于 61 位虎，进行整体攻击。

至 51，白方虽先手吃掉黑四子，但黑方外势价值更高。

黑 83 见小，应于 86 左一路逼住。黑 91 可选择右一路顶住，实战白活角价值不小。

黑 99、101 局部好手。

黑 115 冲有些危险，白 118 应于下一路长，黑方局部无严厉后续。（李喆）

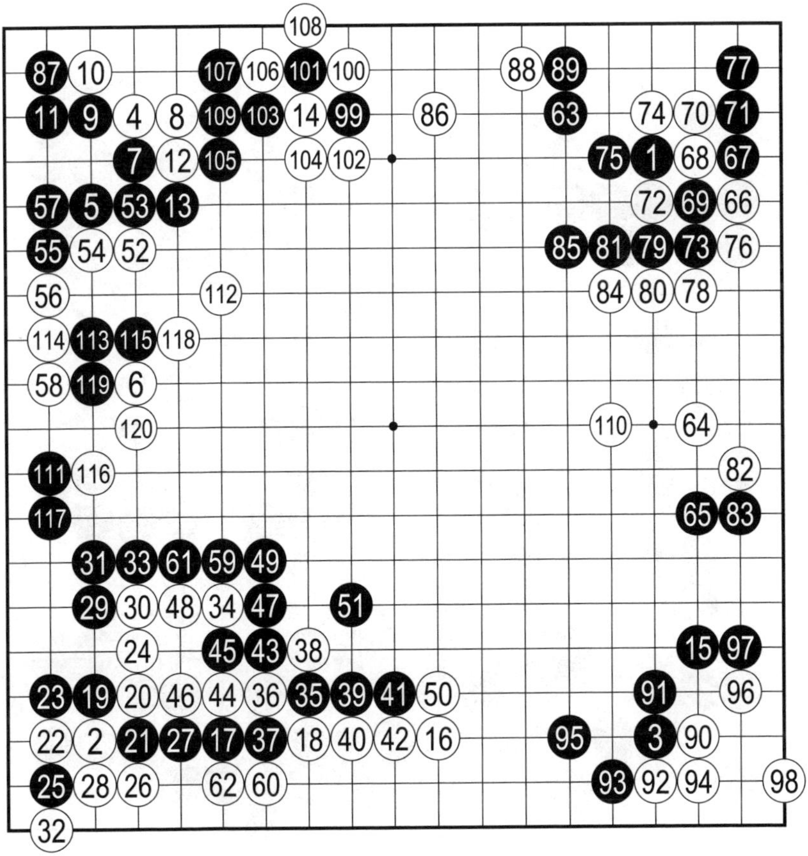

（1–120）

黑方　罗建文

白方　陈祖德

左边定型至128，黑方仍保持盘面10目左右的优势。

黑145欲借攻击定型。

白152见防守功力。

黑157回防稳健，此时可于162位继续追击。

白160贴回，已成细棋局面。

黑203败着，应于234位点入，白方此处有细微破绽，如此则黑方将胜。

白204巨大，此处黑方似有错觉，至210白方便宜甚多，由此白方胜定。（李喆）

黑贴$2\frac{1}{2}$子　共238手　白胜$2\frac{1}{2}$子

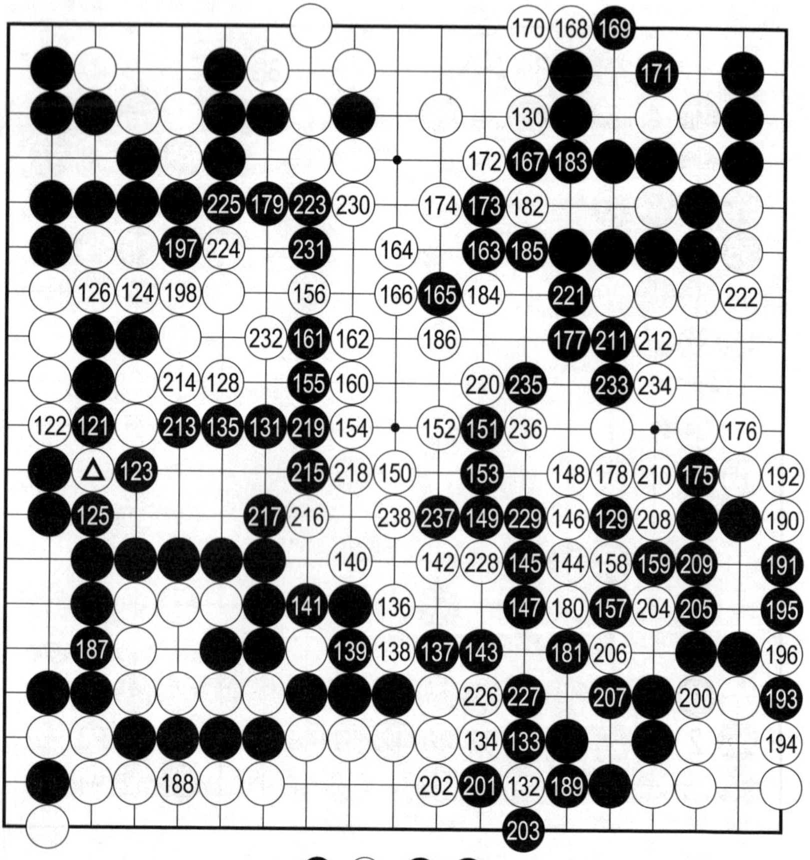

127=△　199=193

（121–238）

疑 1963 年对局
训练棋

黑方　陈祖德
白方　张福田

白 18 趣向，黑 19 应 27 位扳粘。

黑 25-27 不便宜。

白 34 缓，此处价值并非最大。

白 42 与 43 交换稍亏。

白 60 局部妙手，但也有亏损之处。

白 64 缓，应抢占右上 79 位。

黑 73 以攻为守，白 76 可先于 77 位贴一下。

白 80、82 漂亮，黑 83 以下强冲不如直接 88 位拐回。

至 94，双方势均力敌。

白 100-104 扩张势力，黑 105、107 深入腹地。

白 110 可考虑在左边打入，制造攻击头绪。

黑 113 反击紧凑。（李喆）

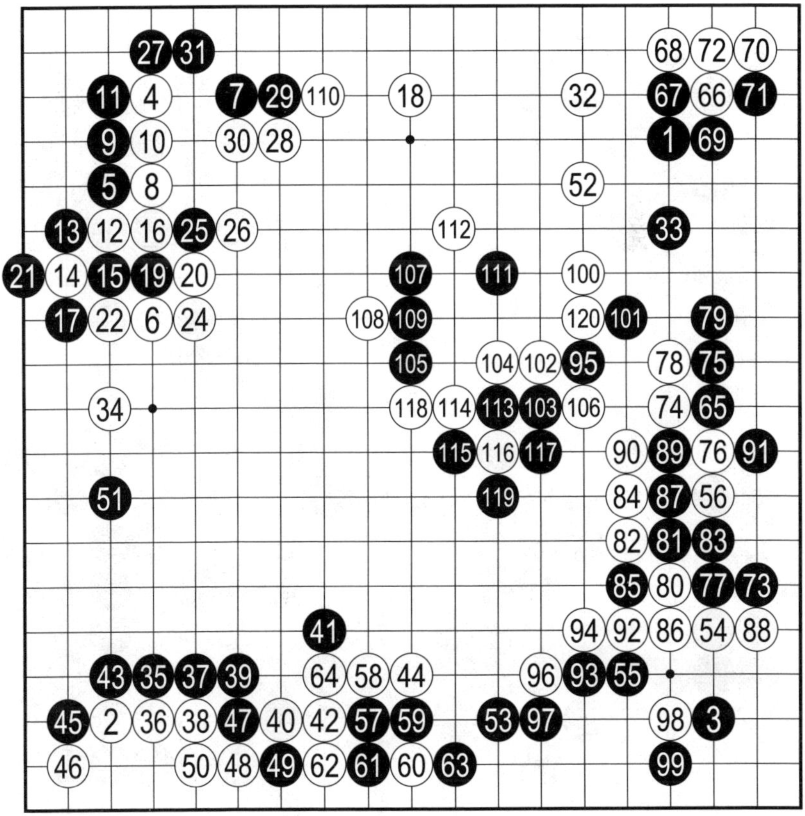

23 = 14

（1–120）

黑方　陈祖德

白方　张福田

黑 121 也可选择 122 位扳，救出上边黑子。

黑 123 要点，白方面临选择。

实战白方选择弃掉六子，如于 131 位提，将形成复杂的局部死活题，有望形成劫争。

白 136 缓，其目的是间接补强右下，但不如 137 位价值大。

白 146 应于 149 位虎，此处厚薄价值大于目数价值。

白 152 不如于 209 位顶。

黑 155 断价值大，黑方稍优。

白 194 好手，利用打劫拉近了局势，但无法追回差距。（李喆）

黑贴$2\frac{1}{2}$子　共 236 手　黑胜$1\frac{1}{2}$子

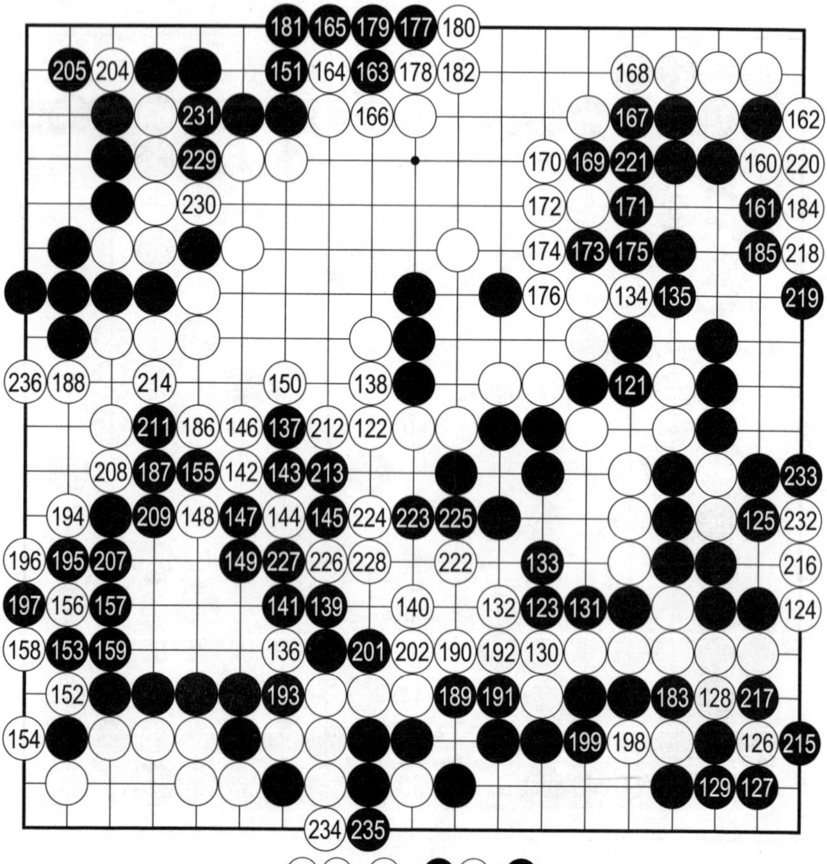

200 206 = 156　　203 210 = 197

（121–236）

疑 1963 年对局

训练棋

黑方　黄永吉

白方　陈祖德

黑 11 是古法，于 12 右一路尖刺后 13 位尖更佳。

白 20 不如上一路抱吃。

白 36 应保留。

黑 41 可选择 43 位虎，以左边为重。

黑 55 可先于 24 左上处尖刺，白方如单接，黑可不走 55 而脱先。

黑 63 应直接 67 位挖，形成战斗。

白 80 缓，应 82 位接，黑方边路的手段不足为惧。

白 114 单官分断不急，可先于 130 位拆，考验黑右下，伺机而动。（李喆）

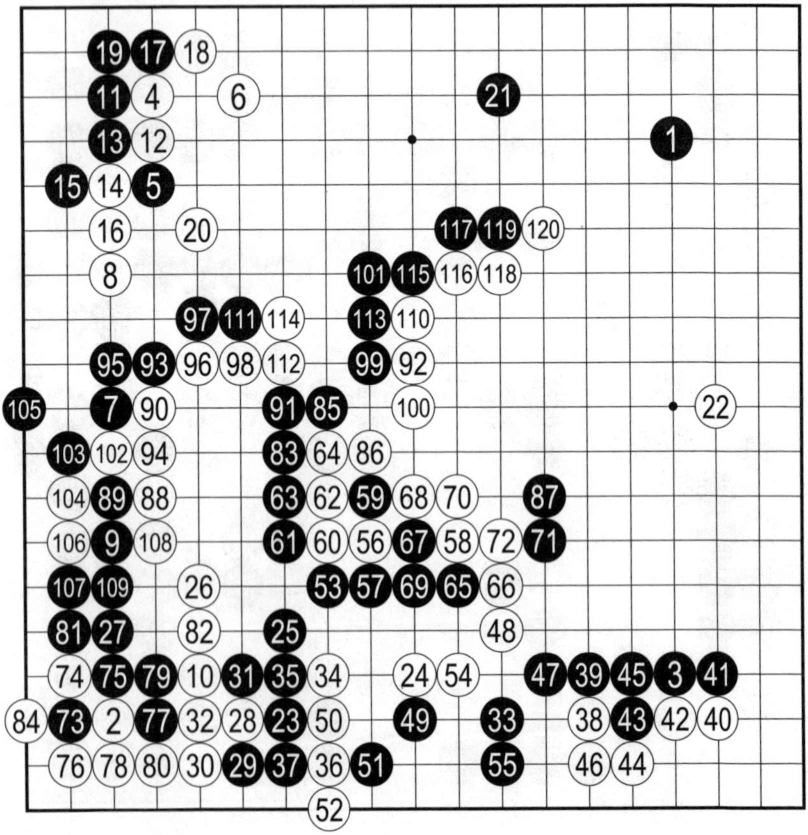

（1–120）

黑方 **黄永吉**

白方 **陈祖德**

黑 129 局部是形，但不如于 147 位长，抢占中腹先机。白 130 大，黑 131 怪着。黑 139 可考虑于 140 位顶断作战。

白 146 于 175 虎将更有利于接下来的战斗。

白 152 不妥，应于 171 位点，则战斗复杂。实战黑 155 好手，白方顿时陷入苦战。

白 164 以下顽强追击，但自身气紧，较为勉强。黑 175 应于 176 位拐吃，白方将难以为继。

至 187，白方依靠劫争使右上成活，局面大为缓解，但由于中腹欠一手棋，仍不足以逆转。

白 192 以下最大限度地拼搏，黑方则持续隐忍，只为确保先手，抢到 217 位吃。

白 218 如先在 100 左一位挤，则官子尚可继续，大约是盘面 10 目的差距。（李喆）

黑贴 $2\frac{1}{2}$ 子　共 219 手　黑中盘胜

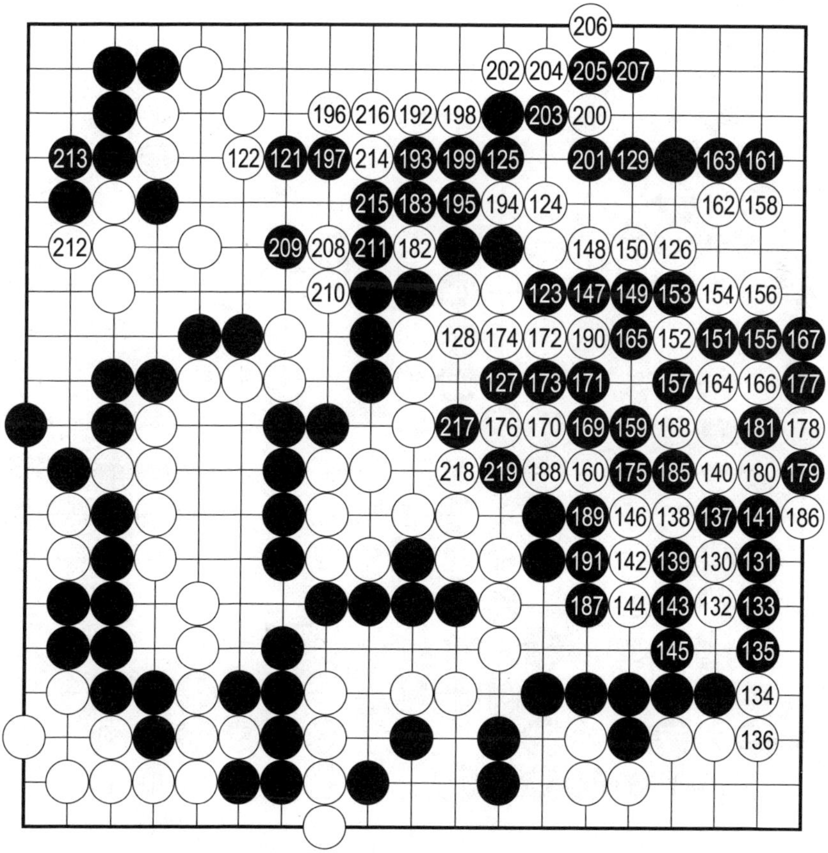

184=178

（121–219）

陈祖德——著

陳祖德全谱

中 沙场秋点兵

华龄出版社
HUALING PRESS

图书在版编目（CIP）数据

陈祖德全谱 / 陈祖德著. -- 北京 : 华龄出版社, 2024. 7. -- ISBN 978-7-5169-2814-1

Ⅰ. G891.3

中国国家版本馆 CIP 数据核字第 2024VJ6083 号

策　　划	颉腾文化		
责任编辑	貌晓星	责任印制	李未圻

书　　名	陈祖德全谱	作　　者	陈祖德
出　　版 发　　行	华龄出版社 HUALING PRESS		
社　　址	北京市东城区安定门外大街甲 57 号	邮　　编	100011
发　　行	（010）58122255	传　　真	（010）84049572
承　　印	涿州市京南印刷厂		
版　　次	2024 年 7 月第 1 版	印　　次	2024 年 7 月第 1 次印刷
规　　格	880mm×1230mm	开　　本	1/32
印　　张	67.25	字　　数	1802 千字
书　　号	978-7-5169-2814-1		
定　　价	399.00 元（上中下）		

目录（中册·沙场秋点兵）

1964

380——沈果孙 / 白 // 689
381——陈锡明 / 黑 // 690
382——齐曾矩 / 白 // 692
383——沈果孙 / 黑 // 694
384——吴淞笙 / 黑 // 696
385——王幼宸 / 白 // 698
386——沈果孙 / 黑 // 699
387——沈果孙 / 白 // 701
388——陈锡明 / 黑 // 702
389——张福田、朱金兆、郑怀德 / 黑 // 704
390——沈果孙 / 白 // 706
391——吴淞笙 / 白 // 708
392——黄永吉 / 黑 // 710
393——张福田 / 黑 // 712
394——沈果孙、陈锡明 / 黑 // 714
395——罗建文 / 黑 // 716
396——张李源 / 白 // 718
397——沈果孙 / 黑 // 720
398——魏昕 / 黑 // 722
399——朱金兆 / 白 // 724
400——杭承义 / 白 // 725
401——王兹安 / 黑 // 726
402——罗建文 / 黑 // 728
403——黄良玉 / 白 // 731
404——竺源芷 / 黑 // 732
405——王幼宸 / 白 // 734
406——吴淞笙 / 白 // 735
407——黄永吉 / 黑 // 737
408——刘棣怀 / 白 // 739

409——邵福棠 / 黑 // 741
410——王汝南 / 黑 // 743
411——周孝棠 / 白 // 745
412——王立 / 白 // 746
413——齐曾矩 / 黑 // 747
414——袁兆骥 / 黑 // 749
415——梶原武雄八段 / 白 // 751
416——村上文祥业余 6 段 / 黑 // 753
417——大窪一玄七段 / 授先 // 755
418——大竹英雄六段 / 白 // 758
419——高川格九段 / 授二子 // 761
420——桥本昌二九段 / 授先 // 762
421——鲷中新八段 / 授先 // 764
422——宫本义久八段 / 黑 // 766
423——菊池康郎 / 白 // 768
424——大竹英雄六段 / 黑 // 770
425——吴淞笙 / 白 // 772
426——张福田 / 黑 // 774
427——陈锡明 / 白 // 776
428——吴淞笙 / 白 // 778
429——黄良玉 / 黑 // 779
430——沈果孙 / 白 // 781
431——邵福棠 / 黑 // 782
432——朱金兆 / 白 // 784
433——齐曾矩 / 黑 // 786
434——黄永吉 / 黑 // 788
435——吴淞笙 / 白 // 790
436——张福田 / 黑 // 791
437——罗建文、朱金兆 / 白 // 793
438——黄永吉 / 白 // 795

1965

439——杭承义 / 受二子 // 799
440——吴淞笙 / 黑 // 801
441——张福田、竺源芷 / 白 // 803
442——吴淞笙 / 白 // 804
443——吴淞笙 / 黑 // 806
444——罗建文 / 黑 // 808
445——吴淞笙 / 白 // 810
446——周孝堂、姜国震 / 黑 // 811
447——梶原武雄八段 / 黑 // 813
448——工藤纪夫六段 / 白 // 815
449——工藤纪夫六段 / 黑 // 817
450——梶原武雄八段 / 白 // 819
451——梶原武雄八段 / 黑 // 821
452——工藤纪夫六段 / 白 // 823
453——梶原武雄八段 / 黑 // 825
454——梶原武雄八段 / 白 // 827
455——梶原武雄八段 / 白 // 828
456——原田稔 / 黑 // 830
457——加田克司八段 / 黑 // 831

458——户泽昭宣六段 / 黑 // 833
459——桑原宗久七段 / 白 // 834
460——酒井通温八段 / 白 // 836
461——平田博则 / 黑 // 838
462——大竹英雄七段 / 白 // 839
463——岩田达明九段 / 黑 // 841
464——岩田达明九段 / 白 // 842
465——刘谷启八段 / 白 // 844
466——岩田达明九段 / 白 // 846
467——岩田达明九段 / 黑 // 848
468——岩田达明九段 / 白 // 850
469——刘谷启五段 / 白 // 853
470——岩田达明九段 / 白 // 854
471——岩田达明九段 / 黑 // 856
472——谷宫悌二五段 / 白 // 858
473——岛村俊广九段 / 白 // 860

1966

474——魏昕 / 黑 // 863
475——邵福棠 / 白 // 865
476——沈果孙 / 黑 // 867
477——吴淞笙 / 黑 // 870
478——翟燕生 / 白 // 873
479——罗建文 / 黑 // 875
480——王汝南 / 白 // 877
481——黄良玉 / 黑 // 879
482——黄进先 / 白 // 880
483——岛村俊广九段 / 白 // 882
484——宫本义久八段 / 黑 // 884
485——石田芳夫四段 / 黑 // 886
486——宫本义久八段 / 白 // 888
487——岛村俊广九段 / 黑 // 889

1969

488——常振明 / 受四子 // 893

1973

489——陈安齐 / 白 // 896
490——吴淞笙 / 黑 // 898
491——韩启姚 / 白 // 900
492——罗建文 / 黑 // 902
493——黄德勋 / 白 // 903
494——邱鑫 / 黑 // 904
495——赵之云 / 黑 // 905
496——华以刚 / 白 // 906
497——吴淞笙 / 黑 // 907
498——杨以伦 / 黑 // 908
499——姜国震 / 白 // 910
500——聂卫平 / 黑 // 911
501——曹志林 / 白 // 912
502——黄进先 / 黑 // 913
503——谢裕国 / 白 // 914

504——王汝南 / 白 // 915
505——吴淞笙 / 白 // 916
506——吴淞笙 / 黑 // 917
507——黄进先 / 黑 // 918
508——罗建文、聂卫平 / 黑 // 919
509——吴淞笙 / 黑 // 920
510——藤泽秀行九段 / 授先 // 922
511——加藤正夫七段 / 授先 // 924
512——菊池康郎业余 6 段 / 黑 // 926
513——中园清三 / 黑 // 928
514——西村修 / 黑 // 930
515——桥本宇太郎九段 / 授先 // 932
516——高川格九段 / 授先 // 934
517——石田芳夫七段 / 授先 // 935
518——吴清源九段 / 授先 // 937
519——坂田荣男九段 / 白 // 939
520——本田邦久九段 / 白 // 941
521——加藤正夫七段 / 黑 // 943
522——太田耕造六段 / 黑 // 944
523——石井邦生八段 / 白 // 945
524——加藤正夫七段 / 白 // 947
525——菊池康郎业余 7 段 / 白 // 949

1974

526——聂卫平 / 黑 // 953
527——藤泽朋斋九段 / 白 // 954
528——高木祥一七段 / 白 // 956
529——小林光一七段 / 黑 // 958
530——村上文祥业余 6 段 / 白 // 960
531——青柳英雄七段 / 白 // 962
532——桥本谊九段 / 白 // 964
533——西村修 / 白 // 966
534——岩本薰九段 / 黑 // 968
535——曹志林 / 黑 // 970
536——黄德勋 / 白 // 971
537——杭承义 / 黑 // 973
538——聂卫平 / 白 // 975
539——王汝南 / 黑 // 976
540——罗建文 / 白 // 978
541——陈志刚 / 白 // 980
542——黄进先 / 白 // 982
543——沈果孙 / 白 // 984
544——孔祥明 / 白 // 986
545——徐荣新 / 白 // 988
546——吴淞笙 / 黑 // 989
547——聂卫平 / 黑 // 991
548——宫本直毅九段 / 白 // 993
549——苑田勇一七段 / 黑 // 995

550——仓桥正藏七段 / 白 // 997
551——宫本直毅九段 / 白 // 999
552——村上文祥业余 6 段 / 白 // 1001

1975

553——欧阳世承 / 白 // 1005
554——杭承义 / 黑 // 1007
555——陈惠芳 / 白 // 1009
556——陈嘉锐 / 白 // 1011
557——陈芫菱 / 白 // 1013
558——陈志刚 / 黑 // 1015
559——王汝南 / 黑 // 1017
560——罗建文 / 黑 // 1019
561——孔祥明 / 白 // 1021
562——黄进先 / 河南队 / 白 // 1023
563——聂卫平 / 白 // 1024
564——王汝南 / 白 // 1026
565——赵之云 / 黑 // 1028
566——高川格九段 / 白 // 1030
567——石榑郁郎八段 / 黑 // 1032
568——滓内秀知九段 / 白 // 1033
569——户泽昭宣七段 / 黑 // 1035
570——高川格九段 / 白 // 1037
571——聂卫平 / 白 // 1039

1976

572——黄德勋 / 黑 // 1042
573——陈志刚 / 黑 // 1043
574——吴淞笙 / 黑 // 1045
575——石田章七段 / 白 // 1047
576——平田博则 / 黑 // 1049
577——石井邦生八段 / 黑 // 1051
578——东野弘昭九段 / 白 // 1053
579——桥本宇太郎九段 / 白 // 1054
580——苑田勇一七段 / 黑 // 1056
581——酒井通温八段 / 白 // 1058
582——谷宫悌二七段 / 白 // 1060
583——王业辉 / 黑 // 1062
584——江鸣久 / 白 // 1064
585——陈嘉锐 / 黑 // 1066
586——陈锡明 / 黑 // 1068
587——孔祥明 / 白 // 1069
588——沈果孙 / 白 // 1070
589——徐荣新 / 黑 //1071

1977

590——华以刚 / 白 // 1075
591——陈志刚 / 黑 // 1076
592——陈志刚 / 黑 // 1077
593——杨以伦 / 白 // 1079

594——王群 / 黑 // 1080
595——何晓任 / 白 // 1081
596——杨晋华 / 黑 // 1083
597——黄德勋 / 白 // 1084
598——程晓流 / 黑 // 1085
599——王汝南 / 白 // 1086
600——罗建文 / 黑 // 1088
601——江鸣久 / 白 // 1089
602——刘小光 / 黑 // 1090
603——王汝南 / 白 // 1091
604——聂卫平 / 黑 // 1092
605——华以刚 / 黑 // 1094
606——聂卫平 / 黑 // 1096
607——吴淞笙 / 黑 // 1097
608——王汝南 / 白 // 1098
609——江鸣久 / 黑 // 1099
610——黄德勋 / 白 // 1100
611——聂卫平 / 白 // 1101
612——东野弘昭九段 / 黑 // 1103
613——家田隆二七段 / 白 // 1105
614——桥本宇太郎九段 / 白 // 1107
615——佐藤昌晴六段 / 黑 // 1109
616——石田章七段 / 黑 // 1110
617——石田章七段 / 白 // 1112
618——罗建元 / 黑 // 1114
619——罗建元 / 受先 // 1116
620——邵震中 / 受先 // 1117
621——徐荣新 / 受先 // 1119
622——刘小光 / 受先 // 1120
623——程晓流 / 黑 // 1121
624——朱菊菲 / 受二子 // 1122
625——黄德勋 / 受先 // 1124
626——罗建文 / 黑 // 1126
627——翁子瑜 / 白 // 1127
628——马亚兰 / 黑 // 1128
629——杨以伦 / 白 // 1129
630——刘小光 / 黑 // 1131
631——徐荣新 / 白 // 1132
632——吴淞笙 / 白 // 1133
633——王群 / 黑 // 1134
634——王汝南 / 黑 // 1135
635——聂卫平 / 白 // 1137
636——沈果孙 / 白 // 1139
637——孔祥明 / 黑 // 1140
638——陈志刚 / 黑 // 1142
639——江鸣久 / 白 // 1143
640——华以刚 / 白 // 1144
641——杨以伦 / 黑 // 1145
642——吴淞笙 / 黑 // 1146
643——聂卫平 / 白 // 1147
644——杨以伦 / 黑 // 1149

645——吴淞笙 / 白 // 1151
646——聂卫平 / 黑 // 1153

1978

647——杨以伦 / 白 // 1156
648——沈果孙 / 黑 // 1157
649——孔祥明 / 白 // 1158
650——王汝南 / 黑 // 1159
651——王群 / 白 // 1160
652——吴淞笙 / 黑 // 1162
653——聂卫平 / 白 // 1163
654——程晓流 / 黑 // 1164
655——沈果孙 / 白 // 1166
656——王群 / 黑 // 1168
657——施卫民 / 黑 // 1169
658——黄进先 / 白 // 1170
659——程晓流 / 白 // 1172
660——王汝南 / 黑 // 1174
661——罗建文 / 黑 // 1176
662——江鸣久 / 白 // 1178
663——沈果孙 / 白 // 1179
664——黄德勋 / 白 // 1180
665——欧阳世承 / 黑 // 1182
666——聂卫平 / 白 // 1183
667——杨慧人 / 黑 // 1184
668——秦葆平 / 白 // 1185
669——大平修三九段 / 黑 // 1186
670——三浦浩 / 白 // 1188
671——大漥一玄九段 / 白 // 1190
672——大漥一玄九段 / 黑 // 1192
673——大漥一玄九段 / 黑 // 1193
674——桥本昌二九段 / 黑 // 1195
675——藤木见人八段 / 黑 // 1197
676——岩田达明九段 / 白 // 1199
677——桥本宇太郎九段 / 白 // 1201
678——江鸣久 / 白 // 1203
679——杨以伦 / 黑 // 1205
680——吴玉林 / 白 // 1207
681——华以刚 / 黑 // 1208
682——聂卫平 / 白 // 1210
683——陈嘉锐 / 黑 // 1212
684——王群 / 白 // 1214
685——王汝南 / 黑 // 1215
686——黄德勋 / 白 // 1217
687——刘小光 / 黑 // 1219
688——谭炎午 / 白 // 1220
689——黄良玉 / 黑 // 1222
690——吴淞笙 / 黑 // 1224
691——金茜茜 / 黑 // 1225
692——吴淞笙 / 白 // 1226
693——孔祥明 / 黑 // 1227

694——唐锦潮 / 黑 // 1228
695——王汝南 / 黑 // 1229
696——王群 / 白 // 1230
697——聂卫平 / 白 // 1231
698——华伟荣 / 黑 // 1233
699——陈志刚 / 黑 // 1234
700——罗建文 / 白 // 1236
701——王群 / 白 // 1237
702——江鸣久 / 黑 // 1239
703——孔祥明 / 白 // 1241
704——淡路修三七段 / 白 // 1242
705——山城宏六段 / 白 // 1244
706——杉内雅男九段 / 黑 // 1246
707——村上文祥 / 白 // 1248
708——仓桥正藏七段 / 白 // 1249
709——聂卫平 / 黑 // 1251
710——蒋峰 / 受先 // 1253
711——何晓任 / 受先 // 1254
712——陈嘉锐 / 黑 // 1255

1979

713——华伟荣 / 受先 // 1258
714——郭娟 / 黑 // 1259
715——罗建文 / 黑 // 1260
716——江鸣久 / 白 // 1261
717——黄德勋 / 黑 // 1263
718——刘小光 / 白 // 1264
719——吴淞笙 / 黑 // 1266
720——陈嘉锐 / 黑 // 1268
721——马晓春 / 白 // 1269
722——徐荣新 / 黑 // 1271
723——邵震中 / 白 // 1273
724——王汝南 / 白 // 1275
725——邵震中 / 黑 // 1276
726——黄丽萍 / 白 // 1278
727——翁子瑜 / 黑 // 1279
728——华以刚 / 白 // 1281
729——聂卫平 / 白 // 1282
730——陈嘉锐 / 黑 // 1283
731——菊池康郎 / 白 // 1284
732——赫伯特 / 白 // 1286
733——李庸皞 / 黑 // 1287
734——陈嘉锐 / 白 // 1289
735——聂卫平 / 黑 // 1291
736——横山孝一六段 / 黑 // 1293
737——土田正光八段 / 黑 // 1295
738——原田实 / 黑 // 1297
739——陈嘉锐 / 黑 // 1299
740——唐锦潮 / 白 // 1300
741——王汝南 / 白 // 1302
742——黄奔昔 / 黑 // 1304

743——王民学 / 白 // 1305
744——雷贞倜 / 黑 // 1306
745——王汝南 / 白 // 1307
746——朱金兆 / 黑 // 1308
747——陈锡明 / 白 // 1309
748——刘小光 / 黑 // 1310
749——吴玉林 / 白 // 1312
750——宋雪林 / 白 // 1313
751——白石裕九段 / 黑 // 1315
752——大漥一玄九段 / 黑 // 1318
753——朱菊菲 / 黑 // 1320
754——王群 / 白 // 1321
755——程晓流 / 黑 // 1323
756——江鸣久 / 白 // 1325
757——聂卫平 / 黑 // 1326
758——聂卫平 / 黑 // 1328
759——聂卫平 / 白 // 1330
760——王汝南 / 白 // 1332
761——沈果孙 / 黑 // 1333
762——聂卫平 / 黑 // 1334
763——罗建文 / 白 // 1335
764——黄德勋 / 黑 // 1337
765——陈嘉锐 / 白 // 1339
766——江鸣久 / 黑 // 1340
767——黄进先 / 白 // 1342
768——沈果孙 / 黑 // 1344
769——华以刚 / 黑 // 1347
770——曹大元 / 黑 // 1349
771——聂卫平 / 白 // 1350
772——陈芜菱 / 黑 // 1352
773——王汝南 / 白 // 1354
774——杨晋华 / 黑 // 1356
775——徐荣新 / 白 // 1358
776——程晓流 / 黑 // 1360
777——林勉 / 白 // 1362
778——华以刚 / 黑 // 1364
779——吴淞笙 / 白 // 1365
780——黄德勋 / 白 // 1366
781——吴淞笙 / 黑 // 1368
782——王汝南 / 白 // 1369

1980

783——方天丰 / 黑 // 1372
784——孔祥明 / 白 // 1373
785——徐荣新 / 黑 // 1375
786——曹大元 / 黑 // 1376
787——程晓流 / 白 // 1377
788——陈嘉锐 / 黑 // 1378
789——刘小光 / 黑 // 1379
790——聂卫平 / 白 // 1380
791——华以刚 / 白 // 1381
792——陈嘉锐 / 黑 // 1383

793——阿沛·阿旺晋美、
金明、聂卫平、杨晖 /
白 // 1384
794——刘小光 / 白 // 1386
795——华以刚 / 黑 // 1387
796——黄德勋 / 白 // 1389
797——吴淞笙 / 黑 // 1390
798——王群 / 白 // 1391
799——江铸久 / 黑 // 1393
800——马晓春 / 白 // 1395
801——李亚春 / 白 // 1396
802——陈明川 / 黑 // 1397
803——阮云生 / 白 // 1398
804——李钢 / 白 // 1399
805——黄良玉 / 黑 // 1401
806——宋雪林 / 黑 // 1403
807——徐荣新 / 黑 // 1405
808——谭炎午 / 白 // 1407
809——方天丰 / 黑 // 1409
810——姚军远 / 白 // 1411
811——韩启宇 / 白 // 1412
812——容坚行 / 黑 // 1414
813——黄希文 / 黑 // 1415
814——王剑坤 / 白 // 1416
815——谭炎午 / 黑 // 1418
816——方天丰 / 白 // 1419
817——徐荣新 / 黑 // 1421
818——宋雪林 / 白 // 1422
819——马晓春 / 黑 // 1423
820——沈果孙 / 白 // 1424
821——刘小光 / 黑 // 1425
822——王汝南 / 白 // 1426
823——程晓流 / 白 // 1427
824——刘小光 / 黑 // 1429
825——王群 / 白 // 1431
826——陈嘉锐 / 黑 // 1433
827——邵震中 / 黑 // 1435
828——罗建文 / 黑 // 1437
829——刘小光 / 黑 // 1438
830——宋雪林 / 白 // 1439
831——马晓春 / 黑 // 1440
832——陈嘉锐 / 黑 // 1442
833——聂卫平 / 白 // 1444
834——罗建文 / 黑 // 1446
835——华以刚 / 白 // 1448
836——邵震中 / 黑 // 1450
837——黄德勋 / 白 // 1452
838——李钢 / 黑 // 1454
839——李青海 / 白 // 1455

一九六四

时年20岁

◎ 2月10日，国家体委授予43名棋手段位。陈祖德被授予当时最高的五段。

◎ 2月16日，大年初六，陈祖德和吴淞笙在静安区体育俱乐部作春节表演赛。这是陈、吴两人第一次共同进行围棋表演。之后返回北京继续训练。

◎ 4月26日—5月24日，全国棋艺锦标赛于浙江省杭州市举行，共有56位棋手参加。比赛共进行二十轮积分循环赛。26日，陈祖德击败张李源后，27日第二轮负于沈果孙。后来陈祖德连胜魏昕、朱金兆、杭承义、王兹安、罗建文、黄良玉，开始领先众人。5月8日快胜王幼宸。10日对吴淞笙，实际上就是本次比赛的冠亚军决战。取胜后，陈祖德的优势愈加明显。而后，又连胜黄永吉、刘棣怀、邵福棠，与王汝南弈和后，再连胜周孝棠、王立、齐曾矩、袁兆骥，至此已经稳获本次比赛冠军。最后两轮击败崔云趾和金亚贤，以18胜1负1和的成绩获得人生第一个全国冠军。吴淞笙第二，沈果孙第三。

◎ 6月29日—7月17日，中国围棋队访问日本。中国派出以陈祖德为首的年轻阵容。29日，陈祖德对阵梶原武雄八段，157手负于对手。7月1日陈祖德战胜村上文祥。3日，陈祖德的对手是大漥一玄七段，苦斗了三百多手终以8目告负。5日，陈祖德的对手是后来成为超一流的大竹英雄六段。当年22岁的大竹先生棋才纵横，但还没有步入巅峰时代，陈祖德以3目胜出。第五场是日本九段棋手的让二子专场，陈祖德战胜高川格九段。第六轮比赛来到了大阪，陈祖德对战桥本昌二九段，在被让先的情况下落败。11日陈祖德对阵鲷中新八段，发挥出色中盘获胜。13日，陈祖德分先不敌宫本义久七段。最后一轮，陈祖德胜业余强豪菊池康郎。此次访日共取得5胜4负的成绩。18日与大竹英雄六段作快棋表演，负于对手。期间陈祖德和藤泽朋斋有过对局，负于对手。

◎ 8月1日晚，在上海静安区体委，访日回国的六位棋手作三场表演赛，结果陈祖德半子不敌罗建文。之后，竺沅芷、王汝南、姜国震、陈祖德赴云南、成都等地指导围棋活动。

◎ 10月4日，由12人参加的分组循环赛在北京举行。参加者大致有邵福棠、沈果孙、齐曾矩、黄永吉、陈锡明、吴淞笙、陈祖德、朱金兆、罗建文、张福田、竺沅芷等。

薛志春　整理　　　　**华以刚　审订**

1964 年 1 月 2 日弈于北京体育馆

训练棋

黑方　陈祖德

白方　沈果孙

白 10 拆边有脱离主战场之嫌，黑 13 跳出后白不好办，至 31 夹黑取得成功。白 38 长是问题手，应虎出头，实战至 55 挡，黑取得优势。白 70 补活再出问题手，此时应 72 位刺高效补棋，黑 83 飞出后白已非常难下。白 120 是本局败着，此时无论如何应在角上二路立，如此还可一拼胜负。黑 131、133 给予白棋最后一击，139 将上方白棋全部杀掉后胜定。（陈耀烨）

黑贴$2\frac{1}{2}$子　共 151 手　黑中盘胜

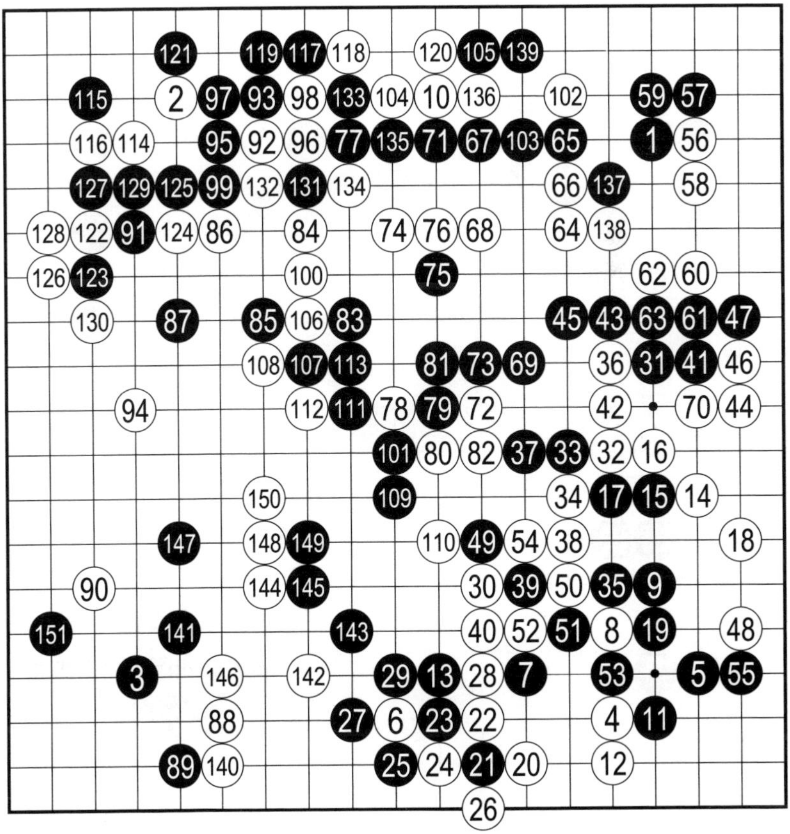

（1–151）

1964 年 1 月 4 日弈于北京体育馆

训练棋

黑方　陈锡明

白方　陈祖德

开局至 20 是黑方稍优的变化。

黑 47、白 50 缓，黑 51 守角大。

黑 53、55 清楚。

白 62 应于 63 位紧凑连扳。

至 69，白方实地落后，遂于 70 位掏角拼搏，黑方简明应对。（李喆）

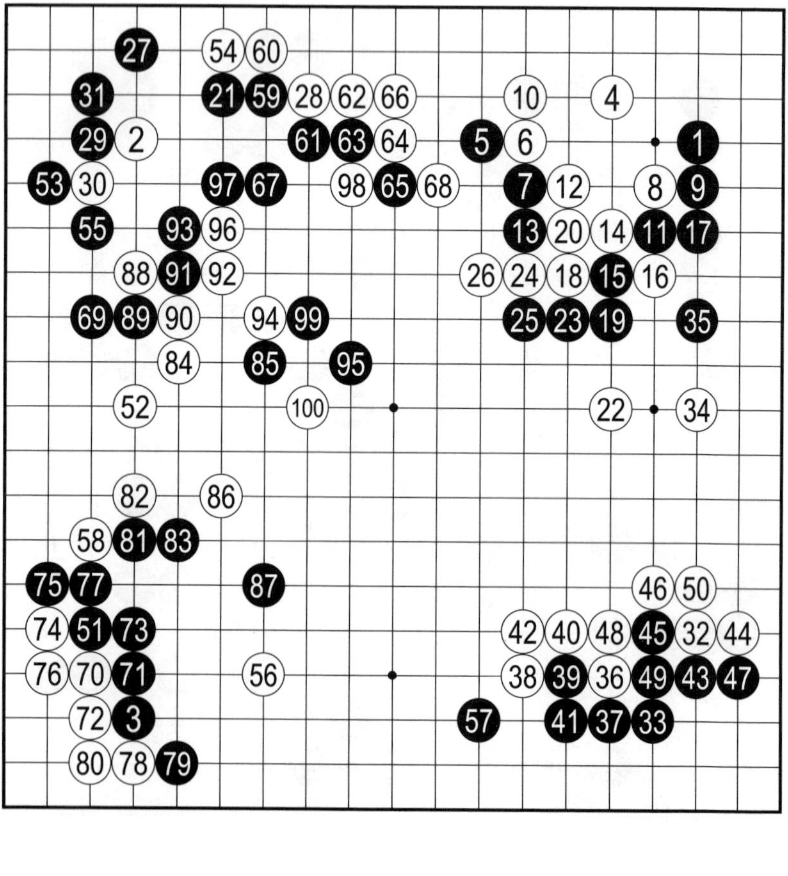

（1–100）

黑方　陈锡明

白方　陈祖德

黑 107、109 判断清晰。

白 136 可于 153 位断，制造更多未知。

黑 149 应于 155 飞，目数更优，不过此时黑方胜势已难动摇。

黑 173 疑问，疑为记谱有误。白 174 可于 152 下一路粘，黑两子无法跑出，胜负或将逆转。白 178 亦怪，至少可补在下边 193 位而非单官连络。（或许黑方在 169 之前已于 152 下一路冲，与白 144 右一路粘交换，则此后着法合理。）（李喆）

黑贴$2\frac{1}{2}$子　193 手以下略　黑胜 3 子

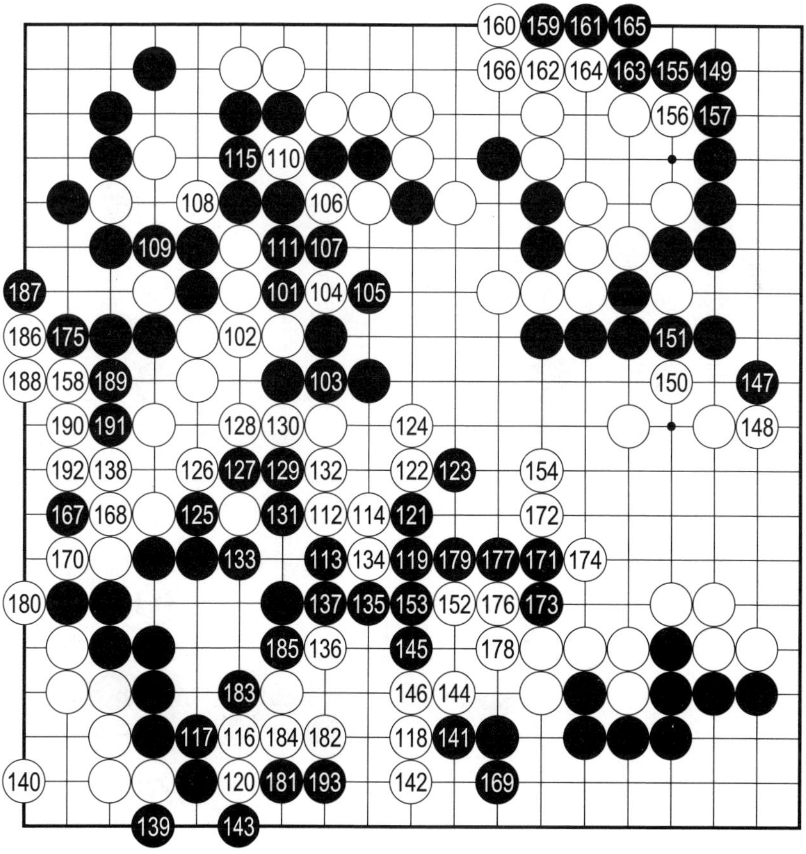

（101–193）

1964 年 1 月 6 日弈于北京体育馆

训练棋

黑方　陈祖德

白方　齐曾矩

黑 21 扳起无必要，可于 103 位跳。

白 24 应立刻于 115 位断，此处为必然之着。

白 30 以下吃两子不便宜，仍应于 115 位断。白 36 可于 37 位粘，黑 41 吃，白 142 卡吃，局部仍有手段。

白 48、53、54 三步有趣，或为针锋相对比拼气势的下法。

白 64 过分之着，先于 94 位立为本手。

黑 67 考验白棋，白 68 选择拼搏。（李喆）

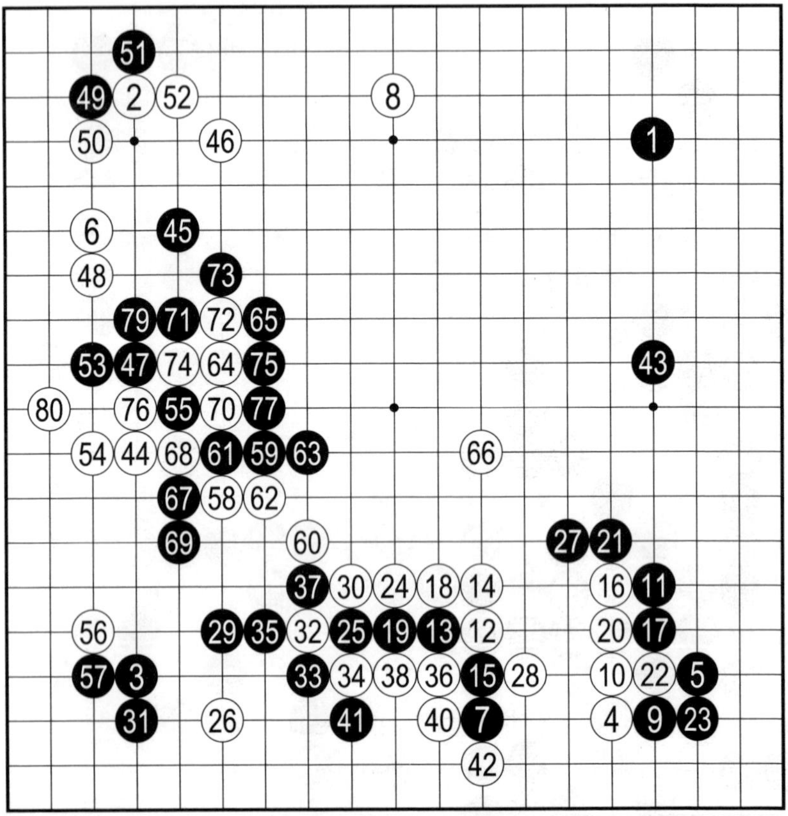

39 = 32　78 = 55

（1–80）

黑方　陈祖德

白方　齐曾矩

至黑99，白方无所获。

黑125局部好手，至132，形成黑棋先手双活，白方全局目数告急，胜负乃定。（李喆）

黑贴$2\frac{1}{2}$子　共167手　黑中盘胜

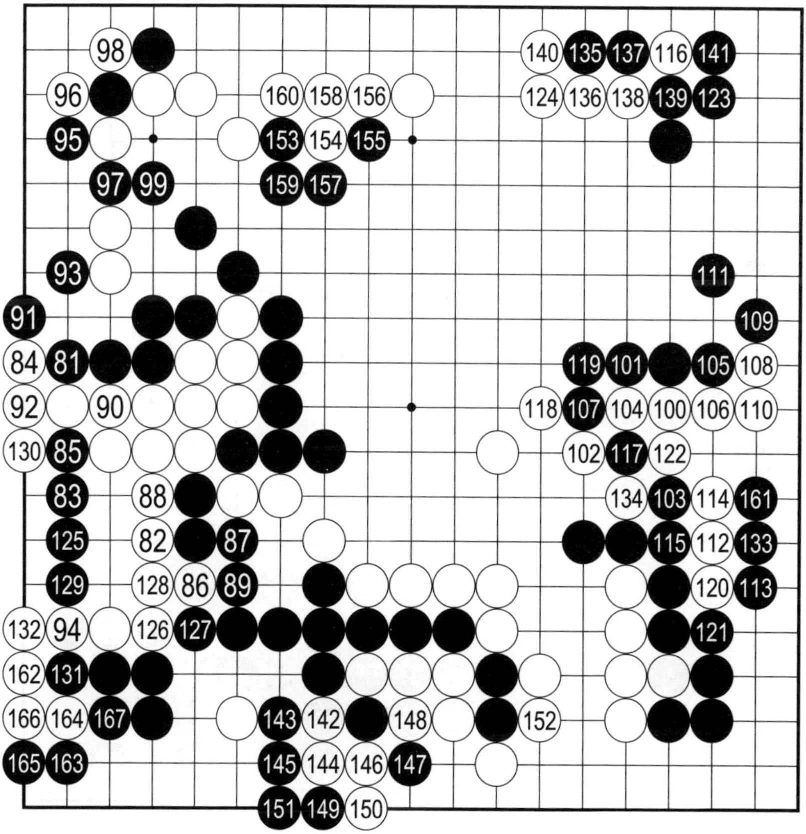

（81–167）

疑 1964 年 1 月

训练棋

黑方　沈果孙

白方　陈祖德

黑 23-27 让白拔花的下法过损。白 30 粘恶手，此时脱先于左下点角即是白大优。白 32、34 直接动手对杀过分，此局部白危险。黑 49 是紧气好手，此时白应 52 位点方后，于右下打拔 43 一子，因实战至黑 59 跳，对杀明显白不行。黑 65 重大失误，此时靠出则白棋崩溃。黑 75 再误，应粘 76 位。实战白 78 冲出后形成劫争，将黑右下吃掉后白棋大优。(陈耀烨)

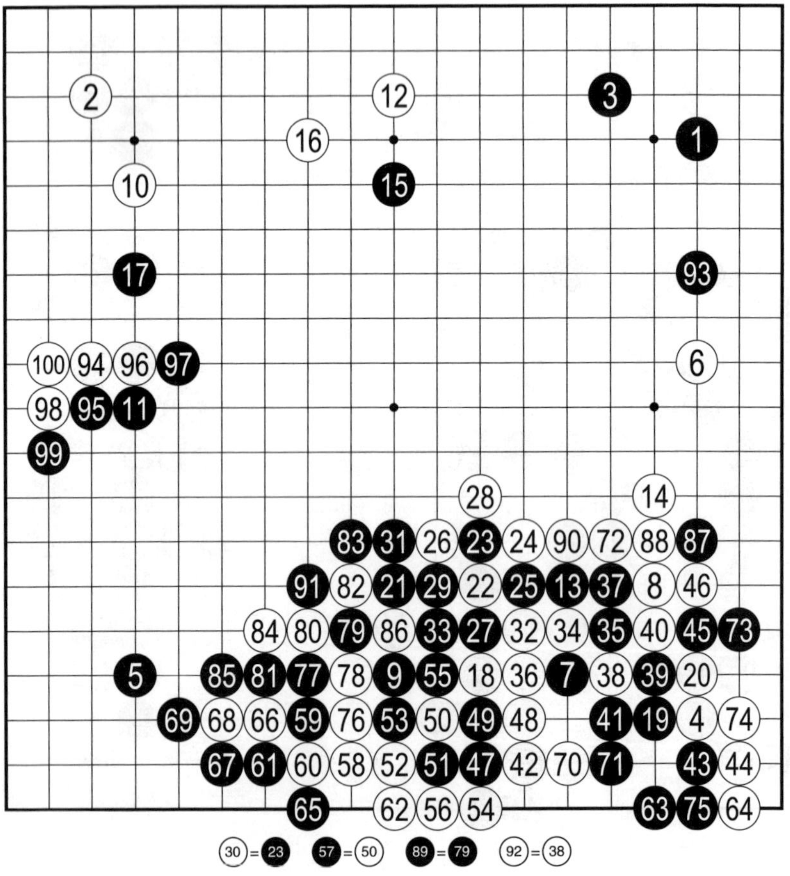

(1–100)

黑方　沈果孙

白方　陈祖德

白120、122、124展现局部手筋。黑143冲断进行最后一搏。白计算清晰，至152吃掉上方一子后胜定。（陈耀烨）

黑贴$2\frac{1}{2}$子　共188手　白胜$4\frac{1}{2}$子

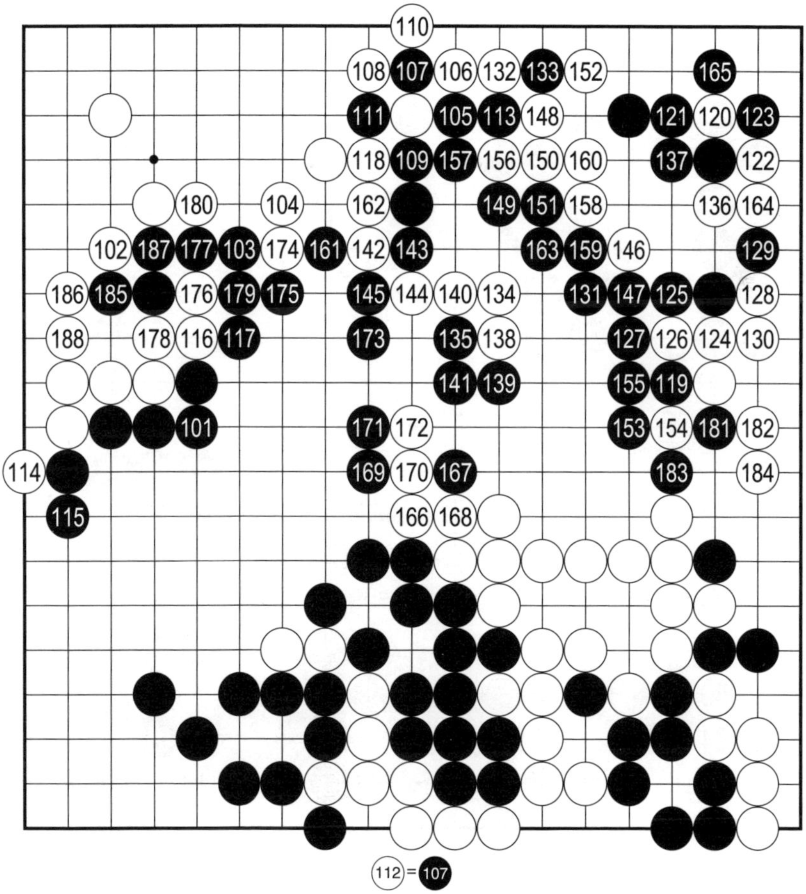

（101–188）

1964 年 2 月 16 日弈于上海新城溜冰场春节表演棋

黑方　吴淞笙

白方　陈祖德

黑 15 的选择有疑问，应于 16 位打较好。

黑 29 可选在一路吃，抢先手。

白 34 发力，黑 35-39 灵活。

黑 45 应 44 下一路打后直接 46 吃。

白 54 可于 59 位扳，54 交换之后则不可扳。

黑 63、67 均应于 38 下一路扳头。

白 68 好，黑五子被吃的后果是连带右上黑棋失去活动空间，白棋优势。

白 80 托，漂亮，像五十多年之后的 AI 着法。（李喆）

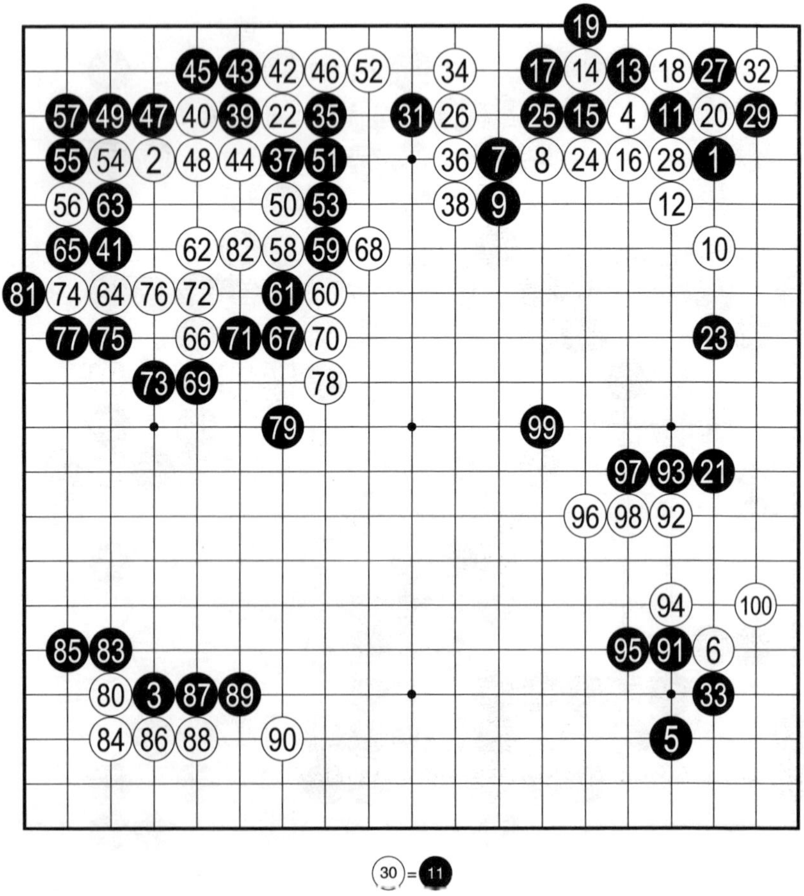

30 = 11

（1–100）

黑方　吴淞笙
白方　陈祖德

白 102 略局促。

黑 113 胜负手。至 141，黑右边成活，胜负手见成效。

黑 155 败着，错过机会，应于 156 扳，则呈逆转之势。

实战白 168 渡过后黑方贴不出目。（李喆）

黑贴$2\frac{1}{2}$子　186 手以下略　白胜 3 子

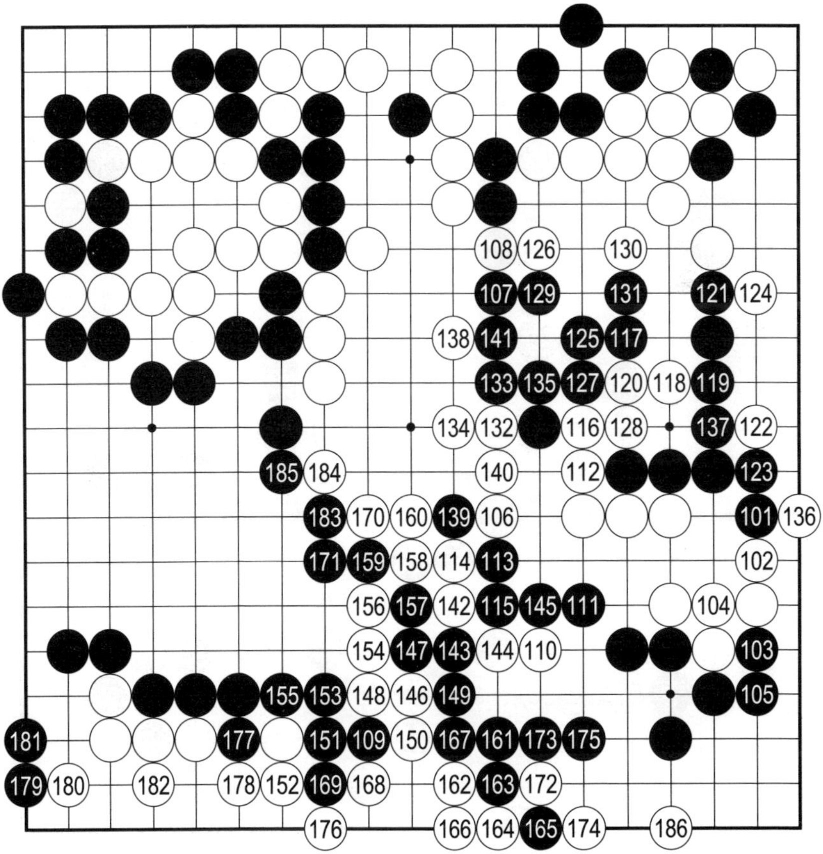

（101–186）

1964 年 2 月 21 日弈于上海棋社

训练棋

黑方　陈祖德

白方　王幼宸

黑 13 扳断是求战的姿态，黑 19 俗手出头，注重战斗的实用性。

白 32 可选择在 35 位断，先手弃掉两子，灵活有利。

白 42 委屈，应补在 117 位。

黑 43 以下一路追击过于直线，应先于 89 位争夺中腹正面。实战白 52 先手虎价值巨大。

白 56 可于右一路顶，对攻白将稍占上风。

黑 77 可先抢占 81 位要点，四子可弃。

黑 85 为了作战牺牲太大。

白 94 为中腹要点，故黑 93 还是在此处走一手更为从容。黑方仓促中出现严重失误，忽略了白 102 可以简单冲断，瞬间崩溃。（李喆）

黑贴$2\frac{1}{2}$子　共 140 手　白中盘胜

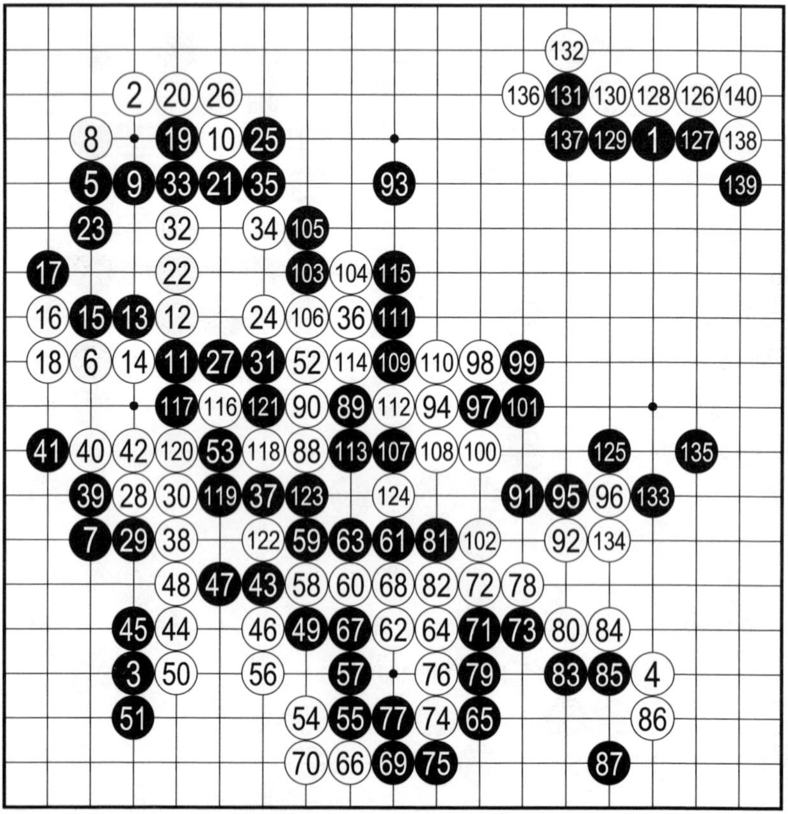

（1–140）

1964年2月24日弈于上海棋社
训练棋

黑方　沈果孙
白方　陈祖德

右上白12夹的下法很有趣。黑15应上扳白二子头。至36粘，白成功。白62点试应手时，黑63应挡二路。黑69、71托了连扳是常用腾挪手段。黑91抢到下方夹后，棋局再回均势。黑103打吃不好，应108位扳。黑107攻击也过于勉强。（陈耀烨）

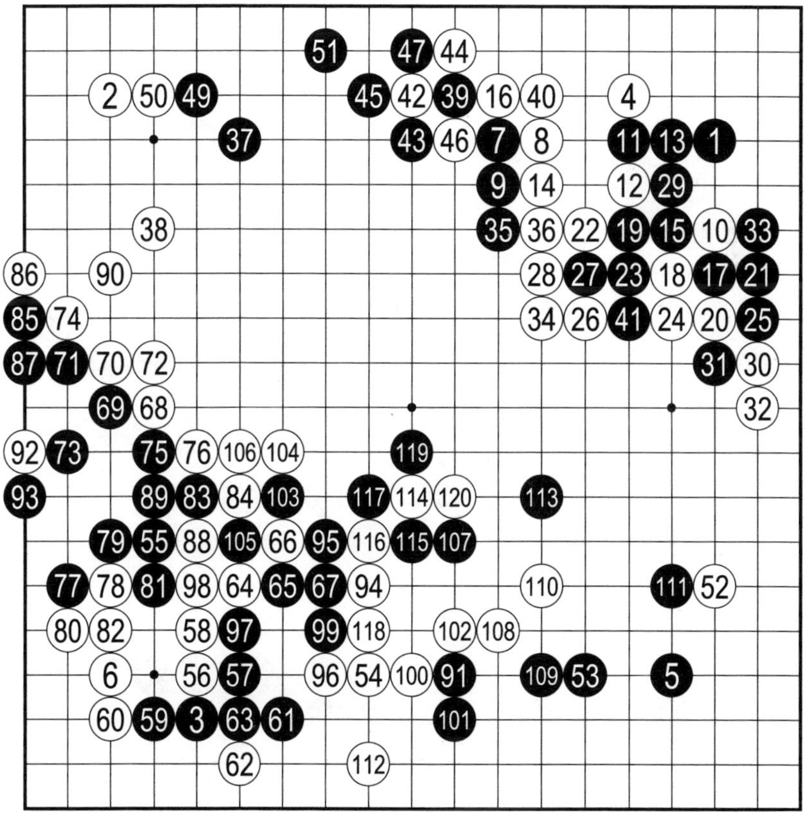

48=39

（1–120）

黑方　沈果孙

白方　陈祖德

至142白棋全部跑出，取得大成功。黑143、145打劫放出胜负手，白消劫后在中央判断清晰，弃子争先抢得右下174点角后已然胜势。面对黑175、177，白反击果断。至190，白棋将下方活出，黑再无胜机。(陈耀烨)

黑贴$2\frac{1}{2}$子　225手以下略　白胜3子

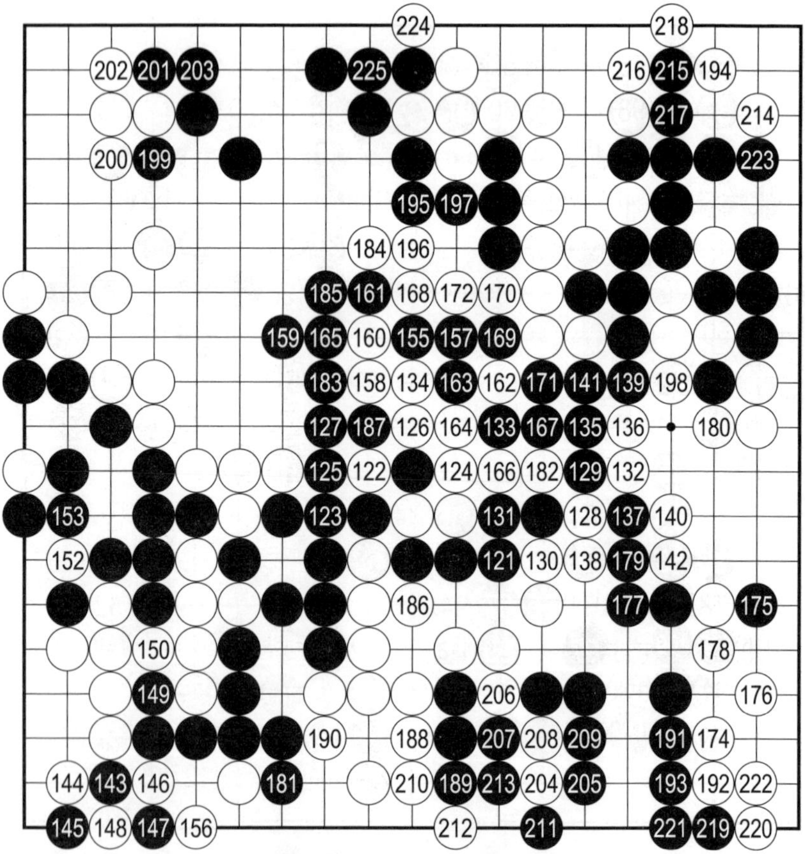

151=143　154=148　173=162

(121–225)

1964 年 3 月 4 日弈于上海棋社

训练棋

黑方　陈祖德

白方　沈果孙

右下黑 11、13 是少见的手法，白 14 长三三更好。黑 27 靠压时，白应长 29 位，实战进行白稍亏。黑 41 挖过分，此时长就很满意了。白 62 失误，应提一子，如此黑立下，白再打拔，白可满意。白 74 跳失误，应继续压，战斗还非常复杂。白 80 跳误算，被黑冲断后，上方白棋全部阵亡，棋局瞬间终止。大优之下黑棋也不手软，145 下出愚型好手，再杀一块，黑大胜。（陈耀烨）

黑贴$2\frac{1}{2}$子　共 155 手　黑中盘胜

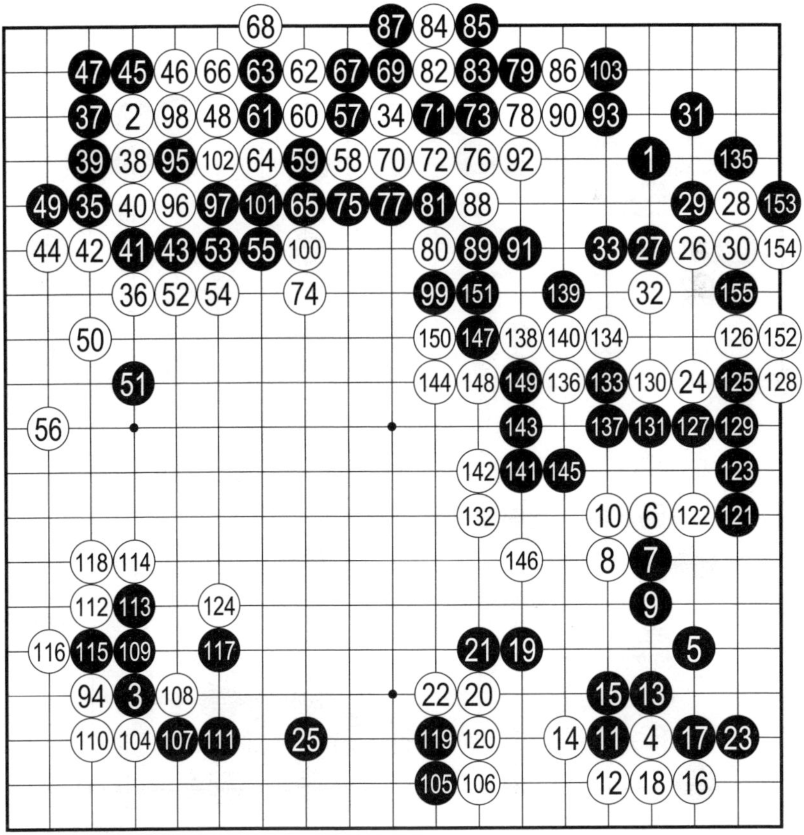

（1–155）

1964 年 3 月 21 日弈于北京体育馆

训练棋

黑方　陈锡明

白方　陈祖德

开局左上的战斗白方稍勉强，白18 可考虑 20 位扳，寻求弃子。

白 28 可于 41 位虎，先走好左边，上边弃子后保留打劫余味。

白 38 劫小，不如 41 位提掉转换；黑 39 不该应劫，应于 41 直接长。

白 42 可先于 43 位打一下再消劫，此后二路爬出的变化较为复杂。

至黑 49，由于 50 和 51 两处要点黑必得其一，黑方已获优势。

白 74 以下在劣势中拼搏挑战，但黑方全局较厚，难以奏效。（李喆）

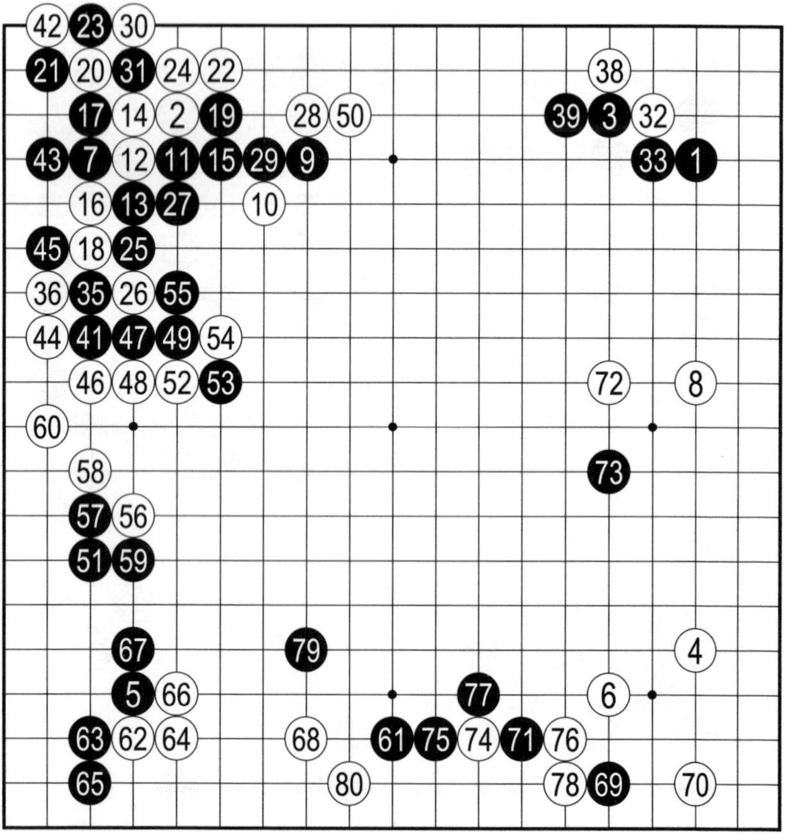

34 40 = 20　37 = 31

（1–80）

黑 97、99 反击严厉，至 116 形成转换，局面进一步简化。最终白方玉碎。(李喆)

黑方 **陈锡明**

白方 **陈祖德**

黑贴2½子　175 手　黑中盘胜

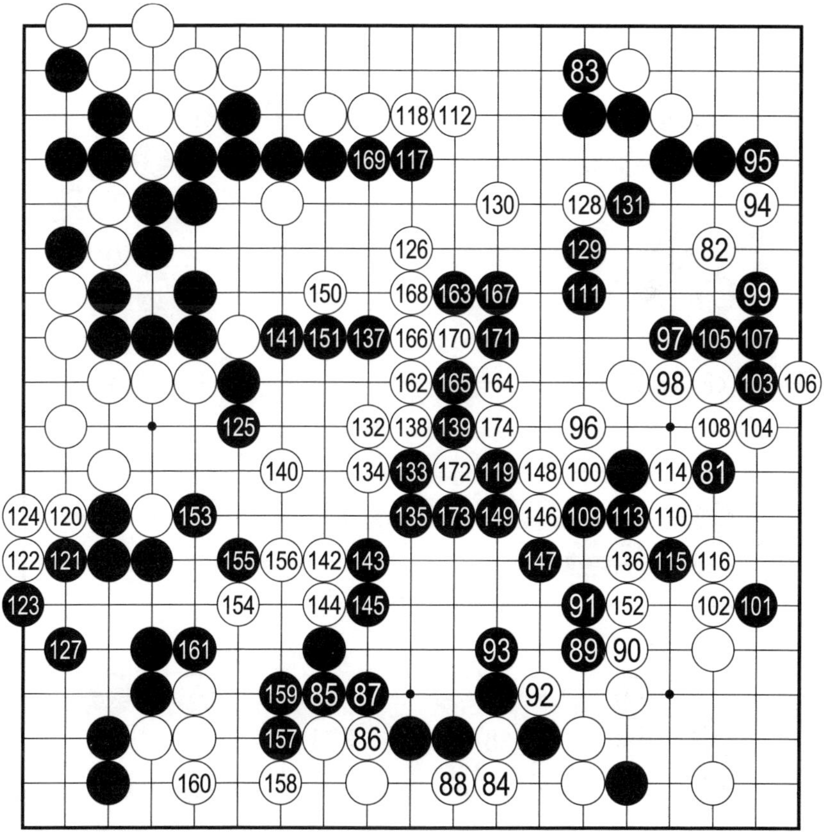

175 = 172

(81–175)

1964 年 3 月 23 日弈于北京体育馆

研究棋

黑方　张福田、朱金兆、郑怀德

白方　陈祖德

此局应为“加压棋”，一方由数位棋手研究讨论决定落子，另一方为单人思考对局，此形式在后来的国家队亦有采用。

白 12、14 开局积极求战，黑 15 穿象眼有些严厉。

黑 23、25 略缓，应 26 位粘上。

白 38、40、46 持续进攻，既是少年意气，亦有古风。

至 65 告一段落，白方的攻击略有收获。

黑 71 缓手，此处可以不补。

白 74 点入至 84 先手提一子，大获便宜，白方取得领先。黑 77 应考虑于 81 位长顽强抵抗。

黑 103 不细，应于 94 左两路点，是后代棋手熟悉的局部常形。（李喆）

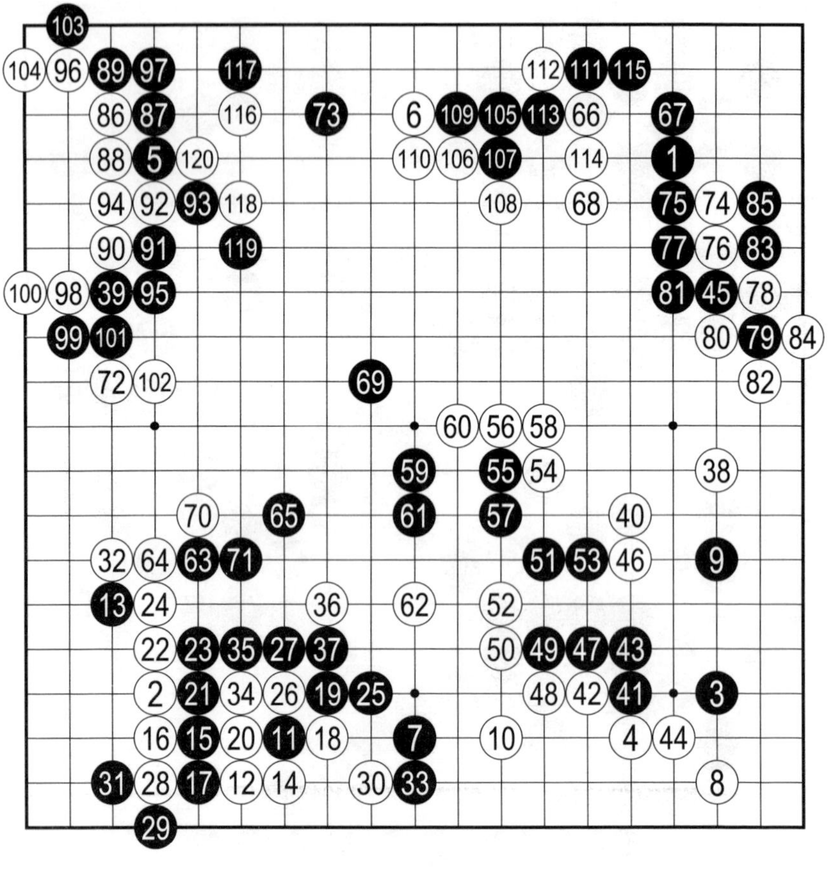

（1–120）

黑方　张福田、朱金兆、郑怀德

白方　陈祖德

定型至131，白方处理好薄棋并抢到先手，形势有利。

白140-158专注于防守，做活各块后继续保持显著优势。

黑175在败势下造劫，但白方实地领先较多，可以弃劫。

以下劫争手数虽多，但已与胜负无关。

此为白方完胜之局。（李喆）

黑贴2$\frac{1}{2}$子　共242手　白中盘胜

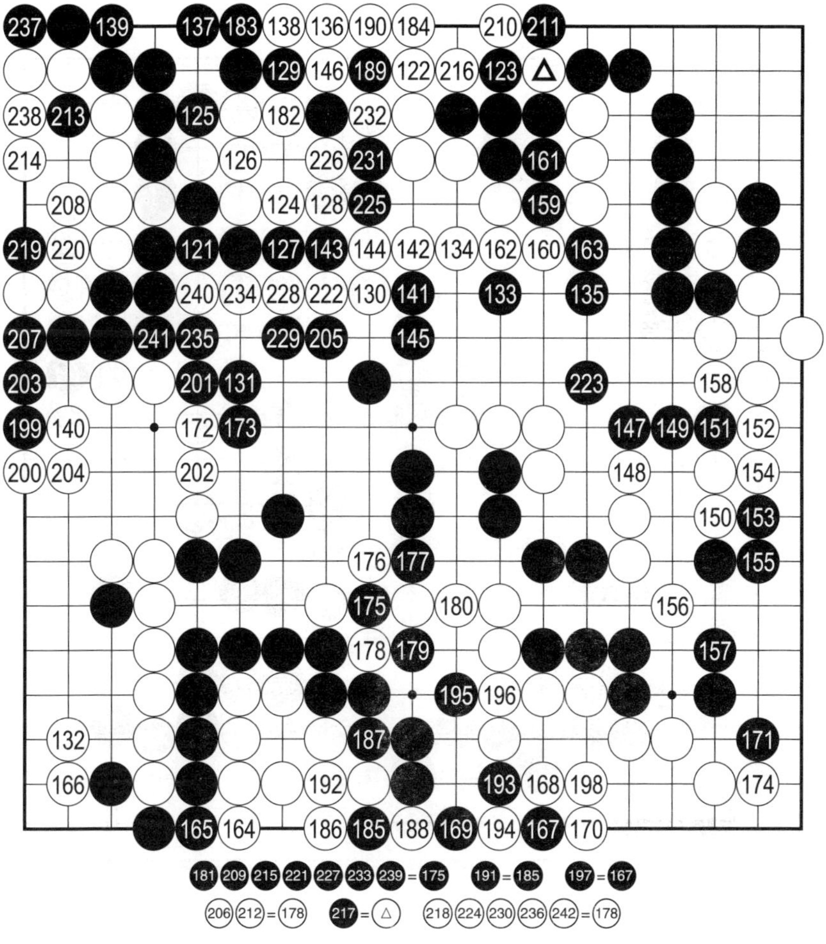

（121–242）

1964 年 3 月 28 日弈于北京体育馆
训练棋

黑方　陈祖德
白方　沈果孙

白 16 接的下法少见。对白 22 飞，黑 23 应冲了跳二路更好。白 34 问题手，右边贴是要点。白 54 阻渡失着，此时应在中央直接靠出，至 63 挺头，明显黑优势。黑 79 小尖应拐头，更为简明，白 80、82 贴了扳出后，局面再度混乱。白 90 靠问题手，在 93 位小尖是棋形。（陈耀烨）

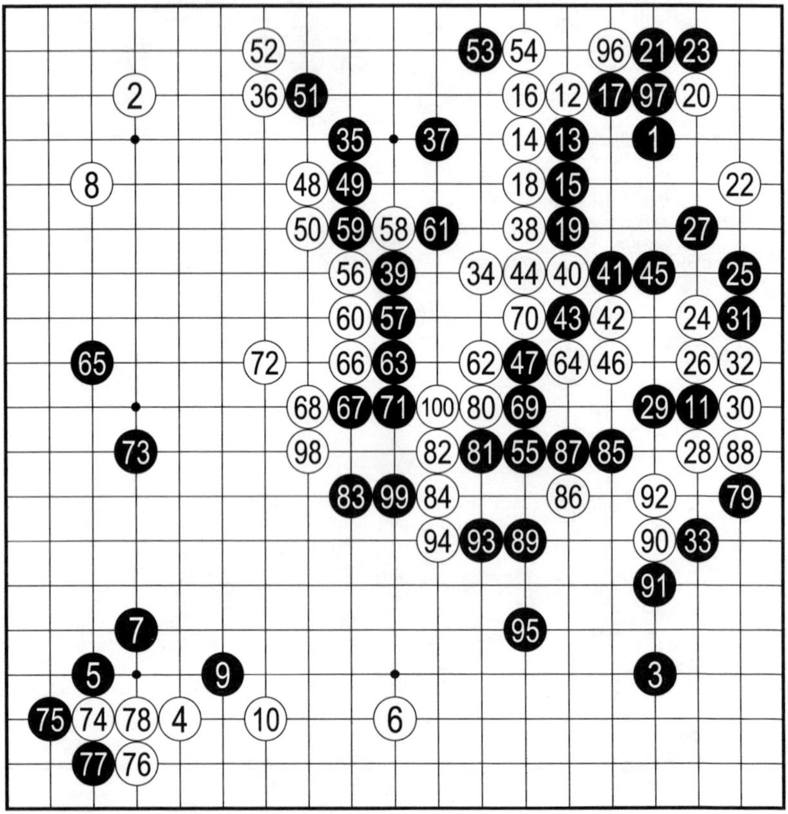

（1–100）

黑 101 跳后白形势困难。黑 103 封头攻杀，给予白致命一击。黑通过攻击将自身补厚，再挡到 125 位，白棋难以为继。白 154、156 在左边进行最后拼搏，黑计算清晰，至 173，将白全部擒获。（陈耀烨）

黑方　陈祖德
白方　沈果孙

黑贴2½子　共 181 手　黑中盘胜

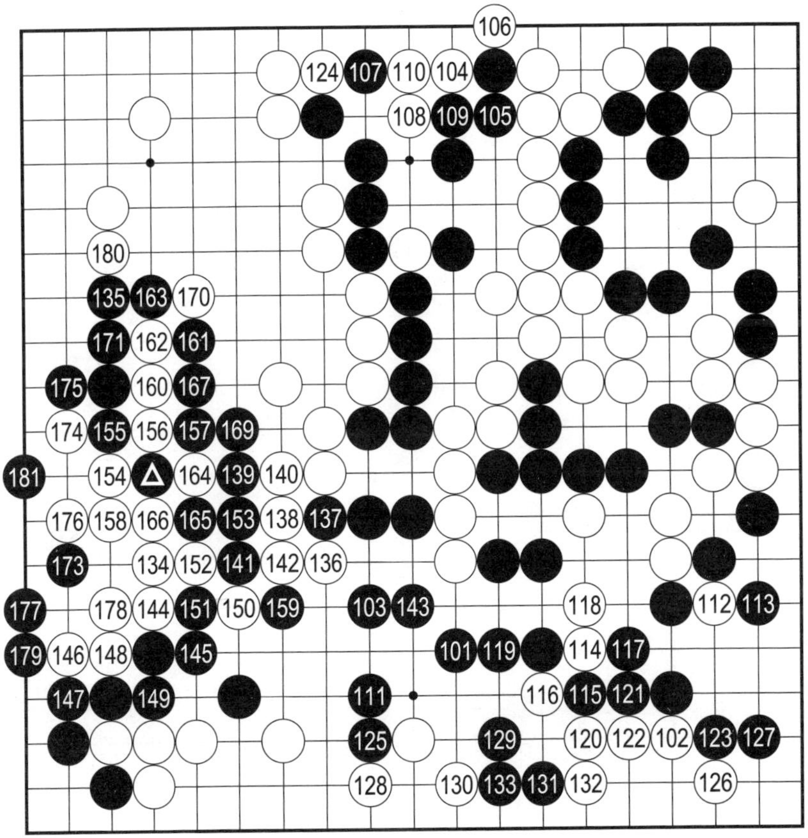

168=164　172=△

（101–181）

1964 年 4 月 2 日弈于北京体育馆

研究棋

黑方　陈祖德

白方　吴淞笙

此局标为“研究棋”，或是带有讨论研究性质的棋谱，在中国古代有这类棋谱流传。

黑 23 点入犀利。白 42、44 俗手出头，不如干脆于 47 右一路跳，活在目上。白 48 跳下有些过分，盖因不肯于 60 位跳补，强行求战，此为出头方向错误之延续。黑 51 有些华而不实，不如于 61 位单长，厚而有力。黑 55 好点。白 80 拐头要点，此前黑 63 可考虑在此行棋。黑 87 危着，应于 137 位跳补。白 88 以下施展手段，形成“大头鬼”，局势变得复杂。黑 111 做活前可先在 106 左一路夹，破坏白方眼形。白 116 不如直接走 118 位，则对杀白方有望。白 122 强行与黑对杀，相当危险。黑 133 妙手，白方陷入困境。（李喆）

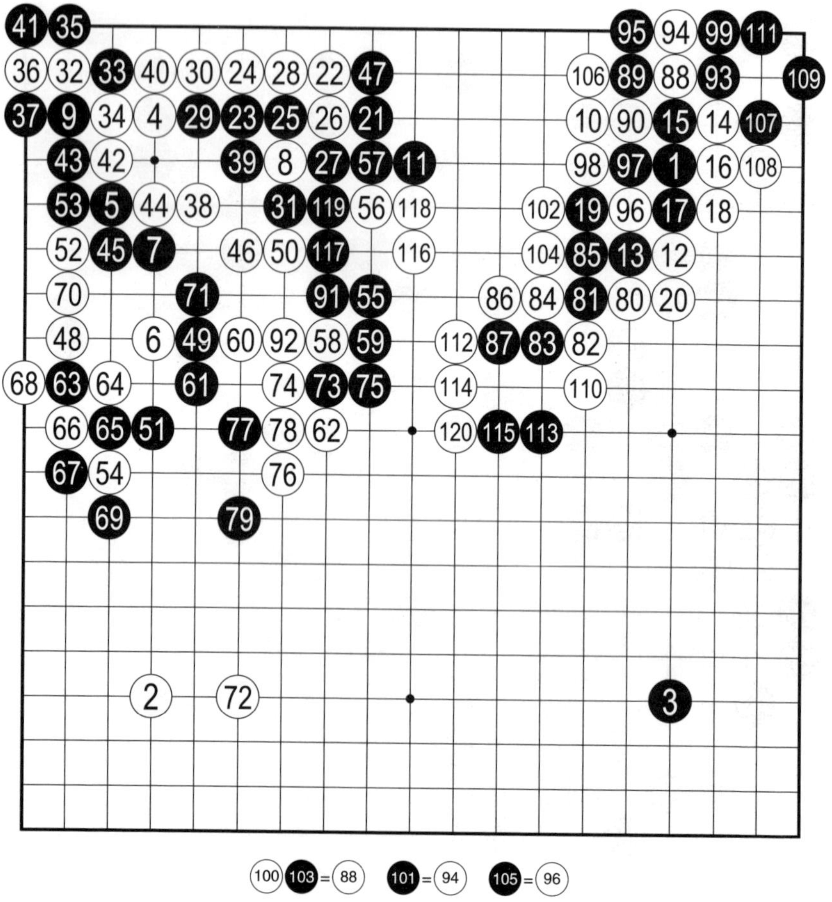

（1–120）

黑方 陈祖德

白方 吴淞笙

黑143怪异，脱离主战场，或为研究棋的特殊下法。白148走在152位的弃子效果更好一些。黑153棋形略逊于走在195位。白160、170连续两个挖，追究黑方气紧的缺陷，着法紧凑有趣。黑183缓手，若补棋走在195更好。白184亦缓，应在194位粘后脱先抢占大棋。黑193补在196位可确保胜势。白196走在207位更严厉，黑如在196位尖，白有213右一路飞的妙手，或有逆转机会。黑207跳过之后黑方小胜不可动摇。（李喆）

黑贴$2\frac{1}{4}$子　240手以下略　黑胜$1\frac{1}{4}$子

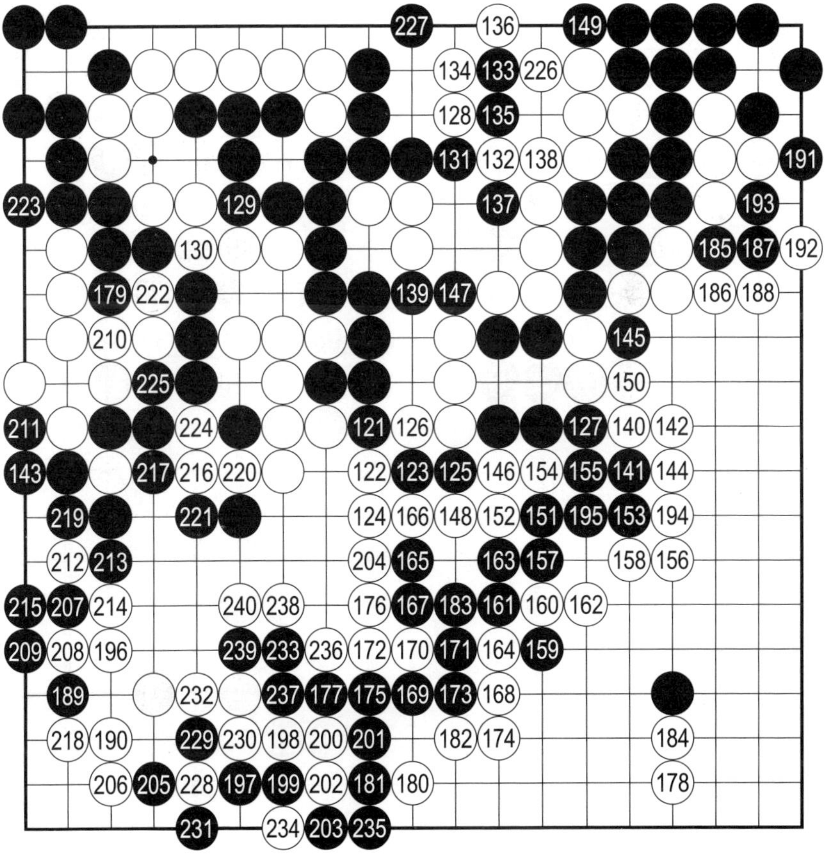

（121–240）

1964 年 4 月 4 日弈于北京体育馆

训练棋

黑方　黄永吉

白方　陈祖德

白 10、12 应为试验新手，黑 13 以下选择稳健应对。

白 22 飞角似乎在当时较流行。

黑 29 托过时，白 30 可选择径直于 46 位扳下。

黑 33 可抢占 34 位长的要点。

白 46 问题手，虽为局部手筋，却不如保留变化在 56 位飞。此后白方陷入苦战。

由于形势所迫，白 68 不肯在 69 位弃角。

白 74 以下出头棋形不佳，子效低下，实为无奈。

黑 83、87 优势下法。白 92 接在 93 位目数好一些。

白 96 寻找反攻机会，黑 97 可考虑在 98 位跳。

白 116 以下有误算。(李喆)

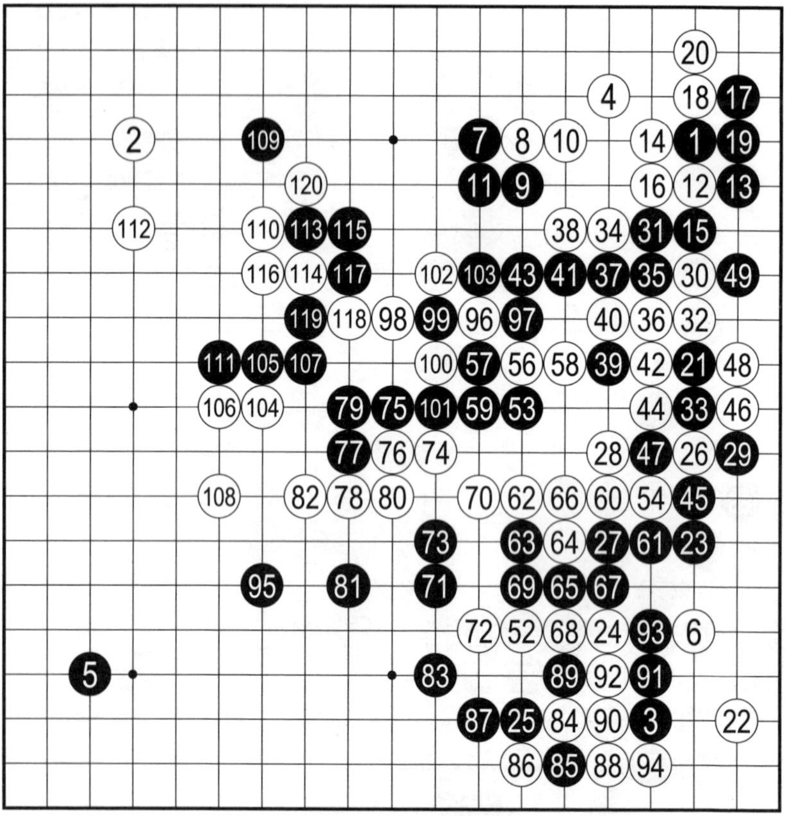

50 55 = 26　51 = 33

(1–120)

黑方　黄永吉

白方　陈祖德

黑 125 打吃时，白方已不能跑出，否则将被直接滚打征吃，只得于 126 位开辟新战场。

黑 133 大概是杀得兴起，此时补强自身已是大优。

白 138 好手，黑方还了一个漏算，优势大幅缩水。

白 158 爬角，黑 159 要求净杀，此角形成最后的胜负处。

白 164 以下不妥，应直接在 170 位扳，寻求打劫或弃子收气。

黑 173 可选择走 174 位放白活角，吃掉 154 一子即可保持优势。

白 176 最后败着，此时单走 193 位点是好手，如此则局势一时复杂起来。

实战至 202 虽然出现了劫争，但白方太重以致劫材不足，胜负乃定。（李喆）

黑贴$2\frac{1}{4}$子　共 221 手　黑中盘胜

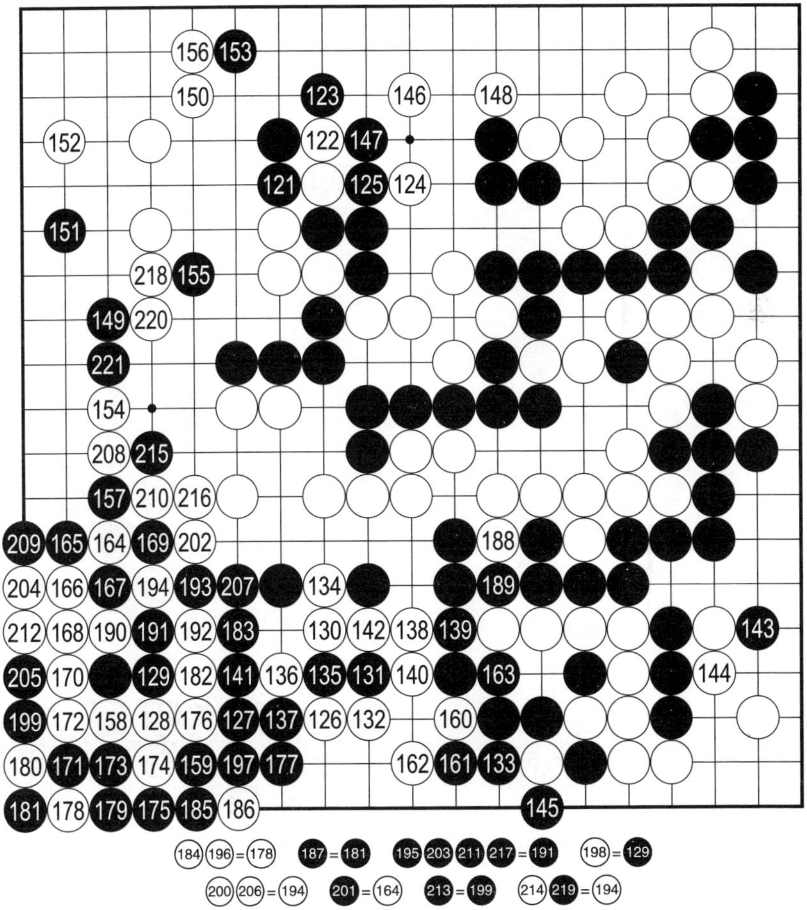

（121–221）

1964 年 4 月 11 日弈于北京体育馆

训练棋

黑方 张福田

白方 陈祖德

白 26 扳为古法，虽得先手但使黑方太厚，改于 51 位飞为佳。

黑 35 以下直线攻击，白 44 反击有力。

白 52 可选择补在 60 位。

黑 63 弃子大气，选择 64 位吃两子亦可。

黑 77 时白不敢再应，黑 79 立下收获不小。

白 108 大，黑 107 应抢占此处，保持攻势。（李喆）

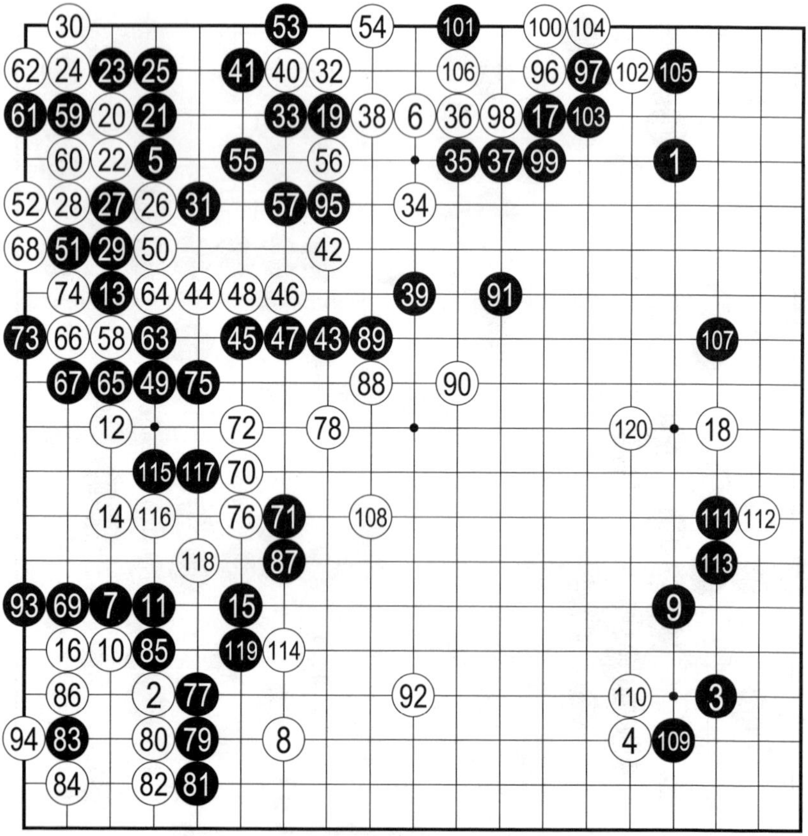

（1–120）

黑方　张福田

白方　陈祖德

黑129、135是优势下法，本可抢占130位扳粘的大官子。

白142以下定型不便宜，占得目数却损失了眼位，不如143位爬后在148位试应手。

黑177被白178连回，是个小失误，应直接走179位贴。

黑187小，应走188位。

黑193官子小，差点成为败着。此时黑应走185下一路挡，白只能应在一路扳，黑立刻有207位飞的官子妙手。

白204匀子，直接206位跳即可，如此白方将小胜。实战被黑205叫吃出棋，局势逆转为黑方小胜。（李喆）

黑贴$2\frac{1}{4}$子　242手以下略　黑胜$\frac{3}{4}$子

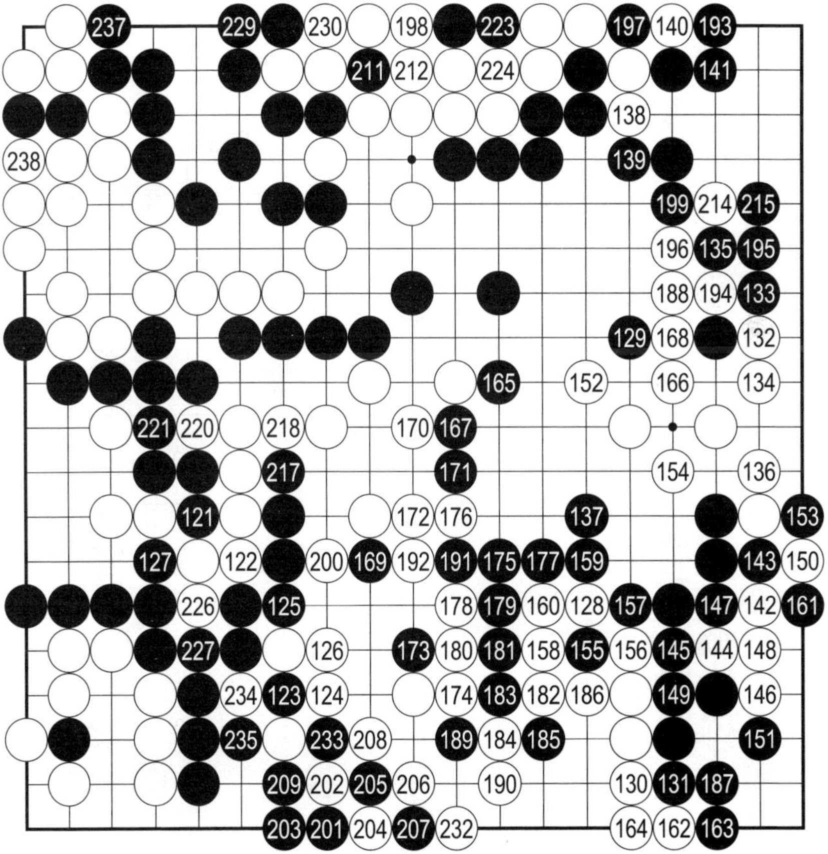

210 216 222 228=204　213 219 225 231=205　236=202

239=233　240=140　241=123　242=197

（121–242）

1964 年 4 月 13 日弈于北京体育馆
研究棋

黑方　沈果孙、陈锡明

白方　陈祖德

白 8、10 的下法由于效率略低，现在已比较少见。对黑 15 挖，白 16 打三路更好，实战进行黑满意。白 50 打时，黑 51 跟着四路打是要点。黑 63 扳过过缓，此时在中央行棋价值巨大。被白 74 贴住后，白棋领先。白 76 脱先以及 84 围中央的手段，展现了陈老师判断极佳的一面。白 90、92 是局部破空手筋，但这一串目数亏损。黑 115、117 是利用白棋弱点出棋的好手。（陈耀烨）

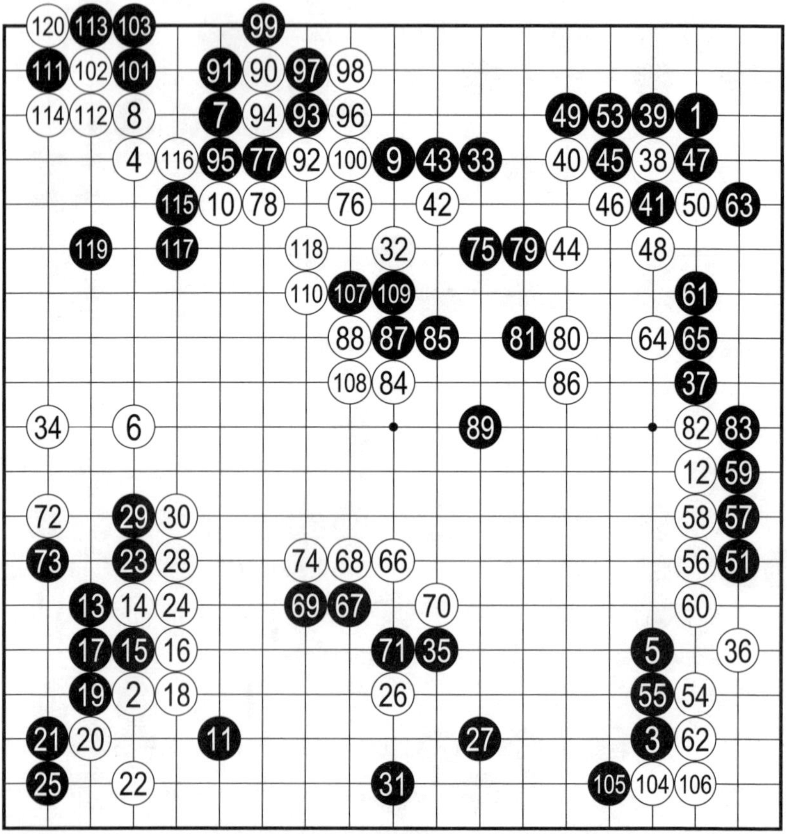

52＝38

（1–120）

黑方 **沈果孙、陈锡明**

白方 **陈祖德**

但黑125失误，应在126位扳后再四路顶。此处白渡过难关后，形成白棋稍好的细棋局面。官子阶段，白156、158展现手筋，将黑空打穿后胜定。此后官子双方略有出入，但已与胜负无关。（陈耀烨）

黑贴$2\frac{1}{2}$子　共255手　白胜$\frac{3}{4}$子

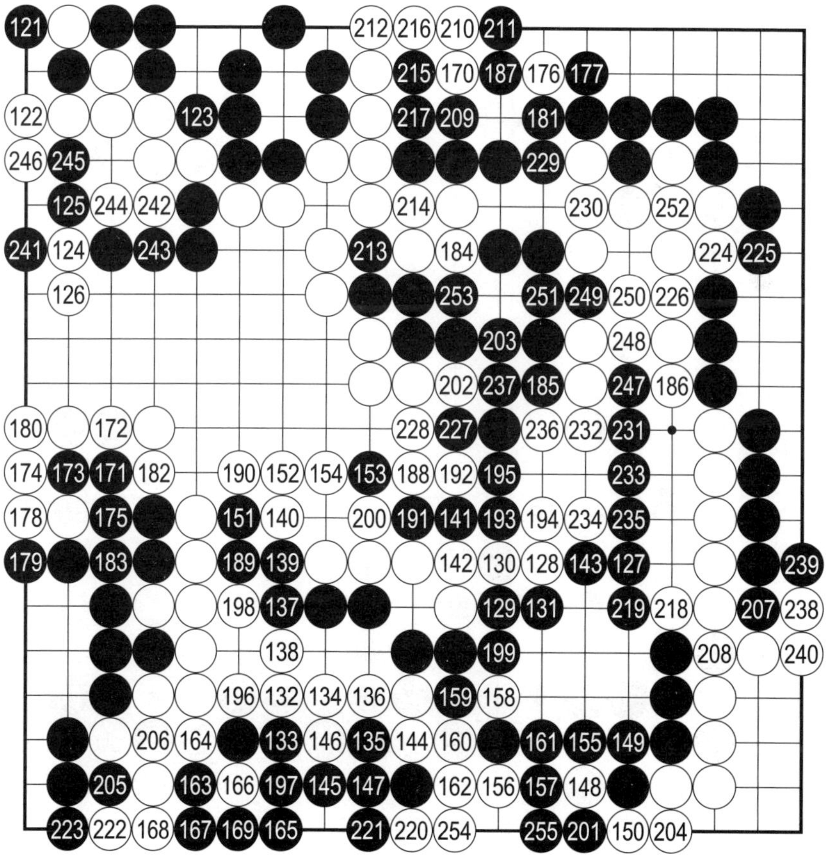

（121–255）

1964 年 4 月 15 日弈于北京体育馆

训练棋

黑方 罗建文

白方 陈祖德

黑 13、15 的选择有些亏损，白 18 在 20 位单立更好。

黑 23、25 略缓，可在白 10 左下点入。

黑 41 大，白 30、38 等均应先抢占此处。

黑 53 缓。

白 62 碰是当年的流行手段，对此黑 65 应在 68 位吃，抢先手。

黑 75 以下不便宜，至 84 白方确立优势。

白 108 略小，应在左边围一手。

黑 111 以下手段精彩。（李喆）

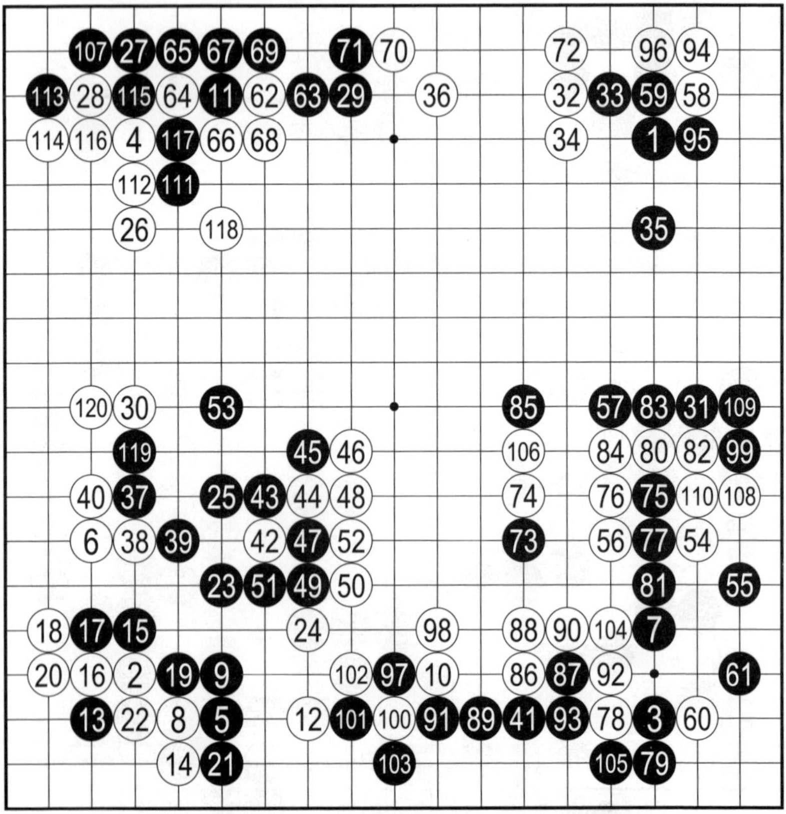

（1–120）

黑方　罗建文

白方　陈祖德

定型至135，黑方大获便宜，局势变得接近。

白156眼看形势未必有利，决心采取激烈的打劫策略。

黑157、159有疑问，如果159不敢跳入，则157不如再上一路贴。

白184消劫有风险，黑189放白成活太过稳健，应利用白方大龙不活，在215位尖顶寻找机会。

白202不如203大，黑203靠之后形成细棋局面。

黑221走238位逆收更大一点。

由于白方劫材有利，黑229的劫争无法打赢，最终白方小胜。（李喆）

黑贴$2\frac{1}{4}$子　258手以下略　白胜$\frac{3}{4}$子

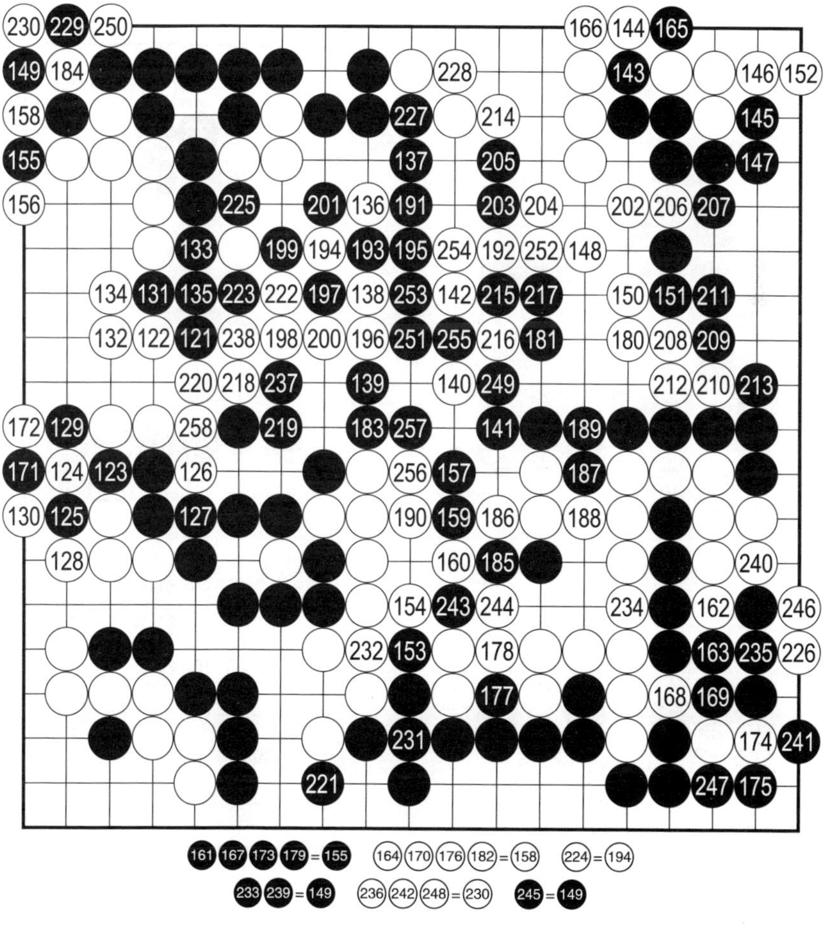

（121–258）

1964 年 4 月 26 日弈于杭州华侨饭店
全国棋艺锦标赛决赛第 1 轮

黑方　陈祖德
白方　张李源

白 28 引征可行，但白 32 操之过急，应在下一路长。

白 36 无谓失误，直接走 32 下一路粘仍然可战。实战白方既没有引到征，右上又亏损不少，局势瞬间崩溃。

黑 75、79 在大优下仍然走最强手，展现了风格。

黑 99、103 计算准确。（李喆）

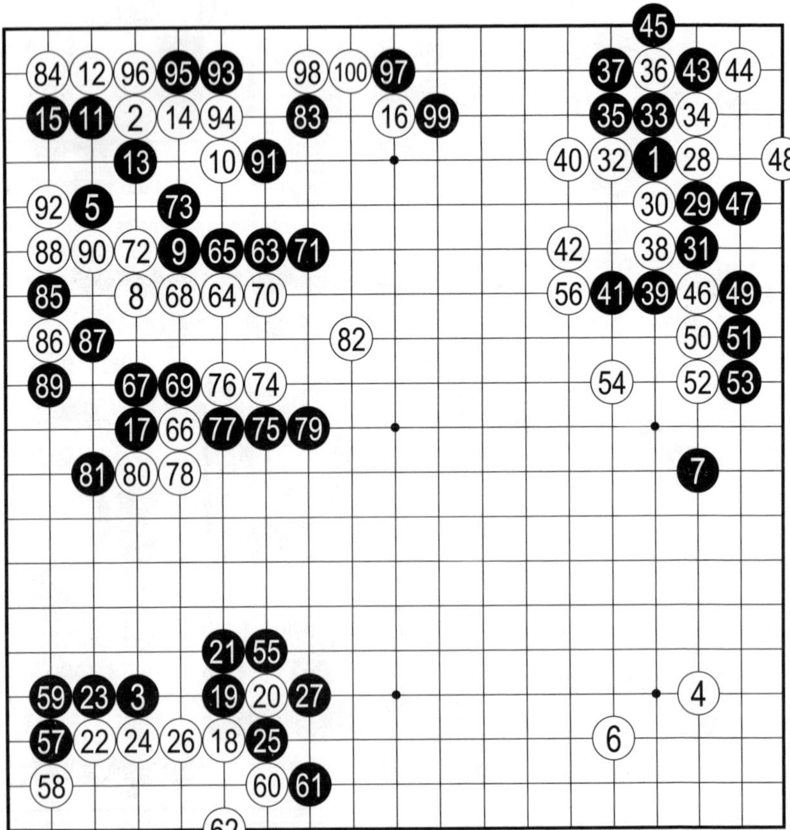

（1–100）

黑 109 继续扩大战果。

黑 157 鸣金收兵，胜势已不可动摇。（李喆）

黑方 **陈祖德**

白方 **张李源**

黑贴$2\frac{1}{2}$子　共 189 手　黑中盘胜

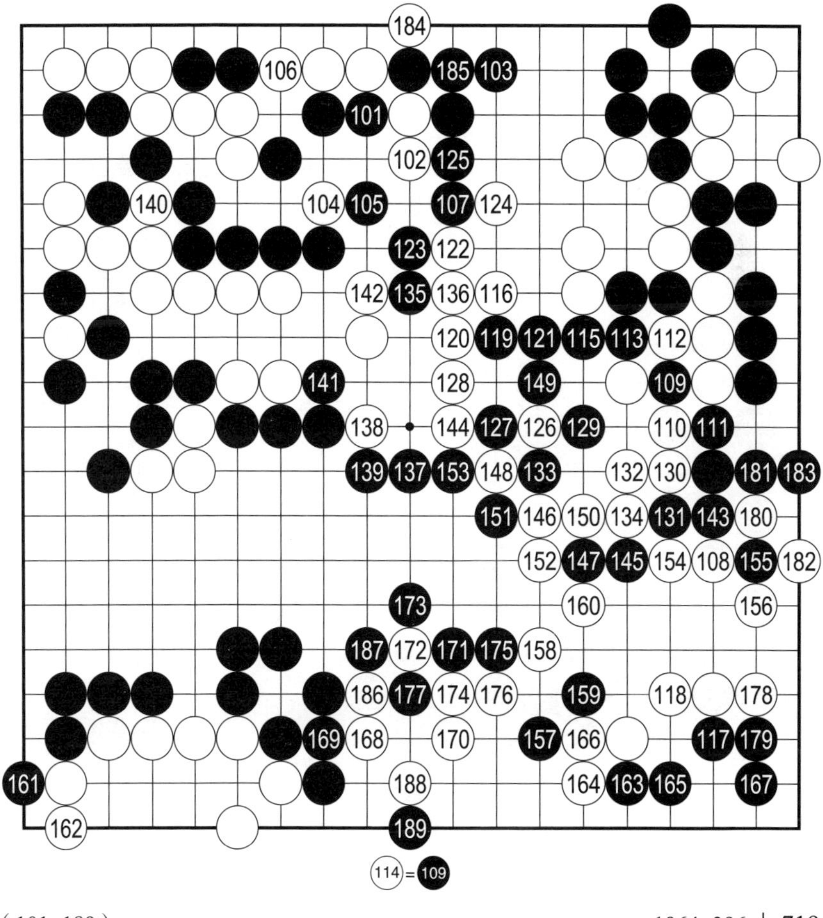

（101–189）

1964 年 4 月 27 日弈于杭州华侨饭店
全国棋艺锦标赛决赛第 2 轮

黑方　沈果孙
白方　陈祖德

黑 13 如在 14 位扳将形成战斗，实战为简明之法。

黑 27 略缓，或许是忌惮白方力量的对局策略。

白 36 在 39 位碰为好。

黑 39 好手，顺势 45 拐出，局部白方不利。

黑 47 开始追究白方气紧的棋形问题。

白 56 可考虑看轻左边，抢占 59 位压，优于实战。

黑 69 应在 70 位交换掉。

白 82 略缓，可考虑 89 位长，抢攻下边。

白 90 太委屈，还是应 91 位拐出，关系到全局厚薄。

黑 105 以下定型相当有利。（李喆）

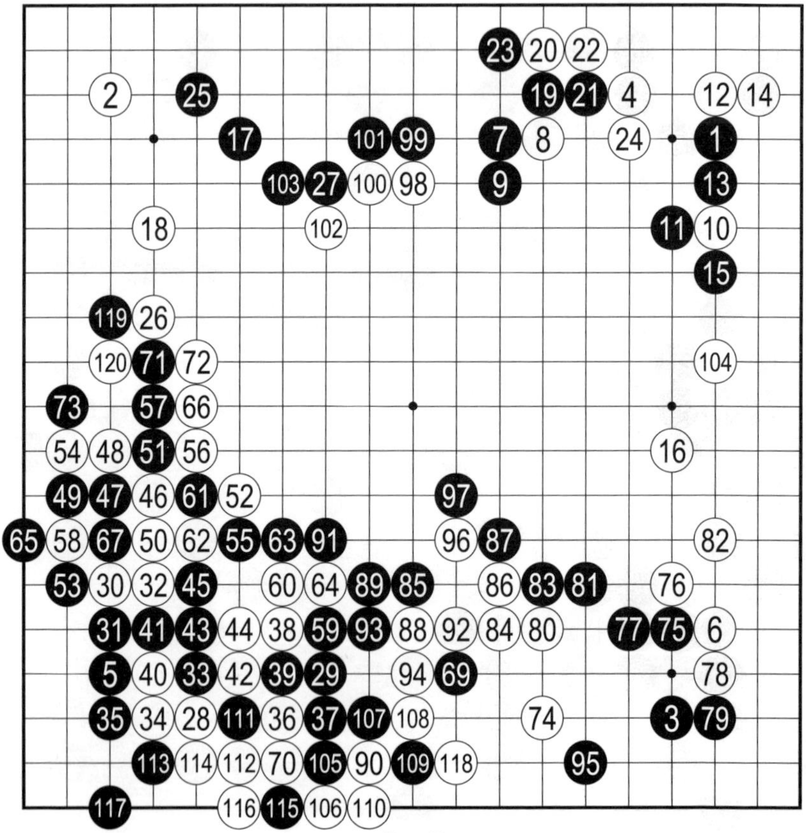

68 = 61

（1–120）

黑方　沈果孙
白方　陈祖德

黑125断打，展开攻击，加速定型。

黑143进入收官，白棋已无逆转空间。

白192寻投场，黑195是眼见的手段。

黑201走202更好，但实战转换后白方仍然不够。

此局黑方有效地限制了白方的力量。（李喆）

黑贴$2\frac{1}{2}$子　共215手　黑中盘胜

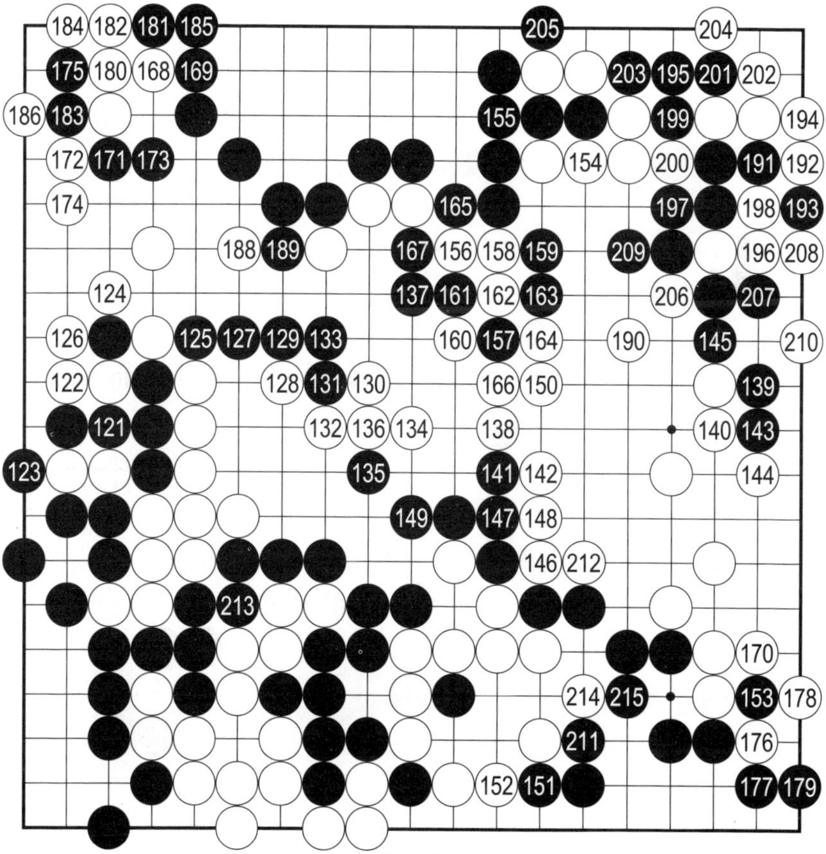

187=157

（121–215）

1964 年 4 月 29 日弈于杭州华侨饭店
全国棋艺锦标赛决赛第 3 轮

黑方　魏昕

白方　陈祖德

白 8 趣向。

黑 15 可考虑 85 位拐冲。

白 22 着法积极进取，全盘高举高打。

黑 29、31 补棋略缓，白 38 可直接在 40 位扳。

黑 51、53 两手过于稳健，应设法出头。

白 60、66 强攻风险较大：白 60 应在 155 位长，白 66 可脱先走大场。

黑 79 大俗手，接近败着！在右一路顶是形状要点，如此则白方攻击难有收效。（李喆）

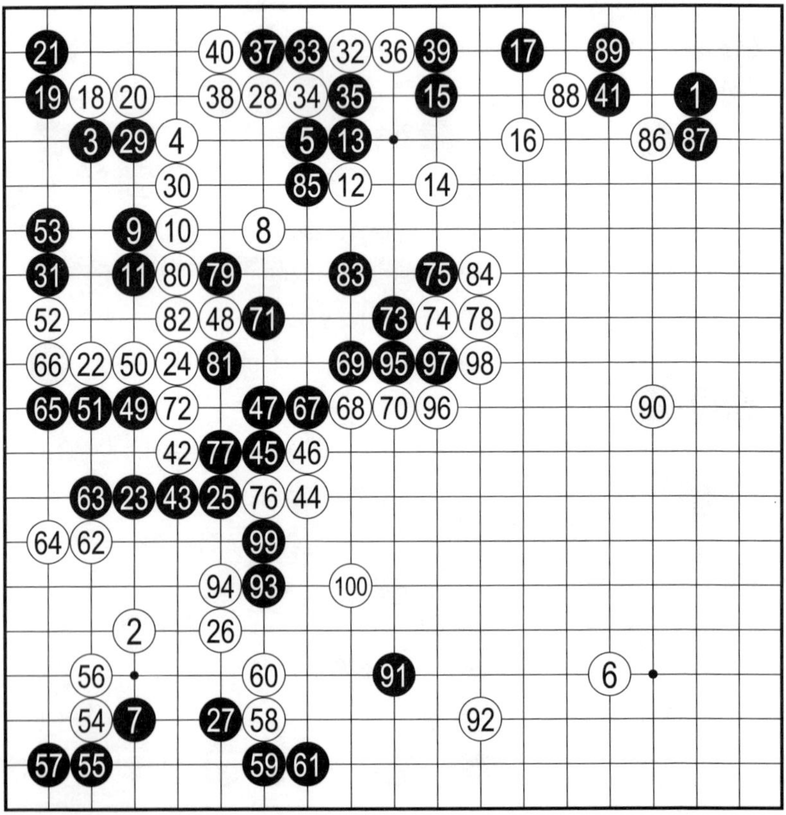

（1–100）

黑方 **魏昕**

白方 **陈祖德**

黑 107 应在 108 位打，威胁左下白棋。

黑 119 以右下 162 扳粘为大。

白 120 好手。黑 123 应在 128 位虎出为佳。

白 126 先手定型，锁定胜局。（李喆）

黑贴$2\frac{1}{2}$子　184 手以下略　白胜$5\frac{1}{2}$子

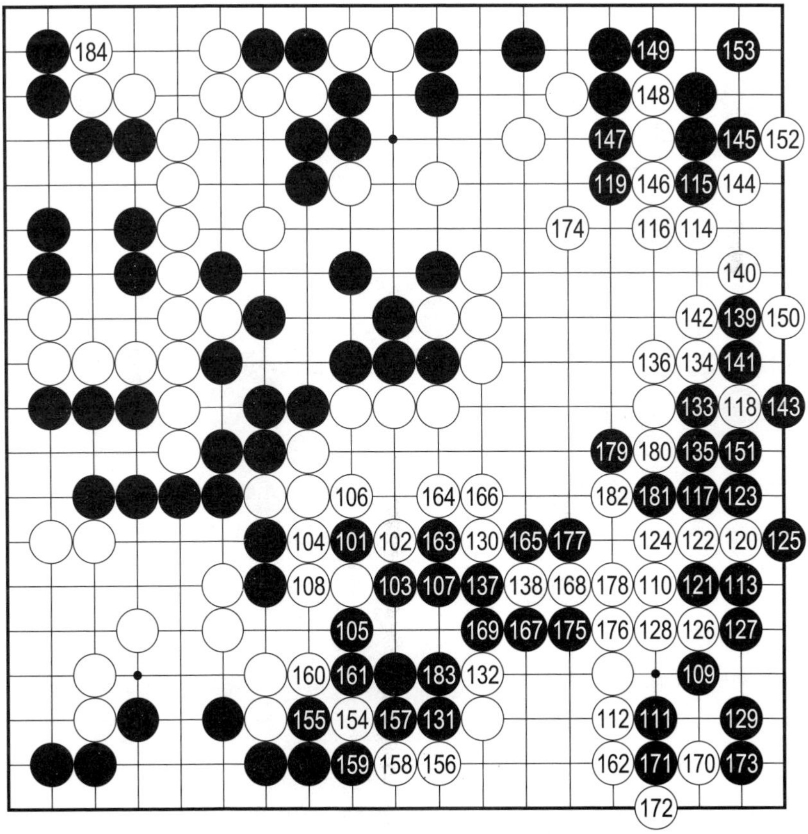

（101–184）

1964 年 4 月 30 日弈于杭州华侨饭店
全国棋艺锦标赛决赛第 4 轮

黑方　陈祖德
白方　朱金兆

黑 23 断，不在 43 位跟着应，是具有全局观念的一手。

黑 31 拐头，力大如牛。

黑 37 可选择 39 位单粘，白方更为难办。

白 42 过于紧张，还是应 44 位粘上。白方担心 44 粘后黑 45 扳、白 43 扳，黑 48 连扳，白方难以成活；但这样白方再 42 位吃，形成弃子反而可下。

实战至 49 形成劫争，此劫白方压力太大。

黑 63 消劫得利巨大，白大龙虽得以跑出，但形势已非。

白 74 随手失误，被黑 75 打吃后不敢提吃，黑 77 提后胜负已定。（李喆）

黑贴$2\frac{1}{2}$子　共 131 手　黑中盘胜

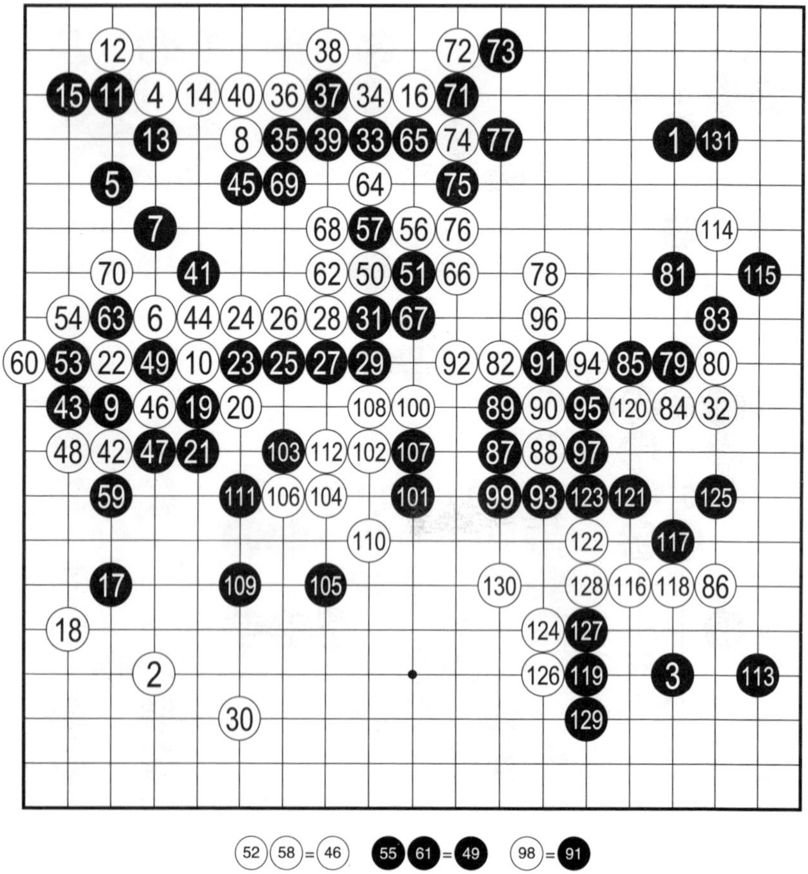

（1–131）

1964年5月2日弈于杭州华侨饭店
全国棋艺锦标赛决赛第5轮

黑方　陈祖德

白方　杭承义

黑39碰好手，

白56回贴不佳，应57位扳。白方忌惮黑于57位冲出，但白方此处原本可弃可取，而黑57挺头价值太大。

白62打吃有些随手，应左一路单长。

黑69可在68左一路断，白74吃，黑76跳枷，如此可吃掉白方左边。白70可在74位虎。

黑71俗手。

白82以下太紧，应在88位尖。

黑95挡下后，右边黑势雄壮，白方不易腾挪。

黑107断吃后确立优势。（李喆）

黑贴$2\frac{1}{2}$子　129手以下略　黑胜$4\frac{1}{2}$子

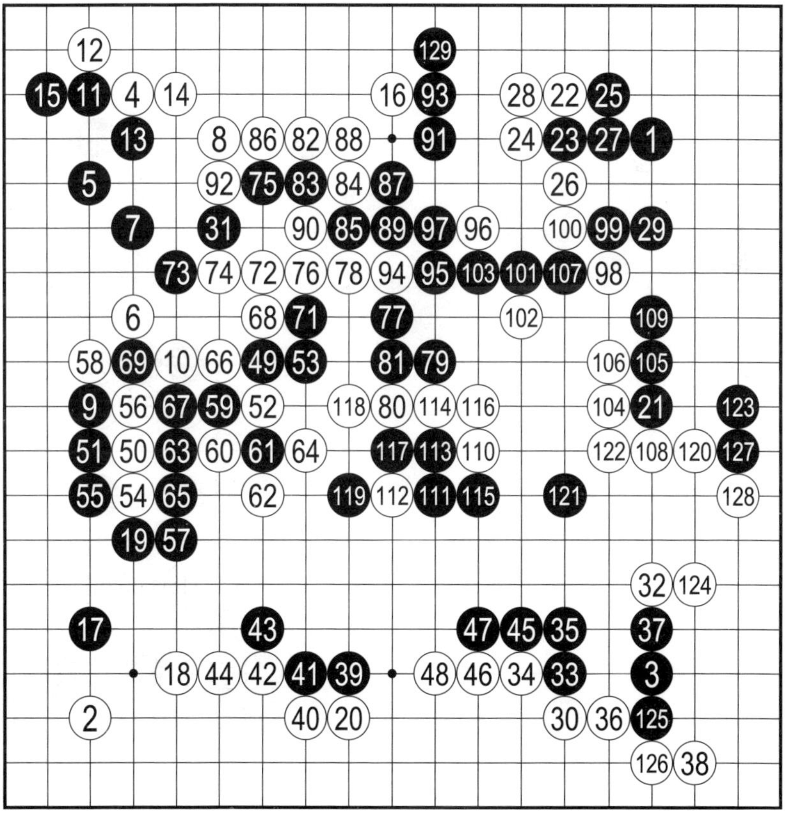

70=56

（1–129）

1964 年 5 月 3 日弈于杭州华侨饭店
全国棋艺锦标赛决赛第 6 轮

黑方　王兹安

白方　陈祖德

白 34 造劫敏锐，但 36 应直接 38 位开劫。

白 58 以下发力有些勉强。(李喆)

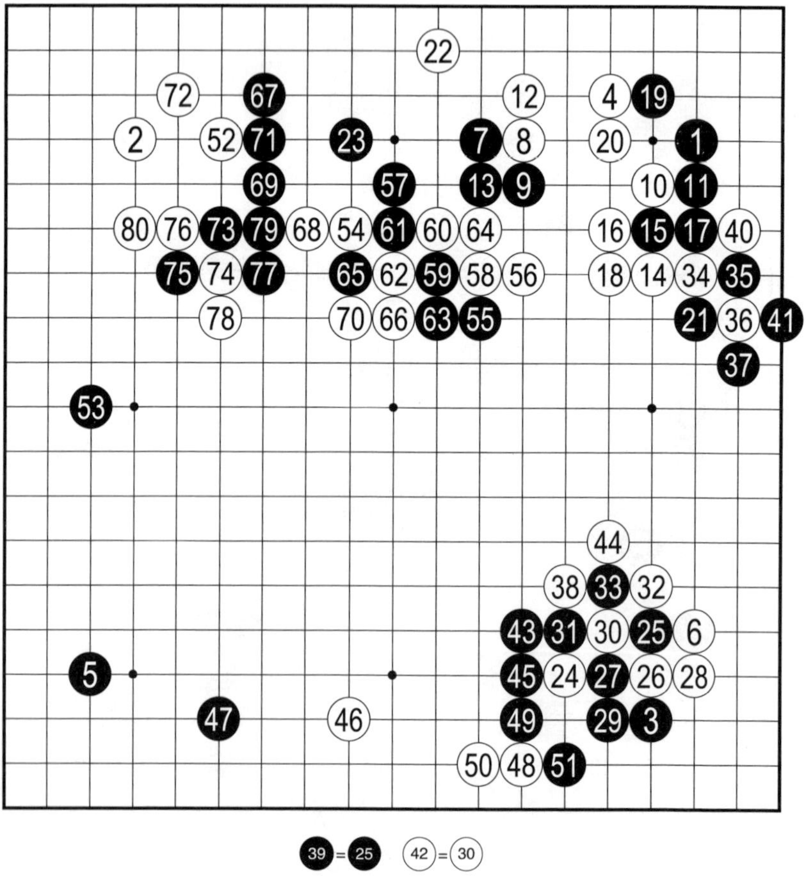

39 = 25　42 = 30

(1–80)

黑方　王兹安
白方　陈祖德

至87，白攻击收获不多，反而损失了目数。

黑95补棋，白方全局实地不足，但黑上方大龙尚未活净，黑方忽视了这一点，于是白棋策划了“瞒天过海”的屠龙计划。

首先白108跳，看上去是劣势下的拼命着法，黑109轻巧闪过。

此后白116看似围空收官，使126飞像是仍在收官而已，黑方不察，于127位抢占大官子。白128继续加固，引诱黑129随手打吃后，白130开始动手。黑135脱先是最后的回头机会，而待白136杀着一出，黑方大龙已无生路。（李喆）

黑贴$2\frac{1}{2}$子　共170手　白中盘胜

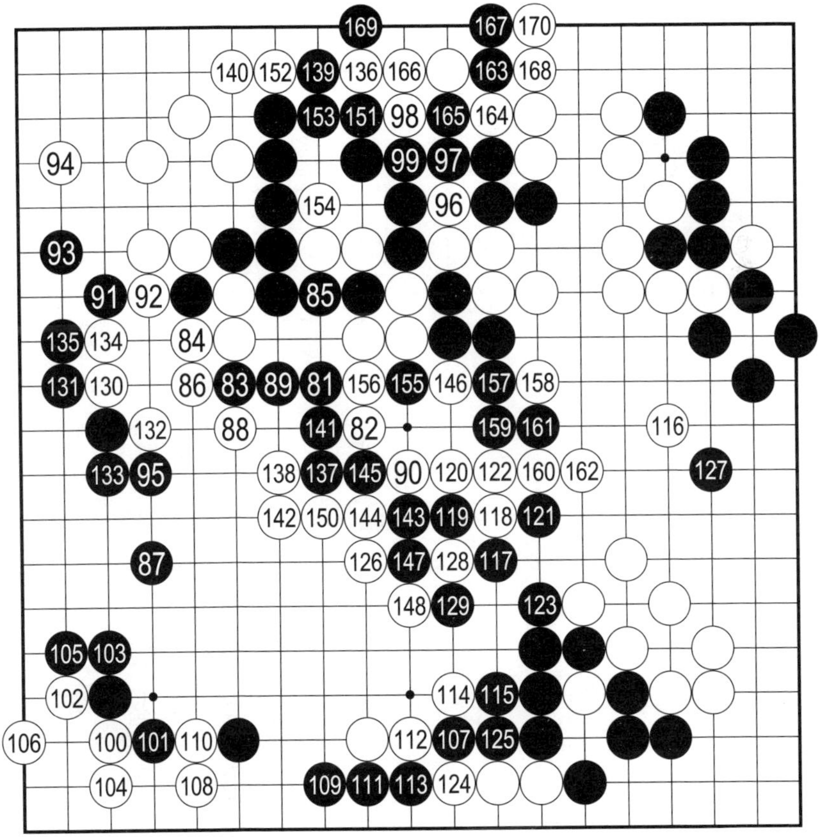

149=128

（81–170）

1964年5月5日弈于杭州华侨饭店
全国棋艺锦标赛第7轮

黑方　罗建文
白方　陈祖德

黑9、11当时很流行，以为先交换总占点便宜。其实黑9对自身来讲不起作用，棋形也不佳。白18有画蛇添足之嫌。白22煞费苦心。白26应直接在28位封。就左上角而言，白投入子力偏多，而效果不明显，局面有落后感。黑27我感觉不够积极。黑33、35有凑白成势之嫌，双飞夹攻才有力。黑37立即在二路上侵消，战略上略显消极。白42绝好。黑43大步踏入腹地的方向无误，不过还是走120位紧密。白48以下既细又巧。白64至黑83可谓一气呵成。白84是最后大场，实地已基本平衡。黑87大捞边角时，白只要在中腹，有点收获就可稳操胜券，因此白88缓攻。黑95挡最明智。

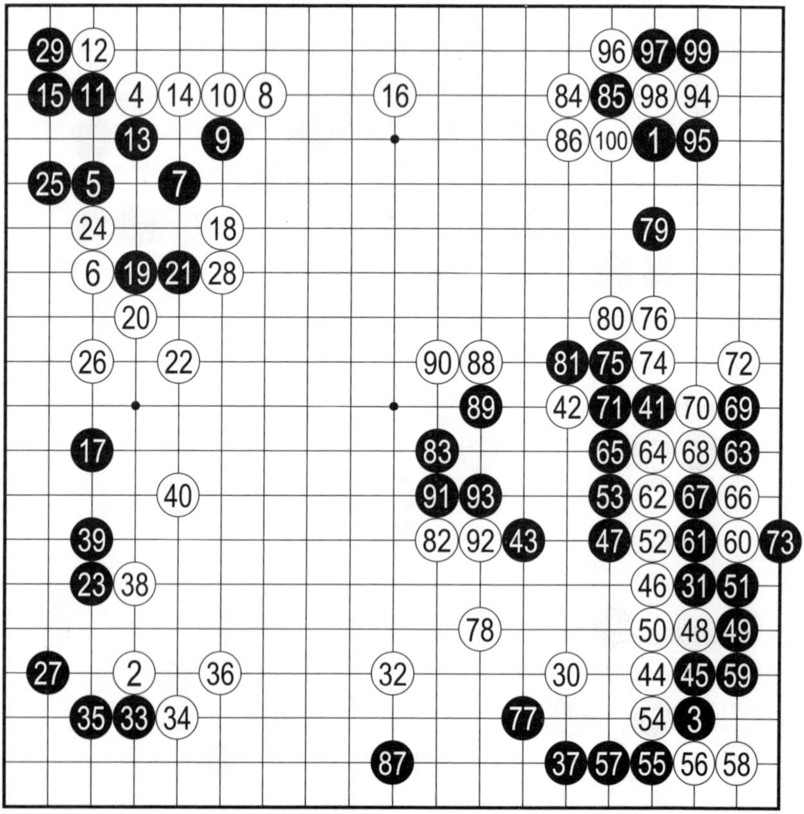

（1–100）

黑方　罗建文
白方　陈祖德

黑105当于106位长。白108好点，中腹的价值充分可见。白116过强，应守边空。白128期待已久。白156必须补。黑161不得已。黑167打吃前，可先在170位长。黑171、173小巧。白182正着。

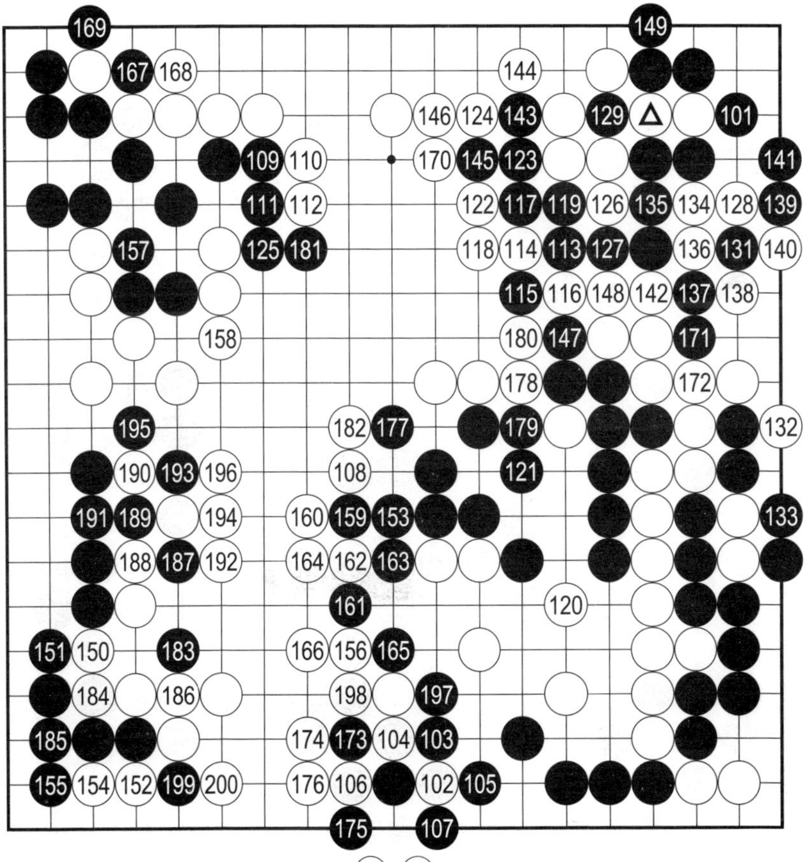
130=△

（101–200）

黑方　罗建文
白方　陈祖德

黑 203 不如 206 位价值大。黑 223 扳，在此处保留一个劫，以增加机会。黑 257 价值约 5 目。

白 314 是盘面上最后的 1 目官子。

罗建文长我一岁，祖籍福州。1960 年北上学艺，拜过惕生为师。建文的棋理路好，大局清楚，行棋轻灵洒脱，从不与对手作无理的纠缠；他算路精细，往往在不引人注目之处，施展巧妙惊人的小手段，使对手遭殃。（陈祖德）

黑贴$2\frac{1}{2}$子　共 323 手　白胜 4 子

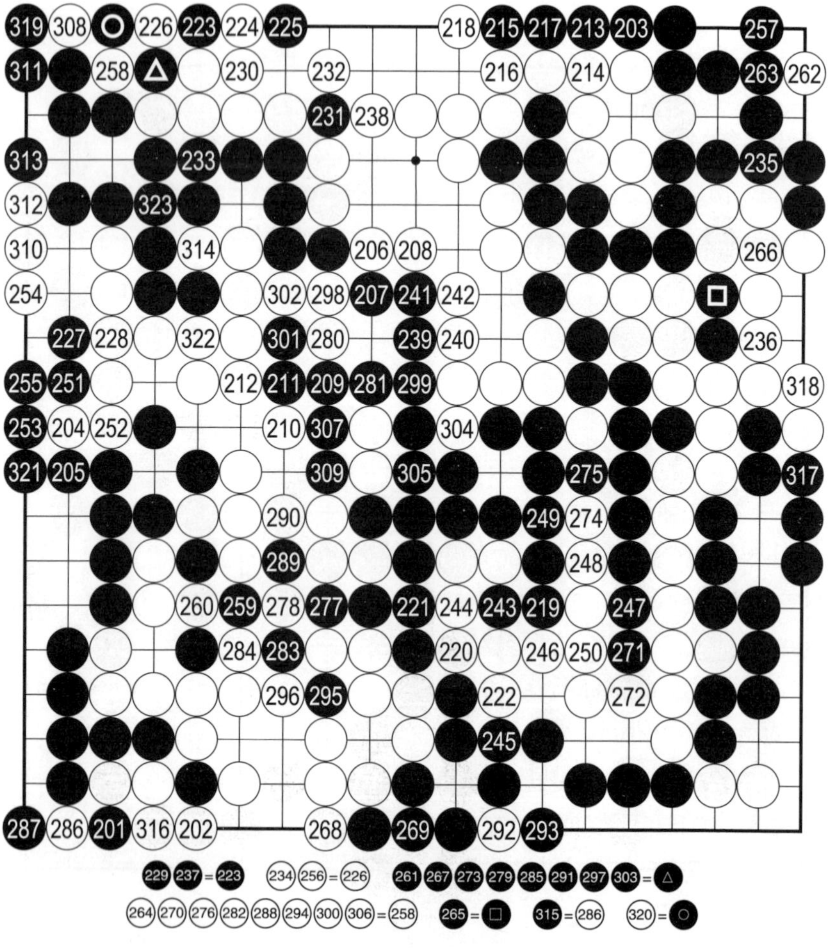

1964 年 5 月 6 日弈于杭州华侨饭店
全国棋艺锦标赛决赛第 8 轮

黑方　陈祖德

白方　黄良玉

白 14 可选择扳吃 13 一子。

黑 15 选择合理。

白 18 以下应直接脱先。

黑 31 可在 38 位断。

白 42 以下价值不大，应走大场。

白 78 以下让黑右边围得太大，应在 63 位附近腾挪试探。

白 94 无理，于 95 位抱吃为本手。

黑 97 拆，此处空间太大，白方想全杀黑棋是不可能完成的任务。

至 123，黑轻松活出一大半，白方全局实地不足。（“棋谱信息”里有黑胜 7 子和 17 子两种说法，从棋谱来看胜 7 子的概率较高。）（李喆）

黑贴$2\frac{1}{2}$子　135 手以下略　黑胜 7 子

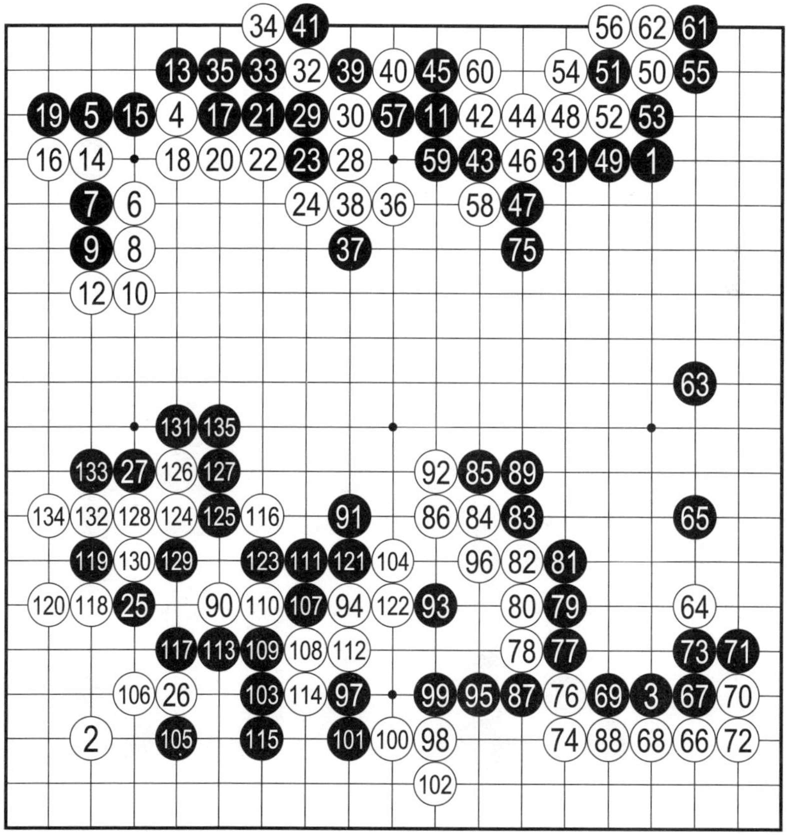

（1–135）

1964 年 5 月 7 日弈于杭州
全国棋艺锦标赛

黑方　竺源芷

白方　陈祖德

白 6 尝试白中国流，此下法在 2010 年代仍流行过。

白 10 以当代布局理论来看，小于左下和左上的守角。

黑 15 趣向，一般是直接左下挂入。

黑 29、31 俗，使白左下效率较高。

白 60 若在 61 位吃后再 62 位冲，更为凶狠。

白 64 应脱先抢占中腹，黑左下并无手段。

白 74 弃两子并不好，至 89 黑方连回，白棋反而变薄，丧失优势。

黑 103 立下不大。（李喆）

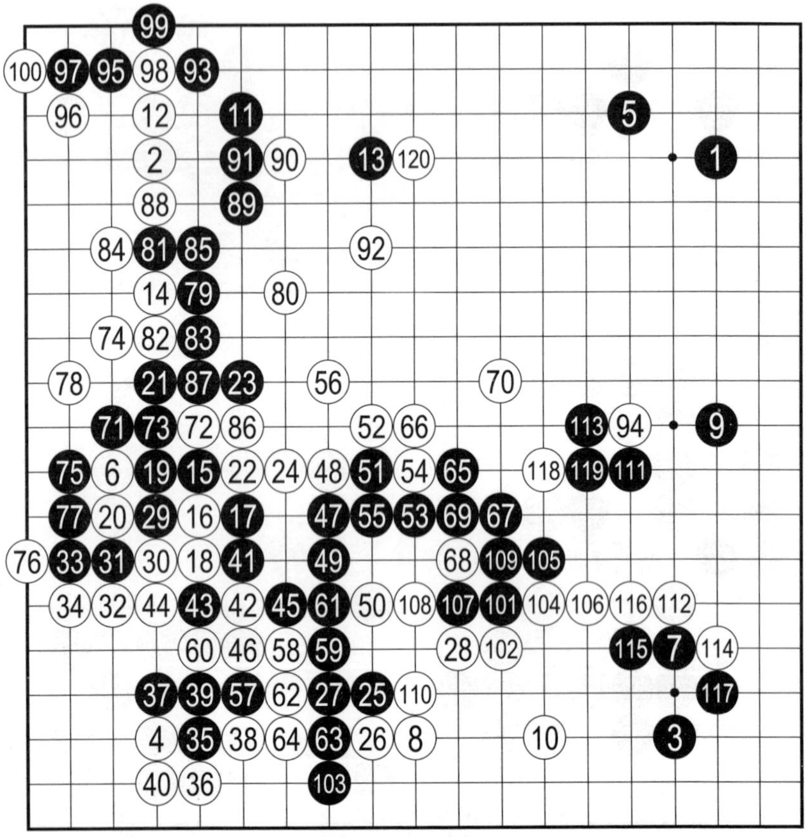

（1–120）

黑方 竺源芷
白方 陈祖德

白 126 发力，至 143 有所收获。

白 146 方向正确。

黑 151 胜负手。

白 162 计算准确。

白 172 勺子，应直接在 173 位吃掉，则白方稍优。

白方忽略了黑 175 的好手，结果被反吃。至 187，已逆转为黑方胜势。

黑 205 大勺，被 206 断死，棋局再度逆转。（李喆）

黑贴$2\frac{1}{2}$子　226 手以下略　白中盘胜

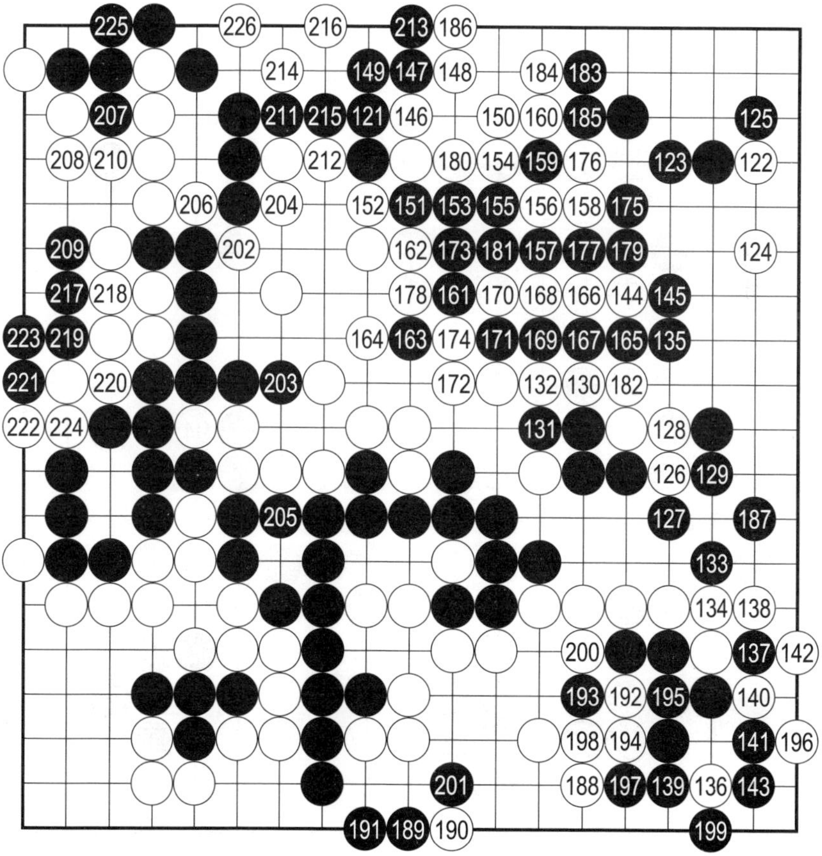

（121–226）

1964 年 5 月 8 日弈于杭州
全国棋艺锦标赛决赛

黑方　陈祖德
白方　王幼宸

王老的棋扎实厚重而不惧战，这与他性格秉直有关。白 14 打吃选择正确。黑 21 补得紧凑，多拆一路则会留下后患。白 24 应该说大有问题。三三位置偏低，在争取发展时要先加高再开拆。黑 25 只此一手，至 31，白 22、24 的大场效能丧失殆尽。白 34 打入勉强。黑 35、37 只想借攻白把中腹走厚，以利于左下。黑 39 是针对白 38 采取的手段。白 40 只好忍让。白 48 过分，正着当在 53 位跳，不至于速败。白 52 落后手，被黑 53 当头一镇，白几乎陷入绝境。白 54 靠出在普通场合下是手筋，但在本局不成立。至此，白回天乏术。（陈祖德）

黑贴$2\frac{1}{2}$子　共 69 手　黑中盘胜

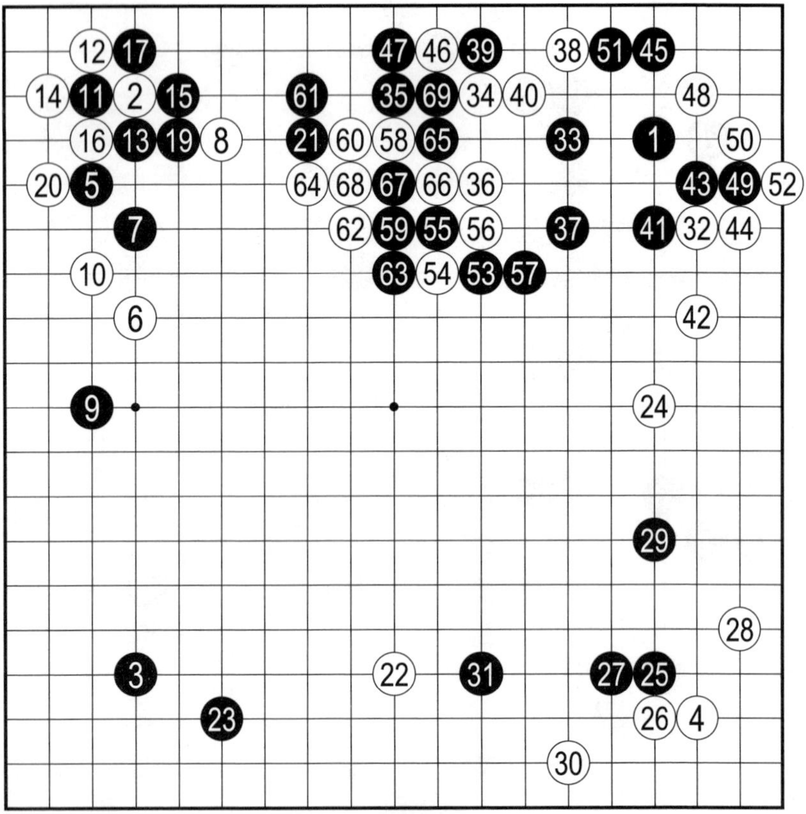

⑱=⓫

1964 年 5 月 5 日弈于杭州

全国棋艺锦标赛

黑方　陈祖德

白方　吴淞笙

黑 7 三间高夹是我爱用的攻击手段。宽攻，对方一般不肯作转换，而作战正是我所喜欢的。黑 25 走 166 位大场才是当务之急。白 34 应先在 36 位尖，可避免被黑直接冲断。白 38 稍嫌过分，应 52 位虎。黑 41 不如 52 位长简明。白 50 是冷静好手，使上边存在许多余味。黑 51 最稳健。黑 53 软弱，不如压出。白 56 轻灵。白 60 痛失良机，应直接冲断。黑 61 好手，既阻断又补强。经过长考，白 62 选择通连。黑 63 强手，65 粘，冷静。白 66 可能有误算。白 72、74 改为封锁后形成激烈的劫争，白实在太亏，黑由此奠定胜势。白 90 觑断无理，应按本手在 101 位补。黑 97 断好手，试探白的态度。至白 108，白虽在局部颇有收益，但黑中腹得以加厚，并将右下白势压低，全局依然黑优。黑 111 完全不必。白 114 滞重。白 118 不当，能够出头时又何必腾挪转换呢？

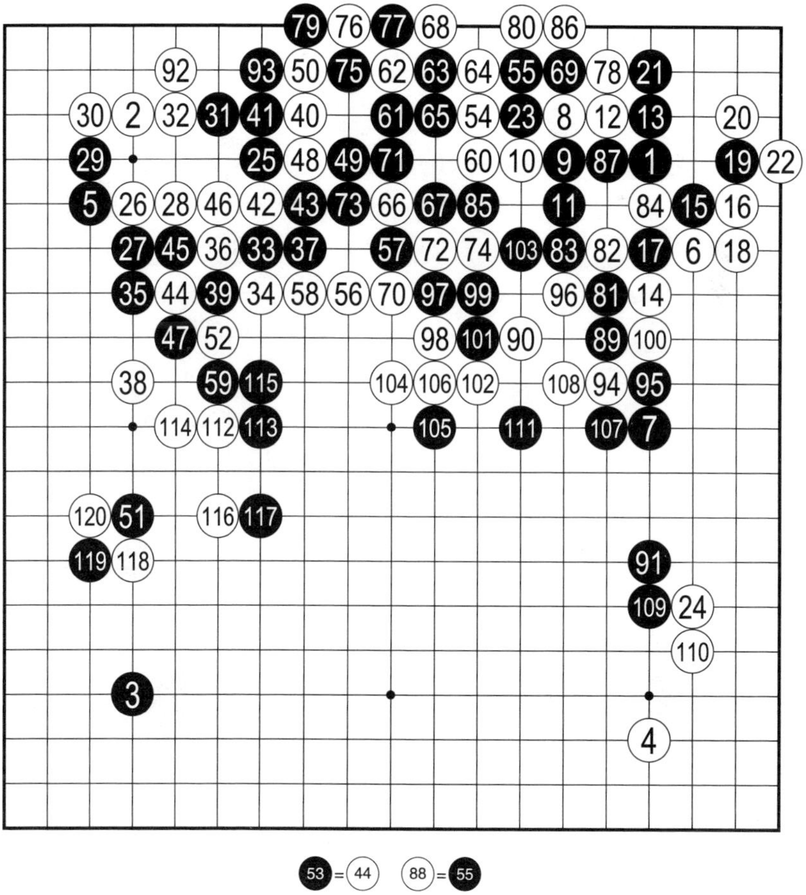

（1–120）

黑方　陈祖德

白方　吴淞笙

至黑125粘，白已无有效的手段。白132可缓行，应先在146位扳，是利用残子的好机会。白134以为可以先手补，其实是后手。黑135极大。黑143妙！至黑147，黑牢固确立了胜势。至黑231，黑地约80目，白地约78目（包括贴目），但黑棋稍厚，实地尚可增长，淞笙再三判断，认为大局已无可挽回。

吴淞笙祖籍莆田，1945年生于上海，6岁受教于前辈林勉先生，和我几乎同时进入上海市体育宫棋队，同室习艺，同餐同寝，朝夕相伴，自然结下了同窗之谊。他运子厚重，又似柔情万缕，而一旦发力，则似雷霆万钧，凶狠无比。同辈们称赞他的棋是“太极功”。（陈祖德）

黑贴$2\frac{1}{2}$子　共231手　黑中盘胜

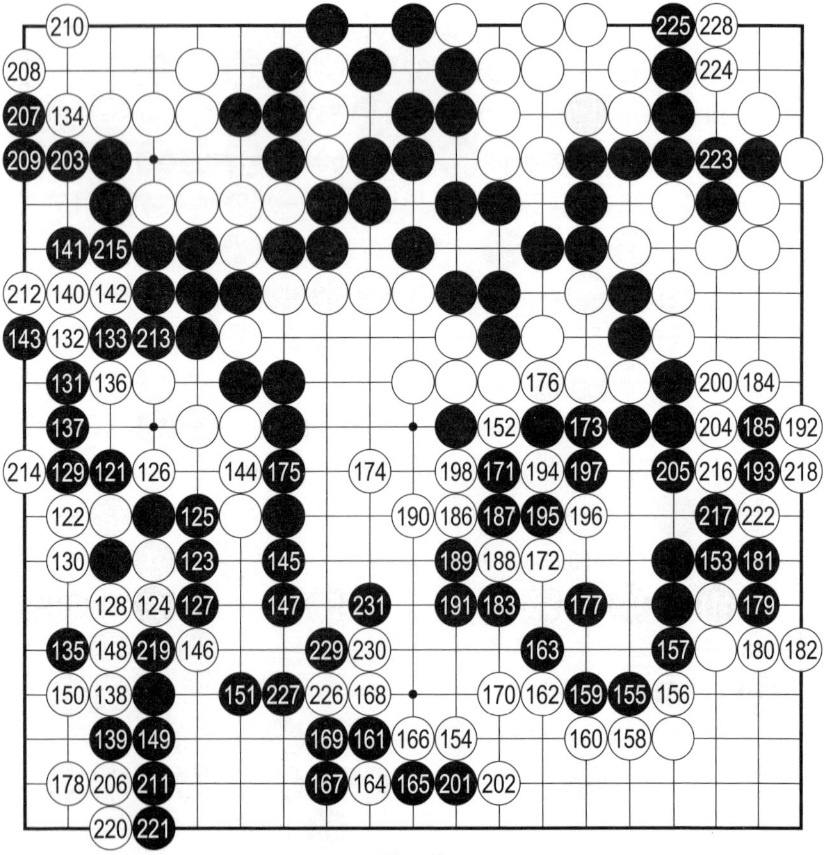

199=194

（121–231）

1964 年 5 月 11 日弈于杭州

全国棋艺锦标赛第 11 轮

黑方　黄永吉

白方　陈祖德

白 30 靠是我的作战风格。黑 33 缓。白 34 太大、太重要了。黑 37 转到下边值得研究，应在 51 位跳，那才是局势的要点。白 46、48 连扳后把握住了棋势的流向。白 50 强，也是引诱黑 51、53 由中腹再走出一块棋，使局势复杂化。黑 55 操之过急。白 58 飞攻是棋形要点。白 60、62 走厚，完成了对黑进攻的必要准备。黑 63 开始冲击白的薄味，白必须格外小心。至黑 79，局部形成黑轻白重的劫争。黑 81 可能是只求劫胜，应在 84 位顶，利用争劫对白用强。黑 87 应继续应劫，再以 102 位扳为劫材与白周旋，不让白放下包袱。黑 89 强手。

黑 101 以下向外延伸虽安全，但未把握住大局，可考虑 110 位大跳，步履轻快。白 108 时机如何？一旦落后手，后果不堪设想。黑 109 缓。我争到 110 镇头，觉得已经输不掉了。白 112 是防守要点。白 118 一手补净，确保安全。白 120 镇方向正确。

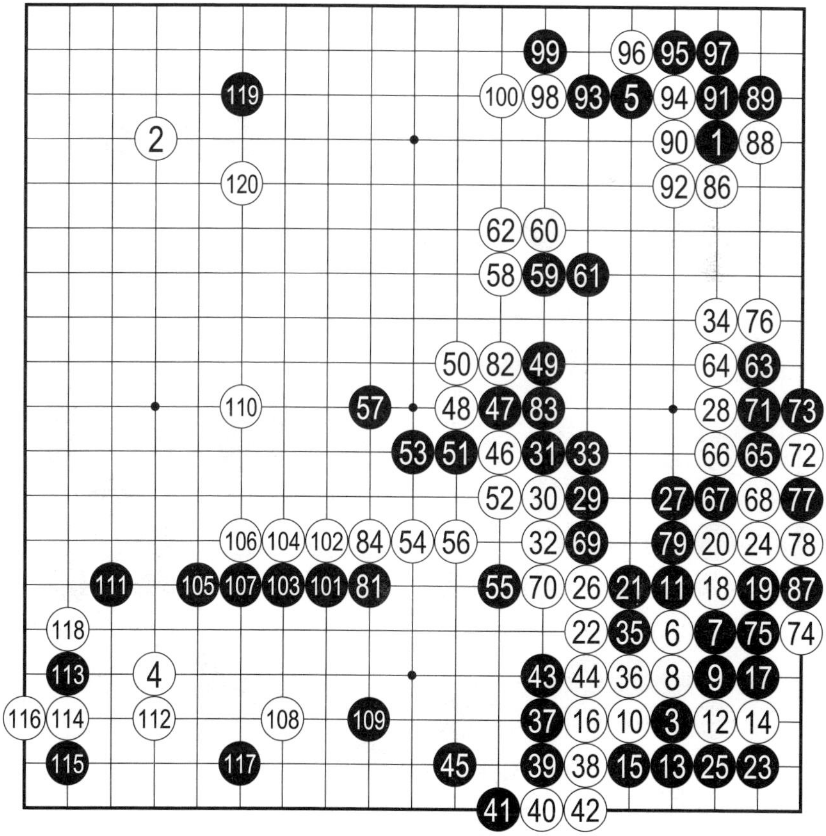

80 = 72　85 = 77

（1–120）

黑方　黄永吉

白方　陈祖德

黑121可考虑在122位飞，局部较实战为佳。黑127侵扰中腹，白应对严密，注意防护自身右面的断点。黑139强手。上边黑棋虽尚未活净，但由于形势已落后，若再被白争到左边的大场，实地差别过大，将无法追赶。黑145占大场后，白若动手杀黑上边，黑146位挤可以出头。黑149有问题，应154位虎，或可一争胜负。黑163立，表明要围左边的空。白164后，胜负已定。（陈祖德）

黑贴 $2\frac{1}{2}$ 子　共250手　白胜3子

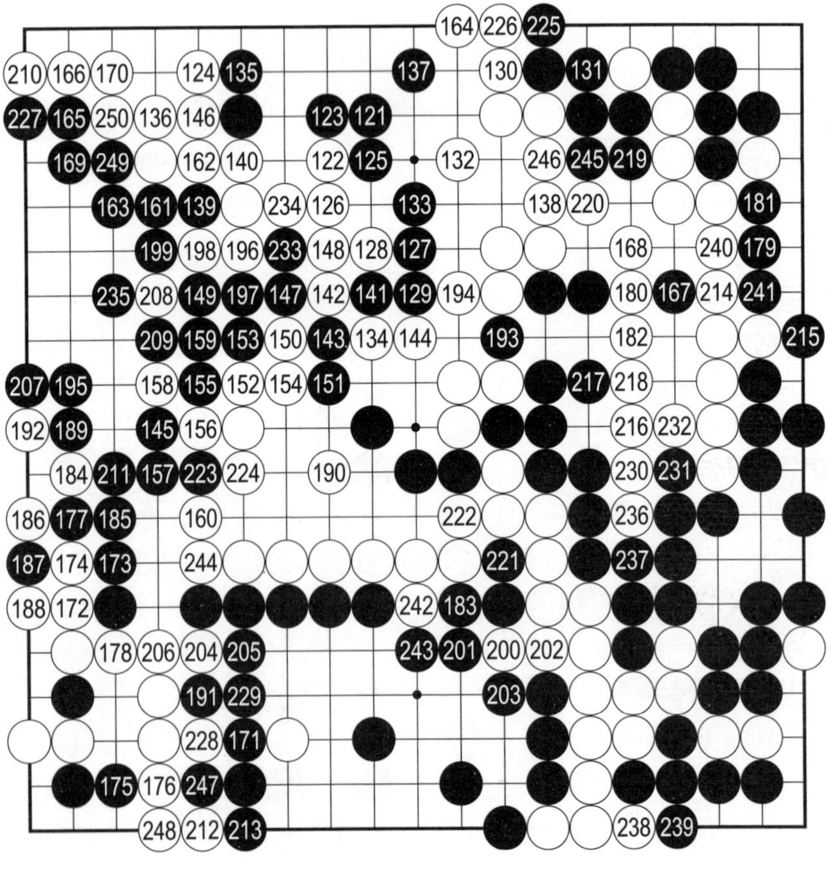

（121–250）

1964 年 5 月 12 日弈于杭州

全国棋艺锦标赛

黑方　陈祖德

白方　刘棣怀

布局至 35，黑方堂堂正正。

黑 37、39 是卓越的棋感。

白 44 可考虑脱先。

黑 51 过于大局，应粘在 52 位。

黑 55 交换略俗。

白 60 夹过不如在 118 尖活。

黑 71、73 好棋感！

黑 85 奇怪，不如征吃。至 92 白方渡过难关。（李喆）

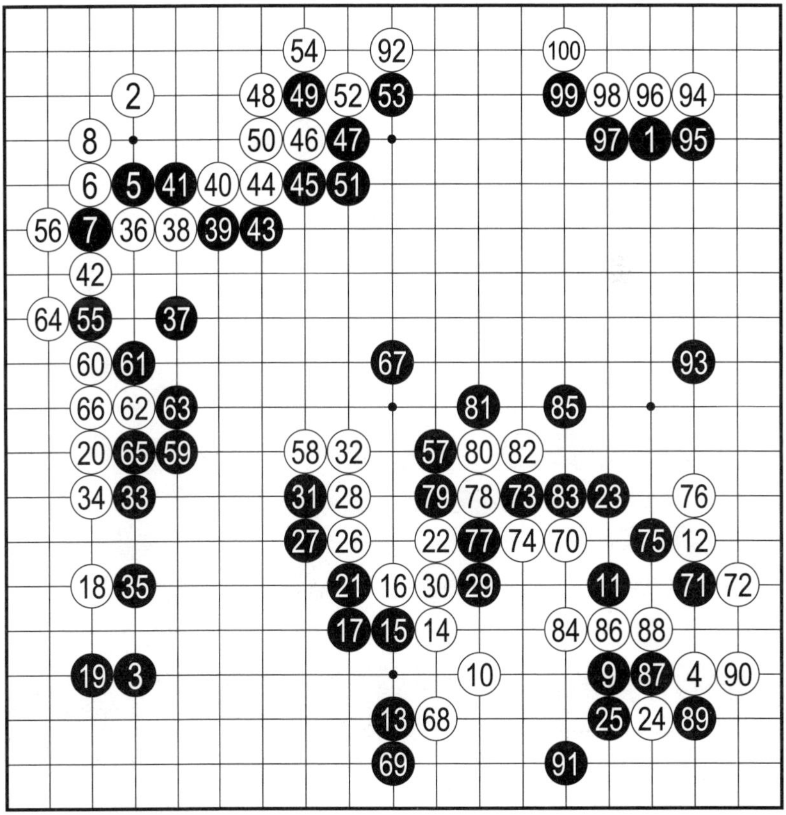

（1–100）

黑方 **陈祖德**

白方 **刘棣怀**

白 124 官子不如于 125 立。

白 142 最后败着，应走 145 为大。

黑走到 145 之后，小胜已不可动摇。

本局整体上是黑方的好局。（李喆）

黑贴 $2\frac{1}{2}$ 子　共 207 手　黑胜 2 子

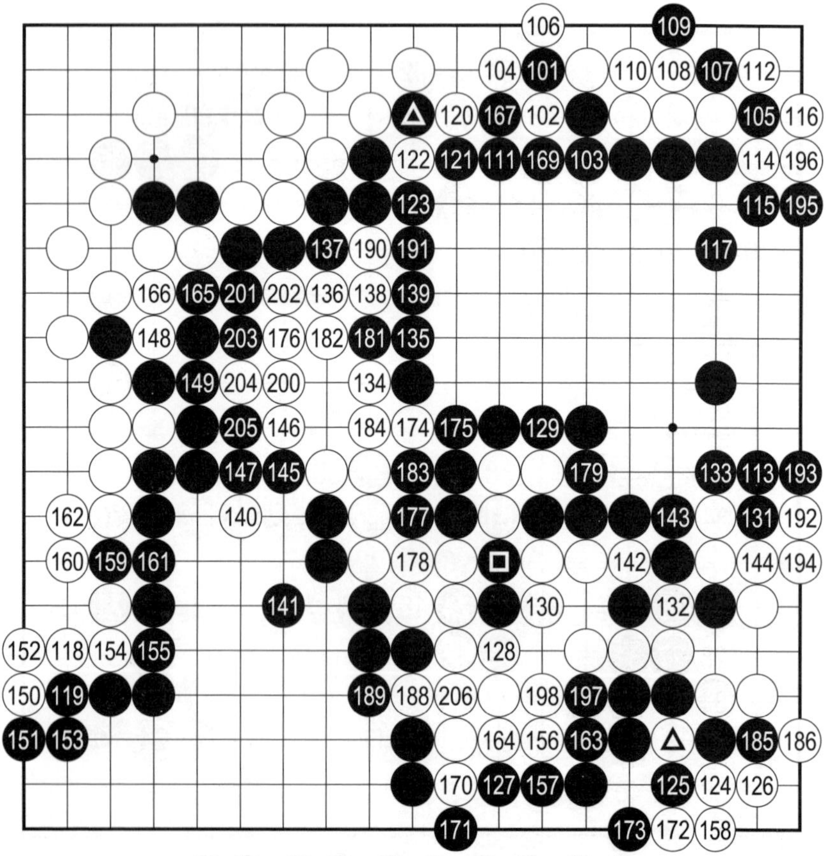

168 = △　180 = □　187 = △　199 = 101　207 = 102

1964 年 5 月 14 日弈于杭州
全国棋艺锦标赛决赛第 13 轮

黑方　邵福棠

白方　陈祖德

白 12 应在 27 位守角，黑 13 也应在 27 位挂。

黑 25 问题手，此处应走 26 位靠，脱先亦可。

白 32 好判断。

白 44 退让不佳，应在右上或右下找劫。

黑 51 让白 52 拆二太舒服，应先 80 位拆，顺势扩张右边。

白 58 发力略早，可在 68 位拆。

黑 73 太过稳健，导致实空不足。（李喆）

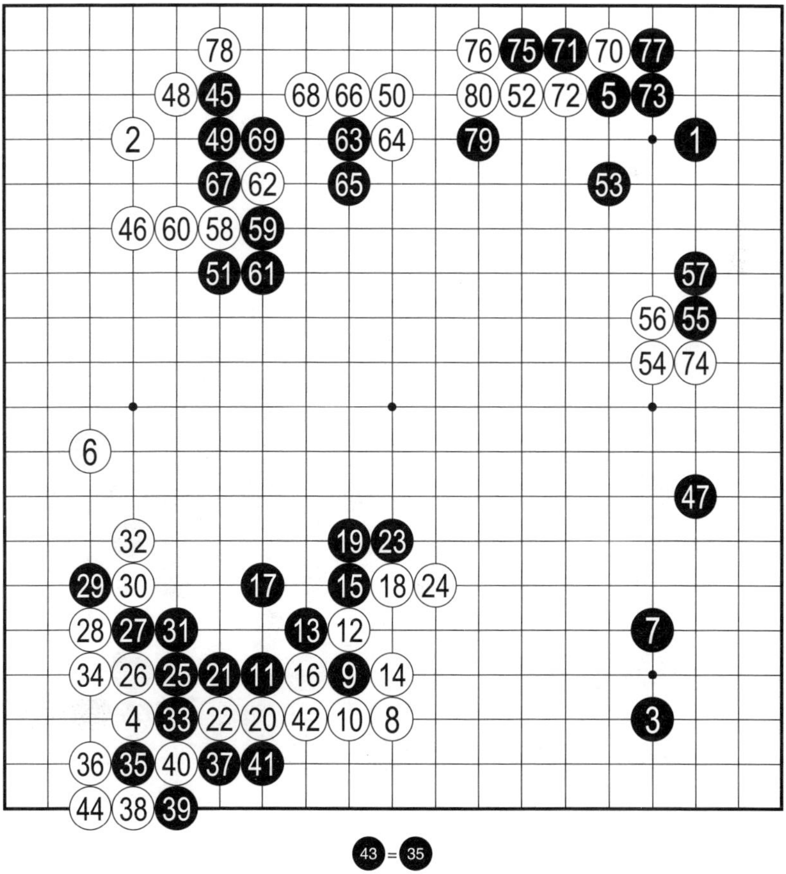

43 = 35

（1–80）

黑87以下开始拼杀，但为时已晚。

白112是看清只要活出就赢。

至140白方顺利连回，胜局已定。（本局标记为“首度执白中国流”，不过当年5月7日对竺源芷一局，陈老已执白下出中国流，可能因为那局为训练棋，本局为比赛对局。）（李喆）

黑方 **邵福棠**

白方 **陈祖德**

黑贴$2\frac{1}{2}$子　共174手　白中盘胜

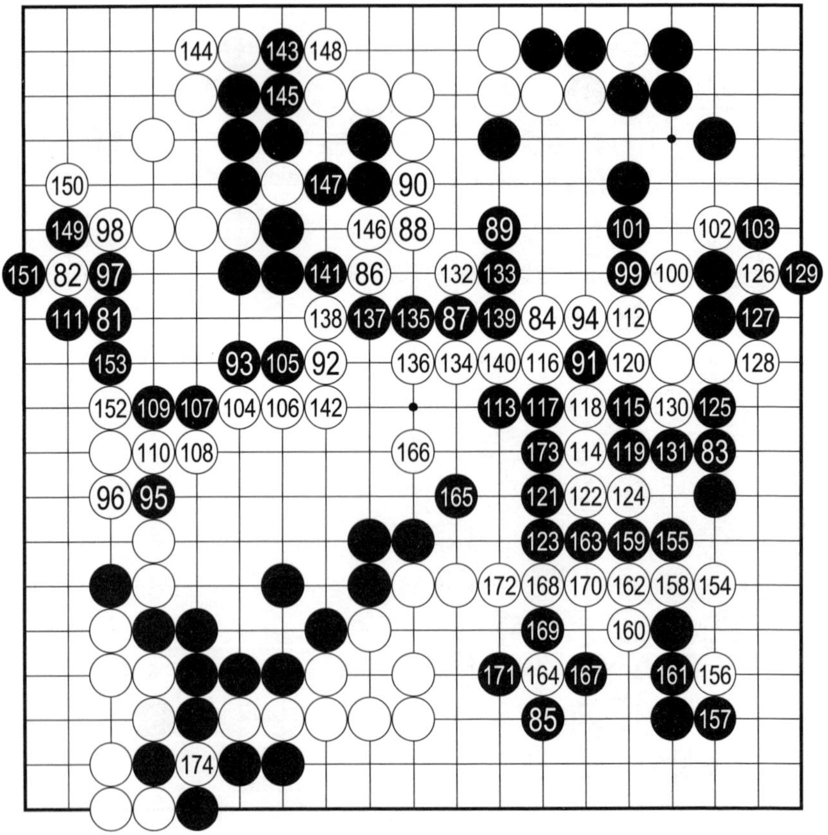

（81–174）

1964年5月15日弈于杭州

全国棋艺锦标赛

黑方　王汝南

白方　陈祖德

黑5有角不守却去分投，少见。白16急于求战，但欲速则不达。黑21也是一法，但13、17两子作为弃子处理，损失之大无法弥补，应逃出作战，与白18、20互相牵制。白24下贴欠妥，现以力争出头为大。白26扳头没有丝毫犹豫，抓住了作战的主导权。白28是攻击要点。白34是严重的问题手，上长才是真正的强手。黑35连扳反击，强手。白局部损失不小，但大局得到了控制。黑49觑已无必要，当先在上边布阵，从长计议。黑55当先在59位打，这是最好的机会。至白64，白如愿筑起厚墙，中腹更壮观了。黑65击中了白的弱点。白66未假思索。黑67断强手，生出的头绪甚多，白变得难下了。白68不甘示弱，应普通地在79位长，白72时已很难两全。黑73细腻，75给77长创造了条件。至87虎补，顺理成章，一气呵成。白88借势行棋，90补净。黑91极大。白92绝对的缓着。

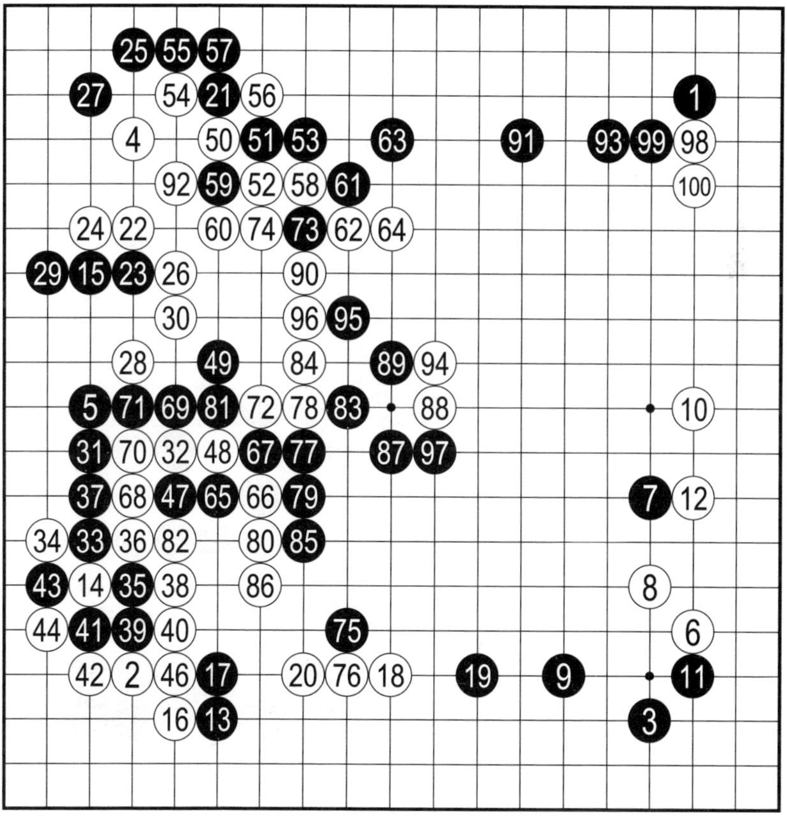

45=14

（1–100）

黑方　王汝南

白方　陈祖德

黑101不可省，通常白棋须补，黑将以先手进入收官，于白不利。白106抢收官子。黑113虽然厚实，但是嫌缓，应120位打入。黑失去了最后的机会。至白120，我感到比较踏实了。黑139上一路尖封较好，中腹黑无懈可击，黑有望。白156先手提黑二子作为劫材，似乎无可非议，汝南却陷入了沉思，大约思考了三十多分钟，突然下出黑157。黑157体现的超级胜负意识，特别是在全局胜负的最后关头，即使当年的九段棋手也拍案叫绝，惊叹不已。我尽管是当年的冠军得主，然而最突出的新闻人物非他莫属。

汝南1964年取得全国第五，1966年又获得第四名，同年战胜梶原武雄九段。他尤以后半盘功夫见长，能打善缠，顽强的拼搏精神颇使日本棋手敬服，有“顽强的王君”之称。（陈祖德）

黑贴$2\frac{1}{2}$子　共192手　和棋

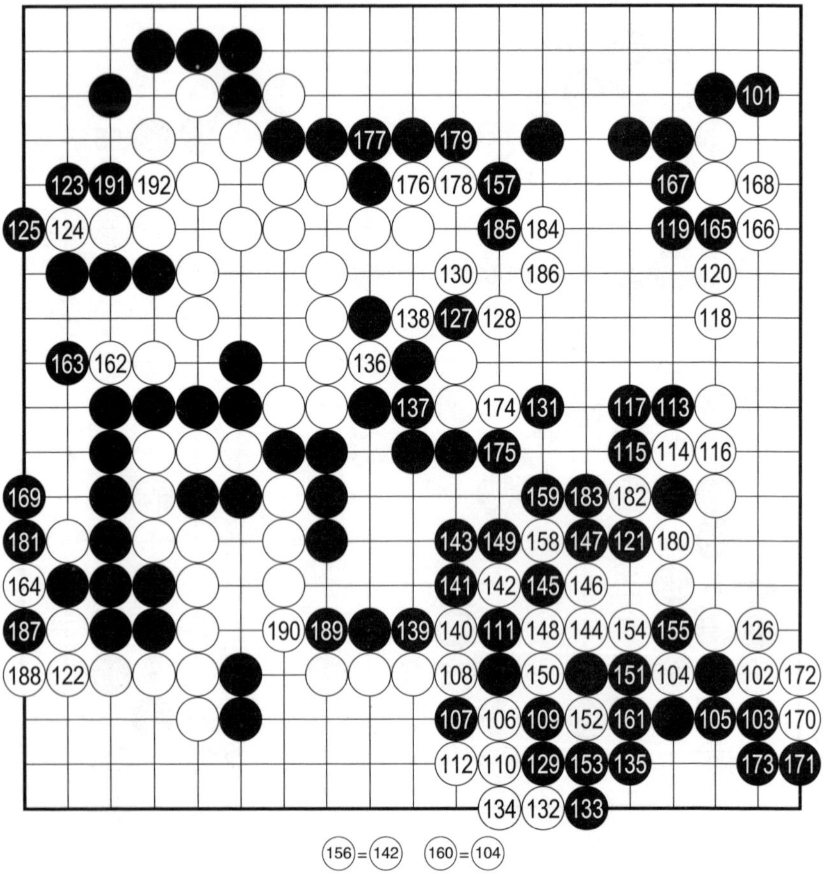

156=142　160=104

1964 年 5 月 17 日弈于杭州华侨饭店
全国棋艺锦标赛决赛第 15 轮

黑方　陈祖德

白方　周孝棠

白 24 应在左一路 60 位跳，增加对黑角的威胁。

白 26 以下被先手拔花，大为不妥，尤其黑方拔花后还可在 33 位跑出。

白 48 靠不如在 49 位扳。

至 64，白方虽然如愿吃掉了 9 个黑子，但被黑方先手完全封锁，白方所吃目数无法与黑外势相比，此时白方已近败势。

此后黑方着法稳健，未给白方可乘之机。

白 126 以下最后一搏，无功而返。（李喆）

黑贴$2\frac{1}{2}$子　153 手　黑中盘胜

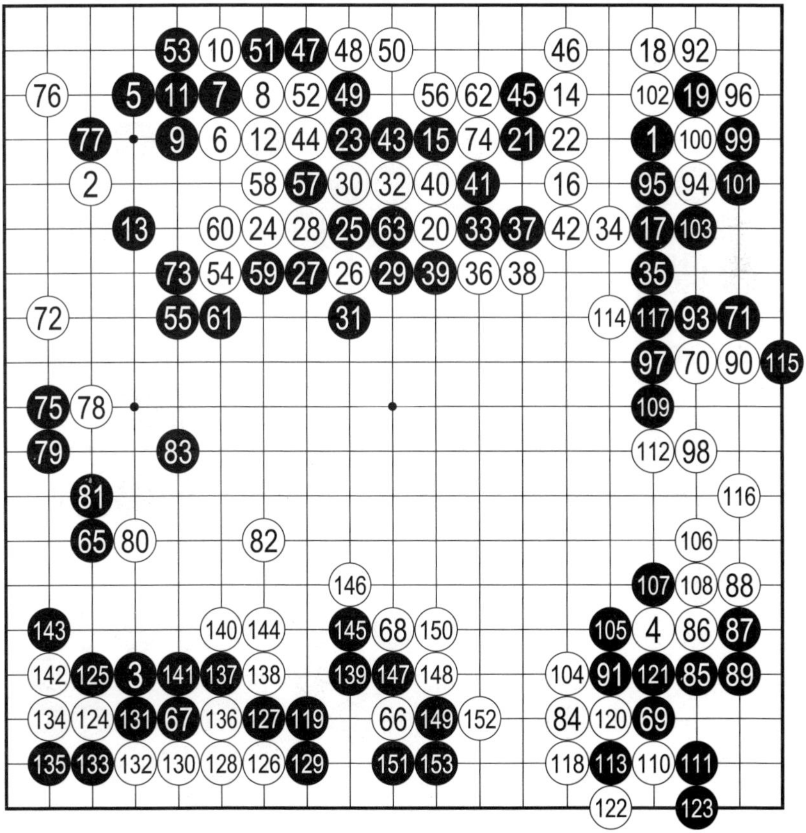

64 = 57

（1–153）

1964 年 5 月 18 日弈于杭州华侨饭店
全国棋艺锦标赛决赛第 16 轮

黑方　陈祖德

白方　王立

黑 23 大气，全局棋感出色的一手。

白 26、28 略早，黑 29 应在 30 位吃，放白活角。

黑 31 普通是在 50 位爬。

白 46 不好，应 47 位长。

黑 47 以下计算精确。

白 64 应先在 34 左一路冲，先手定型后再走 64 位。

黑 83 不如直接在 93 位打入，白 92 可考虑走 93 位强杀拼搏。

黑 107 机敏，堪称胜着，此处实地确定后，白方全局实空已大幅落后。（李喆）

黑贴$2\frac{1}{2}$子　117 手以下略　黑胜$4\frac{1}{2}$子

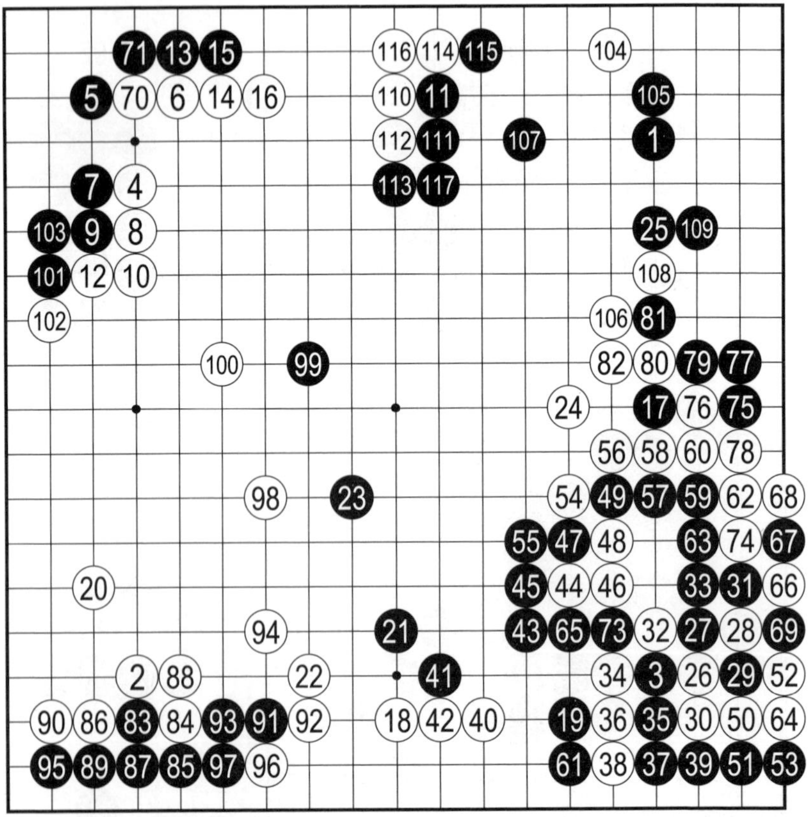

72 = 66

1964 年 5 月 20 日弈于杭州华侨饭店
全国棋艺锦标赛决赛第 17 轮

黑方　齐曾矩
白方　陈祖德

黑 25 可先在 29 位打。

白 28 缓，应保留劫活而脱先。

白 40 实用而有力。

白 46、48 紧凑。

黑 59 俗手，应在 61 位单长。实战把白棋撞得太厚，致白 64 的攻击变得严厉。

黑 87 可考虑在 95 位扳。（李喆）

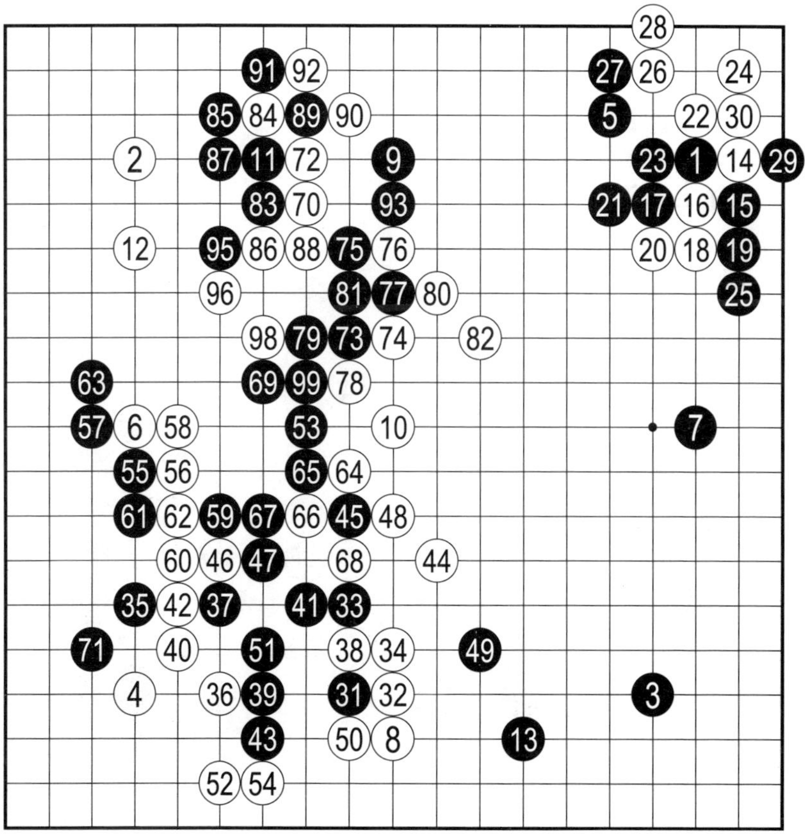

94 100 = 84　97 = 89

（1–100）

黑方　**齐曾矩**

白方　**陈祖德**

黑 105 打吃时，白 106 是灵活的好感觉。

白 118-126 的构思精巧。

黑 131 近乎败着，应在 133 团后 179 冲出作战。

白 156 犀利。

黑 173 应先在 179 位找劫。

白 180 消劫后胜局已定。（李喆）

黑贴$2\frac{1}{2}$子　182 手以下略　白胜$4\frac{1}{2}$子

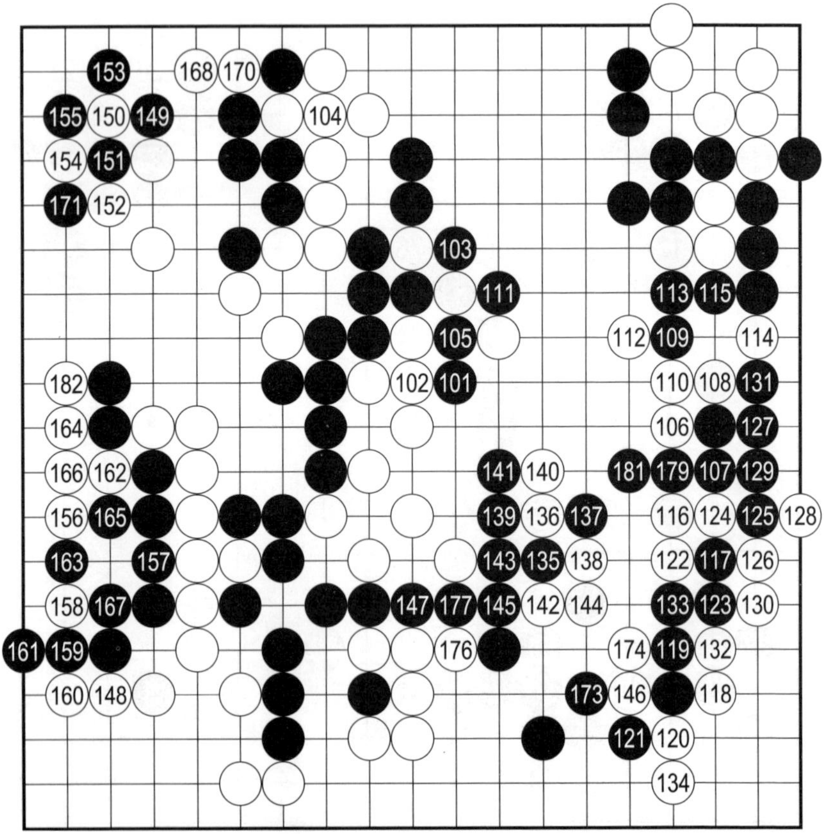

169 175 180 = 151　　172 178 = 150

1964年5月21日弈于杭州华侨饭店
全国棋艺锦标赛决赛第18轮

黑方　袁兆骥

白方　陈祖德

黑23在112扳出更为积极。

白38问题手，应在124位冲后126位拐，寻求转换，实战黑41长后白棋亏损。

黑43大恶手，应在46位长出，白方如在45位冲，用“大头鬼”连络，黑棋将大幅领先。

白46抱吃后取得领先。

黑67应补在127位。（李喆）

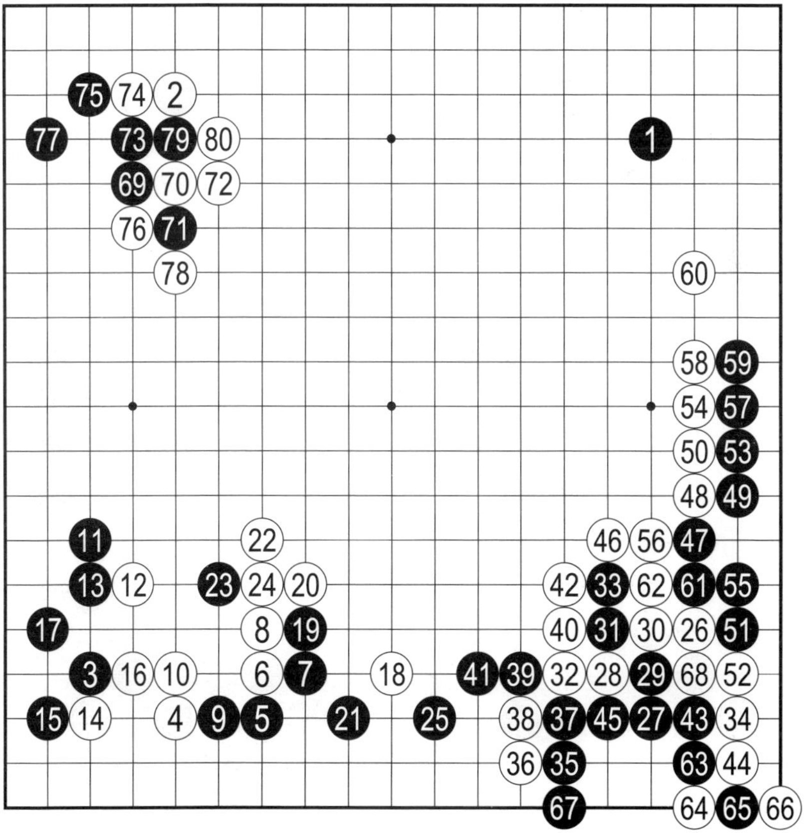

（1–80）

黑方　袁兆骥

白方　陈祖德

白102失误，应单走108位，自身气不紧。

黑109应在108上一路扳，争取活到中腹。

白114好棋，至130白方已得利不少，由于黑方有目数压力，中腹反而变得危险。

白146以下展开缠绕攻击，最终屠龙得手。（李喆）

黑贴$2\frac{1}{2}$子　共174手　白中盘胜

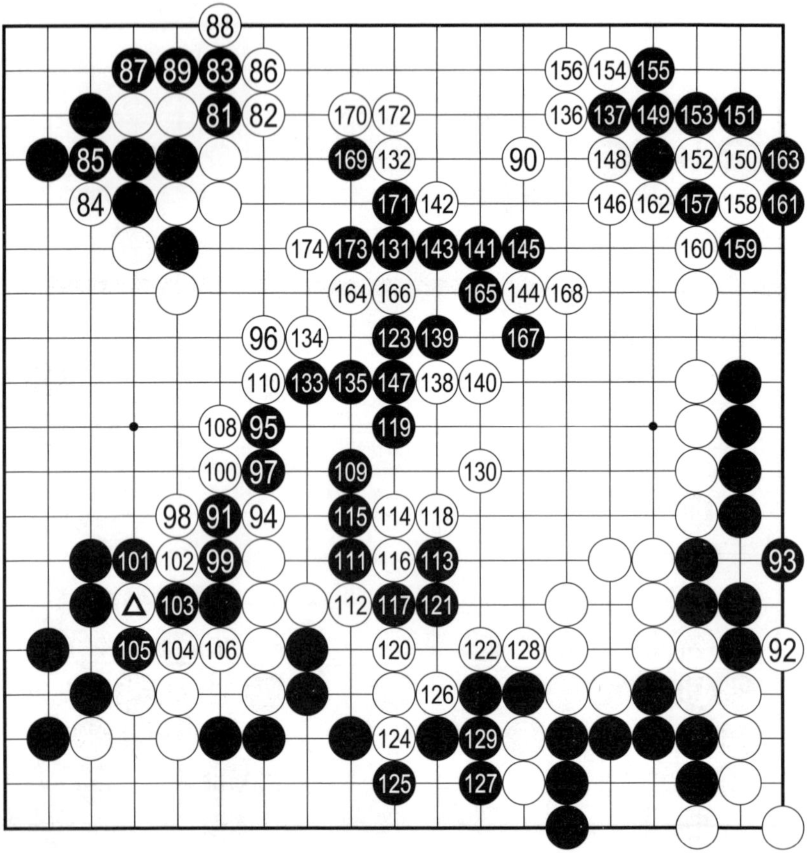

107=△

1964年6月29日

中国围棋代表团访日比赛

黑方　陈祖德

白方　梶原武雄 八段

白16按局部定式是粘劫，脱先造劫是梶原武雄的趣向。

黑33也可选择在右下走两手。

白36断是独特的感觉，黑37本手是在40位吃回，实战此处展开了意想不到的战斗。

黑41虎下有些执着，可在48位尖出，看轻残子。

白48以下封锁漂亮。

黑65-81的处理不错，形势大致两分。

黑105错过机会，应在113位打吃拼搏。

白114做劫强手。

黑119让劫败着！此手只能在120位长出，如此劫争转换较为复杂。（李喆）

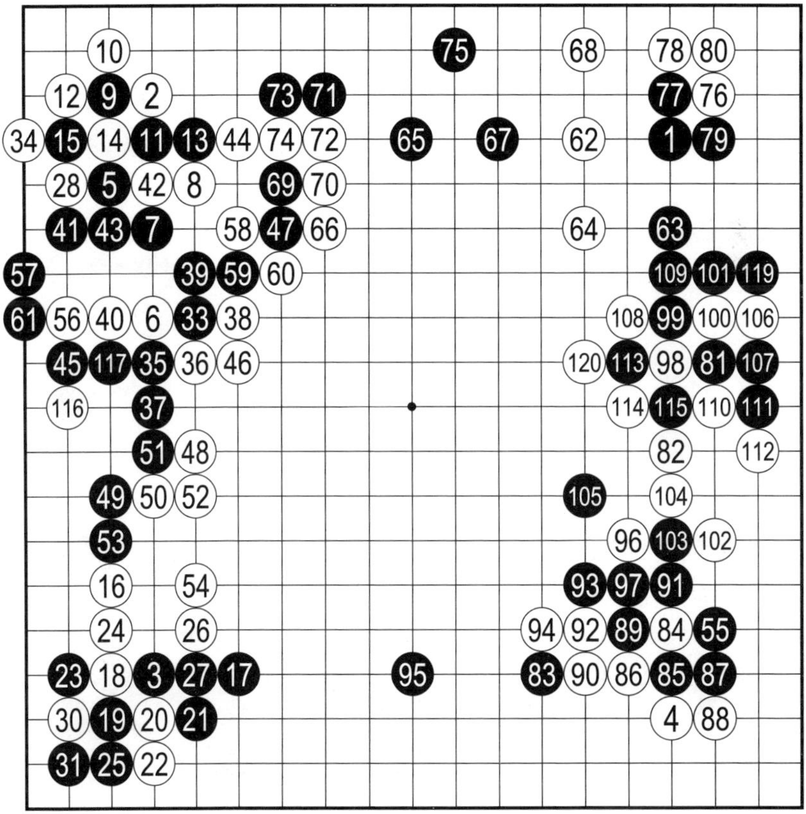

29=9　32=14　118=98

（1–120）

黑方　陈祖德

白方　梶原武雄　八段

黑121以下进入单方面防守。

白134打入凶狠，如在140应一手已是白方优势。

白140、146、150着着严厉，黑方陷入苦战。

白168以下杀得兴起，展示了弃子破眼的下法。

缠绕攻击至206，黑大龙被擒。

本局黑方的败因还是在第119手，被白拔花后全局太厚，后半盘过于被动。（李喆）

黑贴5目　共226手　白中盘胜

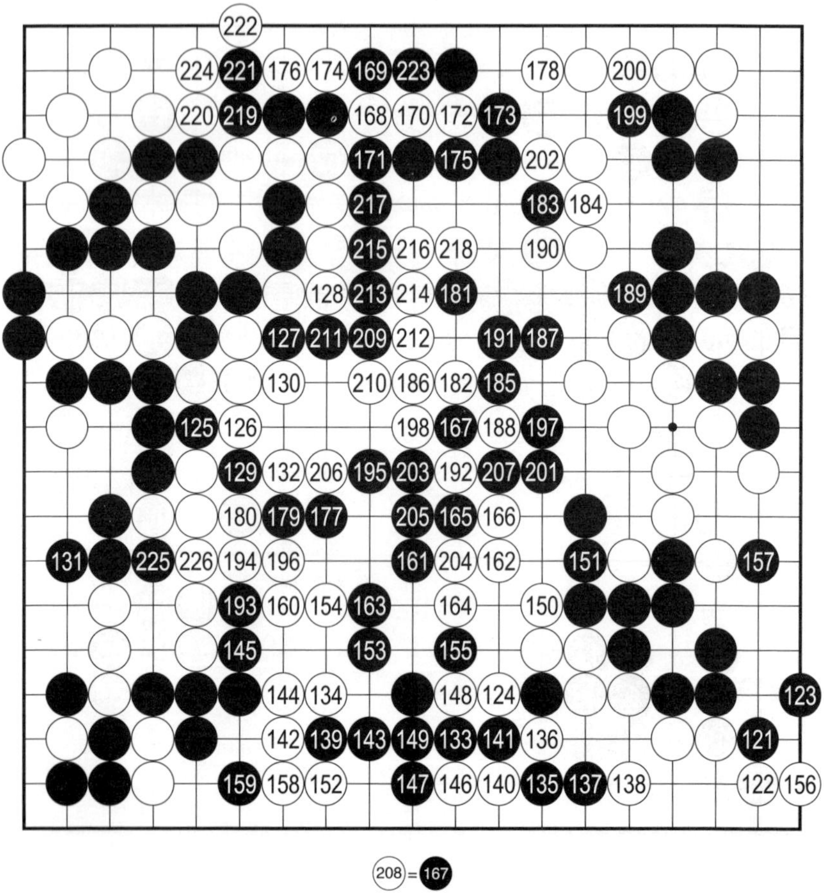

208=167

（121–226）

1964 年 7 月 1 日
中国围棋代表团访日比赛

黑方　村上文祥 业余 6 段
白方　陈祖德

白 16 可在 21 位碰引征。

黑 37 棋形不佳，应在 43 左一路跳。

白 44 可脱先于 57 左一路打入。

黑 57 缓，应 58 位先冲一下，争得先手。

白 64、66 发力，想要直接封吃黑棋，着法凶狠而危险。

黑 79 以下有些冒失，应直接在 91 位飞，如形成转换，黑方反而有利。

黑 95 失着。

白 96 妙手！此处白方蓄谋已久，黑顿时动弹不得。

至 104 形成转换，白方取得优势。（李喆）

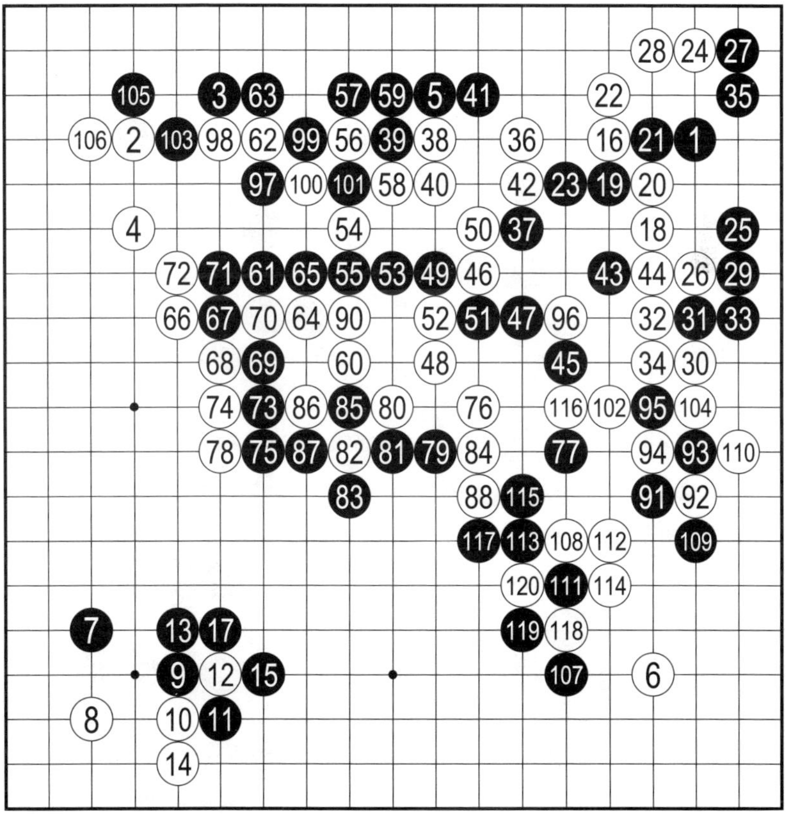

89 = 85

（1–120）

黑方　村上文祥 业余6段

白方　陈祖德

白128可考虑于157位消劫，黑于128冲后将形成另一个打劫转换，其结果白方更为有利。

白138、140有点缓，应先在右下定型。

黑141价值巨大，形势接近不少。

黑157可以继续脱先抢占158的大棋。

黑179应走180位撑劫。

以下白方官子稍有亏损，最终1目胜出。（李喆）

黑贴5目　共244手　白胜1目

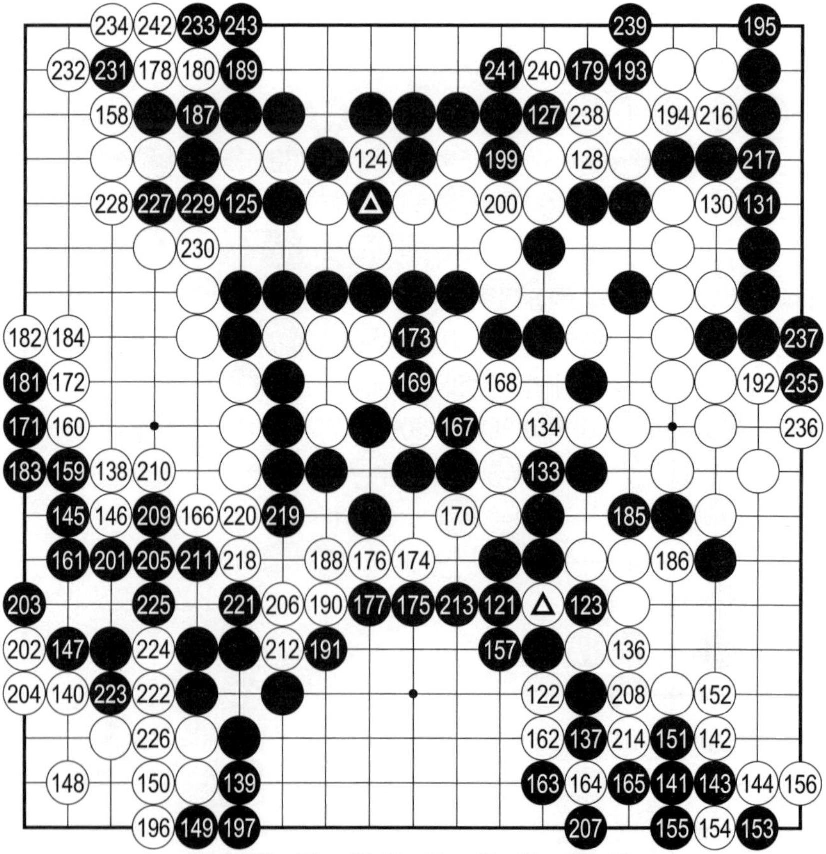

(126)(132)(244)=(△)　(129)(135)=(123)　(198)=(▲)　(215)=(164)

（121–244）

1964年7月3日

中国围棋代表团访日比赛

白方　大窪一玄 七段

黑方　陈祖德（受先）

从终局和目差来看，本局的棋分应是让先。

黑25打入问题手，至36的交换帮白方走厚了，黑棋稍亏。

白42、44是好手段，黑方难办，至56白方取得优势。

黑69尝试拼搏，白70以下处理灵活。

黑85继续拼搏，白86稳健，亦可在89位贴回。（李喆）

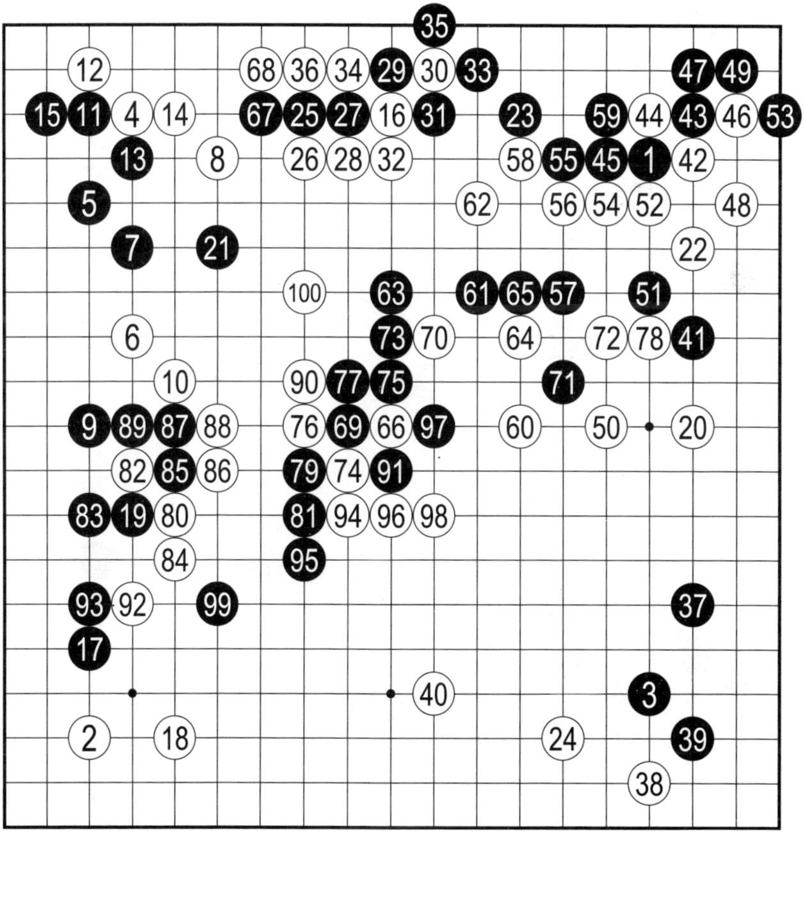

（1–100）

白方 **大窪一玄** 七段

黑方 **陈祖德**（受先）

黑 107 以下不便宜，可考虑在 40 位左一路碰，继续制造头绪。

白 126 先着，应于 133 下一路点，可兼顾两边。

实战至 131，黑方稍稍挽回一些局面。

白 136 大，白方仍保持优势。

白 144 以下开始先手定型，至 166 大官子结束，黑方难以追回差距。（李喆）

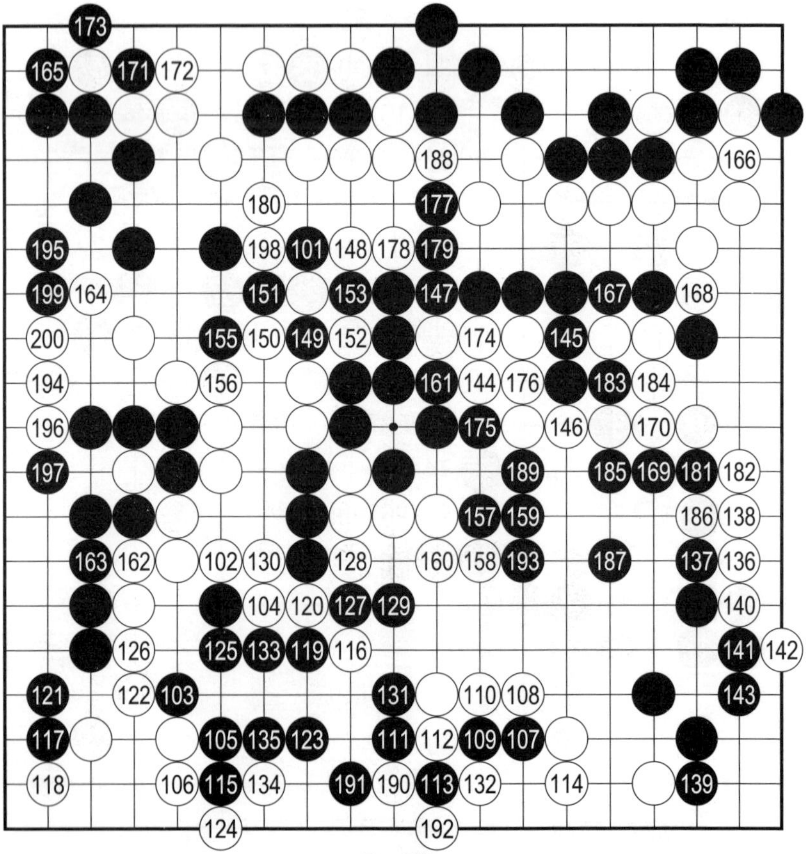

154 = 149

（101–200）

黑215以下顽强拼劫，但已无关胜负。（李喆）

白方 大窪一玄 七段

黑方 陈祖德（受先）

共312手　白胜8目

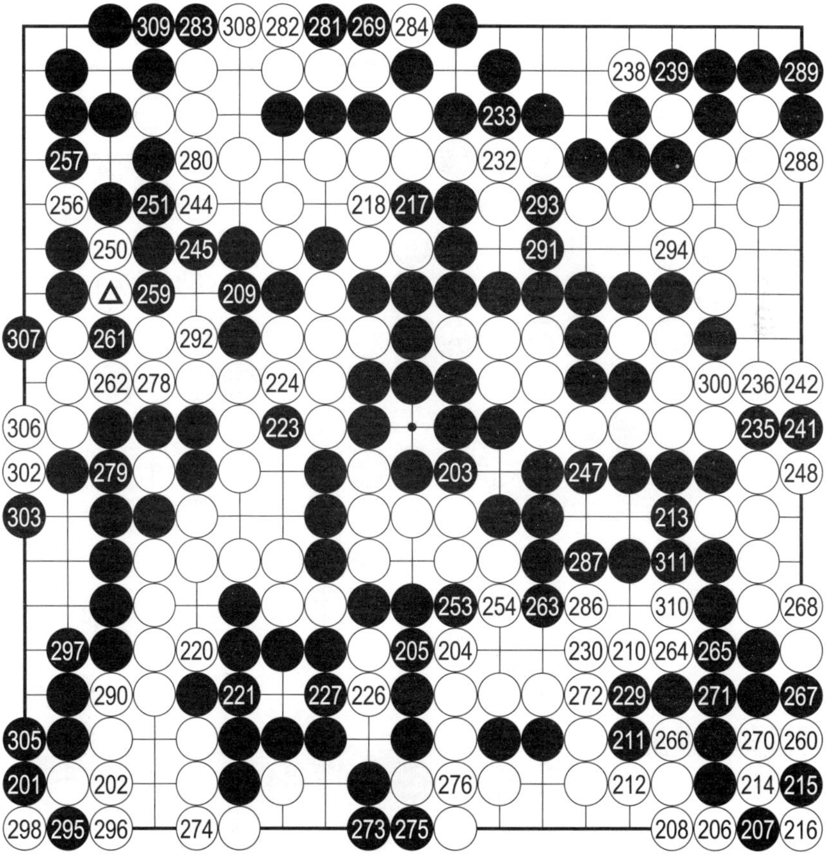

219 225 231 237 243 249 255 = 207　222 228 234 240 246 252 258 = 216

277 = △　285 = 269　299 = 235　301 312 = 295　304 = 298

（201–312）

1964年7月5日弈于日本东京
中国围棋代表团访日比赛

黑方　陈祖德

白方　大竹英雄　六段

黑3毫不犹豫选择对角星。黑11断好手。黑15欠妥。白16虎非常有力。黑19粘凝重，但吃角又担心白棋太厚。黑21稍欠妥，应于下边小飞守。白22体现了年轻人的敏锐感觉和犀利锋芒。白26腾挪好手。黑33过分。白36冲击黑形。白44虽是大场，但47位是大势上必争的要点。黑49不可省，防白跨断。黑51太急，导致白争到60位的大场。黑61观察白动向。白62想先利用一番。黑63针锋相对。黑65拦截兼夹攻，是对付白64的强手，局势顿时变得复杂了。白66好手。黑69先手，有围歼白棋的后续。白70应76位靠出。白78飞不失为一种可行的下法。黑79至87粘，双方必然。白88败着，应在89位补。由于右上明显亏损，白98对黑发动强攻。

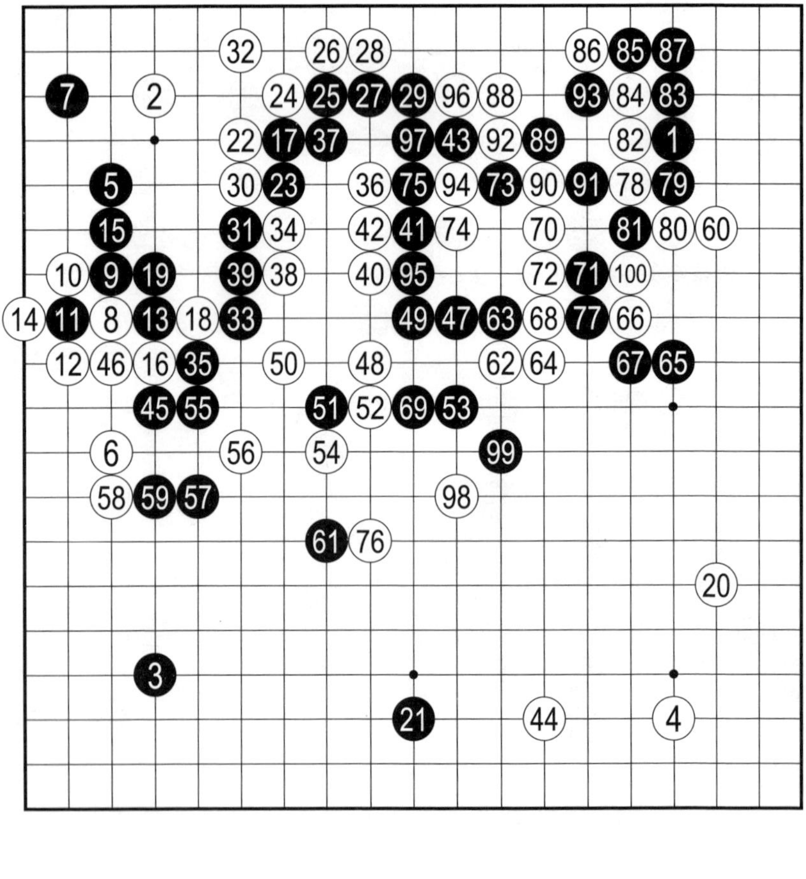

（1–100）

黑方　陈祖德

白方　大竹英雄　六段

白104似不如109位渡。黑117扳后，白很难应付。黑121靠是急所。白的攻势瓦解。白122、124暂时转移到右上，若能成功，收获也非常大。黑129如在130位长，白将转身封锁，黑得不偿失。黑139直接在141位拆较好，白只能142位补，黑有先刺再140挖的手段。白146、148在破黑势的同时增加了眼位，很有必要。白150点角是最后大棋。白158提二子甚大，左下角则准备打劫，是最强的下法。黑175提劫后，白已无法继续争劫。白176过分。被黑177以下冲击，中腹白棋无法净活。黑185在240位挡较稳妥。白190至黑205，双方必然。白井然有序，充分显示了大竹先生的实力。

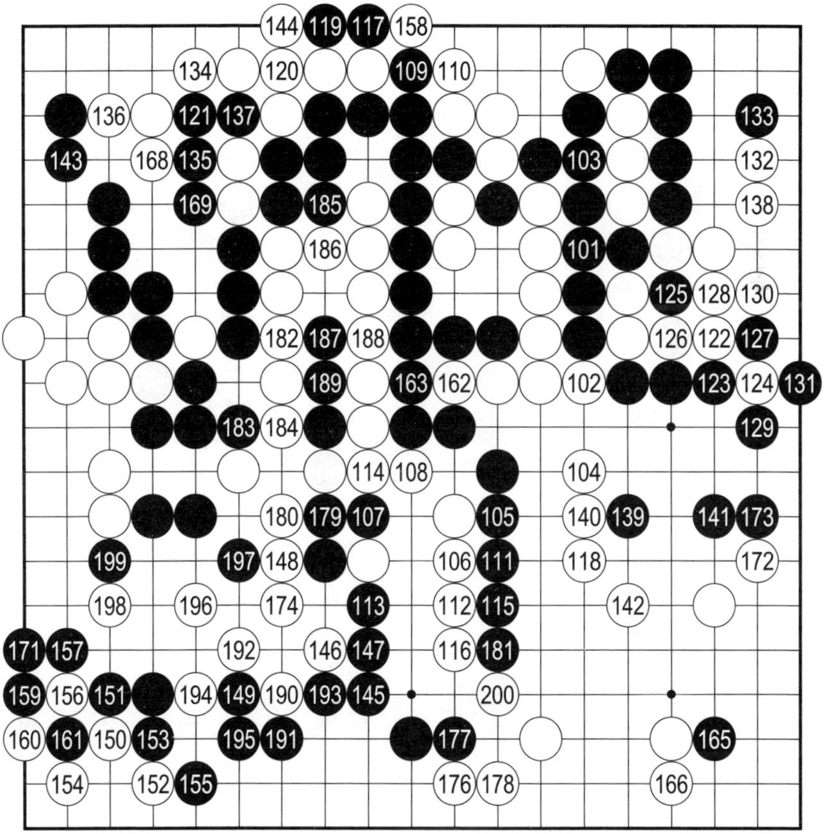

164 170 = 156　167 175 = 161

（101–200）

黑方　陈祖德

白方　大竹英雄　六段

劫争的结果黑走到223、229两手，右下角易主，白败局遂定。白242、244一连串收束的下法，看似平淡，内涵非常丰富，显示出大竹先生极扎实的基本功。白先手双活后，黑的优势大大减色。黑257是一步坏棋，应先258断。白264可开劫，虽不一定能逆转，但胜负将很细微。

大竹英雄1964年时虽才六段，但棋艺水平和战绩已受到高度重视。70年代，他与林海峰战绩辉煌，棋界誉为“竹林时代”。大竹先生棋路纯正，“美学的大竹”“龟步大竹”生动地形容了他特别重视棋形、喜欢把棋下厚的棋风。一旦对手着法过分而露出破绽，大竹先生便施以雷霆一击。含而不发，发而必中，乃是大竹棋之精髓。他的感觉被评为棋界第一。（陈祖德）

黑贴4目半　共307手　黑胜3目

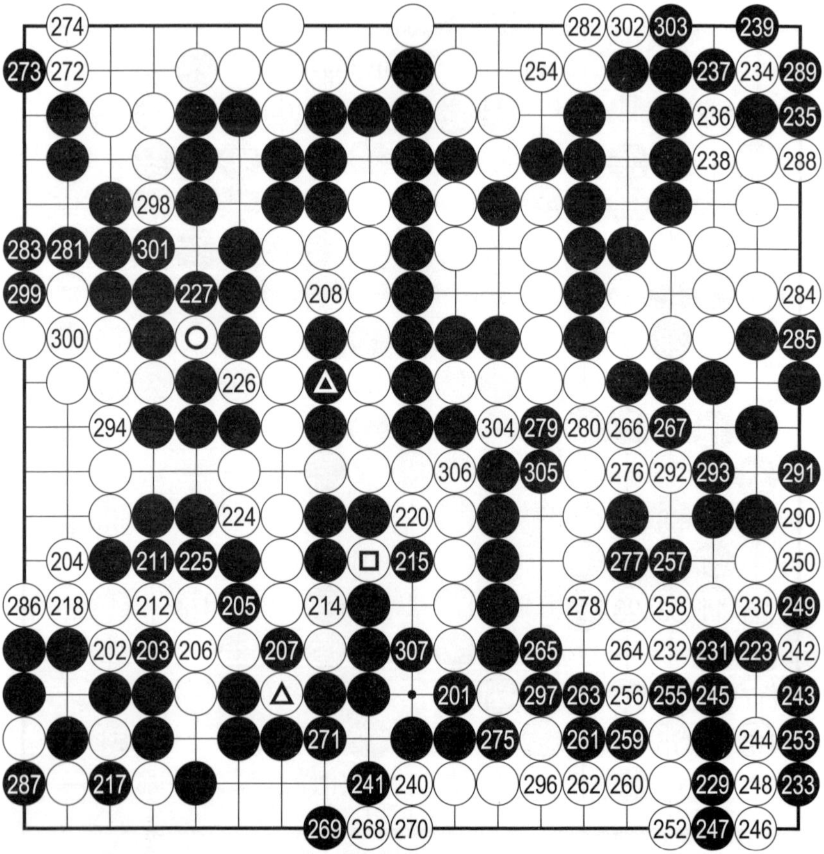

209=▲　210 216 222=△　213 219 228=207　221=□　251=242　295=○

（201–307）

1964 年 7 月 7 日于东京
中国围棋代表团访日比赛

白方　高川格 九段

黑方　陈祖德（受二子）

本局为 1964 年中国棋手访日对局第 5 轮，日本九段全部让二子对阵来访的中国棋手，最终日本九段 4 胜 2 负，陈祖德和沈果孙胜出。同年，高川格荣获“名誉本因坊”称号。

开局双方堂堂正正。黑 20 的现代下法是走 35 位爬。白 39 不佳，应先在 36 上一路打后 40 位虎，生根为重。黑 42 局部有力。白 45 脱先寻找头绪，亦说明局部已不好处理。白 61 仍有些早，黑 62-72 后全局厚实，白方无处发力，反而拉大了差距。黑 76 好感觉。黑 98 从容，一边收空一边缠绕攻击，白方已无力回天。最终白方大龙无处可逃。本局说明当时黑方与日本顶级棋手的差距已明显不到两子。（李喆）

共 140 手　黑中盘胜

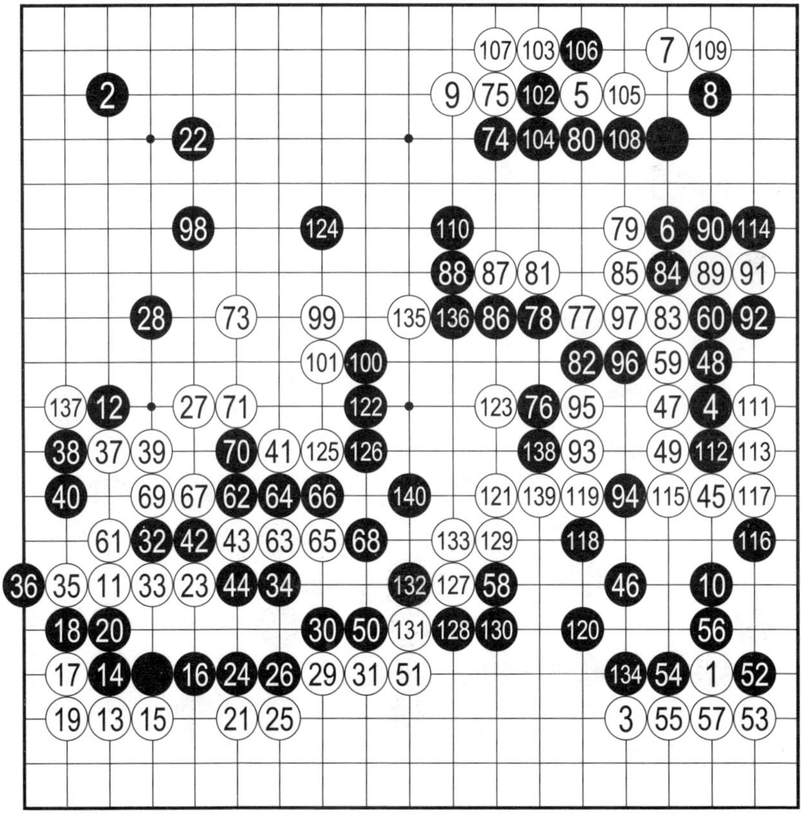
72 = 42

（1–140）

1964年7月9日弈于大阪
中国围棋代表团访日比赛

白方　桥本昌二 九段
黑方　陈祖德（受先）

白8坚实，白10是预定的，以实利与黑外势对抗。白22如在24位提，有力。黑29是时机，此时白只能在30位守角，黑就留有外扳或夹的手段来照应黑7。黑31关气魄还不够大，应改在47位飞。黑35是为了争先手占据41位要点。白42先飞，用意很好，但效果成疑。黑47断吃必然。黑51欠考虑，应先在55位挤。黑57不得已。白60步子虽小，却极有力。黑61扳，要点。白62不得已。黑65有些落空。白66是大场。黑77是第一败着。被白在78位断，黑棋太薄，收官阶段就非常吃亏。白80是两用好棋。黑81、83必然。白94好棋，黑95如走他处，白即于97位挤，先手破黑眼位。白96、98切断两子后，外势厚壮。

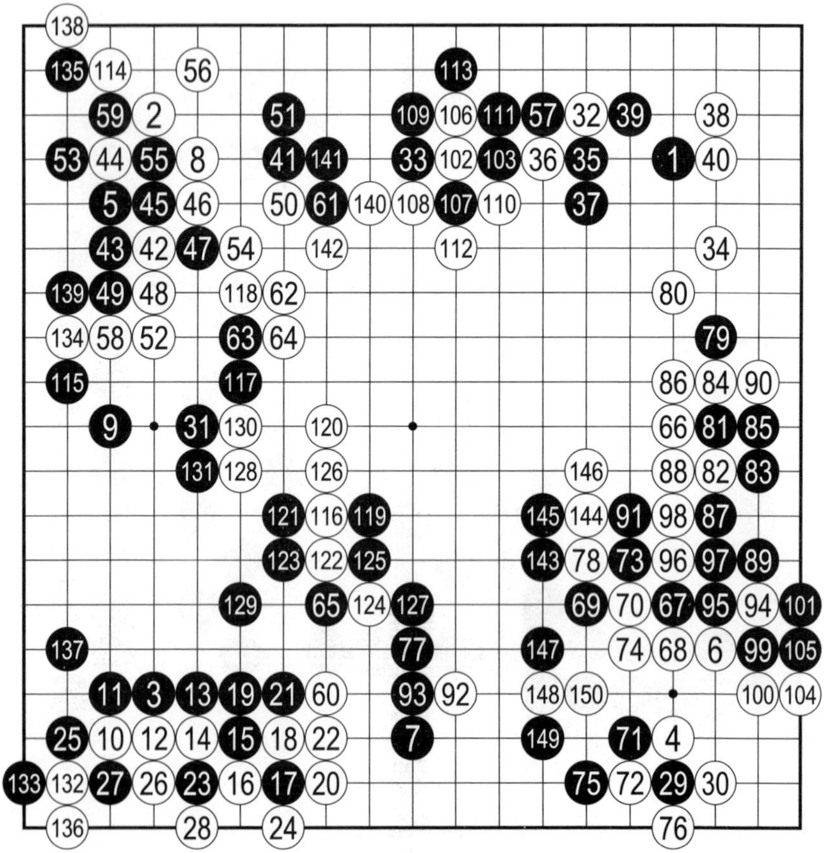

（1–150）

白方　桥本昌二 九段

黑方　陈祖德（受先）

黑103很难走，稍损，但也不得已。白116削空及时。白130可在131位长。以后白棋的官子收得极好，黑空逐渐减少，白空逐渐增加，原因是白厚而黑薄。黑147恶手，也是最后败着。被白148托至159渡过，黑大亏。黑147应改为148位飞，虽然仍不见好，但究竟是较细微的一局棋。以后官子稍有出入，但无关胜负。（陈祖德）

共285手　白7目胜

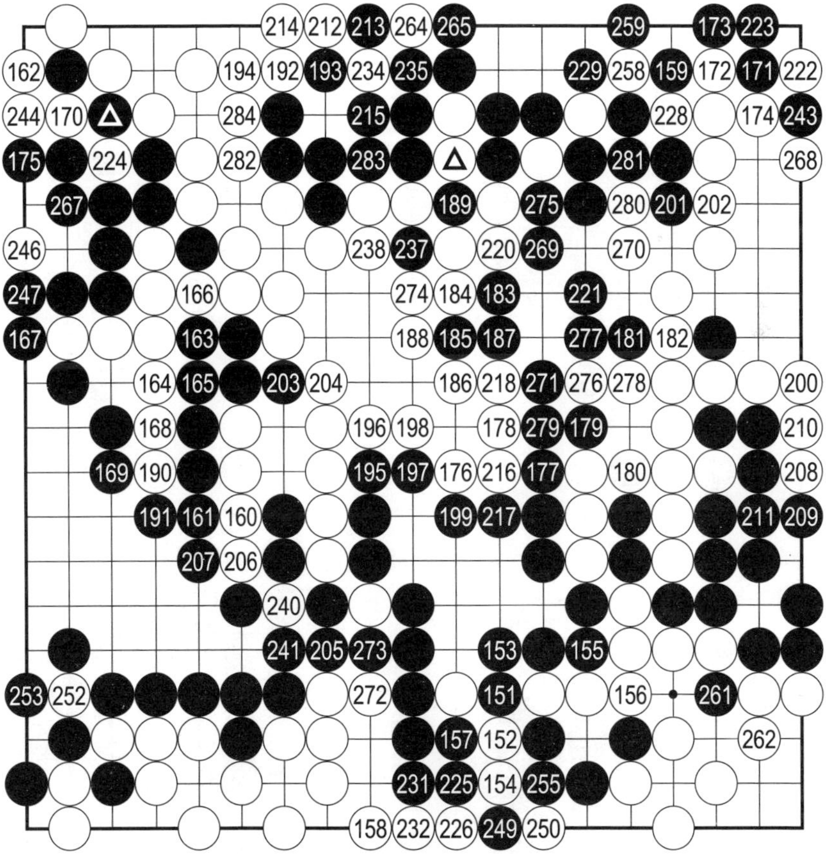

219=△　227 233 239 245 251 257 263 285=▲　230 236 242 248=224

254 260 266=224　256=249

（151–285）

1964 年 7 月 11 日弈于日本大阪
中国围棋代表团访日比赛

白方　鲷中新 八段

黑方　陈祖德（受先）

白 6、8 是趣向。黑 9 乍看似乎平常，而用意含蓄，是沉着之好手。白 14 打必然。白 28 若于 32 位先压一手，似乎好些。谱着至黑 35，黑外势甚厚，白角实利也相当大。白 42 是很大的实利，并有根据，但黑 43 长后，黑势相当厚壮。故白 42 似应于 43 位打出，但高段在此等地方大多是忍耐而不肯冒险。白 44 过于偏重实利，应下 59 位或左一路，可防黑扩张形势。黑 45 好手，白甚难应。白 48 若于 50 位虎，走畅外边，较谱为优，如谱白 48 顶有防断意，但黑仍可断。至 59，白角不过十三四目，而黑外势愈壮。白 60、62 是要所，但黑 63 挂也是绝好点。黑 69 是加强形势的中心点，至此黑已占绝对优势。对付白 72 飞，黑只有 73 的好手方能封净。白 78 败着，被黑跨断，无论如何不能得到多大的便宜。（张福田）

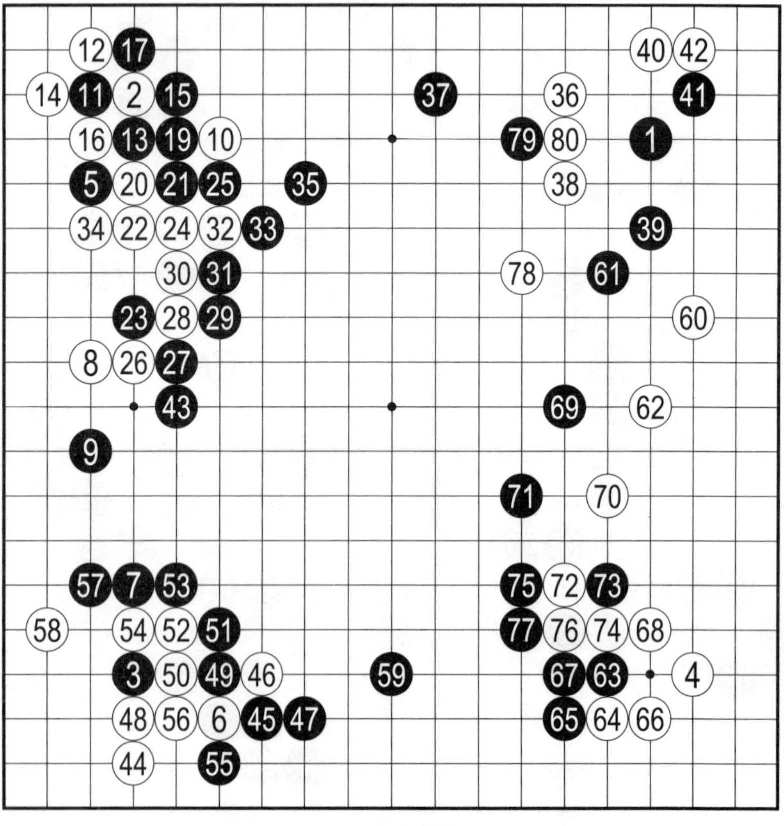

白 86 以下至 110 是必然的转移。白虽向中央出头，而边地被破，且黑外势甚坚，白亦不能过于深入，至此黑已胜定。（张福田）

白方　鲷中新 八段

黑方　陈祖德（受先）

共 177 手　黑中盘胜

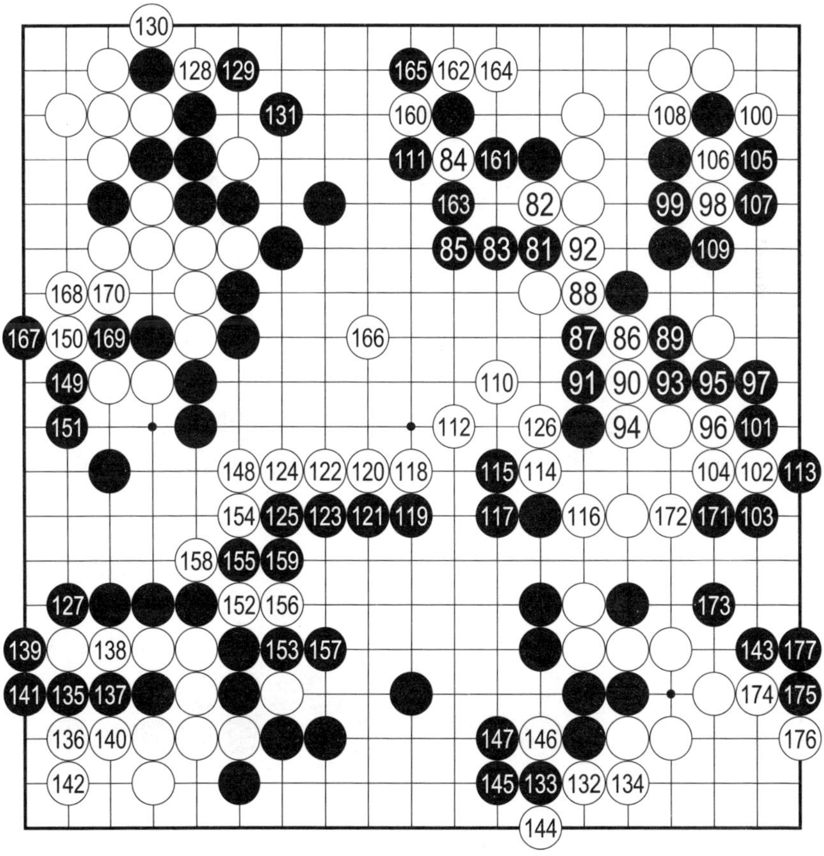

（81–177）

1964 年 7 月 13 日弈于日本

中国围棋代表团访日比赛第 8 轮

黑方　宫本义久 八段

白方　陈祖德

黑 17、19 颇为大气。

白 20 肩冲不错，但 26 偏重，应选择飞补。

黑 31 并不好，白 34 可在 44 位长，放黑活角。

白 46-54 连续好手，至 74 白方大获成功。

白 76 以下定型不佳。

黑 87 胜负手。

白 90 以下被黑方得利，应选择右上 116 位做劫转换。

黑 99、101 缓，白 102 做活后保持优势。（李喆）

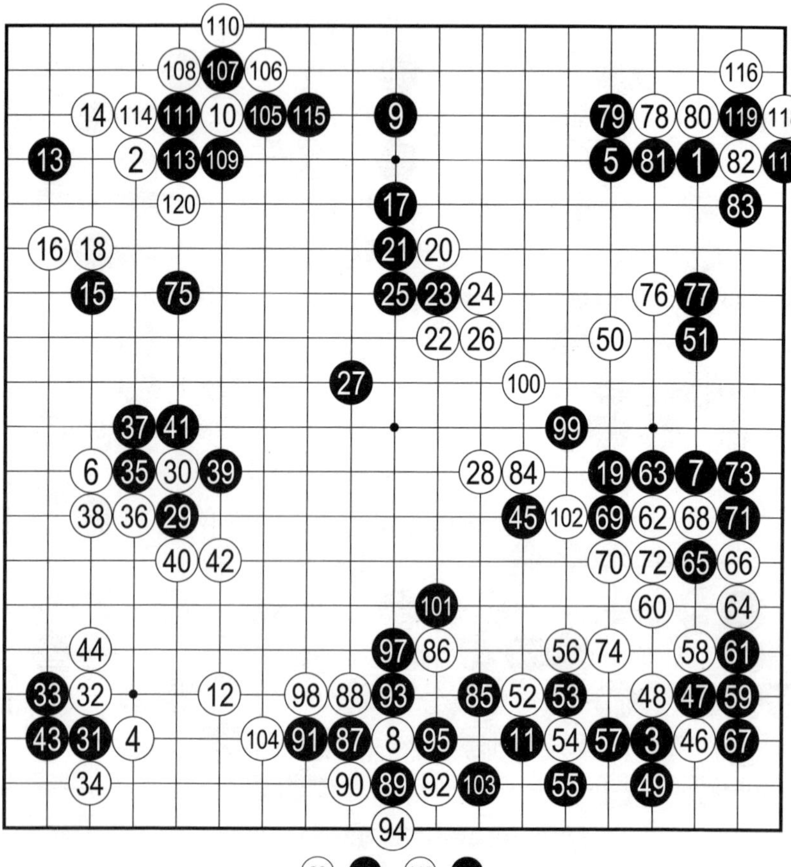

96=89　112=107

（1–120）

黑方　宫本义久 八段

白方　陈祖德

白 132 打勺，应补在 147 位，实战白留下了一个劫，是被逆转的根源。

黑 147、149 妙手，白方忽略了此处的手段。

黑 159 的劫材比较柔和，但黑 163 先手提后白方已经落后。

白 170 以下寻找在黑空中出棋的机会，但黑方应对无误，至 197 白方无功而返。

本局白有些可惜，左下应劫时如果不出勺子将是白方稍优的局面。（李喆）

黑贴 5 目　共 219 手　黑中盘胜

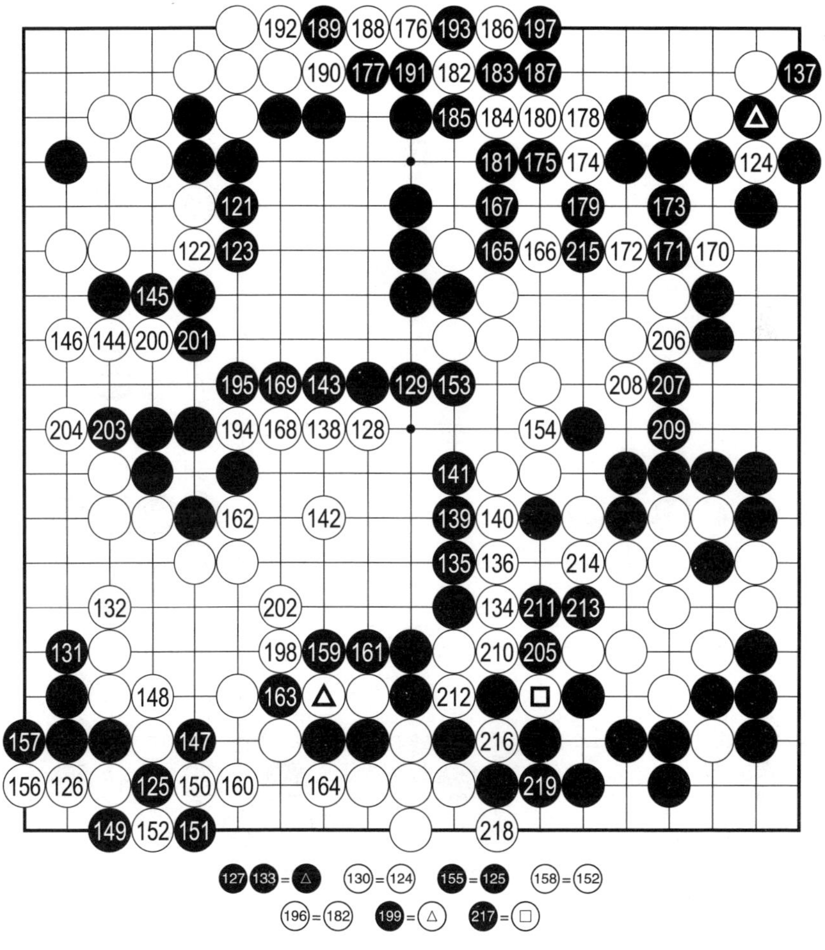

（121–219）

1964 年 7 月 17 日

中国围棋代表团访日比赛

黑方　陈祖德

白方　菊池康郎

白 26 不好，应该虎在 28 位。

黑 39 可选择在 30 位上一路断，破坏白方的棋形。

白 42-50 处理妥当。

白 60 粘，表示不惧风险，黑方可考虑直接冲断。

白 76 挤时，黑 77 应在 79 右一路虎后连络。

白 80 碰入抢空。

黑 91 应在 96 位飞。

黑 105 不如在 107 左一路跳，争取先手。

黑 111 抢攻时，白 114 以下有些俗。（李喆）

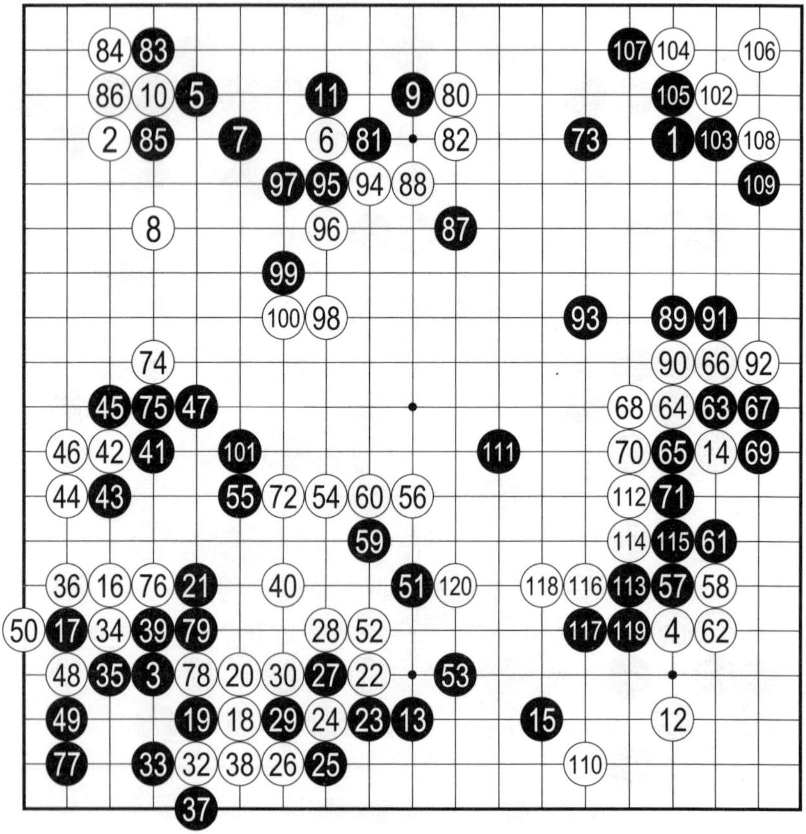

31=24

（1–120）

黑方　陈祖德

白方　菊池康郎

黑 131 展开对白中腹的攻击。

白 134 试图兼顾两边，但不如先在 187 位补好下边。

黑 135 反击好手。

白 142 吃回问题手，应于 147 位断。

黑 149 靠给了白棋一个机会，白 150 应于 197 位冲，黑 152、白 151、黑 153、白 157，如此白方有望逆转。实战至 157，黑方得偿所望。

由于局势落后，白 180 不肯直接做活，但由于这个劫白方太重，打劫的结果导致差距更大了。（李喆）

黑贴 5 目　共 227 手　黑中盘胜

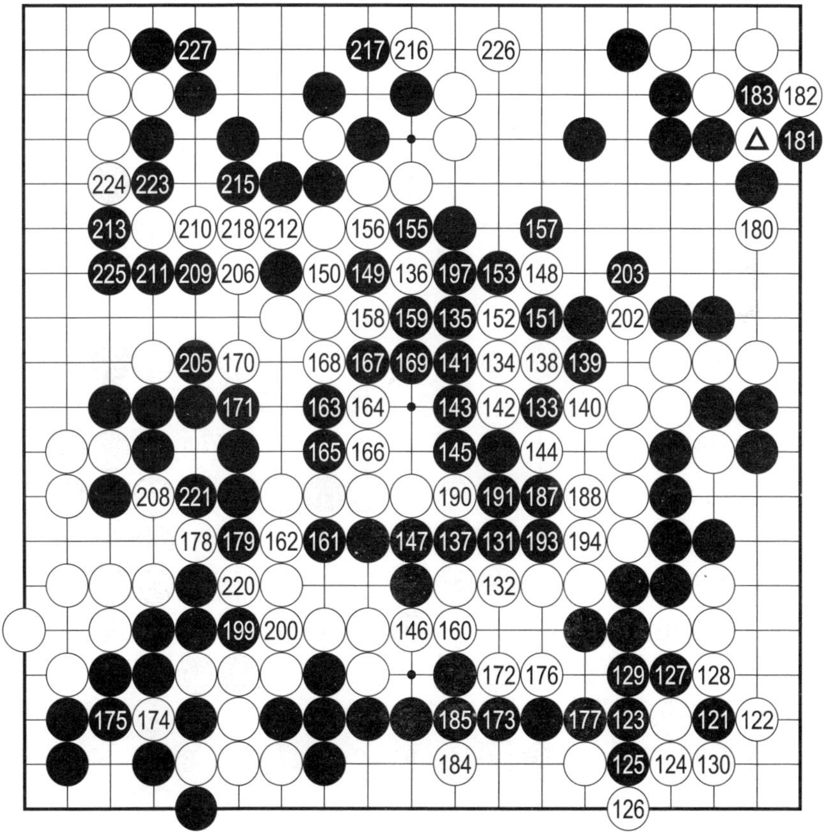

154=133　186 192 198 204 214 222=△

189 195 201 207 219=183　196=149

1964 年 7 月 18 日
1964 年访日比赛快棋表演

黑方　大竹英雄 六段
白方　陈祖德

本局为 1964 年访日赛事结束后的特别对局。

白 28 稍嫌过分，在 30 位拆二为本手。

黑 29 在 30 位飞更加严厉，白如二路爬，黑再 87 位飞是好手。

黑 43 打入寻求步调，白 44 可考虑反击。

白 48 有些过分，应在 54 位长。

黑 61 挖时，白方应考虑脱先弃掉中腹数子，实战至 72 白方太重。（李喆）

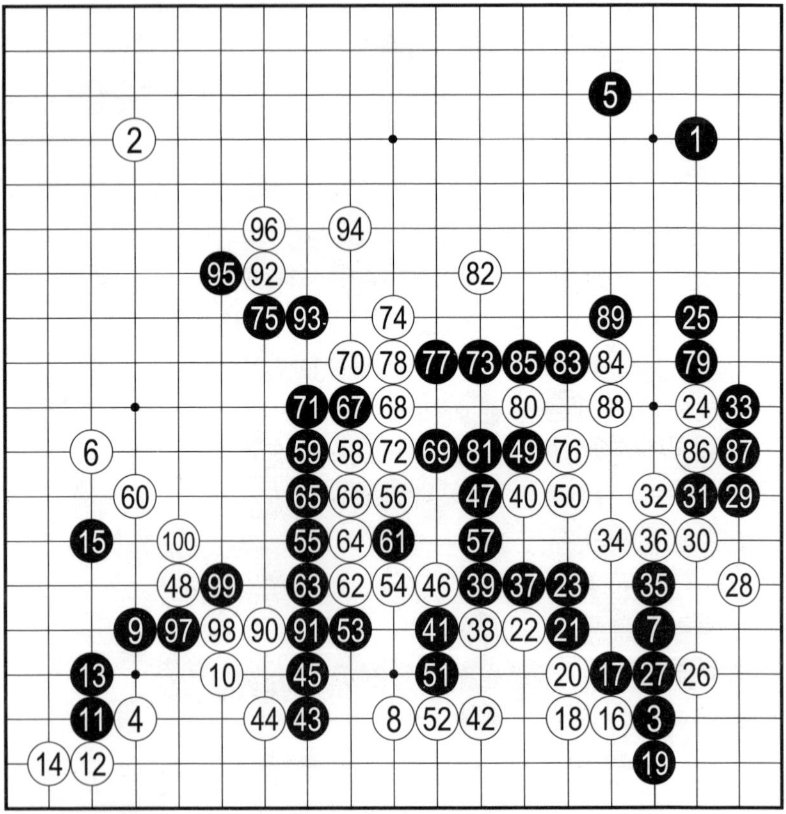

（1–100）

黑方　大竹英雄 六段
白方　陈祖德

白 92、104 等本手是在右下补一手，黑 107 吃棋太大。

白 118 以下构思精彩，但白 134 亏损，应直接冲下。

黑 157 扳下后白方已难以兼顾。（李喆）

黑贴 5 目　共 205 手　黑中盘胜

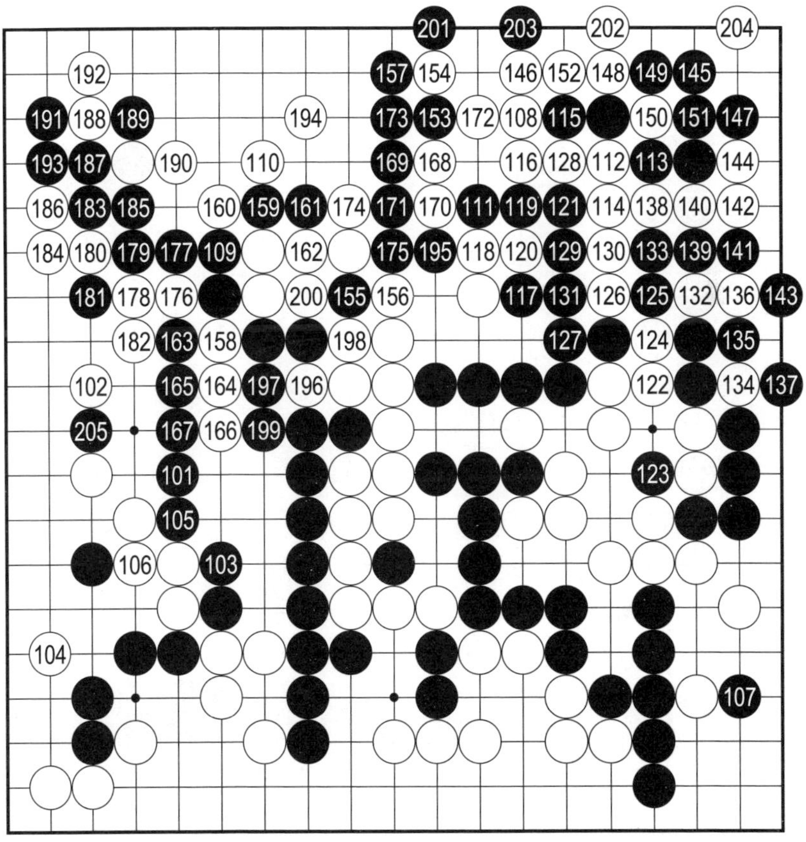

（101–205）

1964 年 10 月 1 日

庆祝中华人民共和国成立十五周年表演对局

黑方 陈祖德

白方 吴淞笙

白 18 打吃至 22 打入是相关联的作战计划。黑 21 长是强手。黑 23 是为了 27 之夹，也在左边张势。白 24 利用时机占地，但黑得到 27 好点也可以满意。白 28 试应手很好。黑 29 若上压，则白可与 22 取得联系，黑即落空。如谱是较灵活的应法，但以后白棋之变化也很多。白 34 至 50，也可说是一种定式变化。黑 57 碰勉强，当然要在 78 位飞，扩张中央形势，右下三子只作先手利用，逃三子被白 58 长出，与以前取外势相矛盾。白 60 虽是局部要点，但不如平凡于 84 位拦，不让黑生根，迫黑外逃，中央厚势自然削弱。今走 60 位吃右方三子索然无味，被黑在下边生根，白便得不偿失。白 62 不在弱的左方加强，方向错误。黑 63 不必挖，只须于 76 位关就可以了。黑 65 至 71 是打算弃右方五子而在下边取得补偿。至 75 飞照顾中央，黑方意图很好。白 76 不得已。（石弓）

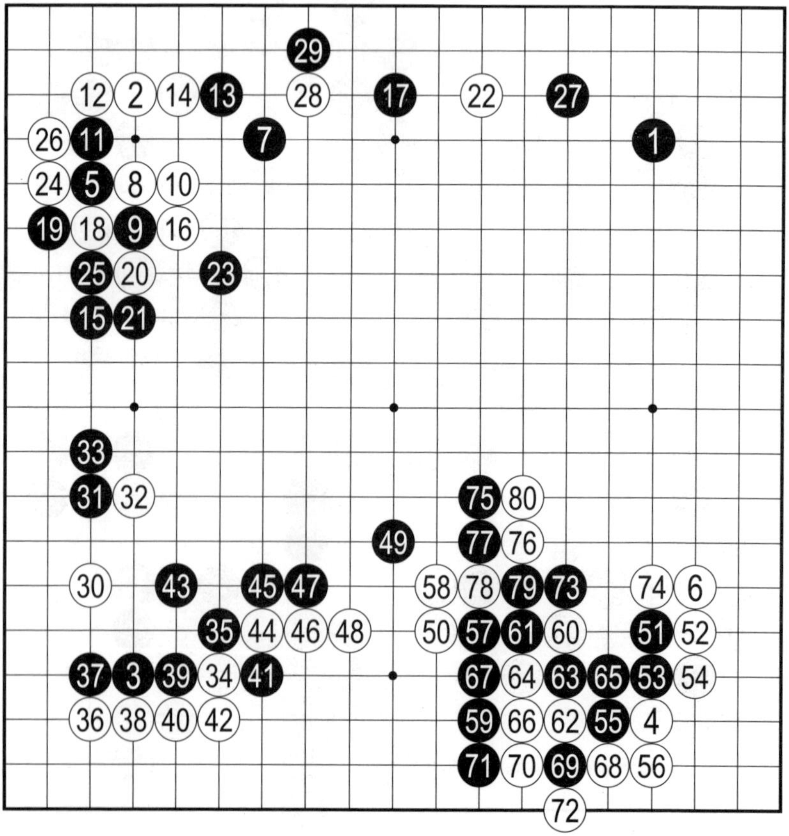

（1–80）

黑方　陈祖德

白方　吴淞笙

至黑81尖，下边白空受损。白90点过早，此手当于100位长，黑需补，白有于右上分角，及93、98冲断等手段，较原谱好得多。今随手一点，被黑91先手将93位之病补去，白不利明甚。至黑97飞出后，白100再长则无力。至黑103关出与右上角相呼应，白中央三子及上方一子皆孤，主客逆转。白104已不严厉。黑105曲出很好，至107关，白不见便宜。黑109是严厉的反击，但与其这样反击，还不如先于108位关省事。白110腾挪，被黑111退回，白中央损失太大。白118不得已。黑119当于120位提，黑得中央，胜定。白124好手，伏有126之挖，至130中央活出，大极。黑131持重。白134挖，苦战，意图使黑留下毛病，争取144位之扳。黑143大极且净。白144，白居然活了中央大块，还逃出了上边数子，白方苦战的战斗力是令人佩服的，但由于右下一战损了，中央腾挪损失过大，终无法挽回。至145，黑胜局已定。（石弓）

黑贴$2\frac{1}{2}$子　168手以下略　黑胜$2\frac{1}{2}$子

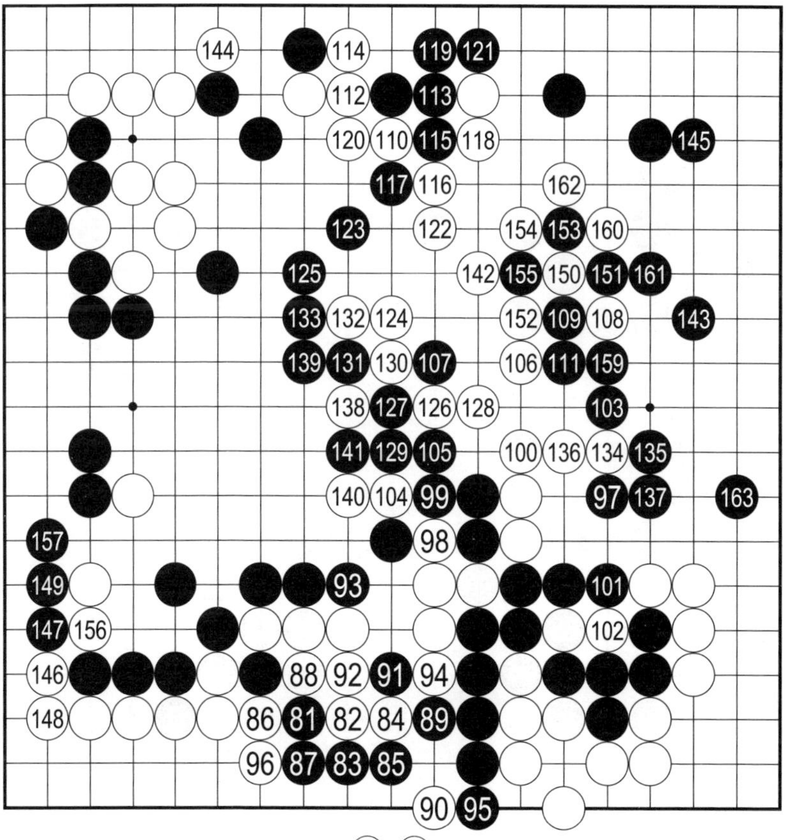

158=150

（81-168）

1964 年 10 月 4 日弈于北京体育馆

训练棋

黑方　张福田

白方　陈祖德

白 18 连扳导向的转换是黑方稍稍有利，故白 18 可选择于 19 位退。

黑 33-51 下法太俗，不如轻处理。

白 52 不急，应在 61 位贴。

白 84、86 做劫稍嫌无理，黑 91 可在 11 位左下小尖找劫。

白 98 还是应在 103 位继续行棋。

白 104 不如二路退。

黑 115 做活是白方欢迎的。（李喆）

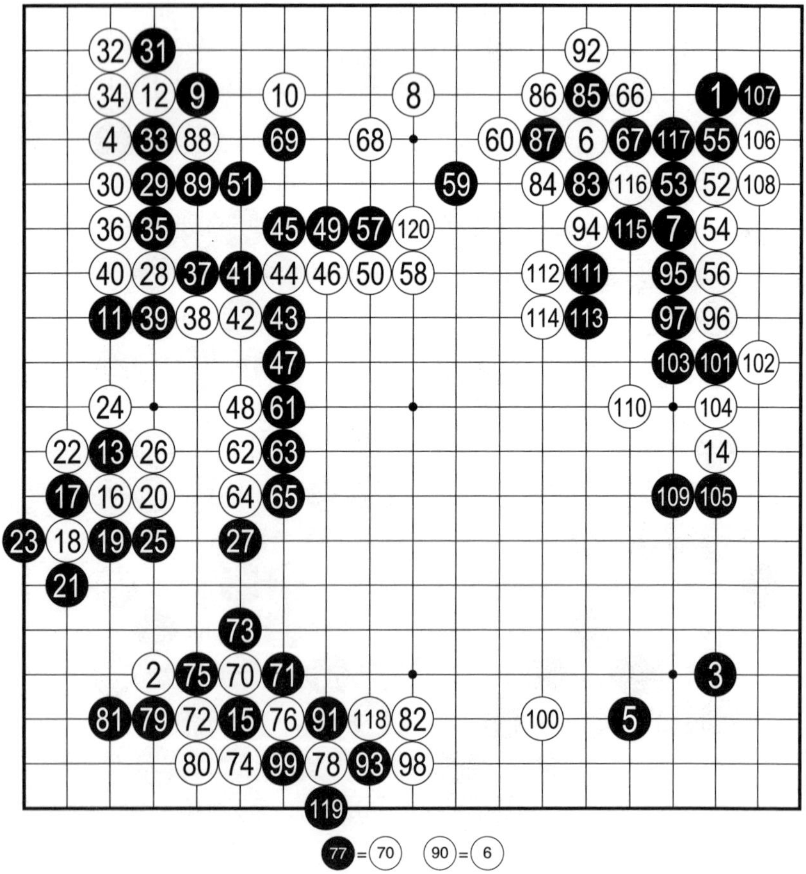

（1–120）

黑方 张福田

白方 陈祖德

黑 123 不如在 124 位粘定型。

黑 127 做活后，白 128 补劫见小，应在右下行棋。黑 129、白 132 亦如是。

黑 137 飞后，白 140 再托，遭到黑 143 强力反击。

白 144 可考虑于 145 位长入，释放胜负手。

实战至 157，黑方已取得实地领先。

黑 165、167 简明处理，将优势保持至终局。（李喆）

黑贴$2\frac{1}{2}$子　227 手以下略　黑胜 1 子

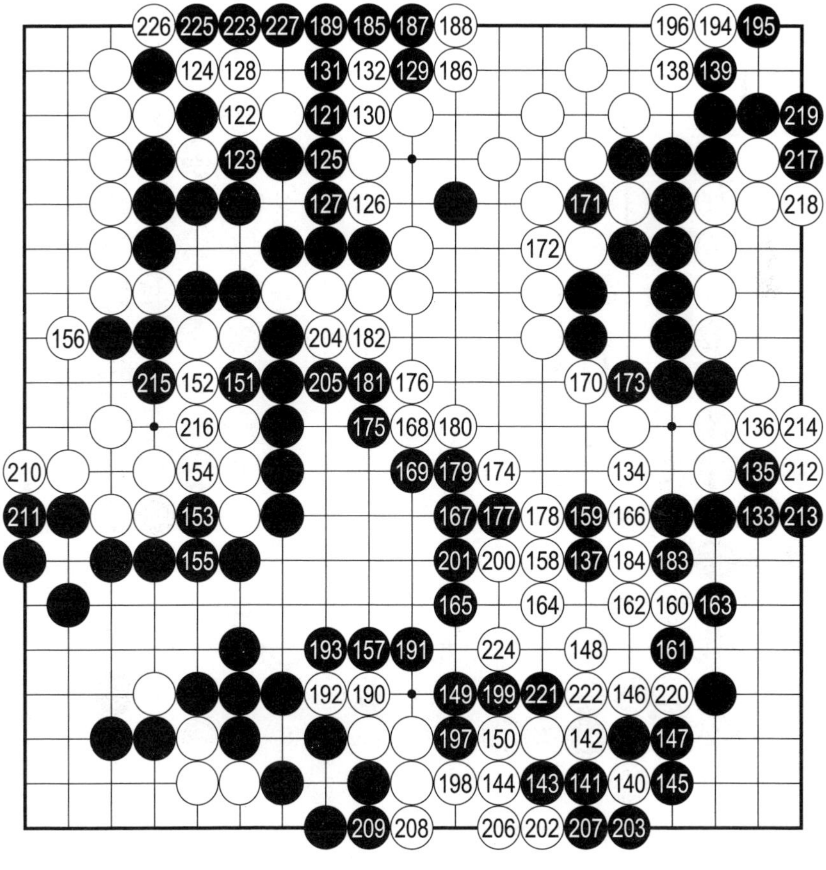

（121–227）

1964 年 10 月 5 日弈于北京体育馆

训练棋

黑方　陈祖德

白方　陈锡明

白 8 应在 9 位飞。

黑 11、13 激烈。白 14 可在 16 位立，黑 14 冲，白 17 位抱吃。

白 18 俗，应保留。

白 32 形不好，应选择飞。

黑 47 略缓，可在 58 上一路点，继续攻击获利。

黑 51-60 交换大亏，应直接于 61 位飞过。

黑 69-73 章法有点乱，不如先走左上挂角。

白 84 亦不如左上守角。

黑 103 不妥，应于 104 位虎。(李喆)

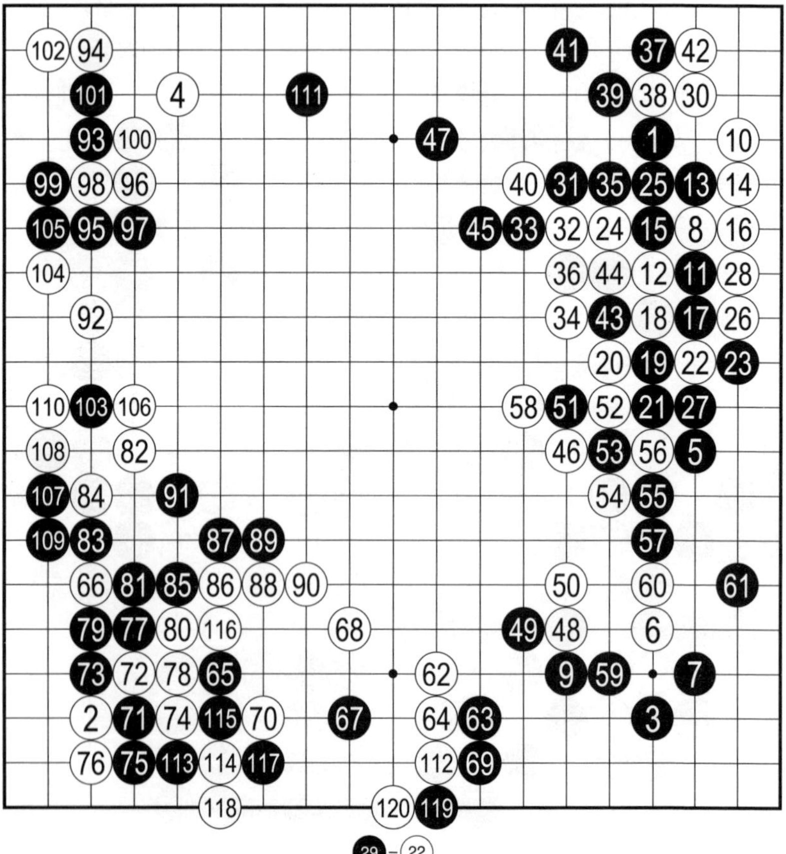

(1–120)

黑方　陈祖德

白方　陈锡明

黑 129 奋力追赶实地。

白 146 过于稳健，应于 162 位飞。

白 158 小，应于 163 位跳。

黑 161 刺时，白 162 应于 167 位反击。

实战至 181，已成黑稍好的细棋。

黑 193 靠入考验白棋，白 194 决定反击。

白 202 败着，应虎在 212 位，劫争优于实战许多，则胜负尚难预料。

实战黑 209 靠形成劫争，此劫白方很重，黑方转换吃掉左边，一举获胜。（李喆）

黑贴 $2\frac{1}{2}$ 子　233 手以下略　黑胜 $9\frac{1}{2}$ 子

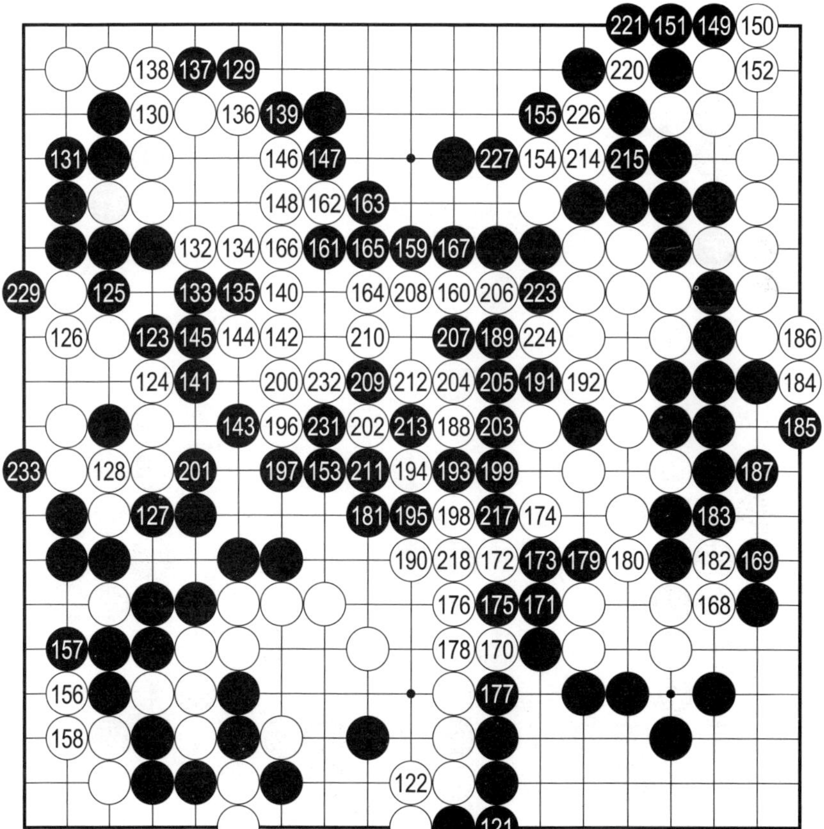

216 222 228 = 194　219 225 230 = 213

（121–233）

1964年10月9日弈于北京体育馆

训练棋

黑方 陈祖德

白方 吴淞笙

黑15并是以前流行的下法，在当代布局理论中已成为缓手。黑21是要点。黑25贴时，白26太过委屈，黑方占据主动。白42扳有些一厢情愿，黑43脱先好手。黑53、55求战不必要。白62好手。黑73应77位单粘。白78可在83位扳，局部变化复杂。黑85可考虑在48左一路挤寻求转换。白104、106突然短路，应在99位上一路挡，角部形成劫争，白方相当有利。白方希望能走到106的先手在左下净杀黑棋，但104已交换不到，黑107后白方连角带边全部被吃，棋局结束。（李喆）

黑贴$2\frac{1}{2}$子 共141手 黑中盘胜

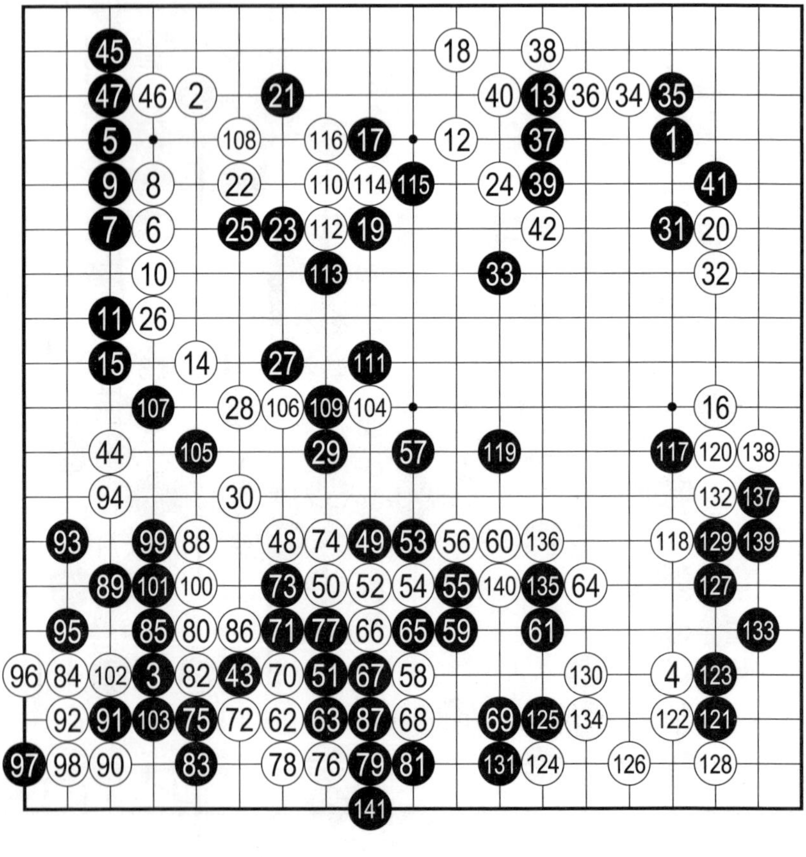

（1–141）

1964年10月12日弈于北京体育馆

训练棋

黑方　黄良玉

白方　陈祖德

两翼张开时，白10点角相当有利。

白36侵消的选点值得斟酌，可考虑37位一带。

白38再侵消，容易造成两块孤棋，可见白方亦对36位不满。

黑45遭到白46反击，不如在68位飞。

黑57问题手，应于86位处理好右边。

黑61亦应处理右边为重。

黑65接近败着，白66吃时黑不能粘，被白68提掉，损失太大。(李喆)

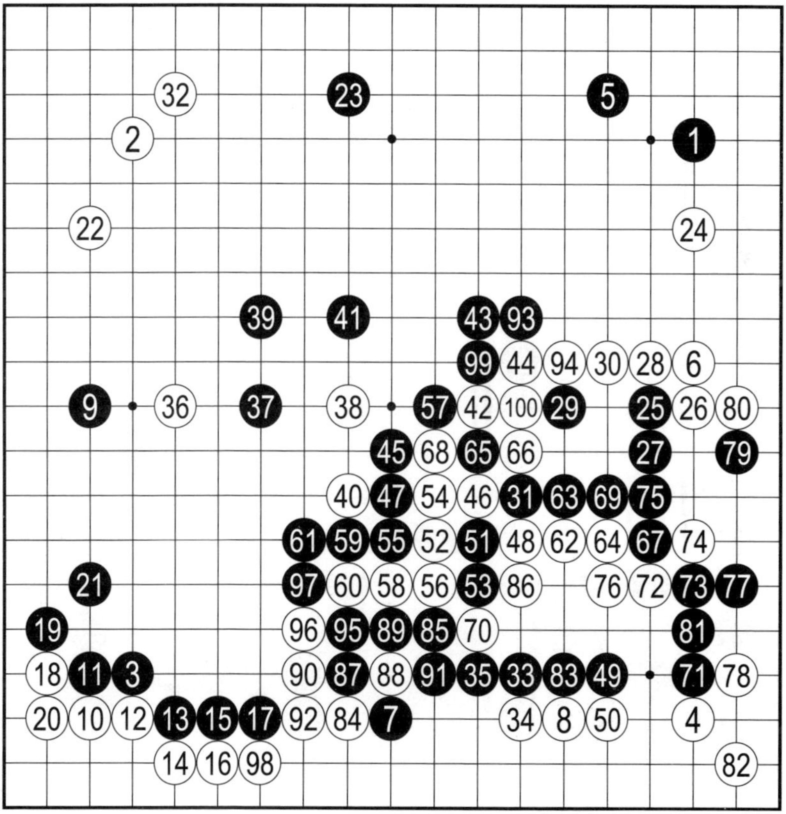

（1–100）

黑方　黄良玉

白方　陈祖德

此后黑右边虽然成活，但大模样已被破坏殆尽。

白 142 的劫材偏小，本可继续在右下找劫。白方可能已经算清，即便如此黑方全局实地仍然不足。（李喆）

黑贴$2\frac{1}{2}$子　200 手以下略　白胜 5 子

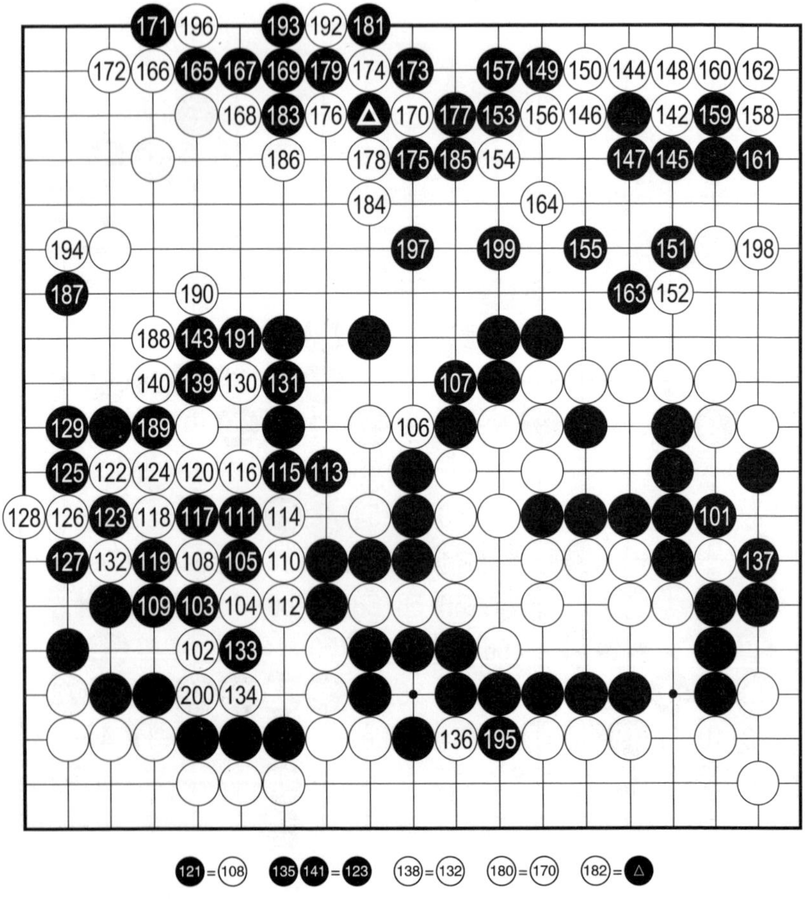

121=108　135 141=123　138=132　180=170　182=△

1964 年 10 月 14 日

黑方 陈祖德

白方 沈果孙

白 28、30 想在左下出棋过早，此时外面大场非常多，这也是白在前半盘被动的主要原因。实战至 54 虽然白棋跑出，但撞伤左边三子，自身棋形也过重，大亏。黑 59、61 下法不够简明，此时更应挺头。白 66 团大俗手，若补断单粘即可。白 70 应飞出与黑拼搏，等 74 再冲断有慢一拍之嫌，实战进行黑处理完美。至 93 黑胜势。黑 103 长是失着，直接脱先或于 104 位贴都可先手活。白 142 强杀黑是最后败着，应于右上角点方试应手，棋局还不一定。(陈耀烨)

黑贴2½子　共 159 手　黑中盘胜

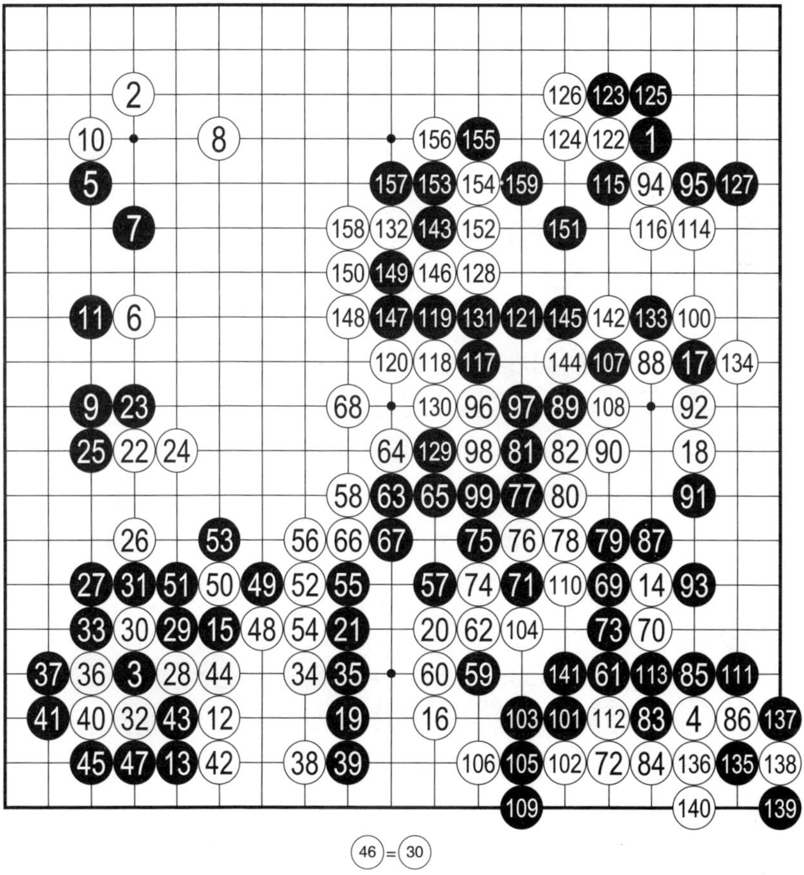

1964 年 10 月 16 日弈于北京体育馆
训练棋

黑方　邵福棠
白方　陈祖德

左上白 18 压了再 20 虎是老定式，现在已很少见。黑 21 很有想法，但效果并不好。白 32 扳出作战过分，单长已可满意。黑 35 靠是棋形急所。黑 37 应长在 39 位，这是此时要点。左下战斗中，白 76 脱先过分，应 81 粘补棋，被黑 81 断后白危险。

黑 129 错失胜机，扑在 131 位白不行。在打劫过程中，黑 151、163 都是找劫失误。（陈耀烨）

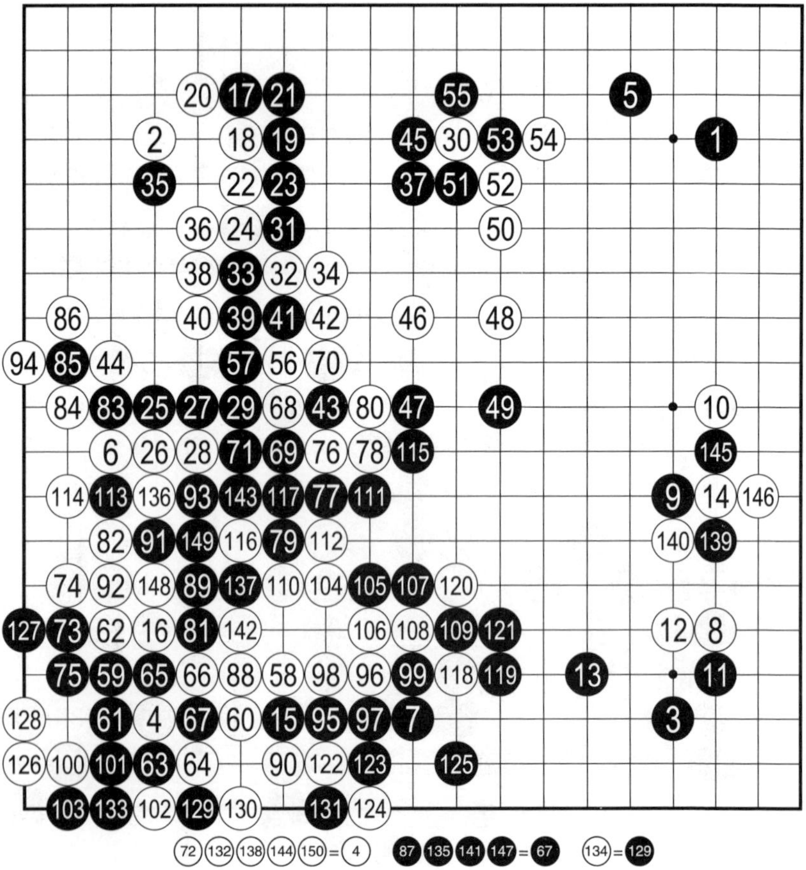

（1–150）

黑方　邵福棠

白方　陈祖德

至165劫争结束形成转换后，棋局虽然还是黑优势，但局面已不如之前简明。白172、174、176连环好手，体现了陈老对棋形敏锐的感觉。

黑209再度错失胜机，此时如消劫，上方死活没有问题。右上劫争结束后，棋局意外地形成均势。白244失误，应贴回，被黑分断后白不行。黑255是最后败着，此时如于左上259位冲后一路打，则白不行。实战被白259一路妙手渡过后，白胜定。（陈耀烨）

黑贴$2\frac{1}{2}$子　共291手　白胜2子

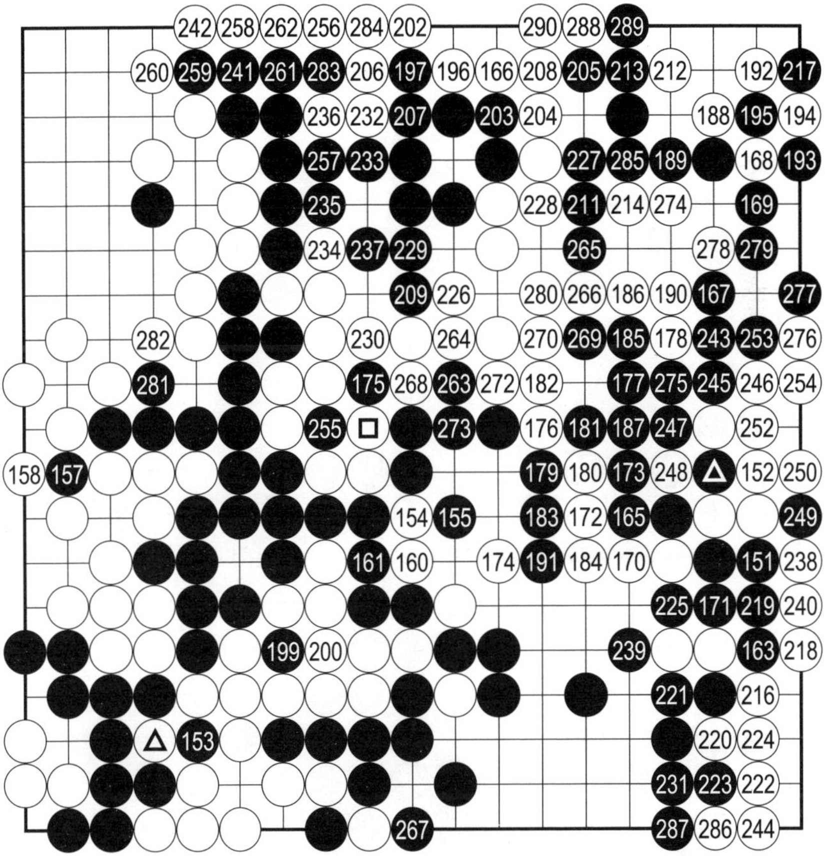

156 162 = △　159 164 = 153　198 210 = 168　201 215 = 195　251 = ▲

271 = □　291 = 248

（151–291）

1964 年 10 月 19 弈于北京体育馆

训练棋

黑方　陈祖德

白方　朱金兆

开局白 14 打入比较积极，正常是右下继续托三三。黑 25 后形成模样对抗格局。白 32 跳方向失误，应跳 33 位救右下一子。至 45 挺头，黑局势不错。黑 67 碰亏损，局部黑已可脱先，此时黑先 93 位长攻击下方白棋，将会非常主动。（陈耀烨）

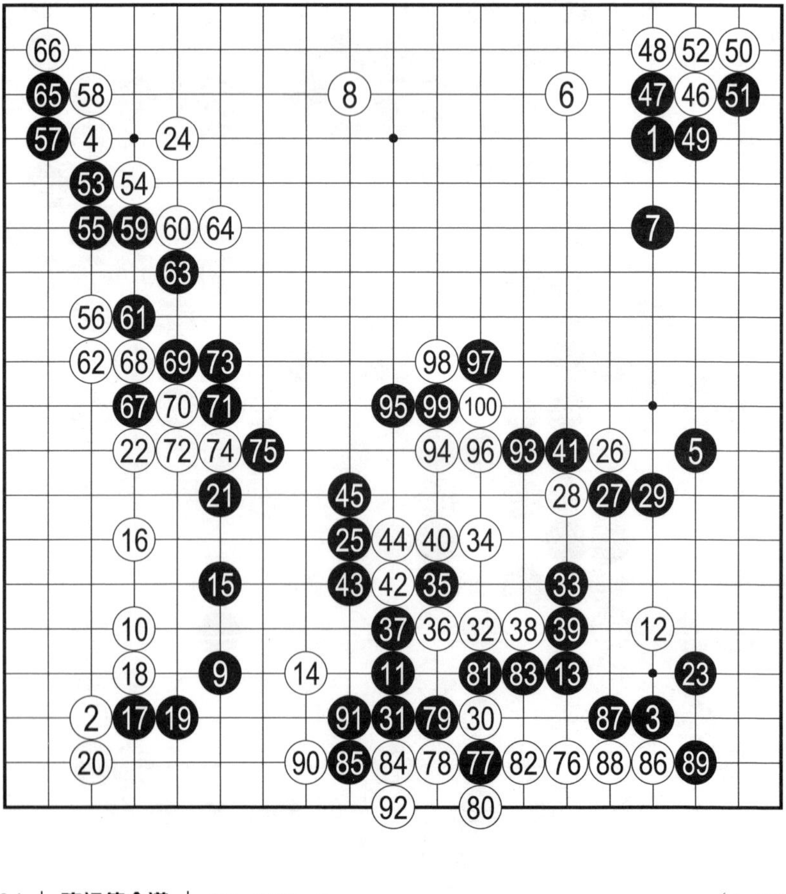

（1–100）

黑方 陈祖德

白方 朱金兆

白 116 后进入官子争胜局面。白 122 打拔不大，此时上方围一个是当务之急。黑 139 将上方白潜力破掉后是黑优势局面。黑 153 虎没必要，冲在 169 位补即可。186 是白最后败着，应单小尖。实战由于撞气被黑 189 断，黑胜定。（陈耀烨）

黑贴$2\frac{1}{2}$子　201 手以下略　黑胜 2 子

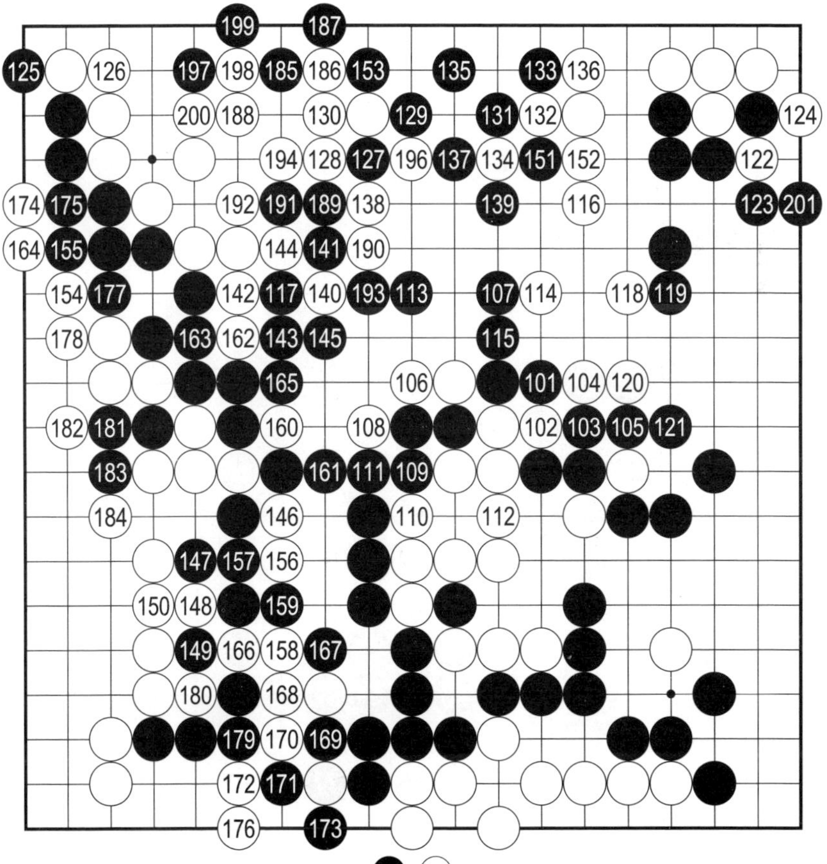

195=140

（101–201）

1964 年 10 月 21 北京体育馆
训练棋

黑方　齐曾矩
白方　陈祖德

黑 11 长出有些笨重，白 16 跳起后非常满意。黑 23 碰过分，此时可先打入下方。黑 31 夹过于勇猛，被白简单断吃后黑崩溃。白 46-70 这串处理得非常完美，将实地拿住后拆到上方，白大优。黑 85、87 放出胜负手。（陈耀烨）

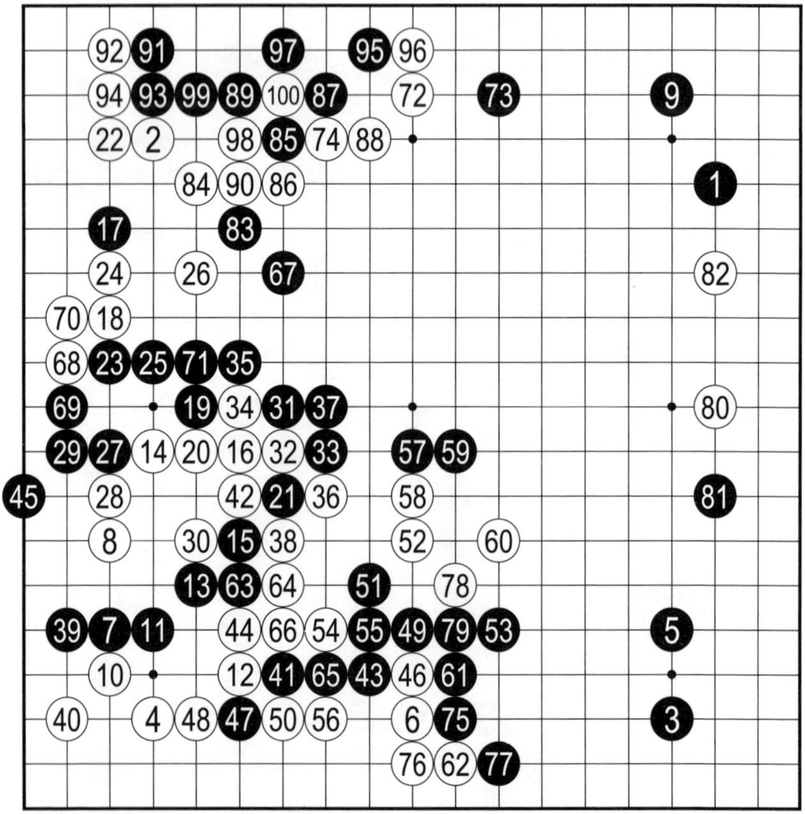

（1–100）

黑方 **齐曾矩**

白方 **陈祖德**

黑 101 重大失误，将净活的棋下成打劫了。实战打无忧劫白棋非常愉快，至 158 吃掉上方后白胜势。之后面对黑 171、173 最后一搏，白也计算精确、毫不手软，顺利拿下此局。（陈耀烨）

黑贴2 $\frac{1}{2}$子　共 190 手　白中盘胜

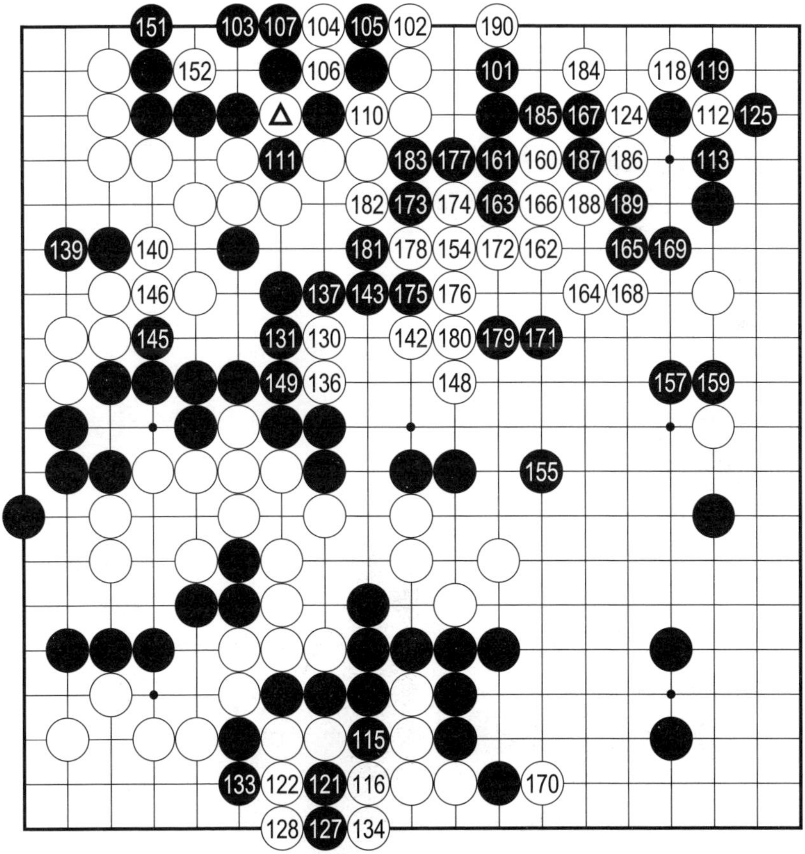

108=106　109=104　114 120 126 132 138 144 150 156=△　117=111

123 129 135 141 147 153 158=111

（101–190）

1964年10月26弈于北京体育馆
训练棋

黑方　黄永吉
白方　陈祖德

白棋开局下得非常奔放，很有让子棋布局的味道。黑45碰是局部好手，但此时下方占大场会更大。黑83柔软，应靠出反击。黑89缓手，走左边夹击更好。黑91托是重大失误，可能忽略了白的反击。黑97也只能压出。实战黑还被白104点到一下，黑形非常痛苦。左下角下完已是黑大差的局面。（陈耀烨）

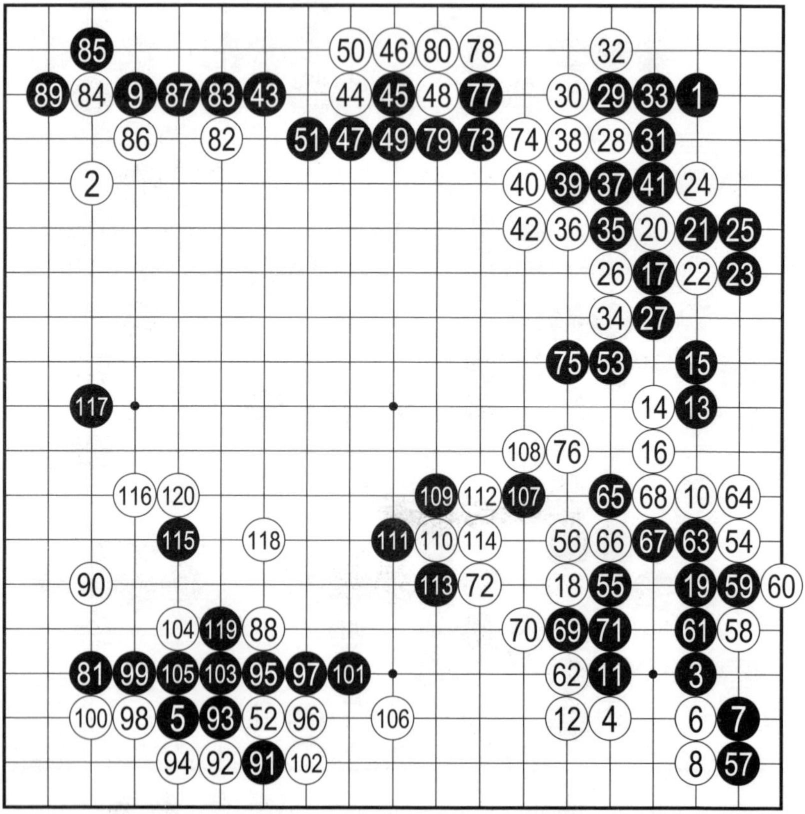

（1–120）

面对 123 的断，白处理得非常灵活。左上劫争结束后，白胜定。（陈耀烨）

黑方　黄永吉

白方　陈祖德

黑贴$2\frac{1}{2}$子　共 246 手　白胜 6 子

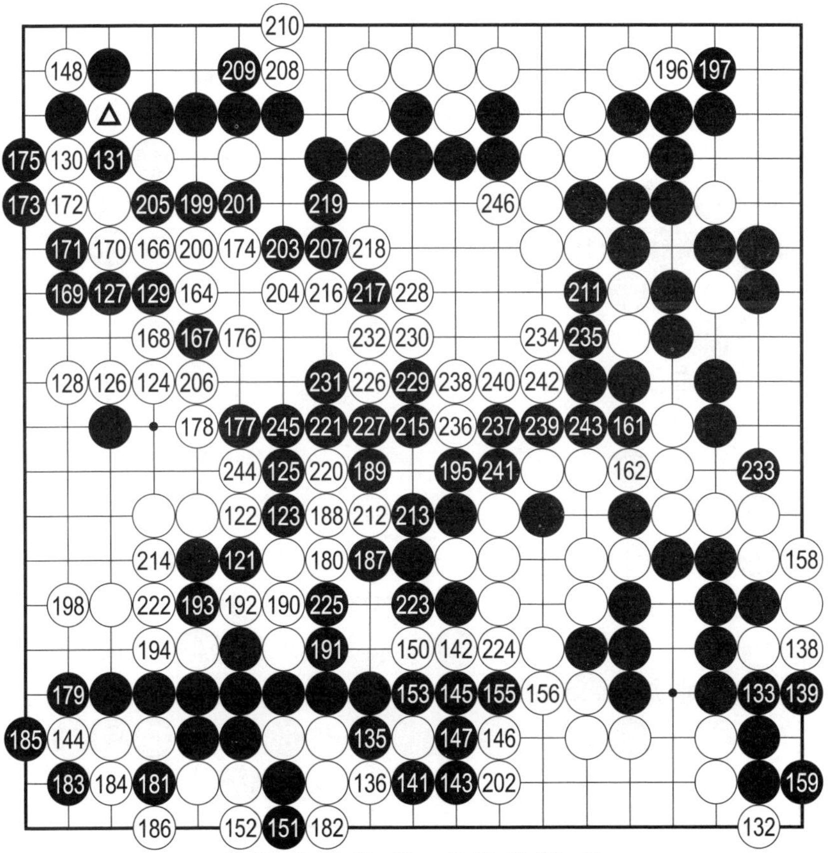

134 140 154 160 165 = △　137 149 157 163 = 131

（121–246）

1964 年 12 月 18 弈于北京体育馆
训练棋

黑方　陈祖德
白方　吴淞笙

开局左上黑 7、9 托立是老定式下法，现在基本都是飞压。黑 37 二路点进攻拆二很积极，但此时稍显过分。白 44 应穿象眼反击。右下白 54 选择一间高夹，子力配置不佳，此时托退更好，至 63 黑满意。右上点角时，黑 67 选择扳了连扳的下法更好。白 74、76 选择与黑转换非常有魄力，转换后棋局均势。黑 93 飞压时，白的反击展示了吴老的风格，96 靠又是局部手筋，102 点如接在 106 位，则黑更难办。实战下方战斗结束后，棋局仍然难解。但白 124 重大失误！被黑 125 冲出后，白突然死亡。（陈耀烨）

黑贴 3 子　共 155 手　黑中盘胜

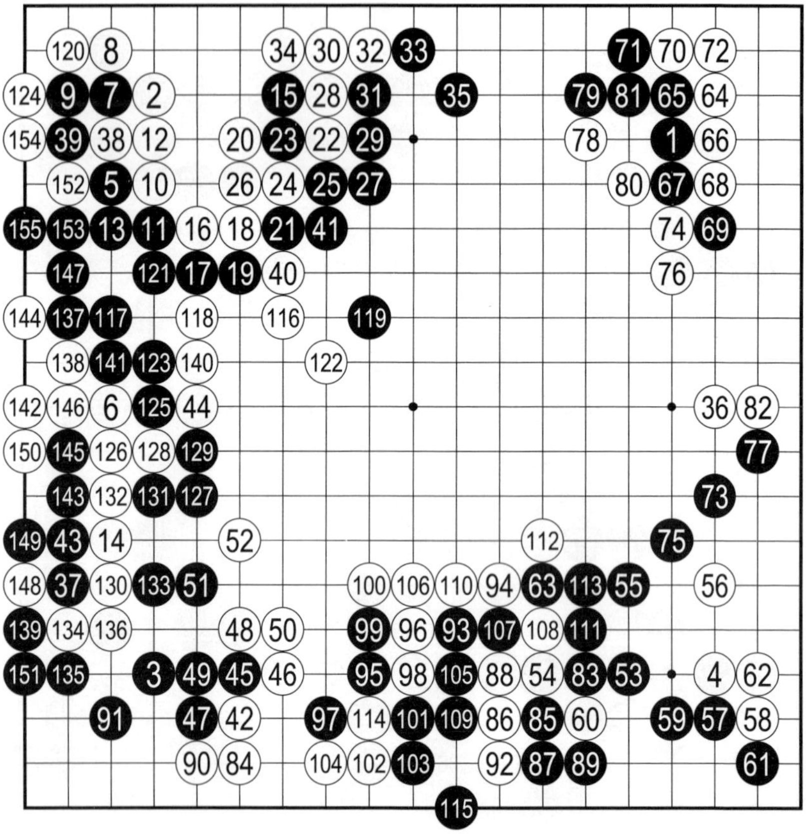

（1–155）

1964 年 12 月 21 弈于北京体育馆

训练棋

黑方　张福田

白方　陈祖德

开局左下黑 29 应挺头，实战棋形不好。白 32 可选拆二，高低搭配更好。白 42、44 是好次序，但 48 动出过早，56 小尖的棋形不如贴出或靠出。左上黑 65 打入时，白还是应上靠，实战尖顶作战勉强。黑 85 靠是整形好手，形成劫争后黑有利。(陈耀烨)

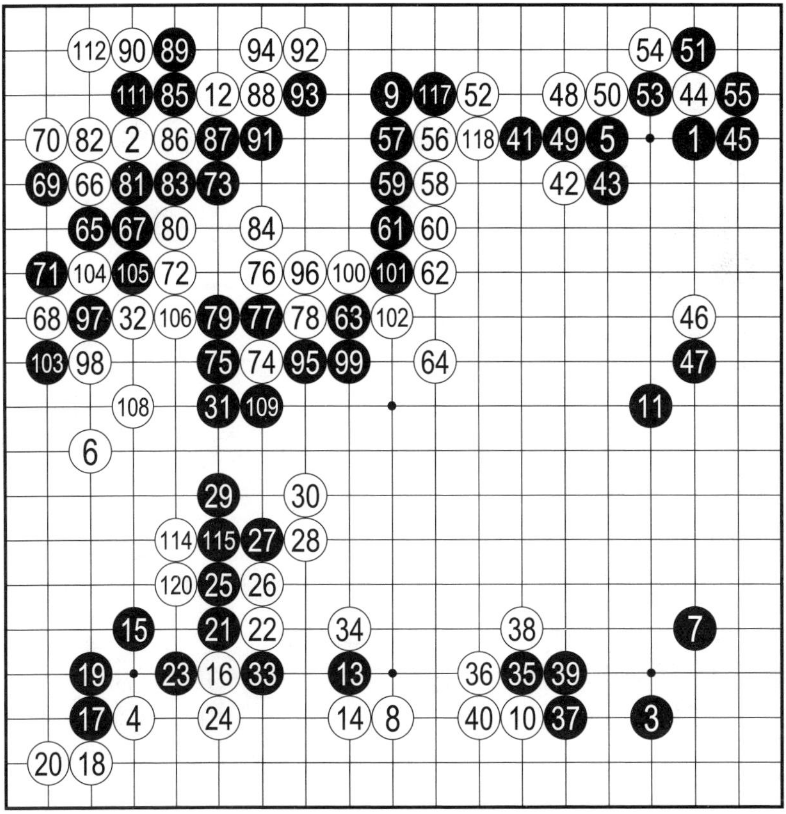

107 113 119 = 97　110 116 = 104

(1–120)

黑方　张福田

白方　陈祖德

黑121直接消劫更好，139飞出后黑形势有利。中腹战斗中，双方下得都极为精彩，对棋形把握非常出色，体现出了当时很高的竞技水准。白166放出胜负手最后一搏，黑177应对稍有问题，直接粘在182位即可。实战应该是忽略了180靠的妙手。白190小失误，此时应先二路打掉再断打，这样白逆转。实战被黑191撑住后是黑小胜的局面。（陈耀烨）

黑贴$2\frac{1}{2}$子　共240手　黑中盘胜

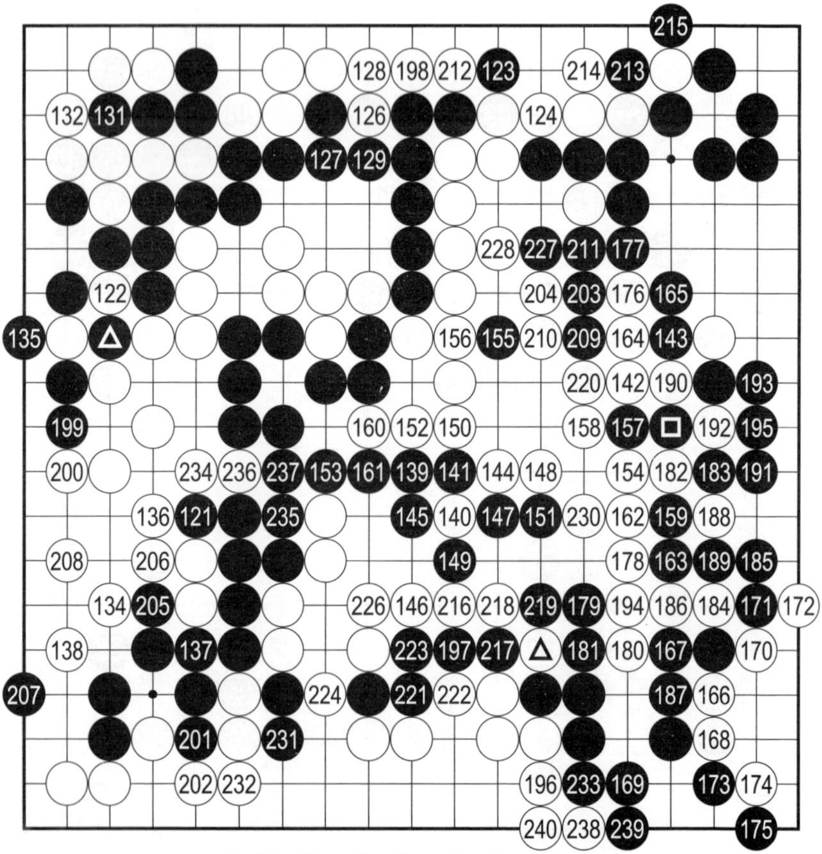

125 133＝▲　130＝122　225＝△　229＝□

（121–240）

疑 1964 年棋谱
训练棋

黑方 **陈祖德**
白方 **罗建文、朱金兆**

开局黑 15 跟着白 14 飞是缓手。白 22 应在左边飞压黑 9。白 30 飞角不如双飞燕。黑 47、49 过分，这一串黑棋亏损，至 62 白优势。白 68 反击犀利，靠出后白思路非常清晰，处理好中央后是白优势的官子局面。白 92 是局部收束好手，由于黑棋较薄，非常难下。（陈耀烨）

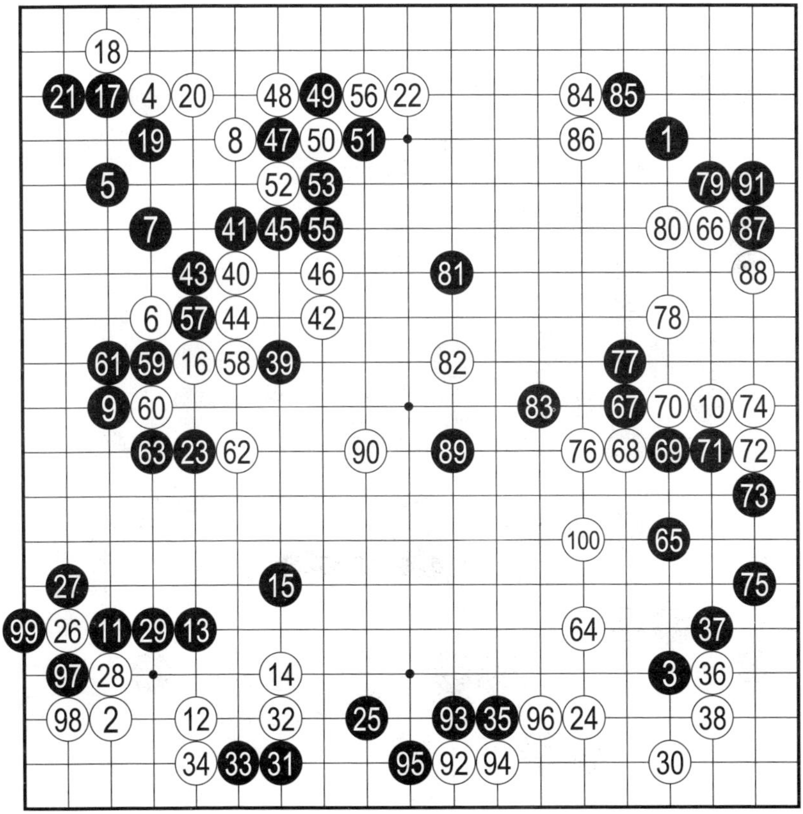

54 = 47

（1–100）

黑 107、109 放出胜负手冲击白棋，但白没有给黑棋任何机会，154 靠最后一击，吃住三子后白胜定。

本局是白棋好局。(陈耀烨)

黑方　陈祖德

白方　罗建文、朱金兆

黑贴$2\frac{1}{4}$子　共 184 手　白中盘胜

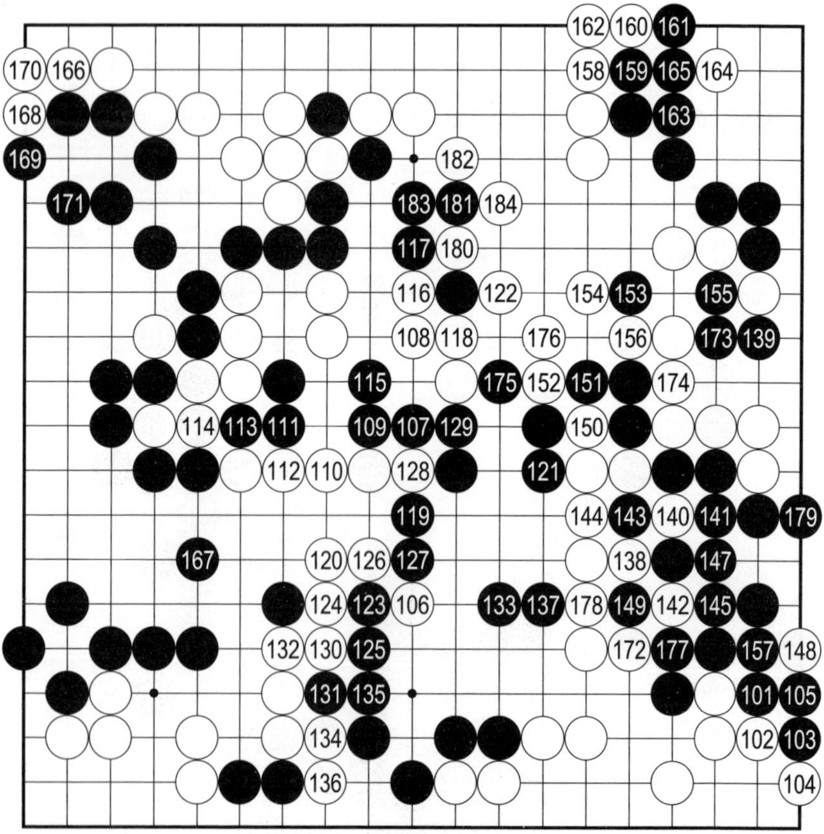

146=140

(101–184)

疑 1964 年棋谱
训练棋

黑方　陈祖德
白方　黄永吉

右上定式中，黑 15 当今都是上长的，已很少见回退的下法。白 16 粘应点角。上方战斗中，白 40 托是失误，单挡三路即可。白 50 断打急躁，实战被黑 67 点方，白不行。白 84 应夹在 89 位，这样黑中央抱吃，白可吃住右边黑两子。实战白后手跑出被黑 95 贴，已是黑大优局面。（陈耀烨）

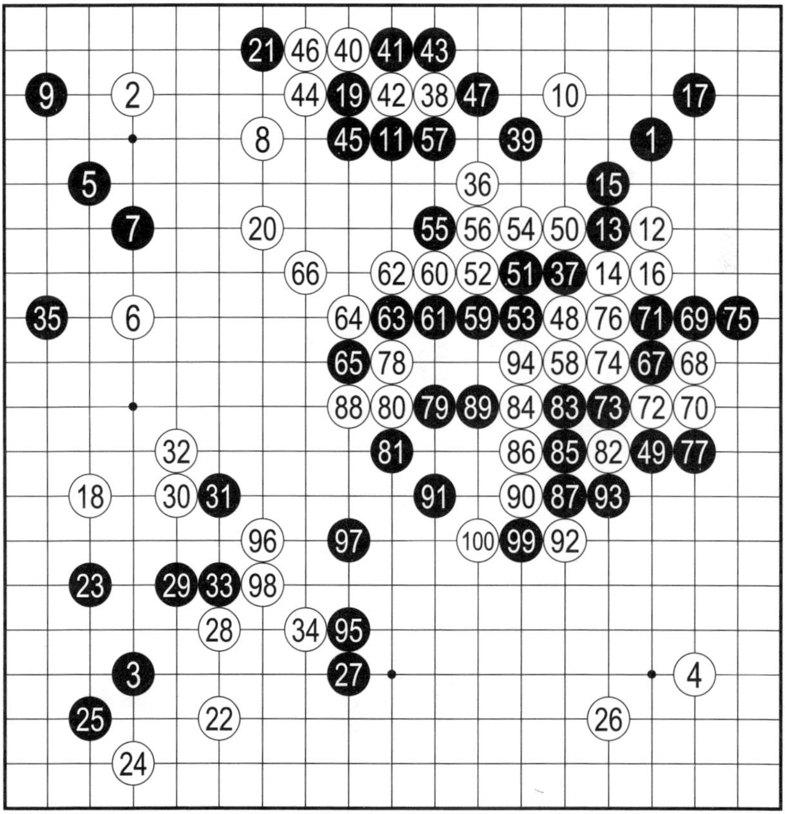

（1–100）

此后黑判断非常清晰，虽然有很多转换，但白无明显机会。（陈耀烨）

黑方　陈祖德

白方　黄永吉

黑贴$2\frac{1}{2}$子　203 手　黑中盘胜

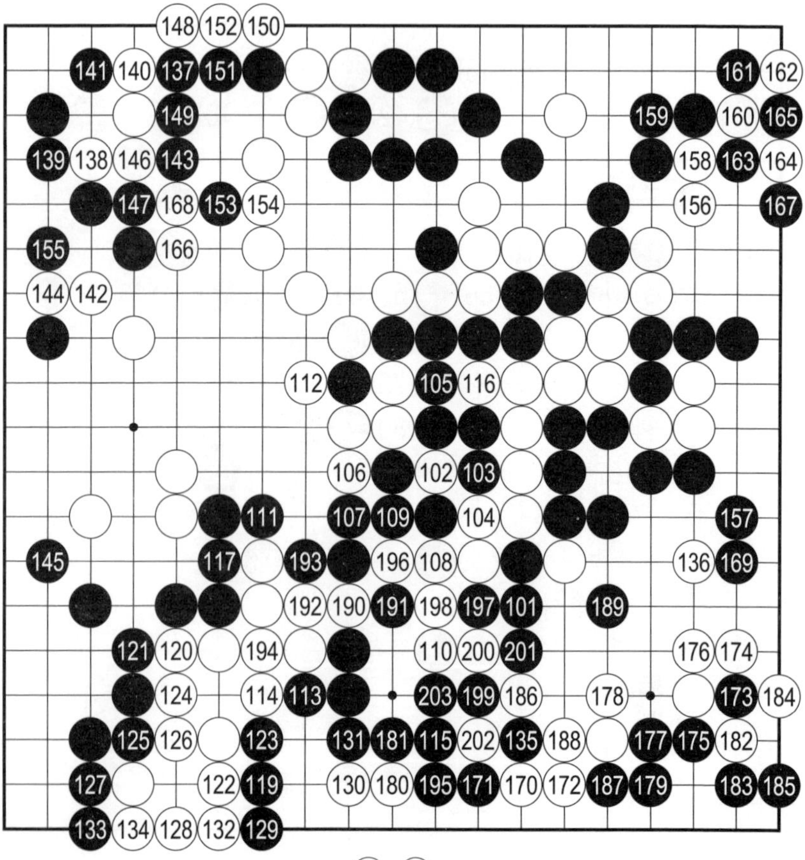

118=102

（101–203）

一九六五

时年22岁

◎ 1月，陈祖德赴云南昆明市，在华山小学指导、普及围棋，后回到北京训练。

◎ 4月3日—23日，与日本三人访华团（团长为梶原武雄八段，《棋道》杂志总编辑林裕先生为副团长，团员为工藤纪夫六段和安倍吉辉五段）进行对局。3日，陈祖德开始苦斗梶原武雄八段。是轮陈祖德抓住机会，执白击败对手。5日和7日，陈祖德两负工藤纪夫六段。9日，陈祖德在优势的情况下被梶原武雄逆转。12日，陈祖德再对梶原武雄，对方在超时后，裁判并没有判负，后来陈祖德因心态有变而失利。这局棋反而使陈祖德增强了信心。14日，陈祖德对工藤纪夫，以1子优势取胜。4月18日，比赛来到了上海，经过了苦战，陈祖德与梶原武雄弈和。20日，陈祖德执黑125手中盘快胜梶原武雄。最后一轮，陈祖德憾负于梶原武雄。共取得3胜5负1和的成绩。

◎ 7月18日—8月2日，赴日本和日本棋手对局。首轮，陈祖德对阵的是业余棋手原田稔，陈祖德胜出。20日第二轮，陈祖德负加田克司八段。22日，陈祖德执白负于户泽昭宣六段。25日第四场，陈祖德负于桑原宗久七段，28日，陈祖德1子战胜酒井通温八段。第六场陈祖德负于日本业余天王平田博则。8月2日，陈祖德负于大竹英雄七段。共取得2胜5负的成绩。由于本次比赛以陈祖德为首的中国棋手一有机会就使用“中国流”开局，此布局便被日本人命名为“中国流布局”。

◎ 10月13日—11月2日，　和日本回访棋手进行对局。第一、二场比赛陈祖德都输给了岩田达明九段。17日第三场比赛，陈祖德击败了刘谷启八段。但19日、23日，陈祖德依然连续负于岩田九段。25日，陈祖德吸取了以前失败的教训，终于战胜岩田九段。这是除了吴清源九段外，中国棋手第一次分先击败日本九段，代表着日本九段不可战胜的神活就此破灭了。

◎ 27日，陈祖德负于刘谷启。29、31日比赛，陈祖德均是输给了岩田达明九段。最后一轮不敌谷宫悌二五段。此次战绩是2胜8负。

薛志春　整理　　　　**华以刚　审订**

1965年1月13弈于北京体育馆

训练棋

白方　陈祖德

黑方　杭承义（受二子）

白9是典型的让子棋下法，实战黑应对完美，局部白亏损。黑22跳恶手，此时托三三正常。黑30跨下作战非常过分，至白49飞出，黑两块不活，已非常难办。黑52冲断冲动，此时只能粘三路先求活再说，被白杀死右边后已是白优局面。白67尖顶时，黑挡又是失着，实战再死一块已大败。（陈耀烨）

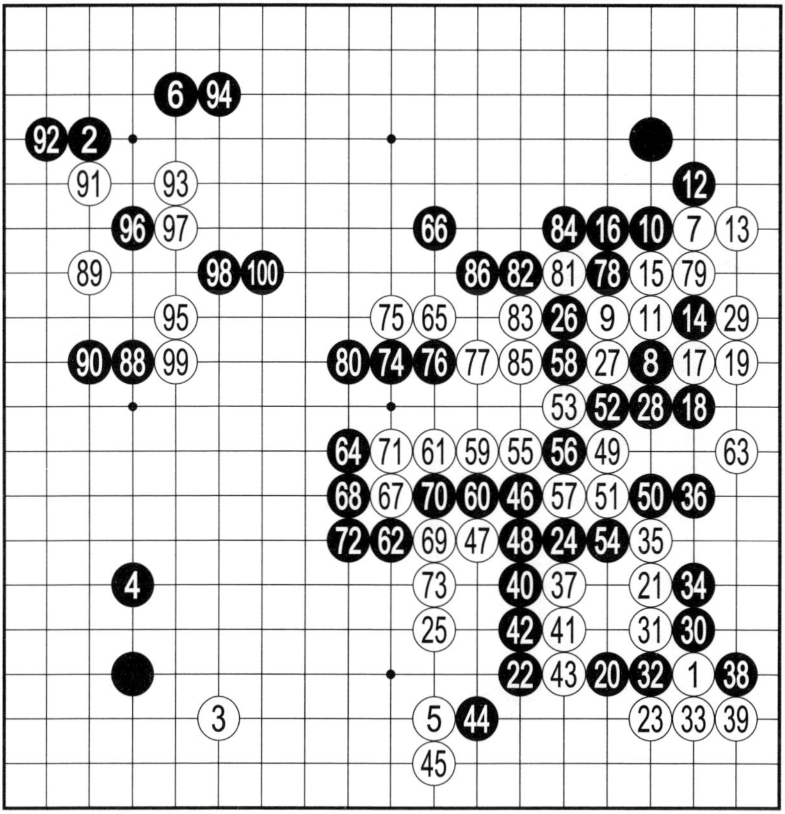

87=81

（1–100）

此后黑强杀白左上，白应对无误，155 消劫后白胜定。（陈耀烨）

白方　陈祖德

黑方　杭承义（受二子）

178 手以下略　白中盘胜

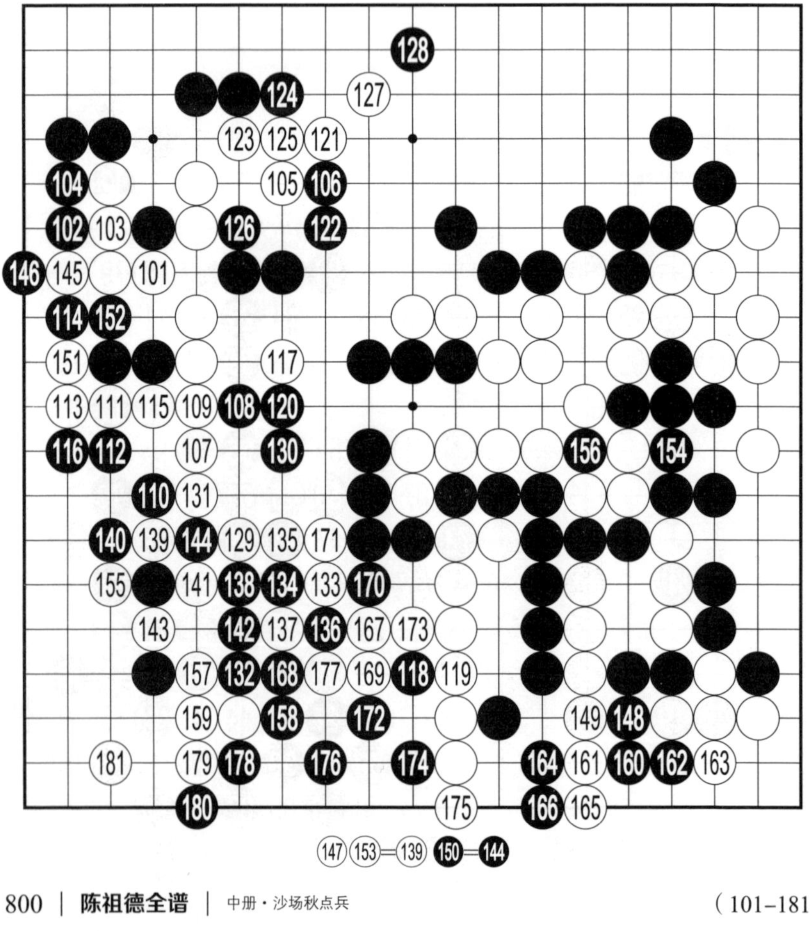

（101–181）

1965 年 1 月 18 弈于北京体育馆

训练棋

黑方　吴淞笙

白方　陈祖德

开局左下战斗中，白 20 扳有些不可思议，此时扳在 21 位是棋形要点。黑 23 小飞即可满意，实战形成乱战局面。白 50 与黑 51 交换亏损，直接二路扳即可。白 68、70 是局部整形手筋。黑 87 打时，白 88 反击打劫体现了陈老好战的风格。黑 115 补断不如贴在 118 位，129 是战斗中声东击西的好手。白 144 放出胜负手。（陈耀烨）

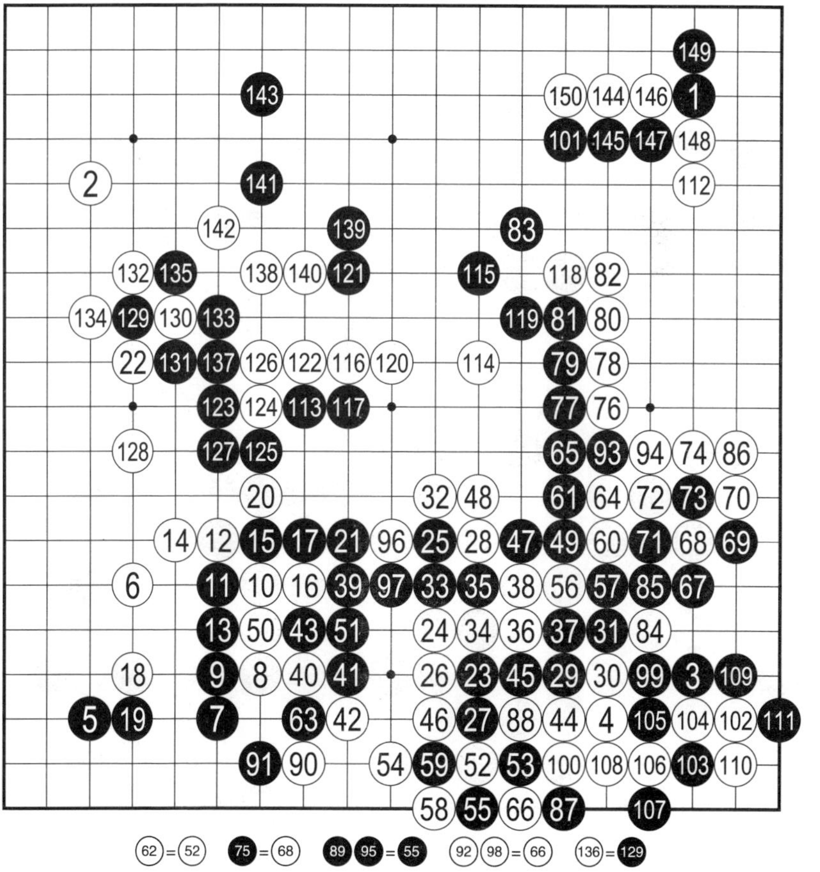

（1–150）

黑方 吴淞笙
白方 陈祖德

白174靠时，黑175存在重大失误，此时团在176即可，实战被白挤后形成天下大劫，转换后棋局意外很细。黑205是本局败着，忽略了白反冲的反击好手，此局部黑大损。白232虎住后胜定。（陈耀烨）

共270手　白胜8目

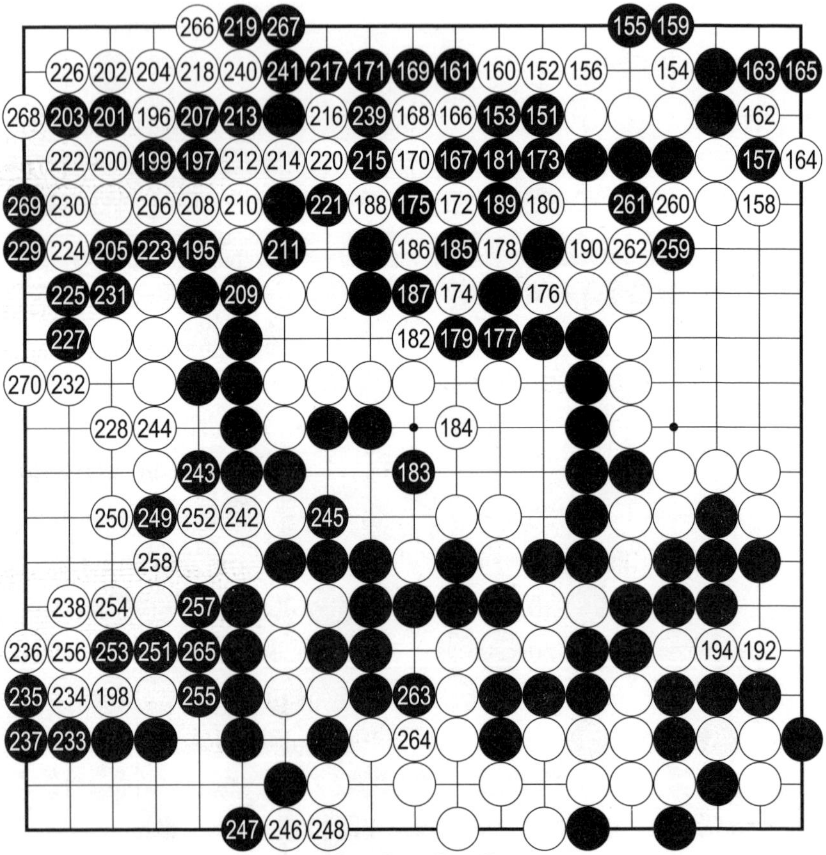

191=185　193=175

1965年1月22弈于北京体育馆

训练棋

黑方　陈祖德

白方　张福田、竺源芷

黑1、3、5、7是天马行空式的开局。黑31守住左下角更好，实战白于左下分投后黑困难。白66是局部好手，弃掉四子处理好左边这块棋，白已占优势。黑81大飞棋形不好，应单关跳或者小飞，实战白冲过来过于舒服。黑125过分，此时抢目也只有大飞（退一路），中腹黑太薄了。白126反击是类似教科书般的手段，黑135只能接出，实战的走法黑不行。（陈耀烨）

共140手　打挂

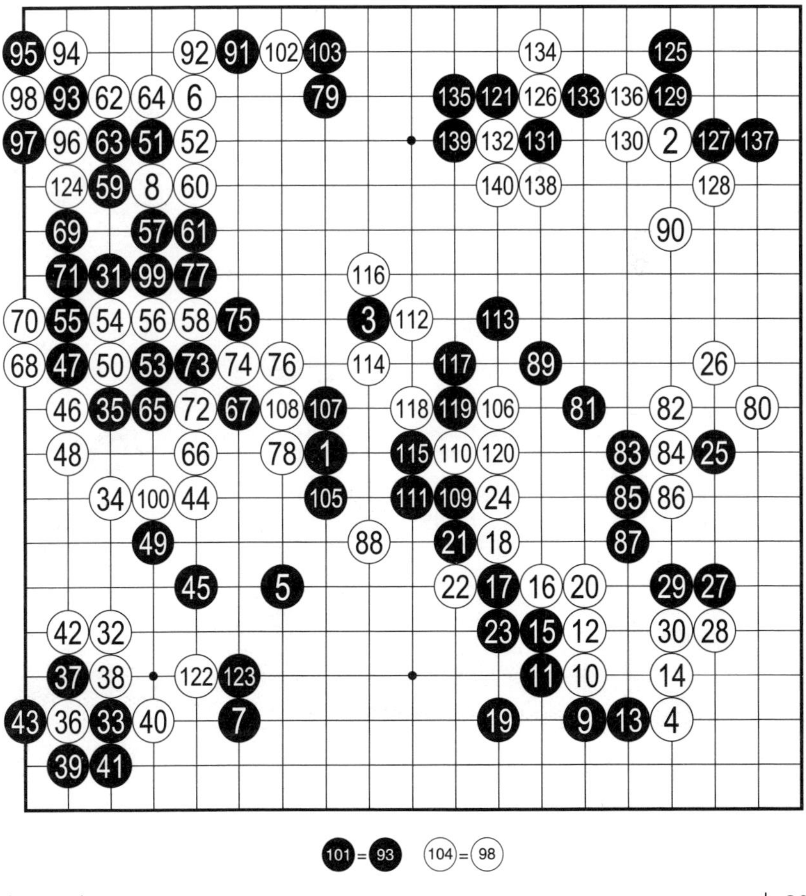

（1–140）

1965 年 1 月 25 弈于北京体育馆
训练棋

黑方　陈祖德
白方　吴淞笙

黑棋开局在中央连下四手虽然很有趣，但要亏两个贴目左右。白 22、24 扳了冲恶手，直接接 26 位即可。实战黑 35 抢到左下后，等于白在左边四手棋全部落空。白 54 扎钉不如小飞守角。白 60 飞攻黑棋不便宜，不如直接大飞拆。进入官子后，由于布局黑亏损严重，此时仍然是白棋优势。（陈耀烨）

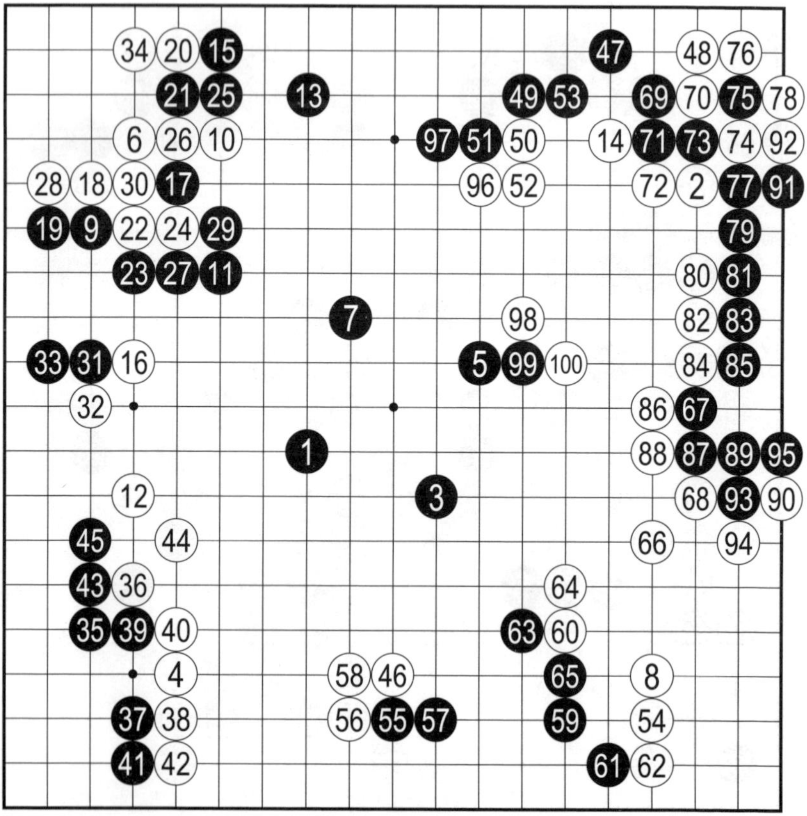

（1–100）

黑方 **陈祖德**

白方 **吴淞笙**

白108重大失误，没注意黑111打了，再113长是先手。白124再度失误，此时只有小飞弃子了。实战黑这串过于舒服，131挡住后黑逆转。（陈耀烨）

黑贴$2\frac{1}{2}$子　共197手　黑中盘胜

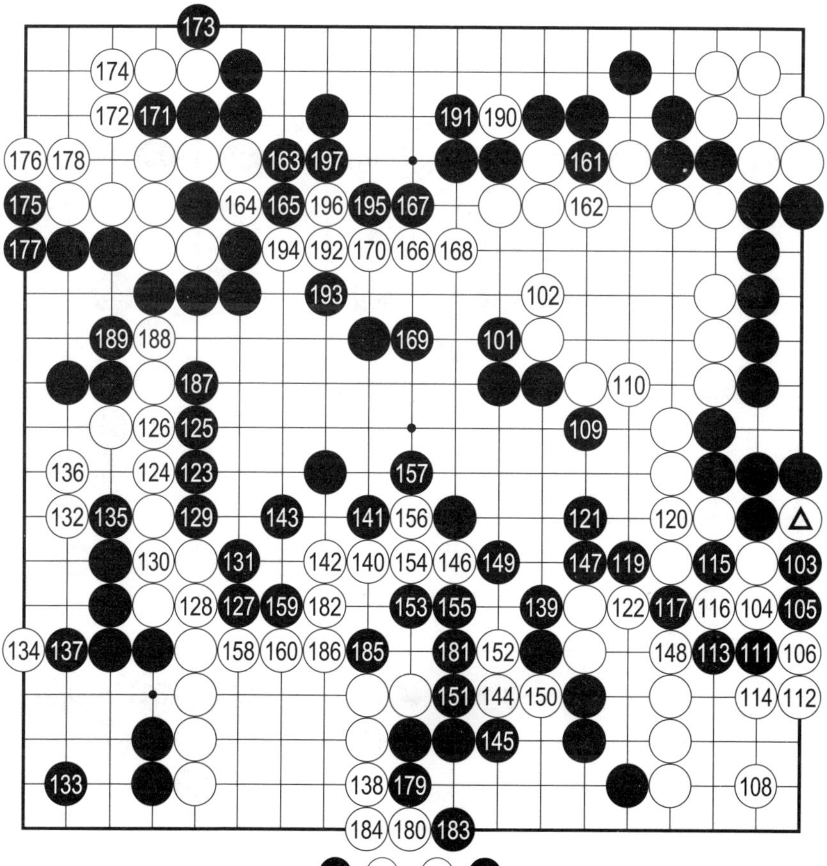

107=△　118=115

（101–197）

1965年2月6日弈于北京体育馆

训练棋

黑方　吴淞笙

白方　陈祖德

左上白6小飞是传统下法，现在都是飞压。黑13压应在四路贴，实战被白16扳后，黑形非常不好。黑21、23寻求行棋步调，至白34抢到右边分投后，白形势有利。白50大跳时，黑应在148位跳点一下，实战被白刺成愚形非常难受。此后白通过追击黑棋左上大龙在中间形成外势，取得优势。（陈耀烨）

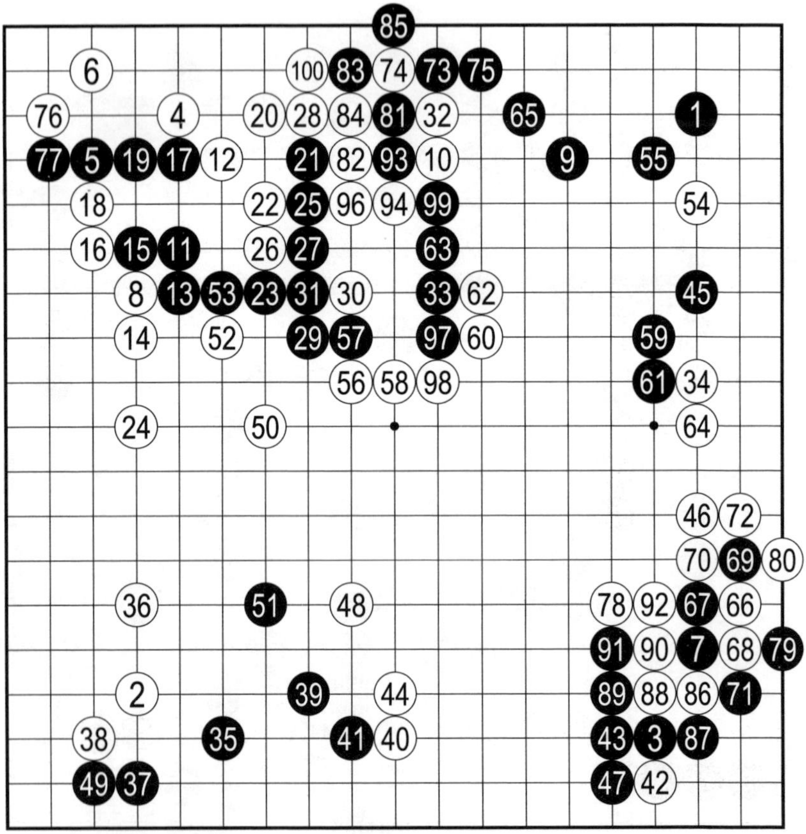

95=74

（1–100）

黑 107 是最后败着，此时应于 109 位左一路点刺，实战白中腹封头全部围住后胜局已定。（陈耀烨）

黑方　吴淞笙

白方　陈祖德

黑贴$2\frac{1}{2}$子　194 手以下略　白胜 5 子

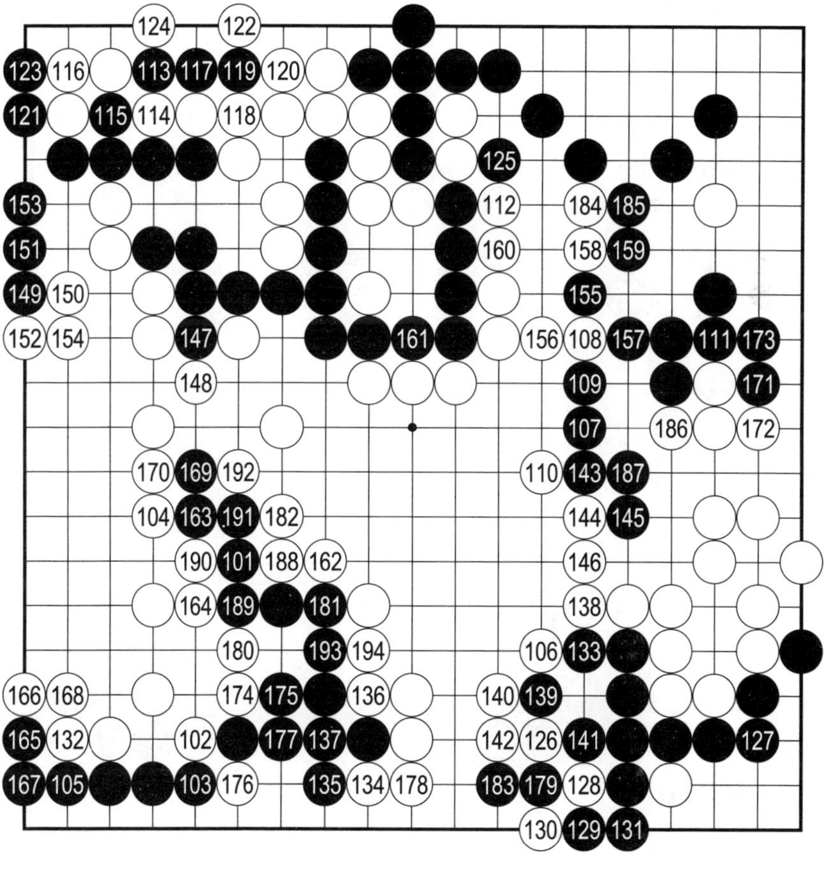

（101–194）

疑 1960 年 7 月 7 日
训练棋

黑方　罗建文
白方　陈祖德

白 10 二路小飞是老定式下法。黑 13 打进来稍显急躁，在左上 53 位右一路小飞补更好。白 28 打入后，黑被动。黑 47 粘棋形笨重，此役之后白优势。白 66 点杀没必要，实战中忽略了黑 85 拐的手段，黑 81 先往外跳出会更狠，黑逃出后棋局混乱。（陈耀烨）

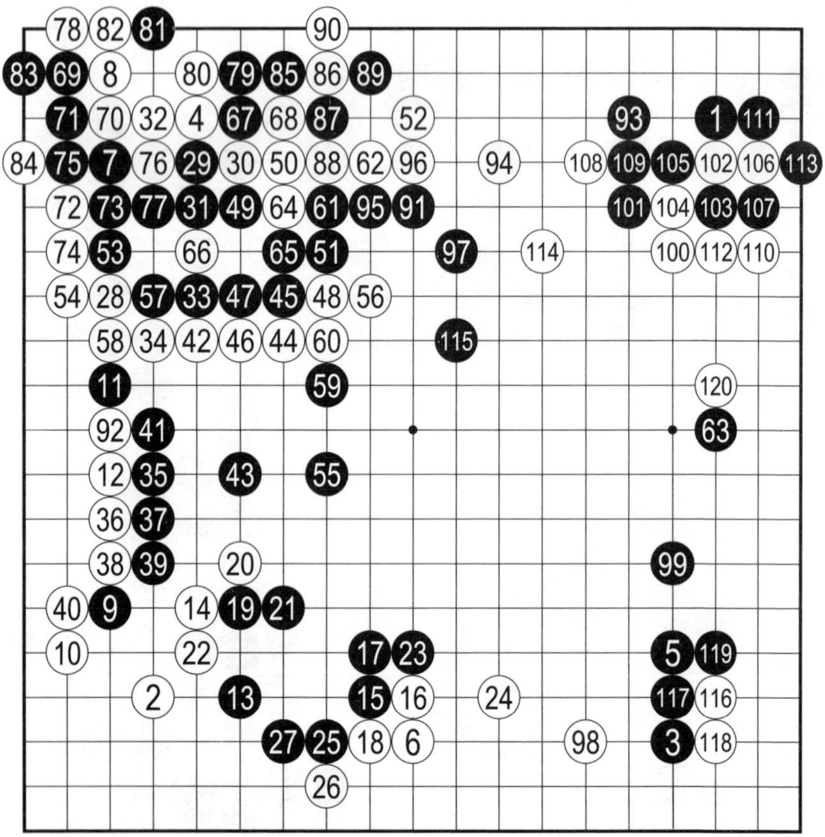

（1–120）

黑方　罗建文

白方　陈祖德

白120、122碰了连扳是局部好手。黑127吃角时单立更好，实战被白试应手比较难受。由于右下角被掏，黑135选择了强杀白下方一块，但还是由于自身棋形较薄，被白166逃出，白优势。此后白在优势下也下得非常好，体现了白棋后半盘的功力。（陈耀烨）

黑贴$2\frac{1}{2}$子　共234手　白中盘胜

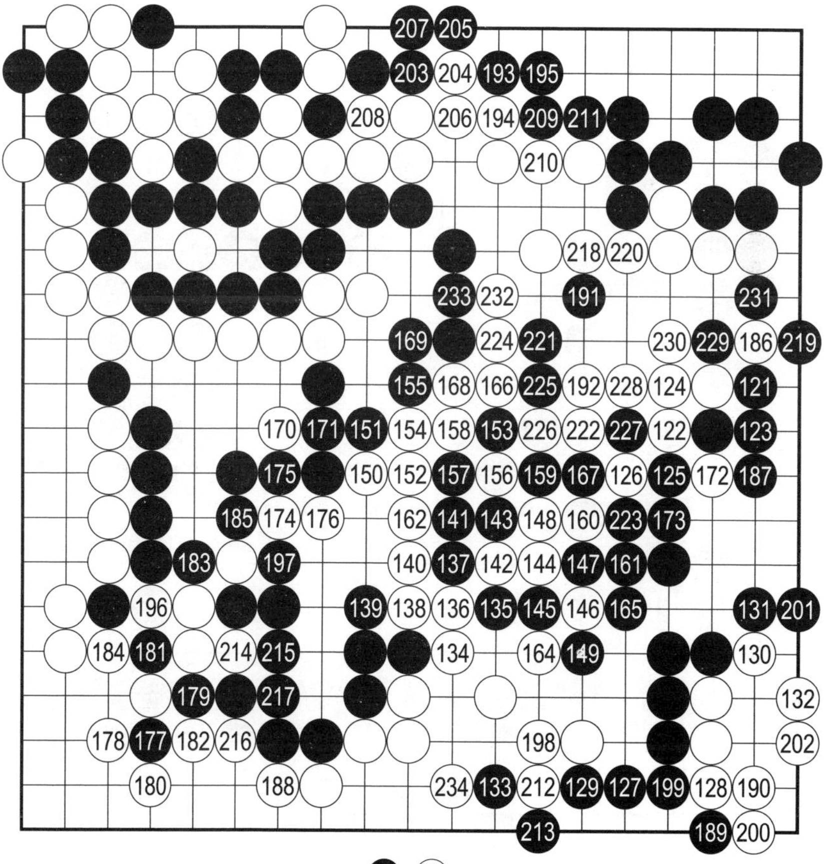

163=156

（121–234）

1965年2月15 北京体育馆
训练棋

黑方　陈祖德
白方　吴淞笙

黑1、3、5、7四子独步中原的下法非常奔放。左下黑15还是要打掉，布局至白42已是白大优局面。白56点的反击没必要，直接二路扳抢得先手，再右上守角即可。黑61应脱先抢右上。白68的二路挡是赢棋不闹事的下法。黑71、73是到现在都很流行的破小飞角目数的手段。白78与黑79都过小。上方是最后胜负处，被白抢到上方拆三定型后胜定。（陈耀烨）

黑贴$2\frac{1}{2}$子　共146手　白胜5子

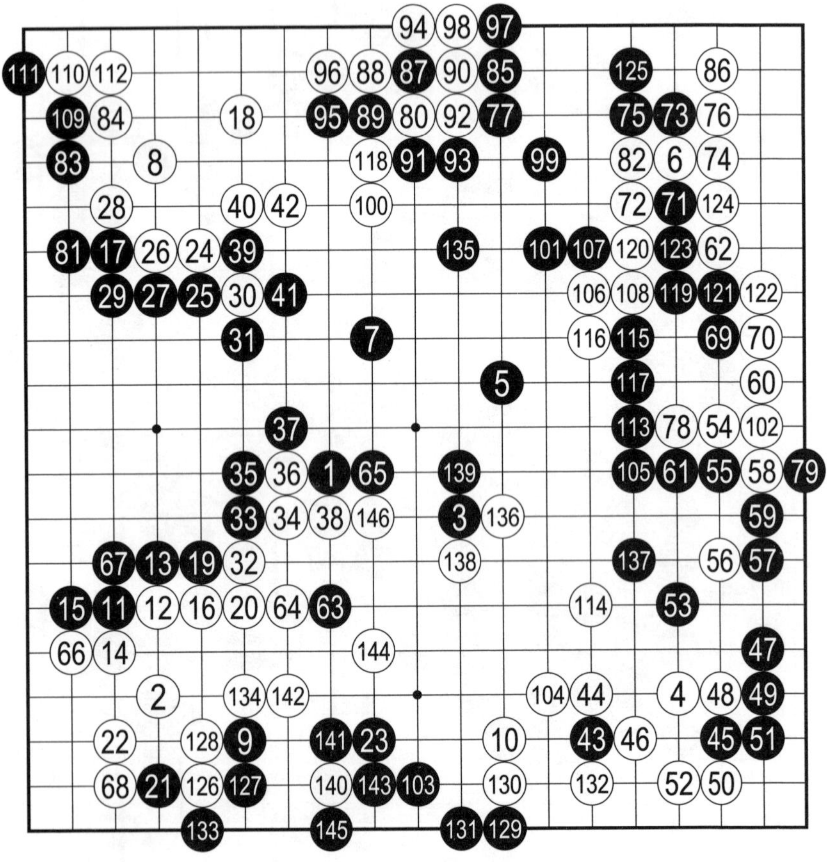

（1–146）

1965年2月19日

研究棋

黑方　周孝堂、姜国震

白方　陈祖德

左上变化中，白18选择三路打吃后虎回会更好。黑39缓手，左边拔掉22一子极大。黑51提不大，此时外面大场很多。白76脱先过分，被黑77镇头后很苦。白84靠是棋形要点，中央形成乱战格局。黑117靠是整形好手。对白右下146碰试应手，黑棋虎四路是形之要点，实战应法比较委屈。（陈耀烨）

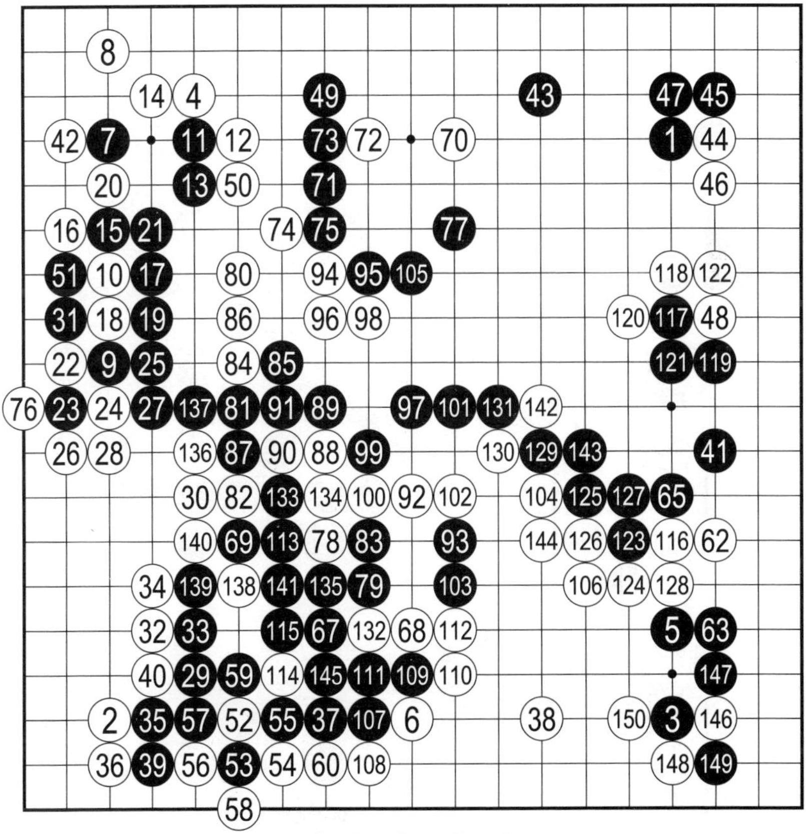

61 66 = 53　64 = 52

（1–150）

白154放出胜负手。黑173单退更好。黑187顶时，白如粘上，则黑虎后白大龙是打劫，黑吃掉中间八子后是黑小胜的局面。官子阶段，黑193的二路粘不如立后点二路，199粘应该二路小飞。白消左上劫后已是白要小胜的局面。（陈耀烨）

黑方　**周孝堂、姜国震**

白方　**陈祖德**

黑贴$2\frac{1}{2}$子　共290手　白胜半子

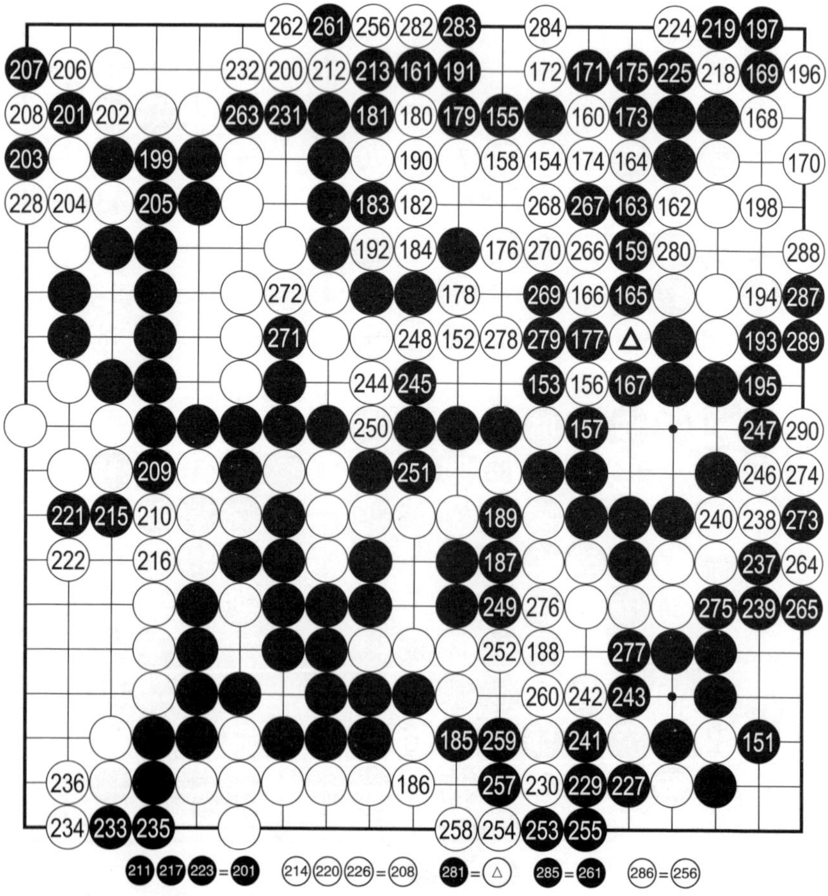

211 217 223 = 201　214 220 226 = 208　281 = △　285 = 261　286 = 256

（151–290）

1965年4月3日

日本围棋代表团访华比赛第一场

黑方　梶原武雄 八段

白方　陈祖德

黑9选择进攻，这是对局者的棋风决定的。白10只此一手。黑13补得净。黑15脱先是别出心裁。白16长很厚。黑21、23意在迫使白上边重复。黑能在29位打一下，再占到31位，作战成功。白36改在37位拆一是好点，但黑于39位再补一手，更理想。白40在45位挡是本手，但不愿被黑再56位压。黑41为了阻渡略损。黑53、55不如56位封头为佳。白56至71双方必然。黑75压紧峭。白76错误，当于169位退，这样下边白棋不易受攻，而仍有141位的先手。白78与黑79交换损。白84是关键的一着，白棋下边处理的好坏攸关胜负，但次序有问题，被黑85、87反击后，反难应付。以后不得已开劫，陷于苦战。白84应先在81左一路长，以后向中央关和84位点必得其一。白92开劫并无把握。

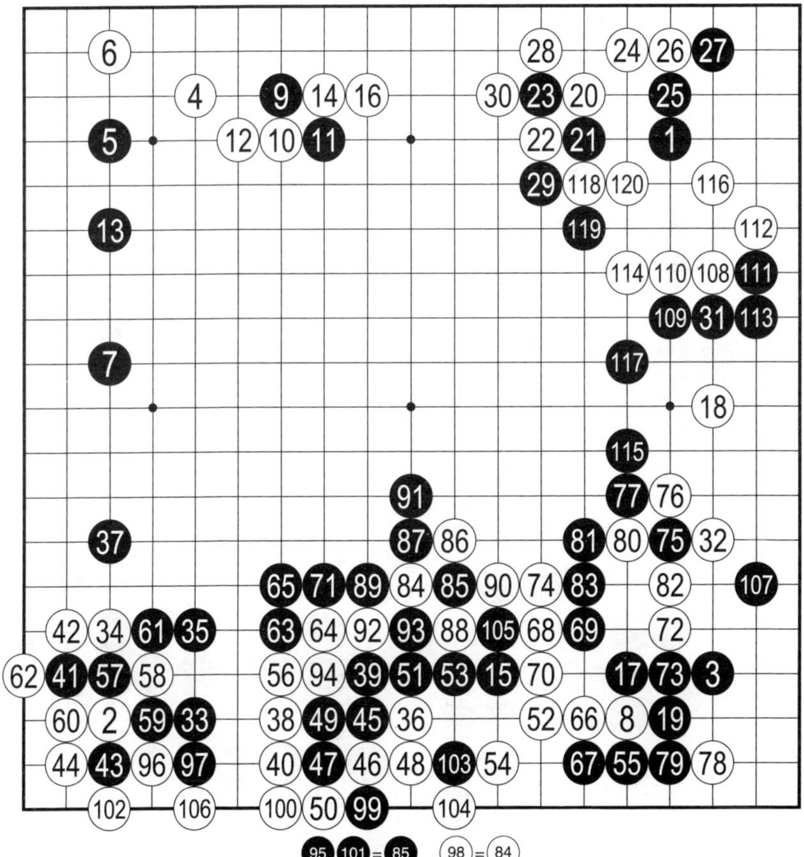

（1–120）

黑方　梶原武雄 八段

白方　陈祖德

打劫结果白委屈，更严重的是被黑占了107位。白108本手是115位扳吃，但黑补强右上角，白难以取胜。谱着虽勉强，但要争胜负，便应有此决心。至129告一段落，交换的结果黑稍便宜，形势对黑更有利。白棋必须再寻找战机，白130破坏黑左方的形势成为必然。黑133过强，如在159位上扳，白就比较困难。黑159应于134位粘，净。黑175硬攻开始，这样下总是没把握的，何况当时已进入读秒，以后局势更混乱，白的胜机也随之到来。黑175如在白6左一路托，仍是黑有利。黑189应在196位长。黑195以下错算，至白204，黑棋被吃，白胜定。黑199如于206位断，则成打劫，由于左上的黑有很多劫材，黑不利。白202应直接在204位扳，没有变化。黑203最后败着，当于205位打。（陈祖德）

黑贴2$\frac{1}{2}$子　共220手　白中盘胜

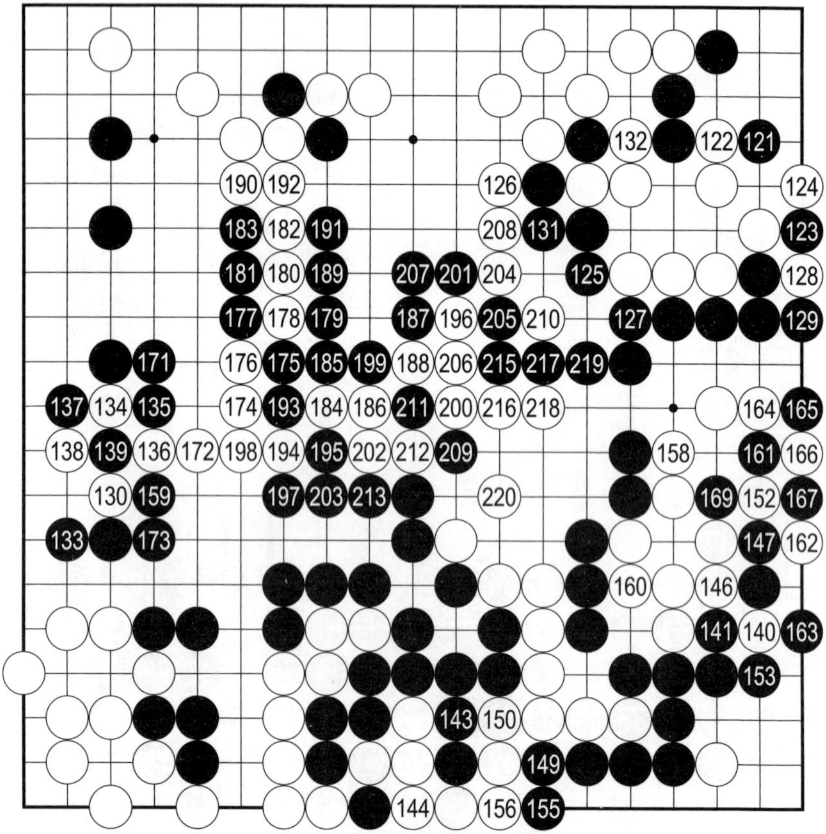

142 148 154 168 = 134　145 151 157 170 = 139　214 = 211

1965年4月5日

日本围棋代表团访华比赛第二场

黑方 陈祖德

白方 工藤纪夫 六段

左上至白14是双方可以接受的定型。黑27紧凑，行至43感觉黑棋顺畅。黑61似乎向左一路压迫更强。白64-76苦心地寻找头绪，黑77以下是最强应对，计算精准，至101转换，黑棋大优。（廖行文）

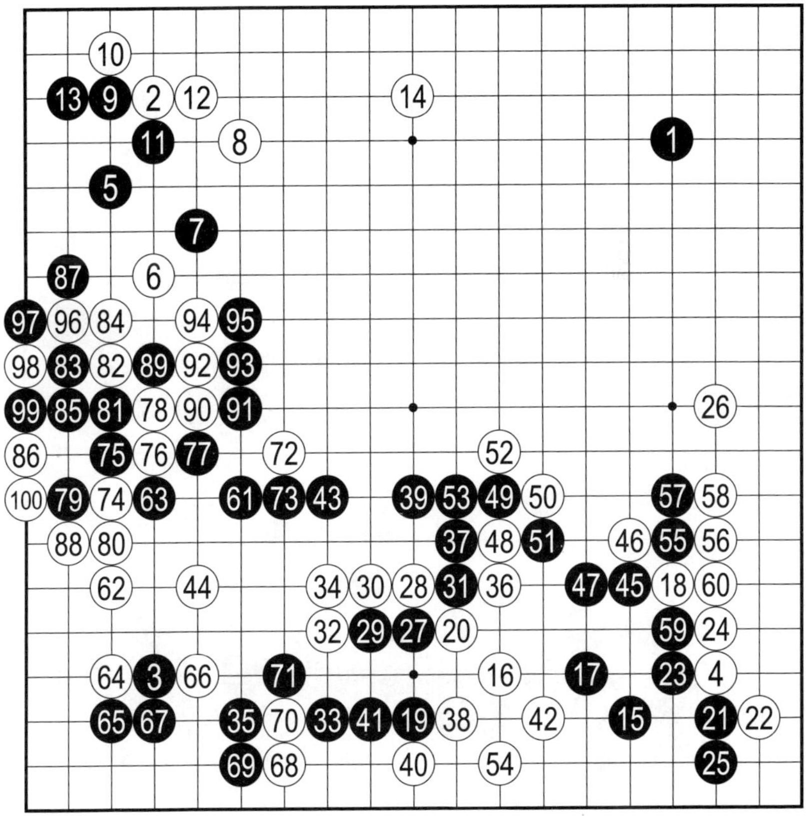

（1–100）

黑方 **陈祖德**

白方 **工藤纪夫** **六段**

白106胜负手，黑107以下应对失误，白棋看到转机。黑123、125思路不连贯，至142白棋已形成缠绕之势。黑159计算失误，如跟着白158应住，胜负还难预料，被白170冲出，黑难以抵挡。（廖行文）

黑贴$2\frac{1}{2}$子　共202手　白中盘胜

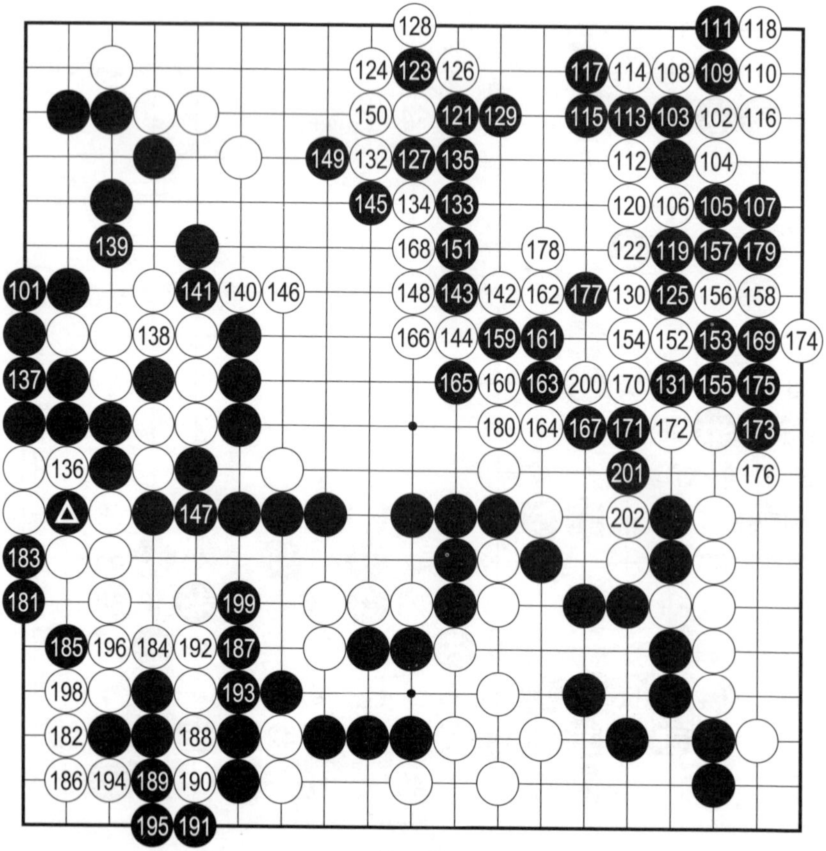

197=△

（101–202）

1965年4月7日
日本围棋代表团访华比赛第三场

黑方　工藤纪夫 六段
白方　陈祖德

开局右下是老定式下法，现在来看黑局部亏损，白40、42离黑棋厚势有些近，稍显过分。黑51肩冲展现了黑卓越的棋感。黑55飞在68位会更好。右上角白棋三路靠时，实战下法是以前很流行的定型着法。黑79、81的打劫没必要，此时黑优势，开劫导致棋局混乱。（陈耀烨）

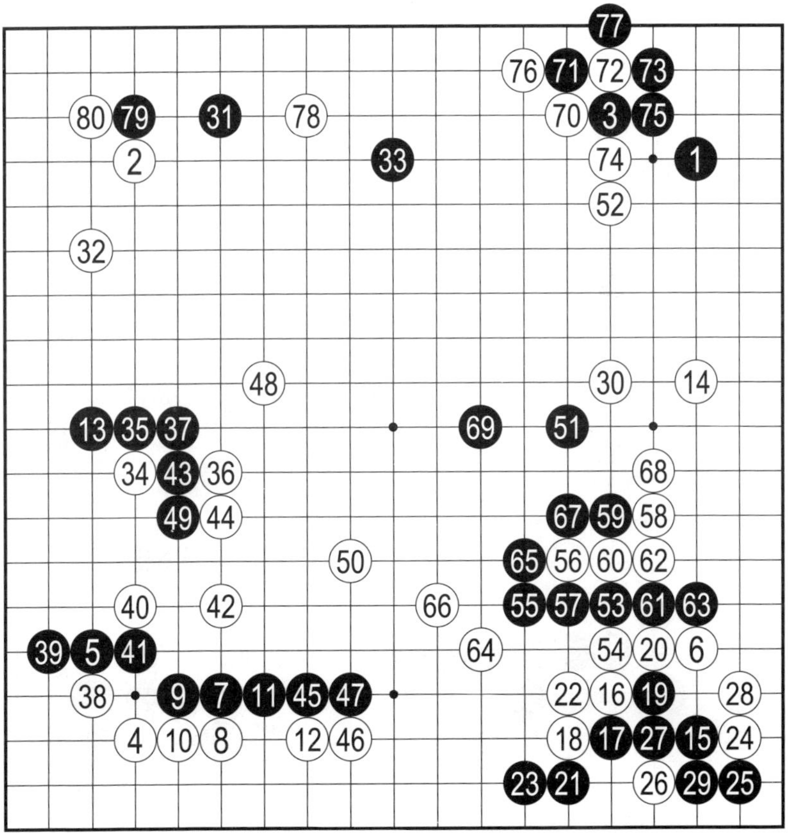

（1–80）

打劫过程中，白 90 应提劫或走中央，110 可直接尖在 114 位，实战黑 117 打上来后白不好办。白 122 强杀中央进行最后一搏，黑精准计算活出后胜定。（陈耀烨）

黑方　工藤纪夫 六段

白方　陈祖德

黑贴$2\frac{1}{2}$子　共 177 手　黑中盘胜

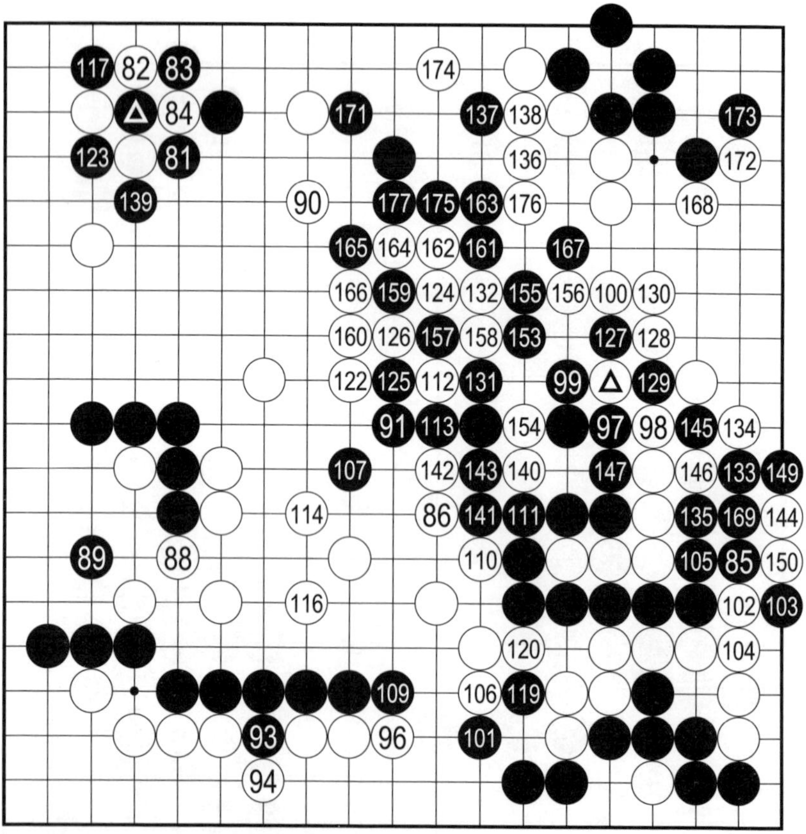

87 95 115 121 = △　92 108 118 = 84　148 = △　151 = 129
152 = 145　170 = 150

（81–177）

1965年4月9日

日本围棋代表团访华比赛第四场

黑方　陈祖德

白方　梶原武雄 八段

开局左上是老定式下法，但由于黑二路子过多，战斗白棋比较有利。白42小飞，改在43位拔掉一子更为简明，实战黑43长出后难解。黑87体现了陈老的风格，目数亏损也要给白留下冲断的弱点。黑95点是棋形要点。（陈耀烨）

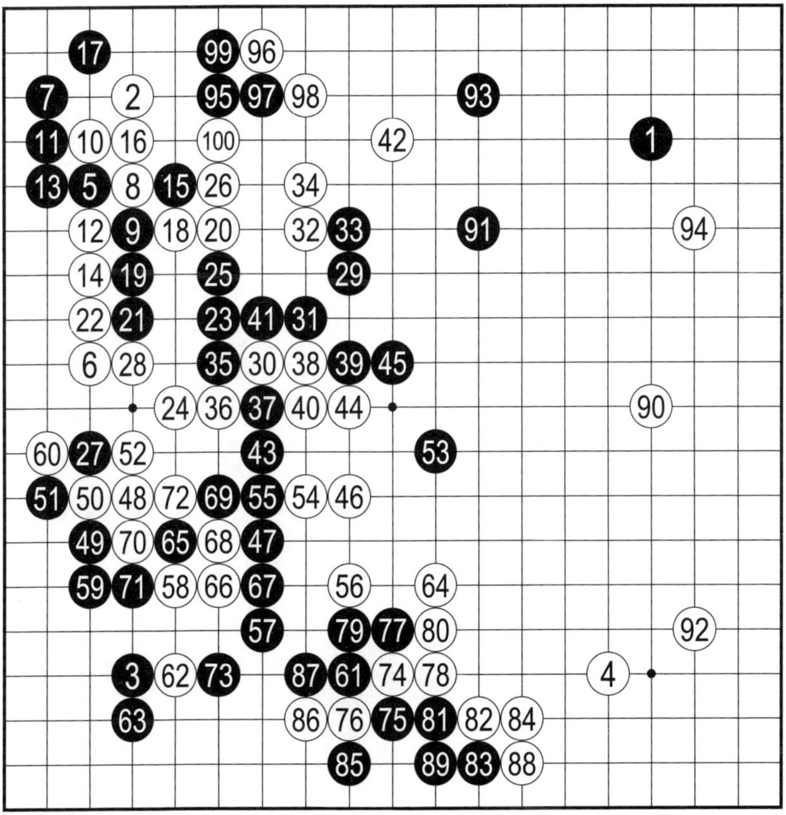

（1–100）

但103过分，实战被白反击后黑棋困难。白126、128是局部手筋。在最后的中央战斗中，白棋杀棋着法极为犀利，没给黑棋任何机会。(陈耀烨)

黑方　陈祖德

白方　梶原武雄　八段

黑贴$2\frac{1}{2}$子　共194手　白中盘胜

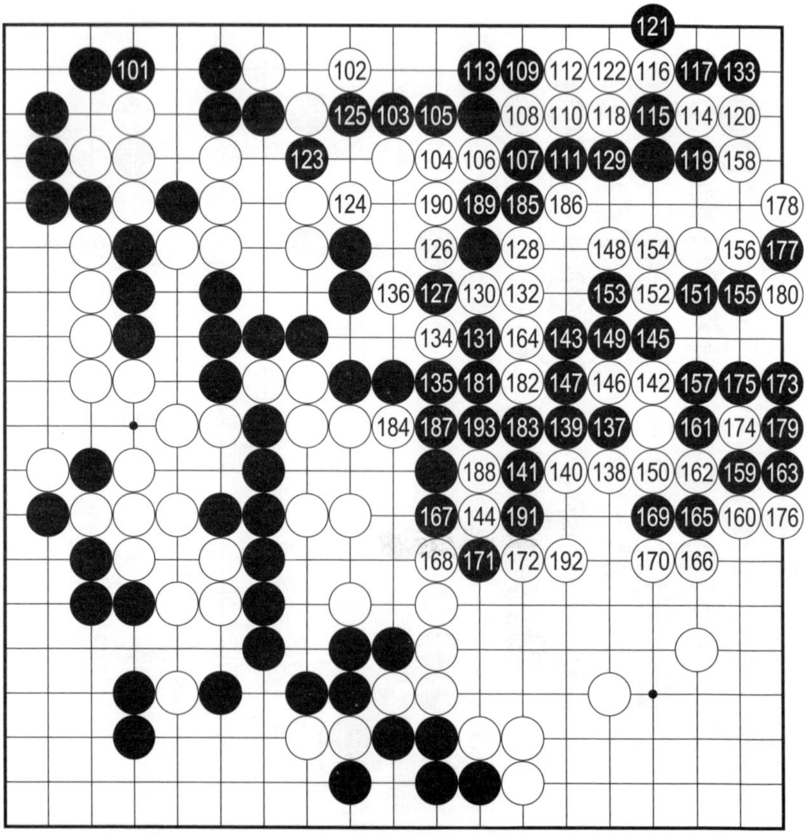

194=144

(101–194)

1965年4月12日弈于南京

日本围棋代表团访华比赛第五场

黑方　梶原武雄　八段

白方　陈祖德

白6构成中国流，令梶原先生从黑7开始长考。白8绝对。白10是既定的下法。11镇是黑的第一感。白12、14紧凑。黑15立即点角出我意料。白18扳，在60年代被认为是绝对的一手。白20连扳不甘示弱，结果黑施放出21、23的重磅炸弹。白24拐吃是看重白6的接应。但缺乏细致分析和判断，对黑硬性作战估计不足，而这正是梶原先生的过人之处。以下至白32，白都是绝对应手。白40只能补。若强行断，则白左边将被杀。黑43慢慢地在此拱出，非常厉害。黑49大步外逃，白缺乏有力的惩罚手段。白52定型，实不得已。白58、60完全在于抢先手。黑61厚。白64不让黑连络是正着。黑69以下，以牺牲六子为代价，把弱点全部补净，又争得75挡，处理得果断而成功。黑81机敏，至白94必然。白104扳头很重要，黑吃白一子仍未活净，白以后于172位空长就可以杀黑。白114二路飞后，黑颇难应付。黑115冲击白的薄味，除此别无好棋可下。

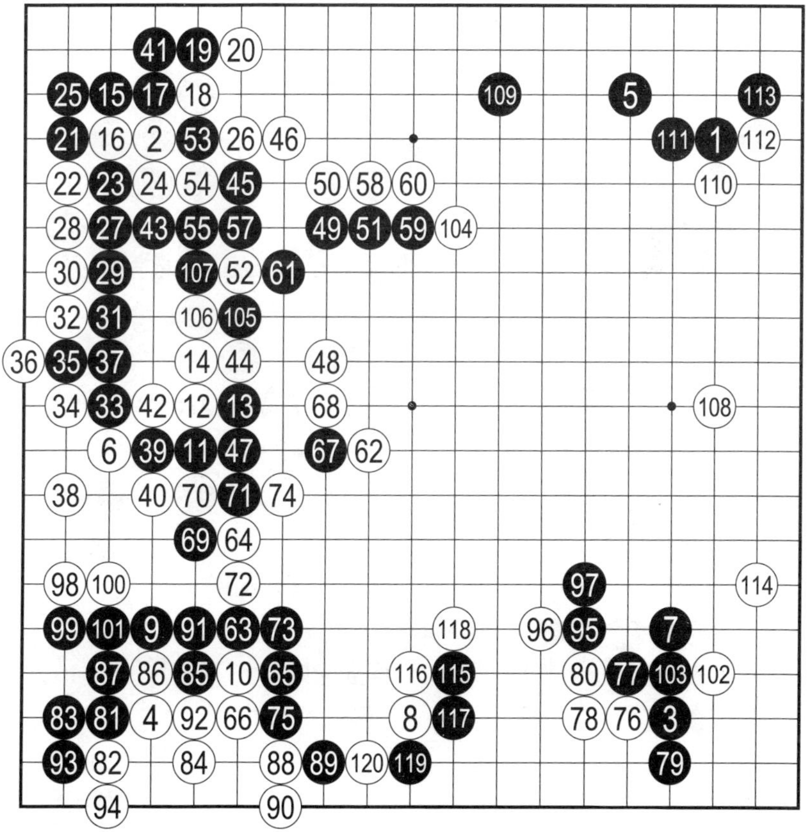

56 = 53

（1–120）

黑方　梶原武雄 八段

白方　陈祖德

黑129扳后，气氛一下子紧张起来。至136断吃，大致必然。这一役白颇有所得。黑145似应在149位打入。白148缓，没有抓住机会。白150价值很大。白158至黑167下得相当紧凑。梶原先生极其顽强善战。本局早已进入读秒，此时只剩下最后1分钟了。我抓住对手时间无几的致命弱点，下出有过深之嫌的白168。对手已不知如何是好了，当裁判员读秒的声音停在60秒时，还是一丝不动。按规则，裁判员应立即判超时一方输棋。僵持了好几分钟，最后却以友谊第一为由又继续比赛了。黑无端争取到了时间，选择了平和的169压出，躲过了我的陷阱。超时不判大大影响了我的心情，一味想着如何硬吃一块棋，迫使对方投降。结果出现误算，神差鬼使地走了白172，白174更是败着。白228时已经走出棋来，可是没有足够的劫材。（陈祖德）

黑贴$2\frac{1}{2}$子　共229手　黑中盘胜

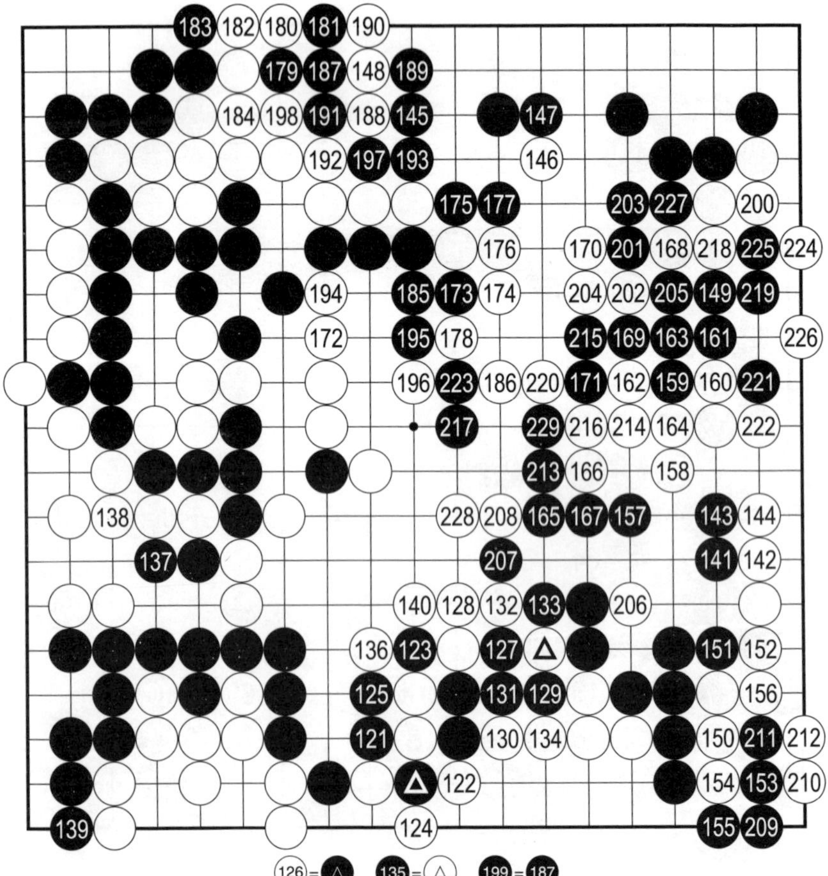

1965 年 4 月 14 日弈于南京

日本围棋代表团访华比赛第六场

黑方　陈祖德

白方　工藤纪夫 六段

黑 11 拆绝对。目前黑外势宏大，白 12、14 托断显得不合时宜。白 20 后手得了一个小角，黑 21 在大势中心补了一手，我深信布局已经领先。黑 23 应于上边扩张。白 32 镇体现了工藤六段的沉着、从容和老练。白 34 缓步而入。黑 35 从黑 25 关起才是局势要点。同理，白 36 可攻击黑 25 一子。黑 41 靠使白无法脱身。至 49，黑取得了决定性的优势。白 56 靠，意在寻求战机。黑 59 断打过强，改 62 粘最简明。黑 65 无可奈何。至白 70，右边黑势转眼间变成白势，出入太大。黑 71 大。白 72 攻击黑拆二，当然。黑 75 顶强手。白 100 找劫时，黑无法应劫，因为一旦劫败，左边黑棋将不可收拾。黑 107 失掉机会，实在遗憾，当 108 位长。黑 113 当 118 位冲。黑 121 虽是先手，但想以此将上边的余味补净是不可能的。黑 125、127 过于勉强。黑 133 后，尽管全局白棋较厚，但胜负相当细微。黑 137 是最强的抵抗。黑 141 不本分，被白乘虚而入。黑 145 最强。

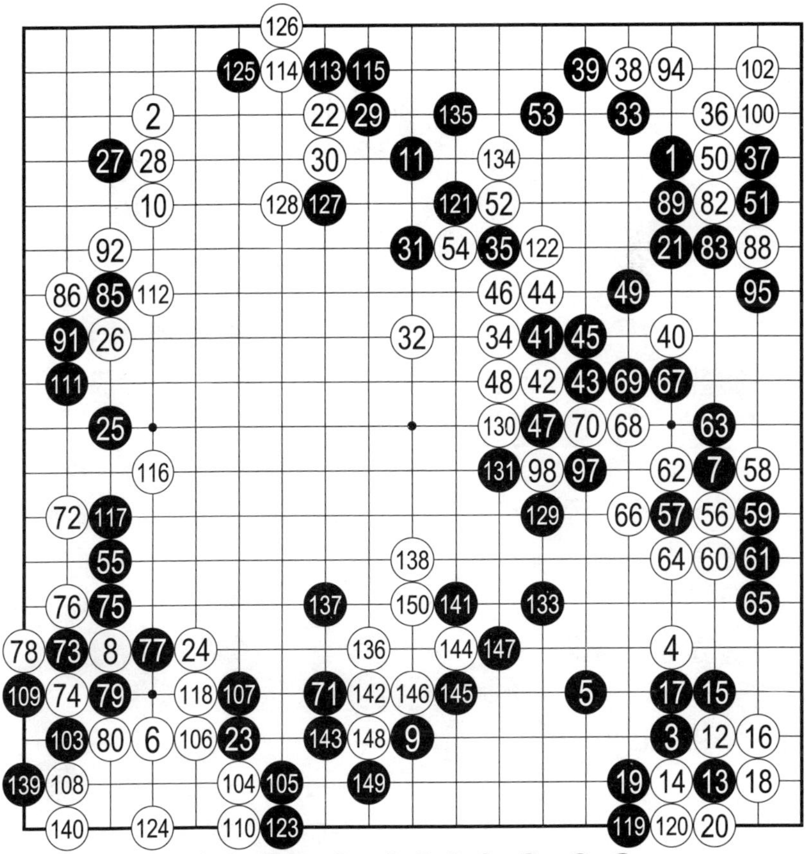

81 87 93 99 = 73　84 90 96 101 = 8　132 = 47

（1–150）

黑方　陈祖德

白方　工藤纪夫　六段

黑171胜负手。然而，工藤六段疏忽了黑179、181，左上角出了问题。黑193改在194位，侵消腹空才是胜负手。白200是最后败着。如203位长，黑将无法突破。黑235挖是好手，又刮了2目。这是决定胜利的2目，意义极大。

工藤纪夫出生于1940年，23岁升为六段，36岁升为九段，是当年紧跟林、竹之后极有希望的年轻棋手之一。他的棋工整扎实，棋理清晰，技术全面，不下勉强的棋，显得老练和成熟。（陈祖德）

黑贴$2\frac{1}{2}$子　共287手　黑胜1子

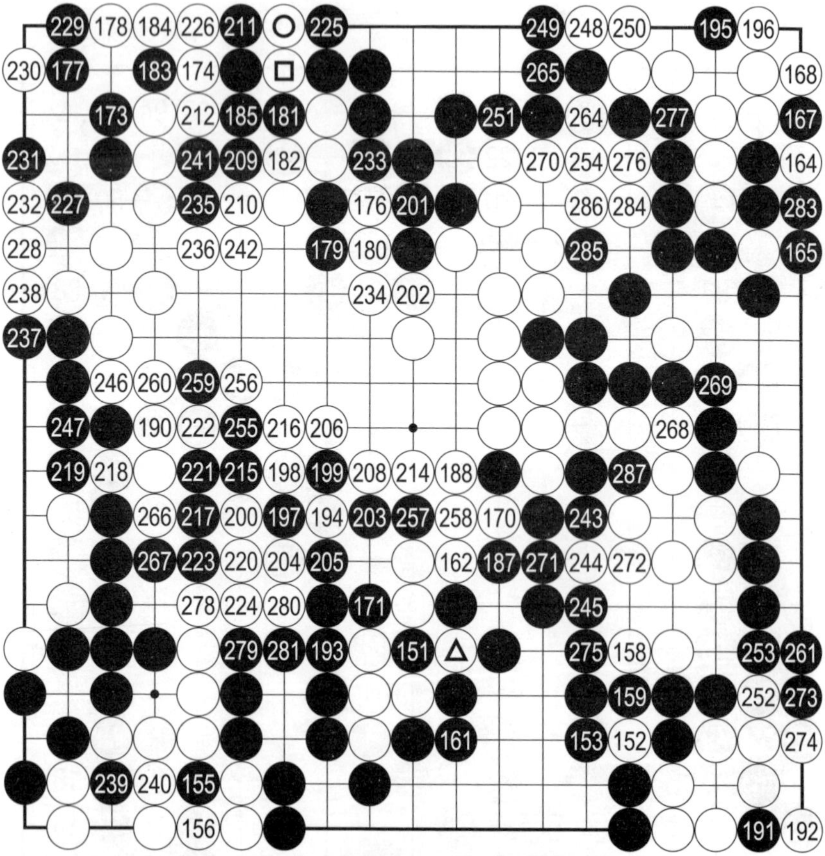

154 160 166 172 186=△　157 163 169 175 189=151　207=197　213=194

262=□　263=○　282=167

（151–287）

1965年4月18日弈于上海

日本围棋代表团访华比赛第七场

黑方　梶原武雄　八段

白方　陈祖德

白16挂，是我的快速布局法。黑17不可省。白24并是最强手。黑27碰，为28位冲做准备。至黑31翻打，一场激战竟出人意表地化解了。白38单长好手。黑43位置偏低。白44极具魄力。白48、50立即冲断，黑51、53不得已。白54以下是一道有相当难度的实战死活题。白步步紧逼，次序谨严。白74不如在下边拆。黑77紧夹争胜负。白78犯了战略性错误，应继续争夺中央来决定胜负。黑93枷吃后，以角为代价换取了厚势。白94是中腹势力消长的要点，在右边跳下也非常诱人。黑101出了毛病。白102平淡，实际上最严厉。白106靠是强手。至白114，这里的摩擦又和平解决了，白收获很大。白126欠妥，当先在129位爬。白136心情愉快。白140非常积极。黑141不甘示弱。黑147长，势成骑虎，在148位粘虽安全，实空就不够了。

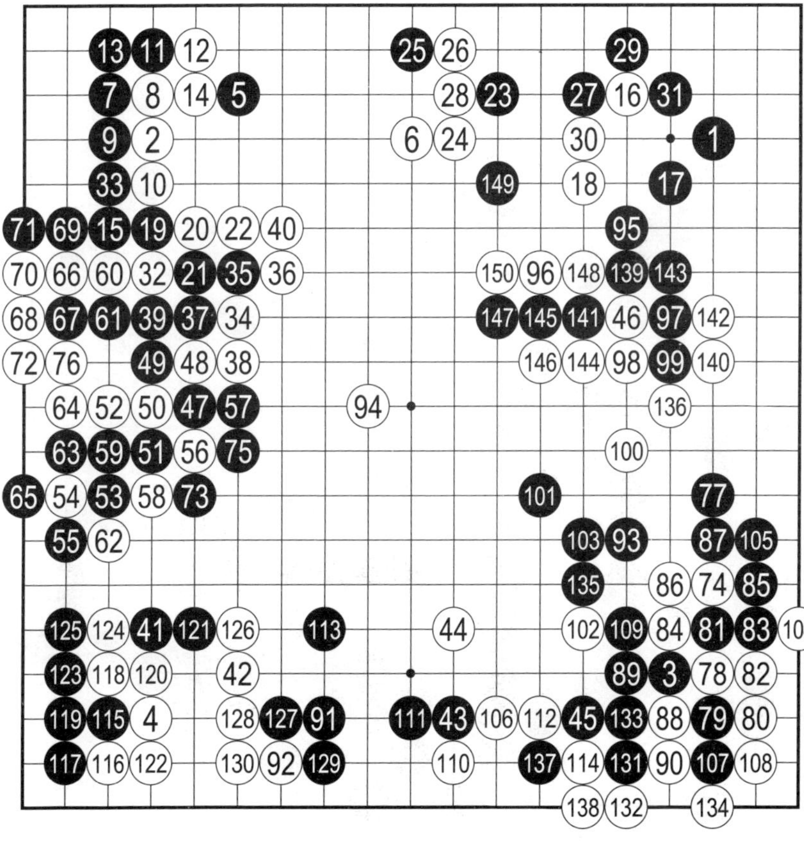

（1–150）

黑方　梶原武雄　八段

白方　陈祖德

黑179、181冲击，成败在此一举。黑183败着。白186打吃后，由于存在白180的硬腿，黑十余子反而被吃。黑209最大。白210花一手棋不妥，应219位冲。白226欠细。白230细。白232是我的如意算盘，被黑235闪电式的一点，我一下子乱了阵脚。白236又欠妥，应240位压。最终黑盘面多4目，由于收后而成和。

若干年后回顾和总结我的围棋生涯时，我可以骄傲地说这是最出色的一局棋，不但是这次比赛最出色的，也是文革前所有比赛中最出色的，作为我的代表作当之无愧。（陈祖德）

黑贴$2\frac{1}{2}$子　共275手　和棋

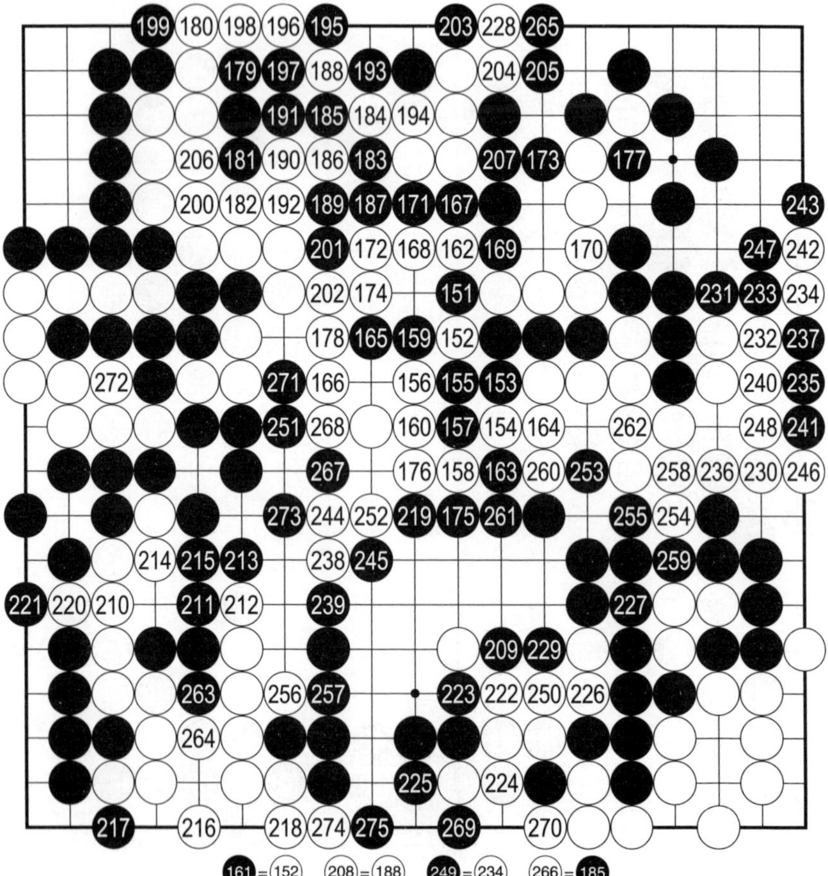

161＝152　208＝188　249＝234　266＝185

1965年4月20日弈于上海

日本围棋代表团访华比赛第八场

黑方　陈祖德

白方　梶原武雄　八段

白12、14正如我所预料。但黑15后，白已没有好棋可下了。白16连扳无奈。白24冲、26断完全是一种弃子手段。白32压是最关键的一手，如能无条件走到，就得到了足够的补偿。黑33是年轻气盛的必然。黑35只此一手。白36切不可掉以轻心。白38好手，采用轻灵的转换手法以削弱黑棋是正确的。黑39最强。白40又是好手。黑41冷静，若43位冲则上当。白42妙。黑43、45继续和白棋纠缠，不肯让对手安定。黑47次序好。黑63绝对。白68非当务之急。黑73、75既实惠又严厉，使白欲弃不肯，欲战不能，非常难受。黑83压极为紧凑。白84扳时，黑85断最善。白86先提次序好，可宽出一气。至90双方激战在所难免。黑91不可省。白94不得不然。黑95、97是先手，为将要到来的激战做准备。黑99好手，如贴住行棋反而欲速不达。黑101扳是强手，以下强封至关重要。白106只此一手。黑107抓住了白的要害。白108局部最佳。黑109断是最严厉的制裁。白112玉碎手段。白114只有断，与黑棋作最后周旋。黑115、117紧凑，至125，白彻底绝望。（陈祖德）

黑贴$2\frac{1}{2}$子　共125手　黑中盘胜

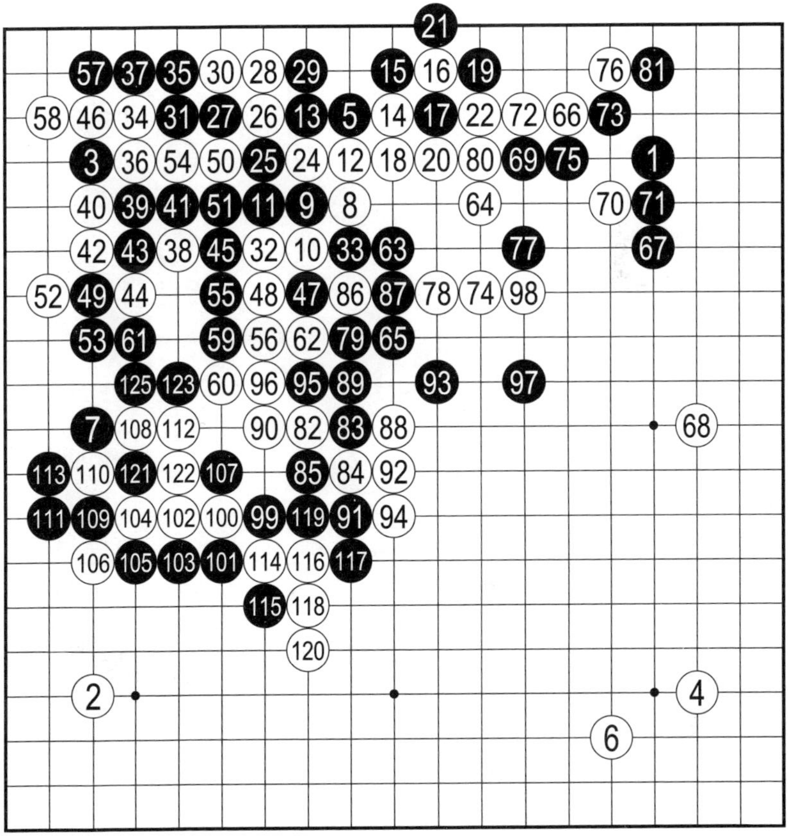

23=16　124=110

（1–125）

1965 年 4 月 23 日弈于杭州
日本围棋代表团访华比赛第九场

黑方　陈祖德

白方　梶原武雄 八段

开局左上是小雪崩定式的经典下法，现在来看局部白稍亏。右下白 30 的连扳是好手，至 38 飞起后白不错。右上面对白棋二五侵分，黑 45 选择有误，此时靠住或 56 位并会更好。白 60 吃角后形势不错。白 62 断开作战没必要，此时脱先即可，实战黑搂包舒服。黑 75 断后棋局再度混乱。白 80、90、94 的连续脱先展现了良好的大局观。黑 99 的小飞是本局主要败因，可能实战中判断有误，此时应在下方打入，那样黑可战。黑 127 靠是最后败着，此时应 132 位点了飞出，破坏白下方大空。此后手数虽多，但黑再无胜机。(陈耀烨)

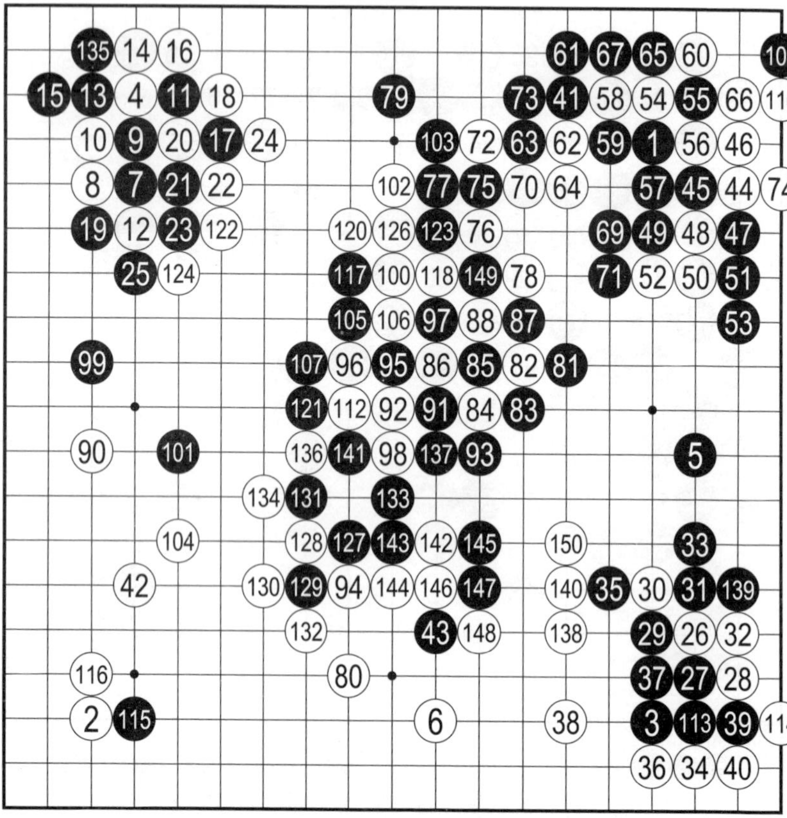

68=55　89=82　108 119=86　111=95　125=12

(1–150)

黑方　陈祖德

白方　梶原武雄　八段

在这次和梶原先生进行的6局友谊赛中，我以2胜3负1和失利，但中国流布局经受住了严峻的考验。跟梶原先生的较量对我棋艺的提高、思维的开阔、经验的积累和意志的锻炼，都有着难以估量的积极作用。再次向梶原先生表示诚挚的谢意。（陈祖德）

黑贴$2\frac{1}{2}$子　272手　白胜$6\frac{1}{2}$子

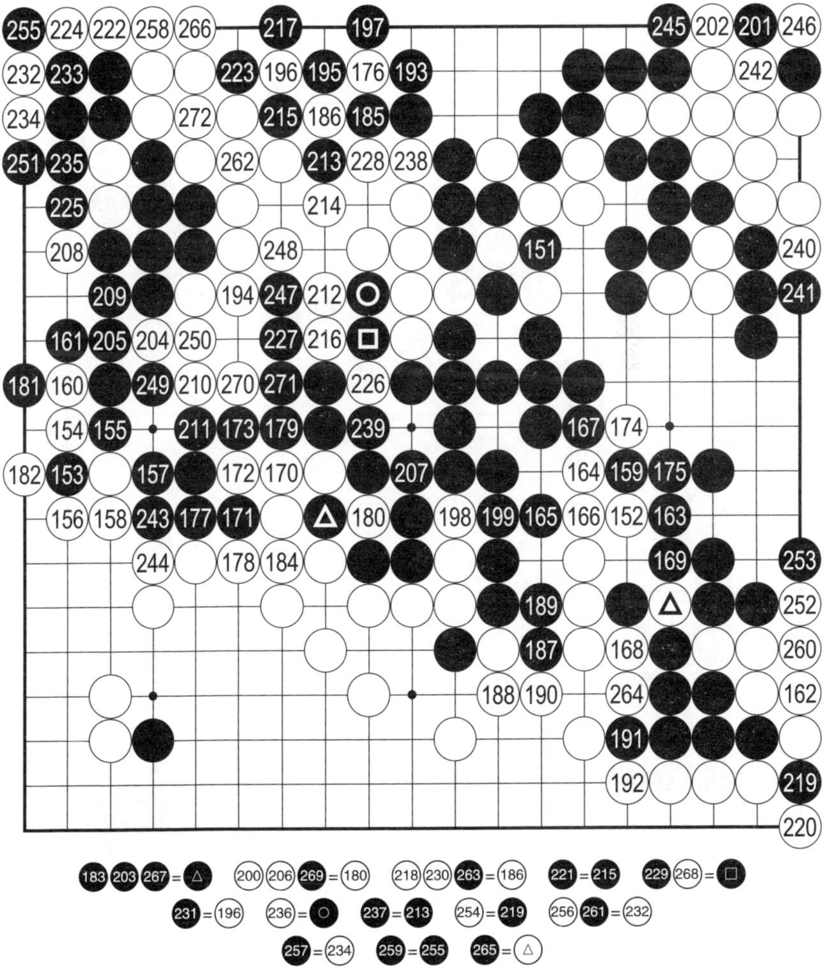

（151–272）

1965年7月18日弈于东京

中国围棋代表团访日比赛首场

黑方　原田稔

白方　陈祖德

这是1965年中国访日代表团的首场比赛。原田稔时称业余四大天王。黑5、7称为迷你高中国流，白6以常规中国流相对抗。黑9当时很流行，速度快，缺点是自己补没有适当着点。黑13，此后比较流行下30位，重视实利，就地做活。黑15当今已不多见。黑31追究白弱点，同时也撞自己气了。黑43想顺手便宜，遭到反击。白94、96简直是望外的收获，都托黑93帮忙，这一手当然应下94位。至白102先手活出，太大的成功。左上角竟然就此成空，黑当然大败。（华以刚）

黑贴5目　共118手　白中盘胜

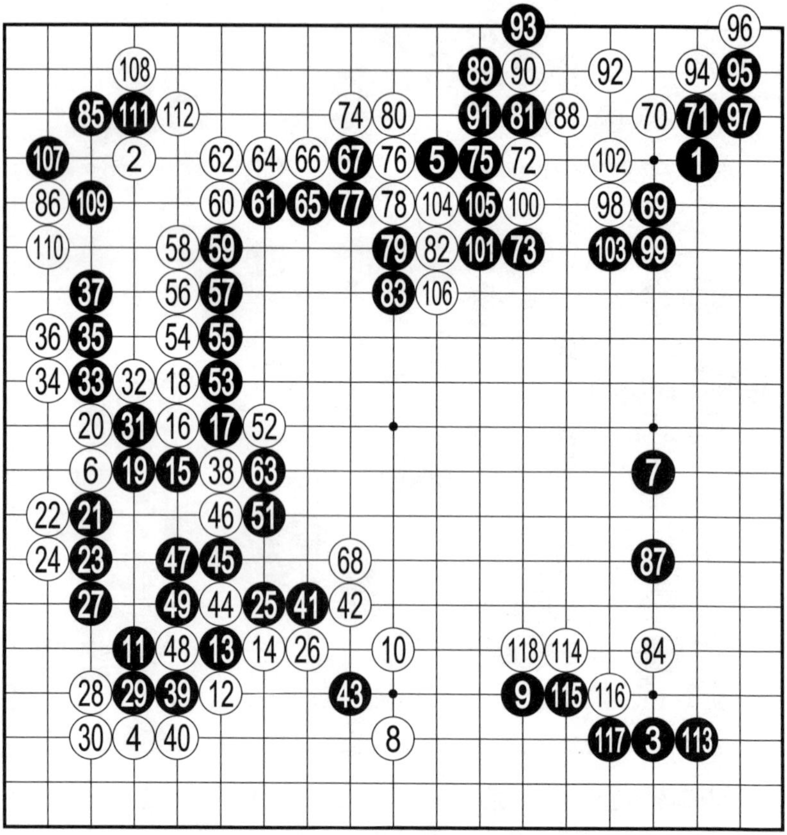

50=13

(1–118)

1965年7月20日弈于东京
中国围棋代表团访日比赛第二场

黑方　加田克司　八段
白方　陈祖德

中国代表团访日对局。

被黑5、7守两个角，以往定论是白不利。白6、8对此挑战。白22为止，后来几乎成定式。黑23目前进化为95位活净。白24后来流行于130位搜根。黑49整形良机，迫使白52屈服。黑53好手，接着黑55、57变厚，白58无奈呆接。黑59有气势。黑61至99，黑获得实利及安定，有利。（华以刚）

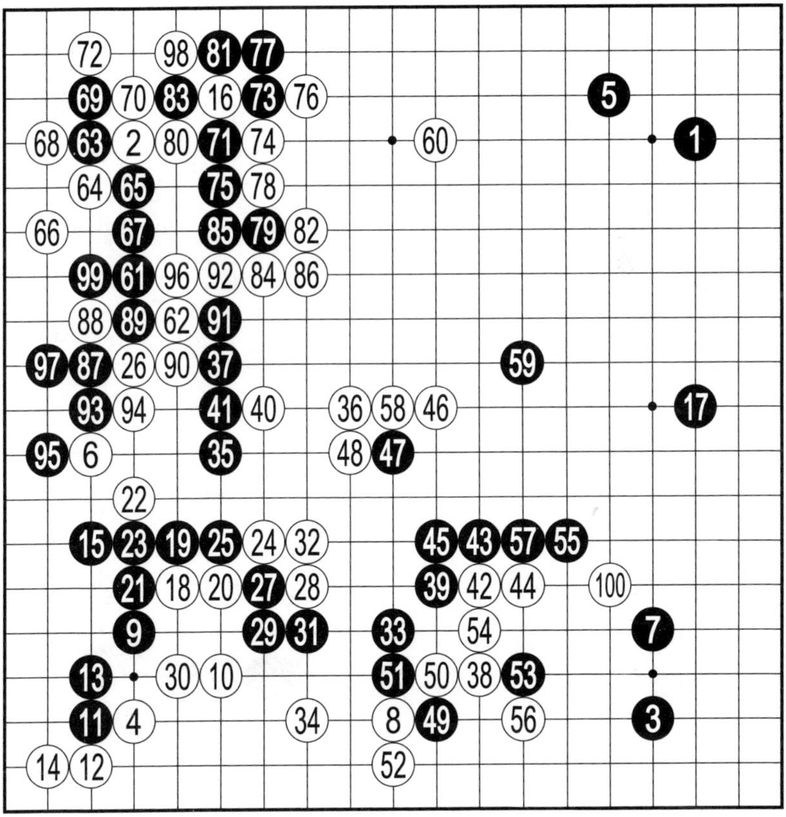

（1–100）

黑方　加田克司　八段

白方　陈祖德

白100至黑143，沧桑巨变。白144侵消黑右上角和右边是急务，可以考虑162位之类。白150轻率，遭到黑151的最强抵抗。黑155、157、159简明，白无计可施。（华以刚）

黑贴5目　共181手　黑中盘胜

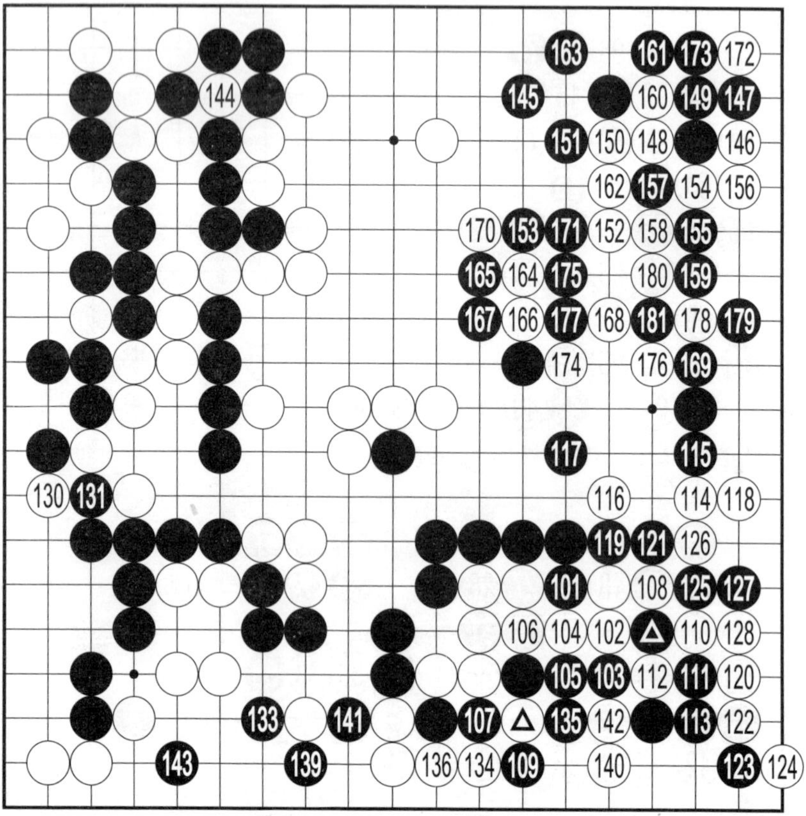

129 138 = △　132 = 112　137 = △

（101–181）

1965 年 7 月 22 日

中国围棋代表团访日比赛第三场

黑方　户泽昭宣　六段

白方　陈祖德

开局阶段，黑 23 碰的下法很有趣，形成转换后大致两分。白 32 二路小飞是老定式下法，现在来看更多会选择靠压黑 31。白 46 扳方向有误，此时于 47 位跳更好。白 62 断有些过分，被黑反断后白形不好。面对白 74 的靠，黑棋反击犀利，将上面围住后黑优势。黑 91、93 在优势下毫不手软。白 116 断进行最后一搏，但黑棋应对清晰准确，弃掉中间围住上面后胜定。（陈耀烨）

1965 年 7 月，我国第三次派出围棋代表团访日。团长是上海财经学院院长兼《围棋》杂志主编姚耐同志。在战争年代，姚耐同志是陈老总的部下。由于陈老总的提倡，新四军许多将领都喜爱下围棋。（陈祖德）

黑贴 5 目　共 141 手　黑中盘胜

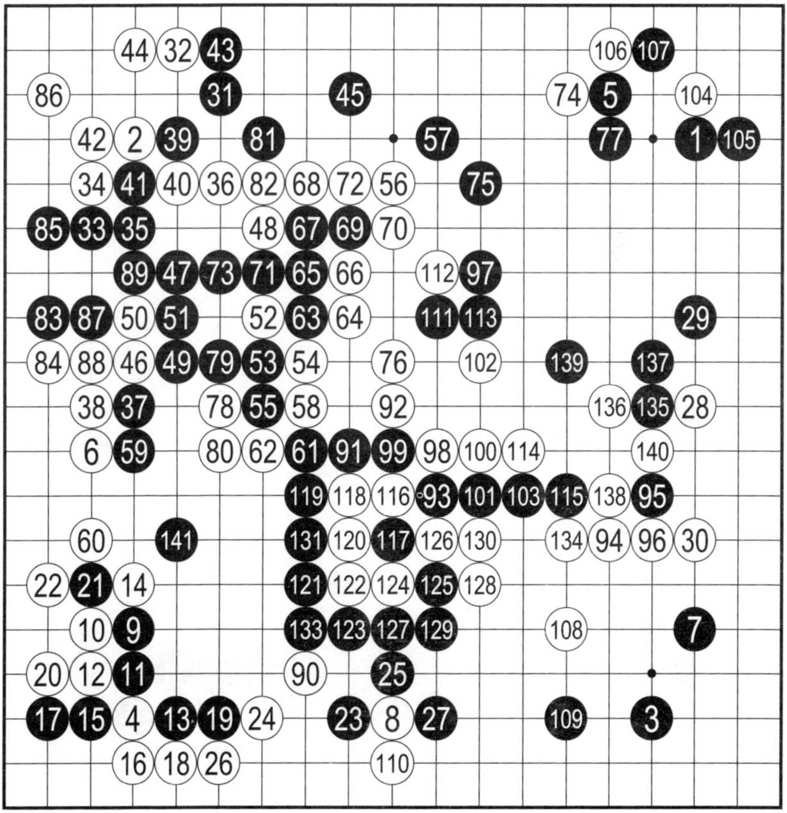

132 = 117

（1–141）

1965 年 7 月 25 日

中国围棋代表团访日比赛第四场

黑方　陈祖德

白方　桑原宗久　七段

开局白 16 的靠过分，黑反击后 21 贴不好，应 22 位长，再 26 位拐掉，则黑有利。黑 33 贴下作战过分，局部战斗有一定误算，实战至 56 形成转换，黑大亏。（陈耀烨）

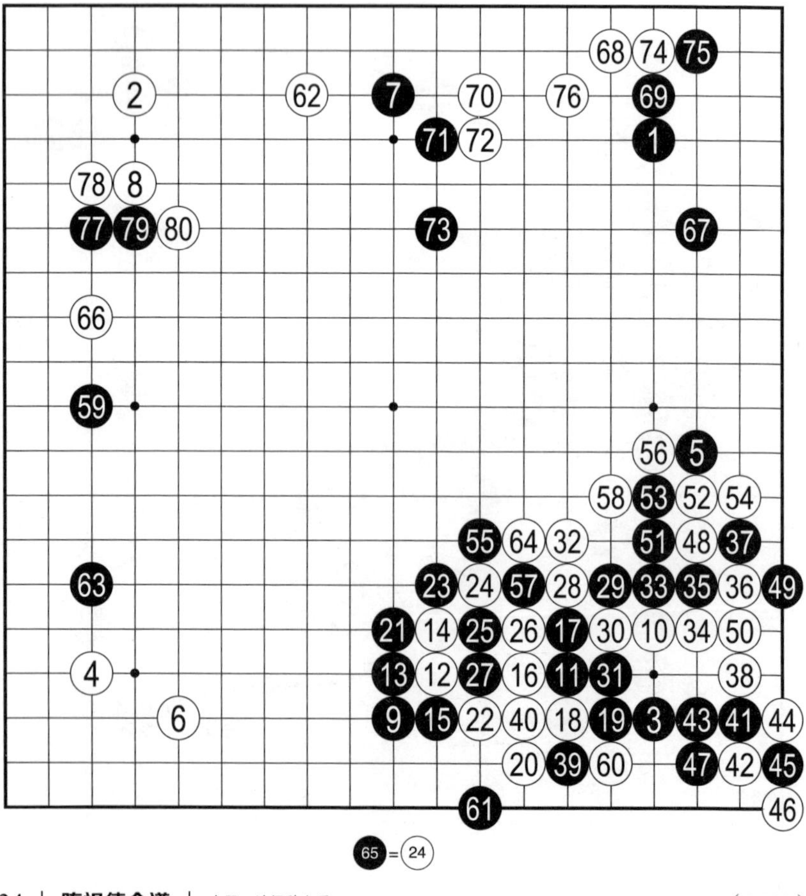

（1–80）

黑方 陈祖德

白方 桑原宗久 七段

左上战斗中，白84顶出没必要，此时四路长即可。白92、94是借调出头的好手。黑107提劫俗手，此时顶在119位难解。白112、116连环好手，计算精确，至130，黑棋上下方已无法兼顾。（陈耀烨）

黑贴5目　共164手　白中盘胜

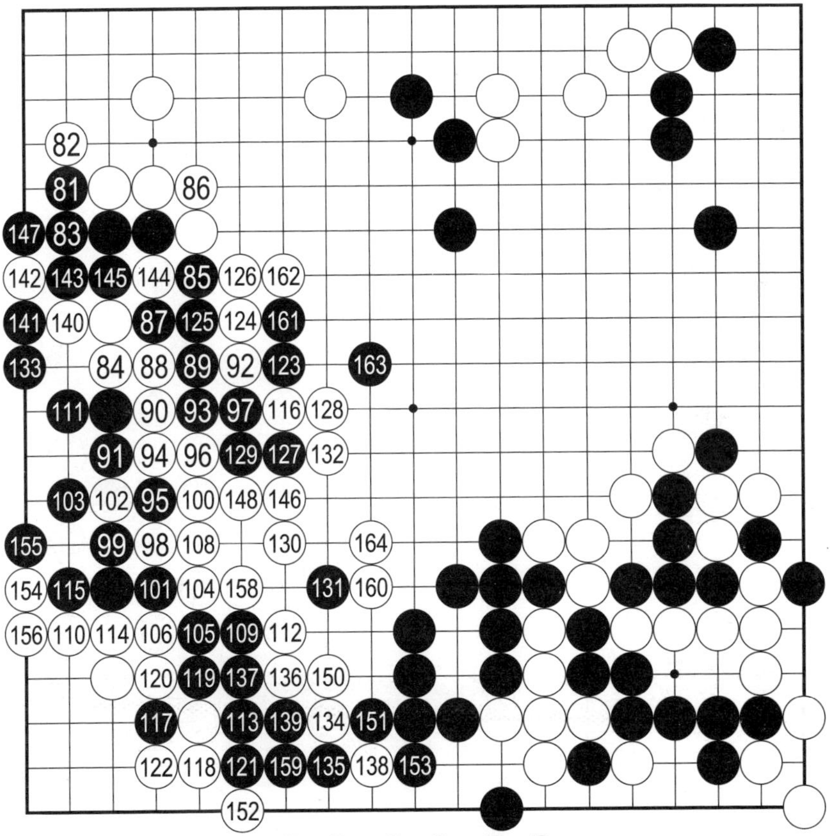

107=95　149=144　157=102

（81–164）

1965年7月28日弈于日本名古屋
中国围棋代表团访日比赛第五场

黑方　陈祖德

白方　酒井通温　八段

那一年访日的五位棋手几乎都采用中国流布局，俨然作为秘密武器。黑9扎钉较为少见。白10嫌急躁。白16方针正确。白18虎及时，黑19退不得已。白20厚实。左上白棋逐渐走强后，黑21非补不可。黑23、25不如不走。黑29攻击兼牵制。白30不甘示弱。白32再打入，显示了酒井先生很深的序盘功力。黑33只此一手。白34正着。黑37是实战手。黑41急所。白46紧凑，但付出了开花的代价，可能在48位左一路尖出较为妥当。黑53投石问路。黑61是坏棋，不如二路反扳。黑65尖凝重。白66后，黑的出路显得太窄了。黑71虎似乎最紧最强，但白72、74即将黑全部封住，顿时摆脱了被动。白86太缓，可能是优势意识过强。黑89、91是胜负手。白94挡，错过了一举取胜的机会。

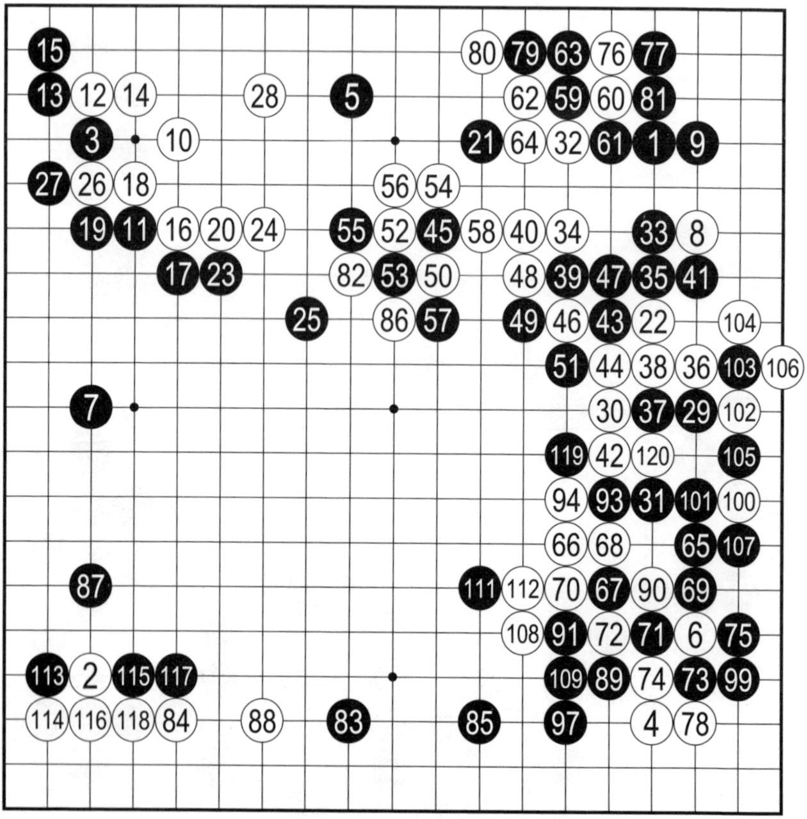

92 98 = 6　95 110 = 71　96 = 67

（1–120）

黑方 **陈祖德**

白方 **酒井通温** **八段**

黑113时机甚好，白很难应。黑119激烈。白120细致。白128稍一手软，局势就起了变化。黑133极大。黑135不肯弃三子近乎败着。黑147恶手。白148坐失良机，应149位点，可净吃黑棋。白阴差阳错地丧失了最后的机会，等于被黑便宜了一手棋。

酒井通温四兄弟都是职业棋手，这在围棋史上可以说绝无仅有。四兄弟不但棋艺精湛，对中国也十分友好。通温先生待人接物特别谦逊有礼，在日本棋坛很受人尊敬。1976年获大仓奖，1979获土川奖，1983年获“瑞宝”四等奖章。(陈祖德)

黑贴5目　共230手　黑胜2目

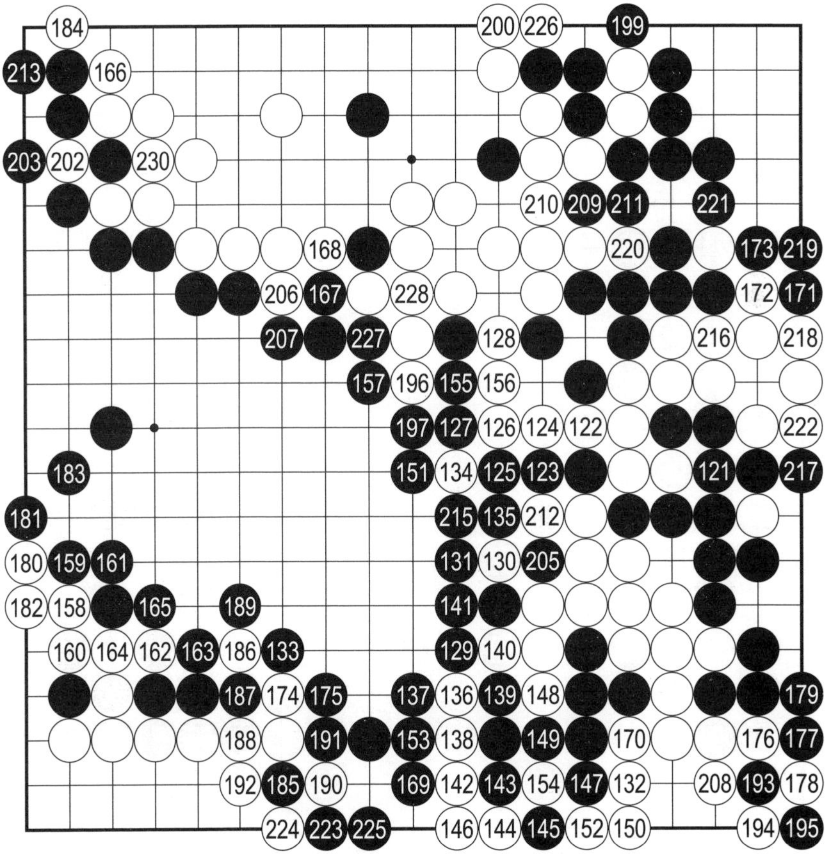

198 204 = 178　201 = 195　214 = 130　229 = 202

(121–230)

1965年7月31日弈于东京
中国围棋代表团访日比赛

黑方　平田博则
白方　陈祖德

中国代表团访日对局，平田博则时称日本业余棋界四大天王。

白6飞是陈祖德的独创，常用于六七十年代。白10亦然。白22、24先手定型心情好。所以黑21很想在22下一路拆一。白28后来被韩国棋手推向世界，但当时尚属少见。白40以下的定型法，志在中原，但是先送二三十目实利，白50还落后手，难言成功。白82防黑22位下一路夹。黑87强手，意在吞噬白86。黑89、91、93强手。黑97堪称愚形妙手，胜着。对此白竟无应手。白106遭到黑107脱先，差距拉开。（华以刚）

黑贴5目　共139手　黑中盘胜

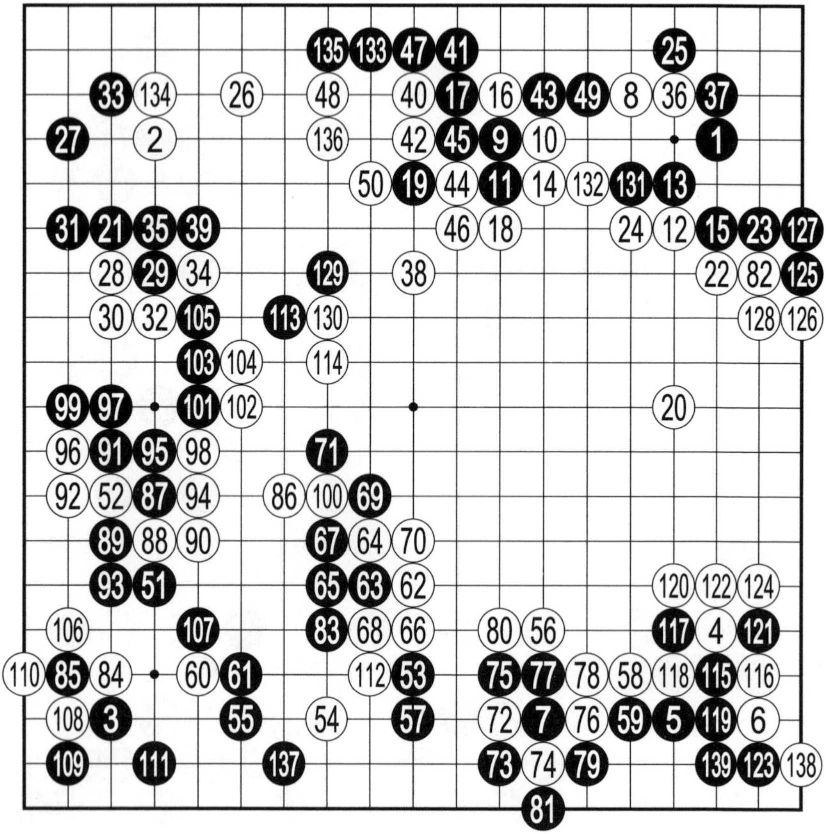

(1–139)

1965年8月2日

中国围棋代表团访日比赛

黑方　陈祖德

白方　大竹英雄 七段

黑13高拆二最佳。白14如在139位高挂，则黑于22位玉柱保角，白无后续手段。黑17有问题，至21，右下角并不很巩固，右上方的配置又稍显重复。白28是势力消长的要点。黑29很难下，根据敌之要点我之要点关了一手，远远威胁中央白棋，防止白势增长。白30有问题，因黑不能在30位长。白34又有问题，以103位镇为好。白40防御必要。黑41是攻击的机会。白44只得如此。白46、48不妥，被黑49挖后，不免处于被动，应先67位尖。至黑53，白左支右绌，左方的白势自然无法经营。白70如强烈地在71位长，则黑于70位拉出，对杀白差一气。至黑81双方必然。右上方白棋尚欠一手，白82脱先争胜负。黑83关无论如何当于94位接，应抓住白82的缺陷，实战还被白86先手便宜。白100守空正确，如左上方被黑打入，则地域无法争衡。

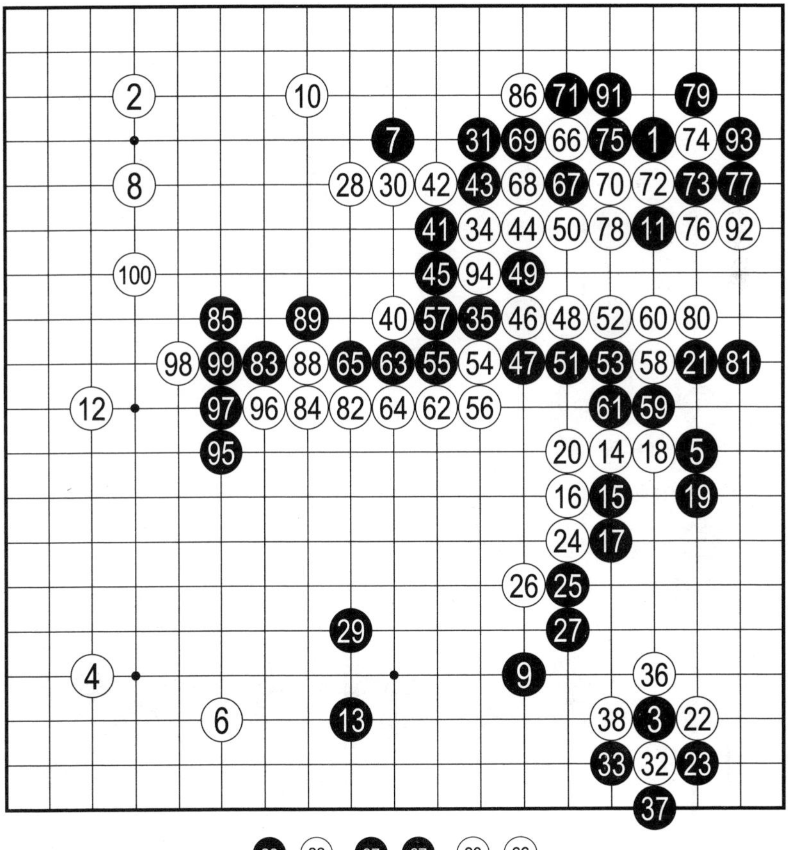

39=32　87=67　90=66

（1–100）

黑方　陈祖德

白方　大竹英雄 七段

由于右下角劫材太多，黑105补一手。白122断最激烈，意在打乱阵势，把局势导向复杂，最主要的是把中央加强，准备在右下角活动。白124是预定的，尽管这手棋没有把握，但这是争取胜利的希望和唯一路径。黑127也可以在130位点，能净吃白棋。黑133错觉，以为能净吃，结果却成劫，黑不能乐观了，当于172位挤。黑149当于152位接，左方黑棋就无被杀的顾虑。黑165最后败着，此处成劫，胜负遂定，当168位立。（陈祖德）

黑贴5目　共186手　白中盘胜

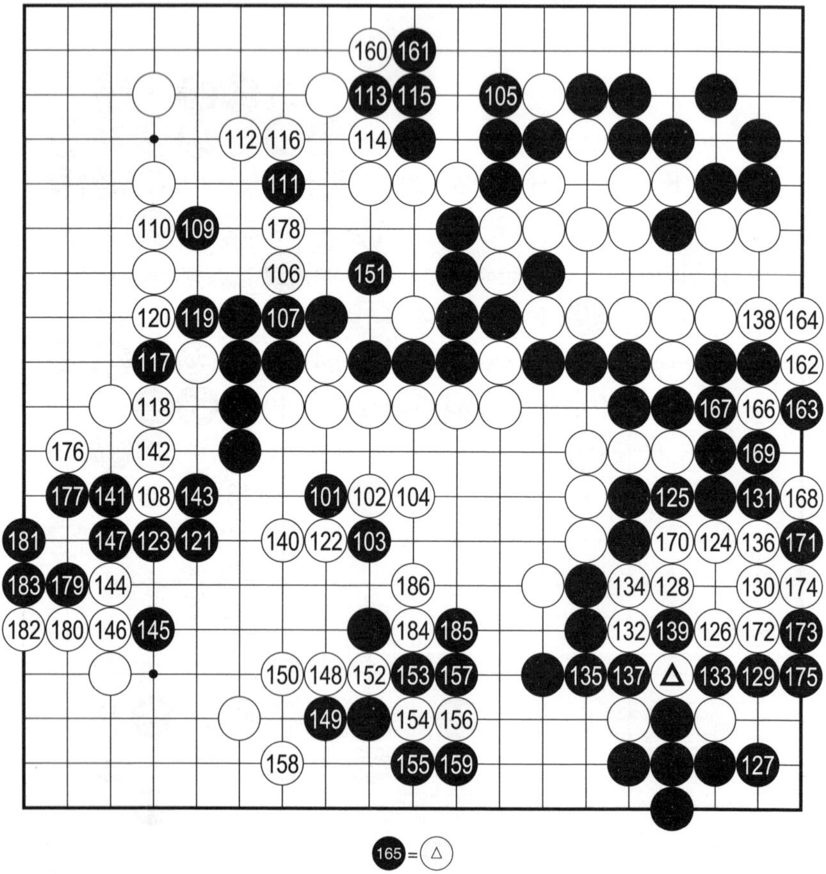

（101–186）

1965 年 10 月 13 日弈于北京

日本围棋代表团访华友谊赛

黑方　岩田达明 九段

白方　陈祖德

这是日本围棋代表团 1965 年第三次来访，由岩田达明九段任团长。这是我首次和日本九段分先比赛，结果只胜了一局。岩田九段确非等闲之辈。他是木谷门下的第一位弟子，1964 年升为九段。棋风稳健、扎实，有后劲，战功赫赫。他的仪表很庄重，给人以直爽和正派之感。（陈祖德）

一上来双方均以三三开局，这在现在是很难见到的。白 24 压俗手，28 位退回即可。右上方面对白 34 的肩冲，黑棋反击积极。白 42、44、46 太过勉强，战斗明显黑棋有利。黑 57 点时，白棋局部已不好动，只能弃子或者脱先。实战白落了后手，被黑抢到 75 靠，已是困难局面。白 126、128 形势不利下最后一搏，黑棋应对无误，顺利拿下此局。（陈耀烨）

黑贴$2\frac{1}{2}$子　共 145 手　黑中盘胜

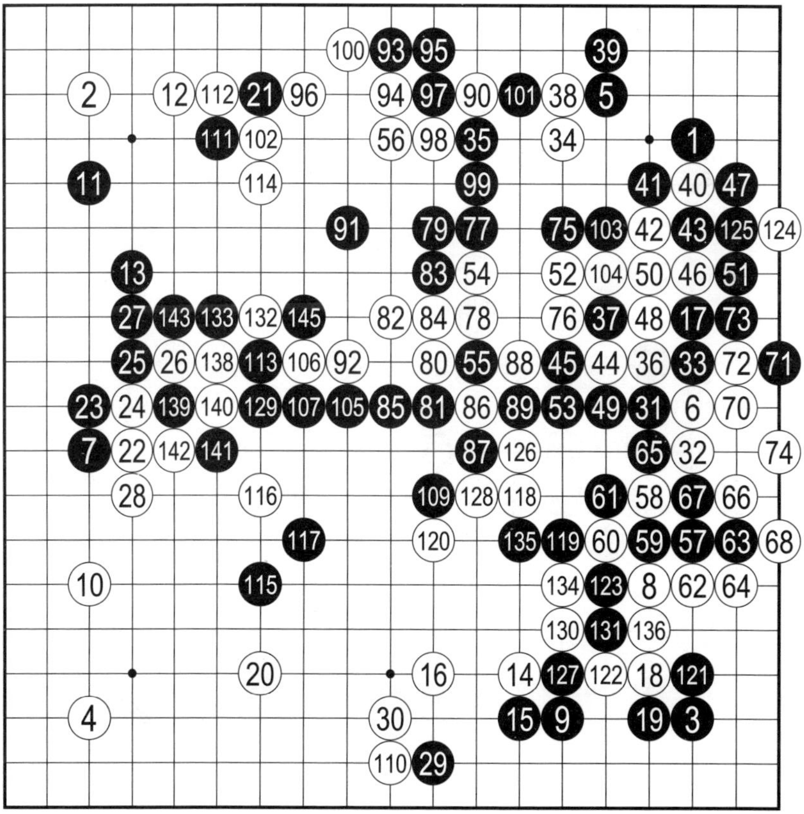

69 = 58　108 = 55　137 = 60　144 = 139

（1–145）

1965 年 10 月 15 日弈于北京

日本围棋代表团访华友谊赛

黑方　陈祖德

白方　岩田达明 九段

白 6 可限制中国流在下边的发展。黑 11 虽大，但在 15 位守角才是急务。黑 19 本手。白 20 点角时机甚好，22 是漂亮的次序。黑 27 转换强硬。黑 37 缓，不如 58 位靠。白 38 形之要点。黑 39 急躁、勉强，加速了失败，在 44 位飞才是本手。白 42 粘是正着。黑 43 非扳不可。白 44 反击。至白 52，攻守异位。白 54 好手。白 58 若 71 位挡，立刻要出问题。黑 59 贪吃上边三子，胆量之大今天看了都感到吃惊。白 62 不如 63 位粘。白 70 企图“大吃”黑棋。黑 71、73 是非常手段，直接在 73 位靠成效不大。白 74 何以不在 75 位挡呢？黑 75 至白 82 必然。黑 83 夺得左上角，白 84 利用厚势打入黑薄弱的阵地，势所必然。黑 85 走右一路较好。黑 91 靠含蓄不足。黑 93 没有更好的下法了。至白 100，黑所得甚少，留下不少残子难以解救，很不乐观。

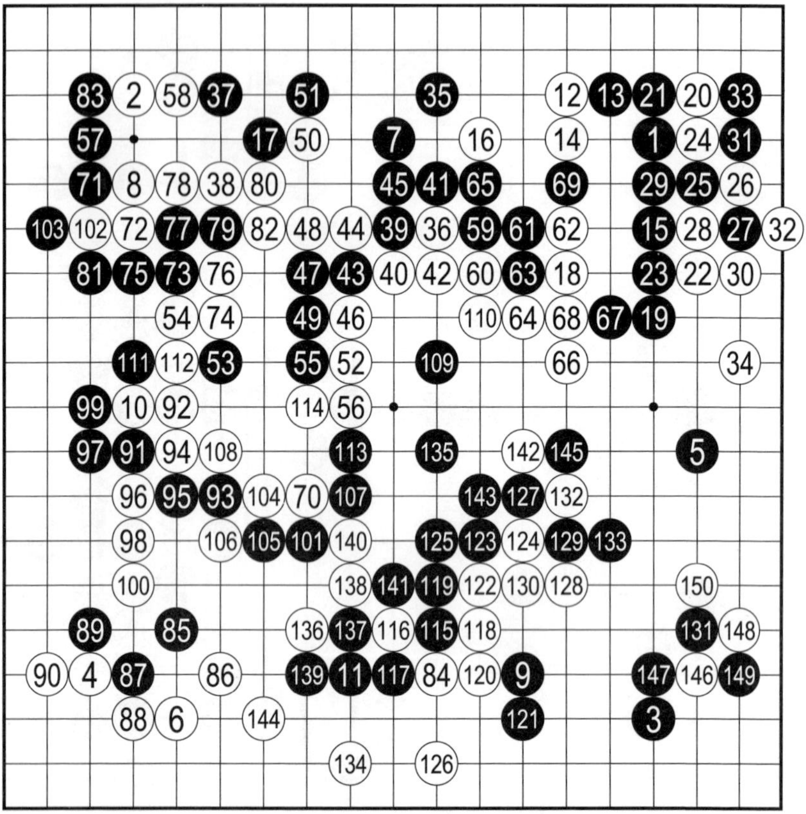

（1–150）

黑方　陈祖德

白方　岩田达明　九段

白 104、106 力求简明，但过于保守。黑 115 盖压不如下托，很遗憾在这里错过了一个极好的机会。白 122 正着。黑 123 如 126 位连，结果并不理想。黑 127 至 131，右下角虽然薄，但毕竟化成实地了。黑 135 欠妥，应 136 位尖。白 136 好手。至 144，白占了很大便宜。白 146 靠做准备，以下至黑 163 必然。黑 165 消除这里的缺陷，否则要出问题。白 166 官子手筋。白 170 不当，应挤住。黑 171 当 198 位扳。被白 172、174 先手得利，白的优势确立。黑 181 误算，当于 184 位扳，也许尚可一争。（陈祖德）

黑贴 $2\frac{1}{2}$ 子　共 283 手　白胜 2 子

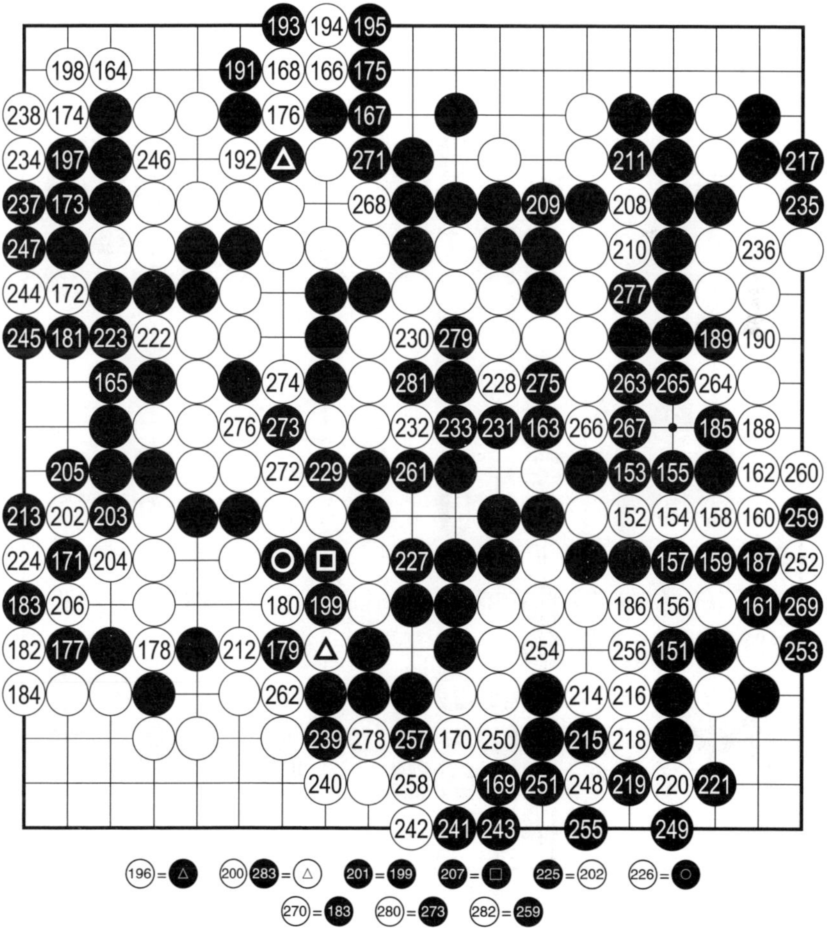

（151–283）

1965 年 10 月 17 日弈于北京
日本围棋代表团访华友谊赛

黑方　陈祖德

白方　刘谷启 八段

取材于1965年中日友谊赛。刘谷启，关西棋院八段，访问赛7胜3败。

按当时理论，想黑13夹，黑11就不宜先交换，应保留12点三三的机会。白24可以下12下一路，黑24位，白25位。白26是45位跨断的引征。白32贪图目数和眼位，遭到黑33、35强手反击，是乱战之源，应于44位接。黑55飞，序盘占优。白90是唯一补活要点。白100、102既想缠绕攻击黑大龙，又想伺机补厚右下角外围杀角，无奈全局太薄。(华以刚)

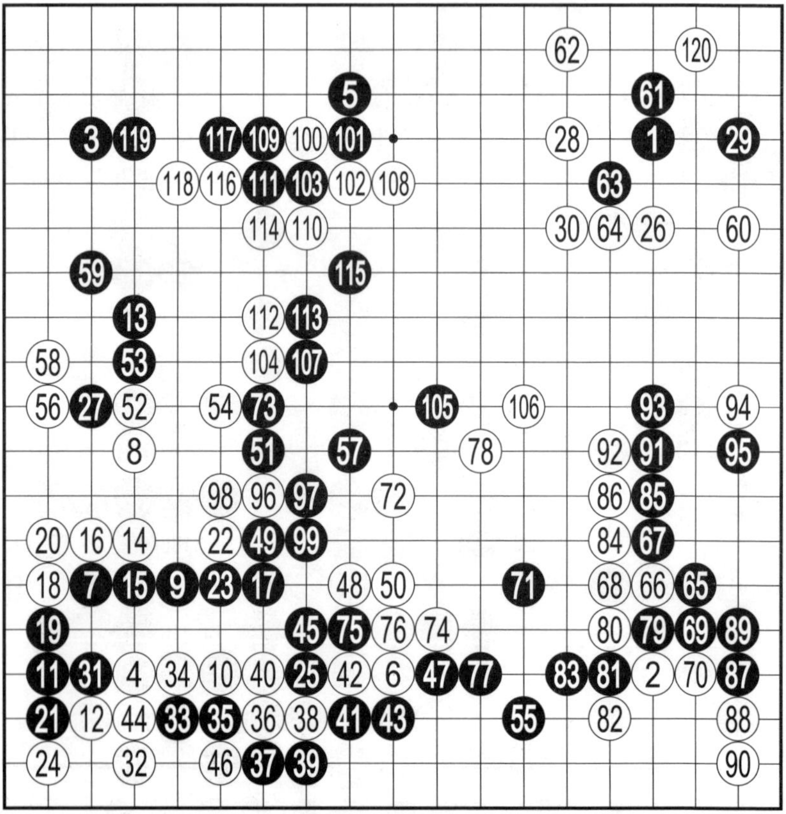

(1–120)

白 128 好歹补上，中原一队率先壮烈。黑 133 成劫正解。黑完胜。（华以刚）

黑方 **陈祖德**

白方 **刘谷启** 八段

黑贴2$\frac{1}{2}$子　共 215 手　黑中盘胜

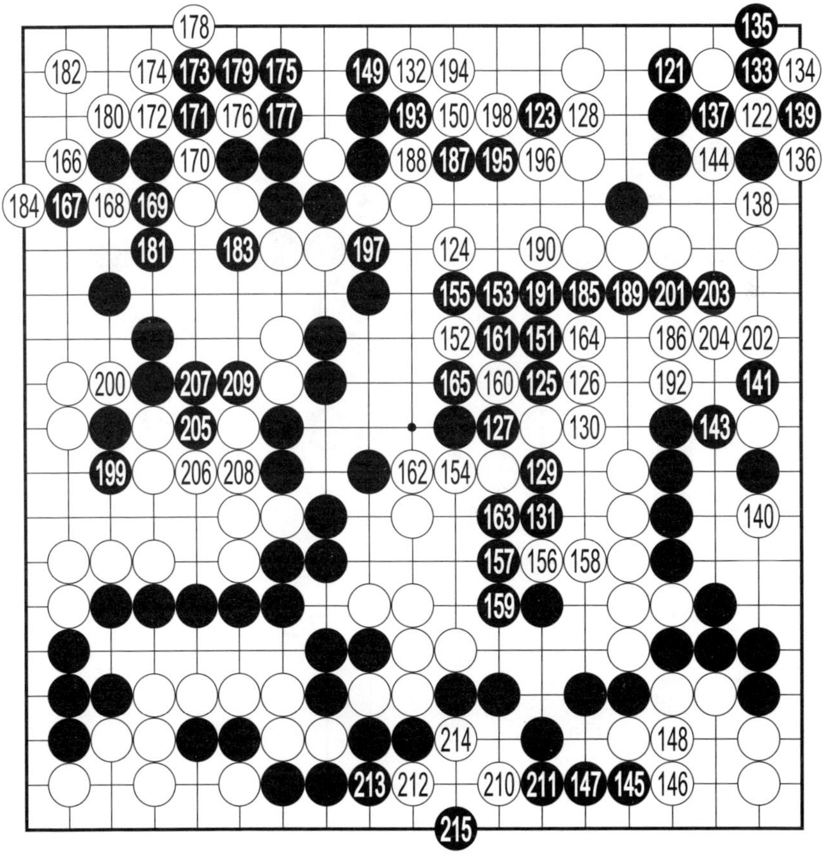

⑭②=⑫②

（121–215）

疑 1965 年 10 月 21 日弈于上海
日本围棋代表团访华友谊赛

黑方　陈祖德

白方　岩田达明　九段

开局左上角的黑 7 小飞在当年很流行。白 24 跳二罩住黑棋有些过分，黑 31 掐打出来严厉。黑 45 错失良机，此时如在 163 位跳封，局部对杀黑有利，白 48 飞出后局势再度混乱。黑 83 顶体现了陈老在战斗中良好的感觉。黑 107、109 均是注重大局的下法。白 116 靠时黑 117 应该挖，实战黑棋难办。（陈耀烨）

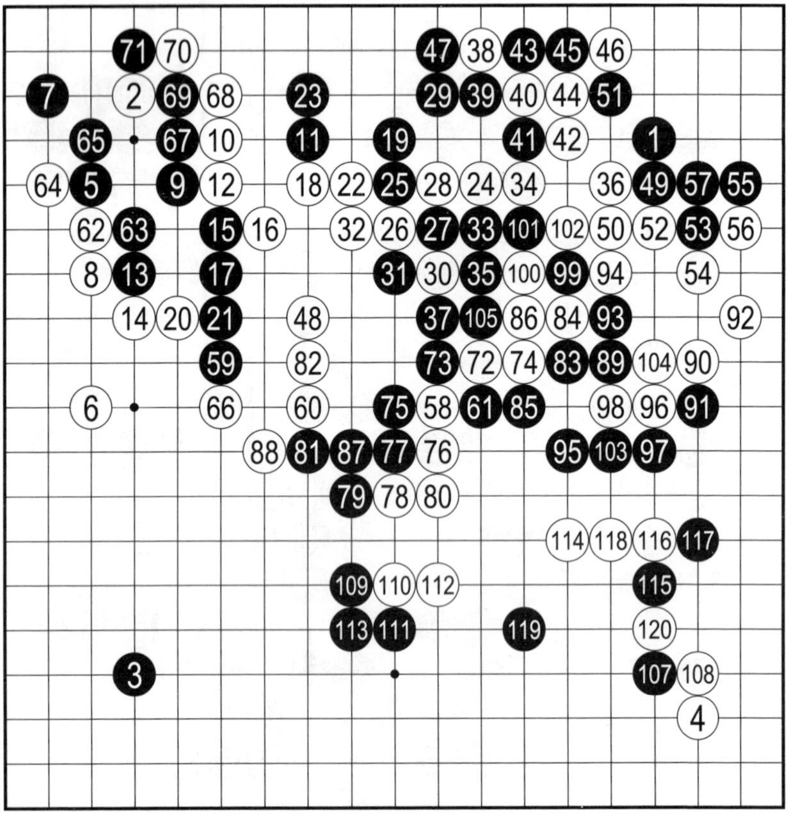

106=99

（1–120）

黑方 **陈祖德**

白方 **岩田达明** **九段**

白 152 放过黑棋，如 155 位粘住对杀，是白棋有利。不过即使按照实战进行，白 156 穿出后也是白优势。黑 171、173 进行最后一搏，体现了黑棋良好的胜负感和局部敏锐的棋形感觉。最终形成打劫，但由于劫材不足，遗憾落败。（陈耀烨）

黑贴2$\frac{1}{2}$子　260 手　白中盘胜

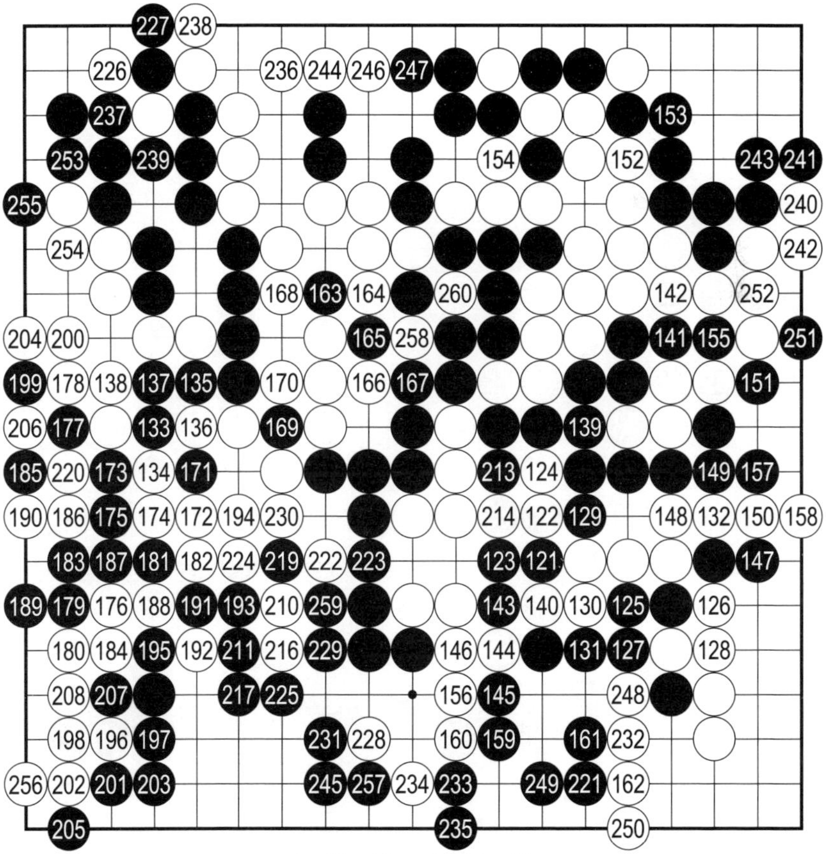

209 215 = 199　212 218 = 206

（121–260）

1965年10月23日弈于上海体育俱乐部
日本围棋代表团访华友谊赛

黑方　岩田达明 九段
白方　陈祖德

日本围棋代表团访华一行共赛十场。岩田与陈祖德共对阵七场，这是其第四场。

黑23改于42位尖，白走22左一路挡，黑23位再托，白24位，黑26位，白走2位右一路接，黑25位，速求安定也是一法。黑29后，瞄着黑92右一路，白92位，黑22上一路的严厉手段，所以白30绝对不可脱先。白32使34成为先手。白46、48进攻意识强，令人惊讶。黑63好手，至黑69顺利连通。白76先抢官子，78竟还如此逼近，反映出形势不利之程度。黑79至终局，堪称安全运转的模范进程。（华以刚）

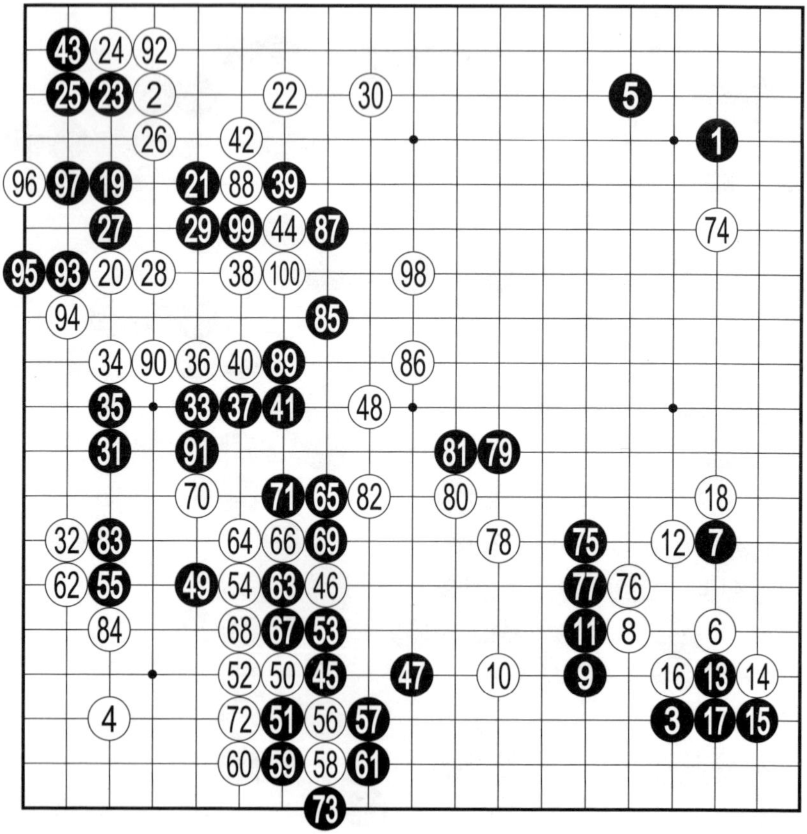

（1–100）

白104读秒打将，净损2目。

（华以刚）

黑方 **岩田达明** 九段

白方 **陈祖德**

黑贴$2\frac{1}{2}$子　共185手　黑中盘胜

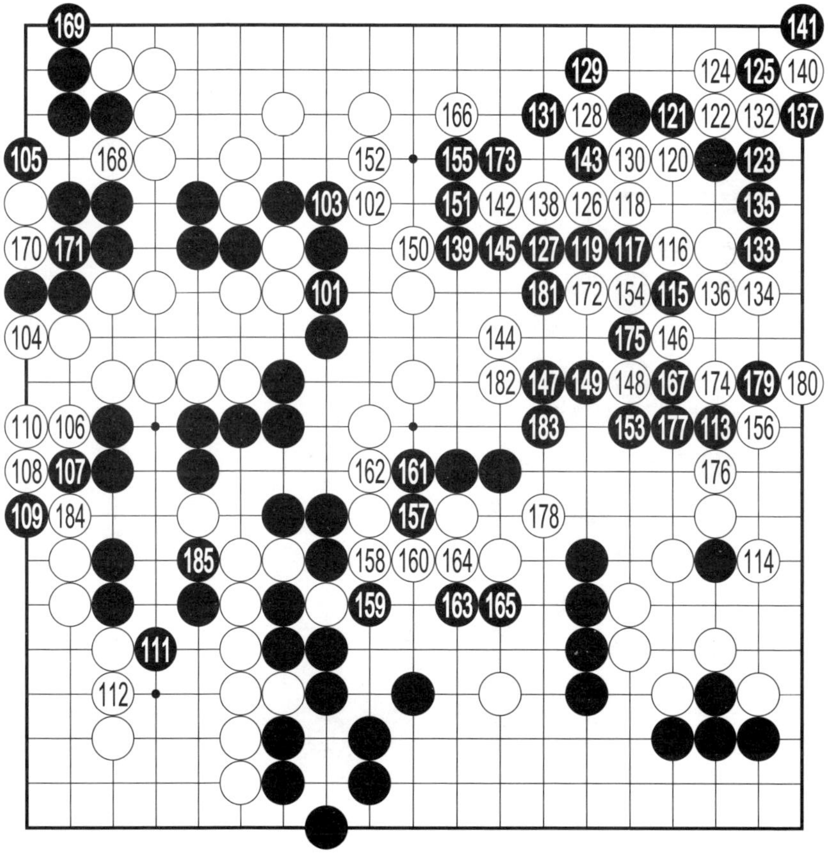

（101–185）

1965年10月25日弈于上海

日本围棋代表团访华友谊赛

黑方　陈祖德

白方　岩田达明　九段

白6远拆一路，是岩田九段摸索出来的对付中国流的办法。黑13三间高夹有挑战意味。白14点角时，黑15置之不理极为少见。黑17飞攻，正可发挥我的特长。白24、26俗手。白28立即活动有些勉强，但别无良策。黑29无疑已占主动。黑31有点俗，但很适宜，至35已简单将白分断，左边白三子相当重，序盘之初白棋之困境已见端倪。白36跳好手。黑47扳破坏了白的步调。黑49、51不让白卸包袱。白54趁机收空，好手。黑55、57次序好。黑59、61进一步得到利用。白66是苦肉计。劫争虽是白获胜，但黑走了85、87两手并不亏。白88飞象步有趣。黑89先整形，因为缺乏有效攻击中腹白棋的手段。白92以下照顾两块棋，无奈。至此，黑下得比较顺利，走到我的棋路上来了。

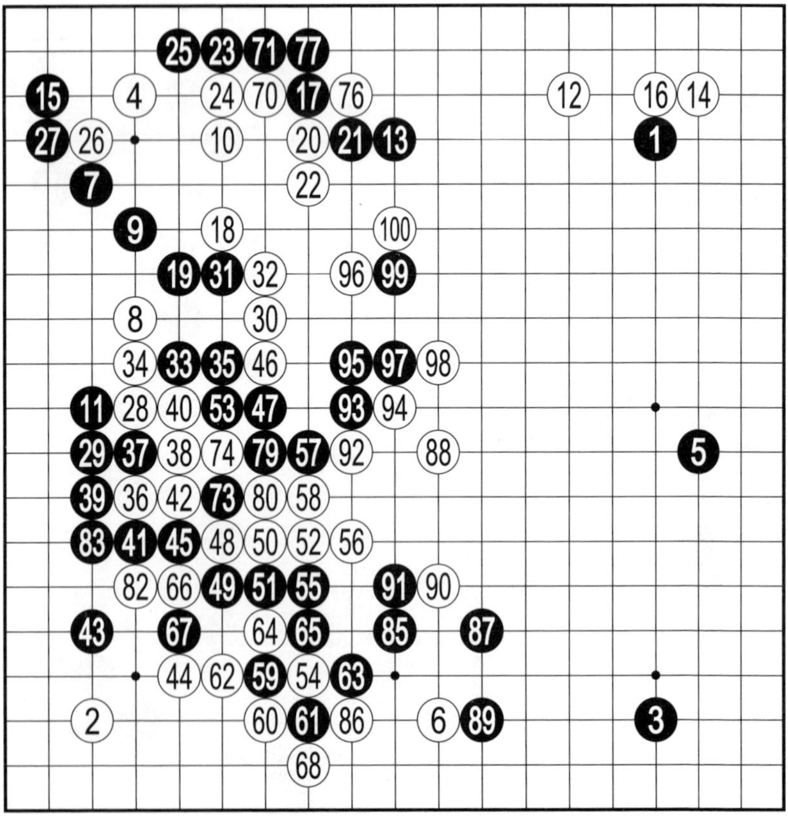

69 75 81 = 59　72 78 84 = 54

黑方　陈祖德

白方　岩田达明　九段

黑103好棋。白104非补不可。白106十分沉着。如果是我，可能会按捺不住在右下角打入。白108如此沉静确实显示出一种魄力。黑109很想在149位封空，但右下角不易全部化为黑地。白110靠，终于来了，但为时已晚。黑113立只此一手。白114刺失策，此时必须尽量破坏黑阵才能争胜，应111位上一路打吃。黑115、117后，白想走出棋来更不易了。白118挡再度失算，此时于127位拐是唯一胜负手。白124至130虽破了部分黑空，但右下黑地仍有近40目，且占到137的大棋，黑胜势明朗。白144碰制造纠纷。黑145强硬。白150割断了右边黑棋，但由于黑有151、153两步实用手筋，黑安心。至黑159，不但活得干净，而且得到相当实地，白已没有获胜的机会了。

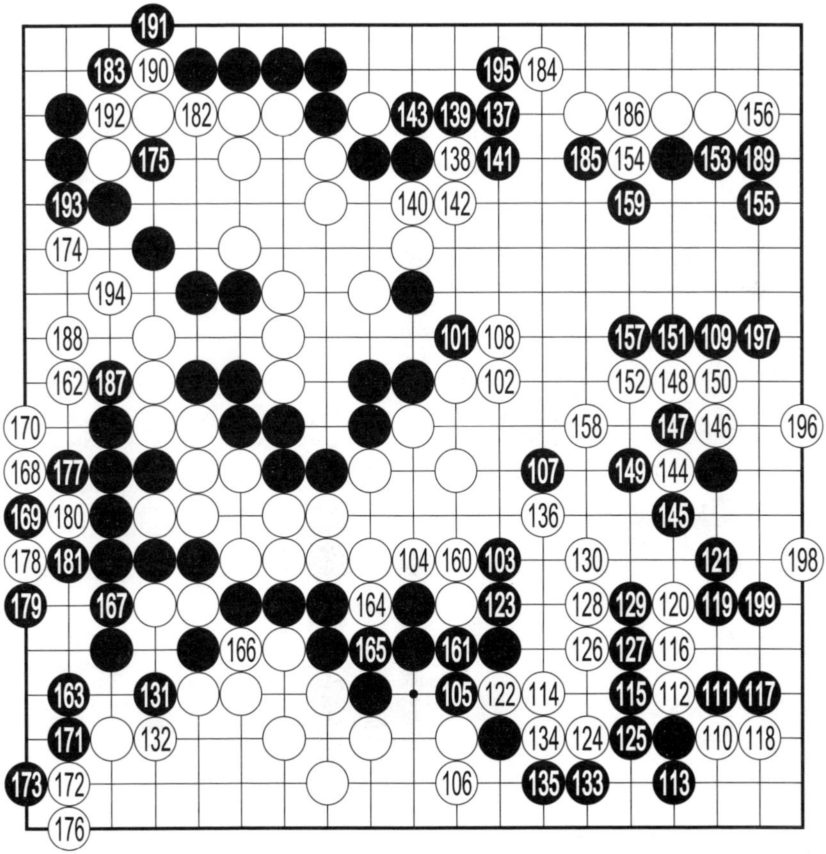

200=169

（101–200）

黑方　陈祖德

白方　岩田达明　九段

在上海体育俱乐部的二楼篮球场，我与岩田达明九段展开了第五次较量。前四局，我竭尽全力向他发起冲击。然而面对岩田九段深厚的功力和丰富的经验，我显得有点力不从心。但我最终不会对任何人屈服的。我在失败中吸取教训，努力克服自身不足，不断总结经验。我也不断寻找岩田九段的弱点，并从中看到了希望。

本局是我国棋手分先情况下第一次战胜日本九段，意义不言而喻。新中国的年轻棋手经过不懈的努力，终于跨上了一个新台阶。（陈祖德）

黑贴$2\frac{1}{2}$子　共296手　黑胜5子

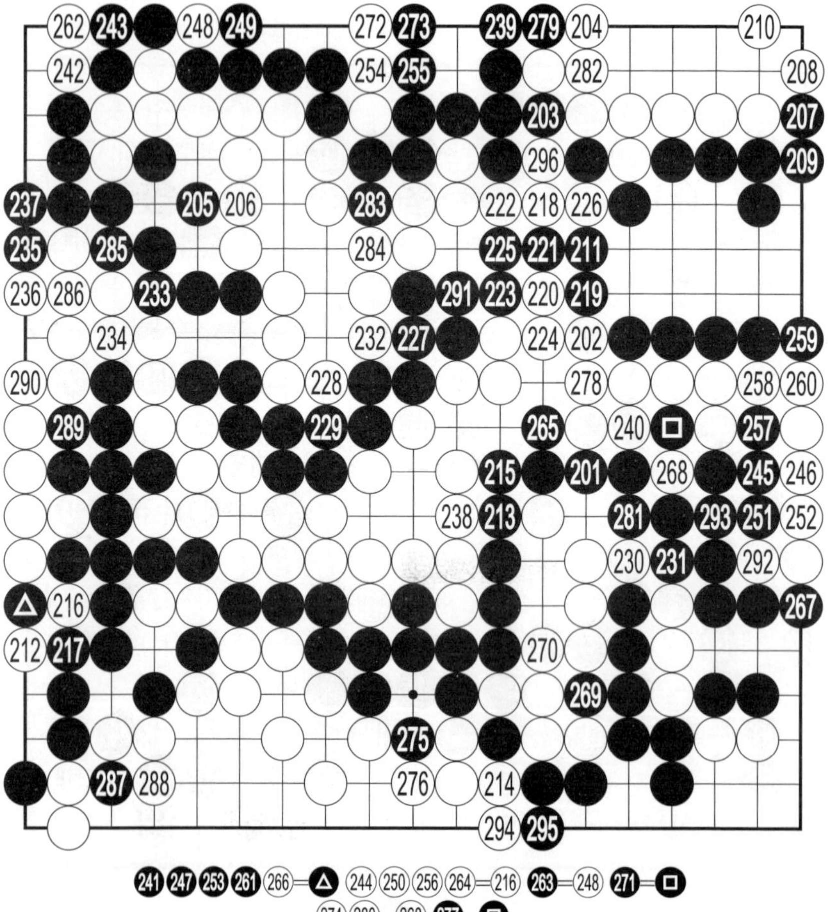

1965 年 10 月 27 日弈于上海
日本围棋代表团访华友谊赛

黑方　陈祖德

白方　刘谷启 五段

白棋布局下得非常灵活。右边白 50 打入稍显过分，黑棋贴出后战斗较为有利。黑 81、83 扳了连扳极为严厉，将白分割成两块。但黑 95 飞问题手，贴出即可。黑 101 重大失误，被白飞住后无法出头，直接死亡。实战只能选择强杀左边白棋，但由于黑棋并不厚，白棋做活不难，白 156 虎后黑难以为继。（陈耀烨）

黑贴$2\frac{1}{2}$子　160 手　白中盘胜

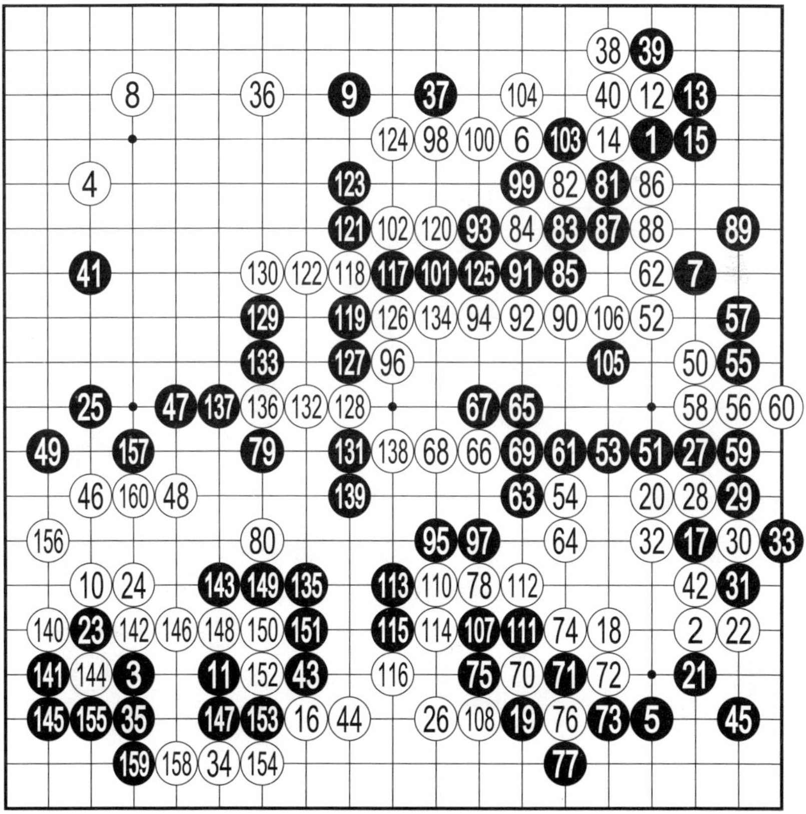

109 = 71

1965年10月29日弈于上海体育俱乐部
日本围棋代表团访华友谊赛

黑方　陈祖德

白方　岩田达明　九段

岩田对阵陈祖德第六场。黑9为止，黑抢占三条边，白固守两角。白10如按传统于23位，则黑于43下一路飞，当初的黑7就显生动了。按“入腹争正面”，黑15阻止白再跳此点，扼要。白16好手：首先欺黑征子不利；其二多了18，白20总是多一分安全。白36“逢方必点”，正是时机。黑37进攻意识虽强，也有可能过分了。白38没有贴住气，有缓手之嫌。此手应当38上一路，黑走38右一路，白这才走38。下一手黑如何防白241位，应当很为难。此后乱战，白稍有利。（华以刚）

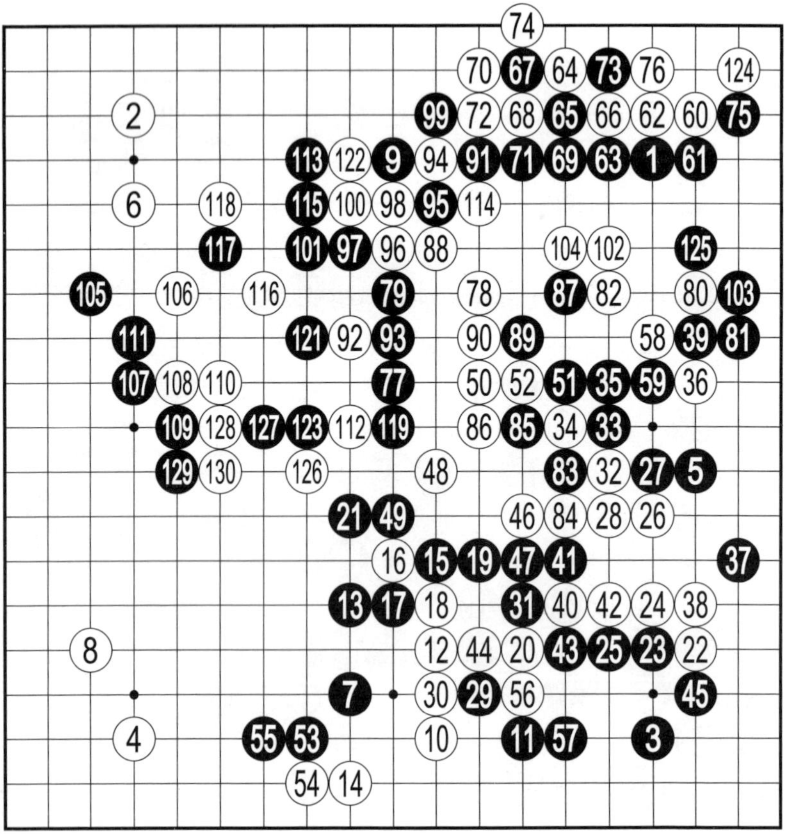

120＝94

（1–130）

黑方　陈祖德

白方　岩田达明　九段

黑贴2$\frac{1}{2}$子　共266手　白中盘胜

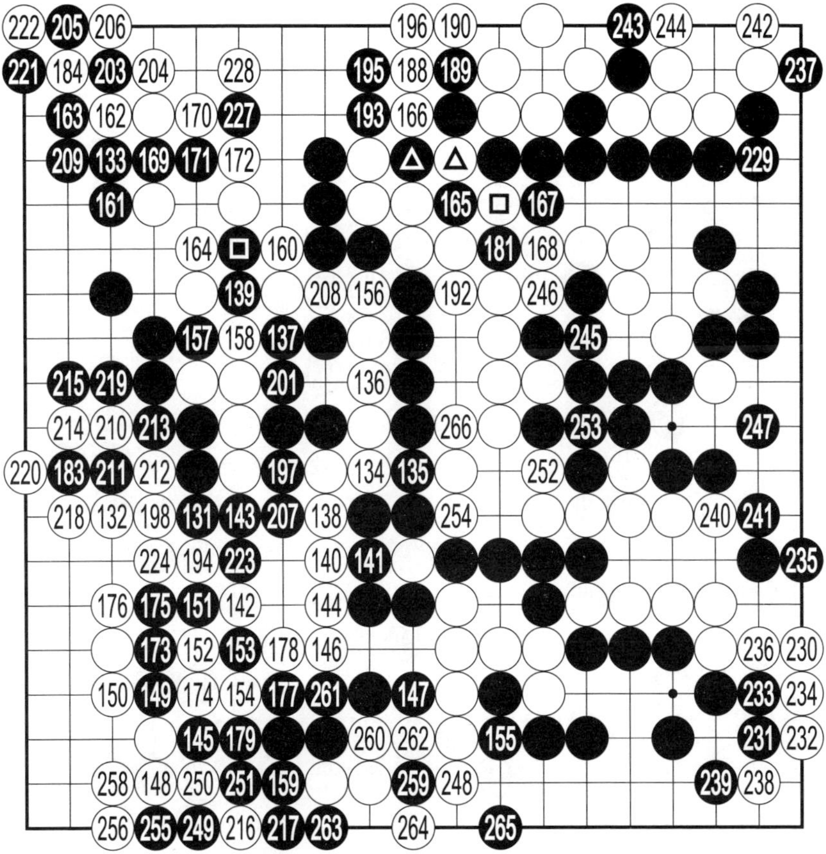

180=153　182　187=△　185=▲　186=□　191=181　199　202=139

200=■　225=205　226=203　257=216

（131–266）

1965 年 10 月 31 日弈于上海体育俱乐部
日本围棋代表团访华友谊赛

黑方　岩田达明 九段
白方　陈祖德

岩田对陈祖德第七场。白 8 是中国流的思路。白 12 重视行棋速度。白 22 比常规多拆一路。黑 25 在当时几乎是“只此一手”，后来进化出 30 左一路尖，更加实惠。黑 31 正形。白 36 意在先手获得若干眼位，再 181 位出头。黑 39 针锋相对，要先手阻渡。白 40 是意料之外的强手，至白 44 双方势成骑虎。白 48、50、52 次序精妙。黑 55 开劫果断无比！借用日语就是：“君子豹变。”白 60 打不赢劫，只能连回。白大角秒变黑大角，出入巨大，黑成功。白 70 阻止黑 138 之类先手。黑 71 吃通，简明优势。（华以刚）

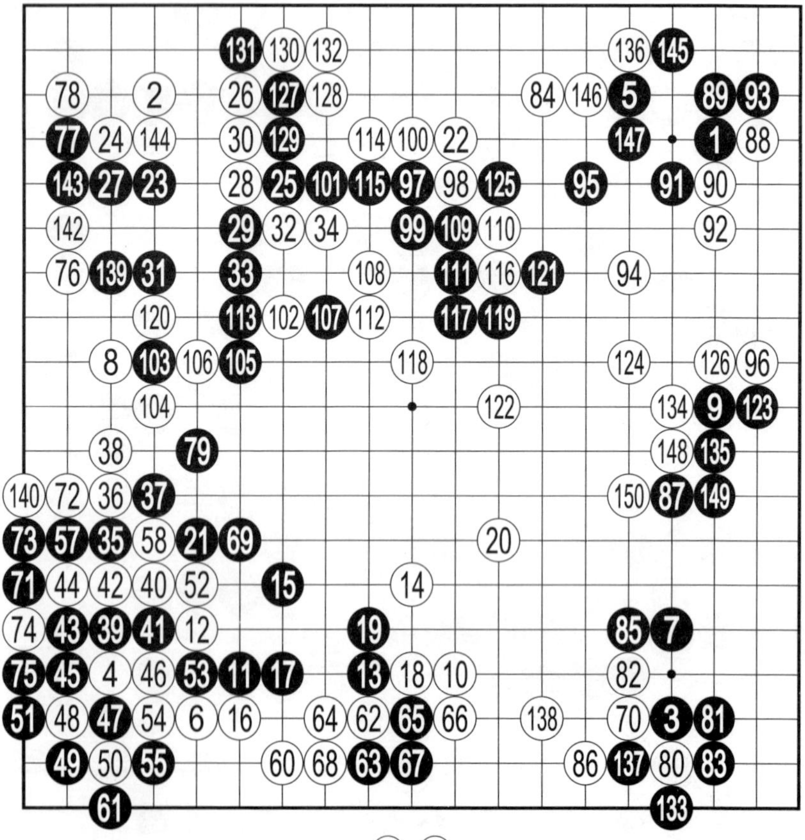

56 = 48

（1–150）

黑方 **岩田达明** 九段

白方 **陈祖德**

黑贴$2\frac{1}{2}$子　共 284 手　黑胜 2 子

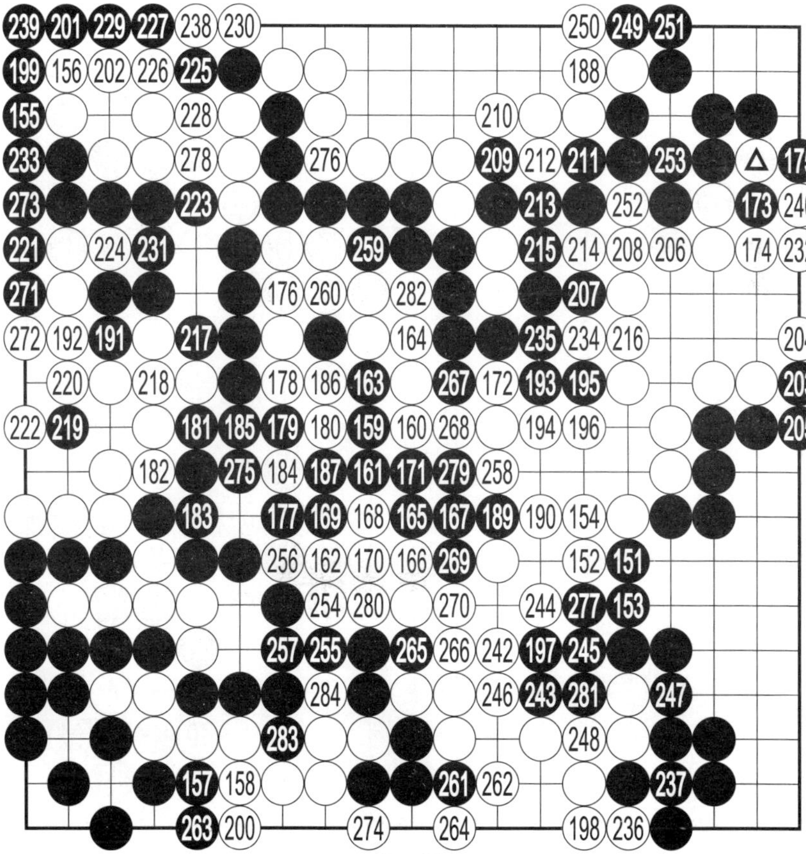

241 = △

（151–284）

1965 年 11 月 2 日弈于上海体育俱乐部
日本围棋代表团访华友谊赛

黑方　陈祖德

白方　谷宫悌二　五段

谷宫悌二，日本棋院五段，访问赛8胜1和1负，仅次于岩田达明的9胜1败。黑13是中国古棋下法，不仅重视实利，还暗含夺白根据地之意。黑15，笔者看到陈祖德这样下是第一次，也是唯一的一次。黑23应以安顿下边为战略重点。白38、40强烈，黑濒临崩溃。黑81必须紧气，很无奈。白92、94痛快。黑99遭到白100穿出，加速溃败。（华以刚）

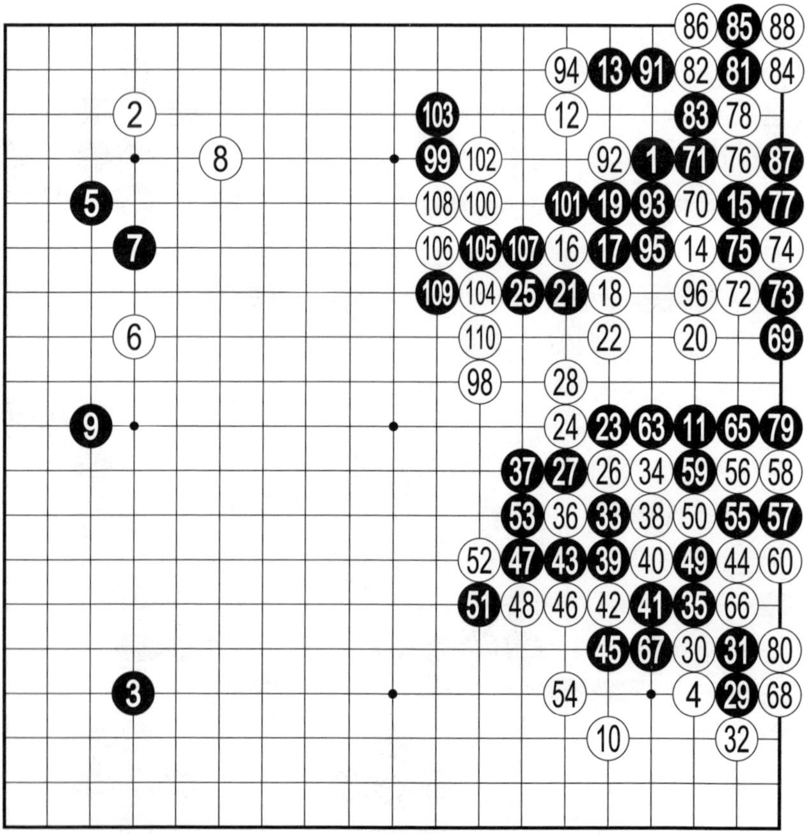

61 64=55 62=57 89=81 90=85 97=74

（1–110）

白118漂亮，获122的好形。白126再次先手大捞一票。白200放弃简单成活，敦促黑棋认输。至白212，黑棋被屠龙。黑自灭之局。（华以刚）

黑方 **陈祖德**

白方 **谷宫悌二** 五段

黑贴$2\frac{1}{2}$子 共210手 白中盘胜

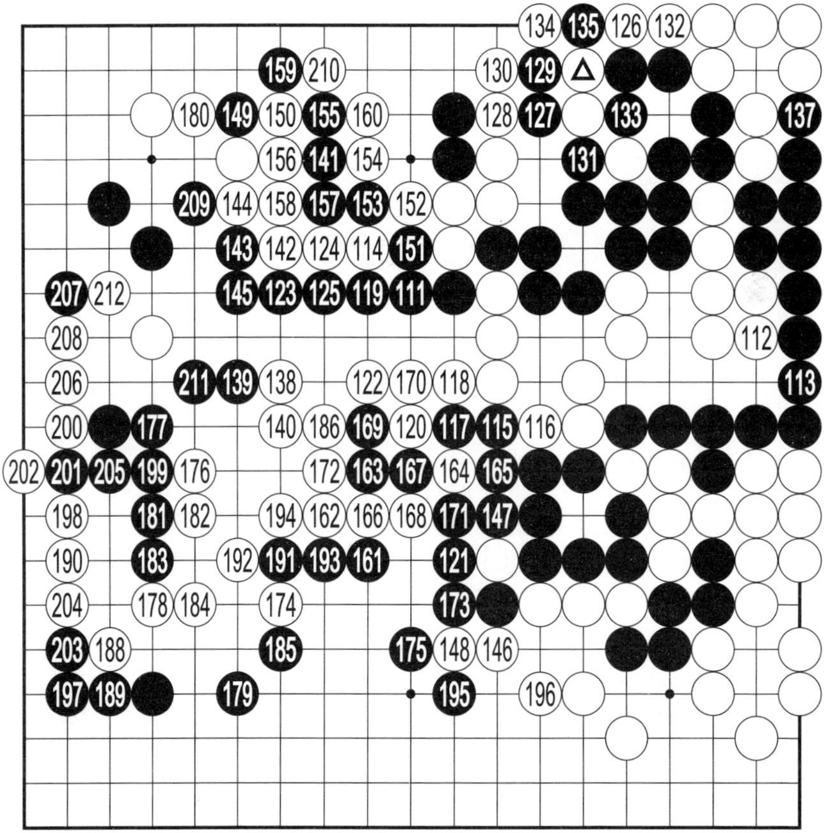

136=△ 187=164

（111–210）

1965年11月17日弈于北京

黑方　陈祖德

白方　岛村俊广　九段

文革开始前，日本围棋代表团最后的访华。黑1、3、5大胆求变，也可能意识到，常规战法难以奏效。白6、8先手分割角地，再12分投速活，意在简化局面，避免乱战。白16、18早早撞实右下角，乍一看非常屈辱。再细分析，迄今为止黑已到处投资，白12以下在黑的核心地带迅速安根，贤明之极。白28，自身安全第一。白42防黑走42位右一路跳，规范。注目白44不走44位下一路，极度本分。白86、88、90完全粉碎黑形。黑83于87位，白89位，黑85位，或优于实战。本局岛村九段不战而屈人之兵。（华以刚）

黑贴二子半　共120手　白中盘胜

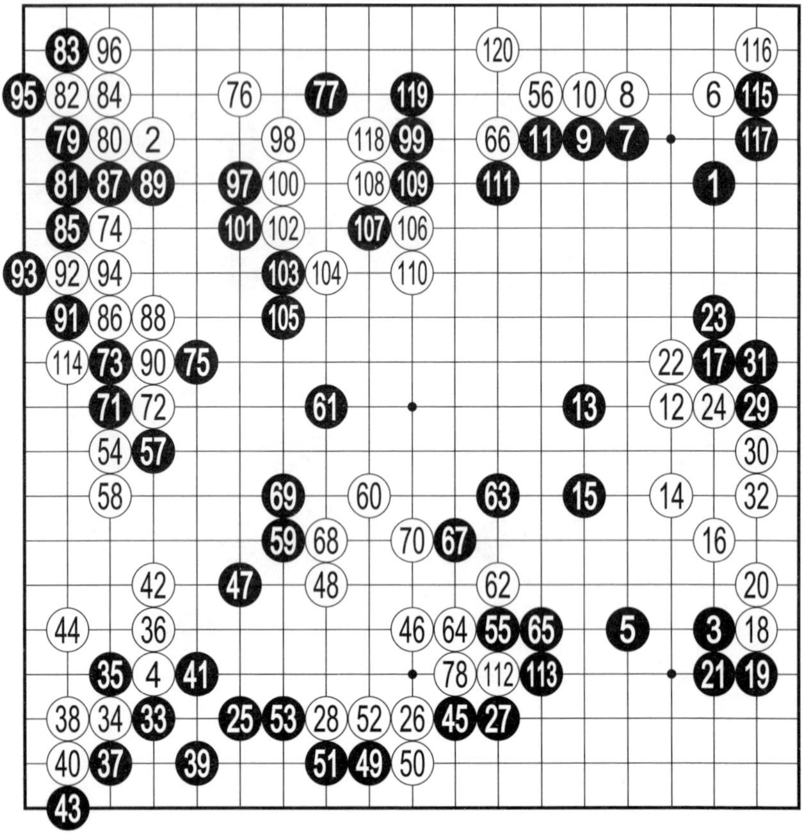

（1–120）

一九六六

时年22岁

◎ 4月10日—5月12日，全国棋艺锦标赛在河南省省会郑州市举行。预赛阶段共分5组，每组12人。小组前三晋级最后决赛。陈祖德被分在成年组第三组。本组余下棋手有北京翟燕生、程晓流，浙江竺沅芷，河南陈岱，辽宁黄成俊，安徽女棋手魏昕和上海的杨以伦。

◎ 比赛一开始，陈祖德一骑绝尘，全胜拿到22分，位列小组第一。

◎ 4月24日，决赛第一组第一轮比赛开始。陈祖德中盘击败邵福棠。25日，沈果孙对陈祖德，双方激战303手，最终陈祖德以四子获胜。第三轮，陈祖德轻取潘秋荣。第四轮全场的焦点是陈祖德与吴淞笙之战，实际上此局也就是冠亚军之战。最终陈祖德获胜。

◎ 5月2日陈祖德对翟燕生，以五子获胜。3日，罗建文和陈祖德对战，一直用时比对手少的陈祖德，此次十分慎重，至全局结束居然比对手多用了20分钟，最后以2子的优势获胜。4日，陈祖德对王汝南。开局陈祖德领先后有些松懈，被王汝南将局势赶上。后来陈祖德重新发力，以四子的优势获胜。第八、九轮，陈祖德连胜黄良玉、张福田。第十轮，陈祖德击败了姜国震后，实际已经成功卫冕了全国冠军。最后两轮，陈祖德先后击败陈安齐和黄进先，以23局全胜的战绩获得冠军。陈祖德也成为全国比赛举办以来，第一位全程不败获得冠军的棋手。

◎ 6月至11月，受局势的影响，陈祖德就没怎么下棋了。

◎ 11月13日—22日，和日本围棋代表对局。13日，首战陈祖德对岛村俊广九段，陈祖德用尽全力仍负于对手。15日次战，陈祖德战胜宫本义久八段。17日，陈祖德不敌岛村九段。19日，陈祖德遇到了石田芳夫，遭遇中盘败。石田芳夫当年虽仅是四段，但已有击败九段的战绩了。21日，陈祖德再胜宫本八段。22日与岛村俊广九段弈成和棋。共取得2胜3负1和的成绩。

1966 年 4 月 18 日弈于郑州
全国棋艺锦标赛小组赛

黑方　魏昕

白方　陈祖德

白棋开局下得很奔放。左边战斗中，白 36 的二路拐吃失误。黑 39 如打二路形成滚包，则白不行。实战打劫形成转换，黑棋反而亏损。右下战斗中，白 66 虎应先在 67 位打掉。实战再度形成劫争转换，但此局部白亏损。黑 83 先鞭上方大场，棋局回到均势。在中腹白棋腾挪作战中，黑 107 是重大失误，此时应单吃，那样白棋的眼位会差很多。黑 113 再度失误，应该虎出，实战黑的棋形过于凝重，形成劫争被白先手拔掉一子，白夺回优势。（陈耀烨）

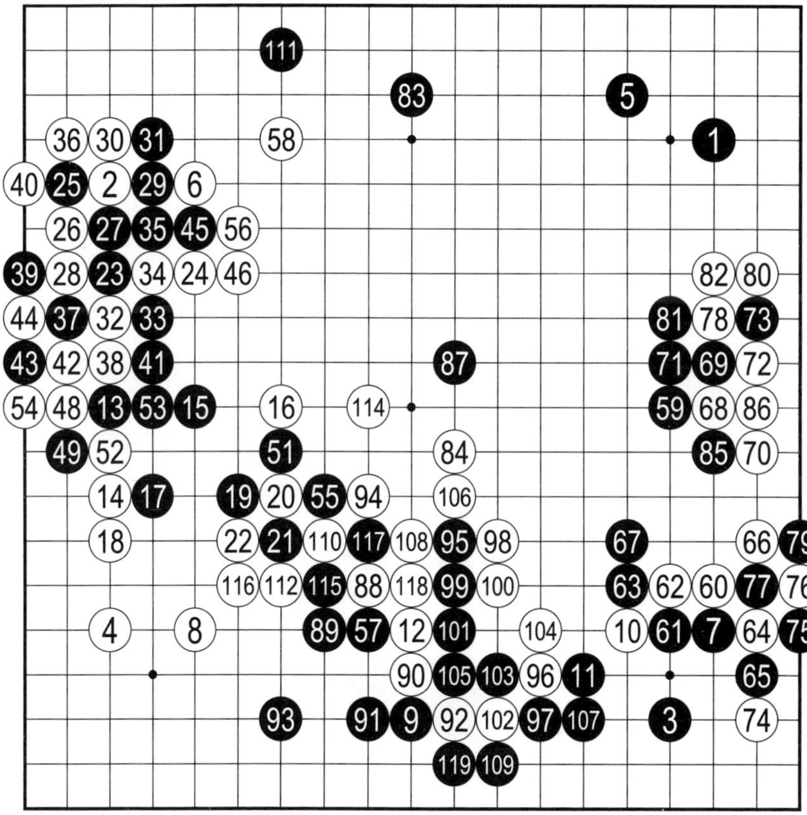

47 = 37　50 = 44　113 = 20　120 = 110

（1–120）

此后在上方战斗中，白164扳有些随手，直接吃回即可。幸好有166点的手段，形成转换后是白棋稍好的局面。（陈耀烨）

黑方　**魏昕**

白方　**陈祖德**

黑贴$2\frac{1}{2}$子　225手以下略　白胜3子

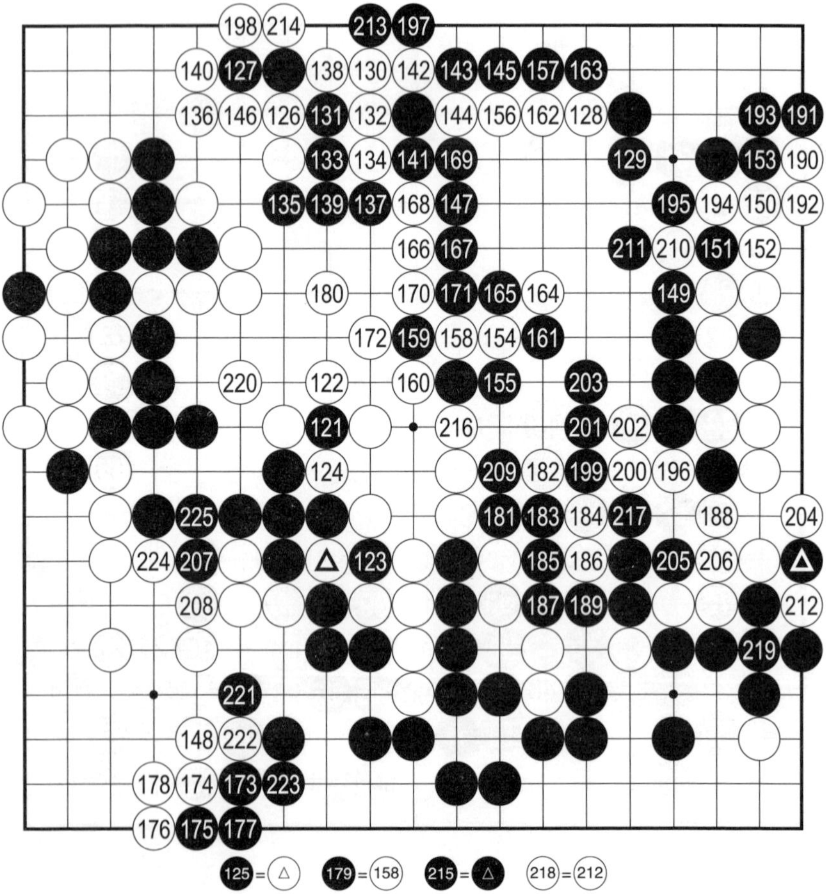

1966 年 4 月 24 日弈于郑州
全国棋艺锦标赛第 1 轮

黑方　陈祖德
白方　邵福棠

双方一上来均以目外开局，看来是当时流行的下法。左下黑 33 挂角时，白 34 还是应该小飞守住角，实战的选择目数亏损。黑 61 顶稍缓，62 位爬过更大。白 68 小尖应在左边围空，此时白不错。左边黑 69 打入后的攻防当中，白 70、72 托退有帮黑棋整形之嫌，至 93 黑全部处理好后，黑优势。（陈耀烨）

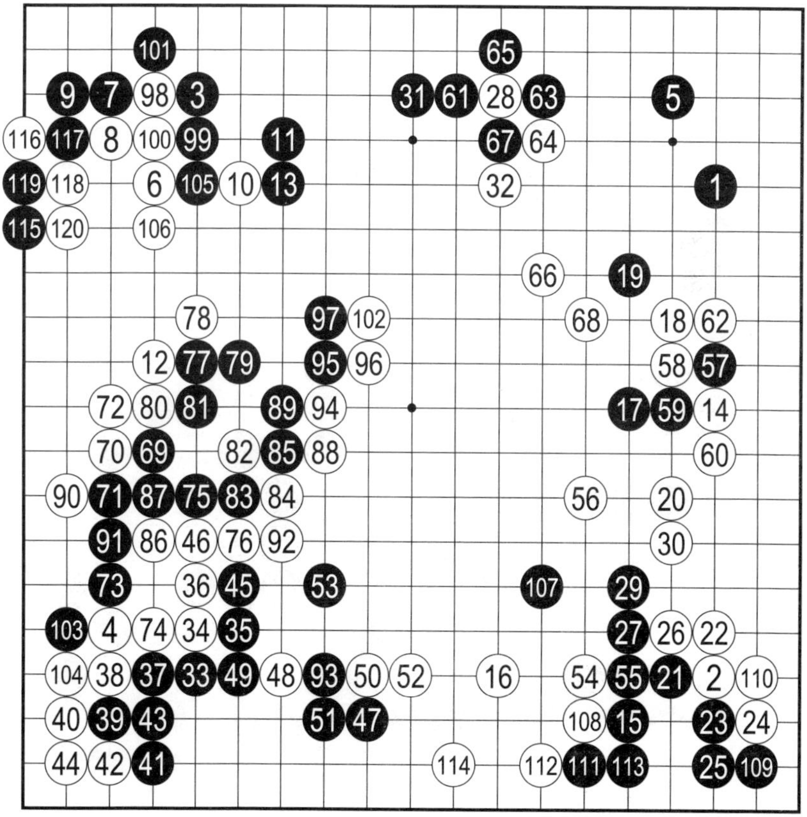

（1–120）

此后白下得有些着急，白134扳断明显不成立，至黑153，白中央数子被吃后已是黑胜定的局面。白180、182进行最后一搏，黑计算清晰，毫不手软，193长后白全部阵亡。（陈耀烨）

黑方　陈祖德

白方　邵福棠

黑贴$2\frac{1}{2}$子　共213手　黑中盘胜

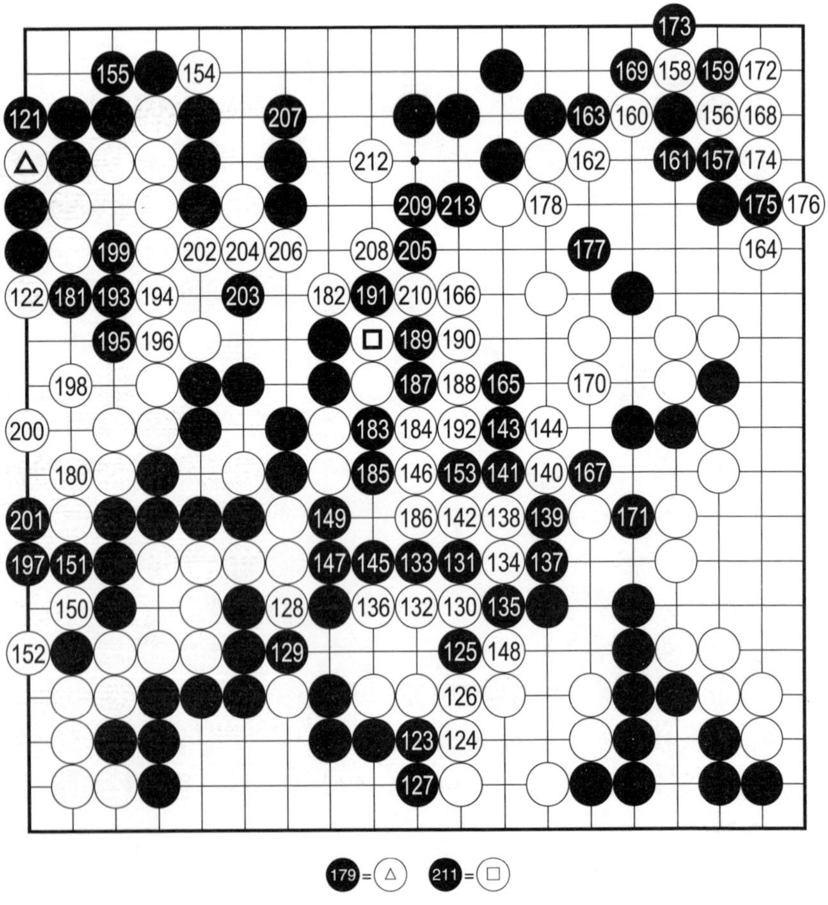

（121–213）

1966 年 4 月 25 日弈于郑州

全国棋艺锦标赛

黑方　沈果孙

白方　陈祖德

白 2、4 相向目外极为少见。黑 17 本分。白 18 硬撑形势有问题，不如托右上角，打持久战。黑 21 当 29 位粘，黑 23 虎完全没有必要。争到白 30 这手大棋，白成功。现在黑若不打入，白轻松围成 50 目实地，黑必败。黑如果打入，我将自恃力大，必张网捕之。黑 31 下托正确，然而白 32、34 在强弱悬殊下选择雪崩型有问题，白 32 应单退，不急于表态。黑 41 打入是一个高级死活题。白 42 并，不给黑利用。黑 43 托腾挪。白 56 后，黑已没有可能外逃，活动范围越来越窄。白 64 挡，软手，应 68 位觑。被黑 67 断，白已不可能全歼黑了。黑 71 以下施展苦肉计。白 76 和 60 一样，都是一路上的强手，迫黑多送吃。至黑 89，双方一气呵成。黑打入的价值至少为 10 目，但白外面变厚了，棋盘变小了，仍为有利。白 90 挂最大。黑 91 守角符合“敌强自保”的棋理。黑 95、97 扳粘把白走厚了，全局更趋简明，不利于争胜。黑 99 似乎太松，被白 100 跳，上边黑地不可能很大了。

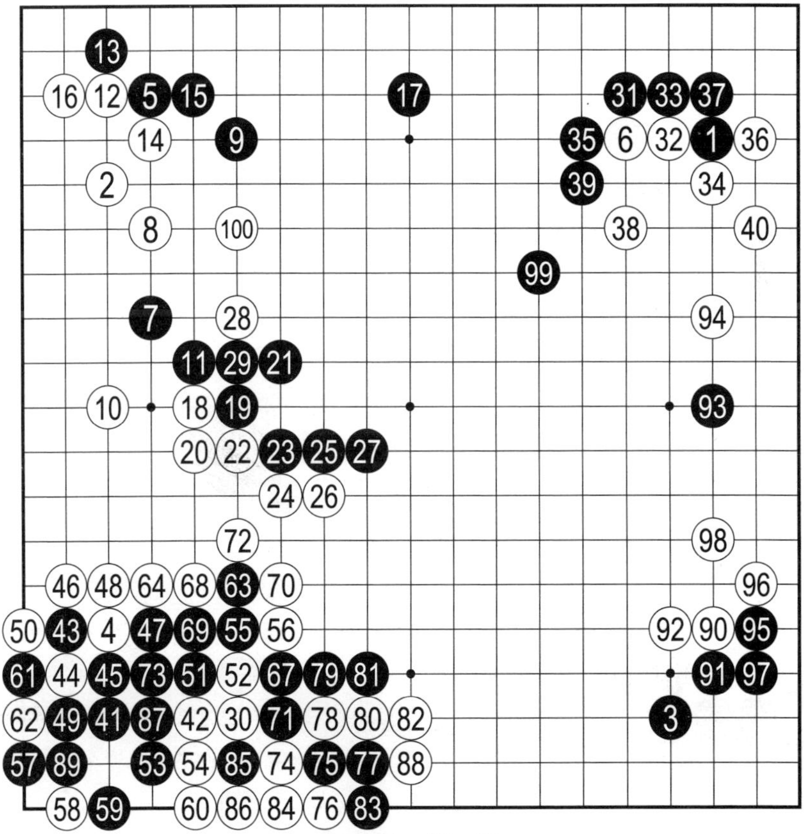

65 = 61　66 = 43

（1–100）

黑方　沈果孙

白方　陈祖德

黑101只能硬堵。白先手定型后，再108从容飞补，井然有序。黑109玉碎：从加强腹势出发当然在110位压最理想，但右边黑93将无疾而终。白116嫌软，应当头一镇。白118、120虽然最强，但遭到黑有力的反击，结果未必便宜，不如124位长，缓缓而行。黑127、129先手提很大。至黑135连回，黑的下法是成功的，只是中腹变薄了。白136、138、140先手切断再攻击，极为严厉。黑141无奈。白146封后，大局已定。黑149的价值约13目，还有165位搜刮的后续。白150价值16目。黑161次序有误，当先于163位打吃。黑165搜刮，期待能在174位提两子，彻底放出胜负手。由于白166以下应对无误，黑173终于未敢提。白176长，有先手意味。以下收官的次序就比较容易掌握了。

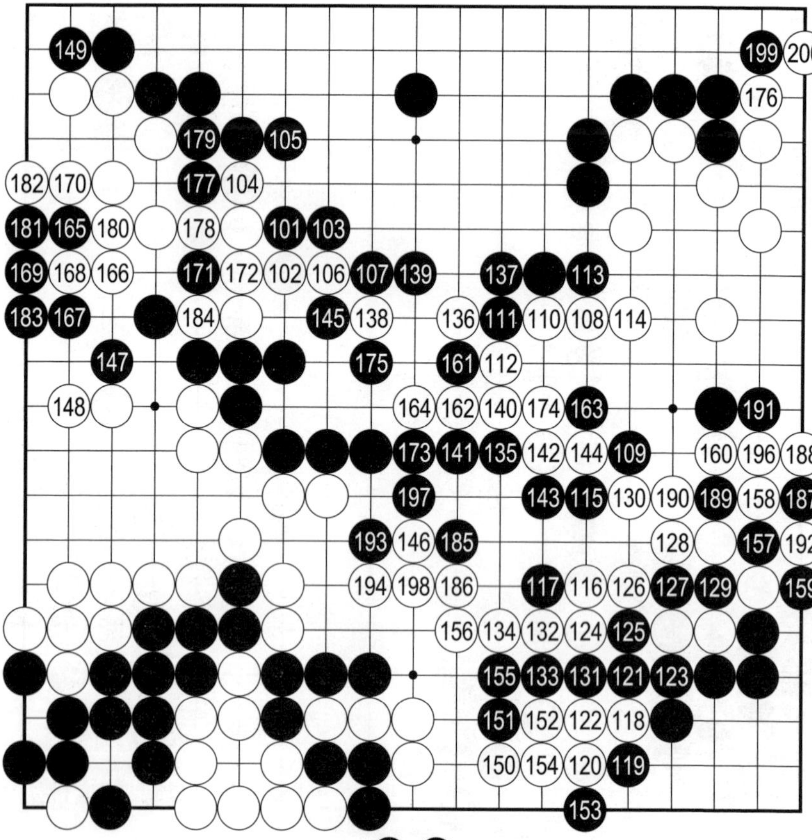

195=187

(101–200)

黑方　沈果孙

白方　陈祖德

沈果孙1942年生于江苏常熟，少年随象棋名宿惠松祥先生学棋。1959年在山西省运动会上获得围棋冠军，后只身到北京学艺。他相当聪明，自幼爱读古文，这为他后来当体育记者打下了基础。他在训练上非常刻苦，1962年获全国第五名，1964年获全国第三名，最为辉煌的战绩是1973年执白战胜了保持十段称号的一代围棋大师坂田荣男。他基本功扎实，对布局、定式等均很有研究，行棋注意均衡，善反击之道。（陈祖德）

黑贴$2\frac{1}{2}$子　共303手　白胜4子

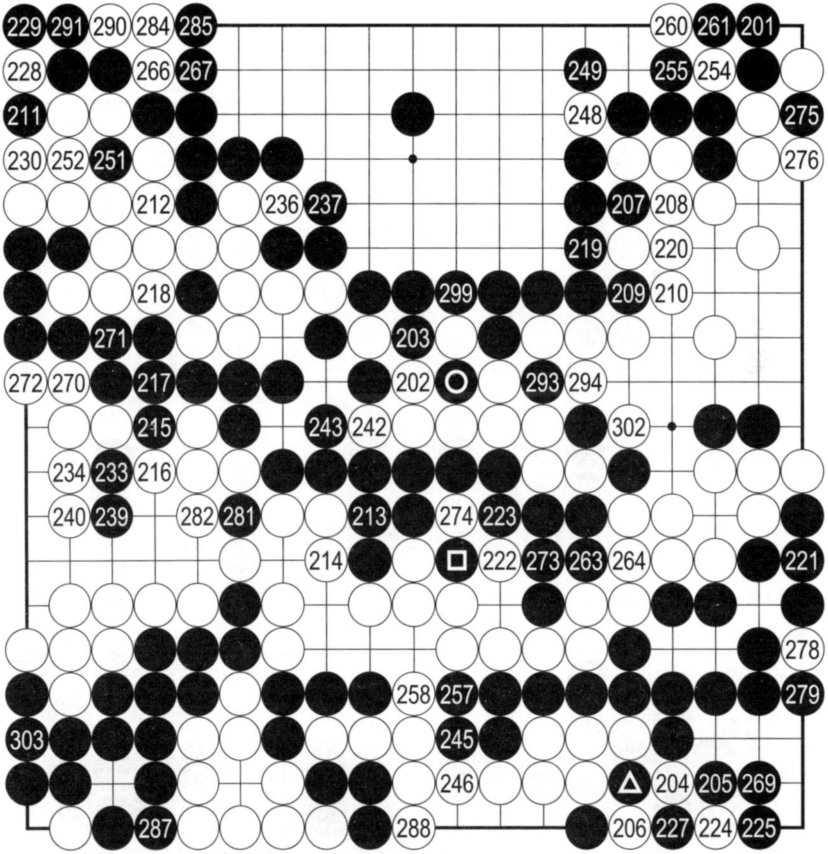

226 = △　231 = 228　232 238 244 250 256 262 268 = 224　235 241 = 227　247 253 259 265 = 227

277 283 289 295 300 = □　280 286 292 298 = 274

296 = 266　297 = 284　301 = ○

（201–303）

1966 年 4 月 28 日弈于郑州

1966 全国棋艺锦标赛第 4 轮

黑方　吴淞笙

白方　陈祖德

白 12 不甘示弱地求战。黑 13 先把白刺重，再悠然展开，成轻灵舒展之形，而白三子却如孤棒空悬。黑 19 厚实。白 22 不够实惠。白 24 须立即抢占。黑 25 继续下厚。黑 29 拦，方向正确。黑 31 飞只此一手。白 32 厚实，但不如右上点角诱人。黑 33 极大，使右上成了理想的确定地，黑布局成功。白 36 当拆二，现在留下种种打入手段。白 38 压令全局厚实。黑 39 在 43 位打入更有攻击性。白 44 求腾挪。黑 45 积极反击，当然。白 50 轻灵。这一串腾挪思路清晰，手法精练，可惜白 54 走重了。白 58 恶手，白白损失许多余味。白 60 非补不可。黑 61 补后已经领先。白 62 争抢实地，暗含搜根攻击之意。黑 65 重腹势，不然白将在 16 下两路虚镇，局势可能发生根本性变化。白 66 至 78，瞄着黑之薄弱处，竭力谋取实地。白 90 是收官好手，下一手官子效益极佳。黑 91 也很大。白 98 后，白仍稍稍落后。

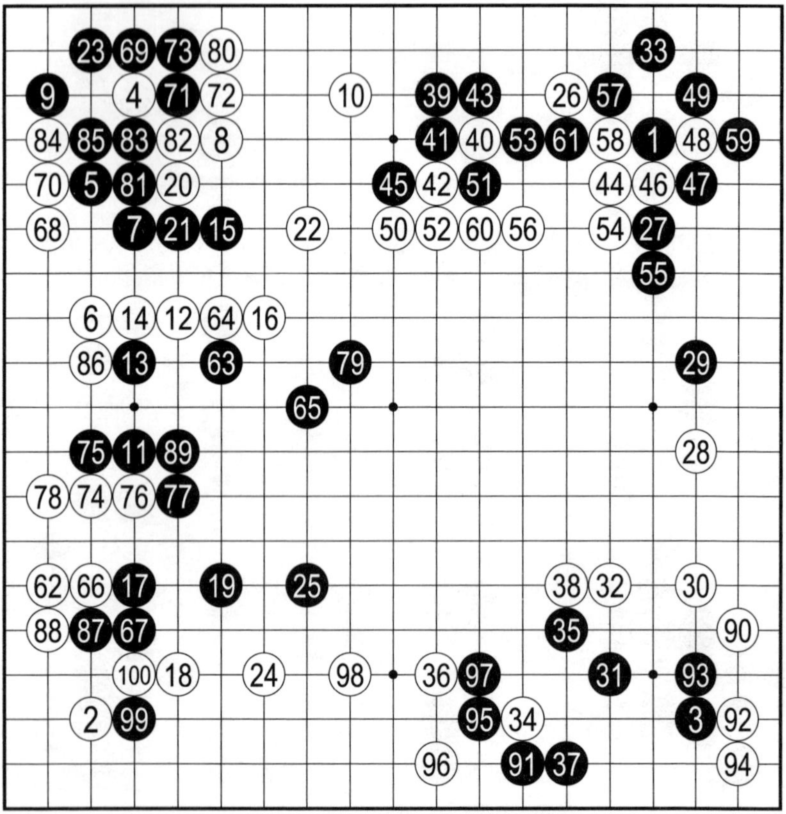

（1–100）

黑方　吴淞笙

白方　陈祖德

白 102 挡不得已，角上变得不太干净。黑 103 错失良机，殊为可惜。白 106 尖顶后，我感到双方已更加接近。此时我情绪稳定，信心大增，丝毫没有输棋的意识。白 112 立是最好的应手。黑 113 问题手，应考虑对上边白棋薄味进行冲击。黑 117 虽大，但不如 121 长急切。白 122、124 虽压缩了黑空，但隐隐担心被黑鲸吞。白 128 为后手 6 目，暂不必走，中腹围较大，在 135 位飞也是好点。黑 131、133 求厚，这正是淞笙后半盘弹性很强的原因。黑 137 挖是恶手，如在 177 位跳，仍然有望。白 146 应在 227 位挡，仍可成活且便宜 2 目。白 152 不必，应 165 位尖，把右边的空补实为好。以下白受黑一连串冲击，右边所剩无几，损失很大。黑 181 不妥。争到白 182 挡，我判断黑贴目困难。黑 183 至 193，利用弃子收官，虽有所获，但仅有 5 目的价值。而白 194 冲，一手棋也有近 5 目的价值。

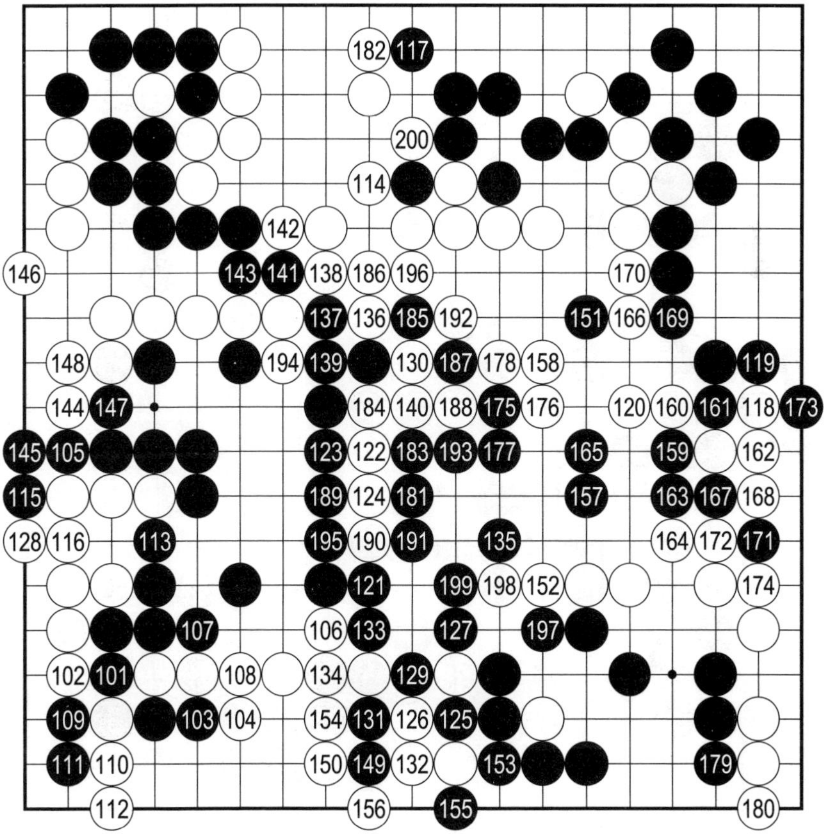

（101–200）

黑方 **吴淞笙**

白方 **陈祖德**

白234之劫攸关胜负。白250没有必要，粘劫就赢了。

1963年，淞笙在中日围棋赛中的表现也不俗，先后战胜了桑原宗久七段和宫本直毅八段。这在与先进水平差距悬殊的当年，无疑标志着新时代的到来。就这样，我和淞笙被推上了我国围棋界代表人物的地位，所谓陈吴时代出现了。1966年，淞笙通过刻苦训练，风格和棋力已日臻成熟，其他棋手对他几乎不能构成威胁。因此，本局才是名副其实的陈吴争霸战。（陈祖德）

黑贴$2\frac{1}{2}$子　共304手　白胜1子

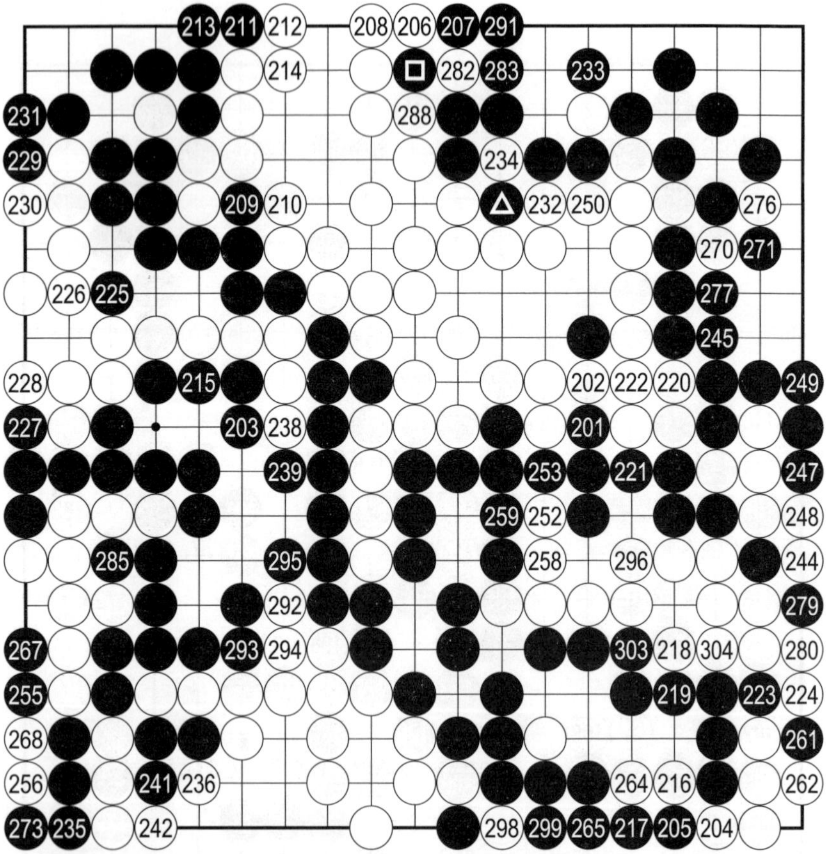

237 243 251 257 263 269 275 281 287 = △　240 246 254 260 266 = 234　272 278 284 289 = 234

274 = 268　286 = 256　290 300 = 282　297 302 = □　301 = 298

（201–304）

1966 年 5 月 2 日弈于郑州
全国棋艺锦标赛

黑方　陈祖德
白方　翟燕生

开局左上是目外的老定式之一。白 20 二间低夹时，黑 21 上靠有趣，实战还原成白一间高夹、黑棋托断的定式。白 24、26 应对失误，三路长是定式下法。黑 31 贪取实地，如四路横长已非常满意。黑 45 打入时，白选择尖顶后跳出会更积极。白 56 致命缓手，此时脱先即可，被黑抢到左下点角已是黑棋优势局面。白棋本局败着是 68 尖吃黑三子，吃得太小了，此时由于黑右上实地过大，白必须想办法鲸吞黑中央才有希望。接下来黑棋处理简明，至黑 87 左下飞起，已是差不多盘面 20 目的胜势局面。（陈耀烨）

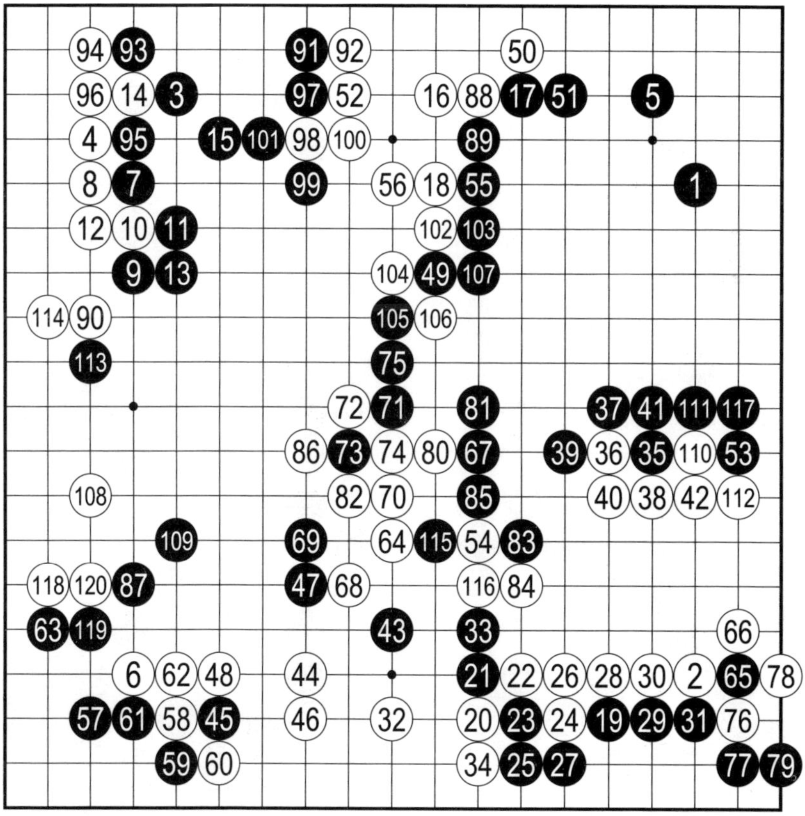

（1–120）

黑方　**陈祖德**

白方　**翟燕生**

黑贴$2\frac{1}{2}$子　共231手　黑胜5子

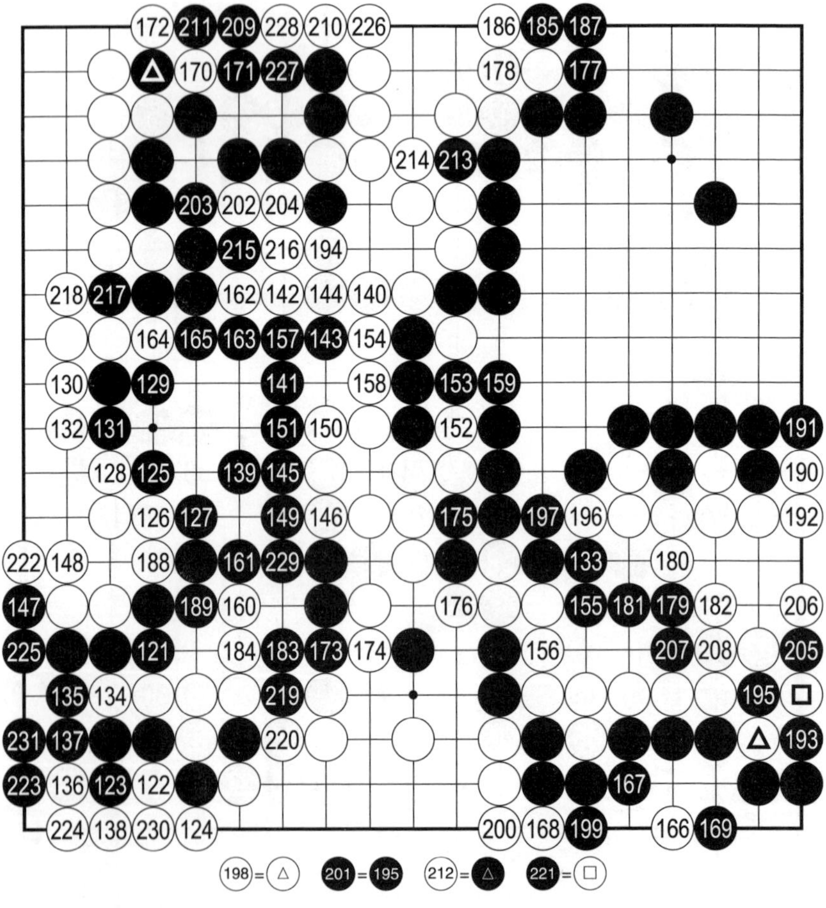

（121–231）

1966 年 5 月 3 日弈于郑州
全国棋艺锦标赛第 6 轮

黑方　罗建文
白方　陈祖德

白以小目＋目外开局，这也是当时流行的布局。白 18 高挂星位现在很少见，黑 19 单关跳更好。左下黑 29 点时机极好，体现了很高的竞技水平。黑 39 拔掉白 36 一子更好。黑 47 镇时白应脱先，48 跑出过重。至黑 71 断是黑棋有利的战斗局面。左边战斗中，黑 85 退失误，应扳在 86 位，实战转换黑棋大亏，形势逆转。右下白 100、102 是局部常用手筋，但 104 应先打再退，被黑 105 立后白目数亏损不少。左上黑 113 不如直接飞，亏损大约 2 目。（陈耀烨）

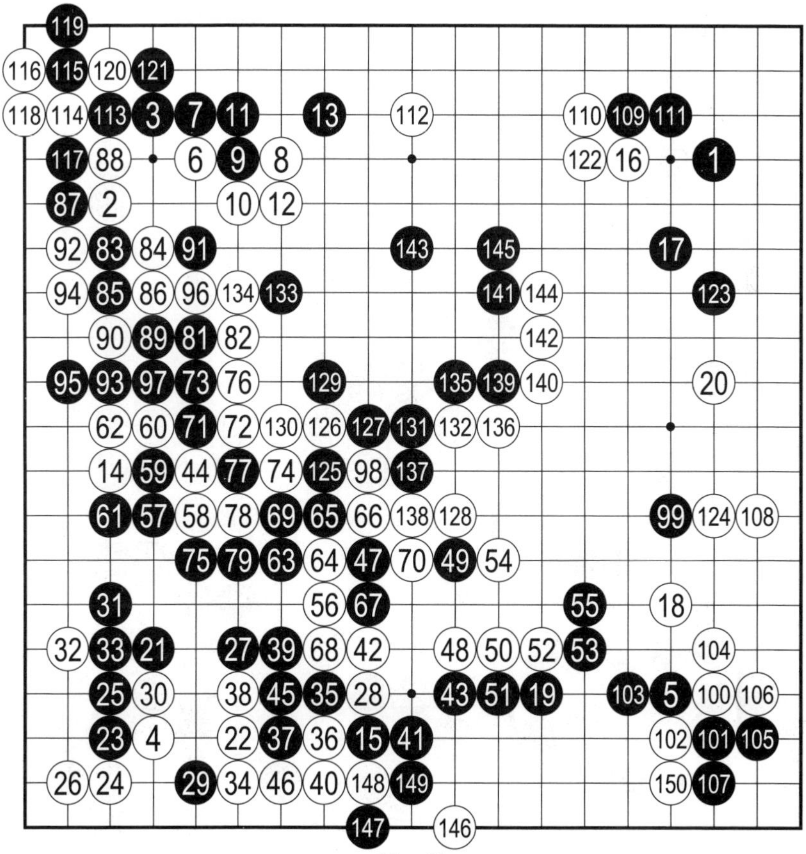

（1–150）

中央定型后是白稍好的细棋局面，此后官子双方收束都很细腻，黑无明显机会。（陈耀烨）

黑方　罗建文

白方　陈祖德

黑贴$2\frac{1}{2}$子　共276手　白胜2子

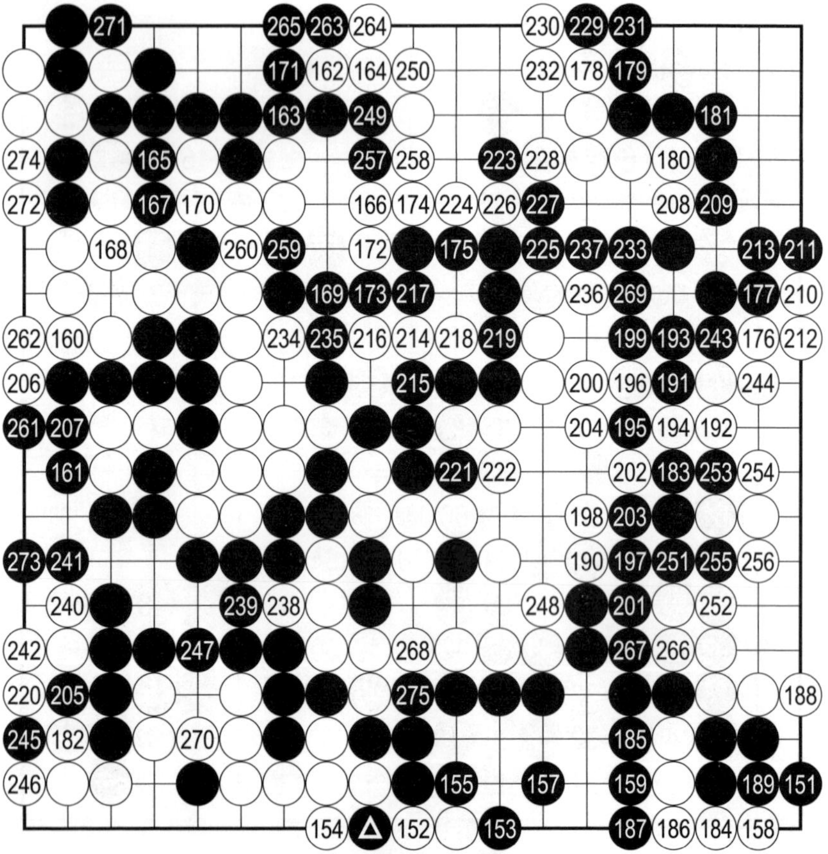

156=△　276=245

1966 年 5 月 4 日弈于郑州
全国棋艺锦标赛第 7 轮

黑方　陈祖德

白方　王汝南

黑 1/3 占错向目外很少见，很容易在上边构成庞大的阵势。白 4 立即挂，破坏黑的意图。白 6 拆四有问题。黑 9 碰是非凡的构思，绝妙的手筋，白顿时陷入困境。黑 17 拆二恰到好处，白花有落空之感。黑 23 飞不可省。白 24 补也有一定道理。黑 25 极严厉。白 26 以下如此出头实属无奈。黑 35 占目外可限制白在左边的发展，最理想。白 38 拆二是坏棋，因 39 位是非常明显的急场。白阴差阳错，黑因祸得福。白 46 很有问题，应先在 45 右一路靠，再飞。黑因征子有利，故黑 53、55 立即冲断，以下利用吃“大头鬼”将白气收紧。白这一役的失败，基本上断送了本局的前程。白 66 当然。白 68 意在出头，但不易摆脱纠缠。黑 79 以下慷慨，通过施小惠把棋盘缩小。白 94、96 搜刮尚未安全定型的左上。黑 95、97 一面整形，一面威逼上边白棋。黑 101 拐，不仅连络，而且迫白在自己的厚壁上求眼，理想。白 106 至 110 争先。白 114 时机好。黑 115 正着。由于一时看不清中腹应从何处着手，白 116 选了一手逆官子。黑 119 关系厚薄。白 120 托好时机。

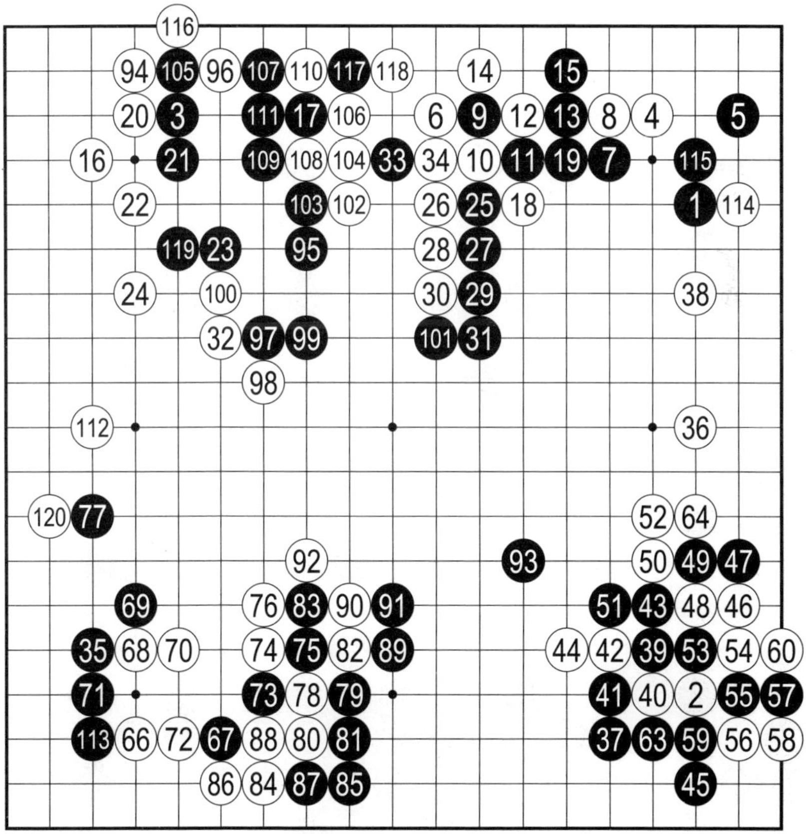

61 65 = 55　62 = 57

（1–120）

黑方　陈祖德

白方　王汝南

黑121外扳强硬，即使在123位内扳，仍免不了被封。黑139跳关乎消长，争到这里我就踏实了。黑147拐头后，白的腹空与边空已不能两全。白148若在155位长，黑便于157位夹，故它投。白156随手，腹空既然不保，就应该保边空才对。白166扳，是盘面上最后一个价值超过6目的官子，以后的小官子基本与胜负无关。白224应在240位粘，结果形成打劫。幸运的是白劫材有利，否则损失将很惨重。（陈祖德）

黑贴$2\frac{1}{2}$子　共267手　白胜4子

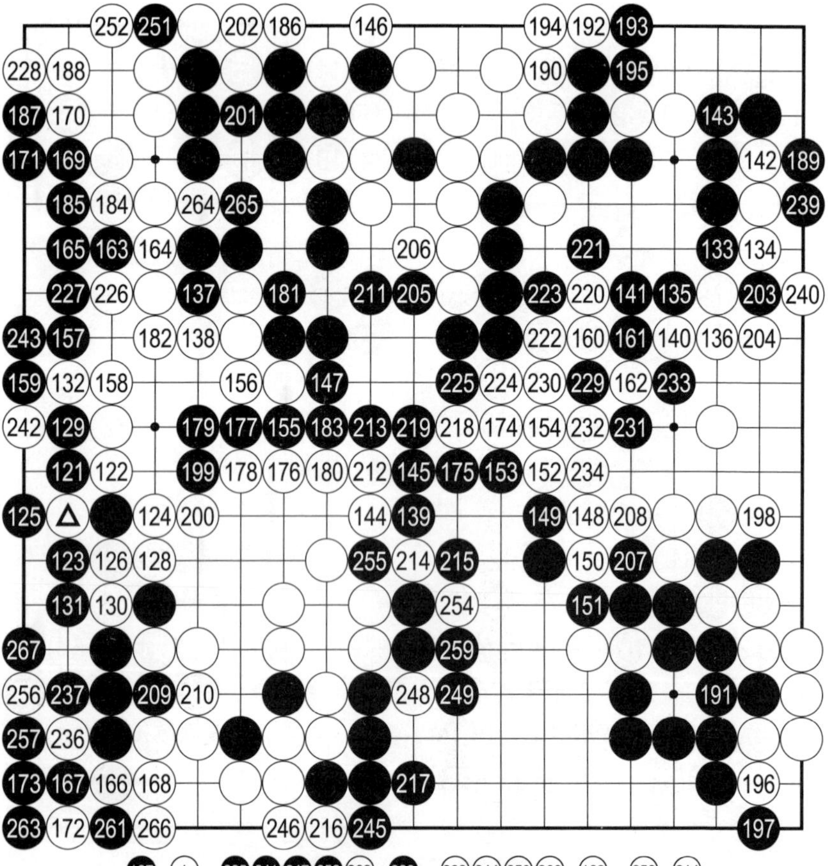

127=△　235 241 247 253 262=229　238 244 250 260=162　258=214

（121–267）

1966年5月6日弈于郑州

全国棋艺锦标赛第8轮

黑方　黄良玉

白方　陈祖德

黑1、3占错向高目也很少见。黑25打入果敢，如果不能钳制右侧的两子，两边黑势都将落空。黑29不如右一路飞灵活。黑33在53位强封不得。白34次序欠缺，应先103位尖。黑39、41紧凑、严厉，处处威逼。白46断最佳。黑47正着。白54与黑55交换不太甘心。白56、58为60托渡做准备，这也是白48以下作战的仰仗。白68反击，抓住了主动权。黑71应在80位飞。黑79貌似愚形，实乃善战的表现，在这里设下了陷阱。白80正着。黑81扳强手。因为黑89位粘是先手，既能阻渡，又要挖吃白三子，白须小心谨慎。这里的对杀包含多种利用和反利用。为避免杀气，黑91先交换，再93狙击。黑97反落后手，不必，当102位压出。被白于此处拐头，黑即便得活，局势也难挽回。黑107是废棋。以后黑虽竭力挣扎，已无济于事。（陈祖德）

黑贴$2\frac{1}{2}$子　共122手　白中盘胜

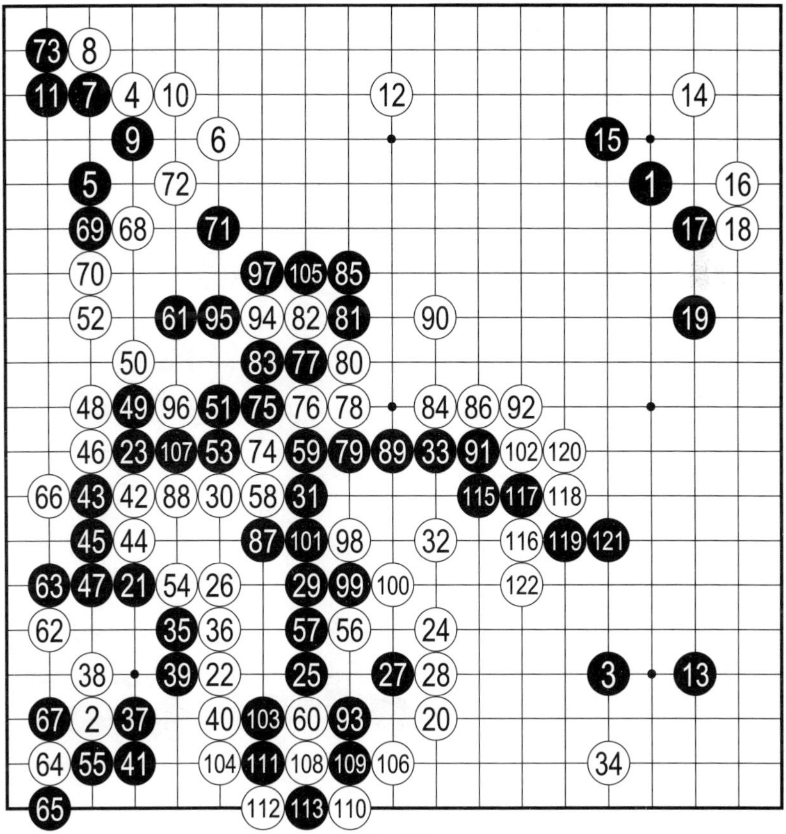

114=108

（1–122）

1966 年 5 月 11 日弈于郑州

全国棋艺锦标赛 12 轮

黑方　陈祖德

白方　黄进先

黄进先生于1943年，10岁跟父亲学棋，曾自费四处奔走拜师访友，1963年高三时弃学从弈，当年赴北京集训。他生性和善，乐于助人，但一到棋盘上就变得威风凛凛，杀气四起。

黑17应手最佳。白18也是最佳侵入点。白20恐有贪图小利之嫌。白22分寸适当。白24、26先手托退大有收兵定局之意，但此时黑已大优。白28打入势所必然。黑31强手。白32至36均为先手，但仍无法逃出或就地做活。白38设法转身。黑39过虑，被白40冲下来，白成功。黑43外扳过强，被白施展缠绕战术，大亏。黑59利用引征为打入右下做准备。白60正着。黑61是想先手切断。白62应在72下一路补，角上吃点亏并无大碍。白72强行逃出一子不得已。黑73以下强硬，79更是吃棋的姿态。

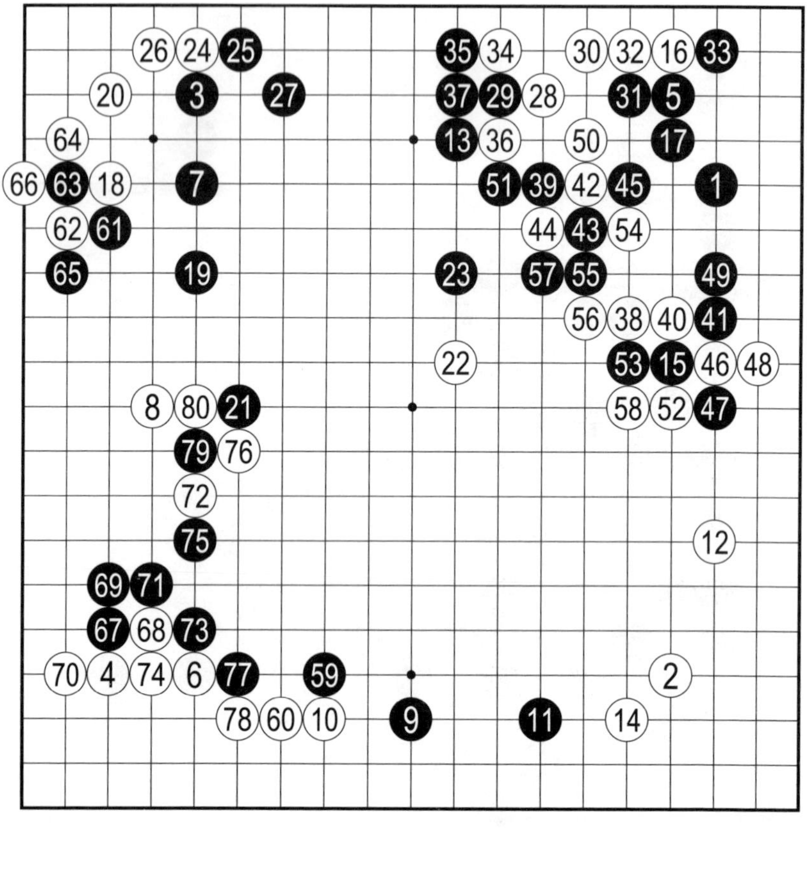

（1–80）

黑方 **陈祖德**

白方 **黄进先**

白84次序有误，当在85位打，此时边上已无保留的价值了。白94改在102单长较善，这里几乎相差一手棋。白104转移战场，本局胜负将取决于这里的争夺战。由于右边的征子问题白还未解决，黑109敢于跨出作战。白110是化解征子的强手。黑111至115都是局部极强的手段。白做好必要的准备后，白122不怕黑上下缠绕了。黑123对准中腹白棋的弱点下手，白已无计可施。白124以下完全是玉碎手段。黑141挤正当其时。白142再次破釜沉舟。黑143、145必然。白146好手，把黑棋吃净了。黑147也获利丰厚。黑171补后，我就没有再记录了。

本局杀得异常激烈，几个大战役打得有板有眼，是斗智斗力的佳作。（陈祖德）

黑贴$2\frac{1}{2}$子　171手以下略　黑胜9子

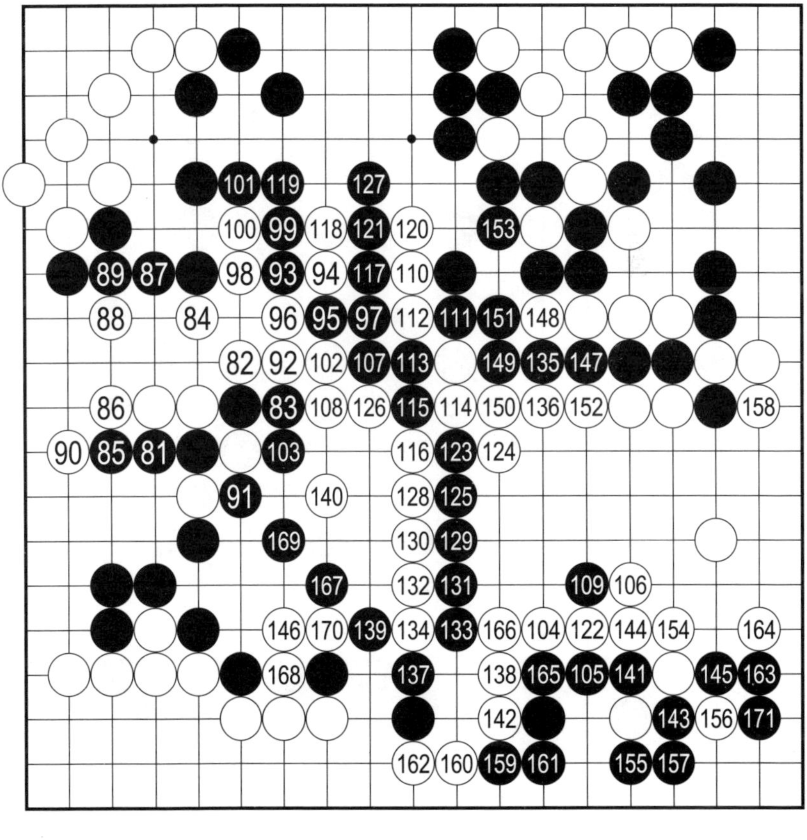

（81–171）

1966 年 11 月 13 日
日本围棋代表团访华友谊赛

黑方　陈祖德
白方　岛村俊广　九段

本局的开局放到现在也是流行布局。右上白 22 点角时，黑 26 位虎下即可满意，实战反击形成乱战，但由于黑形凝重，白稍有利。白 30 扳时，黑 31 应跟着二路扳，白若断打，黑则打拔一子，战斗黑不怕。白 36 小尖是急所。黑 45 应在 43 位上两路先刺，将自身棋形补好，实战被白 50 冲断，黑难办。黑 113 企图通过弃子攻杀白右边大龙，是本局败着。因为实地过损，而且白 118 提一子后很厚。（陈耀烨）

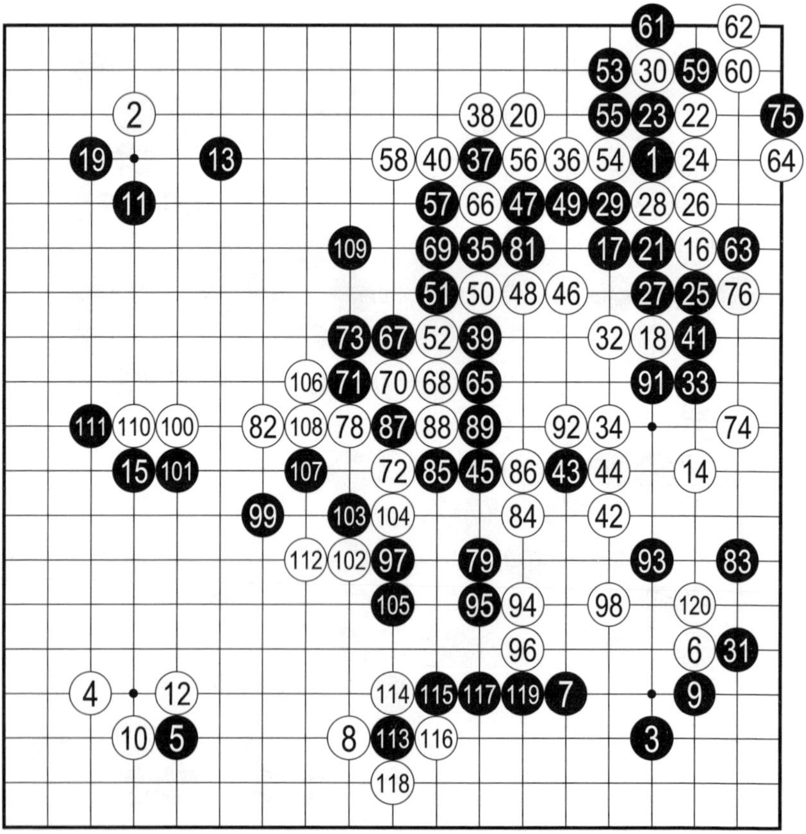

77=37　80=66　90=87

（1–120）

黑方　陈祖德

白方　岛村俊广　九段

实战黑在右边杀棋失败，白活出后是已是胜势。黑147、149进行最后一搏，但白优势下毫不手软，左边形成劫争后白胜局已定。（陈耀烨）

岛村九段是日本棋院名古屋分部水平最高的棋手，也是德高望重的元老。他棋理清晰，功力深厚，后半盘收束定局的工夫尤深。在围棋战理上，他提倡“忍”，不是无原则退让，而是避免无把握的战斗，避开对手的锋芒。（陈祖德）

黑贴2½子　共212手　白中盘胜

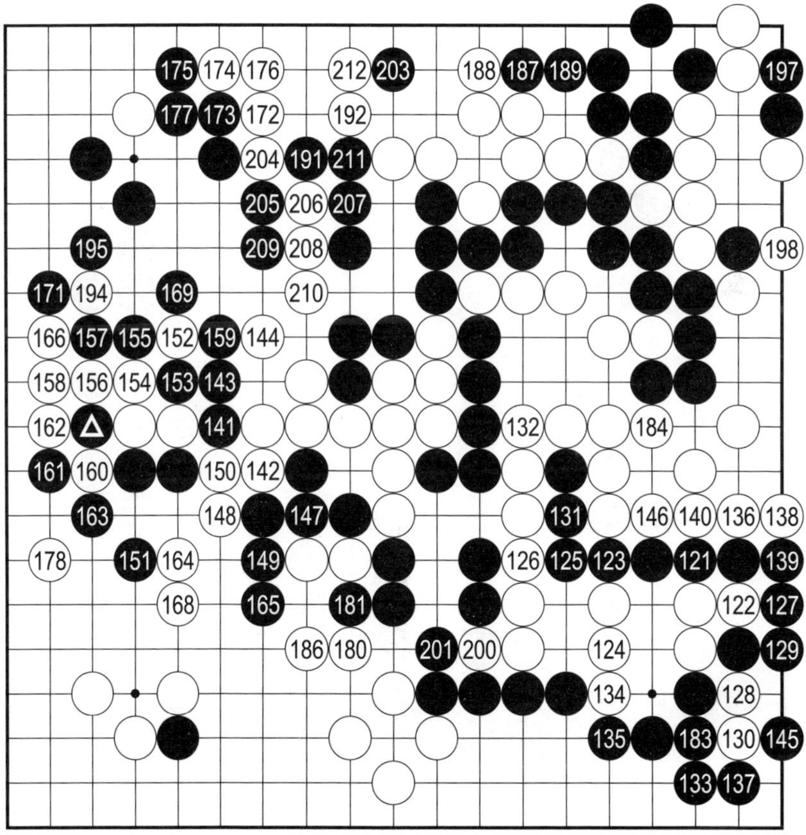

167 179 185 193 199 = △　170 182 190 196 202 = 160

（121–212）

1966年11月15日弈于北京

日本围棋代表团访华友谊赛

黑方　宫本义久 八段

白方　陈祖德

黑17按定式需在18位扳补，实战不愿右上角被白飞压。白20想提高子效，被黑21破坏。白22有力。由于三三处有断的借用，白24敢于大胆腾挪。黑25扳正着。白26断当然。黑27至31简明本分。黑37正着。白38时机嫌早，在40位守角也很充分。白44大棋。黑45以厚壮的左下角为背景打入。黑47非当务之急。白48时机绝好，价值极大而且是先手。白50增援弱子。黑55很为难，实战是权宜之计，但实地大损。黑65打入当然，不能让白在上边再补一手。白68不可省。黑69立意外，这只是5目的逆官子，应努力扩张右上黑势。黑71无必要，直接跳出简明。白80掏空及时。白86不如105位跳。黑89煞费苦心。白90反击，平静的局面立即掀起狂涛。黑91气合。黑95至105定型，安全稳健。白112靠压是有力的腾挪。

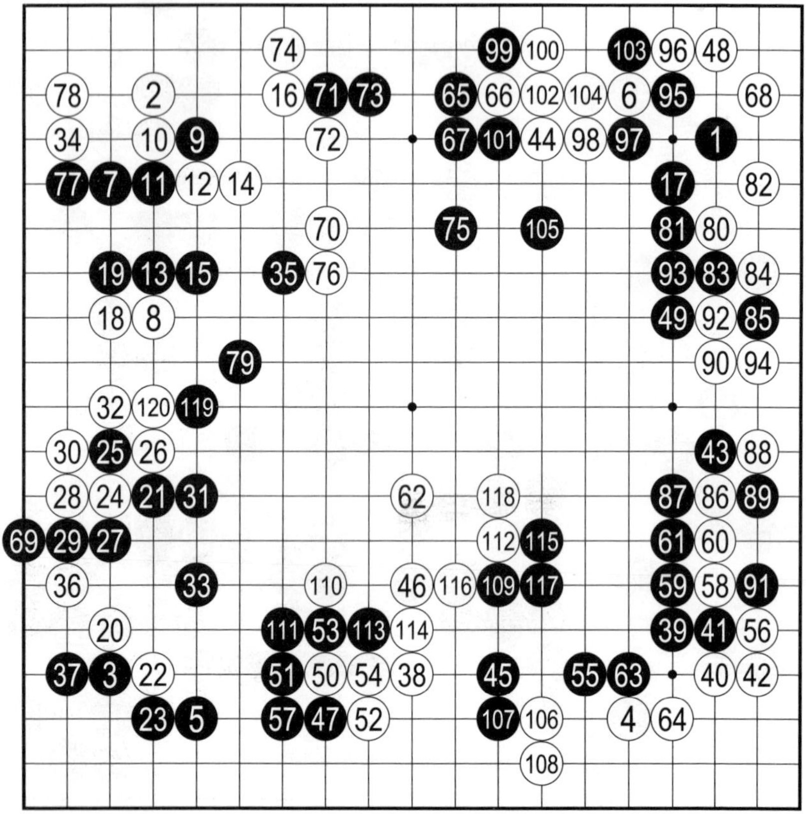

（1–120）

黑方　宫本义久　八段

白方　陈祖德

黑121打吃价值当在10目以上。白122也相当大。黑131在132位挡虽很大，但不愿白跳进中腹。白142不得不立（价值约5目），否则黑有做劫的好手。白158当在131右一路扳。白166当169位长。以后的小官子无关胜负。

宫本义久八段是宫本直毅九段的胞弟，1939年生，11岁拜天才巨匠桥本宇太郎为师，31岁升为九段。宫本兄弟在60年代的关西棋院比较冒尖，棋风比较相近，都属棋理清晰、基本功扎实、讲究棋形的棋手。（陈祖德）

黑贴$2\frac{1}{2}$子　共246手　白胜2子

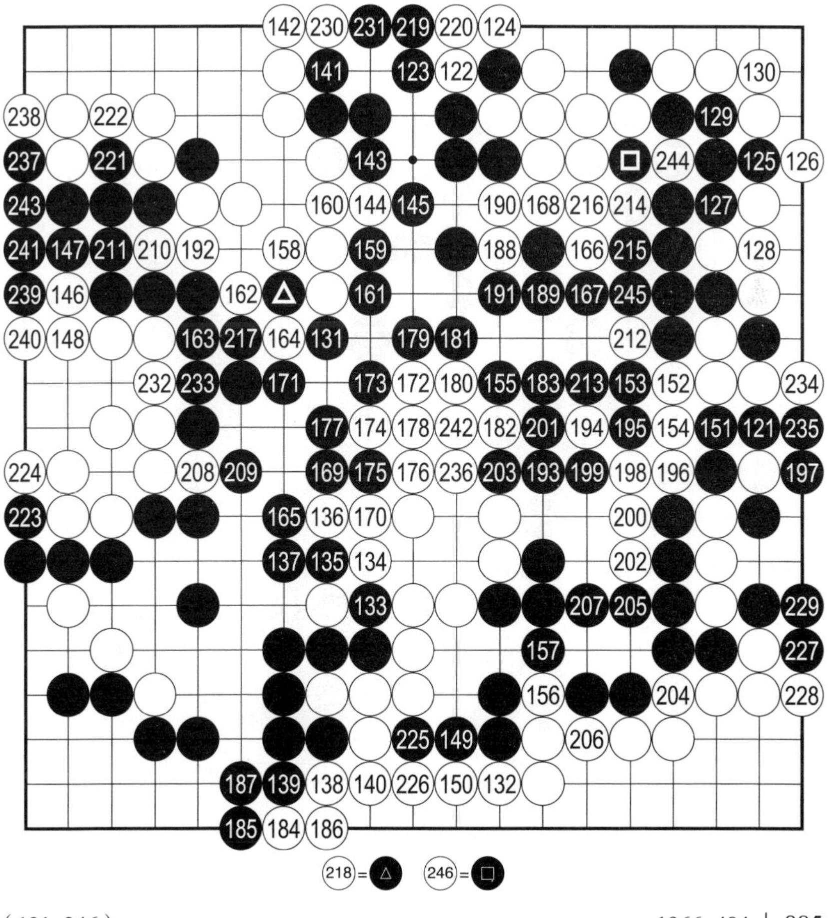

疑 1966 年 11 月 19 日弈于北京饭店
日本围棋代表团访华友谊赛

黑方　石田芳夫 四段
白方　陈祖德

按中日两国事先商定的计划，以岛村俊广九段为团长的日本围棋代表团一行八人，于11月如期来到北京。团员中有石田芳夫四段、加藤正夫四段和武宫正树二段，他们三人进入70年代后先后成为超一流棋手。（陈祖德）

开局左上是大斜老定式，现在来看白棋比较亏损。布局至59，黑形势不错。白60断略显急躁，此时外面大场很多，断开作战黑不怕。（陈耀烨）

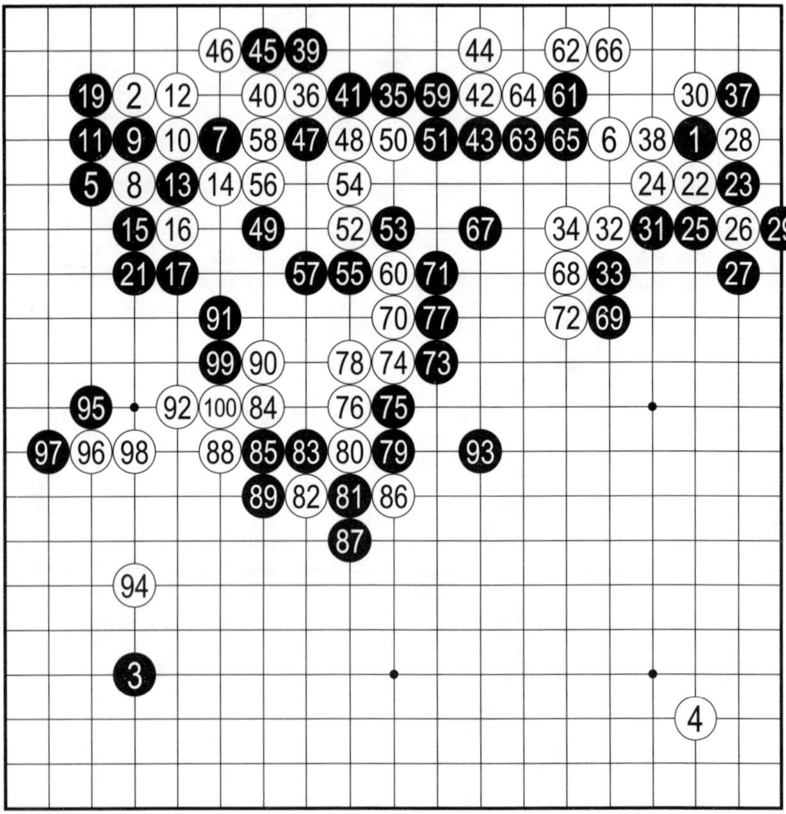

18=8　20=13

（1–100）

黑方 **石田芳夫** **四段**

白方 **陈祖德**

黑棋实战简单处理，抢到109挂角时，取得了明显优势。面对白112、116、118的打入手段，黑棋着法清晰简明，体现了实力。白138托最后一搏，黑棋判断准确，护住角部实地，抢得先手收官，胜定。(陈耀烨)

黑贴$2\frac{1}{2}$子　共197手　黑中盘胜

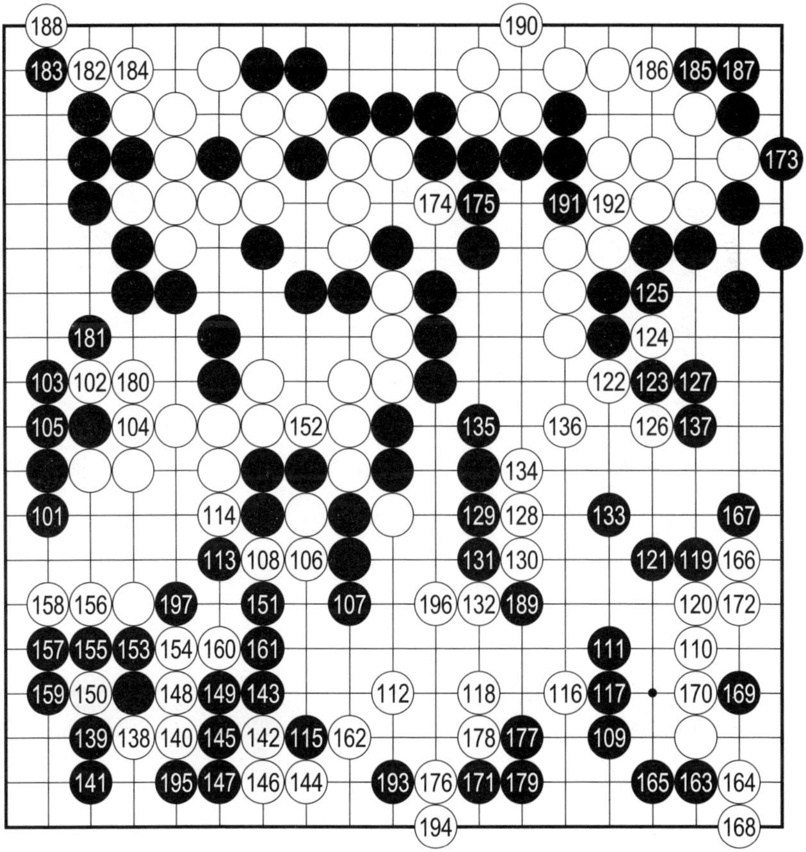

（101–197）

1966年11月21日
日本围棋代表团访华友谊赛

黑方　陈祖德

白方　宫本义久　八段

白4没有选择占角而是先挂角比较少见，体现了白棋积极的思想。布局至黑35，黑棋行棋速度快且效率高，取得优势。黑61选择压长定式，方向稍差，但白64应在65位托角，实战被黑67小飞守角后，黑目数领先。黑75、77是出头好手，进行至黑97立，是黑不错的官子局面。黑123粘稍小，此时在右边104下一路尖顶极大，被白126抢到右边渡过后形势细微。（陈耀烨）

黑贴$2\frac{1}{2}$子　148手以下略　黑胜1子

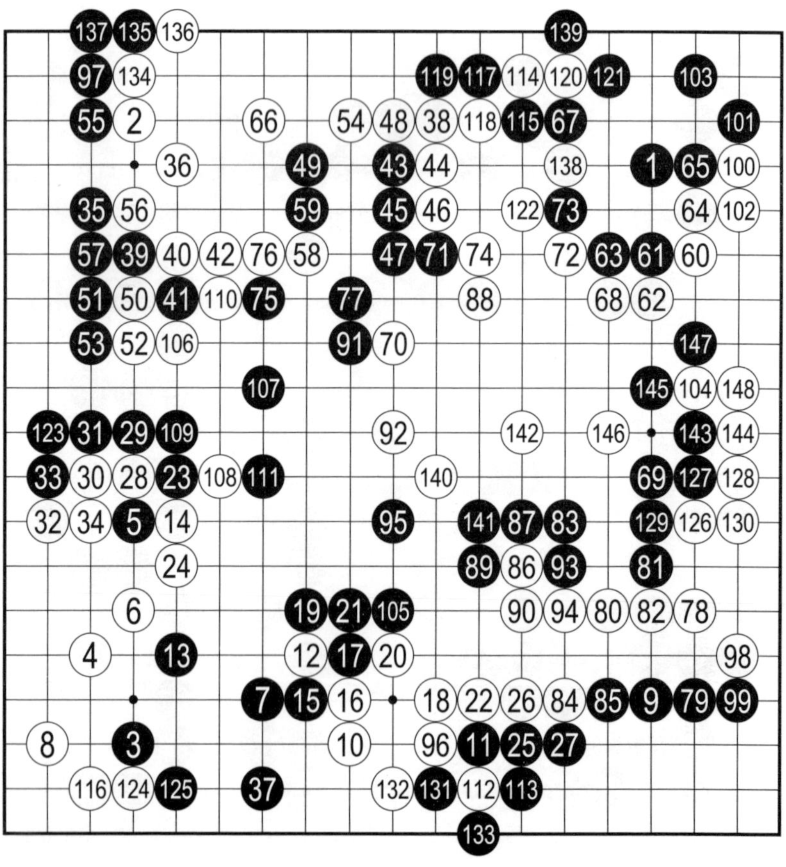

（1–148）

1966年11月22日弈于北京

日本围棋代表团访华友谊赛

黑方　岛村俊广　九段

白方　陈祖德

黑29至35双方应对均正。白36必须抓住时机破坏黑阵。黑39镇必要，这是局势发展的大方向。白40挡也很重要。白44阻渡不可忽略。黑45必须挡。白50再补成为好形，黑难以有效进攻了。白52至56尽快安定是明智的选择。黑57围空兼威胁，一石二鸟。白58跳补本手。白62、黑63都应着手下边。白66补强后，黑失去了95位吊的好时机。黑67应先在68位浅消，白大致只能90位应。白68还威胁右边黑棋，有天壤之别。黑71一子多用。白72问应手。白82毫无成算，应直接84位断。如果本局失利，白82就是败着。黑89缓，若于左边跳，白很难挽回大局。黑93若扩张左边，黑仍稍占优势。白94虎，不但活净，且能影响左边，黑的优势丧失。黑99仍在中腹行棋，令人费解。白100对黑阵进行彻底性破坏，白的机会来了。

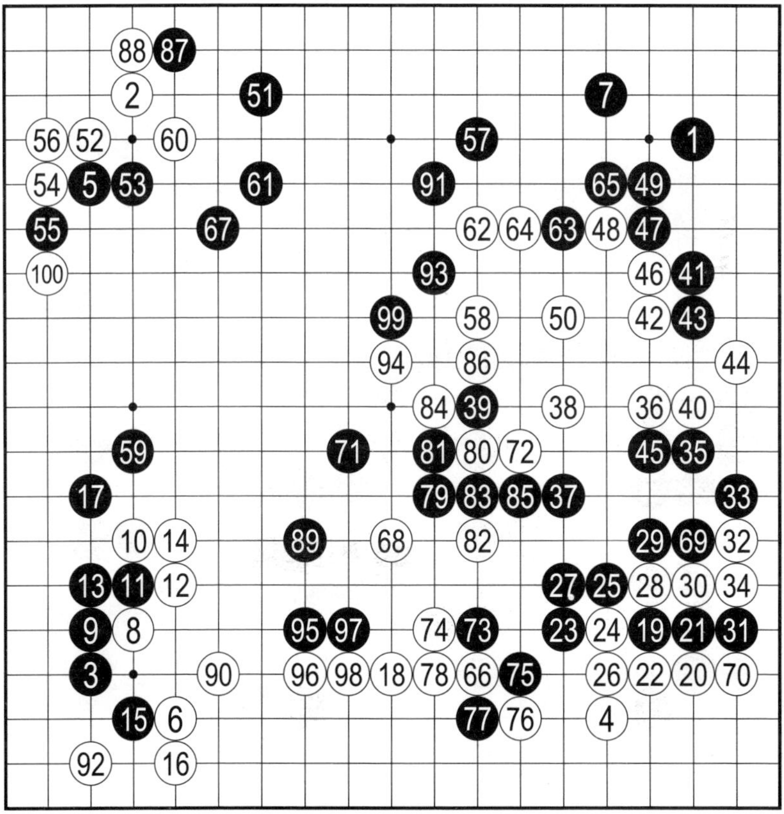

（1–100）

黑方　岛村俊广 九段

白方　陈祖德

白 102、104 是相关联的手段。黑 107、109 次序井然。白 110 托是谋活要点，黑 111 别无选择，以下至白 116 双方必然，白一举捕获左下五子，是我未曾预料到的战果。黑 117 封，收获也不小。白 118、120 自然压缩黑腹地的方法很可取。白 124 至 134 均为先手。白 136、138 较为乐观。白 140 本分。白 144 判断失误，我以为已稳操胜券，忽略有金柜角的官子问题。若于 147 位补，角上有八目，黑将很难贴出目来。终局黑盘面 4 目，因收后而成和局。(陈祖德)

黑贴$2\frac{1}{2}$子　共 202 手　和棋

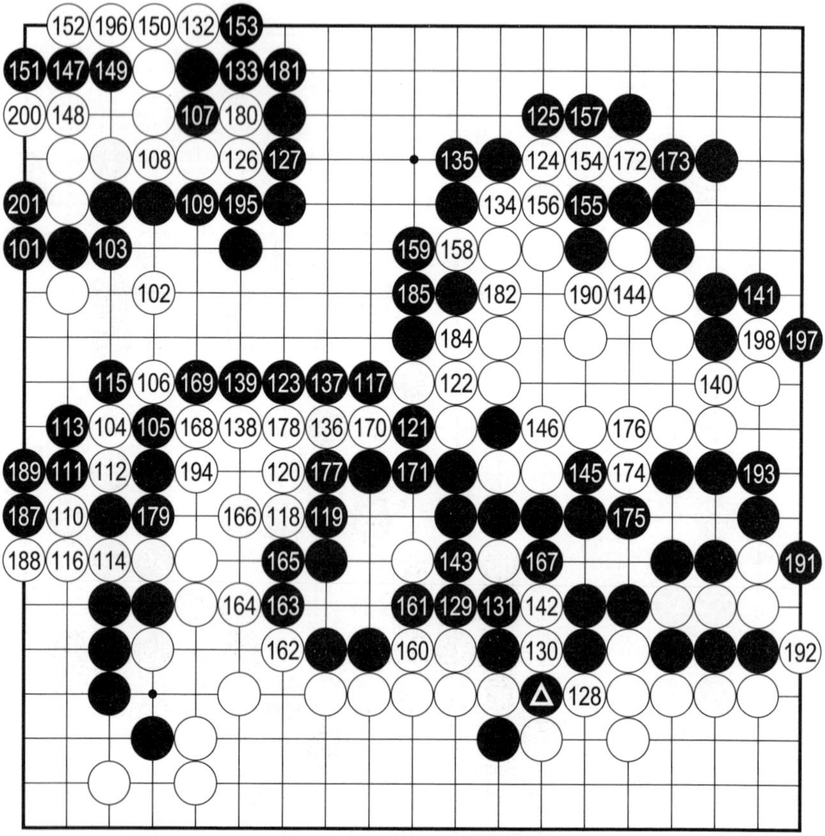

183 202 = △　186 = 130　199 = 142

(101–202)

时年25岁

一九六九

1967 年，23 岁

◎ 由于受局势的影响，陈祖德的棋艺进入全面停顿期。

◎ 夏季，陈祖德被发配到五七干校，经历了劳动锻炼这一关。

◎ 冬，据余昌民先生的《清华围棋纪事》记载，陈祖德、曹志林去清华大学普及过围棋，和余昌民、金柏苓、许纯儒、关培超、丁琢如、姜彦福、常振明等人轮番对局。

1969 年，25 岁

◎ 9 月 21 日，陈祖德在北京让常振明四子对局。

薛志春　整理　　　　**华以刚　审订**

1969 年 9 月 21 日弈于北京
指导棋

白方　陈祖德

黑方　常振明（受四子，13 岁）

右上压长定式中，面对白 5 托，现在黑都是走 10 位扳角，如谱挖粘效率嫌低。白 27 压时，黑棋应三路刺后脱先。右下白 39 点角时，黑挡另一边更好。面对白 69 扳出，黑 70 断过分，实战形成转换，黑棋四子优势已不大。右下对杀中，黑 114 是本局败着，此时一路扳是黑杀白，那样形势尚早。（陈耀烨）

共 121 手　白中盘胜

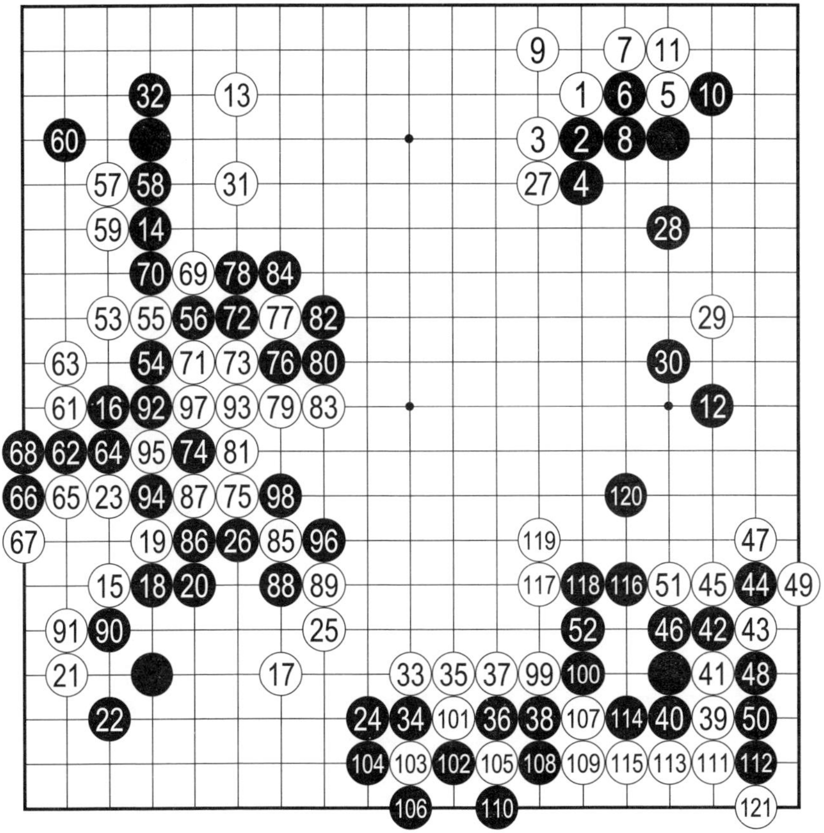

（1–121）

时年29岁

一九七三

1971 年，27 岁

◎ 陈祖德等七人被下放到北京第三通用机械厂当工人，是为著名的“围棋七兄弟”。

1973 年，29 岁

◎ 1 月，国家围棋队恢复，随即展开内部积分循环赛。19 日第一轮陈祖德胜陈安齐。22 日第二轮负于吴淞笙。第 3 轮比赛不详，后面连胜韩启姚、罗建文、黄德勋、邱鑫、赵之云、华以刚、杨以伦、姜国震、聂卫平、曹志林、黄进先、谢裕国、王汝南，获得 13 连胜，在目前见到的 15 局棋谱中取胜 14 次，应该在这次循环赛中名列前茅。

◎ 4 月 20 日—5 月，周总理点名让陈祖德参加廖承志代表团访问日本。4 月 20 日首局，受先 1 子负于藤泽秀行九段。第二战，陈祖德受先 3 目击败加藤正夫。接下来分先战胜业余强豪菊池康郎。不过这之后陈祖德身体出了问题，分别负于中园清三、石田芳夫、西村修、桥本宇太郎和高川格。5 月 15 日，如愿和吴清源九段对弈一局。

◎ 7 月 24 日—8 月 8 日，日本围棋代表团访问中国。首轮陈祖德分先对战坂田荣男九段，以二子惜败。接着在北京的两场，陈祖德连败于本田邦久九段和加藤正夫七段。三连败后，陈祖德连胜四局，先是打败了太田耕造六段，又中盘胜石井邦生八段，再力战加藤正夫中盘取胜。最后一轮，陈祖德阻击了业余天王菊池康郎的全胜，总共取得四胜三负的成绩。

◎ 10 月，陈祖德与乒乓球国手郑敏之结婚。

◎ 1973 年围棋队恢复训练后，分两路向全国宣传围棋。陈祖德、华以刚、曹志林去东路安徽、上海、杭州等地；吴淞笙带队去西路。曹志林开了“观棋不语真君子”先河。

1973 年 1 月 19 日弈于北京工人体育场
积分循环赛第 1 局

黑方　陈祖德

白方　陈安齐

布局中，黑 17 两翼张开在当时是流行下法，现在来看，黑角被点三三，亏损。右上方战斗中，黑 57 断时，白应 59 位虎打后长，实战结果白大亏。黑 75 猴出反击体现了黑棋强硬的风格。右下黑 103、107 是破坏白棋大飞角 + 拆二的好手。白 112 刺问题手，此时应靠出，实战被黑 117 扳到角上，处理好这块棋后胜势。（陈耀烨）

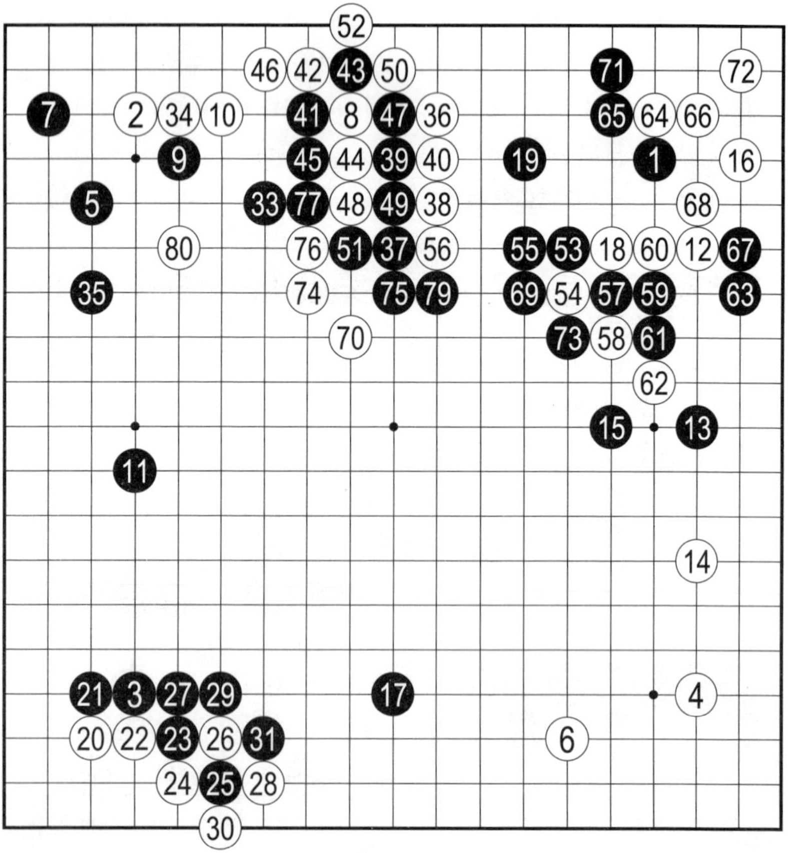

32 = 25　78 = 43

（1–80）

黑方 **陈祖德**

白方 **陈安齐**

黑贴2$\frac{1}{2}$子　共 167 手　黑中盘胜

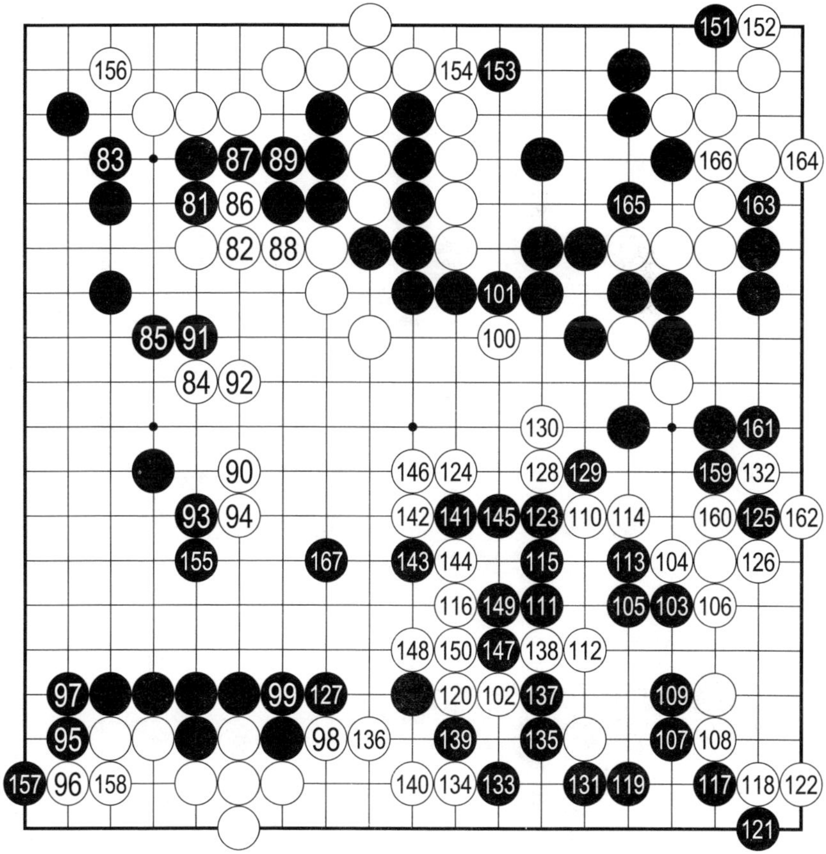

（81–167）

1973年1月22日弈于北京工人体育场
积分循环赛第2局

黑方　吴淞笙
白方　陈祖德

白方以成名的“低中国流”开局。黑11的打入有趣，一般情况下会高挂。黑35肩冲时机极好。战至51，黑不错。黑89补棋稍缓，断打白两子更好。左下黑95、97是破空的妙手。（陈耀烨）

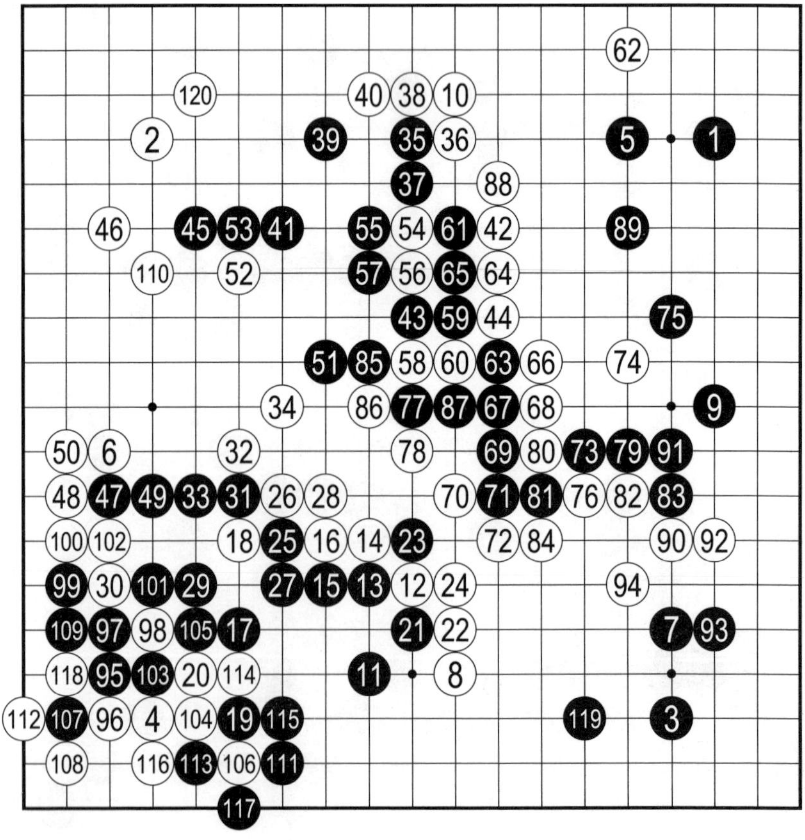

（1–120）

黑方 **吴淞笙**

白方 **陈祖德**

进行至135是黑优势的局面。黑185冲随手，被白抓住机会进行劫争，形成了超级大转换。这个转换白稍便宜，但由于前面劣势较大，转换后仍然是黑胜势。(陈耀烨)

黑贴$2\frac{1}{2}$子　214手以下略　黑中盘胜

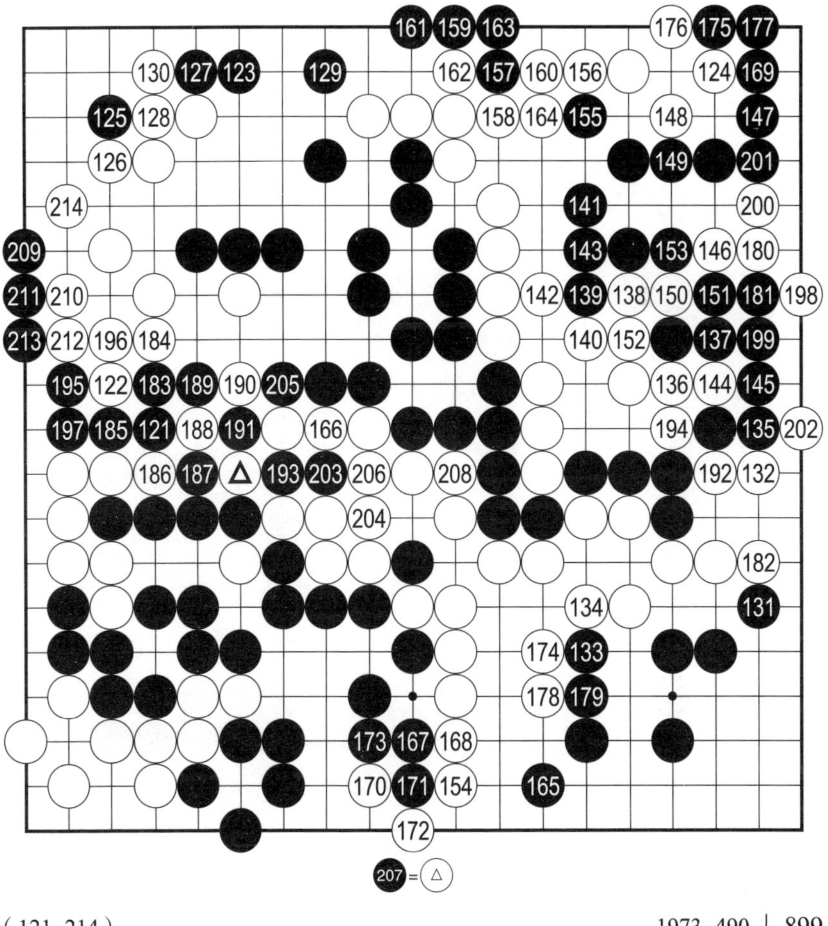

(121–214)

1973 年 1 月 23 日弈于北京工人体育场
积分循环赛第 4 局

黑方　陈祖德
白方　韩启姚

开局左上的变化很有意思，不过白 14、16 长了点不如扳角，实战黑里外都走到，满意。黑 57 右下高挂时，白定式选择有误，此时托退更好。黑 79 二路打时，白开劫时机也有些早，应先于左下点角。

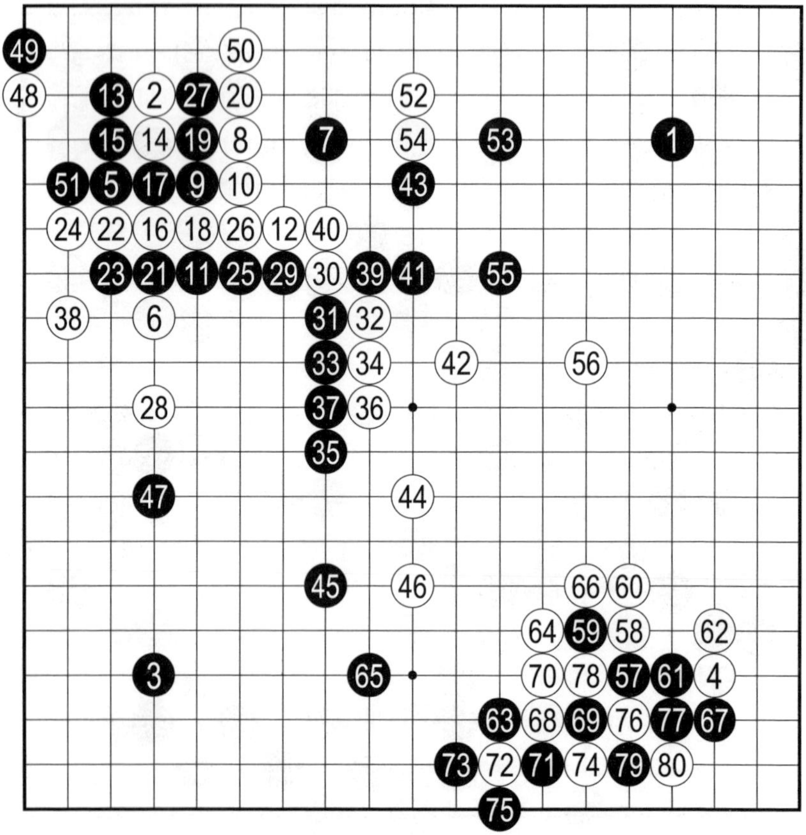

（1–80）

黑方 **陈祖德**

白方 **韩启姚**

实战转换后，黑111抢到右边拆边，局面是黑稍优。右上白116、118的选择是本局败因，此时如点右上三三，棋局尚早。实战至黑133虎，右上实地过大，黑胜定。（陈耀烨）

黑贴$2\frac{1}{2}$子　173手以下略　黑胜5子

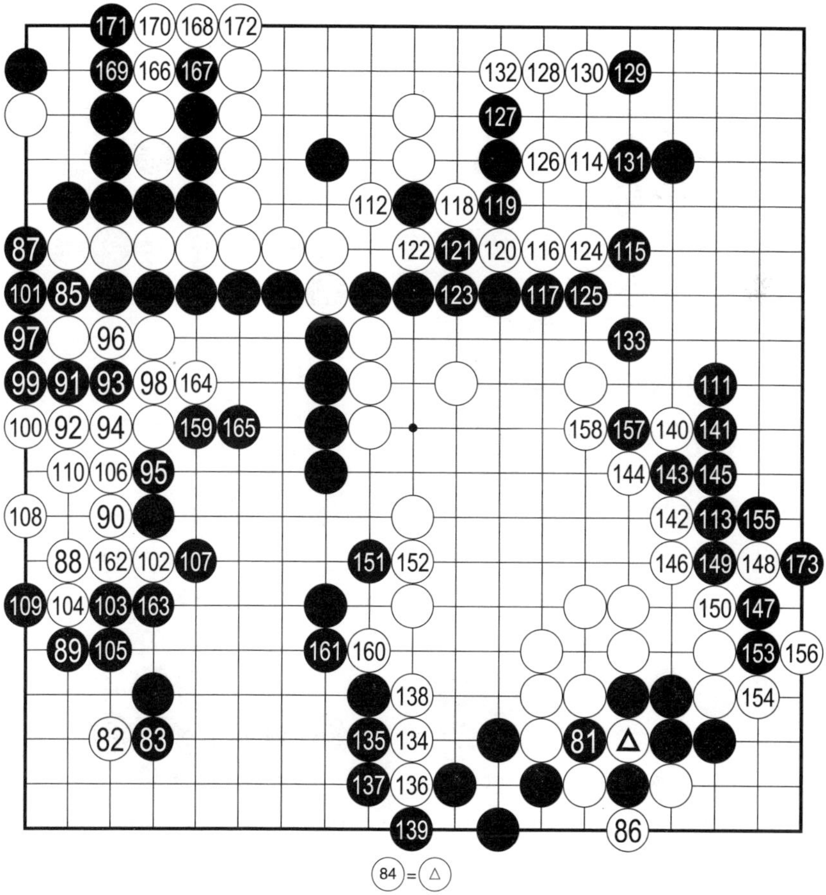

（81–173）

1973年1月25日弈于北京工人体育场
积分循环赛第5局

黑方　罗建文
白方　陈祖德

开局白4先挂角是当时布局潮流，现在来看先挂角会稍亏。左下黑19托时，白20还是应三路扳，实战进行黑可满意。黑23压后形成乱战格局。黑57飞出棋形稍差，此时跳会更好。白64、66、68好手，将右边顺势成空，效率极高。黑85冲后，双方都不应在此处纠缠，上方才是重点。白116提劫、120消劫是本局败因，这地方的劫争价值不大，左边二路跳下（96左两路）以及右边二路夹都是极大的官子。（陈耀烨）

黑贴$2\frac{1}{2}$子　129手以下略　黑胜2子

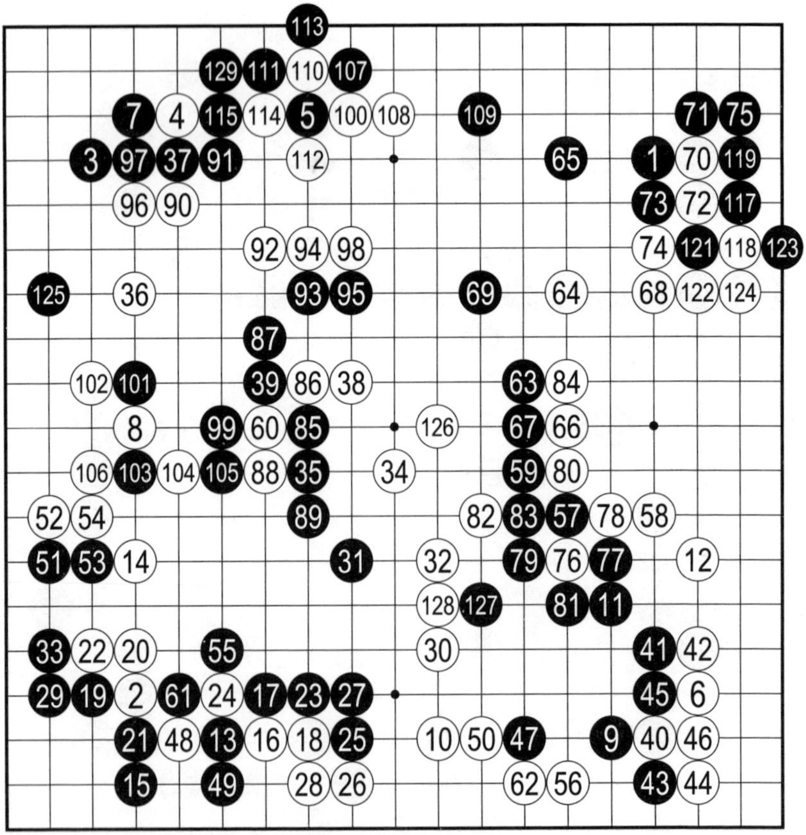

116=110　120=5

1973年1月26日弈于北京工人体育场
积分循环赛第6局

黑方　陈祖德
白方　黄德勋

开局时，面对黑9的三间高夹，白10还是应选择点角或者双飞燕，实战12、14走成立二拆一，效率不高。黑33压时，白应扳了打五路，实战34立下过分，被黑37挺头后目数大损。白68、70冲断作战过于勉强，也是本局败因，此时点在黑71位是棋形要点。实战黑棋果断弃子，体现了强大的战斗能力，99长出后白已崩溃。（陈耀烨）

黑贴$2\frac{1}{2}$子　109手以下略　黑中盘胜

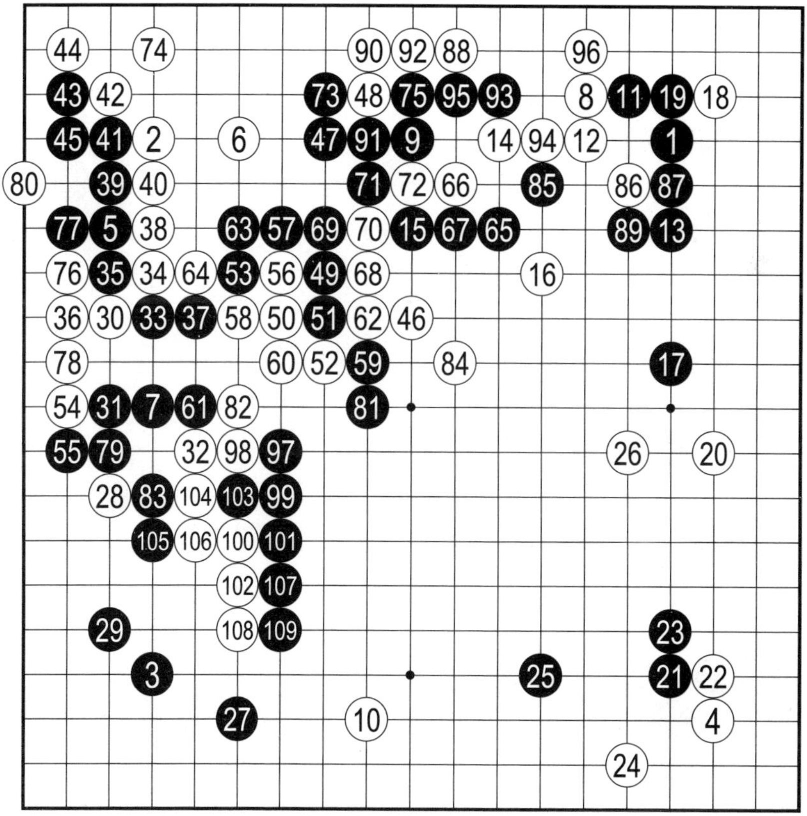

（1–109）

1973年1月29日弈于北京工人体育场
积分循环赛第7局

黑方　邱鑫

白方　陈祖德

左上双飞燕，白22比较过分，一般是直接靠压。至黑43接，由于左边大空效率过高，黑优势。对白44拐，黑脱先没必要，此时跟着应即可。白50、52次序井然，也是局部手筋，将左边黑空破掉，双方重回起跑线。黑63强杀白计算失误，此时在64位跟着虎，形势尚早。至白74托，白反杀黑棋。（陈耀烨）

黑贴$2\frac{1}{2}$子　74手以下略　白中盘胜

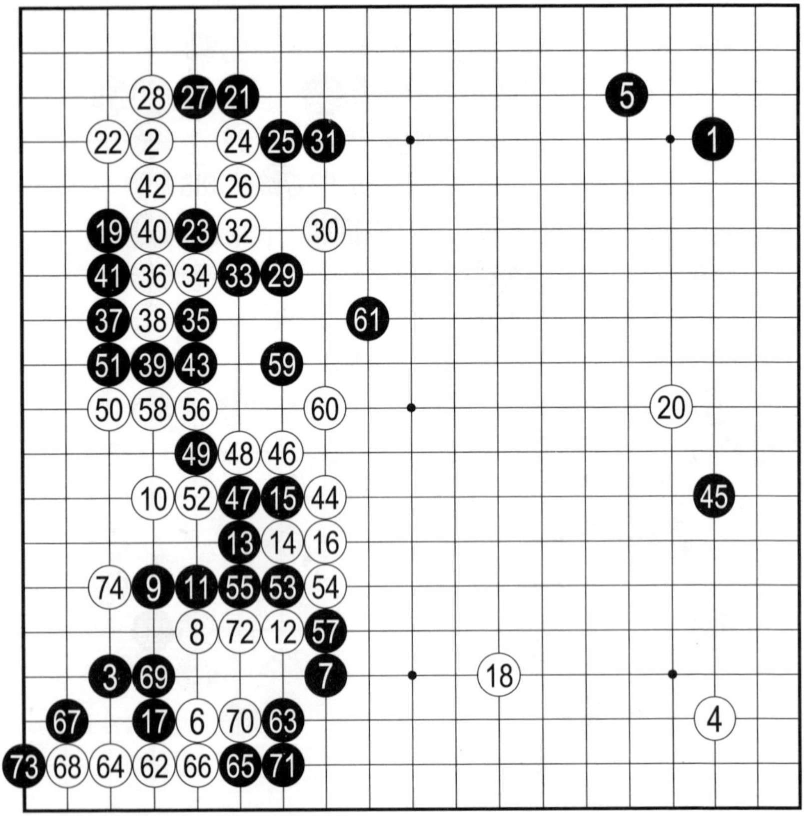

（1–74）

1973 年 1 月 30 日弈于北京工人体育场
积分循环赛第 8 局

黑方　赵之云
白方　陈祖德

左上的小目一间高夹定式中，白 10、12 压了长是流传至今的手法。黑 19 立时，白 20 跟着立稍缓，此时应二路扳，争先手拐头。实战被黑 21 一路压过来，白棋非常被动。黑 29 并的补棋方式不如小尖，被白 30 顺势打了冲出后，棋局再度混乱。上方战斗中，对白 56 的打入，黑 57 选择过于简单，此时应 58 位虎住，这样白左边大块变薄。被白抢到 66 后，白又吃到上方两子，也处理好孤棋，白优势。黑 97 是本局败着，此时走 17 下一路挡，先手搜刮白角巨大。实战被白中央取得先手，定型右下，白胜势。（陈耀烨）

黑贴$2\frac{1}{2}$子　136 手以下略　白胜$3\frac{1}{2}$子

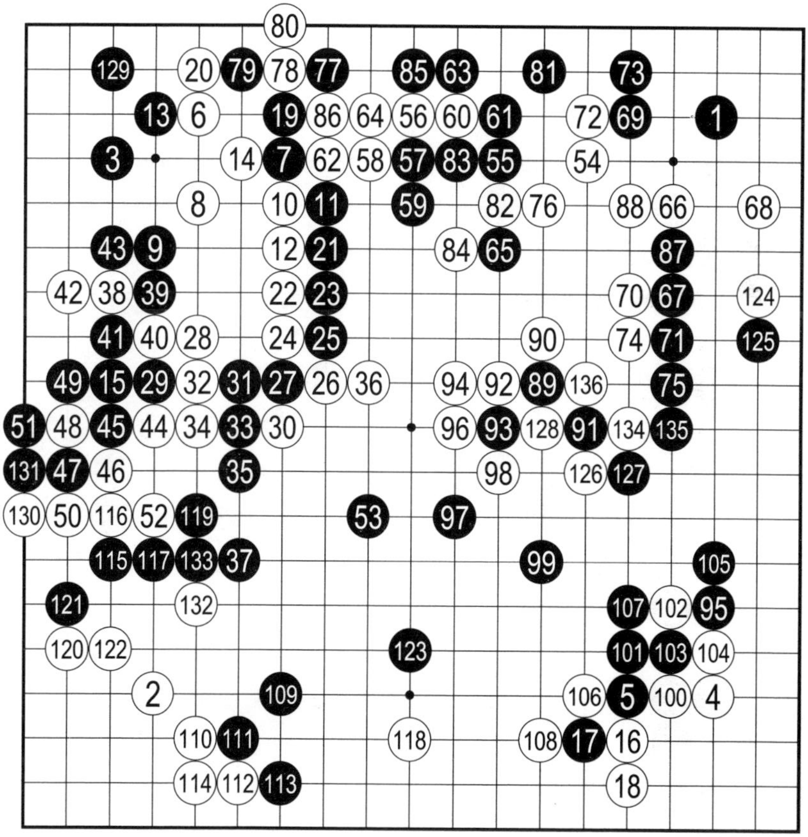

（1–136）

1973 年 2 月 1 日弈于北京工人体育场
积分循环赛第 9 局

黑方　陈祖德
白方　华以刚

左上定式中，白 16、18 托了立是棋形要点。对白 32 点角，黑应扳二路反击。布局至 44 托，白形势不错。黑 63 靠至 69 这一串落了后手，稍亏，此时左下极大。黑 83 断试应手时，白走 88 位吃住比实战 84 虎好。白 100 断和 102 靠是连环妙手，吃住右下后形成模样与实地的对抗。白 118 放出胜负手，此时如左边三路尖回将是细棋局面。杀棋过程中黑棋计算更为精确，吃住后黑胜定。（陈耀烨）

黑贴 $2\frac{1}{2}$ 子　157 手以下略　黑中盘胜

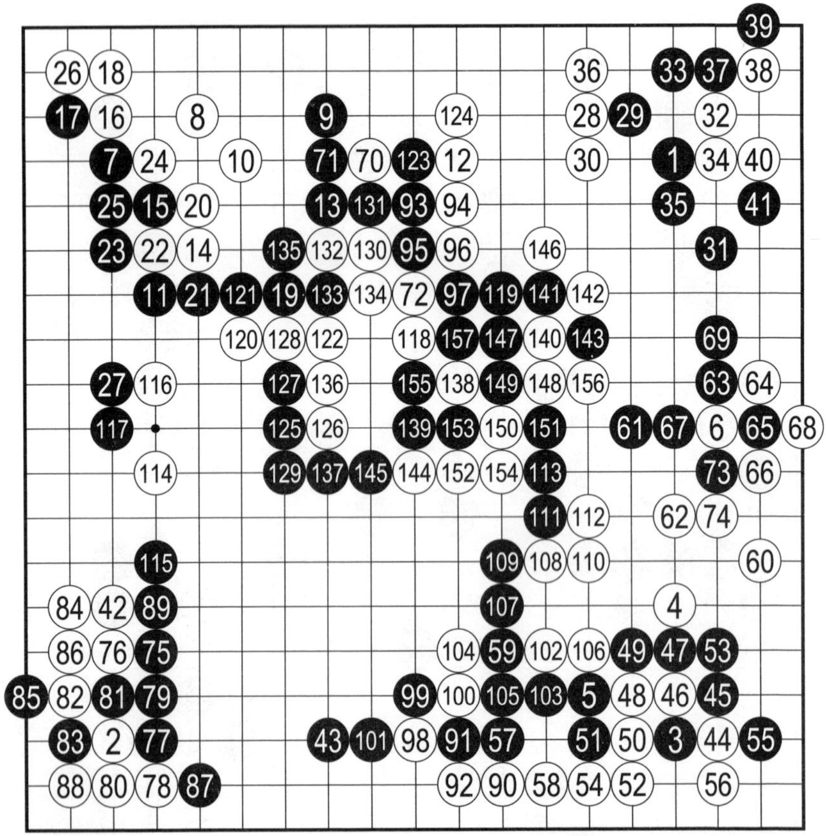

（1–157）

1973 年 2 月 5 日弈于北京工人体育场三局棋第三局

黑方　吴淞笙

白方　陈祖德

开局黑 17 跳缓手，此时应上方四路连压。右下是高目老定式，现在看黑棋实地过损。白 34、36 没必要，此时黑两块都活棋，白阻渡价值很小。右上黑 43、45、47 失误，实战被白 48、50 托了挤，黑大亏。布局结束后白实地大幅领先，只要不死棋，白棋就是大优局面。中盘时，白在右边打入以及中腹的处理上均下得非常不错，两块都活出后已是白胜的局面。黑 135、137 进行右下角最后的死活考试，此时白 138 只要 145 位夹，局部即可净活。实战中白出现严重失误将棋下死，棋局瞬间逆转。（陈耀烨）

黑贴2$\frac{1}{2}$子　153 手　黑中盘胜

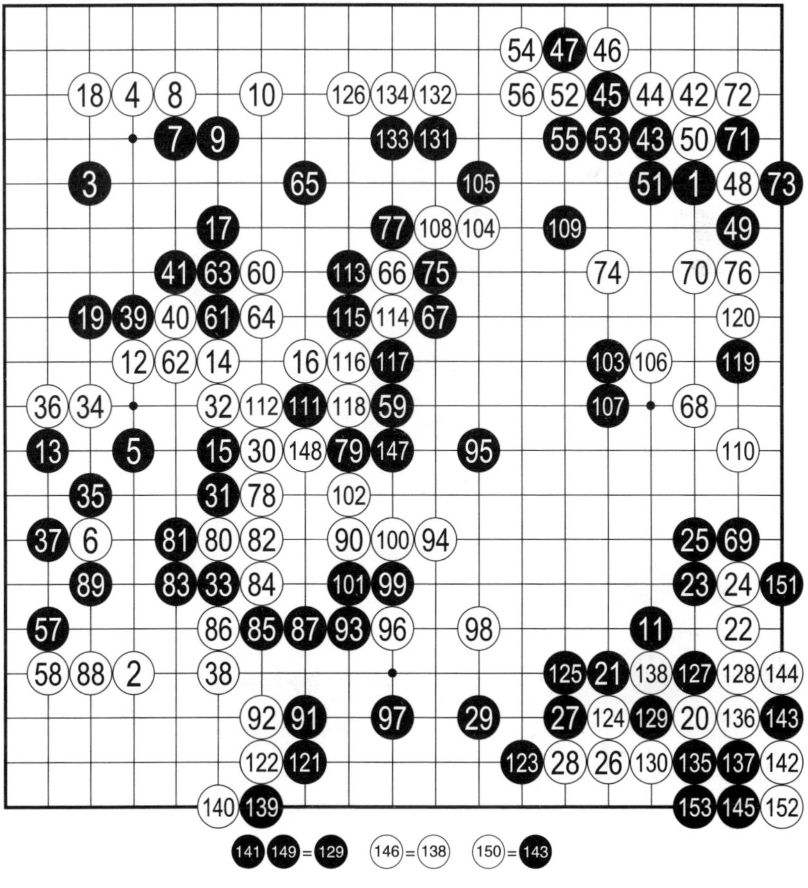

（1–153）

1973 年 2 月 8 日弈于北京工人体育场
积分循环赛第 10 局

黑方　杨以伦

白方　陈祖德

左上定式中，白 6 顶略微亏损，黑棋下立即可，黑 9 上长中计。左边战斗中，黑 29 的连扳不如 30 位长，连扳后棋形反而不好。左下白 34 攻杀黑棋没必要，此时先于中间长，再 37 位尖住角部就是大优局面，结果被黑 35 靠下后再度混乱。（陈耀烨）

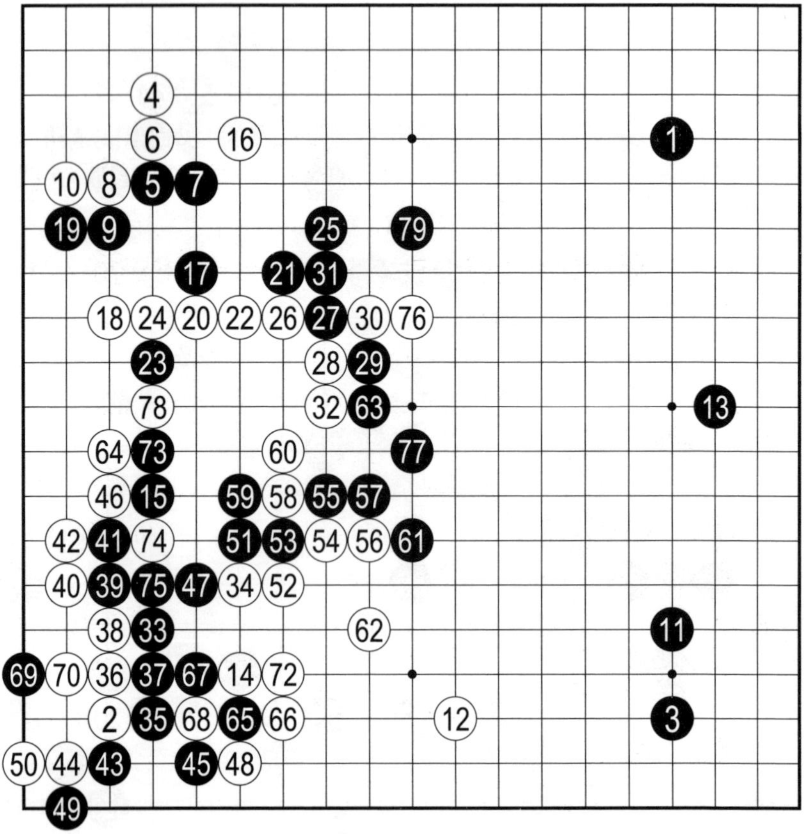

71 = 65　80 = 68

黑方 **杨以伦**
白方 **陈祖德**

至黑 97 战斗告一段落，棋局形成均势。黑 105 失误，应继续贴，白如断，黑棋就弃掉五子，那样黑不怕。上方战役结束后，形成白实地领先的优势局面。（陈耀烨）

黑贴$2\frac{1}{2}$子　164 手以下略，白胜$2\frac{1}{2}$子

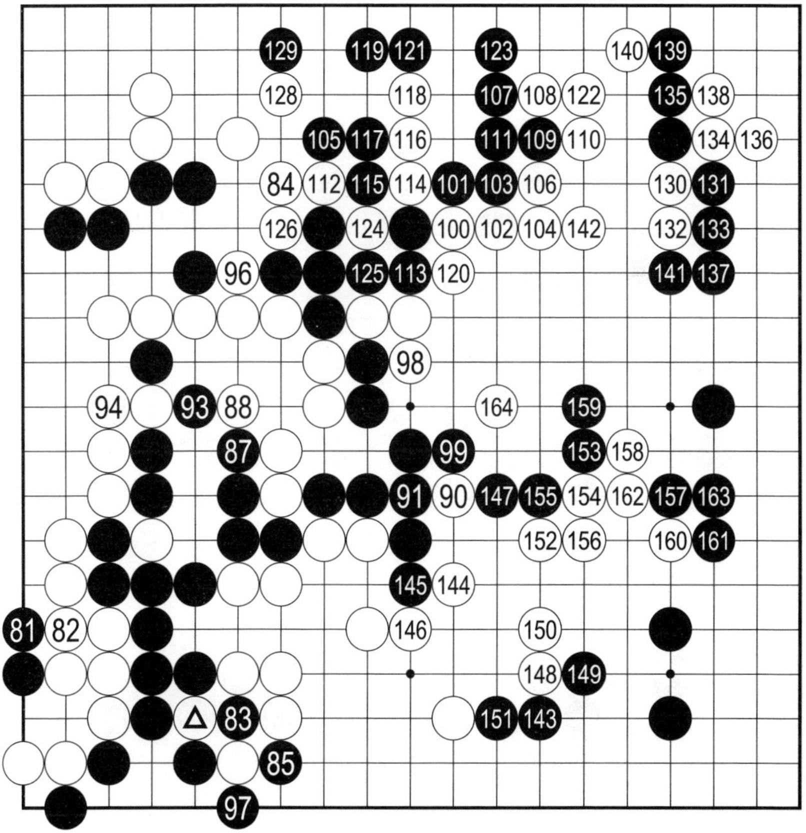

86 92 = △　89 95 = 83　127 = 124

（81–164）

1973 年 2 月 9 日弈于北京工人体育场
积分循环赛第 11 局

黑方　陈祖德
白方　姜国震

白 18 是破坏黑角地的好手，但 28 挡住过分，此时应三路跳，实战被黑 29 断掉后，战斗黑有利。白 44 应立即打，实战被黑 45 虎过来过于舒服。白 60 露出破绽，黑 61、63 马上靠断展现了良好的棋感。黑 75 二路断试应手好时机，此时白只能 88 位二路打。白 84 是本局败着，被黑 85、87、89 连环打后形成黑的无忧劫，棋局瞬间终止。（陈耀烨）

黑贴 $2\frac{1}{2}$ 子　共 123 手　黑中盘胜

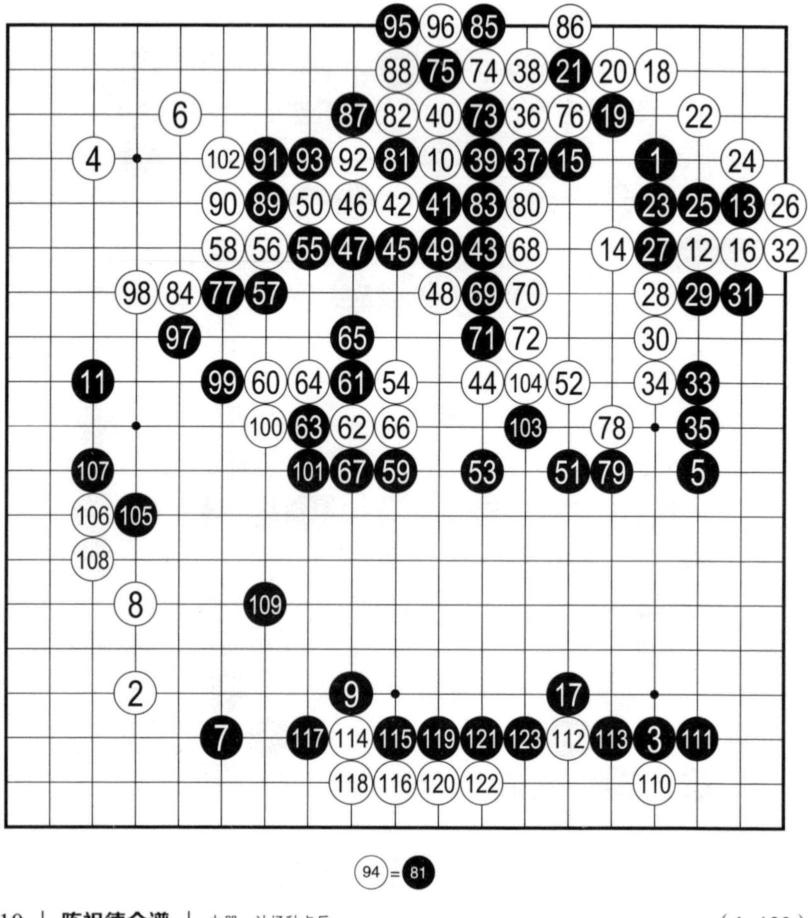

1973 年 2 月 12 日弈于北京工人体育场

积分循环赛第 12 局

黑方　聂卫平

白方　陈祖德

1972 年之前，我和小聂没有什么接触。围棋七兄弟下放到北京第三通用机械厂后，小聂每天按时来到我们宿舍，即使上班也没有那么准时。1973 年，小聂进了集训队，开始如鱼得水。他在集训队里除了吃饭、睡觉等必需之外，一切时间都用来下棋、打谱，对围棋真正到了如醉如痴的地步。（陈祖德）

黑 13 可于 15 位上打，白 14 位，黑 8 位下一路，白 18 位，黑 19 位，这样优于实战。右下角定型至 20，白棋好下。白 32 点三三是跨越时代的一手，当时能意识到点三三的重要性是不容易的。黑 33 可于 34 位外挡，黑 33 位，白 35 位下两路飞。实战的定型从全局看对白棋有利。黑 59 意识到形势不妙，想冲击白棋。白 60 靠好手，至 68 轻松化解。白优势进一步巩固。黑 79、81 继续拼搏，白 88、90 靠断好手，至 96 白棋大优。（常昊）

黑贴$2\frac{1}{2}$子　96 手以下略　白中盘胜

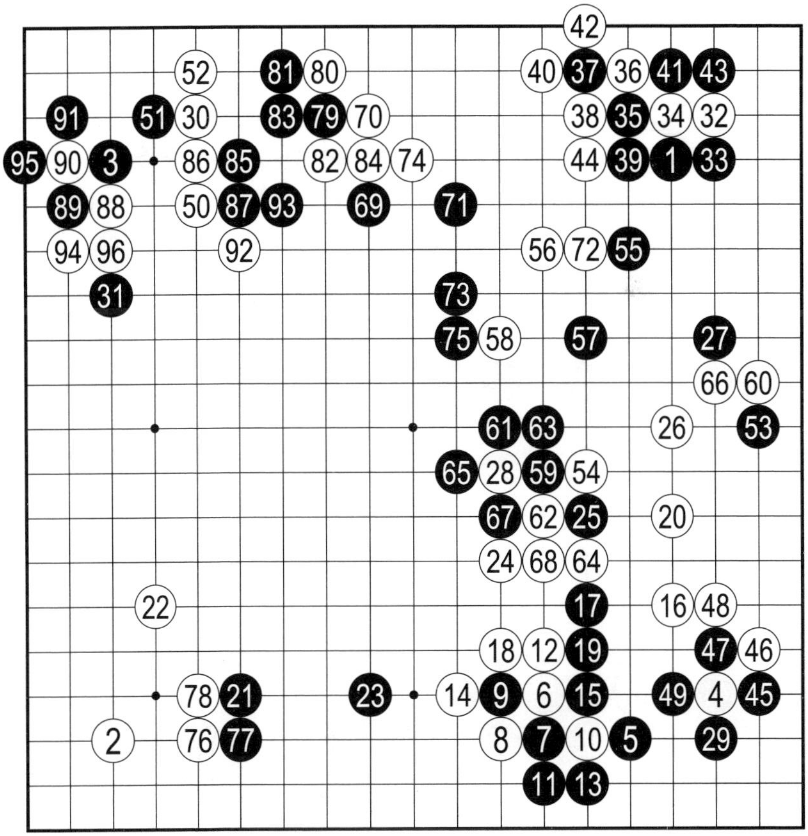

（1–96）

1973 年 2 月 13 日弈于北京工人体育场

积分循环赛第 13 局

黑方　陈祖德

白方　曹志林

右下的变化中，白 26 应该粘住，被黑 27 提净过厚。右上点三三，白 36、38 二路扳粘是以前的下法，现在来看这一交换大亏。下方黑 67 顶时，白应 69 位爬一下脱先。白 72 也应先提一下，再团了做活，那样厚薄会差一些。黑 79 跳失误，应先于 81 位贴，实战被白 80 跳后，形势有所缓和。白 98 刺败着，如 99 位接住的话还早。（陈耀烨）

曹志林 1947 年生于上海，其父是上海越剧院有名的编剧，自幼爱好文艺，性格活泼开朗，富有即兴表演的才能。我们一起经历了文革：进五七干校劳动，下放到第三通用机械厂当工人，成为当年围棋界患难与共的三通用七兄弟。1974 年我第三次获得全国冠军，志林则一鸣惊人获得了亚军。（陈祖德）

黑贴 $2\frac{1}{2}$ 子　99 手以下略　黑中盘胜

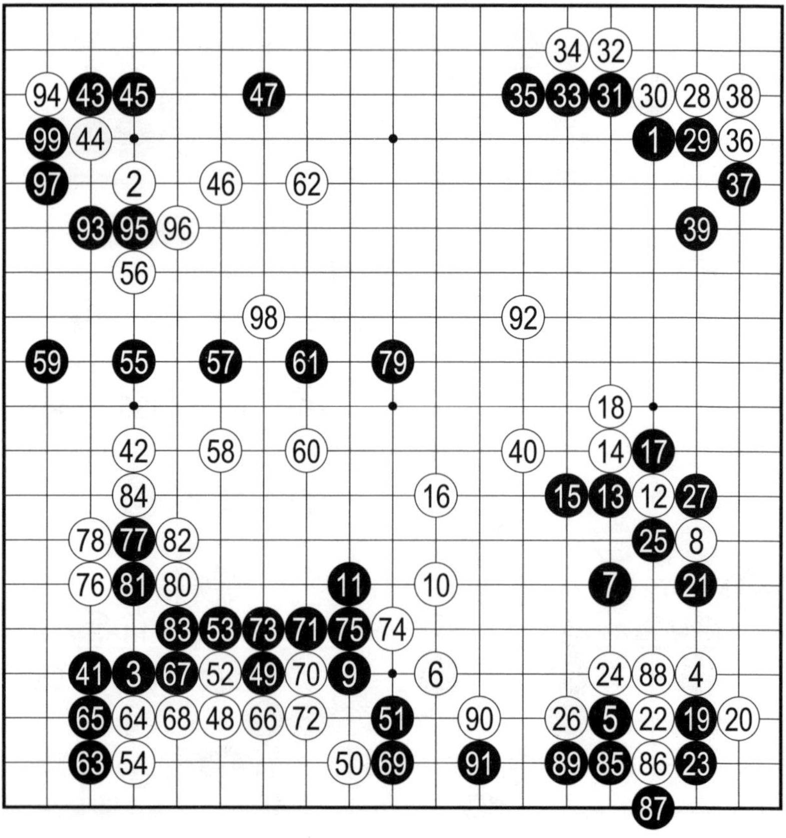

（1–99）

1973 年 2 月 15 日弈于北京工人体育场
积分循环赛第 14 局

黑方　黄进先
白方　陈祖德

白 10 肩冲是根据黑棋此处的下法决定右下定式选择的好手。白 16 飞压时，由于白在局部多了三颗子，黑依然冲断有些过分。至 44，白取得优势。左下战斗中，黑 55、57 行棋凝重，此时二路虎极大。白 64 顶时，黑 65 并是本局败着，此时黑棋应三路拆一分而治之，实战着法过于勉强，被白 80 断后崩溃。（陈耀烨）

黑贴 $2\frac{1}{2}$ 子　100 手以下略　白中盘胜

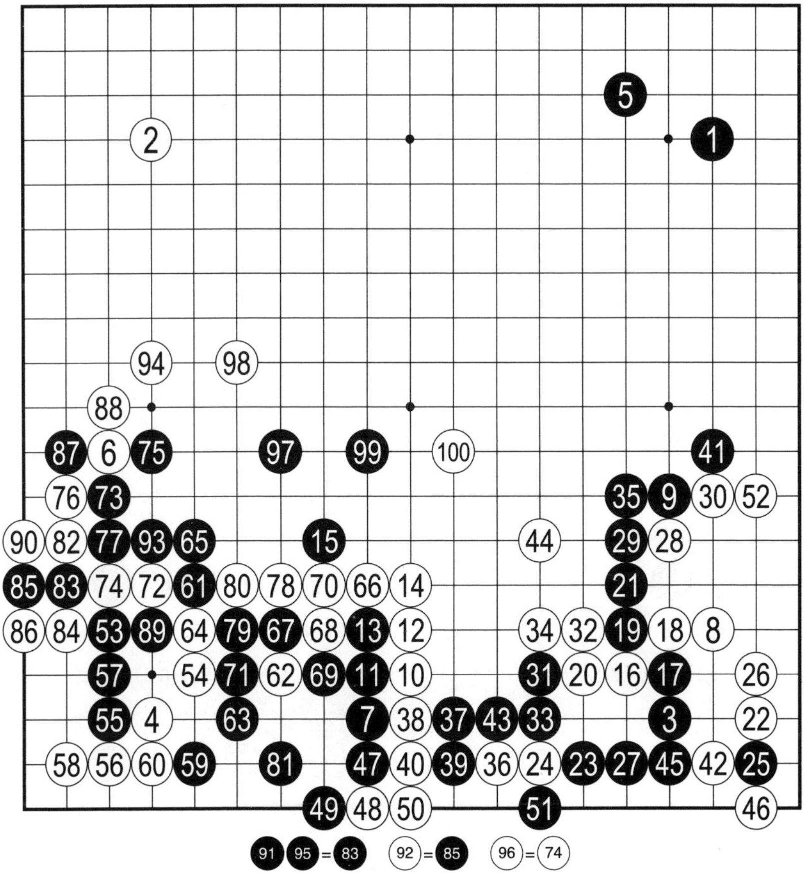

（1–100）

1973 年 2 月 16 日北京工人体育场
积分循环赛第 15 局

黑方　陈祖德
白方　谢裕国

开局黑 9、11 是老定式变化，现在来看白棋挤后打拔黑 9 一子是白有利，实战白应对有误，黑得分。右下白 22 应反打吃角，拐吃四路过于损目。白 30 是局部破空好手，黑不如脱先，因 31 吃白一子效率不高。黑 55 二路漏时白应脱先，实战吃了后手过缓，黑抢到上方 71 拆后，形势黑优。对黑 73 跨断，白棋脱先非常有气势，此后在局部死活计算当中白也相当精准，活出后再度形成均势。（陈耀烨）

黑贴 $2\frac{1}{2}$ 子　127 手以下略　黑中盘胜

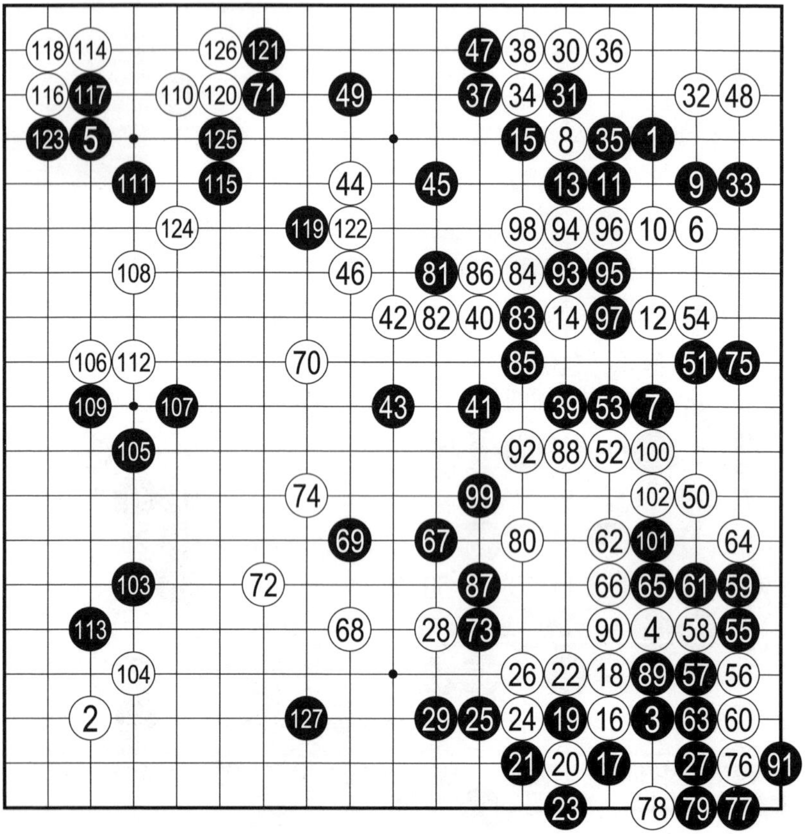

（1–127）

1973年2月19日弈于北京工人体育场
积分循环赛第16局

黑方　陈祖德

白方　王汝南

黑17象步的选择很有意思，但黑21应扭断，实战若是白22单抠吃，则黑棋亏损。左边战斗中，黑31将白尖断过强，白36单走38位点更好。实战的定型形成两分局面。白在左下腾挪中，56、58先打了冲，次序稍有失误，此时先在角上连扳更好。至79，黑形势稍优。白86镇时，黑87小飞是以攻为守的围空好手。接下来黑棋弃子攻杀非常有气势，中腹转换后形成黑稍好的局面。（陈耀烨）

黑贴$2\frac{1}{2}$子　143手以下略　黑胜$1\frac{1}{2}$子

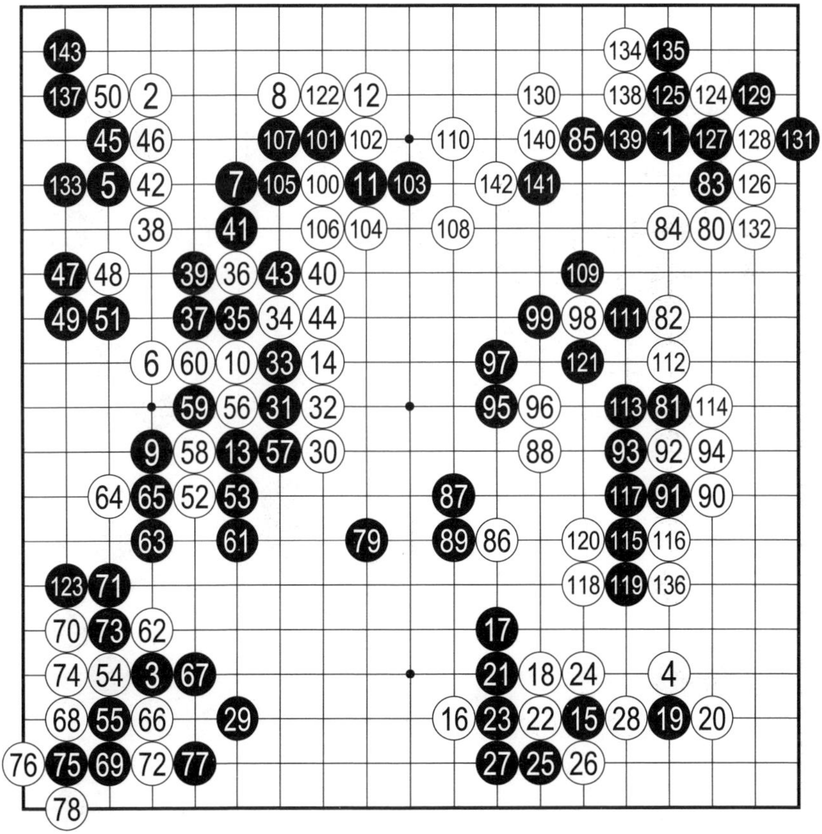

（1–143）

1973 年 2 月 26 日弈于北京工人体育场
三番棋第一局

黑方　陈祖德
白方　吴淞笙

右上进程中，黑 15 靠是棋形要点。对黑 31 的一间低夹，白脱先更好，32 跳出效率略低。黑 41 与 47 的脱先展现了非常灵活的一面，在布局中取得优势。进入中盘后，白 60 高挂与黑对围失误，此时应在 75 位托。实战由于黑左边成空效率过高，对围后明显黑有利，至 97 挡角，黑已是黑胜势。（陈耀烨）

黑贴$2\frac{1}{2}$子　101 手以下略　黑胜 1 子

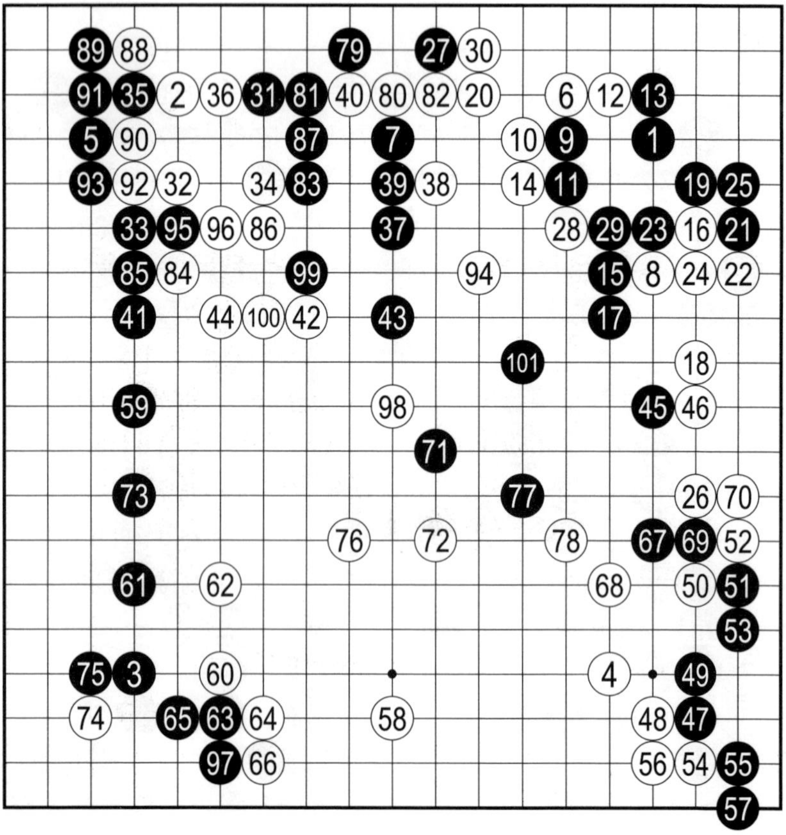

（1–101）

1973 年 3 月 2 日弈于北京工人体育场
三局棋第二局

黑方　吴淞笙
白方　陈祖德

右上至白 26 是小目一间高夹老定式，现在来看白棋满意。黑 27 拆边改在 30 位守更好。左上白 40 扳没必要，单立即可满意，实战形成激战。在中腹乱战过程中，双方下得都极为精彩，体现了强劲的实力。至黑 111 告一段落后，棋局意外形成两分局面。右下黑 113 靠进来后再度混战。过程中，白 122 的反击不便宜，在角上虎住即可满意。白 128 是本局败着，此时四路冲出还很难讲，实战被黑全部包住，获得巨大利益，黑胜势。（陈耀烨）

黑贴 $2\frac{1}{2}$ 子　共 153 手　黑中盘胜

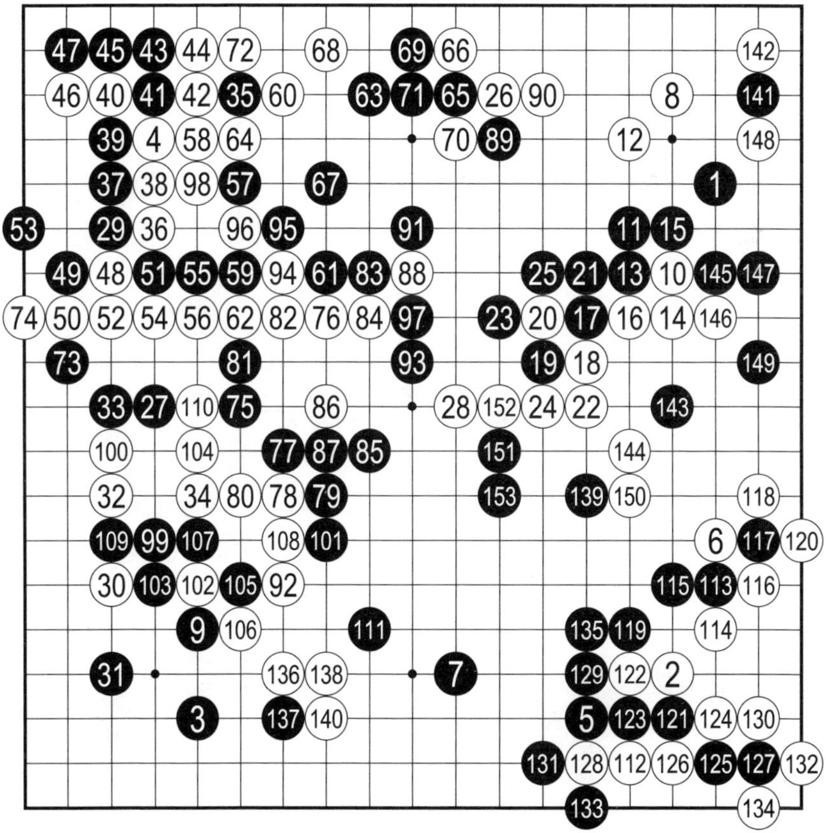

（1–153）

1973 年 3 月 12 日弈于北京工人体育场

训练棋

黑方　黄进先

白方　陈祖德

开局右下定式中，白 18 断重大失误，此时应挡在 22 位。白 24 夹住时，局部黑可脱先。实战承受滚包愚形将白断开，过分。中盘战斗过程中，白 54 抱死黑 39 一子即是优势局面，实战用强，棋局再度混乱。白 68、70 严重误算，此时 73 位粘回还可活，那样局面还早。黑 73 冲吃后，棋局瞬间结束。（陈耀烨）

黑贴$2\frac{1}{2}$子　共 77 手　黑中盘胜

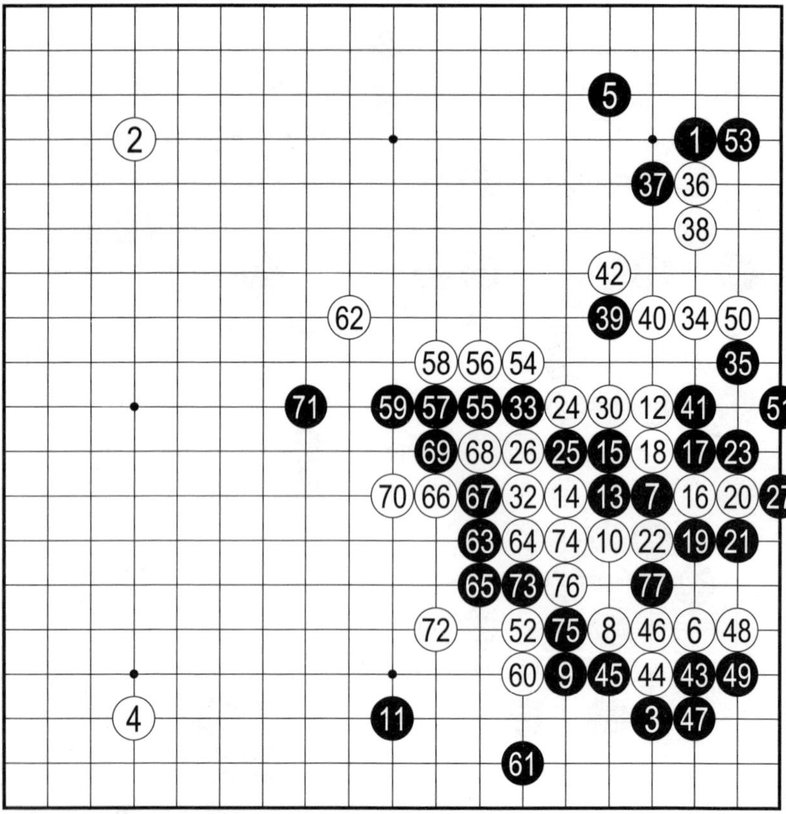

28 31 = 16　29 = 20

（1–77）

1973年3月7、8日弈于北京工人体育场

研究棋

黑方　罗建文、聂卫平

白方　陈祖德

左上白6顶是以前的流行下法。白14点方时，黑15以下反击不便宜，此时虎住后脱先即可。白20碰是局部要点，至26断是白有利的局面。白30断失误，此时应先于101位跳，等黑棋粘后再断。实战至35，黑抱死两子过于舒服，形势黑不错。面对白38点的攻击，黑出现失误，此时应先在38下一路贴住，这块棋不难处理。实战的进行黑效率不高，被白50挂角后，形势逆转。中央战斗中，黑95靠是手筋，吃掉白棋尾巴后形成细棋、白稍好的格局。（陈耀烨）

黑贴$2\frac{1}{2}$子　142手以下略　白中盘胜

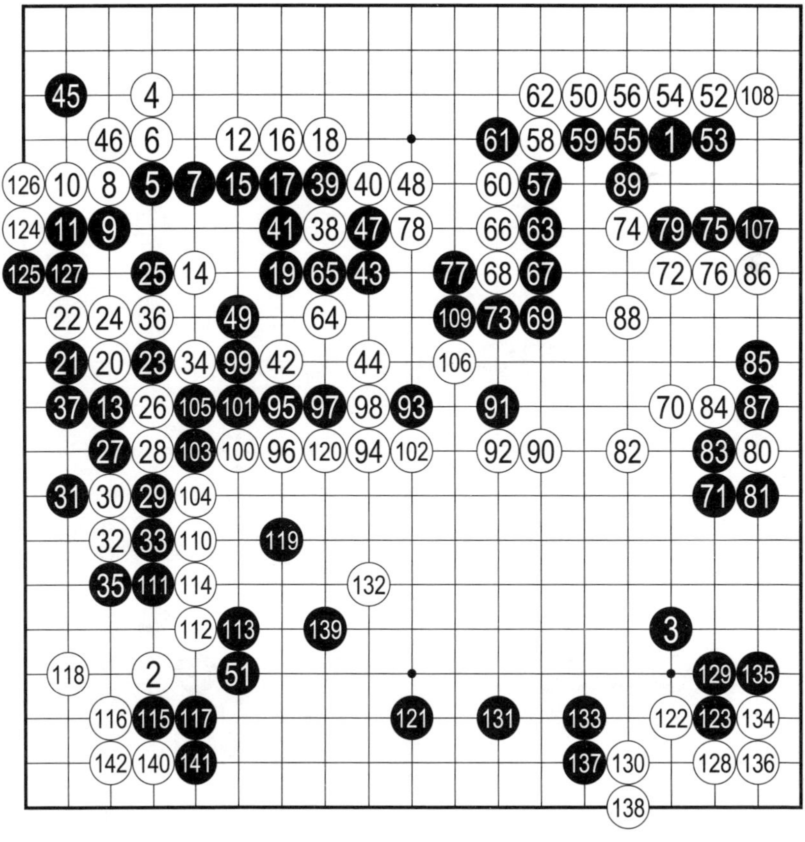

（1–142）

1973 年 3 月 24 日北京工人体育场
训练棋

黑方　吴淞笙

白方　陈祖德

右下大斜定式中，黑 23 顶不好，此时在 17 上一路长出作战，黑不怕。紧接着白 26 压出过于损地，应将 11、17 两子抱死，那样白优势。下方战斗中，白 52 靠失误，此时应先 54 位扳，看黑应手后再决定怎么下。实战黑 53 反击后，战斗黑有利。(陈耀烨)

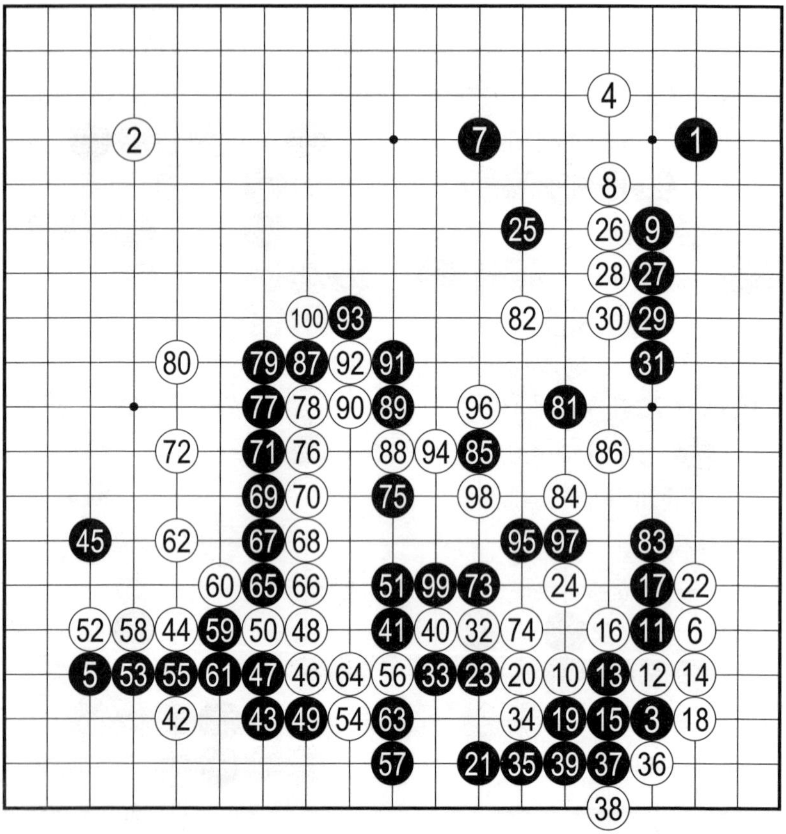

(1–100)

黑方　吴淞笙

白方　陈祖德

混战过程中，黑109顶出现误算，此时应110位贴下去，实战被白反击，黑大亏。黑175放出胜负手，此时白退让，选择内扳即可获胜。强杀过程中，白180冲是本局败着，此时如三路托，黑仍然不好活。(陈耀烨)

黑贴2$\frac{1}{2}$子　共191手　黑中盘胜

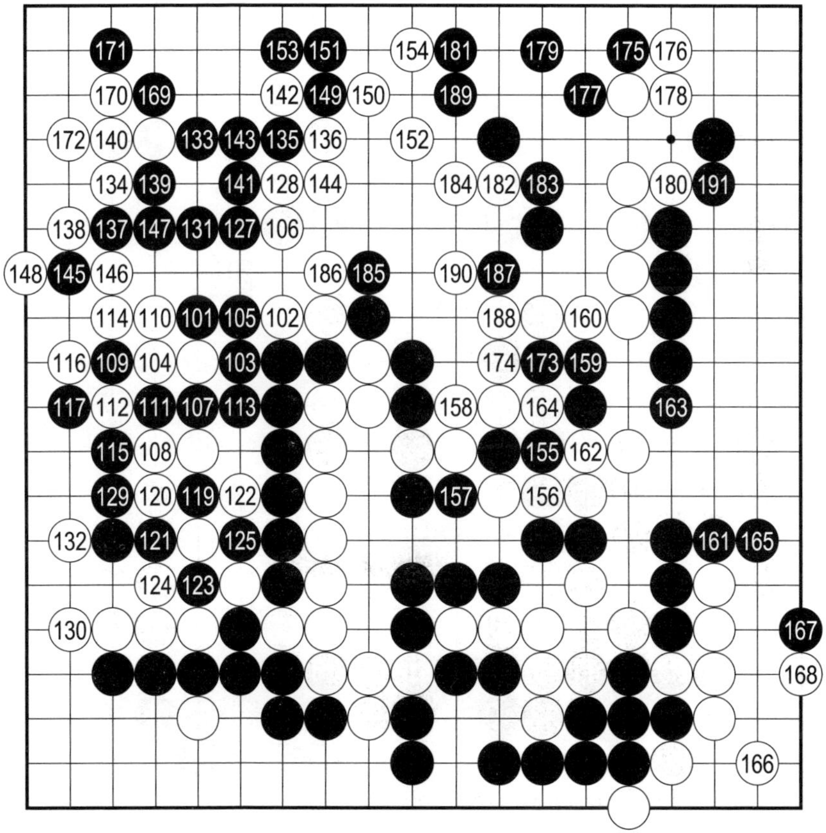

118=109　126=123

(101–191)

1973 年 4 月 20 日弈于东京

中日友好代表团访日友谊赛

白方　藤泽秀行 九段

黑方　陈祖德（受先）

黑 7 在当时少见，9 又少见。白 14 重视以后作战。黑 23 要点。白 24 稳健。白 26 十分重要。白 28 有不妥之处。白 30 非压住不可。黑 31 靠是手筋。白 32 至 38 实属不得已。白 40 是稳健控制局势的下法。黑 41 大场。白 42 夹攻正着。黑 43 灵活，45 敏锐，白 46、48 无可奈何。黑 49、51 抓住机会破掉上边白空，迫白 52 补棋。黑 55 接引中腹三子是好点。白 56 分断不得不然。黑 57 如在 67 位靠正是时机。白 58 机敏。黑 59 力保地域上不落后。白 60 急所，感觉极其敏锐。黑 61、63 是最强的抵抗。白 68 只此一手。白 74 要点。白 76、78 先手得利。白 92 稳健，也可在 95 位虎做劫。黑 99 间接照应到中腹弱棋。白 102 夹是漂亮的手筋。黑 111 先手吃白一子，实地已经领先，但中腹变得相当薄弱。

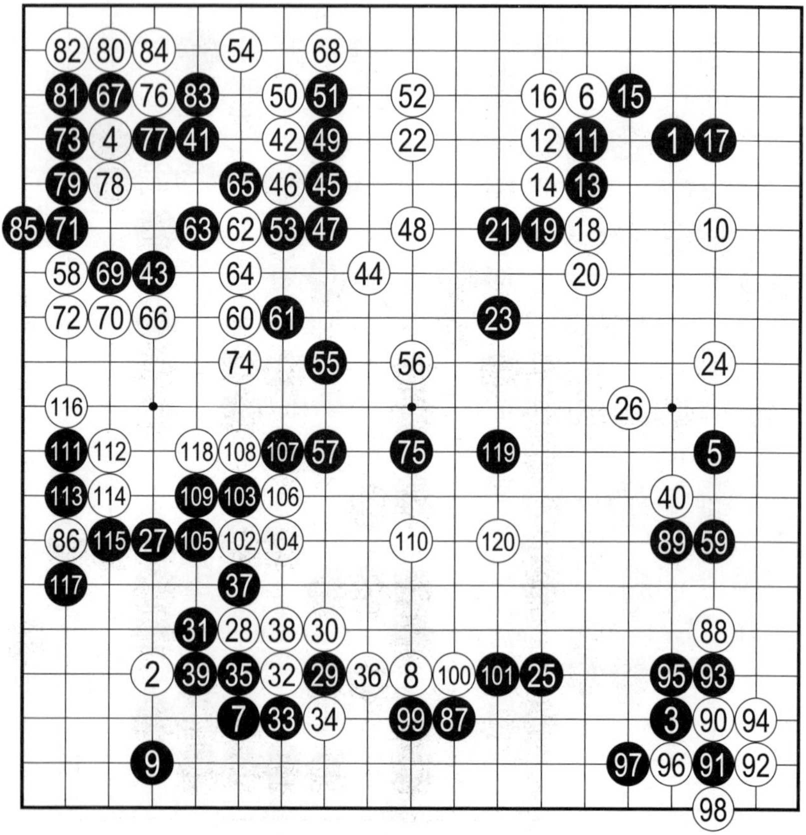

（1–120）

白方　藤泽秀行 九段

黑方　陈祖德（受先）

黑121、123跨断是腾挪要点。白134是正着，若急于将黑切割则不利。黑139明显退缩了，当144位跳。白146若于155位挤，这局棋到此就结束了。这是黑139之过。黑183是败着，这手逆官子价值为2目，而190位挡则是6目。如应对正确，黑胜1目是不成问题的。

在周总理的关心下，国家体委恢复了围棋集训，我也有幸加入了廖承志同志率领的中日友好代表团。上一次我访问日本是在1965年，一晃八年过去了。这一切真如梦幻一般。这次访日的第一位对手是秀行先生，他对中国棋手帮助最多，才能也是世界棋坛公认的。（陈祖德）

共257手　白胜1目

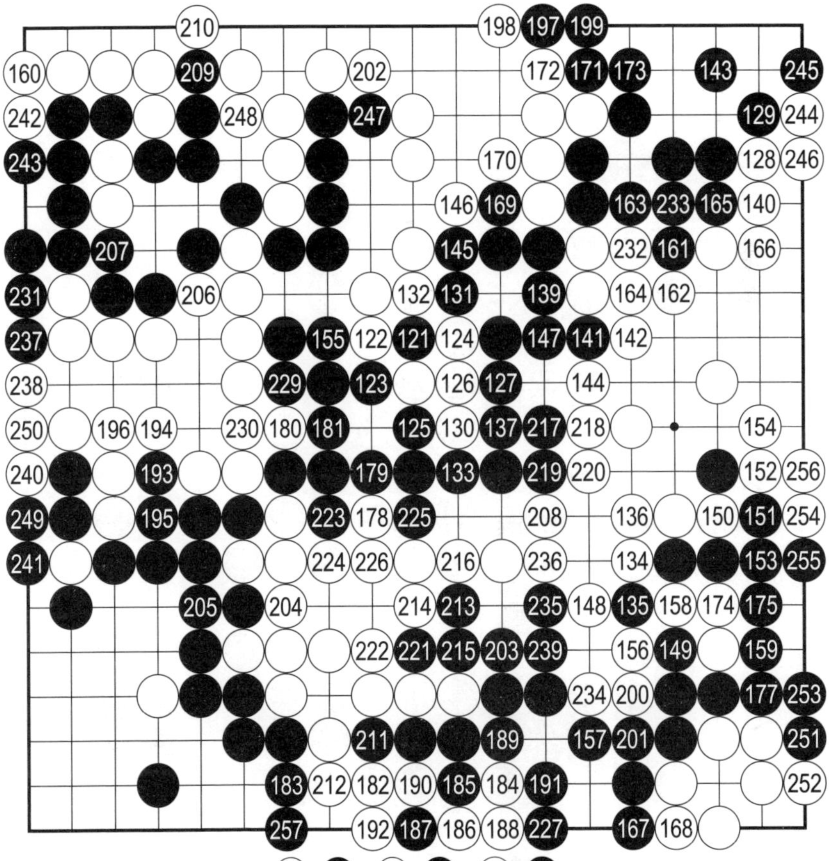

138 = 121　176 = 135　228 = 187

（121–257）

1973年4月21日弈于东京
中日友好代表团访日友谊赛

白方　加藤正夫 七段
黑方　陈祖德（受先）

黑棋以当年非常流行的对角星开局。这套布局非常容易形成乱战格局，两位棋手都非常喜欢。左上战斗中，黑33、35稍许过分，应直接二路虎。对黑49点刺，白应79位外压，实战棋形不好，至55棋局形成乱战。黑79弃子冲出攻杀非常有勇气，展现了黑的魄力。黑91粘住缓手，此时应上方先扳，再于下方跳，实战至白102跳下，转为白棋有利的局面。白110刺有些一厢情愿，黑反击非常漂亮！（陈耀烨）

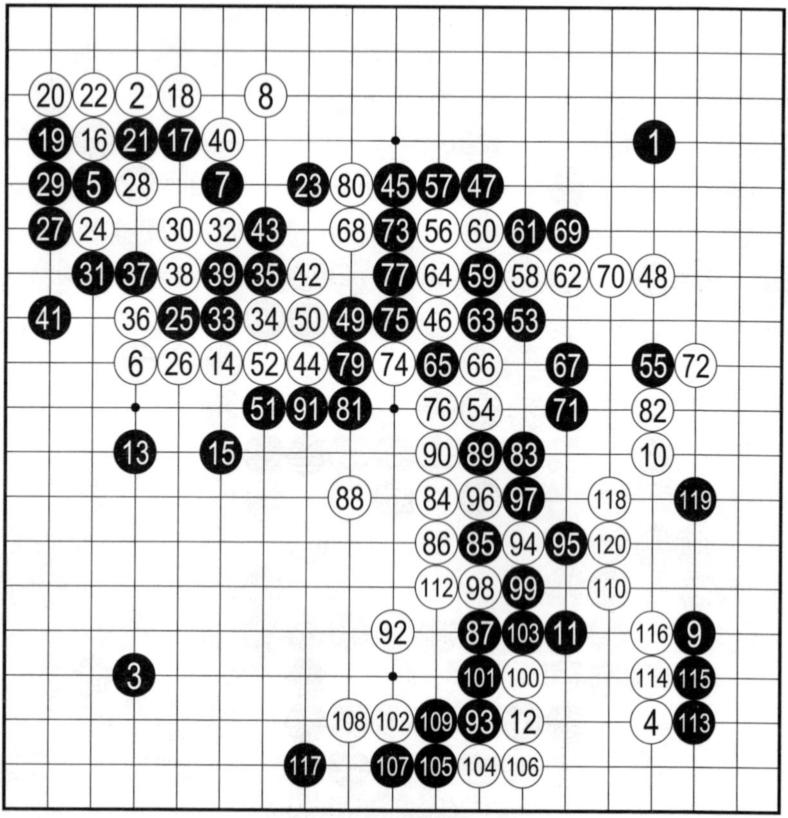

(78)=(65)　(111)=(85)

（1–120）

白方　加藤正夫 七段

黑方　陈祖德（受先）

战斗结束，黑151抢到右上守角后，局面黑稍好。官子收束中，双方在各个局部均展现了很细腻的手段。黑201小尖为胜利宣言，至此黑小胜不可动摇。（陈耀烨）

共262手　黑胜3目

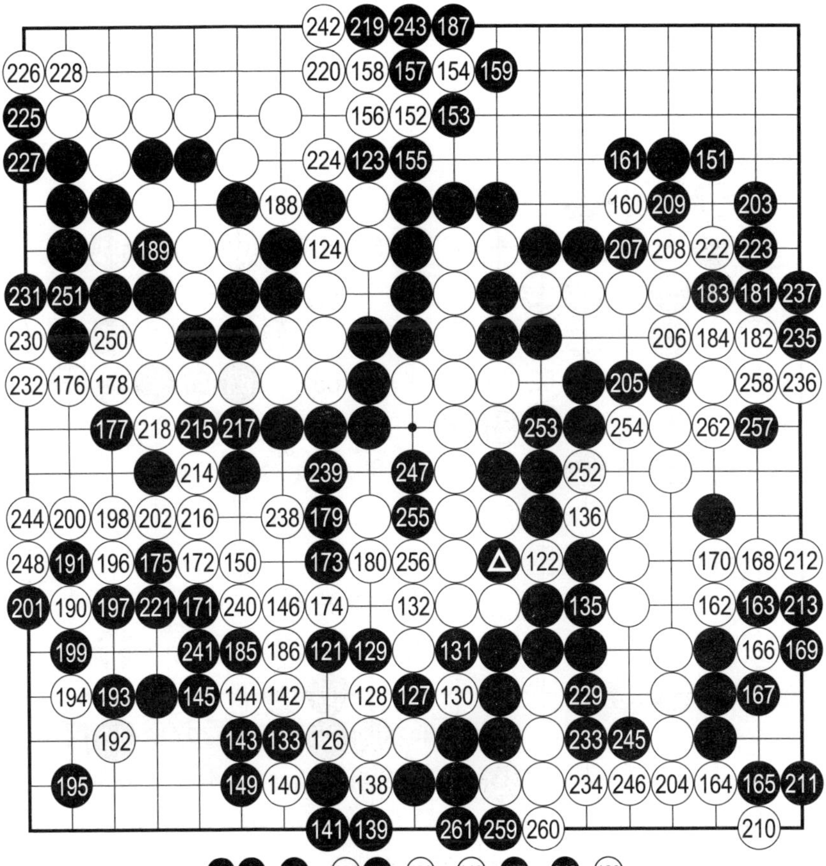

125 137 = △　134 147 = 122　148 = 127　249 = 190

（121–262）

1973 年 4 月 22 日
中日友好代表团访日友谊赛

黑方　菊池康郎 业余 6 段
白方　陈祖德

白 8、10 压了虎的选择现在已很难见到。右下白 40 断不好，此时还是应该长。黑棋实战应对完美，抢到上方的 63 飞后，黑优势。对白 70 靠角，黑棋应对失误，75、85 这两步都是明显问题手。（陈耀烨）

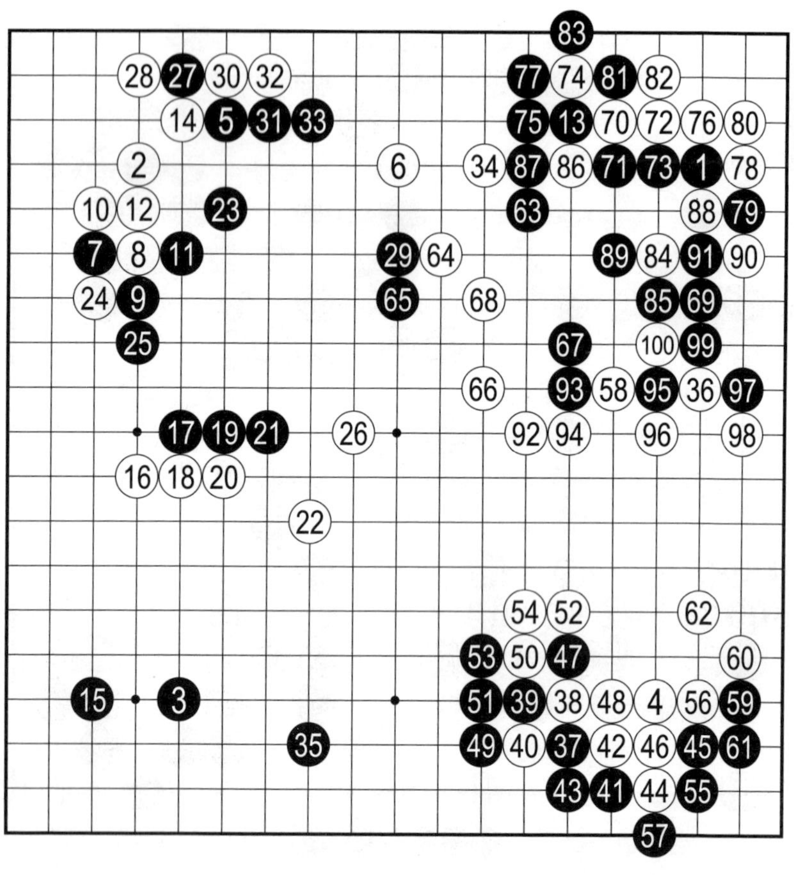

（1–100）

黑方　**菊池康郎** 业余6段

白方　**陈祖德**

至白102活角，黑优的局面被逆转。此后，黑133、135靠断进行最后一搏，但因劫材不利显得过于勉强，白应对无误，顺利拿下。(陈耀烨)

黑贴5目　共198手　白中盘胜

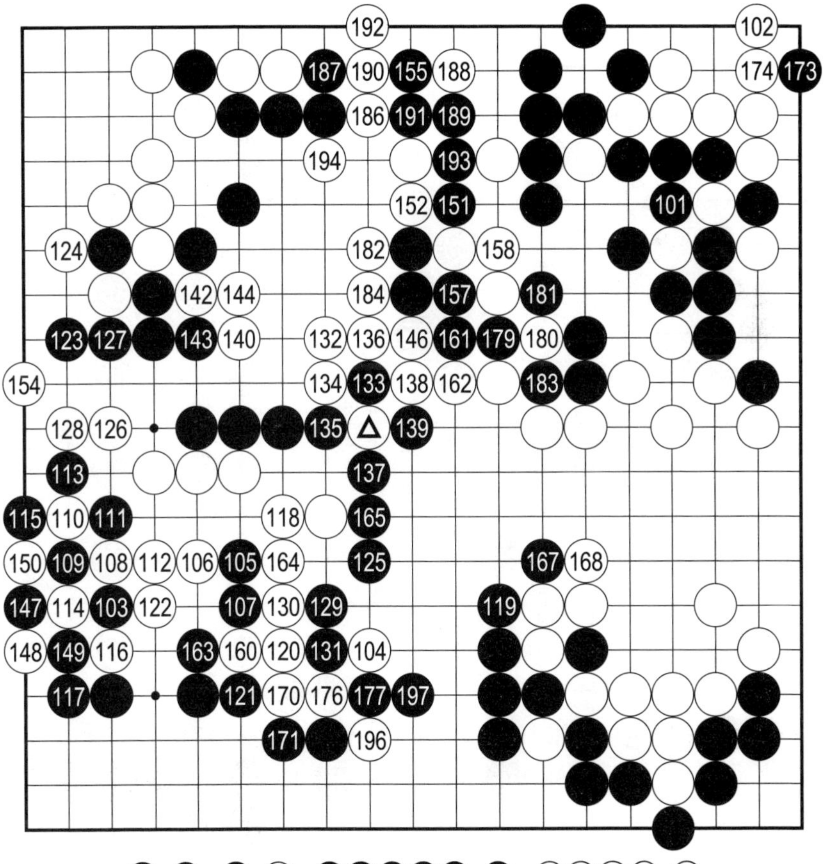

(141)=(133)　(145)=(△)　(153)(159)(169)(175)(195)=(147)　(156)(166)(172)(178)=(150)

(185)=(180)　(198)=(150)

(101–198)

疑 1973 年 4 月 23 日
中日友好代表团访日友谊赛

黑方　中园清三
白方　陈祖德

右下黑 7 高挂时，白 8 的顶是陈老师非常喜欢的手法。白 22 点角试应手时，黑 23 选择脱先反击非常漂亮。至黑 35 飞封，黑取得优势。在破坏黑棋模样时，白 52 过于深入，被黑 53、55 罩进来后苦战。左下战斗中，黑 87、89 失误，此时拐二路白不行。实战形成黑弃子攻杀白中央大龙的复杂局面，由于黑非常厚，白十分危险。至黑 125 提，形成白棋活一半的转换，此时局面意外均势。白 126 点刺问题手，应直接在 137 位跳。黑 127 靠住，是反击的好棋！此局部定型完成，黑 135 挡下后已是黑优势的官子局面。（陈耀烨）

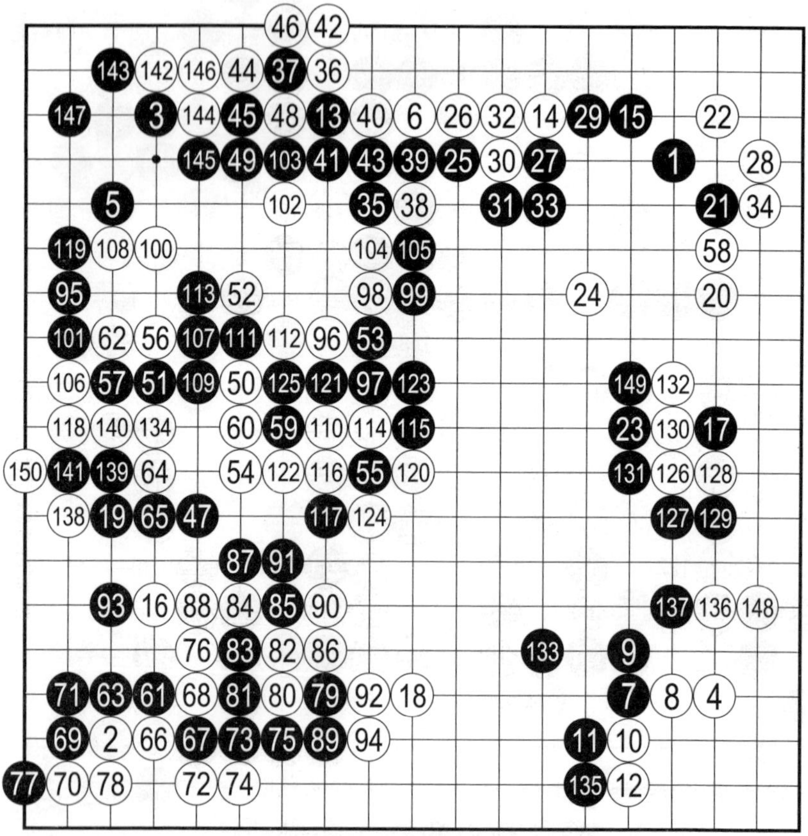

（1–150）

黑方 **中园清三**

白方 **陈祖德**

在中腹定型中黑棋下得也非常棒。中间围住后，黑胜势不可动摇。此后手数虽多，但白再无胜机。（陈耀烨）

黑贴5目　共288手　黑胜3目

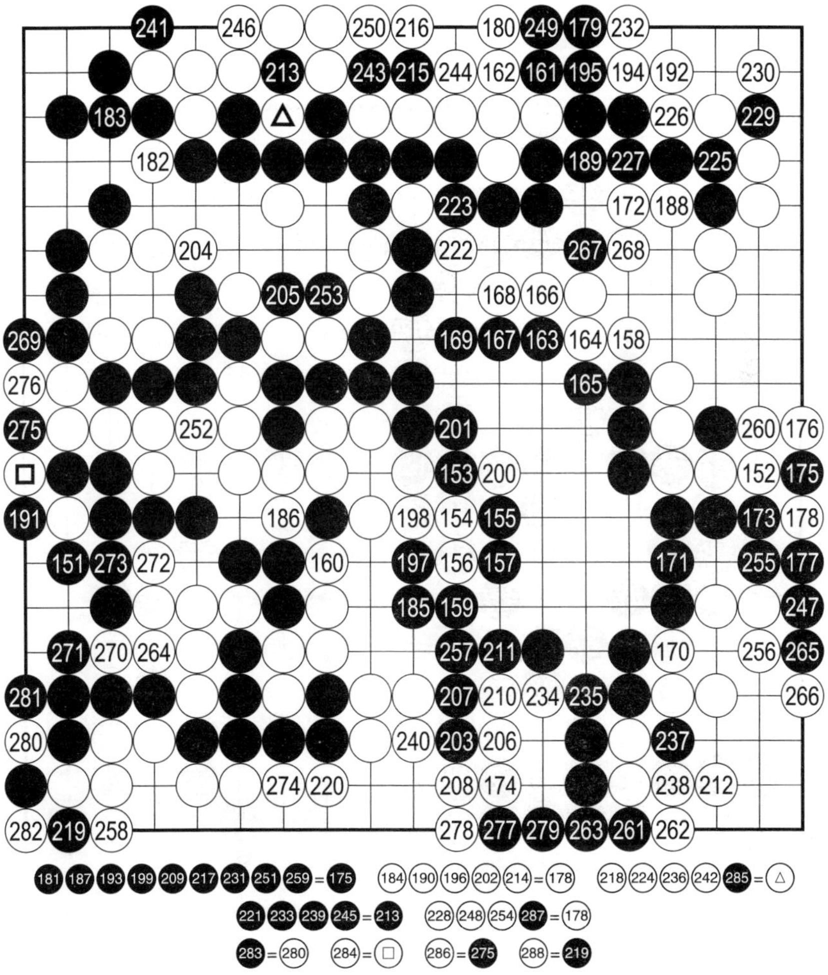

（151–288）

1973 年 4 月 30 日弈于关西棋院
中日友好代表团访日友谊赛

黑方　西村修

白方　陈祖德

左上黑 9 贴时，白 10 局部应该虎，实战尖顶稍亏。左边白 36、38 靠断过分，被黑提掉一子后取得优势。黑 43 粘劫不好，此时应四路长将劫看轻。白 56 托是局部巧手，至白 60 跳再度形成混战。黑 109 二路托失误，应边上拆一补厚自身，实战被白反击，将右边一子吃住，形成巨大实地，优势明显。（陈耀烨）

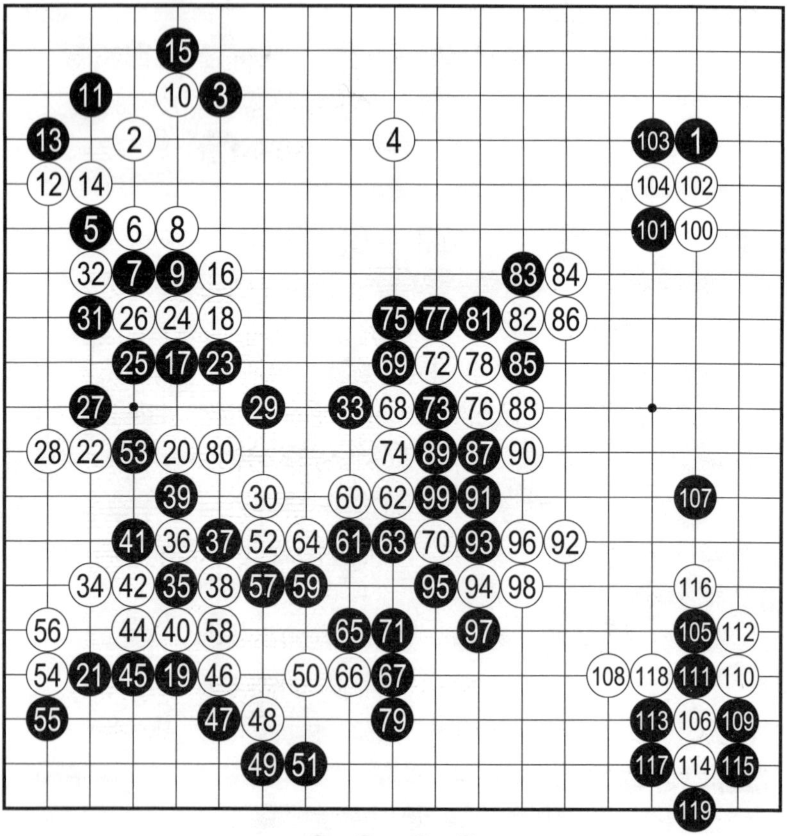

43＝36　120＝106

（1–120）

黑方　西村修

白方　陈祖德

左下死活中，白出现严重失误，白134只要夹在一路（144位）即可活棋，实战形成劫争，黑好下。在打劫过程中，黑找劫材稍有问题，尤其黑159的冲应单断三路，那样白困难。上方最后的战斗中，白184夹应飞三路，如此黑不易杀白。上方战役结束后，黑目数获利巨大，胜定。（陈耀烨）

黑贴5目　247手以下略　黑胜4目

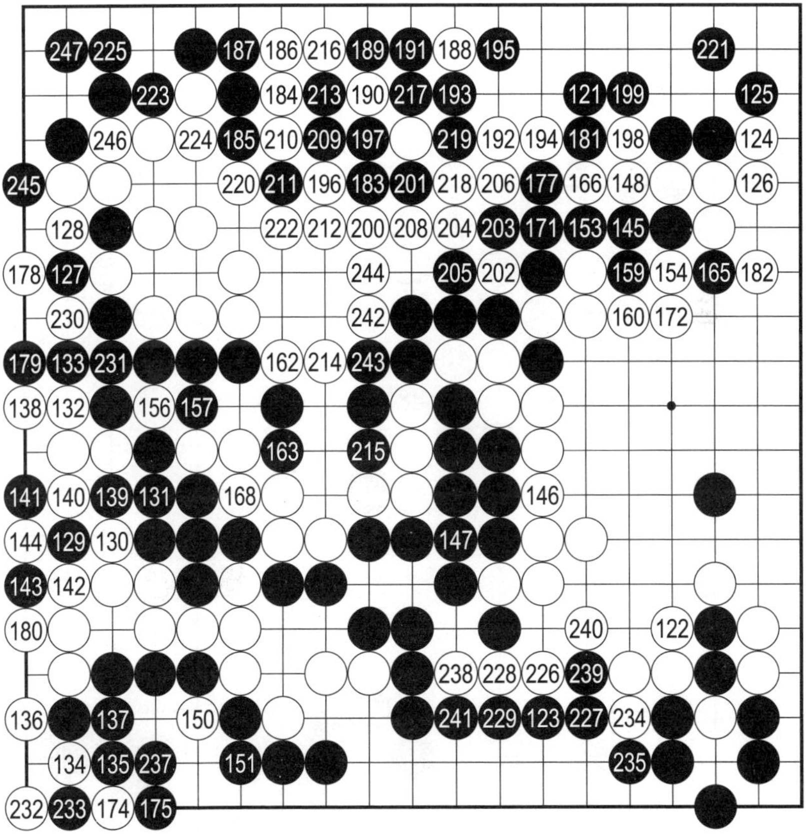

149 155 161 167 173 = 129　152 158 164 170 176 = 144　169 = 156

207 = 202　236 = 174

（121–247）

1973 年 5 月 2 日弈于关西棋院
中日友好代表团访日友谊赛

白方　桥本宇太郎 九段
黑方　陈祖德（受先）

布局中白 10 拆二略缓。左上变化中，黑 33 应 35 位单长，多爬一下目数损失不小。白 48 镇时，黑应在 50 位贴，将自身下厚，实战被白冲断后形成乱战格局。白 64 枷吃失误。黑 65 小尖机敏，将白三子切下后取得了优势。（陈耀烨）

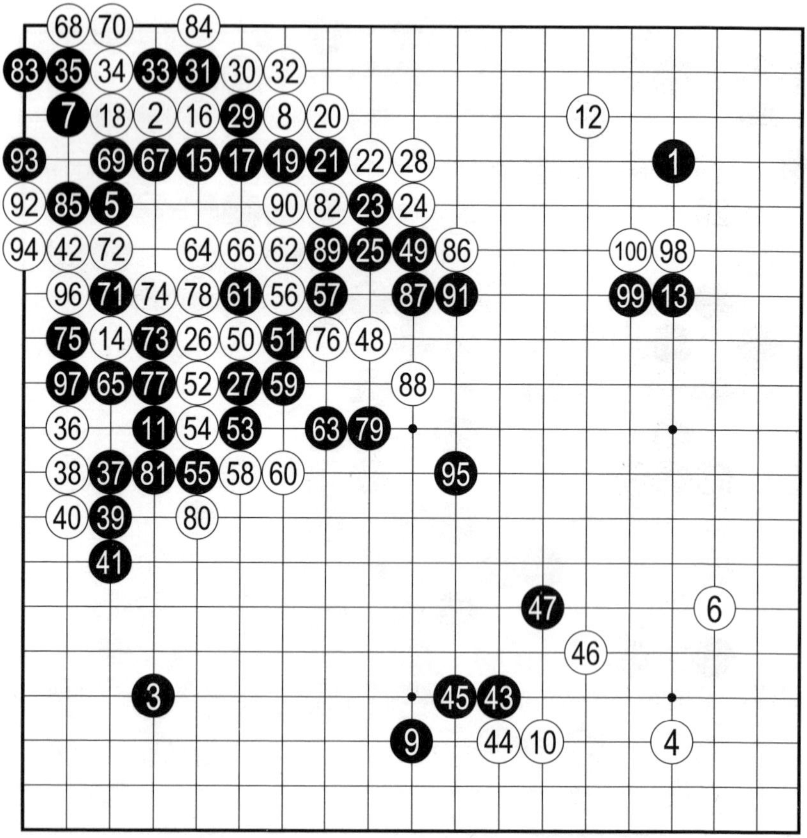

（1–100）

白方 **桥本宇太郎** 九段

黑方 **陈祖德**（受先）

白102放出胜负手。此处战斗中黑109只需中间跳补，就是非常好的局面，实战选择强杀白棋没有必要，被白132跳出后形成多块棋扭杀。在乱战中，白棋计算更胜一筹，至178活出后，将黑棋下方大龙反杀。（陈耀烨）

黑贴5目　共196手　白中盘胜

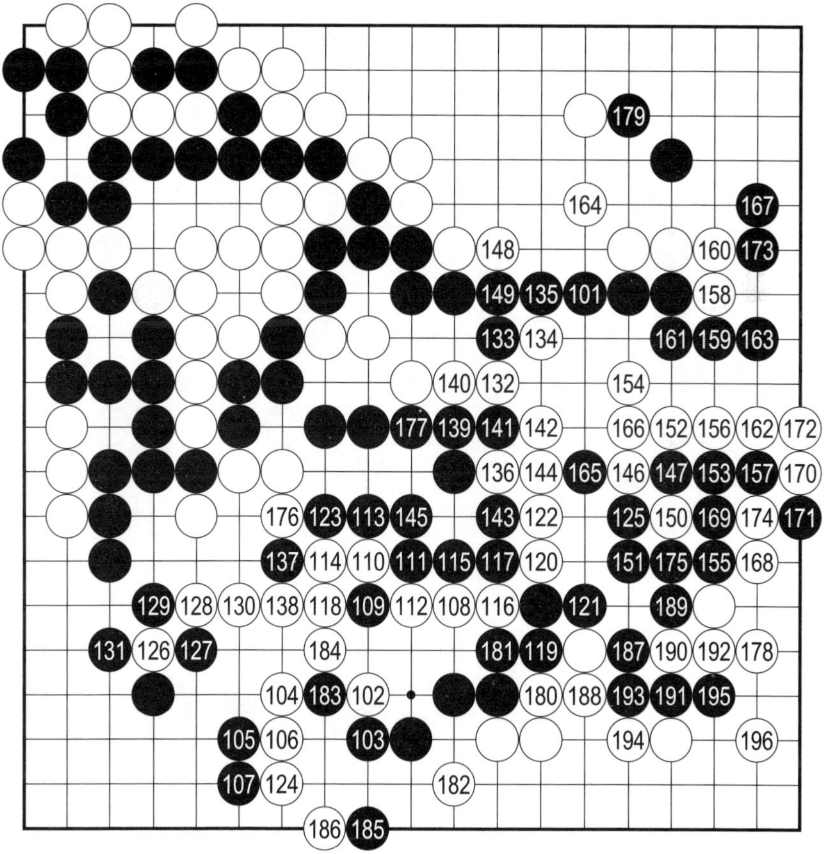

（101–196）

1973年5月
中日友好代表团访日友谊赛

白方　高川格 九段
黑方　陈祖德（受先）

左上黑9、11连跳现在看来是亏损的，至24拆边，白棋取得优势。白38靠时，黑39还是应该扳起来，右上白棋由于棋形很好，黑棋不好攻。黑45、47冲断过于刚猛，也是本局败着，被白冲下后黑已成崩溃之势。白72三路托是最后一击，吃住黑7、61两子棋筋后胜定。（陈耀烨）

共92手　白中盘胜

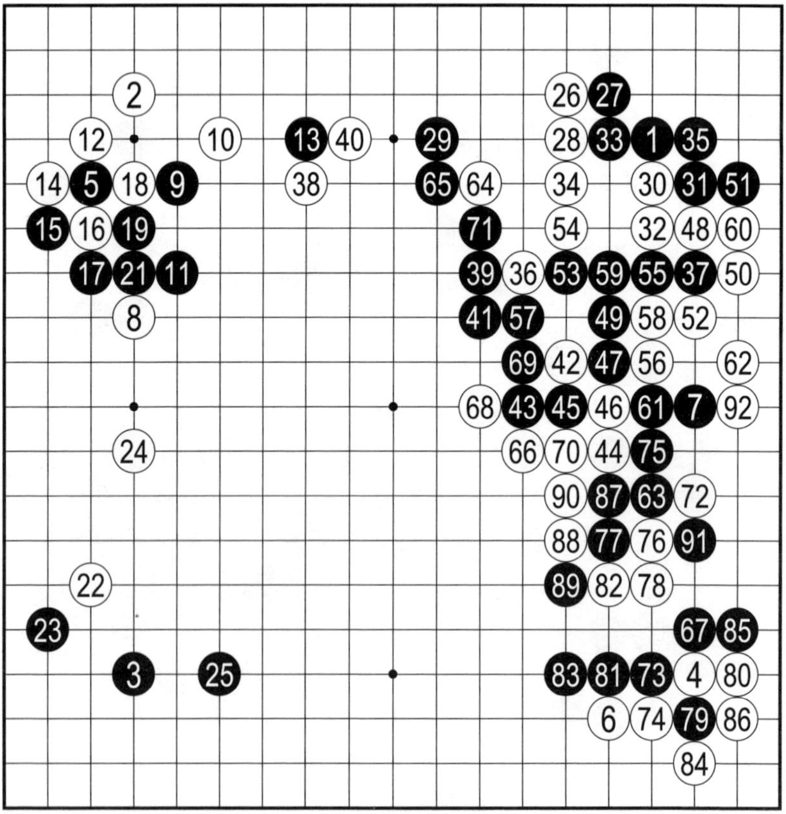

⑳=❺

1973 年 5 月
中日友好代表团访日友谊赛

白方　石田芳夫 七段
黑方　陈祖德（受先）

对右边白 14 的靠，黑应星位扳反击，实战下法白棋满意。右下战斗中，黑 27 长出应挖吃，被白 32 靠后，黑的棋形非常不好，至 38 黑亏损。对白 60 镇，黑 61 应虎，棋形更好。白 66 是华丽的封头好手。白 92 将黑棋封住后，黑已丧失让先优势。（陈耀烨）

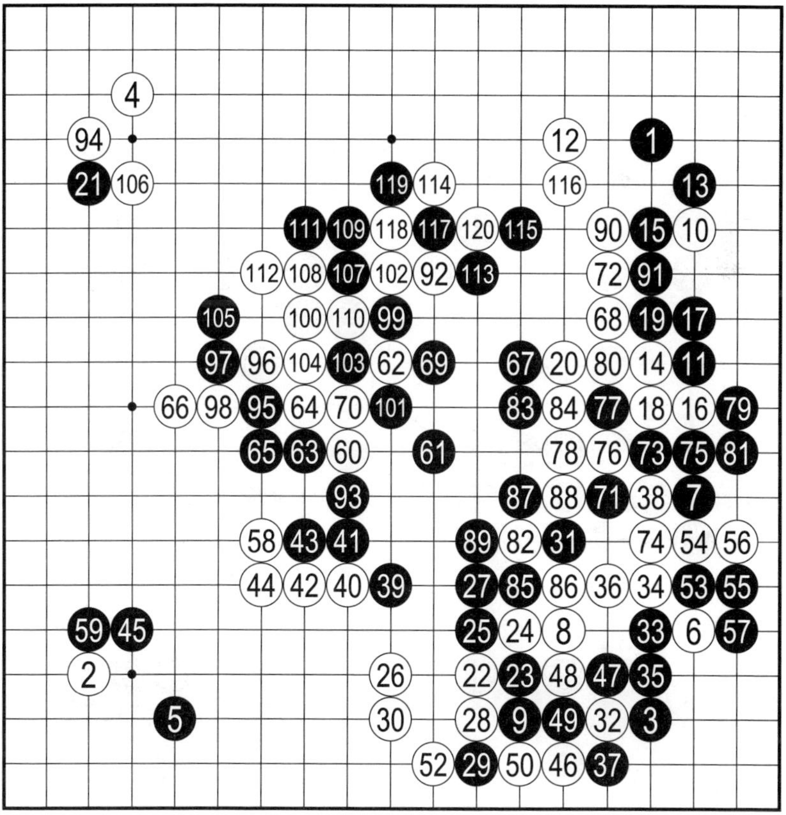

51 = 32

（1–120）

白方　石田芳夫 七段

黑方　陈祖德（受先）

黑 113 靠时，白 114 的跳是重大失误，此手应跳左一路，实战被黑 117 挖，白已不能要两子。至 137，黑抱死白九子，取得巨大战果，已是胜势局面。左下白做最后挣扎，黑 147 只需虎三路即可胜定，实战过于求稳反而导致棋局生变。黑 163 脱先是重大失误。白 170 是强杀黑的好手，至 188 将黑杀掉，形势再度逆转。此后左上再度形成大转换。白 208 一路飞致命一击，此手一出，黑两块必死一块。（陈耀烨）

共 214 手　白中盘胜

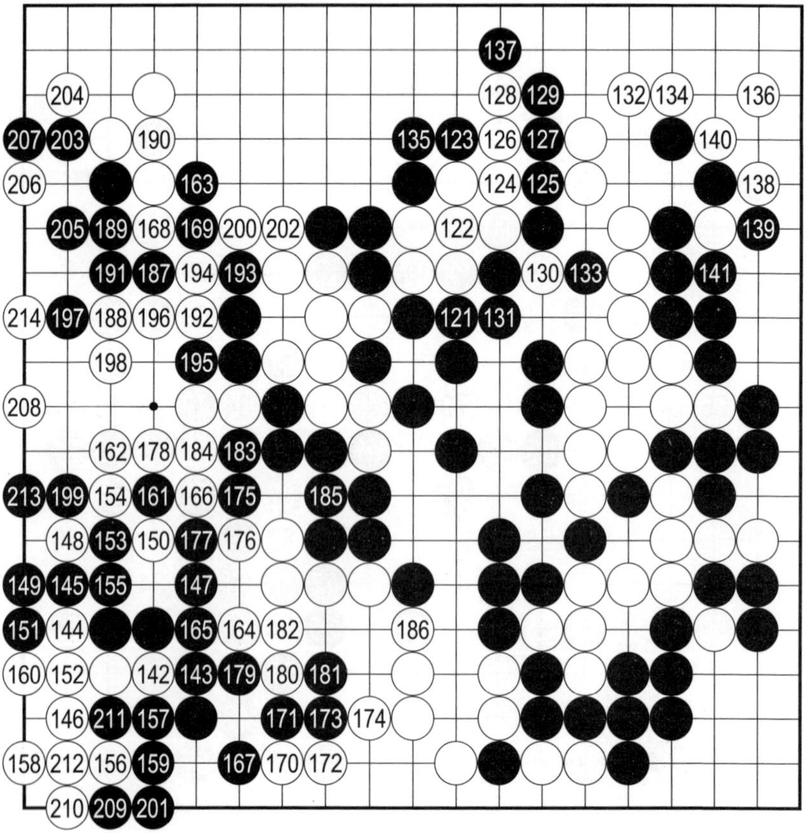

1973年5月15日弈于东京

友谊赛

白方　吴清源 九段

黑方　陈祖德（受先）

黑17拆，左边黑阵势颇为壮观，但风险也大。黑19扩张，白20侵消顺理成章，很难应付。黑21非如此补不可。白22压强手，锐利。黑23扳最强。对白24虎，黑25只此一手。黑如26位打，白则25位反打，在黑阵中搭成安乐窝。白26长好形，白在这里能走成如此好形实在不容易，显示出一代巨匠的深厚造诣。白34立即试应手，36关系到双方厚薄，极大。黑41阻止白棋发展。白42拦是强手。黑43不如46位肩冲的步调好。黑49镇没有必要，不如57位顶。白52反击有力，56吃住有所收获，但52成了损着，因此双方得失大体相当。白58似操之过急。经过黑61、63后，白中腹几子已无好的活动手段，此时白很难下。白66以攻为守，多少勉强。黑67反击当然，71紧追不舍，强手。白72只能如此。黑75紧凑，79贴住是强手，决心强攻左边白龙，右方八子即将被吃也全然不顾了。

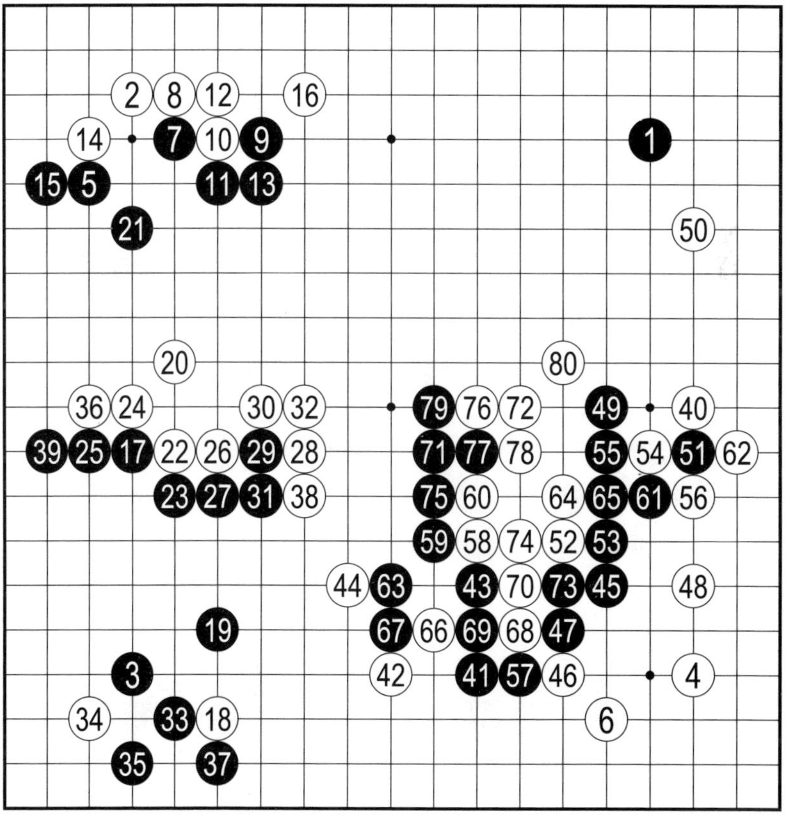

（1–80）

白方　吴清源 九段

黑方　陈祖德（受先）

白84枷，只能如此。黑89时，白91位滚包当然理想，但痛快过之后，大龙仍无出路。黑91也可在100位打吃，但实战更稳健。以下至黑103，黑捕获了大龙，收获极大，胜负已经明朗了。黑109大跳，是要轻快摆脱白的包围。白110分断并强化自身。黑113跳补，构成了好形。白132扳是最后胜负手，然而白自身不够坚强，结果很难如愿。

吴先生原名泉，1914年生于福建，12岁便登上我国棋坛的顶峰，显示出非凡的天才。14岁东渡日本，投于濑越宪作先生门下。吴先生以罕见的天才与不懈的努力称霸日本棋坛二十余年。他技术全面，棋风华丽，极富创造性，使世界围棋水平提高了一大步。能与吴先生对弈一局，既是幸运的，又是自豪的。（陈祖德）

共177手　黑中盘胜

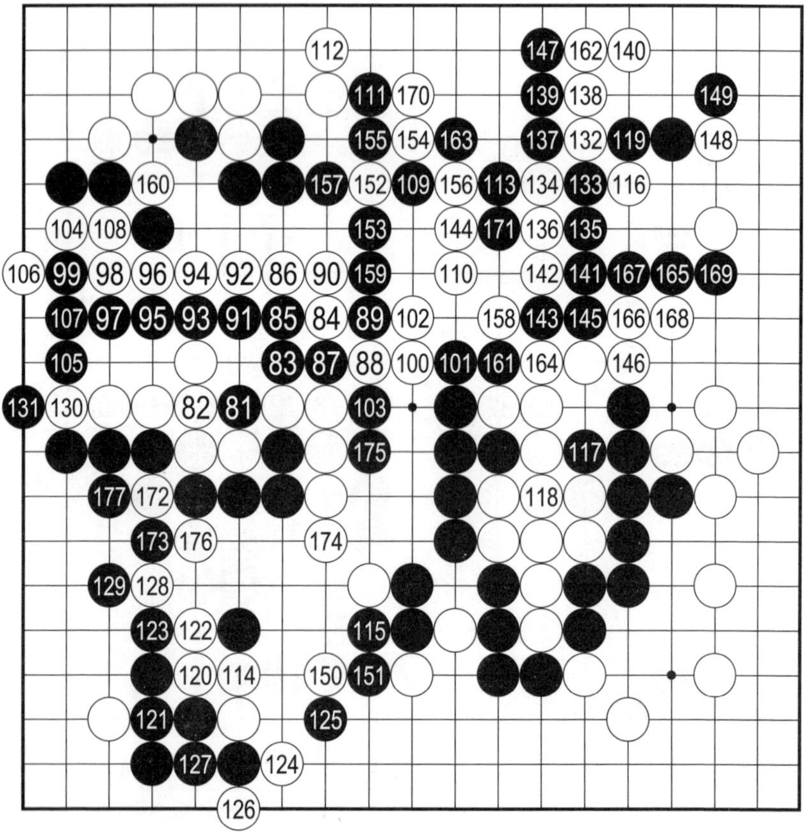

（81–177）

1973年7月24日弈于北京

第一回中日围棋对抗赛首轮

黑方　陈祖德

白方　坂田荣男 九段

黑1、3、5是我准备好的中国流布局。坂田九段非但不陌生，反而极有章法地下出了我所陌生的局面。白8，我是第一次见到，临场还真拿不出好办法。黑17不如靠住白10紧凑。白20与黑21交换是防止以后生变。黑23提后非常厚，白24、26设法安定下来。黑29缓，因为至白34，白已基本成活形，局面趋向细棋，黑贴子的负担显得沉重了。黑39以下张势。黑47势所必然。白48是有效的浅消。黑49当然。白50应52位拆二，左边不管黑从哪个方向靠，白总有适当的对策。同理，黑51应54位拦，白飞起，黑再靠下，如此次序极好。白52脱先拆二，反映出坂田九段敏锐的大局观。黑57试应手，非常适合。白58最坚实，坂田九段也许顾虑黑会在187位冲击，此时黑在143位夹时机极好。被白62扳，黑在左边的一切手段都消失了。黑75期望白打劫吃角，白若不能劫胜必然有损，然而白先在左边谋利，明智地让黑做活。黑85、87相当实惠。白88一子多用。黑89帮忙，让白卸掉了包袱。黑91无奈求连络。白92以下趁追击之便踏进腹地，黑已呈败势。

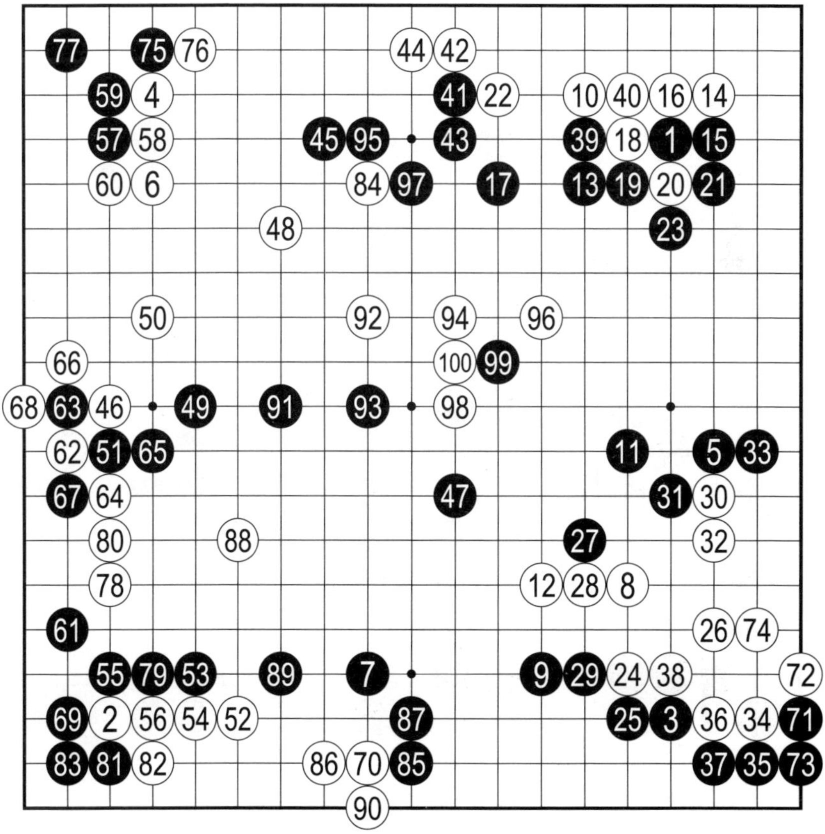

（1–100）

黑方 **陈祖德**

白方 **坂田荣男** 九段

1973年春，廖承志代表团访日，恢复了中断了七年的中日围棋交流。日本围棋界迅速回应，决定7月派团回访。此次日方后援单位改为《读卖新闻》，在报道比赛时，称之为“第一回中日围棋对抗赛”。这一比赛作为传统一直延续到1992年。由于是第一次，日本代表团的阵容很不一般。副团长是久负盛名的坂田荣男十段，还有加藤正夫七段这样的一流高手。（陈祖德）

黑贴$2\frac{1}{2}$子　202手以下略　白胜2子

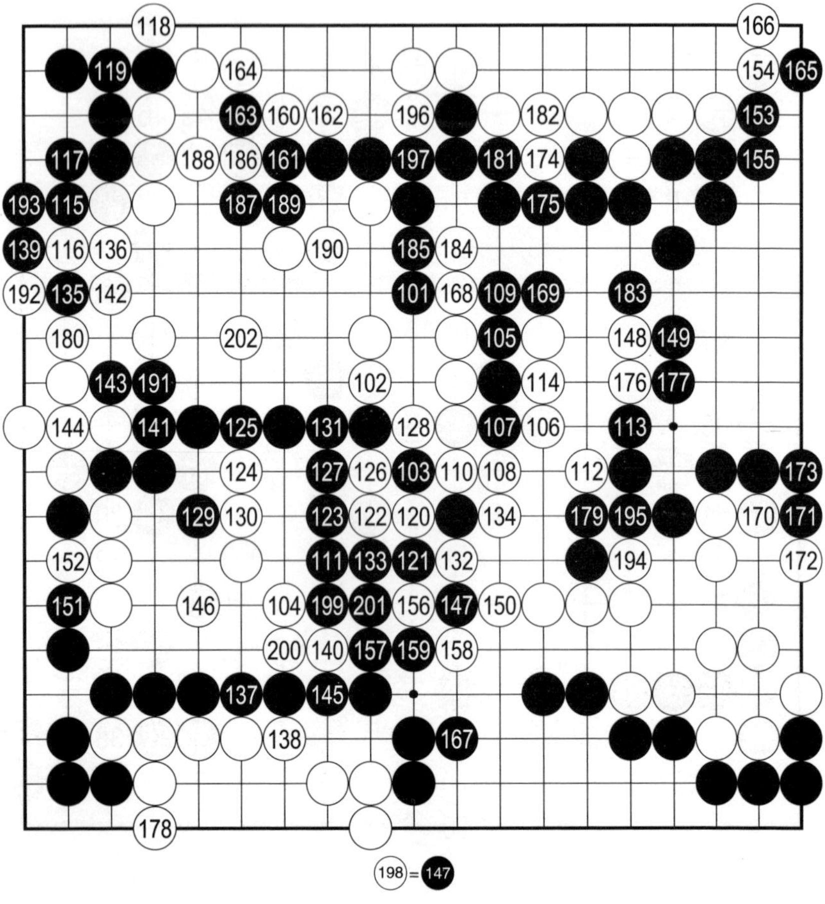

（101–202）

1973 年 7 月 26 日弈于北京
第一回中日围棋对抗赛第二轮

黑方 陈祖德
白方 本田邦久 九段

黑 11 过分，被白 12 穿后黑局部稍亏。黑 27 小尖是问题手，应 28 位挺头，白如点角黑就挡下，黑不怕，实战被白 28 扳头后取得优势。面对白 40 挖，黑选择内打，作战勉强。黑 53 应继续于 54 位贴。至白 74 提，黑已非常困难。白 84 打时黑应在 86 位顶，实战下法中央的棋形过差。（陈耀烨）

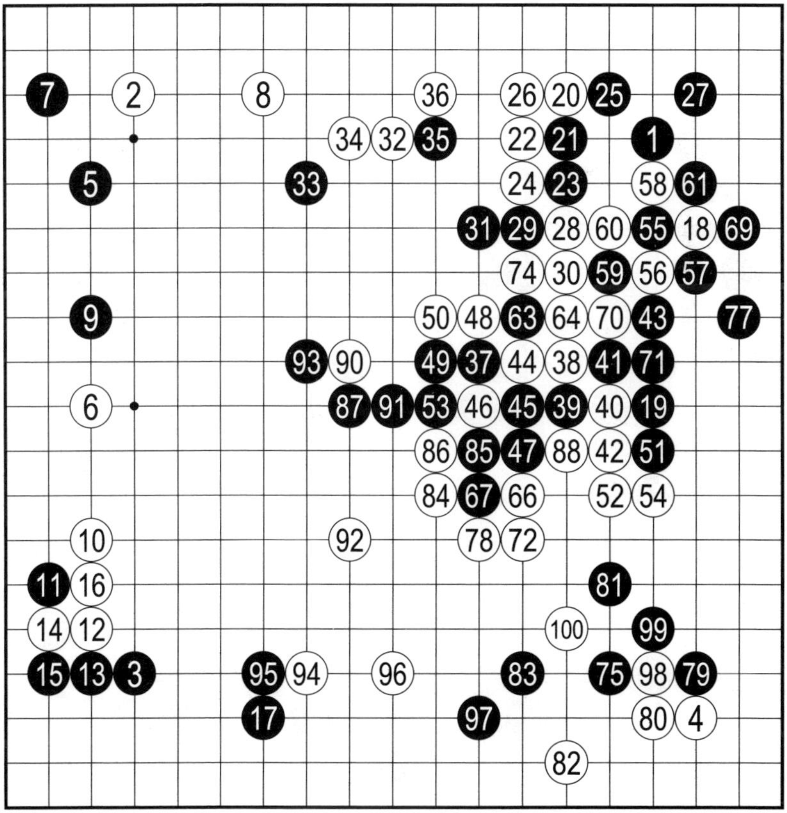

62 68 = 56　65 73 = 55　76 = 18　89 = 46

（1–100）

黑方　陈祖德
白方　本田邦久 九段

白 110 是打劫前制造劫材的好手。白 120 镇头后非常主动。白 126、132 两步并是本局胜着。至 166，白通过攻击黑棋将自身补厚之后，胜定。（陈耀烨）

黑贴2$\frac{1}{2}$子　共 196 手　白中盘胜

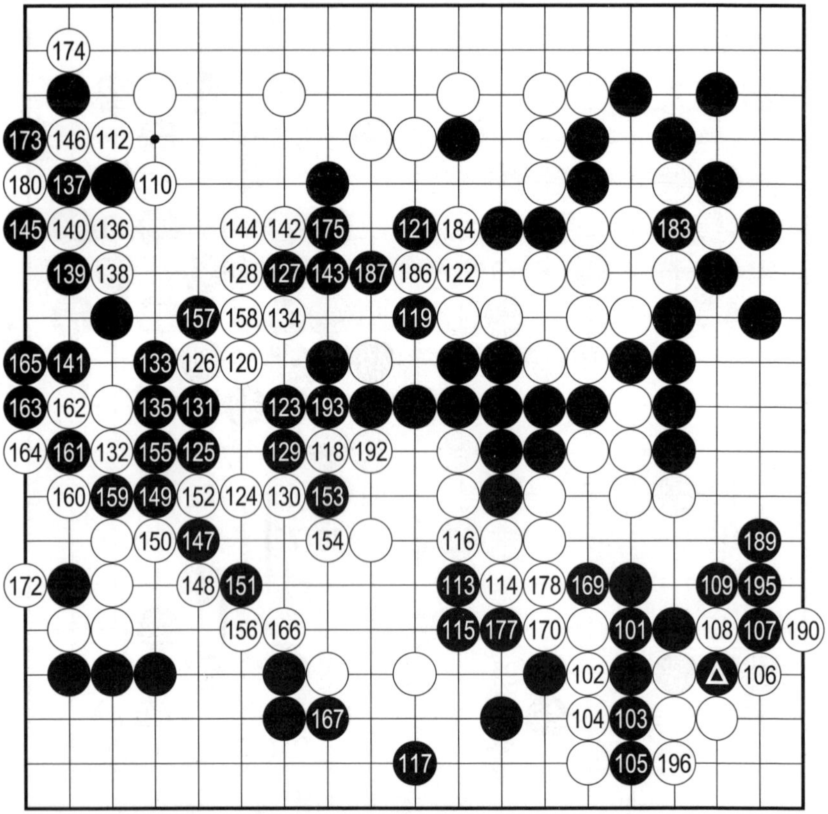

❶❶❶❶❶=△ 　(111 171 179 185 191 = △)　168 176 182 188 194 = 108　181 = 137

（101–196）

1973年7月28日弈于郑州
第一回中日围棋对抗赛第三轮

黑方　加藤正夫 七段
白方　陈祖德

黑39小飞是高效好手，抢得43尖角后，黑棋布局取得成功。黑47穿象眼展现了敏锐的棋感，将白棋滚打成愚形后黑优势。白74跳下是问题手，应在中央连扳。实战被黑81冲断后，白已非常难办。至黑97挺头，黑空多棋厚，白已呈败势。白104、106放出胜负手最后一搏，黑棋应对极为清楚，上下两块全部活出后，白已难继续。本局是黑棋完胜的好局。（陈耀烨）

黑贴2$\frac{1}{2}$子　共145手　黑中盘胜

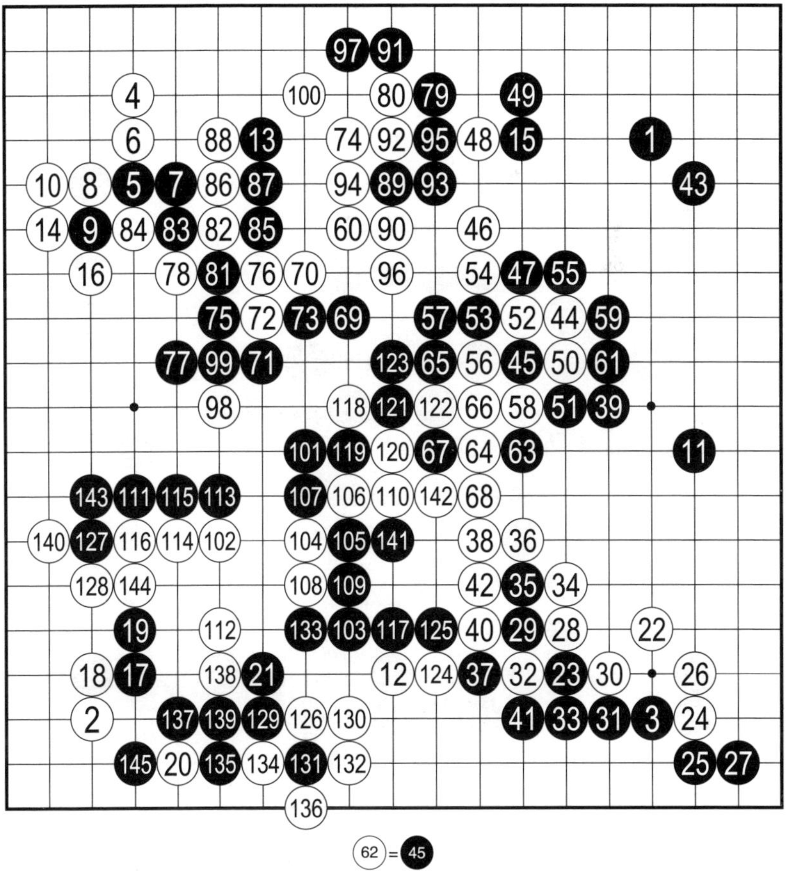

（1–145）

1973 年 7 月 31 日

第一回中日围棋对抗赛

黑方　太田耕造 六段

白方　陈祖德

左下黑 19 继续压是问题手，此时应三路小飞。至白 38，白取得优势。黑棋破坏左上白棋模样时，黑 61 扳是俗手，此时应单立。实战被白棋缠绕攻击，黑危险。白 90 翻打非常犀利，黑只能弃掉两子跑出。进行至白 114 挡，已是白胜势局面。此后定型收束，白棋也一直牢牢掌控局面。本局是白棋好局。（陈耀烨）

黑贴$2\frac{1}{2}$子　共 154 手　白中盘胜

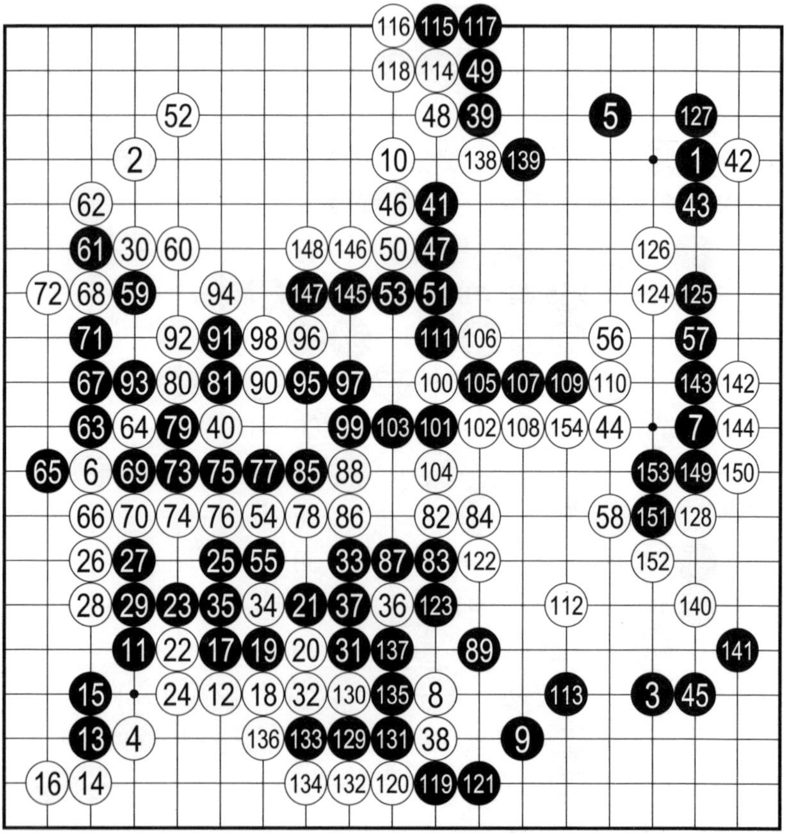

（1–154）

1973年8月2日弈于郑州

第一回中日围棋对抗赛第五轮

黑方　陈祖德

白方　石井邦生　八段

石井邦生1941年生，12岁投在细川千仞门下，15岁入段，1978年九段。他有那种绵里藏针的太极功夫；在需要战斗时非但不会畏缩，反而会发出致命的强手。此前四战皆捷。

白6三间低夹，意在打开局面又不使局势激化。黑11镇是我的计划。白12沉着。黑13觑、15飞封是局部最佳。白16安定自身明智。黑17进一步扩张势力。白18长正着，若冲断则正中黑棋下怀。黑25不够轻灵，白26飞后，黑虽仍能走61位镇，但右下已完全定型，黑失去了缠绕攻击的手段。白28为时尚早，不如61位关。白30只有退。黑31、33好次序。黑41、43强硬。黑45打、47贴长，非如此不可。黑55机敏。黑57切断抓住了中盘战的中心。白58很大。黑59强手。白60上长不如三路爬。白68至74，双方必然。黑75攻击的分寸大致如此。黑79是最佳机会。

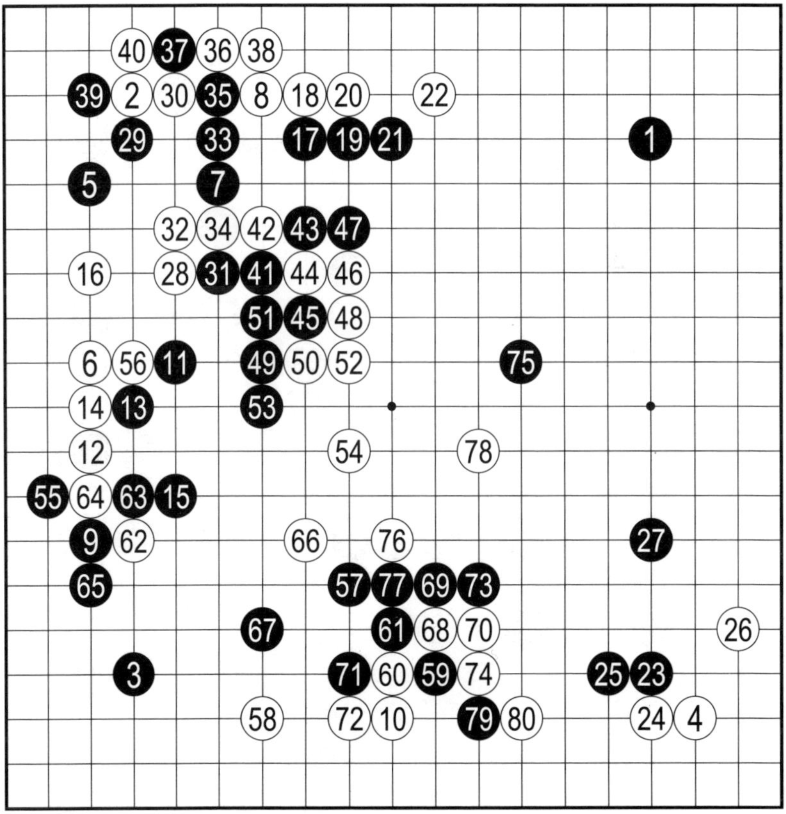

（1–80）

黑方 **陈祖德**

白方 **石井邦生** **八段**

黑 81 紧峭，严厉。白 82 不得已。黑 83 极其有力，攻击初见成效。黑 85 攻守兼备。以下黑着法强硬，至 95 在右边形成宽广的阵势。白 96 直接挂，从结果看，容易把棋走重。黑 99 爬试探应手。白 100 尖好手。黑 109 错过一举获胜的良机。黑可先做准备工作，再 112 位破眼，白 111 位扩充眼位也无法成活，由于左上黑棋已经活净，白连对杀的机会也没有。与白 112 粘相比，如果本局失败，黑 109 就是败着。黑 117 过急，至白 126 成活收效甚微。黑 127 以下转而强攻右上，此时黑实地难以与白抗衡，成败在此一举。白 132 貌似巧手，实为败着，右边被黑先手吃，损失太大。这一手在星位左一路靠是最好的作战手段。（陈祖德）

黑贴$2\frac{1}{2}$子　共 177 手　黑中盘胜

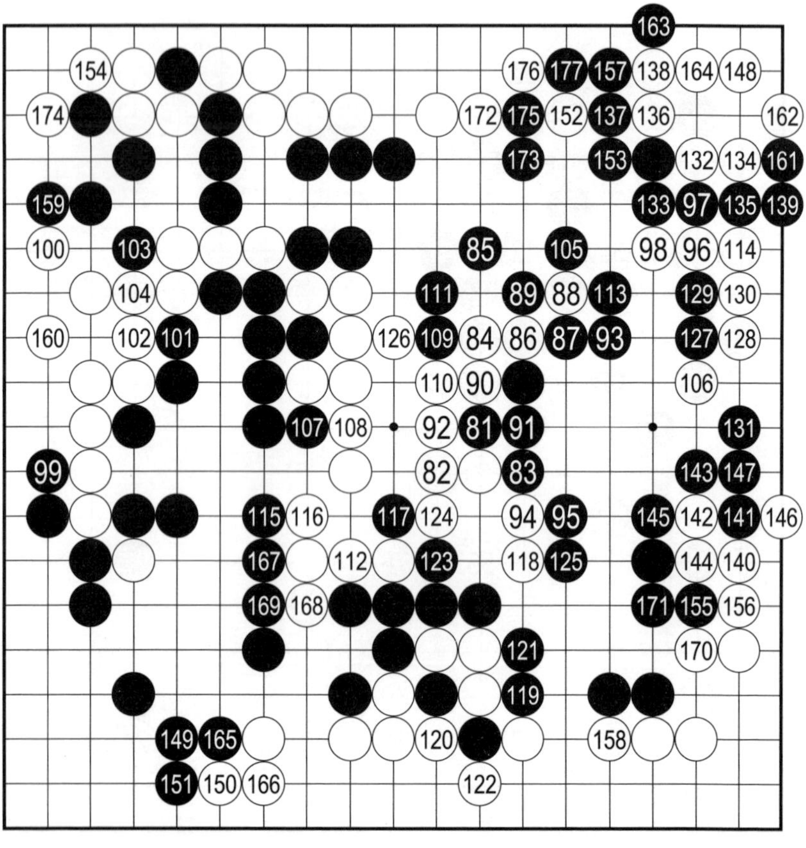

（81–177）

1973 年 8 月 6 日弈于上海

第一回中日围棋对抗赛第六轮

黑方　陈祖德

白方　加藤正夫 七段

白 6 三间高夹为加藤先生所偏爱。黑 15 与白 16 交换损实地，但争到了黑 17 的攻击要点。白 18 靠紧凑，优于曲镇。白 20 应四路顶住。黑 21 随手，当 18 位下一路厚实地拐头。白 24 挑起战斗时，黑 25 应将白扳断。由于黑 25 考虑不周，招来了白 26 连扳的强手。白 34 机敏。黑 35 提一子，威力极大。白 36 分断黑棋，又与上边连络，价值同等。双方都比较谨慎。鉴于白有 40、42 的反击手段，黑 39 成了问题手，应 45 位扭断，可避免许多麻烦。白 48 顺势提通非常舒服，而黑 53 只好团眼做活。白争得 54 位拆的绝好点，已稍占优势。黑 55 至 65 也获得了一定的实利，然而与扭断相比，几乎差了一手棋。白 66 极大。白 72 拦也是攻守兼备。黑 73 尖顶正确。白 74 扳好棋。白 80 点角不如 86 位挂。白 92 当然不坏，但不如 134 位跨效率高。黑 93 试应手。白 94 嫌缓。

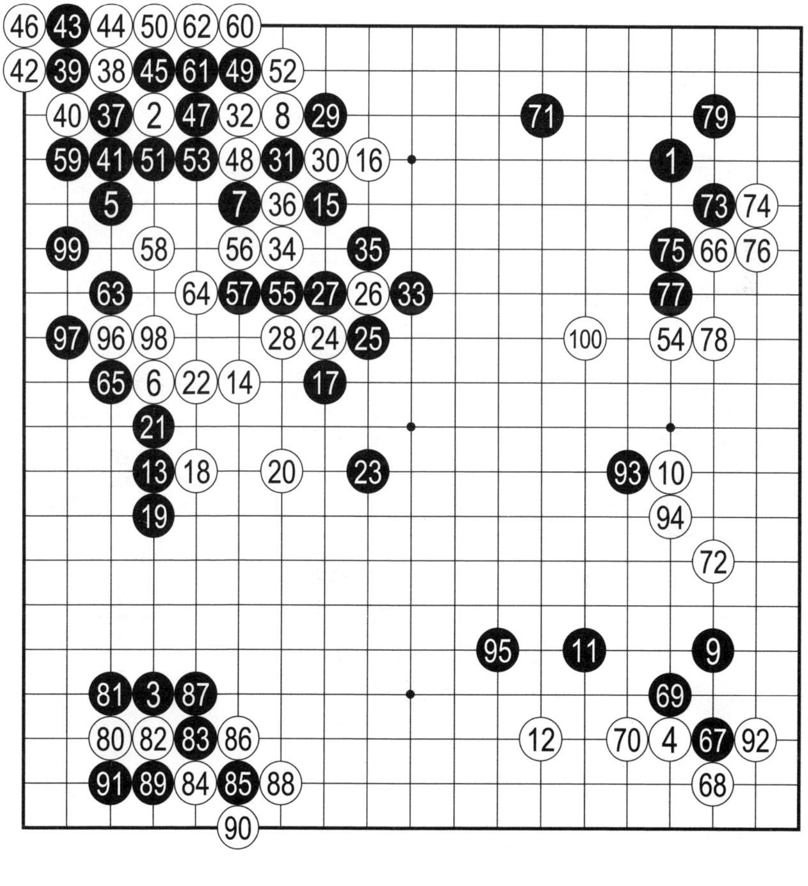

（1–100）

黑方　陈祖德

白方　加藤正夫　七段

黑 101 厚实，若直接入侵下边，棋将变薄。白 102 兼顾两方。黑 105 补强不可省。白 106 大场。黑 115 长是时机。白 120 选点欠妥，结果被黑 123 割下四子，损失不下 20 目，而且无法在其他地方得到补偿。白 126 强攻。黑 127 虚枷是轻灵的好手。黑 139 是利用白棋缺陷摆脱包围的好手段。黑 157 跨，将白一子割下，胜利不可动摇。黑 183 求稳，如果不是已经胜定，当然要在 184 位冲。

加藤正夫生于 1947 年，12 岁入木谷实门下，17 岁入段，26 岁升八段，之后由于在各种大赛中表现优异，1978 年被推举为九段。本局是我们之间的第三局比赛，有几分决战的味道。（陈祖德）

黑贴$2\frac{1}{2}$子　共 209 手　黑中盘胜

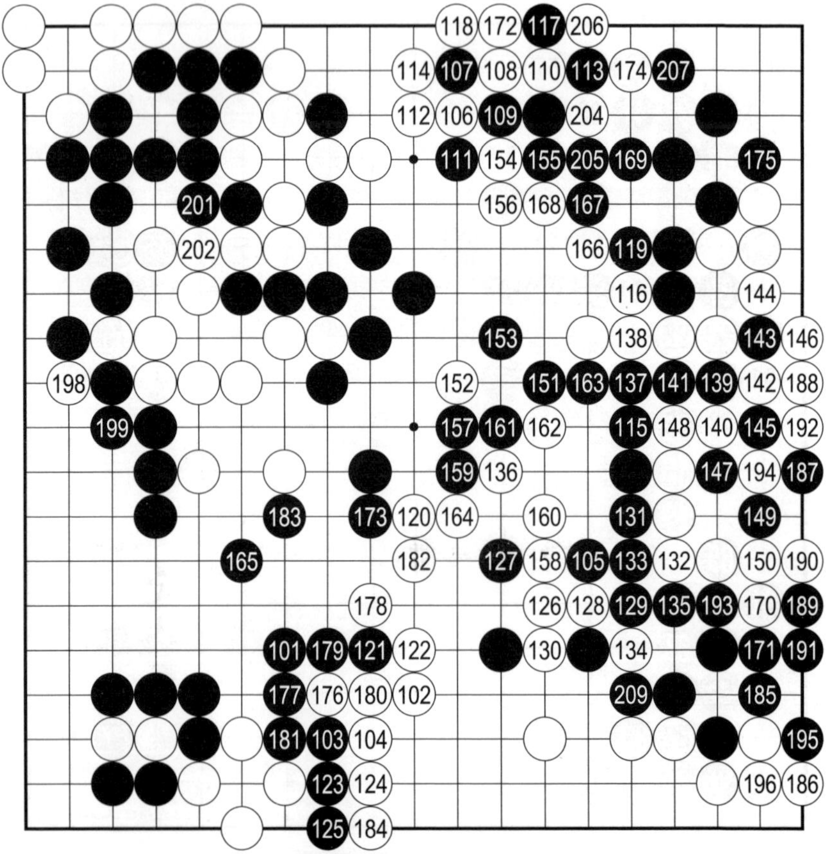

197 203 = 145　200 208 = 194

（101–209）

1973年8月8日弈于上海
第一回中日围棋对抗赛第七轮

黑方　陈祖德

白方　菊池康郎　业余7段

左上定式中，白12在征子不利的情况下一般是退，实战下法实地过损，黑棋获利。黑31大飞拆缓手，此时在右上守角极大，白棋先手安顿好上边，再于右上点角，棋局重回均势。左下的战斗中，对黑61连扳，白选择活角错误，应打拔黑61，实战被黑65先手征吃一子，白亏损。中央黑85点时，白此时只能选择弃掉四子，在85下一路靠，实战恋子过于小局，被黑87跳过来后，白苦战。（陈耀烨）

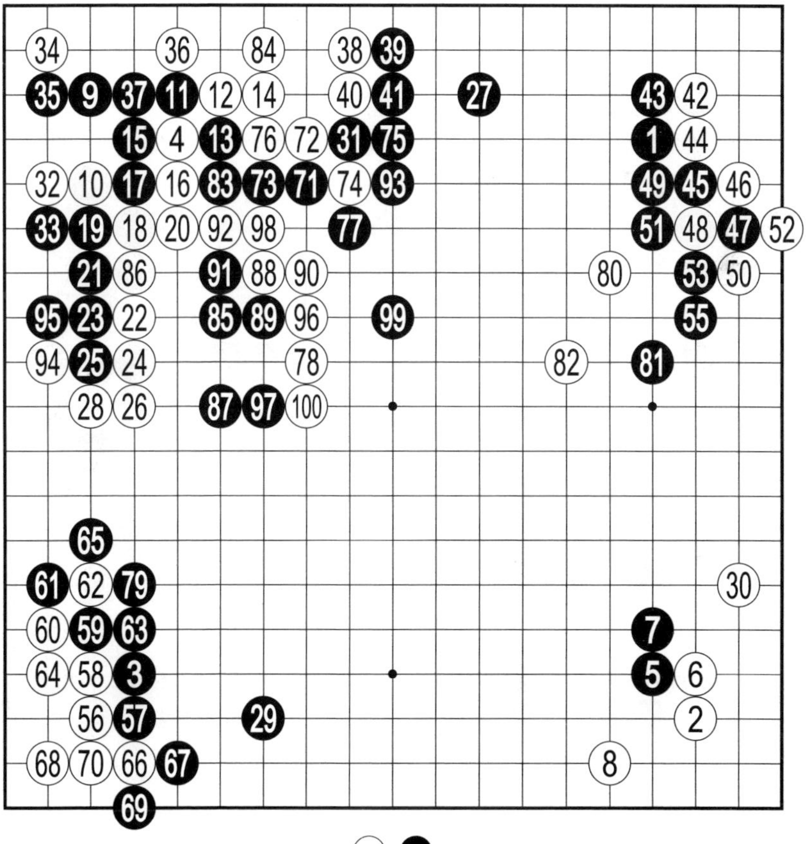

（1–100）

黑方 陈祖德

白方 菊池康郎 业余 7 段

接下来黑棋在中腹攻击非常愉快。左边消劫后，黑抢到 151 靠下，已是胜势局面。右下角最后的死活中，白 206 跳二一路可活，不过也是黑胜定。（陈耀烨）

黑贴$2\frac{1}{2}$子　共 209 手　黑中盘胜

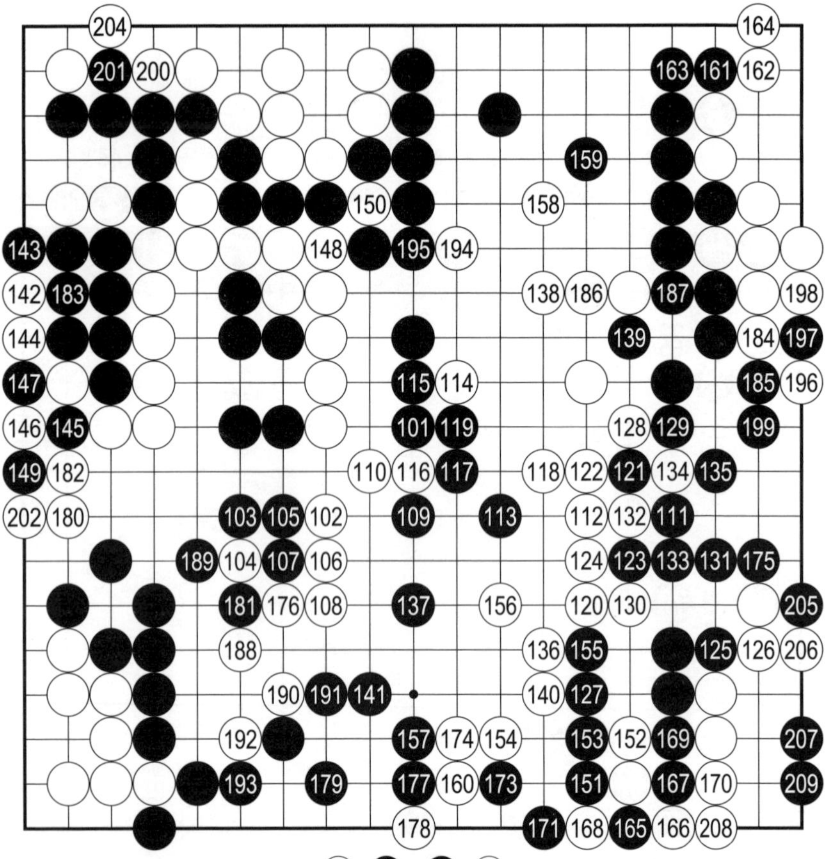

172=165　203=146

时年30岁

一九七四

◎ 2月7日—3月，国家队内部举办升降研究棋，由邱鑫、华以刚一方对阵陈祖德。首轮猜先后，邱、华两人执白并获胜。第二局，由陈祖德执黑贴2目半，不过他心情受到影响，中盘告负。第三局陈祖德被降至让先，并且获胜。后来又逐渐升回了分先。

◎ 4月6日—23日，陈祖德至日本进行友谊对局。6日，日本派出全九段高手出战，与中国男棋手全部分先，这在这些年的中日比赛中是第一次。陈祖德首战对藤泽朋斋九段，中盘不敌对手。8日，陈祖德不敌高木祥一七段。9日，利用两场比赛的间隙，陈祖德与小林光一七段进行快棋表演，以3目获胜。11日，日方安排的全是业余强手，陈祖德不敌村上文祥。经过了三轮的适应，第四轮陈祖德终于击败青柳英雄七段，达成本次比赛的首胜。17日，陈祖德因为打劫犯规负于桥本谊九段，这是他比赛中很罕见的一幕。第六局，陈祖德轻取西村修。23日最后一轮负于岩本薰九段。这次访日共取得2胜5负的成绩。

◎ 7月5日—8月5日，陈祖德参加了在成都举办的全国棋艺锦标赛。成年组比赛共有两个阶段。预赛阶段共分10组，每组前三出线。30人进入决赛阶段，然后进行16轮的积分循环赛。陈祖德的分组和出线成绩不详。18日陈祖德击败了曹大元，19日负于黄德勋。22日陈祖德打败杭承义后，23日快胜聂卫平，清除了夺冠路上最大的障碍。26日，陈祖德被王汝南逼和。27日、28日连胜罗建文与陈志刚。30日击败黄进先后，8月1日负于沈果孙。最后三场连胜孔祥明和徐荣新，与吴淞笙弈和。最后陈祖德再次蝉联冠军。

◎ 10月16日，聂卫平在国家围棋队内训练赛中击败陈祖德，这是聂卫平首次击败对手。

◎ 10月23日—11月9日，和日本棋手开始友谊比赛。21日第一场比赛，陈祖德负于宫本直毅九段。23日，陈祖德中盘战胜苑田勇一七段。第三场陈祖德未上场。29日移师桂林，陈祖德以五子击败仓桥正藏七段。12月3日第五场，陈祖德再负于宫本直毅。第六场与村上文祥弈和。第七场仍未上场。五场共计取得2胜2负1和的成绩。

薛志春　整理　　　　**华以刚　审订**

1974年1月31日弈于北京

训练棋

黑方　聂卫平

白方　陈祖德

白14可于19位拐。白16可于35位压，黑如18位长，白19位冲、断里面。实战进行，黑在左下稍占上风。黑31贴、37断的价值不大。黑31可在33、35位挖粘后，再82位断。白52可于55位粘，实战被黑棋断开后自身太薄。黑63至74弃掉上边数子目数太大。黑63可在64位挤，白68位，黑再28下一路连扳，如此腾挪不难做活。白92行棋方向错误，可于107位跳。至107，白棋攻黑中央没有收获。黑147提败着，应于148位粘，这样局势极度细微。实战白148下一路吃和101上一路挡见合，黑棋小败不可避免。（常昊）

黑贴$2\frac{1}{2}$子　150手以下略　白胜3子

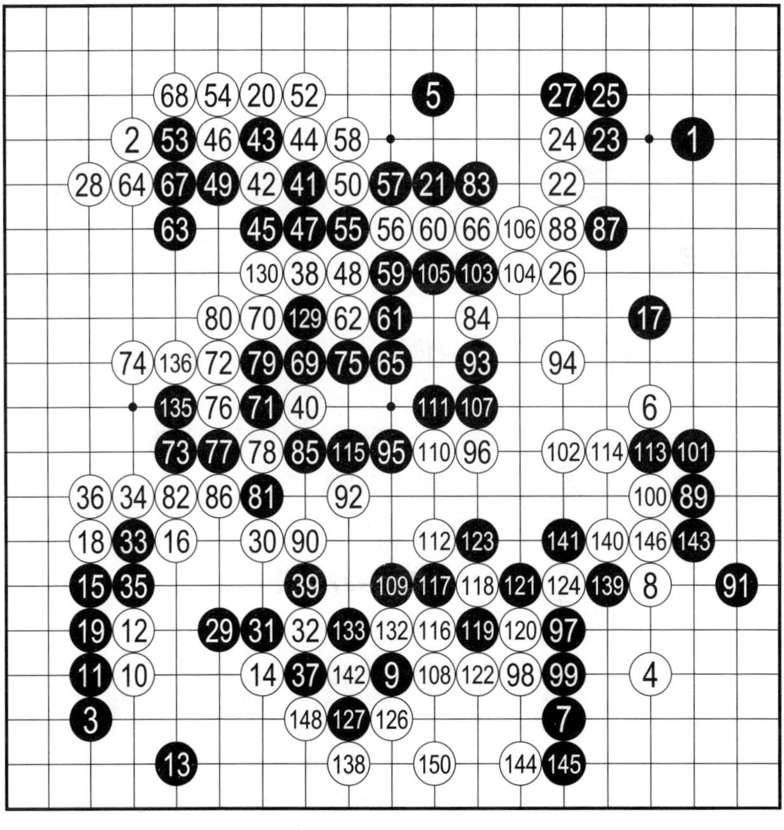

51=43　125 131 137=119　128 134=118　147=9　149=142

1974年4月6日
中国围棋代表团访日对局第一场

黑方　陈祖德
白方　藤泽朋斋 九段

双方均以“低中国流”开局。在下方作战中，白24、26托立稍缓，至黑39围住，黑不错。紧接着白42冲击黑棋时，黑的应法稍有问题，黑45接住即可，实战此局部白棋获利，至54形成白稍好的局面。白68-74这一串展现了良好的棋感和强硬的风格，把黑大龙攻得非常难受。在中央这一串攻防战中，双方也都下得非常精彩，体现了极深的算路。（陈耀烨）

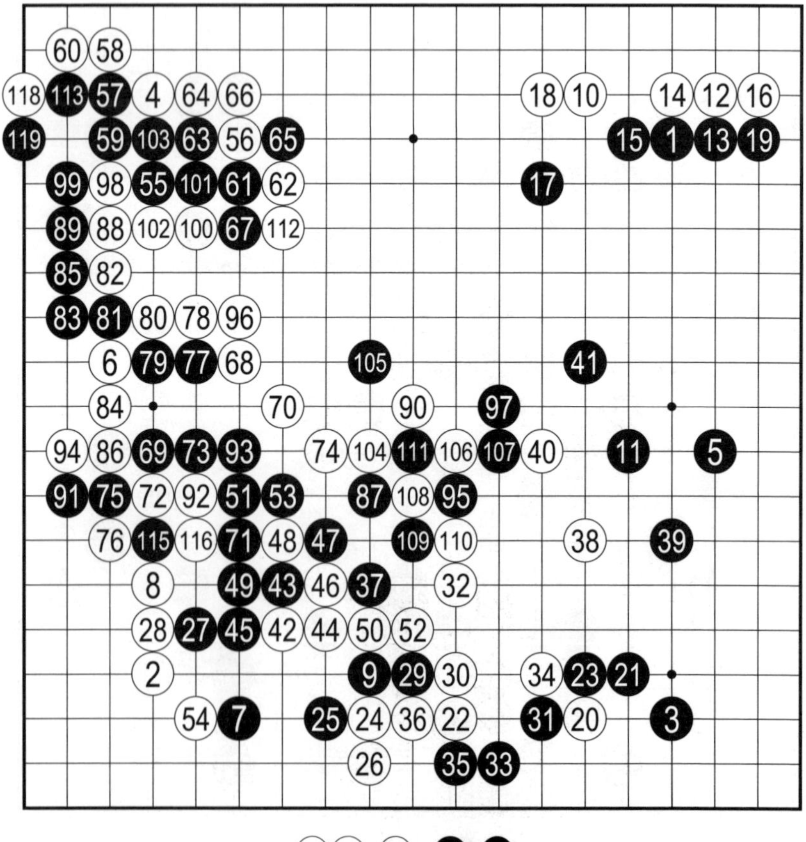

114 120=108　117=111

黑方　陈祖德

白方　藤泽朋斋　九段

至白142消劫，总体白获利巨大，形势占优。黑163放出胜负手，在白空里洗活。黑在此局部战斗中表现完美，顺利活出，但由于前面劣势较大，白先手收官后，依然是胜势。（陈耀烨）

黑贴5目　共216手　白中盘胜

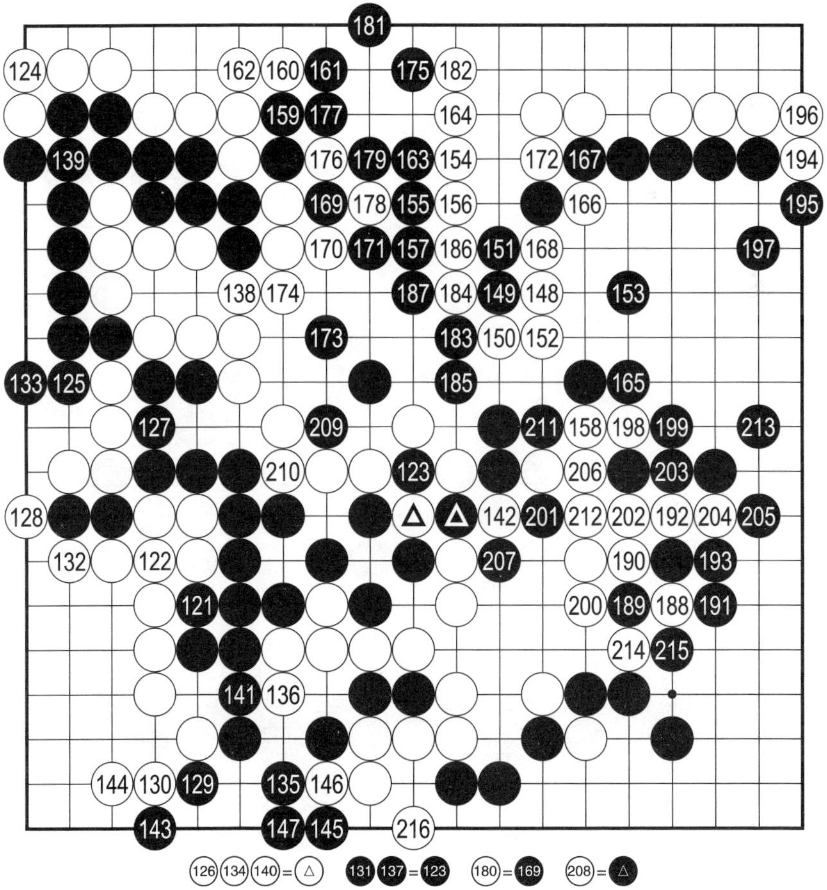

（121–216）

1974年4月8日

中国围棋代表团访日对局第二场

黑方　陈祖德

白方　高木祥一 七段

左上黑5挂角时，白6拆四是当时的流行下法。黑19先打入再跳补是追求调子的下法。黑27挤是局部好手，但31贴应点方，如实战进行，白左边获利巨大。至白56虎，白形势不错。白76压时，黑无论如何应80位先虎，此局部被白挖粘对厚薄影响巨大。右边战斗结束至白110跳，是白棋空多、棋厚的局面。此后白棋依仗自身厚势对黑棋中央大龙进行搜刮，再取得先手，抢到右上150接住，大官子收完后已是胜势局面。（陈耀烨）

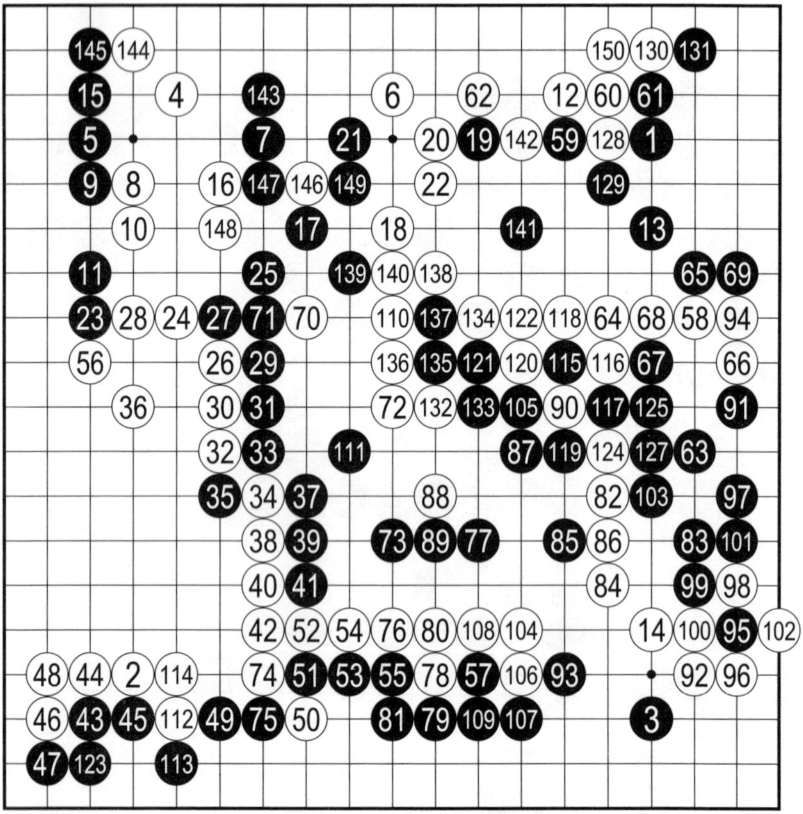

126=90

（1–150）

白152托又是官子好手，体现了白非常扎实的基本功。黑棋虽然坚持到最后，但后面进行已与胜负无关。
（陈耀烨）

黑方　陈祖德

白方　高木祥一 七段

黑贴5目　共288手　白胜5目

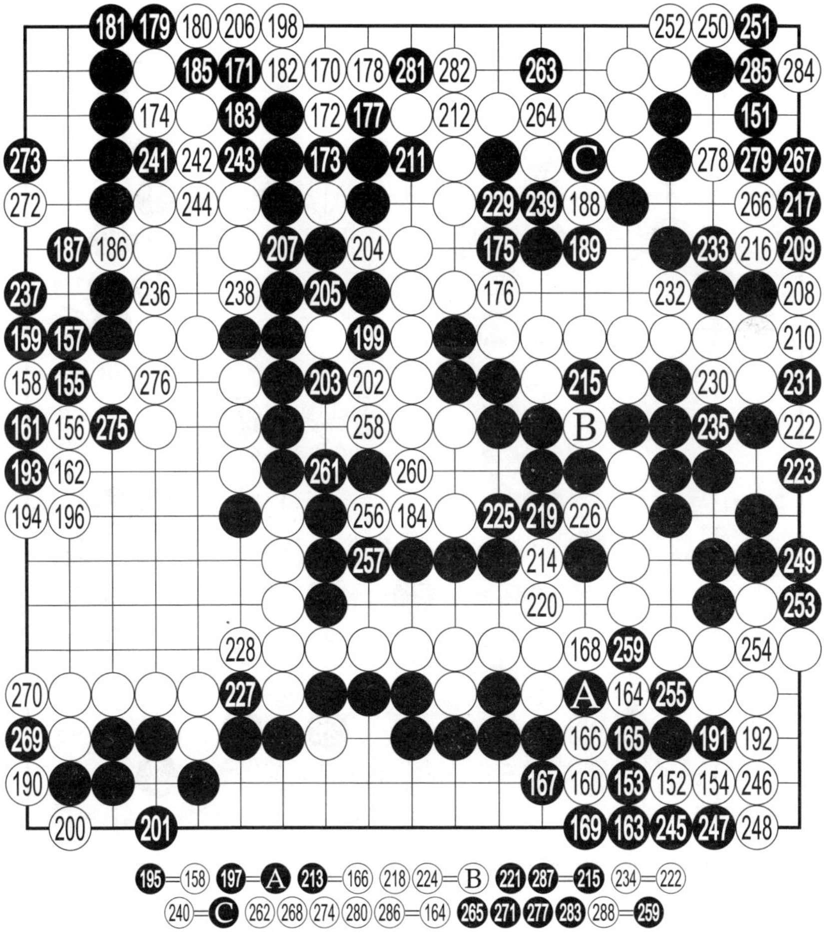

（151–288）

1974 年 4 月 9 日弈于东京

1974 年访日快棋表演

黑方　小林光一 七段

白方　陈祖德

黑 15 令黑的配置极佳。黑 17 当然。白 18、20 极普通。白 22 凑黑 23 成为绝好点，不满，再 24 压，显得前后矛盾。白 30 打入过早。黑 31 的感觉十分锐利。白 32、34 只能就地做活。白 36 腾挪手筋。黑 39、41 紧凑地将白分断。白 42、46 只希望能从一路渡过。黑 47 厉害，我又一次陷入困境。白 48 腾挪。黑 51 有问题，最好冷静地长，小林七段疏忽了白 52。黑一手棋失误，优势就丧失掉了。黑 57 必须竭尽全力经营中腹。白 60 非如此破空不行。黑 61 对围没有把握，故选择对白薄弱处冲击。白 62 要紧。黑 67、69 冲断必然。白 74 立是强手，黑挡下无理。至白 80 立，左下成为实地，白空已经领先。黑 81 强攻中腹当然，至白 88 是大体分寸。白 90 碰是好手。至黑 107，双方必然。黑保住了中腹大空，但左边白地增加了三十多目，且为先手。白 118 时，我在读秒声中感到局面已经占优，故采取了稳健的下法。

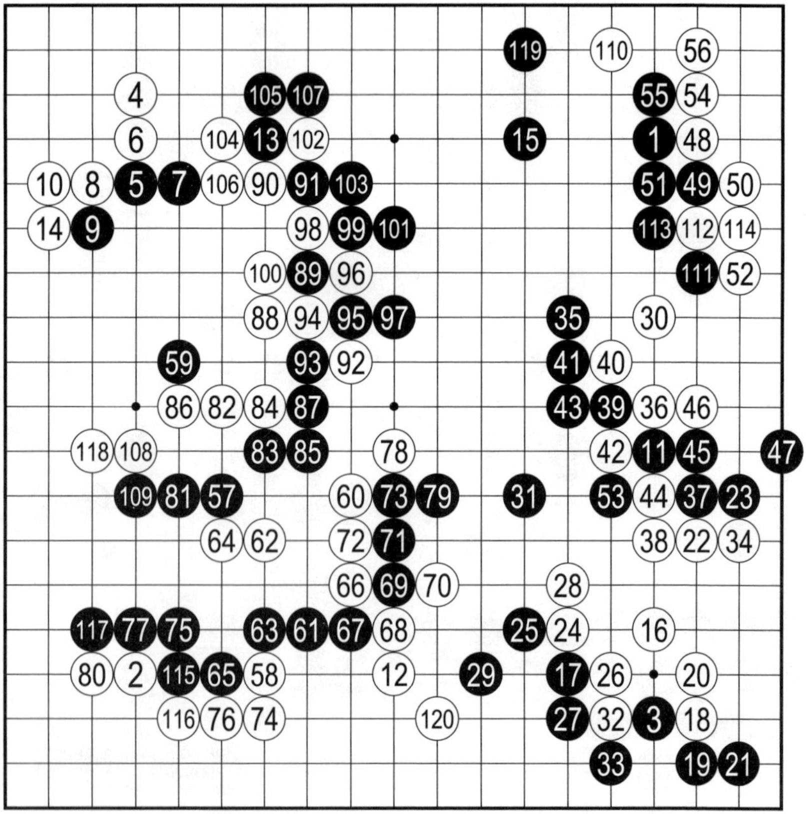

（1–120）

黑方 **小林光一** **七段**

白方 **陈祖德**

白120非常大，至128挡，黑贴目已经很困难了。

小林光一生于1952年，13岁拜巨匠木谷实为师，15岁入段，1979年升为九段。他才能内蓄、坚韧，是公认的超一流棋手。我这辈子只和小林先生下过这么一局棋，这也是小林先生第一次与中国棋手对局，因此这局棋很有意义。(陈祖德)

黑贴5目　共212手　白胜3目

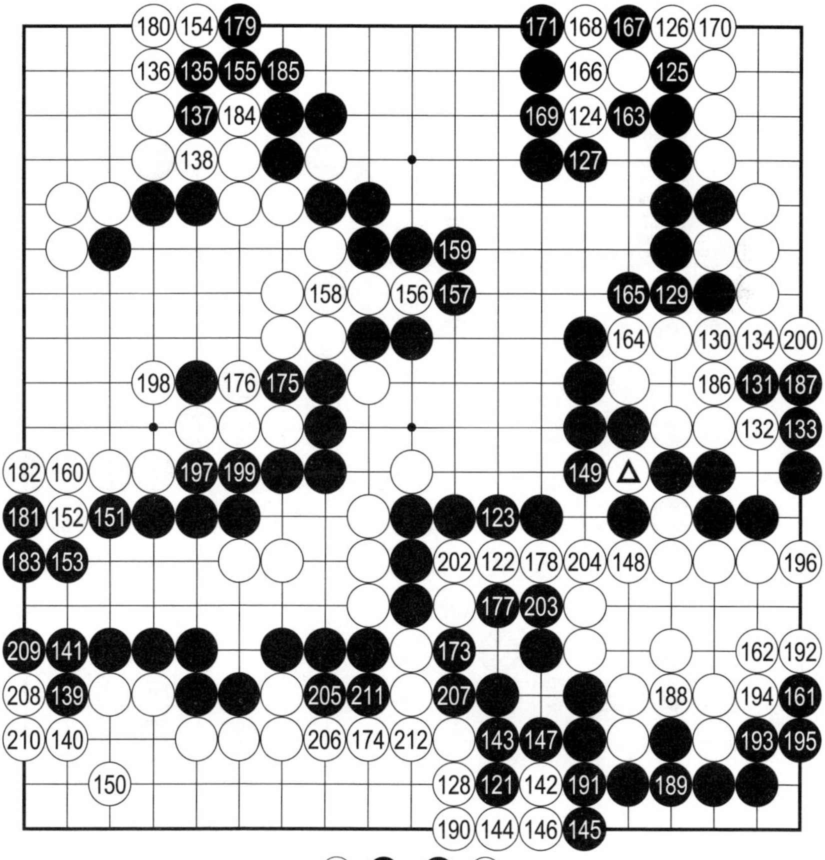

172=167　201=△

(121–212)

1974年4月11日
中国围棋代表团访日对局第三场

黑方　陈祖德

白方　村上文祥　业余6段

左上白16冲断后形成激战。对黑27、29托了夹，白棋反击必然。白48断后角部形成对杀。黑49、51打了接是问题手，此时应单顶或打二路后挤，都优于实战。白54、56双点愉快，至62跳出，白棋取得优势。中央战斗中，白78应选择弃掉两子。白92尖断过分，被黑滚包之后白棋形不好，棋局再度混乱。黑141、143冲断失误，忽略了白144点的好手，白先手吃掉三子，抢到右边的拆，白不错。（陈耀烨）

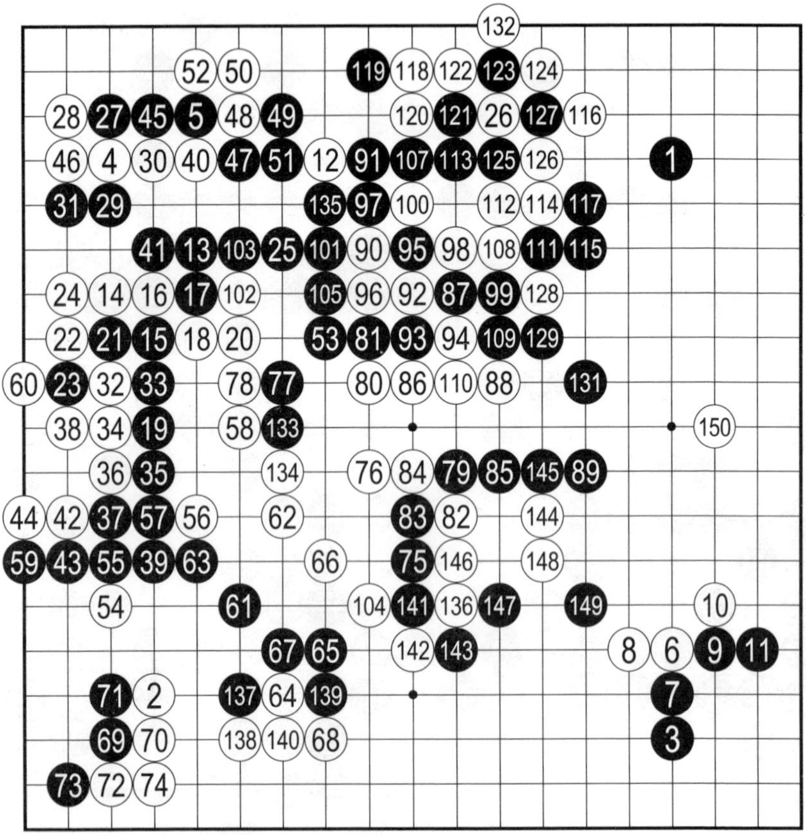

106=95　130=26

（1–150）

黑方 **陈祖德**

白方 **村上文祥** **业余6段**

对黑153的二路点，白棋处理得非常不错。至172再度与黑转换后，白已胜势。在官子收束中，白方毫不手软，左下施展了局部手筋，将黑棋搜刮得苦不堪言。劫争得利后，白走到214小尖，胜局已定。（陈耀烨）

黑贴5目　共294手　白胜6目

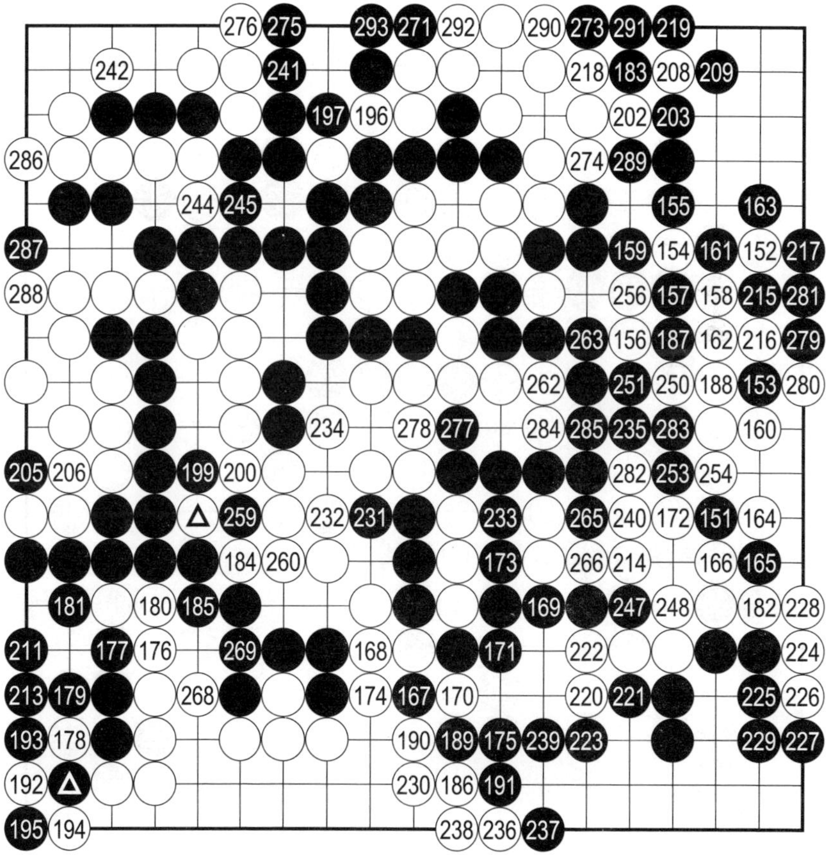

198 204 210 = 192　201 207 = 195　212 246 252 258 264 270 = 178

243 249 255 261 267 272 = ▲　257 = 154　294 = △

（151–294）

1974年4月15日
中国围棋代表团访日对局第四场

黑方　陈祖德

白方　青柳英雄　七段

布局至白12形成战斗格局。左下黑17定式选择稍有问题，压白14更好。右下黑25、27托虎是问题手，此局部黑棋亏损。黑35小尖时，白36、38压了长过于损目，至白50形成均势。黑51粘与65并补棋有些呆板，效率不高。白70靠应改在右上点角，如此白形势不错。黑103-109这串是掏空好手，抢到129这步大官子后，形势非常细微。（陈耀烨）

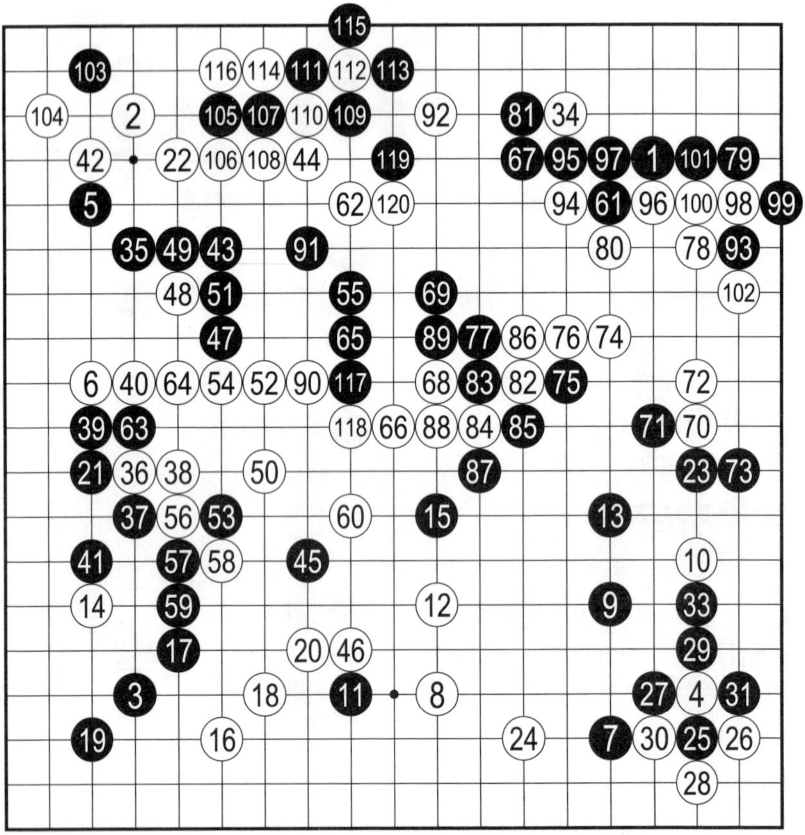

(32) = (25)

（1–120）

黑方 陈祖德

白方 青柳英雄 七段

官子收束中，白154是问题手，应尖155位吃中央，被黑中央尖回后，黑棋获胜希望更大。此后小官子的收束双方都很细腻，最终黑棋幸运获胜。（陈耀烨）

黑贴5目　共243手　黑胜1目

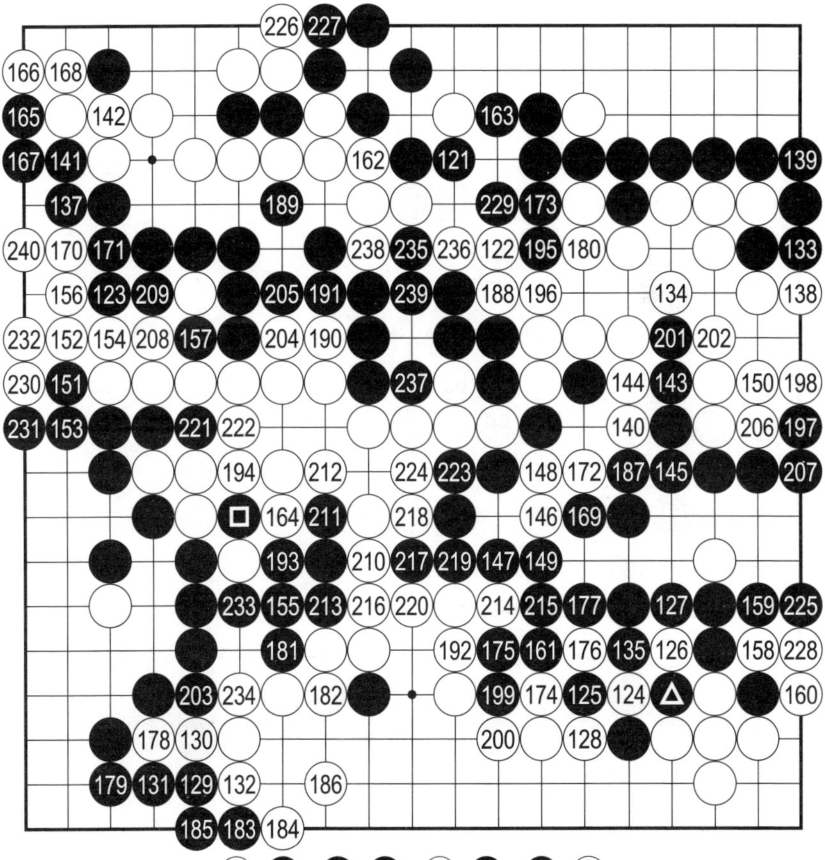

136=△　241=125　242=□　243=176

（121–243）

1974 年 4 月 17 日弈于大阪
中国围棋代表团访日对局

黑方　陈祖德

白方　桥本宜 九段

白 18、20 体现了桥本谊先生稳健协调的大局观。黑 21 有落空之感。黑 23 只能如此。白 24 拆一稳健，但下边跳更加诱人。黑 25 舒畅。黑 27 不必。白 30 并瞄着黑形的弱点。黑 35 要点。白 36 一子多用。黑 49 长考的一手，一方面企图守住边空，另一方面使白也产生弱点。白 52 是当务之急。黑 53 以下好像最激烈，但这样快速定型，白立即就安定了。黑 55 不如单长，至白 64 龟缩于角上，并不便宜。黑 65 以攻为守。白 76 的手段已不存在，黑 79 错失良机。白走到 82 靠，中腹白棋强化了。黑 83 改在 84 位团，再 88 位长，可将白分断，黑棋易战。黑 89 攻击右边白棋，但由于右下黑棋薄弱，白不需要太担心。

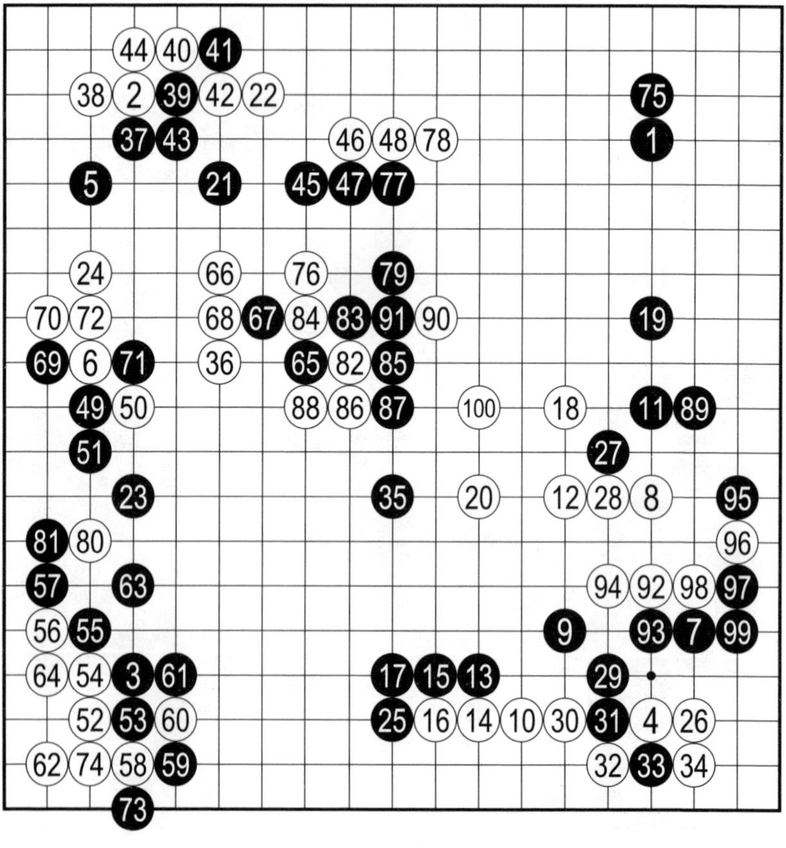

（1–100）

黑方　陈祖德

白方　桥本谊 九段

白102至黑115，双方必然，过程中黑113次序好。白116损。黑119只能如此。黑121拆最后大场。尽管我多处挑起争端，但对手下得扎实而稳健，都妥善地化解掉了。白154飞后，白优势已经确立。黑177挑起劫争不得已。白186提劫后，我既要计算劫材，又要计算双方实地，在日语读秒的催促声中，慌慌忙忙未经找劫就提劫了，因而被判负。局后复盘，黑187若在白176上一路打住，是盘面胜负的棋。

桥本谊先生拜锅岛一郎九段为师，16岁入段，39岁升为九段。他是标准的本格派，不管对手如何凶狠，他总是下得平平稳稳，尽可能以理服人。1979年以16胜5败获当年《棋道》授予的胜率第一位奖。（陈祖德）

黑贴5目　共187手　黑复劫败

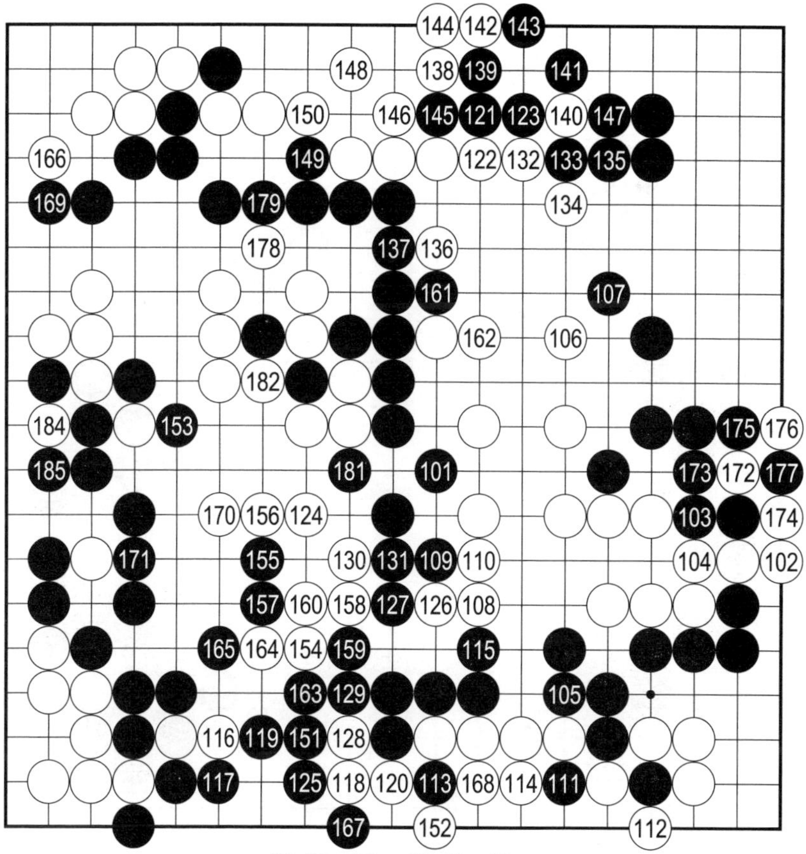

180 186 = 172　183 187 = 177

（101–187）

1974年4月20日
中国围棋代表团访日对局

黑方 陈祖德
白方 西村修

黑21托时，白22应于星位长，实战形成转换，黑吃掉四子获利。左上是老定式下法，现在来看黑41虎会选择拆一或者拆二。53、55扳断强硬，展现了黑棋的风格，至69拐头，黑取得优势。黑73开始的这串攻击非常舒服，将白封住、抢得先手后，黑棋已是胜势。（陈耀烨）

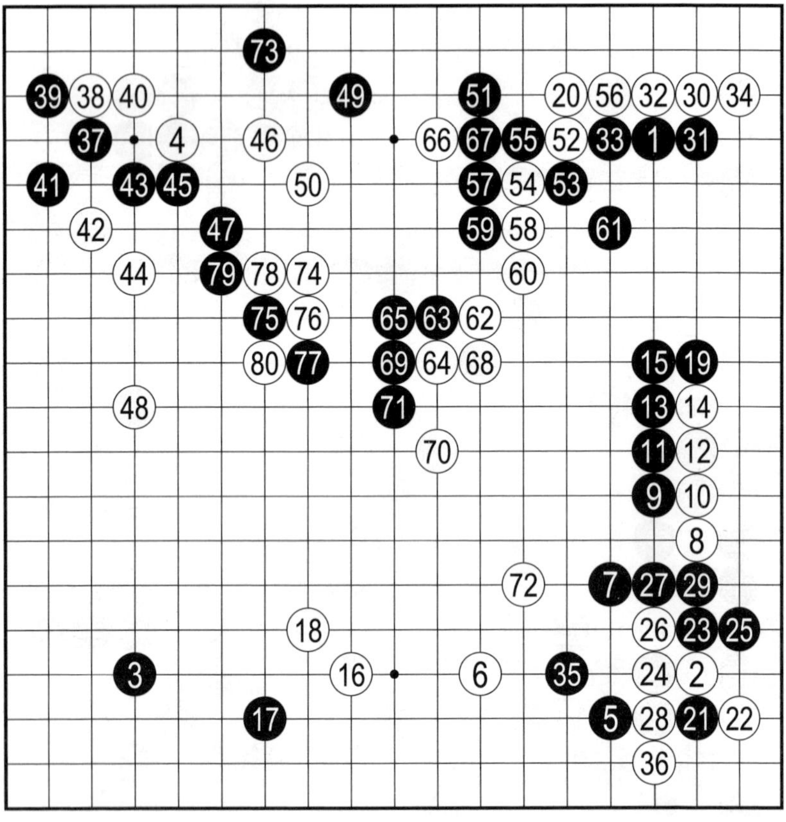

（1–80）

黑 91 是胜势下稳健的下法。白 120 放出最后胜负手。此局部黑计算清晰，至 153 胜定。(陈耀烨)

黑方　陈祖德

白方　西村修

黑贴 5 目　共 175 手　黑中盘胜

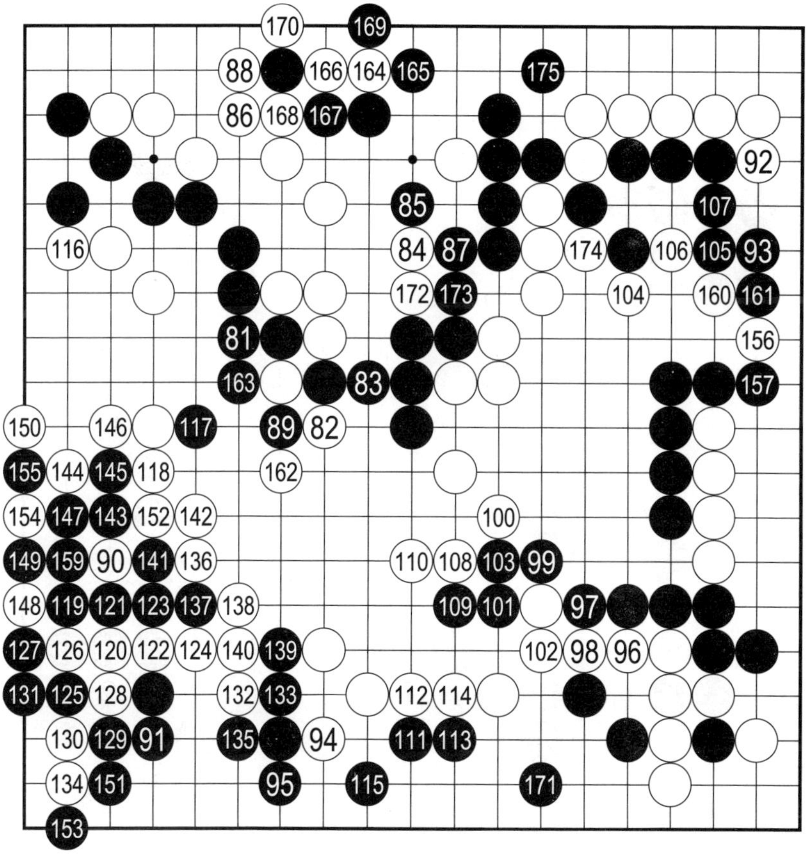

158=154

(81–175)

1974年4月23日
中国围棋代表团访日对局第七场

黑方　岩本薰 九段
白方　陈祖德

开局黑15大飞的下法少见，一般来说是三路小飞。布局至白50跳，白棋不错。白74小尖应中间翻吃，实战上方攻击落了后手，被黑抢得85扳后，形成均势。（陈耀烨）

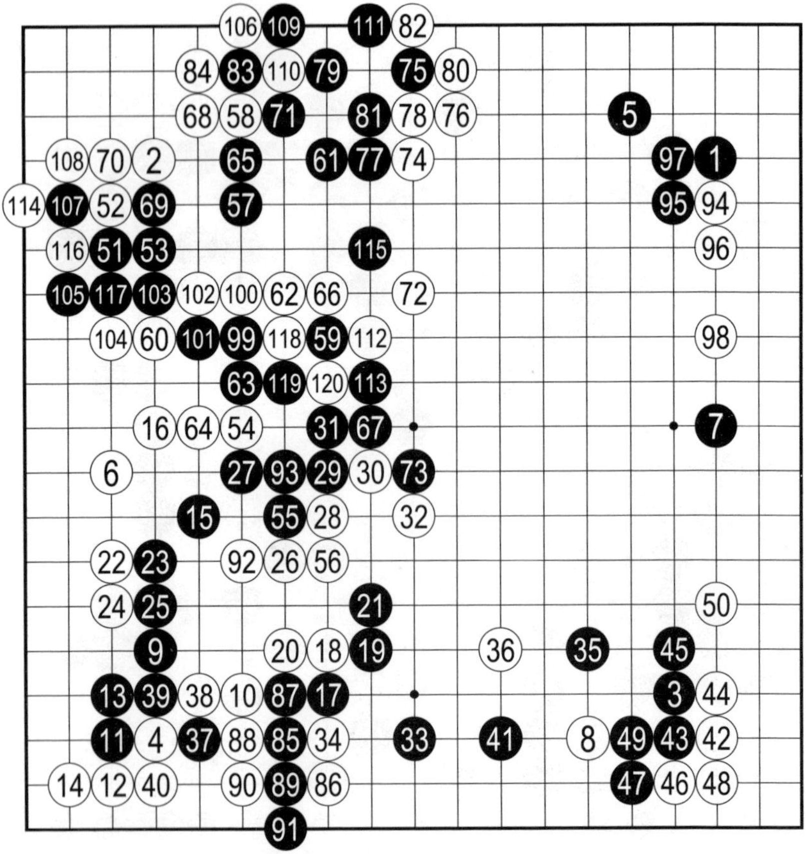

（1–120）

黑方　岩本薰 九段

白方　陈祖德

白128开劫非常果断，形成转换后白非常厚，局面白棋稍优。白140提不可思议，也是本局败着，此时应跳在144位，如此白不错。黑161补棋非常机敏，由于黑全盘较厚，白没有合适劫材。上方劫争结束后，白虽然活了，但中腹被吃，损失巨大。黑197冲过来后胜定。此后黑安全运转，白再无胜机。（陈耀烨）

黑贴5目　共257手　黑中盘胜

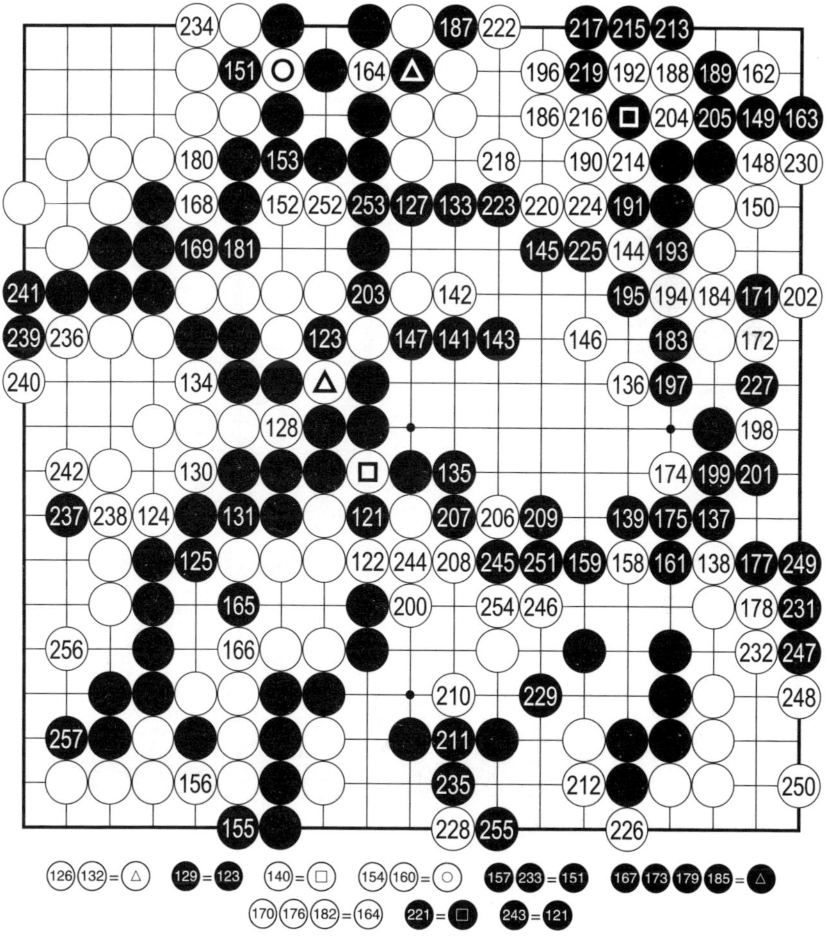

（121–257）

1974 年 7 月 18 日弈于成都

全国棋艺锦标赛

黑方　曹志林

白方　陈祖德

黑 19 选择对抗性强的变化，以战斗来定胜负，反映了我们当时的水平和对围棋的认识和理解有失含蓄。白 30 打入有些冒险，但可以成立。白 34 掘地求活，但被黑 35 掏心剜肺，故不如 41 位跳，再 38 位飞求活。黑 41 是恶手，如 45 位飞，黑则以逸待劳。白 44 应变。黑 51、53 只好忍痛弃子。白 60、62 就地谋活明智。黑 67 依然锐利。白 74 不得已。黑 75 令白相当难受，但边上拆一更严厉。白 80 先使外围加厚，再伺机与黑争劫，沉着而稳健。黑 81 恶手，被白 82 拐，很难应，即使吃住一子也如同嚼蜡。黑 83 太软。白 88 以下利用残子信手找点便宜。黑 91 是妙手，可净吃角上数子。白 102 正着。黑 103 也相当大。白 110 有些落空，不如 112 位拆，可简单获胜。黑 111 构思很好，白难应。黑 121 只能如此，否则将坐以待毙。白 122 趁机一觑，再 124 顶是强手。黑 137 企图破眼攻杀。白 138 先使黑产生一些缺陷，再 146 补活明智。白 148 补，全盘白棋均已安定，胜局遂定。（陈祖德）

黑贴 $2\frac{1}{2}$ 子　148 手以下略　白中盘胜

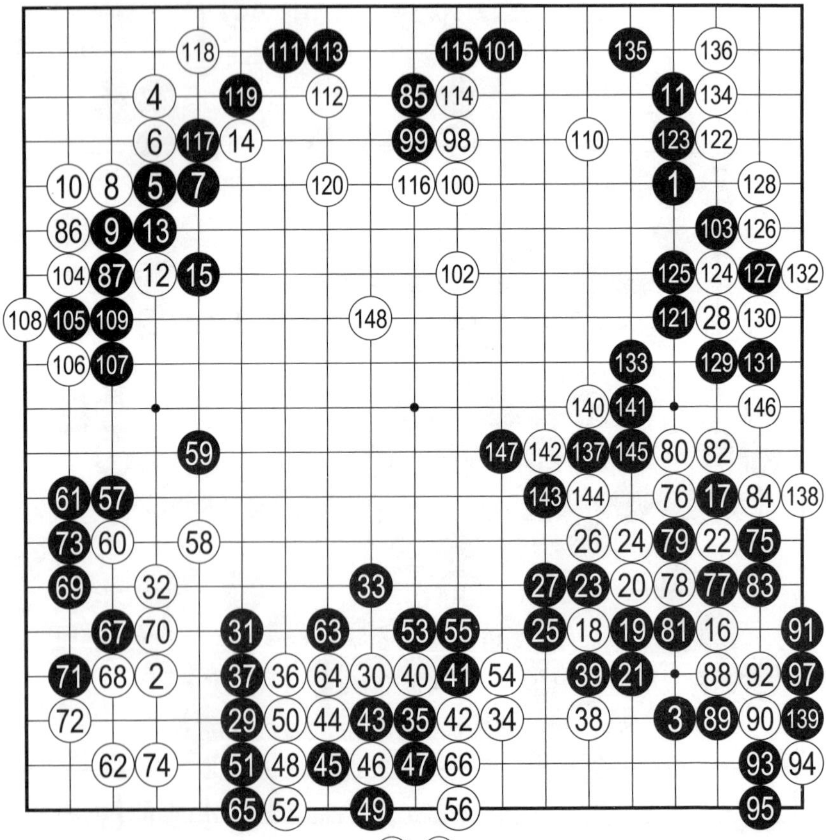

96=22

1974 年 7 月 19 日弈于成都
全国棋艺锦标赛

黑方　陈祖德

白方　黄德勋

黑 25 跳积极，过去定式是枷吃白二子。白 26 绝对。黑 27 不如 37 位拆一。黑 31 也欠缜密，二路虎才是形。白 40 扳之后，黑十分难受。白 42 走畅。黑 43 应先 40 位下一路虎，试探白的应手，45 再虎已经来不及了。白 46 后，黑已亟待治理。为了声援 43，黑 47 强行不得已。至白 52 挺出，黑在左上角下得过于急躁、勉强，被白牵着鼻子走了。黑 53 声东击西。白 54 反击，锐利。白 62 提，干净，如 64 位粘，黑有 203 位顶的手筋。黑 65 保护中腹的断点，如愿争到了窥伺已久的 67 断，这是黑拼命一搏的机会。白 68 冷静。黑 69 只此一手。白 70 至黑 79 双方必然，白在此处占尽便宜，黑只能忍让。但白 80 不得不采取弃子战术。黑 81 缓，应 90 位挡下作战或 95 位立即扑，白难办。黑 89 问应手。白 90 以下有条不紊。黑 101 打吃至 110，双方必然。黑 111 疑问手。白 112 托强手。白 118 扑是好手，将黑气收紧后白就高枕无忧了。

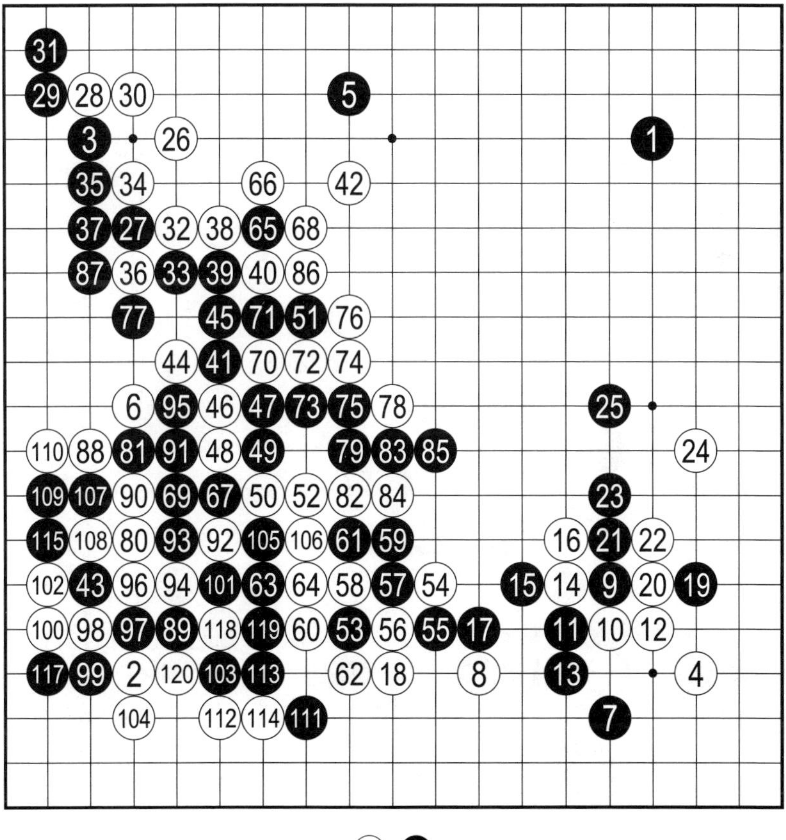

（1–120）

黑方 陈祖德
白方 黄德勋

黑123大致分寸。白136后，优势不可动摇。白142先手接回二子不仅大，而且与中腹厚薄有关。白148落后手不够老练。黑163、165寻找最后的机会。白166不可意气用事。黑169将白分断，白170应急，确保连络。黑173局部强手，可占点官子便宜。白180定型，190再将右边补净，简单明快。黑已回天乏术。

德勋1950年生于成都。他天资聪颖，爱动脑筋。先后受教于杜君果和黄乘忱，1965年12月入选国家队，1973年战胜本田邦久九段。我在1974年全国比赛时，预赛和决赛一路过关斩将，唯独败于这位蜀中大将。1975年起聂卫平逐步称霸棋坛，有五次在全国比赛中被德勋击败。德勋由此赢得了“冠军的克星”的美誉。(陈祖德)

黑贴$2\frac{1}{2}$子　共240手　白中盘胜

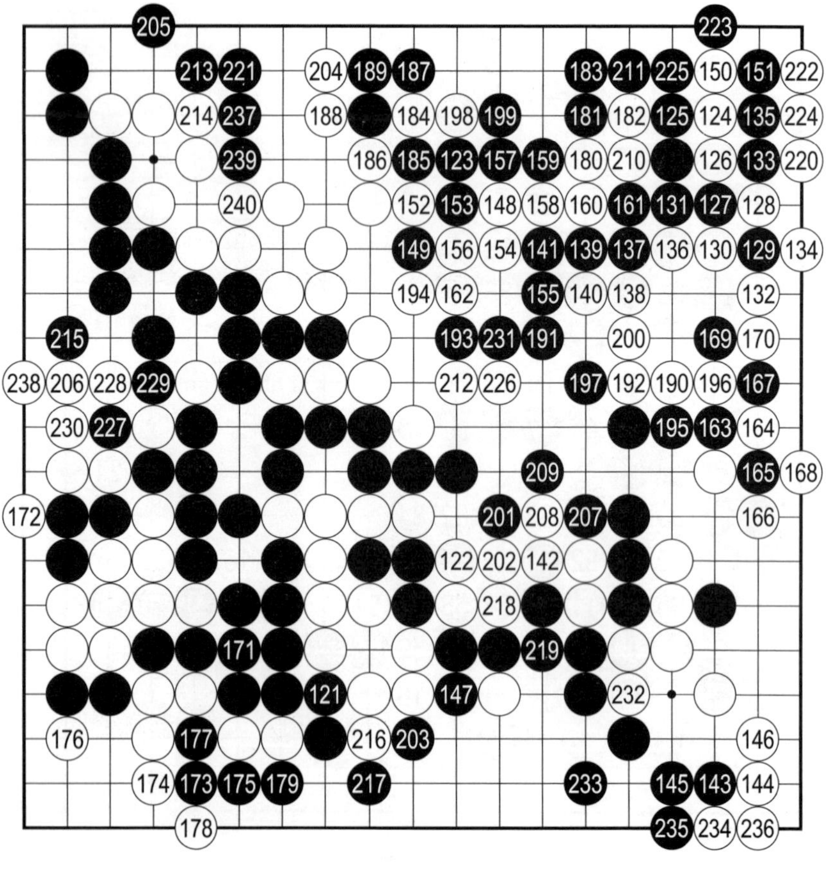

1974 年 7 月 22 日弈于成都
全国棋艺锦标赛

黑方 杭承义
白方 陈祖德

黑 21、23 虎了打俗手，局部应单长。白 50 压时，黑 51 扳过分，此时只能长，白打出作战后明显是白有利。黑 55、57 再捞实地是问题手，黑此时应出头，这样棋还早。实战被白 58 小尖封头后，上下两块黑棋被白缠绕，黑被动。白 90 靠出非常犀利，96、98 也是局部好手。至白 112 盖，上方黑棋被杀，白取得巨大优势。（陈耀烨）

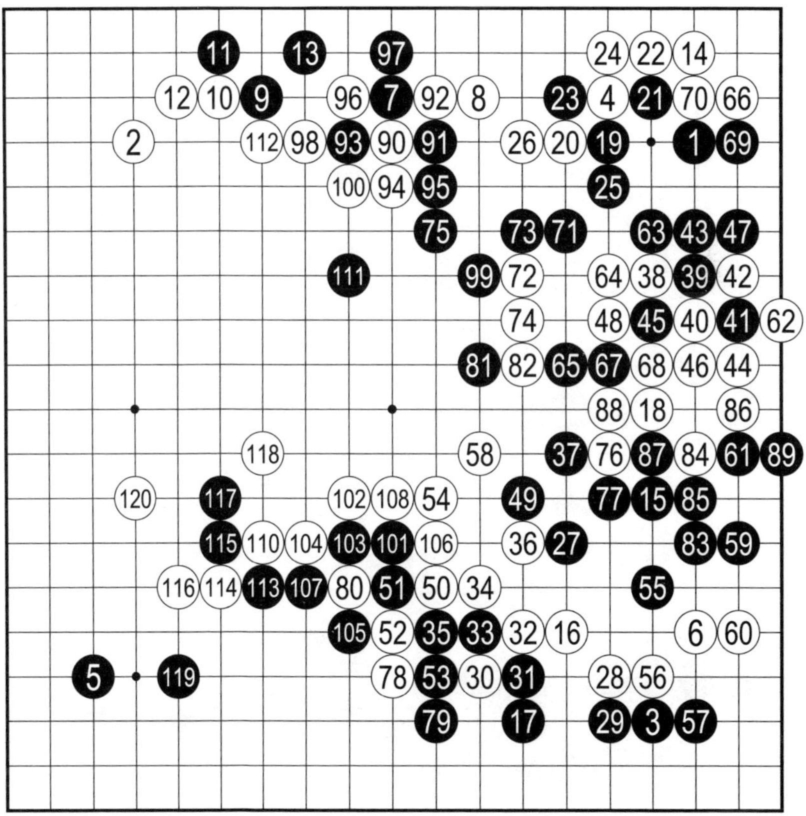

（1–120）

黑方　杭承义

白方　陈祖德

优势下白棋也毫不手软，138将自身死活处理好后，抢到140靠破空，白胜势。此后黑在左边进行了最后抵抗，无奈前半盘劣势太大，被白172吃住左边三子后，黑再无胜机。（陈耀烨）

黑贴$2\frac{1}{2}$子　共220手　白中盘胜

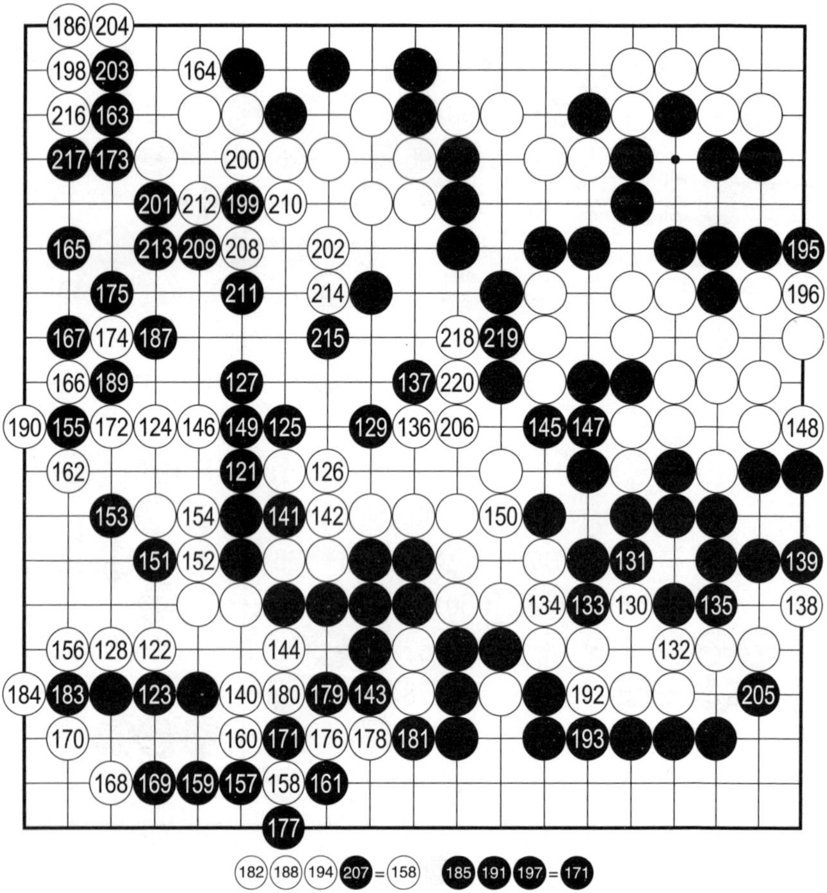

1974 年 7 月 23 日弈于成都

全国棋艺锦标赛第六轮

黑方　陈祖德

白方　聂卫平

1974 年全国比赛第六轮，我与五战五胜的小聂相遇，这无疑是夺冠的关键一战。白 10 粘少见，但黑 11 太过分了，三路虎便极简明。白 12 断严厉。黑 13、15 是预定的手段，也别无选择。以下至白 20 跳，双方必然，结果显然对黑不利。黑 21 也是预定的，以攻为守，伺机角上补活。白 22、24 是俗手，应 42 位挖，再 33 位夹非常巧妙。黑 25 至 31 是声东击西。白 32 不得已，如不贴紧气，上边孤棋将被吃。黑 33、35 以逸待劳。白 36 托不如直接在 54 位拐出。黑 37 扳强手。白 38 断不得不如此。白 42 扑有待研究。这里白处境虽然不利，但黑也有可利用之处。白 42 至黑 51 必然。白 54、56、58 如此出头很苦，但无可奈何；被黑 59 鲸吞上边四子，将空围到六路实在太痛心了。白 60 欠理智，先走畅上边孤棋是劣势下应持的冷静立场。黑 65 打吃严厉。白 66 以下为玉碎手段。黑 79 是对杀的关键，若在 80 位破眼，则要被白做劫，黑功败垂成。白 80 如 68 位左一路立，仍然不行。（陈祖德）

黑贴$2\frac{1}{2}$子　共 81 手　黑中盘胜

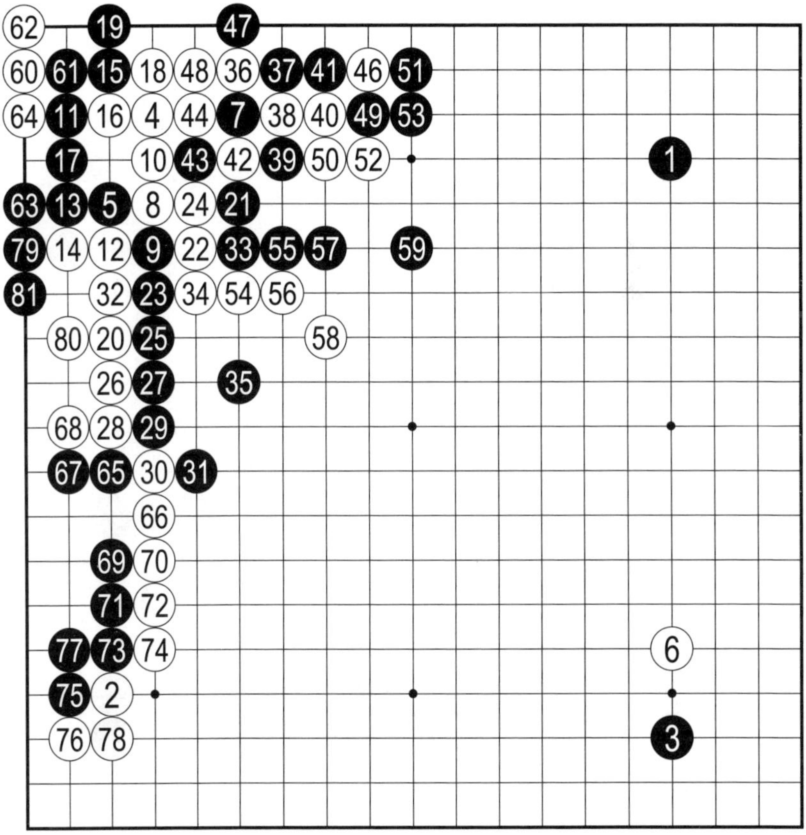

45 = 42

（1–81）

1974 年 7 月 26 日弈于成都
全国棋艺锦标赛

黑方　王汝南
白方　陈祖德

开局在左上形成了比较少见的变化。黑 13 扳稍缓，应一间低夹，至白 40，局部白得分。白 50、52 追求行棋步调。黑 57 先粘 91 位，与白挖粘做交换更好，至白 72 分投是白棋优势。白 88 攻击黑棋没有必要，直接右边行棋即可。实战至 101，白棋这一串攻击明显亏损，棋局再度形成均势。（陈耀烨）

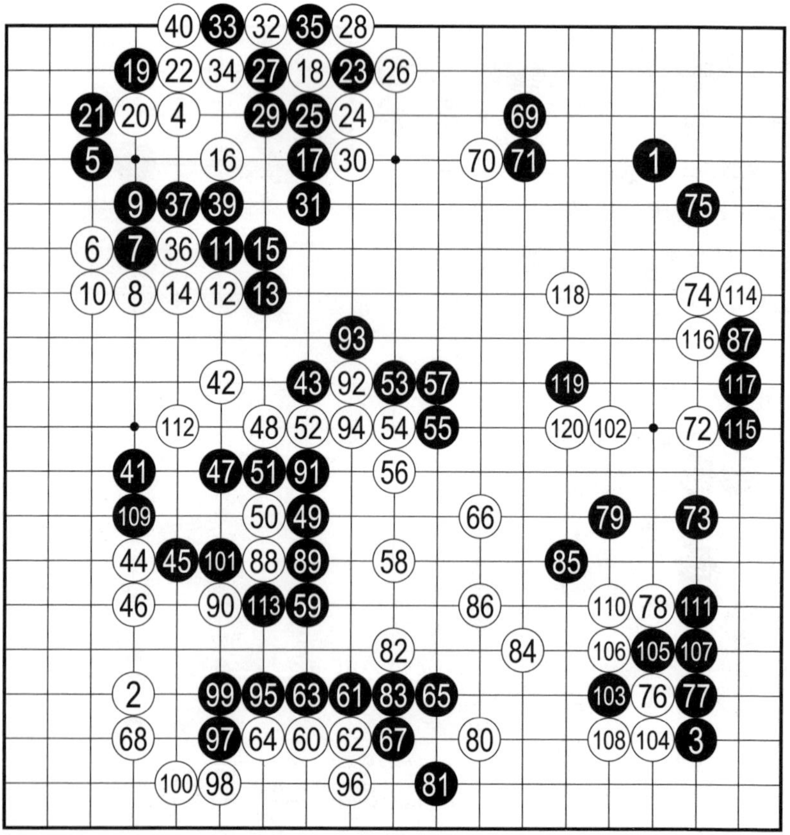

38 = 32

（1–120）

黑方 王汝南

白方 陈祖德

黑 119-133 这串定型下得非常漂亮，但 145 粘是巨大失误，此时右边 150 位顶极大，被白 146 挖后，是白稍好的细棋局面。官子阶段，黑 163 夹是局部妙手，白 164 应对失误，应单粘抢先手。实战官子收至黑 207，是盘面 4-5 目的局面，最终巧成和局。（陈耀烨）

黑贴$2\frac{1}{2}$子　共 259 手　和棋

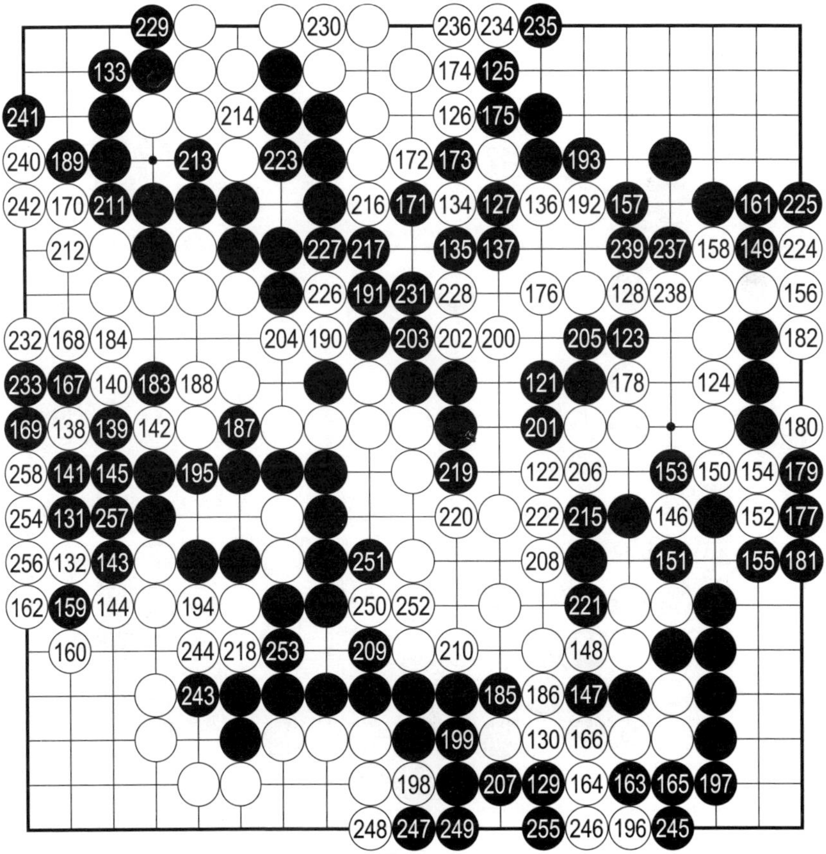

259=138

（121–259）

1974 年 7 月 27 日弈于成都
全国棋艺锦标赛

黑方　陈祖德
白方　罗建文

左上黑 17 冲时，白 18 应该挡住，被黑冲出后白亏损。白 46-54 这串进行，双方对棋形把控的攻防非常精彩。白 58 靠于 59 位长味道更好，实战黑遗留下非常多的劫材。白 78 点角时，黑棋反击非常强硬，展现了风格。（陈耀烨）

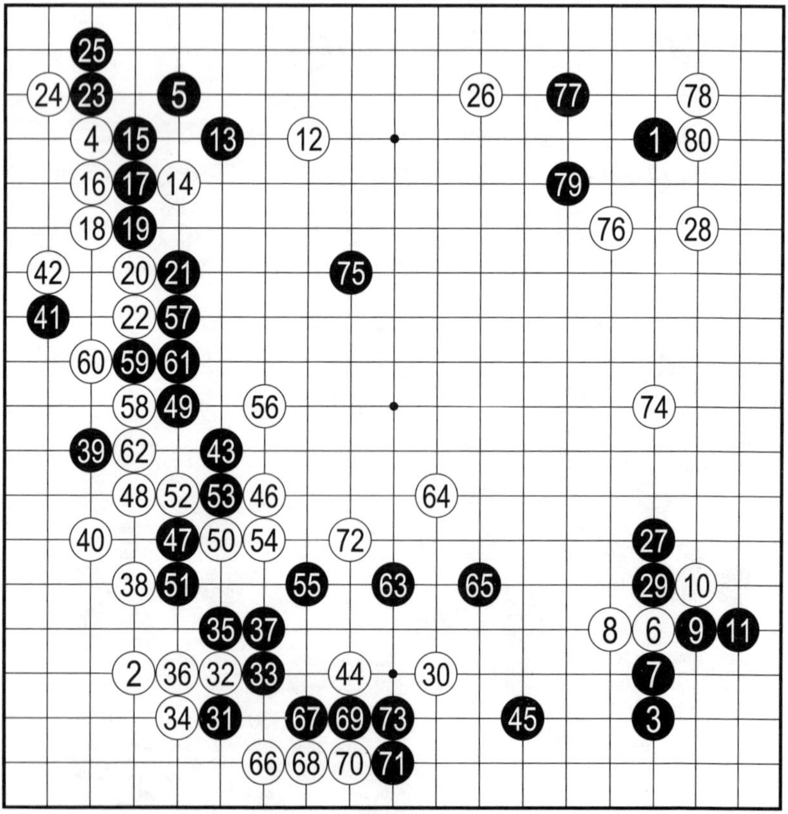

（1–80）

黑方 **陈祖德**

白方 **罗建文**

面对黑 93 的点方，白棋处理得非常完美，至 106，白实地领先。白 110 的挖吃应单立，这手挖吃也给之后的进行埋下了伏笔。倚仗劫材有利，黑 131 选择与白棋打劫，让白苦不堪言。右上角黑 159 跳仍然是劫材有利情况下欺负白棋的好手，劫争结束后黑胜势。（陈耀烨）

黑贴2 $\frac{1}{2}$子　179 手以下略　黑胜 6 子

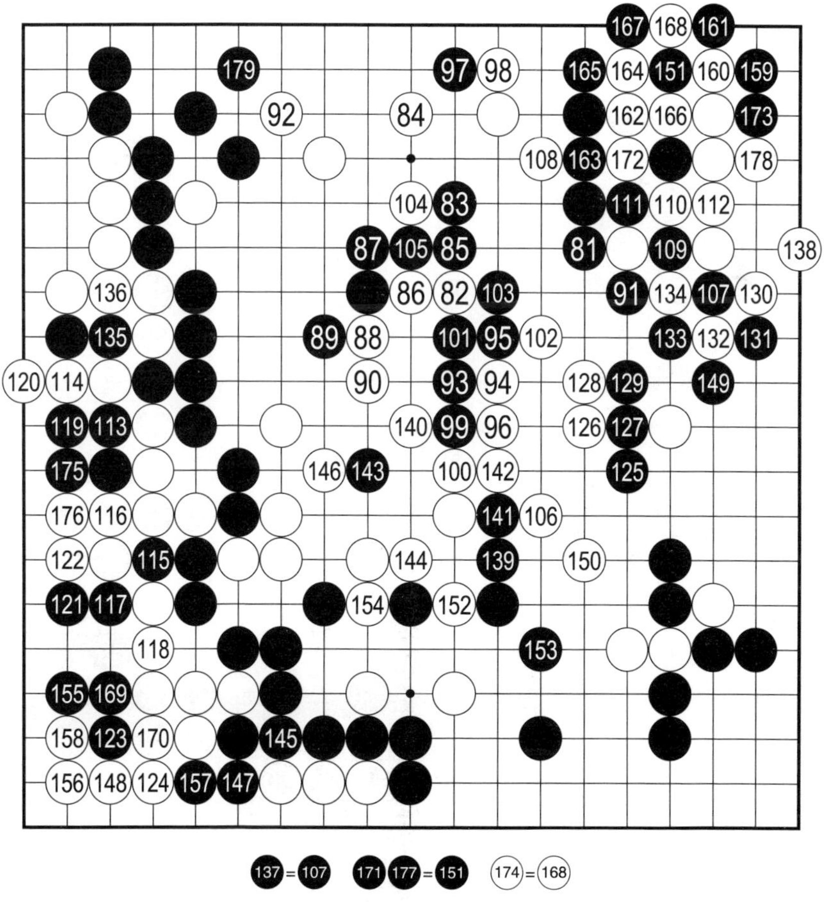

（81–179）

1974 年 7 月 28 日弈于成都
全国棋艺锦标赛

黑方　陈祖德

白方　陈志刚

黑 25、27 是手筋，29 虎打后，局部战斗黑成功。黑 37 拆边不如左下点角大。黑 57、59 破空手法犀利，至 75 接是黑棋小优局面。右上白 78 点角后选择打劫冲动，此时白没有合适劫材，应二五侵分。实战黑消劫后，抢得 93、95 分断白棋，黑优势明显。（陈耀烨）

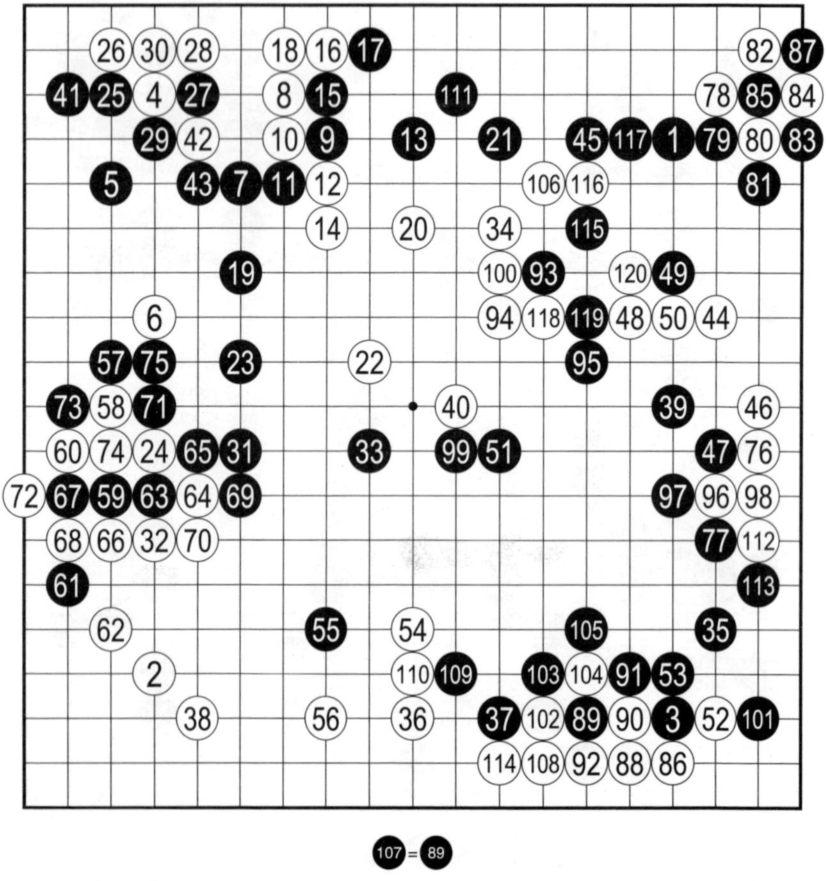

107＝89

（1–120）

黑棋利用自身厚味搜刮白棋中央，至149将中腹围住后，黑棋胜定。此后官子手数虽多，已与胜负无关。（陈耀烨）

黑方 **陈祖德**

白方 **陈志刚**

黑贴$2\frac{1}{2}$子　215手　黑胜3子

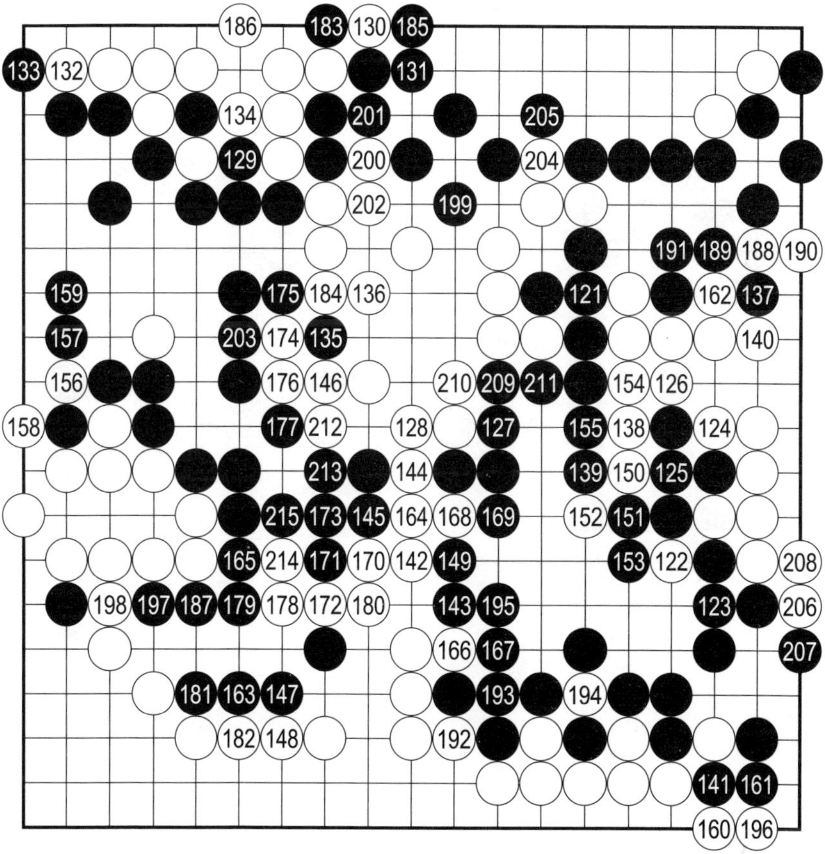

1974 年 7 月 30 日弈于成都
全国棋艺锦标赛

黑方　陈祖德
白方　黄进先

白 44 脱先挂角过分，应于 46 位跟着跳，被黑左边打入后白难办，至 62 白明显亏损。黑 65、69 夹后扳出过分，此战斗白有利。白 82 错失良机，此时应一路立，黑不行。黑 99 挖时，白再度失误，此时应 101 位贴后再打，仍然是白有利。（陈耀烨）

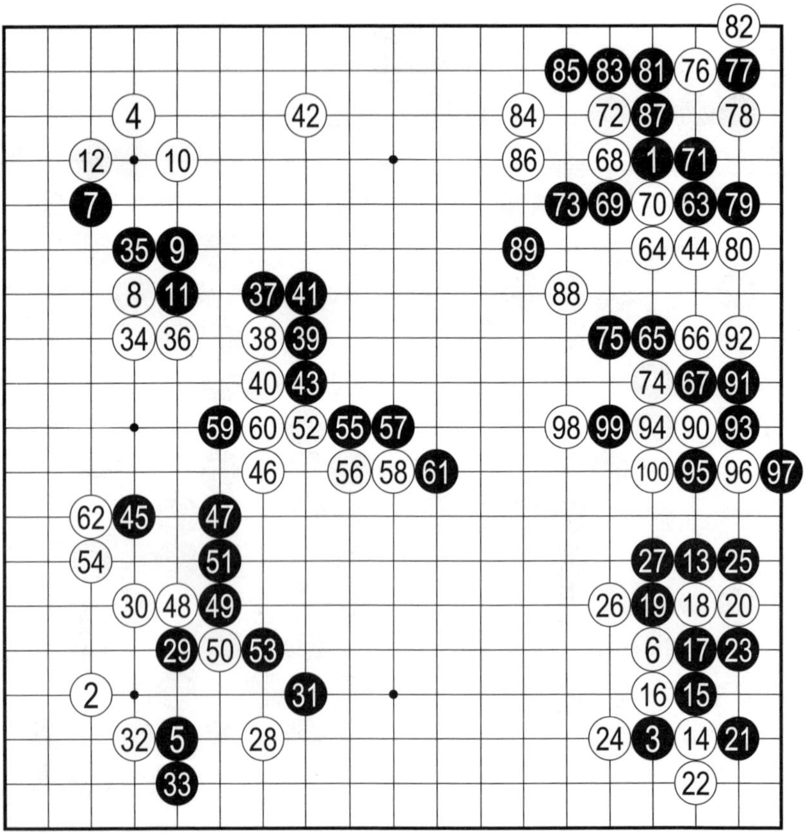

（1–100）

黑方 **陈祖德**

白方 **黄进先**

被黑101贴过来，白难办，至124，白无奈选择两眼活，黑大优。优势下黑棋处理得非常简明，各个局部简单定型，至165补角后胜势。此后虽然手数很多，但白方再无胜机。（陈耀烨）

黑贴$2\frac{1}{2}$子　207手以下略　黑胜4子

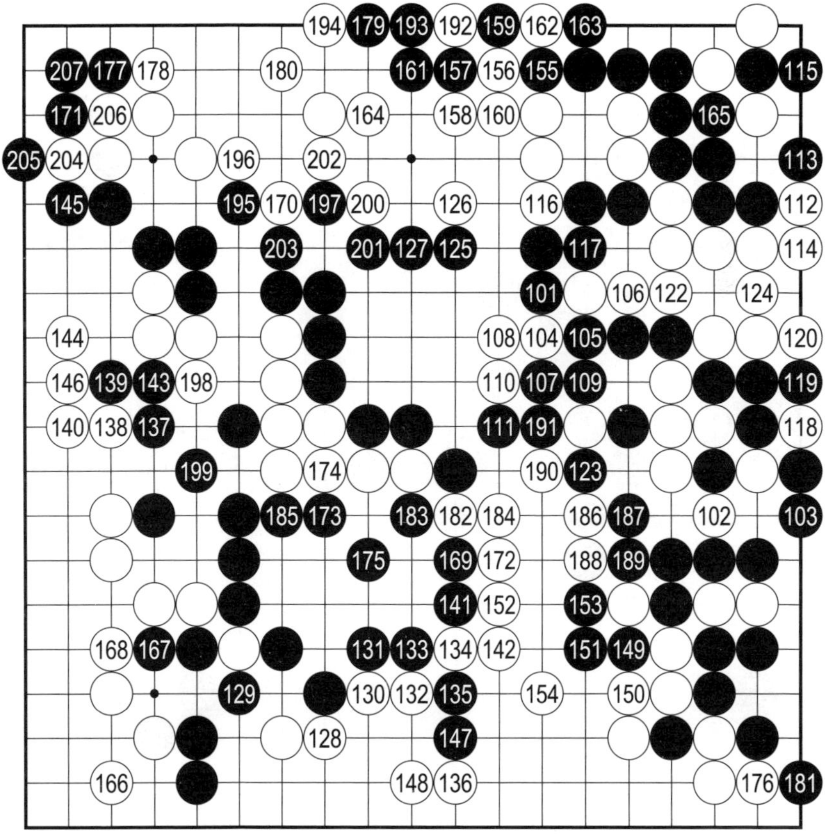

121=118

（101–207）

1974 年 8 月 1 日弈于成都
全国棋艺锦标赛

黑方　陈祖德
白方　沈果孙

白 4 直接挂角是一种趣向，黑局部抢到先手于 15 位占角，布局成功。黑 33、35 弃子取势展现良好大局观。白 56 打二路吃角更好，实战选择过于损目。黑 63、65 是整形好手，至 77，黑目数优势巨大且无孤棋，非常好下。（陈耀烨）

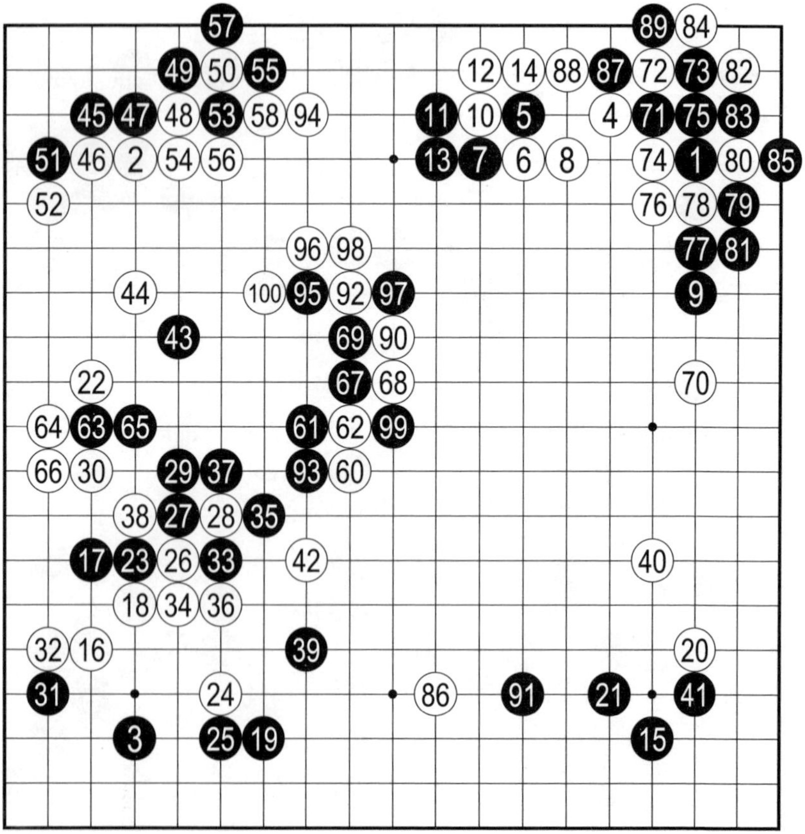

59 = 50

(1–100)

白 100 是本局败着，此时无论如何应在中央补棋，被黑 105 拔花后黑胜势。黑 111、113、115 给予白最后一击，至 129 活出，黑胜定。(陈耀烨)

黑方 陈祖德

白方 沈果孙

黑贴$2\frac{1}{2}$子　185 手　黑中盘胜

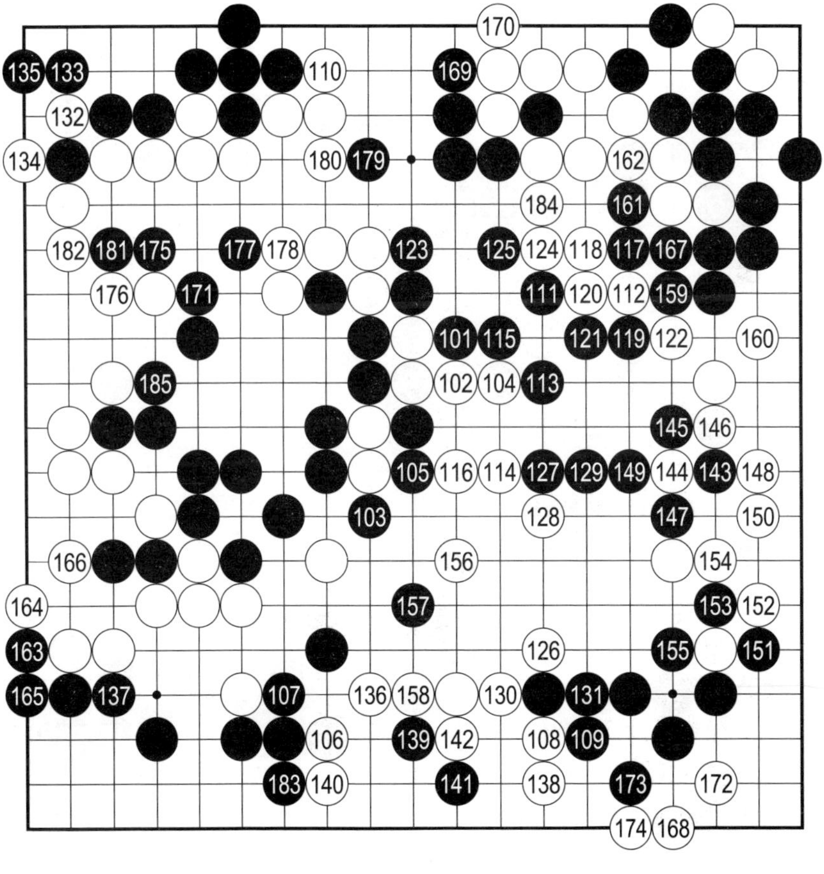

(101–185)

1974年8月3日弈于成都
全国棋艺锦标赛

黑方　陈祖德
白方　孔祥明

对黑17镇头，白18顶是俗手，应小尖出头。至黑41，白棋形凝重，黑棋攻击非常愉快。黑51、53扳出转换，判断清晰。黑57拆后是黑大优局面。白68断有些急躁，应于69位刺，实战黑中央拔花后空多棋厚，白已非常难下。白102选择与黑打劫是本局败着，此时应145位四路压，放黑活角。白114也不应消劫，左下过大，转换被黑吃角后已是败势。（陈耀烨）

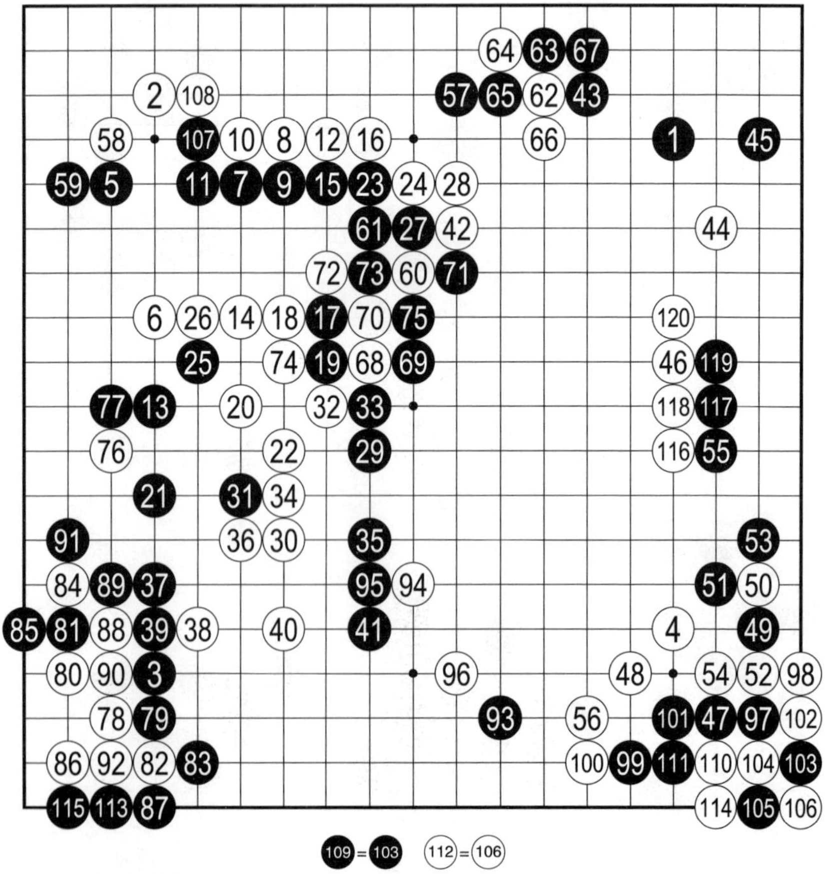

（1–120）

黑 141 并是优势下力求简明的着法。黑在中央简明处理，走到上方 179 跳后，胜定。（陈耀烨）

黑方　陈祖德

白方　孔祥明

黑贴$2\frac{1}{2}$子　211 手以下略，黑胜 4 子

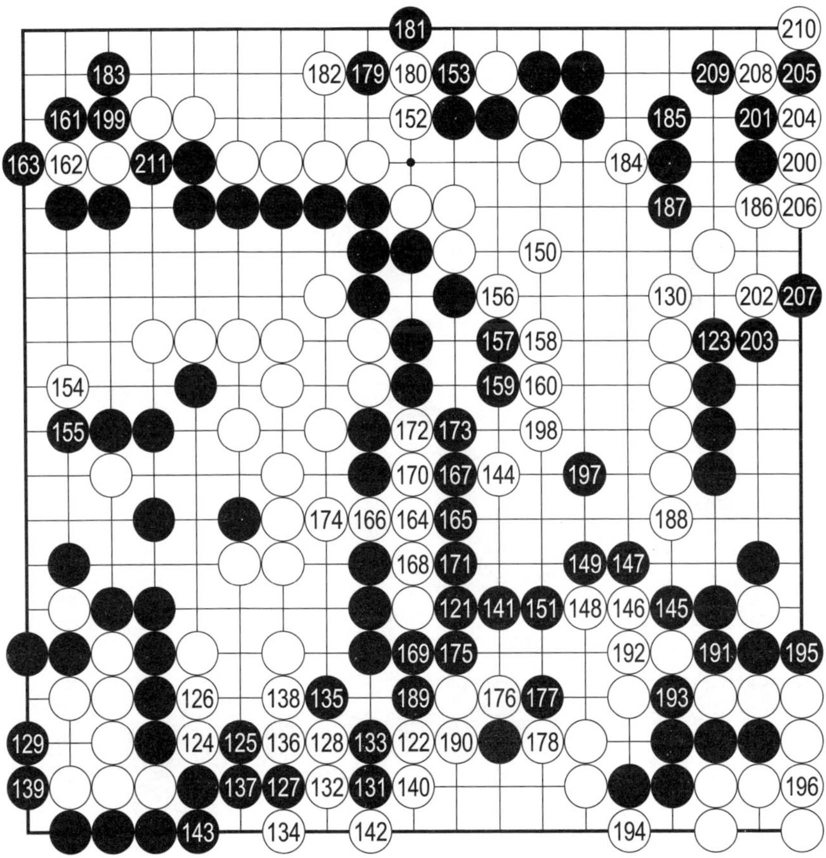

（121–211）

1974 年 8 月 4 日弈于成都
全国棋艺锦标赛

黑方　陈祖德

白方　徐荣新

左上是老定式下法，现在来看白 14 小尖补棋效率更高。白 32 长棋形呆板，不如 33 位尖后，再 95 位扳一下。黑 51 是厚实的好手。黑 75 小飞展现了灵活的一面。黑 79 挺进角后形势占优。黑 85 选择二路溜过是优势下的选择，局部稍亏但简明。至黑 97 拐过，盘面大约领先 15 目。此后官子黑的收束也极为厚实。至 141 退，黑胜定。（陈耀烨）

黑贴$2\frac{1}{2}$子　155 手以下略，黑胜 2 子

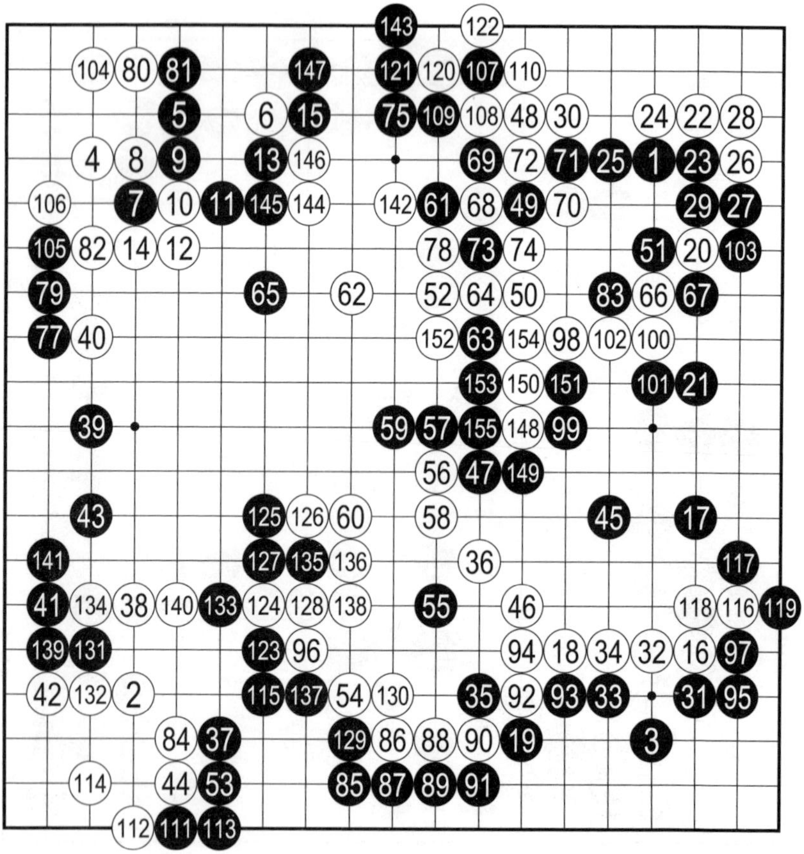

76=68

（1–155）

1974 年 8 月 5 日弈于成都
全国棋艺锦标赛

黑方　吴淞笙
白方　陈祖德

布局中，白 6 拆三与白 8 分投现在看来稍缓，黑 25 拐二路更好。白 36 尖时，黑 37 失误，应三路长。至 46，白弃子整形，可满意。黑 51 再出缓手，此局部应脱先。白 60、62 定式选择有误，局部目数大亏。白 78、80 是局部手筋，但此时吃四子不如右上点角大，至 87 逼住是黑稍好的局面。黑 91 的反击应右上角先挡定型，被白 94 脱先爬后局面再度混乱。（陈耀烨）

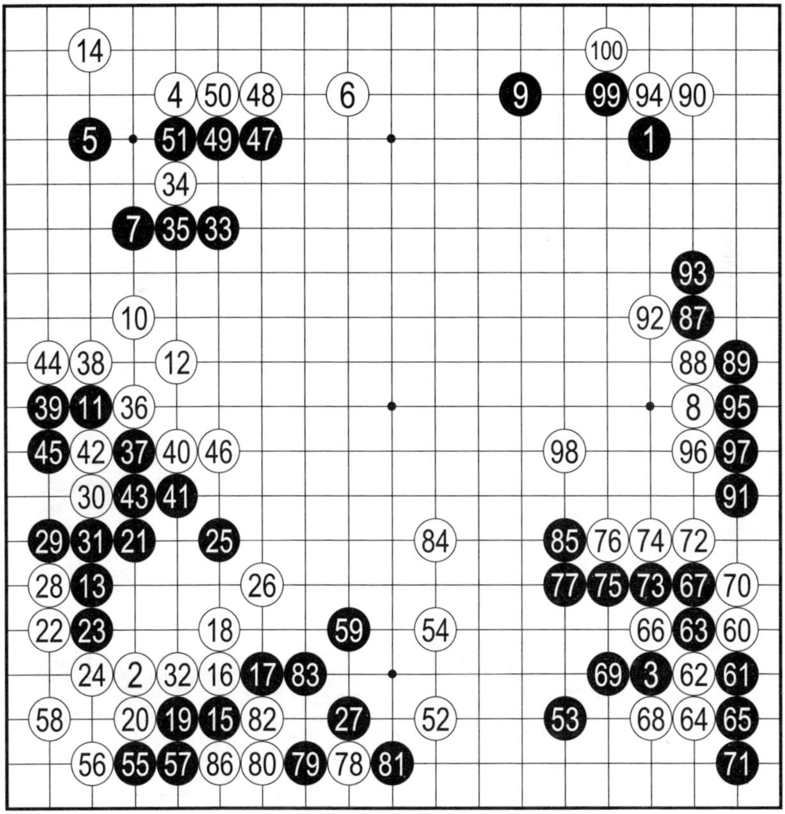

（1–100）

至103断告一段落后形成均势。双方在官子阶段收得极为细腻，中央至黑155的小转换后是非常细微的局面。（陈耀烨）

黑方 **吴淞笙**

白方 **陈祖德**

黑贴$2\frac{1}{2}$子　198手以下略　和棋

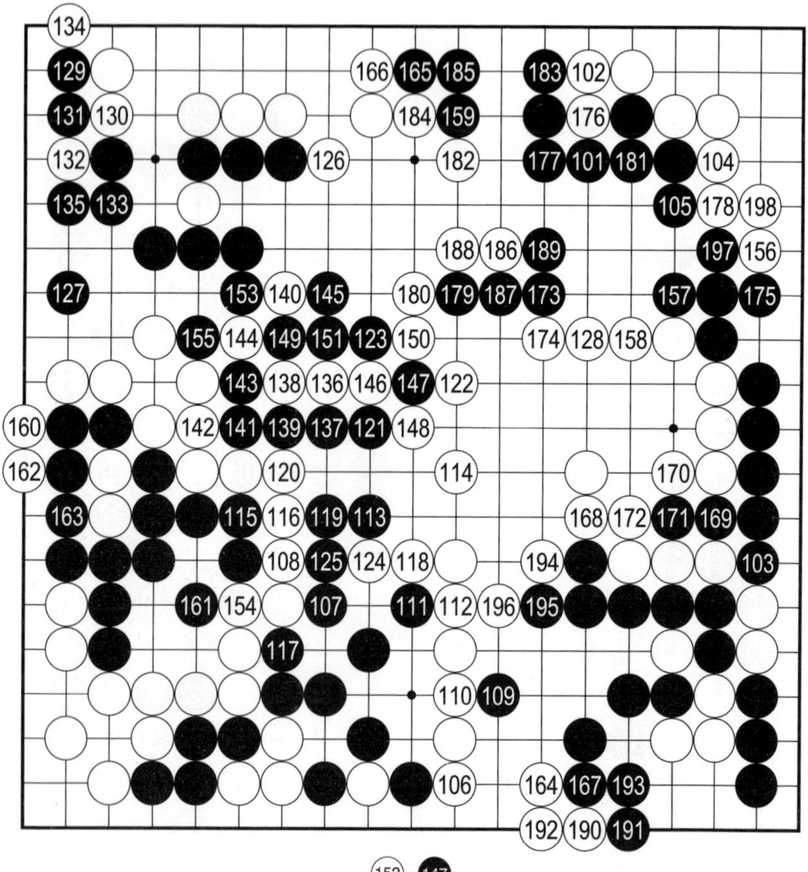

152＝147

（101–198）

1974年10月16日弈于北京

训练棋

黑方　聂卫平

白方　陈祖德

黑13在25位长优于实战。至黑39，白棋有利。黑87可于90右一路阻渡，实战至94，白棋大获成功。白96可直接在98位肩冲，实战的下法导致局面复杂化。(常昊)

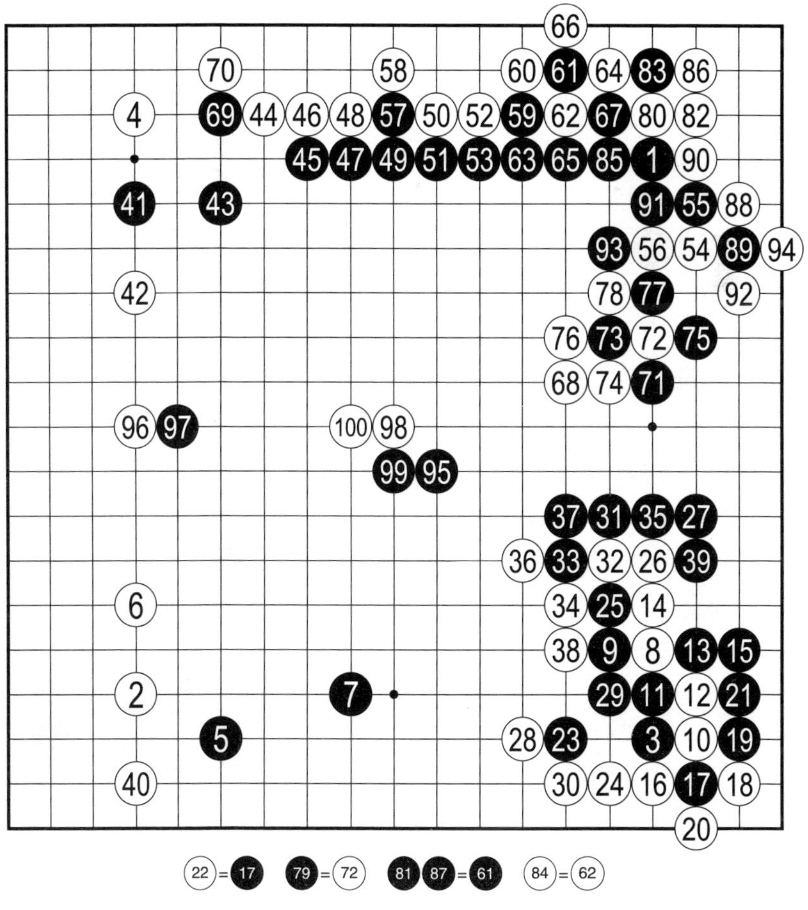

(1–100)

黑方　聂卫平

白方　陈祖德

黑119是要点，边攻击边收空，局势逐渐朝黑棋有利的方向发展。黑129可于170位顶收束，实战的转换黑棋亏损。黑161误算，此手应于164右两路扳。这里定型后白棋有望。白168可于171位提，黑170位，白169位，如此白棋优势明显。实战至黑171已成细棋。白172败着，应于174位长，被黑179围住中央，黑胜势。（常昊）

黑贴$2\frac{1}{2}$子　189手以下略　黑胜1子

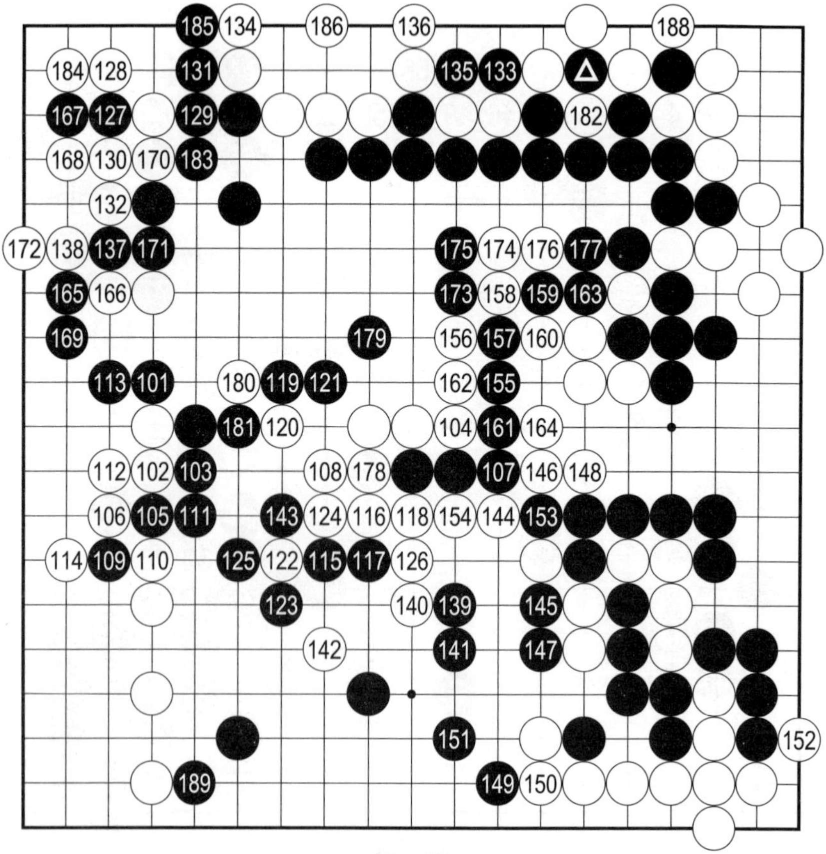

187=△

（101–189）

1974年11月21日弈于北京饭店
日本围棋代表团访华比赛第一场

黑方　陈祖德

白方　宫本直毅 九段

黑33强硬，白34有些许退缩，如于36位扳将形成激烈战斗。黑55好手，兼顾上中两块棋，同时隐隐瞄着冲断白棋。白72问题手，如在右上吃子后贴出，将是白棋可战。实战黑75并强手，白76、78贴出形状不好，战斗有些勉强。黑103或许有优势意识，可以考虑在104位冲断，绞杀右边白棋，以攻为守，如此将相当混乱。黑109似乎对局面有所误判，被白消劫后形势已非。（时越）

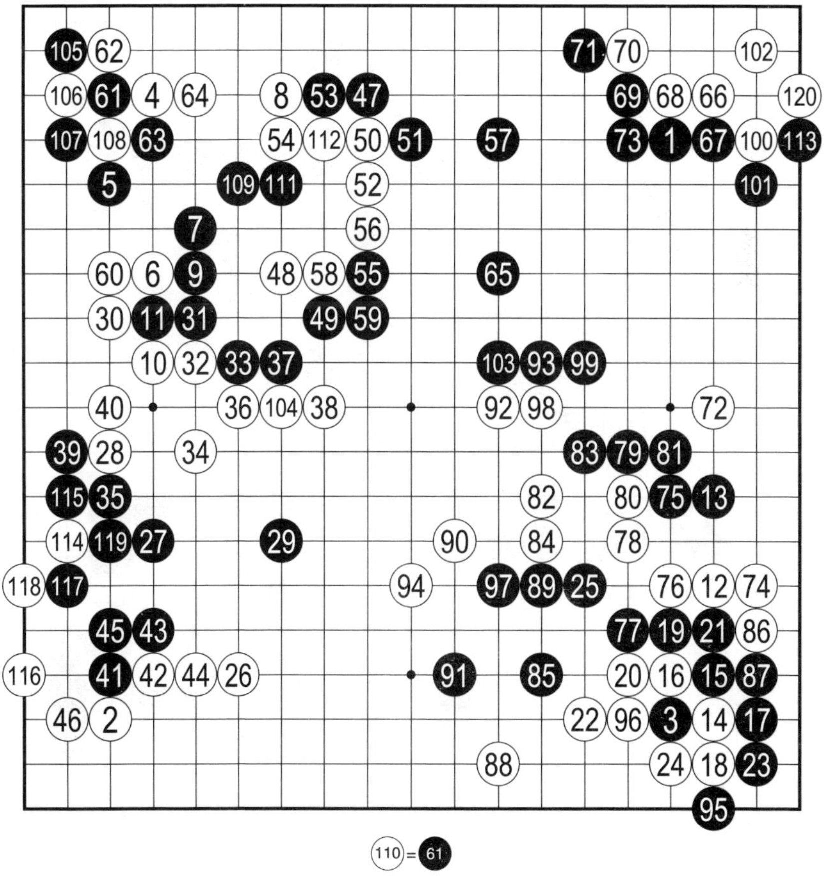

（1–120）

黑方 **陈祖德**

白方 **宫本直毅** **九段**

黑贴$2\frac{1}{2}$子　共220手　白中盘胜

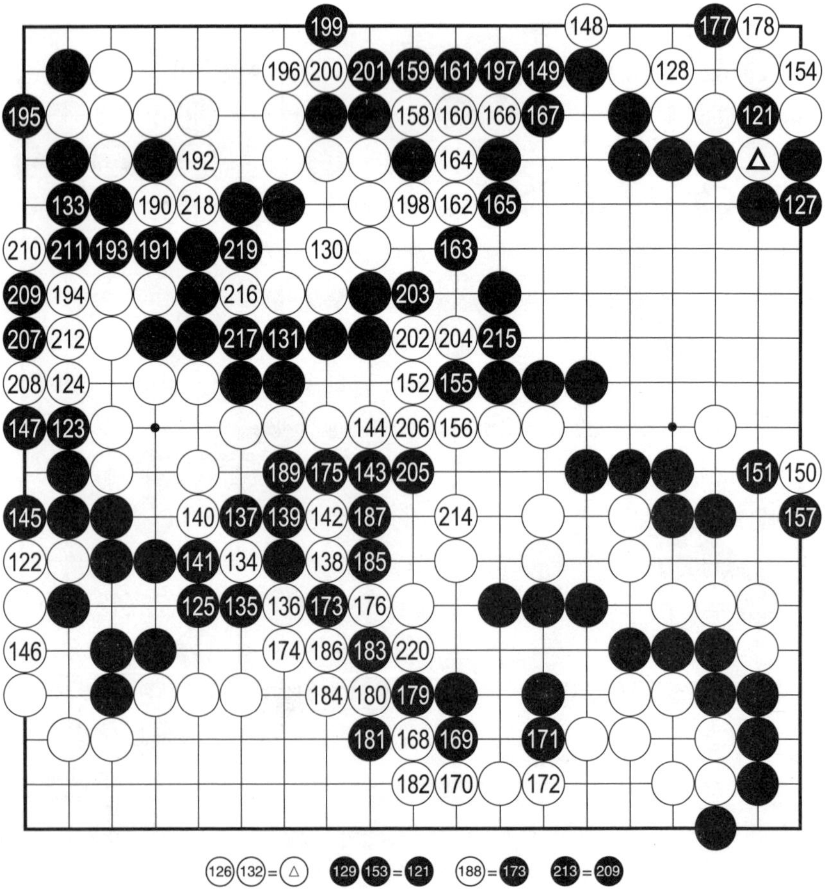

1974 年 11 月 23 日弈于北京
日本围棋代表团访华比赛

黑方　苑田勇一 七段

白方　陈祖德

白 12 是灵机一动。黑 13 尖应 31 位大飞守角，让白自去整形。黑 15 退是正着，如 16 位顶，白则 15 位扳头、弃子。黑 17 稳健。白 22 拦是好点，布局白成功。但白 24 太过分，黑 25 反击势所必然。白 28、30 争取损失小一些。白 32 只此一手。黑 33 强手，一子多用。白 36 试应手。黑 37 先刺，不冒风险。以下至黑 43，右上形成了转换，白吃亏。黑 45 至 55 双方必然。鉴于征子有利，白 56 果敢地放出胜负手。黑 59 缓，当进一路跳。争到白 62 双补，局面趋于平衡。黑 63 又缓。至白 70，白扭转了中腹的被动地位。黑 71 镇方向正确。白 72 以攻为守。黑 79 缓，此时在 71 位左一路顶是机会，造成黑 83 软弱无力。黑 85 上扳反击令我意外。白 86 以下手筋连发。白 100 意在先手护断，黑 101 不甘示弱。白 102 强手。黑 103 很有魄力。白 104 气合。白 108 提，痛快之极，黑在中央之战中被击垮了。黑 109 要点，可使白缺陷增多。白 110 先托机敏。黑 115、白 116 都在围绕断点做文章。黑 117 势所必然。白 118 对黑有所牵制，不容易被杀死了。黑 119、121 凶狠追杀。（陈祖德）

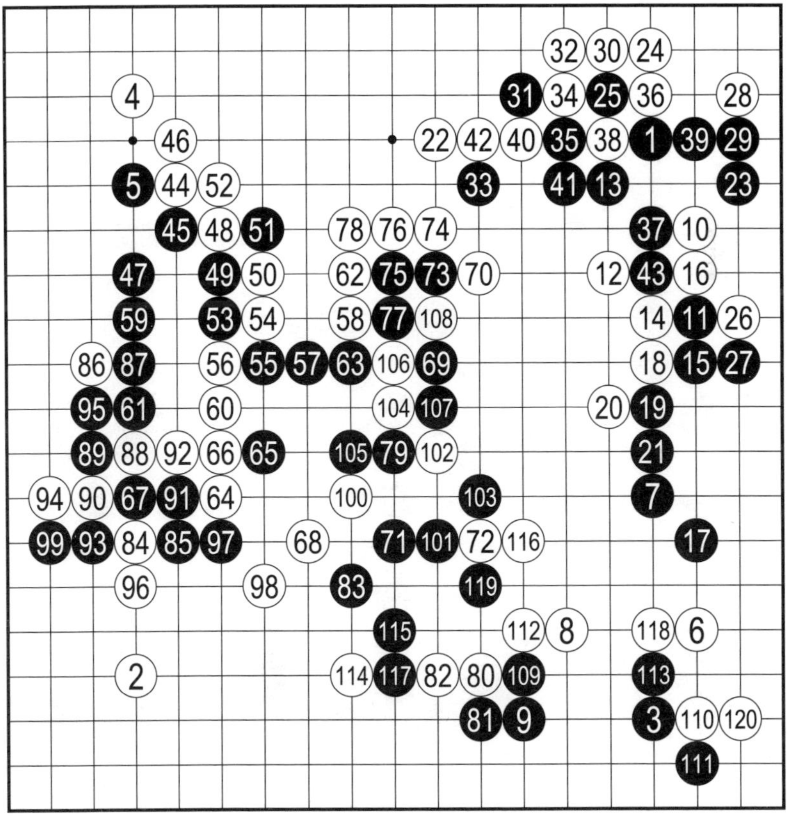

（1–120）

黑方　苑田勇一　七段

白方　陈祖德

白 122 好手，使 124 成为先手，再加上 130 顶还可做眼，已无被杀之虞了。黑 131 只能断。至白 138，实地对比白已占绝对优势。黑必须采取非常手段，139 从白的根基上动手。白 140 无路可退。黑 145 只能如此。黑 153、155 破眼的好手，但白硬做出一个劫眼来。由于白本身劫材很多，黑终无法劫胜。黑 207 求投场。

苑田勇一 1952 年生，自幼投入关西棋院小川正治六段门下。1968 年入段，1978 年升为九段，创下了日本棋坛最快的升段纪录。他的棋很犀利，擅于攻杀，常采用快速布局，大模样作战，有“重力型宇宙流”之称。由于成绩卓著，被誉为关西棋院的顶门柱。（陈祖德）

黑贴 $2\frac{1}{2}$ 子　共 210 手　白中盘胜

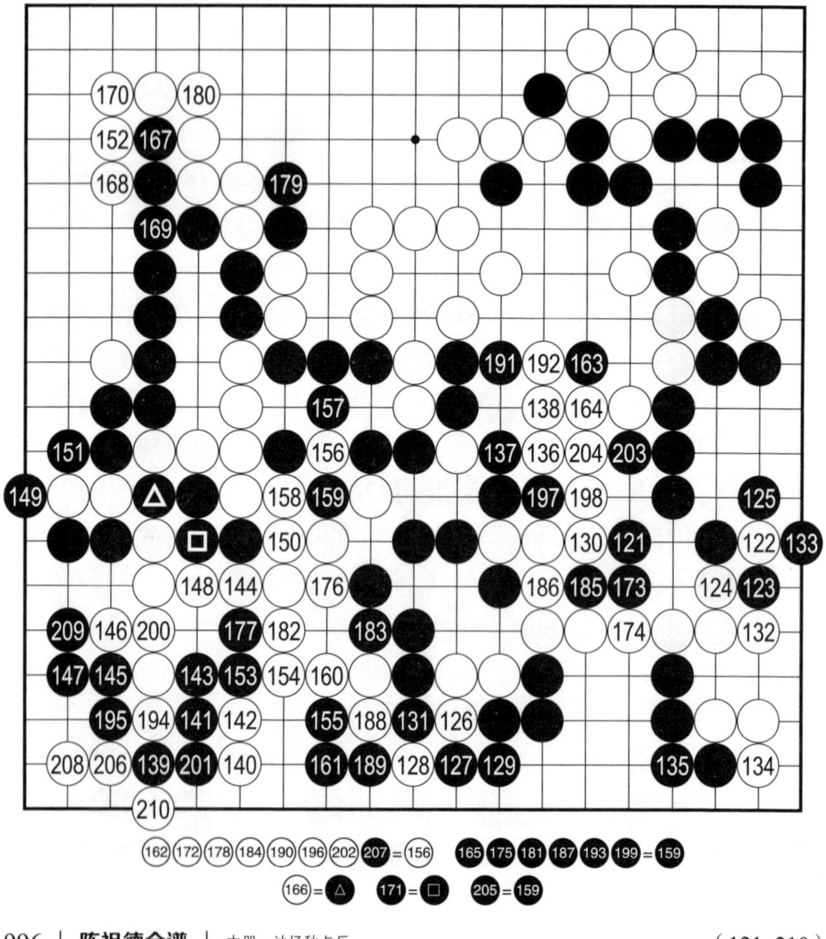

（121–210）

1974年11月29日弈于桂林

日本围棋代表团访华比赛

黑方 **陈祖德**

白方 **仓桥正藏** **七段**

白10长至14拆，摆出打持久战的姿态，大多数棋手是不肯如此忍让的。黑17托是预定着法。由于征子不利，白18只能长，20拐无可奈何。被黑21扳头，白总是亏了。黑23、25反映了我当时对棋的理解水平，遭到白26的有力反击。黑27又过贪。白28好手，迫使黑"恋子"应战。白36坏棋，应在外围挡，迫黑角补一手。黑41大胆地靠断反击，局面由此趋于激烈。白42只此一手，以下至48似乎必然。双方这样杀起来都有负担。黑49是长考的一手，我算到于52位压，最终角、边难两全。白50、52别无选择。白62连扳必须如此。黑63抓住机会断打，再65贴住白棋，极其重要。白66正着。黑67、69立即出动，要紧。白74方向正确，但不如122位威胁黑数子紧凑。白80不如下立。白82败着，以为黑已无法补活，当于83位点。白86不得不补，黑87及时冲吃，下边就已经活净了，而右下白棋还有待做活，黑的胜势已经明朗了。

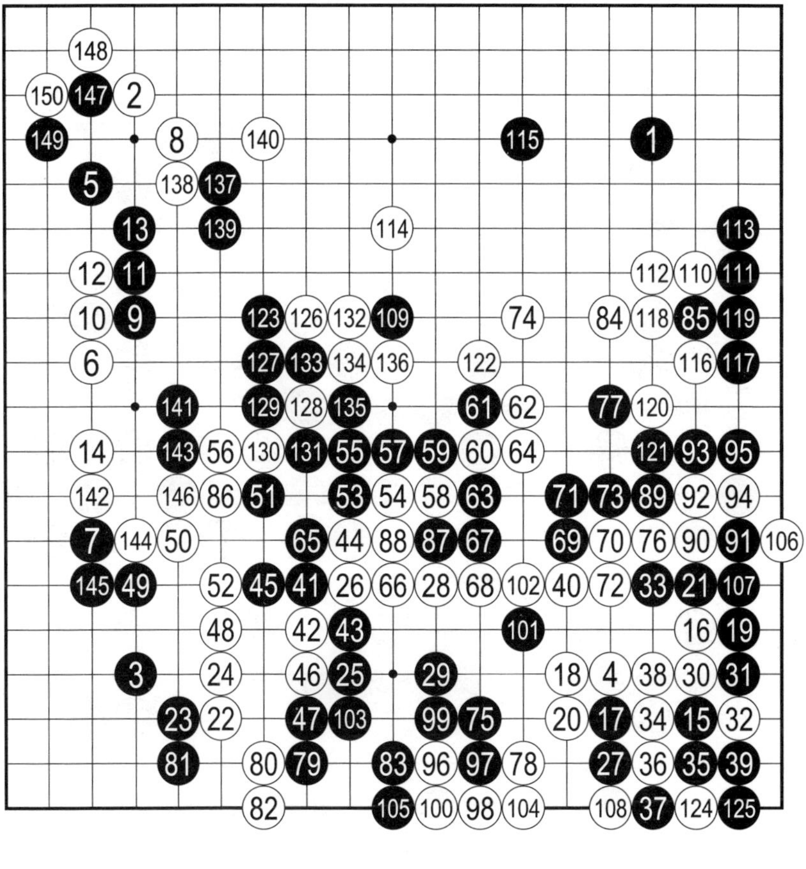

（1–150）

仓桥先生生于1942年，自幼投入关山利一九段门下，20岁入段，38岁升九段。他身材较高，仪表端庄，在日本棋坛有美男子之誉。他的棋理路清楚，大局观好，属于喜欢主动出击的硬派棋风。（陈祖德）

黑方　陈祖德

白方　仓桥正藏　七段

黑109争到先手出头，一场大规模混战总算告一段落了。白114强手。黑115再抢大棋，要紧。白122不得已。白126放出胜负手。黑127以下采取了冷静的态度，虽被割去一子，但边腹已经通连。黑争到195，胜负就决定了。

黑贴$2\frac{1}{2}$子　共292手　黑胜5子

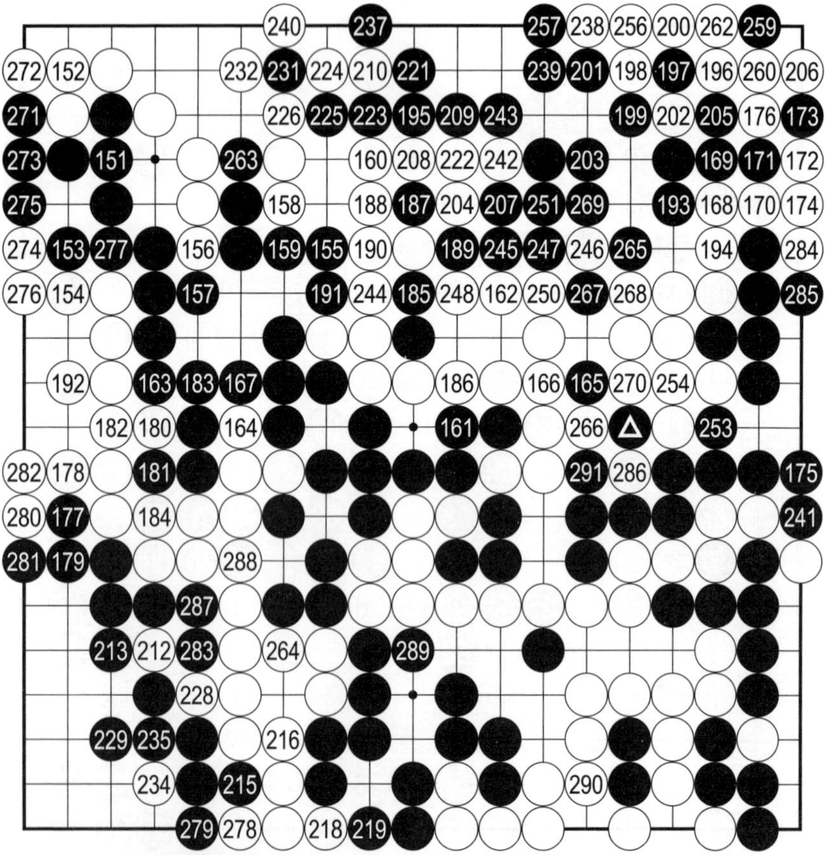

211 217 227 233 249 255 261 = 197　214 220 230 236 252 258 = 202　292 = △

（151–292）

1974年12月3日弈于北京饭店
日本围棋代表团访华比赛第五场

黑方　陈祖德
白方　宫本直毅 九段

白26似应抢先在180位挡下，这里关乎到双方根据地，实战黑棋飞到29位可以满意。白34、36连续脱先，着法激进，看黑如何攻击。黑37飞攻好手，击在白棋腰眼，至49扳出，黑形势主动。黑59有些过分强调进攻，于91位粘上，徐徐攻击更为从容。白88、92破空好手，形成转换后形势不错。（时越）

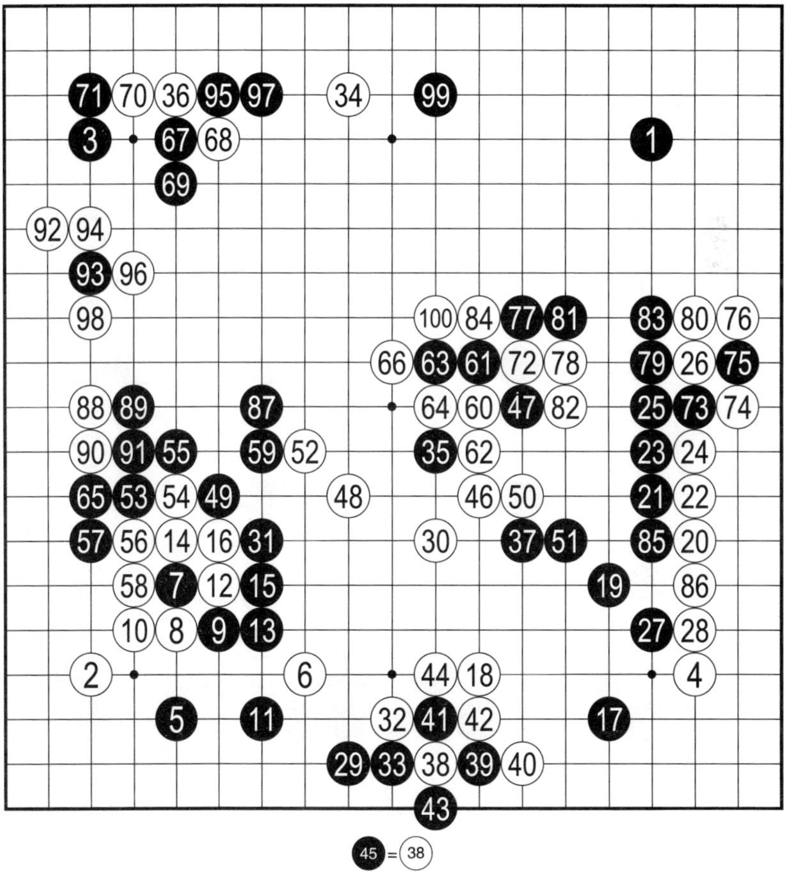

（1–100）

黑方　陈祖德

白方　宫本直毅　九段

黑105胜负手，或许是察觉到形势不利，要求全围上边，引发了接近百手的激烈战斗。黑125似应直接脱先，在165位连络上下两块，白棋下方冲断，黑也能就地做活。实战形成复杂劫争，过程中白154似有妥协，若强硬消劫，黑棋也很难全杀白棋左边。实战形成转换，战至208，黑棋认输。（时越）

黑贴$2\frac{1}{2}$子　共208手　白中盘胜

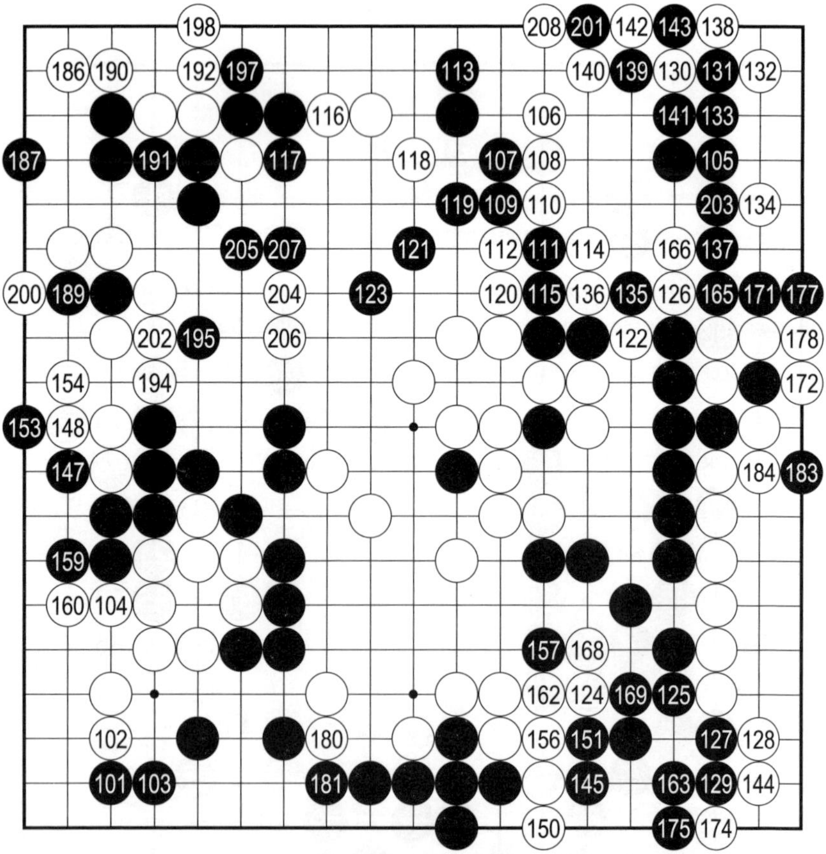

146 152 158 164 170 176 182 188 196＝130　149 155 161 167 173＝143

179 185 193 199＝143

1974 年 12 月 7 日弈于北京饭店
日本围棋代表团访华比赛第六场

黑方　陈祖德

白方　村上文祥　业余 6 段

黑 45 声东击西，颇具气势。白 50、52 打拔，间接补厚中央。黑 55 长出控制住白左边，收获颇丰。黑 83 应保留从左边虎打的可能，直接攻击中间为好。黑 95、99 是犀利的攻击好手，通过攻击吃下了 28 一子并加强了上边，取得成功。（时越）

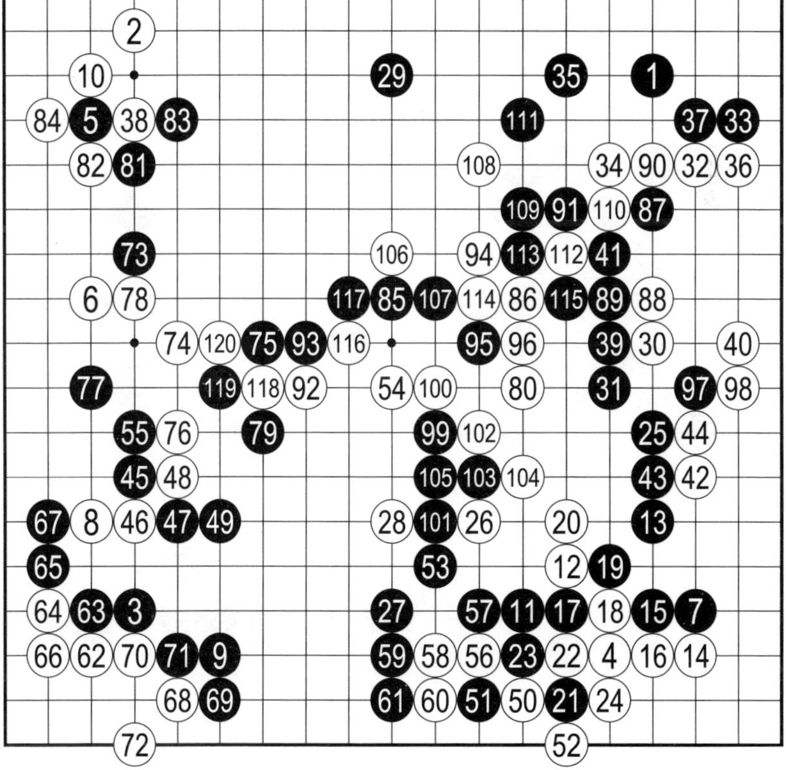

（1–120）

黑方 **陈祖德**

白方 **村上文祥** **业余6段**

黑125或许应162位冲吃两子，此手实地巨大且威胁中间白棋，白棋不得不补，先手交换后，黑再于上边行棋较好。黑157有些贪目，在164位长补棋是黑棋胜势。实战白176错失胜机，如于177位冲，待黑挡后再185位冲、打，黑将只能做劫，如此大块棋劫活，黑棋不行。实战黑177补活后形势极细微。（时越）

黑贴$2\frac{1}{2}$子　共248手　和棋

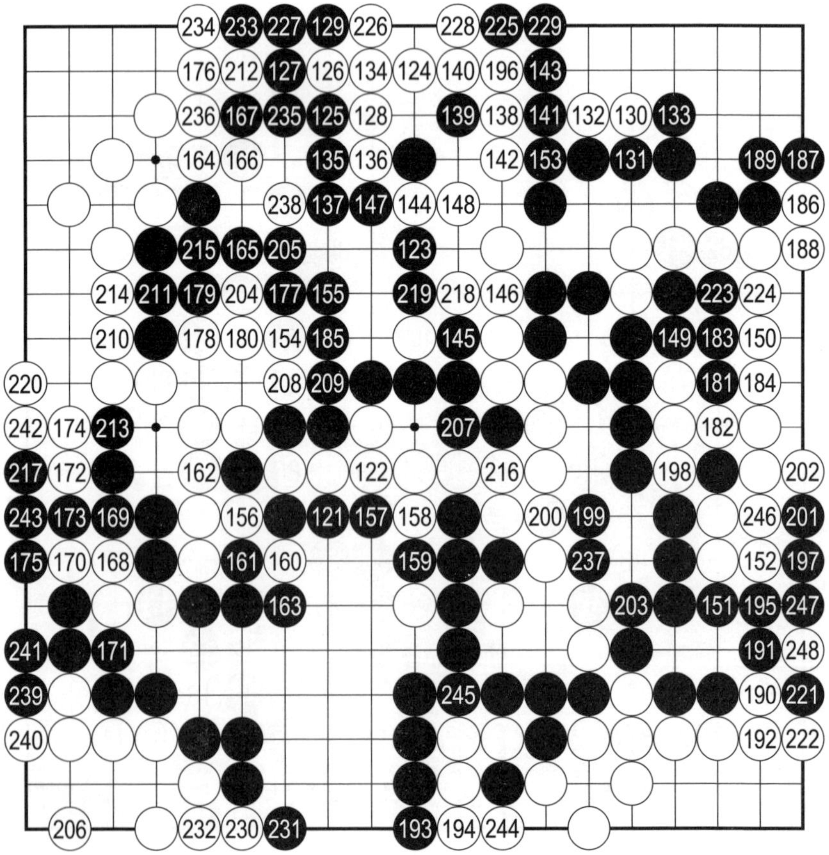

（121–248）

一九七五

时年31岁

◎ 6月10日至30日，陈祖德参加第三届全国运动会围棋预赛阶段的比赛。这次比赛首次设立团体赛和个人赛。

◎ 团体赛预赛分为四组，上海队和浙江、湖北、云南、甘肃、宁夏分在一组。最后以陈祖德领衔的上海队实力高强，进入决赛。个人预赛共110名棋手参加，经过7轮双败淘汰赛，陈祖德、吴淞笙等12人顺利进入决赛。

◎ 9月12日—28日，第三届全国运动会决赛阶段的比赛在北京少年宫进行。

◎ 团体赛中，上海队和广东、山西队分在第一组。陈祖德坐镇第一台，使出浑身解数，执白¼子、执黑¾子击败广东队的陈志刚和山西队的杨晋华。最后上海队和河南队争夺团体冠军，上海队胜出。

◎ 个人决赛，12名棋手被分成四组，每组第一名进入最后的决赛，争夺个人赛冠军。最后进入决赛组的四人为陈祖德、聂卫平、王汝南和赵之云。第一轮，陈祖德负于聂卫平，第二轮负于王汝南，最后一轮击败赵之云获得第三名。

◎ 10月23日—11月12日，与日本代表团进行友谊比赛。23日首场，陈祖德出战强手高川格九段，最后巧和。第二场，陈祖德击败石榑郁郎八段。第三场陈祖德未出场。11月1日，陈祖德负于窪内秀知九段。5日第五场击败户泽昭宣七段。第六场陈祖德未参加。12日第七场负于高川格九段。在出场的五场中2胜2负1和。

薛志春　整理　　　　**华以刚　审订**

1975 年 6 月 14 日

第三届全国运动会团体赛第 3 轮

黑方　陈祖德

白方　欧阳世承

黑 25 阻渡可考虑在 223 位镇，如此较为从容。实战白 26、28 打了虎后眼形丰富，难以有效攻击。白 34 亦很想在 223 位出头，瞄着右边的黑棋及左上角跳出作战，实战被黑先手罩封略觉不满。白 62 失误，应在 200 位外打，不应拘泥于角上目数，实战被黑 63 扳后，被迫 68 打吃补棋，黑 69 提子，外围铁厚。白 72 或许应左一路靠，黑若二路扳过白再 72 顶，如此可达成目的。实战黑 73 反击好棋，以下先手获得角地，明显优势。白 80 胜负手，本手是在 96 位跳补，或许是认为形势不利，不顾自身危险拼命抢空。黑 87、91 犀利，利用周围厚势强行分断作战，白顾此失彼难以两全。白 92 最后败着，在此落了后手被黑抢先于 93 位扳，此后疲于奔命，大势已去。（时越）

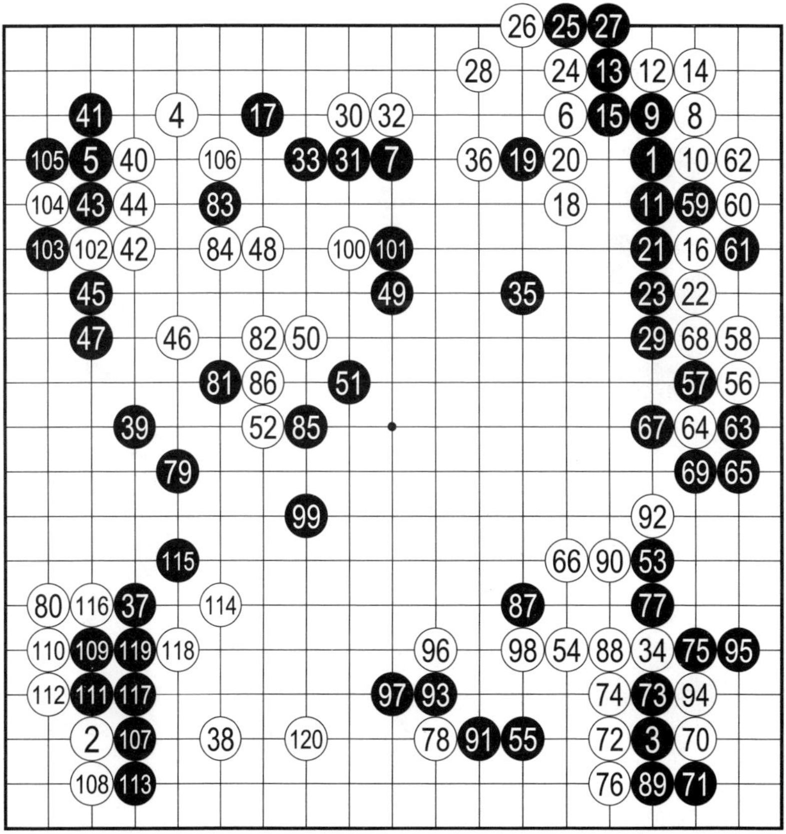

（1–120）

黑方　陈祖德

白方　欧阳世承

黑贴$2\frac{3}{4}$子　共 245 手　黑中盘胜

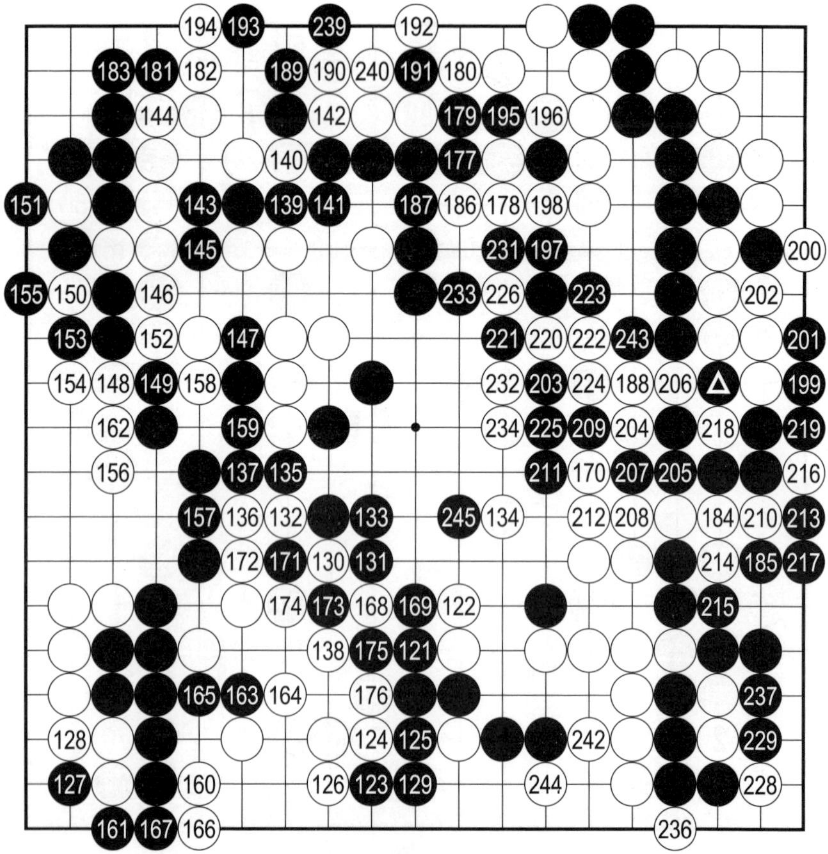

227 235 241 = △　230 238 = 218

1975年6月16日
第三届全国运动会团体赛第4轮

黑方　杭承义
白方　陈祖德

黑19本手为20位长。实战主动挑起战斗，此后战斗蔓延全局。黑21并稍缓，若在20左一路扳则更为紧凑。白38凌空一挖，强手！展现了锐利的棋感。黑棋亦不甘示弱正面应战。黑47连扳过犹不及，应48位立、白挡、黑再扳粘，如此白的棋形较难整理，双方可战。实战白52跳后54虎，形状优美，且成功在56位出头，黑陷入苦战。黑65冲似有误算，应保留以后66位右一路靠的可能性。实战白棋轻松处理两块，至94吃下四子，黑攻击一无所获，大势已去。（时越）

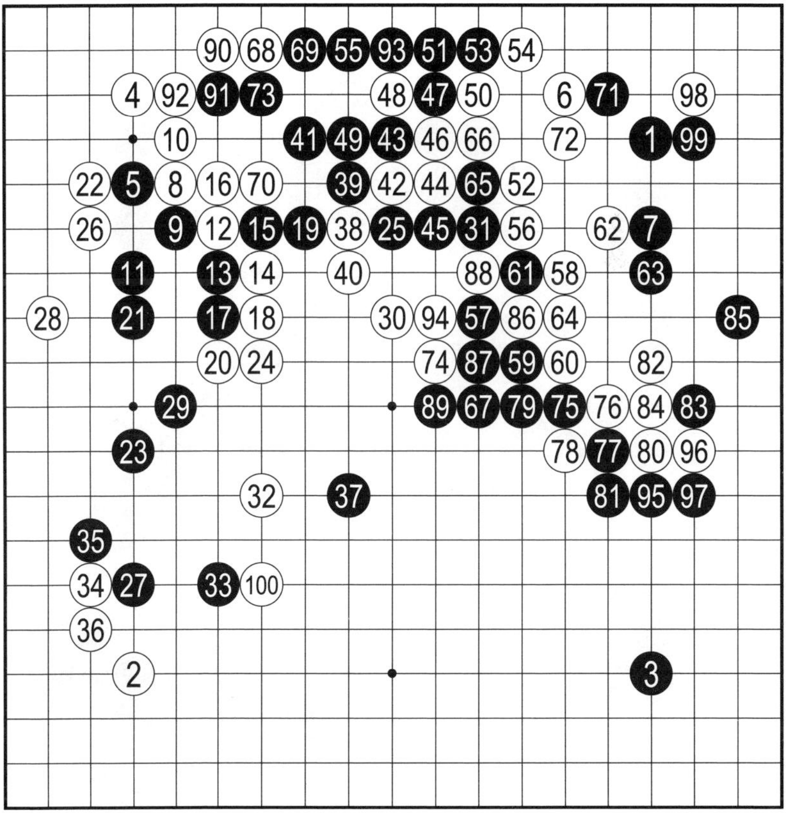

（1–100）

黑方 **杭承义**

白方 **陈祖德**

黑贴2$\frac{3}{4}$子　共196手　白中盘胜

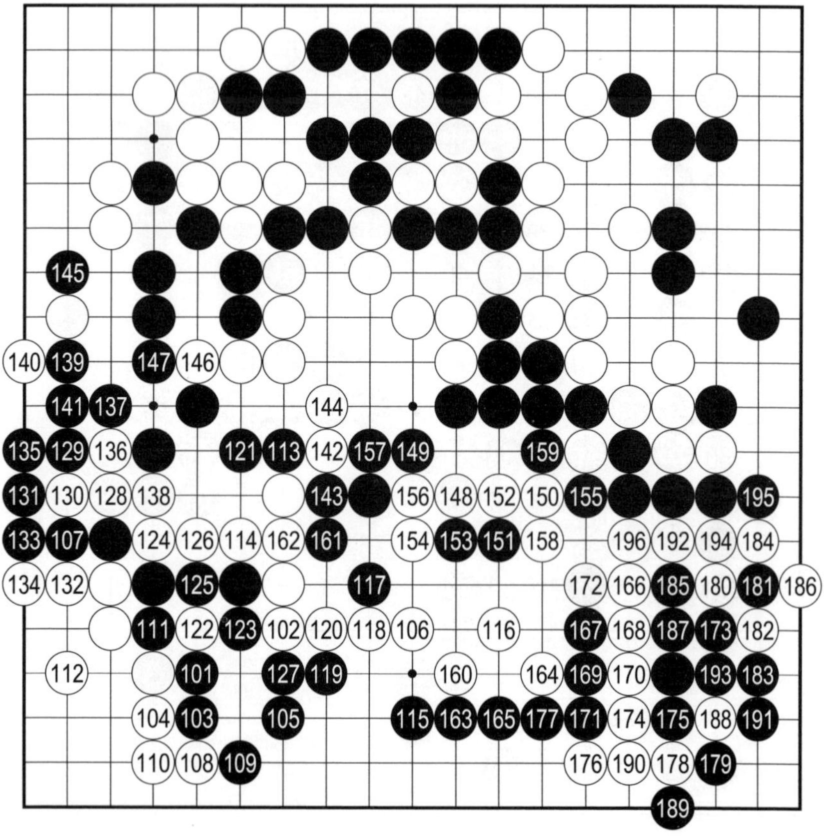

（101–196）

1975 年 6 月 20 日弈于上海
第三届全国运动会围棋预赛

黑方　陈祖德

白方　陈惠芳

黑 7 大飞守角，是我对付白 6 的实践总结。白 8 稳健。白 12 缓。黑 15、17 迅速在下边展开。白 18 侵角至 24 的着法过于凝重。黑 25 强行进攻，但自身形既不好，撞气后角上还生出余味。白 30 应于 42 位出头。黑 31 是要点。至白 36 连络，白无法即时整形，走出一块滞重的孤棋。白 38 不得已。白 40 觑是个机会。黑 41 跳出反击是第一感。黑 43 爬，机敏。白 44 无奈。以下至白 56 属双方必然。白 58 先逃左边是当务之急。至白 70，白付出了很大的代价安顿好了，等于让黑 57 在中腹多走了一手。黑 71 封打算使中央顺势走厚。白 72 颇有意思。黑 73 开始用强，至 81 双方必然。

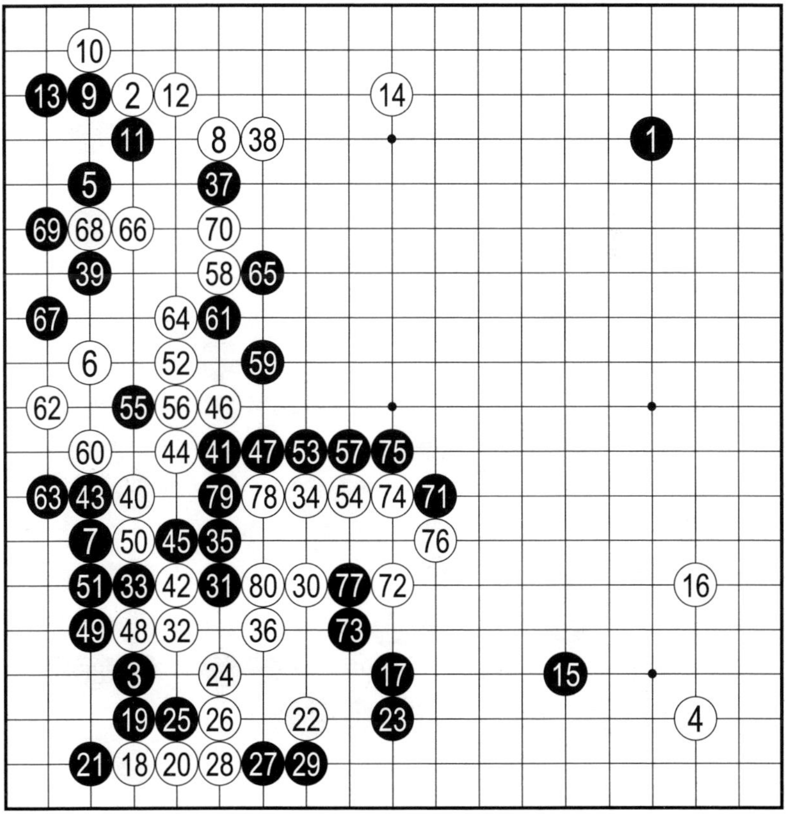

（1–80）

黑方　陈祖德

白方　陈惠芳

结果白必须在外面撞出一个先手眼，这是很痛苦的。至白100，黑领先15目以上。黑107拦很大。白108打入必然。至白116，双方均可满意。白122至126完全是玉碎式的拼命手段，但黑棋均很安全，白终于找不到搏命的机会。当黑151、153开始追杀时，白只有随波逐流了。至162，白左边大块勉强走成劫活，而黑是无忧劫，白肯定不行了。

陈慧芳1954年生于上海，后随父母支援内地建设来到了太原。她自幼聪明好学，自信而不肯服输。因此，她一跨进黑白世界的门槛，就不再回头了。70年代，她和孔祥明是我国顶尖的女棋手。（陈祖德）

黑贴$2\frac{3}{4}$子　共177手　黑中盘胜

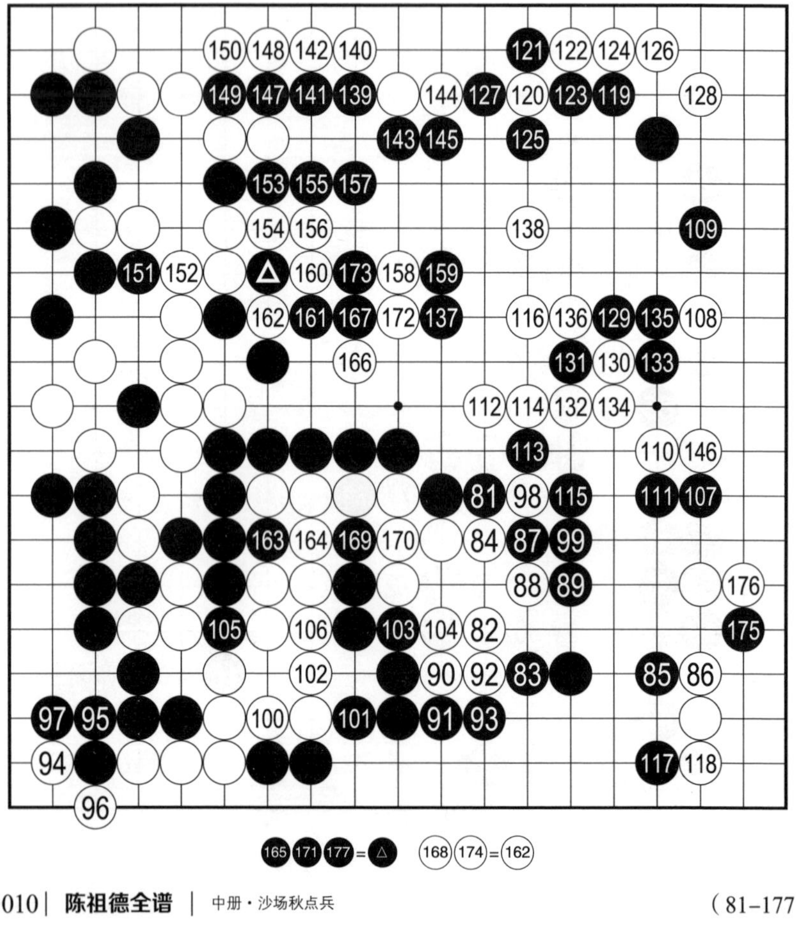

1975年6月22日

第三届全国运动会围棋预赛

黑方　陈祖德

白方　陈嘉锐

黑7、白8的挂角位置有趣，双方皆想将棋子走在外围。白22挖应24位断，因征子有利，可战。实战转换是黑棋得分。黑37应50位冲后再38位拐，如此在进攻白角的同时也加强了左边自身。白40可于41右一路跳出，如此黑无法封锁，白将能最大化利用上方厚势。白64可在66位提，黑若64位打，白可断打后再反打，将黑棋反包进去，那样将是黑棋中计。（时越）

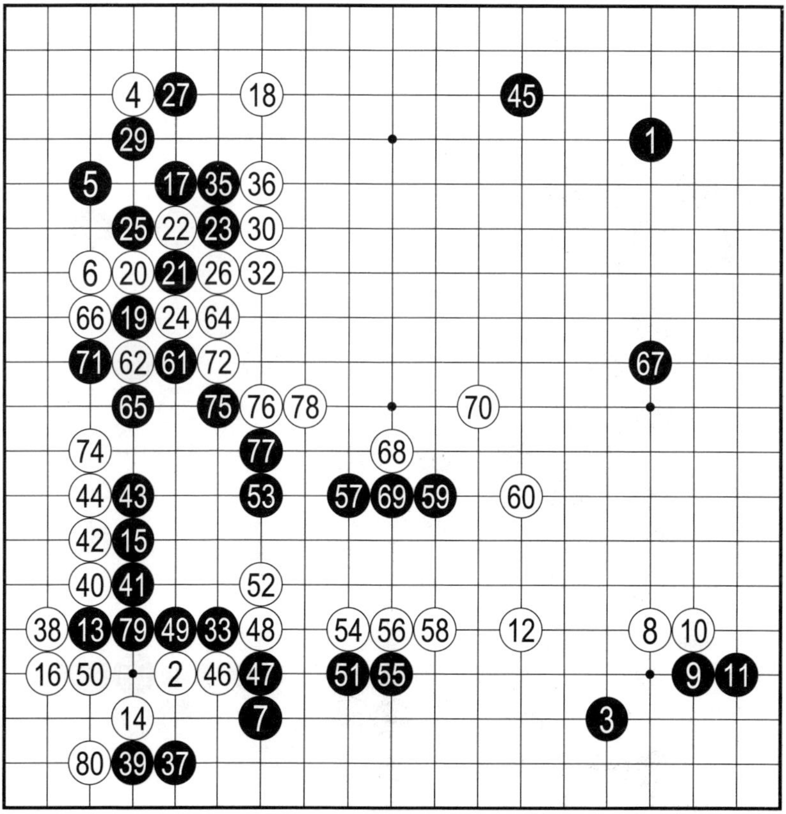

28 34 = 22　31 63 = 21　73 = 19

（1–80）

黑方 **陈祖德**

白方 **陈嘉锐**

以下战斗至91告一段落，形势白稍优。白110、112着法凶猛，但效果一般，如直接跳在114位先手定型，则更为从容。白134失误，从官子角度不如先136位尖，再27上一路扳，黑断，白打，如此收官。实战目数亏损，胜利天平向黑方倾斜。之后黑棋官子滴水不漏，差距愈加明显。(时越)

黑贴$2\frac{3}{4}$子　共177手　黑胜$2\frac{3}{4}$子

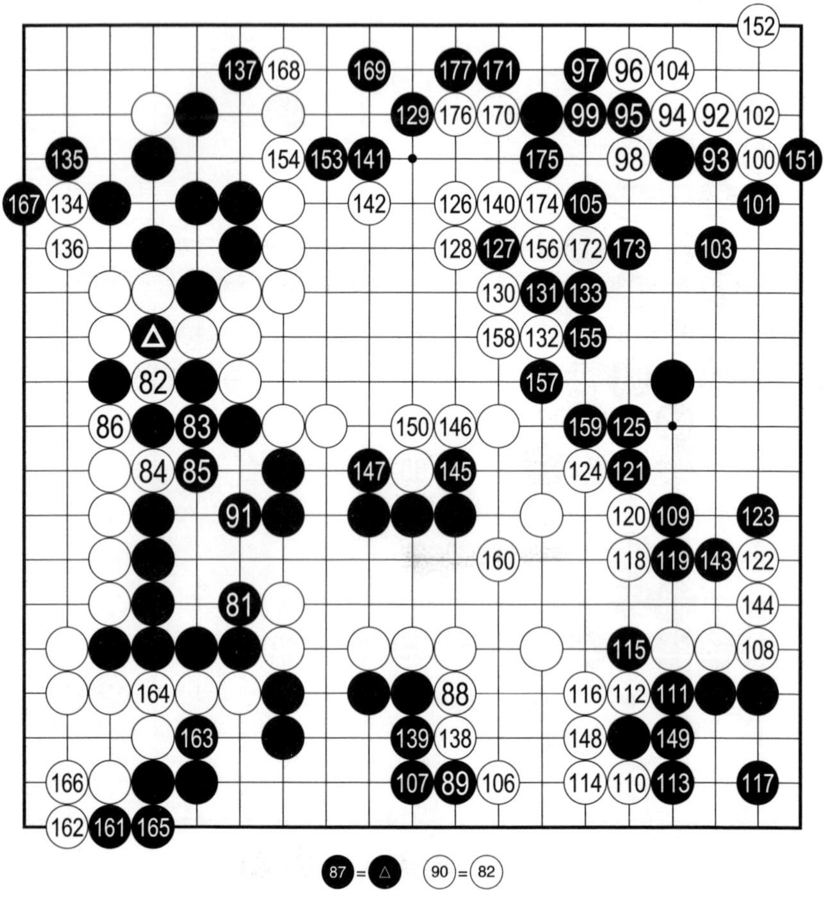

1975 年 9 月 13 日弈于北京市少年宫
第三届全国运动会围棋团体赛

黑方　陈祖德

白方　陈芫菱

黑 21 稍缓，若直接镇头，则全局较为生动。白 28 可考虑 180 位挤抢先手。白 38 镇并不着急，左边打入分断黑棋更为严厉。白 68 很想跑出一子强硬作战，实战被黑吃下一子且 83 位渡过，白棋浮在上面，很是无趣。黑 103 可先于 137 位尖出，白若跟着飞，黑再中间跳较好。实战右下留有隐患。（时越）

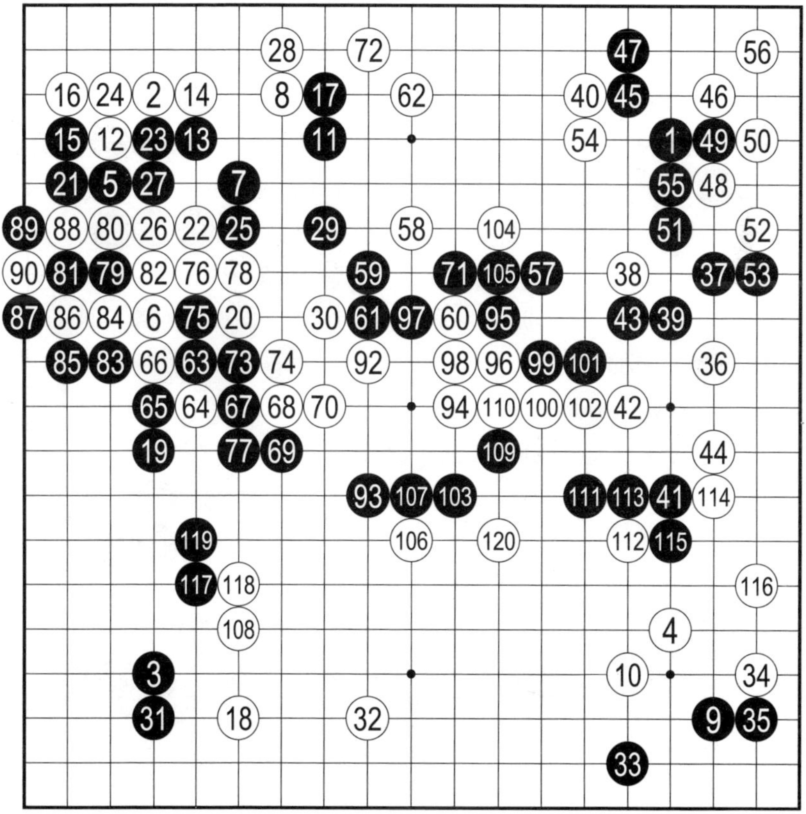

91 = 81

（1–120）

黑方 **陈祖德**

白方 **陈芫菱**

白130、132无理，134看无法攻击又紧急回头，明显亏损。进入官子争夺，棋局极其细微。白210最后败着，应于221位顶，中间可围出5目，如此胜负难料。实战被黑211冲，白只得回虎，此处亏损两目，黑小胜已成定局。(时越)

黑贴$2\frac{3}{4}$子　共260手　黑胜$2\frac{1}{4}$子

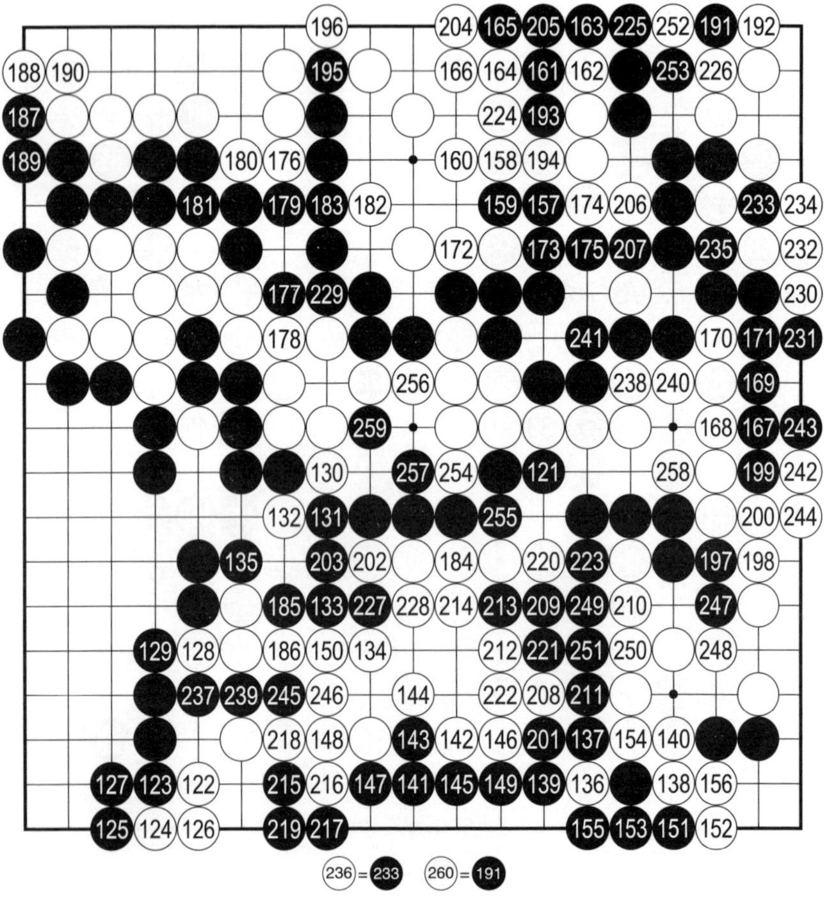

(121–260)

1975 年 9 月 14 日弈于北京市少年宫
第三届全国运动会围棋团体赛

黑方　陈志刚

白方　陈祖德

开局黑四连星颇具气势。白 24 本手在 25 位退，实战针锋相对，争相进军中腹，打响第一战。白 34、36 虽能吃掉三子，但将黑棋撞得很厚，得不偿失。黑 43 略有失误，应 46 位先手挡后再 43 扳，如此白吃掉四子，黑抢先在右上行棋，速度很快。实战白棋夺路而出，下方收获不小，黑棋通过进攻亦围住右边大空，形成均势。黑 97 应断在里面，被白 98 吃掉后外围极厚。（时越）

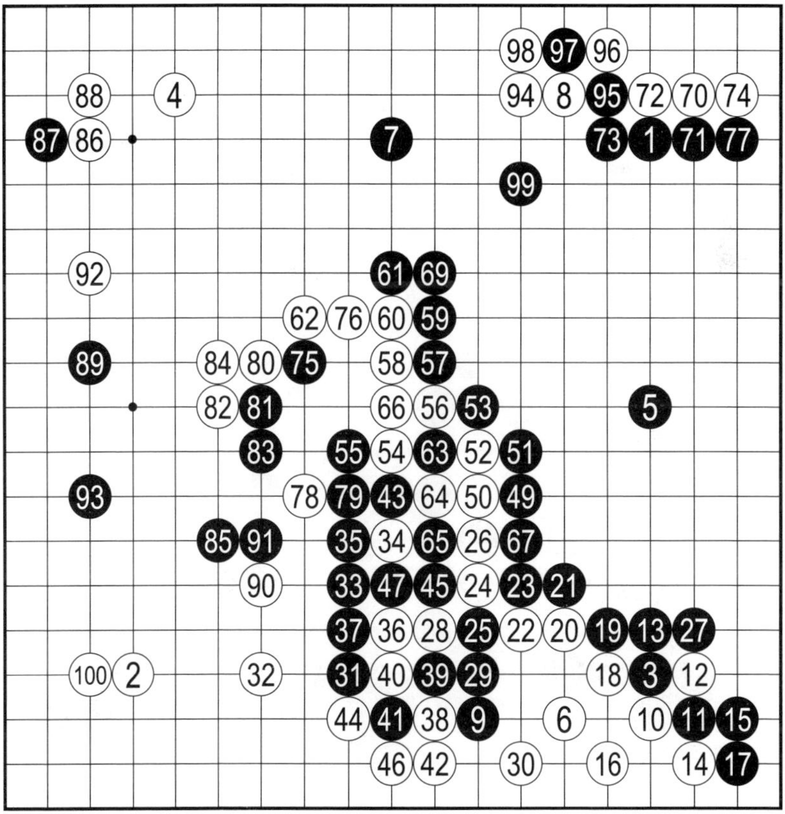

48 = 41　68 = 63

（1–100）

黑方 陈志刚
白方 陈祖德

黑虽角上获利，但因113只能小跳，故而整体还是亏损。白114官子强手，黑此时只能117位单长和白棋作战，实战退守后是白棋小胜的局面。之后双方官子咬得很紧，无明显问题手，白棋成功将优势保持至终局。(时越)

黑贴2$\frac{3}{4}$子　共208手　白胜$\frac{1}{4}$子

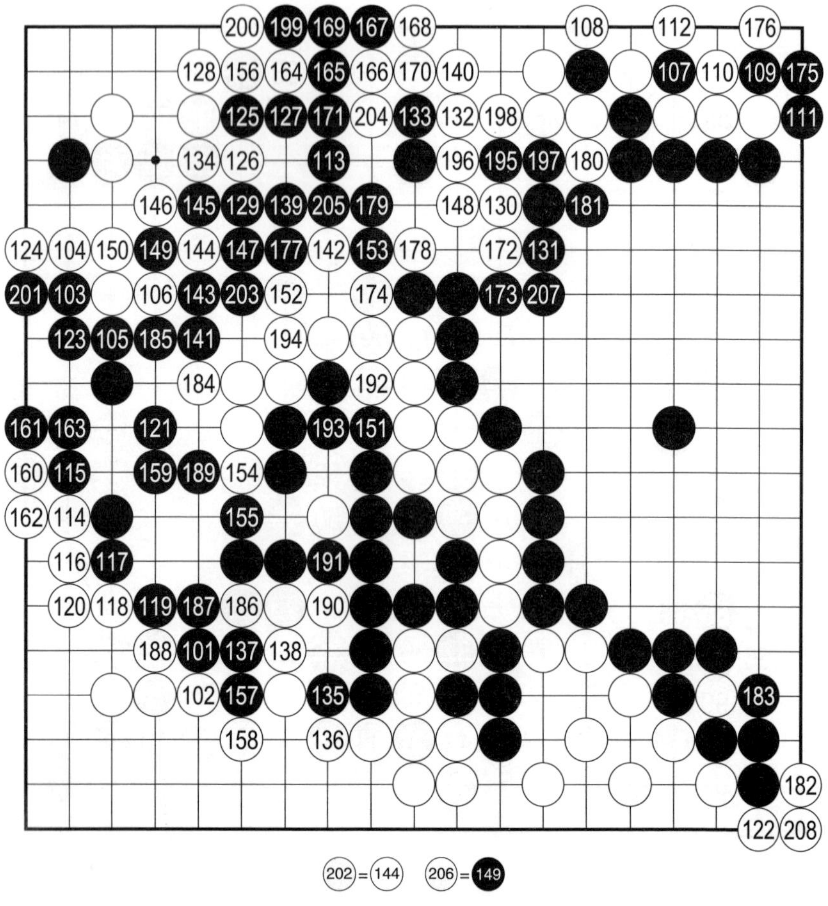

(101–208)

1975 年 9 月 16 日弈于北京市少年宫
第三届全国运动会围棋团体赛

黑方 王汝南
白方 陈祖德

黑开局大模样作战颇具观赏性，因其不好掌握，近些年已极其少见。白 24 无奈之举，故 22 可考虑于 23 位贴，待黑扳头时，白再回虎争先。黑 31 可考虑在 173 位二路扳，白若逃边上三子，黑可于下边长出 17 一子作战。黑 61 或许有些随手，白若脱先或如实战进行，黑均有所亏损。黑 69 打入势在必行，再于左边应恐被白下边坐大。黑 71 可考虑在 81 位先攻白薄弱环节，白若不理，黑可长出一子，若补棋黑则无不满。黑 89 失误，于 65 左一路拐，跑出二子较好，实战白棋铁厚，黑虽扳过但所得甚微。黑 97 好手，强行破空一争胜负。（时越）

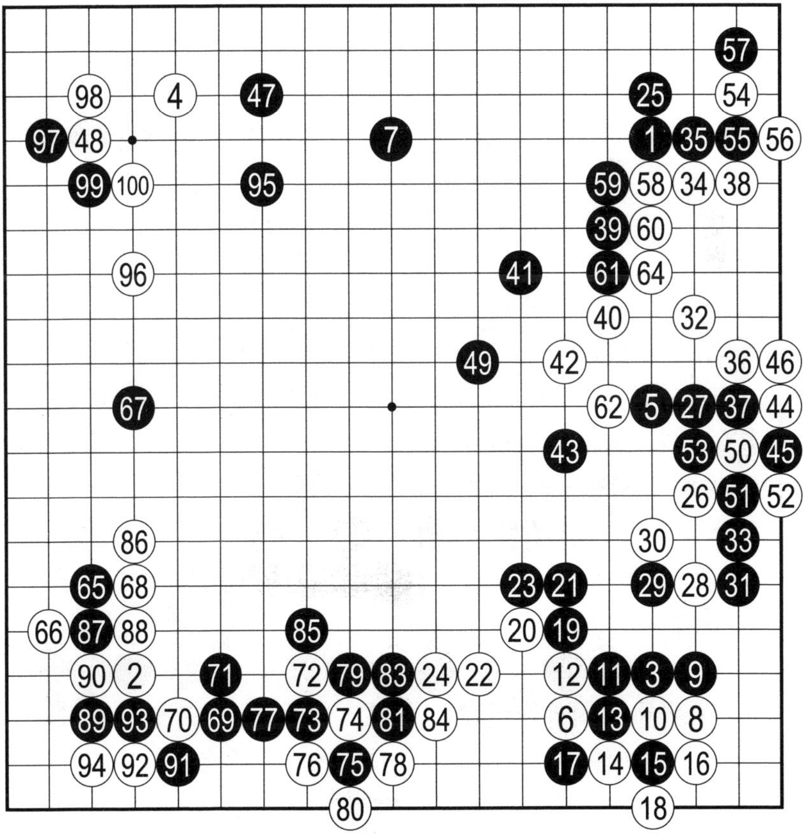

63 = 45　82 = 75

（1–100）

黑方 **王汝南**

白方 **陈祖德**

白104、106亦是侵入的组合拳。黑109退守有些遗憾，如于110立下强攻白棋，胜负将更为精彩。实战白争得先手后，112冲吃三子，确立了胜势。（时越）

黑贴2$\frac{3}{4}$子　共202手　白胜6$\frac{1}{2}$子

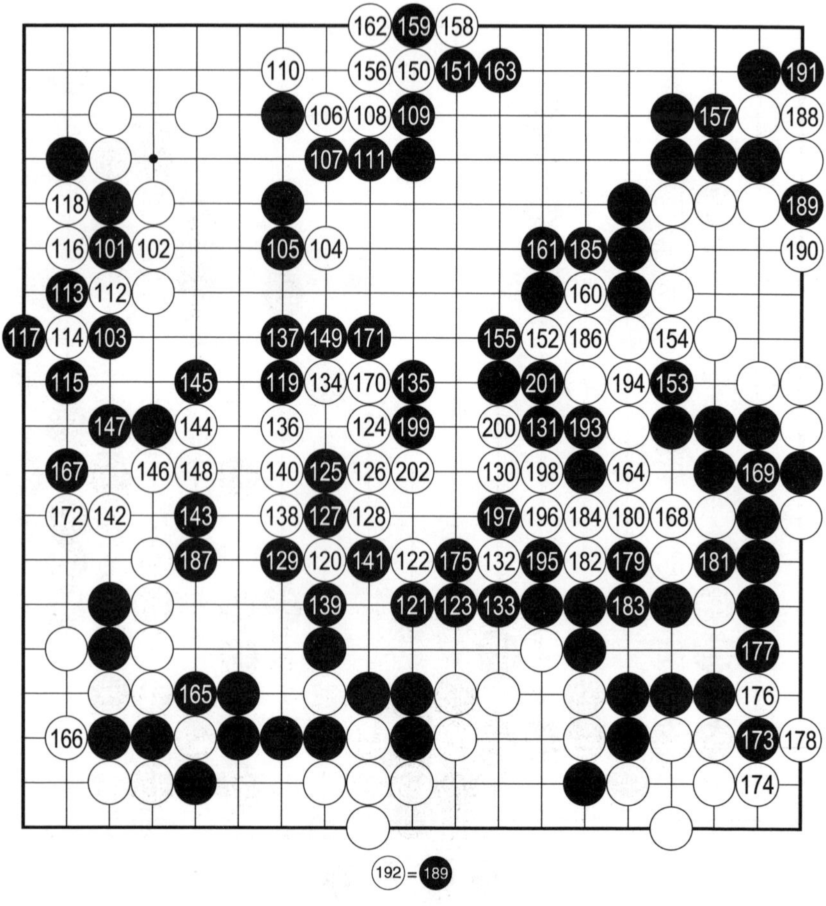

1975 年 9 月 18 日弈于北京市少年宫
第三届全国运动会围棋团体赛

黑方　罗建文
白方　陈祖德

白 40、42 求战欲望强烈，不过 48 似乎还是应 51 位打断作战，不知白棋看到了什么变化而选择了迂回，黑 49、53 打拔极厚，白无所获，黑棋优势。白 54 打入胜负手，此时黑从上面压住，让白活在里面，如此抢先手于左边打入更为简明，实战形成激烈战斗。黑 91、93 失误，忽略了白棋的强手，应于 213 位退，不让白棋借劲。白 96 先扑再做劫精妙绝伦，吃下三子后成功逆转了局面。（时越）

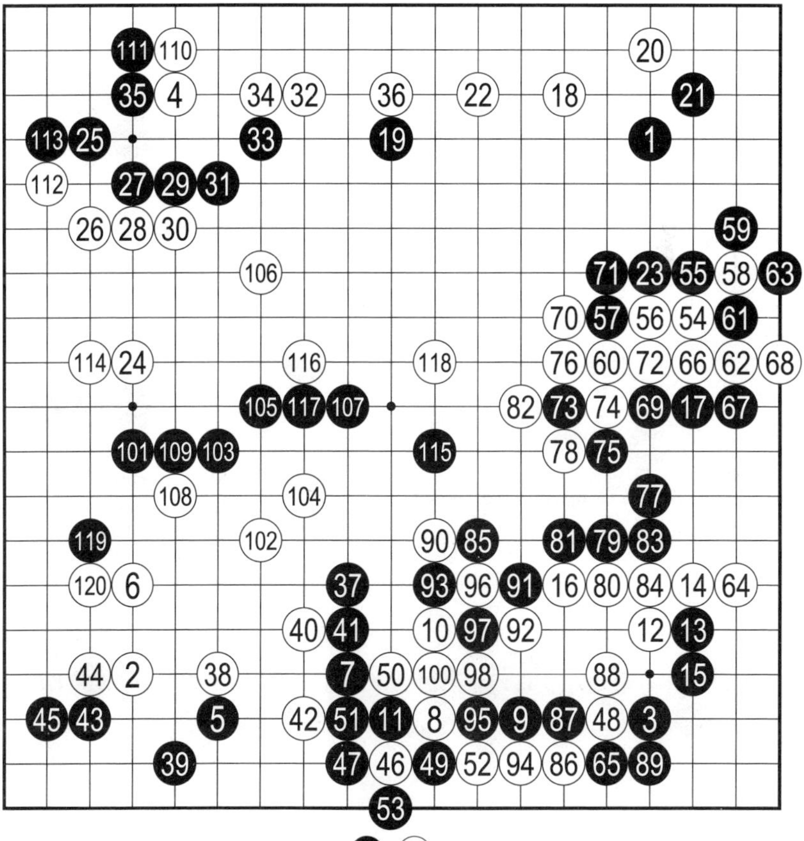

（1–120）

黑方 **罗建文**

白方 **陈祖德**

黑贴$2\frac{3}{4}$子　共 214 手　白中盘胜

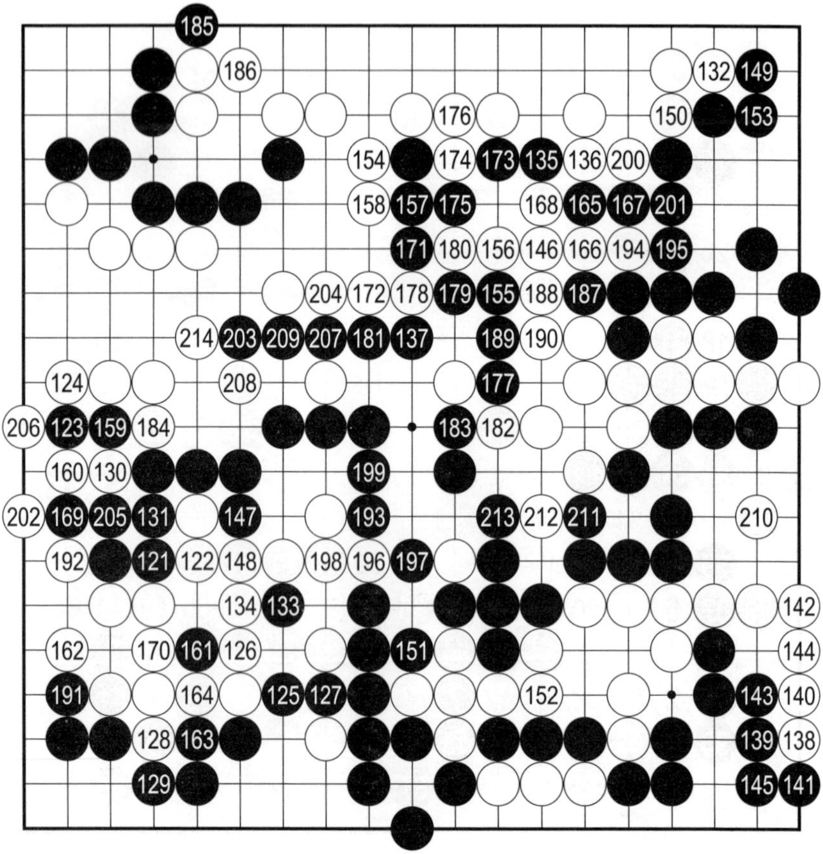

（121–214）

1975 年 9 月 20 日弈于北京市少年宫
第三届全国运动会围棋团体赛

黑方　陈祖德

白方　孔祥明

白 30、32 构思巧妙，是连贯的好手。黑 33 反击势在必行，若 39 位扳吃，则气势上落于下风。白 36 应于 37 位顶，阻止黑棋连络，黑若退回，白再 90 位虎构成好型，对黑左边数子亦隐隐保持威胁，如此白棋好调。白 50 似乎用力过猛，应于 51 虎先守好自身，以后于 45 位左一路断，角上也有些许余味。白 58、62 强攻右下黑角，因左边一块自身不活，略显勉强。之后黑棋从容处理两块，白左下大块却被封锁苦活，大势已去。（时越）

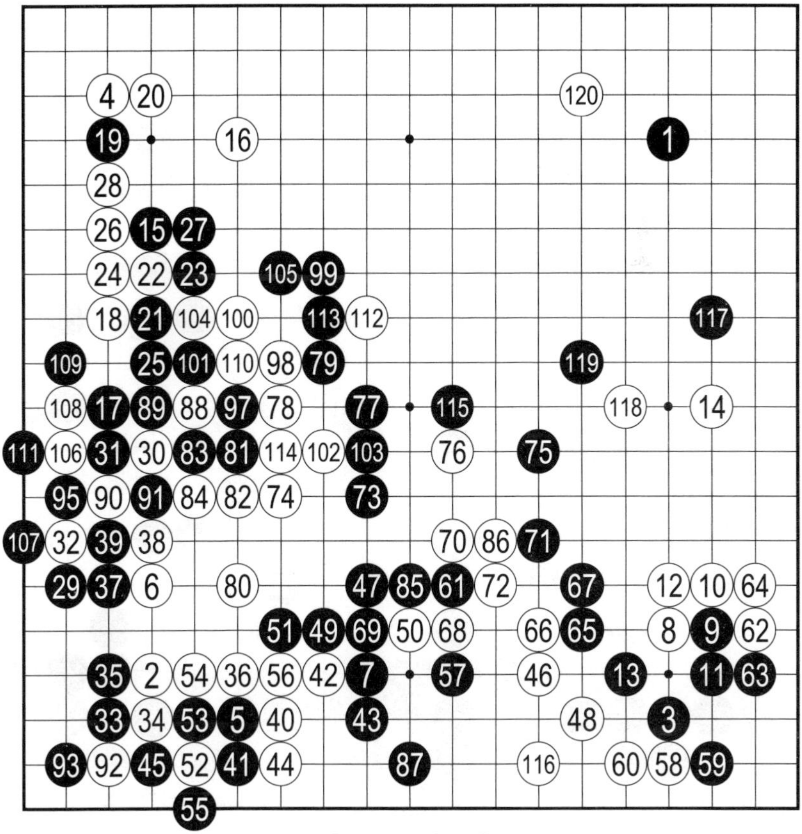

94 = 30　96 = 91

（1–120）

黑方　**陈祖德**

白方　**孔祥明**

黑贴$2\frac{3}{4}$子　共 267 手　黑胜$5\frac{1}{4}$子

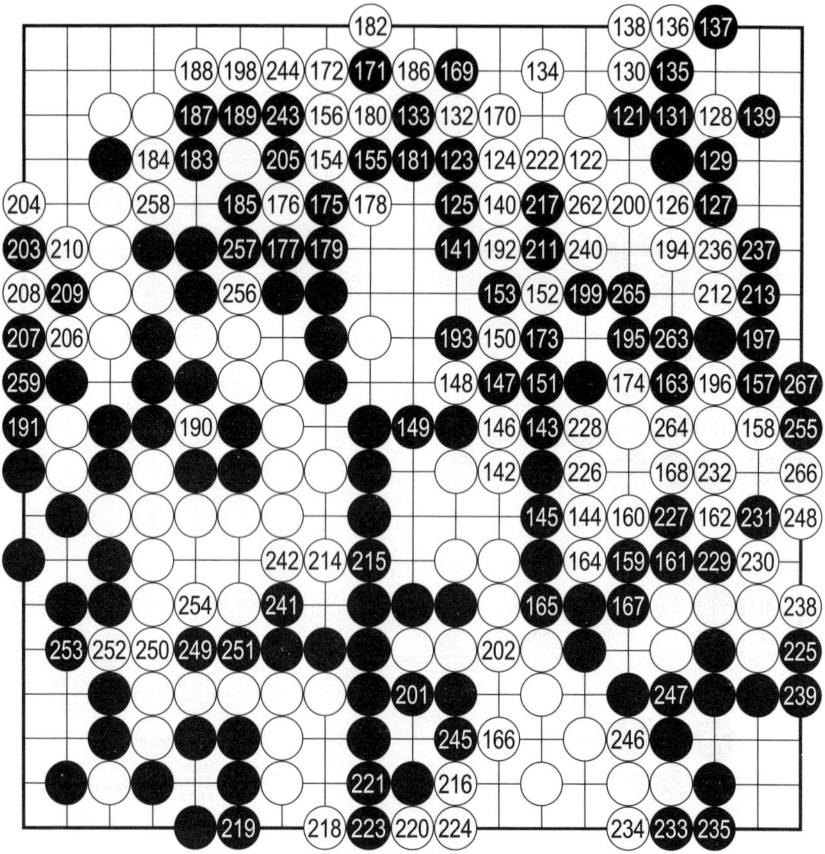

260 = 208　261 = 152

（121–267）

1975 年 9 月 21 日弈于北京市少年宫
第三届全国运动会围棋团体决赛

黑方　陈祖德（上海队）
白方　黄进先（河南队）

黑 35、37 不拘泥于定式，气势恢宏。白 42 及后续着法有些过于用强，应直接在 58 右一路小尖自补，待补强自身后再择机进攻或打入更为合适。实战因右边自身存在缺陷，白棋不仅被吃掉两子，且平白多出中央数子孤棋，明显亏损。白 74、76 迫于形势强行做大角地，但也留下了诸多隐患。白 88 或许还是应左边拆二，间接补强角部，如此尚可一争胜负。实战黑 101 飞，白已无力杀黑，如此角部被破，形势已非。（时越）

黑贴$2\frac{3}{4}$子　共 149 手　黑中盘胜

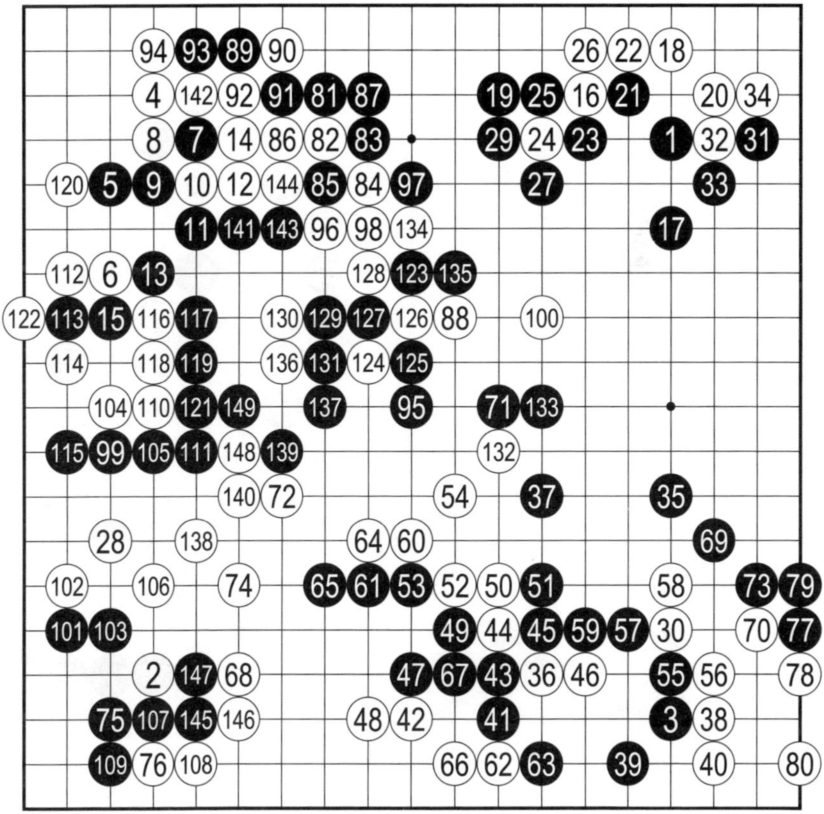

（1–149）

1975年9月24日弈于北京

第三届全国运动会个人决赛圈

黑方 陈祖德

白方 聂卫平

白22新手，轻灵。黑25飞是本局第一个缓手，在下边花费手数太多。白28紧夹，上下均有白棋援兵，黑颇受牵制。因此，黑29、31成了此际唯一的下法。黑33神经麻木，缺乏应有的警觉。白34、黑35的交换虽损实地，但绝对必要。白38断时，黑39只能退让。以下至黑45拆，双方必然，白成功。黑35不如亡羊补牢在39位挡。黑47被认为过重。黑49轻快。白52机敏，黑53是最强的抵抗。白54很大，但卫平认为缓，应于中腹继续大跳，使左右两块紧密连络。黑57凌厉切断，这是本局最能体现我的风格和水平的一手。白58是分断的手筋，此时黑别无退路，双方在中腹展开了一场你死我活的激烈拼杀。黑65坐失良机，当66位断开反击。黑割下中腹三子，以后并不难下。白66连络后，黑67尖无可奈何。黑75至87的攻防，双方都耗尽心血，下出了最精练的着法。

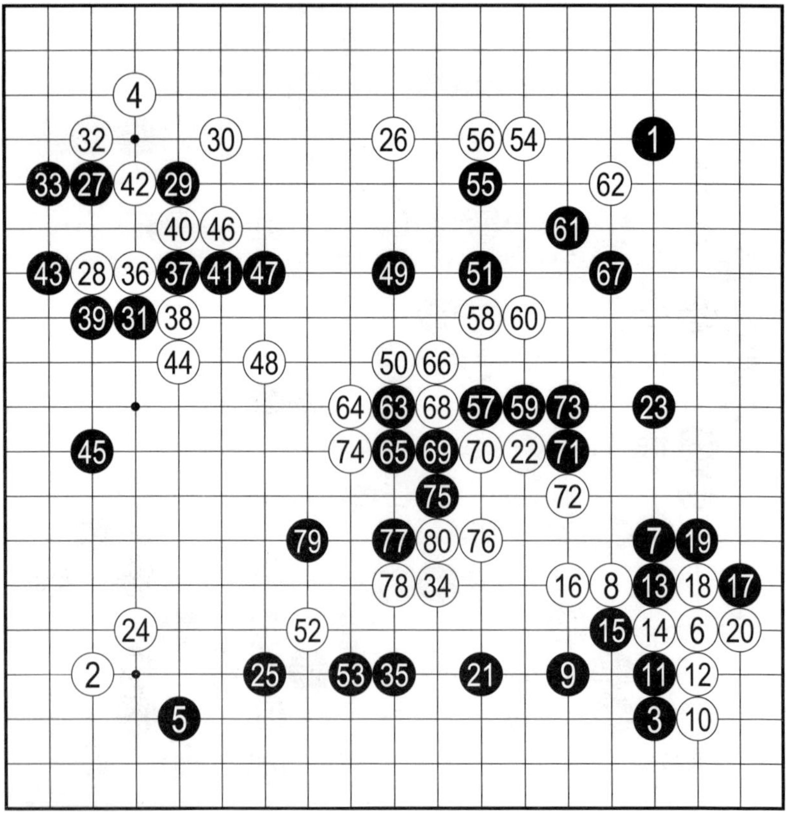

（1–80）

黑方　陈祖德

白方　聂卫平

白 88 有力，意在缠绕中腹大块。黑 89 忍痛舍弃左边，以求捕捉中腹的白棋。至白 104 断，大转换黑亏损 13 目。白优趋于明朗了。黑 107、109 避免收气，很大。白 110、112 好次序。黑 113 最后的大棋。黑 119 长不如 120 位飞大。白 122 长后，128 卡就严厉了。黑 129、131 只能如此反击。黑 133 对白发动最后的冲击。白 134 只此一手。黑 135 后，白必须劫胜才能通连。白由于劫材丰富，因而敢于在占尽便宜之后再争劫，这是卫平最强的地方。黑 159 只好如此。黑 165 时已无力继续打劫。白 166 消劫确立了胜势。

整整等了 16 年，终于盼来了全运会这一盛会，我却在不知不觉中迈过了而立之年。当时棋坛上仍然普遍看好我摘取个人比赛的金牌。但我知道聂卫平的棋艺已相当成熟，迟早会击败我，但是没想到这一天如此之速。回首过往，1975 年是卫平棋艺上巨大飞跃的起点。（陈祖德）

黑贴$2\frac{3}{4}$子　共 172 手　白中盘胜

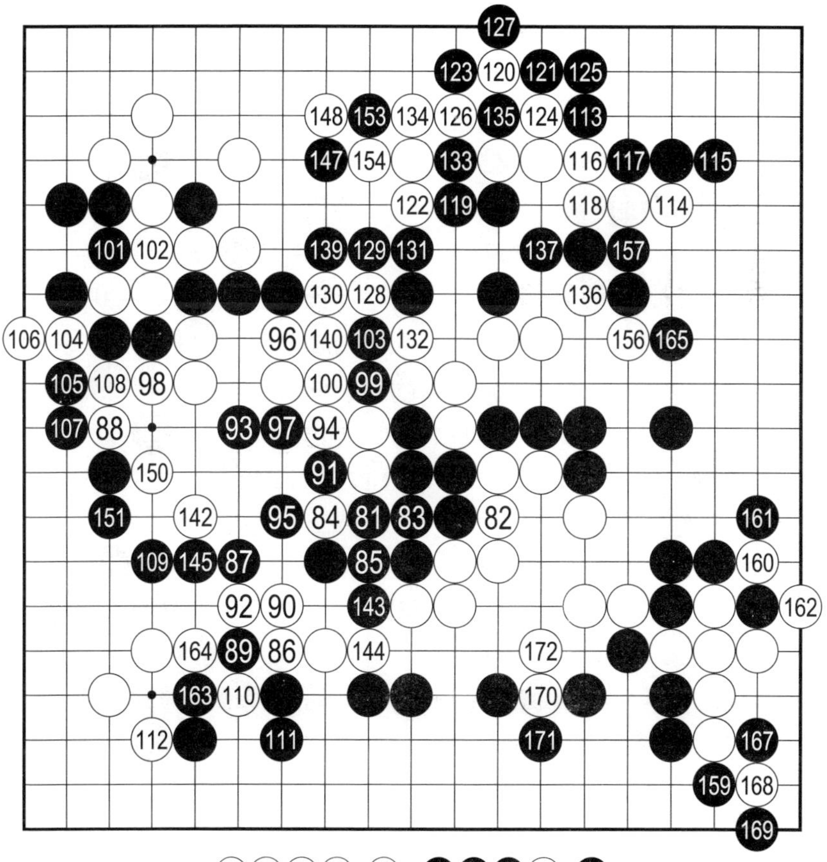

138 146 152 158 = 120　141 149 155 166 = 135

（81–172）

1975 年 9 月 25 日弈于北京市少年宫
第三届全国运动会围棋个人决赛圈

黑方　陈祖德
白方　王汝南

黑 21 可考虑在右一路大跳，白不好分断。实战白 24 跳后，黑自身形状不佳，29 以下无奈补强，被白提子后长出，黑略有亏损。黑 59 扳，白 60 断，双方针锋相对，在此爆发了激烈的战斗。白 68 也可于 76 位托迂回，或许是受对局气势影响，实战选择了最复杂的战斗。（时越）

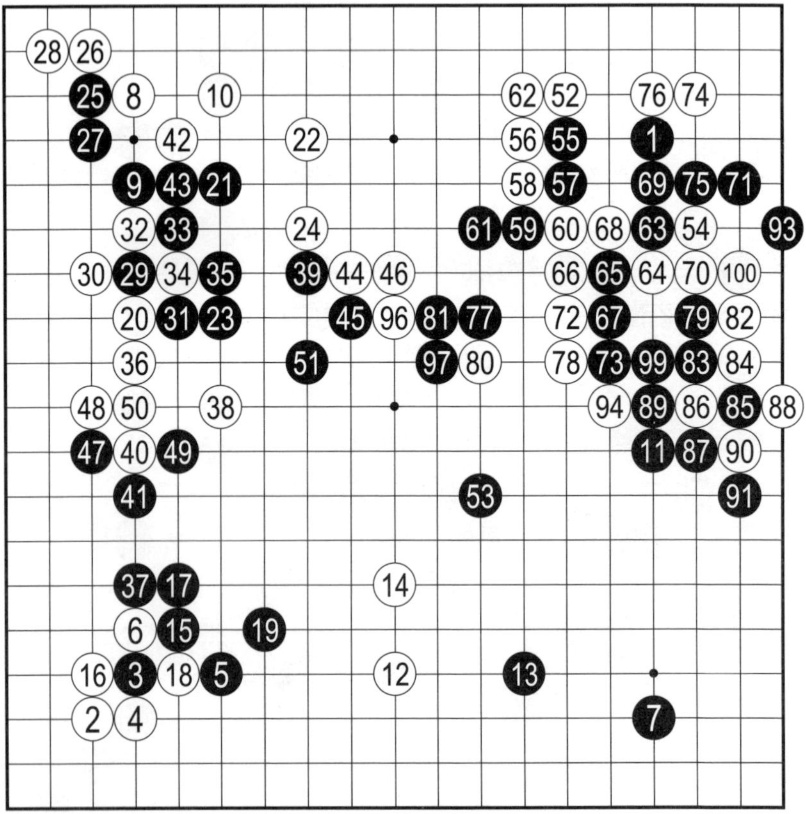

92 98 = 86　95 = 85

（1–100）

过程中，白100应于106位挤住，如此黑只能和白右边打劫，白因左上有劫材，可战。实战形成转换，形势难分优劣。黑137败着，应继续于135下一路长，白若粘，黑再挖断，如此方可一战。实战被白140拐后，黑上下已难两全。（时越）

黑方　陈祖德

白方　王汝南

黑贴2¾子　共186手　白中盘胜

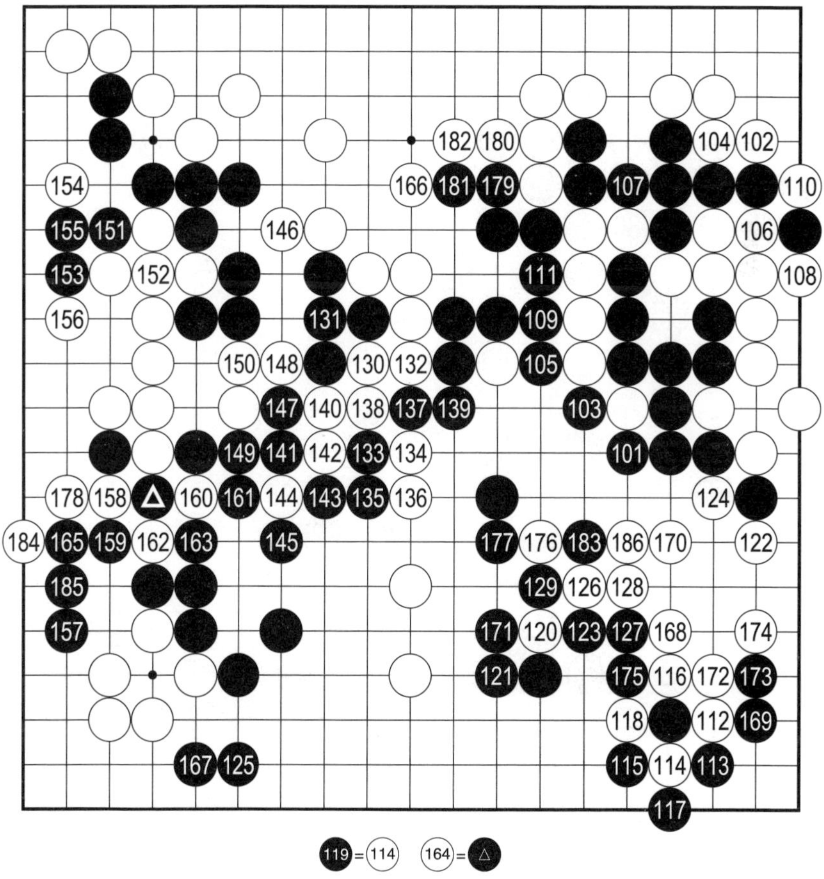

（101–186）

1975 年 9 月 26 日弈于北京市少年宫
第三届全国运动会围棋个人决赛圈

黑方　赵之云
白方　陈祖德

黑 31 可考虑脱先抢占 158 位二路飞，此手不光实地巨大，且关系各方厚薄，白若 31 位断，在左上打劫杀黑，黑就算劫败亦可在外连下两手，角部可视作从轻处理。黑 55 应直接消劫，右下不是全局关键，白棋若走右下，黑抢先在中央跳攻击白棋，如此全局生动。实战黑虽在左上劫胜，亦守住右下角，但过程中将白撞得极厚，得不偿失。黑 75 缓手，此时右上更为急迫。实战白连续脱先鲸吞右上，黑只收获了白三子，收支严重失衡。至 90 位扳，白已是胜势。（时越）

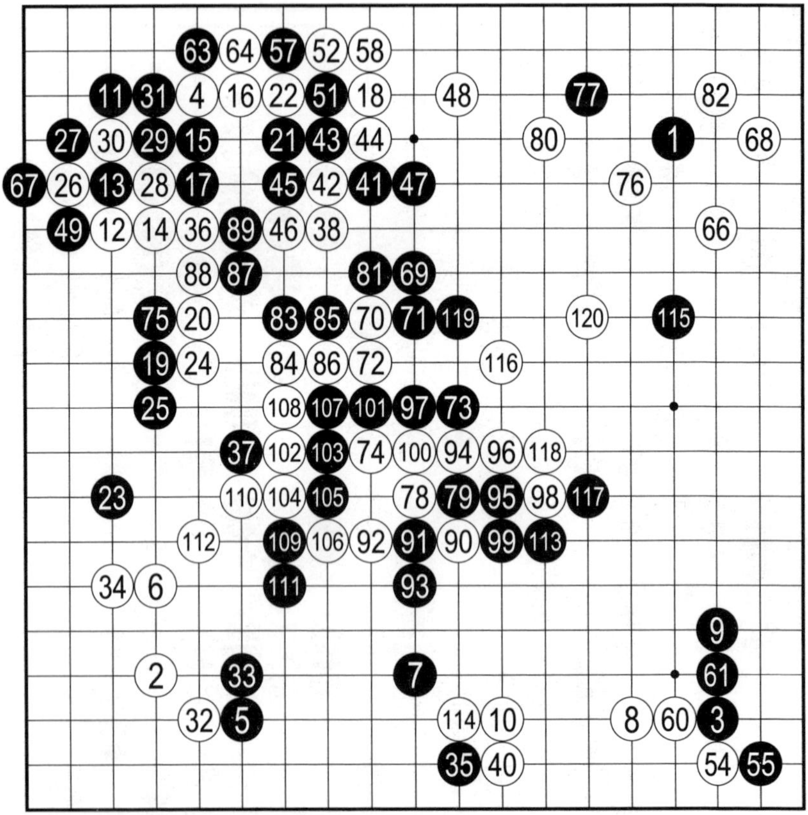

39 53 59 65 = 13　50 56 62 = 30

（1–120）

黑方 **赵之云**

白方 **陈祖德**

黑贴2$\frac{3}{4}$子　258 手以下略　白胜4$\frac{1}{4}$子

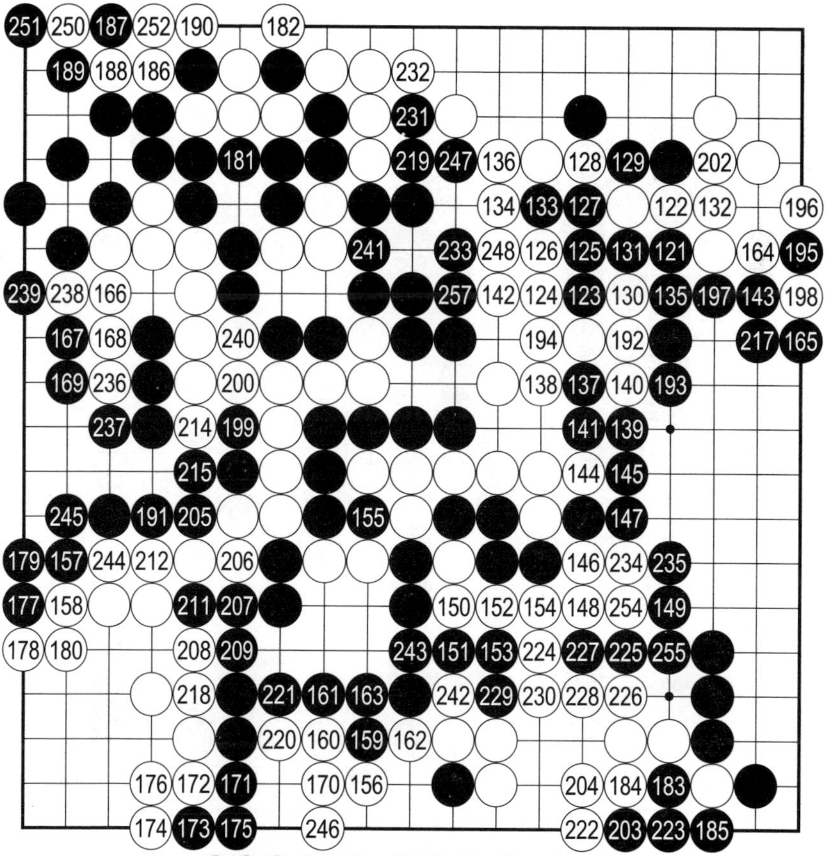

201 213 249 258 = 195　210 216 256 = 198　253 = 250

（121–258）

1975 年 10 月 23 日弈于北京
日本围棋代表团访华比赛

黑方　陈祖德
白方　高川格 九段

黑 13 压在当时是新手。白 16 立正应。黑 21 先手把头扳住，白处处忍让，至 24 终于吃掉了黑角。黑 25 飞封是强手。白 26 不得已。黑 27 是缓手，给了白 28 靠的机会，省掉了角上补一手。黑 29 立疑问手，以下至白 38，黑损失不小。黑 37、39 颇有收获。白 42 可考虑在 81 位挂，完全可以一战。黑 45 攻击白 44 两子不够紧凑，当 51 位飞镇。白 54、56 平平淡淡便化解了黑的攻势。黑 57 希望先捞点便宜，白 62 反击是好手。高川先生的棋风虽然自然平和，但在需要战斗时也绝不含糊，只是不打无把握之仗和无准备之仗而已。白 66 是连贯的好手。黑 67 只能如此。若非有 145 位的挖断，这局棋就没有什么希望了。白 74 又是一步平凡的好手。白 78 内涵丰富。白 80 靠强手。黑 81 委屈，但只能如此。白 96 攻守兼备。黑 103 如于 104 位断，勉强。白 110 先手长十分必要。

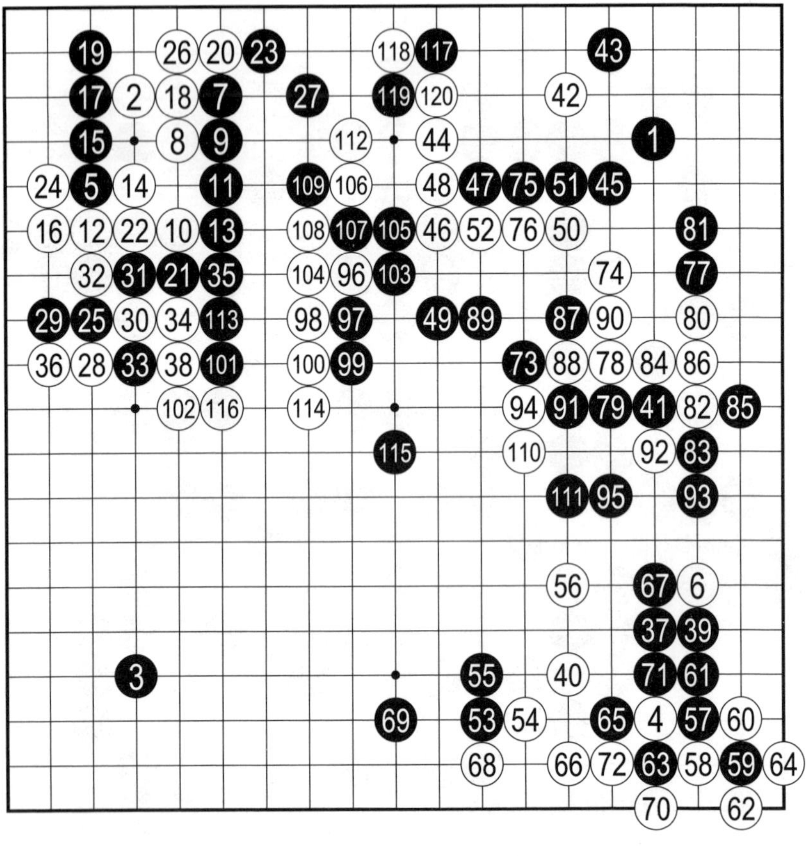

（1–120）

黑方　陈祖德

白方　高川格 九段

黑 125 紧要。白 128 夹是好棋。以下至白 140，黑损失不小。黑棋唯一的慰藉是存在劫杀的手段。黑 145 必须挖断，在中腹围空。白 150 是急所。黑 151 反击必然。白 156 飞出时我感到形势很不利。黑 159 至 165，双方必然。白 166 夹结果不够理想，不如 169 位飞下，再 182 位跳，这样黑在中腹和左下都成不了大空。至黑 183，黑在左下围成了 30 目，此时全局胜负相当微细。白 186 不如 190 位夹。黑 203 当先在 222 位冲。白 220 官子妙手。黑 261 打赢了最后一个单劫，又争到最后一个单官，巧成和局。

高川先生 1915 年生，1939 年与藤泽库之助、坂田荣男并称为“日本棋院三羽乌”。1952 年获第七期本因坊挑战权，四比一击败桥本宇太郎，并蝉联九届。1968 年打败林海峰获第七期名人。高川九段是我十分敬重的前辈棋手。“流水不争先”是高川先生将棋理哲理化了的一句格言，也鲜明地体现了他的棋艺风格，是昭和时代最有影响和最具代表性的巨匠之一。(陈祖德)

黑贴 $2\frac{1}{2}$ 子　共 261 手　和棋

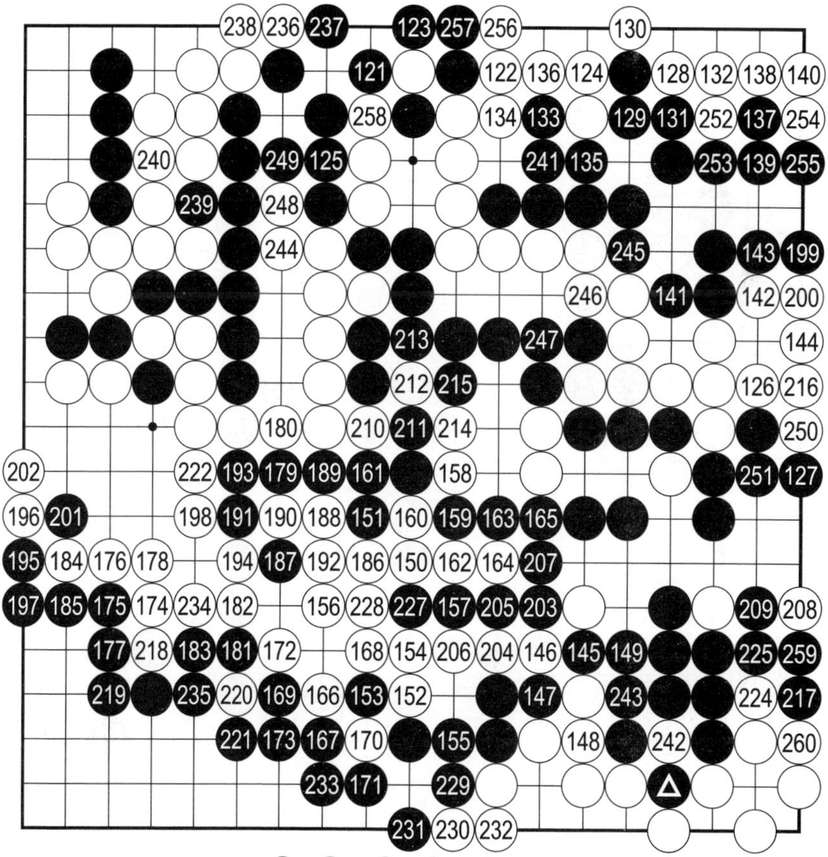

223 = 212　226 = 153　261 = △

(121–261)

1975 年 10 月 25 日弈于北京
日本围棋代表团访华比赛

黑方　石榑郁郎 八段
白方　陈祖德

黑 11、13 冲断反击。白 14 最善。黑 15 不得已。白 16 反打至黑 25 长，双方必然。黑 27 拐头厚实，下一手在 28 位挂也绝对理想。白 28 不得不补。黑 29 逃，白 30 追击，这一带的攻防关系到全局。黑 31 只此一手。黑 39 不如直接在 43 位补。白 44 飞，现在认识到 47 位扳也许更好。白 50 靠不得已。黑 51、53 安顿好中腹，55 腾出手来分角。白 56 没料到石榑八段大局观非常敏锐，毅然 57 尖，抢占了要点。白 58 尖并不严厉。白 60 飞必须争夺。白 62 要点。黑 63、65 犯了方向性错误。白 64、66 舒畅地出头后，中腹黑棋必须谋活。上边黑棋虽增加了两手，依然是薄形——白由此转为有利了。黑 75 坚实。白 78 投入黑阵时，黑 79 非常有力。白 80 是我思考最久的一手。黑 89 顽强地尖，而不肯老实地单关补，我不得不放弃在上边侵入（黑 5 左一路碰）的计划，转向形状不整的右下。白 90 打入必然。黑 91 不肯屈服。白 92 托极为严厉。黑 93 扳忽略了白 94 挤的强手，黑无论如何也补不净了。黑 95 打吃，试图与白对杀。白 96 以下必然，至白 118，黑彻底崩溃。（陈祖德）

黑贴 $2\frac{1}{2}$ 子　共 118 手　白中盘胜

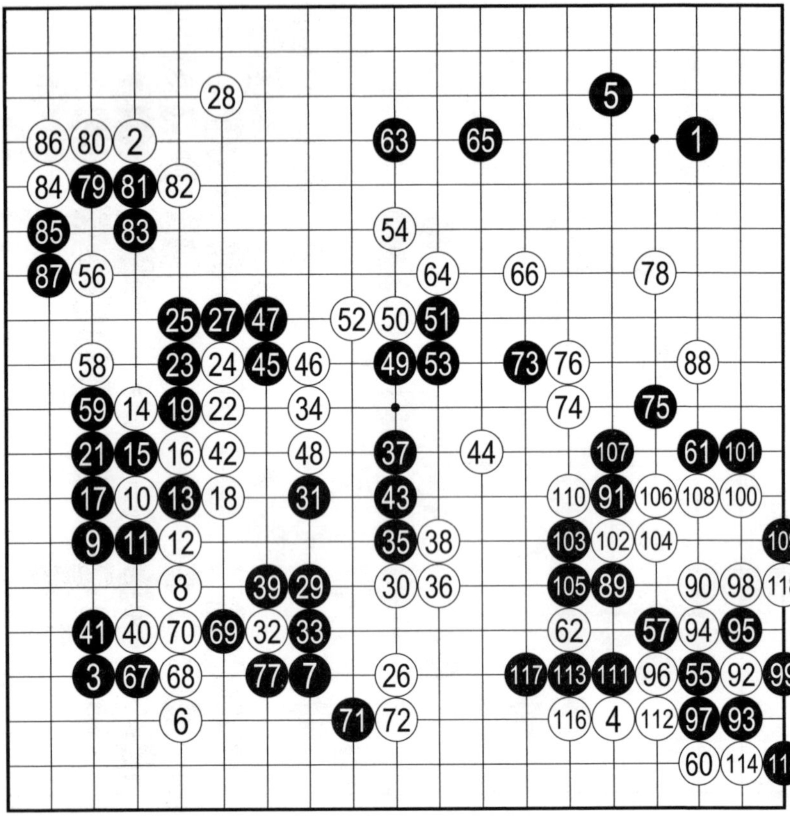

(20)=(10)

（1–118）

1975 年 11 月 1 日弈于桂林

日本围棋代表团访华比赛第四场

黑方　陈祖德

白方　窪内秀知　九段

开局双方趣向，右下形成罕见棋形。黑 33 不必马上后手封锁，可考虑在右上 48 位小尖攻击白棋。白 50 毫无必要，应于 55 位顶后再 53 位跳起，如此白步调不错。实战黑 53 抢占天王山，颇具气势。黑 69 判断清晰，弃子取势，展现了极好的大局观。(时越)

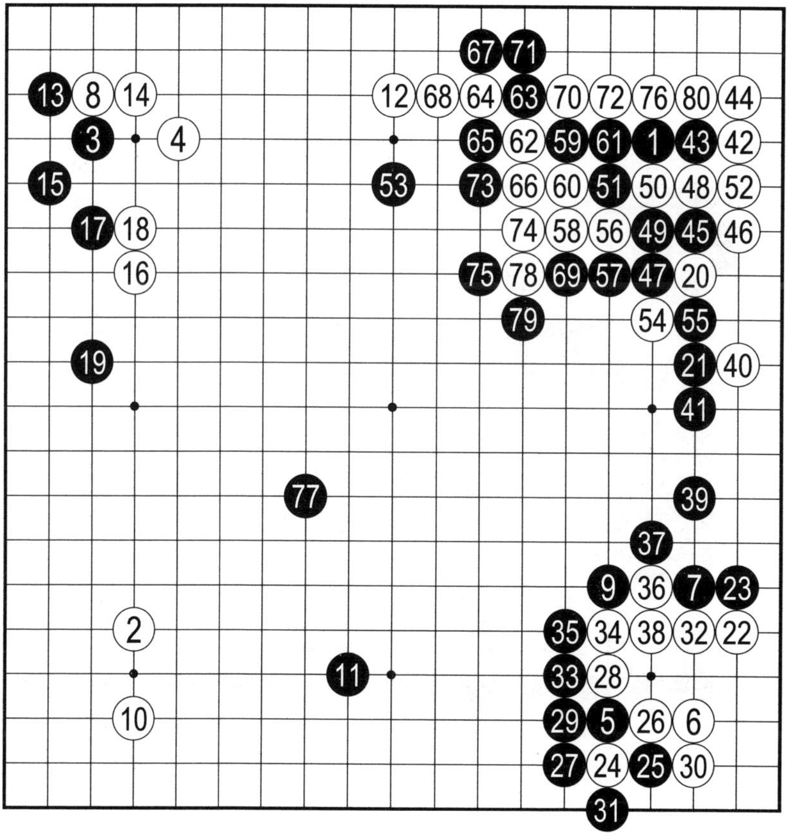

（1–80）

黑方 陈祖德

白方 滏内秀知 九段

黑83可先于114位飞徐徐图之，白若中间补棋，黑再二路飞下收紧白气。实战攻击着法有些过于直线，至白100立下后，黑五子棋形不佳，陷入难局。白130不简明，此时补活中央已是胜势。黑131敏锐抓住机会，在此决一生死。但黑145败着，应于147位挡，白若拐下，黑再三路虎，如此白棋自身难做两眼，只能先手断后，于左边点入杀黑，那样将会非常精彩。实战被白148飞后，黑已无力杀白，颇为可惜。（时越）

黑贴$2\frac{1}{2}$子　共166手　白中盘胜

（胡随善抄本）

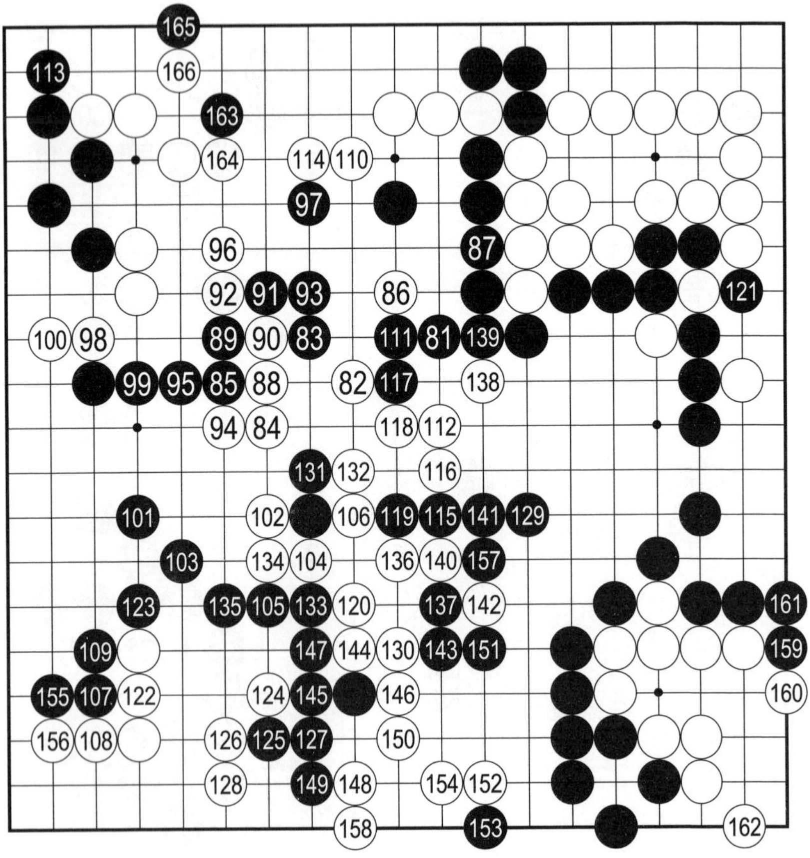

（81–166）

1975 年 11 月 5 日弈于上海
日本围棋代表团访华比赛

黑方　户泽昭宣 七段
白方　陈祖德

星、目外是我执白喜欢的布局。黑 5 挂时，白 6 则紧夹，以左下星位为背景发展势力。黑 11 粘是定式一型。白 16 一间高夹紧峭而适度。黑 17 下跳摆出了作战的姿态，瞄着 26 位点角和 30 位飞。白 18、20 是实战的强手。黑 21 靠当然。至 27，黑转换到左下取势，得体。黑 29、31 出乎意料，被白 34 冲出，黑的连络就成大问题了。黑 43 先压，45 再断，唯有如此方可一战。但白 46 长出后，两面黑棋都很重，今后处境困难。白 50 顺势尖出，54 飞封，攻击步调快。至黑 63，中腹黑之弱棋仍然受攻。白 64 缠绕。黑 65 是败着，被白 66 搜根，黑彻底陷于苦战。白 72 点，决心夺眼并歼灭之。黑 73、75 是突围的手筋。白沉着应付，此时只要确保自身安全就立于不败之地。

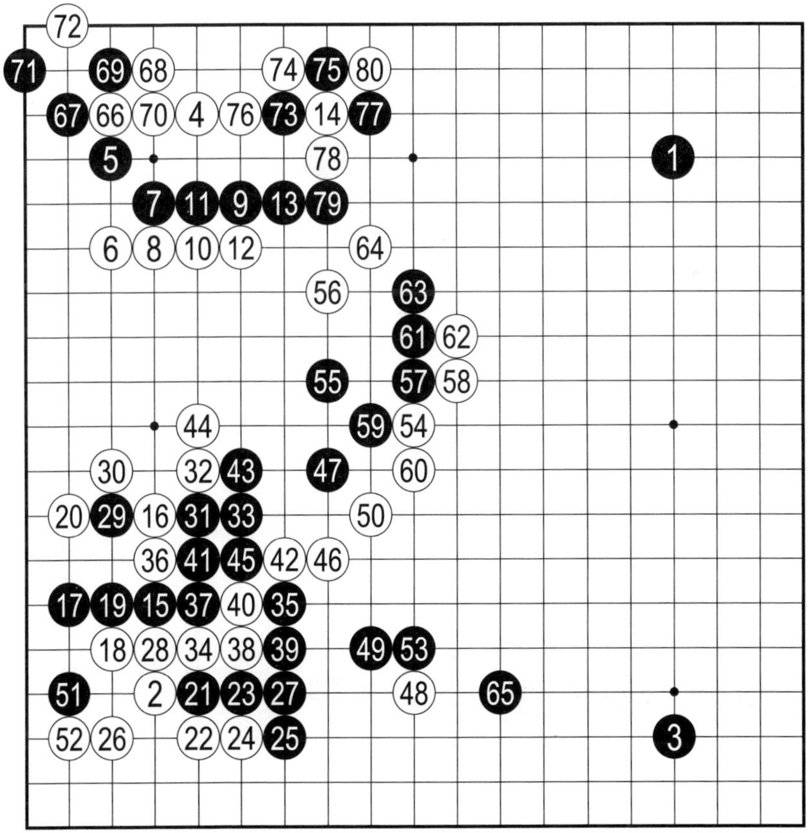

（1–80）

黑方　户泽昭宣 七段

白方　陈祖德

白 84 飞是我考虑再三下出的好手。黑 85、87 向外冲时，白顺势而行。黑 91 断是唯一的希望。白 102 重要。黑 107 别无选择。白 110 顶是强手，白刃战开始了。黑 119 若 123 位跳，则白 124 位挤可以应付。白 124 是要点，既确保成活，又可防范黑 125 断。黑现在 136 位和 142 两个断点无法兼顾，黑 131 只有先虚镇一下，寄望于中腹的混战。黑 137 明知味道很不干净也只能如此。白 142、144 吃通，黑败局遂定。

户泽昭宣 1940 年生，木谷实入室弟子。16 岁入段，1981 年升至九段。1974 获日本棋院年度“胜率第一”和“连胜”奖，由此入选访华代表团。他的棋风属于力战型，多以力取胜。（陈祖德）

黑贴$2\frac{1}{2}$子　共 164 手　白中盘胜

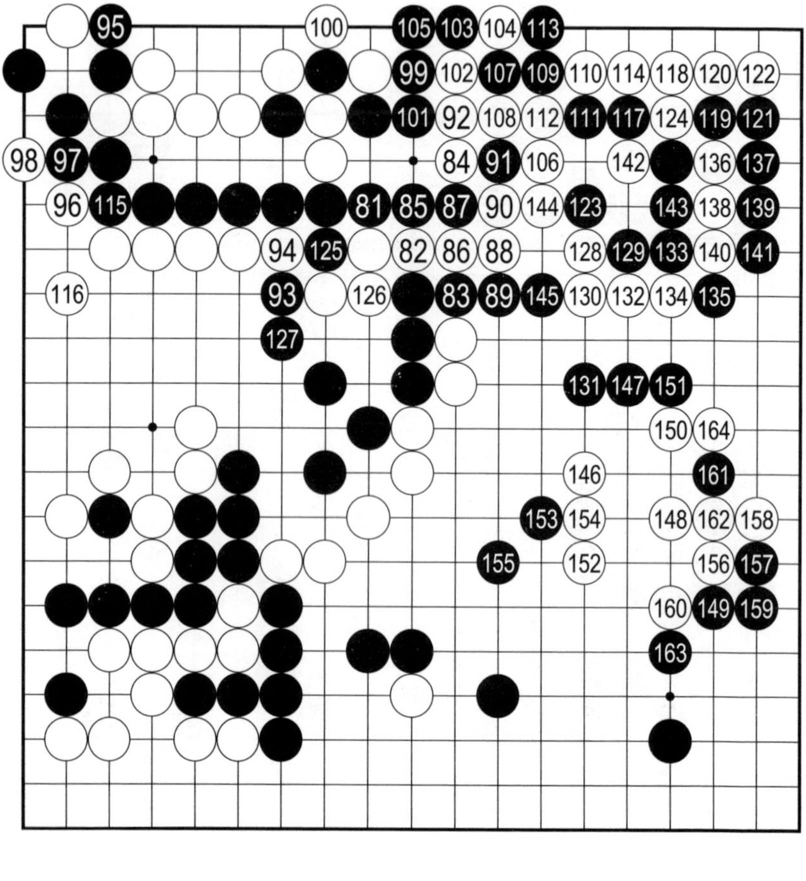

（81–164）

1975年11月12日弈于无锡
日本围棋代表团访华比赛第七场

黑方　陈祖德

白方　高川格 九段

白28不拘一格，意在限制黑棋的势力。黑35快步调大跳出头，志在中央。白44可考虑在46点刺后再60位挡下，加强自身的同时威胁上方黑棋，此为双方厚薄的要点。黑45若直接于53位点则更加有力，白形间距较大，存在隐患。白68问题手，此时黑强白弱，应当先69位补强左边，积蓄力量。白76亦是托大，似乎对左边一点也不担忧。黑79错失良机，此时在100位上一路点刺是眼形要害，如此白凶多吉少。实战白棋成功活出，确立优势。黑111似乎还是应在112挡住作战，实战虽冲破右边，但白棋灵活转身，踏入黑棋下方大本营，黑实地严重不足。（时越）

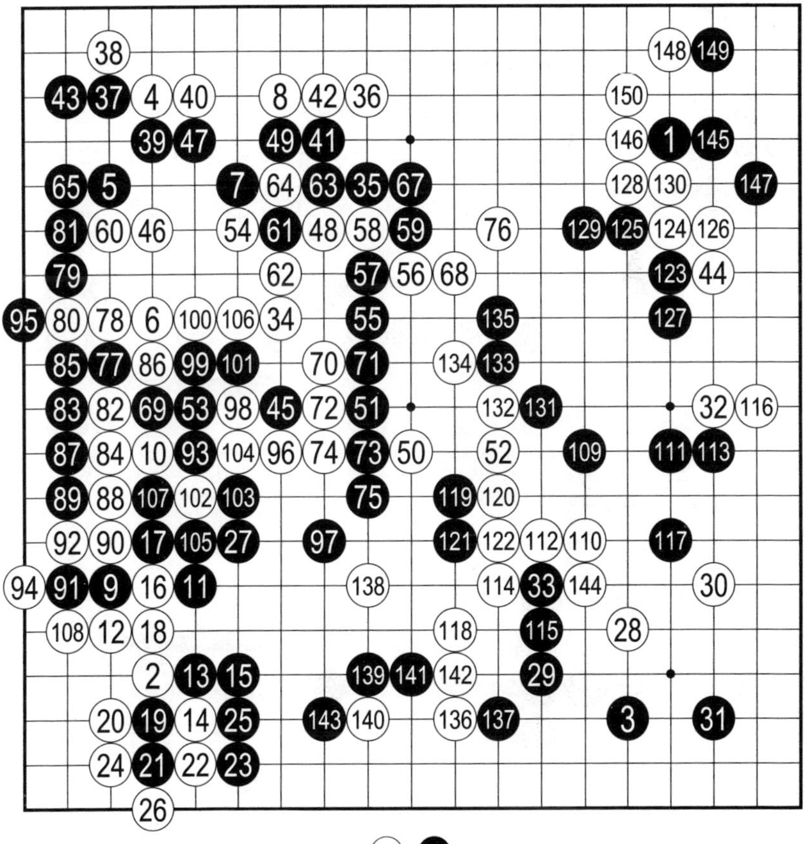

66=61

（1–150）

此后黑强攻白棋，奈何白眼形丰富，终究无力回天。（时越）

黑方　陈祖德

白方　高川格 九段

黑贴2$\frac{1}{2}$子　298 手以下略　白中盘胜

（居伟钊抄本）

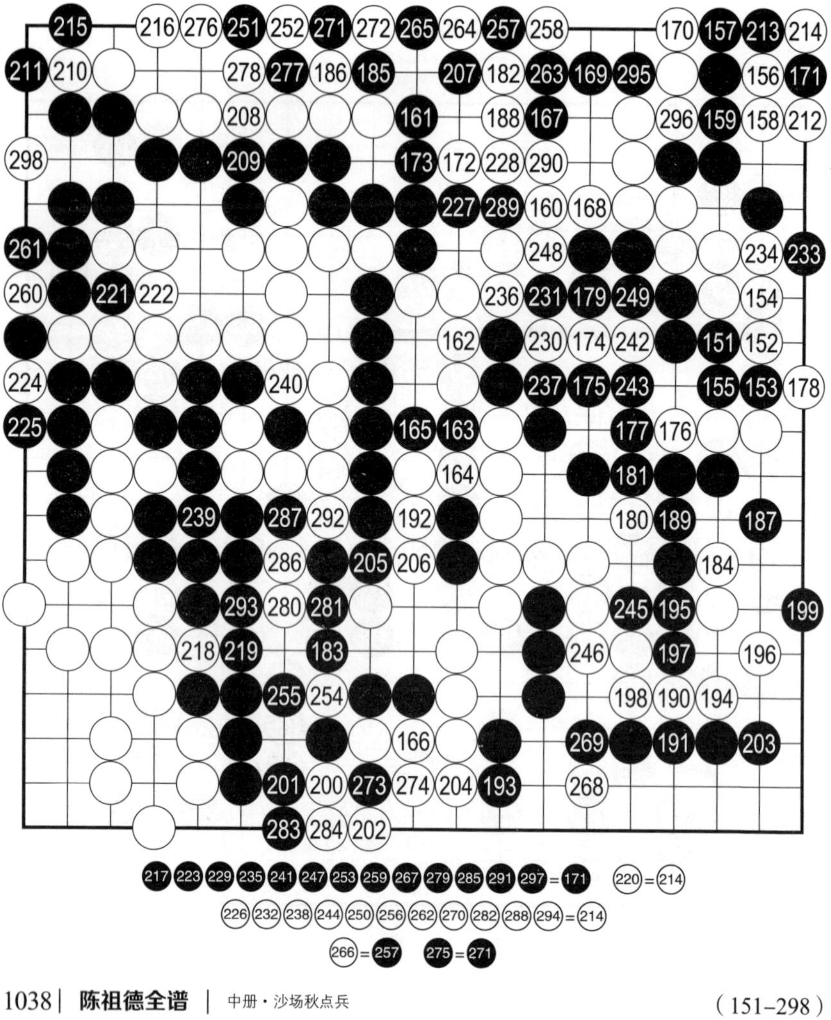

（151–298）

1975年12月17日
训练棋

黑方　陈祖德
白方　聂卫平

左上角定型至黑23，两分。黑13可于15位先扳，白16位，黑21位，这样白无法在48位扳。白20应于27位立，黑21位，白48位，这样黑角会被搜刮得很惨。

黑47可于46右一路打，这个劫黑棋很轻。白52可于121位抢一手，实战被黑棋争到61拆边，取得优势。白120败着，应于120上一路尖，黑立，白79下一路扳，这样黑右上角味道不好，局势还很接近。实战至157，黑棋下得滴水不漏，白棋再也没有机会了。（常昊）

黑贴$2\frac{3}{4}$子　157手以下略　黑胜$4\frac{3}{4}$子
（居伟钊抄本）

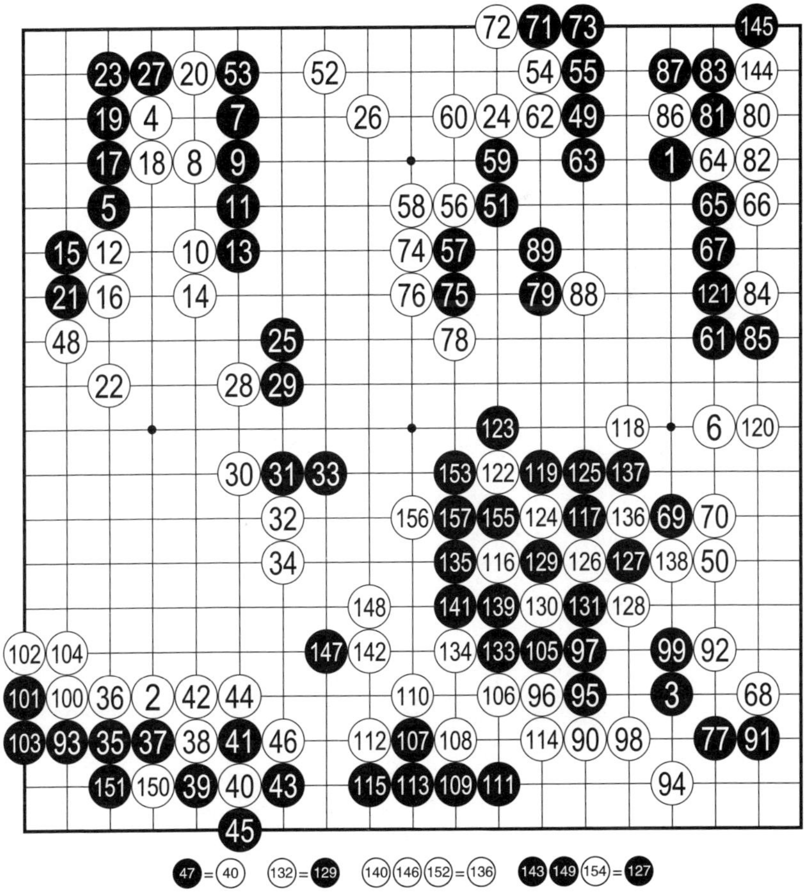

（1–157）

时年32岁

一九七六

◎ 1月，国家队开始进行内部循环赛。陈祖德击败老对手吴淞笙。

◎ 4月5日—19日，以高文治同志为团长的中国围棋代表团访问日本。首场陈祖德不敌石田章七段。

◎ 第二场胜平田博则后遭遇四连败，分别负于石井邦生八段、东野弘昭九段、苑田勇一七段和酒井通温八段。最后一场击败谷宫悌二七段。七场共计2胜5负。

◎ 1976年6月10日—30日，全国个人赛预赛在安徽合肥举办。预赛分个人赛和团体赛。陈祖德只参加了个人预赛的争夺。预赛采用分组单循环的方法，经过多轮比赛选拔12人进入决赛。陈祖德在预赛中击败陈锡明、王业辉，负陈嘉锐，最后一轮击败孔祥明出线。决赛因故未能举办。

薛志春　整理

华以刚　审订

1976年1月2日

训练棋

黑方　黄德勋

白方　陈祖德

开局双方在右边各行其是，颇为有趣。白36可考虑直接打后挡下，黑49位贴，白125位虎，黑50位贴回，如此转换白棋不错。实战36、38态度强硬，但求一战。黑59败着，此时落后手做活无异于将主动权拱手相让，应于122位立下，抢攻白五子的同时左边还留有渡过，如此局面还很胶着。实战白66吃掉一子，稳固了自身，使黑数子陷入了孤立无援的状态。白68碰入之时，黑亦因上方数子而不敢用强杀白。此后黑因孤棋处处受制，难以争胜。(时越)

黑贴$2\frac{3}{4}$子　158手以下略　白中盘胜

(居伟钊抄本)

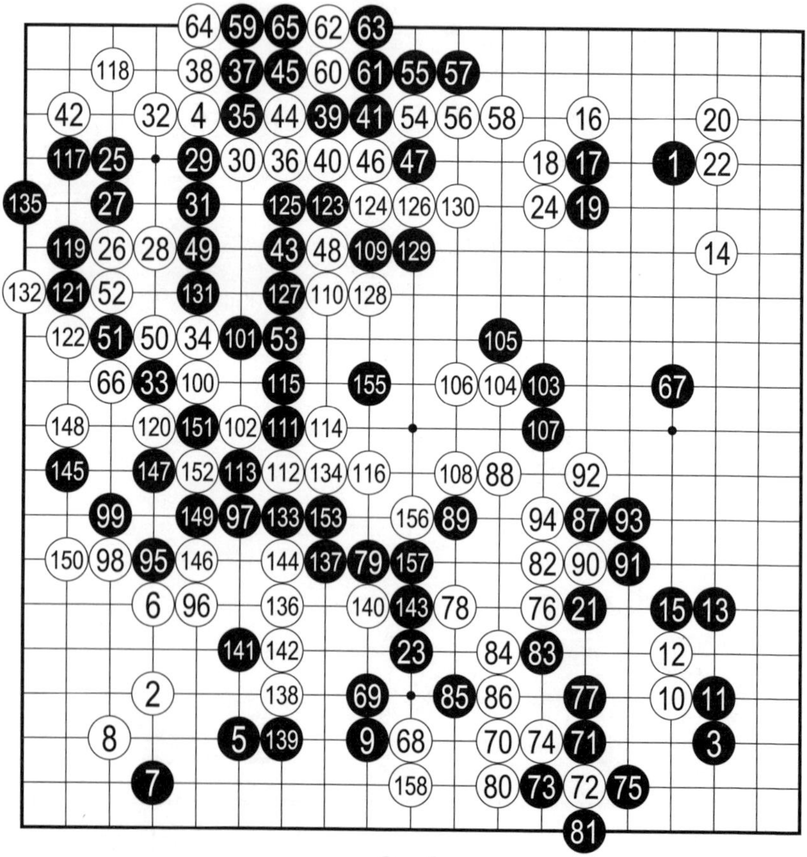

154=151

(1–158)

1976 年 1 月 5 日
训练棋

黑方　陈志刚
白方　陈祖德

黑 51 卖个破绽，拉开激烈战斗的序幕。白 56 冲断凶悍，如在 61 位觑，黑形状不佳，白可以满意。实战黑通过打劫提掉中央三子，大获成功。黑 93 或许是优势意识的产物，应于 104 位打住，白如做劫，黑因全局铁厚并不怕。实战白分而治之渡过难关。（时越）

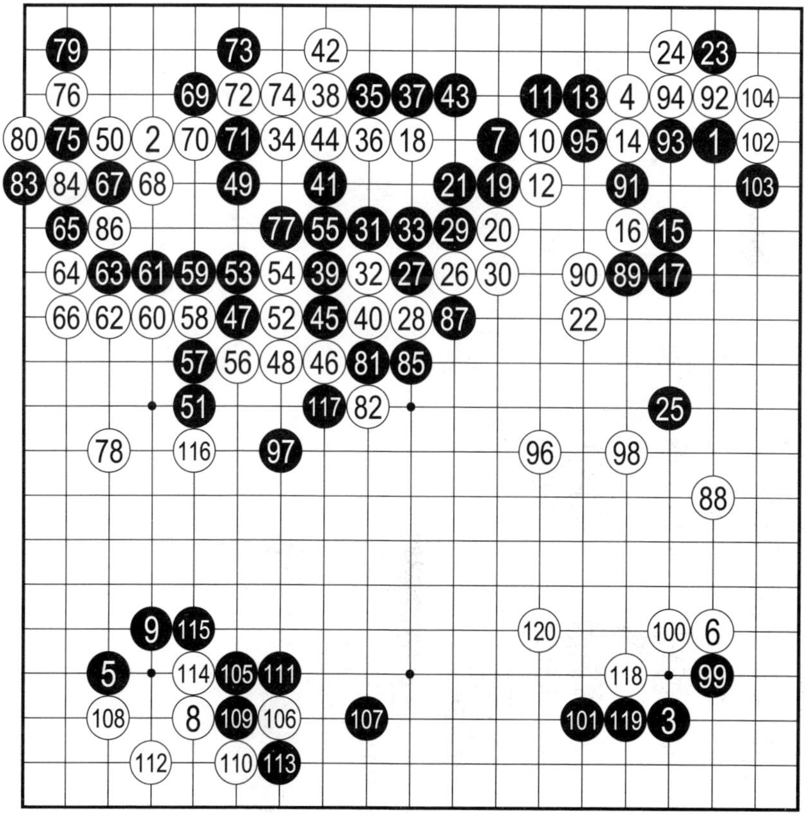

（1–120）

黑方　陈志刚

白方　陈祖德

白128反靠妙手，展现了敏锐的棋感。但142失误，忽略了自身的问题，应于145位补强自身。实战被黑先手分断，白只得夹缝求生，苦不堪言。黑161、163失着，白亦没有抓住机会，白166若于167位夹，黑只能宣告攻击失败。白170狭路逃生，黑173应于174位靠，白粘后黑再冲断，如此白将无路可逃。实战形成转换，优劣难分。白214最后败着，应在225位打吃，或许是实战没有注意黑217可以直接跳回。此后白拼搏数手后无力回天。（时越）

黑贴$2\frac{3}{4}$子　共231手　黑中盘胜

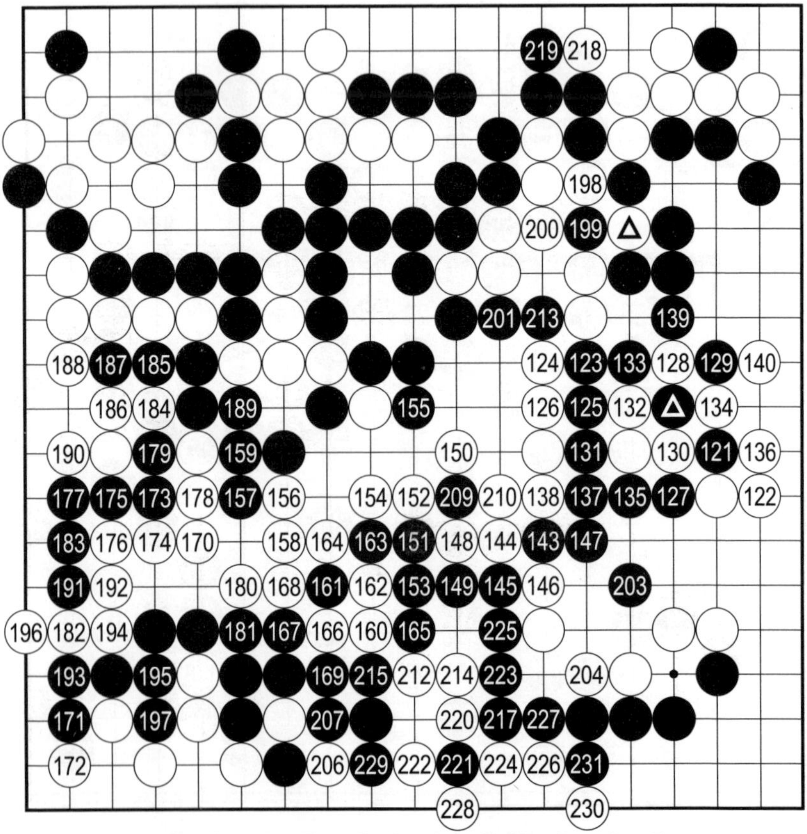

141=▲　142=121　202 208=△　205 211=199　216=161

1976年1月26日
分组循环第一轮

黑方　吴淞笙
白方　陈祖德

白30很想在33位打吃，若黑冲下，白就提子后先手封锁，颇为主动。白62分断展现出强烈的战斗欲望。白70问题手，还是应粘住，防黑爬过。白76应97位补棋，实战黑可先手搜刮，自身已是活形，白难以构成有效攻击。(时越)

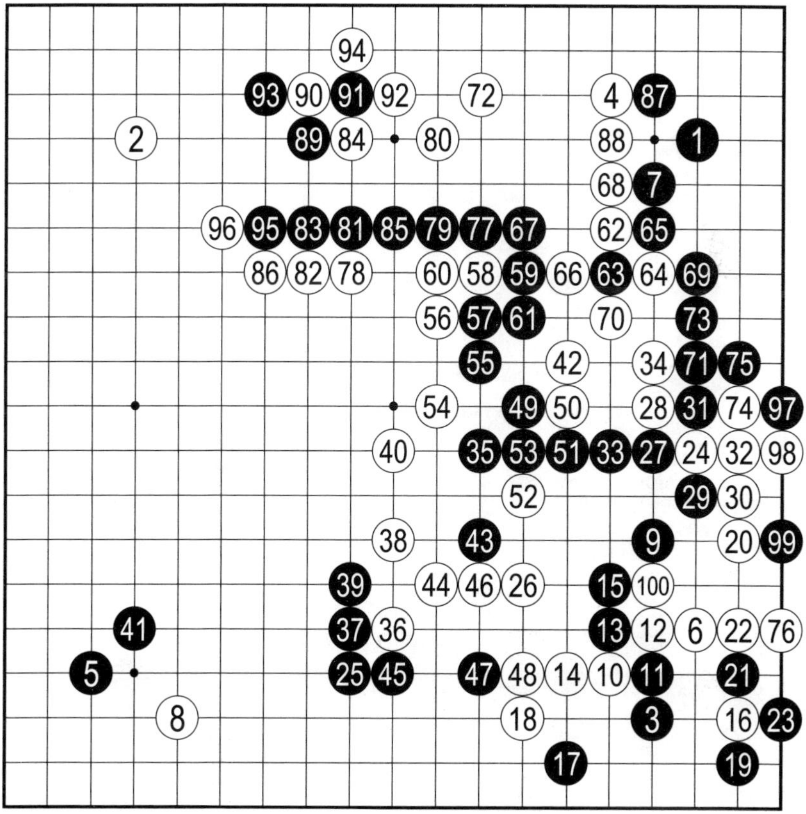

(1–100)

黑方 **吴淞笙**

白方 **陈祖德**

白132似乎应直接134打后再136挡，如此黑无法简单活角。实战活角后黑优势。黑163败着，此时可直接在172位夹和白对杀，白163位贴断后，只能在左边一路扳做劫，而黑全局劫材有利。或许是优势意识，实战黑过于稳健，而白占据168的大官子后，已是白小胜的局面。(时越)

黑贴$2\frac{3}{4}$子　194手以下略　白胜$2\frac{1}{4}$子

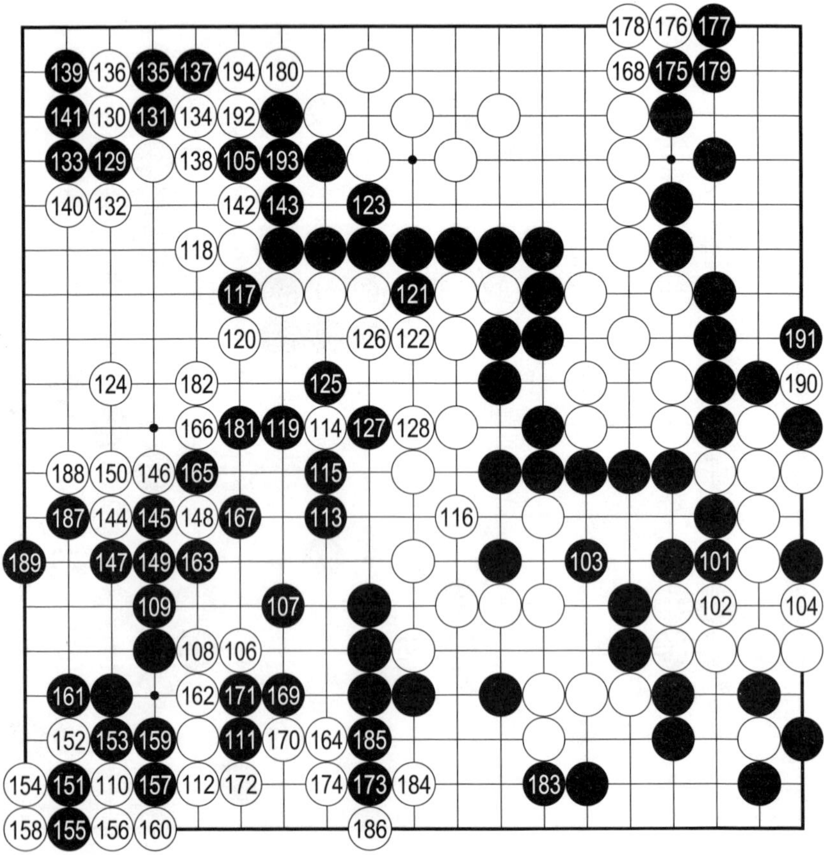

(101–194)

1976年4月3日

中国围棋代表团访日比赛第一场

黑方　陈祖德

白方　石田章　七段

黑15本手是在22位虎起，兼顾两边，实战挥师夹攻右下，是积极的下法。白42有些滞重，直接于44位反夹较好，黑若挡下，白可于角上做劫，亦可上方飞灵活转身。实战白落后手做活有些委屈。黑53过于强调进攻，直接于55位镇较为从容。黑77飞步伐迈得太大，在83位小尖防守更为妥当，被白80压过来，黑形状有些苦闷。（时越）

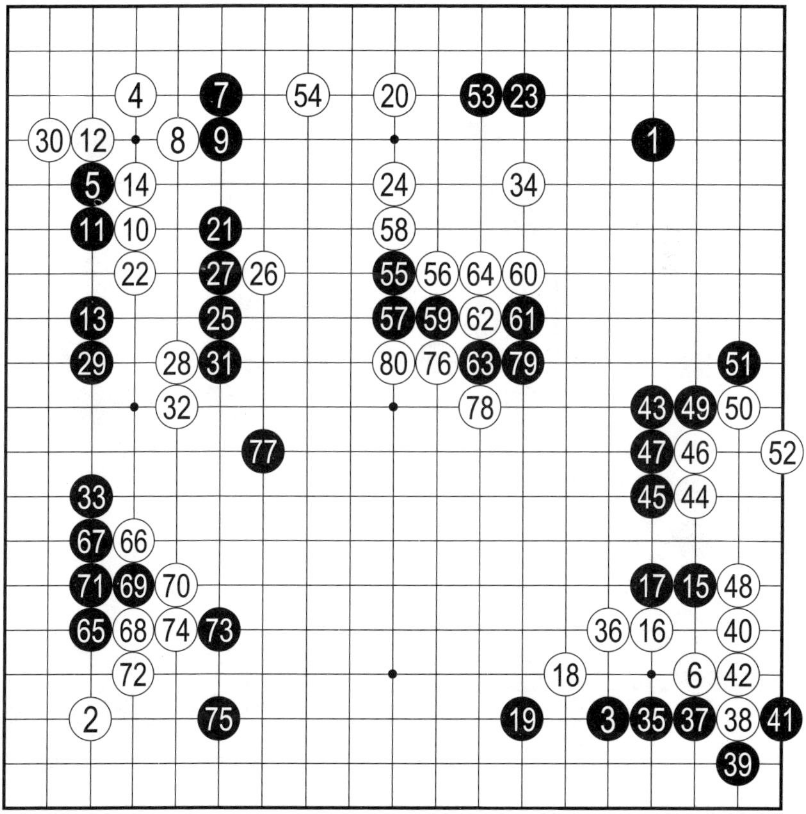

（1–80）

黑方　陈祖德

白方　石田章 七段

至白128，上面战斗告一段落，胜负取决于黑棋下方的治孤。黑131手筋，活棋的好手，此处如能无条件做活，将是黑棋可下的局面。黑139错失机会，也是最后败着，应在148位先挤，和白接住交换后再139位虎。实战白144飞的时候，黑已来不及交换，后被白146挖入，黑已无法逃脱。（时越）

在最不平静的1976年，中国围棋代表团仍于4月访问了日本。代表团共有八名棋手，除60年代三大主力陈、吴、王之外，均为70年代成长起来的新秀，即聂卫平、华以刚、曹志林、王群和孔祥明。（陈祖德）

黑贴5目　共160手　白中盘胜

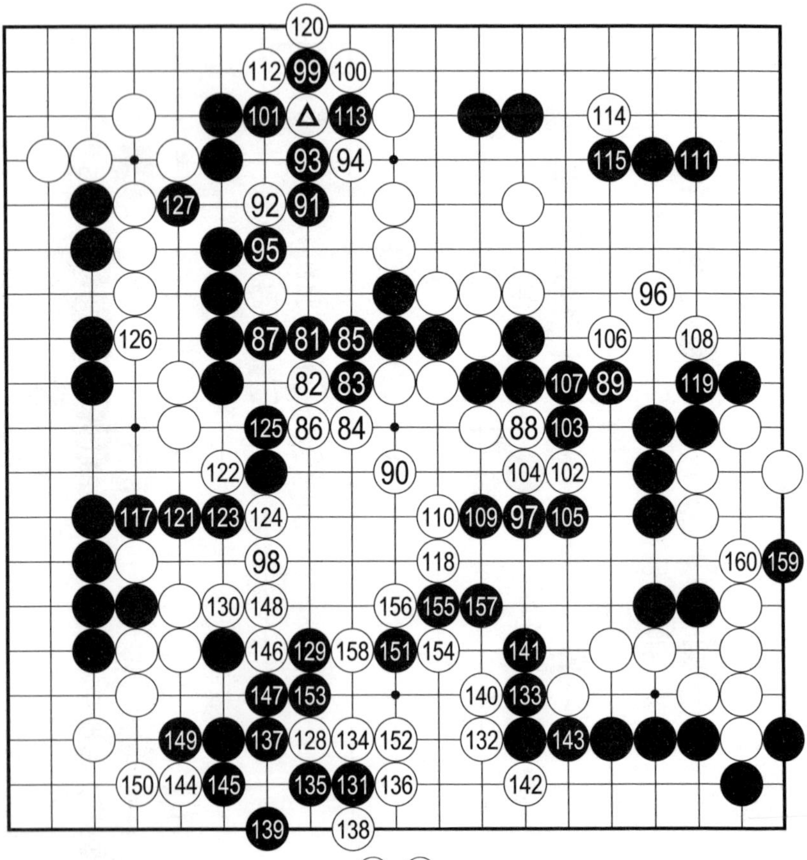

116=△

1976年4月7日弈于东京
中国围棋代表团访日比赛第二场

黑方　平田博则（业余）
白方　陈祖德

布局白14-16尝试新手。黑19应在20位冲下，转换黑将获利。实战至黑35，左上定型告一段落，局面两分。白44-46率先发力，打消黑潜力的同时，瞄着43这颗子。至60，白取得优势。白68再次发力，把黑棋分割成两块。黑83败着，忽略了84先手补断。至138，右边大块被劫杀，棋局进入一边倒态势。（柁嘉熹）

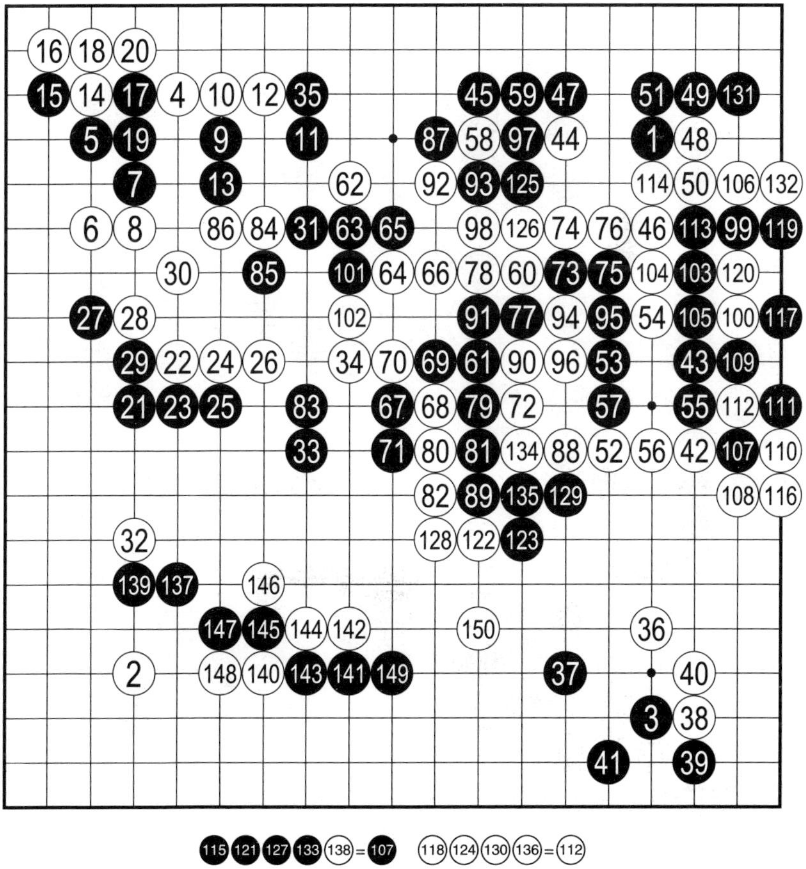

（1–150）

黑方　平田博则（业余）

白方　陈祖德

后续白方有些退让，以7目胜出。（柁嘉熹）

聂卫平在1975年取得了全国冠军，同年在中日比赛中成绩又十分出色，当然成了出访的一号主力选手。聂卫平也确实不负众望，以6胜1负的战绩震惊了东瀛棋坛，战胜了包括有“电子计算机”之称的石田芳夫等一流名手，刮起了一阵“聂旋风”。（陈祖德）

黑贴5目　共273手　白胜7目

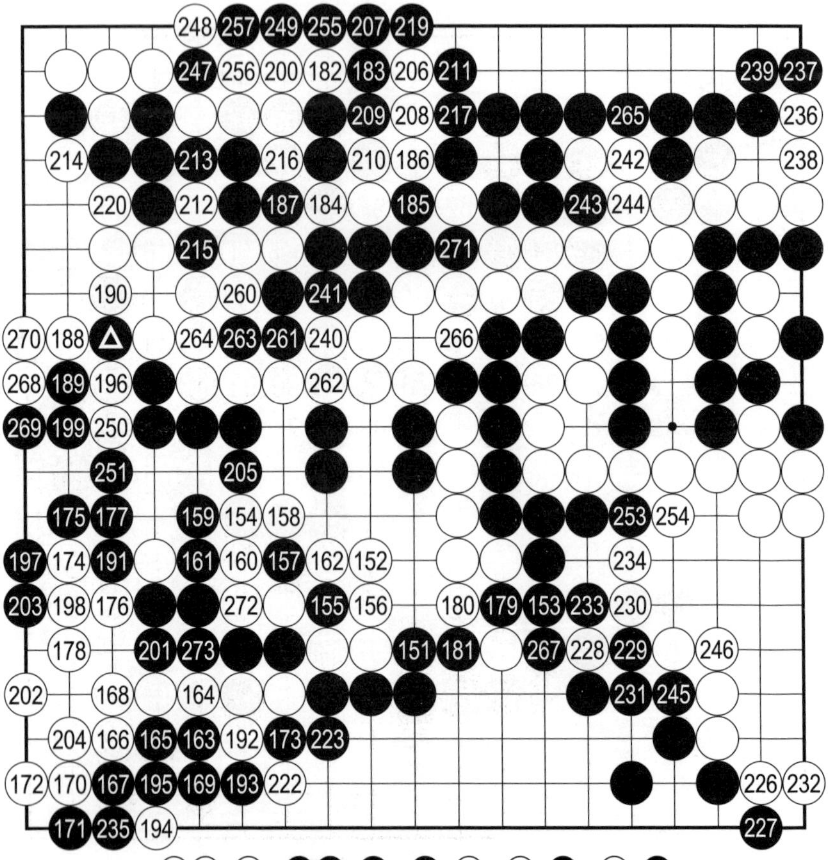

218 224 = 212　221 259 = 215　225 = 184　252 = △　258 = 247

1976 年 4 月 10 日弈于福冈
中国围棋代表团访日比赛第三场

黑方　石井邦生 八段
白方　陈祖德

布局双方形成乱战格局，至黑 33 局面两分。165 位是目前最大的地方，双方都忽略了此处。白 38-48 率先挑起战斗，分断黑棋，但白 50-58 选择严重错误，被黑轻松做活，目数落后。白 60 又是大方向错误，只能在 63 右一路补强自身，实战被黑 61 反击，白几块棋无法兼顾。（柁嘉熹）

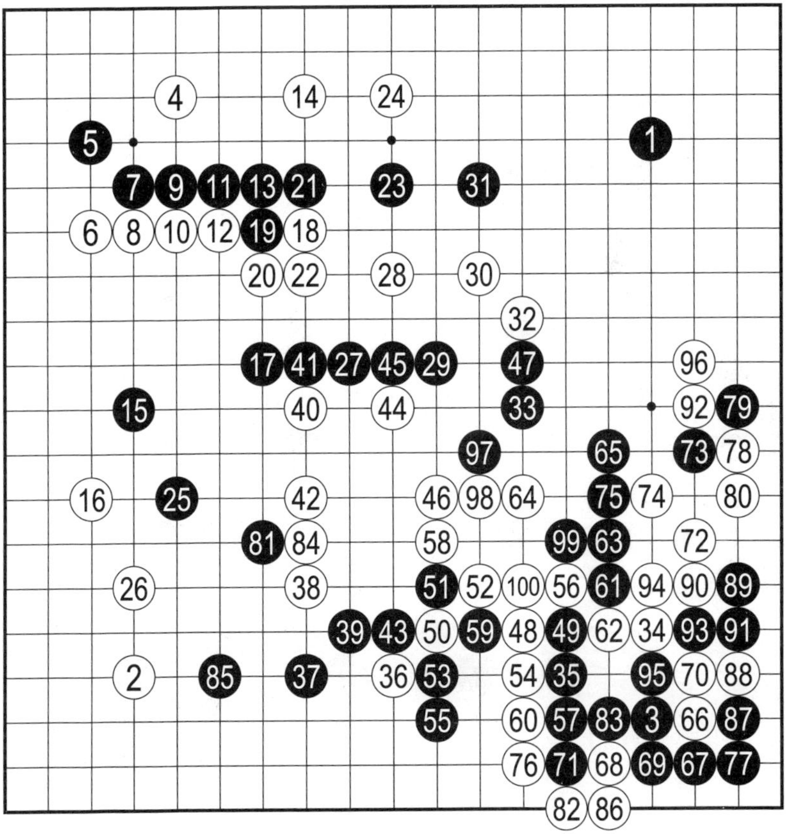

（1–100）

黑方　石井邦生 八段

白方　陈祖德

黑145-149致命一击，白被分断后已无力回天。至185终局，白大龙被杀。（柁嘉熹）

中国围棋代表团访问了东京、福冈、大阪和名古屋四个城市，共进行了七场比赛，我方以27胜5和24负获胜。我在这次出访中状态不佳，棋的毛病多，2胜5负，很不理想，这与国内政治气候有点关系。（陈祖德）

黑贴5目　共185手　黑中盘胜

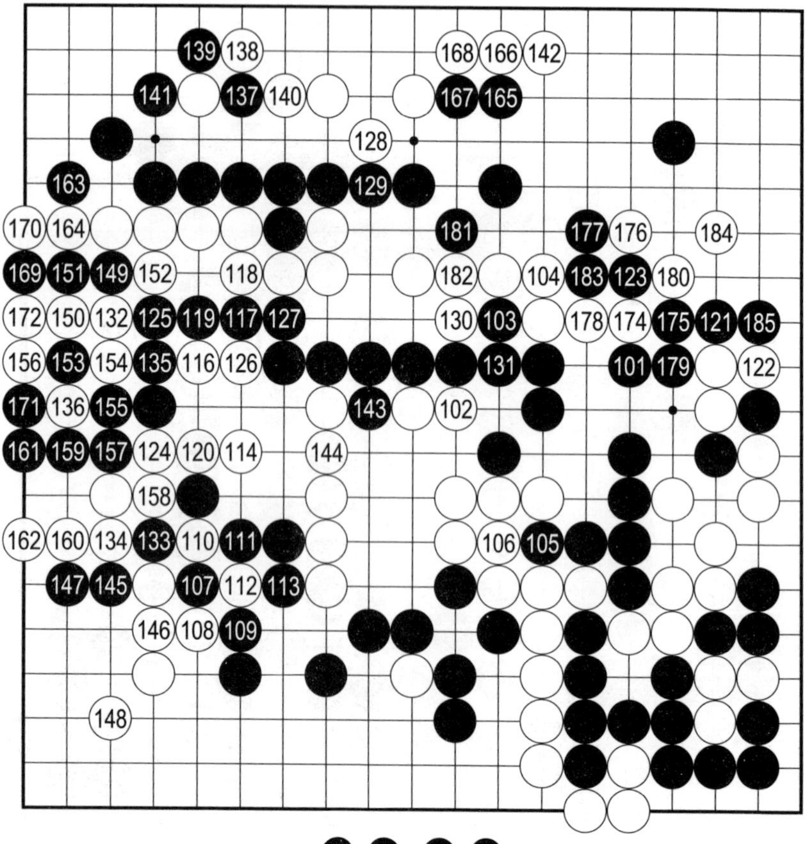

115=107　173=151

（101–185）

1976年4月13日弈于大阪
中国围棋代表团访日比赛第四场

黑方　陈祖德
白方　东野弘昭 九段

黑7-9选择了复古定式。白10如冲断战斗会优于实战。至黑15拐下，黑棋小有所得。黑37棋形不佳，如在78位虎，对白上下都更有威胁。黑55是问题手，局部不能进角，如抢占飞罩左上角的大场，局势尚早。至80，黑棋收获甚微，目数落后很多。黑101以下最后一搏，但自身破绽太多。至136，白棋全部活出，棋局结束。（柁嘉熹）

东野弘昭九段是关西棋院中坚棋手，生于1939年，1971年升九段，曾获NHK杯快棋赛冠军。（陈祖德）

黑贴5目　共136手　白中盘胜

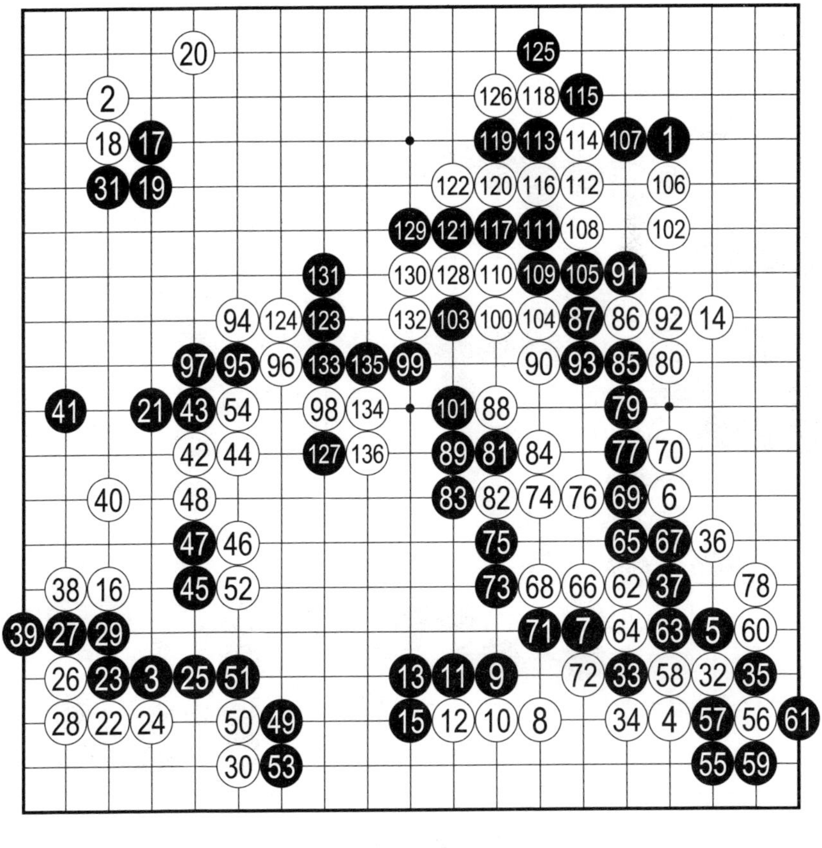

（1–136）

1976 年 4 月 14 日弈于大阪

中国围棋代表团访日比赛

黑方　陈祖德

白方　桥本宇太郎 九段

本局是访问大阪期间，与关西棋院主帅桥本宇太郎九段的一场公开快棋比赛。

白 16 快速展开是桥本先生的风格。白 20 当然。黑 29 积极。白 30 只此一手。黑 31 也只能拐出。黑 35 厚实有力。白 36 转身轻快。黑 37 有力。白 40 不得已，42 也必须补。黑 43 略缓。白 44 对黑发起攻击。黑 53 实惠。白 54 飞是好手，很自然地将黑分断。黑 55 压不得已。黑 65 坐失良机，如于 86 位靠可立即取得优势。黑 67 须补。白 68 很舒服。黑 69 在白 54 上一路托更积极。白 70 马上飞，相当机敏、果断。黑 71 靠至 79 落了后手，被白 80 立即占据要点，局势改观了。黑 81、83 是强手。白 84 意在将下边压扁，黑 87 穿象眼，双方针锋相对。白 88 手法轻灵。白 92 先扑至关重要。白 98 手筋，但还是 99 位粘比较干净。黑 101 不如 102 位打吃严厉。至黑 105，中腹围出三十多目，形势乐观。白 106 冒险，对胜负相当敏感。黑 109 可采取激烈的顶。白 110 做眼要点。白 114 感觉良好。

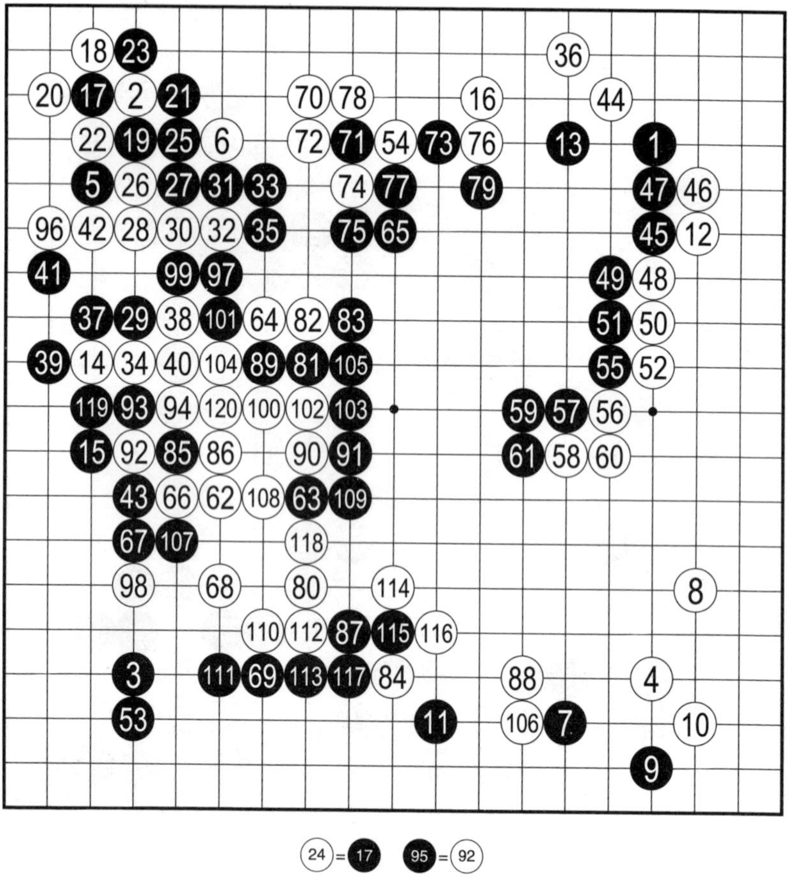

24 = 17　95 = 92

（1–120）

黑方　陈祖德

白方　桥本宇太郎　九段

黑 121、123 扳粘后，右下无论如何不会被净吃了。白 124 争胜负，黑 127 若 128 位夹，白很不好办。很遗憾又让白渡过了危机。白 134 跳后，局面相当细微。黑 139 很大。白 150 逊于 153 位打吃。黑得到 157 的先手，局势的天平再次向黑倾斜了。黑 173 当在 201 位吃。黑 189 无论如何应在 190 位粘。

桥本先生 1907 出生，先后从保松久喜代、濑越宪作学弈。15 岁入段，1954 年九段。他自幼天资过人，极具悟性，“天才宇太郎”享誉数十年而不衰，是第二、五、六期本因坊，第一届棋圣战亚军。桥本先生的棋构思独特，步调快，局部感觉非常敏锐，数次获得全日本快棋冠军。（陈祖德）

黑贴 5 目　共 235 手　和棋

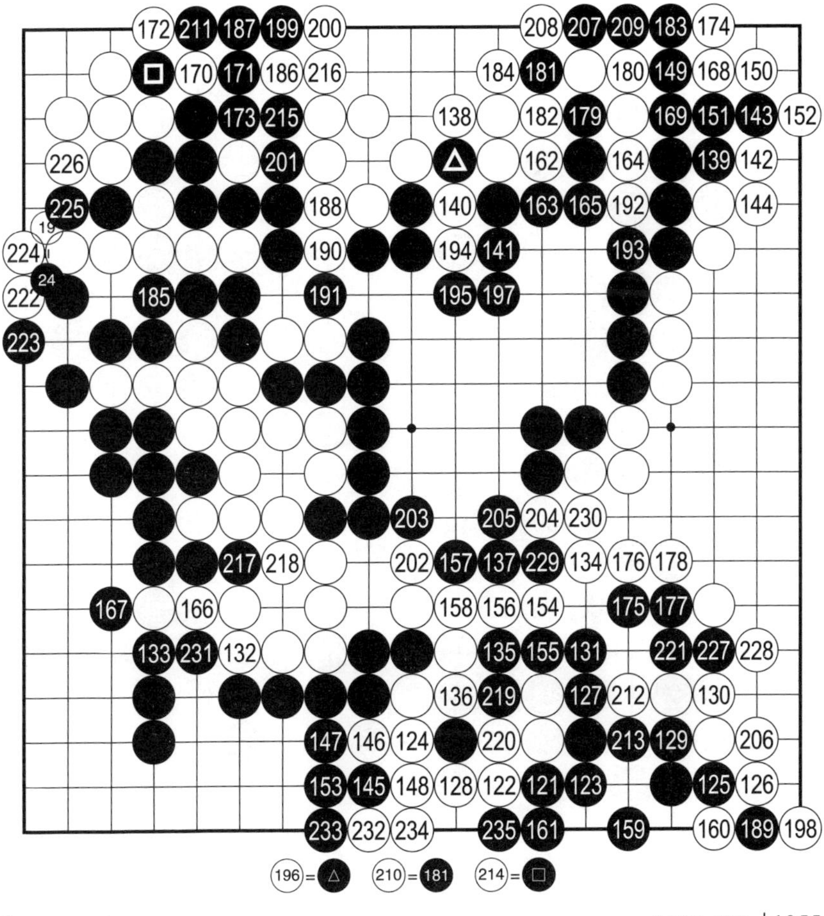

（121–235）

1976年4月15日弈于大阪
中国围棋代表团访日比赛第五场

黑方　苑田勇一　七段
白方　陈祖德

黑棋以中国流开局，白方很有针对性地先捞后洗。白16开始侵消黑棋潜力，至54，白棋好调。

白76过分，在78位先连络自身，后续再搜刮，则是白优势。黑77反击机敏，至102，双方回到均势。

白104失误，应在108位单团，不损地保持连络。实战被黑提掉一子，厚薄亏损很多。

白116反击果断，破掉黑右边的目数，至142，棋局回到五五开。（枕嘉熹）

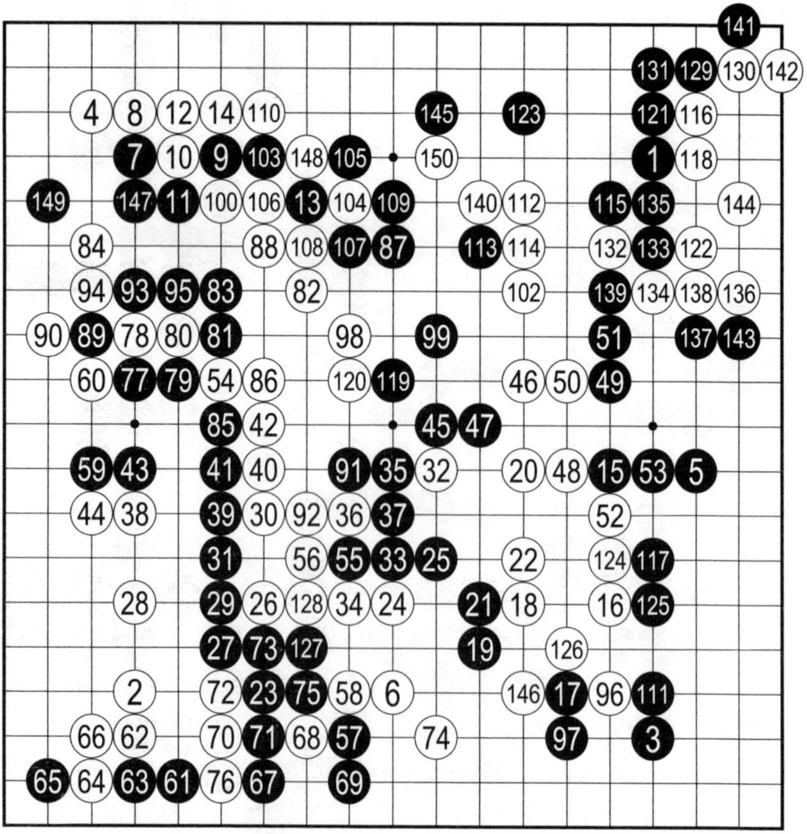

101=89

（1-150）

黑方　苑田勇一 七段
白方　陈祖德

白150以下，双方展开激烈的打劫杀。白170属于本局败着，这个劫太损，没能一举击溃黑棋。实战形成转换，最后黑盘面7目，白小负。（柁嘉熹）

黑贴5目　共282手　黑胜2目

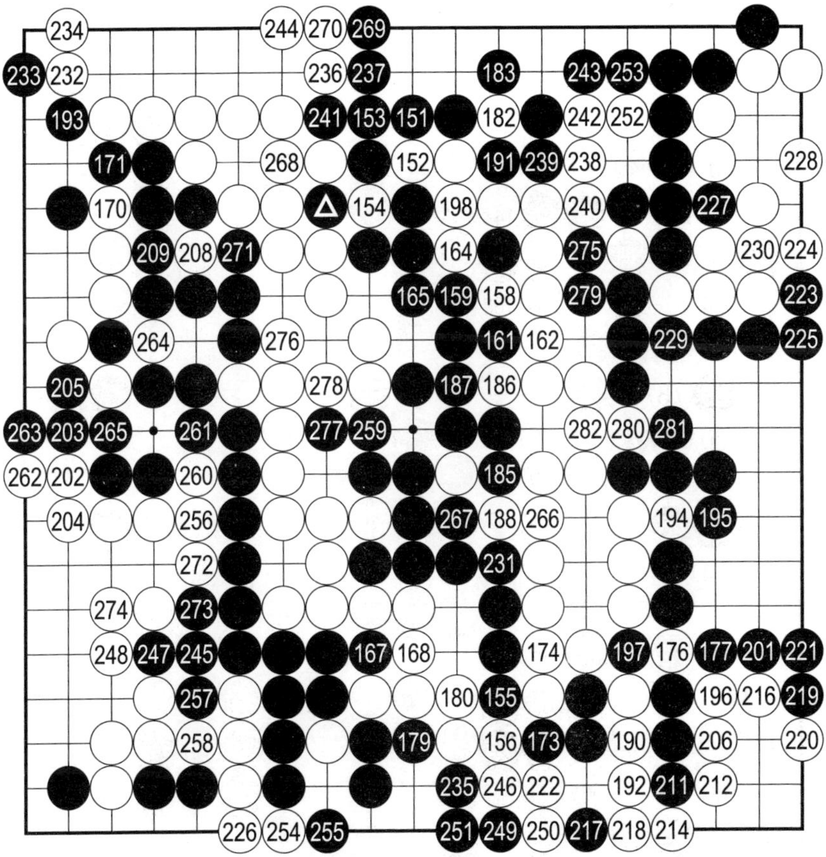

157 163 169 175 181 189 = △　160 166 172 178 184 199 = 154　200 = 176
207 213 = 197　210 215 = 176

（151–282）

1976年4月17日
中国围棋代表团访日比赛第六场

黑方　陈祖德
白方　酒井通温　八段

布局至白20双方旗鼓相当。黑21脱离主战场，应在左上角二路飞，这是攻防急所。白50抢到飞，优势明显。黑53以下通过攻击寻找头绪，至73，局势有所缓和。黑99重大失误，在101位单冲下来，白棋局部无法应对。黑99与白100先交换后，进行至白126，黑被全部吃掉，亏损很多。（柁嘉熹）

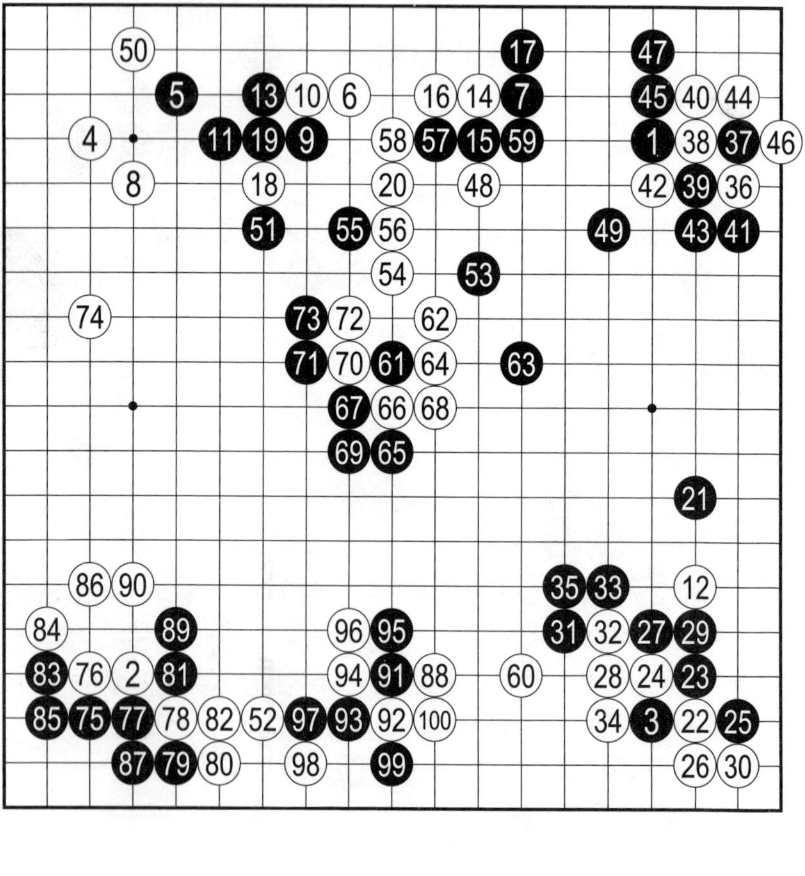

（1–100）

黑151最后败着，只能在164位继续应劫，实战白棋破掉黑方模样，轻松获胜。（柁嘉熹）

黑方　陈祖德

白方　酒井通温　八段

黑贴5目　共206手　白中盘胜

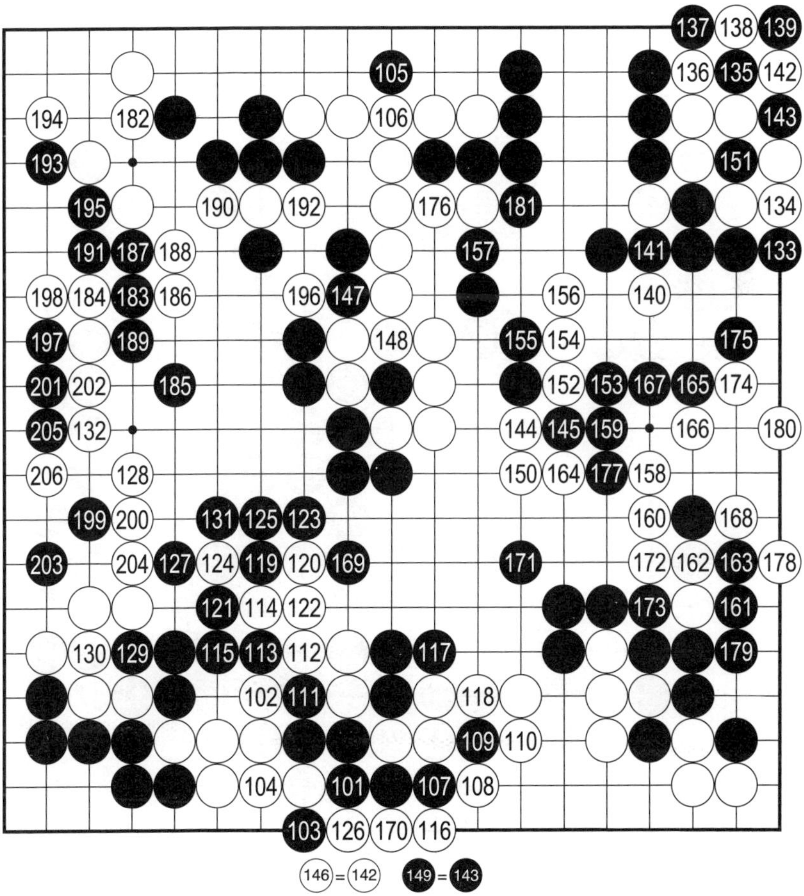

（101–206）

1976年4月19日

中国围棋代表团访日比赛第七轮

黑方　陈祖德

白方　谷宫悌二　七段

布局至20，是陈老对局中难得一见的功夫棋开局，双方互占大场，局势两分。黑49靠断白棋，局势走向复杂化。战斗至99，白方目数领先，黑中央治孤成为胜负关键。

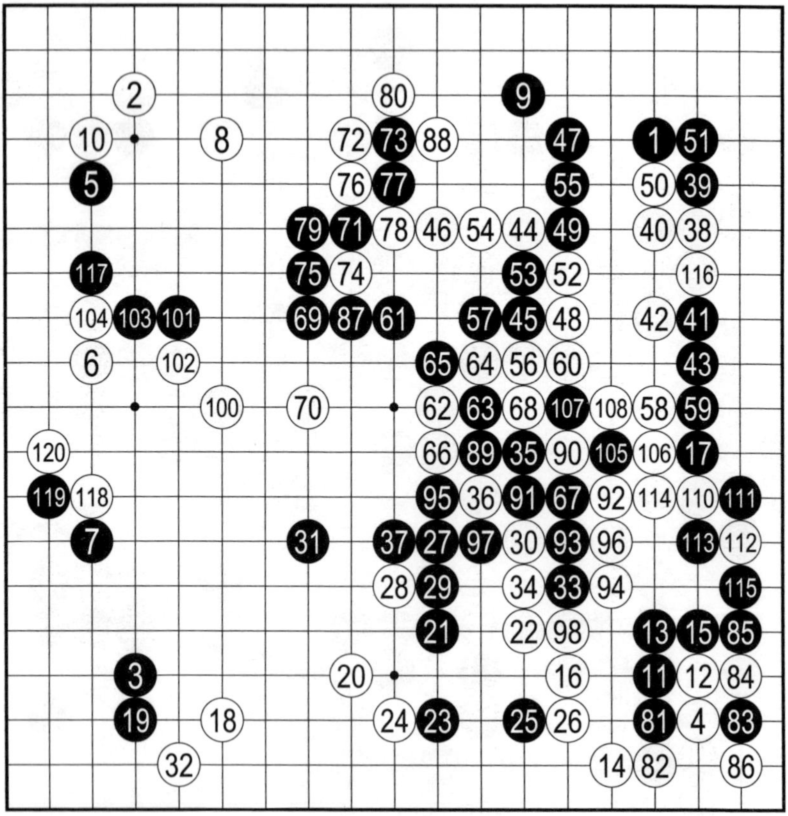

99=36　109=90

（1–120）

黑方 **陈祖德**

白方 **谷宫悌二 七段**

黑137以下形成打劫，局面依然艰难。白150-154连续缓手，应在170位断，黑棋左右无法两全。实战形成官子决胜的细棋。白214最后败着，走215位胜负还不好说，实战黑棋小胜成为必然。（柁嘉熹）

黑贴5目　共244手　黑胜2目

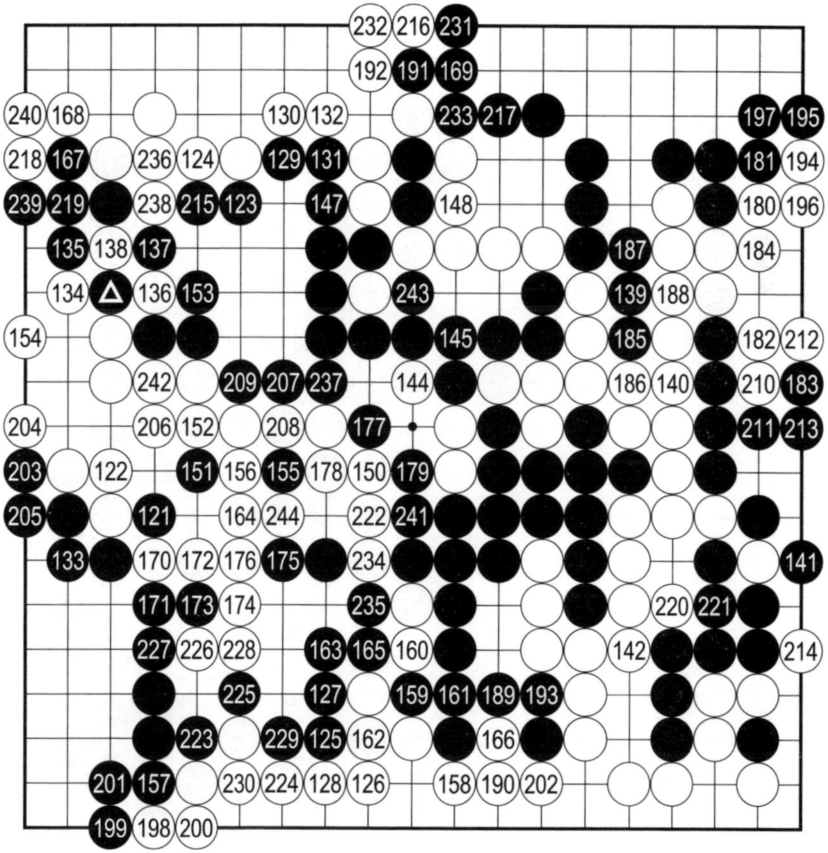

143 149 = △　146 = 138

（121–244）

1976年6月18日弈于合肥
全国棋艺锦标赛

黑方　王业辉
白方　陈祖德

白18、20趣向。白24应在27位打吃，可在局部获利。实战方向选择错误，黑棋满意。黑43突入白空，挑起战斗。白48应提起一子，棋形优于实战。黑59失误，应直接在63位造劫，白棋难办。至64转换后，全局白稍好。白68过分，应在164位轻灵跳出。被黑69跳住后，白非常危险。白94最后败着，在96拐吃还有弃子空间。实战中黑计算精准，至111白棋大龙被杀。黑143在144位贴可简明活棋。（柁嘉熹）

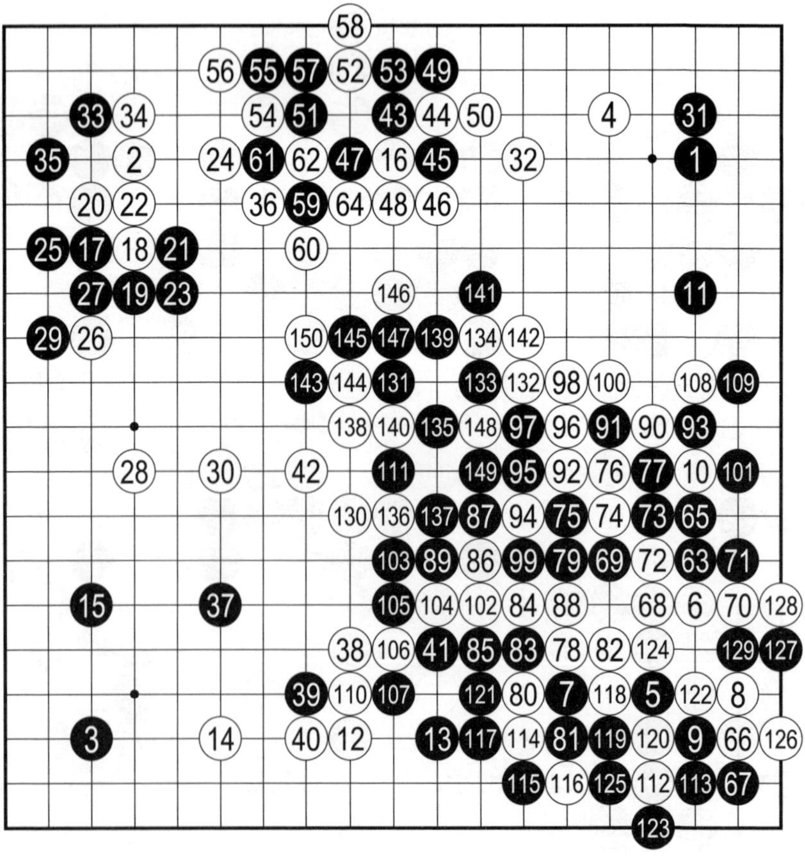

（1–150）

实战至167，白下方活出，黑吃住中间数子，形成转换，黑胜势不可动摇。（柁嘉熹）

黑方　**王业辉**

白方　**陈祖德**

黑贴2$\frac{3}{4}$子　共285手　黑1$\frac{3}{4}$子胜

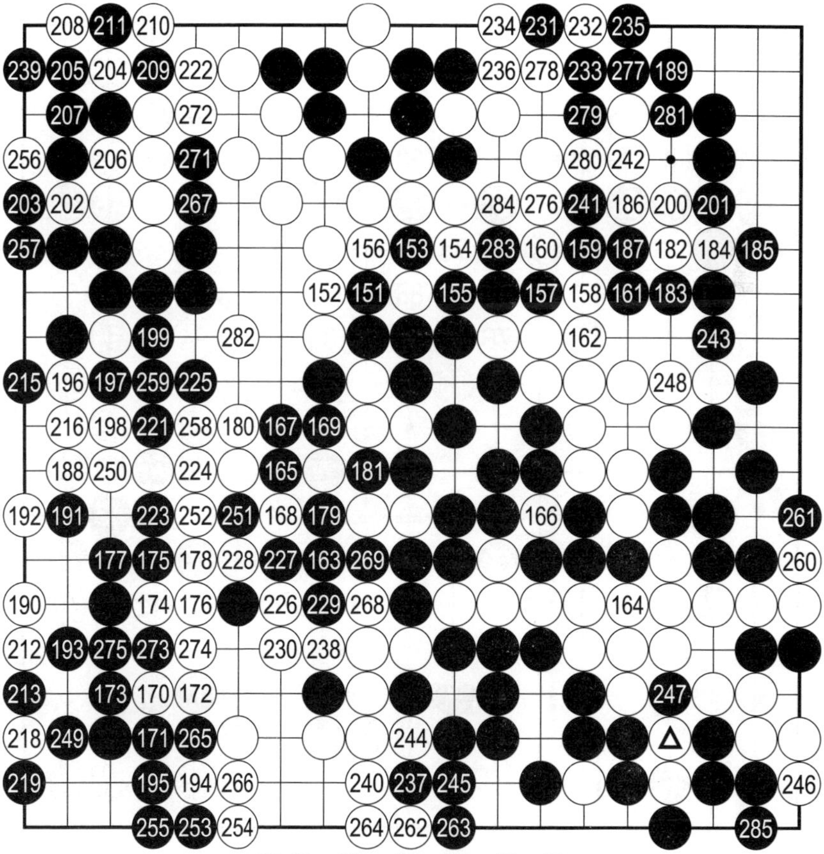

214 220 = 204　217 = 211　270 = △

（151–285）

1976年6月19日弈于合肥
全国棋艺锦标赛

黑方　陈祖德
白方　江鸣久

布局至30，黑白各守一方，局势两分。白32缓手，应尖顶，保持对黑的攻击。实战至41，黑棋形舒展。黑57、59小了，62上一路尖，是补棋、大场兼顾的一手。白60靠出至78，棋局回到均势。黑89应在90位爬，价值更大。（柁嘉熹）

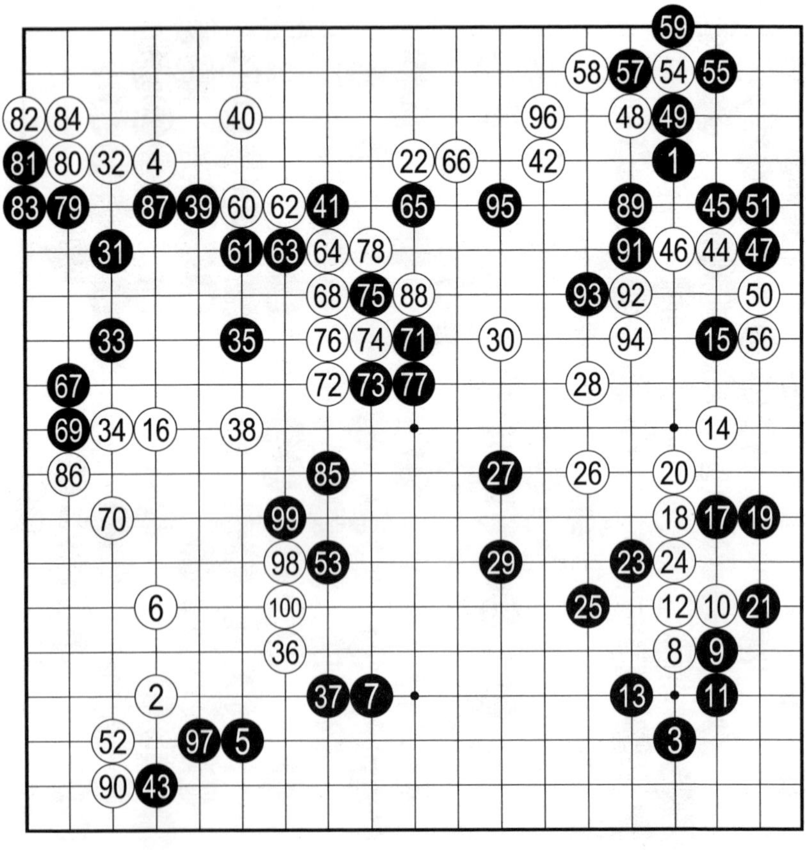

（1–100）

白 120 是本局败着，应在 141 位冲吃黑三子，实战被黑 123 高效补棋，至 151，黑小胜已成定局。（柁嘉熹）

黑方 **陈祖德**

白方 **江鸣久**

黑贴 $2\frac{3}{4}$ 子　202 手以下略　黑胜 $\frac{3}{4}$ 子

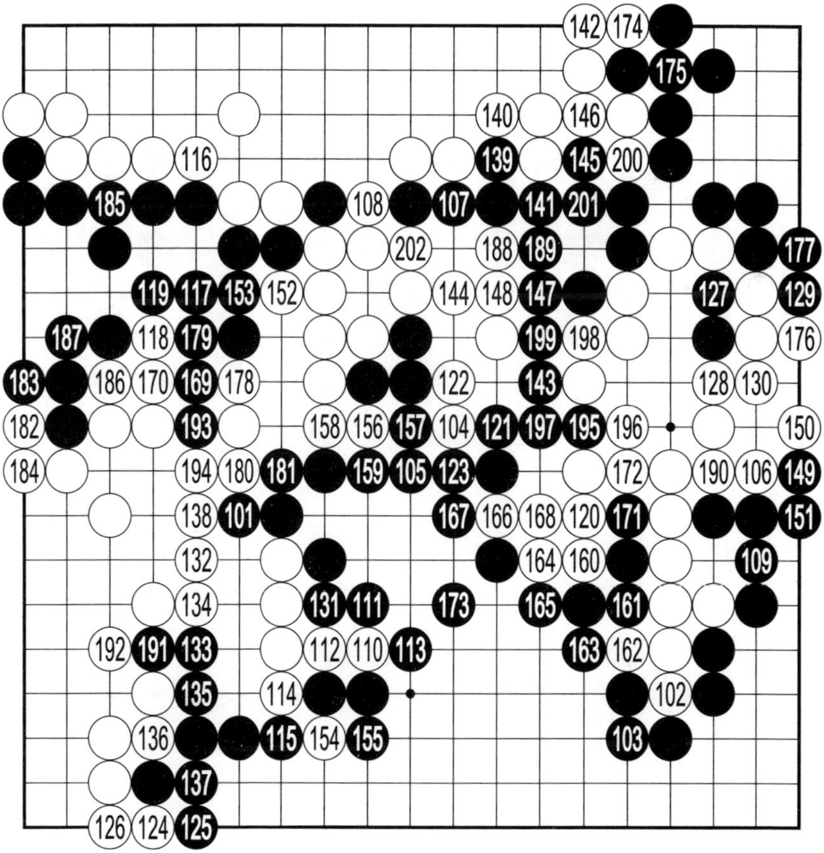

（101–202）

1976年6月23日弈于合肥
全国棋艺锦标赛

黑方　陈嘉锐

白方　陈祖德

黑5、7的意图是要贴身肉搏，我则尽量把局势引向简明。黑15飞欠妥。白18在46位逼才是急所。黑19挂，不容白20沉默了。白30我考虑了很久，主要考虑在33上一路点的变化。白34是好手。黑35只此一手，若长，则凑白跳出的好调。白40严厉，黑毫无办法，实战脱先不得已。白42不如挂角积极。黑43守，已经追上来了。白46随手，改在53位飞才是要点。黑47以下至53定型，对上边四子进行攻击，黑主动。白58跨，目的是找个伙伴一起逃孤。黑63尖极强，也露出了破绽。黑65镇严厉。黑71强手。白72失着，74又有问题，应尽量利用77位的断点做文章。白82无论如何要在83位断，即便被黑跨断，白中腹开花也有30目价值。白86拐头重要。黑87先手交换确保了上边的安全。至白100，大块黑棋成劫活。（陈祖德）

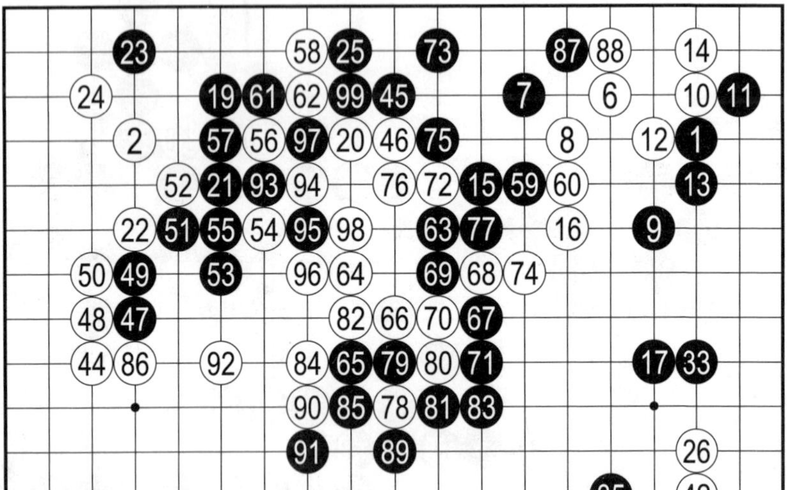

100=56

（1–100）

黑方　陈嘉锐

白方　陈祖德

白108最强。白110扭断后，黑无法继续应了。白116煞费苦心，决定分势定型，局后研究认为在117位拐也是白充分。黑125厚实。黑131不如直接在132位盖封。黑139至151，双方都选择了最好的下法。白152压感觉比165位拆大，后者价值8目左右。黑189官子手筋。

陈嘉锐1954年出生于广州，自幼聪慧好学，性格直率，9岁学习围棋。曾获1978年全国围棋个人赛第四名。1985年代表香港获第八届世界业余围棋锦标赛冠军。他属于实力强、刚劲凌厉的杀棋，算得上广东风格的代表人物。（陈祖德）

黑贴$2\frac{3}{4}$子　共197手　黑胜$\frac{3}{4}$子

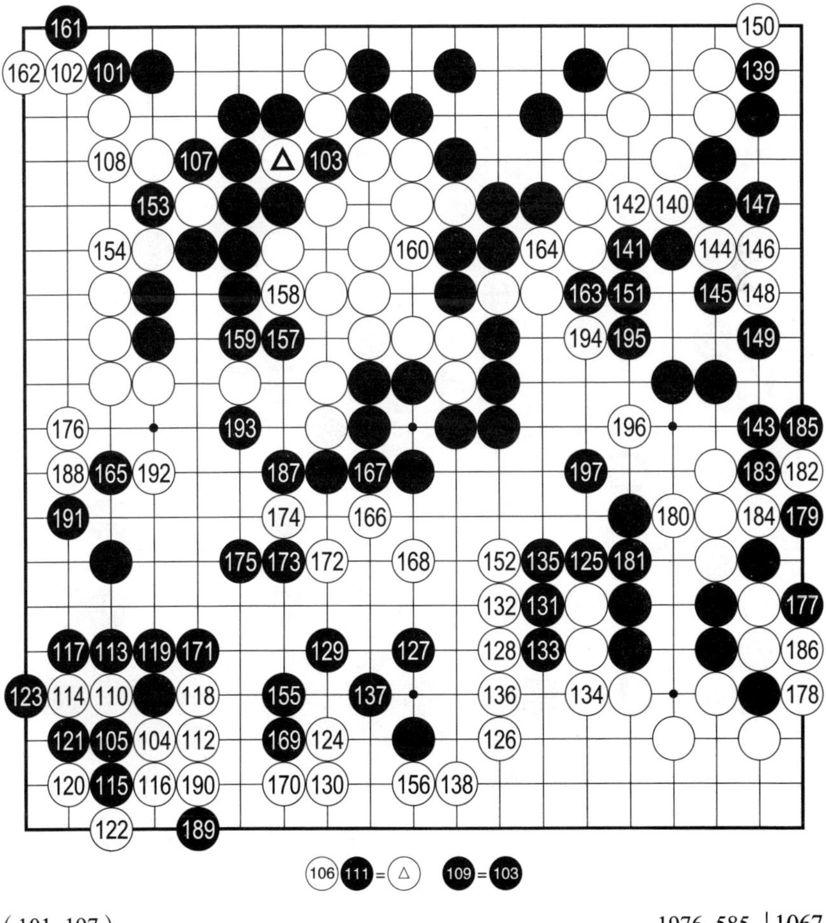

（101–197）

1976年6月1日
全国棋艺锦标赛

黑方　陈锡明

白方　陈祖德

布局至30形成对黑有利的战斗。黑31没找到形状，应在73位靠断，吃住白二子棋筋。白32托断至46，局势两分。黑67重大失误，应在68位长，实战角部被吃，白棋大优。黑81、85节奏全无，被白86挂，翻盘希望越来越小。弈至126，白全部活出，取得一盘大胜。（柁嘉熹）

黑贴$2\frac{3}{4}$子　152手以下略　白胜$5\frac{3}{4}$子

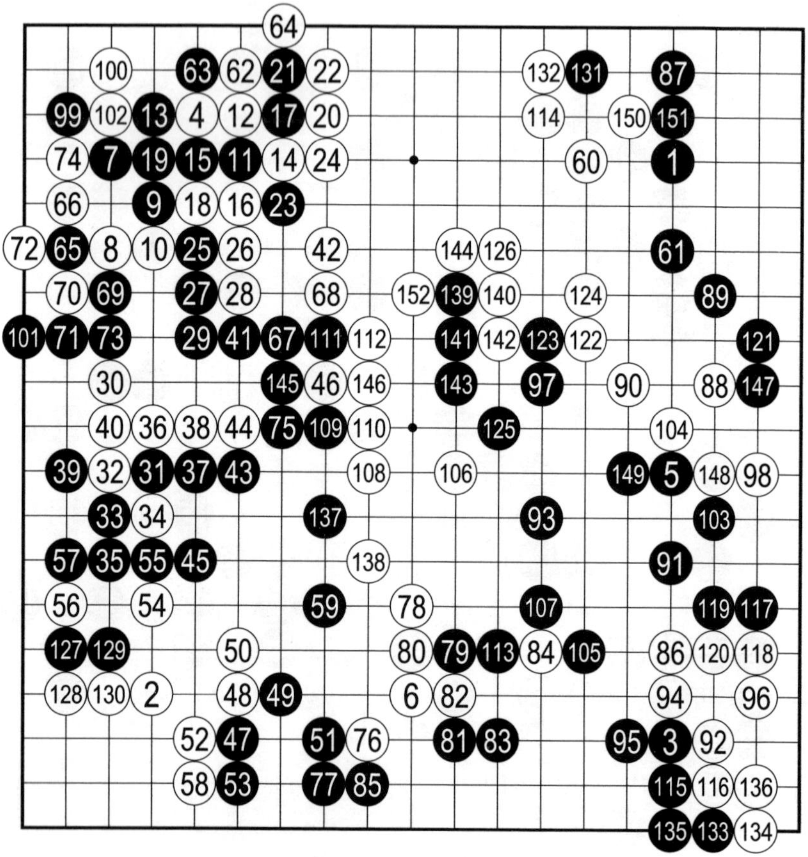

（1–152）

1976年6月30日弈于合肥
全国棋艺锦标赛

黑方 陈祖德

白方 孔祥明

孔祥明1973年入选国家队，1976年访日七战七胜。在没有设立女子比赛之前，她是巾帼不让须眉的代表。

至白24，白在争速度、势力的魄力上可与宇宙流相媲美。黑25选点令人困惑。白26立冷静。白30很强。黑31借机行棋。白32严厉，黑33首先要考虑自保。黑43后，不但让白上边走实了，还落了后手，也未活净。白44过分，分投较适当。黑45稍嫌软弱，但强攻也未必有利。黑47太软弱，应从边上紧逼。黑49必须拦。白52、54腾挪，至60粘暂时安定了。白72以下分割右边刻不容缓。黑75扳是正着。白78欠慎重，以尽量远离右下白棋为宜。黑81跳时，白82依然走强，肯定误算了。黑87先在89位夹才是漂亮的次序。白90是败着，被黑91、93先手扳粘，右下白棋就无法补活了。白90唯一的下法是在47上一路贴住。（陈祖德）

黑贴$2\frac{3}{4}$子 共149手 黑中盘胜

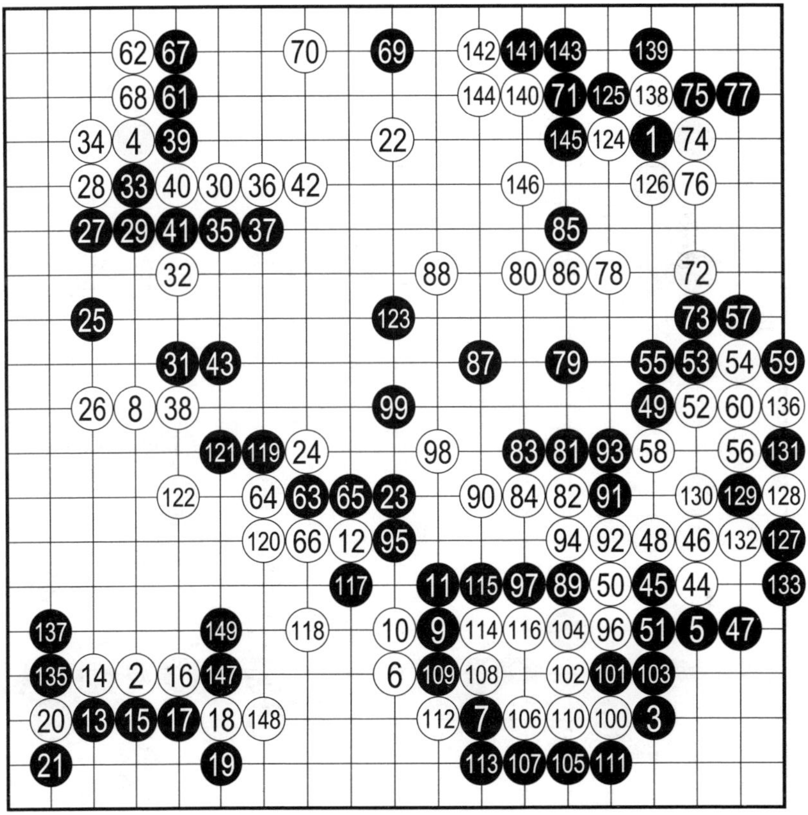

134=128

（1–149）

1976 年 12 月 28 日

黑方　陈祖德
白方　沈果孙

高中国流大获成功之局。白 24 至黑 61，黑边形成铁壁，黑角接近 20 目，而独眼白龙还须奔命，惨不忍睹。白 24 可考虑 26 位，黑 25 位，白 32 位，回旋余地大得多。白 26 可考虑 34 位，黑 35 位，白 42 位，黑 43 位，白 41 位，起码大大优于实战。白 84 左右为难，当然很想走 85，但是黑下 84 位，则瞄着 66 位上一路扳。黑 89 简明扼要。黑 91 以下轻松整形，敦促白认输。（华以刚）

黑贴$2\frac{3}{4}$子　共 97 手　黑中盘胜

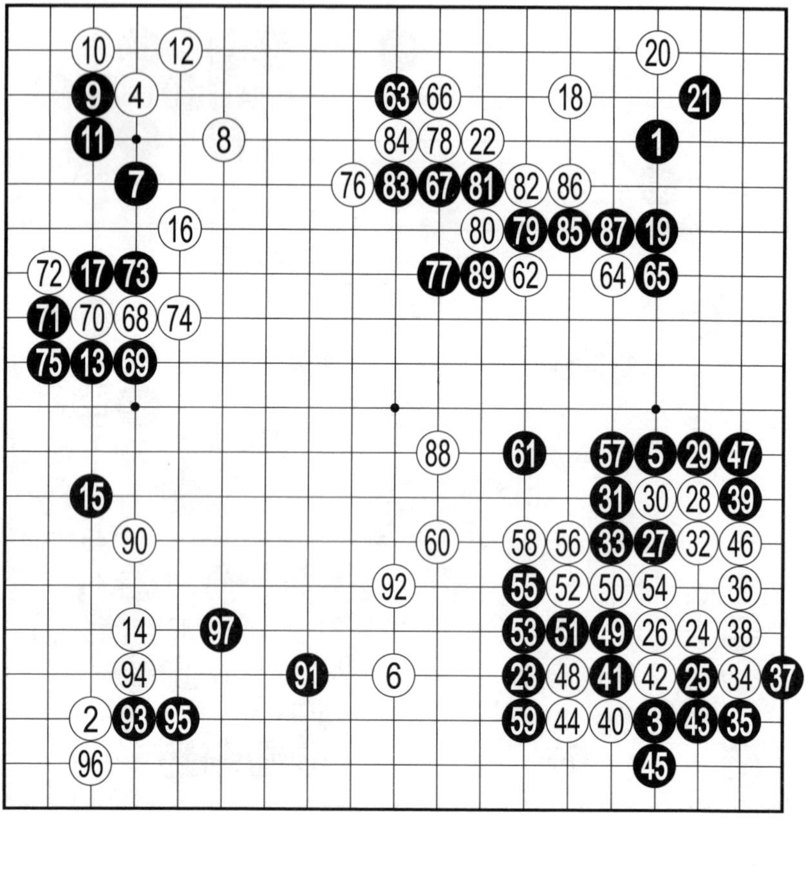

（1–97）

1976年12月30日

黑方　徐荣新

白方　陈祖德

至白12，双方布局朝气蓬勃。黑13如59位高挂，不愿意被白63位恰到好处地飞起，但是同样下边打入，我推荐黑走64位——13位拆和206位靠都是其后续手段。白22、24、26关联好手，使黑成愚形并分断攻击之。黑31锐利，也让对方尝尝被隔断又损地之痛。黑59重，可59上一路嵌，白206接，黑84位长，白走三路爬，黑63位再长，争取尽快连络。白60是进攻时的斗志使然，未必有成算。黑61理应走63位，白64位，黑84位，似乎白亦难攻。（华以刚）

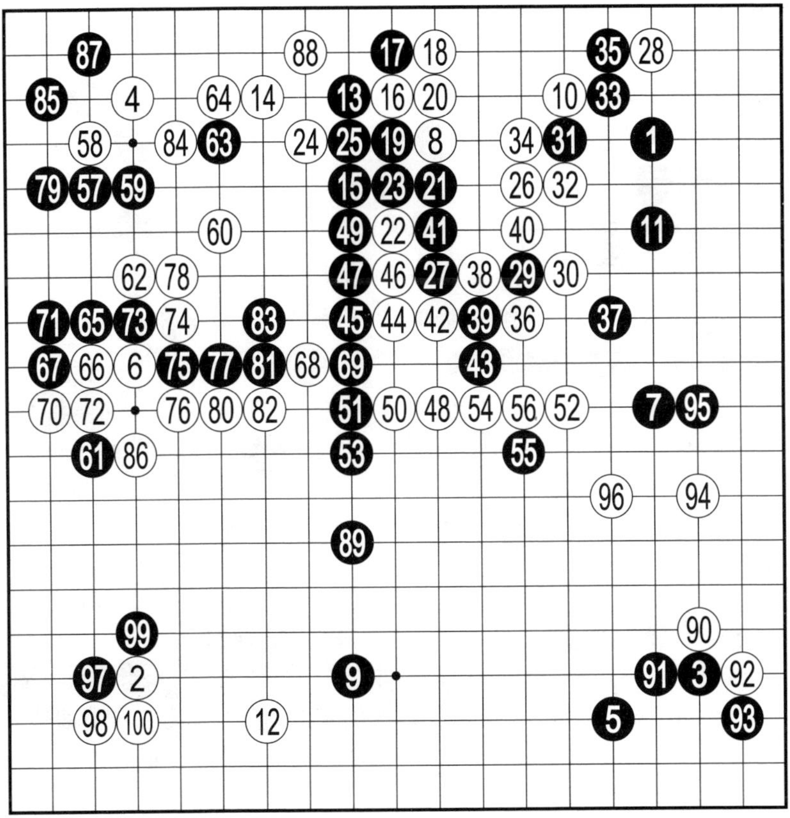

（1–100）

始于左上角黑 151 的攻防战，双方妙手、强手迭出，值得欣赏。（华以刚）

黑方 徐荣新

白方 陈祖德

黑贴$2\frac{3}{4}$子　共 216 手　白中盘胜

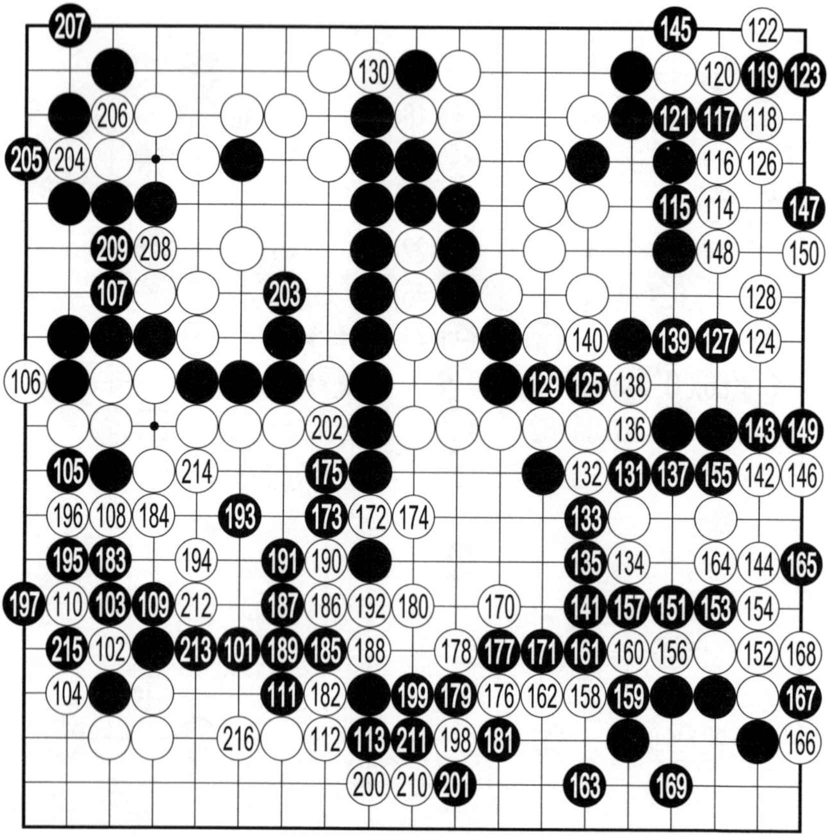

（101–216）

时年33岁

一九七七

◎ 4月14日—5月2日，以桥本宇太郎九段为团长的日本围棋代表团访华。首场陈祖德不敌东野弘昭九段，第二场轻取家田隆二七段。第三场，陈祖德与日本主将桥本宇太郎对局，执黑4子不敌对手。第四场、第五场陈祖德都未出场。第六场、第七场陈祖德发挥不佳，不敌佐藤昌晴六段和石田章七段。共1胜4负。

◎ 8月14日—9月17日，全国围棋比赛在黑龙江省哈尔滨市举办，陈祖德因工作之故没有参加本次比赛。

薛志春　整理　　　　**华以刚　审订**

1977年1月3日

黑方　陈祖德

白方　华以刚

白10是梶原武雄九段的新手。老定式白12点角、扳粘之后再18位飞时，黑可以18下一路靠住。这就是新手的初衷之一。黑23是有力的攻法。白42大胆构思。白50，术语为“相思断”，白52、54得以提通。至白58，黑角实地仅33目而已，白在下边只花费一手棋，得此实利加厚势，当可满足。对黑61，白62冲击刻不容缓，否则下一手被黑60上一路攻守兼备，太漂亮、高效了。白72败着。忽略了黑75——只要86位简单出头，则黑大龙和黑7一子将疲于奔命。（华以刚）

黑贴$2\frac{3}{4}$子　共101手　黑中盘胜

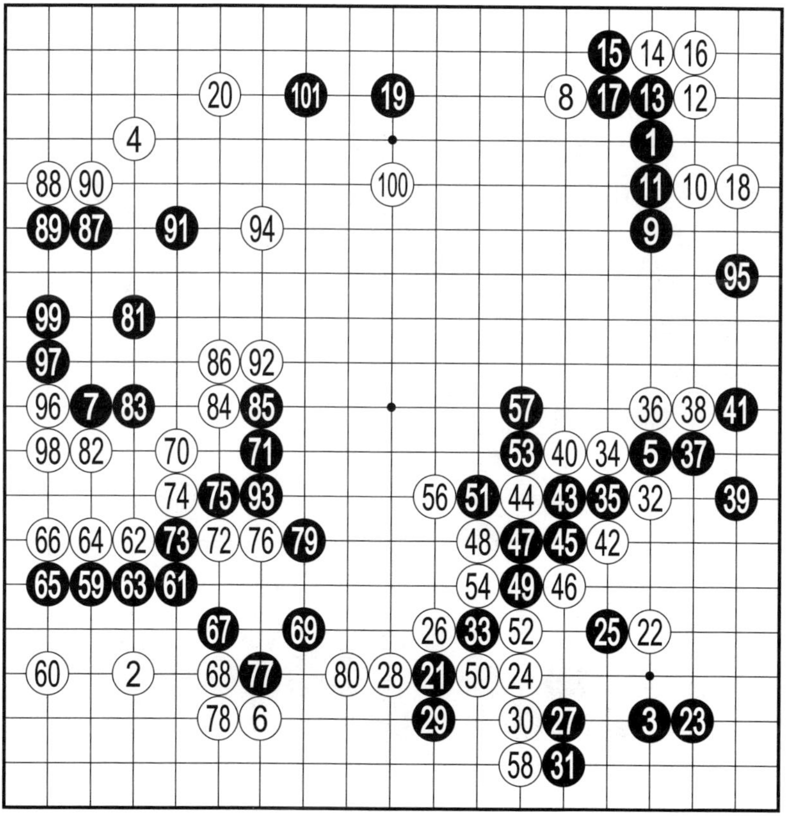

55=44

（1–101）

疑1977年1月弈于北京
国家队分组循环赛

黑方　陈志刚

白方　陈祖德

陈志刚，是当时20岁出头的棋界新秀。

至白14的布局，模样对峙，赏心悦目。

彼时，日本的围棋期刊，是事实上的教材。弱冠武宫正树独树一帜的“大模样流”，自然流入中国。

白22，中国古棋重视根据的理念体现。是故，黑21应于44位低拆二。白74，是“陈祖德流”，力拔山兮气盖世。彼时，陈九段33岁。白132，必要的最后一击。否则，局面仍细。（王元）

黑贴$2\frac{3}{4}$子　共140手　白中盘胜

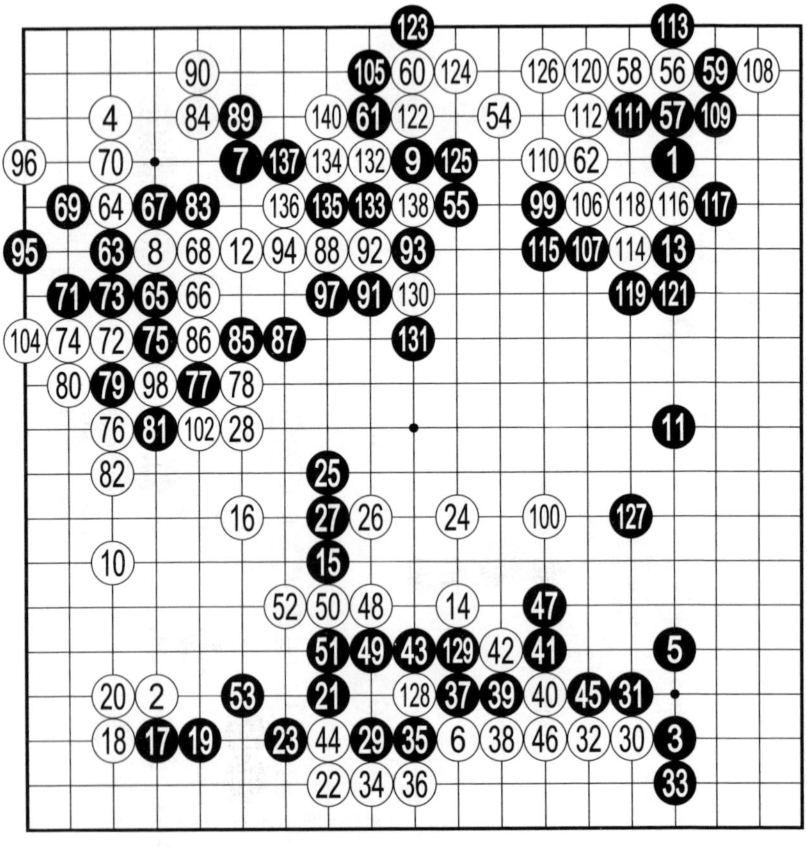

101=79　103=98　139=133

（1–140）

1977年1月7日弈于北京

黑方　陈志刚

白方　陈祖德

白14选择的定式亏损，5位上一路托或者脱先抢大场更好，至29黑棋满意。白36是与现代棋路遥相呼应的一手，陈老能在当年下出现在流行的点三三，无愧于大棋士之名。白52意在引征，但太损，应在50位上一路单长。实战虽然跑出上方一子，但整体亏损严重。黑75、83判断清晰，至103，白收获甚微，黑棋大优。（柁嘉熹）

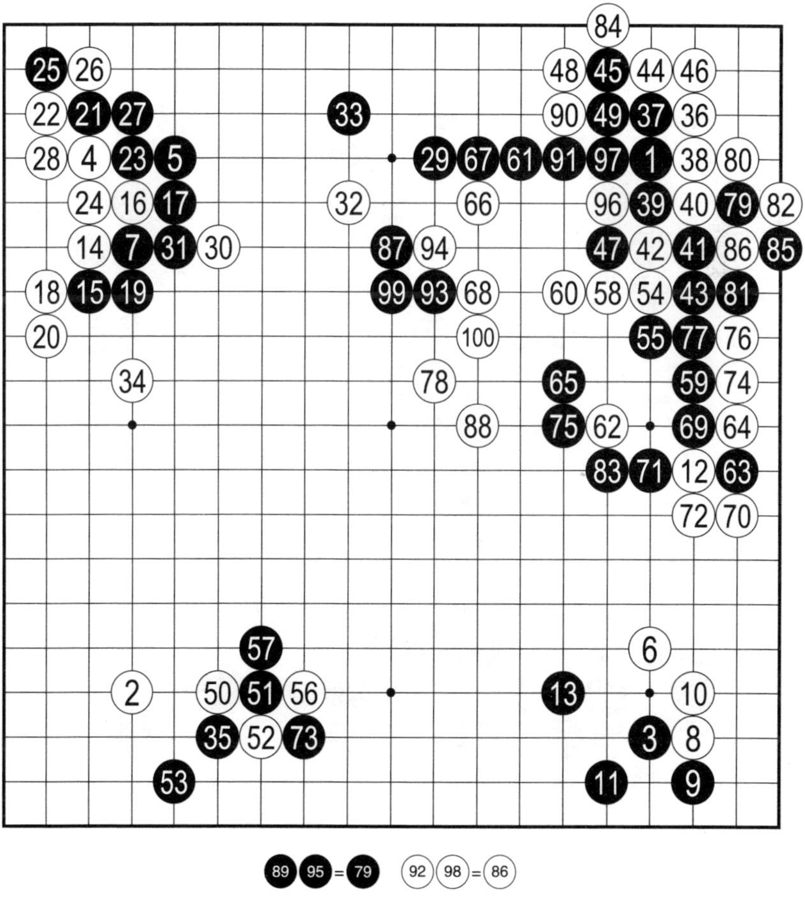

（1–100）

黑方　**陈志刚**

白方　**陈祖德**

白 112、114 分断寻找头绪，但自身棋形太薄，至 131，黑扬长而去。白 138 最后拼搏，但中间大龙被杀，棋局结束。（柁嘉熹）

黑贴$2\frac{3}{4}$子　共 191 手　黑中盘胜

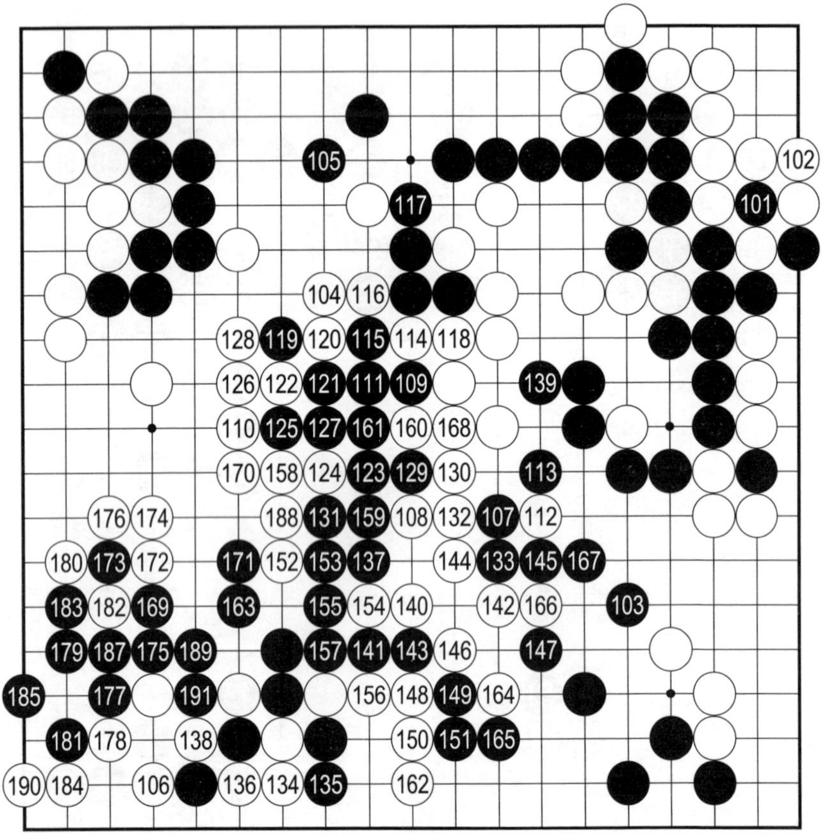

186=173

1977 年 1 月 10 日

黑方　陈祖德

白方　杨以伦

白 20、22、24，早早显露经营中原的苗头。白 30 于 39 位靠更为常见。如谱为下一手 50 位封进行准备，行棋颇具连贯性。黑 31 简明，下一手 35 位冲和 40 左一路跳出必得其一。白 80 次序好，迫使黑 81 退却。白 86 既然断，就准备弃掉下边了。白 92 先手占官子。黑 105 实际等于先手吃掉了下边。黑 115 处，白包围圈不够完整，显得味恶。很想学习一下黑的定型法。可惜谱没了。左下角如轮白收官，推荐白走 55 位上一路，黑走 49 位下一路，白再走 55 位下一路。

意犹未尽之局。（华以刚）

黑贴$2\frac{3}{4}$子　115 手以下略　黑胜$4\frac{3}{4}$子

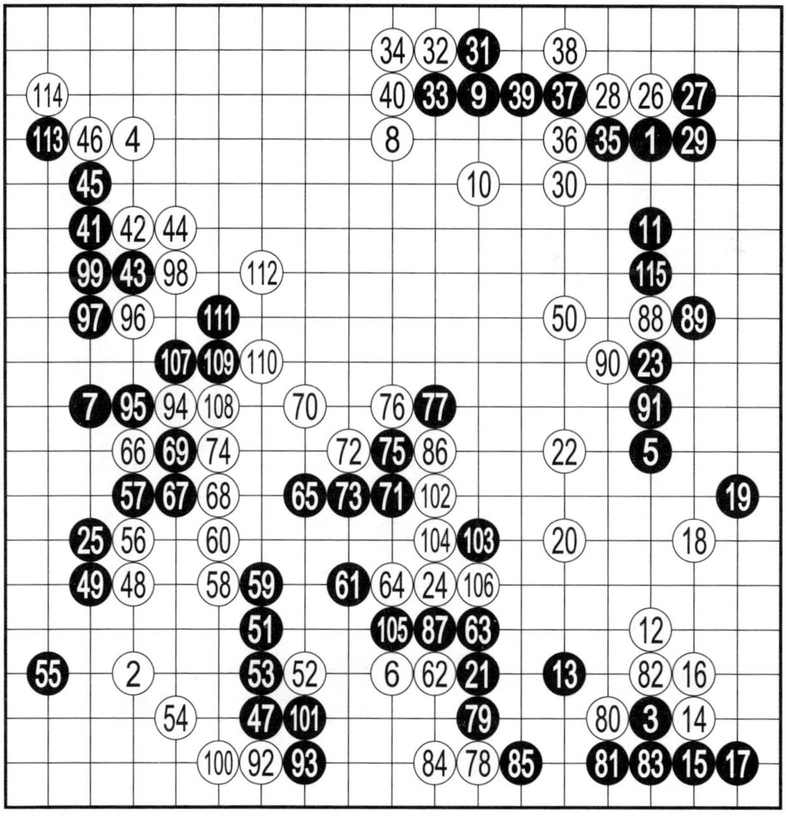

1977年1月11日

黑方　王群

白方　陈祖德

黑31防白走31位左一路先手刺，具有一手棋的价值。白36必争点。面对黑57的攻势，白58的治孤方向值得推敲，似应走87位，出路既宽，也便于做眼。黑65、67、69顺势蹂躏下边，步调甚好。白70不可省略，否则遭黑70位左一路逼，连白角都受到威胁。黑77至87先手得利，优势。白130望外收获，但是黑也先手打穿了左上角。黑133不手软。黑135后，白走135上一路，黑走131左一路，白走49下二路，黑走135右一路，白走49下一路，黑走134左一路是正常分寸。黑盘面10目。（华以刚）

黑贴$2\frac{3}{4}$子　共137手　黑中盘胜

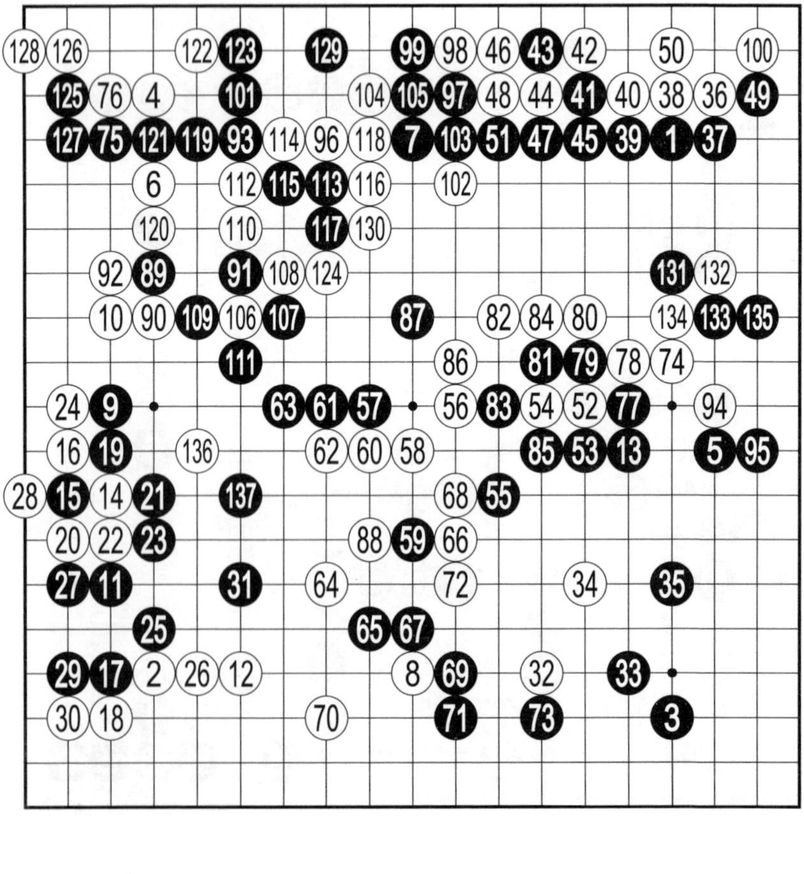

（1–137）

1977 年 1 月 14 日

黑方　陈祖德

白方　何晓任

白 12、14 步调好。黑 19 随手，以为白会走 22 位连，黑则 59 位跳。不料白 20 先靠，再 22 连。黑 25 在右边又花一手，被白 26 正面一飞，黑早早苦战。黑 25 应于 27 位跳，白 28 位跳，黑 26 位飞，争正面出头。黑 35 机敏，由此白 42 就不能在 49 位虎了。白 56 逸机，应于 147 位刺，黑走 147 左一路粘，这样黑在局部将做不出两眼。白再从 18 位右上尖刺，强化外围，黑将穷于应付。黑 59 不仅逃过生死难关，还获得目数，简直是天上掉馅饼。(华以刚)

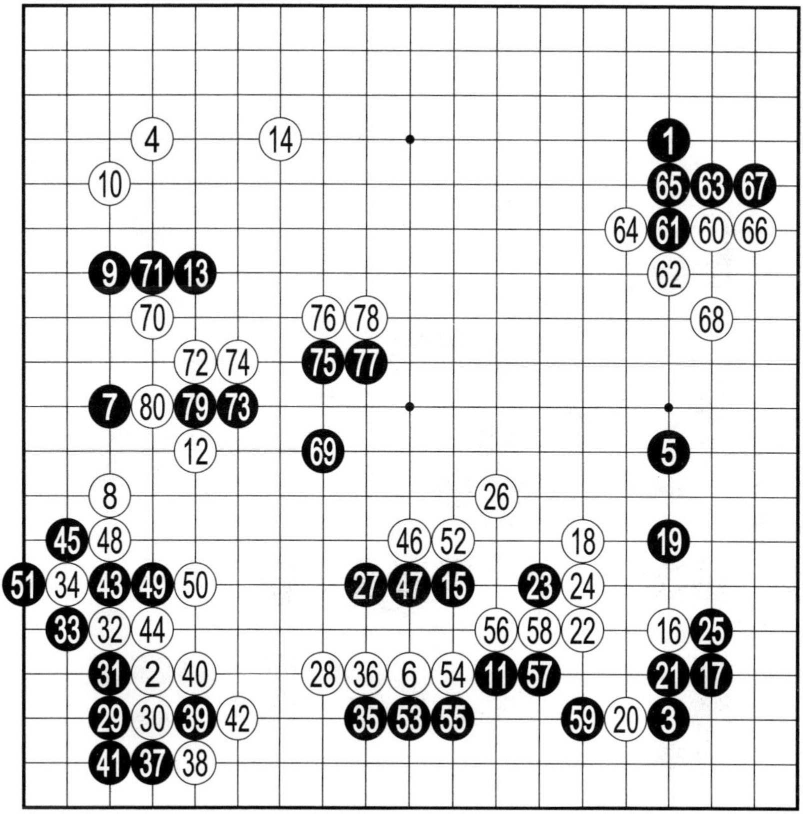

(1–80)

黑方 **陈祖德**

白方 **何晓任**

黑93、95先手开花，可见白当初吃了多大亏。

白164于166位尖补或可最后一搏。（华以刚）

黑贴$2\frac{3}{4}$子　共171手　黑胜$1\frac{3}{4}$子

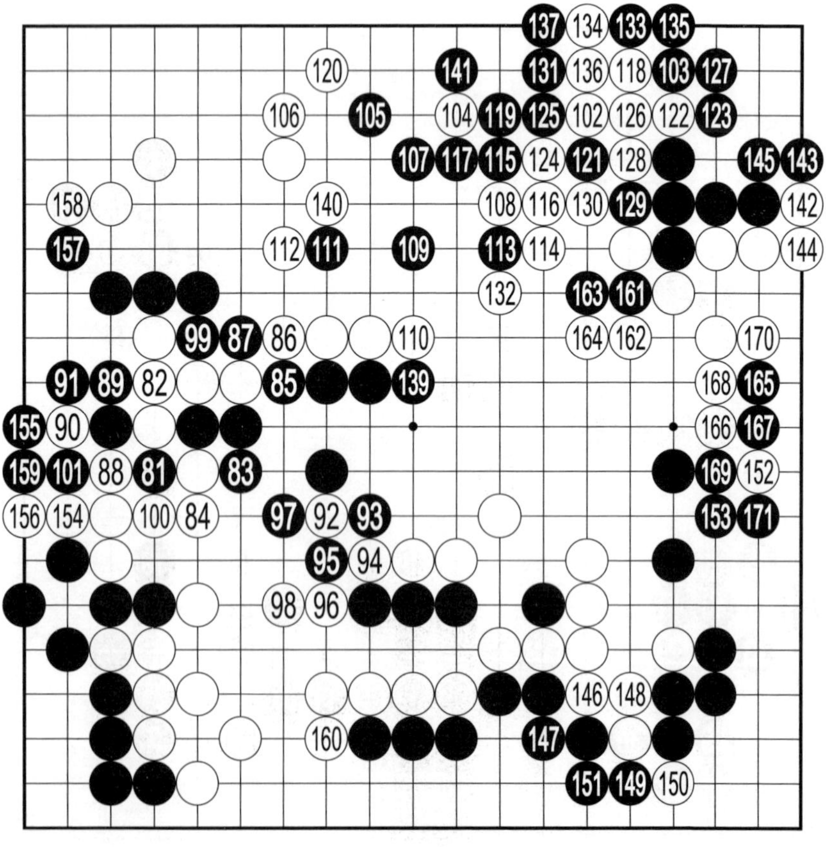

138=121

1977 年 1 月 18 日弈于北京
积分循环赛第 9 轮

黑方　杨晋华
白方　陈祖德

杨晋华，彼时的新秀之一。

白 30、34、36、46、50 等，从容不迫，简单明了。这说明以力量著称的陈祖德，正尝试拓宽棋路——只有既足天赋、认知又深者，方有此举。这与 300 年前的施襄夏公如出一辙。

那时，吴清源大师提议并操作促陈祖德赴日磨炼，惜乎因故未成。（王元）

黑贴$2\frac{3}{4}$子　127 手以下略　黑中盘胜

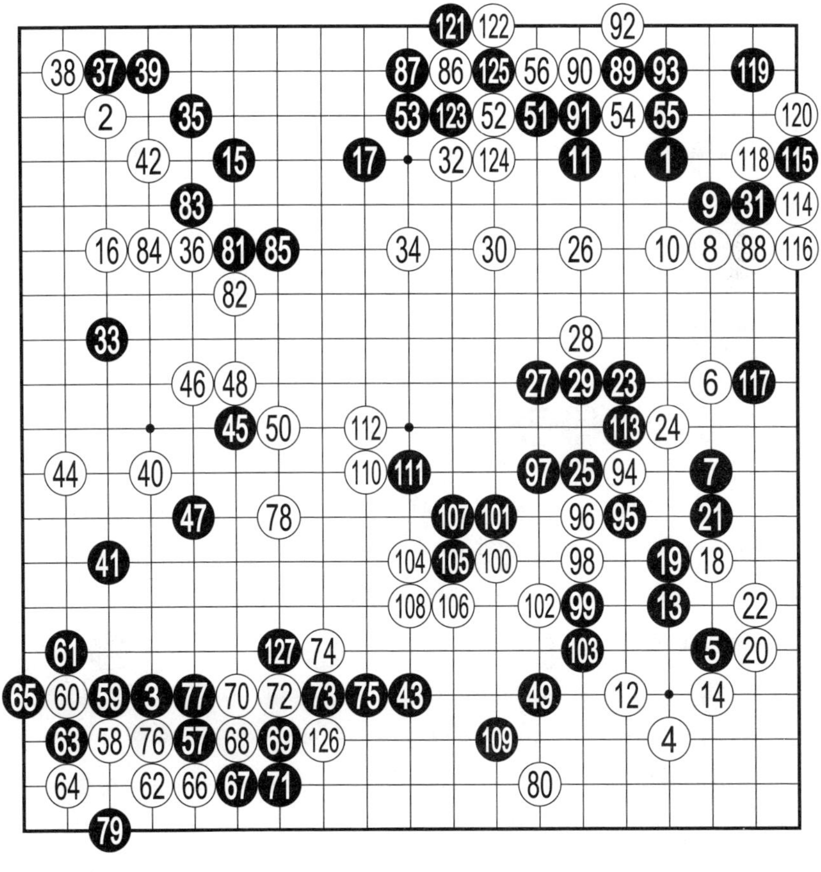

（1–127）

1977年1月19日弈于北京
积分循环赛第10轮

黑方　陈祖德

白方　黄德勋

黄德勋，著名战将。

黑37横碰，今天AI流的感觉。白38、40之试应手，煞费苦心。黑41至45，大胆弃子，展示开阔的视野。黑51，内涵丰富。其一，不在白50后的此处纠缠，大局先行；其二，左上角白方如果飞压，黑将不是顺爬，而是冲破定式的冲断，这将早于李世石九段下出此形40年。之后，黑再弃右下角，转战上边，堪称“动如脱兔”。（王元）

黑贴$2\frac{3}{4}$子　共135手　黑中盘胜

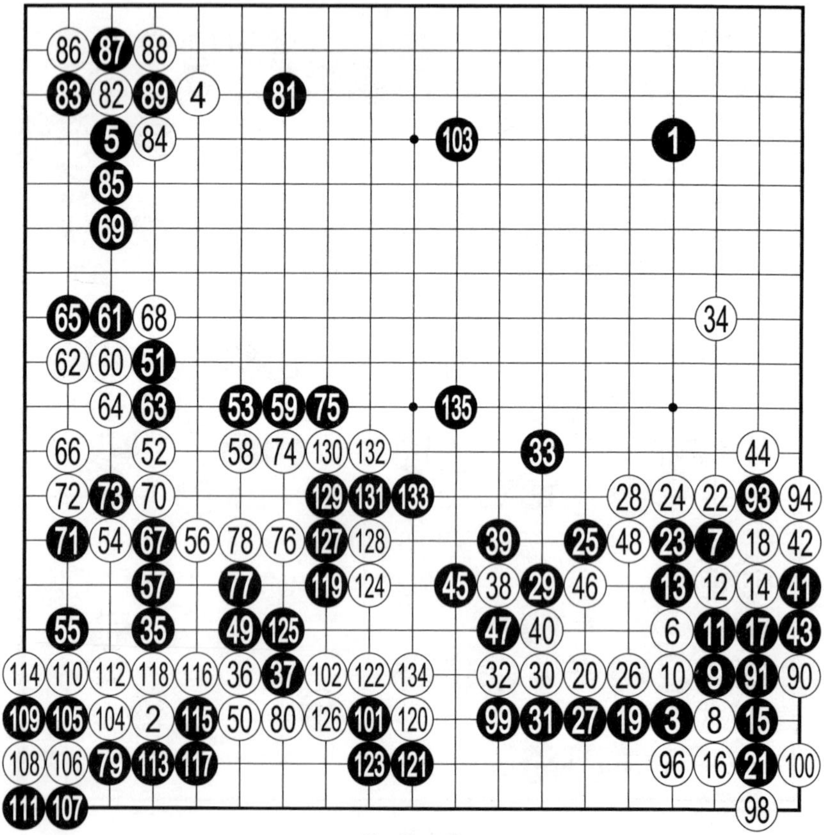

92 97 = 82

(1–135)

1977年1月21日弈于北京
积分循环赛第11轮

黑方　程晓流
白方　陈祖德

程晓流，当时棋界俊杰。

白6笨顶，是木谷实先生开发的新手。总体说来，此着品相欠美，实效欠佳。难得的是，青年陈祖德，什么都会先试试。白36也属尝试。作为中国流布局的开发者，陈祖德时常改变立场，矛与盾都用。白54，是陈祖德流，于55位长，简明。黑85后，开始肉搏战。但这样的战斗，陈祖德是当时第一。（王元）

黑贴$2\frac{3}{4}$子　140手以下略　白中盘胜

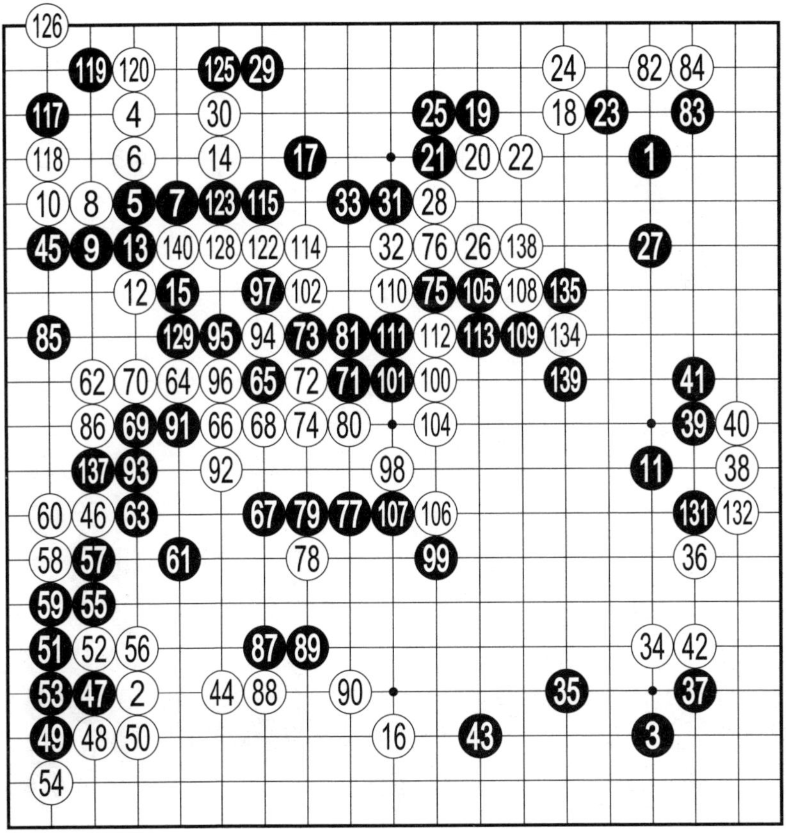

103 121 127 133＝65　116 124 130 136＝94

（1–140）

1977 年 1 月 25 日

国家队积分循环赛第 12 轮

黑方　陈祖德

白方　王汝南

王汝南，棋界大腕。

力量强，必以计算精密、筋形感觉锐利为基础。但人无完人，人也可能在自己擅长处犯错误。青年的陈祖德，在当时的围棋精英群体中，长期一马当先。如此，事实上造成了磨砺不足、难免懈怠的可能。如果吴清源大师倡议陈祖德赴日之事成功，我国现代棋史又将不同。黑 101，误算了右上角变化，应于 104 位下立。后来黑胜四分之三子，侥幸。（王元）

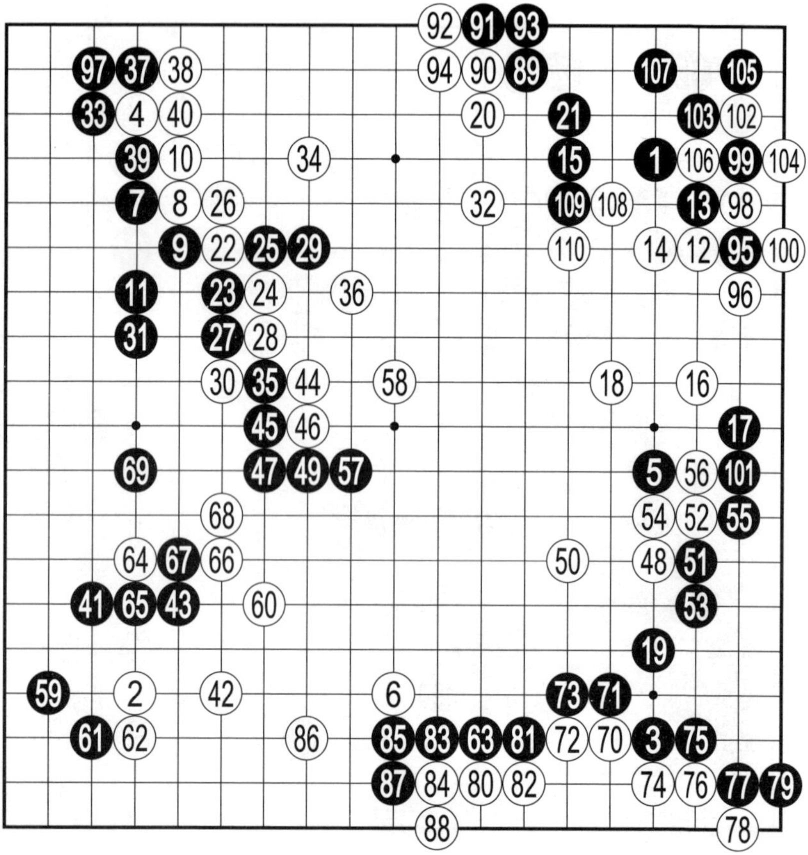

（1–110）

黑方　陈祖德

白方　王汝南

黑贴2$\frac{3}{4}$子　共225手　黑胜$\frac{3}{4}$子

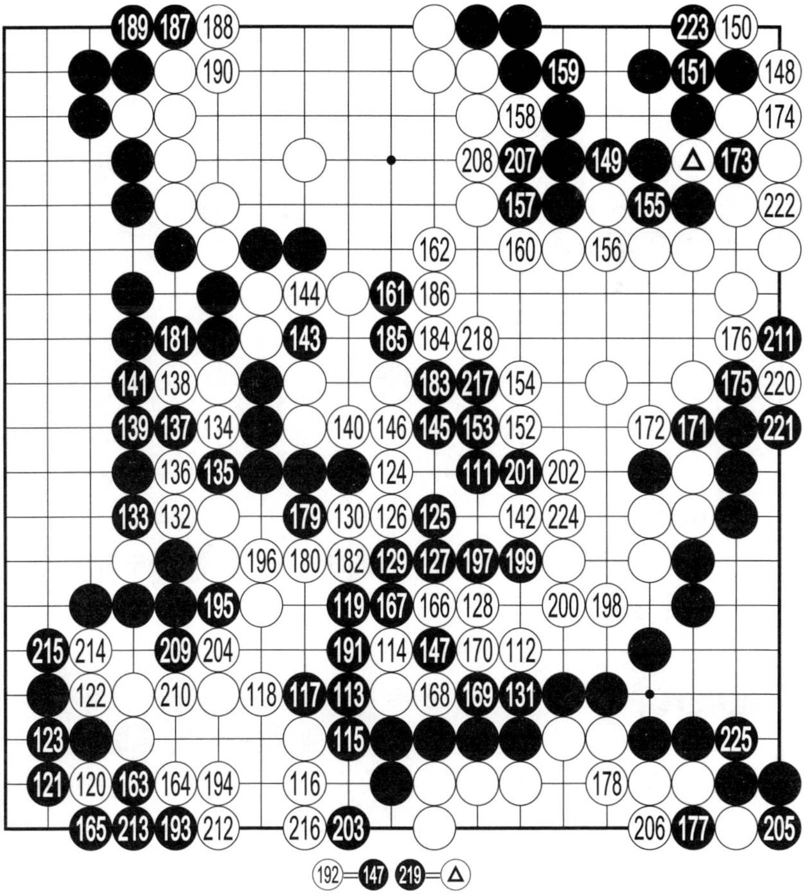

（111–225）

1977 年 1 月 26 日弈于北京
国家队积分循环赛第 13 轮

黑方　罗建文
白方　陈祖德

罗建文，棋界大腕。

棋风犀利，力量强大，富于激情，这是年轻的陈祖德的一面，另一面便是间或“冷静不够”。白 38 随手，应 40 位挖。随手棋落枰之后，自我较劲，白 40、42、44，致大局有碍。黑 79 欠妥。如 AI 流肩冲白 78 一子，则黑有利。白 82 大好手！陈祖德流：斩草除根，以静待动，先抑后扬。黑 105 误算。白 106，入木三分。（王元）

黑贴$2\frac{3}{4}$子　共 118 手　白中盘胜

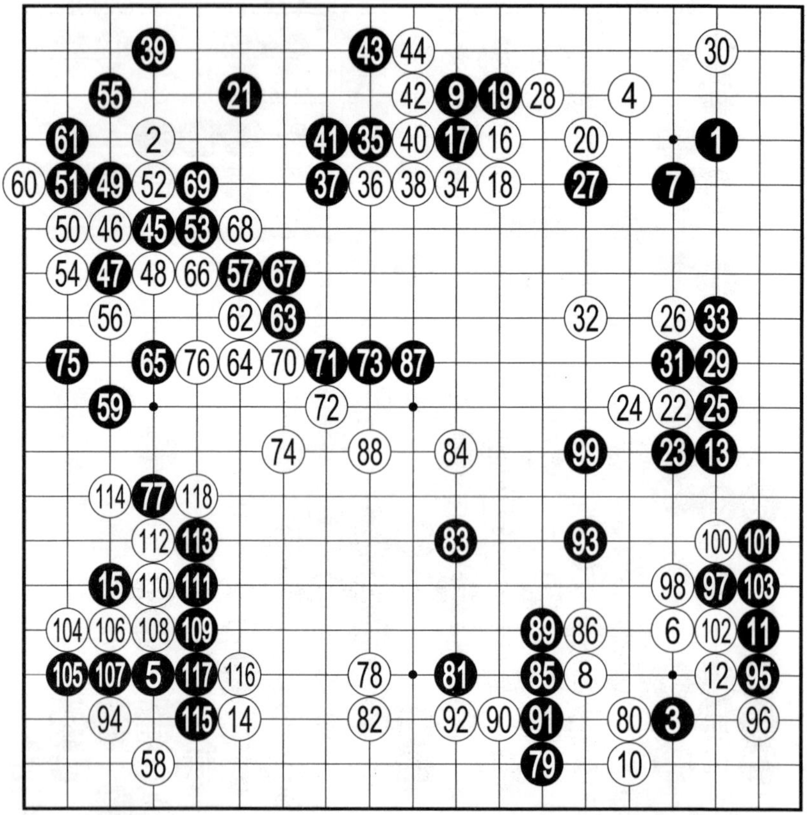

（1–118）

1977 年 1 月 28 日弈于北京
国家队积分循环赛第 14 轮

黑方　陈祖德
白方　江鸣久

江鸣久，彼时弱冠精英。

白 10，可谓对定式的挑战。此局三年前，在聂卫平执白对陈祖德一局中，聂首次采用。但，白 10 并不好。黑 21，朝气蓬勃，陈祖德流。此着于左边静拆，已是黑好。白 30，应 33 位左右。黑 67，筋。施襄夏之“双单形见必敲单”，所指即此。下边的血战，陈祖德的力量更胜一筹。（王元）

黑贴$2\frac{3}{4}$子　共 125 手　黑中盘胜

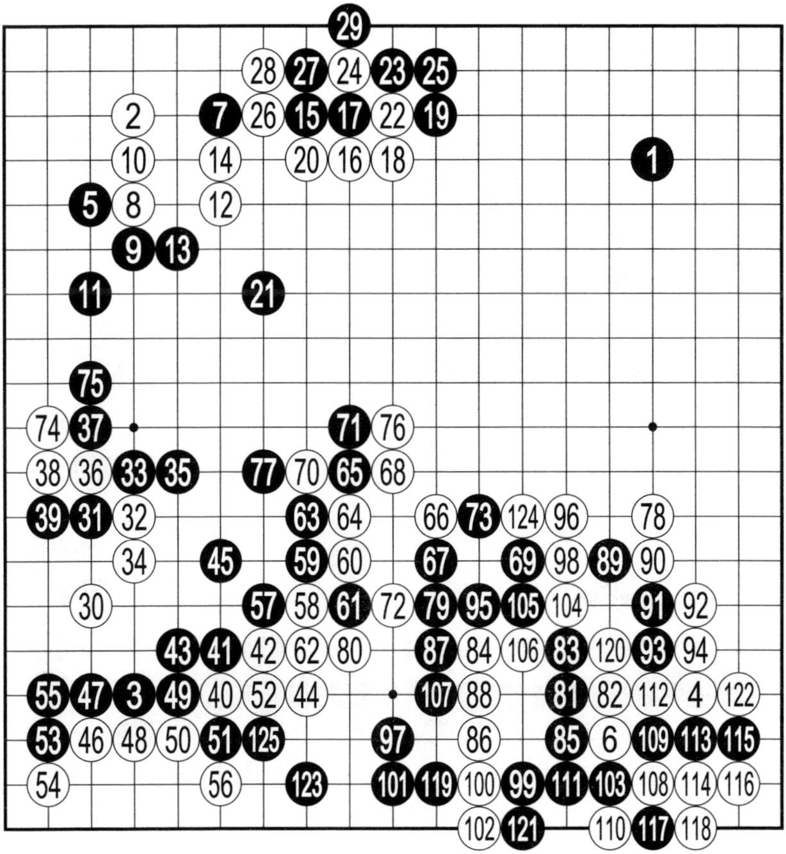

（1–125）

1977 年 1 月 31 日弈于北京
积分循环赛第 15 轮

黑方　刘小光
白方　陈祖德

白 22 点三三！在今天，AI 引领下的满世界的点三三，与 47 年前陈祖德的白 22，大异其趣啊！白 50、54、60，皆无棋自补、静观其变的境界。白 116，拔剑出鞘。

刘小光彼时 16 岁。本局黑下得很好。（王元）

黑贴 $2\frac{3}{4}$ 子　122 手以下略　白胜 $4\frac{1}{4}$ 子

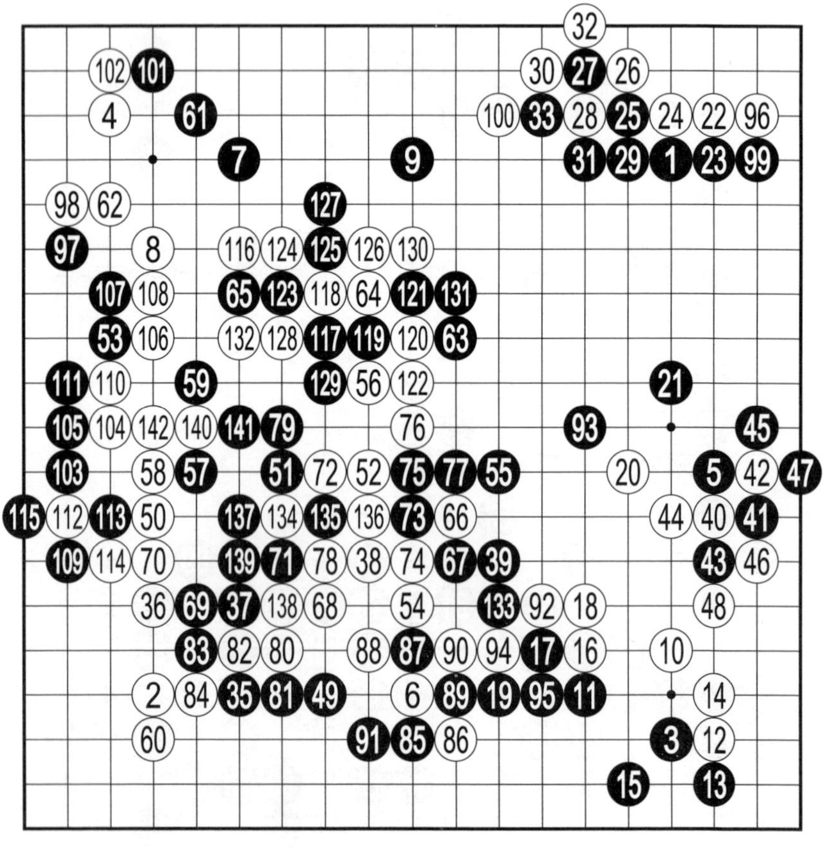

（1–122）

1977 年 2 月 7 日弈于北京

黑方　陈祖德
白方　王汝南

黑 23、25 冲断体现了陈老偏爱作战的棋风。黑 33 点角非常大，白 36 至 44 的下法过分，正常应直接 39 位飞，走厚自身较好。黑 45、47 犀利，局部白已无法阻止黑 53 断吃三子。以下进行至 71，黑获得优势。黑 93、95 在优势下仍然不依不饶，将风格展现得淋漓尽致。白 104 是最后败着，此时如在 106 飞下弃子，先手走厚外围，局面尚早。实战黑 119 在右边简单做活后实空大优，胜负已定。（周睿羊）

黑贴2$\frac{3}{4}$子　共 147 手　黑中盘胜

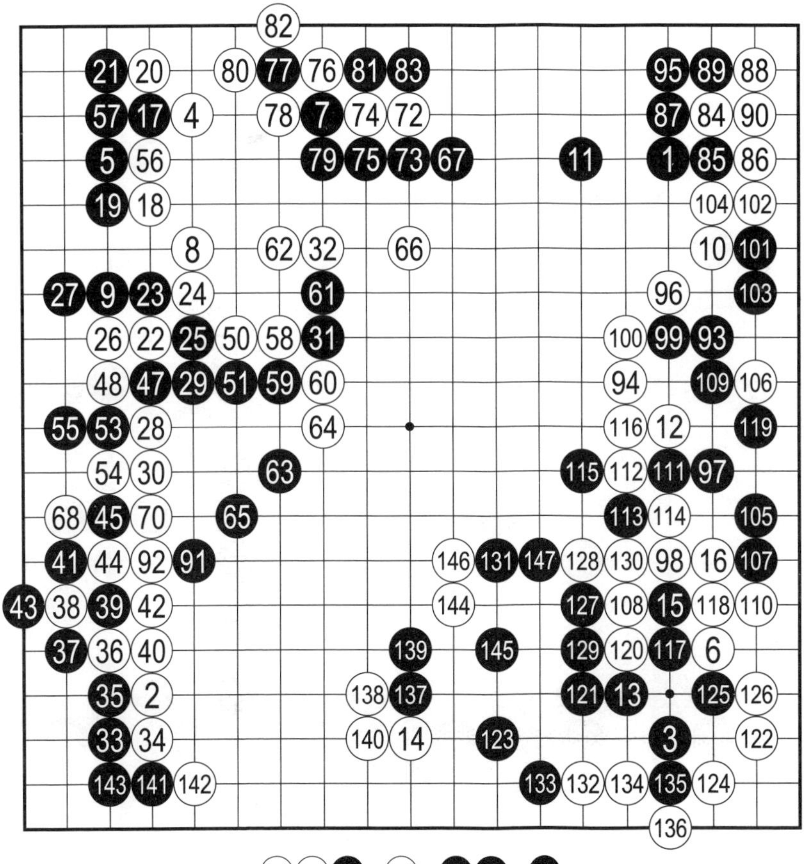

46 52 71 = 38　49 69 = 39

（1–147）

1977年2月11日弈于北京
训练棋

黑方　聂卫平
白方　陈祖德

白20可于22位先扳，黑24位，白20位。实战先托再扳，黑棋有利。白46可于47位打出，黑46位反打，白提一子，右边数子治孤并不难。黑53可于66位立。实战被对手走到64夹的要点，白棋好下。黑77试应手好棋，白如79位尖，黑87位，这样白169位弯成为后手。白78应于143位团。实战定型至87，黑棋挽回了劣势。白88、90价值不大，可于186位点三三。抢到99位扎钉，黑棋取得优势。（常吴）

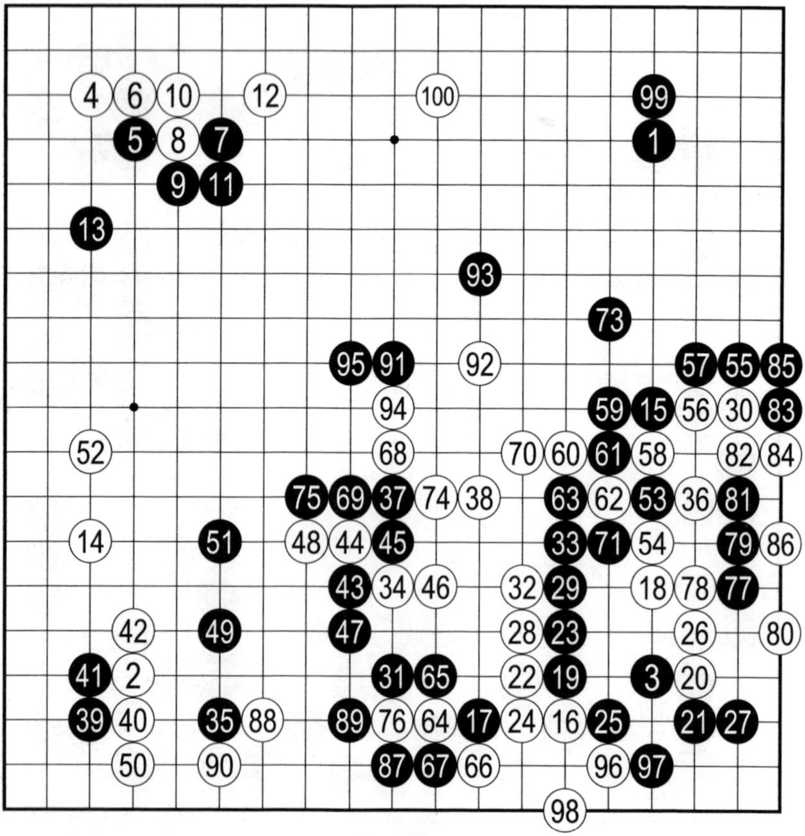

72=53

（1–100）

此后黑棋一直牢牢把握着主动。白150开始做最后的拼搏。无奈劫材不够，最终玉碎。(常昊)

黑方 **聂卫平**

白方 **陈祖德**

黑贴$2\frac{3}{4}$子　共187手　黑中盘胜

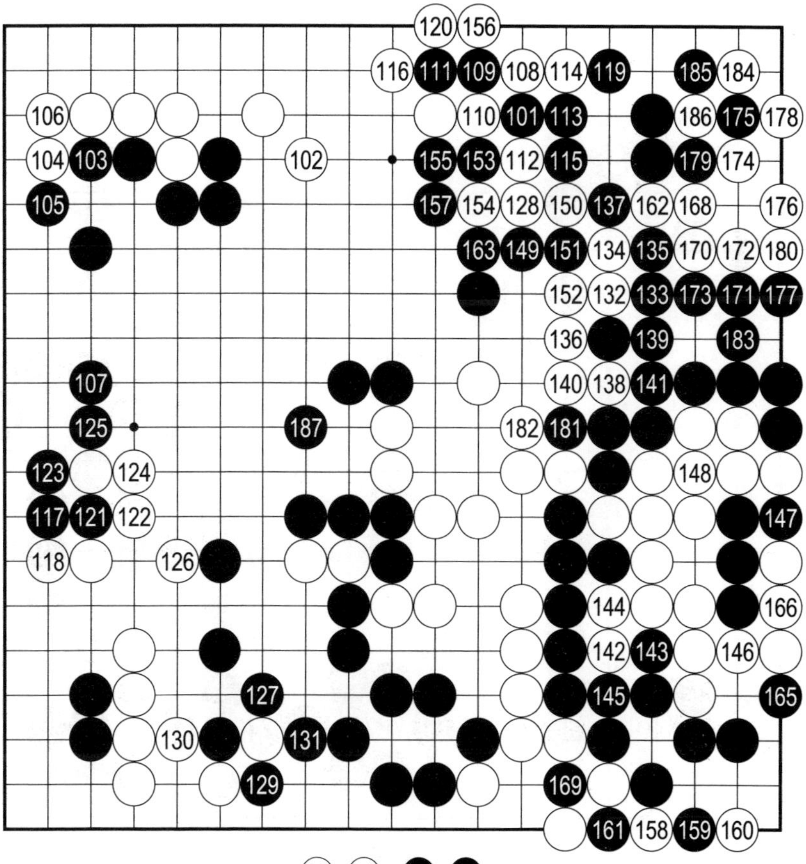

164=158　167=161

(101–187)

1977年2月14日弈于北京
国家队分组循环赛第4轮

黑方　华以刚

白方　陈祖德

华以刚，棋界大腕。

本局十分难得，非常精彩。奇局，由挑战定式的白12导演。青年陈祖德，在那个推崇日本定式的年代，不时有包括“中国流布局”在内的创新之举。对于黑13至17、黑19至23的这两处外势，陈祖德的着法显示出，他居然惦记着攻击，而且后来居然成真！后辈李世石在这一点上与之神似。外势不是厚势，但能够从一开始就朦朦胧胧地想着攻击外势，不仅证明了实力，更展现了格局。（王元）

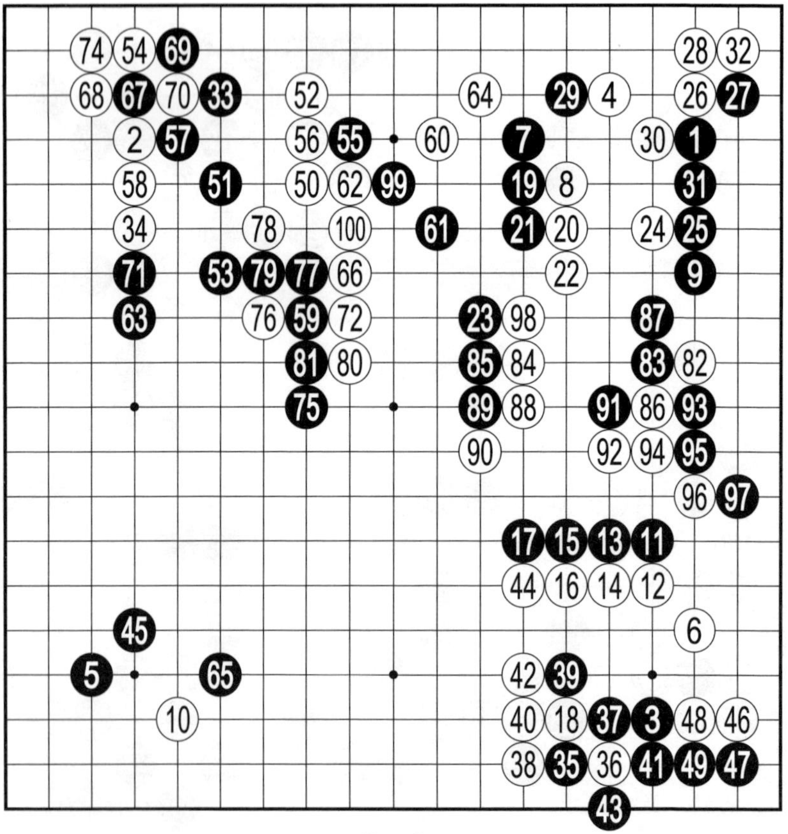

73=67

（1–100）

黑方　**华以刚**

白方　**陈祖德**

黑贴$2\frac{3}{4}$子　共 188 手　白中盘胜

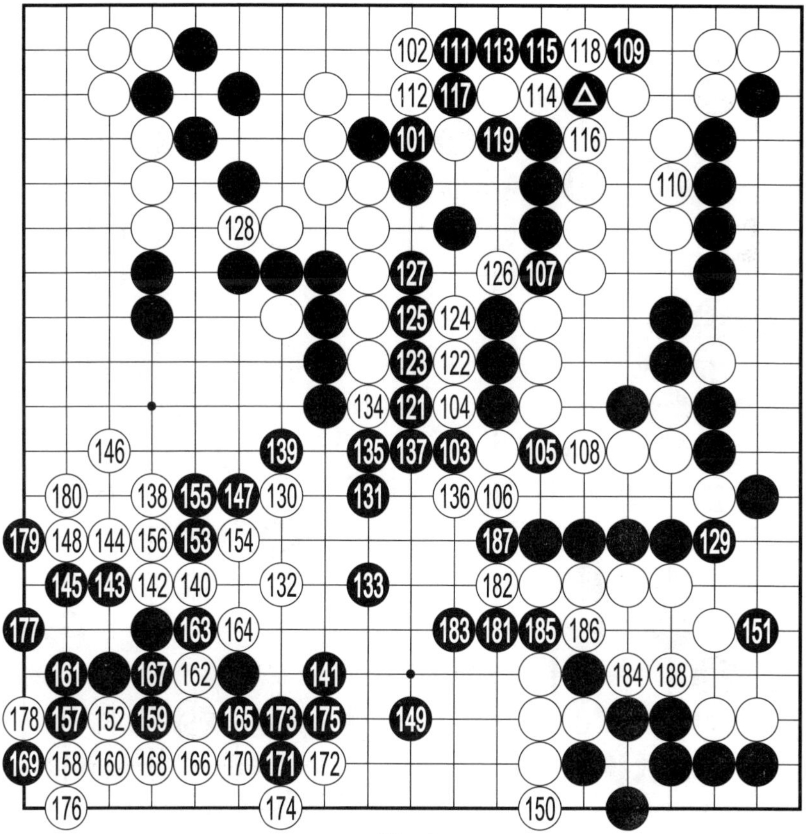

(120)=▲

（101–188）

1977 年 3 月 2 日弈于北京
国家队分组循环赛第 1 轮

黑方　聂卫平
白方　陈祖德

至黑 9，古今中外绝无同例的开局。至黑 79，全局是细棋。而至此的棋韵，明显高于其他棋局。

这一批棋谱，大都是陈祖德本人的训练谱。本局只记了 79 手，结果是黑胜，说明陈祖德对之后的进程甚不满意。

聂的完全破土而出，应是 1976 年（本局的一年前）。此时，陈 33 岁，聂 26 岁，可叹两位的年龄和棋艺高峰期，错开了。300 年前，范西屏与施襄夏，相差一岁，棋艺高峰期在不到 30 岁时完全合上，所以才有“当湖十局”的经典……（王元）

黑贴 $2\frac{3}{4}$ 子　79 手以下略　黑中盘胜

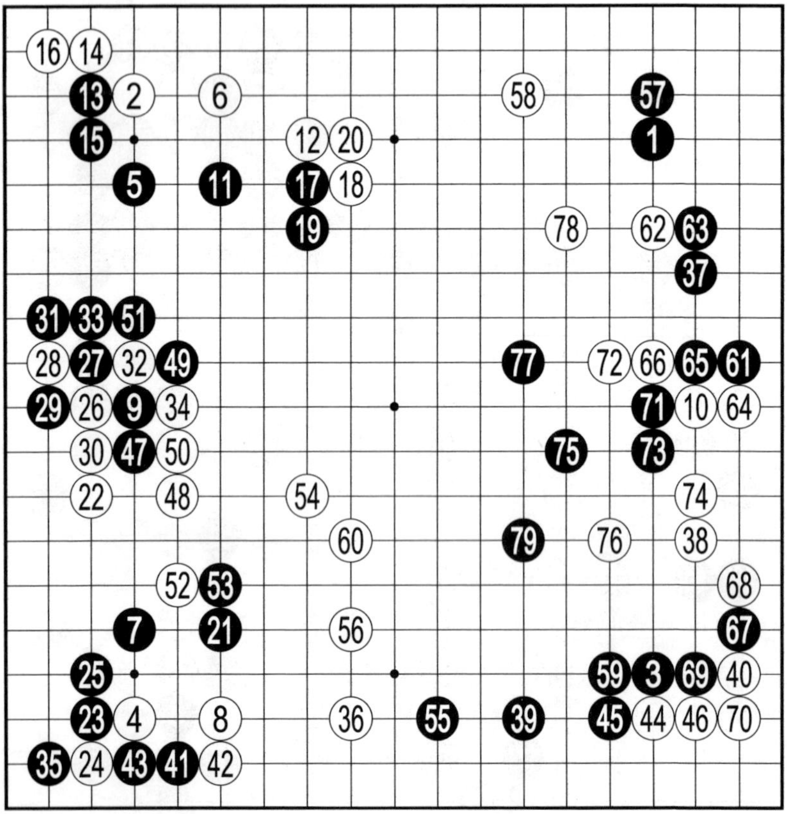

（1–79）

1977 年 3 月 4 日弈于北京
国家队分组循环赛第 2 轮

黑方　吴淞笙
白方　陈祖德

陈祖德、吴淞笙自少年时代起，就并称为“陈吴”，是我国围棋天才。1982 年，我国正式实行“段位制”。九段只有三位：陈祖德、吴淞笙、聂卫平。

至黑 19，漂亮的序盘。白 22，肩冲于四路！2016 年人机大战，AlphaGo 肩冲于四路，棋界皆惊。但，陈祖德于 40 年前就已示范。两位都是形势判断上的乐观主义者。白 100 时，事实上是白优。（王元）

黑贴$2\frac{3}{4}$子　136 手以下略　白中盘胜

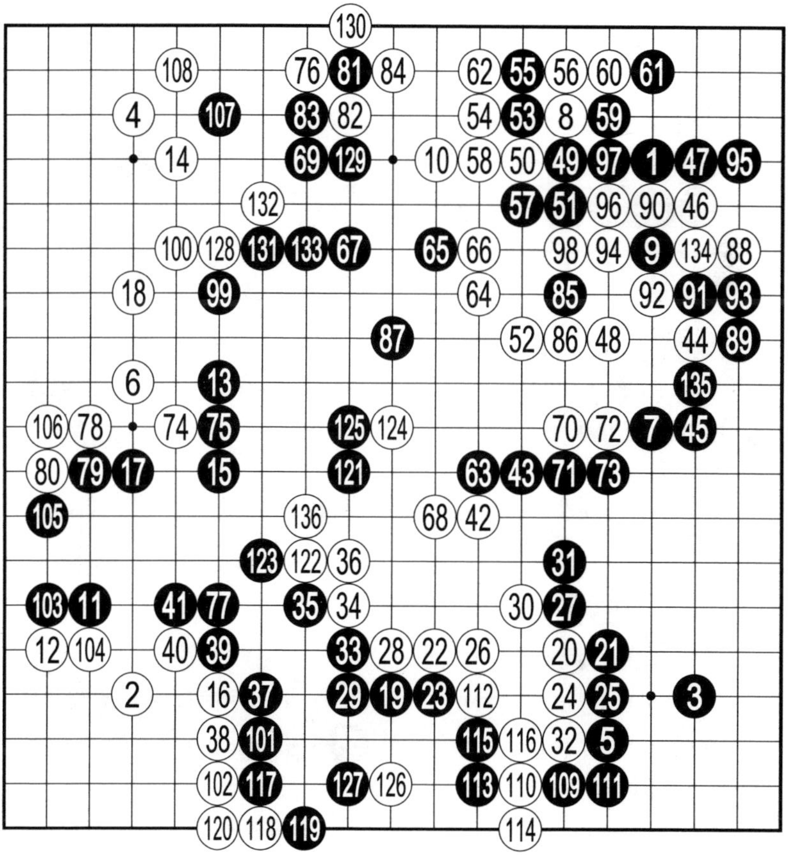

（1–136）

1977 年 3 月 7 日弈于北京
国家队分组循环赛第 3 轮

黑方　陈祖德
白方　王汝南

陈祖德开创的中国流，在棋界风靡了 20 年。对于白方来说，从白的第一着起，就不得不考虑如何制衡黑方可能布置中国流的问题。虽然，在 AI 时代的今天，这个问题已不存在，但中国流布局仍是棋文化发展中的一个伟大的脚印。

白 2、4 即为可能出现的中国流而设计。黑 37、39 为陈祖德流。黑 37 于 42 位退，则平常。黑 65 犀利。自此，黑优势扩大。（王元）

黑贴$2\frac{3}{4}$子　123 手以下略　黑中盘胜

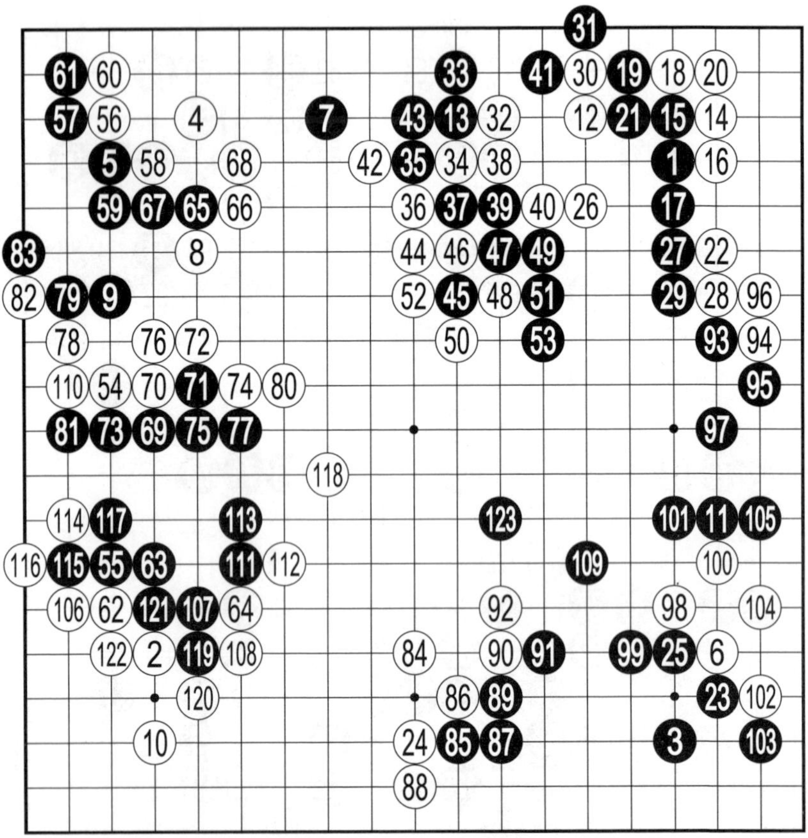

1977年3月9日弈于北京

国家队分组循环赛第4轮

黑方　江鸣久

白方　陈祖德

本局很有价值。一盘对后辈的棋，居然大败，而后，冷静地将棋谱从头记到尾。个中微妙，意味深长……

白6，试新。白26，欲攻，但本身不大。白48，有严重误算，也许是随手棋。白98，再度“得意洋洋”地随手，若白104、黑109、白111位右一路，则形势已经逆转——白胜势。

作为天才棋手，陈祖德在“当打之年”，一直缺乏强度足够磨砺的环境。这样的必然结果就是，自身的某些不足，难以被发现。而到最尖锐、最高级的“战场”上时，这些不足已经来不及修正，甚至形成思维定式而修正不了矣……（王元）

黑贴$2\frac{3}{4}$子　共137手　黑中盘胜

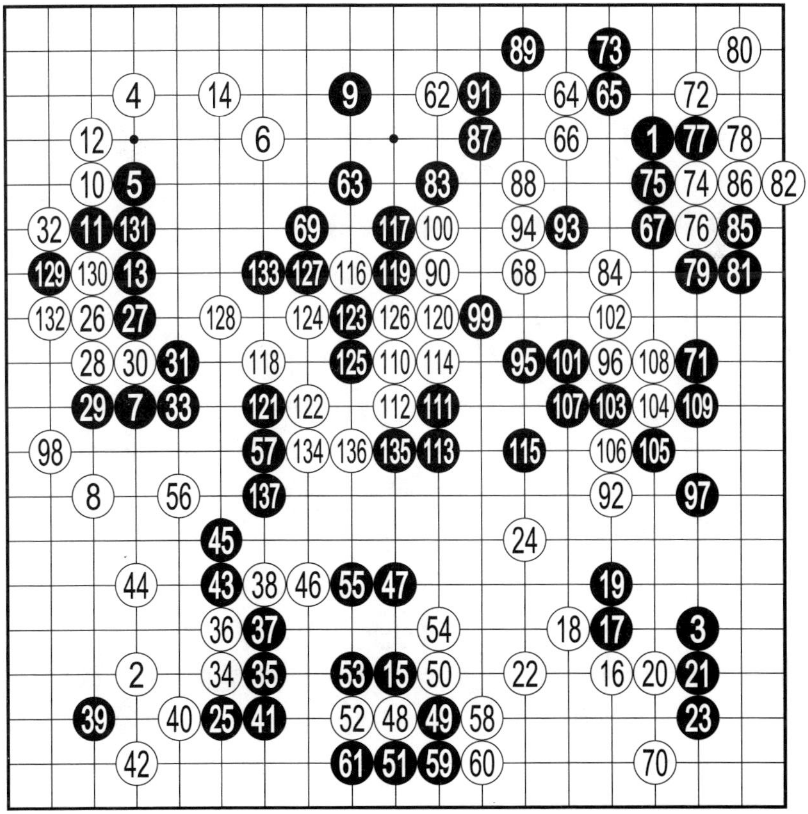

（1–137）

1977 年 3 月 11 日弈于北京
国家队分组循环赛第 5 轮

黑方　陈祖德
白方　黄德勋

陈祖德的棋风大幅度偏向“力战型”。如此，作为其对手，尝试控局、不战，便为合理合情的战略。从棋谱中看得出，青年陈祖德也不时尝试“不战”的格局，以拓宽自身棋路。

黑 19 即如此，此着于 120 位镇头，是正宗“陈祖德流”。黑 29 不战，此际的境界好手。黑 51，造劫材。白 56，刺刀见红时，眨眼了，必须走 61 位。黑胜劫后，优势。(王元)

黑贴2$\frac{3}{4}$子　共 131 手　黑中盘胜

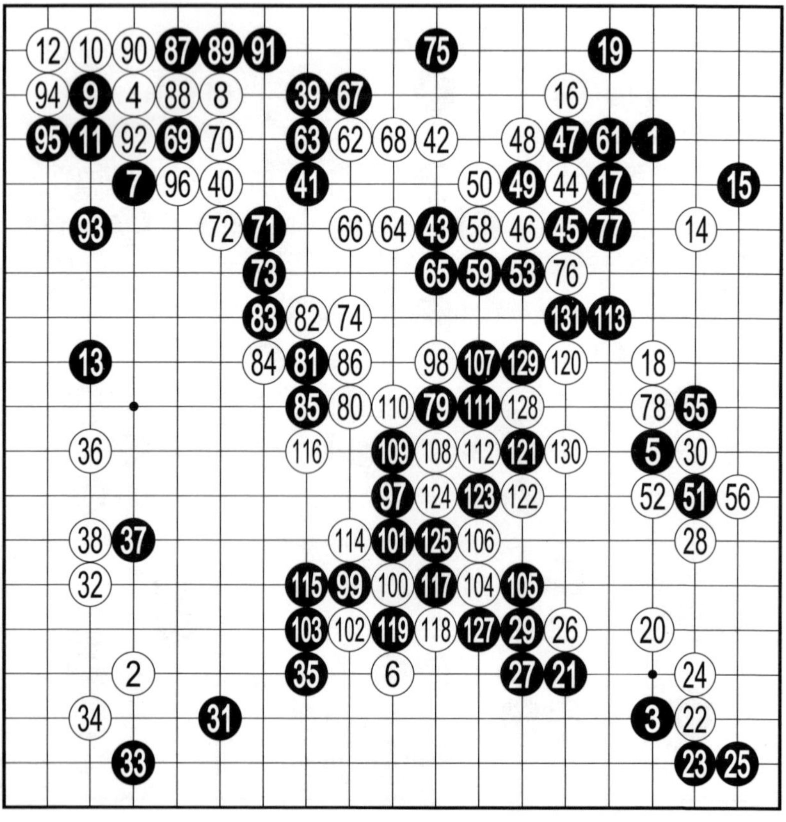

54 60＝44　57＝49　126＝123

1977年3月21日弈于北京

黑方　陈祖德

白方　聂卫平

黑45堪称妙手。至黑67，黑优。黑83随手，埋下隐患，应185位关。之后，战斗非常精彩。聂完全成熟后，棋风中庸，但却是以强大的力量做支撑的。（王元）

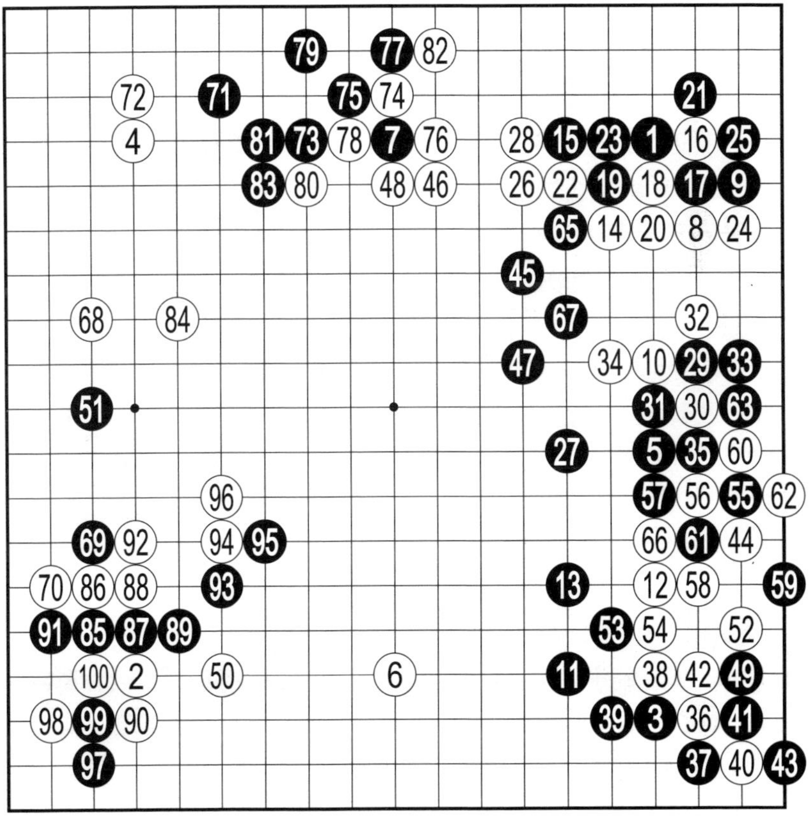

64=56

（1–100）

1975年全运会中，聂夺冠，陈并列第三名。1976年访日赛中，聂六胜一负，聂时代开启。但陈聂争锋，持续到80年代中期。（王元）

黑方　陈祖德

白方　聂卫平

1974年（本局的3年前），全国棋类比赛在成都进行，赛期长达40天。当时，陈30岁，如日中天；聂，22岁，已露头角。陈聂之局，万众瞩目。结果，陈执黑，83手中盘胜。那次比赛，陈以压倒优势夺得冠军。

黑贴$2\frac{3}{4}$子　共208手　白中盘胜

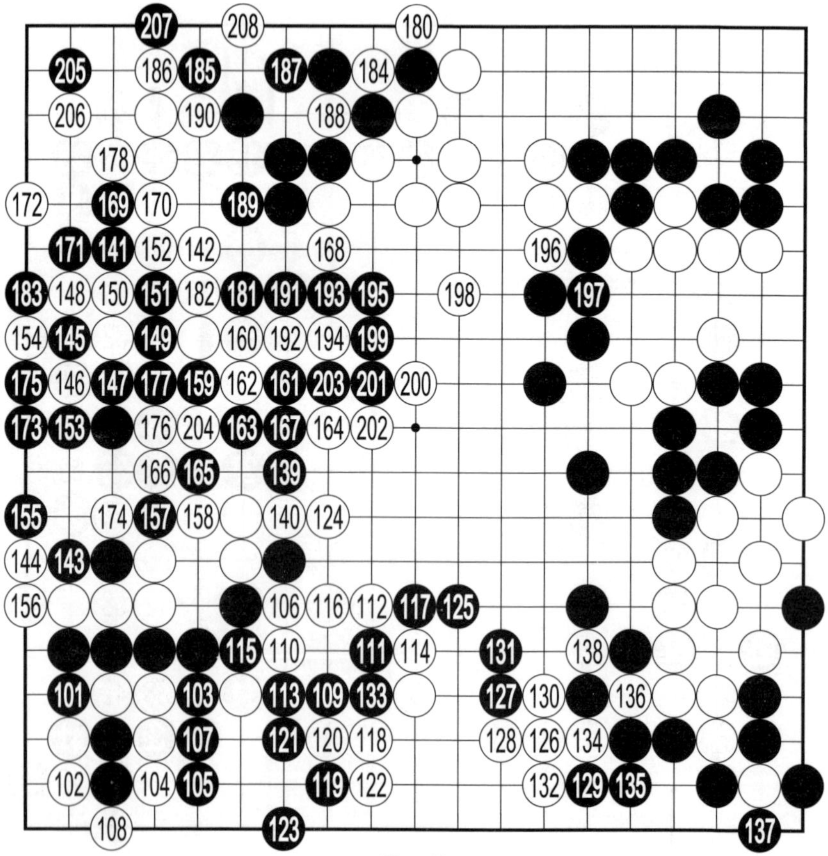

179=145

（101–208）

1977 年 4 月 14 日弈于北京

日本围棋代表团访华比赛第一场

黑方　东野弘昭 九段

白方　陈祖德

白 12 是很有想法的一手棋，以下白整形后于 24 位尖出，成功导入作战的局面。战斗至 46 挡下，白可以满意。白 56、58 和 64 连续打劫有些过分，黑强硬以对，白并无合适劫材，至黑 75 扳住，白反而亏损。白 84 打入是胜负手，黑 85 至 89 是缠绕攻击的好手。随后战斗至 113，黑依然保持了优势。此时白上下两块不活，虽然通过上面的借用成功做活了中腹大龙，但黑争得先手于 143 搜刮白左上角，确立了胜势。（周睿羊）

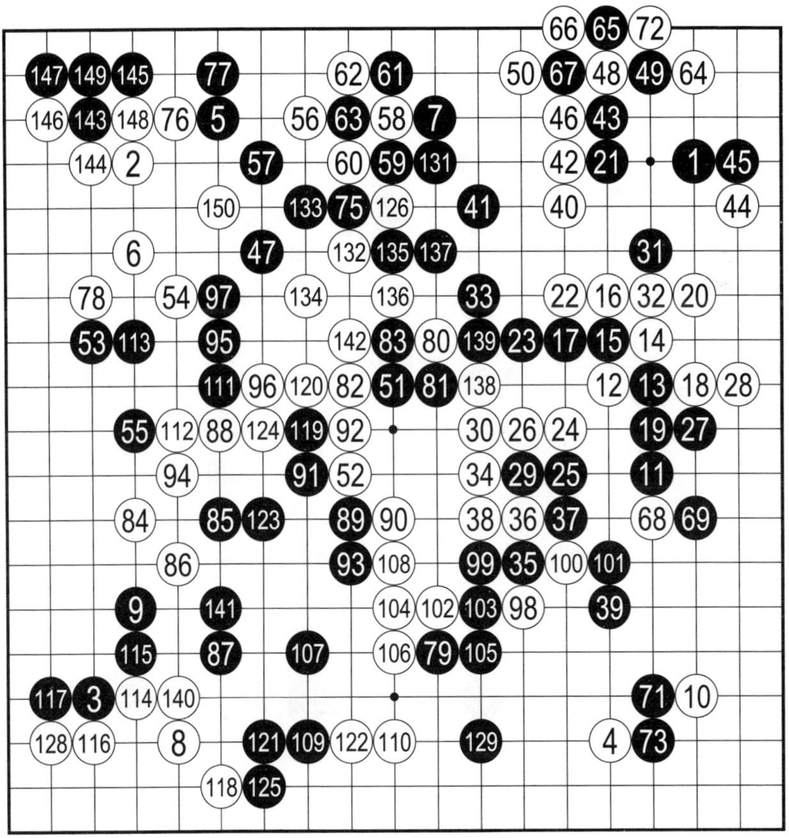

70=48　74 130=58　127=63

（1–150）

黑方　**东野弘昭** 九段

白方　**陈祖德**

1977年4月，以桥本宇太郎九段为团长的日本围棋代表团对我国进行了一次友好访问。该团还有东野弘昭九段、家田隆二七段、井上真知子初段，以及日本棋院的石田章七段、佐藤昌晴六段，业余棋手菊池康郎、三浦浩等七名棋手。双方在北京、武汉、扬州、南京和上海共进行了七场正式比赛，我方以23胜3和30负失利。由此可见，当时我国围棋实力在整体上还有一定的差距。（陈祖德）

黑贴$2\frac{1}{2}$子　共277手　黑胜4子

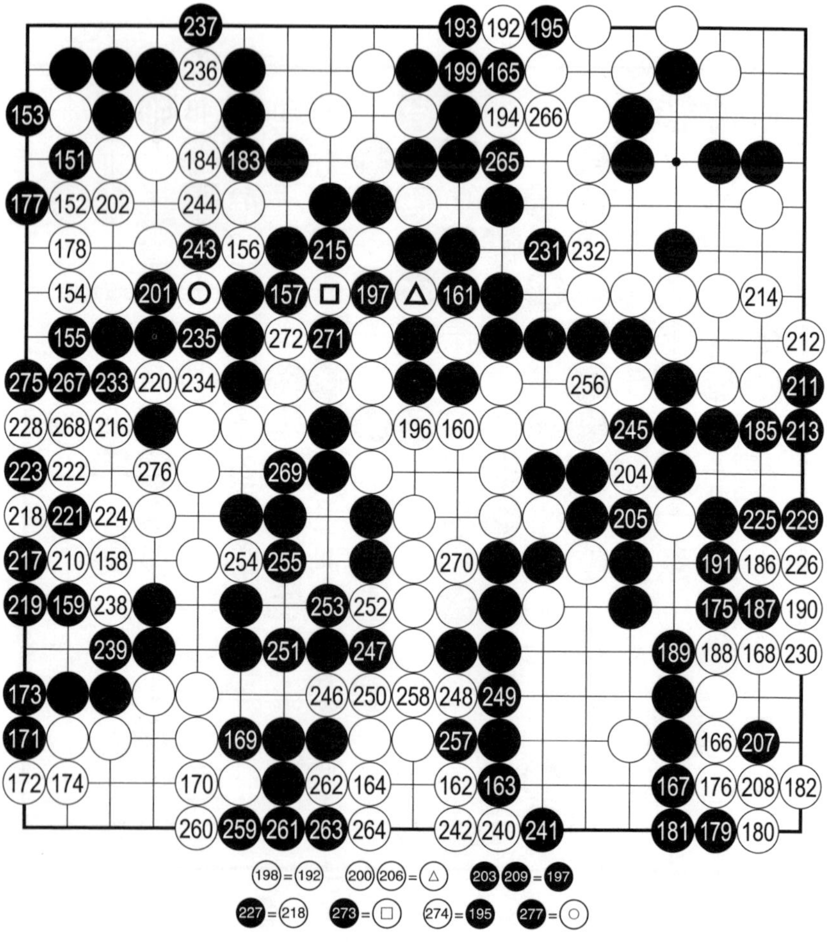

（151–277）

1977 年 4 月 16 日
日本围棋代表团访华比赛第二场

黑方　陈祖德
白方　家田隆二　七段

白 24 的下法不妥，黑 25 夹攻跟左边配合大好。至黑 45，黑上方效率充分，可以满意。白 48 过分，黑 49、51 敏锐地抓住了白形的破绽，53 扳出后白无力抵抗，黑 55 贴后确立优势。黑 69、71 又是犀利的组合拳。（周睿羊）

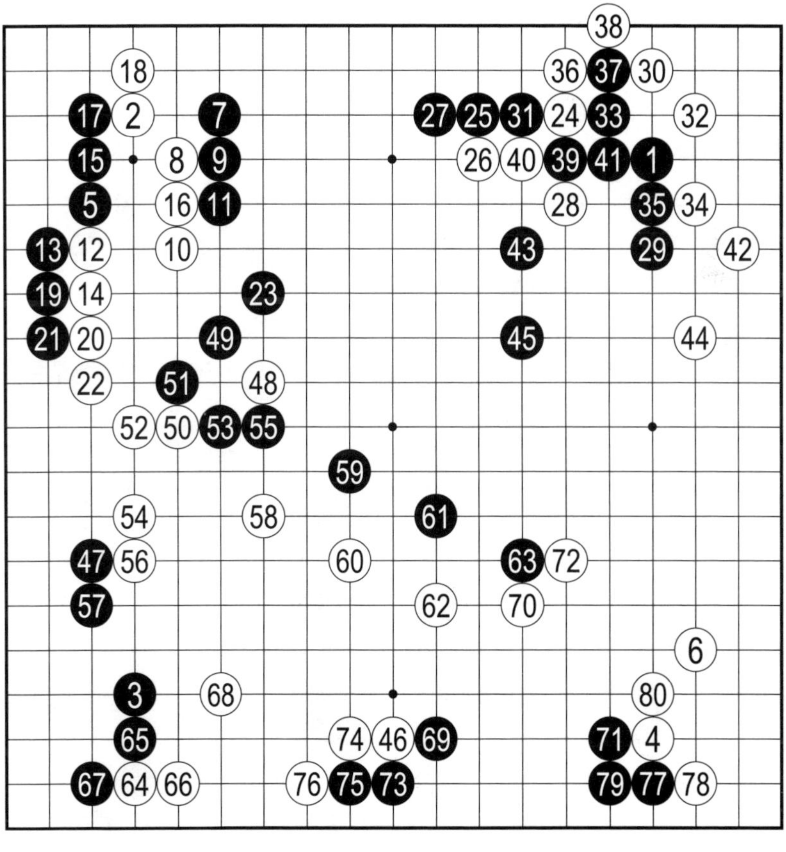

（1–80）

黑方　陈祖德

白方　家田隆二　七段

由于白周围借用太多而无法用强，进行至黑 83 简单成活，黑实空优势巨大。随后黑 91 又围住上方大空，胜负已定。（周睿羊）

黑贴$2\frac{1}{2}$子　167 手以下略　黑胜 5 子

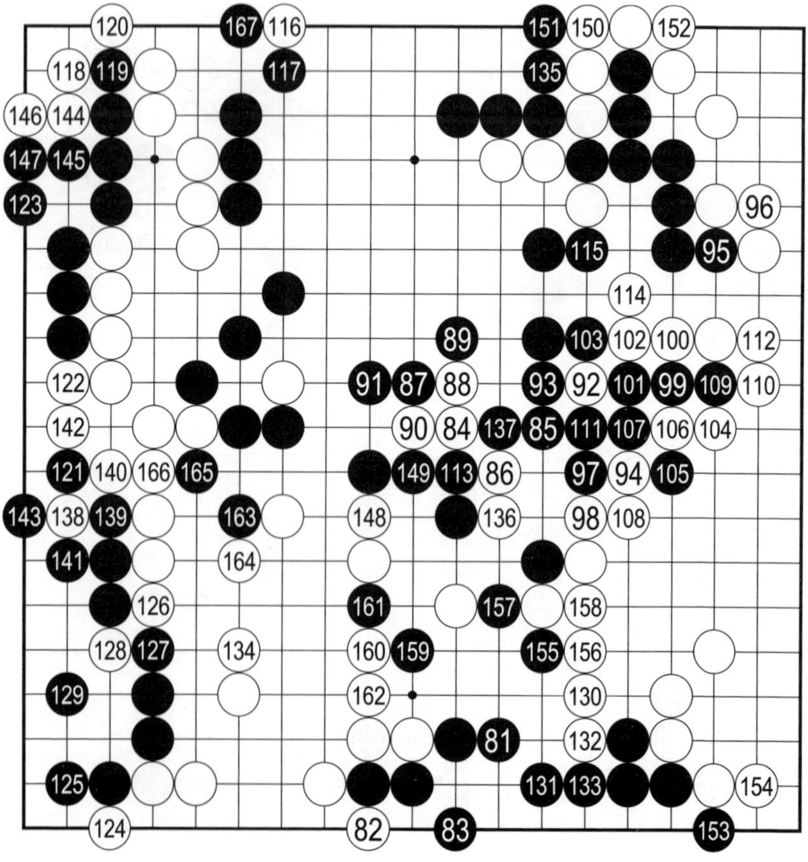

（81–167）

1977年4月20日弈于武汉

日本围棋代表团访华比赛第三场

黑方　陈祖德

白方　桥本宇太郎 九段

白14、20是桥本流，主要特点是轻快、刻意争先，在结构较虚的地方不轻易定型。黑23得体，此时只宜防御。黑25挡唯一。白28立即出动过急。黑29高镇好，31再追击，黑上下配合起来，全局已占上风。白36有问题。黑39压，抓住了局势的脉搏。白40非如此不可。黑取得51连扳之利，也很满意。白54强手。白60果断，气魄非凡，毕竟上边大块尚未成活。黑61极为严厉。白62若二路反扳也许变化更多。白68、70先手得利，再74靠，感觉相当敏锐。黑75扳不够慎重，当76位长。至黑95粘，白将损失降到最低。白96绝对。黑97爬以98位稳健地立为佳。黑103无论如何应98位右一路断。白106虎后，下边白棋已完全安定，而黑对左下角缺乏有效的手段，失去了优势。黑107、109是败着。白110反击，抓住了黑棋致命的弱点。黑115不如直接117位跳。

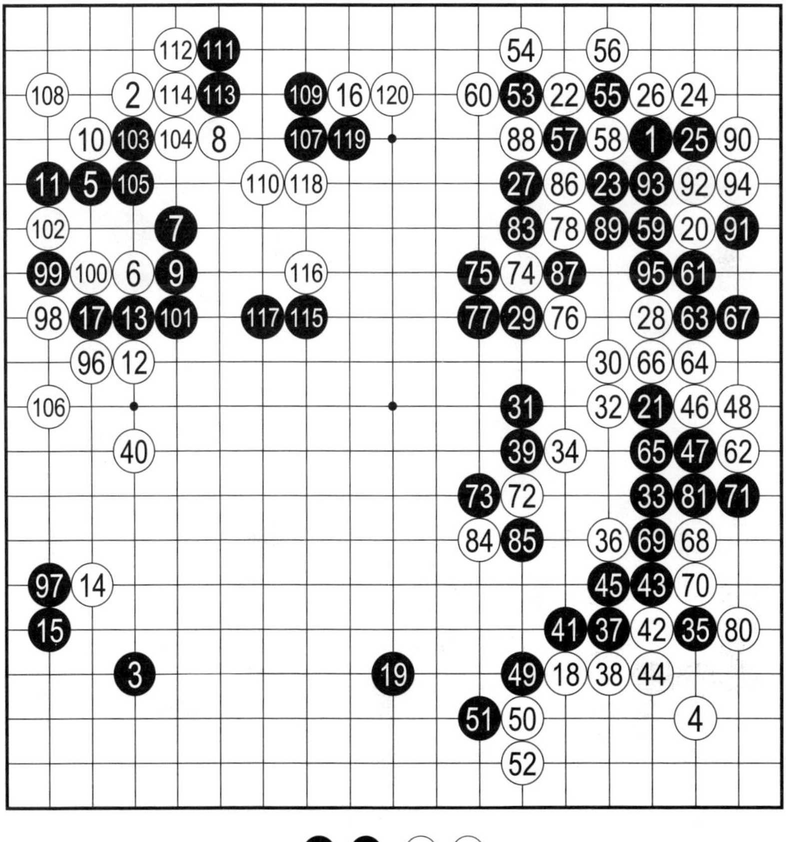

79=55　82=58

（1–120）

黑方　陈祖德

白方　桥本宇太郎 九段

黑127断又欠妥。白128挤时，黑已接不住了。黑129挡，极大，只有最大限度围住右边，才能与白一争胜负。白136欠妥，与黑137交换，使黑在右边成空有可能实现。白140是中腹之争的要点。黑141当157位护空，被白142侵角，最终的失败已不可免。黑167软弱，当179位扳，白无法冲断。白176补后，黑再无胜机。

桥本先生年逾七旬，可依然思路敏捷、行棋果断，本次访华取得了4胜1和2负的好成绩。（陈祖德）

黑贴$2\frac{1}{2}$子　共212手　白中盘胜

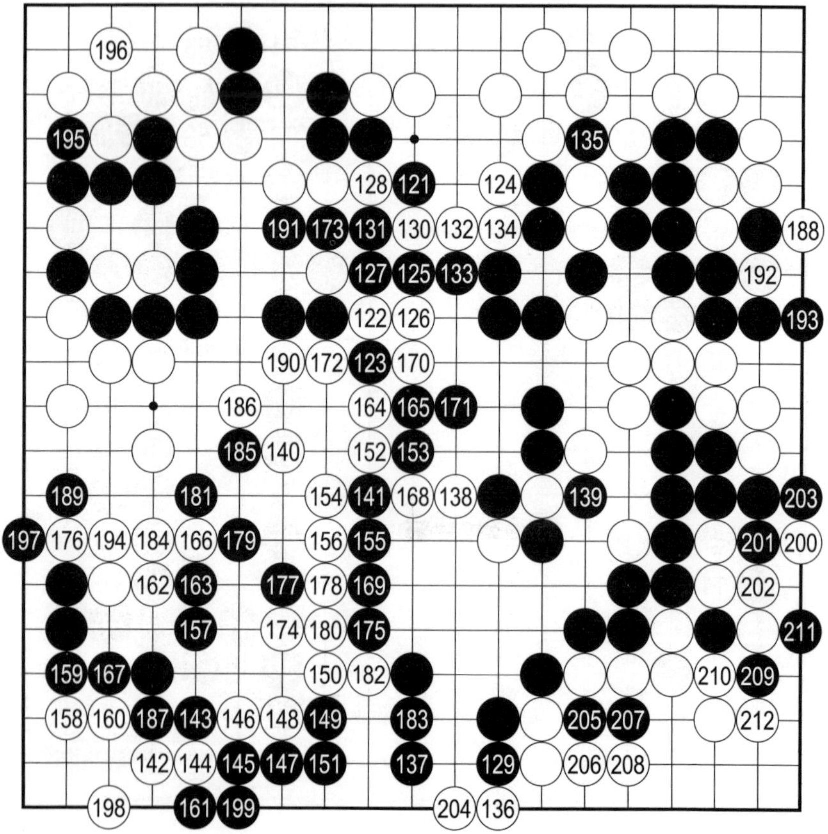

（121–212）

1977年4月28日弈于南京
日本围棋代表团访华比赛第六场

黑方　佐藤昌晴 六段
白方　陈祖德

布局阶段，黑15至白18天马行空，着法有趣。白28、30进攻，至40形成乱战局面。白46、48强行分断黑棋没有成算，被黑49冲出，白左边损失惨重，无奈之下强攻上方。白棋着法过于勉强，黑69好手，白72不堪忍受，但被黑75点入，上方已无法做活。随后白只得于下方强杀黑大块，但黑109简单做活，胜负已定。（周睿羊）

黑贴$2\frac{1}{2}$子　共111手　黑中盘胜

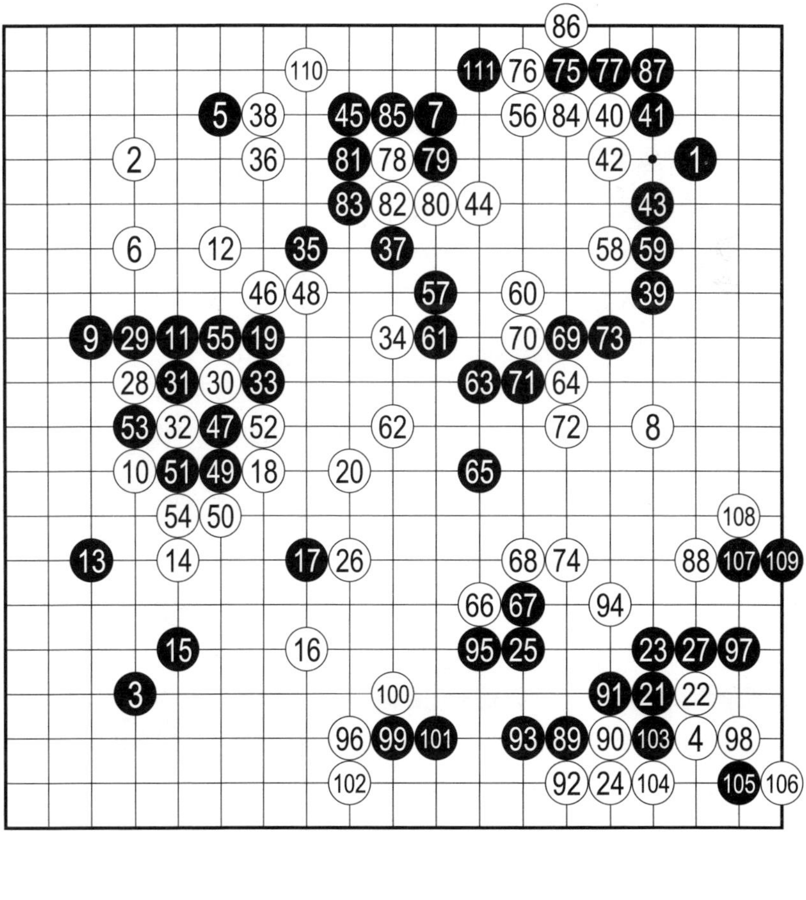

（1–111）

1977年5月1日弈于上海
日本围棋代表团访华快棋表演

黑方 **石田章** **七段**

白方 **陈祖德**

布局阶段，白22、24争先手灵活，抢先进攻黑9后获得主动权。黑29以下不便宜，进行至白48黑亏损。黑73打入左边是胜负手。(周睿羊)

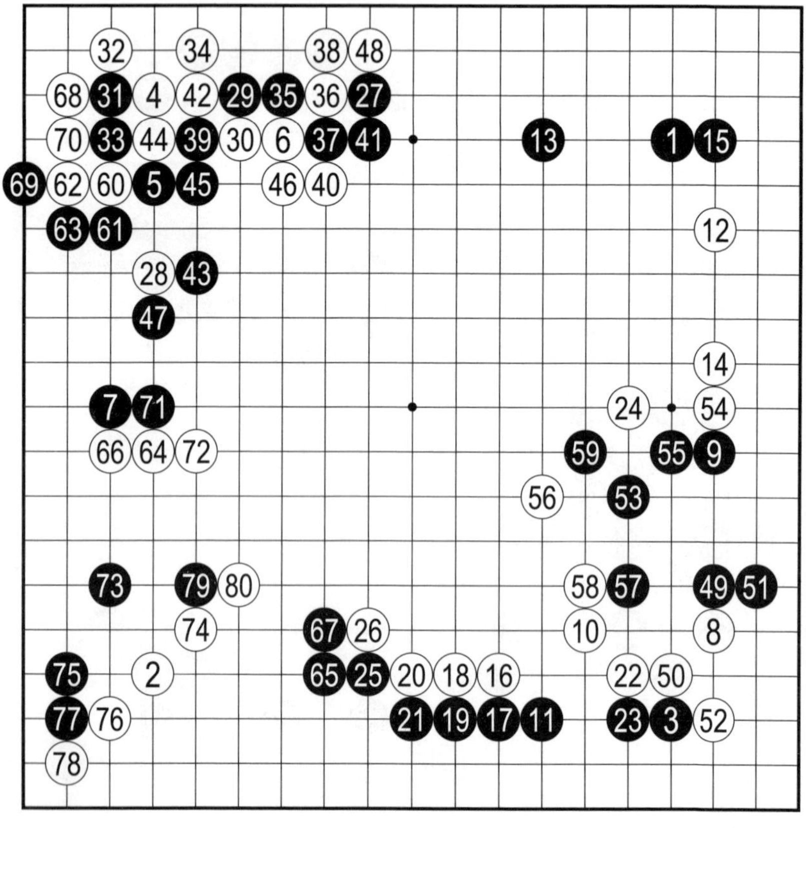

(1–80)

黑方　石田章 七段

白方　陈祖德

白92失误，应该直接于103位出头，如此还是白棋优势。实战进行至黑113抢攻，形势已经逆转。之后黑在中腹缠绕攻击，145痛下杀手。以下的杀法非常精彩，白左冲右突后终于全部阵亡，无奈投子。（周睿羊）

石田章是当年日本颇有名气的新锐，1949年生，9岁成为院生，1982年升为九段。1978年获新人王冠军，自32岁起连续六年保有名人战循环圈资格。他属于才能型棋手，曾三次获得日本棋院的“技能赏”。（陈祖德）

黑贴2$\frac{1}{2}$子　共177手　黑中盘胜

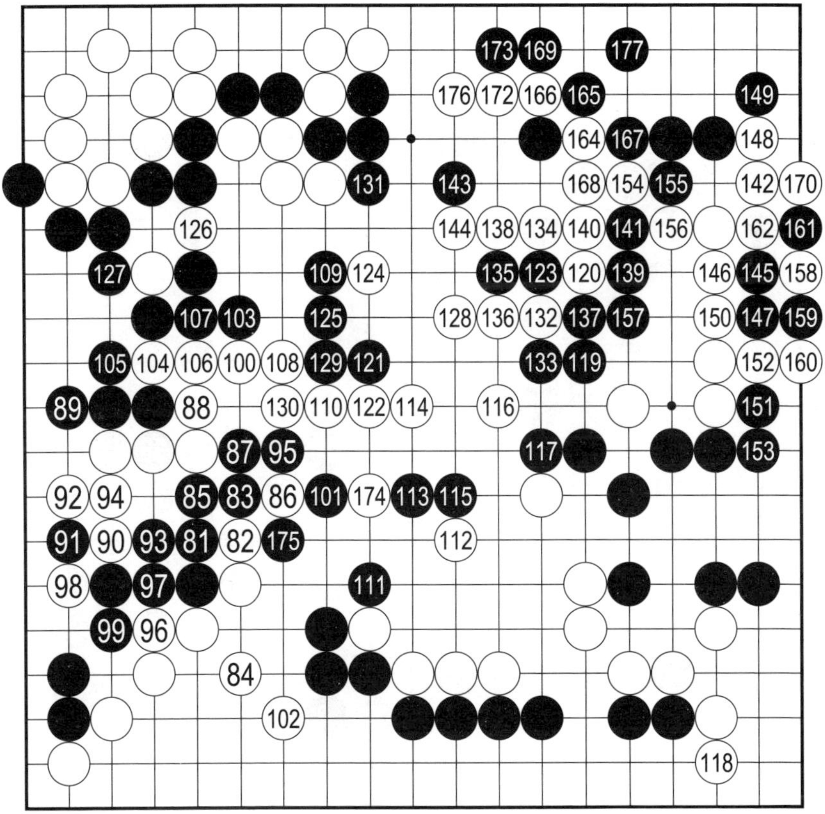

163 171 = 158

1977年5月2日弈于上海

日本围棋代表团访华比赛第七场

黑方　陈祖德

白方　石田章 七段

黑19、21好像很紧凑，其实不如在26位含蓄地拦。至黑35断，进程体现了我的风格。白38跳二路是局部要点。黑39补不得已。白40点是治理要点。至白52为双方必然的应对。黑周旋了大半天而未见到明显收获，说明确有几分勉强。黑57镇强攻，否则黑55与白56交换的损失将难以弥补。白60感觉好，68再觑是强手，至白72成劫。白78是应急措施，化解了一场危机。黑81先手冲吃三子，又争到右边的大场，构成了宏大的阵势，形势不错。白88是打入要点。黑91、93最强。白94盖压是腾挪好手。黑99只此一手。黑103脱离主战场，不可思议。白104飞、106尖后，局势立即起了变化。白112、114在谋活的同时使黑棋生出一些薄味，思路细腻。黑115顶强化自身，暗伏着攻击手段。白118攻守兼备、含义深刻。黑119、121是先手权利，局后看并非上策，在103位左一路顶住厚实、充分。

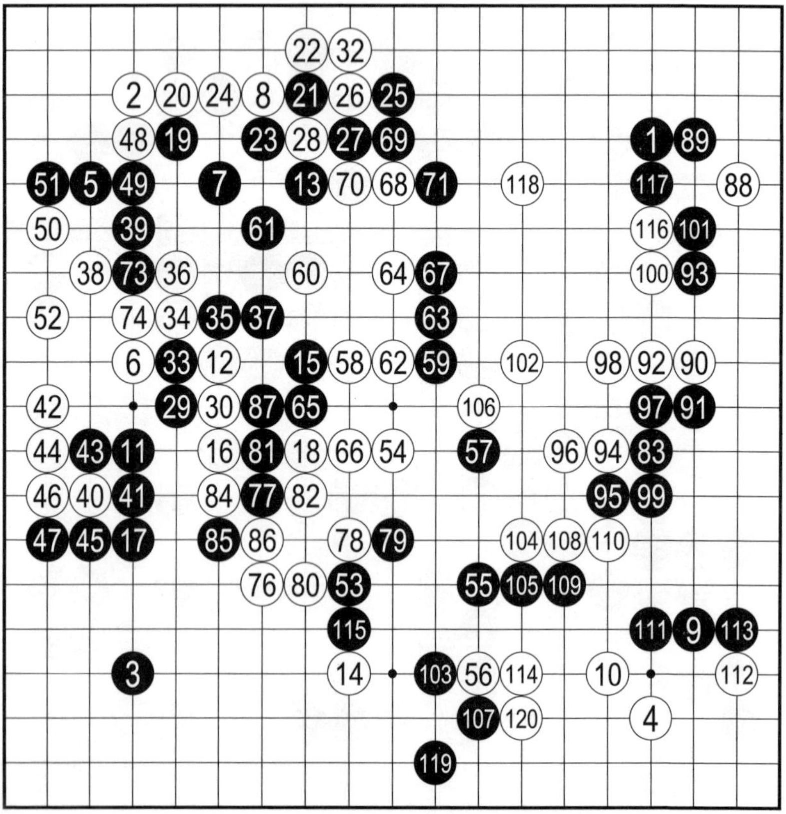

31 75 = 21　72 = 28

（1–120）

黑方　陈祖德

白方　石田章 七段

黑123应在上边采取行动。黑127跨，反而被白抓住机会。白128以下为逃出四子创造了条件，黑立即陷入被动。白140、142又是先手利，大块黑棋真要发生死活问题了。白144是急所，有此一击，黑将全线溃退。黑157、159靠断是最顽强的抵抗。黑161至165是为167挡做准备。至白174，黑以牺牲四子为代价换得角上三子，得失大体相当。黑175非补不可。白178点角，局势又一次被激化，但黑已无强可用。白184回补右下，可以说大局已定。黑185随手，应右一路尖，可走出一个劫。黑191错觉。白202、204次序佳。白208、210使残子得到了最充分的利用。白222、224对黑发动毁灭性进攻，当然。白226点，绝佳。（陈祖德）

黑贴$2\frac{1}{2}$子　共246手　白中盘胜

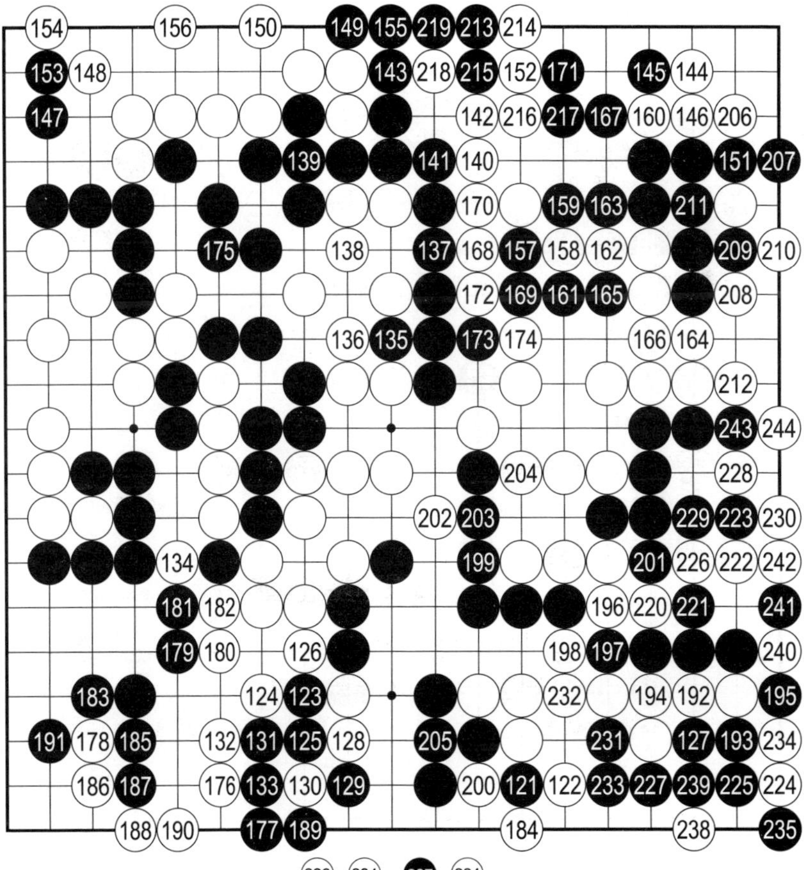

236=234　237=224

（121–246）

1977年6月2日弈于北京

黑方　罗建元

白方　陈祖德

白30、32简直就是今天的AI流：不把局部、实地的包袱背得太重，只有这样，视野才能更开阔。白36不惧局部的“乱”。此着于103位镇头，大局即领先。白46、48，幽默（黑49亦然）。自此，大乱战一直至终局。（王元）

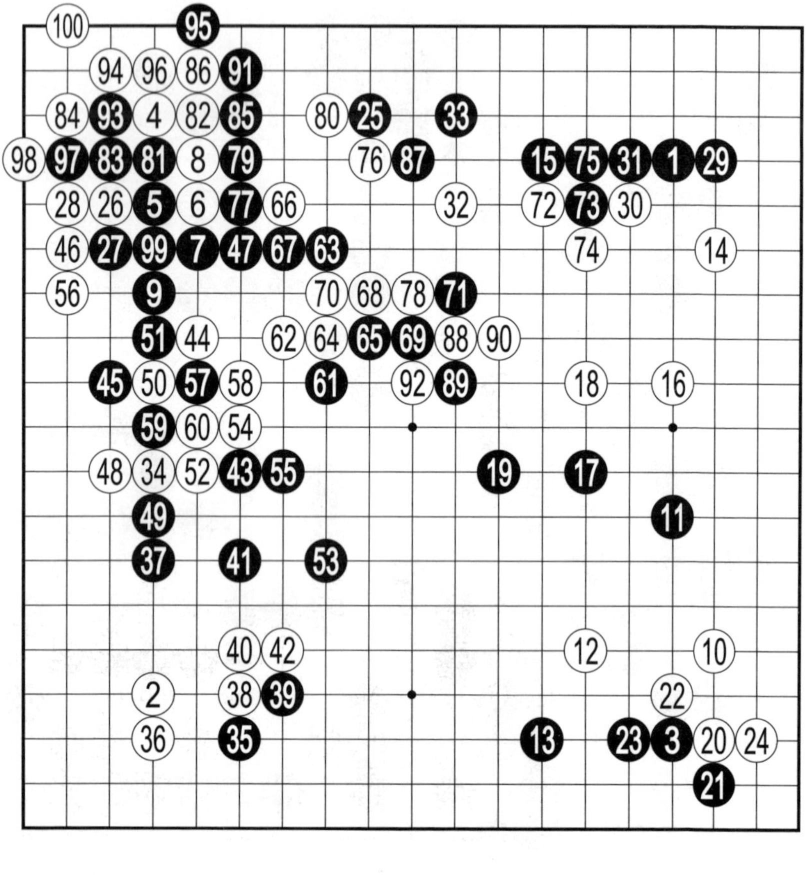

（1–100）

黑方　**罗建元**

白方　**陈祖德**

疑黑贴 2 子　共 214 手　白中盘胜

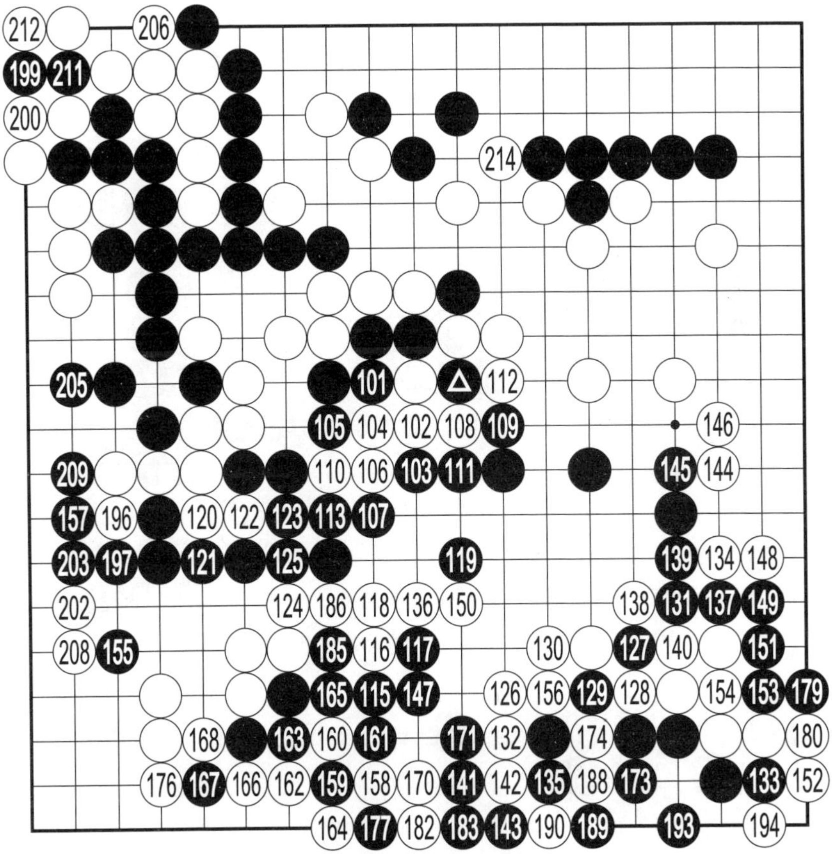

114=△　169 175 181 187 195 201 207 213=159　172 178 184 192=160

191=135　198 204 210=160

（101–214）

1977年6月8日

白方　陈祖德

黑方　罗建元（受先）

让先之局，最后巧成和棋。

罗建元，彼时中坚棋手，其兄是罗建文。

很漂亮的大模样对峙布局。白26扳住紧气二子头，估计是秒下。在大模样对峙的格局中，如有中腹优势，则自然降低对方阵势的潜力。也许，白26于42位贴，更稳。黑27及以下，借力腾挪，亦精彩。（王元）

110手以下略　和棋

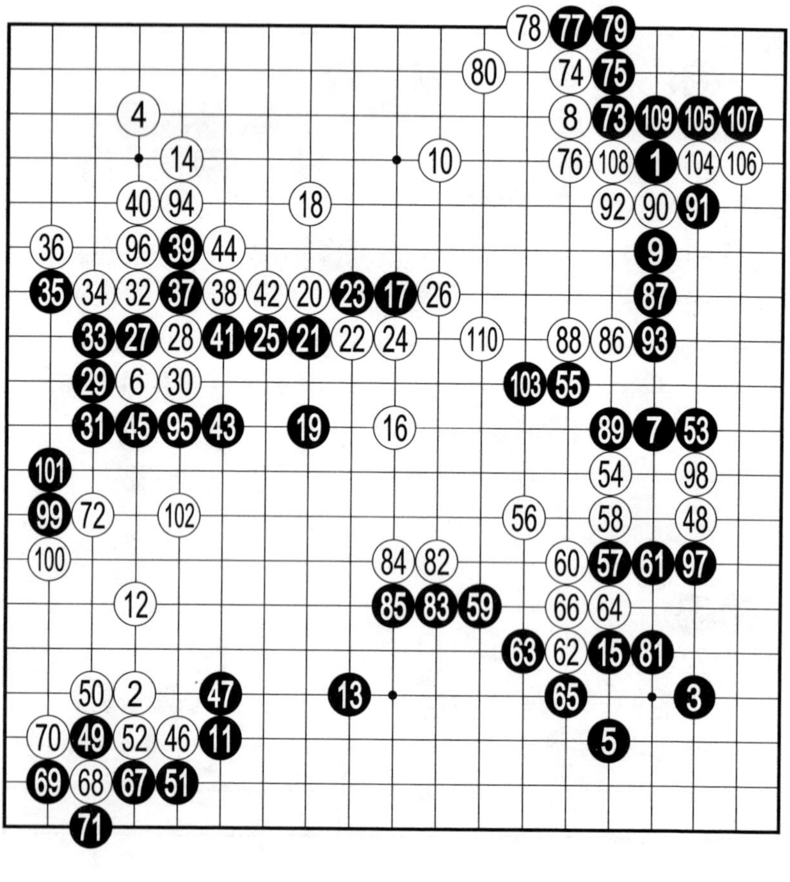

（1–110）

1977年6月13日弈于北京

白方　陈祖德

黑方　邵震中（受先）

70年代后期，国家围棋队扩员，全国各地的优秀少年便有机会齐聚北京。邵震中即为其中之一。陈祖德此时33岁，邵震中18岁。本局是指导棋，让先，最后白胜半子。（王元）

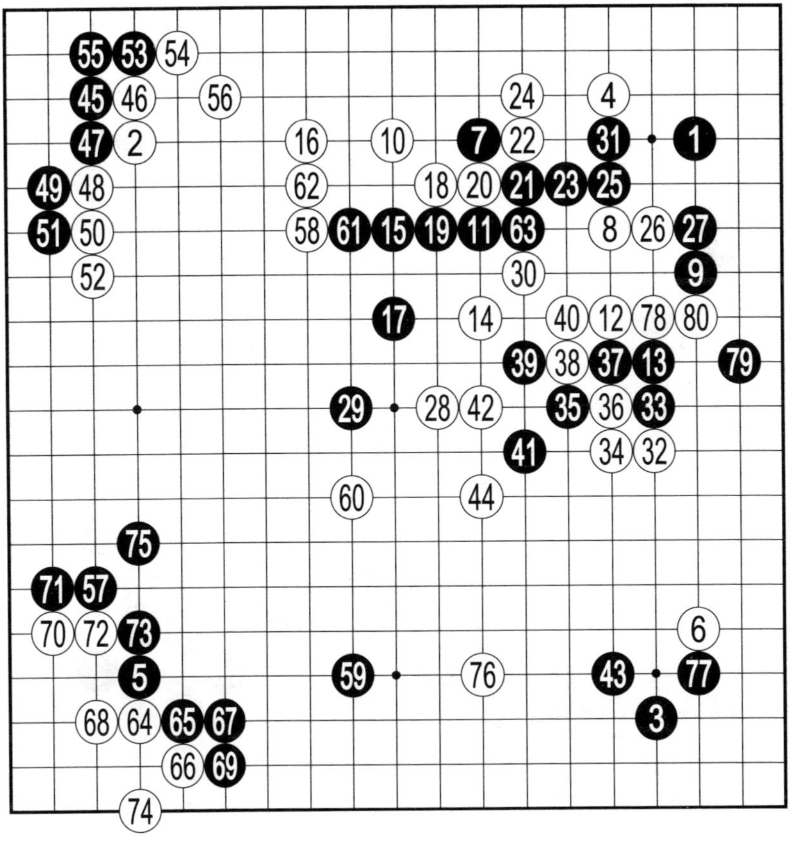

（1–80）

白方　陈祖德

黑方　邵震中（受先）

白110、112乃经典着法。350年前的日本本因坊道策及今天的AI，都擅此道。这两着内涵丰富，其中之一是："先下的棋子、棋形，其责任，比我们想象的更大。"（王元）

160手以下略　白胜半子

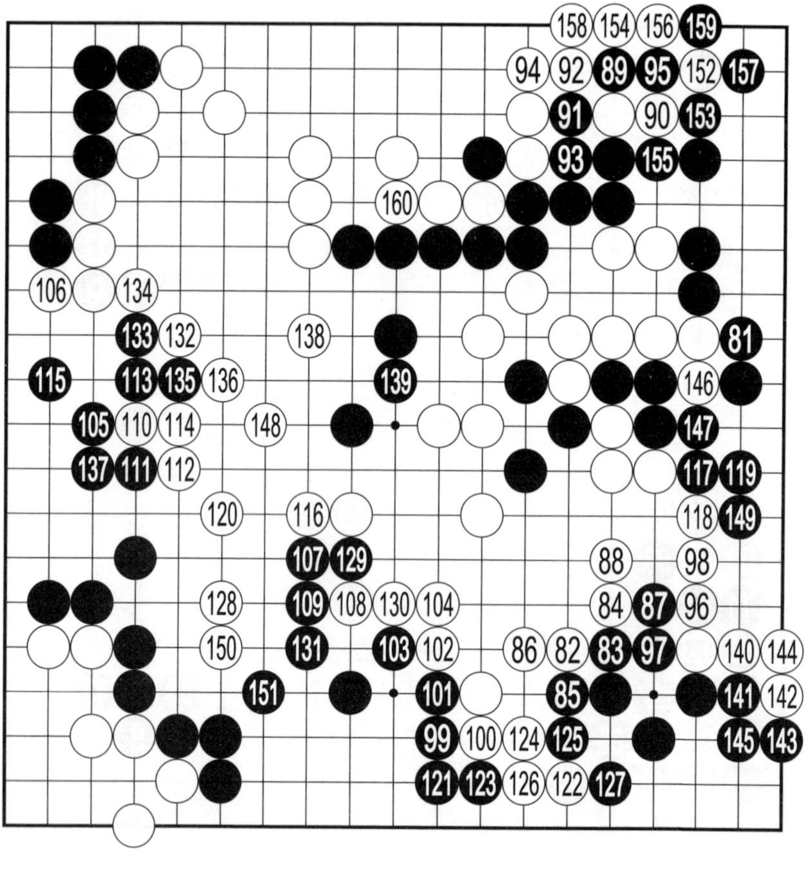

（81–160）

1977 年 6 月 20 日弈于北京

白方　陈祖德

黑方　徐荣新（受先）

徐荣新，彼时青年俊杰。

中国流布局，最初，连片的这一着是在低位（三路）。在其流行过程中，日本的藤泽秀行、加藤正夫等，又屡试高中国流（即本局白 6，四路）。在中日间来回交流中，陈祖德也多次下出高中国流，尤其是在执白时，可谓又一新路（黑先、白后，同样的阵形，内涵不同）。

白 16！今天的 AI，在同样情况下，就是这样扳的！陈祖德的不少着法，难道也被 AI 借用？（王元）

120 手以下略　白中盘胜

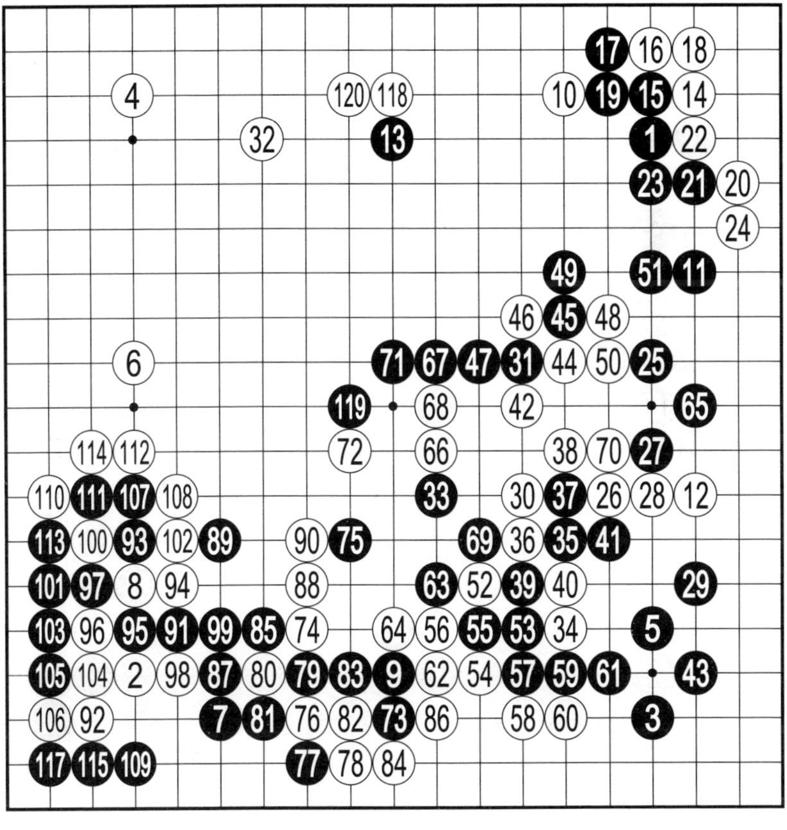

116=100

（1–120）

1977 年 6 月 24 日弈于北京

白方　陈祖德

黑方　刘小光（受先）

在 70 年代后期的国家集训队，陈祖德老师对每一位后辈、后进者，都进行过 N 次指导对局。同时，作为老师，他竟自己记下了这些棋谱！率先垂范，身体力行，这是今天的围棋老师们难以想象的。

刘小光此时 17 岁。可想而知，今天的大师级棋手刘小光九段，在看到这张棋谱时，会有怎样的感慨……（王元）

白贴$1\frac{1}{2}$子　共 114 手　白中盘胜

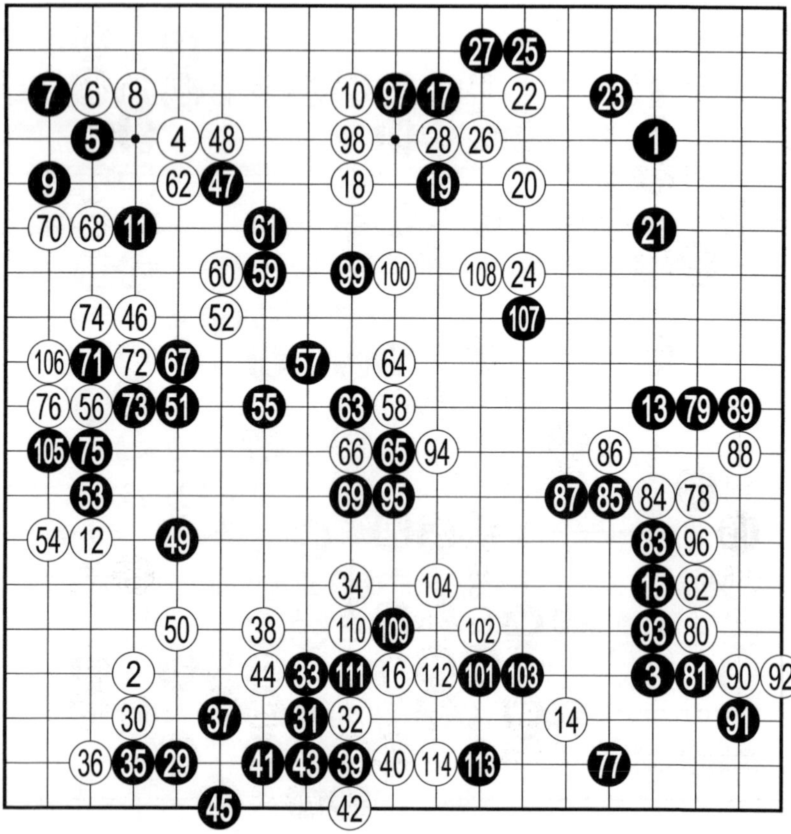

1977年6月27日弈于北京
训练棋

黑方 程晓流
白方 陈祖德

白28靠压强硬，求战之心跃然盘上。黑29顶断针锋相对，气势十足。白48直接于62位冲较好，如此黑棋气紧，将颇为难办。黑49亦应于62位粘，白无法扳住，黑活动空间更大。黑63在活棋之前可先在24位右一路夹，先手破坏白眼形，如此可牵制白棋，形成对攻的局面。黑65亦是有所退让，应66位顶住，中间厚薄为大。实战被白顶后扳，棋形舒展，黑败相已露。黑69最后败着，无论如何也要先虎起来撑住，实战脱先被白先手提子，黑大势已去。（时越）

黑贴$2\frac{3}{4}$子　共116手　白中盘胜

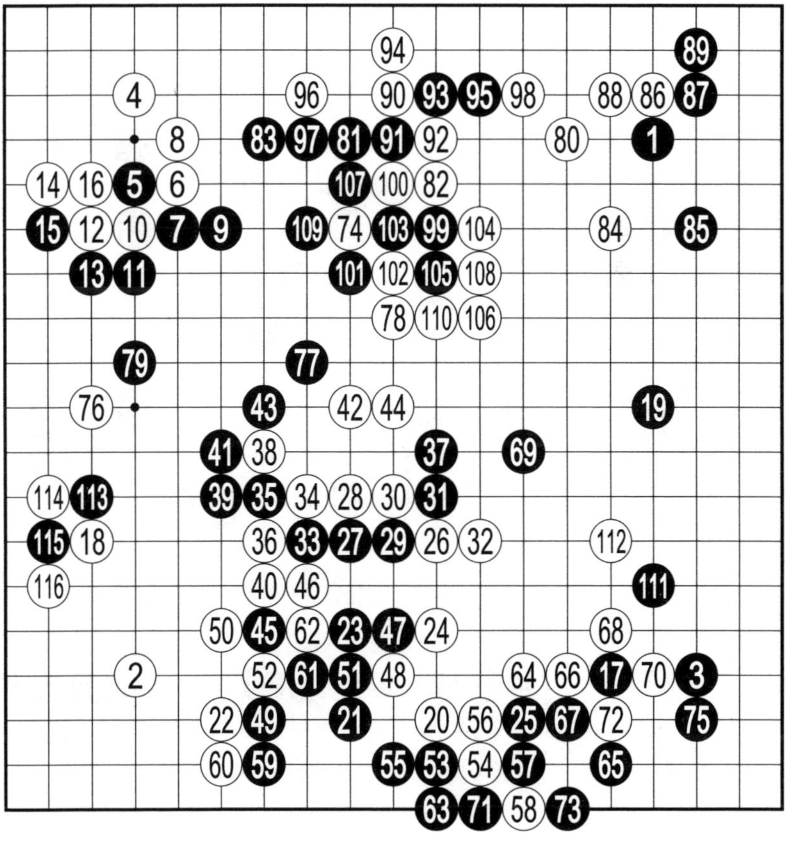

（1–116）

1977年6月28日弈于北京

白方　陈祖德

黑方　朱菊菲（受二子）

白11是让子棋着法，不让黑轻易扎根做活。黑18靠压后在中腹形成复杂战斗。白35斜刺里杀入，四处挑起战端，深谙让子棋真髓。黑50应51位拐回，连厚自身，如此白或许还要在67位贴补，黑再于50位飞回，将非常从容。白57似乎应于59位扳，不知是担心黑棋的什么手段，实战退了一步被黑棋活得较为轻松。黑66飞无必要，直接脱先在左边拆就很好，实战被白穿下右边，亏损严重。（时越）

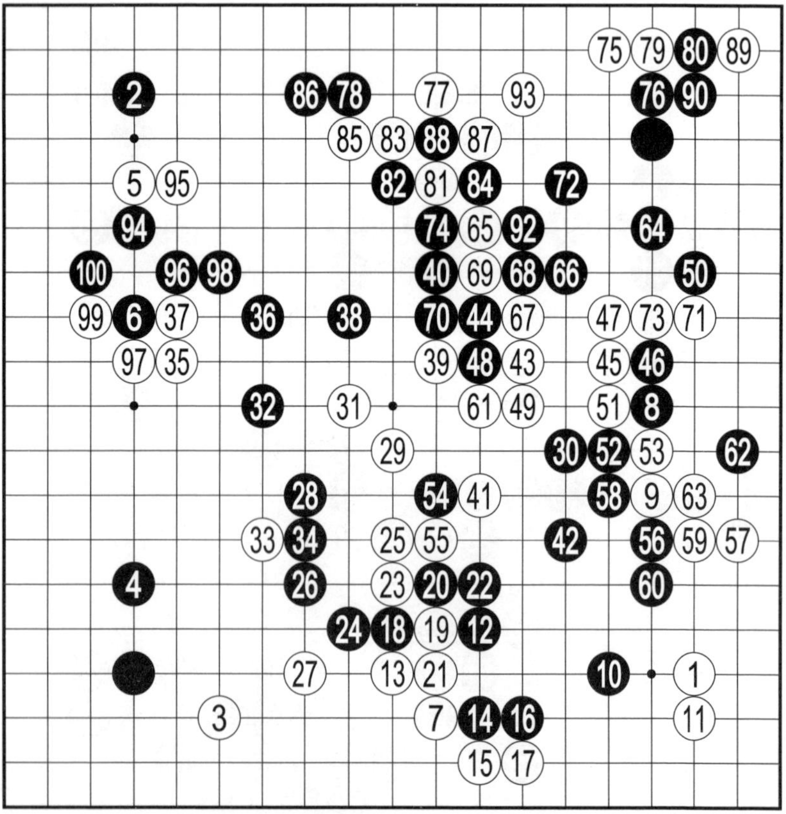

91=81

（1–100）

白方　陈祖德

黑方　朱菊菲（受二子）

黑108最后败着，此时已退无可退，要坚决立下分断白棋。实战被白先手提子活出，黑败势。（时越）

白贴2 1/2子　共181手　白中盘胜

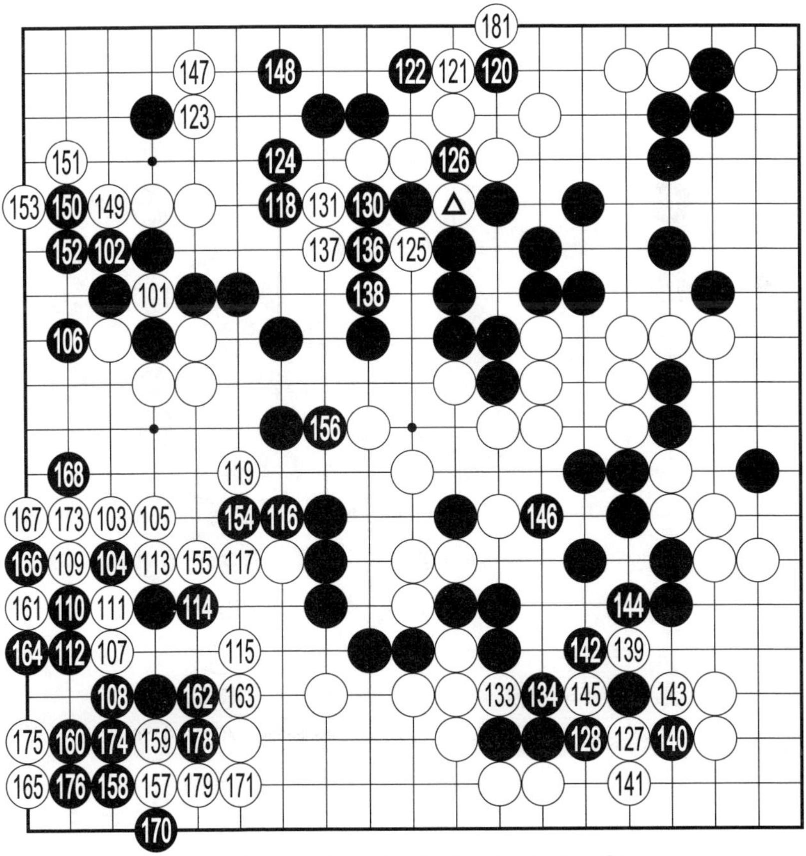

(129)(135)=△　(132)=(126)　(169)(177)=(161)　(172)(180)=(166)

（101–181）

1977年7月7日弈于北京

白方　陈祖德

黑方　黄德勋（受先）

白14小尖少见，实战双方应对无误，至黑31形成两分局面。黑33、35有些许急迫，可以考虑脱先在左上托角或左上挂角，快速展开局面。实战因白征子有利，白36、38的组合拳令黑棋颇为难办。白52立下是果断的强手，此时如独自出逃，局面会显得无趣。黑57应对有误，如拧着劲般不够自然，应于85位打后再89位跳，如此出头更为顺畅。实战白60、62先手出头后再64飞出，黑已很难处理。至76先手提，白战斗大获成功，即便按棋分倒贴3目，亦是优势明显。黑99穿入强悍，试图进攻白棋大龙谋求胜机，以下白应对无误成功连络，保持优势。（时越）

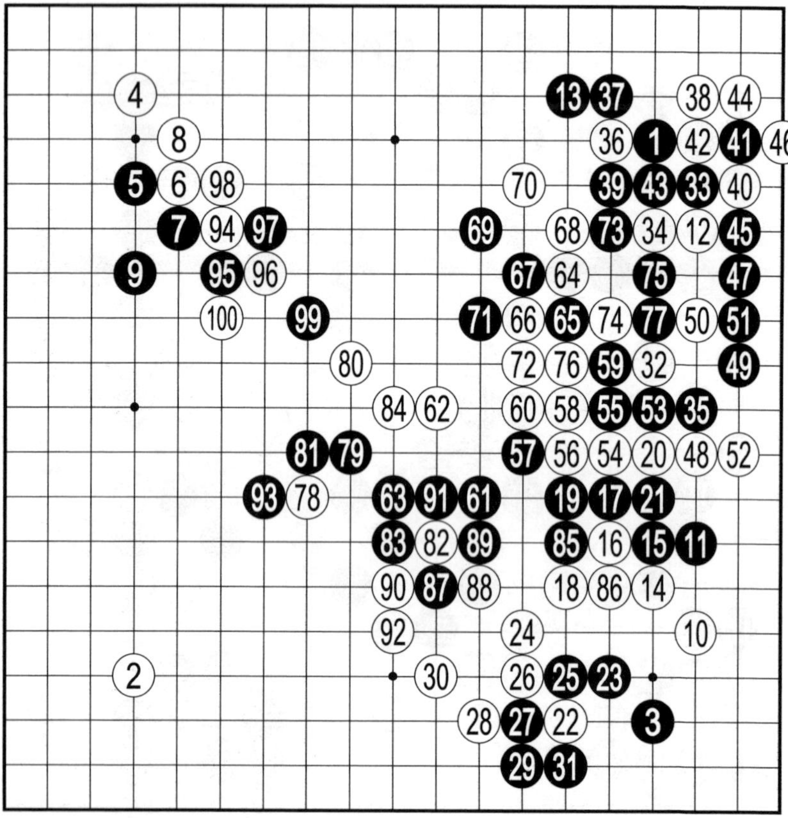

（1–100）

白方　陈祖德

黑方　黄德勋（受先）

白136于154位围住上边更为简明，实战黑141拆后，白强撑目数，形成复杂劫争，局面又陷入混乱。黑179应于164上一路扳断白棋，角部形成盘角曲四，对杀白危险。白192失误，应于193位应劫，黑提劫，白202位冲，黑197断开后，若再于左下角冲寻劫，白可消劫，如此形成大转换，白依旧领先。实战至黑199，转换白棋亏损，黑小胜已定。

白贴$1\frac{1}{2}$子　205手以下略　黑胜$3\frac{1}{2}$子

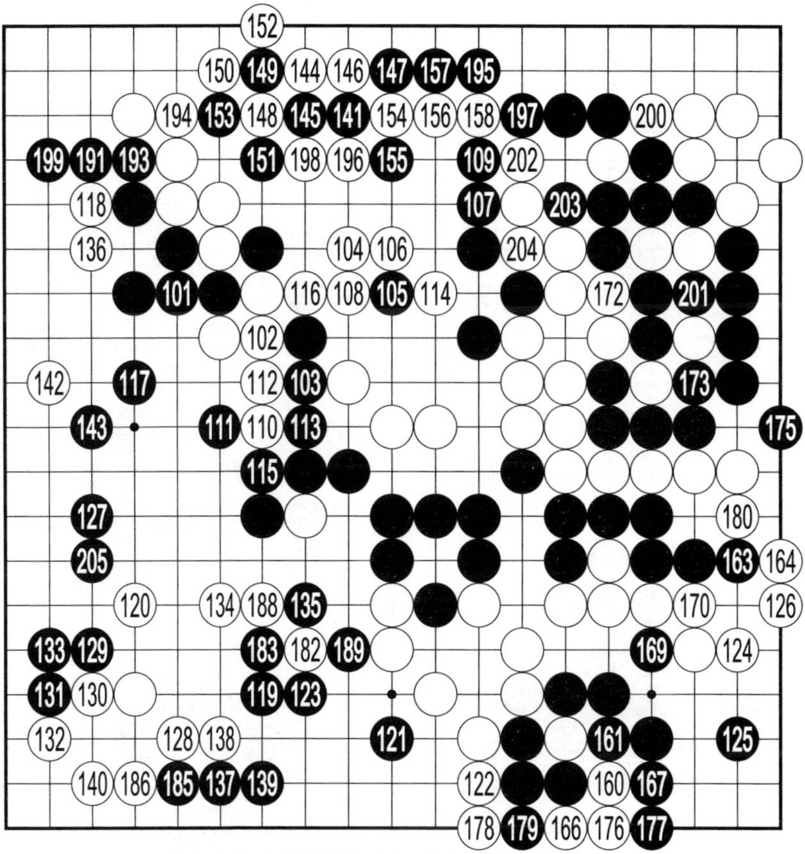

159 165 171 181 187 192＝149　162 168 174 184 190＝148

（101–205）

1977 年 10 月 24 日弈于北京
国家队积分循环第 1 轮

黑方　罗建文
白方　陈祖德

序盘双方各行其是，形成大模样格局。白 16 如于 26 位飞较为稳妥，实战强硬扳断形成一个罕见的变化。黑 19 长后弃子，思路颇为大局。白 28 失误，也可以说是本局的败着。白棋此手本意是想强行贴住气，不想让黑棋打后夹住，但实战黑从四路夹亦非常舒畅，白棋硬着头皮冲下吃两子，左边被割裂，亏损严重。此后的攻防有来有回，大致相当，白棋一直没有找到逆转的机会，黑顺利将优势转化为了胜势。（时越）

黑贴$2\frac{3}{4}$子　123 手以下略　黑中盘胜

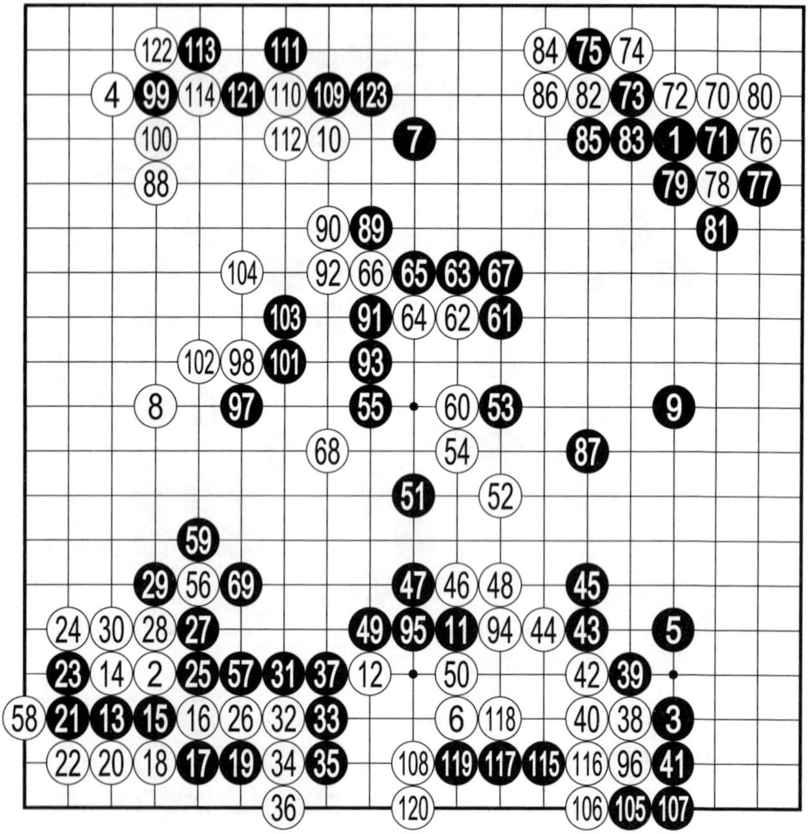

（1–123）

1977年10月26日
国家队积分循环第2轮

黑方 陈祖德
白方 翁子瑜

白16于左边守角兼补强更合棋理，因上方白已然安定，黑拐下时白可脱先，顺势于右上点角。白40可于61位挤，黑如60位粘，白再于52位跳，如此形状生动灵活。实战至47打，黑形厚实，白苦战。黑53过于强硬，此时粘劫即可，待白粘，黑再71位尖刺后57位贴住，如此白上下难以两全。白76不知为何不先跑出16一子，一般来讲这种先手跑出都是不亏的，看黑如何应对再做打算。实战80、82思路不连贯，被黑81反压强烈反击，白战斗明显不利。战至黑109，白崩溃。（时越）

黑贴2¾子　109手以下略　黑中盘胜

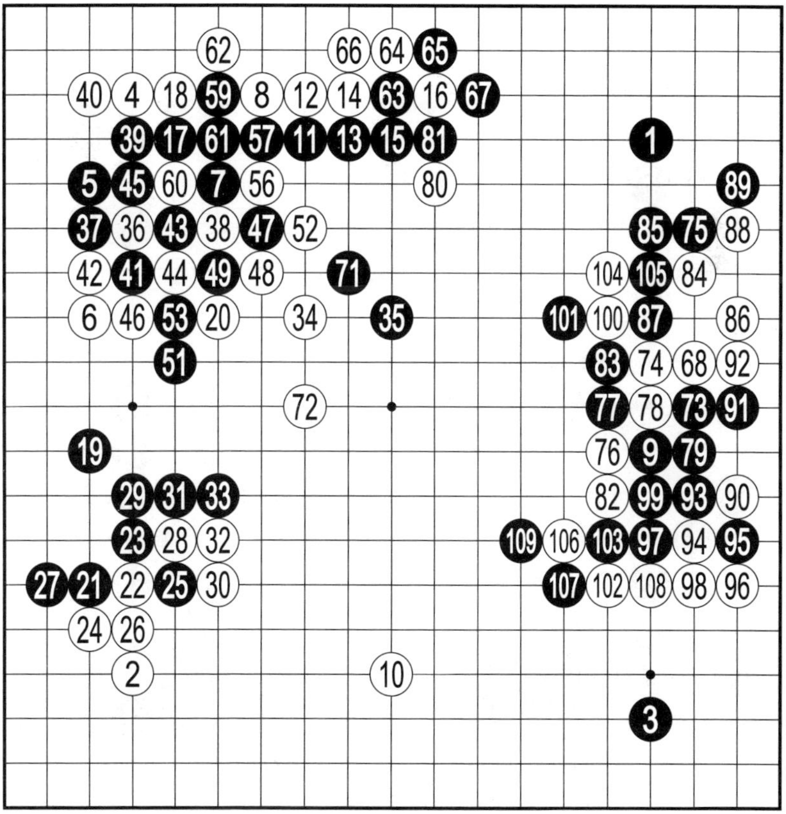

50 58=36 54=38 55 70=41 69=43

（1–109）

1977 年 10 月 29 日弈于北京
国家队积分循环第 3 轮

黑方　马亚兰
白方　陈祖德

开局白棋速度很快，挥洒自如。黑 35 可于 68 位右一路靠下分断作战，追究白棋的连络缺陷。白 48 稍缓，于 68 位尖补强自身较好，以后上面二路爬和拆边为见合。黑 67 与白 68 交换不妥，应直接 68 右一路靠下，因白 66 已然出头，实战在此处分断意义不大。以下白棋分而治之轻松处理，黑攻击无所获。至 118，已是白棋大胜局面。（时越）

黑贴$2\frac{3}{4}$子　共 118 手　白中盘胜

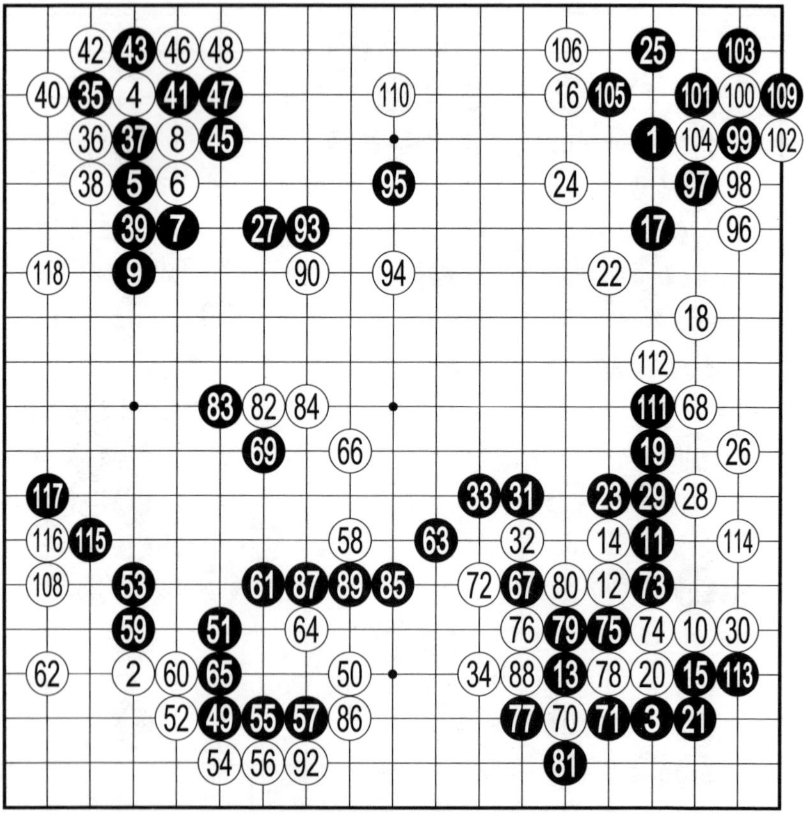

44=35　91=70　107=99

（1–118）

1977 年 11 月 1 日弈于北京
国家队积分循环第 4 轮

黑方　陈祖德

白方　杨以伦

白 34 较缓，脱先于左上守角为好。黑 39 高挂新颖，显示出了陈老不拘一格的棋风。白 48 至 54 落后手无必要，应于 161 位跳，掌控中央更为重要，左边黑形状还存在漏洞，实战帮黑补强还落了后手，至此黑优势。黑 61 可考虑在 108 右一路打入转身，如此更为灵活，没有被缠绕攻击之忧。实战形成混战，黑棋三块棋治孤，局势不明。（时越）

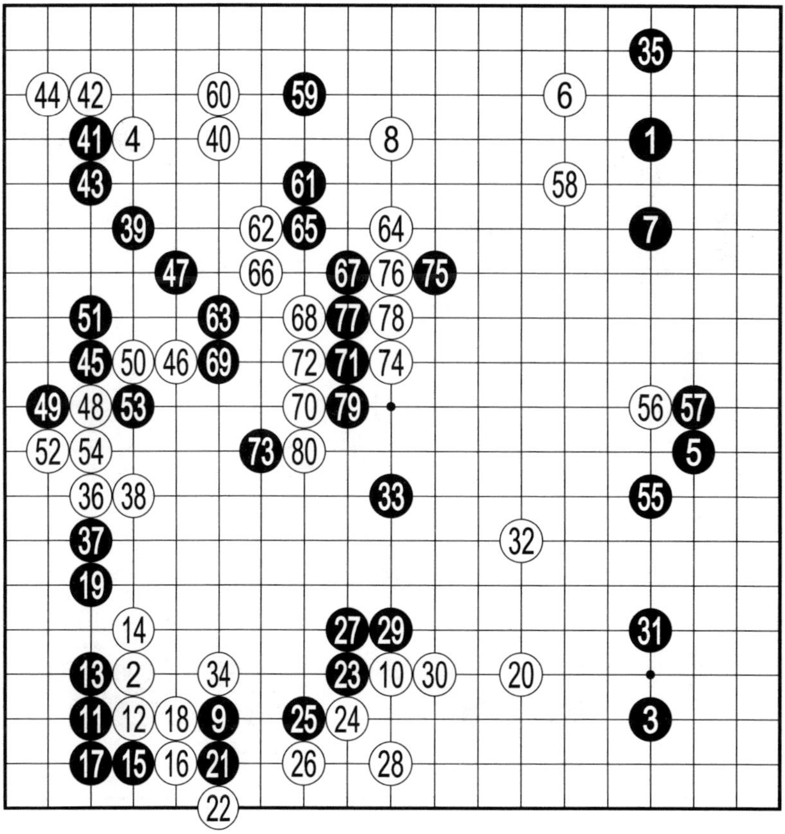

（1–80）

黑方　陈祖德

白方　杨以伦

黑 97 似有优势意识，虽说防守住了白 121 位的点，但本身极损，可考虑 98 位冲出与白一决胜负。

白 118 败着，应直接于 120 顶后 122 跳点，如此黑大龙堪忧。实战白慢了一拍，被黑活出后实地不足。（时越）

黑贴2$\frac{3}{4}$子　169 手以下略　黑胜1$\frac{3}{4}$子

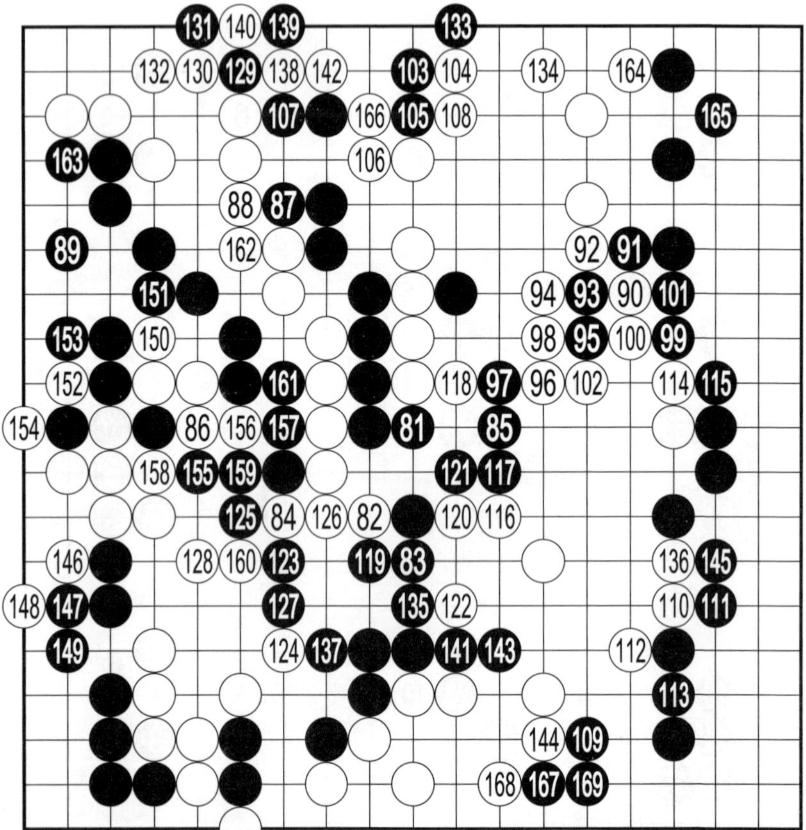

（81–169）

1977 年 11 月 4 日弈于北京
国家队积分循环第 5 轮

黑方　刘小光
白方　陈祖德

黑 19 可考虑在 4 位右一路尖顶，白若立，黑再于 48 位扳了连扳后分投上边。实战被白 20 先手扳下后再 22 靠出，黑作战稍显不利。黑 57 冲断似有不妥，于 64 位挡下，待白 59 位顶补断，黑再 72 位尖补，如此扎根活棋或为上策。实战被白棋上下连络，黑棋单纯出逃颇感无趣。白 88 强手，优势下毫不手软，持续追击黑棋，风格鲜明。白 126 应于 129 位爬，黑若四路打了压，白二路拐吃弃掉三子即可，如此简明优势。黑 141 最后败着，如于 130 右两路镇头，局势将颇为复杂，因白棋中央数子未完全成活，黑可缠绕获利。实战黑二路连络被白先手得利，黑大势已去。（时越）

黑贴$2\frac{3}{4}$子　146 手以下略　白中盘胜

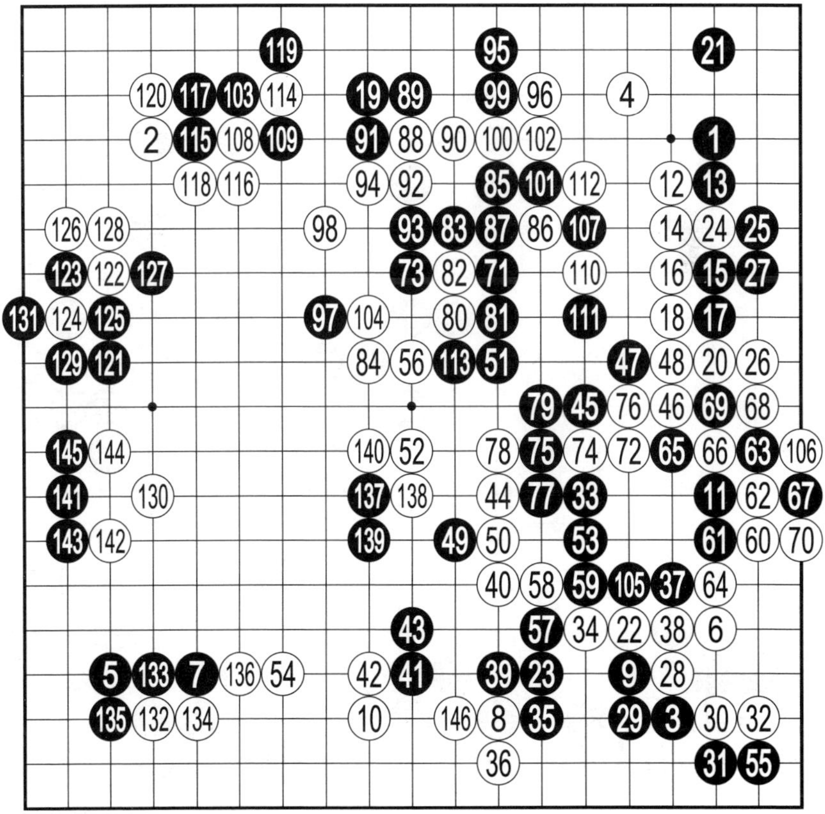

（1–146）

1977 年 11 月 5 日弈于北京
国家队积分循环第 6 轮

黑方　陈祖德
白方　徐荣新

白 32 应先于 122 位折，黑挡白再提，略好于实战。白 38 可先于 33 位左一路打，黑提，白可 121 位靠入，黑若粘白再打劫，如此白劫较轻。实战打劫被黑在左下连走两手，白亏损。白 46 以下跑出时机不当，太过勉强，未对黑棋造成威胁，反而自身生出孤棋，得不偿失。白 86、88 做劫，试图搅乱局面以争胜负。黑 101、103 以下计算精准，成功屠龙取胜。（时越）

黑贴$2\frac{3}{4}$子　共 135 手　黑中盘胜

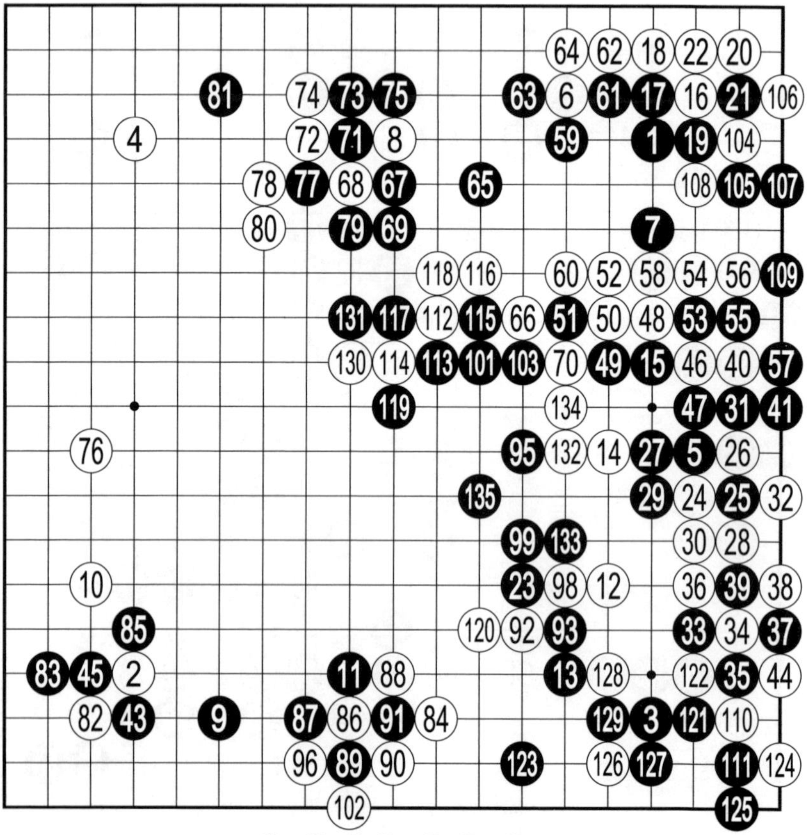

（1–135）

1977 年 11 月 7 日弈于北京

国家队积分循环第 7 轮

黑方　陈祖德

白方　吴淞笙

黑 31 可直接于 26 位左一路断，给白形制造些麻烦，实战至 34 飞，白步调颇佳。黑 41 或应 46 位贴，先行围住上边，以逸待劳，实战被白先手提子后围住右边，黑仅获白 28 一子，所得甚微。黑 61 本手应在左边星位处小飞自补，或许是认为形势吃紧，抢先于右下行棋。白 76 争得先手后攻击，黑形状下盘不稳，79 无奈弃子，形势雪上加霜。白 90 夹强力，是颇为实用的下法。黑 91 以下弃子过于大方，或许还是应 96 位冲出与白周旋。白 134 尖入颇狠，却不够简明，此时简单连络即可获胜，实战于黑阵中展开死活大战。黑 149 失误，如于 93 左两路跳，白棋将非常危险。白 154 冲后可于 109 左一路贴，黑无法两全。（时越）

黑贴 $2\frac{3}{4}$ 子　共 154 手　白中盘胜

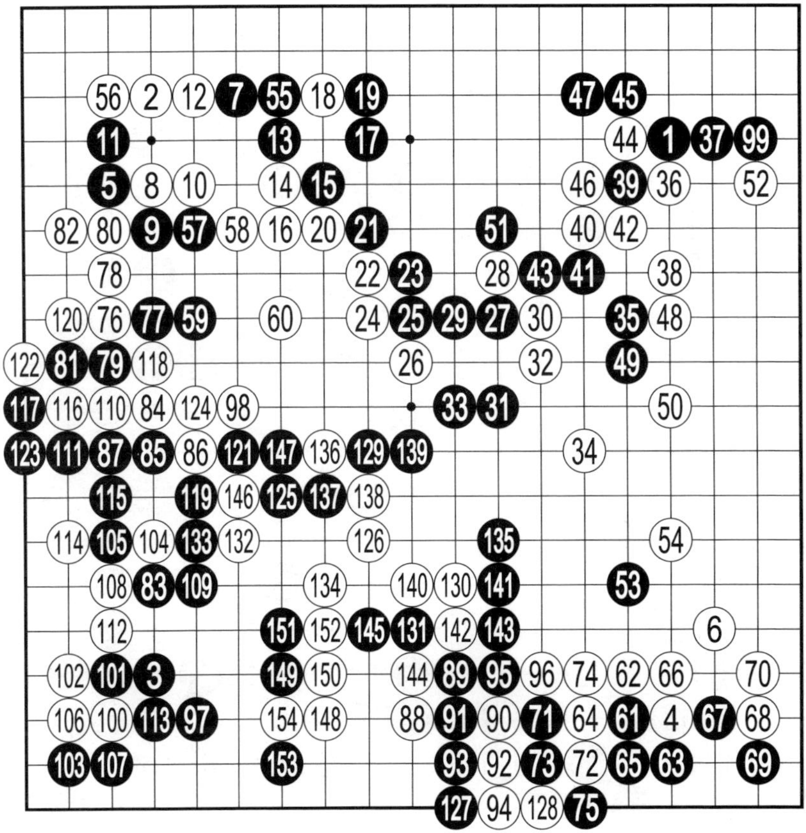

（1–154）

1977 年 11 月 9 日弈于北京
国家队积分循环第 8 轮

黑方　王群

白方　陈祖德

黑 21 于 22 位挂角为好，兼顾破空与分割白棋。白 36 可考虑脱先于右上行棋，因黑 11、13 一队已是活形，故断开并不急迫。黑 47、51 强行攻击似乎不妥，此时应是白厚黑薄的局面，当“势孤取和”为好。实战黑强攻白棋致自身漏洞百出，白从容延气后于 70 位挤断，黑上下难以两全。白 92 稳健自补，黑再无胜机。（时越）

黑贴$2\frac{3}{4}$子　共 156 手　白中盘胜

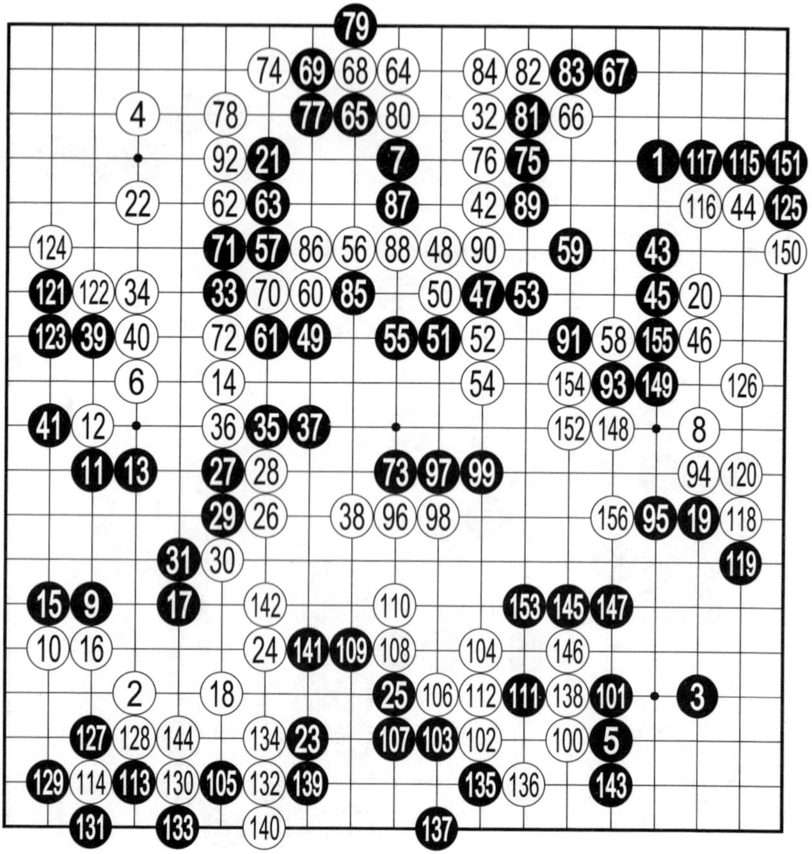

（1–156）

1977 年 11 月 15 日弈于北京
国家队积分循环第 9 轮

黑方　王汝南
白方　陈祖德

白 10 有趣，至 26 双方大致相当。白 38 可在 40 位打，黑打了冲，白可顺势长出。黑 39 于 40 位长更为有力，白若 44 位冲，黑可 46 位跳，如此白苦战。实战至白 46 形成转换，局面两分。黑 75 凶悍，于 78 位长已非常满意，实战搜根攻击将局面导向了白热化。白 98 略有瑕疵，于 99 位推打可先手连络，后在 224 位挡下，如此黑棋实地亏损。（时越）

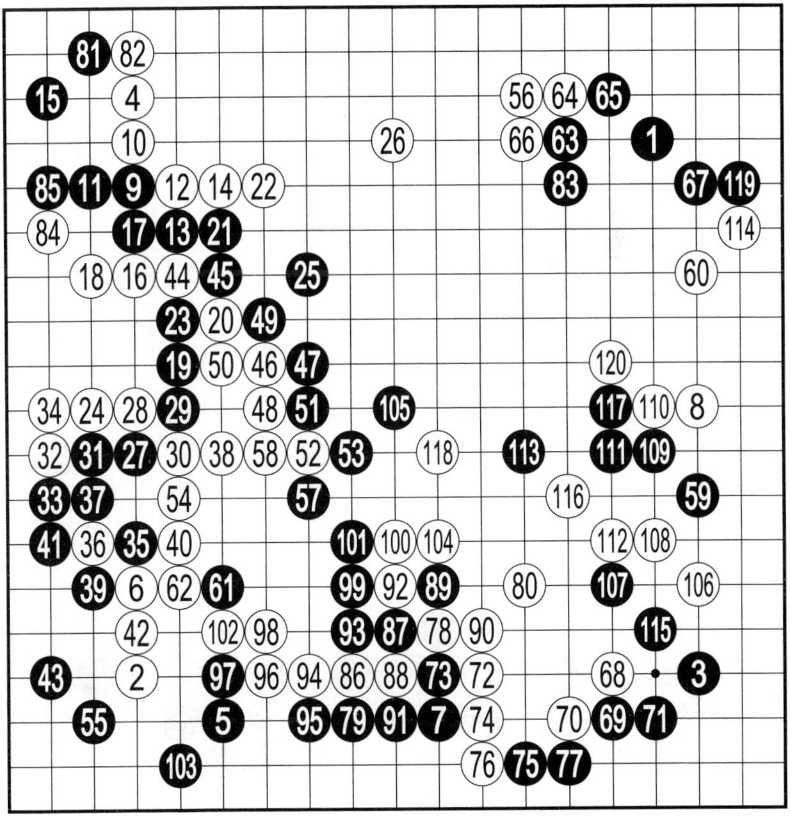

（1–120）

黑方　王汝南

白方　陈祖德

黑137孤军深入打响最后一战。但141失着，应143位小飞，如此将形成复杂劫争。白142亦应于143位靠，如此黑无法成活。黑147最后败着，应直接于149位拐，白粘，黑151位冲先手交换后再161位打出，如此黑气极长，白危险。实战黑气不够无奈弃子，小败已成定局。（时越）

黑贴$2\frac{3}{4}$子　230手以下略　白胜$1\frac{1}{4}$子

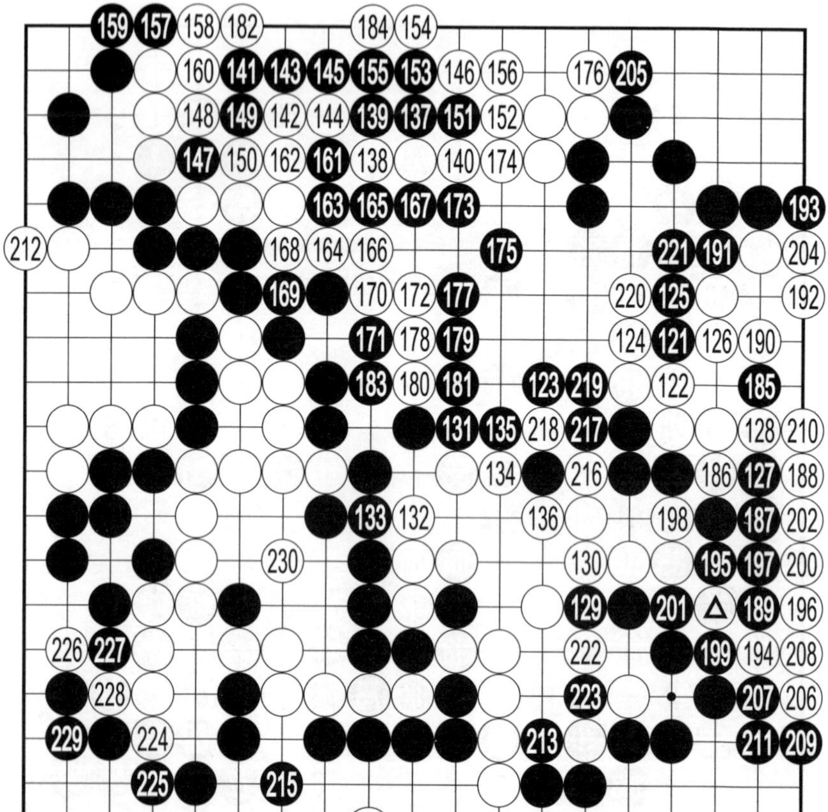

203=△

（121–230）

1977年11月17日弈于北京
国家队积分循环第10轮

黑方　陈祖德

白方　聂卫平

黑11可考虑在13位跳，白若还是长12位，黑可直接于89位肩冲轻处理。白46以下连压虽心情舒畅，但似乎还是有些过于大方，因白中腹较厚，可考虑直接于47位下一路逼住，攻击黑两子以求获利。白64以下滚打包收定型，迅速简化了局面，进入后半盘争夺。（时越）

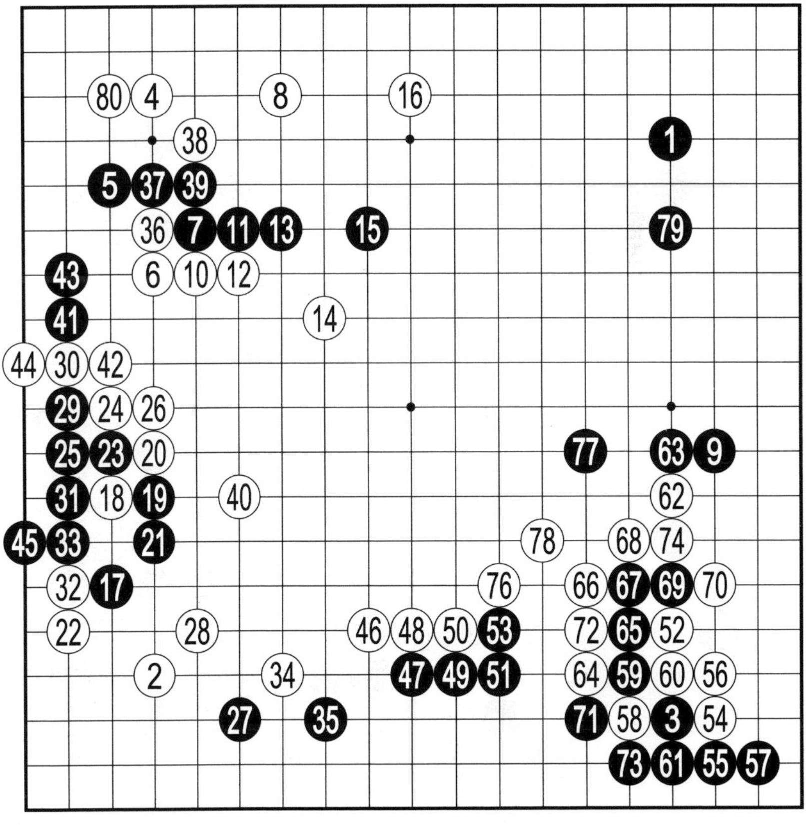

75=58

（1–80）

黑方　陈祖德

白方　聂卫平

白 82 似有优势意识，此时可考虑于 79 位下一路撞入黑阵，利用全局厚味做些文章。实战黑先手做眼后抢到 91 位补棋，右方大空已然成型，确立优势。白 94 以下寻求头绪，黑计算精准，拿下角地后成功将优势保持到了终局。（时越）

黑贴$2\frac{3}{4}$子　171 手以下略　黑中盘胜

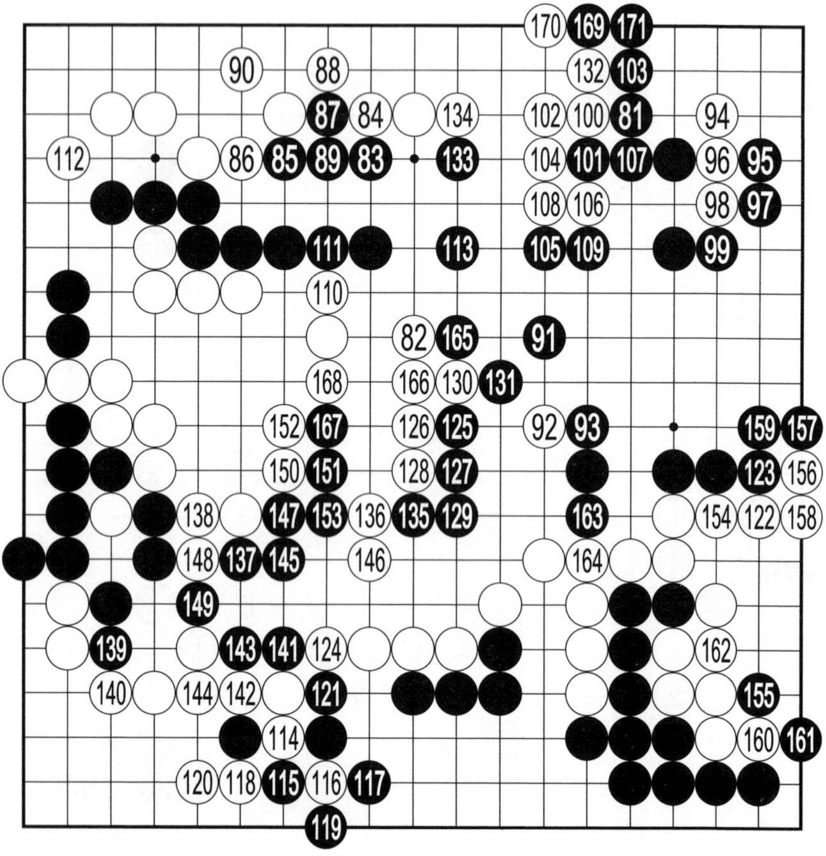

（81–171）

1977 年 11 月 23 日弈于北京
国家队积分循环第 11 轮

黑方 陈祖德
白方 沈果孙

开局白棋展开速度颇快，但白 26 似乎有些急躁，正常应于 39 位拆二。实战至黑 35 挺出，白较为勉强。黑 37 疑问手，应直接打了挡下后再 37 位贴，白 38 如抓住机会于 37 上二路飞过，可脱离险境。实战白棋错失良机，黑 41 挤妙手！白左右已无法两全。（时越）

黑贴$2\frac{3}{4}$子　45 手以下略　黑中盘胜

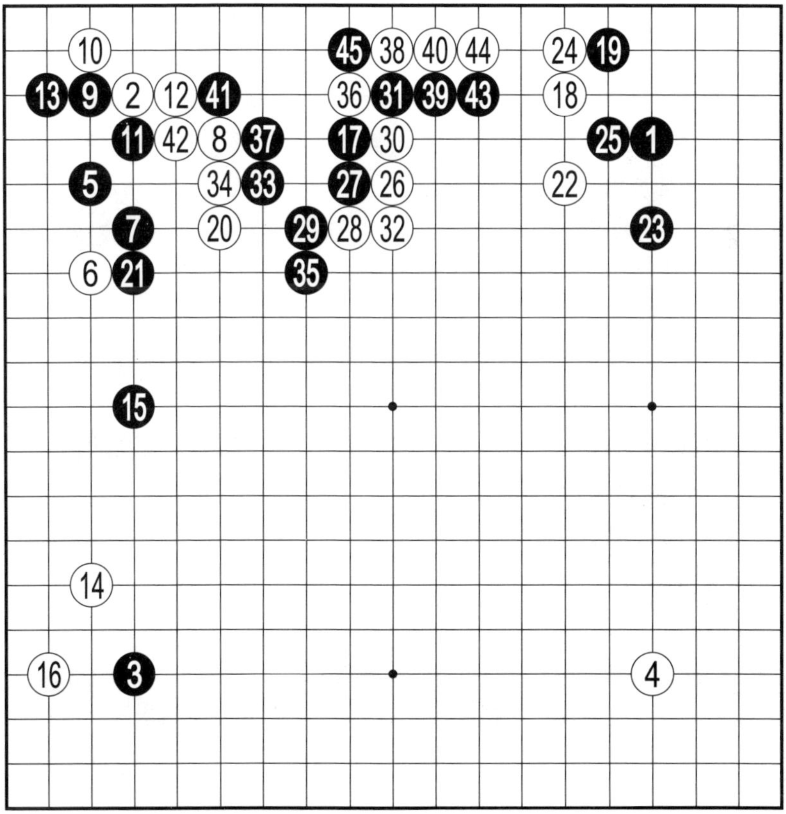

（1–45）

1977年11月28日弈于北京

国家队积分循环第12轮

黑方　孔祥明

白方　陈祖德

白30打入积极，率先挑起战斗。黑43应对有误，应100位靠住。白44亦错失良机，此时可看轻40一子，直接于98位飞连络，黑若征吃一子，白可84位肩冲引征，如此白棋好调。实战白虽吃下两子，但棋形略显重复。黑51可先于55位打，和白交换后再挡下，实战形成转换，黑稍亏。白74再次打入，黑75、77寸步不让，战斗一触即发。白80可考虑先于星位处尖顶，黑若挡，白棋虎，黑挖吃，白打二路后再打87位，黑粘上，白再80位尖，如此可巧妙成活。黑85不简明，直接于93位立下，白难以出逃。白90败着，应91位打后再93扳，黑只得放白做活，如此局面还漫长。实战白后手吃两子所得甚微，黑争得先手外围铁厚，胜势已定。（时越）

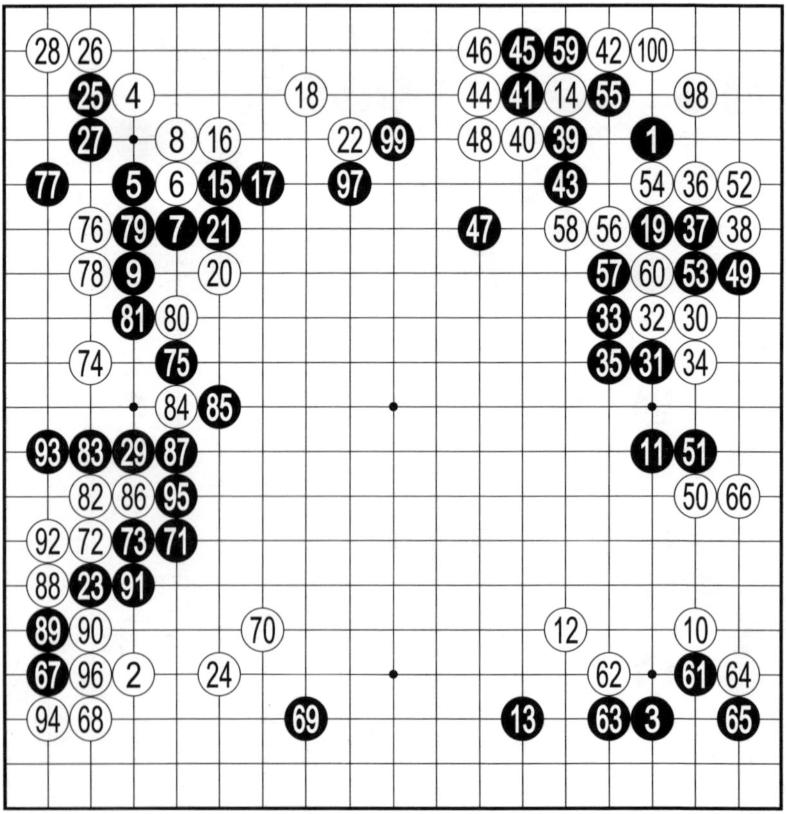

（1–100）

黑方　孔祥明

白方　陈祖德

黑贴$2\frac{3}{4}$子　200 手以下略　黑胜$\frac{3}{4}$子

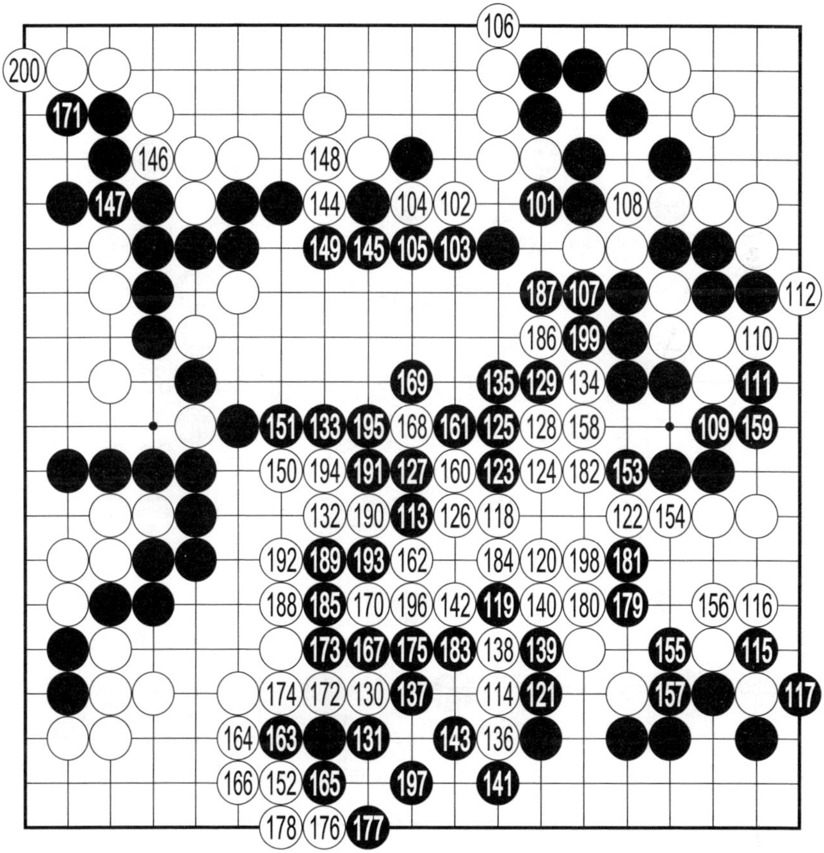

（101–200）

1977年12月6日弈于北京
国家队积分循环第13轮

黑方　陈志刚
白方　陈祖德

开局黑下得颇为奔放，形成外势与实地的较量。白46应于下一路靠，如此黑因气紧而不能切断白棋。实战黑先手冲断后，59是问题手，应直接于46位下一路压，白只能弯出，黑连压两下后再回到59位打，如此黑棋优势。黑89、91有些许草率，应直接95位虎站稳脚跟。实战或许是忽略了白棋滚包后切断的巧手，至114，白弃子成功。黑115至119败着，此时应直接于左边挂角扎入白阵，与白棋一决胜负。实战白118先手补断后抢到120，大空合围，黑无力回天。（时越）

黑贴$2\frac{3}{4}$子　120手以下略　白中盘胜

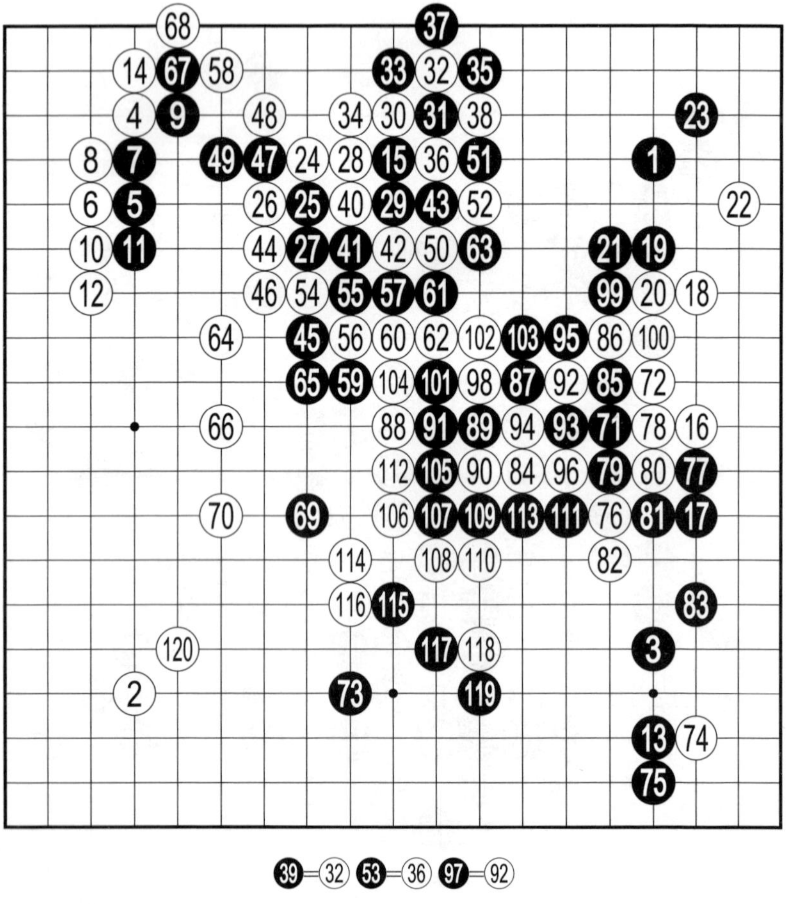

1977年12月9日弈于北京
国家队积分循环第14轮

黑方　陈祖德
白方　江鸣久

白32可考虑在右下托角寻求转身，34亦可脱先于左上守角，实战略显滞重。黑37连续飞攻好调。黑47打入较为少见，一般在50位上一路侵分。白54应于二路扳搜根攻击，实战的形状黑随时可二路虎做活，白攻击不力。黑65可直接在66位跑出，或67位单飞，实战拐打交换，对上方战斗有不利影响。以下黑分而治之两处做活，但留有隐患。黑103后白可于54位跳，如此形成打劫，胜负难解。实战白或许没看到此手，略显遗憾。（时越）

黑贴$2\frac{3}{4}$子　103手以下略　黑胜$2\frac{3}{4}$子

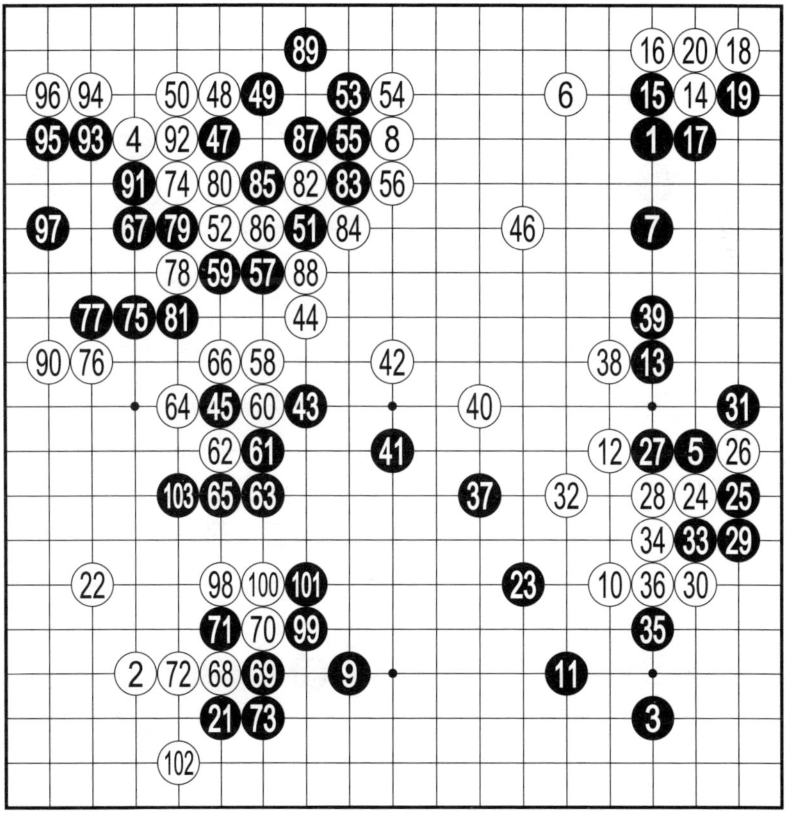

（1–103）

1977年12月12日弈于北京
国家队积分循环第15轮

黑方　陈祖德

白方　华以刚

白12应该是那个时代的研究成果，今天看颇为新颖。黑25反击。白26试应手好棋，此时黑若外扳，白断，因12一子较轻，黑不好应对。实战白抢到先手于左上守角，布局成功。黑49以下落后手攻击略显执着，因白出头在外，黑不好有效进攻。黑71胜负手，弃子筑起立壁，意图强攻白右边。至101战斗告一段落，黑略有所得，局面白稍优。白112失误，应先于119位靠，黑若上扳，白再于112位夹，如此优于实战。白142败着，应直接挡在144位，可无伤成活。实战形成打劫，白劫材不利，无以为继。（时越）

黑贴$2\frac{3}{4}$子　共153手　黑中盘胜

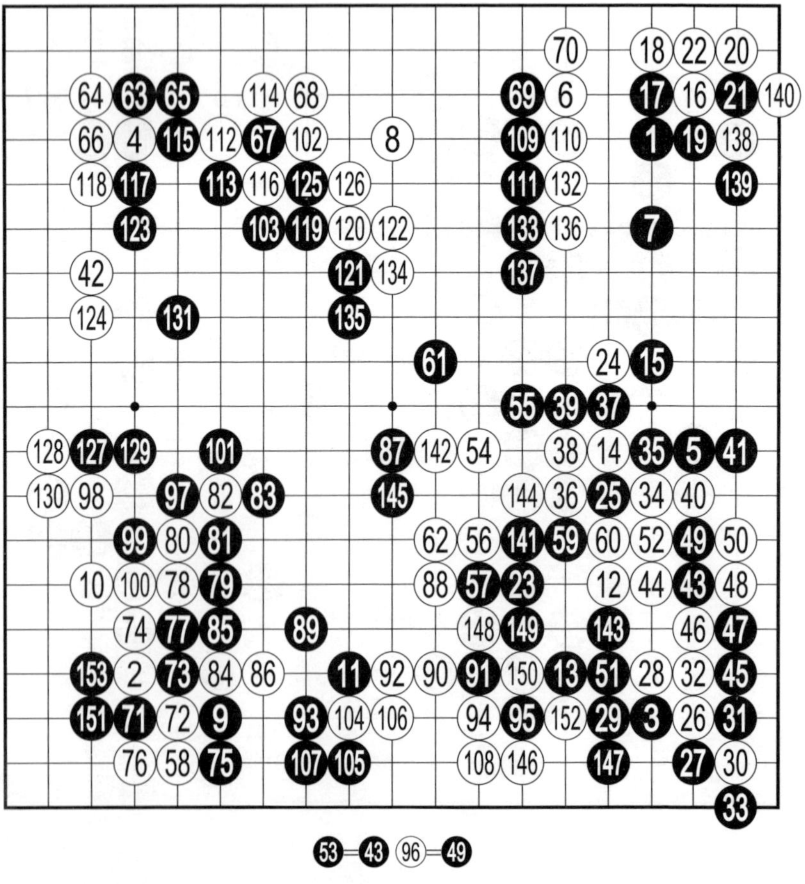

（1–153）

1977 年 12 月 16 日弈于北京

对抗赛

黑方　杨以伦

白方　陈祖德

黑 19 在当时是接近定式的一手，但在 AI 出现后却遭到了否定，认为 19 应于 20 位贴出，不辞一战。黑 25 可考虑在 27 位右一路飞，白 26 位跳出，黑再 79 位靠压，如此棋形舒展，效率较高。白 30、32 整形好手，黑 33 如 58 位扳，白可顺势于 57 位贴，补强弱点。白 36 问题手，因黑在 45 位有先手味道，故白直接在 40 位跳更好，黑如爬过，白可直接扳下。实战形成打劫，白虽在左边连下两手，但右边大龙被黑抢攻，非常苦闷。黑 67 应在 73 位尖补，待白补活后再 67 位跳。黑 71 或许也只能在 83 位飞，以求各自安好。实战强硬冲断，被白 76 跳击中要害，黑以下委屈求活，白 84 出头，至 92 提子，白胜势已定。（时越）

黑贴 $2\frac{3}{4}$ 子　共 142 手　白中盘胜

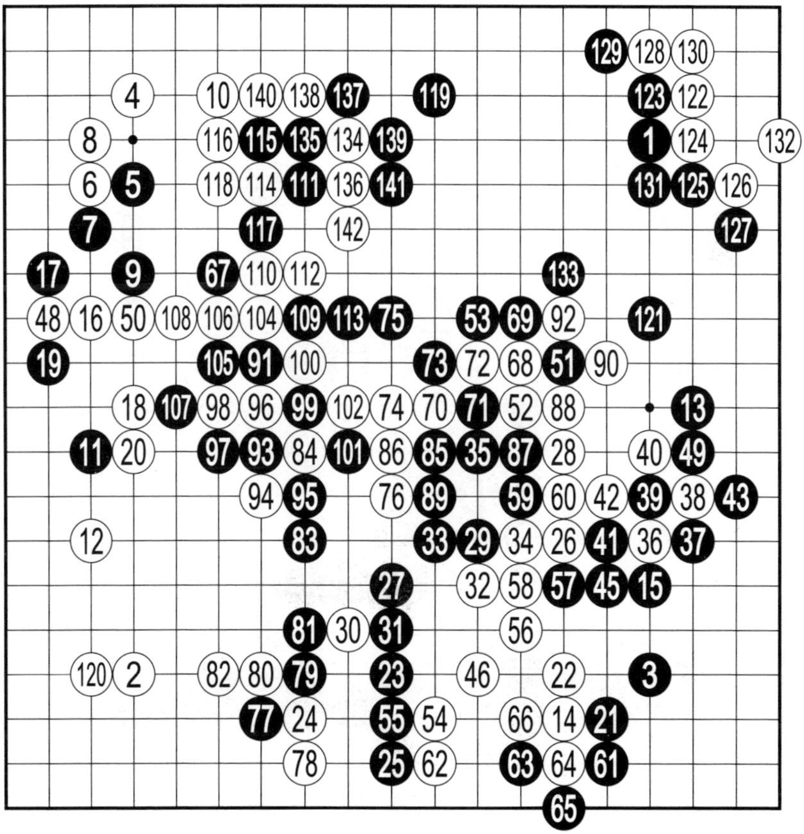

44=36　47=39　103=84

（1–142）

1977年12月19日弈于北京

黑方　吴淞笙

白方　陈祖德

白8、16、32大气磅礴，棋风跃然盘上。黑37问题手，稍显急躁，此时右边白强黑弱，直接于40位拆一就地做活，更合棋理。实战白40绝好点，黑棋形难受，只得断开作战，但周边皆是白子，作战无疑对黑不利。黑45可考虑拐头，白若跟着长，黑可在126位点寻求做活或出逃。实战白压，黑无法脱身，被白48抢先动手，黑雪上加霜。黑55出逃，夹缝求生极为勉强，白顺势长出后，黑上下难以两全。黑71本手应76位顶后冲，弃掉四子，或许是意识到形势不利，故意卖个破绽以求胜机。白74计算精准，果断出击，拿下黑大龙，胜势不可动摇。（时越）

黑贴$2\frac{3}{4}$子　共134手　白中盘胜

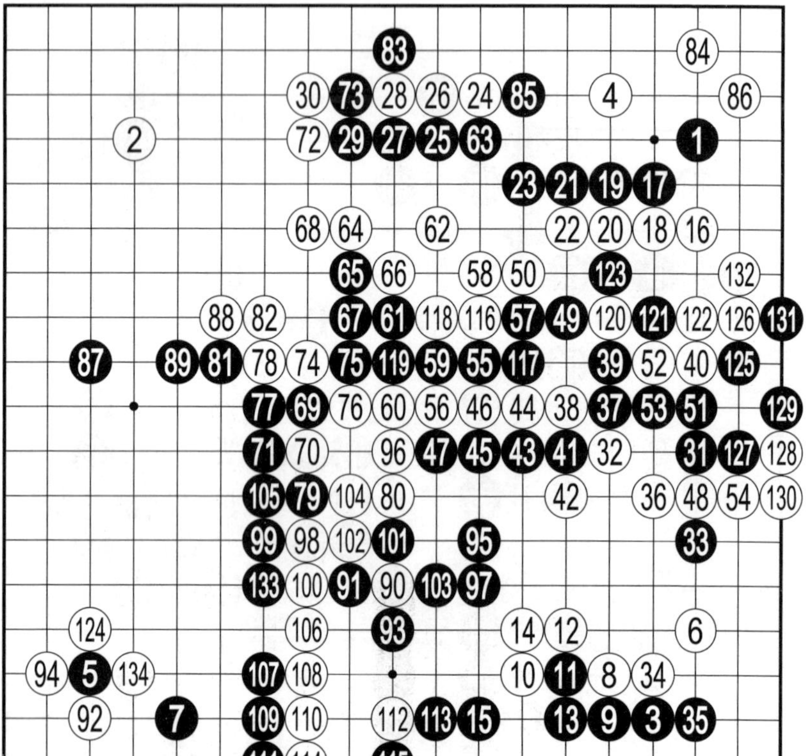

（1–134）

1977 年 12 月 22 日弈于北京

黑方　陈祖德
白方　聂卫平

白 12 邀战，黑 13 杀入欣然应战，开局便已是针锋相对。黑 23、25、27 是连贯的手法，白因中间数子掣肘，不敢用强。至 39 跳出，局面黑棋好调。黑 57 可考虑二路打，形成打劫黑不怕。白 58 靠压好手，顺势冲出至 74 拐，局面两分。白 82 问题手，应 103 位并回，直击黑要害。实战黑吃下一子后，数颗残子凝为一体，已然呈活形。黑 87 或应于 103 位冷静回补，积蓄力量，实战出头略显勉强，被白先手断后只得弃子。（时越）

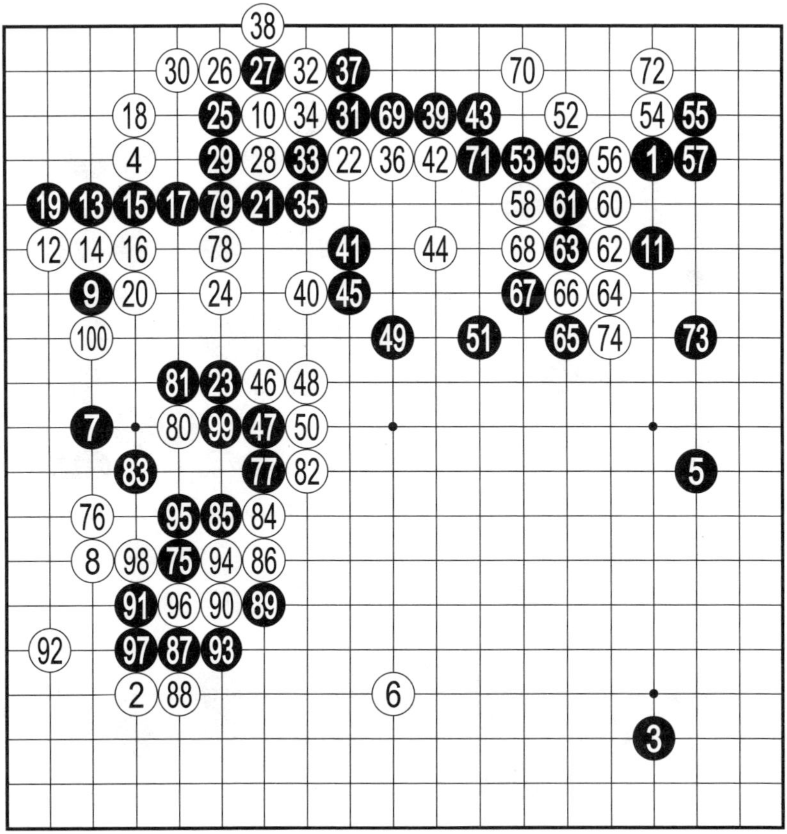

（1–100）

黑方 **陈祖德**

白方 **聂卫平**

至黑117，双方再次回归均势。黑145、147或许是认为形势紧迫，一目不让，治孤中间以争胜负。白156可考虑直接于160位顶，黑若还像实战那般应对，白可于177位贴，护住右边目数。至黑171连络，白156一子无所作为，黑小胜已定。(时越)

黑贴$2\frac{3}{4}$子　213手以下略　黑胜$\frac{3}{4}$子

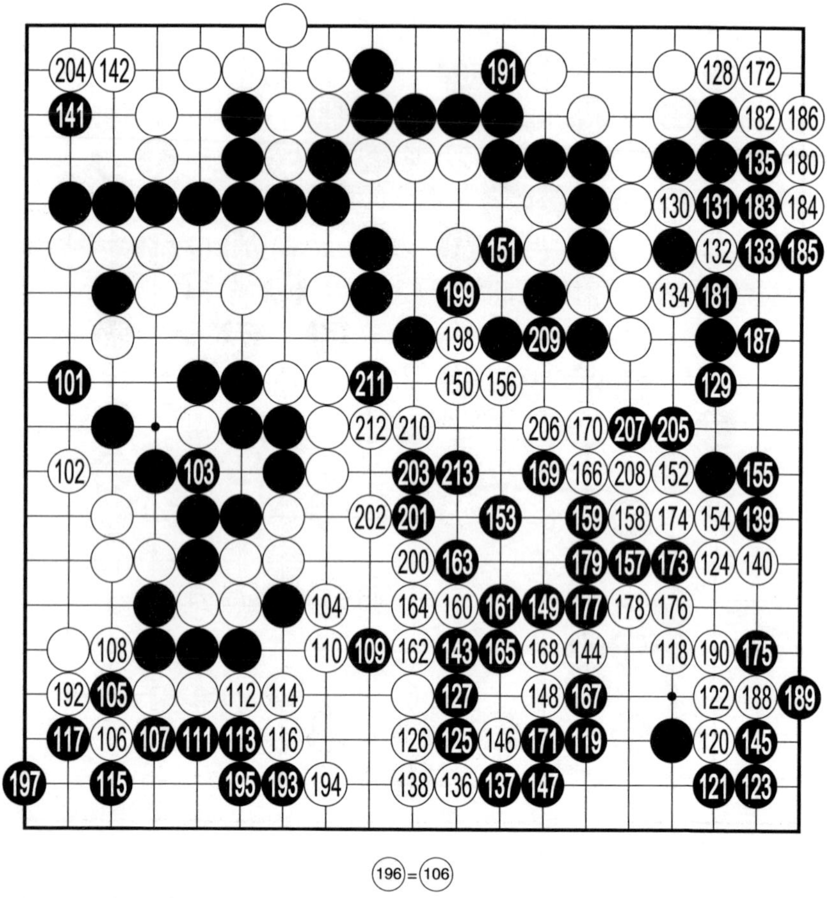

196=106

(101–213)

1977年12月23日

黑方　杨以伦

白方　陈祖德

白16应于19位飞，冲击黑棋更好。黑37至43的交换都是俗手，应直接45位长。

白48连络，白棋获得优势。白88反击，不简明，就跟着黑87应，粘上，形势已经很好了。

之后的战斗有些乱。好在白棋稳住了阵脚。至110，白棋的优势明朗了。之后，白棋的官子有些问题。如126、130都走得小了，黑棋追近了局势。棋谱到175时，是半目胜负的棋局。（邹俊杰）

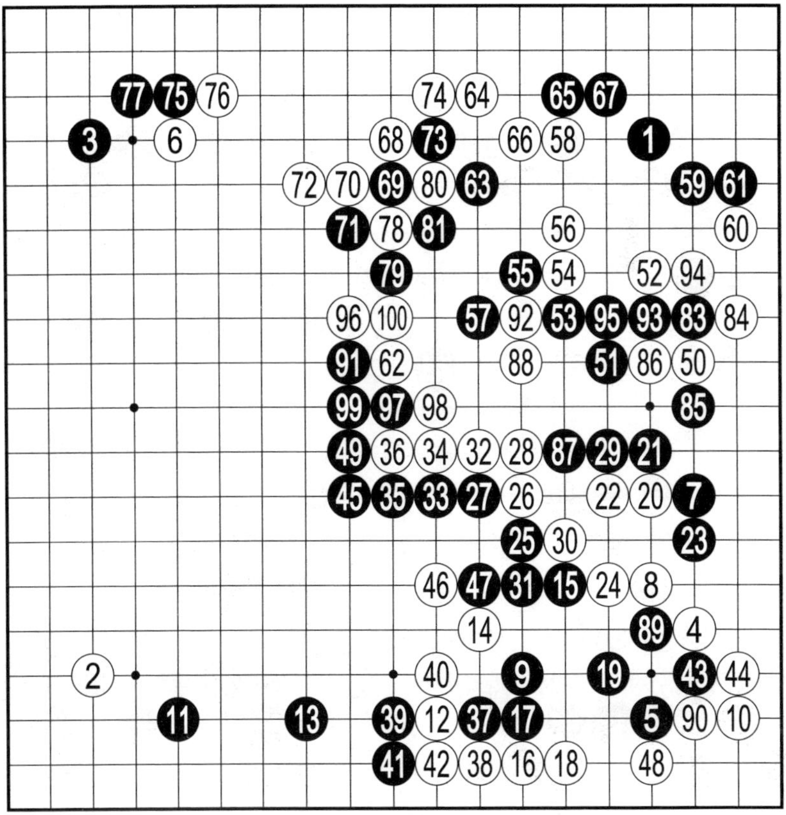

82=69

（1–100）

黑方　杨以伦

白方　陈祖德

黑贴$2\frac{3}{4}$子　175 手以下略　黑胜$1\frac{3}{4}$子

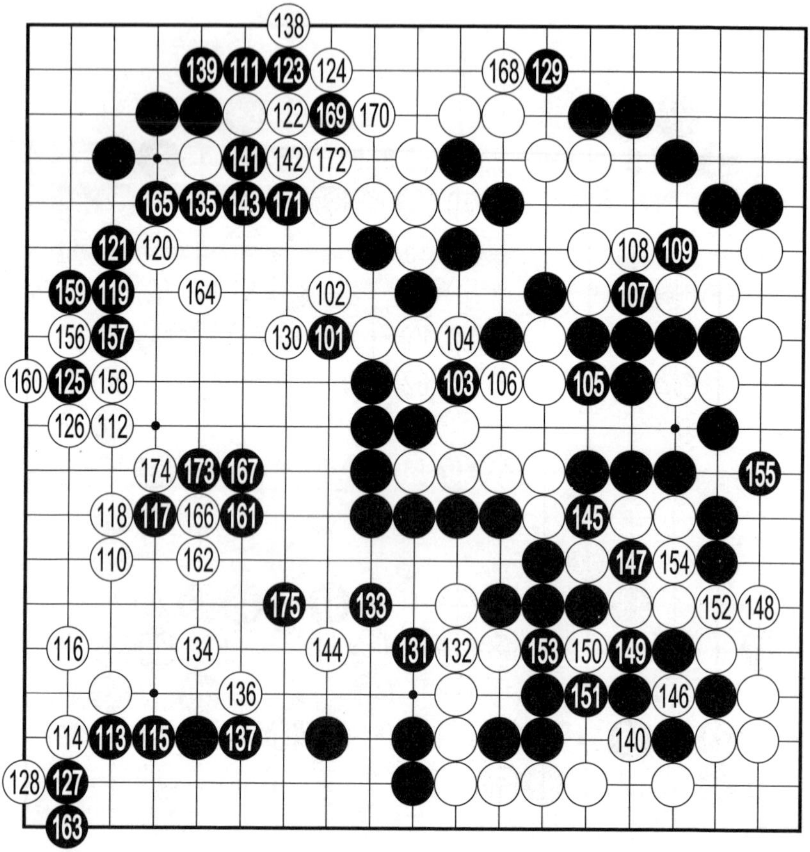

（101–175）

1977 年 12 月 27 日

黑方　陈祖德

白方　吴淞笙

白 30 跳，少见。黑 31 直接 33 位挡，黑棋应该不坏。黑 31 强硬，是陈老师的棋风。白 48 解围的好棋。可惜，白 52 出现重大失误。白 52 应 56 位跳，处理下边，是白棋好调。至 83，黑棋占优。（邹俊杰）

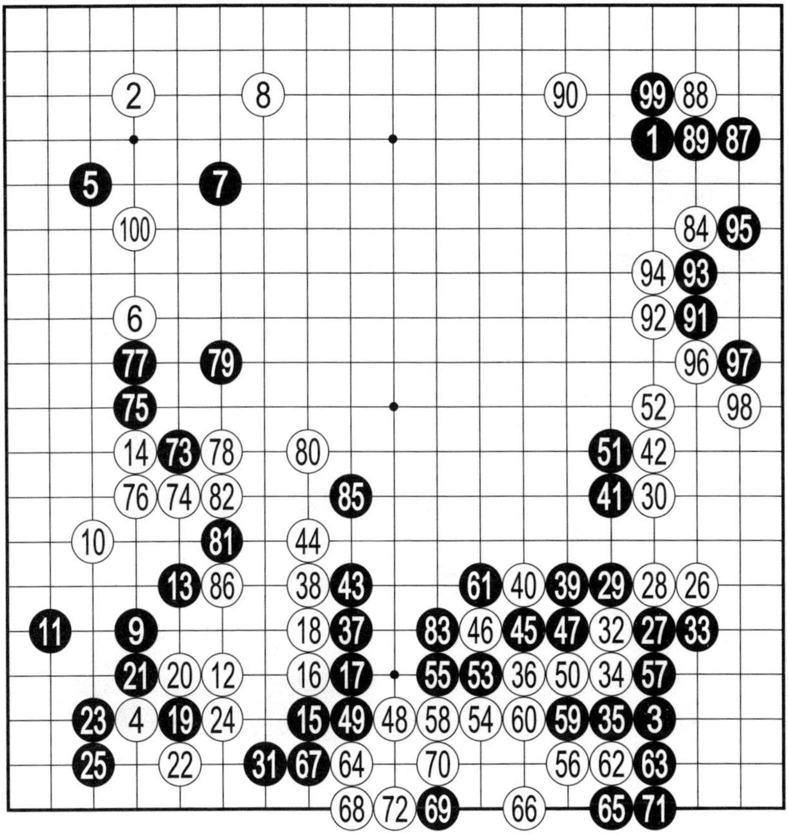

（1–100）

黑方 **陈祖德**

白方 **吴淞笙**

黑 105、107 好棋。黑 113 不简明。黑于 114 位飞，弃子更好掌握局势。乱战之中，白棋错过机会。白 134 如走 135 位，白棋将扳回局势。黑棋幸运地抢到 135，总算控制住了局面。（邹俊杰）

黑贴$2\frac{3}{4}$子　183 手以下略　黑胜$\frac{3}{4}$子

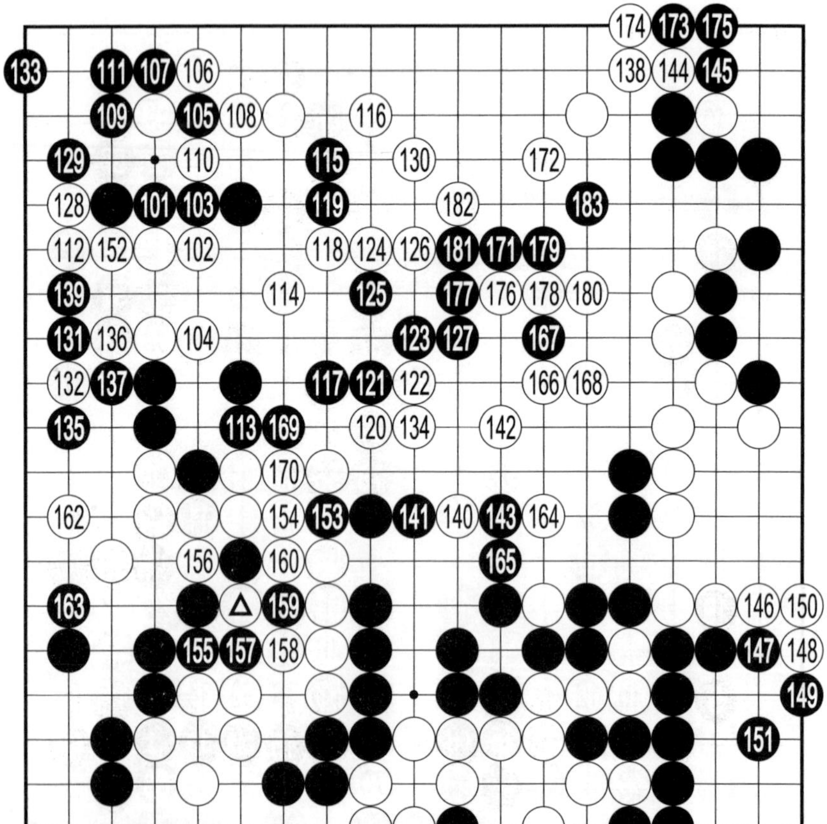

161=△

（101–183）

1977 年 12 月 28 日弈于北京

黑方　聂卫平

白方　陈祖德

白 32 应走 51 位贴。实战被黑 33 一手棋吃干净，黑棋好调。白 50、52 过分了。中央的打劫，黑棋处理得非常精彩。黑 91、93 早就设计好的手段，白棋依然处在被包围之中。本局，黑棋下得非常好，是聂老师的完胜局。（邹俊杰）

黑贴 2 $\frac{3}{4}$ 子　123 手以下略　黑中盘胜

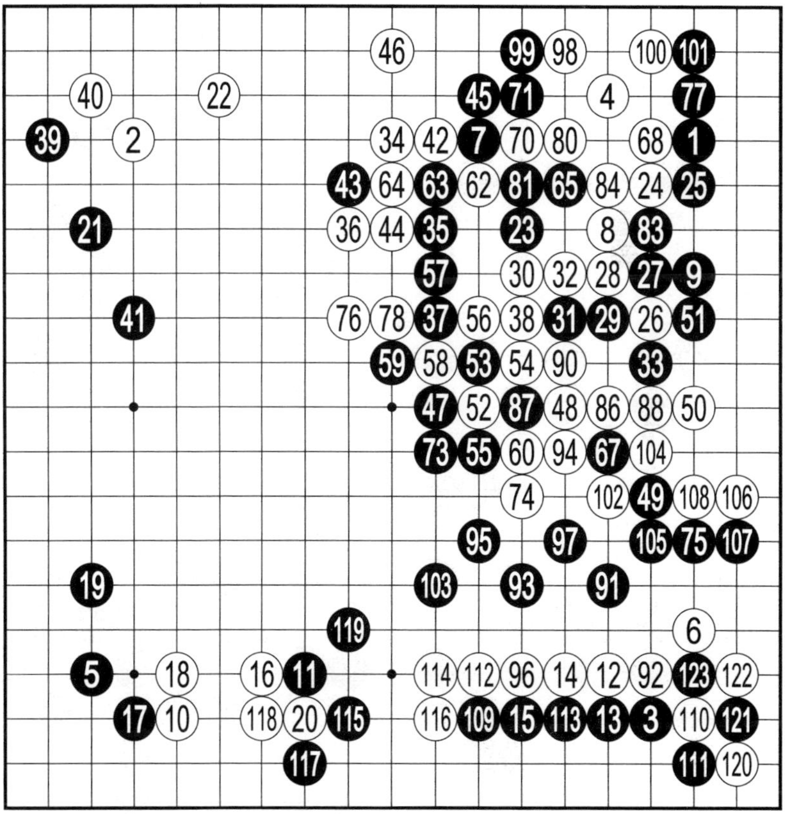

❻❶❻❾❼❾❽❺=❺❸ ⑥⑥⑦②⑧②=⑤⑧ ❽❾=⑤②

（1–123）

一九七八

时年34岁

◎ 4日13日—28日，全国棋类比赛预赛在福建厦门举办。预赛采取团体预赛形式，根据棋手在团体赛每台的个人成绩，录取第一台前10名，第二台前7名，第三台前4名，第四台前3名，共24名棋手参加第二阶段的比赛。第二阶段为个人赛形式。陈祖德在团体预赛中坐镇第一台，先后击败黄进先、程晓流，负于王汝南，击败罗建文、江鸣久、黄德勋、聂卫平，顺利进入决赛。上海队也取得了团体预赛第一名。

◎ 6月9日—24日，以孙乐宜为团长的中国围棋代表团访日。陈祖德首场负于大平修三九段，第二场击败业余好手三浦浩。三至五场，陈祖德和大窪一玄九段的三番棋皆负。21日，快棋表演赛不敌桥本昌二九段。22日，击败藤木见人八段。最后一场击败岩田达明九段。不算快棋表演赛，共计3胜4负。

◎ 7月22日—8月5日，陈祖德、聂卫平等应邀前往巴黎，参加第22届欧洲围棋锦标赛。

◎ 8月13日，为了庆祝中日签订友好条约，桥本宇太郎九段访问中国，并和陈祖德进行友谊赛。

◎ 9月4日，长子陈一秋出生。

◎ 9月8日—25日，个人赛决赛在郑州举行。男子决赛进行13轮积分循环。前四轮陈祖德击败江鸣久、杨以伦、华以刚等取得四连胜。第五轮击败同样是四连胜的聂卫平，一时间夺冠形势大好。但后来不敌王汝南，虽然后面击败黄德勋和谭炎午，最终只获得了全国亚军。

◎ 11月27日—12月7日，以杉内雅男为团长的日本围棋代表团访华。首场没有参赛的陈祖德，第二场负于淡路修三七段，第三场击败山城宏六段，最后一场击败了杉内雅男九段。三场比赛2胜1负。

薛志春　整理　　　　**华以刚　审订**

1978 年 1 月 9 日
分组赛

黑方　陈祖德
白方　杨以伦

白 46 应走 49 位。至 55，黑棋好调。白 56 刺随手，帮黑棋走厚了。黑 61、63、65 好棋。白棋没有意识到此处棋形的问题。黑 71 于 76 位小尖，更好。黑棋以为吃住了下边，实际上，局部还是有些复杂的。白 76 以下处理得太简单。黑 83 吃住白棋，优势已十分明显。之后，黑棋轻松做活右边大龙，收获胜利。（邹俊杰）

黑贴 $2\frac{3}{4}$ 子　共 143 手　黑中盘胜

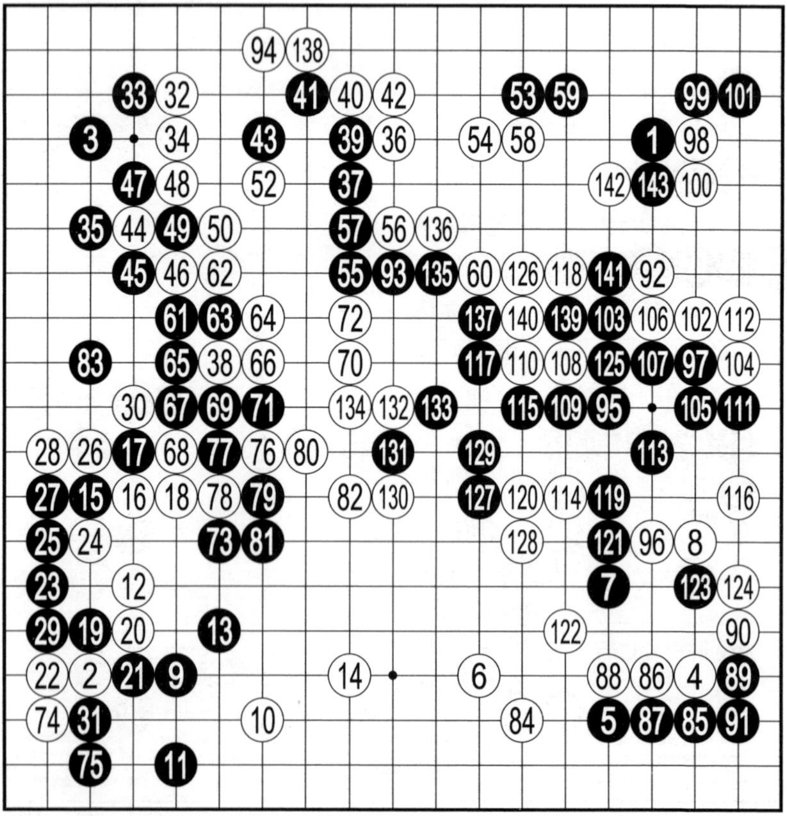

51 = 44

1978年1月11日弈于北京

黑方　沈果孙

白方　陈祖德

白38直接开劫，判断出现重大失误。白42转换之后，黑棋明显大优。黑43走右下角更大。黑137的冲，黑棋应该早交换掉。黑55、61、63连续出现缓手，让白棋追近了局势。黑67至73的定型也不好，黑棋优势意识太浓了。白112应113挡住，如此棋局非常细微。棋谱就到了152手，形势是黑棋稍好一些。（邹俊杰）

黑贴$2\frac{3}{4}$子　152手以下略　黑胜$\frac{3}{4}$子

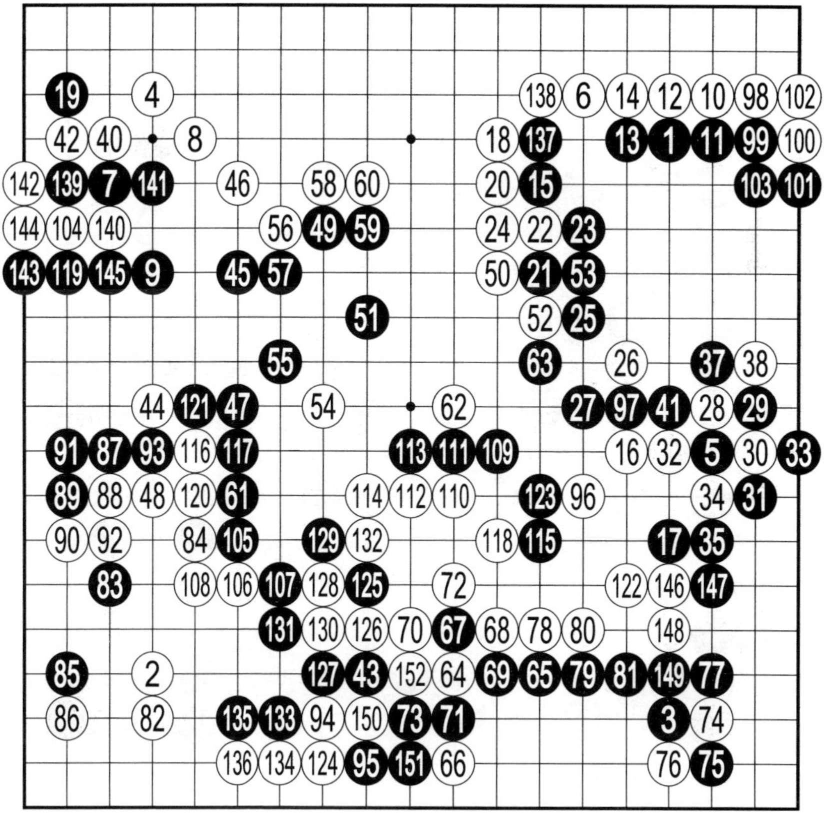

36=30　39=5

（1–152）

1978年1月13日弈于北京

黑方　陈祖德

白方　孔祥明

白22棋形不佳，留着一个尖断的毛病。白28落了后手，白棋速度慢下来了。白44没走到空，落空了。白应于39的左一路靠出，冲击黑的薄味。白60只能抱吃黑57一子，局势还漫长。实战白棋的下法太过分了。之后，黑棋处理得很好，白棋没有任何机会。（邹俊杰）

黑贴2$\frac{3}{4}$子　125以下略　黑中盘胜

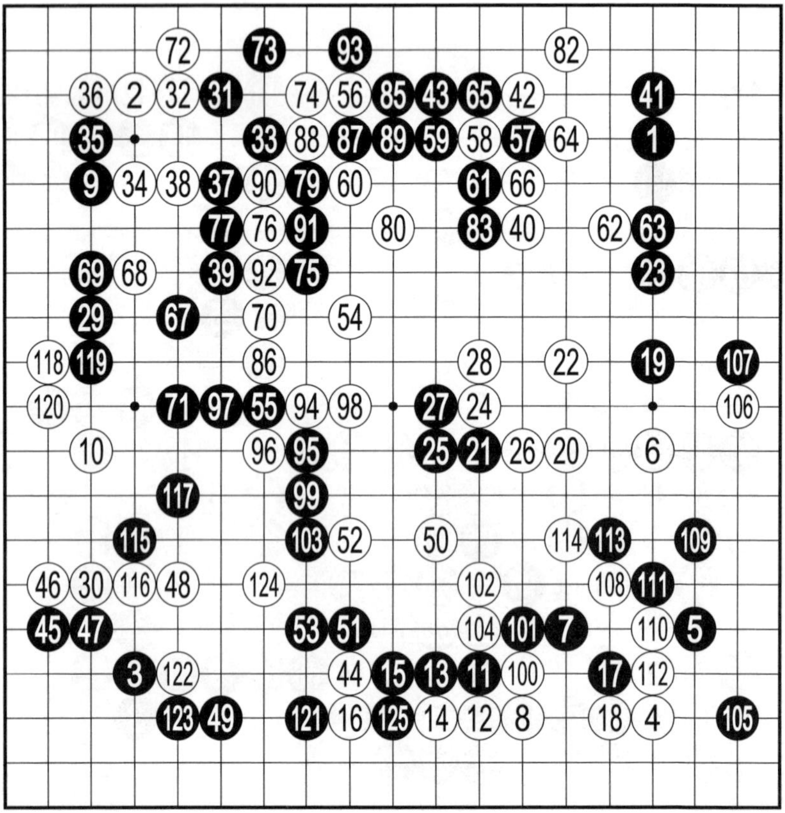

78 84=58 81=57

（1–125）

1978 年 1 月 16 日弈于北京

黑方　王汝南

白方　陈祖德

白 24 打入真是够强硬的。开局即进入乱战。白 52、54、56 的着法看似华丽，但其实也未必便宜。白 62 应走 65 位虎，会比实战好一些。黑 77 上方活出之后，好调。黑 81 大缓手，优势意识太浓了。黑 81 应在 80 位左一路冲，继续冲击白的棋形。白会很难受。黑 91 应 92 位拐，活棋没有问题。实战黑棋似乎是有误算，大龙被杀了，棋局瞬间结束。（邹俊杰）

黑贴$2\frac{3}{4}$子　106 手以下略　白中盘胜

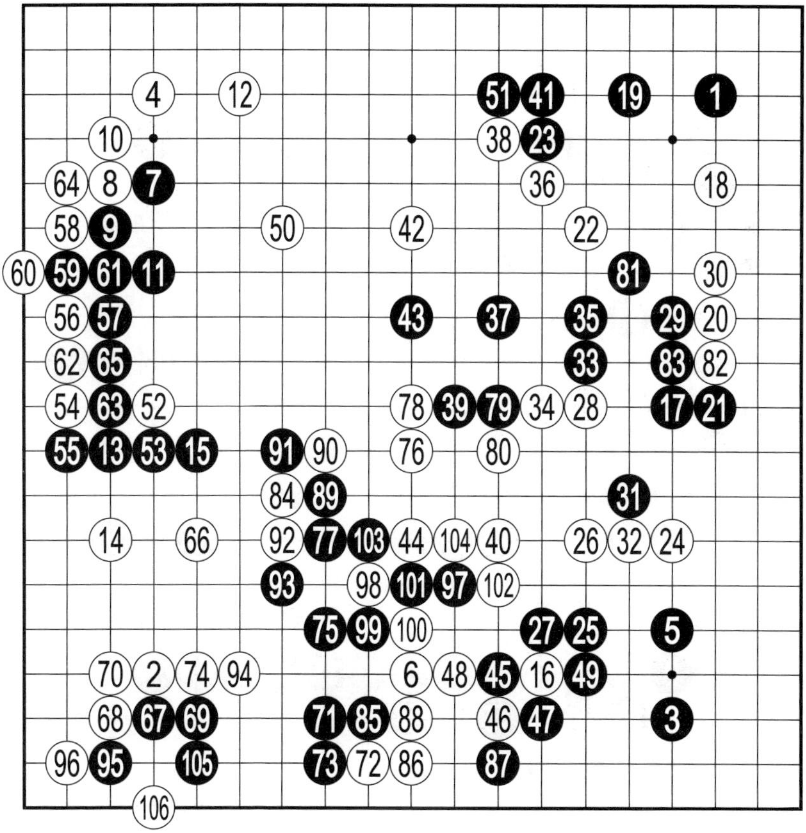

（1–106）

1978年1月18日

黑方　陈祖德

白方　王群

黑49方向不对，导致51落了后手。黑49应走53位围住大空。白52缓手，应53位跑出。黑57有问题。白58、60好棋，黑棋难受。黑71的处理有问题，白棋成功活出，优势明朗了。

白102动出，小了！给了黑棋机会。白棋应在右上角动手。白120应二路扳，争先手。（邹俊杰）

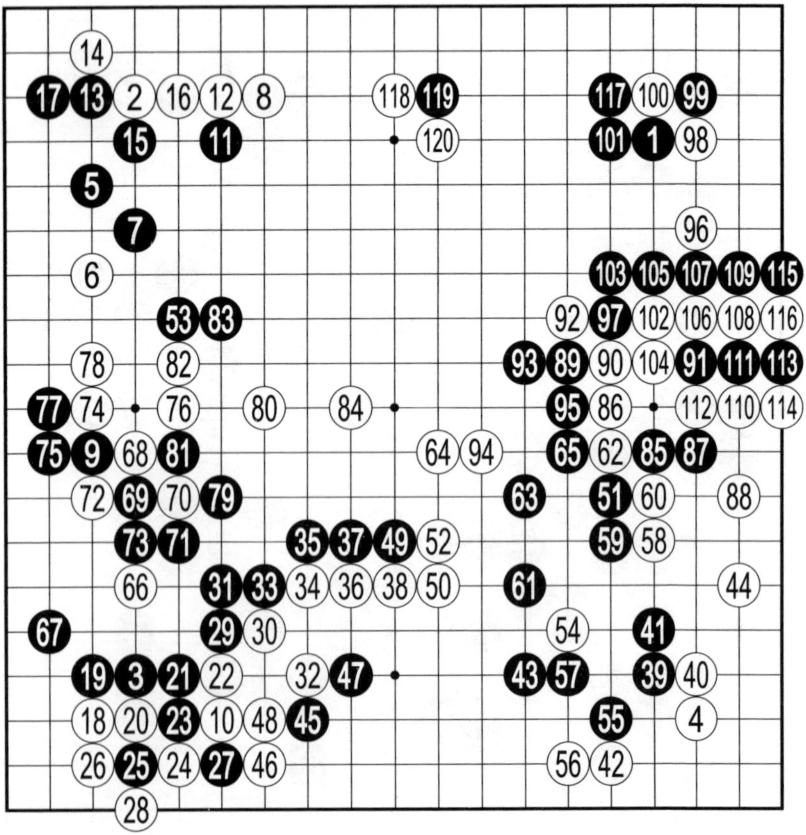

（1–120）

黑方 **陈祖德**

白方 **王群**

黑 123 太大了，黑棋扳回了局势。官子阶段，黑棋有些亏损。黑 157 放出胜负手！白棋乱了阵脚，出现了失误。黑 171 断，逆转了局势。但接下来，双方都各有失误。黑棋最后的败着是 209！黑 209 应在 204 的右一路打吃，找劫，如此黑将多一枚劫材，获取胜利。实战，白棋生出了 212 的劫材，黑棋崩了。（邹俊杰）

黑贴 $2\frac{3}{4}$ 子　共 226 手　白中盘胜

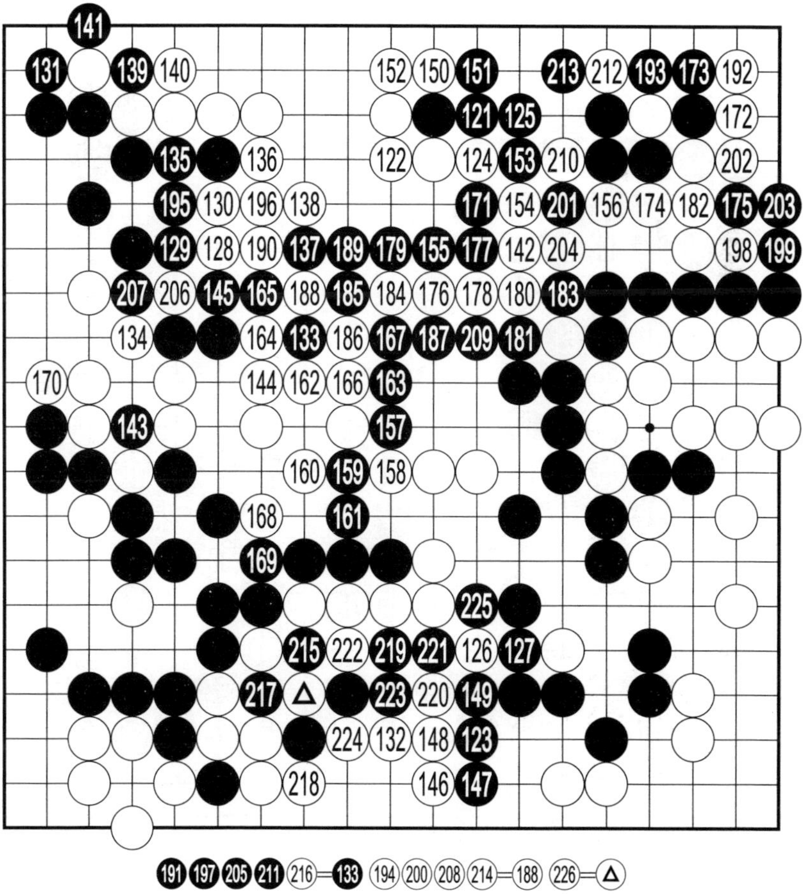

1978年1月30日

黑方 **吴淞笙**

白方 **陈祖德**

黑17先于18位冲，会稍微便宜一些。白22于三路小尖防守，棋形会好一些。黑43应先防范下边。白44、46跨断好棋，白棋占据主动。白60、62连续两步重大失误，失去了优势。白60应于61位粘上。白80过分了！被黑81、83分断开，白棋陷入苦战。棋谱就到98手，局势是白棋苦战。（邹俊杰）

黑贴$2\frac{3}{4}$子　共98手　打挂

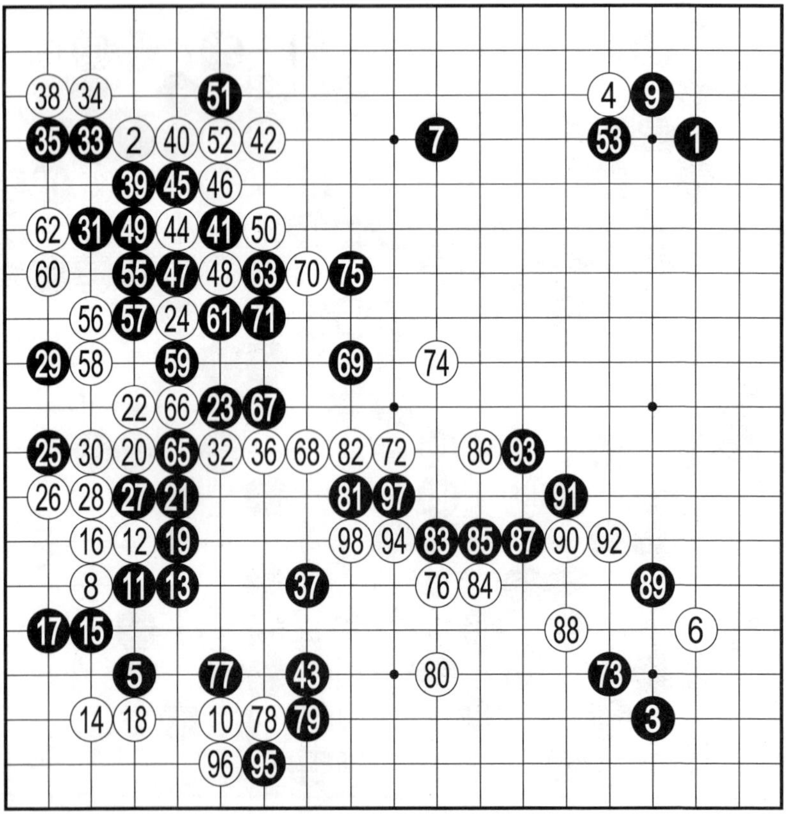

54=44　64=41

（1–98）

1978年2月2日

黑方　陈祖德
白方　聂卫平

白28扳出，不大。黑31应吃住边上的白子。黑39、41非常积极，陈老师进攻的风格跃然盘上。黑47、49出手早了，应先在下边拆边抢空，今后再伺机进攻，如此黑棋局面主动。实战落了后手，被白60占据大场，黑棋攻击落空了。白60再往左一路拆边会更好。白76缓手。黑77应抢78右一路，实地更大，如此黑棋优势。黑91、93缓手，被白棋得以喘息。黑115最后的败着！黑115应走117位，角部同样是打劫，却比实战便宜了接近一手棋。白122消劫之后，黑棋已无机会。（邹俊杰）

黑贴$2\frac{3}{4}$子　共150手　白中盘胜

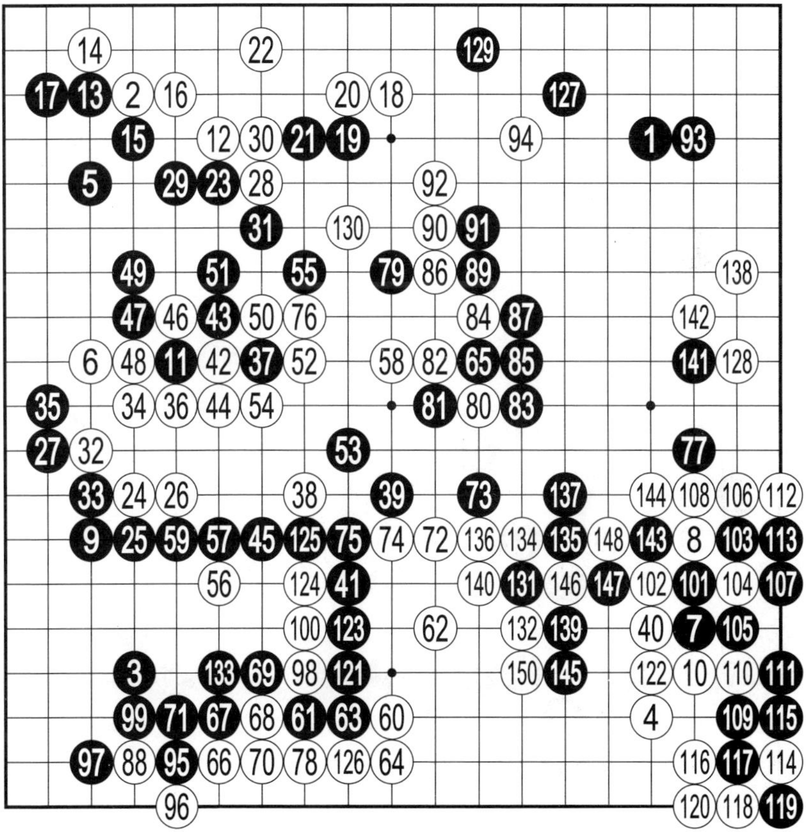

149=131

（1–150）

1978年2月13日弈于北京

黑方　程晓流

白方　陈祖德

黑31直接飞33位更好。实战慢了一拍。白58之后，黑59应该在108位吃，补强中腹。双方都没意识到，108才是全盘最大之处。（邹俊杰）

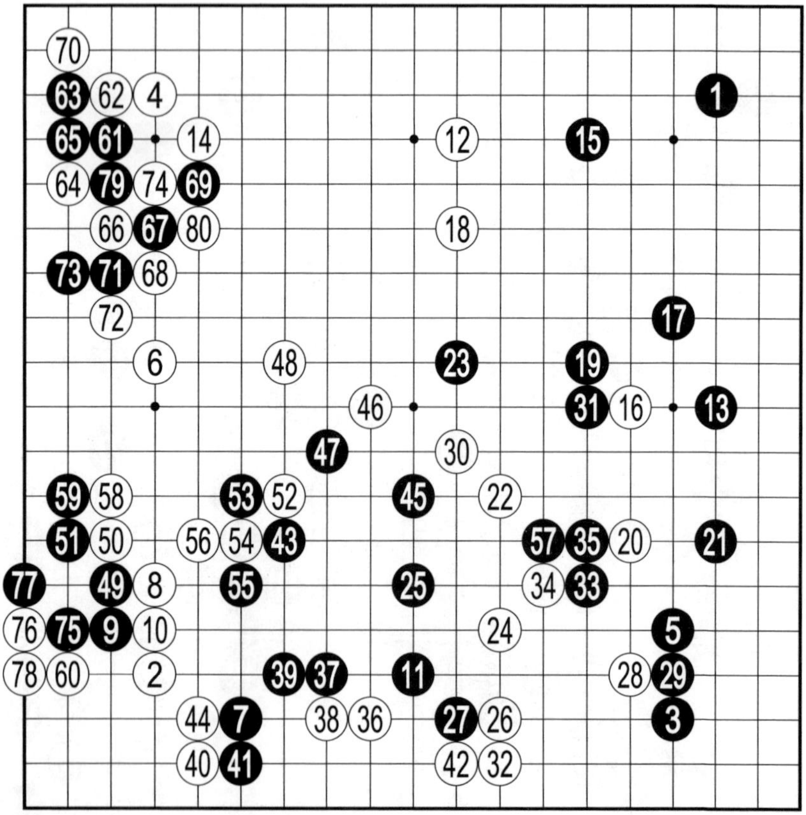

（1–80）

黑方　程晓流

白方　陈祖德

错进错出之后，白棋抢到中腹82位的打吃，确立了优势。

后半盘，白棋处理不当。黑129夹，白棋空里味道很坏，局势逆转了。黑141最后的败着！劫材找小了，错过了胜机。黑141如在142位的右一路扳找劫，白棋非常危险！

（白106次序错误！我认为应该是之前交换的。）（邹俊杰）

黑贴$2\frac{3}{4}$子　173手以下略　白胜$\frac{1}{2}$子

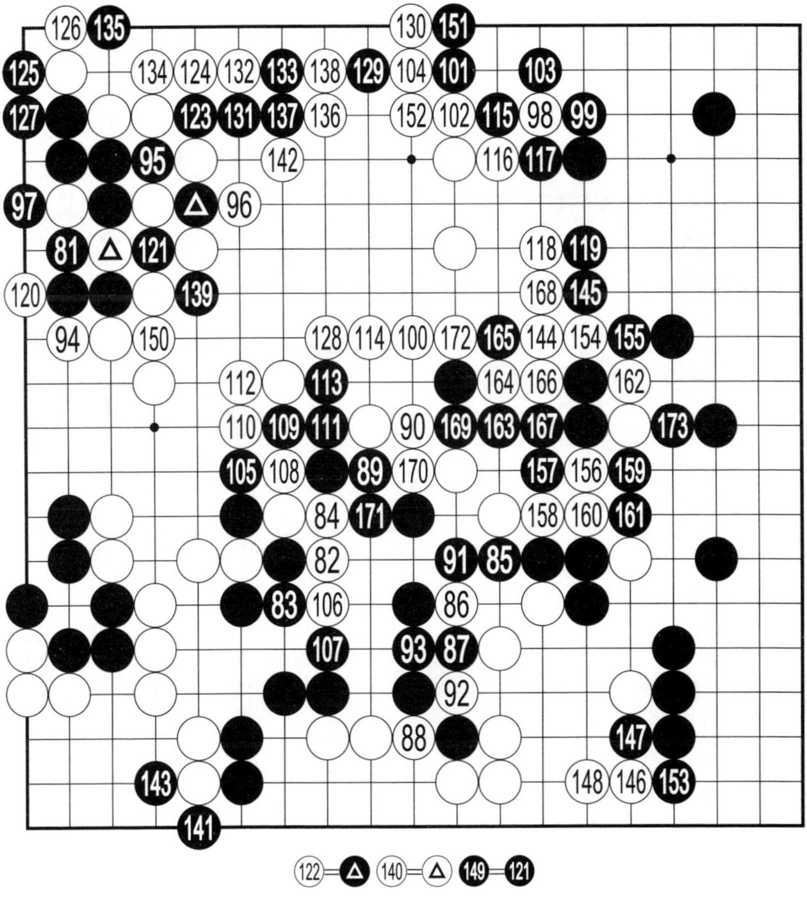

（81–173）

1978年2月15日弈于北京

黑方 **陈祖德**

白方 **沈果孙**

黑25应先抢攻上边。黑41应直接43位退，白棋的眼形有关系。白46做活之后，黑棋攻击落空，白棋好调。

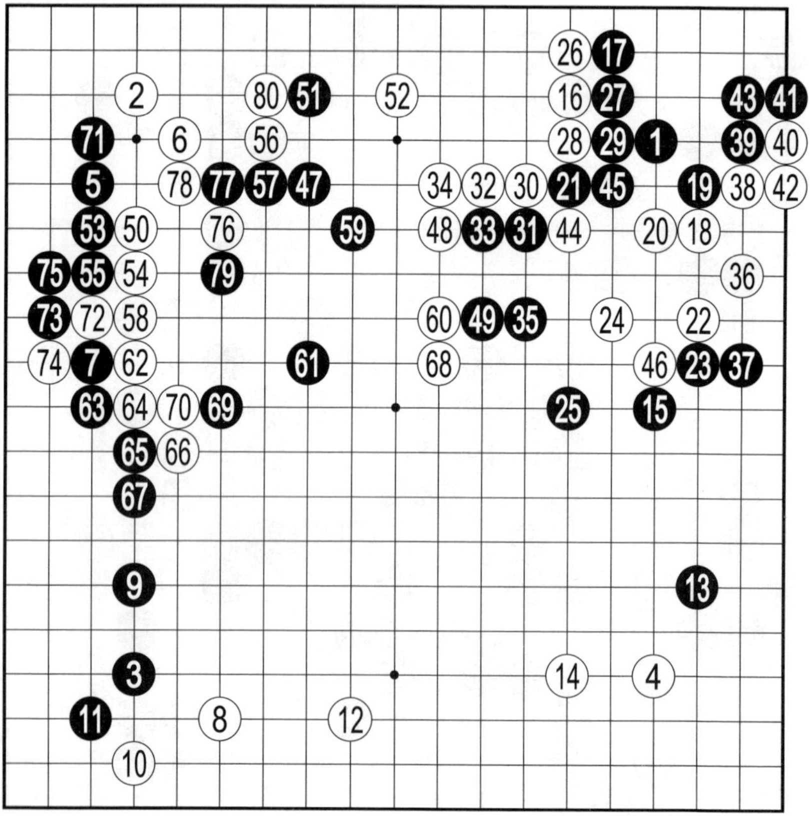

（1–80）

黑方 **陈祖德**

白方 **沈果孙**

白86以下冲击黑棋，白棋扩大了优势。白102、102昏着，如直接104做活，下边白棋就不会死。黑113吃住白棋之后，形势大幅追近，棋局变混乱了。白164是最后的败着！如在169位团，交换之后，于165位挖，黑棋是不行的。（邹俊杰）

黑贴$2\frac{3}{4}$子　共171手　黑中盘胜

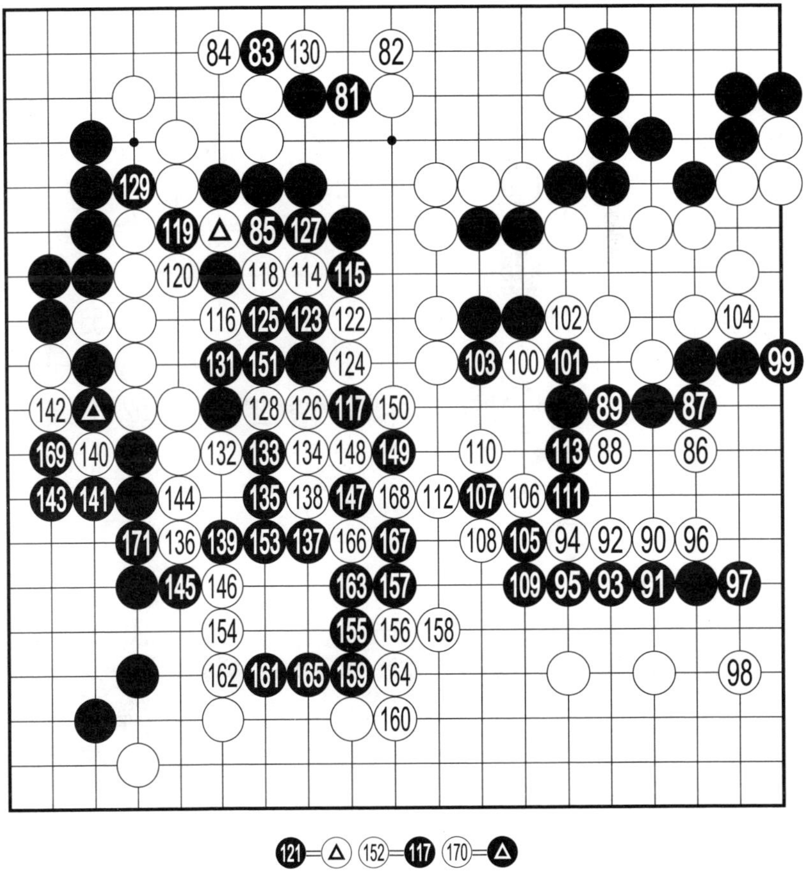

（81–171）

1978 年 2 月 20 日弈于北京

黑方　王群

白方　陈祖德

黑 35 拐头有些缓，右边才是主战场。白 36、38 是陈老师的战斗风格。实际上，白 36 吃住 25 一子要更大。至黑 45，中腹形成复杂的乱战，双方都没有把握。黑 61 以下弃子，抢攻白棋，魄力十足。至白 82，棋局依然非常混乱，可棋谱只记录到此。（邹俊杰）

黑贴$2\frac{3}{4}$子　共 82 手　胜负不明

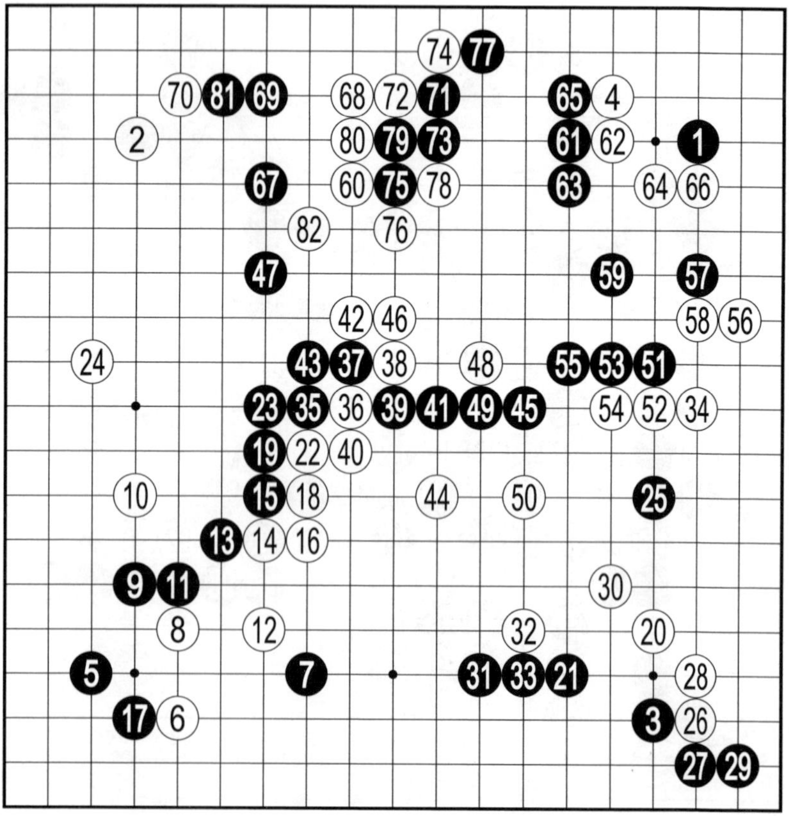

（1–82）

1978年4月13日弈于厦门
全国棋艺锦标赛

黑方　施卫民
白方　陈祖德

黑29的打入方向不对，太靠近白棋左下角的厚势。黑35大缓手！下边才是更大的地方。黑37也是俗手，帮白棋走厚了。白40冲击黑棋薄味，白方占据了主动。黑55败着！只能于56位连络，棋局还能继续。实战被白56扳断，黑棋已崩溃。（邹俊杰）

黑贴$2\frac{1}{2}$子　共72手　白中盘胜

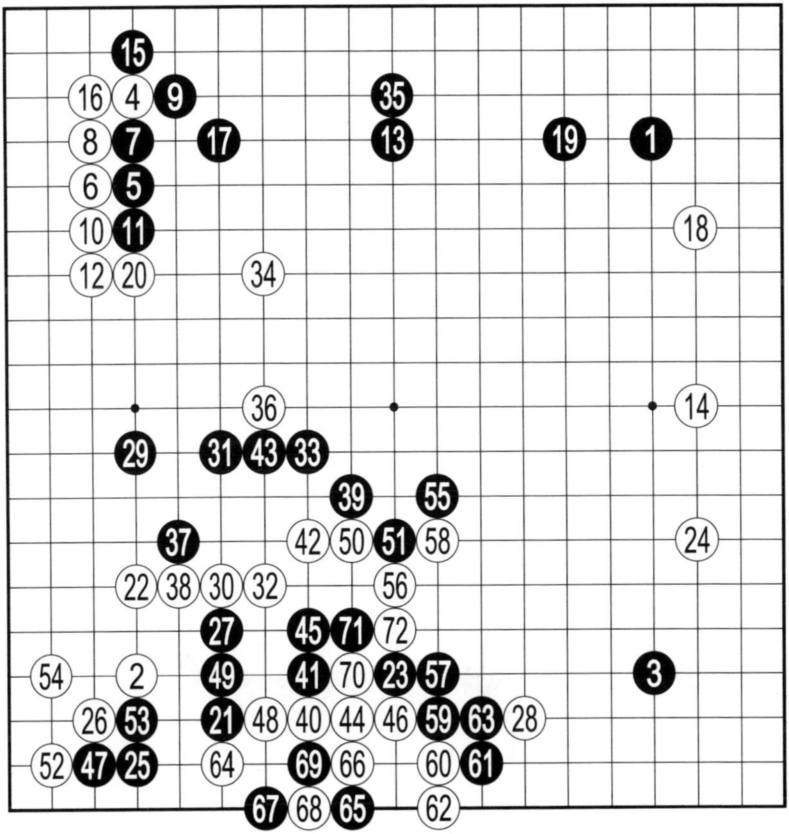

（1–72）

1978年4月14日弈于厦门
全国棋艺锦标赛

黑方　陈祖德
白方　黄进先

布局至黑21形势平稳。白22、24无理，被黑27、29简单出头后无趣。白32更是失着，此时只能于33位长出作战，实战黑33、35、37交换后，再39吃住白二子，白一无所获。行至黑41，黑方取得巨大优势。（周睿羊）

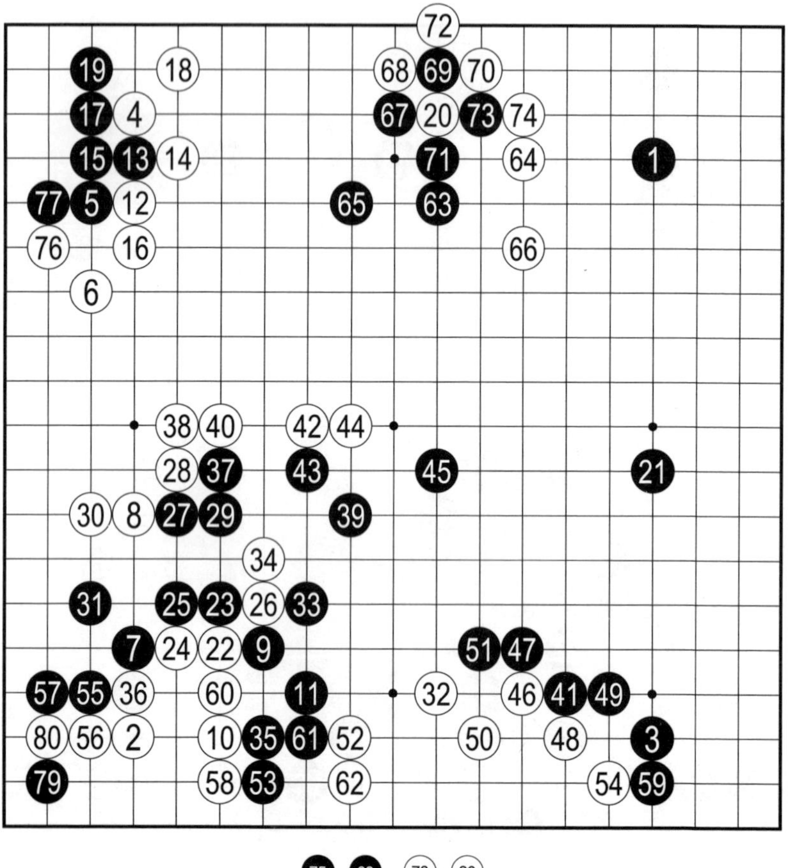

（1–80）

上方劫争中，黑 85 判断精准，简明弃子围住右边巨空，115 后胜负已定。（周睿羊）

黑方　陈祖德

白方　黄进先

黑贴2$\frac{1}{2}$子　共 169 手　黑中盘胜

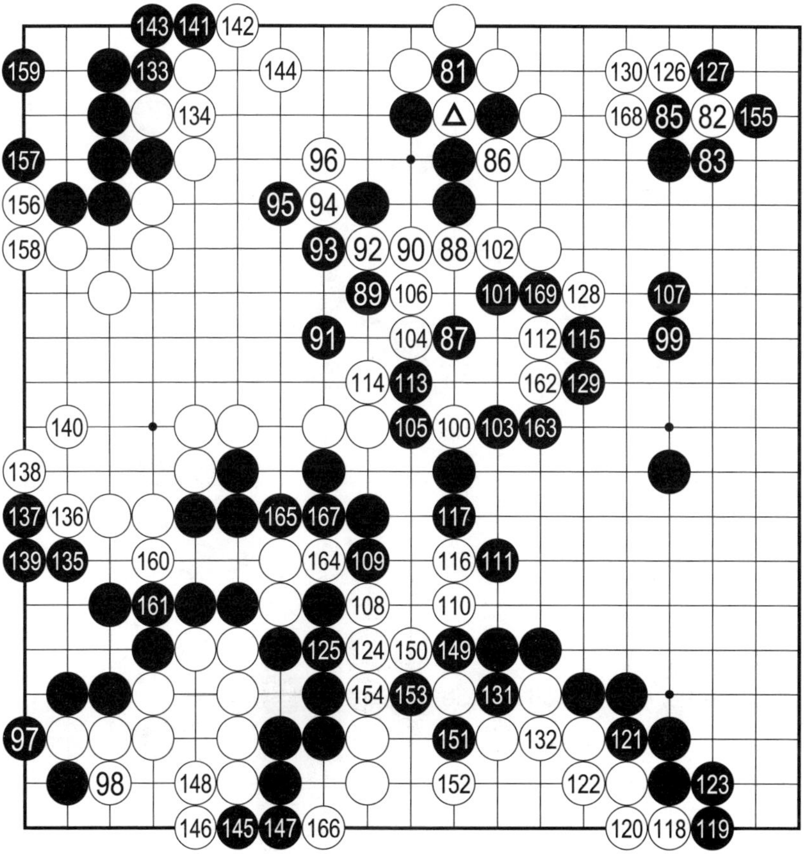

84=△

（81–169）

1978 年 4 月 15 日弈于厦门

全国棋艺锦标赛

黑方　陈祖德

白方　程晓流

开局黑布下高中国流，白 18 打入稍嫌草率，黑 19、21 顺势飞出攻击，白被动。白 38 致命失误，应先于 121 顶交换一手，补住右边弱点，实战被黑 39 跳出，白已来不及交换，右边三子被吃损失惨重，胜负早早失去悬念。（周睿羊）

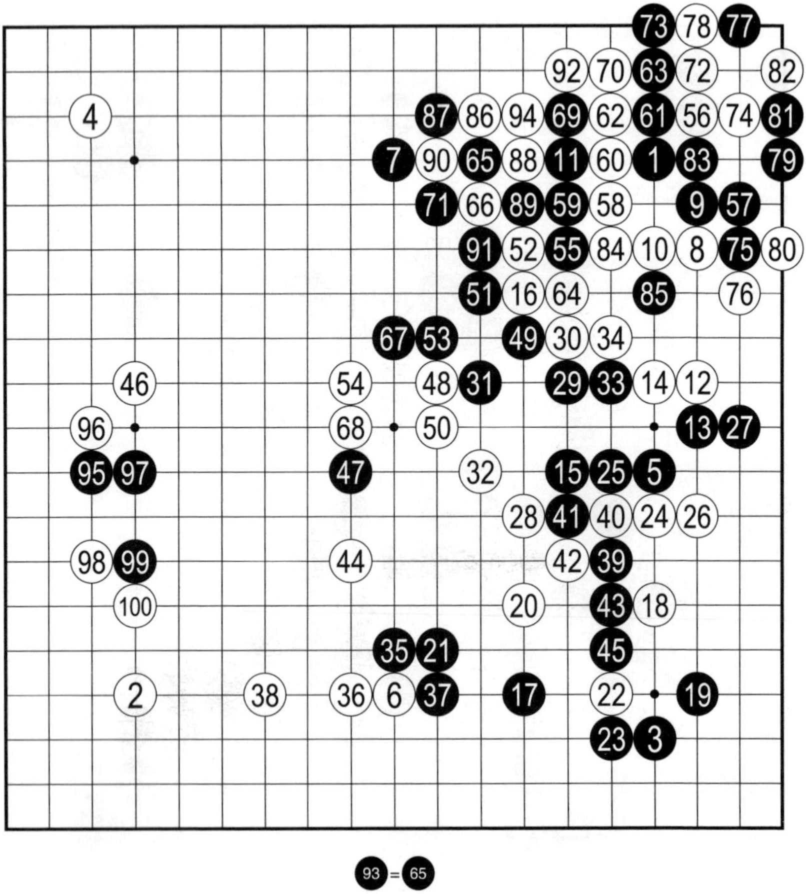

（1–100）

之后白虽然顽强坚持到最后，但因为序盘劣势太大，还是难以逆转。（周睿羊）

黑方　陈祖德

白方　程晓流

黑贴2$\frac{1}{2}$子　共205手　黑胜2子

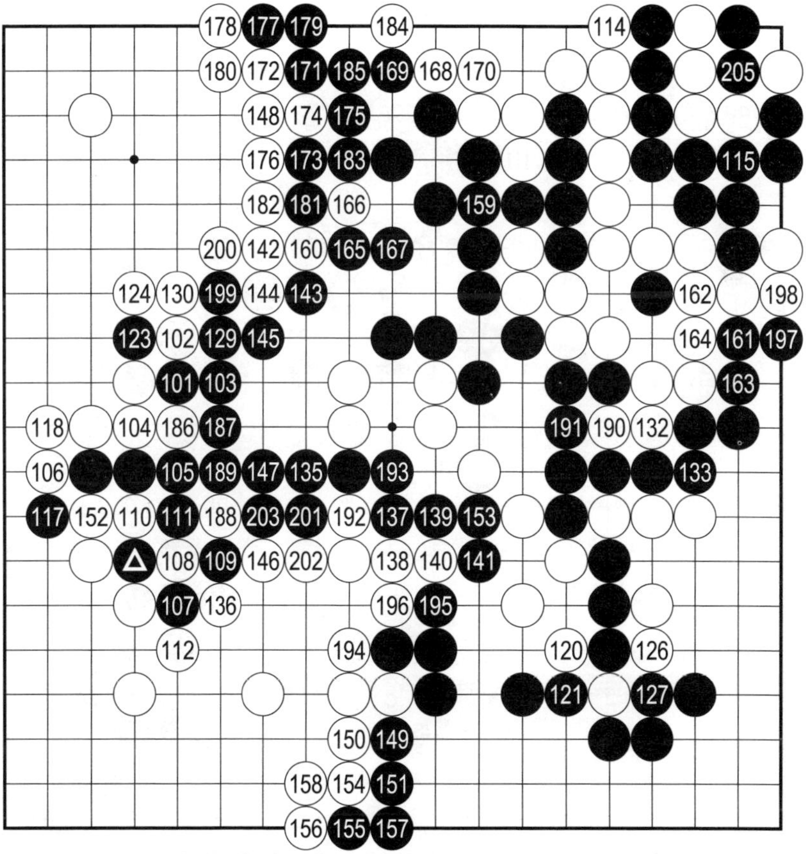

113 119 125 131 = △　116 122 128 134 = 108　204 = 109

（101–205）

1978年4月17日弈于厦门
全国棋艺锦标赛

黑方　王汝南
白方　陈祖德

黑33以下活角不便宜，白通过攻击，先手走到54虎后，黑形状不佳。随后56、58抢先进入下方，获得优势。白74强行动出打劫没有必要。白82找劫严重失误，黑83消劫后，白无法吃住上方黑棋。进行至黑93跳出，白攻击宣告失败，黑方获得优势。白方在右边奋力拼搏，成功于右上角劫杀黑棋，局势进入混乱，但随后白148找劫败着，如先在162位寻劫，局势尚不明朗。（周睿羊）

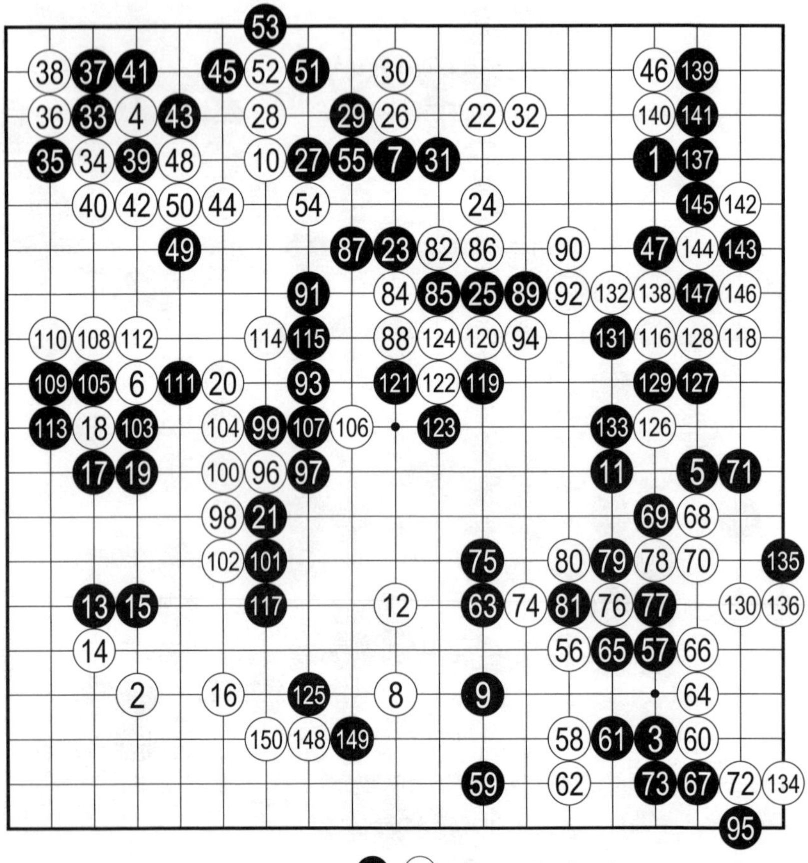

83=76

(1–150)

实战一番交换后，白劫材不足，黑169消劫做活角部后，胜负已定。（周睿羊）

黑方　王汝南

白方　陈祖德

黑贴$2\frac{1}{2}$子　共295手　黑胜4子半

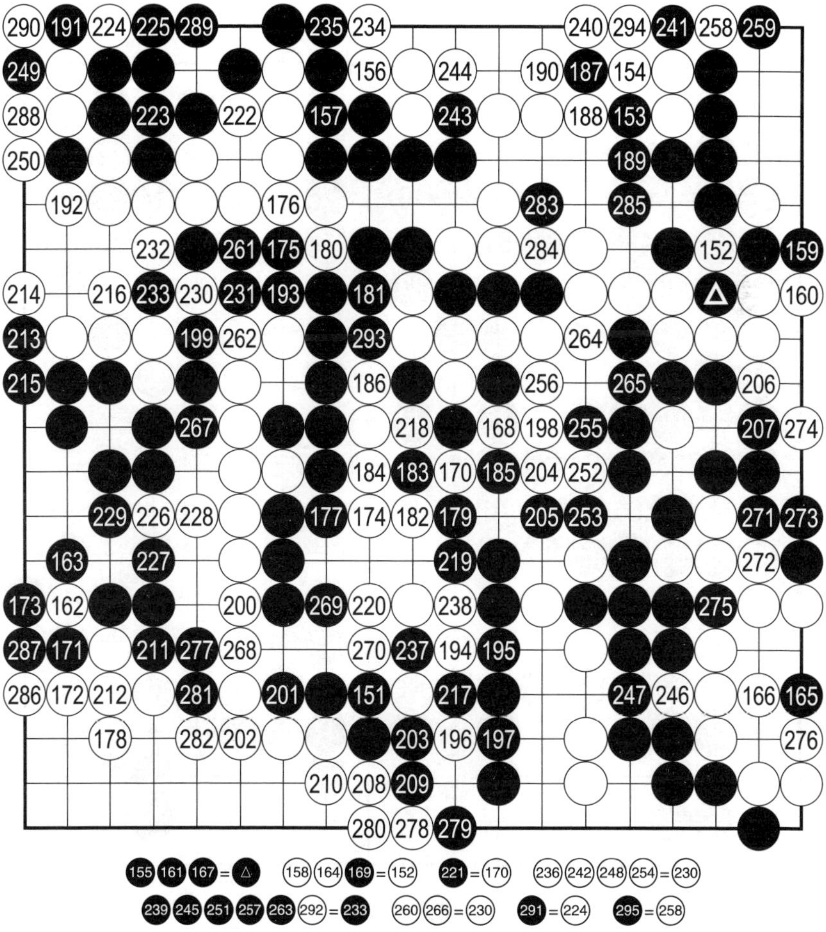

（151–295）

1978年4月18日弈于厦门
全国棋艺锦标赛

黑方　罗建文
白方　陈祖德

白12、14的下法不便宜，至22，黑方可以满意。黑23跳过没必要，应在24位爬后再27位挡下较好，实战白简单冲断，黑无所得。黑47、49、51连续三手过于简单，白54挡住后过于厚实，黑明显亏损。

中盘阶段，双方在左边展开激战，白通过弃子，100抢先打入黑下方，形势依然接近。黑107是不可思议的败着！无论于109位单接还是110位接上，都明显优于实战。白108先手打吃太大，随后112、116、120搜刮，胜势已定。（周睿羊）

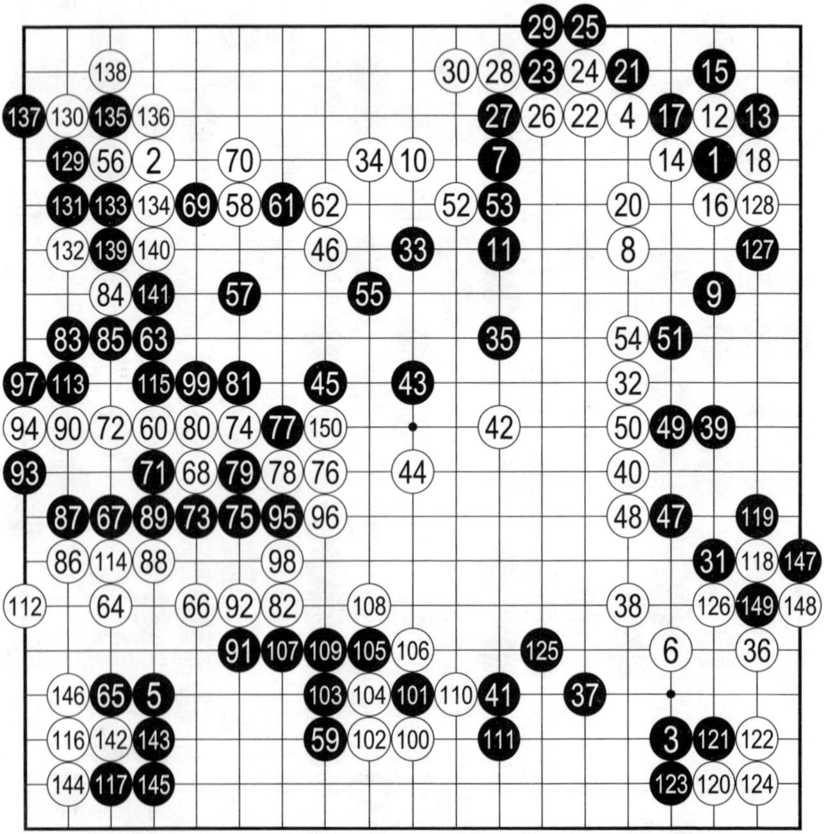

(19)=(12)

（1–150）

黑方 **罗建文**

白方 **陈祖德**

黑贴2$\frac{1}{2}$子　共 285 手　白胜1$\frac{1}{2}$子

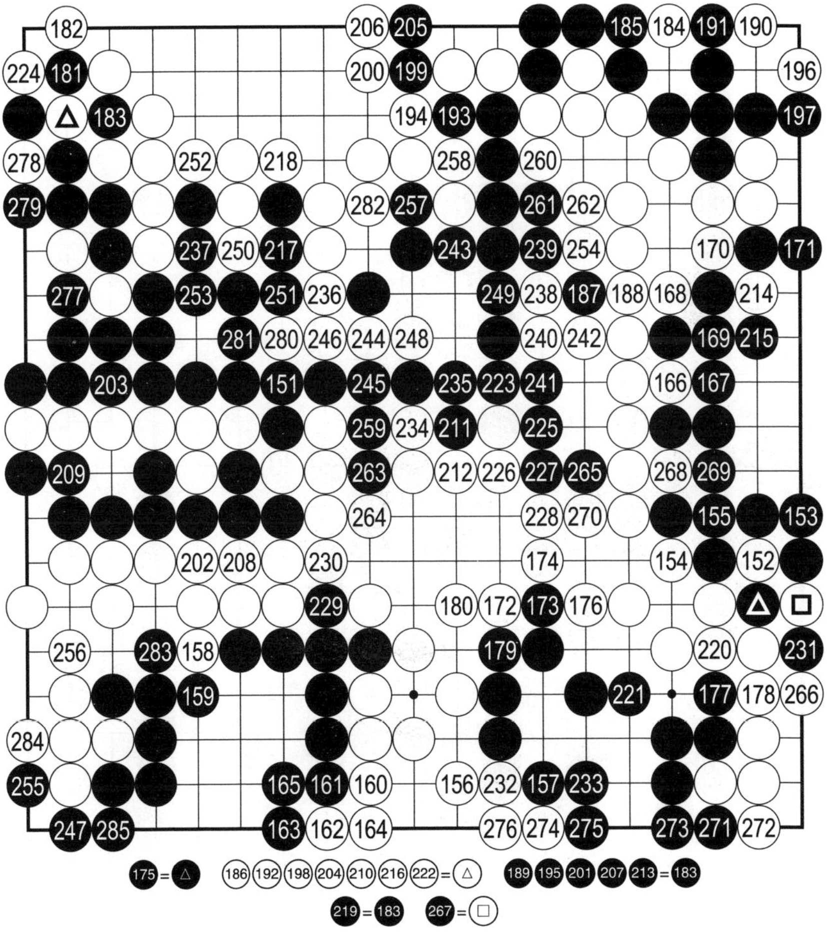

(151–285)

1978 年 4 月 19 日弈于厦门
全国棋艺锦标赛

黑方　陈祖德
白方　江鸣久

黑 19、23 略感勉强，白 28、30 好手，进行至 34，白方向好。白 66 作战过分，在 77 位补本手，实战黑抢到 77 后形势接近。黑 91 至 95 的下法有些矛盾，应在上面继续作战，如此黑局面尚可。实战白抢到 104 后再次取得领先。黑 117、119 胜负手，如正常进行黑困难。白 120、122 打拔后，黑下方大块危险，但紧接着白 124、126、128 致命误算，黑 129 粘后 131 曲是好手，白气不够被反杀，瞬间崩盘。（周睿羊）

黑贴$2\frac{1}{2}$子　共 137 手　黑中盘胜

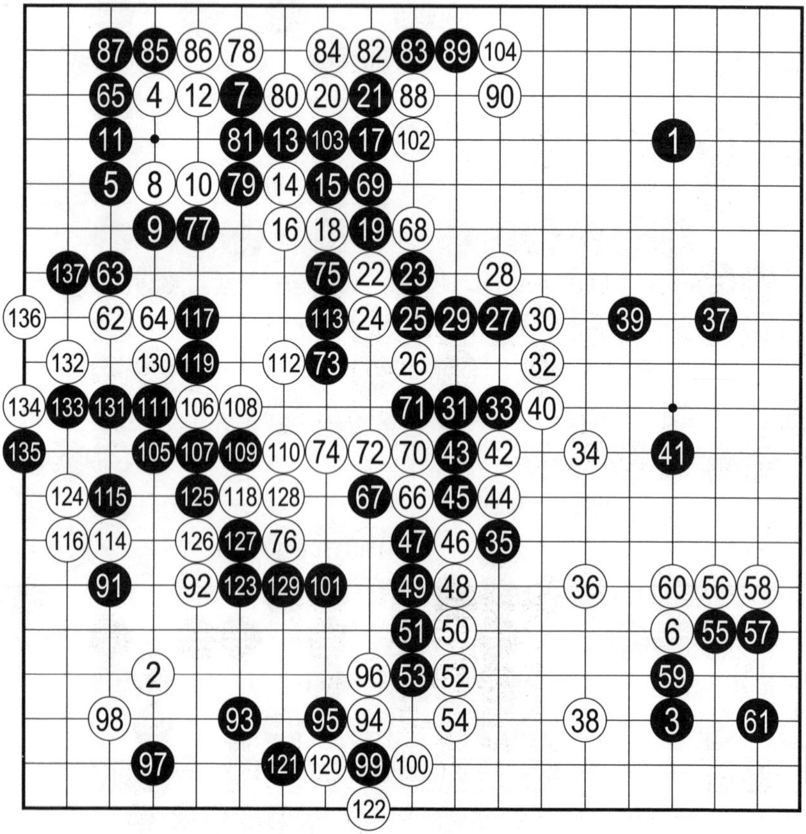

（1–137）

1978 年 4 月 21 日弈于厦门
全国棋艺锦标赛

黑方　陈祖德
白方　沈果孙

黑 23 于 24 位扳会更好。黑 29、31 有些俗，亏了。白 38 本身并不是好棋。黑 39 应走 45 位。白 40 错过机会！如于 45 位吃住黑子，黑棋困难。黑 85 破坏下边白空之后，黑棋建立了优势。可之后，黑棋的下法并不简明，给了白棋机会。一场混战之后，双方错进错出，白棋反倒领先了。可惜，白 150 打了个大勺子，被黑 151 吃，棋局瞬间结束了。本局，沈老师可惜了。（邹俊杰）

黑贴$2\frac{1}{2}$子　共 151 手　黑中盘胜

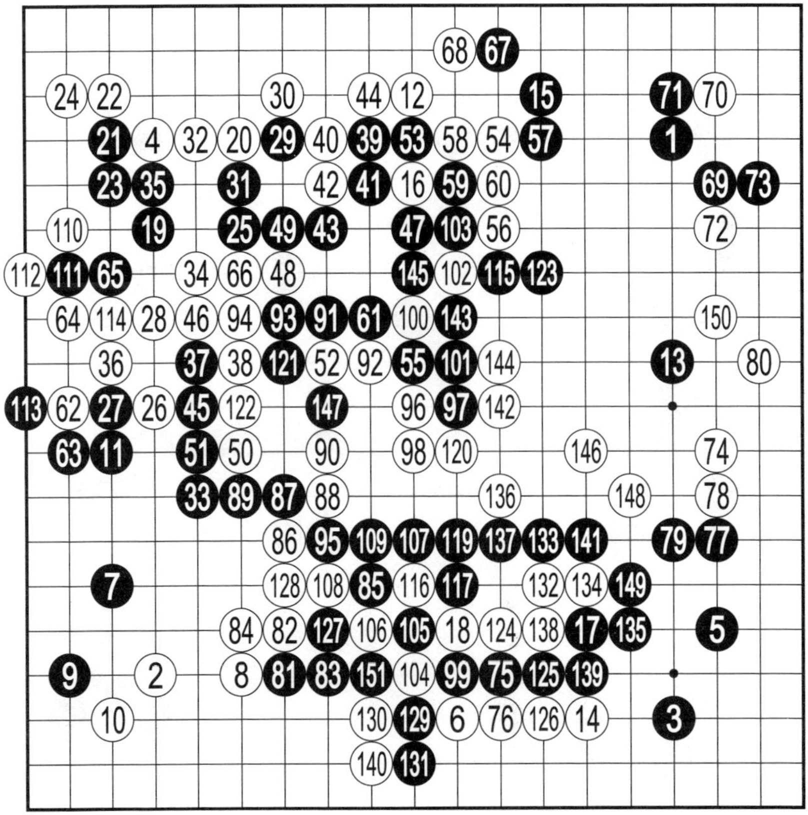

118=105

(1–151)

1978 年 4 月 22 日弈于厦门

全国棋艺锦标赛

黑方　陈祖德

白方　黄德勋

白 10、12 有些重，或许在 30 位飞会好些。黑 13、15 攻击后顺势抢到 17、19 的大场，布局顺风满帆。白 62 恶手，应在 63 位扳，如此尚可一战。实战黑 63 冷静处理，白并没有手段，局部大亏。进行至黑 73，白大势已去。之后，黑在左下角仗着劫材有利扩大了优势，133 后胜定。（周睿羊）

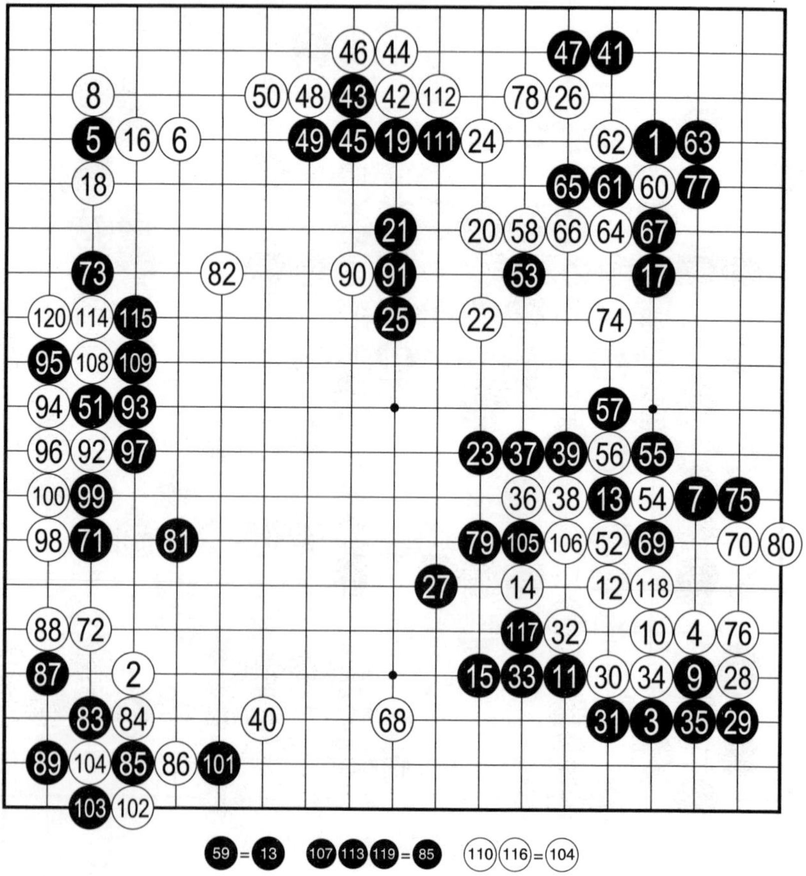

（1–120）

黑方　**陈祖德**

白方　**黄德勋**

黑贴$2\frac{1}{2}$子　共 233 手　黑中盘胜

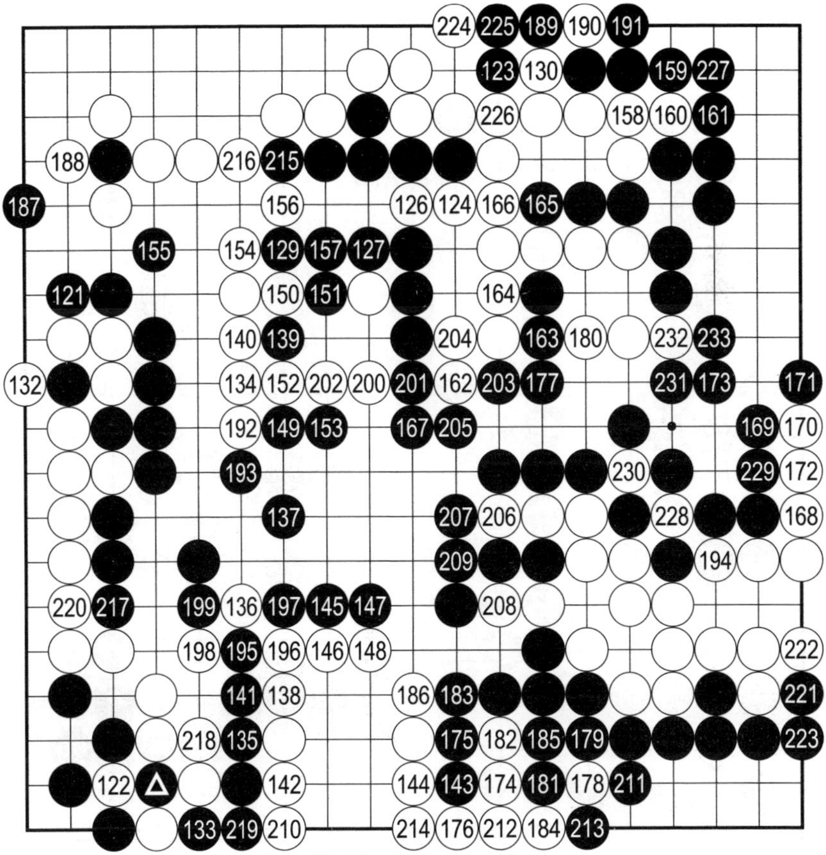

125 131 = △　128 = 122

（121–233）

1978年4月23日弈于厦门
全国棋艺锦标赛

黑方　欧阳世承
白方　陈祖德

黑23、25跟着白棋应，是重大失误！白26冲断之后，黑棋早早陷入苦战。白56直接于62位断会更好！黑73应74位长，得拼搏一下。黑93、95太温和，似乎形势判断出了问题。白96、98、100处理好中腹之后，黑棋已无力回天。(邹俊杰)

黑贴$2\frac{1}{2}$子　共130手　白中盘胜

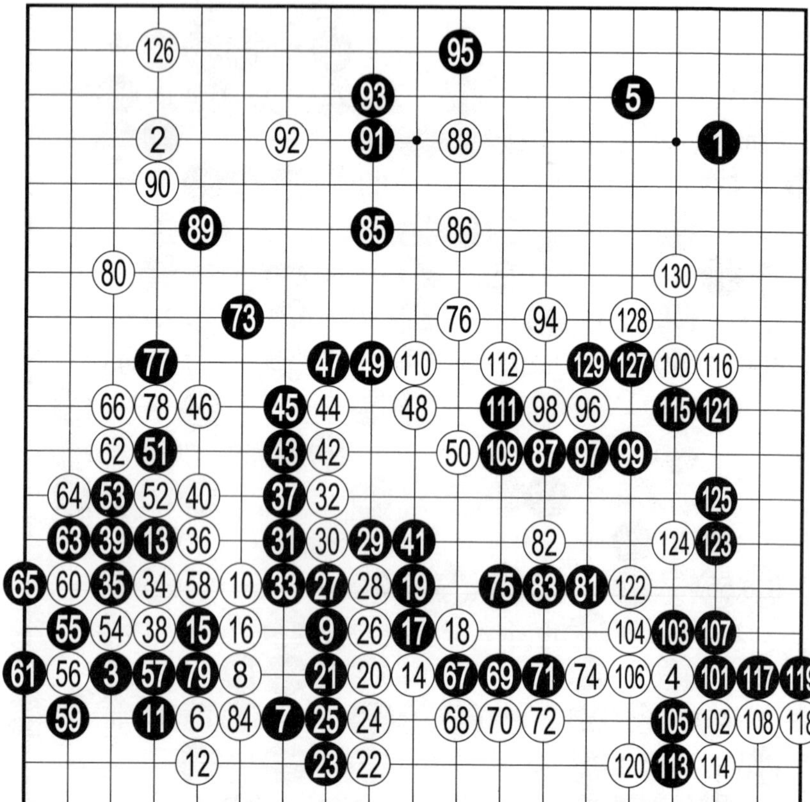

(1–130)

1978 年 4 月 25 日弈于厦门

全国围棋团体赛

黑方　陈祖德

白方　聂卫平

白 30 是诱敌出击的好手。黑 31 扎实、冷静，若在 32 位压则中计。黑 33、35 顶断局部最强手。白 38 不得不转战。黑 39 补净。白 42 劳逸攸关。黑 43 正着。白 46 亦正，不可贪吃黑二子。白 50 是攻击要点。黑 51 后，白若于 64 位罩，白右边杀气不过。白 54 似乎应在 57 位刺。白 60 当务之急。黑 67、69 冲断问应手，时机绝佳。白 70 不得已。黑 73 侵入胜负手。白 74 似乎当然，其实值得检讨。黑 81 得以抢先处理左上孤棋。黑 91 时，全局实地对比发生了变化。白 92 断巧手。黑 95 开劫又是胜负手。黑 101 消劫当然，局势的天平倾斜了。黑 107 冲击白的薄味。白 108、110 作最后一搏。黑 111 先冲次序好，117 挡后，上边白三子陷入重围。从胜负角度，黑 131 后白已无力回天。（陈祖德）

黑贴 $2\frac{1}{2}$ 子　共 147 手　黑中盘胜

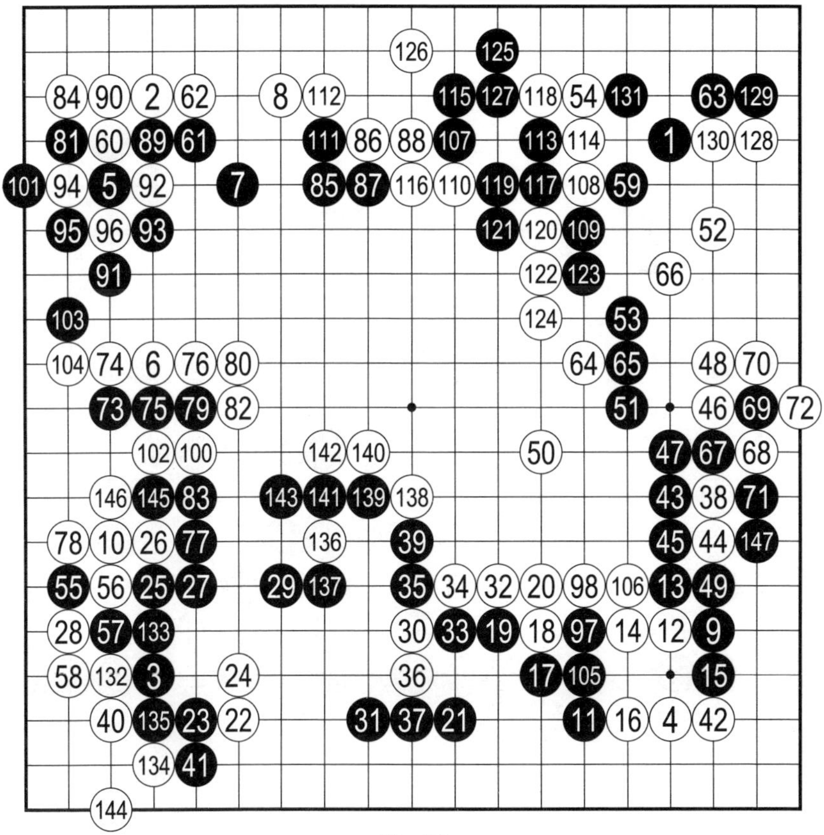

99 = 5

（1–147）

1978 年 4 月 26 日弈于厦门
全国棋艺锦标赛

黑方　杨慧人

白方　陈祖德

开局阶段，黑 23、31 步调有些慢。黑 33 应盖住白棋。被白 34 跳出，黑棋局部吃亏了。白 36 应脱先，局部已经先手便宜了。实战直接在下边战斗，白棋不简明。黑 55 的战斗方向错误，是本局的败着！黑 55 应安定 47 那颗子。白 78 之后，黑棋有些苦，但棋局还能下。杨慧人老师判断过于悲观，直接投子认输了。（邹俊杰）

黑贴$2\frac{1}{2}$子　共 78 手　白中盘胜

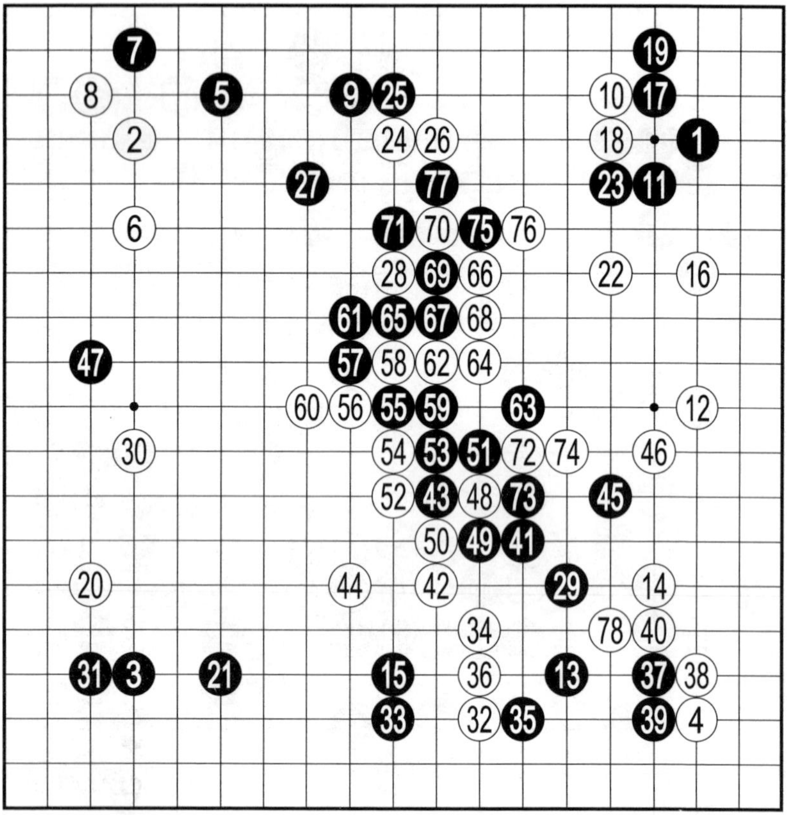

（1–78）

1978年4月27日

黑方　陈祖德
白方　秦葆平

陈老师以“低中国流”开局。黑21强硬，是陈老师的棋风。双方一言不合便大打出手，通盘都在混战，毫无喘息的余地。黑99拐，缓手，应于100位的上一路笼罩白棋，白棋大块会很苦。白108缓手，似乎形势判断出现问题。黑109拐，太大了！黑棋挽回了局面。白114败着！棋形不佳。黑115顶，好棋，白棋难以抵抗。（邹俊杰）

黑贴$2\frac{1}{2}$子　共137手　黑中盘胜

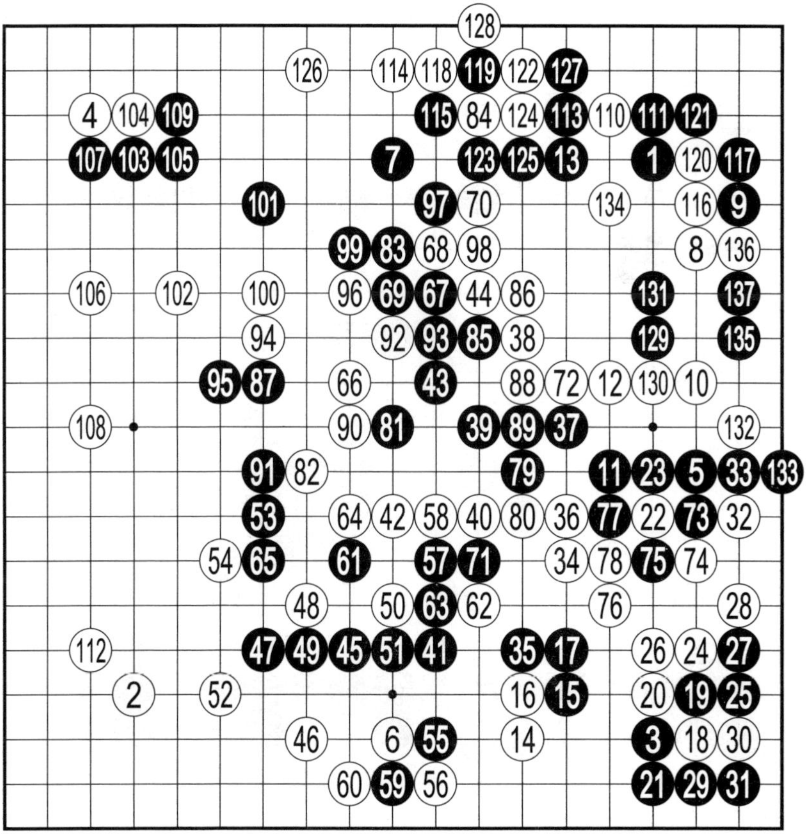

（1–137）

1978年6月9日弈于东京

中国围棋代表团访日比赛第一场

黑方　大平修三 九段

白方　陈祖德

大平九段有“强腕大平”之称。黑17脱先出人意表。白28罩封当然。黑29、31安定自身的同时还瞄着扳断的反击，故白32、34扳粘。黑35脱先显示了大平九段精确的算度和果断的棋风。黑39不甘示弱，局部79位顶最干净。白40、42试应手，尽可能得到利用。黑43正着。白44很难决断。黑55拦逼正确。黑57、59不够紧凑，106位托才是当务之急，很遗憾我没有抓住这个良机。黑61至69借机整形，白完全失去了借用。黑争到69的大棋已经领先。白70是挽救败局的唯一下法。黑81大跳好手，至黑89一路压出，甚为得体。白92视事态演变再见机行事。黑103扳意味深长。白112失去最后机会。应122位冲，黑挡，白114位跳，黑112位补，白角也下立补活，如此黑面临两块棋的连络问题，白可一争胜负。黑113占到中腹好点，白已无法挽回败局。

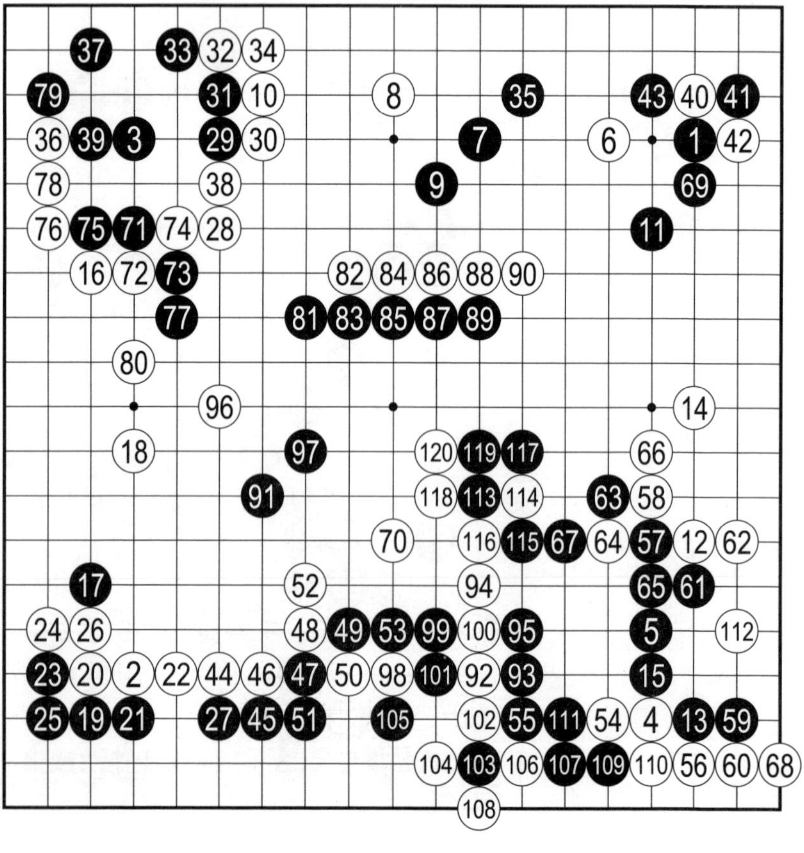

（1–120）

黑方　大平修三 九段

白方　陈祖德

白 126 围，重要。白 128 不妥，当直接 130 位应。黑 135 补必要。黑 137 刺好手。白 150 只能粘。黑 165 正着。以下官子无关胜负。

1978 年 6 月 7 日，在团长孙乐宜的率领下，中国围棋代表团赴日友好访问。这是第七次访日。总共进行了 56 局比赛，双方战成平手。第一场比赛我负于大平修三，聂卫平负于藤泽朋斋，只有华以刚战胜了中村秀仁七段。

大平修三生于 1930 年。11 岁被木谷实收为首批弟子。1947 年入段，1963 年升为九段。1975 年获天元战冠军，1977 年获全日本快棋赛冠军，多次进入名人战、本因坊战循环圈，一直保持着一流棋手中坚的位置。（陈祖德）

黑贴 5 目半　共 239 手　黑胜 5 目半

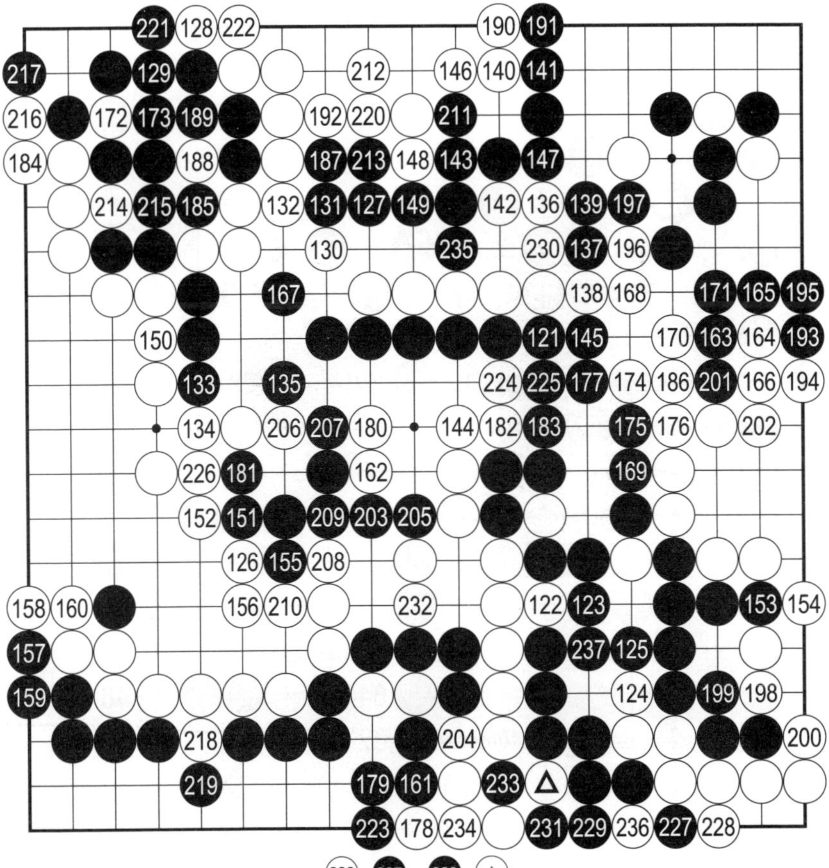

238 = 227　239 = △

（121–239）

1978年6月11日弈于札幌
中国围棋代表团访日比赛第二场

黑方 **陈祖德**
白方 **三浦浩**（业余）

左上角黑21、23稍损，还是打拔白20一子较好。白48跳后布局占优。白76、78没必要，如在79位补，白形势不错。黑79好手，白80也应反击，进行至83，黑获利明显。黑91以下的下法略显奇怪，被白96扳后，黑形状不佳，白再次占据主动。（周睿羊）

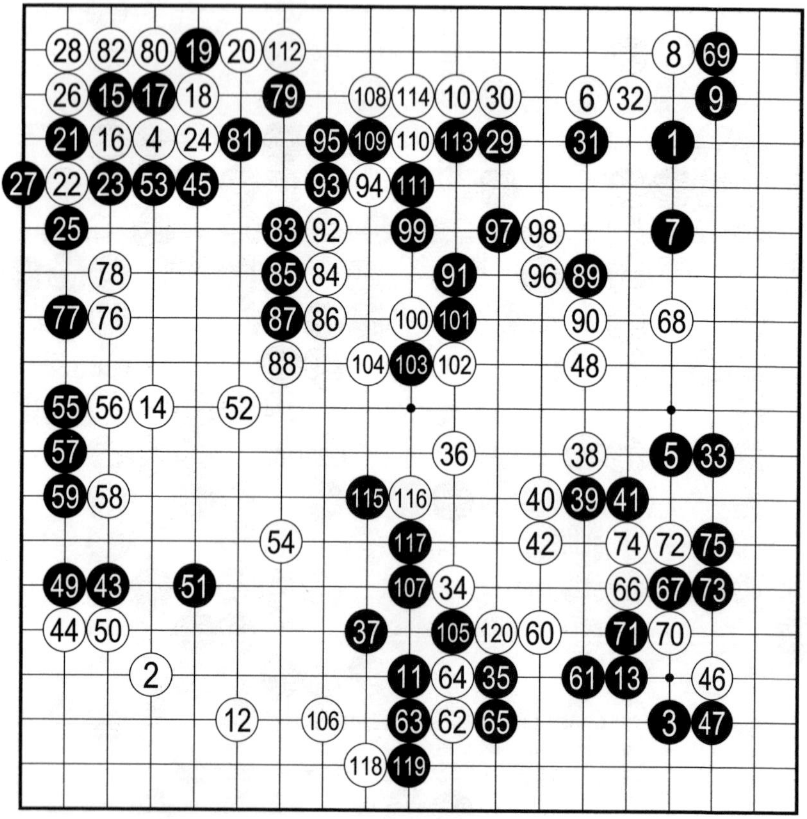

（1–120）

白132不可解，是本局败着，如走216位找劫，形势仍然接近。被黑133消劫后，白再无机会。(周睿羊)

黑方 **陈祖德**

白方 **三浦浩**(业余)

黑贴5目半　共235手　黑7目半胜

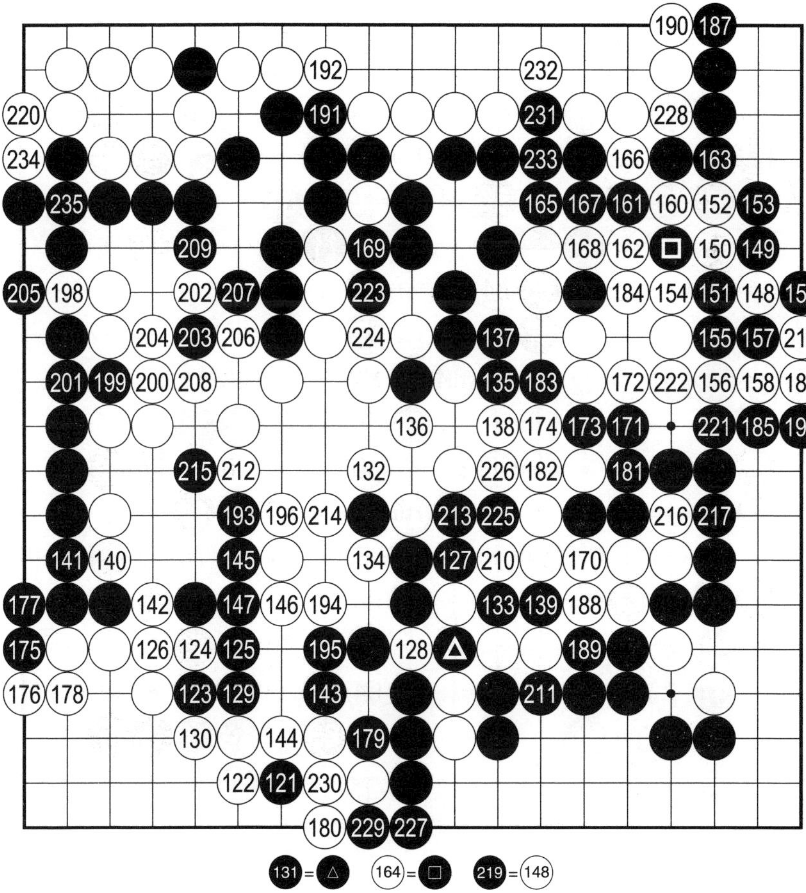

(121–235)

1978 年 6 月 14 日弈于东京
中国围棋代表团访日比赛第三场

黑方　陈祖德
白方　大窪一玄　九段

黑 19-23 没必要，直接在 30 位一带出头较好，白 26 抢先占据要点后获得主动，进行至 56 白优势。黑 59 严重失误，应先在 60 位扳交换，实战白 60 退回后优势继续扩大。黑 87、89 胜负手，但白简单打劫后黑困难。（周睿羊）

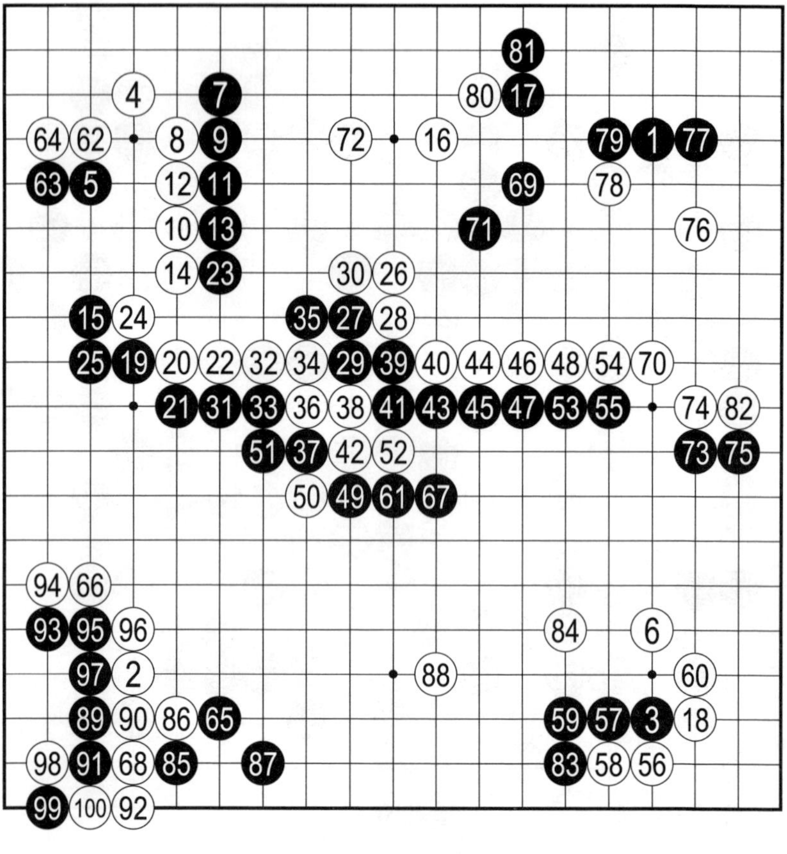

（1–100）

黑方　陈祖德

白方　大漥一玄　九段

进行至120，白胜局已定。(周睿羊)

大漥一玄生于1929年，10岁投入著名女棋手增渊辰子七段门下，是名誉本因坊坂田荣男的师弟。1940年院生，1943年入段，1968年晋升九段。1965年获王座战挑战权。1967年获得棋道奖的“胜率第一位”和“连胜纪录奖”。他身材修长，戴着眼镜，显得很文雅。棋如其人，大漥九段的棋属于柔软型，但柔中有刚，常常后发制人。(陈祖德)

黑贴5目半　共200手　白中盘胜

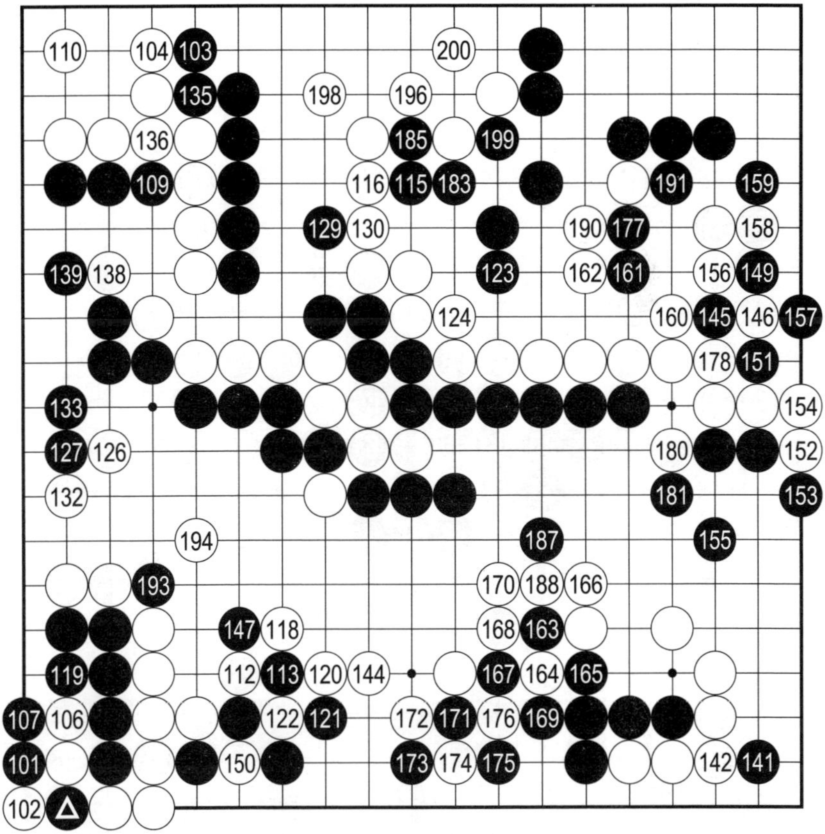

105 111 117 = △　108 114 = 102　125 131 137 143 = 113　128 134 = 122　140 148 = 122

179 184 = 171　182 = 176　186 192 197 = 146　189 195 = 145

(101–200)

1978年6月17日弈于福冈

中国围棋代表团访日比赛第四场

黑方　大漥一玄 九段

白方　陈祖德

白32靠入是思量再三的结果。以下至白40跳，双方均不得已。白44试应手，防备黑打入上边。白46非如此不可。黑47抢攻，柔中有刚。黑51企图先发制人时，白52直接冲击左边黑棋。黑53、55的应对很见功力。黑71只能如此。白72很难下决心。白84、86靠断，这里处理得好，可一举数得。白90断至100提，双方必然。此时白棋领先13目余，黑唯有寄望于攻击右下。黑101、103夺白眼位。白104只能如此。黑105刺如钢针般锋利。黑107阻断白归路。白108靠有力。黑109冷静。白112可改为117位飞。黑115若116位打将形成大转换。白138是大失着，应139位下一路靠。白154夹时，黑只需上一路粘，白就没有文章可做了。黑155立是大失着，白于角上断即可逆转，但白156神差鬼使，下出了一步毫无意义的棋。黑157补，白只好投子。（陈祖德）

黑贴5目半　共157手　黑中盘胜

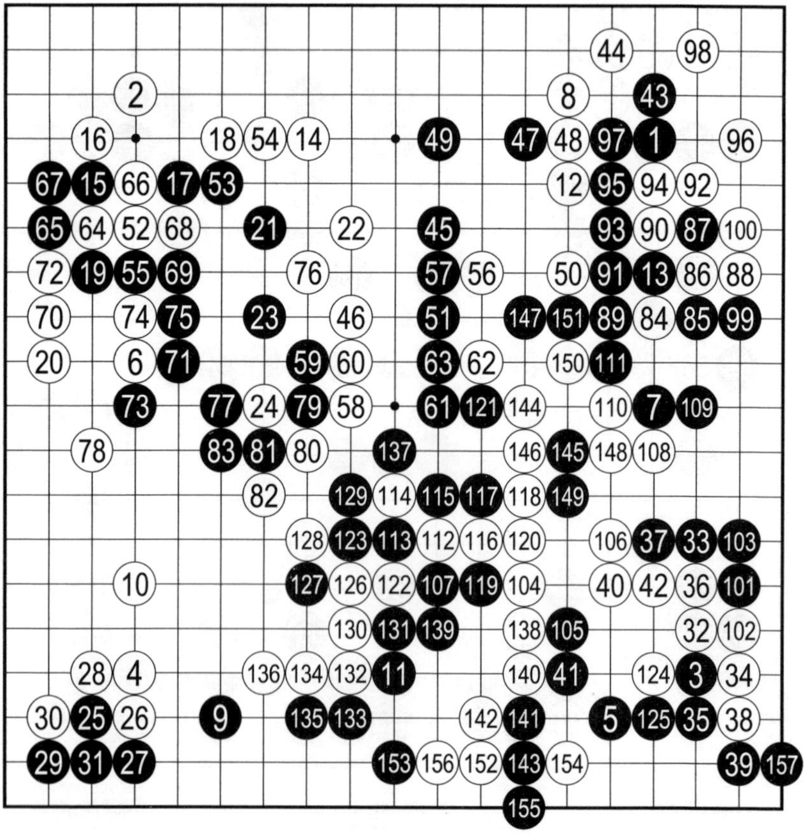

（1–157）

1978年6月20日弈于大阪
中国围棋代表团访日比赛第五场

黑方 **大漥一玄** **九段**

白方 **陈祖德**

白46缓手，在84位飞较好。白60、62也较缓，如走61位反击，则黑不好处理。照实战进行，黑形势有利。(周睿羊)

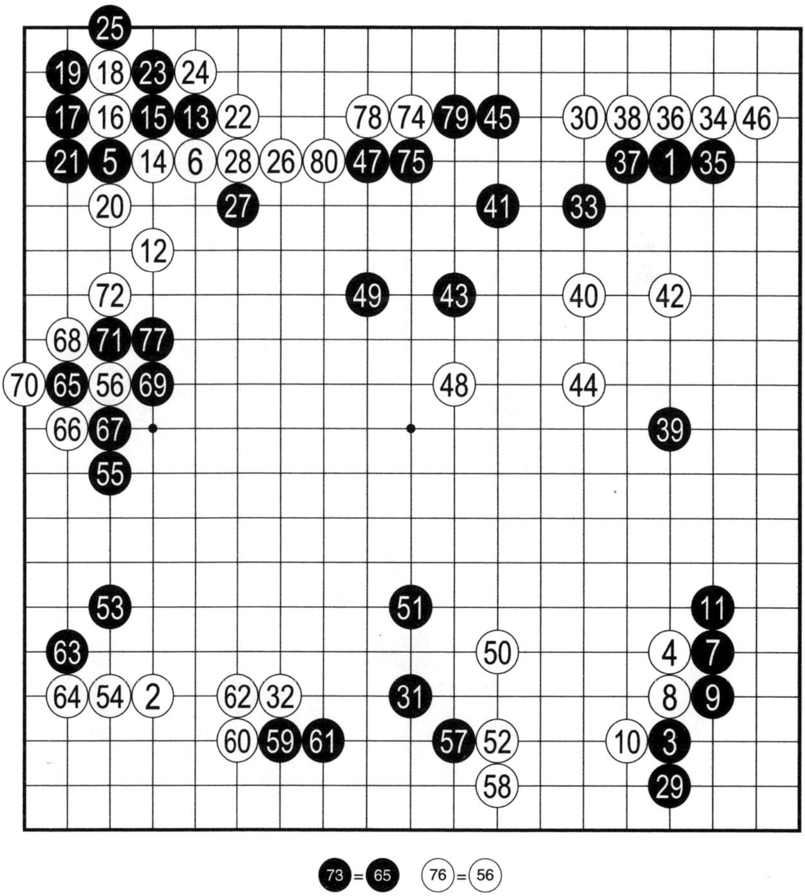

(1–80)

黑方 **大漥一玄** 九段

白方 **陈祖德**

黑 101 大失误，显然应在 102 位接上，实战白 102 简单断后，黑亏损严重。白 106 以下的缠绕攻击十分精彩，但白 132 致命失误，此时只能于左边提一子。实战中白误以为能杀黑下方大龙，但黑 139 以下好手，成功做出打劫，白劫材明显不利，黑 167 连络后胜负已定。（周睿羊）

黑贴 5 目半　共 173 手　黑中盘胜

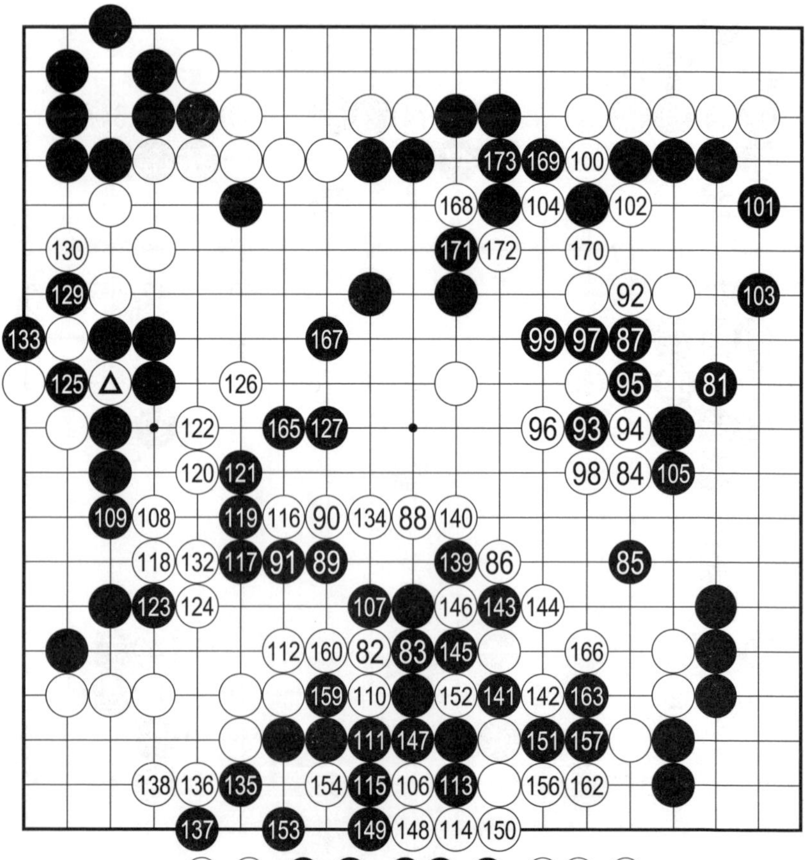

128=△　131=125　155 161=141　158 164=152

1978年6月21日弈于大阪
中国围棋代表团访日快棋表演

黑方 桥本昌二 九段

白方 陈祖德

白32好手，黑33忍耐，白先手便宜后局势不错。白42以下的进攻稍显草率，黑59守角价值更大，追回了局面。白70扩张中腹大模样。白74强行分断黑棋，但随后76缓手，被黑于77跳后，白已很难进攻。（周睿羊）

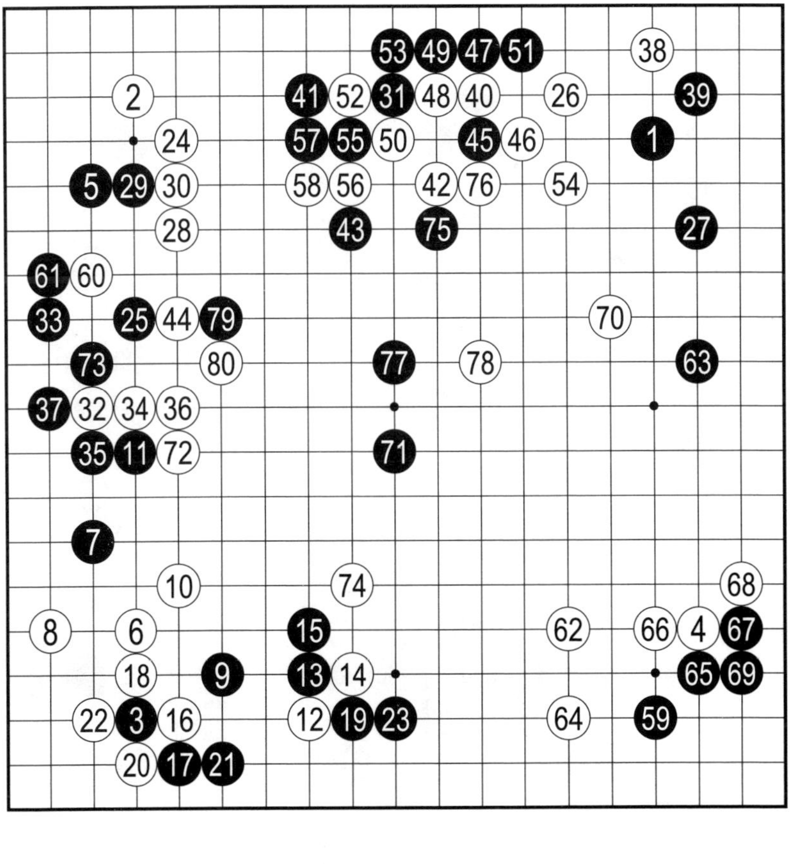

（1–80）

之后白由于实空不足，在右边交换之后选择强杀中腹，但由于自身薄弱，进行至黑159，黑成功连络，随后白无奈认输。（周睿羊）

黑方　桥本昌二　九段

白方　陈祖德

黑贴5目半　共177手　黑中盘胜

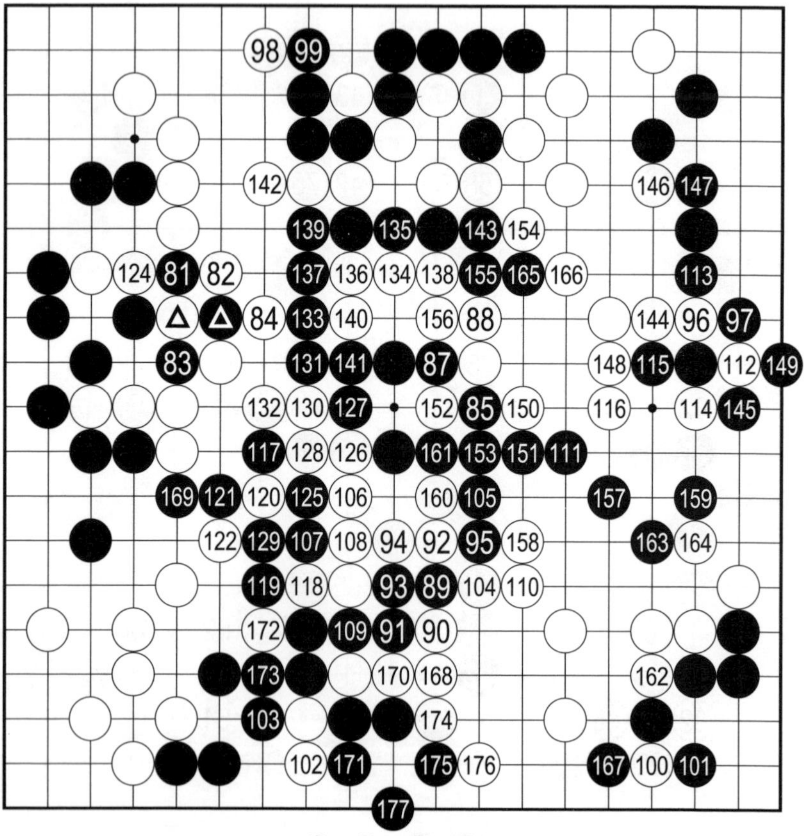

（81–177）

1978 年 6 月 22 日弈于大阪

中国围棋代表团访日比赛

黑方 藤木见人 八段

白方 陈祖德

黑 33 为时过早，于 43 位守角才是正着。被白 38 扳出后，黑显得并不舒畅。黑 43 慢了一拍，白 44 拐头极厚，使右下黑势变薄了。黑 45 必要。鉴于中腹已很坚实，白 46 大胆扳出。白 50 后，中腹黑棋已成裂形。白 52 与黑 53 交换不可忽略。白 54 下在二路甚佳。黑 63 当于 71 位守角。白 64 直接掏角以增加对手的心理压力。白 76 浅消，又争到 82 这手大棋，白有望。黑 83 激烈。白 84 试黑应手，机敏。黑 85 嫌软，至白 92 作战失败。白 100 尖，黑很难应。对白 104 尖，黑 105 不得已，如直接在 107 位跳，中腹味道极坏。白 108 换来白 110 和 116 两手。白 120 靠，是黑当初补而未净留下的手段。

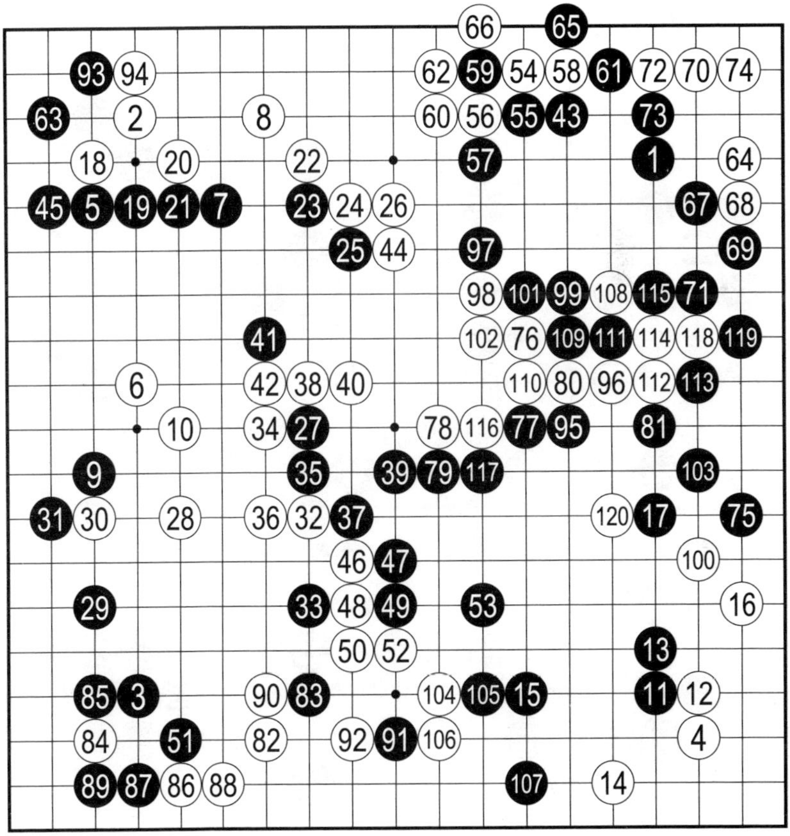

（1–120）

黑方　藤木见人 八段

白方　陈祖德

白122至黑129，黑地被大大压缩。至白150，由于白厚，实地越收越多，黑地则明显减少，白明显领先。白168靠是手筋，以下白先手吃黑三子，差距更大了。

藤木八段生于1916年，自幼拜在著名棋手久保松胜喜代八段门下。1934年入段，1971年升为八段。和我比赛时他已年过花甲，可看上去只有四十多岁。这与他平时爱好体育锻炼有关。他善于骑马，据说骑术有相当水平。（陈祖德）

黑贴5目半　共239手　白胜13目

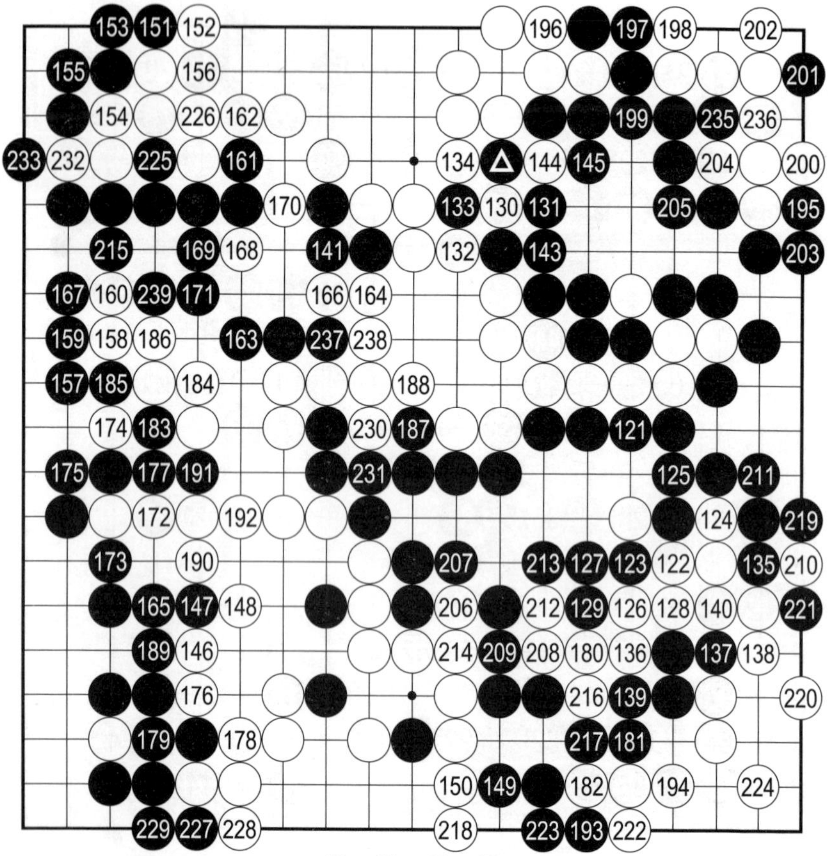

142=130　234=△

1978年6月24日弈于日本名古屋
中国围棋代表团访日比赛

黑方　陈祖德

白方　岩田达明　九段

白24不如单长。至黑33，白陷入困境。白34转战右下寻找机会。黑35、37坚实守角是明智之选。白38连络正着。黑39不可省。由于落后很多，故白40、42强行作战。黑43只此一手。至白50长，双方必然。白54枷，利用下边厚势用强。黑55先冲，再57双是正着。白58本手。黑59一石三鸟。白60如于左边大飞守角，扩大阵势，迫使黑打入，趁势攻击，才有希望扭转局势。黑61肩冲，白大势已去。白66不得已。白72虎是正着。黑73稳健。白74刺再次强行，只有如此一搏了。黑75、77是最易控制局势的下法。白80、82冲断，至88粘，双方必然。黑89拐是好手，白90粘无可奈何。黑91肩冲有力，白92完全不敢用力。白96防封锁。白98打入是最后的争夺。白102、104次序甚好。白106大官子。黑107靠严厉。白110与黑111交换亏损，但是不得已。白118很有心计。黑119有魄力，牵制白棋。

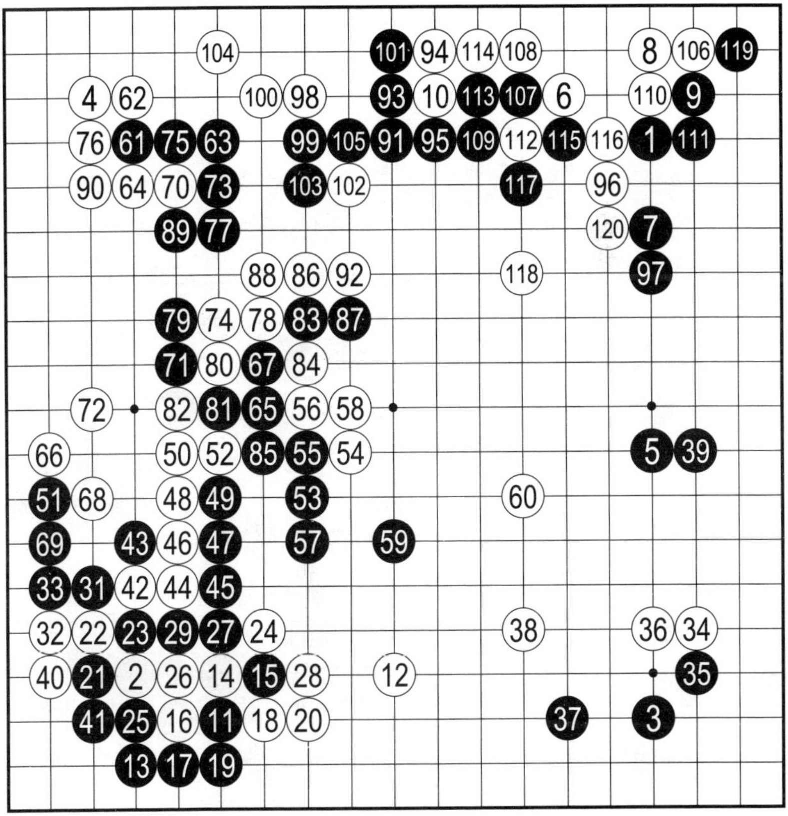

30=15

（1–120）

黑方 **陈祖德**

白方 **岩田达明** **九段**

黑121是预定的手段。白122强扳实属无奈。黑125连扳与黑121相连贯。黑131断可确保自身安全。黑139抢先在下边拆一，胜势不可动摇。

岩田九段是正统的本格派，棋风又很柔软。我在13年前和他对局时总感到有力无处使。事过多年，能在他的家乡再次和他较量，我特别高兴。（陈祖德）

黑贴5目半　共265手　黑胜10目半

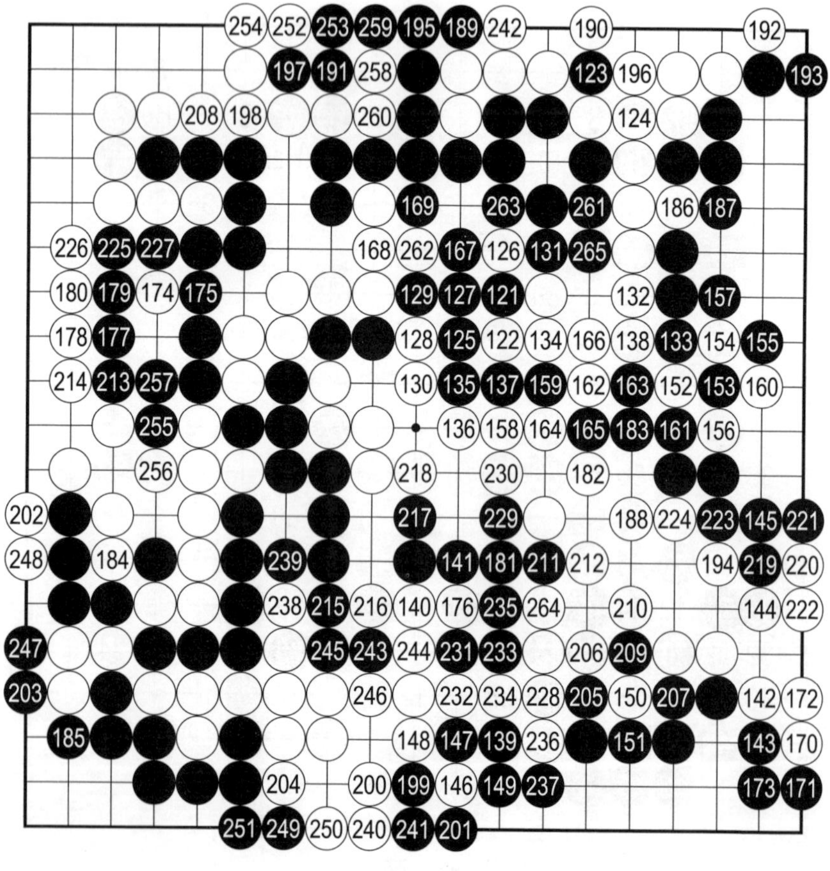

（121–265）

1978年8月13日弈于北京
中日围棋对抗赛

黑方　陈祖德
白方　桥本宇太郎 九段

为了照顾右下角弱点，白30强行连扳，不便宜，还是直接于84位长较好。黑39缓手，此时应在47位长作战，实战白借用较多，不难处理。黑59以下打劫问题手，应直接于61位夹下，则黑形势有利。（周睿羊）

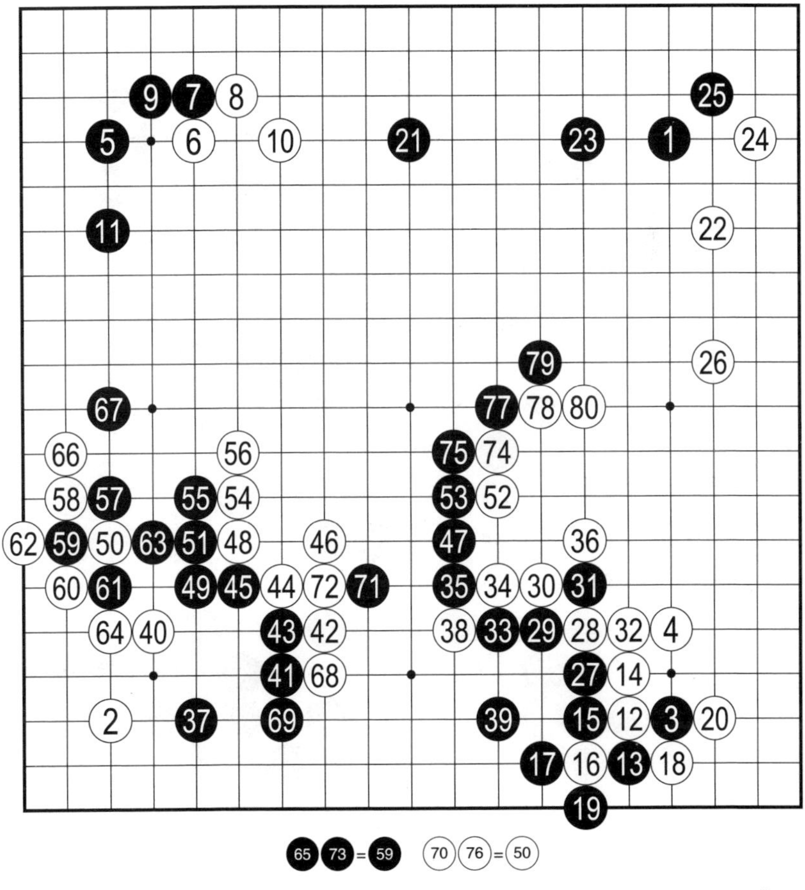

（1–80）

黑方 **陈祖德**

白方 **桥本宇太郎** **九段**

黑 93、95 破空是致命败着，应在 112 位长先手定型，然后进攻白左上三子。实战白 98、100 形成缠绕攻击，黑虽勉强做活，但白先手 126 飞下，胜负已定。(周睿羊)

黑贴$2\frac{1}{2}$子 160 手以下略 白中盘胜

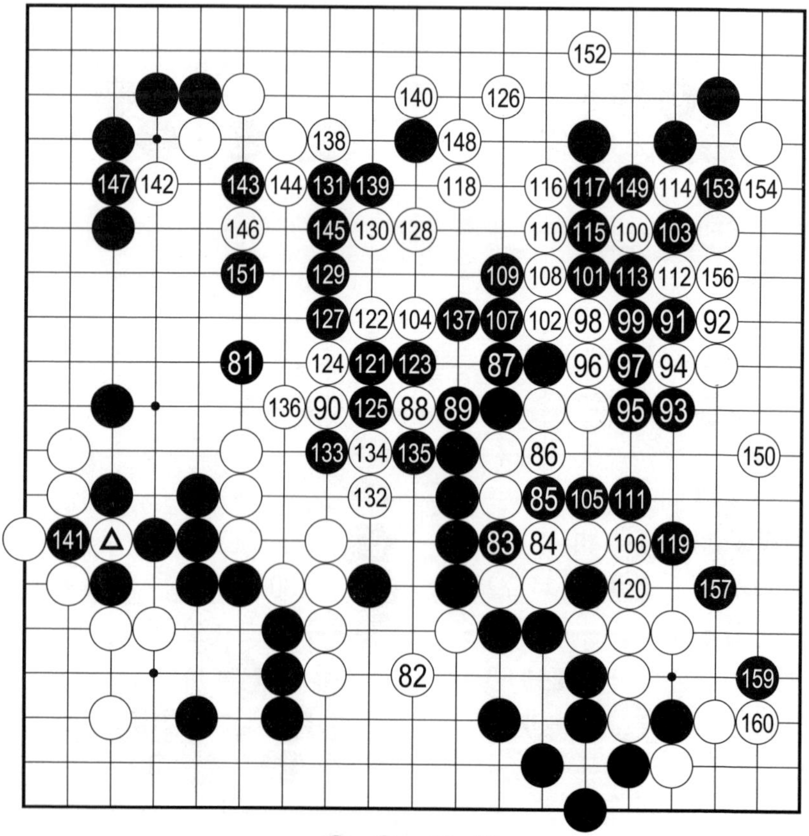

155=103 158=△

(81–160)

1978年9月8日弈于郑州

全国围棋个人赛第1轮

黑方　陈祖德

白方　江鸣久

白18当高挂。黑27尖嫌软弱，应靠白26出头作战。白28坐失良机，凑上黑29绝好的镇，当于36位镇。白30、32虚张声势，无可奈何。白34至40就地补活。黑41至45趁机张势。黑49托也许比点角子效更高。至黑55，黑成功在上边扎根，已较易控制局面的发展了。黑57关系双方根据。白58于59位挡似乎不甘心，但黑59、61后，白的眼位已经不全了，平白无故增加了一个大包袱，已露出败相。白64点价值约19目。黑71不小于12目。白76大体相当。白78先手。黑81扳得利。黑83是双方消长的地方。白84不得不走。白92以下一边压缩黑地，一边将弱棋走好。黑105不可省。白110试图围空，黑113针锋相对地消空。

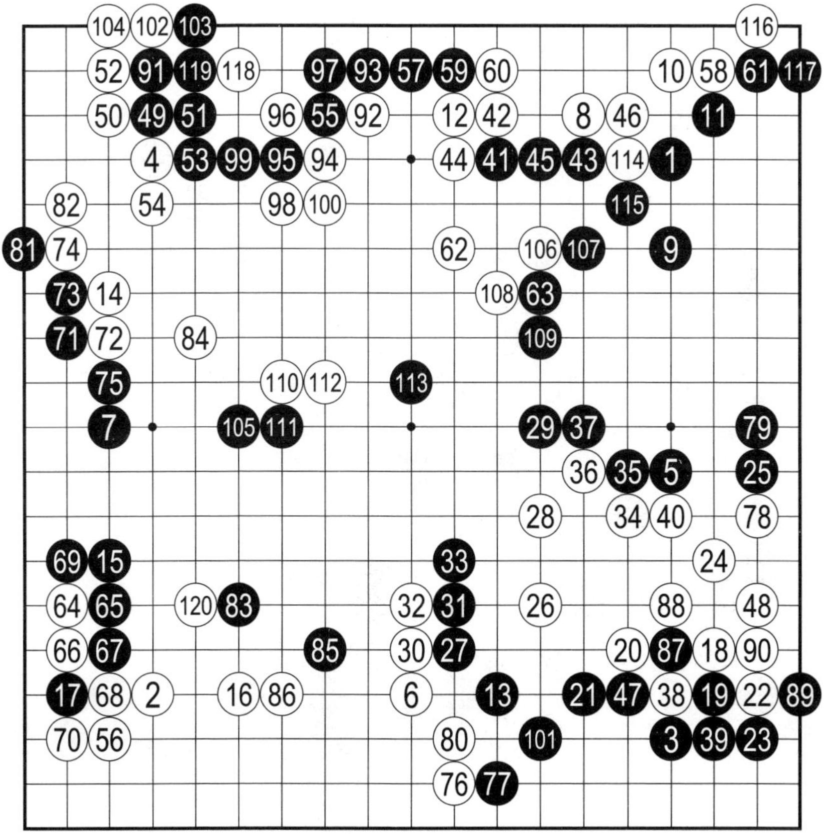

（1–120）

黑方　陈祖德

白方　江鸣久

白 124 若在 125 位围，黑棋约有盘面 9 目的优势。黑 151 巧手，转换黑稍便宜。结果黑胜 4 子。

70 年代初，山西太原有一股新生力量在棋坛默默耕耘，他们当中最有代表性的是江鸣久、江铸久兄弟。鸣久为长兄，生于 1957 年，1975 年走了职业棋手的道路。1976 年进入国家集训队，从此如鱼得水，水平迅速提高。鸣久在学习上十分刻苦，是当年最有希望的新星之一。1978 年获得全国第五名，1982 年获全国第六名。他棋风浑厚，行棋扎实，中盘作战颇具胆魄，是基本功扎实的实力派棋手。（陈祖德）

黑贴 $2\frac{1}{2}$ 子　共 266 手　黑胜 4 子

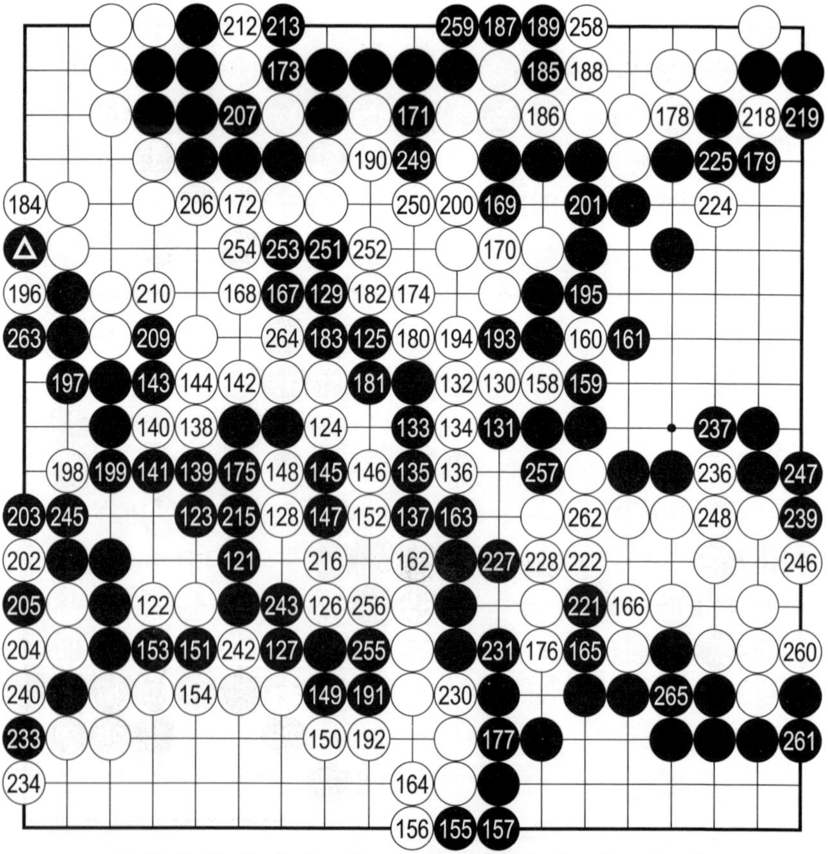

208 214 220 226 232 238 244 = 202　211 217 223 229 235 241 = 205　266 = △

1978年9月9日弈于郑州
全国围棋个人赛第2轮

黑方　杨以伦
白方　陈祖德

黑27、29作战稍嫌勉强，不如222位直接冲断。黑35应在47位断，实战白36、38后，黑明显亏损。白66过分，此时在67位补活正常。实战黑67巨大，白作战未见有利。黑75、77不妥，应在96位补，如此局势尚早。实战白在左下交换后，再96跑出严厉，进行至112出头，白占据优势。（周睿羊）

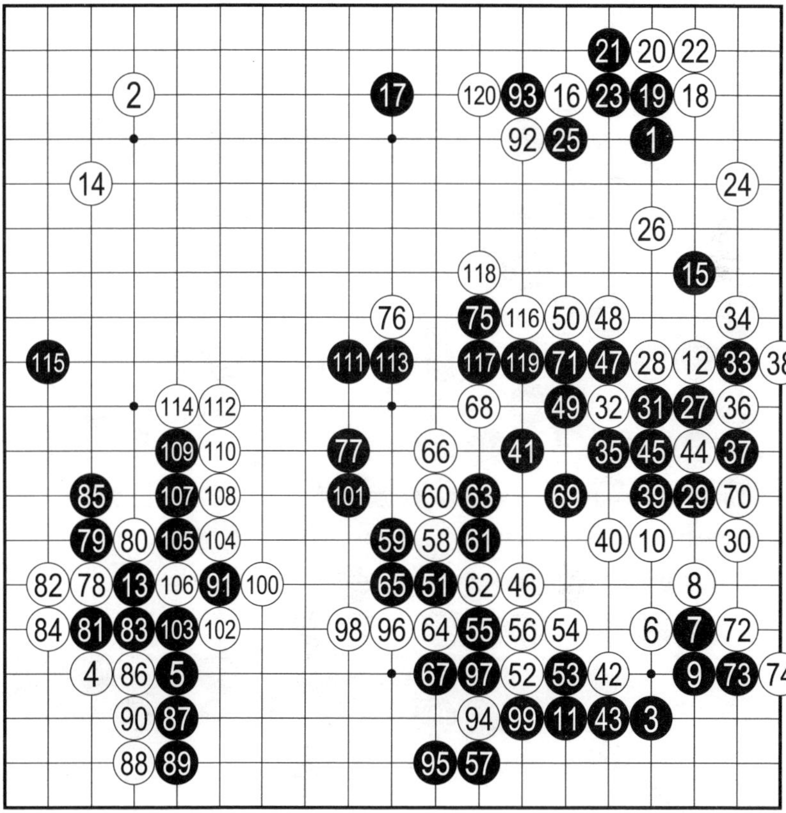

（1–120）

白124凶狠，以下通过进攻上面黑棋成功走厚自身。至152，白胜势已定。(周睿羊)

黑方　杨以伦

白方　陈祖德

黑贴2½子　共248手　白胜6½子

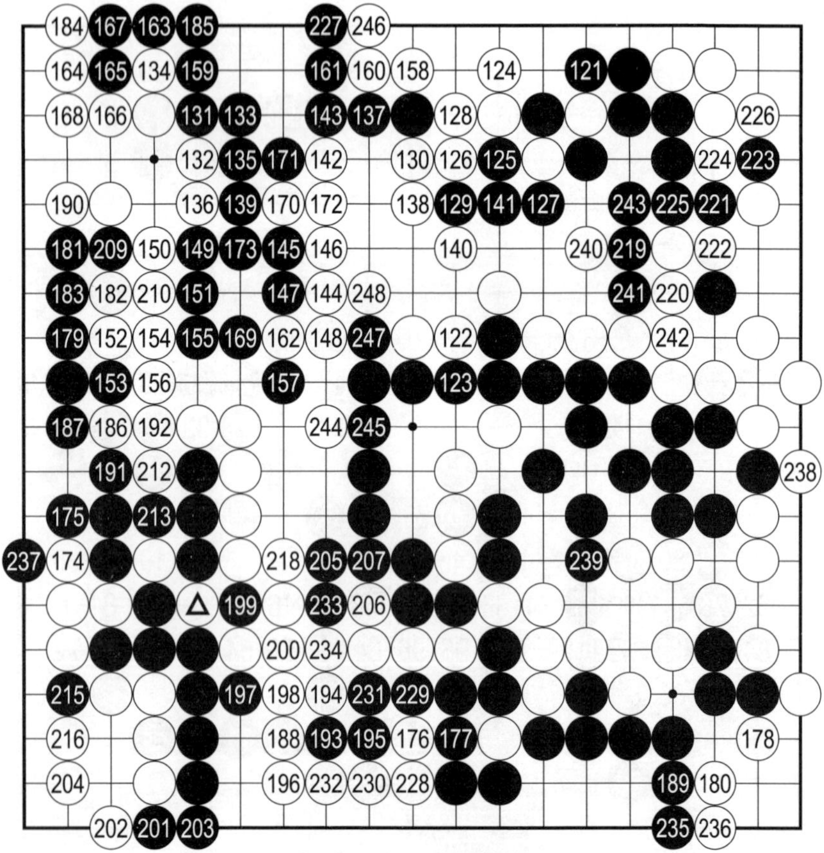

208 214 = △　211 217 = 199

1978 年 9 月 10 日弈于郑州
全国围棋个人赛第 3 轮

黑方　陈祖德

白方　吴玉林

黑 9 是陈老师喜欢的“高中国流布局”。白 34 的方向有误，不如直接在 43 位小尖，就地求活。白 44、46、48 重大失误，是本局的败着。白 44 应于上一路飞出，棋局还很混乱。白 56 大缓手，白棋似乎没了斗志。黑 61 攻击角部，白棋苦不堪言，大势已去。（邹俊杰）

黑贴2$\frac{1}{2}$子　共 75 手　黑中盘胜

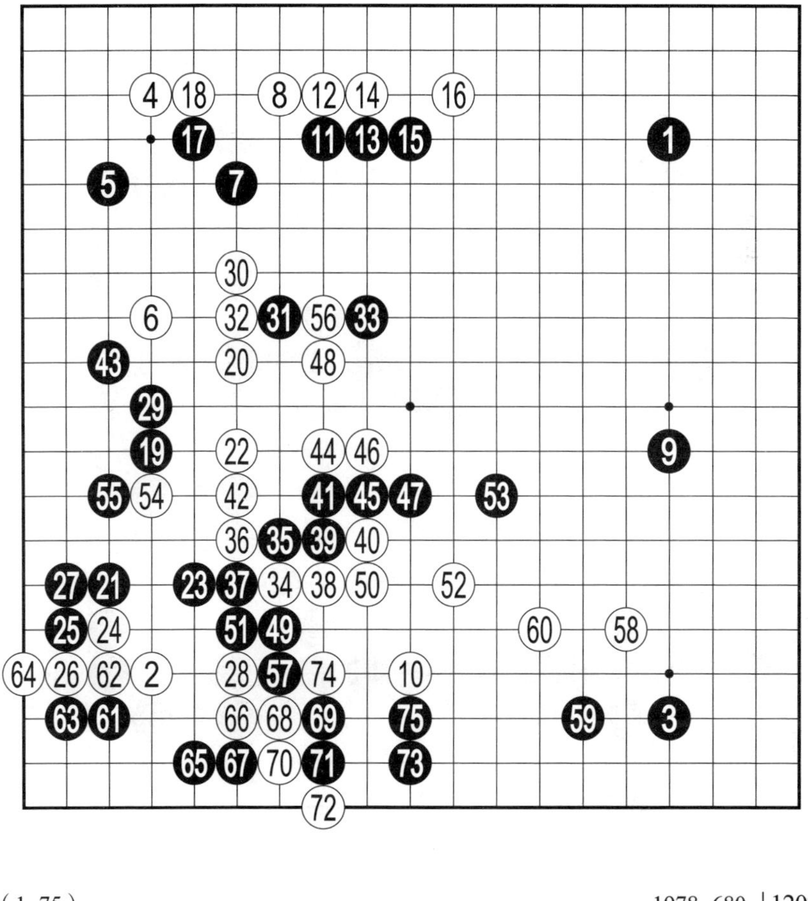

（1–75）

1978 年 9 月 12 日弈于郑州
全国围棋个人赛第 4 轮

黑方　华以刚

白方　陈祖德

黑 27、29 弃子稍亏，先于 45 位刺试应手似乎更好。实战白 36 断严厉，以下通过打劫占据了主动。黑 53 缓手，此时无论如何也应在 54 位接上，被白 54 冲吃黑二子，白优势历然。白 104 做劫没有必要，直接于 105 位接上即可。黑 107 败着，此时只能在 187 位消劫，一拼胜负。白 110 后，黑已无胜机。（周睿羊）

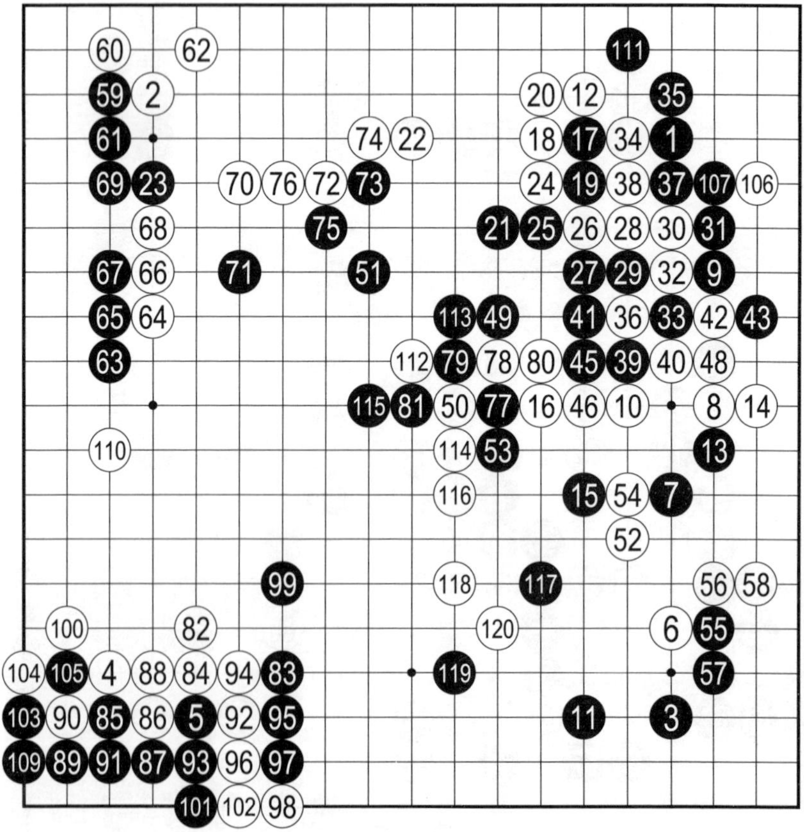

44=36　47=33　108=90

（1–120）

黑方　华以刚

白方　陈祖德

黑贴2$\frac{1}{2}$子　共260手　白中盘胜

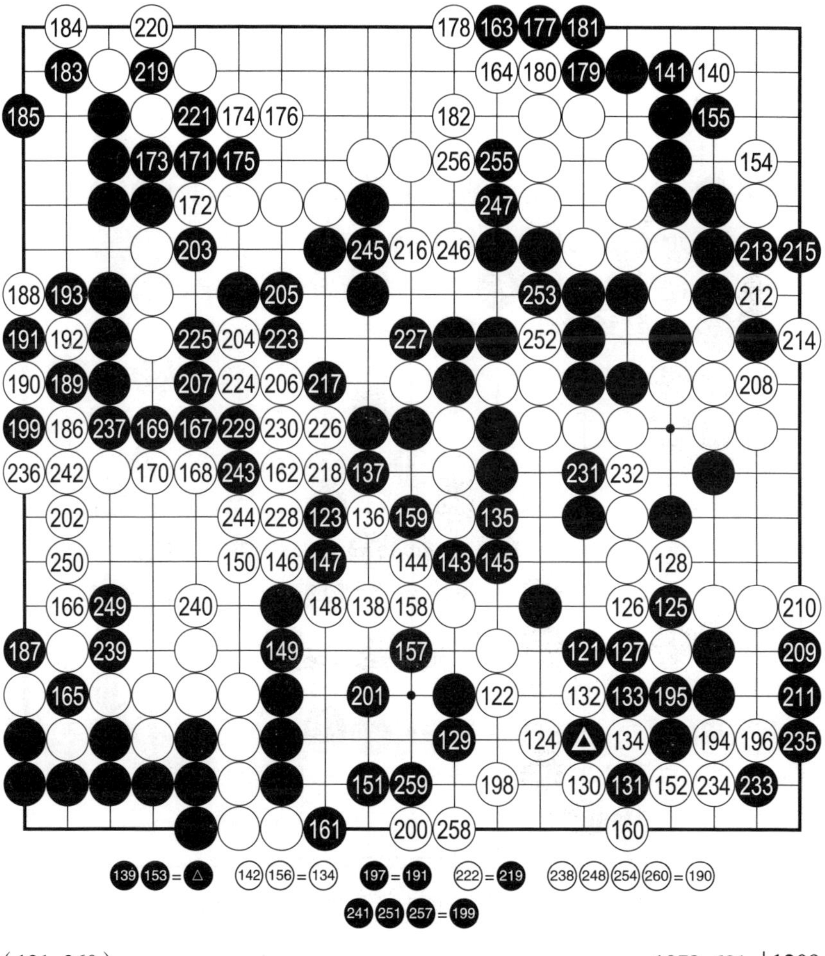

（121–260）

1978 年 9 月 13 日弈于郑州
全国比赛第 5 轮

黑方　陈祖德
白方　聂卫平

白 28 是很有想象力的一手，黑 29 可于 107 位顶，白 104 位，黑 103 位，这样弃掉左上两子，黑棋充分可下。白 34 可于 99 位顶，黑 98 位，白 34 位，黑 35 位，白 202 位定型，这样优于实战。白 42 尖在这个配置下是正着。白 50 可于 45 右一路提，黑 50 位，白 58 位上打，白棋可战。实战黑棋先手便宜了。黑 55 打拔不大，可于 183 位下边一带行棋。白 98、100 角吃得不大，且落了后手。至 129，黑棋取得优势。黑 137 可于 119 上一路先手提一下，实战被白 140 逆收很大，劫材也少了好几个。白 140 后局势接近了。（常昊）

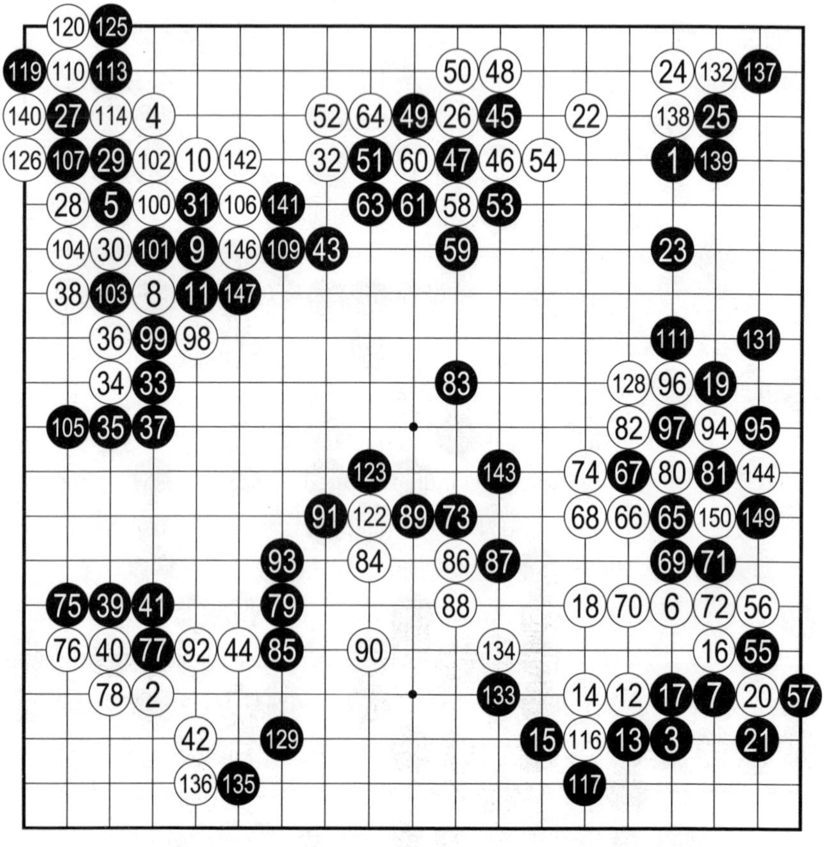

(62)=47　(108)=(8)　(112)(118)(124)(130)(148)=(94)　115 121 127 145=97

白194可于245位冲，黑挡，白195位，黑226位，白215位挤打，如此优于实战。黑195并之后黑稍好，之后一直将微弱的优势保持到终局。（常昊）

黑方 **陈祖德**

白方 **聂卫平**

黑贴$2\frac{1}{2}$子　共293手　黑胜1子

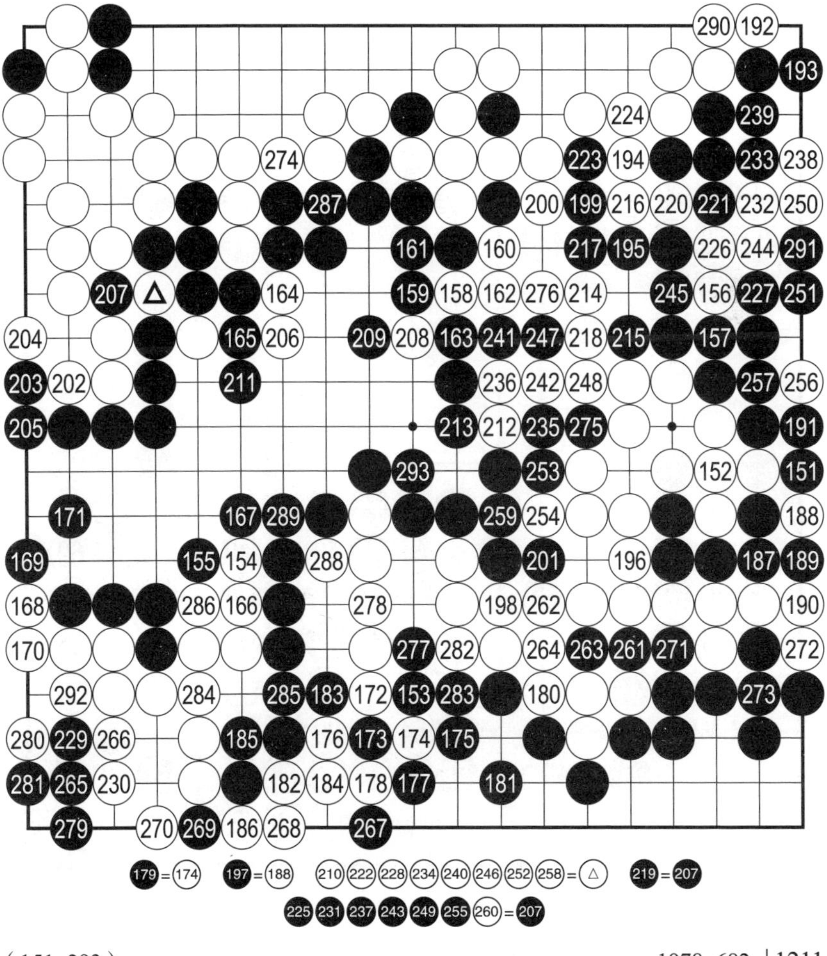

（151–293）

1978 年 9 月 14 日弈于郑州
全国围棋个人赛第 6 轮

黑方　陈嘉锐
白方　陈祖德

布局至黑 45，白棋好调。白 46 侵消得很浅，可以看出陈老师自感形势不错，有优势意识。白 50 棋形不佳，如于三路小尖补棋，棋形更好。实战被黑 59 搜刮，白棋有些难受。黑 53 应于 56 位守住实空。黑 69 棋形露出破绽，是本局的败着。白 70 以下冲断，以攻为守，白棋获取主动。最终，白棋通过精彩的治孤获取胜利。（邹俊杰）

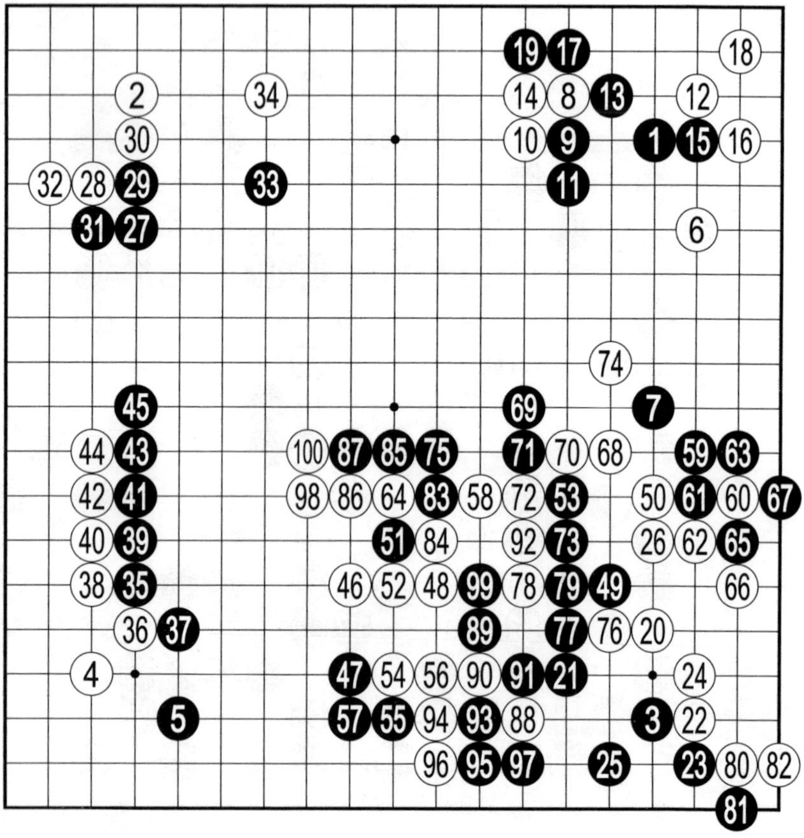

（1–100）

黑方　陈嘉锐

白方　陈祖德

黑贴2 $\frac{1}{2}$ 子　共 184 手　白中盘胜

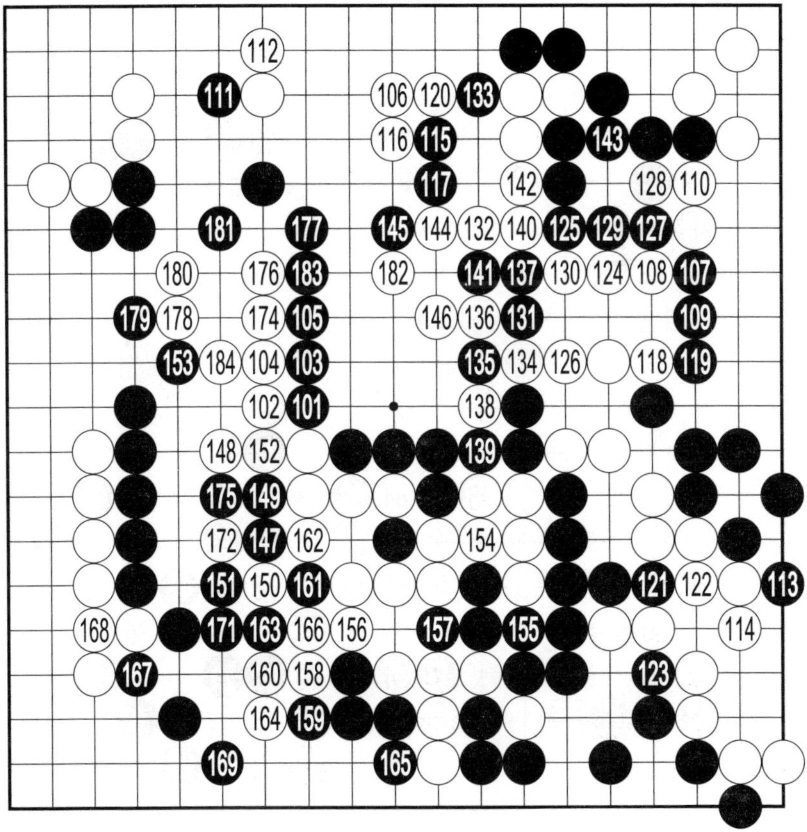

(170)=(150) (173)=(161)

（101–184）

1978年9月15日弈于郑州
全国围棋个人赛第7轮

黑方　陈祖德
白方　王群

黑17飞破坏白棋棋形，白18靠下转身灵活，至22形成有趣的变化，双方可下。黑27飞补必要，白28是有趣的一手，但稍显过分，黑29脱先靠入，体现了陈老犀利的棋风。白方上边应对太保守，黑棋先手构筑势力后回到43尖补，步调极好。黑69断是局部手筋，白70以下应对有误，白70应在74位粘，实战此处定型过后是黑棋明显优势。陈老黑137出现错觉，当直接在141位粘，实战被白142冲过来后，黑棋上方几子突然死亡，棋局瞬间逆转，非常可惜。（陈潇楠）

黑贴$2\frac{1}{2}$子　共153手　白中盘胜

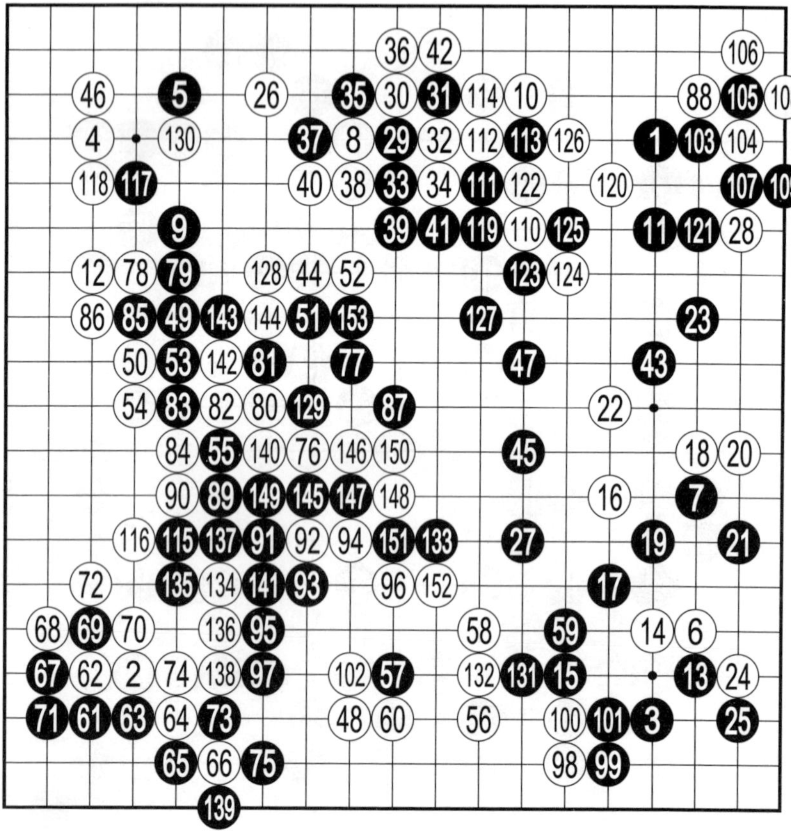

（1–153）

1978 年 9 月 17 日弈于郑州
全国围棋个人赛第 8 轮

黑方　王汝南

白方　陈祖德

白 26 应直接于 30 位接出作战，被黑 29 封锁后，黑占据了主动。以下进行至 49，黑布局领先。黑 73 强行围左边没必要，在 165 位补厚巨大，实战白 82 连回后局势变得复杂。（周睿羊）

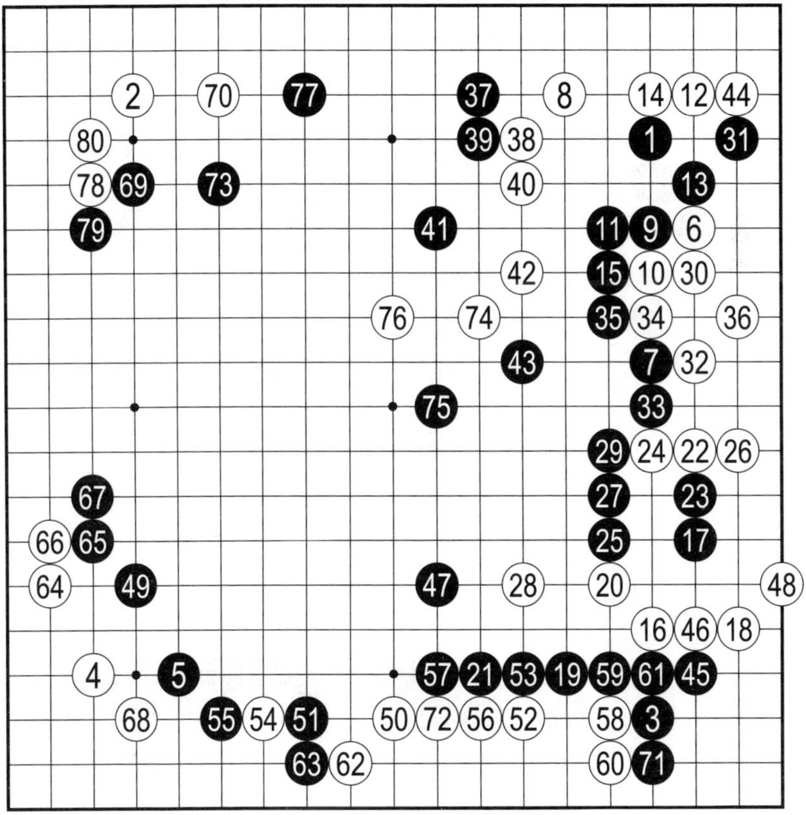

（1–80）

黑方　王汝南
白方　陈祖德

黑83靠断强硬，随后白90失误，直接在92位断较好。实战黑91、93好手，白不好应对。黑95应于102位吃住二子，实战错过大好机会。白102巨大，形势再度接近。白124问题手，应在125位团，瞄着黑方弱点，如此黑难办。实战黑125先手补断，机敏。白134、136误算，是败着，此处白应是没注意到黑可151位打吃做劫，导致实战损失惨重。之后黑在上方冷静应对，173后白劫材不利，无奈认输。（周睿羊）

黑贴$2\frac{1}{2}$子　共173手　黑中盘胜

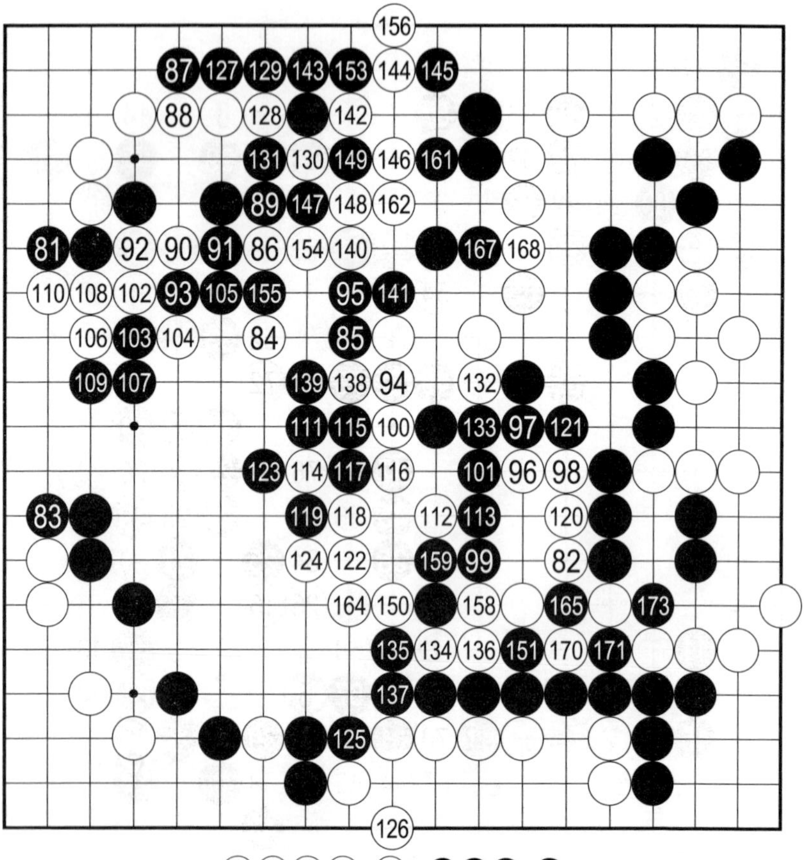

152 160 166 172 = 130　157 163 169 = 149

1978 年 9 月 18 日弈于郑州
全国围棋个人赛第 9 轮

黑方 **陈祖德**
白方 **黄德勋**

白 12、14 思路独特，但效果未见得好，还是在 15 位守角正常。白 20、22 冲断不便宜，黑 23、25 简单出头后，27 跳形状优美，至黑 31 打入取得优势。白 56 缓手，黑 57 机敏靠断后优势扩大。黑 89 先手定型好手，至 97 强攻白大块。（周睿羊）

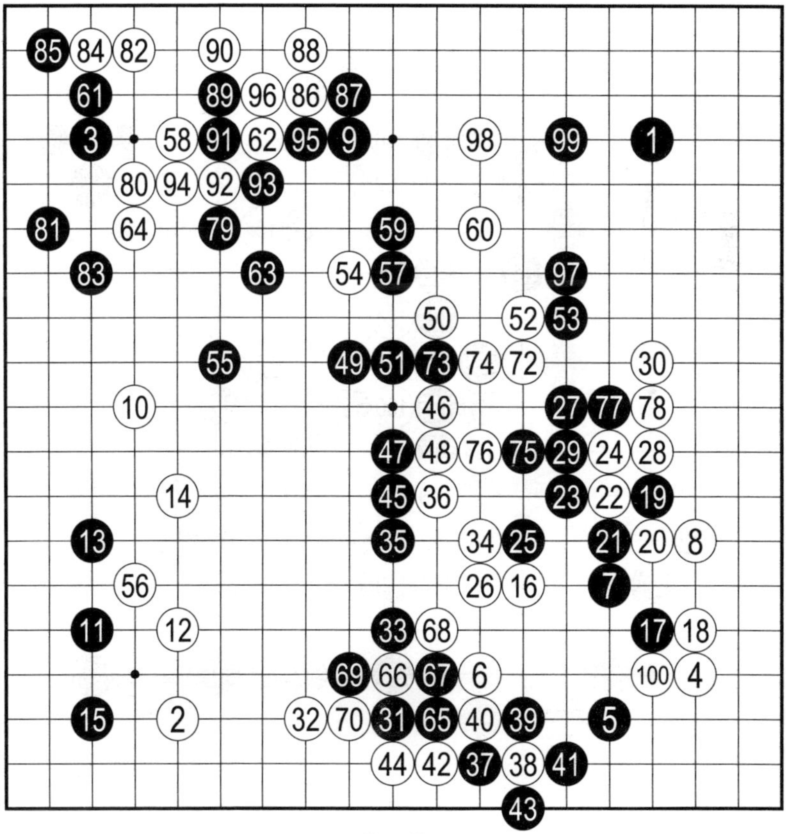

71 = 66

（1–100）

以下黑计算精确，成功屠龙。
（周睿羊）

黑方　陈祖德

白方　黄德勋

黑贴2½子　共185手　黑中盘胜

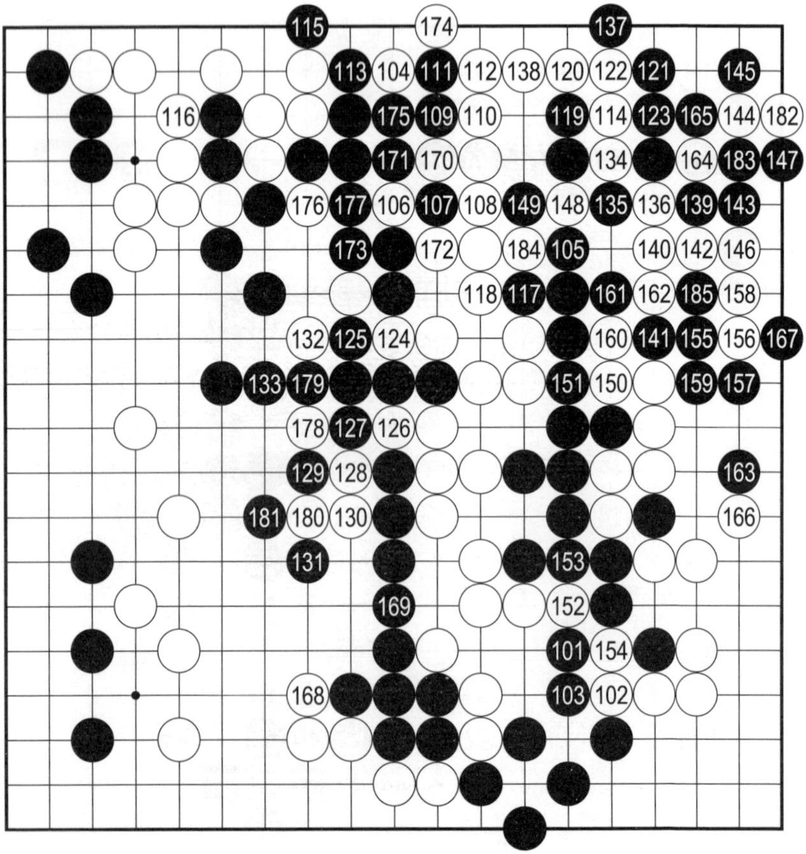

（101–185）

1978年9月19日弈于郑州
全国围棋个人赛第10轮

黑方　刘小光
白方　陈祖德

黑7二间高夹时，白8反夹是灵活的趣向。黑9大斜时，白棋可以考虑靠出作战，实战至20，黑棋较为满意。黑27挂角虽为大场，但此时巩固左下更为急迫。白30靠好手，至36活得非常舒服，白棋得分。黑63跳补不妥，连接留有隐患。实战陈老68扳犀利！也是本局的胜着。此处黑棋也有所误算，被白棋分断后局部形成打劫，白棋简明转换后，黑棋损失惨重，被白94飞后大势已去，解说从略。（陈潇楠）

黑贴$2\frac{1}{2}$子　130手以下略　白中盘胜

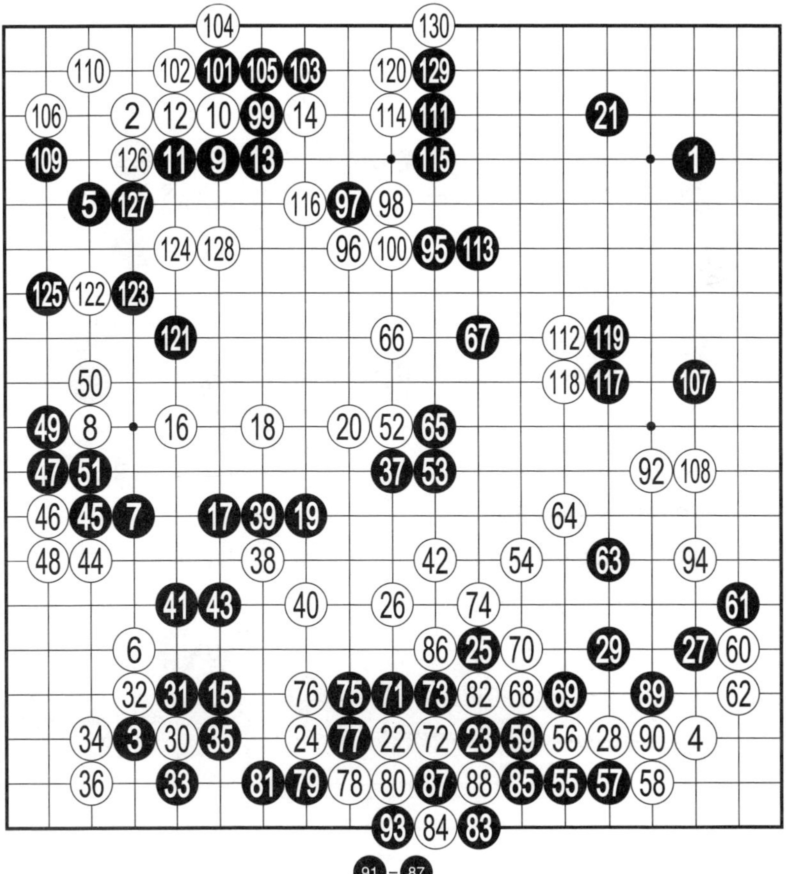

91=87

（1–130）

1978年9月20日弈于郑州
全国围棋个人赛第11轮

黑方　陈祖德
白方　谭炎午

白30跳出作战稍嫌无理，白以上边实空损失为代价强攻黑棋并无成算。黑57、59组合拳后成功连络，黑成功。白72巨大失误，黑73、75简单吃住一子后白大损。进行至91，黑确立优势。（周睿羊）

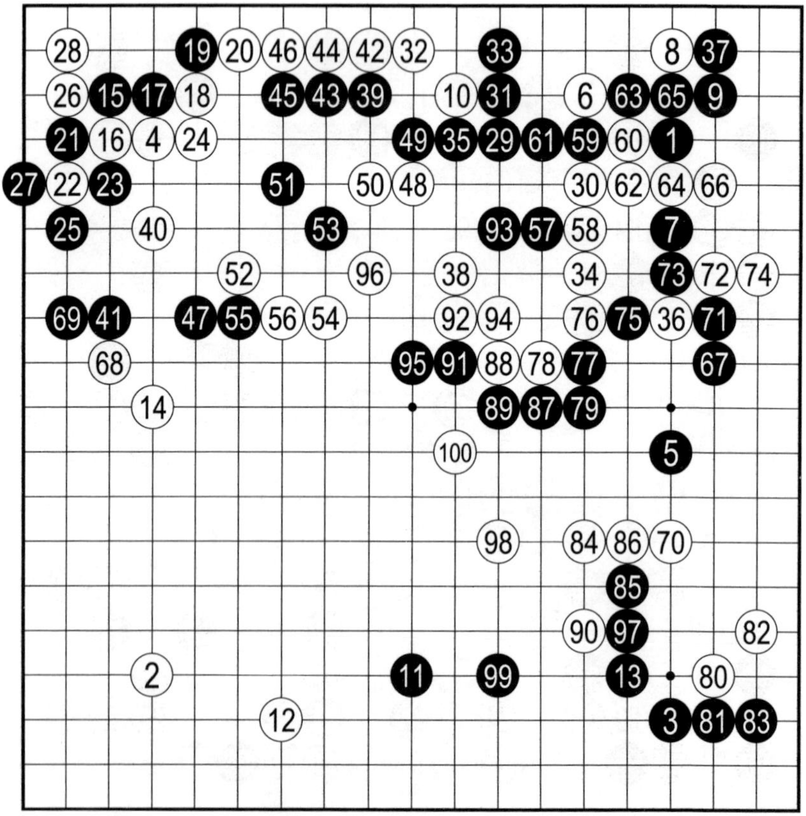

（1–100）

白 164、170 在形势不利下强行抢空，黑 171 以下次序精确，进行到 177 白已无生路。（周睿羊）

黑方　陈祖德

白方　谭炎午

黑贴 $2\frac{1}{2}$ 子　共 195 手　黑中盘胜

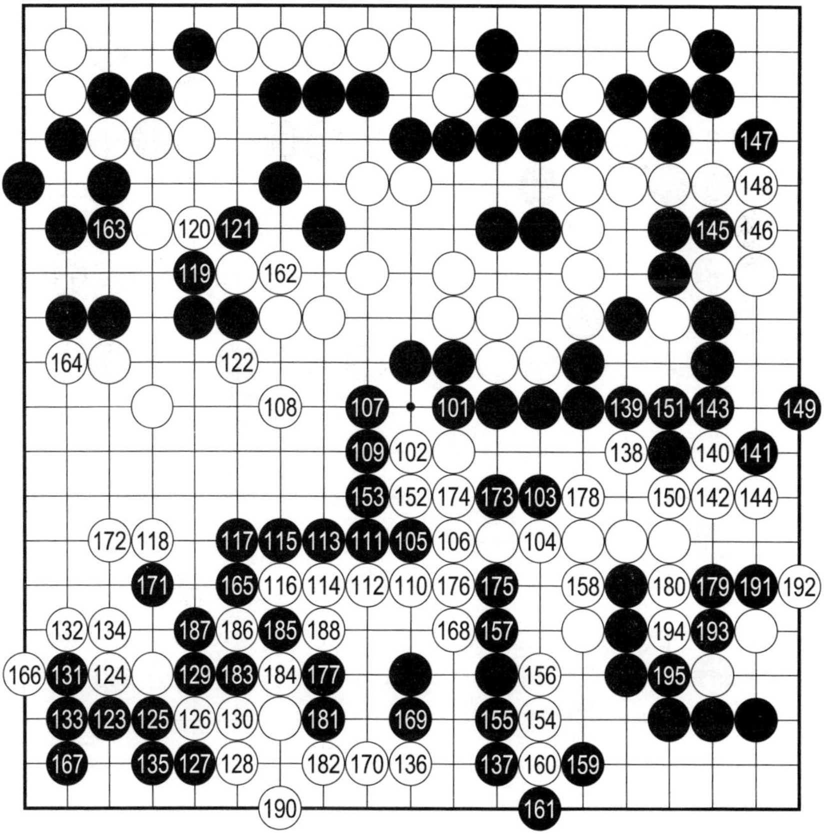

189 = 186

（101–195）

1978 年 9 月 22 日弈于郑州
全国围棋个人赛第 12 轮

黑方　黄良玉

白方　陈祖德

黑 43 至 47 的下法略缓，白 48 以下抢先对左上进行攻击，白棋好调。（陈潇楠）

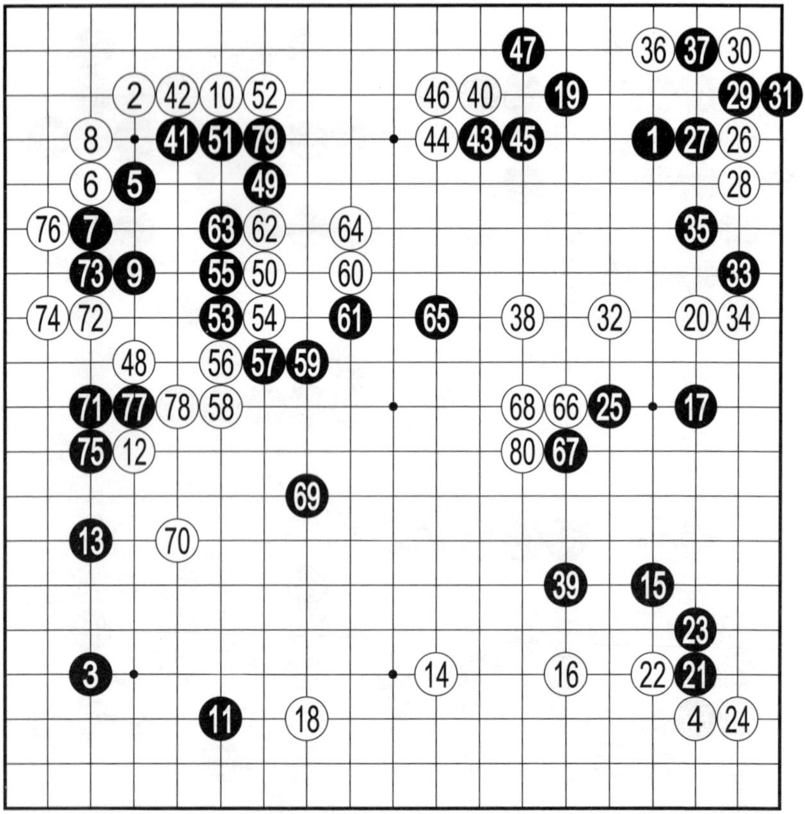

（1–80）

黑方 黄良玉
白方 陈祖德

白80至86先手处理好几块薄棋，抢到88点入的最后大场，思路非常清晰，白棋占据明显优势。黑95尖时，白96粘判断略有失误，应该在97位贴连回90一子，实战黑99靠入后局面有些混乱。黑143冲吃住五子后，局面非常接近。白144点入是胜负手，此处黑棋计算出现了巨大的失误，白150尖断后黑棋简单被杀，棋局戛然而止。（陈潇楠）

黑贴$2\frac{1}{2}$子　共162手　白中盘胜

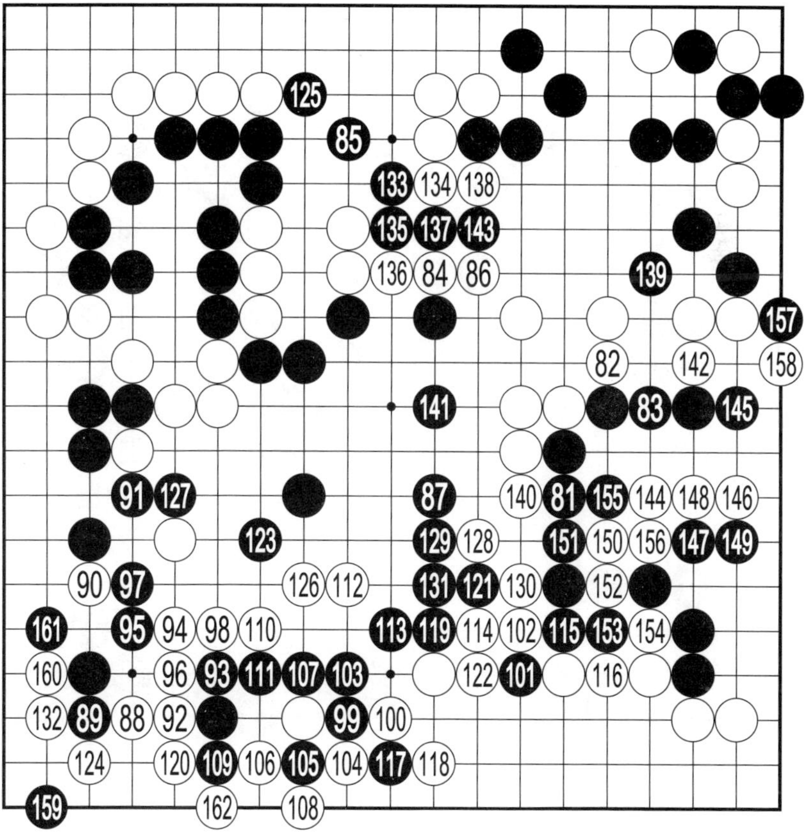

（81–162）

1978 年 9 月 23 日弈于郑州
全国围棋个人赛第 13 轮

黑方　吴淞笙

白方　陈祖德

黑棋开局以四连星布下大模样，而白棋错小目先守得两个大角，是经典的地势对抗格局。白 28 尖断后 32 鼻顶是绝好的一手，黑棋被封锁有点难受。实战黑 35 至 39 强行断开白棋，双方形成激战。白 72、74 连花两手吃两子有缓手之嫌，中央白棋并不担心被攻击，此时右边才是当务之急。白 78 连扳试图出头，黑 79 以下冲断非常严厉，白棋左下岌岌可危。黑 89 虎失误，但白 96 冲也出现了误算，实战黑 101、103 是对杀妙手，白棋大龙被杀，大势已去。（陈潇楠）

黑贴 $2\frac{1}{2}$ 子　共 103 手　黑中盘胜

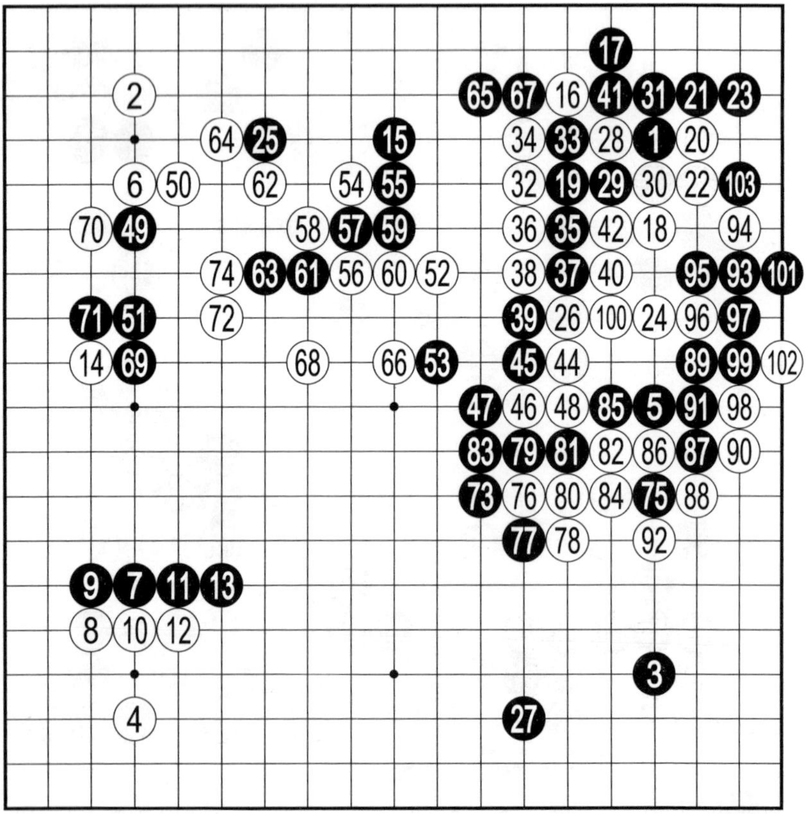

43 = 28

1978 年 10 月 7 日

内部训练积分循环赛第 1 轮

黑方　金茜茜

白方　陈祖德

黑 19 镇头气势很足，但是较易落空，似不如在 20 位拆稳妥。黑 25 跳略缓，白 26 以下的先手便宜非常舒服，至 32 连络，白棋步调很顺。黑 47 守角虽是大场，但有脱离主战场之嫌，此时黑棋处理好左下大龙才是当务之急。白 48 靠断严厉，黑大龙负担过于沉重，因而顾此失彼。白 52 断吃一子全部连厚，黑棋右下还被白棋搜刮，黑棋地势皆失，大势已去。（陈潇楠）

黑贴$2\frac{1}{2}$子　74 手以下略　白中盘胜

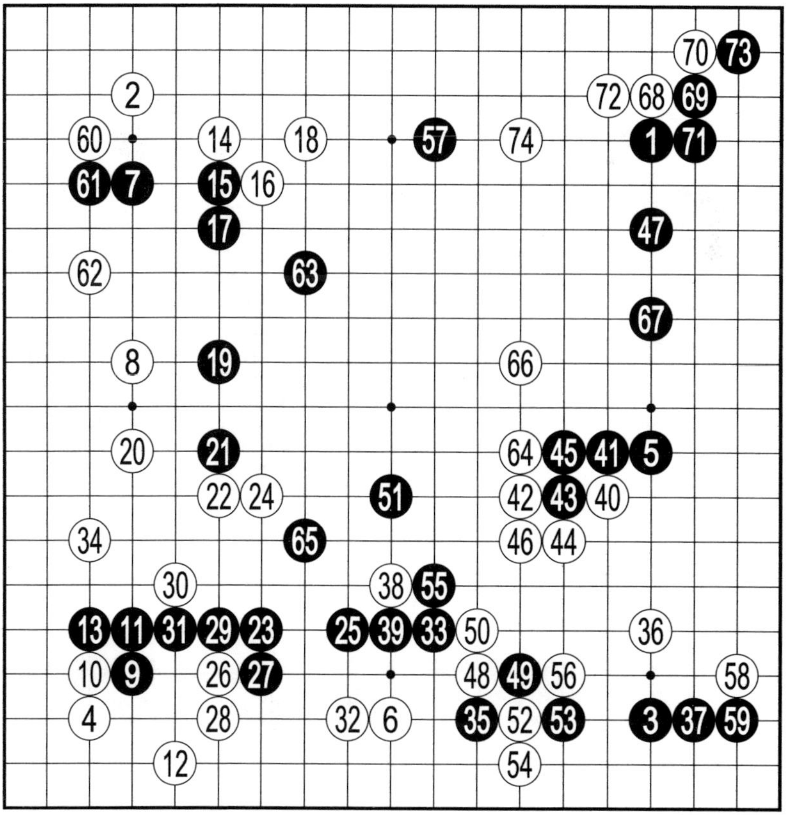

（1–74）

1978 年 10 月 10 日
内部训练积分循环第 2 轮

黑方　陈祖德

白方　吴淞笙

黑 31 凌空大跳笼罩白棋左边，大气磅礴，非常具有观赏性！白 32 脱先必然，黑 33 以下步步紧逼，白棋只能苦活，黑棋占据主动。白 52 扳次序有误，应先在 53 位冲。黑 53 贴机敏，白棋上边出现弱点。黑 57 贴时，白只能在 58 粘，亏损。白 60 以下方向有误，应该在右边抢占大场。实战黑简明处理后占到 67 的大场，黑棋已经取得巨大优势。黑 77 点入是犀利的攻击手段，白棋无奈弃掉 32 一子，至 89 黑棋收获颇丰，确立胜势。以下解说从略。（陈潇楠）

黑贴2$\frac{1}{2}$子　共 129 手　黑中盘胜

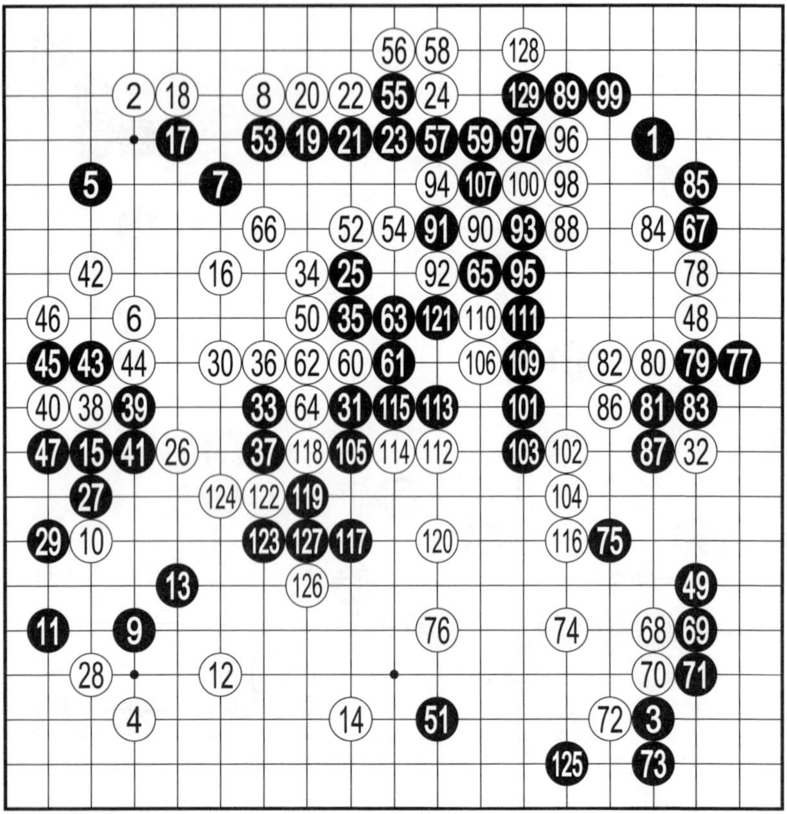

108=91

1978 年 10 月 12 日

内部训练积分循环第 3 轮

黑方　孔祥明

白方　陈祖德

白 42 靠入凶狠。黑 45 打吃时白棋可以考虑在 49 位反打进行转换。黑 47 贴过分，白 48 顶严厉，黑的棋形有崩溃之感。陈老的白 66 有些过于追求了，此时只要在 68 粘弃掉中央三子即可，那样黑棋非常困难。白 102 挖似有误算，黑 103 吃后，白棋吃不掉黑棋整快。黑 117 跳出后白 118 继续追击，此时局面非常混乱。遗憾的是棋谱有所缺失，无法欣赏到后面双方精彩的战斗，望有机会能够补全。（陈潇楠）

黑贴$2\frac{1}{2}$子　118 手以下略　胜负不明

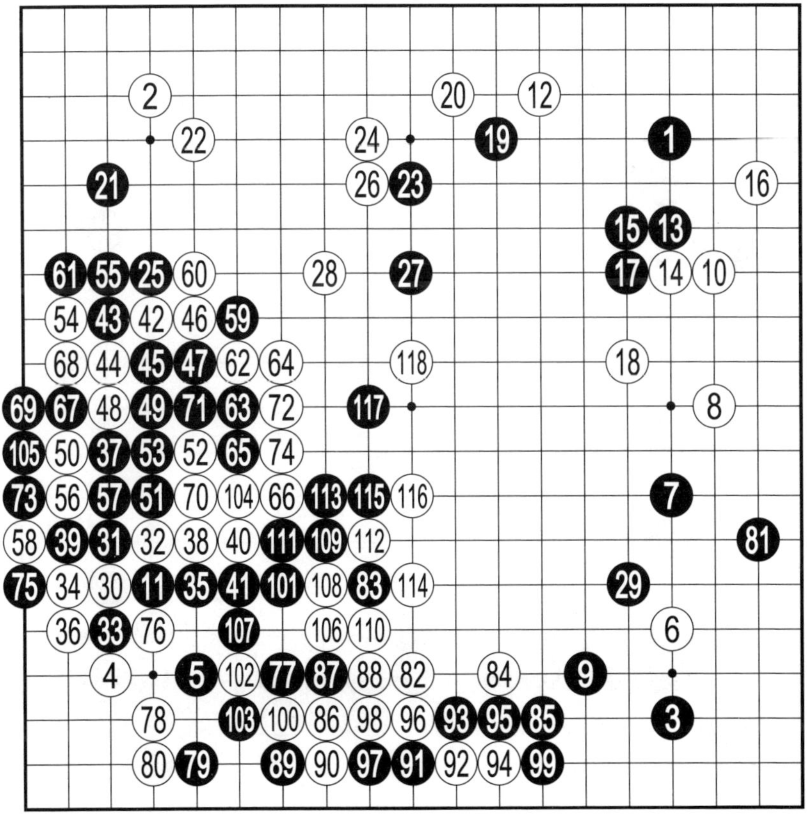

（1–118）

1978 年 10 月 17 日

内部训练积分循环第 4 轮

黑方　唐锦潮

白方　陈祖德

黑 15 飞封强手，白 16、18 针锋相对，双方在此展开激战。黑 51 缓手，应当高一路飞起，白棋大块要更难处理一些。白 62 靠断虽为局部手筋，66 也是连贯的构思，但此时吃五子并不大，落了后手得不偿失。白 100 至 108 虽为常用的掏空手段，但将黑棋撞得太厚，明显亏损。黑 109 拆后，黑棋明显优势。实战至 124 挡，双方进入官子阶段，此时的形势是黑棋占据一定的优势。本局的结果是白棋以半子的优势险胜，此后的收官因棋谱缺失，解说从略。（陈潇楠）

黑贴 $2\frac{1}{2}$ 子　124 手以下略　白胜半子

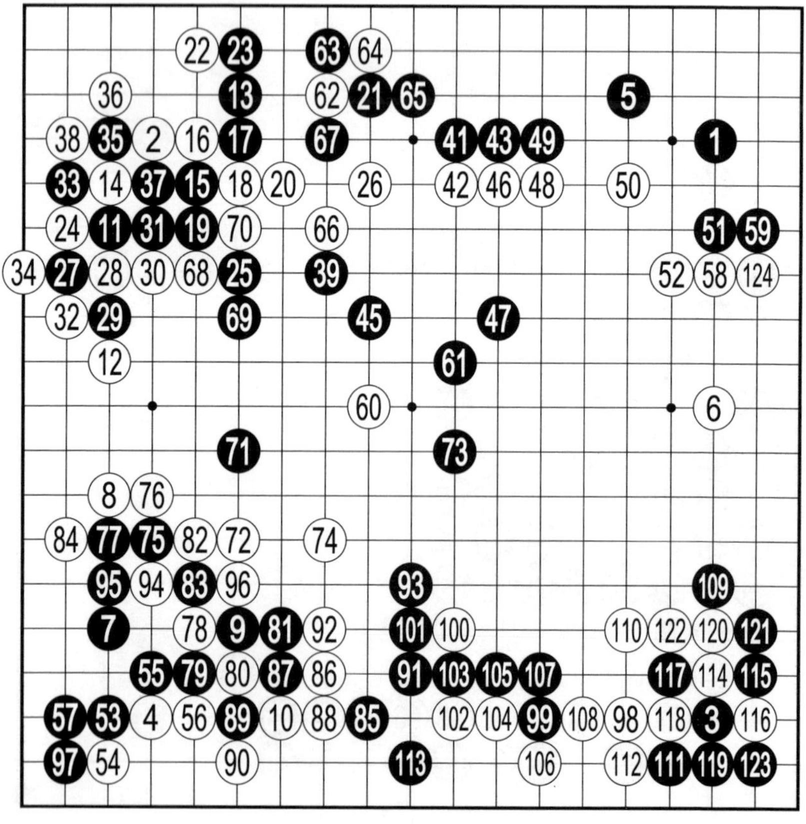

40＝14　44＝35

（1–124）

1978年10月21日

内部训练积分循环第5轮

黑方　王汝南

白方　陈祖德

白32虽是棋形本手，但是此时周围白棋子力较多，可以考虑更为积极的下法，实战被黑棋得分。左上黑53连扳和白60粘上都是时代的产物，放到当下都是有些亏损的下法。黑61点入犀利，白棋只得在62位忍耐，很痛苦。黑63抢到要点后步调非常顺畅。白90、92冲两下后脱先应该是出现了一些错觉，实战被黑95打、先手吃后白棋大损。此后黑棋简单处理好下边大龙，白棋已经无力回天，故解说从略。

本局黑棋攻守有度，是王汝南老师的好局。（陈潇楠）

黑贴$2\frac{1}{2}$子　163手以下略　黑中盘胜

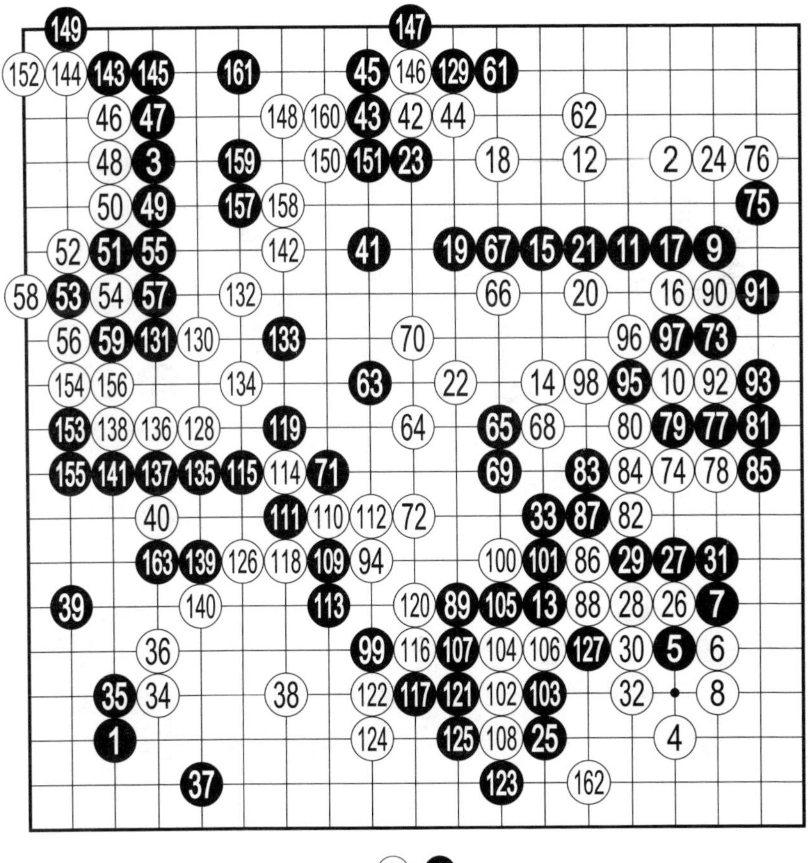

60=53

（1–163）

1978年10月24日
内部训练积分循环第6轮

黑方　陈祖德
白方　王群

白14顶是寻求转身的趣向，局部稍亏。黑19吃也不着急，可先抢下边大场，实战白棋抢到下边要点后，白棋布局成功。白62撞气大恶手，给右边留下了巨大的隐患，黑65冲断机敏地抓住了战机。白68粘最后败着，此时只能先在70位扳，还能继续战斗。实战形成转换，白棋右边全灭，得失不成比例，黑棋胜定，解说从略。（陈潇楠）

黑贴$2\frac{1}{2}$子　共117手　黑中盘胜

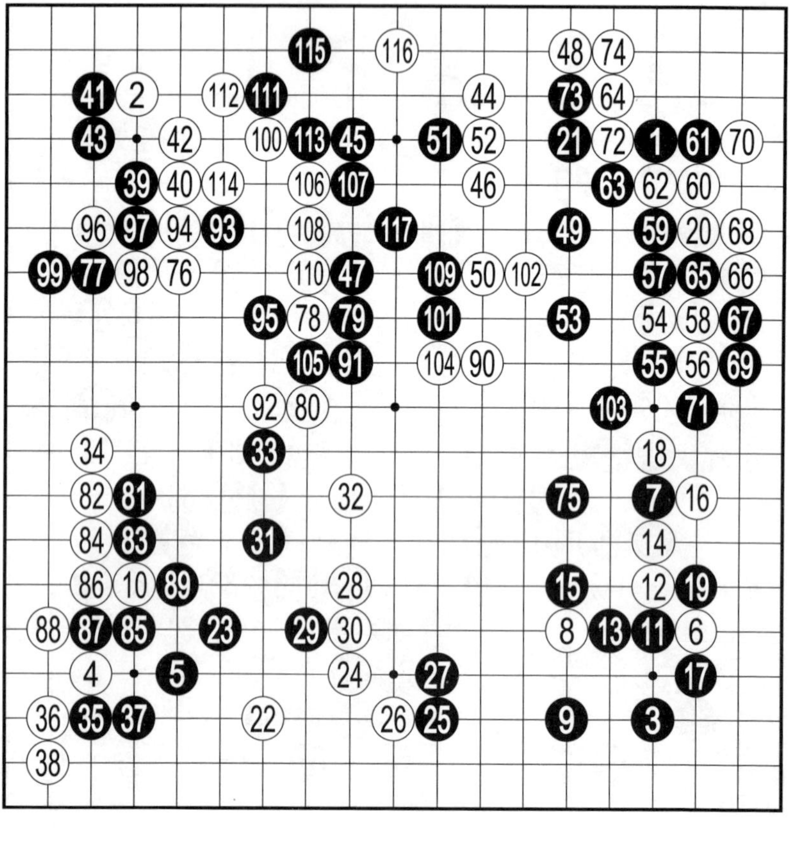

（1–117）

1978年10月27日弈于北京
内部训练积分循环第7轮

黑方　陈祖德
白方　聂卫平

中国棋坛两代王者之间的交锋。

黑9临空一吊非常潇洒，白10、12两靠也是非常灵动的构思，但是白18稍缓，被黑19先手拐后再21位飞非常舒服，黑棋布局占先。白56挖粘俗手，将右边余味卖了，黑确保右边大空后形势大好。黑97吃一子过于保守，白102压过来后黑棋目数增加非常有限，而白棋构筑厚势后，黑棋想在上边打入就有些危险了。（陈潇楠）

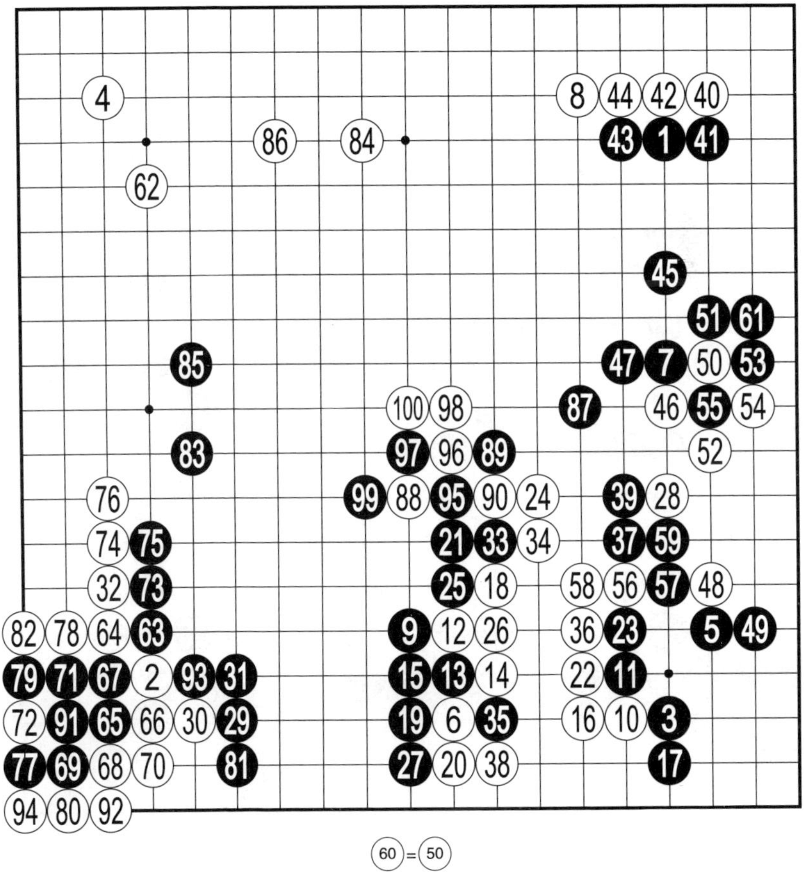

（1–100）

黑方　陈祖德

白方　聂卫平

黑 103 还是果断选择了打入，但是白 106 飞攻非常严厉，黑棋有些苦。实战好不容易从 113 位获得一线生机，但是白棋走到 120 扳粘后，整体上黑棋并不便宜，此时局面已经非常接近。黑 123 又是胜负手，而执白的聂老也不甘示弱，124 碰果断反击，双方下得非常精彩。此处双方形成了一个转换，黑棋虽然在中间围了不少空，但从整体来说，上方被白棋全歼还是明显亏损了。此时应该是白棋要小胜的局面。黑 177 扳下是最后的拼搏，此处双方形成劫争，白 194 打吃找劫是致命败着，应该在 199 位夹，实战陈老果断消劫，确立胜局。（陈潇楠）

黑贴$2\frac{1}{2}$子　207 手以下略　黑胜 1 子

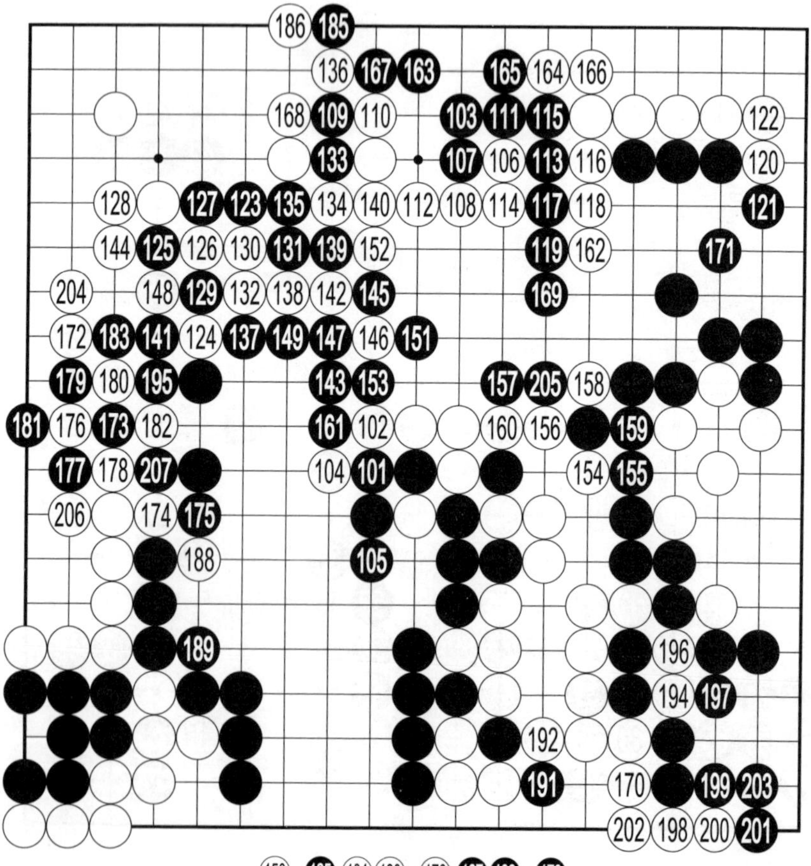

150＝125　184　190＝176　187　193＝173

（101–207）

1978 年 10 月 30 日弈于北京
淘汰赛第 1 轮

黑方　华伟荣
白方　陈祖德

白 6 一间高夹是求战下法，白 10 挂入贯彻意图，双方从布局阶段就导向了激战。黑 41 以下过于保守，白棋顺畅出头，初战得分。黑 71 补棋时白 72 缓手，应抢先出头，实战被黑 73 机敏封锁，白棋困苦。黑 97 长过于一厢情愿，白 98 靠反击果断！至 102 白棋显然大得，局势逆转。白 142 补缓手，实战黑棋对白棋大块动了杀心，白棋相当危险。但白 152 靠时，黑 153 挖是致命误算，应该直接在 155 位顶，白 156 拐出后黑棋难以为继。（陈潇楠）

黑贴 $2\frac{1}{2}$ 子　共 156 手　白中盘胜

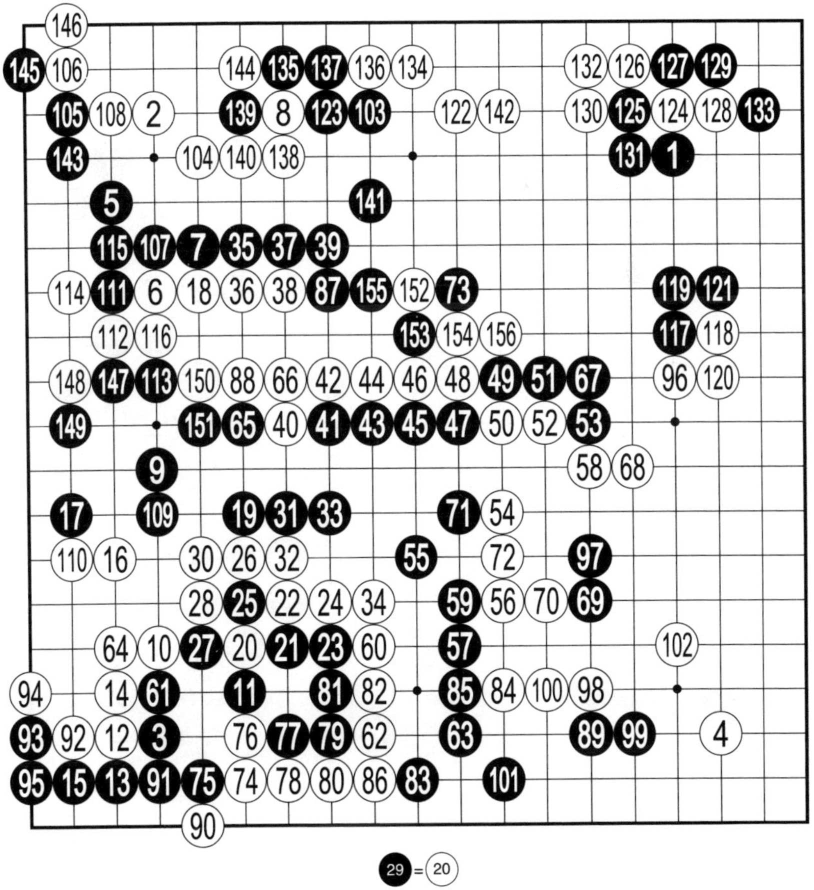

（1–156）

1978 年 10 月 31 日弈于北京
淘汰赛第 2 轮

黑方　陈志刚
白方　陈祖德

白 18 长少见，实战还原成大斜变化，黑 33、35 缓手，白 36 靠凶狠！白 38 封锁后黑棋濒临崩溃。白 48 点没必要，在 49 位粘已经大优，实战被黑棋弃子，局面有所缓和。（陈潇楠）

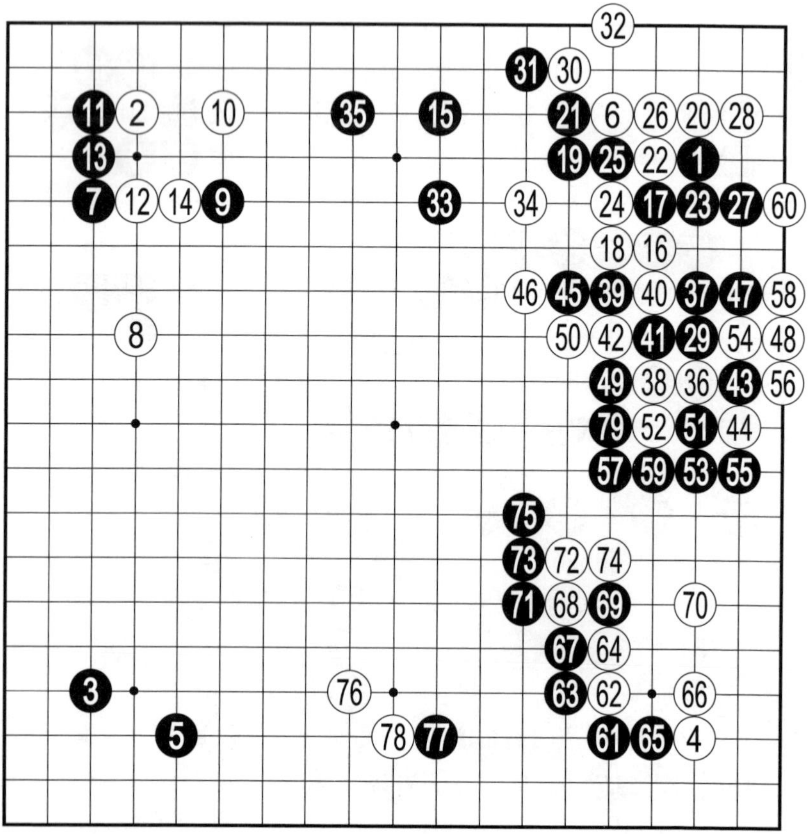

80=43

（1–80）

黑方 陈志刚
白方 陈祖德

黑99试应手好时机，白100正确。但白104消劫太缓，黑105扳断严厉，掌握主动。白124以下也有点勉强，至黑137打，白棋已经非常困难了。黑157刺随手，此处黑棋如下得正确，白大龙很可能会死。黑171是最后败着，应先在左下搜刮白棋，白172挡住后终于逆转了局势。（陈潇楠）

黑贴$2\frac{1}{2}$子　172手以下略　白胜1子

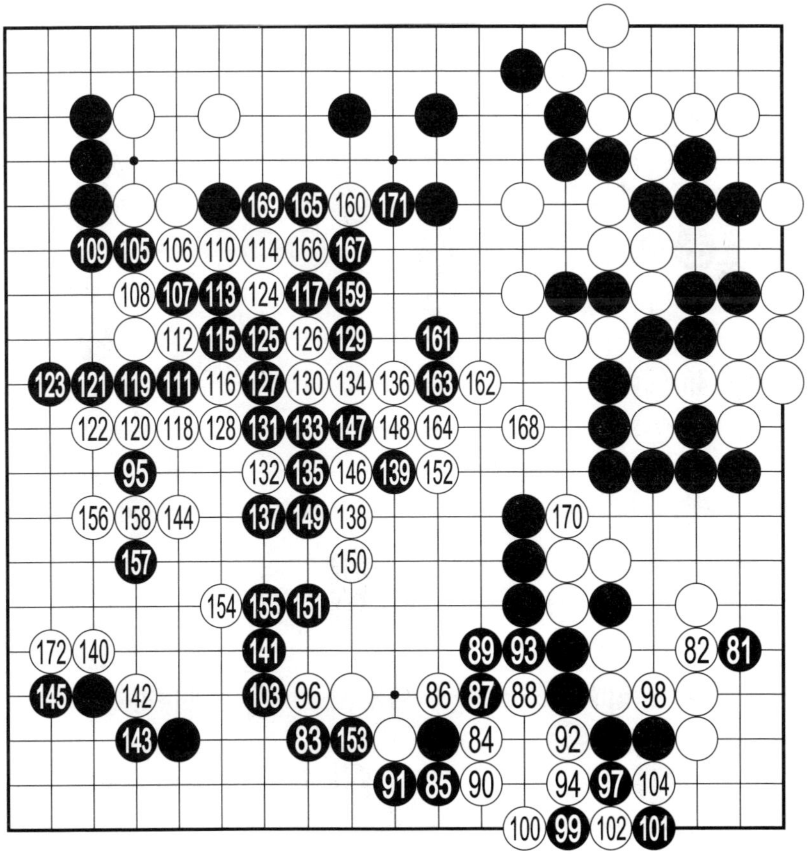

（81–172）

1978 年 11 月 1 日

黑方　陈祖德

白方　罗建文

白 14 分投的位置略有疑问，往上一路更好一些，黑 15 逼住相当舒服。白 48 点入是局部好手，但黑 49 压时，白 50 不够狠，应该在 51 位长，实战转换白棋不能满意。黑 63 提稍缓，应在上边行棋，白 72 飞攻后局面接近。白 92 虎过于保守，被黑 93 扳后黑棋稍占上风。至 109 夹，此时局面是细棋黑稍优。（陈潇楠）

黑贴 $2\frac{1}{2}$ 子　109 手以下略　胜负不明

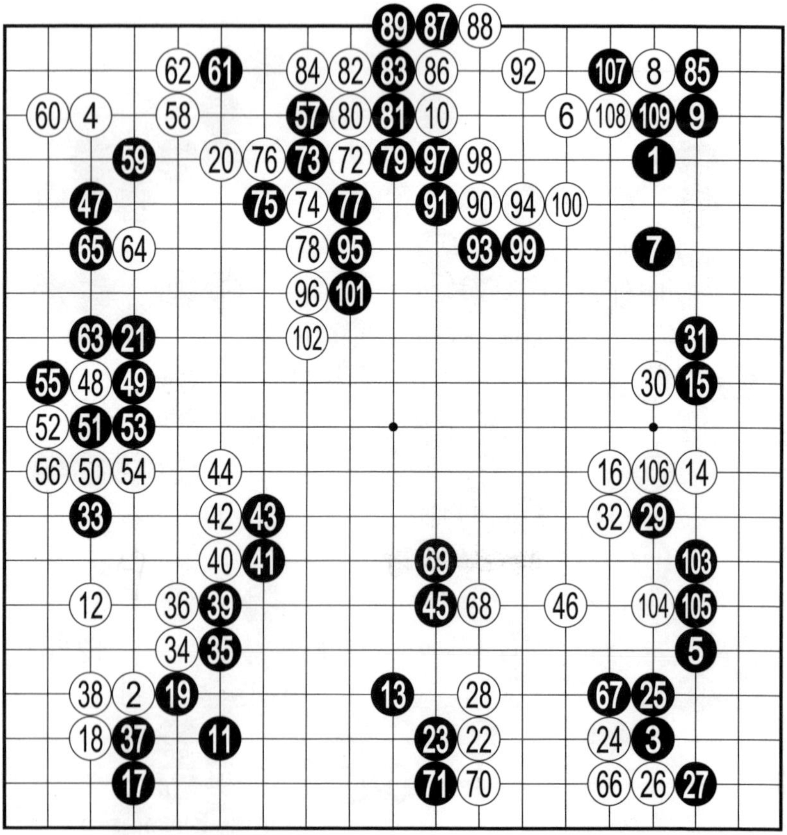

（1–109）

1978年11月2日弈于北京

黑方　陈祖德

白方　王群

白12托是很有趣的一手。白28断打后，黑棋被分为两块，白棋战斗有利。（陈潇楠）

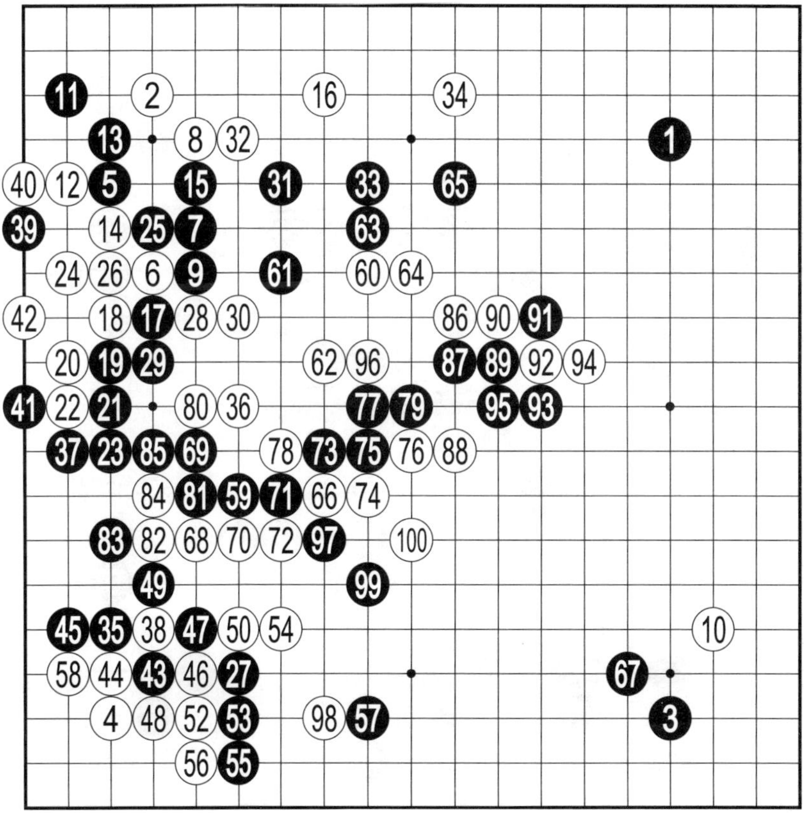

51 = 43

（1–100）

黑方　陈祖德

白方　王群

白106打吃恶手，陈老抓住机会，脱先在107位断打，至117形成天下劫，黑棋已经逆转了局势。白118脱先在上方制造劫材是冷静的好手。黑119补棋有疑问。白132直接屠龙有点过分。黑137挖妙手！141虎后形成对杀，白棋危险。白152扑时，陈老出现了致命的误算，此时只能提掉继续对杀，应该是白棋较危险的局面。实战被白棋提通，黑棋左上全灭，黑棋已经无力回天，以下解说从略。（陈潇楠）

黑贴$2\frac{1}{2}$子　198手以下略　白胜3子

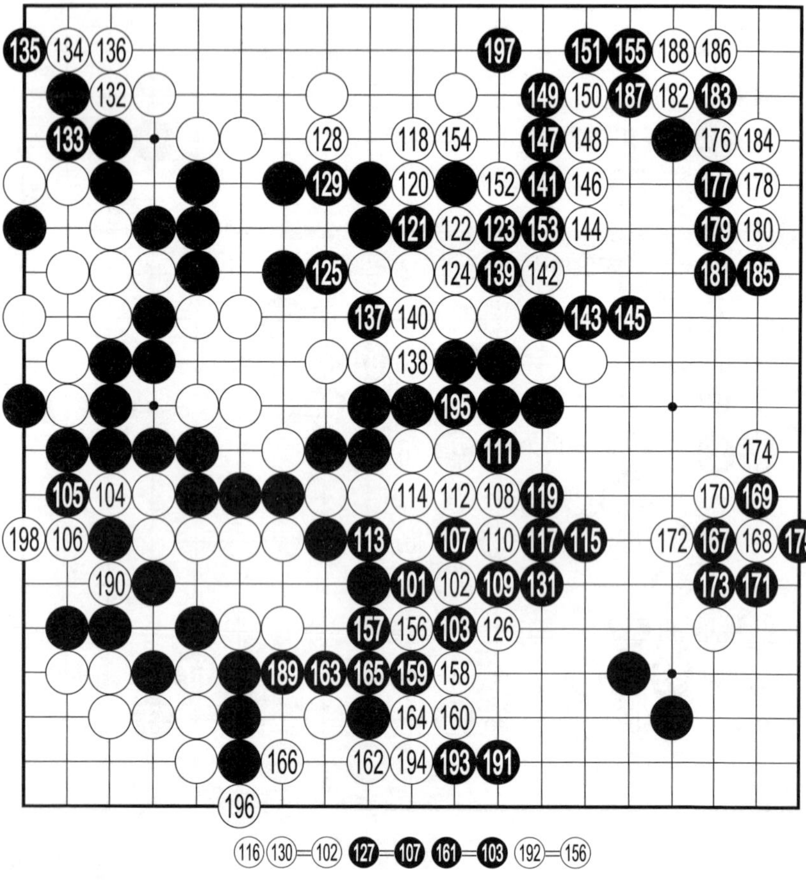

（101–198）

1978年11月14日弈于北京
临时对局

黑方　江鸣久
白方　陈祖德

白16、18是趣向。黑29没必要，应在30位粘回，白32、34是紧凑的好手，白棋得分。白88长出两子有点恋战，很难威胁到黑棋大块的安全，反而将中央走重了，也是本局白棋苦战的根源。（陈潇楠）

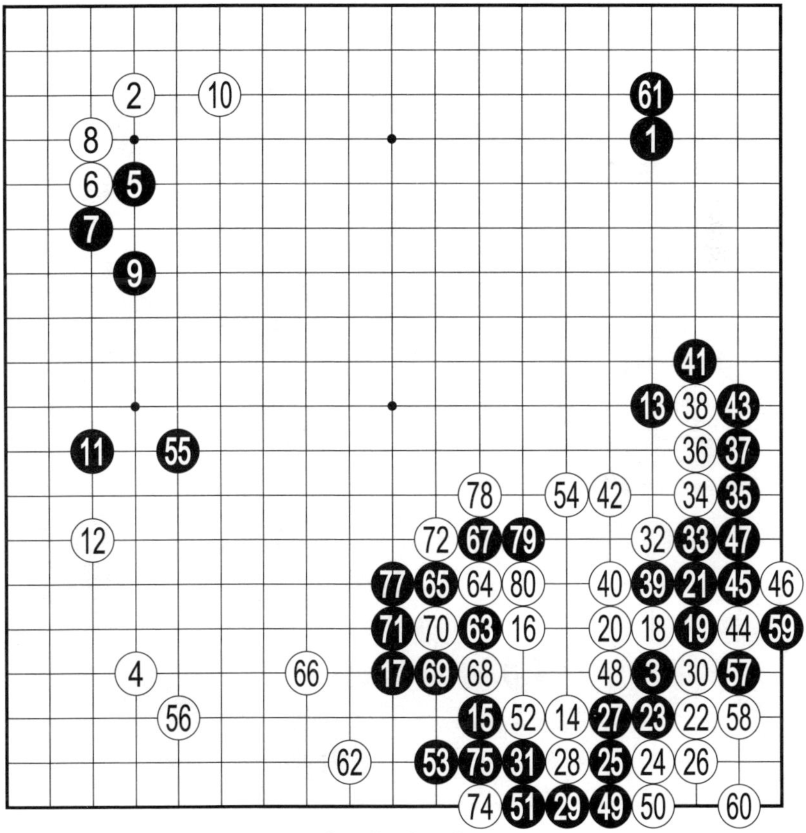

❼❸=❻❸　⑦⑥=⑦⓪

（1–80）

黑方　江鸣久

白方　陈祖德

白 122 有疑问，应在 124 位扳起，黑 123 跳太严厉，白棋只能一路渡过。黑 139 问题手。白 148 是精彩的胜负手，至黑 159 白棋明显便宜。白 164 夹时，黑立下勉强，白先手断后原本应该继续在下边动手，黑棋危险。白 170 转而去收官，比较奇怪，也许是棋谱有误。（陈潇楠）

黑贴$2\frac{1}{2}$子　172 手以下略　胜负不明

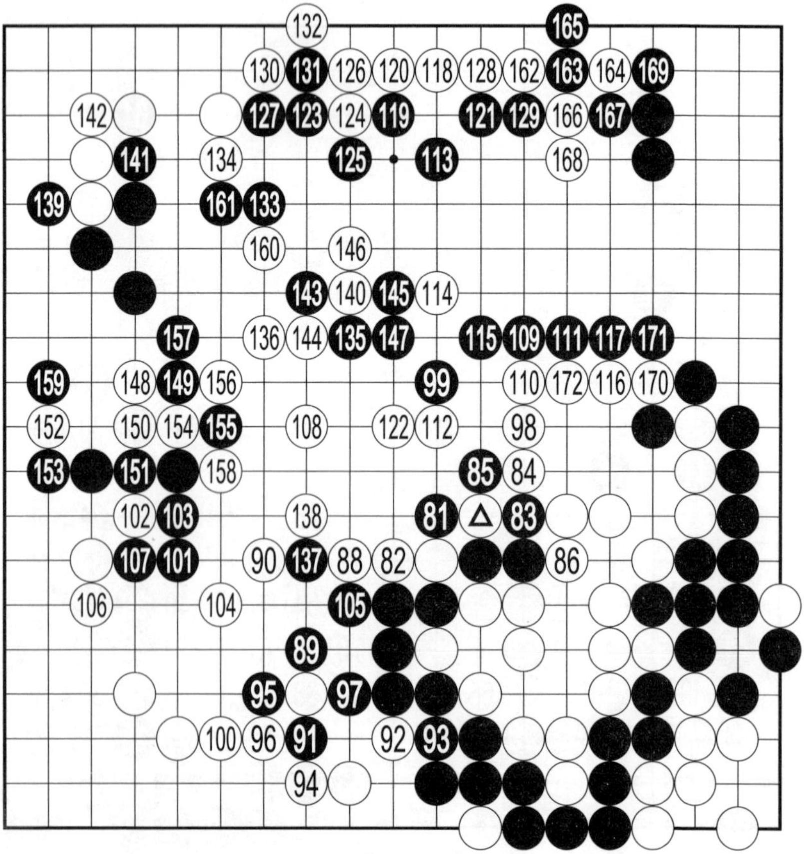

87 = △

1978年11月18日弈于北京

黑方　陈祖德
白方　孔祥明

黑27冲严厉！白28刺寻求借用，黑29先并一下后再31位冲出果断，白棋左下角非常薄弱。黑39不是那么必要，点三三白棋已经非常难受。实战白棋利用42的先手，勉强在46位撑住了。陈老黑49以下的构思是本局精华之所在，看起来由于征子不利，白56跑出后黑棋难以为继，但陈老早已成竹在胸，黑57图穷匕见，61托绝妙，局部形成劫杀，而黑棋此前的举动就是为了造劫。实战白棋无法争劫，只能放弃左下大块，黑棋一举确立胜势，非常精彩！（陈潇楠）

黑贴2$\frac{1}{2}$子　共125手　黑中盘胜

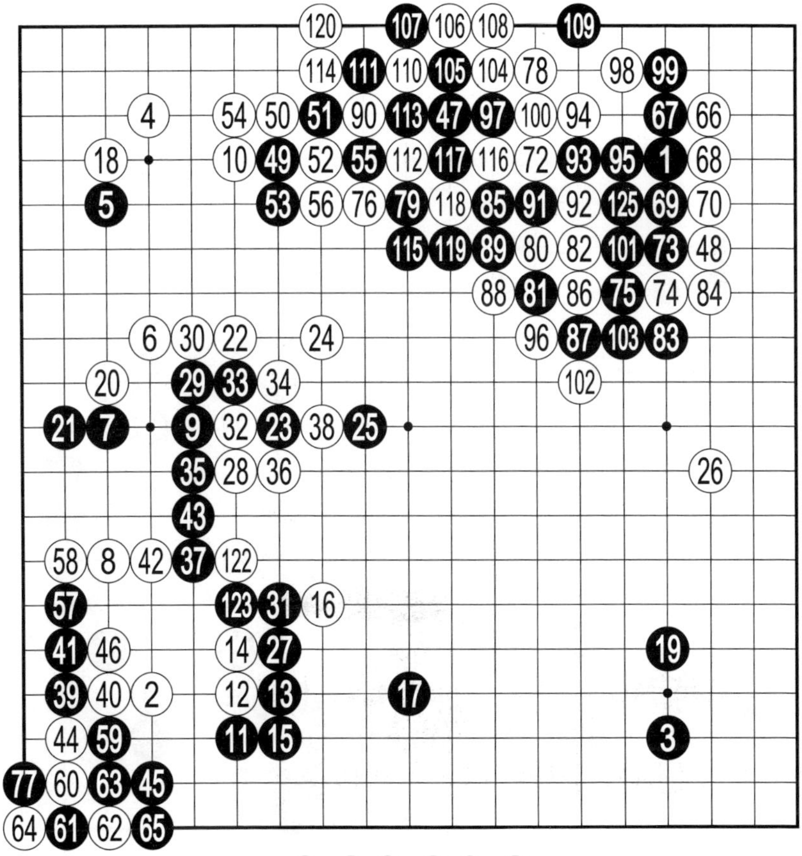

71=61　121=55　124=112

（1–125）

1978年12月1日

杉内雅男代表团访华比赛第二场

黑方　陈祖德

白方　淡路修三　七段

白棋两个三三开局较为少见。黑9跟白10交换稍损实空。白26立不便宜，应在71位打吃，这样空里味道好，劫材也少了很多。黑37长应在38靠压，实战外面棋形比较薄。黑45爬过不好，应该继续在48位飞攻白棋。黑55、57冲断有点着急了，自己外面还有断点。白80长应该88位出头。黑83贴错过机会，应走87位长，那样白棋大龙不活。白86过分，本手应在87位虎。黑89应该在91上一路小尖，破坏白棋眼位。黑95点应该走104位封住白棋，那样还是很复杂的局面。（吴树浩）

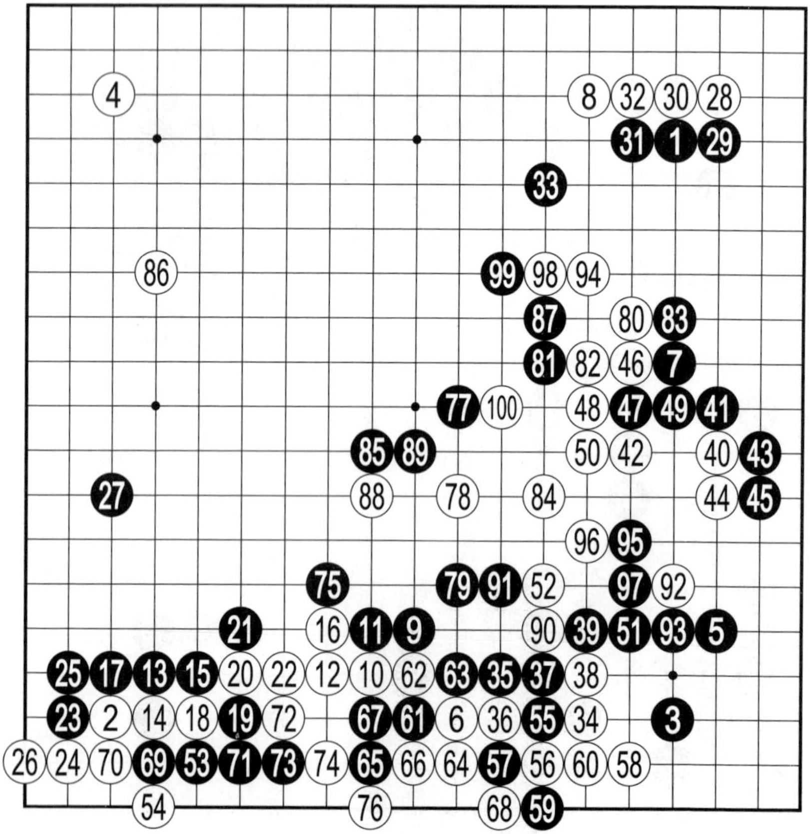

（1–100）

实战下至106被白棋逃出，黑棋攻击失败，实空不足。（吴树浩）

黑方　陈祖德

白方　淡路修三　七段

黑贴$2\frac{1}{2}$子　共200手　白中盘胜

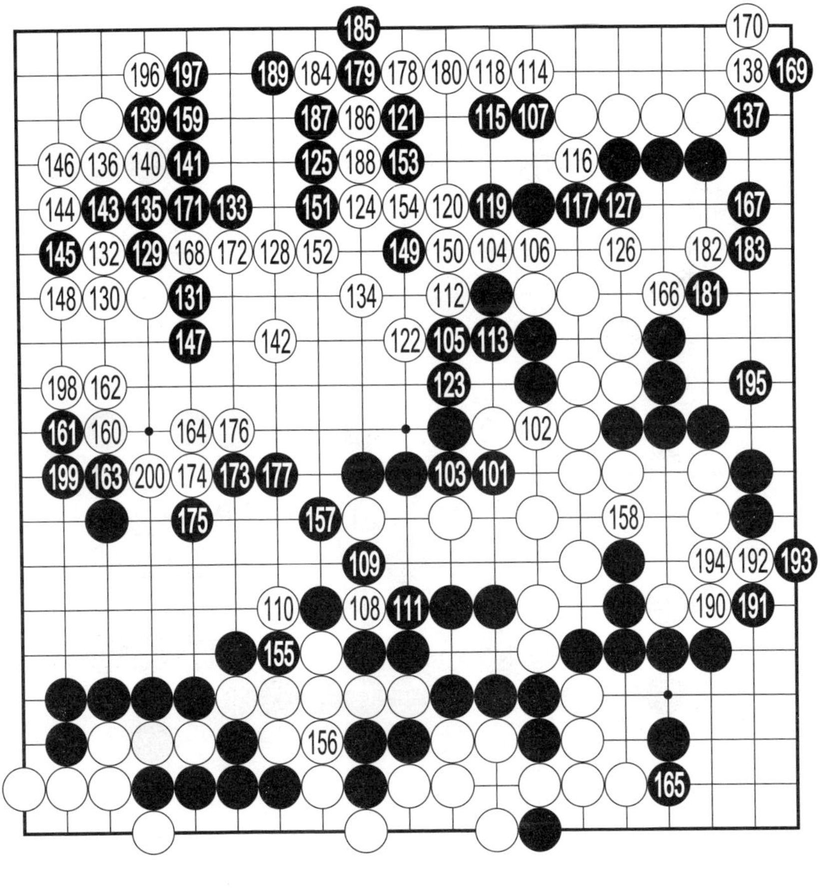

（101–200）

1978 年 12 月 5 日弈于苏州

杉内雅男代表团访华比赛第三场

黑方　陈祖德

白方　山城宏 六段

黑 23 守左下有问题，右上空旷，价值更大。白 24 不愧为渗透流。黑 25 至 33 不够含蓄。黑 35 当然。白 40 关系到双方厚薄。黑 41 不可省。白 42 不是好形。黑 43 令白坚实也有问题。黑 53 长是恶手，当先在 55 位夹。白 56 果断。白 58 好手，收获巨大。黑 61 不可省。白 62 为时过早。黑 63 必须反击。至白 72，黑阵虽被破坏，但白背上了一个扔不掉的包袱。黑 73 使白在局部无法成活。黑 85 缠绕攻击。黑 89 吹响了“屠龙”的号角。白 90 意识到自身的眼位问题。白 94 是寓守于攻的好手。白 96 必须补，且瞄着杀黑角，但我已无暇顾及。黑 97 刺，强行攻杀白龙的白刃战开始了。哪一方稍有不慎，均将立即败北。黑 107 并是破眼急所，117 很难抉择。

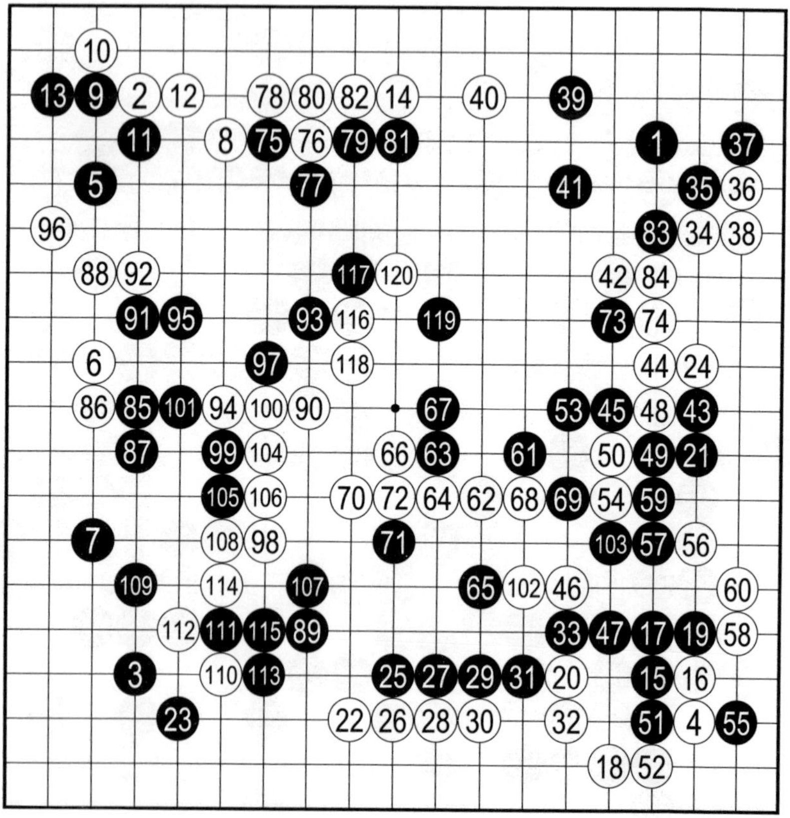

（1–120）

黑方　陈祖德

白方　山城宏 六段

白124贴是好手，做眼的同时产生了挖的手段。黑125破眼，意在迫使白棋外逃，以便从中渔利，如直接139位长，风险大，稍有疏忽就要失败。白128飞是好手。黑129攻击的同时防止了白挖的手段。白140粘后，黑141破眼是最后的机会。白142、144冲击时，黑143、145坚决回击，把白封住，决战即将开始。白146、148做劫正确。白150改在178位靠，一边打劫一边在左边走棋，不难摆脱困境。白160绝对是错觉。黑165跳，左边白棋成了死棋。白166实属无奈。后面白虽竭力挽回，然而局面落后太多，回天乏术。（陈祖德）

黑贴$2\frac{1}{2}$子　共257手　黑胜3子

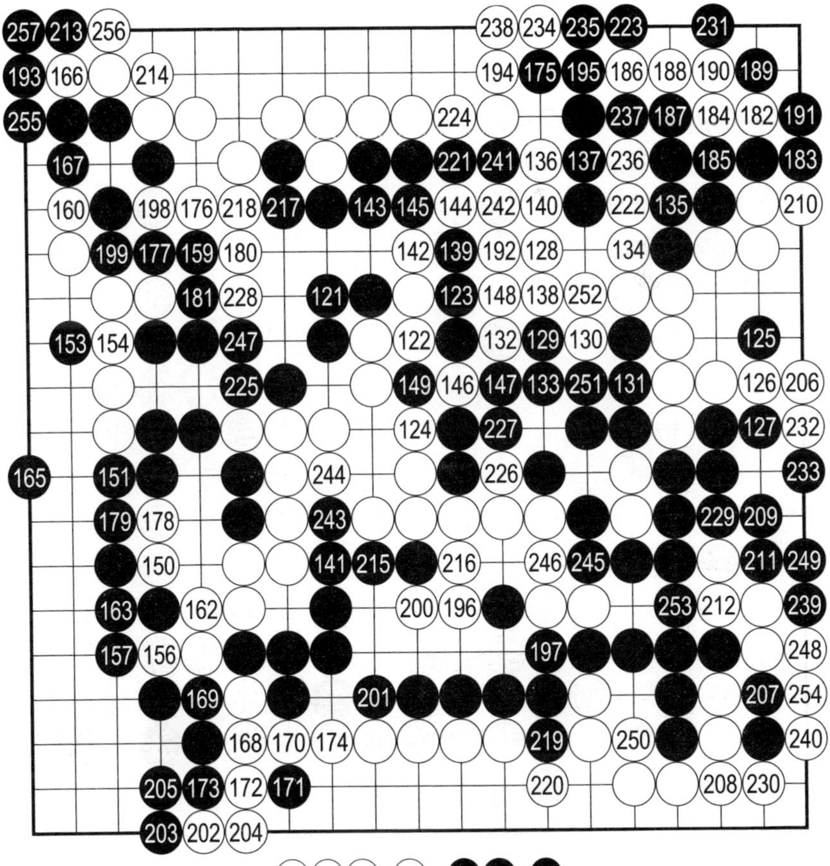

152 158 164 = 146　155 161 = 149

（121–257）

1978年12月7日弈于上海

杉内雅男代表团访华比赛第四场

黑方　杉内雅男 九段

白方　陈祖德

黑27分断当然。白28局部正应。黑31压攻守兼备。白34只能长，强行跨断不利。白40好手。黑41、43大俗手。黑45靠好手。白46本手，表现出慎重态度。黑47或操之过急，若64位并，可能效果更好。白50反靠是非常手段。黑51冲是正着，以下双方必然。黑71夹手法精巧，但75无论如何应顽强做劫。黑77积极。白78是最顽强的抵抗。黑79刺似终非好棋，不如直接81位飞。白82、84是局部手筋。黑85虽是先手补断，但白86挡，角部安全多了，如果黑攻击无收获，就难以取胜了。黑93立败着，杉内九段显然疏忽了白94先扳，再96渡，黑大损。黑97当然。黑101断后争劫是唯一的机会。黑107、109痛苦。至黑127提，黑花了三手打赢了劫，代价十分巨大。只要不出大的意外，白必胜无疑。白132应脱先飞左下角，极大。黑133托是好手。白136、140应防黑在中央围空。黑143、145是最激烈的手段，表现出玉碎的姿态。白146试应手。黑147强手。

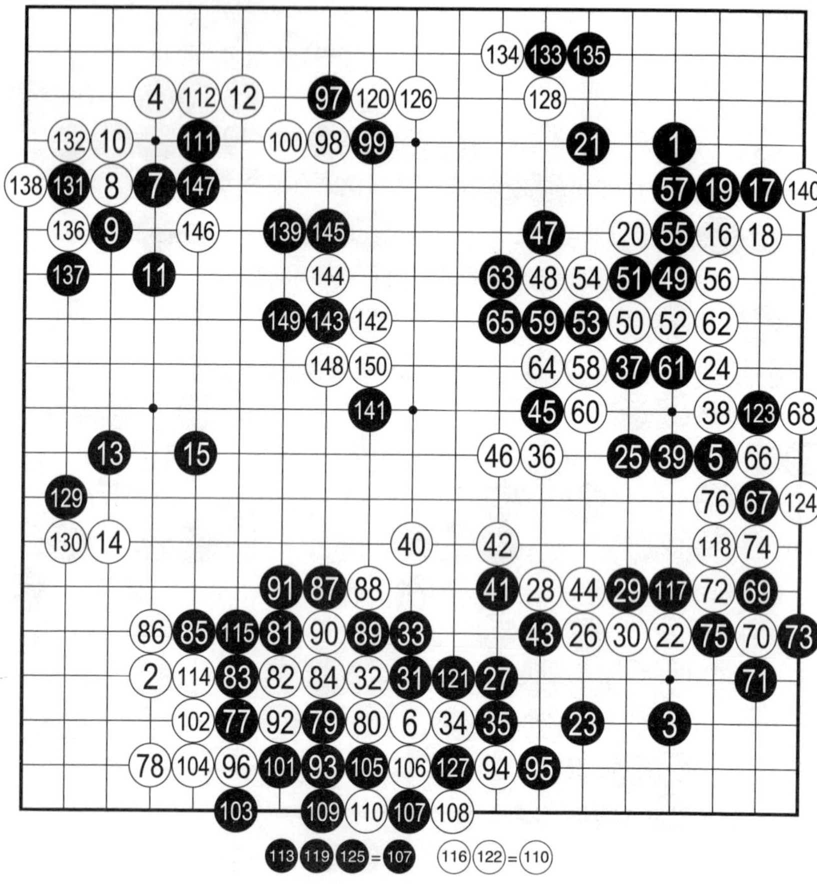

（1–150）

黑方　杉内雅男 九段

白方　陈祖德

白164误算，疏漏了171这手棋，如于158左一路长，可一举获胜。白172又不够慎重，被切断又损，当直接174位跳，仍可保持一点优势。白180刺是为了顺势补强。黑185不得已，中央的味道太坏。白192总算走到了这手大棋，否则白就要输了。白204开始与黑打劫。黑由于劫材不利，到253时只能选择下边一路点，于是形成白稍占便宜的小转换。（陈祖德）

黑贴$2\frac{1}{2}$子　共288手　白胜2子

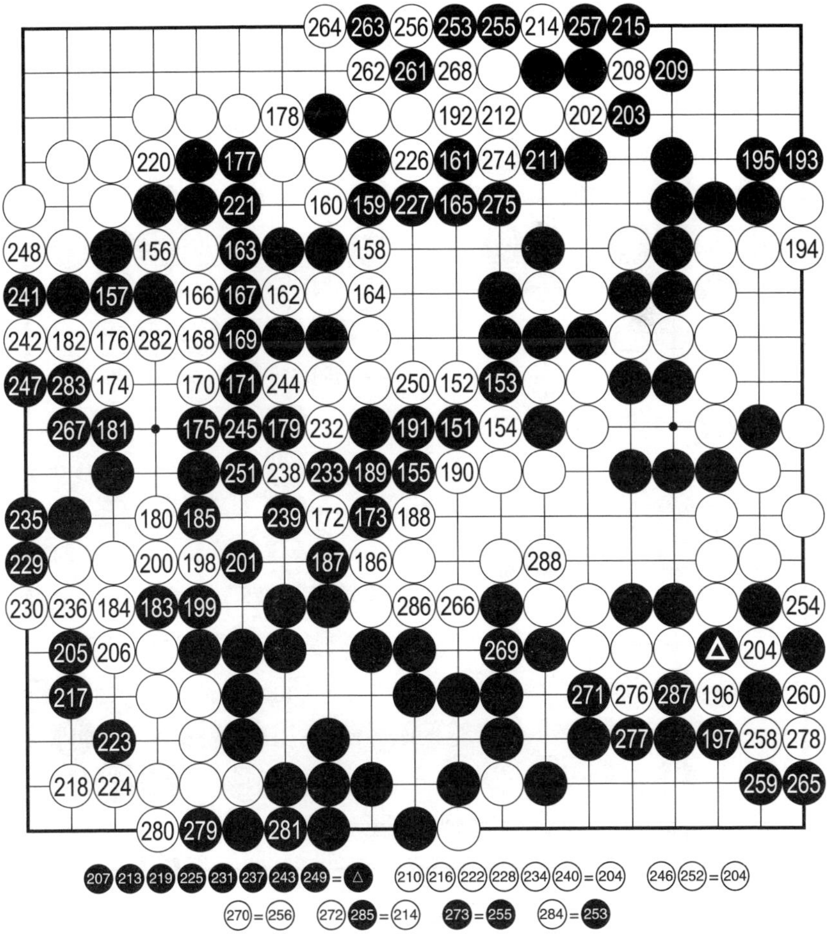

（151–288）

1978年11–12月

安永一代表团访华比赛

黑方　陈祖德

白方　村上文祥

黑9并的定式选择稍亏，可以直接在25位挡。白10小飞应该在25位拐，然后脱先。黑19飞不好，应走51位出头。白24跳缓手，应走25位拐。黑37挡角价值不大，应肩冲白32。黑47粘改走二路长会好些，外面还有冲断。白56长应在61上一路围空。下至黑61，白棋实空明显不足。至白86，虽然实空上追回不少，但黑棋外面走厚可以对上面白三子进行搜刮。白122之后的手数没有记全，目前局面是黑棋稍好。（吴树浩）

黑贴$2\frac{1}{2}$子　122手以下略　黑胜5目

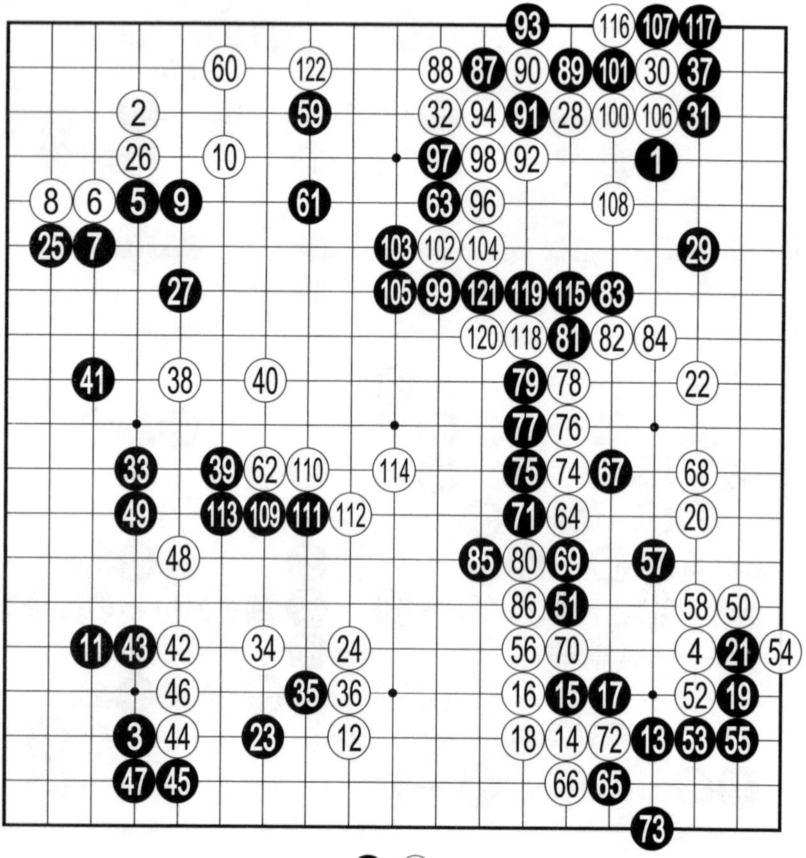

95=90

1978年11–12月
安永一代表团访华比赛

黑方　陈祖德
白方　仓桥正藏 七段

黑9碰的定式选择稍亏，正常走11位小尖。黑31跳不好，应走55位飞，实战帮白棋顺势出头。白44应该先手顶完，然后扳断黑37、39作战。黑45跟白46飞交换不便宜，应走198位长。黑51扳没必要，正常53位跳就可以。实战被白54虎，右边黑三子变薄了。白58拆二应走82位跳做活，同时威胁黑棋。黑59虎方向不对，应该走31位跳下攻击白棋。白74应先在78位打吃试应手。黑77应该直接走99位补断，实战还没完全连络。黑79问题手，应在83位接。白88拐失误，应在86左一路贴，那样黑棋危险。黑97价值不大，应走122位跳继续扩张，则是黑棋优势局面。（吴树浩）

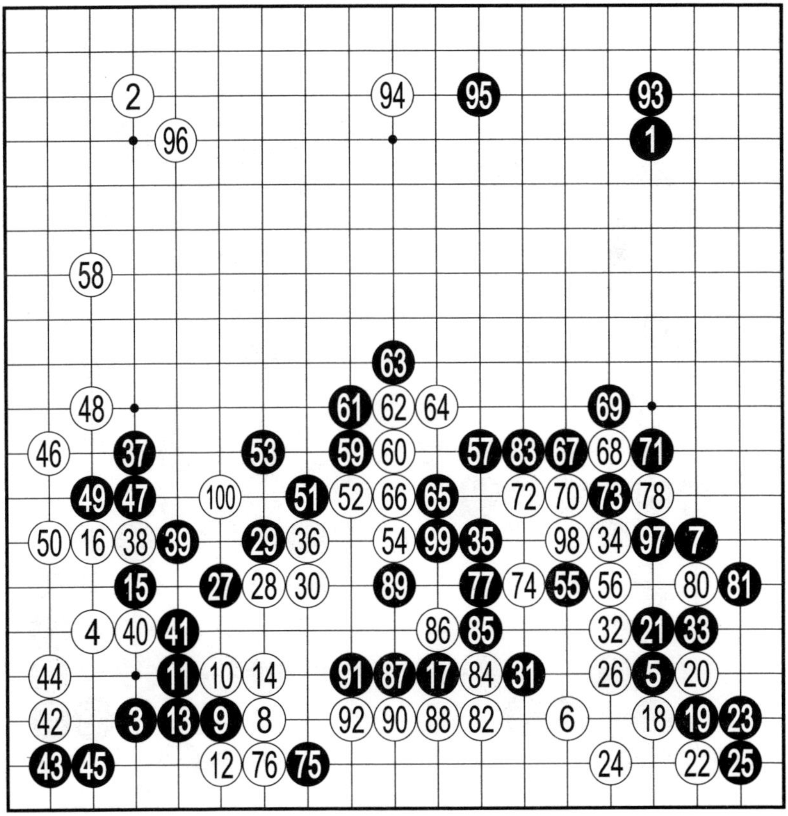

79=68

（1–100）

下至白114，黑杀不掉白棋，形势落后。后面双方错进错出，最后白棋中盘获胜。(吴树浩)

黑方 **陈祖德**

白方 **仓桥正藏** 七段

黑贴2½子　共200手　白中盘胜

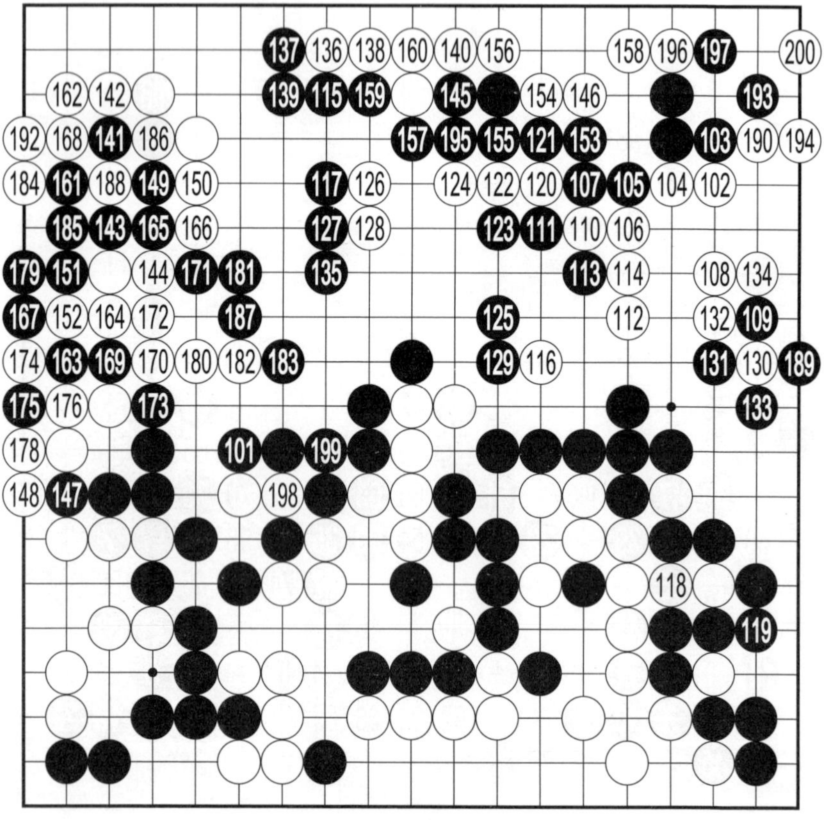

177=174　191=141

(101–200)

1978 年 12 月 21 日弈于北京

黑方　聂卫平

白方　陈祖德

布局较为平稳。黑 31 打入开始进入中盘战斗。白 40 托角挑衅，黑棋当然反击。黑 47 挡后，白棋选择转攻黑棋右边。但白 54 错失机会，应该在 46 左一路拐打跑出两子，白棋可战，实战被黑棋机敏补棋，白棋陷入苦战。左边无法直接杀掉黑棋，白棋选择在右边强行做劫，试图打开局面，但黑棋简明放弃劫争做活左边，白棋并不便宜。（陈潇楠）

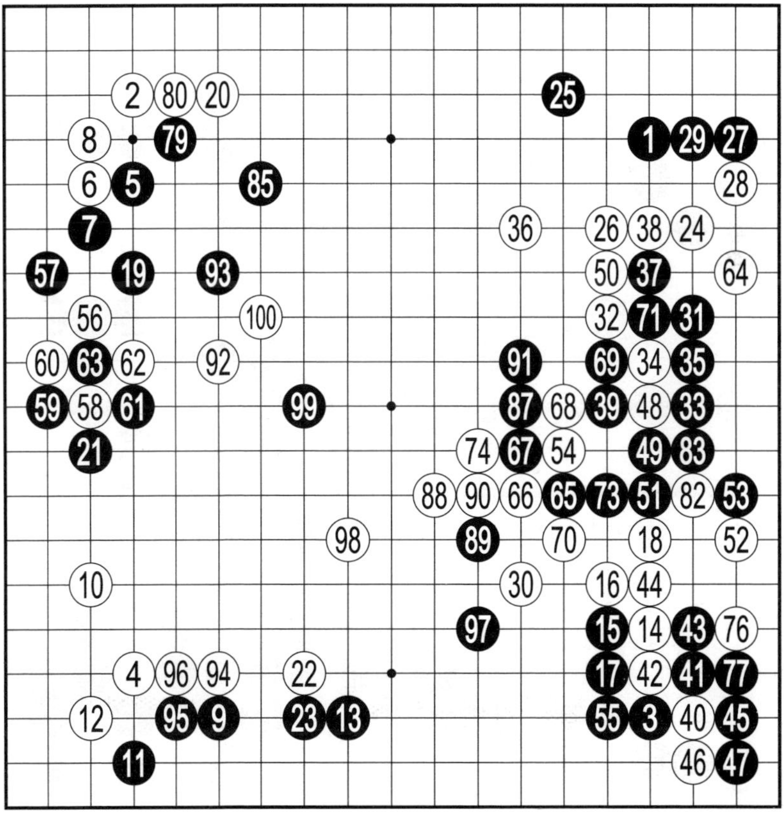

72 78 84＝58　75 81 86＝63

（1–100）

黑方 **聂卫平**

白方 **陈祖德**

黑115至119有所失误，但白122是败着，应该弃掉两子在160位提，如此局面比较接近，实战被黑棋滚包后大势已去。（陈潇楠）

黑贴$2\frac{1}{2}$子 189手以下略 黑中盘胜

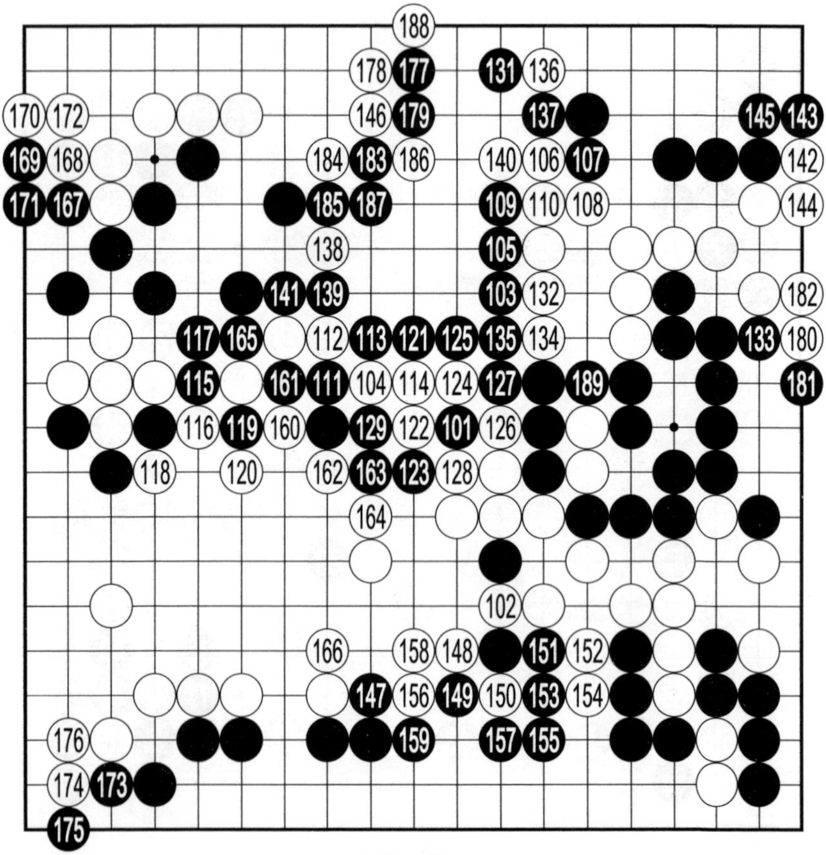

130=101

（101–189）

1978年12月25日弈于北京
升降级赛

白方　陈祖德
黑方　蒋峰（受先）

黑13挂角过分，正常应向右侧拆二。白22走30位小尖就可以满意。黑29接问题手，应在54位长。白38应该走85位点角，价值非常大。黑39跳应走91上一路小飞做活。黑45挡应先在47位跳，白接上的话黑可以在24左一路冲。至白50跳，白棋优势明显。黑59应在58下一路贴，实战被白断死二子已经落后很多。再被白94分断后，黑棋已经不行了。（吴树浩）

106手以下略　白中盘胜

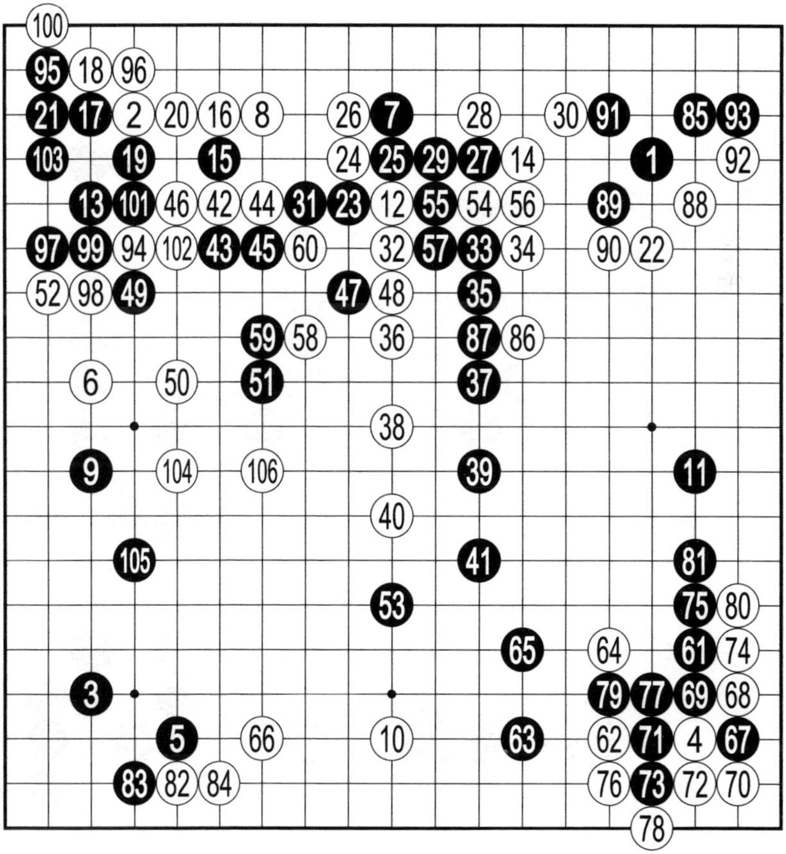

（1–106）

1978年12月27日
升降级赛

白方　陈祖德

黑方　何晓任（受先）

白18小尖有点缓，可以脱先在79位压。黑21长不如在24位扳。白24长应该走25位挖，那样黑的棋形差一些。黑29挡的方向不对，应该走30位挡外面。白36、38扳粘不大，应走47位靠，做眼的同时威胁黑棋。白42虎不好，应先在44位问应手。黑43顶应走45位退，破坏白棋眼位。黑51不着急冲断，可以考虑尖出黑7。黑59问题手，还是应该尖出黑7。下至70是白棋优势的局面。白106没必要，走71下两路连络，这棋基本上就赢了。实战大龙被黑棋攻得很惨，下至121形势逆转。（吴树浩）

共130手　黑中盘胜

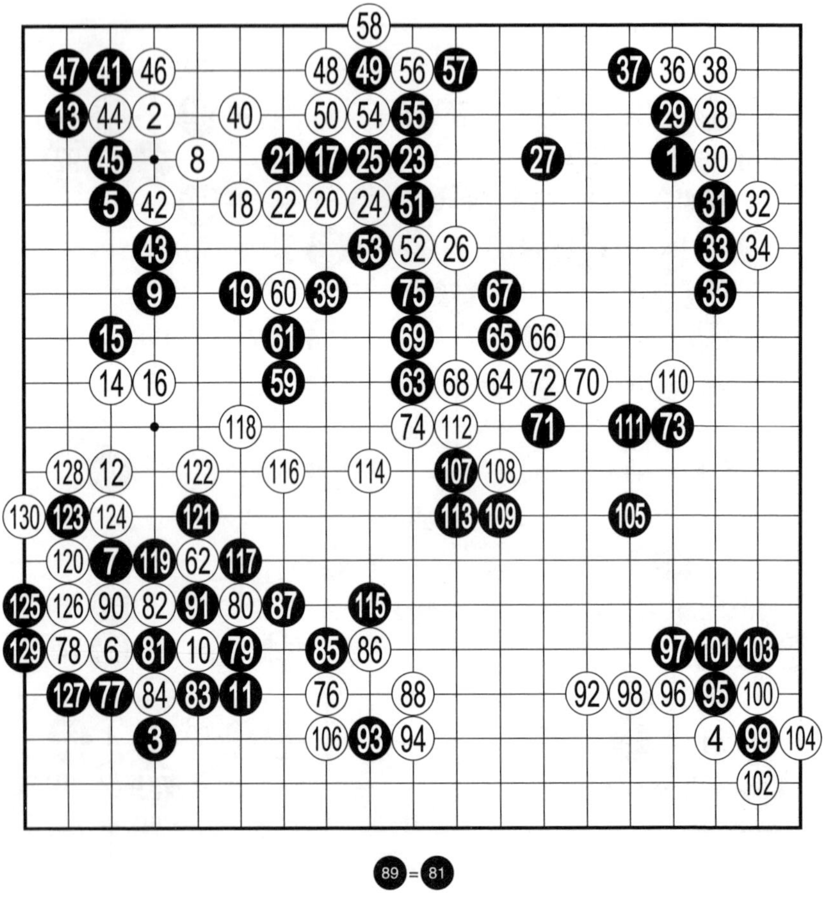

89＝81

（1–130）

1978 年 12 月 27 日
升降级赛

黑方　陈嘉锐
白方　陈祖德

黑 15 小尖稍缓，走 55 位飞压更积极。黑 21 贴应在 44 下一路逼。白 28 也可考虑在 34 位跳。白 32 并应走 80 位分断白棋。黑 43 长应先在 44 下一路点问应手。下至白 66 跳，是白棋稍好的局面。黑 67 飞扩张左边，应该先走 29 左两路跳。白 70 碰应该走 26 右两路跳出，吃住黑 29 一子。黑 77 挡应该接。白 80 小尖不好，应走 81 位吃住黑棋一子。实战被黑棋托，白已吃不掉黑。黑 127 提不简明，应走 129 位跳，那样优势明显。黑 137 最后败着，应走 118 左一路打吃，再走 128 左一路打吃，外面有棋。（吴树浩）

黑贴$2\frac{1}{2}$子　共 140 手　白中盘胜

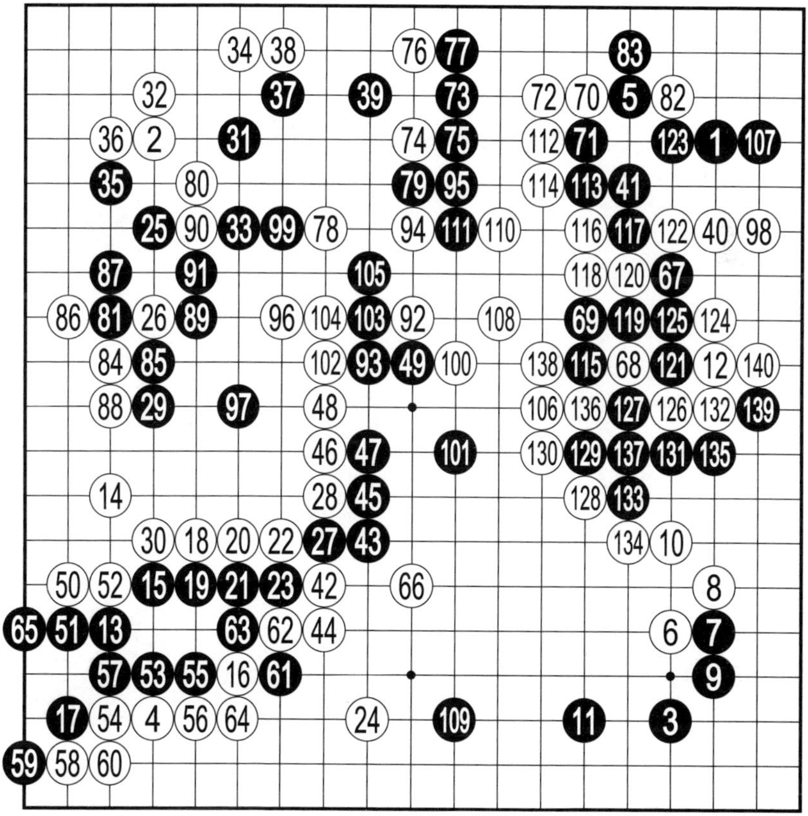

（1–140）

时年35岁

一九七九

◎ 3月9日，荣任中国围棋协会副主席，主席是方毅。

◎ 3月13日—17日，陈祖德参加第1届世界业余围棋锦标赛。共有30位棋手参加，比赛采用单淘汰的方式。首轮陈祖德淘汰了老对手菊池康郎。第二、三轮轻取法国赫伯特和南朝鲜的李镛皞。半决赛，陈祖德击败陈嘉锐。决赛对阵的是聂卫平，陈祖德败于对手获得亚军。

◎ 比赛结束后，中国围棋代表团顺便拜访了几个城市。3月23日在名古屋，陈祖德击败土田正光八段。

◎ 4月20日—5月8日，第四届全运会围棋团体预赛在江苏省苏州市举行。陈祖德所在上海队和广东、安徽等被分在第一组。陈祖德击败了陈嘉锐、刘小光，负于王汝南。预赛后根据成绩取男子棋手52人进入复赛。

◎ 6月9日—25日，以大漥一玄九段为首的日本围棋代表团访华。首轮陈祖德执白击败白石裕九段，第二轮1子不敌大漥一玄九段。后面的比赛陈祖德都未出场。共计1胜1负。

◎ 7月15日—8月4日，第一届新体育杯在北京举行。共64人参加。比赛先采取单败淘汰制，从32强开始进行双败淘汰。第六轮陈祖德击败聂卫平，在胜者组中率先夺得决赛权。聂卫平在败者组一路打拼，最终也夺得决赛权。决赛又在陈祖德和聂卫平之间展开。第一局为每方3小时的慢棋，聂卫平中盘获胜。第二局为每方40分钟，然后每步40秒的快棋，陈祖德再度告负，获得亚军。

◎ 9月10—27日，第四届全运会围棋团体、个人决赛在北京举行。首先进行的是团体决赛。第一轮陈祖德不敌聂卫平，第二轮亦负于罗建文。不过后几轮陈祖德连胜黄德勋、陈嘉锐、江鸣久、黄进先、沈果孙，率领上海队夺得团体冠军。

◎ 接着，个人决赛开始。首轮陈祖德不敌华以刚。第二轮快胜曹大元。第三轮负于聂卫平。第四轮击败了台湾的陈莞菱。第五轮负于王汝南。之后连胜杨晋华、徐荣新、程晓流和林勉，获得第四名。

薛志春　整理　　**华以刚　审订**

1979年1月3日

升降级赛

白方　陈祖德

黑方　华伟荣（受先）

白18并少见，正常应该在17左一路托。下至黑23形成转换，黑棋可以满意。黑33打入不着急走，应先在52位小尖攻击白棋。白40挡角价值不大，应在52位攻击黑子。黑45点应该直接走47位扳做活。白54长不如在左一路虎。至77是黑棋好下的局面。黑85长不好，应该走87位夹。黑103断应走110位长，实战黑棋空里味道很差。黑129贴败着，应该走133位打吃，那样形势还很复杂，实战被白136扳吃黑角就不行了。（吴树浩）

146手以下略　白中盘胜

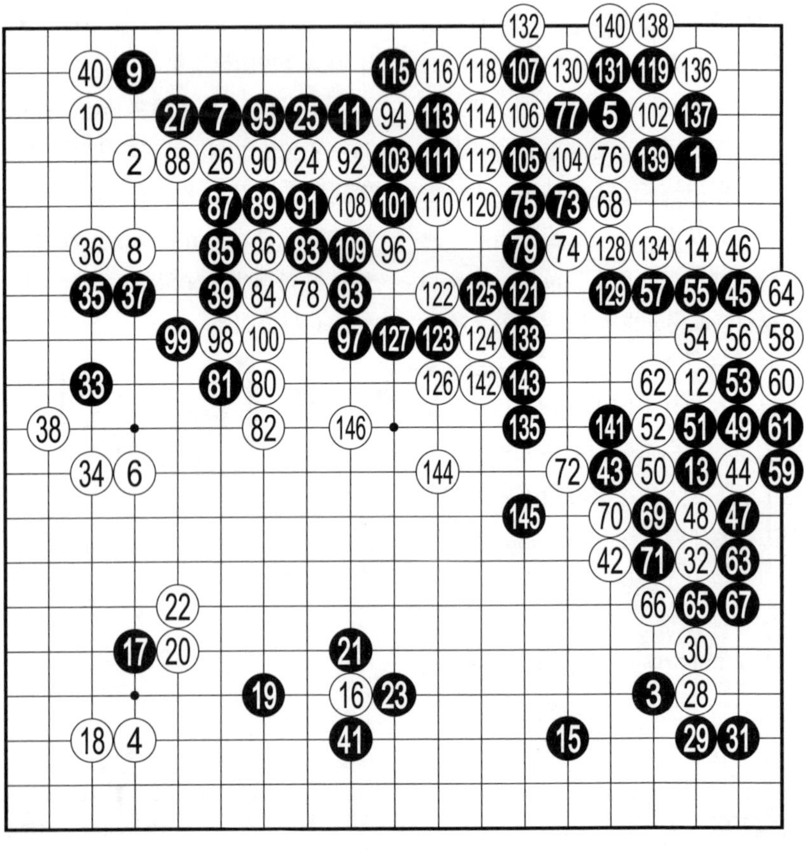

117=94

1979年1月5日

升降级赛

黑方　郭娟

白方　陈祖德

黑23跳有点缓，应在上边小飞逼住白18。黑27可以不补，走左上角点三三。白28靠可以先在125位挂角。黑37小尖过于稳健，应肩冲白6。白38小尖跟黑棋交换几下不便宜，应该走134下一路点。黑49跳应走上一路飞刺。黑57价值不大，应该在87位围空。进行至58，白棋优势明显。黑85只能在90位拼命，可能还有机会，实战被白86飞下去已经不够了。（吴树浩）

黑贴$2\frac{3}{4}$子　134手以下略　白中盘胜

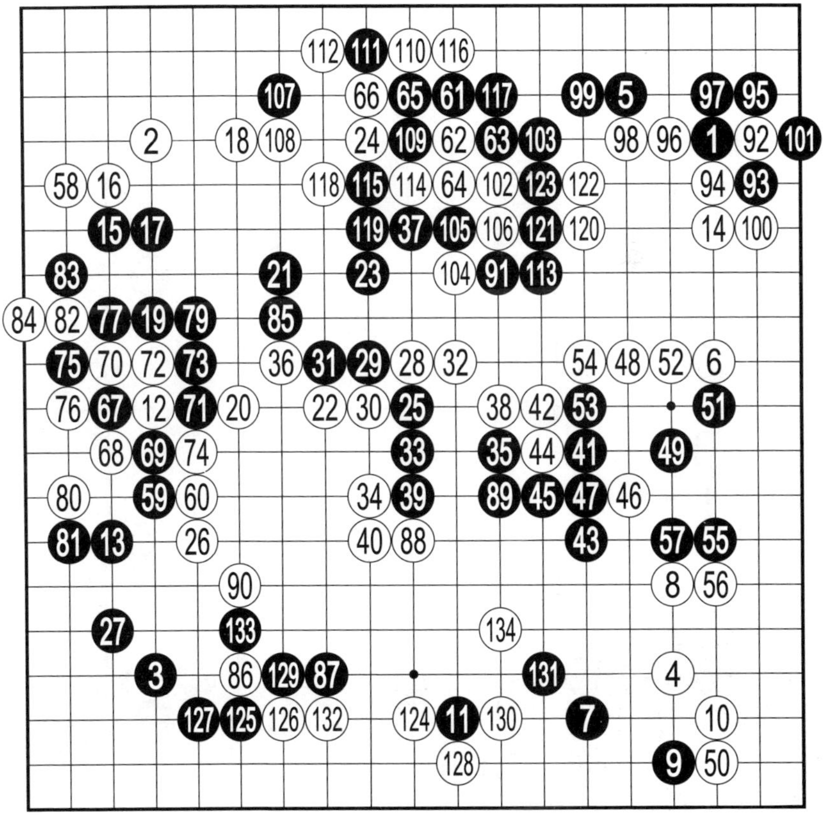

78 = 67

（1–134）

1979 年 1 月 10 日
升降级赛

黑方　罗建文
白方　陈祖德

左上角的定式有着浓郁的时代气息，如今已经不存在，白大亏。黑 19 飞刀，显然和下方的定式存在关联。白 20 想办法逃脱飞刀。黑 31 是不可理喻的缓手，一步棋葬送优势。之后白一路顺风顺水，展现出高人一等的速率。白 32-66 拿到今天来看也是力量与速度的结合。白 78 漏勺，没看到黑 79 能逃出来，形势逆转。黑棋一路平稳运转，到 105 时，应有盘面 15 目的优势。可惜后面棋谱不全，被白棋翻盘。(王雷)

黑贴$2\frac{3}{4}$子　105 手以下略　白中盘胜

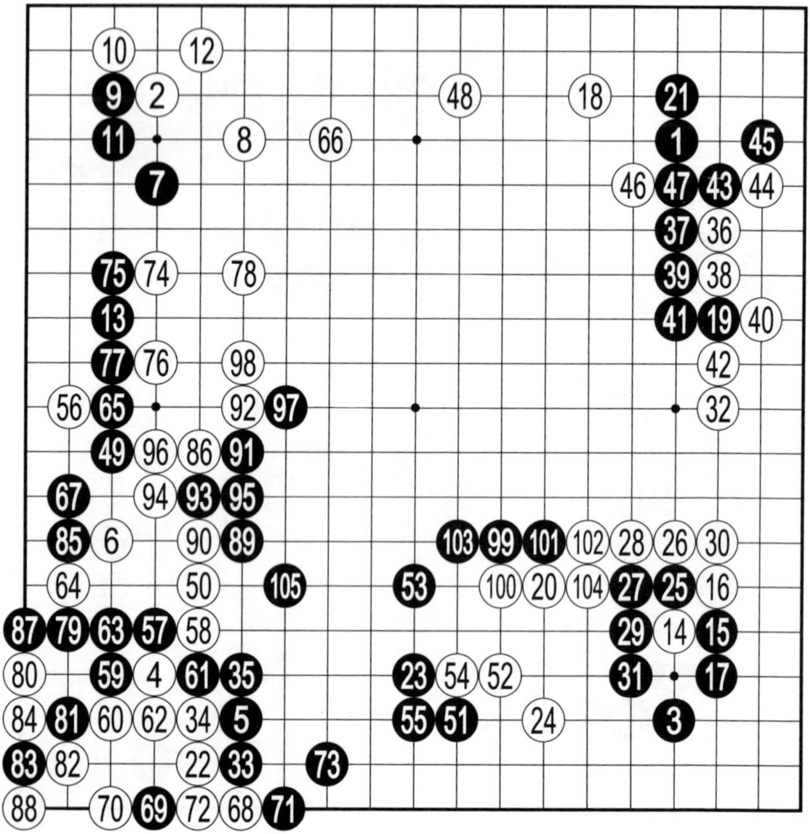

(1–105)

1979年1月12日
升降级赛

黑方　陈祖德
白方　江鸣久

黑15锐利独到，好棋。白20罕见，不是好棋。实战致使黑方先发制人，展示出了钢腕的力量。黑23跨下后绝对主动，白两块棋状态不佳。黑41，非常独特的进攻法，整体攻势如潮。之后黑方一路掌握主动，并下出65的好手，还好白有66、68的妙手，稳住阵脚，但黑方优势没有动摇。（王雷）

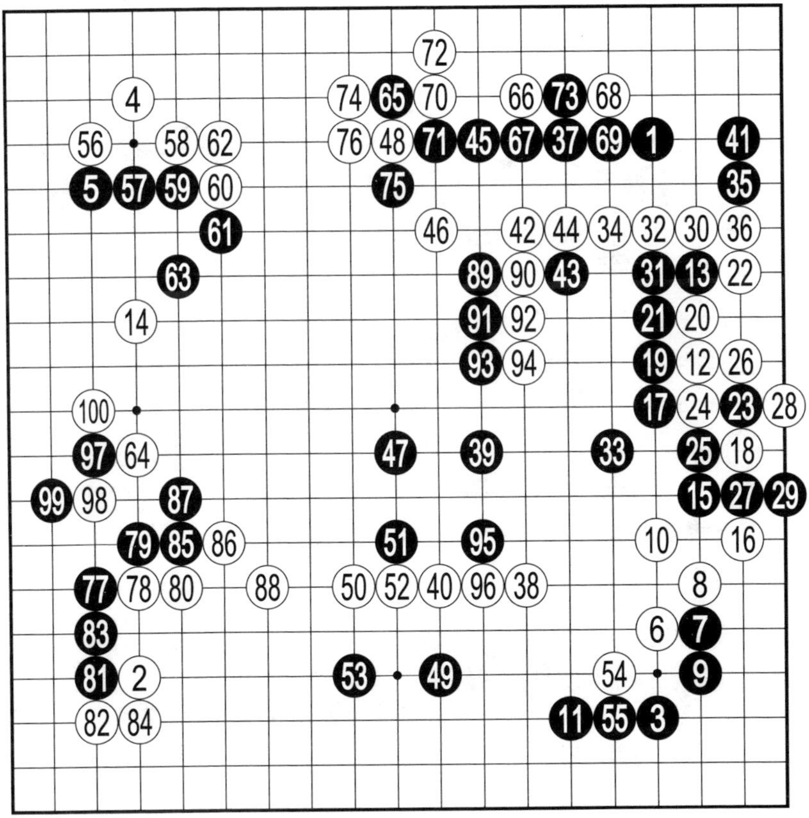

（1–100）

黑方 **陈祖德**

白方 **江鸣久**

本局白棋唯一机会是103位点刺，看着怎么也点不到的棋，可能是记录顺序有问题。被点到后，黑棋顺风满帆下出109的手筋，后一路碾压获胜。（王雷）

黑贴$2\frac{3}{4}$子　共187手　黑中盘胜

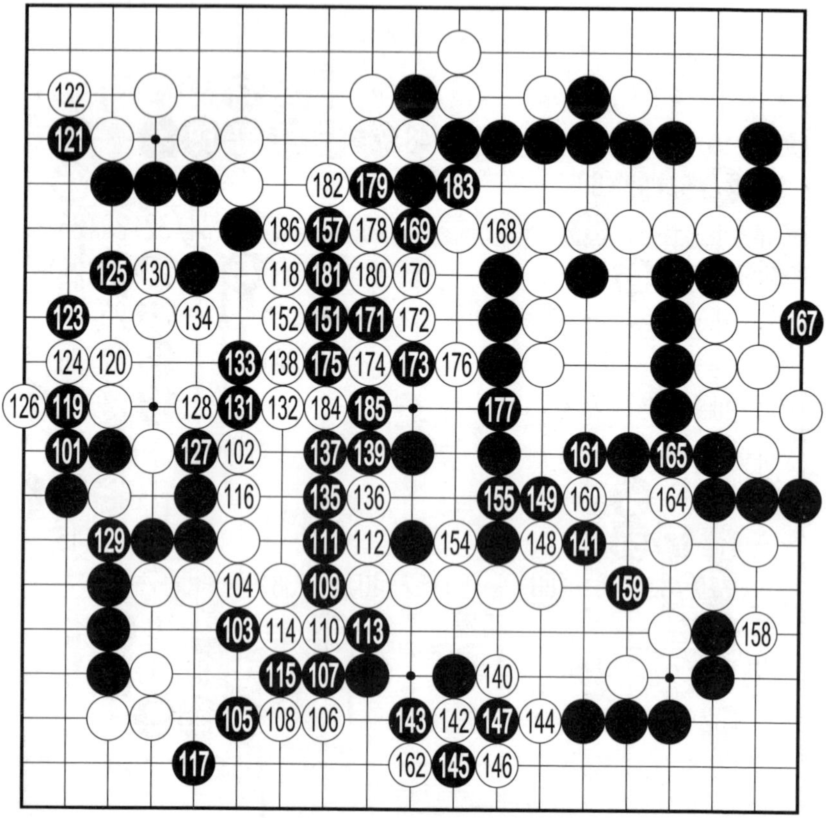

150 156 166=142　153 163=147　187=174

1979年1月15日
升降级赛

黑方　黄德勋
白方　陈祖德

布局到30为止，双方思路清晰，步调稳定。黑31、33不好，但白34也没能平稳过渡。白44预定试应手，黑45后双方气合形成转换，按人脑的判断，白棋苦。白棋竭尽全力去腾挪，但是收效甚微，尤其是74为了防征子损得很猛，黑棋优势明显。但之后在白棋最顽强的抵抗中，黑棋连续出现失误。黑87、95、97、101等均不精确，在强吃白棋和外面铁厚、保留缓气劫中来回切换，犹豫不决，而乱战之雄陈老师利用了黑棋的犹豫和不精确，利用106和108的连环本身劫一举击溃了对手。（王雷）

黑贴$2\frac{3}{4}$子　共140手　白中盘胜

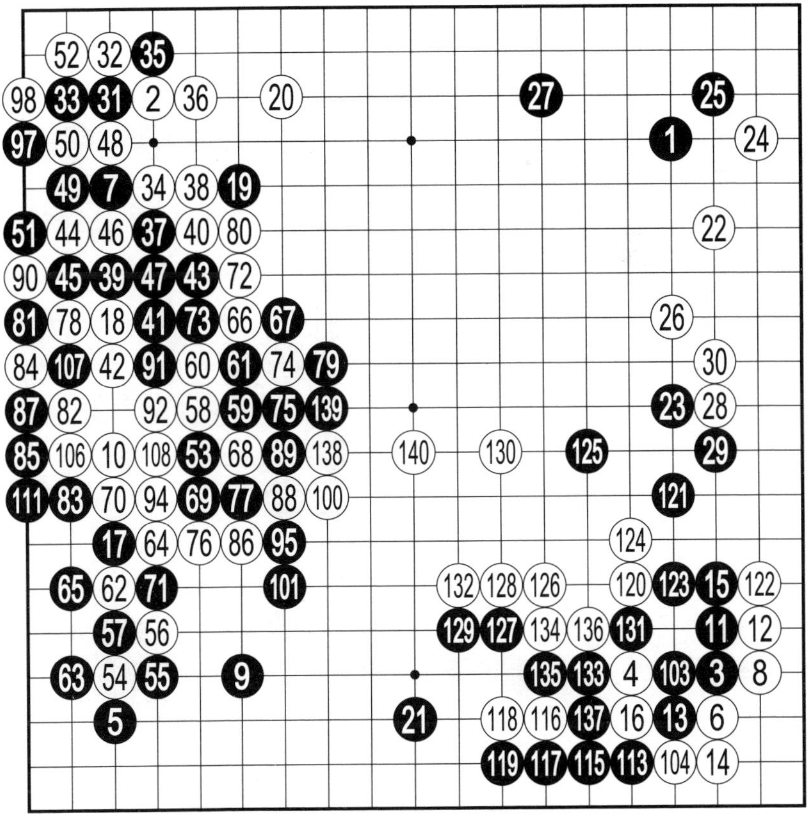

93 99 105 114=81 96 102 112=90 109=68 110=84

（1–140）

1979 年 1 月 17 日
升降级赛

黑方　陈祖德
白方　刘小光

这是一场老将与新兵的对决。刘小光先生那时正处在蹿红的时期，陈老师则要努力战胜当红青年棋手。

布局是当时流行的布局，黑 23 失去机会，应该想办法获取先手后冲断白棋。实战白 28 顺利出头后松了一口气。黑 39 之后对白棋的进攻偏急了，白棋大块活掉后，黑棋落空，亏损较大。可能在当时的风格中更重视厚势。黑 77、79 的次序不可思议。（王雷）

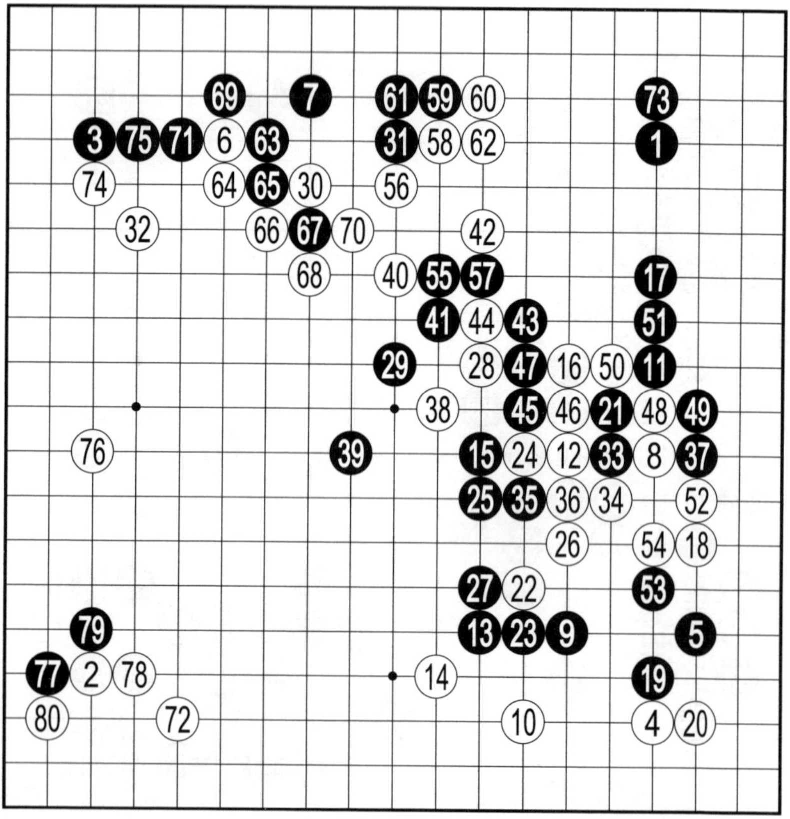

（1–80）

黑方　陈祖德
白方　刘小光

在左边的掏空中，白棋偏软，局面有所接近。后黑棋不断搅乱局面，但是白棋目数的优势很难缩小，虽然不断乱战，但白棋刚刚好胜出。（王雷）

黑贴$2\frac{3}{4}$子　共170手　白中盘胜

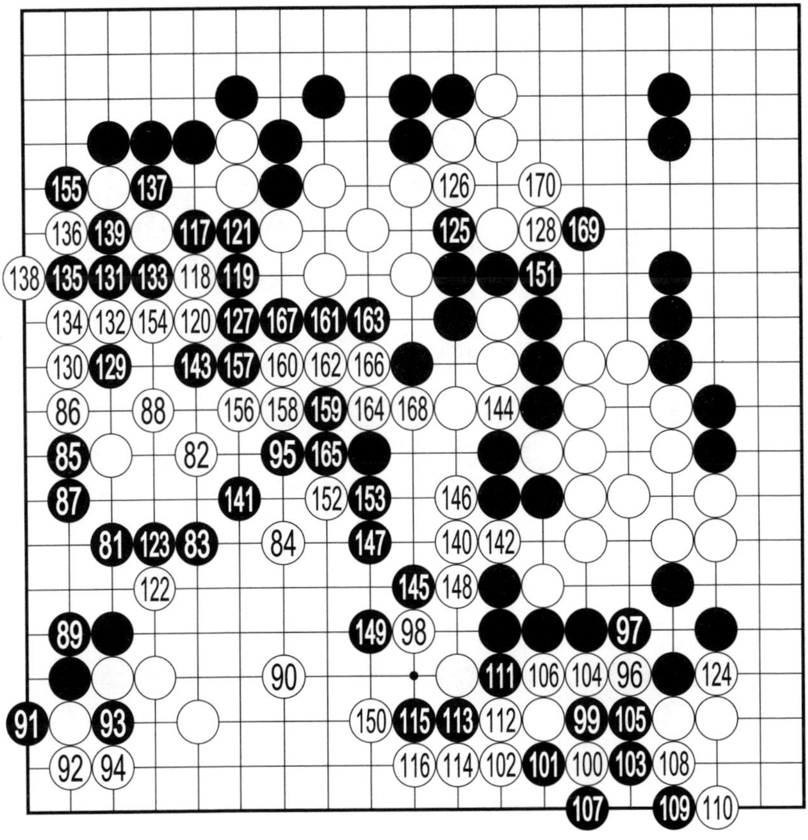

（81–170）

1979年1月19日

黑方　吴淞笙

白方　陈祖德

这是一盘60年代的王者在1979年的对决。本局双方的下法在20年后的李曹对战中都能看到。布局黑方不够重视实地。在关键的左下角中，黑棋显然退让过多，白棋拥有了目数优势。(王雷)

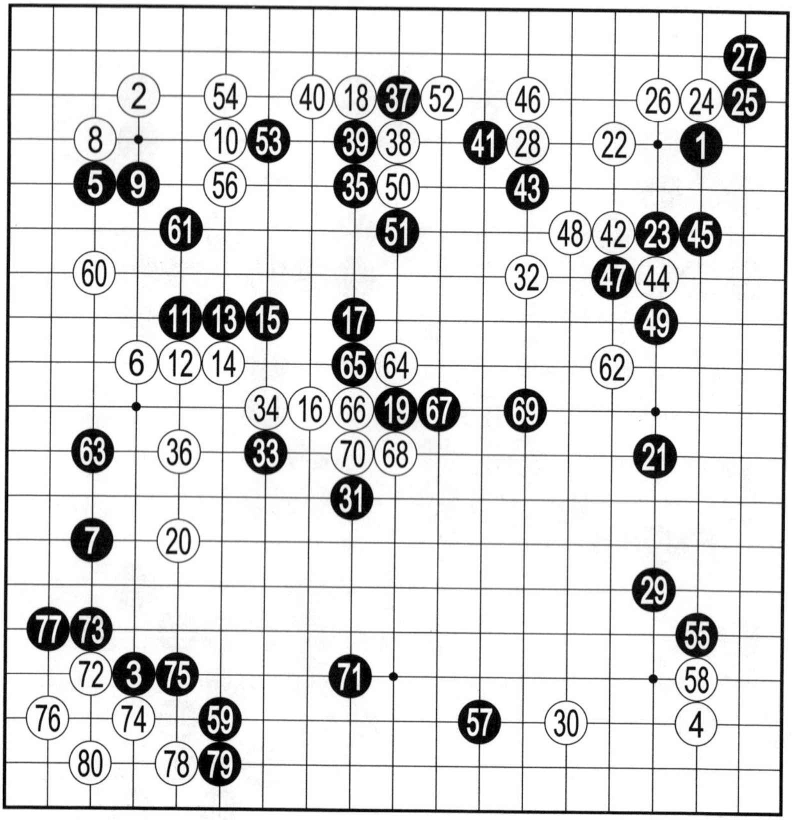

(1–80)

黑方　吴淞笙

白方　陈祖德

在微弱的优势中，白棋下出了 106 掏空的手法，黑当即放弃实空，准备吃白棋大龙，并在 113 后大做准备工作。此时白棋应脱先补大龙。实战黑以雷霆手段杀龙，并且击杀成功时，137 出现败着，走 139 位即可获胜。最后，白棋刚刚好有 150、152 连环做眼的手法活棋，幸运地赢下此局。（王雷）

黑贴$2\frac{3}{4}$子　共 178 手　白中盘胜

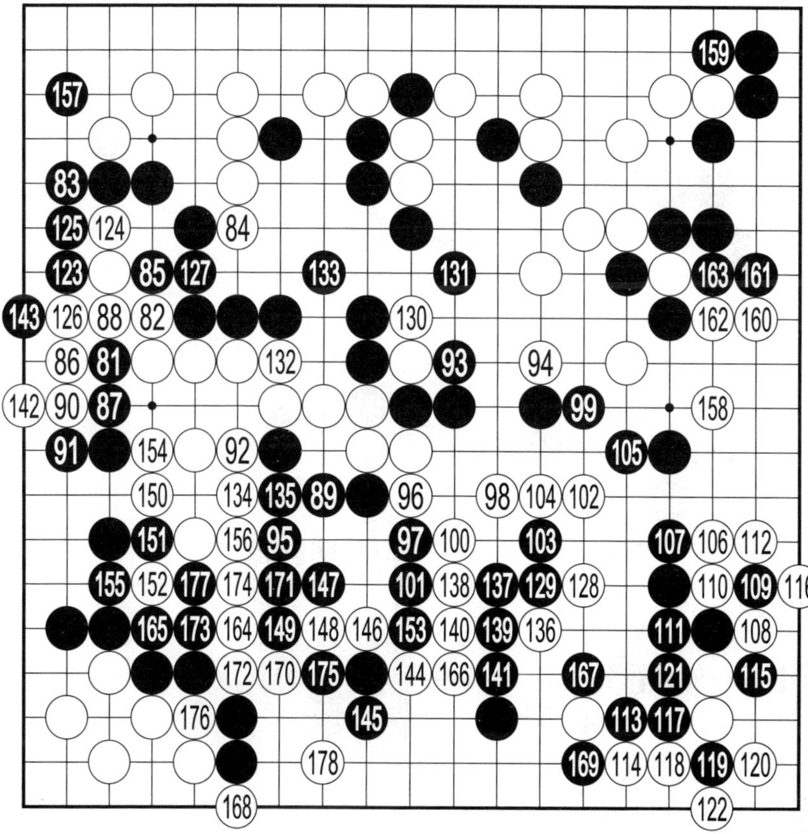

（81–178）

1979年1月22日

黑方　陈嘉锐
白方　陈祖德

黑17打入后，白18体现了陈老师力战的风格。黑19、21轻率，打入时不能让对手轻易渡过。实战黑25-29变调，大亏。但是白34后战力过剩，方向错误，应该稳住占大场。黑棋占到45后形势有所缓和。黑之后对白棋进行了彪悍的进攻，但是似乎计算失误很多。黑57、59、61大失误，白棋还是先手治理，非常轻松。不过白62应该走65位，灵活的话优势巨大。黑73又是失误，没注意到被分断后黑棋还不活。实战到117止，黑棋模样攻杀白棋后，居然自己要后手两眼做活，败势！（王雷）

黑贴$2\frac{3}{4}$子　共121手　白中盘胜

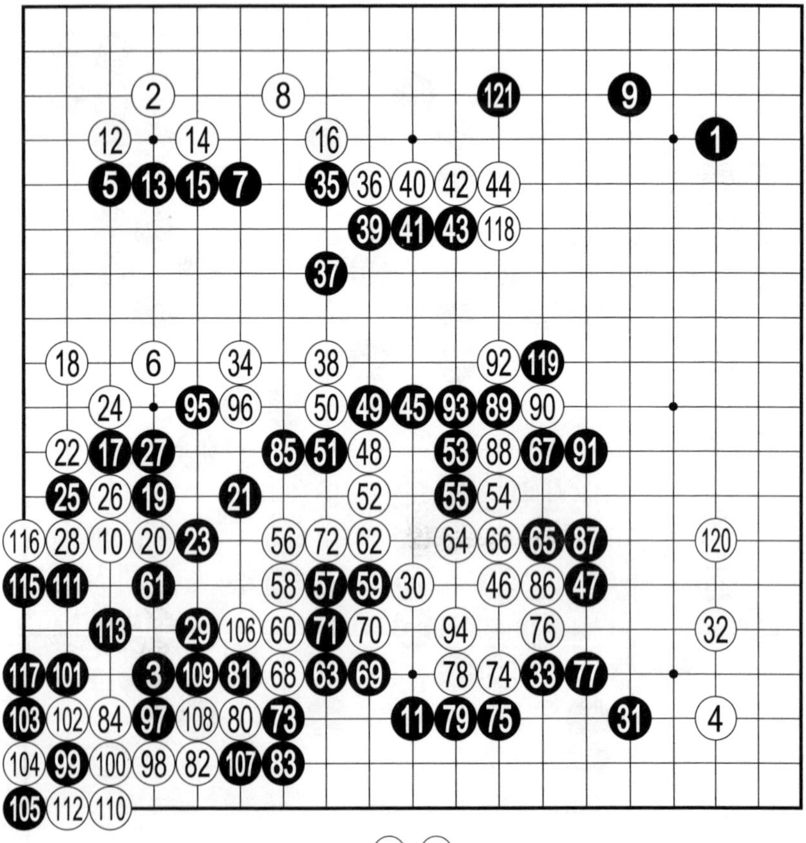

114=104

（1–121）

1979 年 2 月 5 日
淘汰赛第 1 轮

黑方　陈祖德
白方　马晓春

这是一场跨时代的对决。当时马老师还没拿到全国冠军，正在腾飞的前夜，从布局来看，已经是融会贯通全局的布局了。

黑 7、9 反夹体现了陈老师彪悍的风格，但黑棋获得的利益不足。白 20、22、24 漂亮，体现了马老师超越时代的棋感。黑 37 滞重，白 38 如果脱先，已经获得了优势的局面。白 54 彪悍，白棋一路掌控着局面，目数明显领先。（王雷）

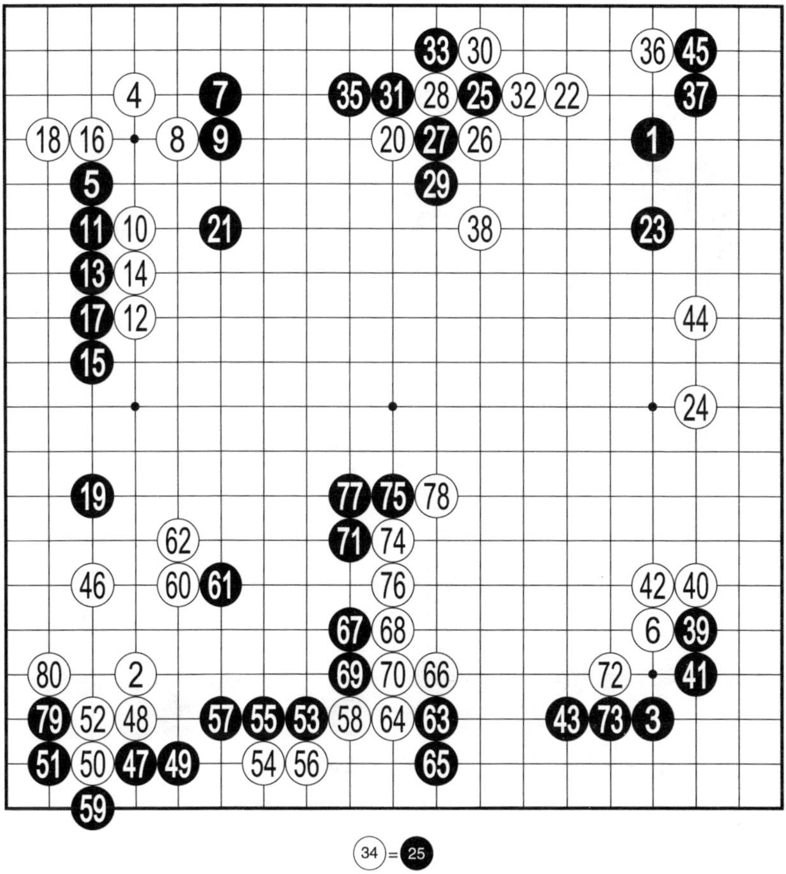

（1–80）

黑方　陈祖德

白方　马晓春

实战面对黑棋在左下角的冲击，白棋下得重了，陷入绞杀，如果88、94能脱先在中间挺头，会简明许多。后来在黑棋的攻逼下，局面越来越乱。

终于，白124看错死活，走143位是缓气劫，而白144又没下出妙手，最后一个角下成黑棋无忧且紧气的劫，白棋损失惨重，输掉了。（王雷）

黑贴$2\frac{3}{4}$子　共155手　黑中盘胜

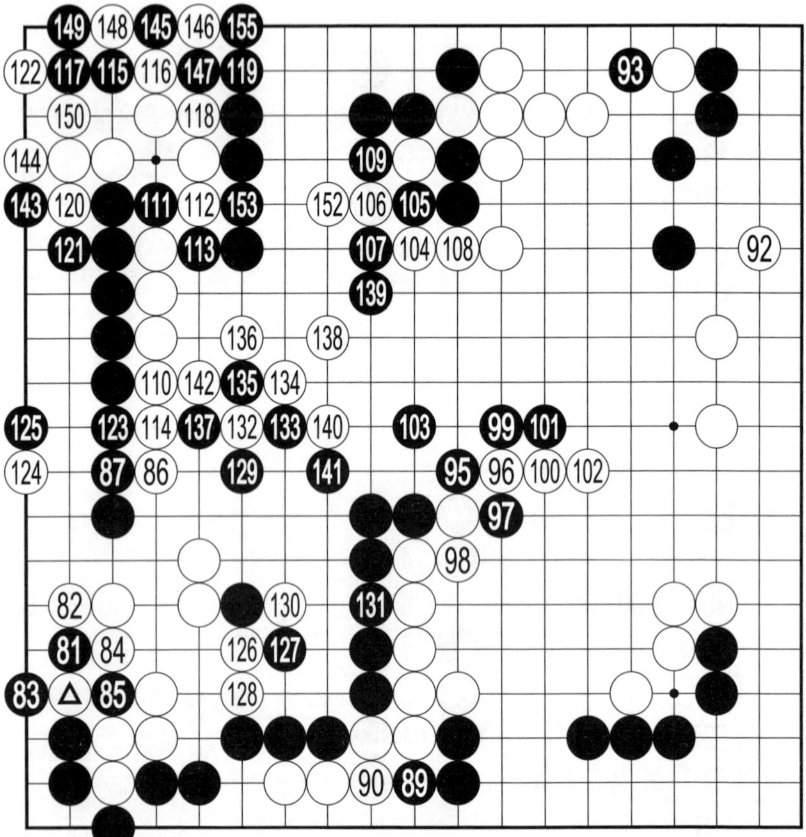

88 94=△ 91=85 151=145 154=148

（81–155）

1979 年 2 月 7 日
淘汰赛第 2 轮

黑方　徐荣新
白方　陈祖德

布局中，白棋 18、20、22 的组合拳酣畅。到白 30 止，是白舒服的战斗。白 42 应该粘住，后 AI 时代很支持陈老师右上角的下法。后白棋下得十分潇洒，而黑棋下出了 61 这样的恶手，白棋一路领先。白 80 好手，黑 81 完全无感，被白 82 跑出后黑苦。实战黑方被迫卖假征子，爆亏。（王雷）

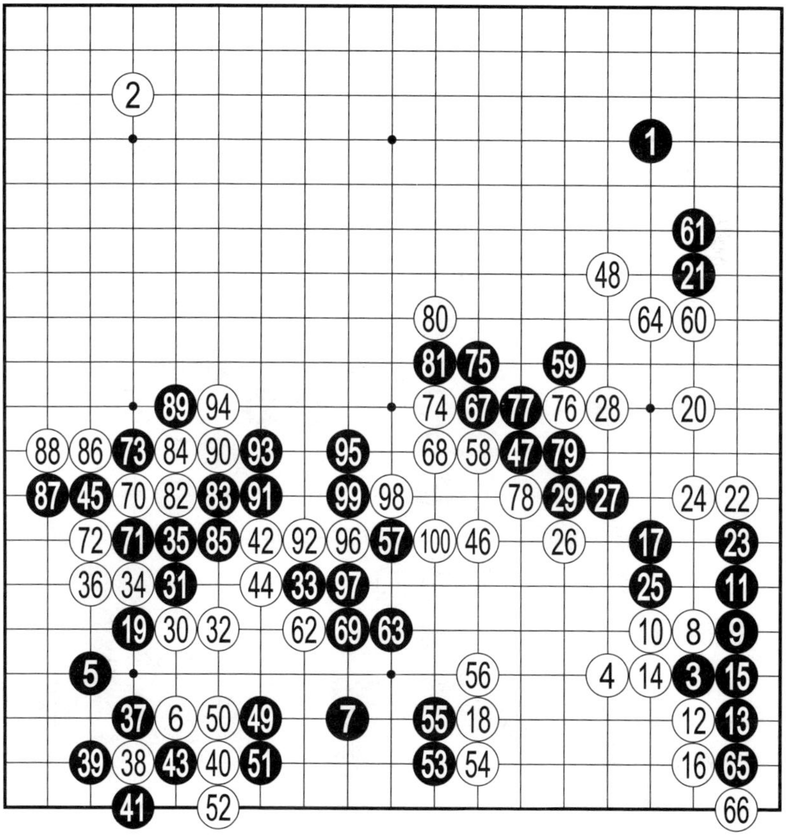

（1–100）

黑方　徐荣新

白方　陈祖德

在随后的战斗中，白棋不论是攻是守优势都很大，但也许是松懈的原因，最后时刻被黑棋造出了一个劫，因为劫材复杂，黑在全局中第一次领先，而记录戛然而止，可能显示出陈老师对于没拿下此局的追悔心情。（王雷）

黑贴$2\frac{3}{4}$子　195 以下略　黑中盘胜

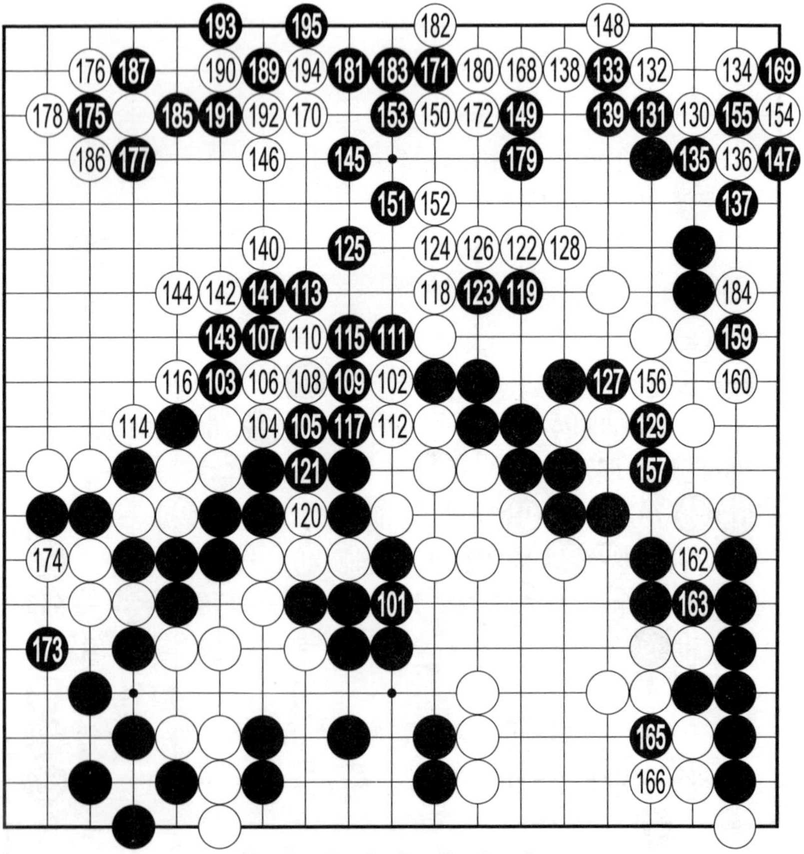

158 164＝136　161 167＝155　188＝175

1979年2月9日

黑方　陈祖德

白方　邵震中

布局是当时较为流行的布局，不过显然那时判断有误。这个布局黑棋大优。白18-30过于滞重。黑37失着，如果简单吃掉二子，已经优势20余目。后面黑棋右边的宽度不足，不满意。黑61大魄力，好棋。因布局成功，黑棋一直保持着微弱的优势，但是黑67没下出反夹的好手，形势有所接近。白78拼得很猛。黑棋把白棋断开后，白棋形势极不乐观，但是白棋靠着左边一路的劫，依旧保持局面的混乱。（王雷）

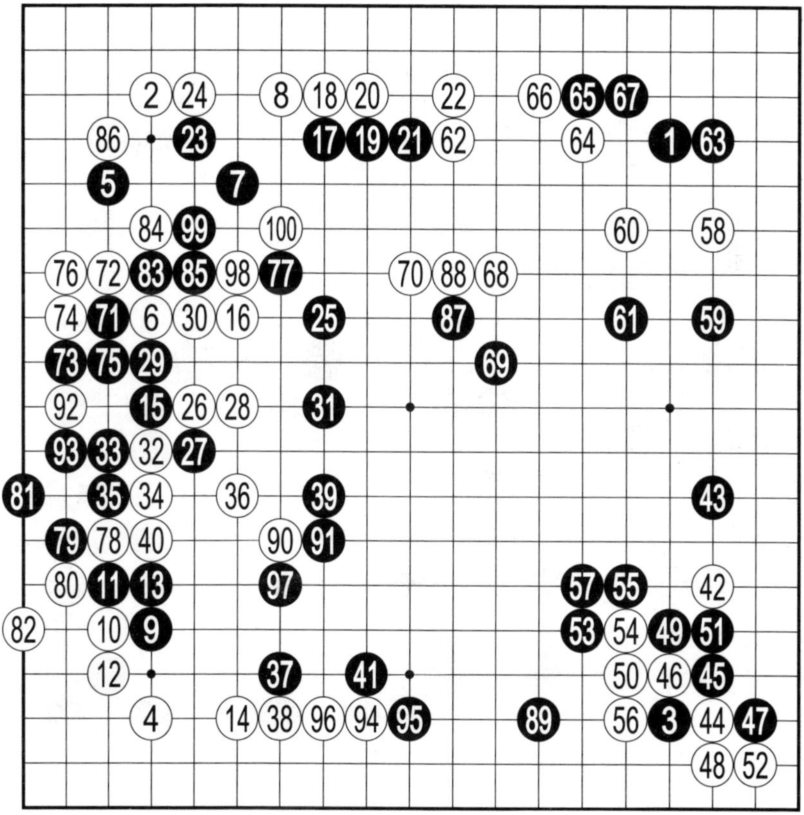

（1–100）

黑方 **陈祖德**

白方 **邵震中**

黑105应该先接住棋筋，与白棋左边补做交换。后续黑棋从115开始似乎失去了理智，贪吃小子，亏损几十目。到白170，黑方棋薄空不够，棋就输掉了。（王雷）

黑贴$2\frac{3}{4}$子　共170手　白中盘胜

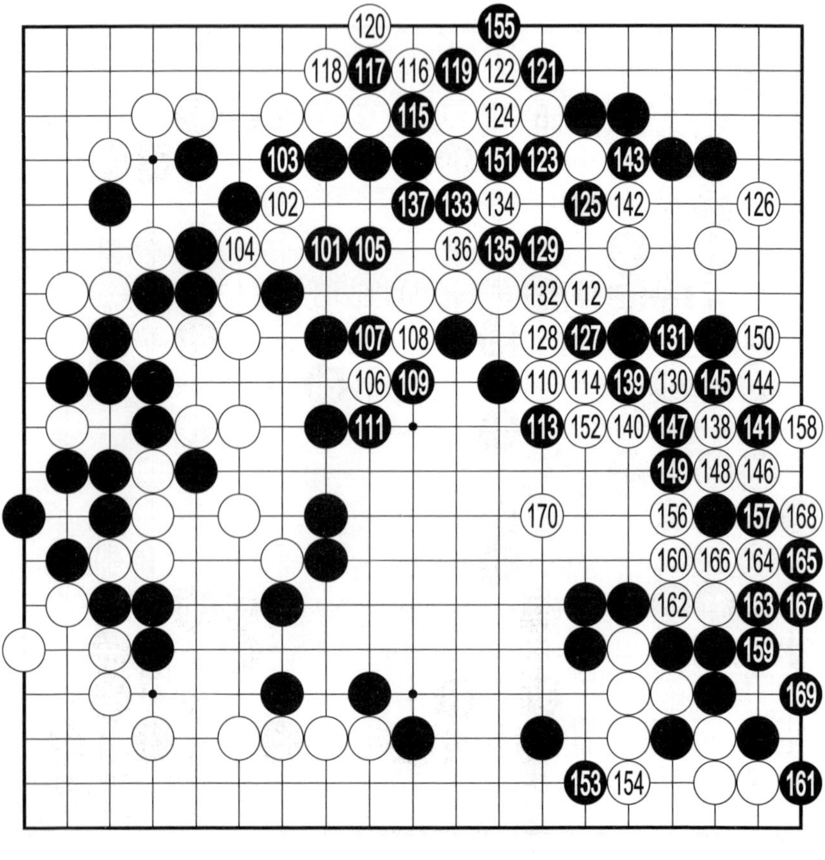

（101–170）

1979年2月10日

黑方　陈祖德
白方　王汝南

白方布局感觉卓越，到26，白棋不错。但白28问题手，应该守角，黑棋点角后白空受损巨大，形势黑不错。但黑51俗，59又是过分，被白棋分断后形势一落千丈。好在黑棋及时调整心态，把中间全部弃掉。此时的白棋背上了心理包袱，白84、88、90连续缓手，没能及时奠定胜局。黑115时，局面已经十分微细，而白方忽视了黑115、117的巧手，后被黑棋连续蚕食中央，白棋反而因为保守而实空不足了。（王雷）

黑贴$2\frac{3}{4}$子　共153手　黑中盘胜

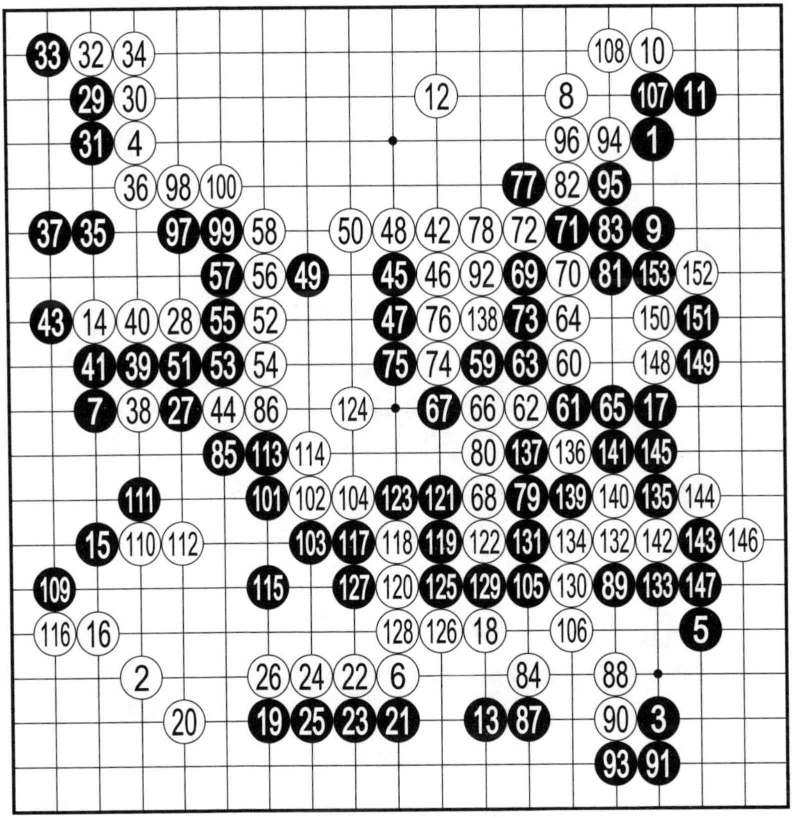

（1–153）

1979 年 2 月 14 日弈于北京

黑方　邵震中

白方　陈祖德

白 14、16 合理而彪悍的下法。到 30 时，白棋顺风满帆。白 34 过于随意了，被黑棋吃掉还是很大的。白 38 大失误，没看到黑 39 是先手。白 38 还是应该中间封住。黑 43 有千钧之力，白棋动弹不得。白 56 不得已，但黑 57 大失误，白 58 如走 82 位，本局就拿下了。到白 102 止，双方对跑完后依旧均势。（王雷）

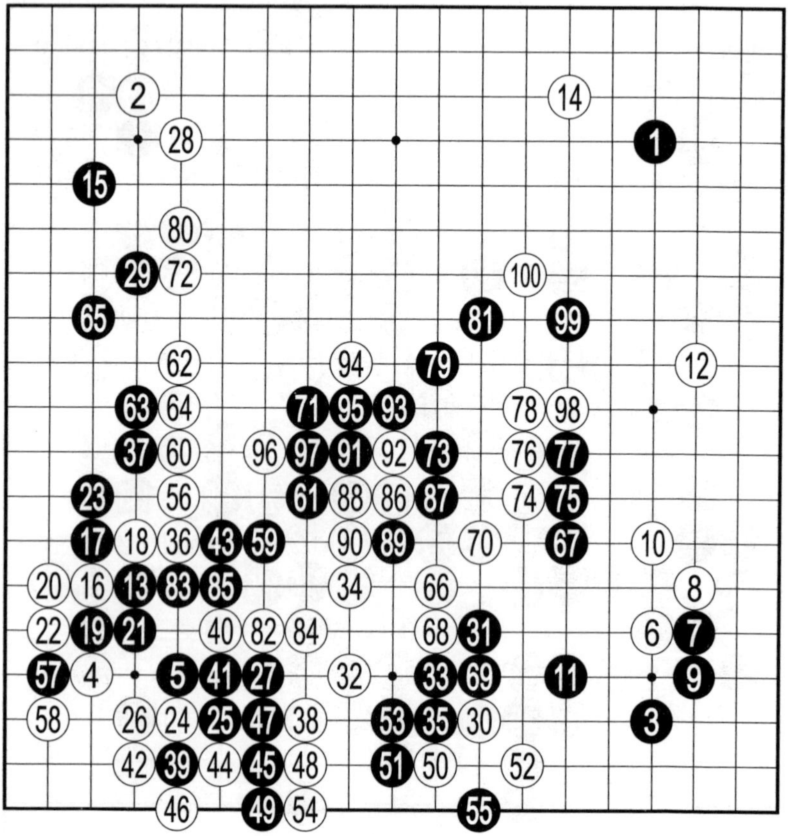

（1–100）

黑方　邵震中

白方　陈祖德

黑 103-107 落后手，白 108 又争取到了主动。先手欺负黑角后，白棋胜势。白 138 妙手出棋后，一路冷静收空，盘面白优势。（王雷）

黑贴$2\frac{3}{4}$子　176 手以下略　白中盘胜

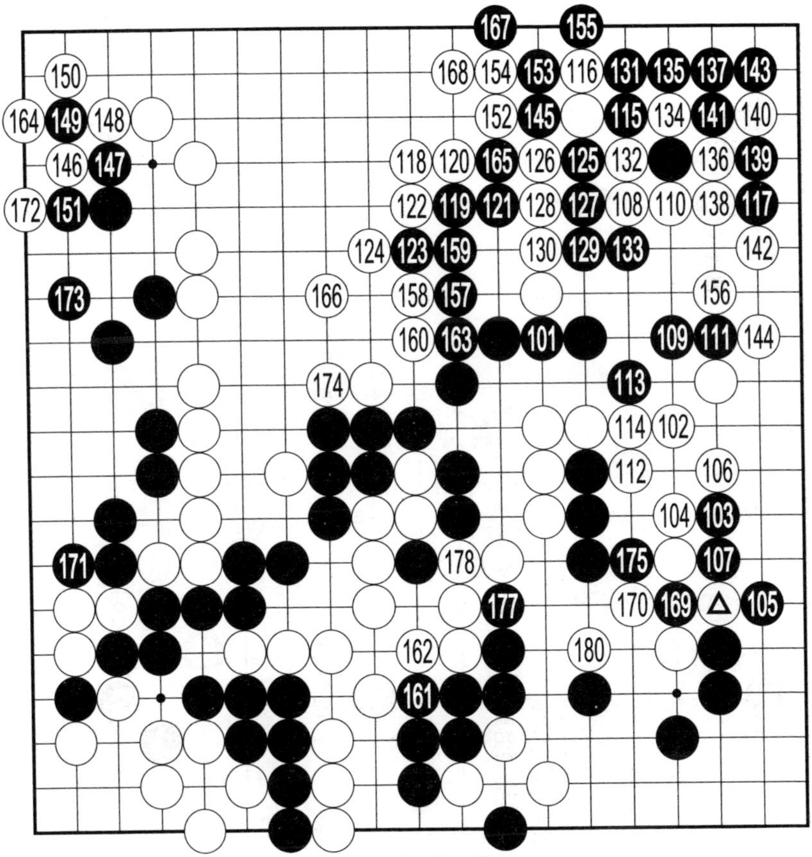

176=△　179=169

（101-176）

1979 年 2 月 14 日

黑方　陈祖德

白方　黄丽萍

黄丽萍是新中国第一代全国冠军黄永吉先生的女儿，本局是她的代表作。

本局上来先下了个大定式，黑棋并无得分之处，感觉陈老师有点轻视女棋手。白 46、48 稳而坚硬，靠出后明显白不错。白方顺势舒展到 68，形成了白棋空多、棋也舒展的局面。白 70-78 着着一选，不断扩大优势，白 82 如果补强中央，白棋优势就明朗了。白 84、86 损了后，黑棋发起最后的冲击。白 94、96 不冷静，如果吃左上角，优势巨大。白 104 以后也冲动，损了很多空，直接做活即可。后半盘白方乱了阵脚，棋输得很可惜，不过不失为女棋手的杰作之一。(王雷)

黑贴$2\frac{3}{4}$子　共 141 手　黑中盘胜

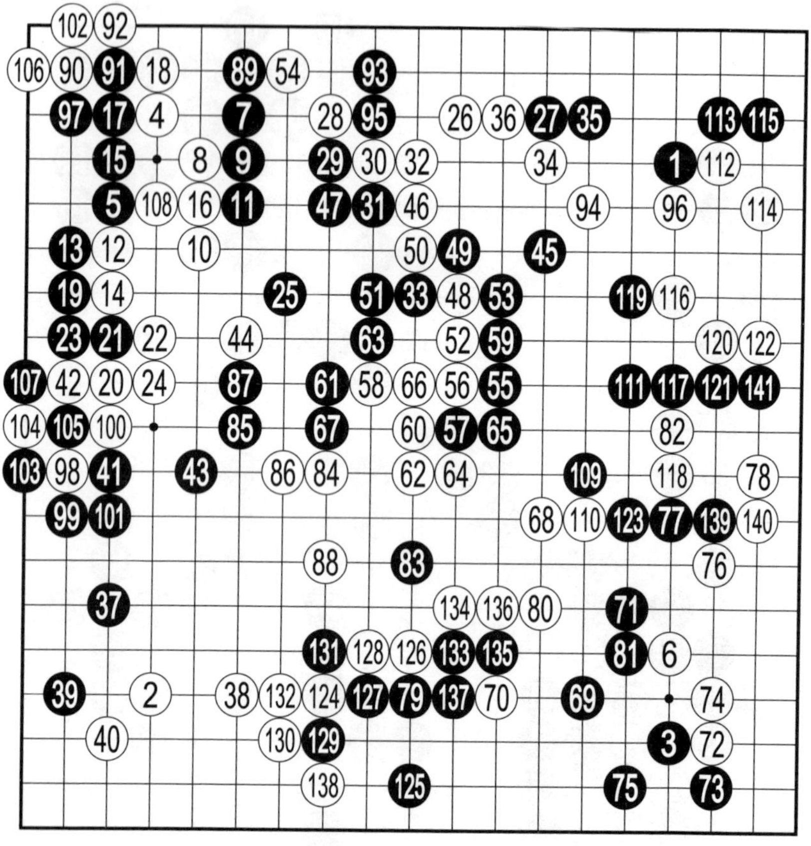

(1–141)

1979年2月16日

黑方　翁子瑜

白方　陈祖德

白棋布局略显过分，白20应走21位。后不断误算，白46不论如何要接住棋筋，被黑47拔掉棋筋亏损惨重。之后的陈老师如梦方醒，着着都是最狠的下法，到100手左右时追平了差距。（王雷）

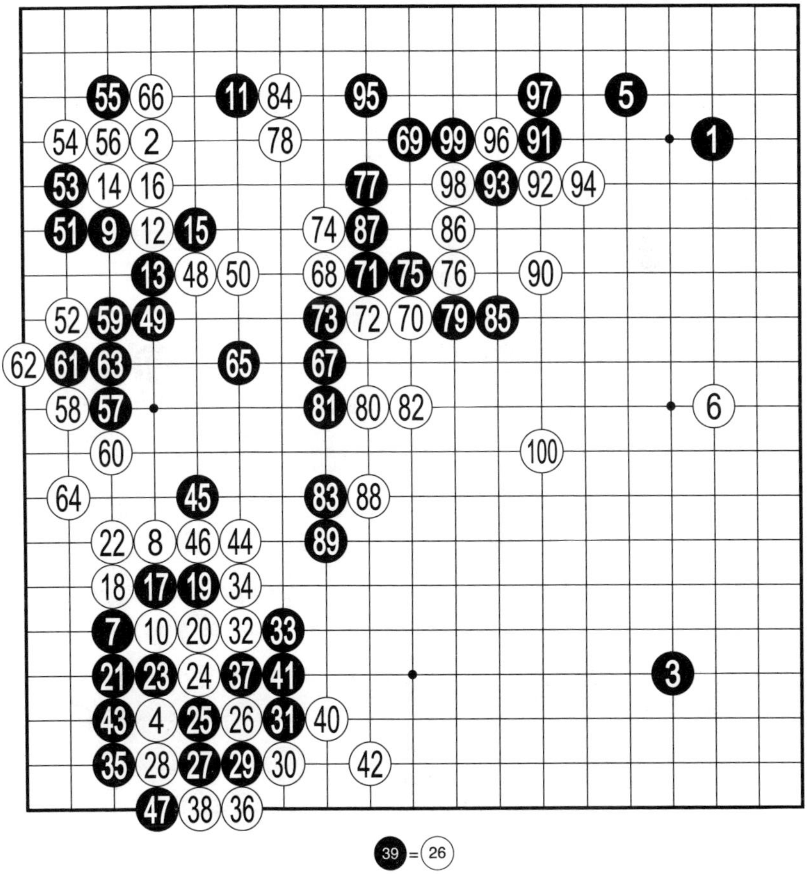

（1–100）

黑方 **翁子瑜**

白方 **陈祖德**

黑棋此时想拼搏出来，结果101-110都损进去了，加之白128妙手，已经是白棋有望的局面了。之后白棋顺风顺水，就要胜利了，黑133拼最后一把。可能是对这步棋准备不足，白134后多处失误，左边、中间、右边三块都没吃到，反而实空不足输掉了。（王雷）

黑贴$2\frac{3}{4}$子　共201手　黑中盘胜

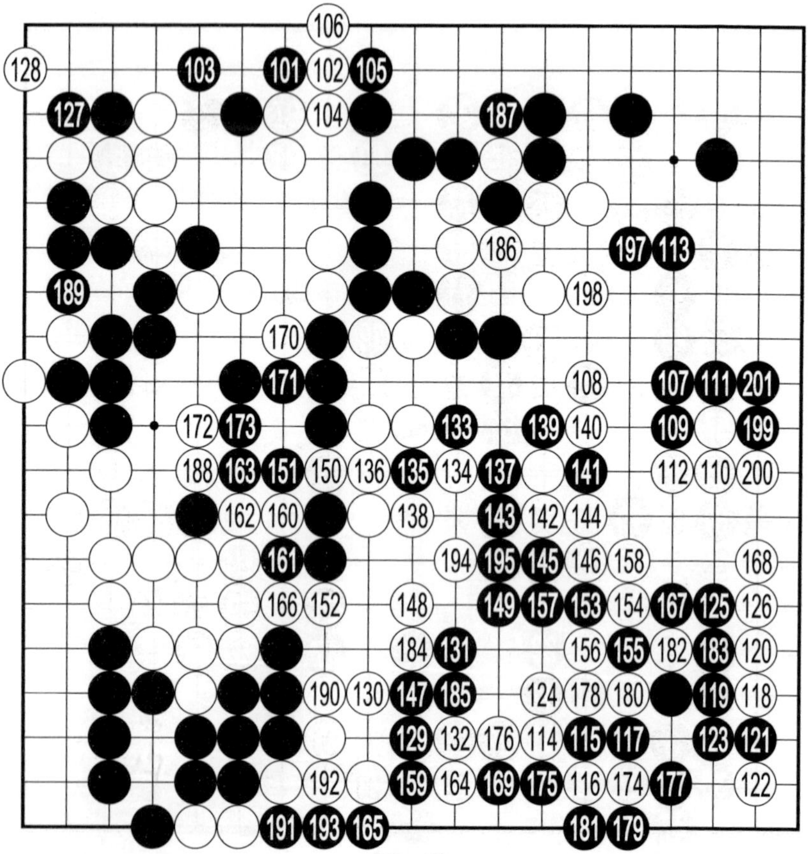

196=155

1979年2月26日

黑方　陈祖德

白方　华以刚

黑布局展现大魄力模样，不过白棋应对十分巧妙，到38时，黑棋实空不足，效率不够。白40不该保留，被黑41挺，战况接近。黑43是彪悍的感觉，值得借鉴。白棋在这里的处理方式过于刚猛，被黑55造劫，感觉白棋十分被动。实战被黑棋打穿，对于人脑来说已经非常难下。从70后白方做活就出现了不少问题，黑棋优势明显。之后黑方把白棋不活的棋放在中央，一步一步挤压白棋边路，终于优势越来越大，于右面打穿白阵后胜定。（王雷）

黑贴$2\frac{3}{4}$子　共113手　黑中盘胜

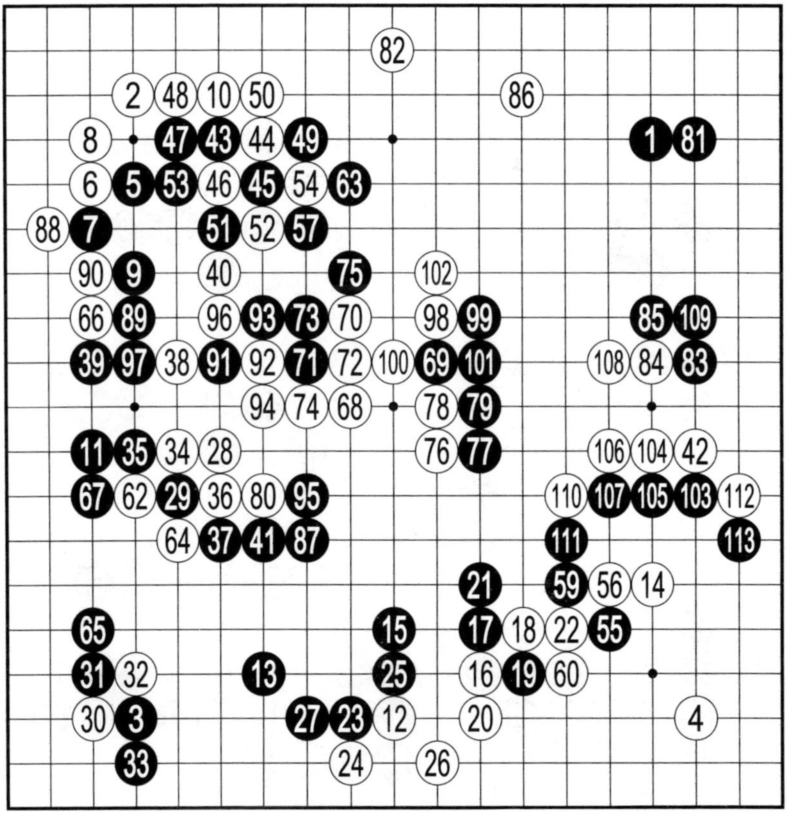

58=46　61=45

（1–113）

1979年3月2日

黑方　陈祖德

白方　聂卫平

本局是陈先生代表作之一。

黑布局继续走大模样，聂老师的分投恰到好处。黑23、25转换亏损，白棋形势不错。黑39、41、43咬住对手的缺陷不放，并且配合各种形状，非常出彩，而白棋在这里过于求稳，黑棋得分。黑棋快速定型，抢到77优势明朗。黑87随手，白88最后的冲击，黑棋判断清晰，抢到97维持优势。之后虽然有一些看不清，但黑棋思路清晰，在小地方并没有被白棋卡目数，遂胜定。棋谱结束时盘15目+，最后胜半目。（王雷）

黑贴$2\frac{3}{4}$子　159手以下略　黑胜$\frac{3}{4}$子

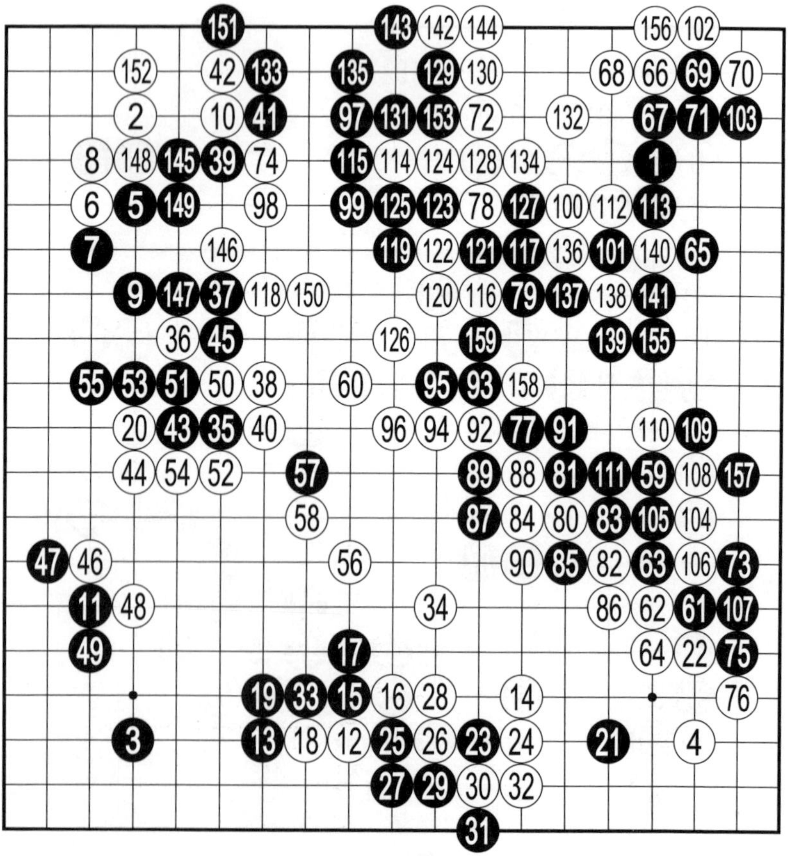

154＝101

（1–159）

1979年3月5日

黑方　陈嘉锐

白方　陈祖德

黑棋布局下得很有现代感，速率十足。黑33、35漂亮，到49时，黑棋厚，空也不少，舒适。白60应该出头。黑61、63出手后，优势明显。黑75、白76是罕见的气合，很少看到。黑77缓，简单封头即可。AI认为此时黑盘面已经接近30目。实战黑依旧优势。本来是杰作，但下出97的恶手，没注意白104简单本身劫，一步亏了60目，白胜定。（王雷）

黑贴$2\frac{3}{4}$子　共130手　白中盘胜

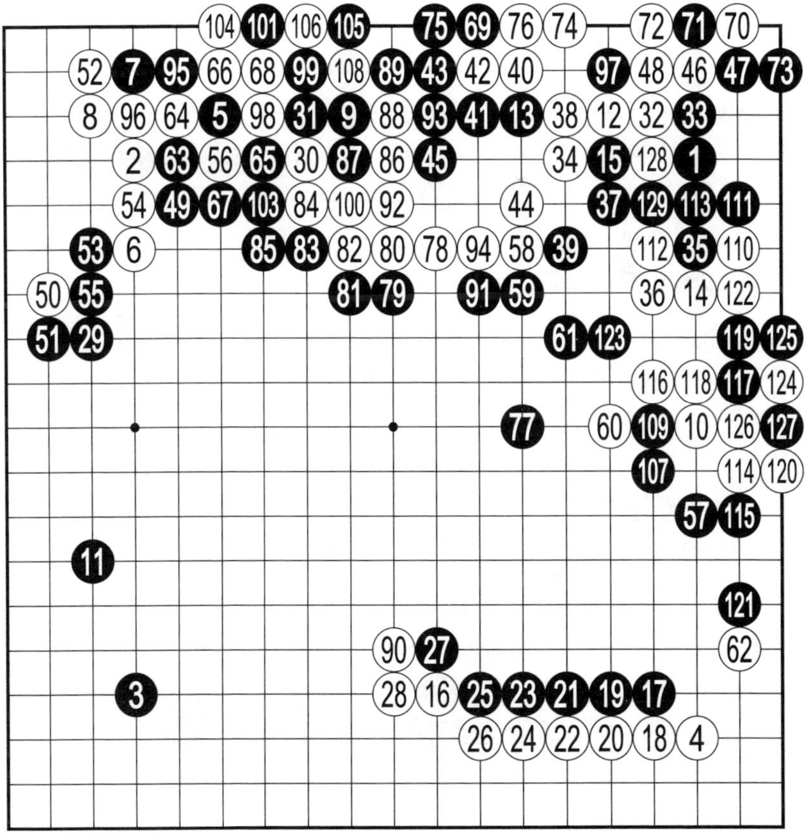

102=56　130=124

（1–130）

1979年3月13日弈于东京

第1届世界业余围棋锦标赛第1轮

黑方　陈祖德

白方　菊池康郎

白36稍嫌过分，应直接在60位跳出，白轻松可战。左下角，黑打劫交换后，再57、59冲断是整形好手。白62、64均有机会抢占65位打的要点，如此局势接近。白错失机会，黑顺利在65位长出，获得优势。白74形状太重，是本局的败着，应在75上一路连络，局势尚早。黑75、77先手出头后，再79强攻白大块，白苦不堪言。进行至黑97，黑胜局已定。（周睿羊）

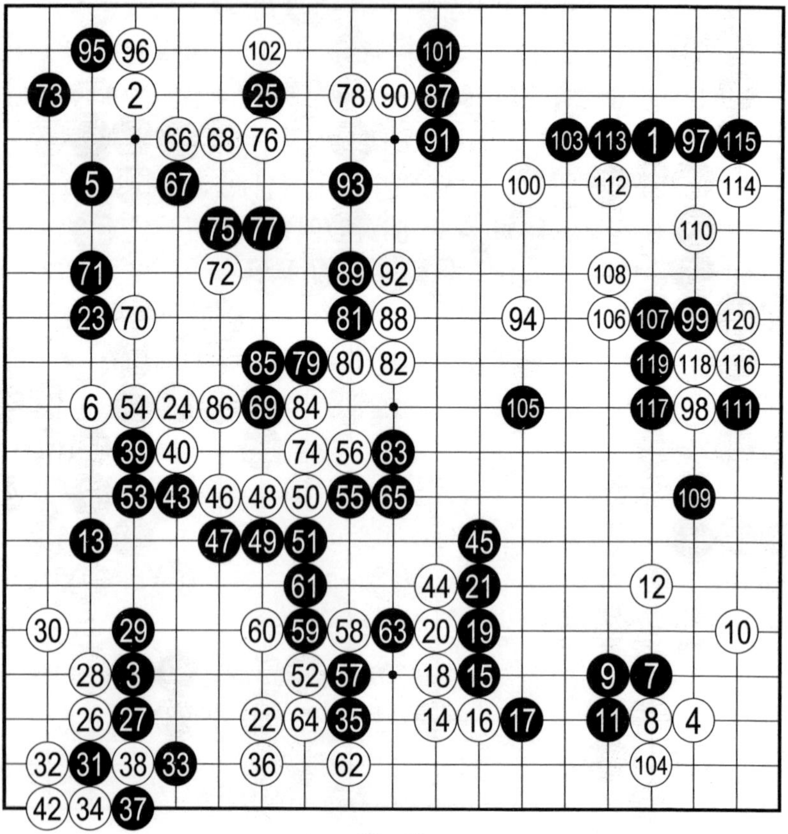

41＝31

（1–120）

黑方 **陈祖德**

白方 **菊池康郎**

黑贴 5 目半　共 261 手　黑胜 4 目半

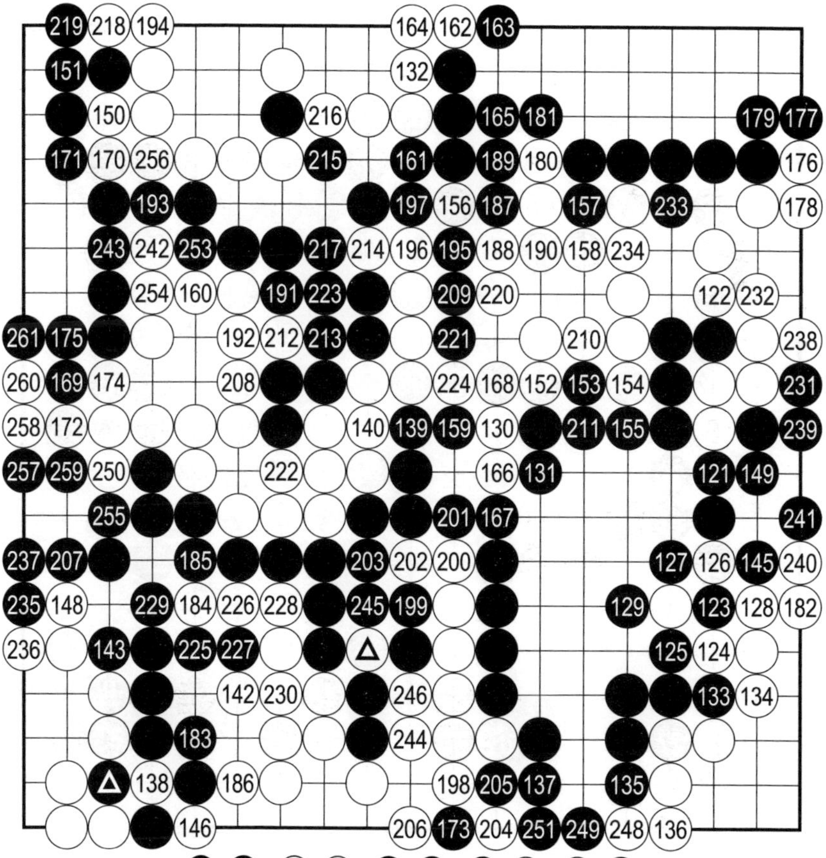

141 = △　144 = 138　147 = 123　247 = △　252 = 173

(121–261)

1979 年 3 月 14 日弈于东京
第 1 届世界业余围棋锦标赛第 2 轮

黑方　陈祖德
白方　赫伯特

白 28 大缓手，应抢先动出白 6 一子，被黑 29 补棋，下面效率太高，黑优势。白 34-42 交换卖了许多味道，把黑撞厚，对白做眼并没有太大帮助。至黑 43，黑的优势扩大了。白 84 败着，此时只能顽强撑劫，还有一线生机。实战粘上后，进行到黑 95 扳，白形状崩溃，败局已定。（周睿羊）

黑贴 5 目半　共 135 手　黑中盘胜

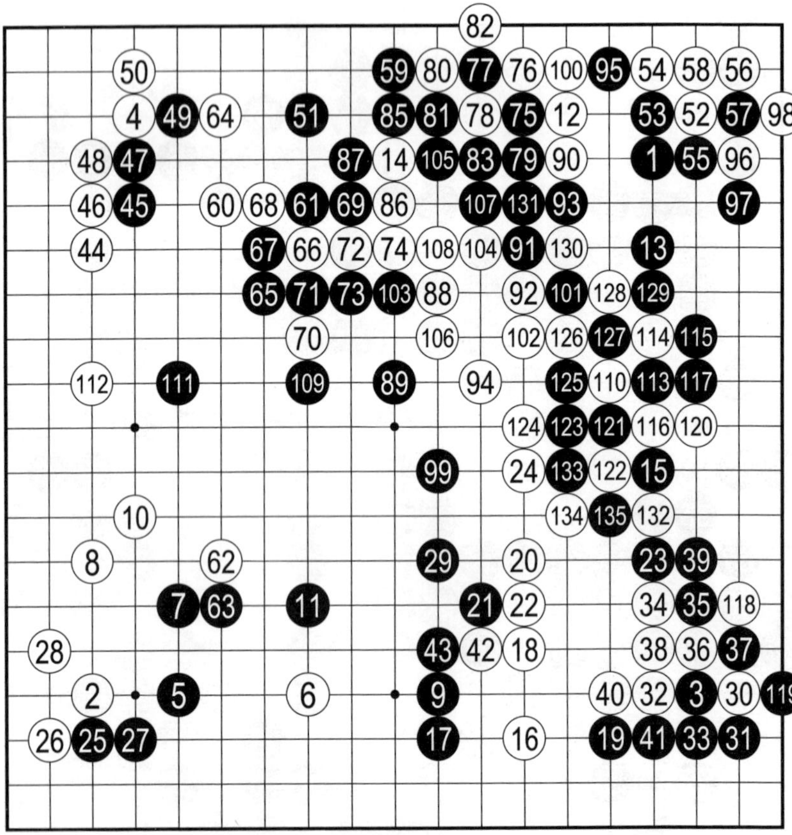

84=77

（1–135）

1979 年 3 月 15 日弈于东京
第 1 届世界业余围棋锦标赛第 3 轮

黑方　李庸皞
白方　陈祖德

黑 13 强行战斗并无成算，之后 21-25 围空的思路不太连贯，至 44 白抢先进攻，优势明显。黑 53 之后的处理显得太重，79 又脱离主战场，白右边先手定型后抢到 88 拆，确立了胜势。（周睿羊）

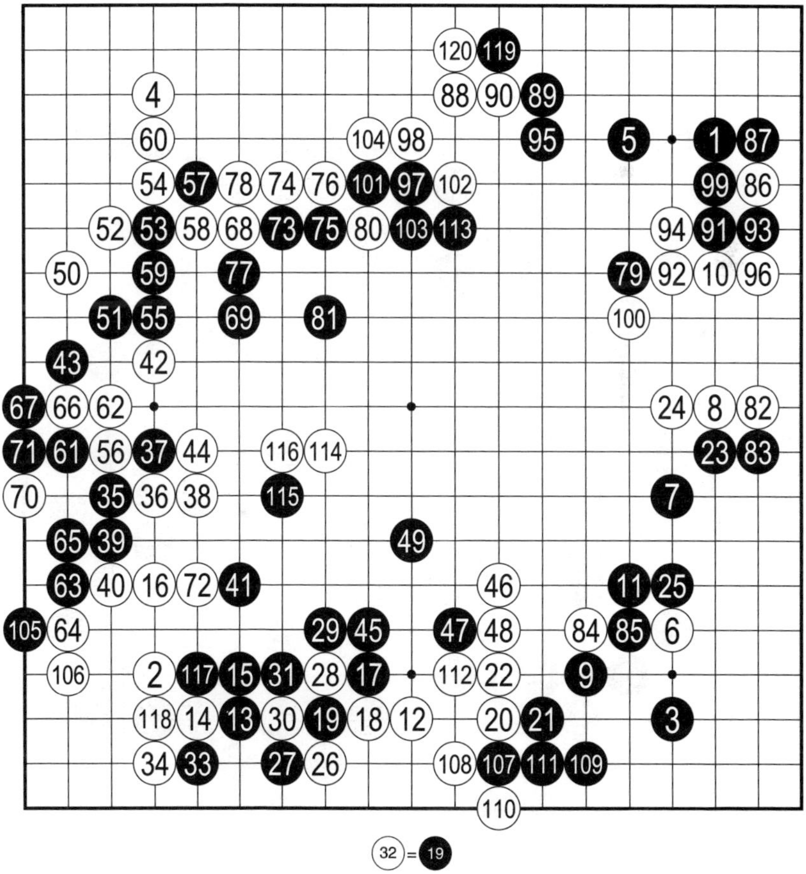

（1–120）

黑方 **李庸皞**

白方 **陈祖德**

黑贴 5 目半　共 229 手　白胜 5 目半

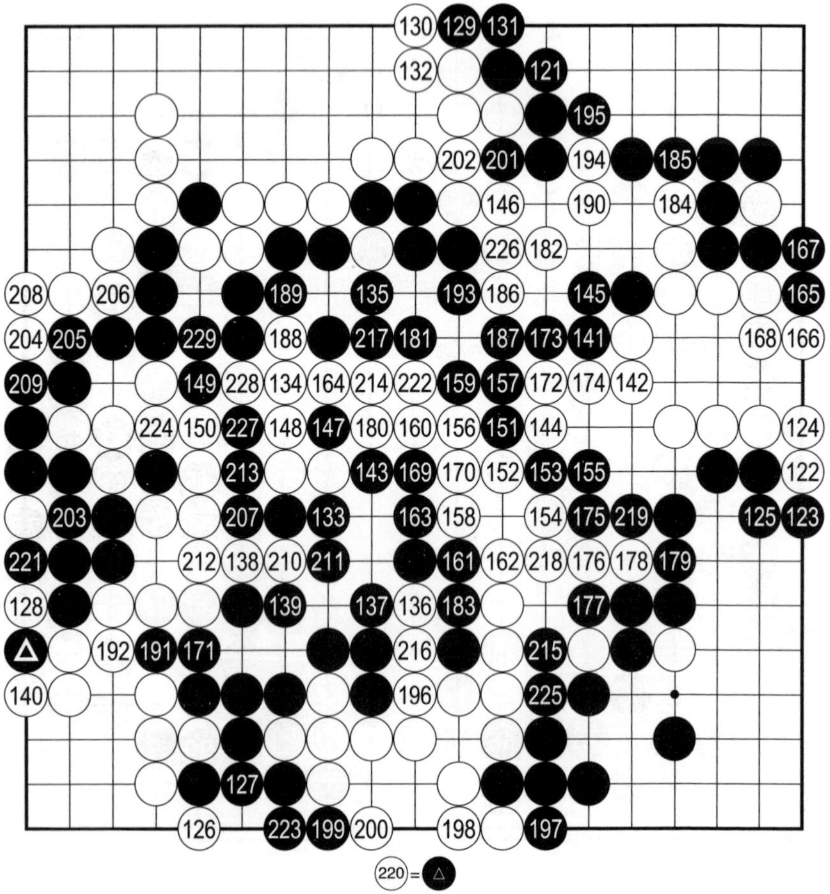

（121–229）

1979 年 3 月 16 日弈于东京
第 1 届世界业余围棋锦标赛半决赛

黑方　陈祖德
白方　陈嘉锐

黑 33、35 右边抢攻略显着急。白 36 长舒适，并不惧怕之后右边的战斗，全局白生动。白 66、68 巨大失误，被黑 69 消劫后只得后手做活。进行至黑 79，白损失惨重，黑成功扳回局势。白 94-102 缓手，白方仍有优势意识，但此时局面微细。黑于左边先手收官后，抢到中间 117 位要点，胜局已定。（周睿羊）

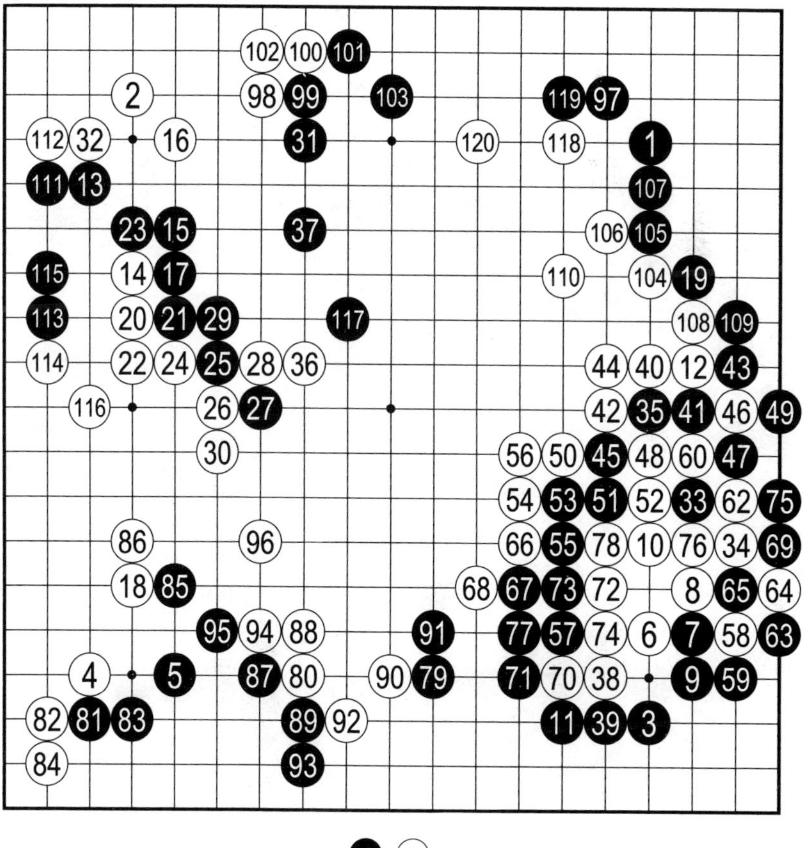

61 = 46

（1–120）

黑方　陈祖德

白方　陈嘉锐

黑贴 5 目半　共 265 手　黑胜 7 目半

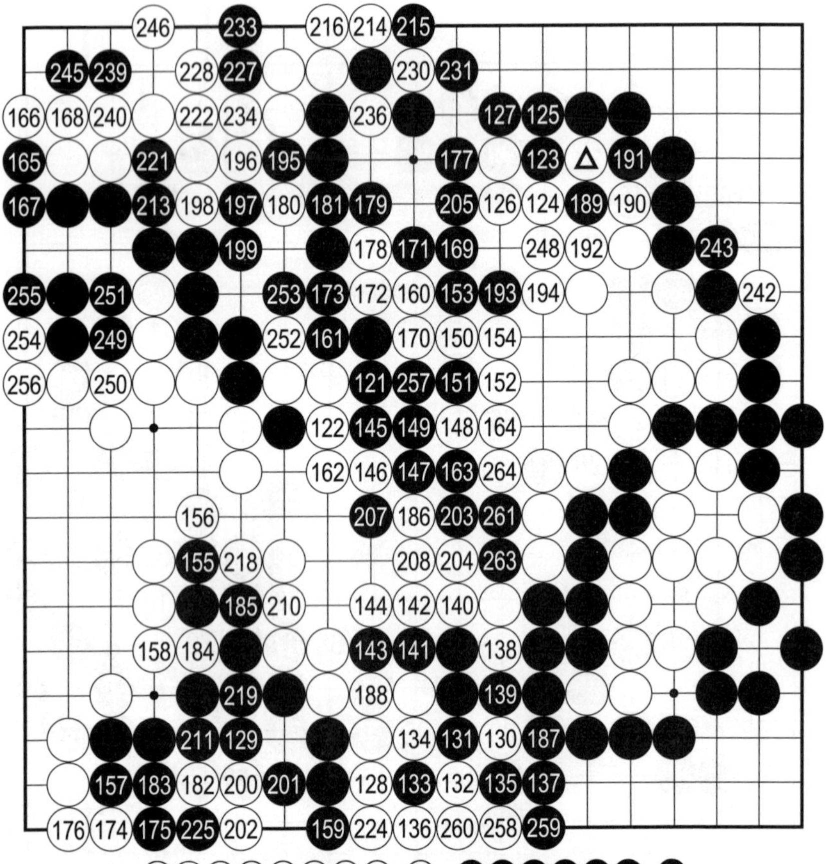

206 212 220 226 232 238 244 262 = △　209 217 223 229 235 241 = 189

237 = 230　247 265 = 189

1979年3月17日弈于东京
第1届世界业余围棋锦标赛决赛

黑方　聂卫平
白方　陈祖德

左下角至31的变化是黑棋好。白16可于165位长。黑25在27下一路跳更好。黑41可于61位扳，白62位，黑66位，这样黑作战有利。白42应于61位长补棋。实战将来若被黑55、61反击，白棋不好应对。黑87应在89位粘，价值还是大。白88失去一个好机会，可于119位靠，黑118位，白89位断，下一步白187下一路尖严厉，这样白棋优势。（常昊）

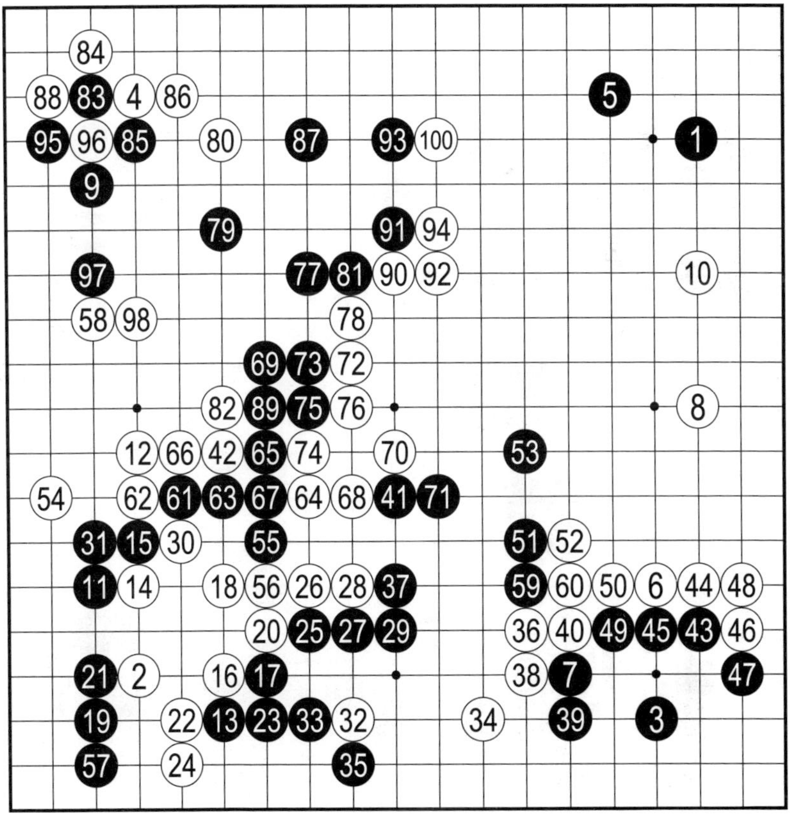

99=83

（1–100）

黑方　聂卫平

白方　陈祖德

白124可于181下一路找劫，黑124位，白35位左一路，如此黑大龙非常危险。实战右上角连下两手并不严厉，黑125消劫一举取得优势。白152可于163位粘，黑169位，白153位，实战被黑153至163一通搜刮，白实地差距太大，无力回天。（常昊）

黑贴5目半　共207手　黑中盘胜

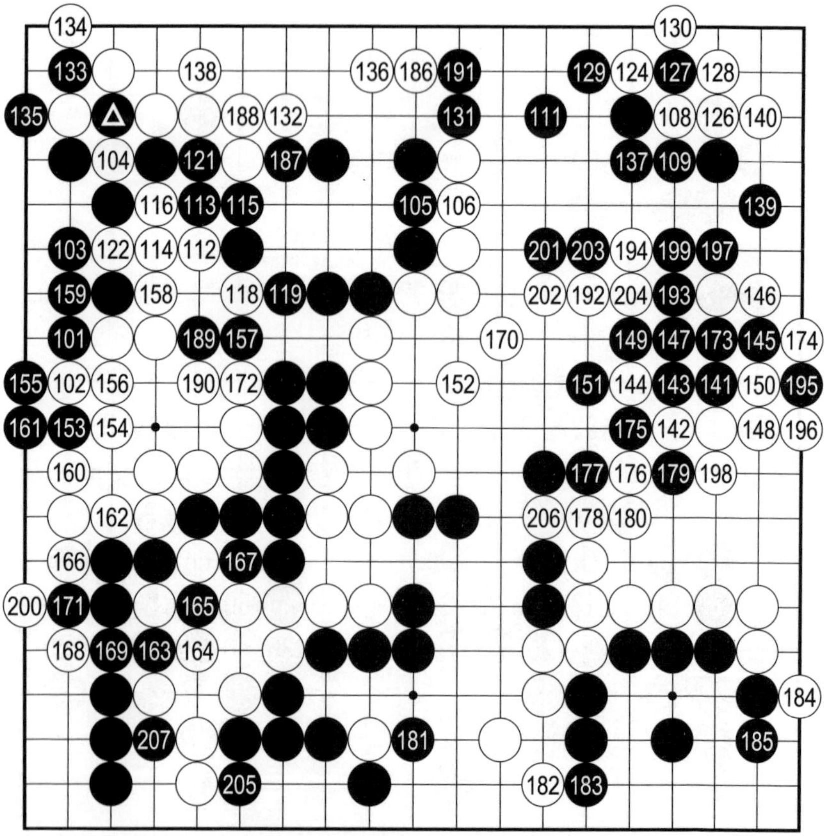

107 117 123 = △　110 120 125 = 104

1979 年 3 月 21 日
中国围棋代表团访日比赛

黑方　横山孝一　六段
白方　陈祖德

白 12 小尖局部稍亏，正常应走 25 位靠。黑 23、25 挖粘跟白交换不便宜，有帮白棋走厚嫌疑。黑 39 打吃俗手，应走 42 位下立。白 52 应在 62 位扳，实战四个子死得太干脆了。黑 55 靠不着急下，应在 138 位先把边空围上，那样形势黑棋还不错。白 62、64 交换不便宜，应该直接走 43 右一路做活。黑 71 打入位置不好，应走白 10 左一路托断。实战至 86，黑棋死得很没有悬念，这一串黑不便宜。白 92 靠出没必要，简单在 99 位打吃就可以。白 96 退应在 97 位连络，实战被黑分断后形势已经不利。（吴树浩）

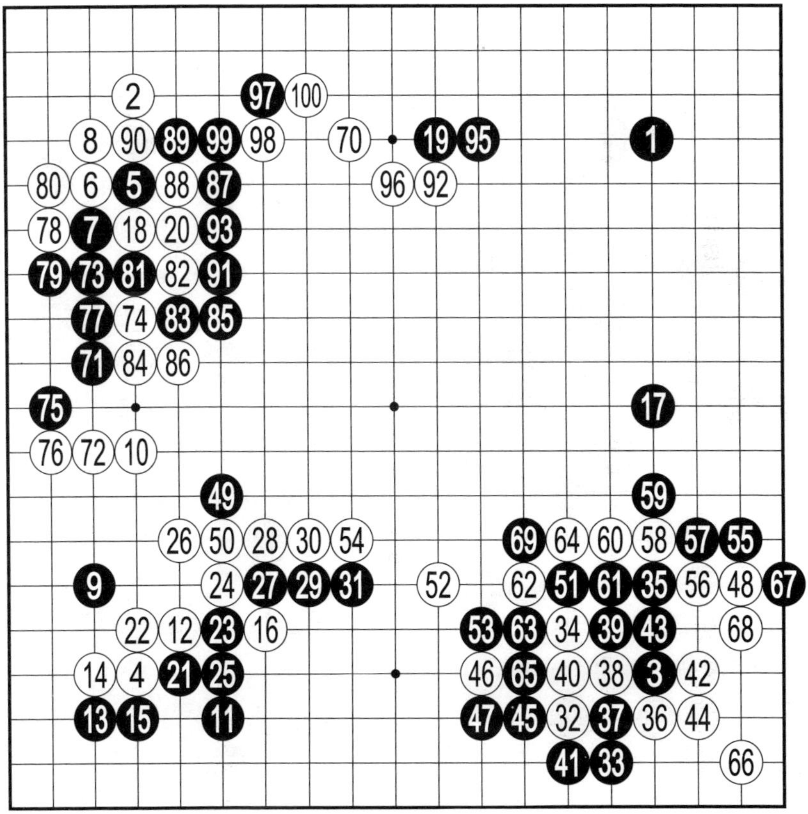

(94)=❺

（1–100）

黑方　横山孝一 六段

白方　陈祖德

白104打过分，还是应该在二路长，这个劫白棋太重。实战下至173，白左边六子被黑棋吃掉，右边吃不死黑棋就不行了。（吴树浩）

黑贴$2\frac{3}{4}$子　共230手　黑中盘胜

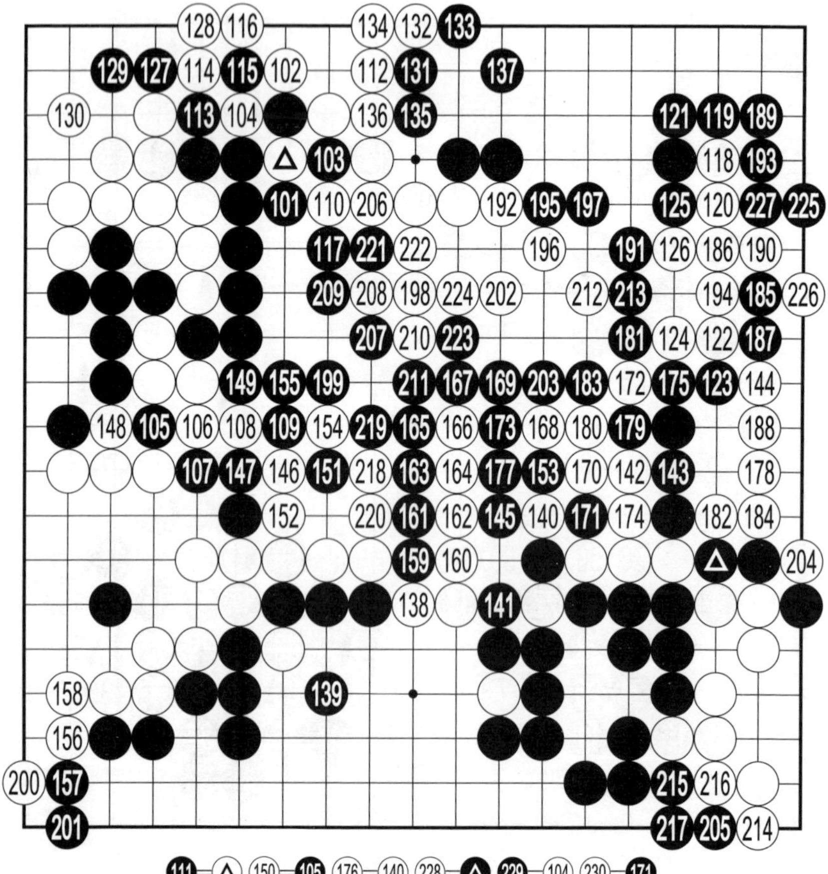

（101–230）

1979 年 3 月 23 日弈于名古屋

中国围棋代表团访日比赛

黑方　土田正光 八段

白方　陈祖德

黑 13 拆二后，左边黑子均处于三线，不甚满意。白 18 挡略重。白 24 飞罩，边角已取得联系。黑 25 不如缩回一路。白 26 积极主动，也给黑造成压力。黑 33 于 165 位尖关系到双方的根据，但大局上将要落后。黑 39 轻灵。白 40 似乎迟缓，却令上方黑数子成了无根之萍。黑 47 反击是强手，白 48 决不可穿象眼。黑 49 正着。白 50 是攻击黑棋得到的报酬。白 52 本手。黑 55、57 向中央连跳，有相当威力。白 58 分断很大。黑 59 欲在中央决战。白 68、70 颇有心计。黑 71 至 75，黑在中央的发展前途并不乐观。黑 77 长是好手。白 84 是防冲断的巧手。黑 87 有助于角部成活。黑 103 很为难，二路打也要被白借机整形。白 112 稳健，避免不必要的纠纷。黑 119 挤是好手。

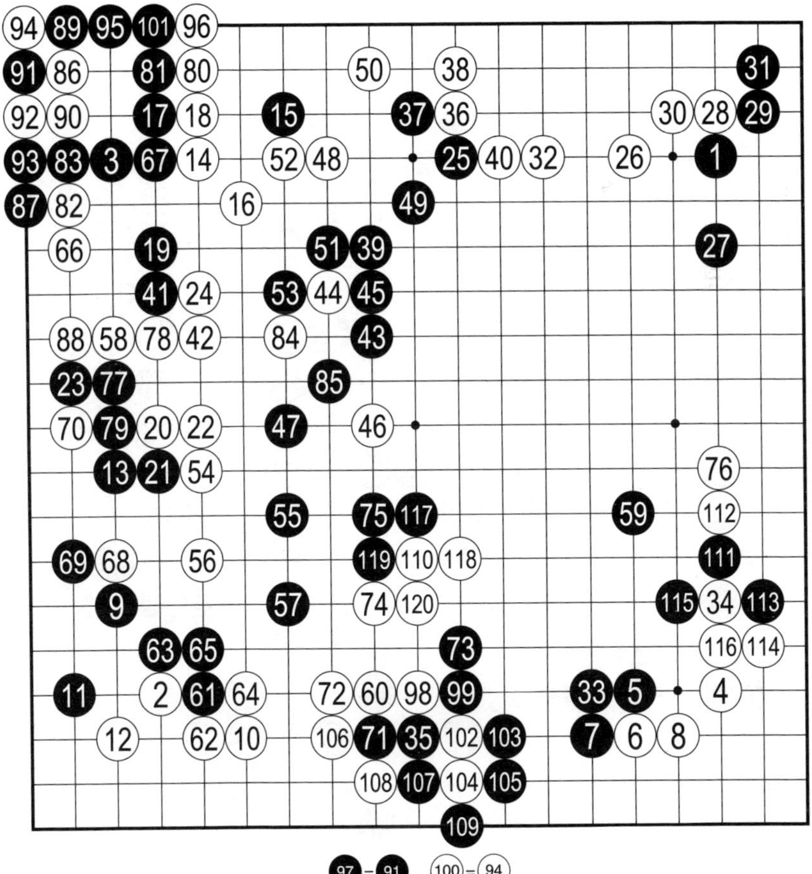

(1–120)

黑方　土田正光 八段

白方　陈祖德

黑 121 最大限度围腹空此际最佳。白 122 拐头不可省。白 130、132 目数不是最大的，却相当厚实。黑 133 虎、137 粘有其用意。黑 139 拆二最大，但可先在 146 位先手打。黑 147 若 149 位退太委屈，若 148 位挡，白则 147 位扳，故不甘示弱向角上长。白 172 至 178 是最佳行棋次序。白 182 是预留的手段。白 184 似乎很惊险，其实很安全。至 187 粘，白已得到先手便宜。

土田正光 1944 年生，13 岁拜木谷实九段为师，1961 年入段，1979 年升为九段。曾获第 8 回日本棋院棋道"连胜奖"，1992 年第 26 回棋道"胜率第一位奖"，颇具实力。（陈祖德）

黑贴 5 目半　共 262 手　白胜 5 目半

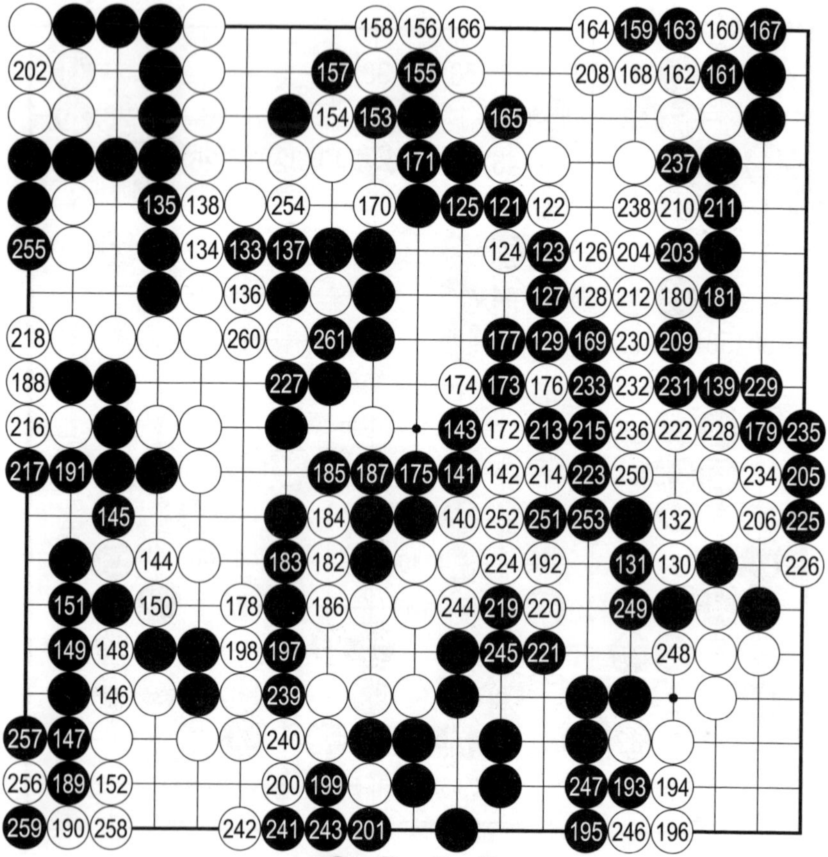

207=160　262=256

（121–262）

1979年3月30日弈于东京筱原琴作所奥泽会馆

黑方　原田实

白方　陈祖德

黑13继续压不好，应20位打吃，然后在外面虎。白16长在17位连扳更好。下至白38形势差不多，是白棋实空稍多的局面。白48点过分，本手应该在62位长。下至61是黑棋有利的局面，白棋这一串没有收获，反而把自己走薄了。黑63应该扳白52等三子的头，那样白不好处理。黑89、91没必要，直接走92位挡，已经是优势很大的局面。被白92冲出后，黑棋变薄了。白94失误，应直接在48左一路冲断，那样还很复杂。（吴树浩）

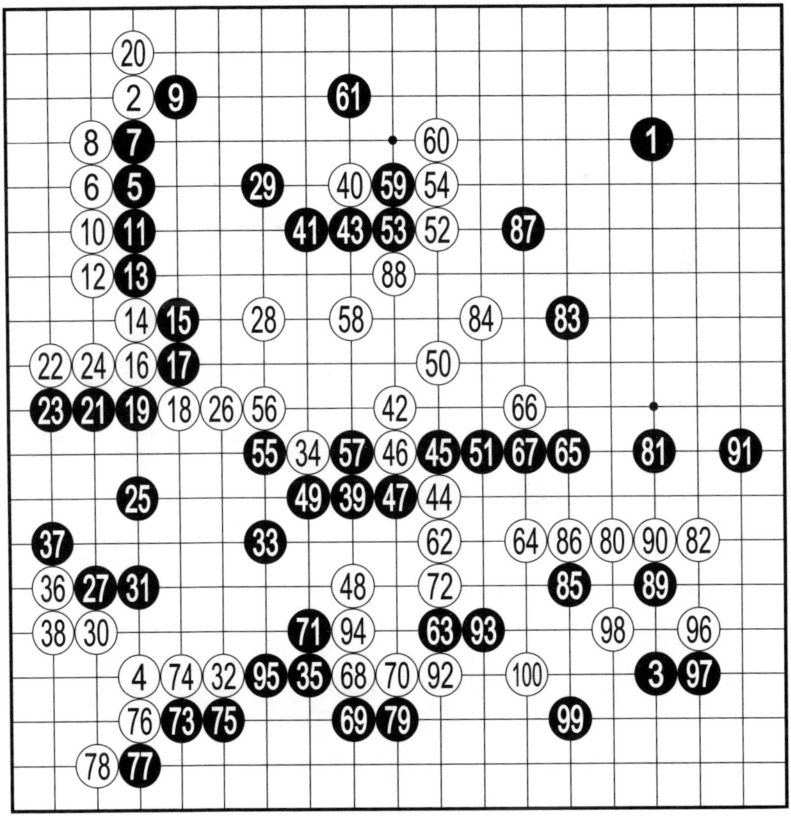

（1–100）

实战被黑棋连络以后，已经是黑棋有利的局面。下至黑135，白棋实空已告不足，黑棋把优势一直保持到最后。（吴树浩）

黑方 **原田实**

白方 **陈祖德**

黑贴5目半　共181手　黑中盘胜

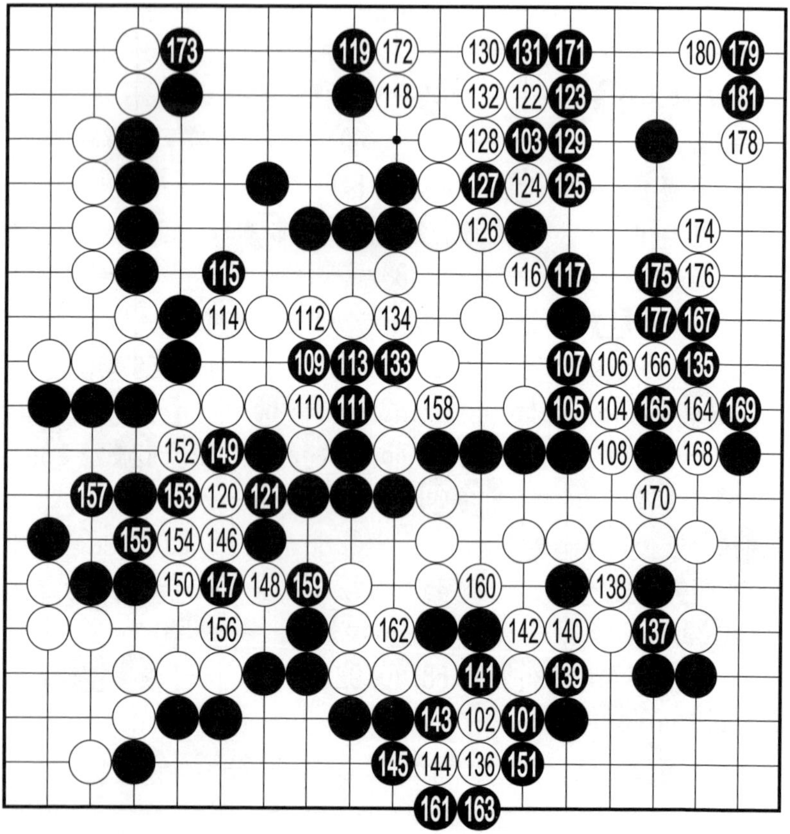

（101–181）

1979 年 4 月 1 日于苏州
全国运动会

黑方　陈嘉锐
白方　陈祖德

布局阶段黑较为有趣，右下角的战斗黑处理成功，进行至 51，黑优势历然。白 78、80 抢先手的下法并不成功。黑 83 以下的弃子非常精彩，先手定型后抢到 105 的大场，黑简明。黑 107、111 强围上边不简明，被白 112-116 成功搅乱局势，局面变得复杂起来。在乱战中，黑 147 是致命败着，此时只能先于 148 位做眼，如此局势还不明朗。白 148 破眼后，黑大龙瞬间宣告死亡，棋局戛然而止。（周睿羊）

黑贴 $2\frac{3}{4}$ 子　共 150 手　白中盘胜

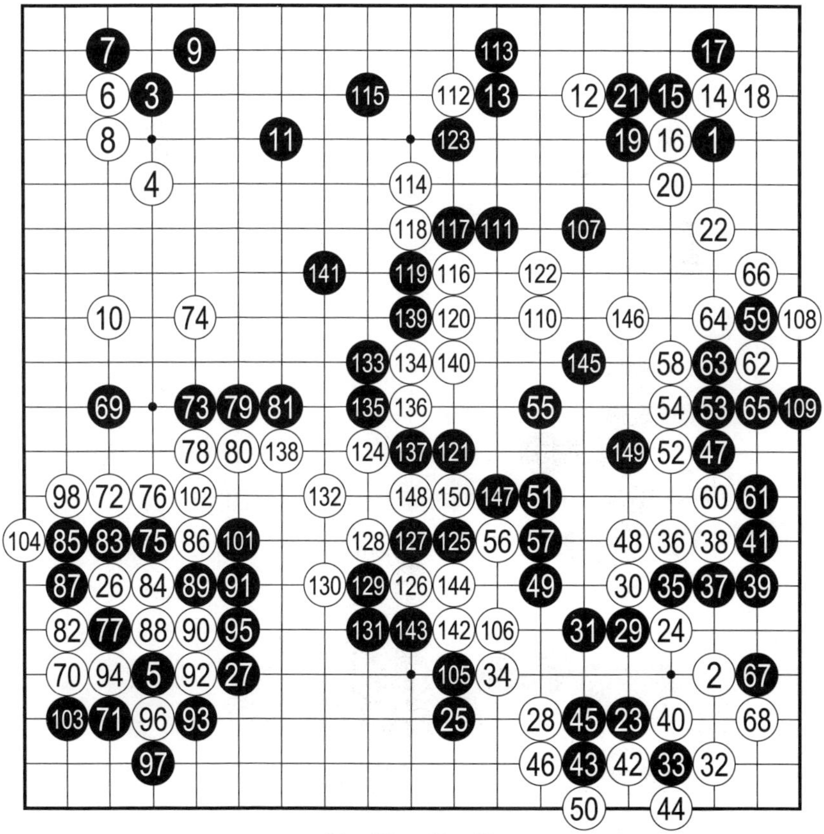

99＝5　100＝77

（1–150）

1979 年 4 月 20 日弈于苏州
全国团体赛第 1 轮

黑方　陈祖德

白方　唐锦潮

黑 7、9 准备构筑大模样，白 16、18、20 酥软，形势不利。不过黑 21、23 缓手，把优势送出。黑 35 小，之后白棋快速拓展，黑不利。白 70 后有些求稳，局面慢慢变得接近了。（王雷）

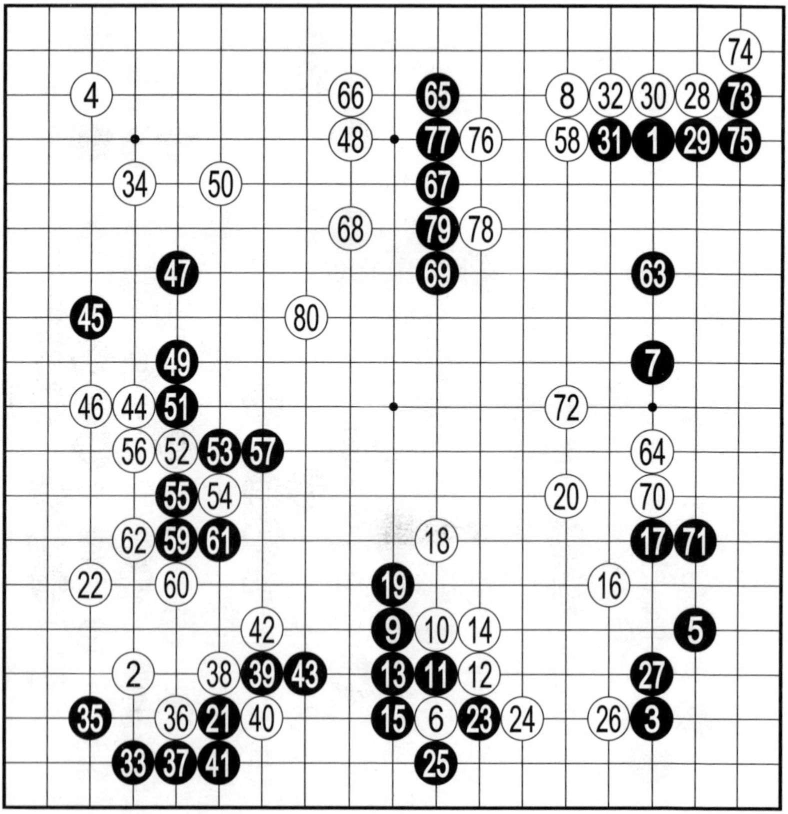

（1–80）

黑方 **陈祖德**

白方 **唐锦潮**

黑 97 问应手妖娆，白 98 因为形势吃紧反击必然，但这一串白棋比较头晕，几步都下在没有目的地方，被黑棋中央冲击，上方两面刮，成为黑棋小胜的局面。（王雷）

黑贴$2\frac{3}{4}$子　169 手以下略　黑中盘胜

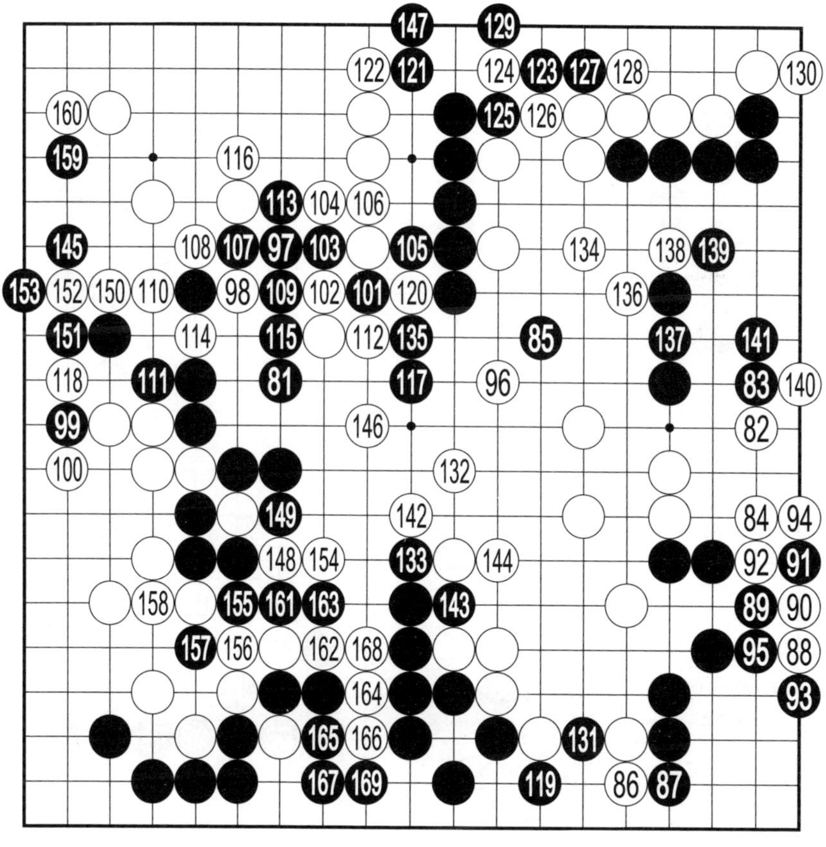

（81–169）

1979 年 4 月 22 日于苏州
全国运动会

黑方　陈祖德

白方　王汝南

开局后，黑对右下角的进攻较为成功，65、67 先手提两子巨大无比，心情愉悦，但 71、73 稍嫌不理智，虽在下方取得大量实地，但白争得先手抢到 82 位的大场，局面广阔。黑 91、93 缓手，应在 180 位挺头，如此形势尚可。白 98 先手冲出后收获巨大，成功取得领先。（周睿羊）

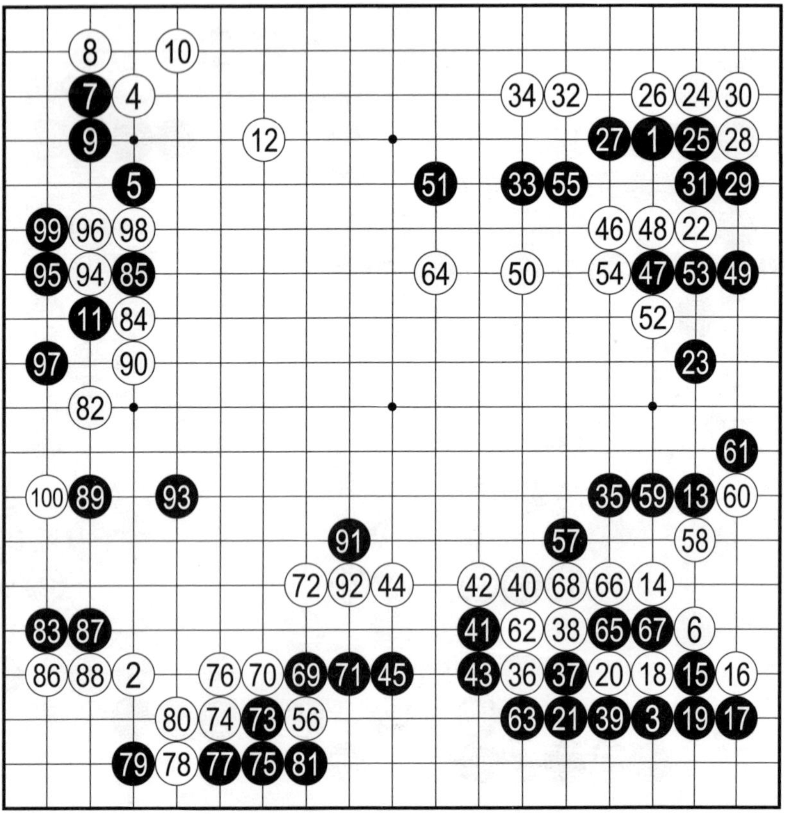

（1–100）

黑方 **陈祖德**

白方 **王汝南**

随后白在中腹处理得细腻，取得了微弱优势。黑181强行收官，白184最后一击，吃住中间两子，锁定胜局。（周睿羊）

黑贴$2\frac{3}{4}$子　共190手　白中盘胜

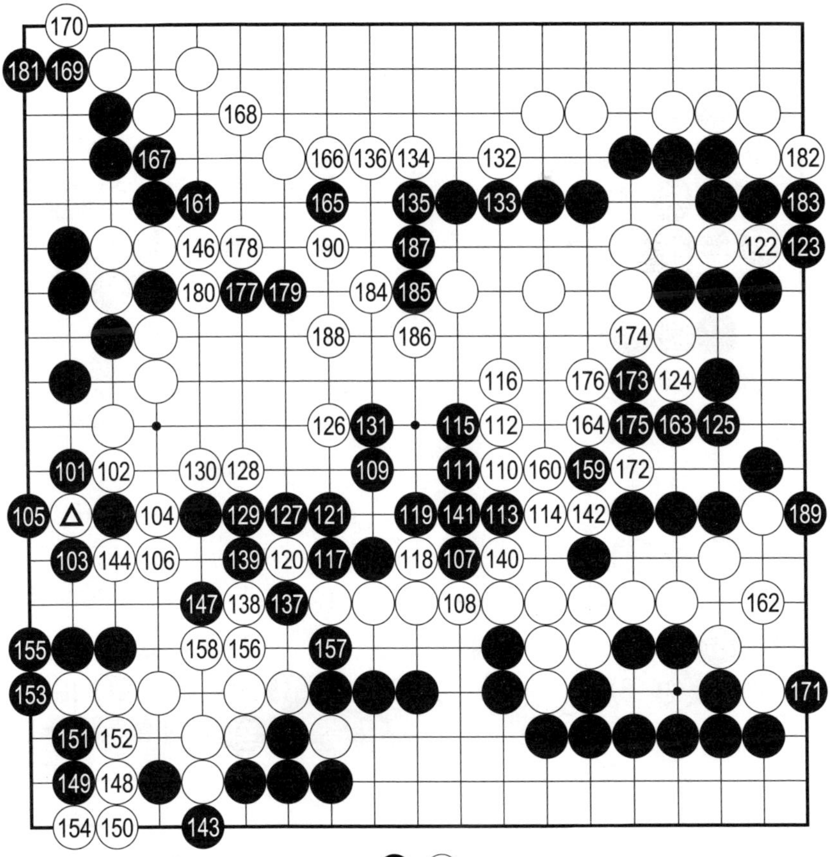

145＝△

（101–190）

1979年4月24日

全国团体赛第4轮

黑方　黄弃昔

白方　陈祖德

双方布局平稳。黑31造出一个劫，找找头绪，其实这个劫双方都很轻。双方在右上大打出手后又回头搞这个劫，稍微有些不合理。白66是为了引征，跑出后白棋优势明朗化了。客观来说，从打劫开始，白棋搞掉黑棋35目地，并且自己活了20目，黑棋有些不知所云。之后黑方继续强击左下不痛不痒的劫，上面和初期差了60目，大败。（王雷）

黑贴$2\frac{3}{4}$子　共120手　白中盘胜

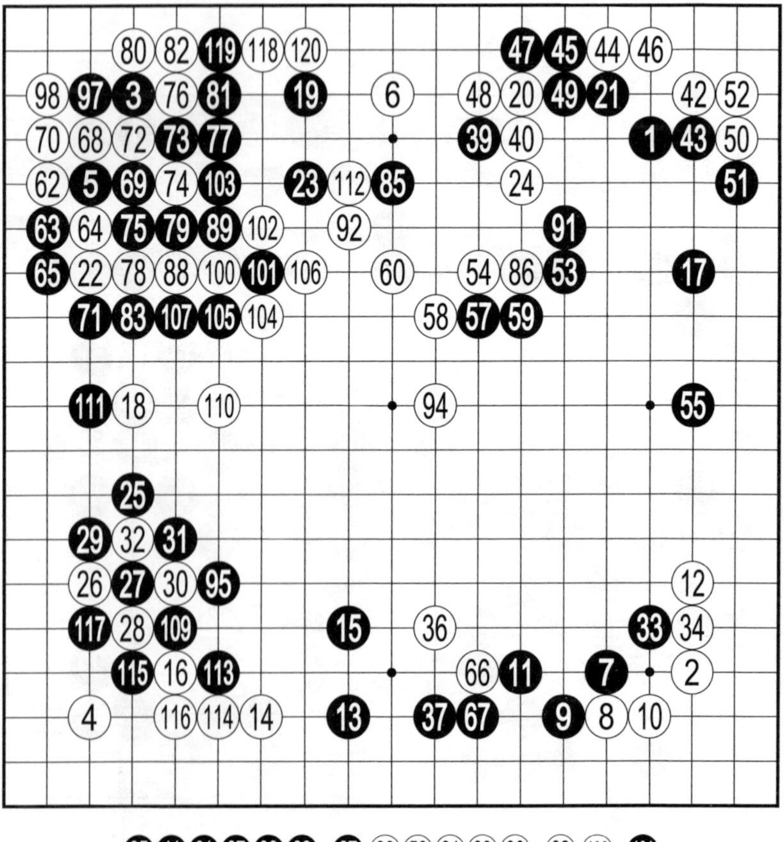

35 41 61 87 93 99=27　38 56 84 90 96=32　108=101

（1–120）

1979 年 4 月 25 日
全国团体赛第 5 轮

黑方　陈祖德
白方　王民学

白 16、18 太扁，明显被动。黑 25 逼住后，白 26 匪夷所思，居然把大肥空弃了，这样和之前白 16、18 捞空逻辑完全不符。白 40-44 又是俗手“大全”，黑优势巨大。因为黑棋棋厚空多，下到 60 手以后纯表演屠龙。客观来说这块棋吃不掉。不过因为双方强弱悬殊，黑棋又擅长进攻，白 80 之后竟然要吃掉了。后续陈老师不断秀出手筋，最后鲸吞白棋大龙。这是一盘实力悬殊的对局。（王雷）

黑贴 $2\frac{3}{4}$ 子　135 手以下略　黑中盘胜

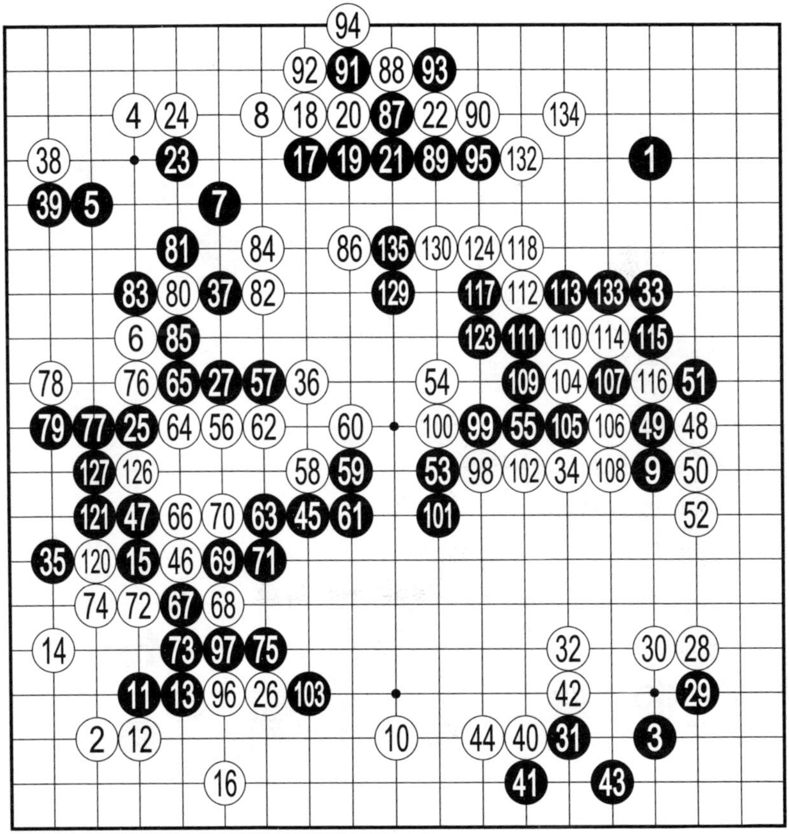

119 125 131＝107　122 128＝116

（1–135）

1979 年 4 月 28 日
全国运动会个人赛第 1 轮

黑方　雷贞偶

白方　陈祖德

布局中黑棋下得较缓，到白 28，白无不满。黑 71 发力方向不可取，从计算来说，不难算清楚黑棋局部会被割断。黑 87 爆损，匪夷所思，单做劫是只此一手，实战太俗了。白 90、92 要出棋，黑 93 的松软不可思议，强杀白棋是唯一争胜之路。实战大空被白先手活出，空实在是不够了。（王雷）

黑贴$2\frac{3}{4}$子　126 手以下略　白胜$1\frac{3}{4}$子

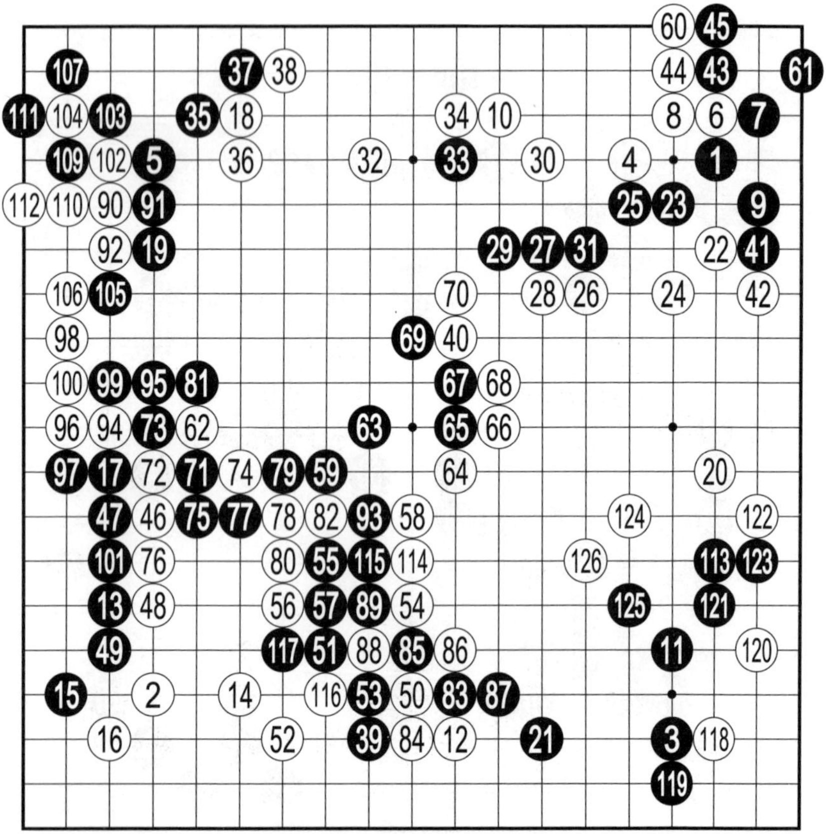

108=85

（1–126）

1979年4月29日
全国运动会个人赛第2轮

黑方　陈祖德

白方　王汝南

黑23略显慢速，而27又稍微有点虚，这样目数受损。黑37是常用手筋，掏掉白空后本来是很美好的，但黑41似乎是个误算，在摆棋时也很难想象这个失误如此致命（黑41应该先顶试应手）。白42断严厉。黑49分断后再于57位打劫无奈，但是没有劫材，被白68消劫后目数大损。白76、78彻底放松状态。之后黑棋着急翻盘，白方思维灵活，顺风顺水，轻松获得胜利。（王雷）

黑贴$2\frac{3}{4}$子　102手以下略　白中盘胜

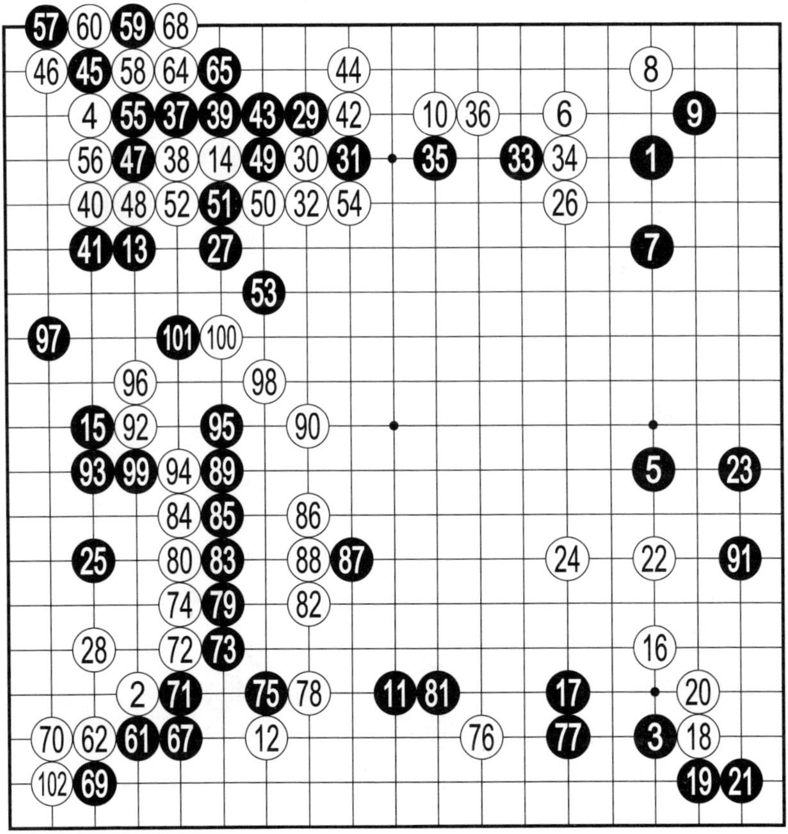

63=45　66=60

（1–102）

1979 年 4 月 30 日
全国运动会个人赛第 3 轮

黑方　朱金兆
白方　陈祖德

白 8、10 好手，具有现代围棋的雏形。AI 认为白 10 走角部转身更佳。黑 19 应在右边打入或者 71 位尖顶。布局结束后白满意。黑 33 蓄谋已久，不过 41 压的方向似乎有误。白 54 脱先没想到，白棋可能更看重中央的势力。白 60、62 严厉，不过之前实空亏得蛮懵的。黑 63 脱先不可思议，对陈老师的力量这么害怕吗？黑棋之后不少棋下得很软，其实形势并没有那么乐观。到白 100 立到二路时，已经是均势。黑棋 107 之后的下法不知所云，感觉计算失误不少。白 132 后盘面已优。（王雷）

黑贴2$\frac{3}{4}$子　132 手以下略　白胜2$\frac{1}{4}$子

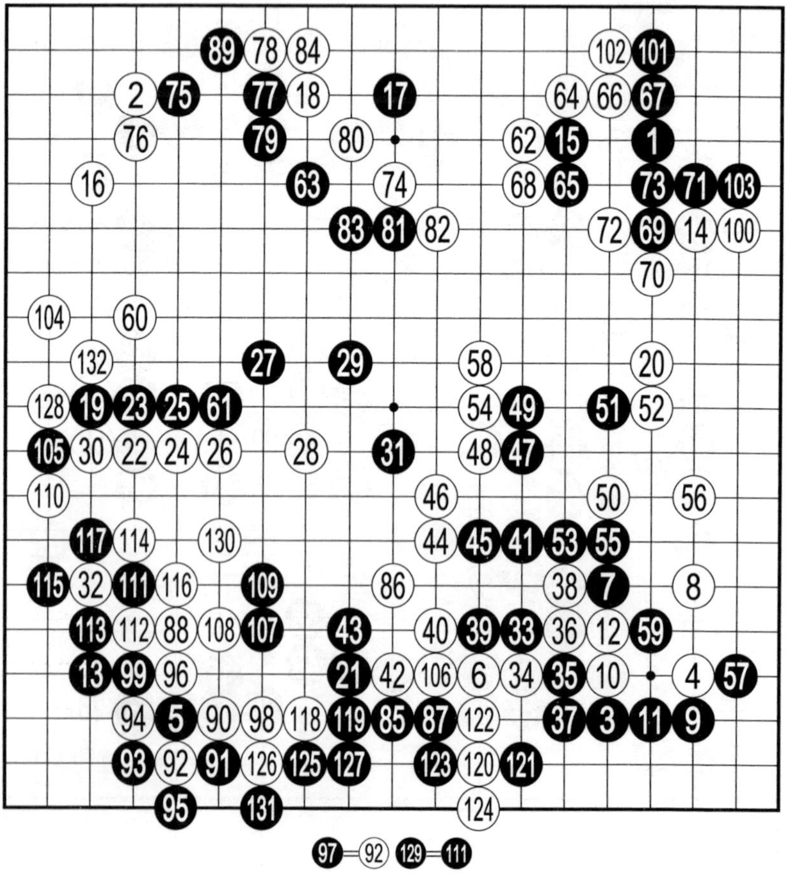

（1–132）

1979 年 5 月 2 日
全国运动会个人赛第 4 轮

黑方　陈祖德
白方　陈锡明

这是当年被选去日本的二人组的对局。

布局中白方快速、稳定，有现代布局之风。白 46 的攻击选择有些上头，本身在左下拿住角部为正常感觉。黑 51、53、55 稳准狠，白棋被逼上梁山。白 54、56、62 这几步棋非常牵强，回头看，白 46 的声东击西十分过分。后面白棋在攻逼黑棋的过程中，黑应该是认为形势占优，没有选择反击。白 104 妙手，但是黑棋不为所动，选择了最大魄力的全局下法。白棋被黑气势所吓阻，一路软软补活，大角被吃后黑胜定。（王雷）

黑贴 $2\frac{3}{4}$ 子　149 手以下略　黑胜 $5\frac{3}{4}$ 子

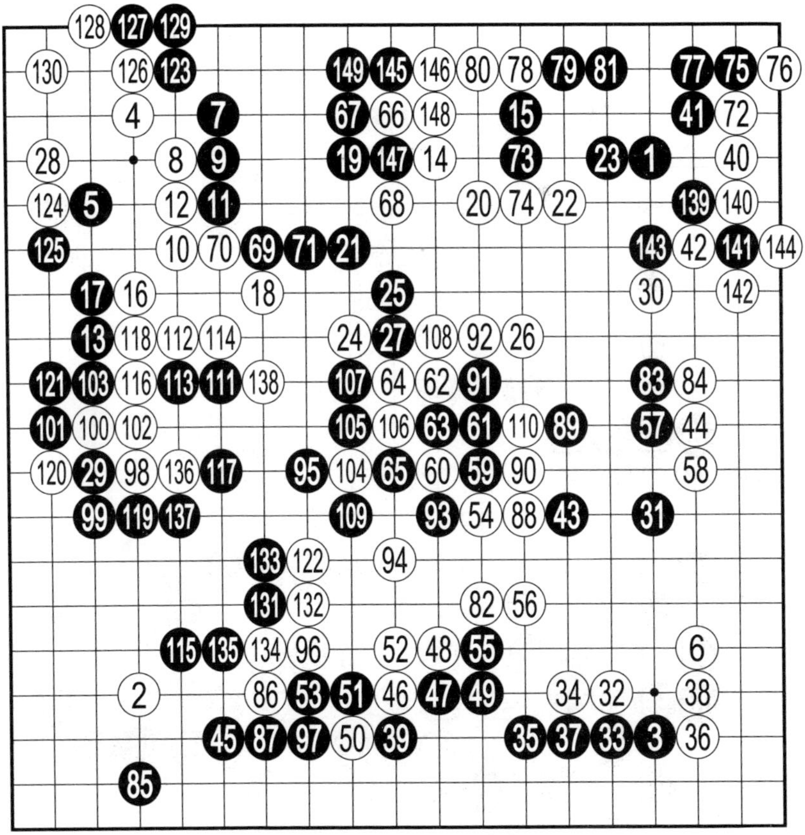

（1–149）

1979年5月3日于苏州
全国运动会个人赛第5轮

黑方　刘小光
白方　陈祖德

白22、24作战无理，黑25、27组合拳好手，白无奈只能选择转换，黑还可搜刮右下角，形势有利。黑71、73又是好棋，白方被迫忍耐十分痛苦，黑先手定型后优势巨大。黑81以下太过激进，此时稳健应对，则黑优势明显。实战进行至90，黑上边被破，损失不小。（周睿羊）

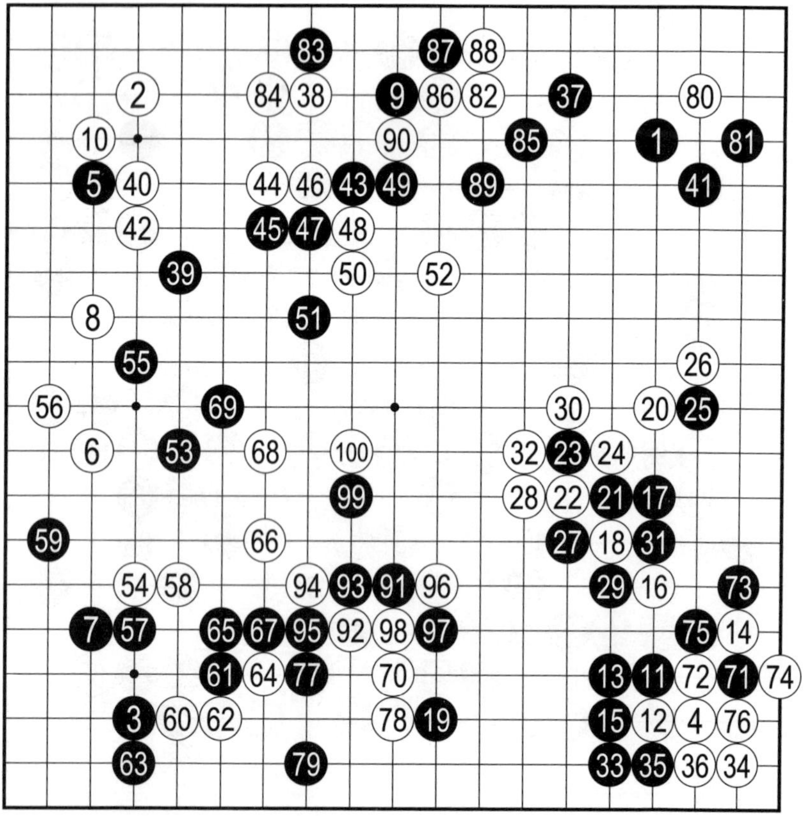

（1–100）

黑方 **刘小光**

白方 **陈祖德**

之后黑在下方作战中计算精确，至128时，白已危在旦夕。然而黑129致命错觉，此时在129上一路虎，简单做活即可。实战黑并未成活，局面被白神奇逆转。虽然此后仍有机会，但黑方已经错失最佳胜机，最后被白方极限逆转成功。(周睿羊)

黑贴$2\frac{3}{4}$子　190手以下略　白胜$1\frac{1}{4}$子

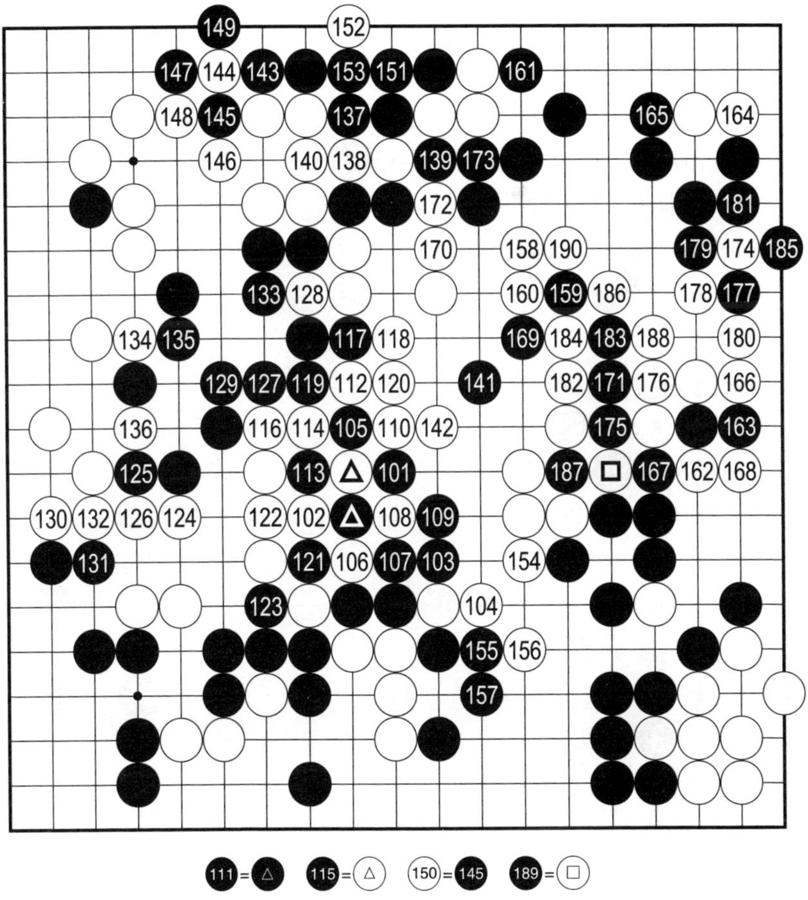

(101–190)

1979年5月5日
全国个人赛第6轮

黑方　陈祖德
白方　吴玉林

对角星是陈老师喜欢的布局。白22求稳，一般是一间或者二间斜飞。黑29、31没有太大必要，正常是脱先。白58后，对攻击黑棋没拿出什么好办法，结果被黑棋中心拔花。在之后的进行之中，黑棋小刀子满天飞。黑79-97的定型方法，在20年后我们学棋的时候已经成为模板级别。后黑方一路可弃可取，堪称经典。（王雷）

黑贴2$\frac{3}{4}$子　共149手　黑中盘胜

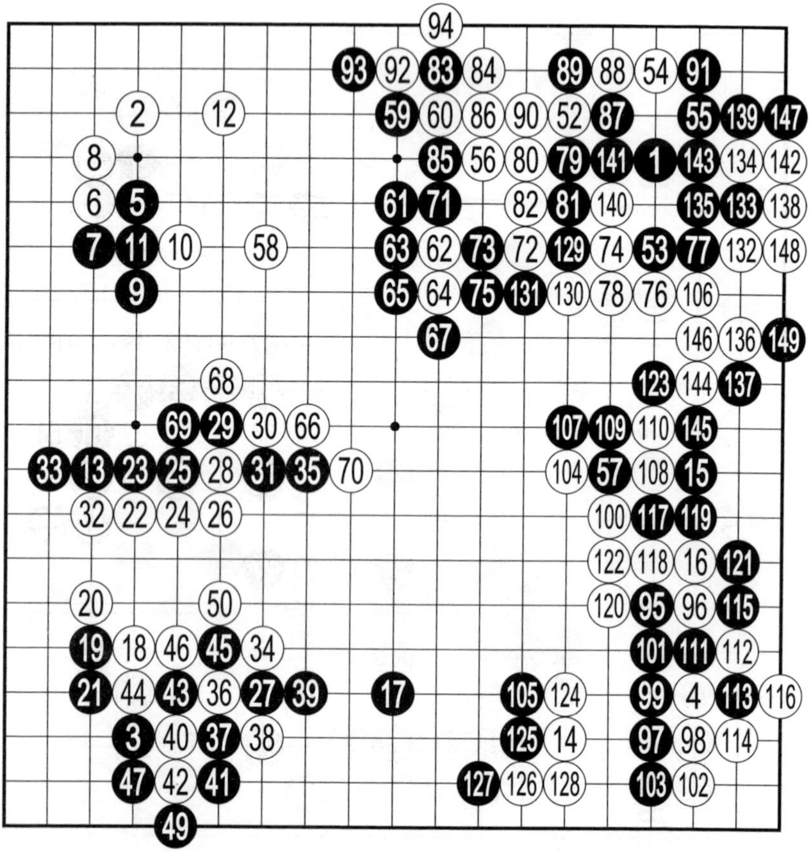

48=36　51=43

（1–149）

1979年5月7日
全国个人赛第7轮

黑方　陈祖德
白方　宋雪林

西南王宋老师的棋艺非凡。

黑7、9是陈老师喜爱的风格。白10偏软，黑能靠下无不满。在右上的战斗中，白棋并没有得到多少实空，损失不小。之后黑棋长时间保持盘面15目的优势。（王雷）

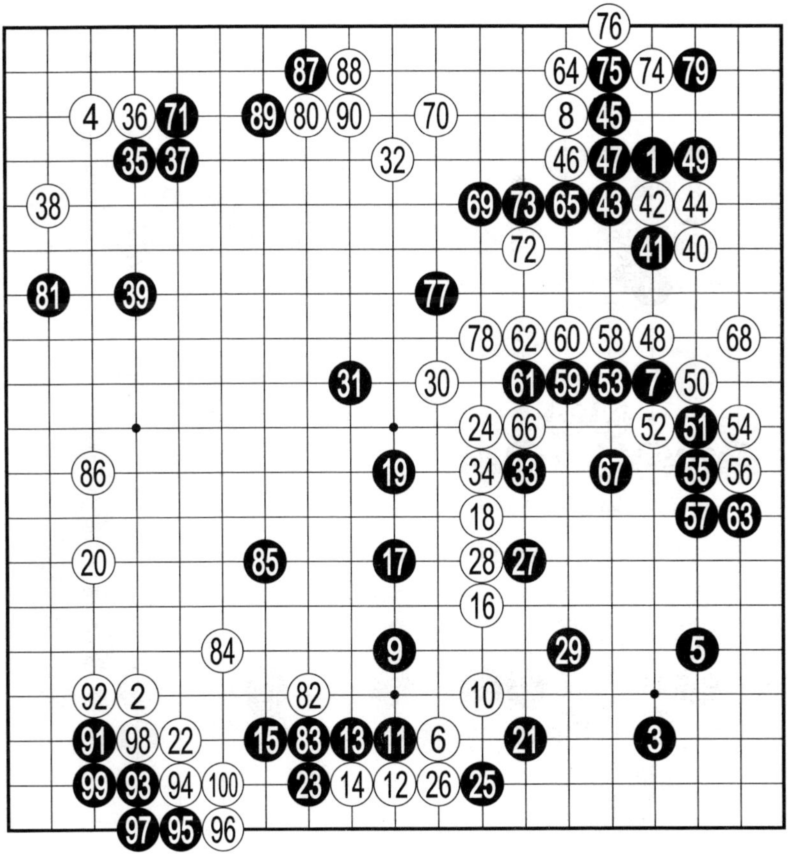

（1–100）

黑方 **陈祖德**

白方 **宋雪林**

但在左下似乎有些着急，为了活一个小角，让全局厚薄颠倒。活角后，黑棋全盘非常薄，但白棋没有采取追击的下法，转而收空，全局细微。之后黑棋官子更好下一些，一路保持微弱优势，最后险胜。（王雷）

黑贴$2\frac{3}{4}$子　203 手以下略　黑胜$\frac{3}{4}$子

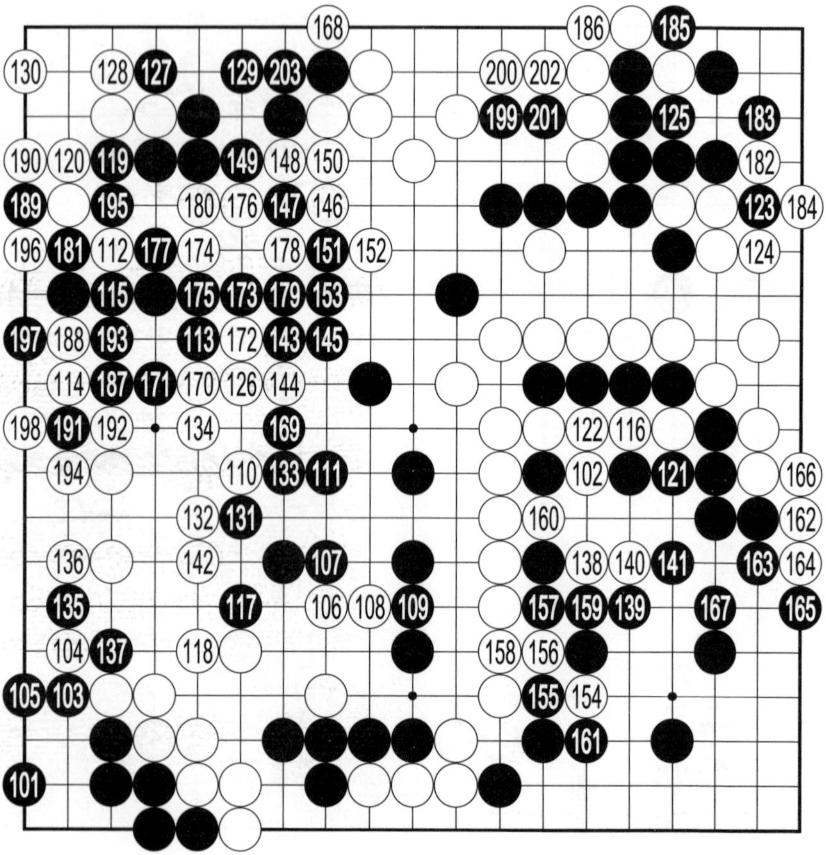

（101–203）

1979 年 6 月 9 日弈于北京
日本围棋代表团访华比赛第一场

黑方　白石裕 九段

白方　陈祖德

稳健型的白石九段选择了对角星布局，意味深长。黑 7 拆二正着。黑 15 稳健。黑 23、25 立即扳粘，行棋扎实。白 26 加强自身，而且有利于打入下边。黑 27 尖是局部好手。白 28 必须补。黑 29 大跳不当，不如直接在上边拦。至白 34，上边白棋相当厚，两面的黑棋显得很薄。黑 35 托是黑 27 产生的权利。白 36 争先手。白 38 打入及时。黑 39、41 声东击西。黑 45 不如跳二路，以后攻杀时威力更大。黑 47 若外扳，白可简明成活。黑 55、57 有力。白 60 非出头不可。白 64 极大。白 66 可在 68 位提，实战黑 67 后，下边白棋的出路变窄，只能靠打劫周旋。黑 79 过于稳重，不如 81 位刺。白 84 厚实且必须如此。黑 95 厚，然而黑局面并不乐观。白 96 打入，实地已经领先。黑 97 稳健。

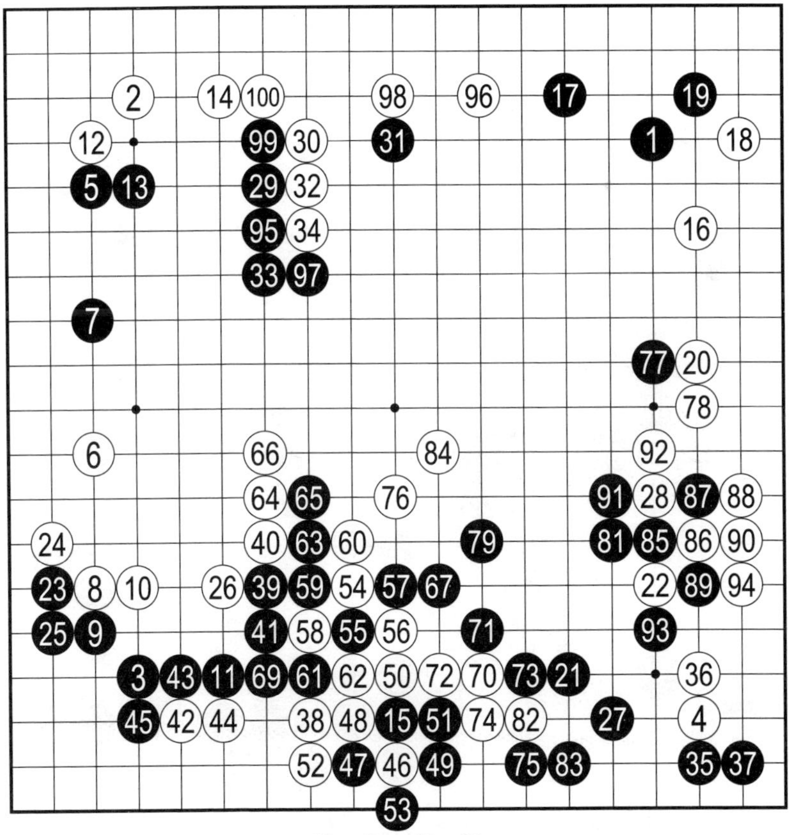

68 = 58　80 = 55

（1–100）

黑方 **白石裕** **九段**

白方 **陈祖德**

黑101至105定型过早，失去了变化。黑107未抓住攻击要点。黑113时已没有有力的攻击手段。黑121再分断为时已晚。白128、130非常机敏，至132，局部已经获利。黑139挤打是正着。黑161破眼，白162挤断，由此展开了劫争。由于白本身劫多，黑不可能打赢。白176、178换个地方打劫，有趣。白180粘太大。黑189消劫后，白190又在另一处打劫。一条大龙的死活，在三个地方引起劫争，有趣而罕见。

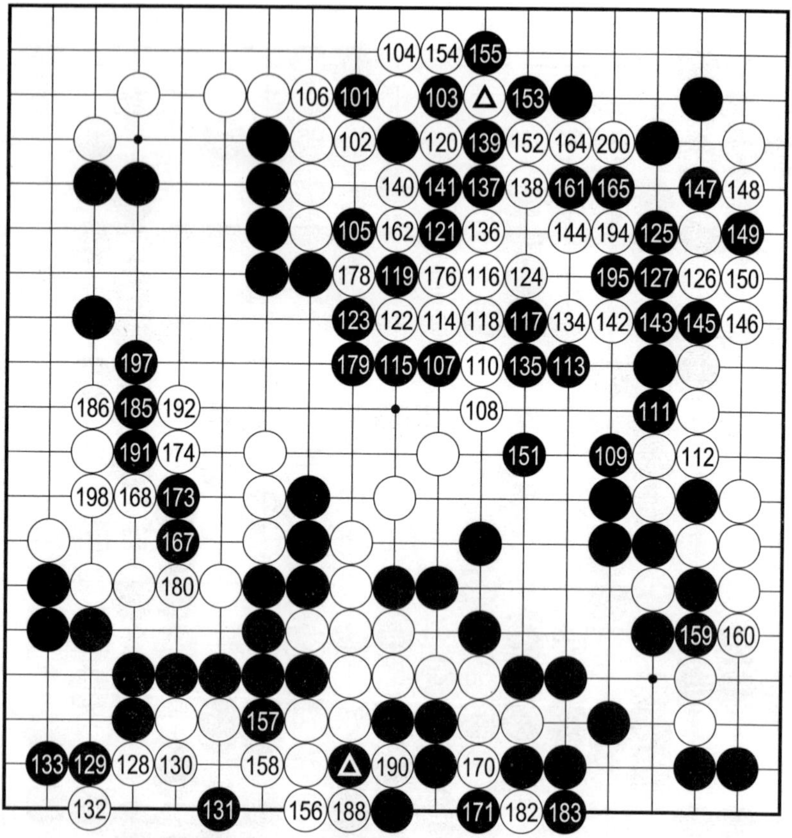

163 169 175 = 103　166 172 177 = △　181 187 = 119　184 189 = 178

193 199 = △　196 = 190

（101–200）

黑方　白石裕 九段

白方　陈祖德

以大淫一玄为团长的日本围棋代表团于1979年6月到达北京。团员包括白石裕九段、羽根泰正八段、中村秀仁七段、时本壹六段、星川信明六段、小林千寿五段、小林觉五段七名职业棋手。这个阵容即使现在来看也是相当强的。我国棋手齐心奋战，特别是年轻棋手表现出顽强的拼搏精神，取得了21胜5和22负的较理想战绩。

白石裕生于1941年，12岁拜关山利一九段为师，1956年入段，1973年升九段。他曾取得以下突出成绩：第1期和第6期棋圣战九段组冠军；进入第2、3、12期名人战循环圈和第35、36、40期本因坊战循环圈。对死活题亦很有研究。（陈祖德）

黑贴$2\frac{1}{2}$子　共303手　白胜3子

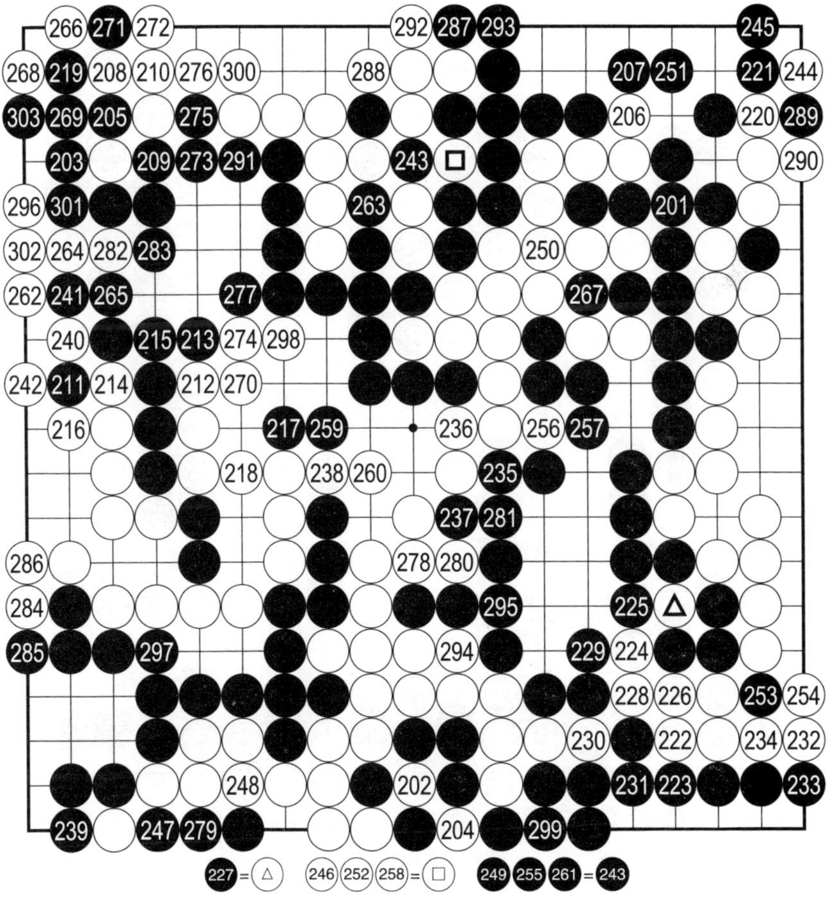

（201–303）

1979 年 6 月 11 日弈于北京饭店
日本围棋代表团访华比赛第二场

黑方　大窪一玄 九段
白方　陈祖德

白 16 飞走 273 位拆二更积极。白 26 长应该在 27 位打吃，实战被黑棋立下，黑比较满意。黑 31 夹击应先在 33 位尖顶，实战直接夹，白棋可以 216 位托进角。黑 37 靠压缓手，应在 117 位小飞。白 40 活角的方式不便宜，应走 126 位飞，实战把黑棋走得太厚。下至 51 是黑棋主动的局面。黑 57 接缓手，可在 129 位夹。白 66 失误，应在 103 位立，实战活得太委屈。黑 71 应靠白 32，不让白棋两块连络。

黑 103 打吃把 174 位的先手给卖了，应该直接走 133 位点。至白 110 还是黑棋稍好的局面。白 122 打吃应该走 127 位并，救回 16 一子。（吴树浩）

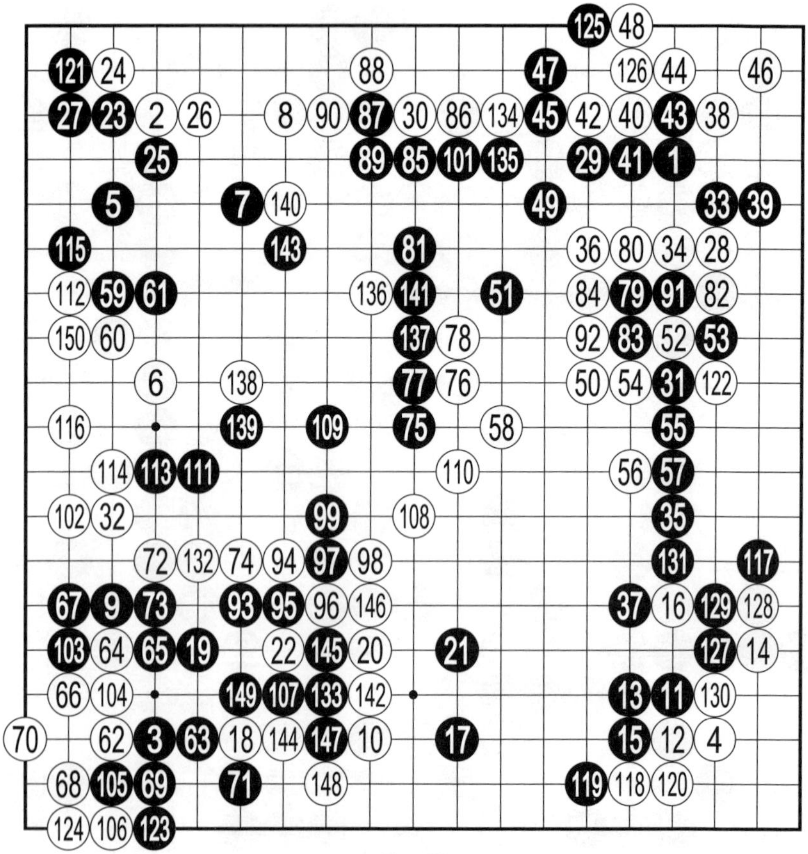

100=52

（1–150）

后面双方官子错进错出，最后黑棋幸运一子获胜。（吴树浩）

黑方　大滛一玄　九段
白方　陈祖德

黑贴$2\frac{1}{2}$子　共 287 手　黑胜 1 子

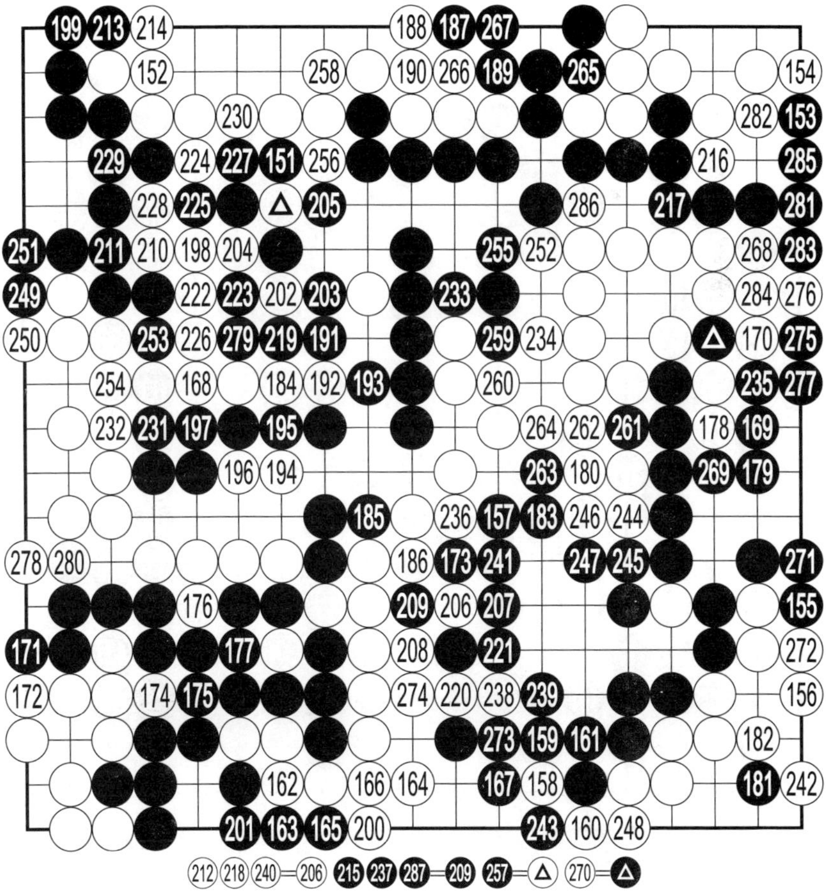

（151–287）

1979 年 7 月 17 日弈于北京
首届新体育杯第 2 轮

黑方　朱菊菲
白方　陈祖德

在布局中，执黑的朱菊菲老师并不落后，体现出当时女子棋手的风采。右上角被白 40 以下搜刮后，黑棋没有意识到厚薄问题，在大块被攻后形势不妙。随后陈老师 56 以下的进攻游刃有余，并没有想吃黑棋，但目数已经优势了。白 80 打入后优势越发明朗，盘面大优。后面虽然略有过分，有些欺负黑棋了，但一直大优不动，即便黑棋下出反击也很难获胜。（王雷）

黑贴 $2\frac{3}{4}$ 子　共 206 手　白中盘胜

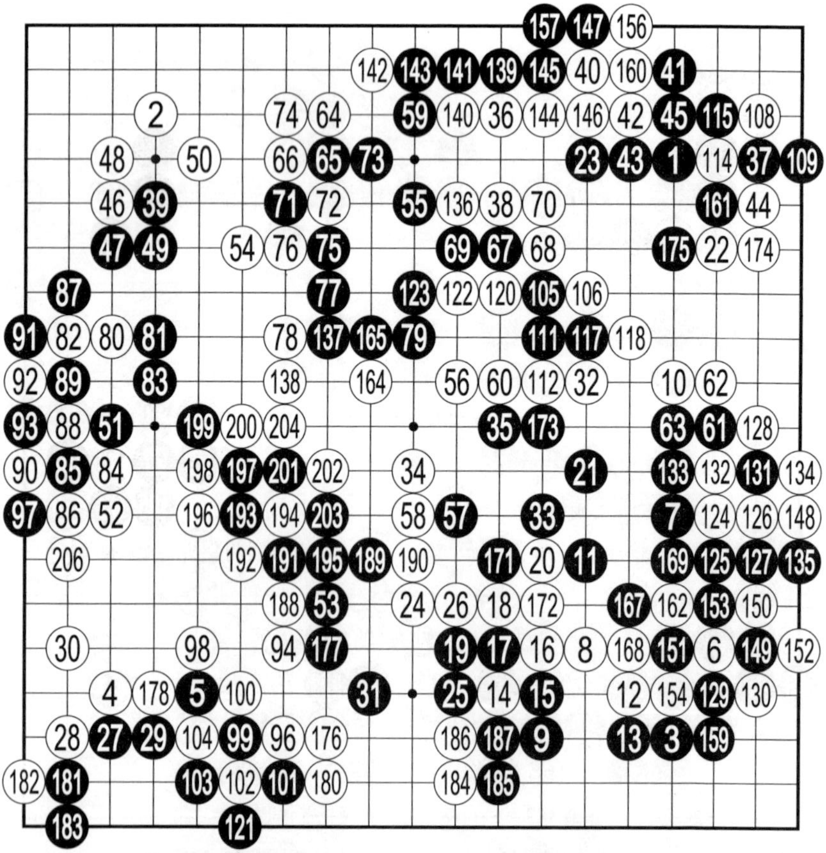

95=85　107 113 119=99　110 116 179=104　155 163=149　158=6
166=6　170=151　205=194

（1–206）

1979年7月19日弈于北京
首届新体育杯第3轮

黑方　陈祖德
白方　王群

左上的定式白棋有点亏，其实吴清源先生在《白布局》中已经给出了应对黑7斜飞的办法。黑31应该围住左边，安逸，实战被白32、34凿进去有点看不清。白42后“吃大饼”令人费解，大亏。后面黑棋一直优势。白80在下边搞劫期待让黑棋混乱，但是在劫争过程中，陈老控制得很轻松。一直是大优。（王雷）

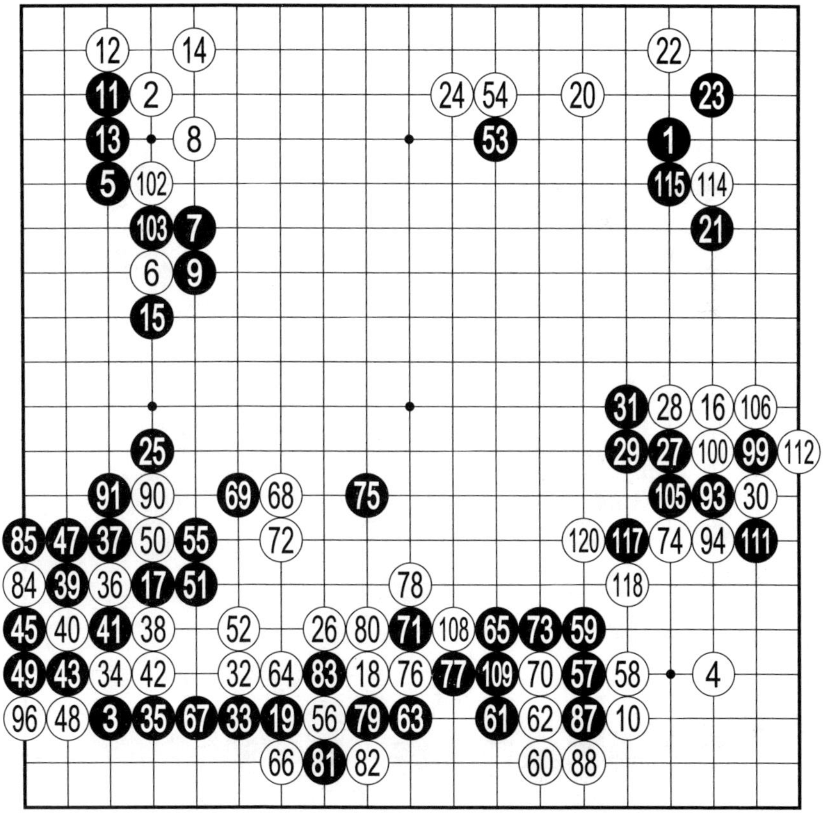

44=36　46=41　86 92 98 104 110 116=56　89 95 101=83
97=84　107 113 119=83

（1–120）

官子阶段黑棋下得比较求稳，小胜依然不可动摇。（王雷）

黑方　陈祖德

白方　王群

黑贴2$\frac{3}{4}$子　共 241 手　黑胜1$\frac{3}{4}$子

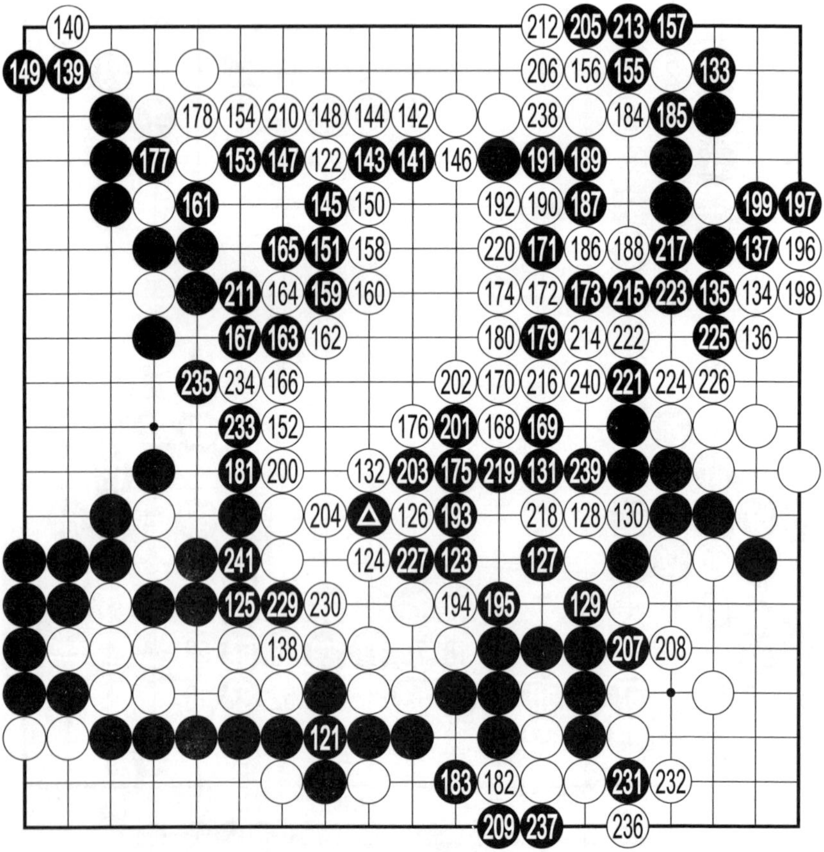

228 = △

1979 年 7 月 21 日弈于北京
首届新体育杯第 4 轮

黑方　程晓流
白方　陈祖德

布局中白棋有点损空，黑 31 好棋，35 取得大角后黑优势。之后白棋固然潇洒，但是一直没啥空。黑 63 后优势明朗化，白棋能反击的地方不多了。其实右边黑棋让了不少，白棋形势已经没那么凶险了，但 74、76、78 依旧设计了一套最猛的中盘线路图，彻底进入了厮杀。回头看，黑棋在右边的下法可以更简明、实际些。白 100 断到后，已经形成均势。

黑 103 以后，双方的下法都很彪悍，尤其 104、106、108 的组合拳，胜负在此一搏。在白棋威猛的拳击下，黑棋没敢打入，其实真打入，白也不好杀。（王雷）

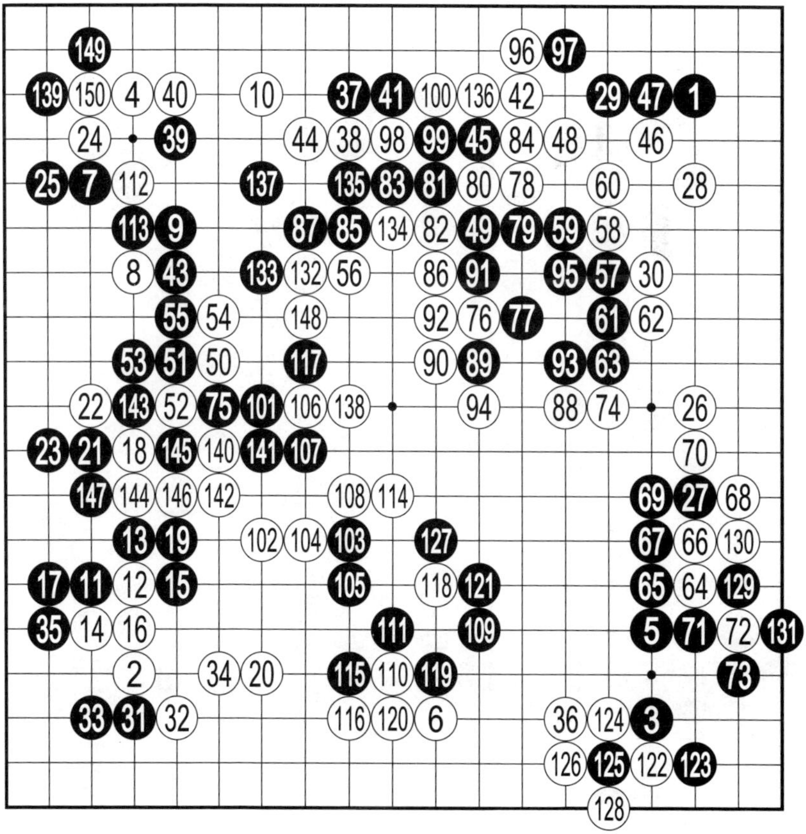

（1–150）

黑方　程晓流
白方　陈祖德

但这个棋，因为布局时空损得太多，中盘没有战斗，放走黑棋后，白下了几步不精确的棋，空还是不太够。然而黑棋一时激动，在胜利在望时选择跟白在上面厮杀，但因杀力不及陈老，最终被逆转，这是程先生十分遗憾的一局。（王雷）

黑贴$2\frac{3}{4}$子　共 258 手　白胜$2\frac{3}{4}$子

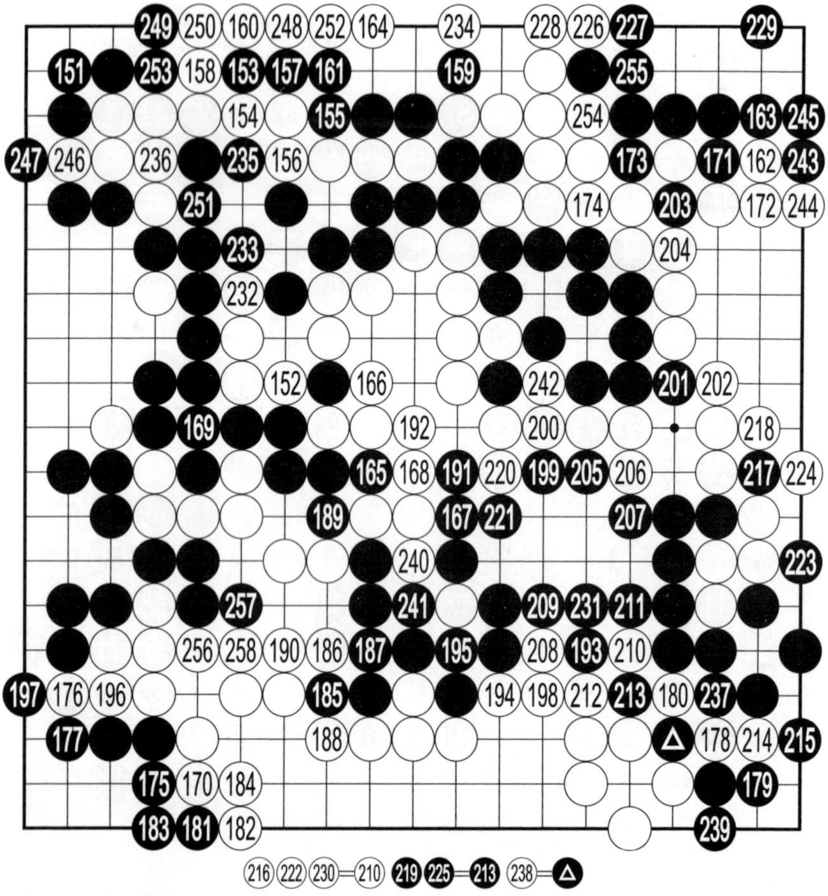

（151–258）

1979 年 7 月 23 日弈于北京
首届新体育杯第 5 轮

黑方　陈祖德
白方　江鸣久

黑 25 在二路立是更合理的选择，白 28 挺入角地获得安定无不满。白 32 价值不大，黑 33 是攻防兼备的要点。白 34“暴动”草率，至 49 收效不佳。黑 53 场合下法，对白棋死活威胁更大。黑 67 抢占大官子，感觉到陈老师对形势满意。白 68 太缓，此时必须构筑中腹形势以争胜负。黑 75、77 以下非常漂亮，至 85 感觉黑已遥遥领先。黑 99 靠断胜着。

白 104 寻求反击，但至 109 黑安全运转。此后白 116 分断作最后一搏，黑 119 是经典手筋，解除危机，确立了胜势。（廖行文）

黑贴$2\frac{3}{4}$子　共 159 手　黑中盘胜

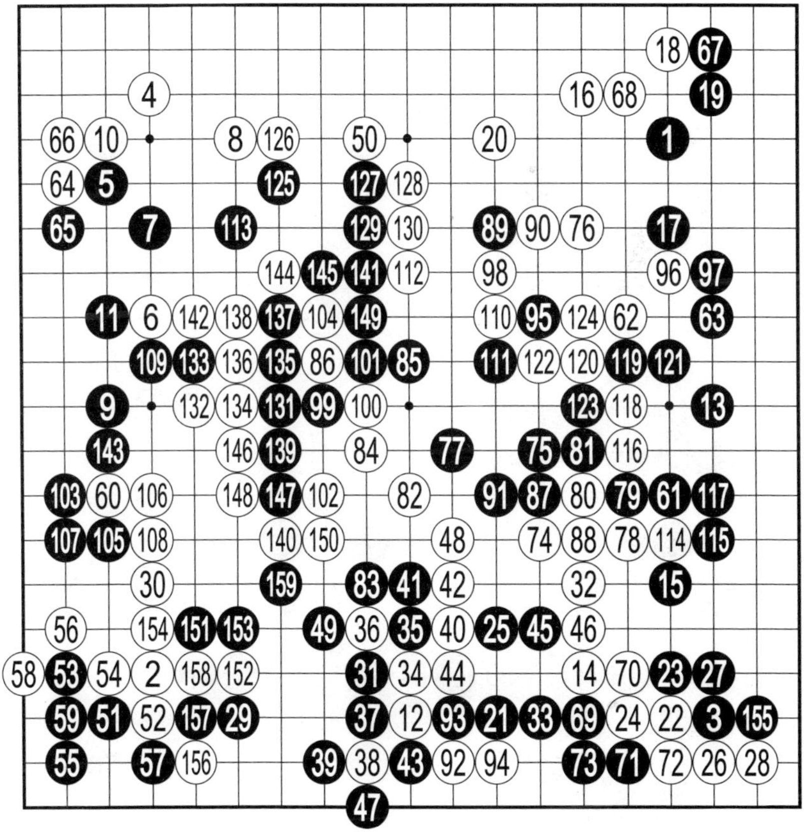

（1–159）

1979 年 7 月 25 日弈于北京
首届新体育杯胜者组决赛

黑方　聂卫平

白方　陈祖德

黑 11 拆是希望左上角白之弱子出动作战。白 14、16 是腾挪好手。白 22、24 后基本安定。白 30 托机敏。黑 33 不甘示弱。以下至白 42 双方必然。黑 43 在四路打入似有不得已的意味。白 44 毫不犹豫抢占大场。白 50 是局部势力要点。黑 51 不打入不甘心，然而双方乱战更合我胃口。白 52 只此一手。白 55 实战强手。黑 61 压，果断弃子。黑 67 扳，白只能接受黑的弃子方案。黑 73 枷把我吓了一跳。白 74 立刻扳出作战。黑 75 断势所必然，黑 77 是唯一的抵抗。黑 81 当先于 107 位挤打。白 84 打吃坐失良机，应于 80 下一路冲，可以一举大占优势。白 86、88 将下边的弃子全部连起来了，黑的实地告急，黑 89、91 必须如此。黑 99 抢收双先官子，机敏。白 106 觑时机甚好。白 110 与黑 111 交换有点损，但补掉了右边的味道。白 112 开始兼顾上边。

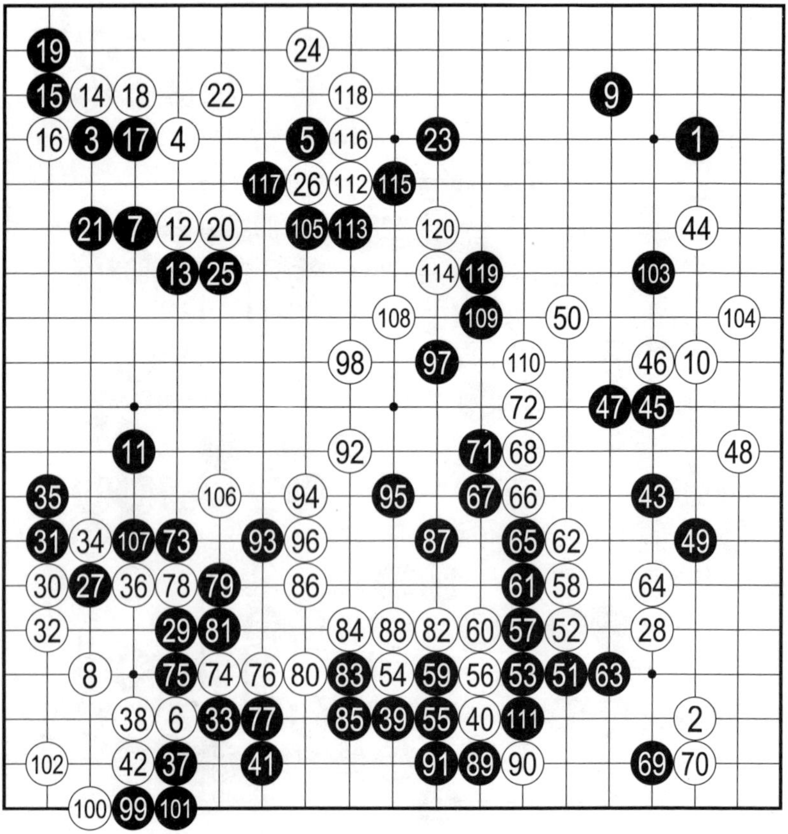

（1–120）

黑方　聂卫平

白方　陈祖德

黑 121 必要。白 126、128 是常用的腾挪整形手筋。至 136 基本通连，白完全放心了。黑 137 是逆官子。白 138、140 价值也大，此时实地对比有很大的差距。黑 141 挤，既防跨断，又试白应手。黑 143 冲断不得已。白 150、152 次序好。黑 161 是盘面上最大的官子。黑 181 以下试图利用残子走出点名堂，我虽已进入读秒，但局部的变化毕竟简单，还是能看清楚的。黑 207 很大，白 208 以下多为等值官子。至白 244，黑认输。（陈祖德）

黑贴$2\frac{3}{4}$子　244 手以下略　白中盘胜

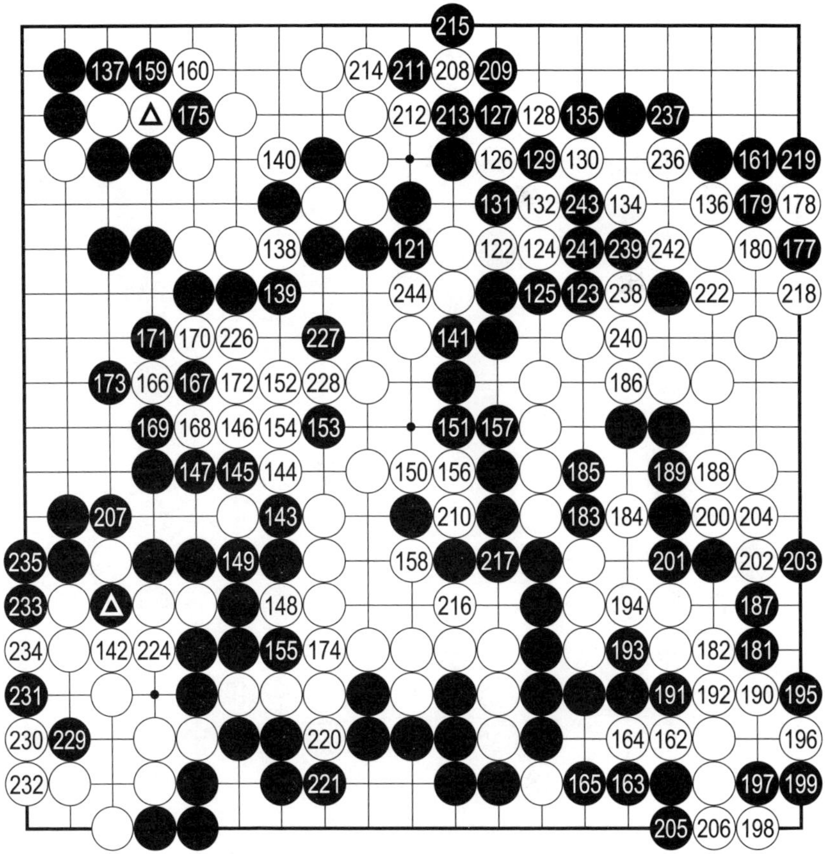

133=126　176=△　223=▲　225=167

（121–244）

1979年8月3日弈于北京
首届新体育杯决赛第一局

黑方　聂卫平

白方　陈祖德

到了1979年，我国围棋事业已有很大发展，仅仅依靠国家每年举办一次全国比赛已不能满足发展的需要和棋手的愿望。但开创一个新的比赛确实是太难了。《新体育》杂志社社长、总编郝克强同志怀着对围棋事业和围棋艺术的深厚感情，首先创意举办新闻棋赛。(陈祖德)

白16可于18右一路飞，实战定型至24，白棋稍亏。黑31可于62位点，再40位压住。黑61、63抢实地不便宜，可于138位尖攻中间白棋。黑71可于80位拐，白77位，黑115位，从外面攻优于实战。至84飞出，局势变得接近。(常昊)

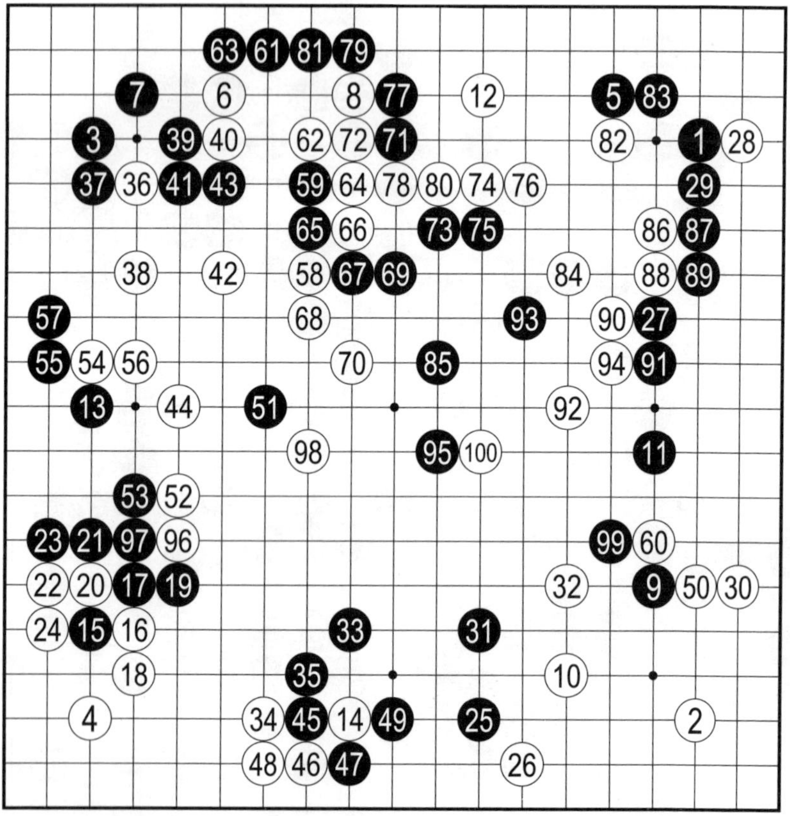

(1–100)

黑方　聂卫平

白方　陈祖德

白100至104交换亏损，100可于119位顶，黑走11左一路，白走174左一路尖。白110败着，应于113位团，黑137位，白走113右一路，黑走85上一路做活，白111位，如此局面还很复杂。实战被黑棋收得太舒服，走到121跳胜势。(常昊)

黑贴$2\frac{3}{4}$子　共181手　黑中盘胜

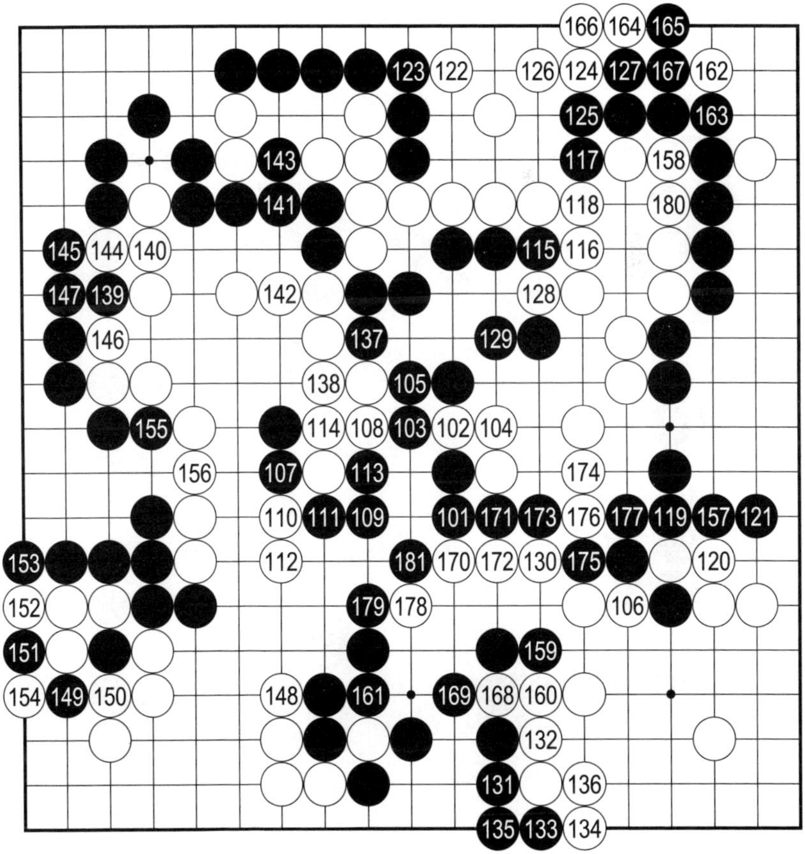

(101–181)

1979年8月4日弈于北京

首届新体育杯决赛第二局

黑方　陈祖德

白方　聂卫平

黑37有点缓，可于130位逼。白40尖是要点，至52白棋布局成功。黑67可于70位尖，实战白抢到68、70的要点后，实空大幅领先。白92失误，可于130位挖，黑93位，白走91上一路扳。实战至100，白棋大损，形势发生逆转。白110可于107上一路消劫，黑110位，白114位，这样黑棋右边没有净活。实战黑113消劫后取得优势。（常昊）

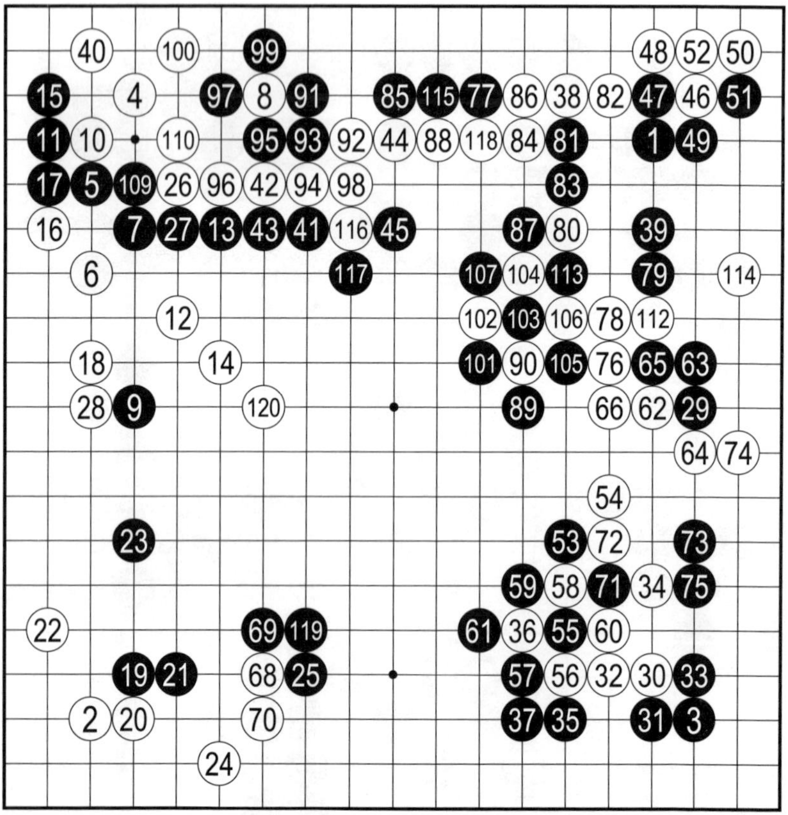

67=55　108=90　111=103

（1–120）

黑方　陈祖德

白方　聂卫平

黑123、125围中空不大。黑123可于124位镇，白123位，黑164位。黑127可于138上一路长出，这样左边白棋面临搜刮。白136碰好棋，至140吃掉中央一子很大，形势逆转，白棋稍优。白186可于193位粘，实战的下法让黑棋多了好几个劫材。黑217消劫败着，应于218位应劫，之后109上一路、194右一路都是劫材，如此局势很细微。实战中央白棋先手提，目数太大。白走到224大飞胜定。（常昊）

黑贴$2\frac{3}{4}$子　228手以下略　白胜$1\frac{1}{4}$子

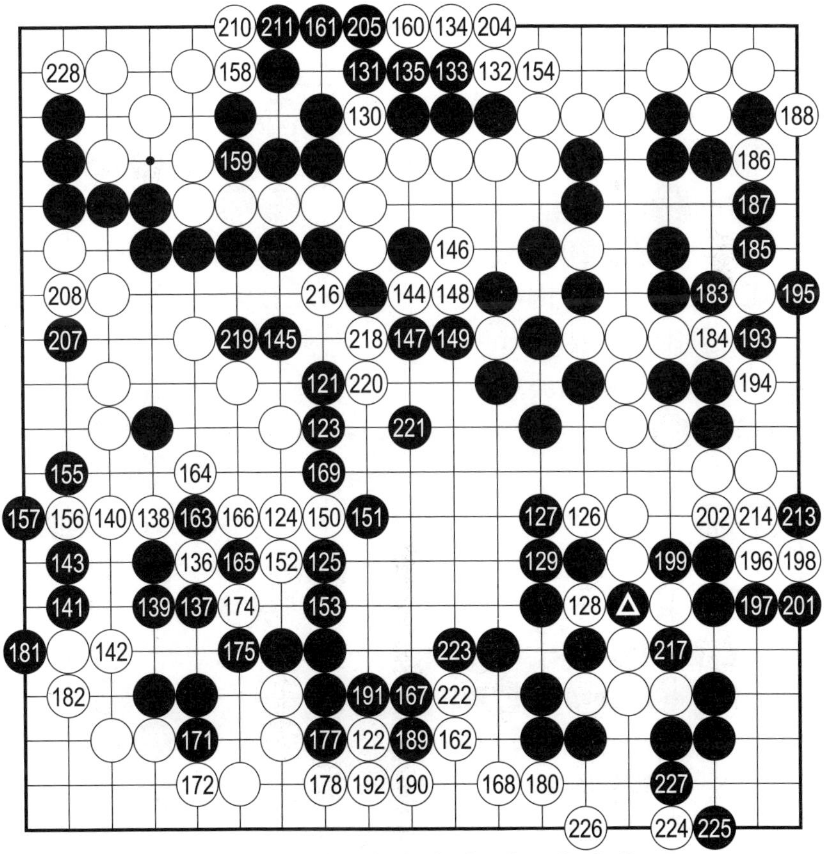

170 176 = 136　173 = 163　179 203 209 215 = △　200 206 212 = 128

（121–228）

1979年8月13日弈于北京

对抗赛

黑方　陈祖德

白方　王汝南

黑7是古老的定式，至11大约两分。黑27强调争先手，但现在看来过于损实地。黑47强攻有些着急，119位大致是本手。白52点入以下似有误算，亏损。黑65—69攻击步调流畅，感觉黑形势缓和。黑77失误，还是应先二路打，白78逆收巨大。白84、86舒畅，至92黑一无所获。黑103奈何不了白棋大龙。白106过分，此时简单补强自身即可。黑107反击机敏，局势又混沌起来。白126脱险好手。至黑153双方激战正酣，可惜年代久远，棋谱未能保存完整。（廖行文）

黑贴$2\frac{3}{4}$子　153手以下略　白胜6子

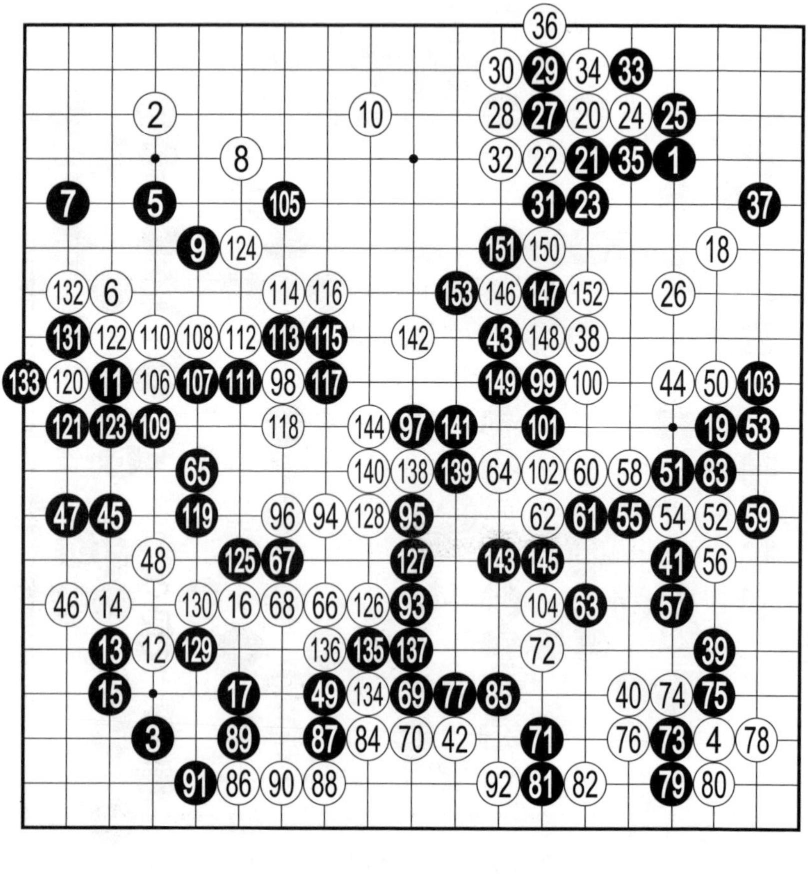

(1–153)

1979年8月15日
对抗赛

黑方　沈果孙
白方　陈祖德

黑15构筑模样，确是沈老师酷爱模样的风格。白22继续落子于低位，表现出不惧模样的自信。白46侵消绝好点，不容错过。白54好手，顺势56挺出，黑模样已然破碎。白60棋形要点，黑颇为难过。黑61冲动，白62以下计算精准屠杀黑大块，棋局戛然而止。（廖行文）

黑贴$2\frac{3}{4}$子　共72手　白中盘胜

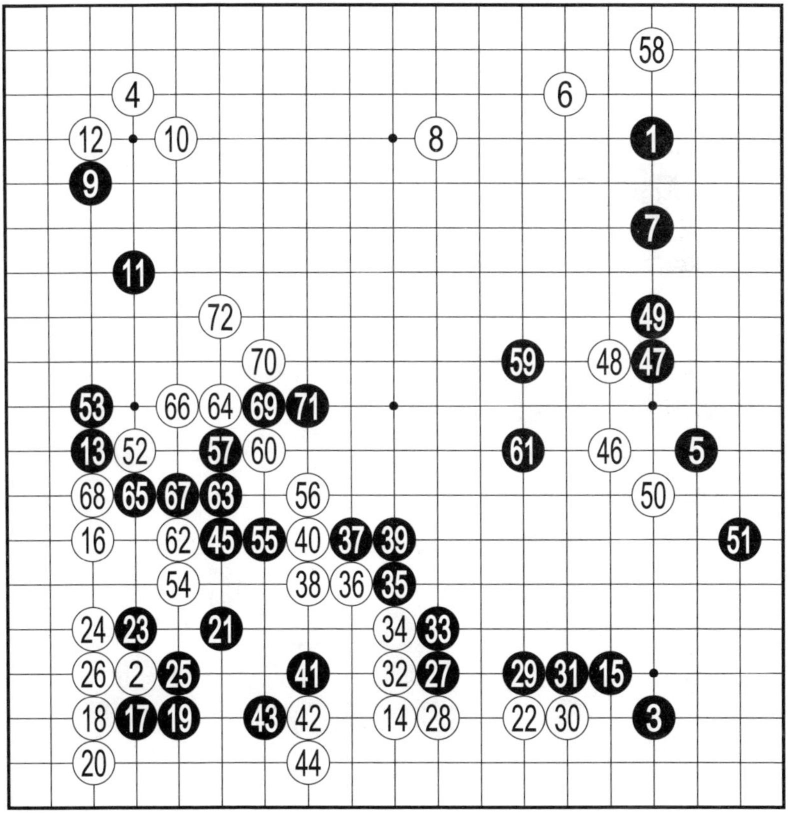

（1–72）

1979 年 9 月 10 日弈于北京
第四届全运会围棋团体决赛第一轮

黑方　聂卫平

白方　陈祖德

白 22、24 和黑棋交换不便宜，将来被黑 33 靠很难受。白 22 可于 42 位飞，黑 24 位，白有 49 位靠、黑 48 位、白 21 位上一路断的反击手段。至 49 黑局部有利。白 50 可于中央一带行棋，上面虽然是打劫活，但白棋应该先撑住，被黑 51 飞过来，白棋过于被动，黑棋大优。白 102 可于 117 位扳，黑 1 位上一路长，白 110 位跳出，这样差距会小不少。实战黑棋先手破掉右边白空，抢到 117 位立，胜势不可动摇。（常昊）

黑贴 $2\frac{3}{4}$ 子　共 159 手　黑中盘胜

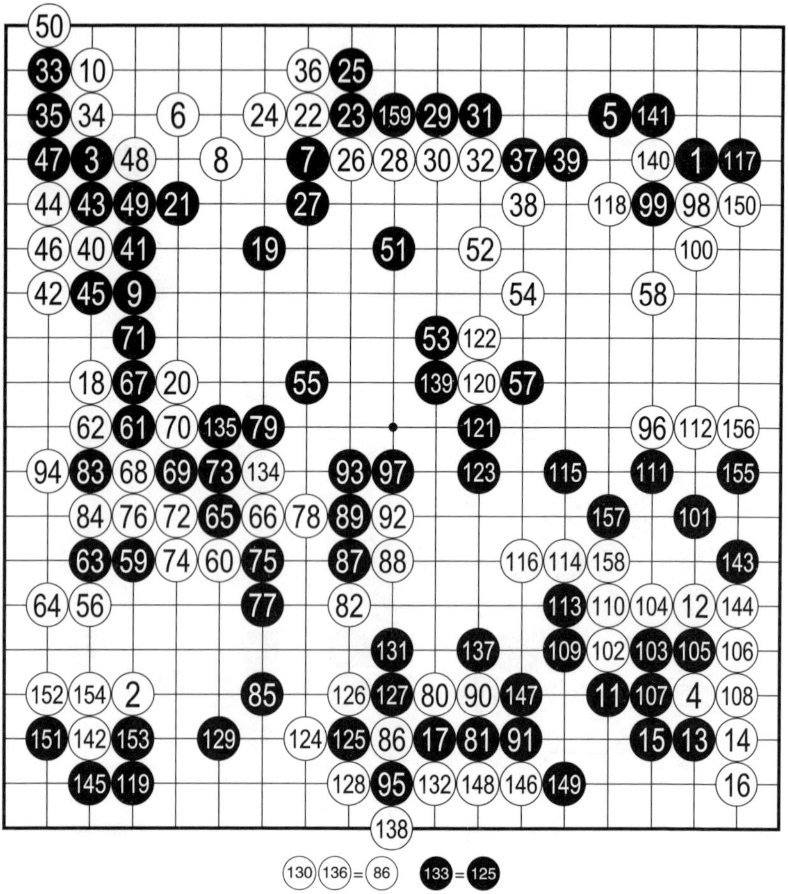

（1–159）

1979 年 9 月 11 日弈于北京
第四届全运会围棋团体决赛第二轮

黑方　陈祖德
白方　罗建文

布局阶段，黑 17-21 的构思十分有趣，至 41，黑右边模样可观。黑 45-49 手筋，白由于棋形不好只得忍耐。至 57，黑获得优势。白 82 胜负手，如正常进行白实空吃紧。黑 83 以下试图打劫杀白角是问题手，应在外围补厚自身，仍有优势。黑 103 强行消劫吃角，反被白外围收气，忙乱之下 115 更是致命失误。白 116 先手处理后，118 是最后一击。（周睿羊）

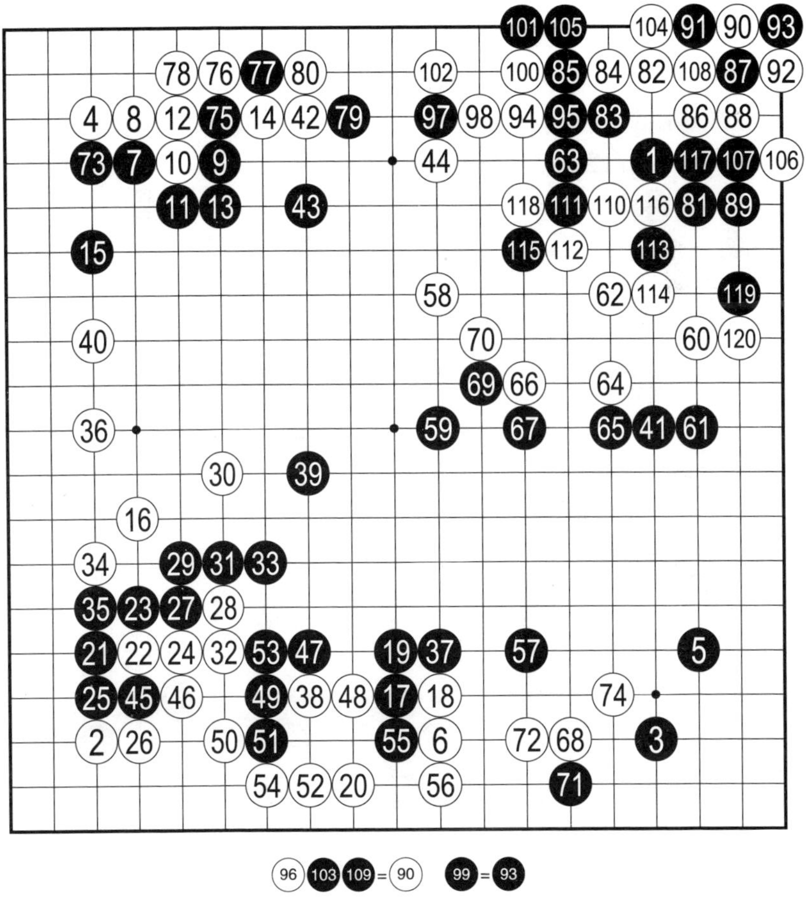

（1–120）

以下黑被迫于右上角打劫，至白168转换，黑大势已去。(周睿羊)

黑方　陈祖德

白方　罗建文

黑贴$2\frac{3}{4}$子　共218手　白中盘胜

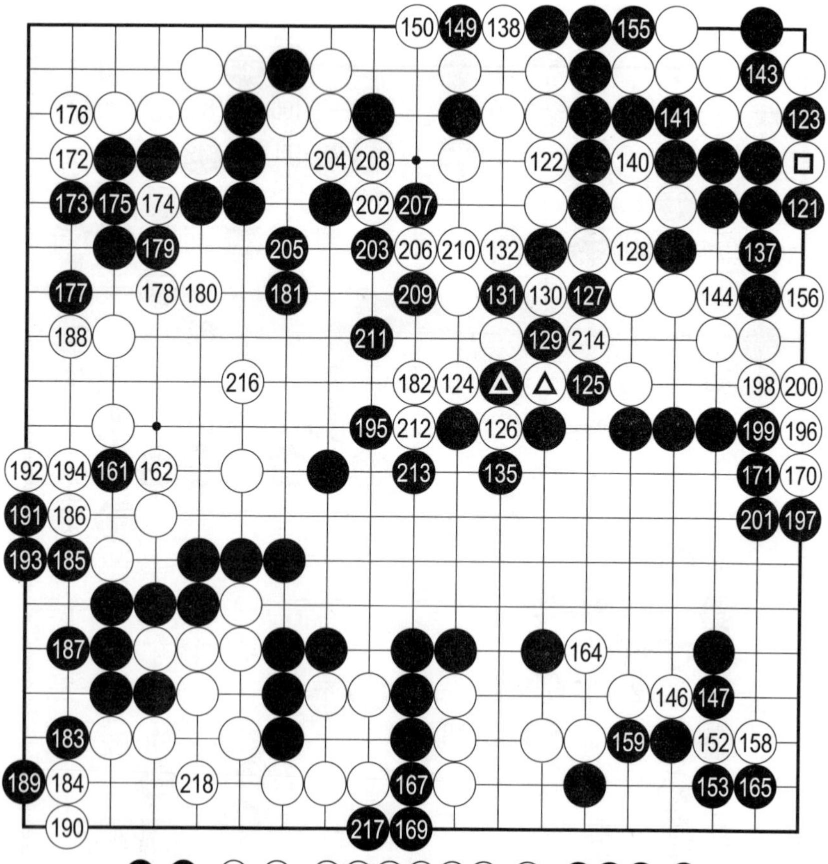

133=△　134=130　136 142 148 154 160 166=□　139 145 151=123

157 163 168=123　215=△

1979年9月12日弈于北京少年宫
第四届全运会团体决赛第三轮

黑方　黄德勋
白方　陈祖德

黑19稍嫌过分，还是在左上出头较好。白20通过进攻，先手便宜后再40打入，白优势历然。白78、80不顾自身弱点强行作战有些无理。白90活角时，黑91错失良机，此时先在117冲交换要好很多。白104抢先于右边发动猛攻时，黑仍显保守，白先手搜刮获利巨大，至116扳出后胜定。（周睿羊）

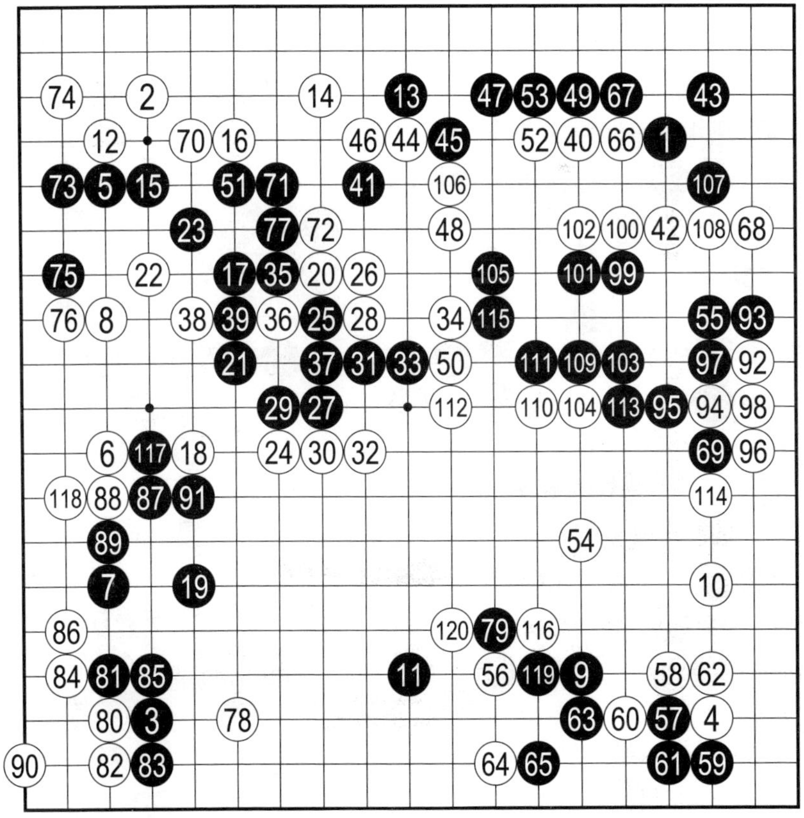

（1–120）

黑方 **黄德勋**

白方 **陈祖德**

黑贴$2\frac{3}{4}$子　共 250 手　白胜 3 子

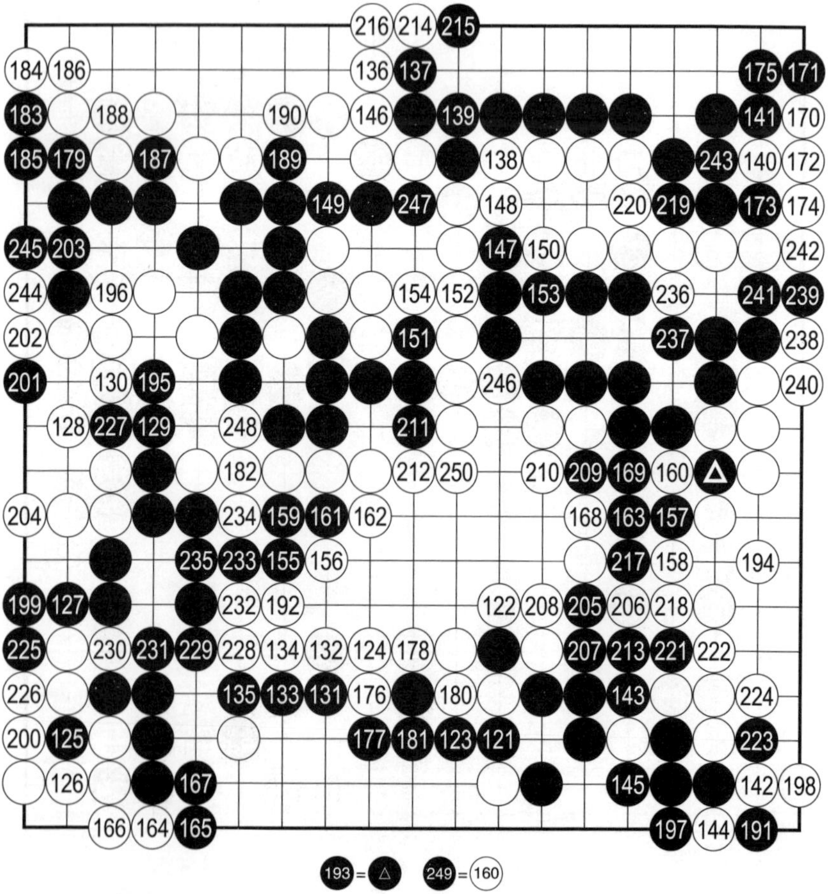

1979年9月13日弈于北京少年宫
第四届全运会围棋团体决赛第四轮

黑方　陈祖德

白方　陈嘉锐

白20、22以下的手段并不成功。在征子有利的情况下，黑23、25好手。以下进行至36，白强行取势，外围并不厚实。黑37打入右边，获得主动。黑65失误，应在66位补净，实战黑右上角味道很差，白借用颇多。白80-86好手，黑右上角需要收气吃，非常难受。白100后占据主动。黑111以下的治孤似有误算，白112以下计算精准，黑大龙惨遭屠戮，无奈投子认输。（周睿羊）

黑贴$2\frac{3}{4}$子　共154手　白中盘胜

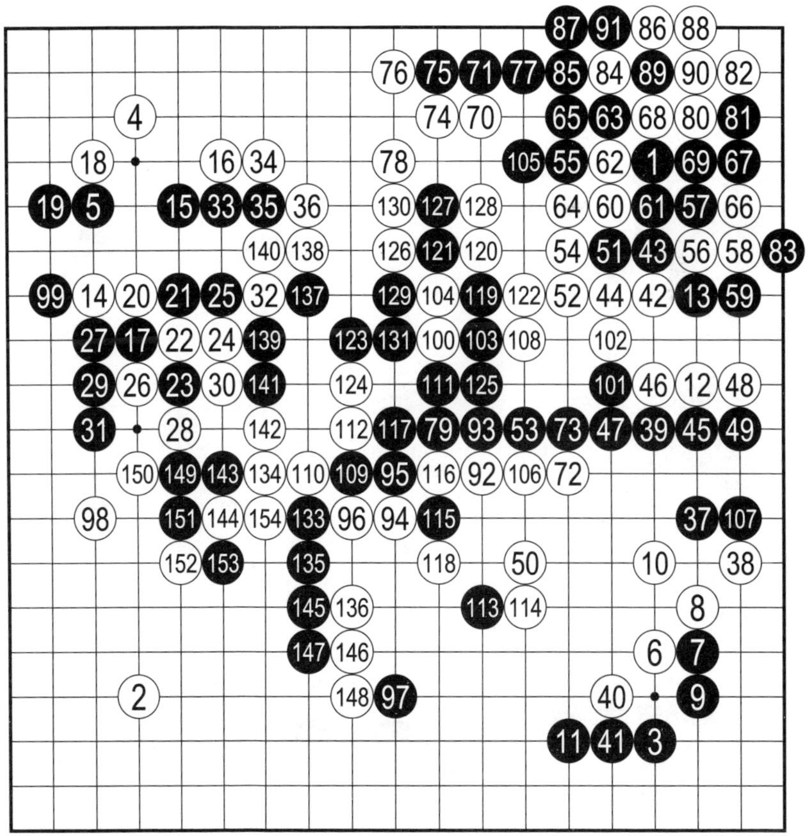

132=104

（1–154）

1979 年 9 月 15 日弈于北京
第四届全运会围棋团体决赛第五轮

黑方　江鸣久
白方　陈祖德

白 40、42 或许应先在上方进攻。黑 43 大，白在下方收获不大，黑形势占优。黑 51 有些激进，在 61 位稳健地补一手即可，白 52 在右下角动出后收获不小。白 68 以下的下法似乎有些误算，进行至黑 81，白明显亏损。（周睿羊）

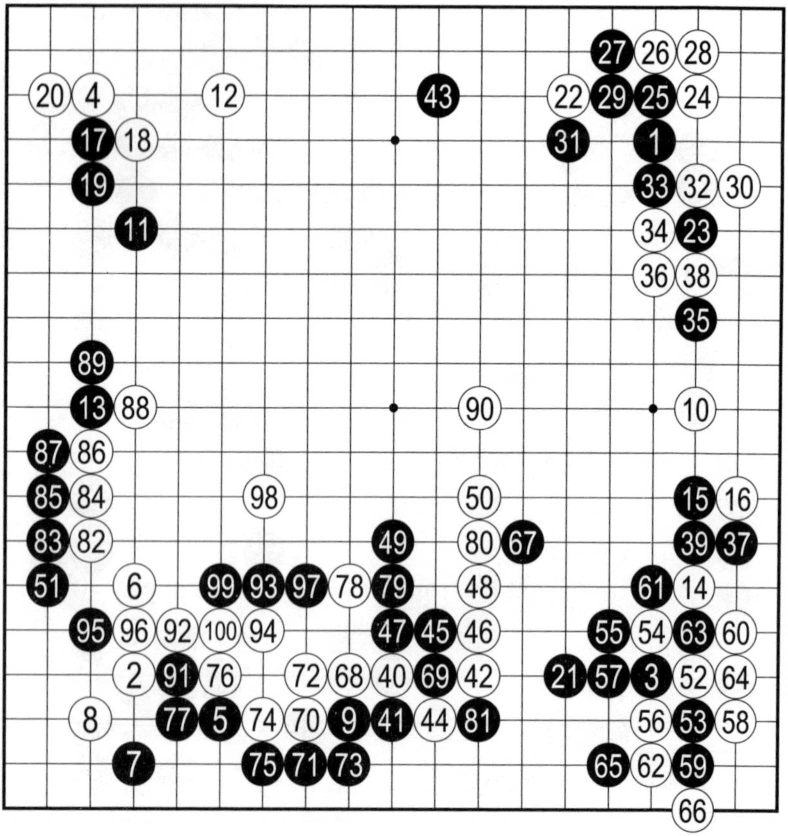

（1–100）

黑方 **江鸣久**

白方 **陈祖德**

黑抢到105后占据明显优势。白106以下是胜负手，黑不甘示弱，棋局进入乱战局面。过程中，白似有机会未能抓住。黑于乱局中下出181的妙手，白左右已无法兼顾，玉碎终局。（周睿羊）

黑贴$2\frac{3}{4}$子　共195手　黑中盘胜

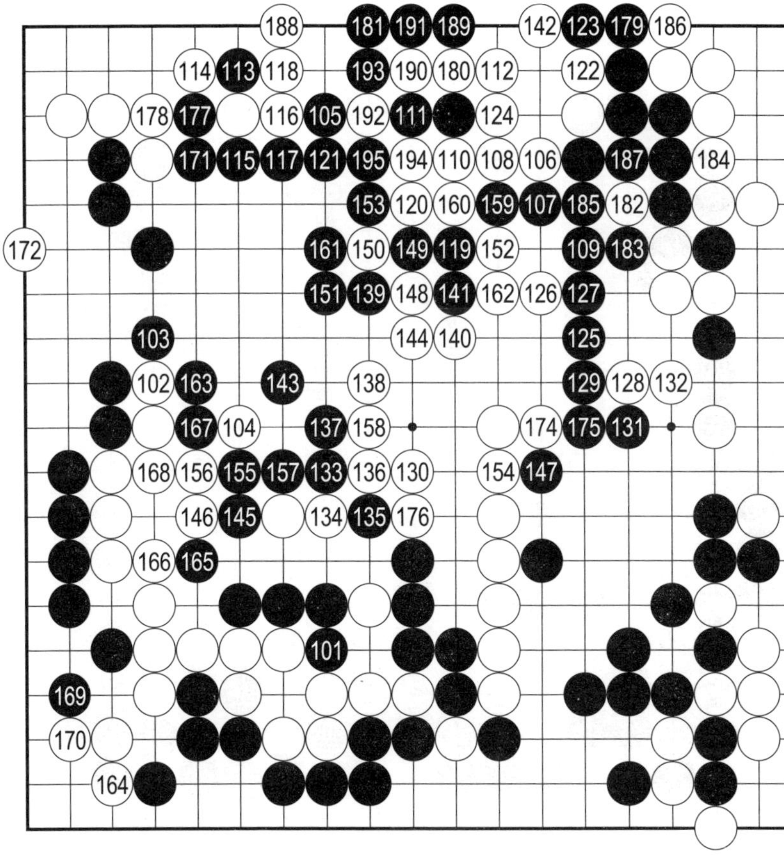

173=150

（101–195）

1979–766

1979 年 9 月 16 日弈于北京少年宫
第四届全运会围棋团体决赛第六轮

黑方　陈祖德

白方　黄进先

黑 9、11 的下法少见，以下进行至黑 29，双方均可接受。黑 41、43 吃一子大缓手，应先在 221 位跳出，实战黑太委屈，白局面生动。白 54 问题手，在 55 位拐下取角较好，被黑 55 爬过后优势缩水。白 84 过分，随后的下法即可看出白准备不足。黑 93 出头后重新获得优势。之后双方局面一直非常接近，但黑牢牢守住微弱优势直到终局。（周睿羊）

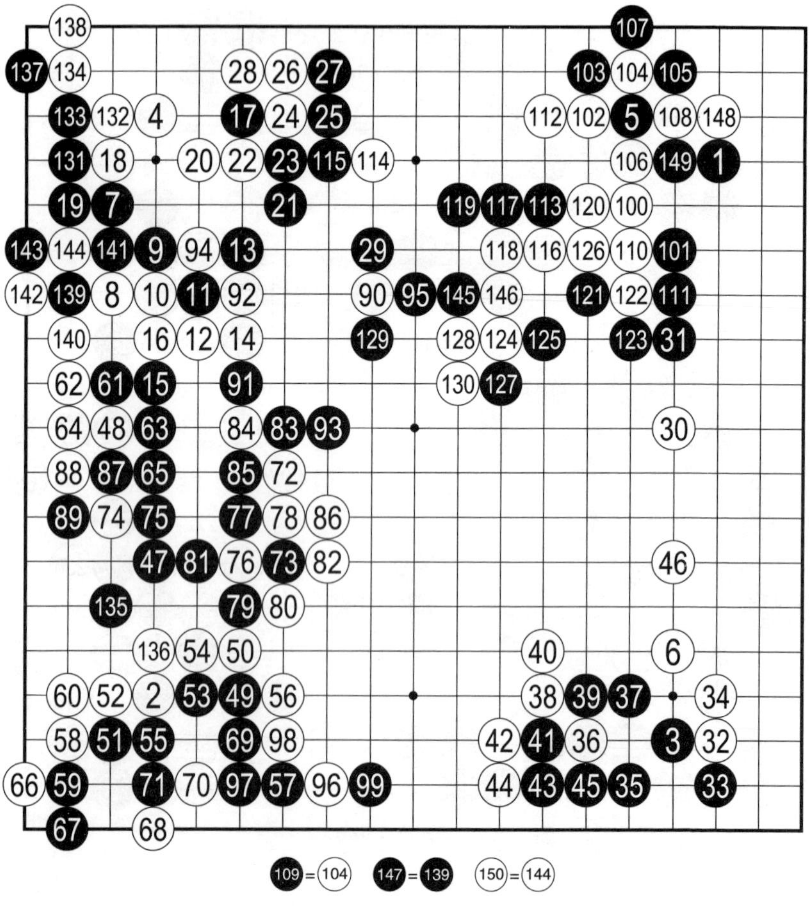

（1–150）

黑方 **陈祖德**

白方 **黄进先**

黑贴2¾子 共 298 手 黑胜1¼子

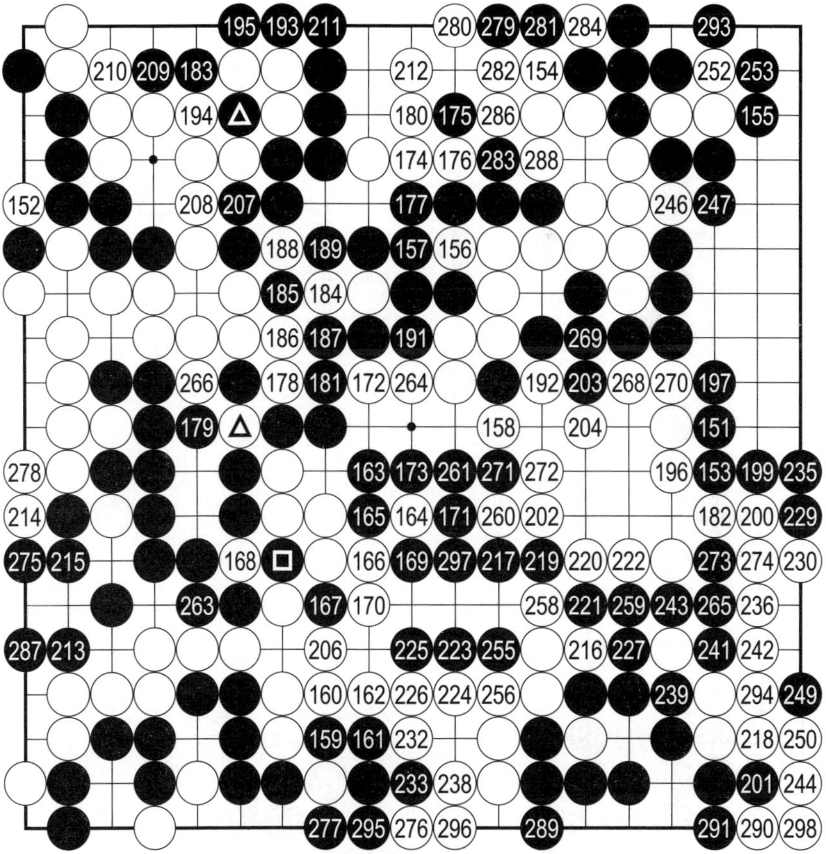

(190)=(185) (198)=(△) (205)(231)(237)(245)(251)(257)(292)=(□) (228)(234)=(168)

(240)(248)(254)(262)=(168) (267)=(△) (285)=(281)

（151–298）

1979 年 9 月 17 日弈于北京少年宫
第四届全运会围棋团体决赛第七轮

黑方　沈果孙

白方　陈祖德

黑 33 以下的下法有趣，先手便宜后再 39 守角可以满意。黑 49 问题手，应先在 50 位打吃交换。实战白 50 要点，先手进攻后再 58 抢先打入，占据优势。黑 59、61、63 过于保守，被白 64 轻易吃住黑一子并走厚，黑形势雪上加霜。白 94、96 巧手，104 先手便宜后安全运转，确立胜势。(周睿羊)

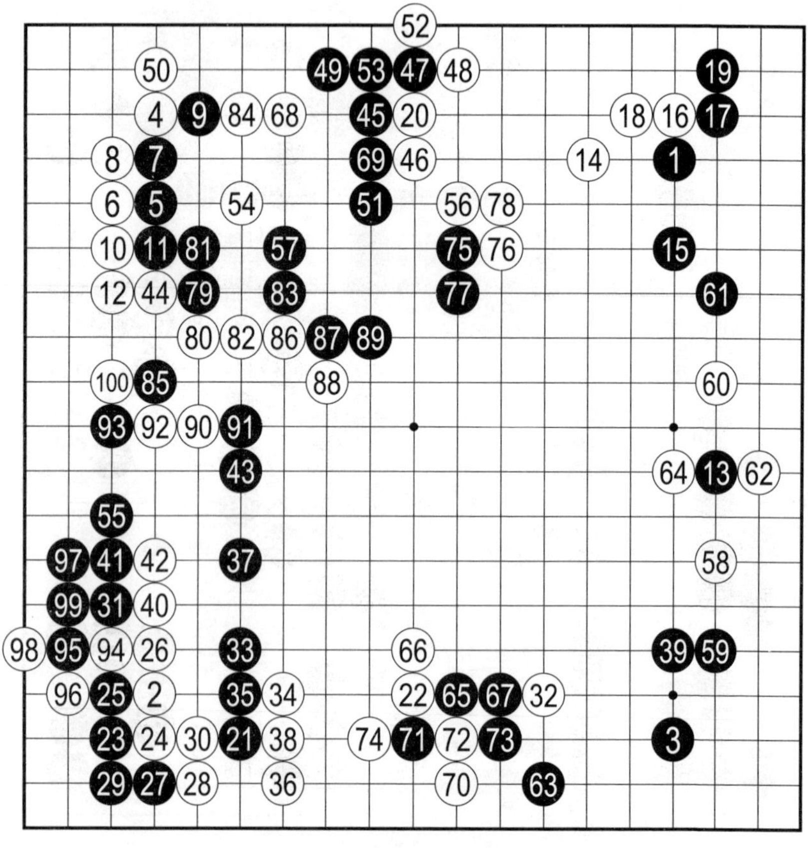

(1–100)

黑方 **沈果孙**

白方 **陈祖德**

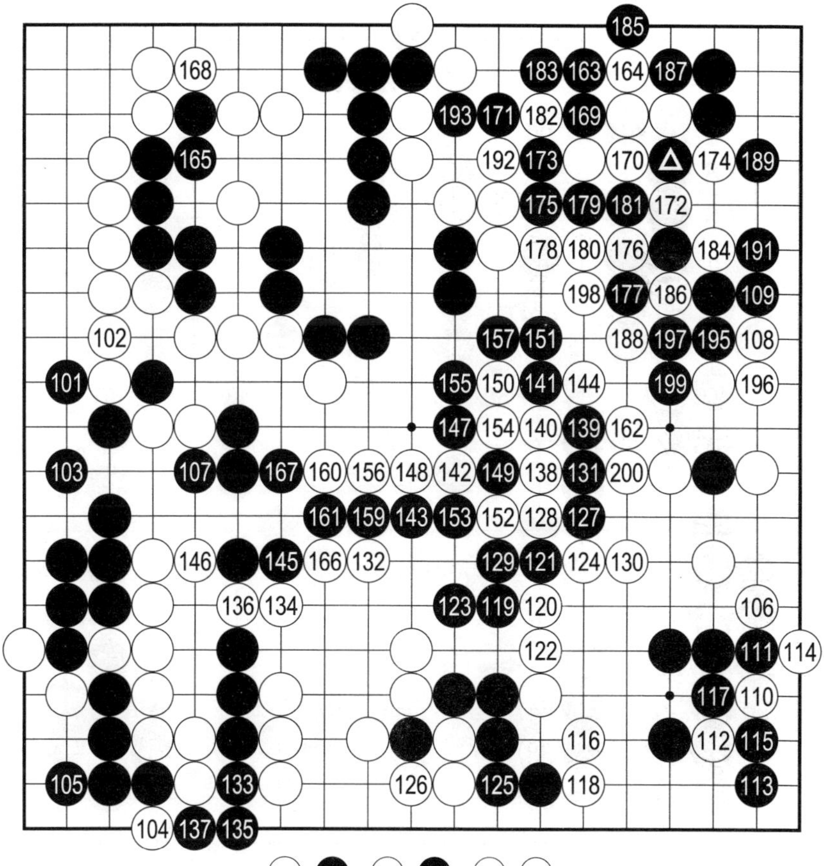

(158)=149 (190)=△ (194)=(182)

(101–200)

黑方 **沈果孙**

白方 **陈祖德**

黑贴$2\frac{3}{4}$子　共 307 手　白胜$1\frac{1}{4}$子

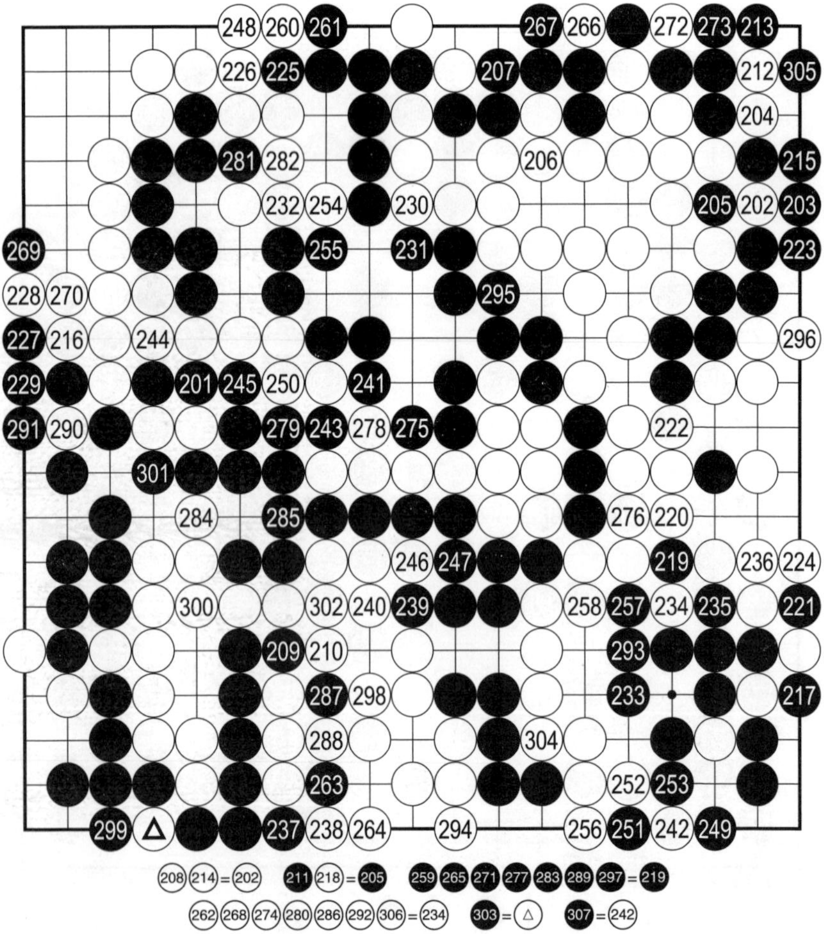

1979 年 9 月 18 日弈于北京

第四届全运会围棋个人决赛第一轮

黑方　华以刚

白方　陈祖德

黑 57-61 有俗手之嫌，把白棋撞得太厚，强行进攻左下白棋并无成算。黑 71 也应在 72 位接上，如此局面尚可，实战白 72 中心开花后优势巨大，进行至 82，黑困难。白 110 以下计算精准，至 122 吃住右下角已胜券在握。（周睿羊）

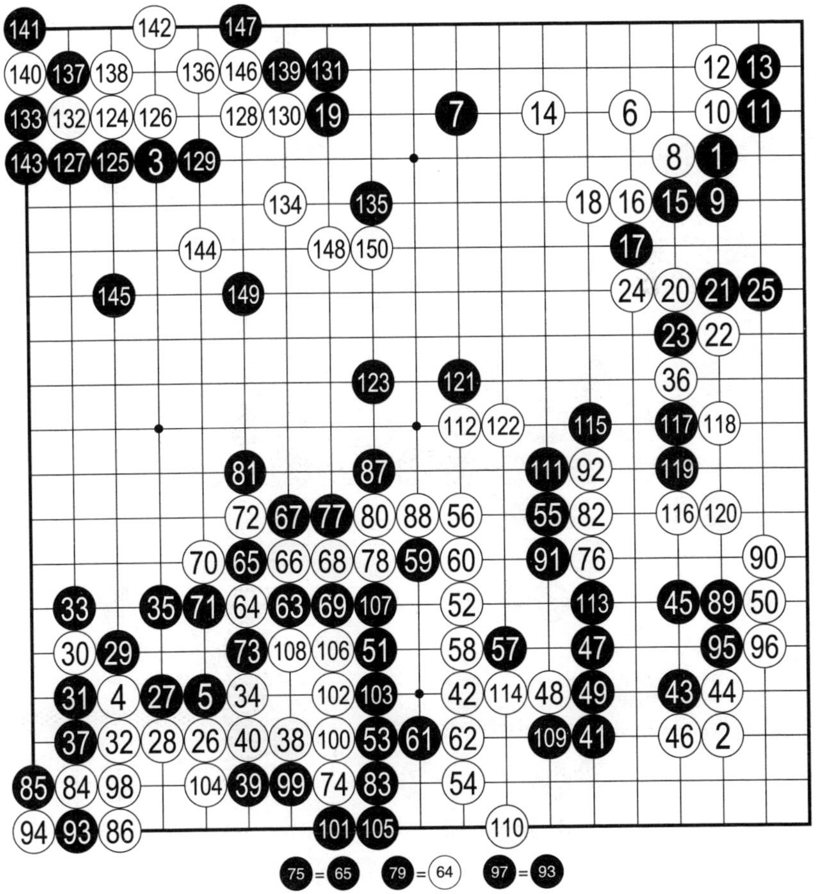

（1–150）

黑方　华以刚

白方　陈祖德

然而，面对黑左上强杀的最后一搏时，白162竟出现巨大失误，如在213位尖，做活不成问题。实战黑中间先手跑出收获巨大，随后激战至211消劫，黑成功逆转。（周睿羊）

黑贴$2\frac{3}{4}$子　共288手　黑胜$2\frac{3}{4}$子

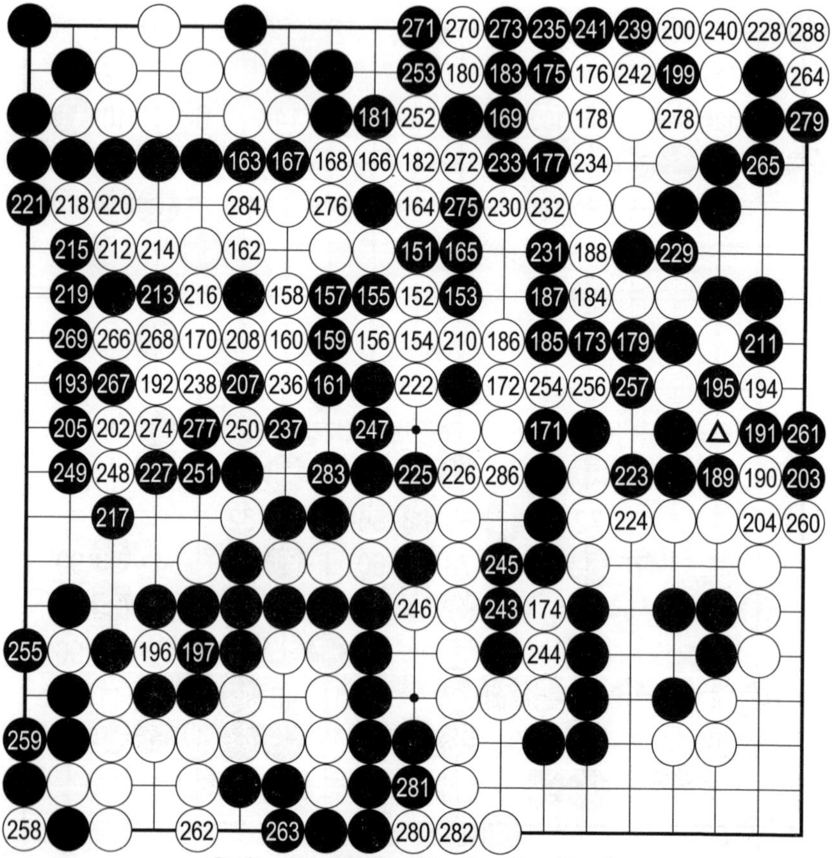

198 206 = △　201 209 = 195　285 = 207　287 = 250

1979 年 9 月 19 日弈于北京少年宫
第四届全运会围棋个人决赛第二轮

黑方　曹大元

白方　陈祖德

本局是少有的短手数对局。黑35、37过分，直接于47位吃一子则局势尚可。至白50，黑中腹五子已无法生还，遂爽快投子。（周睿羊）

黑贴$2\frac{3}{4}$子　共 52 手　白中盘胜

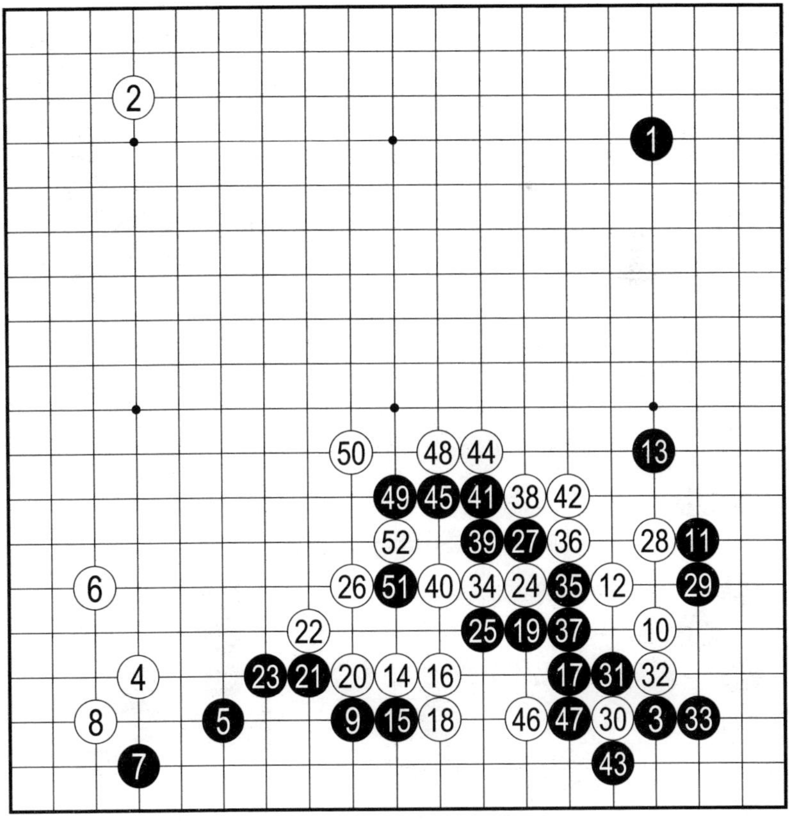

（1–52）

1979 年 9 月 20 日弈于北京
第四届全运会围棋个人决赛第三轮

黑方　陈祖德
白方　聂卫平

至黑 17，双方工整地展开，两位老师的布局策略显然都受到了那个年代日本超一流棋手的熏陶。白 20 是局部破阵好手。至 31，黑布阵完毕，右上模样的攻防显然是胜负要点。经过一番试探，双方各取所需，都可以接受。面对白 50 的试应手，黑 51 选择最强应对，体现了陈老师强硬的棋风和精准的计算。至 61，黑在右上一役全歼白棋，取得暂时优势。也许沉浸在巨大战果当中，黑 73 失误，从结果看可以说是败着，应在 121 位补棋，目数会好不少。白 90、92 连贯的好棋，中间隐然形成可观的潜力。白通过攻击在中央围出近 20 目。（古力）

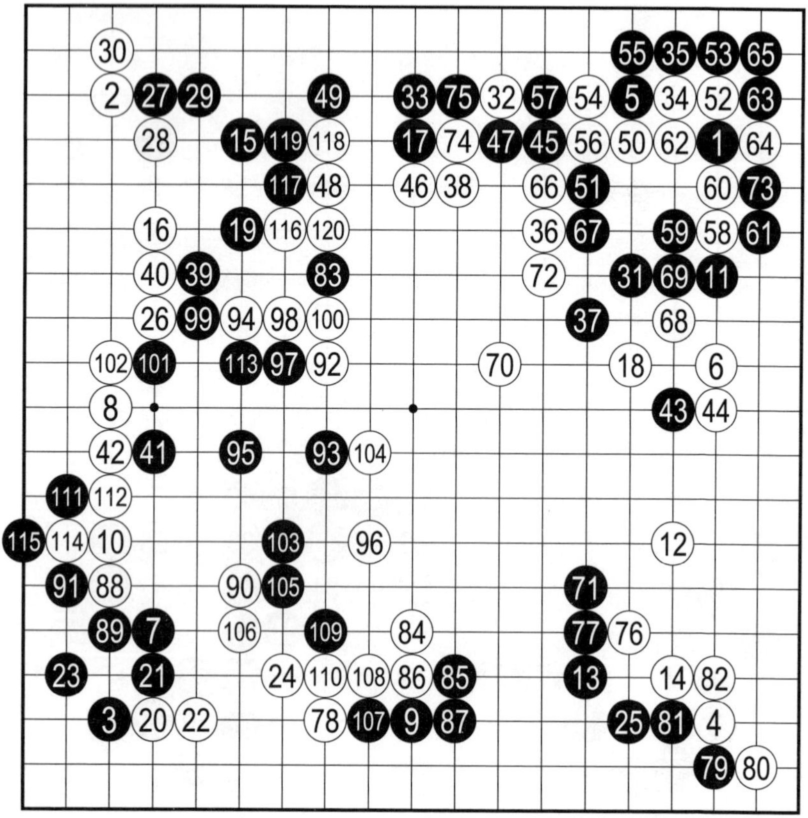

（1–120）

此后白方利用厚味收束，黑败势。

（古力）

黑方　陈祖德

白方　聂卫平

黑贴$2\frac{3}{4}$子　共265手　白胜$1\frac{1}{4}$子

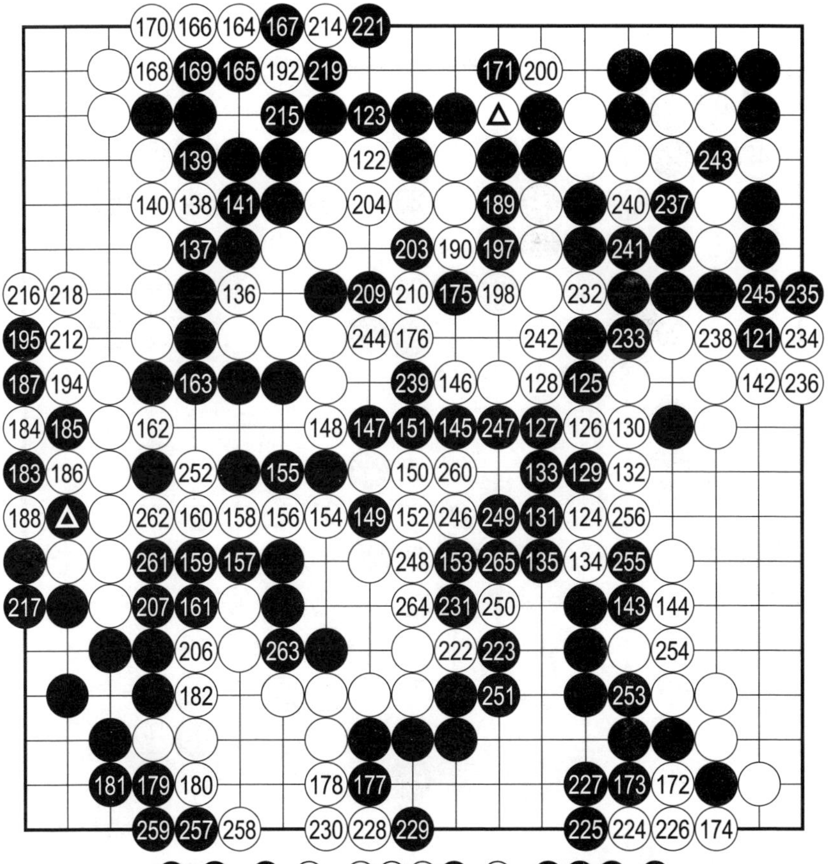

191=△　193=188　196 202 208 213=184　199 205 211=185

201=△　220=167

（121–265）

1979 年 9 月 21 日弈于北京少年宫
第四届全运会围棋个人决赛第四轮

黑方　陈芫菱

白方　陈祖德

黑 31、33 以下的着法不便宜，进行至 40，白效率充分。面对黑左边的攻势，白 42 以下轻松处理后，抢先于 56 位跳补，确立了优势。黑 63 败着，此时如在 64 位长入尚可一搏，被白处理好左下角后，黑已无胜机。白 84 是最后一击。（周睿羊）

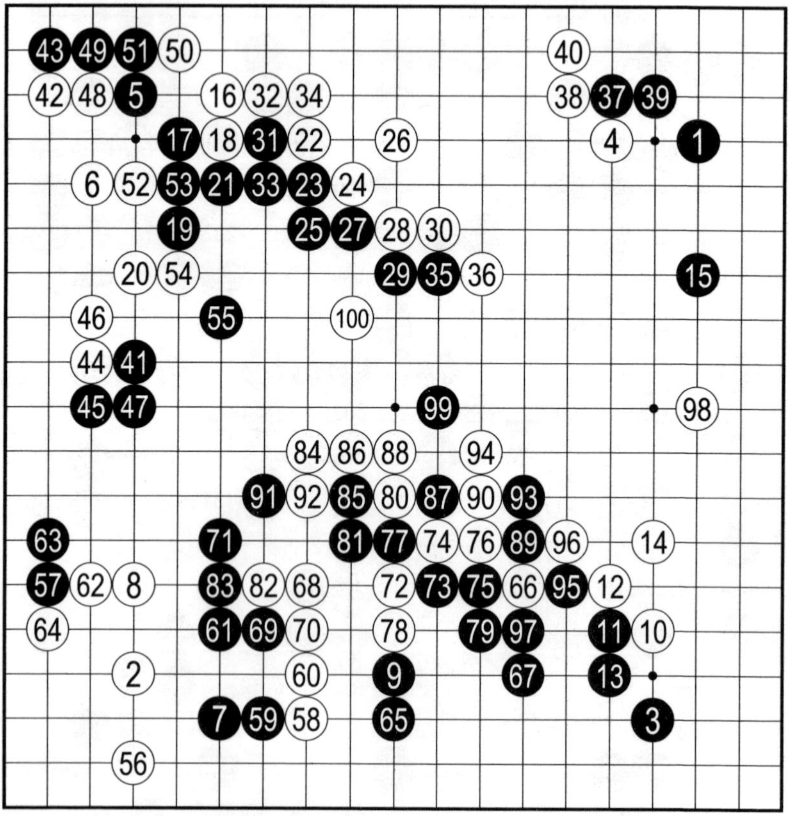

（1–100）

黑方 **陈芫菱**

白方 **陈祖德**

黑贴2¾子 共180手 白中盘胜

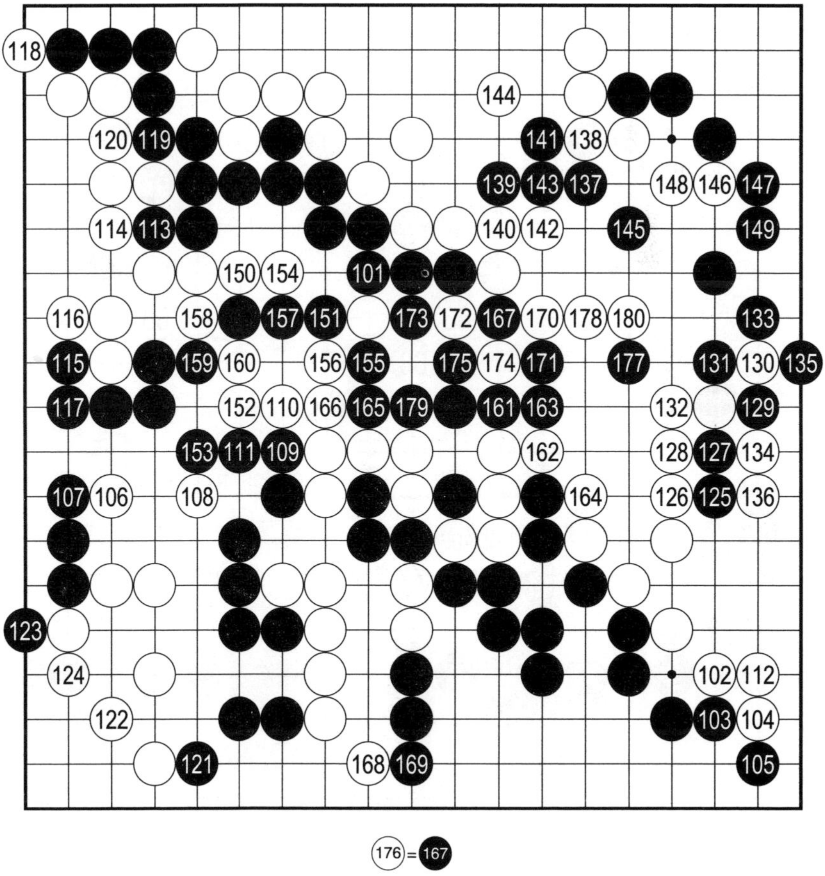

176=167

（101–180）

1979年9月23日弈于北京

第四届全运会围棋个人决赛第五轮

黑方　陈祖德

白方　王汝南

黑25或可考虑于28位长，实战白先手封锁，形状饱满，至38白方生动。白78、80以下并不便宜，进行至黑93，成为十分微细的局面。(周睿羊)

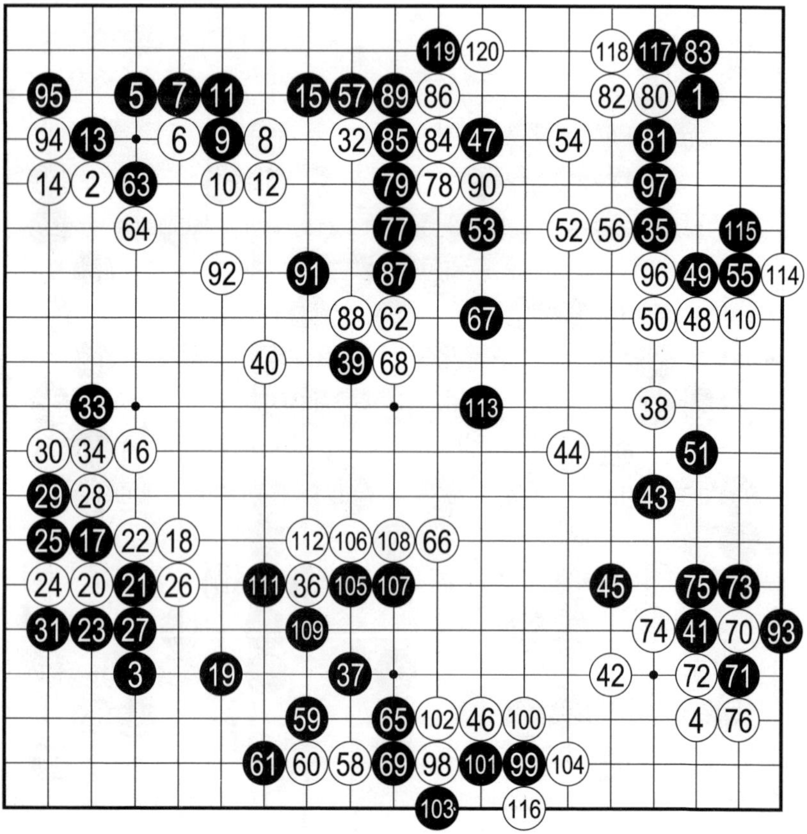

（1–120）

之后在漫长的官子大战中，白棋幸运地以微弱优势取得胜利。（周睿羊）

黑方 陈祖德

白方 王汝南

黑贴2$\frac{3}{4}$子 共240手 白胜$\frac{1}{4}$子

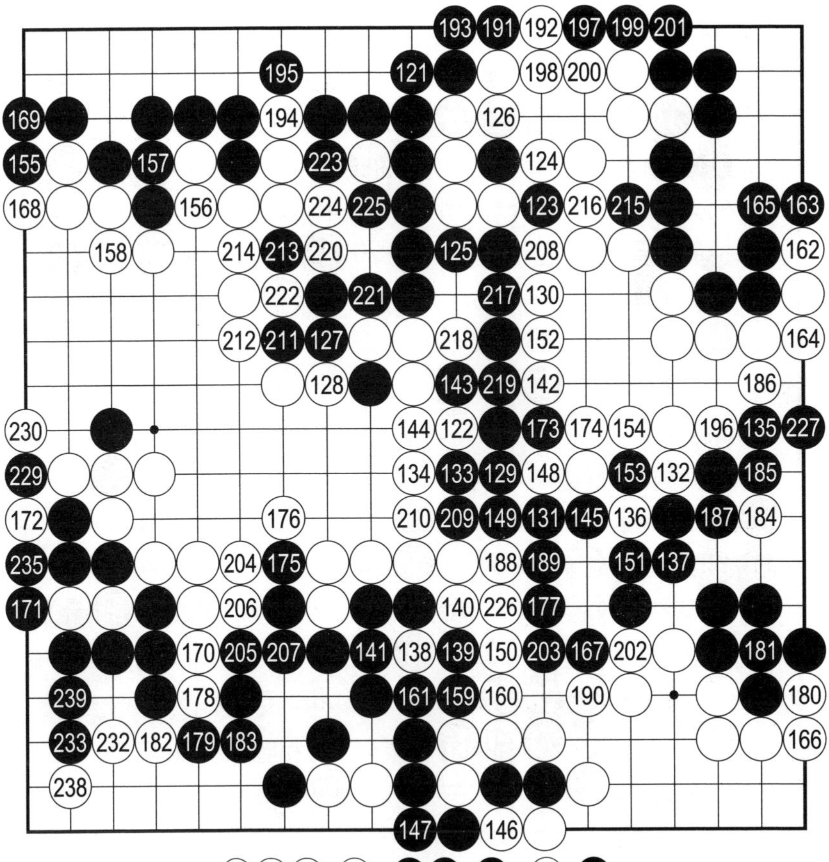

228 234 240 = 136　231 237 = 153　236 = 229

（121–240）

1979 年 9 月 24 日弈于北京少年宫
第四届全运会围棋个人决赛第六轮

黑方　杨晋华
白方　陈祖德

白 16、18 积极求战，之后白先手封锁上边，至 32，白方可以满意。白 40 过分，但黑 41 错失良机，应直接 43 位打吃转换，如此黑可满意。白 48 抢占空角后局势接近。黑 119 失误。（周睿羊）

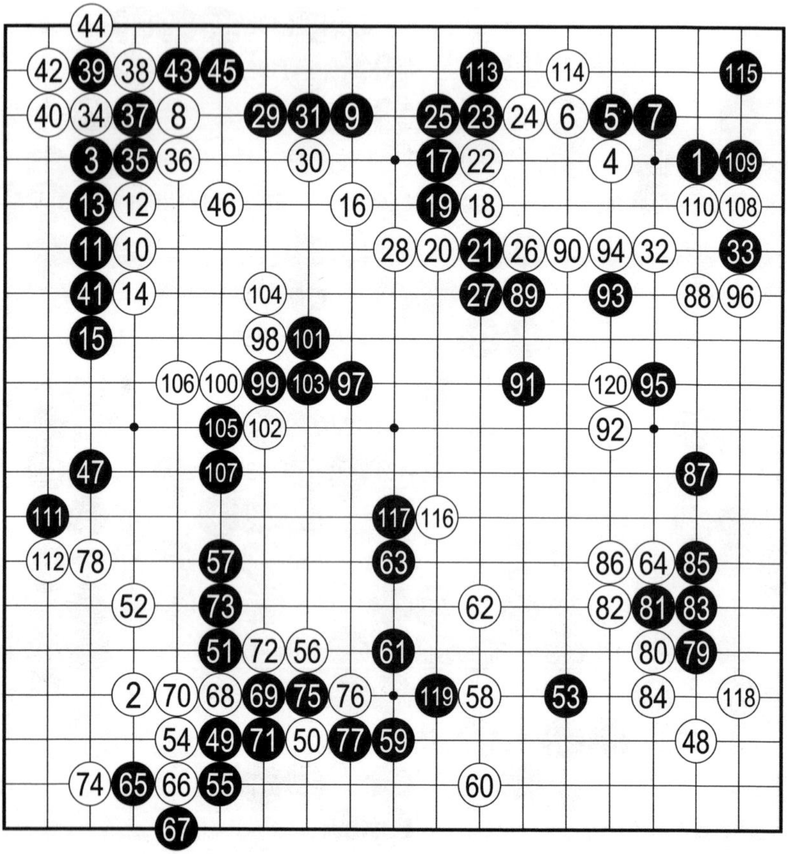

（1–120）

黑方 **杨晋华**

白方 **陈祖德**

白 122-126 犀利，这里的处理十分精彩，黑 127 由于右边大块没有活净，只得补棋，白 128 吃掉中间收获巨大。随后黑在下方再次露出破绽，白 134 接后锁定胜局。（周睿羊）

黑贴 $2\frac{3}{4}$ 子　共 248 手　白中盘胜

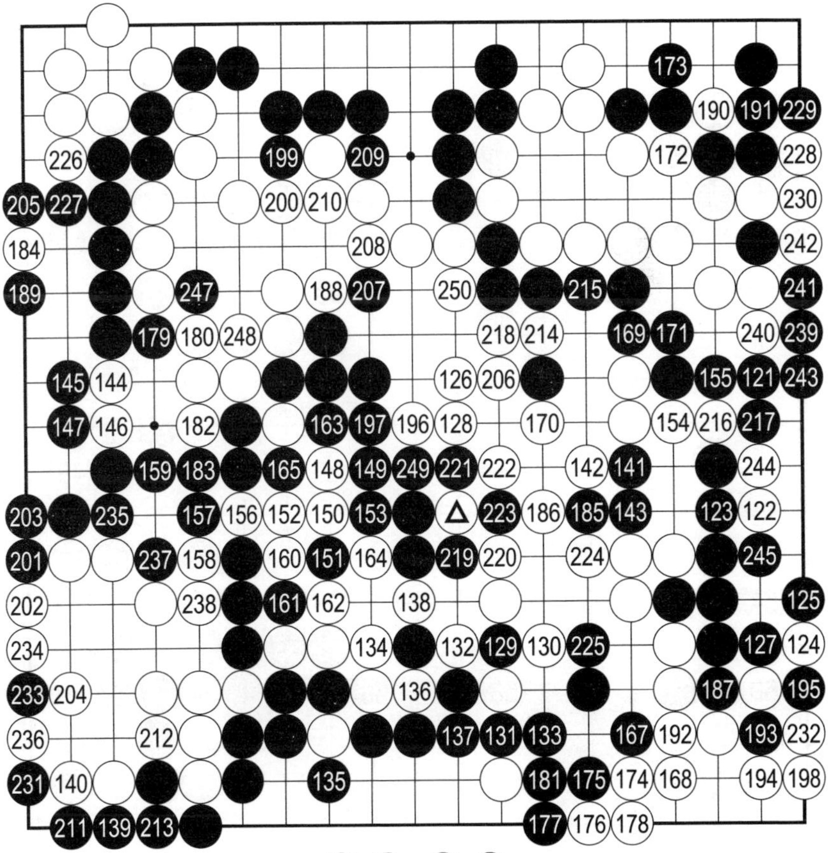

(166)=151　(246)=△

（121–248）

1979年9年25日弈于北京
第四届全运会围棋个人决赛第七轮

黑方 陈祖德
白方 徐荣新

白8可在10上一路尖。至14的定型黑稍好。黑21趣向，至30是常型。黑31立即开启战端，也可先在61位肩冲，抢占大场。面对黑37、39进攻，白44转身思路灵活。白46可在在51位立威胁黑角。至白56局势尚早。白70尖顶时，黑71、73以攻为守。白74可在73右两路飞，就地做活。白78过分，在95位长是本手。至85白难下。黑87、89试应手之后，黑91、93有力。黑95至99弃子很有气魄，展现出宏大的构思。（谢赫）

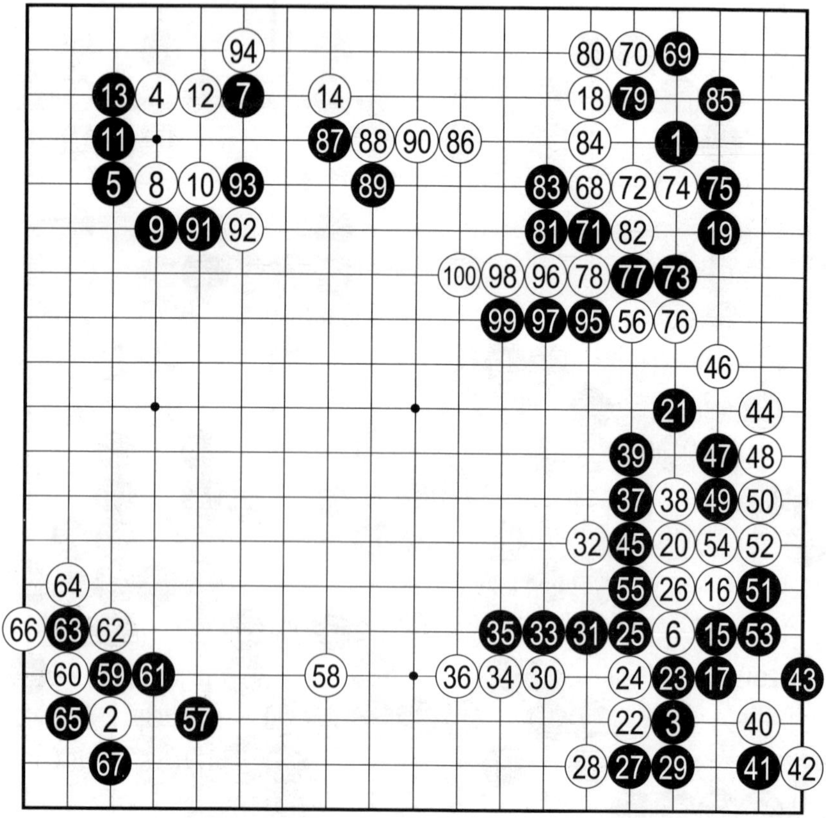

（1–100）

的定型黑便宜，黑优势更加显著。此后黑安全运转，稳操胜券。

本局是陈祖德老师完胜的好局。（谢赫）

黑方　陈祖德

白方　徐荣新

黑101至105弃子的思路连贯，一气呵成。黑107是收官定型的好手，白只能后手做活。黑113占据全局最大之处，黑确立优势。白116应在122位拐。黑121冲出是好手。至128

黑贴$2\frac{3}{4}$子　共185手　黑中盘胜

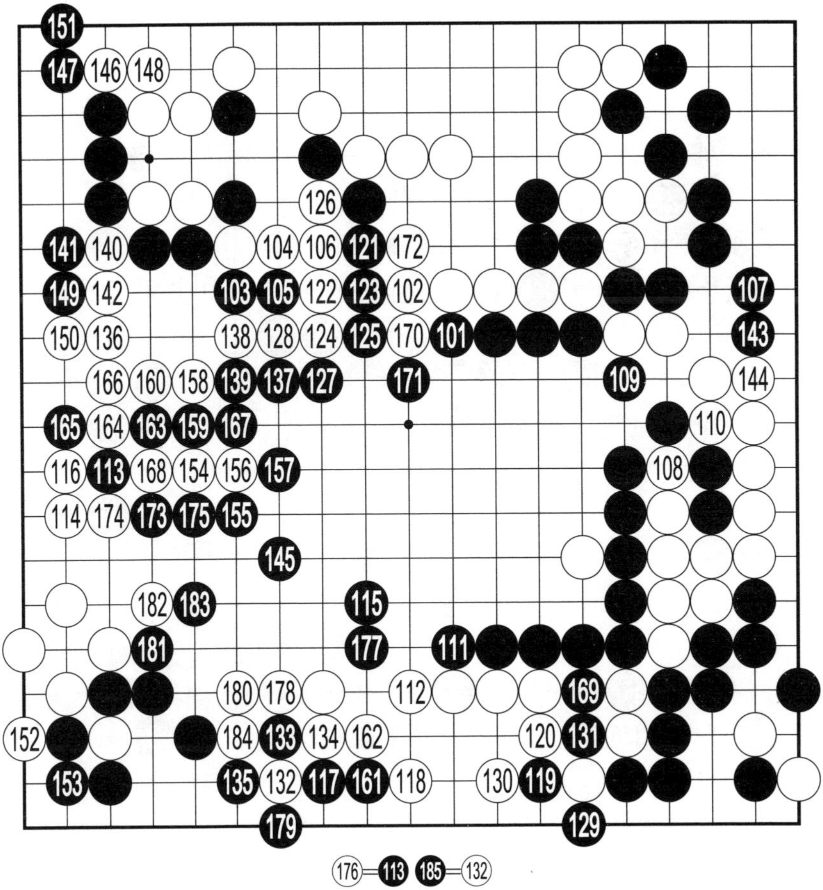

（101–185）

1979年9年26日弈于北京
第四届全运会围棋个人决赛第八轮

黑方　程晓流

白方　陈祖德

黑25不妥，此时在27位接较好，被白32吃住二子后，形势白有利。白42、44交换似乎并无必要，以下至黑49、51，形成复杂的乱战局面。黑69、71攻击有误。白72好点，以下先手定型，82渡过取得大量实空，白获得优势。之后白在优势意识下过于保守，局势逐渐被黑追上。（周睿羊）

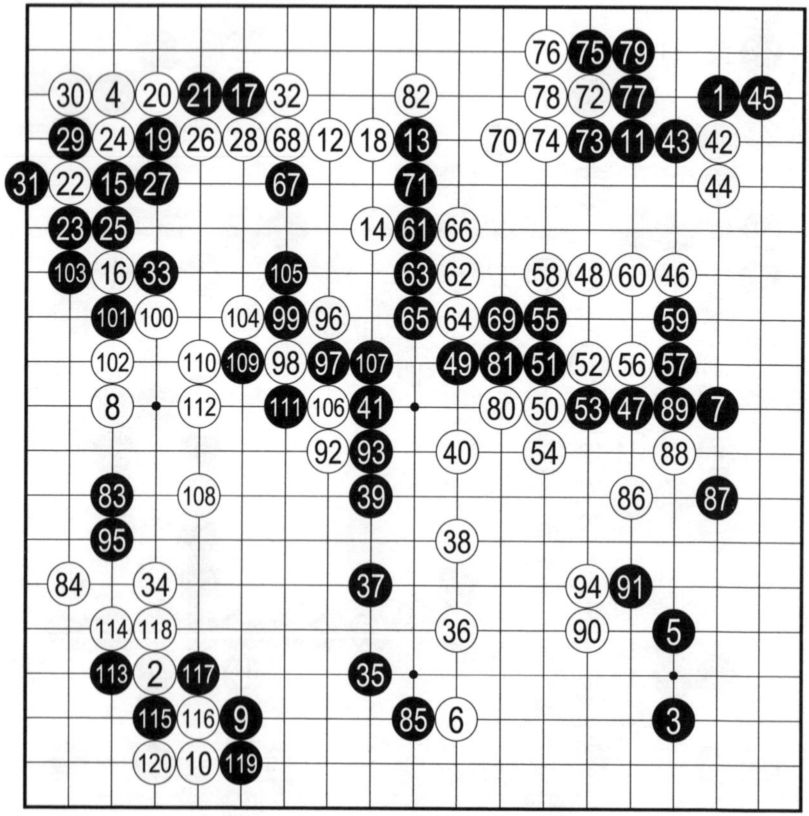

（1–120）

白148险些成为败着，但黑159亦错失良机，如在160长则很有可能逆转。实战白160先手虎下后，小胜已成定局。（周睿羊）

黑方 **程晓流**

白方 **陈祖德**

黑贴2$\frac{3}{4}$子 共242手 白胜

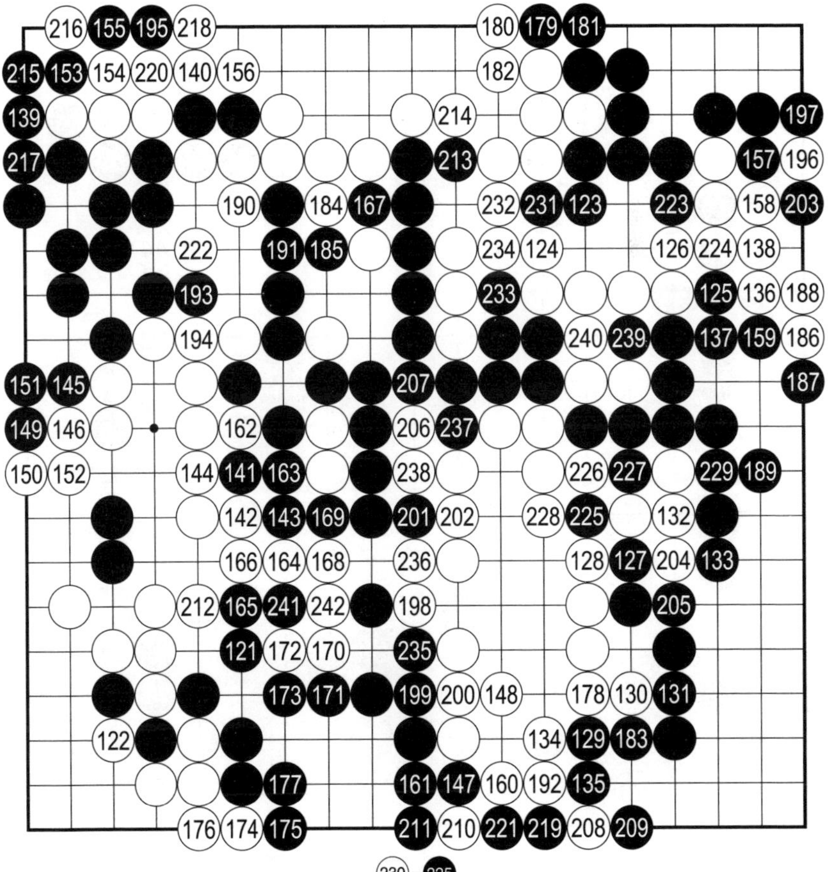

230=225

（121–242）

1979 年 9 月 27 日弈于北京少年宫
第四届全运会围棋个人决赛第九轮

黑方　陈祖德
白方　林勉

白 18 以下的弃子略显草率，进行至黑 25，白所得甚少，黑满意。白 52 致命失误，此时只能在 53 位补棋，如此尚可一战。实战黑 53 尖后白形状崩溃，至 59 连回取得巨大优势。白 74 开劫是最后败着，由于黑右下角劫材很多，白打不过此劫。至黑 95 消劫，胜负已定。（周睿羊）

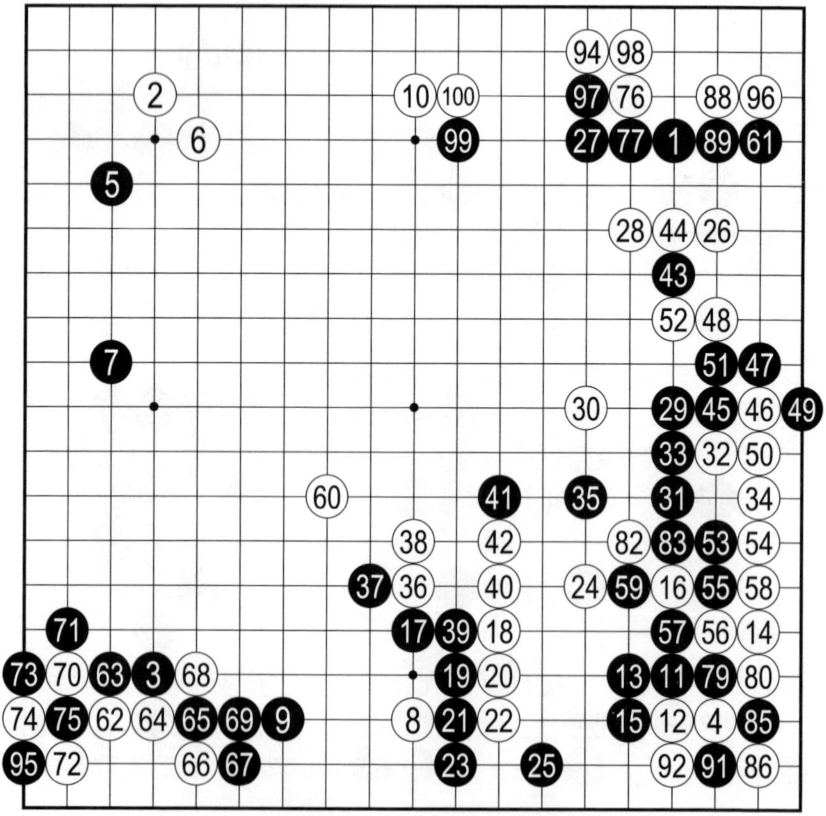

78 84 90 = 70　81 87 93 = 75

（1–100）

黑方 **陈祖德**

白方 **林勉**

黑贴2$\frac{3}{4}$子　共181手　黑中盘胜

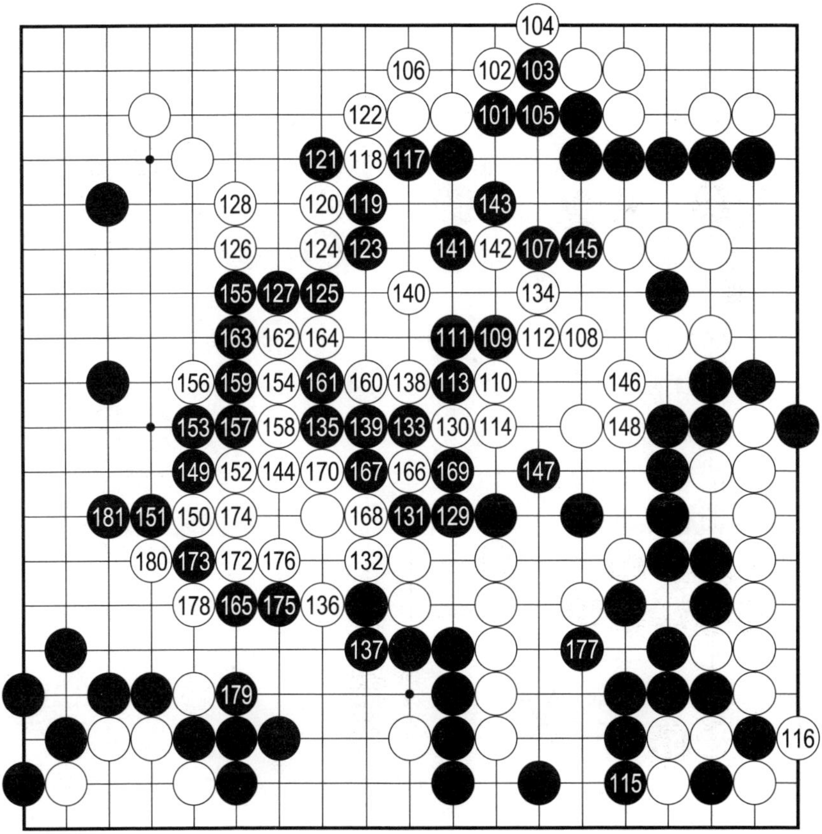

171=166

（101–181）

1979 年 11 月 18 日

小组循环第 1 轮

黑方　华以刚

白方　陈祖德

布局阶段，白 36、38 是打穿黑阵的好手，但此局面下被黑 41 挖断后反而亏损，至 53，黑棋优势明显。黑 57 以下直线进攻不够简明，此时简单收空即可。实战白棋不光顺势破掉黑空，也令黑角薄味十足。白 80 好手，黑棋无法吃掉此子，至白 118 劫争后吃掉黑角，形势逆转。（郭闻潮）

黑贴2 3/4子　156 手以下略　白中盘胜

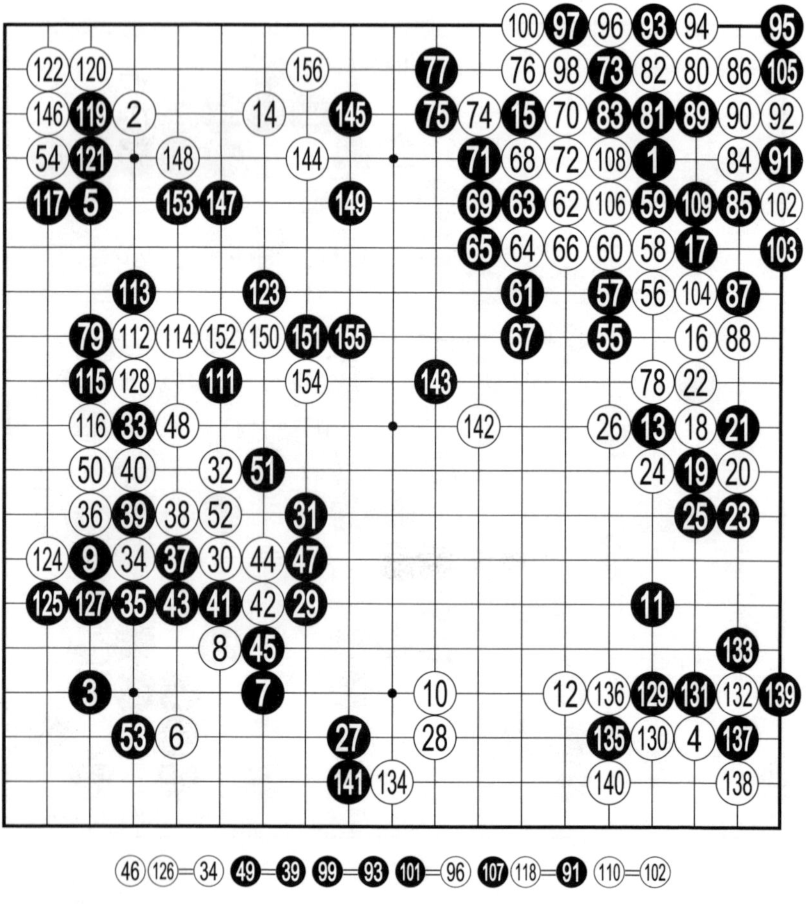

（1–156）

1979 年 12 月 12 日弈于北京

黑方　陈祖德

白方　吴淞笙

白 22 顶方向正确，至 28 拆白棋可以满意。白 48 靠棋感卓越，原本有些薄弱的左下白棋，几手交换之后也获得了一定的潜力，有撒豆成兵之感。白 56 飞继续追击凶狠，黑 57 靠反击有些过分了，实战被白棋顺势冲下转换，黑棋明显不利。白 80 错失良机，如在 64 位右一路冲出四子进行转换，则白棋大胜。实战双方回到均势进入收官，白 100 靠意在最大限度收住下边实地，黑 105 打入是胜负手，白 106 贴，棋谱记录到这里结束。（陈潇楠）

黑贴$2\frac{3}{4}$子　106 手以下略　白中盘胜

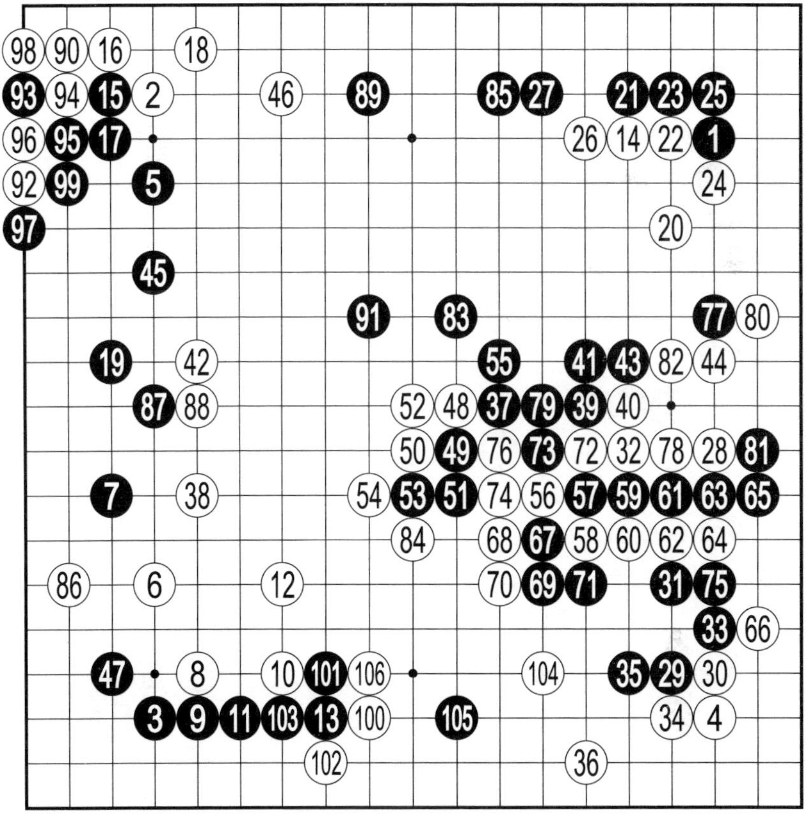

（1–106）

1979年12月21日
第2轮

黑方　陈祖德
白方　黄德勋

白20跳是明显问题手，应该在左边拐下，黑21飞舒服，黑棋得分。黑31打入积极，至37黑棋在上方连续抢占实利，不惧白棋来攻中央，真是艺高人胆大。黑55跨断是治孤好手，局部形成打劫。黑57先尖一下好次序，实战形成转换，黑棋优势。右下黑71跳时，白72托过明显恶手，被黑棋提子后在角部获利太大，白棋大亏，局面已经很难挽回。（陈潇楠）

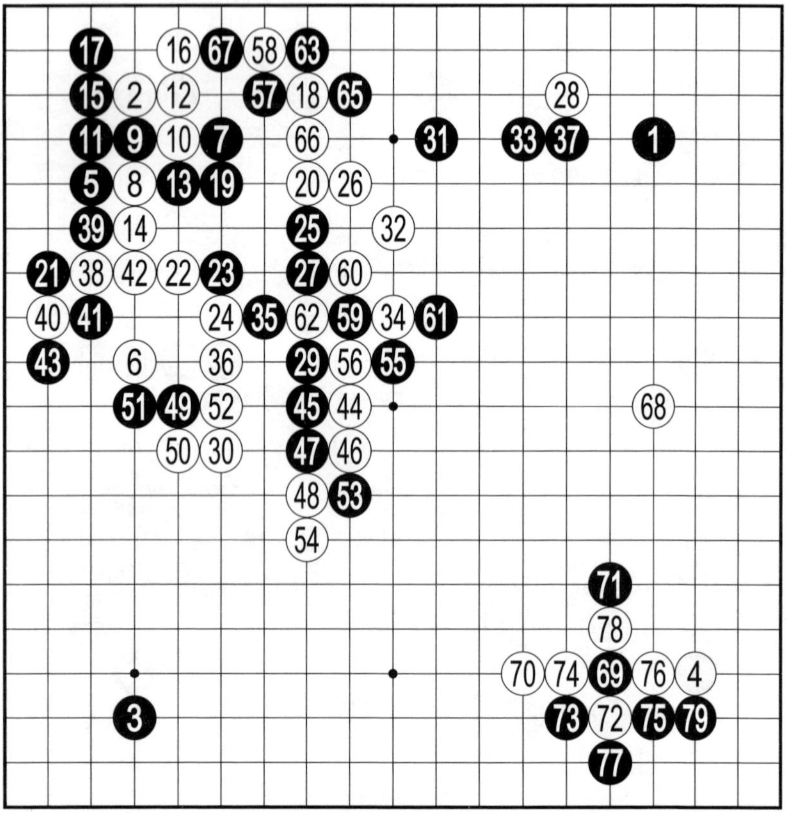

64=59　80=72

此后黑棋安全运转，没有给白棋太多机会，解说从略。(陈潇楠)

黑方 **陈祖德**

白方 **黄德勋**

黑贴2$\frac{3}{4}$子　161手以下略　黑中盘胜

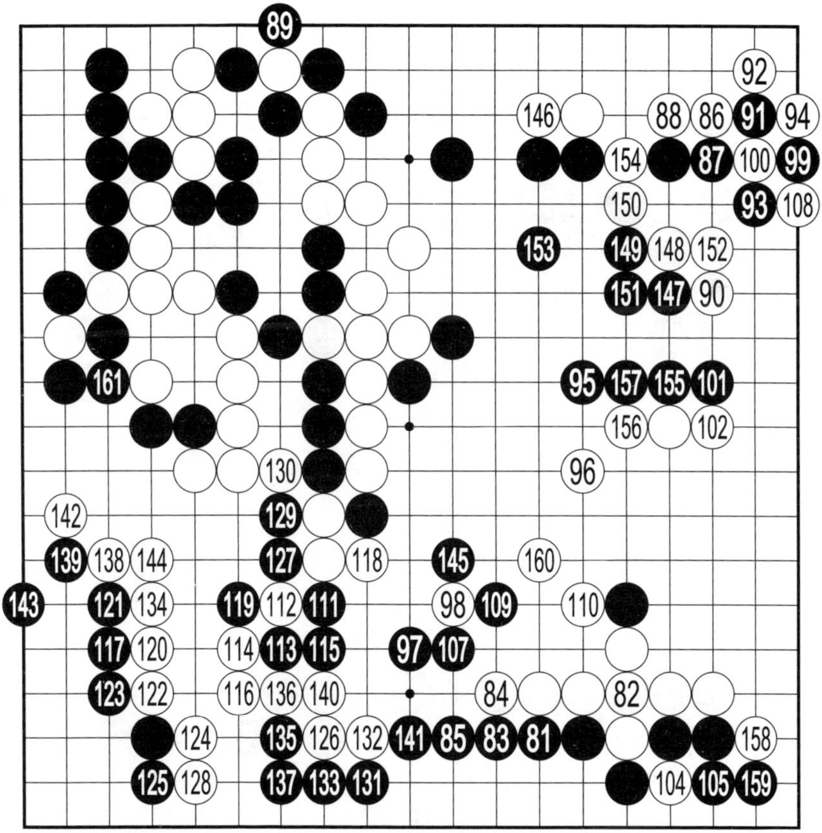

(81–161)

1979年12月25日
第3轮

黑方　吴淞笙
白方　陈祖德

布局阶段，白28以下灵活腾挪，黑方稳扎稳打，此后形成转换大致两分。黑85以下不肯被白便宜，弃子转身。白92以下侵入黑阵，黑通过攻击补强右下。本局双方形势一直十分接近。至黑145大致是细棋局面，后棋谱缺失。（郭闻潮）

黑贴$2\frac{3}{4}$子　145手以下略　黑中盘胜

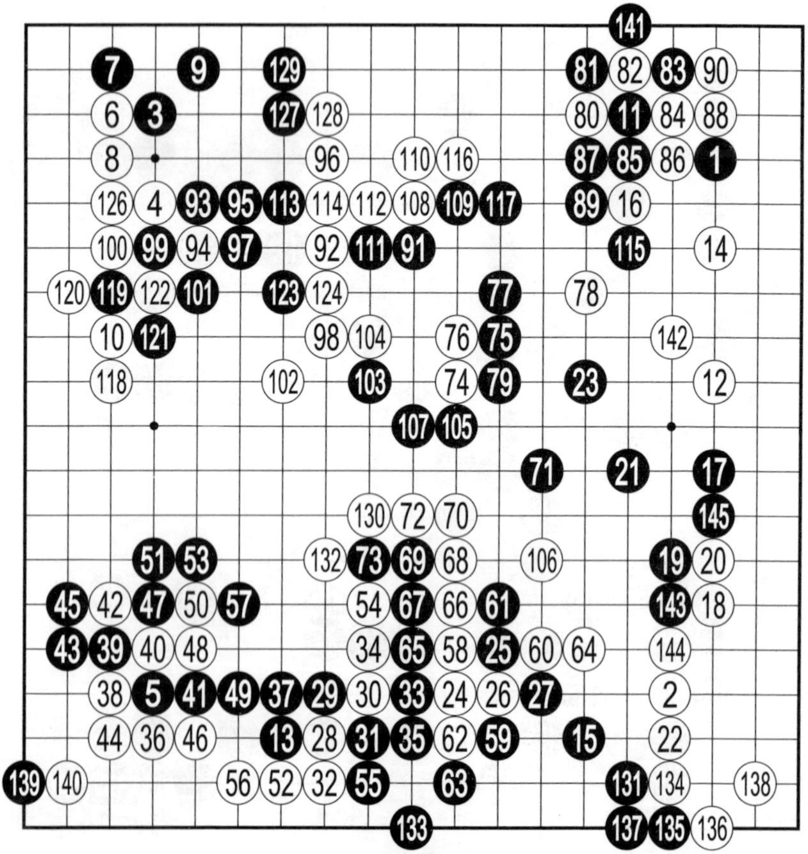

125=119

（1–145）

1979年12月28日
第4轮

黑方　陈祖德
白方　王汝南

布局阶段，黑15、17严厉。白方24较缓，结果被黑方缠绕，至37吃掉下方白子后优势明显。白72以下试图对黑进行缠绕攻击，搅乱局势，但因自身形状缺陷反而被黑81、83断开，大势已去。（郭闻潮）

黑贴2$\frac{3}{4}$子　共83手　黑中盘胜

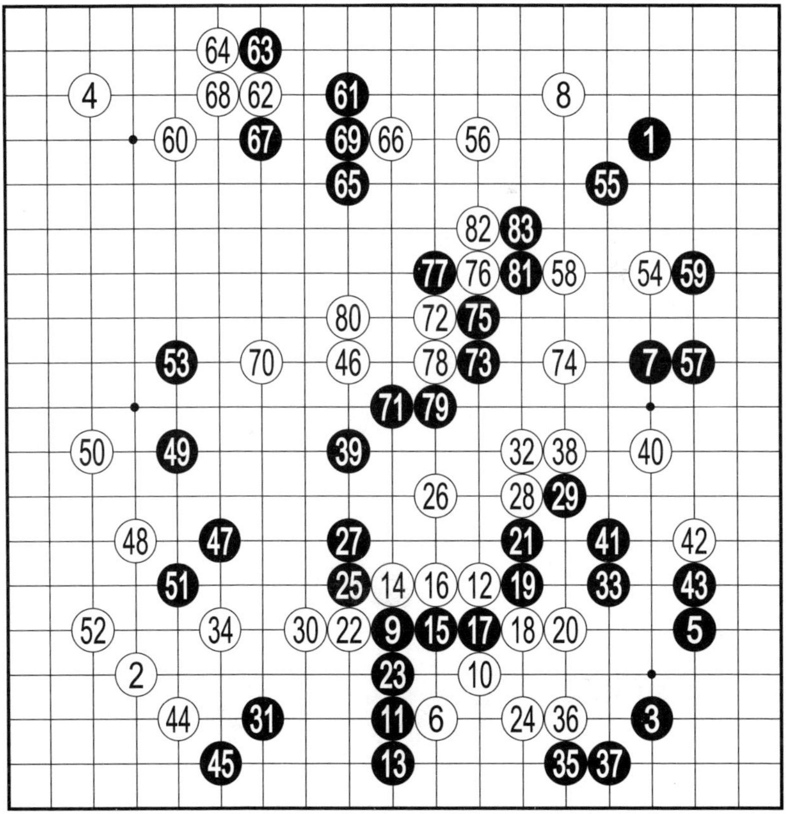

（1–83）

时年36岁

一九八〇

◎ 2月19日，在北京举办的“陈毅杯”老同志围棋邀请赛闭幕式上，方毅、叶飞、陈祖德、孔祥明一方对阿沛·阿旺晋美、金明、聂卫平、杨晖一方进行联棋表演，最后双方巧成和棋。

◎ 5月18日，陈祖德参加了上海市老干部、大专院校负责人的第二次大联欢。

◎ 1980年全国围棋比赛，仿照球类比赛模式，举行了全国棋类联赛。本次比赛以个人赛的方式来计算团体总分，并根据个人成绩分出甲、乙、丙、丁四个组别。4月19—5月3日，个人围棋预赛在安徽屯溪举行。过程中，陈祖德击败李钢、黄良玉、徐荣新、方天丰等，获得了全胜的成绩，获得决赛权。上海队也获得团体总分第一名。

◎ 8月24—9月1日，1980年全国围棋个人决赛在四川乐山举行。陈祖德参加了甲组的比赛，本组共有12名棋手，要进行11轮比赛。首轮陈祖德负于刘小光，第二轮击败宋雪林，第三轮负于马晓春。虽连胜陈嘉锐、聂卫平、罗建文、华以刚、邵震中，但在最后两轮负于李钢和李青海，仅获第三名。

◎ 在个人赛进行当中，陈祖德就开始便血，但当时缺乏医学常识，导致并未重视。个人赛后即赴成都，在成都休息了一个星期，也未见缓解。

◎ 9月14日，第二届新体育杯在成都举行。陈祖德在第一轮比赛结束后的晚上吐血。经过仔细检查，确定是贲门癌，不得不暂时告别棋坛。

薛志春　整理　　　　**华以刚　审订**

1980年1月3日

黑方　方天丰

白方　陈祖德

白24以下是当年的老定式，现在看来黑31简单吃住白角即可满意。白48以下试图冲击黑棋薄味，但黑应对无误，吃掉白方几子后取得领先。白76、78以下腾挪转身令人赏心悦目。此后白越战越勇，抓住黑右上气紧缺陷，一举取得胜势。(郭闻潮)

黑贴2 3/4子　共146手　白中盘胜

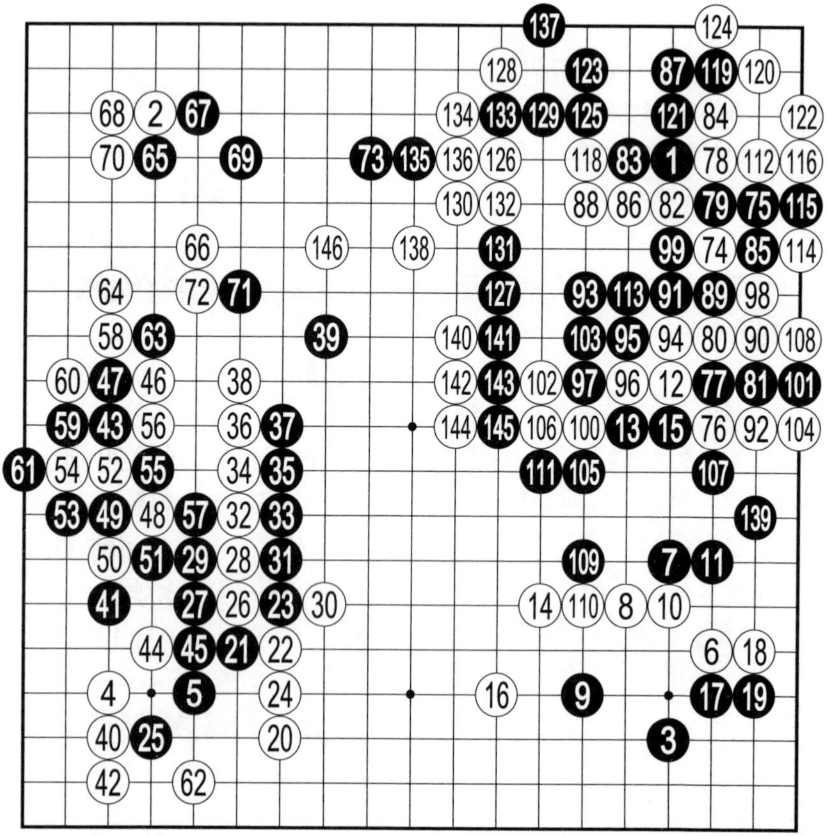

117=74

(1–146)

1980年1月4日弈于北京

黑方　陈祖德

白方　孔祥明

布局阶段白方实地占优。白64以下对黑棋进行攻击，此后局面一直较为混乱。（郭闻潮）

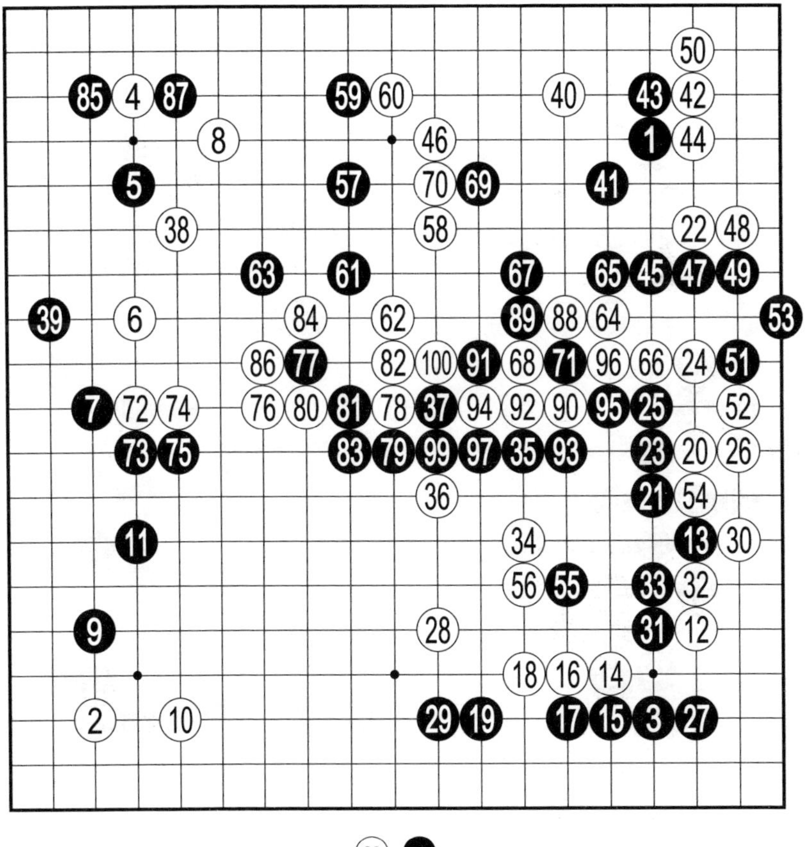

98＝71

（1–100）

攻杀过程中双方均有失误，但仍不影响精彩程度，本局值得细细品味。（郭闻潮）

黑方　陈祖德

白方　孔祥明

至黑129，转换后白实空优势，但两块大龙较为薄弱。黑135展开缠绕攻击，先手加厚自身后强杀白大龙。通过激烈搏杀，黑209成功击杀白大龙。虽然白方仍可继续立下转换收空，但实地已经落后。

黑贴$2\frac{3}{4}$子　共207手　黑中盘胜

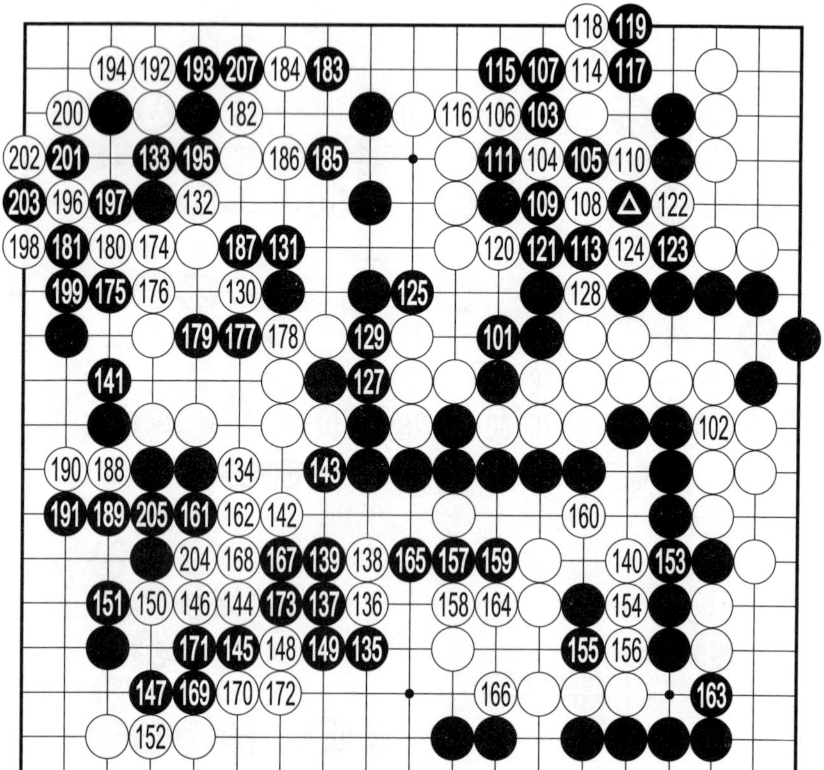

112=105　126=△　206=196

1980 年 1 月 6 日
一、二组对抗

黑方　徐荣新
白方　陈祖德

白 38 局部好手，通过一套组合拳吃掉黑二子，明显得利。黑 81 挖断强硬，是引征的好手，但白 84 补住征子获得较大实地。黑 85 切断后形成转换，此后白方判断清楚形势，果断弃掉中央几子，简明收束至 130 获得明显优势。（郭闻潮）

黑贴 2$\frac{3}{4}$子　130 手以下略　白中盘胜

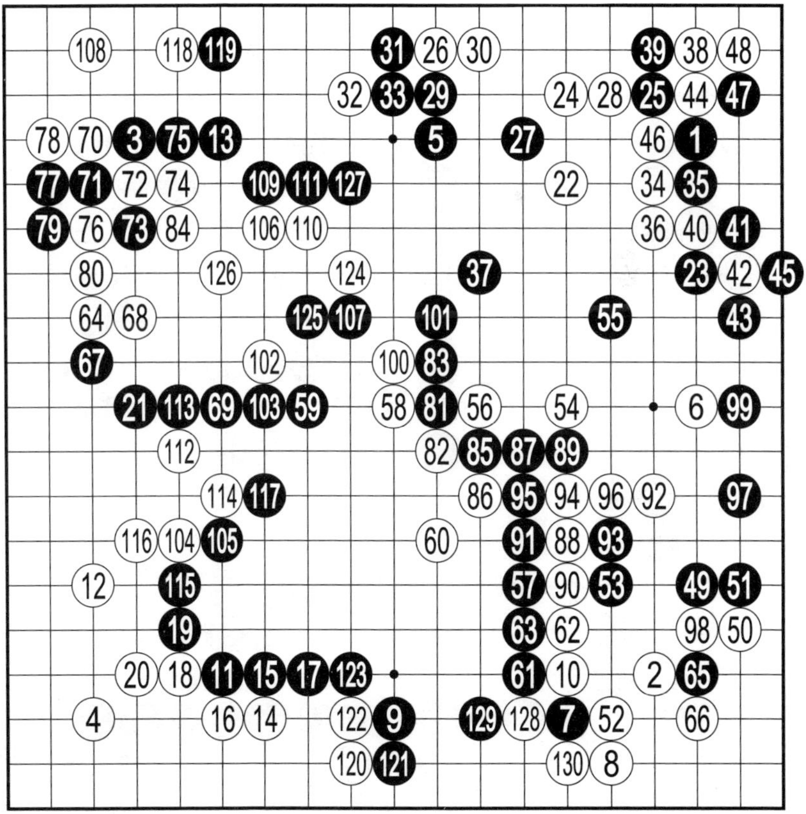

（1–130）

1980 年 1 月 8 日

对抗赛

黑方　曹大元

白方　陈祖德

至白 22 是正常的开局。黑 21 长可考虑扳头，更为积极。黑 25 夹击应低一路，对白 6 威胁更大。黑 29 托问题手，局部要走，应退一路小尖，目前全局最大的一手应是在上边拆一进攻白 6。白 42 压不好，应在 43 位挡住，实战被黑 43 爬进去，白棋没有眼位。黑 49 飞点应在 62 位虎完扳粘，目数价值非常大。黑 51 应在 100 位拐出，白 52 应走 99 位飞吃住几个黑子，如此是白棋优势。白 58 应该走 59 位长出，实战被黑棋打进去很苦。下至 72 白棋大龙打劫，是黑棋优势的局面。黑 73 肩冲找劫过于保守，应跑黑 17，这样给白棋的威胁更大。实战被白棋消劫回到两分的局面。黑 91 断过分，应走 99 位虎补断。黑 97 拐本局败着，应在 100 位补断，实战被白棋断开后，形势已经不乐观。（吴树浩）

黑贴 $2\frac{3}{4}$ 子　共 148 手　白中盘胜

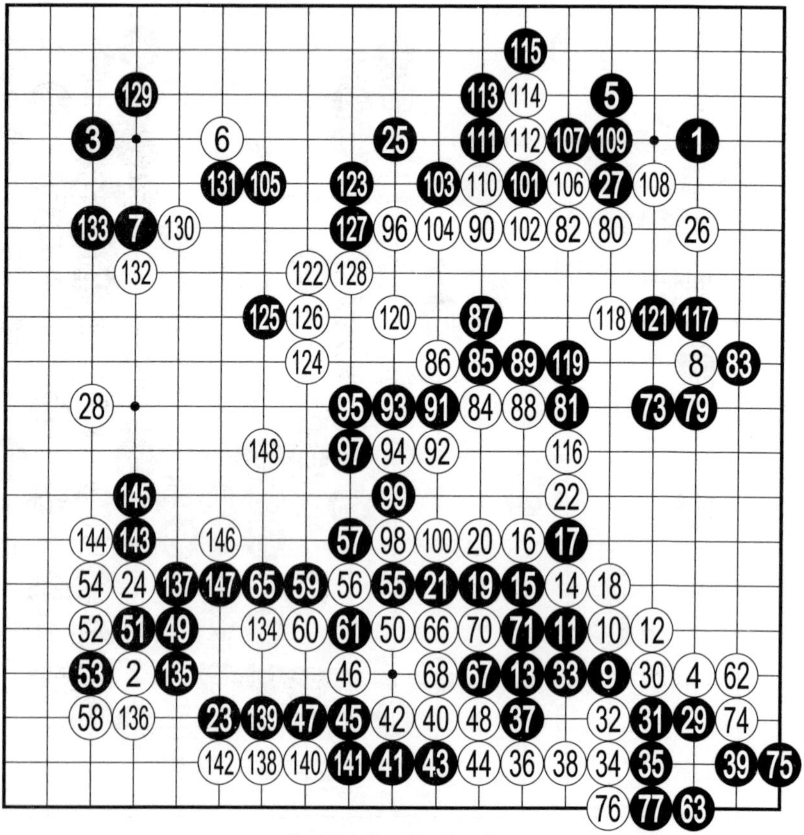

64 72＝56　69 78＝61

（1–148）

1980 年 1 月 10 日

黑方　陈祖德

白方　程晓流

布局阶段黑 19 试图最大限度围住左上，十分凶猛。白 20、22 寻求头绪，黑 23 单退冷静，此后白方打出，形成转换必然。白 30 靠下后，34、36 两下都打到十分舒适，但 38 稍有缓手嫌疑，此刻可以考虑趁黑大空尚未围成先行侵入。实战黑 43 飞形状较好，白 44 再靠入有落后一步之嫌。黑 45 杀棋好手。但黑 61 稍有失误，此时如下在 62 位则白方危险。实战形成劫争，局面复杂。终局前黑方再度出现失误，被白 114 连回，黑杀棋失败。（郭闻潮）

黑贴2$\frac{3}{4}$子　116 手以下略　白中盘胜

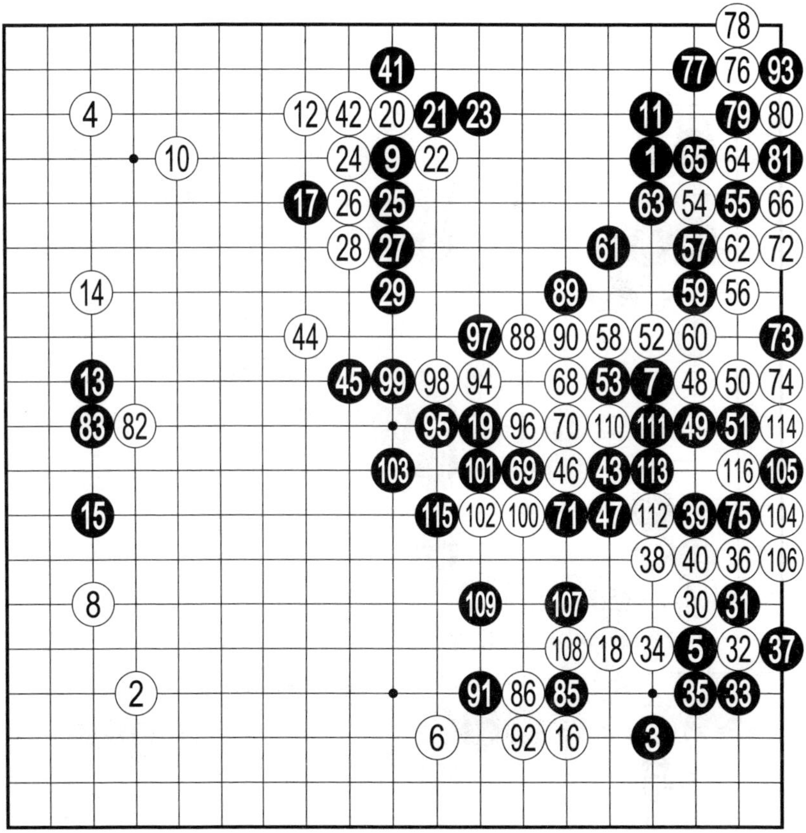

67=54　84=64　87=81

（1–116）

1980 年 1 月 15 日
小组循环第 5 轮

黑方　陈嘉锐
白方　陈祖德

布局至黑 35 大致两分。黑 43 从下方挂角很有想法，普通思路是挂在 37 一边。白 52 在角上预先留下味道后再 54 跳威胁黑棋，但黑 55 以下先手提掉一子十分厚实，并无不满。白 76 试黑应手，想取得官子便宜，黑的应对出现较大问题：黑 77、79 应对过于温柔，被白先手连回后目数便宜巨大。黑 87 局部好手，但 95 随手，此时应 96 位直接做活，如此形势尚早。实战被白吃掉尾巴，黑空已告不足。（郭闻潮）

黑贴 $2\frac{3}{4}$ 子　126 手以下略　白中盘胜

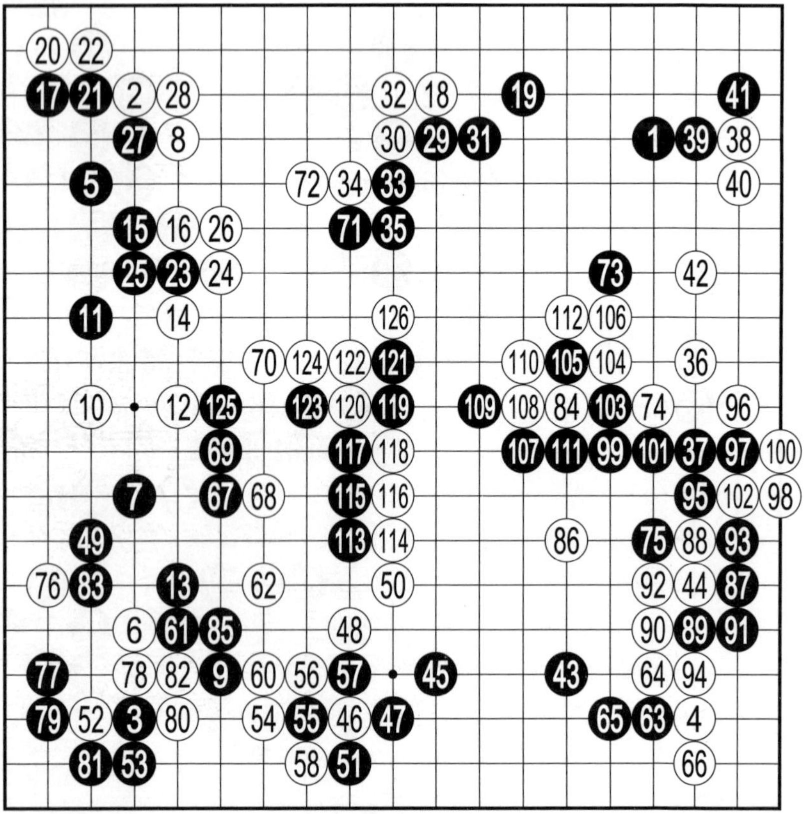

59 = 46

（1–126）

1980 年 1 月 18 日

黑方　刘小光

白方　陈祖德

布局阶段白 24、26、30 强硬两断求战，但黑 35 以下黑白双方置中央黑五子于不顾，令人十分不解，似是棋谱有误，如黑 35 前先进行黑 41 位、白 40 位的交换较为合理。白 52 以下强攻黑棋稍显过分。白 72 似乎有些随手，被黑 73、77 冲断后吃掉两子，白方攻击失败。此后白 86 不知是否出现错觉，交换后白方无法继续。（郭闻潮）

黑贴$2\frac{3}{4}$子　共 89 手　黑中盘胜

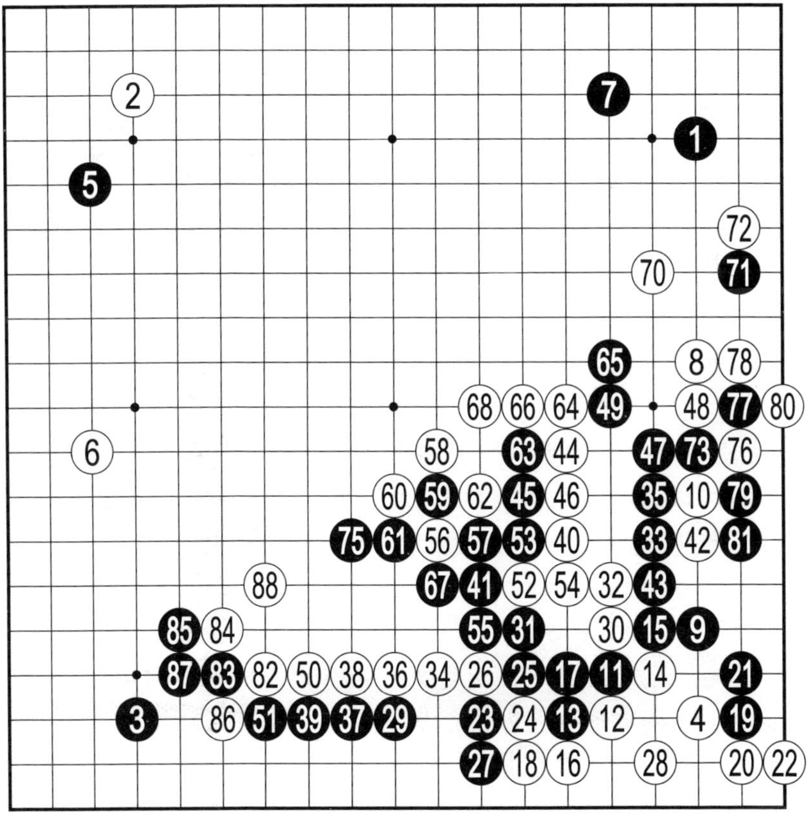

69 89 = 59

（1–89）

1980年1月22日
小组循环第7轮

黑方　陈祖德
白方　聂卫平

布局阶段，黑31跳是当年的常见下法，以现在的眼光来看，白32简单吃黑一子即可满意，实战黑33先手挡一下舒服。白44试图逼迫黑方做活，黑方反击必然。此后黑方出头，白棋封住上方黑子也有收获。黑61做活稍有缓手之嫌，可先55位左一路长看白应手。黑65局部破空好手，劫争后抢到85、87有所收获。黑95稍缓，白方通过攻击先手连回两子获利较大，但接下来106、108应是有所误算，形势再度接近。白128以下先手加厚自身，再142点严厉。黑方无法拿住142一子，如实战继续爬回，白扳，黑断，白二路打吃，黑大龙无法做活。（郭闻潮）

黑贴$2\frac{3}{4}$子　共144手　白中盘胜

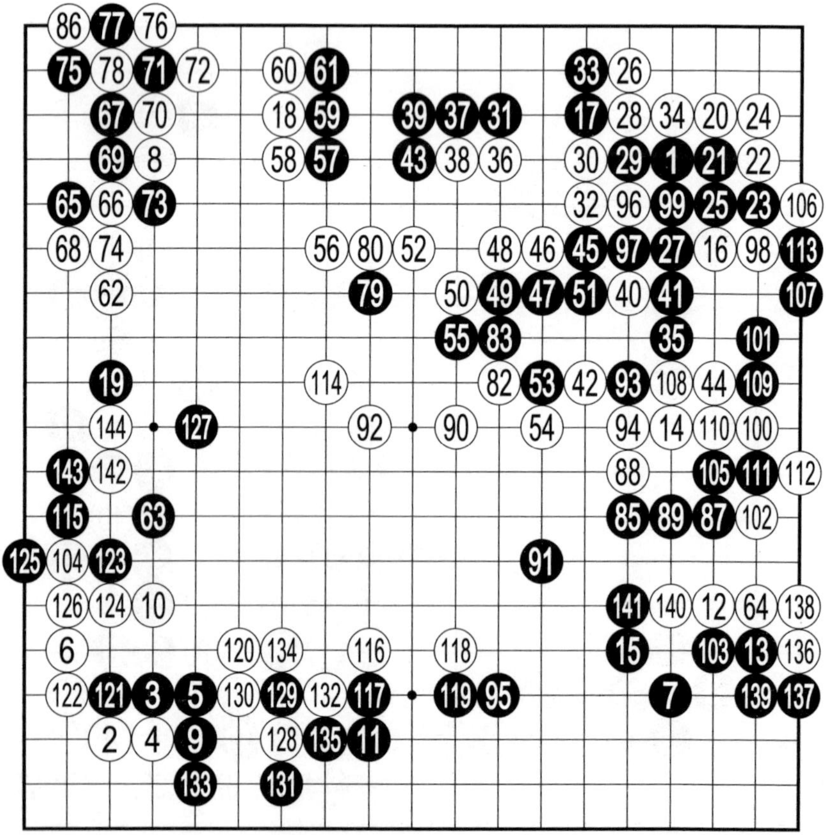

81=71　84=78

1980 年 1 月 25 日
淘汰赛第 1 轮

黑方　陈祖德
白方　华以刚

黑 13 尖顶可选择 108 跳，更积极。黑 31 可以脱先抢占 73 右一路的大场。同样，白 32 断也可以脱先走 57 位拆二。黑 53 接应该走 48 下一路先手补断，再 99 位长，这样可以抢到先手。白 60 长过于保守，应走 61 扳。下至黑 73 立是黑棋稍好的局面。（吴树浩）

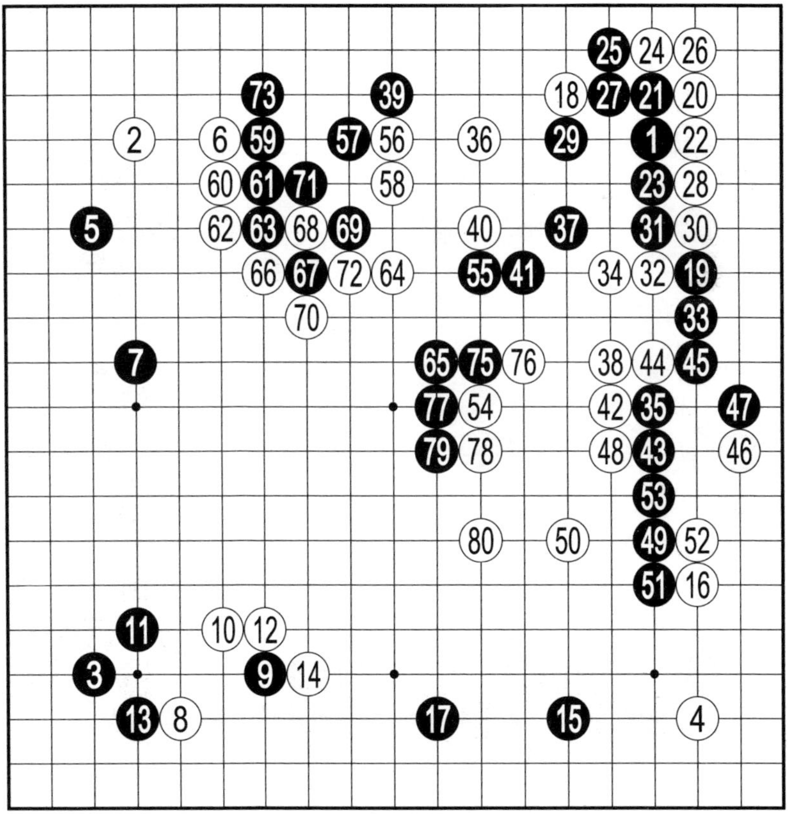

74 = 68

（1–80）

黑方 **陈祖德**

白方 **华以刚**

黑87飞应该提劫，白的棋形不好补。白114挡失误，应在117位贴回。黑123托应走126位进角，弃掉左边几子，实战虽然可以做活，但右边黑棋会被收刮。下至152已经是白棋胜势。白154、156连续失误，应直接走158打吃。白158最后败着，应在161位连接，被黑159断开后，形势瞬间逆转。（吴树浩）

黑贴$2\frac{3}{4}$子　共171手　黑中盘胜

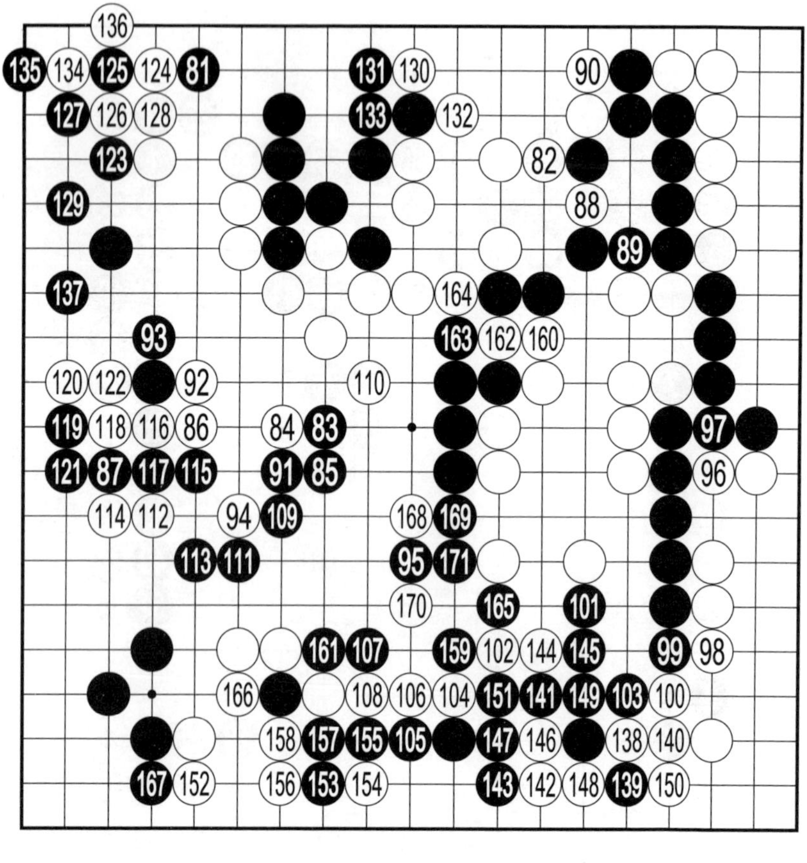

1980 年 1 月 29 日
淘汰赛第 2 轮

黑方　陈嘉锐
白方　陈祖德

黑 23 扳可选择 28 位靠出，更为积极。白 26 应再贴一手，棋形会更好。黑 27 可下在 28 挖，更有冲击力。黑 39 并速度较慢，应在 46 位下一路大飞。白 48 托应先在 50 位小尖，然后虎过连络，实战被黑棋分断陷入苦战。下至黑 63，白棋有三块棋不活，形势不乐观。黑 75 失误，应在 98 位接上，实战让白棋多了外面打吃的借用。下至黑 85，白形势有所好转。白 86 大跳不如小跳。白 90 阻渡价值不大，应先在 110 位跳出。白 114 应镇黑 37，给黑三子带来威胁，加强右边。黑 123 不简明，应先在 38 右一路靠进攻白棋。白 128 应该下 129 位立强杀黑棋。实战被黑棋先手活角再于 141 虎收空，白棋实空不足。（吴树浩）

黑贴2$\frac{3}{4}$子　141 手以下略　黑中盘胜

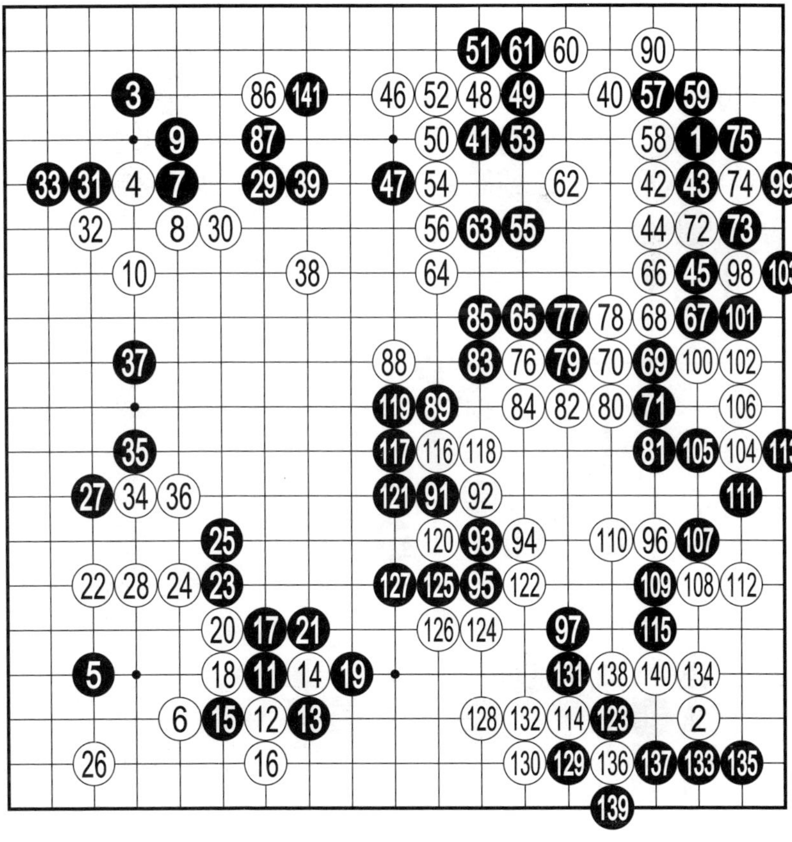

（1–141）

1980 年 2 月 19 日弈于北京体育馆
陈毅杯老同志邀请赛闭幕联棋

黑方 **方毅、叶飞、陈祖德、孔祥明**

白方 **阿沛·阿旺晋美、金明、聂卫平、杨晖**

本局为联棋，故相对来讲小失误较多，主要以欣赏为主。布局阶段，白 28 还是以 29 下一路跳出较好，实战黑获得优势。随后双方旗鼓相当战至细棋局面，可以说是联棋中的好局了。（周睿羊）

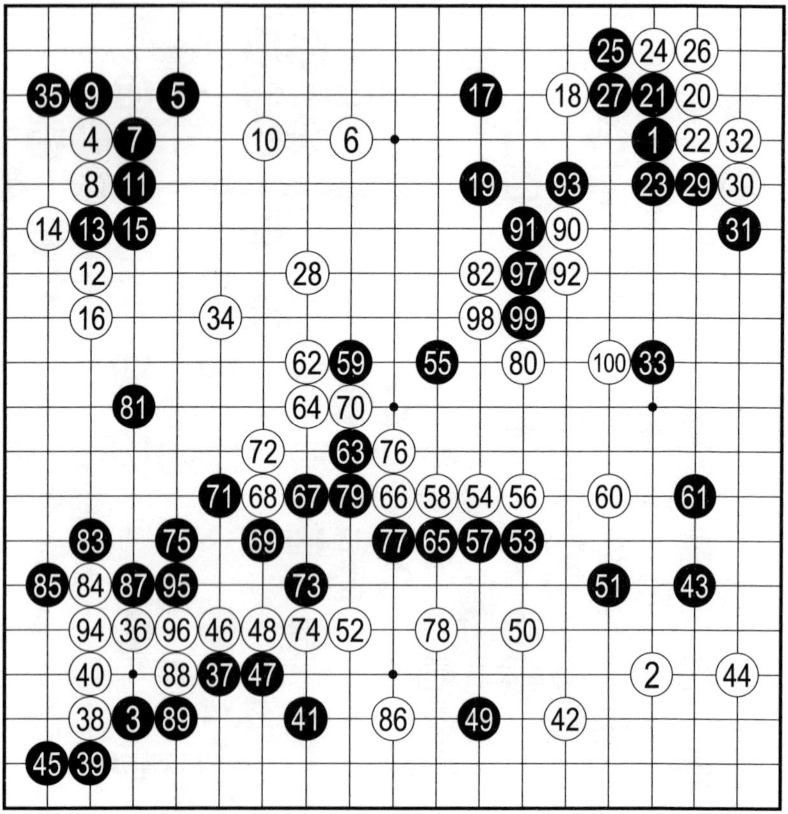

（1–100）

黑方 **方毅、叶飞、陈祖德、孔祥明**

白方 **阿沛·阿旺晋美、金明、聂卫平、杨晖**

黑贴$2\frac{3}{4}$子　200 手以下略　和棋

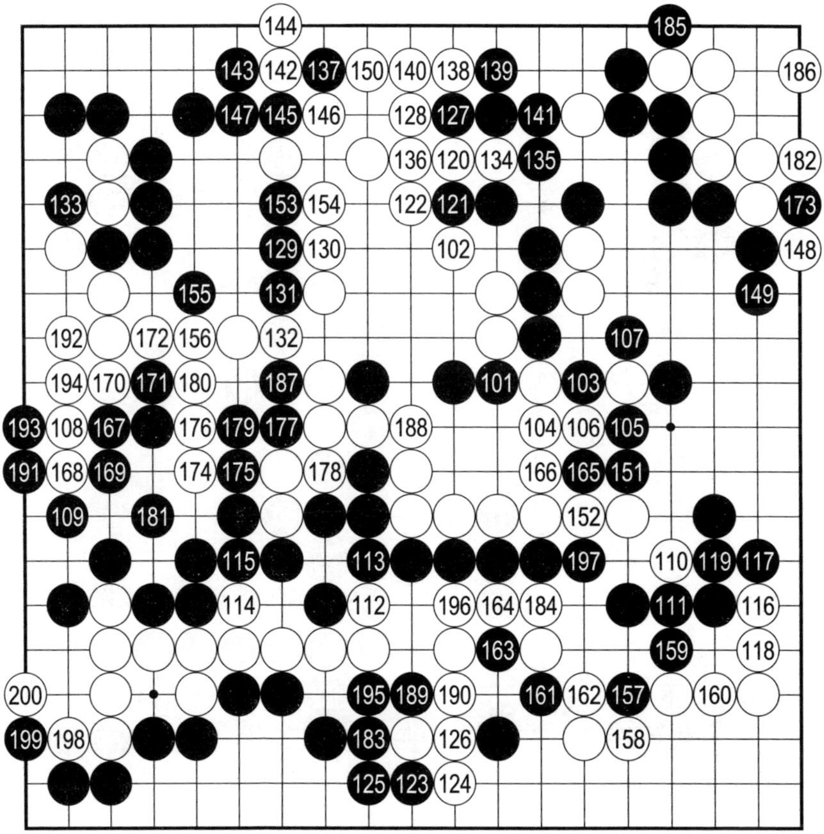

（101–200）

1980年2月21日
循环赛第1轮

黑方　陈祖德
白方　刘小光

白16贴应走111位小尖，不然黑17可在111位跳。白26长过分，本手应粘住。黑27托角应该先在70位夹，冲击白棋弱点。白36跳应该34右一路接，对黑角上有死活威胁，实战跳，外面有打断。黑37靠出过分，应在40位托，白棋形不好。实战被白棋38顶住，黑棋苦战。下至64是白棋主动的局面，黑棋有几块孤棋不活。白68拐应挡住黑65，处理好白64。白94、96断完断过分，简单做活还是白棋优势局面。白106飞失误，应长出96一子。白122最后败着，应在124位拐，局面尚早。(吴树浩)

黑贴$2\frac{3}{4}$子　共125手　黑中盘胜

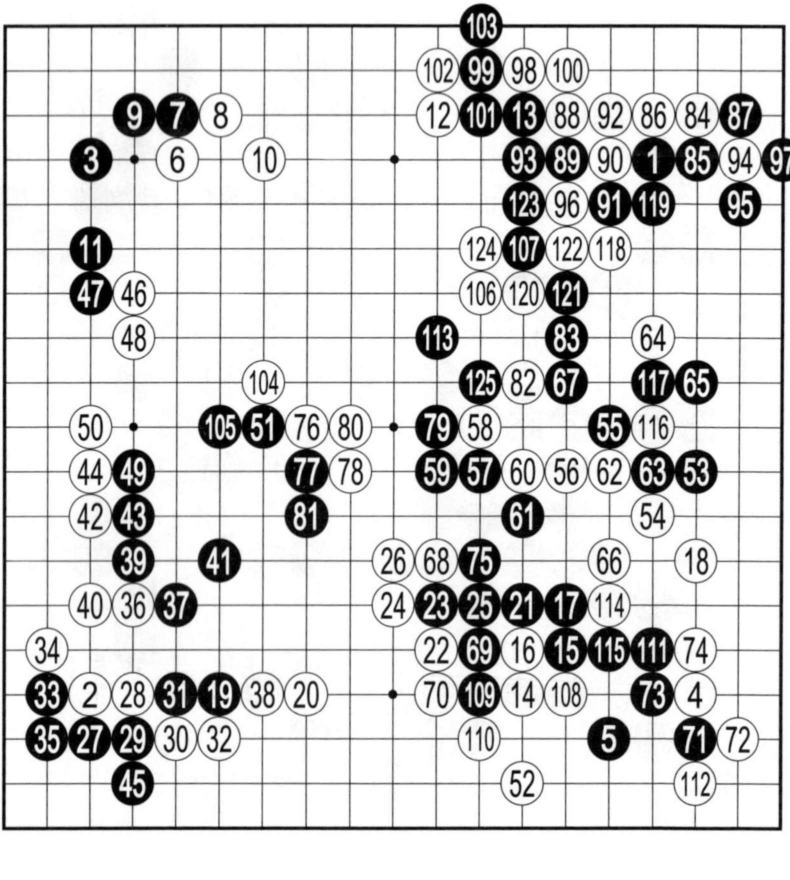

(1–125)

1980 年 2 月 25 日

训练棋

黑方　华以刚

白方　陈祖德

白 24 托角过分，应先夹击黑 9。白 28 碰引征，黑 29 应该脱先走 30 位粘。黑 33 应直接在 35 位断。实战至白 40 挂角，是白棋稍好的局面。黑 47 团交换不便宜，应该继续三路爬。黑 51 虎委屈，还是要在 54 挡住。白 64 镇应走 65 长，实战被黑 65 提先手得便宜。白 70 小尖过于稳健，应在 181 位虎，这样补棋对黑棋有威胁。黑 75 应走 181 位小尖加强这块棋，实战被白 80 跳后整体不活。黑 91 应走 84 上一路做活，实战被白 92 小尖后大龙危险。白 94 求稳了，如走 86 右一路弯，黑棋大龙不活。（吴树浩）

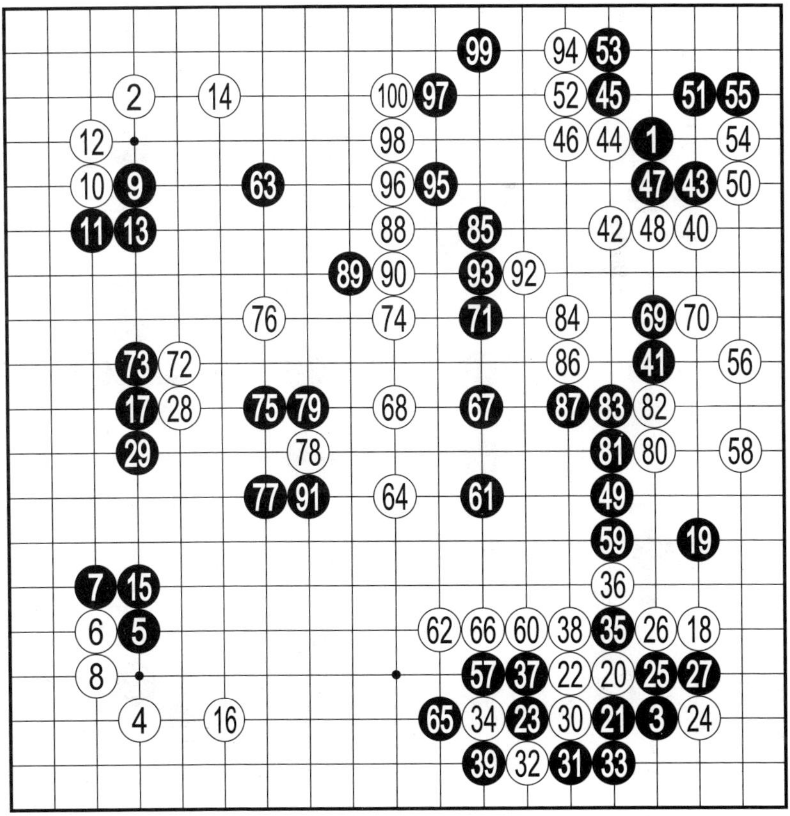

（1–106）

下至110依然是白棋胜势，白方把优势保持到了最后。（吴树浩）

黑方　华以刚

白方　陈祖德

黑贴2$\frac{3}{4}$子　203手以下略　白胜

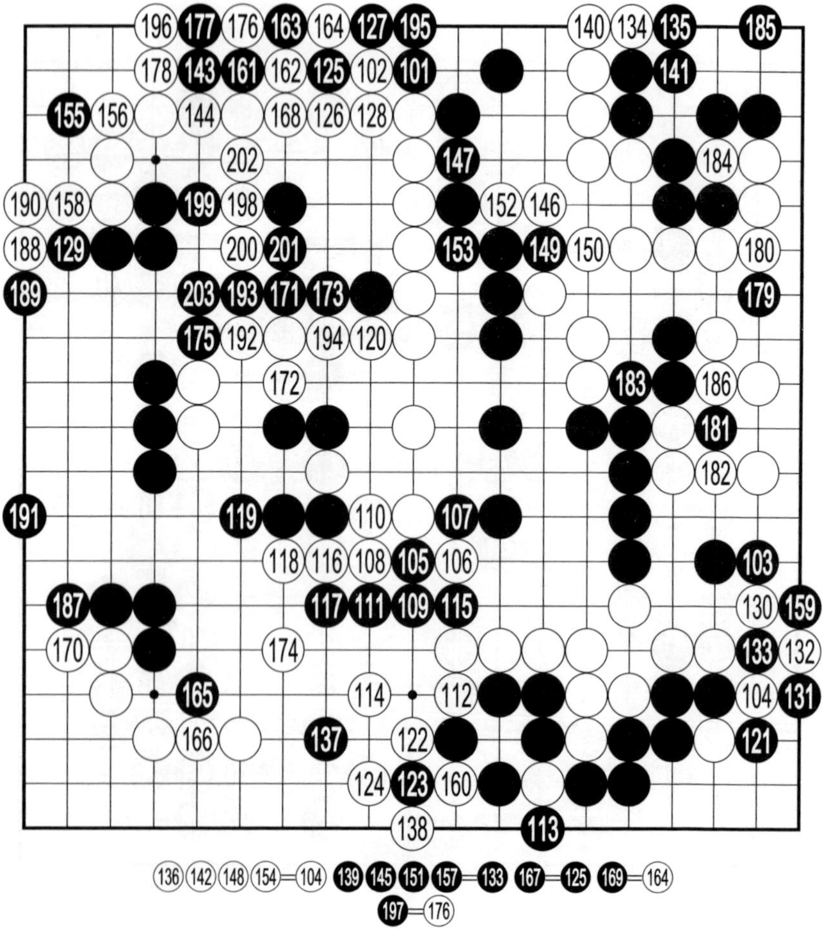

（101–203）

1980 年 2 月 27 日

黑方　陈祖德

白方　黄德勋

白 24 挡失误，征子有利应该走 26 位贴，实战被黑 25 打出去，白棋局部吃亏。黑 31 贴不如拐头。黑 33 打交换不便宜，应直接走 35 位跳。黑 41 没必要跟白 42 交换，直接走 43 位扳就可以。白 52 双打吃不好，应走 54 位打吃，实战落了个后手。黑 61 贴出过分，本手应在 82 位补角。白 64 跳应先在 70 位打吃，破坏黑棋眼位。黑 65 应走 70 位。下至 78，白棋优势明显。白 88 跳做活稍亏。黑 95 应弃掉五子，走 117 位长，实战陷入苦战。后面白一直掌握着局面，并把优势保持到了最后。（吴树浩）

黑贴$2\frac{3}{4}$子　151 手以下略　白胜$2\frac{1}{4}$子

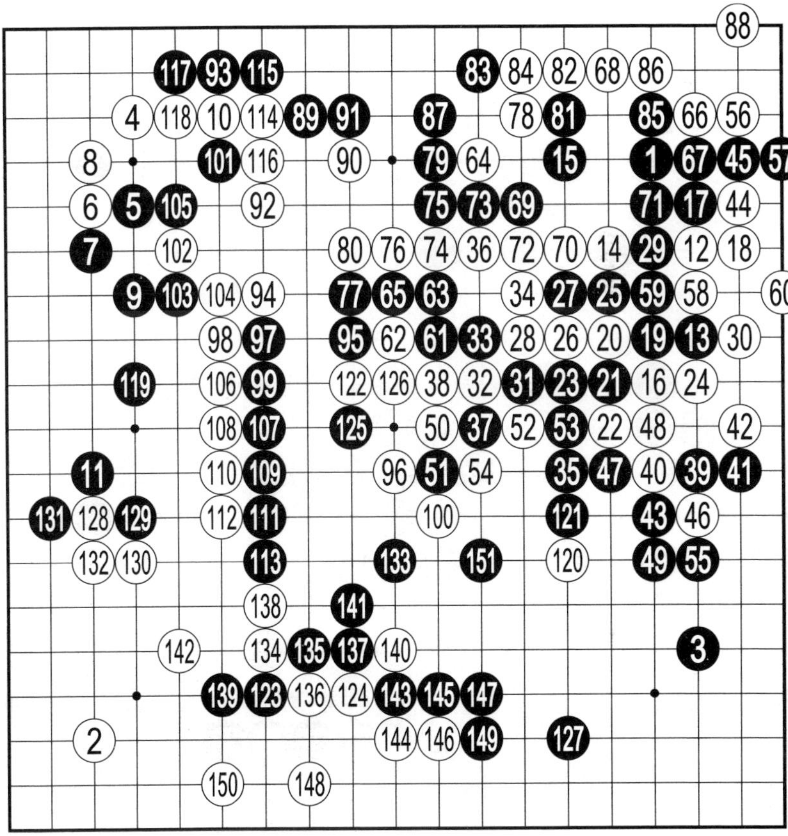

（1–151）

1980 年 3 月 5 日

黑方 吴淞笙
白方 陈祖德

白 16 进角应在 19 位小尖出头，实战黑棋可以在 20 位碰，白不好处理。白 30 打入位置往右一路会更好。黑 33 围空过于稳健，应在 97 位碰。黑 43 跳缓手，应该下 58 左一路飞点，给白 38 一子压力。白 46 正常还是应该先在 54 位处理好这两个子。黑 47 没有抓住机会，应下 49 位镇头攻击白二子。黑 53 打吃价值不大，应该下 55 位小飞，威胁白 48 一子，同时瞄着 44 右一路冲断。下至白 66 形势很接近，白棋目数稍好但全局较薄。黑 71 接应在 87 位冲断。白 80 靠失误，正常应该在 37 下一路冲。黑 83、85 连续失误，都应该在 86 位连络。白 92 应走 96 下一路连络，这样简明胜势，实战被黑 95 点，局面又复杂了。黑 101 应在 99 上一路顶，是黑棋稍好的局面。后来被白棋安全连络后，黑棋实空不足。(吴树浩)

黑贴2$\frac{3}{4}$子　116 手以下略　白中盘胜

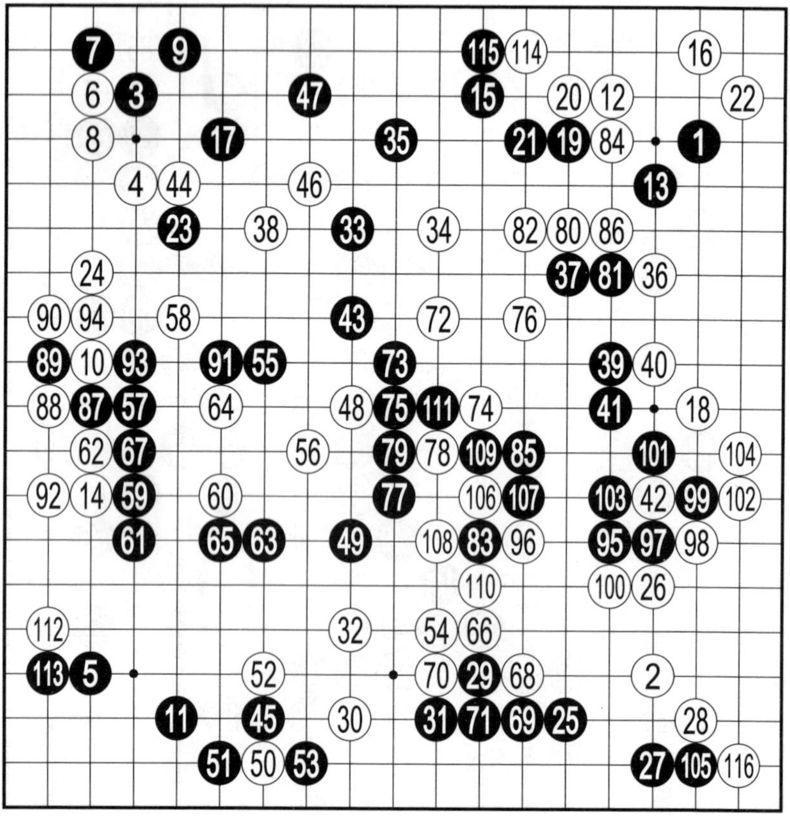

(1–116)

1980年3月7日
训练棋

黑方　陈祖德
白方　王群

白22也可考虑往左侧飞出。黑27价值不大，应走33位跳扩张左边模样。白28并应在27左一路小尖，黑如扳，白则连扳反击。白40脱离主战场，正常应在46位挡。白42分断无理，应该走65位靠压。黑43靠不好，帮白棋出头，应该往上一路镇。下至白46挡，黑棋从41打入开始这几步交换明显吃亏。白48冲错方向，应该走50位冲。黑55断应先在56位冲，实战直接断被白拐住，黑棋外面棋形不好。白80托角价值不大，应该先在45右两路虎，加强自己同时威胁黑棋。（吴树浩）

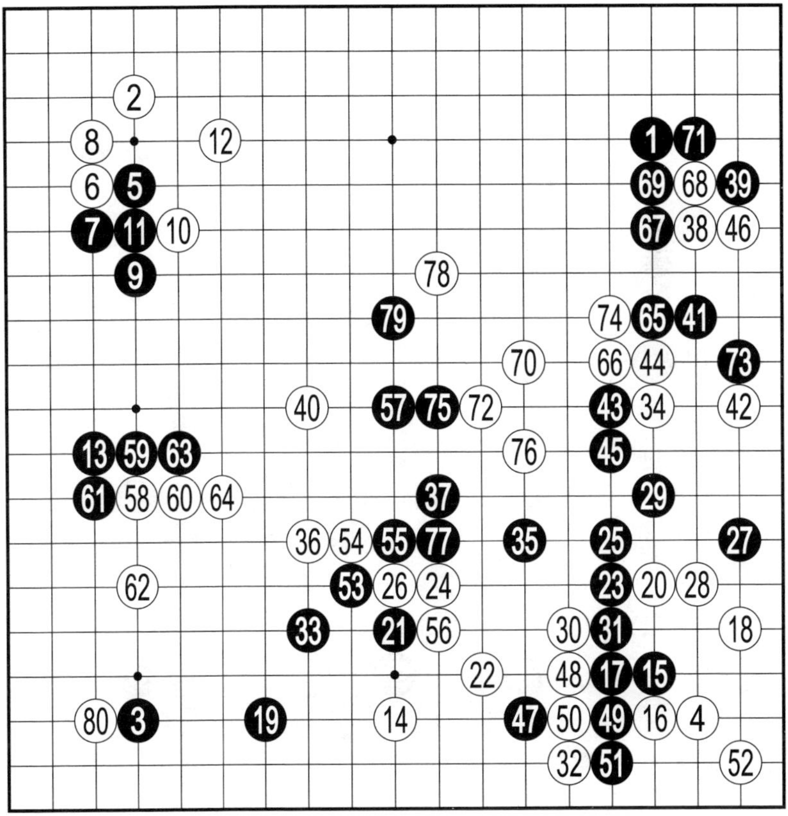

（1–80）

白 102 应该消劫，那样还有机会。实战下至黑 129 胜负已定。（吴树浩）

黑方　陈祖德

白方　王群

黑贴2 3/4子　共 163 手　黑中盘胜

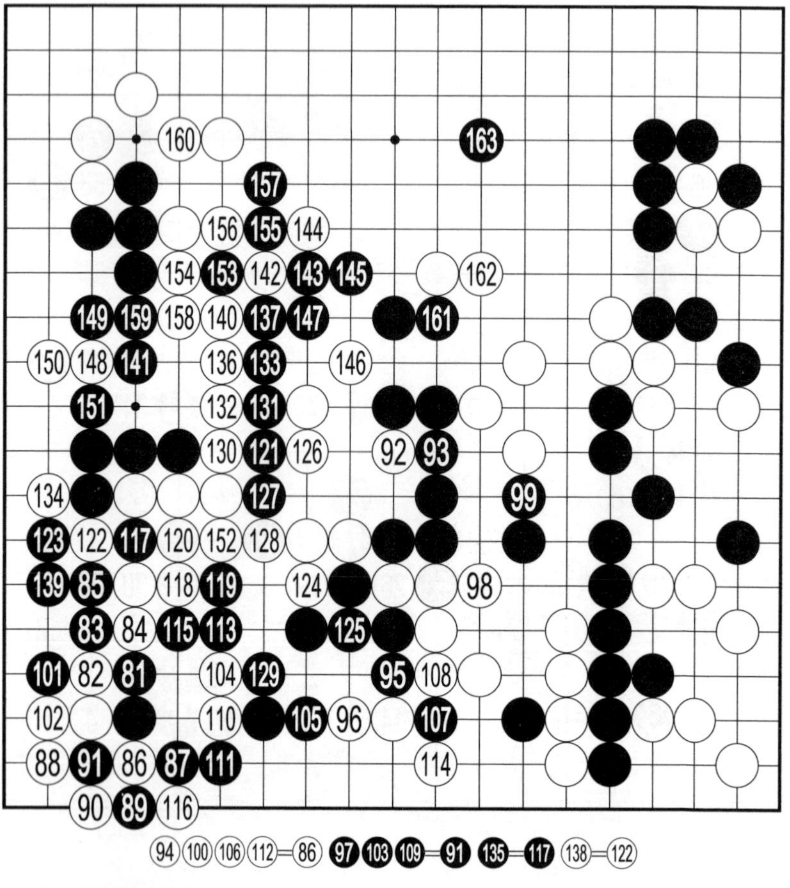

（81–163）

1980年3月10日弈于北京
国家队内部循环赛

黑方　江铸久
白方　陈祖德

黑1、3、5利于发挥力战的特长。白6、8有意导向稳健。黑11高夹为铸久所喜。黑13平淡。白14令人注目。白18、20实惠。黑21似小实大。白22颇费踌躇。黑27改于28位飞较实战为佳。白28后，黑反而难以定型了。白38机敏。白40问应手。黑41压，白多了二路透点的利用。白42只此一手。黑43挖最严厉。白46重要，与黑互相牵制。黑55有力，但57在59位退为好，结果被白畅快地出头。黑63罩封必然。黑71、73露出了杀机。白74飞出，分断黑棋势在必行。黑75、77也决不能退缩忍让。白80最紧凑。黑81强手。白82是正着。白86反过来将黑封住。黑89是做眼的唯一要点。

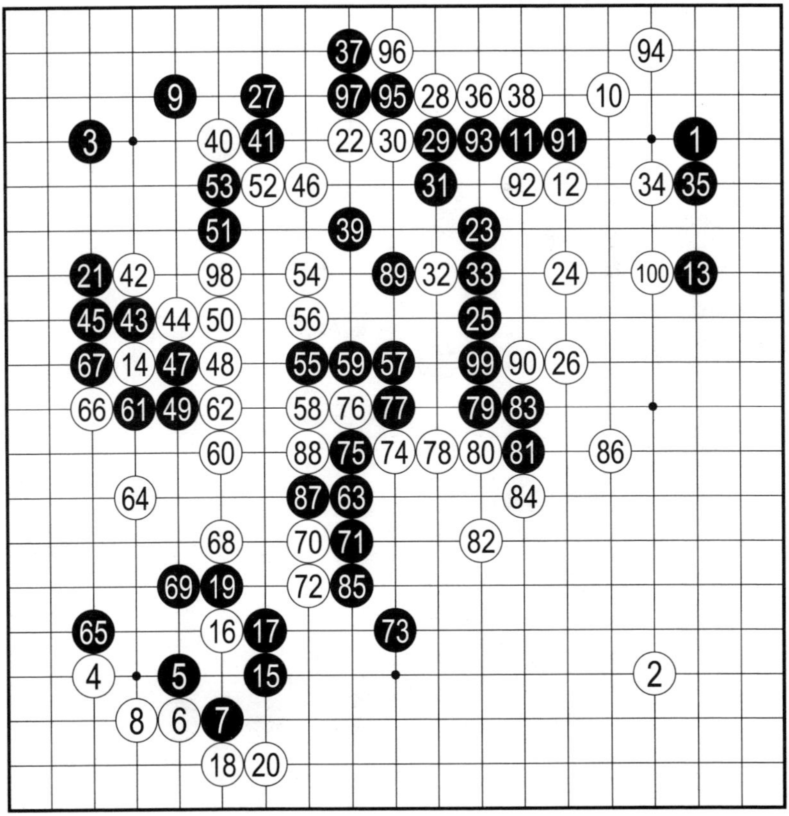

（1–100）

黑方　江铸久

白方　陈祖德

黑101做眼不可缓。白102与黑103交换后，白在中央有一只先手眼，左边也总有一只眼，白104就放心大胆地去抢了一手大棋。白116立是做眼的第一步。黑117、119冲断似乎不够冷静，使白简单地看清了眼位，实地也损。白122至126，双方必然。黑133与白134价值基本相当。黑135破坏白阵是当务之急。白136简明。黑137安根求活很实在，此时已不宜外逃。白144不可不补，否则角上出劫，白无法承受。黑145直逼右下角力争胜负。黑147靠压腾挪，白148不如176位扳断，可简明获得胜势。黑155是解困的妙手。然而白先手通连后，164飞是先手，始终牢牢掌握了主动权。（陈祖德）

黑贴$2\frac{3}{4}$子　共186手　白中盘胜

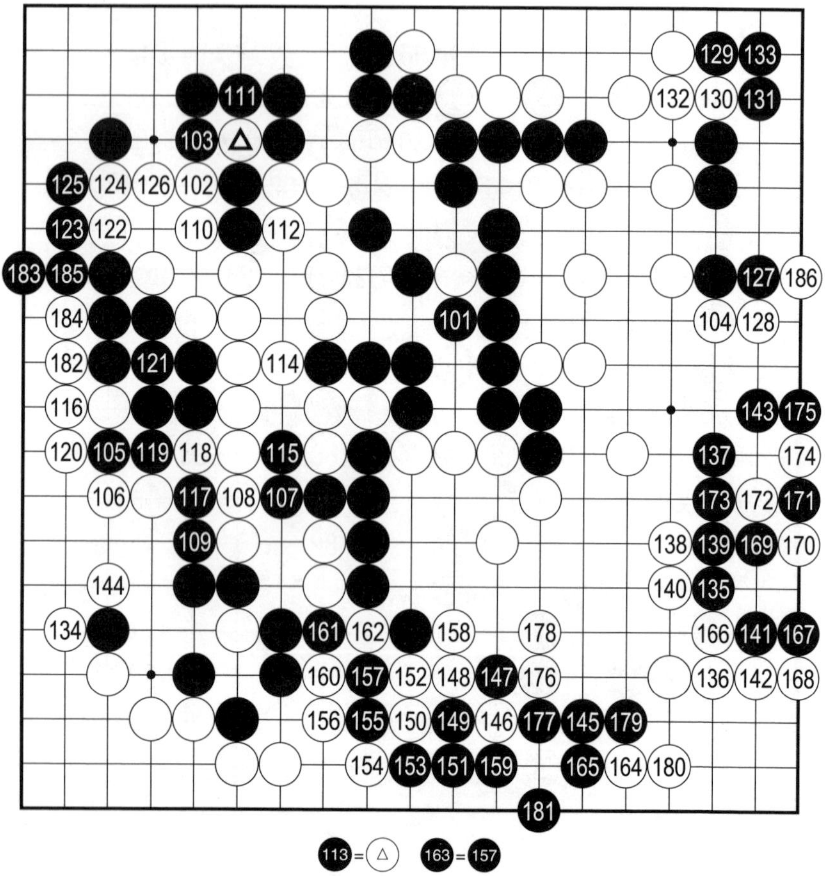

1980 年 3 月 12 日

训练棋

黑方　陈祖德

白方　马晓春

黑 29 打吃不如在 1 位左一路接。白 30 虎应在 95 位打吃，弃角。白 32 碰黑棋肯定不会应，应该在 33 位长。实战黑 33 提，走在一路打吃会更好。黑 51 接虽然外面会厚一些，但右边棋形变薄，还是应该在 50 上一路虎。黑 55 虎过于保守，应在 66 右一路小飞守角。下至白 74 飞，局面还是黑棋稍优。黑 75 靠出应走左上托角、连扳，白棋不好应对。黑 81、83 价值不大，应在右上角一路打开劫。黑 115 贴的方向不对，应在 116 长。至 148 白棋做活后，黑棋实空已不足。（吴树浩）

黑贴2$\frac{3}{4}$子　共 148 手　白中盘胜

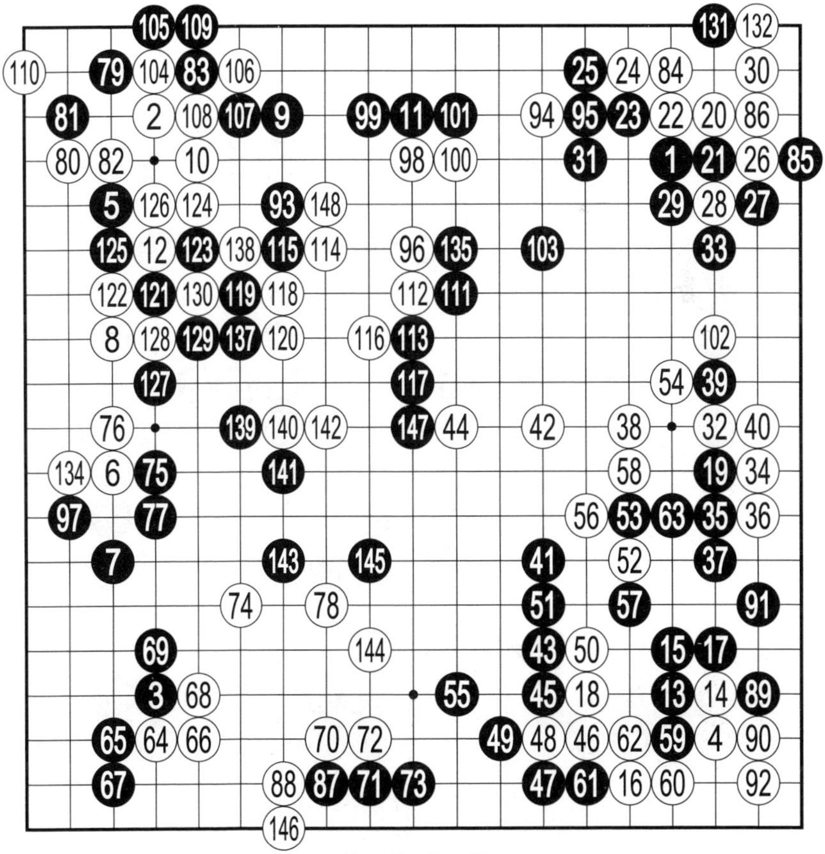

133=121　136=130

（1–148）

1980 年 4 月 19 日弈于屯溪
全国赛预赛第 1 轮

黑方　陈祖德
白方　李亚春

黑 9 飘逸，非同寻常的下法。白 16 应反夹，至 19，黑转身取地，有成功之感。白 26 缓手，黑 29 扳实地太大，对白棋来说不能接受。白 30 冲断挑起战斗，但时机不佳，至 41 得不偿失。黑 63 补强中腹必要，此时实地黑已遥遥领先。白 84 以下强杀黑棋勉强，形成劫争。黑 103 的寻劫虽未能杀死白棋，但简单搜刮后依然是胜势。黑 125 略微有些冒进。所幸黑有 131 好手成劫，至 141 黑胜势已定。

本局是陈老的完胜。（廖行文）

黑贴 $2\frac{3}{4}$ 子　共 157 手　黑中盘胜

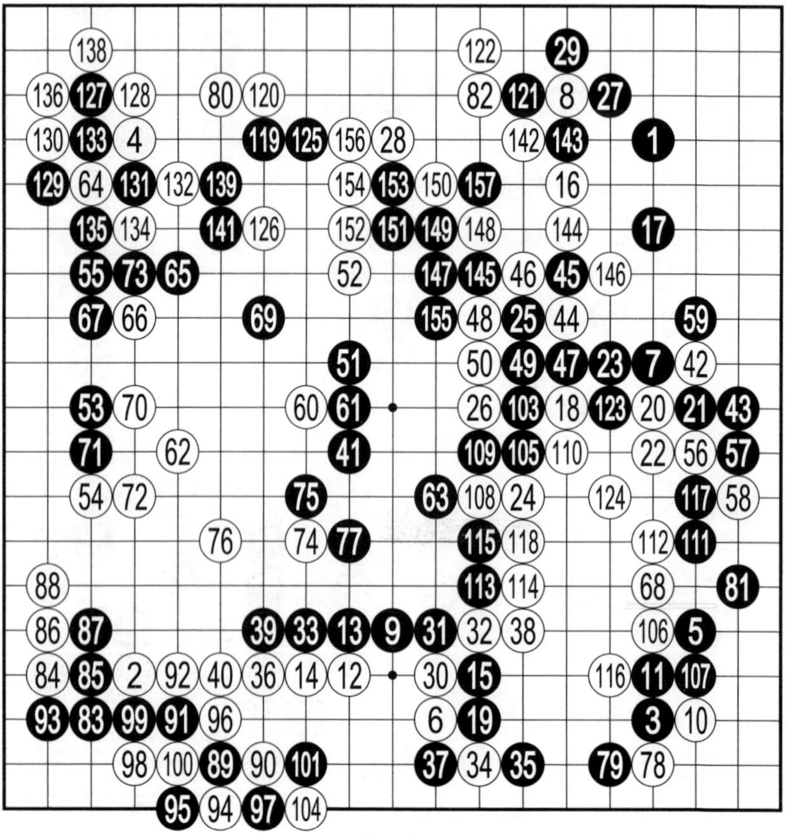

102 = 94

（1–157）

1980 年 4 月 20 日弈于屯溪

全国赛预赛第 2 轮

黑方　陈明川

白方　陈祖德

白 14 直接二路侵入少见，可以看出陈老布局阶段不喜循规蹈矩。黑 15、17 应对不佳。白通过弃子于 34 位打入抢得先机。白 48—52 步调流畅。黑 59 反击冲动，白 60 先手吃，影响双方厚薄，价值太大。白 64 是陈老一流的奇袭手段，白实地已占据较大优势。黑 83 后手补活无奈。白 84 抢占最后大棋，可以说胜势已定。黑 121 手筋，虽略有收获，但不足以逆转局面。（廖行文）

黑贴$2\frac{3}{4}$子　共 136 手　白中盘胜

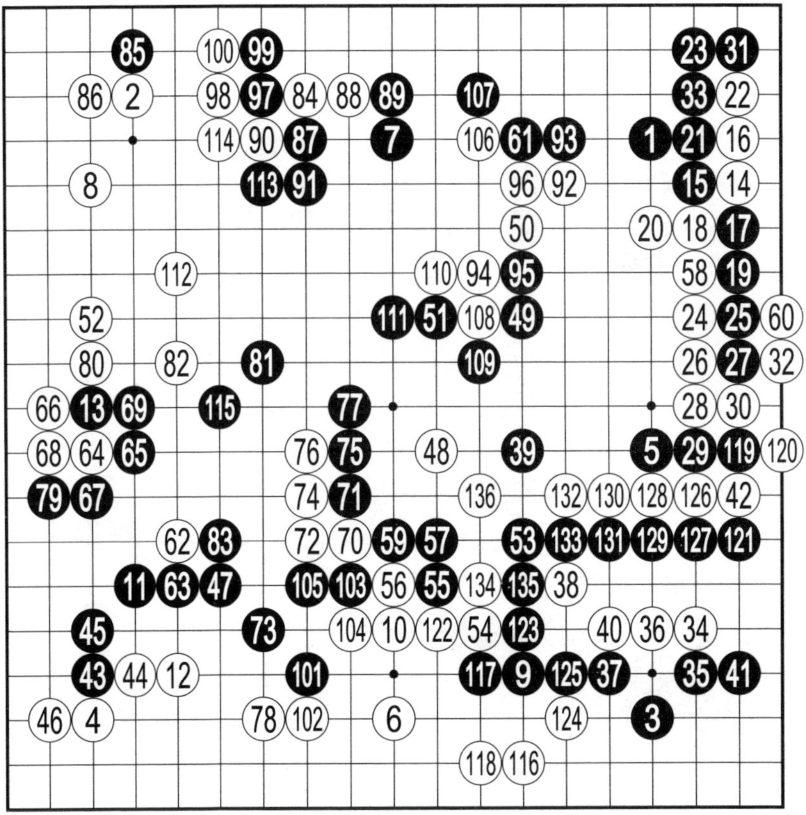

（1–136）

1980 年 4 月 21 日弈于屯溪
全国赛预赛第 3 轮

黑方　陈祖德

白方　阮云生

白 28、30 直线进攻，黑 35 是脱逃好手。白 36 小失误，应 13 上一路先打吃。白 42 选点有些冒进，至 49 的战斗黑棋略有利。白 52 问题手，应 53 位一带分断黑棋。黑 57 后，白中腹三子孤军奋战比较被动。黑 67 好棋，以静制动。白 76—82 可谓苦心的手段，但黑 83 冷静应对，白依然被动。白 90 以下拼得很凶，黑选择先走厚自身。黑 115 威胁白三处薄棋。黑 123 先手拔花后胜定。（廖行文）

黑贴$2\frac{3}{4}$子　共 151 手　黑中盘胜

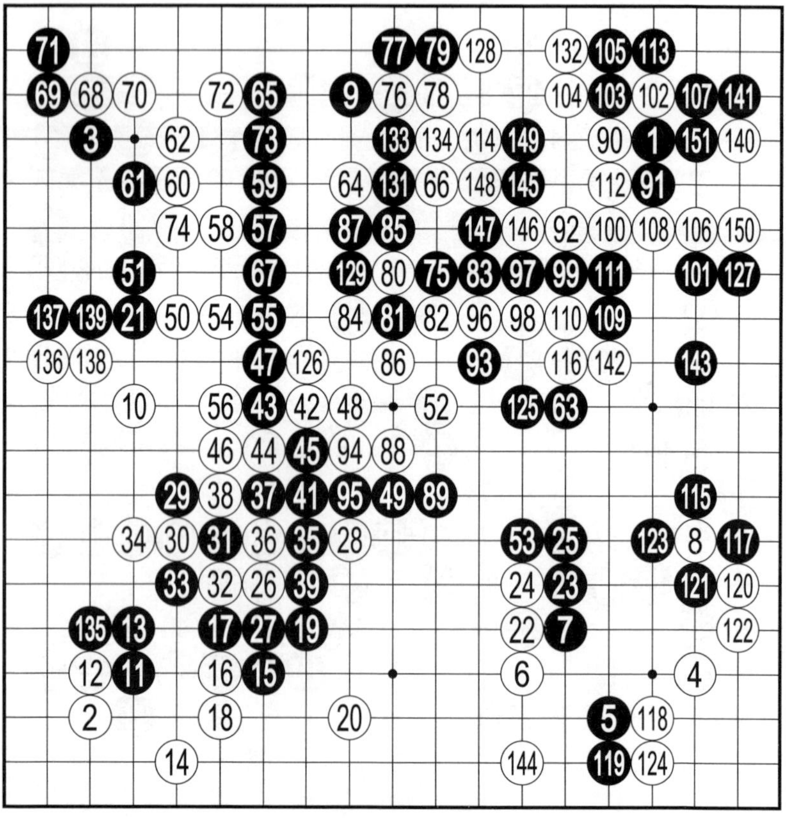

40=31　130=81

1980年4月22日弈于安徽屯溪
全国赛预赛第4轮

黑方　陈祖德

白方　李钢

白20、22略显沉重，黑21、23形状舒展，占据主动，但随后黑27似乎用力过猛，以下的作战并无成算，进行至70形成转换，局势尚不明朗。白72无理，在73位长是本手，实战黑通过进攻，至93获得优势。（周睿羊）

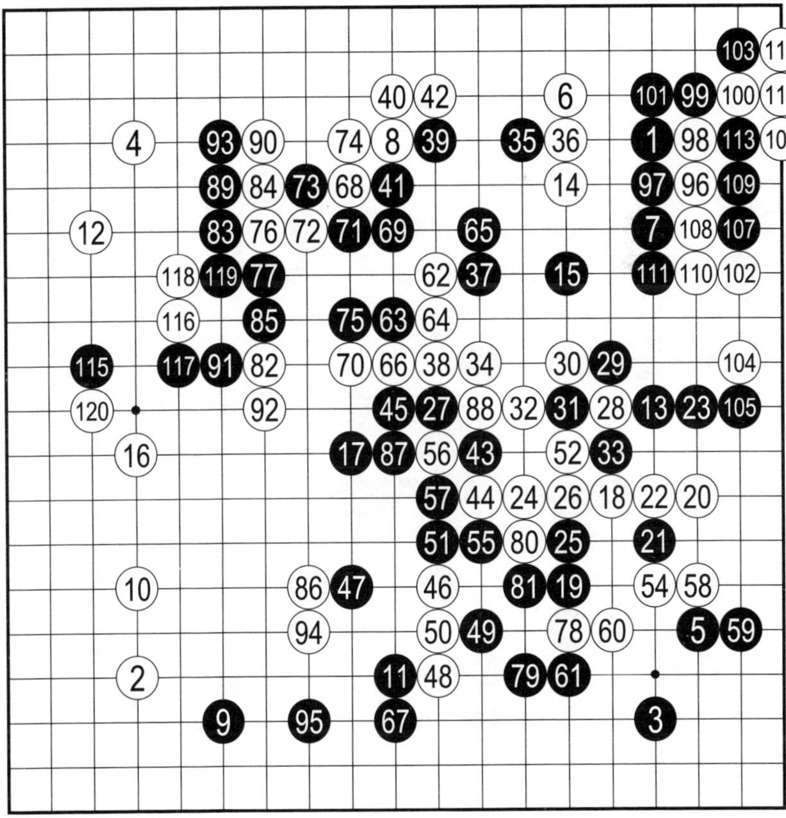

53=28

（1–120）

黑方 陈祖德

白方 李钢

黑123以下失误，没注意到自身弱点，被白132断后局势逆转。但随后白138不可解，如在139位接上，黑简单不行。实战意外形成复杂对杀，至206白已胜券在握，但最后关头216致命败着，此时正常紧气是白胜势，被黑217抓住最后胜机一举逆转。（周睿羊）

黑贴2$\frac{3}{4}$子　共219手　黑中盘胜

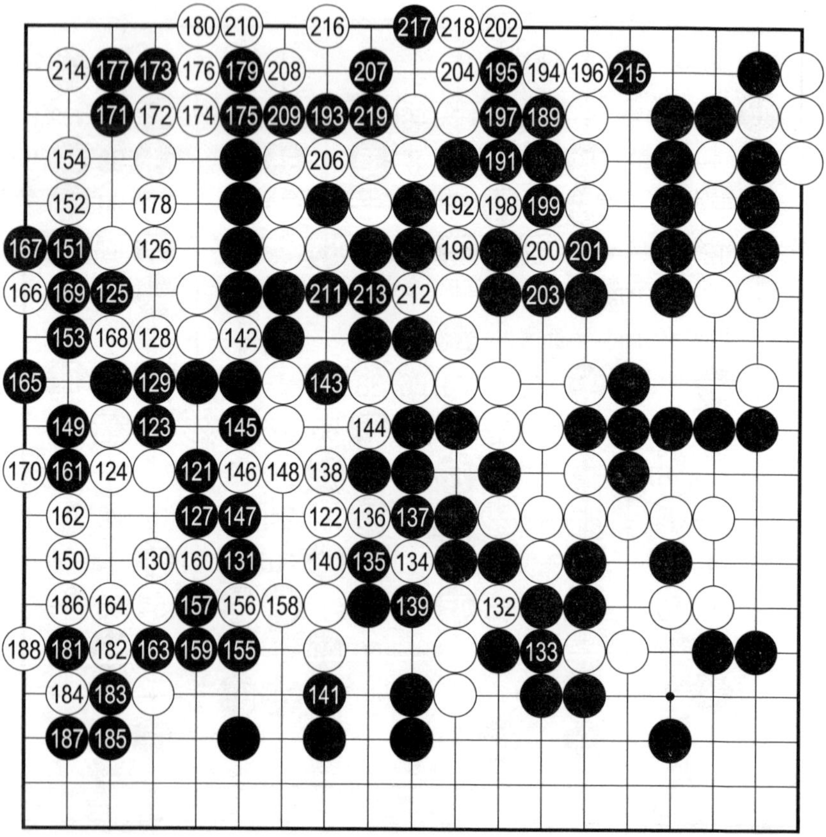

205=200

（121–219）

1980年4月23日弈于安徽屯溪
全国赛预赛第5轮

黑方　黄良玉

白方　陈祖德

白14、16、18的下法新颖，至黑33形成全新变化，双方均可接受。黑61以下的处理不能满意，进行至70，白攻势凌厉，占据主动。黑73又是缓手，白74机敏拐后确立优势。（周睿羊）

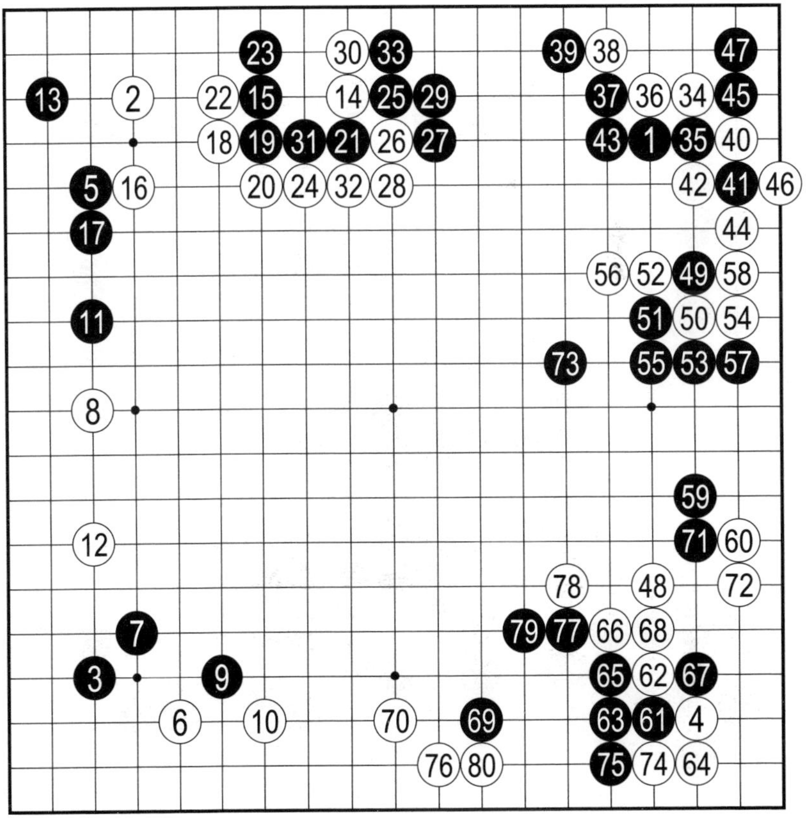

（1–80）

黑85败着，白86拐出头急所，此后黑上下几块棋均不活，棋局成了白棋的个人表演。至白122吃，缠绕攻击效果明显，胜负已定。(周睿羊)

黑方 **黄良玉**

白方 **陈祖德**

黑贴$2\frac{3}{4}$子　共168手　白中盘胜

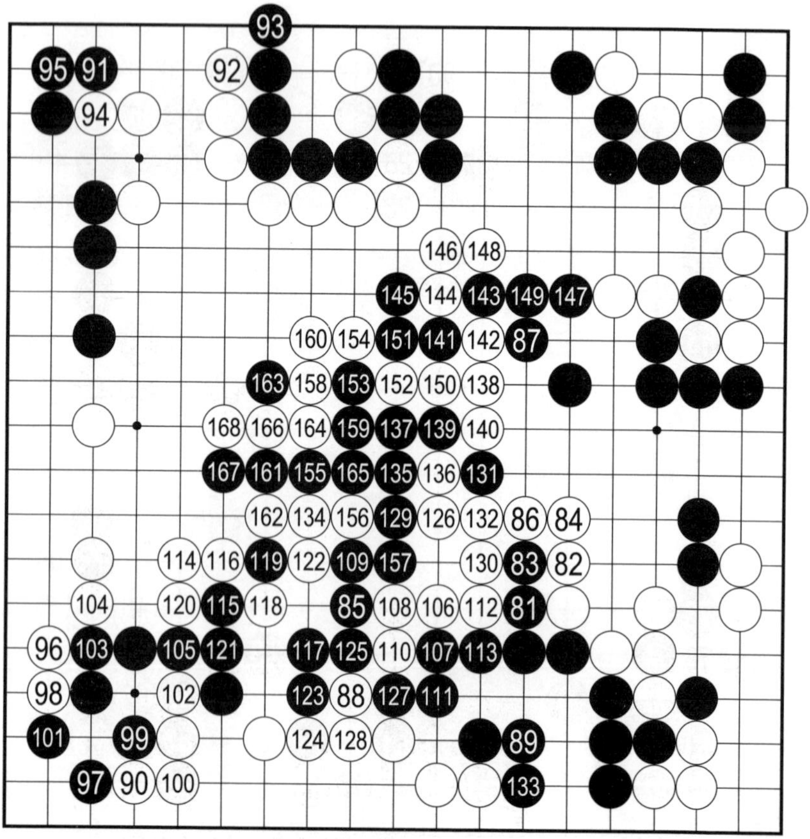

(81–168)

1980年4月28日弈于屯溪
全国赛预赛第6轮

黑方　宋雪林
白方　陈祖德

黑23机敏获取先手，至29感觉黑步调不错。白42强手，在自身尚未站稳脚跟时抢先分断黑棋，体现出陈老师对作战的自信。至54白明显得分，过程中黑49着急了。白64绝好点，左下阵势宏大。白74、76又是最强的回应。双方的劫争令人眼花缭乱。（廖行文）

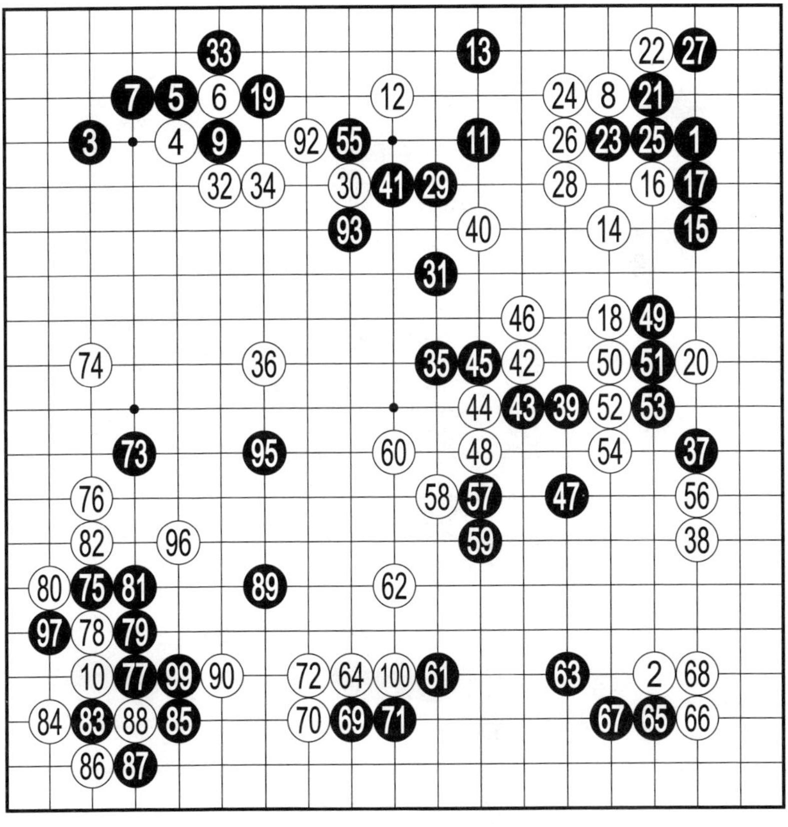

91 98＝83 94＝88

（1–100）

至106白棋获利颇丰，陈老的乱战能力高人一筹。白108狠，补强自身已是胜势。黑113奋起反击，白此后战斗计算无误。（廖行文）

黑方 **宋雪林**

白方 **陈祖德**

黑贴$2\frac{3}{4}$子　192手以下略　白中盘胜

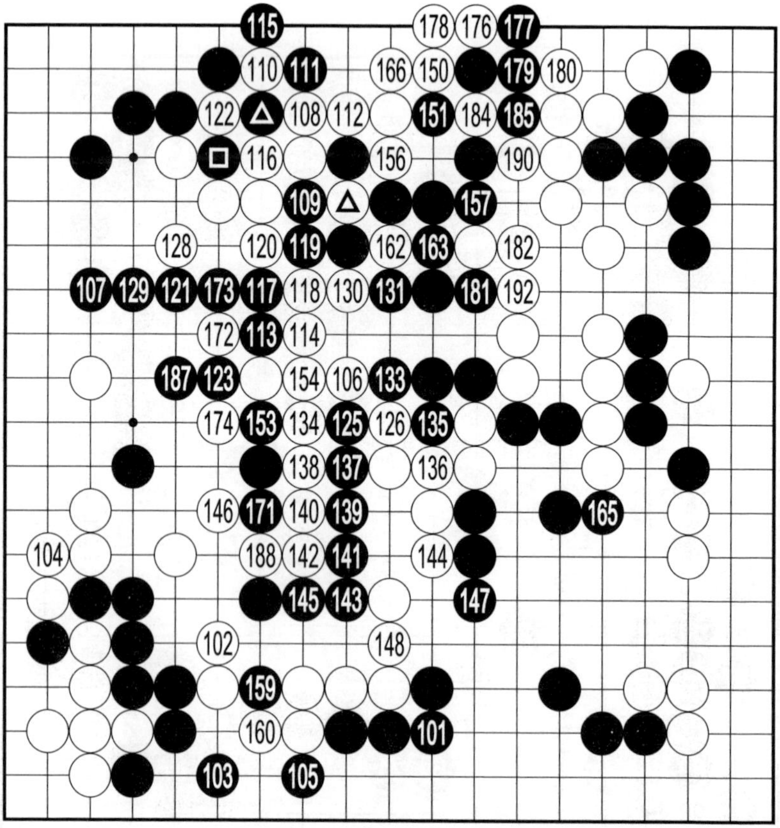

124 132 152 158 164 170=110 127 149 155 161 167 175=△ 168=△

169=162 183 189=□ 186 191=122

（101–192）

1980 年 4 月 29 日弈于安徽屯溪
全国赛预赛第 7 轮

黑方　徐荣新
白方　陈祖德

黑 17、19 构思有趣。白 20 打入积极进取。黑 21 是进攻的要点。白 22 腾挪，至 40 在右边安定，黑形成厚势并抢占 41 夹击的绝好点，大致两分。白 42、44 腾挪好手，随后弃掉 44、48 两子，至 62 成功治孤。黑 63 点三三保持全局实地的平衡。白 66 可在 71 位扳定型。黑 73 如在 92 位断，有力。黑 75 至 79 意在充分发挥厚势威力，通过攻白上方获利。白 96 如在 101 位尖，价值更大。黑 101 机敏，随后黑 105、107 是愉快的先手便宜。黑 123 发起攻势。白 124 如在 133 下一路尖可安全回家。黑 125 强手，黑 133 至 137 次序井然，白陷入险境。黑 139 应保留，直接走 141 位更好。（谢赫）

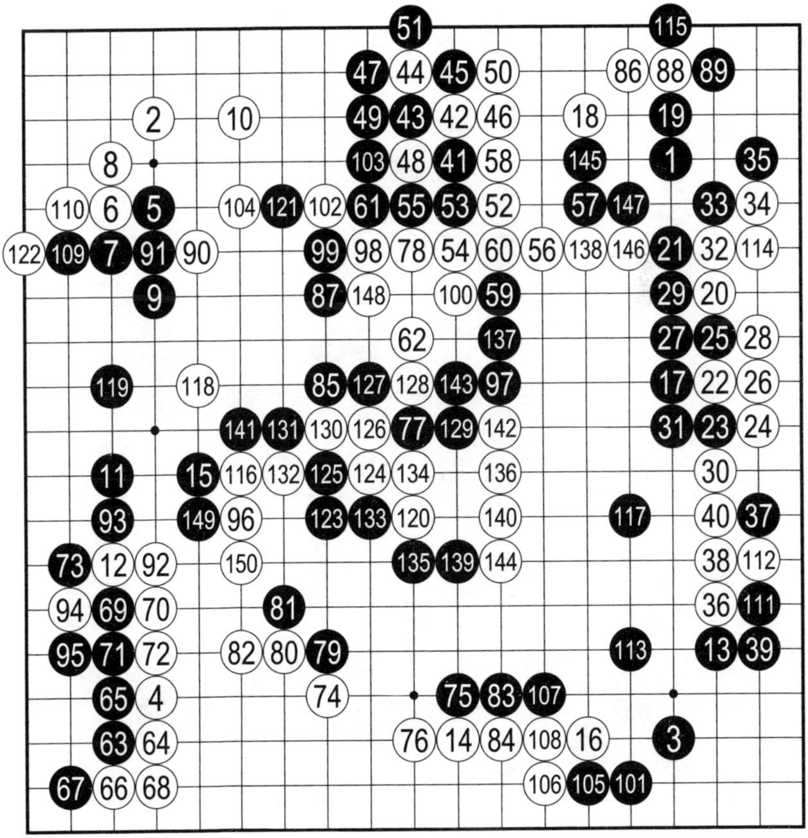

（1–150）

黑方　徐荣新

白方　陈祖德

黑151好手，白152为了确保中央的安全不得不损目数。至155黑收获大，实空已明显领先。黑163开劫过急，可在194左一路尖。黑173应在177位冷静收空，打劫虽损仍是黑优。白174、176好手，吃掉中央黑六子收获很大。黑183败着，如在194左一路尖，胜负仍难料。此后黑已无机会。（谢赫）

黑贴$2\frac{3}{4}$子　共290手　白中盘胜

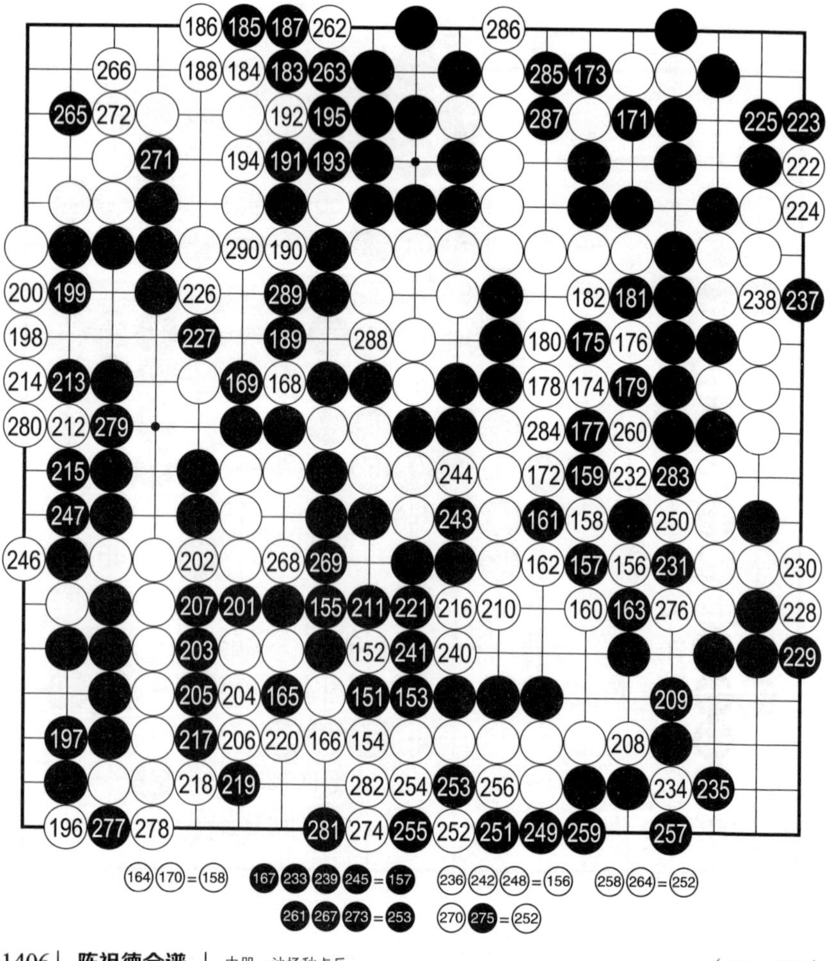

（151–290）

1980 年 4 月 30 日弈于屯溪
全国赛预赛第 8 轮

黑方　陈祖德
白方　谭炎午

至黑 25 的定型大致两分。白 26 进角正确，但白 32、34 破空正中圈套。黑 43 强手，下方拔花厚味得以利用。白 50、56 方向不佳，应护住角地，至 61 黑已占据上风。白 64 分断被黑 71 的好手冷静化解。（廖行文）

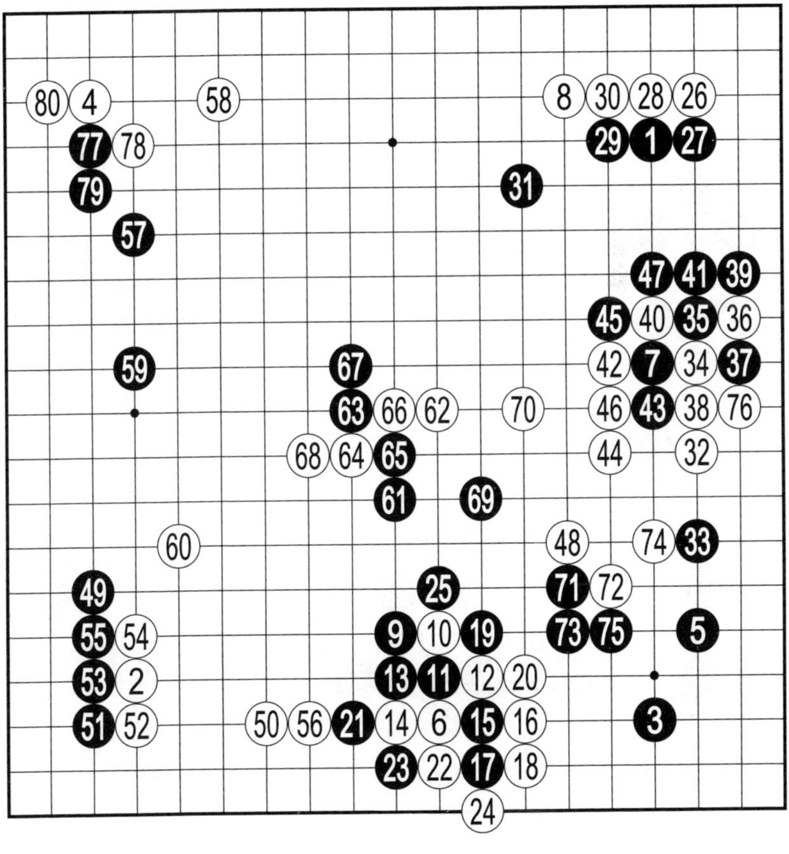

（1–80）

黑方 **陈祖德**

白方 **谭炎午**

黑 81 围住边空后，白实地明显不足。黑 97、99 稳步推进威胁白角，至 125 黑胜定，后面进程已与胜负无关。

本局是陈老棋谱中较少见的不战屈人之胜。（廖行文）

黑贴2$\frac{3}{4}$子　共 173 手　黑中盘胜

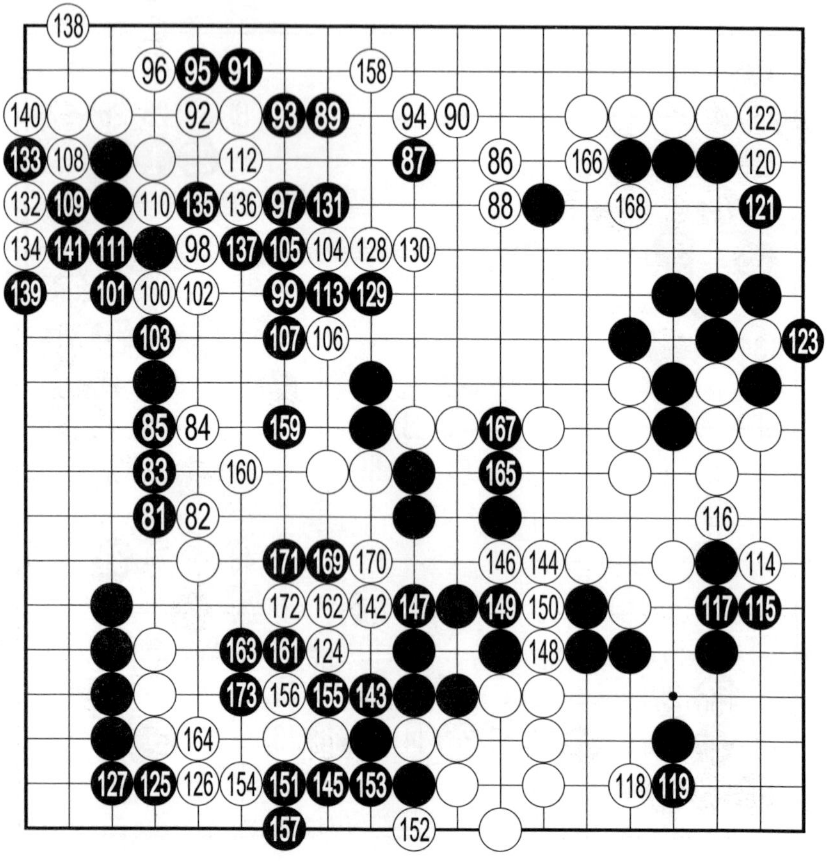

（81–173）

1980年5月1日弈于安徽屯溪
全国赛预赛第9轮

黑方　方天丰
白方　陈祖德

方天丰1962年生。1985年全国围棋个人赛冠军，之后调到国家队。他的棋看起来平淡，但局部感觉相当锐利，很有韧性。

黑11守角值得商榷，不如12位守角。白12严厉。黑13普通总是在上边拆二。白14象步飞出其实没有必要，普通单关跳起，再夹击黑13即可惩治。黑31挡、33压，使白的愿望落空了。至白36，难言白占到什么便宜。黑37、39重视下边。黑41不如远拆一路。白54打入激烈，在112位吊已相当充分。黑57以下分割白棋进行缠绕。白62过于含蓄。黑65过急，67破眼，有所图谋。白80赶快抢占棋形要点。

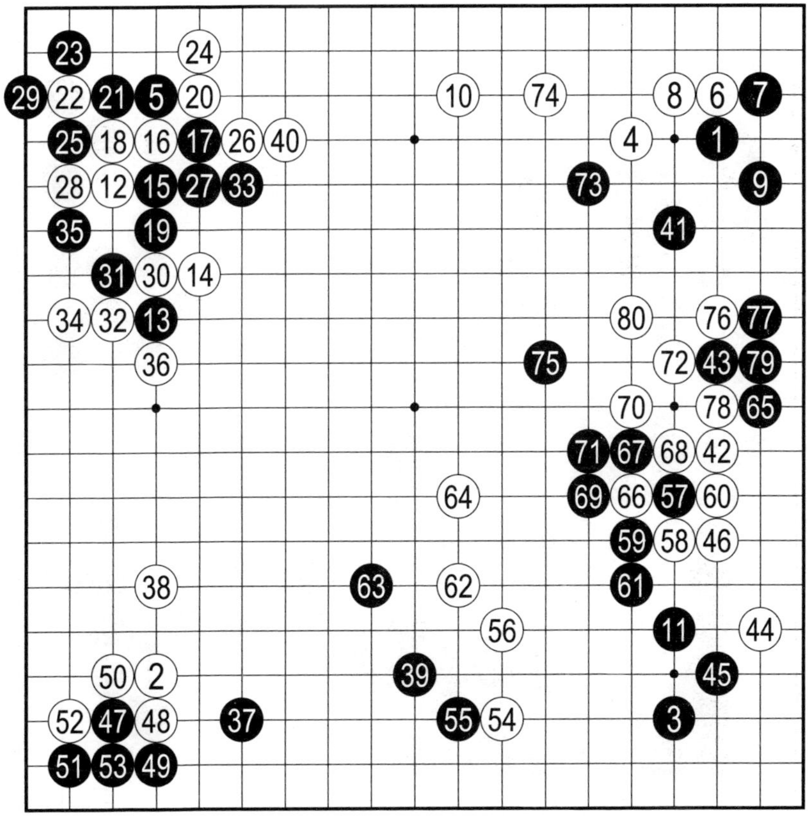

（1–80）

黑方 **方天丰**

白方 **陈祖德**

黑81、83强攻。白84、86有力，由于黑自身存在很多薄弱处，我对黑的急攻并不担心。黑89、91补牢断点。黑93、95过于稳重。白96决心吃住黑四子，判断黑无法立即置中央白棋于死地。黑97封，进行决战。白98、100、102是准备对杀的次序。黑111粘，玉碎之着。白112、114后势成骑虎。白122与黑123交换极其重要。只要黑做不出两只眼，白就有希望因气长而获胜。白124扳，正是黑腾挪的要点。黑129好手。白130反击好手。白138简明策。黑139若于158位挡仍无法做活。白140跳后，黑已毫无办法，以下至白166，白快一气获胜。(陈祖德)

黑贴$2\frac{3}{4}$子　共166手　白中盘胜

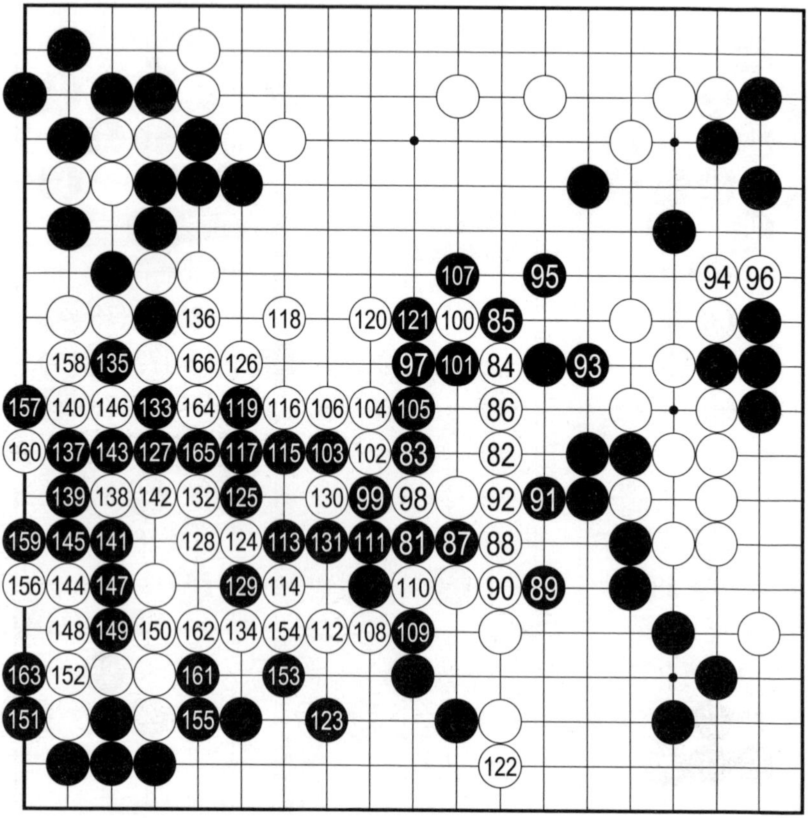

(81–166)

1980 年 5 月 2 日弈于屯溪
全国赛预赛第 10 轮

黑方 陈祖德
白方 姚军远

像黑 13 这样的棋形，AI 普遍推荐在二路立，更注重实地。白 32 虚，应 46 位尖顶。白 34、36 思路不连贯。黑 47 处理比较强硬，也可考虑小飞安然做活。白 68 突入冒进，黑 77 多送一子好棋，白棋成大愚形，不容乐观。黑 97 消劫后牢牢掌控局面。黑 123 安全连回，胜势已定。（廖行文）

黑贴$2\frac{3}{4}$子　共 141 手　黑中盘胜

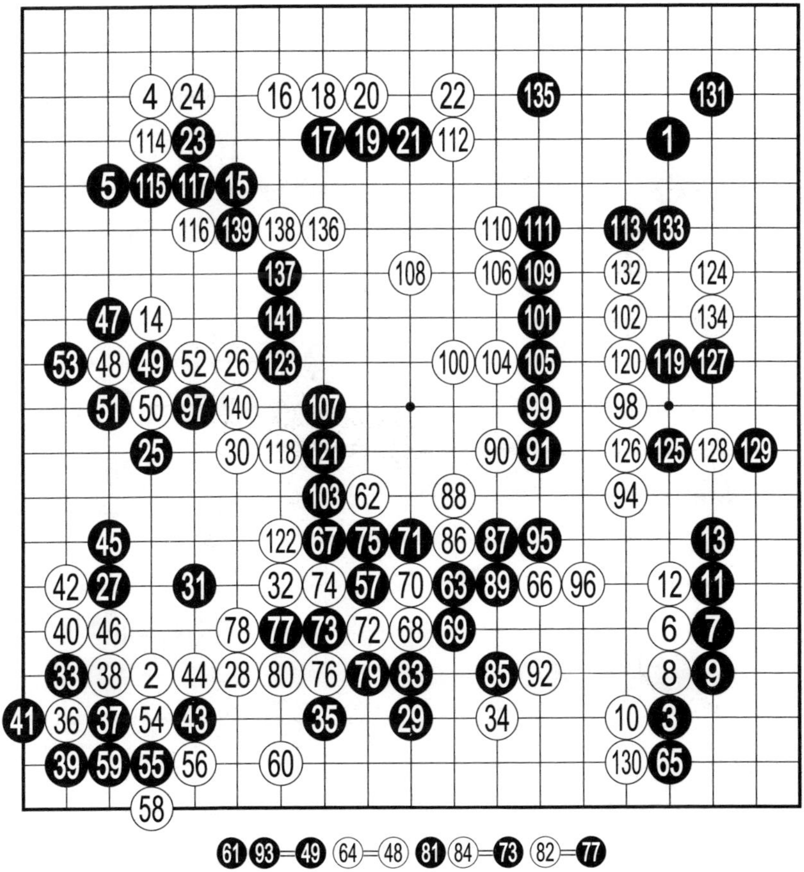

61 93 = 49　64 = 48　81 84 = 73　82 = 77

1980 年 5 月 3 日弈于屯溪
全国赛预赛第 11 轮

黑方　陈祖德
白方　韩启宇

白 26 应下立，24 一子可以舍弃。黑 35 打头心情舒畅。黑 41 手软，如直接挖断，白棋恐怕难以招架。至 54 白棋获得喘息，形势大致两分。白 66 方向错误，应向上跳，实战黑棋得以转身。黑 81 求稳，选择打劫黑棋不怕。黑 97 打入时，白 98 保守应对是败着，实地损失巨大，此时应 34 下两路反击，胜败尚未可知。（廖行文）

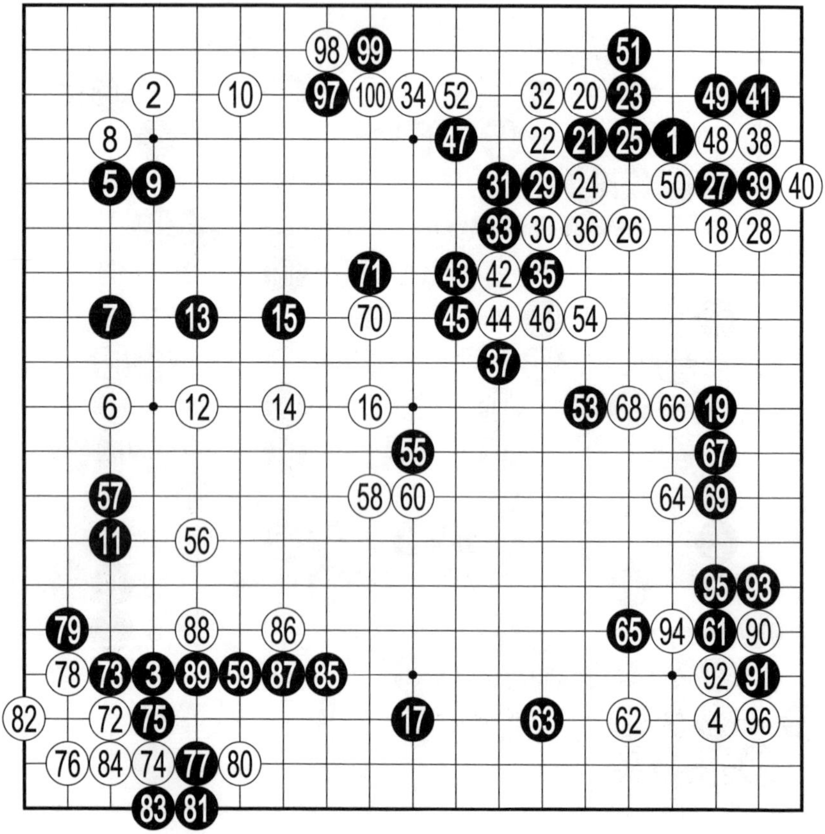

（1–100）

黑方 陈祖德

白方 韩启宇

黑125先手取利舒畅，再于129位搜刮，胜势确立。此后白172奋力一搏，黑179、195计算精准，扑灭了白棋最后的希望。（廖行文）

黑贴$2\frac{3}{4}$子　共199手　黑中盘胜

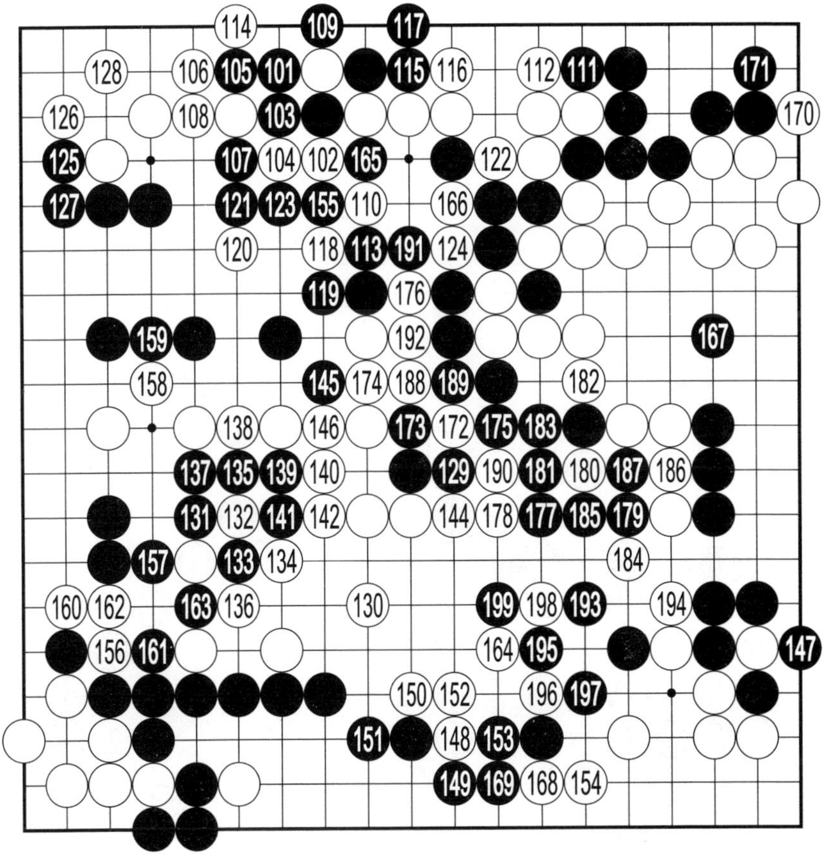

143=133

（101–199）

1980年5月4日弈于屯溪
全国赛预赛第12轮

黑方　容坚行

白方　陈祖德

布局至28，白配合理想，其中白22是好形。白34瞄着黑的打入弱点，现在看此处落后手有步调过慢之嫌。白42以下交换感觉白吃亏，于55位一带直接打入效果较好。黑49、57两步是缓手，似乎未能利用好厚势进攻。黑63过分，只能向外逃，白64、78精确，黑无法做活。（廖行文）

黑贴$2\frac{3}{4}$子　94手以下略　白中盘胜

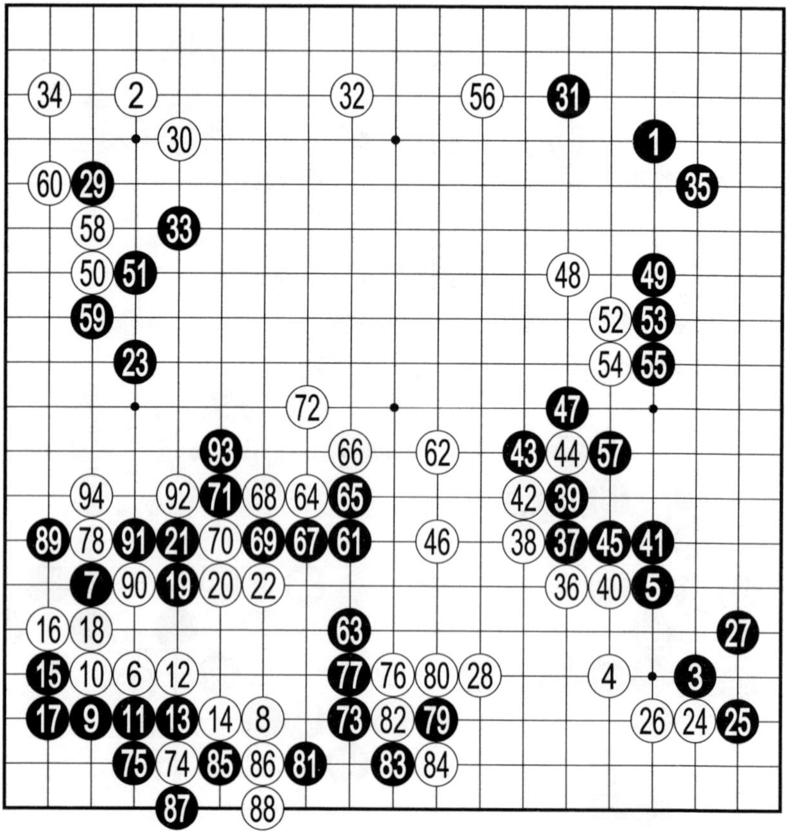

1980 年 5 月 23 日
国家队积分循环第 1 轮

黑方　黄希文
白方　陈祖德

行至白 18 双方气合，但黑 21 打入过分，白 30 跳起后心情舒畅。黑 33 以下连续俗手导致 21 一子无疾而终，当然不能满意。黑 49 脱先正确，不能继续按白方思路行棋。黑 57、59 是苦心的手段，取得一定成果，但黑 63 补错方位不可解。白 70 好手，黑难以兼顾。形成转换后白棋大优。黑 81 丧失理智，白看准机会果断选择“劫营”，黑脆败。（廖行文）

黑贴$2\frac{3}{4}$子　共 104 手　白中盘胜

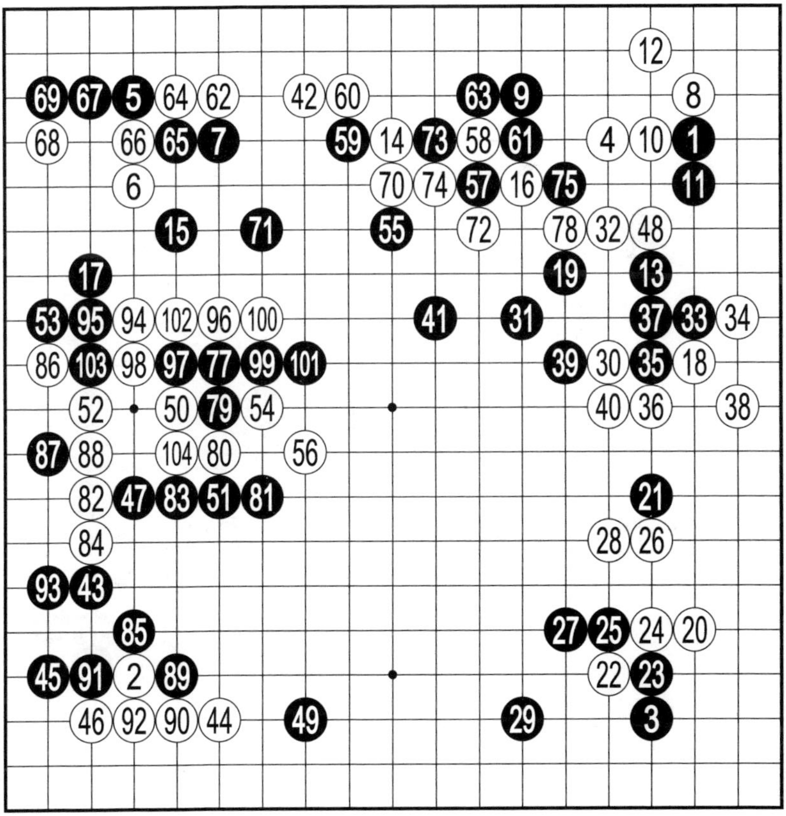

76=58

（1–104）

1980 年 5 月 27 日

国家队积分循环第 2 轮

黑方　陈祖德

白方　王剑坤

白 32 意图不明，有落空之嫌。黑 33 把握方向，选点飘逸。白 52 露出破绽，黑 53 果断选择弃子转换，占据主动。黑 67 想先手便宜过于一厢情愿，落后手大亏。（廖行文）

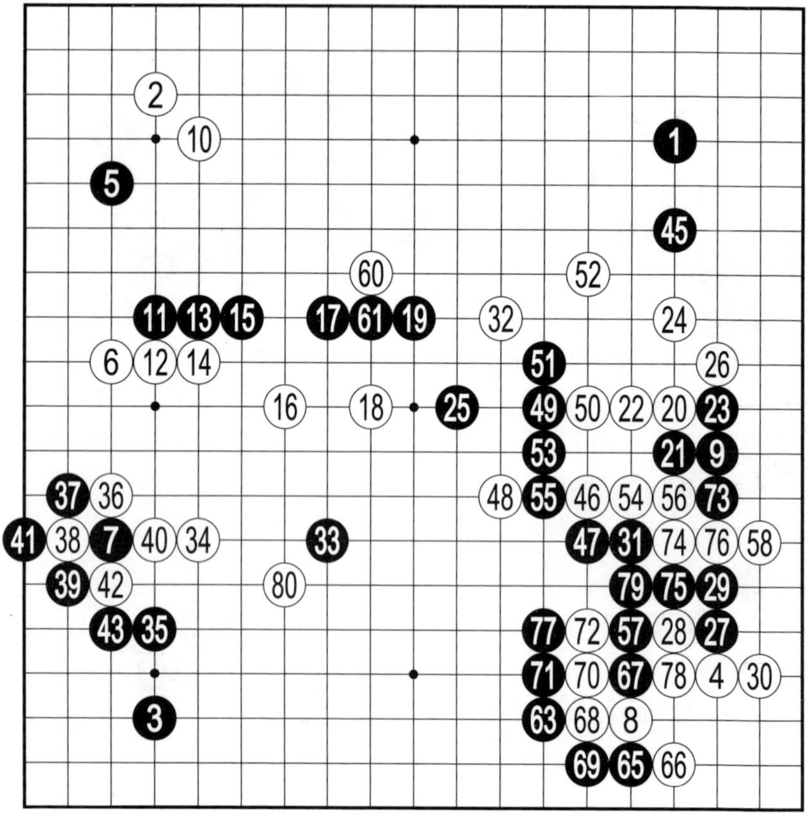

44 62=38 59 64=7

（1–80）

黑方　陈祖德

白方　王剑坤

至 90 白实地领先。白 100 埋下祸根，应平稳拆二。黑 101 打入后 103 好手，至 115 收获颇丰。白 116 官子松懈，于 119 位目数更好。白 156 大勺子，被黑走成无忧劫，白棋瞬间崩盘，若及时自补是细微的局面。(廖行文)

黑贴$2\frac{3}{4}$子　共 169 手　黑中盘胜

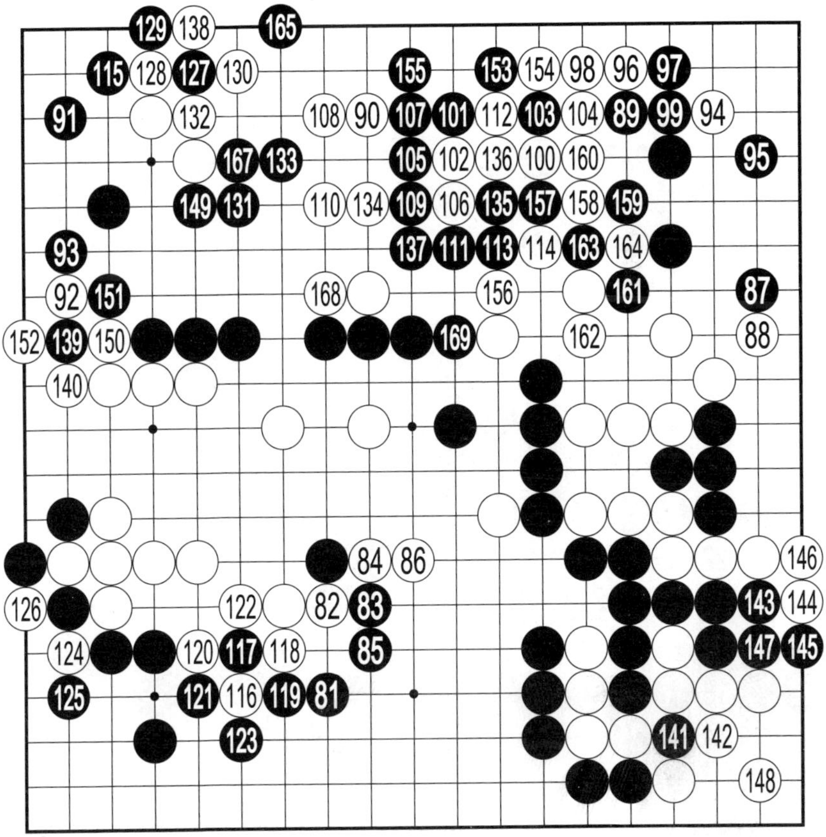

166=163

(81–169)

1980年5月29日
国家队积分循环第3轮

黑方　谭炎午
白方　陈祖德

白16意在考验黑方，对此黑17给出最强态度。但黑21失着，应57位挖，实战黑开局阶段便只能在一路委屈求全，大失败。白56有破绽，此时走118位以退为进更佳。黑65、67方向有误，离白方厚势过近。白80断严厉，黑作战吃力。白104掠夺大量实地连回，局势得到简化。白134简明处理，黑135迫不得已选点冒进，白136轻松反击获胜。（廖行文）

黑贴$2\frac{3}{4}$子　共156手　白中盘胜

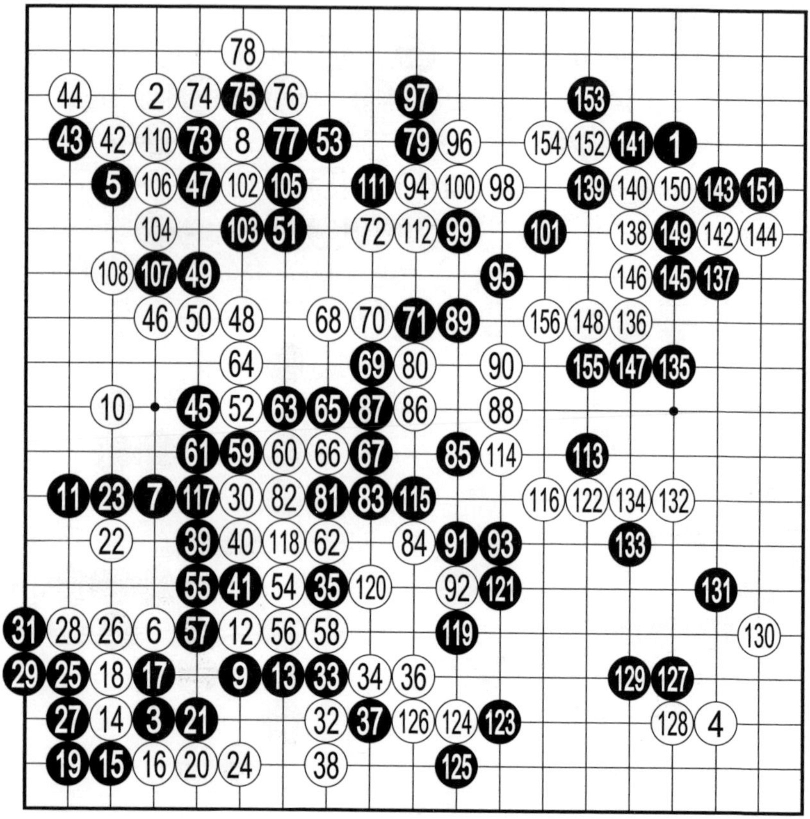

109=75

（1–156）

1980 年 5 月 31 日
国家队积分循环第 4 轮

黑方　陈祖德
白方　方天丰

白 22、24 转身灵活，转换大致两分。白 36 过分了，对随后战斗预估失误。黑 49 朴实的一手，白却很难抵挡。至 63 黑棋大优。黑 73、75 草率，忽略了白 78 的绝妙手段，可惜白 80 遗憾错过一路夹的连贯妙手。（廖行文）

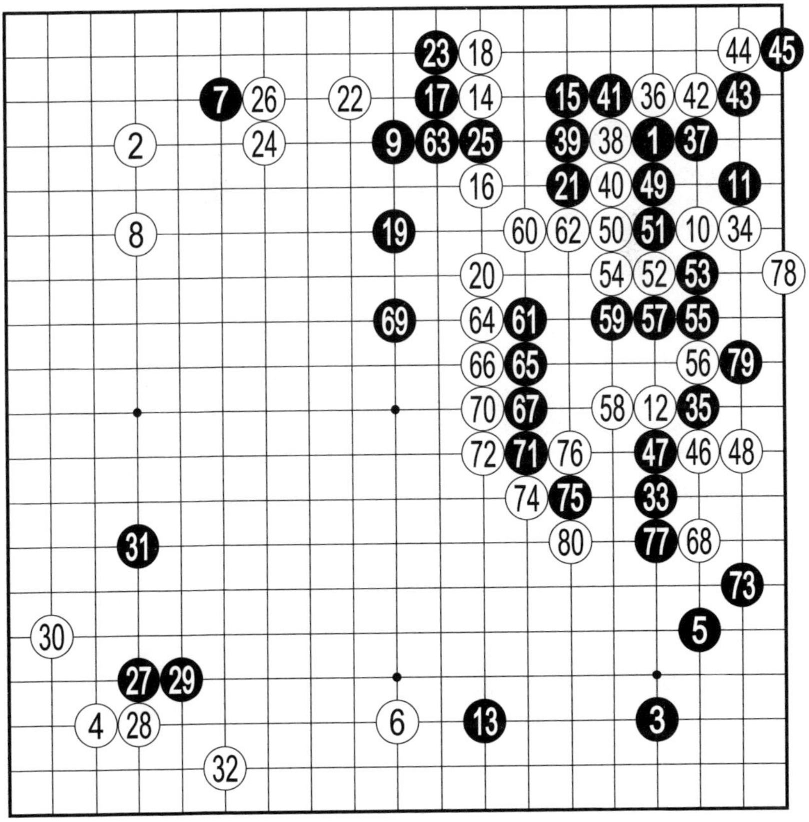

（1–80）

黑方　陈祖德

白方　方天丰

至 84 双方形成妥协，黑依然稍占上风。黑 85—89 开劫严厉，完美地利用中腹多枚劫材。白 130 败着，黑消劫后实地领先巨大，随后简单做活孤棋，胜势确定。（廖行文）

黑贴$2\frac{3}{4}$子　共 179 手　黑中盘胜

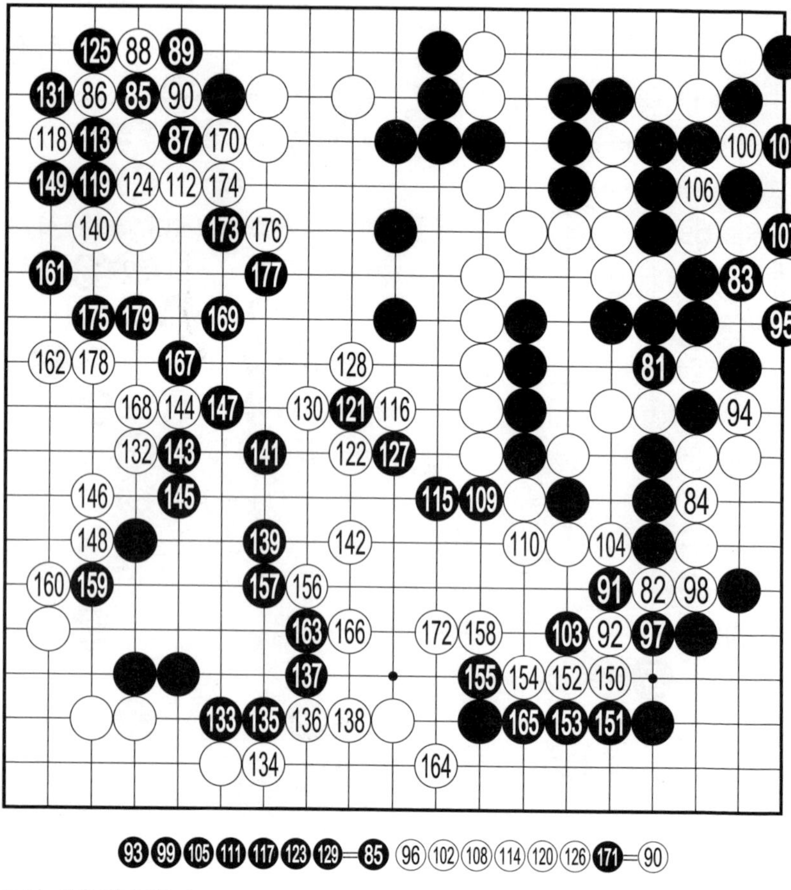

（81–179）

1980 年 6 月 2 日

国家队积分循环第 5 轮

黑方　徐荣新

白方　陈祖德

白 18 可考虑飞封。白 28 稍有不妥，应退，这样外围借用少。白 34 过分，导致之后战斗明显不利。至 49，黑地势兼具，步调愉快。白 70 我想是棋谱记录有误，先于 72 位打吃比较合理。黑 75 依然攻势凌厉，白棋困难。白 82 施展“苦肉计”，抢到 92 的大场，棋局似乎漫长了。白 96 失误，应 112 下一路间接补活大龙。黑 99 撞入胜着，此后的搜刮令白棋痛苦。

本局是陈老不发挥的一局。（廖行文）

黑贴$2\frac{3}{4}$子　共 129 手　黑中盘胜

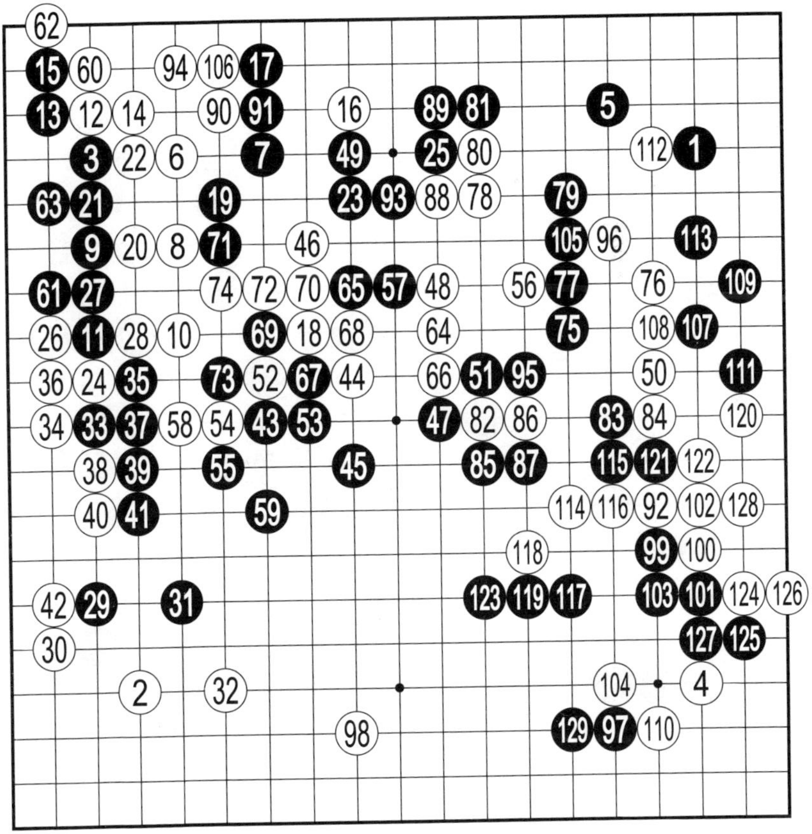

（1–129）

1980年6月4日

国家队积分循环第6轮

黑方　陈祖德

白方　宋雪林

黑31有落空之嫌，左下拐价值极大。白40、42不佳，42应43位作战。至56，白外围虽有所收获，但实地损失严重。黑57可考虑先于上方打入。黑69战斗过分，至白78时黑有难以兼顾之感。白88稳稳吃净，黑损失惨重。黑93意识到形势不利，极力扩张左边以争胜负。白98、104稳步推进，至118，黑小败已不可避免。（廖行文）

黑贴$2\frac{3}{4}$子　136手以下略　白中盘胜

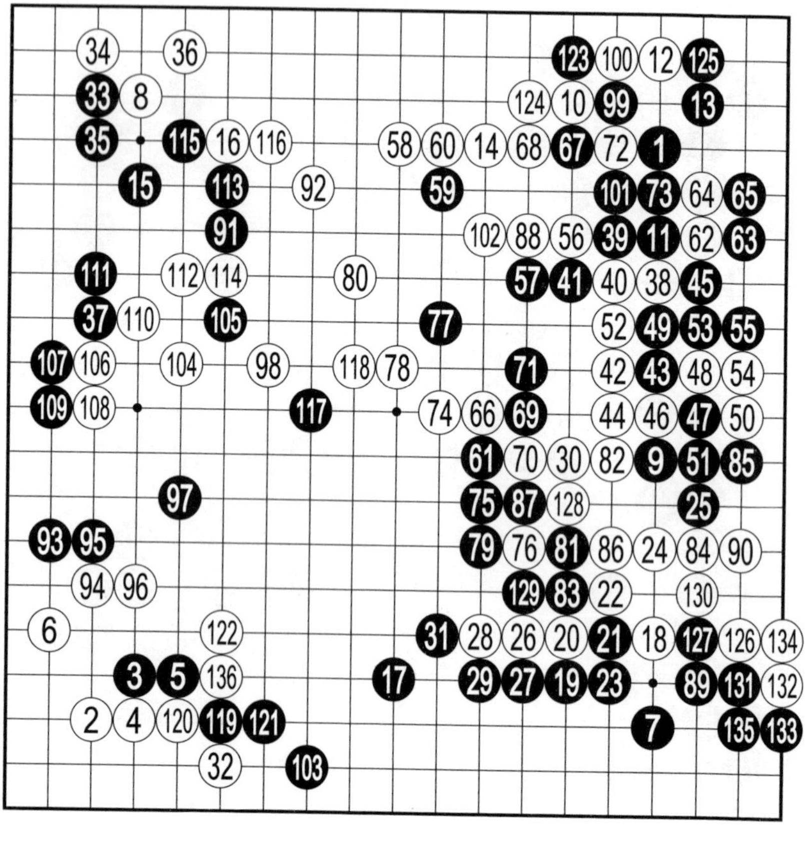

（1–136）

1980 年 6 月 6 日
国家队积分循环第 7 轮

黑方　马晓春
白方　陈祖德

白 14 选择灵活转身，黑也颇为厚实，局面两分。白 28 是陈老师独特的犀利棋感，黑 29 似乎应拆二避战。黑 39 棋形不佳，至 50 白棋大获成功。白 56 是精彩的选择，显然对周围子力有着充分的理解。白 82 开始简明控制局面。黑 91 企图分断白棋进行拼命，白 94 以下处理得颇为高级，黑攻击无望只得 101 回补。白 108 控制中腹，胜势已定。

这是陈老完美发挥的一局。（廖行文）

黑贴$2\frac{3}{4}$子　共 140 手　白中盘胜

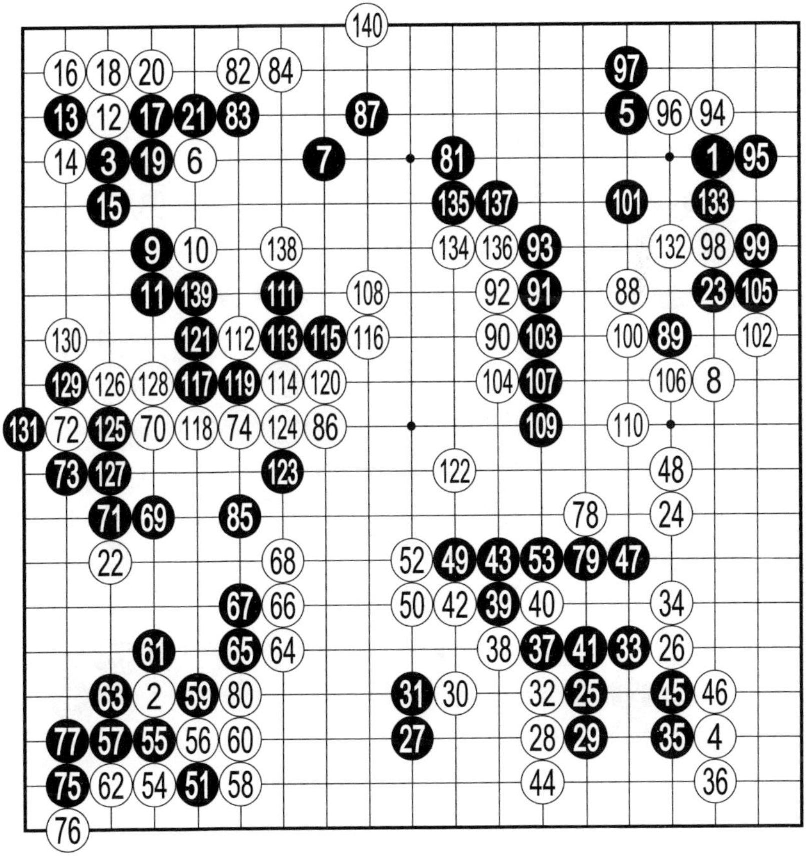

（1-140）

1980 年 6 月 9 日
国家队积分循环第 8 轮

黑方　陈祖德
白方　沈果孙

黑 19 以下定型是当年的“定式”，现在看来并不十分合理，简单挡住即可。黑 37 强手，白 38 无法忍受必须反击。白 52 选点不佳，导致自身过于滞重。黑 57 进攻时，白只能 58 以下以损地为代价处理，黑方自然欢迎。白 70、76 意图不明。黑 77 先手拔花愉悦，85 反击时白棋已骑虎难下。白 86 以下玉碎。（廖行文）

黑贴$2\frac{3}{4}$子　共 103 手　黑中盘胜

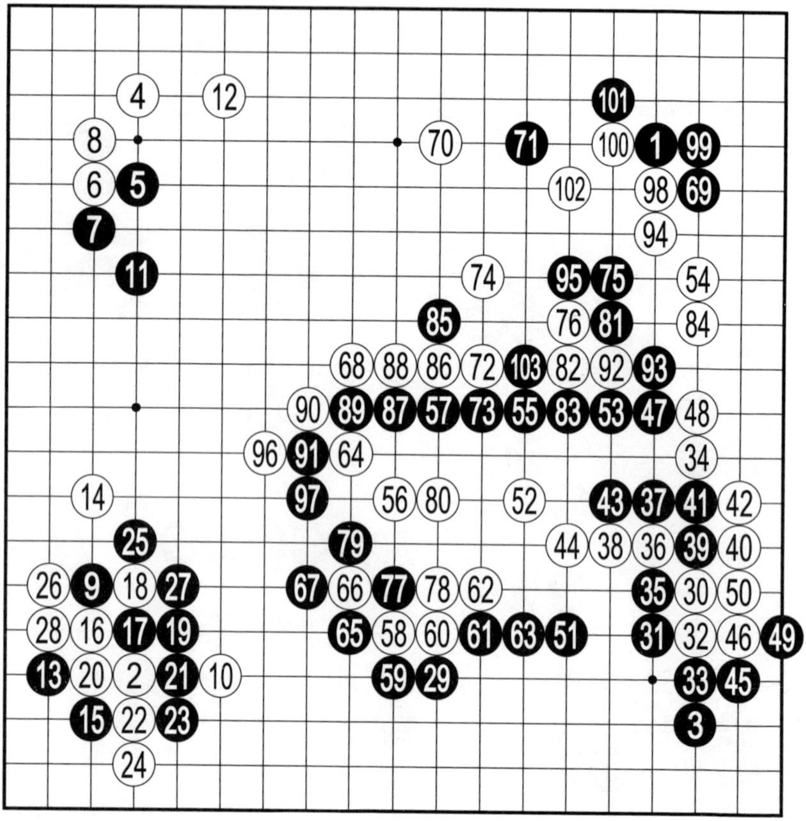

（1–103）

1980 年 6 月 11 日
国家队积分循环第 9 轮

黑方　刘小光
白方　陈祖德

白 12 挂角是绝好点。面对黑 13 夹攻，白 14 肩冲更是飘逸的好棋。至 20 跳出，白成功。黑 23 跳出反击，但白 24 飞角极大，先手生根，再 28 顺势冲断，调子极佳。白 46 镇住后，黑棋全盘实空不足，非常难受。黑 49 跨断再度挑起战斗，无奈白 52 飞棋形没有破绽。黑 59 是失着，白 62 虎，黑亏损。黑 65 太缓，白 66 果断弃子，黑败势。（牛雨田）

黑贴 $2\frac{3}{4}$ 子　共 68 手　白中盘胜

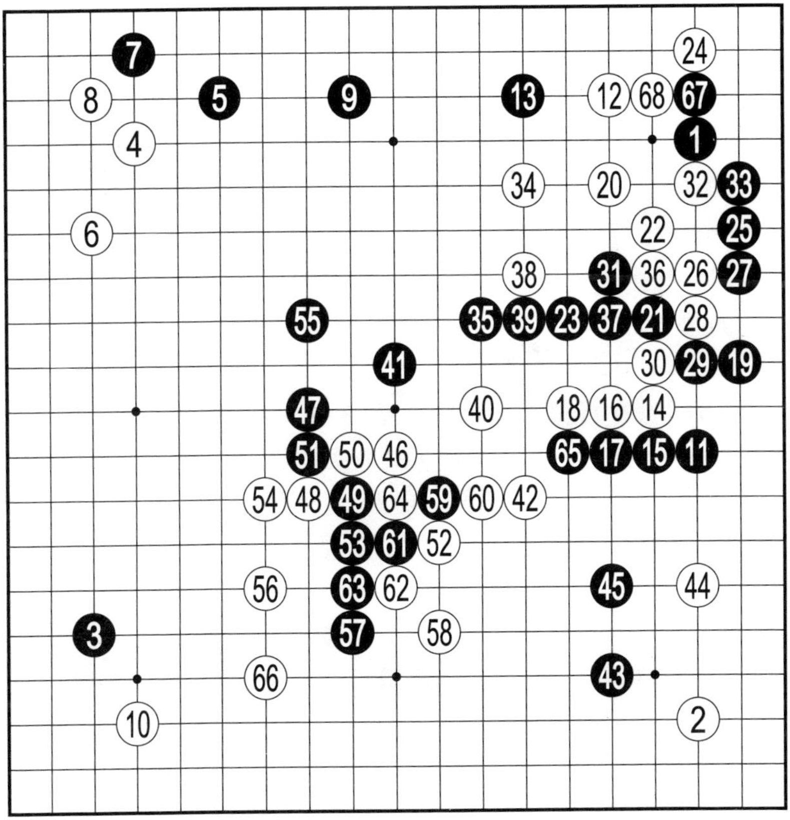

（1–68）

1980 年 6 月 13 日
国家队积分循环第 10 轮

黑方　陈祖德
白方　王汝南

白 12、16、18 是“单关无恶手”。黑 19、21 是“攻棋用飞”。黑 27、29 很舒适，白棋有些难受。白 32 反击很强烈，黑 35、37 打吃后虎，选择妥协，感觉白棋还不错。白 46 应该 69 位吃，这样可以免除后患。白 48 是绝好点，54、56 先手托退，至 60 治孤很成功。黑 61 挖是猛烈的一击！也是白 46 留下的破绽。白 72 继续捞空，黑也只能破釜沉舟，77 尖，开始杀棋。白 108 似乎应该 109 位爬过，尚可一争。战至黑 113，白大龙被杀。（牛雨田）

黑贴 $2\frac{3}{4}$ 子　共 129 手　黑中盘胜

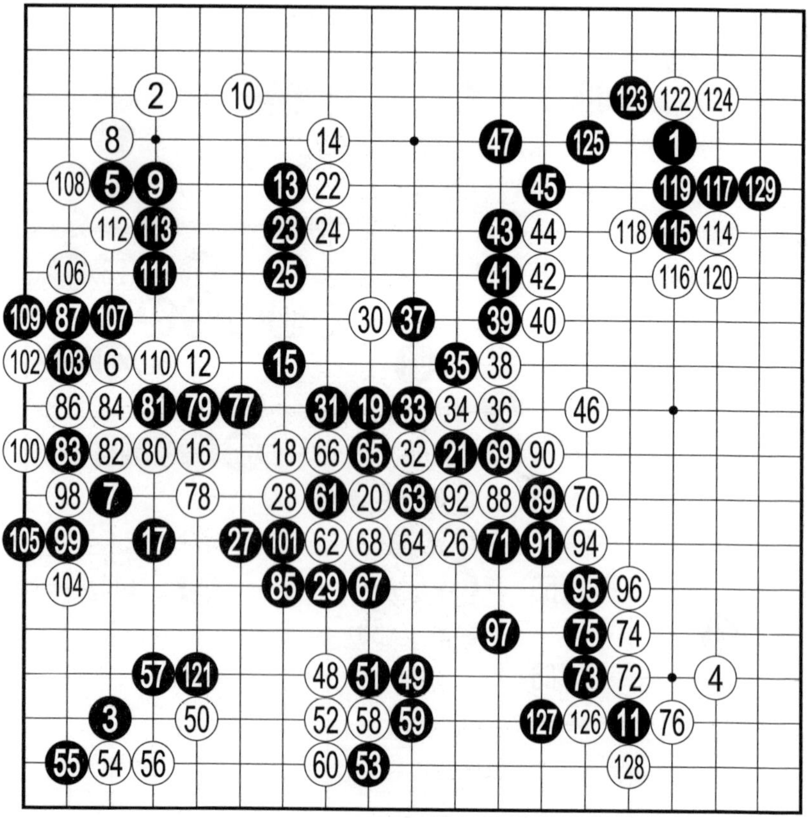

93 = 32

1980 年 6 月 16 日
国家队积分循环第 11 轮

黑方　陈祖德
白方　程晓流

布局阶段白 22、24、26 简明弃子，速度极快，抢到右下点三三，白棋可以满意。白 40 长出非常凶狠，但也危险，黑 45 飞出后白棋不好下。黑 65、67 以下着法华丽，至 75 打入，全局形成乱战局面。黑 77 顶是要阻渡，之后行棋如 79、81、83 都很紧凑，占据主动。

之后黑 101 压过来，白棋危险，白 108、110 顽强做劫，最后一搏。黑 113 直接消劫有些缓，应 114 位接，此手极大，黑棋打劫只要不死便是胜利。白 114 冲吃机敏，形势有转机。白 116、118 先做活中央，122、124 再做活上边，至此形势逆转，白方有利。（牛雨田）

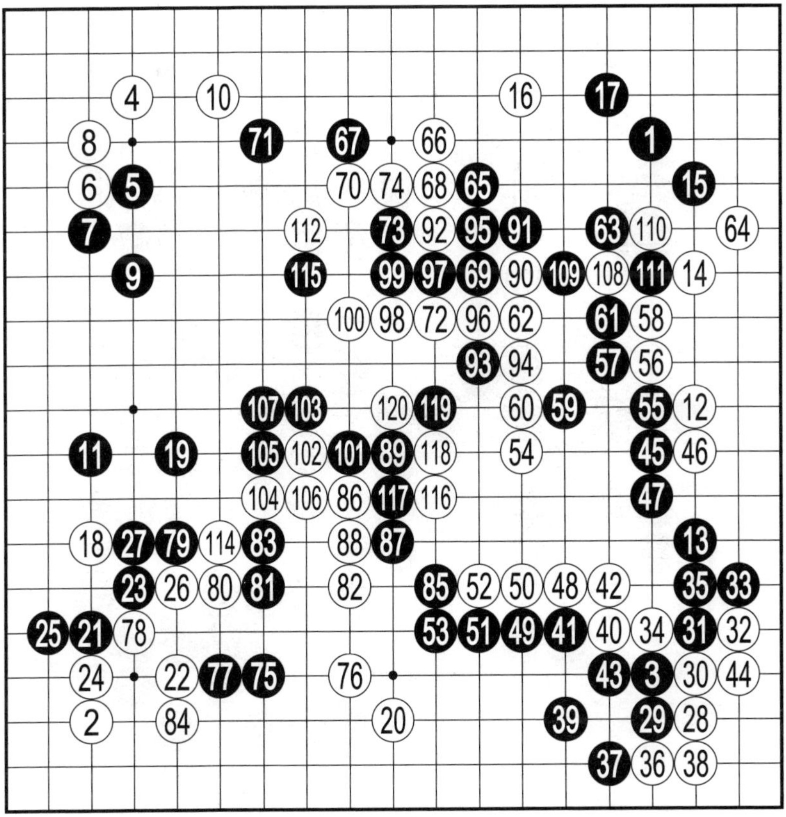

113 = 108

（1–120）

之后白行棋有些蹊跷，134 脱先难以理解，黑 135 只要 100 位下一路破眼，白大龙必死。至白 142，大块的生死危机解除了。白 146 不好，走 149 位更大。白 184 改在 185 位做活应能小胜，实战左上角成劫活，黑笑到最后。（牛雨田）

黑方　**陈祖德**

白方　**程晓流**

黑贴 $2\frac{3}{4}$ 子　共 234 手　黑胜 $\frac{3}{4}$ 子

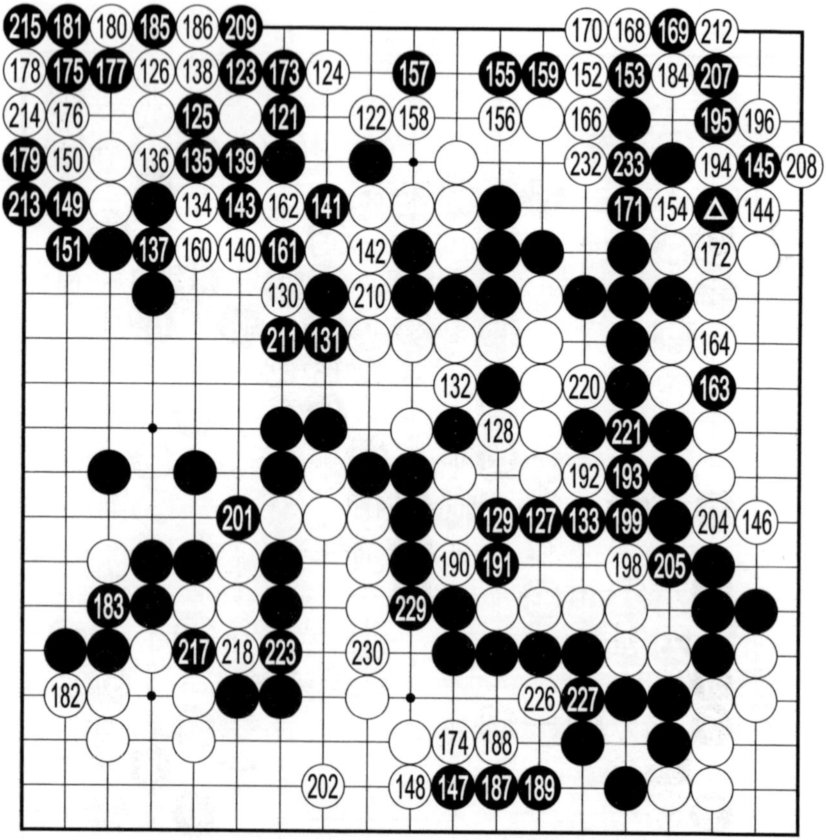

165=161　167=162　197 203=△　200 206=194　216 222 228 234=180

219 225 231=185　224=217

（121–234）

1980 年 6 月 18 日
国家队积分循环第 12 轮

黑方　刘小光

白方　陈祖德

左上角是老定式了，现在公认是白棋好。白 40 飞出也是准备战斗。黑 45 忙中偷闲，先手飞压很舒服。白 54 直接冲断黑棋，体现了陈老的善战棋风。白 64 小尖稍作准备便 66 再度冲断，非常果断！（牛雨田）

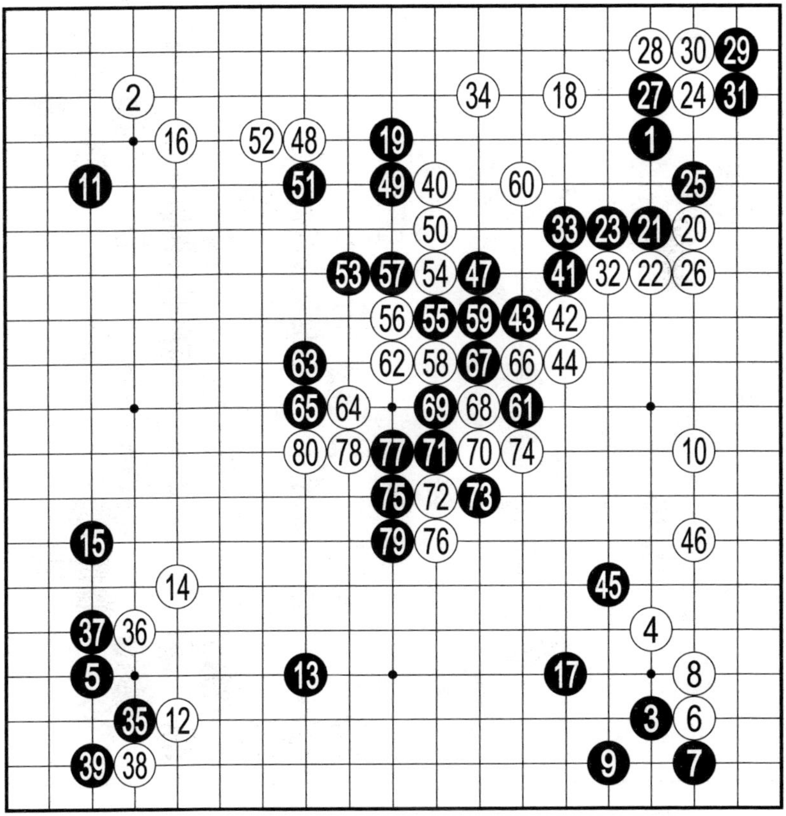

（1–80）

黑方 **刘小光**
白方 **陈祖德**

黑83、85次序巧妙，87断吃棋筋，局部有所收获，可白90跳后，全局实空却悄然领先了。黑91来捣乱，白92似乎应直接96位跳住，实战至106形成转换，形势不明。

黑107应在108位破空，此手极大。黑121接有些缓，应120上一路扳，实战白126断是手筋，至132，白棋确立优势。（牛雨田）

黑贴2$\frac{3}{4}$子　160手以下略　白胜3$\frac{1}{4}$子

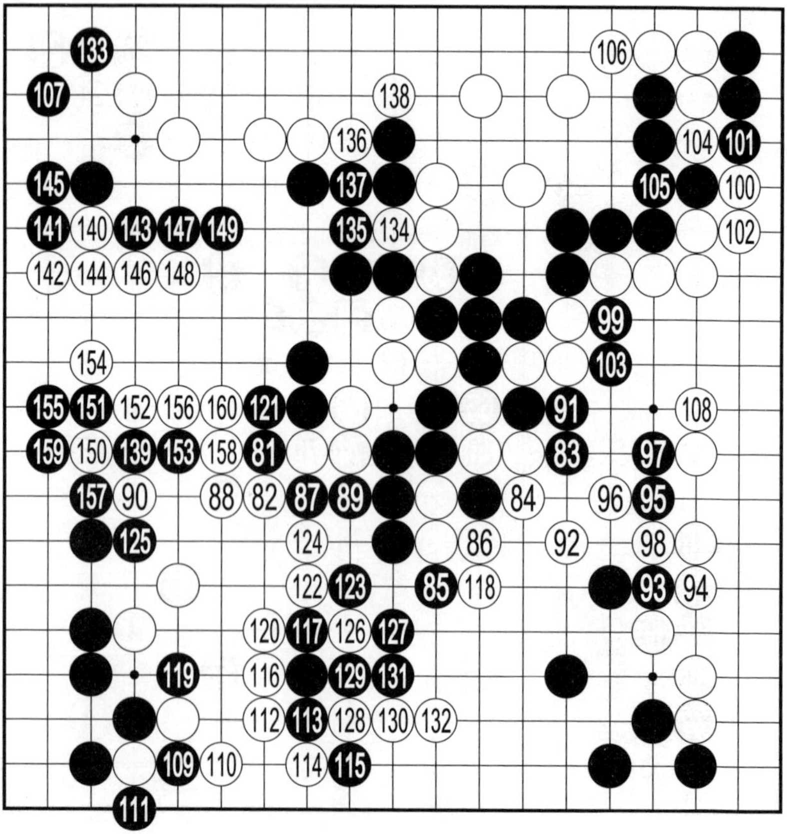

（81–160）

1980 年 6 月 20 日

国家队积分循环第 13 轮

黑方　陈祖德

白方　王群

黑 19 单立是好手，白 22 只好补断。白 24 有些缓，右上点三三较好。黑 25 布下两翼张开之阵，黑布局成功。黑 29 打入，同时牵制白棋，是好手。白 32、34 走成立四折一，有些委屈。至 64，白只在右下有空，有些难办。白 72 打入是急所，黑 83 先捞后洗，判断准确。白 92 点入犀利，黑 93 无奈只能转身。白 98 过于恋战，应 99 位打吃后，再动右上角是正道。实战黑 99 断机敏，白棋反而变薄。（牛雨田）

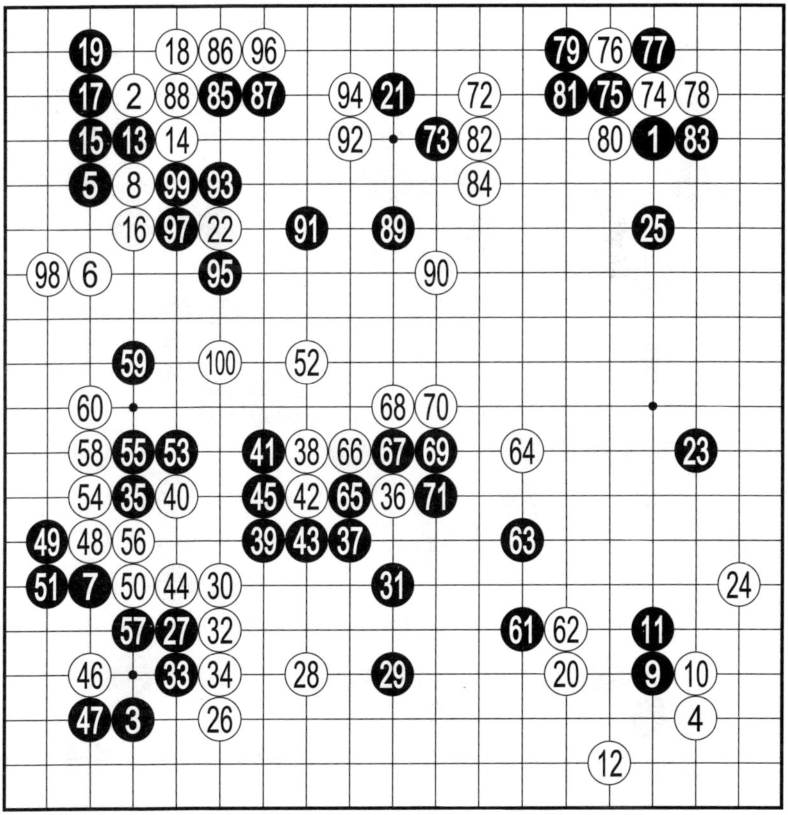

（1–100）

白 106 落了后手，被黑抢到 109，大势去矣。（牛雨田）

黑方　陈祖德

白方　王群

黑贴2$\frac{3}{4}$子　共 197 手　黑中盘胜

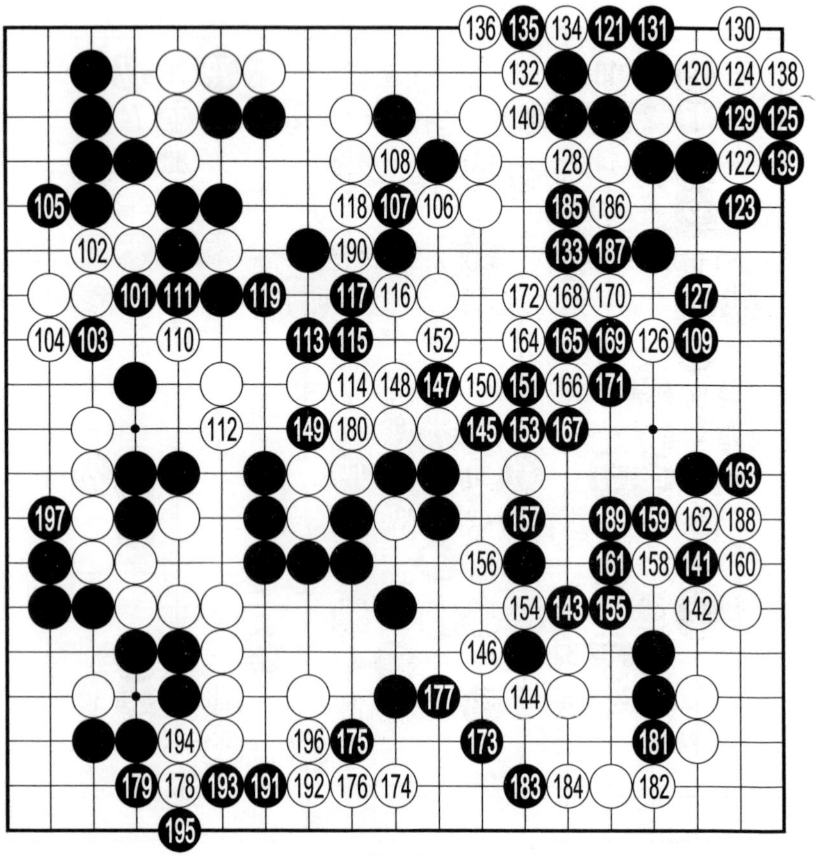

137=134

（101–197）

1980 年 6 月 23 日
国家队积分循环第 14 轮

黑方　陈嘉锐
白方　陈祖德

黑 1、3、5 祭出“高中国流”，很有年代感。白 10 挂角在当时是流行的下法，14 大跳很潇洒，接着 16 再挂角，战斗开始。白 20 先跳，之后 22 挤、24 再扳，次序井然。黑放白棋连络有些损空。白 36 扳出再度求战，斗志昂扬。面对白 48 打入，黑 49 刺是好棋，给白棋留下余味。白 72 扳太过凶悍，走 77 位做活已经非常满意了。黑 83 跳出后形势混乱。黑 91、白 94、黑 95 各自抢占好点。至 99，黑准备围剿白棋中央。

白 108 使棋形完整且实地很大。（牛雨田）

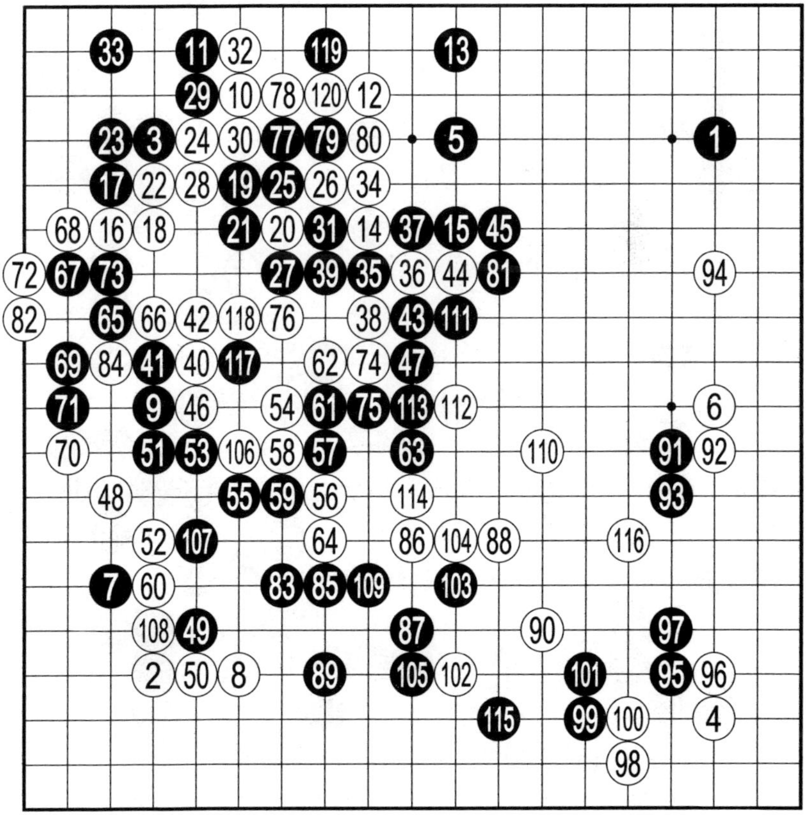

（1–120）

黑方　**陈嘉锐**

白方　**陈祖德**

黑 117 动手杀棋，无奈白棋早有准备，130 以下顺利渡过，确立优势。白 148 贴住两子后中央也活了。白 162 自补是胜利宣言。（牛雨田）

黑贴$2\frac{3}{4}$子　共 232 手　白中盘胜

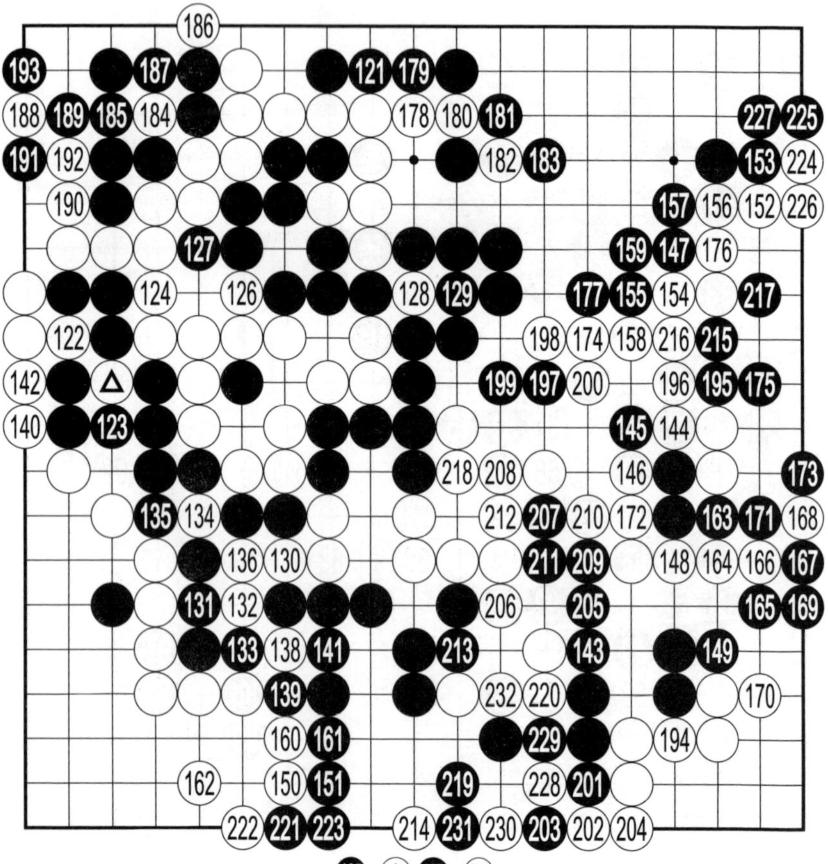

125＝△　137＝134

1980年6月25日
国家队积分循环第15轮

黑方　邵震中
白方　陈祖德

白14争先手抢右下，至24双方各取所需，形成实地与外势的对抗。黑25大气磅礴。白26、28不退反进，非常强硬。白46顶是治孤的好手，48挡后眼形丰富。黑57是失着，让白棋活得很干净，保留不走为好。白74冲极大，黑棋上边全部变薄。（牛雨田）

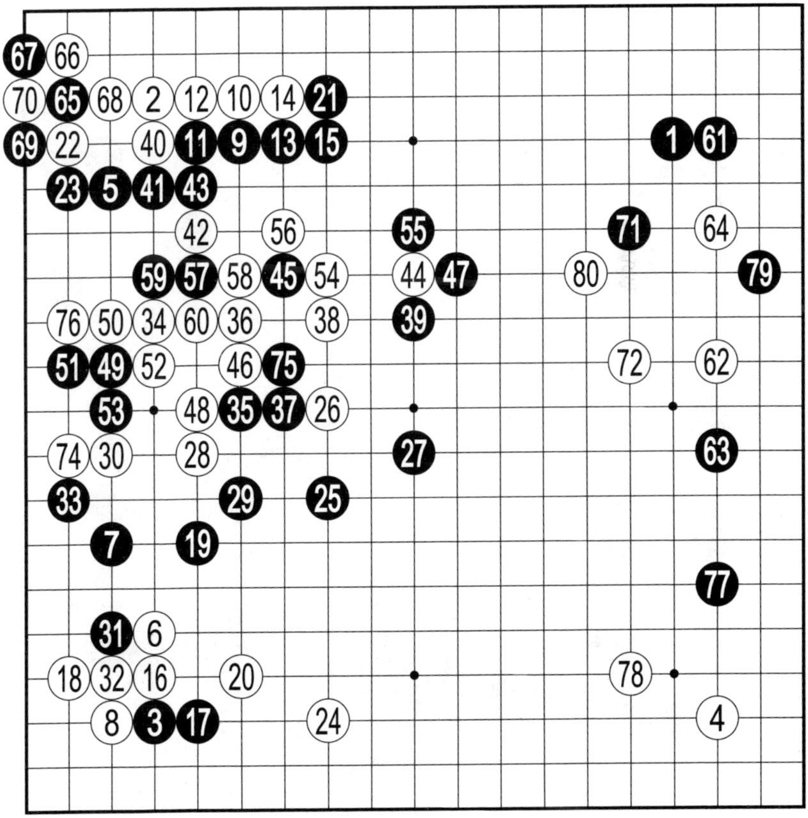

73＝65

（1–80）

白 84 消劫简明，至 92 跳回，白确立胜势。（牛雨田）

黑方 邵震中

白方 陈祖德

黑贴$2\frac{3}{4}$子　共 172 手　白中盘胜

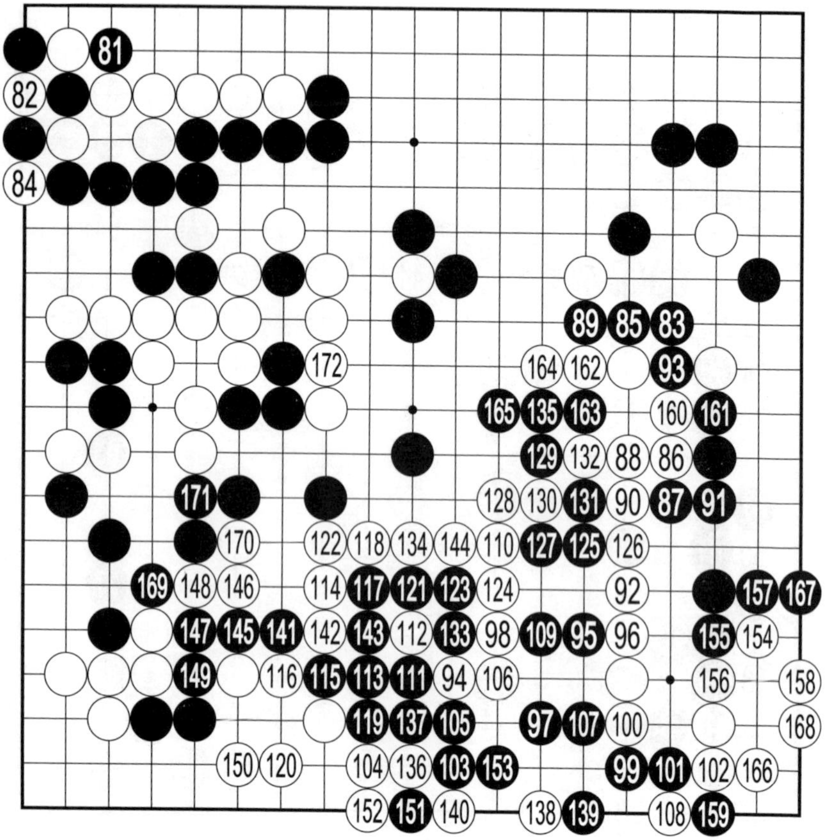

（81–172）

1980 年 6 月 27 日

国家队积分循环第 16 轮

黑方　罗建文

白方　陈祖德

黑 25 肩冲试图攻击白棋两子。白 30 大跳棋感极佳，32 挡下以攻为守，很有效率，抢先占得 40 拆，获得优势。白 66 断开作战是陈老的棋风。白 74 应先走 76 位，这样黑就不能反击了。白 94 靠断致命一击，黑局部没有应手，只好 103 转战中央。白 114 反击强烈，先杀掉黑棋右边，再 122 位做活，是白完胜的好局。（牛雨田）

黑贴$2\frac{3}{4}$子　140 手以下略　白胜$7\frac{1}{4}$子

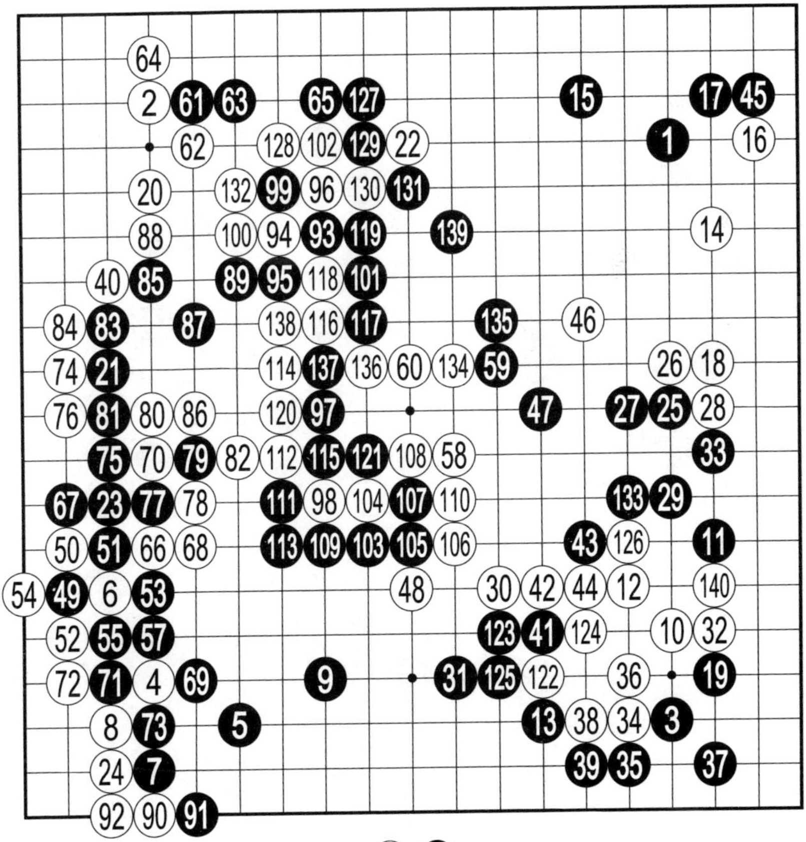

56 = 49

（1–140）

1980 年 8 月 24 日弈于四川乐山

全国个人赛第 1 轮

黑方　刘小光

白方　陈祖德

1980 年全国首次棋类（三项棋）个人联赛在乐山市举行。20 岁的小光棋龄只有八年，竟然脱颖而出，荣登冠军宝座。

黑 9 先挂，11 再夹击，是小光的精巧设计。黑 27 至 33，双方应对皆正。白 42 必然。白 46 当于 67 位尖，先使自身得到加强。黑 49 靠是好手，白 50、52 不得已。黑 63 时机好，65 也是漂亮的手段，确立了黑在全局的主动地位。白 68 轻率，被黑 71 扳，白立刻陷入了困境。黑 79 粘最安全。黑 81 紧峭有力。黑 83 挖没有必要。黑 91 过贪，如跳补，白毫无机会。白 98 是最后的抵抗。黑 101 冲不够紧凑，103 继续朝错误的方向发展，无论如何应于角上靠，迫使白求活。黑 107 挤极漂亮。黑 119 决心全歼。白 122、124 是最后的胜负手。黑 139 退，小光沉着而准确地破掉了白的眼位。（陈祖德）

黑贴 $2\frac{3}{4}$ 子　共 141 手　黑中盘胜

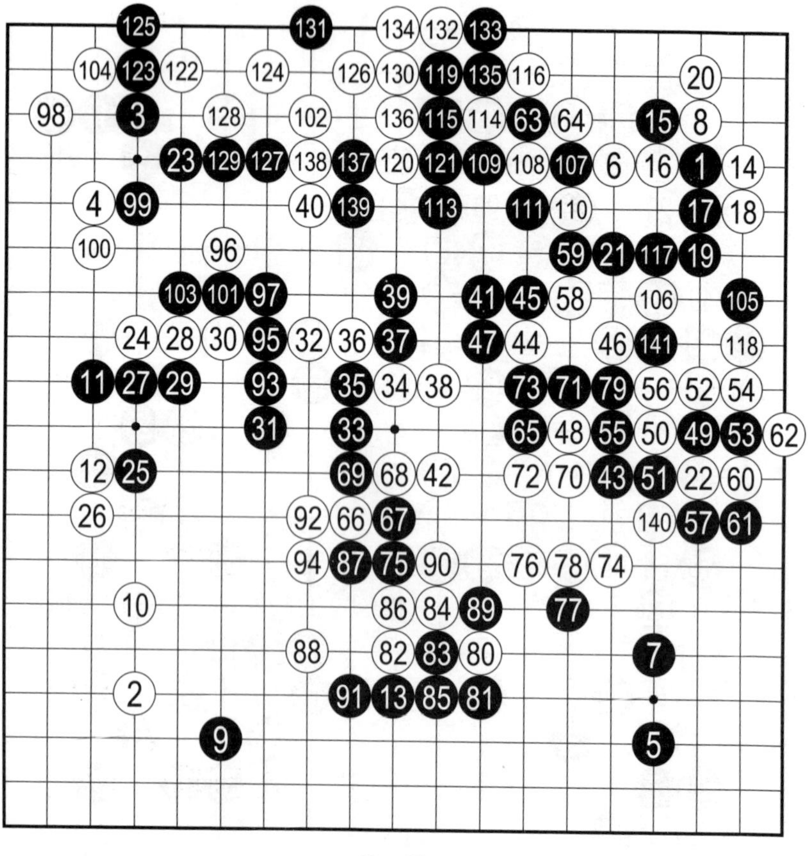

112 = 107

（1–141）

1980 年 8 月 25 日弈于乐山

全国个人赛第 2 轮

黑方　陈祖德

白方　宋雪林

黑 11 挂积极。白 12 针锋相对。白 14 不如低一路。黑 17 与白 18 交换实地略损。黑 19 大场。白 24 给人以滞重之感。黑 25 是强手。白 26 不肯损实地。黑 29 割开白棋。白 40 压出步子太慢了。黑 47 攻击要点。黑 53 跳出，继续缠绕攻击。白 58 应 38 下一路团。白 72 跨暂时不必走，完全可以在 76 位长。为了防止白靠断反击，黑 83 以下必要。黑 89 拐头很大。白 90 亦大。现在，白 92 显得特别大了。黑 93 扎钉就可以了。白 94 似乎抓到了一线机会。黑 109 不可忽略，若被白于 111 位压，胜负难料。白 120、122 是定型的好手段。黑 129 靠是好手。白 132 做最后的冲击。黑 143 跳补大。黑 149 渡后，雪林很有风度地投子了。若坚持收完，差距不会超过 3 子。（陈祖德）

黑贴 $2\frac{3}{4}$ 子　共 149 手　黑中盘胜

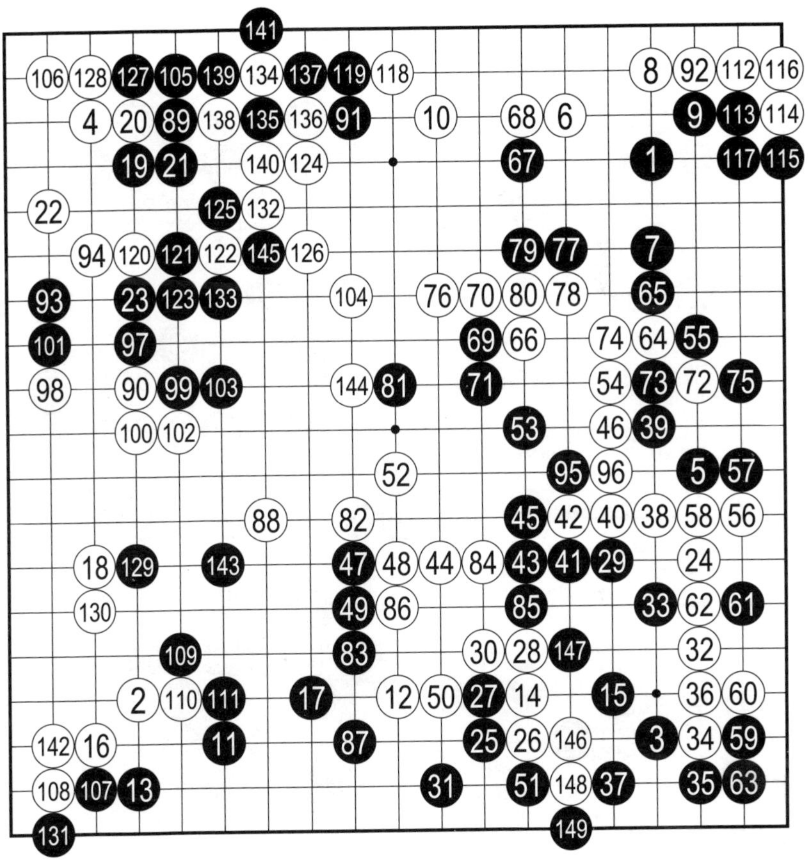

（1–149）

1980 年 8 月 26 日弈于乐山

全国个人赛第 3 轮

黑方　马晓春

白方　陈祖德

晓春 7 岁能下围棋，1978 年调到国家集训队。晓春的战绩十分辉煌，并在 1995 年两夺世界冠军。他对围棋有独特的理解，棋风轻灵飘逸，局部感觉敏锐，大局观强，善于不战屈人，尤以后半盘功夫为人称道。如果承认有天才的话，晓春就是一位围棋天才。

黑 13 选择虚结构的大飞，很有心计。黑 25 至 31 是晓春流的取地下法。白 32 是双方的大场，不仅增加实地，还声援了左上弱棋。白 36 过紧，完全可以随波逐流、心平气和地打持久战。黑 37 果断。黑 39、41、43 一连串强手。白 44 只此一手。黑 45、49 强硬。白 50 击中黑棋的要害。黑 53 只好艰难出逃，但又遭到 54 的缠绕。至白 60 粘，黑似难以兼顾。白 62 连扳也是骑虎难下。黑 65、67 次序佳。白 72 强封是煞费苦心的强手。黑 77 靠是唯一的下法。以下至 91 断，黑别无选择，但依然做不出两只眼。白 92 至 98 误以为可化解黑 115 断的压力，但晓春始终沉着应战，简直使我杀棋的信心动摇了。

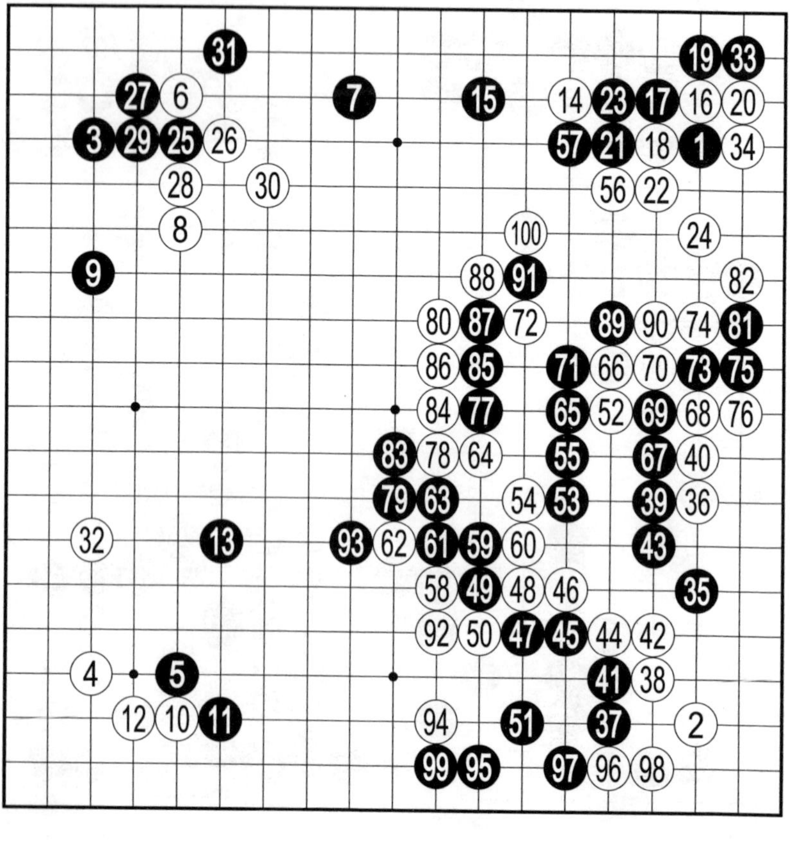

（1–100）

黑方 **马晓春**

白方 **陈祖德**

黑105托是手筋。白106挤，是我苦思冥想、反复比较后的抉择。从白114破眼至黑125做劫，双方必然。黑127求活时，白128已无法再进行劫争。激战结束后，实地对比黑已占优，下边六子若成为黑口中之物，白必败无疑。白130夹拼搏。白132以下以突围为手段，企图就地经营两个眼，这种办法实在是“割肉补疮”。黑143补断的同时压迫白棋。白148挡，我感觉是局部最佳手，然而正是这种感觉造成了本局的遗憾。黑161打吃，机敏，我却出现了死活盲点。白争到176、178，我感到局势似乎在悄悄地发生变化。然而黑181自粘打破了我的美梦。六个多小时的拼搏就这样结束了。(陈祖德)

黑贴$2\frac{3}{4}$子　共181手　黑中盘胜

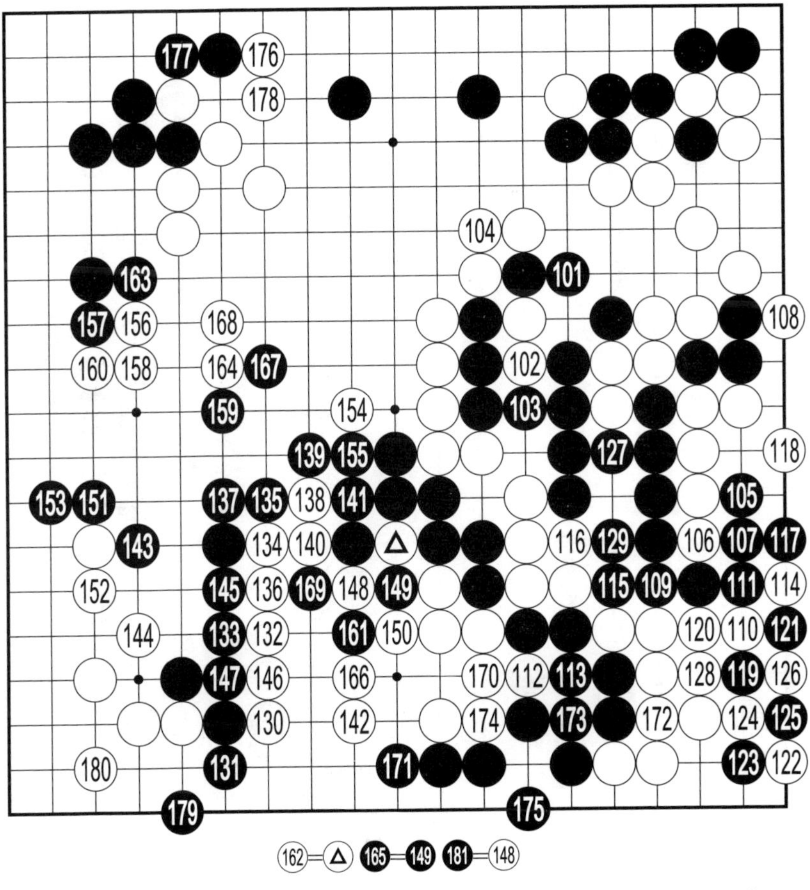

(101–181)

1980年8月27日弈于四川乐山
全国围棋个人赛第4轮

黑方　陈嘉锐
白方　陈祖德

白4挂角，意在避开黑方错小目守角的常用布局。黑23有疑问，应在29位冲。白30如在33位长，白作战有利。黑37托是定型的好手。白48可在55左一路渡过，实战白受攻较苦。黑61不如在66位拐。白64、66实地收获大并且甩掉包袱。白68、70寻求就地做活明智。（谢赫）

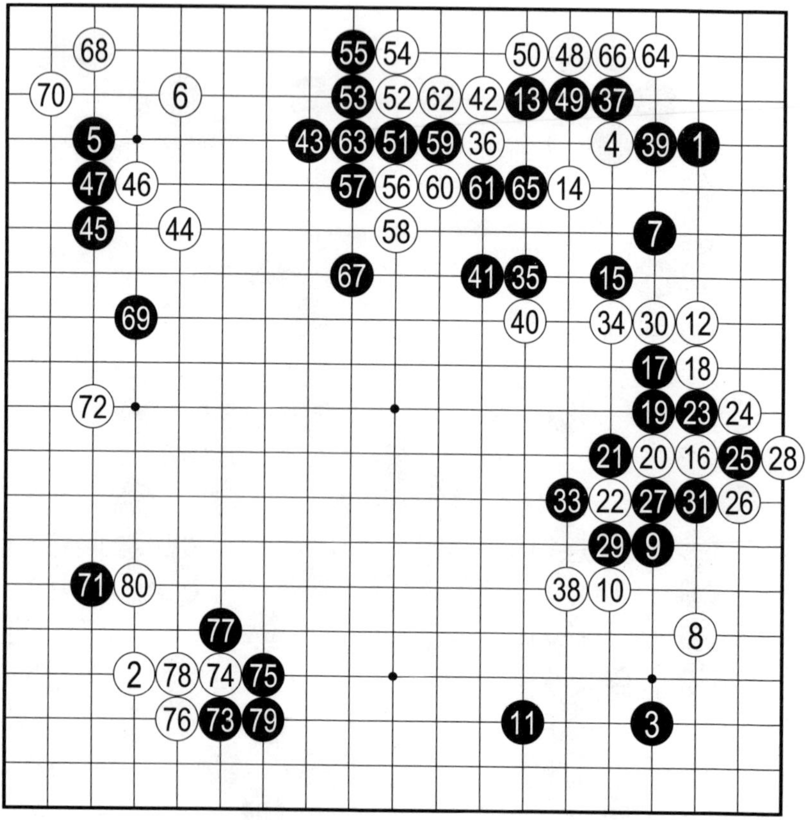

32＝25

（1–80）

黑方　陈嘉锐

白方　陈祖德

黑83应在104位虎。白86、88善战。白96至102思路清晰，白方已经掌控局面。黑111应在112位虎，白111位，黑上一路顶，棋形优于实战。此后黑无明显机会。（谢赫）

黑贴$2\frac{3}{4}$子　共160手　白中盘胜

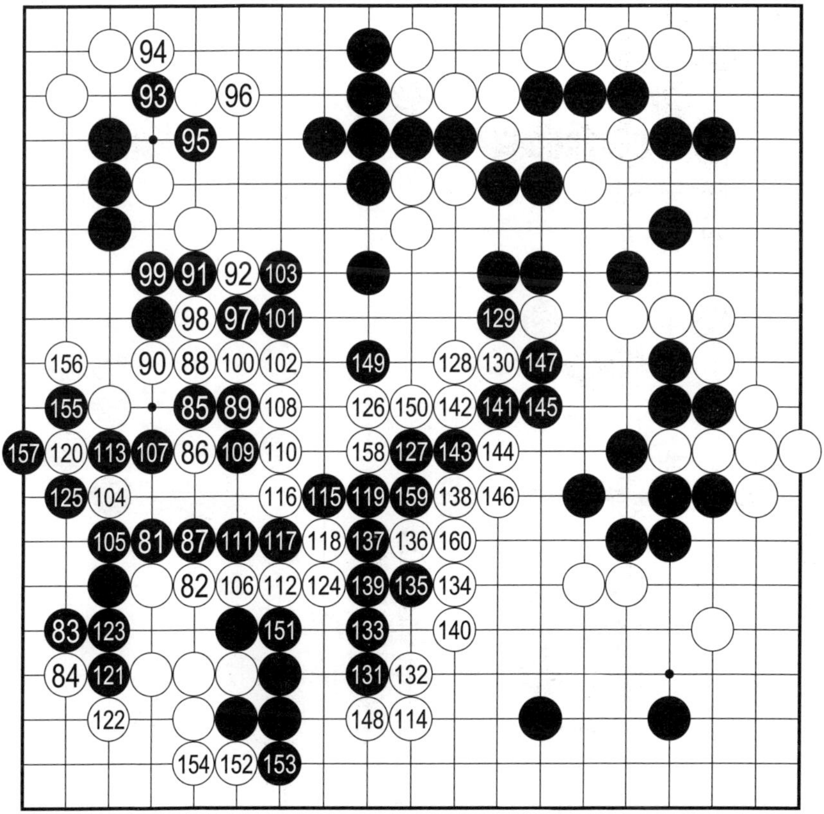

（81–160）

1980年8月29日弈于乐山
全国个人赛第5轮

黑方　陈祖德
白方　聂卫平

陈老师的1、3、5祭出标志性的“中国流”。AI出现后，白棋应对中国流普遍是采用点三三的方法，这在当时很难想象。聂老师选择的是白10从上方侵扰。白20引征后在上边获利，至黑31双方都可接受。黑39、41是颇具想象力的处理方式，但是将白棋撞厚，效果并不理想。白56、60略小，应在天元附近落子，可保持优势。黑61锐利的一手。白68失误，应该在86位飞出。白78试图较大限度围住中腹争胜。黑83之后的处理非常实用，抢到先手后跳至95位，终于占据优势。（古力）

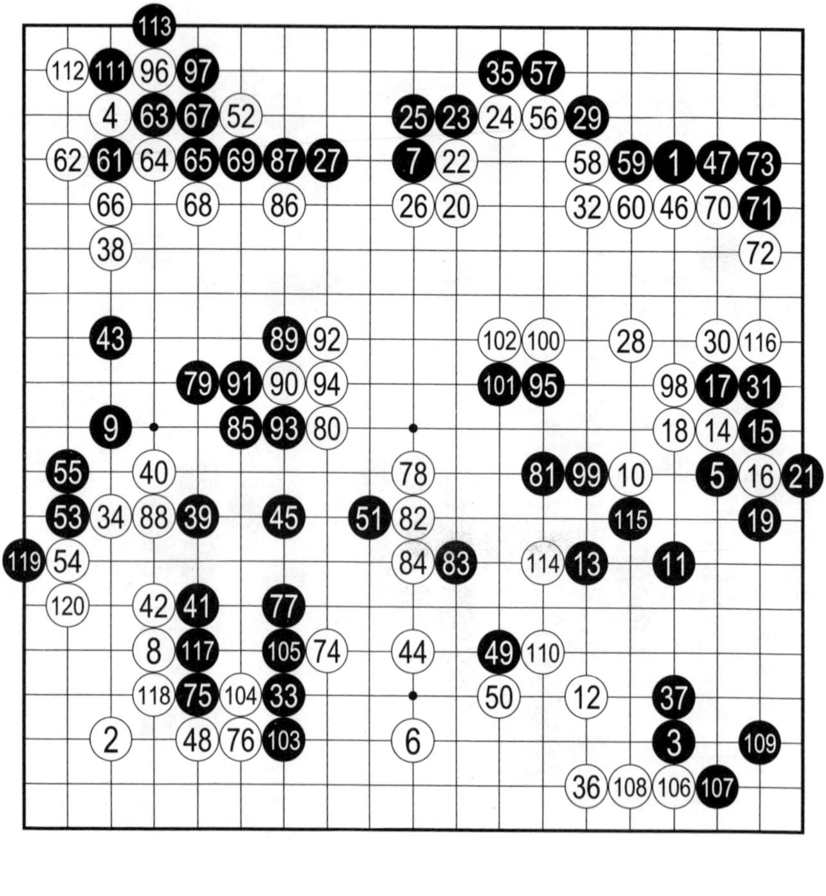

（1–120）

黑127细腻。随后陈老师在自身并非最擅长的官子战中弈得可以说滴水不漏，将极其微弱的优势牢牢把握到终局，展现了其强大、均衡的实力。（古力）

黑方　陈祖德

白方　聂卫平

黑贴$2\frac{3}{4}$子　共257手　黑胜$\frac{3}{4}$子

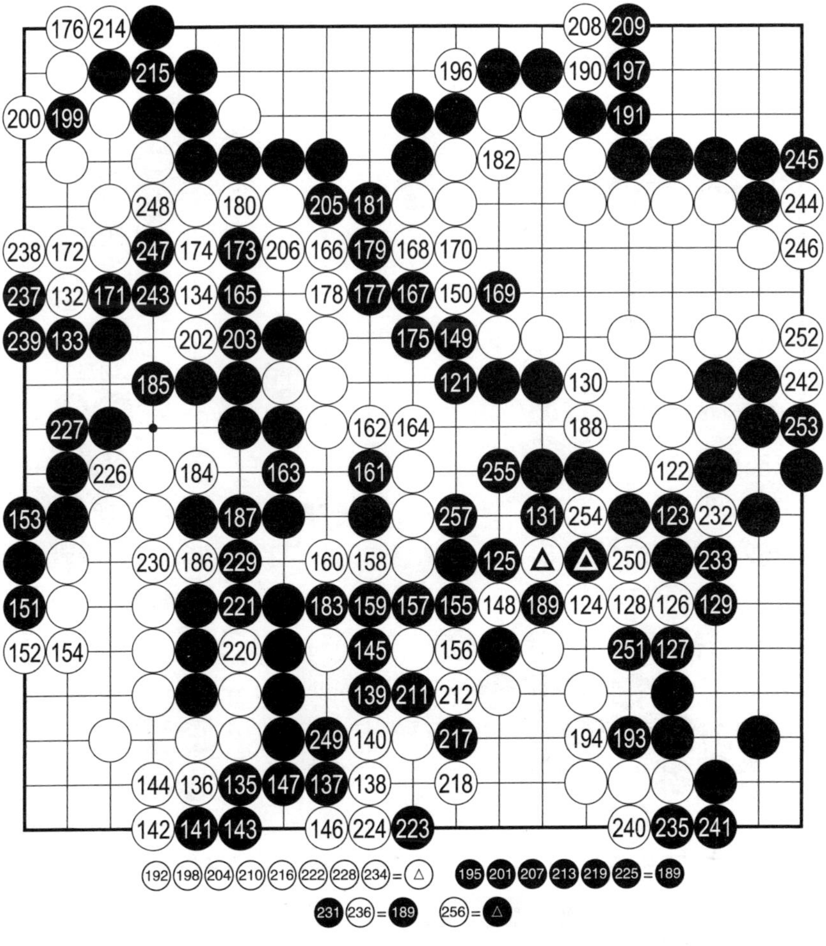

（121–257）

1980 年 8 月 30 日弈于四川乐山
全国围棋个人赛第 6 轮

黑方　罗建文
白方　陈祖德

白 18、20 是积极的下法。黑 23 可在 16 上两路跳，价值很大。白 24 形之要点。白 42 稍嫌过分，可在 73 位扳。黑 43 至 47 果断反击，白稍苦。白 58、60 顽强出头。白 70 好手。黑 71 应在 75 位拐。白 72 如在 75 位冲，黑 74、白 76，白出头的棋形更佳。黑 81 冲断，战斗蔓延至中央。白 90 转身思路灵活，此着在 93 位挡并无不可。黑 95 在 100 位接住更好，做劫似无必要。白 100 提劫时，黑如退让必然吃亏，此劫白负担更轻。(谢赫)

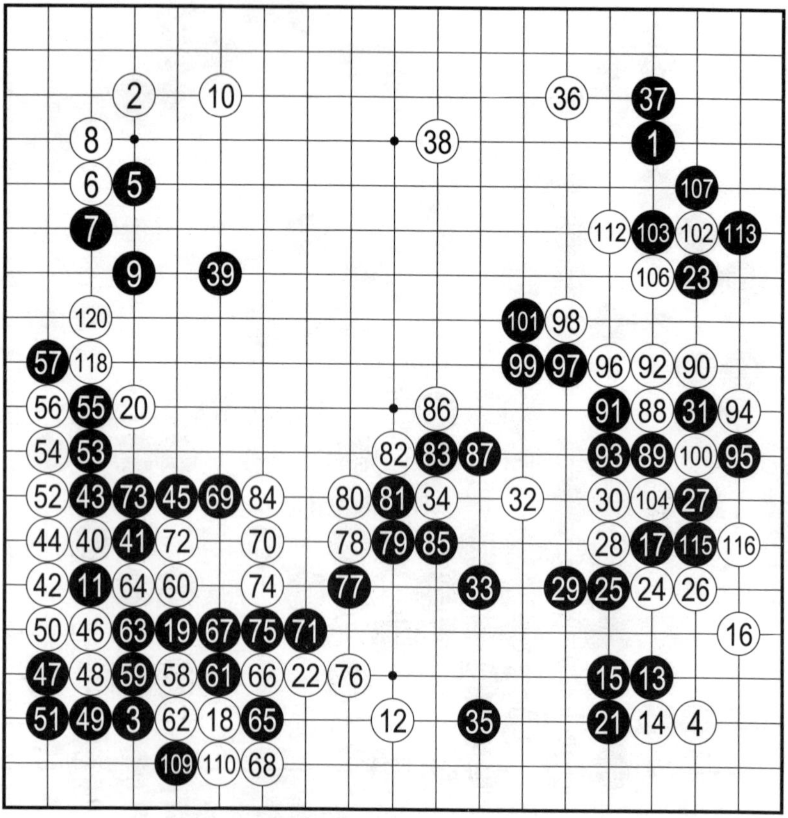

105 111 117 = 31　108 114 119 = 100

黑方　罗建文
白方　陈祖德

白102制造劫材，104马上开劫，局势瞬间紧张。白112可在113位寻劫，黑如何消劫也比较为难。黑115接，劫争升级。白116可先在118位制造劫材。黑119消劫判断准确，形成大转换。白120应在121位接。黑121失误，如在124位飞明显优于实战，形势黑稍好。至126黑大损。黑133败着，如在136位冲，白挡，黑右一路断，或许还有机会。白136脱先弃子，判断准确，然后140进攻，顺势围住上边，稳操胜券。（谢赫）

黑贴$2\frac{3}{4}$子　共212手　白中盘胜

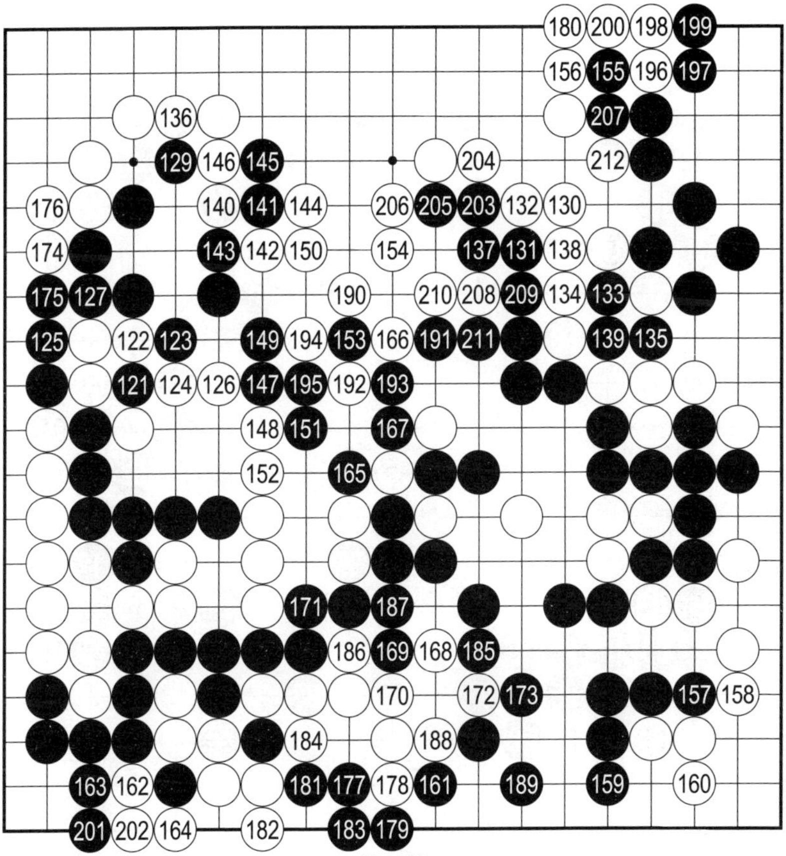

128=121

（121–212）

1980 年 8 月 30 日弈于乐山

全国围棋个人赛第 7 轮

黑方　陈祖德

白方　华以刚

白 2、4 乐见我走成首选的对角星。黑 11 紧夹有力，又富于变化。白 14 飞压步调快。黑 15 持重。至黑 19 跳，双方必然。白 20 拦逼绝对。黑 21 跳是双方要点。白 24 挂兼拆，满意。白 28 托被黑 29 断，已不可能兼顾边角。白 34 煞费苦心。黑 35、37 是正着。白 42 守角兼攻击虽好，但我的话会选择 49 位补。白 60 不甘示弱。白 64 不仅是大场，也在冷静地试黑应手。黑 65 跳补正着。白 70 有意下得强一些。黑 91 缓，当 94 位虎，白 91 位扳头时，黑可 77 右一路硬粘。黑 99 必须补。白 102 开始冲击左上。此时黑的优势很有限。白 104 觑是好手。黑 105 压是要点。至白 116 断吃，白收获不小。黑 117 打入，119 扳渡要紧，若被白于 119 位补，形势将不明。白 120 粘进入官子阶段。

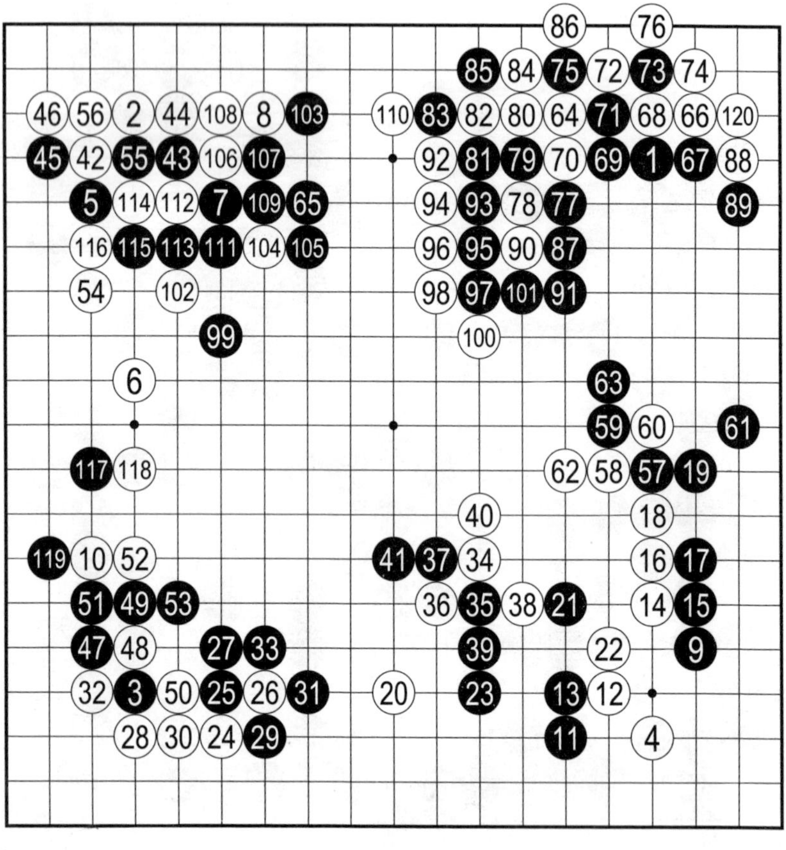

（1–120）

黑方　陈祖德
白方　华以刚

至黑 129 挡时，双方各得其所。白 130、132 通过攻击来经营中央，期待扭转局势。黑 133、135 先手解除危机，再 137 保护好下边。白 140 顶是误算，忽略了黑 141 的反击，若于 143 位单粘，白或许还有机会。白 142 不得已。黑 147 提必要。黑 187 正着。以后的小官子无关胜负。

以刚 1965 年进了国家围棋集训队，三四十年来我们一直工作在一起，用“常相知，永相伴”来比喻我们的友谊是再恰当不过了。他具有坚韧不拔的精神和毅力，既谦虚好学，自信心也很强。1986 年底，国家体委任命以刚担任国家围棋队领队兼教练。他身体力行，为事业为集体做了大量细致的工作，深得队员的好评。中国棋院一成立，以刚又担任了围棋部主任，为围棋事业的发展做出了突出的贡献。以刚的棋风有种类似于刚正不阿的“拧脾气”，只要自己不吃亏，一般就不有意破坏对手的计划，希望对方下出擅长的布局，下出最好的水平，因为这样的对局才是高雅的竞技艺术。（陈祖德）

黑贴$2\frac{3}{4}$子　共 241 手　黑中盘胜

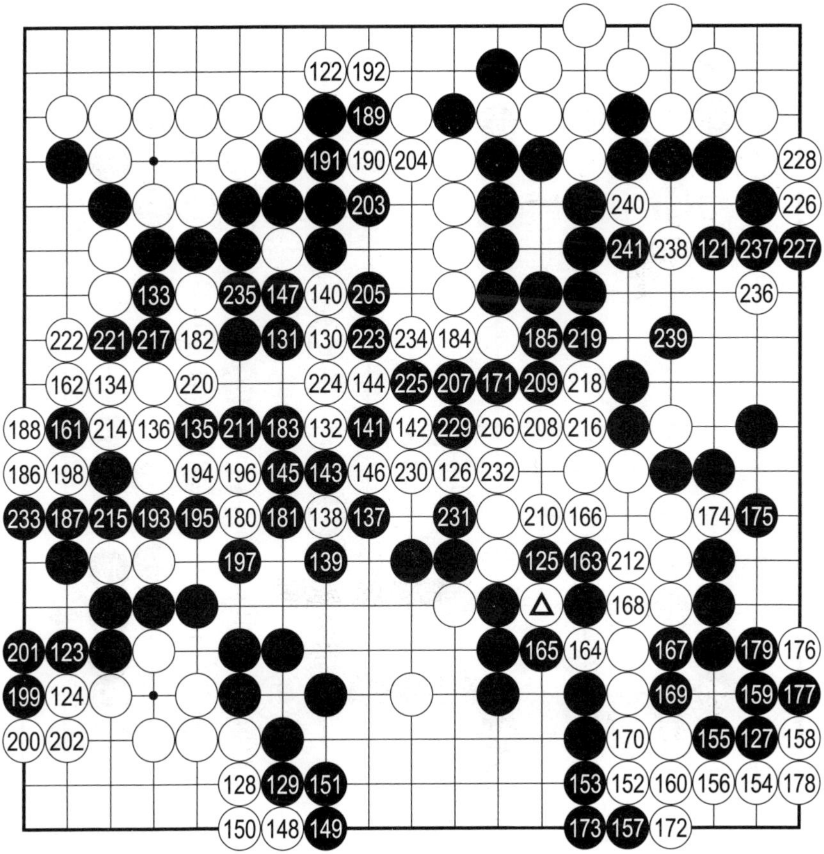

213=△

（121–241）

1980 年 9 月 1 日弈于乐山
全国围棋个人赛第 8 轮

黑方　邵震中

白方　陈祖德

白 24 是当务之急，不能让黑大飞守角。黑 27 过于平淡了。白 28 争到大飞守角可以满意。黑 29 攻击且取地是震中预定的计划。黑 33 一般分寸。白 36 不顾弱棋是十足的强手，也是我的风格。黑 37 镇是攻击要点，39 攻守兼备。白 40 针锋相对。黑 41、43 问应手，结果被白 48 吃净，实地很损。黑 55 长，嫌重。白 58 确保了实地的领先。黑 61 夹现在仍是攻白的要点。白 64 机敏轻灵。黑 65 摆出总攻击的架势，错失良机，值得检讨。白 66 立即打入是我的棋风。黑 69 顶是正着。白 72 只能大飞外逃。黑 73 靠是攻击强手。白 76 试黑应手机敏，黑若于 83 位应，白就不易被杀了。黑 77 似乎抓住了攻击要点，反而招来了不必要的风险。白 80 以 81 位粘为好。

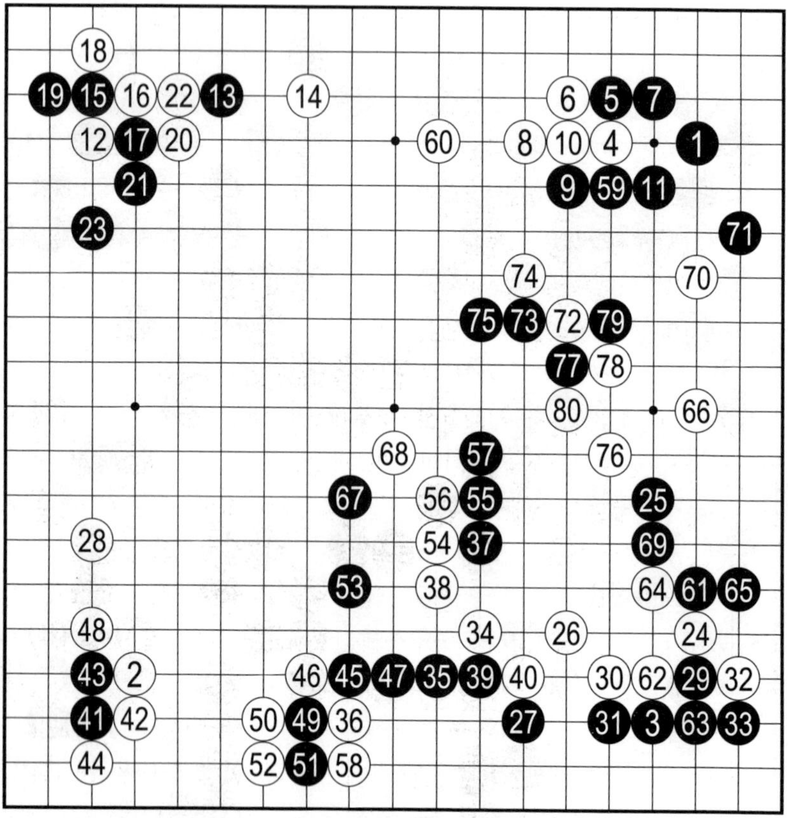

（1–80）

黑方　邵震中

白方　陈祖德

白 82 至 90，双方势成骑虎。黑 93 贴是长气好手，直接于 95 位跳似乎是好形，但既无法净活，气又紧了。白 100 夹是收气要点。白 104 跳补坐失良机，应于 118 位曲。黑 105 先手立，107、109 再收气，白已凶多吉少。黑 111 长是在对杀中获胜的关键。至黑 121，白已被杀死，幸运的是还存在白 122 做劫的手段。白 130 打吃十分要紧。黑不可能同时打赢两处大劫，只得放弃右边，由此白确立了胜势。

邵震中于 1978 年入选国家围棋队，1982、1983、1986 获全国围棋个人赛亚军，1983 年获第三届国手战冠军。震中棋理清晰，基本功扎实，形式判断明快，比赛时沉着冷静，颇有大将风度。（陈祖德）

黑贴$2\frac{3}{4}$子　共 170 手　白中盘胜

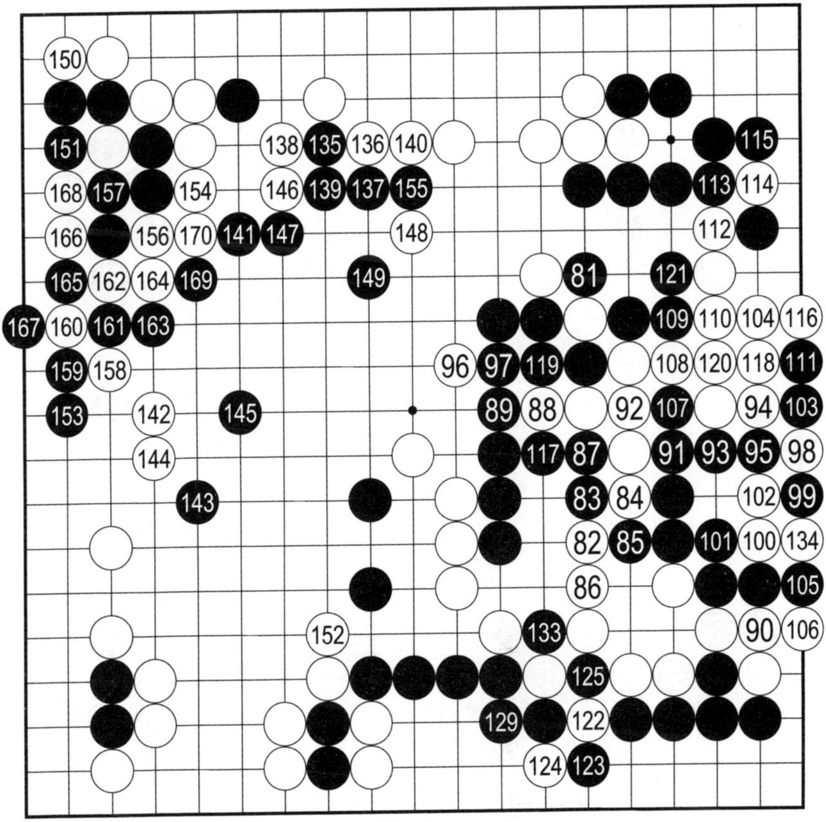

126 132 = 98　127 = 103　128 = 122　130 = 111　131 = 125

（81–170）

1980 年 9 月 3 日弈于乐山
全国围棋个人赛第 9 轮

黑方 **陈祖德**
白方 **黄德勋**

左上角是复古定式，至 22，觉得白棋不错。黑 39 厚重。白 40 应该 47 位拆。白 56、58、60 棋形舒展，64、66、68 着法连贯，下得精彩。白 72、74 想给黑棋留下余味。白 78 应在 79 位挡住，实战形成复杂对杀。（牛雨田）

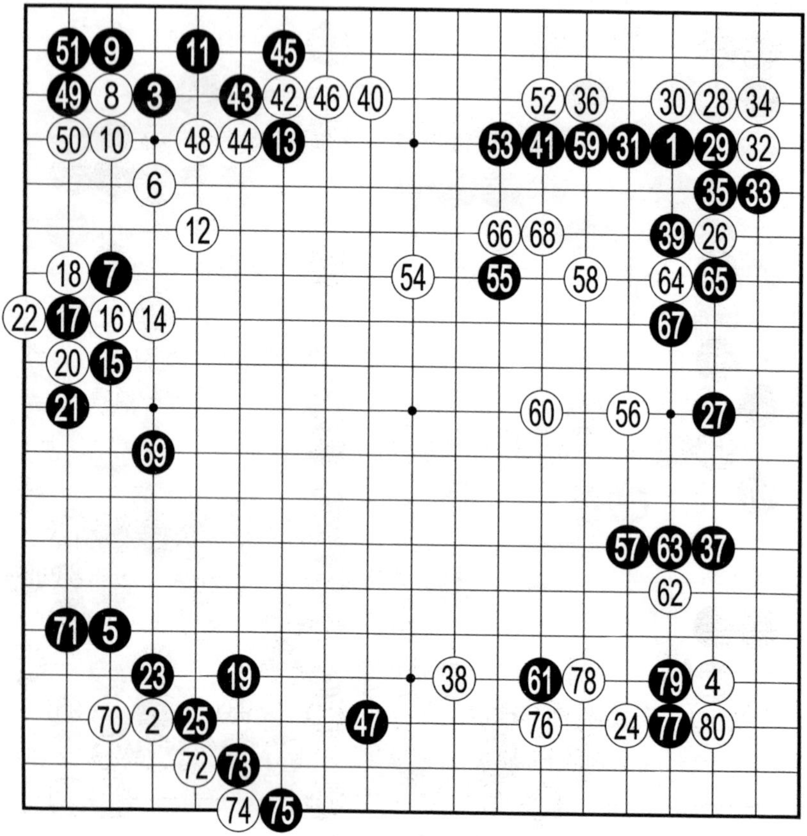

（1–80）

白106非常无奈，为了防止黑从114位爬过，之前72、74的下法反而成了绊脚石。黑107果断转换，杀掉白角，取得优势。黑153、155是连贯的好棋，至161胜势已定。（牛雨田）

黑方　陈祖德

白方　黄德勋

黑贴$2\frac{3}{4}$子　共175手　黑胜$1\frac{3}{4}$子

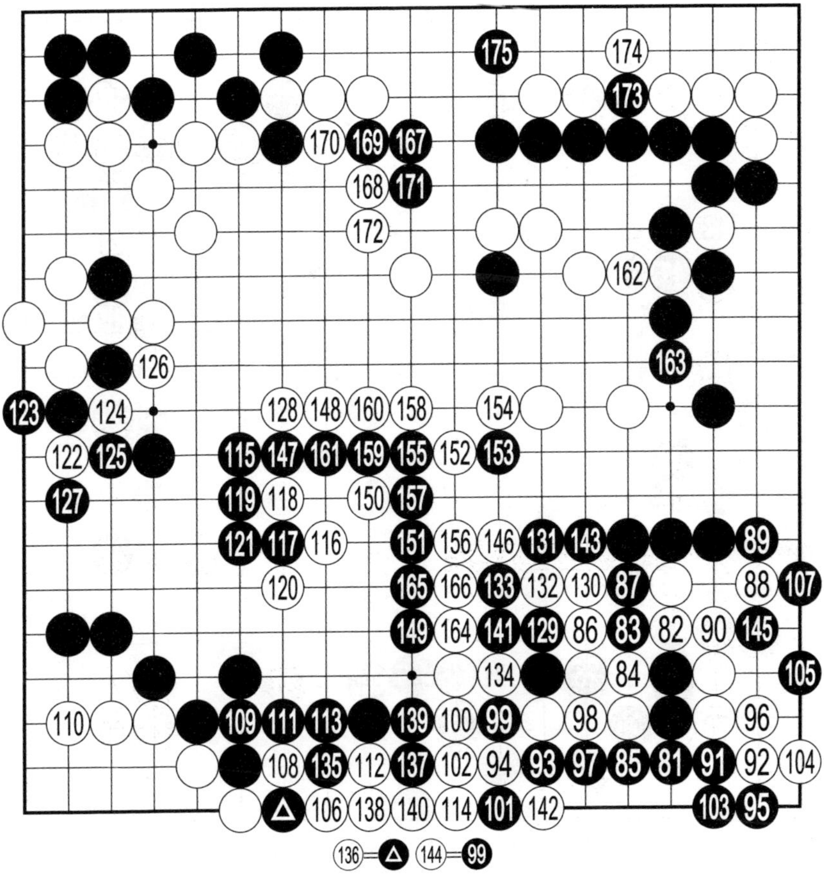

（81–175）

1980 年 9 月 4 日弈于乐山
全国围棋个人赛第 10 轮

黑方　李钢

白方　陈祖德

黑 15、17 形成有趣的转换，不过白棋实地收获颇丰。白 24、26、30 大开大合，非常凌厉。黑 31 顶是冷静的好手。白 34 冲断有些过分，应 36 位单接，实战至 51 黑得利。白 54 挂角很有年代感，那时点三三的下法还不流行。白 58 连成一气，62、64 棋形完整，78 后白棋实空领先。黑 91 试图强攻，白 92 过于强拼，应该走 93 位。黑 111 后中央死活决胜负，最后黑 155 是妙手。（牛雨田）

黑贴 $2\frac{3}{4}$ 子　共 157 手　黑中盘胜

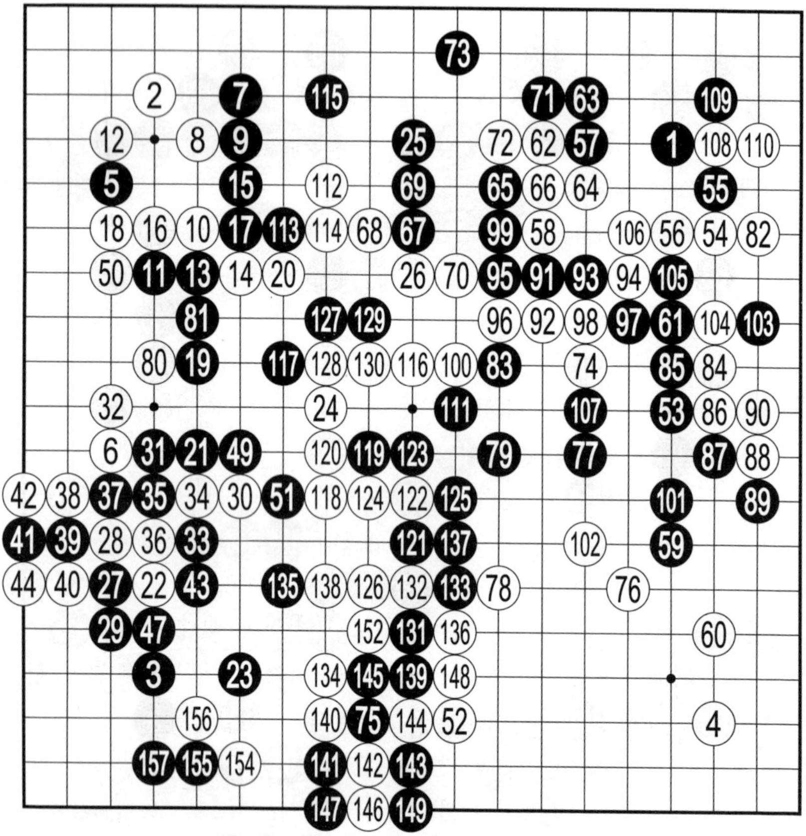

45 48=39 46=41 150 153=142 151=146

（1–157）

1980 年 9 月 5 日弈于乐山
全国围棋个人赛第 11 轮

黑方　陈祖德
白方　李青海

黑 15、17 是常见打入手段，白 18 应对清新，正常是 23 位爬。至黑 35，双方差不多。黑 37 打入后，再 39 肩冲，形成乱战局面。黑 49 棋形有些松，左一路拐头应该更好。白 64 时机非常好，黑棋两块不活，白先在这里试探，静观其变。白 84 点精妙，抓住黑形的缺陷，至 100 做活，取得优势。白 114 开始反击，116 跨断很致命，至白 126，反杀黑棋大龙。（牛雨田）

黑贴 $2\frac{3}{4}$ 子　共 134 手　白中盘胜

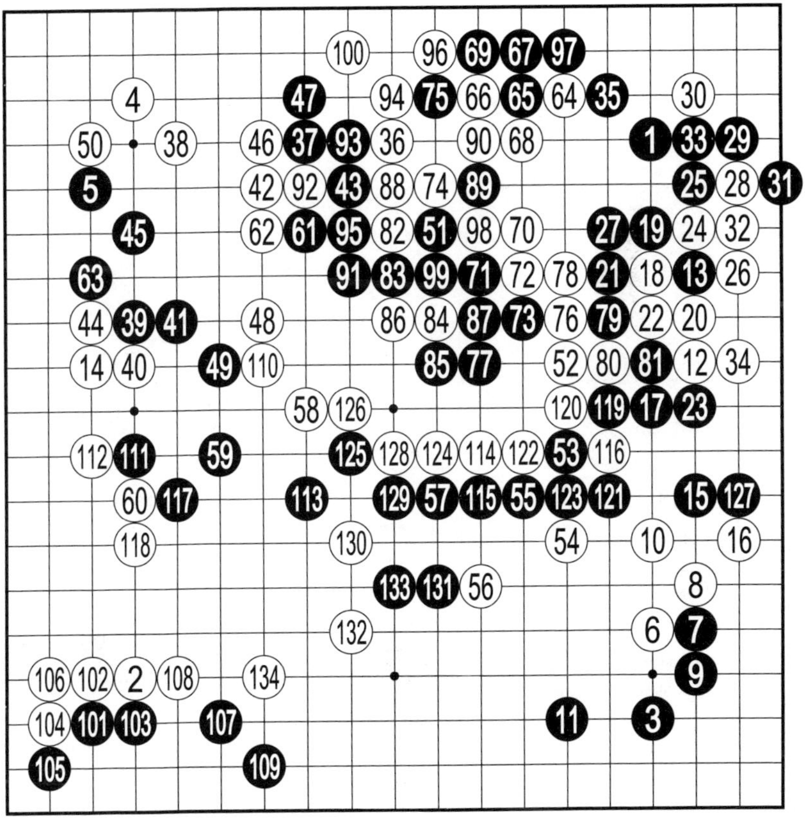

（1–134）